印江土家族苗族自治县志

（1988—2008）

下 册

印江土家族苗族自治县地方志编纂委员会 编

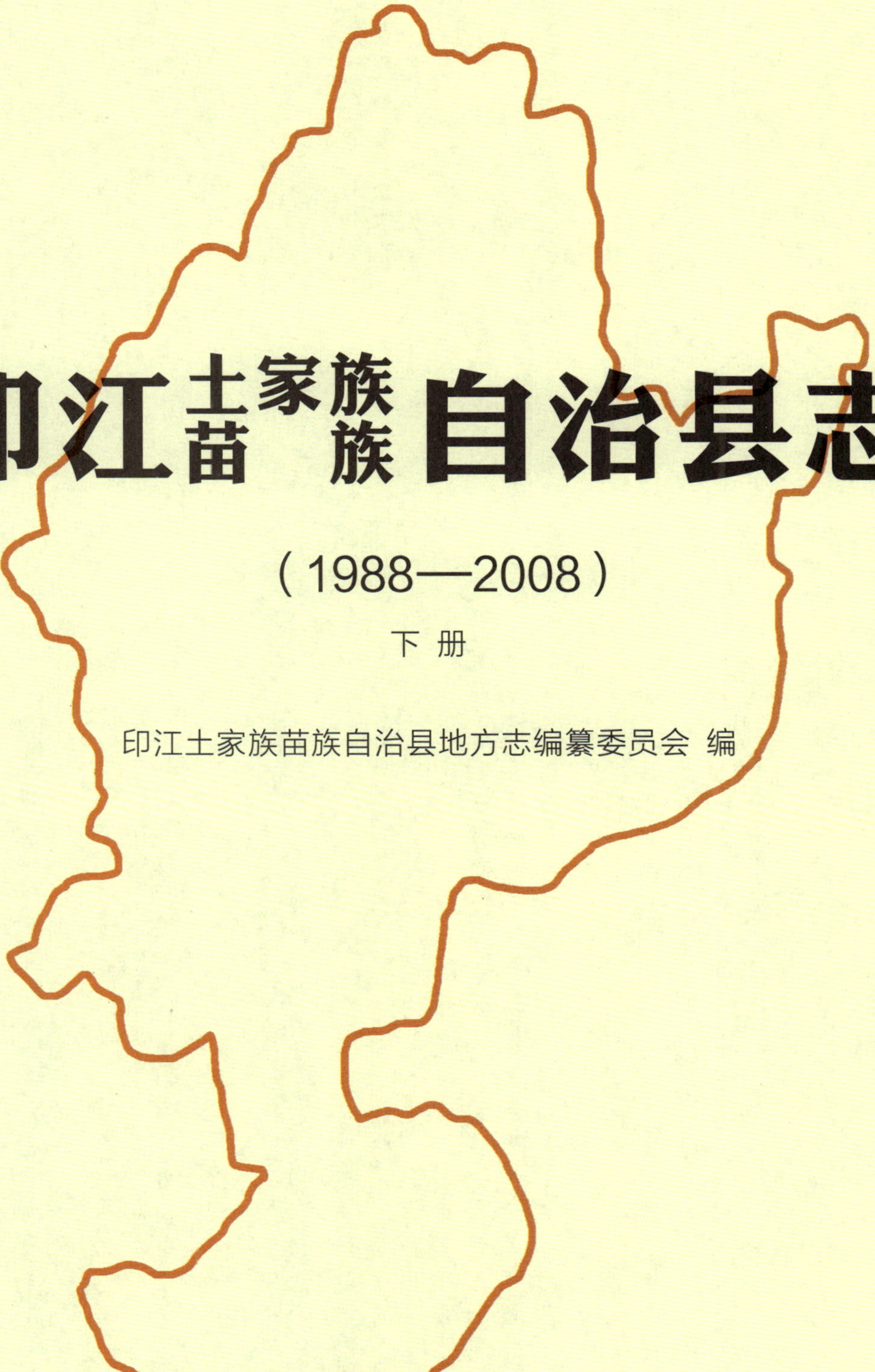

方志出版社
Publishing House of Local Records

下册目录

第十一编　政权　政协

第十二编　综合政务

第十三编　军事　政法

第十四编　科教文卫

第十五编 民俗 宗教

人 物

艺文拾遗

附　录

专　记

第十一编

政权　政协

第一章　地方人民代表大会

第一节　印江自治县人民代表大会

印江自治县人民代表大会是由中国共产党领导的印江自治县国家权力机关，全县实行人民代表大会制度。自治县人民代表大会代表由各选区选民直接选举产生。自治县人民代表大会会议由自治县人民代表大会常务委员会召集，会议每年至少召开1次，大会议程主要是听取和审议县人民政府、县人大常委会、县计划、县财政、县人民法院、县人民检察院等工作报告，收集代表议案及建议、批评、意见，议决全县政治、经济、文化、教育、卫生等方面的重要事项，选举和补选县人大常委会组织人员和县人民政府正副县长、县人民法院院长、县人民检察院检察长、上级人大代表等。1988—2008年，印江自治县人民代表大会共经历6届，召开全体代表会议28次。

印江自治县人大常委会机关办公楼（2005年摄）

一、　自治县第一届人民代表大会

自治县第一届人民代表大会共召开3次全体会议。

一届人大一次会议　1987年9月15—20日召开，出席会议代表210人，其中：有中共党员149人，知识分子19人，人民群众42人。会议听取和审议《县政府工作报告》《县国民经济社会发展计划执行情况的报告》《县财政预决算报告》《县人大常委会工作报告》《县人民法院工作报告》《县人民检察院工作报告》。选举张世麟为县人大常委会主任，戴振华为县人民政府县长，田景坤、吴永德、杨光宇、张德普为副县长，周万贵为县人民法院院长，张廷仕为县人民检察院检察长。会议期间收到代表议案5件，建议56件，代表个人批评、意见138件。

一届人大二次会议　1988年4月2日在县城召开，出席会议人民代表191名。会议听取、审议《自治县人民政府工作报告》《自治县1987年国民经济社会发展计划执行情况和1988年计划安排的报告》《自治县1987年财政预算执行情况和1988年财政预算（草案）的报告》《人大常务委员会工作报告》《人民法院工作报告》《人民检察院工作报告》。会议期间收到代表议案5件，建议37件，代表个人批评、意见28件。

一届人大三次会议 1989 年 4 月 15 日在县城召开，出席会议人民代表 186 人。会议听取、审议《自治县人民政府工作报告》《自治县 1988 年国民经济社会发展计划执行情况和 1989 年计划安排（草案）的报告》《自治县 1988 年财政预算执行情况和 1989 年财政预算（草案）的报告》《县人大常委会工作报告》《县人民法院工作报告》《县人民检察院工作报告》。听取自治县人大常委会副主任王仕荣所作的《关于印江土家族苗族自治县自治条例（草案）及其说明的报告》，该报告经大会讨论通过，同意上报贵州省人大常务会批准后实施。

会议期间，共收到代表团和 10 名以上代表联名提出议案 42 件，代表个人提出的建议、批评、意见 28 件，经大会主席团第二次会议审议后，决定 4 件作为议案，其余 38 件作为建议、意见处理。

二、 自治县第二届人民代表大会

自治县第二届人民代表大会共召开 3 次全体会议。

二届人大一次会议 1990 年 6 月 27 日在县城召开，出席会议人民代表 215 名，其中妇女代表 45 名，非党代表 75 名。会议听取和审议《县政府工作报告》《自治县 1989 年国民经济社会发展计划执行情况和 1990 年计划安排的报告》《自治县财政预决算报告》《县人大常委会工作报告》《县人民法院工作报告》《县人民检察院工作报告》。选举万高明为自治县人大常委会主任，选举张朝仙、唐世元、吴辉章、高彩龙为副主任，选举杨清富为县长，田建高、吴永德、张德普、严守杰、陈启成为副县长，张国华为自治县人民法院院长，周万贵为自治县人民检察院检察长。会议期间，共收到各代表团和 10 名以上代表联名提出议案 88 件，代表个人提出建议、批评、意见 62 件。经提交大会主席团第三次会议审议后，决定将 88 件议案中的 81 件改为建议。

二届人大二次会议 1991 年 3 月 29 日在县城召开，出席会议代表 215 名。听取和审议县长杨清富作的《振奋精神　鼓劲实干　为开创我县“八五”工作新局面而努力奋斗》政府工作报告、副县长田建高作的《印江自治县国民经济社会发展第八个五年计划和十年规划（草案）》的报告、《自治县 1990 年国民经济社会发展计划执行情况和 1991 年计划安排的报告》《关于 1991 年财政预算（草案）的报告》《县人大常委会工作报告》《县人民法院工作报告》《县人民检察院工作报告》。会议期间，收到各代表团和 10 名以上代表联名提出议案 66 件，代表个人提出的建议、批评、意见 16 件。提交大会主席团第二次会议审议，决定将 60 件议案改为建议。

二届人大三次会议 1992 年 3 月 26 日在县城召开，出席会议代表 211 名。会议听取和审议县长杨清富所作的《解放思想　真抓实干　加快印江经济社会发展步伐》政府工作报告、《自治县 1991 年国民经济社会发展计划执行情况和 1992 年计划的报告》《自治县财政预决算报告》《县人大常委会工作报告》《县人民法院工作报告》《县人民检察院工作报告》。会议期间，共收到 10 名以上代表联名提出的议案 40 件，代表个人提出的建议、意见 21 件。经议案审查委员会审定，将议案中的 35 件改为建议、批评，4 件改为个人意见。

三、 自治县第三届人民代表大会

自治县第三届人民代表大会共召开全体会议 6 次。

三届人大一次会议 1993 年 3 月 5 日在县城召开，出席会议代表 216 名。会议听取和审议《县人民政府工作报告》《1992 年国民经济社会发展计划执行情况和 1993 年计划安排的报告》《自治县财政预决算报告》《县人大常委会工作报告》《县人民法院工作报告》《县人民检察院工作报告》。选举杨清富为人大常委会主任，唐世元、吴辉章、高彩龙、张德普为人大常委会副主任。选举田建高为县长，帅朝纲、任廷纪、吴永德、饶人才、张仁慧、任坚强为副县长。选举赵光洲为县人民法院院长，霍英为人民检察院检察长。会议期间，共收到 10 名以上代表联名提出的议案 9 件，代表个人提出的建议、批评、意见 127 件。

三届人大二次会议 1994年3月5日在县城召开，出席会议代表213名。听取和审议县长田建高所作的《抓住机遇 深化改革 为加快我县经济发展而奋斗》政府工作报告、《印江自治县1993年国民经济社会发展计划执行情况和1994年计划安排意见的报告》《县财政工作报告》《县人大常委会工作报告》《县人民法院工作报告》《县人民检察院工作报告》。会议同意接受商开封因工作变动辞去人大常委会委员职务的报告，并报大会备案。会议期间，共收到10名以上代表联名提出议案34件，代表个人提出的建议、批评、意见44件。经大会主席团第三次会议审议决定，将31件议案作为建议、意见办理。

三届人大三次会议 1995年3月21日在县城召开，出席会议的代表212名。会议听取、审议《县政府工作报告》《县国民经济社会发展计划报告》《县财政预决算报告》《县人大常委会工作报告》《县人民检察院工作报告》《人民法院工作报告》。大会同意接受唐庆军辞去人大常委会委员职务的报告，补选石阿良、张选明为自治县第三届人大常委会委员。会议期间，共收到代表建议21件，批评、意见58件。

三届人大四次会议 1996年3月19日在县城召开，出席会议的代表209人。听取和审议《县政府工作报告》《县国民经济和社会发展计划工作报告》《县财政工作报告》《县人大常委会工作报告》《县人民法院工作报告》《县人民检察院工作报告》。听取常务副县长任廷纪所作的《国民经济社会发展第九个五年规划纲要的报告》。大会作出决议，批准这6个报告和“九五”规划方案。人大常委会向本次大会报告人大常委会第十四、十六、十七、十八次会议先后接受唐汉文辞去科技副县长职务、田建高辞去县人民政府县长职务、任坚强辞去副县长职务；决定任命帅朝纲代理县长职务，决定任命汪福亚为科技副县长，决定任命杜典国为副县长。大会同意这个决议决定。大会选举帅朝纲为自治县人民政府县长。会议期间，共收到10名以上代表联名提出议案38件，代表个人提出建议、批评和意见61件。经审查确定，将37件议案改作建议、批评和意见。

三届人大五次会议 1997年3月10日在县城召开，出席会议的代表205人。主要听取和审议《县政府工作报告》《县国民经济社会发展计划报告》《县财政预决算报告》《县人大常委会工作报告》《县人民法院工作报告》《县人民检察院工作报告》。大会作出决议，批准这6个报告。大会同意县人大常委会关于张选明辞去人大常委会委员职务的决定，同意杨清富辞去人大常委会主任职务，由副主任唐世元代理主任职务的决定。大会补选人大常委会主任唐世元，人民检察院检察长陈鱼飞。会议期间，共收到10名以上代表联名提出议案15件，建议、批评和意见62件。经议案审查委员会审定，对15件议案全部改作建议、批评和意见。

三届人大六次会议 1997年11月28日在县城召开。大会选举夏国华、金正宇、艾北方、田建高、任廷纪、吴瑞江（女）、张永军为贵州省第九届人民代表大会代表。

四、 自治县第四届人民代表大会

自治县第四届人民代表大会共召开6次全体会议。

四届人大一次会议 1997年12月25日在县城召开，出席大会代表202人。主要听取和审议《县政府工作报告》《县国民经济社会发展计划和安排意见报告》《县财政预决算报告》《县人大常委会工作报告》《县人民检察院工作报告》《县人民法院工作报告》。会议选举任廷纪为人大常委会主任，高彩龙、赵光洲、吴彩兰、任达兴、任永和、田国成为人大常委会副主任。选举帅朝纲为县人民政府县长，谭守华、杨德华、李世凡、任蔚鸫、张洁、严天智为县人民政府副县长。选举谯文强为人民法院院长，陈鱼飞为人民检察院检察长。会议期间，共收到10名以上代表联名提出议案36件，建议、批评和意见76件。根据《会议议案办理办法》规定，经审查，对36件议案全部改作建议、批评和意见。

四届人大二次会议 1999年3月9日在县城召开，出席会议的代表201人，主要听取和审议《县政府工作报告》《县国民经济社会发展计划安排意见报告》《县财政预决算报告》《县人大常委会工作报告》《县人民法院工作报告》《县人民检察院工作报告》。大会作出决议，批准这 6 个报告。会议期间，共收到 10 名以上代表联名提出的议案 35 件，建议、批评和意见 39 件。根据《会议议案办理办法》规定，经审查，对 35 件议案全部改作建议、批评和意见。

四届人大三次会议 2000 年 2 月 29 日至 3 月 3 日在县城召开，出席会议的代表 200 名。会议主要听取和审议《县政府工作报告》《县国民经济社会发展计划安排意见报告》《县财政预决算报告》《县人大常委会工作报告》《县人民法院工作报告》《人民检察院工作报告》。大会作出决议，批准这 6 个报告。会议期间，共收到 10 名以上代表联名提出的议案 36 件，建议、批评和意见 30 件。根据《会议议案办理办法》规定，经审查，对议案中的 35 件议案改作建议、批评和意见。

四届人大四次会议 2001 年 2 月 20 日在县城召开，出席会议代表 192 人。听取和审议《县国民经济社会发展第十个五年规划纲要的报告》《县国民经济社会发展计划执行安排意见报告》《县财政预决算报告》《县人大常委会工作报告》《县人民法院工作报告》《县人民检察院工作报告》。大会作出决议，批准这 6 个报告。讨论和审议《印江自治县非耕地开发管理条例（草案）》《印江自治县非公有制经济发展保护条例（草案）》《印江自治县法制宣传条例（草案）》，县人大常委会副主任赵光洲作 3 个条例的说明。经代表审议，对上述 3 个《条例》作出决议，同意报贵州省人大常委会批准。会议期间，共收到 10 名以上代表联名提出议案 36 件，代表个人建议、批评和意见 36 件。根据《会议议案办理办法》规定，经审查，决定把 36 件议案全部改作建议、意见。

四届人大五次会议 2002 年 3 月 4 日在县城召开，出席会议的代表 187 名。主要听取和审议《县政府工作报告》《县国民经济社会发展计划执行和安排报告》《县财政预决算报告》《县人大常委会工作报告》《县人民法院工作报告》《县人民检察院工作报告》。大会作出决议，批准这 6 个报告。选举李建为县人民政府县长。会议期间，共收到 10 名以上代表联名提出的议案 36 件，代表个人提出的建议、批评和意见 37 件。根据《会议议案办理办法》规定，经审查，把 36 件议案全部改作建议、批评和意见。

四届人大六次会议 2002 年 12 月 5 日在县城召开。会议选举金正宇、陈康、吴彩兰（女）、张亚、戴传忠、张英峰为贵州省第十届人民代表大会代表。

五、 自治县第五届人民代表大会

自治县第五届人民代表大会共召开 4 次全体会议。

五届人大一次会议 2003 年 1 月 4 日在县城召开，出席会议的代表 204 名。会议主要听取和审议《县政府工作报告》《县国民经济社会发展计划的报告》《县财政预决算报告》《县人大常委会工作报告》《县人民法院工作报告》《县人民检察院工作报告》。大会作出决议，批准这 6 个报告。会议选举任廷纪为县人大常务委员会主任，任达兴、任永和、吴彩兰、万再扬、王天跃、卢道军为副主任；选举李建为县人民政府县长，谭守华、严天智、方门照、苏天前、冉隆军为县人民政府副县长；选举谯文强为县人民法院院长，文连伸为县人民检察院检察长。会议期间，共收到 10 名以上代表联名提出议案 51 件，代表个人建议、批评和意见 52 件。根据《会议议案办理办法》规定，经审查，决定把 51 件议案全部改作建议、意见。

五届人大二次会议 2004 年 2 月 18 日在县城召开，出席会议的代表 184 名，主要听取和审议《县政府工作报告》《县国民经济社会发展计划报告》《县财政预决算报告》《县人大常委会工作报告》《县人民法院工作报告》《县人民检察院工作报告》。大会作出决议，批准这 6 个报告。大会还听取和审议县人大常委会副主任任达兴所作的《印江自治县人大常委会清理地方性法规结果的报告》，会议决定同意此报告，并报贵州省人大常委会备案。会议期间，共收到 10 名以上代表联名提出议案 34 件，代表建议、批评和意见 41 件。根据《会议议案办理办法》规定，经审查，决定将 34 件议案全部改作建议、意见。

五届人大三次会议 2005 年 2 月 26 日在县城召开，出席会议的代表 198 名。主要听取和审议

《县政府工作报告》《县国民经济社会发展计划报告》《县财政预决算报告》《县人大常委会工作报告》《县人民法院工作报告》《县人民检察院工作报告》。会议作出决议，批准这 6 个报告。大会同意县人大常委会关于接受冉隆军辞去副县长职务的决定。会议期间，共收到 10 名以上代表联名提出议案 22 件，代表建议、批评和意见 57 件。根据《会议议案办理办法》规定，经审查，决定将 22 件议案均改作代表建议、批评和意见。

五届人大四次会议 2006 年 2 月 21 日在县城召开，出席会议的代表 198 名，主要听取和审议《县政府工作报告》《印江自治县国民经济和社会发展第十一个五年规划纲要》《县国民经济社会发展计划报告》《县财政预决算报告》《县人大常委会工作报告》《县人民法院工作报告》《县人民检察院工作报告》。大会作出决议批准这 6 个报告和 1 个纲要。听取和审议《关于修改印江土家族苗族自治县自治条例（草案）》的决定和《关于修改印江土家族苗族自治县自治条例决定（草案）》说明，会议同意上述决定。县人大常委会向本次大会报告了关于接受李建辞去县长职务的决定，谭守华辞去副县长职务的决定，关于肖洪任代理县长职务的决定，关于张明任副县长职务的决定。大会补选自治县人民政府县长肖洪。会议期间，共收到 10 名以上代表联名提出议案 49 件，代表建议、批评和意见 102 件。根据《会议议案办理办法》规定，经审查，决定将 49 件议案全部转为代表建议、批评和意见。

六、 自治县第六届人民代表大会

自治县第六届人民代表大会共召开了 6 次全体会议。

六届人大一次会议 2006 年 12 月 25—28 日在县城召开，出席会议的代表 203 名。主要听取和审议《县政府工作报告》《县国民经济社会发展计划工作报告》《县财政预决算报告》《县人大常委会工作报告》《县人民法院工作报告》《县人民检察院工作报告》。大会作出决议，批准这 6 个报告。会议选举王朝文为县人大常委会主任，吴彩兰、万再扬、王天跃、卢道军、杨晓凤为县人大常委副主任。选举肖洪为县人民政府县长，张明、王继承、苏天前、何支刚、张武（女）为县人民政府副县长。选举毛明生（仡佬族）为县人民法院院长，姚华权为县人民检察院检察长。会议期间，共收到 10 名以上代表联名提出议案 60 件，代表建议、批评和意见 98 件。根据《会议议案办理办法》规定，经审查，决定将议案中的 59 件议案转为代表建议、批评和意见。

六届人大二次会议 2007 年 12 月 6 日在县城召开，出席会议的代表 202 名。会议选举安正康、熊德威、王朝文、肖洪、何琼、杨孝华 6 位同志为自治县出席贵州省第十一届人民代表大会代表。

六届人大三次会议 2008 年 3 月 3—5 日在县城召开，出席会议代表 202 名。会议主要听取和审议《县政府工作报告》《县国民经济社会发展计划工作报告》《县财政预决算报告》《县人大常委会工作报告》《县人民法院工作报告》《县人民检察院工作报告》。会议期间，共收到代表建议、批评和意见 61 件。经自治县六届人大三次会议主席团第二次会议决定，将 61 件建议、批评和意见全部交由自治县人民政府研究处理，并负责答复人大代表。

第二节 印江自治县人民代表大会常务委员会

1986 年 12 月，设“印江土家族苗族自治县”后，县人大常委会更名为印江自治县人民代表大会常务委员会。

印江自治县人民代表大会常务委员会是本级人民代表大会的常设机关，对本级人民代表大会负责并报告工作。常务委员会由本级人民代表大会选举的主任、若干名副主任和委员组成。自治县人民代表大会常务委员会会议由主任召集，每两个月至少举行一次，副主任、委员参加会议，也可根据议题内容，“一府两院”、县政府有关部门、县人大常委会工作机构负责人等列席，邀请人大代表及乡

（镇）人大负责人列席。会议决议需全体组成人员过半数同意方可通过。常务委员会任期与本级人民代表大会任期相同。

一、自治县第一届人民代表大会常务委员会

自治县第一届人大常委会于1987年9月30日选举产生，有主任1人、副主任4人、委员17人，任期为1987年9月至1990年6月，任期3年。

按《地方组织法》每两个月召开一次常委会，本届人大常委会共召开21次会议，其会议主要内容为：对本届委员明确分工，听取“一府两院”工作报告，其中有《峨岭镇总体规划》《村居委会组织法（试行）的贯彻实施》《小学危房改造处理意见》等。共组织4次代表视察。本届通过5个决定、决议：(1) 作出《关于增补凯望、玉屏、中坝、凉水、新业、合水、洋溪7个乡（镇）各1名乡代表指标》的决定。(2) 关于乡（镇）同级党委书记、副书记兼任乡（镇）人大主席团主席、副主席的决定。(3) 关于颁布《印江土家族苗族自治县自治条例》的决定。(4) 关于调整国民经济社会发展计划。(5)《县人大常委会议事规则》。任命县政府工作部门负责人47人。任命代理县长职务1人、副县长3人，决定代理检察长职务1人，免去县法院副院长1人，接受县长戴振华、副县长杨光宇、县人大常委会副主任王仕荣、委员付书锷、县检察长张廷仕辞去职务的报告。

二、自治县第二届人民代表大会常务委员会

自治县第二届人大常委会于1990年6月27日选举产生，有主任1人、副主任4人、委员12人。任期为1990年6月至1993年2月，任期3年。本届常委会共召开23次会议，共听取“一府两院”工作报告57个。本届作出如下决议：(1) 1990年6月第一次常委会议决定县人大常委会除大会推定有代表资格审查委员会外，决定下设5个工作委员会和办公室，作为常委会的具体办事机构。即：人大常委会办公室、代表工作委员会、财政经济工作委员会、民族工作委员会、法制工作委员会、教科文卫工作委员会。(2) 对本届人大常委会组成人员作了明确分工。(3) 各区设立人大常委会工作联络组，任命联络组长、副组长和联络员。(4) 关于普及法律“二五”教育规划的决议。(5) 关于社会治安综合治理规划的决议。(6) 关于调整1991年财政预算的决议。(7) 决定下届人民代表大会换届选举法定选举日及三届人大一次会议召开的时间等。

三、自治县第三届人民代表大会常务委员会

自治县第三届人大常委会于1993年3月9日选举产生，有主任1人、副主任4人、委员12人。根据修改后的《地方组织法》规定：县级地方人民代表大会及其常务委员会每届任期5年，印江土家族苗族自治县人民代表大会及其常务委员会、县人民政府、人民法院、人民检察院的任期从第三届起，任期为5年。因此，本届人大常委会任期为1993年3月至1997年12月。自治县第三届人大常委会共举行33次会议，听取和审议“一府两院”工作报告98个，作出12个决定：(1) 决定本届常委会组成人员工作分工。(2) 作出本辖区内村民委员会、居民委员会的换届选举工作和换届选举时间。(3) 讨论、决定《印江土家族苗族自治县人大常务委员会人事任免暂行管理办法》。(4) 1993年11月28日，三届人大常委会五次会议决定调整1993年财政预算，将年初预算收入2200万元调整为1800万元，年初预算支出3063.3万元调为2720万元。(5) 分别对本届人民代表大会第二、三、四次会议召开时间作出决定。(6) 对印江民族中学校园总体规划作出决定。(7) 对全县义务教育规划作出决定。(8) 决定西园经济建设开发规划方案。(9) 1995年8月3日，三届人大常委会第十五次会议决定调整1995年年初安排的国民经济、社会发展计划指标中的工业产值从27000万元调整为27300万元。农业总产值从20500万元调整为21200万元，粮食总产量由10.55万吨调整为12.5万吨。(10) 1996年1月26日，三届人大常委会第二十次会议作出撤销永义乡人代会对两名同志当选不合

法，杨柳乡人代会对1名同志当选不合法，沙子坡镇1名同志当选不合法的决定。(11) 决议在全县实施第三个五年法制宣传教育规划。(12) 调整县城总体规划。三届人大常委会在代表大会闭会期间，组织代表分别对县扶贫工作，乡（镇）企业发展以及经委、公安局、水电局等23个单位及部门工作进行视察。听取和评议冯贵川、吴廷献、任贞彦、王国用、任蔚鸫等工作部门负责人的述职报告。决定任命政府工作部门负责人65人，任命检察院有关人员19人，人民法院有关人员59人，人大常委会工作人员5人，决定免去政府工作部门负责人职务23人，免去法院有关人员职务26人，免去检察院有关人员职务6人，接受人大常委会有关人员辞去职务7人。

四、 自治县第四届人民代表大会常务委员会

自治县第四届人大常委会于1997年12月27日选举产生，有主任1人、副主任6人、委员12人，任期为1997年12月至2002年12月，任期5年。自治县第四届人大常委会共举行34次常委会会议，听取和审议县人民政府及其工作部门报告97个，县人民法院、人民检察院8个工作报告。报告涉及乡（镇）人民代表大会《换届选举方案》、乡（镇）《选举工作总结》《关于西环桥配套工程》《关于柏香林至乐茂江油路改造工程》《关于国有企业所有制改革》《关于城镇管理条例（草案）及说明》《关于补充立法计划的说明》《关于议案办理结果》《关于调整2000年财政预算》、县法院《关于贯彻实施五年改革纲要》《已决案件执行》《关于野生动物保护》《第二轮土地承包》《关于第五次全国人口普查》《关于第四个五年普法教育规划》等。本届人大常委会共听取35人的述职报告。其中：政府工作部门21人，检察院10人，法院4人。

作出27个决定，包括决定四届二、三、四、五、六次和五届一次人民代表大会召开时间，还有：(1) 1998年7月人大常委会三次会议对《西环大桥配套工程总体方案》作出决定。(2) 调整1998年国民经济、社会发展计划，将工业总产值1.05亿元调为2600万元（因造纸厂生产下滑），财政总收入2800万元调为2300万元。(3)《关于非耕地开发管理条例》的贯彻实施。(4)《法制教育第四个五年规划》。(5)《关于法制宣传教育条例》实施时间。(6) 关于法院加强案件执行的决定。(7) 调整1990年预算（保八争十）。(8) 决定县人民代表大会换届选举工作。(9) 决定将金正宇、陈康、吴彩兰（女）、张亚、戴传忠5人作为贵州省第十届人民代表大会代表候选人，向县四届人大六次大会推荐。(10) 关于在新业乡补选一名县代表的决定。(11) 在新业乡补选一名县代表的选举日，定在1999年4月27日的决定。(12) 关于全县乡（镇）人民代表大会换届选举日的决定。(13) 批准各乡（镇）换届选举委员会组成人员名单的决定。(14) 关于加强《水土流失管理的规定》的决定。(15) 关于《科技资金投入管理实施办法》的决议。(16) 关于依法治县的决议。(17) 关于加强立法力度的决定。(18) 关于县五届人大代表名额的决定。(19) 关于第五届人民代表大会代表名额分配的决定。(20) 关于选举五届人民代表大会代表选举日的决定。(21) 关于加强城镇治安工作的决定。任命：政府工作部门负责人69名，人大常委会有关工作委员会主任、副主任13名，检察院有关工作人员14名，法院有关工作人员46名。其中：科技副县长刘忠斌、马黎，副县长方门照、苏天前，代理县长李建，检察院副检察长、代理检察长文连伸，法院副院长张国新。免（辞）去：人大常委会有关工作委员会负责人3名，政府工作部门负责人11名，检察院有关工作人员3名，法院有关工作人员9名。其中：帅朝纲辞去县长职务，任蔚鸫、张洁、杨德华辞去副县长职务，田国成辞去人大常委会副主任职务，张明、周应雄辞去人大常委会委员职务，郭启光辞去教育局局长职务，陈鱼飞辞去县人民检察院检察长职务。

五、 自治县第五届人民代表大会常务委员会

自治县第五届人大常委会于2003年1月4日选举产生，有主任1人、副主任6人、委员14人，任期为2003年1月至2006年12月。自治县第五届人大常委会共举行30次常委会会议，听取和审议

2008年10月，召开全县人大工作会议

县人民政府及其工作部门报告72个，县人民法院、人民检察院工作报告8个。自治县人大常委会组织省、县人大代表开展视察活动6次共72人次。开展专题调研活动8次。拟写调研报告8份。4次委托乡（镇）县代表中心小组开展视察活动68次，县人大各工作委员会开展调研活动72次，提交调研报告72份。4年中，共依法任免国家机关工作人员98人。其中：决定接受辞去五届人大常委会委员职务2人，任命人大常委会工作部门工作人员7人。决定任命苏天前、冉龙军、肖洪、张明、王继承、张武（女）、何支刚为自治县人民政府副县长，决定副县长肖洪代理县长，决定接受李建辞去县长职务，冉隆军、谭守华、方门照、严天智辞去副县长职务。决定任命国家行政机关工作人员33人，免去职务6人。任命县人民检察院副检察长3人，决定副检察长姚华权代理检察长，决定接受文连伸辞去检察长职务，任命检察机关工作人员4人，免去职务4人。任命县人民法院副院长2人，决定副院长毛明生代理院长，决定接受谯文强辞去院长职务，任命国家审判机关工作人员17人，免去职务2人，撤销庭长职务1人。补选贵州省第十届人民代表大会代表1人。

六、 自治县第六届人民代表大会常务委员会

自治县第六届人大常委会于2006年12月28日选举产生，有主任1人、副主任5人、委员11人。任期为2006年12月至2011年12月。截至2008年年底，六届人大常委会共举行17次常委会会议，听取和审议“一府两院”工作部门工作报告25个，包括《自治县人民政府关于农业综合开发及项目实施情况报告》《印江民族中学“申创”工作情况报告》《自治县人民政府关于文化旅游经济发展情况的报告》等。任命政府部门负责人33人，法院有关人员15人，检察院有关人员2人，人大常委会有关人员6人。其中：在第一次常委会上，任命人大各委室负责人。在第二次常委会上，任命谢尚林为自治县人民政府副县长。在第十次常委会议上，任命付文华为自治县人民政府副县长。在第十六次常委会议上，任命宾放为自治县人民政府副县长。

印江自治县第一届至第六届人大常委会主任、副主任名录

表11—1

届别	姓名	性别	职务	民族	任职时间
自治县第一届人大常委会	张世麟	男	主任	土家族	1987.9—1990.6
	张朝仙	女	副主任	土家族	
	唐世元	男	副主任	土家族	
	吴辉章	男	副主任	苗族	
	王仕荣	男	副主任	苗族	
自治县第二届人大常委会	万高明	男	主任	土家族	1990.6—1993.2
	张朝仙	女	副主任	土家族	
	唐世元	男	副主任	土家族	
	吴辉章	男	副主任	苗族	
	高彩龙	男	副主任	苗族	

续表11－1

届别	姓名	性别	职务	民族	任职时间
自治县第三届人大常委会	杨清富	男	主任	苗族	1993.3—1997.12
	唐世元	男	副主任	土家族	
	吴辉章	男	副主任	土家族	
	高彩龙	男	副主任	苗族	
	张德普	男	副主任	土家族	
自治县第四届人大常委会	任廷纪	男	主任	土家族	1997.12—2002.12
	高彩龙	男	副主任	苗族	
	赵光洲	男	副主任	土家族	
	吴彩兰	女	副主任	苗族	
	田国成	男	副主任	土家族	
	任达兴	男	副主任	土家族	
	任永和	男	副主任	土家族	
自治县第五届人大常委会	任廷纪	男	主任	土家族	2003.1—2006.12
	吴彩兰	女	副主任	苗族	
	任达兴	男	副主任	土家族	
	任永和	男	副主任	土家族	
	万再扬	男	副主任	土家族	
	王天跃	男	副主任	土家族	
	卢道军	男	副主任	土家族	
自治县第六届人大常委会	王朝文	男	主任	苗族	2006.12—2011.12
	吴彩兰	女	副主任	苗族	
	万再扬	男	副主任	土家族	
	王天跃	男	副主任	土家族	
	卢道军	男	副主任	土家族	
	杨晓凤	女	副主任	苗族	

1988—2008年印江自治县人大常委会办公室主任名单及任职时间：田儒江1990.8—1993.2，李国宣1996.5—1997.4，代德军1997.5—2007.1，杨秀明2007.2—。

第三节　乡镇人民代表大会

乡（镇）人民代表大会的代表由本辖区的选民直接选举产生，每届任期3年，每年组织召开一次代表大会，听取本乡（镇）的政府工作报告，选举本级正、副乡（镇）长，在本级本届人民代表中选举产生代表大会主席团主席、副主席及其成员，组成大会主席团主持和召开代表大会。代表大会管理本行政区域内经济、文化等方面的重大事项，视察和审议重大事项的实施。

1987年10月，印江自治县各乡（镇）召开第一届人民代表大会，共选举产生乡（镇）主席团成员261人。其中：由乡（镇）党委书记、副书记兼任主席团成员的66人，兼职正副主席的14人。

区实行联络员制，主要是保持与县、乡人大代表的联系，协助乡（镇）开好代表大会，列席县人

2007 年 7 月， 在永义乡举办乡镇人大工作座谈会

大常委会会议，定期向县人大汇报工作。

1990 年 4 月，自治县第二届乡（镇）人大主席团明确为常设机构，主席团正副主席为专职，委员为兼职，行使本级人民代表大会闭会期间的职责，并行使对本级政府的监督，随之取消区联络员制，乡（镇）人大主席团直接由县人大领导，定期向县人大汇报工作。

1992 年 10—12 月，全县 1 镇 46 个乡通过建并撤后设置 17 个乡（镇）。乡（镇）人大主席团由原来的 46 个变为 17 个。

1992 年 12 月至 1993 年 3 月，17 个乡（镇）召开第一届人民代表大会，选举产生 17 个乡（镇）人大主席团。有主席 17 人，副主席 16 人，成员 53 人。乡（镇）党委书记兼任主席，副主席 8 人。

1995 年 11 月至 1996 年 2 月，17 个乡（镇）召开第二届人民代表大会，选举产生 17 个乡（镇）人大主席团，有主席 17 人，副主席 15 人，成员 55 人。其中：乡（镇）党委书记兼任主席 3 人。

1999 年 1 月，17 个乡（镇）召开第三届人民代表大会，选举产生 17 个乡（镇）人大主席团，有主席 17 人，副主席 13 人，委员 65 人，乡（镇）党委书记兼任主席 3 人。

2002 年 1 月，17 个乡（镇）召开第四届人民代表大会，选举产生 17 个乡（镇）人大主席团。有主席 17 人，副主席 16 人，委员 70 人。

2005 年 11 月，县人大常委决定，17 个乡（镇）人大主席团更名为 17 个“乡（镇）人民代表大会”，履行人大主席团职责。

2006 年 12 月，17 个乡（镇）第五届人民代表大会召开，选举产生乡（镇）人民代表大会主席 17 人。其中：乡（镇）党委书记兼任主席 16 人，专职主席 1 人，副主席 17 人，全部为专职。

第四节　议案与监督

一、 议案　建议

一届一次会议代表议案、 建议、 批评和意见　代表们对全县的经济发展、改革开放、法制工作、民族工作、工农业生产等方面提出的议案、建议、批评、意见共 199 件（即议案 5 件，建议 56 件，代表个人批评、意见 138 件）。经议案审查委员会认真审理后，大会主席团决定，将 3 件议案（即峨岭、板溪、天堂区代表团要求逐年解决政府办公楼住房维修、新建的问题；印江镇代表团要求对肉类市场加强管理；印江镇代表团要求解决行道树生长与电话线矛盾案）交县政府及有关工作部门办理，报县人大常委会审议决定。其余建议、批评和意见，由自治县人大常委会财政经济工作委员会会同自治县政府办公室进行分类整理，召开涉及单位、部门负责人会议，及时交付办理，于 1987 年 12 月 25 日前答复各代表团或代表个人。自治县种子公司在本次会议上及时书面答复印江镇代表团提出“关于种子混染，造成减产”的一件质询案。

一届二次会议代表议案、 建议、 批评和意见　代表们对于加快全县经济发展，促进和深化改革，加强社会主义民主与法制建设等提出的议案、建议、批评、意见共 70 件（即议案 5 件，建议 37 件，代表个人批评、意见 28 件）。会议议案审查委员会认真审理后，大会主席团决定：将 5 件议案

(即缠溪区代表团要求维修打杵场、茶园两乡的政府住房问题；天堂区代表团提交的坪底、陡溪两乡政府危房亟待维修问题；木黄区代表团要求调减公路占地粮食定购农业税问题；峨岭区代表团要求解决公路占地问题和1988年多征粮食定议购部分；朗溪区代表团要求解决张家坝群众生活问题)，交县人民政府及有关部门办理后，报县人大常委会审议决定。其余建议、批评和意见由自治县人大常委会财政经济工作委员会会同自治县人民政府办公室进行分类整理，召开涉及单位、部门负责人会议，及时交付办理，于1988年12月30日前答复各代表团或代表本人。

一届三次会议代表议案、建议、批评和意见 收到代表团和10名以上代表联名提出的议案42件，代表个人提出的建议、批评、意见28件，经大会主席团第二次会议审议后，决定4件作为议案，其余38件作为建议、意见处理。大会主席团决定将4件议案（即缠溪区代表团陈世明等11位代表要求解决打杵场乡、茶园乡政府的住房问题；印江镇代表团二组代泽福等11位代表要求解决被征地农户的定议购和农业税问题；木黄区代表团吴廷跃等10位代表提出的关于妥善处理好梵净山自然保护区村民的生活困难问题)，交自治县人民政府及有关部门认真办理后，报县人大常务委员会。其余建议、批评和意见，由自治县人大常委会财政经济工作委员会会同自治县人民政府办公室进行分类整理，召开涉及单位、部门负责人会议，及时交付办理。于1989年12月30日前答复各代表团或代表本人。

二届一次会议代表议案、建议、批评和意见 收到各代表团和10名以上代表联名提出的议案88件，代表个人提出的建议、批评、意见62件。经提交大会主席团第三次会议审议后，决定7件作为议案，其余81件，拟作代表的建议。大会通过《印江自治县第二届人民代表大会第一次会议关于议案的暂行办法》。大会主席团决定将6件议案（即峨岭区代表团要求修建麻柳、玉屏、中坝、大塘乡政府的住房问题；洋溪区代表团要求修建杨柳乡政府住房问题；天堂区代表团要求修建天堂乡政府住房问题；缠溪区代表团要求修建打杵场乡政府住房问题；峨岭区代表团要求解决修建新寨乡政府住房时的欠款问题；板溪区代表团提出的关于修复沙子坡的人畜饮水设备问题)，交县政府及有关部门办理后，报县人大常委会。其余建议、批评和意见，由自治县人大常委会办公室会同县政府办公室及时召开会议，研究处理办法，分别交由县政府及有关工作部门作出切合实际的办理，并于1990年12月底前答复代表团或代表本人。

二届二次会议代表议案、建议、批评和意见 收到各代表团和10名以上代表提出的议案66件，代表个人提出的建议、批评、意见16件。提交大会主席团第二次会议审议，决定6件作为议案，其余60件作为建议、意见。会议主席团决定：将6件议案（即板溪区代表团再次要求帮助落实沙子坡人畜饮水工程补救措施问题；朗溪区代表团提出的关于枹木乡政府危房改建问题；板溪区代表团提出的关于解决凉水乡、韩家乡办公、住宿房问题；洋溪区代表团要求改造杨柳乡政府办公楼问题；缠溪区代表团提出的关于修建打杵场乡政府办公住房问题；峨岭区代表团提出的关于解决大塘乡政府住房问题)，交县人民政府及有关部门办理后，报县人大常委会。其余建议、批评和意见由自治县人大常委会代表工作委员会会同县政府办公室及时召开有关部门会议，研究处理办法，交由县政府及有关部门作出切合实际的办理，并于1991年年底前答复代表团或代表本人。

二届三次会议代表议案、建议、批评和意见 收到各代表团10名以上代表联合提出的议案40件，代表个人提出的建议、意见21件。经议案审查委员会审定：列入议案办理1件，作为建议、批评处理的35件，作为个人意见处理的4件。会议期间，议案审查委员会收到朗溪区代表团代表联名向县法院提出质询案。议案审查委员会将此质询案于1992年3月28日上午呈送大会主席团，大会主席团于当日下午召开第二次主席团会议讨论决定，交由县人民法院办理后，于1992年3月29日上午12时前向朗溪区代表团作出答复。将1件议案（即印江镇代表要求对城区中小学生服用驱虫药中毒事件尽快调查结案，并控告湘潭中南信阳制药厂及县药材公司）交由县政府及有关部门办理后，报县人大常委会。其他议案、建议、意见由县人大常委会代表工作委员会会同县政府办公室及时召开有关部门会议。交由县政府及有关部门作出切合实际的办理，并于 1992 年 10 月底前办理完毕。12 月份答复各代表团代表。

三届一次会议代表议案、建议、批评和意见 收到各代表团 10 名以上代表联名提出的议案 9 件，代表个人提出的建议、批评、意见 127 件。经议案审查委员会审查后，交大会主席团决定：由县人大常委会代表工作委员会会同县政府办公室整理分类后，及时召开政府及工作部门负责人交办会议，交由县政府及有关部门及时办理，并将办理情况于 1993 年 12 月底前向县人大常委会汇报，答复各代表团代表。

三届二次会议代表议案、建议、批评和意见 收到各代表团 10 名以上代表联名提出的议案 34 件，代表个人提出的建议，批评、意见 44 件。经大会主席团第三次会议审议决定，列入议案的 3 件，其余 31 件作为建议、意见办理。会议主席团决定将 3 件议案（即刀坝乡代表团提出的县政府对烤烟收购应加强监督管理；洋溪镇代表团提出的发展非公有制经济和开发非耕地资源应及时制定配套政策和措施；峨岭镇代表团要求更改“峨岭镇”镇名），交县政府及有关部门办理后，报县人大常委会。其余建议、批评和意见，由县人大代表工作委员会会同县政府办公室及有关部门及时办理，并答复代表团或代表本人。

三届三次会议代表议案、建议、批评和意见 代表提出建议 21 件，批评、意见 58 件，由县人大代表工作委员会会同县政府办公室及时交由有关部门办理，并答复代表本人。

三届四次会议代表议案、建议、批评和意见 收到 10 名以上代表联名提出的议案 38 件，代表个人提出的建议、批评和意见 61 件。经审查确定，除 1 件议案（即田应光等 13 位代表要求制定《印江土家族苗族自治县城镇管理条例》）交自治县人大常委会办理外，另外的 37 件改作建议、批评和意见。大会主席团决定由县人大代表工作委员会会同县政府办公室将建议、批评和意见交由有关部门办理，并负责答复代表。

三届五次会议代表议案、建议、批评和意见 收到 10 名以上代表联名提出的议案 15 件，建议、批评和意见 62 件。经议案审查委员会审定，对 15 件议案全部改作建议、批评和意见。由县人大代表工作委员会会同县政府办公室交由有关部门认真办理，答复代表本人，并报县人大常委会备案。

四届一次会议代表议案、建议、批评和意见 收到 10 名以上代表联名提出的议案 36 件，建议、批评和意见 76 件。根据《议案办理办法》规定，对代表提出的议案逐件进行初审，对 36 件议案全部改作建议、批评和意见。会议主席团决定，由县人大代工委会会同县政府办公室负责整理后交由有关部门办理，并答复代表。

四届二次会议代表议案、建议、批评和意见 共收到 10 名以上代表联名提出的议案 35 件，建议、批评和意见 39 件。根据《会议议案办理办法》规定，经逐件审查，对 35 件议案全部改作建议、批评和意见。由县人大代工委会同县政府办公室分类整理后，交由有关部门办理，及时答复代表。

四届三次会议代表议案、建议、批评和意见 收到 10 名以上代表联名提出议案 36 件，代表对各方面工作提出的建议、批评和意见 30 件，根据《组织法》和《三次会议议案办理办法》规定，对代表提出的议案逐件进行初审，对 36 件议案，建议作为议案办理的 1 件，交本次大会主席团审议决定，经本次大会主席团第二次会议审议，认为综合开发利用“朗溪湖”还不现实，主席团决定此件议案在本次会议不作议案办理。其余 35 件议案改作建议、批评、意见。交县人民政府及有关部门研究办理，并负责答复代表。

四届四次会议代表议案、建议、批评和意见 收到 10 名以上代表联名提出议案 36 件，代表个人建议、批评和意见 36 件。经对代表提出的议案，建议、批评和意见，逐件审议，议案审查委员会把 36 件议案全部改作建议、意见，交县政府直接办理的 5 件，交交通部门办理的 13 件，交水利部门办理的 9 件，交教育、旅游部门办理的各 2 件，交供电、公安、工商、电信、文广部门办理的各 1 件。

四届五次会议代表议案、建议、批评和意见 收到 10 名以上代表联名提出的议案 36 件，代表个人提出的建议、批评和意见37件。经对代表提出的议案、建议、批评和意见认真审议，议案审查委员会把36件议案全部改作建议、批评和意见，交县人民政府及有关部门研究办理。36件议案，交县政府直接办理的5件，交交通部门办理的10件，交水利部门办理的7件，交建设部门办理的3件，交教育部门办理的3件，交民政部门办理的2件，交林业、农办、旅游、供电、环保、县人民法院办理的各1件。

五届一次会议代表议案、建议、批评和意见 收到10名以上代表联名提出议案51件，代表个人建议、批评和意见52件。根据《组织法》和《五届一次会议议案办理办法》规定，经对代表提出的议案、建议、批评和意见逐件认真审议，议案审查委员会把51件议案全部改作建议、意见，由县政府及有关部门办理，其中，由县政府直接办理的4件，由交通部门办理的11件，由教育部门办理的4件，由水利部门办理的14件，由文广部门办理的2件，由财政部门办理的2件，由林业部门办理的1件，由民政部门办理的2件，由旅游部门办理的2件，由公安、农业、农办、国土资源、畜牧、建设、供电、电信、体育部门办理的各1件。

五届二次会议代表议案、建议、批评和意见 收到10名以上代表联名提出议案34件，代表建议、批评和意见41件。经对代表提出议案逐件初审，大会主席团决定，将34件议案全部改作建议、意见，并同41件建议、批评、意见全部交由县人民政府及有关部门研究办理。

五届三次会议代表议案、建议、批评和意见 收到10名以上代表联名提出议案22件，代表建议、批评和意见57件。经对代表提出的议案逐件审查，大会主席团第二次会议决定，将22件议案全部改作代表建议、批评和意见，并同57件建议、批评和意见，交县人民政府及有关部门研究办理，并在年底以前将办理情况答复代表。

五届四次会议代表议案、建议、批评和意见 收到10名以上代表联名提出议案49件，代表建议、批评和意见102件。经对代表提出的议案逐件审查，决定将49件议案全部转为代表建议、批评和意见，并同102件建议、抃评和意见，交县政府及有关部门研究办理。

六届一次会议代表议案、建议、批评和意见 收到10名以上代表联名提出议案60件，代表建议、批评和意见98件。经对代表提出的议案逐件审查决定，将夏良强等15名代表提出的制定《印江母亲河保护办法》的议案交自治县人大法制工作委员会牵头办理，并写出报告提交自治县人大常委会审议决定。将其余59件议案转为代表建议、批评和意见，并同98件建议、批评和意见，交县政府及有关部门认真研究办理，并及时答复代表。对5件建议、意见作为人大常委会重点督办件，交有关部门限期办理。

二、视察 调研

自治县第一届人大常委会 采取集中视察、平时视察、常委会视察等方式，先后组织8次21个视察组，对县直22个局级单位，27个基层企业和10个乡的有关工作情况，进行有重点的、有针对性的视察。协助全国人大代表戴振华对有关部门工作进行座谈、调研、视察。两次陪同省七届人大代表对印江各方面工作进行视察。两次委托各区镇代表中心小组对本区所在地的有关部门进行视察。多次接待省、地人大领导到印江视察工作，撰写视察报告14个。同时，常委会各工作委员会针对改革和建设中出现的问题，特别是新形势下有的单位出现有法不依、执法不严、违法不究和工作不负责任的问题，经常深入机关、企业、厂矿、学校和农村基层单位进行调查，召开干部群众座谈会，宣传党的方针、政策和国家法律，帮助解剖工作中出现的困难，并积极协助完成粮食、烤烟生产和计划生育、秋粮入库、生产救灾、生活安排等任务，撰写调查报告52份。通过视察和调查，了解全县各地各方面各个时期的工作情况，对存在的问题提出建议、意见，为支持和促进“一府两院”工作提供依据。如常委会组织视察组对县药材公司的经营情况进行视察后，作出责成政府通知限期进行整顿的决议，政府派出工作组及时整顿，从而迅速扭转了该公司亏损的被动局面。

自治县第二届人大常委会 围绕经济建设和改革开放的重点，抓住人民群众反映强烈的“热点”问题，组织人大常委会委员和人大代表定期不定期地开展调查研究和考察活动。常委会及各工作委员会根据不同时期的工作重点，对深化企业和农村经济改革，加强农业基础建设，发展民族经济，开发粮、油、茶等支柱产业，科技兴农、工商企业生产经营，以及有关部门贯彻执行法律、法规等问题，作广泛的调查研究。两次组织5个考察组和1个干部考评组，对农业、水电、司法、民委等16个部门的工作情况进行考察，对法院、监察局、土地管理局和通过人大任命的干部进行政绩考评。三次组织在印江选出的省七届人大代表，对自治县国民经济计划、财政预算的执行情况，全县乡镇企业发展，农田水利，“坡改梯”建设，“建并撤”后乡（镇）工作的运转情况，《贵州省计划生育试行条例》《未成年人保护法》《矿产资源法》的贯彻实施情况进行考察。多次接待省、地人大领导和全国人大代表许承印、戴振华对印江的有关工作情况进行考察。多次协助有关部门对全县农村、教育、卫生、科技兴农等方面的工作进行调查。通过调查，组织专题讨论，撰写调查报告10篇。

自治县第三届人大常委会 针对不同时期的工作重点，及时组织省、县人民代表和相关工作委员会，对国民经济计划和财政预算的执行情况、开展反腐败斗争、纠正行业不正之风和查禁“三乱”，税收、烤烟、计划生育、农业生产、农民增收、土地管理、环境保护、减轻农户负担、农田水利基本建设、农机发展、社会治安综合治理、打击毒品犯罪、乡（镇）企业发展、特困企业解困等情况进行调研考察。5年中，常委会先后10次组织常委会委员、县人大代表组成18个调研考察组，共108人次，开展调研活动，撰写调研报告318个。5次陪同驻印江的省人大代表开展调研工作。4次组织县人大代表开展考察活动。5次委托17个乡（镇）组织县人大代表开展考察活动85次。多次陪同省、地区人大领导对县有关工作开展考察活动。各工作委员会根据各自分工和全县工作布局，有效地开展调研活动20次，撰写调研报告34份。如1996年9月18日县城岩口发生特大山体滑坡，朗溪镇数千名群众住房被水淹没，常委会委员陪同省人大代表及时进行专题考察，对一些久拖不决、亟待解决的问题及时向县政府提出改进意见和要求，县政府调查并报告处理结果。

自治县第四届人大常委会 围绕“九五”和“十五”计划及西部大开发战略的实施，有重点地开展调研工作。5年中，共组织省、县人大代表20次、30个组120人次，对全县国民经济和社会发展计划及财政预算执行情况、交通、生态、城乡建设、教科文卫、社会治安等工作进行调研活动，撰写调研报告31份。5次委托17个乡（镇）组织县代表就地开展考察活动。各工作委员会围绕常委会的工作要求，结合分管工作的重点，开展行之有效的调研活动，共开展调研活动30次，向常委会提交调研报告30份，如：县人大常委会组织部分省、县人大代表对每年的国民经济计划和财政预算的执行情况进行调察，根据需要，自治县人大常委会及时对部分经济指标进行调整，保证各年度国民经济计划和财政预算的完成。针对因长期大量开采黄金，造成木黄金厂污染河水水质、严重破坏植被的问题，自治县人大常委会多次组织省、县人大代表深入矿山进行考察，对存在严重超标排放有毒物质且无污染处理设施、无证开采等问题，提出限期停产整治和关停的建议。自治县人大常委会专题听取自治县人民政府关于金矿污染治理的情况报告。此外，县人大常委会还组织省、县人大代表对全县社会治安综合治理工作进行专题考察。对印沿、印松、印德油路改造工程，县城水网改造工程等重点建设项目进行调察。

自治县第五届人大常委会 始终把监督国民经济和社会发展计划执行情况、财政预算执行情况、促进全县经济和社会持续快速健康发展作为工作重点。每年都组织部分省、县人大代表对国民经济计划和财政预算执行情况、农业春耕、秋种、烤烟生产、林业、水利、畜牧、农业产业化、教育、文化、卫生、科技、计划生育、电力、交通等工作进行考察。常委会组织省、县人大代表开展考察活动6次72人次。开展专题调研活动8次，撰写调研报告8份。4次委托乡（镇）的县代表中心小组开展考察活动。县人大各工作委员会开展调研活动72次，向常委会提交调研报告72个。开展对重点建设项目的考察工作，如建设自治县东北部经济带是兴工富县的重要举措，是关系全县“十一五”期间经济能否实现跨越式发展的重要环节，常委会多次组织省、县代表到该地考察，听取和审议县人民政府《关于印江自治县东北部工业经济带建设情况报告》。县城防洪堤工程是全县实施的重点工程项目之一，常委会组织省、县代表考察后，提出加强对第三期工程质量的监管，改建一期工程护栏，尽快启动二期和翻板坝工程，加快整个工程进度的建议。

自治县第六届人大常委会 截至2008年年末，共组织第六届县人大代表、常委会委员开展调研17次、考察7次、执法检查5次。主要听取和审议自治县人民政府关于烟水配套工程完成情况、财政预算执行情况及其他财政收支的审计工作、农业综合开发及项目实施情况、扶贫开发情况等报告。集中对人大常委会任命人员开展岗位培训。组织部分县人大代表对县直执法和服务部门开展以“优化环境、服务经济”为内容的评选活动，召开部分县人大代表座谈会，征求对人大常委会和“一府两院”工作的建议、批评和意见。

第五节 立法工作

依据《中华人民共和国宪法》《中华人民共和国立法法》《中华人民共和国民族区域自治法》，自治县人民代表大会按照宪法和法律赋予的立法权，在1988—2008年间，公布施行《印江土家族苗族自治县自治条例》《印江土家族苗族自治县城镇管理条例》《印江土家族苗族自治县非耕地开发管理条例》《印江土家族苗族自治县法制宣传教育条例》《印江土家族苗族自治县非公有制经济发展保护条例》《印江土家族苗族自治县印江河保护条例》。

一、《印江土家族苗族自治县自治条例》

《印江土家族苗族自治县自治条例》（以下简称《自治条例》），于1987年11月开始起草，九易其稿。1989年4月15日，印江土家族苗族自治县第一届人民代表大会第三次会议审议通过《自治条例（草案）》，1990年1月19日，贵州省第七届人民代表大会常务委员会第十一次会议批准《印江土家族苗族自治县自治条例》，自1990年5月1日起施行。《自治条例》共八章五十六条，包括总则、自治机关、人民法院和人民检察院、经济建设、财政管理、教育、科学、文化、卫生、体育事业、民族关系和附则。《自治条例》规定，每年公历11月20日为自治县成立纪念日。

1990年5月1日，公布施行的《自治条例》，在保障自治权利，巩固和发展平等、团结、互助的社会主义民族关系，促进自治县经济发展和社会全面进步以及推进民主法制建设等方面发挥重要作用。随着改革开放和社会主义市场经济体制的建立，《自治条例》部分规定已经不能适应自治县经济建设和社会发展的需要。2002年5月，自治县第四届人大常委会决定修改《自治条例》。2006年2月25日，印江土家族苗族自治县第五届人民代表大会第四次会议审议通过，印江土家族苗族自治县人民代表大会关于修改《印江土家族苗族自治县自治条例（草案）》的决定，2006年3月30日，贵州省第十届人民代表大会常务委员会第二十次会议批准。经批准的《印江土家族苗族自治县自治条例》，自2006年6月1日起施行。修正后的《自治条例》共七章六十条，包括总则、自治机关、人民法院和人民检察院、经济建设、社会事业、民族关系和附则。《自治条例》规定，每年11月20日为自治县成立纪念日，放假1天。

二、《印江土家族苗族自治县城镇管理条例》

为了加强自治县城镇管理，建设整洁、优美、文明的现代化城镇，促进城镇经济建设和社会事业的发展，1998年7月，自治县第四届人民代表大会常务委员会决定制定《印江土家族苗族自治县城镇管理条例》（以下简称《城镇管理条例》）。《城镇管理条例》的起草工作于1999年6月正式开始，四易其稿。2000 年 3 月 3 日，印江土家族苗族自治县第四届人民代表大会第三次会议审议通过《城镇管理条例》（草案），2000 年 5 月 27 日，贵州省第九届人民代表大会常务委员会第十六次会议批准《印江土家族苗族自治县城镇管理条例》，自 2000 年 8 月 1 日起施行。《城镇管理条例》共七章六十七条，包括总则、城镇规划建设管理、城镇市容环境卫生管理、城镇市政设施管理、市场和交通秩序管理、法律责任和附则。

2007 年 6 月 28 日，自治县第六届人民代表大会常务委员会第四次会议决定重新制定《印江土家族苗族自治县城镇管理条例》（以下简称《城镇管理条例》）。2008 年 4 月 24 日，重新制定《城镇管理条例》工作正式启动，按照立法程序，切实开展调研、起草、征求意见各项工作。2011 年 1 月 14 日，印江土家族苗族自治县第六届人民代表大会第六次会议审议通过《城镇管理条例（草案）》，2011 年 3 月 30 日，贵州省第十一届人民代表大会常务委员会第二十一次会议批准《印江土家族苗族自治县城镇管理条例》，自 2011 年 7 月 1 日起施行。重新公布施行的《城镇管理条例》共七章六十九条，包括总则、城镇规划建设管理、城镇市容环境卫生管理、城镇市政设施管理、市场和交通秩序管理、法律责任以及附则。

三、《印江土家族苗族自治县非耕地开发管理条例》

为合理利用自治县非耕地资源，规范非耕地开发，保护非耕地开发人的合法权益，改善生态环境，促进经济发展，2000 年 4 月，自治县第四届人民代表大会常务委员会第十五次会议决定制定《印江土家族苗族自治县非耕地开发管理条例》（以下简称《非耕地开发管理条例》）。《非耕地开发管理条例》五易其稿。2001 年 2 月 6 日，自治县第四届人大常委会第二十次会议决定将《非耕地开发管理条例（草案）》提交自治县第四届人民代表大会第四次会议审议。2001 年 2 月 24 日，印江土家族苗族自治县第四届人民代表大会第四次会议审议通过《非耕地开发管理条例（草案）》，2001 年 5 月 25 日，贵州省第九届人民代表大会常务委员会第二十二次会议批准《印江土家族苗族自治县非耕地开发管理条例》。《非耕地开发管理条例》共三十条，自 2001 年 9 月 1 日起施行。

四、《印江土家族苗族自治县法制宣传教育条例》

为使自治县法制宣传教育规范化、制度化，增强公民的法律意识和法制观念，推进依法治县进程，2000 年 4 月，自治县第四届人民代表大会常务委员会第十五次会议决定制定《印江土家族苗族自治县法制宣传教育条例》（以下简称《法制宣传教育条例》）。《法制宣传教育条例》数易其稿。2001 年 2 月 6 日，自治县第四届人大常委会第二十次会议决定将《法制宣传教育条例（草案）》提交自治县第四届人民代表大会第四次会议审议。2001 年 2 月 24 日，印江土家族苗族自治县第四届人民代表大会第四次会议审议通过《法制宣传教育条例（草案）》，2001 年 5 月 25 日，贵州省第九届人民代表大会常务委员会第二十二次会议批准《印江土家族苗族自治县法制宣传教育条例》。《法制宣传教育条例》共三十三条，自 2001 年 9 月 1 日起施行。

五、《印江土家族苗族自治县非公有制经济发展保护条例》

为引导和促进自治县非公有制经济持续、健康发展，保护非公有制经济主体的合法权益，2000 年 4 月，自治县第四届人民代表大会常务委员会第十五次会议决定制定《印江土家族苗族自治县非公有制经济发展保护条例》（以下简称《非公有制经济发展保护条例》）。2001 年 2 月 6 日，自治县第四届人大常委会第二十次会议决定将《非公有制经济发展保护条例（草案）》提交自治县第四届人民代表大会第四次会议审议。2001 年 2 月 24 日，印江土家族苗族自治县第四届人民代表大会第四次会议审议通过《非公有制经济发展保护条例（草案）》。2001 年 9 月 23 日，贵州省第九届人民代表大会常务委员会第二十四次会议决定批准《印江土家族苗族自治县非公有制经济发展保护条例》。《非公有制经济发展保护条例》共三十七条，自 2001 年 12 月 1 日起施行。

六、《印江土家族苗族自治县印江河保护条例》

2010 年 12 月，县人大召开《印江河保护条例》执法检查汇报会

印江河是印江人民赖以生存的自然资源，随着沿河两岸人口的增加和工矿企业、村镇的建设，印江河流域水土流失严重，生态环境不容乐观，水质污染十分严重，对人民的生产和生活造成一定影响。为规范管理和保护印江河流域的生态环境，防治印江河污染，保障人民生活和生产需要，合理开发利用印江河流域的资源，促进全县经济社会可持续发展，2006 年 12 月 27 日，自治县第六届人民代表大会第一次会议审议通过关于制定《印江母亲河保护办法》的议案。2007 年 6 月，自治县第六届人大常委会第四次会议，决定将制定《印江河保护办法》列入本届人大常委会立法规划，并按照法规名称由效力范围、规范事项和体裁形式三个部分构成的要求，更名为《印江土家族苗族自治县印江河保护条例》（以下简称《印江河保护条例》）。《印江河保护条例》，十易其稿。2009 年 2 月，自治县第六届人大常委会第十八次会议审议通过《印江河保护条例（草案）》，决定提交自治县第六届人民代表大会第四次会议审议。2009 年 3 月 1 日，印江土家族苗族自治县第六届人民代表大会第四次会议审议通过《印江河保护条例（草案）》。2009 年 7 月 29 日，贵州省第十一届人民代表大会常务委员会第九次会议批准《印江土家族苗族自治县印江河保护条例》。《印江河保护条例》共二十四条，自 2010 年 1 月 1 日起施行。

第二章　政　府

第一节　印江自治县人民政府

县人民政府由正、副县长和政府职能部门组成。县长、副县长由县人民代表大会选举产生。政府部门正职由县人大常委会任命。县人民政府对全县行政工作实行领导、规划、组织、协调、控制、监督等，履行职责的主要形式有政府全体会议、政府常务会议、县长办公会议、乡镇长会议、工作例会、专题会和工作会议。1988—2008 年，印江自治县人民政府共经历 6 届政府，以发展国民经济、振兴社会各项事业、改善人民生活为奋斗目标实施政务。

一、　各届县人民政府

第一届自治县人民政府（1987.9—1990.6）　1987 年 9 月，县第一届人民代表大会选举戴振华为县人民政府县长，选举田景坤、吴永德、杨光宇、张德普为副县长。1990 年 3 月，县长戴振华调离后，由杨清富任代理县长，同时增补 1 名副县长。

第二届自治县人民政府（1990.6—1993.3）　1990 年 6 月，县第二届人民代表大会选举杨清富为县人民政府县长，选举田建高、吴永德、张德普、严守杰、陈启成为副县长。1992 年 1 月调离 1 名副县长，1992 年 4 月增补 1 名副县长。

第三届自治县人民政府（1993.3—1997.12）　1993 年 3 月，县第三届人民大会选举田建高为县人民政府县长，帅朝纲、任廷纪、吴永德、饶人才、张仁慧、任坚强为副县长。1995 年 9 月，县长田建高离任后，由帅朝纲任代理县长，1996 年 3 月帅朝纲补选为县长。本届县人民政府增补副县长 4 名，调离副县长 2 名。

第四届自治县人民政府（1997.12—2003.1）　1997 年 12 月，县第四届人民代表大会选举帅朝纲为县人民政府县长，谭守华、杨德华、李世凡、任蔚鸫、张洁、严天智为副县长。2001 年 9 月，县长帅朝纲离任后，由李建任代理县长。2002 年 3 月，李建补选为县长。本届人民政府增补副县长 5 名，调离副县长 5 名。

第五届自治县人民政府（2003.1—2006.12）　2003 年 1 月，县第五届人民代表大会选举李建为县人民政府县长，谭守华、严天智、方门照、苏天前、冉隆军为县人民政府副县长。2006 年 2 月，肖洪补选为县长。本届县人民政府增补副县长 1 名，调离副县长 2 名。

第六届自治县人民政府（2006.12—2008.12）　2006 年 12 月，县第六届人民代表大会选举肖洪为县人民政府县长，张明、王继承、苏天前、何支刚、张武（女）为县人民政府副县长。

二、 政府机构

1988年，县人民政府机构设置有：政府办公室、民族事务委员会、县志编纂委员会、人事局、劳动局、民政局、公安局、司法局、计划委员会、统计局、工商行政管理局、标准计量管理局、物价局、经济贸易委员会、轻工业局、交通局、城乡建设环境保护局、财政局、税务局、审计局、农村经济委员会、扶贫开发办公室、农业局、农业区划委员会办公室、林业局、水利电力局、教育局、文化局、广播电视局、卫生局、计划生育委员会、粮食局、商业局、科学技术委员会、乡镇企业管理局、土地管理局、监察局、物资局、供销合作社联合社、畜牧水产局、档案局、体育运动委员会、气象局、农村社会经济调查队、邮电局、烟草专卖局、公路养护段、人民银行、农业银行、建设银行、工商银行、农村信用合作社联合社、保险公司。

1990年，标准计量管理局更名为技术监督局，成立农业机械管理局。1991年，成立旅游局。1993年，成立养路费征收稽查所。1994年，撤销税务局，成立国家税务局和地方税务局。成立供电局。1995年，撤销农业区划委员会办公室，同时将其原有工作职能划入农业局。1996年，撤销人事局、劳动局，新组建人事劳动局。撤销经济贸易委员会、轻工业局，新成立经济贸易局。城乡建设环境保护局更名为建设局。民族事务委员会更名为民族宗教事务局。撤销县志编纂委员会。计划委员会更名为计划局。工商行政管理局与技术监督局、物价局合并成立工商行政管理局。农村经济委员会与扶贫开发办公室合并为农业办公室。撤销文化局、广播电视局，同时新组建文化广播电视局。计划生育委员会更名为计划生育局。商业局更名为商业贸易总公司。科学技术委员会更名为科学技术局。土地管理局更名为国土局。撤销物资局。新成立机关事业单位社会保险事业局。畜牧水产局更名为畜牧水产事业局。体育委员会更名为体育事业局。农业机械管理局更名为农业机械事业局。旅游局更名为旅游事业局。

印江自治县人民政府外景（2008年拍摄）

1997年，新成立农业发展银行。机关事业单位社会保险事业局更名为职工社会保险事业局。商业贸易总公司更名为商业贸易有限责任公司。撤销农业办公室，农业办公室分离为农业办公室和扶贫开发办公室。农业区划委员会办公室更名为农业资源区划委员会办公室。1998年，商业贸易有限责任公司更名为商业贸易开发中心。撤销邮电局，新成立邮政局、电信局。公路养护段更名为公路管理段。撤销保险公司，并分别组建财产保险公司、人寿保险公司。成立印江自治县招商引资局。

2001年，机构改革后，县政府工作机构设置为：自治县人民政府办公室（含外事、侨务、人防、经济体制改革调研等工作，法制办公室设在政府办公室，为副科级机构）、县国防教育办公室为县人民政府和县国防教育委员会的常设办事机构，正科级建制，设在县政府办公室、自治县发展计划局（含招商引资和外协工作，挂招商引资局牌子）、自治县经济贸易局（含非国有经济和流通领域管理工作）、自治县教育局、自治县科学技术局、自治县民族宗教事务局、自治县公安局（含国家安全工作）、自治县监察局、自治县民政局（老龄工作委员会办公室设在民政局）、自治县司法局、自治县财政局（含国有资产管理工作）、自治县人事劳动和社会保障局、自治县国土资源局、自治县建设局、自治县交通局（含战备支前运输工作）、自治县水利局（含小水电建设和防汛抗旱工作）、自治县农业局（含农机、农业区划工作）、自治县林业局、自治县卫生局（含爱国卫生工作）、自治县计划生育局、自治县审计局、自治县统计局、自治县粮食局、自治县乡镇企业局（含煤炭行业管理工作）、自治县文化广播电视局、自治县物价局（物价检查所与其合署办公，一个机构两块牌子）。明确议事协调机构的常设办事机构有：自治县农业办公室（农业综合开发办公室、扶贫开发办公室）。明确受县政府委托行使部分行政管理职能的直属事业单位有：自治县档案局（与县档案馆实行局馆合一，一个机构两块牌子）、自治县畜牧水产事业局、自治县体育事业局、自治县环境保护事业局、自治县旅游事业局、自治县供销合作联社。

2004 年，撤销自治县人民政府办信访室，设立印江自治县信访局，为正科级规格，设在自治县人民政府办公室。设立印江自治县安全生产监督管理局，为自治县人民政府直属正科级事业机构（含自治县安全生产委员会办公室）。自治县法制办公室升格为正科级规格，设在自治县人民政府办公室。自治县地方志办公室与自治县委党史研究室合署办公，实行两块牌子一套人员。自治县发展计划局改组为自治县发展和改革局。自治县计划生育局更名为自治县人口和计划生育局。县人民政府的其他工作机构维持不变。此后至 2008 年，县政府机构设置未变。

1988—2008 年印江土家族苗族自治县人民政府领导名录

表 11－2

届别	职务	姓名	性别	出生地	任职时间	备注
一届	县长	戴振华	男	贵州印江	1987.9—1990.3	—
	代理县长	杨清富	男	贵州天柱	1990.3—1990.6	—
	副县长	田景坤	男	贵州印江	1988.1—1990.4	—
		吴永德	男	贵州印江	1988.1—1990.6	—
		杨光宇	男	贵州贵阳	1988.1—1989.3	—
		张德普	男	贵州印江	1988.1—1990.6	—
		杨清富	男	贵州天柱	1990.3—1990.6	—
		田建高	男	贵州思南	1990.3—1990.6	—
二届	县长	杨清富	男	贵州天柱	1990.6—1993.3	—
	副县长	田建高	男	贵州思南	1990.6—1993.3	—
		吴永德	男	贵州印江	1990.6—1993.3	—
		张德普	男	贵州印江	1990.6—1993.3	—
		严守杰	男	贵州印江	1990.6—1993.3	—
		陈启成	男	四川资中	1990.6—1992.1	—
		肖宗元	男	广东梅县	1992.4—1993.3	—
三届	县长	田建高	男	贵州思南	1993.3—1995.9	—
	代理县长	帅朝纲	男	贵州印江	1995.9—1996.3	—
	副县长	任廷纪	男	贵州印江	1993.3—1997.3	—
		吴永德	男	贵州印江	1993.3—1997.12	—
		张仁慧	男	贵州印江	1993.3—1997.12	—
		饶人才	男	贵州印江	1993.3—1997.12	—
		任坚强	女	贵州印江	1993.3—1995.12	—
		杜典国	男	贵州德江	1995.8—1997.12	—
		帅朝纲	男	贵州印江	1993.3—1995.8	—
		谭守华	男	贵州印江	1997.3—1997.12	—
		唐文汉	男	贵州修文	1993.3—1995.4	挂职
		汪福亚	男	贵州遵义	1996.3—1997.12	挂职

续表11-2

届别	职务	姓名	性别	出生地	任职时间	备注
四届	县长	帅朝纲	男	贵州印江	1996.3—2001.8	—
	代理县长	李　建	男	贵州沿河	2001.9—2002.3	—
	副县长	谭守华	男	贵州印江	1997.12—2003.1	—
		杨德华	男	贵州印江	1997.12—2002.6	—
		李廿凡	男	贵州印江	1997.12—2002.12	—
		任蔚鸫	男	贵州松桃	1997.12—2000.12	—
		张　洁	女	贵州印江	1997.12—2001.4	—
		严天智	男	贵州印江	1997.12—2003.1	—
		方门照	男	贵州石阡	2001.8—2002.12	—
		苏天前	男	贵州印江	2001.7—2002.12	—
		汪福亚	男	贵州遵义	1997.12—1998.2	挂职
		刘忠斌	男	湖南邵东	1998.2—1998.12	挂职
		马　黎	男	—	2001.4—2002.10	挂职
五届	县长	李　建	男	贵州沿河	2002.3—2005.10	—
	代理县长	肖　洪	男	贵州沿河	2005.10—2006.2	—
	副县长	谭守华	男	贵州印江	2003.1—2006.2	—
		严天智	男	贵州印江	2003.1—2006.12	—
		方门照	男	贵州石阡	2003.1—2006.12	—
		苏天前	男	贵州印江	2003.1—2006.12	—
		冉隆军	男	贵州印江	2003.1—2005.2	—
		张　明	男	湖北安陆	2005.6—2006.12	—
		熊放鸣	男	重庆秀山	2006.3—2006.10	挂职
		陈　良	男	陕西富县	2003.3—2005.4	挂职
六届	县长	肖　洪	男	贵州沿河	2006.2—	—
	副县长	张　明	男	湖北安陆	2006.12—2008.10	—
		王继承	男	贵州印江	2006.12—	—
		苏天前	男	贵州印江	2006.12—	—
		何支刚	男	贵州思南	2006.12—	—
		张　武	女	贵州印江	2006.12—	—
		傅文华	男	贵州印江	2008.4—	挂职

1988—2008年印江土家族苗族自治县政府工作机构领导名录

表11-3

单位	职务	姓名	性别	出生地	任职时间	备注
政府办	主任	严易永	男	贵州印江	1988.1—1993.2	—
	主任	杨　正	男	贵州印江	1993.5—1996.7	—
	主任	蔡文森	男	贵州印江	1997.5—2002.12	—
	主任	张延高	男	贵州印江	2003.2—2008.12	—

续表11－3

单位	职务	姓名	性别	出生地	任职时间	备注
监察局	局长	张命福	男	贵州印江	1988.1—1990.8	—
		戴联盟	男	贵州印江	1990.8—1993.5	—
		冯贵川	男	河南南乐	1993.6—1997.9	—
		王顺治	男	贵州印江	1998.2—2002.12	—
		任明煌	男	贵州印江	2002.12—2007.7	—
		张平礼	男	贵州印江	2007.7—	—
税务局	局长	许婉芝	女	广东	1988.1—1988.9	—
	局长	禹新民	男	贵州铜仁	1991.12—1994.9	—
轻工业局	局长	熊荣仙	女	贵州印江	1988.1—1990.9	—
	局长	段以奋	男	贵州遵义	1990.10—1992.5	—
	局长	戴联盟	男	贵州印江	1993.6—1996.7	—
物资局	局长	严天永	男	贵州印江	1988.1—1996.7	—
行政服务中心	主任	杜简才	男	贵州印江	2007.7—	—
农业区划办公室	主任	严守杰	男	贵州印江	1988.8—1990.2	—
	主任	杨高潮	男	贵州印江	1992.9—1995.12	—
	主任	周焯文	男	贵州印江	1995.12—1996.7	—
水利电力局	局长	杨秀伦	男	贵州印江	1988.1—1996.8	—
	局长	廖宗富	男	贵州遵义	1996.9—2001.10	—
水务局	局长	张翊斌	男	贵州思南	2001.11—2007.12	—
	副局长	叶　勇	男	贵州印江	2007.12—2008.10	主持工作
	局长	任明煌	男	贵州印江	2008.10—2008.12	—
科委	主任	刘国良	男	云南泸西	1988.1—1996.7	—
科技局	局长	卢维礼	男	贵州遵义	1997.7—2001.11	—
	局长	韩国太	男	贵州思南	2001.11—2003.4	—
	局长	任志华	男	贵州印江	2003.4—	—
人事局	局长	廖国栋	男	贵州印江	1988.1—1990.8	—
	局长	任永和	男	贵州印江	1990.8—1996.7	—
劳动局	局长	严天瑜	男	贵州印江	1988.1—1993.5	—
	局长	田茂礼	男	贵州印江	1993.5—1996.7	—
人事劳动局	局长	任永和	男	贵州印江	1996.7—1997.12	—
	局长	吕群扬	男	贵州印江	1998.2—2001.11	—
人事劳动和社会保局	局长	吕群扬	男	贵州印江	2001.11—2007.7	—
	局长	田　斌	男	贵州印江	2007.7—	—
计划委员会	主任	严守杰	男	贵州印江	1988.1—1990.7	—
	主任	王国用	男	贵州印江	1990.8—1995.12	—
	主任	任蔚鹁	男	贵州印江	1995.12—1996.7	—
计划局	局长	任蔚鹁	男	贵州印江	1996.7—1997.12	—
	局长	卢道军	男	贵州印江	1998.2—2001.12	—

续表11－3

单位	职务	姓名	性别	出生地	任职时间	备注
发改局	局长	卢道军	男	贵州印江	2002.1—2003.3	—
	局长	张　明	男	湖北安陆	2003.3—2004.11	—
	局长	叶向能	男	贵州印江	2005.7—	—
民政局	局长	田茂礼	男	贵州印江	1988.1—1993.4	—
	局长	冉启文	男	贵州印江	1993.4—1996.3	—
	局长	胡祖贵	男	贵州印江	1996.4—1998.2	—
	局长	田儒沛	男	贵州印江	1998.3—2001.10	—
	局长	张金海	男	贵州印江	2001.10—2007.7	—
	局长	靳承建	男	山东章丘	2007.7—2008.12	—
交通局	局长	杨正孝	男	贵州印江	1988.1—1997.12	—
	局长	方平安	男	贵州印江	1998.2—2001.11	—
	局长	张　明	男	贵州印江	2001.12—2003.3	—
	局长	陈德强	男	贵州印江	2003.3—2007.7	—
	局长	滕建国	男	贵州石阡	2007.7—	—
工商局	局长	吴明宦	男	贵州印江	1988.1—1988.5	—
	局长	刘祖英	男	贵州印江	1988.5—1990.8	—
	局长	赵光州	男	贵州印江	1990.8—1993.3	—
	局长	符佐清	男	贵州印江	1993.5—1998.2	—
	局长	覃礼富	男	贵州印江	1998.2—2003.10	—
	局长	张国珍	女	贵州德江	2003.10—	—
标准计量局	局长	段以奋	男	上海	1988.1—1990.7	—
技术监督局	局长	杨昌明	男	贵州印江	1990.8—1996.7	—
	局长	符佐清	男	贵州印江	1996.7—1999.7	并入工商行政管理局
质量技术监督局	局长	杨昌明	男	贵州印江	2000.1—2002.3	—
	局长	孙　林	男	贵州印江	2002.3—2008.5	—
教育局	局长	涂世纲	男	贵州印江	1988.1—1998.2	—
	局长	郭启光	男	贵州印江	1998.8—2001.8	—
	副局长	高龙生	男	贵州贵阳	2001.9—2001.11	主持工作
	局长	严黔闽	男	贵州印江	2001.11—2007.7	—
	局长	王昌杰	男	贵州印江	2007.7—	—
卫生局	局长	邓应明	男	贵州印江	1988.1—1989.9	—
	局长	牟如鸿	男	贵州印江	1989.10—1990.8	—
	局长	钟龙清	男	四川	1990.8—1996.5	—
	局长	蔡文森	男	贵州印江	1996.5—1997.5	—
	局长	李国宣	男	贵州德江	1997.6—2007.7	—
	局长	田维刚	男	贵州思南	2007.7—	—

续表11－3

单位	职务	姓名	性别	出生地	任职时间	备注
旅游局	局长	杨秀强	男	贵州印江	1992.9—1996.7	—
	副局长	杨秀强	男	贵州印江	1996.7—1998.2	主持工作
	局长	杨秀强	男	贵州印江	1998.2—2000.10	—
	局长	周廷丰	男	贵州印江	2001.11—2007.7	—
	局长	张阳红	男	贵州印江	2007.7—	—
文化局	局长	冯享铭	男	贵州印江	1988.1—1996.7	—
广播电视局	局长	田景凡	男	贵州印江	1988.1—1996.7	—
文化广播电视局	局长	田景凡	男	贵州印江	1996.7—1998.2	—
	局长	周廷丰	男	贵州印江	1998.2—2001.11	—
	局长	张继鸣	男	贵州印江	2001.11—2007.7	—
	局长	吴钊辉	男	贵州印江	2007.7—	—
体育运动委员会	主任	梅丹桂	男	贵州印江	1988.1—1998.2	—
体育事业会	副局长	池江林	男	贵州印江	1998.3—2003.3	主持工作
	局长	池江林	男	贵州印江	2003.3—	—
计划生育委员局	主任	刘浦生	男	上海	1988.1—1990.8	—
	主任	魏厚裕	男	贵州印江	1990.8—1996.7	—
计划生育局	局长	张继鸣	男	贵州印江	1996.7—2001.10	—
人口和计划生育局	局长	帅文政	男	贵州印江	2001.11—2007.7	—
	局长	任　翔	男	贵州印江	2007.7—2008.12	—
商业局	局长	张辉隆	男	广东	1988.1—1990.8	—
	局长	杜文远	男	贵州石阡	1990.8—1995.3	—
县志办	主任	肖忠明	男	贵州印江	1993.5—1996.8	
财政局	局长	张英豪	男	贵州印江	1988.1—1993.11	—
	局长	熊光奎	男	贵州印江	1994.3—1996.12	—
	局长	冉隆军	男	贵州印江	1998.2—2003.2	—
	局长	严　政	男	贵州印江	2003.2—2008.12	—
法制办	主任	吴永德	男	贵州印江	1993.8—1997.6	兼任
	主任	田儒锋	男	贵州印江	2005.7—	—
招商引资局	局长	卢道军	男	贵州印江	1998.2—2003.3	兼任
	局长	张　明	男	贵州印江	2003.3—2005.4	兼任
	局长	文安勇	男	贵州印江	2007—2008	—
经济委员会	主任	黄文海	男	贵州印江	1988.1—1990.8	—
	主任	吴廷献	男	贵州印江	1990.8—1996.7	—
经济贸易局	局长	瞿光辉	男	贵州印江	1996.7—2000	—
	局长	戴泽洪	男	贵州印江	2001—2002	—
	局长	严　恬	男	贵州印江	2003—	—

续表11—3

单位	职务	姓名	性别	出生地	任职时间	备注
统计局	局长	田应植	男	贵州印江	1988. 1—1993. 5	—
	局长	欧富国	男	贵州印江	1993. 5—1998. 2	—
	局长	严守学	男	贵州印江	1998. 2—2003	—
	局长	张银春	男	贵州思南	2003—2008	—
乡企局	局长	杨秀高	男	贵州印江	1988. 1—1993. 5	—
	局长	张鸣明	男	贵州印江	1993. 5—1998. 2	—
	局长	胡建国	男	贵州印江	1998. 6—2003. 12	—
	局长	田　勇	男	贵州印江	2003. 12—	—
民族事务委员会	主任	杨昌明	男	贵州印江	1988. 1—1990. 8	—
	主任	张命福	男	贵州印江	1990. 8—1996. 7	—
民族宗教事务管理局	局长	张命福	男	贵州印江	1996. 7—1998. 2	—
	局长	刘家沛	男	贵州印江	1998. 2—2007. 7	—
	局长	周廷丰	男	贵州江口	2007. 7—	—
粮食局	局长	陈启成	男	江苏南京	1988. 1—1990. 7	—
	局长	黄文杰	男	贵州印江	1990. 8—1997. 3	—
	局长	杜文远	男	贵州石阡	1997. 5—2002. 3	—
	局长	任光政	男	贵州印江	2002. 3—2008. 12	—
农业机械管理局	副局长	冉茂盛	男	贵州印江	1990. 8—1993. 5	主持工作
	副局长	孙长英	男	贵州印江	1993. 5—1994. 12	主持工作
	局长	孙长英	男	贵州印江	1994. 12—1998. 2	—
	副局长	张圣祥	男	贵州印江	1999. 3—2001. 12	主持工作
农机中心	主任	张圣祥	男	贵州印江	2001. 12—2008. 12	—
安监局	副局长	胡建国	男	贵州印江	2004. 1—2008. 1	主持工作
	局长	胡建国	男	贵州印江	2008. 2—	—
环保局	局长	张鸣明	男	贵州印江	2001. 11—2007. 7	—
	局长	田　猛	男	贵州印江	2007. 3—	—
档案局（馆）	局（馆）长	秦礼显	男	贵州印江	1987. 8—1998. 3	—
	局（馆）长	肖忠民	男	贵州印江	1998. 3—2001. 11	—
	局（馆）长	张建华	男	贵州印江	2001. 11—2007. 7	—
	局（馆）长	冯　净	男	贵州印江	2007. 7—2008. 12	—
	馆长	肖文玉	女	湖南醴陵	1988. 1—1989. 2	—
扶贫办	主任	覃礼富	男	贵州印江	1990. 8—1993. 5	兼任
	主任	严循志	男	贵州印江	1993. 5—1999. 4	—
	主任	冉光璋	男	贵州印江	1999. 5—2001. 11	—
	主任	田儒洪	男	贵州印江	2001. 12—2003. 3	—
	主任	饶继军	男	贵州印江	2003. 3—2008. 12	—

续表11—3

单位	职务	姓名	性别	出生地	任职时间	备注
农业局	局长	欧天文	男	贵州印江	1988.1—1990.5	—
	局长	谭守华	男	贵州印江	1990.5—1997.3	—
	局长	焦建国	男	贵州印江	1997.3—2007.7	—
	局长	何圣志	男	贵州印江	2007—2008.4	—
	局长	徐　刚	男	贵州印江	2008.4—	—
供销社	主任	陈正治	男	贵州印江	1988.1—1990.2	—
	主任	房柳铭	男	贵州印江	1990.4—1998.2	—
	主任	杨德江	男	贵州印江	1998.3—2008.12	—
信访局	局长	严志宏	男	贵州印江	2004.12—2007.6	—
	局长	邹朝阳	男	贵州印江	2007.7—2007.11	—
	局长	姜仲强	男	贵州印江	2008.1—	—
供电局	局长	施定一	男	江苏	1994.9—2004.1	—
	局长	史绍斌	男	贵州印江	2004.1—	—
物价局	局长	任贞彦	男	贵州印江	1988.1—1996.7	—
	局长	田茂华	男	贵州印江	1996.7—2001.11	—
	局长	张晓蓉	女	贵州印江	2001.11—2008.12	—
烟草专卖局	局长	刘时春	男	贵州印江	1988.1—1997.9	—
	局长	陈　尧	男	贵州德江	1997.9—2002.12	—
	局长	石宗明	男	贵州印江	2003.3—2004.7	—
	局长	罗君科	男	贵州德江	2004.7—2008.3	—
	局长	肖正中	男	贵州沿河	2008.3—2008.12	—
城乡建设环境保护局	局长	周希龙	男	江苏金坛	1988.1—1990.8	—
	局长	戴如江	男	贵州印江	1990.8—1996.7	—
建设局	局长	严天明	男	贵州印江	1996.7—2001.9	—
	局长	徐　刚	男	贵州印江	2001.10—2004.11	—
	局长	陈太雄	男	贵州印江	2004.12—2008.12	—
林业局	局长	余兴杰	男	贵州印江	1988.1—1990.8	—
	局长	陈凤鸣	男	贵州印江	1990.8—1992.8	—
	局长	赵明亮	男	贵州印江	1993.5—1994.12	—
	局长	唐庆军	男	贵州印江	1994.12—2007.7	—
	局长	任明煌	男	贵州印江	2007.8—2008.12	—
商业局	局长	张辉隆	男	广东梅县	1988.1—1990.8	—
	局长	杜文远	男	贵州石阡	1990.8—1995.3	—
商业贸易总公司	经理	张羽毛	男	贵州印江	1996.8—1997.2	—
商贸有限责任公司	经理	张羽毛	男	贵州印江	1997.2—1997.7	—
商贸开发中心	主任	张羽毛	男	贵州印江	1997.7—1998.2	—
	主任	杨昌明	男	贵州印江	1998.2—1998.12	—

续表11－3

单位	职务	姓名	性别	出生地	任职时间	备注
畜牧局	局长	赵光洲	男	贵州印江	1988.1—1990.8	—
	局长	卢维礼	男	贵州遵义	1990.8—1993.5	—
	局长	熊永发	男	贵州印江	1993.5—1998.2	—
	局长	滕建国	男	贵州石阡	1998.3—2007.7	—
	局长	王　斌	男	贵州印江	2007.8—	—
国土局	局长	田儒生	男	贵州印江	1986.6—1998.2	—
	局长	陆治安	男	贵州印江	1998.2—2001.11	—
	局长	柳文卫	男	贵州印江	2001.12—2007.7	—
	局长	李如禹	男	贵州铜仁	2007.8—2008.12	—
审计局	局长	张金龙	男	贵州印江	1985.10—1990.8	—
	局长	杨　正	男	贵州印江	1990.8—1992.6	—
	局长	陈世信	男	贵州印江	1993.3—2001.11	—
	局长	严　政	男	贵州印江	2001.11—2003.2	—
	局长	王顺治	男	贵州印江	2003.2—2007.7	—
	局长	罗　军	男	贵州印江	2007.7—	—
执法局	局长	李亚和	男	贵州印江	2007.7—	—

1988—2008年印江土家族苗族自治县垂直管理部门领导名录

表11－4

单位	职务	姓名	性别	出生地	任职时间	备注
电信局	副局长	洪加春	男	贵州思南	1998.10—1999.4	主持工作
	局长	洪加春	男	贵州思南	1999.5—2003.4	—
	经理	郑发林	男	贵州印江	2003.5—2004.9	主持工作
电信公司	经理	肖元奎	男	贵州沿河	2004.10—2005.8	—
	副经理	池恩俊	男	贵州印江	2005.9—2007.2	—
	经理	池恩俊	男	贵州印江	2007.3—2007.12	—
	代理经理	郑光华	男	重庆秀山	2008.1—2008.4	—
	总经理	龚万洪	男	贵州沿河	2008.5—2009.10	—
邮电局	局长	杨胜权	男	贵州印江	1988.1—1995.9	—
	党支部书记	杨胜权	男	贵州印江	1995.10—1996.12	主持工作
	副局长	洪加春	男	贵州思南	1997.1—1998.9	主持工作
邮政局	局长	杨　军	男	贵州印江	1998.10—2004.4	—
	局长	张晓琴	男	贵州印江	2004.5—	—
移动公司	经理	田　华	男	贵州印江	1999.9—2004.12	—
	经理	李　冰	男	贵州玉屏	2004.12—2007.12	—
联通公司	经理	高启华	男	贵州江口	2007.12—	—
地方税务局	局长	熊光奎	男	贵州印江	1994.9—1996.12	兼任
	局长	晏祖亮	男	贵州印江	1997.5—1999	—
	局长	张俊华	男	贵州印江	1999—2007	—
	局长	吕胜凤	女	贵州印江	2007—	—

续表11－4

单位	职务	姓名	性别	出生地	任职时间	备注
国家税务局	局长	禹新民	男	湖南	1994.9—1995.7	—
	局长	王礼华	男	贵州印江	1995.7—1998.6	—
	局长	安万学	男	贵州思南	1998.6—1998.12	—
	局长	车　俊	男	贵州印江	1999.1—2003	—
	局长	许义阳	男	贵州思南	2003—2008	—
人行印江支行	行长	欧文才	男	重庆	1988.1—1989.1	—
	副行长	吴明宦	男	贵州印江	1989.1—1990.10	主持工作
	行长	吴明宦	男	贵州印江	1990.11—2001.5	—
	副行长	严易英	女	贵州印江	2001.6—2002.4	主持工作
银监办事处	主任	冉茂亚	男	贵州印江	2003.12—	—
信用联社	主任	李明书	男	贵州印江	1988.1—1991.4	—
	主任	康文肃	男	贵州印江	1991.4—1996.2	—
	主任	张世显	男	贵州印江	1996.2—1996.10	—
	主任	秦仁陞	男	贵州印江	1996.10—2000.12	—
	主任	吴光前	男	贵州印江	2001.1—2002.4	—
	主任	王相坤	男	贵州思南	2002.5—2005	—
	主任	杨胜荣	男	贵州印江	2006—	—
农业银行印江	行长	戴复权	男	贵州印江	1988.1—1992.3	—
	行长	李明书	男	贵州印江	1992.3—1996.9	—
	行长	陈建强	男	贵州印江	1996.9—1999.2	—
	行长	戴　英	女	贵州印江	1999.2—2001.11	—
	行长	张太杰	男	贵州思南	2001.11—2003.5	—
	行长	杨秀平	男	贵州松桃	2003.5—2005.9	—
	行长	赵卫国	男	贵州印江	2005.10—	—
建设银行印江	行长	柴恩隆	男	贵州印江	1988.1—1989.10	—
	行长	任明杰	男	贵州印江	1990.7—1993.12	—
	行长	刘　勇	男	贵州印江	1995.12—2001.10	—
	行长	田　翠	女	贵州印江	2001.10－2004.3	—
	行长	田乘胜	男	贵州思南	2004.3－2006.8	—
	行长	盛锡军	男	贵州玉屏	2006.8－	—
农发行印江县支行	行长	杨正松	男	贵州印江	1997.1—2001.1	—
	行长	刘武俊	男	贵州印江	2001.2—2002.7	—
	行长	冯　凌	女	贵州印江	2002.7—2008.10	—
工行印江支行	行长	周崇科	男	贵州印江	1990.3—1992.9	2000年撤出印江市场
	行长	赵晶波	男	贵州印江	1993.6—1997.4	
	行长	吴光前	男	贵州印江	1998.12—2000.12	
邮储银行印江支行	行长	安正斌	男	贵州沿河	2008.06—	—

续表11－4

单位	职务	姓名	性别	出生地	任职时间	备注
人民财产保险印江支公司	经理	谭国初	男	贵州印江	1988.1—1996.4	—
	经理	田茂光	男	贵州印江	1996.4—2005	—
	经理	罗仕忠	男	贵州印江	2005—2006	—
	经理	严慧蓉	女	贵州印江	2006—	—
中国人寿保险印江支公司	经理	刘兴旺	男	贵州印江	1996.4—2005	—
	负责人	祝黔荣	男	贵州印江	2005—2006	临时负责人
	副经理	戴方安	男	贵州印江	2006—2007	主持工作
	副经理	严 华	男	贵州印江	2007—	主持工作
农村社会经济调查队	副队长	严天金	男	贵州印江	1988.1—1994.8	主持工作
	队长	严天金	男	贵州印江	1994.8—2002	—
	副队长	张景余	男	贵州印江	2002—2007	主持工作
国家统计局印江调查队	队长	张景余	男	贵州印江	2007—2008.12	—
气象局	局长	张著琪	男	贵州印江	1988.9—1999.1	—
	局长	冉菊华	女	贵州印江	1999.1—2005.1	—
	局长	何历洪	男	贵州思南	2005.1—2008.10	—
	局长	冉菊华	女	贵州印江	2008.10—	—

第二节 综合政务

一、 县人民政府常务会议

1988 年 (1) 第一次常务会议。讨论通过县人民政府 1987 年度工作总结。为调动区、乡党政领导当家理财的积极性，促进经济工作的发展，决定对 1988 年的财政管理体制进行改革。对农村部分生活困难户的救济问题作了安排；研究 1988 年杂交玉米种子的处理问题；研究板溪区何家乡开具生猪空白条子抵除订购任务，并套购生猪奖售粮化肥问题；决定由贺光禄、杨光宇召集计委、农业局、林业局等有关人员讨论，拟定全县农业技术人员实行有偿技术服务方案和 1988 年全县植树造林安排意见。会议对编制 1988 年全县国民经济和社会发展计划作了安排。研究板溪中学、合水小学基建问题。戴振华通报 1987 年财政决算情况和 1988 年烤烟生产形势。(2) 第二次常务会议。县财政局汇报 1988 年财政预算初步安排情况。县企业承包经营领导小组汇报企业经营承包进展情况。会议研究对《贵州日报》3 月 1 日刊登的《印江食品部门炒卖售猪票据》一事的处理意见。戴振华通报甘金桥电站工程进展和有关问题。(3) 第三次常务会议。县劳动局汇报 1987 年全民所有制企业职工调资情况。研究天堂区甘金桥电站停电停产后，原有人员的安置问题。研究 1988 年“双杂”制种的有关问题。研究县粮食局《关于粮食品种搭配供应的报告》。研究县计生委、县畜牧水产局关于设立机构的报告。研究 1988 年人工防雹有关问题。(4) 第四次常务会议。会议对政府领导成员执行 1987 年度目标管理责任制情况进行考评。讨论近期将向县一届人大二次会议作的政府工作报告初稿。张德普汇报地区企业经营承包工作会议精神。县建行汇报全省建行工作会议精神。监察局汇报地区监察工作会议精神。县劳动局汇报有关人事调动问题。会议决定县农村能源办公室合署到县农业局，隶属农业局领导，原抽调人员仍继续到农村能源办公室办公。(5) 第五次常务会议。研究县商业局、物价局等有关部门关于进一步调整全县生猪购销价格的报告。根据上级有关部门对几种主要副食品放开价格的精神，为使广大干部、职工的实际生活水平不致发生较大的波动，会议决定对全县国营和集体企业事业单位以及机关干部、职工每人每月给予副食品补贴。研究县城建办公室关于征用城区部分零星土地安排部分农民居民建房的报告。通报县政府综合办公楼基建筹备情况。(6) 第六次常务会议。为突出阶段性工作的重点，提高工作效率，会议对县政府领导成员 6—7 月份的工作作出安排。会议对县政府办公室主任、副主任的分工进行研究。研究余兴杰等关于发展县内芒杆生产设想的报告。鉴于西北环线已经改造，省公路养护部门不再承担从坪兴寨经西门湾至关庄坝交叉路口 2K＋300 段公路的养护任务。县审计局汇报全省审计工作会议精神和全县审计工作的打算。会议听取县审计局关于对县烟草公司 1987 年度财务收支的审计情况汇报。会议同意县财政局关于成立印江县财政局财政信用资金管理所的报告。会议对酒厂、县电厂、先锋小学职工违犯计划生育政策，超生子女问题进行研究。会议同意聘请 20 名民间信息员。(7) 第七次常务会议。吴永德汇报大中专毕业生分配工作会议精神和全县大中专毕业生分配方案。研究县开发办关于对原供销公司遗留问题的处理意见的报告。会议研究全县农药经营有关问题。县劳动局汇报地区在万山召开的关于国营企业劳动工资工作会议精神和关于国营企业职工退休金统筹的问题。会议研究决定县城及规划区内宅基地的审批手续。研究县建设局关于成立房地产管理所的报告。会议决定从县财政局、审计局、农行、民委等单位各抽调 1 人组成工作组，对全县近两年来民族资金的使用情况进行一次全面检查。会议同意县教育局关于将“印江土家族苗族自治县中等职业技术学校”更名为“贵州省印江民族职业技术学校”的报告。会议明确县石油公司为区级企业。(8) 第八次常务会议。会议研究整顿猪肉和蔬菜市场，稳定经济秩序等问题。(9) 第九次常务会议。会议讨论并原则同意全县 1988—1989 年粮食“丰收计划”承包方案。会议讨论并原则同意关于加快全县畜牧业发展的意见。审定县扶贫工作领导小组。复议县商业车队的归属问题。研究食品工作会议相关事宜。讨论县标准计量局的请示报告。(10) 第十次常务会议。田景坤汇报地区粮食工作会议精神。县劳动局汇报全县国营企业职工离退休金统筹的问题。会议听取县劳动局关于 1988 年度招工问题的汇报。县人事局汇报地区工资工作会议精神。

印江自治县行政服务中心办公楼（2008 年拍摄）

1989 年 (1) 第一次常务会议。讨论县人民政府 1988 年工作总结报告初稿。再次研究对农村生活安排进行检查的问题。研究县物价局关于调整煤炭价格的请示报告。研究有关人事调整问题。研究召开政府各部门、各基层单位的纪检组长或纪检委员会议。原则同意县审计局关于 1989 年审计工作的安排意见。审议县林业局《关于强化林政管理整顿木材市场的报告》。研究确定强化土地管理工作的几个原则。研究南门桥栏杆因质量问题和人为破坏而被损坏的维修问题。决定继续聘请县司法局法律顾问处律师冉茂勋为县人民政府法律顾问。同意县地方志编纂委员会办公室列入县人民政府工作部门序列。同意设立“印江土家族苗族自治县人民检察院工商检察室”和“印江土家族苗族自治县人民检察院税务检察室”。(2) 第二次常务会议。对 1989 年 4 月底前急需的有关资金供应问题进行专题研究。研究鉴于县城建办已撤销，如何避免出现混乱和失控现象事宜。研究关于粮食丰收计划和绿茶基地建设问题。(3) 第三次常务会议。县财政局汇报 1989 年财政预算初步安排意见。会议对近期工作作初步安排。会议对朗溪区农推站、洋溪区曹门乡完小职工和洋溪中学工人违反计划生育政策、超生子女问题进行研究。会议对加强土地管理工作进行研究。研究加强政府办公用房基建的施工管理和质量监督问题。(4) 第四次常务会议。讨论研究县人民政府关于强化林政管理，制止乱砍滥伐、整顿木材市场的安排意见。讨论研究并原则同意县人民政府关于加强土地管理的暂行规定。讨论县税务局关于开征土地使用税实施方案的报告。研究甘金桥电站库区淹没赔偿工作组关于对甘金桥电站库区淹没之耕地减免粮食的方案。会议对县民贸公司、板溪区食品站等单位职工违反计划生育政策问题进行研究。(5) 第五次常务会议。张德普通报县机械厂、合页厂自承包以来的生产经营情况。会议研究有关违纪干部的行政处分问题。(6) 第六次常务会议。听取县工作组关于对县机械厂、合页厂清理整顿工作情况的汇报。听取县交通局关于近三年国家补助粮棉布、修建县乡公路的财务方面的情况汇报。会议对县土产公司职工、朗溪区张家坝乡大面坡小学教师、洋溪区粮管所坪林粮站职工违反计划生育政策、超生子女问题进行研究。会议原则同意吴永德的全县大中专毕业生分配方案。研究县教育局关于调整部分中小学校领导成员的报告。研究关于在县税务局、供销社进行廉政建设试点和清理干部职工拖欠公款、贷款的有关问题。会议对需从外单位选调人员相关程序作出安排。(7) 第七次常务会议。审议县林业局关于林业清理整顿方案的报告。会议就整修县城北门路（公安局门口至解放路路段）路面工程有关事宜进行研究。审议县矿管办、煤炭局、乡企局关于青坨、池坝两个营矿区核（划）界工作暨整顿区内小井的报告。研究梵净山绿茶基地管理体制问题。审议县财政局关于对基层农业税征收人员执行伙食补贴的通知。会议对天堂区水利站水田坝工程管理所工人违反计划生育政策、超生子女问题进行研究。(8) 第八次常务会议。戴振华传达铜仁行署召开的县（市）长会议精神，并结合全县实际进行讨论。会议对税务大检查工作有关问题作进一步明确。会议研究关于办理近几年公路留底和占地的用地手续事宜。会议研究有关违纪干部的行政处分问题。(9) 第九次常务会议。会议决定对县药材公司进行整顿。研究县供销社、县劳动局关于拟从 1988 年县职业学校代培生中录用部分临时工的报告。研究全县夫妇双方都是少数民族的国家干部、职工（含行政、事业、全民及集体企业）要求生育第二胎的审批权和准生证的发放问题。会议研究县酒厂 1985 年向县财政局借用部分资金（注：系县财政向省财政厅借款）修建宿舍的问题。(10) 第十次常务会议。听取县工作组关于对中药材公司整顿情况的汇报。研究全县 1990 年烤烟生产问题。听取县民政局汇报省、地民政厅（局）召开的救灾、救济改革会议精神和全县下步工作的意见。研究春节期间农村受灾群众生活安排问题。

1990 **年**　(1) 第一次常务会议。讨论研究并原则同意县人民政府关于全县国家干部、职工（含集体所有制）要求生育第二胎的审批权和准生证发放的暂行规定。研究全县城镇房产及房籍登记发证工作问题。复议县财政局关于对农业税征收人员执行伙食补贴的报告。通报县政府办公楼工程建设情况。(2) 第二次常务会议。研究县政府领导成员换届前的工作分工。会议原则同意对县交通局客车队及人员处理的初步方案。研究农村受灾群众的生活安排问题。(3) 第三次常务会议。会议讨论研究政府领导成员分工和工作、学习制度。研究政府办公室主任、副主任分工问题。安排 7 月份工作。(4) 第四次常务会议纪要。会议研究蔬菜队菜农反映粮价的有关问题。听取县监察局、粮食局关于对合水粮站营业员挪用公款的调查情况汇报。研究县政府有关部门设立监察室的问题。听取粮食局关于 1990 年粮食计划订购、议购任务，温饱工程“以物放贷、以粮还贷”任务落实情况的报告。听取县种子公司关于配制杂稻种“协优系统”的有关情况汇报。研究有关人事调动问题。(5) 第五次常务会议。讨论研究全县秋种、秋征工作的安排意见。会议对全县国营矿山即青坨煤厂、池坝煤厂、水泥厂的矿界事宜进行划界埋桩。讨论研究并原则同意县住建局关于加强环境管理的报告。讨论研究并同意印江镇人民政府和板溪、天堂、木黄、朗溪、缠溪、洋溪区所在地乡（镇）建立 11 个居民委员会的报告。会议议定国家干部职工因犯错误被开除工作后，其口粮供应标准和价格供应问题。会议拟定 1990 年 8 月底召开政府各部门负责人会议。(6) 第六次常务会议。会议讨论研究县职业中学毕业生招工分配方案。研究县劳动局、造纸厂、职业中学关于县造纸厂制浆造纸专业招生培训的报告。原则同意吴永德汇报的全县大中专毕业生分配方案。原则同意县城建局关于设立城建管理监察队和关于县城规划区范围内划线定桩的报告。会议对洋溪区有关干部违反计划生育政策、超生子女问题进行研究。研究并原则同意县劳动局关于切实做好全县劳动就业工作的意见。会议强调：今后原则上不得再抽调中、小学教师改行做其他工作。(7) 第七次常务会议。听取审议县第二轮企业承包领导小组关于第二轮企业承包基数的情况汇报。议定 10 月上旬召开全县征兵工作会。审议并原则同意县教育局关于 1989 年教育附加费安排意见的报告。会议对全县开展第三次计划生育突击活动进行研究。会议对原城建办关于县城区建房户所交的征地费收支结算报告进行研究。研究县种子公司关于推广杂稻制种用粮计划的报告。听取县经委关于县兽药厂生产经营情况和对该厂采取一些帮促措施的汇报。研究服务公司广场商品房所欠县建筑公司工程建筑款的问题。会议对摸清全县春节前后农村群众生活缺粮情况工作进行安排部署。对洋溪完小教师违反计划生育政策、超生子女问题进行研究。会议研究县芒杆办公室关于移栽芒杆所需经费的报告。研究县庆活动有关事宜。对 1990 年最后 2 个月的工作进行安排部署。(8) 第八次常务会议。讨论研究自治县人民政府关于加强同政协联系的决定。讨论研究关于 1991 年全县实行化肥统一零售价格的通知。研究县财政局关于加强公费医疗管理的报告。会议听取县劳动局对 1990 年度招工情况的工作汇报。研究县“三大检查办”相关事宜的处理报告。议定将原酒厂宿舍划拨给司法局，作为职工住宿用房。县司法局在分配住房时，要注意方案合理、公平。凡在县城有私房的不能住公房。

1991 年 (1) 第一次常务会议。审议县人民政府关于认真做好供销合作社工作的意见。听取县教委关于从自费毕业生中招工的意见。研究县乡企局关于将池坝煤厂、青坨煤厂划归经委管理的报告。(2) 第二次常务会议。研究矿产资源开发、土地资源调查、县乡公路群养、公粮指标、“温饱工程”培训所需经费、干部职工违纪处分、人事调动等有关工作。听取地区档案工作会议精神情况汇报。(3) 第三次常务会议。听取县交通局关于缠洋公路进展情况和存在问题、县计委关于 1991 年拟报招工指标和大中专生要人计划汇报。审议《印江自治县殡葬管理实施细则》(讨论稿)。研究退伍军人安置、成立梵净山自然保护区植物检查站、甘金桥电站运行管理、菜农口粮供应、自治县实验幼儿园更名等问题。(4) 第四次常务会议。审议县民政局《关于进一步做好拥军优属工作的意见》。研究县文化局、物价局、财政局《关于收取文化市场管理费》、县残联关于在全县开展“为残疾人事业捐赠一元钱”活动等。听取建设银行对县政府办公楼工程决算审查报告、县劳动局 1990 年招工录用情况报告、县监察局有关违纪行政案件处理意见汇报。(5) 第五次常务会议。研究工业生产的有关问题和邮电通信方面的工作。审议县商业局关于成立盐务支局的报告、县工商局关于“八五”期间全县集贸市场建设规划的报告、劳动局有关 1990 年度招工安置意见汇报。议定成立 1991 年度大中专毕业生分配工作领导小组。(6) 第六次常务会议。听取县人民银行有关全县“温饱工程”等支边贷款项目情况汇报、县人民法院有关房产案件的通报。研究工商局关于城区集贸市场调整方案意见、县科委“印江自治县科技进步奖奖励实施细则”报告、县教育局关于对新寨农中教师晏江所犯错误复议处理报告。听取严守杰汇报地区秋种、坡改梯、土地资源评查工作会议精神，议定向县委常委会汇报后贯彻实施。(7) 第七次常务会议。研究县技术监督局关于修建职工宿舍的报告，1991 年城乡个人建房用地报告，县畜牧局关于征用东门坝原老鱼塘新建鱼苗繁殖场的报告，印江镇政府关于解决城区治安联防队员报酬的请示，县教育局、民政局、残联关于开办印江自治县聋哑训练语言训练班的报告。

1992 年 (1) 第一次常务会议。听取县审计局关于县畜牧局草地站贷款使用情况汇报，县监察局关于国家机关工作人员所犯错误的处理报告，县人事局关于干部调动、干部职工调升工资、招干情况的汇报。研究县建筑公司关于要求一号商品房所欠工程款的报告，同意由县解决一号商品房工程欠款 1 万元，重点用于解决县建筑公司离退休工人生活费。(2) 第二次常务会议。研究并原则同意县水电局、物价局关于适当提高全县照明电价的报告。(3) 第三次常务会议。听取县财政局 1992 年财政预算安排汇报。听取包丰槽煤厂瓦斯爆炸重大安全事故调查组关于韩家乡包丰槽煤厂瓦斯爆炸重大安全事故调查情况的汇报。议定在 4 月 27 日召开全县烤烟移栽现场会。原则同意县司法局、建设局关于加强房产转移公证的请示报告，待征求有关部门意见后批转执行。(4) 第四次常务会议。杨清富传达县人大召开一府二院负责人会议精神，组织学习省人大常委会颁布的《监督条例》。县民政局田茂礼汇报关于 1992 年复退军人安置意见，议定由安置办按研究决定意见行文。县劳动局严天瑜汇报全县 1991 年度劳动指标安排意见、方案，待向县委常委会汇报后决定。吴永德汇报农职中和自费生招工考试及分配方案意见，原则同意招工领导小组意见，考生的分配采取一步和二步到位相结合分配办法，由县劳动局按研究意见行文。研究李明生与戴泽华房产纠纷案、农业经营等问题。(5) 第五次常务会议。审议《印江土家族苗族自治县水政监察员职责及管理的暂行办法》《印江土家族苗族自治县军人抚恤优待实施细则》《印江土家族苗族自治县县城实施规划管理细则》。对朗溪区卫生院王治婵违反计划生育政策问题进行研究。县劳动局汇报 1991 年度招工剩余指标安排情况。原则同意县公安局关于在全县实行“蓝印户口”管理的请示。(6) 第六次常务会议。研究县民政局关于在全县农村开展社会养老保险试点工作报告，印江自治县乡、镇统计站管理工作暂行规定，讨论并原则同意县监察局关于对派驻监察机构若干问题的意见。县保险公司谭国初汇报赴陕西渭南地区考察学习情况。

1993 **年** (1) 第一次常务会议。听取县财政局关于县工商企业第三轮承包方案汇报。县乡镇企业局汇报地区乡镇企业工作会议精神。研究县物价局、水电局关于适当调整全县电网电价的报告。原则同意县安置办关于 1993 年度退伍军人安置工作方案。县长田建高通报自治县与南明复烤厂建立烤烟生产基地和烟叶供销合作关系。县城程控电话项目和玉印输变电工程资金落实情况。(2) 第二次常务会议。县财政局汇报 1993 年财政预算安排意见。原则同意财政局拟定的关于全县财政预算方案。原则同意县教育局关于推荐国家、省、地表彰的优秀教师和先进教育工作者报告。(3) 第三次常务会议。县财政局、县税务局汇报上半年的财税工作情况以及下半年的财税工作安排意见。对县政府法制工作、兑现农民粮油补差款，对县政府办公室主任、副主任工作分工问题进行研究。审议《城区国有土地有偿使用的暂行规定》。听取县城建局关于县城区建设有关规划方案的汇报、听取县林业局关于城郊绿化工作规划进展情况的汇报、听取县教育局关于大中专毕业生就业分配方案的汇报。(4) 第四次常务会议。县商业局汇报县食品公司的经营情况。县计委汇报秋种计划安排意见。吴永德汇报县志、民政等方面的工作。张仁慧汇报县城振兴路工程、程控电话工程建设进展情况。(5) 第五次常务会议。会议研究受灾严重农户的农业税折征代金问题。听取县技术监督局关于在全县实行统一代码标识制度的汇报，听取县卫生局、人事局关于从乡镇集体所有制卫生人员中择优聘用干部的报告、县教育局关于 1993 年“民招公”实施方案的报告。县物价局任贞彦汇报全省物价工作会议精神。县供销社汇报县农资公司组建复合肥厂的建设情况。

1994 **年** (1) 第一次常务会议。县监察局、人事局汇报行政案件和人事问题。原则同意 1992 年、1993 年“农转非”指标安排意见。研究县供销社关于加强农资市场管理及农业生产资料供应等问题。县教育局汇报关于贯彻实施《中国教育改革发展纲要》规划方案和世行教育贷款有关问题。听取县民政局关于春节期间群众生活和开展拥军优属活动的安排意见。研究全县计划生育手术后遗症人员的生活困难补助问题。审议《印江自治县客运行业管理暂行办法》。(2) 第二次常务会议。讨论县长田建高向自治县三届人大二次会议所作的《政府工作报告》(讨论稿)。县财政局汇报 1994 年财政预算安排意见和 1994 年县乡财政体制改革方案。审议并研究县劳动局关于进一步落实企业自主权的两个“暂行规定”和关于调整国有企业离退休（退职）统筹养老保险金比例的规定。原则同意县人民政府关于 1994 年县政府法制工作安排意见。听取县监察局关于违纪干部职工的处理意见的汇报。(3) 第三次常务会议。听取县财政局《关于修订国家机关、事业单位工作人员差旅费开支标准的规定》和《关于加强县直预算单位财务管理的若干意见》、县房改办关于当前房改进展情况和有关问题的汇报、县物价局关于全区物价工作会议精神的汇报、县茶叶生产考察团赴江浙考察情况的汇报。议定县民族中学校园总体规划方案。研究峨岭镇《关于成立印江自治县光正房地产开发公司的报告》。研究民兵军事训练费的提取标准。(4) 第四次常务会议。讨论通过田建高在政府全委会上的讲话稿。会议原则同意县工商银行关于要求承办政策性房改金融业务的报告。研究“县甘金桥电站工程指挥部关于甘金桥电站竣工验收的有关遗留问题的处理意见的报告”。吴永德汇报贵州省第十次民政工作会议精神。任坚强汇报地区行署召开的大中专毕业生就业工作会议精神。任廷纪汇报“建并撤”后洋溪镇与杨柳乡关于原洋溪区的财产分割问题的处理意见。(5) 第五次常务会议。讨论、研究峨岭镇关于开发城区工业小区的报告。县工商局汇报川鄂湘黔四省边区十五县(市)工商行政管理协作会议筹备情况。县教育局涂世纲汇报全省教育工作会议精神。县计生委魏厚裕汇报地区计划生育工作会议精神。研究全县特困工业企业工人的工资问题。(6) 第六次常务会议。研究元旦、春节期间的市场物资供应工作。县民政局冉启文汇报元旦、春节期间慰问活动和群众生活安排意见。县旅游开发办杨秀强汇报 1994 年梵净山旅游开发工作进展情况及下步工作出安排意见。县城建局戴如江汇报省、地村镇建设工作会议精神。研究县教育局等部门招工(转干)问题。听取县教育局涂世纲关于全县教育工作会议准备情况的汇报。对 1995 年全县国民经济发展计划作出安排。议定在 1 月中旬召开政府全会。

1995 年 (1) 第一次常务会议。听取县水电局治理桶溪河流域的设计方案汇报。(2) 第二次常务会议。研究县技术监督局关于修建县质量检验综合大楼的报告。听取县经委关于县兽药厂技改方案的汇报。(3) 第三次常务会议。听取县考察组赴省政府目标管理考核办公室学习、考察省政府目标管理责任制有关情况的汇报。研究县地税局关于请求调整全县房产税、城镇土地使用税征收范围和标准有关事项。(4) 第四次常务会议。议定关于建立县扫盲教育基金和县教育发展基金、自来水价格、邮政延展服务费等事项。(5) 第五次常务会议。审议《印江土家族苗族自治县行政事业性收费管理暂行办法》。听取县旅游局关于梵净山山门建设竣工验收情况报告。(6) 第六次常务会议。审议县政府《关于加大力度改革土地使用制度的意见》。(7) 第七次常务会议。听取关于县城西门街道改造工程进展情况及下步工作安排意见的汇报。(8) 第八次常务会议。研究县物价局、建设局关于明确全县 1995 年各类房屋重置价的报告及县城西门街道拆迁评估作价有关问题。审议县拍卖非耕地使用权的暂行规定。(9) 第九次常务会议。吴永德汇报赴省测绘局交涉印制印江行政区划挂图的有关问题。(10) 第十次常务会议。听取县监察局关于全区纠纷执法检查工作会议精神的汇报。审议并研究西园工业小区管委会不再向西园小区投资者增加收费报告。(11) 第十一次常务会议。研究西门街道改造工程实施方案。

1996 年 (1) 第一次常务会议。听取县西门街道改造工程指挥部关于西门街道改造工作预算方案的汇报。对编制“九五”计划以及 1996 年国民经济和社会发展计划进行安排。研究 1996 年烤烟生产安排意见。听取县工商局关于《中华人民共和国担保法》及《企业动产抵押物登记管理办法》的贯彻实施意见汇报。(2) 第二次常务会议。审定《关于县直行政、事业单位电话费管理暂行规定》。研究桶溪河流域下游小河地段违法占地建房问题。(3) 第三次常务会议。讨论通过向县三届人大四次会议作的《政府工作报告》和《关于印江土家族苗族自治县国民经济社会发展第九个五年计划和 2010 年远景规划的报告》。(4) 第四次常务会议。听取县粮食局关于粮食部门深化改革,实行两条线运行的实施方案的报告。(5) 第五次常务会议。县交通局汇报苏家坡至护国寺等三条公路建设实施方案。研究农业生产资料供应问题。县整顿城镇交通秩序领导小组汇报整顿城镇交通秩序情况。(6) 第六次常务会议。听取县民政局关于全省民政工作会议精神汇报。县财政局汇报国有企业第四轮目标责任制实施方案。(7) 第七次常务会议。县公安局汇报地区“严打”工作会议精神。县财政局汇报县直预算单位预算经费的安排方案和县对乡(镇)财政管理体制的调整方案。研究桶溪河流域下游小河地段居民用地规划设计方案。(8) 第八次常务会议。县房改办汇报地区清房工作会议精神,听取县人事局关于全县国家机关工作人员正常调资及在全县实施公务员培训有关问题汇报。县财政局汇报地区清理预算外资金工作会议精神和贯彻实施意见。(9) 第九次常务会议。县农业普查领导小组办公室汇报全县农业普查工作安排意见。(10) 第十次常务会议。听取西园开发小区管委会关于西园小区开发进展情况的汇报。县矿业秩序整顿领导小组汇报全县矿业质询整顿情况。研究县公安局关于在城镇继续实行收城镇户口增容费的报告。县监察局汇报全区纠风工作会议精神。研究县物价局、建设局关于调整县城区现行供水价格报告。(11) 第十一次常务会议。听取统计局关于1996年粮食预产情况的汇报。研究县建设局关于归口管理城建监察工作和环卫工作的报告。听取县民政局关于全区农村救灾工作会议精神的汇报。(12) 第十二次常务会议。研究县国土局关于基本农田保护区编制工作有关问题的请示。原则同意关于深化城镇企业职工养老保险制度改革的意见、县机关事业单位职工养老保险和失业保险试行办法。(13) 第十三次常务会议。听取西园工业开发小区管委会关于西园工业开发小区第一期工程建设方案的汇报。研究天堂镇政府关于要求解决甘金桥电站库区淹没问题的报告。听取全省东部片区勘界工作会议精神。

1997年 (1) 第一次常务会议。听取县教育局1996年招工工作汇报。要求结合全县实际，对春节期间企业退休和在职职工生活及慰问活动进行安排。(2) 第二次常务会议。原则通过关于印江黄金选厂本黎明矿与木黄镇金星村肖喜林矿、木黄镇梁博树矿采矿纠纷调查报告。(3) 第三次常务会议。会议听取县统计局、交通局、司法局、县房改办、卫生局有关工作情况汇报。研究县乡企局关于组建黄金公司及其操作办法的问题。议定《印江土家族苗族自治县实施〈贵州省城市建设监察规定〉细则》《印江土家族苗族自治县人民政府扶助残疾人若干规定》。(4) 第四次常务会议。讨论研究朗溪灾民安置、成立城市交管中队和城南派出所问题。听取县民政局关于地区养老保险工作会议汇报。(5) 第五次常务会议。研究自治县人大一次会议上政府工作报告的起草准备工作。

1998年 (1) 第一次常务会议。学习《中华人民共和国地方各级人民代表大会和地方各级人民政府组织法》，研究完善县政府工作制度，讨论如何依法行政，求真务实，为印江的经济建设和社会发展努力工作问题。(2) 第二次常务会议。研究召开政府全会有关事宜、城区设置治安岗亭、县政府领导分工和党群部门工作联系、公费医疗等问题。(3) 第三次常务会议。研究县公安局关于增加刑侦中队警力的报告。讨论《关于放开搞活国有小型企业的实施意见》。(4) 第四次常务会议。研究提高农村义务兵家属优待金、西环大桥及其配套工程总体方案、建立老龄活动中心等问题。(5) 第五次常务会议。研究封闭木炭市场、城郊绿化等事项，听取西园小区工作、大中专毕业生就业工作汇报。

1999年 (1) 第一次常务会议。听取县畜牧局、乡企局、农业局关于全区畜牧、乡企、茶叶工作会议精神的汇报。审议县计划局关于1999年国民经济、社会发展主要经济指标安排。(2) 第二次常务会议。听取县国土局关于全省国土工作会议精神的汇报。同意将县人武部原弹药库依法有偿转让给县畜牧局，作为畜牧良种繁育基地。审议《县人民政府关于贯彻〈贵州省计划生育条例〉实施细则》。(3) 第三次常务会议。听取县政府办关于全省政府系统办公室主任会议和2000年《政报》发行工作会议精神的汇报。研究县公安局关于成立县消防中队的请示。(4) 第四次常务会议。研究和讨论县计划局关于加强项目实施的管理和监督的办法。听取县卫生局关于全区医药市场整顿工作会议精神的汇报。(5) 第五次常务会议。传达全区经贸工作会议精神。研究县房产事业局《关于要求解决职工住房补贴的报告》。听取县计划局关于全县2000年国民经济、社会发展预安排计划汇报。

2000年 (1) 第一次常务会议。研究县林业局《关于建立印江自治县石家岭县级自然保护区的报告》，研究县旅游局《关于印江旅游开发工作情况报告》，听取县经贸局《关于造纸厂停产歇业安置方案的报告》。(2) 第二次常务会议。研究县政府领导班子“三讲”教育认真整改、巩固成果阶段工作。听取全区秋种工作会议精神的汇报。听取县物价局、水电局关于调整农村水价的意见。(3) 第三次常务会议。研究深化农村集体经济改革问题、加快乡镇企业发展问题、大力发展非公有制经济问题、大力发展旅游经济问题。研究依法行政、从严治政事宜。听取县建设局《关于进一步加快小城镇建设和管理工作的意见》。(4) 第四次常务会议。听取县法制办公室《关于印江山林土地所有权纠纷的工作情况汇报》。研究解决《关于峨岭镇（原城关区）五小厂集体财产权属争议》等14件山林、土地、房产权属争议。研究关于成立县人民政府行政复议委员会有关事宜。(5) 第五次常务会议。听取县人事劳动局、教育局关于做好2000年全县大中专毕业生就业工作意见。听取全县农村电网改造工作进展情况汇报。审议县民政局《关于实施印江县地名管理实施细则》。审议并通过县林业局《关于县级森林和野生动物类型自然保护区管理办法》和《县木材（加工）行业规范管理暂行办法》。听取和研究县水电局关于划定岩口水利工程滑坡区管理和保护范围的意见。

2001 **年** （1）第一次常务会议。传达行署2月21日召开的廉政工作会议精神及县领导干部暨纪检监察工作会议精神，通报县政府班子“三讲”回头看教育整改措施落实情况。就如何落实“十五”计划纲要的有关问题进行研究。听取县教育局有关全县两基“十五”规划汇报。（2）第二次常务会议。听取县环保局《关于木黄金厂污染问题的报告》。听取县农机局《关于全区农机工作会议汇报》。讨论县建设局《关于印江自治县县城公园选址意见的报告》。（3）第三次常务会议。听取有关单位赴兴义市对城镇职工基本医疗保险制度改革及实施情况的考察报告、全县城镇职工基本医疗保险制度改革的准备工作情况。研究县文广局《关于加强印江文昌阁管理和保护的报告》。听取县财政局关于全省财政工作会议精神。听取县旧城改造筹备工作领导小组赴铜仁、重庆考察情况报告。（4）第四次常务会议。通报2001年上半年经济社会发展情况，明确下半年工作发展思路。县监察局提交《关于小城镇开发土地出让资金使用情况执法监察报告》。研究县人事劳动局《关于解决无生活来源的离休老干部遗孀生活费的请示》。（5）第五次常务会议。听取县计划局《关于县委、县政府“十件实事”2001年1—10月实施情况的报告》。听取县计生局关于迎接省地计生工作检查考核准备情况。听取县农办《2002年农业综合开发项目实施情况报告》。听取县交通局《印江至川硐坪油路改造工程进展情况》。（6）第六次常务会议。听取县民政局关于全区第五届村（居）民委员会换届选举工作培训会精神，研究全县第五届村（居）委会换届工作。（7）第七次常务会议。听取县发展计划局关于2001年全县国民经济社会发展计划执行情况报告。听取县供销社关于供销社体制、机构编制、解决经费的情况报告。

2002 **年** （1）第一次常务会议。听取关于参加2002年（武汉）贵州商品展销旅游推介暨项目洽谈会筹备情况汇报。听取县民政局关于全县设置标准地名标志有关问题的汇报。（2）第二次常务会议。听取县发展计划局关于2002年国民经济、社会发展计划草案的报告。听取县烟办、烟草局关于烤烟生产情况汇报。（3）第三次常务会议。听取县物价局、建设局关于调整县城区供水价格有关工作汇报。听取县文广局关于要求成立印江广播电视台的汇报。听取县卫生局关于县妇幼保健站业务用房拆迁新建的汇报。（4）第四次常务会议。听取自治县发展计划局关于2002年重点争取项目和招商引资项目工作汇报。听取县人事劳动和社会保障局关于2001年本科毕业生就业方案和解决2000年11位大中专毕业生就业遗留问题的请示。（5）第五次常务会议。听取县水利局关于县城穿城大堰整治方案汇报。听取县物价局关于制定城区居民燃放烟花鞭炮卫生费标准的请示。听取县人民政府办公室关于全区政府系统办公室主任会议精神汇报。（6）第六次常务会议。听取县民政局关于殡葬管理工作汇报。讨论《印江自治县城镇房屋拆迁管理规定》。（7）第七次常务会议。听取县退伍军人安置办公室关于2002年度退伍军人安置意见的汇报。听取县人事劳动和社会保障局、教育局关于2002年选聘师范类大中专毕业生充实教师队伍的方案汇报。（8）第八次常务会议。通报县政府与武汉市硚口区政府关于建立友好县区关系协议情况。通报上半年全区各县（自治县、市、特区）国内生产总值、地方财政收入、固定资产投资、招商引资完成情况以及行署专员办公会议，研究全县“两基”攻坚和交通建设工作情况。讨论《印江自治县关于扩大招商引资和改善非公有制经济发展环境若干规定》。

2003 **年** （1）第一次常务会议。听取县交通局关于交通工作有关情况汇报。听取县城防洪工程指挥部关于县城防洪堤坝第一期工程进展情况汇报。听取县行政审批制度改革领导小组办公室关于全县行政审批事项清理工作情况汇报。（2）第二次常务会议。听取县旧城改造工程指挥部关于县城环城片区更名、改造和相关工作情况汇报。（3）第三次常务会议。听取自治县人事劳动和社会保障局关于全区再就业工作会议精神汇报。听取自治县公安局关于调整城镇落户政策及相关问题的汇报。听取县发展计划局、财政局、经贸局、农办、统计局工作情况汇报，分析全县第一季度经济运行情况。（4）第四次常务会议。讨论通过《自治县人民政府工作规则》。讨论《自治县人民政府关于加快优质肉牛肉羊产业化建设的决定》。(5) 第五次常务会议。听取县计划局关于全县1—7月份国民经济形势分析汇报。听取县农业银行关于农业信贷工作情况汇报。听取县公安消防大队关于营房建设情况汇报。研究《关于认真执行分散按比例安排残疾人员就业的实施细则》。(6) 第六次常务会议。听取县公安局关于追捕逃犯工作、人口信息化管理工作和戒毒所饮水问题的汇报。研究县林业局关于呈报批准建立印江自治县洋溪地级自然保护区和石家岭地级自然保护区的请示。(7) 第七次常务会议。听取县财政局、粮食局关于全区深化农村税费改革暨秋粮入库工作会议精神和全县贯彻落实情况汇报。听取县农业局关于2003年秋种计划和工作安排情况汇报。听取县人民政府法制办、司法局对有关行政复议案件的情况汇报。(8) 第八次常务会议。听取县国土资源局、监察局关于对全县土地市场秩序治理整顿中查处意见的情况汇报。听取关于农村信用社金融风险防范工作汇报。(9) 第九次常务会议。听取县发展计划局关于2003年“十件实事”进展情况报告。听取县人民银行、信用联社关于全省农村信用社改革试点工作会议精神汇报。(10) 第十次常务会议。听取县烟办、烟草公司关于2004年烤烟生产安排意见。听取县人事劳动和社会保障局关于接收安置警察院校公安类毕业生工作的情况报告。(11) 第十一次常务会议。听取县卫生局关于印江创建文明卫生县城情况汇报。审议《印江自治县关于处理各类突发事件的工作规范》。(12) 第十二次常务会议。研究县文化广播电视旅游局关于组建民族文工团的请示。研究新寨通乡油路建设有关问题。

2004年 (1) 第一次常务会议。研究县人事劳动和社会保障局关于基本医疗保险制度实施方案的请示。听取县招商引资局、乡镇企业局关于客商杨东到印江投资建设炼焦厂有关问题的情况汇报。(2) 第二次常务会议。听取全区粮食工作会议精神、全区日元贷款项目会议精神的汇报。研究招商引资工作亟待解决问题。(3) 第三次常务会议。研究县民政局有关问题。(4) 第四次常务会议。听取县民政局等部门关于“6·23”特大洪涝灾害抢险救灾及有关工作的情况汇报。(5) 第五次常务会议。研究《行政许可法》贯彻落实、交通安全、购买公务用车等有关工作和问题。

2005年 (1) 第一次常务会议。审定2005年全县经济和社会发展预期目标。听取县农业局关于全区春耕生产现场会在印江召开有关工作情况汇报。(2) 第二次常务会议。审定在县五届人大三次会议上的《政府工作报告》。(3) 第三次常务会议。研究县直部门预算实施方案。听取县国土局关于全区国土资源工作会议精神汇报。(4) 第四次常务会议。听取县民政局关于全县村居委会换届选举和勘界工作情况汇报。研究城镇职工基本医疗保险有关问题。听取县水利局关于水管单位体制改革情况汇报。(5) 第五次常务会议。传达行署署务会议精神，分析全县1—4月经济运行情况。(6) 第六次常务会议。听取县扶贫办关于全省贫困地区劳动力转移培训工作会议精神汇报。研究县法院、合水镇政府关于解决合水镇人民法庭建设用地及资产置换的请示。(7) 第七次常务会议。传达地区行署第二次署务会议精神，总结全县上半年经济工作，安排部署下半年工作。听取峨岭镇、建设局关于城区限放烟花爆竹方案的汇报。(8) 第八次常务会议。审定《印江自治县科学技术奖励办法》和《关于进一步加强科技人才队伍建设的意见》。听取自治县粮食局、农发行和财政局《关于建立县级储备粮的报告》和《县级储备粮食管理办法》的汇报。(9) 第九次常务会议。听取并研究县政府办、县政法委购置车辆问题。(10) 第十次常务会议。研究《关于购置消防车经费的请示》《关于解决梵净山护国寺庙会暨印江民族文化旅游节相关工作经费的请示》《关于残疾人就业保障金实行财政代扣的请示》。(11) 第十一次常务会议。听取县人事劳动和社会保障局汇报全区机关事业单位工作人员2005年正常晋升工资档次，预发年终一次性奖金等工作会议和全区工伤保险暨就业政策工作会议精神。

2006年 (1) 第一次常务会议。听取县水利局关于“三小”工程和县城印江河翻板坝工程进展情况汇报。研究县林业局关于开展全县公益林区划界定桩工作的请示。(2) 第二次常务会议。研究《县人民政府关于县城区取缔和禁止客货机动三轮车运行的通告》。(3) 第三次常务会议。听取县财政局关于2006年1—4月财政收支执行情况和2006年预算收支安排情况汇报。审议关于召开季度经济运行调度会议方案。(4) 第四次常务会议。听取上半年工业经济、公路建设情况汇报。(5) 第五次常务会议。专题研究县人民政府领导分工问题。(6) 第六次常务会议。研究关于召开全县半年经济工作调度会议有关事宜。审议《县城市公共客运交通经营权出让方案》。听取县安全生产委员会办公室关于上半年安全生产工作情况汇报。(7) 第七次常务会议。审定《印江自治县国有资产投资公司筹建方案》。研究县人事劳动和社会保障局《关于对 2006 年公开招聘的 13 名急需人才落实聘用单位的请示》。(8) 第八次常务会议。审定《印江自治县城市公交汽车经营权出让招标工作方案》《印江自治县城市出租汽车经营权出让招标工作方案》。听取县交通局《关于梵净山旅游客运有关问题的汇报》。(9) 第九次常务会议。审定县民政局《关于 2006 年城镇退伍军人安置方案》。听取县安监局关于煤矿安全生产工作情况汇报。传达全区工业经济工作会议精神。(10) 第十次常务会议。审定《印江自治县人民政府行政问责制暂行办法》。听取县水利局关于水利工作情况汇报。(11) 第十一次常务会议。研究《政府工作报告》中五项重点工作和两个基础设施等有关工作抓落实问题。

2007 年 (1) 第一次常务会议。听取县交通局、招商引资局、建设局、教育局、公安局、政务服务中心、监察局、水利局、合管局、安监局、粮食局等部门工作情况汇报。(2) 第二次常务会议。传达学习《中共铜仁地委、铜仁地区行署关于印发〈2007 年度各县市特区主要工作目标考核办法〉的通知》精神。听取县教育局关于全县教育工作暨教师表彰会议筹备工作情况汇报，研究教育有关工作。(3) 第三次常务会议。听取全县土地利用总体规划修编、农村公路养护改革情况汇报。研究有关干部违纪处理问题。(4) 第四次常务会议。研究县财政局、建设局关于启动住房公积金制度的请示。听取城镇退伍军人安置、村级学校危房改造等工作情况汇报。

2008 年 (1) 第一次常务会议。听取县教育局关于城区学校选址情况汇报。研究县人民医院关于未来五年发展纲要请示。审议《印江县见义勇为奖励基金管理暂行办法》。(2) 第二次常务会议。审定《自治县人民政府门户网站建设方案》《印江自治县重点工作黄牌警示制度》《印江自治县城镇廉租住房管理办法》《印江自治县经济适用住房管理实施细则》《关于开展第三次全县文物普查的实施方案》《关于全县农村信用社改革与发展工作会议方案》。听取县财政局、教育局、民政局、人社局、公安局、文广局、卫生局、信用联社工作情况汇报。(3) 第三次常务会议。研究《关于推进全县畜牧兽医管理体制改革的意见》《关于开展全县城镇地名普查、国家地名数据库建设和编制地区地名图的请示》《关于轮换县级储备粮的请示》。听取招商引资、民生事业、茶业发展、水利建设、城镇建设、石漠化治理等有关工作情况汇报。(4) 第四次常务会议。研究国庆节假日安排意见。(5) 第五次常务会议。组织学习《行署办关于进一步规范行署专员办公会议议事规则的通知》，讨论《印江自治县人民政府工作规则》和《印江自治县人民政府重大事项议事决策规则》。研究 2008 年事业单位工作人员公开招聘专业技术人员职称评聘管理工作和就业再就业工作。(6) 第六次常务会议。讨论《印江土家族苗族自治县印江河保护条例》(草案)。研究农业农村、商贸物流、惠农资金、污水处理、县城区就业技能培训等有关工作。

二、 政务服务

机构设置 2007 年 9 月成立印江自治县人民政府政务服务中心，12 月底挂牌对外正式开展工作。政务服务中心与行政投诉中心合署办公，实行两块牌子、一套人员。中心内设综合股、政务信息股、行政投诉股、效能建设股 4 个职能股，核定编制 14 名，其中：政务服务中心主任 1 名、副主任 1 名，行政投诉中心主任 1 名、副主任 1 名，股级干部 4 名，一般工作人员 4 名，工勤人员 2 名，列入县财政全额预算拨款。有 48 个窗口部门（常驻部门 36 个，综合窗口部门 12 个）365 个项目（行政审批事项 332 项、公共服务事项 33 项）计 50 余名工作人员进驻行政服务中心，实行“集中式办公、一站式许可、一条龙服务和一窗式收费”。全县 17 个乡（镇）先后建立乡（镇）便民利民服务中心，接受县政务服务中心的业务指导和督促检查。凡涉及惠民、利民、便民的审批、服务事项都要求进驻乡（镇）便民利民服务中心，进行集中、统一对外办公，方便基层企业和群众办事。

政务办理 县政务服务中心主要负责协调进入中心窗口部门和行政审批项目及公众服务事项的确定、变更，并督促窗口单位在规定时限内办完审批事项，严格执行收费标准。协调窗口单位之间及窗口与项目业主之间的工作关系。受理公民、法人和其他组织的咨询、投诉。遵循“两集中、两到位”工作原则（即：一个行政机关的审批事项向一个股室集中、行政审批股室向政务服务中心集中，保障进驻政务服务中心的审批事项到位、审批权限授权到位）。2008 年，县政务服务中心共办理办结审批事项和公共服务事项 7.6 万件，规费收入 1360 余万元。乡（镇）便民利民服务中心共办理办结审批、服务事项计 6.46 万件，规费收入 57 万元，咨询服务 5.79 万次，实现群众满意度 98%。投诉中心办理办结投诉案件 5 件，切实维护公民的合法权益。

三、 依法行政

中共十一届三中全会之后，随着全国社会主义民主与法制建设的推进，政府法制工作也逐步走上正轨，1999 年依法治国的基本方略载入宪法以后，全县上下深入贯彻实施国务院《关于全面推进依法行政的决定》等重要文件，依法行政取得明显进展，特别是《全面推进依法行政实施纲要》颁布后，县政府及其工作部门加强制度建设，严格行政执法，强化行政执法监督，依法办事的能力和水平不断提高。印发《印江自治县 2004—2008 年全面推进依法行政工作实施方案》，成立以县人民政府县长为组长的全县依法行政工作领导小组，建立长效工作机制，组织协调全县依法行政工作全面推进。每年政府常务会上研究部署年度依法行政工作要点，把依法行政作为一项基础性、全局性工作来抓，统一部署，分步实施，整体推进，县人民政府法制业务工作从初创、发展，逐步走向成熟和规范。

机构设置 1993 年前，印江自治县人民政府未设立专门的政府法制机构。1993 年，经自治县人民政府批准，成立印江土家族苗族自治人民政府法制办公室和印江土家族苗族自治县人民政府行政复议办公室，两个办公室作为政府法制工作的职能机构，实行两块牌子、一套人员，挂靠在县司法局。1996 年，自治县人民政府办公室内设政策法规股。2002 年，自治县人民政府办政策法规股升格为县人民政府法制办公室（副科级）。2004 年全县机构改革后，自治县人民政府法制办公室（副科级）升格为正科级规格，设在自治县人民政府办公室。2005 年根据有关文件精神，明确自治县人民政府法制办公室设置在自治县人民政府办公室，正科级建制，内设综合股、规范性文件审查股、行政执法监督股、行政案件股 4 个职能股（室），设主任 1 名，副主任 2 名，股长 4 名，核编事业编制 9 人，列入参照试行国家公务员制度管理。2008 年，成立印江自治县政府法律顾问室，设置在自治县人民政府法制办公室。

职能职责 根据印江自治县人民政府批准的机构改革“三定”方案，印江自治县人民政府法制办公室的主要工作职责是：负责制定本县行政规范性文件计划，指导、督促有关部门实施；审查、修改部门报送自治县人民政府审议的行政规范性文件草案；组织起草自治县人民政府重要的行政规范性文件；承办自治县人民政府行政规范性文件的解释工作；承办自治县人民政府行政规范性文件备案审查工作，负责报送自治县人民政府备案的行政规范性文件合法性审查；拟定全县行政机关依法行政工作的有关制度，并开展督促检查；承办推进依法行政的有关工作；组织、协调全县行政执法监督工作；组织或参与行政执法检查；组织全县行政机关建立和实行行政执法责任制和评议考核制；指导全县行政执法工作，协调、解决部门之间有关行政执法争议；研究行政处罚、行政复议、行政诉讼、行政赔偿、行政许可、行政收费、行政执行等涉及政府行为的法律、法规、规章实施以及行政执法中带普遍性的问题，向自治县人民政府提出完善制度和解决问题的建议；办理自治县人民政府行政复议、行政应诉有关事项，指导、监督全县行政复议、行政应诉和行政赔偿工作；组织全县政府法制工作人员、行政复议人员、执法人员的培训；开展政府法制理论、政府法制工作研究和交流，指导部门和乡镇的政府法制建设，承办自治县人民政府和地区行署法制办交办的其他事项。

文件审查 开展规范性文件审查是政府法制工作的一项基础性业务，自政府法制机构成立后，一直十分重视抽象性行政行为的审核把关，通过严格审查规范性文件，把好法律关口，确保政府各项行政管理措施公正公平、合法合理。1993 年起，政府法制机构开始参与规范性文件审核，至 2008 年共计审核县政府规范性文件 118 件。按规定及时向地区行署法制办报送备案，并审查各乡镇、各部门报备的规范性文件，做到备案率、及时率、规范率 100%，形成比较系统的文件管理规范。建立健全各项规章制度，印发《印江自治县人民政府政府规范性文件制定规则》，对政府规范性文件的起草、审核、批准、公布、修改等整个工作流程作出具体规定。先后四次组织对县政府文件进行全面清理，共废止文件 43 件、修改 9 件。

执法监督 随着《行政诉讼法》（1990 年）、《行政赔偿法》（1995 年）、《行政处罚法》（1996 年）、《行政复议法》（1999 年）、《行政许可法》（2004 年）等法律法规的相继出台，行政执法监督方面的工作任务和作用发挥越来越突出，政府法制机构积极拓展工作领域，创新工作思路和工作方法，重点对各类执法主体、执法人员、执法类型组织开展监督检查，切实维护公民合法利益，保障执法机关正确履行法律法规赋予的职责。2006 年县人民政府印发《自治县人民政府行政问责暂行办法的通知》，全面推行行政执法责任制工作，依法界定执法职责，科学设定执法岗位，严格规范执法程序。出台《印江自治县罚款收入代收代缴暂行办法》，罚缴分离工作全面实施。1996 年《行政处罚法》实施后，县政府法制机构会同各有关部门组织开展执法检查，督促行政处罚行为规范行使。每年均开展 2 次以上行政执法检查工作。2006 年起实施重大行政处罚、行政许可、行政强制法制机构备案制度。自 2007 年起，全县实行执法主体资格认定和执法人员资格考试制度，有 30 个行政执法主体得到确认。全县有近千人通过资格考试，持证上岗。

复议应诉 1990 年的《行政诉讼法》、1991 年的《行政复议条例》以及 1999 年的《行政复议法》颁布，是行政复议应诉工作的三个重要节点，全县行政复议和应诉工作从无到有，逐步规范。政府法制机构是县人民政府的行政复议工作机构，具体承办复议案件的有关事宜，受理行政复议申请，对具体行政行为进行审查。制定《印江自治县人民政府行政复议工作规则》，明确规定行政复议案件的申请、受理、审查、决定、送达程序，以及调查制度、质证制度、听证制度、和解制度、集体决定、结案归档等规定。1993—2008 年，累计受理办结行政复议案件 128 件，代表县人民政府行政应诉 8 次。

第三节 施政举要

一、 自治县第一届人民政府（1988.1—1990.6）

1988—1990 年，政府的主要工作思路是“粮烟上、人口控，增产大力抓‘双杂’，增收着重抓烤烟”。1988 年、1989 年连续两年的严重旱灾，1988 年全县粮食总产量 54419 吨，比 1987 年减产 34.28%，1989 年全县粮食总产量 52433.58 吨，比 1988 年更少，1990 年粮食总产量达到 80714 吨，比正常年景的 1986 年都还有 8%的差距。为减轻灾害造成的损失，稳定农村形势，全县采取实施温饱工程，推广“双杂”良种和推广实用技术，组织调进救灾粮食等措施开展生产自救，基本稳定农村形势。1988 年发放救济粮 99 万千克、救济款 7.42 万元，1989 年调进粮食 16758 吨、安排回销粮 5151 吨（其中救济粮 2474.8 吨）、发放救济款 13.73 万元。1990 年调进粮食 3555 吨、安排销粮 4843 吨，发放救济粮 1772 吨、救济款 13.28 万元。1988、1989 两年烤烟的产量分别为 1772 吨、2677 吨，产值分别为 452.2 万元、535.8 万元，油菜籽播种面积在 6 万～9 万亩之间波动。烤烟种植面积超出 2 万亩，具体为 1988 年 2.29 万亩、1989 年为 2.75 万亩、1990 年 2.74 万亩，大大超过 1987 年的 1 万亩。

1988 年，推行工商业企业承包经营责任制，以搞活企业为中心，推行企业承包经营责任制、厂长（经理）负责制。全县有 45 户工商企业落实上述责任制，商业购进总值完成 823 万元，比 1987 年增长 14.95%，销售完成 1426.4 万元，比 1987 年增长 5.6%，实现利润 71.79 万元，比 1987 年增长 52.21%。落实承包责任制后，供销系统、物资部门的购进、销售和实现的利润都得到大幅度提高。1989 年，在全县工业、建筑业、交通行业、商业、供销社等部门的 56 个企业普遍推行企业承包经营责任制，清理整顿公司 106 户，撤并公司 10 户，基本形成以国营商业为主导、多种经济成分并存，多渠道、少环节的流通市场。全年实现工业总产值 2558 万元，商业系统完成利润 35.5 万元、供销系统完成利润 28.2 万元，全县社会商品零售总额达到 6538 万元（比 1986 年增长 40.61%），其中商业、供销系统商品零售总额 3501.39 万元，占全县社会商品零售总额的 53.55%，个体商业完成零售总额 1623.99 万元，占县社会商品零售总额的 24.84%。这一年，由于受资金、市场、电力影响，有的企业亏损额大，企业包袱严重。1990 年，继续完善企业承包经营责任制，强化企业内部管理，挖掘内部潜力，提高经济效益，扭转了上年工业大滑坡的趋势。1990 年重点开展了财务、物价、税收三大检查活动，查出违纪金额 50.35 万元。

社会主义精神文明建设和法制教育。开展坚持四项基本原则、反对资产阶级自由化等教育活动。文化、广电、体育及档案等部门较好地完成了本职工作。保持“严打”态势，扫除“六害”（卖淫嫖娼、制作贩卖传播淫秽物品、拐卖妇女儿童、私种吸食贩运毒品、聚众赌博、利用封建迷信骗财害人），各年刑事案件立案及破案在 300 多起及 400 起不等。依法打击一批破坏社会主义制度的敌对分子，严厉惩处了一批刑事犯罪和经济犯罪。

二、 自治县第二届县人民政府（1990.6—1993.3）

1991 年，县政府坚持把发展农业放在经济工作的首位，粮、烟、油产量创历史高水平。全县共推广杂交水稻 102680 亩，杂交玉米 45112 亩，实施的温饱工程，以粮食部门承贷承还，采取“以物放贷，以钱还贷”方式，扶持贫困户发展生产，配套扶贫资金 384 万元，实施温饱工程 19.7 万亩，使粮食生产创历史最好水平，粮食总产量达 107217 吨，比上年增长 32.8%。烤烟、油菜、绿茶等经济作物，经济收入增加。全县种植烤烟 35152 亩，产品税 4838788 元，油菜入库 8294 吨，梵净山绿茶基地建设已初具规模，桅杆等 3 个茶场产茶叶 4.5 万千克，产值达 50 万元，翠峰、雪峰茶叶产品被评为省优产品。1991 年，实行企业第二轮承包，商业、供销、粮食企业在繁荣市场、保障供给、引导消费、促进经济发展中起到了积极的作用。商业系统重点抓了后进企业的扭亏为盈，加强企业内部经营机制，完成国内纯购进 474.7 万元，纯销售 526.7 万元，实现税金 42 万元，比上年增长 10.2%；实现利润 31.9 万元，比上年增长 38.6%，名列全地区商业系统第一名。供销系统以狠抓企业整顿为突破口，实行规范化管理，完成国内纯购进 651 万元，比上年增长 1.5%，名列全地区供销系统第一名。粮食系统以全县粮、烟生产配套服务为重点，狠抓企业内部管理，在完成粮、油购、销、调任务，安排缺粮农户生活等方面作了大量工作。全县个体工商户发展到 3418 户，从业人员达 4016 人，营业总额 410975 万元，上缴税金 165.7 万元，比上年增长 6.75%。

1992 年，全县贯彻落实中央 2 号文件精神，解放思想，更新观念，结合印江实际，制定了《关于党政机关事业单位及干部职工从事经济活动的暂行规定》，对实行改革开放采取了一系列激励措施。5 月份，印江被国务院批准列为对外开放县，这为加强内引外联，促进经济的发展，创造了良好的契机。这一年，集中精力狠抓烤烟、茶叶支柱产业开发建设，并逐渐显现效益。烤烟生产产量达 9214.321 吨，比上年增长 85%，产值 2530.75 万元，比上年增长 99%，产品税 961.69 万元。比上年增长 99%。全年共产茶 6.5 万公斤，产值 87 万元。农业部茶叶质量监督测试中心给“梵净翠峰”、“梵净雪峰”、“梵净绿茶”等 3 种茶叶颁发了优质证书，与中国农业科学院茶叶研究所签订建设印江万亩优质茶叶基地及其绿色食品系列开发协议，制定了近期计划和长远规划。把梵净山的旅游开发作为发展印江经济的支柱产业来抓，成立了开发领导小组，就开发梵净山制定了近期规划，向全社会发出“爱我梵净山，振兴印江县”的捐资倡议书，捐资活动兴起高潮。继续以实施温饱工程和丰收计划为主体，大力推广农业适用技术。以杂交玉米肥球育苗移栽、水稻两段育秧，烤烟假植移栽、高厢起垄，打顶抹杈等为重点的农业适用技术已基本普及。保质保量地完成了农田水利建设和植树造林任务，完成造林 34410.9 亩，占计划的 104.3%，被地区评为造林绿化先进县，全县共完成各项水利投资 195.73 万元，新增、改善和恢复灌溉面 21540 亩，解决了 5231 人、4546 头牲畜饮水困难，完成"坡改梯" 7297 亩。加强对工业企业内部的管理。组织各部门各企业学习贯彻《全民所有制工业企业转换经营机制条例》，转变企业经营机制，增强企业活力。一些销售不畅的产品已逐步打开销路，一些不景气企业逐步走向正常生产，一些技改工程项目的进度有所加快。县油脂化工厂、造纸厂 1575 纸机生产线、氯酸钾厂已建成投产，发挥效益。玉印 110 千伏输变电工程已破土动工，县造纸厂 1760 纸机生产线前期工程启动。加快流通体制改革，供销商业系统积极推行"四放开"试点工作。认真扶植壮大乡镇企业。县委、政府下发了《关于大力发展乡镇企业若干问题的决定》制定了发展乡镇企业的激励措施。加强计划生育网点建设，全县 17 个乡镇建立了计划生育服务站，237 个村建立了计划生育协会，计划生育工作逐步走向制度化、经常化。根据上级统一部署的"建并撤"工作顺利完成。教育"四率"已通过省地验收达标。城区有线电视第一期工程安装调试完毕。年初，从县机关抽调 196 名干部下到农村开展社会主义思想教育。狠抓社会治安综合治理，全年共抓获各类犯罪人员 213 人，摧毁犯罪团伙 12 个，发生各类刑事案件 191 起，破 163 起，维护了社会秩序，促进了社会安定。

三、 自治县第三届县人民政府（1993.3—1997.12）

农业和农村经济 县人民政府在实施"八五""九五"计划过程中，"以经济建设为中心，大力推进改革开放，狠抓粮烟、加强基础、突出乡企、发展两非、增植支柱、严控人口、推进科教、维护稳定"。县政府致力于全县经济结构的调整，集中精力抓住农业和农村经济这个大头，使经济发展构架渐趋合理，以粮、油、烟为主的农产品生产稳定增长。1993 年，受夏秋季节遭低温阴雨天气和严重的水稻病虫害的影响，全县粮食总产量为 84743 吨，比上年减产 9.8%，油菜籽产量 4529 吨，比上年减产 36.2%。收购烤烟 16.119 万担，农业总产值完成 17743 万元，比 1992 年下降 0.44%。全县完成造成林面积 40307 亩，占地区下达任务的 115.2%，被地区评为造林绿化先进县。狠抓梵净山绿茶基地建设和梵净山茶场茶叶精制加工厂项目，1993 年完成 70 亩 54 万株的茶园栽种任务，利用以工代赈"坡改梯"资金 76 万元建茶园 5007 亩，加上原有茶园，共有茶园 8636.8 亩，全县共产茶叶 1850 担，实现产值 140 万元。1994 年，完成"坡改梯" 7014 亩，占任务的 100.16%，印江"坡改梯"工程荣获铜仁地区一等奖。是年，两段育秧达 15 万亩，规范化栽插 11 万亩，其中，玉米肥球育苗移栽达 100%，粮食喜获丰收，创历史最高水平。1995 年，油菜、烤烟、茶叶、柑橘等有新的发展，柑橘产量达 5000 吨，创历史最高水平。扶贫项目 25 个全部立项，项目总投资为 1895 万元，被省委、省政府评为"八五"扶贫先进县，荣获二等奖。全县有 3 万人越过了温饱线。1996 年，发生岩口山体滑坡。抢抓岩口滑坡抢险整治、朗溪受灾群众安置和镇机关单位的恢复重建工作。灾害发生后，省、地、县及时成立了抢险救灾指挥机构，抢险救灾工作紧张而有序地进行，8000 多名灾区群众无一伤亡，挽回直接经济损失 5000 万元，妥善临时安置灾区群众，帮助灾区群众解决生活和生产自救中的困难，中小学生及时复学就读。抢险工程进展顺利，3 号洞、1 号洞按期贯通，"坝"体加快整治。1996 年，成立了杨树开发有限责任公司，共建苗圃 731 亩，扦插杨树枝条 700 万株，落实定植面积 3.69 万亩。造林绿化提前四年达标，被省政府评为植树造林先进县。1997 年，全县共完成改造、恢复、保护农田 23736 亩，到位扶贫资金 2305 万元，农民人均纯收入 1060 元，农村有 3.5 万贫困人口脱贫，解决温饱问题。

基础设施建设 5 年中，改造了县城振兴路、西门路，成功开发建设了西园乡镇工业小区；开通了城区程控电话、中央电视台加密频道，建成 5 个管理区的地面卫星接收站；完成印江到中坝乡 10 千伏输变电工程建设、玉印 110 千伏输变电线路工程建设、木黄 35 千伏输变电工程建设，全县基本实现了村村通电；修通了刀坝至麻阳公路、乐茂江至罗场公路、大湾沟至护国寺的公路、三王殿至金顶的便道；启动了县城至张家坝的旅游公路，梵净山山门建设已全面完工，建成梵净山旅游接待站，旅游公路已修至苏家坡。完成了县城自来水厂改扩建工程，西环大桥工程、胡家坝电站工程、县城防洪堤工程、栗子园水库工程项目的前期工作。

改革开放 按照建立社会主义市场经济体制的要求，推进财政、税收、国企、金融、粮食、土地、流通、机构、住房、工资和社会保障体制等改革。5年中，全县相继按照国家财税体制改革要求，确定县对乡的财政管理体制。加强财政资金的管理，完成税制改革和税务机构分设工作，组建县国税局和地税局。落实工业企业经营自主权，转换企业的经营机制，在兑现国有企业第三轮承包合同的基础上，实现第四轮国有企业经营责任制的落实。同时，国企改革也进行大胆尝试：一是完成县兽药厂与县机械厂的合并工作。二是对长期以来处于瘫痪状态的县民贸公司进行租赁经营。三是对集体所有制企业——服装厂依照有关法规实行民主选举厂长的尝试。四是盘活国有资产，依法将食品公司、生猪仓库、副食品公司的部分国有资产转让给石材厂。通过企改，引入竞争机制，使一些危困企业增强生命力。实施城镇住房制度改革，城区售房923套5.57万平方米，售房收入资金达495万元。狠抓粮油购销体制改革，平抑粮油市场价格。改革土地使用制度，清理整顿土地隐形市场，实现土地管理工作职能的转变。推进金融体制改革，人保和财保、农行和农发行、信用社均顺利实现平稳运行。为切实加强对外联系，不断扩大对外开放，县人民政府与贵阳市花溪区人民政府、青岛胶南市人民政府签订协议，印江与花溪区结为友好县（区），与胶南市结为友好县市，并在贵阳设立县人民政府办事处，进一步加大对外经济、技术合作与交流。为鼓励县内外的集体、个人和海外华侨、港澳台同胞到印江投资开发，加速印江经济发展，印江按照国务院和省政府批准确定的对外开放县、少数民族自治县和贫困县的特殊条件，遵照国家的有关法律法规，出台《印江自治县关于大力发展乡镇企业若干问题的决定》《印江自治县关于鼓励外商投资的规定》《印江自治县关于进一步深化改革、扩大开放加速印江经济发展的若干规定》和《印江自治县招商引资优惠、奖励政策及保护投资者合法权益的规定》，制定优惠政策，营造优良环境，提供优质服务，吸引外商投资，5年间共吸引外资达2000多万元。深化教育体制改革，强化教育管理，“两基”工作顺利通过省地验收。

四、自治县第四届县人民政府（1997.12—2003.1）

农业和农村经济 5年中，始终强化农业基础地位，以科技兴农为着力点，大力推广以良种良法为中心的农业实用技术，有效地组织实施粮食温饱工程、丰收计划、粮食自给工程、高产示范工程等项目，加大了科技投入力度，新技术推广有新突破，农业产业化有新进展，扶贫工作力度加大，农业和农村经济发展迅速。1998—2001年，粮食总产量分别是13.7万吨、13.95万吨、14.53万吨、12.93万吨。2000年，全县油菜籽产量为9436吨，同比增长24.2%；烤烟种植3万亩，共收购烟叶5.4万担，同比增长10.2%，担均价347元；投入200万元发展梵净山野菜开发，共种植香椿1万亩。完成“坡改梯”16000亩。2001年，完成造林面积5.4万亩，新增人饮工程6处，解决1.4万人、0.8万头畜牲的饮水困难。2002年全县完成退耕还林还草5万亩，全年完成农业总产值75055万元，比上年增长6.2%。扶贫攻坚。1998年，全县农民人均纯收入达到1169元，比上年增长9.15%，农民人均产粮385千克，比上年增长9.4%，基本解决温饱率达82.57%。经省、地区检查验收，认定印江县实现基本解决农村人口温饱的目标。在扶贫工作中，省、地区、县共有104个单位，定点帮扶全县98个贫困村，有股级以上干部849人与贫困户结亲帮扶。全县实施温饱工程20万亩，投入扶贫信贷资金460多万元，以小额贷款形式投入扶贫信贷资金300多万元，大力发展养殖业。2000年，按照巩固示范、提高示范、温饱示范、解决温饱四类进行统筹安排，分类指导，有效帮扶，农民人均纯收入达到1279元，全县有8000个贫困人口越过温饱线。

基础设施建设 抢抓西部大开发机遇，增加固定资产投资，加大项目争取力度，加快基础设施建设。5年共计完成全社会固定资产投资7.76亿元，为前5年总投资的3.7倍。新改扩建省道和县乡道路281千米，修建50个村180千米乡村公路，桥涵11座，总投资1.2亿元。新改扩建铜遵公路煎过线，乐茂江至柏香林油路，印松、印德、印沿通县油路，苏家坡至棉絮岭旅游公路；建成张家坝旅游接待站、梵净山碑林；洋溪至桅杆公路建成通车，到2002年，全县有255个村通公路，村通公路达69%。恢复重建了朗溪中学百万元教学楼主体工程，完成岩口滑体泄洪整治工程、县城西环小区建设、县城2万吨自来水工程改造、年产5万吨水泥厂技改、农村电网改造，新建胡家坝电站。

城镇建设 通过盘活城镇土地资产，加快城镇建设步伐。县城道路铺装率由5年前的65.6%提高到98.1%。县城绿化率由5年前的19%提高到26.1%。完成房屋建筑总面积176.5万平方米，县城建成区面积从1997年的0.8平方千米增加到2.04平方千米，带动转移农村人口1.12万人，县城规划区内人口达3.5万人。5年来，建设了县城西环大桥及引道工程，完成中寨口至甲山水泥路面改造，建成县城东出口和西环停车场。新建县邮政大楼、县城商贸大楼，完成了县城防洪堤一期工程；实施县城“亮化、绿化、美化”工程，维修了梵净山大道破损路面，在县城主干道上安装各种禁止标志牌和垃圾桶、安全防栏；县城北环路建设工程完成施工图测量及方案设计，进入施工阶段，东郊小区第一期工程完成小区建设详规，已拍卖建房用地27宗2700余平方米。启动建设安居工程、教师新村开展数字电话建设，投入使用可视电话系统。

改革开放 按照建立社会主义市场经济要求，推进财政、税收、国企、金融、粮食、土地、供销、流通、机构、住房、工资和社会保障体制改革。县列改36户企业，其中：已改制企业33户。已改制企业中，有28户企业已实行产权制度改革。

其他社会事业 坚持教育适度超前发展，投入各类项目经费6200万元。小学升初中入学率从1997年的58%上升到98%，高中入学率从1997年的16%上升到32%。5年向上级学校输送大中专学生5500多人，完成扫盲1.5万人。程控电话安装用户达1.5万门，建设移动通信基站31个，移动用户达1万户。实施广播电视“村村通”工程，建站130座，电视覆盖率90%以上。初级卫生保健经过上级部门验收基本达标，新建和完善144个村级计划生育服务室。

五、 自治县第五届人民政府（2003.01—2007.01）

在此期间，印江以“十六大”精神统揽农村工作全局，紧紧围绕铜仁地委、行署“三个重点、三个带动”战略，围绕发展区域经济这个中心，以建设社会主义新农村为主线，夯实两个基础（农业和基础设施），突出四个重点（工业经济、城镇经济、文化旅游经济、农业产业化）的发展思路，扎实推进各项工作，全县经济社会持续、快速、健康发展。

基础设施建设 农业基础设施。2003—2006年完成水利建设总投资1.5亿元，解决农村8.2万人、6.3万头畜牲饮水困难，完成木黄、朗溪、罗场、刀坝等集镇人饮工程，完成县城一、二、三期防洪堤工程，累计完成退耕还林17.3万亩。投入农业综合开发资金2015万元，实施合水、永义、木黄农业综合开发土地治理项目。建设交通、电力等基础设施，4年投入1.3亿元新修、改扩建省、县、乡公路188千米，2006年，全县最后一条通乡油路——缠溪至龙塘坳油路的开工建设，标志着印江县在铜仁地区率先实现乡乡通油路。4年共争取国家投入1922万元，修建通村公路525千米，解决76个村公路通达问题。是年，杭瑞高速公路印江段工程项目已通过预可行性研究。建成坨寨、阳坝水电站，恢复犀牛洞水电站，完成城区电网和一、二期农村电网改造，全县252个村实现城乡同网同价，天堂110千伏输变电线路正式动工，争取印江110千伏变电站扩容改造项目。

2007年，完成县级植被恢复营造林0.3万亩，天保工程封山育林0.8万亩。建设木黄坪洞口项目区农业综合开发土地治理项目，完成机耕面积6.73万亩，机灌面积6万亩。交通、电力等基础条件明显改善。缠溪至龙塘坳通乡油路工程建设进展顺利，开工建设通村公路280公里，完成了刀坝、洋溪、刀坝客运站建设，完成了中坝代家槽、刀坝大泉口渡口建设。完成县城至孟溪二级油路和天堂至沙子坡四级油路可行性研究，印江至松桃孟溪二级公路项目有望进入 3388 公路规划网，开工建设了天堂 110 千伏变电站项目，全县完成供电量 1.1 亿千瓦时。

农业产业化 一是粮食生产稳定在 1.4 亿～1.5 亿千克。2003—2007 年，在克服各种自然灾害影响的情况下，基本实现粮食自足，2004 年粮食总产量达 1.54 亿千克，创历史最好水平，2006 年粮食产量 1.44 亿千克，实现恢复性增长。2005 年烤烟实现公斤均价第一，2006 年完成产量 6 万担，产值 2400 万元。茶叶生产创建品牌，梵净山翠峰茶已获国家地理标志保护，梵净山净团茶叶被评定为贵州省著名商标，对全县 17 家茶叶企业进行整合，组建净团茶叶和翠峰茶叶两大公司。生态畜牧业快速发展，建成 46 个养殖小区，新寨、板溪、峨岭等种猪场建设进展顺利，天堂、刀坝、杨柳等乡（镇）的肉牛发展规模得到扩大。2007 年，大力发展主导产业，全县种植烤烟 35054 亩，收购烟叶 6.24 万担，实现产值 2939 万元。实施了无公害绿茶基地及配套加工项目，完成茶叶总产量 760 吨，实现产值 1650 万元，落实茶园规划面积 19758 亩。“净团贡茶”“梵净山翠峰”“梵净山翠芽”喜获第七届“中茶杯”名优茶评比一等奖。银辉、净团两家茶叶公司取得 QS 认证。新组建了农民专业合作社 21 家。全县完成经果林总产量 724.8 公斤，实现产值 1014.72 万元。

工业经济 开工建设年产 120 万吨熟料新型干法水泥生产项目，丰源木业有限公司已建成投产，钢化热合纸项目开工建设。2007 年，全年完成工业总产值 4.88 亿元，创历史最好水平，同比增长 26.6%，实现规模以上工业增加值 0.8 亿元，同比增长 29.3%。4 年来，工业总产值年均增长 23.4%，其中规模以上工业产值 2 亿元，年均增长 35.7%。

城镇经济 恢复日供水 4000 吨的马口洞供水工程，慕龙引水工程已正式动工，改善城区四条出口通道，改造、铺装城区道路 5 千米，实施城区亮化工程，安装城区部分地段路灯，改变这些路段长期以来没有路灯照明的历史，开工建设体育馆和县城翻板坝工程。加强城镇管理，创建省级卫生县城，连续 3 年被省文明委评为“卫生与秩序先进县”。4 年新增城镇人口 1.8 万人，县城建成区面积由 2002 年的 2.8 平方千米增加到 2007 年的 3.6 平方千米，县城建成区面积增加到 3.6 平方公里，全县城镇化率提高到 24.1%。2007 年，城镇经济取得新突破。初步形成城东以市场开发为主，住房向城西、南聚集的规划格局。共投资 6290.55 万元，完成县城南门桥、东门桥亮化和防洪堤绿化、亮化工程，老干片区公厕、西园路公厕已投入使用，金玉小区公厕已完工，活动公厕正在选址，印江河翻板坝工程、喷泉景观已投入运行，完成印中运动场一期工程建设，圣礅路、梵净山路东段扩建，文昌路扩建和中心广场建设，完成慕龙引水工程建设，调整后的青少年活动中心、宣传文化中心正在进行图纸设计，总投资 2834 万元的卫生垃圾填埋项目已获国家发改委批准，以南湖公园建设等为重点的开发项目，已正式动工。加强城镇管理，完成县城出租车和公交车经营权有偿出让工作。

文化旅游经济 改造合水至棉絮岭旅游公路，包装护国寺景点、永义紫薇园、团龙民族文化村、县民族陈列馆，完成严氏宗祠一、二期维修工程。完成木黄红色旅游区道路硬化，修缮了纪念碑、纪念馆和严寅亮故居。加大文化旅游宣传，多层次、多形式宣传推介印江。围绕旅游资源开发，启动木黄、朗溪玉带石旅游工艺品加工项目，成立旅游客运公司和印江紫薇旅行社，贵州海外旅行社已进驻印江县。加强周边协作，与秀山达成旅游合作协议，在贵阳设立梵净山西线旅游接待中心。成功申报木黄省级风景名胜区和历史文化名镇，木黄红二、六军团会师纪念碑、纪念馆已列为国家级文物保护单位。在铜仁地区率先建成县乡电视电话会议系统，实现县乡有线电视联网。

财税收入 完善县乡丙级分税制财政体制，进一步规范和完善财务管理，强化税收征管，推行国库集中收付改革，加强财政性资金管理。4 年来，财政总收入年均增长 11.3%，地方财政收入年均增长 11%。城乡居民储蓄存款余额年均增长 22.4%，贷款余额年均增长 6.6%。2007 年，全县生产总值完成 15.56 亿元，全社会固定资产投资 7.65 亿元，同比增长 31.4%，农民人均纯收入 2095 元，增长 9.5%。

社会民生 加大扶贫到村到户力度，努力推进扶贫工作向纵深发展。2003—2006 年，共投入 1550 万元，完成 773 户农村移民搬迁，投入财政扶贫资金 4238 万元，解决 2.3 万农村贫困人口的温饱问题。全面取消农业税和农业特产税，每年直接为农民增收 1025 万元，兑现粮食直补和综合补贴 543 万元，退耕还林工程累计兑现粮食 2900 万千克、现金 371 万元、种苗补助 616 万元。组建 18 个农机服务队，共投入农机具补贴 220 万元，下拨救灾款 565 万元，救灾粮食 138.40 万千克，救济人口 19.2 万人次，累计发放城市低保金 1317 万元，发放农村特困救助金 830 万元，救助人数达 1.9 万人。实施城镇职工基本医疗保险制度改革，启动新型农村合作医疗试点工作。2006 年，农民人均纯收入 1817 元，年均增长 7.2%。2007 年，共投入财政扶贫资金 300 万元，扶持全县生态畜牧业建设和经果林产业化发展，全面实施了农村居民最低生活保障制度。加强学校管理，选派 30 名城镇教师支援农村薄弱学校，促进了教育均衡发展。人口与计划生育工作跨入全区一类县水平，创建省级计划生育优质服务先进县。自筹资金 200 余万元，启动了村级学校危房改造工程。“两基”“普实”工作顺利通过省政府复查验收，积极推动印江民族中学申创省级示范性高中，恢复天堂中学高中招生。完成疾病控制中心和传染病区大楼建设，重大传染病得到有效控制。2007 年，成功举办了“印江印象”舞蹈歌唱大赛，梵净山护国寺庙会和自治县成立 20 周年庆祝活动，非物质文化遗产《花灯戏》《印染工艺》《土家族过赶年》《下洞祭风神》被列为第二批省级非物质文化遗产代表作名录。

六、 2008 年自治县政府工作

2008 年政府以建设区域经济为重点，进一步夯实基础设施，突出“农业产业化、工业经济、城镇和商贸物流经济、文化旅游经济”四项重点工作，进一步关注民生，并将 2008 年确定为“抓工作落实年”，狠抓重大经济社会发展及重点项目建设。全县预计完成生产总值 19.35 亿元，完成财政总收入 1.06 亿元，完成全社会固定资产投资 9.85 亿元，城镇居民人均可支配收入 8826 元，增长 8.0%；农民人均纯收入 2440 元，增长 8.8%。金融机构存款余额 18.17 亿元，增长 24.0%；城乡居民储蓄存款 13.62 亿元，增长 22.0%；金融机构贷款余额 7.45 亿元，增长 8.5%。

基础设施建设 加快环状公路网络建设，开工建设了杉树至中坝、罗场至永义、刀坝至沙子坡、天堂至沙子坡 4 条环线公路，实施了印沿线大修工程。启动通村公路建设 47 条 358.9 公里。完成洋溪客运站场和 7 个渡口建设。完成农村饮水安全项目 43 处，解决 1.62 万人的饮水安全问题；完成烟水配套工程 30 处，新建小水池 191 口；开工建设了县城二级翻板坝；完成木黄老寨洼地排涝工程；加固除险天生桥病险水库和何家沟水库，启动了湄坨水库、消水坑水库除险加固工程。新建沼气池 1300 口。实施了第三批农网完善化项目，启动了印江 110 千伏变电站和木黄 35 千伏变电站扩建项目，完成中寨口 35 千伏变电站新建工程。

农业产业化 种植烤烟面积 3.51 万亩，收购烟叶 7.6 万担，实现产值 4612.72 万元，烟叶税突破 1000 万元，新建畜牧养殖小区 106 个，发展养殖大户 532 户，“内推外引”良种猪 6643 头。全年肉类总产量 23940 吨，实现畜牧业总产值 6.65 亿元。新建果园 7079.7 亩。定植茶园 3.86 万亩，新建无性系茶树苗圃 800 亩，实现产值 8000 万元。新组建各类专业合作经济组织 20 个。扎实推进集体林权制度改革，全县勘界勾绘林地 157.38 万亩，林权勘界完成率 99.0%。

工业经济 年产 120 万吨新型干法水泥生产线进行设备安装调试，新建年产 1.2 万吨电解金属锰项目、10 万立方米石材加工项目和新型焊接材料项目，启动了云阳锰业二期扩建工程、年产 2500 吨黔之牛系列产品深加工项目，年产 1 万吨管材、管件生产线导地扩建项目和年产 3000 吨板材、型材装饰材料扩建项目已建成投产。

城镇建设和商贸物流经济 完成西园路西段建设、解放路东段维修工程、北门坳道路改造工程和城区公厕改造，开工建设了 1.1 万平方米廉租住房。日供水 2 万吨的慕龙引调水工程已竣工投入使用，县城卫生垃圾填埋场、县城污水处理厂建设进展顺利。开工建设了中洲风雨桥，金玉小区、文昌小区、南湖公园、河滨南路西段改造工作稳步推进。加快商贸物流发展，开工建设了印江泉州商贸城物流专业大市场，并与怀化海联集团达成总投资 1.5 亿元的商品专业市场投资意向。新增城镇人口

0.5 万人，县城建成区面积增加到 4.15 平方公里，全县城镇化率提高到 25.2%。

文化旅游经济 启动了《张家坝—团龙—护国寺旅游区修建性详细规划》。建设了张家坝 1000 平方米临时停车场和护国寺旅游停车场，护国寺改建工程进展顺利，完成团龙乡村旅舍改造、梵净山书法碑林维修、县城旅游商品展示中心建设。完成合水至护国寺旅游交通标识建设。启动了团龙民族文化村建设一期工程的砖房包装改造、印江土家风情城建设。4 月在成都举办了梵净山旅游资源推介会，先后成功举办了全国“与奥运同行·印江梵净山·南长城杯”千人百团桥牌邀请赛、“颐和园”邮票首发式、严寅亮书法艺术研讨会、“中国梵净山”书法篆刻大赛。启动“中国书法之乡”创工作。举办了“春节七天乐”广场文化活动、印江民族民间文化保护与发展研讨会、全县第二届花灯健身舞大赛、“梵山净水印江情”歌咏比赛和第二届民族哥舞调演，提升了印江文化旅游的内涵和吸引力。

招商引资和项目争取工作 先后赴长三角、珠三角及周边省区开展招商活动 43 次，成功举办了“印江自治县第四届招商引资推介会”。全年共签订项目 32 个，签约资金 16.18 亿元，实际到位资金 3.35 亿元，增长 26.0%。切实加大项目策划和争取力度，全年共争取国债资金、中央财政预算资金、以工代赈资金、省级财政专项资金等各类补助资金逾 2 亿元。

扶贫开发 解决了 9500 人农村贫困人口温饱问题，转移就业 998 人，扶持 1284 户农户发展畜牧业。杉树乡“县为单位，整合资金、整村推进、连片开发”试点工作取得阶段性成效，整合各类资金 4385.4 万元。试点区人民群众的生产生活条件得到极大改善。

社会民生 实施 50 所村级学校标准化建设工程，开工建设城区实验学校，启动洋溪中学高中和新寨农中招生工作，“两基”迎“国检”工作顺利通过省级预检。实施了农村中小学寄宿制学生“营养菜汤工程”。完成县无线广播电视转播台建设，解决 9 个乡镇边远山区群众看电视、听广播难问题。完成 55 个村卫生院建设，启动县人民医院综合大楼建设。新型农村合作医疗覆盖面不断扩大，全县参合率达 92.1%，完成农村危房改造 460 户，维修因灾损坏房屋 3780 间。

第四节 乡（镇）人民政府

峨岭镇人民政府办公楼（2008 年拍摄）

1988 年，印江自治县的乡（镇）人民政府分区、乡两级。全县共设置 8 个区（镇）、46 个乡（镇）。其中：区级人民政府包括峨岭、板溪、天堂、木黄、朗溪、缠溪、洋溪 7 个区公所和印江镇政府。1992 年，“建并撤”后，撤销原有 8 个区（镇）、46 个乡（镇）。新建 17 个乡（镇），新建的 17 个乡（镇）均为正科级机构。

一、政府机构

1992 年，“建并撤”后各乡（镇）人民政府下设机构为：政府办公室、经济科技办公室、社会治安综合治理办公室、计划生育股、文教卫生股、民政民族福利股、计划生育服务站、乡镇企业管理站、土管所、派出所、司法所、法庭、教育办公室、农经站、畜牧站、林业站、水利站、烟草站、邮电所、信用社、医院、文化广播站。1996 年，机构改革后，撤销经济科技办公室、文教卫生股，合并党委办、政府办为党政办，民政民族福利股更名为民政民族办，计生股更名为计生办，社会治安综合治理办公室与政法委合署办公。明确农经、畜牧、林业、农机、乡企、文化广播电视、计生事业机构以乡（镇）管理为主。明确公安、司法、工商、财政、税务、土管、教育、卫生机构以县直主管部门管理为主。信用社、烟草、邮电所机构接受党委政府领导和监督。2002年，机构改革后，各乡镇人民政府机构设置为：社会事务办公室、计划生育办公室、经济发展办公室。其中：峨岭镇另外设置城镇管理办公室。其他设在乡（镇）的股、所、站，其与政府的隶属关系沿袭1996年的规定。至2008年，全县各乡（镇）人民政府机构设置未变。

二、 政府组成

第一届（1993—1996），1993年3月，全县17个乡（镇）分别召开“建并撤”后第一届人民代表大会，全县共计选举产生第一届乡（镇）人民政府乡（镇）长17名，副乡（镇）长43名。

第二届（1996—1999），1996年2月，全县17个乡（镇）分别召开第二届人民代表大会，选举产生17个乡（镇）人民政府乡（镇）长17名，副乡（镇）长37人。

第三届（1999—2002），1999年1月，全县17个乡（镇）分别召开第三届人民代表大会，选举产生17个乡（镇）人民政府乡（镇）长17名，副乡（镇）长45名。

第四届（2002—2006），2002年3月，全县17个乡（镇）分别召开第四届人民代表大会，选举产生17个乡（镇）人民政府乡（镇）长17名，副乡（镇）长52名。

第五届（2006—2010），2006年11—12月，全县17个乡（镇）分别召开第五届人民代表大会，选举产生17个乡（镇）人民政府乡（镇）长17名，副乡（镇）50名。

1988—1992年印江土家族苗族自治县各区（镇）长领导名录

表11—5

单位	姓名	职务	出生地	任职时间
印江镇	张仁慧	镇长	贵州印江	1988.1—1992.9
峨岭区	高彩龙	区长	贵州印江	1988.1—1990.7
	田景飞	区长	贵州印江	1990.7—1992.9
板溪区	王传银	区长	贵州印江	1988.1—1989.11
	周华锋	区长	贵州印江	1990.1—1992.9
天堂区	帅朝纲	区长	贵州印江	1988.1—1990.1
	张安华	区长	贵州印江	1990.1—1992.9
朗溪区	田儒沛	区长	贵州印江	1988.1—1989.10
	陈世初	区长	贵州印江	1989.10—1992.9
木黄区	赵明亮	区长	贵州印江	1988.1—1992.9
洋溪区	安景富	区长	贵州印江	1988.1—1992.9
缠溪区	张安华	区长	贵州印江	1988.1—1990.1
	戴恒昌	区长	贵州印江	1990.1—1992.9

1992—2008年印江土家族苗族自治县各乡（镇）长领导名录

表11—6

单位	姓名	职务	出生地	任职时间
峨岭镇	张仁慧	镇长	贵州印江	1992.9—1993.3
	田景飞	镇长	贵州印江	1993.6—1995.12
	万再扬	镇长	贵州印江	1996.2—1998.3
	任永国	镇长	贵州印江	1998.3—2003.3
	陈太雄	镇长	贵州印江	2003.3—2004.3
	靳承建	镇长	贵州印江	2005.8—2007.3
	秦义宏	镇长	贵州印江	2007.3—2007.11
	邹朝阳	镇长	贵州印江	2007.11—

续表11－6

单位	姓名	职务	出生地	任职时间
新寨乡	袁友富	乡长	贵州印江	1992.9—1995.2
	李光红	乡长	贵州印江	1995.2—1995.12
	田儒俊	乡长	贵州印江	1996.1—1997.9
	杨晓凤	乡长	贵州印江	1997.3—1999.1
	冷中涵	乡长	贵州印江	1999.1—2000.2
	冉启刚	乡长	贵州印江	2000.2—2002.1
	杨光文	乡长	贵州印江	2002.1—2003.11
	杜显成	乡长	贵州印江	2003.11—2005.12
	祝正君	乡长	贵州印江	2005.12—2007.12
	傅　勇	乡长	贵州印江	2007.12—
中坝乡	杨秀耕	乡长	贵州印江	1992.9—1993.2
	任永国	乡长	贵州印江	1993.2—1995.2
	杨秀耕	乡长	贵州印江	1995.3—1995.12
	周　华	乡长	贵州印江	1996.2—1998.12
	陈太雄	乡长	贵州印江	1998.12—2001.11
	周道超	乡长	贵州印江	2001.11—2003.2
	徐　剑	乡长	贵州印江	2003.2—2005.7
	张　莉	乡长	贵州印江	2006.12—2007.7
	陈　鹏	乡长	贵州印江	2007.11—
板溪镇	周　初	镇长	贵州印江	1993.2—1995.2
	周全道	镇长	贵州印江	1995.2—1995.12
	冉光璋	镇长	贵州印江	1996.1—1998.3
	周道超	镇长	贵州印江	1999.1—2002.1
	郑德军	镇长	贵州印江	2002.1—2007.8
	李　娇	镇长	贵州印江	2007.11—2008.12
杉树乡	周正彪	乡长	贵州印江	1992.9—1995.2
	罗前会	乡长	贵州印江	1995.2—2007.8
	何圣仙	代理乡长	贵州印江	1997.9—1998.2
	涂　勇	乡长	贵州印江	1998.3—2001.12
	袁　霞	乡长	贵州印江	2001.12—2006.11
	田　江	乡长	贵州印江	2006.11—2008.4
	王　刚	乡长	贵州印江	2008.4—
沙子坡镇	冉光章	镇长	贵州印江	1992.9—1995.12
	涂　强	镇长	贵州印江	1996.1—1998.3
	何圣志	镇长	贵州印江	1998.3—2006
	周华忠	镇长	贵州印江	2007—

续表11－6

单位	姓名	职务	出生地	任职时间
天堂镇	王宏扬	镇长	贵州印江	1992. 9—1995. 12
	任光政	镇长	贵州印江	1996. 1—1998. 12
	任明煌	镇长	贵州印江	1999. 1—2001. 12
	张羽勇	镇长	贵州印江	2002. 1—2005. 6
	任　翔	镇长	贵州印江	2005. 7—2007. 7
	朱志刚	镇长	贵州印江	2007. 10—
刀坝乡	张金海	乡长	贵州印江	1992. 9—1995. 12
	王　斌	乡长	贵州印江	1996. 1—1998. 12
	郑德军	乡长	贵州印江	1999. 1—2001. 12
	靳承建	乡长	山东章丘	2002. 1—2005. 7
	张安兵	乡长	贵州印江	2005. 8—2006. 11
	夏永刚	乡长	贵州印江	2006. 8—2007. 12
	饶　芬	乡长	贵州印江	2008. 1—
朗溪镇	任光辉	镇长	贵州印江	1992. 9—1995. 12
	郭启光	镇长	贵州印江	1996. 1—1998. 3
	甘文武	镇长	贵州印江	1998. 3—2000. 3
	田儒锋	镇长	贵州印江	2000. 4—2001. 9
	江航兵	镇长	贵州印江	2001. 11—2006. 8
	曾启斌	镇长	贵州印江	2007. 9—
合水镇	李运涛	镇长	贵州印江	1992. 9—1993. 12
	叶向能	镇长	贵州印江	1994. 1—1998. 11
	田儒飞	镇长	贵州印江	1999—2001
	田儒锋	镇长	贵州印江	2002—2005
	彭显斌	镇长	贵州印江	2006—
永义乡	杨胜君	乡长	贵州印江	1992. 9—1995. 12
	吴彩兰	乡长	贵州印江	1996. 1—1997. 12
	田　举	乡长	贵州印江	1998. 3—1998. 12
	田儒康	乡长	贵州印江	1998. 12—2002
	张　武	乡长	贵州印江	2002—2005. 6
	田　刚	乡长	贵州印江	2005. 7—
木黄镇	田应光	镇长	贵州印江	1992. 9—1995. 2
	陆治安	镇长	贵州印江	1995. 2—1995. 12
	王安忠	镇长	贵州印江	1996. 2—1998. 3
	马芝新	镇长	贵州印江	1998. 12—2001. 11
	付　丽	镇长	贵州印江	2001. 12—2003. 2
	杨正初	镇长	贵州印江	2003. 6—2007. 11
	严振亚	镇长	贵州印江	2007. 12—

续表11—6

单位	姓名	职务	出生地	任职时间
新业乡	张著政	乡长	贵州印江	1992.9—1995.12
	滕建国	乡长	贵州石阡	1996.1—1998.12
	陆治能	乡长	贵州印江	1999.1—2001.8
	冉茂训	乡长	贵州印江	2001.9—2006.2
	彭显斌	乡长	贵州印江	2006.3—2007.2
	蔡文艺	乡长	贵州印江	2007.3—2007.11
	杨胜贵	乡长	贵州印江	2008.10—
罗场乡	杨德华	乡长	贵州印江	1992.9—1995.12
	胡永清	乡长	贵州印江	1996.2—1998.3
	戴　铧	乡长	贵州印江	1998.3—2001.12
	罗　军	乡长	贵州印江	2001.12—2005.3
	杨天贵	乡长	贵州印江	2006.9—
缠溪镇	田茂华	镇长	贵州印江	1992.9—1995.12
	谭　军	镇长	贵州印江	1996.1—2001.12
	任洪廷	镇长	贵州印江	2001.12—2005.5
	柳　斌	镇长	贵州印江	2005.5—2006.9
	张金平	镇长	贵州印江	2006.9—
杨柳乡	张碧贤	乡长	贵州印江	1992.9—1995.12
	王正斌	乡长	贵州印江	1996.1—1998.12
	陈世明	乡长	贵州印江	1998.12—2002.3
	田　猛	乡长	贵州印江	2002.3—2003.5
	代忠义	乡长	贵州印江	2003.5—2007.6
	杨再斌	乡长	贵州印江	2007.6—
洋溪镇	陆治安	镇长	贵州印江	1992.9—1995.2
	胡建国	镇长	贵州印江	1995.2—1995.12
	杨胜才	镇长	贵州印江	1996.1—1998.12
	徐文会	镇长	贵州印江	1999.1—2000.12
	田维刚	镇长	贵州思南	2001.1—2003.9
	徐奕明	镇长	贵州印江	2003.10—2007.12
	吴　雪	镇长	贵州印江	2008.1—

第三章　政　协

第一节　县人民政协

一、组织机构

领导机构　中国人民政治协商会议贵州省印江土家族苗族自治县委员会（简称政协印江自治县委员会），是中国人民政治协商会议地方委员会。政协印江自治县委员会设常务委员会主持会务。常务委员会由政协主席、副主席、秘书长和委员组成。政协印江县首届委员会于 1984 年 9 月成立，1986 年 12 月成立自治县后更名为“政协印江自治县委员会”。1984—2006 年，政协印江自治县委员会共组成 6 届委员会，6 届常委会。政协印江自治县委员会每届设主席 1 人，副主席 4～6 人，秘书长 1 人，常务委员 15～20 人。1993 年以前每届任期 3 年，以后每届任期 5 年。

印江自治县政协办公楼（2008 年拍摄）

内设机构　1988 年，政协印江自治县委员会内设办公室、学习委员会、提案工作委员会（含法制、民族工作）、文史资料研究委员会、科技经济工作组、智力咨询工作组、教育文体工作组、卫生妇幼工作组、祖国统一工作组、智力支边办公室（政府序列，挂靠政协）。1989 年，县政协内设办公室、学习民族法制祖国统一委员会、经济科技委员会、文史资料委员会、提案委员会、教育文卫妇女青年委员会、智力支边办公室（政府序列，挂靠政协）。1990 年，增设计划生育专题组，设“五委两办”，即：办公室、智力支边办公室（政府序列，挂靠政协）、提案委员会、学习民族法制祖国统一委员会、经济科技委员会、文史资料委员会、教育文卫妇女青年委员会。1993 年，内设机构调整为“两办六委”，即：办公室、智力支边办公室（政府序列，挂靠政协）、提案委员会、学习法制委员会、经济科技委员会、文史资料委员会、教卫文体委员会（含计划生育专题组）、社会联谊委员会。1996 年，机构改革后，内设机构为“两办三委”，即：办公室、智力支边办公室（政府序列、挂靠政协）、学习提案法制委员会、经济科技联谊委员会、教卫文史资料委员会。2006 年，县政协内设机构未变。2007 年，内设机构调整为“两办五委”，即：办公室、智力支边办公室（政府序列、挂靠政协）、提案法制委员会、经济委员会、文史民族宗教委员会、人口资源环境委员会、教科文卫体委员会。截至 2008 年未变。

二、县政协全体会议

政协印江自治县委员会全体会议由政协印江自治县委员会常务委员会召集并主持，每届第一次全体会议由预备会议选举产生的主席团主持。全体会议每年举行一次，常务委员会认为有必要时，可临时召开。全体会议须有2/3以上的委员出席方能举行。

一届政协全体会议 中国人民政治协商会议第一届印江自治县委员会从1987年9月至1989年4月共召开3次全体会议。

第一次会议 1987年9月13—17日在县城召开，会议应到委员105人，因病因事请假7人，实到98人，列席17人。县委书记熊明英、县长戴振华出席会议。预备会上，选举产生大会主席团及秘书长，通过会议日程、议程等有关事项。大会主席团由万高明、戴方珍、李敦礼、陈常琨、陈兆康、罗福文、张国华、郜万波、饶人爵、饶占辉、谢鹤云、曾长碧、曾子范、魏敦颐、魏道宏15人组成，饶人爵兼任秘书长。大会听取并审议陈常琨作的《常委会工作报告》、罗福文作的《一届四次会议以来提案工作情况的报告》。与会人员列席县人大首届一次会议，听取并讨论县长戴振华所作的《政府工作报告》及其他报告。大会选举产生县政协首届委员会领导成员：主席万高明，副主席魏敦颐、陈常琨、谢鹤云、李敦礼，秘书长罗福文，常务委员易国美、甘怀亮、田茂刚、余子祥、邹弘途、杨秀和、陈政治、张国华、武志新、饶人爵、饶占辉、高杰、董润霖、曾子范、曾长碧。中共铜仁地委委员、地委秘书长殷福保，县委书记熊明英，县人大常委会主任张世麟，县长戴振华等领导出席闭幕式。

第二次全体会议 1988年3月31日—4月3日在县城召开。会议应到委员103人，实到委员81人，列席33人。县委书记熊明英出席会议，作重要讲话，县长戴振华、县人大常委会主任张世麟等领导出席会议。会议听取和审议副主席陈常琨作的常委会工作报告，政协常委、提案工作委员会主任罗福文作的《关于本届第一次会议以来提案工作情况的报告》。省政协委员、副主席陈常琨传达贯彻省政协六届一次会议精神。与会人员列席自治县人大首届二次会议，听取并协商讨论副县长田景坤所作的《政府工作报告》及其他报告。

第三次全体会议 1989年4月11—14日在县城召开。会议应到委员104人（后增补1人），实到95人，列席56人。政协铜仁地工委领导，县委书记熊明英、县长戴振华、县人大常委会主任张世麟等领导出席会议，熊明英作重要讲话。会议由主席万高明主持，会议听取并审议副主席魏敦颐作的《常委会工作报告》，政协常委、提案工作委员会主任罗福文作的《关于首届三次会议以来提案工作情况的报告》。与会人员列席县人大首届三次会议，听取并协商讨论县长戴振华作的《政府工作报告》及其他报告。

二届政协全体会议 县政协第二届委员会（1990.6—1992.3）期间，共召开三次全体会议。

第一次全体会议 1990年6月20—24日在县城召开，应到委员115人，实到委员93人，列席76人。政协铜仁地工委副主任舒大乾、地委组织部副部长叶明瑞、印江自治县委书记戴振华、县委副书记杨清富和田景坤等列席会议。舒大乾、戴振华分别在会上作讲话。贺光禄致开幕词，宋绍章作《政协第二届印江自治县委员会常务委员会工作报告》，罗福文作《政协第二届印江自治县委员会提案委员会关于一届一次会议以来提案工作情况的报告》。与会人员列席印江自治县第二届人民代表大会第一次会议，听取并讨论《政府工作报告》及其他报告。大会选举产生政协第二届印江自治县委员会领导成员：主席贺光禄，副主席宋绍章、李敦礼、谢鹤云、罗福文、余子祥、高杰，常务委员田浪、严循志、肖廷儒、吴启祥、陈正治、陆治邦、欧天文、武志新、饶人爵、饶占辉、唐全德、唐孝廉、黄朝龙、曾子范、曾长碧（女）、戴克先。会议通过二届一次会议之后的《政治决议》及其他决议。副主席宋绍章致闭幕词。

第二次全体会议 1991年3月25—28日在县城召开，应到委员126人（增补委员11人），实到委员108人，列席56人。政协铜仁地工委领导，自治县委副书记、县长杨清富，自治县委副书记田景坤，自治县人大常委会主任张世麟及王仕荣、田建高、任廷纪、靖鲁华、万高明、张朝仙、吴辉章、高彩龙、吴永德、张德普、陈启成、严守杰等领导出席会议。主席贺光禄致开幕词，县委副书记田景坤在会上作讲话。会议听取并审议副主席李敦礼作的《常委会工作报告》，提案工作委员会主任欧天文作的《关于二届一次会议以来提案工作情况的报告》。大会组织学习中共十三届七中全会公报，省政协委员、县政协副主席余子祥传达贯彻省政协六届四次会议精神。与会人员列席自治县第二届人民代表大会第二次会议，听取并讨论自治县人民政府县长杨清富作的《政府工作报告》及其他报告。会议通过《政协印江自治县第二届委员会第二次会议决议》《政协第二届印江自治县委员会届委员会第二会议关于提案审查情况的报告》。副主席宋绍章致闭幕词。

第三次全体会议　1992年3月24—28日在县城召开，应到委员126人，实到120人，列席92人。印江自治县委副书记、县长杨清富，县人大常委会主任张世麟等领导出席会议，田景坤在会上作讲话。县政协主席贺光禄致开幕词，副主席李敦礼作《常委会工作报告》，政协提案工作委员会主任欧天文作《关于二届二次会议以来提案工作情况的报告》。大会组织学习中共十三届八中全会公报、江泽民总书记视察贵州时的重要讲话、省政协六届五次全会决议。与会人员列席印江自治县第二届人民代表大会第三次会议，听取并讨论印江自治县人民政府县长杨清富作的《政府工作报告》及其他报告。大会通过本届政协副主席罗福文辞去职务的报告。副主席宋绍章致闭幕词。

三届政协全体会议　县政协第三届委员会（1993.3—1997.3）期间，共举行5次全体会议。

第一次全体会议　1993年3月4—8日在县城召开，应到委员130名，实到委员125人，列席76人。政协铜仁地工委副主任周良生、中共印江自治县委书记戴振华等领导出席会议。周良生、戴振华分别在会上讲话，上届政协主席贺光禄致开幕词。会议听取并审议上届副主席李敦礼作的《常委会工作报告》，欧天文作的《二届一次会议以来提案办理情况的报告》。大会传达贯彻省政协七届一次会议精神。与会人员列席印江自治县第三届人民代表大会第一次会议，听取并讨论《政府工作报告》及其他报告。印江自治县委统战部部长严守杰作《关于本届政协人事安排情况的报告》。大会选举产生政协第三届印江自治县委员会领导成员：主席贺光禄，副主席李敦礼、谢鹤云、严守杰、宋绍章、余子祥、高杰，秘书长欧天文，常务委员田国成、白玉兰（女）、陆启华、陈正治、严循志、吴启祥、张华忠、李光华、武志新、饶占辉、饶人铨、晏祖裕、唐全德、顾鹏、黄朝龙、戴克先、戴芳容（女）、戴传秀（女）、魏厚寿。大会通过有关决议。副主席宋绍章致闭幕词。

第二次全体会议　1994年3月24—27日在县城召开。应到委员130名，实到委员120名，列席74人。中共印江自治县委书记杨舟、县人民政府县长田建高、县人大常委会主任杨清富等领导出席会议。县委书记杨舟在会上作讲话。会议由主席贺光禄主持，听取并审议副主席李敦礼作的《常委会工作报告》，副主席严守杰作的《关于三届一次会议以来提案工作情况的报告》。与会人员列席自治县第三届人民代表大会第二次会议，听取并讨论县长田建高所作的《政府工作报告》及其他报告。大会通过三届二次会议的有关决议。主席贺光禄致闭幕词。

第三次全体会议　1995年3月7—10日在县城召开，应到委员130名，实到委员126名，列席76人。全国人大代表、地区行署副专员戴振华，中共印江自治县委书记杨舟，县人民政府县长田建高，县人大常委会主任杨清富以及帅朝纲、胡朝江、戴明贵、任廷纪、石阿良、靖鲁华、唐世元、吴辉章、高彩龙、张德普、张朝仙、饶人才、冯如清等领导出席会议，县委书记杨舟在会上作讲话。会议听取并审议副主席李敦礼所作的《常委会工作报告》，副主席严守杰作的《关于三届二次会议以来提案工作情况的报告》，同时还传达学习省政协七届三次会议精神。与会人员列席自治县第三届人民代表大会第三次会议，听取并讨论县长田建高作的《政府工作报告》及其他报告。会议通过有关决议。闭幕会由副主席宋绍章主持，主席贺光禄作总结讲话。

第四次全体会议　1996年3月12—16日在县城召开，应到委员130人，实到委员126人，列席

76 人。中共印江自治县委书记田建高、代理县长帅朝纲、县人大常委会主任杨清富以及石阿良、汪福亚、戴亮、唐世元、吴辉章、高彩龙、张朝仙、吴永德、张仁慧、饶人才、杜典国、冯如清等领导出席会议。县委书记田建高在会上作讲话。会议听取并审议副主席高杰作的《常委会工作报告》，副主席严守杰作的《关于县政协三届三次会议以来提案工作情况的报告》，省政协委员、县政协副主席余子祥传达省政协七届四次会议精神。与会人员列席自治县第三届人民代表大会第四次会议，听取并讨论常务副县长任廷纪作的《政府工作报告》及其他报告。会议通过有关决议。

第五次全体会议　1997 年 3 月 3—6 日在县城召开，应到委员 130 人，实到 125 人，列席 76 人。中共印江自治县委书记田建高，县长帅朝纲以及唐世元、石阿良、汪福亚、吴辉章、高彩龙、张德普、张朝仙、张仁慧、饶人才、张运成、杨秀福等领导出席会议。县委书记田建高在会上作讲话。会议听取并审议副主席宋绍章作的《常委会工作报告》，副主席严守杰作的《关于三届四次会议以来提案工作情况的报告》，省政协委员、县政协副主席余子祥传达省政协七届五次会议精神，与会人员列席自治县第三届人民代表大会第五次会议，听取并讨论县长帅朝纲作的《政府工作报告》及其他报告。会议还表彰三届三次会议以来的 6 件优秀提案、18 名委员和 4 个先进承办单位。闭幕会由副主席李敦礼主持，主席贺光禄作总结讲话。

四届政协全体会议　县政协第四届委员会（1997.12—2002.3）期间，共召开 5 次全体会议。

第一次全体会议　1997 年 12 月 24—28 日在县城召开。应到委员 138 人，实到委员 121 人，列席 64 人。地委领导邓成庆、叶明瑞，中共印江自治县委书记田建高、县长帅朝纲以及唐世元、任廷纪、石阿良、杜典国、张运成、高彩龙、吴辉章、张德普、张朝仙、吴永德、张仁慧、谭守华、杨秀福、张毓平等领导出席会议，地委副书记邓成庆、县委书记田建高分别在会上作讲话。会议由戴明贵主持，陈德生致开幕词。会议听取并审议三届副主席严循志作的《常委会工作报告》、三届副主席严守杰作的《关于三届一次会议以来提案工作情况的报告》。与会人员列席自治县第四届人民代表大会第一次会议，听取并讨论县长帅朝纲作的《政府工作报告》及其他报告。听取并通过政协《选举办法（草案）》，县委领导作关于本届政协人事安排情况说明。大会选举产生政协第四届印江自治县委员会领导成员：主席戴明贵，副主席严守杰、严循志、陆治邦、陈德生、饶人才、谭显英（女），秘书长戴联盟，常务委员王勤、尹显学、邓应禄、龙泽亚、田应梅（女）、白能成、杨昌茂、苏天前、严志宏、严黔闽、肖忠明、吴瑞江（女）、张华忠、张建国、张银春、唐全民、戴英（女）。会议通过四届一次会议以来的有关决议。闭幕式由副主席陈德生主持，主席戴明贵作总结讲话。

第二次全体会议　1999 年 3 月 8—11 日在县城举行，应到委员 145 人，实到委员 125 人，列席 122 人。中共印江自治县委书记田建高、县长帅朝纲、县人大常委会主任任廷纪以及石阿良、杜典国、王朝文、刘忠斌、尹贵德、张运成、高彩龙、赵光洲、田国成、任达兴、任永和、谭守华、任蔚鸫、张洁、戴新建等领导出席会议。县委书记田建高在会上作讲话。会议由主席戴明贵主持，听取并审议副主席陈德生作的《常委会工作报告》、副主席严守杰作的《关于四届一次会议以来提案工作情况的报告》，省政协委员、县政协副主席严循志传达政协第八届贵州省委员会第二次会议精神。与会人员列席自治县第四届人民代表大会第二次会议，听取并讨论县长帅朝纲作的《政府工作报告》及其他报告。会议通过有关决议。闭幕会由副主席陈德生主持，主席戴明贵作总结讲话。

第三次全体会议　2000 年 2 月 28 日—3 月 2 日在县城举行，应到委员 145 人，实到委员 117 人，列席 108 人。中共印江自治县委书记田建高、县人大常委会主任任廷纪、县人民政府县长帅朝纲等领导出席会议。县委书记田建高在会上作讲话。大会由主席戴明贵主持，听取并审议副主席陆治邦作的《常委会工作报告》，副主席严守杰作的《关于四届二次会议以来提案工作情况的报告》，省政协委员、县政协副主席严循志传达省政协八届三次会议精神。与会人员列席自治县第四届人民代表大会第三次会议，听取并讨论县长帅朝纲作的《政府工作报告》及其他报告。本次会议共收到委员提案 45 件，副主席严守杰作《关于四届三次会议提案审查情况的报告》，会议表彰四届二次会议以来的 5 件优秀提案、10 名优秀委员和 5 个先进承办单位。会议通过有关决议。闭幕会由副主席陈德生主持，主席戴明贵作总结讲话。

五届政协全体会议 县政协第五届委员会（2003.1—2006.3）期间，共召开四次全体会议。

第一次全体会议 2003 年 1 月 3—6 日在县城召开，应到委员 136 名，实到委员 128 人，列席 135 人。中共印江自治县委书记陈康、县长李建、县人大常委会主任任廷纪以及戴明贵、陆鸿登、李世凡、谭守华、张著彪、何圣仙、石维江、蔡文森、王继承、高彩龙、赵光洲、吴彩兰、任达兴、任永和、严天智、方门照、苏天前、吴永德、严守杰、严循志、李天华等领导出席会议。县委书记陈康在会上作讲话。会议由任达志主持，王朝文致开幕词。会议听取并审议政协四届副主席谭显英、陆治邦分别作的《常委会工作报告》《关于四届一次会议以来提案工作情况的报告》，周增强作《关于拟制提案的说明》。与会人员列席自治县第五届人民代表大会第一次会议，听取并讨论县长李建作的《政府工作报告》及其他报告。会上，中共印江自治县委书记陈康作《政协第五届印江自治县委员会人事安排情况的说明》。大会选举产生政协第五届印江自治县委员会成员：主席王朝文，副主席任达志、陆治邦、谭显英（女）、严黔闽、王新华，秘书长周增强，常务委员唐宗贵、赵明亮、杨德凤、戴泽勇、谭勇、杨孝华、邓应录、张银春、周丽波（女）、严忆敏（女）、陆丽蓉（女）、卢道德、任晓林、唐洪、安永凡、袁贤超、冉茂亚、田儒萍（女）。会议通过有关决议。闭幕会上，主席王朝文作总结讲话。

第二次全体会议 2004 年 2 月 17—19 日在县城召开，应到委员 126 人，实到委员 134 人，列席 135 人。中共印江自治县委书记陈康、县人大常委会主任任廷纪以及陆鸿登、李世凡、谭守华、张著彪、何圣仙、石维江、王继承、张运成、陈良、吴彩兰、万再扬、王天跃、卢道军、方门照、冉隆军等领导出席会议。县委书记陈康在会上作讲话。会议听取并审议副主席任达志作的《常委会工作报告》，副主席陆治邦作的《关于县政协五届一次会议以来提案工作情况的报告》。与会人员列席自治县第五届人民代表大会第二次会议，听取并讨论县长李建作的《政府工作报告》及其他报告。大会对委员进行业务培训，副主席谭显英、学习提案法制委员会主任唐宗贵分别就《人民政协的基本情况和基本知识》《怎样写好提案》作辅导。会议通过副主席王新华作的《关于五届二次会议提案审查情况的报告》，表彰五届一次会议以来的 6 件优秀提案、21 名优秀委员和 6 个先进承办单位以及“四个一”活动优秀政协委员 14 名。会议通过有关决议。闭幕会由副主席任达志主持，主席王朝文作总结讲话。

2004 年 9 月， 印江自治县举办纪念县政协成立二十周年座谈会

第三次全体会议 2005 年 2 月 25—27 日在县城召开，应到委员 135 名（因工作调动减少 1 人），实到委员 128 人，列席 140 人。中共印江自治县委书记陈康、县人民政府县长李建、县人大常委会主任任廷纪、何圣仙、石维江、蔡文森、王继承、张运成、吴彩兰、任达兴、任永和、万再扬、王天跃、卢道军、苏天前等领导出席会议。县委书记陈康在会上作讲话。会议听取并审议主席王朝文作的《常委会工作报告》，副主席谭显英作的《关于五届二次会议以来提案工作情况报告》。与会人员列席自治县第五届人民代表大会第三次会议，听取并讨论县人民政府县长李建作的《政府工作报告》及其他报告。委员陆治邦、冉茂亚、翟永福、严恬、张阳红、杨孝华就自治县的旅游、金融、农民增收、工业兴县、扶贫开发、劳务输出等与县域经济社会发展密切相关的问题作专题发言。会议通过副主席谭显英作的《关于五届三次会议提案审查情况报告》，表彰 10 件优秀提案和 8 个先进承办单位以及“四个一”活动优秀政协委员 10 名。会议通过有关决议。闭幕会由副主席陆治邦主持，主席王朝文作

总结讲话。

第四次全体会议 2006 年 2 月 20—23 日在县城召开，应到委员 135 人（原 138 人，因工作关系调出 3 人），实到委员 128 人，列席 135 人。中共印江自治县委书记陈康、代理县长肖洪，县人大常委会主任任廷纪，县委副书记陆鸿登，张大华、李世凡、张雪松、何圣仙、石维江、蔡文森、王继承、罗群、张运成、吴彩兰、任达兴、万再扬、王天跃、严天智、张明等领导出席会议。县委书记陈康在会上作讲话。会议听取并审议主席王朝文作的《常委会工作报告》、副主席谭显英作的《关于县政协五届三次会议以来提案工作情况报告》。与会人员列席自治县第五届人民代表第四次会议，听取并讨论代理县长肖洪作的《政府工作报告》及其他报告。会议对委员进行培训。副主席王新华、秘书长周增强就《关于进一步加强中国共产党领导的多党合作和政治协商制度的意见》《切实做好反映社情民意信息工作，为构建和谐社会做出积极贡献》作辅导。会议通过副主席谭显英作的《关于五届四次会议提案审查情况报告》，表彰 5 件优秀提案和 5 个先进承办单位以及“四个一”活动优秀政协委员 13 名。会议通过有关决议。闭幕会由副主席严黔闽主持，主席王朝文作总结讲话。

六届政协全体会议 县政协第六届委员会（2006.12—2008.12）期间，共召开 2 次全体会议。

第一次全体会议 2006 年 12 月 24—26 日在县城召开，应到委员 135 人，实到委员 121 人，列席 119 人。中共印江自治县委书记陈康、代理县长肖洪、县人大常委会主任任廷纪以及熊放鸣、严天智、张明、王继承、罗群、李俊宏、郑顺恩、翁锡钗、吴彩兰、任达兴、任永和、万再扬、卢道军、王天跃、苏天前、张武、何支刚、张运成、饶人才、谭显英等领导出席会议。县委书记陈康在会上作讲话。会议听取并审议主席王朝文作的《常委会工作报告》、副主席陆治邦作的《关于县政协五届四次会议以来提案工作情况报告》。与会人员列席自治县第六届人民代表第一次会议，听取并讨论代理县长肖洪作的《政府工作报告》及其他报告。大会选举产生政协第六届印江自治县委员会领导成员：主席何圣仙，副主席任达志、陆治邦、严黔闽、王新华、任永国，秘书长周增强，常务委员唐宗贵、杨德凤、田英、邓应录、冯勇、刘坚强、谭勇、包淳浩、张银春、周丽波（女）、陈德英（女）、任江燕（女）、程红（女）、李亚和、张亚、唐洪、张朝安、杨睿、蒋雨忠、戴传福、释佛友。会议听取并通过副主席陆治邦作的《关于本次会议提案审查情况报告》，听取并通过副主席谭显英作的《政协第五届印江土家族苗族自治县委员会第一次会议决议》，通过有关决议。闭幕会由副主席任达志主持，主席何圣仙作讲话。

第二次全体会议 2008 年 3 月 2—5 日在县城召开，应出席本次会议的委员 153 名，实到委员 141 名。中共印江自治县委书记陈康、县人大主任王朝文、县政府代理县长肖洪、县委副书记陆鸿登及熊放鸣、冉贵生、严天智、张明、王继承、罗群、李俊宏、郑顺恩、翁锡钗、谢尚林、张运成、吴彩兰、万再扬、王天跃、卢道军、杨晓凤、苏天前、何支刚、张武、饶人才、谭显英、彭世福、毛明生、姚华权等县领导出席会议。县委书记陈康在会上作讲话，会议听取并审议副主席陆治邦作的《常委会工作报告》、副主席严黔闽作的《关于六届一次会议以来提案工作情况报告》。与会人员列席自治县第六届人民代表第二次会议，听取并讨论代理县长肖洪作的《政府工作报告》及其他报告。会议听取并通过严黔闽副主席作的《关于本次会议提案审查情况报告》，听取并通过陆治邦副主席作的《政协第六届印江土家族苗族自治县委员会第二次会议决议》，表彰 5 件优秀提案和 5 个先进承办单位，通过有关决议。闭幕会由副主席任达志主持，主席何圣仙作总结讲话。

四、 县政协常委会议

政协印江自治县委员会常务委员会会议是政协印江自治县委员会全体会议闭会期间履行政治协商、民主监督、参政议政职能的主要形式。常务委员会会议由政协印江自治县委员会主席主持，也可由主席委托的副主席主持，一般每季度举行一次，必要时可临时举行，必须有全体组成人员的 2/3 以上出席方能举行。

政协一届常委

第一次会议 1987 年 9 月 18 日在县城召开，会议学习《胡锦涛同志在地、州、市委负责同志座谈会上的讲话》《政协章程》、全国政协召开地方政协工作组（委）座谈会报道、全国政协秘书长在全国地方政协工作组（委）座谈会上的讲话。研究决定政协工作机构设置为：学习委员会（含法制、民族）、提案工作委员会、文史资料研究委员会、智力咨询工作组、教育文体工作组、妇幼卫生工作组、经济科技工作组、祖国统一工作组。根据机构的设置对委员进行划分，讨论确定各工作委员会主任、副主任、成员和工作组组长、副组长、成员的组成人员。研究决定县政协各工作组（委）负责人和成员召开会议时间。

第二次会议 1987 年 12 月 15—17 日在县城召开，会议传达学习中共贵州省委《关于认真学习党的十三大文件的通知》、县委《关于认真学习党的十三大文件的通知》、贵州省出席中共十三大代表团的传达提纲、《省政协印发〈中共中央举行党外人士茶话会的座谈纪要〉的通知》、中共贵州省委五届九次全委扩大会议精神。主席万高明传达第四次全省政协工作座谈会精神。讨论通过《县政协1987 年工作总结》和《县政协 1988 工作要点》。县委副书记杨清富出席会议并讲话。

第三次会议 1988 年 3 月 17—19 日在县城召开，会议讨论通过县政协首届二次会议召开时间、议程、日程、邀请出席、列席人员名单、常委会工作报告、大会发言等。讨论通过首届二次会议《常委会工作报告》（草案）、《提案工作报告》（草案）。学习《关于经济形势和今年的经济工作》（中发〔1988〕1 号）、《赵紫阳同志在中央财经领导小组会议讨论住房制度改革问题时的讲话要点》（中办通报〔1988〕2 号）、学习《贵州省第四次政协工作座谈会报告》（省办发〔1987〕44 号）；副主席陈常现传达省政协六届一次会议精神。协商讨论《政府工作报告》。副县长张德普出席会议并讲话。

第四次会议 1988 年 6 月 15—17 日在县城召开，会议学习《中共黄平县委关于加强政治协商、民主监督的试行办法》（省委办公厅 1988 年 5 月 5 日《贵州情况报告》第六期）、全国政协委员、江苏省政协副主席陈敏之的讲话《强化政治协商民主监督的意见》、中共铜仁地委《关于转发全区政协主席座谈会纪要的通知》、省政协副主席宋树功在省政协六届常委会第二次会议上讲话、全国政协七届一次会议精神、县委组织部《关于各区镇党委、县直党委、党组、党支部进行民主生活会的通知》。研究讨论县政协下半年的工作重点。县委书记熊明英出席会议并作重要讲话。

第五次会议 1988 年 9 月 19—21 日召开。会议学习《中共中央关于加强党的纪律维护改革大局的通知》（中发明电〔1988〕1 号）、胡锦涛在中共贵州省第六次党代会上的报告《进一步解放思想，加强改革开放步伐，迎接贵州九十年代的发展》《中共贵州省委转发省委宣传部〈关于深入进行党的基本路线教育的意见的通知〉》《中共印江自治县委关于建立政治协商民主监督制度的试行意见》。县长戴振华、县委副书记杨清富出席会议并作重要讲话。

第六次会议 1988 年 12 月 20—22 日召开。会议学习总书记赵紫阳在中共十三届三中全会上的报告、《中共贵州省委关于建立同民主党派和无党派爱国人士民主协商座谈会制度的试行意见》、省委书记刘正威在全省农村工作会议上的讲话、中共贵州省委办公厅和自治县人民政府的有关文件。讨论修改县政协 1988 年工作总结。协商讨论县政协 1989 年工作要点。县委书记熊明英、副书记杨清富出席会议并作重要讲话。

第七次会议 1989 年 3 月 13—15 日召开。会议学习省政协六届二次会议精神、人民日报社论《同心协力，艰苦奋斗——祝贺七届人大二次会议、七届政协二次会议胜利闭幕》。副主席魏敦颐传达全区政协主席会议精神。协商讨论决定增补和免去委员，增补文邦进、唐孝廉、任光忠、朱大辉、杨光全、黄朝龙为本届政协委员，免去杨森本届政协委员职务。讨论通过县政协首届三次会议《常委会工作报告》（草案）、《提案工作报告》（草案）。协商讨论《政府工作报告》（讨论稿）。讨论通过县政协首届三次会议议程、日程、决议起草委员会名单（草稿）、会议时间、分组召集人和分组划分名单。讨论通过特邀县几大班子领导、历届政协副主席、老红军、老干部出席会议人员名单。讨论通过邀请县直部门有关负责人和各区镇统战委员列席人员名单。讨论通过邀请离任委员、各界人士（非党）列席人员名单。决定增补黄朝龙为本届常委，免去部万波本届政协委员的职务。县委组织部长任廷纪、副县长吴永德出席会议并讲话。

第八次会议　1989 年 6 月 22—24 日召开。会议学习《中共中央国务院〈告全体共产党员和全国人民书〉》（1989 年 6 月 5 日《人民日报》）、传达学习和贯彻执行邓小平在接见戒严部队军以上干部时的重要讲话、《统一全党思想的纲领性文件》（人民日报社论）、中共贵州省委召开的贵州领导干部会议精神、《政协贵州省委员会关于政治协商、民主监督的暂行规定》。县政协各委组汇报活动开展情况。研究讨论县政协下半年工作。县委宣传部部长宋绍章、副县长张德普出席会议并讲话。

第九次会议　1989 年 9 月 18—20 日召开。会议学习中共十三届四中全会公报、《中共中央关于近期做七件事的决定》（中发〔1989〕6 号）、《关于加强宣传、思想工作的通知》（中发〔1989〕7 号）、《中共贵州省委六届二次全会关于贯彻十三届四中全会精神的决议》（省发〔1989〕10 号）、《中共铜仁地委关于贯彻十三届四中全会精神和省委六届二次全会决议的意见》《中共印江自治县委、自治县人民政府关于近期做九件群众关心的事的决定》《中共印江自治县委、自治县人民政府关于清理违法违章占地建私房的通知》《中共印江自治县委关于印发〈中共铜仁地委关于保持党政机关和干部廉洁的通知〉》。县委书记熊明英出席会议并作重要讲话。

第十次会议　1989 年 12 月 13—14 日召开。会议学习中共中央第十三届五中全会公报、江泽民在中共十三届五中全会上的讲话、中共贵州省委六届三次全委扩大会议精神。讨论县政协 1989 年工作总结和 1990 年工作要点。副主席魏敦颐传达地区工委召开的全区主席会议精神。协商决定县政协计划生育专题组的组成人员。县委书记熊明英出席会议并作重要讲话。

第十一次会议　1990 年 1 月 18 日召开。会上副主席魏敦颐传达全区政协主席会议精神并提出贯彻意见。根据全国、省、地政协有关文件精神，成立县政协计划生育专题组。任命各区镇政协联络员。

第十二次会议　1990 年 3 月 26—28 日召开。会议学习中共中央十三届六中全会公报、《中共中央关于中国共产党领导下的多党合作和政治协商制度的意见》（中发〔1989〕14 号）、《中共贵州省委关于贯彻落实中共中央关于在中国共产党领导下的多党合作和政治协商制度的意见的通知》（省发〔1989〕4 号）、《中共铜仁地委批转政协铜仁地工委贯彻省政协关于政治协商、民主监督的暂行规定的实施意见》《中共贵州省委办公厅关于批准省组织部、统战部关于我省县级政协换届人事安排的意见》（省办发〔1990〕3 号）、《中共铜仁地委关于批转政协地区工委主席会议的纪要的通知》（地办发〔1990〕17 号）、《中共中央关于党同人民群众的联系的决定》（中发〔1989〕5 号文件）、《中共中央关于坚持和完善中国共产党领导下的多党合作政治协商制度的意见的几点体会》。主席万高明传达学习省政协三届三次会议精神，县委副书记、代理县长杨清富出席会议并作重要讲话。

第十三次会议　1990 年 5 月 23—25 日召开。会议学习《中共印江自治县委印江自治县人民政府关于处理违法违纪违章占地建私房的实施细则》。县委组织部长任廷纪宣读《中共省委办公厅转发省委组织部、统战部关于我省县级政协换届人事安排的意见和通知》（省办发〔1990〕3 号）。讨论通过县委组织部副部长魏厚然通报的下届委员组成人数、界别设置及委员建议名单。讨论通过县政协二届一次会议《常委会工作报告》（草案）、《提案工作报告》（草案）。讨论通过县政协二届一次会议决议起草委员会名单、会议议程、日程。县委书记戴振华、县委副书记代理县长杨清富出席会议并作重要讲话。

政协二届常委　县政协二届常委会共召开常委会议 13 次。

政协二届一次常委会　1990 年 6 月 25 日召开，会议主要学习江泽民在全国统战工作会议开幕式上的讲话和《政协章程》，安排部署 1990 年政协工作，主席贺光禄介绍政协主席分工。

政协二届二次常委会　1990 年 7 月 14 日召开，会议调整充实各专门委员会的分工。讨论通过《政协区镇联络员工作试行简则（草稿）》，学习《中国人民政治协商会议第七届全国委员会专门委员会组织原则》，安排政协下半年工作。

政协二届三次常委会　1990 年 8 月 30 日—9 月 1 日召开，会议组织学习《中共中央关于加强统一战线工作通知》、江泽民在全国统战工作会议《努力发展最广泛的爱国统一战线》讲话。传达省委统战工作会议精神，省智力支边联系小组会议精神，地区主席会议精神。讨论通过政协各委办的人事任免和工作安排。学习中国人民政治协商会议贵州省委员会办公厅文件《苗春亭在省市地州（市）、县、地工委负责人座谈会上的讲话〈县政协存在的必要和能力发挥的作用〉》。传达县几家班子会议精神。

政协二届四次常委会　1990 年 12 月 17—19 日召开，会议学习《中共铜仁地委批转政协地工委〈关于加强政协建设的报告〉的通知》《中共印江自治县委关于加强政协协商制度的意见》《中共印江自治县委关于加强统一战线工作的意见》《中共印江自治县委批转县政协党组〈关于加强政协建设的意见〉的通知》《印江自治县人民政府关于加强政协联系的意见》。协商和讨论通过《关于政治协商、民主监督的暂行规定》，建会以来的工作总结《抓大事、办实事，路子越走越宽》。

政协二届五次常委会　1991 年 3 月 4—5 日召开，会议组织学习中共十三届七中全会公报，江泽民《在党的十三届七中全会闭幕时的讲话》，李鹏《关于制定十年规划和"八五"计划建议的说明》。审议通过二届二次全委会召开时间、《常委会工作报告（草案）》《提案工作报告（草案）》《决议起草委员会（草案）》、小组划分和召集人员名单说明。组织学习全国政协办公厅《提案工作条件》。

专题常委会议　1991 年 3 月 19 日召开，会议协商讨论《政府工作报告（讨论稿）》，讨论决定县政协副秘书长候选人。县人民政府县长杨清富、副县长严守杰应邀出席会议。

政协二届六次常委会　1991 年 6 月 25—27 日召开，会议学习《中共中央、国务院关于加强计划生育工作严格控制人口的决定》《省委办公厅、省政府办公厅关于转发〈省智力支边座谈会纪要〉的通知》《政协第七届全国委员会第四次会议政治决议》《政协七届全国委员会常务委员会工作报告》、全国政协主席李先念在七届四次全国政协会议闭幕会上的讲话，通报上半年的政协工作（草稿）。副主席罗福文传达省对台工作会议精神，主席贺光禄通报赴深圳等地考察情况。县委副书记田景坤应邀出席会议。

政协二届七次常委会　1991 年 9 月 12—14 日召开，副主席宋绍章组织学习文件《关于学习江泽民讲话和党建理论的通知》、总书记江泽民在建党七十周年大会上的讲话，听取县政府领导对全县工业企业、商业企业的情况通报，副主席李敦礼通报文史资料情况。副县长张德普、陈启成应邀出席会议。

政协二届八次常委会　1991 年 12 月 24—27 日召开，会议主要学习中共十三届八中全会公报、总书记江泽民在中共十三届八中全会闭幕时的讲话、中共中央《关于目前农村社会主义思想教育开展情况的报告》。县政协各专委会、各乡（镇）联络组汇报全年工作，协商讨论《政协印江自治县委员会 1991 年工作总结》，副主席罗福文组织学习《中共中央批转中共统战部关于工商联若干问题的请示》。政协铜仁地工委主任许承印、副县长张德普应邀出席会议。

政协二届九次常委会　1992 年 3 月 12—14 日召开，主席贺光禄组织学习中共十三届八中全会公报、《中共中央关于印发邓小平同志重要谈话的通知》《省人民政府关于印发江泽民同志视察贵州时的重要讲话的通知》、省政协六届五次会议决议。讨论通过《政协第二届委员会常委会报告》，二届三次会议议程、日程，《决议》起草委员会建议名单，协商讨论《政府工作报告》，协商讨论二届三次全委会的有关准备工作，审议政协系统先进工作者（委员）名单，审议特邀列席人员名单。县委书记戴振华、县人民政府县长杨清富应邀出席会议。

政协二届十次常委会　1992 年 6 月 24—26 日召开，主席贺光禄组织学习省委《关于加快改革开放步伐，加速经济发展的决定》，副主席宋绍章组织学习省政府《关于机关干部从事经济活动及兴办"四型"企业的试行办法的通知》，中共铜仁地委、铜仁地区行署《关于全区党政机关事业单位和机关干部从事经济活动的若干问题的决定（修改稿）》，中共铜仁地委、铜仁地区行署《关于进一步扩大改革开放的若干暂行规定（修改稿）》，中共印江自治县委、印江自治县人民政府《关于党政机关事业单位和干部职工从事经济活动的暂行规定》和《关于抓紧抓好全县有关支柱产业、工业项目和梵净山旅游开发的暂行规定》，省委办公厅、省政府办公厅关于印发《全省智力支边工作会议情况的报告》的通知。县农业局局长谭守华作《认真贯彻科技兴农、狠抓项目规模效益》的报告、印江自治县供销联社主任房柳铭作《关于“四放开”试点的情况报告》、副主席李敦礼传达地区文史工作暨《地区文史资料》第二辑审稿会的情况。县委书记戴振华、县人民政府副县长肖宗元应邀出席会议。

政协二届十一次常委会　1992 年 9 月 23—25 日召开，组织学习《中共中央关于加快改革、扩大开放、力争经济更快更好地上一个新台阶的意见》，主席贺光禄传达省政协“两会”情况、协商讨论本会视察工作，召开联络组负责人座谈会的有关事宜。自治县人民政府副县长吴永德应邀出席会议。

政协二届十二次常委会　1992 年 12 月 17—18 日召开，组织学习江泽民在中共十四大上的报告，传达讨论政协换届方案，组织学习省委转发《关于全省县级人大、政府、政协换届中党外人士安排的意见》，听取县政协视察乡（镇）企业和职业技术教育的情况报告，审议《县政协 1992 年工作总结》。

政协二届十三次常委会　1993 年 2 月 20—22 日召开，协商讨论县委书记戴振华《县委常委会工作报告》，协商讨论县人民政府县长杨清富《政府工作报告》，讨论通过《政协二届委员会工作报告》《提案工作报告》，讨论通过三届一次全委会召开时间、议程、日程、选举办法草案，县委组织部长商开封作三届一次会议人事（委员）安排说明。

政协三届常委　县政协三届常委会共召开常委会议 20 次。

政协三届一次常委会　1993 年 6 月 24—26 日召开，主席贺光禄组织学习李瑞环在政协全国第八届委员会第一次会议闭幕会上的讲话和在第八届全国委员会第二次常委会上的讲话，吴学谦在政协第八届全国委员会第二次常委会上的讲话，叶选平在政协第八届全国委员会常务委员会第二次会议上的讲话。主席贺光禄传达全区主席会议精神，讨论通过《乡（镇）政协联络组工作试行简则》，任命各专委会干部、各乡（镇）政协联络组组（副）长，讨论决定各专会组成人员名单。

政协三届二次常委会　1993 年 9 月 22—24 日召开，副主席宋绍章组织学习《中共贵州省委关于进一步加强政治协商、民主监督的通知》《关于印发江泽民在全国八届人大、八届一次党的负责人会议上的重要讲话的通知》《关于印发刘方仁、龙志毅在省政协七届三次常委会讲话的通知》，副主席严守杰组织学习《中纪委二次全会精神传达提纲》，县人民政府副县长任廷纪通报 1—8 月的政府工作情况，各专门委员会、乡（镇）联络组负责人汇报工作。

政协三届三次常委会　1993 年 12 月 16—18 日召开，会议学习中共十四届三中全会精神，中共中央关于学习《邓小平文选》的决定，政协贵州省委员会关于学习《邓小平文选》（三卷）的通知，总书记江泽民在统战工作会议上的讲话，通报三届一次会议以来的提案办理情况，部分乡（镇）联络组汇报工作，讨论通过增补政协委员名单，审议通过《政协印江自治县委员会 1993 年工作总结》。县委书记杨舟、副书记帅朝纲应邀出席会议。

政协三届四次常委会　1994 年 3 月 2—4 日召开，主席贺光禄组织学习省政协七届二次会议决议，协商讨论政府工作报告，协商讨论县计划委员会《1993 年国民经济、社会发展计划执行情况和 1994 年计划安排意见的报告（征求意见稿）》，协商讨论县财政局《关于 1993 年财政执行情况和 1994 年预算情况的报告》，审议政协《印江自治县委员会 1994 年工作要点》，讨论通过《三届一次会议以来的提案工作情况汇报（草案）》，讨论通过《政协印江自治县委员会常委会工作报告（草案）》，三届二次会议的召开时间、日程、议程，协商决定有关人事任免，副主席宋绍章通报县乡村三级干部会精神。县委副书记、县长田建高，县人大常委会主任杨清富应邀出席会议。

第一次专题常委会　1994 年 5 月 31 日召开，协商讨论县委、县政府《关于大力发展非公有制经济的暂行条例》，协商讨论县委政府《关于开发非耕地资源促进农村经济全面发展的暂行规定（讨论稿）》。

政协三届五次常委会　1994 年 6 月 22—24 日召开，经济学家厉无畏作《关于市场经济、现代企业制度、当前经济形势的录音专题报告》。听取县政府《关于 1994 年上半年全县经济工作和下半年工作安排情况的通知》，协商讨论县烟草局《关于 1994 年全县烤烟发展，收购安排情况的报告》。听取并讨论县公安局《关于整顿公安队伍、打击刑事犯罪、维护社会秩序的情况报告》，协商决定增补本届委员，协商决定朗溪镇政协联络组副组长人选，协商调整专委会成员。县委副书记、县人民政府县长田建高应邀出席会议。

第二次专题常委会　1994 年 8 月 3 日召开，专题协商《印江土家族苗族自治县扶贫攻坚计划（修改稿）》。县委副书记、县人民政府县长田建高参加专题常委会。

政协三届六次常委会　1994 年 9 月 13—15 日召开，主席贺光禄传达贯彻贵州省政协工作会议精神，副主席宋绍章传达贯彻全省智力支边扶贫现场会精神，县委领导通报全县党建、廉政建设工作情况，讨论决定有关人事任免，自治县政协举行建会 10 周年纪念座谈会。县委副书记帅朝纲应邀出席会议。

政协三届七次常委会　1994 年 12 月 21—23 日召开，学习中共十四届四中全会公报和《关于加强党的建设的几个重大问题的决定》，传达贯彻湘鄂川黔四省边区县（区）政协工作联系会第七次年会精神，协商讨论县政府《关于今年全县全年经济工作情况通知》，协商讨论《县政协 1994 年工作总结和 1995 年工作要点（讨论稿）》。县人大常委会主任杨清富、县人民政府副县长吴永德应邀出席会议。

政协三届八次常委会　1995 年 2 月 21—22 日召开，学习讨论全国政协《关于政治协商、民主监督、参政议政的规定》，听取讨论《县政协关于 1995 年工作安排意见（讨论稿）》，审议通过提案委员会《关于三届二次会议以来提案工作情况的报告（草案）》决定，审议通过《常务委员会工作报告（草案）》。协商决定学习法制委员会主任的人事安排，协商决定三届三次全委会召开时间，讨论通过三届三次会议议程、日程（草案）等有关事宜。县人大常委会副主任唐世元应邀出席会议。

政协三届九次常委会　1995 年 6 月 27—29 日召开，学习《中共中央关于印发〈关于地方各级人大机构改革的意见〉和〈关于地方各级政协机关改革的意见〉的通知》，协商讨论县政府《关于 1995 年经济工作情况和县城西门街道改造工程筹建情况的通报》，协商讨论县综治委《关于全县社会治安综合治理的情况通报》、县政协《关于增补政协委员的说明》。县委书记杨舟、县委副书记张先义、县人民政府县长田建高、副县长吴永德应邀出席会议。

政协三届十次常委会　1995 年 9 月 19—21 日召开，学习《中央贵州省委办公厅关于转发省委组织部、省委统战部〈关于进一步加强培养选拔党外干部工作的意见〉的通知》文件，审议县政协《关于视察县人民法院审判工作情况的报告》《关于对县造纸厂、水泥厂、糖烟酒公司生产、流通和企业资金需求、国有资产等情况的调查报告》，协商讨论县乡（镇）企业局《关于贯彻落实今年县人代会和全县乡（镇）企业工作会议精神的情况报告》，协商讨论县委《关于党的建设特别是各级领导班子建设的情况的通报》，听取县委组织部《关于对县政协第三次会议第 79 号、第 60 号委员提案办复情况的通知》，讨论通过乡（镇）联络组长人选。县委副书记帅朝纲、县人大常委会主任杨清富、县政府副县长汪福亚应邀出席会议。

政协三届十一次常委会　1995 年 12 月 5—7 日召开，学习中共十四届五中全会公报，协商讨论县委《关于制定全县国民经济、社会发展第九个五年计划和 2010 年规划的建议（征求意见稿）》，协商讨论县委《关于进一步完善全县撤并建后乡（镇）管理的决定（讨论稿）》，听取和讨论经济科技联谊委员会、学习和法制委员会、提案委员会、教卫文体委员会、文史委员会、社会联谊委员会、智力支边办公室和洋溪、杨柳、缠溪、罗场、朗溪、合水、木黄、新业、杉树、沙子坡、中坝等 11 个乡（镇）联络组关于 1995 年工作情况汇报，听取和审议《政协 1995 年的工作总结（草稿）》，讨论决定三届四次全委会上优秀提案和先进承办单位。县委书记田建高，副书记、代理县长帅朝纲，县人大常委会副主任吴辉章应邀出席会议。

政协三届十二次常委会 1996年2月6日召开，会议由副主席严守杰组织学习《江泽民同志在元旦茶话会上的讲话》，审议《常委会工作报告》，讨论通过有关人事任免，讨论通过政协印江自治县委员会三届四次全委会日程、议程、《决议》起草委员会名单。县人大常委会副主任唐世元应邀出席会议。

政协三届十三次常委会 1996年3月17日召开，主席贺光禄组织学习《政协章程》、全国政协关于《加强政治协商、民主监督和参政议政的规定》，讨论修改《县政协1996年工作要点（草案）》，县政协办公室主任张建国组织学习《中共印江自治县委关于批转〈县政协党组关于申请批准乡（镇）联络组工作试行简则的请示〉的通知》。

政协三届十四次常委会 1996年6月25—26日召开，组织学习《中国人民政治协商会议全国委员会常务委员会工作规划（修正案）》（1996年6月14日政协第八届全国委员会常务委员会第十七次会议通过），主席李瑞环在全国政协八届十七次常委会上讲话（1996年6月14日），省政协办公厅《关于转发〈政协余庆县委员会关于政治协商、民主监督、参政议政的实施办法〉的通知》，协商讨论县政府《关于全县支柱产业的重点工程项目启动情况的通报》，协商讨论县公安局《关于全县近期"严打"斗争情况报告》，协商讨论农机局《关于全县农机管理、服务情况报告》，主席贺光禄传达贯彻全区政协主席会议精神。县委常委、常务副县长任廷纪应邀出席会议。

第三次专题常委次会议 1996年7月17日召开，专题协商讨论烟草公司《关于1996年烤烟收购实施方案的报告》。县委常委、常务副县长任廷纪应邀出席会议。

政协三届十五次常委会 1996年9月17—19日召开，副主席宋绍章传达省政协七届第二十一次常委会议精神，协商讨论县委《关于全县乡（镇）换届后和县直机关机构改革后的工作运行情况通报》《关于加强干部政治思想教育的决定（讨论稿）》和《关于在县直机关集中一段时间开展干部政治思想教育的具体安排意见（讨论稿）》，协商讨论经济科技联谊委员会《关于对县百货公司视察情况的报告》，讨论通过县政协《关于贯彻〈政协全国委员会关于政治协商、民主监督、参政议政的规定〉的实施办法（草案）》和《县政协常务委员会工作规则（草案）》，讨论决定县政协二级机构设置，讨论通过有关人事任免。县委常委、组织部长石阿良，县人民政府副县长饶人才应邀出席会议。

政协三届十六次常委会 1996年12月17—20日召开，副主席严守杰组织学习《中共中央关于加强社会主义精神文明建设若干重要问题的决议》，协商讨论县委《关于贯彻落实十四届六中全会〈决议〉的情况通报》，协商讨论县委、县政府《关于岩口山体大滑坡的整治方案的情况通报》，协商讨论自治县人民政府《关于进一步深化改革、扩大开放，加速印江经济发展若干问题的规定（征求意见稿）》，听取政协参加湘鄂川黔边区县（区）政协工作会第九次年会的情况通报，听取政协各专委会、支边办和各乡（镇）联络组关于1996年工作情况的报告，审议《政协1996年工作总结》，协商决定有关人事任免。县委常委、组织部长石阿良，县人大常委会副主任唐世元应邀出席会议。

政协三届十七次常委会 1997年2月18日召开，讨论通过《常委会工作报告》《提案工作报告》，讨论通过有关人事任免，讨论通过三届五次全委会议召开、时间、议程、日程（草案）、决议起草委员会名单、县领导和各界人士出列席会议人员名单，讨论通过关于优秀提案和先进承办单位的决定。

政协三届十八次常委会 1997年6月24—25日召开，听取和审议学习提案法制委员会《关于视察公安局禁毒工作的报告》，审议出席地区政协工作经验交流会及表彰会材料。

政协三届十九次常委会 1997年9月22—24日召开，主席贺光禄组织学习中国共产党第十五次代表大会精神，传达全省政协工作会，省民族宗教工作座谈会，省第三次智力支边工作经验交流暨表彰会议精神，自治县人民政府通报1—8月份经济工作情况，通报邀请省有关专家赴县支边咨询活动的情况。自治县人民政府副县长吴永德应邀出席会议。

政协三届二十次常委会 1997 年 12 月 8—10 日召开，协商讨论《县委工作报告》《政府工作报告（征求意见稿）》，审议本届《常委会工作报告》《提案工作报告》，协商决定四届一次会议召开时间、议程、日程（草案），四届委员会名单、常务委员会建议名单。县委书记田建高，县委副书记代理县长帅朝纲应邀出席会议。

政协四届常委 县政协四届常委会共召开常委会议 22 次。

政协四届一次常委会 1998 年 3 月 10—11 日召开，会议组织学习《中国人民政治协商会议章程》、县政协关于贯彻《全国政协关于政治协商、民主监督、参政议政的规定》实施办法、《县政协常委会工作规划》、传达贯彻省政协八届一次会议精神，审议通过《县政协 1998 年工作要点》，协商决定县政协第四届委员会副秘书长、办公室主任、智力支边办公室主任、学习提案法制委员会副主任、经济科技联谊委员会主任人选，讨论通过县政协第四届委员会各专委会组成人员名单。

政协四届二次常委会 1998 年 6 月 25—26 日召开，会议组织学习《王思齐主席在省政协八届一次常委会上的讲话》《省政协常务副主席袁荣贵在政协工作座谈会上的讲话》、八届全国政协副秘书长陈进玉《关于人民政协的基本情况的资料介绍》，传达学习贯彻全区政协主席会议精神，协商讨论县人民政府《关于上半年全县经济工作》《“8・23” 活动的准备和梵净山西碑林进展情况的通报》，协商决定县政协办公室副主任和杉树乡联络组组长人选。县委副书记杜典国、县人大常委会副主任吴彩兰、县人民政府副县长杨德华应邀出席会议。

政协四届三次常委会 1998 年 10 月 19—20 日召开，学习《中共中央关于在全党深入学习邓小平理论的通知》《关于认真学习宣传贯彻落实第八次党代表大会精神的通知》，传达贯彻全区政协 1998 年二次全会精神，审议通过《政协印江自治县委员会关于贯彻落实〈政协关于政治协商、民主监督、参政议政的决定〉的实施办法（修改案）》，协商讨论县人民政府《关于全县国企改革实施进展情况的通报》，协商决定增补释佛友为政协印江自治县第四届委员会委员。县人大常委会副主任吴彩兰、县人民政府副县长严天智应邀出席会议。

政协四届四次常委会 1998 年 12 月 24—25 日召开，组织学习《人民日报》社论《伟大的丰碑辉煌的岁月——纪念中共十一届三中全会二十年》《江泽民同志在学习邓小平理论工作会议上的讲话》《关于视察贵州省乌江流域经济开发情况的报告》，传达贯彻在怀仁召开的全省县级政协工作现场经验交流会和全区政协工作会议精神，讨论通过县政协 1998 年工作总结，协商决定将县政协乡（镇）“联络组” 更名为县政协乡（镇）“政协工作委员会” 的机构设置，协商决定增补 14 名四届委员会委员，同意 7 名同志辞去本届政协委员职务，协商决定教卫文史资料委员会、16 个乡（镇）工作委员会主任或副主任人选。县委常委、常务副县长谭守华应邀出席会议。

政协四届五次常委会 1999 年 1 月 28—29 日召开，会议组织学习《人民日报》元旦献辞《团结奋斗创造新业绩》，《人民政协报》元旦献辞《同心同德通向新世纪》，《贵州政协报》社论《切实履行职能积极建言献策》等资料，协商讨论《政协工作报告（征求意见稿）》，县计划局《关于 1998 年国民经济社会发展计划执行情况和 1999 年计划草案的报告（征求意见稿）》，县财政局《关于 1998 年财政预算执行情况和 1999 年财政预算草案的报告（征求意见稿）》，听取审议《常务委员会工作报告（草稿）》《关于县政协四届一次会议以来提案工作情况的报告（草稿）》，审议通过四届二次会议和提交四届二次会议预备会通过的资料，协商商定县政协四届二次全委会议召开时间。县人大常委会副主任赵光洲应邀出席会议。

政协四届六次常委会 1999 年 3 月 11 日召开，会议审议通过四届二次会议决议草案，听取各组召集人汇报各组讨论情况。县委书记田建高、县人民政府县长帅朝纲应邀出席会议。

政协四届七次常委会 1999 年 3 月 29 日召开，会议讨论通过《政协 1999 年工作要点》。

政协四届八次常委会 1999 年 5 月 6—7 日召开，会议组织学习《李瑞环主席在全国政协九届二次会议闭幕会上的讲话》《全国政协专门委员会通则》和《县委关于进一步加强政协工作的意见》，传达全区政协主席会议精神，通报县政协视察团对印江民族中学60周年校庆筹备工作的视察情况，对17个乡（镇）政协工委举行授牌、授印仪式。

政协四届九次常委会　1999年8月10—11日召开，会议组织学习民政部《关于取缔“法轮大法研究会”的决定》、公安部通告《中共中央关于共产党员不准修炼“法轮大法”的通知》、人事部《关于国家公务员不准修炼“法轮大法”的通知》、《人民日报》社论《提高认识，看清危害，把握政策，维护稳定》《把我们的党建得更加强大》、总书记江泽民《在纪念中国共产党成立78周年座谈会上的讲话》，协商讨论县人民政府《印江自治县1999年上半年经济工作情况通报》和县计划局《关于1999年建设项目争取工作及项目实施情况的报告》，通报县政协1999年上半年工作情况。县人大常委会副主任吴彩兰、县人民政府副县长任蔚鸫应邀出席会议。

政协四届十次常委会　1999年12月28—29日召开，会议组织学习《中共贵州省委关于贯彻党的十五届四中全会精神，推进国有企业改革和发展的决定》，传达全区主席会议暨专委会座谈会精神，听取和审议经济科技联谊委员会、提案学习法制委员会、教卫文史资料委员会和智力支边办公室《关于1999年的工作报告》，审议通过《县政协1999年工作总结（草稿）》。县人民政府副县长李世凡应邀出席会议。

政协四届十一次常委会　2000年1月20—21日召开，会议协商讨论县政府《政府工作报告》（征求意见稿）的情况通报，协商讨论县计划局关于《1999年国民经济、社会发展计划执行情况及2000年计划（草案）安排意见的报告（征求意见稿）》，县财政局关于《1999年财政预算执行情况及2000年财政预算草案的报告（征求意见稿）》，审议通过《县政协2000年工作要点》，讨论通过《关于县政协四届三次全委会的有关准备工作的情况说明》，讨论通过《政协第四届委员会常务委员会工作报告（草案）》。讨论通过《县政协四届二次会议以来提案工作情况的报告（草案）》，听取和审议县政协四届三次会议小组划分及召集人、日程安排和特邀、列席人员等有关情况，县政协四届三次会议议程（草案），决议起草委员会主任、副主任、委员名单（草案），讨论决定县政协关于表彰1999年度优秀提案和先进承办单位，协商决定政协第四届印江自治县委员会第三次会议召开时间。县人民政府常务副县长谭守华应邀出席会议。

政协四届十二次常委会　2000年6月22—23日召开，会议组织学习《人民日报》社论《全面加强党的建设的伟大纲领》、主席李瑞环《在接见全国政协办公厅第二次信息工作座谈会代表时的讲话》、省政协副主席李元栋对铜仁地区政协工委工作的调研报告《内强素质、外树形象、转变观念、大胆探索》（省政协工作通报笋四期），传达全区政协信息工作会议精神，通报县政协《关于梵净山自然保护区西线（团龙、大园址村）生态建设与旅游开发》和《关于全县畜牧业发展》调研情况，协商决定免去李思玉的沙子坡镇工作委员会副主任职务，听取政协秘书长对政协信息工作有关问题的说明。

政协四届十三次常委会　2000年10月30—31日召开，会议组织学习《中国共产党第十五届中央委员会第五次全体会议公报》，通报《湘鄂黔渝四省（市）边区十五县（区）政协工作联系会》第十三次年会情况，通报县政协党组会议、主席会议、领导接待日制度，审议《政协印江自治县委员会联系委员、各方人士制度（草案）》和《政协印江自治县委员会常务委员会会议制度（草案）》，协商讨论《印江土家族苗族自治县国民经济、社会发展“十五”计划及2015年远景目标规划纲要（征求意见稿）》，协商讨论县依法治县领导小组办公室《关于依法治县工作的情况报告》。县委书记田建高、县人大常委会副主任任永、副县长张洁应邀出席会议。

政协四届十四次常委会　2000年12月26—27日召开，会议学习讨论《中共印江土家族苗族自治县委关于制定印江自治县国民经济和社会发展第十个五年计划的建议》，传达贯彻全区政协主席会议暨专委会工作座谈会议精神，听取和审议经济科技联谊委员会、学习提案法制委员会、教卫文史资料委员会和智力支边办公室《2000年工作报告》，审议通过《县政协2000年工作总结》。协商决定县政协四届四次全委会召开时间，审议通过关于召开县政协四届四次会议相关事宜。县人民政府副县长张洁应邀出席会议。

政协四届十五次常委会　2001 年 2 月 12 日召开，会议协商讨论县政府《印江自治县国民经济和社会发展第十个五年计划纲要（草案）》，协商讨论县计划局《印江土家族苗族自治县 2000 年国民经济社会发展计划执行情况及 2001 年国民经济和社会发展计划（草案）的报告（征求意见稿）》，协商讨论县财政局《印江土家族苗族自治县 2000 年财政预算收支执行情况和 2001 年财政预算草案报告（征求意见稿）》，政协秘书长通报县政协四届四次全委会准备情况。县政协办公室通报四届四次全委会准备情况。县委常委、常务副县长谭守华应邀出席会议。

政协四届十六次常委会　2001 年 6 月 21—22 日召开，县政协主席戴明贵传达贯彻全区政协主席会议精神，副主席严守杰传达学习中共铜仁地委《关于进一步加强统一战线工作具体实施意见》和在都匀召开的全省县级政协提案工作片区座谈会精神，听取审议副主席严循志所作的《关于全县墙体砖生产情况的调研报告》，听取和审议副主席饶人才作的《关于全县民营经济发展情况的调研报告》，协商讨论县建设局《关于印江县城公园选址意见的报告》，协商讨论县政法委《关于全县近期开展“打黑除恶”专项斗争和“百日剿毒会战”工作情况报告》。县人大常委会副主任高彩龙、县人民政府副县长严天智应邀出席会议。

政协四届十七次常委会　2001 年 9 月 25—26 日召开，会议组织学习中共贵州省委关于贯彻《中共中央关于加强统一战线工作的决定》、省委书记钱运录在全省统战工作会议上的讲话、省政协主席王思齐在省政协庆祝中国共产党成立 80 周年座谈会上的讲话以及省政协八届十九次常委会上的讲话，传达县政府关于《印江县特色经济与特色文化发展研究》会议精神，协商讨论县林业局《关于全县天然林保护工程实施情况汇报》，协商讨论县扶贫办公室《印江自治县 2001 年扶贫项目实施情况暨下步扶贫项目申报情况报告》。县人大常委会副主任高彩龙、县人民政府副县长杨德华应邀出席会议。

政协四届十八次常委会　2001 年 12 月 18—19 日召开，会议组织学习《中共中央关于加强和改进党的作风建设的决定》和《中共贵州省委关于加强政协工作的决定》，协商讨论县计划局《印江自治县人民政府关于 2001 年“十件实事”实施情况报告》和县财政局《印江自治县 2001 年财政预算执行情况报告》，讨论通过县政协 11 个乡（镇）工委和政协机关“两委一办”的主任、副主任人选。县委书记陈康、县人大常委会副主任赵光洲、县人民政府副县长方门照应邀出席会议。

政协四届十九次常委会　2002 年 1 月 29—30 日召开，副主席严循志传达学习《王思齐在省政协八届五次会议上的讲话》，主席戴明贵传达全区政协工作会议精神，讨论通过《政协常委会工作报告（草案）》《关于四届四次会议以来提案工作情况报告（草案）》《县政协 2002 年工作要点（草稿）》，协商讨论县人民政府《县政府工作报告（征求意见稿）》，县计划局《关于 2001 年国民经济和社会发展计划执行情况及 2002 年计划（草案）安排意见的报告（征求意见稿）》，县财政局《关于 2001 年财政预算草案的报告（征求意见稿）》，审议通过政协四届五次会议有关筹备事宜。县委书记陈康、县人大常委会副主任任达兴、县人民政府副县长李世凡应邀出席会议。

政协四届二十次常委会　2002 年 6 月 26—27 日召开，副主席谭显英组织学习《江泽民总书记 5 月 31 日在中央党校省部级干部进修班毕业典礼上的重要讲话》，秘书长戴联盟组织学习《钱运录在贵州省第九次党代会上的讲话》，协商讨论经济科技联谊委《关于对印江自治县农业产业化龙头企业现状及发展取向的调研报告》，协商讨论县旅游事业局《关于全县今年旅游开发工作打算的情况报告》，协商讨论县教育局《关于全县“两基”工作推进情况报告》。县人大常委会副主任任达兴、县人民政府副县长严天智应邀出席会议。

政协四届二十一次常委会　2002 年 9 月 26—27 日召开。主席戴明贵组织学习中共中央《党政领导干部选拔任用条例》，协商讨论县烟草局《关于近期全县烤烟收购及下步工作打算情况的报告》，协商讨论县建设局《关于开展创建文明卫生县城活动及下步工作打算的情况报告》，协商讨论县交通局

《关于通县油路及本县重点公路建设的情况报告》。

政协四届二十二次常委会　2002 年 12 月 20 日召开，会议协商讨论副主席严守杰通报的 138 名五届政协委员、27 名政协常委名单，讨论通过县政协《常委会工作报告》《提案工作报告》，讨论通过政协五届一次会议相关事宜。县委副书记尹贵德，县委常委、组织部长石维江应邀出席会议。

政协五届常委　县政协五届常委会共召开常委会议 16 次。

政协五届一次常委会　2003 年 2 月 26—27 日召开，会议由主席王朝文组织学习《毛泽东、邓小平、江泽民关于艰苦奋斗、居安思危，保持同人民群众血肉联系的有关论述》，副主席王新华组织学习《中国人民政治协商会议章程》，副主席谭显英组织学习政协贵州省《专门委员会通则》和《提案工作条例》，省政协委员、副主席陆治邦传达贯彻省政协九届一次会议精神，协商通过县政协委办主任、副主任人选，协商通过县政协各专门委员会组成人员名单，副主席任达志通报县政协主席会议组成人员工作分工情况，主席王朝文通报县委、县政府 2003 年拟办的十件实事，审议通过《县政协常委会会议制度》等几项制度，审议通过《县政协 2003 年工作要点》，各专委会和智力支边办公室报告 2003 年工作打算。县委书记陈康，县委常委、组织部长石维江，县人大常委会副主任吴彩兰，县人民政府副县长苏天前应邀出席会议。

政协五届二次常委会　2003 年 5 月 28—29 日召开，会议由副主席谭显英组织学习中共十六大精神和统战政协知识，副主席陆治邦组织学习全国政协十届一次会议精神，主席王朝文传达全区主席会议精神，协商讨论县计划局《关于 2003 年全县十件实事进展情况报告》，协商讨论县政府《关于贯彻执行〈贵州省殡葬管理条例〉的规定（征求意见稿）》，听取和讨论经济科技联谊委《关于创建“全国科普示范县”工作的调研报告》，教卫文史资料委《关于全县民族民间特色文化与旅游开发的调研报告》，学习提案法制委《关于视察全县公安工作的情况报告》，协商讨论《印江自治县自治条例（修改稿）》，协商讨论县供电局《关于拟建坨寨水电站工程的情况报告》，讨论通过县政协《关于在政协委员中广泛开展“四个一”活动的通知》。县委常委、统战部长王继承，县人大常委会副主任吴彩兰，县委常委、常务副县长谭守华应邀出席会议。

政协五届三次常委会　2003 年 8 月 28—29 日召开，会议由副主席王新华组织学习总书记胡锦涛在“三个代表”重要思想研讨会上的讲话，协商讨论县国土资源局《关于全县土地市场秩序清理整顿情况报告》，协商讨论县教育局《关于提高全县中小学教育教学质量的报告》，协商讨论县财政局《关于今年以来财政工作情况报告》，讨论通过经济科技联谊委《关于全县工业发展现状与对策建议的调研报告》，县政协常委袁贤超、木黄镇政协工委主任靳承建分别就全县退耕还林工作和如何做好乡（镇）政协工作作专题发言，通过增设罗场等 6 个乡（镇）政协工作委员会的决定，任命罗场等 6 个乡（镇）政协工作委员会负责人。

政协五届四次常委会　2003 年 12 月 18—19 日召开，会议由政协秘书长周增强组织学习《中央经济工作会议精神》，协商讨论县政府《关于绿茶产业建设情况通报》，协商讨论县畜牧水产事业局《关于畜牧支柱产业建设情况报告》，审议通过《县政协 2003 年工作总结》，听取和审议县政协学习法制提案委员会、经济科技联谊委员会、教卫文史资料委员会、智力支边办公室 2003 年工作总结报告。县委副书记、纪委书记陆鸿登，县委常委、统战部长王继承，县人大常委会副主任吴彩兰，县人民政府副县长冉隆军应邀出席会议。

政协五届五次常委会　2004 年 2 月 6 日召开，会议讨论通过县政协五届二次《常委会工作报告（草案）》（讨论修改稿）、《提案工作报告（草案）》（修改稿），讨论通过县政协五届二次全委会的时间、议程、日程（草案），讨论通过政协五届二次会议秘书长、副秘书长名单（草案），讨论通过大会执行主席名单（草案）、小组划分名单，通报五届二次全委会的筹备工作。

政协五届六次常委会　2004 年 5 月 27—28 日召开，会议由副主席任达志组织学习中共中央《关于印发〈中国共产党党内监督条例（试行）〉的通知》《关于印发〈中国共产党纪委处分条例〉的通知》，副主席谭显英组织学习《宪法修正案》，副主席王新华组织学习《政协章程修改案》，协商讨论县莱茵鹅产业化办公室《关于莱茵鹅产业发展工作情况报告》，协商讨论县招商引资局《关于全县招商引资工作情况报告》，协商讨论县科协《关于全县创建全国科普示范县工作情况的报告》，协商讨论县信用联社《关于全县信用改革工作情况报告》，通过学习提案法制委员会《关于全县民族宗教工作的调研报告》、经济科技联谊委员会《关于全县国企改革的调研报告》、教卫文史资料委员会《关于全县农村初级卫生保健工作现状的调研报告》。县委副书记、纪委书记陆鸿登、县人大常委会副主任卢道军、县人民政府副县长冉隆军应邀出席会议。

政协五届七次常委会　2004 年 8 月 25—26 日召开，会议由副主席陆治邦组织学习省政协《关于进一步加强反映社情民意工作意见的通知》（试行），协商讨论县文明办《关于创建省级文明县城工作情况报告》，协商讨论峨岭镇人民政府《关于禁止在城区燃放烟花爆竹实施方案（草案）》，协商讨论县茶叶产业办公室《关于茶叶支柱产业建设情况报告》，讨论通过《印江政协志目录（草案）》，主席王朝文通报县政协上半年工作，对下半年工作提出要求。县委常委、宣传部长何圣仙，县人大常委会副主任万再扬，县人民政府副县长严天智应邀出席会议。

政协五届八次常委会　2004 年 12 月 13—14 日召开，会议由副主席任达志组织学习十六届四中全会通过的《中共中央关于加强党的执政能力建设的决定》，协商讨论县财政局《关于 2004 年财政工作情况报告》，协商讨论县建设局《关于城镇建设工作情况报告》，县政府办公室主任张延高通报 2004 年县政协提案办理情况，学习提案法制委员会主任唐宗贵、教卫文史资料委员会主任杨孝华分别传达全省提案工作会议和全区文史资料工作会议精神，学习提案法制委员会、经济科技联谊委员会、教卫文史委员会、智力支边办公室分别报告 2004 年的工作情况，讨论通过《政协印江自治县委员会 2004 年工作总结》。县人大常委会副主任王天跃应邀出席会议。

政协五届九次常委会　2005 年 2 月 4 日召开，会议讨论通过《县政协常委会工作报告（草案）》，《县政协五届二次会议以来提案工作情况的报告（草案）》，讨论通过县政协五届三次会议召开时间、会议议程、执行主席名单，会议秘书长、副秘书长名单，决议起草委员会名单，讨论通过表彰县政协 2004 年优秀提案和先进承办单位。

政协五届十次常委会　2005 年 6 月 25 日召开，会议由县政协秘书长周增强组织学习《胡锦涛同志在省部级干部构建社会主义和谐社会能力专题研讨班上的讲话》，协商讨论县普法依法治县领导小组办公室《关于争创全国“四五”普法先进县工作情况报告》，县文明办《关于创建文明县城工作情况的报告》，讨论决定有关乡（镇）工委负责人。县委副书记李世凡、县人大常委会副主任任达兴、县人民政府副县长苏天前、县长助理饶继勇应邀出席会议。

政协五届十一次常委会　2005 年 9 月 28 日召开，会议由县政协副主席任达志传达全省政协信息工作会议精神，协商讨论县经贸局《关于全县东北部工业经济带工作情况报告》，协商讨论县畜牧水产事业局《关于全县生态畜牧业发展情况报告》，协商讨论县林业局《关于全县退耕还林工程建设情况报告》。县委副书记、纪委书记陆鸿登应邀出席会议。

政协五届十二次常委会　2005 年 11 月 29 日召开，会议学习《中共中央关于进一步加强中国共产党领导的多党合作和政治协商制度建设的意见》，协商讨论县发展改革局《关于印江自治县国民经济和社会发展十一个五年规划纲要的报告（草案）》，听取县人民政府通报 2005 年政协提案办理情况，听取县财政局《关于 2005 年全县财政收支情况报告》。县委副书记、代理县长肖洪，县委副书记李世凡、县人大副主任卢道军应邀出席会议。

政协五届十三次常委会　2006 年 1 月 17 日召开，会议讨论通过《县政协常委会工作报告（草案）》，讨论通过《县政协五届三次会议以来提案工作情况报告（草案）》，讨论通过县政协五届四次会议时间、议程、日程（草案），执行主席名单，会议秘书长、副秘书长名单，决议起草委员会名单，讨论通过表彰县政协 2005 年优秀提案和先进承办单位、“四个一”活动先进个人。

政协五届十四次常委会　2006 年 6 月 20 日召开，会议学习《中共中央关于加强人民政协工作的意见》《中共贵州省委关于加强人民政协工作的实施意见》《胡锦涛同志在民盟、民进界委员联组讨论会上的讲话》，听取县发展和改革局《关于 2006 年上半年国民经济和社会发展情况报告》。听取县教育局《关于省人民政府对全县“两基”复查“普实”工作验收情况报告》，听取县交通局《关于“十一五”交通基础设施建设规划的情况报告》。县委副书记李世凡、县人大副主任任达兴应邀出席会议。

政协五届十五次常委会　2006 年 8 月 22 日召开，会议组织全体常委视察中坝乡夫子坝村新农村建设情况和印江民族中学申报省级示范性高中工作开展情况，协商讨论印江民族中学《关于“申示”工作开展情况报告》，协商讨论县新农村建设领导小组办公室《关于全县农村建设情况报告》。县委副书记李世凡、县人大副主任王天跃、副县长苏天前应邀出席会议。

政协五届十六次常委会　2006 年 12 月 19 日召开，会议讨论通过《县政协五届委员会工作报告》（讨论稿），讨论通过《县政协五届委员会提案工作情况的报告》，讨论通过召开县政协六届一次全委会的时间、日程、议程等事宜。

政协六届常委　截至 2008 年，县政协六届常委共召开常委会 8 次。

政协六届一次常委会　2007 年 3 月 26 日召开，会议由县政协副主席任达志组织学习胡锦涛在中纪委七次全会上的讲话，县政协副主席陆治邦、任永国传达学习全国“两会”、省“两会”和全区政协主席会议精神，决定自治县政协六届委员会内设机构设置，即：政协办公室、提案法制委员会、经济委员会、文史民族宗教委员会、人口资源环境委员会、教科文卫体委员会，审议通过《自治县政协常委会议制度》。审议通过《自治县政协 2007 年工作要点》，通报《自治县政协主席会议制度》和主席成员分工情况。

政协六届二次常委会　2007 年 6 月 26—27 日召开，会议组织学习《中共中央纪委关于严格禁止利用职务上的便利牟取不正当利益的若干规定》、石宗源在中共贵州省第十次代表大会上所作的工作报告，传达贯彻全省提案工作会议精神。听取和讨论《县发展和改革局关于全县上半年经济社会发展情况报告》，听取和讨论《县人事劳动和社会保障局关于全县劳动就业情况报告》，听取和讨论《县教育局关于印中“申示”工作情况报告》，听取和讨论《县政协办公室关于广场征名活动开展情况报告》，通报县政协六届六次主席会议关于县政协副主席联系乡（镇）政协工作情况。县委副书记熊放鸣应邀出席会议。

政协六届三次常委会　2007 年 7 月 27 日召开，会议组织学习《中共贵州省委关于认真学习胡锦涛总书记在中央党校重要讲话精神的通知》《行政机关公务员处分条例》，传达全县领导干部会议精神，任命县政协办公室、提案法制委员会、经济委员会、人口资源环境委员会、文史民族宗教委员会、智力支边办公室负责人。

政协六届四次常委会　2007 年 9 月 14 日召开，会议主持学习《宪法》《公务员法》《政协章程》《江泽民文选》《中共贵州省委、省人民政府关于全面加强人口与计划生育工作统筹解决人口问题的意见》，传达政协铜仁地工委主任邓应明在印江调研座谈会上的讲话精神，审议通过县政协各专门委员会组成人员名单，《自治县政协关于优秀政协委员评选表彰办法》《自治县政协关于优秀提案评选表彰办法》，听取县人口与计划生育局《关于全县人口与计划生育工作开展情况汇报》。

政协六届五次常委会　2007 年 12 月 27 日召开，会议组织学习中共党的十七大精神，省委十届二次全会精神。传达全省政协文史资料工作表彰暨经验交流会议精神，传达全区政协主席会议精神，传达全省政协工作经验交流暨表彰大会精神，讨论通过政协印江自治县委员会 2007 年工作总结，会议听取县政协各专门委员会，智力支边办公室关于 2007 年工作情况报告，听取县人民政府关于 2007 年政协提案办理情况通报，会议协商讨论自治县农业综合开发办公室《关于农业农村工作开展情况报告》。

政协六届六次常委会　2008 年 2 月 28 日召开，会议由省政协委员、县政协副主席严黔闽传达省政协十届一次会议精神，通报他在省政协十届一次会议会上提交的《关于尽快开工建设杭瑞高速公路大兴—思南段的建议》《关于尽快建设梵净山经印江木黄—重庆秀山旅游公路的建议》《关于尽快统一研发、配备新型农村合作医疗管理软件的建议》三件提案，协商决定自治县政协六届二次会议召开时间、议程、日程，讨论通过县政协六届二次会议《常务工作报告》《提案工作报告》，讨论通过优秀政协委员建议名单、优秀提案和先进承办单位名单，决定人事任免、增补六届政协委员会委员事项，讨论决定县政协专委会组成人员名单。

政协六届七次常委会　2008 年 4 月 8 日召开，会议由县政协副主席任达志组织学习全国人大十一届一次会议、全国政协十一届一次会议精神，县政协秘书长周增强传达学习全区主席会议精神，讨论通过县政协 2008 年工作要点，听取和讨论县扶贫开发办公室关于杉树乡“县为单位、整合资金，整村推进、连片开发”的报告。

政协六届八次常委会　2008 年 8 月 14 日召开，会议由县政协副主席任永国传达学习省委十届三次全委（扩大）会议精神，县政协副主席任达志组织学习地委书记廖国勋在全区县委书记、县长座谈会上的讲话，县政协秘书长周增强传达政协地工委 2008 年第三次会议暨全区主席会议精神，智力支边办公室主任黄光雯传达全区智力支边工作经验交流会议精神。县委常委、常务副县长张明通报上半年全县经济社会发展情况。

第二节　参政议政

一、 提案工作

政协第二届印江自治县委员会的提案，被县政府及有关部门采纳的有 116 件，列入计划实施的 65 件，作为参考的 51 件。

1990 年，二届一次会议，委员 115 名。征集到委员在会期提出的提案 85 件，平时提案 1 件，立案 85 件。其中：经济类 28 件，教科类 25 件，劳资类 5 件，城交建设类 19 件，其他 8 件。办复 84 件。领衔拟写提案的委员 89 人，参与提案委员 309 人（次）。

1991 年，二届二次会议，委员 115 名。征集到委员提案 71 件（平时提案 1 件），书面建议 11 条，立案 72 件。其中：经济类 38 件，教科类 12 件，劳资类 13 件，其他 9 件。办复 72 件。领衔拟写提案的委员 73 人，参与提案的委员 352 人（次）。

1992 年，二届三次会议，委员 115 名。征集到委员在会期提出的提案 60 件，书面建议 3 条，立案 60 件。其中：经济类 39 件，教科类 11 件，劳资类 7 件，其他 3 件。办复 60 件。领衔拟写提案的委员 87 人，参与提案的委员 234 人（次）。

政协第三届印江自治县委员会的提案，被县政府及有关部门采纳的有 142 件，列入计划实施的 108 件，作为参考的 34 件。

1993 年，三届一次会议，委员 130 名。征集到委员在会期提出的提案 71 件（平时提案 1 件），质询案 1 件，立案 69 件。其中：经济类 48 件，教科类 13 件，劳资类 2 件，廉政建设类 1 件，其他 5 件。办复 68 件。领衔拟写提案的委员 97 人，参与提案委员 229 人次。

1994 年，三届二次会议，委员 143 名。征集到委员在会期提出的提案 80 件，立案 78 件。其中：经济类 34 件，教科类 10 件，劳资类 7 件，廉政建设类 2 件，城交建设类 15 件，其他 10 件（在提案中以联络组提出的提案 25 件）。办复 78 件。领衔拟写提案的委员 81 人，参与提案的委员 184 人次。

1995 年，三届三次会议，委员 143 名。征集到委员在会期提出的提案 57 件，立案 57 件。其中：经济类 18 件，教科类 5 件，劳资类 4 件，廉政建设类 5 件，城交建设类 18 件，其他 7 件（在提案中以联络组提出的提案10件)。办复56件。领衔拟写提案的委员71人，参与提案的委员166人次。

1996年，三届四次会议，委员143名。征集到委员在会期提出的提案58件，立案52件。其中：经济类17件，教科类7件，劳资类3件，城乡建设类18件，民宗类2件，政法类5件（在提案中以联络组提出的提案7件)。办复55件。领衔拟写提案的委员77人，参与提案的委员134人次。

1997年，三届五次会议，委员146名。征集到委员在会期提出的提案61件，立案58件。其中：经济类9件，教科类12件，城乡建设类20件，其他17件（在提案中以联络组提出的提案8件)。办复58件。领衔拟写提案的委员75人，参与提案的委员186人次。

政协第四届印江自治县委员会的提案，被县政府及有关部门采纳的有130件，列入计划实施的82件，作为参考的48件。

1998年，四届一次会议，委员138名。征集到委员在会期提出的提案85件，立案75件。其中：经济类32件，教科类12件，劳资类2件，城乡建设类18件，其他11件（在提案中以联络组提出的提案5件，以专委会提出的提案5件)。办复75件。领衔拟写提案的委员88人，参与提案的委员193人次。

1999年，四届二次会议，委员138名。征集到委员在会期提出的提案50件，立案45件。其中：经济类16件，教科类3件，城乡建设类20件，其他6件（在提案中以联络组提出的提案7件)。办复44件。领衔拟写提案的委员63人，参与提案的委员108人次。

2000年，四届三次会议，委员138名。征集到委员在会期提出的提案45件，立案41件。其中：经济类17件，教科类3件，劳资类1件，城乡建设类16件，政法类1件，其他3件。办复41件。领衔拟写提案的委员61人，参与提案的委员139人次。

2001年，四届四次会议，委员146名。征集到委员在会期提出的提案44件，平时提案1件，立案44件。其中：经济类31件，教科类5件，劳资类2件，城乡建设类4件，政法类2件。办复44件。领衔拟写提案的委员71人，参与提案的委员144人次。

2002年，四届五次会议，委员146名。征集到委员在会期提出的提案47件，立案47件。其中：经济类34件，教科类7件，劳资类3件，政法类3件，办复47件。领衔拟写提案的委员82人，参与提案的委员172人次。

政协第五届印江自治县委员会的提案，被县政府及有关部门采纳的有275件，列入计划实施的235件，作为参考的40件。

2003年，五届一次会议，委员138名。征集到委员在会期提出的提案82件，平时提案2件，立案82件。其中：经济类55件，教科类18件，劳资类4件，政法类5件。办复82件。领衔拟写提案的委员91人，参与提案的委员189人次。

2004年，五届二次会议，委员138名。征集到委员在会期提出的提案65件（交提案原件70件，在提案审查中发现有内容相同的提案5件，将其合并后为65件)，立案54件。其中：经济类36件，教科文卫体类6件，政法、统战、人事劳动及其他方面的12件。办复54件。领衔拟写提案的委员94人，参与提案的委员220人次。

2005年，五届三次会议，共征集到委员在会期提案79件（经归类合并提案总数为74件)，平时提案1件，立案55件。其中：经济建设方面的42件，教科文卫体方面的7件，政法、统战、劳动、人事及其他方面的6件，作委员来信转有关方面研究和参考的19件。办复55件。参与提案的委员263人次。

2006年3月，五届四次会议，共征集委员在会期提案55件（经归类合并提案总数为51件)，平时提案2件，立案44件。其中：经济建设方面的27件，教科文卫体方面的10件，政法、统战、劳动、人事方面的1件，其他方面的6件，委员来信转有关方面研究和参考的7件。办复44件。参与提案的委员163人次。

政协第六届印江自治县委员会的提案，被县政府及有关部门采纳的有 134 件，列入计划实施的 114 件，作为参考的 20 件。

2007 年，六届一次会议，共征集到委员提案 66 件，平时提案 3 件，立案 53 件。其中：对策建议类提案 34 件，需具体解决问题类提案 19 件。办复 53 件。领衔拟写提案的委员 106 人，参与提案的委员 219 人次。

2008 年，六届二次会议，共征集到委员提案 65 件，立案 61 件。其中：筛选 16 件重点提案报经主席会议讨论后，交政府部门重点办理，有 2 件委员提案是由政府领导阅批办理，2 件委员提案由主席会议督办，12 件提案协商各专委督办或分别由主席、副主席领衔督办。办复 61 件。

二、 县政协常委会议、 主席会议建议案

为让县委、县政府高度重视政协提案，进一步发挥提案转化和政协委员参政议政职能，县政协提案委员会从政协二届二次会议起每年选取具有重要参考价值的提案和调研报告提交政协主席会议和政协常委会议协商讨论，形成《主席会议建议案》和《常委会议建议案》呈县委、县政府决策参考。到 2004 年政协五届二次会议为止，县政协共向县委、县政府呈《主席会议建议案》15 件、《常委会议建议案》3 件。

主席会议建议案内容 《切实加强全县六大支柱产业的领导》（二届二次会议）、《大抓乡（镇）企业为印江经济建设服务》（二届二次会议）、《调整农业服务体系》（二届二次会议）、《大力发展桐卷，振兴印江经济》（二届二次会议）、《把全县烤烟产品推向国内市场》（二届二次会议）、《关于甘金桥上游水土保持建议》（二届二次会议）、《关于印江河中上游水土保持的建议》《关于视察刀坝乡硫铁矿厂体制情况的报告》《关于视察永义茶厂的报告》《关于全县民族宗教工作的视察报告》（四届政协第 1 号主席会议建议案）、《关于视察木黄镇教育工作和文物保护的开发与利用情况的报告》（四届政协第 2 号主席会议建议案）、《关于视察县水泥厂技改项目情况的报告》（四届政协第 3 号主席会议建议案）、《梵净山自然保护区西线（团龙、大园址）生态建设与旅游开发的现状及对策》（四届政协第 4 号主席会议建议案）、《关于加强住房公积金管理》（四届政协第 5 号主席会议建议案）、《建议恢复犀牛洞电站，缓解本县电力供应紧张状况》（五届政协二次会议期间的第 1 号主席会议建议案）。

常委会议建议案 《珍惜土地、保护环境、推进经济社会可持续发展》（二届政协）、《关于视察县公安局禁毒工作情况报告》（三届政协）、《县政协关于对全县创建“全国科普示范县”的专题考察调研报告》（五届政协）。

三、 视察与调研

第二届委员会期间（1990.6—1993.3） 组织委员视察调研 19 次，撰写视察调研报告 19 份。学习法制委员会组织委员对县政府办、公安局、司法局、法院贯彻实施《行政诉讼法》情况，对县土地管理局贯彻《土地管理法》情况进行视察。提案委员会分别对县交通局、教育局、水电局办复和落实二届一次会议以来委员提案的情况，对县公安局、林业局提案办理及建档情况进行视察。经济科技委员会分 3 个组分赴刀坝硫铁矿厂、永义茶厂、县五金公司进行视察，到新寨乡新坪、卷子两村调查后，撰写《从新寨乡示范点杂交苞谷育苗所出现的问题，看农业技术推广中技术培训到农户的必要性》的调查报告，与县供销社一起到洋溪区对五倍子的生产情况进行调查。教卫文体委员会组织委员视察印江一小、二小贯彻党的教育方针，贯彻省委、省政府《关于加强和改进中小学德育工作的决定》开展德育教育的情况，视察木黄区贯彻执行计划生育政策情况和区医院医风医德情况，参与县计生委对洋溪区计划生育“六账一卡”持证生育的抽样调查，完成地工委下达的计划生育专题协作调查任务。其中《关于甘金桥上游水土保持的建议》《关于印江河中上游水土保持的建议》作为《主席会议建议案》呈送政府参考。县政府高度重视，拨款 4 万元用于甘金桥上游 4 平方公里的水土保持试点

工程。《关于视察刀坝乡硫铁矿厂体制情况的报告》《关于视察永义茶厂的报告》经二届四次常委会和第六次常委会审议，作为《主席会议建议案》呈送县政府。关于《大抓乡（镇）企业的发展工作，为印江经济建设服务》《切实加强全县“六大支柱产业”的领导》《建议调整、建好农业社会化服务体系，进一步振兴印江农业》的《主席会议建议案》呈送县政府。县政府分别以印府呈〔1991〕21号、13号、20号答复。

第三届委员会期间（1993.3—1997.12） 组织委员视察调研13次，撰写调研报告13份。委员视察开发灵芝酒情况和县卫生局、县医院、民族中医院整顿卫生秩序医风医德医务管理情况，形成两份视察报告以《主席会议建议案》呈送县政府参考。以“两非”经济发展和检查《教师法》贯彻落实情况为题，由经济科技联谊委员会、社会联谊委员会、教卫文体委员会深入9个乡（镇），历时80多天，在掌握大量材料基础上，撰写《全县非公有制经济发展情况的调研报告》《印江自治县非耕地资源开发利用情况调查报告》，提出13条建议呈县委参考。与县人大联合，组织人大代表、政协委员历时15天，对县法院1994年1月至1995年6月的审判工作进行视察，对县造纸厂、水泥厂、糖烟酒公司近年来生产经营、企业资金需求、国有资产等情况进行为期半月的调查，对天堂村村级经济发展情况进行3天视察，对洋溪镇贯彻《义务教育法》和集资办学情况进行7天视察，深入永义乡竹园村对开发非耕地情况进行视察，教卫文史委牵头视察县档案馆《档案法》贯彻实施情况，均撰写视察、调研报告呈送县委、县政府决策参考。

第四届委员会期间（1997.12—2003.2） 共组织委员视察调研6次，撰写《关于全县民族宗教工作的视察报告》《关于视察木黄镇教育工作和文化保护与开发利用的情况报告》《关于视察县水泥厂技改工程项目的情况报告》《关于视察朗溪镇陶瓷厂工艺开发利用的情况报告》等6份视察、调研报告。经济科技联谊委员会组织10名委员对8个乡（镇）茶叶生产情况进行视察，撰写《正视县情，加快印江茶叶产业化建设步伐》的视察报告，对全县畜牧业发展情况进行调研，对全县民营经济发展情况进行调研（地县联动），撰写《关于全县民营经济发展情况的调研报告》，对县墙体砖生产情况进行专题调研，撰写《珍惜土地，保护环境，推进经济社会可持续发展》的调研报告。文史委组织28名委员视察印江民族中学60周年校庆筹备工作情况，对梵净山自然保护区西线（团龙、大园址）生态建设与旅游开发的现状进行调研，撰写《梵净山西线生态建设与旅游开发情况调查报告》作为四届四次《主席会议建议案》呈送县政府参考。

第五届委员会期间（2003.2—2008.12） 组织委员开展视察调研17次，撰写视察、调研报告17份。学习法制提案委员会按照省政协民族与宗教事务委员会明传电报《关于加快发展民族地区非公有制经济暨贵州苗药开发情况与对策研究的调研方案》组织部分委员调研，撰写《印江非公有制经济发展现状、存在问题及对策建议》《印江自治县苗药资源分布使用情况存在问题及对策建议》呈送省政协民族与宗教事务委员会。对全县公安工作进行视察，撰写《关于对全县公安工作情况的视察报告》，对印江自治县申报创建“省级文明县城”工作进行调研，撰写《关于全县创建省级文明卫生县城工作存在问题及对策》，组织16名委员对全县民族宗教工作情况进行为期3天的调研，撰写《关于全县民族宗教工作情况》调研报告，呈送县政府，县长李建亲自批示县编办，同意调研报告中提出在民宗局设宗教股的建议。会同主席会议成员对犀牛洞水电站淹没情况进行视察，撰写《五届县政协主席会议第1号建议案》呈送县政府，县政府及时作出“同意恢复犀牛洞水电站”的决定。会同主席会议成员、人大中心学习组代表视察刀坝马路岩断头公路，撰写《建议县政

2005年2月，印江自治县政协第五届委员会第四次会议场景

府尽快协助将马路岩公路建设资金运作到位》的委员提案，提案建议落实的 31 万元资金已由计划部门协调到位。经济科技联谊委员会对县创建“全国科普示范县”工作情况进行调研，按照地工委《关于国企改革调研的安排意见》联动调研，撰写《印江国有工业企业改革现状与对策建议》调研报告。文史委员会对全县民办教育发展情况进行调研，对自治县民族民间特色文化与旅游开发进行专题调研，对全县农村初级卫生保健现状进行调研。教卫文史资料委员会根据铜仁地工委的统一部署，组织委员对全县农村初级卫生保健现状开展专题调研，撰写《全县农村初级卫生保健现状调查报告》，组织委员视察县民族职业技术学校，撰写《关于县民族职业技术学校视察报告》。经济科技联谊委员会组织委员对全县国有工业企业改革情况进行调研，撰写《印江自治县地方国有工业企业改革现状与对策调研报告》，组织委员对阳坝水电站建设情况进行视察，撰写《关于阳坝水电站建设情况的视察报告》。主席会议成员对全县茶叶产业发展情况进行视察，对“全县城镇经济发展现状与走势”开展调查研究，撰写《全县城镇经济发展现状与走势调研报告》，对梵净山碑林建设情况进行视察，撰写《梵净山碑林建设情况视察报告》。经济界部分政协委员对全县部分工业经济项目的实施情况进行视察，撰写《全县部分工业经济项目的实施情况的视察报告》，对县民族中学申报省级示范高中准备工作情况进行视察，撰写《县民族中学申报省级示范高中准备工作情况视察报告》，对“全县茶产业发展的现状及走势”展开调查研究，撰写《全县茶产业发展的现状及走势的调研报告》，对慕龙引水工程和县城河道整治工程建设情况进行视察，撰写《慕龙引水工程和县城河道整治工程建设情况的视察报告》，对县城城建工程建设情况进行视察，撰写《县城城建工程建设情况的视察报告》，对县人民检察院检察监督工作进行视察，撰写《县人民检察院检察监督工作情况的视察报告》，对杉树坳乡“县为单位、整合资金、整村推进、连片开发”工作进行视察，撰写《关于杉树坳乡“整村推进”工作情况的视察报告》，对全县农村合作经济组织的发展情况进行专题调研，撰写《全县农村合作经济组织发展情况调研报告》，对县生态茶产业发展情况进行跟踪调研，撰写《印江自治县生态茶产业发展情况跟踪调研报告》《印江城镇经济发展现状与走势调研报告》。视察、调研报告呈送县委、县政府决策参考。

第三节　主要工作

文史工作　1988—2008 年，县政协文史民族宗教委员会编辑、出版文史资料 15 辑，成书文字 260 余万字。内容涉及印江政治、经济、文化、军事、社会发展等多个方面。其中：1～5 辑为综合辑，收录文史资料 183 篇 58 万字。内容涉及近现代革命史 39 篇，涉及印江历史沿革及地理方面 47 篇，涉及地质特产的 18 篇，涉及民族文化 23 篇，其他 51 篇。6～15 辑为专辑，第 6 辑《赴朝参战的印江儿女》，收录资料 45 篇 15 万字。内容记录了印江籍志愿军战士在朝鲜战场上的经历和所见所闻，反映抗美援朝战争中艰苦的战斗生活、严酷的战争环境，以及印江儿女不畏强敌、英勇战斗的英雄事迹，是一部爱国主义教科书。第 7 辑《梵净山专辑》，收录资料 50 篇 19 万字。内容涉及梵净山地质构造、历史沿革、原始生态、自然风光、佛教文化、文物古迹、文人诗作和旅游开发。第 8 辑《老红军回忆录专辑》，收录资料 23 篇 15 万字。内容记录老红军池恒昌一生的成长历程，是革命传统教育和爱国主义教育读本。第 9 辑《印江十二年扶贫开发成果汇编》，收录资料 4 部分 54 篇，共 20 余万字。全面真实记录印江自治县的扶贫开发历程和人民群众因扶贫开发从贫困到温饱的发展变化轨迹。第 10 辑《书法专辑》，收录资料 45 篇 14 万字。内容涉及印江书法的发展历史、巨大成就、收集保存的珍贵资料。第 11 辑《印江交通专辑》，收录资料 82 篇 18 万字。内容涉及全县交通状况、交通发展历程。第 12 辑《印江矿产及开发》，全书 10 章 26 万字，介绍了全县矿产资源和开发前景，是推动印江矿产业发展，实现兴工富县战略的一部专著。第 13 辑《印江民族民间故事专辑》，收录故事 101 个，24 万字。用通俗的语言讲述流传在印江民间古老的神话、美丽的传说和动人的故事。第14辑《如歌岁月三十年》，收录资料69篇。全书以印江自治县改革开放后的重要决策、部署、活动为记述重点，反映印江人民积极参与改革开放和社会主义建设的历程。第15辑《上海知青在印江》收录资料49篇。主要讲述自1969年4月9日起，上海市静安区341名“老三届”初高中毕业生，陆续在印江县木黄、洋溪、缠溪3个区的农村插队落户的经历。

智力支边工作 县政协利用各种渠道牵线搭桥，广泛开展智力支边工作。通过横向联系，引进人才、技术和资金，积极发展商品生产，促进民族经济文化的健康快速发展。为使智力支边工作有序推进，县政协经常保持和加强与各民主党派、工商联、科研单位的联系。通过工商联引进资金，造福人民。通过民主党派邀请专家、学者到印江培训讲学、为群众咨询服务。在与科研单位联系的同时，积极引进科技人才，开展科技支边，以达到为民科技致富。此外，还通过依靠本地人才资源，举办各类培训班，充分发挥“综合人才库”优势。1988—2008年，县政协智力支边办协调举办各类培训班195期，培训学员2.82万人次。

社会联谊工作 人民政协是爱国统一战线组织。围绕大目标，促进大团结，实现大联合，是人民政协的一项重要任务。县政协自成立以来，围绕全县经济社会发展总体目标，利用多种渠道、采取多种形式，广泛开展社会联谊和友好往来活动，加强与各族各界人士和各地各级政协的联系，相互沟通，增进友谊，共谋发展。为巩固和发展爱国统一战线，促进县域经济发展和社会进步，发挥应有的作用。在每年元旦、春节、中秋、国庆期间，县政协通过举办座谈会或茶话会形式，邀请“三胞两属”、社会团体、政协委员等各族各界人士参加。邀请县委、县人大、县政府领导出席讲话。每年元旦、春节期间，县政协领导都要带领机关工作人员，分赴各乡镇走访慰问所在地政协委员，了解他们的学习、工作、生产、生活情况，听取他们对政协工作的意见和建议。加强对台联谊工作，全县有去台人员203人，台属193户，台胞、台属分布在17个乡镇。县政协积极做好台胞、台属的接待、慰问工作。1998—2008年，县政协参与接待回乡探亲、访友、旅游、考察的台胞及眷属近1000人次，引进台资1500万元，用于教育和修路，安装水、电等公益事业，发展乡镇企业，促进梵净山旅游业和房地产开发等。召开湘鄂黔渝边区县（区）政协工作联系会，1988年9月，湘鄂川黔四省边区县（区）政协工作联系会在四川省彭水县（现属重庆市）举行成立大会暨首次年会。1992年，自治县政协申请入会。此后，县政协先后出席第五次至第十九次年会。2000年10月10—12日，湘鄂黔渝四省市边区县（区）政协工作联系会第十三次年会在印江召开，70余名代表出席会议。县委副书记石阿良到会致欢迎辞，常务副县长谭守华介绍县情，县政协主席戴明贵作年会工作报告。县人大常委会主任任廷纪应邀出席会议。与会成员县（区）政协分别介绍各自工作情况，交流经验。会议期间，组织与会代表参观考察印江县城的人文景观，《印江报》、印江电视台对会议实况作报道。

第四节 乡（镇）政协

2010年3月， 政协委员视察梵净山环山路建设工程

1990年1月，县政协一届常委第11次会议决定，在印江镇和峨岭、板溪、天堂、木黄、朗溪、缠溪、洋溪7个区分别设置政协联络员，联络员由区级领导专职担任。1991年3月，“县政协联络员”改设为“县政协联络组”。1992年“建并撤”后，在各乡（镇）分别设置县政协联络组。1993年6月，县政协三届一次常委会议任命17个乡（镇）政协组长或副组长。1998年12月，随着乡（镇）党委、人大、政府换届工

作，县政协四届四次常委会议决定将“县政协乡（镇）联络组”更名为“县政协乡（镇）工作委员会”，明确为县政协的派出机构。机构更名后，随即任命县政协乡（镇）工作委员会主任、副主任。2001年机构改革中，按照地委关于只在建制镇和较大的乡保留政协工作委员会通知精神，全县保留峨岭、板溪、沙子坡、天堂、木黄、合水、朗溪、缠溪、洋溪9个镇和新寨、刀坝2个乡的政协工作委员会，其余乡（镇）的政协工作委员会被撤销。2003年8月，县政协五届三次常委会决定设立罗场、中坝、杉树坳、新业、永义、杨柳6个乡工作委员会，同时任命各工作委员会负责人。2006年8月起，乡（镇）不再设立政协组织。

第十二编
综合政务

第一章　人　事

印江自治县人事局是1984年12月撤销劳动人事局后组建的，核定人员编制7名（含县编委办2人），无内设机构，只有人员分工，县编委办挂靠人事局。1996年，根据省人民政府1995年《关于开展全省机关事业单位社会保险工作的通知》和省编委办文件，设立印江土家族苗族自治县机关事业单位——社会保险事业局，为人事局下属副科级事业单位，编制为5人，业务上接受上级人事、劳动部门的社保局指导，所需经费由财政差额预算；同年8月，全县开始机构改革，撤销印江自治县社会保险事业局和印江自治县劳动局社会保险股，组建印江土家族苗族自治县职工社会保险事业局，为人事劳动局下属副科级事业单位，编制6人，局长1人，副局长1人，会计、出纳、统计、业务各1人。1996年，在县级机构改革中，根据中共印江土家族苗族自治县委员会《关于县党政机关机构设置的通知》《关于县直党政机构调整及部分机构管理关系的通知》精神，撤销印江自治县人事局、印江自治县劳动局，设置印江自治县人事劳动局，并将原科学技术局专业技术职务评审工作职能划入县人事劳动局，核定行政编制18名。内设机构为：办公室、人事管理股、工资福利股、专业技术人员管理股、社会保险股、监察仲裁办公室、人才交流中心、劳动就业办公室、社会保险事业局（二级局）。2001年11月，根据自治县县委、自治县人民政府《关于县乡机构改革的实施意见》和《关于县党政机构设置的通知》精神，撤销印江土家族苗族自治县人事劳动局，组建印江土家族苗族自治县人事劳动和社会保障局。2002年1月政府办印发《县人民政府办公室关于印发印江自治县人事劳动和社会保障局职能配置内设机构和人员编制方案的通知》，撤销人事劳动局，新建人事劳动和社会保障局（以下简称人社局），核定行政编制18名，所属事业编制32名，内设机构有：办公室、人事管理股、工资福利股、专业技术人员管理般、劳动仲裁办公室、劳动就业办公室、社会保险股、人才交流中心、社会保险事业局。至2008年，县人事劳动和社会保障局内设股（室）和核定编制未变。

自治县于1959年设立县编委办；1990年8月，设立印江自治县编制委员会（局级机构，定行政编制2名，办公室一直在人事局）；1996年2月，铜仁地委以《关于印江县党政机构改革方案的批复》文件将“县编委办公室”更名为“县机构编制委员会办公室”，列入县委工作机构序列，其机构、编制、经费、文件单列户头，仍挂靠人事劳动局；2000年12月，设立县事业单位登记管理局（副科级机构），与县编委办实行两块牌子一套人员的管理体制；2001年11月，自治县以《关于县党政机构设置的通知》，把县机构编制委员会办公室正式列入县委工作机构序列，与人事劳动局完全脱钩，办公地点迁往县委机关大院，12月正式独立办公。

第一节　干部人事管理

1988—2008 年全县干部职工人数：1988 年 4856 人，1989 年 4934 人，1990 年 5085 人，1991 年 5157 人，1992 年 5324 人，1993 年 5355 人，1994 年 5521 人，1995 年 5128 人，1996 年 5802 人，1997 年 6175 人，1998 年 6535 人，1999 年 6692 人，2000 年 6996 人，2001 年 7188 人，2002 年 7053 人，2003 年 7100 人，2004 年 7788 人，2005 年 7984 人，2006 年 8115 人，2007 年 8154 人，2008 年 8075 人。

一、　干部录用

1988—1996 年，全县干部来源主要是大中专毕业生分配、军转干部安置、工人转干，从 1997 年起，全面停止工人转干工作。在 1998 年之前，全县直接分配部分大中专毕业生进机关，也直接从事业单位调入部分人员到机关。公务员过渡结束后，即从 1999 年起，全县除少数特殊部门（机要、公安）外，不再直接分配大中专毕业生进机关，从事业单位直接调人进机关也得到有效控制。特别是 2001 年中组部、人事部、中编办《关于进一步加强严肃干部人事工作纪律有关问题的通知》下发后，全县严格按照文件精神办理，完全停止直接分配或调人进机关的工作模式，从此，机关进人一律坚持“凡进必考”原则。1988—1996 年间，县委对印江籍大中专统招毕业生实行统一分配政策，分配去向是全县机关、企事业单位，待转正之后成为国家正式工作人员；达到一定条件的工人可以转干；民办教师可以转成公办教师；从部队退伍或转业人员达到一定条件的可以安排工作。为加强全县干部队伍建设，优化干部队伍结构，根据贵州省人民政府 2001 年的《关于事业单位人事制度改革的意见》精神，结合全县 2001 年以来大中专毕业生人数逐步增多的状况，不再全部统一分配。从 2001 年起全县取消非师范类大专以下毕业生统一分配就业，师范类大专以下毕业生也在 2003 年取消统一分配就业的做法。从 2003 年起，非师范类、师范类大专及以下毕业生根据工作需要，全部实行公开招聘。对本科毕业生仍实行统一分配就业。从 2007 年起，本科毕业生不再统一分配，统一实行公开招聘政策。

从学生中录用的干部：1988 年 139 人，1989 年 167 人，1990 年 256 人，1991 年 304 人，1992 年 216 人，1993 年 193 人，1994 年 193 人，1995 年 215 人，1996 年 255 人，1997 年 302 人，1998 年 210 人，1999 年 243 人，2000 年 399 人，2001 年 174 人，2002 年 244 人，2003 年 174 人，2004 年 267 人，2005 年 281 人，2006 年 282 人，2007 年 136 人，2008 年 90 人。

从工人、农民和社会上招收录用的干部：1988 年 15 人，1989 年 7 人，1990 年 11 人，1991 年 21 人，1992 年 12 人，1993 年 58 人，1994 年 138 人，1995 年 146 人，1996 年 5 人。

军队转业干部安置：1988 年 5 人，1999 年 3 人，2000 年 2 人。

从工人中和社会上招收录用的干部（主要是民办教师转公办教师）：1997 年 187 人，1998 年 87 人，1999 年 157 人，2001 年 154 人，2003 年 12 人，2004 年 267 人，2005 年 281 人，2006 年 282 人，2007 年 136 人，2008 年 90 人。

二、　干部调配

1988—2002 年，县人事部门按照照顾家庭和工作需要原则对干部实施调配，促进干部合理流动。在此期间，在机关、事业、企业单位之间可以相互调动。全县干部调动程序是：本人申请，填写《调动审批表》，调出、调入单位及主管部门同意，编制审批部门同意调入单位用编，调入单位向县人社局书面报告，县人社局研究同意，印发调配文件，完善调配手续。2002 年，县委印发《关于进一步加强干部管理工作的通知》，文件出台后，至 2008 年未变。

干部调配原则 按照“树立全局观念，保证全县重点部门对干部的需要”原则，按照编制、职数和人员结构进行调配，不能超编进人，结合干部在行业、部门、单位间的合理分布及专业对口，做到缺什么干部就补充什么干部，先调动后任职。干部合理流动，积极支持和鼓励干部到基层和边远贫困地方去工作。

干部调配程序 党政机关、群众团体和事业单位增加人员，必须控制在编制部门核定的编制额内，党政机关和群众团体必须从具备国家公务员资格（党的机关工作者资格）的干部中选调，对随意突破编制自行增加人员的单位，组织部、人社局一律不予核认人员和工资计划。各用人单位需要调入干部时，按照管理权限向组织人事部门、编委办写出报告，先由编委办审核编制后，再由组织人事部门与调出单位商洽，了解调动对象有关情况及表现后，按干部管理权限和审批程序逐级上报审批。干部个人要求调动时，按照干部管理权限结合本人申请，单位同意调出，编委审核缺编，单位研究同意调入，组织、人事部门审批的程序进行。

干部调配范围和审批权限 县委组织部审批干部调动范围，承办县委管理干部的调动手续，即凡是在乡镇、县委、县政府各工作部门、纪委、人大、政协机关、县法院、检察院、各事业单位和各群众团体中任正、副乡科级领导职务或非领导职务的正、副主任科员和具有高级专业技术职称的干部（含卫生部门的县人民医院、中医院、防疫站、妇保站、血站的高级专业人员，县直学校，城区内的三中、四中高级专业技术人员），以及由县委提名任免、批准的其他干部的调动手续都由县委组织部承办。承办全县政法系统按有关程序报省、地区有关部门审核后补充的干部，外县调入印江县党群系统、政法系统的干部，自治县政府各工作部门调入党群系统的干部，事业、企业单位干部职工参加省统一招考公务员考试录用后调入党群系统的干部，全县党群系统、政法系统之间调动的干部的调动手续。

县人社局审批干部调动权限。外县调入印江县政府工作部门及事业单位的干部；县党群系统、政法系统调入政府各工作部门、事业单位的干部，各乡镇调入县政府各工作部门及事业单位的干部；企事业单位干部职工参加省统一招考公务员考试录用的干部；教育、卫生系统的正股级以下（不含正股级）在各乡镇之间调动（不含峨岭镇；由主管部门征求调出、调入方意见）的干部；县直主管部门在乡镇有延伸机构，正股级以下，需在各乡镇之间和跨系统之间调动的干部（由乡镇党委和主管部门签出意见，报县人社局审批）；县直各工作部门股级以下调动的干部；在机关内部轮岗（包括事业机构与行政机构之间的轮岗，差额拨款事业单位与全额拨款事业单位之间的轮岗），由各部门行文，并分别报县委组织部、县人事劳动和社会保障局备案。

干部调配必备材料

调配干部报告。由调入干部的主管部门上报该报告，写明调动理由，拟任岗位职务和资格条件等情况。

干部调动登记表。使用统一制发的《干部调动登记表》，由调出单位和主管部门签署意见并加盖党组（党委）公章，调入单位和主管部门签署意见，加盖党组（党委）公章。

党政群机关和事业单位补充工作人员报批表。由调入干部的单位报县编委办公室，对编制、职数余缺等情况审查，签署对补充人员的意见并加盖公章。

考核材料。由调入干部的单位进行考核，并写出被调干部的德、能、勤、绩情况和能否胜任拟任职位工作的意见。

外地调入的干部应有当地党委组织部或政府人事部门意见。

干部调动情况 1988 年调进干部 45 人，调出干部 92 人；1989 年调进干部 3 人，调出干部 18 人；1990 年调进干部 12 人，调出干部 14 人；1991 年调进干部 6 人，调出干部 39 人；1992 年调进干部 10 人，调出干部 12 人；1993 年调进干部 2 人，调出干部 18 人；1994 年调进干部 5 人，调出干部 12 人；1995 年调进干部 4 人，调出干部 6 人；1996 年调进干部 3 人，调出干部 3 人；1997 年调进 7 人，调出 18 人；1998 年调进 1 人，调出 13 人；1999 年调进 11 人，调出 16 人；2000 年调进 6 人，调出 11 人；2001 调进 8 人，调出 14 人；2002 年调进 6 人，调出 17 人；2003 年调进 6 人，调出 15 人；2004—2008 共调配 750 人。

三、 干部考核

1988—1993 年，全县对在各行各业中因工作突出、成绩显著的干部给予年度表彰，对因犯各种错误的干部，给予开除公职、撤职、降级降薪等纪律处分。在此期间，全县各行各业干部中因工作突出、成绩显著，受省人民政府和国家部委级表彰的 19 人；干部中因犯各种错误受纪律处分共 218 人，其中开除公职 5 人，撤职 7 人，降级降薪 5 人。

对一般干部行政职务晋升的确定，根据省委组织部、省人事厅 1989 年的文件规定，对国家机关干部、事业单位在职一般干部晋升一般行政职务列入经常性的工作。1988—1996 年，共办理一般干部职务 358 人，其中：科员 177 人，办事员 181 人。

1994 年，全县启动公务员、事业单位人员年度考核工作，实施的依据有：1993 年的《国家公务员暂行条例》和《事业单位工作人员暂行规定》；2001 年省委组织部印发的《贵州省国家公务员考核实施暂行办法》、人事厅印发的《贵州省事业单位工作人员考核暂行办法》。从 1994 年起，实行公务员年度考核制，其考核等次分为：优秀、称职（合格）、不称职（不合格）和不定等次四种。

1994—2008 年印江自治县机关事业单位工作人员考核统计表

表 12－1

单位：人

年度	总人数	优秀	称职（合格）	不称职（不合格）	不定等次
1994	5390	695	4480	11	204
1995	5711	561	4885	15	250
1996	5849	613	4970	30	236
1997	6250	562	4891	24	773
1998	6105	631	5144	22	308
1999	7460	716	6077	16	651
2000	7790	688	6281	22	799
2001	7188	1077	5938	15	158
2002	7053	1053	5805	20	175
2003	7090	1061	5720	23	286
2004	7240	879	6164	9	188
2005	7564	884	6493	22	165
2006	7687	895	6638	21	133
2007	7827	1053	6593	32	149
2008	7635	1089	6466	14	66

四、 干部退休

全县的干部退休年龄界限是，男年满 60 周岁，女年满 55 周岁。1988—1996 年，全县办理干部离退休（退职）手续 423 人，其中离休 11 人，退休 410 人，退职 2 人。1997—2008 年，全县干部退休（职）总人数 833 人，其中：1997 年 40 人，1998 年 89 人，1999 年 50 人，2000 年 36 人，2001 年

36 人，2002 年 78 人，2003 年 53 人，2004 年 111 人，2005 年 85 人，2006 年 72 人，2007 年 98 人，2008 年 85 人。

离退休干部管理 2004 年，县委印发《关于建立和完善离休干部离休费、医疗费保障机制和财政支持机制的实施意见》文件，切实保障离休干部生活待遇的落实。自治县后来成立关心下一代工作委员会（简称“关工委”），主要由离退休老同志担任该项工作。2005 年，印江关工委被中国关工委、中央文明办表彰为全国关心下一代工作先进集体，县委离退局荣获铜仁地区老干部工作一等奖。2006 年 12 月 22 日，县老干部活动中心工程建设举行开工仪式。2007 年，为贯彻中共中央组织部 2006 年的文件精神，自治县委组织部于 2007 年印发《关于进一步加强离退休干部党支部建设的实施意见》，确保每一位离退休干部党员都能编入支部，都能正常开展学习活动，过组织生活。7 月 17 日，省委老干部局副局长谢平，在省老干部局调研综合处处长张绪晃，地委组织部副部长、地委离退局局长彭爱华的陪同下到印江视察老干部工作，查看县老干部活动中心建设情况等。在 2007 年全区老干部工作年度目标考核中，自治县的老干部工作荣获全区一等奖。自治县在 2008 年全区老干部工作年度目标考核中，再一次荣获全区一等奖。

县老干部活动中心 该中心于 2006 年 12 月 22 日开工建设，2007 年 10 月竣工，2008 年 1 月中心挂牌投入使用。老干部活动中心工程项目总投资 100 万元，占地面积 261 平方米，建筑面积 1105 平方米，主体建筑共为四层，分为办公区和活动区，内部设施完善齐全。

第二节 人事制度改革

一、 实施公务员制度

公务员过渡 1993 年，国家颁布《国家公务员暂行条例》，自治县为搞好全县公务员过渡工作，根据中共贵州省委、贵州省人民政府 1995 年《关于实施和参照试行国家公务员制度的意见》，中共贵州省委办公厅、贵州省人民政府办公厅 1996 年《关于印发贵州省各级国家行政机关、党的机关工作人员过渡为国家公务员、党的机关工作者的实施办法》的通知和中共铜仁地委组织部、铜仁地区人事局 1996 年《关于全区国家公务员职位分类和检查验收工作的安排意见》等文件精神，于 1996 年印发《印江土家族苗族自治县行政机关、党的机关工作人员过渡为国家公务员、党的机关工作者的实施办法》，并成立县实施和参照试行国家公务员制度领导小组、公务员职位分类检查验收工作领导小组，积极稳妥推进过渡工作。

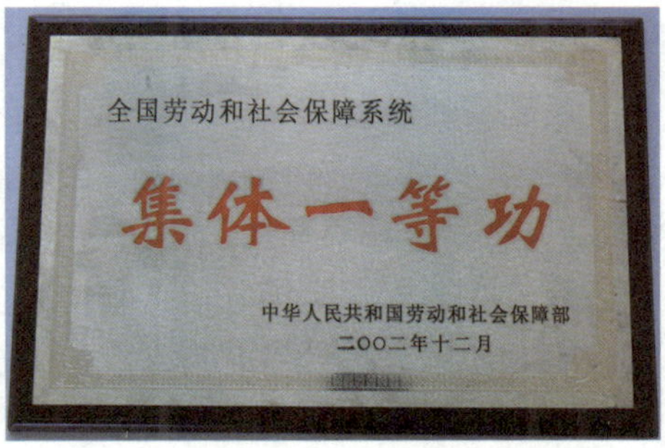

2002 年 12 月， 印江县人事劳动和社会保障局荣获全国劳动和社会保障集体一等功

为搞好职位分类和编写职位说明书这两项公务员过渡的前提和基础工作，县委组织部、县人事劳动局于 1996 年联合印发《关于全县国家公务员职位分类工作的安排意见》《关于全县国家公务员过渡有关具体事宜的通知》，加强对各单位的指导和审核，共对 48 个实施和参照试行国家公务员单位设置职能股室 214 个、职位 755 个，其中属于实施单位的 28 个单位设职能股室 142 个、职位 504 个，属于参照试行的 20 个单位设置股室 72 个、职位 251 个，17 个乡（镇）的职位说明书统一按 26 个职位编写。

为使全县在编在职人员能顺利参加过渡，县委组织部、县人事局于 1996 年联合下发《关于公务员过渡培训考试有关事宜的通知》，县人事局下发《关于对不具备国家公务员学历的工作人员进行上岗培训的通知》，对过渡人员进行培训和考试，共组织培训考试1652人（含不具备学历人员171人），全部考试合格，对考核合格的1069人颁发国家公务员培训考试合格证书。对考试、考核合格的党政机关干部，过渡为国家公务员后，颁发国家公务员证。参训干部职工1652人（含不具备学历职工171人），考试合格1652人，考核合格1188人。涉及县政府工作部门28个588人，17个乡（镇）600人，颁证工作于1999年全面结束。

公务员培训 1996—1998年，国家公务员过渡培训共有1488人参加学习考试，1304人合格。2000年，国家公务员科技知识培训，共有1153人参加学习考试并全部合格。1998—2001年，国家公务员、企事业单位管理人员和专业技术人员计算机初级应用能力培训，共有5417人参加学习考试并全部合格。1996年，国家公务员、企事业单位管理人员学历提升，共有221人参加学习考试，其中159人获得贵州省广播电视大学中专文凭，有62人获得贵州省广播电视大学大专文凭。2003年，国家公务员、企事业单位管理人员学历提升，共有124人参加学习考试并全部获得贵州省广播电视大学大专文凭。1997—2004年，全县共投入培训经费417.01万元。

公务员登记 2006年，国家颁布《中华人民共和国公务员法》；2007年，省委组织部印发《贵州省国家公务员考核实施暂行办法》。县人事局对全县公务员在编制限额内实行首次登记，登记对象为1998年前已经通过公务员过渡考试、截至2006年6月仍在机关岗位工作的人员，对机关单位超编人员和1998年以后、2002年6月12日以前调入机关单位人员暂缓登记。本次共登记1124人，暂缓登记79人。此后，公务员登记工作被列为人事局常规工作。2008年，将以下17个县直事业单位作为公务员法参照管理单位申报，并获省人事厅审批，他们是：县就业局、县社会保险事业局、县环境保护局、县畜牧兽医局、县农机服务中心、县卫生监督所、县安全生产监督管理局、县海事处、县旅游局、县体育局、县档案事业局、县供销社、县地方志办公室、县老龄委办公室、县法制办公室、县行政服务中心、县招商引资局。

二、 干部分流

2001年，在县乡机构改革中，全县县级党政群机关按上级核定的行政编制354人、单列编制21名、后勤事业编制75名计算，应分流159人；乡镇党政群机关按核定的行政编制504人、后勤事业编制64名计算，应分流92人；公检法机关按核定的行政编制247人、后勤事业编制2名计算，应分流82人；县直属事业单位按核定的事业编制72人、后勤事业编制3名计算，应分流40人。全县合计应分流373人。为搞好机关富余人员分流工作，县委办公室、县政府办公室根据贵州省委办公厅、省政府办公厅《关于贵州省党政机关机构改革人员定岗分流的实施办法》，贵州省委办公厅、省政府办公厅《关于全省、市、县、乡机关机构改革人员定岗分流的补充办法》，贵州省委办公厅、省政府办公厅转发省委组织部、省人事厅《关于在全省市县乡机构改革中提高部分干部职级的意见的通知》等文件精神，结合印江实际，制定《关于县乡党政机关机构改革人员定岗分流的实施意见》，全县人员分流的主要途径是：转体性分流、离岗性分流、开发性分流等。到2002年6月止，全县已分流干部273人，其中离岗122人，提前退休63人，正常退休24人，分流到事业单位32人，转体性分流32人，其中：县级机关已分流192人，乡（镇）机关已分流81人。全县尚有100人待分流。各级国家机关、党的机关，在空编前提下，因工作需要进人时，向人事部门申报招考计划及机关职位条件，人事编制部门审核同意后，将各用人单位招考计划汇总后报上级人事部门，由省人事厅将各地的招考计划汇总后向社会发布公告，并统一时间进行笔试，然后根据考生笔试成绩1∶3的比例进行面试，再按总分成绩1∶1的比例进行体检、公示、录用。2002—2003年，全县共公开招考公务员和机关工作者23名，其中：2002年7名，2003年16名（含工商8名）。

三、 竞争上岗

2001年，全县按照“公开、平等、竞争、择优”的录用原则，推行机关、事业单位“竞争上岗”制度，凡进入国家机关的公务员、事业单位的工作人员，必须参加国家机关、事业单位统一组织的考试。

第三节　专业队伍建设

2009 年 2 月，在腾龙酒店举行印江第一批畜牧技术辅导员招考

1996 年，根据中共中央、国务院有关文件，结合贵州省 1992 年关于职称评定的有关文件，全县专业技术人员职称评定工作得到各级部门重视，逐步转入制度化，进行一年一度评审，对专业技术人员执行职务聘任制，在聘任职务基础上兑现工资待遇。2003 年，计算机应用能力测试列入自治县城区事业单位专业技术人员评聘高、中级专业技术职务评审必备条件。2004 年，建立“评聘分离”机制。事业单位在专业技术岗位上工作的工人，取得国家教育行政部门承认的大中专学历后，在对口或相近专业技术岗位上工作一年以上，符合专业技术职务推荐条件的，可申报评审或通过考试取得相应专业技术资格，但在全省尚无新规定出台前，暂不予以聘任。2007 年，在县级及以下企、事业从事专业技术工作人员，在申报中、高级专业技术资格评审时，不再要求参加职称外语考试。在小学教师系列恢复小、中、高级教师（副高级）职务任职资格的评审工作，当年，全县共设置有学校中、高级职务岗位 51 个。2005 年，建筑工程专业中、初级专业技术资格评审执行“评聘结合”制度。2007 年，建筑工程专业执行“以考代评”制度，改变以往初、中级专业技术资格实行评委会评审的管理模式。

一、职称评审

1996—2003 年，全县对专业技术人员的职称评审工作，根据 1986 年中共中央和国务院的两个文件、贵州省 1992 年有关职称评审的文件，于 1996 年转入制度化，进行一年一度评审。随着改革的深入，对专业技术人员实行职务聘任制，在聘任职务的基础上兑现工资待遇。

1996—2008 年印江自治县评审专业技术人员职称情况一览表

表 12－2　　　　单位：人

年度	专业技术人员（人）			
	总人数	其中		
		高级	中级	初级
1996	3807	41	703	3063
1997	3866	38	650	3178
1998	4294	35	687	3572
1999	4428	41	716	3671
2000	4484	44	784	3656
2001	4884	51	835	3998
2002	4987	71	898	4018

续表12－2

年度	专业技术人员（人）			
	总人数	其中		
		高级	中级	初级
2003	5227	109	1087	4031
2004	5252	107	1071	4074
2005	5360	139	1163	4058
2006	5423	153	1265	4005
2007	5458	166	1322	3970
2008	5280	182	1478	3620

二、 职称评聘

2001 年，全县职称工作实行专业技术职务结构比例管理，按照“因事设岗、精简高效、岗职对应、竞争激励”原则，在部门合理设置专业技术职务岗位，改变过去以岗位指标管理为结构比例管理。2003 年，按照省人事厅印发文件精神，把计算机应用能力列入县城区事业单位专业技术人员评聘高、中级专业技术职务评审必备条件。2004 年，职称工作建立“评聘分离”机制，按照“科学分类、单位聘任、社会评价、政府宏观管理”精神，执行专业技术资格评定与专业技术职务聘任相分离制度，建立健全竞争激励的用人机制，使职称工作逐步向评价社会化、用人聘约化、管理法制化方向发展，改变过去“评聘结合”传统模式。

1996—2008 年印江自治县五大系列科技人员系列分布一览表

表 12－3　　单位：人、%

年度	专业技术人员总数	工程技术人员	占总人数	农业技术人员	占总人数	卫生技术人员	占总人数	教学技术人员	占总人数	其他技术人员	占总人数
1996	3807	199	5.23	300	7.88	473	12.42	2484	65.25	351	9.22
1997	3866	181	4.68	321	8.30	456	11.80	2644	68.39	264	6.83
1998	4294	202	4.70	380	8.85	528	12.30	2915	67.89	269	6.26
1999	4428	217	4.90	390	8.81	531	11.99	3128	70.64	162	3.66
2000	4484	182	4.06	408	9.10	536	11.95	3244	72.35	114	2.54
2001	4884	191	3.91	413	8.46	541	11.08	3580	73.30	157	3.21
2002	4987	204	4.09	416	8.34	563	11.29	3637	72.93	167	3.35
2003	5227	210	4.02	427	8.17	579	11.08	3785	72.41	226	4.32
2004	5252	229	4.36	439	8.36	629	11.98	3828	72.89	127	2.42
2005	5360	241	4.50	420	7.84	681	12.71	3915	73.04	103	1.92
2006	5423	244	4.50	406	7.49	693	12.78	3990	73.58	90	1.66
2007	5458	268	4.91	411	7.53	691	12.66	4001	73.31	87	1.59
2008	5280	265	5.02	396	7.50	634	12.01	3869	73.28	116	2.20

自然科学专业技术人员职称结构　全县自然科学技术人员包括工程技术、农业技术和卫生技术三个系列。1996—2003 年，工程技术人员占 17.27％，农业技术人员占 35.11％，卫生技术人员占 47.62％。

1996—2008年印江自治县自然科技人员评审情况一览表

表12—4　　单位：人

年度	总计	系列名称	小计	其中		
				高级职称	中级职称	初级职称
1996	972	工程技术	199	—	30	169
		农业技术	300	4	56	240
		卫生技术	473	9	123	341
1997	958	工程技术	181	—	31	150
		农业技术	321	4	57	260
		卫生技术	456	9	111	336
1998	1110	工程技术	202	—	24	178
		农业技术	380	4	56	320
		卫生技术	528	7	103	418
1999	1138	工程技术	217	—	25	192
		农业技术	390	4	70	316
		卫生技术	531	6	102	423
2000	1126	工程技术	182	—	25	157
		农业技术	408	4	73	331
		卫生技术	536	9	100	427
2001	1145	工程技术	191	—	27	164
		农业技术	413	4	84	325
		卫生技术	541	12	100	429
2002	1183	工程技术	204	—	36	168
		农业技术	416	8	92	316
		卫生技术	563	10	90	463
2003	1216	工程技术	210	1	42	167
		农业技术	427	8	103	316
		卫生技术	579	13	96	470
2004	1297	工程技术	229	1	42	186
		农业技术	439	8	104	327
		卫生技术	629	13	111	505
2005	1342	工程技术	241	1	49	191
		农业技术	420	8	108	304
		卫生技术	681	15	123	543
2006	1343	工程技术	244	1	56	187
		农业技术	406	6	108	292
		卫生技术	693	15	128	550
2007	1370	工程技术	268	1	82	185
		农业技术	411	6	117	288
		卫生技术	691	18	127	546

续表12－4

年度	总计	系列名称	小计	其中		
				高级职称	中级职称	初级职称
2008	1295	工程技术	265	2	68	195
		农业技术	396	6	133	257
		卫生技术	634	13	149	472

三、 技工考评

1993 年以前，全县未开展技术工人考评工作，1993 年工资制度改革后，对机关事业单位工人实行按岗位确定工资，岗位分为技术工人和普通工人两类，技术工人按技术等级分初级工、中级工、高级工、技师、高级技师（在县级不设此等级），按照一定的工作年限，经培训考核合格后才能晋升技术等级。1997 年，全县组织高级工 9 人、中级工 18 人、初级工 26 人参加地区举办的技术等级培训考核。2000 年，办理初级工晋升中级工 2 人，中级工晋升高级工 6 人。2001 年，开展机关、事业单位技术工人职业道德培训考试，有 160 名考试考核合格。2000 年，在全省机关、事业单位技师培训考核中，印江自治县有 1 人取得烹调技师等级资格。2001 年，组织 30 名汽车驾驶高级工参加全省首批汽车驾驶技师资格培训考核，其中 4 人取得汽车驾驶技师资格，5 人通过高级工考核，9 人通过中级工考试。2003 年，组织 16 人参加技术等级晋升培训考试，办理机关事业单位技术工人晋升技术等级 20 人。2004—2008 年，全县晋升高级工 8 人，晋升中级工 10 人，晋升初级工 16 人，组织机关、事业单位技术工人参加职业道德培训考试 236 人次。

第四节 职工工资

1988—1993 年，全县行政事业单位职工工资按照 1985 年所建立的结构工资制度进行发放和晋升。1993—2008 年，全县公务员、事业单位工作人员工资除正常晋升外，还历经第三次和第四次工资改革。

一、 工资改革

第三次工资制度改革 1993 年，自治县根据国务院、国务院办公厅及省委、省人民政府的有关文件精神，对全县国家机关、事业单位开始实施第三次工资制度改革，地区于 1994 年 4 月开始部署，自治县于 6 月底全面完成。这次改革，机关与事业单位第一次实行分类管理，在工资标准和工资管理上实行“分轨制”，强化工资的职能和导向作用。措施是：建立按劳分配、克服平均主义、建立符合机关、事业单位特点的工资制度；根据国民经济发展状况，有计划地增加机关、事业单位工作人员工资，并在此基础上建立正常增资制度；机关与事业单位实行分类管理，执行不同工资标准，在工资水平上保持合理的比例关系；根据职工生活费用价格指数变动情况，定期调整机关、事业单位工作人员工资标准，以保障其实际生活水平不因物价上涨而降低。

改革内容。国家公务员实行以职务、级别工资为主要内容的职级工资制；其工资由级别工资、职务工资、工龄工资、基础工资及津补贴组成；职务工资标准的每一职务设若干工资档次，并随职务的变动而相应变动；级别工资按公务员的资历和能力确定，共分为十五级，每级设置一个工资标准——基础工资：以大体维持公务员基本生活的费用，各职务公务员均执行相同基础工资。国家机关、事业单位工作人员连续两年考核为优秀或称职（合格）的，可在本职务（岗位）工资标准内晋升一个工资档次；考核不称职（不合格）的，不得晋升工资档次。公务员连续五年考核称职或连续三年考核为优秀的，可在本职务对应的级别内晋升一个级别。事业单位工资根据其不同行业特点，按全额拨款、差额拨款、自收自支三种不同类型进行管理，鼓励全额拨款事业单位向差额和自收自支事业单位过渡，逐步减轻财政负担；对差额和自收自支事业单位给予较为宽松政策，具体办法是：全额拨款事业单位工资构成中，固定部分占70%，津贴补贴部分占30%；差额拨款事业单位固定部分占60%，津贴补贴部分占40%；自收自支事业单位活的部分要高于差额拨款事业单位，其固定部分占55%，津贴补贴部分占45%。机关、事业单位的工人工资，按技术工和普工分列，技术工人分高级技师、技师、高级工、中级工、初级工五个技术等级（职务）；技工和普工均按不同的等级（职务）、岗位设置若干工资标准，事业单位工人的活津贴部分按所在单位的类型确定：机关工人将工资构成的30%部分，作奖金发放，在发放活津贴或奖金时，要体现差别，不能平均发放。

改革涉及人数。全县参加第三次工资改革人数为6192人。其中在职人员5431人，改革后月工资从人均205.9元增加到281.5元，人均增资75.6元；离退休人员761人，工资改革后，人均月增加离退休费103.2元，达到离退休费每月334.7元/人水平。

第四次工资制度改革 2006年，根据《省人民政府关于印发机关事业单位工资收入分配制度改革实施意见的通知》文件精神，全县机关、事业单位实施第四次工资改革。这次工资改革坚持贯彻按劳分配原则，进一步理顺工资关系。全县参加工资改革9634人，其中，在职工作人员8165人套改确定了工资，人均月增资284.97元，离退休人员1469人增加离退休生活费，人均月增加生活费269.68元。这次工资改革，机关执行新的职级工资制，合理拉开不同职务、级别之间的工资差距，坚持职务与级别相结合，增强级别的激励功能，实行级别与工资等待遇适当挂钩，健全公务员工资水平正常增长机制。事业单位贯彻按劳分配与按生产要素分配相结合的原则，执行岗位绩效工资制，实行分类管理，坚持搞活事业单位内部分配，进一步增强事业单位活力，建立与岗位职责、工作业绩、实际贡献紧密联系和鼓励创新创造的分配激励机制，适应事业单位聘用制改革和岗位管理的要求，以岗定薪，岗变薪变，加大向优秀人才和关键岗位的倾斜力度，建立体现事业单位特点的工资正常调整机制。工资改革后，取消连续三年年度考核优秀奖励晋升工资的政策。

机关公务员工资。工资标准：公务员工资包括职务工资、级别工资、津贴补贴和奖金，基本工资由职务工资和级别工资两项构成。职务工资实行一职一薪，按现任职务执行相应的准职务工资标准，随职务变动而变动，相同职务层次执行同一职务工资标准。级别工资实行一级多档，设置27个级别，每个级别内设置多个工资栏次，最多14档，按现任职务、任职年限和套改年限确定公务员的级别和级别工资档次，每个职务层次设置最低和最高级别，公务员晋升职务相应晋升级别，累计五个年度考核称职及以上可在本人职务层次相应级别内晋升一个级别，累计两年年度考核称职及以上可晋升一档级别工资。

事业单位人员工资。统一实行岗位绩效工资制。岗位绩效工资由岗位工资、薪级工资、绩效工资和津贴补贴四部分组成，其中岗位工资和薪级工资为基本工资。岗位工资按专业技术、管理、工勤三类不同类型岗位分别设置不同的岗位等级和岗位工资标准，工作人员按所聘岗位执行相应岗位等级工资标准；岗位工资随岗位（岗位等级）变动而变动调整。薪级工资按照本人截至2006年6月30日的工作年限、职务（所聘岗位）、学历等情况套改确定相应的薪级和工资标准：工作人员上年年度考核合格及以上的，从次年1月1日起正常晋升一级薪级工资。绩效工资分为基础性绩效工资和奖励性绩效工资两部分，按专业技术、管理、工勤技能三类不同类型岗位分别设置不同等级的基础性绩效工资标准，在职人员按所聘岗位等级对应的基础性绩效工资标准执行，岗位等级发生变动后，从岗位等级变动的次月起按所聘岗位等级对应的基础性绩效工资标准执行。奖励性绩效工资由单位在上级部门核定的奖励性绩效工资总量内按照单位确定的考核分配方案组织分配。

二、 工资晋升

正常晋升 1988—2008年间，自治县按上级的文件要求，分别办理各行各业工作人员的工资晋升问题。

1988年，中小学教师在其职务工资基础上享受提高工资标准，共有1794人，月增资约1.28万元，人均增资7.12元。为145名行政干部办理升级增资，其中：正科级14人，副科级13人，科员级118人。1989年为1361名职工增加工资，其中：国家机关695人，事业单位666人；为114名晋升职务的干部增加工资。1990年，调整行政事业单位人员（含四行一保险）4687人的工资，月增资约6.17万元，人均增资13.15元。1991年，共调升492人的工资，1991年开始建立工资卡，共建卡2869人。从1992年1月起为机关、事业单位工作人员调整工龄津贴标准，每工作一年由0.5元调整为1元，按实际工作年限计发；为5465名在职职工、704名离退休人员调整工龄津贴标准；调升2297名低工资人员工资水平。1994年，机关、事业单位工作人员的套改办法，按照全国的统一规定，根据本人的职务（等级）、工作年限、任职时间分别套入各自的职务（等级）或级别工资标准。1995年，调升级别、职务工资154人，技工45人。1996年，对机关、事业单位工作人员5470人正常晋升一档工资；提高图书馆、档案馆、文化站（所）工作人员工资中的活津贴比例。1997年7月，机关工作人员基础工资由90元调整为110元；机关、事业单位工作人员在原职务（岗位）工资标准的基础上，各档相应增加工资14元，津贴、奖金（活工资）部分按照其在工资构成中的原比例相应提高；相应提高机关、事业单位新录用、新参加工作人员试用期（见习期）、初期和学徒期、熟练期及期满后的工资标准；对离退休人员每人每月增加离退休费20元。1998年有402人晋升级别、职务工资，有5861人从1997年10月起正常晋升一档工资。1999年，对机关实行职级工资制的自1993年工资改革以来，连续五年考核称职且未晋升过级别工资的936名工作人员正常晋升一级级别工资，占实行职级工资制人员总数的51%。2000年，全县机关事业单位工作人员6611人从1999年10月起正常晋升一档工资。2001年，开始实行年终一次性奖金，离退休人员按当年12月份的基本离退休费一半的标准一次性进行生活费补贴。2002年，有6848人正常晋升一档工资，有202人正常晋升一级级别工资。2003年，775人正常晋升一级级别工资，月增资1199元，358人因晋升职务而晋升工资，7216人正常晋升一档工资；2003年7月，机关行政人员职务工资标准由最低100元、最高850元，调整至最低130元、最高1145元，调整事业单位工作人员和机关工人工资构成中的固定部分，相应提高津贴补贴部分，相应提高机关事业单位新录用、新参加工作人员试用期（见习期）、初期和学徒期、熟练期及期满后的工资标准，调整工资标准共7709人。2004年，267人正常晋升一级级别工资，490人晋升职务工资，1708人正常晋升一档工资，人均增资31元。2005年，202人正常晋升一级级别工资，550人因晋升职务晋升工资，5926人正常晋升一档工资，人均增资32.3元。2006年7月工资改革后，6460人晋升薪级工资，月人均增资23.51元；机关晋升级别158人，月人均增资14.95元。2007年，事业单位人员凡年度考核合格及以上，从次年1月1日起正常晋升一级薪级工资；2008年，6537人正常晋升薪级工资，人均月增资23.84元；132人晋升级别工资，人均月增资14.54元，有1635人正常晋升级别工资档次，人均月增资40.03元。

奖励晋升 根据省人事厅1997年度文件规定，全县执行“连续三年年度考核优秀奖励晋升工资”的政策，后于2006年工资改革时取消。具体为：1997—1999年连续三年考核为优秀晋升工资109人；1998—2000年连续三年考核为优秀晋升工资113人；1999—2001年连续三年考核为优秀晋升工资155人；2000—2002年连续三年考核为优秀晋升工资138人；2001—2003年连续三年考核为优秀晋升工资147人；2002—2005年连续三年考核为优秀晋升工资114人。

三、 福利待遇

知识分子生活补贴 按照省1984年有关文件规定，研究生毕业、工作年限满三年的职工每人每月补贴8元，大学本科毕业生工作年限满五年、大学专科毕业生工作年限满七年、中专毕业生工作年限满十年的职工每人每月补贴6元。

遗属生活困难补助 根据省1983年、1996年文件要求，1989年办理干部遗属生活困难补助费12户21人；1990年办理23户54人；1991年省人事厅对职工遗属生活困难补助对象进行全面清理，对年满16周岁且未读书的人员予以停发，对死者配偶的工资收入发生变化的，按照正常规定，对享受补助的人员予以增发、减发或停发；1992年办理125人次；1993年办理89人次；1994年办理34人次；1995年清理对象490人（新换证419人，停发补助71人）；1996年办理30人次；1997年按照省文件规定，结合全县实际制定相应标准，提高抚恤标准337人，新办48人，清理停发39人；1998年，提高国家机关事业单位遗属生活困难补助费标准25人，新办47人；1999年办理58人；2000年办理55人；2001年办理99人，同年两次对机关事业单位640位遗属人员增加生活困难补助费，人均增加110元；2002年办理67人；2003年办理45人，根据省文件规定，提高遗属生活困难补助费标准，人均增加27元。从2007年6月起，对全县机关、事业单位人员遗属764人调整生活困难补助费标准，人均增加36.77元。

教（护）龄津贴 根据省1986年、1995年、1996年文件标准执行，从1989年开始实施。

高龄津贴 根据省1993年文件规定，对年满70周岁的离、退休人员实行高龄补贴，其标准为离休人员每人每月30元，退休人员每人每月20人，这充分体现党和国家对离退休老同志的关怀。按照有关规定，自治县1997年开始办理。

警衔津贴 根据省1996年文件要求，对全县授予警衔的人民警察从1995年1月起实行警衔津贴，退休后按退休比例计发。

其他津贴 根据省1996年的几个文件规定，为图书馆、文化站（所）职工办理提高活津贴，为文化系统等几个特殊行业19人提高活津贴比例标准；办理全县专（兼）职信访人员岗位津贴；办理人武干部津贴12人。

根据省1997年的文件规定，开始实行政法委岗位津贴，按所任职务及任职年限对应标准发放，退休后按比例计发，当年办理政法委岗位津贴7人；根据省1997年度文件的规定，自治县于2003年对乡镇专职政法委副书记办理政法委岗位津贴；根据省2007年度文件规定，从2008年1月起，调整人民警察执勤岗位津贴标准219人，人均月增资190元。

根据国家及省的有关文件规定，从2004年10月起，调整全县机关、事业单位人员死亡一次性抚恤金标准，因公死亡人员一次性抚恤金由本人生前20个月基本工资调整为40个月基本工资，其他死亡人员一次性抚恤金由本人生前10个月基本工资调整为20个月基本工资，批准为烈士的一次性抚恤金由本人生前40个月基本二资调整为80个月基本工资。

根据国务院办公室2001年度文件规定，从2001年1月起，按照一类艰苦边远地区实施艰苦边远地区津贴，月人均43元；2006年7月，全县根据省文件规定，对机关、事业单位人员艰苦边远地区津贴标准进行调整，由原一类区调整为二类区，津贴标准由每月人均43元调整为每月人均130元，月人均增资87元。

从2003年6月起，参照省直单位人员执行岗位补助标准，对全县机关、事业人员发放岗位补助，月人均94元。

从2008年起，在全县机关、事业单位实施职工带薪休假。

四、 企业职工工资

在1988—1996年9年间，随着国家劳动制度的改革和工资的分配形式变化，企业职工工资经历三次较大变动。一是继1985年国家劳动制度的改革深入，在1988年提高企业职工标准工资基础，执行新的《贵州省国有企业职工工资标准》，职工工资得到普遍调整提高；二是根据1991年劳动部《关于调整企业职工工资标准的通知》文件，全县企业职工和上划企业单位职工工资水平又一次得到提高；三是1993年7月起，根据劳动部、财政部、国家计委、国家体改委、国家经贸委发布《关于国有企业工资总额同经济效益挂钩规定》的文件精神，先是在全县国有企业中推行“工效挂钩”和“工资包干”的工资分配管理模式，试行职工工资结合效益情况一年一调整，以后随着工作进展覆盖到粮食企业和供销集体企业，1993—2001年职工工资水平增长较快。2003年，为充分发挥企业的自主权和工资分配权，根据省文件的规定，企业工资可结合企业经济发展状况，在“工效挂钩”和“工资包干”核定总额内，自行安排职工工资的调整。此后，随着国企改革和企业改制，企业职工工资逐步走向自选拟订调资方案，人事劳动部门根据其情况按照“两低于原则”（工资总额增长速度应低于经济效益增长速度；平均工资增长速度应低于劳动生产率增长速度）宏观调控管理。不再直接下达企业职工调资计划。

第二章　劳　动

第一节　劳动管理机构

1988年，劳动管理是劳动局内设机构的职能，即劳动服务公司。1988年9月14日，自治县人民政府成立印江自治县劳务输出工作领导小组，县长戴振华任组长，吴永德等4名县领导为副组长，县委办、政府办、劳动、财政、工商、公安局等主要领导为成员，下设办公室由县妇联、县劳动局抽人具体办工，办公室设在劳动服务公司。其职能职责是：对城镇待业青年实施登记管理和就业安置服务、待业培训、待业青年安置、待业保险费用及待业周转金的征收管理、农村外出务工人员登记管理和有序组织劳动力输出。1989年5月，劳动服务公司更名为劳动就业办公室，工作职能是：依照国家劳动方针、政策法规和《劳动法》有关规定，实施劳动计划调配，综合管理全县城乡就业及劳动力资源开发，规划指导和管理劳动力市场建设，组织建立健全就业服务体系；负责企业职工工资调整，指导企业职工工资管理，执行企业工资制度改革、工资指导的有关办法、行业工资收入调节办法、最低工资标准实施办法和经营者收入分配办法的组织实施；做好企业工资总额同"经济效益挂钩""工资包干"分配宏观调控。2007年，劳动就业办公室升格为副科级机构，属县人力资源和社会保障局二级机构，参照公务员法管理单位，设局长1名，副局长2名，内设职能股室4个，下设1个事业单位（小额担保贷款中心），参公事业编制10名，事业编制3名。2004年，各乡（镇）社会保障所配备兼职劳动监察员19人。2005年2月1日，劳动和社会保障部制定实施《劳动保障监察条例若干规定》。2008年1月1日，《中华人民共和国劳动合同法》颁布实施，同年配备专职劳动监察员2人。

第二节　就业安置

1988年，安置城镇待业青年306人，办理外出务工人员登记622人，组织输出107人。收缴待业金1.92万元，参保企业64户，职工2378人。

1989年，安置城镇待业青年204人，就业培训302人，办理外出务工人员登记942人，组织输出110人，收缴待业保险金1.9万元，办理失业参保企业67户，职工2378人，行政事业单位24个，职工58人。

1990年，安置城镇待业青年200人，就业培训310人，办理外出务工登记1054人，组织输出120人，收缴待业保险金2万元。

1991年，安置城镇待业青年442人，就业培训302人，办理外出务工登记1890人，组织输出

186 人，收缴待业保险金 2.5 万元，利用就业扶持周转金创办劳务企业 5 个，解决待业青年就业 52 人。同年在政府的大力支持下，解决资金 11 万元，在人民北路建成就业培训中心 1 所。

1992 年，安置城镇待业青年 476 人，就业培训 307 人，办理外出务工人员登记 1948 人，有组织输出 210 人，收缴待业保险金 2.6 万元。

1993 年，安置城镇待业青年 440 人，就业培训 331 人，办理外出务工人员登记 2420 人，有组织输出 211 人，收缴待业保险金 2.9 万元。

2011 年 2 月，印江自治县在县城中心广场展开人才招聘（2008 年拍摄）

1994 年，安置城镇待业青年 450 人，就业培训 401 人，此年从业人员已达 11908 人，办理外出务工人员登记 36000 人，收缴待业保险金 4.6 万元，发放周转金 4000 元，收回 400 元。并在广东、福建等地设立劳务输出办事机构，并成立印江自治县劳动力市场。

1995 年，安置城镇待业青年 410 人，就业培训 300 人，收缴待业保险金 4.8 万元，发放周转金 8.5 万元，收回 1 万元。

1996 年，就业培训 925 人，就业再就业人数 868 人，收缴待业保险金 5.37 万元，参保企业 62 户，职工 2664 人，行政事业单位 32 个，职工 68 人，发放周转金 2000 元，收回 6000 元。外出务工登记 1054 人，组织输出 120 人，收缴待业保险金 2 万元。

1997 年，县就业办对国有企业下岗失业人员和城镇其他失业人员实行登记管理，办理失业证、再就业优惠证，开展就业培训、职业介绍、求职登记和提供生活保障。

2003 年，就业增加 980 人，下岗职工 2190 人，再就业 510 人。

2004 年，下岗失业再就业 304 人，输出务工人员 411 人。

2005 年，下岗失业人员再就业 272 人，劳务输出 1560 人。

2006 年，全县有 1172 名城镇下岗失业人员实现再就业，其中下岗失业人员再就业 378 人，年末城镇登记失业率为 4.3%；组织劳务输出 1220 人，免费失业登记 1610 人，免费职业介绍 92 人，免费办理“再就业优惠证”1249 人。开展两期农民工就业培训，培训人数 630 人，其中劳务输出培训 521 人，技能提升培训 109 人。

2007 年，全县累计促进城镇失业人员再就业 1093 人，其中促进下岗失业人员再就业 348 人，促进“4050”（40 岁、50 岁失业人员）人员再就业 117 名；组织劳务输出 1366 人，促进农业劳动力转移就业 3200 人，免费为 42 名下岗职工办理再就业优惠证，免费为城镇其他失业人员（含未能就业的大中专毕业生）361 人办理失业、求职登记手续；期末登记失业人数 774 人，失业率为 4.18%。全年共举办再就业培训 29 期，其中举办驾驶培训 5 期，烹饪、物业管理 1 期，计算机文字录入 1 期，计算机操作 2 期，家畜饲养 6 期，创业培训 6 期，烹饪 5 期，酒店服务 1 期，汽车驾驶（失地农民）1 期，培训人数 2028 人，超额完成地区下达的 2000 人培训任务目标。在累计登记的 87 户“零就业”家庭中，除 40 户就地转移就业（灵活就业）、29 户“零就业”家庭成员在公益性岗位上岗（县执法局）外，其余部分外出务工就业。

2008 年，全年累计促进新增城镇就业 2894 人，其中促进下岗失业人员再就业 865 人，促进困难对象就业 598 人。农村劳动力转移就业 4200 人。年末城镇登记失业率 4.41%。开展 11 期就业技能培训，培训 787 人，涉及工种 10 余个。开展汽车驾驶技能培训 10 期，培训 497 人。根据杉树乡茶产业培训需求，于 3 月份在该乡组织 1 期 100 人的茶叶种植培训。全县在 1—4 月间开展“就业援助月”和“春风行动”。活动中，共发放“春风卡”1200 张，各种宣传资料 2000 余份，回访 2007 年援助的

“零就业家庭”42户，为44名灵活就业的“4050”人员发放社会保险补贴。9月至次年2月，为应对全球金融危机，县劳动服务部门按照“高度重视，积极应对，深入调查，吃透情况，掌握工作主动权”原则，深入开展返乡农民工调研，加强正面宣传，建立相关台账，实行动态管理，开发公益性岗位，有序开展就业援助。

1988—2008年印江自治县就业与再就业安置统计表

表12—5 单位：人

年份	就业与再就业人数	就业安置人数	年份	就业与再就业人数	就业安置人数
1988	715	306	1999	865	461
1989	723	204	2000	892	479
1990	736	200	2001	918	483
1991	812	442	2002	936	489
1992	930	476	2003	941	497
1993	700	440	2004	957	503
1994	810	450	2005	973	526
1995	931	410	2006	986	531
1996	947	421	2007	997	542
1997	1172	432	2008	1002	567
1998	1093	449	—	—	—

第三节 劳务输出

2007年6月，举办印江县农村劳动力转移培训外出就业欢送仪式，有序开展农村劳动力培训

1988年以后，为保护劳动者和用人单位合法权益，促进就业，县劳动部门下设劳动力市场，负责为劳动者求职、就业，为用人单位招录人员，为职业介绍机构从事职业介绍提供固定场所和工作平台。2006年，县人社局出台《关于认真做好2006年春运期间民工有序流动的工作意见》，引导农民工春节期间外出务工，共发放、张贴各种宣传资料1000余份，提供就业信息和外出务工信息岗位2800个，2万余名外出务工人员顺利外出务工就业。对全县农村劳动力基本情况进行专项调查，全县有农村劳动力23万人，其中富余劳动力10.72万人，已就业10.52万人。2008年，组织梵净山旅游沿线的9个乡镇50人赴遵义赤水学习竹艺加工技术（学习培训期为6个月）。组织城区60名就业困难人员外出参加挖掘机操作、茶叶生产、美容美发、电工焊工等技能培训，在印江县开展3期180人的计算机操作技能培训。

1988—2008 年印江自治县劳务输出情况统计表

表 12－6　　单位：人

年份	有组织输出人数	年份	有组织输出人数
1988	107	1999	293
1989	110	2000	299
1990	120	2001	148
1991	186	2002	160
1992	210	2003	140
1993	211	2004	411
1994	226	2005	1560
1995	241	2006	1220
1996	263	2007	1366
1997	271	2008	1437
1998	282		

第四节　就业与培训

2007 年 8 月，在团龙村开展农村劳动力转移培训土家线耳鞋制作

1988—1997 年，全县就业培训对象侧重城镇待业青年和农村外出务工人员。1998 年之后，培训对象新增国有企业下岗人员，聘请专业教师对培训对象采取集中授课的方式进行培训，授课内容根据当年全国用工情况、县内经济社会发展需要进行安排，主要有茶叶管护与加工、烤烟种植与烘烤等实用技术。1997—2004 年，全县共投入培训经费 417.01 万元用于培训乡土人才。县人事劳动局先后与组织部、农办、扶贫办等单位联合培训村级后备干部 370 人，完成绿色证书培训 6826 人；举办各种农业实用技术培训 3500 期，培训人次达 21 万人次，农村女能人实用培训 124 期，培训人次达 1.2 万人次，农村残疾人骨干培训 12 期，培训人次达 1115 人次，下岗职工再就业培训 11 期，培训人次达 1455 人次。先后有 4 人被贵州省人事厅授予“全省拔尖乡土人才”称号。2002 年共培训管理人员 4842 人，2003 年培训 1181 人；2004 年培训 1991 人。培训合格人员均发给岗位证书和合格证。2005 年，投入资金 100 万元，用于 2000 名农村富余劳动力转移培训工作，提高农民非农技能，为外出务工创造条件。共举办以旅游、莱茵鹅养殖、绿茶加工、苦丁茶加工、纺织品加工、家政服务等为主要内容的培训班 16 期，全县 2138 人参加培训，其中：引导性培训 1205 人；县级 60 人次，乡（镇）153 人次，村支“两委”720 人次，同时完成农民种养业适用技术培训 4.22 万人次。

1988—2008 年印江自治县就业培训统计表

表 12—7 单位：人

年份	就业培训人数	年份	就业培训人数
1988	298	1999	950
1989	302	2000	960
1990	310	2001	850
1991	302	2002	418
1992	307	2003	337
1993	331	2004	4742
1994	401	2005	240
1995	300	2006	630
1996	925	2007	2028
1997	1078	2008	787
1998	1045		

第五节　劳动监察仲裁

1988 年的劳动监察仲裁机构的前身为 1987 年刚建立的印江土家族苗族自治县劳动争议仲裁委员会。有主任委员 1 名，副主任委员 2 名，委员 6 名，成员单位有县劳动局、县总工会、县经委、县建设局、县财政局、县轻工业局、县粮食局、县水电局，在县劳动局下设劳动争议仲裁办公室。工作职能是：加强对国家劳动方针、法律、法规的宣传，维护用人单位和劳动者的合法权益；负责对用人单位及劳动者在遵守法律法规情况进行监督检查，对违法行为进行处罚；承办处理劳动复议案件；依法对劳动合同制工人、临时工、季节工、农民轮换工进行劳动合同鉴证；对受理劳动争议案件依法及时进行调查、调解，经调解未达成协议的，组织仲裁庭及时提请仲裁委员会进行仲裁；加强对新时期劳动争议、劳动制度改革的调查与研究，提出开展工作的意见和建议；办理仲裁委员会授权和交办的其他工作。

一、 监察与仲裁

1988 年，受理劳动争议案件 5 起，结案 5 起；接待群众来信来访 10 人次。1989 年，受理劳动争议案件 3 起，结案 3 起，签订并办理劳动合同证 22 份。1990 年，签订并鉴证合同 156 份。1991 年，签订并办理劳动合同鉴证 488 份，受理劳动争议 1 起，结案 1 起；接待群众来信来访 43 人次。1992 年，办理劳动合同鉴证 488 人，受理案件 1 起，结案 1 起；接待来信来访 56 人次。1993 年，签订并鉴证劳动合同 370 份。1994 年，签订并鉴证劳动合同 186 份，受理劳动争议案件 1 起，结案 1 起；接待群众来信来访 54 人次。1995 年，签订并鉴证劳动合同 230 份，接待来信来访 52 人次。1996 年，签订并鉴证劳动合同 287 份，受理劳动争议案件 1 起，结案 1 起；接待来信来访 54 人次。1997 年，签订并鉴证劳动合同 425 份，受理劳动争议仲裁 3 件，结案 3 件；接待来信来访 64 人；对县属 56 个用人单位进行年检，查处违反规定收取的职工风险抵押金 43.3 万元。1998 年，签订并鉴证劳动合同 284 份，调解劳动争议 5 起，用工年检 70 户（含个体工商企业），涉及劳动者 2600 人。1999 年，签订并鉴证劳动合同 658 份，受理劳动争议案件 3 起，结案 3 起；接待群众来信来访 58 人，年检企业 68 户，涉及劳动者 1560 人。2000 年，签订并鉴证劳动合同 290 份，受理劳动争议案件 5 起，结案 5 件；接待群众来信来访 59 人，年检企业 72 户，涉及劳动者数 2680 人。2001 年，签订并鉴证劳动合同234份，受理劳动争议案件3件，结案3件；年检企业74户，涉及劳动者2750人。2002年，签订并鉴证劳动合同58份，受理劳动争议案件4件，结案4件；年检企业26户，涉及劳动者560人。2003年，签订并鉴证劳动合同241份，受理劳动争议案件3件，结案3件；年检企业27户，涉及劳动者620人。开展劳动保障法律法规宣传活动60次，印发各类宣传材料10万份。通过日常巡视检查、审查用人单位报送的书面材料、接受举报投诉以及专项检查等形式积极开展执法活动，累计查处各类违反劳动保障法律法规案件250余起，其中查处未与劳动者依法签订劳动合同案件50起，责令补签劳动合同14000多份；查处拖欠克扣工人工资案件150起，追回和责令补发工人工资1500万元；查处非法收取职工押金、风险金等不合理费用和扣押劳动者证件案件5起，责令退还收取职工的不合理费用1.5万元；查处拖欠各类社会保险费案件42起，督促缴纳各类社会保险费800万元；查处非法职介活动2起并依法取缔。查处非法使用童工案件1起，解救童工2名。施行用人单位劳动保障登记评价机制，对各类用人单位实行分类管理。在建筑行业推行工资保障金制度，有效预防和遏制拖欠、克扣农民工工资行为的发生。

2004年，受理劳动争议案件8起，结案8起；接待群众来信来访123人次，签订并办理劳动合同证350份，年检企业42户，涉及劳动者850人；调解劳动争议25起。2005年，共受理劳动争议案件8起，结案8起；接待群众来信来访189人次，签订并办理劳动合同400份；年检企业56户，涉及劳动者990人；调解劳动争议46起。2006年，共受理劳动争议案件11起，结案11起；接待群众来信来访256人次，签订并办理劳动合同证560份，调解劳动争议56起；年检企业78户，涉及劳动者数1080人。2007年，受理劳动争议案件15起，结案15起；接待群众来信来访312人次，签订并鉴证劳动合同630份，调解劳动争议36起；用工年检96户（含个体工商企业），涉及劳动者1200人。2008年，开展《中华人民共和国劳动合同法》《中华人民共和国劳动争议调解仲裁法》等法律法规的宣传，印发各类宣传材料2万多份。通过开展日常巡视检查，审查用人单位报送的书面材料，接受举报投诉以及专项检查。是年，受理案件猛增，共受理劳动争议案件30起，结案30起，接待群众来信来访621人次，签订并鉴证劳动合同680份，调解劳动争议85起。

二、 劳动保护

1988年，开展劳动安全大检查4次，查出事故隐患20起，发出整改指令通知书5份，处理事故4起，整改12起，举办安全生产培训班2次，培训人数30人，矿山安全建档6个，检查锅炉压力容器2次。

1989年，查出六类事故32起，开展乡（镇）煤矿安全大检查1次，锅炉压力容器普查检验15台，矿长资格审查41人，电工技术培训66人。从是年起，对有毒有害、易患矽肺、高温、高空、井下、矿山环境下工作的人员实行特殊津贴。1990年，查出安全事故隐患8起，发出整改指令通知书8份，电工培训1期，培训人数30人。1991年，安全大检查2次，检查单位35户，查出事故隐患6起，发出整改通知书6份，对马家庄煤矿事故提交县检察院立案1宗。1992年，矿山安全检查6次，复审特种作业人员资格108人，矿长资格复审13人，举办安全人员培训班4期，培训人数240人，组织检查锅炉20台次，限期整改1台，停烧整改1台，司炉工送地区以上培训5人，压力容器操作人员上岗培训3人。1993年，矿山检查、道路安全检查、防火防爆检查、建筑安全检查各2次，查出事故隐患10起，限期整改8起，停业整顿2起。1994年，组织对企业生产安全检查2次，查出事故隐患6起，发出整改指令通知书6份。1995年，由地区组织对全县道路交通安全大检查1次，培训电工30名，办理特种作业上岗证20人。1996年，组织矿山安全大检查，查出事故隐患11起，停止2起，限期整改4起，对矿山安全人员培训，对锅炉容器检查5台次，培训司炉工8人。2008年，组织开展《劳动合同法》贯彻执行情况检查活动。检查的对象为：全县机关事业单位、社会团体、各驻印单位和各类企业、与机关事业单位和群众团体建立劳动关系的编外人员和工勤人员。检查内容为：

用人单位合同签订、履行、终止、解除、社会保险费缴纳等情况。全年共检查用工单位109家，涉及职工2359人，督促用工单位签订劳动合同2359人，签订率91%。督促93家用人单位缴纳工伤保险费33.43万元。

2003—2008年印江自治县劳动保护统计表

表12—8

年份	检查用人单位	结案数			案件分类						参与处理突发事件	补签劳动合同		追发劳动者工资等待遇		督促参保缴费	
		案件总数	投诉结案数（件）	举报结案数（件）	订立和解除劳动合同（件）	工作时间和休息休假（件）	支付工资和最低工资标准（件）	参加社会保险和缴纳社会保险费（件）	职业	其他（件）	案件数（件）	涉及劳动者人数（人）		涉及劳动者人数（人）	涉及金额（万元）	涉及劳动者人数（人）	涉及金额（万元）
2003年	66	18	12	6	6	—	8	2	2	0	2	234	432	1478	568.32	26	2.003
2004年	85	22	16	6	2	—	12	8	—	—	—	—	488	1569	602.48	38	3.368
2005年	96	28	14	14	8	—	12	8	—	—	—	—	549	1643	634.03	29	3.023
2006年	109	26	16	10	10	2	12	2	—	—	—	—	596	1760	688.65	36	4.023
2007年	121	27	15	12	4	—	14	7	2	—	—	—	776	1798	723.46	43	5.236
2008年	131	32	16	16	9	2	20	5	—	—	4	163	867	1879	788.56	48	8.488

第三章　社会保障

1988 年 9 月，自治县人事劳动局下设社保股，有工作人员 3 人。1996 年 11 月，成立县社会保障事业管理局，属人事劳动和社会保障局股级单位，内设办公室、业务股、医疗保险股、征缴股。2007 年升格为副科级单位，设局长 1 名，副局长 2 名，内设办公室、稽核股、财务股、征缴股、职工医疗保险股、养老和失业保险股、居民医疗保险股、城乡养老保险中心。

第一节　职工养老保险

1988 年 12 月，自治县人民政府印发文件，成立以县长戴振华为主任的印江土家族苗族自治县国营企业职工离退休费用统筹管理委员会。12 月 14 日，自治县人民政府又批转县离退休费用统筹管理委员会制定的《印江土家族苗族自治县国营企业职工离退休金统筹实施细则（试行）》。为顺利推进工作，结合全县企业经济发展及社会负担畸轻畸重的状况，本着“自求平衡、行政调节”的原则，全面启动职工养老保险社会化统筹，建立企业职工养老保险基本制度。统筹事务由劳动局内设机构社会劳动保险股负责日常工作，保险股人员编制 3 人，设股长 1 人，会计、出纳各 1 人。保险股主要职能是：根据国家和各级政府制定的保障政策，县人民政府依据支付费用的实际需要及企业职工的承受能力，按照“以支立收，略有结余，留有余地”的原则征收单位和个人的保险费，其标准是职工个人按基本工资的 3%缴纳征集，单位根据工资总额的不同而按不同的比例缴纳征集，资金的管理存入银行开设养老保险基金专户，按月结发职工离退休（职）费，重点围绕“收、管、用”三个字的工作任务，抓好养老金的征集和营运管理。通过实施养老保险统筹，改变过去职工离退休（职）后完全由企业包干为国家、集体、个人三方面共同合理承担。

1988 年，全县统筹合同制工人单位 58 户 188 人，当年征收机关事业单位合同制工人养老金 2.9 万元，单位 2.6 万元，个人 0.3 万元，并于 12 月起按国务院 1986 年文件、省 1986 年文件规定，对全县全民所有制企业单位固定职工和合同制工人实施征收养老保险金。当年共统筹全民所有制企业单位 40 户、职工 2361 人，共征收统筹金 1 万元，当年有离退休人员（参保单位）563 人。其中：离休 47 人，退休（职）516 人。按省相关文件人均增加离退休费 5 元，对未参加工资改革的离退休人员增加 6 元，对离退休人员人均增加物价补贴 6 元，共计增发 8.1 万元。

1989 年，全县统筹合同制工人单位 70 个、职工 272 人，收养老金 3.35 万元。统筹全民所有制企业单位 55 个、职工 2363 人，收统筹金 52.25 万元。全年有离退休人员 551 人（其中离休 47 人），全年支付离退休金 47.68 万元，并按国务院 1989 年文件对全县企业离退休人员增加一级（两格）工资，低于 8 元的按 8 元，未参加 1985 年工资改革的人员再增加 5 元，同时对全县 551 名离退休人员调整离退休金，并补发 6.61 万元。

1990 年，全县全民所有制统筹单位 55 个、职工 2363 人，当年收统筹金 59.17 万元，统筹合同制工人养老保险金 71 个、270 人。全年有离退休人员 551 人（其中离休 47 人），全年支付离退休金 54.74 万元，并按省有关文件对连续工龄满 25 年以上的职工人均增加生活费 5 元。全年有 540 人享受增加生活补助费，统筹 70 个机关事业单位合同制工人 288 人，全年收合同制工人养老金 4.02 万元。

1991 年 6 月 26 日，国务院下发《关于企业职工养老保险制度改革的决定》，文件要求逐步建立起基本养老保险与企业补充养老保险和职工个人储蓄养老保险相结合的制度，改革养老保险完全由国家、企业包干下来的办法，实行国家、企业、个人三方共同负担，职工个人要缴纳一定的费用。基本养老保险金由政府根据费用的实际需要和企业、职工的承受能力，按照以支定收、略有结余、留有部分的原则统筹征集。县人民政府根据此精神制定实施方案，并决定从 1991 年 12 月 1 日起执行，对全民所有制企业进行社会统筹，规定企业统筹金的筹集比例，职工个人按个人基本工资的 3%缴纳，并将企业、职工个人缴纳的基本养老保险费记入《职工养老保险手册》，将所征集的基本养老保险费存入在银行开设的养老保险基金专户，实行专项储存，专款专用。1991 年，全县全民所有制统筹单位 51 个、职工 2307 人，企业比 1990 年减少 4 个，职工减少 56 人，减少的主要原因是由于经营机制改变，经营渠道市场的影响，在职职工工资无力支付银行冻结资金。当年收全民所有制企业统筹金 64.48 万元，全年有离退休人员 549 人（其中离休 47 人），当年死亡 2 人，按省财政厅 1991 年的文件规定，对离退休人员每月增加粮油补贴 6 元，并予以补支，全年支付离退休金 60.5 万元。统筹合同制工人、机关事业单位 73 个、461 人，全年收合同制工人养老金 6.23 万元。为加强养老保险基金的征收和管理，全县按照铜仁地区劳动局、中国人民银行铜仁地区分行、中国工商银行铜仁地区分行、中国建设银行铜仁地区中心支行，中国农业银行铜仁地区中心支行、中国银行铜仁地区支行 1991 年的文件精神，对企事业单位的离退休基金、合同制工人退休养老基金的收缴，采取“委托收款，免签协议”的形式，由银行代扣代缴，“委托收款”手续费由银行按规定在付款单位账户扣除，这保证了统筹基金的收缴力度。按照 1991 年贵州省劳动局、铜仁地区劳动局的文件要求和《关于认真贯彻国务院决定积极搞好城镇集体企业职工参加养老保险工作的通知》，全县对县城镇集体企业职工参加养老保险开展摸底调查。

1992 年，全县全民所有制单位 50 个、职工 2202 人，当年收全民所有制单位统筹金 84 万元，支付离退休人员离退休金 64.01 万元。有离退休人员 650 人（其中：离休 47 人），新办理退休 101 人，统筹 76 个机关事业单位合同制工人 534 人，全年收合同制工人养老金 8.24 万元，并按国务院 1992 年的文件要求，对全县 1991 年年底的离退休人员增发 10%离退休金，对未参加工资改革的离退休人员先加 10 元，再增发 10%。

1992 年，省人民政府在《省人民政府贯彻国务院关于企业职工养老保险制度改革的决定的通知》中，制定三条意见：一是逐步实现国营企业职工基本养老保险基金的 40%和国营职工个人缴纳基本养老保险费（标准工资的 3%）的一部分（一人一元）一并上缴省社会保险管理机构，作积累资金和调剂金。二是扩大养老保险覆盖面。城镇集体企业职工实行养老保险统筹，职工个人缴费年限（含过去国家规定计算的连续工龄）可视为缴费年限。三是各级社会保险管理机构应强化收缴手段，严格执行政策。基本养老保险属法定保险，由国家统一规定，强制实施。同时规定各级社会保险管理机构根据工作开展的实际需要，可从养老保险基金中提取一定比例的管理服务费，提取比例全省控制在统筹基金的 3%以内，合同制工人养老基金的 5%以内。

1993 年，全民所有制统筹单位 50 个、职工 2149 人，全年收统筹金 68.54 万元。当年有离退休人员 703 人（其中离休 47 人），办理 98 人，全年支付离退休金 58.8 万元。78 个机关事业单位有合同制工人 676 人，全年收合同制工人养老保险金 13.68 万元。自治县按照劳动部 1993 年《关于基本养老金计发办法改革试点工作的通知》的文件精神，规定企业缴纳基本养老保险费应按全部职工工资总额和县人民政府规定的比例缴纳，职工本人的缴费工资超过当地上一年月职工平均工资 200％以上的部分暂不缴纳，也不计入月平均工资基数，职工本人的工资收入低于当地职工平均工资 60％的按当地职工平均工资的 60％缴纳，并建立职工养老保险档案。按省 1993 年的两个文件精神，为全县 703 名离退休人员增发粮油价差补贴 6 元，连续工龄满 20 年以上的职工退休费提高 5％。

1994 年，县人民政府以《关于调整国有企业职工离退休（职）统筹养老保险金比例的通知》的文件，进一步规范和完善全县职工养老保险统筹，促进统筹养老保险工作顺利进行，并作出以下规定：(1) 县属各国有企业和部分省、地在县企业的全部固定职工都必须参加全县离退休（职）统筹工作。(2) 统筹项目包括职工的离退休（职）费，粮贴以及国家规定的各种补贴。(3) 统筹原则：依照"以支定收，略有结余"和"一年一定"的原则，结合企业对离退休费负担和经济效益以及企业在册固定职工工资总额和离退休（职）费用总额计提（税前提取）。(4) 收缴办法：每月 5 日，由劳动局保险股开出委托收款凭证，委托有关开户银行划转，各统筹单位不得拒付。(5) 发放办法：劳动局保险股收到各企业统筹基金后，按实收比例填入职工工资发放清册，每月下旬离退休（职）职工本人持职工退休证到劳动局保险股领取。文件下发后，全县 50 个全民所有制统筹单位职工 2128 人，共收缴统筹金 97.4 万元，比上年多征收 28.68 万元，同时征收 4 个集体所有制单位 237 人的统筹金 1.98 万元。当年有离退休职工 714 人（其中离休 46 人，死亡 1 人，退休人员中死亡 5 人，新增退休 17 人），征收 84 个机关事业单位合同制工人 665 人，养老金 20.8 万元，全年支付离退休费 88.71 万元。离退休费增加的原因，主要是自治县按照省里的文件规定，对全县企业离退休人员中退休 40 年以上增加 60 元，30 年以上增加 50 元，20 年以上增加 40 元，退休人员增加 20 元。按照省劳动人事厅的文件要求，另对 1993 年前退休人员增发生活费 20 元。并对符合 1982 年《国务院关于老干部离职休养制度的几项规定》和劳动人事部《关于建国前参加工作的老工人退休待遇的通知》规定的人员，每年享有增发 1～2 个月生活补贴。

1995 年 3 月，国务院下发《关于深化企业职工养老保险制度改革的通知》，文件明确提出，到 20 世纪末，基本建立适应社会主义市场经济体制要求，适用城镇各类企业职工和个体劳动者，资金来源多渠道，保障方式多层次。社会统筹与个人账户相结合，权利与义务相对应，管理服务社会化的养老保险体系。逐步做到对各类企业和劳动者统一制度、统一标准、统一管理和统一调剂使用基金。县人民政府办公室根据国务院 1994 年 2 月 22 日《国务院关于调整企业离退休人员离退休金的通知》、1994 年省政府及省政府办公厅的文件和铜仁行署办公室等文件精神，以《关于印江自治县国有企业职工离退休费用统筹调整方案》的文件统一统筹标准为 33.7％，个人 3％，统一支付标准，同时转发省劳动局《关于全民所有制企业招用的农民合同制工人实行养老保险的通知》文件，从 1995 年 1 月 1 日起，实行全民所有制企业招用农民合同制工人养老保险制度。退休养老条件、待遇和养老保险基金缴纳标准，按当地城镇劳动合同制工人有关规定办理，其中：招用的农民工养老保险基金缴纳标准按月工资收入的 8％，个人按月工资收入的 3％逐月提取，一并存入企业农民轮换工回乡生产补助基金专户，合同期满离开单位时，由所在企业连本带息一次性发给农民轮换工本人。1995 年，全县全民所有制统筹单位 50 个、职工 2052 人，收统筹金 145.72 万元，收 3 个集体所有制单位 197 人的统筹金 2.7 万元，当年有离退休人员 746 人（其中：离休 44 人，死亡 2 人，新增退休人员 41 人，退休人员中死亡 7 人），全年支付离退休费 140.2 万元，收 910 个机关事业单位合同制工人 750 人的养老金 26.77 万元，1995 年，对全县上年 714 名离退休人员按省政府文件调整离退休金，离休人员月增加 40 元，工龄 30 年以上退休人员月增加 35 元，满 20 年以上不满 30 年的月增加 30 元，20 年以下的月增加 25 元，退职人员月增加 15 元，共增补发 25.01 万元。

1996 年，全县全民所有制统筹单位 50 个，职工 2024 人，全年收统筹金 194.5 万元，90 个机关事业单位合同制工人 741 人，收养老金 12.66 万元，3 个集体所有制单位 192 人，收养老金 8.85 万元。全年支付离退休费 192.27 万元，当年有离退休人员 769 人（其中：离休 44 人，退休 725 人；当年退休 36 人，退休人员中死亡 13 人）。

1997 年，按照国务院颁发的《关于建立统一的企业职工基本养老保险制度的决定》文件，进一步明确和规范养老保险制度，建立和完善职工个人账户。文件明确规定：职工个人缴费率为 4%，以后每两年增加一个百分点，直到个人缴费率达到个人工资总额的 8%，并以 11%记入个人账户。明确职工退休后养老金计算办法，要求省政府行文执行。全县全民所有制统筹单位 50 个，职工 2948 人，实收 38 个单位，征缴统筹金 218.92 万元，集体单位 11 个、527 人，收养老金 9.8 万元，全年有离退休人员 769 人，全年支付离退休费 199.61 万元。根据省人民政府办公厅 1996 年的文件，对企业离退休人员按照国家机关离退休人员同职务、同条件进行套改，把原工资改为国家机关的级别工资、职务工资、基础工资、工龄工资四项之和，共套改 44 名企业离休人员，并调整企业退休（职）人员养老金标准，调整办法是：中华人民共和国成立前参加革命工作且 1995 年年底前退休人员每人每月增加 25 元，1992 年年底前退休人员每人每月增加 20 元，1993 年 1 月 1 日至 1995 年 12 月 31 日前退休人员每人每月增加 15 元，退职人员每人每月增加 10 元。按照省政府办公厅 1996 年的文件，对 1993 年 12 月 31 日前退休且在中华人民共和国成立前参加工作的，月增加 50 元，1992 年年底前参加工作且男职工工龄 35 年以上、女职工工龄 30 年以上的月增加 45 元，男职工工龄 30 年以上、女职工工龄 25 年以上的月增加 25 元，男职工工龄不满 30 年、女职工工龄不满 25 年的月增加 15 元，因公致残且 1952 年以前参加工作月增加 45 元，1952 年后参加工作的月增加 35 元，退休金总额限制在月 500 元内。

2001 年，按时足额发放离退休费。全年共支付离退休金 334.47 万元，当年有离退休人员 895 人，其中：离休 41 人，当年退休 35 人，机关事业单位合同制工人 32 人，收养老金 15 万元。同时，按照铜仁地区劳动局、铜仁军分区后勤部队 2000 年的文件，就驻黔部队机关事业单位职工养老保险问题，按省 2000 年通知文件精神执行。从 2000 年 1 月起，单位按全部职工工资总额的 20%、个人按本人工资总额的 5%缴费，由单位扣缴后一并交到所在地社保机构。全县执行省人民政府 2000 年、省劳动和社会保障厅 2001 年文件中规定，从 2001 年 1 月 1 日起，全省基本养老保险参照当地统筹企业缴费比例，高于企业工资总额 22%的，统一调整为 22%，低于 22%的，调整为 20%。地区行署规定全区统一缴费比例为：单位 20%，个人 6%。

1988—2008 年印江自治县社保局城镇职工养老保险参保统计表

表 12－9

年份	参保单位（个）	参保人数（人）	基金征缴（万元）	基金支出（万元）
1988	58	188	2.90	—
1989	70	327	55.60	47.68
1990	55	2363	59.17	57.18
1991	124	2768	70.71	60.50
1992	125	2202	92.24	64.01
1993	128	2825	82.88	58.80
1994	134	2793	118.20	88.71
1995	247	2802	172.49	140.20
1996	143	2765	216.01	192.27
1997	99	3475	228.72	199.61
1998	106	3179	304.77	234.90
1999	129	3434	342.74	340.92
2000	129	3020	394.32	334.47

续表12－9

年份	参保单位（个）	参保人数（人）	基金征缴（万元）	基金支出（万元）
2001	54	2455	257.25	349.33
2002	240	2656	297.95	431.62
2003	126	2346	313.34	480.86
2004	37	2456	287.00	574.00
2005	56	2368	315.00	587.00
2006	56	2487	395.99	841.00
2007	102	3680	672.31	926.00
2008	111	4794	1053.09	2327.98

第二节　失业保险

1998年，印江自治县开始实行“国家、用人单位和个人三方共同负担，失业救济与促进再就业相结合”的管理服务社会化的失业保险制度。当年，全县有346名下岗职工享受基本生活保障费，参加失业保险单位45家。2007年，开展失业保险书面稽核36户4249人，实地稽核21户664人，补缴失业保险费0.8万元。2000年，县人民政府印发《县人民政府关于事业单位参加失业保险的补充通知》文件，规定：事业单位个人缴纳工资总额1%，由财政局工资结算中心按季代扣，缴入失业保险经办机构在财政开设的专户。对教育系统单位承担2%的部分，对村级小学单位承担2%的部分，由财政全额承担。其余各乡（镇）教办、中学、幼儿园、县直学校幼儿园由单位承担1%，财政承担1%。

1998—2008年印江自治县失业保险参保统计表

表12－10

年份	参保单位（个）	参保人数（人）	基金征缴（万元）	基金支出（万元）
1998	95	2130	7.15	—
1999	116	2680	8.70	10.28
2000	175	4213	46.36	21.05
2001	236	2980	51.00	122.00
2002	175	4213	130.00	123.00
2003	187	4165	74.10	123.00
2004	188	4215	63.60	0
2005	203	5670	53.70	0
2006	203	5670	70.00	0
2007	214	6200	90.00	0
2008	228	6356	113.53	5.19

第三节　城镇职工基本医疗保险

印江自治县城镇职工医疗保险于2004年5月1日开始实施，参保对象为全县机关事业单位职工。2007年，全县基本医疗保险参保范围扩大到有缴费能力的企业职工，根据省劳动和社会保障厅印发的《关于进一步推进企业参加医疗保险工作的意见》文件精神，企业职工基本医疗保险费用由用人单位和职工共同缴纳，用人单位按工资总额的 7%缴纳，个人按工资总额的 2%缴纳。此外，参保对象还缴纳大病医疗保险 72 元。2008 年 8 月，启动城镇居民医疗保险工作。

2004—2008 年印江自治县城镇职工医疗保险参保统计表

表 12—11

年份	参保单位（个）	参保人数（人）	基金征缴（万元）	基金支出（万元）
2004	112	9068	73.01	316.40
2005	112	9184	718.10	540.90
2006	112	9197	766.00	663.00
2007	116	9564	823.00	859.00
2008	120	10958	995.50	887.59

第四节 生育保险

2005 年 5 月，根据省劳动和社会保障厅印发的《贵州省职工生育保险工作实施意见》，印江自治县开始实行职工生育保险，用人单位按照职工工资总额的 0.5%缴纳。

2005—2008 年印江自治县生育保险参保统计表

表 12—12

年份	参保单位（个）	参保人数（人）	基金征缴（万元）	基金支出（万元）
2005	44	2345	12.20	6.05
2006	45	2412	7.40	6.60
2007	56	2682	8.90	8.70
2008	62	3142	20.00	12.19

第五节 工伤保险

2005 年，根据《铜仁地区〈工伤保险〉实施意见》《铜仁地区实施〈工伤保险条例〉暂行规定》，印江自治县启动职工工伤保险，参保原则实行“实名制”，分类行业基准费率是：“一类”（较小）行业为用人单位工资总额的 0.5%，“二类”（中等风险）行业为用人单位工资总额的 1%，三类（高风险）行业为用人单位职工工资总额的 2%。用人单位缴纳工伤保险费的金额为本单位职工工资总额乘以缴费费率之积。2006 年，省文件规定，建筑施工企业要依法为职工以及农民工办理工伤保险手续。

2005—2008 年印江自治县工伤保险参保情况统计表

表 12—13

年份	参保单位（个）	参保人数（人）	基金征缴（万元）	基金支出（万元）
2005	3	72	1.20	0
2006	6	300	3.60	0
2007	28	1397	5.60	0
2008	58	2587	41.30	5.50

第四章　民　政

1988年，自治县民政局内设办公室、救灾救济股、优抚股、行政事务管理股、残疾人事业股、收容遣送站。2000年6月，残疾人事业股更名为残疾人联合会，升格为正科级事业单位，7月1日残联与民政分家。2001年，增设县老龄委办公室，把老龄工作列入民政系列。2003年，增设低保办公室，收容遣送站更名为救助管理站。2005年，设立殡葬管理所、城乡低保办公室、城市中心敬老院。2008年，县民政局内设股室有：办公室、救灾救济股、优抚股、行政事务管理股、救助管理站、殡葬管理所、城乡低保办、城市中心敬老院。

第一节　基层政权建设

1988年以来，根据《中华人民共和国村民委员会组织法》等有关法律法规规定，全县按照宣传动员、选民登记、酝酿候选人、投票民主选举的步骤实施村（居）换届工作。县民政局在每届村（居）换届之后均要对村（居）主任、副主任进行集中培训。

一、换届选举

1988年，全县有村（居）委员会365个，下设调解、治保等委员会，各委员会一般由3人组成，同时设有共青团、妇女等组织。

1989年，自治县举行第一届村（居）委换届选举工作。全县365个村民委员会，登记公布选民185899人，选举产生361名村（居）委会主任、345名副主任、863名委员。

1993年8月，全县举行第二届村（居）委会换届选举工作。全县365个村、11个居委会，选举产生主任372人、副主任281人、委员732人。当选人员中有妇女246人，中共党员687人，共青团员89人，土家族936人，苗族329人。

1996年8月，全县举行第三届村（居）委会换届选举工作。全县365个村、11个居委会，共选举产生主任373人、副主任231人、委员837人。当选人员中有女性362人、土家族921人、苗族172人，中共党员602人、共青团员87人，高中文化178人、初中文化805人、小学文化456人，年龄25岁以下433人、36～50岁743人、51岁以上265人。

1999年2月，全县举行第四届村（居）民委员会换届选举工作。全县总人口38万人，登记选民215708人，占总人口的56.76%，实到选民197609人，参选率达91.61%。全县365个村、11个居委会，选举产生村（居）干部1475名，其中村（居）委会主任374人、副主任331人、委员770人，中共党员658人、共青团员57人，土家族963人、苗族289人，高中以上文化226人、初中文化691

人、小学文化 558 人，年龄 3C 以下 291 人、31～40 岁 437 人、41～50 岁 463 人、51 岁以上 284 人。

2001 年 10 月，全县举行第五届村（居）民委员会换届选举。全县共有 365 个村和 9 个社区居委会实施选举，选举后颁发当选证书。本次登记选民 252524 人，占全县总人口的 61.94%。选举产生成员 1417 人（居委会成员 34 人），其中主任 367 人、副主任 306 人、委员 744 人，中共党员 736 人、共青团员 32 人，女性 338 人，土家族 1040 人、苗族 179 人、汉族 198 人，大专学历 5 人、高中（中专）文化 285 人、初中文化 888 人、小学文化 239 人，年龄 30 岁以下 279 人、31～40 岁 566 人、41～50 岁 371 人、51 岁以上 201 人，年龄最大 70 岁、最小 18 岁，连任 598 人，新当选 819 人。

这次换届选举，确定缠溪镇湄沱村、朗溪镇甘龙村为海选试点村。12 月 26 日，在缠溪镇湄沱村海天宾馆召开（海选）大会，应到选民 214 人、实到选民 173 人，会议取得圆满成功。地区民政局副局长宋培林、县指导小组副组长任永和，县指导小组办公室全体成员到会指导，17 个乡（镇）指导小组组长和民政办主任现场观摩。

2008 年 4 月， 中坝乡堰塘村民委员会海选大会现场

2004 年 12 月，全县举行第六届村（居）委会换届选举，参选人数 260861 人，选举产生主任 355 人、委员 1031 人。当选人员中有女性 207 人，中共党员 687 人，共青团员 561 人，少数民族 355 人。

2008 年 1 月，全县举行第七届村（居）委员会换届选举工作，选举产生第七届村（居）民委会成员 1205 人。其中女性 234 人，党员 795 人。大专以上文化 30 人，高中（中专）文化 299 人，初中文化 876 人。30 岁以下 86 人，31～40 岁 448 人，41～50 岁 377 人，50 岁以上 294 人。村委会主任 337 人中连任 164 人，新任 173 人。党员 284 人，团员 4 人，少数民族 311 人，女性 6 人。初中以下文化 211 人，高中文化 115 人，大专文化 11 人。30 岁以下 7 人，31～40 岁 134 人，41 岁至 50 岁 122 人，50 岁以上 74 人。

二、 村务公开

1998 年 7 月，自治县委、县政府印发《在全县农村普遍实行村务公开和民主管理制度的实施意见》，全县启动村务公开工作。是年，在全县 365 个村中，有 107 个村建立有村务公开栏，1999 年增加至 331 个，全县各村至 2000 年均建立有规范性的村务公开栏，村务公开工作此后被纳入各村常规工作。自 2002 年开始，自治县委、县人民政府先后印发《关于在全县农村进一步加强村务公开和民主管理的通知》《关于组织开展村务公开工作督查的通知》《关于加强村务公开和民主管理工作的通知》《关于印发县村务公开和民主管理工作实施细则（试行）的通知》《关于组织开展村务公开民主管理工作监督的通知》等文件，贯彻和推进村务公开工作。至 2008 年，全县村务公开工作初步实现规范化和制度化。

三、 村民自治

2000 年，自治县委、县人民政府印发《关于进一步完善村民自治章程的通知》，成立村民自治工作领导小组，下设办公室在民政局，全县启动村民自治工作。2001 年，全县开展村民自治示范达标活动，有 15 个乡（镇）达到村民自治示范乡镇标准，有 279 个村获全县村民自治示范村：峨岭镇 22 个，新寨乡 22 个，板溪镇 25 个，中坝乡 14 个，杉树乡 14 个，沙子坡镇 16 个，天堂镇 21 个，新业乡 9 个，刀坝乡 22 个，木黄镇 22 个，合水镇 19 个，罗场乡 9 个，杨柳乡 8 个，永义乡 13 个，朗溪镇 16 个，缠溪镇 16 个，洋溪镇 12 个。

四、 撤小村并大村

2004 年，全县以缠溪镇为试点，开展撤小村并大村工作。将缠溪镇的 26 个建制村和一个居委会撤销，新组建 8 个建制村。撤销杨柳塘、青杠林、曾家坳、甘家寨 4 个村，合并组建为曾家村。撤两路口、枫香坪 2 个村，合并组建为两路口村。撤水塘、驷马、下铺子 3 个村，合并组建为驷马村。撤双龙村、新阁村、方家岭村 3 个村，合并组建为双龙村。撤许家寨、客店沟、楠木坪、塘房岭村 4 个村，合并组建为打杵场村。撤冷水溪、湄坨、楠星 3 个村，合并组建为湄坨村。撤柳塘、周家湾、周家坳、土坪 4 个村，合并组建为打杵坳村。撤梨坪、群丰、缠溪 3 个村和缠溪居委会，合并组建为缠溪村。缠溪镇的撤小村并大村试点，延续两届后又从大村恢复至原来的小村，此后，该项工作未在全县推广。

五、 居委会建设

1988 年，全县已建立的居委会有：城关镇居民委员会、天堂区居民委员会。1990 年，撤销城关镇居民委员会，新建城南、红卫、解放路、人民北路、环城路 5 个居委会。1997 年，新建西园居民委员会。1999 年，新建洋溪、板溪、朗溪、缠溪居民委员会。2000 年，撤销峨岭镇辖区内城南、解放路、红卫、人民北路、环城路、西园 6 个居委会，新建城南居委会、城中居委会、城北居委会。

六、 社区建设

2001 年，全县成立社区建设工作领导小组，下设办公室在县民政局。是年 10 月，城中、城南、城北 3 个居委会更名为社区。2002 年后，县委、县人民政府先后印发或转发《关于推进社区建设工作的意见》《关于加强社区建设工作的意见》《国务院关于加强和改进社区服务工作的意见》等文件，明确社区建设指导思想、基本原则、基本目标、主要内容和工作要求。是年，撤销西园路居委会和人民北路居委会，合并为城北社区居委会；撤销解放路居委会和环城路居委会，合并为城中社区居委会；撤销振兴路居委会和红卫路居委会，合并为城南社区居委会。2007 年 7 月，为适应社会主义新农村建设和新形势下的发展要求，探索推进城乡一体化进程，开展农村社区试点，县委、县政府决定对现行的村级管理体制进行改革和创新，按照“地域相近、产业趋同、资源共享、规划适度、便于管理、便于服务、群众自愿”的原则，在板溪镇上洞村采取撤组并社区形式，撤销居住集中的上洞、福星、三星村民组，新组建板溪镇上洞村福星社区。撤销新寨乡大云村委会，设立大云社区，该社区辖 14 个村民组、373 户、1643 人。

第二节 城乡社会救助

一、 救灾救济

1988—2008 年，全县每年均有不同程度受灾。1988 年，全县遭受干旱，农作物受灾面积达 2.92 万公顷。全县共下拨救灾款 1.54 万元，棉被 80 床，衣服 114 件，救助 408 人。1989 年，旱灾再度发生，农作物受灾面积 3.07 万公顷，全县共下拨救灾粮 2474 吨，救灾款 13.72 万元，棉被 49 床，衣服 45 件，14.79 万人得到及时救助。1990 年，全县遭受洪涝灾害，全年共下拨救助粮 1700 吨，救灾款 98.5 万元，救助 6.52 万人。1991 年，洪涝灾害致使农作物受灾 5251 公顷，全年下拨救灾粮 650

吨，救灾款6.7万元，棉被75床，衣服228件，救助4.19万人。1992年，全县遭受风雹、洪涝、干旱等自然灾害，累计造成16万人受灾，农作物受灾2.49万公顷，全年下拨救灾粮568吨，救灾款9.3万元，棉被40床，棉衣40件，救助4.84万人。1993年，全县遭受洪涝、干旱等自然灾害，全年下拨救灾粮430吨，救灾款5.82万元，棉被10床，衣服2600件。1994年，全县遭受洪涝、病虫害等自然灾害，累计造成13万人受灾，农作物受灾面积1.37万公顷，下拨救灾粮375吨，救灾款14万元，棉被178床，衣服198件，救助人口1.72万人。1995年，全县遭受洪涝、干旱等自然灾害，4.13万人受灾，全年共下拨救灾款75.78万元，衣服3750件，救助3.58万人。

1996年9月18日，印江在久旱之后突降暴雨，导致距印江县城东面4.1千米的岩口处、印松公路线旁的山体突然发生特大滑坡，大量泥石滑入河中阻断印江河。滑体土石方总量达240万立方米，水位上升到523.9米，“坝”蓄水回水线达12千米，淹没朗溪镇政府及所属27个企事业单位和9所中小学、4个村34个村民组，受灾2160户8655人，淹没时间达7个月之久。当年下拨救灾粮295吨，救灾款240万元，救灾棉被180床，衣服1200件，帐篷130顶，转移安置2160户，救助50742人。

2008年5月， 木黄镇开展汶川地震救灾募捐活动

1997年，全县遭受洪涝、风雹等自然灾害，当年下拨救灾粮500吨，救灾款80万元，棉被247床，衣服353件。1998年，全县遭受风雹、洪涝等自然灾害，全年下拨救灾款60万元，棉被481床，衣服589件，当年组织干部群众向长江流域洪涝灾害地区捐款5.39万元。1999年6月，全县境内连降暴雨，致河水上涨，多处发生泥石流、大滑坡。洪水使部分房屋、粮田、河堤、桥梁被冲毁，印松、缠洋公路因塌方中断，农作物受灾严重，共造成直接经济损失7042万元。其中农业直接经济损失达2692万元。13个乡（镇）280个村1903个组的2.46万户8万人受灾，农作物受灾面积4092公顷，其中绝收面积467公顷，1491间房屋倒塌、336间房屋受损。全年共计下拨救灾粮211吨，救灾款96.1万元，棉被253床，衣服494件，帐篷40顶，救助人口4.05万人。2000年，洪涝灾害导致2640人受灾，全年共计下拨救灾粮282吨，救灾款64万元，棉被285床，衣服9万件，转移安置8处。2001年，全县遭受洪涝、冰雹等自然灾害，2.84万人受灾，农作物受灾面积1.57万公顷，当年下拨救灾粮106吨，救灾款118万元，棉被356床，衣服112件，救助人口2.59万人。2002年，全县遭受洪涝、冰雹等自然灾害，1.65万人受灾，农作物受灾面积1.45万公顷，当年下拨救灾粮247.2吨，救灾款110万元，棉被36床，衣服8.5万件，救助人口5.95万人。2003年，全县遭受洪涝、风雹等自然灾害，2.96万人受灾，农作物受灾面积1.79万公顷，当年下拨救灾粮150吨，救灾款134万元，棉被431床，衣服6342件，获救助4.74万人。2004年，全县遭受洪涝、风雹等自然灾害，2.61万人受灾，农作物受灾面积1.22万公顷，全年共计下拨救灾粮100吨，救灾款118万元，棉被351床，衣服1万件，救灾帐篷2顶，救助人口4.59万人。同年，全县出台救灾应急预案。2005年，全县遭受洪涝、风雹等自然灾害，2.61万人受灾，农作物受灾面积1.22万公顷。全年共计下拨救灾粮100吨，救灾款221万元，棉被351床，衣服1万件，救灾帐篷2顶，救助人口6.40万人，全县开展救灾捐赠4.9万元，建立全县灾情信息网络。2006年，全县遭受洪涝、滑坡等自然灾害，导致44.10万人受灾，农作物受灾面积1.82万公顷，全年共计下拨救灾粮500吨，救灾款181万元，棉被183床，衣服186件，已救助人口14.94万人。2007年，全县遭受洪涝灾害，导致1.07万人受灾，农作物受灾面积3873公顷，全年共计下拨救灾粮500吨，救

灾款106万元，棉被293床。2008年，全县遭受雪凝、洪涝等自然灾害，导致40.34万人受灾，农作物受灾面积2.45万公顷。全年共计下拨救灾粮124.5吨，救灾款92万元。

二、 农村五保供养

1988年，全县有敬老院4所，入院老人54人。此外集体供养1221人，亲属供养611人，请人代养664人，当年拨付供养金1.38万元。1992年，全县敬老院增至9所，入院老人106人。此外有集体供养728人，亲属供养356人，请人代养388人。1992—1993年，共拨付供养金15.66万元。

2003年，全县敬老院增至11所，占地面积3.97亩，建筑面积3166平方米，固定资产82万元，生产用地总面积8.2亩，床位150个，入院老人51人，此外分散供养7500人。当年落实五保待遇331人，其中集中供养47人，年供养标准1200元/人。分期供养280人，年平均供养标准491元/人。全年发放五保供养金19.86万元。

2004年，全县有五保对象1173户1333人，11所农村敬老院，床位109张，集中供养47人。集中供养年标准为1200元/人，分散供养年标准为720元/人，全年共发放五保供养金16.97万元。2005年，全县五保对象有838户972人，11所农村敬老院，床位109张，集中供养46人。全年共发放五保供养金46.4万元。

2006年3月，依据国务院新修订的《农村五保供养工作条例》，县民政局出台《关于开展农村经常性社会救助对象核查工作的通知》，开展社会救助对象的调查统计工作，全县有五保对象2028人，农村敬老院11所，床位109张，集中供养46人。全年发放五保供养金56.77万元。

2007年，新建天堂、刀坝、新业3所敬老院，改扩建新寨、合水、缠溪3所敬老院，新增床位206张。全县共有五保对象2028人，集中供养46人，分散供养1982人，累计发放五保供养金93.29万元。2008年，全县有五保对象2507人，集中供养185人，分散供养2322人，累计发放五保供养金226.63万元（含临时性生活补助）。

三、 社救定补

1988—2002年，全县落实945名城镇孤老残、起义投诚、宽释人员的定期定量补助。落实4140名20世纪60年代精减退职人员的定补，共计发放定补金292.5万元。2003年，落实344名社会救济定补人员的补助，其中城镇孤老残、起义投诚、宽释人员57人，60年代精减退职人员287人，共计发放定补金15.28万元。2004年，有社救定补人员318人，其中城镇孤老残、起义投诚、宽释人员55人，60年代精减退职人员263人，全年发放补助金13.99万元。2005年，有社救定补人员289人，全年发放定补金14.63万元。2006年，有社救定补人员281人，全年发放定补金13.91万元。2007年，有社救定补人员275人，全年发放定补金15.66万元。2008年，有社救定补人员260人，全年发放定补金14.68万元。

四、 收容遣送

依据国务院《城市生活无着的流浪乞讨人员救助管理办法》，县救助管理站负责对在印江县流浪乞讨、残疾流浪、各种带有欺诈行为人员以及在城市流浪无固定住处、无固定收入、无有效证件的“三无”人员实施收容遣送。1988—2008年，全县共计收容遣送1320人。

五、 城市低保

1998年10月起，全县开始执行城市居民最低生活保障制度，低保金按季度发放，标准为80元/月，当年纳入最低生活保障“三无、三孤”对象51人。2001年，发放标准增至104元。1999年出台《印江自治县城市居民最低生活保障实施细则》，文件明确规定申请城市低保的具体条件、申请审批程序、保障金的发放标准。至 2000 年年末，全县纳入城市低保对象 549 人，发放低保保障金 13.36 万元。2001 年，保障 3265 人，发放保障金 65.84 万元。2002 年，保障 1757 人，发放保障金 112.30 万元。2003 年，保障 4353 人，发放保障金 160.15 万元。2004 年，县政府对《印江自治县城市居民最低生活保障实施细则》进行修改和完善，对受保对象中的子女读大学、残疾、家庭成员长期患重病等低保户进行“分类施保”，当年全县实施“分类施保”263 户 508 人。城市低保月保障标准由原来的 104 元提高到 124 元。低保金实行社会化发放，即由原来各乡镇社会事务办人工发放，改为由农村信用社代发。当年全县城市低保对象 2189 户 4910 人，发放低保金 296.31 万元。2005 年，纳入城市低保对象 2144 户 4864 人，保障标准为 124 元/月，当年发放低保金（含元旦、春节生活困难补助）444 万元。2006 年，县政府出台《印江自治县城市居民最低生活保障实施办法》，月保障标准由原来的 124 元/月提高到 148 元/月，当年纳入城市低保对象 2160 户 4854 人，共计发放低保金 454.23 万元。2007 年，全县完成城市居民最低生活保障信息系统录入工作，民政局出台《城市居民最低生活保障动态管理规定》，并以峨岭镇为试点开展城市低保动态管理工作，是年有城市低保对象 2167 户 4893 人，月保障标准 148 元，累计发放低保金（含肉食补贴）544.7 万元。同时还突出“分类施保”，将低保对象划分为 A、B、C 三档，当年实施“分类施保”320 户 651 人，补助标准为 113 元/月。2008 年，有城市低俣对象 2207 户 4659 人，月保障标准为 148 元。累计发放低保 790.28 万元，月人均补差 138.07 元，

六、 农村低保

1998 年，全县启动农村低保工作。县政府相继成立由县委副书记任组长、县民政局和相关部门负责人为成员的农村最低生活保障实施领导小组，制定下发《农村低保工作实施方案》。4 月 15 日至 5 月 31 日，对全县特困人口进行入户调查统计。从 12 月份起，在罗场乡开展试点工作，当年保障对象 79 人，月补助 20 元，发放低保金 1580 元。1999 年 10 月起，农村最低生活保障制度推广至全县，当年低保对象 1009 人，月俣障标准 40 元（县、乡各 20 元），累计发放低保金 12.11 万元。2000 年，农村低保对象 1056 人，当年发放低保金 25.34 万元。2001 年，低保对象 1074 人，全年累计发放低保金 25.78 万元。2002 年，低保对象 1247 人，累计发放保障金 30.58 万元。2003 年 3 月，县民政局印发《关于对全县农村特困家庭开展排查的通知》，要求在 3 月 19 日至 4 月 5 日时间内，对全县农村特困家庭进行入户调查，经统计，全县共有特困家庭 8986 户 2.78 万人，其中 833 户 934 人已纳入农村低保，救助标准为每人每月 20 元，全年累计发放低保金 22.42 万元。2004 年，“农村低保”改名为“特困救助”，当年有特困救助对象 2209 人，每人月救助标准 20 元（一类贫困乡镇中坝乡是 60 元），全年共发放特困救助金 53.04 万元。2005 年 7 月起，农村特困救助人数增加至 1.88 万人，人均救助标准为 200 元/年，全年发放救助金 402.01 万元。2006 年，有特困救助对象 1.88 万人，全年发放救助金 375.32 万元。

2007 年 7 月，“特困救助”改为“农村低保”，全面实施农村居民最低生活保障制度。县政府印发《自治县人民政府关于全面实施农村居民最低生活保障制度的通知》《印江自治县农村居民最低生活保障工作实施方案》，将低保对象分为五类五档，年保障标准为 700 元/人。当年，纳入农村低保对象 1.30 万户 3.7 万人，累计发放低保金 747.82 万元（含上半年的特困救助金 187.66 万元），低保金以信用社转账至低保对象“一卡通”存折的方式进行发放。2008 年，县政府印发《关于做好农村居民最低生活保障扩保工作的通知》，开展农村低保扩保工作，将年人均纯收入在 820 元以下的农村困难群众纳入低保对象，补助标准在原有基础上有所提高。当年低保对象由 3.7 万人增加至 4.50 万人，全年累计发放低保金 2251.2 万元，年人均补助标准由 360 元提高到 460 元。

七、 城乡医疗救助

2004 年，县人民政府制定下发《印江自治县农村医疗救助实施细则》，全县启动农村医疗救助工

作，当年完成符合医疗救助特困群众的调查统计工作。2005 年，县人民政府制定下发《印江自治县农村医疗救助操作办法》，全面推行农村医疗救助，当年受救助 2029 人，累计发放救助金 71 万元。2006 年，受救助 1027 人，累计发放救助金 32.4 万元。2007 年，为低保对象、重点优抚对象、60 年代精减退职人员缴纳农村合作医疗参合金共计 19.89 万元。全年累计发放医疗救助金 67.86 万元。2008 年 6 月，全县启动城市医疗救助，当年获医疗救助 73 人，支出农村医疗救助金 63.36 万元。

第三节　婚姻登记

1988 年，全县 7 区 1 镇 46 个小乡镇中，有 46 个婚姻登记管理机关。1992 年，“建并撤”后，撤销原区（镇）、小乡镇婚姻登记机关，在全县 17 个乡镇分别新设置婚姻登记机关，并配备专职或兼职婚姻登记员，负责办理登记辖区内申请结婚、离婚、复婚事宜。1993 年 3 月，全县首次使用由全省统一制作的婚姻登记证件，每对结婚证收取工本费 9 元。1994 年 2 月，贯彻实施民政部颁布的《婚姻登记管理条例》。2002 年 2 月，撤销峨岭镇婚姻登记点，该辖区婚姻登记管理事宜由县民政局办理。2003 年 10 月，将正式实施国务院颁布的《婚姻登记条例》和民政部制定的《婚姻登记工作暂行规范》，县民政局于 9 月下旬集中培训全县婚姻登记员 22 人，利用赶场天开展婚姻法规咨询，悬挂 5 幅横标，向群众发放《婚姻登记条例》6000 份，广泛宣传婚姻法规政策。2005 年，县民政局对各乡镇配置的婚姻登记员进行业务培训，经考试合格的，持证上岗。2008 年，全县婚姻登记机关结合“五五”普法（中央宣传部、司法部关于在公民中开展法制宣传教育的第五个五年规划），开展《中华人民共和国婚姻法》《中华人民共和国收养法》《婚姻登记条例》等法律法规政策宣传活动。1988—2008 年，全县共办理结婚登记 4.27 万对，离婚登记 940 对，处理违法婚姻 6379 件，出具未婚证明 25 件。

1988—2008 年印江自治县婚姻登记统计表

表 12—14

年度	结婚（对）	离婚（对）	处理违法婚姻（起）	未婚证明（张）	年度	结婚（对）	离婚（对）	处理违法婚姻（起）	未婚证明（张）
1988	1702	—	—	—	1999	2814	18	—	25
1989	2184	—	59	—	2000	2364	18	—	—
1990	2790	—	6109	—	2001	2042	11	—	—
1991	2596	41	130	—	2002	2203	73	—	—
1992	2917	114	—	—	2003	1981	65	—	—
1993	1513	82	—	—	2004	1635	70	—	—
1994	1051	3	81	—	2005	1972	73	—	—
1995	937	5	—	—	2006	2295	89	—	—
1996	2147	8	—	—	2007	2516	135	—	—
1997	3005	—	—	—	2008	2504	118	—	—
1998	3723	36	—	—					

第四节 殡葬管理

一、殡葬改革

2010年11月，召开全县殡葬改革动员大会

印江自治县沿袭土葬习俗，人死后请阴阳先生开路、做道场（诵读经文）、打绕棺、清棺(亲人见最后一面)、闭殓、举行发丧仪式，出殡前一天设宴请客，出殡3天后圆坟，为逝者买山。20世纪80年代末期，印江县成立殡葬改革工作领导小组，开始启动殡葬改革，其改革的主要内容是动员全县干部职工和城区居民，死亡后遗体送思南县火葬。1988年起，人们的殡葬观念也逐年变化，县内职工去世后陆续被送去火葬。1988—2004年，全县共计火化遗体304具。2005年，县民政局内设殡葬管理所，负责常抓殡葬改革工作。此后，根据国务院《殡葬管理条例》要求，自治县委、县人民政府制定下发《印江自治县殡葬管理若干规定》《关于全县国家机关工作人员死亡丧葬费开支有关事项的通知》，进一步明确国家机关工作人员死亡后应予火葬，对不实行火葬者，不予发放丧葬费及死亡一次性抚恤金。县委还制订下发《关于实施殡葬改革加强殡葬管理的通知》，进一步明确全县实施殡葬改革和加强殡葬管理具体内容，其内容包括：改革的指导思想——认真贯彻执行殡葬管理工作方针，统一规划，严格规范，推行火葬，改革土葬，节约殡葬用地，革除丧葬陋习，坚持文明、节俭办丧事。改革的总体目标——认真贯彻落实国务院《殡葬管理条例》和《贵州省殡葬管理条例》，全县力争在五年内全面推行火葬。加快环保型的火葬场、园林式的城市经营性公墓和农村公益性公墓建设，遏止土葬区乱建乱葬现象。改善殡葬服务设施，规范殡葬管理和提高殡仪服务水平。破除封建迷信和丧葬陋习，在全社会树立起节俭办丧、厚养薄葬新风尚，推动全县殡葬事业向着经济科学、文明合法、健康有序的方向发展。具体措施有：一是加快火葬场和殡仪馆建设。按照“规模适度、功能齐全、合理实用、安全优质、成本控制”的要求，加大工作力度，确保县殡仪馆、火化场、公墓尽快建成投入使用。其建成后，县城规划区范围内居住人员逝世后一律到县殡仪馆办理丧事，实行火葬。农村逐步启动火葬和公益性骨灰公墓建设，未启动的地方，遗体应埋入荒山瘠地。从2007年起，启动乡镇所在地、干线公路沿线的火葬，逐步在全县推行火葬。二是加快公墓建设步伐。县城规划区内建设1座经营性骨灰公墓，由民政局负责引资兴建，在2006年内建成并投入使用。县城规划区内的常住人口去世后骨灰只能安葬在经营性公墓或存放在骨灰堂。从2006年起，各村要以村或自然村寨为单位逐步建立公益性公墓，力争到2010年全县村村有公益性公墓。各村的公益性墓地只能为常驻本村的群众去世后提供安葬的地方，实行集中埋葬，任何单位和个人不得在非公墓区葬坟建墓，不得出让、赠送、转让墓地。县民政、国土、建设等部门要充分发挥各自职能，积极为公墓建设创造条件，提供方便和优惠。要严格公墓管理，规范经营行为：（1）实行政府定价，有偿服务。（2）坚持节约用地和公益服务性原则。（3）认真做好县城经营性公墓建设的配套工作。凡属全县主干道公路沿线的村和峨岭镇城区范围内的村，从2006年起必须规划建设村级公益性公墓，不得乱埋乱葬，出让墓地。三是切实规范殡葬行为。禁止在下列地区建造坟墓：耕地、林地、城区公园、风景名胜地区和文物保护区、水库、河流堤坝、水源500米以内，公路主干线两侧以及重要建筑物、居民居住区500米以内。禁止将火葬区遗体运到土葬区土葬。禁止将骨

灰装入棺木再行土葬。禁止利用烈士陵园、烈士墓地从事经营性的公墓销售业务，禁止为违背殡葬法规者提供服务，禁止恢复或新建专门的宗族墓地，禁止将已经迁移或平毁的坟墓返迁或新建，禁止为活人立墓。

2008 年，县殡仪馆被要求制定收费标准和管理规章制度，县民政局利用电视、广播等新闻媒体，广泛宣传殡葬改革政策法规，制定宣传手册 3 万册，出动宣传车 100 次，进行为期半年的殡改宣传工作。1988—2008 年，全县共计火化遗体 795 具，存放骨灰 246 个。

二、 火葬场建设

2007 年前，印江自治县境内没有火葬场，干部职工死亡后遗体就近在思南县火葬场火化。2007 年 11 月之后，印江通过招商引资渠道建成殡仪馆并投入使用，结束依托思南县殡仪馆火化的历史。

2004 年，自治县委、自治县人民政府开始规划在峨岭镇峨岭村大穴场山建殡仪馆、火化场及公墓。该地段距离县城区 1.5 千米，规划总占地面积 4.7 公顷（荒坡 3.4 公顷，荒地 1.3 公顷），由于资金筹措困难，当年没有开工建设。2006 年 8 月，省人民政府批复印江自治县所辖行政区域为实施火葬区域。县人民政府通过招商引资，引进福建客商莆林殡仪服务有限公司投资兴建殡仪馆及公墓。项目于 9 月动工，2007 年 11 月竣工并投入使用。新建的殡仪馆集火化、殡仪服务、公墓安葬为一体。殡仪馆有综合楼 1 栋，建筑面积 2110 平方米，内设火化车间 2 个，悼念厅 2 间，冷藏室 1 间，解剖室 1 间，骨灰寄存室 2 间。附属建筑 3 栋，面积 1500 平方米，设有厨房、餐厅和殡仪服务窗口。综合办公楼 1 栋，建筑面积 1600 平方米。建有停车场 1 个 4500 平方米。公墓占地 3.3 公顷。2008 年，进一步完善殡仪馆、火葬场、公墓等基础设施建设。

第五节　边界勘定

1988—2008 年，自治县人民政府牵头与民政局、国土局等相关部门，先后与毗邻的德江县、思南县、石阡县、江口县、沿河土家族自治县、松桃苗族自治县进行边界勘测定界。印江与松桃、江口三县边界线交汇点存在争议，未勘定。

一、 印江县与德江县边界

印江自治县与德江县边界勘定工作，按照铜仁地区勘界办工作安排，于 1997 年 9 月 26 日在沿河县民福大楼会议室确定，两县接壤部分共涉及双方的 5 个乡（镇）的 21 个村，即：印江自治县的 4 个乡（镇）的 8 个村委会，德江县的 1 个乡（镇）的 13 个村委会。边界线沿山脊线从印江、德江、沿河三县边界线交会点起至印江、思南、德江三县边界线交会点止，全长 25.75 千米（全线贯通测数），由于距离短，没有埋设界桩，边界线走向和界桩位置由 1∶10000 地形图（工作底图）转在 1∶50000 地形图上作为本协议书附图，1∶10000 工作底图作为协议书附图的补充。

二、 印江自治县与思南县边界

1997 年，印江自治县与思南县进行边界勘定，经过两县相关职能部门上界实地踏勘，最后勘定两县接壤部分共涉及双方各 4 个乡（镇），即：印江自治县的中坝乡、新寨乡、缠溪镇、杨柳乡，思南县的大坝场镇、天桥乡、孙家坝镇、凉水井镇。共涉及 55 个村，即：印江自治县的大田、夫子坝、乐洋、凤和、新坪、龙井、晋家寨、陈家、蛋坡、板山、善都、新寨、团山、后坝、上槽、水塘、中山、大路、中心、何家、杨柳、崔家山、新屯、杨家寨、凯上坪 25 个村，思南县 30 个村：枣坪、野毛溪、三角庄、星火、天堂、南山、梅子堡、黎明、祝家坳、耙都、小溪口、楼房坡、双山、葛腊寨、扎溪、黄林、田家寨、泡木寨、磨石溪、方家坪、胡家庄、凉山、红光、冉家坳、蜂园、水晶、南盆坡、桃子湾、关口场、宋家坪。边界线从222522262227号三面桩（位于思南县凉水井镇关口场村、印江自治县中坝乡大田村、德江县枫香溪镇新坪村之间的冷水河与印江河河流中心线交汇点）起，向南顺小溪河延伸，全长93.15千米（全线贯通测数），共埋设2个双面型界桩，边界线走向和界桩位置由1∶10000地形图（工作底图）转在1∶50000地形图上，作为本协议书附图，1∶10000工作底图作为协议书附图的补充。

三、 印江自治县与石阡县边界

1997年，印江自治县与石阡县进行边界勘定，经过两县相关职能部门上界实地踏勘，最后勘定两县接壤部分共涉及双方的4个乡（镇）的14个行政村。即：石阡县的坪地场、石固2个乡（镇）的龙塘坳、卜草塘、泥塘、三合、石窖、老鸹林6个村，印江自治县的杨柳、洋溪2个乡（镇）的中山、大兴、坪林、王家坡、白杨、冷水、洋溪、曾心8个村。边界线从印江、石阡、思南三交点起到印江、江口、石阡三交点止，全长31.20千米，未埋设单立界桩，边界走向和界桩位置从1∶10000地形图（工作底图）转绘在1∶50000地形图，作为协议书附图的补充。

四、 印江自治县与江口县边界

1997年12月10日，印江自治县与江口县在铜仁召开第一次核界工作会议，两县共同在贵州省测绘局提供的1∶10000地形图上核界，双方一致认定：无争议的边界线长度72.66千米（除梵净山自然保护区外），由双方技术人员用红线标绘在1∶10000地形图上。双方签署《江口、印江线全线贯通核界协议书（梵净山自然保护区外）》和《江口、印江两县勘界领导小组核界会议纪要》。江口、印江两县，双方边界接壤的共涉及两县9个乡（镇），即：江口县的太平土家族苗族乡、德旺土家族苗族乡、闵孝镇，印江自治县的木黄镇、新业乡、永义乡、罗场乡、缠溪镇、洋溪镇。双方一致认定：梵净山绝对保护区内边界线存在争议。

五、 印江自治县与沿河县边界

1997年，印江自治县与沿河县进行边界勘定，经过两县相关职能部门上界实地踏勘，最后勘定两县接壤部分共涉及两县的4个乡镇的22个村。即：印江自治县的刀坝乡、沙子坡镇，沿河自治县的晓景乡、谯家镇。边界线由东向西，自印沿松（印江、沿河、松桃）三县交会点起，到印德沿（印江、德江、沿河）三县交会点止，全长37.75千米。边界线走向和界桩位置从1∶10000地形图转绘到1∶50000地形图上。1∶10000地形图为工作底图，由两县勘界工作领导小组盖章签订，作为1∶50000地形成果图补充。1∶50000地形图为成果图，由两县人民政府盖章签订。

六、 印江自治县与松桃县边界

2001年5月25日，印江自治县与松桃苗族自治县相关人员在铜仁地区民政局召开第一次核界工作会议，并于6月7日在铜仁地区行署会议室召开第二次核界工作会议。两县共同在贵州省测绘局提供的1∶10000地形图上核界，双方一致认定：梵净山自然保护区外围无争议的边界线长度90千米（梵净山保护区以外界线），由双方技术人员用红线标绘在1∶10000地形图上，双方签署《印江、松桃两县勘界领导小组核界会议纪要》。

印江、松桃两县，边界接壤的共涉及两县的9个乡（镇），即：印江自治县的刀坝乡、天堂镇、木黄镇、新业乡，松桃苗族自治县甘龙镇、永安乡、乌罗镇、石梁乡、冷水乡。双方一致认定：梵净山绝对保护区内边界线存在争议。

附件：

印江自治县与毗邻县边界勘定文本

印江与德江

印江、德江两县边界接壤共涉及两县5个乡（镇）21个村，其中印江4个乡（镇）8个村委会；德江县1个乡（镇）13个村。边界从印、德、沿三县边界线交会点起至印、思、德三县边界线交会点止，全长25.75千米（全线贯通测数）。

印江、德江、沿河三县边界线交会点于1997年9月26日在沿河县民福大楼会议室协商确定，其交会点分别位于印江沙子坡镇邱家村、德江县枫香溪镇枫溪村与沿河自治县谯家镇耳当溪村的交界处，界桩于1998年5月7日埋设，界桩号222622272228。

印江、思南、德江三县交会点于1997年8月7日在思南县民宗局会议室协商确定，交会点分别位于印江县中坝乡大田村，思南县凉水井镇关口场村，德江县枫香溪镇新坪村的两河口。界桩号222522262227，因三县交会点地貌因素，交会点未埋设界桩。

界桩位置和边界线走向说明

222622272228号界桩位于贵州省印江土家族苗族自治县沙子坡镇邱家村，德江县枫香溪镇枫溪村与沿河土家族自治县谯家镇耳当溪村的交界处。在磁方位角38°15′，距离220米处为1259.8米山头；在磁方位角137°30′，距离480米处为953.8米山头；在磁方位角237°50′，距离333.4米处为1214.8米山头。

从222622272228号界桩起，界线向西南顺山脊经1268米山头、1220米山头、1180米山头、1220米山头延伸至1100米山头后转向西偏西北顺山谷穿过乡村路下至河中心，然后转向西顺河中心经黄土坎西北小桥中心，579.3米高程起点，冉家寨以西小桥中心、大寨村东南公路中心、456.7米高程起点，大东岩以南小桥中心至222522262227号界桩。这段界长为25.75千米。222522262227号界桩位于思南县凉水井镇关口场村，印江自治县中坝乡大田村与德江县枫香溪镇新坪村交界处。在磁方位角280°10′，距离350米处为小路交叉口；在磁方位角164°01′，距离273米处为小路交叉口；在磁方位角285°55′，距离300米处为小路交叉口。

印江与思南

印江、思南两县，双方边界接壤的共有8个乡（镇），即：印江的中坝乡、新寨乡、缠溪镇、杨柳乡，思南的大坝场镇、天桥乡、孙家坝镇、凉水井镇；55个村委会，即印江自治县的大田、夫子坝、乐洋、凤和、新坪、龙井、晋家寨、陈家、蛋坡、板山、善都、新寨、团山、后坝、上槽、水塘、中山、大路、中心、何家、杨柳、崔家山、新屯、杨家寨、凯上坪25个村，思南县30个村：枣坪、野毛溪、三角桩、星火、天堂、南山、梅子堡、黎明、祝家坳、粑都、小溪口、楼房坡、双山、葛腊寨、扎溪、黄林、田家寨、泡木寨、磨石溪、方家坪、胡家庄、凉山、红光、冉家坳、蜂园、水晶、南盆坡、桃子湾、关口场、宋家坪。边界线从222522262227号桩位于思南县凉水井镇关口场村、印江自治县中坝乡大田村、德江县枫香溪镇新坪村之间的冷水河与印江河河流中心线交汇点起，向南顺小溪河延伸，全长93.15千米（全线贯通测数）共埋设2个双面型界桩。边界线走向和界桩位置由1∶10000地形图（工作底图）转在1∶50000地形图上，作为本协议书附图，1∶10000工作底图作为协议书附图的补充。

界桩位置和边界线走向说明

222522262227号界桩位于思南县凉水井镇关口场村两河口，印江土家族苗族自治县中坝乡大田村与德江县枫香溪镇新坪村的交界处。在磁方位角 28°10′，距离 350 米处为小路交叉口；在磁方位角 285°55′，距离 300 米处为小路交叉口。

从 222522262227 号界桩起，界线向南偏西南沿河中心，延伸 2150 米后转向东南，延伸至麻池河转弯处（山洞以北 200 米处）转向西偏西北上岸，延伸 500 米至小河沟后转向南偏西南，顺河沟延伸 900 米折向东偏东北上岸，顺坡延伸 550 米抵小路后转向东南，延伸至 840 米山头后转向南穿过公路上至 970 米山头折向东偏东北，穿过公路延伸 100 米转向东北，延伸 750 米转向北偏东北，延伸 550 米后转向东南，延伸 600 米转向西南，延伸 850 米下至河沟后又转向西顺河延伸 110 米转向东南上岸，延伸 400 米转向东，延伸 500 米又转向东南下至河沟后转向东南下至河沟后转向南偏东南顺河沟延伸 450 米转向南偏西南顺河中心延伸至公路桥东北侧的 22252226001 号界桩。这段界线长为 17.75 千米。

22252226001 号界桩位于思南县凉水井乡核桃弯村与印江土家族苗族自治县农场乡上槽村下猛溪的交界处。在磁方位角 120°20′，距离 81 米处为一房屋；在磁方位角 175°05′距离 128 米处为一房屋；在磁方位角 294°20′距离 93 米处为一房屋。

从 22252226001 号界桩起，界线穿过公路桥中心向东偏东北顺河延伸 1100 米后沿河中心向南绕至小桥中心后转向东，在大溪沟河转弯处转向南延伸 2650 米至小桥中心离开河沟沿坡向南延伸 850 米折向西，延伸 140 米转向南偏东南，延伸 260 米后向南偏西南顺山势绕行 710 米后折向南偏东南，顺坡上 500 米后转向南延伸至 980 米山头。从此山头起，界线转向南偏西南延伸 1000 米抵小路后转向南，延伸 250 米折向东，顺山脊延伸 400 米转向东偏东南，延伸 290 米后转向东下至公路桥中心（22252226002 号界桩在桥中心西南 160 米处）。这段界线长为 10.85 千米。

22252226002 号界桩位于思南县磨石溪乡上寨村与印江土家族苗族自治县新寨乡新寨村木匠行组的交界处。在磁方位角 90°10′处，距离 81 米处为一桥头；在磁方位角 179°40′，距离 69 米处为一房角；在磁方位角 311°10′，距离 68 米处为 848.3 米山头。

从 22252226002 号界起，界线向东穿过公路桥延伸 650 米转向南，延伸 190 米转向东南，延伸 400 米转向东偏东南，延伸 500 米转向西南至 980 米山头后转向东南，延伸 170 米转向南偏西南，经青山顶、1040 米山头、1000 米山头至 1120 米山头后继续延伸 340 米折向西偏西北，经 880 米山头后穿过公路、水库再延伸 900 米转向西南，延伸 360 米转向西，延伸 700 米穿过公路转向西北，延伸 350 米折南偏西南顺山脊崖顶延伸至红岩尖后转向西南沿山脊下至河中心。然后以河心为界，向东南延伸 1220 米上岸继续延伸 550 米转向东北，延伸 860 米后转向东偏东南，延伸 300 米又折向北偏西北至小河沟后再转向东北穿过小路抵河沟转向北偏东北，延伸 300 米转向北偏西北，延伸 300 米转向东北顺坡延伸 450 米转向北，延伸 700 米转向东偏东南穿过河沟后又转向东北，延伸 250 米转向东南顺山沟下至坨寨河沟，然后顺河沟向南延伸 1250 米后折向西南，上岸延伸 150 米后又转向东南下至河沟，延伸至三岔河中心后转向东偏东南，延伸 1200 米至小三岔河中心后转向东南顺小河沟中心延伸至砂厂东北小三叉河沟中心后转向西南，延伸 350 米转向南偏东南，穿过砂石寨中至三岔路口后转向东南呈折线延伸 780 米转向东偏东南，延伸 800 米后转向东北，顺山脊延伸 750 米后转向东偏东北穿过河沟顺山脊向上延伸经 800 米山头至 880 米山头又折向北，上至 920 米山头南侧转向东偏东北，延伸 1600 米折向东南，延伸 200 米转向南偏西南，延伸 250 米转向东南至 1018 米高程注记点后转向南偏西南，顺山脊延伸 600 米折向东，延伸 240 米转向南，经 1218 米山头、1239 米山头至 1240 米山头后继续延伸 310 米转向东南至大坡。从大坡起界线向南偏东南经 1400 米山头、1420 米山头、1309 米山头、1200 米山头后转向南顺山脊过 1200 米山头、1160 米山头后延伸 800 米转向南，延伸 140 米转向南偏东南，延伸 520 米穿过公路转向东偏东北，延伸 400 米转向东延伸 480 米又转向东偏东南，延伸 400 米折向西南顺山脊经 1360 米山头、樟子岩、山腾岩、1340 米山头、1320 米山头、1300 米山头、猪嘴岩下至公路后再穿过公路沿山脊经 1209 米山头、1220 米山头、1317 米山头、1337 米山头、桐油坪至 1293 米山头后继续延伸 200 米转向西北，延伸 160 米转向西南，延伸 550 米转向西，延伸 750 米转向西北，延伸 500 米转向西下至河沟。然后顺河中心延伸 730 米转向西南再顺河中心延伸至 222422252226 号界桩。这段界线长 62.85 千米。

222422252226 号界桩位于石阡县坪地场乡老鸦林村、思南县大坝场镇平心村与印江土家族苗族自治县杨柳乡中山村的交界处。在磁方位角 78°03′，距离 203 米处为一小桥；在磁方位角 171°03′，距离 67 米处为一房角；在磁方位角 298°05′，距离 165.4 米处为一小桥。

印江与石阡

石印两县边界线接壤 4 个乡（镇），14 个行政村。即石阡县的坪地场、石固两个乡（镇）的龙塘坳、卜草塘、泥塘、三合、石窖、老鸹林 6 个村；印江自治县的杨柳、洋溪两个乡（镇）的中山、大兴、坪林、王家坡、白杨、冷水、洋溪、曾心 8 个行政村。边界线从印、石、思三交点起到印、江、石三交点止，全长 31.20 千米。未埋设单立界桩。边界走向和界桩位置从 1∶10000 地形图（工作底图）转绘在 1∶50000 地形图的补充。

1997 年 11 月 11 日，三县勘界办核定印、石、思三县边界交会点位于石阡县坪地场乡老鸹林村；思南县大坝场镇青山棚村；印江自治县杨柳乡中山村于小河中心部，埋设界桩号为 222422252226。印、江、石三县边界线交会点于江口县闵孝镇长岗岭村；石阡县石固乡龙塘坳村；印江自治县洋溪镇曾心村，之间山头，埋设界桩号 222222242226。

边界走向界村位置说明

该段转抄《贵州省县级行政区域界线勘界测绘边界线走向和界桩位置说明》（印江—石阡）。

222422252226 号界桩位于印江自治县杨柳乡中山村与贵州省石阡县坪地场乡老鸹林村、思南县大坝场镇平心村的交界处。在磁方位角 78°30′，距离 203 米处为一小桥；在磁方位角 171°03′，距离 67 米处为一房角；在磁方位角 298°05′，距离 165.4 米处为一小桥。

从 222422252226 号界桩起，界线向南顺河沟中心延伸 750 米后转向东南，延伸 1200 米转向南离开河沟上岸延伸 1050 米折向东，延伸 320 米转向东南在河沟与公路之间延伸 860 米再穿过弧形公路上至 966 米山头后转向东偏北，延伸 950 米折向东南，延伸 1030 米折向东北，延伸 100 米再向东延伸 150 米转向东南，延伸 700 米转向南偏东南下至河沟后再沿河中心延伸至三叉河沟中心转向东偏东南，延伸 1100 米至三岔河沟再沿河沟中心转向南偏东南下至小河与大河的交汇处中心后转向东北，然后顺大河中心延伸至柏杨坝电站后继续延伸 1650 米上岸向东南延伸 100 米后转向东北，顺坡延伸 750 米转向东偏东南，延伸 250 米转向东北延伸 1150 米穿过河沟、小路后转向东顺山脊延伸 900 米转向东北上至 920 米山头。从此山头起，界线转向东偏东北，延伸 1200 米后转向东北，过 908.2 米山头后继续延伸 350 米转向东偏东南，延伸 900 米穿过公路后转向南，延伸 700 米转向东南至 1205.2 米高程点，然后转向东偏东北顺山脊延伸到 1000 米山头。从此山头起，界线转向东北经 960 米山头、980 米山头、1100.2 米山头三角点再延伸 620 米转向东，延伸 500 米至 222222242226 号界桩。这段界线长为 31.20 千米。

222222242226 号界桩位于印江自治县洋溪镇曾心村与江口县闵孝镇长岗岭、石阡县石固乡龙塘坳村的交界处。在磁方位角 24°00′，距离 282 米处为 1082.0 米山头；在磁方位角 173°30′，距离 420 米处为 912.0 米山头；在磁方位角 312°45′，距离 523 米处为 977.1 米山头。

印江与江口

1997 年 12 月 10 日在铜仁市召开第一次核界工作会议，两县共同在贵州省测绘局提供的 1∶10000 地形图上核界，双方一致认定：无争议的边界线长度 72.66 千米（梵净山自然保护区外），由双方技术人员用红线标绘在 1∶10000 地形图上。双方签署了《印江、江口线全线贯通核界协议书

（梵净山自然保护区外）》和《江口、印江两县勘界领导小组核界会议纪要》。

印江、江口两县，双方边界接壤的共有9个乡（镇），即：江口县的太平土家族苗族乡、德旺土家族苗族乡、闵孝镇；印江自治县的木黄镇、新业乡、永义乡、罗场乡、缠溪镇、洋溪镇。

边界线从222222242226号桩（位于印江自治县洋溪镇曾心村、江口县闵孝镇长岗岭村、石阡县石固乡龙塘坳村交汇点X=3057735、Y=36555275，高程1046.1）起，向北偏东北方向沿山脊延伸，全长72.66千米（梵净山自然保护区外），共埋设1个双面型界桩。

印江、石阡、江口三县边界交汇点于1997年11月11日协商确定，并由三县共同埋设三交点界桩，桩号222222242226。

界桩位置和边界线走向说明

222222242226号界桩位于印江自治县洋溪镇曾心村、江口县闵孝镇长岗岭村、石阡县石固乡龙塘坳村交界处，在磁方位角24°00′，距离282米处为1082.0米山头；在磁方位角173°30′，距离420米处为912.0米山头；在磁方位角312°45′，距离523米处为977.1米山头。

从222222242226号界桩起，界线向北偏东北方向沿山脊过1139.2米山头并延伸486米后向东转至1108.1米山头，折向北过1106.1米山头，然后转至东偏东北过龙关子山头半山腰沿底图工作线，经1118.3米、887.3米、1022.2米、1018.1米、999.2米、1076.2米、992.6米、1049.0米、925.2米、937.2米、835.0米高程点附近折向北，过758.0米点延至965.6米点附近处，转向南方向沿山脊逐渐向北面延伸至羊胡山点（X=3067900、Y=36557920）处，该段长18.54千米，由点（X=3067900、Y=36557920）开始，沿磁位方角300°06′西偏西北方向过1050.2米、1054.2米至点（X=3069150、Y=36557371）长1.63千米后，边界线沿底图工作线向西北方向沿山脊过959.5米转西至点（X=3070872、Y=36555123），沿磁方位角20°06′36″北偏东北方向至点（X=3071120、Y=36555248），长420米，折向北至点（X=3071450、Y=36555183）长312米，折向西偏西北，至点（X=3071551、Y=36555082），长276米，折向东北至点（X=3071713、Y=36555241），长384米；折向西偏西北逐渐向西南延伸至点（X=3071728、Y=36554787），长672米，折向西北至点（X=3071862、Y=36554482），长456米，折向西南至点（X=3071402、Y=36553938），长876米，折向西北至点（X=3071481、Y=36553865），长121米，折向西南至点（X=3071402、Y=36553743），长182米，折向南偏西南至点（X=3070576、Y=36553431），长1092米，折向西北至点（X=3070920、Y=36553008），沿底图工作线走山脊过挂榜山1545.3点。1389.8、1414.0、1080.0、1087.0点，该段长17.65千米，由点（X=3077733、Y=36551487）向东、东偏北方向经1058.9高程点（大墇山顶），转东北方向直下水库最高水位处，沿水库南侧向北到库尾，转西北到稻田与茶园之间，再转东北方向穿过公路至22222226001界桩，沿半山坡至点（X=3078180、Y=36552925），这段界线长2.45千米。

22222226001号界桩位于印江自治县缠溪镇湄坨村与江口县德旺乡漆树坪村的交界处，在磁方位角249°58′12″，距离635米处为大董1058.9山顶；在磁方位角200°00′36″，距离490米处为1121.0山顶；在磁方位角109°58′48″，距离242米处为养猪场房屋。

由点（X=3077960、Y=36552875）起，界线向东沿山脊过点（X=3078183、Y=36553295），长590米，由磁方位角57°12′折向东偏东北过点（X=3078345、Y=36553768），长601米；由磁方位角62°12′东偏东北至点（X=3078503、Y=36553911），长286米；由磁方位角00°07′12″折向北过点（X=3079132、Y=36553741），长822米；由磁方位角296°12′折向西偏西北过点（X=3079363、Y=36553371）长658米，由磁方位角20°00′折北偏东北过点（X=3080038、Y=36553507）长685米；由磁方位角48°06′折向东北过点（X=3080152、Y=36553620）长186米后，沿底图工作线顺山脊过1263.6、1281.1、1397.2至点（X=3084771、Y=36554501），沿磁方位角34°18′向东北方向延

伸 842 米至点（X＝3085415、Y＝36554710）山顶后，沿底图工作线顺山脊至元风老 1539.0 山顶，这段界线长 5.7 千米，由元风老 1539.0 山顶沿底图工作线顺山脊线至大狮子岩 1850.5 高程点，这段界线长 17.22 千米。

由界桩 222222242226 至大狮子岩 1850.5 高程，这段界线长 72.66 千米。

印江与沿河

印沿线接壤的 4 个乡镇 22 个村。即印江自治县的刀坝乡、沙子坡镇；沿河自治县的晓景乡、谯家镇。边界线由东向西，自印沿松三县交会点起，到印德沿三县交会点止，全长 37.75 千米。边界线走向和界桩位置从 1∶10000 地形图转绘到 1∶50000 地形图上。1∶10000 地形图为工作底图，由两县勘界工作领导小组盖章签订，作为 1∶50000 地形成果图补充；1∶50000 地形图为成果图，由两县人民政府盖章签订。

1997 年 9 月 26 日，在沿河民福大楼会议室，印江自治县、德江县、沿河自治县勘界办共同在 1∶10000地形图上标绘了三县交会点及相关文件资料，交会点位于印江自治县沙子坡镇邱家村、德江县枫香溪镇枫溪村与沿河自治县谯家镇耳当溪村交界处，界桩号 222622272228。11 月 11 日，在铜仁东方红饭店会议室，双方会同松桃自治县签订了三县交会点协议书，交会界点位于印江自治县刀坝乡会保村、沿河自治县晓景乡苦竹村与松桃自治县甘龙镇坪会村交界处，界点编号 222622282229。

边界线走向和界桩位置说明

222622282229 号界点位于印江自治县刀坝乡会保村、沿河自治县晓景乡苦竹村与松桃自治县甘龙镇坪会村交界处。在磁方位角 80°00′，距离 334 米处为 803.0 米山头；在磁方位角 123°00′，距离 412 米处为 804.0 米山头；在磁方位角 189°00′，距离 344 米处为 918.0 米山头。

印沿边界线由 222622282229 号界点起，向西顺山坳延伸 1550 米后折向北，沿山脊延伸 460 米至六台山顶转北偏西北，延伸 450 米折向西南，顺坡延伸 1300 米至三岔坨到苦竹坝小路后转向南偏西南，延伸 1000 米折向西偏西北，向坡下延伸 400 米至夏家沟中心，然后沿沟中心向北延伸至 517 米高程注记点，再延伸 200 米转向西，上岸后延伸 250 米转向西北，绕行 210 米又转向北偏西北延伸 500 米折向西偏西南，经 777 米山头、1138 米山头转向北，顺山脊延伸 240 米转向西北，延伸 1050 米至小路后转向北，经 850 米山头、820 米山头、837.0 米山头后再延伸 180 米转向西至小路，向下延伸 750 米至小溪河中心，然后向南偏西南沿河心延伸 1060 米后上岸，向南延伸 140 米折向西，延伸 450 米转向西北，延伸 500 米抵印江至沿河 411 省道后转向西南，顺公路中心延伸 90 米转向西偏西北，延伸 150 米折向西南，延伸 750 米至 1117 米山头后转向南偏西南，然后顺山脊陡崖边延伸，经 1060 米山头、965 米高程注记点、1067 米小路垭口高程注记点、花椒岩山脊、1173 米山头、940 米山头、880 米山头至 900 米山头后再延伸 250 米转向西偏西北，延伸 1450 米穿过野茶坨下至白石溪，顺白石溪中心向西南延伸至旧寨坝涉水渡口东北 70 米处上岸，向东南延伸 140 米转向西南下至溪心后，继续向西南溪心延伸 1500 米转向南偏东南上岸，然后向山坡延伸 150 米后转向西南，向下延伸 300 米至溪心后，再顺溪心延伸 250 米折向西北，上岸后向山脊延伸 1700 米转向北，延伸 200 米抵 222622272228 号界桩。

222622272228 号界桩为单立三面石质界桩，位于印江白自治县沙子坡镇邱家村、德江县枫香溪镇枫溪村与沿河自治县谯家镇耳当溪村交界处。在磁方位角 38°15′距离 220.0 米处为 1259.8 米山头；在磁方位角 137°30′，距离 480.0 米处为 953.8 米山头；在磁方位角 237°50′，距离 333.4 米处为 1214.8 米山头。

印江与松桃

2001 年 5 月 25 日在铜仁地区民政局召开第一次核界工作会议，并于 6 月 7 日在铜仁地区行署会议室召开第二次核界工作会议，两县共同在贵州省测绘局提供的1∶10000地形图上核界，双方一致认定：梵净山自然保护区外围无争议的边界线长度90千米（梵净山保护区以外界线），由双方技术人员用红线标绘在1∶10000地形图上，双方签署了《印江、松桃两县勘界领导小组核界会议纪要》。

印江、松桃两县，边界接壤的共有9个乡（镇），即：印江自治县的刀坝乡、天堂镇、木黄镇、新业乡；松桃苗族自治县甘龙镇、永安乡、乌罗镇、石梁乡、冷水乡。

边界线从222622282229号桩（位于印江自治县刀坝乡会保村、沿河自治县晓景乡苦竹村，桃松自治县甘龙镇坪会村交界处，X=3133070、Y=36558845，高程581米）起，由北向南顺苦竹河河流中心线延伸，全长90千米（梵净山自然保护区外围），共埋设1个双面型界桩。边界线走向由双方共同标绘的1∶10000地形图作为本协议书附图。

印江、沿河、松桃三县边界交汇点于1997年11月11日在铜仁市东方红饭店会议室协商确定，并共同埋设三交点界桩，桩号222622282229。

界桩位置和边界走向说明

222622282229号界桩位于印江自治县刀坝乡会保村、沿河自治县晓景乡苦竹村与松桃自治县甘龙镇坪会村交界处，在磁方位角80°00′，距离334米处为805.0米山头；在磁方位角123°00′，距离412米处为804.8米山头，在磁方位角189°00′，距离344米处为918.0山头。

在苦竹坝图幅上，印松线由222622282229号界桩开始，由北向南沿苦竹河河流中心线延伸至684.1高程点转东南方向沿山脊经783.6米山头后进入庙坪图幅，顺岭而上，经过804.4米山头后顺岭而下向东，经775.4、862.4、919.4、925.6折向北进入坝木图幅，再顺岭而下向东沿山脊而上进入五官坝图幅，沿小路，过928.5山头的鞍部顺岭直上，经1470.9山头至1410.3北侧约90米转向南沿山脊过1410.3、1389.3、1365.5、1379.8、1131.3山头再转向南偏西南穿过桐林进入永安图幅。沿山脊经1094.8山头再转向东南过1010.2山头再折向南偏西南经榔树湾1043.2、983.0山头，穿过大面坡至椒坪小路，顺山脊而上约200米再转向南经1078.0山头，跨三角桩山梁，1109.5、11032、牛顶包1174.8、1091.5山头进入城堡岩图幅。沿山脊而上，越过1077.9、1131.8、1172.4、1195.8山头经九龙、上金顶，过九龙山直到1199.1山头（X=3117288，Y=36563405）转向东偏东南过1134.6、1117.1、1112.2山头出图，进入红石板图幅。顺岭而下，向南延伸经997.8、1074.9、1140.8、老虎口、三羊井1205.2山头，穿过马颈坳，顺大尖峰山腰下至1198.2山头再折向东，经1074.3北侧约30米，穿过打伴沟、红岩湾至1245.2西北角约150米再转向东北方向经大塘坳、道坨至无名山头（X=3115316，Y=36567149）再折向南经1108.1，观音竹林东北侧约160米再折向东南方向过朱家岩进入百鸟坝图幅。往南顺山腰而下至1134.0山头西南角约130米，再折向东直行约1400米，过1069.6山头后转向东北方向经1162.8、1238.8再折向东跨过车阳沟、林沟至1050.3土坎边（X=3114380，Y=36571530），转向东北至石良坳水田边（X=3115062，Y=36572139）再折向东南过牛角尖1161.7、龙洞坡1102.1山头东北方约220米无名山头至925.3高程点，转向东横过杨家对门至田家寨小路，顺山腰而下出图进入平洞口图幅。一直向东跨过石梁河，沿坡而上过903.0山头转向北过903.5前行约200米点（X=3114030，Y=36574455）转向东，前行约250米至点（X=3114050，Y=36574650）再转向北，沿山脊线经944.0、老鹰岩（即岑图寺，又名小梵净山）1047.5、林家坨1146.5山头再折向东北方向穿过小路直至无名山头，再转向西北下坡。由大洞坳大塘边缘上岭前进约260米进入三阳图幅。顺岭直上经1162.0、1175.5山头、凉水井、1212.5和1197.0山头鞍部直到蛮子山1254.5山头止，再折向东北顺岭而下跨过水源沟至秦家坳西南角约100米点（X=3119730，Y=36575050），再转向东南方向经1116.5、1122.5、1018.5顺岭而下，绕过岩山关（古名龙门山）陡壁，横过七百度至木材溪小路至1166.5山头东北侧约100米处点（X=3118320，Y=36577470）再朝东北方向前行约330米点（X=3118570，Y=36577670）再转向东南经1166.0山头前行200米点（X=3118210，Y=36578060），再折向南前行260米点（X=3118050，Y

=36577940)，再转向东南沿悬崖而下，过 1163.5、1093.5 山头折向西南顺坡而下进入平洞口图幅。经 1013.9、1092.5、秦头坡 1057.5 山头再转向南顺岭而下，经老院子和 968.5 间两个无名山头，911.0 东北侧两个无名山头，跨过平洞口至上坝小路，顺岭而上，经 976.0、1052.5 至老鹰嘴北侧约 150 米点（X=3115245，Y=36577460）再转向西南过 973.2 观测点，1018.0、926.0 山头东北侧约 230 米点（X=3114670，Y=36576955）再折向南，沿白岩悬崖经 1181.0、1107.0、1213.5 直至 1177.0 山头，再继续向南过小关坡西侧约 200 米无名小山头进入乌罗图幅。顺坡而下，经 1136.0 西侧约 50 米，再顺山腰而上，过 1162.5、牛场坡、1183.0、1173.5 山头再转向西偏西南，经 1143.4 北侧约 50 米沿山腰而下，过 935.6 悬崖，跨小沟，再折向西北，顺半山腰下至点（X=3111130，Y=36575120），折西前行 130 米至点（X=3111110，Y=36575000），再转向西南，顺山腰而下与印松公路相交于点（X=3110700，Y=36574750），该点距 2226222901 号界桩磁方位角 210°00′，距离 30 米。

2226222901 号界桩位于印江自治县木黄镇乌巢村与松桃自治县乌罗镇岑司村交界，在磁方位角 69°12′处，距 944.0 米山头 165 米；在磁方位角 101°12′处，距 1039.3 米山头 380 米；在磁方位角 191°00′处，距 943.0 米山头 280 米，边界线由点（X=3110700，Y=36574750）起，向西跨越印松公路，沿岭而上，经 962.0 米山头南侧约 50 米，946.0 山头北侧约 50 米再转向西过 879.0 悬崖南侧约 200 米两个无名山头再折向西南顺岭而下，跨过水沟再沿 886.0 西侧约 100 米山腰而上，进入木黄图幅。跨过平缓地带的田、土、小路，再沿悬崖而上，经强盗沟 987.5 东侧约 50 米，麻阳洞自然寨西侧约 100 米，过洞脑壳 998.5、787.5 旁的小河再顺岭而上，经 988.0 山头进入建厂公社图幅。沿白玉泉东侧的悬崖而上过轿子山 1046.0、1064.0、1147.0 山头，直至大木转东南侧约 50 米山头，转向东南，经 1170.5、1199.0 山头到大岩门南侧悬崖点（X=3106235，Y=36573125），再折向西南，沿悬崖经 1227.5 前行约 150 米至点（X=3105910，Y=36572780）再折向东南，过关口坳 1076.5、1208.5、1374.5 山头出图进入上衙图幅，顺岭而上到打雪岭 1420.0 山头，再转向东南沿山脊线直上经 1559.5 山头到 1634.0 北侧约 160 米无名山头点（X=3104420，Y=36574385），再折向西南方向，沿杨家坪梁子直上经过 1645.5 出图进入原建厂公社图幅，沿岭而上经 1647.0、1653.8 山头出图，进入金厂图幅，顺山脊而上，经 1704.3、1688.6、1688.1 至 1624.9 高程点东北侧约 170 米点（X=3102400，Y=36573220），再折向东过 1641.2 山头再转向南，顺岭而上经 1673.8、1520.0，麻溪坳 1470.7、1431.5 山头，再沿 1502.9 山腰前行约 200 米出图，进入马溪河图幅，再顺岭而上经 1718.3 山头出图又进入金厂图幅，直上到 1666.0 山顶，再沿山腰直上经 1805.0 山头出图进入余家沟图幅，沿山脊线而上经 1872.7，懒板凳 1826.7 山头，再沿大尖峰梁子经 1905.4 山头直到大尖峰 2033.1 山头止。

印松线由 222622282229 号界桩至大尖峰山顶 2033.1 高程点，全长 90 千米。

第六节　地名管理

1988 年，县人民政府印发《关于公布印江镇街道命名的通知》，该文件进一步明确印江镇街道路名，具体内容有：东门桥至西环路口为解放路，东门桥沿菜市场至广场为环城路，从人行宿舍（原招待所）至大会场为红卫街，从纺织品公司对面（打铜巷）至红光办事处为民生街，从肉市至氮肥厂为北门路，从粮食局至民生街为前进街，从南门桥往南至县生猪仓库为人民南路，从南门桥往北至三联厂为人民北路，从东门桥至三〇六为东新路，从峨村粮站至柏香林为振兴路，从县委门口至畜牧市场为新滩路，新建县政府至峨岭村为峨江路，新建西北环城线为西环路。2008 年，制定县城区道路地名规划方案，对原有及规划地名实行台账管理。

印江自治县城区道路地名规划一览表

表 12—15

片区名称	现用名	规划名称	走向	长/宽（米）	建成时间	地名含意	起止点位置
城北片区	解放路	解放东路	东西	1058/27	解放前	城区中间街道	东门桥北桥头→老政府→中心广场→县委→粮食车队
		解放西路	东西	1995/32	解放前	纪念印江解放	西环邮政大楼→中寨口→甲山
	中心街	中心街	南北	1327/22	70 年代	位置得名	梵净山西路→电信大楼→南门桥→药材公司（西门湾）
	建设路	建设路	南北	325/16	90 年代	纪念印江第一个开发区建设	解放路→图书馆→原腾龙酒店
	水清路	水清路	东西	427/16	90 年代	明朝印江城区农灌沟所经之地得名	社保局→公安局办公楼→县委交流房
	江城路	江城路	东西	412/13	解放前	印江旧城门后街，滨江而得名	东门桥北桥头→老印刷厂→中心广场
	南门街	南门街	南北	108/13	解放前	印江旧城墙南门通道	四方超市→老印刷厂
	荣昌路	荣昌路	南北	427/16	1998 年	吉祥之意	县委→县医院→新村路→滨江北道
	滨江北路	滨江北道	东西	1870/20	2002 年	濒临印江河，为印江河防洪北堤	东门桥北桥头→南门桥北桥头→西环大桥北桥头→中洲凉桥
	北门巷	北门路	南北	1025/16	解放前	旧时印江城墙北门出口通道	北门坳→看守所→电信局宿舍楼
		文庙巷	东西	827/10	解放前	巷内有文庙供奉孔子而得名	电信局宿舍楼→大会场→二小→北门

印江自治县城区道路地名规划一览表

表 12—16

片区名称	现用名	规划名称	走向	长/宽（米）	建成时间	地名含意	起止点位置
城北片区	打铜巷	打铜巷	南北	753/6	解放前	解放前印江城区小手工业集散市场，紧靠兑钱巷	文化馆→王家桶子→龚家桶子→正街
	前进巷	前进巷	南北	857/6	解放前	老地名	粮食局东侧→刘家桶子→茶院坝
	太阳山	太阳山巷	南北	892/4	解放前	县城区太阳最先升起的地方	东门桥北桥头→县鞭炮厂
	东环路	官庄南路	南北	1030/28	2002 年	古地名（官庄坝为明朝时期土司衙门旧址）	官庄坝→北环桥→冯家寨
	富康路	富康路	南北	—	2013 年	吉祥美好的寓意	官庄西路→解放西路→滨江北路
	北环路	官庄西路	东西	1240/18	2002 年	古地名（官庄坝为明朝时期土司衙门旧址）	官庄坝→涂家河坝→党校→桶溪河堤→中洲街→龙津路
	西园路	西园路	东西	824/32	90 年代	因范围得名	东门桥北桥头→峨岭计生指导组→中洲路→龙津路
	西环路	西环路	南北	1158/32/27	1998 年	因范围得名	南湖万安桥→西环大桥→交警队→党校
	1#道北路	北环路	东西	1498/16	规划	北面城郊道路	中洲路→官家坝

印江自治县城区道路地名规划方案

表 12—17

片区名称	现用名	规划名称	走向	长/宽（米）	建成时间	地名含意	起止点位置
城北片区	圣墩路	圣墩路	南北	758/16	2002 年	因景点得名	（滨江北路道）体育馆→峨岭镇政府办公楼东侧→桶溪河
	文昌路	文昌街	东西	766/16	1998 年	因崇尚文化之风而得名	（中心街）县人民医院急诊室叉口处→西环农贸市场→文广局办公楼→印江民族中学校门
	新村路	新村路	东西	895/16	1998 年	因经济适用住宅小区得名	（中心街）南门桥头农机公司叉口→老干局→教师新村→体育馆（圣墩路）
	健民路	中洲路	南北	795/22	2002 年	因城区八景之一“中洲牧笛”而得名	印江民族中学校门→骨科医院→职高
	4#路	龙津路	南北	962/27	规划	因城区八景之一“龙津渔火”得路名	甲山村新寨→官庄西路
城南片区	东兴路	东兴路	南北	1520/27	1973 年	因范围得名	（解放东路）东门桥南桥头→柏香林→先锋小学→殡仪馆
	梵净山路	梵净山西路	东西	825/27	1980 年	因景区得名	坪兴寨（西环路）→坪兴寨车站→梵净山宾馆
		梵净山东路	东西	2173/32	1980 年	因景区得名	梵净山宾馆→柏香林→岩底寨（印松公路）

印江自治县城区道路地名规划方案

表 12—18

片区名称	现用名	规划名称	走向	长/宽（米）	建成时间	地名含意	起止点位置
城南片区	紫薇路	紫薇路	南北	1012/18	2002 年	因树得名	耿仁寨→东郊加油站→滨江南路
	鱼泉路	鱼泉街	南北	412/16	2002 年	因依傍鱼泉河而得名	县府路→中心敬老院→滨江南路
	振兴路	振兴路	南北	1171/27	2002 年	发展经济得名	耿仁寨→东郊冷库→东郊建材批发市场→滨江南路
	江滨南路	滨江南道	东西	2571/20/16	2002 年	因濒临印江河而得名	皂角塘→东门桥南桥头→南门桥南桥头→先锋发电站尾水渠
	县府路	县府路	东西	1325/27/18	1980 年	县府所在地	人民南路→政府办公楼→保险公司→二中
	峨江路	峨江路	南北	316/16	1998 年	吉祥之意	水电局办公楼→财政局办公楼→消防大队→严家寨
甲山片区	惜字街	惜字街	南北	527/12	旧时	依甲山村“惜字塔”得名，意为“敬字纸如神灵”	甲山桥→甲山中学→原造纸厂

第七节　社团管理

依照国务院颁布的《社会团体登记管理条例》《民办非企业单位登记管理暂行条例》，县民政局依法对全县民间组织和社会团体进行清理整顿、核准登记和日常管理，对不符条件的社团或民间组织则依法取缔或不予登记。

1988 年，全县有社会团体 45 个，其中已核准登记 45 个。1992 年，完成 20 个社团的清理整顿、

2007年5月，印江自治县书法协会荣获全省“优秀团体协会”称号

登记发证工作。1999年对县计划生育协会、集邮协会、个体劳动者协会3个社团进行重新登记。2000年5月，新登记印江自治县私营企业协会、教育学会、青少年科技辅导员协会，并纳入日常管理。2002年，制定下发《关于加强全县社会团体和民办非企业单位管理工作的意见》，新核准登记县基督教三自爱国运动委员会、教务委员会、县智成中学、民望中学、铜仁师专英语系剑桥少儿英语印江教学点、小铃铛幼儿园、新芽幼儿园、西苑幼儿园、小天使幼儿园、振兴幼儿园，批复成立县屠宰行业协会并予登记。2003年，批复成立印江自治县青年志愿者协会、缠溪镇养牛协会、新业乡格山村养牛协会、洋溪镇养猪协会、永义乡天麻协会、板溪镇柿坪村水果协会、板溪镇杉林村水果协会、天堂镇山羊养殖协会、板溪镇上洞村早熟蔬菜协会、朗溪镇大尧村柑橘协会、峨岭镇西瓜协会、峨岭镇苕粉协会、合水镇小杉木村水果协会、新业乡茶叶协会。2008年，核准登记印江自治县佛教协会。

第八节　优抚安置

一、拥军优属

1991年5月25日，县人民政府成立以县委副书记为组长、有关单位负责人为成员的“双拥”工作领导小组，下设办公室在县民政局，各乡镇相应成立“双拥”工作领导小组。县政府制定下发《进一步做好拥军优属工作的意见》，并以“爱心献功臣行动”为主题，开展拥军优属活动。在此活动中，全县建立拥军优属服务组织110个，志愿参加服务的有2400人。拥军优属服务组织对军属开展结对帮扶活动，帮扶措施包括科技扶贫、资金帮助、义务巡诊治病等，是年全县共结对帮扶768对。1991—2008年，共为帮扶对象购买种子1.20万千克、化肥3.6万千克、仔猪365头，资助资金1.35万元，义务巡诊治病2600人次。中小学生为重点的志愿者队伍为驻印部队做好事、办实事1.56万起，参加活动4.22万人次。各部门对重点优抚对象和驻印江官兵进行走访慰问，1988—2008年，组织各界群众为重点优抚对象捐款29.3万元，捐物41万件，捐粮8.1万千克，发放慰问金73万元，送慰问品11万余件，为部队官兵寄赠鞋垫等礼品5500余件。组织召开双拥工作座谈会和拥军优属座谈会280场次，举办文体活动280场次，其中：在纪念抗美援朝50周年活动期间，县、乡（镇）共计走访慰问85位入朝老战士，发放慰问金0.45万元。连续5年在县人武部、县中队灯光球场举办军（警）民“八一”联欢晚会。

2010年8月，县民政局在武警印江中队开展捐赠活动

1997年，组织维修太阡山革命烈士陵园。2000年，“八一”建军节前夕，修缮洋溪镇杜、田两位烈士墓，为该烈士墓周围新硬化185平方米水泥地面，改土墓为水泥墓，修建水泥坐凳等辅助设施。同年8月1日，按照土家族礼仪举行隆重的竣工典礼和祭奠活动。2001年，将太阳山两烈士破碎水泥墓碑换成花岗石墓碑。2006年，拨款2.5万元维修永义乡苏家坡红军坟。

二、 优抚优待

1988年，根据有关政策规定，县民政局对残疾军人、“三红”（在乡退伍红军老战士、在乡西路军红军老战士、失散老红军）、“三属”（烈士遗属、因公牺牲军人遗属、病故军人遗属）、在乡复员军人、带病回乡退伍军人、参战参核退役人员进行抚恤定补，定补标准逐年提高。其中：在乡复员军人年定补标准从1988年的192元提高到2008年的1931元。农村兵家属户均优待从1988年的160元提高到2008年的800元。1988—2008年，共计发放抚恤定补资金2477万元，其中：为义务兵家属发放优待金288万元。县财政为县人武部、武警中队、消防大队共计拨付资金240万元，用于营房新建、维修、营区环境改造和添置办公用具。县交通局、县长途客运公司资助武警中队共计1.3万元修建体育锻炼设施。争取到上级军事主管部门专项资金，为县武警中队营区增加基础设施，美化环境。

1988—2008年，共解决优抚对象救济款150万元，救济粮110万千克。解决在乡二等伤残军人医疗费13.5万元（住院医疗费全额报销）。在乡三等伤残军人医疗问题通过各种渠道得到妥善解决。县民政局拨专款11.7万元为52户复员军人维修住房2367平方米。共接待安置退伍义务兵、转业志愿兵2660人，其中：符合安排工作条件的632人，回农村安置的2028人。对符合安排工作条件的对象，全部得到妥善安置。对有单位的“三难”转业军人按回所在单位安置，其余全部分配到县、乡、镇事业单位。对回农村安置的退伍军人，各乡（镇）普遍进行走访，并尽力帮助他们解决生产、生活中的实际困难，走访期间共发放补助资金18.5万元。

对全县3名军队离退休干部（2000年4月病故1人）落实政治待遇和经济待遇“两个待遇”。驻印部队视人民为亲人，把驻地当故乡，参与维护印江社会政治稳定和“两个文明”建设。县武警中队与长途客运公司、电影公司、服务公司、峨岭镇二小、民望中学开展警民共建活动，县武警中队每年均参加县民族中学、县二中入学新生的军训，并进行国防知识培训和革命传统教育，定点帮助二小6名特困生，年资助1200元。县人武部出资6500元为沙子坡镇池坝小学添置课桌椅、篮球架，粉刷校舍，捐资4200元帮助19名特困生。投入近万元资金用于改造维修沙子坡镇六洞村小学，为其购买课桌椅、篮球架等教学用具，对其中的11名失学儿童开展结对帮扶，共计资助书学费2000余元。县人武部干部职工还为六洞村群众捐款3000余元，捐赠衣服2000余件，赠送电扇5台。投入资金6000元，将从青砣通往六洞的小路改成安全易走的石梯步。投入近万元资金改造维修合水镇符家沟村级公路约2千米。捐赠朗溪镇大尧村1台VCD和20套科普书籍，还聘请技术干部对村民进行农业实用技术培训，传授科技知识，办农民扫盲学校，抓农民文化素质教育。

第九节　社会福利

一、 儿童领养

1988年，全县7区1镇46个公社。1992年，“建并撤”后，全县设置17个乡镇，收养登记由县民政局统一办理。根据《中华人民共和国收养法》和《国家物价局财政部关于收养登记收费的通知》（价费字〔1992〕349号）之规定，每件收费标准250元（其中：申请手续费20元/件、公本费10元/件、收养登记调查费220元/件），解除收养登记费100元/件。自2007年7月1日起，一律使用新式收养登记证，收养登记证由民政部监制。2005年，地区民政局对各县配置的收养登记员进行业务培训，经考试合格的，持证上岗。2008年，全县婚姻登记机关结合“五五”普法（中央宣传部、司法部关于在公民中开展法制宣传教育的第五个五年规划），开展《中华人民共和国收养法》《婚姻登记条例》等法律法规政策宣传活动。1988—2008年，全县共办理领养儿童登记39人。

1988—2008 年印江自治县收养登记统计表

表 12—19 单位：件

年度	收养登记	年份	收养登记	年度	收养登记
1988	1	1995	1	2002	2
1989	2	1996	1	2003	3
1990	1	1997	2	2004	2
1991	2	1998	2	2005	4
1992	1	1999	1	2006	2
1993	2	2000	2	2007	3
1994	1	2001	2	2008	2

二、 发行福利彩票

发行福利彩票是募集社会闲散资金，集中用于社会公益事业和社会福利事业，也是一种社会捐赠形式。1989—2008 年，全县共发行销售福利彩票 5690 余万元，按国家规定的福利彩票公益金提取比例是 28.7%，为国家筹集到福利彩票公益金达 1630 余万元（1990—1995 年、1998—2002 年，全县停止销售福利彩票）。2004—2008 年，改彩票销售为电脑投注机销售。1989 年，全县试销彩票 1 万元。1997 年，计划国庆节期间销售彩票 100 万元，实际销售 30 万元。2003 年，计划销售 200 万元，实际销售 20 万元。2004 年，全县安装福利彩票投注站 3 个，销售电脑彩票 40 余万元。2005 年，全县有福利彩票投注站 6 个（新增 3 个），销售彩票 100 万元。2006 年，全县 9 个投注站（新增 3 个），销售彩票 621 万元。至 2007 年年末，全县新增站点 9 个，基本覆盖县城和部分乡镇，共 18 个站点，销售彩票 600 余万元。2008 年，全县在木黄镇新增 1 个站点，在刀坝乡新建 1 个站点，共 20 个站点，销售彩票 542 万元。

第十节 老龄工作

一、 机构设置

1988 年，县老龄问题委员会由 1 名副县长任主任，由县劳动局、人事局、老干局、民政局、县总工会等部门负责人和县政府办公室副主任任副主任，有 12 名委员，下设办公室在县劳动局。1990 年，县老龄问题委员会更名为县老龄委员会，属党群系统，主任改由县委副书记兼任。2001 年，全县机构改革后，自治县老龄委员会更名为老龄工作委员会，下设办公室在县民政局，正科级建制，核定编制 3 名，其中：设主任 1 名，副主任 1 名，办公室秘书 1 名。明确职能为：（1）组织起草县老龄事业发展战略规划和综合性文件及规章制度，负责办公室文秘、督查、档案和财务工作。负责全县社区和基层老龄福利，服务设施建设和老年人优待项目的实施以及老龄产业化建设与发展工作。负责老龄工作系统的目标管理考核工作。负责协调和推动有关部门加强对老龄工作的宏观指导和综合管理，推动开展有利于老年人身心健康的各种活动。（2）负责全县老龄工作法律、法规和方针政策的宣传贯彻。协调和推动有关部门做好老年人权益的保障工作（含法律援助工作），老年人来信来访接待和农村赡养协议的签订工作。负责全县城乡老龄工作网络建设和“尊老、敬老、养老”先进典型的调查，研究和推广工作及老年教育工作。1988 年，全县七区一镇都成立老龄委员会和老年协会。1990 年，县法院、文化局等 7 个县直部门新成立老龄工作领导小组。教育、粮食、商业、供销、金融五大系统和县委机关、工商局、卫生局、计生委等单位均分别成立有老年人协会。1992 年，“建并撤”后，全县 17 个乡镇均配备有老龄工作干部，编制首次纳入“乡镇党政群机构设置配备”范围。

二、 老龄工作

宣传教育 1988 年以来，县老龄委每年均开展敬老、爱老、养老系列宣传活动，其宣传内容有：中央关于“要注意人口迅速老龄化趋向，及时采取正确对策”指示，老年人的历史功绩，老年人关心社会公益，维护社会安定团结，老一辈关心爱护和培养下一代的先进典型，《中华人民共和国老年人权益保障法》等。1988 年 9 月，县老龄委会与县委宣传部等 11 家单位在全县范围开展敬老周活动。1989 年 9 月，按照《在全县城乡广泛开展“九九”老年节敬老活动的通知》文件精神，全县开展“九九”老年节宣传活动。1990 年 10 月，开展“第三个老年节”系列庆祝活动。活动中，发放《贵州省老年人保护条例》小册子 700 份。1996 年 10 月，开展《中华人民共和国老年人权益保障法》宣传活动。活动中，发放《老年法》宣传手册 1000 余册。1998 年 10 月，举办老年文艺联欢大会。2000 年 9 月，组织学习中央《关于加强老龄工作的决定》。2001 年，以《中国老龄事业“十五”发展纲要》为主题，开展多种形式宣传活动。2002 年，与县委宣传部、民政局、印江报社联合举办“夕阳红”栏目有奖征文活动，收到稿件 26 篇，登载消息、通讯 16 篇。

老年人权益 1988 年，全县共有五保老人 659 户 803 人，落实供养 656 人。1990 年，印江镇在房屋登记时，签订继承遗产和赡养老人协议。1992 年，协助司法、法院等部门依法裁决涉老案件 3 件，协助所在单位或家庭解决涉老纠纷 7 起。1994 年，协助办理涉老案件 9 件，判决 3 件，调解处理 5 件，立案 1 件。1995 年，协助县法院对子女赡养父母案件 10 件，判决 9 件，调解处理 1 件。有 17 户城镇居民五保老人每月获 28 元补助，全县 678 位农村五保老人均在乡、村、组得到安排。1996 年，解决农村五保老人 705 户 787 人基本生活，保障 11 个敬老院 77 名孤寡老人生活，年拨款 4.62 万元，月均生活费 50 元。对印江镇 13 位居民老人执行每人每月 29～34 元生活补助。协议解决涉老案件 25 件，判决 11 件，调解处理 14 件。1997 年，司法部门在调解处理老年人有关问题上实行三照顾：一是在老年人案件时间安排上优先立案、优先审理（处理）。二是从老年人身体健康、方便着想，实行就地调查、就地办案。三是司法部门对有关老年人的诉讼和相关费用实行减免政策。当年县法院院长为离县城 80 千米路的洋溪镇 81 岁老人杨胜海赡养一案就地办案。县老龄委接待群众来信来访 20 人次，其中解决赡养问题 1 件，残疾老人生活困难补助 1 件，工资问题 2 件，工龄问题 1 件。帮扶贫困老人 4 人，帮助解决峨岭镇 16 位老人生活困难，每月 592 元补助，人均每月 30 元以上。

2006 年 2 月，老龄委组织离退休老干部在朗溪镇视察水泥厂建设工地

1998 年 3 月，成立印江自治县老年人权益工作委员会，由县委副书记石阿良任主任，自治县政法委、人事局、民政局、司法局、财政局、卫生局、交通局、工商局、文广局、总工会、县妇联、团县委、县法院等部门负责人为委员，下设办公室在自治县老龄委。1998 年，对城区 19 个特困孤寡老人每人每月发放生活补贴 33 元，全年共计 7536 元。调解涉老纠纷 287 件，代理民事经济纠纷 45 件，提供法律援助案件 18 件，提供法律咨询 125 人次。县法院立案判决涉老案件 7 件，其中：人身损害案赔偿 5 件，虐待老人案 2 件。1999 年，协同县人寿保险公司开展“珍惜生活、关爱人生”走访慰问活动，给居住在天堂、永义、峨岭、缠溪等乡镇的百岁老人送去“世纪老人”铜牌。协助司法部门

调解涉老纠纷56件，提供法律援助15起，法律咨询人数254人，代理民事经济纠纷4件，法院判决涉老民事案件13件。县文广局为高龄老人生日免费点歌40余人。2000年，司法局成立老年人法律援助工作站。当年，协助调解涉老纠纷123起，为老年人提供法律咨询1058人次，提供法律援助5件6人，法院判决涉老案件2起，其中：故意伤害老年人案1起，为老年人房屋确权8起，财物纠纷1起。2001年，调解老年人纠纷89起，提供法律咨询118人次，提供法律援助19人次，涉老案件28件，判决26件。2002年，开展老龄工作知识竞猜、老年健康咨询、老年法律咨询问答、义诊等活动。司法部门受理涉老案件8起，免收费用3360元。2003年，接待群众来信30件，来访108人次。走访慰问全县12位百岁老人。10月15日，协同县人民医院为城区百岁老人提供上门义诊。司法机关全年受理赡养案件5起，免收律师代理费1500元。

老年人活动 1988年10月，开展“贵州省第一个老年节”系列庆祝活动。在此期间，举行门球、迪斯科表演、王峙苍个人书画展。1989年10月7日，在县城服务公司广场举行中老年人迪斯科表演赛，开展老年人登山活动。1990年，基层老年协会兴办老年经济实体3个。即：县老年大学在木黄开采金矿、县粮食系统老年协会开办粮食经营部、县教育局教退协会建工艺美术社。1990年，在县城东门狮子尾巴新建老年门球场，新成立老年门球、老年迪斯科协会，参加会员达850余人。1991年9月，举办城区老年门球、台球、象棋竞赛。在印刷厂舞厅举行老年迪斯科健身操表演赛。在服务公司广场举办老龄政策、老年保健知识、老年法规有奖题解宣传活动。1998年6月，在服务公司广场举办印江县万人健身签名活动暨健身表演活动。参加人员有：老年体协，以及老年门球、台球、钓鱼、象棋、健身5个协会的400余名会员。1999年，县老龄委与县人寿保险公司开展“珍惜生命、关爱人生”送温暖献爱心活动。活动中，为天堂镇百户村104岁老人吴祖仙、峨岭镇贵江村100岁老人万焕英、永义乡团龙村105岁老人陈腊梅、缠溪镇周家坳村100岁老人何兴州4位百岁老人颁发“世纪老人”铜牌。2001年5月，县老年书画研究会10人参加在玉屏、松桃两县举行的全区老年书画轮流展，有21幅作品参展、16人获奖。2002年，县老龄委征集书画作品26件，参加铜仁地区首届四次（江口县）、五次（石阡县）老年书画展活动，其中：有4件作品送省参展，有2件作品获江口县长期收藏。2003年6月，县老龄委承办全区首届六次老年书画联展。参加人员有：全区九县一市一特区书法、绘画、美术知名人士，共11个代表团130余人，共展示作品178件。10月，县老年办、县老年书画协会、木黄镇老年协会联合在木黄举办书画联展，展示作品120余幅。1990年10月26日，印江自治县老年大学成立，在县人民大会场召开成立大会。1992年，县老龄工作首次被列入年终绩效考核。新建敬老院4所，投入资金20万元，当年，有入院五保老人42人。8月，印江举办铜仁地区西片区老年人运动会，由印江县老龄委主办。1990年，新建新寨乡、杨柳乡敬老院2个，新增入院老人12个。1997年，出台《印江自治县老龄事业发展规划》。2000年6月，在县司法局成立老龄人法律援助工作站。2000年8月26日，成立老年书画研究会和书画院。有会员50人。2002年8月，组织48个工作组，开展全县贫困老人状况普查。全县60岁以上老年人36726人，占总人口40.75万人的9%。有贫困老人10568人，占老年人口的28.78%。贫困老年人中，农村有10325位老人，占贫困老人总数的97.7%。城镇243人，占2.3%。90～99岁高龄老人有157人，占老年人口的0.43%。100岁以上老年人有11人，占老年人口的0.03%。

2003年，制订《印江自治县2001—2005年老龄事业发展规划》《印江自治县老龄工作委员会成员单位职责》。是年10月，县老龄委（办）新建老年人书报阅览室、为老年人征订报刊20余种，县委宣传部、直属工委等部门为老年人赠送图书3000余册。

1988—2008年印江土家族苗族自治县老龄委领导名录

表12－20

单位	职务	姓名	性别	出生地	任职时间	备注
老龄办	副主任	万太祥	男	贵州印江	1993.6—1998.1	主持工作
	主任	万太祥	男	贵州印江	1998.2—2001.11	—
	主任	曾书海	男	贵州印江	2001.11—2003.2	—
	主任	张金海	男	贵州印江	2003.3—	—

第十三编
军事　政法

第一章　军　事

第一节　人民武装机构

一、县人武部

1988 年，印江自治县人民武装部（下称县人武部），下设办公室、军事科、政工科、后勤科，属地方建制。1996 年 4 月，根据中共中央、国务院、中央军委《关于县（市、区）人民武装部收归军队建制的通知》精神，县人武部收归军队建制，隶属中国人民解放军铜仁军分区，受上级军事机关和县委、县政府双重领导。正团级建制，内设军事科、政工科、后勤科。设置部长、政委、副部长各 1 名，军事科长 1 名，军事科参谋 2 名、政工科科长 1 名、后勤科副科长 1 名，后勤科助理员 1 名。由县委书记兼任武装部党委第一书记，县人武部政委进入县委常委，部长参加县人民政府常务办公会议。2005 年 12 月，县人武部编制体制调整改革后，设部长 1 名、政委 1 名，副部长兼军事科长 1 名，军事科参谋 1 名、政工科副科长 1 名、政工科干事 1 名，后勤科助理员 1 名。至 2008 年，县人武部机构、属性、人员未变。

印江自治县人武部办公楼

二、乡镇人武部

1988 年，在各区、乡（镇）设置人民武装部，属地方建制。1992 年，“建并撤”后，17 个乡（镇）分别设人民武装部，乡（镇）武装部长进入乡（镇）党委，参与乡镇党委工作，受县人武部、乡（镇）党委和政府双重领导。是年，各乡（镇）武装部核定专武干部编制 35 名，其中：部长 17 名，副部长 13 名，武装干事 5 名，专武干部中有招聘干部 3 名。2002 年，机构改革后，全县 17 个乡（镇）人民武装部核定编制为 18 名，除峨岭镇设部长、干事各 1 名，其余乡（镇）设部长 1 名。县人武部根据上级要求，实际编制 17 个乡（镇）人民武装部共 35 名专职人民武装干部。

第二节 兵 役

一、 组织机构

1988年以来，县人民武装部作为县人民政府的兵役机关，负责兵役登记和兵员动员、征集工作。为加强对兵员动员和征集工作的领导，在每年春季或冬季集中征集新兵时，县人民政府成立临时机构(即自治县征兵工作领导小组)，下设征兵办公室，负责阶段性兵员动员、宣传、体检、政审和运输等各项具体工作。1993年起，县征兵办公室增设宣传组、体检组、纪检组、政审组、优抚组、后勤保障组和运输组。

二、 征兵

全县义务兵的征集工作，一般每年定期征集一次，特殊情况下停征，临时或分春（夏）、冬两季征集。1990年，开展春、冬两季征集，此后每年均为冬季征集。征兵任务和具体要求根据国务院、中央军委的指示，由铜仁军分区分配。

2006年12月，县人武部举行新兵入伍交接仪式情景

三、 征集对象

1988年，县人民政府征兵命令规定，征集对象和范围主要为农村、城镇广大适龄青年，征集农村家庭劳动力比较充裕，具有初中以上文化程度的青年，少数民族居住集中的乡（镇）和完成任务确有困难的偏僻农村，应征青年的文化程度放宽到小学毕业。县城主要征集高中毕业生。厂矿、企事业单位具有高中毕业文化程度的适龄青年和工人也可以征集一部分，但不超过县城征集数的20%，征集年龄为男青年当年年满18～20岁，应届高中毕业生年满17岁的，本人自愿，也可以征集。1992年，对部队（包括现役和专职武装）干部子女，经体检合格、政治审查合格并符合其他征集条件的，优先批准入伍。征集农业户口的青年，具备初中毕业以上文化程度，并尽量多征集具有高中毕业文化程度的青年，非农业户口的青年，须具备高中毕业以上文化程度。1993年起，征集女兵的条件均为当年满17～19岁。2004年起，根据国防部征兵规定，高中毕业以上文化程度的青年放宽到21岁，大专以上文化程度放宽到22岁，本科以上文化程度放宽到24岁。

四、 体格检查

1988年，征兵体检内容包括内科、外科、五官科，主要进行胸透和血丝虫检查。初检后，县抽调医生与接兵医生组成体检复查组对各区镇征集对象进行复查。1992年，执行国防部《应征公民体格检查标准》和《应征公民体格检查办法》。2002年之后，执行国防部《征兵工作条例》和《应征青年体检检查标准》，为避免体检过程不正之风现象，在新兵体检时实行跟踪监察。

五、 政治审查

根据2004年国防部《应征青年政治审查规定》，应征入伍的公民要进行政治审查，以保证部队的纯洁性。政审标准由公安部、总参谋部、总政治部制定，由县公安部门组织实施。1988年，按照《关于征集兵员政治条件的规定》要求，对有反对十一届三中全会之后党的的路线、方针、政策和有流氓、贪污等不法行为人员不得应征入伍。将应征青年的文化程度和现实表现同时作为政审内容。1989年1月，根据上级有关部门新颁布的新兵政治条件规定。政审工作组深入应征人员所属村（居）或街道，对其政治倾向和社会主义认识进行审查，确保兵员政治条件合格。1996年，执行公安部、总参谋部、总政治部联合颁发的《关于征兵政治审查组织实施工作的规定》，将应征公民的宗教信仰也作为审查内容，要求对应征人员的政治历史、思想品德、社会交往、现实表现做到“四个清楚”。

第三节 民 兵

一、 民兵发展

1988年，全县有48个基干民兵连。1989年，根据形势需要，开始在县直部门、企事业单位基干民兵中组建民兵应急分队。1998年，根据铜仁地委、行署、军分区《关于深化民兵调整改革的意见》要求，对原有民兵组织按照减少数量、提高质量、分类建设原则进行压缩和调整，将基干民兵调整为以城镇和交通沿线乡（镇）为主。是年，全县有基干连19个、民兵应急连2个、八二无后坐力炮连6个。2002年，根据中央军委《关于加强和改进城市民兵工作的意见》要求，侧重将党政机关人员、中心集镇群众、退伍军人作为民兵发展对象。至2008年，全县建有应急连1个、独立连17个、应急独立排2个、森林防火分队1个、汽车运输分队1个、应急通信连1个、道路交通保障分队1个、医疗医护分队1个。

二、 民兵条件

1988年，根据《民兵工作条例》，凡年满16～45岁的男性公民和16～35岁的女性公民，政治可靠、身体健康、本人自愿、党支部批准，都可以参加民兵组织。16～30岁的男性公民和16～25岁的女性公民，经过一定的军事训练，适合执行战斗任务者编为基干民兵，其余编为普通民兵。对复员转业、退伍军人参加民兵的年龄适当延长。凡依法被剥削政治权利，正在受侦查、起诉、审判或被判刑、拘役、管制的、依法被劳动教养的，一律不得编入民兵组织。1993年，要求民兵连（营）长、教导员原则上由乡（镇）长或党委书记兼任，年龄一般不超过45岁。1999年，要求城市基干民兵要具有初中以上文化程度，农村基干民兵具有高小以上文化程度。2002年起，根据中央、国务院、中央军委《关于进一步做好民兵组织整顿工作意见》规定，主要选编退伍军人和经过军事训练的高中、大中专毕业生编入基干民兵组织，将对口专业的民兵骨干年龄放宽到35岁，对部分具有高级职称专家学者、特殊人才或专业技术特长的人员放宽到45岁，进一步提高基干民兵的文化素质和军事素质。

三、 民兵政治工作

1988年，在民兵中组织学习对越自卫反击战中的英雄模范人物和英雄事迹，要求民兵发扬爱国主义和革命英雄主义。1990年，开展坚持四项基本原则和反对资产阶级自由化思想教育。教育民兵坚信党的领导，坚定不移走社会主义道路，在政治、行动上与党中央保持一致。1992年，结合邓小平南方谈话精神，要求民兵服从国家经济建设大局，适应国防建设需要。1998年，结合改革开放和社会主义市场经济深入发展，教育民兵熟悉党的基本路线和市场经济理论。1999 年，针对邪教“法轮功”在印江滋生蔓延现象，在全县范围组织民兵开展揭批“法轮功”邪教组织罪行活动，教育民兵与邪教组织作斗争。

四、 军事训练

2007 年 4 月， 民兵开展野外训练

年度军事训练 1988 年，根据《民兵军事训练大纲》要求，组织全县人武、专武干部学习重机、高机、四〇火箭筒、八二无后坐力炮等专业技术。结合抗洪抢险、森林防火、防暴维稳等课目进行训练。1989 年，组织学习单兵攻防、四〇火箭筒射击基础和高机射击理论。1993 年，侧重训练 12.7 高射机枪射击、操作和实弹射击。1995 年，主要训练单兵队列、班队列动作、轻武器射击理论和实弹射击。1997 年起，军事训练改为队列、半自动步枪基本射击、木柄手榴弹的投掷、通信电台的基本知识和操作、野战救护、车辆驾驶等 14 个科目的训练。1998 年，主要进行“新条令”的学习、盾牌警棍术、单兵战术动作、56 式冲锋枪射击理论和实弹射击、军事高科技知识、政治教育等 6 个科目的学习训练。1999 年，人武部干部训练主要围绕“红星一号”、参谋新“六会”、网上标图、通信电台操作等科目的训练。2000 年，县人武部组织 150 名应急民兵开展协助公安追捕逃犯演练。组织 10 名人武部职工进行武器装备维护、装备管理知识培训。对参训民兵除训练军事技能外，还对他们进行种植、养殖业等农业实用知识的培训学习。2005 年，开展以深化科技训兵为主题的军事训练。抽调 6 名基干民兵组成民兵信息化分队，参加在思南县人武部举行的全区民兵信息化分队比武竞赛活动，其中：有 2 名民兵在标图作业和计算机汉字录入项目比赛中获得名次。2006 年，组织全县 120 名应急民兵开展抗洪救灾演练 1 次。1996 年，选派 1 名民兵参加省军区举行的军事比武竞赛。2004 年，选派 2 名专武干部参加省军区组织的专武干部培训班，取得较好的成绩。2008 年，选派罗场、中坝、朗溪 3 名基干民兵参加铜仁军分区举行的全区民兵军事三项（轻武器射击、手榴弹投掷、5 千米武装越野比武）竞赛活动，荣获全区军事三项团体第一名，其中罗场乡基干民兵周昌铭夺得全区个人全能第二名。

应急队伍训练 1989—1999 年，民兵应急分队的常规训练内容有队列、射击、条令、民兵工作业务、军事地形学等科目。2000—2008 年，按照《民兵军事训练大纲》要求，针对新时期民兵可能担负的急、难、险、重任务进行使命课题演练，对全县民兵、民兵应急分队和专武干部，采取集中组训和分批训练方式进行训练。2002 年，对新调整后的峨岭镇 90 名民兵应急分队队员进行为期 15 天的军事训练，主要训练盾棍术、防暴队形演练、冲锋枪实弹射击等科目。

学生军训 1988 年，全县学生军训工作主要是应学校的邀请来开展。1996 年，县人武部与县教育局成立学生军训领导小组，抽调专武干部、退伍军人、武警、消防官兵组成教官队伍，对城区的民族中学、二中、职业学校、智成中学、民望中学的一年级新生实施军训，军训时间为 7～10 天，军训科目有队列、轻武器射击、分列式和阅兵式，军训期间，对学生进行国防教育、教唱军歌，规范学生内务卫生。2001 年，根据教育部、总参谋部、总政治部联合印发《关于在普通高等学校和高级中学开展学生军事训练工作的意见》要求，学生军训列入人武部年度工作。2004 年，在学生军训科目中增加徒步行军、参观军（警）营内务和自然灾害应急逃生演练等内容。经统计，1998—2008 年，全县接受军训学生达 15 万名。

第四节 拥政爱民

一、 帮扶工作

1988—1995 年，县人武部先后成立扶贫工作组，对峨岭区玉屏村、缠溪区打杵坳村、合水镇新场村、朗溪镇三村、永义乡永义村、沙子坡镇池坝村、六洞村、杉树坳乡新村村等十余个村开展定点帮扶工作。在此期间，共计投入帮扶资金 36.5 万元、爆炸物资 12.3 吨、水泥 35 吨、砖瓦 40 万块。协助扶贫村实施“坡改梯”工程 540.6 公顷，兴修公路 242 千米，修建山塘、水库 5 座，人畜饮水工程 42 处，发动群众种植经果林木 50 余万株。1996 年，投入 6.18 万元，通过为学生赠送书包、文具、衣物和帮其交学费方式，使 20 余名失学儿童重返校园。2002 年，在沙子坡镇六洞村通村公路建设中，为其筹集炸药 40 箱、导火索 1000 米、雷管 4000 发。2005 年，向上级军事机关争取资金 20 万元，援建合水镇符家沟“八一”希望小学。

二、 维稳执勤

1992 年，协助公安机关破案 21 起，抓获犯罪分子 83 名，收缴凶器 17 件。2000 年 5 月，全国汽车拉力赛在铜仁举行期间，组织 68 名民兵参与印江湄沱 4 千米赛段的警戒执勤工作。2002 年 3 月 10 日，在缠溪镇湄坨村与江口县德旺乡交界处发生群体堵车事件后，组织 50 名民兵应急分队赶赴现场维稳执勤。有效避免双方群众的冲突升级。2005 年 5 月 14 日，CCTV－7《乡村大世界》“印江印象”大型综艺节目在印江举行，组织 120 名民兵应急分队参加演出活动的外围警戒执勤。

三、 抢险救灾

2007 年 7 月， 县长肖洪率各个部门慰问驻印武装部队干部

1996 年 9 月 18 日夜，在县城东峡岩口发生山体滑坡后，县人武部干部第一时间赶赴现场，对堰塞湖水位上涨进行跟踪测量，为县委、县政府制定抢险救灾应急方案提供决策依据。9 月 19 日上午，组织民兵应急分队和专武干部 50 人，先期赶赴受灾地朗溪镇，警戒现场，维持秩序。相隔 3 小时，中坝、板溪等乡（镇）150 名民兵也抵达灾区投入抢险救灾，仅两天时间就为群众安全转移粮食 600 吨、农用物资 150 吨，挽回经济损失 80 余万元。在此期间，还对朗溪小学学生及部分教学设施实施紧急转移，对 152 户受灾群众进行紧急疏散。1997 年 9 月 23 日，朗溪镇再度遭受洪灾。县人武部组织全县 90 名民兵应急分队涉险通过河缝水淹区，深入朗溪实施救援。2003 年 4 月，在得知全县 15 个乡（镇）不同程度遭受冰雹袭击后，县人武部提前结束正在县城开展的民兵训练，让 235 名民兵回乡参加抢险救灾。2004 年 6 月，全县遭受洪涝灾害后。县人武部启动抗洪抢险救灾预案，组织民兵应急分队 107 人，经过两个多小时的奋战，疏通岩口因塌方而堵塞的公路。组织民兵应急分队 30 余人，对民望中学受困学生实施紧急撤离。中坝乡武装部组织民兵应急分队帮助该乡燕子岩纸箱厂转移物资近 2 吨，中坝乡武装部在代家槽莱茵鹅养殖基地抢救出莱茵鹅 500 余只，为养殖户挽回经济损失 50 余万元。板溪镇武装部完成龙家沟水库的安全巡逻和警戒任务，帮

助粮站、烟草站转运粮食、烤烟肥料等物资近 3 吨。2007 年 2 月，自治县合水镇封山育林区发生大面积火灾，附近 56 户居民生命财产安全受到直接威胁，县人武部组织干部、职工、民兵应急分队 300 余人，迅速赶赴现场展开扑救，经过 7 小时奋战，终将过火面积 50 亩的明火扑灭，附近村民生命财产无一受损，为国家挽回直接经济损失 500 万余元。2007 年 8 月 17 日，全县部分乡（镇）遭遇严重旱情，县人武部组织 60 名民兵为新寨乡后坝村开挖引水渠 600 余米，有效解决当地人畜饮水问题。2008 年 1 月，全县遭受罕见的雨雪凝冻灾害，县人武部组织民兵预备役人员参与抗凝救灾行动，期间共组织出动民兵 1670 人（次），发放安全行车告示书 1600 份，铺防滑沙 35.4 吨，清除道路凝冻 28 千米，护送车辆 56 台（次），疏散安置群众 1.3 万余人，抢运电力物资 15 吨，抢修电力线路 20 千米，搬运电杆 28 根，抢修供水管道 1800 米。2008 年 2 月 14 日晚 8：20 分，峨岭镇桶溪村背后发生山林火灾，部长彭世福、政委罗群组织民兵 100 余人，与陆续赶到现场的消防武警官兵、当地群众展开扑救，经过 3 个多小时的扑救，终于扑灭山火。

第五节　国防教育

一、 国防教育机构

1990 年，成立国防教育领导小组，下设办公室在县人武部。1996 年，改“印江土家族苗族自治县全民国防教育领导小组”为“印江土家族苗族自治县全民国防教育委员会”，下设办公室在县人武部。是年，县委、县政府将国防教育纳入全县精神文明建设考核内容。2001 年，县国防教育委员会办公室升格为正科级，下设办公室在县人武部，核定编制 2 名。2003 年，“县全民国防教育委员会”由县委隶属改为县政府隶属，至 2008 年，该机构人员编制未变。

二、 国防教育动员

2008 年 10 月， 县武警中队在营房开展爱国主义教育活动

1988 年，全县在“红二、六军团”木黄会师纪念碑（馆）、县委党校等国防教育基地开展国防教育，在民兵训练、党政干部培训、学生军训、10 月国防教育宣传月、冬季征兵期间开展国防教育。1992 年，根据江泽民关于“在全党和全国人民集中力量进行经济建设的同时，要十分重视和加强国防建设”的指示，全县贯彻国防教育工作“三个观念”（大国防观念、反演变观念、长期抓观念）。是年，县政府将国防教育经费纳入财政预算，当年拨款 1.5 万元，利用节、假日和赶场天进行国防教育宣传，共张贴宣传标语 6500 条，播放国防宣传教育影片 120 场次，有线广播 35 次，图片展示 15 次，办国防教育专刊 20 期。1994 年，在国防教育宣传月期间，县、乡（镇）上国防教育课 150 场次，张贴宣传标语 500 幅。集镇宣传 52 次，办专栏、黑板报 55 期，广播 50 次，播放电影、录像 80 场次，受教育面达 1.5 万人（次），给群众上国防教育课 280 余人次。1997 年，以香港回归祖国为契机，开展以“爱党、爱国、爱军”为主题的国防教育学习，组织乡（镇）、村干部集中答卷，收卷率 98.88%，优良成绩答卷占 93.5%。组织民兵、农民、居民 5000 人参加全省国防知识竞赛答卷，收卷率 100%。1999 年，为纪念中华人民共和国成立 50 周年，开展庆祝建国 50 周年学理论学新《兵役法》知

识竞赛。2000年，主抓《中华人民共和国国防教育法》的宣传和学习，将战备工作与组建训练民兵应急分队结合起来，建立健全国防动员潜力数据库，对数据库实行动态管理。2002年，将国防教育与江泽民总书记“5·13”“七一”讲话相结合，加深对国防教育法规的理解。结合全县“四五”普法，加大宣传教育力度，扩大普及覆盖面。2003年，县政府对乡（镇）国防教育纳入目标考核，分10项25条内容将宣传、教育、内容、对象、形式和效果进行具体分解，落实责任制。2008年，国防教育成员单位出资3万元为全县各基干民兵连征订《西南民兵》《国防大视野》等报刊。申报“红二、六军团”木黄会师纪念馆、纪念碑为省级国防教育基地，实行免费开放，让人民群众在参观学习中受到革命传统及爱党、爱国、爱军教育。

第六节　武警部队

一、武警中队

1988—2008年，县武警中队隶属中国人民武装警察部队贵州省总队铜仁地区支队，受铜仁支队和县公安局双重领导。编制为正连级，设中队长1名、指导员1名、排长1名。

2007年7月，武警驻印中队开展擒拿训练

军事训练和政治教育　县武警中队的军事训练实行1月1日开训，年度训练时间不少于588个小时（10个月），军事训练与政治教育的时间比为7∶3。军事训练分入伍、单兵专业和分队训练，入伍训练以条令条例教育，队列、执勤基础、自动步枪操作、手榴弹防爆弹的投掷、擒敌术、战术基础动作、战备基础、体能等为主；单兵专业训练以勤务常识、执勤动作、情况处置、处置突发事件常识、防暴（防护）器材使用、擒敌术、攀登、自动步枪对隐显目标射击（夜间射击、应用射击）、单兵战斗动作、体能等为主；分队训练以班（组）勤务和班（组）战斗为主，以《军事训练大纲》为指导，科学组训，严格施训。政治教育突出“月四课教育”，即“主题教育、心理健康教育、法纪教育、密切内部关系教育”。

协助地方工作　1991年，参与县公安局开展反内盗专项斗争，协助破获发生在内部单位的盗窃案件11起，其中大案1起，追回赃款赃物近3万元，查获犯罪分子8名，摧毁犯罪团伙1个4人，逮捕1人，刑拘2人。1992年，参与全县开展打击“车匪路霸”专项斗争。在此期间，协助公安机关抓获犯罪分子70人，追回赃款赃物价值2.6万元。1994年，参与反窃车专项斗争，协助打掉窃车团伙1个3人。1995年，参与“百日破案攻坚战”专项工作，抓获违法人员7名，摧毁犯罪团伙2个5人，追缴赃款赃物价值7万余元。1996年9月18日夜，距印江县城4千米处的东峡河缝岩口发生特大型山体滑坡，号称“亚洲第一垮”，从山上滑落的240万立方米泥石顷刻间堵塞印江河，致使途经的公路、通信中断。县武警中队第一时间赶赴现场，实施警戒，维持秩序。之后又相继赶赴受灾地朗溪镇开展抢险救灾工作，共转移粮食20余吨、农用物资35吨，折合人民币80余万元。2001年，在“打黑除恶”为重点的严打专项斗争期间。协助摧毁恶势力团伙1个3人。成功抓获以阙某为首的带黑社会性质犯罪组织成员。2002年12月25日，县城梵净山路一家装满汽车配件和油料的门面发生火灾，严重威胁周边群众的生命财产安全。武警印江中队接到求援电话后，指导员赵建平、队长蒙锦松立即组织 17 名官兵奔赴现场，经过 1 小时 20 分钟的战斗，扑灭大火。2008 年 1 月，印江遭受严重雨雪冰冻灾害，县武警中队积极参与抗凝救灾行动，累计出警 200 人次，铺防滑沙 20 余吨，参与清除道路凝冻 18 千米，护送车辆 26 辆次。当年还协助公安机关抓获以冉某某为首的恶势力团伙。

二、 中国人民武装部队印江消防大队

1983 年，印江自治县公安消防大队更名为中国人民武装部队印江消防大队，纳入武警部队序列，正连级建制，设置大队长 1 名、指导员 1 名。2003 年，消防大队下设中队 1 个，是年开始驻军，有官兵 12 人，其中设大队长、大队指导员各 1 名，设副中队长、中队指导员各 1 名。2008 年，消防大队下设中队 1 个，官兵增至 26 人，内设办公室、档案室，正连级建制。

营房建设 2003 年以前，消防部门在县公安局办公楼内办公，有办公房 1 间，面积 10 平方米。2001 年，县政府拨款 40 万元，省消防总队、地区支队补助 20 万元，在峨岭镇严家寨启动营房建设，该营房占地 3.73 亩，于 2003 年竣工进驻。

消防设施 1992 年 6 月，由县财政拨款 5 万元，相关单位筹资 3 万元，购买手提消防泵 1 台、水带 500 米，在城区安装消防栓 10 个。2003 年 10 月，添置 3.5 吨水罐消防车 2 辆，防火、救援服各 10 套、空气呼吸器 3 具。截至 2008 年，县城区有市政消防栓 40 个。

隐患排查 1988 年以来，印江自治县实行单位领导负责的逐级消防安全责任制，对消防隐患及时排查。建立群众义务消防队，配备必要的消防器材设备；建立企业专业消防队，要求各单位、部门建立健全消防安全制度。对消防重点部位，实行定点、定人、定措施，最大限度地降低火灾事故的发生。至 2008 年，全县纳入消防重点保护单位 41 个，农村 50 户以上自然连片自然村寨 30 个。

2007 年 7 月， 县消防战士在医院给医务人员普及消防知识

灭火救灾 1988 年，全县发生火灾 20 起，其中电器设备不合格发生 3 起、用火不慎 12 起、玩火 2 起、原因不明 3 起。1989 年，发生火灾 15 起，其中放火 1 起、电器设备陈旧老化起火 9 起、失火 5 起，烧毁粮食 1000 千克。1990 年，发生火灾 7 起，其中：放火 1 起、失火 4 起、违反安全制度 1 起、火因不明 1 起。1991—2008 年，实施“退耕还林”工程后森林覆盖率大幅度提高，防范森林火灾成为消防工作的重中之重。在此期间，发生火灾事故 368 起，受灾 625 户 3210 人，组织火灾扑救 288 次，消防中队出警 5000 余人（次），车辆 1000 余台次。

1988—2008 年驻印军事机构领导名录

表 13－1

单位	职务	姓名	性别	任职时间
人武部	政委	冯如清	男	1988.1—1996.3
	政委	张运成	男	1996.4—2000.10
	政委	张著彪	男	2000.10—2004.4
	政委	童代平	男	2004.4—2005.4
	政委	马　云	男	2005.4—2007.3

续表13－1

单位	职务	姓名	性别	任职时间
人武部	政委	罗　群	男	2007. 3—2008. 3
	政委	马茂辉	男	2008. 3—
	部长	杨秀福	男	1988. 1—1997. 11
	部长	代新建	男	1997. 11—2002. 3
	部长	李天华	男	2002. 3—2004. 4
	部长	罗　群	男	2004. 4—2007. 3
	部长	彭世福	男	2007. 4—
消防大队	消防股股长	张泽阳	男	1982—1996
	大队长	肖帮荣	男	1997—1999
	大队长	陆承燃	男	2000—2002
	大队长	江　渝	男	2003—2005
	教导员	刘杰	男	2006—2008
武警中队	队长	钱文富	男	1985. 4—1993. 1
	队长	王明文	男	1993. 1—1997. 1
	队长	秦家斌	男	1997. 1—1999. 12
	队长	孙　造	男	1999. 12—2000. 12
	队长	刘秋辉	男	2000. 12—2001. 8
	队长	蒙锦松	男	2001. 8—2007. 1
	队长	高应涛	男	2007. 1—2008. 1
	队长	杨　立	男	2008. 1—

第二章 公 安

第一节 机构设置

一、 内设机构

户政改革后，户政人员在农村为群众办理身份证、户口簿（2008年拍摄）

1988年，县公安局内设秘书股、刑侦队、一科（政保）、二科（内保）、三科（治安）、四科（预审）、政工股、交警队、纪检监察室、审计室、法制科、禁毒股、计财股、消防股、看守所。2001年，机构改革后设2科4大队，30个职能队、所、室和列入公安系列的武警中队（现役）、消防大队（现役）。2002年3月，撤治安科，新成立治安警察大队；撤禁毒股，新成立禁毒大队；撤交警队，新成立交通警察大队。截至2008年，县公安局内设指挥中心（办公室）、政工科、法制股、出入境管理股、科技股、装备财务股、审计股、公共信息网络安全监察大队、国内安全保卫大队、经济犯罪侦查大队、治安警察大队、刑事侦查大队、警务督察大队、监所管理大队、禁毒大队、交通警察大队、17个乡（镇）派出所。核定行政编制202人，事业编制6人。另有公安单列编制的现役单位：武警中队、消防大队。

二、 派出机构

1988年，在峨岭、木黄、板溪、朗溪、天堂、沙子坡、合水、洋溪8区（镇）设置派出所。1992年，“建并撤”后在17个乡（镇）设置派出所。

第二节 户政管理

一、 户籍登记

县公安机关负责辖区人口登记、人口迁移、人口注销等手续办理。对印江县内婚姻嫁娶，按照人户一致和在居住地登记原则，要求嫁娶人员的户口迁入现住地；对外县籍与印江县居民婚姻嫁娶的，女方可到男方落户，男方也可到女方落户。对户口类别不同的夫妻投靠，迁移人可以保留原户口类别，也可以按被投靠人的户口类别落户。1988 年，全县有常住人口 40 万人；2008 年，有常住人口 42 万人。1993 年，试行农村户口城镇化管理，建立“一户一簿、一人一表、一户一牌、一村一图”管理制度。1997 年，根据国务院《关于批转公安部小城镇户籍管理制度改革试点方案和关于完善农村户籍管理制度意见的通知》要求，户口管理权限下放至辖区派出所。2004 年，实行人口信息计算机系统管理，户口迁移、登记、注销手续实行网上办公。2006 年 11 月，实行户籍改革，户口性质取消农业与非农业，一律统一为居民户口。2008 年，完成人口信息数据建库工作，日常户口管理实现微机化。出台《人口信息维护及备份制度》《计算机查询人口信息须知》等规章制度，人口信息管理得以进一步强化。

第三节 流动人口管理

1990 年，根据公安部《暂住证申领办法》《城镇暂住人口管理办法》，县公安机关结合节日保卫、治安清查、夜间巡逻对暂住人口进行摸底调查和日常管理。实行人来登记，人走注销。对暂住 3 个月以上流动人员发放暂住证。是年，全县登记暂住人口 6300 人，发放流动人口暂住证 4200 份。1995 年，根据县人民政府务常务会议纪要，对进城务工、经商的农民实行“蓝印户口”管理，凡购买“蓝印户口”人员每人交费 3000 元，购买“蓝印户口”的人员享受非农业人口待遇，是年办理“蓝印户口”1800 户。

一、 身份证办理

1987 年，全县启动颁发居民身份证工作。1988 年，完成首批居民身份证发放工作。1990 年，制定居民身份证申领、换发、补发、收缴等制度。1996 年，出台《关于加强居民身份证管理工作的通知》，要求各基层派出所严格执行身份证收费标准。为缩短制证周期，让群众能及时得证，实行每月 25 日报、申、换、补、领居民身份证制度。1997 年，印发《关于认真做好集中换发居民身份证的通知》，对已经超过使用年限身份证实行集中换证。是年，完成换证 4.3 万人，换证率 100%。2001 年全县制发身份证 11742 人，制发临时身份证 4200 人。2006 年 4 月，启动第二代居民身份证换发工作。县公安局按照业务指导、人像采集、数据核对、宣传发动等步骤，确保换证工作有序开展。2007 年，对全县应换证人数进行综合测算后分解到辖区派出所，实行任务到人，责任到人。是年，全县受理二代证信息 20 余万条，完成应换证人口数的 95%。2008 年，根据省厅《关于做好居民身份证编码号清理纠错工作的通知》，在全县范围开展居民身份证清理纠错工作。工作中，采用入户与持证人见面核对、全面清理底册、用计算机进行逻辑排查、对迁入户口逐一发函至原籍地进行核对等工作方式。发现身份证重号、错编号数 2.95 万人，核对消除重号 8000 人，修正户口簿差错 3200 人，改号换证 5000 人。

二、 身份证查验

1990 年，根据上级公安机关的安排部署，在全县开展身份证查验工作，当年通过查验身份证，抓获各类违法犯罪分子 20 人，破获刑事案件 27 起。1991 年，通过开展查验身份证破获刑事案件 50 起，其中大案 20 起，查处治安案件 120 起。

三、 边境通行证办理

公安机关依法加强护照、签证等出入境证件审批管理，负责出入境人员证件办理和验证检查，1988—2008 年，为出入境人员办理边境证 1900 份。

第四节　治安管理

一、 警卫工作

1988—2008 年，县公安局按照“安全第一”指导思想，严密警卫部署，认真落实安全防范措施，先后完成县庆 5 周年、10 周年、20 周年和 2002 年 11 月国务院副总理温家宝视察印江等重大警卫安全任务 230 次，重大会议、重大活动警卫 110 次，共投入警力 2000 人（次），在执行警卫任务工作中，有 13 名民警立功受奖。

二、 爆炸物品管理

为加强爆炸物品日常管理，县公安局建立涉爆物品管理制度，定期召开涉爆单位负责人会议和涉爆人员业务培训会议。实行民爆物品流向登记制度和安全员现场监督制度。为强化涉爆从业人员责任意识，与涉爆单位负责人、涉爆人员层层签订责任状，将爆炸物品流向和管理责任到人、任务到人。2002 年，在对民间私存炸药进行清理过程中，收缴炸药 190 千克，雷管 448 枚，导火索 908 米，黑火药 128 包。2008 年，在收缴爆炸物品专项行动中，收缴炸药 943.65 千克、雷管 2494 枚、导火索 535 米。1988—2008 年，全县查处涉爆案件 11 起，处罚单位 5 家，治安拘留 6 人，查处非法运输危爆物品 17 起。

自治县公安局派出所在各辖区开展治安管理防范宣传工作（2008 年拍摄）

三、 烟花爆竹管理

2006 年，县委、县政府出台《烟花爆竹安全管理条例》《燃放烟花爆竹管理条例》，印发《关于加强春节期间燃放烟花爆竹安全管理工作的通告》，1988—2008 年，全县查处非法销售或储存烟花爆竹案件 32 起。

四、 危险化学品管理

2002 年，根据国务院《危险化学品安全管理条例》精神，县人民政府制定《危险化学品管理实施细则》，印发《危险化学品公路运输安全管理及违规处罚相关规定》，对危险化学品管理实行秩序整治和源头监管。1988—2008 年，全县查处超载、超装危险化学品案件 2 起，处罚单位 2 家。

五、 枪支管理

1988 年，在开展枪支核查登记工作中，核查登记民用枪支 17 支，收缴非法、报废枪支 128 支，其中火药枪 7 支。1993 年，对全县 12 家配发枪支单位进行检查整顿，对枪支实行重新登记造册，明确配枪单位要配备专职保管员和保险箱，对枪支要实行集中存放。1996 年 3 月，在开展清理登记收缴枪支工作中，对收缴入库的 128 支土枪实行集中销毁。1997 年收缴民间火药枪 30 支。2000 年 7 月，收缴民用枪支 83 支。2001 年 4—11 月，县公安机关出动警力 1083 人次，在全县范围开展“治爆缉枪”专项斗争。通过公安民警地毯式、拉网式排查，收缴非法枪支 724 支，子弹 174 发、端掉制枪窝点 1 个。2002 年，收缴民间枪支 47 支，黑火药 128 包。2004 年，收缴民间枪支 40 支。2006 年，在非狩猎期间，对全县合法持有的 3 支猎枪实行集中保管。2007 年，开展公务用枪普查工作，对全县 265 名公务持枪人员证件信息及枪支信息进行信息备案，实行枪支管理信息化。是年，经审查，符合枪支配备条件人员 265 名，符合枪支保管资格人员 5 名，实配枪支 265 支。

六、 公共场所管理

为加强公共场所管理，净化治安环境，确保场所规范经营、健康发展。县公安机关从加强教育，从严管理出发，按照“四严禁、一必须”（严禁在场所内进行色情服务等违法经营，严禁在场所内纵容和包庇卖淫嫖娼、吸毒贩毒等违法犯罪活动，严禁为赌博提供场所，严禁从事邪教、迷信活动；发现违法犯罪行为必须及时向公安机关举报）要求，对公共场所从业人员实行一户一档。要求公共场所做到照明、门锁、消防、监控等安全设施齐全规范。1993 年，在对公共场所治安整治中，检查公共场所 60 家，责令整改 5 家。当年举办场所从业人员训练班 25 期，参训人员 1080 人。1995 年，与工商、文化等部门开展对 17 个乡镇文化娱乐场所检查，收缴黄色录像带 1100 盒，非法书刊 100 余册，拆除电子游戏机集成电路 50 块。1997 年 3 月，开展“扫黄除丑，查禁赌博”专项整治行动，检查服务性公共场所 34 家，责令停业整顿 3 家，治安处罚 11 人。1998 年，出台《旧货业治安管理规定》《旅馆业管理规定》等制度。召开旅店负责人会议，采取以会代培方式对参会人员进行法制教育和业务培训，是年共召开培训会 4 次，参加培训人员 80 人。2000 年，出台《娱乐服务场所专项整治实施意见》。与监察、文化、工商等职能部门对 5 家歌舞娱乐场所、1 家录像厅，17 家其他娱乐场进行专项检查。出动人员 140 人（次）。2007 年，印发《娱乐场所社会信息采集系统建设实施方案》，对娱乐场所实施信息采集和系统管理。2008 年，根据《娱乐场所社会信息采集系统建设实施方案》，对全县 182 家娱乐场所开展信息采集，是年采集从业人员信息 210 条，制发 IC 信息卡 80 张，全县信息系统推广应用率达 100%，从业人员卡、证发放率分别达到 100%。通过对采集信息的审核甄别，及时发现并查处使用假身份证件违法人员 8 名，抓获公安部网上逃犯 1 名。

七、 特种行业管理

县公安机关按照依法管理、文明管理，保护合法、取缔非法的原则，对全县特种行业进行日常管理。1988 年，印发《印江自治县特种行业管理制度》，对 108 家在册旅馆、3 家印企业、2 家刻字社、2 家废旧金属收购点的从业人员实行集中培训和教育。1992—1993 年，对特种行业实行一户一档。1998 年，出台《旧货业治安管理规定》《旅馆业管理规定》。为规范旧货业、旅馆业操作规程，是年组织召开旧货业、旅馆业培训会 4 次，有 80 名从业人员接受培训。2003 年，启动旅馆业信息系统建设，要求旅馆对住宿人员实行实名登记。至 2008 年年底，全县有 90 家旅馆已安装运行信息管理系统。2003—2008 年，公安机关依靠旅馆信息系统抓获犯罪嫌疑人 31 人，其中网上逃犯 9 人，破获刑事案件 10 起。

第五节 监所管理

一、监所建设

县看守所位于峨岭镇北门，占地面积 3346.8 平方米，建筑面积 2118 平方米。分为监区、办公区。有监室 8 间，面积 208 平方米，设计在押人员 80 人。1988 年，县看守所配民警 9 名，其中所长、指导员各 1 名，看守员 6 名，专职医务人员 1 名。至 2008 年，县看守所有民警 16 名，其中：有所长 1 名，教导员 1 名，副所长 2 名，信息综合室主任 1 名。1993 年，县财政拨款 19 万元对老监房进行修缮，扩建监房 7 间，面积 140 平方米，放风场 160 平方米，铺位 130 平方米。1994 年，投资 21 万元，对看守所民警办公室、老监房、食堂进行整修。1995 年，在看守所外围墙安装电网。2001 年，购价值 17 万元全封闭囚车 1 辆。2002 年，投入 5500 元购置门禁系统，所有监区通道门实现随开随锁。2003 年，购置电脑 18 台，用于信息系统建设，在监室配置电视机 15 台。2007 年，投入 19 万元对原监控系统进行数字化改造，建立限高报警系统、位移报警系统和中远程监控系统，初步实现与看守所信息管理系统联动，确保时刻掌握监内动态。

二、管教工作

1988 年，在严打期间，针对关押人犯多、羁押周期长的实际，全年进行安全检查 32 次，及时处置 1 起人犯预谋越狱事件，全年月均收押人犯 120 名。1992 年，利用有线广播对人犯进行政治教育，实行看守民警定人定监房专管专教方式。请“四长”（即公安局长、检察长、法院院长、司法局长）向在押人犯上教育课，宣讲政策法律，阐明利害关系，教育人犯走坦白从宽、立功受奖之路。全年对关押人员个别谈话 1200 人次，由公、检、法、司的领导给人犯集体上大课 8 次，开展文明监室评比活动 3 次，收押人犯 134 人。1994 年，进行安全检查 40 次，查出违禁品 80 件，全年看守所收押人犯 120 人，出所为人犯看病 15 人（次），提审 210 人（次），投牢 98 人，释放或解除收审 27 人，对人犯谈话教育 3600 人（次），大课教育 14 次，小课教育 200 次，制止各类预谋自杀逃跑事故 7 起，收到 30 名人犯检举坦白线索 155 条，协助有关单位查破案件 18 起。2000 年，将激励竞争机制引入管教中，每月评选出文明监室和不文明监室各 3 个，对文明监室给予适当物质奖励，对不文明监室予以重点整治。在监所内设立“亲情餐厅”，允许表现较好，积极改造的留所服刑罪犯和治安拘留人员与亲属见面、聚餐，通过亲属对在押人员开展教育转化工作。2004 年，对留所服刑人员实行开放式管理，建立考核计分制度，充分利用电教系统，每月对在押人员进行一次集中电化教育，每周组织二至三次收看电视新闻，出台《监室管理工作规范》《监室人性化管理细则》《在押人员约见驻所检察官制度》《看守所与驻所检察室联系制度》等有关制度。2005 年，对在押人员实行入所七日跟踪谈话制度，每月谈话制度，提审、换押、开庭谈话制度，全年谈话 6000 人次。2007 年，建成公安内管、武警外控、联合处突“三位一体”防范体系，全年办理减刑 70 人，假释 1 人，特许探家 11 人，保外就医 2 人。2008 年，注重人性化管理，重视监所教育转化工作，动

2010 年 8 月，印江县实施阳光工程解决刑满释放人员和吸食康复人员就业安置

员全体民警和工作人员为家庭困难在押人员何某某捐款 1023 元。

三、 经费保障

在押人员生活经费由县财政负责全额拨付，拨付数额结合实际逐年增加。

四、 生活标准

1990 年，在押人员按月人均粮食 30 千克、蔬菜 60 千克、肉食 1 千克、蛋鱼 2 千克、食油 1.5 千克配备。2003 年，按每人每月伙食支出 106 元标准。2006 年，安排专人负责在押人员生活保障工作，每月都精心制订好在押人员食谱，合理安排在押人员生活，保证在押人员吃熟、吃热、吃卫生、吃够量。2007 年，聘用专门食堂工作人员，取消在押人员帮厨。

五、 卫生防疫

看守所医务人员每天至监房巡视一次，对病犯给予及时治疗，一般小病在监所内就医服药，病重的送自治县人民医院治疗，遇有特殊情况，经局领导批准保外就医，愈后收监。在春季侧重肝炎预防工作，夏季购置人丹、十滴水等药品用于防暑降温。坚持每月一次监所消毒制度和每星期两次医疗发药制度。2006 年，新增专职医生 1 名，全年所内就医诊疗 320 人次，出所就医 36 人次。2008 年，派专职医生参加省厅组织的业务培训，同时组织民警学习常见病和突发病的处置。全年所内就医诊疗 320 人次，出所就医 45 人次。

第六节 交通管理

一、 车辆和驾驶人管理

牌证管理和机动车审验 1988 年，县交警队负责对县内自行车牌证注册登记、机动车和驾驶员的日常管理。1995 年，县交警队获授权办理“五小车”（农用运输车、拖拉机、摩托车、电瓶车、电动自行车）入户登记和驾驶员培训。1988—1996 年，县交警队集中在每年 7 月、8 月对驾驶员开展年度审验。1997 年之后，针对驾驶员逐年增多和流动性大的特点，对驾驶员的年审实行随到随审。

1988—2008 年印江自治县机动车、驾驶人员统计表

表 13－2　　单位：辆

年份	机动车总数	其中		驾驶员总数
		农用车	摩托车	
1988 年	4	0	0	203
1989 年	9	0	0	226
1990 年	19	0	0	252
1991 年	36	0	0	278
1992 年	70	1	0	381
1993 年	94	1	0	496
1994 年	136	1	5	653
1995 年	193	2	6	754

续表13－2

年份	机动车总数	其中		驾驶员总数
		农用车	摩托车	
1996 年	253	2	19	894
1997 年	335	4	21	1035
1998 年	498	29	72	1377
1999 年	814	83	265	1859
2000 年	1461	102	853	2575
2001 年	2004	122	1295	3438
2002 年	2641	130	1853	4513
2003 年	3700	158	2797	5805
2004 年	4623	196	3584	7136
2005 年	5237	200	4237	8790
2006 年	6101	206	4909	11492
2007 年	7371	241	6047	14361
2008 年	9068	354	7489	17028

交通法规宣传 1992 年，公安交警部门联合县教育局，将交通法规纳入全县中小学校教学任务，要求学校在交通法规教育教学中做到有教材、有教学计划、有课时安排。1995 年，由公安局及派出所民警 24 人兼任学校法制副校长，通过在学校上法制课形式对中小学生开展交通安全知识培训教育。通过在公路沿线创建交通安全村形式，组织群众学习交通法规，掌握交通安全知识，村民同交警一同上路维护交通秩序，进一步强化交通法律、法规的宣传教育。是年，全县创建交通安全村 7 个。通过制作交通事故图片展板、刷写永久性标语、播放宣传光碟等形式开展交通安全宣传教育活动。1993—2008 年，共制作宣传展板 2971 幅（块），印发宣传资料 50 万份，刷写永久性宣传标语 2500 条，播放光碟 1000 场（次），举办图片展 950 场（次），召开大型宣传会 1050 场（次），举办安全法规咨询 2000 场（次），受教育群众 29.9 万人。在易发事故路段安装提示牌 11 处。

印江自治县公安局交警大队全体人员开展队列、指挥手势练习（2008 年拍摄）

违章纠正 为有效预防道路交通安全事故发生，县交警部门围绕安全、有序、畅通、和谐目标，坚持以人为本、执法为民、科学管理指导思想，定期开展道路安全隐患“大排查大整治”，对辖区车辆、行人违法违章行为进行纠正、处理。1988—2008 年，全县交警共出动警力 9.3 万人次，警车 9000 辆次，设立执勤点 21 处，检查过往车辆 60.48 万辆，查处私自更改机动车外型违法车辆 120 辆，查处货运三轮车超载、超宽违法行为 200 辆，其他违法违章行为 1500 起，纠正行人闯红灯、跨越道路隔离设施等违法违章行为 500 起，纠正违章 23 万辆次，处罚 24.47 万人次。

二、 交通事故预防和处理

健全机制 自治县委、县政府成立由县长任组长，分管副县长任副组长，相关部门负责人为成员的道路交通安全领导小组，负责统一组织协调全县道路交通安全监管工作。推行季度道路交通安全联席会议制度，分析研判全县道路交通安全形势。全县各乡镇相应成立道路交通安全领导小组。在公路沿线行政村聘请交通安全协管员，开展隐患排查，协助有关部门开展道路交通安全管理工作。2006年，根据铜仁地区《道路交通安全社会化管理暂行办法》，从“人、车、路、环境”入手，将道路交通管理工作纳入全社会群防群治防控体系建设，建立健全“政府统一领导、部门依法监管、单位全面负责、群众参与、全社会广泛支持”的社会化管理机制，初步建成道路交通安全社会防控体系建设。

事故预防 将客运车、校车、大中型货车、危险化学品运输车、微型面包车等纳入重点车辆管理范围，对车主、驾驶人信息录入重点车辆智能监管系统。对有饮酒习惯、赌博恶习、家庭矛盾突出、个人性格暴躁、患有影响安全驾驶疾病等“问题”驾驶人进行重点帮扶和教育监管。积极争取县委、县政府对交通安全隐患治理的投入，改善通行条件。1988—2008年，全县累计投入2000万元，用于安装护栏3万米，建防挡墙200处。与安监、交通等部门建立沟通机制，从修路架桥等源头规划建设上提出公安交通管理部门的意见；同时，积极会同交通、安监等部门和乡镇交通管理办公室，以事故多发、危险路段为重点进行排查梳理，对排查出的各类道路安全隐患及时书面向政府报告，在政府责成有关部门进行治理的同时，公安交通管理部门将对隐患的治理情况进行跟踪督促，做到不治理不放过，治理不到位不放过。

专项整治 印江公安交警支队在责任制度、勤务制度的基础上，创新制定“四定一包”（定时间、地点、人员、任务，包片区）工作原则，明确责任片区、责任人，确定重要时段、路段，增设固定执勤点，切实加强管控。针对事故发生的原因、特点，科学布警、科学设点、加强巡查、严格督察，保证重要路段、时段随时见警，尤其是调整周末和节假日期间的勤务，将警力全部派到路面执勤一线，集中警力和时间开展统一的集中整治行动，采取弹性工作机制，运用非常规手段，充分利用雷达测速仪等科技装备，深入持久地开展专项整治行动，严厉查处各类严重交通违法行为，并逐步建立长效管理机制，进行常态管理。以客运汽车、货车、危险化学品运输车辆、校车、摩托车（特别是农村地区客运车辆、农用车、三轮车、摩托车）等为重点交通整治对象，在省道、县道和乡村道路线上，组织不间断地往返巡逻，配合固定检查执勤点实施检查，依法处罚超速、超载等违法行为，在保障主干线公路畅通的前提下，将路面巡逻、检查、纠违的警力向农村公路倾斜，根据乡、村公路路网分布情况及交通特征，做出相应的勤务安排，加强对农村地区人员集中流动的时段和路线的管控；切实发挥公安派出所参与交通管理的作用，共同抓好农村地区道路交通安全的常态管理，有效降低严重交通违法行为的发生率，从整体上减少重特大事故的安全隐患，为全县社会经济发展创造安全、畅通的道路交通环境。1988年至2008年，全县没有发生特大交通事故，重大交通事故发生2起。

三、 事故处理

1988—2008年，全县发生交通事故3078起，死亡196人，伤656人，经济损失109.88万元。

1988—2008年印江自治县交通事故统计表

表13－3

年份	事故总数（起）	其中		直接经济损失（万元）
		死亡（起）	伤（起）	
1988年	19	2	4	1.2
1989年	26	1	7	1.8
1990年	32	2	12	2.3
1991年	34	3	16	3.2

续表13—3

年份	事故总数（起）	其中		直接经济损失（万元）
		死亡（起）	伤（起）	
1992 年	45	3	16	4.6
1993 年	56	2	14	4.6
1994 年	64	4	21	6.7
1995 年	72	3	16	7.6
1996 年	81	2	23	8.8
1997 年	104	1	5	4.51
1998 年	76	11	2	9.48
1999 年	87	3	6	14.5
2000 年	2	0	0	10.4
2001 年	157	9	68	32.7
2002 年	210	21	135	58.9
2003 年	205	20	110	58.9
2004 年	173	2	7	39.7
2005 年	174	14	103	50.1
2006 年	8	8	13	2.83
2007 年	11	9	32	6.2
2008 年	17	16	42	9.79

第七节 消防管理

一、 消防组织

2008 年 7 月， 县消防战士在县文广大楼进行消防演练情景

中国人民武装部队印江消防大队，印江土家族苗族自治县公安消防股，以上两个股室为两块牌子一套人员，实行双重领导，人事业务归口管理。1988 年 9 月，县公安消防实行警衔制。1992 年更名为印江土家族苗族自治县公安消防大队。2003 年，成立消防中队。消防部门主要负责制定消防规划、办法和技术规范，审查各单位的具体防火办法和防火技术规范，进行消防安全检查，指挥消防业务工作，统一指挥和组织火场的扑救工作，对制造消防器材规格，质量进行监督，进行消防科学技术研究等。

二、 消防设施

1986—2003 年，消防部门在县公安局办公楼内办公，有办公房 1 间，面积 10 平方米。2001 年，县政府拨款 40 万元，省消防总队、地区支队补助 20 万元，在峨岭镇严家寨启动新修营房，该营房占地 3.73 亩，于 2003 年竣工入住，消防官兵的办公条件得到根本改善。是年，县政府拨款 20 万元为消防大队添置水罐消防车 2 辆，消防设施日趋完善，不断适应新形势下扑救火灾的需要。

第八节 打击刑事犯罪

一、 专项斗争

1988—1993 年，在开展打击“车匪路霸”“反盗窃”“破大案、追逃犯”等专项斗争中，破刑事案件 393 起，其中大案 31 起，抓获犯罪嫌疑人 78 人，抓获逃犯 9 名，其中：重大逃犯 2 名。摧毁抢劫、盗窃团伙各 1 个。追回赃款赃物价值 2.6 万元。1994—1999 年，在开展“反窃车”“百日破案攻坚战”专项斗争中，破刑事案件 33 起，其中：重特大案 5 起，“六类”大案 4 起（杀人 1 起，抢劫 1 起，特大盗窃 1 起，强奸 1 起），挖出窃车团伙 1 个，破获盗窃自行车、摩托车案件 21 起，追缴被盗自行车 18 辆、摩托车 3 辆，价值 3 万元；抓获违法人员 7 名，摧毁犯罪团伙 2 个 5 人。2000—2004 年，按照“命案必破”“有逃必追”指导思想，在开展“打黑除恶”“反窃车”“反盗抢、禁黄毒、治民暴”“冬季破案会战”等严打专项工作，立刑事案件 1699 起，破 1127 起，抓获犯罪嫌疑人 528 人。其中破毒品案件 134 起、杀人案件 1 起、抢劫案件 2 起、绑架案件 1 起，解救人质 1 人。为人民群众挽回经济损失 40 万元。2004 年开展打击“盗、抢、毒”“夏季风暴”专项行动，破获抢劫、抢夺案件 42 起，盗窃案件 86 起，打掉盗窃团伙 10 个 35 人，为人民群众挽回经济损失 20.76 万元。是年，开展“命案必破”破获命案 8 起。2005—2008 年，在开展“两抢一盗”“反盗打抢、盗抢机动车”等专项行动中。立刑事案件 1803 起、破 1122 起，追退赃款赃物折合人民币 441.36 万元。破毒品犯罪案件 117 件，缴获毒品 839.9 克。侦破现行命案 1 起、强奸案件 12 起、伤害案件 21 起。破获 2008 年 1 月 6 日冯某故意杀人案，2008 年 2 月 14 日代某故意杀人案，2008 年 9 月 26 日徐某故意杀人案，打掉以冉某为首的恶势力团伙。

二、 打黑除恶

2001 年 2 月 7 日，成立以县委副书记尹贵德任组长的印江自治县“打黑除恶”领导小组，深入全县 17 个乡镇开展线索排查。是年 3 月 28 日，在地区公安处的支持配合下，一举打掉以阙某为首的带黑社会性质组织的犯罪团伙。该团伙自 1996 年以来“称霸”一方，寻衅滋事、非法持刀、非法查车、敲诈勒索，致 30 人被非法殴打，偷逃巨额税款 44.91 万元。同时，还打掉洋溪镇恶势力团伙。2001 年 3 月，在全县开展声势浩大的“打黑除恶”专项斗争，先后破获晋某等杀人案件，摧毁以典某为首的团伙抢劫案件。

三、 刑侦保障

人员配备 1988 年，县公安局有专职法医 1 人，选项痕迹技术员 2 人。2004 年，新招录 2 名专业技术人员，从警犬技术基地引进 2 只优质警犬。迄至 2008 年，有刑侦技术人员 6 人，分法医、技术、影像（照相、摄像）三大专业。有法医 2 人，技术 4 人。法医人员中有高级法医师 1 人。刑事技术中队民警文化均为大专以上学历。

设备配置 1988 年，县公安局配备上海 135 海鸥牌照相机 1 部用于现场勘验专用。1997 年，投资 3 万元购买照相机、三脚架、勘察灯等技术设备。1998 年，投入资金购置电脑、绘图软件、静电吸附仪、照相翻拍架等设备。2000 年，为进一步提高对违法犯罪及嫌疑人员信息资料的收集率，提高十指纹及掌纹的捺印质量，及时购置一批捺印工具。2003 年，投入资金 26 万元，添置现场勘查车，数码摄影仪及比对显微镜等先进设备。2005 年，投入 17 万元，对技术用房进行改造装修，提高技术工作的科技含量，使各专业技术装备达到公安部要求，提升刑事技术专业化水平。是年，完成看守所116名在押人员的DNA血样采集工作。2006年，启用打防控信息主干应用系统，将打防控信息主干应用系统集打击与防控犯罪、派出所基础工作、执法监督于一体，全面应用网上排摸、网上串并、网上查证、网上缉捕等战术战法，精确防控、精确打击能力得以增强。2007年，新购置无影灯、移动式法医摄影台等设备。至2008年，县公安局有技术用房120平方米，内设照录像室、痕迹物证翻拍室、痕迹实验室、法医实验室、文档室、痕变物证室、法医物证室、法医伤检室。

1988—2008年印江自治县刑事案件立案破案统计表

表13—4

年份	立案（起）	破案（起）	重大（起）	处理（起）	毒品案件		逮捕	赃款（万元）
					案件（起）	毒品（克）		
1988	243	196	45	103	1	—	128	6.00
1989	377	299	31	164	—	—	164	5.80
1990	495	402	45	168	—	—	297	3.85
1991	531	467	85	107	10	—	165	6.20
1992	191	163	109	131	—	—	121	5.21
1993	192	192	84	69	—	—	54	—
1994	274	155	77	79	17	70.70	42	4.23
1995	297	294	57	79	11	30.40	79	31.19
1996	297	201	120	99	14	34.00	76	11.00
1997	288	269	119	81	20	263.70	112	—
1998	288	203	103	205	28	132.30	91	30.14
1999	204	161	99	88	46	94.20	50	32.20
2000	195	142	85	87	8	15.80	89	30.00
2001	392	243	—	125	23	156.70	154	50.00
2002	312	219	71	95	15	1046.59	79	30.00
2003	365	240	90	212	33	877.20	103	41.52
2004	435	283	—	241	55	68.83	103	39.34
2005	529	277	188	233	39	250.40	—	50.00
2006	461	278	56	265	39	434.90	—	121.36
2007	532	270	63	299	39	103.00	—	90.00
2008	281	297	—	207	—	302.00	—	180.00

四、 禁毒工作

2001年之前，自治县公安局在下设刑侦队配备禁毒专职民警，开展禁毒工作。2002年4月，县公安局内设禁毒大队。1988—2008年，县公安局共计破毒品案件409件，缴获毒品3748.92克，收缴赃款781.64万元。

1988—2008年印江自治县侦破毒品案件统计表

表13—5

年份	毒品案件		赃款（万元）
	案件（起）	毒品（克）	
1988	1	0	6.00

续表13—5

年份	毒品案件		赃款（万元）
	案件（起）	毒品（克）	
1989	2	19.60	5.80
1990	4	25.10	3.85
1991	10	41.20	6.20
1992	5	32.70	5.21
1993	0	0	0
1994	17	70.70	4.23
1995	11	30.40	31.19
1996	14	34.00	11.00
1997	20	263.70	13.60
1998	28	132.30	30.14
1999	46	94.20	32.20
2000	8	15.80	30.00
2001	23	156.70	50.00
2002	15	1046.59	30.00
2003	33	877.20	41.52
2004	55	68.83	39.34
2005	39	250.40	50.00
2006	39	434.90	121.36
2007	39	103.00	90.00
2008	—	302.00	180.00

第九节 “三基工程” 建设

2006—2008年，根据公安部文件精神和《贵州省公安基层所队建设三年规划（2006—2008年）》《贵州省公安厅关于进一步加强和改进公安基层基础工作的意见》，全县公安机关开展“三基工程”（抓基层，打基础，苦练基本功）建设。在基础设施建设方面投入160万元，为7个无房派出所（新寨、罗场、永义、杨柳、洋溪、天堂、峨岭派出所）新建办公用房，改造危房派出所3个（朗溪、木黄、刀坝派出所），乡镇派出所告别无房办公历史。派出所外观标识全县统一。

一、 改善交通工具及单警装备

先后为基层所队统一采购配备警务用车17辆，全县17个乡镇派出所和一线实战单位有了自己的交通工具，全县公安警用车辆由原来的28辆增加到45辆，全部完成警用车辆外观标识。一线执法民警的单警装备按照省厅标准配置，防刺背心170件、防弹背心47件、防暴头盔30顶。

二、 人头经费达标

2006年，将公安机关的公用经费保障标准按人均0.8万元纳入县财政预算，并解决装备建设等专项经费10万元。2007年，将公安工作经费按人均0.85万元纳入县财政预算，公安机关实际公用经费达到人均1.15万元；2008年，全县按照县财政增长幅度，将公安机关公用保障标准按人均1.2

万元纳入县财政预算。基层所队人头经费保障标准达到财政拨款经费的 70%，教育培训经费总支出 40.3 万元。

三、 增强基层实力

(1) 警力下沉。全县设置 3 个社区警务和 16 个农村警务室，驻村民警 22 人。从 2006 年 6 月起，将年龄在 30 周岁以下、长期在局机关工作、无基层工作经历的 22 名民警下沉到乡镇派出所工作；2007 年下沉民警 9 人、2008 年实施机构改革，调整充实中层领导干部、轮换民警岗位，下沉民警 13 人，基层一线警力（执法执勤）186 人，占总警力 88.15%。派出所警力达 95 人，占全局民警的 44.81%。(2) 规范内设机构设置，将原有的 13 个科、所、队、室撤并整合为 8 个内设执法执勤机构，3 个综合管理机构，3 个监管场所，新提拔中层领导干部 50 名（其中 40 岁以下的 29 名），副科级以上民警达 104 人，占民警总数的 49.05%。(3) 执法执勤正规化，严格执法程序，明确执法岗位的工作职责、工作流程、工作标准，推行分管领导、执法部门、岗位民警三级执法责任制。(4) 建立激励竞争机制，立功奖励往所队倾斜，2008 年基层所队实行季度绩效考核，每季度一线民警评为先进个人 10 人，基层一线民警评为先进个人 50 人，占先进个人总数的 86.2%，一线先进集体 9 个，占先进集体总数的 81.18%。2006—2008 年共举办各类培训班 24 期，培训民警 480 人。

四、 提升信息化应用水平

(1) 加大经费投入，把信息化建设摆到优先发展位置，多渠道、多方位筹集资金共 51 万元开通 350 兆集群系统、电视电话会议系统、公安局域网和四级网系统。(2) 实行各业务部门信息系统整合，实现块上建库、条上共享。(3) 基础工作信息化，旅馆业等场所已按照省厅的要求实现信息化管理。(4) 依托金盾工程建设，建立全方位公安信息网，保证所队办公、办案网通和无纸化办公。2008 年，新增计算机 172 台，使计算机总量达 194 台，百名民警拥有率达 91.5%，各科所队接入公安主干网率达到 100%。(5) 2008 年安装监控摄像头 20 个，实施情报信息主导警务战略。(6) 建立标准化信息采集室 22 个，信息采集率和及时率达到 100%，信息采集录入详细率和合格率达到 90%以上。基本实现“基础工作信息化、信息工作基础化”要求，形成全警采集、全警录入、全警应用和全警共享的新格局。

五、 提高驾驭社会治安能力

(1) 组建巡逻特警大队，着力打造空中有探头、街面有巡逻、村寨有联防的防控体系。(2) 组织以治保会（居委会）、护村护寨队等群众性义务巡防队为主干的村寨防控体系建设。共安装电子眼 20 个，有群防群治组织 1331 个 6291 人。其中：治保会（组）385 个 1200 人，治安联防队 382 个 1800 人，内部保卫组织 52 个 91 人，护村护寨、护厂护校队 512 个 3200 人。形成多形式、多模式并存的社会治安防控体系，实现村村有联防，户户保平安。(3) 建立完善刑侦工作机制。2006—2008 年，全县共破获各类刑事案件 544 起，其中破获八类案件 137 起，现行命案破获率为 100%，破获“两抢一盗”犯罪案件 228 起，抓获“两抢一盗”犯罪嫌疑人 152 名，摧毁“两抢一盗”犯罪团伙 31 个 102 人，缴获被盗抢汽车 4 辆、摩托车 90 辆。抓获网上逃犯 100 名。(4) 加大毒品犯罪打击力度。三年来全县共查破毒品案件 110 起，抓获毒品犯罪嫌疑人 97 名，缴获毒品 1086.9 克 109 个零包。(5) 治安管理工作得到加强。加强对实有人口的管理，深入开展人口基础信息采集和调查工作，加强对重点人员和高危人群的管理工作，建立健全村级基层组织治安联防等基础台账，积极开展创建平安畅通县乡（镇）活动。2007 年，省统计局社情民意调查中心开展的全省群众安全感问卷调查，全省群众安全感为 70.9%，全区为 80.99%，全县为 83.33%。

六、 警务保障

2002年4月，经自治县编制委员会批准，公安局内设装备财务股，加强警务装备配备，提升应急保障能力。一是加强经费管理，提高资金使用效益。争取党委政府支持，每年将公安工作经费按人均0.85万元纳入县财政预算，公安机关实际公用经费达到人均1.15万元；2008年，全县按照县财政增长幅度，将公安机关公用保障标准按人均1.2万元纳入县财政预算，基层所、队人头经费保障标准达到财政拨款经费的70%，教育培训经费总支出40.3万元。严格执行“收支两条线”和“票款分离”规定，规范财务收支行为。严格执行财务审批、报销制度，依法处理会计账务，及时、准确、据实上报各类会计报表和统计报表。完成职工医疗保险、互助保险费、职工住房补贴申报、住房公积金缴存办理工作。二是强化装备建设，规范装备管理。为一线民警配齐日常勤务通用装备、执法取证设备和防护装备，提升装备科技含量，提升整体战斗力。是年，配发警务装备100多件，包含车辆、办公设备、金属探测器、勘查设备、取证摄像机等5种价值100多万元的装备，提升县公安局业务部门和一线执勤民警的执法办案能力和应急处突能力。三是强化基础建设，提高保障水平。先后投入资金500余万元修建公安业务技术用房和全县17个派出所的办公用房、公安监管场所用房。

第三章 检 察

1988年，自治县人民检察院内设经济检察科、刑事检察一科、刑事检察二科、法纪检察科、监所检察科和办公室，核定编制32人，实有干警30人。1991年增设民事行政检察科。1995年新设立监所检察室。1997年经济检察科更名为反贪污贿赂局，内设侦查科、综合科、预防科。2001年机构改革后，县人民检察院核定编制36名，设检察长1名，副检察长3名，政工科科长1名，纪检组长1名，反贪污贿赂局局长1名，正副科级检察员4名。内设机构有：办公室、政工科、法警队、侦查监督科、公诉科、反贪污贿赂局（内设技术科）、渎职侵权检察科、监所检察科、民事行政检察科、控告申诉检察科（举报中心、刑事赔偿办公室）。2006年渎职侵权检察科改名为反渎职侵权局，内设综合科和侦查科。至2008年，县人民检察院内设机构有：反贪污贿赂局、反渎职侵权局、政工科、办公室、侦查监督科、公诉科、控告申诉科、民事行政检察科、监所检察科、法警队，反贪局下设侦查科、综合科、预防科、技术科，反渎局下设侦查科、综合科。核定编制40人，其中政法专项编制39名，事业工勤编制1名，实有干警人数38人。

第一节 刑事检察

一、审查批捕

县人民检察院履行审查逮捕、刑事立案监督以及侦查活动监督职责，把维护稳定作为首要任务。在审查批捕工作中严把事实关、证据关、程序关和适用法律关，确保稳、准、狠地打击犯罪。1988—1997年，共受理提请批准逮捕案件862件1678人，经审查，共依法批准逮捕各类犯罪嫌疑人768件1426人，不批准逮捕94件169人，退侦83人。1998—2008年，受理提请批准逮捕案件904件1826人，经审查，批准逮捕715件1292人，不批准逮捕125件285人，退侦64件249人。依法监督侦查机关立案56件68人。

1997年印江自治县反贪局成立， 图为授牌情况

在审查批捕过程中，贯彻宽严相济司法政策，注重执法办案的法律、政治与社会效果的有机统一。一是启动介入侦查，引导取证工作机制，配合公安机关严把案件证据关，为审查起诉提前把关。

二是在依法严厉打击各类严重刑事犯罪的同时，对轻微犯罪特别是因家庭邻里纠纷引发的刑事案件以及初犯、偶犯、过时犯罪和老年、未成年犯罪嫌疑人坚持依法从宽处理，慎用强制措施。三是坚持以证据为核心，客观审查鉴别证据，排除非法证据。严把案件证据关，正确把握逮捕条款，准确区分罪与非罪、此罪与彼罪的界限，严把使用法律关，防止和纠正省略程序、违反程序等问题，严把程序关。

1988—2008 年印江自治县审查批捕人犯统计表

表 13－6

年度	受理数		批捕数		无捕必要数		不予批捕数		公安撤回数		退侦自侦数	
	件	人	件	人	件	人	件	人	件	人	件	人
1988	64	122	60	109	—	—	2	10	—	—	1	1
1989	104	203	102	186	14	15	—	1	1	1	—	—
1990	134	343	122	304	1	8	1	6	—	—	5	8
1991	114	203	98	184	6	8	—	—	—	—	10	11
1992	98	178	82	158	—	—	1	3	—	—	5	6
1993	35	45	32	41	—	1	—	—	—	—	2	2
1994	69	142	59	114	—	3	3	5	—	—	9	22
1995	71	135	63	106	3	10	3	11	—	—	6	13
1996	69	116	59	71	1	9	3	6	—	—	6	11
1997	82	165	75	134	1	7	1	11	—	—	5	10
1998	86	148	76	128	—	—	10	20	—	—	—	—
1999	58	85	56	82	—	—	2	3	—	—	—	—
2000	81	115	69	95	—	—	12	20	—	—	—	—
2001	91	150	79	126	—	—	12	24	—	—	—	—
2002	83	125	69	99	—	—	14	26	—	—	—	—
2003	88	134	83	114	—	—	—	20	—	—	—	—
2004	114	186	104	170	6	8	8	13	2	3	—	—
2005	97	158	77	125	12	19	17	30	3	3	—	—
2006	102	214	88	180	3	8	3	17	3	3	—	—
2007	104	205	97	171	4	21	7	34	—	—	—	—
2008	86	146	76	130	7	12	10	16	—	—	—	—

二、 审查起诉

自治县人民检察院坚持严厉打击严重刑事犯罪，始终保持对严重犯罪的高压态势，坚决打击危害国家安全、危害公共安全犯罪，严厉打击有组织犯罪、黑恶势力犯罪、严重暴力犯罪、毒品犯罪、“两抢一盗”等犯罪案件。1988—1997 年，受理移送审查起诉 851 件 1542 人。经审查，依法提起公诉 694 件 1172 人，免诉 80 件 154 人，不诉 9 件 17 人，退回公安 43 件 95 人，报送铜仁检察分院审查起诉 25 件 104 人。1998—2008 年，受理移送审查起诉 1048 件 1616 人。经审查依法提起公诉 802 件 1172 人，不诉 59 件 103 人，退回公安补充侦查 129 件 236 人，报送铜仁检察分院审查起诉 58 件 105 人。在审查起诉过程中，一是依法指控犯罪、强化诉讼监督、提高办案质量。在工作中县人民检察院对移送审查起诉的每一起案件落实到办案人，层层把关，严审细查，起诉准确率达 100%，使无罪案件、发回重审案件、撤回起诉案件、不诉案件、法院改变起诉指控罪名案件均为零。二是强化法律监督。严把案件的审查关，在办理案件的过程中，始终保持认真细致地阅卷，坚决杜绝超时限办案。在工作中，严格审查案件，注重对侦查环节是否有刑讯逼供、变相体罚等违反程序、侵犯人权问题的监督。三是严格审查办案，加强审判监督。对移送审查起诉的案件，严格依照实体法和程序法的规定，认真细致地审查，做到收到案卷后，当日审查，专人负责，重特大案件和疑难案件及时提交检察委员会，按照从重从快打击犯罪的方针，做到快审快诉，起诉至法院的案件均作出有罪判决，从而确保案件质量。四是简便诉讼，提高效率。为提高办案效率，增强打击犯罪的时效性，充分适用简易程序和被告人认罪案件普通程序简化审理，在审结的案件中，对被告人认罪的案件，适用简化审理，对可能判处三年以下有期徒刑、拘役、管制、单处罚金的案件，适用简易程序，降低诉讼成本，减少诉累，提高办案的质量和效率。

1988—2008 年印江自治县审查起诉情况统计表

表 13－7

年度	受理数		起诉数		免诉数		不诉数		抗诉数		退回公安补侦数	
	件	人	件	人	件	人	件	人	件	人	件	人
1988	64	95	62	91	2	4	—	—	—	—	—	—
1989	110	212	85	161	4	4	—	—	—	—	3	3
1990	140	306	106	206	10	22	—	—	—	—	19	59
1991	140	238	102	181	23	32	1	2	—	—	—	—
1992	118	177	88	133	17	22	—	—	—	—	7	9
1993	63	98	53	84	10	14	—	—	—	—	—	—
1994	66	98	49	74	10	18	2	2	—	—	1	1
1995	62	95	50	73	9	12	—	—	—	—	3	10
1996	77	120	59	95	13	16	3	6	—	—	2	2
1997	75	103	55	74	8	10	3	7	—	—	8	11
1998	91	134	75	110	10	15	—	—	—	—	5	6
1999	70	118	64	93	—	—	5	9	—	—	1	2
2000	94	124	65	80	—	—	18	27	—	—	11	17
2001	97	132	82	101	—	—	—	—	—	—	9	18
2002	97	131	77	108	—	—	6	6	—	—	14	17
2003	110	162	90	126	—	—	8	11	—	—	12	25
2004	116	178	81	124	2	2	20	43	2	2	15	25
2005	107	154	89	134	6	6	6	9	1	1	7	12
2006	100	186	81	140	11	20	5	8	1	1	9	13
2007	113	207	93	161	14	14	2	2	2	3	8	14
2008	118	209	84	135	8	8	7	20	—	—	10	14

三、 刑事和解

在确定案件依法正确处理的同时，主动把执法办案工作向化解社会矛盾延伸。全面推行刑事和解工作，注重对不批捕、不起诉、不抗诉等决定的释法说理，减少社会矛盾，修复社会关系，2006—2008 年，刑事和解 14 件 20 人，依法作出不起诉 4 件 7 人，其余案件法院均对被告人作出从宽处罚。

第二节 反贪污贿赂工作

印江自治县检察院办公楼（2008年拍摄）

反贪污贿赂工作是对国家机关工作人员的贪污、贿赂、挪用公款等职务犯罪进行立案侦查等工作。县人民检察院坚决贯彻中央、省、市、县关于反腐败的工作部署，以群众关注点为风向标，加大查处和预防职务犯罪力度，努力克服困难和挑战，保持惩治腐败犯罪的高压态势。1988—1997年，县检察院受理职务犯罪案件198件206人，立案121件153人，其中：贪污39件55人，受贿26件28人，行贿14件21人，挪用公款39件46人，私分国有资产案件1件1人，偷税案件2件2人。收缴赃款和违纪资金285.78万元，为国家挽回经济损失600万元。1993年，以供销社贪污受贿为切入点，查处5件8人。1995年，查处烟草部门贪污受贿6件9人，涉及金额10万元，所立案件法院均作有罪判决。1998—2008年，在依法查办贪污受贿等犯罪案件的同时，更加注重有效预防职务犯罪。在此期间，共立案侦查职务犯罪73件73人。其中：查办贪污案件34件34人，贿赂案件39件39人，查办科级以上干部20人，通过办案挽回经济损失900万元。主要查办案件有：农业系统贪污案3件3人，劳动保障系统2件2人，建设工程领域贪污贿赂5件5人，民政系统3件3人，卫生系统5件5人。在严肃查办职务犯罪的同时，开展职务犯罪预防126次，向有关单位暨部门提出检察建议65件次，接受行贿犯罪档案查询100次。

自治县人民检察院始终按照最高人民检察院和省、地区检察院工作的总体部署和要求，紧紧依靠党委领导和人大的监督、支持，不断完善工作机制，根据工作实际，采取有力措施，不断提高干警发现案件线索的能力，突破案件的能力，不断提高案件的立案率、判决率和大要案率。落实办案责任，加大办案力度，使查办职务犯罪工作取得新进展，办案的质量和效果不断提高。

坚持深化职务犯罪预防工作。办案中，立足检察职能，坚持标本兼治，惩防并举，努力从源头上遏制和减少职务犯罪。积极开展多层次、多领域的预防职务犯罪工作，突出个案预防、行业预防、重点工程预防三个预防重点，勇于创新，大胆实践，积极探索预防犯罪工作新路子，努力从源头上预防和减少职务犯罪的发生。

第三节 反渎职侵权工作

印江自治县建成反腐倡廉警示教育基地

反渎职侵权工作是通过依法惩治国家机关工作人员渎职侵权犯罪这一司法案件的强制手段，实现检察机关对司法权和行政执法权的法律监督，促进依法行政和司法公正。主要职责是通过对国家机关工作人员渎职侵权犯罪的侦查工作并结合预防职务犯罪工作，以有效地控制渎职侵权犯罪。1988—1997年期间，法纪科、反渎局共受理案件线索152件221人，初查152件221人，经检察长批准立案36件42人，其中：公诉部门作不诉案件2件3人，收到所办案件判决书33份，均为有罪判决。1998—2008年，法纪科、反渎局共受理案件线索 47 件 58 人，初查 47 件 58 人，经检察长批准立案 11 件 12 人，其中：公诉部门作不诉案件 1 件 1 人，收到所办案件判决书 10 份，均为有罪判决。

1988—2008 年印江自治县法纪案件查处情况统计表

表 13—8

年度	受理数		立案数		起诉数		免诉数		撤案数	
	件	人	件	人	件	人	件	人	件	人
1988	9	14	1	1	—	—	1	1	—	—
1989	14	25	4	6	—	—	—	—	—	—
1990	20	25	5	7	—	—	—	—	—	—
1991	27	36	6	7	—	—	—	—	—	—
1992	20	30	5	7	—	—	—	—	—	—
1993	19	29	2	3	—	—	—	—	—	—
1994	15	27	6	9	3	6	1	1	1	1
1995	13	17	4	4	—	—	—	—	—	—
1996	7	8	1	2	—	—	—	—	—	—
1997	8	8	2	2	—	—	—	—	—	—
1998	6	13	—	—	—	—	—	—	—	—
1999	3	6	1	1	—	—	—	—	—	—
2000	5	5	1	1	—	—	—	—	—	—
2001	6	7	1	2	—	—	—	—	—	—
2002	2	2	1	1	—	—	—	—	—	—
2003	—	—	—	—	—	—	—	—	—	—
2004	1	1	1	1	1	1	—	—	—	—
2005	—	—	—	—	—	—	—	—	—	—
2006	—	—	—	—	—	—	—	—	—	—
2007	2	2	2	2	—	—	—	—	—	—
2008	1	3	1	1	1	1	—	—	—	—

第四节　民事行政检察

1991 年，新成立民事行政检察科，该科室的主要职能是：对不服人民法院判决生效的民事、经济、行政申诉案件进行审查，对其中确有错误的，按照审判程序提请铜仁分院提出抗诉；依法对司法人员在民事、经济、行政审判活动中的违法犯罪案件进行侦查，对人民法院在民事、经济、行政案件审判活动中的违法行为提出纠正意见。

在开展民事行政检察工作中，县人民检察院继续加强联系、宣传，多渠道拓展案源。案源问题严重制约着民事行政检察业务的发展。针对案件受理数较少的困难，不断加强与律师事务所的联系，借办公室向人大代表、政协委员寄发资料的平台，撰写民事行政检察工作情况，进一步宣传民事行政检察工作。一是着力抓好民事行政检察建议抗诉、提请抗诉工作质量。确保办案质量才能为民事行政检察工作的持续发展提供保证。在办案过程中，注重民事行政检察案件具体审查方法的总结和运用，加大建议抗诉书、提请抗诉书的说理性力度，加强与铜仁市人民检察院及县法院的协调联系。多管齐

印江自治县检察院召开人民监督员颁证仪式（2005 年拍摄）

下，切实提高民事行政检察办案质量。二是推行民事申诉和解，注重工作实效。为及时化解矛盾，促进社会和谐，在坚持依法建议抗诉、提请抗诉的同时，积极推进民事申诉案件的和解工作。三是做好民事行政检察息诉（指不申诉）工作，维护社会稳定。民事行政检察部门除对部分因法院裁判存在问题的案件建议抗诉、提请抗诉外，大部分的申诉案件还需要承办人员做好申诉人的服判息诉工作。本着客观公正、实事求是的原则，既强调建议抗诉、提请抗诉工作，又重视息诉工作。在办理申诉案件中，若法院裁判正确，一方面耐心细致地做好当事人的工作。同时又通过试行民事行政案件申诉告知及风险提示书制度和息诉理由告知书制度，使申诉人充分了解检察机关民行检察的职能，使其服判息诉。

1991—2008 年期间，县人民检察院受理各类民事行政案件 197 件，决定立案审查 76 件，审查后提请抗诉 28 件，其中分院支持抗诉 13 件，建议法院自行再审 8 件，作出息诉工作 113 件，所有抗诉案件法院均改判。

第五节　监所检察

1988—2008 年，县看守所共收押各类违法犯罪人员 4003 人，出所 3088 人，每年年末在押人员累计 1915 人，每年平均在押人员 91 人，其中：2008 年以前年平均羁押量比 1996 年以前年平均羁押量呈增长趋势。1990—1994 年监所检察工作连续五年名列全区前茅。1994 年被评为全省监所检察工作先进集体；1995 年被评为全区政法系统先进集体；1996 年驻所检察室被省人民检察院评为达标检察室；1999 年监所工作获全区第一名；2004 年驻所检察室被最高人民检察院授予“二级达标检察室”称号。

第六节　控告申诉检察

1988—1997 年，县人民检察院控告申诉部门共受理来信、来访 1180 件，其中：受理各类举报线索 455 件，其他来信、来访 725 件。转有关单位和部门 1050 件，受理上级院交办件 25 件，受理刑事申诉 7 件，刑事赔偿 6 件。1997—2008 年，县检察控告申诉部门共受理来信、来访 501 件。其中：受理各类举报线索 102 件，其他来信、来访 399 件。受理上级院交办件 16 件，受理刑事申诉 4 件，刑事赔偿 2 件。

印江自治县政协主席何圣仙带领政协委员在检察院检查法纪工作（2008 年拍摄）

1988—2008 年控告申诉检察办案情况统计表

表 13—9

年度	受理人民群众来信来访	处理件	转有关业务部门	转有关单位
1988	188	5	5	178
1989	159	31	43	85
1990	179	1	25	153
1991	133	3	67	63
1992	115	9	27	79
1993	99	8	35	56
1994	75	6	39	30
1995	55	13	42	0
1996	75	12	36	27
1997	102	14	50	48
1998	86	7	52	27
1999	29	20	9	20
2000	39	2	7	30
2001	85	2	20	63
2002	85	7	10	68
2003	97	36	35	26
2004	112	83	20	9
2005	122	81	28	13
2006	98	59	31	8
2007	102	63	34	5
2008	99	58	31	10

第四章 法 院

第一节 机构设置

一、 内设机构

印江自治县法院刑事审判庭场景（2008 年拍摄）

1988 年，自治县人民法院内设：办公室、刑事审判一庭、刑事审判二庭、民事审判庭、行政审判庭、执行庭。1990 年 6 月，增设政工科，政工科科长为同级法院副院长级干部。增设经济审判庭。1994 年，新成立法警队。1997 年，全县机构改革后，县人民法院核定编制 67 名。其内设机构为：办公室、政工科、研究室、刑事审判庭、民事审判庭、经济审判庭、行政审判庭、少年案件审判庭、审判监督庭、执行庭、监察室、法警队。1999 年，法警队更名为司法警察大队。2000 年，增设执行工作局，执行工作局局长按比内设机构负责人级别高半格配备，与执行庭实行两块牌子一套人员合署办公。派出人民法庭由原来 8 个组合成 4 个，跨行政区域设置，以数字命名。分别是：第一人民法庭（设置在峨岭镇）、第二人民法庭（设置在板溪镇）、第三人民法庭（设置在合水镇）、第四人民法庭（设置在缠溪镇）。2001 年，机构改革后，县人民法院内设机构为：办公室、政工科、立案庭、刑事审判庭、民事审判一庭、民事审判二庭、行政审判庭、审判监督庭、执行工作局（执行庭）、研究室、书记官室、监察室、司法警察大队。其中：政工科科长、执行工作局局长按副院长级别干部配备，撤销以第一、第二、第三、第四冠名的人民法庭，新设置以所在地地名冠名的板溪人民法庭、合水人民法庭、缠溪人民法庭、洋溪人民法庭。2003 年 4 月，全县人民法庭由原来的股级机构升格为副科级机构。截至 2008 年，县人民法院内设机构有：办公室、政工科、立案庭、刑事审判庭、民事审判一庭、民事审判二庭、行政审判庭、审判监督庭、执行工作局（执行庭）、研究室、书记室、监察室、司法警察大队。派出人民法庭有板溪人民法庭、合水人民法庭、缠溪人民法庭、洋溪人民法庭。

二、 派出机构

1990 年，派出机构设置有：印江镇人民法庭、峨岭人民法庭、板溪人民法庭、天堂人民法庭、木黄人民法庭、朗溪人民法庭、缠溪人民法庭、洋溪人民法庭。在县公路运输管理所、机动车辆征费稽查站、土管局、工商行政管理局、公证处、水利电力局、环境保护局设立执行室。1993 年，印江镇人民法庭与峨岭人民法庭合并为峨岭人民法庭，新设立新寨人民法庭。同时，在县农行设立金融法庭。1997 年县、乡机构改革后，在峨岭、新寨、板溪、天堂、木黄、朗溪、缠溪、洋溪设置人民法庭。同时撤销设置在县公路运输管理所、机动车辆征费稽查站、国土资源所、工商行政管理局、公证处、水利电力局、环境保护局 7 个执行室和县农行的金融法庭。

第二节 审判工作

一、刑事审判

合水法庭在朗溪镇川岩村巡回开庭现场（2008 年拍摄）

1988 年，县人民法院刑事审判工作围绕继续贯彻依法从重从快方针，结合全县社会治安实际情况，把杀人、抢劫、强奸、贩毒、重大盗窃等刑事犯罪，尤其是重大犯罪团伙作为打击重点，只要犯罪事实基本清楚，证据基本充分，就迅速判处，对惯犯、累犯和影响大的团伙犯罪坚决从重打击，决不手软。通过快审快结，震慑犯罪分子，维护社会安定。1988—1992 年，全县受理各类刑事案件 491 件 780 人，审结 490 件 779 人，年度内审结率达 99.8%。其中，判决 401 件，调解 58 件，其他 32 件。1993 年，按照中共中央政法委和最高法院“严打要打出声威”要求，打击重点放在严重危害社会治安、危及人民群众生命财产安全等案件的审理上，审理时把握“准”字，坚持“狠”字。从重从快判处一批刑事犯罪分子，震慑犯罪，收到处理一案、震慑一批、教育一片、安定一方的社会效果。1993—1997 年，全县受理各类刑事案件 377 件 441 人，审结 377 件 441 人，年度内审结率达 100%。其中：判决 262 件，调解 71 件，裁定 7 件，其他 37 件。1998 年之后，人民法院贯彻新修订的《刑法》和《刑事诉讼法》，充分发挥刑罚的调整和保护功能。1998—2002 年，受理各类刑事案件 532 件 693 人，审结 500 件 659 人，其中：判决 405 件，调解 27 件，裁定 10 件，其他 58 件。年度内审结率达 93.99%。2003 年之后，围绕“一要坚决、二要慎重、三要搞准”原则，严格区分罪与非罪、此罪与彼罪的界限，不枉不纵，严肃执法。将“维护稳定，惩治犯罪，促进经济发展”放在审判工作首位，为印江县经济发展和社会稳定提供法律保障。2003—2008 年，受理各类刑事案件 622 件 850 人，审结 601 件 825 人，年度内审结率达 96.62%。其中：判决 538 件，调解 32 件，裁定 11 件，其他 29 件。

1988—2008 年印江自治县法院各类刑事审判收结案情况统计表

表 13—10　　单位：件、人

项目 年限	收案	人数	结案	人数	其中			
					判决	调解	裁定	其他
1988	80	118	80	118	56	18	—	6
1989	74	107	74	107	53	12	—	9

续表13－10

项目 年限	收案	人数	结案	人数	其中			
					判决	调解	裁定	其他
1990	114	217	113	216	105	9	—	—
1991	127	217	127	217	107	12	—	8
1992	96	121	96	121	80	7	—	9
1993	53	71	53	71	42	5	—	6
1994	87	98	87	98	52	20	—	15
1995	71	93	71	93	51	20	—	—
1996	107	112	107	112	77	16	7	7
1997	59	67	59	67	40	10	—	9
1998	115	170	115	170	85	20	10	—
1999	81	126	81	126	81	—	—	—
2000	102	109	102	109	76	—	—	26
2001	125	160	101	136	81	6	—	14
2002	109	128	101	118	82	1	—	18
2003	109	153	109	153	90	9	10	—
2004	105	126	94	125	81	9	—	4
2005	109	128	123	123	116	2	—	5
2006	103	146	92	132	89	—	—	3
2007	107	156	103	151	83	7	—	13
2008	89	141	89	141	79	5	1	4

二、 民事审判

1988年，全县民事案件集中在婚姻家庭纠纷、邻里纠纷、继承纠纷、土地侵权纠纷、宅基地纠纷、损害赔偿纠纷及债权债务纠纷案件。按照《民事诉讼法》立法精神和基本原则，县人民法院工作以提高执法水平和办案质量为重点。1988—1992年，受理各类民事案件1805件，审结1776件，年度内审结率达98.34%。其中：判决848件，调解814件，裁定76件，其他38件。1993—1997年，法律调整民事关系的范围更加广泛，涉及人民群众切身利益的民事案件增多，牵涉面广、工作难度大。县人民法院采取“谁主张，谁举证”诉讼模式。强调当事人举证，着重调解原则。采用公开审判，巡回就地办案方式。改变过去“当事人动动嘴，法官跑断腿”现象。这一时期婚姻家庭类案件仍居民事案件之首，占50%以上。县人民法院根据婚姻案件中以离婚案件为主的实际，坚持“离婚自由，反对轻率离婚”原则，县人民法院在认真审理每一起离婚案件的同时，敦促家庭和睦。共受理各类民事案件1878件，审结1834件，年内审结率达97.66%。其中，判决1074件，调解592件，裁定86件，其他82件。1998—2002年，围绕《民事诉讼法》基本原则，审判方式实行当事人举证、庭审质证、认证的证据模式，采取举证与请求相一致和举证与主张、抗辩共存的举证分担方式的大民事审判新格局。在此期间共受理各类民事案件2211件，审结2129件，年度内审结率达96.29%。其中：判决938件，调解840件，裁定119件，其他232件。2003—2008年，按照《民事诉讼证据若干规定》，县人民法院在正确适用法律的同时，进一步探索审判方式改革，坚持司法公开，平等保护，实体与程序并重。进一步规范调查取证和法官释明权，扩大适用简易程序范围。既严格依法，耐心细致地做好辩法析理工作，又注意掌握运用政策，做到“案结事了”。依照能调则调，当判则判，调判结合原则。切实解决群众告状难、诉讼难问题。妥善处理、化解社会矛盾，推进县域经济发展和社会文明进步。在此期间共受理各类民事案件 2033 件，审结 1913 件，年度内审结率达 94.1%。其中判决 742 件，调解 778 件，裁定 194 件，其他 199 件。

1988—2008 年印江自治县各类民事案件收结案情况统计表

表 13－11 单位：件、%

项目 年限	收案	结案	结案率	其中			
				判决	调解	裁定	其他
1988	350	345	98.57	105	211	—	29
1989	392	388	98.98	116	241	31	—
1990	327	324	99.08	94	191	37	2
1991	360	356	98.89	231	113	8	4
1992	376	363	96.54	302	58	—	3
1993	328	315	96.04	115	177	—	23
1994	418	413	98.80	256	128	—	29
1995	396	383	96.72	253	95	19	16
1996	380	376	98.95	251	105	8	12
1997	356	347	97.47	199	87	59	2
1998	502	493	98.21	257	189	47	—
1999	585	554	94.70	186	296	72	—
2000	379	366	96.57	179	93	—	94
2001	402	392	97.51	167	129	—	96
2002	343	324	94.46	149	133	—	42
2003	301	290	96.35	128	101	—	61
2004	293	270	92.15	117	98	22	33
2005	301	275	91.36	133	93	25	24
2006	374	340	90.91	102	163	36	39
2007	366	353	96.45	139	142	50	22
2008	398	385	96.73	123	181	61	20

三、 经济审判

经济审判庭主要负责依法审理一审法人之间、法人与其他组织之间的合同纠纷和侵权纠纷，其他合同纠纷以及按督促程序、公示催告程序和企业法人破产还债程序的各类一审普通商事纠纷案件。县人民法院经济审判庭从 1990 年成立至 2001 年，为维护印江经济的发展，发挥积极作用，为以后的民商事审判工作提供宝贵的审判经验借鉴。自 2002 年起，县法院撤销经济审判庭，其原来业务并入民事审判庭。县人民法院经济审判庭建立后，经济案件收案不断上升。经济案件的审判强调当事人举证，重事实和证据，着重调解的原则。随着审判方式的改革，经济纠纷案件庭审模式也由纠问式庭审改为辩论式庭审。庭审过程中，发挥当事人和诉讼参与人的积极性，大量适用简易程序和督促程序。工作方法上采取送法上门，变被动服务为主动服务。重点加强对涉农、金融信贷、房地产领域经济案件的审理。依法调节、保护和规范经济活动。在中国加入 WTO 后的新形势下，依法开展清收银行贷款，促进市场公平交易。在此期间，主要受理的案件类型有：借款合同纠纷、建筑工程施工合同、购销合同纠纷、破产还债、加工承揽、贷款合同纠纷等。1990—1992年，受理各类经济案件63件，审结62件，年度内审结率达98.41%。其中：判决28件，调解21件，裁定8件，其他5件。1993—1997年，共受理各类经济案件167件，审结151件，年度内审结率达90.42%。其中：判决88件，调解44件，其他19件。1998—2001年，共受理各类经济案件766件，审结766件，年度内审结率达100%。其中：判决343件，调解383件，其他40件。诉讼标的880.3万元。

1990—2001年印江自治县各类经济案件收结案情况统计表

表13—12 单位：件、%

项目 年限	收案	结案	结案率	诉讼标（万元）	其中			
					判决	调解	裁定	其他
1990	26	25	96.15	—	13	8	3	1
1991	23	23	100.00	—	7	7	5	4
1992	14	14	100.00	—	8	6	—	—
1993	9	8	88.89	—	4	4	—	—
1994	73	70	95.89	—	43	20	—	7
1995	66	54	81.82	—	30	12	—	12
1996	6	6	100.00	—	3	3	—	—
1997	13	13	100.00	—	8	5	—	—
1998	273	273	100.00	—	205	62	—	6
1999	228	228	100.00	485.2	58	151	—	19
2000	179	179	100.00	365.1	46	118	—	15
2001	86	86	100.00	30.0	34	52	—	—

四、 行政审判

行政诉讼案件的审判是指行政相对人与行政主体在行政法律关系领域发生纠纷后，依法向人民法院提起诉讼，人民法院依法定程序审理行政主体的行政行为的合法性，并判断相对人的主张是否妥当，以作出裁判的一种活动，是一种“民告官”的案件。由于人们对“民告官”存在思想顾虑，担心存在“官官相护”的旧观念，因此，当事人有不愿诉讼的现象。同时被告方的行政主体也转变不了观念，不习惯当被告等诸多因素的影响，每年收案不多。1988—1992年，全县共受理行政案件27件，审结24件。其中：判决17件，裁定3件，其他4件。1993—1997年，县人民法院针对行政案件这项工作涉及行政管理，相对人诉权的保护，涉及行政执法机关运用具体行政行为调节社会关系的合法性，大胆受理各类行政诉讼案件，不断拓宽行政案件受案范围。涉及范围主要有：不服公安机关行政裁决和行政强制措施的，不服行政机关行政征收的，不服行政机关行政处罚等。在此期间，共受理行政案件34件，审结32件。其中：判决22件，其他10件。1998—2002年，县法院行政审判收案领域逐渐扩大，新类型案件有所增多，依照大胆受理、合法审查原则，案件合法启动诉讼程序，讲求实效，及时解决行政争议，不断提高行政诉讼案件质量。要求在判决书的说服力上下大功夫，要求以上级法院规定的格式为蓝本，分析说理要透彻，语句措辞要得体。在此期间共受理行政案件33件，审结33件。其中：判决18件，其他15件。2003—2008年，县人民法院落实审判公开制度，以公开保质量、以公开促公正，由形式公开向实质公开转变，由实体公开向程序公开转变。对当事人的举证、质证，审判人员的认证要求更加规范，同时突出审判的工作重点。改革行政审判，积极稳妥受理涉及行政机关案件。防止“法院万能”，支持依法行政。在此期间，共受理行政案件23件，审结21件。

其中：判决 11 件，调解 9 件，裁定 1 件。同时，依法对行政机关申请执行的非诉行政案件 123 件，进行审查并作出准予执行裁定。其中：部分准予执行 1 件。

1988—2008 年全县各类行政案件收结案情况统计表

表 13—13 单位：件、%

项目 年限	收案	结案	结案率	其中			
				判决	调解	裁定	其他
1988	1	1	100.00	1	—	—	—
1989	4	3	75.00	1	—	—	2
1990	5	3	60.00	2	—	1	—
1991	9	9	100.00	7	—	2	—
1992	8	8	100.00	6	—	—	2
1993	9	8	88.89	6	—	—	2
1994	7	7	100.00	4	—	—	3
1995	6	5	83.33	4	—	—	1
1996	6	6	100.00	4	—	—	2
1997	6	6	100.00	4	—	—	2
1998	6	6	100.00	3	—	—	3
1999	15	15	100.00	7	—	—	8
2000	4	4	100.00	4	—	—	—
2001	4	4	100.00	2	—	—	2
2002	4	4	100.00	2	—	—	2
2003	4	3	75.00	3	—	—	—
2004	5	4	80.00	2	2	—	—
2005	5	5	100.00	2	3	—	—
2006	4	4	100.00	2	2	—	—
2007	1	1	100.00	—	—	1	—
2008	4	4	100.00	2	2	—	—

第三节　执行工作

执行工作是依法执行本院发生法律效力具有履行内容的判决书、调解书、民事制裁决定书以及刑事判决书、裁定书中的财产部分，执行法律规定由基层人民法院执行的其他生效法律文书，办理委托执行和协助执行及其他有关执行工作事宜。在执行过程中，执行人员认为该判决确有错误，可按审判监督程序报院长决定再审，从而确保案件的正确性和司法公正性。1988—1992 年，复杂的执法环境导致“执行难”状况日益明显，县人民法院对执行工作予以高度重视，执行工作是法院工作的重要组成部分，是体现司法公正的重要环节，生效的裁判得不到执行，法律就会被群众视为一纸空文，就会损害法律的公正和尊严，也会损害公民、法人和其他组织的合法权益。通过举办被执行人员法制学习班等形式，执结了一批案件。在此期间共受理各类执行案件 495 件，执结 477 件，执结率达 96.36%。执行标的 33.1 万元。1993—1997 年，为创新执行工作，破解“执行难”困局，县人民法院坚持文明执行与依法强制执行的有机结合，积极探索审执兼顾，强调案件在审结时，特别是在调解时，要考虑

法院执行庭在坪兴寨村执行房屋乱建现场（2008 年拍摄）

案件能否执行的问题，对部分调解案件实行谁调解谁负责执行的机制，在执行二作中通过多做说服教育工作的方式，来提高调解案件的实际结案率。在此期间共受理各类执行案件 702 件，执结 689 件，执结率达 98.15%。执行标的 98.4 万元。1998—2002 年，县人民法院坚持依法执行、文明执行，对当事人做好思想疏导工作，促使自动履行，防止矛盾激化，促进社会稳定。1999 年，县人民法院开展“执行年”活动，推出公开执行日期承诺制度，公开曝光典型案件。通过召开被执行人动员会和集中执行相结合，说服教育与强制执行相结合，取得良好的社会效果。2000 年，县人民法院新成立执行工作局，与执行庭实行两块牌子一套人员，合署办公。对印江县执行工作实行统一管理、统一安排、统一部署。在此期间，共受理各类执行案件 1549 件，执结 1422 件，执结率达 91.80%。执行标的 1795.9 万元。2003—2008 年，县人民法院根据“切实解决执行难问题”要求，为贯彻执行中央有关文件精神，实行“执行难”综合治理，改变法院单打独斗、强化执行措施，加大执行力度，努力提高当事人自动履行率和执行和解率，维护司法权威。执行工作实行执行实施权与裁判权分权制度，实行发放债权凭证制度。认真开展集中清理未执行案，执行款物活动，清理执结历年积案 163 件，进一步保证法院执行工作的良性循环。在此期间共受理各类执行案件 1100 件，执结 981 件，执结率达 89.18%。执行标的 1967.5 万元。

1983—2008 年印江自治县各类执行案件收结案情况统计表

表 13－14

项目 年限	收案（件）	结案（件）	结案率（%）	执行标的（万元）
1988	39	37	94.87	—
1989	66	62	93.94	—
1990	109	104	95.41	—
1991	156	150	96.15	19.4
1992	125	124	99.20	13.7
1993	94	94	100.00	10.4
1994	212	201	94.81	—
1995	197	197	100.00	43.0
1996	113	111	98.23	19.0
1997	86	86	100.00	26.0
1998	328	307	93.60	715.9
1999	305	297	97.38	328.0
2000	379	343	90.50	367.0
2001	254	227	89.37	200.0
2002	283	248	87.63	159.0
2003	173	158	91.33	231.0
2004	138	122	88.41	280.0
2005	201	175	87.07	185.0

续表13－14

项目 年限	收案（件）	结案（件）	结案率（%）	执行标的（万元）
2006	156	126	80.77	260.0
2007	229	222	96.94	589.3
2008	203	178	87.68	422.2

第四节　审判监督与立案信访

印江自治县法庭判审判现场（2010 年拍摄）

1997 年，自治县人民法院撤销告诉申诉庭，设立立案庭、审判监督庭，全面实行立审分立、审监分立、审执分立，实现案件审与判的有机结合，以促进司法公正。申诉复查工作由立案庭负责审查，认为确有错误的，按审判监督程序报审判委员会决定是否再审，决定再审后，由立案庭将案件移送审判监督庭。如无错误，在做好当事人工作的同时，依法由立案庭及时驳回，维护司法权威。接待来信来访是审判监督的基础性工作，县人民法院在立案庭专门设立来信来访接待室，专人处理来信来访及审查申诉复查案件及初次来信来访立案的审查。在工作中，县人民法院认真落实首问责任制，建立健全来信来访登记备案制度，完善规范管理案件、审查程序、推行申诉、申请再审告知制度、听证制度、重大事项请示报告制度和案件交办督办制度，增加办理案件的透明度，把信访工作与审判工作列为同等重要的地位，使申诉、申请再审的立案审查工作有序开展。1988—1992 年，审判监督工作坚持全错全纠，部分错部分纠，不错不纠的原则，对个别案件定性不准、量刑失当的，依法适当处理，不给申诉人留尾巴。切实解决“告状难”，坚持实事求是，以调为主。在此期间，立案信访共接待人民群众来信来访 3449 人次，受理审判监督各类案件 172 件，审结 171 件，年度内审结率达 99.42%。其中：判决 64 件，调解 42 件，裁定 38 件，其他 27 件。1993—1997 年期间，共接待人民群众来信来访 2937 人次，为使弱势群众打得起“官司”，县人民法院加强司法求助工作，缓、减、免诉讼费 4540 元。受理审判监督各类案件 38 件，审结 38 件，年度内审结率达 100%。其中：判决 24 件，调解 9 件，其他 5 件。1998—2002 年，县人民法院为切实解决群众“告状难”问题，设立院长接待日，各人民法庭辖区设立诉讼接待站。案件实行繁简分流，由立案庭负责程序，推行审判流程管理，排期开庭。在此期间，立案信访共接待人民群众来信来访 7294 人次，缓、减、免诉讼费 25890.7 元。受理审判监督各类案件 57 件，审结 57 件，年度内审结率达 100%。其中：判决 37 件，调解 10 件，裁定 4 件，其他 6 件。2003—2008 年，县人民法院建立对新类型、敏感、涉诉人员多，复杂疑难案件的立案请示报告制度、督办制度，严把入口关和审限预警，印制《诉讼指南》引导当事人诉讼。在此期间，共接待人民群众来信来访 5843 人次，缓、减、免诉讼费 135368 元，调解案件 121 件。受理审判监督各类案件 12 件，审结 11 件，年度内审结率达 91.67%。其中，判决 6 件，调解 5 件，评查各类案件 983 件。

1988—2008年印江自治县各类审判监督案件与立案信访收结情况统计表

表13—15

年限＼项目	审判监督案件							立案信访接待来访人次缓、减、免诉讼费	
	收案（件）	结案（件）	结案率（%）	其中				来信来访人次（人次）	缓、减、免诉讼费（元）
				判决（件）	调解（件）	裁定（件）	其他（件）		
1988	81	81	100	14	11	38	18	725	—
1989	32	32	100	15	17	—		572	—
1990	12	12	100	8	1	—	3	796	—
1991	33	32	96.97	17	9	—	6	975	—
1992	14	14	100	10	4	—		381	—
1993	7	7	100	5	—		2	277	—
1994	8	8	100	5	3	—		645	—
1995	5	5	100	3	2	—		506	2137
1996	6	6	100	3	3	—		835	1876
1997	12	12	100	8	1	—	3	674	527
1998	20	20	100	15	1	4	—	2136	3422
1999	14	14	100	8	—		6	1875	3587
2000	10	10	100	7	3	—		1537	3576
2001	8	8	100	5	3	—		1421	8978
2002	5	5	100	2	3	—		325	6328
2003	2	2	100	2	—		—	386	7174
2004	3	2	66.67	1	1	—		1032	20000
2005	3	3	100	1	2	—		1093	26108
2006	1	1	100	—	1	—		1420	22862
2007	1	1	100	1	—		—	956	28100
2008	2	2	100	1	1	—		956	31124

第五章 司法行政

第一节 机构设置

一、 内设机构

1988年，自治县司法局内设办公室、法制宣传股、基层股、法律援助股、律师公证管理股、律师所和公证处。2002年，机构改革后，县司法局核定编制19名，其中：设局长1名、副局长2名，纪检组长1名，政工科长（副科级）1名，依法治县领导小组办公室主任（副科级）1名，股级职数6名。核定后勤人员编制2名，下属宜民律师事务所事业编制5名，公证处人员3名，由财政全额预算管理。2007年，增设政工科。2008年，县司法局内设政工科、办公室、法制宣传股、基层股、法律援助股、社区矫正股（刑释解教人员工作股）、律师公证管理股、宜民律师事务所和公证处（事业编制机构）。

二、 派出机构

1997年，成立洋溪司法所、缠溪司法所。1998年，成立中坝、新寨、杉树坳、沙子坡、天堂、刀坝、新业、合水、永义、罗场、杨柳、木黄、板溪、朗溪司法所。1999年，成立峨岭司法所。2002年，机构改革后，设乡镇司法所政法专项编制28名，其中：峨岭、新寨司法所各3名，板溪、缠溪、木黄、合水、沙子坡、刀坝、朗溪司法所各2名，中坝、杉树坳、天堂、新业、永义、罗场、洋溪、杨柳司法所各1名。17个乡镇司法所设所长或副所长1名。

第二节 普法工作

一、“一五” 普法（1986—1990）

普法对象是工人、农民、知识分子、干部、学生、军人、其他劳动者和城镇居民中一切有接受教育能力的公民。普法内容侧重于《宪法》《刑法》《刑事诉讼法》《民事诉讼法》《民法通则》《婚姻法》《继承法》《经济合同法》《兵役法》《民族自治区域法》《治安管理处罚条例》，以及法律常识的学习和普及。采取创办农民业余法制夜校、组建普法小分队、印发宣传资料、刷写永久性宣传标语等学习形式，开展和推进普法工作。在此期间，共上法制课520场次，受教育4.8万人，举办骨干培训班23场次，培训骨干4500人。全县34万普法对象中，有32万人参加普法学习，占普法对象94%，全县订购普法教材3500册，编印普法材料5000份，出动宣传车191次，巡回图片展150场次，出宣传栏、黑板报862期，广播讲座98期，法律咨询80场次，组织参加全国性法律知识竞赛3次，参加人数2500人（次）。各单位自办法律竞赛135场次，参加3200人次。

二、“二五” 普法（1991—1995）

印江自治县第三中学开展“增强法律意识共建和谐校园” 法律专题讲座（1995年拍摄）

普法重点对象是领导干部、执法人员（包括司法人员和行政执法人员）、青少年，特别是大、中学校的在校生。普法的主要内容以《宪法》为核心、以专业法为重点。普法的基本目标紧紧围绕党和国家的中心工作，组织深入学习宪法，同时按计划、有步骤、分层次地组织学习上级规定的相关专业法律知识，促进各项工作依法办事。“二五”普法期间，全县在继续抓好城乡群众性普法工作的同时，采取聘请专家、学者举办法制讲座的形式，重点对县、乡领导班子成员和广大行政执法人员进行《公司法》《反不正当竞争法》《产品质量法》等法律法规以及《经济法》基础知识、社会主义法制建设理论等内容的培训学习。同时实施法律常识进课堂，加强对青少年的法制教育。在此期间，共出法制宣传专栏1416期，利用录音、广播宣传1227次，深入乡镇、机关、厂矿巡回宣传669次，到机关、厂矿、农村上法制课222场次，召开各种法制会议356次，电影宣传387次，文艺宣传75次236个节目，出动宣传车176台次，解答法律疑难问题1200人（次），印发宣传资料2.3万份，订购书籍2000套，培训普法骨干376人（次），办培训班32期2123人（次），办法制讲座187期，张贴宣传标语579条。

三、“三五” 普法（1996—2000）

普法重点对象为工人、农民、知识分子、干部、企业经营管理人员、学生、军人和个体劳动者以及其他一切有接受教育能力的公民。其普法目标是继续深入进行以《宪法》、基本法律和社会主义市场经济法律知识为主要内容的宣传教育，进一步增强公民的法律意识和法制观念，提高各级干部依法办事和管理的能力、水平。5年间，全县有3万人（次）在职人员参加普法学习，累计开展普法宣传100场次，共出法制宣传专栏1174期，利用录音、广播宣传666次。深入机关、乡镇、厂矿宣传50次，录像、电影宣传35次。利用文艺演出宣传10场次，法律咨询5732人（次），发放宣传资料2.68万份，张贴标语1.34万条。办法制讲座487期，出动宣传车541台次。办青少年法制教育帮教班143期，挽救失足青少年1490人。办普法培训班166次，培训4303人。购法律书籍4761册，发放普法试卷6500份。开展依法治理试点乡镇13个，村（居）201个，机关69个，厂矿15个，学校53所。

四、“四五” 普法（2001—2005）

普法重点对象为领导干部、司法和行政执法人员、青少年以及企业经营管理人员。2002年，县委建立学法制度，县委组织部、人事局、依法治县领导小组办公室联合建立法律考试制度，并将考试合格作为任用干部条件。普法的主要内容是宣传与整顿规范市场经济秩序相关的法律法规，宣传与加入世界贸易组织相关的法律知识，宣传与维护社会稳定相关的法律法规，宣传社会发展迫切要求普及的各项法律法规。基本目标是通过“四五”普法规划的实施，努力实现由提高全民法律意识向提高全民法律素质的转变，实现由注重依靠行政手段管理向注重运用法律手段管理的转变，全方位推进各项事业的依法治理，为依法治国、建设社会主义法治国家奠定坚实的基础。在此期间，全县建立普法依法治理领导小组和工作机构 132 个 839 人，形成覆盖农村，纵到底、横到边的“普治”网络，建立“县乡同治、各方参与、齐抓共管”的工作机制。累计出法制宣传专栏 2551 期，出动宣传车 133 台次，上街宣传 148 次，电视专题宣传 6 次，书写张贴标语 1.89 万幅，发放普法资料 15.29 万册，编印普法读本和人民调解手册 3.15 万册。上法制课 228 场次，解答法律咨询 1960 人（次），举办普法培训班 3 期，培育骨干 203 人。办领导干部培训班 1 次，培训 4430 人。培训一般干部职工 3.31 万人（次），培训普法宣传员 447 次 1467 人（次），组织 9832 名干部参加学法用法考试。选定依法治理示范点 10 个，创建“民主法制示范村”43 个，“依法治家示范户”1.3 万户。

五、“五五” 普法（2006—2008）

以“法律六进”活动为主线，重点宣传《中华人民共和国宪法》《中华人民共和国物权法》《中华人民共和国刑法》《中华人民共和国治安管理处罚法》《中华人民共和国义务教育法》《中华人民共和国未成年人保护法》《中华人民共和国道路交通安全法》《信访条例》等 30 多部法律法规。在此期间，共出法制专栏 1599 期，文艺演出 18 场次，设咨询台 323 次，解答法律咨询 2000 人（次），印发宣传资料 32 万份，书写张贴标语 900 幅，编印普法读本 12 万册，展示宣传挂图 502 幅，办法制讲座 78 场，上法制课 230 次。开展青少年法制宣传教育 147 场次，受教育师生 23 万人。

2006 年 12 月，印江召开“五五” 普法依法治县启动动员大会

第三节　安置帮教

做好对服刑在教人员、刑满释放解除劳教人员的服务管理，是司法部门社会管理工作的重点之一，关系社会的安宁和谐。自治县司法局从强化管理入手，广开安置渠道，落实帮教措施，加强刑释解教安置帮教工作。充分发挥典型示范引领作用，加大对刑释解教人员教育转化工作力度，执行拟假释等社区矫正人员实行局班子集体讨论研究决定制度，探索并基本实现“出监（所）有人接、就业有人扶、创业有人帮、困难有人助、违法有人管”的工作机制。截至 2008 年，全县建有特殊人群“阳光工程”帮教基地 9 个。17 个乡镇均成立有安置帮教工作站，安置工作站负责实施刑释解教人员的排查、摸底、登记、立卡建档工作。1992—2002 年，全县共衔接刑释解教人员 2546 人，其中刑释 2013 人、解教 533 人、安置 2546 人、帮教 2546 人。2003 年，安置刑释解教人员 156 人，帮教 156 人，安置率 100%，帮教率 100%。2004 年，安置刑释解教人员 119 名。2005 年，通过指导就业等途径对刑释解教人员进行安置，全年共安置帮教刑释解教人员 81 人，其中解除劳教 13 人、刑满释放 68 人。当年有 25 名刑释解教人员成为致富能手，实现脱贫致富。2006 年，安置“两劳”人员 118 人，安置、帮教、建档率均达 100%。2008 年，对各乡镇刑释解教安置帮教站工作人员开展帮教管理软件培训，并推广应用此类软件，实现刑释解教人员管理信息化、网络化。是年，全县安置帮教刑释解教人员 215 人。

第四节 法律服务

一、 律师事务

1992年，印江法律顾问处更名为印江县律师事务所。1997年，印江县律师事务所更名为贵州省宜民律师事务所。是年，律师事务所有专职律师5人，律师助理1人。1988—2002年，律师事务所共担任法律顾问57家（次），办理各类案件789件。2003年，代理各类案件74件，其中刑事21件，民事20件，行政6件，非诉讼27件，担任法律顾问9家。公证处办理公证310件，其中经济类186件，民事类124件。2004年，受聘担任政府机关、企事业单位法律顾问7家，刑事辩护及代理39件，民事诉讼代理20件，行政诉讼代理4件，非诉讼法律事务代理52件，接待咨询208人次。2005年，共代理刑事辩护案件48件，代理民事、经济、行政案件81件，代理非诉讼案件46件，代写法律文书62份，办理法律援助案件7件，接待咨询610人（次）。2006年，开展法律服务行风建设活动，规范法律服务行为规范，努力提高公证质量、法律服务质量和社会公信力，切实维护当事人的合法权益。共担任常年法律顾问8家，刑事辩护代理44件，民事代理54件，非诉讼代理16件，代书68份，公证处办理各类公证347件。2007年，主动介入重大经济活动，依法为旧城改造、征地拆迁、城市客运经营权转让和房地产买卖等重要民商活动提供公证服务和法律服务，预防纠纷，化解矛盾，确保各项经济建设工作的顺利发展。共办理公证319件。代理刑事案件及辩护69件，代理民事案件124件，经济案件6件，非诉讼代理69件，担任法律顾问70家，代书163份，解答法律咨询2547人次。2008年，引导律师参与招商引资的论证、谈判，为政府相关部门提供法律意见和建议16条。成立律师事务所党支部，共有5名党员律师。当年，办理刑事辩护案件86件，民事及经济案件代理145件，非诉讼代理64件，代写法律文书95份，办理法律援助案件23件，解答法律咨询395人次，担任行政机关、企事业单位的法律顾问6家。

二、 公证业务

1988—1995年，共办理公证事项1280件。其中：各类经济合同808件、民事协议472件。接待来信来访1112件，调处纠纷79件，拒办公证11件。经过公证的经济合同产生经济价值1126万元，避免国家、集体、个人经济损失278万元。1996—2002年，共办理各类公证1520件。其中：民事协议公证480件、经济合同公证1040件。接待群众来信来访132件，调处纠纷79件，拒办公证14件。经过公证的经济合同产生的经济价值1153万元，避免经济损失351万元。2003年，以规范行业职业道德和执业纪律为主线，进一步增强公证员的责任感和使命感，提高法律服务质量。当年办理公证业务310件，其中，经济类186件，民事类124件，接待咨询210人次。2004年，受理各类公证并出证346件，其中民事类267件，经济类79件。2005年，受理公证申请330件，出证329件，其中：证明民事法律行为251件、证明有法律意义的事实和文书74件、办理抵押登记4件。2006年，办理各类公证347件。2007年，办理公证319件，公证法律援助16件。2008年，受理公证申请167件，出证165件。其中：证明民事法律行为124件、证明经济法律行为43件。

三、 人民调解

人民调解委员会由委员3～9人组成，设主任1人，有时设副主任1～2人，在委员中推选。县级人民调解委员会由县长兼任主任，下设办公室在县司法局。乡级人民调解委员会由乡（镇）长兼任主任，下设办公室在司法所。各调解委在各自辖区内层层化解民间各类矛盾纠纷，确保全县社会稳定。1988年，县、乡（镇）、村（居）均建有调解组织，全县建有各级调解组织312个，有专（兼）职调解人员1168人。1988—2002年，各调解组织共受理民间纠纷4.67万件，调解4.67万件，调解成功

4.49万件。2003年，全县调处各类纠纷1287件，调处率为100%，成功1238件，成功率为96.2%，防止因民间纠纷引起自杀18件19人，防止民转刑21件22人，制止群众性械斗5件，防止群众性上访16件。2004年，调解民间纠纷2226件，成功2154件，成功率为97%，防止民间纠纷转化为刑事案件72件85人，防止民间纠纷引起自杀8件14人，防止群体性上访15件，制止群体性械斗25件。2005年，调处各类民间矛盾纠纷2261件，调处成功2198件，调处成功率97.2%，防止群体性上访28件，防止非正常死亡25件32人，防止民间纠纷转化为刑事案件68件68人，开展专项整治65次。2006年，调处各类民间矛盾纠纷1922件，调处成功1893件，调处成功率98.5%，防止群体性上访12件，制止群体性械斗34件，防止民间纠纷38件，防止民转刑案件42件。2007年，调处各类民间矛盾纠纷2149件，调处成功2048件，调处成功率95.3%，防止群体性上访10件，制止群体性械斗45件，防止非正常死亡41件，防止民转刑案件51件。2008年，排查调处各类民间矛盾纠纷998件，调处成功973件，调处成功率97.5%。全县各级人民调解委按要求，建立健全相对稳定的调解场所。

四、 法律援助

法律援助中心组织进村开展法律援助（2008年拍摄）

1999年，县司法局设法律援助中心，核定行政编制3人。2002年，增设法律援助工作管理股，与法律援助中心合署办公，负责组织、管理、协调全县法律援助工作。1999—2002年，共办理各类法律援助案件91件，其中：办理民事案件26件、刑事案件59件、非诉讼6件。2003年，共办理法律援助案件78件，其中：民事48件，刑事20件，非诉讼10件。2004年，审查法律援助申请92件，受理81件，其中：民事36件，刑事31件，非诉讼14件。完成指定辩护11件，接待法律咨询134人（次）。公证法律援助21件，清理整顿法律服务市场2次，办理诉讼登记1件。开展宣传活动2期，上法制课1次，送法下乡3次，受教育人数4000人。撰写调研文章2篇，信息19条。募集法律援助经费1040元。2005年，充分发挥法律援助在扶贫济困中的作用，切实解决困难群众打官司难的问题。全年共办理法律援助案件72件，其中：民事18件，刑事21件，完成地局法律援助中心指定辩护3件，非诉讼30件。解答法律咨询157人（次），代书42件，公证法律援助20件，清理整顿法律服务市场2次。2006年，严格执行以“四统一”为核心的法律援助工作机制，加大对外宣传力度，制作公示栏，进一步扩大社会知晓率，拓宽法律援助渠道。3月15日，成立县总工会困难职工法律援助工作站。同时，县司法局组织对全县17个乡镇和6个县直法援工作站人员进行业务培训。当年审查法律援助申请106件，受理99件，其中：民事诉讼代理31件，刑事辩护15件，非诉讼53件；完成地局法援中心指定辩护1件，解答法律咨询136人（次），接待148法律专线来电、来信28人（次），代书32件，公证法律援助21件，开展广场法律咨询、宣传活动4期，散发各种宣传资料2200份。2007年，办理法律援助案件121件。公证法律援助16件，散发法律援助宣传资料4700份，为当事人避免和挽回经济损失140万元。2008年，开展三月“法律援助宣传月”和“法律援助实施五周年”活动，举办两期法律援助业务培训，对全县17个乡镇和6个县直单位的法律援助工作站的法律援助工作人员进行集中培训，积极抓好流动党员的法律援助工作。当年审查法律援助申请141件，受理132件，其中：民事诉讼代理34件，刑事辩护29件，非诉讼69件。解答法律咨询201人（次），接待148法律专线来电、来信201人（次）。代书36件，公证法律援助11件，开展广场法律咨询、宣传活动12期，散发各种宣传资料1.2万份。

第十四编

科教文卫

第一章 科 技

第一节 机构队伍

1996 年 9 月，撤销县科学技术委员会，设印江自治县科学技术局，属县人民政府工作部门。2008 年，县科学技术局内设办公室、业务股、科技情报所。

一、 科技队伍

1988 年年底，印江自治县事业单位首次职称改革工作结束，全县共推荐评审各级各类专业技术人员 2318 人，其中高级 28 人、中级 493 人、初级 1797 人，涉及工程、农业、卫生、中学、小学、中专、图书、文博、群众文化、公证、律师、经济、会计、统计、档案、体育教练、社科出版、新闻、播音等 20 个系列，按照改革的要求，全面实行专业技术人员职务聘任制，兑现和提高部分专业技术人员的工资待遇。1989 年，全县企业单位职称改革工作全面展开，经推荐评审，企业单位共有 577 人获得技术职称，其中中级 45 人、初级 532 人。1989 年年底，全县企、事业单位共有各级各类专业技术人员 2895 人，其中高级 28 人、中级 538 人、初级 2329 人。1990 年，根据省、地区职称改革工作精神，企事业单位职称改革工作扫尾，重点解决遗留问题。

1993 年，根据贵州省职称改革文件精神，全县职称改革工作转入制度化，一年评审一次，极大地调动全体专业技术人员的工作积极性、创造性。2003 年，专业技术人员总数比 1988 年的 2318 人增加 2909 人，增长 125.5%，其中高级增长 289.29%，中级增长 120.49%，初级增长 124.32%。

从学历结构看，1988 年，全县专业技术人员 2318 人中，具有大学本科学历 68 人，占 2.93%；大学专科学历 262 人，占 11.3%；中专学历 1212 人，占 52.29%；高中以下学历 776 人，占 33.48%。2003 年，全县 5227 名专业技术人员中，研究生学历的有 2 人，占 0.04%；大学本科学历 369 人，占 7.06%；大学专科学历 2200 人，占 42.09%；中专学历 2508 人，占 47.98%；高中以下学历 148 人，占 2.83%。与 1988 年相比研究生学历增加 2 人，大学本科增加 301 人，大学专科学历增加 1938 人，中专学历增加 1296 人，高中以下学历减少 628 人。至 2008 年，全县专业技术人员的学历结构、文化素质有大幅度提高。

二、 科技管理

2001 年，为加强科技人才的管理，充分发挥科技人才的积极性和创造性，印江自治县委、县人民政府先后出台《关于进一步加强全县科技人才队伍建设的意见》《印江自治县科技特派员试点工作实施方案的通知》《印江自治县科学技术奖励办法》《关于成立自治县推进科技特派员制度工作领导小组的通知》《关于选派首批科技特派员的通知》《自治县科技特派员优惠政策的通知》《关于县管专家选拔管理实施办法》等，为留住和吸引更多优秀科技人才献身印江科学事业，为科技人员提供较好的工作平台，有效地调动科技人才的工作积极性，极大地推动全县的科技进步。

2003 年，县科技局向县人民政府提交《关于对全县高中级专业人才工作现状及管理对策的调查报告》，报告现有专业技术人才结构、分布状况，其工作、生活等情况，为县委、县人民政府加强对专人才的管理提供科学的决策依据。是年年底，17 个乡镇配齐科技副乡（镇）长工作。

2006 年，县委、县人民政府做出《关于开展县管专家选拔工作的通知》和《关于修改和完善县管专家选拔管理实施办法的补充通知》的决定。

2008 年，县科技局组织实施科技特派员项目，共选出卢银辉、廖印阳等 5 位科技特派员，以科技特派员示范点产业为基础，建立各类农村专业技术协会 3 个，发展科技示范户 500 户。

五大科技人员分布 按照工程技术、农业技术、卫生技术、教学人员、其他技术人员五个系列划分。全县工程技术人员主要分布在水电、林业、广播电视、城建等部门；农业技术人员主要分布在农业、畜牧水产、科技情报所等部门；卫生技术人员主要分布在卫生、计生部门；教学人员主要分布在教育、学校、党校部门；其他技术人员主要分布在文广、档案、体育及其他经济部门。到 2003 年年底，全县专业技术人员 5227 人中，工程技术人员占 4.02%，农业技术人员占 8.17%，卫生技术人员占 11.08%，教学人员占 72.41%，其他技术人员占 4.32%。从总的分布情况看，自然科技人员占专业技术人员总数的 23.27%。至 2008 年年底，全县技术人员 5310 人中，工程技术人员占 5.0%，农业技术人员占 7.5%，卫生技术人员占 11.9%，教学人员占 71.3%，其他技术人员占 4.3%。从总的情况看，自然科技人员占技术人员总数的 24.4%。

自然科技人员结构 自然科技人员主要是指工程技术、农业技术和卫生技术三个系列。1989 年，企业单位职称改革工作共推荐评聘自然科技人员 90 人，其中工程技术人员 85 人（中级 3 人、初级 82 人），农业技术人 2 人（初级 2 人），卫生技术人员 3 人（初级 3 人）。1991—1992 年，是职称改革工作整顿阶段，这段时间只对大中专毕业生见习期满进行定职初聘。1993 年后，全县职称改革工作转入经常化、制度化，一年评审一次。2008 年，全县自然科学技术人员 1299 人，其中工程技术人员占 20.4%，农业技术人员占 30.8%，卫生技术人员占 48.8%。

1988—2008 年印江自治县自然科技人员统计表

表 14－1　　单位：人

年度	总计	系列名称	小计	其中		
				高级职称	中级职称	初级职称
1988	829	工程技术	134	—	14	120
		农业技术	286	2	18	266
		卫生技术	409	3	51	355
1989	914	工程技术	219	—	17	202
		农业技术	286	2	18	266
		卫生技术	409	3	51	355
1990	985	工程技术	233	—	16	217
		农业技术	318	2	18	298
		卫生技术	434	3	55	376
1992	962	工程技术	218	—	16	202
		农业技术	316	2	18	296
		卫生技术	428	3	55	370

续表14—1

年度	总计	系列名称	小计	其中		
				高级职称	中级职称	初级职称
1998	1106	工程技术	202	—	24	178
		农业技术	376	—	56	320
		卫生技术	528	7	103	418
1999	869	工程技术	217	—	25	192
		农业技术	266	4	70	192
		卫生技术	386	—	70	316
2000	1126	工程技术	182	—	25	157
		农业技术	408	4	73	331
		卫生技术	536	9	100	427
2001	1055	工程技术	191	—	27	164
		农业技术	323	4	84	235
		卫生技术	541	12	100	429
2002	1183	工程技术	204	—	36	168
		农业技术	416	8	92	316
		卫生技术	563	10	90	463
2003	1216	工程技术	210	1	42	167
		农业技术	427	8	103	316
		卫生技术	579	13	96	470
2004	1297	工程技术	229	1	42	186
		农业技术	439	8	124	307
		卫生技术	629	13	111	505
2005	1342	工程技术	241	1	49	191
		农业技术	420	8	108	304
		卫生技术	681	15	123	543
2006	1343	工程技术	244	1	56	187
		农业技术	406	6	108	292
		卫生技术	693	15	128	550
2007	1370	工程技术	268	1	82	185
		农业技术	411	6	117	288
		卫生技术	691	18	127	546
2008	1299	工程技术	265	2	68	195
		农业技术	400	6	137	257
		卫生技术	634	13	149	472

学术团体

教育学会　1993 年 4 月，全县召开初中政法课教学研讨会，开展“贵州省提高教育质量的实施计划（JIP）”和目标教学两个课题教改实验。6 月，组织全县小学骨干教师 20 人参加省厅举办的小学语文教学、思想品德、自然新大纲、新教材培训。7 月，组织全县初中教师 95 人参加铜仁地区教委组织的初一各科新大纲、新材料及目标教学培训。9 月，邀请地区教育学会秘书长田兴国到印江讲学。1994 年，全县广泛开展以“目标教学”为模式的优质证明评比活动和各种教研活动 37 次。1 月，全县组织召开中小学教研工作会议。4 月，组织召开全县教学座谈会。1996 年，组织教研员分别于 9 月、12 月深入 6 个乡（镇）中小学进行“目标教学”的调查研究。5 月，举办全县小学思想品德教育评比。1997 年 3 月，举办全县小学自然课评选。4 月，承办全区小学自然优质课竞赛活动。6—7 月，对 42 名中心完小教师进行“小继教”全员培训。1998 年 5—9 月，组织开展全县中小学教师素质论文评选活动。6 月，举办全县小学活动课（科技类）优质课比赛，组织 14 名教师参加省、地区举办的 16 个学科优质课评选活动。1999 年 4—10 月，举办全县初中物理优质课竞赛，选拔 13 名教师参加省、地区举办的 13 个学科优质课竞赛活动。

2000 年 5 月，全县举办初一语文工作者优质课竞赛，组织选拔 8 名教师参加省、地区举办的 8 个学科优质课评选活动；组织教师参加各种论文、优质教案设计评选；组织编辑“教改简讯”“小教简报”等学术资料。2001 年，分别于 4 月、5 月和 11 月组织开展“送教下乡”活动；深入开展“目标教学”课题研究，推进“三栏式”教案编写模式的研讨。4 月，全县举行小学美术优质课竞赛，组织选拔 12 名教师参加地区举办的 12 个学科优质课评选活动，组织教师参加各类论文教学设计评选。2002 年，印江自治县编写出版 25 万字的《中小学教师教研论文集》，选拔 3 名教师参加地区组织的优质课评选，组织教师参加各类论文和优秀教案设计评选及技能大赛，全面推广“三栏式”教案编写模式。2003 年，全县举办 2003 年高考信息暨形势分析报告团会，组织编印十套中考历史、地理、生物备考复习资料，举办全县初中英语优质课竞赛，选拔 13 名教师参加地区举办的 8 个学科优质课评选。

林学会　1998 年，印江自治县建杨树繁育无性系种苗基地。1999 年，引进并开展汉 17 杨品种田间育苗试验研究，建立喀斯特地貌、山地植被恢复技术试验地。2000 年，引进并开展三倍体毛白杨品种田间育苗试验研究，进行“沙兰杨，意杨 63、69、72，中汉 17 杨，北京杨”6 个品种的对比造林试验，开展古大珍稀树种——川黔紫薇拯救技术研究。2001 年，引进并开展杨树新品种中林 1217 杨、22 杨、中林美荷杨田间育苗试验研究。2002 年，引进并开展杨树品种 107 种、84K 杨田间育苗试验研究。开展全县古树名木普查建档，实现古树名木计算机信息管理。2003 年，引进并开展湿地松品种田疃试验研究，推广贵州山区三倍体毛白杨育苗技术。

医学会　每年组织全县学术交流活动两次，邀请医疗机构的医疗护理骨干进行学术讲座和临床经验交流，在省、地区级学术期刊发表医学论文 130 篇，与中国医学科学院阜外心血管医院协作开展 CCS—2 临床研究。2001 年，邀请以贵州医学院院长玉小林为首的 15 名专家对县人民医院进行对口帮扶，组织业务讲座，全年共派出医生到贵州省人民医院、贵阳医学院、遵义医学院进行学习 20 人次；参加全国、贵州省、铜仁地区学术会议 30 人次，开展“肾安注射液治疗慢性肾功能不全”的临床研究。2002 年，通过县政协与省九三学社联系，邀请 15 名省级专家到县人民医院进行为期 3 天的义诊和讲学；组织 2 次学术交流活动，8 名县级专家做了学术讲座，10 名乡（镇）业务骨干进行临床经验介绍。2003 年，先后派出 15 名医务人员到遵义医学院、贵阳医学院、省人民医院、铜仁地区人民医院进修学习；组织医疗单位高级职称专家学术讲座 3 次，开展“脑脊液置换疗法治疗蛛网膜下腔出血（SAH）”临床研究。

农学会　2001—2008 年，全县共开展水稻旱育稀植高产栽培技术研究、紧凑型玉米及特用玉米高产技术研究、优质油菜产业化工程技术研究、脱毒马铃薯高产技术研究、幼林园管护技术研究等技术研究和技术推广 27 项，收集学术论文 120 篇。

畜牧水产学会　2001—2008 年，印江县开展引进利木赞、安克斯、西门塔尔、摩拉水牛等冻精，进行波尔山羊改良、南江黄羊改良、良种选育、波本杂羊（即：波尔山羊与本山羊）、南本杂羊技术研究，对大约克猪、长白猪进行猪改技术研究，进行粮、经、草三元结构种植技术研究。此外，还进行中西医结合治疗犬细小病毒病研究、耕牛伤力症的辨证施治研究、提高母牛繁殖率的综合措施研究、人工草地的建植技术研究、波尔山羊与本地羊杂交改良技术研究、高产优质化鱼种池塘养殖技术研究、高油115秸秆养畜技术应用研究等。

第二节 普及推广

一、科普宣传

1989年，全县放映科教电影录像35场，印发科技书籍、图书40余种4000余册，放映《向科学要粮》影片26场，与公安、卫生、文化、防疫等联合放映《黄色瘟疫》录像15场，编印《气象日历》3000册。

1990年，在全县区、乡广泛放映《向科学要粮》53场，科委与扶贫办、农业局、畜牧局等有关部门共同举办科技扶贫展览，向各区镇及示范点发放《烤烟技术回答》《杂交水稻》《中国蔬菜》《专业》《种植服务》《德国小麦种植》《贵福糯栽培技术》和各种农业科技报、科技杂志共1000余册；与气象农经委等单位共编《农技气象日历》3000册。

1991年，全县放映科教电影18场，发放科普资料500册，开放科技图书、报刊阅读者1000人次。

1992年，在部分乡村放映《向科学要粮》《水稻、小麦病虫害》《杂交玉米、西瓜栽培》《烤烟的栽培》《农村家庭养鱼》等科普影片和录像58场，向广大农村群众和学校发放环境知识科普宣传资料1000余份（册），科普阅览室接待群众150人次。

1993年，全县开展两次《生命知识》街头宣传活动，到农村放映《向科学要粮》《印江茶叶生产》电影和录像片两次，每周一在科技幼儿园放映科普和科幻动画片、儿童片共25场，向农民发放科普资料1200册，青少年科技辅导员协会在城区学生中开展“十一小”科技活动和纪念毛泽东诞辰100周年纪念活动。

1995年，在新寨乡大云村、上槽村、缠溪镇、罗场乡、两河管理区、沙子坡镇韩家片区放映科教片《小麦、玉米、水稻主要病虫害防治》《向科学要粮》18场。在联合国儿基会项目实施中，县科协和妇联轮流宣讲生命知识、碘缺乏症、环境保护等科普知识和妇幼保健等内容，向17个乡（镇）发放生命知识宣传挂图。5月5日，与盐业公司共同举办碘缺乏防治和食用碘盐街头宣传，发放资料2.3万份。

科技服务下乡进村活动

1996年，全县放映科技录像9场（其中城镇4场、乡村5场），科普图书展览6次，发放科普书、刊、报300多份（册）。

1997年1月，在江家坡村、金厂村、新寨乡和天堂镇等27个村赠送农村实用技术书籍、资料、挂图1100多册。当年在天堂、木黄、峨岭、新寨等乡（镇）、村放映科技电影60场、科技录像13场，在科协会议室、放映科技录像19场，在县城和新寨展出《学科学知识破除封建迷信》和《水稻病虫害防治》宣传挂图两次。

1999年，在贵州省“3·18”科技日活动期间，县直10多家单位和13个县级学会联合开展以“面向21世纪，推进科技进步，促进富民兴印”为主题的科普宣传活动，发放各类科技书籍、资料

35类12480册；为沙子坡天星、池坝、红木三个村各订1份《贵州科技报》。积极争取美籍华人王伊妮无偿捐赠罗场中学、板溪中学科普读物1000册。1月，印江自治县委以《关于开展创建全国科普示范县工作的实施意见》作出争创“全国科普示范县”决定。

2000年3—9月，在永义乡开展《稻瘟病综合防治》录像巡回放映，在“贵州科技日”期间，举办“崇尚科学文明，反对迷信愚昧”大型图片展，发放科技资料3800余份，科技图书870余册，放科技录像52场次，出科普宣传专刊8期101条。

2001年3月20日，县科技、农、林、牧、教育、卫生等23个单位在县城服务公司广场举行综合科普咨询服务活动，发放各类宣传资料3000余份。25日，县直21家单位开展以“破除迷信，反对邪教”为主题的“科技一条街”活动。28日，配合地区行署科技服务团到朗溪镇开展“科技三下乡”活动。

2002年3月，县委宣传部、县科技局、农、林、牧、文化、卫生等单位，开展主题为“科技创造未来”的科普宣传活动。4月，邀请省科普大篷车到印江开展科普示范活动，县城5所中小学校近万名学生参加活动。5月，科技、文化、卫生等部门分别在朗溪镇、新寨乡开展“科技、文化、卫生三下乡”活动。8—12月，开展“科普法”学习宣传活动。11月，县委召开全县科协工作会议，签订科普示范创建目标责任状。12月，召开科普示范创建领导小组会议，各成员单位、学会理事长、各乡（镇）共22人参加座谈会，深入学习《科普法》和省科协“六大”精神。

2003年4月，将中国科协下发的“非典”防治宣传挂图分别发放全县17个乡（镇），由各乡（镇）到各村进行张贴。4月，将中国科协配送的“非典”防治DVD光盘在印江有线电视台进行连续播放。5月，会同县委宣传部、县科技局牵头组织开展以“依靠科学，战胜非典”为主题的集中科普宣传活动。8月，将农村卫生知识挂图，分别在缠溪镇、洋溪镇、杨柳镇、朗溪镇、罗场乡的中小学校、集镇所在地进行张贴。

2004年，按照县人民政府《关于开展2004年“科技活动周”系列活动的通知》安排部署，科技局牵头组织县农、林、水、卫生等23个单位89名科技人员在县城开展以服务“三农”为主的科技宣传、展览、咨询、义诊、赠送物品等“科技一条街”活动。组织18名科技人员组成科技巡游团分赴板溪、合水、缠溪等乡镇开展“三下乡”活动。利用县、乡有线电视网络播放科技宣传片和副县长陈良《关于在全县广泛开展科技宣传活动》的电视讲话。系列活动共展示各行业取得最新科技成果宣传展板38块，图片25套，赠送各类适用技术宣传资料21类计3.5万余份，发放各类技术书籍250本（册），接受义诊260人次，赠送各类药品1560盒（包），悬挂各种宣传标语14幅。4月，为充分发挥村级科技传播点和乡级科技传播中心对科技信息的辐射带动作用，在板溪镇挂牌成立板溪镇科技传播中心，同时进一步完善上洞村村级科技传播点的相关设施。

2005年，全县开展“3·18”科技日、五月科技活动周、“4·26”知识产权日、科技三下乡活动，突出“科学技术是第一生产力”“崇尚科学、反对迷信”“依靠科学、战胜非典”等科普宣传内容，累计展出反映近年科技成就和经济社会全面发展的展板138块，图片4698张，赠送各类科技书籍、资料13.7万册（本），活动咨询人数2.8万人次，受益面达16.5人次。

2006年，全县开展“4·26”世界知识产权日活动，以“携手建设创新型国家”为主题，科技局牵头组织相关部门开展以服务“三农”为主体的科技宣传活动。两次活动共展示科技成果展板24块，图片200套，赠送各种适用技术宣传资料4.3万份，发放各类适用技术书籍450本（册），接受义诊350人次，赠送各类药品8350盒（包）。

2007年，以“4·26”世界知识产权日、五月科技活动周和“节能减排”宣传活动周为契机，科技局与相关部门联合，开展以服务“三农”为主题的科技宣传活动。共展示科技成果展板24块，图片200套，赠送各种适用技术宣传资料35类计4.3万份；发放各类适用技术书籍450本（册）；接受义诊350人次；赠送各类药品8350盒（包），价值7500多元。

2008年，以“4·26”世界知识产权日、五月科技活动周和“节能减排”宣传活动周为契机，与县相关部门联合开展以服务“三农”为主题的科技宣传活动。共展示科技成果展板22块，图片142套，赠送各种适用技术宣传资料31类计4万份，发放各类适用技术书籍500本（册），接受义诊180人次，赠送各类药品5350盒（包）。

二、 科技培训

1989年，全县举办西瓜、芒果、烤烟、养鱼等20多种专业培训班27期，受训1477人。1999年3月，在凯塘乡开展“蒸气育秧，旱地分带轮作，半旱式栽培部，地膜覆盖，柑橘、梨树管理”等培训。现场指导受训500多人次；与工商局对全县13个家电维修员进行技术培训并参加地区的考试辅导；与县民委联合组织8名食用菌示范户到铜仁花果山食用菌场系统培训学习食用菌生产技术。

1991年4月，县科委对150名农民、待业青年和离退休干部的食用菌种植爱好者进行黑木耳栽培培训。5月，对城区的10名农民进行西瓜种植技术培训。7月，与畜牧水产学会在朗溪区对48名兽医人员进行草药畜医培训。10月，对100名食用菌种植爱好者进行平菇栽培技术培训。1992年，开展西瓜、食用菌培训2次。1993年，举办科技人员培训班5期，培训180人；举办西瓜研究会培训班1期，受训45人；与供销社共同举办会计人员培训班一期，受训30人。1995年，与民政局、残联共同举办印江自治县残疾人农业技术培训班，来自17个乡（镇）23名残疾青年接受培训；在先锋片区的三秋工作中开展送资料上门，送技术到田间地头。1996年，开展实用菌生产技术、果树种植、中药材种植等技术培训共65次；在江家坡村开展芍药种植技术培训3期。1997年，在木黄金厂村开展科技扶贫工作，赠送实用技术书籍、资料150册（套）。1999年上半年，会同县农办、团县委开展“绿色证书培训”，共培训1500人。11月，在峨岭镇、永义乡举办培训2期，共118人。2000年，与县农业局、县妇联在永义乡团龙村开展“稻瘟病综合防治”技术培训3期。2001年，邀请地区农业局、地区畜牧局、地区食用菌研究所在朗溪镇进行科技培训和讲座。2002年3月6—10日，在永义乡、合水镇、朗溪镇、峨岭镇开展三期“荔浦芋”栽培、管理、贮藏技术培训。3—8月，先后在永义乡团龙村、朗溪镇大尧村、板溪镇上洞村开展“市场经济与农村经济”“柑橘烟霉病防治技术培训”“早熟蔬菜栽培技术”培训43期。

2003年，县科学技术局先后在板溪镇上洞村开展“节水灌溉”“茄子嫁接栽培技术”“稻田栽培平菇技术”等培训5期；在合水镇小杉木村播放“梨树的修剪”“南方果树冬季管理”“反季节蔬菜栽培技术”录像4次。3月，配合地区农业局、地区科技局扶贫工作组在朗溪镇塘池村开展柑橘栽培管理技术、水稻旱育浅植技术现场培训。4月，塘池村开展畜牧病疫防治知识现场培训。11月，在塘池村开展沼气生态农业及冬闲稻田栽培食用菌技术现场培训。与县民政局共同在10个乡（镇）组建17个农村专业经济协会，即屠宰行业协会、朗溪镇水果协会、新寨乡小云村养殖协会、上洞村早熟蔬菜协会、天堂镇山羊养殖协会、洋溪镇水果协会、合水镇小杉木村水果协会、新业乡茶叶协会、缠溪镇养牛协会、中坝乡山羊养殖协会、格山村养牛协会、甲山村苕粉协会、峨岭镇西瓜协会、朗溪镇大尧村柑橘协会等。

2004年，县科学技术局与团县委、县扶贫办联合对县级5名农村“青年星火带头人”标兵和20名农村“青年星火带头人”予以命名表彰。与县关工委等部门联合对抓好农村青少年实用技术培训活动做具体安排部署。在永义乡团龙村、合水镇小杉木村、板溪镇上洞村、新寨乡大云村兴趣办四期技术培训班。提高广大农村青少年的自我生存、自我发展能力，促进农村青少年在脱贫致富奔小康活动中的作用。按照全国妇联、科技部、财政部等七部委文件，为认真贯彻落实中共中央国务院关于促进若干增收政策的意见，与县妇联等7个部门拟订培训方案，重点在中坝、缠溪、合水等乡镇办农村妇女文化、实用技术的培训班。

2006年，县科学技术局在永义、刀坝乡部分村开展对“菁蒿”种植的技术培训；在天堂镇开心村、板溪镇泉溪村各举办优质小麦高产示范种植技术、“双低”优质油菜育苗移栽技术培训各一期；在板溪镇沙坡村举办无纺布覆盖技术在水稻旱育身上的应用技术培训一期。三期培训科技致富能人350人。

2007年，县科学技术局与县农业局在木黄镇、板溪镇部分村开展农业技术培训4期，培训达840人次；在缠溪镇湄坨村举办省星火培训项目——有机生产及加工技术培训三期，培训技术人员、星火科技带头人、企业工人385人次，编撰教材3套，发放各类培训资料400套，投入科技培训经费5万元；对优势产业带动力强的云发农牧有限公司、银辉茶业有限责任公司、黔之牛食品有限责任公司等定期提供技术和项目申报指导服务。积极帮助他们申报地级以上项目支持其产业发展，同时还联系省内外有关专家定期为企业发展提供技术合作服务。

2008年，根据县委、县人民政府的统一部署，为抓好灾后重建工作，把灾情降到最低程度，充分发挥全县科技特派员和广大农技人员的作用，在全县农村、民营科技企业、科技项目实施点、专业示范村开展灾后重建、恢复生产实用技术培训。请省科技厅有关农业专家在缠溪镇湄坨村举办灾后重建茶园、蔬菜现场技术培训；印发《印江自治县县科学技术局（知识产权局）关于在全县开展雪凝灾害灾后重建实用技术培训的通知》，组织有关科技人员分5组对重灾区进行灾后重建相关技术培训。与县农业局、妇联等单位联合在板溪镇上洞村开展果树、大棚蔬菜的管理技术及高产水稻、玉米栽培技术培训。对全县优势产业带动力强的云发农牧有限公司、银辉茶叶有限责任公司、黔之牛食品有限责任公司、巨创装饰材料有限责任公司等民营科技企业定期提供知识产权、技术指导和项目申报指导服务。积极帮助他们申报地级以上项目支持其产业发展，同时还联系省内外有关专家定期为企业发展提供核心技术支撑。

三、 科技示范

1989年，在城区四大寨、农场、朗溪建立西瓜示范基地，发展种植135亩；建立印江自治县科技扶贫领导小组，提供科技扶贫周转资金2万余元，新发展糯稻、早熟蔬菜、柑橘，多种农业经济、庭院经济示范户28户。1990年，发展种植、养殖科技示范户和庭院经济示范户43户、示范点5个，引进推广“特青”水稻、“贵福糯”“早稻”“无籽西瓜”“番茄”等新品种；完成县委、县人民政府在新寨乡两个村分带轮作示范点1025亩。1991年，引进苞谷良种“独子”2千克，种植示范1.5亩，紧凑型玉米杂交种单五号500千克，在新寨乡大面积种植试验；在板溪镇上洞村和城区农户发展早熟蔬菜20亩，发展西瓜种植120亩。1992年，引进水稻、苞谷、白菜、番茄、辣椒等10个新品种50余千克种子，在县内推广支持发展种植、养殖、庭院经济示范户50余户。1993年，引进西瓜良种“新红宝”发展西瓜种植132亩，在县城建葡萄示范园3亩，产值上万元。1995年，在江家坡村建立葡萄示范基地，枝节葡萄苗1000株。1996年，组织部分二线的科技人员在中坝等建立起总面积413公顷的杜仲、黄柏、厚朴等育苗基地，发展科技示范户70户。1997年，争取省科协科技扶贫资金3万元，养殖山羊500只，建立山羊养殖示范基地。1998年，继续实施“山羊养殖”项目。

1999年，争取省科协科技扶贫资金3万元，在缠溪镇湄坨村、新寨乡小云村、罗场乡平窝建立“多味”花生繁育基地300亩。2000年，继续实施优质花生繁育基地项目。2001年3月，从广西荔浦县引进优质芋种100千克，在朗溪镇朗溪村建立“荔浦芋”引种试验基地2亩，在永义乡团龙村建立薇菜生产基地33公顷。2002年，在朗溪村建立“荔浦芋”示范推广基地14亩。2003年，在朗溪镇甘川建立“荔浦芋”示范推广示范基础地10亩。

2005年，通过转化利用各类农业科技成果、引进各类新技术、新品种进行试验、示范、推广，如“稻荐油菜免耕技术”“水稻旱育保姆及免耕抛秧栽培技术”“脱毒马铃薯全层覆盖栽培技术”等，较大地提高农作物单位面积的产量，当年全县粮食总产量达153610吨，增长7.2%，创历史新高。实施县委、县人民政府提出的“畜牧业牵动战略”，加强畜牧新品种的引进、改良工作。是年年底，全县已建立44个生猪人工授精点、11个牛品种改良点，引进优良品种“波尔山羊”投放实施点17个，引进建立莱茵鹅良种场基地5个，种鹅3万羽，年孵化雏鹅40万羽，年销售25万羽，产值达250万元，全县年销售商品鹅35万羽，产值达1750万元，受益农户1.8万户。通过引进、推广饲养畜牧优良品中，提高全县畜禽产品的出栏率，到年底全县肉类总产量达到33210吨，增长9.7%，此项产业已经成为全县经济新的增长点。实施千亩生态渔业、10万亩杨树、烤烟、茶叶、中药材基地。以打造东北部工业经济带为契机，采取招商引资，新建一批科技含量高、产品市场替力大的民营科技企业，改造几个高污染，高能耗企业，有效地拉动县域经济的快速增长。引进、试验、示范、推广水稻旱育薄膜及免耕抛秧栽培技术、脱毒马铃薯全层覆盖栽培技术、优质高产栽培技术在梨树上的应用三项科技成果。

2006年，实施科技特派员项目，实施高根高产示范栽培技术、无纺布覆盖技术在水稻旱育秧上的应用、小麦高产试验、示范推广等项目，利用县级科技三项经费，安排青蒿引种基地建设、铁合金厂技术改造、水泥厂生产线技术改造、工业硅生产技术研究、茶叶品种改良、梵净山牛肉加工厂生产线建设等11个项目，资助引导资金129.8万元。

2007年，积极组织资金在湄溪、上洞两个科技示范村实施新技术试验、示范和推广工作。向科技部、财政部申报实施科技富民强县专项行动计划项目——印江自治县有机茶开发及产业化建设，争取项目支持资金213万元，该项目在缠溪镇湄溪村组织实施。项目的实施情况通过省、地区领导视察，诊断项目实施的标准高，规模大，在地区“科技兴铜”工作中起到很好的示范作用。印江是全省获得科技部科技富民强县专项资助的5个县之一。向省科技厅申报项目7项，审批实施3项，共计争取项目资金13万元。其中申报星火项目2项，分别是梵净山野生苦丁茶生态茶园建设、二元杂交母猪无公害标准化基地建设；星火培训项目1项，即有机茶加工及生产技术培训；申报科技特派员项目1项，即夏秋反季节无公害蔬菜基地建设；省科技攻关项目上1项，即三倍体毛白杨南繁技术研究；省中药现代化专项1项，即梵净山野生黄连驯培及生态药园建设；省级科技进步示范县项目1项，即反季节无公害蔬菜生产技术应用。有关单位和集体向地区科技局申报实施杂稻制种新技术试验示范与研究、二元杂交母猪标准化生产建设项目、楠竹实生苗造林及笋竹两用材培育技术等年度计划项目5项，争取落实项目资金10万元。

2008年，向省科技厅申报项目3项。其中申报星火项目2项，分别是野生苦丁茶生态茶园建设、无公害野菜的开发及产业化建设；申报科技培训项目1项，即科技项目的灾后自救。组织有关单位和集体向地区科技局申报反季节无公害蔬菜技术应用、无公害优质红皮脆菜种植基地及加工、标准化茶园开垦与新农村建设、无公言二元母猪标准化生产、无公害野菜的开发及产业化建设、木黄皇庵鱼泉冷水养殖基地建设、杂稻新品种“两优456”的开发与推广等年度计划项目7项，共争取到项目资金11.5万元。

四、 科技教育

1989年4—5月，全县开展“科技兴国、精神文明”演讲大赛。组织36名中小学生参加铜仁地区首届青少年“科技兴国、精神文明”演讲大赛，获两个第一名；组织17名中小学生参加铜仁地区中小学生环境知识竞赛。11月，组织19名中小学生参加由地区科协等联合举办的铜仁地区青少年计算机程序设计竞赛。1990年，指导配合少年科技辅导协会召开学术会。1991年3月，中坝乡青少年科普协会成立，有18名青少年入会。12月，联合县环保局、教育局、林业局共同举办中小学生环保知识学习、宣传、竞赛活动，共1000人参加活动；在峨岭镇一小开展放科技录像、植树培训等林业科技工作者活动。1993年，县科学技术局与教育局共同举办青少年科技辅导员培训班一期35人和城区三好学生“六一”座谈会；每周定期在科技幼儿园放映科普科幻动画片共25场。1995年2月，县科协与青少年科技辅导员协会共同举办生命知识、碘缺乏症及环保知识培训和论坛。1996年5月，举办淡季年儿童科学幻想绘画展览，全县500多名青少年参加活动。1997年3—4月，县科协组织民族中学、二中、板溪中学、峨岭一小、二小和木黄小学参加全国第四届生物百项活动。4月，组织中学生参加全国科学竞赛活动。5月，组织中学生参加全国“语文杯”学生作文大赛。1998年，在民族职业中学开展红肉髯顶盔珍珠鸡蛋养殖试验，取得成功，并获全国青少年环境科学探索活动第五届评选优秀项目优秀活动奖。3月，开展“职中101”食用菌试制获得成功。4月，组织民族中学初一、初二、高一年级学生300多人开展生物科普活动。2001年，在县城5所中小学开展4次以生物探索和环境保护为主要内容的青少年科普活动，其中印江民族中学开展的“清除森林垃圾、康复母亲节”活动获贵州省第六届青少年生物和环境科学实践活动三等奖。2002年，全县普遍开展以“生命科学”“生物环境”为主要内容的科普活动。3月，组织20名校外青少年赴思南、铜仁参观学习。9月，组织团龙村5名校外青少年参加由省科协举办的科技夏令营活动。2003年，结合联合国儿童基金会非正规教育项目的实施，开展科技活动5次，科技报告2场，文化学习班4期，组织20名校外青少年到遵义四中参观学习。2004年，县科技局与县关工委等部门联合对抓好农村青少年实用技术培训活动做具体安排部署。在永义乡团龙村、合水镇小杉木村、板溪镇上洞村、新寨乡大云村举办4期技术培训班。

第三节　科技创新与发展

一、科技推广

1988年，印江自治县引进黄柏、杜仲品种，并进行人工栽培。1989年，从黑龙江绥化市种禽养殖场引进“塔特姆”肉鸡，共引进100只雏鸡进行饲养，属省内首次引进。同时，从德江引进矮化糯稻品种“贵福糯”在县农科所试种，面积20亩，经验收平均亩产量达450千克。是年，县政协智力支边办从贵州农科院引进水稻磁化处理技术，并由贵州农学院翁熔蓉（农工民主党）、赖光新（省民革）两位教授作技术指导，在全县进行大面积推广，经对多点组织验收，前后产量对比，平均每亩增产7.61%；引进配方施肥技术，全县实施水稻配方施肥3306.4亩，经对43个乡57个验收点进行实地验收，亩平均产量达413.95千克，比习惯施肥区（CK）亩增产19.42%；全县实施4万亩粮食“丰收计划”其中杂稻3万亩，杂交玉米1万亩，为充分调动全县广大农业科技工作者的积极性，县人民政府出台相关政策和措施。全县采用政、技、物三结合和“三包”的方法：即行政干部包面积、技术干部包效益、物资部门包供应。同时采用“七定”“六有”“三落实”措施。“七定”，即定项目、定任务、定人员、定奖惩、定经济指标、定物资配套、定技术指导费；“六有”，即有与村民小组签订的承包合同及分户清册，有中心示范指挥田，有技术设计书及实施方案，有原始观察、调查记载资料，有技术经济评价材料，有承包示范总结和辅导试验总结；“三落实”，即项目落实到乡站、任务落实人、面积落实到户。全县参与项目实施的行政干部55人、技术干部75人，“丰收计划”的实施，共分布在45个乡、193个村1029个村民小组，有21022户农户参加，完成面积33855.43亩，全县统一组织验收，平均亩产量达416.62千克。1990年，县科委从武汉引进光种吸抑制剂在烤烟上进行试验。在泡冬田改良上引进水稻半旱式栽培技术。1991年，由县科协、职校从铜仁花果山食用菌场引进黄木耳栽培技术，当年收获干木耳30千克。是年，水稻宽窄行栽培技术在板溪镇进行示范性栽培，取得成功，次年在全县进行大面积推广。1992年，根据地区行署指示，全县实施2万亩紧凑型玉米“星火计划”，实际完成面积为19231亩，占任务的96.16%，经组织验收，平均单产达398.5千克，朗溪镇大尧点农户田如祖家当年创下亩产最高纪录648.3千克。1993年，县科委被铜仁地区行署授予二等奖。是年，引进优质造纸原料龙须草在县进行试种。引进ZQ—A型正反平走式热风烧烘房及无红外线涂料在烘房上的应用。1994年，县科委从河南省遂平县花药良种场引进“湘繁巨丰大豆”

在印江试种，因生长期太长、气候不适宜等原因，在全县未能推开。是年，从湖南农学院引进GER遗传工程水稻在县试种，从试验结果看，由于生育期较长、空秕粒高、产量较低，基本不适宜印江种植，因此未能推开。1995年，从湖北引进小麦33试种失败。1996年，向省科技厅申报建立万亩优质高产杨树木浆材料基地项目，得到立项。实施双低优质油菜中油119良种繁殖课题，实施面积108亩，平均亩产达120.8千克。是年，实施三维强力肥肥效试验，试验区比空白（CK）亩增产26.05%。同时引进实施生长调节剂灌浆宝，实施灌浆宝在水稻上的应用研究试验，表明试验区经CK区亩增产13.6%。1997年，县林业局从湖南省汉寿县引进优质杨树新品种——中汉17杨、中汉22杨、中汉592杨等进行繁育；印刷厂新增彩色印刷生产线；县科技局确定甘蓝型双低油菜的选择育种课题，试验区安排在峨岭镇甲山村；农业局和科技局共同实施的印江自治县30万亩水稻栽培技术项目，获省农业厅颁发的农业丰收计划二等奖。1998年，按照地区行署和地区科技局的安排，为切实搞好青岛对口扶贫工作，下达全县科技局、农业局共同组织完成1.5万亩“农乐一号”在水稻、玉米上的推广应用（其中水稻1万亩，玉米0.5万亩）。经组织实施，当年全县共完成1.628万亩，占任务的112.4%，玉米完成0.53万亩，占任务的100.62%，其中水稻辐射10个乡（镇）38个村170个组5053户，施用区平均产量为582.42千克，比对照组（CK）区亩产488.6千克多93.82千克，增产率为19.2%，由于县委、县人民政府的重视，其成绩在全区名列前茅。因此，地区安排印江科技局在贵州省第三届东西部科技合作项目洽谈会上作重点发言。是年，由合水农经站在坪楼村实施印江半高山及高寒地区稻田免耕法栽培油菜试验示范，取得较好效果。1999年，向省科委申报黄花菜精制加工厂及配套基地建设、黄花菜精制加工高技术示范项目，并在塘池村建立25.4亩示范基地。是年，县政协支边办引进巴西陆稻在新寨乡进行试验示范，取得成功。2000年，印江自治县完成从国家两系稻研究中心（湖南省怀化市）引进Ⅱ系稻共8个品种在全县试种，取得成功。是年，10万亩双低油菜中油119丰产栽培技术推广项目获得省科委立项。2002年，向省科技厅申报野生天麻家种及人工有性繁殖技术研究攻关项目获得立项实施，由科技局、药材公司分别在永义的豆凑林、河坎村实施，在种子繁殖，种麻繁育及天麻大田生产上取得重大突破。经严格验收，天麻种子繁殖株收蒴果6.6千克，种麻繁育每平方米1.5千克，大田栽培一年生天麻产量每平方米3.45千克。2003年，从湖南湘繁中合资苗种场引进黄小玉Ⅱ礼品西瓜在甲山村种植。

二、 重大科技活动

1988年11月，县科学技术委员会制定《关于建立科学技术发展基金的管理实施办法》。1989年10月，县科学技术委员会编写《印江土家族苗族自治县科学技术志》。1996年3月，是贵州省第一个“3·18”科技日，全县20多个部门联合举行活动。从此每年都举办“3·18”科技日活动。1997年2月，在全县扶贫攻坚大会上，自治县人民政府作出《关于实施科教兴印战略的决定》。2000年，由科技局、教育局、关工委共同组织全县开展中日合作青少年科普活动周活动。2001年，组织开展青少年科技知识竞赛活动。完成《印江自治县科学技术志》的编辑出版。2002年，县人民政府下发《县人民政府办公室关于成立县科技教育领导小组的通知》。是年，与县团委共同评选和表彰25名县级“农村青年星火带头人”和5名“青年星火带头人标兵”。全国统一将每年五月的第三周定为五月科技活动周，是年全县以“科技走向未来”为主题，开展“科技一条街”活动和科技、文化、卫生三下乡活动。2003年5

2002年6月，华中农业大学教授刘春仁，在印江举办“绿色产业与绿色科技创新知识”讲座

月，全县开展以“依靠科学，战胜非典”为主题的五月科技周活动，由县科技局、宣传部、科协、教育局、印江报社联合举办中小学有奖科技征文活动。评出中学组一等奖3名，二等奖6名，三等奖11名；小学组一等奖3名，二等奖8名，三等奖15名；共评出优秀奖35名。6月20日，华中农业大学教授刘春仁到印江为200多名干部、农技人员、企业法人等作“绿色产业与绿色科技创新知识”讲座。10月，由县科技局发起，在板溪的上洞村创建全县第一个村级科技传播点——上洞村科技传播点，设有常年科技顾问、科技特派员，有科技阅览室，陈设有各种科技图书、光盘，是农村广大农民的学习课堂、科研场所和信息交流窗口，获得2003年全区科技工作表彰二等奖。2004年，开展优质水稻旱育浅植技术推广工作。按铜仁地区科技局通知，县科技局与县农业局做专题研究，共完成示范点面积6186亩，示范区带动面积86814亩，共完成9.3万亩，占任务数的143%。向省、地区申报科技进步奖4项，获地区科技进步三等奖1项。组织开展2002—2003年县级科技进步奖励评审表彰工作。成立县级科技进步评审委员会。表彰2002—2003年县级科技进步奖的单位或个人（一等奖：古大珍稀树种——川黔紫薇拯救技术研究，自治县林业局检疫站，袁贤超、任晓东、谭志铭、黄雁飞。二等奖：四腔高压水囊导管经尿道扩裂治疗前列腺增生症的临床研究，自治县人民医院，曾昱、张正能等；稻田生态渔业技术推广与应用，县畜牧水产局渔政水产站，何勇、腾建国等；脑脊液置换疗法治疗网膜下腔出血“SAH”临床应用研究，自治县人民医院，代斌、张正能等。三等奖：新编药歌500解及新编药歌500首简表，自治县民族中医院，李光华、李明洋；印江矿产及开发，自治县国土局、高杰)。是年，新培植审批印江骨伤专科医院、印江梵净山中药材开发有限责任公司两家新型企业。争取省、地区科技项目资金近3万元，用于印江星源农牧公司及印江梵净山野菜加工厂两家民营科技企业从事技术研究、产品开发。成功创建“全国科普示范县”。2005年，印江被省科技厅列为全省第二个科技特派员工作制度试点县。修改《印江自治县科学技术奖励办法》并报县人民政府同意，县人民政府政府下发《印江自治县科学技术奖励办法》。《奖励办法》增加奖励范围，大幅度提高资金额度，极大地提高科技人员的工作积极性和创造性。“十五”以来，全县农业科技工作以“六普及、三提高、四良四改”为重点，工业以打造县“东北部工业带”为契机，均取得明显成效。科技进步对农业增长的贡献率由“九五”末的35.71%增加到“十五”末的42.3%，科技进步对经济增长的贡献率由“九五”期末的28.45%提高到2005年的35.42%。是年，“梵净翠峰”“梵净绿茶”获省级地方标准并发布实施标准编号，即梵净翠峰茶（DB52/469－2004）、梵净绿茶（DB521470－2004）；梵净山翠峰茶获国家地理标志产品保护。原有部分有机茶通过中农杭州质量论证中心的鉴定，颁发“有机茶园转换证书”，证书号OTRDCO－589C－2005；“有机茶加工证书”证书号：OTRDC－589P－2005；“有机茶转换产品认证证书”，证书号：OTRDC－589；“标准用证”证书号：OTRDC－589CL－2005。2006年，印江自治县组织申报地级以上科技进步奖励工作，印发《关于转发推荐2005—2006年度铜仁地区科技奖励项目的通知》，经报地区科技局组织专家评审，县林业局申报的三倍体毛白杨繁育及造林技术研究项目获地区科技进步三等奖。向省科技厅申报梵净山野生苦丁茶生态茶园建设星火计划项目和3000亩青蒿综合配套种植技术探研科技特派员项目，向地区申报葛根高产示范栽培技术年度计划项目。为认真落实科技成果奖励政策，更好地实施“人才强县”战略，充分发挥科技人才的主动性和创造性，努力营造一个尊重知识、尊重人才的良好氛围，县人民政府出台《印江自治县科学技术奖励办法实施细则》，该《细则》对进一步抓好两年一度的科技成果奖励工作提供有力的政策保障和可行的操作办法，使进步奖的评审工作更加科学、公正、公平。当年共评出获奖项目8项（其中二等奖2项、三等奖5项）进行表彰奖励。2007年，印江有机茶开发及产业化建设项目获科技部科技富民强县专项行动计划项目，项目总投资为213万元。2008年1月，印江自治县获“2005—2006年度全省科技进步县”称号。6月，省科学技术厅厅长于杰率领副厅长苟渝新，科技厅发展计划处、科技厅高新技术处、贵州省经贸委技术创新处、贵阳市生产力促进中心等领导组成的考察组，到印江考察，印江科技创新工作成果受到考察组的高度重视和好评；印江科协被中国科协与联合国儿童基金会非正规教育合作项目办公室表彰为“优秀示范单位”。7 月，以省科协党组书记肖伦祥为组长的“全国科普示范县”复查验收组到印江，对全县科普示范巩固提高工作进行复查验收。

三、 科技成果

1988—2008 年，印江自治县结合实际情况制定《印江自治县科学技术进步奖励办法实施细则》。

2006 年，下发《县科技局关于组织申报 2006—2007 年度县级科技进步奖项目通知》，安排部署 2006—2007 年度县级科技进步奖的组织申报工作，收到相关单位报来请奖项目 6 项，在 12 月底前组织有关专家总评审并报请县人民政府授奖；转发铜仁地区科技文件《关于推荐 2007—2008 年铜仁地区科技奖励项目》的通知，推荐《静吸全麻复合连硬麻并术后镇痛的温床应用》及《省级科技进步示范县的申报及考核程序》参加评审。

成果鉴定 印江自治县科技成果鉴定工作，根据国家关于科技成果鉴定办法，凡列入省、地区、县科研计划的项目，由省、地区、县科技厅（局）组织鉴定，未列科技厅（局）科研项目，由项目承担单位向科技厅（局）提出申请，经审查同意后，根据项目情况，由科技厅（局）组织鉴定或委托有关主管部门主持鉴定。先由成果单位（或个人）填写科技成果鉴定申请书，连同主要技术文件包括研究试验报告或技术总结、调查报告，计划任务书或技术合同书，社会经济效益分析报告及有关材料，报送组织鉴定单位审查。程序是：先由组织单位根据申报项目的行业聘请鉴定委员会人员（行业专家），项目申报单位的主管部门主持，采取会议或其他形式鉴定成果，鉴定委员会一般由 7～15 人组成，以同行中、高级职称以上科技人员为主体，部分科技管理人员参加。鉴定议程：会议首先听取项目主持人对研究报告陈述，然后审查材料进行评议，最后由鉴定委员会提出鉴定结论意见。鉴定的主要内容：（1）是否完成合同或计划任务书要求的指标；（2）技术资料是否齐全完整并符合规定；（3）技术应用成果的创新性（创新点）、先进性和成熟程度；（4）成果的应用价值及推广的条件和前景；（5）存在的问题及改进意见，鉴定不写明“存在问题和改进意见”的，重新鉴定，予以补正。

奖励办法 县级科技成果鉴定和奖励工作主要是依照国家和省《科技成果鉴定办法》及省、地区有关科技奖励办法的规定进行。1988 年，地区根据全地区的实际情况制定《铜仁地区科学技术奖励办法实施细则》，《细则》中规定地级科技进步奖原则上一年评审一次或两年评审一次，奖励分别设立一、二、三、四等奖次，奖励金额分别为 2000 元、1000 元、700 元、400 元。2003 年，地区根据全区实际，对地区原科学技术奖励办法做适当修改、完善。重新制定《铜仁地区科学技术奖励办法》和《铜仁地区科学技术奖励办法实施细则》，《办法》中规定每两年评审一次，设立地区最高科学技术奖、地区科学技术进步奖、地区科学技术合作奖。地区最高科学技术奖，奖金为 6 万元；地区科学技术进步奖，奖励分别设一、二、三等奖次，奖金数分别为 1.2 万元、8000 元、4000 元；地区科学技术合作奖，奖金为 1.2 万元。对获奖项目由行署颁布荣誉证书，同时对获奖单位和人员进行限额，地区科技进步奖获一等奖的人数不超过 9 人，单位不超过 7 个；获二等奖的人数不超过 7 人，单位不超过 5 个；获三等奖的人数不超过 5 人，单位不超过 3 个。1983—1985 年，曾设立县级科技成果奖，并进行评审奖励，后因诸多原因停评。2001 年，科技局向县人民政府请示，经批准同意，恢复县科技进步奖励工作。结合印江县情，制定《印江自治县科技进步奖励办法实施细则》，《细则》中规定县级科技进步奖原则上一年评审、奖励一次，如因特殊情况两年评审一次，其奖励标准设一、二、三、四等四个等次，奖金分别为 2000 元、1500 元、800 元、500 元，对获奖项目由自治县人民政府颁发奖金、奖状和荣誉证书，对项目主要完成人进行限额，超过 5 人以上的作为集体奖励，由县科技局出具相关获奖证明。为加大对科技成果的奖励力度，并与省、地区的奖励办法相衔接，认真修改原《印江自治县科学技术奖励办法》，并报自治县人民政府同意，《印江自治县科学技术奖励办法》增加奖励范围和大幅度提高奖金额度，极大地提高科技人员的工作积极性和创造性。

表彰科技成果 按照《印江自治县科学技术奖励办法实施细则》，2006 年 4 月，县人民政府对荣获 2004—2005 年度科技进步奖的单位和个人进行物质和精神上奖励，获奖项目 8 个（其中二等奖 3 个、三等奖 5 个），有 5 个集体和 40 个科技人员获奖。

二等奖（3 项）

项目名称：杨树秧田式水插育技术研究

完成单位：自治县林业局森林病虫防治检疫站

主要完成者：袁贤超、任晓东、冯帮才、王蓉（女）、全刚

项目名称：三法复全麻醉创新在临床上的应用

完成单位：自治县人民医院

主要完成者：谯凌、冯勇、代斌、帅武艺、陈世钧

项目名称：创建全国科普示范县体系建设

完成单位：自治县科协

主要完成者：冉隆洪、柳贵黔、卢道德、张德霞（女）、田义松

三等奖（5 项）

项目名称：超声引导下肾囊肿的介入性治疗

完成单位：自治县中医院

主要完成者：任明清、吴昌英、杨柄权、张启松、欧大洋

项目名称：马尾松容器育苗技术研究

完成单位：自治县林业局森林病虫防治检疫站

主要完成者：任晓东、袁贤超、冯帮才、王时霞（女）、田海波

项目名称：12 万亩优质稻旱育浅植高产栽培配套推广技术

完成单位：自治县农业局农业技术推广站

主要完成者：张翼、焦建国、赵权、田荞、黄华容（女）

项目名称：运用硬膜外腔神经阻滞治疗术后疼痛

完成单位：自治县人民医院

主要完成者：谯凌、帅武艺、饶承明、张正能、张世钧

项目名称：15 万亩脱毒马铃薯综合高产栽培技术

完成单位：自治县农业局农业技术推广站

主要完成者：杨元、罗勇、万泉涌、任晓玲（元）、严丽红（女）

1988—2008 年，全县共获省、地区、县科技进步奖（成果奖）共 50 项，其中获省级四等奖 1 项（星火奖 6 项）；获地区级 24 项（二等奖 8 项、三等奖 9 项、四等奖 7 项），获县级科技进步奖励 25 项（一等奖 3 项、二等奖 9 项、三等奖 11 项、四等奖 2 项）。

1988—2008 年印江自治县获省级科技成果奖一览表

表 14－2

序号	成果名称	主要完成单位	主要研究（完成）人员	获奖时间	获奖等级
1	10 万亩水稻配方施肥病虫综合防治	印江县土壤肥料工作站	覃智华、谭守华、杨光文、吴瑞江、曲照一	1992	四（星火）
2	铜仁地区中药资源普查	铜仁地区沿河自治县、印江自治县中药资源普查办公室	集体	1988	二
3	漂白工段及水处理技术改造	印江县造纸厂	段以奋、陈兆康、田茂刚	1988	四

续表14－2

序号	成果名称	主要完成单位	主要研究（完成）人员	获奖时间	获奖等级
4	应用半旱耕作配套技术开发潜型低产稻田的研究	印江县土壤肥料工作站	梁志才、严循森、文湘、吴瑞江、杨光文	1989	二
5	饲料青贮技术应用	印江县草地工作站	黄森林、卢维礼、赵光洲、陆安秋、王正芬	1989	四
6	印江、江口县耕牛寄生虫区系调查及其防治	印江县畜牧局畜牧兽医疾病预防站	赵开元、杨秀和、陈德华、卢维礼、郑德芬	1989	四
7	温州蜜橘早结丰产技术试验示范	印江县农业局柑橘站	饶占辉、王开仕、王天驰、谬印阳、付真齐	1989	四
8	杂稻制种千亩连片高产试验	印江种子公司	饶仁铨、戴传珍、胡利英、戴恒友	1992	四
9	秦油二号高产栽培技术示范推广	印江朗溪区农业技术推广站	王天跃、戴明贵、田儒发、田仁贵、黄光明	1992	四
10	双低优质油茶中油119丰产栽培技术	印江县农业局	王天驰、焦建国、冉隆治、张莉、谭先林	1996	二
11	印江县15万亩水稻丰产栽培技术	印江县农业局	王天驰、冉隆治、柳贵黔、田云庆、郑玉成	1998	二
12	印江县5万亩紧凑型玉米及配套技术推广	印江县农业局	焦建国、黄光皓、黄光明、肖廷儒、吕社生	1998	三
13	扑尔敏辅助治疗病毒性肝炎研究	印江县医院	卢达珩、卢晓燕	1998	四
14	水稻平衡配套施肥增产技术示范	印江县土壤肥料工作站	黄志毅、戴利军、杨社华、熊文、龙泽忠	2000	二
15	14万亩油菜优质高产综合栽培技术项目	印江县农业局	王天驰、肖廷儒、冉隆治、张剑峰、张冀	2000	三
16	4万亩高产优质杂交玉米新品种黔原3号及其配套技术应用	印江县农业局	肖廷儒、冉隆治、张玉奎、覃志蓉、饶念贤	2000	三
17	5万亩优质杂稻“协优63”高产栽增配套技术	印江县农业局	文湘、杨元、田荞、田兴炼、吴勇信	2000	三
18	贵州山区三倍体毛白杨育试验	印江县农业局	田朝阳、杨印铭、陈祥、吴华、王英	2002	二
19	印江县30万亩水稻重要病虫防治技术	印江县农业局	吴开君、李玲、涂显强、杨志平、罗亨婵	2002	二
20	印江县2000—2001年14万亩高产优质杂交玉米新品种综合配套技术广	印江县农业技术推广站	焦建国、杨社华、杨浪、张翼、田荞	2002	二
21	铜仁地区乌江中下游灌区印江片区续建配套规划	印江县水电勘测设计队	张朝安、田应湖、廖宗富、田舜、廖佳	2002	三
22	2000—2001年2万亩优质异源泉八倍体小黑麦引种推广应用	印江自治县农业技术推广站	肖廷儒、杨元、万泉涌、杨志平、何昌明	2002	三
23	印江县乡（镇）供水2010发展规划	印江县水电勘测设计队	张朝安、田应湖、田洪江、田源	2002	三
24	印江县2001年万亩花生新品种黔花生1号示范推广	印江自治县农业技术推广站	杨福贤、黄光皓、文湘、徐正绪、肖楚	2002	三
25	单侧多功能外固定支架治疗开放性粉碎性骨折的疗效观察	印江县骨伤专科医院	刘波	2002	三

1988—2008年印江自治县获县级科技成果奖一览表

表14－3

序号	成果名称	主要完成单位	主要研究（完成）人员	获奖时间	获奖等级
1	乌江中下游灌区印江片区续建配套规划	印江自治县水利电力勘测设计队	张朝安、田应湖、廖宗富、田舜、廖佳	2001	一
2	4万亩优质高产杂交油菜选一号及其配套技术	印江自治县农业技术推广站	冉隆治、彭莉、覃智蓉、戴瑞华、吴江	2001	一
3	贵州山区三倍体毛白杨育苗试验	印江县林业局	田朝阳、杨印铭、陈祥、吴华、王英	2001	二
4	细针穿刺乳房肿块细胞学诊断的临床应用	印江自治县人民医院	张永猛	2001	二
5	美洲斑蝇普查及在全县的分布危害	印江自治县农业局植保站	杨玲、涂显强、李灿河、杨毛平、卢国荣	2001	二
6	印江县乡（镇）供水2010年发展规划	县水电局勘测设计队	张朝安、田应湖、田洪江、田源	2001	二
7	单测多功能外固定支架治疗开放性粉碎性骨折的疗效观察	印江骨伤专科医院	刘波	2001	二
8	高油115养畜技术推广	县畜牧局饲草饲料工作站	赵祖国、腾建国、李建华、李兴、杨胜荣	2001	二
9	肾安注射液治疗性肾功能不全的临床研究	印江自治县人民医院	戴斌	2001	三
10	印江自治县渴望工程规划	印江自治县水利电力勘测设计队	张朝安、廖宗富、田源、任达富、田舜	2001	三
11	海洋高科技产品农乐一号浸种剂在水稻七五计划上的应用	县科技情报研究所	殷朝中、杨杰、张金太、刘萍、王忠明	2001	三
12	复方肝怡胶囊治疗病毒性肝炎的临床研究	县人民医院	卢达珩、卢晓燕	2001	三
13	1000亩早熟蔬菜栽培技术应用	峨岭镇农经站	王忠明、魏广军、余旭飞、陆治英、吕燕君	2001	一
14	2万亩紧凑型玉米黔单10号高产技术	县农业局农业技术推广站	杨元、黄光皓、张翼、田莽、任昆明	2001	三
15	稻田化学防除技术推广应用	县农业局农业技术推广站	吴开君、罗亨婵、阙斯铭、吴垠、肖楚	2001	三
16	印江自治县综合农业区划	县农业局农业区划研究中心	易黎惠、张凤祥、冯景玺、杨芍蓉、曹明江	2001	三
17	非耕地农业资源开发现状问题及对策	县农业局农业区划研究中心	冯景玺、卢国荣、易黎惠、曹明江、杨芍蓉	2001	三
18	4万亩紧凑型玉米及特用玉米高产技术	县农业局农业技术推广站	肖廷儒、张剑峰、罗勇、易世智	2001	四
19	痔无痛疗法的临床探讨	县中医院	杨光银	2001	四
20	古大珍稀树种——川黔紫薇拯救技术研究	县林业局检疫站	袁贤超、任晓东、谭志铭、杨建政、黄雁飞	2003	一
21	四腔高压水囊导管经尿道扩裂治疗前列腺增生症的临床研究	县人民医院	曾昱、张正能、冯勇、戴斌	2003	二
22	稻田生态渔业技术推广与应用	县畜牧水产局渔政水产站	何勇、腾建国、任廷政、肖富英、马权	2003	二
23	脑脊液置换疗法治疗蛛网膜下腔出血（SAH）临床应用研究	县人民医院	戴斌、张正能、黄菲荣、张红卫、侯坤	2003	二
24	新编药歌500解及新编药歌500首简表	县民族中医院	李光华、李明洋	2003	三
25	印江矿产及开发	县国土资源局	高杰	2003	三

第二章　教　育

第一节　教育体制改革

《中共中央关于教育体制改革的决定》和《义务教育法》颁布实施后，印江县教育紧跟国家教育体制改革，按照“分级办学、分级管理”原则，坚持“三舍得、三提高”（舍得出钱、舍得出力、舍得用好田好土，提高办学效益、提高师资素质、提高教育质量）的办学六字方针，坚持教育适度超前发展，实施“3456办学工程”“危改工程”“义教工程”“亮丽工程”等，加强学生宿舍楼和中小学教学用房建设，调整全县中小学布局，在全县兴起办学热潮，实现“最好的房子是学校”的目标。完善各项规章制度，加强系统内部管理，加大“普九”工作力度，义务教育取得较好成果，有力推动全县各级各类教育健康发展。

一、机构设置

1988年，县教育局内设秘书股（1997年改为办公室）、政工股、业务股（1997年改为教育股）、成人教育股、计财股、教研室、县人民政府教育督导办公室、县招生委员会招生办公室、县教育工会基层工会、教育学会、离退休教育工作者协会（1988年3月成立）。全县8个区（镇）各设一个办公室（即教办）。县直学校6所，即民族中学、第二中学、天堂中学、职业技术学校、小学教师进修学校、县实验幼儿园。2001年，成立中小学教师继续教育工程办公室，新建特殊教育学校。1993年，建镇撤区并乡，全县行政区划为17个乡镇，设17个教育办公室。1996年增设教仪站，1997年增设勤工俭学办，1998年成立“两基”办公室，设教育局纪律检查组，1999年增设远程教育站，2000年成立仪器电教中心，2004年增设民办教育管理办公室，2008年成立安全办。至2008年12月，教育局有干部职工45人。

二、办学体制

1988年，根据《中共中央关于教育体制改革的决定》，按照“分级办学、分级管理”原则，全县继续实行“县、乡（镇）、村三级办学，县、乡（镇）两级管理”的办学体制，多渠道筹措教育经费和世界银行贷款办学。深化教育改革，建立基础教育、职业技术教育和成人教育“三教”统筹的教育结构。加大初等教育力度，对新寨农中和县职业技术培训中心，在师资、设备、招生等方面予以扶持。教育局下发《关于中小学校产管理意见》，对全县以中小学校产进行全面清理和界定。1992年，省人民政府颁发《关于改革和发展农村教育的决定》，提出“走‘三教’统筹、农科教结合”的路子，培育乡土人才，为农村经济服务。全县兴建48个乡村文化技术学校（班）。1992年后，按照省、地

印江民族中学邵逸夫教学楼（2007 年拍摄）

区教育委员会的要求，对民办教师队伍实行“关、招、转、辞、退”，全面整顿。1993 年，印江县列入农村教育改革试点县，县委、县人民政府优先考虑发放教师工资，稳定教师队伍。1995 年，全县开始实施“三级办学、两级管理、以县为主”的管理体制，扩大地方政府的办学自主权。开始实施“危改工程”，开办校办产业；通过组织教师参加“三沟通”培训（高师函授、卫星电视教育和自学考试相沟通的学历进修形式），提高教师学历。1997 年，国务院颁布《社会力量办学条例》，国家鼓励社会力量举办实施义务教育的教育机构，作为国家实施义务教育的补充。是年，全县 7～12 周岁学龄儿童入学率达 99%，年满 15 周岁以上非文盲率达 98.5%，初等义务教育和基本扫除青壮年文盲达标，通过省、地区查检验收。1998 年，按照“三舍得、三提高”的办学六字方针，全县中小学的办学体制由公办、集体办演变为国家办与社会力量办。在全县兴起办学热潮，开始调整全县中小学校布局，普及初等义务教育工作取得较好成果，印江自治县被教育部、财政部命名为全国扫盲工作先进县。1999 年，全县开始实施“3456 办学工程”（即从 1999—2004 年用 3 年时间基本完成全县“普九”教学用房建设，用 4 年时间基本完成中学生宿舍建设，用 5 年时间完成中心完小学生宿舍建设，用 6 年时间基本完成中心完中以上学校的教师宿舍建设），加强学生宿舍楼和中学教学用房建设。中坝堰塘希望小学建成，成为村小示范学校，在全县兴起“堰塘小学效应”。是年，减少 12 所村完小、24 所初小、18 个教学点，撤销农场初中，扩大三中和新寨农中。2000 年，全县撤掉 39 个教学点，陡溪初中合并到天堂中学。2001 年，启动第二轮“义教工程”，加强初中基础建设，改善初中办学条件，打破乡镇相对封闭的招生模式，合并组建新业、永义、中坝 3 所九年一贯校。2004 年，实施国家“两免一补”（免学杂费、免教科书费、补助寄宿生生活费）政策，全县寄宿制学校快速发展，到年底全县寄宿制学校有 74 所。大力发展学前教育，制定《关于加强学前教育的实施意见》，取消城区和有幼儿园的乡镇所在地的小学学前班，对幼儿园实行分类评估制度，到 2004 年建成 10 所民办幼儿园（全县 18 所幼儿园），基本形成公办园为主体、社会力量办园为补充的幼儿教育发展格局。2006 年，天堂中学恢复高中招生。2008 年，春季学期开始，全县义务教育阶段学生免除杂费，享受免费教科书待遇，享受国家生均公用经费补助，90%以上中小学寄宿制学生获得生活费补助。中小学实施“亮丽工程”，推动全县义务教育健康发展。是年年底，幼儿园发展到 38 所（其中民办 29 所），洋溪中学恢复高中招生。

三、 管理机制

1988 年，全县继续按“分级管理”的原则，“三分建校、七分管理”，层层建立责任制，建立健全各种规章制度，加强学籍管理。下发《关于中小学校产管理意见》，规定每年 3 月或 4 月对校产进行全面检查，明确校界。1989 年，全县小学管理工作由区（镇）教办牵头，区、乡、村级学校分别按印江镇一小、韩家小学、连丰小学的管理经验在全县推广。1991 年，全县教育工作会上，通过《关于加强和改进中小学德育工作的意见》，明确全县中小学开展德育工作的规定。1992 年，县教育局印发《印江自治县中小学教学工作常规》和《教学常规工作评优细则》等加强教学管理的规定。1994 年，开始实行小学办理学籍证的常规制度。1995 年，开始实行“三制一管理”的学校内部管理体制改革机制（即校长负责制，教师聘任制，岗位责任制和目标管理）。在目标管理上，各校实行“计划、实施、检查、总结、评比、推广”一条线管理。体制实行“两级”（县、乡镇）管理，以县为主的管理体系［即县负责义务教育规划、学校布局、国家教育经费及城乡教育费附加的筹集与管理；

校长任免、教师培训、调配和管理；教育教学质量评估；教师工资的统筹与发放；办学条件的改善。乡镇负责小学（含教学点）教学条件的改善，保证适龄儿童按时入学，维护学校正常教学秩序]。县人民政府公布《关于多渠道筹措教育经费的意见》，加强对教育经费的征、管、用的督促和审计。1997年，县教育局制定《贯彻执行〈小学管理规程〉的意见》《幼儿园评估注册登记意见》《中小学财务制度规定意见》等管理制度。1998年起，管理由“四十分钟要质量”转向“向管理要质量”，制定教育目标，教育工作目标全面量化，对各乡镇教育工作进行量化考核。2000年，印江县深化教育系统人事制度改革，通过书面考试、演讲答辩、组织考核等方式，对峨岭、新寨、合水、杨柳4个乡镇教办主任和三中、朗溪中学、缠溪中学、峨岭三小等4个学校校长进行公开招聘。积极推进全县中小学实施素质教育，出台《关于加强教学工作管理，规范教学行为的实施意见》。2001年，在全县征集出版《学校管理论文集》，160篇管理论文在全县中小学进行交流。深化教育系统人事制度改革，拓宽用人渠道，印江中学、印江二中赴贵阳招聘初高中教师。在印江三中进行“优化组合”人事制度改革。加强师德师风建设，对全县教师提出“十二不准”的职业道德规范要求。2002年，教育系统开展行风建设和行风评议工作，印发《业务目标管理考核内容及评分细则》，从教育发展、办学条件、师资建设、教育管理和质量等方面对教办和学校进行目标考核。2003年，县教育局制定规范师德师风行为的“九条纪律”，面向全系统实行初高中教师公开招聘，印江中学、印江二中招聘高中教师40名，印江三中招聘7名。2008年，县教育局制定《关于加强教师队伍管理的意见》《关于加强中小学生均公用经费使用的实施意见》《关于加强教学管理提高教学质量的意见》，全县学校、教师、经费等步入规范化管理。1988—1995年，教师工资发放流程是：县财政—县教育局—乡镇教办（学点）—学校—教职工。1995年起，全县教师工资由县教育局统筹发放。2000年8月起，设立中小学教职工“工资资金专户”，教师工资性支出由财政部门根据规定的工资项目及标准，通过银行直接拨入教师的个人账户。2000年，各级各类学校教育经费实行“零户统管”。2003年，国家开办的各类学校，除书本费外的其他各项收费，按照收支两条线的规定，其收入纳入财政专户管理。2004年秋季起，全面推行义务教育阶段的杂费、课本费、作业本费及信息技术教育费经物价、教育等部门核定标准的“一费制”收费管理办法。

第二节　教育管理

1988—2008年，印江教育在大力改善办学条件的同时，狠抓干部管理、教师管理、教学管理、招生管理和住宿制学校发展管理等，出台《印江自治县中小学校长目标管理考核细则》《印江自治县中小学教师工作评价方案》《印江自治县教育目标考核细则》《印江自治县教学质量奖励办法（试行）》等文件，采取“三制一管理”“控辍保学”等措施。经20年的耕耘和发展，教育环境旧貌换新颜，教育成绩硕果累累，教学质量逐年提升，“两基”顺利通过省人民政府初评和复评验收。

一、教育行政管理

干部管理　1988年，乡（镇）中小学班子和县直学校中层干部含二中、职中副职配备以及对教师的提拔使用，由教办和县直学校提出初步意见，县教育局组织考核予以行文任命，对乡（镇）教办正副主任、教育督导员、教办党总支书记、县示范性幼儿园正副园长、教育局各股室正副股长主任的任免，除教办党总支书记由乡（镇）党委考核任免外，其余由县教育局直接组织考核行文任免，并报县委组织部门备案。民族中学正副校长、专职党支部（总支）书记，二中、职中校长、专职党支部书记、教育局正副局长、党组书记、纪检组长、县人民政府教育督学，由县委组织部组织考核，民族中学校长、教育局局长由县人大常委任命，县民族中学副校长、二中、职中校长，县教育局副局长、县政府教育督学由县人民政府任命，县直学校专职党支部（总支）书记，县教育局党组书记、纪检组长由县委组织部任命。

1999 年，在新寨乡进行中小学校长公开招聘试点工作，在公开公平竞争的条件下选招 5 名中小学校长。借此经验，认真调查研究，制定全县中小学校长、教办主任公开招聘方案，并进行广泛宣传，为以后全面实施校长公开招聘、教师竞争上岗打下良好的舆论基础。

2003 年，制订《印江自治县中小学校长工作考核方案》。2005 年，试行教办主任、中小学校长履行岗位职责述职制度，峨岭镇、罗场乡教办主任，杨柳中学、合水中学、峨岭镇一小、木黄小学、朗溪小学校长分别向教育局述职。2006 年，制订《印江自治县中小学校长目标管理考核细则》，推行中小学完小以上学校校长任期目标责任制，任期述职报告制，离职财务审计制。8 月，小学 61 名正副校长在印江教师进修学校接受培训。2008 年，制订《印江自治县部分初级中学公开招聘副校长实施方案》，板溪、杉树、罗场、杨柳、沙子坡、缠溪、洋溪等中学公开招聘 8 名副校长。

教师管理 “八五”以来，县人民政府把中小学教师队伍建设纳入科教兴县社会经济发展战略总体布局来抓，1994—2003 年，全县通过师范类毕业生分配，在非师范类大学本科、专科毕业生中招聘，民办教师转公办教师，委托培养等途径共新增教师 2177 人。这些教师均根据全县中小学，特别是农村中小学的缺编情况，由县教育局一次性（从 1993 年起实行招考）分配到缺编学校。在职教师需工作调动，由本人提出书面申请，由所在学校、教办签署意见后交调入学校和所在教办签署接收意见，教育局最后予以平衡、审核决定。在本乡（镇）范围内调动的，需经县教育局审核认可。调往县城中学和峨岭镇范围内所属小学的，需经县教育局审核研究后，报县委组织部或县人事部门审批。

1995 年，在木黄中学、朗溪小学实施“三制一管理”（校长负责制、教师聘用制和岗位责任制，校长任期责任目标管理）试点。1997 年，全县乡镇以上学校试行“三制一管理”。1999 年，编制《印江自治县中小学教师工作评价方案》，在峨岭镇一小、二小试点。

2000 年，在全县中小学试行，《方案》采取量化方法，将教师的全部工作划分为 3 项一级指标，12 项二级指标，37 项三级指标，项项有要求、有指标分，总分为 150 分。考核时采取平时考察与年终考核相结合，个人自评（占 20%）与考核组评定（占 80%）相结合，总成绩达 135 分以上定为优；120～134 分的评定为良；90～119 分的评定为合格；90 分以下的为不合格。是年，认真贯彻《中小学教师职业道德规范》，印发《加强教学工作管理，规范教学行为的实施意见》，对全县中小学教师提出“十二不准”的职业要求。

2003 年，印江县教育局制订《印江自治县教育目标考核细则》，全面推行岗位目标管理制度，各级各类学校均制订各类岗位职责和管理制度，基本做到合理设岗，科学用人，形成“人人有事做，事事有人做”的工作格局。2005 年，试行聘用制管理，制订《印江自治县教育系统试行人员聘用制实施方案》。2006 年 9 月，开展“做人民满意教师”演讲比赛活动。逐步推行教育均衡，开始从城区学校选派教师到乡镇学校支教，县直 7 所学校共选派 24 位教师到乡镇学校支教。

2008 年，印江县教育局制订《印江自治县中小学教师教材专业知识过关考试实施方案》，分三年对全县中小学教师进行教材专业知识考试。印发《印江自治县关于加强教师队伍管理的意见》，从干部选拔任用、教师招聘、有序调配、请销假、专业职务聘任、进修、考核办法等方面，提出规范管理意见。

学校编制 全日制中小学的规模，根据教学班数额划分为三类：20～30 个班级及以上的为大型学校、12～17 个班的为中型学校、11 个班及以下的为小型学校。大型中学设政务处、教务处、总务处、办公室，配备校级领导 3 名，中层干部 4 名；中型中学设置教导处、总务处、办公室，配备校级领导 2 名，中层干部 3 名；小型中学设置教导处、总务处，配备校级领导 1～2 名，中层干部 2 名；建立团委的大中型中学，配备专职团干 1 名（属中层干部）。大型小学设置教导处、总务处，配备校级领导 3 名，中层干部 2 名；中型小学设置教导处、总务处，配备校级领导 2 名，中层干部 2 名，小型小学一般不设内部机构，必要时也可设教导处，配备校级领导 1 名、教导主任 1 名；大中型小学可配备专职少先队辅导员1名。

二、 教学管理

课程设置 1988—1992年，执行1985年由县教育局根据国家教委颁布的《全日制六年制农村小学教学计划》而制定的《印江县全日制六年制农村小学教学计划》，开设思想品德、语文、数学、自然、地理、历史、体育、唱歌、图画、手工劳动等学科。每周课时：一、二、三、四年级各为24课时，五、六年级各为26课时。

1990年起，全县严格执行中央和省颁布的课程计划，实行九年制义务教育，全日制初中、小学、高级中学一律用标有“经全国中小学教材审订委员会试用”或“经贵州省中小学教材审查委员会通过”字样的教材。1993年，国家教委颁布《九年义务教育全日制小学、初级中学课程方案（试行）》。《课程方案》由《九年义务教育全日制小学、初级中学课程计划（试行）》和24个学科教学大纲组成。

1999年秋季，峨岭镇一小、二小三至六年级开设英语课程，到2004年全县各乡（镇）中心完小三至六年级全部开设英语课程。在教学时间安排上，中、小学每周按五天半安排课程，全学年时间为52周（含假期13周），每节课时为小学40分钟、初中45分钟，每天安排广播操20分钟，眼保健操上、下午各一次，每次5分钟，统一安排体育课和体育活动，保证学生每天体育锻炼1小时。结合县情，峨岭镇一小、二小按全日制小学教学计划要求执行。各乡（镇）中心完小、村联办完小、村简易小学（一至四年级）分别执行《贵州省九年义务教育农村全日制小学课时调整安排表》《贵州省九年义务教育农村简易小学课时调整安排》。全县各级各类学校在严格执行课程计划的同时，不得以任何理由利用节假日和课余时间给学生补课，也不得给学生布置过多的家庭作业，占用学生过多的休息时间，切实转变观念，减轻学生的课业负担。

学校实验室（2004年拍摄）

2001年，印江自治县印发《关于进一步规范普通中小学教学用书的通知》《关于减轻学生过重课业负担的意见》《关于转发省教育厅减轻小学生过重课业负担“十不准”的通知》等文件，严格要求开齐课程，开足课时。制订《印江自治县教育工作评价方案》，把减轻学生过重课业负担纳入教师工作评价。从2004年秋季起，印江自治县执行《基础教育课程改革义务教育课程计划》，中、小学全年时间52周（含节假日13周），其中上课35周，复习考试2周，机动课时2周，禁止利用节假日上课、补课。在一至六年级的语文课时中，一至六年级每周设1节写字课，一至二年级每周设1节说话课，三至六年级每周设作文课，每天安排20分钟课间操，10分钟眼保健操，每周按5天安排课程，小学每节课时为40分钟、中学45分钟。全县中小学校均按《基础教育课程改革义务教育课程计划》实施，印发《印江自治县基础教育新课程实验推广工作方案》，标志着新一轮课改在印江掀起高潮。

2005年，县教育局印发《关于在全县中小学开设书法课程的通知》，要求从当年秋季起，初中和乡镇中心完小都开设信息技术课，在小学一至二年级增加“体育健康”“综合实践活动”，农村初中增加“农村实用技术”，安排地方课（如书法课）、劳动课和选修课。2008年，贵州省对课程进行调整。到2008年，全县各级各类学校均达到国家课程标准规定的要求，开齐、开足课时。

教学成绩 1990年起，学校管理和教学常规管理，教育教学已成为全县各级各类学校的中心工作。学校坚持遵循大纲，紧扣教材、狠抓“双基”（基础知识、基本技能）、培养能力，以“纲”（教学大纲）为纲，以“本”（课本）为本的教学原则，贯彻执行教学常规，推行目标教学法，在中小学开展多项课堂实验和教学研究，积极推行素质教育，大面积提高教育质量。至 2004 年，全县小学毕业生达 103198 人，初中毕业生 64471 人，高中毕业生 7924 人，职高毕业生 1440 人。初中毕业生升入省属重点高中 528 人，升入中专 3108 人，中师 1012 人，普高 11905 人，职高 1886 人，五年制大专 790 人，合计 19229 人。1988—2008 年，教师参加地级以上各级各类竞赛累计获奖 400 余次，学生参加地级以上各级各类竞赛获奖 690 余次。

教学奖励 1986—2002 年，“普六”“普九”期间，全县各级各类学校办学条件差、师资不足、危房多，教学设施设备欠缺，全县教育以改善办学条件为重点，无暇顾及教育教学质量，教学质量奖基本限于校内奖励，部分学校设有学科合格率、优秀率、人均分、提高率等事项，对教学质量较好的教师进行奖励。经“普六”和“普九”，学校办学条件得到极大改善，全县教育工作重心开始向教学质量转移。2003 年，县教育局制订《印江自治县教学质量奖励办法（试行）》，设置“教学奖”“升学奖”“进步奖”等，每年从教育经费中拿出 10 余万元对集体和个人，从教学综合质量、初中升学质量、学科教学质量前三名、高考教学质量等方面进行表彰。2006 年，对原教学质量奖励办法进行修订，奖项设置为高中毕业班升学奖、初中毕业班升学奖、高中教学质量综合奖、初中及小学教育教学综合质量奖等四大项，其中对高考教学质量奖进行大幅调整。与此同时，各中学以校为单位、小学以乡镇为单位制定本校、本乡镇教育教学质量奖励办法。教学质量奖励办法的实施，在引导学校集中精力抓好教育教学质量、规范各种考试管理等方面发挥积极作用，调动学校和教师工作的积极性，增强教师的事业感和责任心。

三、 基础设施建设

寄宿制 1992—1997 年，以木黄民族小学和印江民族中学为发展重点以外，其他各乡（镇）中小学寄宿制亦有一定的发展。1997 年，在县妇联的积极争取下，由中国儿童少年基金会实施的“春蕾计划”，每年出资 2 万元，在天堂镇兴办第一个寄宿制女童班，共招收 50 名失学女童，这些女童通过三年的学习，于 2000 年完成小学学历。

1998 年 10 月， 杉树中学百万工程落成

1998 年，全县有完中 2 所，乡（镇）初中 20 所，中心完小 50 所，有在校中学生 14230 人，其中住校生 8708 人，占 61.2%；中心完小在校生 17086 人，其中住校生 2648 人，占 15.5%，实有学生宿舍只能满足 1750 人住宿，中学住校生大多数是在就读学校附近的机关单位、农户中租房分散居住。小学生宿舍基本上是空白，给学校管理工作带来一系列困难，也给学生家庭增加经济负担。据 1998 年统计，学生在校外租房，每年房租费生均达 100 元以上，全县每年学生的房租费高达 227.1 万元以上。

按照 1993 年县教育局制订的《印江土家族苗族自治县义务教育规划》，到 2002 年，全县初中生将达 1.9 万人，其中住校生可达 1.14 万人。中心完小在校生 2002 年将达到 2.1 万人，其中住校生可达 0.42 万人。住校生数量的不断增加和学校办学条件的不足产生尖锐的矛盾，影响全县教育事业的协调发展。根据这种现状，1998 年，印江县教育局及时向县人民政府提出“关于多渠道筹集资金，多形式兴建学生宿舍实施意见的报告”的要求，学生宿舍建设实行分级负责和分校实施。第一阶段（2002 年前）主要实施中学；第二阶段（2002 年后）主要在规划有寄宿制学校的中心完小实施，资金来源主要由教育附加、集资、贷款、合作、股份等组成。

2001 年，全县中小学住校生达到 1.3 万人，学生宿舍面积达 7.58 万平方米，缓解学生住校难的问题。为进一步发展全县的寄宿制学校，是年，印江县教育局制订《印江自治县民族寄宿制教育规划》。《规划》拟定 2001—2005 年，五年时间建成 83 所寄宿制学校，投入资金 16065.7 万元，建成教学用房 6892 平方米，学生宿舍 5.62 万平方米，学生食堂 1.74 万平方米。按照规划，全县将逐步推行寄宿制学校。2003 年，全县已建成 70 所上规模上档次的寄宿制中小学校。全县的乡（镇）初级中学、乡（镇）中心完小和管理区完小办成寄宿制学校，到 2008 年建成 83 所寄宿制学校，住校生人数达到在校学生总数的 40%。印江寄宿制教育的发展为改变全县校点分散、规模过小、质量不高，改变学生学习成长环境，减少失学、辍学现象，提高教育教学质量，发挥集中办学优势，提高规模效益，合理调整布局，实现“普九”目标，促进全县教育事业的发展，起到积极的推动作用。

设施建设 1990—2008 年，主要得益于 1992—1997 年世界银行教育贷款 1259.176 万元，1995—1999 年国家扶贫资金 119 万元，2003—2008 年国家危改资金 182.34 万元，1998—2008 年国家贫困地区义务教育工程资金 3307.29 万元，1992—2001 年希望工程资金 173 万元，2001—2002 年普及九年义务教育资金 714 万元，1998—2008 年香港邵逸夫、香港慈恩基金会、香港半岛青年商会、香港励协慈善基金会等捐赠资金 358.5 万元，印江自治县各级各类学校校舍状况明显改善。

1990 年，全县中小学、幼儿园校舍建筑面积为 155960 平方米，其中危房面积 13400 平方米，危房率为 8.6%。1990—2008 年，全县改造中小学危房，新建和改扩建校舍 205 所，建筑面积 13.33 万平方米，其中新建 11.33 万平方米，改扩建 2 万平方米；资金总投入 5497.89 万元，其中中央投入 1171.78 万元，省投入 1527.7 万元，地区投入 271.9 万元，县投入 908.055 万元，乡（镇）投入 873.165 万元，学校自筹 128 万元，群众集资 251 万元，其他资金 366.29 万元。

2004 年，全县中小学、幼儿园校舍建筑面积为 315846 平方米，其中危房为 2413 平方米，危房率为 0.76%。2004 年，全县中小学、幼儿园校舍建筑面积比 1990 年增加 3.36 万平方米，危房面积比 1990 年减少 10987 平方米，危房比例下降 7.84 个百分点。全县中小学、幼儿园校舍基本达到师生教学用房、生活用房标准，小学生均校舍面积 3.3 平方米，初中生均面积 4.2 平方米，中小学基本无危房。绝大多数学校校园设施、教学设备完善。达到班班有教室、黑板、讲台，校校有厕所，学生人人有课桌凳。教学区、生活区、活动区相互独立又互为整体，集美化、绿化、硬化于一身，融乐园、学园、花园于一体，初步实现“农村最好的房子是学校，最美的风景在校园”的目标。

为保证教育经费的稳定来源，加大依法征收农村教育费附加和义务教育费的力度，1997 年采取 6∶4办法，即乡（镇）上缴任务数的 40%给县，60%由乡（镇）掌握，用于改善本乡（镇）的办学条件，县、乡（镇）、村组织资金 316 万元，改善 214 所学校的办学条件，使“两基”（基本普及九年义务教育和基本扫除青壮年文盲）工作顺利地通过省、地区复查验收。随着情况的变化和学校的布局调整，为组织实施好“3456 办学工程”，根据《义务教育法》《贵州省教育经费筹措管理办法》，制订《印江自治县农村教育费附加和义务教育费征收管理实施办法》，对教育费附加和义务教育费实行财政预算管理和县集中统一使用的办法，从而为全县基础教育的发展提供了可靠的资金来源。另一方面，积极反映县情，争取上级的扶持，广泛发动社会力量办学，采取投工投劳、捐资助学等形式，多渠道筹措教育经费，掀起办学热潮。

1997—2008 年，全县先后完成杉树中学、板溪中学、朗溪中学、第三中学邵逸夫大楼 4 所中学“百万工程”建设，8 个义教工程，4 个扶贫工程、4 个希望工程、2 个对口帮扶工程，共修建学生宿舍 2453.88 平方米，教师住房 11 幢 9600 平方米，改扩建教学用房和其他配套设施 5013 平方米，共计投入资金 1657 万元，其中中央、省、地区投入专款 620 万元，县投入 214 万元，乡（镇）投入 444 万元，学校、群众自筹资金投入 379 万元。

世界银行教育贷款项目学校 1992—2008 年，有木黄镇阳坝小学、木黄镇乌溪小学、合水镇鱼

木黄镇完全小学（1998 年拍摄）

泉小学、永义乡团龙小学、朗溪镇泡木小学、板溪镇大坪小学、新寨乡新坪小学、朗溪镇白元小学、沙子坡镇炉塘小学、罗场乡罗场小学、洋溪镇曾心小学、木黄镇木黄小学、木黄镇坪洞口小学、合水镇兴旺小学、朗溪镇朗溪小学、板溪镇上洞小学、天堂镇金城小学、新寨乡板山小学、杨柳乡杨柳小学、洋溪镇洋溪小学、天堂镇初级中学、天堂镇天堂小学、刀坝乡刀坝小学、木黄镇五甲小学、新业乡新业小学、合水镇坪峨小学、刀坝乡核桃坪小学、永义乡石前小学、永义乡尖峰小学、中坝乡中坝小学、峨岭镇一小、新寨乡农业中学、新寨乡团山小学、洋溪镇新阳小学、天堂镇中团小学、天堂镇井溪小学、天堂镇坪底小学、杨柳乡白沙小学、永义乡永义小学、峨岭镇先锋小学、峨岭镇大石小学、新寨乡干家沟小学、永义乡慕龙小学、缠溪镇缠溪小学、罗场乡罗场初级中学、板溪镇联合小学、沙子坡镇天星小学、板溪镇岩底小学、新寨乡乐洋小学、杉树乡初级中学、朗溪镇塘池小学、合水镇小杉木小学、合水镇合水小学学、洋溪镇双龙小学、中坝乡玉屏小学、天堂镇百户小学、刀坝乡兰克寨小学、木黄镇金厂小学、缠溪镇柳塘小学、罗场乡茶园小学教学楼建设项目，建筑面积 4786 平方米，投资 182.34 万元。

扶贫教育工程学校　1995—1999 年，新建新寨乡新寨小学、新寨乡上槽小学、木黄镇盘龙小学、新业乡九年一贯制学校、合水镇香树坪小学、朗溪镇三村小学、永义乡永义小学的综合楼、教学楼 7 幢，建筑面积 3075 平方米，投资 119 万元。

“普九”工程学校　2001—2008 年，新建新寨乡大塘小学、中坝乡官家小学、板溪镇柏果小学、杉树乡冉家坡小学、天堂镇大院小学、木黄镇岑洋小学、合水镇白元小学、永义乡九年一贯制学校、缠溪镇曾家小学、罗场乡茶园小学、洋溪镇初级中学、杨柳乡中山小学、峨岭镇幸福小学、峨岭镇和平小学、峨岭镇江家坡小学、中坝乡九年一贯制学校、杉树乡新宅小学、杉树乡黄土小学、天堂镇民丰小学、天堂镇曹家小学、木黄镇建厂小学、新业乡九年一贯制学校、合水镇兴旺小学、永义乡石前小学、朗溪镇朗溪小学、缠溪镇打杵场小学、洋溪镇洋溪小学、洋溪镇蒋家坝小学、杨柳乡凯坪小学的教学楼、综合楼、食堂学生宿舍 29 幢，建筑面积 18487 平方米，投资 714 万元。

义务教育工程学校　1998—2008 年，新建峨岭镇一小、中坝乡大田小学、沙子坡镇沙子坡小学、刀坝乡刀坝小学、永义乡九年一贯制学校、朗溪镇朗溪小学、缠溪镇缠溪小学、洋溪镇洋溪小学、杨柳乡杨柳小学、峨岭镇三小、新寨乡新寨小学、中坝乡九年一贯制学校、板溪镇毛寨小学、杉树乡何家小学、天堂镇天堂小学、木黄镇木黄小学、木黄镇新民小学、新业乡九年一贯制学校、合水镇新场小学、朗溪镇坪柳小学、罗场乡罗场小学、洋溪镇桅杆小学、峨岭镇二小、板溪镇板溪小学、杉树乡杉树小学、沙子坡镇凉水小学、天堂镇陡溪小学、刀坝乡兰克小学、合水镇合水小学、缠溪镇打杵坳小学、杨柳乡曹门小学、县特殊教育学校、新寨乡农场小学、沙子坡镇花园小学、洋溪镇桅杆小学、永义乡张家坝小学、印江二中、沙子坡镇初级中学、天堂镇初级中学、洋溪镇初级中学、永义乡九年一贯制学校、板溪镇连丰小学、天堂镇中坝小学、新业乡芙蓉小

刀坝中学（2010 年拍摄）

学、木黄镇初级中学、合水镇初级中学、缠溪镇初级中学、杨柳乡初级中学、沙子坡镇韩家小学、杉树乡高峰小学、板溪镇初级中学、新寨乡农业中学、刀坝乡初级中学、中坝乡九年一贯制学校的教学楼、综合楼共 54 幢，建筑面积 62271.17 平方米，投资 3307.29 万元。

1993 年台湾艺人凌峰先生援助建设的沙子坡塘口村青坨希望小学

希望工程　1992—2008 年，台湾艺人凌峰捐资建设沙子坡镇青坨小学，台湾乡友吴学篪捐资建设板溪镇石塘小学，香港陈延华捐资建设缠溪镇福和小学，香港陈宝镇捐资建设中坝乡堰塘小学，青岛胶南市捐资建设峨岭镇普同小学，国家农业部捐资建设木黄镇李家沟小学，上海电信共联捐资建设永义乡张家坝小学，青岛胶南市捐资建设新寨农业中学、朗溪镇孟关小学，香港邵逸夫捐资新建，三中、民族中学、刀坝乡中学综合楼，李嘉诚基金会捐资新建印江二中综合楼，香港慈善基金会捐资新建板溪镇连丰小学、中坝乡九年一贯制学校、板溪镇柏果小学、木黄镇岑阳小学、缠溪镇曾家小学、杨柳乡中山小学、洋溪镇中学、永义乡石前小学、峨岭镇幸福小学、天堂镇中学、罗场乡中学教学综合楼，香港半岛青年商会捐资新建新寨乡大塘小学、罗场乡竹园小学、缠溪镇柳塘小学教学楼，香港励协慈善基金会捐资新建杨柳乡凯坪小学、杨柳乡中学、中坝乡九年一贯制学校的教学楼共 30 幢，建筑面积 28766 平方米，投资 1251 万元，其中捐资 488 万元。

学生宿舍建设　1998—2008 年，印江民族中学、二中、三中、四中、新寨乡中学、中坝乡九年一贯制学校、板溪镇中学、杉树乡中学、沙子坡镇中学、天堂镇中学、刀坝乡中学、木黄镇中学、新业乡九年一贯制学校、合水镇中学、永义乡九年一贯制学校、朗溪镇中学、罗场乡中学、缠溪镇中学、洋溪镇中学、杨柳乡中学新建学生宿舍 25 幢，建筑面积 22642 平方米，投资 939.8 万元，住宿学生 1 万多人。

教师宿舍建设　1996—2008 年，印江民族中学、二中、峨岭镇一小、峨岭镇二小、峨岭镇凯塘小学、新寨乡上槽小学、板溪镇中学、杉树乡中学、杉树乡何家小学、沙子坡镇教办、天堂镇教办、天堂镇中学、天堂镇小学、中坝乡九年一贯制学校、木黄镇中学、木黄镇小学、合水镇中学、永义乡九年一贯制学校、永义乡张家坝小学、罗场乡中学、罗场乡罗场小学、洋溪镇中学、杨柳乡中学新建教师宿舍 31 幢，建筑面积 20712 平方米，投资 700 多万元，住宿教师 300 户。2001 年，在县城建设教师新村，工程占地面积 3220 平方米，建筑面积 19320 平方米，住房 135 套，总投资 888 万元，2004 年 8 月竣工。

2006 年 5 月，智诚中学举行教学动员大会

信息技术与远程教育建设　2001—2008 年，全县建设信息技术与现代远程教育项目学校有印江民族中学、二中、职业技术培训中心、民族实验幼儿园、三中、四中、新寨乡农业中学、中坝乡九年一贯制学校、板溪镇中学、板溪镇板溪小学、杉树乡中学、杉树乡杉树小学、沙子坡镇中学、沙子坡镇沙子坡小学、天堂镇中学、天堂镇天堂小学、刀坝乡中学、刀坝乡刀坝小学、木黄镇中学、木黄镇木黄小学、新业乡九年一贯制学校、合水镇中学、合水镇合水小学、永义乡九年一贯制学校、朗溪镇中学、朗溪镇朗溪小学、缠溪镇中学、缠溪镇缠溪小学、罗场乡中学、罗场乡罗场小学、杨柳乡中

学、杨柳乡杨柳小学、洋溪镇洋溪小学、洋溪镇中学、峨岭镇二小、峨岭镇三小、峨岭镇四小、板溪镇毛寨小学、杉树乡何家小学、沙子坡镇花园小学、天堂镇陡溪小学、刀坝乡兰克小学、木黄镇新民小学、木黄镇芙蓉小学、合水镇新场小学、永义乡张家坝小学、朗溪镇坪柳小学、缠溪镇打杵坳小学、缠溪镇打杵场小学、杨柳乡曹门小学、新寨乡农场小学、中坝乡大田小学、峨岭镇凯塘小学等53所。教育部、李嘉诚基金会和地方政府共投入476万元，充分利用教育卫星频道的网上资源，开展现代教育手段教学、大大缩短东西部教育条件、教学手段、教育资源的差距，同时充分利用远程教育设备，开展农村党员培训和农技培训。

教学设备　1990—2008年，全县303所中小学、幼儿园添置教学仪器、图书、课桌凳，276所小学教学仪器配备率达80.9%；18所初中按标准配备教学仪器，配备率达100%。小学生均有图书4.4册（一类县城小学生人均8册，二类乡镇所在地小学生人均6册，村小学生均人2册），初中生人均11.2册。其中世界银行教育贷款配备教学仪器设备7270套，资金66万元；图书17万册，资金92.696万元；课桌凳1.5万单人套，资金58.465万元；师资培训6120人次，资金70万元。贫困地区义务教育工程配备教学仪器设备2489套，资金182万元；图书22万册，资金115万元；课桌凳1.5万单人套，资金120万元；师资培训288人次，资金99万元；中国·联合国儿童基金会师资培训3781人次，资金68万元；信息技术与现代远程教育配备教学仪器设备75套，资金496万元。合计总投入资金1368万元。其中教学仪器设备9759万套，资金2487万元；图书39万册，资金207万元；课桌凳3万单人套，资金179万元；师资培训1万人次，资金236万元，信息技术与现代远程教育75套，资金496万元。

四、招生管理

1988—1994年，印江县在未普及高中教育的情况下，中考是初中毕业生或具有同等学历又符合报考条件的民办、代课教师等考生升入上一级学校继续学习的升学考试，是普通高中、重点高中、中等专业技术学校选拔人才，保证生源质量的主要途径。按上级有关规定和教育教学规律，每年的中考均在6月中下旬举行，考试科目包括语文、数学、英语、物理、化学、政治6科。1995年起，对报考中等专业学校、中等师范学校、重点高中的增加体育考试。自2001年起，印江自治县要求参加中考的所有考生必须参加体育考试，考试项目：男生为50米短跑、立定跳远、引体向上；女生为50米短跑、立定跳远、一分钟仰卧起坐。凡报考音乐、体育、美术、艺术专业的考生，在统考前要进行专业考试；音乐专业分专场考试和公共考试，专场考试是声乐、器乐、舞蹈，公共考试是乐理、视唱、练耳、节奏；体育专业分专项考试和素质考试，专项考试是田径和篮球；美术专业考试是素描、色彩、速写、工艺等项目。通过考试要取得合格证方能参加升学统一考试。

在2000年以前，印江自治县对报考中等专科学校、中等师范学校、重点高中和五年制大专均实行预选考试，预选考试的科目与统考科目相同，预选考试的时间一般定在5月中旬进行，预选考试的指标采取按毕业生数和上年录取数相结合的办法，直接分到乡（镇）、县直学校的办法进行，由各乡（镇）教办和县直中学组织考试，评卷、统分、划定应届生和往届生的最低起分线，确定上线名单上报。预选上线的考生凭预选合格证报名参加统考，艺术专业考生和民办教师不参加预选，直接报名参加考试。其考场设置根据上级有关安排和各地生源情况，凡报考中等专业学校、中等师范学校、重点高中及五年制大专的考生，考场设在县城。报考普通高中及农业职业高中的考场设在乡（镇）或相邻的乡（镇），由乡（镇）组织考试，县招生委员会派出巡视人员监督指导。

中考是一次较大范围的统一考试，它的整个过程规范有序，从审查考生报名资格、预选考试，到考生考场的编号编排，从试卷的接送、保管到启封，从监考教师到考务工作人员的聘请、培训、上岗操作等，都严格按全国大中专考试的统一要求进行，严肃考纪，端正考风，严禁舞弊，让考生在考场上公开、公正、公平竞争，考出真实成绩。其评卷工作，凡报考中等专业学校、中等师范学校、重点高中、五年制大专考生的试卷（2002 年以后仅限重点高中考生）送地区招生办组织评卷、统分、划定最低录取分数线，由地区组织录取；报考普高考生的答卷由县组织评卷、统分、划定最低录取控制分数线，按照全县普高、职高招生计划，组织并会同高等学校录取。

高考，即高等教育入学考试，由国家统一组织调度、命题、时间考试。1988—2002 年考试时间为每年 7 月 7 日、8 日、9 日，考试科目分文科和理科。2003 年后，高考时间改为每年 6 月 7 日、8 日。

1988—2008 年印江自治县高考招生录取（不完全）统计表

表 14—4

单位：人、%

年份	普通高考								中职（五年制）				
	报考数	录取数	其中					录取率	报考数		录取数		录取率
			一本	二本	三本	专科	中专		总数	其中五大	总数	其中五大	
1988	285	189	—	—	—	—	—	66.32	—	—	—	—	—
1989	360	109	—	—	—	—	—	30.28	—	—	—	—	—
1990	324	126	—	—	—	—	—	38.89	—	—	—	—	—
1991	322	115	—	—	—	—	—	35.71	—	—	—	—	—
1992	481	102	—	—	—	—	—	21.21	—	—	—	—	—
1993	503	129	—	—	—	—	—	25.65	—	—	—	—	—
1994	549	215	—	—	—	—	—	39.16	—	—	—	—	—
1995	583	239	—	—	—	—	—	40.99	—	—	—	—	—
1996	576	207	59	—	—	96	52	35.94	—	—	134	—	—
1997	556	256	68	—	—	111	77	46.04	536	—	161	—	30.04
1998	625	276	69	—	—	125	82	44.16	923	—	255	—	27.63
1999	681	421	176	—	—	152	93	47.14	985	—	514	—	52.18
2000	648	507	264	—	—	243	—	78.24	1353	330	941	85	69.55
2001	599	441	11	180	—	250	—	73.62	834	420	800	180	95.92
2002	801	517	13	171	—	333	—	64.54	1079	386	825	253	76.46
2003	1101	748	20	336	—	392	—	67.94	321	121	295	75	91.90
2004	1619	1106	44	313	—	749	—	68.31	199	131	150	100	75.38
2005	1975	991	51	149	81	710	—	50.18	566	65	560	60	98.94
2006	2168	793	35	212	99	447	—	36.58	880	112	770	85	87.50
2007	2074	1053	72	252	107	622	—	50.77	476	79	385	41	80.88
2008	2228	629	104	246	99	180	—	42.15	454	1	317	1	69.82

五、 教育督导

1990 年，教育局设立督导室。1992 年原教育局督导室更名为县人民政府教育督导室，督导内容包括办学方向及目标、学校管理、办学效益、办学条件、办学水平等方面，对贯彻教育方针、办学目标、组织领导、德育工作、教学工作、总务工作、教职工队伍建设、物质条件等进行全面评估。2005 年前，评估结果分“优秀”“良好”“合格”“不合格”四个等次。2006 年起，对 11 项分项、43 个评估标准进行评估。评估程序由学校自查自评，并向教办和督导室呈报汇报材料，申请督导评估报告，评估等次由督导室进行过程评估和验收，经领导小组认定后，向社会公布。评估等次由原来的四个等次变为“合格”“基本合格”“不合格”三个等次，“合格”等次由督导室和教育局授牌，“基本合格”和“不合格”等次，经整改后接受下一轮督导评估，直至合格。

六、 两基攻坚

2003 年，党中央、国务院为扶持西部地区基本普及九年义务教育、基本扫除青壮年文盲，提出“两基”攻坚计划，从 2004 年开始，采取集中投入、分步实施的原则，到 2007 年，用 4 年时间帮助西部地区尚未实现“两基”的 372 个县（市、区）达到国家“两基”验收标准。

2008 年 6 月， 荣获全省两基先进集体

“普六”（即普及小学六年义务教育， 简称“普六” ） 1986 年，印江县经过省人民政府验收基本实现无盲县后，把普及初等教育工作纳入乡（镇）工作的议事日程。1990 年，县人民政府对全县 17 个乡（镇）进行普教验收，普及初等教育入学率、毕业率、普及率、巩固率（以下简称“四率”）分别为 97.5%、96.5%、93.5%、97%，其结果均达不到国家验收标准。

1992 年，县教育局组织教师对全县 36 万人口进行文化普查，摸清全县各年龄段人口的文化状况，并根据全县经济与人口发展情况制订《印江自治县义务教育规划》。是年 9 月，接受省、地区教育工作检查组对印江义务教育规划的检查。10 月，新寨、木黄等 16 个乡（镇）经过省、地区抽查验收，全县的危房率 2.6%，办学条件均达到三类地区普及初等教育验收标准，基本实现普及初等教育的目标。11 月，县人民政府再次组织对几个乡（镇）普及初等教育工作的验收，所查乡（镇）“四率”有了提高，其入学率为 97.6%，毕业率为 96.6%，普及率为 94.5%，巩固率为 97.6%，学校的办学条件得到改善。

1994 年，印江自治县委、县人民政府制订一系列巩固提高初等教育措施：一是确定教育的优先发展地位不动摇。各级党委、政府把普教工作摆在优先发展的战略位置，使教育工作在乡（镇）工作中有盘子，抓起来有路子，变过去“要我抓教育”为“我要抓教育”；二是保证普教工作有班子。1995 年，县人民政府与乡（镇）人民政府、县教育局与乡（镇）教办签订教育目标管理责任书，将指标层层落实，分片包干，责任到人；三是足额征收教育费附加，采取贷款办法解决教育经费，多渠道集资改善办学条件。至 1997 年，共投入资金 1413 万元用于改善小学办学条件，使全县的办学条件在 1992 年的基础上有所改善，危房面积从 1992 年的 3.2%下降到 1997 年的 0.9%，生均图书达到 5 册，生均校舍面积达到 3.2 平方米，全县村级以上学校基本解决“一无三有”；四是抓教职工队伍建设，充分发挥其在普教工作中的骨干作用；五是抓教育管理，不断提高教育质量；六是明确部门职责，加大执法力度。1997 年，铜仁地区行署对印江普及初等义务教育进行复查，按照“明确目的、掌握标准、实事求是、不走过场”的指导思想，采取“听、看、查、访、议”的方法，共抽查乡（镇）6 个，行政村 51 个，学校 49 所，分别占受查乡（镇）村总数的 39%和学校总数的 43.5%。经核查，适龄儿童入学率 98.99%，适龄女童入学率 98.1%，适龄残疾儿童入学率 88.2%，在校学生辍学率 1%，小学完成率 93.3%；小学专任教师任职要求比例为 92.2%，根据《贵州省普及初等义务教育复查标准》和《关于进一步做好“两基”督导评估验收工作通知》，按规定程序报请省人民政府审核批准，印江自治县已基本达到普及初等义务教育复查标准的各项指标和要求，复查合格。

“普九”（即普及小学初中九年义务教育， 简称“普九” ） 20 世纪 90 年代中期，全县小学毕业生能升入初中就学的只有 45%左右，人口较稠密的板溪、天堂、刀坝、合水等只能达到 30%多一点。

自 2000 年起，印江自治县委、县人民政府实施“科教兴县”的战略部署，以穷县办大教育思想，把教育摆在优先发展的战略位置，作出“三舍得（舍得出钱、舍得出力、舍得用地）”促进教育工作“三提高（提高办学效益、提高师资水平、提高教育质量）”和“3456 办学工程”的决定，县直各部门、单位都开展对口学校帮扶活动，捐资捐物，将最大的资金投入到“两基”攻坚上。抢抓机遇，多方牵线搭桥，内引外联，积极争取纵横资金，利用国家发放世行贷款实施危改工程、义教工程、希望工程、扶贫工程、计算机工程、现代远程教育工程和李嘉诚教育基金、邵逸夫、香港慈恩慈善机构等资助的项目，大力改善办学条件。

2002年1月，遵循抓“两基”、建“队伍”、强“管理”、要“质量”、树“形象”的工作思路，召开全县“两基”攻坚动员大会，攻坚克难，小学适龄儿童入学率99.8%、辍学率0.14%，初中阶段入学率105%、辍学率2.4%，“普九”人口覆盖率100%，扫除青壮年文盲3300人，学前一年入园（班）率79.2%、三年入园（班）率30.1%，各项指标全部完成。11月，全县“两基”工作通过省人民政府评估验收。

在此期间，全县实施“计算机教育工程”项目学校有41所，拥有计算机2000台。实施农村中小学现代远程教育工程项目351个，普及率达95%以上。投入533万元为277所中小学添置教学仪器和图书，小学生均图书9册，初中12册。全县小学专任教师学历（中专）合格率从2001年的80.1%提高到2005年的95.04%。初中专任教师学历合格率（大专）从2001年的90.5%提高到2005年的94.57%。2005年农村劳动力转移培训3800人，培训率达980%；实用技术培训1.5万人次，培训率达112%。

至2008年，争取筹措办学经费7564.9万元，实施义教工程27个，“普九”工程项目30个，“危改工程”项目29个，“国债工程”项目4个，“捐款工程”项目2个，“扶贫工程”项目2个，高中扩招工程2个，农村寄宿制学校5所，学生和教师宿舍工程11个，总建筑面积12万平方米。全县生均建筑面积：小学生均4.1平方米，初中4.6平方米，高中7.1平方米。如期达到各项指标。

义务教育入学率 小学由2000年的99.1%提高到99.2%，初中由2000年的95.4%提高到98.8%。“三残”儿童少年入学率达100%；到2005年，小学生辍学率0.13%，初中生辍学率2.38%。坚持农科教相结合，以学技术为载体推动扫盲工作，完成扫盲12285人，非文盲率达99.6%。2006年，全县上下通力合作，切实开展“防流控辍”工作，采取依法治辍、责任堵辍、助学防辍、环境防辍，强化监督检查，狠抓各项达标率。核心指标小学7～12岁适龄儿童入学率达99.9%、小学生辍学率为0.09%、初中毛入学率达108.3%、初中辍学率为2.4%、“三残”儿童少年入学率达78.9%，均达到目标要求。4月，通过铜仁地区行署复查评估验收。5月，通过省人民政府复查验收，认定印江县“两基”复查和“普实”验收为合格。2007—2008年，为印江县“两基”巩固提高期。2008年，小学适龄儿童入学率99.9%，初中阶段毛入学率112.2%，小学辍学率0.09%，初中辍学率2.5%，7～15周岁“三残”儿童、少年入学率86.1%；15周岁人口文盲率0.01%，15～50周岁人口非文盲率，农村为99.6%、城镇为99.9%。

七、教育表彰

1988—2008年，着力深化教育体制改革，着力改善办学条件，加强基础设施建设，加强学校内部管理，在筹措教育经费、“两基”攻坚、教育目标管理等方面，取得较好成绩。

1997—2008年印江自治县教育系统获表彰情况一览表

表14—5

年份	奖项	等次	颁奖（授牌）单位	级别
1997	普及初等义务教育县	授牌	国家教委	国家级
1998	普及初等义务教育	先进单位	教育部、财政部为	国家级
	多渠道筹措教育经费	三等奖	贵州省人民政府	省级
2000	全省关心下一代工作	先进集体	贵州省关心下一代工作委员会	省级
	全区关心下一代工作	先进集体	地区关工委	地级

续表14－5

年份	奖项	等次	颁奖（授牌）单位	级别
2001	全省先进基层党组织	先进组织	贵州省委	省级
	全区县直纪检、监察办案	先进集体	地区纪委、监察局	地级
	精神文明建设目标管理	一等奖	地区教育局	地级
	全省义教工程	特优县	贵州省人民政府	省级
2002	普及九年义务教育和扫除青壮年文盲县	授牌	教育部	国家级
	全国第九批基本普及九年义务教育、基本扫除青壮年文盲县（市）	授牌	教育部	国家级
	精神文明建设目标管理	二等奖	地区教育局	地级
	全省义教工程	特优县	贵州省人民政府	省级
	2002 年教育目标	一等奖	地区教育局	地级
2003	2003 年教育目标	二等奖	地区教育局	地级
	2003 年教育目标管理	一等奖	地区教育局	地级
2004	2004 教育目标管理	一等奖	地区教育局	地级
	张德权被为“全国优秀教师”	表彰	教育部	国家级
2005	2005 年度教育管理	二等奖	地区教育局	地级
	2005 年度教育目标	二等奖	地区教育局	地级
	“十五”期间铜仁地区民族团结	先进集体	铜仁地委、行署	地级
	“十五”期间特殊教育	先进县	贵州省人民政府	省级
	贵州省中小学教师继续教育工程（2001—2005）	先进单位	省教育厅	省级
	全省青少年五好小公民主题教育“做诚实人，办诚信事”读书征文活动	组织奖	省教育厅关工委	省级
	全国青少年五好小公民主题教育“做诚实人，办诚信事”读书征文活动	集体一等奖	教育部关工委	国家级
2006	2005—2006 学年度基础教育、中职教育教育统计报表填报工作	先进单位	地区教育局	地级
	全区师生普通话诗文诵读录像活动评比	组织将	地区教育局	地级
	全省青少年五好小公民主题教育“弘扬中华美德，构建和谐学校”读书征文活动	组织奖	省教育厅关工委	省级
	全国青少年五好小公民主题教育“弘扬中华美德，构建和谐学校”读书征文活动	集体二等奖	教育部关工委	国家级
	贵州省“两基”攻坚工作	先进单位	贵州省省委、省政府	省级
	2004—2005 年度农村中小学现代远程教育工程建设	先进单位	地区教育局	地级
	贵州省农村中小学现代远程教育工作	先进单位	省教育厅	省级
	2006 度教育目标工作	二等奖	地区教育局	地级
	2006 年度教育管理工作	三等奖	地区教育局	地级
	2006 年中职招生完成任务	三等奖	地区教育局	地级

续表14－5

年份	奖项	等次	颁奖（授牌）单位	级别
2007	2007 年教育目标考核	一等奖	地区教育局	地级
	2007 年教育管理工作	一等奖	地区教育局	地级
	全区老龄工作	先进单位	地区人事局、老龄办	地级
	全省青少年五好公民主题教育活动	组织奖	省教育厅关工委	省级
	全国青少年五好公民主题教育活动	先进单位	教育部关工委	国家
	铜仁地区第三届教职工篮球赛中获	体育道德风尚奖	地区教育局	地级
2008	全区文明班级评选	组织奖	地区教育局	地级
	全国青少年五好小公民主题教育“激情奥运，阳光少年”读书征文活动	集体一等奖	教育部关工委	国家级
	2008 年教育目标考核	一等奖	地区教育局	地级
	2008 年度教育管理	一等奖	地区教育局	地级
	2008 年度教育宣传通读工作	二等奖	省教育报刊社	省级
	精神文明	先进单位	中共贵州省委、省人民政府	省级
	全国中小学校园集体舞录像评比	优秀组织奖	地区教育局	地级
	精神文明建设	先进单位	中共贵州省委、省人民政府	省级

第三节　基础教育

1988—2008 年，印江自治县教育以“两基”为契机，以“普六”“普九”为重点，兼顾高中教育、职业教育、成人教育、幼儿教育，加强学校布局规划调整，统筹推进各类教育。2008 年，洋溪中学恢复高中招生、新寨农中招生。是年年底，全县幼儿园发展到 38 所（其中民办 29 所），小学 307 所（其中私立小学 211 所），初中 18 所，普通高中 6 所，职业教育 2 所，基本形成高中教育、初中教育、小学教育、幼儿教育、特殊教育、职业教育、成人教育为一体的完整的教育体系。

一、 幼儿教育

印江自治县学前教育工作起步于 1979 年。1988 年，印江县有 7 所幼儿园 106 个班，在园（班）幼儿 3000 多人，教职工 224 人。1996 年，县教育局分别对峨岭、新寨、中坝、板溪、杉树、沙子坡、天堂、刀坝、洋溪、杨柳等 10 个乡（镇）所在地学前班进行评估。通过规范管理和标准建园（班)，全县幼儿教育得到发展。至 2008 年，全县先后成立峨岭、合水、朗溪、沙子坡、天堂等乡（镇）幼儿园，县城区星星、新芽、春蕾、育苗、小铃铛、东方英才等幼儿园，共有幼儿园 31 所（其中民办 22 所）334 个班，在园（班）幼儿 2 万多人，教职工 295 人，学前三年毛入学率从 1988 年的 21.6%提高到 2008 年的 42.8%，学前一年入园（班）率 79.2%。

二、 小学教育

为提高小学办学效益，提高教育教学质量，1990—2008 年，认真贯彻落实《贵州省实施〈中华人民共和国义务教育法〉办法》提出的“分级负责、分级管理、以县为主”的管理体制，提出“三舍得、三提高”的办学要求，出台《关于实施“3456 办学工程”的决定》《农村教育费附加和义务教育费征收管理办法》《加强教师队伍管理的意见》等文件。在大力实施“义务教育工程”的同时，多方争取社会各界捐资援建学校，使学校办学条件得到较大改善，基本达到“校校有厕所、班班有教室、学生人人有课桌凳”的办学需求。根据全县小学生校均人数、班均人数、师生比等低于全省平均水平的实际，本着“集中办学、分散设点，既要上规模，提高质量，又要注重普及、保证入学达标”的指导思想和“提高完小比例，扩大完小规模，尽可能减少初小，办好必须保留的教学点”的原则，先后于1993年、1997年、2001年对学校布局进行调整。2001—2008年，以“办好人民满意的教育”为落脚点，坚持“育人为本、德育为先”，全面实施“素质教育”，进一步优化教育结构，努力促进义务教育均衡发展。县政府把“优先发展教育”摆到十分突出的位置，以“三抓三提高一促进”（抓学校布局调整提高办学规模效益、抓教师队伍建设提高教师素质、抓学校管理提高教育教学质量，促进教育又好又快发展）为核心发展教育。大力开展“双优文明学校”“和谐校园”创建活动，以校园“五化三园”为载体，实施“亮丽工程”，狠抓校园环境建设；确定每年5月和10月为“常规检查月”，以学校教育教学常规管理为抓手，促进教育教学质量的提高；开展新一轮学校布局调整规划，以“规模化集中办学”的思路，提高办学规模效益。1997年，全县普及初等义务教育通过铜仁地区行署的复查验收。1998年，印江县被国家教委命名为“基本普及初等义务教育县”。至2008年，全县小学295所（其中私立6所），小学在校生1373个班（其中私立17个班）、4.3万人（其中私立335人），教职工2356人（其中私立47人），小学适龄儿童入学率99.5%。

印江民族中学学生做早操情景（2006年拍摄）

三、初中教育

1988年，全县有初中学校18所200个教学班，在校初中生9962人，教职工584人，初中毕业生2802人。为加强学校思想政治工作和提高教育质量，在学生中深入开展“坚持四项基本原则”教育、“共产主义理想教育”“思想道德教育”和“法制教育”；开展“学雷锋、树新风、创三好”和“五讲、四美、三热爱”教育活动。各校的校风校纪、校容校貌发生根本好转，好人好事层出不穷，学生的德智体美得以全面发展，教育教学质量稳步提高。到1990年，全县有初中18所182教学班，在校初中生10582人，初中毕业生3064人，初中教职工584人。

木黄中学（2007年拍摄）

1990—2000年，在大力实施“义务教育工程”的同时，还主动出击，多方争取社会各界捐资援建学校，使学校办学条件得到较大改善。到2000年，全县有初中20所（其中九年一贯制学校3所，私立中学1所），在校初中生15902人（私立初中116人），教职工899人（私立初中8人），初中毕业生4142人，各乡镇均有1所初中。

2001—2008年，全县有初中24所（含九年一贯制学校4所、民办初中1所、民办完全中学1所），在校初中生359个班19444人（其中民办14个班741人），教职工1313人（其中民办学校61人），当年毕业生6148人，初中生毕业率达96.2%，初中在校生年巩固率达86.6%，初中在校生辍学率为2.76%，初中适龄少年入学率达91.8%。全县所有初中学校已基本达到国家规定的办学条件标准。

四、 普通高中教育

2000 年 4 月， 印江民族中学举办建校六十周年庆祝活动

印江民族中学 学校坐落在印江县城西文昌阁下，成立于 1940 年，1958 年设立高中部，成为完全中学，1987 年更名为印江民族中学。作为民族中学，该校担负起为少数民族地区普及九年义务教育和发展普通高中教育的重任。2000 年该校过渡为独立高级中学，2003 年 7 月，为地级示范性普通高中。2007 年 6 月，为省级示范性普通高中。学校着力打造校本教材，努力营造优良的校园环境，积极弘扬民族传统文化，有校史陈列室、民族文化陈列室，配备齐全的图书和理化生实验室。

印江民族中学以“弘扬民族传统文化、依仁博文唯实创新”为办学特色，以“以人为本、和谐发展”为办学理念，以印江籍旅美著名学者、太空科学家吴学超的“你能，我亦能”为师生勤奋学习的座右铭，以“尚德睿智、唯实创新”为校训，以“敬业奉献、勤奋拼搏”为校风，以“广博精湛、严教细导”为教风，以“勤奋好学、善思力行”为学风，依托依仁书院、文昌阁所承载的文化积淀，营造良好的书香氛围，以“仁”为道德标准，陶冶师生的思想情操。

1988—2008 年是印江民族中学历史发展过程中重要的 20 年。1988 年，学校占地面积 2.29 万平方米，校舍建筑面积 5600 平方米，绿化面积 300 平方米。2008 年，学校占地面积 8.42 万平方米，校舍建筑面积 3.13 万平方米，绿化面积 1.68 万平方米；1988 年，学校有教职工 90 人，2008 年，有教职工 226 人；1988 年，学校初中、高中部各设置 12 个教学班，在校学生有 1200 人，2008 年，设 56 个教学班，在校学生达到 3126 人；1988 年，学校物理学科有仪器保管室和实验室各 1 间，教学仪器 120 种，1966 套，2008 年，物理学科有仪器保管室 2 间，准备室 1 间，实验室 6 间，仪器 366 种，6173 件。1988—2000 年，印江民族中学初中部毕业学生 2400 人，高中部毕业学生 10800 人，其中一本录取 294 人、二本录取 1633 人、三本录取 189 人、专科录取 2165 人。

20 年里，印江民族中学成功举办 60 周年校庆，参加贵州省纪念红军长征胜利七十周年，自治县成立十周年、二十周年等重大活动。2000—2008 年，连续 9 年获铜仁地区高中教育教学质量奖。

1988—2008 年，印江民族中学历任校长及任职时间：梁天河（1988.1—1990.8），吴祥考（1990.8—1993.8），刘大春（1993.9—1995.9），李重一（1995.9—1996.1），李世凡（1996.2—1997.12），苏天前（1998.2—2001.11），田茂昌（2002.2—2008.12）。

印江二中 印江自治县第二中学（简称印江二中），坐落印江县城东面。1978 年建校并招生办学，初期实行以“初中为主，高中为辅”的办学形式。学校恪守“崇德励志、求实创新”的校训，以“文明和谐、尚学进取”为校风，以“博学严谨、敬业爱生”为教风，以“乐学思善、勤奋务实”为学风，以“努力打造翰墨书香”特色校园为办学特色。

20 年里，经过师生的励精图治、拼搏进取，赢得社会各界的广泛认可。1988 年，学校有教学楼两栋，建筑面积 1168 平方米，至 2008 年，学校有教学用房 5 幢，面积 1 万平方米；1988 年，学校有教职工 61 名，2008 年，学校有教职工 180 人。1988—2008 年，高中毕业学生 10800 人，其中一本录取 22 人、二本录取 438 人、三本录取 35 人、专科录取 1800 人；有 176 人升入重点高中，258 人升入中专，202 人升入师范类学校，为印江教育事业培养一批中坚力量。

1988 年，全县有普通高中学校 3 所，22 个教学班，在校高中生 1122 人，教职工 102 人，当年高中毕业生 342 人。1994 年，印江民族中学停止初中招生，过渡为普通高级中学。2002 年，智成中学创立，至此，印江自治县始创第一所民办完全中学。1988—2008年，印江民族中学，从完全中学逐步在1997年过渡为独立普通高中，2007年成为“省级示范性高中”。2006—2008年天堂中学、木黄中学、洋溪中学恢复普通高中招生。至2008年，全县普通高中学校6所115个教学班，在校普通高中生6937人。普通高中学校办学条件已基本满足“普九”后学生就读高中的需求。

五、 民办教育

1988年，全县有私立（民办）小学211所814个教学班级，在校小学生24422人，私立小学教师1164人。民办幼儿园从1988年起停办，到1991年恢复。“民望中学”是第一所民办初级中学，于2000年秋季招生。智成中学是第一所民办完全中学，于2003年春季招生。

印江民办教育历经20多年的发展，到2008年全县民办教学单位共30个，其中幼儿园22所，小学6所，九年一贯制学校1所，完全中学1所；在校生共146个班5627人，其中幼儿园107个班4139人，小学17个班335人，初中14个班741人，高中8个班412人；教师共334人，其中幼儿教师183人，小学教师47人，初中教师61人，普通高中教师43人。

智成中学 智成中学由印江籍人士王智勇创立，2001年筹建，2003年正式招生办学，注册资金380余万元。学校位于峨岭镇坪兴村，占地1.63万平方米，校舍建筑面积0.23万平方米。2003年3月，初中有3个教学班109名学生，高中有1个教学班15名学生。该校牢固树立“育人为本、德育为首”的办学理念，实行全封闭式寄宿制管理。以“谋划教育事业科学发展，努力办好人民满意教育”为办学宗旨，坚持关注教师、学生、学校和谐发展，在“优化教学质量、转化教育观念、强化学校管理、美化校园环境”方面积极探索，与时俱进。经过五年多的发展，到2008年，智成完全中学初中部有6个教学班245名学生，高中部有8个教学班392名学生，教职工52人。先后被评为贵州省“先进民间组织”“教学质量综合二等奖”“先进民办学校”。6年中，有112名学生被重点大学录取，占参考学生1154人的9.7%。

民望中学 民望中学由印江籍人士冯景斌创立，1998年筹建，2000年9月，正式招生办学，注册资金280万元。学校位于峨岭镇苹果山，占地3.3万平方米，校舍建筑面积0.66万平方米。当年，初中招生2个班73人，教职工16人。经过8年多时间的发展，由初级中学发展成为九年一贯制学校，到2008年，小学部6个教学班121人，初中部8个教学班496人，教职工共37人。是一所全封闭式管理的寄宿制民办学校。

东方英才幼儿园 东方英才幼儿园创办于2006年，由印江籍人士吴毅创立。学校位于县城东郊开发区，占地1.06万平方米，总投资1100万元，建筑面积1.3万平方米。园内设立大型游乐活动场，绿化率达25%。教室配备多媒体设备，有音乐室、舞蹈室、书画室、活动室等专用教室。学生公寓有单独卫生间、单人床、环保型24小时供应热水。该园利用家长委员会、家长开放日、园长信箱、家校联系手册，促进家校互动，努力构建家庭、社会、学校共同育人的教育环境。通过两年多的发展，到2008年，东方英才幼儿园办园规模达13个班445人。

第四节 成人教育

19世纪80年代至20世纪初，印江自治县成人教育工作重心转移到在农村主要抓农民文化技术学校的培训工作，在机关企事业单位及厂矿主要抓成人中专和高等教育自学考试等项工作。

一、 农技学校

1986年，印江扫除青壮年文盲工作，经省、地区验收，全县12～40周岁青少年总数为16万人，

2008 年 5 月，印江民族中学开展民族文化实践活动，学习土家族油纸伞制作

文盲、半文盲（不含病残人数）1.5 万人，非文盲率已达 90.58%。全县 8 区（镇）46 个乡（镇），365 个行政村实现基本扫除青壮年文盲工作，获铜仁地区行署颁发的基本扫除文盲证书。1990 年，印江被贵州省教委、贵州省扫盲工作领导小组评为扫盲先进县。1990 年起，全县在“基本扫除青壮年文盲”的基础上，采取“一堵二扫三提高”（一堵，即抓好普及初等义务教育的入学，巩固和提高工作，堵住新文盲的产生；二扫，即扫除现有青壮年中的文盲，提高非文盲比例；三提高，即在扫除文盲的基础上，大力开办农民文化技术学校，开展文化技术培训，提高劳动技能和劳动者素质，促进农村经济发展）的工作方针，大力宣传木黄区实施“丰收计划”“星火计划”“燎原计划”所带来的经济效益，充分发挥木黄成人教育中心在狠抓全县高标准扫盲中所发挥的示范作用。1996 年，县人民政府又在板溪镇上洞村小学召开全县农村教育综合改革现场会，重点听取上洞村支部和村委会如何搞好农科教结合的经验介绍，学习上洞村村民在农民文化技术学校培训后，科学建设柑橘生产基地、早熟蔬菜和反季节蔬菜生产基地的经验。全县 17 个乡（镇）均建有乡级农民文化技术学校，347 个村建有村级农民文化技术学校，村建校率 95.1%。为加强对农民文化技术学校的领导，全县各乡（镇）均建有扫盲及成人教育领导机构，配备专职工作人员。乡村农民技术学校积极会同农业、畜牧业、烟草、林业等有关部门开展多形式、多层次的适用技术培训，广大学员将所掌握的新知识、新技术广泛应用于农村产业结构的调整中，促进农村经济的发展。如新寨乡大云村的立体观光农业，天堂镇开兴村以波尔山羊为主的养殖业，杨柳乡白沙村的经济林，缠溪镇冷水村的茶叶栽培，永义乡团龙村的中药材种植业等均是通过农民文化技术学校培训后所取得的显著效果，带动全县农林牧副渔、山水田园路全面发展。

农民文化技术学校的发展，促进了全县扫盲工作的开展。至 2008 年，在全县 1993 年 10 月 1 日以后出生年满 15 周岁以上的人口中，农村青壮年人数 20 万人，非文盲率达 98.4%，城镇青壮年 14340 人（其中丧失学习能力的 9 人），非文盲人数 14322 人，非文盲率达 99.87%。

二、 成人高考

1988—2008 年的 20 年间，全县各行各业参加成人高考报考人数 6423 人次，录取 4579 人，其中脱产学习人数 934 人，已经毕业的 3477 人，其中脱产学习毕业的 934 人。

1988—2008 年印江自治县成人高考情况统计表

表 14－6　　单位：人次、人

年度	参考人次	录取人数	其中脱产人数	毕业人数	其中脱产人数
1988	92	70	41	—	—
1989	80	52	30	—	—
1990	215	172	48	70	41
1991	203	167	53	52	30
1992	235	145	56	145	48
1993	257	183	58	167	53

续表14－6

年度	参考人次	录取人数	其中脱产人数	毕业人数	其中脱产人数
1994	242	195	53	145	56
1995	302	204	54	183	58
1996	313	198	62	195	53
1997	344	280	49	204	54
1998	428	215	50	198	62
1999	483	205	56	205	49
2000	504	231	51	215	50
2001	540	470	60	205	56
2002	416	365	67	231	51
2003	784	623	61	470	60
2004	281	200	47	200	67
2005	190	185	38	185	61
2006	133	111	—	111	47
2007	243	191	—	185	38
2008	138	117	—	111	—
合计	6423	4579	934	3477	934

三、 高等教育自学考试

高等教育自学考试因其采取个人自学、社会助学、国家考试相结合的形式，深受全县广大报考者的欢迎，报考十分踊跃，总体呈上升趋势。1990 年，全县报考人数 120 人，毕业人数 5 人，占报考人数的 4.17％。1998 年，全县报考人数 269 人，毕业人数 12 人，占报考人数的 4.46％。2004 年，全县报考人数 1863 人，毕业人数 125 人，占报考人数的 6.7％。1988—2008 年，全县报考总人数 10742 人，毕业人数 908 人，占报考人数 8.45％。高等教育自学考试能最大限度地满足个人的专业需要，考试的种类和科目逐年增加。到 2008 年，报考专科专业的有 15 个，报考本科专业的有 14 个。

1999 年 4 月，贵州省教委、贵州省高教自考委发出《关于组织贵州省小学教师参加小学教育专业（专科）高等教育自学考试的通知》。全县每年都有数百名小学教师参加高教自学专业考试，从 2000 年下半年起，每年还有部分贫困参考教师得到“自考烛光工程”的援助，免费领取教科书、学习资料和参加考试。2008 年 3 月，地区教育局同意在印江县设立考点。

1988—2008 年印江自治县高等教育自学考试统计表

表 14－7　　单位：人

年度	报考人数	实考人数	毕业人数
1988	132	132	2
1989	101	101	4
1990	120	107	5
1991	144	118	16
1992	131	121	4

续表14－7

年度	报考人数	实考人数	毕业人数
1993	129	101	5
1994	125	105	7
1995	130	125	4
1996	141	138	8
1997	180	153	10
1998	269	253	12
1999	301	298	18
2000	720	686	25
2001	1209	1182	72
2002	1447	1421	106
2003	1763	1719	121
2004	1863	1795	125
2005	458	458	62
2006	452	452	83
2007	474	474	105
2008	453	453	114
合计	10742	10392	908

第五节　职业教育与特殊教育

一、 职业教育

印江职业技术培训中心　1998年，经印江自治县人民政府批准，撤销小学教师进修学校、职业技术学校，组建印江自治县职业技术培训中心。1995年，贵州省广播电视大学铜仁分校在该校设立电大工作站。2001年，县教育局又将中小学教师继续教育培训基地设于该中心，形成“一套班子、一支队伍、多块牌子、多种功能”的办学格局，形成一所职业学历教育与职业培训并举，职前与职后兼顾、教育与科学实验、技术推广、生产示范及信息服务融为一体的多功能培训中心。该中心现有教职工43人，其中行政人员7人，专任教师33人，中学高级教师6人，中级教师19人，另有兼职教师4人；有7个班，其中职业班2个，普高班2个，在校学生188人；电大等函授学历培训共5个专业。2003年年底有学

2008年5月， 印江民族中学开展学习草鞋制作实践活动

员2715人，常年开展多种短期培训。培训中心占地面积41亩，校舍建筑面积8500平方米。中心有教学楼、实验楼、综合楼、办公楼、学生食堂、学生公寓、教师宿舍楼各1幢；有地面卫星接收站2个，有普通教室21间，双人课桌凳300余套，仪器室、实验室各3间，有较齐备的教学仪器；有电脑教室2间，电脑70台，实现互联网和远程教育的开通；有能容纳150人的多媒体阶梯教室1间；有能容纳400人的礼堂1个；有图书资料2万余册。中心有食用菌场及全套生产设备，有生产实验用地5.6亩，特种养殖场1个，木材加工厂1个，作为学生在校学习和实践的基地。

培训中心成立后，以教书育人、科教兴农、服务县域经济发展、培养新型技术人才为己任，采取“政府统筹、部门联办、社会参与、教育主管”的办学形式，充分发挥职校的特点，以“就业”为导向，面向社会、面向市场需求设置专业课程，先后开设农作物栽培、畜牧兽医、家庭经营、电工、电焊、旅游服务、学前教育、家电维修、文秘等20余个专业。培养大批实用型专业技术人才。

培训中心坚持与部门联合，与县供销社、县造纸厂、县民宗局、县人武部开设供销会计与统计班、制浆造纸班、民族医士班、国防预备役班，毕业生人数2129人。与贵阳市雅园酒家联合开设酒店服务与管理专业两期；与县委组织部、县人事劳动局联合举办42期、3918人次的公务员及专业技术人员计算机应用初、中级技术培训；与县总工会、县劳动就业办联合举办下岗职工再就业培训957人次；多期开办小学教师中师函授班，毕业421人，举办初中教师“三沟通”学历培训，毕业338人，小学教师自学考试助考班，毕业100人，“烛光工程”师资培训三期共80人。1999年，铜仁电大在该培训中心设立电大工作站，至2008年共开设汉语言文学、小学教育、高级护理、发电厂及电力系统、财会电算化、行政管理、计算机应用、金融经济、教育管理、财务会计、汉语言文学本科、法律本科等21个专业，招收学员共1817人，毕业1422人，受教育局委托，进行中小学校长岗位及提高培训四期289人次。1998—2008年，由县委组织部牵头，30多个县直机关单位资助102万元，举办农企管理后备干部中专班四期，培训干部287人，其间发展中共党员88名。2003年，与36个部门联合举办第一期村级干部函授中专班，学员共97人。2003—2008年，该中心承担全县课程改革骨干教师及义务教育阶段起始年级任课教师全员培训，其中，儿基项目骨干教师培训170人，课改通识培训57人，新课程标准培训410人，信息技术骨干教师培训242人，新课标实验教材培训4755人，小学新教师岗前培训374人。为让教师能够把握教育改革的动向，树立全新的教育理念，培训中心大量派青年骨干教师到北京、深圳、重庆、昆明、成都、贵阳、铜仁等教育较发达地区进修学习，共计55人次，为全县师资培训和其他职业教育工作的开展提供师资队伍，也为自己培养一批骨干教师。学校教育教学质量得到较大提高，学生参加对口高职升学考试。至2008年，参考人数552人，录取247人，录取率为44.75%。

1994年，省教育厅投入7万元，铜仁地区交通局投资10万元，修建到职业技术学校的柳家河坝石拱桥。1996年，该校研制的“职中101菌种”，于1999年获省级科研成果三等奖。是年，该校红肉珍珠鸡引种饲养项目获国家级科研成果三等奖、省级科研成果二等奖。2000年，省计委投资20万元，平整校园，装饰教学楼。2008年，国家又投入150万元修建综合楼和学生公寓。是年，职业技术学校被评为全省首批13所合格职校之一，小学教师进修学校现在致力于省级示范性教师培训机构的申报工作。

1988—2008年印江职校基本情况统计表

表 14－8 单位：人

年度	中等职业技术学校																														
	专业设置																								在校学生数	短期培训					
	毕业生数	中职班（招生数）																	普高班			中职对口高考									
		畜牧兽医	民族医士	财会	会计与统计	家庭经营	农作栽培	旅游	养殖	学前教育	家电维修	金融管理	文秘	计算机应用	酒店服务与管理	国防预备役	农企管理中专班	村干部函授中专班	一年级	二年级	三年级	报考数	录取数	录取率		计算机应用初级培训	计算机应用中级培训	下岗职工再就业培训	农村劳动力转移培训	公务员通用能力培训	其他培训
1988	—	41	73	—	—	13	—	—	—	—	—	—	—	—	—	—	—	—	—	—	—	—	—	—	271	—	—	—	—	—	—
1989	124	35	—	57	—	—	—	—	—	—	—	—	—	—	—	—	—	—	—	—	—	—	—	—	239	—	—	—	—	—	—
1990	36	45	—	56	—	—	—	—	—	—	—	—	—	—	—	—	—	—	—	—	—	—	—	—	304	—	—	—	—	—	—
1991	133	—	64	—	63	31	—	—	—	—	—	—	—	—	—	—	—	—	—	—	—	—	—	—	329	—	—	—	—	—	—
1992	91	—	49	58	—	—	41	39	—	—	—	—	—	—	—	—	—	—	—	—	—	—	—	—	425	—	—	—	—	—	—
1993	148	15	—	36	—	—	25	—	—	47	—	—	—	—	—	—	—	—	—	—	—	—	—	—	400	—	—	—	—	—	—
1994	184	—	—	25	—	—	—	—	11	15	20	—	—	—	—	—	—	—	—	—	—	—	—	—	287	—	—	—	—	—	—
1995	120	—	34	—	—	—	—	—	—	—	—	12	—	—	—	—	—	—	—	—	—	—	—	—	213	—	—	—	—	—	—
1996	64	9	—	—	—	—	—	—	—	—	15	—	20	—	—	—	—	—	—	—	—	—	—	—	193	—	—	—	—	—	—
1997	42	—	—	—	—	—	—	—	—	—	—	—	17	—	—	—	—	—	—	—	—	—	—	—	168	613	—	—	—	—	—
1998	32	8	—	—	—	—	—	—	—	—	—	—	—	—	15	19	99	—	—	—	—	—	—	—	277	931	—	—	—	—	—
1999	11	—	21	—	—	—	—	—	—	—	—	—	—	—	—	—	80	—	—	—	—	—	—	—	367	860	—	—	—	—	—
2000	132	—	15	—	—	—	—	—	—	—	—	—	—	—	10	—	75	—	—	—	—	25	4	16%	335	215	—	27	—	—	—
2001	101	—	21	—	—	—	—	—	—	—	—	—	—	29	—	—	33	—	20	—	—	36	15	42%	337	—	—	—	—	—	—
2002	100	—	45	—	—	—	—	—	—	—	—	—	—	18	—	—	—	—	36	14	—	14	14	100%	350	—	—	—	—	—	—
2003	75	—	51	—	—	—	—	—	—	—	—	—	—	22	—	—	—	97	38	28	9	59	28	47%	520	—	623	128	—	—	—
2004	73	—	47	—	—	—	—	—	—	35	—	—	—	58	—	—	—	—	—	32	28	49	40	82%	587	—	651	64	—	—	—
2005	115	19	109	—	—	—	—	—	—	21	—	—	—	48	—	—	—	—	—	—	30	76	52	68%	528	—	—	—	2012	1851	32
2006	113	25	136	—	—	—	—	—	—	—	—	—	—	125	—	—	—	—	—	—	—	105	33	31%	314	—	—	600	1079	—	78
2007	184	—	112	—	—	—	—	—	—	49	—	—	—	116	—	—	—	—	—	—	—	153	51	33%	621	—	—	80	2000	—	210
2008	251	50	89	—	—	—	—	—	—	35	—	—	—	110	—	—	—	—	—	—	—	35	10	29%	447	—	—	58	3098	—	285
合计	2129	247	866	232	63	44	66	39	11	202	35	12	37	526	25	19	287	97	94	74	67	552	247	45%	—	2619	1274	957	8189	1851	605

1988—2008年印江进校基本情况统计表

表 14－9 单位：人

年度	小学教师进修学校																									
	专业设置（招生数）																							在校学员数	教师情况	
	毕业生数	中师培训		三沟通			电大			短期培训												三年制自学考试助考班	三年制烛光工程			
		二年制中师培训班	三年制中师函授	三年制中文	三年制数学	三年制英语	专业数	总人数	毕业生数	校长教导主任培训班	儿基项目骨干教师培训	课改通识培训	新课程标准培训	学科骨干教师培训	新课标实验教材培训	小学新教师岗前培训	小学校长岗位培训	小学校长提高培训	特岗教师培训	小学管理者培训	其他				教职工数	兼职教师数
1988	—	38	22	—	—	—	—	—	—	—	—	—	—	—	—	—	—	—	—	—	—	—	—	60	39	2
1989	—	—	—	—	—	—	—	—	—	—	—	—	—	—	—	—	—	—	—	—	—	—	—	60	43	2
1990	47	—	68	—	—	—	—	—	—	—	—	—	—	—	—	—	—	—	—	—	—	—	—	68	43	3
1991	74	23	102	—	—	—	—	—	—	—	—	—	—	—	—	—	—	—	—	—	—	—	—	125	44	5
1992	68	—	36	—	—	—	—	—	—	—	—	—	—	—	—	—	—	—	—	—	—	—	—	36	47	8
1993	23	—	—	—	—	—	—	—	—	—	—	—	—	—	—	—	—	—	—	—	—	—	—	—	45	6
1994	102	—	132	167	73	33	—	—	—	—	—	—	—	—	—	—	—	—	—	—	—	—	—	405	42	2
1995	36	—	—	65	—	—	—	—	—	—	—	—	—	—	—	—	—	—	—	—	—	—	—	65	42	3

续表 14－9

年度	小学教师进修学校																											
	专业设置（招生数）																									在校学员数	教师情况	
	毕业生数	中师培训		三沟通			电大			短期培训												三年制自学考试助考班	三年制烛光工程				
		二年制中师培训班	三年制中师函授	三年制中文	三年制数学	三年制英语	专业数	总人数	毕业生数	校长教导主任培训班	儿基项目骨干教师培训	课改通识培训	新课程标准培训	学科骨干教师培训	新课标实验教材培训	小学新教师岗前培训	小学校长岗位培训	小学校长提高培训	特岗教师培训	小学管理者培训	其他				教职工数	兼职教师数
1996	—	—	—	—	—	—	—	—	—	47	—	—	—	—	—	—	—	—	—	—	—	—	—	517	40	—
1997	386	—	—	—	—	—	—	—	—	—	—	—	—	—	—	—	—	—	—	—	—	—	—	471	41	—
1998	85	—	—	—	—	—	—	—	—	—	—	—	—	—	—	—	—	—	—	—	—	—	—	85	40	—
1999	—	—	—	—	—	—	1	72	—	—	—	—	—	—	—	—	—	—	—	—	—	—	—	72	39	2
2000	—	—	—	—	—	—	3	361	—	—	—	—	—	—	—	—	—	—	—	—	—	100	—	461	39	4
2001	65	—	—	—	—	—	7	211	65	—	—	—	—	—	—	—	—	—	—	—	—	—	20	296	40	3
2002	153	—	—	—	—	—	6	42	153	—	—	—	—	—	—	27	105	—	—	—	—	—	20	347	40	3
2003	335	—	—	—	—	—	3	81	335	—	40	57	410	68	—	64	—	—	—	—	—	—	40	1095	43	4
2004	221	—	—	—	—	—	1	2	221	—	40	—	—	—	2540	—	—	60	—	—	—	—	—	2863	41	4
2005	71	—	—	—	—	—	3	528	71	—	45	—	—	—	1095	67	59	—	—	—	66	—	—	1931	45	8
2006	64	—	—	—	—	—	3	251	64	—	—	—	—	—	1120	70	65	—	—	—	75	—	—	1645	52	7
2007	324	—	—	—	—	—	5	141	324	—	45	—	—	174	—	68	—	—	—	61	—	—	—	813	51	7
2008	189	—	—	—	—	—	6	128	189	—	—	—	—	—	—	78	—	—	50	—	219	—	—	664	59	5
合计	2243	61	360	232	73	33	—	1817	1422	47	170	57	410	242	4755	374	229	60	50	61	360	100	80	—	—	

新寨农业中学 新寨农业中学位于新寨乡。1996 年和 1998 年原新寨中学、农场中学相继并入新寨农业中学。新寨农业中学成为集普通初级中学和农业技术教育为一体的中学。1991—1996 年，学校始终坚持“两条腿”走路，“普教”与“职教”并重，农科教相结合的办学思路，在“职教”办学上取得一定成绩。新寨农业中学开办畜牧兽医、茶叶、家电等培训班，共培训 203 人。1997 年，学校走“3＋1”的办学路子，即在在校生完成初中三年学业的同时，在初三部分学生中开设一年的农业专业知识课程。1998—2008 年，开办烤烟种植、农作物栽培和农作物病虫害防治、水产养殖等专业，颁证人数达 1550 人，办农技培训班 18 期，受农技培训达 3200 人次。至 2008 年，该校已发展到 23 个教学班级，在校生 1706 人，教职工 50 人，当年毕业生达 347 人，毕业生就业率达 95.7%。

二、 特殊教育

印江特殊学校开展“爱眼日” 活动（2003 年摄）

1993 年 11 月，在县残联、民政等有关单位的帮助和社会各界的关心支持下，首先在峨岭镇二小开办聋哑班 1 个，学生 15 人，开始印江自治县的特殊教育工作。之后，逐年发展特教班和随班就读点，形成“以点带面、点面结合”的特殊教育发展格局。2000 年，又将新建县特殊教育学校列入国家贫困地区义务教育工程项目，2001 年竣工并投入使用。2002 年 5 月，新建成的县特殊教育学校挂牌开班，首次面向全县招生 1 个班，学生 15 人，同时，全县有随班就读校点 98 个，随班就读三残儿童少年 183 人。三残儿童少年入学率达 82.4%（其中盲童 94.7%、聋哑儿童 80%、智力障碍儿童 81.7%）。1993 年启动特殊教育后，按照“以县特殊教育学校为主、随班就读学校为辅”的原则，对适龄残疾儿童少年入学做到“零拒绝、全纳进”，确保残疾儿童少年接受义务教育，促进特殊教育事业的发展。2001 年，印江自治县进入联合国儿童基金会2001—2005周期项目县，并获得“有特殊需要教育”子项目的支持。2003年，印江自治县被教育部列入全国100个县（区）建立随班就读工作支持保障体系实验县。至2008年10月，全县有特殊教育学校1所，随班就读点98个，特殊儿童入学442人，入学率达85%。

第六节　师资队伍建设

1988—2008年，印江县十分重视教师队伍建设，把部分民办教师转为公办教师，鼓励优秀毕业生报考师范院校，鼓励在职教师参加中师函授、“三沟通”（高师函授、卫星电视教育和自学考试相沟通的学历进修形式）学习，参加成人高考、高教自学考试和省地教育学院离职进修，提高教师学术水平和学历层次。同时，面向社会公开招聘教师，注重教师培训，加强名师队伍建设，实施“名师工程”“中小学教师继续教育工程”，有序提升教师政治待遇、经济待遇和住房待遇，提高全县教师队伍的数量和质量。

一、 教师队伍

教师发展状况　1989年，全县有公办、民办教师3226人，其中公办教师2088人，民办教师1138人。高中教师达标率32%，初中教师达标率42%，小学教师达标率62%，幼儿园教师达标率60%。全县教师中高级职称21人，中级职称386人，初级职称1737人。县城小学和乡村中小学英语、音乐、体育、美术专任师资力量比较薄弱。20世纪90年代中期，随着《教师法》《教育法》、中共中央、国务院《中国教育改革和发展纲要》等的颁布实施，为落实党的十四大提出的“必须把教育摆在优先发展的战略地位，努力提高全民族的思想道德和科学文化水平”这一战略任务，采取一系列措施来提高教师队伍的质量。鼓励优秀毕业生报考师范院校，毕业后充实教师队伍，鼓励在职教师参加中函、“三沟通”学习，参加成人高考、高教自学考试和省地教育学院离职进修，以提高教师学术水平和学历层次。积极为教师评定专业技术职称，按时调升、提高教师的工资待遇。大力发展党团组织，经常表彰奖励优秀教师，提高教师的社会政治地位，使广大教师从切身利益中体会到教师职业是最光荣和最受人尊敬的职业。2003年开始，打破多年来师专、师范毕业生直接分配的体制，面向大中专毕业生实行公开招考。1994—2008年，全县教师从数量和质量上都稳步上升。2001年中小学专任教师2826人，到2008年年底，全县有教职工4482人，其中专任教师4099人。专任教师中大学本科学历933人，大学专科学历2176人，高中阶段学历863人，高中阶段以下学历128人。与1989年相比，教职工总数增长38.95%，其中专任教师总数增长47.9%。

1998—2008年印江自治县专任教师学历结构情况一览表

表14—10　　单位：人、%

学校类别	指标类别	年份										
		1998	1999	2000	2001	2002	2003	2004	2005	2006	2007	2008
小学	人数	1987	1968	2023	2016	2020	2024	2132	2219	2141	2194	2279
	高中阶段以下	392	379	246	246	245	245	132	110	61	60	58
	高中阶段	1453	1405	1589	1517	1393	1231	1123	1069	834	796	723
	专科	141	182	186	251	378	542	863	1023	1215	1294	1400
	本科	1	2	2	2	4	6	14	17	31	44	98
	合格率	80.3	80.7	87.8	87.8	87.9	87.9	93.8	95.04	97.2	97.3	97.5

续表14—10

学校类别	指标类别	年份										
		1998	1999	2000	2001	2002	2003	2004	2005	2006	2007	2008
初中	人数	728	801	875	893	962	1039	1111	1160	1159	1197	1251
	高中阶段以下	24	13	13	11	7	7	8	6	5	3	3
	高中阶段	157	150	145	131	96	88	69	57	55	48	45
	专科	525	601	692	706	780	839	891	899	713	709	724
	本科	22	22	25	45	79	105	143	198	386	437	482
	研究生	—	—	—	—	—	—	—	—	—	—	1
	合格率	75.1	77.8	81.9	84.1	89.3	90.9	93.1	94.6	94.8	95.7	96.5
高中	人数	162	171	176	172	166	230	264	278	292	320	350
	高中阶段	6	5	2	1	1	1	1	1	1	—	—
	专科	109	115	118	92	76	83	69	57	48	42	35
	本科	47	51	56	79	89	144	194	220	243	275	312
	研究生	—	—	—	—	—	2	—	—	—	3	3
	合格率	29.01	29.8	31.8	45.9	53.6	63.5	73.5	79.1	83.2	86.9	90

民转公 1989年年底，全县有民办教师1138人，占公办教师2088人的54.5%，是小学教育工作的重要力量。但是，由于把关不严，这些民办教师政治业务素质和文化水平参差不齐、工资待遇较低，要完全发挥其工作积极性，按岗位职责完成教育教学任务，有一定困难。根据国家教委、国家计委、人事部、财政部《关于进一步改善和加强民办教师工作若干问题的意见》和省教委、省人事厅、省计委《关于印发"贵州省解决民办教师问题五年规划"的通知》文件精神。1992年对全县民办教师进行整顿，实行"关、招、转、辞、退"五字方针，通过业务考核和文化考核，对一、二类民办教师发任用证和试用证，辞退部分民办教师。获任用证和试用证的民办教师共836人，稳定民办教师队伍。为彻底解决民办教师问题，按照"民转公"的有关规定和要求，加大对民办教师业务考核和文化考试的力度，保质保量完成每年的"民转公"任务。1996年转182人，1997年转87人，1998年转164人，1999年转154人。1999年全县民办教师转公办教师工作全部完毕，结束印江教育史上民办教师的历史，实现国家提出的在2000年以前基本解决民办教师问题的目标。

骨干教师培养 随着国家级、省级、市级骨干教师、优秀教师和特级教师的选拔、推荐、评审工作的不断深入和完善，全县涌现出一批业务精湛、素质优良的中小学骨干教师，并逐步成为全县教育教学工作的强大生力军。1999—2001年，经层层选拔、推荐和考核，获地区、县、乡级教学能手157人，其中地级3人、县级40人、乡级114人。2005年，印发《印江自治县中小学骨干教师管理和使用意见》，选拔、推荐尹显聃等45名中小学语文和数学学科教师参加地级骨干教师培训。到2008年，经培训和任命，全县118名教师被授予国家级、省级、地级"中小学骨干教师"称号，其中国家级2人、省级6人、地级110人。

二、 教师职称

1989年，印江自治县在首次中小学教师职务评聘之后，教师职务评聘工作转入经常化，作为为教师办实事的一项大事来抓。1993年起，每年都有部分教师按任职条件被任命或晋升。2005年，以实行全员聘任制为重点，以合理配置资源、优化队伍结构、全面提高教育质量和教育管理水平为核心，按照"脱钩、分类、放权、搞活"的要求，加快用人制度和分配制度改革，全县教育系统干部职工实行聘用制度。至 2008 年年底，全县教师中有高级、中级、初级专业技术职称的 3620 人，占全县教职工总数的 92.4%。

1998—2008 年印江自治县中小学专任教师职称结构一览表

表 14－11 单位：人

年份	小学						中学					
	未评职称	三级	二级	一级	高级	合计	未评职称	三级	二级	一级	高级	合计
1998	87	—	308	1204	188	1787	44	107	507	212	20	890
1999	92	1	385	1279	211	1968	43	146	506	251	26	972
2000	137	—	414	1259	213	2023	94	145	509	276	27	1051
2001	138	3	406	1243	226	2016	85	165	523	261	31	1065
2002	150	6	417	1267	250	2090	75	199	567	248	39	1128
2003	161	3	370	1247	243	2024	167	218	590	250	44	1269
2004	68	5	408	1280	371	2132	86	201	748	274	66	1375
2005	108	33	455	1177	446	2219	91	176	796	281	94	1438
2006	78	3	367	1206	487	2141	82	83	861	327	98	1451
2007	125	3	287	1251	528	2194	77	78	903	356	103	1517
2008	111	5	304	1324	535	2279	55	64	917	447	118	1601

三、 教师表彰

1988—2008 年，通过教师节和“两基”攻坚等活动，获县人民政府以上表彰的先进教师和优秀教育工作者计 1124 人，其中国家级 5 人，省级 15 人，地级 33 人，县级 1071 人。获全国希望工程园丁奖 8 人，获全省特级教师荣誉称号 3 人，获地级以上部门单项工作奖和参与地级以上各部门组织知识竞赛、论文评选、培训获奖等奖励 1051 人次，其中国家级 90 人次，省级 511 人次，地级 450 人次。

四、 师资培训

1996 年起，印江自治县全面启动小学教师继续教育工程。继续教育以教师职业道德教育为核心，以“五项基本功”（做一个课件、上一节公开课、写一篇专业论文、写一手粉笔字和硬笔字、做一场即兴演讲）为突破口，层层抓骨干培训，校校抓全员培训。到 2000 年，全县 2012 名小学教师参加 15 门学科的考核。全县小学教师继续教育通过地区教育局和省教育厅的评估验收，被评为优秀县，完成第一阶段的任务。从 2001 年起，又启动中学教师继续教育和小学教师第二阶段继续教育工作，主要进行毛笔字、普通话、计算机应用能力培训。在这一阶段的培训中，将儿童基金会项目与中小学教师继续教育工作紧密地结合起来。2001—2008 年，各级儿基会组织语文、数学等各学科新教材、自制教具等项目培训 23 次，其中国家级 5 次、省级 11 次、县级 7 次，参培人员 271 人，培训资金达 20 余万元。县师资培训共 10 次，参训人员 3781 人，共计投入经费达 70 余万元。

五、 教师待遇

政治待遇 1998 年起，各乡（镇）教办均建立健全党总支委员会，加强各学校党支部领导，县教育局党组也加强对党总支（支部）的指导。至 2008 年年底，全县有党员教师 1027 人，占全县教职工总数的26%，是1997年教职工党员总数的1.7倍。对教师在教书育人活动中做出突出贡献的，各级政府给予总结表彰。广大教师依法参政议政能力得到加强，各级各类学校都建立教职工代表大会制度，实行政务、校务公开，推行民主管理，加强学校的民主政治建设，县、乡（镇）人大、政协每一届都有教师被选为人大代表和教师政协委员。1990—2008年，有36名教师被选为自治县人大代表，其中6名进入人大常委会；有48名教师被选为自治县政协委员，其中10名进入政协常委。

经济待遇 1993年10月起，全县教师工资全部实行中小学职务（技术）等级工资制工资，由固定工资和津贴两部分组成，固定部分占总工资的70%，活的部分占30%，同时在套改工资的基础上，中小学职务等级工资还提高10%。1995年，教师工资发放收归县财政统管后，每月工资均能按时足额发放，工资金额也在逐年提高。1997年7月、1999年7月、2001年1月、2001年10月四次调升（提高）教师职务工资标准。2001年，增加艰苦边远津贴。2008年7月起，兑现“三费”和菜篮子补贴。全县教师人均月工资与10年前相比提高3.2倍。

住房待遇 1999年8月，上报《印江自治县教师住宅新村建设可行性研究报告》，县人民政府于同年8月批复，2000年教师新村建设工程动工，为确保建设任务完成，县人民政府把教师新村建设工程列入2001年的10件实事之一。教师新村占地面积3220平方米，建筑面积19320平方米，住房135套，总造价为888万元。2001年年底，教师新村第一期3幢95套住房建设工程竣工，接着教师新村第二期2幢40套建设工程开工，2008年竣工，135户教师陆续入住教师新村。

第七节 教学研究

1990—2008年，印江县严格执行国家和省颁布的课程计划，重视先进教学法的学习、推广、运用。按照“抓教研、促教改”“抓教研、提质量”的工作思路，采取“走出去、请进来”的办法，加大教师培训力度，扩大教师培训面；大力推广“尝试教学”“三位一体”“目标教学”等教学方法；加强教学课题研究，深入推进基础教育改革纵深方向发展，广泛开展优质课竞赛、观摩课、教学研讨会和校际交流活动等。至2008年，建立健全和完善“校本研修”制度，电化教育基本普及，全县各类学校教研工作经历从被动到主动，从以点带面到校本研修，形成“点”上抓教改、“线”上抓优质课评比、“面”上抓课堂教学研究的教研网络。

一、电化教育

电化教育是指在教育教学过程中，运用投影、幻灯、录音、录像、广播、电影、电视、计算机等现代教育技术，传递教育信息，并对这一过程进行设计、研究和管理的一种教育形式。

1999年，根据中共贵州省委、省人民政府关于《深入贯彻〈中共中央、国务院关于深化教育改革全面推进素质教育的决定〉的意见》的有关精神，为加快全县各级各类学校的教学装备、实验教学和电化教育的普及步伐，规范和完善有关教学设施的管理与使用制度。2000年3月，成立现代教育技术中心，负责全县实验教学、电化教育、教育技术管理和计算机教育工程等，印发《印江自治县计算机教育工程实施意见》。启动12所学校计算机教育工程，申报教育部现代远程教育扶贫示范工程。2001年，10所学校实施计算机教育工程，16所学校开设信息技术课，启动教育部现代远程教育扶贫示范工程，组织16名女教师参加教育部明天女教师培训，组织开展全县电教优质课、优秀电教论文、CAI课件、中小学生信息技术应用等系列竞赛活动。

2002年，投入250余万元，建设信息技术专用教室10个、中学远程教育接收站52个。2003年，召开普及实验教学、图书室暨中小学信息技术与远程教育工作会，新建9所“贵州省计算机教育工程”学校，实施51个“教育部、李嘉诚基金会西部中小学现代远程教育工程”和“义教工程”远程教育项目，实施 2 个“农村计算机网络信息站”项目，完成 2 所中学的计算机网络教室和多媒体投影教室的升级改造，对 29 所“工程”学校教学验收，对 27 所“计算机工程”学校的经费进行审计。争取农行 250 万元的远程教育项目扶贫贷款，印发《印江自治县中小学信息技术与远程教育工作管理办法》。

学校电教室（2005 年拍摄）

2005 年，印江自治县完成国家农村中小学现代远程教育工程规划、申报及安装建设工作，建立 15 所农村计算机网络信息站和 214 个卫星教学收视点约 567 万元的项目工程建设，为 229 个远程教育项目学校完成电脑工作台的政府采购。

“十五”期间，全县“计算机教育工程”项目学校已有 41 所，计算机 1982 台，教师配有计算机 101 台，中学、中心完小信息技术开课率达 100%，实施农村中小学现代远程教育工程项目 351 个，普及率达 95%以上，总投资逾千万元。2006 年，加强中小学远程教育和信息技术管理力度，完成全县“远程教育工程”国家级验收，印江自治县被省教育厅表彰为贵州省农村中小学现代远程教育工作先进单位。2007 年，配合省教育厅完成中央电教馆对 10 个儿童基金会爱生远程教育项目学校基校调研工作。

到 2008 年，全县电化教育基本实现普及，所有乡（镇）中心完小以上学校实施信息技术教育工程和现代远程教育工程，所有村级学校建成农村远程教育信息技术站，配备相应的设施设备。充分利用教育卫星频道的网上资源，开展现代教育手段教学，充分利用远程教育设备，开展农村党员培训和农技培训。

2001—2008 年印江自治县教育信息化建设投入情况一览表

表 14—12

序号	主要项目	建设时间	投入资金（万元）
1	中小学计算机教育工程（一期）	2001	170
2	中小学计算机教育工程（二期）	2002	250
3	中小学计算机教育工程（三期）、教育部、李嘉诚基金会西部中小学现代远程教育工程和义教工程远程教育项目	2003	470
4	信息技术教育工程、远程教育工程	2004	491
5	信息技术教育工程、远程教育工程	2005	567
6	信息技术教育工程、远程教育工程	2006	41
7	信息技术教育工程、远程教育工程	2007	35
8	信息技术教育工程、远程教育工程	2008	30

二、课程改革

课程改革包括课程理念、课程设置、课程目标、课程体系、课程内容、课程教学、课程评价等方面的系列改革。20 世纪 90 年代，印江自治县对课程进行改革，将课程分为学科类和活动类，同时安排地方课程。按照“一纲多本”的课程改革方略，除小学和高中采用人教版教材外，初中语文曾采用“北师版”、数学采用“湘教版”等教材。改革未能取得突破性进展，课程内容存在“繁、难、偏、旧”状况，课程结构单一，学科体系相对封闭，脱离学生经验和社会实际。2002 年，开始对教师进行新课程改革培训和有关前期准备工作。2004 年，全县启动新课程改革，改革从小学和初中起始年级开始，逐年滚动推进。新课程体系涵盖幼儿教育、义务教育和普通高中教育，强调自主、合作、探究的学习方式，关注学生的学习兴趣和经验，倡导学生主动学习、乐于研究、勤于动手，课程评价凸显学生发展、教师提高和改进教学实践的功能，课程教学由原来的教学大纲改为课程标准，要求实现知识与技能、过程与方法、情感态度与价值观三维目标，课程结构趋于均衡性、综合性和选择性。新课程实行国家、地方和学校三级管理，全县主要采用国家人教版课程，部分学科采用其他版本，如初中英语采用“仁爱版”、地理采用“地理版”等教材。在地方课程上，使用省编写的《多彩贵州》教材外，县教育局组织编写《印江民族民间文化》作为县级地方教材，在全县中小学中使用。

三、 教学研究

2005 年 6 月， 召开全县两基普实培训会

1990 年前，由于县教研室重点是抓小学教学研究工作，初中教学研究工作主要由地区教研室负责。县教研工作按照“抓教研，促教改”“抓教研，提质量”的工作思路。经过十多年的不断探索，各类学校教学研究工作从被动到主动，从以点带面到校本研修，形成“点”上抓教改，“线”上抓优质课评比，“面”上抓课堂教学研究的教研网络，大力推广先进的教学方法，切实加强教学研究，大面积提高教师教学业务水平，深入推进教学改革。

教研网络建设 为加强初中教育教学研究，提高教学质量。从 1992 年起，县教育局加强县教研室的力量，相继配备专门的初中语文、数学、英语等教研员。1994 年 3 月，召开全县教研工作会议，在会上组建全县教研工作网络，明确“县教研室—教研室初中教研员—初中教导主任（含各乡（镇）教办业务员）—学科教研组长”这一初中教研网络，在小学形成“教导主任—教办教学业务人员—教研员”的教研网络。全县各中学、中心完小以上学校均建立学科教研组，落实工作机构，明确工作职责、任务和联系制度。1994 年起，每年召开一次全县教研工作会议。2003 年起，开展校际交流活动，充分利用教学资源，实现优势互补，资源共享。2006—2008 年，建立健全和完善“校本研修”制度。

推广教学方法 全县重视先进教学法的学习、推广、运用，1989—1992 年，在小学数学教学中推广“尝试教学法”，小学高年级语文教学中推广“以读为主、熟读精思”教学法。1992 年推广中学数学“自学辅导法”、初中英语“三位一体”教学法。

1993 年起，全县推广“目标教学”法，以目标教学为中心，重点对“目标教学”中的“制标”和“达标”过程进行探讨。至 2008 年，全县各级各类学校结合素质教育有关要求，仍然以“目标教学”法为主要教学方法，中、小学推行

2007 年全县小学科学优质课竞赛

统一模式的教案设计，制定课堂教学的评价方案。结合新的教学法的推广，采取“点上抓教改，面上抓常规，线上抓优质课评比”的方法，坚持“学校选题，教师志愿，教研室协助”的原则。开展小学语文、数学优质课竞赛，举办小学高年级数学教学研讨会和“目标教学”观摩课。以乡（镇）教研组为单位，广泛开展互教互学活动和上“满意课”活动，仅1990年全县就有2000人次上优质课、观摩课。1995年，仍以“目标教学”为中心，重点对“目标教学”中的“制标”和“达标”过程进行探讨，开展“听课、说课、评课”活动。以乡、校为重点层层开展课题研究和优质课、示范课活动和教案评比。要求每人上一节汇报课、满意课或优质课，对教研员要求：一要“深入”，二要“下水”。1997年起，要求每个教师每期上1节优质课、示范课、公开课或研讨课，切实推广先进的教学方法。

开展课题研究 1999年，印江自治县教育局制订《中小学教学改革实验实施细则》。决定在全县进行“初中语文教学相长，大面积提高教学”的教学方式，即张志公教材教法研究和马承义创立的“初中英语小三位一体，大三位一体教学法”课题教改实验。明确两项课题教改实验对象为1999年秋季入学的初中学生。实验周期为三年，全县所有的初中语文、英语教师均为课题研究组成员、实验教师，对语文教改实验，每校必须完成一项子课题研究，对英语教改实验，每位实验教师每学期必须上一节满意的公开课，每校必须开展一次英语素质比赛活动。该两项课题属全县范围内的重点课题，涉及21所中学、101个教学班，105名初中语文、英语实验教师，5620名实验学生。为将课题改革不断引向深入，广泛吸取外地先进经验，县教育局采取“走出去，请进来”的办法，多次组织教研员、实验教师到北京、上海、武汉、贵阳、湖北仙桃等地培训，派出8名校长和79名教师到铜仁师范和思南师范参加骨干培训，组织县级培训14次370多人。同时还经常请外地著名专家、学者到县为广大教师讲学、培训，其中影响较大的有省民革组织的专家学者，特别是著名外籍教师费瑞克，全国著名特级教师、义务教育大纲及教材编写组的主要成员赵大鹏、刘福增和北大出版社宋祥瑞等，为广大教师传授初中语文、数学、物理、化学、英语教改经验。2000年6月，初中语文、英语教改实验考核评比中，全县有3个先进集体8名先进个人获地区表彰。2001年12月，全县初中语文、英语两个教改实验课题参加贵州省第二届基础教育科研暨教改实验成果评比，均获得三等奖，受到省教育厅的表彰和奖励。2002年，全县初中语文、英语两个教改实验进入最后验收阶段。地区教育局和地区课题组采取“一听、二谈、三问、四查阅”，全面检查各实验学校的工作情况。9月，接受地区语文、英语教改实验两个课题组的结题资料验收，经地区抽样仔细复查后，对全县三年来教改实验工作作充分的肯定和高度评价。

2003年，县教育局在召开专题教研工作会议上，对全县中心完小以上教导主任、分管教学副校长、教育办公室教学业务人员进行课题研究的选题、申报、开题、实施、结题、成果及推广等方面的培训，参会人员明确课题实验与研究的程序和方法，规范课题实验与管理。2005年，制订《关于加强基础教育课程改革实验工作的实施意见》，建立教研员联系试点学校制度，认真收集、整理课改典型课例、案例、教学反思、课改理论、课改实验论文及经验总结，搞好课题申报，每季度编印一期《课改动态》。实施的课题研究与实验有：由县教研室、印江三中、缠溪中学、板溪中学、沙子坡中学承担的“初中语文教学设计艺术研究与实验”；由县教研室、三小、天堂小学、杉树小学、合水小学承担的“大课间体育活动研究与实验”；由县教研室、印江二中、缠溪中学、一小、二小、天堂小学承担的“中小学引探教学法研究与实验”；由县教研室、一小、三小、木黄小学承担的“小学数学情景与问题提出研究实验”；由印江民族中学承担的“新课程语文个性化实验研究”“快速作文实验”等。省级重点课题：由印江民族中学、印江二中开展的“中学语文导读写研究实验”，木黄镇合作参与的“贵州省远程教育环境下校本教学研究活动途径与方式研究”，印江民族中学合作参与的“贵州省普通高中研究性学习教学管理与评价研究”等。2006年，各校成立课题研究领导小组，负责督促、指导、管理本校的课题研究工作，课题研究实行主持人负责制，课题研究分立项、申请、审批、实施和验收等环节。至2008年，全县各级各类学校相继开展“小学数学情境问题与提出”“义务教育阶段中小学数学引探教学法”“中学语文课堂教学设计艺术”“用课改思想实施现行教材课堂教学”“体育大课间”“儿基会基础教育与早期儿童关爱”“初中政治基础能力培养”等课题实验，其中国家级课题研究 10 个、省级课题研究 28 个、地区级课题研究 35 个、县级课题研究 58 个。

送教下乡活动 2001 年起，印江自治县广泛开展送教下乡活动。组织教研员、教师培训基地教师、青年骨干教师开展送教下乡活动，每学期开展活动一次，通过示范课、听课、说课、评课、讨论、专题讲座、播放全国优秀教师课堂教学实录、召开座谈会等形式，传播先进教育思想，送去优秀的教学经验和方法。同时，乡（镇）小学每学期开展一次“巡回教学”或“送教下校”活动。2001—2008 年，全县共开展送教下乡和巡回教学活动逾 16 次，覆盖全县中心完小以上学校，参与活动教师 2000 余人次。

学科教学竞赛活动 1994 年起，全县举办先进教学方法推广研讨会和“目标教学”法各科教学研讨会 20 余次，派出 1245 人次参加全区初中思想政治和小学思想品德研讨会、中学语文教学研讨会、数学新课标培训会等活动。各乡（镇）、中学积极开展示范课、公开课、观摩课、汇报课、优质课竞赛和“说课”活动。同时，县教研室结合各时期先进教学法推广和教改实验等教学研究活动，组织开展小学语文、数学、自然、思想品德、美术，初中语文、数学、英语、物理、化学、体育、音乐、地理等学科优质课（录像课）竞赛。选派教师参加国家、省、地区优质课（录像课）竞赛及优秀论文、教学设计、教学案例、CAI 课件评选。1988—2008 年，教师参加各级各类竞赛，累计获全国一等奖 41 人次、二等奖 120 人次、三等奖 168 人次；省级一等奖 77 人次、二等奖 125 人次、三等奖 163 人次、优秀奖 237 人次；地级特等奖 57 人次，一等奖 135 人次、二等奖 386 人次、三等奖 217 人次、优秀奖 129 人次。学生参加各级各类竞赛获奖：全国一等奖 40 人次、二等奖 47 人次、三等奖 14 人次、优秀奖 94 人次；省级一等奖 53 人次、二等奖 83 人次、三等奖 109 人次、优秀奖 221 人次；地级一等奖 102 人次、二等奖 167 人次、三等奖 224 人次。特别是 2001 年印江县教师参加“北师大版”教材教学设计大赛，获得一等奖 2 篇、二等奖 5 篇、三等奖 3 篇（国家级）。学科教学技能竞赛大面积开展，从下至上，层层磨炼选拔，各类竞赛的水平和效果不断提高，许多教师成为教学骨干和名师，充分发挥骨干教师的示范、引领作用。到 2008 年，全县共评出 118 名中小学骨干教师，其中国家级 2 人、省级 6 人、地级 110 人。1 人被评为全省优秀教研员，2 人被评为地级优秀教研员，4 人被评为全区先进教改实验工作者，县教育局教研室被评为全省先进教研室。

四、 教学测评

教学工作是学校的中心工作，教学质量是学校的生命线。印江县教育局突出以“德育为首，教学为中心，安全工作重中之重”的管理思路，在教学管理工作中既重视过程监测，也重视结果评价。

教学常规考评 1992 年，按照《印江自治县中小学教学工作常规》《教学常规工作考评细则》，对教师在备课（教学设计）、上课、辅导学生、作业批改、形成性检测、教学研究等教学常规工作提出具体要求，制定考核量化细则。1999 年，制订《印江自治县中小学教学改革实验实施细则》《印江自治县教师工作评价方案》，对教师工作情况进行全面考核和评价，并将评价结果作为年度考核和教师评先选优、专业技术职务晋升的依据。2000 年，制订《加强教学工作管理，规范教学行为的实施意见》。2003 年起，结合地区教育局对教学常规工作的要求，建立教学常规月检登记和学校学校期末评估量化考核上报制度。对教师执行教学常规工作的情况，不仅要进行学校月检、各乡（镇）教育办公室检查，而且要进行教育局检查、教研员调研检查，形成每年 4 月和 10 月常规检查月制度和检查通报制度。

教学质量监测 1988—2008 年，对全县小学一至六年级、初中一至二年级所学科目每学期进行统一检测。考试由县统一命题、制卷，各中学及乡镇教办负责考务。2003 年起，中学采取校与校交叉派 2 人巡视，对监考、评卷等环节进行督查，小学由乡（镇）教育办公室组织，管理区学点各校教师交叉监控，统一评卷，并进行成绩统计和质量分析，县教研室汇总，以《教育简报》公布。

木黄民族小学利用课间操开展具有民族特色的花灯扇子舞

2000年起，改革传统考试方法，采取“334制”综合评定成绩加鼓励性评语的方法，全面衡量和评价学生的综合素质。初中毕业班教学质量监测，实行毕业考试和升学考试合一，按照国家教育考试要求组织考试，2003年中考各学科分值设置：语文150分、数学150分、英语150分（含听力30分）、政史地科180分（政治90分、历史54分、地理36分）、理化生科180分（物理72分、化学72分、生物36分），体育30分（平时成绩15分，考试成绩15分），总分840分。2004—2005年，中考各学科分值设置：语文120分、数学120分、英语120分（含听力20分）、综合文科120分（政治55分、历史55分、乡土教材10分）、理科综合120分（物理70分、化学50分），体育30分（平时成绩15分，考试成绩15分），总分630分。2006—2008年，初中毕业生毕业（升学）考试各学科分值：语文150分、数学150分、英语150分（含听力30分）、综合文科150分（政治75分、历史75分）、综合理科150分（物理90分、化学60分）。综合文科、体育考试成绩按A、B、C、D四个等级呈现，综合文科为开卷考试，地理、生物实行会考，在八年级学习结束时按等级呈现。实行综合素质评价，以等级呈现，作为高中阶段学校录取的参考条件。

第三章　卫　生

第一节　医疗体制改革

一、乡镇医疗体制改革

木黄镇卫生院（2008 年拍摄）

1994 年，印江自治县委、县人民政府出台《关于卫生改革与发展的实施意见》，对 17 个乡镇分类管理。1997 年 12 月，县人民政府印发《印江自治县医疗机构管理条例》实施办法，开展对社会医疗市场的整顿。新设医疗机构（不分类别、所有制形式、隶属关系、服务对象），应先提出设置申请，卫生局根据《县卫生资源规划》，对医疗机构名称、选址、服务方式、时间、诊疗科目和床位编制、医疗设备、房屋面积、人员配备等条件进行评审，颁发医疗机构职业许可证、从取得医疗许可证起，时间满一年，持许可证副本填写医疗机构统计表，向卫生局申请校验。经评审合格后，准予次年继续执业。1998 年 2 月，编制《印江自治县卫生资源规划（1998—2003 年）》，对县、乡、村各级卫生机构的布局、规模、功能、病床设置、人员编制、医疗卫生设备等进行宏观调控。1999 年，县委、县人民政府出台《关于加快全县卫生改革和发展的实施意见》，全县农村卫生工作由传统的经营管理模式向具有时代气息的初级卫生保健管理科学模式发展。2002 年，县人民政府决定将乡（镇）卫生院实行的“县乡政府共管，以乡政府为主”的管理体制转变成县级管理体制，由卫生局具体履行人、财、物和卫生业务工作的统一管理。2003 年 5 月，根据经济社会和人口发展情况，对各级医疗卫生机构的规模、功能、人员编制、病床设置重新调整，县级设县人民医院、县民族中医院，17 个乡镇设乡镇卫生院，村卫生室。全县社会办医严格实行准入制度，不受指标限制。2002 年，县人民医院设病床 100 张，县民族中医院设病床 25 张，镇卫生院设临时观察床。2007 年，印江自治县作为全省第三批实施新型农村合作医疗制度县，正式实施农村合作医疗制度。

二、县级医疗卫生管理体制

自 1986 年起，全县医疗卫生系统试行院（所、站）长负责制，各级医疗卫生机构推行适合本单位特点的责、权、利相结合的管理责任制，对科室实行《综合目标技术经济责任》的改革方案。内容包括业务指标、服务指标、质量指标、管理指标、经济核算、劳动纪律及规章制度等 7 个方面。1989 年，实行院科两级核算，科室实行定岗定员逐级聘任。县人民医院、县中医院及峨岭、缠溪、洋溪、板溪、天堂、朗溪、木黄、沙子坡等卫生院对“三基”扎实过硬、临床经验丰富、服务态度好、工作态度好、具有一定组织能力和管理水平的本科毕业医师实行主治医师聘任制。自 2002 年起，各级医疗机构收入与药品收入的比例，每年由县卫生局核定，实行收支两条线。药品收入超出部分不返还，作为卫生事业发展基金。

对乡（镇）卫生院医疗管理分两步走的办法，第一步，杜绝分散承包，在职国家医务人员一律回单位，不准从事个人承包医疗和个人诊治活动，以发挥好国家医疗单位的整体医疗服务优势，保障国家医疗服务质量。第二步，进一步规范乡（镇）医疗制度，提高医疗服务水平。

对县级医疗卫生单位，采取以抓县医院为龙头，同时带动中医院和妇幼爱婴医院的发展。在省厅的支持下，遵义医学院、贵阳医学院先后对县医院、中医院实行对口帮扶。首先，派出部分骨干到广州医学院、重庆军医大、北京医科大学等地进修，定期开通远程会诊，请北京专家讲课，通过采取“走出去、请进来”的办法，加速医疗人才培养；其次，加大工作力度。先后在地区、省、部争项目，争资金，争设备。抓基础设施建设，抓设备的更新和添置，提高自我发展能力；最后，强化医院内部管理，向管理要效率。通过一系列不懈努力，医疗服务能力不断加强，医疗服务功能、医疗服务质量大有提高。

三、 全县医疗卫生发展情况

1993—2000 年，全面实施“世界银行贷款农村卫生人力开发项目”（简称卫Ⅳ项目），项目历时 7 年，顺利完成项目各领域的工作任务，取得明显的社会效益和经济效益，达到项目预期目的。2007 年年底，县直医疗卫生单位有医疗救护车 3 辆，乡（镇）有 4 辆，医疗救护能力覆盖全县 17 个乡（镇），并辐射周边县部分乡（镇），医疗抢救率和病床周转率、治愈率提高。

1998 年以前，县人民医院有固定资产 131 万元，业务收入仅 256 万元，负债 115 万元，医疗设备只有一台 300 毫安 X 光机、一台黑白 B 超机及一些常规医疗设备。2004 年，投入 800 多万元，购置远程会诊、螺旋 CT、彩超、遥控 500 毫安 X 光机、全自动生化分析仪、腹腔镜等一批高档医疗设备。2006 年，投资 1200 万元建设综合大楼，2008 年年底竣工，年全院业务收入 1130 万元，较 1998 年增长 11.45 倍。

1999 年年末，县民族中医院业务收入 53 万元，仪器、设备总值不足 5 万元，医院总资产 140 万元，业务用房仅 1600 平方米。2006 年业务收入 450 万元，较 2000 年增长 8.5 倍，医疗设备 245 万元，较 2000 年增长 49 倍，医院总资产 680 万元，较 2000 年增长 4.85 倍，业务用房达到 5500 平方米，较 2000 年增长 3.43 倍。2008 年县民族中医院综合指标考核进入铜仁地区中医行业的前两位。

1997 年以前，县妇幼保健站在铜仁地区一直没有影响力，1998—2008 年，一直保持综合指标考核全区第二位。1998 年固定资产为 26 万元，2006 年为 231.4 万元，较 1998 年增长了 7.9 倍。1998 年业务收入为 6 万元，2005 年达到 70 万元，较 1998 年增长 10.67 倍。2006 年，全县孕产妇死亡下降到 113/10 万，新生儿破伤风发病率连续五年控制在 0.25‰以下，两项指标都达到全省中上水平。

四、 公费医疗改革

1986 年，县人民政府办下发《县直单位公费医疗管理暂行规定的通知》，县直单位公费医疗实行“单位管理，定额控制，严格掌握，节约不发给个人，超支核定补贴”的管理办法，医疗费用按每年每人 35 元计算，指标由卫生局核定落实到单位，职工看病自行付款，凭发票和处方到单位报销。

1992 年，县人民政府下发《关于行政事业单位职工实行住院医疗保险的通知》，对行政事业单位职工（含享受公费医疗的乡镇招聘干部）实行住院医疗费保险，在职职工每人每年交22元给保险公司，离退休人员交100元，县直行政单位职工保险由财政局按各单位人数造册，直接与保险公司办理住院医疗保险手续，区乡行政事业单位职工的保险手续由区财政所与保险公司办理。事业单位、企业管理部门的职工住院医疗保险，投保经费由本部门自行负责。因病或意外事故住院，保险公司负责支付住院医疗费的85%，一年内无论住院多少次，保险公司最高支付医疗费用1000元。

1995年，县人民政府《关于公费医疗住院管理办法的纪要》规定，公费医疗实行定额包干、超支不补、亏损自负、节约归己的管理办法。行政事业单位干部职工享受公费医疗待遇，每人每年70元，离退休干部、具有高级职称的人员以及享受副县级待遇以上的干部每人每年100元。公费医疗款由县财政局按在册人数测算后按季分别拨到县卫生局和县医院，公费医疗住院费每年不超过800元。

1997年，县人民政府规定，全县公费医疗经费由财政、单位、职工各负担一部分，县财政和单位负担的公费医疗经费仅限于解决职工住院治疗费用，职工的门诊治疗费由职工自行解决。乡镇行政事业单位的职工公费医疗经费，由各乡镇自行解决。县财政按在职人员和退休人员每人每年80元，离休人员、老红军和二等乙级以上革命伤残军人、高级知识分子每人每年100元补贴医疗费用。县医院根据财政划拨的医疗经费实行总额控制，超支不补，节约归已。职工住院先向县医院预交住院费，出院按清单的80%报销，床位费不予报销，每年报销不超过800元，超过部分，单位按实际情况适当解决，不足部分职工个人承担。离退休人员、二等乙级以上残疾军人、副县级以上人员和高级知识分子每年报销的医疗费不超过1000元。

2001年，县人民政府《关于实施2001年公费医疗经费管理办法的通知》规定，医疗经费的来源仍由财政、单位、个人三部分组成。教育局、县直各学校的教职工的医疗经费，统一参加县医院公费医疗保险，其余垂直管理部门统一到县医院参加公费医疗保险。报销标准为住院费的80%，全年不得超过800元。各乡镇公费医疗经费，由县财政按每人每年100元的标准拨至乡镇，执行至2004年。2005—2008年，全县干部职工医疗管理职权划归县社会保障局，县社会保障局按规定标准按年拨付到个人账户，住院费除交门槛费外，按比例在医院结账，医院再与社保局结算。

第二节　医疗机构

1988年，全县共有各类医疗机构178家，其中县直医疗机构有县人民医院、中医院、妇保站、疾控中心4个，区卫生院8个，乡集体卫生所48个，村医疗点118个。国家医疗机构有各类卫生技术人员409人，其中副高职称3人，中级51人，初级职称355人。乡村卫生所医务人员75人，其中中专1人。全县拥有病床264张，每1000人平均有病床0.61张，拥有卫生人员1.13人。

2008年，全县共有各类医疗机构353家。其中县直医疗卫生机构有县人民医院、中医院、妇保站、疾控中心4个，民营医院有县骨伤专科医院、博爱医院2个、诊所12个，乡镇卫生院17个，村卫生室318个。国家医疗机构有各类卫生技术人员586人。其中：副高级职称16人，中级114人，初级职称425人，其他人员31人。乡（镇）卫生院有本科、大专学历卫生技术人员192人。全县每1000人拥有病床1.04张，拥有卫技人员1.33人。全县共有村卫生员、接生员614人。129个行政村建立卫生室，其中55个行政村达到甲级村卫生室标准。

一、县人民医院

医院位于峨岭镇新滩路26号，为县级综合医院。1988年，医院占地6000平方米，有职工123人，床位120张，设内科、外科、妇产科、小儿科等12个科室。1999年11月，由股级单位升格为副科级事业单位。2005年10月，编制由原来的285人调整到419人。2007年9月，从副科级升格为正科级事业单位。至 2008 年，医院占地面积 1 万平方米，建筑面积 1.2 万平方米，在职员工 390 人，其中，高级职称 13 人、中级 56 人。设有 25 个职能科室，床位 120 张，全院业务收入达到 2061.8 多万元，固定资产达到 1500 余万元。

2002 年，投资 900 万元成立中心血库、骨伤科，开通院外急救、远程医疗服务，购置螺旋 CT、电子腹腔镜和 B 超等大型设备，整治医疗环境、扩建业务用房。成立急救中心、印江自治县爱婴医院。有手术室 6 间，主要设备有救护车 3 辆，螺旋 CT、彩超 2 台，全数字化 X 光机（DR）、500 毫安 X 光机各 1 台、C 形臂 X 光机 1 台，还有移动式 X 光拍片机、全自动生化仪、血球计数仪、电角质及二氧化碳分析仪、尿液分析仪、血流变学分析仪、血凝仪、酶标仪、艾滋病监测等先进的检验设备，省质控中心评定为优良等级，有电子腹腔镜、膀胱镜、胃镜、多功能麻醉机、多参数监护仪、十六导心电图机、三导自动分析心电图机、体外碎石机、裂隙灯、眼科 A/B 超，脑电图及脑血流分析仪、骨科电脑牵引床等先进医疗设备，远程会诊中心与北京天坛医院、协和医院联成网络，可进行远程会诊，并开通双向卫星远程教学系统。

印江自治县人民医院综合大楼

至 2008 年，主要开展的大型手术有胆囊摘除术、胆总管切开取石术、胃大部切除吻合术、脾切除术、肾切除术、骨折切开内固定术、颅内血肿清除术、部分显微外科的血管吻合、输精管及输卵管吻合术、子宫次全及全切除术、巨大卵巢肿瘤摘除术、白内障摘除术等手术。有抢救室、ICU、CCU 病房和温馨病房。县人民医院是卫生部万名医生下乡支医定点单位、遵义医院帮扶单位、铜仁职业学院教学基地、乡（镇）业务人员进修培训中心。初步建成集医疗、教学、科研、预防、保健、急救、康复于一体的综合性二级医院和爱婴医院。

1998—2008 年，医院先后有 14 人获部省级、地厅级表彰。全院获地区科技成果奖一项。贵阳医学院、遵义医院、铜仁地区医院、重庆第三军医大学等专家教授先后到医院讲学，进行手术示范。全院每年有 8 名以上年轻骨干医师外出参加中长期进修学习。

二、 民族中医院

印江自治县中医院

1984 年 6 月，印江自治县民族中医院成立，属股级卫生事业单位，在北门中路租民房 120 平方米，开展业务。有医务人员 12 人，其中医师 5 人、护师 2 人、药剂师 2 人、财会 2 人、后勤 1 人。8 月，县人民政府先后两次拨款 5.8 万元，在东兴路小河桥征地 3535 平方米作院址。1986 年 12 月，县中医院变更为贵州省印江民族中医院。1988 年，国家拨款 19 万元修建面积为 1856 平方米住院楼。1998 年，医院筹资 40 万元修建面积为 800 平方米的门诊楼。2003 年，国家拨款 100 万元修建面积 1200 平方米的业务楼。至 2008 年，全院建筑面积 6276 平方米，其中业务用房面积 3976 平方米，职工住房面积 2300 平方米。全院职工 71 人，其中副高 4 人、中级 14 人、医师（护师、技师、药师）23 人，医士（护士、药士）26 人，其他 4

人。2006 年，县编办核编人数为 86 人。是年，医院门诊 19100 人次，住院病人 1835 人次。

中医院开展中医内外科、中西结合科、西医内科、西医外科、儿科、妇产科、针灸理疗、骨伤骨病专科、中西医结合心血管专科、中医结合糖尿病专科、肛肠科、五官科、皮肤性病科、麻醉科、心脑电图室、急诊医学科、碎外震波碎石诊疗、医学检验科、中医学影像科等，先后开设 14 个门诊科室、6 个住院病房、5 个医技科室。至 2006 年，拥有固定资产 650 万元，医疗业务从三大常规检查到全自动血球、全自动生化、病理检查。医疗设备从 50 毫安 X 光机到电视遥控 500 毫安 X 光机、CR 机快速成像，从黑白 B 超到进口西门子彩色 B 超等，医疗设备不断更新，中医、西医和中西医结合科室快速发展，中西医结合心血管专科发展成为国家级中西医结合心血管重点专科，外科手术从可做下腹部手术发展到可做上腹部手术，急救专用车从 1 辆发展到 3 辆，医疗服务辐射全县和周边毗邻县。

至 2008 年，医院先后派人到北京进修 2 人次、到广东 1 人次、到江苏 2 人次、到西安 1 人次、到贵阳 10 人次、到遵义 18 人次、到铜仁 10 人次，共 44 人次，培训经费 32 万元，提高了全院的医疗技术水平。

三、 乡（镇）卫生院

2005 年，印江自治县被国家列为农村基础设施建设项目县，全县 17 个乡（镇）卫生院被列入建设项目。建筑总面积 12833 平方米，总投资 661 万元，其中国债资金 560 万元、省级配套 25 万元，自筹 76 万元。

新寨乡卫生院建设项目投资 72 万元，其中中央投资 53 万元，地方匹配 19 万元，建筑面积 852 平方米；中坝乡卫生院建设项目投资 90 万元，其中中央投资 66 万元，地方匹配 24 万元，建筑面积 1000 平方米；洋溪卫生院住院楼建设项目中央投资 90 万元，其中中央投资 66 万元，地方匹配 24 万元，建筑面积 1000 平方米。至 2008 年，全县 17 个乡（镇）卫生院全部竣工投入使用。

四、 村级卫生室建设

医务人员到农村社区为老年人诊治（2009 年拍摄）

2008 年，全县共设置村卫生室 318 所。按照一室一人配备乡村医生，全县共配备 318 名持有乡村医生执业证书的乡村医生，享受乡村医生医务补助。业务用房面积不少于 40 平方米，并进行装修，设置一间无菌配药间，诊断室、药房、治疗室分开。设观察床的业务用房，总面积应达到 60 平方米以上。有规范的药柜、药架，注射药品、口服药品、外用药品分开存放，做到防潮、防晒、防尘、防虫蛀鼠咬。有规范的诊断桌椅和候诊人坐凳，有规范的诊断床。有听诊器、血压计、体温表、高压消毒锅、清创缝合包、紫外线灯、污物桶、一次性医疗用品消毒、浸泡器具等基本医疗设施和通讯工具。条件好的村卫生室可设置 1～2 张观察床。村级卫生组织有相关规章制度，并上墙。有本村相关的基本情况、基本数据，并上墙。有统一规范的处方笺、门诊病人就诊登记本、门诊输液（观察）记录本、传染病登记本、公共卫生事件登记本、孕产妇登记本、0～7 岁儿童花名册等。有药品采购登记及原始票据，有医疗业务收支账目。乡村医生要取得乡村医生执业证书和中级以上学历，暂未取得资格证书的大中专医学院校毕业生，要参加执业医师考试。执业乡村医生享受财政预算的乡村医生劳务补助。执业乡村医生每两年接受一次规范化培训。执业乡村医生每年接受卫生行政部门考核，并合格。乡村医生职责上墙。

至 2008 年，全县已建卫生室共计 129 个，除合水镇土坪村和大堡村，板溪镇小毛寨村，罗场乡坪窝村和佐坪村，峨岭镇峨岭关村和江家坡村 7 个村暂无卫生员外，其余 122 个村都配备了卫生员从事医疗卫生服务工作。建成的 55 个村卫生室，医疗器械由地区卫生局配备到位，县卫生局分发到各村卫生室。实行村卫生员自行采购配备，全县村卫生室相应配齐药品，能够满足本村群众就医需求。

五、 印江骨伤科医院

印江自治县骨科医院

印江自治县骨伤专科医院于 2000 年成立，原名为“刘波医院”，2004 年更名为印江自治县骨伤专科医院，地址在峨岭镇甲山村中寨口。设关节科、脊柱科、疼痛科、中医科、内科、针灸科、理疗、功能康复科、老年病科、体检中心是一家以治疗骨折、创伤、颈肩腰腿疼痛、关节炎为特色，集抢救、功能康复为一体的二级民营医疗机构。是新农合、城镇居民医疗保险、城镇职工医疗保险、人寿保险、财产保险、交警、残联等指定定点医疗机构，也是铜仁地区首批唯一获得“工伤保险”治疗骨伤疾病的民营医疗机构。先后获得优秀民营科技企业、先进集体、先进单位、“百姓明明白白就医、全国诚信示范医院”等荣誉称号，获得县级“科技进步二等奖”二次，铜仁地区“兴铜科技进步三等奖”。

至 2008 年，医院累计开展腰椎间盘突出症、腰椎骨折、腰腿疼痛、开放性粉碎性骨折、股骨头坏死、上肢神经损伤的功能重建等高难手术数万例，应用外固定支架治疗四肢多节段开放性粉碎性骨折及皮肤毁损保肢治疗数千例。

六、 印江博爱医院

印江博爱医院是上海博爱医院（集团）有限公司投资建设的医院。2007 年 4 月，经县招商局引资、县卫生局审批并上报铜仁地区卫生局同意成立的综合医院，地址在峨岭镇西园路 42 号，是集医疗、防预、保健、康复为一体的医疗机构，是县人寿保险公司定点医疗机构。

至 2008 年，已投入资金 500 余万元，医院业务用房面积 2000 平方米，辅助性用房面积近千平方米，设病床 32 张，医务人员 40 人。医院拥有美国雷杜生化分析仪、十一项尿液分析仪、多功能荧光检测仪、B 超诊断仪、心电图、X 光机、胃肠超声影像检查系统、数码电子阴道镜、红外乳腺扫描仪、耳鼻喉内窥镜、低温等离子、电脑肛肠诊疗系统、多功能微波疗仪、盆腔炎治疗仪等各种大中型诊疗设备 40 多台（套）。为提高医疗服务技术和质量，从省内外招聘多位临床经验丰富、医疗技术精湛的专家长年坐诊，同时，与北京、上海、武汉等地几大医疗机构建立合作关系，开展技术、信息方面的交流。该院现设有：内科、儿科、外科、妇科、胃肠科、肝病科、结石科、耳鼻喉科、眼科、痔疮科、皮肤科、泌尿科、风湿、腰腿痛科、预防保健科、检验科、医学影像科等临床医技科室。

第三节　医疗保障

2007 年，印江自治县作为全省第三批实施新型农村合作医疗制度县，正式实施新型农村合作医疗制度。至 2008 年，管理水平不断提高，补偿方案逐步完善，较好地缓解全县农民“因病致贫、因病返贫”问题。

一、 合作医疗机构

根据地区编委办《关于印江土家族苗族自治县建立新型农村合作医疗管理机构的批复》、县编委会《关于印江自治县新型农村合作医疗管理局职能配置内设机构和人员编制的通知》，印江自治县新型农村合作医疗管理局（以下简称“合管局”）于2007年1月正式成立，为县卫生局所属副科级事业单位。核定事业编制13名。其中局长1名（副科级）、副局长1名（股级），内设办公室、业务股、财务股。各股室配职数1名，核定工勤编制1名，列入财政全额预算管理，负责全县新型农村合作医疗工作管理、业务指导。2008年，县编委办印发《关于各乡镇新型农村合作医疗管理站机构人员编制划转的通知》，乡镇新型农村合作医疗管理站（以下简称“合管站”），核定事业编制35名。其中峨岭镇3名，其他乡镇各2名，各乡镇合管站与本乡镇社保所实行两块牌子合署办公的管理体制，站长由财政所长兼任。

二、 农民参合

全县新型农村合作医疗参合对象为全县所有农村居民。2007年，全县参合农民33.2万人，参合率88.35%；2008年，全县参合农民34.6万人，参合率92.1%。

三、 资金筹集

2007年，全县筹集资金1659.82万元，其中中央、省、地、县财政分别补助每人20元、14元、3元、3元，共1327.85万元；农民每人自缴10元，共331.96万元。2008年，全县筹集资金3114.33万元，其中中央、省、地、县财政分别补助每人40元、34元、3元、3元，共2768.3万元；农民每人自缴10元，共346.03万元。

四、 资金管理

根据《国务院转发卫生部等部门关于建立新型农村合作医疗制度意见的通知》和《贵州省财政厅、卫生厅关于印发贵州省新型农村合作医疗基金财务管理办法（试行）》文件精神，2006年12月，县人民政府办公室制定《印江自治县新型农村合作医疗基金财务暂行管理办法》。对基金的管理、预算、筹集、分配、结余等作出明确的规定。分别在县财政局设立新农合基金财政专户、在县农村信用联社设立合作医疗基金专户，实行专户储存、专项调度和封闭运行。任何部门、单位和个人均不得挤占、挪用和借支。强化基金账户管理，严格拨付补偿资金流程，实行双印签制拨款。同时把好农民自愿参合、资金收缴入库、财政补助到位这三个关口，实行收支、管用、划拨三分离，对新农合基金实行专人管理、专户储存、专款专用的封闭运行体制。

2007—2008年，各乡镇合管站对本辖区内的参合农民建立参合台账、县外就医补偿台账；各定点医疗机构根据每月开展补偿的实际情况，建立补偿台账。合管局对所建立的台账严格审核、严格把关，对未参合的农民拒绝补偿，对补偿不规范的责令限期整改。严格审核稽查。认真开展审核稽查工作，对不符合补偿条件，违规报账的拒绝补偿，对各定点医疗机构多收患者医疗费用的责令进行清退。2008年10月，各乡镇合管站与财政所实行两块牌子合署办公，合管站站长由财政所所长兼任，人员及工作由财政所统一管理、调度。按照《会计法》的要求，会计与出纳实行分离，改变以往合管站人手不足，会计与出纳由一人担任给基金带来的风险隐患。制定《印江自治县新型农村合作医疗公示管理办法》，合管局定期将全县新农合基金运行情况，在县政府网站、电视台、报纸等网络媒体进行公示；定点医疗机构在本院新农合宣传栏，对每月的补偿进行公示；乡镇合管站对本乡镇就医补偿情况，在乡镇及村政务公开栏进行公示。同时向社会各界公布举报电话，主动接受社会各界的监督。

五、兑现补偿

全县医疗兑现补偿有三种模式。一是参合农民患者在县内定点机构就诊的，出院时定点医疗机构现场兑现补偿，县合管局与定点医疗机构按月进行结算；二是在县外医疗机构就诊的，患者先垫付，出院后凭相关就医资料到各乡镇合管站办理补偿；三是每年12月，根据全县基金运行情况，确定是否开展二次补偿。二次补偿由乡镇合管站对符合二次补偿条件的参合农民患者、就医信息进行统计后报合管局，合管局复审后向财政申请资金，财政将资金划拨到各乡镇，由各乡镇合管站兑现补偿。

2007年，全县补偿参合农民78198人次，补偿929.1万元，人均118.8元，其中门诊补偿61297人次，补偿69.62万元，住院补偿16901人次，补偿859.41万元。2008年，全县补偿98965人次，补偿2268.99万元，人均229.3元，其中门诊补偿67806人次，补偿188.21万元，住院补偿31159人次，补偿2080.78万元，其中二次补偿673人402.84万元。

第四节　疾病预防与控制

2001年，铜仁地区卫生局在印江召开全区计划免疫接种工作现场会。2002年，贵州省卫生厅在印江召开全省计划免疫接种工作现场会，号召全省各县学习印江刀坝经验。由于工作出色，省厅、地局为全县18个定点预防接种室和46个管理区接种点（包括少数村）配齐冰箱、冰柜。2003年，卫生部奖给贵州省5辆冷链车，其中有1辆奖给印江自治县。省内有7个地（州、市）和18个县，先后到印江学习考察。

卫生部门深入乡镇开展卫生疾病预防宣传（2009年拍摄）

2003年，投资80万元建设县疾控中心办公楼，建筑面积1000平方米，是年5月开工，2004年10月竣工，2005年2月投入使用。

2001—2005年，县疾控中心连续四年获地区卫生局综合目标考核一等奖。2004年，县疾控中心获省卫生厅、省环保厅、省财政厅初级卫生保健先进单位，获地区行署改水改厕先进单位。是年，刀坝乡卫生院被评为全国先进医疗卫生集体。全县甲乙类传染病发病率为852.76/10万。2006年，在财政经费严重不足的情况下，全县开展定点、定时，到接种室（点）进行免疫接种，收取少量冷链运转费用的做法，不仅提高工作效率，也提高有效接种率。至年底，全县甲乙类传染病发病率为273.87/10万，下降67.88%，跨入全省计划免疫接种工作先进行列，得到省卫生厅、地区卫生局的高度重视和充分肯定。

第五节　妇幼保健

1989年，印江自治县妇幼保健站开始在城区开展婚前卫生指导、婚前卫生咨询和婚前健康检查。1990年至1992年7月，在全县开展育龄妇女破伤风类毒素注射。1995年，县卫生局正式批复县妇幼保健站为婚前保健单位。2000 年后，降低孕产妇死亡率、消除初生儿破伤风工作在全县实施，对从事妇幼保健工作的机构和人员实行准入制，村级卫生员转变为村妇幼保健员，使妇幼保健工作得到快速发展，孕产妇系统实现规范化管理。

根据《2006 年铜仁地区降低孕产妇死亡率和消除新生儿破伤风项目实施方案》要求，县对孕产妇住院分娩实行限价收费及贫困救助，使孕产妇的健康得到保障。

2010 年 6 月，在第十二个爱耳日活动中，医务人员在小学生中开展耳朵疾病筛查

2000—2008 年印江自治县孕产妇系统管理情况统计表

表 14－13

年度	新法接生率（%）	住院分娩率（%）	婴儿死亡率（%）	孕产妇死亡率（‰）
2000	89.9	13.2	10.0	54.4
2001	89.6	19.8	15.3	170.4
2002	88.8	22.3	17.9	194.5
2003	93.4	23.8	12.8	160.0
2004	92.9	30.5	11.7	105.9
2005	97.6	39.9	10.5	95.7
2006	98.6	53.0	11.4	45.5
2007	98.7	68.5	9.5	62.0
2008	98.9	74.9	9.6	61.2

1994—2008 年印江自治县孕产妇保健情况调查统计表

表 14－14 单位：人

年度	产妇总数	活产数	接生情况		
			住院分娩	非住院分娩	新法接生
1994	4888	4884	263	3452	3715
1995	5263	5238	282	4044	4326
1996	4802	4780	314	4118	4432
1997	6068	6042	392	4797	4836
1998	6539	6528	448	5424	5872
1999	5281	5284	643	4035	4678
2000	5504	5504	726	4227	4953
2001	5858	5849	1164	4098	5262
2002	5125	5122	1148	3149	4567
2003	4987	4885	1189	3481	4670
2004	4700	4700	1438	2748	4386
2005	4160	4158	1666	2412	4078
2006	4372	4370	2333	2004	4337
2007	4300	4300	2300	2020	4320
2008	4876	4875	3671	1173	4844

2000—2008年印江自治县部分年份妇科病查治情况调查统计表

表14－15　　　　单位：人

年度	月经病		盆腔炎		外阴白斑		尿漏		Ⅱ°子宫脱垂	
	例数	治疗数	例数	治疗数	例数	治疗数	例数	治疗数	例数	治疗数
2000	228	164	79	79	20	20	44	44	0	0
2006	67254	34525	6339	6339	2533	2265	3757	2712	0	0
2008	76590	4737	1198	1198	664	593	534	376	0	0

第六节　食品药品安全与卫生监督

一、食品药品监督管理

2002年1月，县药品监督管理局成立，主要工作是对县直医疗机构、乡（镇村）卫生院、卫生所、卫生室、药店等涉药单位进行管理。经过调查统计，全县涉药单位有340家，主要分布在县城和较大的乡（镇）以及交通道路沿线。当年，涉药单位存在的问题是药店布局不合理；涉药单位购进药品渠道十分混乱，公开或半公开从事药品批发业务的有20家，无证经营和超范围经营药品的行为相当普遍，农村游医药贩屡禁不止；农村广大群众法律意识淡薄，对经营和使用假劣药品违法行为认识不够，自我保护意识差；农村药品从业人员素质普遍低下，药品质量意识淡薄，法律意识不强，有的从事药品经营活动30多年，从未看过《药品管理法》，受利益驱使，不同程度地经营和使用假劣药品；农村诊所、村卫生室、药店规模小，加之贫困山区经济不发达，农民居住分散，涉药单位获利较低，难发展；监管不到位，以前没有专业的药品监管队伍，不能及时有效打击各种违法行为。根据以上的调查情况，集中涉药人员举办三期培训班暨换证工作会，共312人次接受培训。对278户药品经营企业考核验收，其中142户药品零售企业通过验收，取得药品经营许可证，限期整改43户。2002年“3·15”消费者权益日，设立咨询台，发放宣传资料500份，举办假劣药品展览，当场销毁假劣药品价值3.8万元。对全县320家涉药单位检查290家，检查覆盖面达90.6%。查处假劣药品案55件，所涉金额3.3万元，罚款3.84万元，有效地打击制售假劣药品的违法行为，净化药品市场，保障广大人民群众用药安全。积极帮助和指导全县的中药材种植，主动与有关部门配合，深入调查研究，基本摸清全县中药材资源和种植情况，并积极向上级争取政策扶持项目。通过努力，印江自治县被列入贵州省天麻种植基地县，按铜仁地区中药材GAP中心的统一规划，确定发展吴茱萸、黄姜等中药材。在朗溪镇大尧村建成200亩的吴萸GAP示范基地。

在农村开展药品“两网”建设（即建立县乡镇、村药品供应网、监督网），具体做法是：在县内选定三家公司，由县中西药业有限责任公司（国有企业）、县梵净山药业有限责任公司（民营企业）、县雷氏药业有限责任公司（民营企业）成立农村药品配送中心，鼓励和引导其零售网点开到乡（镇），并向村延伸。同时积极鼓励乡（镇）诊所、村卫生室与公司签订加盟协议，统一配送，统一药品购进渠道，实行自主经营、自负盈亏，配送中心保证质量，形成“供药源头高标准经营实体，零售网点多而不乱，中间环节少而成本不高”的农村药品零售体系。运用监管手段，按照市场规律，引入竞争激励机制，三家配送企业开展有序竞争，健康发展，改进服务态度，增强服务意识，逐步形成统一、高效的农村药品供应网络，实现网络化流通、网络化经营，减少流通环节，从而降低药品价格，使农村群众得到实惠，减轻农民群众负担，同时还制定《印江自治县农村药品配送中心管理办法（暂行）》《印江自治县乡（镇）村药品供应网点管理办法（暂行）》《印江自治县农村药品供应网点管理制度》，进一步完善农村药品供应网络建设。为完善农村药品配送措施，解决交通不便的问题，配送中心不能直接配送到位的网点，局和公司积极帮助、支持乡（镇）所在地有条件有实力的网点成立农村药品配送站。制定《印江自治县乡（镇）药品配送站管理办法）》，进一步保证销售终端的药品质量，建立和完善县、乡（镇）、村三级药品监督网络，逐步实现监管网络下延，建立农村药品监督网络，县药监局聘请39名药品质量信息员，主要承担药品质量信息的收集和报告，制定《印江自治县药品质量信息员管理办法》(试行)，充分发挥信息员的作用。通过农村药品“两网”运行，规范农村药品购销渠道的有效手段，有利于打击无证经营的违法行为，得到地区药品监督管理局的充分肯定。

2003年5月，在印江自治县召开铜仁地区整顿规范农村药品市场工作现场会，铜仁地区行署副专员肖继辉主持会议，铜仁地区卫生局、各县卫生局、全区药品批发企业、申请GSP认证药品零售企业，共计90余人参加会议，会议要求在全区大力推行农村药品“两网”建设工作。同时省局多次派人到印江进行调研、评估，各地、市、县药监系统领导共40余人先后到印江学习、交流经验。

2004年3月，印江自治县药品监督管理局更名为印江自治县食品药品监督管理局，增加食品监管职能。2008年2月，根据省发改委《关于铜仁地区食品药品监督管理系统基础设施建设项目可行性研究报告的批复》文件，同意县药监部门新建业务用房551平方米，于2009年竣工。

二、 卫生执法监督

2003年4月，自治县卫生执法监督机构单独成立以来，按照“建立职责明确、行为规范、执法有力、保障到位的卫生监督体系”的要求，依法管理食品、化妆品、消毒产品、生活饮用水，以及公共场所卫生、职业卫生、放射卫生、学校卫生，依法督查传染病防治、医疗机构等。2006年，城区卫生监督覆盖率达100%，卫生许可持证率达95%，健康体检合格率98%，健康持证90%。公共场所卫生许可持证率从2002年的20%提高到2006年的80%。在开展“食品放心工程”活动中，以城区为主，辐射各乡（镇）所在地，没收、销毁大量的过期食品、“三无”(无生产日期、无质量合格证、无生产厂家）产品、医疗器械。2004—2008年，全县没有出现一起因食品卫生引起的中毒事件，县乡集中地没有发生一起因生活饮用水引起的传染病暴发流行。2003年4月，在防止“非典”时期，县人民政府制订一套处置突发公共事件预案，卫生职能部门严格按照预案认真实施。至2008年，印江自治县在处置大小突发事件过程中，指挥协调组、医疗救治组、专家会诊组、传染病流调组和现场处置组协调工作，没有一起大型传染病暴发流行。

2007年10月， 食品卫生市场监督管理执法检查

第七节 爱国卫生

一、 机构

印江自治县爱国卫生运动委员会（简称县爱卫会）为副科级单位，设在县卫生局。1988年，县乡健全机构，组建环卫队伍，对县直各单位、城区、临街门面实行包市容、包卫生、包秩序的门前“三包”责任制。在城区开展美化、亮化、绿化工作，乡村通过改厕、改猪圈、改水井、改良环境和改灶（简称五改）工作，逐步改掉不良卫生习惯。爱卫会在抢险救灾、处理突发公共卫生事件方面曾

发挥重要作用。

二、 卫生创建活动

2002年，县委、县人民政府成立创建文明卫生县城领导小组。2004年起，各单位紧密配合，开展省级卫生县城活动，集中治理环境卫生赃、乱、差。各单位办公区域及生活区域干净卫生，排水通畅，无垃圾杂草，有效地遏制乱涂乱画、乱搭乱建等现象。2008年年底，县城卫生状况发生很大变化。

环卫工人清理街道卫生

三、 农村改水改厕

1989—2008年，在全县开展改水改厕工作，普遍进行水源调查、规划，逐年实施。至2008年，累计改厕2万户，普及率为25%，改水试点45个，受益900户4500人。

四、 除"四害"

"四害"指老鼠、苍蝇、蚊子和蟑螂。1988—2008年，全县抓住冬春两季和平时相结合的方法开展灭鼠调查，集体投放灭鼠药物，改进防鼠措施。鼠害被有效控制，减少鼠传染病的流行。根据蚊、蝇生长特点，冬季和早春杀灭蚊蝇，消除孳生地，灭杀幼虫和成虫。夏秋季灭杀成虫，消灭蟑螂，清理环境卫生，消除杂物，使用高效、安全的灭蟑药物。

2008年，全县共投入除"四害"经费0.7万元，发放灭鼠等药品500千克。除对河道、垃圾场、城区绿化带和公共区域消杀外，还按属地管理原则，组织各单位居民开展除"四害"，使县城区鼠、蚊、蝇、蟑密度控制在省级卫生城市标准内。

五、 无偿献血

2003年，印江自治县中心血库成立，严格执行《医疗机构临床用血管理办法（试行）》，全县临床用血及监督管理进入法制化轨道。2004年，印江自治县加大对《献血法》《贵州献血条例》《传染病防治法》的宣传力度，每年对完成献血任务较好的单位和个人进行表彰，杜绝临床用血买卖的违法行为。至2008年，全县实现四个转变：献血工作从少数有偿专卖向全面无偿平稳过渡；临床用血100%来源于无偿献血；献血人员由干部向居（村）民、城镇向农村转变；取消政府指令性献血计划，实现计划献血向自愿无偿献血的转变。至2008年，从未发生过非法采供血行为。2001—2008年，全县无偿献血总量达90万毫升，临床用血97.2万毫升。

第四章　文　化

1988 年，印江自治县文化行政管理机构分设为文化局、广播电视局，下设县文化馆、图书馆、文物管理所（简称文管所）、电影发行放映公司（简称电影公司）、新华书店印江支店（简称新华书店）、木黄会师纪念馆、大圣磴电视转播台、广播站、各区中心文化站等企事业单位。1992 年，县文化局内设文化稽查队。

1996 年 7 月，撤销自治县文化局、广播电视局，设印江自治县文化广播电视局、文化广播电视局党组，下设办公室、文化稽查队、文化馆、文物管理所、图书馆、电影公司、新华书店、广播站、有线电视站、各乡镇文化广播电视站等。2003 年，自治县人民政府第 13 次常务会议同意成立印江自治县民族文工团。2004 年 2 月，县编委核准成立县文工团，与县文化馆两块牌子一套人马，核定编制 12 名。2004 年 6 月，成立新闻出版（版权）局，与文化广播电视局两块牌子一套人马。2007 年 7 月，经县编委核准，民族文工团改称为“印江民族歌舞团”。

第一节　群众文化

一、 戏剧创作

20 世纪 50～70 年代，主要是为群众文娱演唱编写曲艺唱词，搜集整理传统花灯戏《槐荫配》，歌剧《客满牌》《送猪记》《炮声隆隆》。传统花灯戏《巧英晒鞋》《桂香月圆》《秋鸿》，先后参加地区、省文艺会演。

传统花灯戏《巧英晒鞋》（1983 年拍摄）

1988 年以李敦礼陆续创作的花灯剧有《望夫石》《解救》《风雪夜店人》《山月情》《巧英晒鞋》《劝夫戒赌》《槐荫配》《岭上梅》等。作品分别发表于《贵州剧作》《贵州文化》，先后参加铜仁地区文艺调演、贵州省文艺调演。1989 年 8 月，花灯剧《望夫石》荣获文化部第二届全国少数民族题材戏剧剧本创作民族团结奖和贵州十年戏剧大赛三等奖。剧本列为印江民间文艺精品剧目。

2001—2008 年，陈法权先后创作花灯小戏有《回娘家》《农家春晖》《大山春韵》《鹅鸣山乡》《村官上任》《独儿独女一枝花》，大型花灯剧《蓬山留翰》，大型话剧《山道湾轶事》，传统戏曲《傻二算账》，花灯表演词《印江是个好地方》《五个老汉唱印江》等。

二、 小品创作

2006 年， 花灯小戏《村官上任》 获全省花灯大赛彩灯奖

2002 年起，陈法权陆续创作的小品有《重学当爹》《大山夕照》《好儿当兵去》《乡场轶事》《夕照工商魂》《旮旯女人》《为了谁》《来自军营的关爱》《光明使者的关爱》《新任县长》《雪凝·热血》《特殊祭奠》《办公室轶事》《计划生育就是好》等，其中小品《重学当爹》在湘鄂渝黔四省市边区小戏小品大赛上获优秀编剧奖，在铜仁地区“公民道德建设文艺作品评奖”中获二等奖；《乡场轶事》在铜仁地区工商系统会演中获二等奖；《新任县长》在铜仁地区“树新风、扬正气”反腐倡廉戏剧小品大赛中获二等奖，在全省“树新风、扬正气、促和谐”戏剧小品决赛中获创作三等奖。以特殊教育为题材创作戏剧小品《读书梦》《悠悠泉水情》《世上只有老师好》等作品。其中《读书梦》在全省盲聋哑学校文艺会演中获启智奖。小品《旮旯女人》在“梵天净土·桃源铜仁·汞都万山”戏剧小品大赛中获优秀奖。

三、 音乐舞蹈创作

1991 年， 花灯歌舞《跟着贺龙去当兵》 参加贵州省职工文艺调演

至 80 年代中期，任达铭、吴学浚、强健、吴亚松、唐孝廉等，先后为花灯戏《蔓萝花》《秋鸿》《夜战七岭头》《刘胡兰高炉》《巧英晒鞋》《桂香月圆》《农家春晖》《劝夫戒赌》《风雪夜店人》《风雪姻缘》《跟着贺龙去当兵》《怀梵净山》《打铁歌》《打夯的号子唱起来》《茶山顶上唱红军》等作曲，大多数在铜仁地区、贵州省文艺调演（会演）中获奖，并载入相关的文艺刊物。

1988 年起，吴亚松作曲的有《山月情》《岭上梅》《梵净绿茶闪威威》《红伞情》《土家木兰》《书法魂》《印江花灯健身操音乐》。唐孝廉编导的舞蹈《红灯庆双喜》，参加地区文艺调演获奖。陈法权创作的歌词《美丽的梵净山》，在铜仁地区举办的“乌江之声”歌手大赛中获优秀奖，在文化部、文化艺术人才中心举办的“纪念抗日战争胜利 60 周年，中国当代艺术家作品展”中获三等奖。陈晓华作词、中央民族歌舞团王勇作曲、中国武警文工团歌唱家刘思思演唱的《这片心驰神往的土地》，作为 2007 年 10 月印江自治县成立二十周年文艺演出主题歌，后在央视《民歌中国》栏目演唱。王新华作词的歌曲《我心中的梵净山》，先后获“多彩贵州”优秀歌词奖和全球华人艺术大典中国赛区原创歌曲金奖，10 月，在中国音乐期刊《歌曲》《音乐创作》中发表，并由全国著名歌唱家王宏伟演唱。伍献华作词作曲的歌曲有《请喝一杯梵净茶》《山路弯弯连土家》《印江，我可爱的家乡》。

2008 年 5 月，峨岭镇峨岭村土家传统花灯锣鼓队 4 人，赴北京在中央电视台演播室录制《民歌·中国》节目。编辑发行《印江民歌二十首》。

四、 文艺集成

1987 年，收集整理民族民间文艺，先后整编《印江花灯曲调集》《印江花灯锣鼓谱》《印江唢呐曲牌》《印江花灯简志》《印江花灯音乐集成》《印江民族民间节目集成》《印江民族民间艺术手册》《印江对联选》等。

1988 年 10 月，开展《印江民间文学三套集成》工作。全县参加搜集民族民间文学资料的达 160 多人，1990 年整编完成《印江民间文学三套集成》，其中民间故事 97 篇约 8 万字；歌谣 176 首，谚语 1229 条。

1991 年，整理编辑《印江傩戏音乐选》。搜集整编印江在红军时期、抗战时期、解放战争时期的革命文化活动大事记。编印《印江文物故事》《印江文物楹联选》。

2007 年 11 月，贵州省花灯学会首届年会在印江举行，省文联、省花灯学会、省戏剧家协会和遵义、安顺、独山、铜仁、思南、江口等 40 多名专家学者和印江自治县花灯研究会成员 36 人参加会议。省花灯学会会长汪信山向印江颁发“贵州花灯研究会印江分会”和“贵州花灯研究学会创作基地”两块牌子。会议进行花灯学术交流发言，编印《印江花灯论文集》。2008 年 9 月，印江自治县召开民族民间文化发展研讨会，省文化厅、地区文化局、省群艺馆、省戏剧创作中心等领导和专家共 67 人出席。

至 2008 年，民间文艺理论研究成果有：任达铭撰写的《印江花灯剧音乐初探》；吴亚松撰写的《印江花灯剧板腔音乐的源流初探》《民间音乐的改编及唱词的完整性准确性试论》；陈法权撰写的《印江灯夹戏的变异及发展》；冯享名撰写的《印江土家传统文化的价值刍议》；还有《印江灯夹戏源流初识》《印江花灯（刘家班）传承考略》《浅谈丝弦灯对印江灯夹戏的影响和发展》《漫话花灯剧》等作品分别在《土家族研究》第 5 集、《土家族研究》第 4 集、《群文天地》、《文化广角》等省地级刊物发表。印江诗词楹联学会整理编辑出版《邛江遗韵》；印江土家族研究会编辑出版《印江土家风情》第一辑（李敦礼主编）、《印江土家风情·印江花灯》第二辑（张朝仙主编）。印江政协文史委编辑出版《印江文史资料·书法专辑》《印江文史资料·民间故事专辑》等民间文艺理论研究成果。

五、 文艺演出活动

1987 年 11 月，举办土家族苗族自治县成立庆祝活动，组织 123 个表演队伍 4600 余人参加巡游展示。举办文艺晚会 7 场，观众 7000 多人次。电影晚会 9 场，观众近 2 万人次。还举行龙灯嘘花、书画展览和焰火晚会。

1993 年 12 月，开展纪念毛泽东诞辰一百周年文化宣传活动周。纪念活动展出毛泽东等老一辈革命家的著作、传记、文学读物 1547 册；毛泽东生平图片展 3 处，共展出图片 101 幅、诗词 40 首；在县人民广场公映《秋收起义》《南征北战》等革命传统影片 7 场，观众 2 万多人次；陈列领袖著作和相关书刊 128 种、报纸 12 种，接待读者阅览和咨询；举办书画联展，展出作品 62 件；展出毛泽东像章近 700 枚；举办以歌颂毛泽东等老一辈革命家、讴歌改革开放为内容的专栏、文艺演出。1994 年 10 月，县城举办庆祝建国 45 周年暨纪念红二、六军团木黄会师 60 周年歌咏比赛。参加比赛的有机关单位干部职工、老红军、学生等近 2000 人。1996 年 6 月，印江举办城区青年歌手选拔赛，选拔 4 人参加铜仁地区青年歌手卡拉 OK 赛，印江获二等奖、优胜奖各 1 人。1997 年 11 月，举办土家族苗族自治县成立十周年庆祝活动，组织巡游表演队伍 88 个 3600 人。文艺晚会演出 4 场，电影晚会 8 场，观众近 3 万人次。举办书画展览、龙灯嘘花和焰火晚会等。1998 年，《土家欢乐舞》节目参加贵州省“1998 年中国贵州民族风情狂欢节”活动，获编导奖、表演奖、组织奖。

2005 年 5 月，印江自治县举办中国梵净山护国寺佛诞节暨民族民间文化旅游节，在开幕式艺术巡游和定点表演中，城区健身队等 14 支业余文艺队伍参加 7 场演出。14 日，在县城举办 CCTV—7

《乡村大世界》“印江印象”大型综艺演出活动，中央电视台、贵州卫视、西部摄影在线等多家媒体进行专题报道，全县1.3万余人观看演出。15日，在梵净山护国寺举办“佛诞节”文艺演出，参加演出的有县民族文工团、贵州杂技艺术团、湖北民间艺术团，观众约5000余人。27—29日，在严氏宗祠举办“黄果树杯”首届“多彩贵州”歌唱大赛印江选拔赛，120名歌手参加5场比赛，最后16名选手进入决赛。12月，县举办2006年元旦社区文化展演比赛，16支健身队伍参加。2006年2月，在县城西环路举办2006年春节龙灯、花灯展演活动，铜仁地委书记杨玉学为朗溪镇、缠溪镇、新寨乡龙灯挂红，城区万余群众观看比赛。3月，举办2006年“三八”花园城杯花灯健身舞大赛，36支参赛队近800名演员参加比赛，约13000余人次观看比赛。3月31日至4月2日，在严氏宗祠举办2006年贵州旅游形象大使大赛印江赛区选拔赛，216名选手进行4场比赛，25名选手被评为印江旅游形象大使，4名选手被评为“民族姑娘”。4月，黄睿、孙杰、释行愿（和尚）3人被地区选送到省参赛，黄睿脱颖而出，成为贵州省旅游形象大使。是月，印江自治县在开展“沿着红军的足迹穿行（歌唱）多彩贵州”活动中，举办文艺演出、茶艺表演、民族服饰展演、风味小吃大赛等群众性系列活动。在印江民族中学举办“贵州省纪念红军长征胜利七十周年”大型文艺演出，县文工团、县民族中学与省多彩贵州艺术团同台演出。省地领导、老红军、老八路战士等观看演出，观众达万余人。6月，举办纪念建党85周年“党恩颂”歌咏比赛，17个单位参加比赛，县领导、优秀共产党员、优秀党务工作者观看演出。

2007年2月，在县城首次举办“春节七天乐”群众文化系列活动，七天乐活动开展“迎县庆贺新春”赛跑、“新春鼓韵”传统锣鼓赛、“青春飞扬”健身操、“激情广场”大家唱、“欢乐苗寨”歌舞表演以及书法摄影展、电影晚会等。“春节七天乐”作为群众文化活动品牌保留至今。4月，举办2007年“印江印象”歌唱大赛，5场168名选手参赛。10月，印江举办自治县成立二十周年庆祝大会，由中央民族歌舞团江泰祥导演的“梵山净水印江情”大型文艺节目，共分“渡尽劫波”“耕耘生活”“风情万种”“祝福家乡”四个篇章，内容包括土家族的诞生、大迁徙、建设家园、歌唱家乡。以采茶舞、茅古斯舞、丰收锣鼓、铜铃（钱）杆舞、摆手舞、红伞情、佛教文化、土家婚礼、书法文化、龙舞等为表演形式，以花灯音乐《上茶山》为整台文艺演出的主旋律，表现印江土家族、苗族繁衍生息、发展壮大的过程，参加这次演出的演员来自30多个单位，有500多人。11月，印江自治县承办贵州花灯学会首届年会，会议期间演出传统花灯剧《巧英晒鞋》、花灯歌舞《梵净绿茶闪威威》、舞蹈《摆手俏姑娘》、传统二人花灯《劝学》、金钱杆《太平灯》等，与会代表和千余观众观看演出。2008年2月，在县城举办第二届“春节七天乐”群众文化活动。3月，在县城中心广场举办“移动杯”第二届花灯健身舞大赛，全县25个表演队618人参加比赛，年龄最大的73岁，最小的6岁。5月，印江自治县“梵山净水印江情”歌咏比赛在大会场举行，县直机关21个单位1000多人参加演唱。

六、文艺调（汇）演

1991年6月，印江自治县组队参加全区职工庆祝建党七十周年文艺调演，节目《跟着贺龙去当兵》荣获创作、演出、演员三项一等奖，该节目代表铜仁地区赴省演出，获二等奖。1994年11月，组队参加铜仁地区小戏小品调演，花灯小戏《山月情》获编导一等奖、编剧一等奖、表演一等奖、音乐二等奖、舞美一等奖、演员一等奖和组织奖。1996年10月，组队参加铜仁地区教育系统文艺调演，舞蹈《欢乐土家》获二等奖。1998年5月，印江自治县举办中小学幼儿园文艺会演，有合唱、独唱、歌舞、花灯、器乐等文艺节目。1999年7月，县国税局参加铜仁地区国税系统文艺调演，舞蹈《中国娃》《好收成》分别荣获二等奖、三等奖。8月，组队参加铜仁地区民族文艺调演，花灯小戏《岭上梅》获编剧一等奖、音乐一等奖、表演一等奖，2名演员分别获一等奖、二等奖；舞蹈《双杆情》获编导、表演一等奖；舞蹈《土家欢乐舞》获表演三等奖。10月，举办全县庆祝中华人民共和国成立五十周年农村文艺会演，这次会演分音乐、舞蹈、戏剧、曲艺四大类，热情讴歌五十年来我国建设发展的伟大成就和改革开放的巨大变化。2001 年 3 月，县妇联组队参加铜仁地区妇联“三八”文艺会演，双人舞《赶鸭》荣获编导一等奖和创作奖。5 月，由县国税局组队参加地区国税局文艺会演，舞蹈《土家山寨米粑香》获二等奖。8 月，由县武装部组队参加地区“八一”文艺会演，花灯歌舞《跟着贺龙去当兵》获二等奖。县文广局组队参加全省文艺会演，花灯小戏《山月情》获表演奖。2005 年 9 月，印江自治县参加铜仁地区“南长城杯”民族文艺会演，花灯小品《鹅缘》和舞蹈音乐《红伞情》分别获创作一等奖和二等奖，均获表演二等奖。2006 年 8 月，在黔南州普定县举行的贵州省首届花灯大赛中，花灯小戏《村官上任》获彩灯奖，花灯歌舞《悠悠茶山情》获彩扇奖。10 月，举办“2006 印江印象”民族民间文艺调演，全县 48 个单位 59 个节目参赛，演职人员近 600 人，其中音乐类 22 个、舞蹈类 18 个、戏曲类 19 个。19 个乡（镇）和单位，近 30 个节目获奖。在颁奖晚会上，贵州省戏剧家协会任命苏天前为贵州省花灯学会副会长，并为贵州省花灯学会印江分会授牌。此次调演被省、地区专家定性为“农民的艺术节”，以后每两年举办一次民族民间文艺调演。2007 年 5 月，参加铜仁军分区文艺调演，舞蹈《跟着贺龙去当兵》获二等奖。6 月，“多彩贵州”舞蹈大赛铜仁片区选拔赛在石阡举办，印江代表团 80 余人参加 4 场演出，舞蹈《土家婚俗》《欢乐土家》获三等奖，其余 4 个节目均获优秀奖，同时获组织奖。

2006 年， 举办印江印象民族民间文艺调演

2008 年 9 月，代表铜仁地区参加“中天杯 2008 多彩贵州”歌唱大赛，沙子坡镇塘口村刘朝英 8 人组合表演的土家高腔山歌《上山坡》，在原生态唱法半决赛中获全省第九名进入总决赛。赛后，69 岁老人刘朝英被省内多家媒体采访报道，被《贵州都市报》称为“老歌王”。11 月，举行第二届“梵山净水印江情”民族民间文艺调演，全县 17 个乡镇和 20 个县直部门、单位共演出 53 个节目。参赛节目中评出组织奖 5 个，优秀奖 5 个，三等奖 9 个，二等奖 6 个，一等奖 4 个。其中新业乡表演的舞蹈《踟神茅古斯》和《芙蓉花开红伞情》获本次大赛一等奖。

七、文化“三下乡”活动

2008 年 6 月， 在天堂举办“文化三下乡” 演出活动

1990 年 4 月，铜仁地区文工团演出小分队先后在印江县城、缠溪、洋溪演出。1992 年 5 月，为纪念毛泽东《在延安文艺座谈会上的讲话》发表 50 周年，组织 40 人的社教文艺宣传队，历时 16 天，分别到杉树、沙子坡、新寨、朗溪等区乡和 2 个工矿企业，白天开展图片展览、书法展览、文物保护法宣传、科技图书阅览、咨询，晚上演出。1997 年 5 月，从县机关单位抽调 12 人组成“文艺轻骑队”，以自编自导小品、相声、快板、民族歌舞等 10 多个节目，先后到板溪、缠溪、洋溪、罗场、天堂等乡镇开展“三下乡”演出 12 场。8 月，组织三个电影放映宣传队，到全县 17 个乡镇 68 个村，开展百场电影下乡巡回放映宣传活动，共放映科教和革命传统影片 147 场次。先后到新业、新寨、合水、缠溪、天堂等乡镇开展 11 次送书下乡活动。2000 年 10

月，贵州省新闻出版局、贵州人民出版社、省新华书店等5家单位科技扶贫送书下乡，向县图书馆送800余种5600册图书，价值约5万元。2005年1月，在杉树乡举办“弘扬先进文化，倡导婚育新风”送戏、送书法、送文化、送科技、送卫生活动。11月，县民族文工团参加贵州省“百场戏千场电影文化服务慰问团”，在中坝乡表演歌舞、小品、京剧等，约2000人观看演出。2006年12月，县民族文工团参与贵州省计划生育委员会“计生文化三下乡”活动，到中坝乡开展送戏下乡演出活动。6月，在木黄镇开展以“我为党旗添光彩”为主题的送戏、送书、影展、放电影活动。2007年4月，在木黄镇举办“民政部沿着红军长征路建立图书室”木黄赠书仪式，并举行文艺演出，县民族文工团、木黄教师合唱团、荣光村民间文艺队同台演出，省、地区、县领导及木黄群众约5000人观看演出。5月，组织社区业余文艺队伍在消防中队慰问演出。2008年2月，在全县开展“万众一心重建家园——抗雪凝促重建”巡回慰问演出活动。

八、 民间文艺表演组织

塘口村灯戏班 塘口灯戏班组建于民国初年。2006年，艺人刘朝英组织建立塘口村灯戏班，主要演唱高腔山歌、传统花灯戏。常年参加县、镇组织的“文化三下乡”活动。2006—2008年，参加全县民族民间文艺调演获奖。2008年9月，塘口村被命名为县级民间艺术村，艺人刘朝英被媒体称为“老歌王”，被授予省级高腔山歌传承人，弟子王胜海被授予市级高腔山歌传承人。

沙子坡塘口村组织民间文艺活动

革底村灯戏班 革底村灯戏班创建于清咸丰年间（1851—1861），有上革底、下革底两支灯戏班，上革底以文戏为主，下革底则以武戏为主。1988年，艺人刘兴美重组灯戏班，以传统唱腔和表演形式，每年春节期间都到邻近村寨演出。2006—2008年，参加全县民族民间文艺调演获奖。2008年9月，被命名为县级民间艺术村。

荣光村傩戏班 木黄镇荣光村傩戏班由艺人罗会秀（女）组建，罗会秀娘家、婆家都是傩戏世家，将两坛技艺集于一身，是傩戏第59代传人。1988年后，经常在印江及松桃、秀山、酉阳等相邻县市活动。1991年以来，曾多次参加民族风情拍摄采访，应邀出席中国梵净山傩戏文化研讨会，受到中国戏剧学家、傩戏学研究会会长曲六乙接见。傩戏班现有陈法吉、杨法彰、李茂盛、杨军等弟子6人。2006—2008年，参加全县民族民间文艺调演获奖，2008年9月，被命名为县级民间艺术村，罗会秀被授予省级傩堂戏传承人。

三合村傩戏班 木黄镇三合村傩戏班由艺人杨胜怀组建。1945年，杨胜怀投坛学艺，拜师杨云安，是二十九代傩戏传人。1963年艺成，成立三合村傩戏班，主要在木黄、红石、合水、天堂一带以及秀山、酉阳、新晃，松桃、石阡、沿河、德江等地表演。1986年11月，为自治县收集傩堂戏音像资料，三合村傩戏班表演傩戏和傩技绝活上刀梯、开红山、钉活鸡、溜红铧等。1994年2月，四川峨嵋电影制片厂在印江拍摄民族风情专题片，师徒们表演傩技傩戏。三合村傩戏班现有杨法银、杨法真、杨法显、张法胜、张法旺、杨法妙、李法群等傩戏第三十代弟子7人、三十一代弟子8人。2008年9月，被命名为县级民间艺术村，2008年后，杨胜怀被授予傩堂戏省级传承人。

七百渡傩戏坛班 七百渡傩戏班由艺人秦祖发组建。秦法通是傩堂戏艺人秦法胜［清康熙四十四年（1705）生］的第三十代传人，亲传弟子有俞法群、何法初、何法旺、刘法广、秦仁平、秦仁乾、秦仁军等30多人，分坛班15个，已经传至第三十二代。主要在木黄、松桃、红石、合水以及秀山、酉阳等地表演。2008年后，秦仁军（法名秦法雷），被授予傩堂戏市级传承人，并在贵阳市花溪区成立贵州福缘文化传播有限公司，以包容、和谐、仁爱、感恩为宗旨，进行傩文化的宣传和传承。公司成立以来，先后在“多彩贵州城”、贵州民族大学、木黄镇、合水镇等地多次举办公益表演、座谈会、傩堂戏进校园活动，被授予“市级傩堂戏传承人”称号。

缠溪村花灯队 2005年12月，缠溪村花灯队由艺人周和平、余文强创建，主要艺人有周焯芬、余海清、何荣霞、何荣彩等20余人。常年在印江及周边县农村演出，参加镇组织的“文化三下乡”演出活动。主要演出的传统花灯有《寿元灯》《劝学》《开财门》《上茶山》《苏州调》《闹五更》，传统花灯剧有《补缸缘》《荒诞姻缘》《张绍子打渔》《劝夫戒赌》等。2006—2008年，参加全县民族民间文艺调演获奖。2008年9月，缠溪村被命名为县级民间艺术村，周和平被授予“省级花灯戏传承人”称号。

峨岭村民间文艺队 2005年12月，峨岭村民间文艺队由民间艺人杨胜华、严天凤创建。组建有花灯、女子传统锣鼓、女子龙灯表演队，主要艺人有孙凤琴、李秀萍等20余人。常年在印江及周边县农村演出，参加镇组织的“文化三下乡”演出活动。主要演出的传统花灯有《勤打扮》《上茶山》《苏州调》《梵净山下好茶园》《情妹下河洗蒜薹》《稀篮背篼》等。2008年春节，女子龙灯表演队参加城区春节民族民间文化巡游活动和铜仁地区梵净山旅游节表演。2006—2008年，参加全县民族民间文艺调演，花灯、女子传统锣鼓表演都获得好成绩，2008年9月，峨岭村被命名为县级民间艺术村。

永义村民间文艺队 2003年2月，永义村民间文艺队由艺人张羽芬、包铭组织创建，张羽芬任队长，主要演员有戴远红、杨昌娥、田儒芬、任廷霞等30余人。表演形式有传统花灯、薅草锣鼓、小品、快板等。节目有《土家族劳作舞》《花灯二人转》《庆丰收》《苏州调》《傻女回门》《四个大妈夸媳妇》等。2006—2008年，参加全县民族民间文艺调演，花灯、花灯小戏表演都获得好成绩。参加全乡“文化三下乡”活动，每年春节举办龙灯、山歌、篮球、祭紫薇神树等。2008年9月，被命名为县级民间艺术村。

坪柳花灯会 坪柳花灯会源于清代中期，盛行于清末，据保留的唱本记载：从第一代田兴璋、田兴贵，至今已经传承至第七代。主要演唱传统二人花灯《盘五更》《闹五更》《苏州调》《采茶调》《茶山调》《打金簪》等。2006年，灯会新任会长、第六代传承人田儒顺，继承老艺人田景奎、田景常、田儒开的表演技艺，组织甘廷琼、田健康、陈艳等十多人，每年春节前后在合水、罗场、永义等周边乡镇演出，举办花灯年会等。甘廷琼被授予花灯市级传承人。

2005年2月，朗溪镇坪柳村开展文化活动

文昌高台狮子灯队 文昌高台舞狮活动源于清咸丰年间（1851—1861），据文昌徐氏族谱载，秀才徐天池看见后山酷似狮子，写道“青龙盘踞后山岗，丹凤朝阳点头上；雄狮起舞往南方，神印摆存正中央……”便成立狮子灯队，逢年过节组织大家舞高台狮子灯，已传承十余代。1988年后，徐清海传徐清俊，再传徐民新。2008年，徐民臣、徐芳组建88高台雄狮队，艺人徐民臣任队长。高台狮子灯主要是在七张方桌上，逐层表演雄鹰展翅、罗汉拜佛、老鼠翻梁、蜘蛛牵丝、雄霸五方、四脚立将等。常年在木黄、新业、合水、永义等周边乡镇演出，每年春节期间走村串寨举办舞雄狮贺新年活动。

九、农村文化站建设

1985年3月，铜仁地区计委、人事局、文化局《关于录用农村文化站专职人员的通知》，分配印江县农村文化站 6 名劳动指标，县计委、人事局、文化局分配城关镇、板溪区、朗溪区、缠溪区各 1 名、木黄区 2 名，工资福利等享受文化馆干部待遇。经选择推荐、文化考试、业务考核、正式签订聘用合同。1992 年 12 月，实施乡镇机构改革，撤销乡镇文化站，组建 17 个乡镇成立文化广播电视站，行政上隶属乡（镇）政府，业务上接受县文化局、广播电视局指导。木黄会师纪念馆与木黄镇文广站合署办公，两块牌子、一套人马。2007 年 10 月，全县 16 个乡镇（中坝乡已建）综合文化站建设工程通过省发改委立项。2008 年 12 月，省发改委发文明确印江自治县乡镇综合文化站建设工程，要求文化活动各种功能用房 300 平方米左右，次年竣工。

十、 文化先进单位与“艺术之乡”

1985 年，铜仁地区农村文化工作会议分别在印江县、思南县召开。与会人员先后参观木黄区、许家坝区中心文化站、瓮溪乡文化站。印江被评为“农村文化先进县”，木黄区与朗溪区中心文化站被评为铜仁地区农村文化工作先进单位。1991 年 6 月，朗溪区中心文化站出席全省农村文化工作会议，被评为贵州省文化工作先进集体。1993 年 3 月，省文化厅命名全省第一批艺术乡 31 个，合水镇为“民族唢呐长号之乡”。1994 年，合水镇成立民族民间文艺协会。1996 年 6 月，贵州省人民政府授予木黄镇“贵州省首批省级文化先进镇”称号（全省 9 个）。2002 年 2 月，贵州省文化厅评定峨岭镇为“书法艺术之乡”。2006 年 8 月，贵州省人民政府评定木黄镇为第二批历史文化名镇。2008 年 9 月，印江自治县人民政府确定 14 个民间文化艺术村和 25 名非物质文化遗产传承人。

第二节 公共图书与图书发行

一、 公共图书

1983 年，印江图书馆成立，1988 年核定编制 8 人，全馆共有职工 7 人。其中馆员 2 人、助理馆员 1 人、管理员 1 人。2006 年在职人员 7 人。其中大专以上学历 4 人，中专及高中学历 2 人，初中 1 人；其中中级（馆员）2 人，初级（助馆）5 人。1984 年 6 月，省、县投资建图书馆业务用房 800 平方米，1987 年 5 月竣工使用。1999 年，对大门前临街面 300 平方米进行绿化，建 2 个阅报栏和 2 个宣传栏。2003 年 6 月，在绿化带中塑清末书法家严寅亮石雕像，为三级图书馆。

藏书建设 1986—1992 年，县财政每年拨购书专款 3500～7000 元，图书年入藏 827 种、1143 册，报刊年入藏 54 种。1997—2006 年社会捐赠藏书：县委宣传部捐赠“千乡万村书库”378 册；贵州省新闻出版局、贵州人民出版社、贵州科技出版社、贵州民族出版社、贵州省新华书店等 5 家单位联合捐赠图书 800 余种 5655 册；中央文明办、文化部、新闻出版总署联合捐赠图书 6000 余册。建馆以来征集地方文献 124 种 256 册（份）。截至 2008 年，总藏书量 8 万册（份）。

采编工作主要根据全县经济建设和文化发展特点，结合图书馆工作任务和读者需求采集图书，在综合性藏书的基础上突出地方特点，以科技图书、地方文献的采集为重点。

图书分类根据《中国图书馆图书分类法》（简本），统一分类、标引。著录根据国家标准《普通图书著录规则》，1999 年后改用《中国文献编目规则》著录，采用基本级次、卡片式分段著录。

目录体系设公务目录 2 套（按四角号码检索的总目录和按类检索的排架目录），读者目录 2 套（按汉语拼音检索的书名目录和按类检索的分类目录）和资料查询专门目录 1 套。

藏书按类排架、典藏。藏书划分为普通书库、资料库、报刊室。普通书库收藏多为推荐性图书资料，以读者利用为目的，直接为读者流通参考而组织的用于外借的书库；资料室收藏多为供研究用的工具性、参考性的藏书，不常用的资料性藏书以及地方文献等，只作特定读者的特殊参考使用，不作一般流通；报刊室主要收藏陈列各种报纸和期刊，以读者内阅为主，期刊可以外借流通。

读者服务工作 服务工作按“藏以致用”的原则，坚持“读者第一，服务至上”的服务宗旨，为书找人，为人找书，开放馆藏，方便读者，尽量满足城乡广大群众对书刊资料的合理要求。对离退休老干部、外籍和进城农民工读者实行免证阅览。每周开放时间为56小时，节假日（除春节）不休。1988年5月，在全省公共图书馆系统开展以“优质服务”为中心的创建文明图书馆活动，按照省文化厅《文明图书馆标准细则》开展各项工作。1989年11月，在创建文明图书馆活动中，被省文化厅评为“优质服务成绩显著图书馆”。同年，被铜仁地区文化局授予“先进公共图书馆”称号。

1999—2008年，年办证560个左右，年借阅达1.7万人次，年利用图书情报专业知识和工具书解答读者咨询210人次。推出24期宣传专栏，阅报栏288期，充分利用馆藏文献资源推出《实用科技摘编》《烤烟专辑》《水产鱼类养殖专辑》《小病小医小药方专辑》等1.5万册（份）。利用赶场天、“3·18”科技日、“三下乡”活动、图书馆服务宣传周等，宣传推介图书，分发资料，举办读者活动共356次。

协作与辅导 1989年，与县科委合作，对县图书馆807册农科书和县科委的173册农科书进行系统分编，并报送地区图书馆学会，汇编成《铜仁地区全区农业科技图书联合目录》，该书分配给印江50册，分送县科委、县农业局、畜牧局、峨岭镇农推站等45家涉农单位。1994—2008年，先后为县委宣传部、县委党校、县档案馆、三小、二中、民望中学等清理分编图书、资料、报刊。先后对印江中学、印江三中、印江二中、印江一小，以及印江农村中小学校、乡镇村文化站（室）的图书管理人员进行业务咨询。

文化信息资源共享工程 2006年，印江自治县文化信息资源共享工程支中心建设项目纳入贵州省文化信息资源共享工程建设规划。2008年11月，投入60万元，建成贵州省文化信息共享工程印江支中心。电子阅览室面积70平方米，有30台电脑。中心利用文化信息共享资源，与城区小学相继开展“留守儿童亲情连线”、书法培训、地方文献讲座等活动，与武警驻印江中队开展“八一建军节”亲情连线、军史讲座、观看爱国主义影片等活动。

农村图书馆（室）与农家书屋 1988—1991年，在木黄、天堂、板溪、朗溪、缠溪建5个区图书分馆，在板溪区韩家乡上坳村，天堂区洪溪村，缠溪区南星村、打杵场、打杵坳，玉屏乡麻柳村等建6个村图书室。以1.5万余册农科书籍、期刊、部分文学、政治、历史类图书，在这些馆（室）借阅流通。2007年11月，在缠溪镇湄坨村建设“农家书屋”，配备图书1400册，书架3组，阅览桌2套，湄坨村是印江自治县建成的第一个农家书屋。2008年，印江自治县向铜仁地区文化新闻出版局申报建设38个行政村“农家书屋”，当年通过审批实施。

农村村级农家书屋建设（2009年拍摄）

二、 图书发行

图书发行网点建设与活动 1988—1995年，全县已发展供销社售书点9处，文化站售书点16处，个体商业售书摊2处，教育部门售书点8处，季节性经（代）销16处，国营书店门市部3个，共有发行网点54处。图书发行网点为1953年建店时的27倍，平均6100人有一售书点，基本形成以国营书店为主体，多渠道流通、多种购销形式、多种经济成分的图书发行网点。

1988年10月，印江新华书店举办建店35周年店庆活动。在此期间，全部图书九折优惠一周。

2003 年，印江新华书店举办建店 50 周年活动，用各种形式展示建店 50 周年的成就。2006 年，在全县中小学开展以“讲文明，迎奥运，爱家乡，促和谐”为主题的爱国主义读书教育活动，积极组织向家庭经济困难学生赠书。2007 年，在“科技文化三下乡”优惠售书活动中，组织一批农村养殖、种植等方面的科技图书让利销售。协同教育部门帮扶杨柳乡。共捐赠农技图书 825 册，码洋 6268 元。“六一”儿童节累计优惠售书 789 册，码洋 7265 元。

1988 年 10 月，新华书店三十五年店庆，各级领导和书店全体同志合影

图书发行经营管理 1988 年，印江新华书店对教材行政组试行“工资总额同经济效益挂钩，实行工资全浮动，联销计酬办法”。之后，全面推开，建立多劳多得的分配机制，职工积极性和经济效益双提高。在此基础上，围绕管理抓效益。

体制改革后，把岗位责任制同职工工资、奖金挂钩，定期检查，奖勤罚懒，实行制度管人，纪律律人。广泛与各机关单位联系，主动上门征订，送书上门服务，努力扩大一般图书销售量，提高社会效益。对课本预订、审核、汇总、上报、收货、发行，与教育部门和中小学紧密配合，把课本送到全县 16 个发行点。增加发行网点，提高经销单位（个人）的批发折扣率，让利于经营者。增设销售点和专柜，延长营业时间，扩大年画销售量。每年“六一”期间，利用县电视台、广播站、宣传栏、宣传车、宣传单、标语、黑板报开展儿童图书目录介绍，实行九折优待售书 10 天。

三、 图书发行与销售

1988 年，印江新华书店实行上门征订图书，扩大农村发行网点，全县销售图书 181 万册，销售额 89 万元，完成国家指令性计划 40.7 万元的 218.67%，完成承包计划 60.5 万元的 147.11%，人均销售图书 59445 元，连续 16 年超额完成国家计划。至 2008 年，以年度计基本呈上升趋势，1998 年后增幅较大。1988 年后，印江新华书店被县、地、省和新华书店全国总店授予“先进单位”“先进集体”“六好企业”等荣誉称号 30 余次。2006 年，在省集团公司“577”工程评比中，印江新华书店分别获集团教材辅导发行二等奖和集团租型人教版教材发行二等奖两项。

1988—2008 年，全县共销售图书 3435 万册，金额 10048 万元，完成利润 274 万元。

第三节　文　物

印江有 1300 年治县史，地上地下文物遗存极为丰富，有书法文化、红色文化、佛教文化、傩文化、土司文化、营盘文化、宗祠文化等，是黔东地区的文物大县。

印江文物保护工作由原来文化馆文物组发展而来，有县文物局、木黄会师纪念馆、县民族陈列馆、县土家学研究会、县苗学会等机构和团体，有工作人员 30 余人。在历届政府、文物工作者及社会有识之士的共同努力下，参加全国文物普查工作两次。通过调查整理，公布三批县级文物保护单位，申报一批省级文物保护单位。开展文物维修、文物资料搜集、竖立保护标志、建立档案资料，健全安全制度，常抓消防除险等工作。完成省、县级文保单位“制定保护公约，划定保护范围和建设控制地带”“中国文物地图集 · 贵州分册 · 印江部分”编写等工作。对国家级重点文物保护单位“红二、六军团木黄会师军部旧址”“木黄会师纪念碑”和省级重点文物保护单位“印江文昌阁”“峨岭严氏宗祠”“重建梵净山金顶序碑”等进行保护性维修。

一、 文物普查

20 世纪 80 年代初，印江文物保护部门参加全国第二次文物普查，对县境内革命文物、古遗址、古墓葬、古建筑、摩崖石刻和可移动文物的历史分布、现状和价值进行调查。

2007 年 7 月，全国第三次文物普查开始，根据贵州省人民政府《关于开展第三次全省文物普查的通知》，印江自治县人民政府成立第三次文物普查领导小组和办公室，于 2007 年 9 月后，分四个阶段在全县开展文物普查，重点对文化线路、地方特色的乡土建筑、近现代代表性工业遗产及 20 世纪遗产进行普查。通过这次文物普查，共登录文物点 237 处，其中新发现 183 处，复查 55 处。从分类上看，共登记古遗址 27 处，古墓葬 18 处，古建筑 112 处，石窟、寺、石刻 16 处，近现代重要史迹及代表性建筑 64 处。普查数据通过国家和省“三普办”验收。

二、 文物征集

20 世纪 80 年代以来，征集民族文物、革命文物、历史文物 649 件。包括名匾对、书法、傩文物、古籍、印鉴、器物、木雕艺术品等。其中土司印章、铜权、铜釜、《征蛮实录》、“黔山第一”匾等可达到国家级文物，这些文物藏品记录印江各个历史时期的政治、经济、文化、民族状况。

1989 年，在新寨乡征集出土的汉代铜釜，在民间征集明代宣德炉；1992 年，在梵净山进行文物考察时，发现清康熙二十八年（1689）《脉源宗谱碑记》一方，现竖立于明然和尚墓左侧；1996 年 7 月，板溪镇大坪村拆除任氏宗祠修建学校时，征集木雕艺术品 173 件；1998 年 8 月，峨岭镇粮管所修建职工宿舍时，征集严氏宗祠石雕 16 件；1999 年 10 月，征集严氏宗祠石狮 1 座。在天堂镇上街征集清道光十七年（1837）“牂牁郡天塘哨修路功德碑”一块；2001 年 6 月，板溪镇渠沟村拆除周氏宗祠修建学校时，征集木雕 21 件；2003 年 7 月，印江东门拆除县糖厂时，征集清咸丰七年（1857）城门石匾“清定门”一块；2008 年 7 月，在刀坝乡罗南溪村内口湾组杨胜齐家征集红军标语一幅八条。

三、 文物维修

国家级重点文物保护维修　1994 年，县人民政府拨款 1.5 万元，对红二、六军团木黄会师军部旧址的正厅和展厅、会师纪念碑的碑面进行维修。2003 年 7 月，由贵州省委拨款 20 万元，对红二、六军团木黄会师军部旧址和纪念碑进行维修。

省级重点文物保护　1988 年 7 月，贵州省文化厅拨款 10 万元、省民委拨 5 万元、县财政匹配 5 万元，共 20 万元，对印江文昌阁进行维修，并于 1992 年 12 月竣工。1999 年，省文物局拨 3 万元对重建梵净山金顶序碑（敕赐碑）进行维修，维修后的“敕赐碑”用钢化玻璃罩护碑面。1997—2000 年，省文物局先后拨 90 万元峨岭严氏宗祠维修专款。2004 年 12 月，峨岭严氏宗祠维修工程竣工，省文物局组织相关单位验收。

县级重点文物保护与维修　1988 年，群众集资 1.2 万元对峨岭村武圣宫进行维修。1987 年 12 月，贵州省佛教协会拨 14 万元，省文物处拨 4 万元，于 1988 年重建木黄镇昔坪村太平寺大雄宝殿。1992 年，群众集资 4 万元对梵净山老山三清殿、护国寺、太平寺、剪刀峡进行维修；群众集资 4 万元对天庆寺深持和尚墓塔进行维修；群众集资 1.2 万元，对新业乡芙蓉村兴隆桥进行维修，后新业乡人民政府拨 10 万元、县文物局拨 6 万元，对兴隆桥进行全面维修。2004 年，县人民政府拨 0.4 万元，对木黄镇盘龙村官寨土司衙门旧址进行维修。2008 年，县文物局拨 12 万元，先后对木黄镇燕子岩田氏宗祠、新业乡文昌阁进行维修。

四、文物保护单位

红二、六军团木黄会师纪念馆

红二、六军团木黄会师军部旧址 红二、六军团木黄会师军部旧址位于印江自治县木黄镇街上，原名“水府宫”，建于清嘉庆二十一年(1816)，系砖木石结构建筑，为二进高封火墙围护，占地面积882平方米，建筑占地579平方米，坐西向东，通面阔13.9米，通进深34.5米，建筑有牌楼式大门、戏楼、耳房、正厅、后厅、前后天井、围墙、厕所等。1984年10月，在这里设立木黄会师纪念馆，建木黄会师展览厅。

1934年10月24日，红二、六军团会师于印江木黄，两军军部设在水府庙内。两军领导人贺龙、萧克、关向应、王震、任弼时等在这里召开紧急会议。根据党中央指示，红三军恢复“红二军团”番号，确定两军统一行动，向湘西挺进的战略部署。红二、六军团木黄会师后向湘西转移，建立湘鄂川黔革命根据地，孕育红二方面军的诞生。木黄会师以中国工农红军二、六军团在此第一次会师而彪炳史册。1984年前后，红二、六军团老红军萧克、段苏权、陈靖、王恩茂、张铚秀、张平化等重返会师地，留下很多不朽的诗篇。萧克亲题“木黄会师纪念馆”馆名。

1981年5月，红二、六军团木黄会师军部旧址被列为县级重点文物保护单位；1985年11月，被列为贵州省重点文物保护单位；1997年10月，由贵州省委、省人民政府确定为爱国主义教育基地；2005年6月，由贵州省人民政府确定为贵州省全民国防教育基地；2006年5月25日，国务院以国发〔2006〕19号文件公布黔东特区革命委员会旧址（包括沿河黔东特区革命委员会旧址，印江红二、六军团木黄会师军部旧址，木黄会师纪念碑，德江枫香溪会址）为全国重点文物保护单位。

中国工农红军第二、第六军团木黄会师纪念碑 红二、六军团木黄会师纪念碑，位于印江自治县木黄镇所在地将军山山腰。纪念碑于1977年12月破土动工，1979年7月1日落成。碑高14.62米，为砖石结构，占地770平方米，坐东北向西南，碑体为红军军旗形，东西两侧军旗上的五星红旗内嵌刻镰刀斧头图案；基座正面镶嵌“序言”，周围护以栏杆，前方左右两面是整齐的台阶。碑正面阴刻王震题写的“中国工农红军第二、第六军团木黄会师纪念碑”19个字及落款。1981年5月，红二、六军团木黄会师纪念碑被列为县级重点文物保护单位；1985年11月，被列为贵州省级重点文物保护单位；1997年10月，被贵州省委、省人民政府确定为爱国主义教育基地；2005年6月，被贵州省人民政府确定为贵州省全民国防教育基地；2006年5月25日，与红二、六军团木黄会师军部旧址一起列为全国重点文物保护单位。

红二、六军团木黄会师纪念碑（2002年拍摄）

罗南溪红军标语 红军标语写于刀坝乡罗南溪村内口湾村民组。1934年6月，红三军进入沿河、印江、德江等地，开展轰轰烈烈的土地革命，建立贵州高原上的第一个红色政权——黔东特区苏维埃人民政府。在印江境内建立4个区苏维埃政府，罗南溪为其中之一。红三军九师二十五团驻扎于罗南溪，利用当地生产火药、鞭炮的优势生产土炮（当地群众称之为“抬炮”），利用山区开展游击斗争。当时驻扎在杨昌隆（杨胜齐之父）家的红军，在厢房东侧板壁上书写宣传标语，标语写于竹篾篱笆墙上，横长1.2米，纵高0.88米，共有8条内容。标语系土红色行楷书写，左端篱笆墙脱落一小块，经加固处理后现陈列于木黄会师纪念馆内。

朗溪蛮夷长官司衙署遗址 遗址位于印江自治县朗溪镇朗溪村，即今朗溪镇人民政府基址。1986年5月，公布为县级文物保护单位。明成化十三年（1477），朗溪蛮夷长官司长官田丰“建朗溪司铺，修衙署”；明弘治八年（1495），朗溪司长官田稷“建朗溪司土城，于司城西北角建鼓楼”。朗溪蛮夷长官司衙门，系砖、木、石结构封火墙围护古建筑，坐东向西，原有牌楼式大门。嘉靖《思南府志》载：“中为治厅，凡三间；厅左为幕厅，右为幕宅，合四间；两翼为六房，前为仪门，门右为监房，又前为大门。治右为正长官司宅，前、后、左、右宅，厢房、宅门，合十五间。吏舍凡六间，墙垣亦备。建修于前后者，长官田丰、田稷、田庆嘉、田兴邦、任佩、任珂、任维藩，吏目甘仲谟也。……今所志者，成化初年（1465）重修者也。”弘治、正德、嘉靖年间，皆有修葺。占地约8000平方米。

清康熙九年（1670），思南苗民叛乱，祸及朗溪司，衙署被焚毁。朗溪蛮夷长官司衙署搬迁至木黄镇盘龙村官寨。清乾隆十七年（1752）朗溪司长官田大爵提议在朗溪衙署基址上建田氏宗祠。公推田仕位、田茂阡为建祠总理，历时十年，于乾隆二十七年壬午岁（1762）季秋月竣工。宗祠坐东向西，共分三进。宗祠南北两面有封火墙围护。二门牌楼、南北两面封火墙与寝殿后墙，共同围护宗祠成整体建筑。通面阔约40米，通进深约65米，占地约2600平方米。头门及花园占地约2400平方米。宗祠总占地面积约5000平方米。

1952年，田氏宗祠成为朗溪区公所办公用房。1974年12月12日，因用电不慎，失火烧毁，仅存遗址。田氏宗祠被毁后，朗溪区革委在原寝殿基址新建办公楼。即今朗溪镇政府办公楼。此后，在原衙署基址范围内，又陆续修建文化站、政府食堂、财政所、派出所以及今“土司食品厂”。

附：朗溪田氏宗祠楹联：

1. 大门上部楹联：汗马功垂麟阁古，紫荆花发雁门奇。
2. 大门楹联：率十姓以开黔，立德立功，在昔铭历朝竹帛；
控百蛮而袭爵，世官世守，于今重五土衣冠。
3. 宗祠二门牌楼楹联：卦袭太交思易学，木秉春旺见荆花。
4. 宗祠二门牌楼抱柱楹联：三田德茂家声古，五土荣封世泽长。
5. 宗祠二门牌楼抱柱楹联：绩著鼎彝勋橐笔，威昭黔楚剑磨天。
6. 戏楼前檐柱楹联：

听丝竹管弦之音，不啻鸣球击石，今乐犹古乐，倾耳处真好声腔，允足恰和宗祖；

看衣冠文物之胜，居然拜相封侯，前人教后人，过眼前许多角色，长堪程式子孙。

7. 正殿檐柱楹联：肇黔自开皇三十五世冠裳远，守朗源洪武四百余春锦绣长。

西岩寺遗址 西岩寺遗址位于印江自治县峨岭镇甲山村西峡入口处的敲梆崖之上。

古西岩寺，宋时建，后废。明嘉靖七年（1528）重建，复毁于兵燹，仅存石础。康熙十九年（1680）重建，石路萦纡，上极轩敞，正东巨石壁立，古木盘曲，自成蓊翳，印水绕其麓下。原寺庙宇宏壮，古树参天，寺后山峦嶙峋，清溪萦绕，风景如画，美不胜收，为印江之名寺，闻名遐迩。

西岩寺坐北向南，依山就势，系二进院落，砖、木、石结构古建筑。中轴线上依次有卡门、灵官殿、山门、雷神殿、正殿、两厢、后殿、僧房、围墙等建筑。正殿主要供奉释迦佛、弥勒佛、燃灯古佛、二十四诸天、十八罗汉、穿衣观音、玉皇大帝。雷神殿供风、雨、雷、电四神。1934年寺庙被部分损毁。

20 世纪 80 年代以来，西岩寺先后由居士在原址后山顶上重建三间殿堂，并化功德重塑神祇，延续昔日香火，县城区烧香拜佛者日渐增多。

西岩寺现存广超和尚墓塔（清康熙四十年，1701 年）和清初“西岩仙迹”木匾，残碑“培修西岩寺记”“培修西岩寺功德碑记”（民国 21 年，1932）等。

甲山西岩寺（2007 年拍摄）

居洞沟营盘 居洞沟营盘位于朗溪镇河西村新华组后山上，当地人称“营盘山”。

居洞沟营盘始建于清乾隆四十七年（1782），由朗溪村沟边组田虎成承首修建，初为朗溪长官司军事设施，后为村民躲匪之地。营盘坐西向东，居高临下，地势较开阔，占地面积 1200 平方米。营盘呈椭圆形，四周垒砌大青石，现石墙上残存大小方框形的小洞口，为原来的瞭望孔、枪眼。

池坝营盘 池坝营盘位于印江自治县沙子坡镇池坝村水井坳小山顶上。

池坝营盘始建于明代中期，初为厥册蛮夷长官司土司衙门的军事设施，是通向天堂、刀坝的要塞。清咸丰、同治年间（1851—1874）“白号军起义”时曾驻扎于此，并对营盘进行维修加固，作为军事设施使用。当地村民有事时驻守营盘防匪，称之为“守卡”。池坝营盘坐东向西，石墙青石垒砌，石墙最高处为 4 米，宽 2.3 米，占地面积约 1.5 万平方米。

上洞任子元墓 任子元墓位于板溪镇上洞村游家坝村民组，印（江）沿（河）公路西侧小山堡之上。墓主任子元（生卒年不详），系厥册蛮夷长官司第一任长官任奉信的第五世孙。南宋咸淳七年（1271）袭世职。其长子任文贵授石洞长官司长官，隘门巡检司巡检长官。

盘龙田庆韶墓 田庆韶墓位于木黄镇盘龙村官寨组玉屏山下。墓建于清嘉庆十四年（1809）。墓主田庆韶，系朗溪蛮夷长官司第十四任长官田宗启嫡亲长男。田宗启于清嘉庆十三年六月病故。嘉庆十四年七月，田庆韶在赴省请袭父职的途中病故，未袭职。两年后，庆韶之长子田兴德孙袭祖职，任朗溪蛮夷长官司正长官。田庆韶墓是盘龙村官寨村民组土司墓群中的一座。

朗溪蛮夷副长官司任进道，镇南将军任宏道合葬墓

木良任进道、任弘道合葬墓 任进道、任弘道二人合葬墓，位于新业乡木良村二组，村民习称该地为官坟。正中碑文竖行楷书阴刻“宋封承务郎袭朗溪长官、明封镇南将军任公讳进道、讳弘道之墓”；落款为“大清宣统二年（1910）清明吉旦立”。墓主任进道为朗溪蛮夷长官司副长官，于明崇祯十七年（1644）袭职，其衙署位于木良老街。碑文中“子大德、孙任贤、曾孙世泽”，皆袭朗溪蛮夷长官司副长官职。

木良任世泽墓 任世泽墓位于新业乡木良村二组，墓葬于清乾隆初年（1736），碑面上方浮雕狮子和麒麟，两侧浮雕卷枝叶纹，两侧碑柱为鼓形柱状，风蚀较重。楷书阴刻对联“千里来龙归此地 一湾秀水绕明堂”；碑帽为山形翘角状，单檐石帽刻小青瓦饰，碑额浮雕“福、禄、寿”三星人物图案，周饰绶带及水波纹浮雕。正中碑文楷书阴刻“承德郎副长官司职任公讳世泽府君位”。落款为“民国壬午三十一年（1942）桂月上浣复修立”。墓主任世泽系任进道曾孙，于清雍正五年（1727）袭朗溪蛮夷长官司副长官职。碑文中“子秉鉴、孙荐忠、曾孙贞琇、玄孙永祚”，皆袭职朗溪蛮夷长官司副长官。

渠沟周以湘墓 周以湘墓位于板溪镇渠沟村大院坝村民组后面小山上，建于清光绪二十一年（1895），墓碑为四柱三列古牌楼式，中间官帽顶，两肩为卷草翘角形；正中额书“永奠佳城”四字，竖书“清故资政大夫周公字以湘老府君之墓”。曾于1991年被盗墓者掘盗，余皆保存完好。

墓主周以湘，名锜，生于清道光四年（1824）古历四月十八日，板溪镇渠沟村人。以湘年少好学，13岁中秀才，有“神童”之誉。道光十七年（1837）入朝考，以州判分发湖南省。先从清督抚刘岳转战湖南、四川两省。后应清爵帅鲍超聘为军佐，转江汉，下金陵，声势显赫。朝廷以其办理军务有功，加盐运使衔，作候补知府及道台职，并封赠其祖辈三代为“荣禄大夫”，祖母为“一品太夫人”。光绪三年（1877），奉调广东省海关办理进出口商务，补南澳海防同知。以湘擅长诗词、书法，常取王羲之书《乐毅论》《曹娥碑》的风格、赵子昂《天冠山诗贴》的神韵，书艺造诣渊深，被誉为“桂林之一枝，昆山之片玉”。同治四年（1865）以湘自题七律诗一首，自况云：“三十年须发半霜华，为是临池作大家；古本日摹书带草，孤灯时见笔生花。右军快雪精神接，鲁国凌烟兴会奢；墨妙遍留鸿爪印，钧金未许混生涯。”足见其倾心书法，一生临池不辍之精神，周以湘于光绪二十二年（1896）农历十月五日在贵阳病逝，终年71岁，归葬于板溪镇渠沟村。

小泽沟严寅亮墓 严寅亮墓位于新寨乡小泽沟余家组殷家湾的关口坳山坡上，建于1933年，坐南向北，所在地形似“圈椅”。碑面正中为“名书法家严寅亮先生之墓”。

墓主严寅亮，字剩庵，名碧岑，号弼丞，印江县新寨乡阳坡人，故又名“阳坡山民”。清咸丰四年（1854）生。少年学习文墨，刻苦用功，着力经史训诂之学，钻研书法，造诣日深。同治十一年（1872）考取秀才。光绪十五年（1889），中己丑恩科举人，授四川省候补知县。光绪十六年（1890）到北京会试未中，习业于国子监。光绪十七年（1891）九月，朝廷修建颐和园，向全国征集书写“颐和园”匾额，各地书法名流争相献书。严寅亮受皇亲权贵庆亲王嘱谕，恭书北京“颐和园”呈献，并中选，且为园内楼台亭阁题写部分匾额和楹联，均得到慈禧赏识，给予嘉奖，赐以龙纹饰边的“宸赏”玉章一枚。此后，书艺名噪京师。严寅亮先后任四川候补知县、成都官书局校勘。于民国22年（1933）在贵阳病逝，享年80岁，归葬故里。

乌溪杨茂春墓 杨茂春墓位于木黄镇乌溪村祠堂村民组鹅米坡上，建于明永历三年（1649），石砌圆形封土堆土墓。

墓主杨茂春（1601—1649），字志龙，乳名光二，木黄镇乌溪村人。杨茂春系土酋首领杨再思第二十世孙。其祖父杨政槐，父亲杨通真，均世袭木黄土百户。杨通真为武秀才，春茂深受其影响，从小爱文习武，十六岁时臂力过人，可徒手制服同龄七八个人。明崇祯皇帝被推翻后，其残余势力逃往南方。南明桂王朱由榔称永历帝。杨茂春参与南明王朝的光复大业，领兵数百人投靠永历帝，转战湘黔川三省。数月后，兵增至三万余人，被永历帝封为黔楚提督、士官总兵、右军都督佥事等职。永历三年（1649）己丑二月，杨茂春再次被敕封，升任骠骑将军。永历三年九月，在黔西中敌陷阱，遭伏兵乱箭致死，首级被敌军抢去报领军功封赏，余身被士兵抢回，归葬于木黄镇乌溪村。《杨氏族谱》记载有永历帝敕封杨茂春圣旨，并以国祭追悼，封妻陈氏为诰命夫人。同时被敕封的还有杨茂春的祖父杨政槐、祖母龙氏，父亲杨通增、母亲龙氏。后裔家存多年的“敕命文书”原件，毁于“文化大革命”“除四旧”运动中。

长坡廖世喜墓① 廖世喜墓位于峨岭镇长坡村廖家边组寨中公路旁，建于清光绪十三年（1887），墓碑竖于清宣统元年（1909），坐东北向西南，系素面单碑椭圆形封土墓。碑面正中楷书竖书“清诰

---

①廖袭华（廖世喜之子）墓位于思南县凉水井镇关口村田堡村民组的黎家寨，地处小山堡山腰的盘子田。廖袭华简介详见《人物补遗》。

封奉直大夫廖公世喜之墓”，左边碑文为钦差大臣、邮传部尚书陈璧①撰序言，叙述了廖世喜简单生平，生卒年代及廖袭华当时境况，右边碑文楷书书写人名及落款等。碑柱对联曰“眠弓近岸前朝秀，横帐中抽闪结奇”。

墓主廖世喜（廖袭华之父）幼聪勤读，“奉义曲，尽孝顺、性善忍”，一生清淡，寿终正寝。廖袭华于清宣统元年（1909）赴任铜江知县前，为其父及祖竖碑，同时竖碑的还有其八世祖天叙、天培，九世祖珩世，十一世祖运护等，其碑文均系严寅亮所书。

廖袭华父世喜墓（2008 年拍摄）

崔山李正旺墓 李正旺墓位于杨柳乡崔山村小田沟组，地处缠洋公路对面。墓主李正旺，生于道光二十年（1840），卒于光绪三十三年（1907），为杨柳乡崔山村小田沟人，例登五品仕郎职衔。因时常持金救困而誉满江源沟一带。该墓为其妻萧氏所建。

峨岭戴天佑墓 戴天佑墓位于峨岭镇峨岭村耿仁寨后的宝剑坡。碑帽翘角，古牌楼式，正面为“宝剑”“双龙抢宝”等浮雕。碑正面居中书“皇宋诰封一品戴公讳天佑老府君之墓”，门柱阴刻对联两幅：“始祖正心青史流名绵万代、裔孙诚意慎终追远亘千秋”，“注礼名家怀远祖、讲经夺席冠群贤”。两侧为“典谟”“训诰”。墓主戴天佑为戴氏入黔始祖，于南宋咸淳年间（1265—1274）由江西庐陵入黔，定居印江，赐封镇南将军。

双河王承谕墓 王承谕墓位于刀坝乡双河村民组苗头湾（又名祠堂河沟），双河小学后面。碑面右边上方刻“录古诗文”：“丹凤来仪雨露春，中天雨露四时新，世间好事惟忠孝，臣报君恩子报亲。”碑文落款为“大清嘉庆十六年（1811）辛未岁㽔宝月中浣之良谷旦立”。石碑额左边书“山清水秀”四字，碑文为其侄子的祝文。石碑额右边书“人杰地灵”四字，碑文为其子的祭文：“维，御极天年，重光协舍”。

梵净山明然和尚墓塔 明然和尚墓塔位于永义乡大园子村梵净山金顶脚下。墓塔坐东北向西南，系三层六角攒尖顶式石塔，通高 4 米，全由料石垒砌。塔身三层，依次向上微收，短檐翘角，塔身与檐均为整块大青石叠砌。墓塔正面额书“宝藏”二字，正中碑文“明然如泰大师之墓塔”，落款为“皇清康熙伍拾伍年（1716）岁次丙申”。

梵净山明然和尚墓塔（2007 年拍摄）

墓主明然如泰大师生于万历庚子（1600）十月，圆寂于康熙丁巳（1677）十一月，是梵净山妙玄开山立派临济正宗第五代住持。据《脉源宗谱碑》记载，系“西蜀涪州周氏子，落难有年，受戒于破旨和，后从其师贵，于梵净山兴置常住，伏劳多载，终贵翁寂，遂为梵净五代主持也”。该塔由门下弟子海澄法师于明然圆寂四十年后，为其修建的墓塔，现保存完好。墓塔左侧竖有《脉源宗谱碑》。

①陈璧（1852.6—1928.3），字玉苍、雨苍，晚号苏斋，侯官县（今福建闽侯县南通镇苏坂村）人。光绪元年（1875）举人，光绪三年（1877）进士及第，历任内阁中书、御史、太仆寺少卿兼顺天府尹、户部侍郎、邮传部尚书兼参预政务大臣。民国 17 年（1928）3 月卒于北京。

护国寺海阔慧惺禅师墓塔 海阔慧惺禅师墓塔位于永义乡大园子村护国寺村民组、护国禅寺下300米处，建于清康熙二十六年（1687），坐东向西。该墓原为墓塔状，旁有塔帽石块。现为素面单碑圆形封土墓。墓前竖石碑，碑两肩削角，碑正中阳刻“传临济正宗破山明祖下第七世香山嗣法圆寂大师慧惺和尚觉灵塔”，额书“化城宝塔”。碑文由海澄法师撰写。

依仁书院 依仁书院位于城西印江民族中学校园内，它是印江民族中学的前身。书院始建于清乾隆七年（1742），知县黄文则（江西新城人）奉命修建，名曰“龙津”。清嘉庆七年（1802）知县张锡谷筹资进行重修，易其名为“近奎”。嘉庆十三年（1808），知县梁钟英再修，更名为“依仁”。清光绪二十八年（1902）奉命改为印江县官立高等小学堂。民国4年（1915），知县谢国佑创设“劝学所长”一员，然以校长一人充任节费，历王（珉曦）、罗（天权）、高（培元）三任无异。民国29年（1940）4月，成立印江国立初级中学。1958年设立高中部，将书院原房屋作为学生宿舍。2000年，印江民族中学举行六十周年校庆时，对依仁书院进行维修后改作校史陈列室。2009年8月，再次进行全面维修。

依仁书院坐北向南，系砖、木、石结构封火墙围护四合院式古建筑。中轴线上有正厅、厢房、天井，占地面积402平方米，建筑面积267平方米。正厅三间，通面阔19.65米，通进深10.03米；东西厢房各三间通面阔8.4米，通进深3.5米；明间共用28柱，其中12柱落地；威柱共4柱，柱径0.58米；次间共用56柱。次梁彩绘修建人等，鱼梁彩绘“尚书红杏”等六幅图案，东西两厢对称相等。天井97.5平方米，为青石板墁铺。门额为全国著名书法家魏宇平题写的“依仁书院”木匾。

道光《思南府续志》载有《龙津书院》《近奎书院》《依仁书院记》等碑记内容。

峨岭严氏宗祠 严氏宗祠位于印江自治县城梵净山路西段南侧，背靠严家寨，面向印江河。1999年12月，贵州省人民政府公布为省级文物保护单位。

峨岭严氏宗祠全景

据碑刻《新修宗祠序》《劝学碑记》记载，严氏宗祠选址于清嘉庆二十二年（1817）。道光初年（1821）严洪魁承首动工修建。道光十一年（1831）建宗祠正堂。道光二十五年（1845）建宗祠后堂。民国初年（1912）严氏众族曾大规模维修，将正堂、两厢脊饰改为江西景德镇琉璃瓦，沿用葫芦宝顶。

原有宗祠建筑由北向南逐渐升高呈阶梯状。由北向南依次有牌坊式大门、照壁、八角亭、三星台、厢房、正堂、后堂。有封火墙围护，宗祠与围墙外的钟鼓楼、操场、观音堂共同形成一组三进“四合院”建筑群。

民国27年（1938），邑人杨亚先开办学堂，将两厢面壁装修用作教室，并于东厢墙上书“以身许国”“以校作家”等字样，并绘有全县学校分布图。1953年后，被峨岭粮管所改建为办公用房、仓库及职工宿舍。拆除原有的八角亭、三星台及栏杆。“文化大革命”时期宗祠内许多木雕石雕被损坏。1997年7月，印江自治县人民政府将其所有权划拨给文物管理部门管理和使用。当时严氏宗祠仅存两厢、门罩、正堂、后堂及小厢房，围墙院落及水井一口。因人为改造及年久失修，各单体建筑的装饰，梁架结构、墙体、附属建筑等都有较大程度改变、损坏或佚失，有的被全部拆除，仅存基址。

2002年9月，贵州省文物保护研究中心委托铜仁地区文物管理办公室对印江严氏宗祠进行现状勘察，并作出相应的修缮设计方案。至2004年12月，省文物局先后拨90万元，对峨岭严氏宗祠进行大面积维修，恢复神龛、彩绘、木雕、二十四孝图石刻等。维修后的严氏宗祠坐南向北，依山就势，总平面呈长方形，为抬梁、穿斗混合式建筑，单檐硬山顶小青瓦屋面，占地面积2254平方米，建筑占地 1298 平方米。

正堂：正堂与东西两厢平面呈“凹”字状。正堂五间，面阔 21.7 米，进深 9.97 米。明间采用圆材跨梁抬梁式，两个次间采用穿斗式，前檐带廊。明间、次间前檐柱间皆装有挂落，梢间装雀替，檐下及廊间装鹤颈椽及板。前金柱间装隔扇门，两梢间装槛窗。屋盖部分除两梢间外作法由上往下分为小青瓦、椽皮、檩、遮椽板。明间梁架上用兽首形叉手，恢复原木雕、角背、雀替、驼峰。梁坊上皆饰木刻花草纹。两次间穿枋均木刻扇面云纹。屋面为小青瓦葫芦宝顶饰。室内地坪将原三合土结构改为青石地坪。

东西两厢：三间均面阔 13 米，通进深 4.2 米。明间梁架为抬梁式，两次间为穿斗式。明间檐柱间装挂落，次间为雀替。檐下装鹤颈椽及板，挑檐枋下装撑拱，梁架上均装有各种纹饰构件。屋盖部分在遮椽板上装檩椽干摆布瓦，葫芦顶饰。

前檐阶：前檐阶条石上石栏杆及雕饰石栏板。明间阶条石上的石栏杆、栏板与三星台石栏杆、栏板连接为一体。两山及后檐墙为砖石砌筑。石栏板浮雕图案为“八仙过海”“二十四孝”“渔樵耕读”“喜鹊闹梅”“狮子滚绣球”“三阳开泰”“福禄寿喜”等故事和吉祥图案。

后堂：后堂五间，面阔 21.7 米，进深 5.5 米。后堂地坪较之正堂高出 1.7 米。明间采用圆材跨梁，抬梁式，次间为穿斗式。前檐柱间明、次两间装隔扇门，梢间装槛窗，上装走马板，檐上装鹤颈椽及板。两次间梁架皆装满板。明间梁架上装形状各异角背、雀替，次间穿枋上装有鱼梁形状构件。梢间无任何装饰。小青瓦屋面，正脊为青瓦构件，脊刹无存。室内地坪为青石板蒲墁。

后堂耳房：东西两侧各一间，面阔 3.9 米，进深 4.4 米。梁架为穿斗式，饰扇形纹木构件。均装隔扇门，与后堂梢间相交。小青瓦屋面。室内地坪为青石铺墁。山墙为砖石砌筑。前后院落均为青石铺地，东西向对缝，南北向错缝，行宽不等。现存严氏宗祠“新修宗祠序”及“劝学碑序”。

中寨口戴氏宗祠 戴氏宗祠位于城西峨岭镇甲山村中寨口，印江民族中学原校门口。宗祠建于清同治十二年（1873），占地面积 464 平方米，建筑面积 400 平方米。宗祠坐南向北，系砖、木、石结构，封火墙围护四合院式古建筑。其建筑形式为抬梁、穿斗、硬山混合式小青瓦顶结构。宗祠原为牌楼式石库大门，并书对联“坐峨岭钟天地之灵气，竖石鼓集日月之精华”，惜已毁。现存建筑有戏楼、厢房、正殿。

中寨口戴氏宗祠为印江戴氏总宗祠，同时期还在峨岭镇甲山村新寨、普同村、峨岭村、新寨乡新坪村、缠溪镇客店沟村等地建分宗祠。

下洞任氏宗祠 下洞任氏宗祠位于板溪镇下洞村民组，地处板溪至天堂公路南侧的板溪河旁。宗祠建于清道光年间（1821—1850），系砖、木、石结构，封火墙围护四合院式古建筑，占地面积 570 平方米，建筑占地 425 平方米。宗祠中轴线上现存龙门、两厢、天井、正殿、围墙等建筑。

板溪镇下洞任氏宗祠（2008 年拍摄）

龙门右侧现存“万古佳城”碑一通，碑通高 1.3 米，宽 0.7 米，记述“大洞重修垣坊、厢房”的史实。有厢房三间，均建楼层及吊脚走廊。天井长 9.4 米，宽 8.1 米。正殿五间，面阔 21 米，进深 9.5 米，其结构采用 13 檩 6 柱落地，共用 28 柱落地。现存梁间驼峰 6 个为花草图案。明间正面神龛于 1993 年建混凝结构平台，置神主牌位。神主牌位为龙凤花草图案拱护，后檐墙内墨绘“龙须图”。神龛奉两块神主牌：一块神主牌高 1.58 米、宽 0.65 米，木质，边饰龙凤镂空拱护，彩绘，正中书“宋敕授节武大将军黔始祖任公讳俸信妣氏田府、太君神主位”，左侧书“明举人任四川成都府同知奉政大夫任公讳文富妣氏杨府、杨太君神主位”，右侧书“明袭隘门巡检司加封朗溪司长官司任公讳文贵妣氏邓府、太君神主位”。另一块神主牌高1.45米、宽0.7米，木质，边饰花边为1993年镶饰。正中书“明授湖广白勾绎巡检司任公讳政经显妣氏陈老府、太君神主位”。左侧书“授湖广五寨巡检司任公讳堂妣氏陈讳东妣氏邹老府、太君神主位”。右侧书“授四川资阳县升大理府知府任公讳登熬妣氏陈老府、太君神主位”。

据大梁题记，宗祠建于清道光年间（1821—1850），民国26年（1937）重建宗祠两厢及前部围墙等。解放后“土地改革”时，正殿西稍间及两厢改给4户村民居住。1958年，宗祠为办公用房。1968年，在宗祠内开办小学。“文化大革命”时期，“重修碑序”及“正殿匾额”被损毁。该宗祠不仅为任氏祭祖、处理族间事务的场所，也是下洞祭风神的风神堂。

乐洋张氏宗祠　张氏宗祠位于新寨乡乐洋村官厅村民组，民国时期在宗祠内设国民小学。1949年后设立村公所、小学、村卫生所。现在大门前为乐洋小学。宗祠始建于清乾隆八年（1743），重建于光绪八年（1882）。光绪二十七年（1901）进行维修，将宗祠牌楼式大门改建为西式建筑样式。宗祠坐西南向东北，系砖、木、石结构，封火墙围护四合院式建筑，翘角为卷草造型饰动物翘角。现存牌楼式西式门墙、戏楼、厢房、正殿。

宗祠内现存《宗功衍庆》《先祖遗训》石碑二方。《宗功衍庆》碑为光绪二十七年维修宗祠的序文和捐资功德榜。《先祖遗训》碑文为民国7年（1918）张氏二十一世孙张前烈整理张氏族规十二条。

落佑田氏宗祠　落佑田氏宗祠位于合水镇落佑村印松公路东侧。

落佑田氏宗祠（2006年拍摄）

落佑田氏宗祠始建时间不详，后毁。于清道光年间重建，清光绪九年（1883）维修。该宗祠系砖、木、石结构，高封火墙围护四合院式古建筑。占地面积798平方米，建筑占地505平方米。宗祠中轴线上现有牌楼斗拱式门墙、戏楼、耳房、厢房、正殿等建筑。

民国时期，邑人在宗祠内开设私塾。1953—1956年，宗祠为村公所。1956—1994年，宗祠内设立落佑小学。1999年，田氏众族筹资对戏楼进行保护性维修。2012年，经县文物局、合水镇人民政府与朗溪田氏宗亲会共同协商，制订《落佑田氏宗祠保护管理办法》，并颁发聘书，聘请田氏族人组成落佑田氏宗祠保护管理小组，负责宗祠保护管理事宜。

宗祠内保存有清光绪九年（1883）《悠以无疆》、天运癸丑年三月仝立的《朗水同源》等石碑。有附：《悠以无疆》碑记。

乌溪杨氏宗祠　杨氏宗祠位于木黄镇乌溪村祠堂组，地处乌溪村寨的北侧。宗祠始建于清顺治初年（1644），由杨氏族人杨通真承首修建。清嘉庆十六年（1811），族人曾维修和改扩建。宗祠通面阔15.7米，通进深28.5米。系二进高封火墙围护封闭式古建筑。占地面积447平方米，建筑占地416平方米。中轴线上依次有门墙、两厢、前天井、中堂、耳房、后天井、正殿、围墙等建筑。

民国25年（1936），族人在宗祠内创办“保立学校”。1949年后，宗祠内仍兴办学校。1958—1973年，贵州地质209队、上海知青曾驻扎于宗祠内。地质队、上海知青队撤离后，宗祠内设乌溪小学。1993年，乌溪小学搬出宗祠。宗祠由村委会和杨氏族人管理，并成立村文保组织，制定“文物保护条约”，书写于宗祠墙面上。2002年，族人集资1170元对宗祠石墙、石库门等进行维修；2011年4月，集资1.6万元维修瓦屋面。

平窝陈氏宗祠　陈氏宗祠位于罗场乡平窝村中寨组。宗祠始建于清道光十五年（1835），由邑人陈凤翥承首修建。系封火墙围护对称封闭式砖木结构古建筑。现有门墙、戏楼、耳房、厢房、正殿、围墙、天井院落等建筑。民国时期在宗祠内设平窝国民小学。1949年后设立村公所，为村公所和小学共用。1974年，平窝小学和两河小学合并后迁出。“文化大革命”时期毁坏宗祠门墙、神龛等。2000年以后村委会搬离。

平窝陈氏宗祠石库门（2008年拍摄）

甲山惜字塔 甲山惜字塔位于峨岭镇甲山村桥头村民组印江河北岸。印德公路从塔基经过，海拔高度464米。塔建成于清咸丰八年（1858）七月，为三层六面正棱砖塔。高11.8米。惜字塔由甲山村民众倡议、募集资金修建，是为纪念和祭祀仓颉，维护文字的高雅与洁净而建。同时，因塔的东西面紧邻关帝庙，便在其西面建仓颉庙。古代，民间有“惜字如金”之说。凡载有文字的纸稿、竹筒、木牌、瓷器及金属器物等，不得践踏、亵渎或乱扔，须定期或不定期地送到惜字塔集中处理、恭敬焚化。

乐洋惜字水府塔 水府塔位于新寨乡乐洋村中坝组，处于印江乐洋村与思南下坝村交界地卢家塘小土堡之上，始建于清咸丰六年（1856），坐南向北，通高9.5米。系五层六角攒尖顶式砖塔古建筑。现塔顶脱落，彩绘褪色，碑石风化。该塔是当地村民根据地形风水而修建的镇邪之塔。

新寨乡乐洋村惜字水府塔（2008年拍摄）

杨家寨观音塔 观音塔位于杉树乡杨家寨村泡桐湾下寨村民组当门沟一山堡之上，始建于清晚期，坐北向南，系砖、木、石结构正六边形攒尖顶式阁塔建筑。占地面积700平方米，建筑占地30平方米。塔正面踏步五级，内有楼层，现已封闭入口，严禁入塔。塔通高12米、边长1.35米，石基高2.5米。塔身砖砌体，短檐翘角，攒尖宝顶损坏。塔身原绘图案，因风雨剥蚀，现难辨清。该塔修建，事因寨中书房堡有观音庙，向下溪谷极为空荡，民则于小山堡之上修建观音塔，与之呼应，培植风水。

甲山火神阁 火神阁位于峨岭镇甲山村中寨一组。阁始建于宋代，历经多次重建，皆毁于火灾。民国6年（1917），甲山陈姓村民重修该阁。阁坐北向南，通高11.9米，系三层四角攒尖顶式砖、木结构古建筑，飞檐翘角。占地面积513平方米，建筑占地29平方米。阁呈四边形，边长5.5米。底层为斗合砖墙，楼层为木结构。大梁题记楷字竖书“民国六年，丁巳季春立，二师领袖，季月辉重建”。底层室内正面为神龛供菩萨，置三个大青石质香炉，其中两个分别落款为道光十八年（1838）、同治元年（1862）。

该阁是村民祭祀火神的场所。据调查，甲山村曾历经多次火灾，村民建阁庙以祀火神，祈求神灵庇护免灾。20世纪20年代，火神阁由僧人李老明管理。“文化大革命”以后，由村民陈国林管理，并重塑菩萨神像供奉。现阁内祀奉有玉皇大帝、王母娘娘，观音菩萨、城隍菩萨、火神、雷神、风神等。

乐洋大兴寺 大兴寺位于新寨乡乐洋村大坪组，始建于清中叶，重建于清光绪四年（1878），再建于民国16年（1927）。坐北向南，占地面积500平方米，建筑占地378平方米。现存建筑有前殿、两厢、正殿、天井等。

天庆寺藏经塔 藏经塔位于木黄镇金星村天庆寺后的长湾小岭，距天庆寺约4千米，建于清康熙年间（1662—1722），系正四边形攒尖顶式石塔。塔身被雷击损毁，旁有塔帽石遗存。塔基边长2.04米。踏步三级入塔密室，塔室长1米，宽0.82米。塔因早年被盗，空无一物。

“藏经塔”的来历，在民间有两种说法：一是深持和尚为弘扬佛法，将许多珍贵的经书原本藏于藏经塔中，作为天庆寺的镇山之宝；二是修建藏经塔，为的是将天庆寺内不健康经书藏于塔中。2009年7月，印江文物“三普”小组对藏经塔进行实地调查，于藏经塔坎下草丛中发现残碑一块，楷书阴刻“传临济正宗第三十五世堂……”

察院坝邓公祠 邓公祠位于峨岭镇红光村北门路民生街北段西侧，地处县城旧城区，东面原为肖家巷，现为吴氏宗祠及土家桶子。由巷入祠，南面原为通道，现为民房，北面为派出所大楼，背靠肖家坡。建于清同治十三年（1874）。邓玲筠，字苕芗，清道光二十七年（1847）举人，湖南省长州人，清咸丰七年（1857）任印江县知县。咸丰九年（1859），时逢黔东和黔东北地区各路号军兴起，锋芒直指各级官府，邓玲筠率印江团勇抗击，追敌于德江县界分水垭，中号军埋伏，战死疆场。鉴于邓玲筠于印江在任期间体恤民情，重视教育，选拔重用各种人才，逝后奉敕在印江县城建祠作纪念，名曰“邓公祠”。

邓公祠坐北向南，通面阔13.3米，通进深43米，系砖、木、石结构，三进封火墙围护古建筑，占地面积700平方米，建筑占地500平方米。现存有厢房、前厅、西式砖房、围墙等建筑。邓公祠依地势由低渐高，是印江现存较好的公馆建筑。

方家岭吴世瑗故居 吴世瑗故居位于缠溪镇方家岭村毛构岭村民组，前有参天古树，后靠高山密林。该民居系砖木石结构封闭式院落建筑，占地面积650平方米，建筑占地420平方米。

该建筑由吴世璋在清同治年间（1862—1874）主持修建。现存建筑有龙门、正房、厢房、炮楼等。该建筑结构巧妙，采用桶子与吊脚楼结合的样式。

阳坡严寅亮故居 严寅亮故居位于新寨乡黔溪村阳坡组寨中，地处杭瑞高速公路旁。故居于清咸丰年间（1851—1861）由严定山建，坐南向北，占地面积368平方米，建筑占地180平方米。现有照壁、龙门、厢房、正房、围墙、天井等建筑。照壁正中镶嵌石匾一块，石刻1.02米见方的“福”字，为严寅亮所书。

2007年6月，严寅亮后裔顾复生、严康强等筹资20万元，对故居进行维修。并将正房五间辟为陈列馆，展出严寅亮书法作品（复制品）36幅，图片21幅。

严寅亮故居院落（2008年拍摄）

严寅亮，字弼丞，号剩庵、碧岑，别号阳坡居士。生于咸丰四年（1854），卒于民国22年（1933），印江明清四大书法家之一。严寅亮光绪十五年（1889）赴贵阳乡试，中己丑恩科举人。光绪十七年（1891），题书北京“颐和园”匾额，获慈禧太后赏识，朱批“录用”，赐以龙纹镶边的“宸赏”玉章一枚。后历任四川候补知县，成都官书局校勘，贵州龙里知县等。著有《剩庵墨试》《碧岑诗抄》。在国内众多名胜留有墨迹。如成都杜甫草堂、望江楼公园；广州中山公园、梦草堂；贵州黔灵山麒麟洞、修文阳明洞、黄平飞云洞、黄果树观瀑亭等。严寅亮与鄢师竹（时为印江煎茶人，民国年间属德江）、龚延团（务川县人）并称“黔东三绝”。

甲山陈天煜旧居 故居位于甲山村河边村民组，地处印德公路北侧。系土家族民居桶子建筑，坐北向南，现存正房三间，西厢三间，称为老宅。

陈天煜，字奎生，号云龙，峨岭镇甲山村人。生于清光绪六年（1880），卒于民国元年（1912）11月。清光绪二十三年（1897），于省城贵阳就学。清光绪二十七年（1901）辛丑科举人。光绪三十一年（1905），东渡日本进入东京武官学校学习，参加孙中山领导的同盟会。宣统二年（1910），学成回国。宣统三年，升任云南陆军第七十六旅第三营右队官，驻防滇西腾冲厅。同年8月，孙中山领导同盟会发动武昌起义，陈天煜积极响应，率先在云南腾冲展开行动，联合同盟会员、商人张文光，巡防哨军官李学诗，同僚彭萱、刀安仁等，于9月举兵起义。击毙原清军三营管带张桐。之后，陈天煜为督军总指挥，率兵直捣大理府，迅速占领腾越、龙陵、永康、永昌等郡县，收抚沿边各处土司。继而率兵东下，至澜沧江，进抵曲洞（曲靖），陈天煜升任总参谋。民国元年（1912），陈天煜与时为昆明总司令蔡锷等督军发生纷争，弃滇直上北京。段琪瑞政府授蔡锷密电，诱捕陈天煜并杀害于北京西市，时年40岁。

天堂徐玉林故居 徐玉林故居又称徐家桶子，位于天堂镇天堂村榨房村民组，地处镇政府后的公路旁。故居始建于清咸丰、同治年间（1851—1874），为徐玉林之祖父修建。坐西北向东南，通进深56米，面阔18米，系砖、木、石结构古建筑。中轴线上原依次有龙门、对天、前天井、两厢、正房、后厅、后天井、花圃、围墙。现仅存正房、后厅、厢房一间、围墙、堡坎等。

峨岭魏宇平故居 故居位于峨岭镇北门路红卫街，地处太阳山二完小旁。故居建于清末民初，系砖、木、石结构，封火墙围护四合院桶子建筑。坐东向西，占地面积560平方米，建筑占地480平方米。现存过厅、厢房、对天、正房、二进龙门、围墙、天井等建筑。

魏经略、魏宇平为兄弟，均为印江县著名书法家。魏经略，字祯祥，名纶，晚年号诩髯，生于光绪三十一年（1905），卒于1980年，印江县城人。早年毕业于北京朝阳大学。民国23年（1934）秋，任铜仁县长，不久调职。先后在南京、重庆任三民主义青年团中央秘书长。1946年被选为国大代表。他的书法深窥魏碑，别有独创。生前与国民党元老、近代书坛名家于右任交谊甚厚。魏经略长期客居他乡，墨迹少留故里，现在人们知道的仅寥寥数件。晚年，游览贵阳花溪作联："南去是番塘，尽五溪烟雨，百粤遐荒，便远涉重洋出万国；北来经驿路，问九十关山，三千世界，谁长驱天马入神京"。另有："一截还东国，高峡出平湖。"他生前留下的书法作品还有毛泽东诗词《七律·长征》等。

两河田儒璧故居 田儒璧故居位于罗场乡两河村大官庄上寨村民组，坐西北向东南，占地面积210平方米，系木结构桶子建筑。现存正房四间，面阔18.3米，进深7米。厢房二间，面阔8.6米，进深4.2米。

两河村田儒璧故居（2009年拍摄）

印江东桥 东桥位于峨岭镇红光村，地处县城东面，南北横跨印江河，始建于清康熙元年（1662）。昔有城门、城楼，名为清定门。桥由当地官绅筹集白银198两建成，名"枕江桥"。雍正十三年（1735），古州苗民起义，为抵御苗民，县长晏明世率兵拆毁枕江桥。乾隆四十年（1775）三月，知县汪升到任，组织修建东门石台木梁桥，桥两端建有凉台。光绪二十九年（1903）六月，桥被洪水冲毁。民国6年（1917），县知事邓启禀（字寿桥）在全县设立募捐网点，募资修建东桥，捐款大部分被邓寿桥和乡绅田大有等贪污。时因水灾，采集的部分木材被河水冲走。邓借机向民众宣布捐款损失殆尽，桥难修成。时有讽刺对联曰："水涨钱空，问寿桥何时蹬（邓）起；龙多天旱，看大有哪里填（田）来。"民国33年（1944），县长金城生拆除古城墙基础石料修建东桥，命名"金城桥"。1956年将木桥改建为石墩木架拱桥，1978年改建为钢绳木板吊板桥，1986年改建成石墩钢筋混凝桥，作为人行和车辆交通桥，名"东桥"。

印江东桥六建六毁，现为石墩钢筋混凝桥。桥全长95米，通高11米，桥面宽10.8米，矢高7.6米，栏杆高0.8米，人行道宽1.4米，河中桥墩2个，由青石浆砌。

曾心万安桥 万安桥位于洋溪镇曾心村村寨中，该桥始建于清嘉庆初年（1796），重建于清光绪元年（1875）。桥全长13.2米，桥面宽4.7米，系一孔跨抬梁式楼阁攒尖顶凉桥，南北横跨龙硐河之上。万安桥面阔三间，系木结构悬山顶式凉桥，共 9 檩 20 柱落地。桥面中间为通道，两侧为栏杆带廊。凉桥之上建楼层。楼面三间均为木板装修。明间为抬梁结构，顶式为轿子顶，大梁饰太极图，书“帝道遐昌、皇图巩固”。轿顶四角饰卷草翘角，次间为穿斗结构，南北翼角鼻子起翘，篆书“万安桥”。四周檐下饰鹤颈椽、鹤颈板，现仅存鹤颈椽。原“万安桥碑记”于“文化大革命”中损毁。现于北侧桥头竖立“万安桥”“永垂万古”二块石碑。

曾心万安桥（2008 年拍摄）

黄土天马桥 天马桥位于杉树乡黄土村马池坝河上。该桥建于清光绪三十四年（1908）。因地势险要，形如天马行空，故名为“天马桥”。桥全长 31.6 米，一孔石拱，南北横跨马池坝冷水河上。拱跨长 14.4 米。桥券拱正中下方悬长约 1 米的铁质斩龙剑一把。拱内正中有该桥修建时间、工匠等题记。桥心石下方刻有祈求子女平安、长命百岁、添福添寿等字样，并刻有捐资者的姓名。桥头竖有残碑一块，其残存文字依稀可辨：“……观其两岸，似天马形，故以天马之名矣，以数人同举……数人之久而成于一人之手，……百人数年之事，表数人创造之功……光绪三十四丁酉科拔贡……”

大田大安桥 大田大安桥位于中坝乡大田村洞岩村民组。所在位置地处印江县大田村与德江县团山村交界地带。桥置于南北两侧大山之间，海拔高度 483 米。河谷深切，两侧山坡有呈“之”字形小路，北面通向印江县大田村，南面通向德江县团山村。该桥建于清同治九年（1870），由印江大田和德江安牙铺两地众姓合资及安牙铺李少鸿承首，化功德修建，取大田、安牙铺两地地名第一个字，命名为“大安桥”。桥横架于南北两大山之间的甘溪河上，桥全长 28.2 米，桥面长 14.5 米，桥通高 19 米，桥面宽 4.3 米，拱跨长 14.5 米，全系青石垒砌。

峨岭穿城大堰 穿城大堰位于印江县城内峨岭镇红光村和甲山村，海拔高度 462 米。始建于明代，由甲山陈友儒于明万历二十七年（1599）主持修建。穿城大堰从县城东郊狮子尾巴下的皂角塘，沿印江河北岸太阳山麓经长石板、顺东门城墙西下，经挑水巷，到上河街口一分为二。主堰穿入城墙（现老菜市）经过正街进入打铜巷，西折穿民居巷转到新街（原崇德阁旁），于西门湾（原农业局、交通局办公楼南侧）穿城墙而出，再向南在原缝纫社、水电局处西转至印江县委门口，顺公路至中寨口，在气象局处折转西北绕甲山片区良田，至甲山桥头（原西城桥）汇入小河注入印江河，全长 2200 米。主堰从引水处到城区内宽 3～4 米，深 2 米。堰堤用条石砌成，一般厚约 20～30 厘米，宽约 40 厘米。堰底以卵石墁铺。支堰从上河街口向西与下河街道并行，经过合机厂、物资局、原建筑公司、老干住房区、新滩河坝、流灌鸭子堡、麻柳林农田，于文昌阁下引渠流回印江河，全长 1500 米。

穿城大堰除供城区居民人畜用水外，还灌溉西门坝及甲山良田 1700 余亩。为控制堰内水量，曾于长石板、东门城址及乌杨树旁三处设溢洪道，乡人称之为败水阙，现仅存东门一处。

修堰功臣陈友儒，字东陵，生于明嘉靖二十三年甲辰（1544），卒于明万历二十九年辛丑（1601），印江县甲山人。明万历初拔贡。万历二十七年（1599）告老回家。清道光《思南府续志》载：“陈友儒，印江县人，官河南滏水驿丞。后居家，常积谷数百石赈荒。全活甚众，大参李同野先生表其门曰‘集义致祥’。县旧创大堰，东门外横江为堤，雨泛堤溃伤禾，友儒聚众改堰于上流，一切鸠工，约数百金，悉出己力，分水入城，穿渠盈丈，西灌坝田，发食德焉。”

双河古井 古井位于刀坝乡双河村，地处村寨西侧的水井湾，海拔高度 623 米。始建于清道光元年（1820），坐南向北，系青石板浆砌封顶石井。由井泉、水池、石碑、木房组成。井泉由挡石板、侧板、盖板构成，面阔 1.15 米，高 0.86 米。井内进深 0.9 米，水深 0.42 米，挡石板中间为上圆下方的取水孔取水。水井前有两个水池分别供日常盥洗及牲畜饮用水。该井水所处地势较高，井泉常流不断。

该古井上罩小青瓦木结构房1间，四柱落地，面阔2.27米，进深2.02米。井旁现存修井石碑一块，其基座已被损毁。石碑系青石质素面单碑，碑宽0.35米，高0.7米，厚0.09米。碑额楷书阴刻“万古千秋”。左边碑文“贵州思南府安化县治地生基湾重修土地水井将在拿文等还列于后。”中间刻捐资人名等。落款为“道光元年十一月初八立”水井现仍为村民使用。

孟关凤竹路摩崖 凤竹路位于朗溪镇孟关村，地处印江县城至朗溪集镇古驿道的猫脑壳顶，邑人称该地为牌坊。在古道东侧崖壁上，即为“凤竹路”摩崖。

凤竹路摩崖（2008年拍摄）

明洪武五年（1372），敕授朗溪田氏二十三世祖田茂能承直郎、朗溪蛮夷长官司正长官爵、职。1408年，田宏高代父田仁泰到朗溪履职，修建司铺衙署，峒民无不畏服。为发展朗溪经济，历任土司推动种植棉花，逐步发展纺织业、商业，促进了朗溪经济的快速发展。此前朗溪到印江的古道是从朗溪翻越江家坡（原称朗溪坡）至印江，道路陡峻，行路艰难。明万历年间（1573—1620），朗溪蛮夷长官司第八任长官田艽与时任印江知县张镕共同组织朗溪、印江民众万人劈山修路，修建河缝栈道，使朗溪到印江比以前便捷。明万历十四年（1586）进士，都察院佥都御史，印江人肖重望题河缝观音洞摩崖石联：“利斧辟荆榛日照月临亿万姓颂张公德泽　奇崖成坦道山长水远百千里通禹贡车书”记述并高度评价了万人修建河缝栈道这一功绩。“凤竹路”是从印江到朗溪途经土地堂到猫脑壳顶之间的一段古道。在约三华里的“凤竹路”古道上原有三道牌坊。

摩崖刻于明崇祯七年（1634），高0.7米，宽0.3米，矢高2米，竖行楷书阴刻十六个字。抬行为“募众助录”四字，中间为“凤竹路”三字，落款为“崇祯甲戌岁孟春吉旦”九字。这段文字记录了朗溪蛮夷长官司第十任长官田养民崇祯甲戌岁（1634）组织民众修这段路并命名的历史；下面书“玄孙田君聘复修此路，乾隆庚子夏月吉旦”17字。这段文字记录了乾隆四十五年（1780）庚子间，田君聘率众复修此路段的历史。

天庆寺界碑 天庆寺界碑位于木黄镇金星村青杠坪村民组天庆寺遗址内。1986年5月，印江县人民政府公布为第二批县级文物保护单位。

界碑立于清乾隆十年（1745），竖于天庆寺原址第七进旧址上。碑坐北向南，古牌楼石碑，大青石质，通高2.7米、厚0.1米、宽1.3米，楷书阴刻353字。共13行，最多行33字。碑文记述湖南人在梵净山私挖金沙，使庙宇深受其害。经总督部院贵阳分府、思南府、朗溪正副土司等各级官员共同查勘，确定康熙元年（1662）思南营王平捐银360两购置山场的四至界限，通令界内严禁私挖金沙，并重申天庆寺是明万历戊午年（1618）受皇上敕封的皇寺。勘定的界限包括老山、新金顶、九龙池、牛尾河在内的梵净山广大地域均属天庆寺的山场。界碑碑文：

乾隆拾年（1745）乙丑岁之孟冬月，因楚人在本寺山场内私挖金砂，自七年起，聚集多人，庙宇深受其害。今幸奉总督部院张，选委贵阳分府闫，本府正堂孔，思南营总府王，暨本府督郎舍、朗溪正司田、副司任、思南外司杨公仝踏勘，开采抽课。蒙众住福星俯念，天庆寺乃前人创建，有明万历戊午年（1618）敕封。本朝康熙元年（1662），经思南营督府王讳平捐银叁佰陆拾两重建，买置山场，至今数百年香火，关系合郡风水。今立定界址，并竖小界碑陆块，界内不许楚人开挖，有伤庙祀。其界外亦系庙地，今既纳国课，准其开采。幸蒙本府正堂孔取具厂头，遵依甘结在案，恐久弊生，勒石为记。

刻本寺古置山场四至界址：

东抵沙子凹，跟岭直上梵净山为界；南至月镜山，跟岭直下九皇观为界；西至牛角洞，跟岭直下象鼻岭为界；北至金厂大擂口，跟岭直上尖峰沙子凹为界。

赐进士出身署贵州思南营游府印务军功等随带记录二次，黄平王焯撰。

大清乾隆拾年岁在乙丑年拾月伍日住持僧圆昌立。石工银正才勒。

天庆寺界碑（2006 年拍摄）

梵净山脉源宗谱碑 脉源宗谱碑位于永义乡大园子村梵净山金顶脚下，明然和尚墓塔旁。

碑竖于清康熙二十八年（1689），坐北向南，高 1.7 米，宽 1.03 米，两肩削角，素面楷书竖向阴刻 929 字，其中序文 614 字，碑额横向阳字阴刻“脉源宗谱碑记”。碑文记述梵净山开山始祖妙玄事迹，明然和尚生平业绩，以及建刹敕封、师承谱系等。碑文如下：

脉源宗谱碑记

梵净护国寺明然尊宿塔铭：

传临济宗斋山明祖下第三世海澄林嗣法座兄寂昆楚岳拜撰。

尊宿明然，讳如泰者，乃明舅李妙玄五世孙也。妙玄为神宗椒房雁字。心厌荣宠，喜浮屠，遂隐于黔思、铜之麓。因见其山幽异，峭拔迥常，审之古籍，乃得山名为梵净也。已而为当道者觉，以状奏闻，帝遣敕，一为建刹。所谓古梵净者，鼎而新焉。

夫灵境既辟，圣神昭显，奇生异作，海宇振摇。凡滇、黔、楚、蜀人，无不争趋朝睹。自明迄今，迨有百载，是梵净其所始于妙玄者，以此纪。自玄师寂后，传嗣彻空圆通，通传德悉明惠，惠传宝山真贵，继贵则明然尊宿也。

尊宿西蜀涪州周氏子，薙落有年，受具于破旨和尚，复传命师贵于梵净，兴置常住，伏劳多载，终贵翁寂，遂为梵净五代住持也。继六世嗣二人，长曰性晓、次性亮，相继该早逝。幸孙枝茂续，真振先声，诚可衍梵净之一宗也。

尊宿生性朴素，多闻不务巧异，不趋势，不衔名，一味守正持中，从容自得，冷座岩谷，煮藋餐藜。朝则枕白云于松头，夜则采明月于溪畔。相与猿俦鹤侣，不复问人间事。

嗟呼！红尘中逐于富贵利达者，于此谢足迹，又安尊宿之道德受用乎？且尊宿意自无求，而所从者众，志不要誉而崇者多。其法焉枝延，又何计祇园千二百之数耶？呜呼！以道德真实立身者，舍尊宿而谁归？尊宿世寿生于万历庚子（1600）冬十月朔十日，华年七十有八，僧腊四十有三，圆寂于康熙丁巳（1677）仲冬之二十一日，跏趺告众而化。门下家孙海澄奉薪荼昆塔于梵顶之下，是为末后光明幢也。

尊宿孙与余为莲社友，交知最久，每述其由，征余为言，泐之贞壁。余揣固陋，卸之不允，因述其实而为之铭：

梵净之始　升于妙玄　玄之五世　嗣传明然
次第承褫　迨有百年　然翁朴素　以德自全
不迁不贰　与道同蕃　孙枝眷属　蔓引瓜延
心宗月皎　禅脉渊源　永哉法化　万古其传

传开山钦命僧妙玄下第五世玄孙元寂师公明然和尚觉灵之塔

历祖墓记：圆字墓于九皇洞，明字墓于木黄场老寨脚下，真字墓于铺前脚下，如字墓于本塔，性字墓于印江小宅沟行祠庙前

香林嗣祖法兄寂昆撰文

印邑僧首禅兄悟成缮文

朗溪司仟地山人田方升

兴缘皈依弟子等同立

本宗谱下，明字分枝：徒真祥、真贵→传如海、如泰。

如海→性空→传徒海意→海潮；

性晓法徒→海阔→徒普观、普汪、寂受、寂玉，徒觉林、昭深、昭宗；

性亮徒海澄→嗣人普圆、真一、寂超、寂林，普佛，真洁。

又圆字分支下玄孙性体徒→海权、海光→海阔法派→洁清、净道、德圆、明真。

性海→寂昭→普通。

法派：智慧清净，道德圆明，真如性海，寂照普通。

斯谱递传，后裔子孙，出落立宗者，添之其上。又祖墓数处，恐有人紊危，故者当照修理。若有远年异徒，常回护顾，示昌隆也。

康熙贰拾捌年（1689）岁次己巳季冬月二十二谷旦

孝孙海澄敬修镌立

牂牁天塘哨修路功德碑（2007年拍摄）

天塘哨修路功德碑 天塘哨修路功德碑原竖于天堂镇天塘中学门口，后竖于天堂邮电所门口，现存峨岭严氏宗祠内。碑刻于清道光十七年（1837），系青石质，通高1.6米，宽0.85米，厚0.11米，素面楷书阴刻序文141字，后列捐资人姓名和数额。碑文记述牂牁天塘哨，地处边隅，路通川广，自康熙开设场镇以来，千万人往来之途，崎岖难堪。道光年间（1821—1850），集资修建丰子湾至车家河路段，使之成为坦途的史实。碑文如下：

永垂万古

牂牁天塘哨，地处边隅，路通川广。自康熙开设场镇以来，未闻有乐布金钱，用修此千万人往来之途者。予等生活挽近，志切康熙衢，募化高贤，得众资助，敢存渔利之思，顿忘帝天之鉴，凡出善缘，尽归福果。上齐蜂子湾，下至车家河。昔之曰崎岖难堪，今之曰坦平在望。若后来义士，有能继始图终，再起而为续弦之人，不独牵车服贾者沾其利，即犁云锄雨者亦蒙其泽矣。

承首人、功德人（略）

大清道光拾柒年（1837）岁次丁酉仲秋月下浣合众公立。

黔溪丰瑞桥碑序 丰瑞桥位于新寨乡黔溪村，地处城南九道溪上的阳坡与石土地之间。桥建于清宣统元年（1909），系石墩木质凉桥，桥全长12.4米，宽3.1米。凉亭为五柱四列双檐小青瓦顶，抬梁结构。凉亭中为过道，宽1.7米。两带廊建栏杆，廊宽0.6米。桥头两侧额书“丰瑞桥”，为印江著名书法家严寅亮承首修建。该桥由于年久失修，凉亭于1986年全部腐烂倒塌。现改修为水泥桥。桥头原竖“丰瑞桥碑序”石碑一块，为素面楷书阴刻。由清举人廖袭华撰文，严寅亮书。后石碑断裂为三截，现仅存四分之一，藏于印江严氏宗祠内。碑文如下：

丰瑞桥碑序

居常谓阴德莫乎修路，而修桥尤数十百倍乎修路。何以故？阴德曷谓渭乎施惠有限，受德无穷。

身受者，且莫识其德之所何从之渭也。肩担背负之流，当其日暮途远，力瘁筋疲之会，或遇崎岖道路，天雨泥泞，足将趑趄，趾没泥而颠踬，艰苦万状，更仆难数。设易坎坷为康庄，其苦乐为何如天渊哉？此修路之阴德，之所以莫大乎是也。若夫山蹊辟径，陡遇春水骤发，向无舟楫可通，万难乱流而渡。或有星火急务，或为远客经过，两岸原无旅馆，河干徒为踯躅，尤为苦莫名状。若遇有桥之地，往来如织，客不停踪。匪第不知其苦，且并不识其乐。所谓阴行其德，较修路尤数十百倍，非此之谓，而谁谓哉？九道溪之去九折，为十一牌入城交易生活咽喉，且为数十百里远村进县孔道。偶遇春涨，其临河而返者之艰辛苦况，较以上所述为尤甚。向有木桥一座，岁久朽坏。以款艰，屡议弗能修。庚子岁（1900），合邑奇荒，米谷购自湘楚，吾友弼丞适归自都门，急谋成此桥。为以工代赈之仁术，且谓期永久，必脚砌以石。蔽风雨，必上覆以亭。闻者皆有难色，且甚有窃笑其迂者。弼丞乃集众婉商，谓斯桥以木料为大宗，凡大而桥梁，小而亭柱，枋板一切皆一身独任。余仰诸君子集腋成之。于是遐迩具感，且以董事诸君子所用得人，涓滴归公，遂乃踊跃捐输。不数月而事观厥成，上下道路，亦择尤修被。维时，屡经此间，当夫将成未成之际，弼丞暨董事诸君子罗掘苦状，较之谋家事尤艰窘数倍。厥后，弼丞受业堂第恭甫醝尹，登本省乡荐，复以盐大使签分四川，弼丞亦以知县候补川省。且前后生子生孙。董事诸君子，或添丁，或发贵，或贸易盛，或田谷丰。谈风水者，皆归此桥为数十村小口关锁之效。不知有阴德者，天必报以阳福。此修桥之阴德，之所以数十百倍乎，修路之谓也。印城西自西岩寺至南盆坡。故道路险隘，赖青圃张先生董修，不数载而概成坦道。厥后老登贤书兰，孙仲午亦继武中式。他子孙皆采芹食饩，修路阴德之大，不有前事可征欤？弼丞书名噪海内，桥成时，以急于北上，未克书石。兹因奉讳旋里，乡人与董事诸君，复以勒石为请。弼丞不嫌余不文，索叙焉。其收支款数，另石详载，兹不赘。特书此敬告往来斯桥者，慎勿甘让弼丞暨董事诸君子独修路桥之阴德。

《续修贵州通志·印江采访录》载《丰瑞桥书后》

丰瑞桥书后

元翘氏曰：吾印自兵燹承平后，骎骎文誉，几奖大郡。自时厥后，议书法者，莫不曰杨家坡严君弼丞大令也；谈古文者，莫不曰长坡廖君葆民臣尹也。弼丞长予一岁，先予一科登贤书，葆民与予同出吴秋庄先生门，先后各撰嵬第。是二人者，所居不过十里而近。然又岁时不能常见，分道扬镳，各行其志。予与二君，中间聚散，恒不一而足。然未常通力合作，以成一事。此桥创修，首弼丞，赞成资众善，葆民洗笔记之详矣。文体倒不赘叙。予每至南区善都谒祖，此道在所必经，溪山行尽，忽现飞梁，驷马归来，垂虹高架。过斯桥者，緇手读碑，毋徒玩其书法锦丽，大似髯苏。文则善谈名理，颇具家法。于是临风胀结，穆然引颈高望，二君独有千古矣。

梵净山下茶殿碑记 碑记刻于清光绪二十二年（1896），原竖于下茶殿遗址，后存放于梵净山镇国寺内。碑系青石质，高1.75米，宽0.95米，厚0.12米，素面楷书阴刻1400余字，为清道光拔贡张鸿翮撰文并书。碑文骈体文，文笔流畅，脍炙人口，书法清秀隽永。内容记述梵净山自然景观、风物特产、佛寺兴衰的历史，还记述了清咸丰五年（1855）至同治九年（1870）间，铜仁“红号军”首领赵子隆以梵净山为根据地反抗朝廷的史实。光绪元年（1875）至光绪六年（1880）间，太平天国军余部刘满据山活动的史实。碑文如下：

下茶殿碑记

尝谓天下有非常之事，必天下出非常之人，然天下出非常之人，必树天下非常之功。讵易得哉！我黔省之有梵净山者，为五属毗邻之区，实群峰发脉之处，崔嵬不减五岳，灵异足播千秋。仰观有像，如登天之三十三，俯看无涯，但数溪之九十九；以彼天桥荡荡，金顶巍巍，白云入怀，青霭可掬。偶然雾出岚收，初开混沌，烟消雾散，别有洞天。夫以山形宽阔，莫可量度，其大略可得而言焉。若乃围七百，穿心三八，螺髻排列，羊肠九回。遥望岩壑千寻，层峦耸翠，只见药苗万簇，叠幛垂青。有石名太子，山号凤凰，顶开天门。峡破金刀，九龙池、万卷书，人迹罕到；懒板凳，茴香坪，猿声时闻。三角桩前，一片阳光拥护；九皇洞外，几重瑞气回环。此皆黔中名胜，无非宇宙大观。时在明季万历年间(1573—1620)，李皇后修行于此，肉身成圣，白日飞升。因之创修宇宙，满塑佛像，建立四大觉庵，凿开五方道路，敕赐镇山印，号为古茶殿。而梵净山之名传焉。数百年进香男妇，时往时来，若城市然。咸丰五年（1855），赵逆作乱，据山以叛，尽将庙宇烧毁，遂至片瓦无存，以此香灯冷落，人烟寂寞。同治九年（1870），我地初平。有非常僧人隆参，早岁出家，先灵是效，削发晃州福星庵，住坐铜仁东山寺。参禅悟道，来开此山。果然一心皈依，何辞十方募化。由是道剪荆棘，路辟蚕丛，修复茴香坪报恩寺，朝谒往来虽不及以前之多，而渐渐推广。不料，光绪元年（1875）夏六月，正值朝拜间，有马鞍山贼首刘瘸子率领余匪数十人，身穿号衣，手执洋枪，假扮官军，伪称兵练，窜入此山。将进香男妇、僧事、僧徒，概用佛帐尽被捆绑，又以绳索系僧于钟扭，一一刺杀。将杀至僧，一阵狂风遍起，四面暴雨骤至，忽然绳索碎断而逃脱下山。殆有天意使然，并非人力所致。当即集团安埋被害诸人，立即禀告地方文武各官。匪徒日渐猖獗，人心愈以惊惶。数年来，周围扰害，到处劫杀，兵来贼去，兵去贼来。虽有官兵以及团练，不得交战，终难济事。可怜环山居民，遭此劫杀，杀绝者不下七百余户，杀毙者何止四千余命。僧视民如伤，嫉贼如仇。不辞劳苦，遂奔古州具禀道宪吴、易，历委罗、邓、刘、曾各军攻击，未得殄灭，猖獗如故。僧又不辞跋涉，速赴省垣，具禀抚宪黎，臬宪林。又委向、任、夏、刘各军剿杀，仍未殄灭，猖獗仍如故。僧为此贼，寝不安席，食不知味。叠次请兵，无计可施。再三筹划，有志竟成。五年（1879）五月，闻岑宫保巡抚贵州，僧星夜奔至洪江，禀明此贼情形。各军计谋，蒙委任卸任驻松桃厅主刘，统领五属团勇五百名。僧不避艰难，自愿带团勇五十名充当向导。八月十五成军，日则环山搜寻，夜则扼要拘捕。九月初九，搜贼于大岩棚，力破贼巢七处，抢回民妇三人。十月初一，贼至罗坳掳去妇女四人。十五日，追至锯齿山，将被掳妇女四人抢回，夺得洋枪二杆，枪伤贼首刘瘸子。均皆计功在案。此刻贼首无处容身，昼伏夜动，不敢出现。十二月内，刘主丁艰卸事，复委统领安、义镇何接办，改团勇为松桃协练军。僧仍带松桃协左营练军四十名驻扎茶殿。作为沿山游队。六年三月二十七日，贼至黄柏塘出现，枪毙匪徒二命。四月初七，生擒活贼六名。时值宫保亲临剿洗，面呈送究办，岂知天心厌乱，人心思治，匪徒从此逃散，地方始报肃清。百姓方得乐业。僧人禀请环山要隘，安设八汛，分布练兵，用垂久远，前后出力，官练大小，因功保奖。僧自思修身修行，不受一线皇恩之宠，保奏五属都纲，特开千古未有之奇。于是，重新募化，依旧修造，创修镇国、水源、明珠等寺；复修茴香坪、明镜山各庵；新开老金顶，整新金顶，九皇各殿，斯时庙宇辉煌，神像皎洁，较以前尤甚。信善男妇，朝拜土民，比上年更多，不但此也。十一年（1885），僧又开斋放戒，众僧公举方丈。每念环山居民，一旦惨遭大劫，诚恐杀毙者不能脱化，历年朝谒名山，以为受害者几番超度。此所谓非常之人树非常之功者也。呜呼！若无此君之善策，我地何以乐乎升平？山何以得重也哉！迄今回首当年，神人共仰；追思往事，存殁均沾；爰集同仁，歌功颂德；相约五属，勒石刊碑。以志千古不朽云。是为序。

大清光绪二十二年（1896）季夏月吉旦吉

清浪拔贡　张鸿翊谨序并书

注1：咸丰五年（1855），贵州爆发“咸同大起义”。铜仁“红号军”首领赵子隆打出“真主出生，弥勒降生”口号，在梵净山三角庄建立根据地，达万人之众。田瑞隆统领的红号军与思南荆竹园“白号军”联结，屡次攻破附近州县。咸丰帝饬令川、黔、湘三路清军“痛加歼洗”。同治九年（1870），三角庄根据地陷落，红号军全军覆没。

光绪元年（1875），太平天国军余部刘满乘朝山之机，率20余人假扮清军，持洋枪入山，自号“黑地大王”，赶杀僧尼，四出劫掠。

光绪五年（1880），梵净山环山五属团练合编为“松桃协左营练军”，新任贵州巡抚岑毓英亲往率军督剿。梵净山隆参和尚、印江生员廖凌霄、武举吕嘉会为向导，次年（1881）肃清刘满。

战后，巡抚岑毓英奏请于皇庵护国寺建“都司衙门”，称“护国营署”，对梵净山实行军管长达30年。

注 2："贵州咸同军事动乱"中的红号军、白号军与黄号军

红号军：咸丰五年（1855）十月，铜仁府徐廷杰、梅济鼎、夏昶等人，以红色衣褂、头巾为号组织的起义军。11 月，红号军突入铜仁府城，杀散官兵，占领铜仁府，铜仁知府葛景来逃跑不及，畏罪自杀。接着，江口、印江等地纷纷响应，起义军先后攻陷思南、印江、石阡、玉屏、晃县等城池。遂又发兵进攻湖南麻阳、凤凰及秀山等地。咸丰六年（1856）五月，另一支以陈福林、严占鳌、田瑞隆为首的红号军联合各方首领继续起义。不久，铜仁红号军朱元兆拥立吴三童（诨名肥坨坨）为"蜀后主"，在梵净山的三角庄（凤凰山南麓德旺乡的杨柳坝）建立根据地。遭到贵州、四川、湖南湘军等地清军围攻，起义军损失惨重。咸丰七年（1857），红号军余部杨德成组织川湘百姓，响应思南白号军起义，进攻江口。咸丰八年、九年，红号军余部以梵净山为根据地，相继加入白号军起义队伍。咸丰十一年（1861），红号军首领包茅仙以伏魔山区为根据地，组织 3000 余人再次起义。同治二年（1863）包茅仙率部再次进攻铜仁不成，退守梵净山。清光绪元年（1875），刘满自称黑地大王，领义军 30 余人从马鞍山转移至梵净山。隆参和尚跑到古州报告了贵东道易佩绅。易佩绅亲自驻江口督战，数年无获。隆参和尚又赴贵阳报告贵州巡抚黎培敬，黎令向长曙、任崇儒等助战，进剿梵净山贼，战久无功。光绪五年（1879）三月，清政府委任岑毓英为贵州巡抚。7 月，岑令松桃厅同知刘廷忠协助易佩绅清剿起义军，并把思南、印江、铜仁、思州（今岑巩）、松桃各府、厅、州团练交由刘统一指挥围剿。因梵净山深林密，剿无可剿，防不胜防。光绪六年（1880）四月，贵州巡抚岑毓英、提督张文德亲自来梵净山督战，并以罗场三花山廖云鹏为向导，川黔军围山设卡，实行长期围困，并利用义军变节分子夹攻，清光绪六年五月，刘满等人被逼至梵净山金顶，因义军叛徒告密，义军终因寡不敌众而败，刘满等 19 将士被俘，就义于松桃县乌罗。

白号军：咸丰七年（1858）1 月，思南白莲教支派鹦鹉溪花灯教主刘仪顺聚教徒秦魁榜、田宗保等人以白巾裹首为号联团抗官。白号军首先攻下思南府城，杀死知府福奎后，兵分四路攻打印江、石阡、务川、龙泉等地。提出"反折征，反捐输"的口号，印江红号军加入白号军作战。咸丰九年（1859），白号军在思南岑头盖建立政权，举朱明月为"秦王"，国号"江汉"，颁布了"誉黄"布告，提出"反清复明"口号，修建岑头盖、秦家寨、荆竹园等数百个营垒作根据地，军事力量影响黔东北、黔北、黔中大地。同治五年（1866）九月，李元度率湘、川军攻下白号军的重要营盘大小屯。同治七年（1868）席宝田率洋枪队入黔，与李元度联合进攻号军重镇荆竹园，刘、秦、朱等号军首领被俘处死。

黄号军：咸丰七年（1857），安化（德江）济安团胡胜海（外号胡黑二）、罗应儒等与刘仪顺秘密联络，竖黄旗，裹黄头巾，以乾溪梅林寺为大本营，举起义旗。思南致和团团首王梦兰、安泰然的"白号军"义军进攻县城大堡一举成攻，击毙前来镇压的印江知县邓玲筠，攻占务川县城，与白号军、红号军遥相呼应。同治元年（1862），黄、白号军联合作战，击毙知府、总兵吴宏盛等多人，后又驰援铜仁红号军。同治七年（1868）黄号军遭到黔、湘、川清军镇压，首领胡胜海、王茂兰、田武修被擒，送思南被李元度杀害。

注 3：刘满：又名刘盛，外号刘跛子，思南府安化县大水沟人。

隆参和尚：即云开僧，俗姓林氏，生于清嘉庆二十五年（1820），卒于清光绪三十四年（1908），从湖南晃州福兴庵到铜仁东山寺，后又住持梵净山。从同治九年（1870）起，他先后主持修复了回香寺、报恩寺、朝阳寺等处。清咸丰年间（1851—1861），遇号军进山，向官府报告，并配合官兵击退刘满义军。光绪五年（1879），战事平息时，绝大多数寺庙在战火中毁坏，他再次主持募化，修复镇国寺、明珠寺、水源寺等寺庙。

廖凌霄：即廖云鹏，印江人，由印城迁居三花山。富学知兵，随柳芷汀四川之游，随岑毓英梵净山之役，云南之行，十分出力，故得朝廷赏识，赐以"戎马书生"称号。举人廖袭华撰有《廖凌霄事略》，续修《贵州通志·印江采访录》载有《廖凌霄传》。

岑毓英（1829—1889）：清末云贵总督。广西西林人。字颜卿，号匡国。咸丰六年（1856），云南回民起义，率团练到滟西助攻起义军。咸丰九年（1859），占领宜良（今昆明市东南），得以署理知县。次年署澄江府（今澄江县）知府。同治元年（1862），以功继署云南布政使。同治二年（1863），出兵进攻杜文秀起义军。同治五年（1866），率军至贵州威宁州，击败苗民军陶新春和陶三春部。同治七年（1868），授云南巡抚。同治十二年（1873），兼署云贵总督。光绪五年（1879），任贵州巡抚。光绪九年（1883），任云贵总督。次年参加中法战争。光绪十二年（1886）从越南退兵回滇，曾会勘边界。后病死。著有《岑襄勤公奏稿》。

梵净山金顶"院道" 摩崖 院道摩崖，位于梵净山金顶山腰石壁，石刻崖面长 1 米，高 0.62 米，竖行楷书阴刻 109 字。上方镌刻"院道"二字。其内容记述印江上街里老杨再运等向都察院、抚苗道、都清道等上司衙门禀报开发梵净山事宜。"一院两道"衙门长官批准印江知县雷学皋招善士，在梵净山开砍路道，起竖庵殿的史实。摩崖刻于明万历元年（1573）。虽久经风雨剥蚀，但字迹仍然清晰。

印江自治县建县于唐开元四年（716），又历经宋、元两个朝代。随着明永乐十一年（1413），贵州设布政使司，1494 年印江县始派流官，标志着土司制度的设落，仅存事务性管理。1572 年印江县周边地区还未设县，由都察院"一院二道"衙门长官批准印江知县雷学皋招善士，开山砍道，起竖庵殿对梵净山进行开发，是时势所趋，辖域所在，有存史价值。附摩崖原文：

印江上街里老杨再运具诉。上司察院蔡、都清道曹、抚苗道杨，总批印江知县雷，差委官义民王踏看，回呈委系古迹名山，申明详允。批准本县给颁火牌、告示、帖文。承招善人，开砍路到（道），通行朝觐，起竖庵殿。招善士杨洪德、陈普庵、杨万林。若有人损坏，一字承当经一部。

南无阿弥陀佛　　　　万善同归

天桥功德记摩崖

天桥功德记摩崖：位于“院道”摩崖右下侧。刻面长 1 米，宽 0.7 米，竖行楷书阴刻 220 字，刻于清康熙五十二年（1713）。摩崖内容记述印江缠溪今水塘村深溪凹、化槁坪等地 81 位善男信女的名字和他们筹资献劳建修金顶天桥的史实。天桥横跨金刀峡之上，桥长 4 米，宽 2 米，料石拱成。这些料石每块重约百余斤，全从山脚人工背负拉链登石磴而上，可见在当时条件下，运石之艰巨，起拱之险。金顶天桥的修建，两地群众倾注了不少汗水和心血，两地群众功德无量。附摩崖全文：

天桥功德记：

思南府印江属地化槁坪、深溪凹众姓等；李建美范氏、毛启元吴氏、田玉阶袁氏、袁成文、田儒璋周氏、吴门田氏、卢国祖杨氏、杨明臣安氏、蒋学茂毛氏、卢国太蒋氏、史应朝任氏、李门陈氏、陈万友黄氏、邓门李氏、程秀吴氏、傅门张氏、周国顺李氏、程安富史氏、田儒学、田玉播杨氏、李崇亚田氏、杨明德秦氏、梅之学、余德富、严门余氏、梅芝洪、黄君龚张氏、李崇明吴氏、田景春刘氏、陆如敬龚氏、黄金仲田氏、陆近泰周氏、罗应忠李氏、邓自发、赵门田氏、田门安氏、赵子良安氏、雷门罗氏、王门胡氏、袁戎德陈氏、田德普、徐启盛安氏、吴元臣雷氏、信士田德纯。

皇清康熙伍拾贰年仲秋吉旦

朗溪正长官司印鉴　该印鉴制于清顺治元年（1644），石质，长方形，汉文楷书，竖行阳刻“贵州思南府朗溪正长官司之钤记”14 字。印面纵向 7.4 厘米、横宽 4.5 厘米、厚 2 厘米，重 0.17 千克。背面阴刻“顺治元年”4 字。明洪武初年（1368），朗水十五峒苗民反叛朝廷，沱江宣抚使田儒铭奉命征讨平服后，洪武五年（1372）设立朗溪蛮夷长官司。敕授田儒铭第五子田茂能承直郎、朗溪蛮夷长官司正长官。子孙世袭其爵、职。现存的印鉴为清顺治元年（1644）颁发。是贵州省实行土司制度的历史见证。1983 年，印江县民族宗教事务委员会在民族识别工作时，由朗溪蛮夷长官司正长官的后裔田茂扬捐献。现收藏于县民族陈列馆。

朗溪蛮夷长官司正长官印

朗溪副长官司印鉴　该印鉴制于清顺治元年（1644），石质，长方形，汉文楷书，竖行阳刻“贵州思南府朗溪副长官司之钤记”14 字。现收藏于县民族陈列馆。

朗溪司行营关防印　“朗溪司行营关防印”共两枚。一枚为铁质，有圆形直柄；另一枚为木质，无柄。两枚印鉴均为长方形，汉文篆书，竖行阳刻“朗溪司行营关防印”8 字。现收藏于县民族陈列馆。

朗溪副长官司关防印　该印鉴制于清代初年，铁质，长方形，篆书阳刻“思南府朗溪副长官司之关防”12 字，印面纵向 9 厘米，横宽 5.9 厘米。现藏于县民族陈列馆。

护国营署印　该印制于清嘉庆四年（1799），铜质，长方形，并排竖刻汉文和满文两种文字。汉文为篆书，竖行阳刻“贵州松桃协中军都司之关防”12 字。该印是清王朝设立贵州松桃协以靖梵净山、平定匪患的实物见证。光绪五年（1880），梵净山环山五属团练合编为松桃协左营练军，新任贵州巡抚岑毓英亲往率军督剿。把贵州松桃协行营署移至天池寺旁，称护国营署。“护国营署印”原存于梵净山护国寺。1949 年前后寺庙被毁，该印流落民间。1979 年由县文化馆文物组在永义乡大园址村征集。现收藏于县民族陈列馆。

护国寺佛印 该印制于清中期，铜质，正方形。边宽 5.4 厘米，厚 0.2 厘米，重 200 克。背钮长 1.6 厘米，高 0.3 厘米。印文为“佛法僧宝”四个长足篆文，阳刻，印廓线较粗，0.3 厘米。佛印保存完好。

“佛印”原存于梵净山护国寺。1949 年前后寺庙被毁，该印流落民间。1983 年，县供销社废品收购门市部将其当废铜收购，上送到铜仁地区生资仓库。时任副县长张朝仙闻讯，立即指派县文化馆文物员吴学海，赶赴铜仁地区生资仓库将“佛印”查找追回，现收藏于县民族陈列馆。

土司官帽及帽盒 官帽共两顶，分别为朗溪蛮夷长官司正、副土司所用之官帽。帽盒只有一个，土司官帽置于帽盒之中。副土司官帽无帽盒。土司官帽及帽盒现均收藏于县民族陈列馆。

铜釜 直口鼓腹铜釜，制于东汉年间（25—220），质地为铜质，系游牧民族煮食器。经鉴定为汉代西南少数民族的煮食器。相似铜釜在四川曾有发现，与赫章可乐出土铜釜相似。该铜釜于 1989 年 6 月出土于新寨乡，出土后被县文管所征集。现收藏于县民族陈列馆。

铜釜（2005 年拍摄）

铜权（2005 年拍摄）

元代铜权 铜权，俗称“秤砣”。制于元至元二十二年（1285），质地为铜质，六面体，重 400 克，通高 8 厘米，顶部有穿耳，孔径 0.25 厘米，腹部稍大，侧面楷书阴刻“至元二十二年十上潭州路造”12 字，下腹微收，底座面平展。经鉴定，为元世祖忽必烈至元二十二年（1285）长沙铸造的铜权。1986 年，新业乡落佑村吴廷耀在挖房基时出土并捐赠。1999 年作为贵州省文物精品展出，现收藏于县民族陈列馆。

陶瓷魂瓶 墓葬冥器，共 2 个，制于元代，系无釉陶罐平底假圈足收腹式瓷瓶。壶腹部捏制龙凤图案，罐盖呈宝塔形。现收藏于县民族陈列馆。

日晷指南针 “日晷指南针”为明代制作，象牙质地，古代定向计时器。“日晷指南针”制作精良、设计精巧，安置在长 5.8 厘米、宽 2.7 厘米、厚 0.5 厘米的白色象牙盒内。内置两个圆盘，一个圆盘刻子丑寅卯等十二时辰，中竖指针；另一个圆盘刻东南西北及乾坤震巽等八卦方位；圆心中置指南针，两圆盘相接处置一铰链，可开启 90°。底盘中部刻 12 个阶梯，两侧刻写 24 节气。背面有使用说明书及“闽漳许其渊造”等。

“日晷指南针”把计时的日晷和定向的指南针结合于一体，在日照情况下，随时可以判定时间和方位。该“日晷指南针”现收藏于县民族陈列馆。

明宣德铜香炉 圆形鼓腹三足铜香炉，制于明宣德年间（1426—1435）。铜香炉口部有对称双耳。其中一耳已折断。圆圈内浮雕“双龙抢宝”图案，正中为矩形方印，楷书阳刻“大明宣德年制”六字。1989 年 10 月征集于民间，现收藏于县民族陈列馆。

成化碎瓷瓶 瓷瓶制于明成化年间（1465—1487），大小各一对，共 4 个。瓷瓶系明代典型碎瓷，瓶底有“成化年制”四字，为明代官窑烧制。20 世纪 80 年代前，县文化馆作为舞台道具使用。现收藏于县民族陈列馆。

清代铁权 制于清代中叶，铁质，其形状为台柱形，顶部有铁环相系。1987 年 10 月征集于洋溪区公所，洋溪最大的寺庙“上庵”有庙产，此铁权是当时收庙产所用，现收藏于县民族陈列馆。

青花瓷香炉 青花瓷香炉制于清代，系钵形香炉，质地为瓷器。腹部饰卷枝纹。白底青花，器形完整。该香炉由江西民窑烧制。印江民间曾广泛使用，专用为香火神龛祭器。印江自治县文管所 1988 年 3 月征集于民间。现收藏于县民族陈列馆。

凤盖龙纹陶罐 陶罐质地为泥陶，平底，假圈收腹，系有釉陶罐。陶罐壶腹部制双龙抢宝图案，罐盖呈宝塔形，为墓葬出土物。陶罐制于清代中期，共三个。系 1984 年 11 月新业乡落坳村吴廷跃宅基内出土。现收藏于县民族陈列馆。

万安桥铁钟 铁钟制于清光绪二十五年（1899），原为万安桥上观音阁所用。20 世纪 80 年代悬挂于杨柳乡政府，用于敲钟召集人员。铁钟外形为喇叭状，铁钟正面阳文竖行铸“万安桥”三字，背面阳文竖行铸“观音阁”三字。右侧阳刻“大清光绪二十五年季春月上浣谷旦”，左侧阳铸“信士徐应福敬献”。1987 年 10 月征集，现收藏于县民族陈列馆。

龙象塔铜钟 “龙象塔铜钟”制于清代，系喇叭状铜钟。正面阳铸“龙象塔”三字，中间腰部刻有一圈回纹。20 世纪 80 年代征集于坪兴寨原魏家铜器厂。现收藏于县民族陈列馆。

玉皇阁铁钟 “玉皇阁铁钟”制于清道光十四年（1834），系喇叭状铁钟。铁钟正面阳铸“皇图巩固”四字，落款为“皇清道光十有四年季春上洵制造洪钟当日开”。铁钟原为印江县城北门玉皇阁使用。县民宗局 2007 年 10 月征集。现收藏于县民族陈列馆。

铁炮 炮筒长 75 厘米，炮口直径 11.5 厘米，炮口内径 5 厘米，底部直径 14.5 厘米。现保存于县民族陈列馆。

“黔山第一” 匾 “黔山第一”匾是护国寺山门的门匾。印江名书法家严寅亮书于 1918 年。木质，现存木匾纵高 155 厘米，宽 415 厘米，厚 4.5 厘米。楷书阴刻“黔山第一”四字，每字 75 厘米×53 厘米见方。

护国寺几经战火，终成废墟，其匾散落于民间。1979 年，印江文物组考查梵净山文物，发现该匾在大园址村护国寺生产队的碾房内作遮风避雨之用，匾已被浓烟熏黑。惜题头和落款两端木料被据毁，已不见上下款识。由文物组征集后，现陈列于县民族陈列馆内，1999 年列入《中国名匾》一书。

严寅亮因题书“颐和园”匾额而名扬海内。1918 年，护国寺住持和尚仰慕严先生文墨，特邀题书一匾，严先生欣然应允。严先生兴到临池，烟飞笔底，墨涌寒涛，挥毫写就“黔山第”三字，搁笔停书，良久，仍不运笔，主持和尚不解其意，便问到：“先生还有一字，怎么就此搁笔?”严寅亮答道：“就是这一字难写，笔画单调，分量太轻。”住持和尚幡然醒悟，连忙拿出四锭银子，压在纸的四角上。严寅亮脱掉鞋袜，站在桌上，用脚趾夹住毛笔，一蹴而就，苍劲雄浑，与前三字浑然一体，相得益彰。

名寿天锡（2006 年拍摄）

“名寿天锡” 匾 “名寿天赐”匾制于光绪三十二年（1906），木质，木匾横长 255 厘米，纵高 103 厘米，厚 3 厘米，行书阴刻“名寿天锡”四字。黑底金字，每字 50 厘米见方。题头为“头品顶戴兵部侍郎护理贵州巡抚部院曹”，右侧竖书“都阃府肖明士八秩荣寿”，落款为“龙飞光绪三十二年花朝月朔二日”，上部正中有满汉两种文字的“贵州巡抚关防”印。

肖明士（1826—1910），印江县洋溪镇桅杆格优寨人。人称肖小仙，少时习武，曾参加白号军起义，后受招安，并平定印江、石阡、瓮安等地的叛乱，受封为“都阃府”。咸丰三年（1853），在其家乡格优寨建“忠义宫”，光绪帝亲授玉印一枚。该匾为清贵州巡抚部院曹鸿勋题赠肖明士八秩寿匾。另有木质对联两副。1987 年 10 月征集木匾及方对 3 块。现收藏于县民族陈列馆。

“黔山领袖” 匾 “黔山领袖”匾横长 270 厘米，纵高 123 厘米，行书阴刻“黔山领袖”四字。黑底金字，每字 35 厘米见方。原悬挂于梵净山护国寺。系同治九年（1870），信徒常美等 9 人赠给梵净山护国寺之匾。1958 年寺毁匾失。1987 年 5 月，县文管所在梵净山文物普查时发现并征集，现收藏于县民族陈列馆。

“明正宽和”匾 “明正宽和”匾为印江清代名书法家朱仲衡书。木质。木匾横长 294 厘米，纵高 99 厘米，楷书赵体，阴刻“明正宽和”四字。每字 50 厘米见方。此匾原悬于梵净山护国寺旁的护国营署。为梵净山僧侣恭颂清光绪年间（1875—1908）云贵总督岑毓英亲赴梵净山“剿匪”功绩的匾额。1987 年 5 月征集，现藏于县民族陈列馆。

“明正宽和”匾（2006 年拍摄）

“西岩仙迹”匾 “西岩仙迹”匾为木质额枋，横向楷书“西岩仙迹”四字。额枋边缘部分已朽。“西岩仙迹”匾为清代重建西岩寺时的额枋。印江甲山西岩寺始建于宋，为梵净山域最早寺庙之一，历代均有修葺。“文化大革命”时期该匾流落于甲山村李家边村民组。县文物管理所 1994 年征集。现收藏于县民族陈列馆。

“翰苑先声”匾 “翰苑先声”匾制于清嘉庆十八年（1813），木质。匾横长 260 厘米，纵高 107 厘米，厚 5 厘米，黑漆底金字。题头竖书“大主考翰林院编修加二级记录二次郭尚先、大主考翰林院编修加二级记录程百鸾例为”，中间楷体横书“翰苑先声”四字，落款为“嘉庆十八年小阳月中浣吉旦，癸酉科举人陈凤翥立”。

“翰苑先声”匾（2007 年拍摄）

陈凤翥为罗场乡平窝村人，字百鸾，癸酉举人。因与大主考陈百鸾之名巧合，而深受陈百鸾器重。但陈凤翥不求功名，安于平窝村讲学授徒，终老故里。该匾系于翰林院郭尚先、程百鸾所授。“翰苑先声”匾与文魁匾、进士匾共三张，另二张于民国 18 年（1929）失火烧毁。“翰苑先声”匾，现由平窝村民陈昌文收藏。

“松筠劲节”匾 “松筠劲节”匾制于清光绪十九年（1893），木质。匾横长 225 厘米，纵高 92 厘米，厚 5 厘米，黑漆底金字。题头楷体竖书“钦命贵州巡抚部院李旌奖、钦命贵州提督学政叶 书为”，中间楷体横书阴刻贴金“松筠劲节”四字，每字约 38 厘米见方。落款为“邑庠生陈希世先生之母陈任氏立，姻再晚：陆占魁、戴仁熙、陆鹏飞、王义容仝顿（印）”，落款为“龙飞光绪十九年蒲月下浣，吉旦”。陈希世系陈凤翥之孙，而陆、戴、王等为陈任氏之姻侄孙。时陆占魁、陆鹏供职于思南府衙。该匾系贞节匾，陈任氏早年丧夫，寡居至八十余岁，独力抚养其子大训成人，且成就功名，后由贵州巡抚旌奖授匾。该匾悬挂于罗场乡平窝村陈大训故居门额。房屋现为陈世祥、陈高昌两家继承。该民宅始建于清道光年间（1821—1850），系砖、木、石结构古建筑。坐西向东，原有正房、两厢、围墙、院落等建筑。现存正房二间，面阔 12.4 米，通进深 10.05 米。穿斗结构小青瓦顶，共用十二檩。其北侧拆毁二间，现排列糟朽严重。残存踏步、堡坎、垂带。挂匾之门斗面阴刻“麒麟望月”。阶沿青石板平铺，门前一块阴刻外圆内方孔形币纹。1951 年，解放后印江第一任县长张佃一率队到缠溪土改，因土匪暴动，临时政府曾设于该民居。一年后迁走。

“涂山望族”匾 “涂山望族”匾制于清嘉庆十九年（1814），木质。匾横长 343 厘米，纵高 109 厘米。厚 2.1 厘米。木质周框木边宽 2.1 厘米。红底金字，题头楷书阳刻“嘉庆十九年岁在甲戌季春谷旦为谭府荣建宗祠大嘉”。中间为行书阴刻“涂山望族”四字，每字 50 厘米×44 厘米，为印江书法名家王道行所书。落款为“前署贵阳府广顺州开州训导候补学正云轩王超仝侄陕西西安府泾阳知县竹郡王道行谨撰”。1990 年 9 月县文物管理所征集于太阳山涂氏宗祠，现收藏于县民族陈列馆。

“椒衍新吴”匾 “椒衍新吴”匾制于清嘉庆十九年（1814），木质。匾横长 359 厘米，纵高 121 厘米，厚 6 厘米。周框木边宽 2.1 厘米，红底金字。题头为“旨嘉庆十有九年岁在甲戌仲春之闰既望律中始洗穀旦立”，楷书阴刻，每字约 7 厘米×5.5 厘米。中间阳字阴刻行书“椒衍新吴”四字，每字 60 厘米×45 厘米见方。落款为“敕授文林郎权知贵州思南府印江县事癸酉科同考试官加三级记录五次曲阜陈维玲题”。1990 年 9 月，县文物管理所征集于太阳山涂氏宗祠，现收藏于县民族陈列馆。

“蜀滇慈母”匾 “蜀滇慈母”匾制于清嘉庆十九年（1814），木质。匾横长 342 厘米，纵高 111 厘米，厚 6 厘米。周框木边宽 2 厘米。红底金字，题头楷书阳刻“原住四川成都府通判随升云南广西府维广州知涂公号弼元长兄大人”。中间为行书阴刻“蜀滇慈母”四字，每字 55 厘米×44 厘米见方，落款为“知印江县事年家眷愚弟谢珍拜题，嘉庆十有九年岁在甲戌仲秋既望律中南吕重立”。1990 年 9 月，县文物管理所征集于太阳山涂氏宗祠，现收藏于县民族陈列馆。

“寿庆立轴” “寿庆立轴”共有条屏 12 幅，纸质。制于清光绪元年（1875）。条屏为太子少保云贵总督署云南巡抚岑毓英，云南按察使程诚，布政使衔云南盐法道沈寿蓉等 30 人，为诰封恭人黄老伯母徐太恭人八旬荣寿所写。寿庆文由进士翰林院编修、云南布政使宋延春撰文，翰林院编修、国史馆协修、云南学政李端棻[①]书写。条屏纵长 225 厘米，横宽 55 厘米。轴裱红底楷书墨字。字体敦厚大方，流畅自然。1979 年 11 月，黄紫诰[②]之后裔坪兴村黄光全捐赠县文化馆，1988 年 11 月拨交县文物管理所，现收藏于县民族陈列馆。

李端棻书十二寿屏（2008 年拍摄）

朗溪司正长官承袭文书 朗溪司正长官承袭文书形成于咸丰年间（1851—1861）。为朗溪蛮夷长官司第十八世正长官田应朝请示承袭朗溪田氏土司爵职的文书资料。其中“朗溪司正长官顶代宗枝图册”及“应袭田应朝供状”为白皮纸质线装册籍。该文献资料为 1983 年民族识别时，朗溪镇川岩村村民田应达捐赠。现珍藏于县民族陈列馆。

2008 年印江自治县文物保护单位一览表

表 14－16

名称	类别	形成年代	所在地区	级别
红二、六军团木黄会师军部旧址	古建筑	民国 23 年（1934）	木黄镇木黄村	国家级
红二、六军团木黄会师纪念碑	近现代重要史迹及代表性建筑	1979	木黄镇将军山	国家级
重建梵净山金顶序碑	石窟寺及石刻	明万历四十六年（1618）	紫薇镇大园子村	省级
印江文昌阁	古建筑	明嘉靖十年（1531）	印江民族中学内	省级
印江依仁书院	古建筑	清乾隆七年（1742）	印江民族中学内	省级
印江严氏宗祠	古建筑	清道光十一年（1831）	峨岭镇峨岭村	省级
燕子岩田氏宗祠	古建筑	民国 10 年（1921）	木黄镇燕子岩村	省级
甲山西岩寺	古遗址	明嘉靖七年（1528）	峨岭镇甲山村	县级

①李端棻（1833—1907），字苾园，贵州贵筑（贵阳）人。清末著名的维新派大臣，政治家、改革家、教育家，积极支持康有为、梁启超、谭嗣同等组织发动的“戊戌变法”。他一生痴心于办教育，是北京大学的主要创办者之一，贵阳十大文化名人之首。

②黄老伯即黄紫诰（生卒年不详），印江县坪兴村人。清嘉庆年间（1796—1820）举人，任天柱县训导。清咸丰年间（1851—1861）调云南禄丰县知县、楚雄府兼护迤西兵备道，历署大理、临安、沅江三府，威远厅同知。清光绪癸未（1883）补东川府，旋署楚雄、曲靖两府等地任职。

续表14—16

名称	类别	形成年代	所在地区	级别
居洞沟营盘	古遗址	明洪武年间（1368—1398）	朗溪镇河西村	县级
朗溪蛮夷长官司遗址	古遗址	明洪武十五年（1382）	朗溪镇朗溪村	县级
官寨土司衙门旧址	古遗址	清乾隆六十年（1795）	木黄镇盘龙村	县级
木良土司衙门旧址	古遗址	清乾隆六十年（1795）	木黄镇木良村	县级
官寨土司墓群	古墓葬	清代	木黄镇盘龙村	县级
曾家园冯氏墓群	古墓葬	清代	峨岭镇桶溪村	县级
上洞任子元墓	古墓葬	元代	板溪镇上洞村	县级
渠沟周以湘墓	古墓葬	清光绪二十一年（1895）	板溪镇渠沟村	县级
孟关蒲氏墓	古墓葬	明永乐十五年（1417）	朗溪镇孟关村	县级
护国寺海阔慧惺禅师墓	古墓葬	清康熙二十六年（1687）	紫薇镇大园址村	县级
文昌向家坟	古墓葬	清同治年间（1862—1874）	木黄镇文昌村	县级
崔山李正旺墓	古墓葬	清光绪四年（1878）	杨柳乡崔山村	县级
小泽严寅亮墓	古墓葬	民国22年（1933）	新寨乡小泽村	县级
阳坡严寅亮故居	古建筑	清代	新寨乡黔溪村	县级
大官庄思基故居	古建筑	清代	罗场乡两河村	县级
峨岭穿城大堰	古建筑	明万历二十七年（1599）	印江县城区	县级
新业文昌阁	古建筑	民国15年（1926）	木黄镇文昌村	县级
芙蓉兴隆桥	古建筑	清道光十三年（1833）	木黄镇芙蓉村	县级
天庆寺旧址（界碑、和尚塔）	古建筑	明万历四十六年（1618）	木黄镇金厂村	县级
甲山火神阁	古建筑	宋代	龙津办事处甲山村	县级
中寨口戴氏宗祠	古建筑	清同治十二年（1873）	龙津办事处甲山村	县级
新坪戴氏宗祠	古建筑	清嘉庆二十四年（1819）	新寨镇新坪村	县级
桶溪杨氏宗祠	古建筑	清代	龙津办事处桶溪村	县级
凯望杨氏宗祠	古建筑	清嘉庆年间（1796—1820）	新寨乡凯望村	县级
乐洋张氏宗祠	古建筑	清乾隆八年（1743）	新寨乡乐洋村	县级
落佑田氏宗祠	古建筑	明洪武二年（1369）	合水镇落佑村	县级
凤仪喻氏宗祠	古建筑	清同治八年（1869）	木黄镇凤仪村	县级
下洞任氏宗祠	古建筑	清道光年间（1821—1850）	板溪镇下洞村	县级
乌溪杨氏宗祠	古建筑	清顺治年间（1644—1661）	木黄镇乌溪村	县级
勤丰文昌阁	古建筑	清宣统二年（1910）	板溪镇勤丰村	县级
汪家沟共济桥	古建筑	民国2年（1913）	新寨镇黔溪村	县级
天堂万寿宫	古建筑	清嘉庆八年（1803）	天堂镇天堂村	县级
黄土天马桥	古建筑	清光绪三十四年（1908）	杉树乡黄土村	县级
黄土土地祠	古建筑	清代	杉树乡黄土村	县级
虹穴文昌阁	古建筑	清光绪三年（1877）	中坝乡虹穴村	县级
大田大安桥	古建筑	清代清同治九年（1870）	中坝乡大田村	县级
昔坪太平寺	古建筑	明万历年间（1573—1620）	木黄镇昔坪村	县级
燕子岩鱼泉寺	古建筑	清雍正二年（1724）	木黄镇燕子岩村	县级
凤仪文昌庙	古建筑	清康熙二十年（1681）	木黄镇凤仪村	县级
洋溪万里桥碑	古建筑	清道光二十三年（1843）	洋溪镇洋溪村	县级

续表14－16

名称	类别	形成年代	所在地区	级别
洋溪万安桥	古建筑	清光绪元年（1875）	洋溪镇曾心村	县级
乐洋水府塔	古建筑	清咸丰六年（1856）	新寨乡乐洋村	县级
乐洋大兴寺	古建筑	清光绪四年（1878）	新寨乡乐洋村	县级
护国寺《黔山第一》	古匾牌	民国7年（1918）	紫薇镇大园址村	县级
观音洞摩崖	石窟寺及石刻	明万历二十九年（1601）	河缝观音洞	县级
普同水山嘉会摩崖	石窟寺及石刻	明万历三年（1575）	峨岭办事处普同村	县级
普同老鼠抠仓壁题	石窟寺及石刻	明天启六年（1626）	峨岭办事处普同村	县级
大关口摩崖	石窟寺及石刻	明嘉靖十五年（1536）	合水镇土洞村	县级
严黑山碑记	石窟寺及石刻	清同治七年（1868）	天堂镇中姚村	县级
梵净山院道摩崖	石窟寺及石刻	明万历元年（1573）	紫薇镇大园址村	县级
梵净山天桥功德碑摩崖	石窟寺及石刻	清康熙五十二年（1713）	紫薇镇大园址村	县级
凤竹路摩崖	石窟寺及石刻	明崇祯七年（1634）	朗溪镇孟关村	县级
池坝民众公约碑	石窟寺及石刻	清道光七年（1827）	杉子坡镇池坝村	县级
虹穴摩崖	石窟寺及石刻	清光绪二十二年（1896）	中坝乡虹穴村	县级
剪刀峡摩崖	石窟寺及石刻	明万历十六年（1588）	紫薇镇大园址村	县级
坪所摩崖	石窟寺及石刻	清嘉庆八年（1803）	木黄镇坪所村	县级
德及思邛碑	石窟寺及石刻	清宣统元年（1909）	新寨乡上槽村	县级
毛坝红军标语	近现代重要史迹及代表性建筑（以下简称）	民国23年（1934）	刀坝镇毛坝村	县级
麻竹园红军标语	近现代重要史迹	民国23年（1934）	沙子坡镇竹园村	县级
红花园红军标语	近现代重要史迹	民国23年（1934）	沙子坡镇红花园村	县级
滚溪坪红军标语	近现代重要史迹	民国23年（1934）	刀坝镇核桃坪村	县级
木黄街上红军标语	近现代重要史迹	民国23年（1934）	木黄镇木黄村	县级
梵净山西碑林	近现代重要史迹	1998	紫薇镇大园址村	县级
县城防洪堤书画长廊	近现代重要史迹	2005	印江县城印江河	县级
木黄红六军团政治部旧址	近现代重要史迹	1934	木黄镇木黄村	县级
木黄红三军政治部旧址	近现代重要史迹	1934	木黄镇木黄村	县级
黔东独立师师部旧址	近现代重要史迹	1934	紫薇镇大园址村	县级
高登海烈士墓	近现代重要史迹	1950	缠溪镇缠溪村	县级
苏家坡红军坟	近现代重要史迹	1934	紫薇镇大园址村	县级
张家坝红军坟	近现代重要史迹	1934	紫薇镇张家坝村	县级
太阳山革命烈士纪念碑	近现代重要史迹	1956	龙津办事处红光村	县级
洋溪革命烈士墓	近现代重要史迹	1950	洋溪镇洋溪村	县级
烂坝沟张君望墓	近现代重要史迹	1934	中坝乡杨家坪村	县级
四坳口陈正国墓	近现代重要史迹	1957	杉树乡四坳口村	县级
竹园李云清墓	近现代重要史迹	1990	沙子坡镇竹园村	县级
兰克人民公社旧址	近现代重要史迹	1970	刀坝乡来安营村	县级
合水古法造纸作坊	其他	明清	合水镇兴旺、木腊、坪楼等村	县级
车家河大桥	古建筑	1991年	天堂镇天堂村	县级
永义紫薇园	其他	1998	紫薇镇永义村	县级
五甲会师柏	其他	1934	木黄镇五甲村	县级

续表14－16

名称	类别	形成年代	所在地区	级别
梵净山九皇洞、茶殿碑等历史文物	其他	明清	紫薇镇大园址村	县级
大圣墩天生桥、太子石、石林等文物	其他	明清	龙津办事处幸福村	县级

说明：县级文物保护单位在列为省级文物保护单位后，还在县级文物保护单位栏中记录

第四节　非物质文化遗产

2005 年 8 月，印江自治县人民政府根据国务院办公厅《关于加强我国非物质文化遗产保护工作的意见》和文化部《关于申报第一批国家级非物质文化遗产代表作的通知》文件精神，成立自治县非物质文化遗产保护工作领导小组，开始以“保护、抢救、弘扬、开发”为主题，有计划、有步骤地开展普查、搜集、整理等工作。通过调查认定，公布一批县级保护名录，命名一批民族文化村寨和传承人，申报一批保护名录。使县内珍贵、濒危并具历史文化和科学价值的非物质文化遗产得到广泛认同。

一、组织

1988 年 9 月，成立印江自治县民间文学三套集成领导小组。2004 年 10 月，成立县民族民间文化普查工作领导小组。2005 年 8 月，成立县非物质文化遗产保护工作领导小组，抽调人员组成普查组。

二、普查

2006 年 6 月，印江自治县非物质文化遗产普查工作依照“全面普查、摸清家底”的工作目标，坚持“全面性、代表性、真实性”的指导原则，广泛深入地开展非物质文化遗产普查。邀请县内知名文化人及民族民间文化爱好者参与普查，争取社会各界的广泛支持，全面开展非物质文化遗产普查工作。调查项目涵盖民族信仰、民间文学、民间戏剧、民间音乐、民间舞蹈、民间美术、民间工艺、传统体育、游戏、人生礼俗以及文化空间等 16 个门类 60 多个种类，搜集民间故事 124 个、民歌 310 个、民间音乐 17 个、民间舞蹈 16 个、戏剧 6 个、曲艺 6 个、民间杂技 8 个、民间美术 5 个、民间手工技艺 41 个、民间禁忌 87 条、民间信仰 21 个、人生礼仪 129 个、岁时节令 43 个、节日活动 23 个、传统饮食 18 个、民间知识 8 个、游艺 7 个、传统体育与竞技 10 个、传统医药 2 个，登录承载非遗信息民间艺人 256 个。建立非遗普查资源档案，形成文字材料 70 万字，拍存照片 868 幅，项目录音 46 小时，录像 135 小时，专题 DVD 光盘 13 张，文字资料 12 万字。

2007 年 5 月，老领导张朝仙带队在团龙村开展非物质文化遗产普查

普查中重点对下洞祭凤神、合水长号唢呐、土家族过赶年、红棺葬俗、坪底印染工艺技艺、花灯戏、傩堂戏、塘口高腔山歌、甲山焰火架编扎工艺、合水古法造纸技艺、朗溪荥家湾窑罐技艺等，进行造册登记、录音录像、拍照存档。通过普查基本摸清全县非物质文化遗产情况，建立比较完备的非

物质文化遗产档案，发掘整理一批非物质文化遗产项目。

三、 申报

1993 年 3 月，贵州省文化亍命名合水为“民族唢呐长号之乡”，为全省第一批艺术之乡。2002 年 2 月，贵州省文化厅命名峨岭镇为贵州省书法艺术之乡。2007 年 1 月，印江自治县政府印发《关于公布首批县级非遗代表作名录的通知》，公布下洞祭风神、合水长号唢呐、土家族过赶年、红棺葬、印染工艺、花灯戏、梯玛神歌、塘口高腔山歌、长路引、土家喊山号、蒲氏墓朝拜、印江字牌玩技、土家族婚俗、朗溪荥家湾窑罐技艺、红雨伞制作工艺、韵酒酿造工艺、蔡家坳古法造纸、焰火架编扎工艺、金钱杆、摆手舞、土家族哭嫁歌、朗溪封火桶子建筑工艺、古营盘建造工艺、大溪沟采茶歌、傩堂戏、民族中草药、开经门、神仙豆腐、木黄金豆腐、龙灯嘘花等首批 30 个县级代表作名录。是月，铜仁地区行署颁发《关于公布首批地区级非遗代表作名录的通知》，印江下洞祭风神、合水长号唢呐、土家族过赶年、红棺葬俗、印染工艺、印江灯夹戏 6 个为地级非物质文化遗产代表作名录。是年 5 月，贵州省人民政府颁发《关于公布第二批省级非遗代表作名录的通知》印江土家族过赶年、下洞祭风神、印染工艺、花灯戏 4 个项目列入省级非遗代表作名录。2008 年自治县人民政府命名 15 个民族文化村寨和 26 名非物质文化遗产传承人。

四、 研究

为抢救和保护全县非物质文化遗产，在广泛调研、抢救、发掘基础上形成较为系统的项目调查报告、论文和专题资料。2007 年 6 月，在《印江通讯》上开辟专栏，开展“保护文化遗产、守护精神家园”征文活动，陆续刊登印江非遗资料和论文。印江非遗论文相继在省级刊物《文化广角》《土家族研究》《群文天地》《黔东民族文化研究》《艺文论丛》《贵州文化遗产》等发表。编辑出版《印江花灯音乐集成》《印江花灯简志》《印江土家风情·花灯专辑》《印江土家风情·民族文化》《印江民族民间文化读本》《印江民歌集成》《印江傩戏音乐》《印江对联集成》《印江文史资料·民族民间故事》《梵净山民族民间文化论丛》等文献专著。《印江土家艺术——焰火架》《民间工艺园中的奇葩——印江印染》发表于《中国非遗·2007》。

2008 年 9 月， 印江召开民族民间文化保护与发展研讨会

1992 年 10 月，合水长号唢呐队赴深圳参加锦绣中华成立三周年、民俗文化村一周年庆祝活动，并开展 6 个月的表演活动，共演奏唢呐和表演土家婚俗 300 多场。1993 年 2 月，峨嵋电影制片厂《贵州土家族史料风情片》电影摄制组以印江祭风神、长号唢呐、土家族过赶年、红棺葬俗、印染工艺技艺、花灯戏、傩堂戏、焰火架编扎工艺、古法造纸技艺等为素材进行半年的拍摄活动。2006 年 8 月，贵州电视台《发现贵州》摄制组在板溪镇下洞村拍摄土家族祭风神，在沙子坡镇塘口村拍摄高腔山歌，是年 11 月在贵州电视台《发现贵州》栏目以《土家祭风神》《歌舞之乡》为题播出。2008 年 8 月，印江文化馆编辑《印江印象·民歌 20 年》，共收录采茶歌、高腔山歌、情歌对唱、梵净绿茶闪威威等流传广泛的民歌 14 首。

2006 年 8 月，在黔南州普定县举办的贵州省首届花灯大赛中，印江花灯小戏《村官上任》获彩灯奖，花灯歌舞《悠悠茶山情》获彩扇奖，花灯艺人刘安定荣获“花灯王”称号。2006 年 10 月，印江举办第一届民族民间（民族歌舞）文艺调演。

2007 年 11 月，贵州省花灯学会首届年会在印江举行，全省各地 40 多名专家学者和印江 32 名花灯艺术工作者参加。省花灯学会向印江颁发“贵州花灯研究学会印江分会”和“贵州花灯研究学会创作基地”匾牌。

2008 年 9 月，印江自治县人民政府召开印江民族民间文化发展研讨会，省内学者 30 多人参会。10 月，印江《高腔山歌》参加“多彩贵州”决赛，获原生态唱法优秀奖。11 月，举办第二届民族民间文艺会演《梵山印水印江情》。

五、 非物质文化遗产代表作名录

土家族过赶年中合唱《辞行歌》

土家族过赶年 印江土家族“过赶年”，源于元末明初东南沿海的抗倭战争。明初，沿海人民对倭寇恨之入骨，纷纷组织武装，抗击倭寇，保卫家乡，守护疆土。在南方朝廷对土司下旨：“附辑诸蛮，谨守疆土，修职贡，供征调，无相携贰。”明嘉靖年间（1522—1567），印江土家族青年曾多次出征，隶属湖广土兵，受抗倭名将俞大猷指挥，参加广东沿海一带的抗倭战斗。时因每年出征多在农历腊月底，印江土家族人民则不能一家人团圆过年，便纷纷赶在腊月三十日前过年（月大二十九、月小二十八），年复一年，约定俗成，逐渐成为印江土家族固定的节日。土家族人把这种提前过年的习俗称为“过赶年”，又称“蓑衣年”。

过赶年一般以户为单位，过年时夜不点灯，摸黑煮饭，家家户户寂静无声，心情极度紧张，要“三揖九叩”祭祖、以“发马料”、祭神和轻哼《点兵歌》等形式，纪念在抗倭战争中不惜流血牺牲、屡立战功的土家族先民们。印江土家族“过赶年”以祭祀纪念的形式，凝聚情感，戍守疆土、保国家的共同心愿，体现了土家人的爱国精神。

过赶年是印江土家族的节日，2007 年 1 月，土家族过赶年被列为印江自治县非物质文化遗产保护名录。2007 年 5 月，列入贵州省非物质文化遗产代表作保护名录。主要传承人是革底村刘兴美。

下洞祭风神 祭风神，是印江民间老百姓为祈求风调雨顺、五谷丰登的一种祭祀活动。《印江前志汇注・风神论》载：“神出圣墩大洞，有虔奉者，神赐二旗，一赤一黑，雨久挥赤即晴，晴久挥黑即雨，能致穰岁，灵应非常，后故祭之。”早期祭风神多以杨姓主其事，清道光《思南府续志》载：“印江则六月六日祭风神，或曰丰神，多以杨姓主其事；届日，椎牛烹羔、鸡鹅鱼肉，五牲毕具；跪拜仪节，迥与常殊；设楮旗于广场，曰大白，曰小白，拜舞其前，士女倾城往观，百蜡一泽，盖士祭云。”后来多以任姓主其事，设风神会，定六月六日为祭日，三年一小祭，十二年一大祭。

祭风神由土老师主祭，仪式按启神、跩神、竖旗、杀牲等程序进行。神坛设于风神庙，供雷公、电母、风伯、雨师四神位和七十二牲祭品。杀牲，是祭风神活动中最惊心动魄的环节。最后将各种牲肉剔下与大米一起煮成稀饭，众人抢食而终止。人们认为，多吃一点就能年年吃上饱饭。

祭风神是人们在认识自然和改造自然过程中产生的一种文化现象。至今，部分地区的土家人还保持着天旱就煮稀饭分食的习惯。印江有很多以风神庙、风神洞、风神塘、风神树、风神堡为称呼的地名，罗场乡坪窝村风神堡还遗存祭风神的自然环境；板溪镇下洞村保留祭风神的习俗。2007 年 1 月，下洞祭风神列入印江自治县非物质文化遗产代表作保护名录；2007 年 5 月，列入贵州省非物质文化遗产代表作名录。主要传承人是下洞村任贞茂。

花灯戏 花灯，是介于歌舞和戏曲之间的一种民间文艺。印江花灯起源于唐宋，风行于明清，是

坪柳花灯艺人田景常（71 岁）表演传统花灯

贵州东路花灯的代表。传统花灯敬奉金花银花小姐、十二采茶娘子。花灯分“锣鼓灯”和“丝弦灯”两种：锣鼓灯用锣鼓伴奏，唱腔由高腔和平腔组成；丝弦灯由锣鼓发展而来，用锣鼓和二胡伴奏，主要演唱民间小调。

传统花灯人物主要有丑（阿哥）、旦（幺妹）二人，因民间有“好女不扮灯”的说法，旦角历来为男扮女装。因脚上系尖木屐，套绣花小鞋，故又称“踩翘子”。丑旦化妆鲜艳，形象夸张。身段步法，男束带，女持巾，各执一扇。男步以矮桩为主，有撮箕口、天字步、马步、弓步；女步“之”字步，有大开门、小开门、凤点头、鸡啄米等。舞蹈动作，丑角有金鸡独立、黄莺展翅、鹞子翻身，旦角有荷花出水、孔雀开屏、蛤蟆晒肚等。丑角趣而不俗，雍而不板，声情并茂，主动、粗犷、风趣；旦角笑不露齿，坐不当面，含情脉脉，娇羞优雅，表情丰富。故事情节以阿哥邀幺妹去唱花灯，随着途中二人的调侃而演绎，情节生动、简单，以动作和语言引人欢笑。

花灯戏，是在传统花灯的基础上发展而来。1949 年以前称“灯班戏“，传统剧目有《槐荫配》《巧英晒鞋》《劝夫戒酒》等 70 多个；音乐有大开门、满树红、二平调、四平调、山坡洋等。

花灯戏是贵州独具声、腔、调的民间艺术，在印江广泛流传。2007 年 1 月，花灯戏列为印江自治县非物质文化遗产保护名录；2007 年 5 月，列为贵州省非物质文化遗产代表作名录。主要传承人有周和平、吴亚松、唐孝廉、吴天祥、刘安定等。

印江印染工艺 据《印江前史汇注》记载，印染源于秦汉，兴于唐宋，宋时称“药斑布”，明清时又称为“浇花布”。印江印染伴随着中国纺织业的发展而兴起，已有近千年的历史。印染艺人顶敬梅、葛二仙师。

印染分为染色和印花两部分，民间称为普染和印染。染色，即以土蓝靛为染料，将白土布染成各种颜色；印花，即以自制模板（又称花版）放到白土布上刮灰浆，印制各种图案。印染工艺流程主要包括花版制作、染料制作、染浆制作、灰浆制作、染色、印花等重要环节，每个环节又有几道或十几道。工艺的主要原材料有蓝靛草、白皮纸、白土布、鸡蛋、桐油等。主要配料有牛胶水、桐壳灰、猪血、土酒、大黄、石灰等。主要制品：按颜色有月白布、月蓝布、青蓝布、青（黑）布、灰褐布等，按用途有被面、垫单、桌围、窗帘等。

印染图案内容一般从神话传说及民间吉祥物中取材创作，以名贵花草或珍禽异兽配衬而成。构图形式大致有团窠式、对称式、散点式、花边式、整体式、几何纹式等十几种。图案造型独特，纹样自然、协调、流畅，富有灵性和美感。常用的图案有“凤凰升子底”“罐罐栽花”“鹿子闹莲”“喜鹊闹梅”“双凤朝阳”“二龙抢宝”“鲤鱼戏水”等近 60 种。成品越洗越明、越用越明，耐观赏，具有浓郁的民族风格和地域特色。

印江印染是工艺与技术、审美与科学的完美结合，具有重要的历史文化价值、工艺美术价值、科学价值和经济价值。2007 年 1 月，印染工艺被列入印江自治县非物质文化遗产保护名录；2007 年 5 月，列入贵州省非物质文化遗产代表作保护名录。印染传统工艺的主要传承人有坪底村任明武、青狮村陈太黄等。

合水古法造纸 造纸术，中国古代四大发明之一。明弘治年间（1488—1505），蔡姓先民从江西迁入印江兴旺定居，并利用当地原料从事造纸。造纸艺人尊蔡伦为鼻祖，奉为“纸神”。自清末到民国时期，合水镇兴旺至木黄镇阳坝沿印江河两岸，约五六百户人家从事手工造纸业。生产的白皮纸有用于“志书”“公文”“契约”“书画”的文章纸；用于“清明”“祭祖”的祭祀纸；用于斗笠、灯笼、纸伞的编扎纸。这时期，以兴旺、木腊、大湾三个村寨为中心，曾建立三个“蔡伦会”。抗战时期，合水白皮纸生产达到鼎盛，纸品销往省内外及东南亚地区。

兴旺村古法造纸中的蒸窑

合水白皮纸主要以家庭为单位手工作坊式生产，造纸原料只选用“构树皮”。生产流程为选料、蒸煮、浸泡、漂洗、碎料、舂筋、打浆、舀纸、晒纸、收垛、分刀、捆扎、包装等，号称“七十二道工”。现保存较为集中、规模较大的作坊有兴旺下寨、兴旺蔡家坳、木腊桥头3个作坊生产区和香树坪、亚子坝、坪楼3个作坊遗址群。

合水白皮纸曾以纸质优良闻名遐迩，享誉四方。清末恭书“颐和园”匾额的书法家严寅亮喜用白皮纸。1920年，梁启超曾托严寅亮购合水白皮纸。1933年，中国著名画家徐悲鸿用合水白皮纸绘画时称赞：“白皮纸的吸墨力强，坚韧绵扎，细腻白泽，折不起皱纹，画与纸相得益彰。”著名画家李苦禅、郭味渠、李可染等曾使用印江白皮纸作画。

合水古法造纸是中国传统造纸术的活化石，具有重要的历史文化研究价值。兴旺村下寨、蔡家坳、木腊村还保留古法造纸传统工艺，2007年1月，合水白皮纸制作技艺列入印江自治县非物质文化遗产代表作保护名录。主要传承人有兴旺村蔡文举、饶景科、田儒林、曾长喜、饶昌书等。

傩堂戏中表演秦童与秦童娘子

傩堂戏 傩，起源于远古初民的驱鬼逐疫祭祀。这种在中原地区早已消失、具有原始宗教意义的巫文化现象，在印江还有较完整的保存。傩坛主要供奉三清（太清、玉清、上清）和傩公傩婆。

傩有“冲傩”“还愿”两种形式。“冲傩”，凡有灾病的人家，为祛灾病，请两个土老师，经一个晚上的祭祀即可。“还愿”是许愿求平安、求长寿已如愿的人家，择良辰酬谢神灵。其仪式要经过“开坛”（请神）、“开洞”（请戏）、“闭坛”（送神）三个阶段，需要三天，甚至十天半月。“开坛”“闭坛”以祭祀为主，“开洞”则是请出24个正戏，以24个不同形象的面具代表24个神。土老师们戴上面具，边舞边唱，进行傩祭表演，亦祭亦戏，既娱神，也娱人。在此基础上，又吸收民间故事，增加了不戴面具的插戏，使傩祭表演逐渐形成具有人物、音乐、完整故事情节的傩戏（也称傩堂戏）。为了显示神的功力，产生了上刀梯、下油锅、踩红铧、开红山等具有神秘色彩的傩技。以傩为中心而伴生的傩戏、面具、案子画等傩文化，被国内外专家、学者誉为中国戏剧的“活化石”。

傩堂戏主要分布在木黄、永义、合水、天堂、中坝等乡镇，主要传承人有三合村杨胜怀父子、荣光村罗会秀（女）、七百渡村秦祖发父子、杨家坪村张泽君、白岩村李如忠父子、洋溪镇黄仁宽、永靖村马兆德、合水村石云龙等。七百渡村艺人秦仁军在贵阳市花溪区开办贵州福缘文化传播有限公司传习傩文化。2007年1月，傩堂戏被列为印江自治县非物质文化遗产保护名录。

土家族高腔山歌 印江土家族高腔山歌是一种用汉语方言演唱，音调高亢明亮，音域宽广，曲调起伏大，拖腔悠长，颇具穿透力的山歌。这种山歌，主要分布在沙子坡、刀坝、木黄等地。土家族高腔山歌大约定型于明末清初，已有500年左右的历史。

2008 年 9 月，印江高腔山歌参加“多彩贵州”歌唱大赛

土家族高腔山歌内容主要反映农耕生活，有情歌、劳动歌、礼仪歌、生活歌、劝诫歌……通过长期传承定型的高腔山歌有《上山坡》《耕田歌》《薅草歌》《大田栽秧行对行》《高高山上一树槐》等 200 多首。

高腔山歌演唱形式有独唱、对唱、数人接唱、齐唱、一领众和等，唱词一般以七言四句、七言六句的歌词为主，为上下句结构。山歌中衬腔、衬词、方音明显，语气衬词与拖腔的结合形成高腔山歌独有的特征。高腔山歌多为即兴“喊唱”，没有伴奏，广泛使用自由延长音和拖腔，音域达十三度，最高可至“High D”，八度大跳音程突显，且具有戏剧高腔味。其曲牌主要有宫调式、羽调式、徵调式等。

土家族高腔山歌是最能反映本民族粗犷豪放特点的民歌，是山村文化的代表。2007 年 1 月，土家族高腔山歌被列为印江自治县非物质文化遗产保护名录。土家族高腔山歌分别在木黄、刀坝、沙子坡、永义等乡镇，主要传承人有塘口村刘朝英、王胜海，荣光村杨秀昭，团龙村柴宏权，罗南溪村杨昌文，革底村刘兴美等。

焰火架编扎技艺 焰火架是一种集编扎、造型、剪纸、彩绘、烟花爆竹制作等为一体的技艺；又是一种由焰火架艺匠精心设计、策划、导演的、以傀儡为角色、以焰火为动力操纵傀儡表演的艺术。

焰火架艺术始源于宋代，得法于火药的发明应用和“烟火”的创制技艺。明代，印江民俗活动中已有施放“阴火架”的习俗。清代至民国时期，印江焰火艺匠能燃放置装 12 台故事的“焰火架”。这种焰火艺术，常于祭祀、做斋、打醮、节日灯会等民俗活动中燃放，燃放场面壮观，场景精彩迭起，寓教于乐。

朗溪镇坡阳村民间艺人生产情况（2008 年拍摄）

焰火架”技艺包括“围子”编扎、“故事”个扎、“引线”捻制、“隔火”设计、“故事”安装、燃放等。焰火架的“故事”取材于民间流传较广的典故、神话、传说、英雄事迹等故事内容。若喜事则选“姜太公钓鱼”“孙猴子过火焰山”“满架葡萄”“鲤鱼精”“蚌壳精”“鱼变龙”“观音坐莲”“五老烧花”“牛郎织女”“八仙过海”等内容；若祭祀、打醮、做斋等带有悲情伤感的民俗事项，则选“目莲救母”“郭巨埋儿”“丁兰刻木”“孟宗哭竹”等。

焰火架编扎技艺融趣味性、知识性、科学性、观赏性于一体，它以其艺多、技绝以及魔术般的燃放表演，深为民众所喜爱。这一技艺堪称民间艺术之奇葩，有其重要的科学文化艺术价值和民俗语言学价值。2007 年 1 月，焰火架编扎技艺被列为印江自治县非物质文化遗产保护名录。焰火架编扎技艺在甲山村、对马溪村还保留，主要传承人有甲山村张安怀、周义忠、张著生，对马溪村谭祥林、黄柏庭等。

朗溪镇荥家湾窑罐工艺 清代中后期（约 1810—1820），刘开河之父从湖南辰溪搬迁到坪阳村水塘，始建窑罐作坊定居传艺。辰溪刘家村刘氏的窑罐技艺源于四川荥经县刘氏窑罐技艺，同宗同祖，师出一门，为了纪念荥经县刘氏祖师，取名“荥家湾窑罐厂”。至今已有两百多年历史。窑罐艺人主要祭尧舜帝君。

荥家湾窑罐制作流程是把白鳝泥或高岭黏土碾成细末，然后经沉淀、踩泥、捏坯，使其泥巴具有韧性，再置于转轮上，进行手工拉坯成型，又经蔫水、画画、施釉、晒干、入窑煅烧、出窑等过程，泥巴就变成了各种各样的窑罐。窑罐具有原始社会新石器时代的形制和汉代的风韵，有祭祀、赏玩、生活用品三大类型，60 多个品种。这些产品不仅满足邻境各县人们日常生活所需，而且远销湖南、广州、福建。

20 世纪 80 年代，荥家湾窑罐艺人刘祖明改进祖传技艺，烧制的窑罐深受当地百姓喜爱，并为省级文物保护单位——印江文昌阁维修烧制琉璃瓦，受到造型艺术专家的好评。2003 年，中国佛教名山梵净山护国禅寺重修，刘祖明生产的琉璃瓦被指定为专用产品。随着人们生活水平的不断提高，荥家湾窑罐技艺随着时代的发展，相继开发制作了各式各样的现代产品，如蒸饭甑、蒸鸡甑、花盆、笔筒、香炉、狮子、茶盘、金鱼缸，形成了窑罐多样化、艺术化，造型上保持了地方的特殊风格，显示了自成一家的窑罐制作技艺。2007 年 1 月，被列为印江自治县非物质文化遗产保护名录。窑罐艺人主要有坪阳村刘祖明、刘祖全、刘祖文兄弟，张家村唐景方、唐景前、唐清贵等。

合水长号唢呐 长号唢呐是印江广为流传的民间音乐。它以唢呐、长号为主奏，伴以二胡、笛子、箫、苏锣、苏铰、尺口等器乐，在民间称为“八音师”或“八仙师”。民族民间节日、婚礼、葬礼、祝寿、建房、迁居、彩门、朝山、做斋、办道场、祭祖等活动中，都会请上一拨唢呐班子活跃气氛，彰显民俗事务的隆重。

合水长号表演（2008 年拍摄）

印江唢呐曲牌丰富，有小堂红、快字调、四字调、离娘调等 60 多个散曲曲牌。这些曲牌，有的用于喜事，欢快、热烈、诙谐、风趣；有的抒发悲情，深沉、委婉、幽怨；还有一种集散曲牌之精曲组成的唢呐细吹联曲体《放牌》，将民间唢呐艺术演绎得淋漓尽致。

合水镇长号唢呐队在演奏一个完整的曲牌中，能做到不换气、不断音，边吹边舞。演奏形式有单口吹、单口吹双长号、单口吹双唢呐、鼻口吹、异口吹、交叉吹等绝活。1993 年 3 月，贵州省文化厅命名合水镇为全省第一批艺术之乡。2007 年 1 月，合水镇长号唢呐被列入印江自治县非物质文化遗产保护名录。长号唢呐吹奏技艺普及全县，主要传承人有合水镇田茂瑞、田茂金、戴传信、杨冬犬、田景华、杨勇、戴方强等。

龙灯嘘花 在印江龙灯又称亮龙。据民间传说，“草把龙”才是真龙，随着民间艺术、舞龙队伍的发展，逐渐演变成亮龙。印江玩龙灯历史悠久，村村寨寨都设有灯会，每年春节都有玩龙灯的习俗。

印江龙灯嘘花（2008 年拍摄）

龙灯由“龙”和“灯”两部分组成。“龙”由龙头、龙身、龙尾用竹条编扎、龙布连接而成。龙身布的颜色由各灯会传统色确定，有黄龙、金龙、青龙等。龙身一般为九栋，甚至有多达三十余栋的。“灯”有灯彩、灯戏；灯彩由鱼、虾、蟹、虫、鸟等动物，用竹条编扎装饰而成；灯戏由各种戏剧人物、民间故事和民间文艺队伍组成。

龙灯一般是每年春节初三以后择吉日吉时出龙。出龙前要“开光亮灯”，化一碗吉祥“海水”。出龙次序为牌灯、灯彩灯戏，随后由鞭炮、铁炮开路，舞龙队在黄烟中滚滚而来。整个队伍可达里许，巡游时间可达三小时左右。正月十五晚上“嘘花”，持“花”者一字排开，对着舞龙队伍嘘。舞龙者头戴龙帕、身穿短裤、赤裸上身，迎“花”而上。据说“挡花”可以抵御百病。

春节期间，龙灯开光之后要到各家各户“扫荡”，祛瘟疫、祈求六畜兴旺。正月十六，灯会把龙灯送到河边，设坛祭龙后烧化，称为“送龙归海”。春节舞龙普及全县。舞龙嘘花普及全县，2007 年 1 月，被列入印江自治县非物质文化遗产保护名录。

土家族摆手舞　摆手舞，土家语称为“舍巴日”（即跳吧），在古代是一种以摆手为基本特征的祭祀性舞蹈，是一种群众性肢体语言表现艺术，是土家族最具代表性的文化形态。

摆手舞是土家先民图腾崇拜，并结合生产劳动创造出来的肢体语言，以祈求幸福吉祥为主题。起舞前，先由土司主持祭祀先祖和土王，然后在田坝中央升起篝火，土家族人围绕篝火，翩翩起舞。其基本动作有单摆、双摆、大摆手、小摆手、回旋摆等数种，主要特点是手脚呈同边动作，摆右手出右脚，甩左手出左脚，踢踏摆手，蹁跹进退，成双成对，重拍下沉，双腿屈膝，全身颤动，节奏欢快。跳摆手舞不拘人数多少，少者数十，多则上千，常在庭院和田坝举行。

摆手舞以锣鼓呼应节拍，以肢体表达感情。气势恢宏，场面壮观，边歌边舞，歌词铿锵，深沉豪放，唱腔浑厚，是土家族歌舞中最具特色的一种大型歌舞。其中小摆手《茅古斯舞》被人类学家称为人类进步的活化石。跳摆手舞普及全县主要场镇。2007 年 1 月，被列入印江自治县非物质文化遗产保护名录。

油纸伞编扎技艺　印江油纸伞虽无史料记载，但据长者介绍，黔江村官主坝是生产纸伞最早的地方，全寨人祖祖辈辈都以生产雨伞为业，至少已有 400 多年的历史，素有“思南斗篷印江伞”之称。

印江油纸伞（2007 年拍摄）

印江纸伞的生产工序较多，技艺精细。大体可分为下料、打磨、成型、贴纸、上油、晒干等工艺流程，有“工序七十二道半，搬进搬出不消算”之说。伞的骨架用竹篾、棉线编扎，用白皮纸做伞布，颜色粉作为伞纸染料，颜色鲜艳，图案装饰美观大方。除大红伞外，其他伞种皆绘有山水或花鸟草虫。油纸伞不单用于日常遮阳避雨，同时还融入民间习俗中，如姑娘出嫁时，都得带一把大红油纸伞迎娶，喻“婚后有子”。

20 世纪 50 年代以来，印江油纸伞不仅销售省内各地，还远销东南亚。印江油纸伞多次参加省、地区工艺品展览，在同行业中得到好评，是“贵州省老字号”工艺品。油纸伞制作工艺主要在峨岭镇保留，2007 年 1 月，被列为印江自治县非物质文化遗产保护名录。主要传承人有峨岭镇张朝全、张安怀等。

印江采茶灯　印江采茶灯主要分布在峨岭的大溪沟、朗溪的石坪一带，是土家族以歌颂采茶叙说农事为主的大型歌舞活动。采茶灯是在二人花灯、三人花灯的基础上发展起来的群体表演艺术，主要行当 72 人，以 12 位采茶姑娘为轴心，配以社会上各行各业的人物作陪衬，在同一音乐旋律和锣鼓声中表演，风趣幽默，极具魅力。采茶灯的内容繁多，有单双采茶、农夫采茶、顺采茶、倒采茶三十余种，角色有生、旦、净、末、丑、渔、樵、耕、读、商、僧、道、闲汉等。整个活动上百人参与。表演程序以“恭贺新禧”的牌灯、锣鼓、二胡为前导；十二生肖、鱼、兵、虾、蟹彩灯走（站）两旁；12 位采茶姑娘左手花篮，右手折扇，边舞边唱采茶调；管家婆舞扇拍响镐与姑娘们调笑，紧接着是渔樵耕读、三教九流、公公背媳妇等歌舞活动，人物表演的步法有十字步、交叉步、对穿花、麻花绞等舞蹈动作；曲调有十二采茶、花采茶、单采茶、双采茶、倒采茶、农夫采茶、古人采茶等唱词。

采茶灯浓缩社会七十二行形形色色人物形象，一般在宽敞的场地或街道行进表演、气势磅礴恢宏，具有寓庄于谐、寓教于乐、雅俗共赏的特点，充满着浓郁的乡土文化气息，普及全县城乡。2007 年 1 月，被列入印江自治县非物质文化遗产保护名录。

2010 年春节甲山村举行采茶灯巡游活动

金钱竿 打金钱竿，又叫“钱竿闹”，是印江土家族人民吉庆活动中最普及、最喜爱的一种歌舞艺术活动。

金钱竿，是用金竹或紫竹，长约 1 米，两头穿孔，上挂两串古钱币，并系红丝飘带，其喻意为富裕、吉祥和喜庆。打金钱竿，由两人或多人相互配合，以金钱竿为道具，以锣、钹、二胡和帮腔等音乐组合而成。舞蹈时，合着唱歌节拍边打边唱边跳，男女对视，或一前一后，一左一右，钱币与竹竿互相撞击，发出多种声响。舞姿有“犀牛望月”“懒牛伸腰”“观音坐莲”“盘地龙”，唱词有《祝福吉祥》《八仙过海》等。

合水镇金钱杆表演（2008 年拍摄）

钱竿闹，声响悦耳，舞姿飞扬，节奏轻快，饶有风趣。唱词内容随时代新编，舞蹈与时代精神结合，表达了土家族儿女对新时代、新生活的热情和向往。2007 年 1 月，被列入印江自治县非物质文化遗产保护名录。

土家族婚俗 婚姻是土家族人生活中的大事，一般要经过“提亲”“下书子”“讨庚”“过礼”“哭嫁”“接亲”等几个阶段，其中“哭嫁”在婚俗中最具特色。

“哭嫁”在婚期前三天或半月乃至一月开始。首先由母亲“开声”领哭，教女儿要贤慧。然后由女儿哭祖宗、哭父母、哭哥嫂、哭姐妹、哭宾客、哭厨师、哭媒人……边哭边唱，歌词情真意切，委婉凄恻。开始为隔夜哭，轻声细吟，后为连夜哭，声嘶力竭。时为新娘单哭，时为母亲、姐妹、嫂子和乡邻姊妹陪哭。对象不同，哭唱内容也不同。哭父母之恩、姊妹情义或心中委屈。歌词有长辈传教下来的，有现编现唱的，多达百种以上。婚期前一天，新娘家要举办“花圆酒”，来宾全都为女方亲友，客人要送礼祝贺。这一天，要给新娘“开脸”，要摆出嫁妆“亮彩”。接亲队来后要举行“拦门礼”，新娘离家前要“辞祖”，由哥哥背着新娘上轿，然后发亲上路。

经过几百年的传承，哭嫁与“哭嫁歌”成为土家族婚俗文化中的表现形式，其中“哭嫁歌”是一部反映土家族婚姻的史诗，展示了土家族女性心理情感轨迹。土家族婚俗是印江传统习俗，2007 年 1 月，被列入印江自治县非物质文化遗产保护名录。

土家族红棺葬俗 土家族的丧葬，最古老的有岩洞葬、悬棺葬和火葬，之后为土葬。传说因为曹状元被皇帝错杀，赐红棺厚葬，而沿袭红棺土葬的习俗。

土家族人对老人和长辈的丧事非常讲究，一般要经过入殓、奠礼、安葬、祭坟等过程。出殡前夜闹丧，要设歌场，唱丧歌，击锣鼓伴唱。丧歌有劝孝歌、盘歌、庚歌等。歌词内容广泛，从颂死者，到唱历史故事、山川景物、社会现实，应有尽有，往往通宵达旦。同时还要“打绕棺”跳丧。土老师死后仪式与众不同，须由其徒弟或其他土老师举行“坐禅”“开天门”等仪式。

红棺葬是印江境内独特的丧葬习俗，2007 年 1 月，被列入印江自治县非物质文化遗产保护名录。

土家板凳龙 板凳龙，顾名思义就是以板凳为龙。板凳龙最早由妇女所创，因封建社会里的女人不能舞龙，妇女门又特别羡慕男子舞龙，只好在闺家院坝里以板凳为龙娱乐。后逐步发展到在板凳上用竹条编龙，以板凳脚为把，前后两人舞动，形成板凳龙这种表演方式。以后每逢正月，男人们领头舞大龙，妇女们随其后舞板凳龙。

土家板凳龙（2003 年摄）

其表演的形式有黄龙咆哮、古树盘根、龙摆尾、四龙抢宝等。大小龙遥相呼应、相映成趣，场面十分热闹、壮观，人们用这种形式辞旧迎新、共庆佳节。

1999 年，贵州省狂欢节文艺表演中，板凳龙表演荣获编导奖、组织奖、表演奖。2000 年，在铜仁地区文艺会演中获二等奖。多次参加省、地区影视节目拍摄，中央电视台七频道做过专题报道。板凳龙表演主要流行于县境内主要大型活动。2007 年 1 月，被列入印江自治县非物质文化遗产保护名录。

朗溪韵酒酿造工艺 韵酒，亦名“水酒”，民间又称为“神仙酒”。明永乐二十二年（1424），印江朗溪蛮夷长官司长官将此酒作方物向朝廷进贡，故又称贡酒”。《贵州通志》云：“水酒，别省无也，唯黔省有之，黔省亦非别属有之，唯印与思有之。”（印，即印江；思，即思南）

韵酒酿造历史悠久，可追溯到唐末宋初。唐武德七年（624）授黔州刺史田维康南征，到印江大圣墩屯营（后世居朗溪），随大军带来《北山酒经》小酒曲，先在军酿造，供士兵饮用，后由田氏相传。清雍正年间（1723—1735），印江朗溪长官司长官田大爵又从外地引进黄酒（麦曲）工艺，在印江甲山和朗溪酿造，朗溪太阳坪田庆芳为制曲创始人，清末传内婿王氏，从此通过师传、习艺等形式传承至今。

韵酒的生产工艺分为选料、制曲、配料、发酵、出酒等系列流程。印江韵酒以本县产糯高粱为原料，取仁溪水，以梵净山区所产的爬岩香、满坡香、鹅宝食等 160 种中草药制曲，经淘净、蒸煮、摊凉、加药、上筐、发酵、上坛、压实、密封、发酵、蒸馏等上 100 道工序精酿而成。韵酒呈暗红色，气味芳香纯正，有助消化、健脾之功能。

20 世纪 60 年代前后，因国家对粮食实行统购统销，限制民间酿酒，韵酒生产曾一度停滞。20 世纪 80 年代后，随着农村经济的发展，又开始民营作坊式的少量生产。2007 年 1 月，被列入印江自治县非物质文化遗产保护名录。

印江花烛制作技艺 花烛之名来源于“洞房花烛”之意。在印江，花烛是民俗工艺品的代表之一。花烛主要产品有龙凤烛、寿星烛、忧事烛、拜神烛、财神烛等。龙凤烛用于结婚，寿星烛用于祝寿，财神烛用于进宅（或开财门），拜神烛用于进庙烧香，丧烛用于治丧。用途不同，花烛式样不一样。用途最广的当属寿烛和花烛。

艺人戴泽扬制作的花烛成品（2007 年摄）

印江花烛是纯手工制作，以竹、灯草、石蜡、颜料为主要原料，主要工序有选竹、划竹、削竹、缠烛芯、化蜡、配料、浇油、配色、沾花。在生产之前，要精心设计和雕刻各类花型的模具。

选竹，根据花烛的用途选择不同的竹子。制作寿星烛必须用苦竹；制作财神烛、龙凤烛、拜神烛、丧烛则选斑竹、楠竹。苦竹寓意老人养育子女含辛茹苦，而斑竹、楠竹寓意茂盛发达。配色，制作花烛的主要颜色有红、黄、绿、蓝，全部选用植物熬制汤液来做色料，红色常用血藤、朱砂连、紫草，蓝色用板蓝根，黄色用栀子花果，绿色用乌莼。浇油，在缠好的烛芯上一层一层地慢慢浇上蜡油，一支烛至少要浇上五十几次才能达到厚度。浇好后称为棒棒烛，或叫素烛。颜色上，做丧烛用本色，其他烛都用红色做底色。

在棒棒烛上沾花，根据用途的不同，分别沾上不同造型的花。如龙凤烛要沾龙、凤和牡丹花，象征龙凤呈祥和富贵吉祥；寿星烛要沾菊花，表示祝愿寿星高寿。沾花，既是火中取宝，也讲究手快眼快。温度高了，花提不起来，温度低了，提起来的花，蜡油太厚，重了就容易掉花。用模具沾蜡油后，沾在棒棒烛上的轻重、速度，以及蜡油火候的控制，都靠艺人熟能生巧。

至今在印江仍然盛行纯手工花烛生产，且品种繁多、造型丰富、工艺精湛。现在印江绝大多数集镇所在地都还有人做花烛。2007 年 1 月，被列入印江自治县非物质文化遗产保护名录。主要艺人有黔溪村戴泽洋。

传说故事

傩神爷和傩神娘 传说远古时，马桑树长得齐天高，一猴子沿马桑树爬上天庭，被玉帝发现，猴子怕受罚，就撒谎说人间大旱，草木枯死，田土干裂，人畜危急，特来禀告。玉帝听之甚急，端起金盆泼向下界，大地洪水淹至南天门。玉帝察而惊异，见波涛中漂浮一葫芦，捞上一看，葫芦里蹲有二人，他们是傩神爷和傩神娘兄妹。兄妹向玉帝禀明下界洪水泛滥之事，玉帝悔恨，派李古佬治水。李古佬持定海神针，一钻一个湖，一拖一条江，七天七夜疏通。玉帝又叫傩神爷和傩神娘回到下界繁衍人类，兄妹不愿，土地神劝说，傩神娘提出以滚礳、栽葫芦、扔石等成婚。果然，从两个山头滚下的石磨合在一起，从两山脚长出的葫芦藤紧缠在一起，从两个山头扔下的石片贴在一起。天意如此，兄妹成亲。婚后生下一肉球，兄妹惧怕，将肉球砍成小块抛撒大地，肉块变成了人类。后来，子孙们禳灾、求子、保平安等，祈求祖先傩神爷和傩神娘，冲傩还愿。因傩神爷傩神娘羞愧于兄妹成亲，直到今天，土家族傩堂供奉的傩神爷和傩神娘的面部都是绯红的。土家族神话传说，流传于黔东北。

傩堂戏班供奉傩神爷和傩神娘

东山圣公和南山圣母 相传很久以前，有一姓肖的书生进京御考，得中状元，当朝太师妒贤而存祸心。时值北方义军揭竿而起，太师借机禀奏皇帝，命肖领兵平剿，欲置肖于征战中丧生。肖状元带兵出战，义军女将毛秀英迎战，见肖斯文忠厚，战中生情，阵前联姻，回朝得封。太师失计，又以肖、毛婚配有谋逆之心奏言皇帝，皇帝偏信，斩肖、毛首级，抛肖之头颅于华山之东，毛之头颅于华山之南。肖、毛夫妇冤魂不散，每于华山脚之溪畔相会。一日，溪北山寨一渔翁捉鱼，得二人活头颅，供奉于溪边岩洞。凡虔奉者，许愿皆灵验，遂迎二人头于家，跳神祭之还愿。某年，京城瘟疫甚，朝廷布榜招贤以治，寨主罗法太揭榜，领二十四弟子，携二人头进京，作法跳神，瘟疫痊愈。皇帝问其事，见二人头乃当年被斩肖、毛之头，追悔莫及，遂封肖状元为“东山圣公”，封毛秀英为“南山圣母”，享人间烟火。民间尊东山圣公为“傩神爷”，尊南山圣母为“傩神娘”。

九皇娘 相传明万历年间（1573—1620），皇帝第九个妃子李洁玉，人称“九皇娘”。因朝廷明争暗斗，九皇娘由兄李国舅陪同，携其皇子，从京城到梵净山修行。她先于天庆寺削发为尼，皈依佛门。又自建一茅庵，虔心念佛，为人治病。一日，钦差李芝彦奉旨来庵召其回京。她看破红尘，立志空门，赋诗“北阙遥遥九重天，颁来圣旨极思隆；敬祈赦我千般罪，不再回头入帝宫”一首，让钦差带交皇帝，以表心迹。之后，九皇娘身世泄露，于民间巧治地方贪官、惩土霸、除恶俗，扶危济困，救劫化民。后来，她为静心禅修，避离世俗，到人迹罕至的梵净山顶一洞内潜修。日久，功成正果，肉身成圣，白日飞升。九皇娘坐化成仙后，百姓思念，为纪念她，把她曾修行的茅庵称为“九皇观”，曾拒旨回京的地方改名“却旨坳”（今芙蓉村），曾坐化飞升的山洞称为“九皇洞”。相传，李国舅、皇子死后，分别被释迦、弥勒二佛点化成“国舅岩”“太子石”。流行于印江、江口一带。

祭乌杨神树（2008 年拍摄）

乌家姊妹 传说500年前，四川酉阳一土家村寨流行一种眼病，轻者疼痛，重者失明。当时不知从何处来了两位姑娘给大家医治，她们取出绿色树叶，蘸一点水，贴于患者眼角两边，顿时复明，贴一个好一个，十分灵验。大家请问姑娘姓名和住址，她俩只说姓乌，住在黔之印江上河街。从此，村寨再无眼疾发生。为谢乌家姊妹，山寨推举三人前去印江寻访，他们逢人便问，逢人便说乌家姊妹事迹，可人们都说此地并无乌家。一个月夜，寻访之人信步河边，忽见有两位姑娘极似乌家姊妹，正待向前询问，只见两位姑娘纵身跳向乌杨树不见了。寻访人忽有所悟，原来是这株乌杨树化作乌家姊妹治了山寨居民的眼病。事情传开，人们奉乌杨古树为神树，顶礼膜拜，可纳福消灾。

陈半仙 传说印江峡口寨一带是玉皇大帝暗赐的仙家圣地，时有神仙出没。清朝时，此地有一个叫陈伯轩的人，一日上山放牛，因天气炎热，于山腰一洞前避暑，遇七位童颜鹤发老者于洞内下棋，居上位老者见伯轩叹道：“缘法，缘法!”接着老者于怀中取纸折成“纸篼”，吩咐伯轩到河边取水。又以纸折成八只“碗”，盛水解渴。随后，老者问伯轩：“你数数我们有几人?”伯轩答：“七个。”老者摇摇头道：“好吧！也算你有一点机缘，但只有半仙之份!”说罢，七位老者无影无踪。此后，人们得知伯轩遇仙得道，便称他“陈半仙”。半仙济困扶危，为人消灾纳福，有求必应。某年，半仙于思南府台设坛求雨，雨中有鱼，原来他用仙法将乌江之水调上天空降雨。从此，人们不求菩萨求半仙，招致城东一庙内菩萨嫉妒。据说，半仙与菩萨斗法，用炭火烧了城东那座庙，那菩萨被烟熏火呛成了“黑神菩萨”，人们重建这座庙称为“黑神庙”。半仙也因此被仙人引渡上天。

深持和尚 相传深持曾是清顺治末年（1661）翰林学士，弃官出家，苦修道行，得神仙指点，练就非凡本领。康熙四年（1665），深持云游到梵净山天庆寺，拜大方和尚为师。大方圆寂后，深持继任天庆寺长老。在此期间，他主持重修天庆寺，又相继修建护国寺、水源寺、坝梅寺。天庆寺殿宇恢宏，建筑精巧，基石多为巨型石料，这些石料绝非庙内或附近山上所产，传说是由深持作法，令韦陀菩萨用赶山鞭从五里外山上撵来，称“韦陀鞭石”。其所用木材为深持从财主那里索得，并施法术砍伐，用“地遁法”运至庙后洗钵泉，从泉中取木，后称此泉为“来木泉”。时因木工计料有误，最后一根木料因拒收，半截木料卡在泉眼中。直至前几年，人们从洗钵泉经过时还能见到那一半截木桩。

风神传说 风神，或曰丰神。一说丰伟硕大之神，神出圣墩山，相传有谓先士苗叛，突见圣墩巅峰现一巨神，持刀作拒敌状，苗见心怖，遂不敢陷印，旋引去。一说为丰收之神，神出圣墩山风神洞，神通广大，能呼风唤雨，制雹布云等，说有虔奉者，神赐二旗，一赤一黑，赤旗有拨云见日之功，黑旗有造云降雨之术，雨久挥赤即晴，晴久挥黑即雨，能至穰岁，灵应非常，故后人祭之。据说，有一年风神远出，它的两个儿子贪玩，好奇地各执一旗，同时挥动，天公莫衷一是，雨晴时换，天变无常，惹恼天公，玉帝令雷公电母烧毁二旗，从此风神威力无甚，旱涝无治。民间为求风调雨顺、五谷丰登，常备祭品于洞前，请梯玛祭之。祭风神另一由来：相传元初，厥宅长官司长官任景福、任景元兄弟得神马，称“龙驹马”，被思南知府田宣看中，欲买不能，遂谋污任氏兄弟造反，暗奏朝廷。朝廷派大兵围剿，任氏兄弟遭灭族之灾，唯任景福之子任子元幸存。子元聪明过人，被四川

板溪镇下洞祭风神中的跩神（2008 年拍摄）

秀山坪茶长官司杨门赏识，招为孙女婿。不日，任氏冤屈昭雪，子元袭其父爵，任镒门（今板溪坪底）巡检土司长官，不久调往上洞土司衙门任长官。子元欲赴任，其妻杨氏发难，曰："网坨二溪田大丘，三年两不收；要想吃大米，手提戽水筦。"坪茶长官司杨门知情后，将祖传御赐红黑珍珠宝旗相送，曰："若遇天旱，挥黑旗三下即可雨；若遇水涝，挥红旗三下，即可晴。依此可旱涝保收。"杨氏即随夫赴任。从此，板溪上下洞年年风调雨顺，岁岁五谷丰登，地方平安富裕。不料，有两个无知孩童，从宗庙取旗把玩，胡乱挥舞，弄得神符错乱，天变无常。玉帝大怒，降天火以焚旗。从此，旱涝卷土重来。杨氏回娘家求助，杨门派梯玛以"祭风神"挽回天意，以替宝旗之术。任姓得此法，遇旱涝之年，便聚族祭风神。日久成俗，世代相传。

大圣墩和睡美人 古人云："邛山峭劲，印水秀折"，坐落于今印江城西北的大圣墩美女峰，自古被誉为黔东第二名山。相传很久以前，此地是湖泊，湖之北有户人家，母杨氏，其子圣墩，母子相依为命。一日，湖里传来嬉笑声，圣墩闻声望去，见一群美女湖中游戏，眨眼间，湖边只剩一人，她是运水郎君之爱女，名叫翠姑。圣墩迎面而去，顺手摘一对刺梨以赠，翠姑接过，飘然而去。从此，翠姑身在天宫，心思圣墩，常下凡私会圣墩，结为夫妻。不久，翠姑私配之事被该方土地告发，运水郎君派二员大将捉拿翠姑，并打入绞绫宫。翠姑受尽折磨，磨断铁镣，又回到人间。运水郎君得知，命雷牛太子和天兵到凡间处死翠姑，翠姑独战天兵天将而牺牲。圣墩悲痛欲绝，托抱翠姑遗体，久久不愿离去。天长日久，湖水干枯，一山隆起，恰似翠姑之躯平卧圣墩怀中之山势，峰如熟睡之翠姑。此后，人们尊此山为"大圣墩"，其峰为"睡美人"。

智斗"老变婆" 话说梵净山中来了两只成了精的黑猩猩，经常在山中吞食小动物，窜入村寨偷吃家畜和小娃娃，还会变成人家的"嘎婆"骗吃娃崽，人们称之为"老变婆"。传说梵净山下住有猎户一家六人，儿子媳妇走远亲多日未归，家里只有老猎人和他的孙女大妹、二妹及六岁的孙子毛弟。一日，老猎人上山打猎，三姐弟在家玩抓"老变婆"游戏，突然真的来了个像公公模样的老变婆，抓住了大妹，二妹按公公教的办法，用猎刀杀死了老变婆，原来它是那只雄黑猩猩变的。晚上，那只雌黑猩猩变成了他们的"嘎婆"，骗得三姐弟与它同床而睡。小毛弟被它吃掉了，姐妹俩发现，故作不知，借口上茅厕翻窗逃出，爬上路边一大树藏身。天亮后，老变婆发现树上的姐妹俩。大妹用计骗它上树，一边说要帮它捉虱子、梳头，一边将它的头发捆扎于树上。大妹施计故意把梳子掉地上，叫二妹下树捡梳子为"嘎婆"梳头。二妹下树后佯装找不着，老变婆叫大妹下树帮助找。大妹脚触地，拉起二妹就跑。老变婆中计，悬吊于树两天后，头发头皮全被扯光而跌落地上。这时，一个挑石灰的壮汉路过，假装去救它，壮汉以石灰粉为药，撒在老变婆头上伤口处，老变婆大声嚎叫着死去。

米神洞和米神婆婆 传说罗场乡关坪半山有个米神洞，洞里住着个米神婆婆，她心地善良，乐于帮助穷苦人。无论是谁，只要家中无米下锅，来到洞里的"梭米槽"下，求米神婆婆借米，梭米槽里就会流出米来。一日，一个贪心的人在米神洞里借了一担米，还米时，他在箩筛的下面放米糠，上面放一层米。米神婆婆发怒，誓不再把米借人。有一年，遇天旱，一个饿急了的叫花子来到米神洞，无意中发现梭米槽下面有米，扫来刚好一碗。从此，只要在外面没讨到吃的，回来都会有一碗米吃。可叫花子贪心，他想，除了填饱肚子，还想借梭米槽发财，便找来锤子、凿子把梭米槽凿大，使其流出更多的米来。可适得其反，梭米槽再也没有流出一粒米，叫花子也因此饿死于洞中。

任大都和龙驹马 传说元末明初，池坝厥宅长官司官任大都，身怀武艺，善骑射，会符法。某日，大都于邛江司得一宝马，此马奔如风、腾如电、走如飞，似龙腾于云雾，呼曰“龙驹马”。不久，事传府台，上司欲取之。府派官差诳取，派武官强取，大都拒不予。事未成，上司奏章朝廷，诬其私藏宝马，犯欺君之罪。大都闻讯，施神水浇竹，作法练十万神兵。入夜，嘱其母闻鸡鸣唤醒之。是夜，母不解失眠，鸡未鸣，拍簸箕仿鸡鸣诳之。大都闻声急起，迷蒙中持铁弓于院坝，向东北连发三箭，返屋以眠。黎明，皇帝上朝，见龙座深插三箭，为之大惊。取箭察之，显“任大都”三字。查奏章，得知黔之土司所为。朝廷立派三千兵围寨征剿。大都退匿丛林，化葛藤缠树隐身。当方土地化黄雀告密，官兵刀断葛藤，流血三天而枯。龙驹马中箭被虏，将军视宝而医之。次日，将军闻大都死，驾宝马于丛林观之。龙驹马直奔青木塘后面的高山，驮将军摔死在胡家沟下面河沟里。

朱棺的由来 传说县城东南云半村有一曹姓青年，家道贫寒，全凭亲友资助上学。他自幼天资聪明，才思超人，赴京会试，得中状元。皇上询其家境，曹答：“千柱落脚，万马归槽，七十人挑水，八十人煮饭，三只盐船下河，一只不到便打淡”。皇上视其势大，恐有异心，令将其斩首。后派人访察，方知其家底。所谓“千柱落脚”即高粱秆围屋；“万马归槽”乃蚁聚满地；“七十人挑水，八十人煮饭”乃其父七十岁挑水，其母八十岁煮饭；“三只盐船下河，一只不到打淡”意即养鸭三只，取蛋易盐，差一只鸭，则盐少味淡。曹被冤杀，众鸣不平。皇上不得已，赐朱棺葬之。又因曹无嗣，遂许其邑人用朱棺为葬。至今，印江各族仍沿此俗。

金鸡配凤凰 传说邛水之滨有个土司官，生有两个漂亮女儿。一日，姐妹俩去地里摘黄瓜，适逢两砍柴兄弟路过，求黄瓜解渴，姐妹俩娇羞予之，心生爱慕。吃罢，兄弟唱：“两个姊妹情意浓，黄瓜味美弟兄尝，哪年哪月时运转，要教金鸡配凤凰。”致谢而去。土司知其事，认为两兄弟对他女儿不敬，便派家丁将其抓获。当夜，土司官梦见“山跨了、月落了、花谢了、河干了”，以为不祥之兆，便找人圆梦，被问之人皆言凶多吉少。后来，两女儿谏言，找兄弟俩来圆梦，两兄弟听其梦境，便说：“山跨要太平，月落要天明，花谢要结果，河干龙现身。”土司听罢，顿时疑虑全消。兄弟俩又说：“昨晚我俩也得一梦，梦见于长官花园各折一鲜花，抱入怀中，顿时花谢结果。”土司听后暗思，莫非兄弟俩之“折花入怀”梦与自己之“花谢结果”是天意，于是把两个女儿许配给弟兄二人。

万卷书 梵净山金顶附近有一悬崖石壁，厚达两千多米，层层叠叠，酷似千页万卷线装书堆砌而成。相传，“万卷书”是佛家经书化成。一说很久以前，释迦佛和弥勒佛于金顶殿内闭目打坐，常有民间冲杀之声贯耳。二佛暗思，凡间之乱多因缺教化，不懂佛法所为。遂将所思禀报天庭，献以佛法化民，劝其从善，得玉皇大帝赞许。二佛从天宫取来佛经万卷，堆置梵净山金顶一侧，由僧人讲经授法，香客、信徒传之，民间武夫、顽民得以教化，改恶从善，立地成佛。从此，凡间得以安宁，经书日久成石，让后世传颂。又说，“万卷书”是当年唐僧西天取经返回时，白马穿云破雾，不慎前蹄碰触梵净山金顶，抖落几摞经书，被佛祖点化为石。另有一说，“万卷书”是燃灯古佛让孙猴子棒击鼋背，老鼋吐出来的。释迦、弥勒晒干经书，孙猴子携经书腾空而起时，释迦、弥勒才向燃灯古佛提出，留下万卷经书作镇山之宝。燃灯古佛拂尘一挥，却招来了一万卷无字经书，闲置在那里，日久成石。

狗尾稻的来历 传说很久以前，稻穗并非今天这样，而是连同稻秆都结满谷子。说有一年，谷子奇好，正待秋收，突然大雨连下四十九天，才雨收天晴。然而，田土和村庄被冲打干净，人们吃草根、住山洞，日有病死、饿死者。后来，一只黄狗凫过三江，去了海的对岸。黄狗来到岸边村庄，告之对岸洪水泛滥之事。人们慷慨赠之谷种。黄狗高兴地在晒谷场打滚，全身沾满稻谷，扎入海中返回。可凫不多远，身上谷种全部冲走。黄狗再回岸讨种，以尾巴到谷堆里搅，沾满谷种。走到海边，仰起头，翘起尾巴，游过三江，把谷种送到主人手中。人们得了谷种，立即播种土中。次日醒来，已是满坝稻谷。只是谷穗不像从前结满稻秆，只有稻秆顶端结了一线，如翘起之狗尾。人们为感谢黄狗救命之恩，每年第一碗新米饭舀给狗吃，此习俗至今未变。

第五节 电影发行放映与广播电视

一、 电影发行放映

电影发行放映机构 1988年5月，县电影发行放映公司（简称电影公司）在深化改革、优化劳动组合中实行企业承包责任制。当年，全县有电影放映单位32个，农村集镇售票放映点12个，农村放映点401个，放映普及面达77.3%，全年人均看电影达16场次。1992年，随着电视技术的发展，电影放映市场受到严重冲击，管理体制改为经营承包制。

1999年，根据贵州省委、省政府《关于开放搞活国有小型企业的决定》和印江自治县委、县政府关于明确印江县国有企业改革若干问题的精神，按照“政府转让产权，企业转换机制，职工转变身份”的原则，公司按照运行情况和职工意见制订改制方案，县政府批复同意后，县电影公司改制为国有控股的企业，成立印江自治县影视有限公司，设董事会成员3名，执行监事1名。

2004年，县城区实施旧城改造，建设金玉小区，撤销县影视有限公司，其人员转为县社会保障局管理和按工龄补贴安置。电影放映业务由县文广局农村电影放映办公室接管，电影放映工作由各乡镇文广站负责。

电影放映活动 1988年时，乡乡有电影队开展电影放映。后来，为改善部分地区人民群众看电影的条件，建立农村集镇售票点，观众从室外站着看变为室内坐着看电影。此外，16毫米、8.75毫米的电影队常年在边远山村流动放映。县城电影院仍坚持电影放映。全县每年放映在3000场左右，观众150万人次，最高年份放映上万场，观影者达480万人次。

1990年起，随着城区有线电视开通和电视录像片的广泛发行，电影放映受到严重影响。县区乡电影队同时开展电影放映宣传周（月）主题活动。先后开展“爱党、爱国、爱军”“学习雷锋好榜样，弘扬雷锋精神”“纪念鸦片战争150周年”“纪念世界反法西斯战争胜利50周年”“百场戏，千场电影”等宣传（周）月活动。

农村电影放映工程 2000年，中共中央宣传部、文化部、广电总局等部委作出了《关于在全国实施农村电影放映“2131工程”的决定》，县政府作出“政府补贴、社会赞助、群众受益”的工作方针，成立县农村电影放映“2131工程”领导小组，同时成立县农村电影放映管理中心。2002—2008年，建立12个农村电影放映队，覆盖全县365个行政村，各队配置一套数字放映设备。为县农村电影放映管理中心配备一辆流动放映车。

文化部门在农村开展放影宣传活动（2008年拍摄）

农村电影放映实施以来，各乡镇放映队参加“贵州省第四届农民电影节”活动，每年开展元旦春节“文化三下乡”“科技电影放映月”“千县万乡农林科教汇映”，围绕“三农”工作，开展放映幻灯、有奖问答等活动。2004年7月，被省文化厅授予贵州省“农村放映先进集体”称号。

二、 广播电视

机构设置 1987年11月，原印江县广播电视局更名为“印江土家族苗族自治县广播电视局”，县广播站更名为印江自治县广播电视站。9 月，成立城区肖家坡卫星电视收转站。1992 年，撤区并乡建镇，乡广播站更名为乡（镇）文化广播电视站。7 月，城区有线电视开通，撤销印江自治县大圣墩电视转播台、肖家坡卫星地面接收站，组建城区有线电视站、农村有线电视工程队，合署办公。1996 年 7 月，撤销县文化局、广播电视局，成立印江自治县文化广播电视局。2008 年 3 月，贵州省广播电视信息网络公司印江分公司成立。2008 年 6 月，勤丰广播电视无线转播台建成。

广播事业

农村广播网建设　1988 年，总结推广麻柳乡有线广播维护管理工作的经验，加强全县广播线路维护管理工作。1989 年，针对农村专杆专线投资大、维护难的实际，采取有线与无线相结合的传输手段，逐步取代专杆专线。1990 年，省投资 5 万元，在大圣墩电视转播台建功率为 100 瓦调频广播发射天线，于 1991 年 2 月正式开播，覆盖全县人口 42.6%。先后恢复区、乡广播站（室）20 个，1996 年因财力不足停播。1998 年，县城 1 瓦调频广播开通。全县有乡镇广播站 12 个，管理区广播站 5 个，村广播室 11 个，广播覆盖率由 1987 年的 16.2%上升到 43.8%。1999—2004 年，全县有乡（镇）广播站 17 个，管理区广播站 5 个，村广播室 211 个，喇叭 1368 只，广播覆盖人口率达 47.1%。2005 年 12 月，城区调频发射机升级为 300 瓦，覆盖半经为 5 千米，转播省电台新闻节目。2008 年 6 月，建成勤丰 100 瓦调频广播，发射中 1、贵 1 两套调频广播节目，覆盖县境内大部地区。

广播电视新闻宣传　1988 年，开辟《民族理论研究》《校园短笛》《印江风情》等专题节目。全县有通讯员 250 名。1992 年后，随着电视技术的发展和群众对音像传媒效果的喜爱，广播新闻重点转移到电视新闻中。1993 年 3 月，投资 2 万元购买摄录像机，组成电视新闻报道组，开展电视新闻的采编播，每天中午和晚上播出 10～20 分钟。1994 年，电视新闻报道组，采用线性编辑、配音、制作电视新闻节目。1996 年 7 月，电视新闻报道组对设备进行更新，使电视新闻在数量、质量、内容和形式上有了变化。1997 年 10 月，印江自治县成立 10 周年，电视新闻报道组以 4 个机位对“庆祝活动”进行实况转播。2000 年 9 月，投入资金 40 多万元，先后购置非线性编辑设备 4 套，数字摄像机 6 台，数字录像机 3 台、台标发生器 1 台，建导播室、音频工作站、硬盘播出系统，实现周三新闻和每周要闻，新闻采编数量逐年升级，基本能保证每次新闻用稿 6～12 件，播出 8 分钟以上。到 2006 年实现摄录制播全部数字化。

2004 年 6 月， 印江广播电视台举办新闻写作培训

2004 年 6 月，印江广播电视台成立专题部。是年，创办访谈性节目《人物春秋》栏目，制播印江名人吴学超、魏宇平等专题 12 期。2005 年，电视新闻稿件采编 1560 件，播出 1200 件，播出时间 180 小时。上送省、地广播电视稿件 200 多件。举办新闻培训班 4 次，培训骨干 76 人次。创办《信息直通车》栏目，开播 23 期，该栏目得到地区电视台好评，获好新闻优秀栏目特别奖。

2006 年，全年电视新闻用稿 1260 件，一周新闻播出 46 期，向省、地广播电视台供稿 350 件，采用 296 件，其中电视新闻头条 9 件；省电视台用稿 7 条，省广播电台用稿 5 条。现场直播“贵州省纪念红军长征胜利七十周年——沿着红军的足迹，穿行多彩贵州”印江文艺演出、“印江印象”民族歌舞调演。系列报道《回眸十五看未来》《落实科学发展观，建设和谐印江》等共 180 期。《印江养殖大户呼唤税费改革》获全区广播好新闻一等奖、贵州新闻三等奖。

2007 年，印江自治县成立二十周年，印江电视台录播反映印江民族风情和民族文化的专题片《木黄会师》《魅力印江》等 8 个；以歌曲《这片心驰神往的土地》《心中的梵净山》《欢迎再来梵净山》和专题片《印江风情》《印江茶漾》《土家族过赶年》《印江土家婚俗》《印江土家摆手舞》《印江土家花灯》等内容制作成《印江印象20年》光碟1000张；开辟专栏《辉煌二十年》，跟踪报道县庆活动55期；创办《周末视点》栏目，对自治县20年的发展和党的建设进行深度报道。贵州电视台播出县庆活动稿件2件、贵州人民广播电台播稿2件、铜仁电视台播稿15件、铜仁广播电台播10件。

2008年4月，印江电视台开播《百姓视点》栏目，该栏目采取“外景画面”“采访同期声”“主持人评述”相结合，将社会新闻事件进行故事化再现，特殊节目邀请有关专家评述，该栏目每期时长15分钟。

2005—2008年，多次配合贵州电视台新闻频道、《发现贵州》栏目、央视7频道、北京台《九州方圆》栏目拍摄印江旅游景点、民族文化。同时与区内石阡台、重庆秀山台交换播出地方风光片。是年8月，印江广播电视新闻在政府网站、梵净山旅游网站同步播出。截至2008年，印江12人次获省级优秀稿件，18人次获地区级优秀稿件奖。

电视收转建设 1987年11月，肖家坡电视收转站建成开播，能收看中央台第一套节目，1990年10月，能收看中央台第二套节目。是年，分别建天堂区、板溪区电视收转站。1988—1997年，兴建桅杆、合水、坪柳、新场、刀坝、陡溪、打杆场、罗场、新寨、杨柳、沙子坡、枹木、永义、毛寨、坪底、杉树、新业、中坝、张家坝、新民、韩家、苏家坡等37座卫星电视收转站，人口覆盖率由1988年的46.2%上升到1999年的80%。2007年4月，撤销大圣墩广播电视转播台，在板溪镇建设勤丰广播电视无线转播台，无线转播CCTV－1、CCTV－7、贵州卫视三套节目和中央广播电视台中国之声、贵州广播电台两套调频广播节目。

城区有线电视 1992年11月，筹集资金26万多元，在县城肖家坡建成550兆赫隔频传输的有线电视网络，开通7套节目，用户1500户。1997年6月，筹集资金30余万元，有线电视隔频传输网络改造为邻频传输，前端模拟改为数字电视节目接收设备，开通4套加密频道和10套数字频道。1998年，增加福建东南台，湖南卫视和山东教育节目。有线电视用户5000余户。2000年10月，投入资金40万元，架设光缆12千米，设置13个光节点，主支干线改造成为750兆赫传输网络。增加北京、上海等9套电视节目，共传输24套电视节目。2003年12月，播出机房，迁至县文化广播电视中心大楼，城区电视节目增至35套，用户达到5600余户。至2008年，县城网络光缆干线建设达27千米，传输42套电视节目，电视用户达到8500余户。2008年3月，贵州省广播电视信息网络公司印江分公司成立并接管有线电视传输网络。

农村有线电视 1994年起，县广播电视局依靠各级党政领导，组织群众筹集资金，大力发展农村有线电视。是年，建设缠溪、洋溪、朗溪三个镇所在地有线电视传输系统，主要转播中央、省卫视节目。1995年，建设张家坝、大田两座卫星电视收转站。兴建合水镇所在地，麻柳、贵江、芙蓉、落坳和桃子坪等村有线电视站。1997年，国家投资建设三合、魏家寨、大坡、革底4个村有线电视站和广播室。群众自筹资金，在全县兴建38个村级有线电视站。1998年，中央为解决全国部分农村边远地区“看电视难”的问题，国务院办公厅下发《关于进一步做好广播电视村村通工作的通知》，由省发改委、财政厅、广电局组织实施。是年年底，兴建村有线电视站250个，其中乡镇站16个、管理区站28个、村级站206个。拥有电视用户1.9万多户。

2000年开始，实施农村广播电视“村村通”工程。图为工程技术人员在农村安装农村广播电视“村村通”设备

1999 年 5 月，县文广局对全县广播电视建设进行调查，全县 50 户以上广播电视盲点自然村有 890 个，20 户以上盲点村有 1348 个。是年，随着城区有线电视网络的光缆改造，电视节目的增多，带动全县各乡（镇）、村有线电视的发展。16 个乡（镇）相继对其自身的网络进行升级改造，把 300 兆赫隔频传输升级改造成 550 兆赫邻频传输，电视节目由 12 套增到 15～32 套，有线电视用户约 2 万户。2000 年 12 月，贵州省广播电视局农村广播电视“村村通”检查验收组在印江分别检查中坝乡大田村、杉树乡新华村、沙子坡镇天星村实施“村村通”的各项技术指标，并在杉树乡召开农村广播电视发展座谈会。2001 年，贵州省广播电视局、贵州省人事厅作出《关于表彰全省村村通广播电视工程建设先进集体、先进个人的决定》，县文化广播电视局被评为“先进集体”，4 人被评为“先进个人”。2006 年 4 月，向地区报送《2006—2010 年 20 户以上自然村“村村通”工程建设计划的报告》，计划到 2010 年在全县 20 户以上盲点村建站 1348 座。8 月，县人民政府召开全县有线电视联网工作会议，参会人员前往沙子坡镇参观联网工程效果，至年底，完成全县 17 个乡镇所在地有线电视联网工程。城区开通 300 瓦调频广播，覆盖半径为 10 千米以内的乡、镇、村。完成 14 座 20 户以上自然村“村村通”工程建设，通过省、地区检查验收。2007 年 10 月，县文广局成立广播电视村村通工程领导小组，并开展工作。2008 年 1 月，印江自治县发生雪凝灾害，根据县委、县人民政府的指示精神，决定对城区有线电视用户中的敬老院、聋哑学校、消防、武警、交警、清洁工人、外商租房户、城区特困户近 2000 余户，减免 2007 年的相关费用。安装费全免近 500 户、收视费全免 200 户，困难群众收视费减免 1500 多户，各项减免近 30 万元。雪凝灾害造成全县电视网络受损严重，电杆折断倒伏 133 根，光缆 43.9 千米、光机 21 台、放大器 160 台、机房设备 17 台受损，小天线用户损坏 3600 户，全县有 28 万多人无法正常收看到广播电视节目，直接经济损失达 161.65 万元。灾情发生后，县文广局立即启动《电视网络维护管理应急方案》，投入资金 52.5 万元，对受损的网络进行抢修，保障全县 85%的人民群众在春节期间正常收看电视。3 月，完成木黄镇新民管理区有线电视联网工程。

营业性录像与印江供片站　1988 年 1 月，对录像放映人员实行年度经济目标责任制，到 1990 年 12 月，停止营业性录像放映。1993 年 7 月，铜仁地区广播电视局成立铜仁地区有线电视印江供片站，与《贵州广播电视报》印江发行站合署办公。印江供片站主要为西五县各有线电视站和县内录像放映点提供片源。1998 年 1 月，供片站停止工作。

第六节　新闻出版（版权）与文化市场

一、新闻出版（版权）管理机构

新闻出版（版权）管理局　1986 年，根据中办发文，印江县社会文化管理委员会成立。1988 年，县社会文化管理委员会改为“扫黄打非”领导小组。1991 年 1 月，印江自治县社会文化管理委员会成立，下设办公室在县文化局。2004 年 6 月，成立全省第一个县级新闻出版（版权）管理局，与县文化广播电视局两块牌子、一套人马。成立后，在省、地新闻出版局的统一部署和组织下，加大对图书报刊、音像制品、电子出版物的管理。

文化市场稽查队　1992 年，县编委以文件明确建立印江自治县文化稽查队，隶属文化局领导的乡股级事业单位，负责对全县文化市场进行稽查、监督、管理。1996 年 7 月，更名为文化广播电视稽查队。

二、新闻出版管理

报刊管理　1988 年，印江自治县文联主办的《梵净山》（季刊）改名为《睡美人》。2002 年，改

《睡美人》为《印江文学》，为季刊，设“小说画廊”“散文天地”“诗歌”“报告文学”“民间文学”“剧本选载”“书法作品”“美术精粹”“摄影作品”“新人新作”等栏目。

1996年，县委宣传部创办《印江报道》，为综合性新闻油印刊物，开设“重要言论”“时政要文”“农村经济”“扶贫攻坚”“文教天地”“法制之窗”“读者来信”等栏目。2001年，县委宣传部改《印江报道》为《印江报》。2002年1月，印江报社挂牌成立，《印江报》每周一期、每期4版。2004年，撤销印江报社，建立印江通讯中心，改《印江报》为《印江通讯》。2006年4月，《印江通讯》由每周一期改为每周二期，2008年5月改为每周三期。

2000年1月，县委宣传部创刊《今日印江》双月刊，包括“卷首语”“重要言论”“领导讲话”“工业经济”“招商引资”“城镇经济”“文化旅游”“农业产业化”“新农村建设”“先进典型”“党风廉政”“学习与思考”“教育论谈”“人物春秋”等栏目。

三、 图书音像市场管理

1988年，印江自治县社会文化管理委员会改为县“扫黄打非”领导小组。是年7月，下发《关于整顿文化市场的通知》。1989年2月，印发《印江土家族苗族自治县文化市场管理暂行规定》。同年11月，查处销售、传播淫秽书刊画、录像带和器材及相关人员。1990年1月，清理国营、集体和个体22户，没收非法出版物2289件。5月，组织清查录像放映点，录音磁带销售门市部、书摊(店)，共收缴盗版录像带451盒。1995年1月，遵照公安部、文化部、国家工商局联合下发的《关于对文化娱乐场所进行安全检查的紧急通知》文件精神，对城区20处公共经营聚集场所进行安全检查。1997年7月，迎接党的十五大召开和香港回归祖国，组织对出版物经营户和电子游戏经营户进行检查，收缴黄色淫秽出版物33盒，取缔经营户4户，治安处罚2户。1998年4月，开展“文化市场法制宣传”活动，向文化经营业主发送法律法规资料，在广播电视台宣传法律法规知识，张挂宣传标语，场天街头咨询、问答等。

2000年2月，按照文化部《关于开展打击非法录音制品专项斗争的通知》，清理检查图书和音像制品。3月，组织“扫黄打非”集中行动检查组，开展打击走私光盘和非法出版物专项斗争，在“3·15”国际消费者权益日中，销毁收缴的非法教辅图书250本，非法音像制品1230盒和黄色物品等。4月，收缴宣传伪科学和封建迷信图书15本。5月，对城区学校及周边治安秩序集中整治和开展“卫生与秩序”集中行动，取缔无证经营，收缴非法音像制品、出版物247件。12月，县新华书店成立出版物发行稽查队，并参加全地区出版物市场大检查，重点对非法教辅教材、凶案暴力、黄色、淫秽、卡通图书“口袋本”进行清查。2003年10月，对全县教育乱收费进行专项清理工作，对强制学生订购教辅材料，课外读物、报纸杂志进行查处。2006年8月，在木黄镇进行“扫黄打非”专项整治活动，共查扣盗版、黄色光碟486张，书籍80余本。9月，对全县的文化市场开展“反盗版百日行动”，对非法（盗版）书籍、报刊、光碟等窝点实行严厉打击，并将检查结果报送纪检、监察机关。2007年10月，在杉树乡场上查获一批盗版《印江印象20年》和“印江土家族苗族自治县成立二十周年庆祝大会”及大型民族歌舞《梵山印水印江情》直播实况的光碟，当即收缴DVD机1台、电视机1台、扩音箱2个、光碟45套92张。

四、 娱乐市场管理

1991年7月，遵照省政府发布的《贵州省文化市场管理办法（试行）》文件精神，经县政府同意，县文化局制订文化市场收费范围和标准。1993年，县对文化市场经营场所（户）实行“文化经营许可证”制度。1999年，印发国务院《娱乐场所管理条例》，广泛宣传，文广、公安、卫生、工商等部门共同对营业性娱乐场所26户业主进行培训，随即对娱乐场所重新审核登记。

2000年7—9月，成立娱乐服务场所专项整治领导小组，抽调18人组成3个小组，以县城为重点，整治规范电子游戏机娱乐市场，对娱乐服务场所卖淫嫖娼、博彩等丑恶现象开展专项整治。查封有奖电子游戏机2台，收缴、处理、销毁有奖赌博机17台，限期整改“小舞池”3户。同时对板溪、洋溪、缠溪、杨柳、罗场等乡镇的文化市场进行清理整顿，限期办证经营10户。

2001年5月，县人民政府办发文成立整顿和规范歌舞娱乐服务场所秩序专项行动领导小组。2002年9月，向县人大常委会提交《开发培育文化场，整顿规范市场秩序，提高管理执法水平，营造良好文化环境》的文化市场管理工作情况报告。县人大代表对印江文化市场进行调研。2006年，重点查处利用歌舞娱乐场所进行色情表演和利用电子游戏机进行博彩等违法违规经营活动，促进文化市场健康发展。2007年，成立城区娱乐场所专项整治工作组，针对歌舞娱乐场所夜间超时经营、噪音扰民的现象进行专项整治，按照发布公告，开展培训，限期整改，完善手续等程序开展工作。

五、 网络文化市场管理

2001年，按国务院《互联上网服务营业场所管理条例》，开始对全县网吧进行规范管理。经摸底调查，全县网吧经营场所无证经营22户，审核登记审批18户。

2002年，按照上级开展网吧整顿“零点行动”的要求，重点检查未成年人进入网吧和超时经营行为。

2003年，按省文化厅检查印江县网吧和电子游戏机后的意见，进一步加强网吧管理，实行登记制度，不得接待未成年人和超时经营。

2006年6月，管理部门召开网吧专项整治联席会议，互通情况，针对城区网吧存在安全隐患问题、脏乱差现象、仍有未成年人进网吧和超时经营等，决定从7月开展网吧专项整治活动。10月，在三中举办未成年人“珍惜青春、远离网吧”签名专题讲座，参与的学生和群众达3000多人。

六、 文化市场经营

1988—2008年，随着商品经济迅速发展，文化消费逐渐增加，各种社会力量兴办的以商品形式向人们提供精神产品和文化娱乐服务的兴起和形成。印江自治县按“一手抓管理，一手抓繁荣”的文化发展方向，努力推动社会文化市场的发展。经过20年的发展，形成多门类、多层次、多功能的文化服务体系。全县以文化商品形式进入流通领域的精神产品和营业性文化娱乐服务的有歌舞厅、音乐茶座、酒吧、棋牌、电子游戏、台球、游乐、健身、网吧、图书、音像制品、演出、电声乐队、印刷、复印、打印、广告制作、雕刻、碑刻、字画、装裱、摄影、艺术培训、电脑培训、电子出版物、光盘刻录等经营活动。至2008年，各类文化经营户93家（户），经营面积共有1万平方米，从业人员300余人。

第七节 文化产业

一、 组织机构

2006年，印江自治县委、县人民政府决定成立县文化产业发展和文化体制改革工作领导小组，实行两块牌子、一套人马。2007年6月，县编委以同意县委宣传部下设县文化产业办公室。是年8月，印江自治县文化广播电视局成立文化产业领导小组。组织编写文化广播电视事业及产业发展项目32个。2008年，向贵州省委宣传部、文化厅申报团龙民族文化村建设工程、书法博物馆改扩建工程、木黄会师纪念馆维修工程、民族旅游商品（线耳鞋、油纸伞、印染）建设工程、印江报社印刷厂改扩建工程等文化事业、文化产业重点建设项目8个。

二、 文化带建设

木黄会师广场建设的红二、六军团领导人浮雕像

2002年，为推动和促进县文化事业不断向前发展，更好地为全县经济建设服务，根据贵州省人民政府关于文化带建设总体布局方案的批复要求，遵照地委、行署提出的“一山两江三文化”的总体发展思路，拟订文化带建设方案。印江文化带建设依托各类文化资源，打造“梵净山佛教文化”“书法之乡”“花灯之乡”“土家风情生态园”“特色饮食”等民族文化旅游品牌。文化带建设发展重点：一是梵净山佛教文化旅游区。通过打造梵净山弥勒菩萨道场品牌，依托梵净山的旅游资源，建成梵净山佛教文化旅游区。二是县城土家族风情文化旅游区。以创建优秀文化旅游城市为目标，在城镇规划和建设上与文化旅游产业进行有机融合，使县城既是文化风景区又是旅游集散中心，促进城镇经济发展。三是木黄红色文化旅游区。以国家级重点文物保护单位红二、六军团木黄会师军部旧址、纪念碑、木黄风景名胜区、木黄先进文化乡镇为依托，连接合水古法造纸、永义紫薇园民俗文化村、朗溪甘川奇石文化村及沿途的生态农业观光，形成一条文化旅游观光带，促进乡村旅游业发展。

印江文化带主要文化旅游名牌为团龙、紫薇园民俗文化村。培护朝山古道十里生态画廊，并在永义乡团龙村建设生态博物园，如建设十里鸽子花园、十里杜鹃花园、十里紫薇花园等；建设艺术村落旅游、合水长号唢呐、兴旺木腊古法造纸艺术村、朗溪甘川奇石文化旅游村。推出长号唢呐、古法造纸、印江花灯、特色小吃等文化旅游品牌；建设河流生态旅游，把境内的团龙河、金厂河、乐茂江、靛厂河、车家河、洋溪河、湄坨水库、中坝峡谷等水域纳入全县整体规划、命名、保护项目，并开发利用。建设三花山生态博物馆，新修罗场至三花山至团龙油路，宣传名人思基、朱仲衡、廖云鹏，并以天生桥、岭峰紫薇树群连接缠溪湄坨、洋溪万亩茶园，打造南线景区；建设红二、六军团木黄会师地，塑贺龙、萧克、王震、冉少波等革命家浮雕像，将军书法长廊，制作沙盘微缩红二、六军团会师场景和作战场面，提升爱国主义教育基地的档次；筹建中国梵净山影视拍摄基地。以红二、六军团木黄会师、二次解放印江、田儒铭征蛮实录等历史事件，严寅亮、冉少波、思基、廖云鹏等历史人物为主题，推出系列影视剧。

印江文化带的主要内容是在深入挖掘传统优秀文化娱乐方式的基础上，有选择地吸纳和引进国内外文明健康、科技含量高的现代化文化娱乐项目，提升文化娱乐品位和科技水平；扶持培养民间工艺大师，扶持建立工艺品研发制作基地。重点开发以书画装裱技艺、傩面具雕刻技艺、梵净山紫袍玉带石制作技艺、长号唢呐制作技艺、印染制作技艺、红纸伞制作技艺、蔡伦古法造纸制作技艺、焰火架编扎技艺、窑罐制作技艺等为代表的民间工艺品，形成独具特色的民族民间工艺品品牌；印江流传着许多民间表演艺术，如花灯戏剧（歌、舞）、傩堂戏、长号唢呐、莲花十八响、摆手舞、八卦铜铃舞、板凳龙舞、茅古斯舞、高腔山歌、金钱杆等民族民间文化艺术，群众参与性强，具有十分浓郁的地方特色和较强的观赏性。重点抓好花灯戏剧创作，不断推出精品力作，打造精品名牌，形成地方特色；努力打造如木黄金豆腐、土司食品、印江牛肉干、合水烤羊肉等特色食品，吸引外来游客，丰富人民群众物质生活。

三、 文化产业项目推介

2006年9月，在2006“开磷杯”多彩贵州旅游商品能工巧匠选拔大赛中，印江土家族印染工艺品《土家印花》荣获“贵州名匠”突出贡献奖。

2007年5月，参加第三届（深圳）国际文化产业博览交易会，与深圳、重庆等地5家客商签订5个文化旅游招商引资项目，合同资金2300多万元，协议资金6.47亿元。8月，通过招商引资，实施张家坝停车场建设工程和团龙民族文化村建设项目。9月，张朝全制作的红伞在2007“金元杯”多彩贵州旅游商品设计能工巧匠选拔大赛上，荣获表演二等奖、“贵州名匠”原创奖；保健鞋制作获“贵州名匠”优秀作品奖。11月，梵净山宝玉石工艺品生产线、印江数字影院、团龙民俗文化村等3个文化产业项目，参加“神奇梵净山，魅力铜仁”旅游文化深圳招商引资推介会。

2008年5月，贵州省长林树森在朗溪调研印江文化产业

四、文化经营单位

贵州省广电信息网络股份有限公司印江分公司 2008年3月，根据省委、省人民政府文件精神，以全县有线广播电视播出及传输机构为主体，组建贵州省广播电视信息网络股份有限公司印江分公司。按照省公司的安排，按期完成资产评估、工商注册、内设机构设置和人员定员定岗。12月，与印江自治县文化广播电视局分离，正式进入独立运营管理。公司设经理、副经理、主管会计，内设综合部、运维部两个部门，定员20人，其中行政编制2人，全额事业11人，聘用7人。

印江报社印刷厂 印江报社印刷厂原为印江浩汇纸业印刷有限公司，创办于2000年。该厂是2002年1月经印江自治县委宣传部同意，报经贵州省新闻出版局审批，正式成立的出版物专项许可印刷企业。法定代表人王明强。厂址位于峨岭镇南湖小区，占地面积800平方米，有职工16人（下岗职工及复退军人占80%），其中管理人员2人、技术人员3人、车间操作员11人；主要生产设备有01型胶版印刷机1台、8K型胶版印刷机1台、切纸机1台、装订机1台。2006年实施技术改造，资产总值已达到464.8万元。印江报社印刷厂是铜仁地区西部石阡、思南、德江、沿河、印江五县唯一获省新闻出版局批准的内资出版物专项许可证印刷企业。主要印刷印江自治县的《印江报》《今日印江》《印江文学》等报刊、会议材料和内部资料；沿河自治县的《沿河报道》《乌江》；思南县的《思南组织工作》；德江县的《今日德江》《德江组织工作》等出版物。2008年总产值达到400万元，实现税金30万元，实现利润80万元。2006年，印江报社印刷厂改扩建工程获省文化产业发展专项资金贴息。

印江自治县梵净山民族工艺厂 2001年，梵净山民族工艺厂创办，原名石奇工艺厂。工艺厂位于朗溪镇河西村甘川组，占地面积2000平方米，生产建筑面积1000平方米，生产设备有200多台（套、件）。企业注册资金260万元，法定代表人杨秀强。企业内设党支部、总经理、副总经理、工会等，常年职工98人。

该厂主要产品有金丝楠类：手串、车挂、香包、香枕、壁挂；紫袍玉类：手串、车挂、把玩、吊坠、壁挂、奇石产品、青花玉产品；金丝楠家具：椅凳类、桌案类、床榻类、柜架类、花罩类、宝座类、牌匾类、门窗类；把件挂件摆件类：摆件、雕件、手把玩件、挂件吊坠、动物神兽、人物佛像、底座花架；家居用品类：紫玉茶具、香楠茶具、根雕茶具、金丝楠烟具、轿车饰品、出口商品；文房用品类：金竹笔筒、桢楠笔筒、黄杨笔筒、乌木笔筒、镇纸印章、砚台笔洗等，五大系列四十余类产品。截至2008年12月，该企业总资产2100万元，实现产值1600多万元，利润190多万元，税金140多万元。

2005 年产品荣获第三届海口旅游商品展销会金奖。2006 年荣获贵州省“开磷杯”多彩贵州旅游商品设计大赛最佳创意奖、一等奖。2007 年获中国质量信誉评价中心“质量信誉金牌单位”、贵州省“金元杯”多彩贵州旅游商品能工巧匠选拔大赛“名匠优秀作品奖”。2008 年，在贵州省“瓮福杯”多彩贵州两赛一会获雕塑类三等奖、中国名优产品认定中心“中国名优品牌”、紫袍玉雕作品《喜上眉梢》在上海工艺美术大师作品暨工艺美术精品博览会上荣获金奖。2008 年 4 月，贵州省长林树森到公司视察文化旅游产品加工村寨，对甘川工艺产品作坊区传承和发展文化旅游产业，带动农村富余劳动力向工业企业转移的“公司＋农户”模式给予高度评价。省长林树森伸出大拇指夸奖说：“这样的村寨搞得好，挽救与传承了民族文化遗产，有困难，政府会帮你们的。”

印江自治县梵净山旅游产品开发有限公司 公司位于印江峨岭长坡村，2005 年登记注册，法定代表人张朝全，原有职工 37 人，其中残疾人 17 人，下岗再就业 20 人，2007 年新增 83 名退伍军人及农民临时工。公司开发生产油纸伞、土家线耳鞋、印染品、旅游纪念品等三大系列五十多种文化旅游商品。2006 年，公司生产的“土家双龙凤伞”系列获 2006 年贵州省“开磷杯”旅游商品设计大赛铜仁赛区最佳创意奖，贵州省设计大赛“贵州名创”入围奖，其系列产品被列为铜仁地区指定旅游商品。2007 年，参加贵州省“金元杯”多彩贵州旅游商品设计能工巧匠选拔大赛，伞系列产品获铜仁地区名创二等奖，伞制作表演二等奖，“贵州名匠”原创奖，保健鞋制作获铜仁名创民族特色奖，草鞋制作表演获铜仁名匠优秀奖、贵州名匠优秀作品奖；银饰制作获铜仁名匠民族风格奖。张朝全获铜仁名创（线耳鞋）民族特色奖。2008 年，文化旅游商品开发建设项目获贵州省文化产业项目专项资金贴息。

印江民族服装厂 服装厂位于印江县城湖南一条街，创办于 2005 年 4 月，2007 年 7 月挂牌成立印江民族服装厂，厂长任永兰。厂房面积 750 平方米，有资产 66 万元，员工 16 人，年产值 70 多万元。该服装厂将现代机械与传统手工艺相结合，主要生产花灯，以及土家族、苗族、侗族、傣族、朝鲜族、新疆少数民族舞服、绣花鞋、文化包、首饰等民族旅游服饰。产品除销印江县外，还销往松桃、沿河、思南、德江、铜仁、贵阳等地。2006 年 9 月，在“开磷杯”多彩贵州旅游商品设计、旅游商品能工巧匠选拔大赛中，获铜仁地区产品原创奖。2007 年 9 月，“金元杯”多彩贵州旅游商品设计选拔大赛，在铜仁地区获最佳制作奖，在贵州省大赛中获“名创奖”。

补遗

印江革命时期文化宣传

印江在红军时期，抗日战争时期和解放战争时期都紧扣时势，开展了形式多样、内容丰富的革命文化宣传活动，留下了宝贵的精神财富。

1992 年年初，按照国务院革命文化史料征集领导小组湘鄂川黔片区征集办公室通知，成立印江自治县革命文化史料征集办公室，设在县文化局。同年 2 月，组织人员进行走访调查、摘抄档案史料，搜集散存资料。前后收到了各个时期健在者亲历、亲闻、亲见的材料约 20 万字。先后整编《印江革命文化史料》《红军在印江·文化宣传大事记》，资料大部分录入省卷。杨再荣撰写的“抗战时期印江的抗日宣传活动”载入《印江文史资料》第五辑，冯享名撰写的“同仇敌忾抗倭寇——抗战时期印江的抗日文化宣传活动概述”载入《印江通讯》报和《黔东抗日英雄谱》一书。为纪念红军长征胜利 70 周年，冯享名的《唤起民众闹革命——红军时期印江的革命文化宣传活动概述》载入省相关文化刊物。甘述华编写的《木黄会师》宣传折页、《黔东记忆——湘鄂川黔革命根据地大事记》作为木黄会师纪念馆免费开放赠阅资料。

一、 红军在印江时期的文化宣传

1934年6月，贺龙领导的红三军进入印江，宣传革命真理，广泛发动群众，建立红色政权，开展武装斗争，进行土地革命。在此期间，按湘鄂川黔革命军事委员会的要求，红军师、团，区、乡苏维埃政府都有宣传队，开展各种形式的革命文化宣传活动。

召开群众大会 群众大会是宣传群众、发动群众、激励群众、组织群众的最简便、最广泛、最直接、最有效的文化宣传方式。1934年6月17日，红军在沙子坡万寿宫召开以印江为主体的各路神兵和群众2000多人参加的群众大会。会后收编神兵成立了黔东纵队。同年农历七月初一，红军在兰克再次召开群众大会，处决伪区长严循德，群情激奋，积极要求革命，仅几天就有40多人参加红军游击队。印江在土地革命中，召开各种群众会议不计其数，通过发动群众，建立了区、乡苏维埃政府和游击（大）队，有200多人走上革命道路。

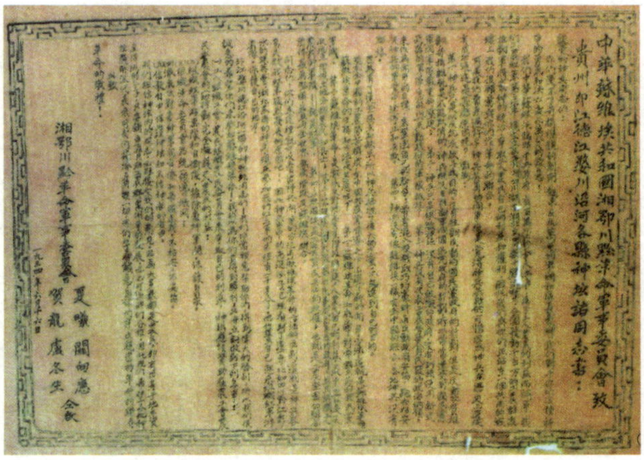
中華蘇維埃共和國湘鄂川黔革命軍事委員會致
貴州印江德江婺川沿河各縣神壇諸同志書：

湘鄂川黔革命軍事委員會
夏曦 關向應
賀龍 盧冬生 全啟

1934年6月，中华苏维埃共和国致贵州印江德江务川沿河各县神坛诸同志书

书写标语 1934年6月9日，贺龙领导的红三军进入印江县刀坝，到11月26日黔东独立师撤离印江木黄，红三军在印江开展革命活动达六个月。红三军克服长途跋涉、战事频繁、环境艰苦等不利条件，除了打击敌人保卫苏区外，每到驻地便在群众中进行宣传发动工作，利用房前屋后、村头道旁，书写和绘画革命标语、漫画。至2008年文物普查表明，印江县有记载的标语约有60余幅。

在沙子坡镇红花园村农民何瑞开家板壁上，红三军九师政治部书写了“红军是工人和农民的军队”“保护神兵家属，反对川军拉夫送粮”“反对白军拉夫送粮”。在何能高家板壁上书写了“保护来往行商”；在何能献家板壁上书写了“佃户不完地主的稞”。

在沙子坡镇麻竹元赵光成家板壁上，第七师十九团第四连二排书写了“红军是替穷人找饭吃找衣穿”，标语保存完好。

在刀坝乡来安村香树坪陈发希家墙壁上，红三军政治部书写了“穷人不还富人钱”“打倒卖国贼蒋介石”“红军是替穷人找饭吃找衣穿的军队”“取消国民党的一切苛捐杂税”“红军是工人和农民的军队”“红军是为了消灭地主阶级，土地归农民而战”“消灭团防的首领、欢迎团丁”“推翻国民党的统治，建立苏维埃政权”“坚决消灭王家烈”“保护来往行商”。

刀坝乡毛坝村陈明章家曾经是红三军军部和贺龙军长居住的地方，在墙壁上，红三军政治部书写了“打倒蒋介石法西斯专政”“武装保护苏联，打倒卖国贼蒋介石”“学习南昌暴动经验”“纪念八一节”“八一是南昌暴动纪念”“加紧军事训练，粉碎敌人围剿”等标语。在严天富家门枋上，红三军政治部书写了“推翻国民党统治，建立苏维埃政权”标语。

在刀坝乡洞沟村枫香堡陈世焕家土墙上，红三军三支队书写了“红军是穷人的军队”“佃户不完地主稞”“打倒帝国主义瓜分中国”“拥护中国共产党万岁！拥护中央苏维埃政府”“穷人不还富人钱，佃户不完地主稞”“红军是穷人的军队”“反对白军拉夫送粮的国民党”“实行土地革命”。在陈世用家墙壁上，红三军三支队书写了“反对第二次世界大战”“杀尽土豪、反对富农”“反对白军拉夫送粮”“红军是穷人的军队”。在陈治章家板壁上，红三军三支队书写了“红军是工人和农民的军队”“取消一切苛捐杂税”“反对白军拉夫送粮”“杀尽土豪劣绅，反对富农剥削”“红军是工人和农民最相信的军队”“红军是不拉夫不派款的军队”。

在刀坝乡核桃坪村滚基坪组张著伦家，红三军九师政治部书写了“全世界无产阶级联合起来”

“取消国民党一切苛捐杂税”“红军是工人和农民的军队”“红军不拉夫、不筹饷、不要农民办招待”“红军不拿工人和农人一针一线”。（现存木黄纪念馆）。

在刀坝乡罗南溪村内口湾组杨胜齐家板壁，红三军九师政治部、红二十五团政治部书写了“红军是为广大工人农民而战斗”“红军是工人和农民的军队”“佃户不完地主稞”“穷人不还地主的钱”“保护来往行商”“红军不拿工人和农人一针一线”“打倒国民党政府才能□□”。（现存木黄纪念馆）。

在木黄镇街上张先福家墙壁上，红三军九师政治部书写了“打倒帝国主义”，在木黄万寿宫墙上书写了“打倒日本”（后面字迹已无）。在木黄街上，红六军团书写了“白军士兵暴动起来，加入红军抗日先遣队”“白军士兵要使家里老母孩子有饭吃，只有参加土地革命”“白军士兵要向官长算清欠饷，回家打土豪分田地”。

1934 年 10 月，红六军团在木黄民主大队张先福家墙上书写的标语

这些红军标语是土地革命时期特定历史背景下产生的，标语宣传了马克思主义，向广大人民宣示了红军的革命宗旨、革命目标、革命对象、革命纪律。以独特形式，承载了红色文化的重要内涵，有很高的历史价值和现实意义。

发布文告 红军在印江时期，先后发布和张贴的文告有《告神兵同胞书》《红三军司令部布告》《黔东特区第一次工农兵苏维埃大会记录及决议》《革命委员会政治纲领及组织法草案》《工农自卫队的任务及章程》《农民团》《中国工农红军青年团工作条例草案》《农民协会的纲领及章程草案》《乡苏维埃》等。

其中，对文化宣传组织的规定和要求有：1934 年 6 月 18 日，红三军政治部在沙子坡张贴的《农民协会的纲领及章程草案》中第八章与其他革命团体的关系第二十一条“我们主张信教自由，凡是信神的，不信神的，信教的，不信教的农民，均可加入协会”。1934 年 6 月 23 日印发的《革命委员会政治纲领及组织法草案》中“（十一）组织群众保护工人农民集会，结社、言论、出版、信教之自由，帮助雇农工会之发展。（十二）县革命委员会……文化宣传部……”《雇农工会的斗争纲领及组织法》“（十）工会的经常生活（1）出报纸，组织俱乐部，工人学校”。1934 年 8 月 7 日印发的《乡苏维埃》中“第五章，乡苏维埃的工作……（四）乡苏维埃要坚决发展革命文化工作。（1）要创办乡村俱乐部。（2）要创办苏维埃小学”。1934 年 9 月 15 日，湘鄂西分局向中央发了一份报告“……四、黔东苏区的创立与现状……各师宣传队，各连流动宣传队工作情况……”

唱革命歌曲 黔东特区苏维埃政府成立后，红军教唱的歌曲有《国际歌》《少年先锋队歌》《工农歌》《农民歌》《妇女歌》《广州暴动歌》《步哨歌》《行军歌》《冲锋歌》《红军纪律歌》《我们是工农革命军》《红军真顽强》《瓦解敌军歌》等 20 余首，还有各宣传队自编的民歌民谣、花灯词，如《唱红军》《送郎当红军》《十送红军》《十月枫正红》等。韩家乡王昭均在白石溪举办的土地革命干部培训班期间，用棉纸手抄了歌曲 10 多首，原件现存省博物馆。

开展文艺表演 红三军各师、团和区、乡苏维埃政府的宣传队，经常到部队、村寨进行文艺表演。其形式有花灯、锣钹灯、莲花闹、金钱竿、快板、对口词、秧歌、表演唱等，内容多为创编。花灯有《唱支花灯贺红军》《十杯酒》《十杯酒劝郎歌》《甲戌年间闹红军》。

如花灯《甲戌年间闹红军》词：“正月里来正月正，甲戌年间闹红军。一闹闹到六月间，红军来了才安身。贺龙领导红三军，拖进贵州费番心。红军一来势气大，专打土豪和劣神。区长保长脸吓青。吓得团转打圈圈；贺龙部队铺得宽，土地革命闹得欢。区建革命委员会，各地建立游击队。做梦不谙（注：想的意思）有今天，千人从此翻了身。不怕地主再黑心，不怕他鬼子再横行。人人都说红军好，辈辈不忘救命恩。”

金钱竿《贺龙带来红三军》词：“一寸光阴一寸金，寸金难买寸光阴。贺龙带来红三军，拖进贵州费番心。贺龙部队铺得宽，政府设在土地湾。通知群众开大会，开了会来办平均。贺龙部队声势大，土豪劣绅寒他心。平均刚刚才办过，贺龙带兵迎六军（注：红六军团）。自从红军来了后，干人个个称了心。”

发行小册子和小报 1934年9月以前，红三军政治部推出宣传小册子《战士的话》。9月15日，湘鄂西中央分局向中央的报告中把《战士的话》改为单张小报《红星》出版。

另外，红军在印江期间，印江县国民政府先后下达了各种“布告”、“训令”和“密令”，对红军进行围追堵截。如“民国23年9月29日第二区委员会训令　令合水镇公所吴江霖　为转令遵办事案　奉县政府训令……电闻肖匪西窜，亟应防堵，兹定（一）湘川黔边区凡防匪窜扰之各县城及各大市镇均宜限期择要建筑碉堡，构成防“肖”（二）此项掩护城市之碉堡，即责令地方自巩守备储存炸药及粮食料……忽稍忽误致于查究负责”。“民国23年10月　第二区委员会训令……县指挥命令闸令饬遵照事，查共匪贺龙近窜印属之木黄新场一带……彻底实行为善防共匪之积极办法……消极方法……”

二、抗战时期的文化宣传

1937年，日军在卢沟桥发动“七七事变”，全面抗战开始，印江虽处祖国西南黔东边陲，但国家仇、民族恨，激发了全县各族人民同仇敌忾，积极从军走上抗战前线，同时在后方进行广泛的抗日宣传活动，筹粮筹款，支援前线。抗战八年，印江人民尽心尽力齐抗战，付出了很大的代价。

中共地下党领导的抗日文化宣传 1937年抗日战争全面爆发，严竞成在印江师训班的教师和学员中组建青年教师话剧团，自编自演《木兰从军》《一个铜元》《锄头舞》等剧；办师训班图书室，借给青年教师进步书刊阅读。在县政府图书馆工作期间，订了不少进步书刊，有《烈士诗抄》《大公报》《新华日报》，苏联革命小说《铁流》等，向读者传输革命思想和开展抗日宣传。不久，严竞成调任县民众教育馆教育视察员，他利用视察学校的机会，走访红军经过的地方，回县后，向师生作了一次报告，讴歌和宣传红军的革命事迹，激励他们为抗战出力。1938年末，严竞成奉命到武汉八路军办事处，组织青年教师、学生从事抗日宣传工作。这期间，他的学生田儒壁（思基）成为抗日文化宣传的骨干，后来奔向延安，走上革命道路。

抗日文化宣传机构、文告 在抗战时期，印江县国民政府成立了国民精神总动员会、宣传委员会、知识青年自愿从军征集委员会、出征军人服务处、征求募捐大队、伤兵之友社、国民月会督查组等抗战机构和组织，各乡设游动宣传教育队。

1938—1945年，国民政府和县党部发布的有关抗日的“训令”“政令”“命令”“纲要”“办法”“规定”等文告和召开的专门“会议”一百余号（次），其中文化宣传方面17号（次）。有：

民国27年（1938）12月1日，“县长”潘永衡签署的教字第38号训令，“奉省政府令，本府为适应抗战需要，加紧推进社会教育工作，县设立督导工作……”

民国29年（1940）3月26日，“县政府”发布了“关于抗战时期村镇宣传”的训令。

民国29年（1940）10月，“县长”郑青士发布训令，要求各单位各学校开展广泛深入持久的抗日救亡宣传，唤醒民众团结起来抗日救亡。

民国30年（1941）3月20日，“县政府”发布开展“航空救国”宣传演讲竞赛办法的训令。

民国31年（1942）5月12日，县政府令，将民教馆的政治业务活动纳入战时宣传体制内，筹办有关会议，出壁报、画刊、街头宣传教育，文艺演出，出版《印江旬刊》（报纸），缮写标牌、标语，巡视社会宣传教育，督导献金献粮献鞋袜劳军，查缉私盐等均由民教馆主要承担。

民国33年（1944）6月，印江县举行城区规模较大的纪念活动，参加讲演竞赛的学校和单位7

个。演讲主题分别是《抗战时期间儿童应有的责任》《儿童节的感言》《如何做个未来的主人翁》等。7月，县长赵叔筠发布抗日工作第66号训令。修改前任县长颁布的“伤兵之友”关于捐款的规定。10月，县政府发布第33号令，决定召开“七七”卢沟桥事变纪念大会。

民国34年（1945）1月，印征字第660号令，民教馆准备欢送从军青年入伍大会事项……4月，新任县长左启瀛发布民教字第1087号令，要求民教馆设立抗战忠烈纪念堂……10月3日，县政府第235号令称，抗战已获胜利，国民月会已不再举行。次年，转发了《全国人民纪念国难办法令》，至此，抗战宣传活动结束。

抗战文化宣传队伍组织、形式和内容 抗战时期，文化宣传队伍组织有文艺演出队、宣传教育队、歌咏队、文体队和社会团体。组成人员主要是青年教师、中小学生、机关职员和社会青年。文化宣传的形式大致分三类。

一是文艺演出。文艺演出有舞台、场坝、街头表演，尤以街头宣传表演为多。其种类有戏剧（包括话剧、歌剧、话报剧）、快板、相声、说唱、双簧、花灯、歌舞、歌曲、顺口溜、对口词等等。当时的城关标小、毛寨小学、木黄小学、合水小学、朗溪小学、缠溪小学、洋溪小学等，都成立了文艺宣传队，逢赶场天上街表演宣传。如1938年，木黄小学校长杨瀛带队在周边学校巡回宣传。每到一地，先举行篮球赛，然后歌咏队唱抗战歌曲，再宣讲抗日救亡道理，后文艺表演，最后学生团体组字表演“保卫大武汉”。

当时，在印江流行的抗日歌曲有《大刀进行曲》《义勇军进行曲》《大路歌》《救亡歌》《保卫黄河》《松花江上》《流亡三部曲》《游击队之歌》《长城谣》《跑步歌》等，创作的歌曲或原曲填词的有《红缨枪》《送子参军》《晨操歌》《齐抗战》《前进曲》《抗战歌》等。抗日戏剧有《锄头舞》《木兰从军》《一个铜元》《祖孙杀贼》等数十个。

2006年4月，纪念中国工农红军长征胜利七十周年活动

二是阵地宣传。宣传阵地有校园黑板报，街头壁报栏。宣传形式是书写大字报、刷标语、写对联、绘宣传画、漫画、出专刊、发行报纸等。1942年9月起，民教馆开始办壁报，主要栏目有“抗战歌谣”“抗战随笔杂谈”“世界各国援华抗战”“苏军反攻情况”。尚存的壁报底稿5册，计186次968份近5万字。1940年，在县城南门河坝召开纪念“七七”事变大会暨“抗日阵亡将士纪念碑”落成典礼。县长郑青士撰“创业维艰先烈已建民国；守成不易后生须担重任”和“谁个是民族英雄但凭热血盈腔舍身救国；此间有天地正气试看丰碑在目继往昭来”两副对联。前联张贴于主席台两侧，后联镌刻在纪念碑柱上，纪念碑还刻有148将士名字。毛寨小学召开纪念大会，校长冯大相亲撰对联“破虏平蛮踏平日本三岛；兴邦治国收复东北失地”“团结起来打败东洋鬼子；共同奋斗消灭日本倭奴”“不让中华大地沦为夷狄；要率全国健儿还我河山”，分别张贴于大会主席台前和校门两侧。洋溪小学语文教师陈其能撰写的“杀敌在前方为国捐躯忠魂不眠垂青史；美名留后世成仁取义壮志长存冠古今”对联贴于校门。1944年元旦，木黄小学教师李新基撰写的“庆祝卅三年元旦；扫除亿万数倭奴”“求学业与时共进；看河山指日收回”“旧世界翻新世界；弦歌声和凯歌声”“岁序更新望同胞本着教育方针广植新人储国用；河山依旧愿大众参加从军运动剪除旧耻奠邦基”等对联贴于校内。其他，如“国家至上，军事第一，胜利第一，意志集中，力量集中”“打倒日本，还我河山”“抗战必胜，建国必成”……随处可见。城关标小内一幅漫画，把日本帝国主义画成一只螃蟹，旁注“看你横行到几时！”1943年，金成生任县长时主编，冯达志主笔，以印江宣传委员会的名义，出版的《政教丛刊》《六月的印江》《训练纪实》《新印江》《胜利

年》等报刊，有诗歌、漫画、抗日标语、快报……尚存的宣传画配诗43幅（存于贵州省档案馆）中有“反侵略，大同盟，日、德、意全打倒”“抗战胜建国成，大家平度太平年”。民教馆壁报刊载李新基、田仲平、龙质义等抗战内容的诗词数十首。民教馆有关抗战的书刊报纸若干，曾一次借给县抗日工作干部训练所的书籍就有227册。合水镇木腊村花龙门砖墙上“誓雪国耻”四个大字还依稀可见。

三是专题活动。在机关、学校以不同的形式举办专题活动，有校内班级赛，校际间比赛，单位、团体间比赛。以抗战为内容，布置学生写作文，选优张贴于学习园地或专刊；召开专门会议，汇报情况，安排布置抗日宣传工作。摘录两例记录：

例一：印江县宣传委员会筹备“七七”纪念及筹建话剧社。时间：民国31年（1942）5月15日下午，地点：出席人、主席（略）。甲：报告事项（略）；乙：讨论事项及决议：1. 纪念“七七”会在察院坝；2.“七七”上午八时举行纪念会，游行；3. 城区各界一律参加；4. 仪式标语内容由宣传委员会制拟，经县党部核查，标语各界张贴；5. 宣传工作方式：出特刊，筹委会征求各界投稿；出墙报，各界宣传队分赴城区及附近农村扩大宣传；6. 决议组成印江话剧研究社，以作纪念“七七”后永久研究；话剧社应由各界青年物色七人以上负责筹备后再行定期集合，由宣传委员会继续讨论；纪念“七七”话剧由中小学民教馆和联保处县党部及社会青年四个单位联合负责，每单位负责话剧二幕出场表演；时间以“七七”“七八”两夜为准，所需经费由县宣传委员会负责。

例二：印江各界庆祝抗战胜利周年纪念筹备会纪录，时间：民国35年8月27日上午8时；地点、出席人、主席、纪录、主席报告（略），讨论事项：（一）大会名称地点时间庆祝方式如何，决议：大会名称为印江县各界庆祝抗战胜利周年纪念大会；大会地点定在察院坝纪念台；时间是日上午七时，全城一律悬旗致庆。（二）大会如何组织，决议：县党部和县政府为召集人；（三）各组应办工作如何分配，决议：总务处办理会场布置筹支经费及其他属于本组事项；宣传组办理编撰特刊（民教馆负责），散发传单标语（县党部负责）及组织街头宣传（救济院中学、标小负责），慰劳组办理募集慰劳品（商会负责），组织慰劳队（军事科参议会妇女会及各有关单位负责）（四）致祭忠烈如何举行案，决议：开会后即整队赴抗战阵亡将士纪念碑前行礼致祭。（五）大会经费如何筹措案，决议：县政府纪念项下动支一万元。

三、 解放战争时期的文化宣传

抗日战争胜利后，蒋介石撕毁停战协定，大举进攻解放区，不断镇压人民革命运动和残杀中共地下共产党人，激起人民的极大愤慨。国民党印江县党部、县政府秉承旨意，加紧控制动荡的局势，严查进步书报刊，封锁解放战争的消息。然而，革命活动和革命文化宣传仍在隐蔽地进行。

到1949年1月，严培安已发展并掌握了60余人的地下武装。同时在木黄街上、响水洞、张家沟、朗溪和县城严家寨建立了秘密联络点。在此期间，严培安将纵队刻印的《翻身会的章程》《调查纲领之一》《起义一般纲领》《告同胞书》《告工农兄弟》《告公教人员书》《口号》《建立地方政府的办法》等文件带回，在游击队和联络点传阅、宣传。1949年2月5日，“黔北工委”负责人之一的宋至平在石响主持召开会议，一是党组织发展问题，批准严培安等加入中国共产党。二是布置武装起义的准备工作，决定建立中国人民解放军黔东纵队，下设5个支队，印江木黄地区的武装为第二支队，严培安任支队长，周知群任政委。

1949年，已在华东干部子弟学校任职的严竞成，多次与印江个别学生和好友通信，介绍当时的形势和解放战争情况，并且寄来《毛泽东传》《朱德传》等书籍。

1949年11月16日，印江县城解放。印江邮电局将《重庆新华日报》《战地通讯》刊发“北平和平解放”的消息张贴发行。1950年11月印江收复，张贴了“人民得解放翻身做主人”的标语，广泛宣传人民政府的政策，对敌斗争的政策。部队文卫团演出《白毛女》《兄妹开荒》，县城青年学习会自编快板、歌谣、花灯词、顺口溜等，到朗溪、合水演出。县人民政府发行《新中国观感录》一书。

第八节 体 育

1988—2008年，印江自治县按照国家颁布《中华人民共和国体育法》和《全民健身计划纲要》，民族民间体育、学校体育、老年体育、竞技体育都得到快速发展。举重、乒乓球、象棋等项目成为印江的优势项目，跨入全省先进行列。县体育部门以增强人民体质为己任，广泛开展全民健身活动，充分发挥各基层体育组织和体育骨干的积极性，坚持政府支持与社会兴办相结合的原则，组织开展了一系列丰富多彩的体育活动。全县共开展活动200多次，全民健身活动达3万余人次，培训社会体育指导员50人，建立县、乡（镇）基层体育组织12个，使“三边工程”（身边组织、身边场地、身边活动）得以较好的贯彻和实施，形成科学健身的理念以及文明健身的社会环境。加快了城乡体育协调发展，逐步形成以宣传引导为重点，培训组织为基础，群众体育社会办为主线的工作思路。

全县有国家级社会体育指导员1人、有国家一级社会体育指导员8人，国家二级社会体育指导员32人；国家一级教练员1人，二级教练员2人；全县有专兼职体育教师400人，其中有职称的40人、各类国家二级裁判员20人、三级裁判员30人。

一、 群众体育

印江自治县群众体育形成党委重视、政府支持、积极参与的全民健身格局。群众体育活动坚持政府引导、社会参与相结合的原则，采取主办、联办、协办，支持社会办体育的形式，积极开展丰富多彩、小型多样、健康向上的群众体育健身活动。基本建立起具有民族特色的、和谐的全民健身服务体系。全县体育人口覆盖面达88000人。

1986年开始，印江自治县连续举办22届迎新春环城跑比赛。1988年举办全县篮球运动会，县机关、各区（镇）35支男队和16支女队参加，比赛历时15天，取得圆满成功。1999年7月，举办全县中学生篮球运动会，全县17个乡镇19所中学参加比赛，比赛历时7天。1992年开始，两年一届的“工行杯”排球赛连续举办四届。1994年8月，举办首届城区职工小口径运动步枪射击赛，共有785名男女运动员参加。1995年5月，举办的城区职工拔河赛，男、女32支队共有1344人参加。1996年6月，全县举办城区小学少年儿童中国象棋比赛，小学4个年级有108名小运动员参加比赛。1998年6月，举办全民健身万人签名活动。

2007年2月，印江县城举办“迎县庆、贺新春”环城赛跑活动，参加人数达1500多人次。3月，配合县妇联举办有民族特色的花灯健身比赛。2008年2月，在县城举办“春节七天乐”环城赛跑活动，参加人数达2000多人次。4月，承办“迎奥运、讲文明、树新风”铜仁地区国税系统第三届篮球比赛，有12支队参赛。5月，承办与奥运同行“贵州南长城杯”2008年全国桥牌“千人百团大战”比赛，60支参赛队进行3天比赛。5月承办全县校园集体舞比赛，有参赛队28支，参赛人数达150次。6月，举办全县“禁毒与迎奥运”拔河比赛。7月，举办全县迎奥运“金顶杯”篮球运动会，有27支篮球队324名运动员参加比赛。

冬泳爱好者活动

至2008年，体育馆实行免费开放。全县建立篮球、足球、乒乓球、羽毛球、自行车、钓鱼、老人门球等协会，成立健身组织 20 多支。活动人次达 8000 人次。1996 年，国家体委授予印江为“全民健身先进单位”称号，1998 年，省体委又授予印江为“全民健身先进集体”。

二、 学校体育

全县各级各类学校，认真贯彻《学校体育工作条例》《国家体育锻炼标准》，坚持“两课”“两操”“两活动”，狠抓体育教学质量，开展优质体育课评比，体育教学水平不断提高。

印江民族中学举办第 32 届田径运动会

峨岭镇二完小在狠抓体育课常规教学基础上，重视抓体育传统项目，曾选送运动员冉劲华到国家乒乓球集训队，三名运动员到省乒乓球队，成为铜仁地区唯一的一所省级乒乓球体育传统项目学校。1992 年 8 月，贵州省体委、贵州省教委等 7 个单位授予该校“贵州省体育工作先进单位”。1997 年 10 月，荣获国家体委授予的“全国群众体育先进集体”称号。1998 年 10 月，荣获国家体委和国家教委“全国体育工作先进集体”称号。木黄中学、板溪中学是铜仁地区级举重体育传统项目学校，两所学校的运动员在省、地比赛中，曾多次获优异成绩，向省体校和省体工队输送 28 名举重选手。在多年来的中考中，学生加试体育，达标及格率在 88.79％以上，其中优秀率达 56％。

三、 老年体育

1984 年县老年人体育协会成立，随着老年体育事业的发展，又相继建立门球、台球、健身、钓鱼、棋牌、健身气功、乒乓球等协会。为老年人开展健身活动提供组织保障，他们选择适合自己身体项目参加体育活动。2008 年，县城区经常参加体育健身活动的有 4000 余人。

老年人在开展门球活动

1998 年之前，印江老年人门球代表队在地区举办的一年一次老年人运动会上，曾两次获得第一名，并代表地区参加全省老年门球赛。印江的中国象棋选手曾多次在地区老年运动会上取得前三名。1998 年，印江代表队在地区钓鱼比赛中获得冠军，并代表铜仁地区参加全省钓鱼比赛，老红军池恒昌带领印江老年人迪斯科代表队代表铜仁地区参加全省老年人迪斯科比赛，获得优秀奖。2002 年 9 月，成功承办铜仁地区西片区第十五届老年运动会。是年，在铜仁地区第十八届老年人运动会中，印江台球选手阙中一夺得金牌。2003 年 10 月，印江老年人运动队在铜仁地区西片区老年人运动会中，分别获二十四式太极拳第二名和男子第三名、获中国象棋比赛第二名；同年 11 月，出席“全区老年人运动会”和全区钓鱼比赛。2004 年 5 月，在印江东郊钓鱼场举行铜仁地区钓鱼比赛，同时出席铜仁地区第十七届老年人运动会，获乒乓球男子单打第二名；8 月，出席全区老年人运动会（江口赛点），获台球比赛第三名；9 月，参加 2004 年全区钓鱼比赛，印江获团体第四名；11 月，组队参加全省门球大赛，获第八名。

1990 年，印江老年人体育协会被中国老年人体育协会授予“全国先进集体”称号；1998 年，被省老年体协评为“全省先进集体”；2001 年，被省老年体协评为“门球工作先进单位”。

四、 竞技体育

印江的竞技体育项目篮球、武术、田径、乒乓球、举重、中国象棋、射击、游泳等多次在地区级、省级、国家级比赛中获奖，铜仁地区曾多次在印江召开现场会。

省级比赛

田径 1991年8月，印江选手严天秀在遵义举行的全省少年田径运动会上获得女子四项全能第二名。

印江自治县举办铜仁市“迎春杯” 足球赛

乒乓球 1988年6月，印江选手张广广在全省伤残人运动会中，获残疾人 A6－8 乒乓球男子单打亚军。1991年7月，印江选手田鳌获全省少儿组乒乓球单打冠军。1993年7月—1999年7月，贵州省举办的省级体育传统项目学校第七届乒乓球比赛中，印江体育传统项目学校第二完全小学连续获女子团体第三名、男子团体第三名、女子双打第二名、女子单打第一名和第三名。1998年，印江第二完全小学获得男子组“体育道德风尚奖”，是年8月，获全省少儿组乒乓球单打冠军。2006年5月，在全省第三届残疾人运动会乒乓球比赛中，印江选手戴泽彪获男子单打金牌。

举重 举重是印江体育的优势项目。木黄中学、板溪中学先后向省体校和省体工队输送7名举重选手。他们都曾在全省举重比赛中多次取得前三名：1987年8月，在印江木黄举办全省举重比赛，木黄中学选派三名运动员参加，获男子58公斤级金牌、52公斤级银牌、女子48公斤级铜牌。1988年8月，在六盘水举办贵州省第七届运动会中，木黄中学王义以抓举75公斤、挺举92.5公斤、总成绩167.5公斤，获男子52公斤级第一名。1989年8月，在都匀举办“全省少年举重比赛中”，木黄中学张强明挺举77.5公斤，获44公斤级第一名。1994年8月，板溪中学选派10名运动员代表地区出席全省少年举重比赛，黄明秀获50公斤级金牌、任建洪获58公斤级亚军、刘祖江获50公斤级铜牌，任廷珍、任达翠分别夺得女子46公斤级、58公斤级金牌。1999年10月，在全省第二届残疾人运动会举重比赛中，运动员邹诗琪获男子48公斤级金牌，同时获大会体育道德风尚奖。2006年5月，在全省第三届残疾人运动会举重比赛中，运动员李琼获50公斤级第四名。

游泳 2006年5月，在贵州省第三届残疾人运动会游泳比赛中，印江运动员张宣波获男子游泳金牌。

摔跤 1989年，在全省少数民族运动会上，印江运动员文志勇获摔跤金牌。1994年4月，在全省少数民族运动会上，运动员文志勇获第三名。

表演项目 2006年，在贵州省第六届少数民族传统体育运动会上，印江代表铜仁地区表演花灯健身操，获银奖。

中国象棋 1988年8月，印江运动员刘清泉在全省中国象棋比赛中荣获第二名。

国家级比赛 1991年9月，全国少年田径赛在郑州举办，印江严天秀获女子1500米第五名。1995年5月，全国残疾人举重比赛在大连举行，印江邹诗棋获45公斤级抓举和挺举两项第五名。1995年8月，板溪中学选派4名运动员参加湘、鄂、川、黔四省在长沙举办的少年举重比赛，运动员刘祖江、任廷珍分别荣获50公斤级和54公斤级冠军，田增文，秦刚分别夺得50公斤级和58公斤级银牌。1996年，黄秀明参加在江西宜昌举办的全国少年举重比赛中，获抓举第六名。

2001年，国家队体操运动员林丽（木黄镇七盘渡村鱼鳅组人），在中、澳、俄3国少年体操友谊赛中荣获高低杠冠军。2002年在中、意友谊赛中获高低杠冠军。2003年在全国体操锦标赛中荣获高低杠冠军。2004 年 8 月，在雅典奥运会上，荣获女子体操第七名和个人高低杠第七名。其创新动作被命名为“林丽转体”，记载于国际体联发展史册，进入世界体操名人堂。

第九节 档案管理

1988 年，印江县档案局更名为印江土家族苗族自治县档案局，印江县档案资料馆更名为印江土家族苗族自治县档案馆。自治县档案局定编 3 人，档案馆定编 9 人，设办公室、业务指导股、管理股，局馆总人数为 14 人。1996 年自治县编委明确自治县档案局为县政府直属正科级事业单位，设办公室、执法监察室、业务股、管理股，核定事业编制 15 人。2002 年机构改革时，设办公室、综合股、管理股 3 个，核定事业编制 13 人，实际人员为 17 人。2004 年增设现行文件阅览中心。到 2008 年年底，自治县档案局（馆）有 4 个内设机构，编制 13 人，实际人数为 16 人。

一、档案资源

印江自治县档案人员清理档案工作情景

1988—2008 年，印江自治县馆藏档案全宗 158 个，共有档案资料 59067 卷（盒册）。其中国家重点档案的民国档案共 18 个全宗，现馆藏 5337 卷，形成于 1812—1950 年。这些档案详细记载印江县民国时期国民党党部、政府、军事、司法、财政经济、民政、农业、文教卫生、交通、水利、粮食、邮电和明清时期民间房屋、土地、山林契约等多方面的内容；有民国贵州省政府《手订建设新贵州解表》；侵华日军制订的《日本并吞满蒙之秘密计划》，昭和十五年（1940）侵华日军绘制的中国西南地图 110 幅；印江县民国政府《办公厅日志》《每周命令》；县民众教育馆《馆务日志》及刊载的第二次世界大战欧、亚战场战况，以及印江县国民党党部迫害地下共产党人严培安的专案材料等。另有明清史志《贵州通志》线装本，明嘉靖《思南府志》、民国《铜仁府志》、清道光《印江县志》、家谱、地契等。

2008 年，馆藏现行档案 140 个全宗，共计 51645 卷，其中文书档案 36898 卷，科技档案 1419 卷，专门档案 1795 卷（袋），革命历史档案 167 卷（册），革命历史照片 3100 张，名人书画 518 幅、名人档案 1300 卷（册）、声像档案 56 盘（盒）、旧印章档案 2304 枚。主要内容有中共印江县委、县人民政府和县直各机关及乡、镇、村文书档案和专门档案，红军第二、六军团在印江木黄会师并建立苏维埃政权活动史料；两军首长萧克、王震、王恩茂、廖汉生、段苏权等为会师纪念馆、纪念碑的题字、题词、赋诗等；旧印章档案中，有清代至民国时期的书家钤记、土司官印章拓片，特别是受赐慈禧太后“宸赏”玉印及 29 枚书法印章拓印本，以及王峙苍、魏宇平、金成生等人作品，还有当代作家和文艺评论家思基、剧作家黎廷庠等的小说、文艺评论、剧作等。馆藏资料 44 类 61 种，有文书类 6333 卷（册），政治、经济、文艺哲学类图书 429 册，志书、地方文献、家谱等史料 134 册，名人选集 31 册，房产清册 48 册，以及中共中央政治局常委、国务院副总理温家宝到印江视察工作时的照片 80 余张，原任贵州省委、省人民政府部分领导胡锦涛、石宗源、石秀诗、赵克志等到印江检查工作的照片，所有这些档案资料都是印江档案馆所藏档案精华。

二、 档案馆库与设备

1988 年，馆内设备只有木质档案柜 152 个，机械打字机 2 台，手摇钻 3 个。1989 年，印江自治县争取贵州省民委建馆资金 10 万元、省财政资金 10.5 万元、地区财政局资金 5 万元、县民政局资金 5 万元共 30.5 万元，按《国家档案馆建筑设计规范》标准设计建设，总建筑面积 1154.84 平方米，其中办公业务用房 483.08 平方米，库房 671.77 平方米，1990 年建成使用。至 2008 年，馆内设备有木质档案柜 188 个、铁皮柜 10 个、密集柜 50 立方米、防磁柜 1 台、除湿机 3 台、电脑 3 台、复印机 2 台、摄像机 1 台、干粉灭火器 4 个。

印江自治县档案馆书画库

三、 档案管理

1988—2008 年，印江自治县档案工作根据《保密法》《档案法》的规定，分别制定岗位责任制，安全保密制度、借查阅制度、档案统计制度、开放中华人民共和国成立后档案实施细则和未开放档案管理办法等规章制度，做好档案的整理和保管工作。对进馆档案进行整理和编目，以档案保管期限为标准按永久、长期和短期不同保管期限鉴定其价值，馆藏档案一般采取按系统分全宗，按划分的保管期限分设库房，系统排列，编目上架。资料分类整理，专设库房。检索工具有全宗名册、案卷目录、专题目录、资料目录和分类卡片、存放索引等，便于保管和检索。对馆藏破损、虫蛀、褪变档案资料进行修复、裱制整理，对短期重份文件进行鉴定、造册统一销毁，至 2008 年年底，复制、抢救褪变档案 1060 件，销毁重份和到期文件资料 1500 卷。

馆藏档案分别于 1997 年和 2003 年时，进行两次大型清理。第一次对 72 个机关单位清理 1966 年以前不规范档案，清理规范案卷 15818 卷；第二次对全县 100 多个全宗单位档案共 10600 卷进行鉴定，重新立卷 5600 卷，著录 20500 多条，开放 1972 年以前的 91 个单位 1678 卷档案。对全县行政机关、企事业单位的档案室进行监督管理，在每年的全县档案工作会议上，采用以会代训形式，要求各乡镇、各部门参加培训的档案员带齐上年归档文件材料，到现场进行集中指导培训。

四、 达标升级

自 1990 年起，印江自治县档案局开展县直机关档案室达标升级工作，当年审计局、税务局、农业银行、检察院、工商银行档案室达省一级档案室；农业银行、人民银行、法院档案室达省二级档案室；物资局档案室达省三级档案室。1997 年 3 月，印江自治县档案局向铜仁地区档案局报送《县档案局、馆升级达标工作情况报告》。11 月，向地区档案局呈报《关于申报一级档案馆呈请评审的报告》。是年 12 月，贵州省档案局组织对印江自治县档案馆逐项检查，报经省评审委员会审定后，同意印江自治县档案馆为贵州省一级综合档案馆。1999 年，达省一级档案室的单位有农业发展银行、建设银行、公安局；达二级档案室的有峨岭镇、木黄镇、洋溪镇、天堂镇、刀坝乡、朗溪镇；达三级档案室的有新业乡、永义乡、罗场乡、新寨乡、中坝乡、杨柳乡。2002 年，县档案局通过省档案局专家组对省一级档案馆的复查。是年，印江达省二级档案室的单位有县民族宗教局、林业局、地税局、县医院、司法局、交通局、科技局、气象局、组织部；达省三级档案室的单位有旅游局、峨岭镇红光村。2003 年 8 月，贵州省档案局作出《关于同意保持印江县档案馆目标管理一级标准的批复》。是年，印江达省二级档案室的单位有计生局、建设局，达省三级档案室的单位有县妇联、卫生局。2004 年，印江达省二级档案室的单位有县委办、供电局、邮政局、水利局、县政府办；达三级档案室的单位有合水镇、体育局、县编办。至 2006 年年底，全县共有 85 个单位档案室达标，其中省一级档案室 7 个、二级 38 个、三级 40 个。2007 年以后，档案室开始进行星级评估，当年，对县粮食局、供销社、建设局、疾控中心、多维房地产开发公司进行一星级评估。至 2008 年年底，印江获得一星级档案室 7 个、二星级 1 个。

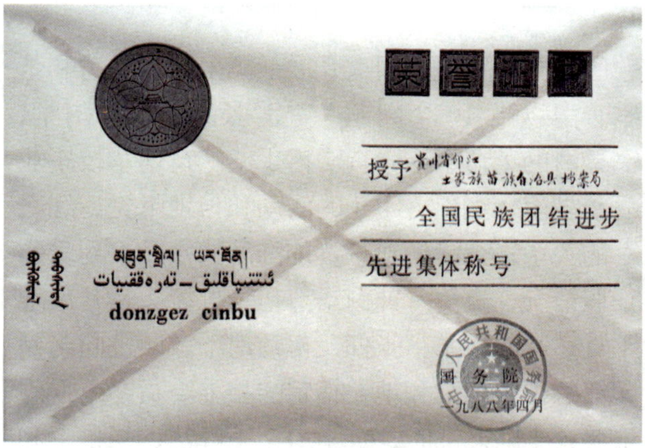

1988 年 4 月，印江自治县档案局荣获“全国民族团结进步工作先进集体”称号

五、 档案利用与编研

2003 年，根据《档案法》的有关规定，经县人民政府批准，同意印江自治县档案局向社会开放 1972 年以前的 91 个单位 1678 卷档案，加上此前向社会开放的档案，到 2008 年年底，中华人民共和国成立后保存满 30 年的档案 158 个全宗，6100 卷、资料 7933 册已予开放。其间，制订《档案馆档案查阅须知》《关于利用未开放档案管理办法》等规章制度。1988—2008 年，共接待 25422 人次，查阅档案、资料 35668 卷、册。

1988—2008 年，印江自治县档案馆利用馆藏档案，先后参与编写出版《思基文集》（一至四卷）《闲鸥集》《印江土家族苗族自治县成立庆祝大会资料选编》《中国共产党贵州省印江土家族苗族自治县组织史资料（1949—1987）》《印江县志》《印江知青名录》《印江县五百年自然灾害实录》《印江县档案馆指南》《印江档案志》《红军在印江的足迹》《档案年鉴》《印江十年鉴记编》等史料编研工作。在《档案学研究》《档案学通讯》《贵州档案》发表理论研究文章 22 篇，其中 3 篇荣获“贵州省优秀档案学述论文”二等奖。1988 年，印江自治县档案局被国务院表彰为“全国民族团结进步先进集体”，局长秦礼显出席在北京召开的表彰会。

第十节 党史工作

一、 党史研究

中共印江自治县委党史研究室（以下简称党研室），是在县委直接领导下的一个专门研究机构。1982 年 7 月，成立县委党史资料征集小组。是年 10 月，改名县委党史办公室。1990 年 7 月，党史办公室改为党史研究室，2001 年机构改革后为正科级单位。

1987—1994 年，印江自治县党史研究室先后出版《红军在印江》《印江组织史》《印江历史大事记》《神兵与黔东革命根据地》，其中《红军在印江》荣获地区党史优秀成果二等奖。1998 年 6 月，中共贵州省委办公厅、省人民政府办公厅批复铜仁地区沿河、德江、印江、松桃、江口、石阡等 6 县为革命老区县，辖 95 个革命老区乡（镇）。2002 年，撰写调研文章《印江革命老区史实》《印江独立团团长张均望之死》《中共地下工作者严竟成》《革命先驱严希纯》《革命烈士严培安》，撰写发表《黔东英杰冉少波》《朱沙一传》《张均望、宁国学、高登海传记》等，参与《铜仁党史》《黔东苏区财政史》的编写工作。2005 年，出版《中共印江自治县委历届党代会资料汇编》《中国共产党印江自治县历史》。

县党研室先后四次开展征集工作，查清和基本查清以下 10 个问题：查清张均望、宁国学、高登海的革命事迹；查明冉少波从黄埔军校毕业后到湖南、铜仁、印江的活动和与地下党、红三军的关系；查清朱沙一参加淮海战役后，到贵州任职情况；查清严钝到毕节与莫雄接头是开展地下党之间的联系；张佃一率领南下、西进同志到印江的组织名称和地委指定的县委委员名单得到证实；土匪暴乱时，金学海、王舜法、胡雄杰和土匪斗争经过得到证实；查明中国工农红军第二、第六军团黔东独立师战斗转移时，贺龙派 3 个团去接应的史实；1950 年年初组建印江县大队，印江土匪暴乱时，张佃一、宋占林、孙占祥共同作出人民政府撤退的决策以及地委决定印江县政府的撤退原因得到证实；查明刀坝乡土匪暴乱时，国民党副乡长周洪义掩护中共第二区委书记张玉振和张福祥脱险的事实；张玉振率领二区 30 多名工作人员撤退县城，在亚龙关被敌阻击、包围，张玉振临危不惧，沉着指挥打退敌人，胜利进城的经过得到证实；到山西找老红军庹中文校正冉少波的有关问题，还对严培安的历史问题进行考证。

中小学生在木黄会师纪念馆开展爱国主义教育活动（2009 年拍摄）

二、 党史编写

2005 年，根据中共铜仁地委党史研究室关于党史工作的通知精神，开展《中国共产党印江自治县历史》编写工作。在党史资料征集中，征集到 6 名英烈，3 名党史人物的革命事迹。理清冉少波 1934 年任纵队司令前的革命活动：曾经带领 5 名同志准备到江西去找红军，行至桐梓县松坝时，冉少波被敌人抓捕，关押几个月后被营救出狱，得知德江"神兵"反抗地方官绅的消息，他决定到印德毗邻地区参加"神兵"运动。1934 年 5 月，他到沿河一带去迎接贺龙领导的红三军，到黔东地区领导人民革命斗争。征集《中共印江自治县历史》101 个大事记专题所需资料。2009 年年底完成印江党史初稿撰写的目标。

三、 访问革命英烈亲属， 核实失散红军资料

1988—2008 年，走访革命英烈张均望、姜茂斗、高登海、宁国学、严竟成、朱沙一等人的亲属、好友，向他们慰问并亲切交谈；对 112 名失散红军资料进行核实，为 25 名失散红军直系亲属颁发荣誉证，并落实党的政策；对印江解放初为先遣部队带路的苏兴荣（印江人）的亲身经历进行录音保存；向严培安烈士家属田碧霞调查地下党的游击队在她家的活动情况。对印江早期参加革命，在外地工作还健在的李骥、田思基进行采访；核实朱沙一参加淮海战役后，到贵州任职情况。对陈正举和印江青年自卫同乡会的组织情况进行调查；还对中国工农红军第二、第六军团黔东独立师战斗转移时，贺龙派 3 个团去接应的情况等，在群众中进行征询印证。

调查了解全县 1111 名失散红军、游击队、苏区干部情况，其中红军 519 人、游击队员 551 人、苏区干部 41 人。1111 人中，病故 581 人，其中红军 202 人、游击队员 353 人、苏区干部 26 人；失踪人员 112 人，其中红军 94 人、游击队员 17 人、苏区干部 1 人；健在 239 人，其中在印江县工作的红军 2 人、在外地工作的红军 16 人、在家务农的红军 99 人、在家务农的游击队员 116 人、苏区干部 6 人。对 214 名老红军、老游击队员进行定期补助，还对 1 名红军烈士家属和 6 名苏区干部分三类进行补助。

第十一节 方志编修

自1978年中共十一届三中全会实行改革开放以后，编修地方志工作列入各级党政机构的议事日程，全县的修志工作按照《中华人民共和国地方志工作条例》的相关规定有序进行。

1984年，全面开展编修印江县志、部门志工作。1992年，完成中华人民共和国成立后第一部县志——《印江自治县志》的修订工作。

1997年，县志办公室被撤销。2002年，恢复县志办公室，开始《印江土家族苗族自治县志(1988—2008)》二轮志书编修工作。

在收集和编修《县志》资料的同时，部门志编修也同步进行，至2008年，共修各类志书33部：《印江自治县志》(第一校196万字)、《梵净山志》(38万字)、《印江水利电力志》(40万字)、《印江交通志》(42万字)、《印江粮食志》(58万字)、《印江供销合作志》(45万字)、《印江教育志》(50万字)、《印江工商志》(25万字)、《印江人事劳动志》(25万字)、《印江邮电志》(28万字)、《印江气象志》(12万字)、《印江轻工志》(18万字)、《印江农业志》(20万字)、《印江畜牧水产志》(28万字)、《印江档案志》(30万字)、《印江城建志》(25万字)、《印江乡镇企业志》(18万字)、《印江公安志》(14万字)、《印江司法志》(8万字)、《印江民政志》(8万字)、《印江军事志》(42万字)、《印江政协志》(40万字)、《印江资源志》(50万字)、《印江艺文志》(48万字)、《印江书法志》(120万字)、《印江茶业志》(78万字)、《印江文化广播电视出版志》(48万字)、《印江信用合作志》(10万字)、《印江文物志》(38万字)、《印江人物志》(30万字)、《印江水电志·续志》(20万字)、《印江拾遗志》(150万字)、《大云社区志》(60万字)。

第十五编

民俗　宗教

第一章　社会民俗

20 世纪 90 年代后期，随着国民经济持续发展，印江城乡居民收入大幅度增加，人民生活水平和生活质量明显提高，人们思想观念、风俗习惯、生活方式、生活环境都发生变化。

第一节　人民生活

一、 收入情况

1988—2008 年，印江经过经济体制改革，调整农村产业结构，增加机关、企事业单位职工工资，使城乡居民收入不断增加，生活条件和生活水平逐步提高。1988 年，农民人均纯收入 276 元，人均住房面积 13.7 平方米，全民职工人均工资 1258 元，集体所有制单位职工工资 1022 元，按行业分，工业 1177 元，农林牧事业 1114 元，邮电交通 1284 元，商业 1323 元，公共事业 909 元，科研 1332 元，文教卫生 1209 元，金融保险 1539 元，机关团体 1353 元。2008 年，农民人均总收入 3116.10 元，其中：工资性收入 1024.61 元，家庭经营收入 982.90 元，财产性收入 12.15 元，转移性收入 33.13 元；人均纯收入 2409.83 元，人均占有粮食 346.36 千克，人均肉类产量 26.51 千克。农村人均住房面积 31.2 平方米，其中砖瓦房面积 13.88 平方米/人。农民主要耐用品拥有量：洗衣机 7.5 台/百户，空调 5 台/百户，电冰箱 10 台/百户，摩托车 13.8 辆/百户，固定电话机 45 部/百户，移动电话 26 部/百户，电视机 76 台/百户。全民所有制职工人均年工资 19164 元，集体所有制单位职工人均工资 39254 元。按行业分，工业 18462 元，农林牧业 16542 元，商业 12650 元，公用事业 19493 元，金融保险 41797 元。全县城镇居民存款余额 194405 万元，贷款余额 75502 万元。

二、 物质生活

1980 年以前，由于物资紧缺，缺衣少吃的现象普遍，生活比较困难。农村每个劳动日有的只值 2 元，最高的也只值 4 元，好的家庭年底可分得现金 180 元左右，最高的也不超过 300 元，富裕家庭能够购买收音机、缝纫机、自行车和手表。1980 年后，城乡居民的生活条件明显改善。1988 年，全县农村少数家庭有自行车、家电。2008 年，农民人均住房面积已达 31.2 平方米，城镇居民住房面积逐渐增长，城乡居民住房条件大大改善。

饮食

80 年代前，农民吃粮大多数依靠自己生产，但也有相当一部分农户依靠国家救济。1980 年后，农民吃粮开始逐步自给。城镇居民粮油主要依靠国家供应。1991 年后，国家粮油政策放开，市场开始繁荣，食品种类越来越多，可以随意购买，不再实行居民粮油供应制。2008年，城镇居民食品支出1989元，消费的食品主要有粮食、肉禽蛋、烟酒、饮料、鲜奶、糕点、油脂、水产品、菜类、干鲜瓜果，农民人均食品支出989.40元，其中粮食255.97元，肉食蛋等食品380.33元，蔬菜61.58元，油26.78元。主食有小麦、玉米、稻谷、红薯，副食主要有肉、豆、蛋、菜等。

饭食　印江山坡地多产红薯、苞谷、马铃薯，土家人最爱吃大米和马铃薯、大米和苞谷、大米和红薯饭，吃起来特别香甜，别有风味。尤其是大米拌马铃薯饭，先将大米煮半熟，用簸箕撩起来，然后再将马铃薯用猪油或菜籽油炒至金黄，再把饭放在马铃薯上面，盖上锅盖，用微火箜熟，老少皆宜。三伏天，土家族人最喜食用大米、绿豆混合煮稀饭，色淡绿，浓而清香，既能解渴生津，又能解毒避暑。饭食中还有经常喜爱吃的豆花饭、豆浆稀饭、渣豆腐稀饭、菜菜饭等饭食。1980年后，城乡居民的主食逐渐被大米取代。

菜肴　菜的种类很多，有蔬菜、豆类、薯类、肉食，还有飞禽走兽、蟮蟹虾鱼、菌菇等，山珍野味样样俱有。

腊肉是印江农村最喜爱的菜肴，人们习惯在农历腊月杀年猪。将猪肉切成长条形，裹上食盐，拌上花椒、五香面等佐料，滴上白酒，放在盆或缸里腌上三五天后，再放在火炕上或挂在烧柴火的灶额前熏干，也有在铁桶内加木炭、柏香树枝慢慢熏干的。然后将肉用白皮子包好放在谷堆里或挂在通风处，这样可贮存较久而不变味。一年到头都可吃腊肉，其肥肉透明，肥而不腻，瘦肉暗红，香味扑鼻，加上大蒜、海椒、生姜末等佐料，拌蒜薹或折耳根炒吃，更为上品。

鲊肉、酶甘　鲊肉、酶甘，是苗族人过红、白喜事待客必不可缺的两道主菜。鲊肉，是将肥瘦相兼的肉切成片，用熟米面加上糯米面、料酒、五香粉、食盐等佐料混合均匀后，整齐装在土碗里，用蒸笼蒸熟，味道非常鲜美。酶甘，是取五花肉，用大料卤制后，再切成片，加拌白糖，碗底垫上水盐菜、豆腐干，放入土碗中蒸熟即可，吃起来香甜可口。

酸鲊肉，是用猪肉切成片，用米粉加花椒、五香面、食盐等佐料拌均后，放入罐里密封三五月后即可食用。只要罐子好，可保存两三年不变味。酸鲊肉吃起来，酸香可口，理气开胃，增加食欲。

酥肉，是将五花猪肉切成小碎片加拌芡粉、蛋清调匀，加甜米酒、五香佐料，放入菜油锅内炸至金黄色。干吃、煮汤均可，味道香美。

灰豆腐　灰豆腐是刚开箱的热豆腐切成方块，用荞秆、辣椒秆、仙米秆、葵花朵、糯谷草烧的灰裹上，放在干净通风的地方，过三五天以后用清水洗去灰尘即可食用。这种灰豆腐吃起来特鲜嫩绵软，清香可口，风味独特。灰豆腐可煮着吃，也可以用油炸了吃。木黄制作的灰豆腐可煮着吃，也可以用油炸了吃。木黄制作的灰豆腐远近闻名。

血豆腐　血豆腐的制作是杀猪后，用热猪血拌白豆腐混合在一起，加上佐料，调匀捏紧，切成方块，放在火坑上慢慢炕干。食用时，蒸熟切片，色红味香，是一道很好的下酒菜。

菜豆腐　菜豆腐是用豆子磨成浆后，放在锅里烧火煮，待豆浆要开锅时，把菜切碎放下去，只要豆浆煮沸，便停火点酸汤制成。菜豆腐是印江人最爱吃的一道菜。民间广为流传一句俗话："千有万有，不如菜豆腐下烧酒"。

金豆腐　因产自木黄金厂而得名。梵净山四大皇庵之首的天庆寺，那里仙山佛地，水质特别好，黄豆品质高。磨制的豆腐鲜嫩绵软、洁白清香。随着旅游业的发展，不少人慕名前往品尝。

霉豆腐　将新鲜豆腐切成小方块，用清水煮沸沥干，放在垫有稻草秸的木箱内，存在温热处，使其发酵生出白绒霉衣，再加上食盐、花椒、姜丝、辣椒面和适量白酒，放入坛内密封保存，过十天半月后，即可食用。其味香、辣、爽、麻，可健胃生津，增加食欲。

水盐菜　水盐菜主要以青菜薹、野葱、大山葱等为原料，将其放在阴凉处晾干，用清水洗净，切成细丝，加入适量食盐，装入扑水罐内密闭存放三个月后，即可食用。好一点的罐子可存放三五年不会变味，时间越长的越好。用山坡上生长的野葱制作出来的水盐菜更香，味更好。水盐菜可炒熟吃，也可凉拌吃，味道酸香可口。

椿芽炒鸡蛋　春暖花开时节，香椿树枝发出鲜红的嫩芽，俗称“椿尖”。将其用温开水潦漂褪色，去掉腥气后，切成小节，和辣椒、葱、蒜、生姜、醋、食盐等佐料凉拌吃。尤其是香椿炒鸡蛋，味道格外香美。

辣椒菜　印江苗族都喜好吃海椒。在日常生活中离不开海椒。炒菜中把海椒当作佐料，也有将海椒切碎炒熟，吃炒椒；有拌盐、大蒜、生姜，吃生椒：有烤焦了，吃煳海椒；有用嫩海椒炒熟，吃“海椒娃”；有用鲜红海椒切成小块状，放上大蒜片，生姜丝、食盐混合一起后，吃糟海椒；有干海椒加工成粉，用菜籽油制成的油炸海椒；有用鲜红大海椒灌上糯米或糯米粉后，用水罐腌制的攮海椒；有与米面揉制的海椒粑；有用鲜红海椒切碎后，加上芋头丝、糯米面混合腌成的“酢海椒”；有泡的酸海椒等。制作各种菜肴，基本上都有海椒作调料。

酸菜　以青菜、白菜、莲花白、萝卜菜、豇豆、蒜薹、海椒等为原料，洗净放入开水潦透，再放入盆或坛中，加入酸汤密闭而成，由于酸菜开胃助消化，深受印江人民喜爱。在苗家山寨，家家户户都有做酸菜的习惯。

副食　土家族苗族人的副食品种较多，主要“有粑类、粉类、炒米、红苕糖等。而粑粑分糍粑、粉粑、压花粑、泡粑、苞谷粑、麦粑、荞粑、油香粑、油糍粑、糖麻圆粑，粉类有绿豆粉、米粉、麦面条、苦荞面条、花荞面条等”。

糍粑　有白色的糯米糍粑，黄色的小米糍粑，紫色的高粱糍粑，金黄色的苞谷粑，之所以称为磁粑，是制作的原材料必须有糯性，诸如糯米、糯小米、糯高粱等。糍粑的加工很简单，就是将糯米用水浸泡数小时后，放在甑子里蒸熟，然后拿到“粑槽”或“粑窝”里捣烂揉细即可。根据不同需要制作成各种形状的粑粑，土家族人过年，糍粑是必不可缺的年货，家家户户都要打糍粑，做好后，用雪水或冷开水浸泡在大缸子里，或用坛子可保存至农历四五月间。家中来了贵客，要打糍粑招待。凡遇喜庆节日、大型劳作都要打糍粑。

粉粑　用糯米、黏米混合磨成粉面，再用开水或米粉打成熟浆糅合，放在锅里笆篾上蒸熟，即可吃。一般用来接待客人或“包篮子”打发客人。

压花粑　原料与粉粑相同，只是将米面揉糍合后，用食用红放在粑粑里糅合成不同的花纹或字样，吃的时候切成片，放在甜米酒中混煮，非常喜气、好吃。

此外，还有用糯米磨成浆，用包单布过滤吊干水分，叫做吊浆粑，可做汤圆，搓成鸡蛋状用油炸，炸好后撒上芝麻、白糖，叫做“糖麻圆”。糖麻圆糍糯、香甜，老少都喜欢吃。

花　粑

苞谷粑　夏秋季节，用刚收进屋的苞谷，选嫩一点的苞谷粒加放一点大米、黄豆磨成浆后，用桐子叶、芭蕉叶或“粑圈”放在锅上蒸熟。吃起来香甜可口，令人回味。

荞粑　荞子有苦荞、花荞之分。苦荞色黄味苦，花荞色淡味甜。荞粑均用苦荞制作。荞粑的制作很简单，将荞籽磨成粉末放在大盆子里加水调匀用盖子盖好，数小时候，荞浆发酵，放在锅中蒸熟。有的蒸前，在荞浆上撒些浸泡好的糯米，蒸熟后，用刀切成方块食用，苦荞粑吃起来苦后回甜、清凉解热，口感很好。荞粑多食于三伏天，用于野外午餐更为适宜。一可充饥，二可防暑，三可清心，四可解毒。且便于存放，鸟不啄，虫不爬，不臭不馊。在中药中还是一味散热的凉药。苦荞面还可制作成荞面条，荞面加适量小麦面，用开水或豆浆糅合，再用擀面棒在面板上擀得厚薄均匀，切成丝煮熟便可吃，因荞子属于粗纤维食品，点种时无需施肥，管理时无需打农药，实属一种无污染的绿色食品，同时具有降血脂、血糖的功效，亦是难得的健康保健食品。

绿豆粉　绿豆粉是苗族人最喜爱吃的食品，尤其是豆浆绿豆粉，远近闻名，凡到印江的宾客都要亲口尝尝豆浆绿豆粉。绿豆粉的制作是先将绿豆磨成瓣，去掉壳，与大米一同浸泡，磨成浆，在大锅中烙熟，拿起来放冷后用刀均匀地切成丝，整齐放好，豆浆绿豆粉是将做好的豆浆放在锅里煮沸后，把绿豆粉放入锅中煮一下，捞起装入碗中，放上肉臊子佐料即可，凡是逢年过节或家中来了客人，都要用绿豆粉接待，绿豆粉已成为苗家上等食品。

土家族苗族人的副食品，还有米皮、米粉、麻辣牛肉、五香豆腐、米豆腐、红薯粉、苕麻糖、盐豆腐干等各种“小吃”。

饮料　印江土家族苗族居住在武陵山脉主峰——梵净山西麓，这里森林茂密，雨水充沛，天然泉水很多。由于山泉比较清洁卫生，水中富含多种人体所需的矿物质和微量元素，是最有益健康的饮用水。长期以来，苗族养成了喝凉水的习惯，山泉、井水也就成了主要的饮用水。

在长期的生活实践中，以山泉水为主要原料，制作了适应山区气候特点的各种饮料。主要有这样几种：

酒类

酿酒主要是利用苞谷、高粱、老麦、荞子等粮食作主料，通过煮熟，加放麸曲发酵、蒸烤、烤出不同口感的苞谷酒、高粱酒、苦荞酒。特别是木黄生产的白酒，因其水质好，煮出来的酒远近闻名，畅销全国各地。

高山地区居住的土家族苗族人，最喜欢用苞谷、红薯煮熟后，加上药曲，装进坛子里，把坛盖密封好，过十天半月，再拿出来冲水吃，其味酸甜可口，解困止渴。特别是夏天，吃此酒的人较为普遍。由于生产成本低，制作简单方便，所以，山寨人家家都煮有这样的苞谷子酒。人们常赞美说：“苞谷红苕酒，吃了一饱二醉”。

灵芝酒　以高粱、大麦、苞谷为原料，加上灵芝，用科学方法酿制而成。酿出来的酒，色泽金黄透明，气味醇正清香。可治慢性支气管炎、哮喘、冠心病、高血压等病症。对慢性肝炎、神经衰弱及长期失眠症疗效尤为显著。平时饮用有滋补健身之功能。是最佳保健酒。80 年代产品除销往省内外，还出口马来西亚，新加坡等东南亚国家。后由于质量没有保障，停产。

韵酒　主产在朗溪。清末，曾用此酒进贡皇帝，获得“贡酒”之称。韵酒度数较低，一般在15～25 度之间，其味香甜，色泽红黄透明，系用本地种植的糯高粱作原材料，按传统工艺酿制而成。据记载，素有“韵酒、朗鱼（慕龙四腮鱼）、金豆腐”之说。早些时候，韵酒作为祭祀供酒。后来，因此酒度数低，口感酸甜适度，能生津解渴，老少皆宜，就作为日常饮用酒来喝。特别是红白喜事，韵酒是必不可少的，用来宴请嘉宾。在炎热的夏天，韵酒十分畅销。

甜米酒　甜米酒的制作简单易学，制作时，首先选好纯净的优质糯米，用清水浸泡数小时，然后滤干水分，再用甑子蒸熟。把糯米饭放在簸箕里凉至 15 度左右，加入冷开水拌和均匀，装进钵内，上面放适量甜酒曲，保持一定温度发酵即成。米酒香甜，酒酿子多。如整钵米酒泛红，人们则认为很吉利，象征家运红火，人兴财旺。甜米酒清香扑鼻，甜洌爽口，不晕头，无论男女老少都可饮用。逢年过节，栽秧打谷、结婚生子、亲友欢聚，都离不开甜米酒。

蜂蜜　在土家族苗族村寨，都有野生的蜜蜂，也有家养的蜜蜂。蜂糖既可冲开水饮用，又可用来治病。润肺止痰有特效，是老年人和病人的主要饮料。

绿茶　印江饮茶的历史悠久。俗话说：“名山出好茶”，梵净山自古就产茶，团龙茶从明代起就被列为朝廷“贡茶”，至今团龙村还生长着两棵已有六百多年树龄茶树王。印江人有土罐罐煨茶喝的习惯，称为“罐罐茶”，并沿袭至今。同时视茶为待客珍品。家中来了客人，首先以茶奉上，表示对客人的欢迎。走亲访友带上一包上等茶叶作为礼品相送，已成为一种习俗。近年来，全县茶叶生产发展很快，种植面积达 21 万亩。先后开发了几种名优品牌。如“梵净翠峰”“梵净翠芽”“梵净毛峰”“梵净系列绿茶”“梵净贡茶”“净团绿茶”等产品，多次获得金奖，并列入“贵州十大名茶”之一。全县生产的茶叶，以其品质优良、无公害、无污染、色香味俱佳，而深受消费者欢迎，产品畅销全国，供不应求。

穿衣

改革开放前，人们的服饰较为单调。成年人服装以蓝、青色为主色调。女人很少穿裙子、化妆、烫发。20 世纪 80 年代起，思想解放，各种限制开始放宽，除中老年以外，青年人的个性开始得到张扬，喇叭裤、裙子、健美裙、夹克、牛仔服、西服、高跟鞋大量进入印江市场，成为青年一代追逐的时尚。1990 年后，流行穿西装，打领带、皮夹克、休闲服，农村中老年人有的还穿中山装、对襟布衣，头上缠绕青丝帕。到 2000 年后农村人头上逐渐没有缠帕子了。随着大量不同品牌服饰涌入，使人们有了更多选择余地。人们的审美观念日趋成熟，不再盲目跟从，开始根据各自的身材、个性特点选择服饰和打扮。随着生活水平的提高，人们的欣赏水平也随之提高，尽量彰显个性，追求时尚、讲究实用成为人们普遍的选择。

住房

80 年代前，农村一般就地取材，依地势建房，有的建三柱房、五柱房、七柱房，有的修吊脚楼、三合院、四合院。

吊脚楼　其特点是依山傍水，因地就势而建。吊脚楼以“撮箕口”造型，将吊脚选在厢房的一端，正房多为三间，也建五间或七间，正房两边修厢房，厢房大多是两间，也有建一间的，主要是因地形环境决定。厢房靠外一端，将檐柱作为亮柱，在京柱间装修板壁。吊脚楼的地基要低于正房的地基，建栏杆和楼层，采用半干栏式和单吊的方法，用小青瓦屋面，其屋坡面略呈弧形，挑檐翘角，阳台和走廊挑柱悬空，悬柱的末端呈倒仙挑形，俗称“吊瓜”。厢房一般建两层，地势高的地方有建三层的。目前，保存较好古建筑群有缠溪毛构岭、洋溪陡河杨柳易家坝等。

封火桶子　封火桶子主要建在土家族聚居、人口稠密的平坝当中。县境内修建的封火桶子主要分布在老县城内和五大寨（岩底寨、严家寨、平兴寨、普同寨、甲山寨）及朗溪、木黄等乡镇。封火桶子由木结构侧龙门、对厅、天井、厢房、正房、砖砌围墙组成。龙门一般建在院坝两侧，不能对着正房的大门，呈外八字形牌楼，上方的匾额书写堂郡。桶子内部由正房、厢房、对厅构成“四合院”，中间为天井，细錾阶檐，四周为回廊，俗称“走马转角楼”，浮雕或镂雕花窗。基础依次抬升，正房三间或五间，穿斗式结构，小青瓦坡形屋面。厢房两层，底层前檐装隔房门，二层走廊装方框雕花栏杆。天井坝用青石板镶铺，配备水缸，四角留有下水道口。四周围以砖砌围墙围护，墙帽装饰浮雕，绘有彩色纹饰。屋脊两端有悬山和硬山两种形式，融合石作、灰塑等建筑艺术。

朗溪封火桶子（2007 年拍摄）

木腊石屋民居　合水镇木腊村吴氏、田氏历史上属增旺洞(后称旺溪洞今兴旺村)。至今，还保留 60 余间民居，具有苗族石头寨民居特点。民居群包括房屋、围墙、道路、巷道、圈舍、沟渠、石桥、寨门都由块石砌成。其中，田兴仁修建的房屋，砖、木、石结构达 202 平方米，在龙门西侧墙上墨画蝙蝠、鹿、喜鹊、寿桃组成“福”字，寓福禄寿喜。其中，木腊村槽土组吴氏居民是现存较完整石头寨民居群。

1990 年后，随着打工经济的带动和交通条件的改善，城镇乡村开始出现砖木结构的楼房、砖混结构的平顶房，大多只建两层，少数建三层以上。农村的新房不断涌现，稍微富裕的家庭房屋内作了装修，墙外贴着白色瓷砖。

1980 年以前，城乡居民家具多为木制，如木桌、木箱、木柜等。1980年后，出现自行车、缝纫机、收音机、沙发等金属制品和皮革制品。1990年以后，彩电、冰箱、VCD、影碟机、录像机、照相机、空调机、摩托车开始进入城乡家庭。2008年，城镇居民人均购买家庭设备及服务支出达410元，农村居民达81元。

出行　20世纪八九十年代，城镇居民出行多乘自行车、摩托车、货车，或步行，至乡（镇）有少量往返班车（客运中巴车）。2000年后，到乡镇的客运车往返班次增多，农用车载客逐步被禁止，公路上步行的人员很少了，大多家庭有摩托车，少数家庭有私家小轿车。到2005年县城交通开始有公交车、出租车。

三、精神生活

20世纪80年代末，随着物质生活的提高，精神生活开始丰富。少数人家使用电话、电视机，城乡居民不用外出，在家里就能知道天下大小事。城乡逢年过节，群众喜欢跳花灯、玩龙灯、看电影，还可进棋牌室、歌舞休闲中心放松心情。90年代末，县城从BB机到小灵通、手机，逐渐普及，电脑已在各机关单位广泛使用，并进入部分家庭。进入20世纪，城镇居民开始注重身体健康，每日跑步、散步，或跳健美操、练太极拳、练瑜伽，有的养花、钓鱼。县城里，卡拉OK厅、舞厅、美容美发、洗浴中心随处可见。节假周末，有的还外出旅游或郊区山庄吃饭娱乐。

棋牌休闲　下棋、扑克、麻将、字牌成为全县城乡群众主要娱乐方式。20世纪90年代起，随着人口逐步老龄化，县城老年大学设立了老年娱乐室，提供象棋、扑克、麻将、字牌等娱乐工具，供老年人或退休职工娱乐。21世纪初，县城棋牌室（会所）多达20余家，全部使用自动麻将机，提供茶水、水果、点心等，各宾馆也有房间开设牌室。人们只要有空闲时间，就在棋牌室打牌，或邀约几个朋友在家中娱乐，大多数群众娱乐之余，带点物质刺激，但也有少数人赌博。

台球盛行　20世纪90年代中期起，印江骤然兴起台球（康乐球）热，开始在县西门湾搭棚摆台球桌，一些群众纷纷购置台球桌从事经营，继而向乡镇发展。印江一般采用15球计分制，有的仅作为娱乐，有的则利用台球作赌博，有的人通宵达旦，酣战忘形。90年代末，台球热逐渐退烧。

卡拉OK　20世纪90年代起，家庭、单位会议室等时兴安装卡拉OK，家里来客人或招待外来人员时，都邀请客人或外宾来几曲，以歌会友，以酒助兴。工会、文化部门还积极引导，不定期地举办各种类型的卡拉OK演唱比赛，丰富群众文化生活。20世纪末至21世纪初，印江开始建造卡拉OK、KTV包房，提供先进的卡拉OK设备、红酒、啤酒、各种小吃等，内设舞池，载歌载舞，供人们娱乐、招待客人，消费相当昂贵。

跳舞　20世纪80年代起，学习跳舞的人越来越多，一些单位举行联谊活动，跳舞成为必不可少的活动之一。县城有敦煌歌舞厅、江城歌舞厅、辉煌歌舞厅、西苑歌舞厅等，百货公司楼上也开了天涯歌舞厅，一段时间，兴起了跳舞热。2000年后，跳舞热有所消退。2007年以后，随着文昌广场、中心广场先后兴建，跳广场舞的人又逐渐多起来，开始时兴跳集体舞，人们自然而然地聚会在广场，自觉舞动起来，有的还在广场练习跳花灯舞，弘扬传统文化，看跳舞的人也很多，成为印江县城一道美丽的风景线。一些小型舞会则转入KTV包房。

健身　进入新世纪，随着人们物质生活水平的提高，健身成为县城居民追求生活的新时尚。开始只是早晨起来跑步，一般在县体育场、河堤锻炼，部分群众还冬泳。同时夜走的人也越来越多，人们始终信奉“饭后百步走，活到九十九”，清晨、傍晚，可看到老人身着各色健身服，打起太极拳、腰鼓，跳剑舞、扇子舞、交谊舞等。

印江民间游艺活动较多，且有一定特色。成人游艺有字牌和麻将。字牌也叫八十张、思南牌。字牌共80张，一、二、三、四、五、六、七、八、九、十各4张，壹、贰、叁、肆、伍、陆、柒、捌、玖、拾各4张，其中二、七、十，贰、柒、拾为红色，其他为黑色。有三人可打，也有四人可打，其中四人打字牌时，有一人数训（即数底），轮流坐庄。庄家抓21张，闲家抓20张。县城可以三人打字牌，叫扣拨，打分，满 100 分为一拨。农村常是四人打，叫打开开，算成数和胡数，要满 10 胡才可以胡。打牌规则相当严谨，吃牌类型丰富多彩，和牌规矩和名堂较多，是人们休闲时怡情益智的娱乐工具。

儿童游艺有藏猫猫、玩泥巴、吹泡泡、纸飞机、弹弓、风车等，游戏玩具简陋。90 年代后，县城流行呼啦圈，大人小孩都喜欢玩。同时出现了电子游戏机、家庭游戏机、电动玩具、遥控玩具等，吸引了不少中小学生。进入 21 世纪，电脑逐步进入家庭，城镇也顺应潮流，纷纷开设网吧，有的中小学生迷恋电脑游戏，给学业带来一定的负面影响。

农村少儿传统游艺有打陀螺、“打仗”、滚铁环、翻茶盘、跳板等。

打陀螺 又叫“打波哆”，一般用高约 5～6 厘米，直径 3～5 厘米的硬质圆木制作，为上平下尖的圆锥体，制作时须注意对称。尖头用小铁钉镶嵌，防磨损，减少摩擦力。玩时，用一根长 1 米左右小竹竿系上长 1 米左右的较粗棉线或麻绳，将绳子缠绕在陀螺上方，放在地上，然后用力向外一扯，使陀螺旋转起来。待陀螺速度减慢，便用鞭子抽打陀螺，使其速度不断加快。几个男孩有时同时玩，互相碰撞，俗称“波哆”打架，谁的转得持久，算谁赢。20 世纪 60～80 年代，印江男孩玩的人较多。进入 90 年代玩的人逐渐减少，只有少数城镇男孩从市场上购买，陀螺内装有彩灯，晚上玩起来五彩六色，像霓虹灯在闪烁。进入 21 世纪，县城部分老年人玩的陀螺多达 1 公斤左右重，不断抽打陀螺，以锻炼身体。

打水枪 旧时儿童游戏玩具，手工制作，又称“洒水枪”。取长约 20 厘米左右、直径 2～3 厘米的竹筒，一头留节疤，一头开口，节疤中间钻一小孔。然后用一小木棍，用布缠绕做成与竹筒内径大小的活塞。相当于医用针筒。儿童用此比赛，看谁洒得最远，有时拿来打水仗。20 世纪 80 年代后，逐渐消失。

滚铁环 旧时儿童游戏，用细钢筋或较粗的铁丝弯成一个圆圈，把接口焊起来，农村儿童有时将废弃的水桶箍卸下来当铁环。再做一条带手柄的 U 型铁钩，将铁钩套在铁环上向前滚动。20 世纪六七十年代，城乡公路、学校操场、家庭院坝、田间小道都有滚铁环的影子。20 世纪 80 年代后，市场上有出售铁环的商贩，城镇儿童大多数到市场上购买。90 年代后，玩此游戏的人越来越少。

翻茶盆 民间少儿游戏，把一根麻绳系成一个绳圈，然后套在双手不同的手指上，不停地翻动出各种形状和图案，如“筷子”“茶盆”“风车槽”“倒金钩”等，须两人同时完成，如一人翻乱，即为输，需打板子。20 世纪六七十年代比较流行，80 年代后玩此游戏的人越来越少。

打 仗 儿童游戏。十来个孩子分成两派游戏，用玩具枪和木棍当武器，模仿军队打仗。主要武器有：纸炮枪，用一空心竹管，用一根竹筷，一头包上布条。打仗时，用一砣纸用涎液打湿塞紧竹管一头，然后将竹筷包上布的一头打湿，从另一头用力压出去，利用压缩空气的压力将另一头的纸打出去，“砰”的一声，打在对方脸上。弹弓，用铁丝或树杈制作，做成“丫形”，两杈顶上系上橡皮胶带，中间用一小方块皮革连着。皮块上可夹上小石子、树果、泥丸等，用力拉动皮胶带，即可射出数米或数十米远，具有危险性。有时用它来打鸟。还有一种枪，也用竹筒做成，竹筒前头开口，后面有节疤。将竹筒上方划一根青篾条（要较厚，才有弹力），破至节疤为止，然后在竹筒上方挖一大约 2 厘米长的缺口，竹筒下方挖一如篾条略厚的小孔，便于卡住篾条。打仗时，将篾条从缺口处卡在小孔上，装入小石子、树果之类的子弹，用二指往上一拨，依靠篾条弹力将子弹送出，具有一定危险性。还有用空心竹管，将槐树籽含在嘴里通过竹管射出去攻击目标。20 世纪 80 年代以后，出现各种塑料水枪玩具和塑料子弹。90 年代以后，大部分家庭都是独生子女，这些游戏已少有人玩。

跳 马 一种儿童游戏。先由一人弯腰低头，当作跳马架，别人按顺序从其背上跳过。跳完一轮抬高一点，再依次轮跳，跳不过者，充当跳马。20 世纪 80 年代以前，这是男孩们最喜爱的游戏之一，具有锻炼身体的作用，在中、小学课余时间，常有男孩们开展跳马活动。90 年代后，跳马活动逐渐消失。

丢沙包 一种儿童游戏。在地上画一些方格，两头标有天、地格，中间用数字表示，按规定的规则用自制的小沙包或瓦片，丢在方格中，然后单脚跳跃踢起沙包到所定的方格内。不能超越，停留或压线，否则失败。不违反规定最先跳出方格者为胜。20 世纪 90 年代以后，此游戏逐渐消失。

斗　鸡 农村男孩子喜好的一种游戏。玩时用手扭住一只脚，做金鸡独立状，用另一脚跳跃前进，用膝盖互相碰撞或互抵对方，一般有下压、上抬、直碰等方式，比拼力气，先落脚者为输。

老鹰叼小鸡 民间儿童游戏。几个孩子先划拳，一般用锤子、剪刀、布定输赢，输者为“老鹰”，最先胜者为“母鸡”，其余孩子一人拉住“母鸡”的后衣，后面一个接一个拉住前面一人的后衣，躲在“母鸡”后面，母鸡伸开双臂护住后面的“小鸡”，设法挡住“老鹰”，不让其抓住后面的“小鸡”，“老鹰”设法抓“小鸡”，抓来抓去，就好像龙摆尾。“小鸡”若被抓住后，就充当“老鹰”，游戏依次进行。20 世纪 90 年代后，很少有人玩此游戏。

第二节　社会习俗

20 世纪 90 年代后期，印江的岁时节庆丰富多彩，国家把传统的春节、中秋、清明、端午作为法定节假日后，传统节日越来越受到人们的重视，节日气氛隆重。年轻人还喜欢过情人节、圣诞节等西方节日。

春节 农历春节，俗称新年、过年，习惯上由除夕延至元宵节。外出打工的群众、在外工作的干部、读书的学生等一般都要回家与家人团聚吃年夜饭。吃完年夜饭，全家人一起收看中央电视台春节文艺晚会，到院坝里放烟花，在家中搓麻将、上网等。20 世纪 90 年代后期起，县城部分殷实家庭举家上宾馆、饭店吃年夜饭；年终岁末，机关团体、企事业单位以举行座谈会、联欢会、迎春茶话会等方式辞旧迎新。各级政府关心困难群体，节前慰问，向他们送温暖、献爱心。新年零时，城乡遍放鞭炮、爆竹和烟花，境况远胜于改革开放前。拜年方式自 20 世纪 90 年代起花样翻新，已不限于上门拜年，手机短信拜年比较盛行。在县城，春节期间，多以看电视、上影院、逛商店、进娱乐场所、走亲访友、打字牌、搓麻将为过节内容。2000 年后，国家规定春节放假 7 天，部分人家还外出旅游度假。

贴春联 除夕下午城乡各地，家家都贴春联，挂年画。“年”的气氛就更浓了。千门万户，焕然一新。春联，是独创的一种文学艺术形式，由来已久。究其来源，古之桃符也，它和最早的门神神荼、郁垒一脉相承，只是后来不断演变，内容形式更多样化。春联必须在除夕之前贴出，张贴在门的两旁，门楣上贴横批。2000—2008 年，县人民政府每年划拨专项经费，组织县书法家在乡镇、城区为老百姓写对联。现在，已经成为每年春节活动的主要内容之一。

清明节 一般每年公历的 4 月 5 日为清明节，如遇农历有闰年、闰月，公历日期略有变动。清明节前后 10 日祭祖扫墓，在自家亲人族人的坟头挂白色清纸，并要焚化纸钱、冥钱，点香烛，燃放爆竹。清明节，政府机关、学校等组织祭扫先烈，已成为革命传统教育的重要内容。

端午节 农历五月初五为端午节，印江仍保留吃粽子的习俗。

中秋节 农历八月十五日为中秋节，俗称“八月半”。旧时中秋节有点香斗、祭月等习俗。而今中秋节亲朋好友互赠月饼，中秋夜全家团圆，赏月、吃月饼等传统依然保留。20 世纪 90 年代起，单位向职工发月饼，商家竞销月饼。

元旦和国庆节 两节时期，机关单位升国旗、插彩旗、门头装点灯饰，节日气氛浓郁。20 世纪 90 年代中期起，在元旦和春节，部分单位和企业通过县电视台、报纸向全县人民致新年贺辞。庆祝活动有纪念会、座谈会、文娱晚会等。1999 年前，国庆法定假日 2 天，1999 年起放假 3 天，连同调休，可连续休假 7 天。市民趁时外出旅游。也有青年人选择国庆结婚，与国同庆，寄托吉祥美好。

圣诞节 12 月 25 日为圣诞节，20 世纪 90 年代初期，西方的生活方式开始影响印江居民生活。

年轻朋友较早流行过圣诞节，圣诞节前夕即平安夜，大街上、商店里，圣诞树、圣诞花、圣诞礼物把街道装点得十分热烈喜庆，小朋友以戴圣诞帽为乐，朋友之间也会发各种贺卡和短信问候。购买苹果或花作为礼物赠送友人，还购买泡沫喷剂相互喷洒取乐，渐成为一种时尚的过节方式。

情人节　2 月 14 日为情人节。20 世纪 90 年代末期，情人节在印江兴起，成为传统节日之外的又一个重要日子。在年轻人和青年学生中较为流行。情人们一起吃饭、逛街，相互倾诉衷肠。送鲜花是男士向女士表达爱意的时尚选择，一般在情人节前后，花店的销售量比平时多数十倍。此日，商家会专门策划各种促销活动，夫妻、恋人之间互赠玫瑰、贺卡、巧克力等以示爱意。

婚嫁礼俗

过去，印江县民比较注重封建礼教，所以多数是男家到女家说媒定亲。印江婚姻礼俗一般经过说媒、拿书子、烧香讨庚、过礼、娶亲等几个过程。到 90 年代受现代文明影响，婚嫁礼俗日趋简化、文明。

说媒　过去，“天上无雷不下雨，地下无媒不成亲”，一般都有专门的媒人牵线才能得到世俗的认可，即便是男女双方家庭为知交，也需要媒人说媒这一形式。媒人牵线后，女家要到男家看门户，主要看男家的家庭环境、男家人品等，经过走访，女家认为不宜开亲，便婉转谢绝，说媒者不再前往。但如果男女双方自己喜欢，父母不同意，男家又要求媒人进行撮合，经过多次女家才答应。改革开放后，青年人自由恋爱开始多起来，但必须找一个媒人来联系男女双方家庭，方便传递恋爱及礼俗相关情况及事宜。

下书子　经过媒人撮合后，认为此亲可开，女家给媒人示意默许，男家就选定吉日备“条方”（二三斤一块肉）、糖、酒、面条等物随同媒人到女家认亲。过去要到女方家去头封书子、二封书子、三封书子等，一般一年一次。进入 90 年代，一般简化了，只去一次书子就行了。

烧香　女家允诺后，男家父母择吉日烧香，备上彩礼，随媒人到女家攀亲，装香祭祖，以表示两家婚约已定，得到族人认可，此后男女两个家庭互相往来，日长久远。定亲后男家叫女家父母为“亲爷”“亲娘”。现在，男方大多跟着女方改为叫“爸爸”“妈妈”。

讨庚　再过些时候，媒人将男方生辰八字以红书形式传给女家，要求将女方生辰八字返回男方，叫“讨庚”。女方“庚书”讨回后，男家请先生根据男女双方的生辰八字作卜算，确定结婚日期。20 世纪 90 年代以来，全县城乡这些繁文缛节有所改变，有的把烧香、讨庚一并举行。

过礼　临近婚期前几天，由男方再备花红彩缎、成衣、首饰、被垫、香花纸烛、钱财等，随媒送到女家，并举行过礼仪式。女家请当地德高望重的长辈在堂屋面前烧香燃纸，三揖九叩，男家上前叩拜女家祖先，表示酬谢女家父母养女之恩。在通常情况下，由男家备送猪肉少则 50 多公斤，多则 150 余公斤。彩礼一般视男方经济状况而定，但亦有女家乘机索取重聘。90 年代，彩礼动辄上万元、数万元，礼品的档次也越来越高。男方给未过门的妻子送戒指、项链、新潮衣服较为普遍。

嫁妆　结婚前一天，女家大摆筵席，亲友登门送礼祝贺，称为“花园酒”。农村女家准备的嫁妆有衣柜、茶柜、八仙桌凳、坐月板凳、火盆、床上用品、洗脸架等。嫁妆随着时代的发展有所变化，20 世纪 80 年代印江城镇一般要求“48 条腿”（木质家具），“三转一响”（自行车、缝纫机、手表和收音机），20 世纪 90 年代发展为电视机、录音机、冷藏柜、组合式家具、项链、钻戒。21 世纪发展为大屏液晶彩色电视机、摄影机、手机、高档沙发、组合式家具、组合音响、厨具等，有的根据各自的经济情况，新房、电器由男女双方共同出资购置。随着生活水平的提高，嫁妆档次逐步提升，女方家经济条件好的还送轿车。嫁妆上均贴大红“囍”字。城镇迎嫁妆更为简化，有些高档用品由男女双方合买，或是男女各买几件，购买后由商家直接运至新房。女方在自己购买家具用品上贴上红“囍”字，以此表示这些物品是嫁妆。

娶亲　改革开放后，迎亲程序越来越简单，农村改由坐花轿为步行，县城改为坐小轿车，但必要的结婚仪式仍沿旧习。农村也有抬花轿的。女方在桌上摆放糖茶、花生瓜子、糖果、糕点，称为“茶水”。迎亲队伍吃罢“茶水”，即在宅外燃放鞭炮，称为“催上轿”。20 世纪 90 年代末印江哭嫁习俗多已简化或消亡。在印江新娘出嫁时都要由男方准备一把红色油纸伞，新娘出门时要由男方给其头上打起大红伞。“颠新人”（惹新娘子开心）的习俗还保留着，一般选择在接亲的路途中，“夫子”（帮忙接亲的人，多为年轻的男子）将新娘子截下围住，新娘逐一给“夫子”敬烟，“夫子”们则要求新郎新娘当众表演搞笑的节目，唱歌、跳舞、身体压气球等，节目花样很多，有的很不雅，但新郎新娘都尽量配合，大家逗笑、起哄。

土家族迎亲

婚礼　结婚日期由男女双方父母协商确定，一般选重大节日，或农历、公历的双日。亲友赴婚宴、送贺礼，少则几十几百，多则上千，甚至有送上万元的。亲戚送礼金额也逐年攀升。新郎多穿西装、系领带，新娘穿白色婚纱或大红装。在堂屋举行拜堂仪式，新郎新娘跪拜天地、高堂、父母，夫妻互拜，还要拜重要亲戚，长辈要向新郎新娘赠送礼金。仪式结束后，酒宴开始。新人要逐桌向来宾敬烟敬酒，一般新娘敬烟，新郎斟酒，先敬长辈，再敬客人。部分家庭开始流行雇请专人对整个迎亲、婚礼过程进行录像，做成 DVD 作永久留念。

丧葬习俗

20 世纪 90 年代开始，印江丧葬习俗逐渐简化，送终及报丧习俗依然沿袭。病人临终前，子女都应赶到，与死者见最后一面，称送终。病人去世后，亲人用电话向亲戚报丧。病人去世后，农村中多将遗体从医院运回家中放入棺木，棺木头点香烛，不使其灭，直至出殡。亲属日夜守望，谓之守灵。少数丧家会请吹打班吹打，以示对死者的尊重和悼念。2005 年后实施殡葬改革，国家工作人员死后实行火葬，在殡仪馆设灵堂，举行葬礼。

民间信仰

印江民间信仰主要指祖先崇拜和神灵崇拜。男婚女嫁、逢年过节（正月初一至十五每日早晚各一次），包括日常祭祖时都要燃纸焚香，祈求祖先保佑。印江土家族认为土地菩萨是主管当地家畜和野兽的神，是土家族的主拜神，“千里龙神，抵不得当方土地”“土地不放口，老虎不咬狗”，村村寨寨皆建土地庙，供土地神，人们燃纸焚香，烟雾袅袅。土家族、苗族崇拜财神，认为财神菩萨是保佑家庭招财纳宝的神，故在每年农历腊月三十下午（有的在大年初二早上）用猪头祭祀财神菩萨，称“祭老爷”。印江民间多数人家把观世音奉为“救苦救难”的神灵、“济世造福”的圣人和“扶正除邪”“去病除灾”“招财送子”“主持公道”的万能之神。广大农村堂屋香火上写有“南海岸上救苦济难观音之神位”，有的还供有观音菩萨的佛像。观音菩萨的生日在农历二月十九日，成道日在农历六月十九日，涅槃日在农历九月十九日，每逢这两个日子信众们多到县城观音沟和梵净山寺庙去“朝山”，焚香祭拜，祈福还愿。

印江农村堂屋香火一直是农民群众的精神家园，家家户户都请当地最有名望的“先生”用楷书写香火，写上崇拜的神位，用小纸条写上已逝的内亲外戚名字。神位反映尊师爱国、崇尚古代英雄、劳动求财、热爱美食等思想，如“天地君（国）亲师位”“忠义仁勇关岳二公之神位”“大成至圣先师孔子之神位”“九天东厨司命灶王府之位”“西溪显化求财有感四官位”。日常生活中的追宗祭祖、教育子孙都在堂屋香火前进行。

流行时尚

点歌　20 世纪 90 年代，县有线电视台专门开设“点播台”栏目，县城居民每逢生日、寿辰、结婚、开业等喜事，都在县电视台点歌祝福，祝福语用滚动式字幅在电视上播放，以表示祝贺。到 21

世纪初，点歌现象越来越少。

买鲜花　进入20世纪，鲜花逐渐进入人们的生活。商店开业或周年庆典送花篮，举办活动庆典、开大会要布置鲜花。过清明节时，有的买鲜花到坟前祭祖。每到情人节，青年人要给恋人和喜欢的女性朋友给一束玫瑰花。

车队迎亲　20世纪90年代开始，县城时兴用轿车迎亲。新娘乘坐的车辆往往要扎“花车”，即在轿车上用绢花、绸带装饰，逐渐多用鲜花、彩色气球装饰。后面车辆则在车牌位置贴上“百年好合”“心心相印”“永结同心”等金字红纸，或在反光镜上捆红毛线，挂红布或彩球。21世纪初，乡村也开始流行车队迎亲。农村由于路途较远，一般情况下，新郎新娘坐小车，中巴车或货车载轿夫或装嫁妆，失去了传统的“十二台”或“二十四台”的热闹景象。

婚纱　20世纪90年代后期开始，印江县城新婚夫妇以拍婚纱照为时髦。新郎往往西装革履，新娘着白色或红色拖地纱裙，经梳妆打扮，到专业婚纱摄影室拍照。其间由摄影师指导换各式各样西式洋服或古典服装，摆出各种姿势，一一拍摄下来。一般婚纱为套照，少者花费几百元，多者要花费两千元以上。照片以选择最佳者为标准婚纱照，放大装裱镜框挂在新房墙上，其余则制成影集，或制作成VCD、DVD光盘及电脑储存盘加以保存起来。21世纪初，一些中老年夫妇在纪念结婚20周年、30周年甚至40周年、50周年时，补拍婚纱照，过一回“新郎新娘”瘾，重温当年做新婚夫妇的感觉。

餐饮　90年代，县城及乡镇的早餐店、夜宵店陆续增多，多为豆浆绿豆粉，臊子有猪脚、猪肉、辣鸡，其他有羊肉粉、牛肉粉，还有米豆腐、魔芋豆腐，木黄有金豆腐，个别地方还有神仙豆腐。21世纪初，县城出现快餐店、酒吧等。

夜市　20世纪90年代，印江在县城电影院（今人民路）兴起夜市小吃，经营夜市小吃的店主达10多家，有麻辣烫、肉串、冷饮等，每晚到8点钟开始，逛商店、夜走的人群纷纷邀约到夜市享受，热闹非凡。21世纪初，先后在西门湾、老街、服务公司广场、柏香林等开设夜市，经营夜市者多达20余家。

时髦服饰　改革开放以后，各种女式流行服装争奇斗艳。80年代末，健美裤盛极一时，从少女到中年妇女，从城市到农村都盛行穿健美裤。20世纪90年代，女式服装除普遍流行裙装、西服、大衣、风衣、套装、牛仔服、T恤衫、针织装、内衣外，喇叭裤风靡一时，女性服装不再是单一款式。90年代中期，踩脚裤、针织衫、A字裤流行街头。前卫的女青年开始流行超短裤裙。

美容美发　20世纪80年代起，美容化妆开始进入寻常百姓生活。一直到90年代中期，印江还没有专业的美容化妆店。21世纪初，印江美容美发业开始兴起，出现专业的描眉、洗面、涂唇、养颜、护肤、面膜、美发、焗油、染发、染指甲、装假睫毛保养等新时尚。

洗脚捶背　一种保健方式。20世纪90年代，县城一些场所开设足疗、洗浴中心，逐渐形成保健一条街。主要提供药水洗脚、洗头、足疗、桑拿、按摩等服务，生意红火。

超市　20世纪90年代前，印江购物仍需到传统柜台式的购物百货商店。2000年以后，最先出现的有四方超市、华隆超市、文博超市等。这些超市主要经营糖、烟、酒、副食、化妆品、儿童用具等，由购物者提着超市里的篮子，自己选购。2006年后，超市遍布县城，除经营上述品种外，还经营菜类、粮食类、电器、服装、手机等。超市购物成为县城居民生活的新内容，节假日、茶余饭后到超市。四方超市是县城首家安装电动楼梯的超市。超市货架的开放性、商品的丰富性以及挑选的自由性和价格的实惠等，吸收了广大居民。农村一些主要城镇也出现了超市，方便农民购物。专卖店也大量涌现，长虹家电、特步服装、意尔康皮鞋等专卖店生意不错。

吉祥数　20世纪90年代起，程控电话、手机、汽车逐渐进入百姓手中，人们主要选择比较吉祥的数字作为电话、号码和汽车牌号。最受欢迎的数字为“6”“8”“9”。“6”代表六六大顺，“8”代表四季发财，“9”代表长久、久远。特别是姓名笔划数，最为考究，注重吉祥。“168”“066”“088”“8899”等数字最令人抢眼，表示最美好愿望。一般忌讳用“4”，与“死”字谐音。

短信　80年代以前，一般只有单位有手摇式电话。1997年后，印江开始开始风行“BB机”，随后出现“大哥大”。1998年后，各种名牌手机、小灵通出现，体积越来越小，功能越来越多，价格越来越便宜，更新换代越来越快，有手机的人愈来愈广泛。利用手机进行平时问候、节假日祝福、手机聊天。

上网　21世纪初，电脑开始大批量进入单位、家庭，网游成为大部分城镇居民新生活的一部分，或安装局域网，或实行宽带连接。通过网络联系业务、打游戏、了解世界风云、网络购物，更多的是通过网络聊天，与天南地北不相认识的网友聊上一通，互诉喜怒哀乐，解轻工作与生活压力。2007年，县城开始出现网吧，一些学生开始迷恋上网，成为“网虫”。

打工　20世纪80年代后期，随着市场经济的繁荣，国家经济建设的力度加大，农村经济体制改革的不断深入，农村经济不断发展，农村大部分青年人已不满足于在家劳动致富，他们纷纷离开本土，涌向沿海城市，把打工收入作为自己创收的主要来源之一，出现了“打工潮”。90年代开始，印江外出打工人员出现高峰期。1992—2000年，平均每年全县外出打工劳动力4.5万人。2001—2008年，平均每年全县外出打工劳动力达7万人。

第二章 宗 教

第一节 佛 教

一、 寺庙情况

梵净山护国寺住持释佛友大和尚（1910 年生）

根据梵净山“敕赐重建梵净山金顶序”碑、脉源宗谱碑及大方和尚墓塔、深持和尚墓塔、天庆寺界碑等文物的佐证，佛教随唐末宗教的传入，兴盛于明朝，得益于李皇太后在梵净山的修行和万历皇帝以拨税谷的形式支持其母后在梵净山的弘法大业。相传李皇太后（即“九皇娘”）朝梵净山，来到金花溪（金厂河）拜一长老为师，她除把天庆寺扩建并敕封为皇姑庙外，还在梵净山修九皇硐、九皇殿、三清殿、通明殿、圆通殿和上茶殿（释迦殿）。圆寂后，国舅李妙玄又修承恩寺，从此形成了以梵净山五大皇庵为主的四十八脚庵体系。正如《敕赐碑》中说：“冠古今而独韲者，无如四大名山（东岳、西华、南衡、北常），而不知此黔中间之胜地。有古佛道场，名曰梵净山者，则又天下名岳之宗也。”

明清时期，印江县境内有寺庙 94 座，设僧会于梵净山月镜寺。1951 年，全县有僧尼 187 人。1965 年，全县有寺庙 16 座，僧尼 52 人。1985 年，印江县人民政府行文开放寺庙 6 座，有僧尼 12 人。至 2008 年，全县有佛教寺庙 11 座，僧尼 12 人，皈依信徒 350 人。

1988 年，贵州省人民政府宗教处拨款 18 万元，修复印江木黄太平寺。至 2008 年，经贵州省民宗部门登记，印江有佛教场所 11 所，僧尼 12 人；天主教教堂一所；基督教教堂一所，教职人员 3 人(其中副牧师 1 人，传道员 2 人)。

印江自治县寺庙情况统计表

表 15—1

庙址	庙名	始建时间	毁坏时间	现存情况		备 注
				寺庙（间）	僧尼（人）	
木黄镇	太平寺	明朝初年	尚存观音堂	7	—	昔坪村
木黄镇	天庆寺	唐朝	全毁后重建	5	—	金星村
木黄镇	岑图寺	明初	1958 年	5	—	七百渡村
木黄镇	鱼泉寺	清代	尚存部分	6	—	—
木黄镇	大兴阁	明万历年间（1573—1620）	阁 5 层全毁	—	—	燕子岩村
峨岭镇	桂香寺	宋乾德年间（963—968）	二进殿宇	—	—	—
木黄镇	火神庙	清代	1958 年拆	—	—	—
木黄镇	关帝庙	清代	1958 年拆	—	—	—
新业乡	兴隆寺	清代	尚存部分	3	—	—
新业乡	白神庙	清代	尚存部分	2	—	—
新业乡	白云寺	清代	1958 年拆	—	—	—
新业乡	水府庙	清代	1958 年拆	—	—	—
新业乡	过江庙	—	1958 年拆	—	—	—
永义乡	圆通殿	明代	1950 年	—	—	—
峨岭镇	土主庙	明弘治七年（1494）	1954 年	—	—	—
峨岭镇	西岩寺	宋代	1954 年	3	—	甲山村
峨岭镇	观音庙	清代	全毁后于 1980 年重建	3	2	坪兴村
峨岭镇	三清观	宋乾德元年（963）	1952 年	—	1	—
峨岭镇	关帝庙	清康熙二十年（1681）	1922 年	—	—	县城西四里处
峨岭镇	文昌祠	明嘉靖十四年（1535）	清改修，现完好	—	—	县城东北面
峨岭镇	城隍庙	明代	1954 年拆	—	—	县城北
峨岭镇	炎帝庙	明代	完好	—	—	今县人民大会场
峨岭镇	文昌阁	明崇祯己巳年（1629）	1958 年	—	—	县城西门外
峨岭镇	观音庙	清代	1963 年	—	—	即今印江中学
峨岭镇	迎恩寺	明崇祯元年（1628）	1952 年	—	—	今县医院门诊部
峨岭镇	朝阳阁	清代	部分尚存	—	—	县城南一里
峨岭镇	龙津寺	明崇祯元年（1628）	清嘉庆（1976）重建	—	—	甲山村新寨
峨岭镇	中山寺	清代	1962 年	—	—	县城北五里
峨岭镇	龙兴寺	明嘉靖初年（1522）	1969 年	—	—	县城北五里
峨岭镇	黑神庙	清康熙元年（1662）	1966 年	—	—	县城北 4.5 里
峨岭镇	三五庙	清代	1960 年	—	—	县城东门桥附近
峨岭镇	水府庙	清代	1969 年	—	—	—
峨岭镇	东岳庙	清代	1951 年	—	—	今县林业局所在地
峨岭镇	祖师阁	清代	1951 年	—	—	今服务公司后面
峨岭镇	崇德阁	清代	1952 年	—	—	今县医院门诊部
峨岭镇	玉皇阁	清光绪十八年（1892）	1954 年	—	—	今第一完全小学
峨岭镇	轩辕庙	清代	1979 年	—	—	县城北门内

续表15－1

庙址	庙名	始建时间	毁坏时间	现存情况		备　注
				寺庙（间）	僧尼（人）	
峨岭镇	万寿宫	清代	1951 年	—	—	县城西面
峨岭镇	禹王宫	清代	清咸丰、光绪两次建，今全毁	—	—	县城西面
峨岭镇	行司庙	清代	全毁	—	—	县城北门内
峨岭镇	关帝庙	清代	全毁	—	—	在烈士墓坎下
新寨乡	黑神庙	清代	残存正殿 9 间	—	—	县良种站占用
新寨乡	青云寺	明天启年间（1621—1627）	1973 年拆	—	—	大云村小学
峨岭镇	火神庙	清代	尚存 8 间	—	—	今县农业银行宿舍住地
峨岭镇	梓童阁	清代	尚存	—	—	甲山村
峨岭镇	关帝庙	清代	宋建炎年间重修，全毁	—	—	甲山村
新业乡	兴隆寺	清代	尚存部分	4	—	—
新业乡	文昌阁	清代	阁 7 层尚存	2	—	—
新业芙蓉	觉华寺	清代	1956 年拆	—	—	—
新业乡	江口寺	清代	1958 年拆	—	—	—
新业乡芙蓉	海马寺	清代	1958 年拆	—	—	重建
新业落坳	青微寺	清代	全毁，1984 年重建	3	—	—
木黄镇	万寿宫	清代	现为木黄区粮管所	—	—	—
木黄镇	水府庙	清代	现为木黄会师纪念馆	6	—	—
峨岭镇	土主庙	弘治七年（1494）	久废	—	—	甲山村
新寨乡	大兴寺	清代	—	—	—	乐洋村
峨岭镇	关天庙	清代	1958 年拆	—	—	—
峨岭镇	火神庙	清代	1958 年拆	—	—	甲山村
刀坝乡	水浒庙	清代	—	—	—	刀坝村
峨岭镇	观音庙	清代	1954 年拆	5	—	—
木黄镇	行司庙	清代	全毁，1983 年重建	—	—	坪硐口村枫香坪组
大圣礅	太阳庙	宋代	1956 年拆	5	—	—
峨岭镇	关帝庙	清代	尚存部分	—	—	—
峨岭镇	三府庙	清代	1958 年拆	—	—	—
峨岭镇	三殿宫	清代	1960 年拆	—	—	—
麻柳村	火神庙	明代	1958 年拆	—	—	—
合水镇	迎恩寺	明代	1958 年拆	—	—	—
合水镇	落佑庙	清代	1961 年拆	—	—	落佑坝
合水镇	龙王庙	明代	尚存部分	2	—	—
合水镇	玉皇阁	清代	1958 年拆	—	2	—
朗溪镇	石方庙	清代	1958 年拆	—	—	—
朗溪镇	水塘庙	清代	尚存部分	2	—	—
朗溪镇	太平寺	清代	尚存部分	1	2	—
朗溪镇	圆通寺	明代	1960 年拆	—	1	—
朗溪镇	回龙寺	明永乐元年（1403）	1956 年拆	1	1	—

续表15－1

庙址	庙名	始建时间	毁坏时间	现存情况		备注
				寺庙（间）	僧尼（人）	
合水镇	太洞庙	明隆庆元年（1567）	1954年拆	—	—	—
合水镇	莲花寺	不详	全毁	—	—	—
合水镇	万寿宫	清代	1953年拆	—	—	—
合水镇	三帝宫	清代	1983年拆	—	—	—
合水镇	文星阁	清代	1958年拆	—	—	
合水镇	黑神庙	清代	1954拆	—	—	—
合水镇	关帝庙	清代	1955年拆	—	—	—
永义乡	镇江寺	明代	1960年	—	—	慕龙村
永义乡	护国寺	宋代	民国时期	—	—	2001年重建
永义乡	三清殿	宋代	1958年拆	—	—	梵净山老山
永义乡	弥勒殿	宋代	尚存部分	—	—	梵净山金顶
永义乡	释迦殿	宋代	1986年重建	—	—	梵净山金顶
永义乡	洞德寺	明代	1986年重建	—	—	遗址
永义乡	钟灵寺	明代	1950年拆	—	—	遗址
永义乡	大坳寺	清代	1958年拆	—	—	遗址
永义乡	阎王殿	明代	1951年拆	—	—	遗址
永义乡	地母庙	清代	1950年	—	—	遗址
永义乡	接引佛	明代	1951年	—	—	遗址
永义乡	九皇硐	明代	1950年	—	—	遗址
永义乡	上茶殿	明代	1950年	—	—	遗址
峨岭镇	印龙寺	清代始建，1992年整修	—	—	—	坪兴村2008年批准
洋溪镇	双龙寺	清代始建，1993年整修	—	—	—	双龙村2008年批准
天堂镇	静修寺	清代	—	—	—	2008年批准

二、梵净山寺庙

梵净山“四大皇庵”的来历 明万历元年（1573），贵州都察院下发《火牌告示帖》，批准印江知县雷学皋兴建梵净山山中寺宇，重招善人，开砍道路，通行朝觐，起竖庵殿，至万历二十七年（1599）“播州之乱”才停止。相传这一时期的李皇太后（即“九皇娘”）朝梵净山，来到金花溪（金厂河）拜一长老为师，居九皇硐修行。神宗皇帝利用皇粮税谷支持其母后的弘法大业，在前后25年中，九皇娘除把天庆寺扩建并敕封为“皇姑庙”外，还在梵净山修九皇硐、九皇殿、三清殿、通明殿、圆通殿和上茶殿（释迦殿）。据竖于万历四十六年（1618）的“敕赐梵净

2005年3月6日，西藏十一世班禅的母亲（右三）到梵净山护国寺朝拜，与护国寺住持释佛友（左三）等合影

山重建金顶序碑”记载，梵净山当时受敕封的寺院有天庆寺、朝天寺、天池寺、天林寺四大皇庵。

敕赐梵净山“五大皇庵”“六大殿” 《敕赐梵净山重建金顶序》碑载梵净山有“五大皇庵”“六大殿”。明万历二十七年（1599），“播州（今遵义）最大土司杨应龙叛乱，史称“播州之乱”，官兵进剿，杨退守梵净山，刚兴建的梵净山殿宇毁于战乱，以致“往来朝觐人稀，非复旧盛”。1615 年李皇太后圆寂后，神宗下旨钦命妙玄重建梵净山金顶等处庙宇。万历四十六年（1618），竖《敕赐梵净山重建金顶序》碑，碑文由钦命敕赐进士第北京户部郎中李芝彦题写，称承恩寺、天庆寺、天池寺（1880 年改为护国寺）、朝天寺、天林寺为梵净山“五大皇庵”；三清殿、九皇殿、圆通殿，通明殿、释迦殿、弥勒殿为梵净山六大殿。

梵净山天庆寺

梵净山太平寺

梵净山“四大皇庵”与“五大皇庵”

表 15—2

播州之乱前（1599）的四大皇庵			重建金顶后（1599）五大皇庵		
寺庙名称	始建年代	地址	寺庙名称	始建年代	说明
天庆寺	1599 年敕赐皇庵	金星	天庆寺	1618 年敕赐皇庵	木黄镇金星村
天池寺	1599 年敕赐皇庵	护国寺	天池寺	1618 年敕赐皇庵	2004 年重建
朝天寺	1599 年敕赐皇庵	松桃县境	朝天寺	1618 年敕赐皇庵	松桃县境
天林寺	1599 年敕赐皇庵	江口坝梅	天林寺	1618 年敕赐皇庵	江口坝梅
	—	—	承恩寺	1618 年敕赐皇庵寺	竖有《名播万年》《勒石垂碑》《上茶殿碑记》三块

1599 年梵净山重建金顶后“六大殿”及主要寺观一览表

表 15—3

	寺庙名称	始建年代	地址	说明
六大殿	九皇殿	1578 年	九皇洞	前称殿后称洞
	三清殿	1430 年	老金顶	道光十年（1830），县设僧会司于此，又名（月镜寺）
	圆通殿	1578 年	蘑菇石下方	妙玄弟子、彻空圆通，供观音菩萨铜像
	通明殿	1578 年	滴水岩下	清道光十二年（1832）重修后改为报恩寺
	释迦殿	1618 年	新金顶	供释迦佛铜像
	弥勒殿	1618 年	新金顶	供弥勒佛铜像

续表15－3

寺庙名称		始建年代	地址	说明
主要寺观	观音殿	1618 年	新金顶观音洞	印江生员戴法员撰《新路观音殿碑记》
	下茶殿	明初	承恩寺下方	清光绪六年（1880）重建后名“镇国寺”
	药王庙	宋末	“叫花洞”	竖“万古标名碑”
	钟灵寺	明初	护国寺上边	遗址
	山王殿	明初	棉絮岭	遗址
	接引佛	明初	蘑菇石	遗址

三、 佛教机构

1950 年后，县境内佛教自行解体。1965 年，佛教界选出正、副组长 3 人管理佛教事务。1983 年，县人民政府成立县宗教科，处理宗教方面的日常事务。

1997 年 10 月，成立自治县第一届佛教协会。会长李敦礼；副会长释香净、释了空（镇国寺）、释佛友（1998 年 9 月增选）；理事释青松、杨修龙、肖文枚；秘书长杨再荣。

2002 年 12 月，换届成立第二届佛教协会。会长严循志；名誉会长释佛友；副会长杨修龙；秘书长杨再荣；副秘书长汪定强、戴保国；理事杨修龙、释法皈、释青松、释昭齐、杨再荣、赵修凡、李传智、田景洋、汪定强。

2008 年 5 月，换届成立第三届佛教协会。会长释法皈；名誉会长释佛友、张朝仙；副会长释开修、释法江；秘书长杨再荣；副秘书长释通瑞、戴保国；理事释惟福、释照齐、赵修凡、李传智、肖文枚、代秉珍、田金玉、田景虔。

释佛友（1911—），男，满族，贵州省铜仁地区佛教协会会长，贵州省印江自治县第六届政协常委，贵州省印江自治县梵净山护国禅寺方丈、广东博罗县罗浮山观音古寺方丈。

释佛友大和尚 1911 年 1 月生于笃信佛教之家，从小在寺院长大，受佛陀熏陶。7 岁上千山皈源寺拜了凡大和尚为师。民国 32 年（1943），接坛老衣钵，任锦州毗卢寺方丈。1995 年，在广东省光孝寺续本焕大和尚法派，属临济正宗。1998 年 7 月 22 日，率弟子法皈到梵净山护国寺考察，发宏愿修复护国寺。同年 9 月 1 日，在护国寺原址举行恢复护国寺奠基典礼。

释佛友笃信佛教，入深山独居茅屋虔诚修行，于艰难困境中领众修持，修建庙宇，护法安僧，弘宗演教，数十年如一日，足迹遍及全国各地。大和尚剃度、接法、受戒及皈依弟子遍布全国及东南亚诸国，人数逾五万人之众，功德影响之巨，于佛教可谓鞠躬尽瘁、功勋卓著，是海内外佛教界公认的禅宗泰斗。

第二节 道 教

道教源于黄帝和老子，据《张氏天师谱》记载：“81 世道陵江州令、选曹侍郎、天师道始祖”。他于东汉汉安元年（142）创立五斗米道，追求宇宙和谐，国家太平，相信修道积德，能安乐幸福，长生久世，以神仙信仰论为核心内容，以修道成仙为终极目标，尊奉老子为道祖。随后张角于东汉建宁年间（168—172）又初创太平道，奉《太平经》为经典，以善道教化天下，宣传乐生、好善、符水治病，为早期主要教派。北魏冠谦又创北天师道，改革五斗米道，进一步制乐章，建立诵戒新法。到南宋陆修静时创南天师道，主张三教（道、儒、佛）合一。宋末，南北天师道与上清、灵宝、净明等各派合流，形成以王重阳为代表的全真道教，并因得到元太祖的支持而盛极一时。

宋代，今贵州印江当时为邛水县，属四川夔州路，四川为道教发祥地，且道教遍布全境。地处黔东北的印江在政治、经济、文化方面必然与四川联系密切，同时，四川早期的道士也云游进入黔东北地区至印江。据邓椿《画继》载："眉山道士罗胜先，善画山水，有古意，所画景物被夜郎所见"。清道光《思南府续志》印江部分及《秩官·土司》称"牂牁国"（古夜郎国），《南蛮传》称："其北百五十里有别部充州蛮，按故费州，在安化城东北百里；唐立充州应在石阡府东北，今桃松厅西南百十里有地；东北至西南，斜长五十里，南北三十里，名曰平贵洞（在新民）；陆曲在思南之南，石阡之东，镇远之北，铜仁之西，与石阡府亲辖地，皆古平蛮县境（今属洋溪）。印江县朗溪、缠溪、洋溪史称夜郎三溪。"《贵州通志·宦迹志》称："宋以后汉族流动频繁，时势所趋，不得不辟为疆土，水路交通畅达是宗教渗入和发展的原因。"又据《贵州宗教概览》载："唐代，牛腾在牂牁一带，黔北、黔东共建寺院10余座，为佛教传入之始"。

北宋乾德二年（964），建邛水县的三清观、西岩寺。乾德五年（967）建大圣磴的铁瓦寺、太阳庙和峡口寨的桂香寺。这一时期供奉三清，祀天师，除此之外，西岩寺还供雷神，桂香寺还供梓潼帝君神像。西岩寺的钟声、桂香寺的鼓声能传十里，震撼印江双峡河谷。

到了元代，峡口寨（甲山）地区增建了水府宫、火神庙、关帝庙和麻柳的文庙。这时，宗教已在梵净山悄然兴起，山上建起了山王庙、药王庙，老山顶建起了三清殿。

在明清时期，印江城区又增建了文昌阁、武圣宫、文庙、城隍庙、关帝庙、社稷坛、风云雷雨山川坛、先农坛、历坛、尹公祠、肖公祠、名宦祠。村寨四周还建有土地祠、火神庙、乡贤祠、节孝祠、忠义孝悌祠、水府祠等祠庙，家家户户供奉"天地君亲师位"，祭祀孔子、梓潼、土地、灶神、四官财神、药王、神农、观音菩萨，祭祀范围越来越宽。

在民间，人们信奉《易经》风水，设坛庙会，打醮做斋，冲傩还愿，祈神求福，免疫消灾，祈祷平安和风调雨顺，祭"三清"、祭风神。至今傩堂戏、祭风神、符咒、阴阳的活动依然存在。

全真道教集长生、炼丹、符水治病和儒家的"忠、孝、节、义"、《周易》玄学为一体，对中华传统医学、武术（气功）、健身起到不可磨灭的作用。

印江自治县明清时期主要道观寺庙

表 15—4

名称	地址	初建时间	备注
三清观	峨岭镇甲山村	北宋乾德年间（963—968）	—
西岩寺	峨岭镇甲山村	北宋乾德年间（963—968）	县级文物保护单位
铁瓦寺	峨岭幸福村大圣磴	北宋乾德年间（963—968）	遗址
太阳庙	峨岭幸福村大圣磴	北宋乾德年间（963—968）	遗址
桂香寺	峨岭镇甲山村	北宋乾德年间（963—968）	遗址
文昌阁	峨岭镇中寨口	明嘉靖十年（1531）	省级文物保护单位
武圣宫	峨岭镇峨岭村	清嘉庆十年（1805）	县级文物保护单位
文昌阁	新寨乡汪家沟	清代	县级文物保护单位
文昌阁	洋溪镇桅杆嘴村	清代	遗址
文昌阁	新业乡文昌村	清代	县级文物保护单位
玉皇阁	朗溪镇	清代	不存
金花溪庙	木黄镇金厂村	宋代前	庙基在今脚庵
三清殿	梵净山老金顶	明代前	县级文物保护单位

明清时期，印江县土官、流官、乡绅多奉道教，广建神祠、宫观。除上述主要寺观外，至今消失

的还有文庙、梓潼阁、水府庙、关帝庙及风、火、雷、雨神庙等庙宇，这些寺庙都供奉“三清”菩萨。

明代印江著名的道长陈昌期，今峨岭镇麻柳村人，崇祯皇帝的御用进士，1644 年明亡后，于顺治四年（1647）黄冠持钵归林，在印江武圣宫和麻柳的文昌宫修炼，潜心研究《道藏》。

第三节　天主教

1991 年，经县民宗局批准成立天主教活动小组，属德江县教区，负责人任达兰。2005 年 5 月，地区天主教第一次代表大会后，划归石阡教区管理。1991 年，在县城北门路太阳山购民房改建教堂 1 座，天主教教堂占地面积 477.34 平方米，建筑面积 141.34 平方米。至 2008 年，天主教信徒有 169 人。

批准天主教活动小组单位：印江土家族苗族自治县民族宗教事务局

宗场证字：（黔）T080810001

第四节　基督教

1990 年 3 月，在新场卢定莲家恢复基督教聚会活动。1992 年，县人民政府宗教科批准成立基督教活动小组，负责人为饶琼儒、卢定莲、杨通莲。1994 年，教会向县人民政府申请，在合水购买土地建教堂，后因选址不妥，未修建。1998 年 9 月，教会提出申请，在政府有关部门的支持下，于县城太阳山购买民房作为聚会点。2000 年，教会在原房屋上修建教堂，教堂占地面积 239.88 平方米，同年 8 月竣工。

1997 年 9 月，教会推荐杨胜堂到贵州圣经学校读神学，1999 年 7 月毕业。2001 年 1 月，毕业于贵州圣经学院的黄艳来到县教堂作专职传教。2004 年 4 月，杨胜堂在贵阳经省基督教会批准，案列在册为副牧师。

2000 年 7 月，经县民宗局批准，撤销印江基督教活动小组，成立印江基督教三自爱运动委员会、印江基督教教务委员会。2007 年 4 月，更改为印江基督教协会，以下简称印江基督教“两会”。

2000 年 8 月，成立印江自治县第一届基督教“两会”，主任、会长饶琼儒；副主任廖定碧；副会长周应永；秘书长杨胜堂；两会常委饶琼儒、廖定碧、周应永、杨胜堂、何金文。

2003 年 8 月，换届成立印江自治县第二届基督教“两会”，主任兼副会长饶琼儒；会长兼副主任喻应珍；副主任廖定碧；副会长杨胜堂；秘书长周应永；两会常委饶琼儒、喻应珍、廖定碧、周应永、杨胜堂。

2006 年 8 月，换届成立印江自治县第三届基督教“两会”，主任、会长饶琼儒；副主任周应永；副会长兼秘书长杨胜堂；副会长任明慧；两会常委饶琼儒、周应永、杨胜堂、任明慧、黄艳。至 2008 年，全县基督教信教群众有 567 人。

宗教活动场所发证机关：印江土家族苗族自治县民族宗教事务局

社会团体发证机关：宗场证号（黔）T080810001 号

印江土家族苗族自治县民政局

社会团体登记证号：0611－001

组织机构代码：736644239

房产证号：印房权证峨岭字第 1737 号

土地证号：印土国用 1999 年第 1828 号。

2000 年建成的印江基督教堂

1991 年建成的印江天主教教堂

第五节 宗教工作

1988 年，省宗教部门拨款 18 万元，恢复太平寺大雄宝殿及两厢房，1992 年 2 月竣工。完成大雄宝殿及左右两边厢房建设，大殿面阔 14 米，进深 8 米，砖混结构。殿内供奉释迦、阿难、文殊、普贤及十八罗汉泥塑像，画栋雕梁，颇具规模，被公布为省级开发寺庙。

1992 年 8 月，全国政协副主席、中国佛教协会会长赵朴初为梵净山题书“梵天佛地”。

1997 年，太平寺住持僧慧松圆寂。僧慧松，女，贵州省松桃县人，俗姓陈名代儒，五岁时削发为尼，拜梵净山太平寺住持僧秉坤之徒僧净参为师。曾任贵州省佛教协会副会长，印江自治县第一、二、三届政协委员。

1998 年，释佛友大和尚率弟子释法皈来护国寺发宏愿，决定重修护国寺。2001 年 10 月，在护国寺原址举行重修护国寺奠基典礼。这一决定得到香港居士江浩雯、侨居加拿大的居士付益好等国内外信士的鼎力相助，筹资 3000 多万元，历经七载辛劳，在 2 万余平方米的遗址上修复护国禅寺的大雄宝殿、天王殿、东西厢房、钟鼓楼、放生池。门额上悬挂印江籍书法家魏宇平题写的“护国禅寺”蓝底金字匾，大雄宝殿正中悬挂赵朴初题写的“大雄宝殿”额匾，两边分别悬挂赵朴初题写的“梵天佛地”和严寅亮题写的“黔山第一”匾。

2000 年，护国禅寺原址出土石佛像 16 尊，其中一尊石佛像背面刻“万历三年制”字样。当年，释佛友任护国禅寺方丈、贵州省佛协常务理事、铜仁地区佛协会长、印江佛协名誉会长、印江政协委员。

2003 年 6 月，佛教协会举办佛教与社会主义社会相适应培训班。印江自治县委、县人民政府印发《关于治理乱建寺庙乱塑神像规范宗教活动场所实施方案》。至 2006 年 6 月，在规范宗教活动，整治“两乱”中，共撤毁乱建寺庙 34 处，大小神像 30 个，焚烧雕像 318 尊，改作他用 13 处，销毁非法小庙五处，大小神龛，取缔非法基督教点一处。通过治理“两乱”（乱建庙、塑神像）现象，保护了正常的宗教活动，巩固了农村的社会主义文化阵地，宗教活动纳入法制化管理。

2004 年 9 月，在梵净山护国禅寺隆重举行“中国梵净山佛文化研讨会暨护国寺大雄宝殿佛像开光典礼”。中国佛教协会副会长兼秘书长学诚大师、河南开封大相国寺方丈心广、国家宗教局副局长齐晓飞、省民宗委副主任柏怀恩、省佛协副会长魏觉民、省佛协办副主任宋奇惠、铜仁行署专员谌诒琴、铜仁人大地工委主任戴振华、铜仁地委委员兼统战部长邓应明以及国内外从事佛教文化研究的 100 多名专家学者出席，各地 3000 多名居士参加活动。学诚大师在讲话中阐述道：“梵净山自隋唐以来就辟为佛教道场，后逐步发展壮大，至明朝万历初年尤为繁盛。山中梵刹林立，故得名‘梵净山’。梵净山是全国著名的弥勒菩萨道场，是与五台山文殊菩萨道场、峨眉山普贤菩萨道场、九华山地藏王菩萨道场齐名的中国佛教名山。”梵净山的弥勒菩萨信仰极其兴盛，明朝万历皇帝、清朝康熙皇帝先后为之敕封加冕，形成了四大皇庵、四十八座脚庵的人间佛国净土。

2001 年 10 月， 在大园址村护国寺举行梵净山护国禅寺奠基典礼

2005 年 4 月 6 日，第十一世班禅额尔德尼·确吉杰布之母慕名前往梵净山护国禅寺，用藏文题写“吉祥如意”条幅，以藏族的最高礼仪向大雄宝殿的三尊主佛敬献哈达。

2005 年 5 月 1 日至 15 日，举行中国梵净山护国禅寺庙会系列活动，CCTV－7“乡村大世界”拍摄首届“中国梵净山护国禅寺佛诞节”（又名浴佛大法会），纪念释迦牟尼 2549 岁生日，邀请北京市龙泉寺释学诚大和尚弟子释行永、释行扬到寺讲经说法。贵州杂技艺术团、湖北民间艺术团、县民族文工团文艺表演，各方信士约 5000 余人参加佛事活动。

2006 年 3 月， 全国政协常委、 佛协副会长兼秘书长学诚大和尚题写

2006 年 1 月，学诚大和尚在他的方丈室接见县民宗局局长刘家沛、县委统战部副部长谭勇时说：“梵净山是佛教名山，是弥勒菩萨道场，梵净山的佛教要兴盛，要达到吸引游客，其背后是寺庙，寺庙背后是和尚，和尚背后是信众，弥勒在信众心中，什么山都可以成为弥勒菩萨道场。”3 月，学诚大和尚在北京为梵净山护国寺题写“梵净山弥勒菩萨道场”字样。9 月，全国政协民宗委副主任王思齐，全国政协常委、民宗委副主任、中国佛教协会常务副会长圣辉大和尚，中国道教协会长任法融一行到梵净山护国禅寺考察，并在护国禅寺内对慕名而来的 410 名各方信士开示，圣辉大和尚说：“梵净山弥勒菩萨道场在佛教史上具有重要的地位，与浙江普陀山观音菩萨道场、山西五台山文殊菩萨道场、峨眉山普贤菩萨道场、九华山地藏王菩萨道场四大佛教名山齐名，明清时代被誉为我国第五大佛教名山”。同时，在梵净山镇国寺题联“梵天净地佛居名山传真谛，护国佑民利乐有情世祥和”，任法融会长在护国禅寺为释佛友大和尚题写“山高佛高高寿僧”。11 月，在梵净山护国禅寺举行梵净山佛教文化研讨会暨梵净山弥勒菩萨道场石刻揭幕仪式。

2007 年 5 月，县佛教协会在护国寺举办“梵净山护国禅寺庙会”活动，各方信士约 3000 余人参加活动。

全县有僧人负责人 18 人，皈依居士 570 人。社会团体发证机关为印江土家族苗族自治县民政局，社会团体法人登记证号 0611—028，组织机构代码 75536141—0，佛教活动场所发证机关为印江土家族苗族自治民族宗教事务局。

2008 年，经贵州省民宗部门批准的佛教场所 11 所：

1. 永义乡护国禅寺：宗场证字（黔）F0808100001　始建于宋代
2. 木黄镇太平寺：宗场证字（黔）F0808100002　始建于明初
3. 木黄镇天庆寺：宗场证字（黔）F0808100003　始建于明朝
4. 木黄镇行祠庙：宗场证字（黔）F0808100004　始建于清代
5. 朗溪镇回龙寺：宗场证字（黔）F0808100005　始建于明永乐元年（1403）
6. 峨岭镇印龙寺：宗场证字（黔）F0808100006　建于当代（1992）
7. 峨岭镇玉泉寺：宗场证字（黔）F0808100007　始建于清代
8. 洋溪镇双龙寺：宗场证字（黔）F0808100008　始建于清代 1993 年重修
9. 天堂镇静修寺：宗场证字（黔）F0808100009　始建于清代
10. 新业乡文昌寺：宗场证字（黔）F0808100010　始建于明代（1535）
11. 新业乡青微寺：宗场证字（黔）F0808100011　始建于清代

人　物

一、人物传

唐老冬

全国劳动模范唐老冬

唐老冬（1908—2013），女，中共党员，合水镇坪峨村人。1958 年 10 月，合水镇敬老院成立以来一直担任院长，2000 年光荣退休。

合水镇敬老院成立时，入院的 56 名老人中，5 人双目失明，5 人聋哑，4 人双脚残疾行动困难，9 人患有重病。当时的公社党委决定由唐老冬来挑这副重担。接到通知后，唐老冬二话没说就去上班。

到敬老院首先遇到的困难是没有经济来源。她就亲自动手，带领能够勉强劳动的老人，在村里划给的两亩地上种粮种菜。同时还喂猪养鸡，以增加经济收入，改善老人们的生活。在三年自然灾害困难时期，战胜各种困难，使敬老院的老人们安全地渡过了难关。在此期间还收养了 6 名不到 6 岁的孤儿。

1962 年以后，敬老院老人们的口粮和她的报酬由各生产队提成负担。1964 年，敬老院的口粮和报酬都没有了，濒临解散。唐老冬想到自己小时候逃荒要饭，是共产党把自己从苦难的深渊中解救出来，并培养为一名光荣的共产党员。她觉得办好敬老院，照料好老人们，是党交给的任务，无论遇到什么困难，都要把任务完成好。她坚定办好敬老院的信心，把老人们视为兄弟姊妹。每天清早，先照料残疾老人起床，为他们端屎倒尿，为老人洗脸梳头。把一切安排妥当后，才下地去劳动。吃饭时，先照顾失明的老人吃好后，自己再吃。夜深人静，她不顾疲劳，长年累月坚持查房，为老人们放好蚊帐，盖好被子。寒冬腊月，先将老人们的被絮烘暖后，再让他们入睡。有几位老人长期大小便失禁，她不厌烦地帮助他们换洗。每个老人的生日。都要为老人们祝寿。对去世的老人，亲自为死者擦洗身子，穿上老衣，装棺入殓，送上山安葬。每年清明时节，还带领老人们到坟前祭奠。自己丈夫生病需要照料也顾不上，一心扑在敬老院里。当地干部、群众对她的敬业精神敬佩不已。

“文化大革命”时期，敬老院全部责任落在她个人肩上。困难再大，也没有难倒她。她一方面带领老人们开展生产自救，除种好原有两亩地外，还带领老人们以愚公移山的精神，一锄一锄地挖，又新开垦三亩荒地，每年可收苞谷、马铃薯、红薯等杂粮 3000 余千克。另一方面，亲自走村串寨，为老人们筹集口粮。在其坚强的毅力下，敬老院渡过了一次又一次难关。

她在敬老院一干就是 42 个春秋，在这平凡的岗位上，做出了不平凡的业绩。先后精心照顾鳏寡病残老人 100 多人，陪伴 82 位老人走完了人生历程。收养的孤儿养大成人，均成家立业。由于事迹突出。连续 10 年受到县、区、乡党委和政府的表彰，1986 年 7 月被中共印江县委组织部评为优秀共产党员。1988 年 10 月，被贵州省人民政府授予“民族团结进步先进个人”光荣称号。1989 年 3 月，被中国妇女联合会授予“全国‘三八’红旗手”称号；同年被国务院授予“全国劳动模范”称号，9 月光荣地出席了全国劳动模范和先进工作者表彰大会，受到党和国家领导人的亲切接见。1989 年 11 月，中共印江自治县委以印发文件，号召全县广大干部群众开展向唐老冬学习活动。1992 年 10 月，被县委、县政府评为“老龄工作先进工作者”。1995 年 4 月，被贵州省委、省政府授予“贵州省劳动模范”称号。1999 年 12 月被中共铜仁地委、行署授予“老有所为奉献奖”。《贵州党史》《党的生活》《贵州民族报》《铜仁报》以“无私的奉献”“巧理敬老事、温暖鳏寡心”，《贵州日报》以“忘不了党的恩情”等为题刊载其事迹进行宣传。在自己已步入高龄、需要照顾时还心系老人们，常说：“老人们已风烛残年，更离不开自己，更需要人照顾。”由于她对党忠诚，任劳任怨，不计个人得失，把全部心血都倾注在办好敬老院的工作上，默默奉献 42 年，直到 92 岁时才光荣退休，才离开敬老院的工作岗位。

王峙苍

中国书法家王峙苍

王峙苍（1911—2007），字茂芝，峨岭镇太阳山人。出身于书香门第，是清代乾隆时期著名书画家王道行第六代孙。幼承家学，喜研文史，又跟从地方名塾师陈跃廷、誉称“黔东圣人”的廖葆珉研习经学和古诗文辞，从冉寿彭学习书法，从著名国画家谢小如研习国画。其浮雕技艺则受名书画家、雕刻家鄢师竹的影响，故诗、书、画、雕均有所长，尤嗜书法，“六体”兼擅，行草雄劲秀逸，隶书亦别有新意。是一位多能的老艺术家，被南京著名书画家、金石家、诗人金成生誉为“印邑之鲁殿灵光”。著名老艺术家、中国书法家协会“德艺双馨”会员魏宇平赞誉曰：“峙苍老艺术家，吾乡文艺翘楚，非仅诗书画刻造诣咸深，其品格襟怀亦超迈时流，为士林所景仰”。

1917 年，就读于县城私塾学校；1930 年，就读印江县立小学校。1935 年重庆新闻学讲习所毕业。曾任四川省政府主办的《济川报》编辑。1941 年，因侵华日军轰炸，报社遭到炸毁被迫停刊而返回故里，在印江县政府稽征处工作。同年秋印江中学建立，成为第一批印中教师。1957 年，王峙苍在“反右”中蒙冤，后得到平反纠正，1979 年退休。

王峙苍先生是中国书法家协会会员、贵州省书协顾问、贵州省文史研究馆馆员、铜仁地区老年书画院和书画研究会名誉会长，著有《家山话楹》《苔碣藓碣》《隶味》《历代书画名家识微》等，1984 年 10 月应《黄河碑林》征书而题写的《黄河颂》，收入其碑林。1988 年还参加中日和平友好协会成立 10 周年、孔孟故里全国书法篆刻大赛展，中华人民共和国暨贵州解放四十周年纪念展，上海“江南杯”全国书法大赛展等。1990 年 8 月，其生平业绩编入《中国当代书法家辞典》。2003 年，将所散存零星诗词收集整理，编成《茂芝草庐诗词联稿》一书，魏宇平先生为该书作序。2005 年，由县档案局秦礼显收集其书、画、雕作品，辑成《榴霞书画集》出版，备受世人青睐。

池恒昌

老红军池恒昌

池恒昌（1912—2007），中共党员，天堂镇印朝村人，1934年5月，参加中国工农红军，同年加入新民主主义青年团，时任黔东独立师一团通讯员、警卫员；同年10月，红军第二、第六军团木黄会师后，任军团警卫营战士。1935年11月，参加二万五千里长征。先后任某师警卫连政治指导员、直属通讯连党支部书记，某师供给部政治指导员、独立旅电台中队政治指导员。在抗日战争中，参加过百团大战，多次负伤。1942年在晋绥军区陆军中学学习；次年又调任大青山供给部政治指导员。1944年，参加了卓子山战斗和绥包战役。1947年2月，调晋绥军区卫生部总务科任科长；同年8月，因腿部、腰部枪伤发炎，行走艰难，上级组织安排他到山西省偏关县一农户家养伤，直到1950年伤愈后归队。时任公安七团一连政治指导员。

1954年11月，转业地方工作。部队鉴定是："忠诚于党，革命立场坚定。对上级的命令和指示坚决执行。吃苦耐劳，生活简朴，对人直爽。"并发给二等甲级残废证。转业后，先后在山西太原建工局一建司、四建司任科长、处长等职。1959年秋，调回原籍印江，时任印江县人民法院院长。1961年11月调任印江县人民政府副县长。1970年任印江县革委会副主任。1980年2月离休，享受正地级待遇。2007年7月去世，享年95岁。

向子英

向子英（1914—1990），女，初小文化，中共党员，新业乡芙蓉村人。曾担任大队妇女主任、乡妇联委员，是印江县第四届、第六届人民代表。1978年，积极在本村创办托儿所，为邻近村寨妇女看管儿童，后又创办村幼儿园，由小到大，从几个人发展到20多人，深受广大人民群众好评和赞扬，为解决妇女参加集体生产劳动的后顾之忧，发挥了重要作用。在她的影响下，全乡办起了六个幼儿园。在幼儿园里，她工作认真负责，精心看管，使家长放心，儿童安心。她坚持长期办园，成绩显著，得到县、乡多次奖励。1980年，铜仁地区妇联授予她"三八"红旗手称号。1984年出席贵州省妇联第四次代表大会。1997年被全国妇联授予"三八"红旗手称号。

魏宇平

中国书法家魏宇平

魏宇平（1917—2008），峨岭镇红光村人，四川大学毕业。1940年，正当日寇侵华战争激烈阶段，毅然投身于抗日救亡爱国民主运动，参加中国民主同盟，并在其机关报《民主报》任编辑。日本投降后，一面从事教育，一面与一批先进爱国知识分子一道，为反对专制独裁，争取自由而奋斗。其间多次遭受迫害。1949年解放后一直从事教育工作，课业之余以书法诗词自娱，研习碑帖，刻苦临池，书艺日臻完美。被吸收为中国书法家协会会员、中国名人协会会员。曾任重庆市书法家协会副主席、重庆诗词学会会长，并任重庆市书协顾问、重庆老年书画研究会副会长、重庆市文史研究馆馆员。

印江素称"书法之乡"，其叔父魏幼庵、长兄魏经略均文学、书法造诣俱深，乡风家学，耳濡目染，自幼即喜临池读帖。先从赵孟頫，并及颜真卿、欧阳询诸家法帖，特钟情于赵书。以后倾心于汉魏碑版的研习。对曹全、张迁、乙瑛、礼器、史晨、石门颂诸碑及龙门二十品、石门铭、二爨及瘗鹤铭等，或临或读，日夕不懈。并从郑板桥、何绍基、龚晴皋、于右任、谢无量等名家中吸取营养。对于右任的书法，花了更多的临摹工夫。前些年，对于右任书法有相当研究的一位台湾书法家到重庆交流书艺，见其当场作书后，大为叹服，认为写字最好最活的当数重庆的魏宇平先生。

他治学严谨，融古人碑帖精华为一炉，形成了自己独特的书风。他特别注意传统诗词的素养。他创作了近千首传统诗词，被传媒评之为：诗思敏捷，格律严谨，遣词清平，雅俗共赏。曾被重庆诗词界推为重庆市诗词学会会长。在书法创作上，则形成他浑朴、清劲、奇古豪宕、自然天真的书风。其长兄经略曾为题词曰："静如苍松翠柏，动若流水行云；眼底缤纷墨妙，天然溢彩流芬。"可谓恰如其分，毫不溢美。

1981 年，澳洲广播电台主办国际书法比赛，于 1.2 万名海外书法名家中不分等级共评选 50 名授奖，他在获奖之列。1982 年出版《行草唐诗六十首》，深受国内外书法爱好者喜爱，多次再版，发行已超过 16 万册之多。其书法作品多次参加国内外大型书展，被众多园、馆、名胜地收藏镌刻，并入选《当代著名老书法家十六人集》《当代著名老书法家作品精选》《中国当代著名书家墨迹选》《中日当代著名书法家作品集萃》等专集。在日本尾道市及中国重庆市举办的个人书展，深得中外书界友人赞誉。是年初夏，日本著名书法家梅舒适、山口大象等组团到中国交流书艺，在重庆博物馆与重庆书法界朋友交流时，他写的字深受日本同行的赞赏，纷纷向他求字，他也一一书赠，得书者如获至宝。此后即与日本书法界名人结下了深厚的书墨缘，彼此交流不断，书名远播瀛岛。1987 年 4 月，重庆民间体育代表团应邀赴广岛访问时，便求其书作 4 件，作国礼分赠日本政要。其墨迹除日本外，还流入中国香港、台湾地区以及澳洲、东南亚及英国、美国、芬兰等地。《四川政协报》同年 7 月 4 日以头版介绍了他，赞扬他"用自己的书法艺术，为中国人民与世界人民架起友谊的金桥"。《中国书法》《中国书法报》以及其他报刊都曾对他作过专文介绍。

魏宇平是蜚声海内外的书法名家，但他毫不自满，仍高屋建瓴地从历史文化的角度找准自己在书法殿堂里的位置。他曾在《学书二绝》中写到："读帖临碑未敢疏，几经跋涉到中途；创新更欲追高格，惆怅挥毫笔力输。"可见其谦虚宏豁的气度。在对待继承传统和创新上，持论公允，他在一首论书绝句中写到："不薄今人爱古人，多舒广益为求新；十寒一曝终非计，内外功深始上乘。"

魏宇平是书家、诗人，文化修养极深。前国务院副总理谷牧对其书法评价曰："朴实无华，飞流激石。"前国务委员李铁映给他题词曰："老树饱冰寒，白云横古今。"人民日报社邵华泽赠他的题词："朴实无华"，名家之言，概括了他的人品和书品。2003 年，中国书法家协会授予魏宇平"德艺双馨"艺术家荣誉称号。

何友芝

老红军何友芝（右）、李通贞

何友芝（1918—2006），中共党员，沙子坡镇竹元村人。曾任陕西省西安钢铁厂党委书记。1934 年 7 月参加中国工农红军，同年加入中国共产主义青年团，曾任黔东独立师一团战士。1935 年 11 月，参加二万五千里长征，从湖南湘西挺进贵州，经云南、四川，进入甘肃、宁夏，历尽艰辛，克服重重困难，爬雪山，过草地，1936 年 10 月到达陕北。参加过抗日战争、解放战争，历任班长、排长、连长、营长、团职领导等职。1954 年转业到西安钢铁厂任党委书记。他回地方工作后，不忘家乡建设，不忘父老乡亲的疾苦，帮助家乡修通了公路，为百姓安装了电视卫星接收器。1980 年离休。2004 年还亲临印江木黄红第二、第六军团胜利会师 70 周年纪念大会祝贺。2006 年在故乡沙子坡去世。

张羽鹏

老红军张羽鹏、池恒昌（右）

张羽鹏（1919—2013），中共党员，大专文化，杉树坳乡大寨人，曾任青海省劳改局职工医院政治委员。1934 年参加中国工农红军第三军黔东纵队第二支队任战士。1935 年 3 月转入红二军团四师十二团九连，参加了二万五千里长征。1936 年在红二方面军总部当通讯员。1937 年 1 月由共青团员转为中共党员，参加过延安保卫战。抗日战争爆发后，在八路军三五八旅旅部当警卫员。1938 年 8 月深入敌后开展游击战，在绥远（今内蒙古）骑兵支队一团二连任排长、连政治指导员。1940 年 2 月在绥远凉城蛮汉战斗中负伤，定为二等乙级革命伤残军人。

1945 年抗日战争胜利后，任中国人民解放军第一野战军兵站政治指导员、一师二团一营机炮连政治指导员。青海解放后转到地方工作，历任青海省大通县二区区委书记、大通县公安局局长兼县检察院检察长、青海省建筑公司副政委。后到中央第二中级党校学习，结业后回到青海省，先后任皇城农场、金台农场党委书记、浩门农场总场党委副书记、青海省劳改局职工医院政委等职。1985 年 3 月离休，享受副厅级待遇。2013 年 5 月 12 日，在四川省成都市去世。

田儒璧

早期共产党员、作家思基

田儒璧（1920—2003），中共党员，罗场乡大官庄人，又名思基，因崇尚马克思和高尔基的伟大人格魅力而取笔名思基，曾署名“胡田”“匡代华”发表文章。自幼能吃苦耐劳，在别人帮助下 16 岁才得以读完初级小学。1935 年考入缠溪高级小学读书，在地下共产党员严竟成校长的影响下，思想发生深刻变化，从此热爱上了革命文学。1937 年，严竟成调印江师资训练所任教，思基也以优异成绩考入师训所。学习期间，严竟成组织田儒璧等一批进步青年参加“读书会”，阅读进步书籍。一次他偶然看到一本《抓壮丁》的连环画，于是模仿写了一个《抓壮丁》的小剧本，得到《印江日报》连载，给了他很大鼓舞，也引起校方注意，被处罚三个月不准出校门（严竟成也因此遭上司怀疑而调县图书馆任职。离校时严与田儒璧等九人合影留念，至今照片仍珍藏于县档案馆）。1938 年田儒璧毕业即分配到昔土坝小学任教。

1939 年，思基在严竟成的帮助下独身离开印江，在重庆陶行知先生处小住数月，历尽艰辛，辗转于 1940 年 2 月 22 日到达革命圣地延安。在陕北公学学习一年，次年考入延安鲁迅文学艺术院文学系学习，取名思基。1942 年 5 月，他响应毛泽东《在延安文艺座谈会上的讲话》号召，下基层到鲁艺设在深山老林中的一个木工厂，向师傅学拉大锯解枋板，并以此为题材写成短篇小说《我的师傅》，发表于《解放日报》上。继后他又和几个同学到南泥湾王震将军所领导的 359 旅体验部队生活，开荒生产，直到 1945 年回到鲁艺，开始了他的文学创作生涯。其间相继发表了《战士们的话》《信》《那边》《生长》《解放时候》等短篇小说。1946 年 7 月，他被分配到晋鲁冀边区文联工作，担任《北方》杂志编辑。

1947 年，思基被分配去东北解放区，他主动要求到黑龙江双城县有志村当村长，发动群众搞土改，发展生产支援前线。后他被调到吉林东北大学教文学。其间，他写了十余万字的《苏联文学讲义》，被校方印成集子在北方各大学作教材交流使用。为学习俄语，他试着翻译了十余名苏联作家小传，先后刊登于《东北文艺》月刊上。1952 年，思基担任东北师范大学中文系副主任、副教授，改教中国现代文学，并集中研究中国现代作家作品，写出了《鲁迅的散文诗——野草》《巴金的激流三部曲》《论“骆驼祥子”和“龙须沟”》《赵树理的短篇小说》等一系列论文，并由长江出版社辑成《生活与创作论集》出版。后又着手写一个中篇小说，把自己教学工作的切身体验写出来，题为《艰难的行程》，共十余万字，只在刊物发表两个章节即因“文化大革命”而暂停，成为他终生难忘的憾事。

1957 年 5 月，思基调中国作协沈阳分会从事专业创作。1958 年被任命为《处女地》（后改名《文艺红旗》）主编。1960 年又被任命为辽宁文学研究所所长。1962 年，他担任《鸭绿江》文学月刊主编，并将其 1957 年以来新的 23 篇论文辑成《过渡集》，由春风文艺出版社出版。1963 年，他被选为中国作协辽宁分会副主席兼《鸭绿江》主编，直到文化大革命。

在“文化大革命”中，思基受到极左思潮冲击，他不仅被送到“五七”干校劳动，甚至被下放到辽宁赤峰县郭家梁插队落户三年。1978 年，他回到辽宁作协重新任职，兼任全国大型刊物《中国当代作家评论》主编，开始了他新的创作生活，先后写出了《李自成的艺术创造》《论杜鹏程的文艺独特性》等一批很有分量的论文，他的长篇小说《昨夜风雨》、中篇小说《追求》，以及反映改革开放的十余个短篇小说，均被出版和刊登。鉴于思基为中国文学和编辑事业做出的卓越贡献，获得国务院政府津贴，离休时享受正厅级待遇。

思基的一生是革命的一生。尽管他自己经济并不宽裕，但在东北求学的印江籍大学生多得到过他的资助。1996 年，印江岩口山体大滑坡，久在病榻的他仍寄赈灾款 1000 元，表达他对家乡人民的怀念之情。1989 年 12 月，思基将他的文学档案资料，包括作品手稿、笔记本、各种奖状证件及藏书藏画等，重达 300 余公斤，全部捐赠给印江档案馆。征得思基的同意和授权，县档案局秦礼显将其辑成《思基文集》1～4 卷出版，计 120 万字。秦礼显还为其写有 25000 字的《思基评传》和《思基年谱》。

李 骥

早期共产党员李骥

李骥（1923—2000），中共党员，原名邓万选、邓湜、李北，大学文化，峨岭镇石灰溪村人。他长期从事党的地下工作，在隐蔽战线上为党的事业默默无闻地奉献。1937 年年底至 1940 年 3 月在思南中学学习期间，参加中共思南县委书记萧次瞻领导的地下党组织——“读书会”。1938 年 9 月经萧次瞻、熊世昌介绍加入中国共产党，担任思南中学学生会干部，负责抗日救亡活动和党组织的发展工作。1940 年 7 月 12 日，思南地下党组织遭到国民党的镇压，李骥、熊世昌等十余人逃离监狱前往贵阳，与中共贵州省工委接上组织关系；9 月下旬，遵照组织指示，离黔到重庆参与地下活动，遭到国民党当局追捕，又离渝去江津。1945 年 7 月改名邓湜，考入浙江大学农业经济系，与当地中共地下党取得联系。1947 年 8 月 12 日，因领导和组织学生运动，被敌人列入逮捕名单。按照地下党组织的指示而撤离，到北方大学学习，化名为李骥。在浙大期间曾任支部委员、浙江大学学生会干事、学习股股长、五人主席团成员。

1947 年 10 月在豫北、晋东南等解放区搞土改工作，任土改工作队队长。1948 年到 1949 年 6 月，在华北大学任助理员和班主任。7 月奉中央组织部调令到南京，加入中国人民解放军西南服务团，为解放西南各省作准备。1949 年年底转业，调中共贵州省委工作，参加接管贵州大学，任军事代表联络员，并任共青团贵阳市委宣传部长，省文教接管部教师学习团科长。1950 年至 1953 年 1 月，任共青团贵州省委办公室副主任、青工部部长。1953 年 2 月任国家第一机械工业部贵阳矿山机器厂厂长、厂党委委员。1957 年调北京任机械工业部第三工业管理局办公室副主任、主任，研究室任处长。

1959 年 11 月考入中央高级党校研究生班政治经济系专业学习。毕业后调中共中央对外联络部，先后任研究员、副局长、局长、研究室主任等职务。1981 年后，先后在北京大学国际政治系、北京师范大学、天津师范大学、河北师范学院等校授课，兼任中国人民大学、山东大学、河北师范学院、北京市委党校、中国老教授协会教授和特约研究员。同时任中国国际共产主义运动史学会副会长、顾问。1986 年 8 月离休。

在中联部工作期间，除出访一些国家和外事接待外，还作一些理论研究工作。曾发表百余篇理论文章。其中主要有：《坚持我党同各国共产党发展关系的马克思主义原则》（载《红旗》杂志 1983 年第二期，并获该杂志 1979—1983 年度优秀理论文章奖），《北京晚报》以英、法、意、俄、西、日等文字译载。《马克思恩格斯论各国党独立自主发展革命运动问题》《关于共产国际组织原则的几个问题》《当代国际共产主义运动》一书的《总论》《按照四项基本原则发展同外国政党的友好关系》《从苏联解体看苏共与人民群众的关系》《对世界社会主义发展趋势和理论研究一点浅见》等文章，分别发表于《群众》《新黔日报》《贵州日报》《机械工业》《光明日报》《红旗》《北京周报》（外文）《国际共运》《世界历史研究动态》《马克思主义研究》等报刊上。有的收入《国际共运史文集》《红旗》优秀文章选、《三个国际论文集》《苏共失败及其教训》《在新的历史条件下坚持和发展马克思主义》《战后国际共产主义运动》等论文集和书籍中。1964 年任《世界政党大全》顾问及撰写编审工作。1995 年被列入张岱年主编的《中国社会科学名人词典》。晚年仍参加一些学术活动和世界社会主义发展及国际问题研究工作。2000 年 12 月病逝于北京。

王廷昌

王廷昌（1935—2013），中共党员，小学高级教师。1958 年 7 月毕业于铜仁师范学校，同年 9 月起，先后在天堂小学、天堂中学、天堂区文卫科工作，在青坨小学、十字小学担任校长。

1993 年 9 月， 王廷昌在首届全国希望工程园丁奖大会上发言

王廷昌参加工作后，在教学领域积极工作，成为中小学教师中一位佼佼者。特别是 1962 年，他父亲早逝，母亲病重，爱人体弱，家里连水都无人挑的情况下，才在公办学校任教四年的他就回到了家乡，一边帮家里干活，一边教民校。他想方设法，率先将村里一所破旧的停办小学恢复起来。没有桌凳，他把家里的饭桌凳全都抬到学校，又动员各学生家庭也凑了些。再不够，他又回家找来长短不等木枋，垫上石块当桌凳，便开始了报名上课，全村的失学儿童都纷纷入了学。因学习程度参差不齐，上百个学生分成两个班五个年级，挤在两间狭小的破屋里上课。由于学校只有他一人任教，不得不进行复式教学，上了一级上二级，上了三级上四级、五级，上了语文上数学，周而复始，没日没夜地备课、批改作业，美术、音乐、体育就上大课。他把周末节假日都用上了，加之他下班回家还要挑水、耕地等，生活、教学重任让他应接不暇。教室的土墙倒了冬天没法上课，他就动员学生上山砍来茅草编成帘子围上；学生手脚冻僵了直发抖，他就捡柴在坝子烧起了大火，让大家围着烤暖和了再上课；建校之初没有厕所，学生们不得不遍山跑，他就去承包一段公路利用课余养护，赚点钱买些砖，动员学生挑回自己修建。一些特困生交不起书费、学费，他将每月仅有的 40 元报酬，都为这些学生付书费。王廷昌把全部心血和精力都放在教学上，他的一个儿子却因住不起医院而病亡，他的一个女儿也因读不起初中而辍学。

桃李不言，下自成蹊。20 世纪七八十年代他多次为全区教师上过公开课、示范课和指导课。也曾多次受到各级党委、政府的表彰。1992 年中央电视台将他教书育人的事迹拍摄成专题故事片《后土》向全国播放，他的事迹传遍全国。1993 年 9 月 10 日，他赴京参加了全国“首届希望工程园丁”颁奖大会，代表全国百名获奖者在大会发言，受中央政治局常委、国务院副总理李岚清和团中央李克强书记的亲切接见。为弘扬其精神，1993 年 10 月印江县委、县政府授予他“优秀共产党员”和“优秀教师”荣誉称号。1994 年中共铜仁地委、地区行署、印江县委、县政府先后作出了“向王廷昌同志学习”的决定。1996 年 1 月，中共沙子坡镇党委授予他优秀共产党员称号。1996 年 5 月，他受邀参加了铜仁地区“共产党人的风采”巡回报告团，并奔赴本地区各县作演讲报告。1996 年 9 月，中共铜仁地委组织部以王廷昌先进事迹拍摄的党员电视宣传片《燃烧的煤》在全区播出。《中国青年报》、香港《商报》《参考信息》等多家媒体纷纷撰文评述他的事迹。在海峡彼岸的台湾慈善家凌峰先生，代表海外华人爱心基金会，向他所在学校捐资 10 万元新建教学楼，建起了贵州第 2 所“希望小学”。1997 年 11 月，印江县委、县政府授予他“民族团结进步先进个人”称号。2004 年，被印江电视台列入《人物春秋》栏目中的典型人物。2006 年，被铜仁地区列为“20 年新闻人物”之一。2009 年 9 月，获全国“希望工程 20 年特殊贡献”奖。2010 年 9 月，获全国“美丽童行”年度人物评选优秀奖。他是印江自治县第三届、第四届人大和政协会议特邀代表。

张锦良

张锦良（1942—2003），原名张景良，中共党员，新寨乡凤和村人。从小就爱读书学习，1959 年铜仁高中毕业，安排在铜仁地区水电局工作。1960 年参加中国人民解放军，在陆军五十四师历任战士、副班长、班长、排长，团、师、军作战参谋、副参谋长、参谋长。他任军部副参谋长时，参加并指挥过中国对越自卫反击战，在战争中身负重伤，其血衣今仍存放在北京博物馆。后他被调军事学院、国防大学工作，历任正团、副师级教官、副教授、战略组组长，中央军委授予正师级大校军衔。在国防大学主讲战略学《孙子兵法》，与同事合著《孙子兵法研究》一书。张锦良一生从军，曾多次荣获学术成果奖，其业绩被载入《中国人民解放军军史大典》。

二、 人物补遗

周　文

周文生于明正统己巳（1449），山东济南府人。成化丁未（1487）科举人。弘治七年（1494）七月二十日，思邛江长官司正长官张鹤龄，在苗民起义中失掠官印，被朝廷革废，即建立印江县，周文为印江县首任知县，成为改土归流后首任流官。周文到印江后，对土司官、土著民族（土家族、苗族）实行优抚政策，使流官政权得到巩固。周文是能文能武官吏，接任根深蒂固的土司政权后，吉凶难料，到任时带了二十个强力助手兼挑夫，以备不测。在一次惩恶治霸中，其助手以一当十酷斗霸头，从此名声大振，地方势力再不敢轻举妄动，只得服从，顺利完成了县衙修建，建立起图甲制，官绅融洽，令行禁止，秩序盎然。弘治十二年（1499）卸任。

敖宗庆

敖宗庆，字汝承，号梅坡，原载水德司人，即古思邛地人，清及民国间住印江南盆坡地。正如明嘉靖间（1522—1566）滇之左参政、印江阁老寨人李渭“托邑之宗庆撰其曾祖《长官李盘死节传》”中所云：“愚少时亦闻其概而窃敬慕之矣”。知县梁钟英在撰其《依仁书院记》和《重修印江学大成殿碑记》中所陈述两校所培印邑之人才时亦云：“追黄成宪而上，逮李同野、田西麓诸贤，彪炳文章，发为事业，科名鼎立，鹊起蝉联”；“自明以来，如申侍御之忠烈，萧都谏之敢言，田西麓之请建学校，李同野之必为圣人，敻乎尚矣”。(明嘉靖《思南府志·续志》)

嘉靖十七年（1538），敖宗庆登戊戌科进士，历官滇抚。他天资殊绝，读书目数行下，扬历中外，为“都门西台四杰坊”之一。尝典铁冶，徒役多困毙，宗庆给布帛以御寒，有疾病命医药疗之，全活甚众。分守河南时，令民垦田，复凿河导水以灌溉，躬课耕耨，民得粒食，俗尚多靡，以节俭风下，民尸祝之。晋广西安察使，争戍卒事，三上揭，台使不报。宗庆曰：“杀人媚人，吾不为也”。持之益力，卒出之。癸亥（1563）晋副都，巡抚云南。铁锁箐乱，指授方略，卒奏奇功。归居林下，母董氏，年八十，朝夕侍奉，时为孺子状以娱之，乡人多所激劝焉。(《康熙通志》)

李 渭

李渭，字湜之（《广东通志》作湜甫），号同野。明朝贵州思南府水德司人，即古思邛大石墩之阁老寨（仡佬寨）人。明代著名理学家。明世宗嘉靖十三年（1534）举人。历任华阳（四川成都）知县、和州（安徽和县）知州、高州府（广东茂名）同知、化州知府、南京户部郎、韶州知府、广东副使、云南左参议等。

曾祖李盘征西南彝（即镇溪竿子坪邛僰裔）于人同村阵亡，尝副长。潮州参议吴守贞挽诗赞词有“鬼方罗拜千年祀，黔水丰碑百代功”之句。年十五，父中宪公富，以“毋不敬”“思无邪”勖之。渭奉而书诸牖，始觉妄念丛起，久乃渐除，于是专求本心。

李渭任官期间，廉洁自守，尊爱百姓。曾有合浦令、化州、吴州吏以珠宝、金银相贿赂，被李渭叱之不受。李渭是贵州有名的理学家，一生治学以孔子“四不”为准则，进一步阐明了王阳明“知行合一”学说。他与清平的孙淮海、贵阳的马心庵被称为王阳明的再传弟子。学者称他“同野先生”。明神宗赐他对联曰：“南国躬行君子，中朝理学名臣”。

晚年辞官还乡后，在思南府城北中和山观音阁点易洞设“中和书院”讲学，兴学黔中，开黔北学风，学者如影相从，使黔北文人蔚起，代不乏人。江西万安人、四川左参政赖嘉谟及徐云从游川，皆“尝从举人李渭游，好学不倦，日夜与同门交相切劘”，“闻郡人李渭兴学黔中，负笈远从，终身不忘”。思南人冉宗也、胡学礼、田憔安等都继承了同野之学。

据《康熙通志》《贵州通志·人物志》载：李渭著有《先行录问答》三卷，《毋意篇》合《大学》《中庸》《易问》为一卷，《简寄》三卷，《杂著》一卷，《诗文》三卷，统十卷，《家乘》十二卷，《大儒治规》三卷。

黔抚郭子章辑《黔记》，著有《参政李渭公传》，将李渭列为“都门西台四杰坊”之一。《明史·儒林》失其传，仅于《艺文志》载《先行录》十卷。(《黔诗纪略》)铭州府学有明万历二年（1574）黔南李渭《重修学记》，惜未录其文（翁方纲《粤东金石记》)。并题镌有思南“中和”山石刻存世。邑人进士、官翰林院检讨、江南道监察御史郭石渠在其《中和山记》中论曰：“李公之名此山，岂无所以名之者，以中和之灵秀，钟盛世名儒，李公其最著者矣。创理学于黔中，启名教于千古。中和之发越，孰大于斯。”(《思南府志》)

思南府李同野墓，系明万历二十二年（1594）葬府城河东万胜山麓纳楚，黄安耿定力《墓志铭》于塘，有祠在隔江。康熙二年（1663）七月十三日夜，《志铭》忽自墓前飞至祠前，其奉祀孙晨起见之，闻于知府叶藩、推官常时泰、知县雷死龙，同诣墓所环视，墓封如故无隙，众皆骇异，今《志铭》尚在祠中。(《乾隆通志》引《思南府志》)。其子李廷谦，清乾隆乙酉科（1765）举人，官国子监助教。

曹士铨

曹士铨，邑庠生，家于印城，戊子乱，奉母避兵大圣礅洞中，已而贼攻洞，掳铨母子，以父应举曾官遂宁县，谓铨宦官家子，横索金，备极拷掠，无所得，欲刃其母，铨大呼曰："宁杀我，勿伤母。"贼恚甚，竟刃母，铨以身蔽，并杀之。兄士望自思南寻母弟尸，颜色如生，并葬焉（《思南府续志·人物志》）。

陈一龙

陈一龙，峨岭镇甲山村人，明嘉靖辛酉（1561）举人。任池州府定远县知县，学有渊源，治称循良（《康熙通志》）。一龙补江南定远县知县，定远本隶江北，俗慓悍，以一龙儒者，易视之。居数月，摘奸发伏如老吏，豪猾大姓皆慑服，无敢谁何，相率格化改行。万历中，江南饥，惟定远以一龙故，先备积粟，得无患。后请老去，民送之，涕泣郊外，通为之塞。卒于家，得请从祀印邑乡贤祠（《纺网》）。

雷学皋

雷学皋，明万历临安府举人，明万历四十四年（1616）至四十七年，任印江知县期间，组织梵净山僧众恢复被播州杨应龙叛乱毁坏的梵净山庙宇，让善男信女广泛传播佛法，重新恢复冷落香灯。并规定每年三月十九日、六月十九日、九月十九日为朝山日，作为赶庙会的固定日，号召民众和商人、善男信女每年在梵净山护国寺进行物资交流五日。庙会期间，提前10天组织当地民众修理朝山路道，多方筹措资金修复新老金顶古庙。万历四十七年（1619），在朝廷偈修金顶建树"敕赐碑"的名录中也提及"印江知县雷"的字样。雷在离任时，为官清廉，民众送万民伞二把。走时除了一身衣衫外，带走的就是二把"万民伞"，留作永久纪念。

萧重望

萧重望（1550—1617），字剑斗，新寨乡大云村人（此地明中期为安化县，府志记剑斗分别为水德司或安化人；清道光后为印江县地，故《印江县志》记曰"常爱甲山，两居焉，而居甲山时尤多"）。据《黔诗记略》载："重望父亮，自江西丰城来属府著籍，望少时是印江举人李同野先生门人，与先生仲子同举于乡"。万历十三年（1585）中乙酉科第一名经魁举人。万历十四年（1586）在京参加殿试，中丙戌科唐文献榜进士，任河南阌乡县即用知县，后又调任开封府祥符县知县。万历二十九年（1601），升任湖南偏沅巡抚。万历三十一年（1603），升任云南道直隶监察御史。万历三十四年（1606），告老还乡。万历三十七年（1609）补都察院左佥都御史。万历三十八年（1610），奉神宗圣旨沿边视察，万历三十九年（1611），向朝廷疏奏治国安边五件事：一、请设湖南偏沅巡抚；二、请设云南、贵州总督；三、请设思南府同知；四、请设安化县学；五、请设印江县学。以上五奏议，均一一获准。从此安化、印江设县学，始派教谕。知县张镕便开办县学堂、建文庙，亦称先师庙，建书院等。

萧剑斗告老还乡后，时住甲山，时住云半，时而即外地周游。他在印江县衙之后建一宅第，萧家坡以下为后园。前建一四合院道，名曰"察院坝"，即都察院御史宅第之意。长孙萧其朗住甲山，次孙萧其盛住安化地（即今印南大云半）。萧重望还与思南知府赵中庵编撰《思南府志》，府志修成后，还为该志写序。清初印江教谕詹玉珂在《重修文庙序》、印江知县张锡谷在《龙津书院碑记》、印江知县梁钟英在《重修印江县学大成殿碑记》、印江知县郑士范主修的《印江县志》等文献中，均提及田秋、李渭、萧重望等首批学人对印江教育方面的贡献，以及他们在印江的活动情况。萧重望残留的文献资料有《河缝观音洞楹联》、高石梯《土地庙》摩崖联、《皇庵天庆寺联》等。河缝观音洞壁联云："凿险缝幽人有力，扬清激浊我无私。"高石梯土地庙联云："利斧劈荒臻（榛），日照月临，亿万姓颂张侯治绩；奇崖凿坦道，山长水远，百千里通禹贡车书。"此联充分肯定了印江知县张镕在印江兴办教育、发展经济和兴修道路的功绩。天庆寺联云："於昭予天，仗兹佛力无边，普度群民离苦海；欣然有庆，愿汝灵根不昧，大家一道上慈航。"明万历四十五年丁巳（1617）卒，享年 67 岁。

张　镕

张镕，四川合树府人，生于明嘉靖丁酉（1539），万历十五年丁亥（1587）科举人，万历二十四年丙申（1596）任思南府印江县知县。张镕才华出众，思维敏捷，任上在县衙附近祠中建立学宫，亲自讲学，为印江教育开办县学。万历四十五年丁巳（1617），都察院佥都御史萧重望在印江河缝高石梯土地庙题联肯定并称颂其治绩。联云："利斧劈荒臻（榛），日照月临，亿万姓颂张侯治绩；奇崖凿坦道，山长水远，百千里通禹贡车书。"高度赞扬了张镕治理印江县的业绩。

杨茂春

杨茂春（1601—1649），字志龙，木黄镇乌溪村人。祖父杨玫槐，父亲杨通增，为木黄土百户，本人为武秀才。明末南明王朝朱氏遗族纷纷建政称帝。杨茂春领土兵数百人投永历帝，被封为黔楚提督、右军都督令事，驰骋疆场，收回南明大片失地。明永历三年（1648）二月，杨茂春被封为骠骑将军；同年九月，在黔西遭蛮夷伏兵袭击，在乱箭中身亡；首级被夷兵割去请赏，余身为茂春部下抢回葬于木黄乌溪。《杨氏族谱》中载有永历帝下圣旨，赐封"骠骑将军"，共 405 字，以副相祭奠。

陈昌期

陈昌期，字五际，峨岭镇甲山村名士，倡修穿城灌田大堰的陈友儒（号东陵）之三子应东，乃昌期之父。明神宗帝万历十七年（1589），陈昌期一岁即丧父，自幼即受母严格训导，"家颇裕，顾不许昌期衣美食丰，惟督令力学"。他读书目过十行，聪敏过人，受同乡"都门西台四杰坊"（田秋、李渭、萧重望、敖宗庆）言行事迹的影响，十分刻苦用工，学乃大进。万历三十八年（1610），时年二十二岁的陈昌期中庚戌科举，获中试三十四名，被委以独山州学政，后又官兵部职方司主事。

万历四十一年癸丑（1613），刚从南京返回故里的陈昌期，就李皇太后在印江梵净山九皇殿去世，信手书题挽联一副前去悼念，以颂其德泽。文曰：

太后本天下母仪，听政垂帘，三十余年歌有道；

小臣亦国家吏治，望风奠驾，七十里外祝无疆。

崇祯六年（1633），42 足岁的陈昌期才参与会试，中癸酉科拔贡。由于崇祯帝赏识其精深的诗古文词底蕴及精道的易学知识，庚辰年（1640）赐予"御进士"和"天子门生"金匾，并以"特用进士"见委，颁旨以"国学侍读"重任前后达十一年之久。今仅存"御进士第"匾悬挂于故居。

清顺治四年丁亥（1647），渐值国衰世乱之际，陈昌期即辞官返回故里。其祖遗房产，任其弟伙挑选后，即去后山麻柳坝所剩田地旁之堡定居，过起长达二十多年的晚岁隐居生活。其间，他以经史、诗书和道学见长于乡傥。正如《贵州通志·人物志》所云："黄冠持钵归林下，潜心道藏，手录经雪窝定本及诸经注疏，订谬辩讹，盖以元修隐者也。"陈昌期晚年著述较多，诗词歌赋十数册，尤以经史注疏为多，训导乡学，但均未刊行，多以散失。仅存《麻柳开坛打醮"文昌宫"叠字诗》一首：

文昌宫殿鼓咚咚，殿鼓咚咚映日红。

咚映日红人已到，红人已到文昌宫。

以及在“打醮开坛时为三个孙子吟诵七绝诗”“本县地名缀景七律诗”三首等。楹联有：大圣墩“铁瓦寺联”“太和寺联”“祭风神联”二副等。麻柳“文庙建醮联”文曰：

建醮遇仲春，礼戏诵经仰圣，保一团和气；

驱瘟逢正月，酬天谢地祈神，护合家平安。

清康熙五年（1666）病逝于居所，享年76岁。

田景猷

田景猷，朗溪司人，中试十一名，明天启二年，中壬戌（1622）科文震孟榜进士。时值陕西安帮彦乱，景猷上书自请招抚，朝议允之，授以军部主事，令往之。景猷深入巢穴谕劝，安部不从，为其所执，帝赐仆寺少卿，列乡贤祠。二载后，巡抚王三善败彦师，遂遇害，从祀乡贤。

谢国梗

谢国梗，浙江太平贡生，明末举人。曾任石阡推官知府，晋升屯田副使，往来思南铜仁之交，爱梵净山居焉。值寇氛徙居印江，得黄庭羡门之学，与人游能数日不食，好奇山水。诗、文、小楷，皆可名家，印人多就学焉，年九十余卒（《乾隆通志》）。国梗，自号天台道人，明末以簿宦来铜，弃官后遂隐于是。康熙间，续修郡志，为国梗所纂（《铜仁府志》）。在印隐居期间，著有涉印诗文若干，广受印民赞赏。如他赏识大石圣墩所云：“翘首看凝素，寒光湿翠微；进泉流且冻，枯树瘦能肥；日落仍留照，僧归尚待晖；谁来题郢曲，天半笔花飞。”

王祚显

王祚显，字邑岐，峨岭镇甲山村人，清雍正庚戌（1730）进士，即用云南知县，署永平知县。乾隆五年（1740）夏大旱，祚显祷西山即雨，数日双龙乡士民请曰：“近城雨矣，如远乡何?”祚显即单骑诣螺丝峰步祷，止宿斋坛，一夜听风不息。次日，乡人至曰：“昨暮黑龙潭龙卦，夜果雨，今四乡沾足矣，皆以为精诚所格。”丁巳归，服阕补江川县。县当临安冲道，岁运京钱需马二百匹，又归报垦荒，率多压逼，祚显为力请得减免。又县秋运省，由晋宁水路一日可达，以粮道吏有求不得，改拨运建水陆程四日，祚显力持不可，卒如初。岁旱祷雨辄沛，六十六岁卒于滇。子式宁扶榇归。式宁字和民，明经不第，作《老女叹诗》曰：“年年添钱作衣裳，冉冉韶光两鬓霜。夙兴夜寐勤篝火，细针密缕绣鸳鸯。绣出鸳鸯不奇巧，还道阿侬设色好。虽然不比夜来工，洛阳儿女应亦少。街头箫鼓忽悠悠，闻是卢家嫁莫愁。回忆莫愁年几许，阿侬曾见学梳头。岁月辛勤浑不觉，称步镜前双泪落。面庞顿改色苍苍，料应此身终寂寞。闭门兀坐长太息，无端愁闷填胸臆。不怨父母心不平，但怨红颜多命薄。”式宁著有《树滋堂孝思录》《斐屿诗抄》。式宁子王榕，字楚材，修有《甲山志》，亦古闾史之流也。榕从弟梿，选龙泉训导、甫泉训导，甫任即归，年八十余尚健（《思南府续志》，清道光《印江县志》）。

李海观

李海观，字绿园，河南宝丰县人。庚午科举人，清乾隆三十七年戊寅（1772）任印江县知县。在任期间时逢印江大旱，李海观组织民众抗旱，沿河制作水车，到滴水岩求雨，发动灾民种旱熟粮菜赈饥，还以自己微薄俸银差人到河南老家引进十担优质油桐——四瓣桐在印江页岩地区广泛种植。以后又每年引进数十担种子广为种植。乾隆四十二年（1777）卸职，是知县中在印江任职较长的。其间利用政务之余，著有小说《歧路灯》上下卷、《绿园诗抄》等书。回宝丰养老期间作诗云：“梦中偶到印江地，抚我桐乡爱我民。”

张步虚

张步虚，字别山，号古香，江西铅山县人。清嘉庆十八年癸酉科（1813）进士，道光二年（1822）任印江县知县。张步虚为官清正严明，公正不阿。上任之初，恰遇有钱有势的张某犯有命案，思南知府因收受当事人的贿赂，审理此案时知府在堂暗示张步虚从轻处置。张步虚将当事人企图贿赂银两带到公堂充公，并大刑重杖处罚，当场杖毙。民众高呼“清官”，并声称“三十年清官有二张，前者有莲涛，后者有古香”（莲涛即印江知县张锡谷）。张步虚为了解民情，经常走村串寨，深入百姓中与贫民交朋友，每逢佳节为他们书写对联，为受欺压的人伸张正义，深得民众拥护和爱戴。道光七年（1827）卸任时，写有别民诗留给民众：“区区挟纩本非温，敢为清官民不冤；民协雨风终命贱，官呼父母总威尊。衣冠是我荣朱绂，簋簠何人给素飧；制锦栽花都未了，无由缩地到江村。”另一首寄友人的《登场诗》云：“莫道迂还莫道狂，聊从身退说登场；荒庄惯共煎茶火，贫女偏工作嫁裳。屡假冲途邀宪眷，频经苦缺贷民粮；而今一子堪兼仆，清白官人返故乡。”回家时途经青溪、黄平，写诗留作纪念，在《寄青溪诗》中写道：“忆惜初弹宓子琴，茫茫宦海肯浮沉；独翻数十年前案，不受锱铢暮夜金。身刷波涛完旧路，手栽桃李长新阴；一联珍重分悬久，枉荷休休赏识心。”《寄黄平诗》中写道：“铜符脱去着儒冠，回首星山记昔欢；判牍形劳脯未食，评文笔秃意犹馋。人家纵饮谁如我，道路高谈不类官；作吏微言今略省，寒生毛骨汗污颜。”从诗中表达他一生清白，为民做主，不畏权势，与民同乐的大无畏气概。

箫　瑄

箫瑄，字玉初，印南（即新寨乡）人，清嘉庆辛酉科（1801）举人。官新城知县。玉初有诗名，与敖兴南有“思南二俊”之誉（《黔诗纪略后编》）。瑄，官峡江县知县，慈惠爱民，民皆感化。又参与修思南、松桃、贵阳各志。（《访册》）

敖兴南

敖兴南，字蓼汀，印江德偶人，清嘉庆中岁贡。官贵筑训导。蓼汀诗丽芊绵，与萧玉初齐名，号“思南二俊”。其诗如“炊烟绕树白连屋，修竹压檐清一窗”；“杨柳晚烟人去后，梅花孤馆月明时”；“绕树螟烟生远岸，怀人清梦落孤村”；“微风汛竹常疑雨，旭日烘帘淡雨烟”；“野水学琴鸣古涧，断虹飞剑划山椒”等。有《蓼汀诗集》八卷。（《黔诗纪略后编》）

邓沼芗

邓沼芗（1818—1858），字玲筠，湖南宁乡县人。清道光甲辰科（1844）举人，清咸丰二年（1852）任印江县知县，当时黔东及黔东北地区有红号、白号、黄号三军义旗，起义队伍威震四隅。邓沼芗奉命率团练进剿，战死在德江分水垭。邓在印江为政清廉，死后百姓自发为邓在东门坝树立“堕泪碑”，在城内修有“邓公祠”，以示纪念。邓沼芗在印江留有作品《到印观风示》《印邑学官序》《登文昌阁诗》等。

廖世彦

廖世彦（1808—1862），罗场乡岭峰村三花山人，廖云鹏之父，清道光十三年癸巳科（1833）举人，任修职郎，隐居三花山著书立说多部。同治元年（1862）病故于三花山，葬于大银杏树下，与廖云鹏墓并列。1966 年“文化大革命”暴发，廖所遗存二十余部《世彦文集》，被当作封建余毒，在“破四旧”中烧毁。

柳宗芳

柳宗芳（1819—1876），字芷汀，峨岭镇人。清道光二十九年己酉科（1849）举人，与黔南硕儒莫友芝同榜。咸丰九年己未科（1859）进士。曾任四川灌县知县，为官清正，以军功加知府衔，补直隶州知州，后又以泸州百货厘务见委，光绪二年（1876）卒于泸州任上。

柳芷汀工诗古文辞，有《谷诒堂诗抄》刊行传世。《谷诒堂诗抄》收录其诗词 178 首。他的诗词儒雅高古，脍炙人口，令人折服。其内容多以咏祖国大好河山、风土人情、自然风光、历史事件感怀为主。其中一首《咏花》是这样写的：“为是东堂雨露偏，重香传粉自年年；同生色界原非偶，错嫁春风亦可怜；富贵场中儿女梦，温柔乡里奈何天；此情到处相牵惹，佳日逢卿一倍颠。”在《三台积雪》一诗里，把山乡雪景刻画得淋漓尽致：“层峦片片拥鹅翎，遮遍云中翡翠屏；晴絮乱堆高树白，春岗旁衬小山青；寒光半壁延明月，佳号三峰应列星；天畔晶莹图画里，寻梅踏去记曾经。”特别是他在《黔州怀古》一诗中，抒发末代夜郎王兴在思邛水被诛以后，他对思王县故地破败荒凉景象的怀念与惋惜。诗曰：“高登圣岭眺牂牁，思国雄封割据多；宣慰已归元贡赋，武陵遥隶汉山河。荒城蔓草思王县，怪石烟寒梦子坡；惆怅二田倾覆尽，构兵遗笑郭青螺。”柳宗芳还擅写古风长诗，一章《祁静卿恬熙秀才抬饮中和亭即席》七言诗竟长达 48 句。其诗感人肺腑，词情并茂，音韵和谐，才意可掬。

廖云鹏

廖云鹏（1834—1892），名袭仪，字凌霄，号花山主人。罗场乡岭峰村三花山人。廖氏高曾业农，代衍清德，皆青一矜也！云鹏少即习儒，由乡塾而书院，补弟子员。少有大志，倜傥不群，性旷达开朗，嗜吟韵。初从印邑名进士、诗人、知县柳芷汀公游于川，共树鹗荐，涉猎经典，触景即吟，口占立就，妙趣横生，令人捧腹。他在黔省及蜀滇公游时，著有格律诗一至四卷，共二百二十六首，集成《花山投戈集》。诗文中，涉及故乡古牂牁夜郎思王县地七言律诗数首，其中一首言曰：“风流儒将老名员，东道分符历有年；化雨遐敷酋长地，福星移照夜郎天。‘蛮烟障草’新图画，铜鼓芦声旧管弦；巡遍黔山无一物，诗囊重压小爰肩。”另有《和范慎修主簿原韵》《宁安如明府卸篆》《颁思禀文》《祭文》《奠诔文》《乡试祝文》等十余篇，今多已收入《邛江遗韵》。

道光三十年（1850），黔东相继出现红、白号军起义，一批州、府、道台官员和知县被捉杀，震撼和动摇了清王朝的封建统治。廖举业无门，便与乡邻武举吕嘉会率团队数百人，数次围攻梵净山太平军刘盛残部，虽小有胜负，仍收效甚微。光绪六年（1880），贵州巡抚岑毓英亲临梵净山阅边，廖趋前迎接，秉陈前数战经验，谋划攻梵方略，得其信任，被委以“前导官”职，登山侦察。岑毓英等至棉絮岭，环视山景，陡生诗兴，岑毓英吟韵曰：“拾级遥临万仞巅，挥戈到处起云烟，晨星几点点连点……”他一时诗意受梗，难接下句。廖随口即占曰：“残月一圈圈半圈。”岑大喜，接赋云：“曲直梯登程九万，纵横阵破界三千；班超已遂封侯愿，安用毛锥插戍边”。至此，岑毓英与其成为忘年诗友。返回后，岑委廖充任铜、松、印、青等五属团防首领，调集民团数千人进攻梵净山。刘盛数十勇被压缩至长滩河谷，五名副手当场罹难，刘盛等被追至九皇洞被乱刀所劈，余皆逃散，太平军最后一支部队被剿灭。岑毓英奏保廖云鹏，亲笔颁题“戎马书生”金匾，并令其在护国寺修建“营汛”，常年守护。

光绪八年（1882），廖再叩科门，秋闱后被授恩贡。旋廖随岑赴滇以补用知县恭职，并任新副左营练军管带，平定滇属镇雄苗乱后，被令领兵驻防威信，不过半年，于光绪十年（1884）病逝于毕节途中。

廖云鹤

廖云鹤（1837—1908），名袭模，字凌垣，号云鹤，罗场乡岭峰村三花山人。光绪元年（1875）禀生，后中拔贡，廖云鹏之弟。云鹤自幼聪颖，与其兄一起在故里凤凰阁“花山书院”就读，这个书院系印江县城举人柳元翘等筹措创办。云鹤善歌赋，与其兄廖云鹏同时拜柳元翘为师。15 岁后拜都阃府把总、五品顶戴、武举、乡人吕嘉会为师，兼学武术。18 岁任团练师爷、团首等职。

光绪二年（1876），云贵总督岑毓英到梵净山清剿最后一支太平军刘盛残部，岑毓英经知县凌彝铭推举，同时接见廖云锦、廖云鹏、廖云鹤弟兄三人，岑见兄弟三人诗才敏捷，智谋超人，视为山中奇才，力著大用，便被岑毓英录用为随军师爷，后升任为军需把总。在此期间，山中太平军刘盛余部得知几战失利皆为廖氏兄弟智谋所为，便派奸细暗地将廖云锦、廖云鹏、廖云鹤兄弟三人的房屋烧毁。光绪五年（1879），廖氏重修住宅。光绪六年正月又被刘盛派人烧毁，兄弟三人只得将家人转移，举家搬到德旺。十三世后裔廖永孝搬到思南松林坝温家坡一带投亲，其子廖永兴随团首吕嘉会供职。1880 年 6 月平息印江梵净山太平军后，便在老家三花山白果树旁重立一栋三柱二瓜小房，经营祖业田地和看守祖坟。光绪十六年（1890）廖云鹤告别军旅回到三花山养老，并嘱廖永兴到松林坝照顾一家老小，以备不测。

解放前夕，松林坝廖家因为打一场官司，三花山族下卖了三头大水牛作资助，最后打赢了官司，此后每年三花山都要派四五人到松林坝去祭拜。光绪三十四年（1908），廖云鹤在三花山去世，葬在老屋以下三十米处。廖云鹤著有诗二集，可惜留下的只有《花山八景》，与其兄廖云鹏《花山八景》共存，八景中有“三山鼎立”“两溪盘绕”“凤阁晨钟”“鱼泉晚钓”“花尖铺锦”“水落鸣琴”“马颈穿云”“牛背挂月”。2003 年 6 月，县志办考察组一行 6 人走访三花山 12 位老人，查阅《廖氏家谱》、廖氏碑记，得知廖永孝便是上将廖锡龙的曾祖父。廖锡龙的父亲在世时，每年都来三花山祭祖“挂清”。

苏必昌

苏必昌（1854—1908），印江县城人。苏必昌自幼喜文好武，刻苦用功。常出滑于印江城南之演尴场，挥刀舞剑，操拳击掌，飞腿布阵，步桩架势，寒暑不间，十八般武艺门门精到，成为印江吕家军战无不胜的主将和远近闻名的“黔南苏武”。光绪元年（1875），武秀苏必昌与文秀周汝为、杨秉光等同赴黔省筑城参加乙亥科乡试，周汝为登文科举人第一名解元，杨秉光获第一名亚元；苏必昌以其高超无匹的全能武艺荣登武举第一解元，一时轰动省垣，闻名遐迩，时年仅二十一岁。光绪十八年（1892）苏必昌与戴锡之等一批印江文武举子赴京参加会试，被旨授南粤镇南关镇统，驻守边防。任职期间，苏必昌严于兵事，安定边民，口碑载道，蜚声远播。光绪三十四年（1908）秋卒于任，旋归葬印江故里东门坡宓穴。

吕嘉会

吕嘉会，罗场乡王家寨人，清光绪六年（1880）庚辰科武举人，曾任团练把总、护国营署都阃府把总、授有五品顶戴。后世存有朝廷授予的朝珠 3 枚、朝片 2 枚（1975 年“农业学大寨”改土造田中，在吕嘉会的坟茔里出土）。1983 年曾送县民族陈列馆展出。1999 年，吕嘉会曾孙吕文昌索回朝珠 2 枚，朝片 1 枚，散失 2 枚，所剩 3 枚现仍存于吕文昌家中。在当地还遗存了许多歌颂吕嘉会维护治安业绩的唱本。

戴锡之

戴锡之（1864—1896），字寿臣，峨岭镇甲山村中寨口人。自幼聪慧过人，爱好甚广，著述较多，长于诗词歌赋、散文，尤长于楹联，无论物对、意对皆对答如流，随口即成，娴熟无比，民间称其“神童”。四岁即入依仁书院发蒙，八岁入县级学堂。十岁时，在高师吴秋庄门下，学完《经史》，进行《经论》深造。清光绪六年（1880）府试中秀才，光绪十四年（1888）中戊子科举人，光绪十八年（1892）入京会试，中壬辰科进士，旨封翰林院庶吉士，分在庶常馆深造。

进入庶常馆后，戴锡之身体虚弱不堪，染上肺痨，贻滞究学。勉强支持一年后退出庶常馆，分派直隶省即用知县，收拾行李正待赴任之时，偶感风寒，痨病大作，咳血不止，即咽气而故，时年32岁。由在京的严寅亮和廖葆珉、饶永升三同乡学友共同料理后事，严寅亮和饶永升扶灵柩返乡，廖葆珉处理在京后事。经清理，戴锡之生前有著述达二十三种之多，还自编了两本《邛江杂志》，但惜未能付梓成书，留下来的作品仅存《印江县志序》《兴阁桥碑序》、古风《书乡梭织声》《与春蛙同鸣》等。生前与吴秋庄先生之女吴真云结婚，婚后五年无生育，便收养一男孩作子。

戴锡之在一命终结之前遭遇极大的不幸，他在考中翰林院为庶吉士之前，家境十分贫困，痨病染身，常常为支付药钱而发愁。他衣衫单薄，在庶常馆深造时，病情加重。按规定每月要进行一次月考，每次试卷都交由他的同窗龚为文代交。没想到龚每次将戴的月考论文抄写后署上自己的名字，然后马马虎虎写几句署上戴锡之之名交上，使他成了下等生员。有一次，点名官亲自点名，不见戴锡之，将试卷交到学部尚书薛云阶那里后，薛云阶见状深觉诧异，戴锡之试卷怎么写得那样潦草，且内容浅漏不堪，薛云阶要亲见戴锡之。锡之闻悉，强忍病痛，在朋友那里借了一套礼服，穿着去见薛尚书。没想到，薛尚书将其视为下等生员，把试卷弃之废纸篓，戴便不明不白被取消庶吉士学衔，外放到直隶省任即用知县。锡之有苦难言，只怪自己交友不慎，在愤愤不平中写了二首七律诗，以表忧郁与愤慨之情。题名曰：《明妃寄汉宫人诗》二首：（一）君是碧桃种天上，我随飞絮云暮间；和亲也是君恩重，从此琵琶去不还。（二）学画颦眉本未工，承恩偏在画图中；悉心化作光明烛，夜夜长明照脸红。

清末诗人郭则沄极其欣赏戴锡之的诗才，并在《十朝诗乘》诗集中收录了戴锡之上述两首诗。为戴锡之诗加注云：“荆礼卿，京卿子，范太守子也，与赵寅臣同典黔试，得寿臣锡之，礼卿亟赏之。”戴锡之后遭不幸，虽已澄冤，惜为时已晚，锡之在忿极之余，未能上任知县，便郁结而故，时年32岁。

柳宗蘧

柳宗蘧（？—1907），字鹤樵，别号柳桥，柳宗芳弟。游泮后两应乡举未售，即不复就试，纳粟以同知旨分山东，后宦于蜀。一任新都，两任四望关，再任雷波厅，所在均著政绩。晚岁闭门谢客，以著述自娱，所著有《开拓西藏大事记》若干卷，《柳桥边诗三十首》。光绪三十三年（1907）殁于成都（《访册》）。

萧明嗣

萧明嗣（1838—1909），洋溪镇蒋家坝村格优寨人。清光绪丙子科（1876）武举，组建过南山保乡团，自任团首，有民团练兵三百余人。当时团练挑选较为认真，个个身强力壮，萧明嗣的民团在印江的十几个团练战斗力是最强的。在云贵总督岑毓英调集湘黔滇陇川五省地方兵围攻梵净山最后一支太平军余部时，南山民团在多次战斗中都充当急先锋，曾立三次军功。因此，他所率这支民团被镇远道收编，作协台练兵，听从道台易佩绅调动。光绪四年（1878）萧被升任把总，马槽河战役大胜后又升为守备。光绪六年（1880）六月，太平军首领刘盛被斩后，宣布梵净山最后一支太平军被剿灭，岑毓英率部去云南镇守，将本次围剿中立大功的廖云鹏和萧明嗣两人进行了妥善安排。廖云鹏被吸纳为军中幕僚，后又委任佐营练军管带，驻守毕节威信。萧明嗣被提为护国寺都司衙门都司，以其熟悉山情，留守梵净山，沿山设八汛，每汛派驻汛兵数名，都司享受四品待遇。护国营署还经常与松桃团练营汛取得联系，互通情报，共同防守，使梵净山保持近三十年的安宁。宣统元年（1909），殁于任上。

廖翠岩

廖翠岩（1851—1911），罗场乡岭峰村三花山人。清光绪八年（1882）壬午科举人，为廖云鹏族侄，曾任乐山知县、湖州知府，为官清廉，颇著政声。在湖州任知府时，当地百姓送他一架红磨子（石质为红色），意为红心磨照，久磨不变。村民说这架磨子所磨的食物，其味鲜美，一直被三花山廖氏作为传家宝，现存于裔孙廖恩雄家中，留传有手抄诗一部。

柳元翘

柳元翘（1858—1922），字筱汀，峨岭镇人，诗人柳宗芳之子。清光绪八年（1882）考中秀才，光绪十七年（1891）中辛卯科举人。光绪十九年（1893）癸巳六月，他任印江县依仁书院院长时，撰书有“邑侯赖老父台大人德政碑——并记”，后署“依仁书院众生童等竖启”，全文583字。1999年7月，县电信局在“印江县署”大门前街边挖接线坑时发掘，石碑今存于依仁书院旧址。光绪二十一年（1895），柳元翘进京参加会试不第，恰逢康有为等人联合在京参加会试的3000名举人联名上书请愿，史称“公车上书”。柳元翘与在京印江举人戴仁禄、严寅亮、廖葆珉都参与了“公车上书”，失败后，受禁试三年处罚。光绪二十八年（1902），柳元翘才获授安徽省芜湖县知县之职。任职中，他品性端庄，为官清正，广受称赞。光绪三十三年（1907），他弃政从教，先后在广东、广西、湖南、湖北游历讲学。柳元翘工于诗、古文辞，著有诗集《吴江春柳吟》传世。民国7年（1918）他与任可澄编写《贵州通志》时，担任采访，著有《续修贵州通志印江采访贰次编纂呈报》《贵州通志印江报解》第三期，民国11年（1922）在印江老家病故，享年64岁。其爱女柳宝珠系贵州省主席兼保安司令官席正铭之妻。

戴仁禄

戴仁禄（1873—1911.8），字芷青，峨岭镇甲山村中寨口人，自幼聪明好学，才思敏捷，积极参加社会活动，鸣不平之事，帮助穷人打官司，告赃官。在同寨远房堂兄戴锡之影响下，学习特别用功，在依仁书院读书时就多次获戴氏祠堂助学奖。后投入印江典史吴秋庄门下学经论道，清光绪十四年（1888），十五岁的戴仁禄便考中甲类秀才为廪生。同年，即进入县学经学班，专攻“经学”和“策论”，为考举人、进士打基础。光绪二十年（1894）甲午赴省乡试，中甲午科举人。

光绪二十一年（1895）赴京参加会试，在黔散馆预科学习，旁听庶常馆优等进士和翰林们讲习，时而也涉及时政。特别是同年正月，中国威海卫海战失败，北洋海军全军覆没。这一噩耗，对戴仁禄震撼极大。中日《马关条约》签订后，以康有为为首的变法维新派，发动在京的3000学子集体签名上书，戴仁禄也在签名行列。光绪二十三年（1897），因变法运动停止会试，更加引起在京学子不满。次年戴仁禄参加康有为组织的“保国会”，积极宣传“保国、保种、保教”的三保主张，宣传光绪帝在同年六月十一日颁布的《明定国是》诏。在光绪帝维新诏令下，戴仁禄为首批被朝廷录用的优秀人才，被任命为直隶通判。

戊戌维新变法失败后，戴仁禄被免职。因家中老父去世，回家尽孝，不再思官场和科场之事，仅在附近立一私塾教书育人。光绪二十七年（1901），戴仁禄东渡日本学法学。光绪三十一年（1905）

在日本加入孙中山同盟会，为川黔联络员。同年十一月，他被清政府礼部招录为录事。光绪三十三年（1907）提升为佥事，成为同盟会打入清政府内部的内线人物，秘密地发展同盟会员，为推翻清政府作了前期准备。宣统三年（1911）四月，戴仁禄离开礼部，参加国民革命军筹划武昌起义。八月十九日武昌起义成功。同月二十六日因感染伤寒病，逝世于战船上，时年仅38岁。

陈世瑞

陈世瑞，字麟生，峨岭镇巴山村人。少失恃，长即沉默寡言，弱冠入郡庠，清光绪戊子（1888）登贤书，甲午（1894）科进士，仕粤西，署思恩，除马平，未履任调永安州，有惠政，民间争颂。卒于任所，年五十。（《访册》）

张云龙

张云龙（1879—1924），号子青，木黄镇坪硐口村人。父张贵福，自幼业农，母杨氏贤淑持家。养育张子青兄弟七人，张子青排行第五。曾就地私塾读书习武，有较高文化素养和一身好武艺。

光绪二十三年（1897），十九岁的张子青，独自外出到松桃寨英一带，以帮人干农活为生。是年冬，在一家小店打杂工时，突然来了一伙青年，他们进进出出，一住就几天。其中一个精瘦个高的名叫陈开琼（后改名陈渠珍，号陈玉鍪，湖南凤凰人，建国后曾任湖南省政协副主席），问张子青："伙计！你愿不愿入伙，参加我们的兄弟会？"张子青欣然应允。行将离开寨英时，三十余名兄弟聚首一堂，剁鸡滴血，结盟发誓。

光绪二十二年，张子青赴筑参加乡试，中丁酉科武举中式第八名。光绪二十九年（1903），陈渠珍考入湖南武备学堂兵目班学习。一年后转入将弁班。张子青则前往酉阳、彭水、涪州等地谋生。不久，他在一张"告示"上看到，两广总督田凤丹委派驻川、黔清乡剿匪总司令柏文慰，在川边开办军事训练班。张子青便就读于此班，因格外勤奋努力，结业时各科成绩优秀，被分戍川东边防军石青阳军部任职，并经石青阳介绍加入同盟会。由于他为人忠厚朴实，善于带兵打仗，仅两年多即被委任为川、鄂、湘、黔清乡剿匪师长，后又被任命为川、鄂、湘、黔驻军第四路军司令官之职。

光绪三十四年（1908），英帝国主义垂涎西藏，乘达赖下属噶伦边觉寺赴俄受俄皇加冕之机，派数千英军进占西藏，达赖赴京求援。清政府派混成协统钟颖领川军援藏，张子青被任命为入藏川军后勤总监，负责军饷粮草集运发放，经过数十天行军到达前线。历经两年多征战，先后收复工布，进击波密，血战八浪登，鏖占石门，进军八阶十四村，激战中身受重伤。

清宣统三年（1911），辛亥革命消息传入援藏川军，以川军中哥老会头领刘辉武、子青等为首组织起义，率川军返回四川，回石青阳部招募新兵讨伐北洋军阀。民国6年（1917），石青阳派张子青随同陈渠珍回湘，促使湘西首领田应诏响应孙中山号召联合护法，张子青被编入新军第二路军任司令，与北洋军阀马继增、张敬尧、冯玉祥等部鏖战于湘、鄂、川边地区达三年之久。民国9年（1920），湘西巡防军建立，陈渠珍改任统领兼总指挥，张子青任乾城统带兼川、湘边防清乡督办，全军约15000人，司令部设保靖，活动于永顺、龙山、麻阳等十余县。民国10年（1921），酉阳、秀山一带以李保成为首的500余人土匪，昼伏夜出抢劫，严重影响讨袁行动。次年川边护法军司令石青阳奉孙中山命赴湘借兵援川剿匪。陈渠珍任命张子青为右翼司令，组成湘西边防旅，以顾家齐、贺龙、周朝武、曾宏分别为一至四支队长，全军共约5500人，开赴四川接受石青阳指挥剿匪。仅数月，李保成等200余名匪首匪众被消灭，使秀山等地呈现"昼不闭户，夜不关门"的清平景象，广受众人赞扬。在此期间，张子青身负重任，心系家乡父老，每逢春冬两季，都在四川秀山缝制棉被、长短衣服等，派士兵挑送回乡，接济贫困人家，就连邻县秀山、酉阳的穷人也不例外。

民国14年（1925）3月，张子青经陈渠珍批准，拨付一千块银元在上海购回机关枪八挺及数万发子弹等军用物资，被田义卿扣押并坚决不退还。陈渠珍遂撤掉田义卿的剿匪指挥兼龙山统领职务，调张子青回湘接替，田义卿极为不满，设鸿门宴将张子青杀害。由于田义卿多次作恶，又无端杀害十多名绅士而招致杀身之祸。同年 7 月 14 日，湖南省主席赵恒惕密令其田义卿所投奔的叶开鑫部，用“以其人之道，还治其人之身”的手法，在张子青遇害处的沅陵县城考棚内，将田义卿父子捉杀，使张子青冤魂得以昭雪。张子青遇害后，陈渠珍先后在保靖、沅陵、凤凰等地进行大规模祭奠活动，并题写挽诗曰：“蕤宾上浣落榴花，哀动湘西十万家；酉水无情空作浪，暮云萧瑟惨啼鸦。”并修灵房派兵长期守灵，陈渠珍还按每月一百元大洋资助其家用，供其子女入学。数年后其灵柩运回故乡山后的石门坎独秀峰安葬。

朱仲衡

朱仲衡（清道光年间至民国初年），罗场乡两河村宋家屋基人，清咸丰戊午（1858）举人，光绪八年（1882）至宣统三年（1911）任梵净山护国营署师爷、总兵。在护国营署任职期间，先后六次组织过“梵净山诗会”，将周边县府厅文人墨客会集写诗，一是歌颂梵净山的太平盛世，治山有术；二是鼓动游人香客速来游山；三是提高名山文化品位，做了许多有益梵净山保护和开发的事。去世于民国初年。1975 年当地在改土造田中，在朱仲衡的墓地中出土有朝片、朝珠和四品顶戴官帽，现在其后代中保存。还有一盒象牙象棋子，为土漆乌木盒子所装，以及一对玉圈等，分别由在两河宋家老屋居住的朱仲衡的三个孙子朱承德、朱德荣、朱承忠珍藏。

罗炳权

罗炳权（1900—1935），贵州安顺县人，1934 年，任印江县县长。当时盘踞在印江东南部的大匪首戴树清纠集数十人枪，以苛派、抢劫民财发展队伍，在梵净山建立据点多处。1935 年 4 月，县长罗炳权率县保警队和民团共二百余人进入梵净山清剿戴匪，队伍行至朗溪，驻扎在保国民学校内。戴树清获悉后，连夜对罗炳权队伍实施包围偷袭，戴因地形熟悉，对罗部实施强攻，罗部突围失败，全军覆没，罗被俘杀。清末举人饶永升写有挽联曰：“孔子曰成仁，孟子曰取义，中华民国以来谁能若比；文官不爱钱，武官不惜死，沼芗先生而后再见斯人。”后将罗炳权灵牌置于邓公祠（沼芗）之内。

周源稷

周源稷（1875—1936），板溪镇人，清光绪十六年（1890）中武秀才，光绪二十一年（1895）毕业于河北保定第一期讲武堂，在军机大臣李鸿章创办的军校深造，后又保荐到日本陆军军官学校学习。军阀混战时期，在吴佩孚旌下任高级军需，后因受吴佩孚排挤，自动辞职，在爱国将领吴玉祥部筹集军需和罗织人才有功，吴玉祥欲委以重任，周拒绝任职，退出军界，在北京大学艺术系任教，1936 年去世，时年 61 岁。

廖袭华

廖袭华（1859—1948），字葆珉，号西山，别号海镕，峨岭镇长坡村廖家边人。出生于一个农民家庭，自幼熟读“四书”“十三经”。青年时代，廖深受通经史的印江知县龚炳琳的赏识，便邀他随子龚藉田赴安徽老家教学。其间，龚见廖学识尚需提升，便请硕儒俞荫甫共同教学，并予以辅佐和指导。廖葆珉一边教学，一边深究经史，学乃大进，荣登癸巳科（1893）举人第二名亚元，时年 34 岁。光绪二十年（1894），廖葆珉在京朝考与康有为相识，彼此情投意合，次年便与同乡柳元翘，戴仁禄、严寅亮等参与康有为等发起的“公车上书”，名声远播。《河南日报》在刊登众硕儒名士评介文章时，

廖袭华磁像

称思南翰林程其棫，印江进士戴锡之和举人严寅亮、廖葆珉，德江举人黎樾青为“思南五子”，并刊登个人简历。光绪二十三年（1897）再次赴京朝考，始获旨任。其著述宏丰，有《古本大学集释》《讴葩针砭》《海镕子藏》《怒宿怨箴》《七十知非录》《尚书统古七辩》等十数册，已梓行于世者，仅《古本大学集释》《司马子长报任少卿书批注》《多寿奚多辱》等偶存。廖葆珉《司马子长报任少卿书批注》系于民国24年（1935）乙亥季春，由北京学者葱灏在北平校勘出版并跋，后附《廖葆珉先生创立读古文法》。《多寿奚多辱》五言律诗四十首及七律六章，为时任县府督学的李新基抄存。廖先生从学入仕，先后在华东、燕京等一些地方府县讲学数十年；并在闽、蜀、黔为官，任过福建省盐大使、驻川大臣赵尔丰部院电报局总办，后又随赵赴藏平叛，著有《进藏日记》；回川后受荐，被朝廷封为“清史馆名誉协修”；回黔后署理铜仁知县，旋升铜仁知府。他曾数度赴筑城和播州讲学。他对贵州著名诗人郑珍、莫友之的诗赋十分推崇，与遵义硕儒赵乃康等交谊甚深，成为忘年诗友，同被称为“贵州四硕儒”。

廖袭华从学入仕，先后于华东，燕京等地讲学数十年，并在闽、蜀、黔等地为官。民国中期，廖袭华返回故里后仍舌耕谋生。他教弟子，授以忠信德行厚重，善举尤多，常济民不赀，开仓、赁田相扶。甲子、乙丑年大旱，先生掘自家田水灌邻田，并将其屋边风水树砍卖赈济灾民；每逢年关，先生总要吩咐家人开仓挑粮，挨家分送，扶危济困，左邻右舍无不称道。1942年金成生任印江县长，曾“三顾茅庐”请廖葆珉去县政府主修《印江县志》两年，1944年金成生离任后返里。1948年10月，病逝于居所，享年89岁，葬于思南县凉水井镇关口村黎家寨。

徐龙骧

天堂镇花岩村董家山徐龙骧故居（2011年拍摄）

徐龙骧（1877—1913），原名徐天奎，天堂镇花岩村董家山人。据徐龙骧之子徐心广于民国21年（1932）7月抄录的徐氏家传《经单簿》记载“徐龙骧原名天奎，字龙骧，号伯飞，名白芬，石阡文生，任清朝民政部卫生司录事，转任南京国民政府内务部佥事，继任江宁府府长（注：原文如此，江宁府府长，疑是江宁府知府之误，待考）。原命光绪丁丑年七月二十二日申时，大限民国二年癸丑二次革命遇害”。有现存立于清宣统辛亥年孟春的徐龙骧祖母徐任氏墓碑，刻有“龙骧　石阡文庠　现任北京户部九品京官”等文字佐证。

清光绪三十年（1904）徐龙骧在省城乡试，列石阡府文庠。光绪三十二年（1906），贵州巡抚林肇年以军费选派徐龙骧等学生留学日本。清光绪三十三年（1907）春，徐龙骧在日本加入中国同盟会。宣统元年（1909），学成回国。宣统二年（1910），以同盟会秘书身份在前陆军总长黄克强之总参谋部任职，曾参加光复南京起义。民国元年（1912）1月，孙中山任命徐龙骧为南京国民政府内务部佥事。3月，袁世凯就任临时大总统，临时总统府迁入北京，徐龙骧改任稽勋局职务。8月，同盟会扩大会议后改组为中国国民党。9月29日，孙中山派黔籍国民党党员于德坤、胡德明、刘潜、杨向诚、刘少陵偕龙骧回贵阳组织国民党贵州支部、贵州稽勋局。10月初，徐龙骧等人由湘入黔，袁世凯密令军阀唐继尧截杀。当徐龙骧等人随护送队伍到达湘边铁线坪（今玉屏县田坪）时，遭唐继尧派员截杀。于、胡等当场毙命，徐、刘幸免于难。二人续行至羊坪之漫坡塘时，再遭追杀。续行至清溪沙子坳时，徐龙骧与舆夫易服逃遁，再免于难。回京后，徐龙骧与在京黔中革命人士商榷后，执笔拟写并发表《黔人乞救书》，列举唐继尧在贵州犯下的“戕害反正元勋、残杀正绅、蹂躏民权、诬杀学生、勒索民财、纵兵占奸妇女、残杀民命、破坏烟禁、摧残北阀黔军、诛戮异党黔人”十大罪行，要求袁世凯予以查办，袁世凯不予理睬。徐龙骧愤然辞去职务，回到南京。1913 年，徐龙骧参加了孙中山和黄克强领导的“二次革命”。同年 3 月，张勋率辫子军攻陷南京，徐龙骧被杀害于南京，时年 36 岁。

1926 年，国民政府清理开国死难功勋人员时，时任印江县长潘永衡具结呈报，国民政府向全国通令嘉勉。

柳琅声

柳琅声（1881—1955），名人俊，峨岭镇人。出身于书香世家，与其祖柳宗芳、父柳元翘均在诗坛颇有名气，地方誉称“诗坛柳氏三雄”。清光绪三十年（1904），柳琅声以廪生由两广总督张之洞保荐选送到日本早稻田大学深造，回国后历任贵州省湄潭县、四川省南川县县长、贵州驻渝代表处代表。1943—1950 年任印江县修志局总纂。任职期间，与其同事著有《印江县志・建置沿革志》二本、《印江县志・大事志》五本、《印江县志・人物志》二本、《印江县志・宦积志》一本，共计十本。1949 年 8 月，交由印江末任县长唐怀德转寄在筑垣省城的印江人杨亚先代为付印。殊不知未及两周，印江就解放，志稿无人及时追查，至今下落不明。1955 年 5 月柳琅声病逝于故居，享年 64 岁。

柳琅声

田士珍

田士珍（1885—1946），名应鋆。清末庠生，木黄镇燕子岩村人。小时在当地田湘普先生门下发蒙读书，后聘凯塘周汝湘先生教席。因周汝湘先生教书严厉，不但要求熟背，而且要讲解，并要学生们习作诗词歌赋，写楹联。不两年思南科考，田士珍等十多人入学文庠，考上了秀才。

1910 年，木黄办起了“民众小学”，田士珍就任木黄小学校长。1911 年辛亥革命后，木黄贼匪四起，社会秩序动荡不堪，为违护地方安定。田士珍出任团防局局长。1912 年 8 月，上峰委任他为木黄区区长，处置了行凶作恶的锅厂惯匪陆虎廷。1914 年，田士珍只身前往湖南凤凰县进入“靖国联军”创办的一所军官学校学习。1918 年，四川酉阳、秀山、黔江、彭水一带土匪为害，抢劫民财，百姓日夜不安，祸及毗邻湘西的黔州、锁里（吉首）、凤凰、麻阳等几个县，军官学校负责人任命田士珍为军罚官，带领人马前往川东平息匪患。通过两年多的清剿工作，川东匪患基本平息，因军功升任酉阳县知事，继续清剿残匪。1923 年，湘西各县土匪又猖狂作乱，到处抢劫行商。田士珍回湘西任湘西清剿指挥官，长期住麻阳平息匪患。他在麻阳理政十多年，不但湘西各县社会秩序良好，而且还带领当地群众在麻阳河两岸修筑起了一条三华里多长的防洪堤，防御水患，受益农民。为颂其功德，地方人士在麻阳城河边竖立碑记，并将其叫作“田公堤”。1937 年，田士珍又被提升为靖国联军第一军湘西巡防军统领部参谋陆军少将。1938 年解甲归田，回

田士珍

老家燕子岩与朗溪田瑞臣发启续修《田氏族谱》，任修谱总理。1946 年正月病逝。

周耿光

周耿光，生于清光绪十四年（1888）七月，板溪镇渠沟村人。自幼体壮健勇，赋性刚毅，不畏险夷。七岁启蒙读私塾，后就读于印江城北一区官立两级小学校。1911 年辛亥革命后，周耿光考入贵州陆军军官讲武堂学习，毕业后被介绍到北伐第四军张发奎部任上尉卫队官。入伍后，周耿光作战勇敢，屡立战功，很快被晋升为中校营长。因慑于部队派系纠葛，便转入黔军第一军王天培部，被晋升为六团上校团长，驻防湖南常德。两年后该军驻防黔东，团部随三营驻扎思南。1923 年 7 月该团三营发动兵变，周耿光偕参谋长张孟达等几名亲信脱离险境，往黔军驻安顺袁祖铭总司令部，被袁祖铭晋升为总部少将副官长。

1925 年，黔军奉命援川，进驻重庆，周耿光被委以重庆市警备司令之职。同年 11 月，黔军受编，袁祖铭部被编为国民革命军北伐军第九军任军长；王天培部被编为北伐第十军任军长，周耿光任十军副军长，奉命开赴山东与乭伐张宗昌部作战。不久张宗昌部逼近长江，蒋介石调黔军袁祖铭部回防武汉未果，便调王天培回防武汉，命其为前线总指挥。当王天培去南京向蒋介石报告军情时，蒋介石竟将其秘密处决，随即命令周耿光接替王天培十军军长职务，并兼任武汉卫戍司令之职。不久，袁祖铭在常德被蒋介石派特务杀害。周耿光深感事情不妙，勉强接受这项命令，暗地寻觅“金蝉脱壳之计”。首先，他派家乡板溪街上一名叫饶庆国的马弁秘密护送家眷及行囊回乡。然后他借巡察武汉城防之名，挂冠潜赴如皋，在房兄周汝晟（曾任虎门海关总督的周以湘之子）处隐居半年后辗转回乡，解甲归田。

徐玉林

抗日援救团团长徐玉林

徐玉林（1897—1960），女，原名玉莲，天堂镇榨房组人。徐玉莲五岁时，其父亲徐家驹就利用闲暇以《女儿经》《女四书》《百家姓》等书作教材教她读书识字，她以其聪颖天资，深获父亲喜爱。次年，随父亲到印江县城。其父白天教学，晚上辅导徐玉莲学习，八岁时就能凭手写字和对简单的对联。光绪三十二年（1906）随父母到北京，在父亲的辅导下学习《四书》《唐诗》《宋词》《古文观止》等。她领悟力强，求知欲旺，光绪三十四年（1908），女扮男装，进入北京一所小学堂读书，把“玉莲”改名为“玉林”，对外称“四少爷”。在学堂里她如饥似渴地学习新知识，汲取新养分，有时竟到了废寝忘食的地步。由于她勤奋好学，成绩很好，学校期中、期末考试，都名列前茅，得到学校、老师的嘉奖。宣统二年（1910），随父到江苏太仓，徐玉林继续女扮男装，进入太仓高初两等小学堂高小班学习。宣统三年（1911），以优异的成绩毕业。1914 年，随父母亲从江苏太仓回到原籍天堂哨，1917 年，其父病故后由祖父（前清秀才）辅导学习。

1918 年，徐玉林与甲山村张安吉（日本留学生张少白之子，曾任印江中心区即城关区区长）结婚，在甲山家中设馆教学，采用民国教育部审定课本，向学生教授自由、平等、民主、博爱等新思想。在教学之余，走访村寨，与农妇们谈国事，拉家常。她以女革命家秋瑾、抗金英雄梁红玉的故事，宣传男女平等。

1928 年，徐玉林利用徐、张两家在地方上的声望和自已曾受过新型教育的条件，亲自出面说服地方绅耆、县教育局长、县长支持她创办女子小学，慷慨激昂地陈述开办女子小学的重大意义，以及办女子小学的宗旨、计划和措施。通过她的不懈努力，终于得得教育局、县政府的大力支持。1929年春，“印江县懿德女子小学校”在邓公祠内（今察院坝后）创立，徐玉林任校长，并聘请胡开梅、蔡惠卿等五名教师。当年，即招高小一班25人，初小二班47人，全系女性。徐玉林除主持学校行政事务工作，还兼任音乐、体操、自然等课，学校班风正、校风好，办得生气勃勃，博得社会人士交口称赞。徐玉林除积极办好小学外，还经常深入到妇女群众中，做教育、启发、鼓动工作，组织妇女们参加社会活动。

1931年，其丈夫张安吉病逝，立志终身不嫁。1937年，爆发“七七”卢沟桥事变，徐玉林为抗日救国，毅然辞去懿德女子小学校长职务，投笔从戎，参加贵州省48名妇女组成的“抗日战地服务团”，奔赴抗日前线，转战湘鄂、出生入死、饱受艰辛。1944年，因其病后体衰解甲回乡。

1945年初冬，经过徐玉林的努力，县政府同意，正式成立印江县妇女委员会，徐任理事长。妇女会在她的主持下，发动女童入学、宣传妇幼卫生保健、反对对妇女的封建压迫、保护妇女基本权利等做了不少工作。后由于积劳成疾，1948年年底，到思南亲友处养病，在此期间在城关小学教学。1953年，回到甲山后再未登台教学，1960年11月病故，享年63岁。

附：徐家驹（？—1921）字伯龙，天堂镇天堂村榨房组人。光绪二十九年（1903）癸卯科举人。光绪三十年（1904），任印江县官立高等小学堂（即依仁书院）董事（校长）。光绪三十二年（1906），辞其校董职务，携眷赴京。宣统二年（1910），被派到江苏太仓州任审判厅长官。民国3年（1914），携眷从江苏太仓回到原籍天堂哨，创办天堂哨高初两等小学校。民国6年（1917），被任命为贵州黎平县公署知县，携佣人张三同往，民国10年（1921）徐家驹和张三均染痢疾病死任上，灵柩运回安葬。

廖稚岩

廖稚岩（1906—?），罗场乡岭峰村三花山人，字兴序，为著名诗人廖云鹏长孙，自幼在三花山凤凰阁书院读书。其父廖凤岩系中华民国初期镇远道道尹、军需处长，四川省綦江县知事、县长。稚岩从十二岁起随父寄读，1922年考入广州理工学校，1925年毕业后随父当兵。1926年5月毕业于黄埔南京分校，分配在贵州省保安处任职员，1931年升任视察员。1932年贵州省保安司令部成立，任副处长。1933—1937年先后任省溪、玉屏、榕江、松桃县县长。1938年提任贵州省保安司令部司令。1939年任国民党四十一军二师师长，1940年任少将副军长。

1942年任贵州省第四督察区专员兼保安司令。在镇守毕节时，稚岩得知祖父廖云鹏曾在清光绪年间为云贵总督岑毓英属下，驻防毕节，于是遍访当地名士和清末仕途遗老，访得一当地文人，曾与祖父廖云鹏过往甚密的清末贡生周培艺。遂将周培艺请入署中，任顾问职，让其搜集整理祖父廖云鹏诗文近四百篇（首），编成五卷，楷抄三十部，还请周培艺为《廖云鹏诗集》作序，将诗稿送其父廖凤岩校阅，增删二十余首后附载入《廖氏族谱》。

李光前

李光前（？—1957），峨岭镇甲山村中寨口人，黄埔第六期学员，早期毕业于日本陆军训士学馆，先后在国民党军内任营长、团长、旅长、副师长、师长。1948年任副军长，少将军衔。1949年撤退至台湾省，驻守金门岛。1953年晋升中将军衔。1957年在大金门遇炮击身亡，在台湾北回归线立有其碑记。

杨志渠

杨志渠（？—1982），新寨乡凯望村人，1925年陆军军官学校结业，1924年毕业于日本士官学校，本科肄业，因为成绩优秀，由校长港村林次郎保荐到日本振务堂学习，接受高级培训，回国后任浙江保安三团团长。1937 年，任沪浙保安司令，获中将军衔。抗日战争结束后，为审判日本战犯写有三十万字的检举指证材料。1949 年，称病在日本就医未归。1952 年，周恩来将其接回国，为稳定上海做了很多工作，后任上海饭店经理，上海商会副会长，1982 年病逝。

潘纯瑶

潘纯瑶

潘纯瑶（1909—1989），女，小名素涛，号泣娥女史。世居印江县城中心大堰桥畔。她容止庄重，天资聪敏，能诗，尤擅绘画。她曾祖父潘鹄臣，晚清与王道行、周以湘、严寅亮等书法家齐名。祖父潘少臣，叔祖潘梦莲，皆士林中人。其父潘阳生以装裱书画为业，通晓书画中许多掌故。她在这一艺术气氛浓厚的家庭中，受到长期熏陶，加上自己勤奋自学，虚心好问，虽未正式就学，而诗文和绘画的成就，非当时印江一般文人所可及。她写的《圣墩积雪》一诗云："积雪墩山岭，晶晶耀碧空。彤云惭色减，磐石喜衣戎。宿鸟栖何处？樵夫绝履踪。冰心依一片，自在玉壶中。"自题所画《蝶戏图》云："愧我无才能继祖，别开生面画飞蛾。"又《戏题女友缝鞋》及《悼女友》诗各一首："鞋儿缝得样儿乖，疑是双凫海上来。为爱巧霞针线巧，观音赤脚也穿鞋。""撒手空流泪满腮，巧霞闺友赴泉台。此情莫属湘江水，怒逐中流去不回。"由此一斑，可见其文学素养。

潘纯瑶艺术成就，以画为最高，除花卉外，蝴蝶居多。在她妙笔之下，花草丛中的蝴蝶群，有的弓腰敛翅，势欲纵跳；有的盘旋空际，稳健从容；有的随风飘逸，横斜翩跹。或相戏于花间，或互逐于草上，尝蕊汁，憩阴凉，千姿百态，不可缕述。至于它们的霓裳羽衣，更是式样繁多，绚丽多彩。欣赏之时，使人获得很高的艺术享受。其画法多为工笔。平时观察入微，画时描摹尽致，调色多种，变化无穷。所用颜料，除朱红、藤黄、花青三基本色外，还有白色（用铅粉），黑色（将猪油用灯草点燃积烟而成）。纸选用上品玉版夹宣。用"刚柔相济""紫毫须眉"等名牌画笔，她虽然有此成就，从不自炫。如有对其赞许，则自谓以针黹之余，妄研书史，徒费丹青，实无足道，其谦逊若此。

1932 年，潘纯瑶家遭火灾，房屋器用尽毁，迁居玉华街，从此家境不裕，生活清苦。她亦帮父装裱，为人绣花缝鞋，腌制各种盐菜出售。因她会画，四乡有些姑娘要办妆奁，请她画帐檐、床帷、窗幔、门窗等，应接不暇。

1933 年，潘纯瑶时年二十四岁，在少小时即由父母之命，媒妁之言，许配于甲山陈某。她对陈之求婚严加拒绝，认为家计艰难，又无定居之所，父母年老，决心以恢复家业为己任，不准人再提她的个人问题。后来果如所说，终身不嫁，家致小康，这与她的巧手多能、日夜操劳、克勤克俭分不开的。然而她的一生，心灵深处的创伤怎可愈合？她在后期的绘画作品中，时或署有"泣娥女史作于蔽风窗下"等题字，即可想见。

1942 年，由于潘纯瑶有相当文化，且长于绘画，经过几番思考，终于剪了辫子，走上讲台，在徐玉林创办的女子小学任美术教师，两年后辞职回家，重振旧业，手工生产皮蛋、霉豆腐等食品批发，增加收入，解决一家温饱，偶有闲暇，即铺纸作画，兴尽乃止，艺术造诣日臻完美。

1981 年，印江县文化馆举行书画展览，潘纯瑶的《蝴蝶图》赢得观众好评，认为她的作品，不但在印江妇女界中一枝独秀，而且在人称"书法之乡"的印江，直可与有成就的书法作品媲美。由于她出身于封建礼教氛围浓厚的"书香门第"，又一直幽居家中，作品很少流于世上。

1950 年，印江解放时她已 40 岁，被安排在蔬菜豆腐社任出纳，并研制各种盐菜，直至退休，安度晚年。1989 年 7 月去世，其堂弟潘纯和撰文并刻碑文："尊姐纯瑶，一生贞洁。为人忠善，秉性刚烈。上仰曾祖，芳徽古迹。喜爱书画，尤工蝴蝶。霞光永丽，流芳千叶”。

任 骧

任骧，板溪镇人，1934年为中央军嫡系部队。参与过国民党军对江西红军苏区第三次、第四次围剿，后被提为中将师长、副军长之职。因提出抗日战略构想，流露对蒋不满而被调离，曾任汤恩伯部战区司令部后勤部长。

侯仕选

侯仕选（1910—1963），中共党员，板溪镇坪底村大面坡人。1934年6月，参加中国工农红军。红军撤离黔东苏区后，随军转战湘黔边地区，并参加二万五千里长征。1934年加入中国共产党。历任战士、班长、排长、连指导员、营长等职。爬雪山、过草地，历尽千辛万苦，到达陕北延安。1937—1945年抗日战争时期，当过侦察员，参加过著名的平型关大捷。1946年解放战争初期，参加过解放石家庄的战役，在战斗中英勇顽强，冲锋陷阵。1949年中华人民共和国成立后，在河北省军区工作。1957年从河北省军区退休后，回到贵州省贵阳市花溪红军休养所休养。1963年在中国人民解放军第44医院因病医治无效逝世，享年53岁。

包庭广

包庭广（1910—1984），沙子坡镇凉水井包家寨人，中共党员。1932年11月，与乡民一起参加神兵。1934年，贺龙率红三军建立黔东特区革命根据地，包庭广参加红军，编入由神兵改编的中国工农红军黔东独立团，曾任黔东独立团班长、红二方面军十团四连排长。参加了二万五千里长征，爬雪山，过草地，历尽千辛万苦，为中国革命事业做出了贡献。

1937—1945年抗日战争时期，包庭广历任八路军一二〇师司令部骑兵连指导员，晋绥军区骑兵支队大队长等职。1946—1949年解放战争时期，曾任中国人民解放军绥蒙军区三旅九团三营营长，山西晋南十分区乡宁县大队长，山西十分区独立团团长；随军南下时，任三梯队大队长等职。在长期的革命战争中，包庭广出生入死，英勇作战，曾身负重伤，屡建战功，受到上级的多次表扬和嘉奖，荣获战斗模范称号。1940年在山西丰镇土城战斗中，俘获敌军中将司令和少将师长等人；1948年在山西乡宁县枕头山战斗中，俘获敌军界训团团长，荣获工作模范。

解放后，曾任成都凤凰山机场军事代表、川西盐务局盐务大队大队长，洪雅盐务分局、新津盐务分局、乐山专区盐务局局长等。1953年被评为乐山专区财经干部二等劳动模范。1957年调任洪雅县县长、县委书记、乐山地区粮油烟酒公司经理等职。1983年8月，经四川省委批准享受地级干部待遇。1984年12月，因病医治无效逝世，享年74岁。

祝赐尧

祝赐尧（1912—1950），又名祝次尧，缠溪镇缠溪村人。其父祝华国是清光绪十九年（1893）贡生，曾任缠溪学监、学董、缠溪自治局局长。民国6年（1917）5月，祝华国因犯了打死铜仁路过缠溪进行抢劫的九名保安队员大案而举家迁到热河，将祝赐尧交给大女婿刘金山抚养。刘金山为保住祝家后代，将年仅四岁的祝赐尧送到一所外国人开办的小学和中学读书。祝赐尧深知自己的逆境，刻苦读书，每项成绩都名列前茅，且英语成绩特好。1931年祝赐尧高中毕业，考上河海工程学校（次年改为河海大学）。1935年大学毕业后，正值全国在两千余名理工科大学生中选派10名优秀生全额公费出国深造，选拔结果，祝赐尧英语成绩名列第一，总分成绩第二，被美国麻省理工大学，学习土木工程专业。出国前由姐姐陪同回老家祭祖后，怀着一颗报效祖国的心情告别故乡，远渡重洋读书。

祝赐尧留美期间，获得若干奖章，年年都是优秀生，享受高额奖学金，向故乡寄回若干获奖证件。祝赐尧虽属公费留学生，但资费常不够开支，他便在学习之余为建筑商制图换取收入，维持开支，而成绩一直保持班上第一、第二名，提前半年获得硕士学位。1941 年，正值祝赐尧攻读博士学位的第一年，国内抗日战争处于激烈阶段，国民政府以缺乏科技人才为由，将 16 名公费留学生全部召回国，分配在中国海关办事局工作。

不久，祝赐尧被调到甘肃建设厅任技正，他主动要求承担测设一条二百多公里长的引流大水渠，被任命为总工程师。他严把质量和技术关，对工程一丝不苟，克己奉公。施工中，挖出了三国时期司马懿大将军的铜质印信和各种精良兵器，全部交了公。工程提前一年竣工，解决了整个兰州城的用水困难，受到甘肃省政府嘉奖。当时，贵州省政府得知祝赐尧是贵州印江人时，便以建设家乡为由，将祝赐尧从甘肃请回贵州，任贵州建设厅技术顾问，并与省民政厅供职的樊永静组成家庭。半年后，祝赐尧从顾问升为总工程师，主管全省水利工程建设，后因长期劳苦在外，有人以鸦片诱之，他久食成瘾，身体渐衰，直至丧失工作能力。1941 年，金成生任印江县长，得知印江中学师资缺乏，便托人去省城请回在省城任职的严仔肩、祝赐尧及向崇痕夫妇等，回到老家印江中学任教。他自幼在洋学堂里读书，汉语能力较差，在中学无法授课，只好回到家乡缠溪，靠家中几亩薄地度日。由于治家能力差，难以维继，于 1950 年年初去世。他妻子带着儿女回贵阳，无人照料。十一届三中全会后，一些与祝赐尧同时代的水利专家和金成生等都撰文惋惜祝赐尧的英年早逝，称赞他是中国近代不可多得的水利专家。

池恩贵

池恩贵（1914—1984），天堂镇印朝村人，中共党员。1934 年 5 月，贺龙领导的红三军退出洪湖根据地，转战湘黔，到黔东印江等毗邻地区，建立革命根据地。时年 20 岁的池恩贵在家乡加入红军，随军转战湘川黔，参加了二万五千里长征，爬雪山过草地，历尽千辛万苦到达陕北延安。1941 年响应党中央、毛主席提出的“精兵简政”号召，由部队转入山西省岗县工作。1978 年回到天堂镇印朝村老家居住。1984 年在老家去世，享年 70 岁。

池恩贵

文周昌

文周昌（1915—1982），天堂镇洪溪村人，中共党员。1934 年 5 月，贺龙、关向应等领导的红三军进入黔东，建立黔东革命根据地，文周昌等热血青年积极报名参加中国工农红军长征，爬雪山、过草地，参加过无数次战斗，历尽千辛万苦，走完长征路。在部队期间，历任战士、班长、排长、连长；1937—1945 年的抗日战争时期，曾任山西汾阳大队大队长；1946—1949 年解放战争时期，在解放山西太原时英勇冲锋，不幸右大腿负伤高位截肢。1953 年 3 月，文周昌偕同妻子刘左怀（山西大同人，曾任妇救会主任、部队医院护士），从山西省回到天堂镇洪溪村居住。回乡后，身残志坚的文周昌仍保持老红军艰苦朴素的本色，自己种

文周昌

菜，过着十分清贫的生活。老两口相濡以沫、互相关心、互相慰勉，从不向政府提额外要求。1982年5月12日在洪溪村去世，享年67岁，次年其老伴去世。

李云清

李云清（1918—1989），沙子坡镇竹元村官塘人，中共党员。1934年5月，李云清十五岁参加贺龙领导的红三军黔东独立师，担任勤务战士等职。1935年4月，在贵州盘县的战斗中光荣负伤，后随大部队参加二万五千里长征到达陕北。1937—1945年抗日战争时期，他先后在八路军一二〇师教导团、师后勤部警卫连任勤务员、学员、排长等职。1941年2月参加陕甘宁边区抗大七分校学习，成绩突出，获“学习模范”称号。

1943年，在南泥湾大生产运动中，多次受到上级的嘉奖，并荣获“劳动英雄”奖章。解放战争中，他在牡丹江市、东宁县老里山、牡丹江军区独立团等部队工作。历任副连长、参谋、副营长、区长等职。参加了辽沈战役。

全国解放后，他随部队南下，先后在江西“八一”革命大学、武汉市委直属工厂委员会、中南工农速成中学、中南纤维检验局学习和工作。历任副科长、学员、科长等职。1954年6月，怀着对家乡的深厚情谊，调回贵州工作，曾任贵州省医药公司经理、省化工局供销处处长等职。1960年调贵州省物资局，历任局轻工处处长、三类物资处处长、纪检组组长，局办公室主任、副局长等职。直至1981年离休。1989年7月病逝于贵阳。

朱沙一

朱沙一

朱沙一（1920—1973），原名任绪本，曾用名有左耕、朱沙骆，中共党员。板溪镇毛寨村人。7岁读私塾，6年后转印江县城中心国民小学，受地下共产党员严竟成的教育和影响，思想趋向进步。1935年，高小毕业后考入贵阳中学。在贵阳读书期间，结识了共产党员和进步人士商学礼、方为策、熊大瀛、萧次瞻等。在他们的引导和帮助下，阅读了《共产党宣言》《中国向何处去》《国家与革命》等进步书刊杂志，受到进步思想的影响。1937年，日本侵略中国的“七七”卢沟桥事变爆发后，参加了“沙驼业余话剧社”“中国学联”“民族解放先锋队”“中国语文改革”“筑光音乐会”等秘密进步组织，以实际行动投入抗日救亡运动。他主动找共产党员方为策、褚兆龙、王照众，谈自己对中国共产党的认识和理想，向党组织递交了入党申请，要求去延安参加革命。是年暑假期间，他秘密回印江筹集去延安的路费。当时“民先队”的活动暴露，被国民党当局定性为“非法组织”，并在《贵州晨报》上刊登“民先队”150名队员的名单，在全国范围内发出通缉令，因此被学校开除学籍。他父母得知其被通缉后很担心，他把自己的思想打算告知父母后，获得了理解，便离家出走。他经近邻秀山潜奔武汉，找到原认识的地下共产党员严钝（即严竟成）。经严钝介绍到武汉新四军办事处转赴西安八路军办事处。1938年10月，进入延安抗大学习。同年11月，由谭天哲、陈旭介绍加入中国共产党。1940年1月，任绪本由抗大毕业后被派往冀鲁豫抗日根据地工作。曾先后任鲁西七支队特务连指导员，团政治处保卫干事，五县大队和湖西干校特派员，湖西武工队政治委员，军分区后勤部特派员，政治部保卫干事、副科长、科长等职。

1947年8月，任绪本进入冀鲁豫党校学习，任班党支部副书记，毕业后调任中国人民解放军5兵团135团政治处主任。他参加了解放战争的五次大战役，工作积极，作战英勇。在鲁西的一次战役中，他所属的部队遭到敌人袭击，整个部队大部已被击溃，团政委把短枪交给朱沙一后离开战场，在形势十分危急的情况下，他与团长紧急磋商后，立即组织部队进行坚决反击，几经苦战，终于打垮敌人，夺回阵地，扭转了局面，受到军区表彰。1949 年 8 月，他调中国人民解放军军政大学五分校任大队政治委员。

1950 年，任绪本随大军进入贵州，剿灭印江梵净山股匪后留任中共江口县委书记。1951 年 10 月，他调铜仁地委宣传部任副部长，1952 年升任部长、地委委员。1954 年 2 月调贵州农学院任副院长。1957 年反右斗争中，被诬为反党分子，受到撤销党内职务的错误处分。1959 年反右倾整风运动中，他又重点受批判，被错误结论为“严重的资产阶级个人主义反党分子”。1960 年 9 月，他奉调任贵州工学院教务处第二副处长职务。“文化大革命”中，又屡遭迫害，于 1973 年 6 月含冤去世。1980 年 12 月，中共贵州省委纪律检查委员会决定撤销对朱沙一的所有错误处分，给予彻底平反昭雪，恢复名誉。

三、 印江失散红军、 抗战阵亡名录

（一）印江失散红军名录（出自印江自治县人民武装部）

印江县失散红军名录

表 1

序号	姓名	住址	出生年月	入伍时间	失散时间
1	马庆祥	中坝乡罗兴村	1909	1934. 8	1934. 11
2	杨胜福	中坝乡官家寨村	1911. 3	1934. 6	1935. 5
3	冉玉龙	中坝乡罗星村	1908	1934. 8	1934. 11
4	马文英（女）	中坝乡杨家坪村	不详	不详	不详
5	何德江	沙子坡镇塘口村	1903. 6	1934. 6	1934. 9
6	张桂花（女）	板溪镇沙坡村	1916. 9	1934. 5	1934. 10
7	谢本源	板溪镇石塘村	1904. 8	1934. 5	1934. 7
8	任安贞	板溪镇高坪村	1902	1934. 5	1934. 10
9	侯守顺	板溪镇坪底村	1924. 2	1934. 6	1934. 8
10	任明宣	板溪镇石塘村	1922	1934. 5	1934. 7
11	冉龙茂	杉树乡杨家村	1914. 1	1934. 7	1934. 11
12	王臣孝	杉树乡黄土村	1919. 11	1934. 5	1934. 11
13	张羽坤	杉树乡大寨村	1920	1934. 5	1935. 11
14	李禄贵	杉树乡大寨村	1917	1934. 5	1935. 11
15	王忠相	杉树乡黄土村	1915. 7	1934. 5	1934. 10
16	冉启堂	杉树乡黄土村	1916. 11	1934. 5	1934. 10
17	冉启顺	杉树乡新宅村	1916. 9	1934. 10	1936. 1
18	李禄顺	杉树乡大寨村	1916	1934. 6	1936. 1
19	李禄长	杉树乡大寨村	1917	1934. 6	1934. 12
20	冉再隆	杉树乡黄土村	1913. 3	1934. 7	1935. 1
21	冉启余	杉树乡新宅村	1916. 6	1934. 5	1934. 9

续表1

序号	姓名	住址	出生年月	入伍时间	失散时间
22	冉龙信	杉树乡新宅村	1920.2	1934.6	1934.11
23	李永安	杉树乡大坪村	1906.8	1934.5	1935.10
24	冉伯隆	杉树乡冉家村	1918.2	1934.5	1935.10
25	张绍清	杉树乡大罗村	1910.5	1934.6	1934.12
26	严茂昌	杉树乡大坪村	1903.11	1934.6	1935.3
27	冉隆银	杉树乡冉家村	1920.2	1934.6	1934.8
28	冉茂新	杉树乡黄土村	1913.2	1934.7	1934.10
29	张立常	杉树乡新宅村	1916	1934.6	1934.10
30	张云洪	杉树乡大寨村	1911.11	1934.6	1934.8
31	冉启明	杉树乡冉家村	1914.2	1934.6	1934.10
32	张兰香（女）	杉树乡大寨村	1903.6	1934.6	1934.10
33	孙国廷	杉树乡黄土村	1914.4	1934.6	1934.7
34	王忠英	杉树乡黄土村	1913.1	1934.6	1934.10
35	张钟树	杉树乡大寨村	1910.5	1934.6	1934.9
36	张兴太	杉树乡大坪村	1911.9	1934.6	1934.6
37	冉隆亮	杉树乡冉家村	1917.8	1934.6	1934.6
38	冉启贞	杉树乡黄土村	1918.4	1934.5	1934.10
39	张忠源	杉树乡大寨村	1917	1934.5	1934.11
40	梁言明	沙子坡镇池坝村	1917	1934.5	1934.10
41	王学富	沙子坡镇红木村	1907	1934.5	1937.8
42	唐万荣	沙子坡镇桂花村	1916.12	1934.5	1934.10
43	胡兴汉	沙子坡镇竹元村	1918.9	1934.6	1934.10
44	胡景信	沙子坡镇凉水村	1909.11	1934.5	1934.10
45	任贞元	沙子坡镇凉水村	1900.5	1934.6	1936.7
46	胡天佑	沙子坡镇炉塘村	1908.11	1934.5	1934.11
47	任永江	沙子坡镇凉水村	1921.1	1934.5	1936.7
48	陈世才	沙子坡镇炉塘村	1916.8	1934.6	1934.11
49	陈世能	沙子坡镇炉塘村	1918.9	1934.6	1934.11
50	王顺财	沙子坡镇竹元村	1917.12	1934.6	1934.10
51	胡兴杨	沙子坡镇石坪村	1920.2	1934.6	1935.3
52	陈汝藻	沙子坡镇凉水村	1914.5	1934.6	1937.10
53	铁世万	沙子坡镇红木村	1917.7	1934.5	1934.10
54	杨再恩	沙子坡镇四坳村	1910.12	1934.6	1934.10
55	何代宣	沙子坡镇四坳村	1914.2	1934.6	1934.10
56	吴国志	沙子坡镇石坪村	1912.2	1934.6	1934.7
57	黄延明	沙子坡镇十字村	1907.3	1934.6	1934.10
58	任贞操	沙子坡镇青球村	1908.8	1934.6	1934.9
59	任达荣	沙子坡镇青球村	1920.7	1934.6	1934.8
60	何能相	沙子坡镇红木村	1904.6	1934.6	1934.8
61	孟绍金	沙子坡镇池坝村	1902	1934.6	1934.9
62	任贞奎	沙子坡镇青球村	1908.7	1934.6	1934.12

续表1

序号	姓名	住址	出生年月	入伍时间	失散时间
63	万太珍	沙子坡镇池坝村	1916.5	1934.6	1934.9
64	孟绍清	沙子坡镇池坝村	1921.5	1934.6	1934.10
65	何能信	沙子坡镇红木村	1914.1	1934.6	1934.9
66	任达荣	沙子坡镇青球村	1916.3	1934.6	1934.8
67	王延安	沙子坡镇塘口村	1915.2	1934.6	1934.10
68	任贞勋	沙子坡镇青球村	1917.8	1934.6	1934.9
69	任永良	沙子坡镇青球村	1917.1	1934.6	1934.8
70	何能进	沙子坡镇红木村	1912.4	1934.6	1934.10
71	杨再福	沙子坡镇桂花村	1907.2	1934.6	1934.10
72	龚守财	沙子坡镇炉塘村	1919	1934.6	1934.12
73	蒋正朝	沙子坡镇炉塘村	1908	1934.7	1934.9
74	杨颐昌	沙子坡镇四坳村	1917.12	1934.5	1934.8
75	王贵权	沙子坡镇韩家村	1911	1934.6	1936.1
76	杨成举	沙子坡镇四坳村	1916.10	1934.6	1935.10
77	黄朝廷	沙子坡镇十字村	1909.10	1934.5	1934.9
78	李天和	沙子坡镇石坪村	1917.5	1934.6	1934.11
79	吴禄安	沙子坡镇邱家村	1918.9	1934.6	1934.11
80	何丹柱	沙子坡镇石坪村	1916.6	1934.6	1934.7
81	王昭均	沙子坡镇四坳村	1916.11	1934.5	1934.9
82	杨德昌	沙子坡镇四坳村	1916.3	1934.5	1934.10
83	何帮柱	沙子坡镇红木村	1914.8	1934.5	1934.8
84	何定帮	沙子坡镇红木村	1915	1934.5	1934.8
85	黄廷全	沙子坡镇十字村	1912	1934.5	1934.9
86	黄智廷	沙子坡镇十字村	1912	1934.5	1934.10
87	黄朝清	沙子坡镇十字村	1916	1934.5	1934.9
88	何安邦	沙子坡镇红木村	1909.8	1934.5	1934.10
89	潘成凤（女）	沙子坡镇池坝村	1910	1934.5	1934.8
90	王大义	沙子坡镇红木村	1920	1934.5	1934.8
91	吴德宽	沙子坡镇红木村	1916	1934.5	1934.8
92	刘春志	沙子坡镇塘口村	1916	1934.5	1934.8
93	杜顺能	沙子坡镇红木村	1912	1934.5	1934.8
94	李公荣	天堂镇曹家村	1913.5	1934.5	1934.10
95	冉隆荣	天堂镇马井村	1917	1934.6	1934.10
96	张中荣	天堂镇马井村	1911	1934.6	1934.10
97	曹宽智	天堂镇曹家村	1911	1934.6	1934.10
98	任达江	天堂镇马井村	1921.5	1934.5	1934.7
99	池必红	天堂镇印朝村	1920.6	1934.5	1934.9
100	曹润智	天堂镇曹家村	1914	1934.6	1934.7
101	文周洪	天堂镇洪溪村	1913.6	1934.7	1934.8
102	瞿顺昌	天堂镇天堂村	1909.3	1934.6	1934.8
103	任永伦	天堂镇马井村	1912	1934.6	1934.10

续表1

序号	姓名	住址	出生年月	入伍时间	失散时间
104	冉崇海	天堂镇马井村	1919	1934.6	1934.10
105	张云亮	天堂镇马井村	1913	1934.5	1934.10
106	潘兴华	天堂镇凉风村	1916.12	1934.5	1934.11
107	符宁祥	天堂镇洪溪村	1915.4	1934.5	1934.10
108	张中夫	天堂镇茶元村	1918	1934.4	1934.10
109	张著清	天堂镇大院村	1913	1934.5	1934.7
110	张忠信	天堂镇大院村	1909	1934.5	1934.7
111	张吉昌	天堂镇天堂村	1909.1	1934.6	1934.11
112	文树成	天堂镇洪溪村	1911.2	1934.7	1934.10
113	张云喜	天堂镇开兴村	1917.8	1934.6	1934.8
114	万宗荣	天堂镇开兴村	1904.6	1934.6	1934.8
115	曹信模	天堂镇曹家村	1912.9	1934.6	1934.10
116	刘应刚	刀坝乡安家坝村	1910.1	1934.6	1934.10
117	黄廷章	刀坝乡勤俭村	1906.12	1934.6	1934.8
118	杨昌儒	刀坝乡罗南溪村	1917.1	1934.6	1934.10
119	安国顺	刀坝乡安家坝村	1913	1934.6	1934.10
120	杨正旺	刀坝乡青狮村	1915.10	1934.4	1934.9
121	田宗恒	刀坝乡下寨坝村	1909.8	1934.7	1934.8
122	胡兴顺	刀坝乡	1914	1934.4	1934.8
123	陈远富	刀坝乡全民村	1917.7	1934.5	1934.10
124	张著权	刀坝乡大宅坝村	1920.9	1934.5	1934.10
125	安国英	刀坝乡安家坝村	1914	1934.6	1934.10
126	吴世贵	刀坝乡下寨坝村	1916.11	1934.7	1934.11
127	吴永平	刀坝乡青狮村	1912.4	1934.7	1934.10
128	吴世安	刀坝乡青狮村	1911.9	1934.7	1934.10
129	陈明贵	刀坝乡青狮村	1906	1934.7	1934.10
130	陈文达	刀坝乡青狮村	1903.5	1934.4	1934.8
131	张著廷	刀坝乡下寨坝村	1917.9	1934.5	1934.8
132	席安乐	刀坝乡席联村	1916.11	1934.6	1934.10
133	曹 宗	刀坝乡核桃坪村	1916.12	1934.5	1934.12
134	张忠旬	刀坝乡刀坝村	1917.10	1934.7	1934.7
135	曹廷光	刀坝乡核桃坪村	1915.5	1934.5	1934.11
136	夏丹臣	刀坝乡勤俭村	1907	1934.6	1934.9
137	田庆福	刀坝乡前寨村	1906	1934.6	1934.10
138	李天照	刀坝乡刀坝村	1917.10	1934.6	1934.9
139	宣丹武	刀坝乡双河村	1916.5	1934.6	1935.8
140	陈达武	刀坝乡罗南溪村	1914.2	1934.6	1934.9
141	付结成	刀坝乡双河村	1908.12	1934.7	1934.9
142	田如福	刀坝乡下寨坝村	1909.3	1934.6	1934.7
143	黄人武	刀坝乡天坪村	1919.9	1934.7	1934.10
144	席兴瑞	刀坝乡席联村	1910.10	1934.6	1934.8

续表1

序号	姓名	住址	出生年月	入伍时间	失散时间
145	余龙海	刀坝乡双河村	1914. 9	1934. 5	1934. 11
146	陈治理	刀坝乡罗南溪村	1916. 2	1934. 6	1934. 11
147	杨通华	刀坝乡罗南溪村	1916. 2	1934. 6	1934. 11
148	包朝清	刀坝乡天坪村	1914. 3	1934. 6	1934. 10
149	饶茂臣	刀坝乡刀坝村	1916. 1	1934. 7	1934. 9
150	王广政	刀坝乡玉岩村	1920. 4	1934. 5	1934. 8
151	文官平	木黄镇地茶村	1918	1934. 8	1934. 11
152	杨光照	木黄镇地茶村	1916. 9	1934. 11	1935. 11
153	张　平	杉树乡何家村	1908. 3	1934. 6	1934. 6
154	陈正选	沙子坡镇炉塘村	1908. 3	1934. 5	1934. 10
155	蒋正书	沙子坡镇炉塘村	1911. 11	1934. 7	1934. 11
156	吴元章	沙子坡镇韩家村	1905. 2	1934. 5	1934. 10
157	张云海	沙子坡镇韩家村	1916. 5	1934. 6	1934. 9
158	杨昌平	沙子坡镇花园村	1911. 12	1934. 6	1934. 9
159	龙道新	杉树乡对马村	1918. 1	1934. 6	1934. 6
160	张云富	杉树乡大寨村	1907. 6	1934. 6	1934. 10
161	张云栋	杉树乡何家村	1909. 11	1934. 6	1934. 12
162	陈启焕	杉树乡何家村	1920. 1	1934. 6	1934. 8
163	冉茂昌	杉树乡何家村	1916. 1	1934. 6	1934. 6
164	冉新春	杉树乡冉家村	1912. 7	1934. 6	1934. 10
165	袁希乾	沙子坡镇韩家村	1912. 12	1934. 5	1934. 10
166	任贞权	沙子坡镇韩家村	1907. 9	1934. 5	1934. 10
167	何德恩	沙子坡镇青球村	1916. 10	1934. 5	1934. 8
168	梁言柱	沙子坡镇池坝村	1915	1934. 5	1934. 6
169	杨光贵	沙子坡镇池坝村	1910	1934. 5	1934. 6
170	张云坤	沙子坡镇何家村	1903. 10	1934. 6	1934. 6
171	冉启行	杉树乡何家村	1922. 2	1934. 6	1934. 10
172	杨光注	沙子坡镇池坝村	1920. 8	1934. 6	1934. 8
173	何代礼	沙子坡镇韩家村	1910. 6	1934. 5	1934. 9
174	雷吉利	沙子坡镇红木村	1912	1934. 5	1934. 8
175	吴德政	沙子坡镇红木村	1914. 10	1934. 5	1934. 8
176	何德仲	沙子坡镇塘口村	1906	1934. 6	1934. 9
177	冉启凡	杉树乡冉家村	1914. 5	1934. 6	1935. 1
178	付以黄	沙子坡镇马家庄村	1911. 11	1934. 6	1934. 7
179	涂觉忠	沙子坡镇池坝村	1909. 9	1934. 6	1934. 9
180	冉光辉	杉树乡新宅村	1901	1934. 6	1934. 10
181	张羽飞	沙子坡镇韩家村	1911. 2	1934. 7	1934. 9
182	李庆怀	沙子坡镇韩家村	1914. 8	1934. 6	1934. 8
183	李庆和	沙子坡镇韩家村	1914. 4	1934. 6	1934. 10
184	冉崇羲	沙子坡镇马家庄村	1913. 1	1934. 6	1934. 10
185	冉从杏	杉树乡黄土村	1916. 2	1934. 6	1934. 10

续表1

序号	姓名	住址	出生年月	入伍时间	失散时间
186	文艺忠	沙子坡镇桂花村	1910.3	1934.6	1934.10
187	李天罗	杉树乡大罗村	1902	1934.5	1934.6
188	王贵权	沙子坡镇庹家村	1911.2	1934.5	1934.10
189	吴大质	沙子坡镇庹家村	1911.2	1934.6	1934.10
190	杨昌义	沙子坡镇池坝村	1918	1934.5	1934.6
191	陈德银	沙子坡镇马家庄村	1906.10	1934.6	1934.10
192	田应铭	朗溪镇朗溪村	1911.3	1934.6	1934.5
193	杨光财	刀坝乡玉岩村	1903.6	1934.5	1934.7
194	曹元智	天堂镇曹家村	1908	1934.5	1934.8
195	田贞林	朗溪镇大尧村	1918	1934.6	1935.12
196	田贵杰	朗溪镇大尧村	1913.9	1934.6	1936.4
197	李通珍	沙子坡镇竹元村	1918.8	1934.5	1934.11
198	杜胜杨	沙子坡镇炉塘村	1902.3	1934.6	1934.12
199	戴恒继	杉树乡对马村	1918.3	1934.5	1934.12
200	陈世超	沙子坡镇韩家村	1919.9	1934.5	1934.10
201	吴希堂	沙子坡镇韩家村	1907.3	1934.6	1934.10
202	何邦栋	沙子坡镇韩家村	1915.1	1934.6	1934.7
203	杨昌和	刀坝乡庙坪村	1917.12	1934.5	1934.9
204	吴通怀	刀坝乡大宅村	1910	1934.5	1934.6
205	杨秀淮	刀坝乡勤俭村	1906.5	1934.6	1934.9
206	艾锡仁	天堂镇天堂村	1911.3	1934.5	1934.9
207	曹信芳	天堂镇曹家村	1911.9	1934.6	1934.8
208	杨昌海	刀坝乡玉岩村	1913.3	1934.5	1934.9
209	王广尧	刀坝乡玉岩村	1912.3	1934.5	1934.9
210	张金通	天堂镇茶元村	1920.2	1934.5	1934.12
211	吴学勋	板溪镇石塘村	1908.7	1934.5	1934.7
212	艾补国	天堂镇天堂村	1916.6	1934.6	1934.10
213	杨通纯	刀坝乡下寨坝村	1903.11	1934.7	1934.10
214	陈明金	刀坝乡青狮村	1910.1	1934.7	1934.9
215	曹信奎	天堂镇曹家村	1911.8	1934.6	1934.9
216	吴元茂	天堂镇马井村	1908.6	1934.6	1934.9
217	汪朝龙	刀坝乡下寨坝村	1905.11	1934.7	1934.8
218	郑传龙	刀坝乡田坝村	1909.5	1934.6	1934.9
219	张绍华	天堂镇茶元村	1907.9	1934.4	1934.12
220	任永林	天堂镇马井村	1909.8	1934.5	1934.10
221	田兴昌	刀坝乡下寨坝村	1912.6	1934.4	1934.10
222	陈远林	刀坝乡保河村	1913.6	1934.5	1935.2
223	张忠禄	天堂镇茶元村	1905.4	1934.4	1934.10
224	廖天昌	天堂镇马井村	1913.2	1934.5	1934.10
225	刘兴凡	刀坝乡来安村	1901.6	1934.6	1934.8

（二）贵州省印江县抗战阵亡将士名录（出自中国第二历史档案馆）

印江县抗战阵亡将士名录（一）

表2

序号	姓名	部队番号	军衔	阵亡地点	亲属
1	安邦谋	陆军58师173团7连	上等兵	湖南邵阳	母：莫氏
2	包斗臣	103师618团7连	一等兵	江苏镇江	父：朝富，母：杜氏
3	包占清	103师618团7连	一等兵	江苏镇江	父：廷富，母：任氏
4	蔡永兴	陆军57师171团2连	上等兵	湖南常德	母：张氏
5	陈德安	陆军20军134师400团5连	下士	湖南临湘	妻：郑氏，女：裙花
6	陈明著	102师607团7连	少尉排长晋中尉	江西德安	祖母：李氏，父：文模，母：杨氏
7	陈世楷	陆军58师173团2连	二等兵	湖南慈利	妻：标氏，子：桂权，弟：世教
8	陈云青	102师607团5连	一等兵晋上等	江西德安	父：世卿，母：姜氏
9	戴昌云	陆军121师660团8连	二等兵	湖北广济	父：天恩，母：黄氏
10	戴成辉	103师613团机1连	二等兵	江苏江阴	父：炳清，母：黄氏
11	戴群芳	陆军58师173团7连	一等兵	湖南慈利	父：世华，母：田氏
12	郭银清	陆军121师661团机连	二等兵	湖北广济	父：青之，母：黄氏
13	何宏宇	73军15师45团5连	二等兵	湖北石首	父：学林
14	何瑞堂	陆军58师173团7连	下士副班长	湖南宁乡	母：吴氏，妻：马氏
15	胡萌贵	40师118团3连	一等兵	安徽青阳	父：志顺
16	黄洪桂	陆军121师661团机连	二等兵	湖北广济	父：心德，母：陈氏
17	黄守仁	102师304团1连	少尉排长	江西南昌	父：友才
18	黄　云	41师242团4连	二等兵晋上等	江苏江宁	父：明池，母：汪氏
19	姜云发	103师618团8连	二等兵	江苏江阴	父：时清，母：王氏， 妻：张氏，子：永宣
20	李国正	8军82师246团4连	一等兵	云南松山	父：次樵，母：孙氏
21	李少清	103师618团7连	一等兵	江苏镇江	父：秋元，母：周氏
22	李万成	陆军58师173团7连	上等兵	湖南宁乡	母：张氏，妻：袁氏
23	李云华	128师764团3连	上等兵晋下士	浙江嘉善	母：杨氏，妻：吴氏
24	李正清	4军102师306团5连	上士班长	湖南长沙	母：张氏
25	刘程云	陆军58师173团1连	二等兵	湖南桃源	母：张氏
26	刘云飞	82师488团1连	中士	通城	父：龙武，母：张氏
27	龙国清	102师305团6连	下士	江西南昌	父：泽良
28	陆定飞	102师607团9连	上等兵晋下士	江西德安	父：书廷，母：韦氏
29	陆仁怀	40师118团3连	一等兵	安徽青阳	父：文书
30	牟云华	103师618团8连	上等兵晋下士	江苏江阴	父：克祥，母：陈氏
31	毋云山	荣誉1师2团8连	一等兵	湖北阳新	父：日和，母：成氏
32	樵礼梦	58师173团2连	二等兵	湖南宁乡	妻：王氏
33	冉隆廷	103师618团4连	一等兵	江苏江阴	父顺天，母：王氏
34	冉茂盛	103师613团通信连	上等兵	江苏南京	父：华章，母：李氏
35	冉启华	90师539团3连	上尉连长	江西德安	父：隆江，妻：李氏
36	饶树清	103师615团8连	一等兵	江苏镇江	父：喜太，母：张氏
37	任大全	103师特务连	上等兵	—	父：春和，母：陈氏

续表2

序号	姓名	部队番号	军衔	阵亡地点	亲属
38	任和钧	128师767团5连	二等兵晋上等	浙江嘉善	父：桂林，母：张氏
39	任老六	陆军58师173团2连	二等兵	湖南桃源	母：田氏
40	任秋林	11师33旅68团1营6连	下士晋中士	江西瑞昌	父：腊生，母：万氏
41	任小江	73军暂5师14团特务排	中士	湖南安乡	父：明光，母：杨氏
42	任永和	陆军58师173团2连	二等兵	湖南慈利	父：贞贤，母：杨氏
43	任玉高	4军59师175团机1连	上等兵	湖南长沙	父：波贞
44	任占臣	8军103师307团3连	上等兵	云南松山	父：永林，母：罗氏
45	任志龙	58师173团1连	二等兵	湖南宁乡	父：永才
46	石洪雁	陆军121师659团8连	上等兵	湖北广济	母：李氏，妻：周氏
47	唐明宣	34师102团追击炮连	二等兵	湖南浏阳	妻：杜氏
48	唐世昌	103师615团机2连	一等兵	江苏镇江	父：腊生，母：吴氏
49	田凤高	103师613团5连	下士副班长	江苏南京	父：应浩，母：陈氏，妻：罗氏
50	田金龙	73军暂5师工兵连	上等兵	湖南南县	父：应馀，母：吴氏
51	田景凤	陆军121师661团机连	一等兵	湖北广济	父：仲成，母：杨氏
52	田景昆	103师613团8连	一等兵	江苏南京	父：永良，母：张氏，妻：杨氏
53	田俊	73军暂5师121团5连	下士	湖南南县	妻：桥氏
54	田启新	26师76团机1连	上士	太平市	母：仁氏，妻：不氏
55	田卫六	40师118团4连	一等兵	叶子山	父：奉山，母：余氏
56	田兴华	121师362团8连	中士	湖南宜都	父：彭诚，母：王氏
57	田应其	陆军51师151团机3连	中士兽医	湖北松滋	父：兴成，母：李氏
58	田永华	26师151团1连	上等兵	江西南昌	父：河生，母：李氏
59	涂世芳	陆军58师174团7连	二等兵	湖南桃源	父：显名，母：杨氏，弟：老满
60	涂万能	40师118团4连	一等兵	叶子山	父：同贵，母：田氏
61	王柏生	103师618团5连	一等兵	江苏镇江	父：应流，母：安心，妻：李氏
62	王光书	73军15师43团9连	一等兵	湖南安乡	父：芝珍，母：陈氏
63	王怀之	26师155团3营9连	一等兵	上海	父：其增，母：萧氏，妻：陈氏
64	王金辉	陆军58师174团9连	二等兵	湖南桃源	母：蔡氏
65	王礼宣	11师62团5连	二等兵晋上等	上海	父：成芝，弟：礼舜
66	王平初	53师317团2营7连	中士	马当	母：任氏
67	王新志	41师245团2营5连	上等兵	安徽潜山	父：道元，母：李氏
68	卫海清	陆军新15师42团1连	上等兵	湖南常德	父：俊才，母：王氏，弟：海云
69	文树林	103师618团9连	上等兵	江苏南京	父：贵生，母：张氏
70	吴国蕃	103师613团1营	中尉副官	江苏南京	父：宗周，母：戴氏
71	吴老五	陆军58师173团7连	一等兵	湖南邵阳	父：正直，母：杨氏
72	吴茂二	陆军58师173团7连	一等兵	湖南邵阳	父：老其
73	伍万安	103师613团3营7连	上等兵	江苏南京	父：享富，母：陈氏，妻：何氏
74	徐廷相	陆军58师173团1连	一等兵	湖南宁乡	父：梅瑜，母：张氏，弟：廷槐
75	许德奎	103师613团3连	二等兵	江苏镇江	父：见之，母：周氏
76	严安唐	新编13师371团1连	一等兵	湖南醴陵	母：黄氏，妻：田氏
77	严思睿	103师618团3连	中尉副官	江苏南京	父：克明，母：戴氏，妻：张氏
78	杨炳勋	8军82师246团机2连	二等兵	云南松山	父：光全，母：李氏

续表2

序号	姓名	部队番号	军衔	阵亡地点	亲属
79	杨炳银	26 师 156 团 1 连	一等兵	上海	父：昌龙，妻：张氏，女：玉莲
80	杨昌武	58 师 173 团 2 连	下士副班长	湖南宁乡	父：广廷，母：李氏
81	杨海清	14 师 84 团 2 连	一等兵	湖北阳新	妻：何氏
82	杨少清	13 师 77 团机 2 连	一等兵晋上等	江苏嘉定	父：祖训
83	杨树祥	134 师 800 团 8 连	二等兵	安徽潜山	父：在之，母：田氏
84	杨天民	103 师特务连	上等兵	江苏江阴	父：成觉，母：戴氏
85	杨修安	陆军 58 师 173 团 1 连	一等兵	湖南慈利	父：世科，母：吴氏
86	杨修梧	82 师 488 团机 2 连	少尉排长	湖北通城	父：世龙，母：唐氏，弟：修补
87	杨秀将	25 军 40 师 118 团 7 连	上等兵	江西赣州	妻：廖氏
88	杨玉光	26 师 156 团追击炮连	一等兵	江西南昌	父：明俊，母：张氏
89	杨月光	40 师 119 团 1 连	一等兵	江西南昌	父：铜，母：范氏，妻：李氏
90	杨云清	新 8 师 23 团 1 连	上等兵	翼城东鸟峰	父：训臣，妻：王氏，子：世英
91	杨占清	6 师 33 团 2 营 6 连	上等兵	山东峄县	父：连光，母：宋氏
92	杨子江	133 师 794 团 2 连	一等兵	江西	父：云安，母：李氏
93	尹述珍	73 军 15 师 43 团机 2 连	上等兵	湖南安乡	母：翁氏
94	尹志云	73 军 15 师 43 团机 2 连	上等兵	湖南安乡	父：祚仁，母：龚氏
95	袁保书	陆军 58 师 174 团 9 连	二等兵	湖南桃源	父：忠坤，母：费氏，弟：义昌
96	张德云	103 师 618 团 4 连	一等兵	江苏江阴	父：光明，母：王氏
97	张福华	陆军 58 师轻重营 3 连	一等兵	湖南慈利	母：安氏
98	张钧灿	陆军 190 师 569 团 2 连	上尉连长	湖南常德	母：吕应福，妻：刘祖珍
99	张明安	陆军新编 3 军 183 师 549 团 5 连	上等兵	江西萍乡	母：杨氏
100	张明兴	43 师 128 团 2 营 4 连	下士副班长	湖南澧县	父：中福，母：汪氏
101	张银发	58 师 173 团 7 连	上等兵	湖南宁乡	父：廷杰
102	张泽汝	26 师 152 团 2 营 4 连	二等兵	上海	父：长征，母：秦氏，妻：陈氏
103	张正清	40 师 118 团 4 连	一等兵	叶子山	弟：正法
104	张忠亨	陆军 58 师 173 团机 1 连	上等兵	湖南桃源	父：云真，母：任氏
105	张忠明	82 师 487 团 7 连	上等兵	湖北崇阳	父：孝春，母：袁氏
106	赵祖培	陆军新编 8 师 22 团机 3 连	少尉排长	山西安泽	母：田氏，妻：吕氏
107	周吉成	121 师 362 团 9 连	中士	湖北宜都	母：陈氏
108	周少清	103 师 613 团 2 连	一等兵	江苏镇江	父：培之，母：黄氏
109	周银江	4 军 102 师 306 团 8 连	一等兵	湖南长沙	父：明亮
110	田　风	黔崇武七期 833 团 2 营	少校营长	江苏台儿庄南禹王山	—
111	任永锋	黔崇武八期 818 团 8 连	上尉连长	江苏南京	—
112	张幼臣	24 团 308 连	中尉排长	山西龙门山云中寺	—
113	田　岐	103 师 2 旅 3 团 X 连	准尉特务长	北京	父治南，母严氏，妻何氏，子祥
114	涂鑫镒	上尉连长	—	—	—
115	莫金友	40 师 28 团 2 连	上等兵	浙江衢县	母：毛氏

说明：最后 6 人系互联网上查找

（三）贵州省及印江掌握部分抗日阵亡将士名录（印江自治县志、军事志及抗战纪念碑刊载）

印江县抗战阵亡将士名录（二）

表 3

序号	姓名	家庭住址	军衔	阵亡地点	遗嘱
1	陈安江	印江县城	排长	—	—
2	杨天生	印江县城	排长	—	—
3	安国江	印江天堂	—	—	—
4	张顺成	印江县城	连长	—	—
5	张先余	印江县城	—	—	—
6	张连生	印江县城	连长	—	—
7	戴泽武	印江县城	团副官	—	—
8	符召云	印江天堂	营长	—	—
9	吴广俊	印江县城	—	—	—
10	王益钦	印江县城	排长	—	—
11	王顺林	印江杉树	—	—	—
12	任克廷	印江板溪	—	—	—
13	杨秀全	印江县城	副连长	—	—
14	沈继周	印江县城	副营长	—	—
15	梁言春	印江沙子坡	—	—	—
16	陈天池	印江甲山	—	—	—
17	朱学海	印江县城	—	—	—
18	陆治林	印江县城	—	—	—
19	肖祥林	印江新寨	营长	—	—
20	肖光洋	印江新寨	—	—	—
21	田儒瑞	印江合水	—	—	—
22	田景林	印江朗溪	—	—	—
23	张圣江	印江县城	—	—	—
24	龙泽奎	印江县城	—	—	—
25	李进红	印江中坝	排长	—	—
26	李华贵	印江虹穴	—	—	—
27	田兴奎	印江朗溪	—	—	—
28	潘再林	印江天堂	排长	—	—
29	苏国志	印江县城	副连长	—	—
30	程文孝	印江缠溪	—	—	—
31	刘祖奎	印江新寨乡	连长	—	—
32	赵效国	印江杨柳乡	—	—	—
33	冉小毛	印江新寨大云半	排长	—	—
34	杨文前	印江新寨乡	—	—	—
35	朱光佐	印江木黄	—	—	—
36	冉少龙	印江天堂	团长	—	—

续表3

序号	姓名	家庭住址	军衔	阵亡地点	遗嘱
37	蔡国友	印江合水	副团长	—	—
38	晋永和	印江新寨	—	—	—
39	周吉元	印江刀坝	—	—	—
40	吴文潮	印江板溪	—	—	—
41	陈正平	印江甲山	副营长	—	—
42	郜万邦	印江县城	—	—	—
43	黄人明	印江县城	排长	—	—
44	严者发	印江县城	—	—	—
45	刘崇德	印江县城	—	—	—
46	丁道全	印江新寨	—	—	—
47	柳贤明	印江新寨	—	—	—
48	李光勤	印江甲山	少将师长	—	—
49	池明禄	印江天堂	—	—	—
50	向志勋	印江县城	副团长	—	—
51	黎廷初	印江天堂	—	—	—
52	姜孝才	印江县城	连长	—	—
53	涂志全	印江县城	营长	—	—
54	涂华林	印江县城	—	—	—
55	苏老才	印江县城	—	—	—
56	庞光德	印江县城	—	—	—
57	邹诗清	印江新寨	—	—	—
58	孙泽本	印江新寨	—	—	—
59	肖吉全	印江新寨	副营长	—	—
60	黄修武	印江新寨大塘	—	—	—
61	杨德茂	印江新寨	连长	—	—
62	刘兴河	印江合水	—	—	—
63	傅正华	印江朗溪	排长	—	—
64	陈德耀	印江大云半	连长	—	—
65	任思亮	—	—	—	—
66	周少洲	—	—	—	—
67	吴九昌	—	—	—	—
68	柳元兴	—	—	—	—
69	田少雲	—	—	—	—
70	陈子雲	—	—	—	—
71	郭老汉	—	—	—	—
72	任德发	—	—	—	—
73	任明德	—	—	—	—
74	姚顺清	—	—	—	—
75	余朝品	—	—	—	—
76	吴胜祥	—	—	—	—
77	张仁怀	—	—	—	—

续表3

序号	姓名	家庭住址	军衔	阵亡地点	遗嘱
78	黄正明	—	—	—	—
79	冉修廷	—	—	—	—
80	赵祖培	—	—	—	—
81	陈正元	—	—	—	—
82	杨世龙	—	—	—	—
83	周老明	—	—	—	—
84	戴仁惠	—	—	—	—
85	石在福	—	—	—	—
86	任秋元	—	—	—	—
87	部国书	—	—	—	—
88	胡英贵	—	—	—	—
89	郭汝林	—	—	—	—
90	严寿清	—	—	—	—
91	傅有庭	—	—	—	—
92	王道春	—	—	—	—
93	严守成	印江阳坡人	团长	江苏南京	《严氏宗谱》有载
94	戴世怀	印江戴家寨人	排长	江苏台儿庄	—
95	周志轩	印江凯塘渠沟人	—	缅北	民国三十三年最后一封家信

说明：其中后 28 人为印江抗战阵亡将士纪念碑所录（与中国第二历史档案馆重名 7 人未录）

四、 人物简介

吴学超

太空博士吴学超

吴学超，生于 1928 年 4 月，板溪镇小毛寨村人。美籍华人，太空博士，美国地质测量局太空地质研究中心航空测量组组长。吴学超从小勤奋好学，在小学、初中时，成绩一直名列前茅，1947 年思南高中毕业后，以优异成绩考入国防大学中正理工学院航空测量系读书。

1949 年，随校迁至台湾学习，1951 年毕业，入空军军官学校学习飞行，因身体不适离开军校从教，先后执教于台南高级工业职业学校、成功大学。1957 年参与美军工程团台湾工程处工作，兴建公馆机场及淡水、林口基地；参与石门水库建设，任工程师兼测量队队长。1959 年工程完工后，为奖励建设有功人员，在 3000 多名员工中选派 5 名工程师赴美国考察，吴学超为其中之一。1963 年，吴学超入美后，放弃考察，考入纽约赛尔大学攻读研究生学业，并定居美国，1965 年获硕士学位。后又进入美国亚利亚桑那大学攻读哲学学业，1975 年获博士学位。1977 年，应邀参加台湾建设委员会科技组，讨论并建议如何创造新竹科学工业园区及如何发展太空科学。

吴学超常用三句话警醒自己的人生：即“不断学习成为精明的人，经常比较强过自己的人，继续努力超越胜过自己的人”。三句话一直勉励并鞭策他走过人生的每一步。在美国30多年从事太空地质测绘研究工作，成为美国著名太空科学家。他在主导美国太空总署太阳系各星球及其卫星的测量研究工作期间，曾发表太空测量及雷达测量方面论文130余篇，连续8年当选为国际航测及遥感学会太空测量工作小组主席，筹办美国及国际科技研究会议多次，应邀在联合国太空和平用途会议中演讲。吴学超一生的奋斗赢得了诸多荣誉。一是1951年获得中正理工学院杰出校友奖。二是因完成大量测量有功，特别是他完成火星全球测绘的世界壮举，他主导的美国太空署于1980年10月9日发现了二〇七五号小行星，便以“吴氏”（即“WU”）命名。三是为表彰其在太空测量方面的杰出成就，美国航空测量及遥感学会于1992年给其颁发了“费尔柴奖”及美国内政部勋章。四是被列入美国马尔斯科技名人录。五是成为特邀嘉宾获准出席2000年布什总统就职仪式。

吴学超是美国资深科学家，夫妻年收入25万美元以上。他虽身在海外，仍心系祖国，情牵故土，曾多次回乡探亲，回报家乡父老。1998年，以夫人赵嘉仪名义，捐资修建板溪镇石塘村“嘉仪小学”；在母校思南中学、印江民族中学等多所学校设立“吴学超学者奖学金”。多年来，共捐资50多万元，为改善家乡基础设施，修桥筑路12处。他已年过八旬，仍照常坚持上班，精力充沛，精神饱满，按他的话说，他“是在为人类的太空事业奋斗”。

顾复生

医学博士顾复生

顾复生，女，生于1928年3月，中共党员。她是清光绪年间（1875—1908）印江城南阳坡著名书法家严寅亮之孙女、严希纯之长女，医学博士，心血管内科主任，中共十一届党代表，荣获国务院颁发的“为发展我国医疗卫生事业做出突出贡献”荣誉证书。

顾复生父亲严希纯，长期从事中国共产党的地下工作，三次被国民党关进监狱，根本无法照顾她们母女俩。她母亲是个妇产科医师，仅靠她母亲微薄收入，支撑顾复生完成了从小学、中学直至大学的学习。九岁时，她母亲经常带她外出“接生”，有时是免费的，还要带去日常用具和产妇的食品。在白色恐怖下，其母亲以此为掩护，使整个家庭成了地下党的联络点，完成了一次次极重要的情报工作任务。她母亲这种不怕流血牺牲的崇高品德，影响着顾复生的一生。

1946年，18岁的顾复生是上海同德医学院二年级学生，在学校参加中共地下党组织，为党默默无闻做好隐蔽工作，学成后成了一名治病救人的医生，直接为病人、为人民服务。1950年12月，她作为一名实习医生，参加上海抗美援朝志愿军医疗手术队第三大队，第一批在鸭绿江边为志愿军伤病员医治。1951年8月，顾复生作为抗美援朝一等功臣，到北京参加国庆观礼。在此期间，她与邓颖超同志合影留念，还列席全国政协一届三次会议，受到毛泽东、周恩来、朱德等领导的亲切接见。1952年，她被推荐到俄语专科学校学习，参加业务考试，为留苏做语言准备，到苏联学习心血管病专科，后又到列宁格勒第一医学院实习，为提高医术，更好地服务病人积累经验。1957年夏她回到祖国，分配到北京协和医院工作。1958年，她被调到北京中苏友谊医院（现在的友谊医院）内科工作，在这里一干就是四十多年，培养了一大批心血管后备人才。

顾复生一生干了25年内科主任，30年心内科主任，共行医55年，总是在不断总结经验中提高医术，挽救了不计其数濒临死亡的生命，实现了自身价值。顾复生为人谦虚，秉性正直，自幼思想进步，不怕累，吃得苦，著有不少医学专辑。她是心血管病方面的资深专家，在国内国际享有盛名，曾主持过国际心血管病学术讨论会议。

戴泽远

1995 年 5 月，戴泽远荣获全国劳动模范称号

戴泽远，生于 1940 年 5 月，中共党员，峨岭镇人。1960 年 8 月参加工作，曾任县邮政局投递班班长，在投递这个平凡的岗位上，爱岗敬业，尽心尽责，历经 40 年春秋，不怕烈日酷暑，不畏风雨严寒，年复一年，无论是山间崎岖小路，还是城区大街小巷，都留下他坚实的足迹，共传递了 400 多万件邮件。把每一封书信，每件包裹，完好无损地送达客户。由于他的模范作用，全班组职工出色完成各项工作任务，成绩显著，一年上一个新台阶，连续 8 年被县局评为先进生产者。10 次被地县评为优秀共产党员，连续 3 年被省局评为“服务明星”，1994 年、1995 年两年获省局授予“服务标兵”称号，1994 年荣获贵州省“五一”劳动奖章，1995 年国务院授予“全国劳动模范”称号，4 月 25 日应邀赴北京出席全国劳动模范表彰大会，受到党和国家领导人的亲切接见。2000 年 12 月光荣退休。

戴秉国

外交家戴秉国

戴秉国，生于 1941 年 3 月，中共党员，杉树乡对马溪村人。1956 年毕业于印江初级中学，后考入松桃高中学习。1964 年 9 月，他从四川大学俄语系毕业后进入北京外交学院研究生班学习。1965 年 9 月，分配外交部工作，后任中国驻苏联使馆随员。1973 年 6 月加入中国共产党。1974—1989 年先后任外交部苏欧司副处长、处长，副司长、司长。1989—1995 年，先后任外交部部长助理、副部长。1995—2003 年，先后任中共中央对外联络部副部长、部长。2003 年 5 月，任外交部党委书记、副部长。2005 年，任中央外事办公室主任。是中共第十五、十六、十七届中央委员，2008 年 2 月当选为国务委员。

戴秉国出生于一个贫苦农民家庭，从小就养成了吃苦耐劳、勤俭节约的良好品行和习惯。四岁就读私塾，一年四季都是赤脚进学堂。他从私塾到初小，从初小跳级到高小，怀着知识改变命运的信念，学习十分刻苦。初中毕业那年，他成为全县唯一考上松桃高中的学生。在四川大学五年时间里，他勤工俭学，刻苦钻研，大学毕业后以优异成绩考入北京外交学院研究生班，毕业后分配到外交部工作，开始了外交官的生涯。

参加工作不久，戴秉国被派往前苏联大使馆工作。那时中苏关系紧张，使馆工作人员面临严峻的考验。他参加中苏谈判前后长达十二年，工作异常艰难。在其担任外交部苏欧司副处长、处长，副司长、司长期间，一直从事东欧的外交工作。1973 年，他被下放到湖南浏阳“五七”干校劳动，犁田、插秧，样样农活都会干。

1989 年，戴秉国出任驻匈牙利大使。在任三年多时间里，双亲和岳父（黄镇将军）相继去世。由于身处异国他乡，没能回家尽孝。在父母去世前，两个兄弟、一个妹妹已先后离开人世。参加工作后他也仅回家三次，默默忍受着失去亲人的痛苦。

在从事繁忙工作的同时，还坚持外交理论的研究。《人民日报》刊登了戴秉国部长关于党的对外交往政策访谈录，以及所撰著的《中国共产党十五大以来对外工作新特点》《乘十六大东风，展示中国共产党的风采》《发挥政党外交优势，服务全党全国工作大局》等多篇文章；《求是》杂志刊发了《开创有时代特征和中国特色的政党外交新局面》。

2007—2008年，戴秉国任中央外事工作领导小组办公室主任，中央国家安全工作领导小组办公室主任，外交部副部长、党委委员。2008—，任国务委员、国务院党组成员、中央外事工作领导小组办公室主任，中央国家安全工作领导小组办公室主任，外交部副部长、党委委员。从此，工作更加繁忙，任务更加艰巨。面对繁杂多变的国际形势，为斡旋朝核问题，多次以政府特使身份穿梭在六国之间。同时，在谈判处理中印边境问题、中日关系问题时，都严格坚持国家的外交政策、维护国家权益，坚持在独立自主、和平共处五项原则的基础上发展与各国友好合作关系。他生活作风简朴，始终保持着一个农民儿子的本色。在他的客厅里，悬挂着他自己写的“正正派派做人，勤勤恳恳做事”十二字人生格言，成为他为人处世的座右铭。戴秉国工作十分勤奋，平常不到晚上九点钟不回家，遇上外交事务活动经常整夜加班工作。曾在他身边的工作人员这样感慨道：“跟随戴部长工作非常辛苦，但能学到很多书本上学不到的东西”。

任达秀

任达秀，女，生于1948年8月，中共党员，天堂镇马井村人。1963年起先后担任马井村妇代会主任、民兵连长、副支书、支书等职，是县党代表、县人大代表。三十多年扎扎实实为群众办实事，做好事，是带领群众致富的领头雁。先后组织群众植树造林1700亩，组织群众修石桥8座，修公路4千米，修砖木结构的教学楼一栋，教室六间，对村邻的民事纠纷，她总是作耐心细致的思想工作。多次受到省、地、县妇联和上级政府的表彰。1994年9月，光荣出席全国第二次民族团结进步表彰会，获国务院授予的“民族团结模范”称号。

任明军

贵州省劳动模范任明军

任明军，生于1951年1月，中共党员，板溪镇上洞村人。现任板溪镇上洞村党支部书记。为改变该村贫困面貌，走科技脱贫、科技兴农路，努力学习农业科技知识。1985年用地膜覆盖栽培早熟蔬菜辣椒、番茄等获得成功，改变了农村传统种植方法和模式。为掌握更多的农业先进技术，自费到中国柑橘研究所参加培训。1990年带头成立了早熟蔬菜、柑橘研究会，在村里开办了农民文化技术学校，长期为村民传授农业技术知识，培训农民学员。1995年7月加入中国共产党，1993年被贵州省科协评为农村专业技术研究会先进个人。1997年、2000年两次被铜仁地委、行署评为“民族团结进步先进个人”，被贵州省人事厅授予“省农村拔尖乡土人才”称号。2006年6月，被省人民政府授予“省劳动模范”称号。1997年9月，中国科协、财政部授予科普惠农兴村计划“农村科普带头人”称号。2002年当选为中共贵州省第九次代表大会代表。

唐宗辅

唐宗辅生于1952年11月，中共党员，刀坝乡庙坪村人。1972年参加中国人民解放军，1975年

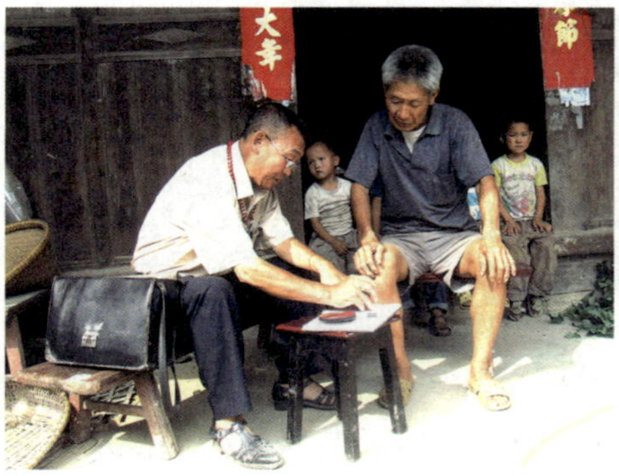
贵州省劳动模范唐宗辅

加入中国共产党，同年复员回乡后安排到信用社工作。30年扎根在刀坝乡庙坪信贷服务点上，热情开展上门服务，赢得了人民群众无比信赖，被百姓亲切地称为“金融的信使，致富的桥梁”，身背“挎包”走村串寨，送款上门，从不间断。村寨里五六岁的小孩都知道唐宗辅是送款上门的“支农员”。以铁的信誉，使服务点的存贷规模扩大了200多倍。对待客户热情、细心，主动上门解决困难。用满腔热情为人民群众送汇款、包裹、上门发放贷款、接收存款。由于他的艰辛付出，30年间荣获各种奖励36次。2005年5月，被贵州省人民政府授予全省劳动模范。事迹被中央电视台、新华社、《人民日报》《光明日报》、中国农村信用合作网、中国农村金融网、《中国农村信用合作》《铜仁日报》等众多媒体报道。

晏祖福

全国劳动模范晏祖福

晏祖福，生于1954年2月，中共党员，沙子坡镇红星村人。32年来，晏祖福一直在沙子坡镇红星村小学任民办老师。一家6口人蜗居在27平方米的破木房内，倾其所有修建120平方米的小学校。为了早日建好学校，晏祖福把准备过年的肥猪卖掉，花了1000多元拉石头、包生活请村民帮忙建了一个土窑子，烧制这些土砖需要1.5万多公斤煤炭，由于不通公路，要到7.5公里外的山上去挑，晏祖福向信用社贷款4000元。他挑煤来回就走了100多趟，行程达1500多公里。两名代课教师都因待遇低而离开学校，晏祖福只好把自己初中毕业的年仅16岁的大儿子叫来代课。父子俩一边教学，一边烧砖、抬石头。1996年春节刚过，晏祖福把大儿子的这笔血汗钱用来购买了建筑材料。学校盖上了瓦，但还差一点，晏祖福二话没说，爬上自家的屋顶匀了3000多块瓦添上。至今，学校屋檐上还飘着当年塑料纸的残迹。他为百名贫困儿童免费入了学。

27年“船工”背着学生过河，32年“剪头匠”义务为学生理发。晏祖福的事迹得到媒体和领导的高度重视，曾先后荣获全国劳动模范，全国模范教师、全国优秀班主任、东芝希望工程园丁奖等荣誉称号，是贵州省党代表，贵州省第十届、第十一届人大代表。

简尚国、陶成林、罗会林

简尚国，木黄镇岑阳村人，生于1962年10月。陶成林木黄镇革底村人，生于1962年10月。1990年8月5日，一持枪杀人犯潜入革底村时，被简尚国、陶成林一同发现，两人共商周密擒拿计划，不顾个人安危，勇斗歹徒，终将罪犯制服，交公安机关依法处理。他们爱憎分明的性格、见义勇为的行动，受到人们的称赞。1990年8月，他们被公安部授予“第二届全国见义勇为先进分子”荣誉称号，并颁发奖金。

罗会林，1969年4月出生，缠溪镇新阁村河底人。罗会林自幼忠厚为人，嫉恶如仇。1996年，县公安机关在开展严厉打击犯罪分子活动的斗争中，追捕一名持枪逃犯时，这名歹徒逃到该村，罗会林赤手空拳向歹徒猛扑过去，与之展开殊死搏斗，不幸中弹致残，待公安人员赶到后成功抓获逃犯。罗会林受到党和政府长期的关怀和照顾。同年10月，被中华见义勇为基金会颁发“见义勇为”奖状和奖金，1997年3月，铜仁军分区向他颁发奖状和奖金。

五、 受国家省部级表彰名录

1988—2008 印江自治县荣获国家、省部级“劳动模范”“先进工作者” 人员统计表

表 4

序号	姓名	性别	民族	工作单位	出生年月	政治面貌	获奖时间	获奖称号	授奖单位	备注
1	田如萍	女	土家族	印江人民医院	1962 年	—	1988 年	全国卫生文明建设先进工作者	卫生部	—
2	赵开平	男	土家族	印江老干局	1942 年	中共党员	1988 年	全省先进工作者	贵州省委、省政府	—
3	唐老冬	女	土家族	合水敬老院	1912 年	中共党员	1989 年	全国劳动模范	国务院	已故
4	姜爱珍	女	土家族	印江妇联	1937 年	中共党员	1989 年	全国“三八红旗手”	全国妇联	—
5	张文彬	男	土家族	印江杉树信用社	1937 年	中共党员	1989 年	全国农村金融系统优秀会计员	中国农业银行	—
6	吴正春	男	苗族	印江木黄高石坎林场	1959 年	—	1990 年	全国青年突击手	林业部、共青团中央	农民工
7	简尚国	男	土家族	印江木黄镇岑阳村	—	农民	1990 年	中国公安部中华见义勇为基金会	公安部	—
8	陶成林	男	土家族	印江木黄镇革底村	—	农民	1990 年	中国公安部中华见义勇为基金会	公安部	—
9	魏厚裕	男	土家族	印江计生局	1936 年	中共党员	1991 年	全省计划生育优秀工作者	贵州省政府	已故
10	邹学宽	男	土家族	粮站	1963 年	中共党员	1991 年	全国粮油保管先进工作者	商业部	—
11	冯 净	男	土家族	印江统计局	1963 年	中共党员	1992 年	全国统计先进工作者	国家统计局	—
12	杨林仙	女	汉族	印江畜牧局	1943 年	—	1993 年	全省农业科技推广先进工作者	贵州省政府	—
13	任达秀	女	土家族	天堂马井村	1948 年	中共党员	1994 年	全国民族团结进步先进模范	国务院	—
14	秦礼显	男	土家族	印江档案局	1940 年	中共党员	1995 年	全国档案系统先进工作者	国家档案局、人事部	—
15	任永和	男	土家族	印江人大常委会	1947 年	中共党员	1995 年	全国人事先进工作者	人事部	—
15	代泽远	男	土家族	印江邮政局	1941 年	中共党员	1995 年	全国劳动模范	国务院	—
16	罗会林	男	—	印江缠溪镇新阁村	1969 年	农民	1996 年	中华见义勇为基金会	公安部	—
17	史宗铨	男	苗族	印江水电局	1945 年	中共党员	1996 年	全省以工代赈先进工作者	贵州省委、省政府	—
18	严循志	男	土家族	县扶贫办	1943 年	中共党员	1996 年	武陵山扶贫开发先进个人	农业部等	—
19	杨昌恩	男	土家族	刀坝乡兰克卫生所	1953 年	中共党员	1996 年	全国妇幼卫生先进工作者	卫生部	—
20	樊国亚	男	—	印江水务局	1965 年	—	1996 年	水利建设先进工作者	贵州省政府	—
21	戴炳勇	男	—	印江水务局	1967 年	中共党员	1997 年	第二届科技兴农人才奖	贵州省政府	—

续表4

序号	姓名	性别	民族	工作单位	出生年月	政治面貌	获奖时间	获奖称号	授奖单位	备注
21	叶　勇	男	—	印江水务局	1970年	中共党员	1997年	农田水利先进工作者	省人民政府	—
23	戴世俊	男	—	木黄水利站	1940年	中共党员	1997年	农田水利建设先进工作者	省人民政府	—
24	任廷纪	男	土家族	县人民政府	1946年	中共党员	1998年	坡改梯先进工作者	贵州省政府	—
25	杨秀乾	男	土家族	木黄镇木黄中学	1962年	中共党员	1998年	全国优秀教师	教育部	—
26	刘文刚	男	—	印江水务局	1965年	中共党员	1998年	农田水利先进工作者	省人民政府	—
27	王顺治	男	土家族	印江审计局	1954年	中共党员	1999年	全省纠风先进个人	贵州省政府	—
28	王天池	男	土家族	印江农业局	1955年	中共党员	1999年	科技兴农人才奖	贵州省政府	—
29	游云军	男	汉族	印江木黄林业站	1970年	—	2001年	全国林业站先进工作者	林业部	—
30	唐庆军	男	土家族	印江林业局	1959年	中共党员	2001年	全国绿化劳动模范	全国绿化委、国家林业局、人事部	—
31	饶继勇	男	土家族	印江司法局	1963年	中共党员	2001年	全国司法先进工作者	人事部、司法部	—
32	汪定华	男	土家族	天堂镇纪委	1958年	中共党员	2002年	全国纪监先进工作者	中纪委、人事部	—
33	张德权	男	土家族	县民族中学	1962年	中共党员	2004年	全国优秀教师	教育部	—
34	程先斌	男	土家族	缠溪镇柳塘小学	1950年	—	2004年	全省优秀教师	贵州省政府	—
35	唐宗辅	男	土家族	印江刀坝信用社	1952年	中共党员	2005年	贵州省劳动模范	贵州省政府	—
36	代恒强	男	土家族	印江中坝村支书	1968年	中共党员	2005年	贵州省劳动模范	贵州省政府	农民
37	何柳群	女	土家族	合水镇合水村	1968年	—	2005年	全国“三八”红旗手	全国妇联	农民
38	严黔闽	男	土家族	县教育局	1959年	—	2005年	全省优秀教育工作者	贵州省政府	—
39	任明军	男	土家族	板溪镇上洞村	1951年	中共党员	2006年	全省劳动模范	贵州省政府	农民
40	任明辰	男	土家族	板溪镇教办	1946年	中共党员	2006年	全省“两基”教育先进工作者	贵州省委省政府	—
41	张永贵	男	—	印江水务局	1972年	中共党员	2006年	防汛抗旱先进工作者	省人民政府	—
42	谢振锋	男	—	印江水务局	1976年	中共党员	2006年	水利先进工作者	省人民政府	—
43	晏祖福	男	苗族	沙子坡镇红星小学	1954年	中共党员	2006年 2007年	东芝希望工程园丁、希望工程园丁、全国中小学优秀班主任、全国模范教师	教育部、人事部、中国青少年发展基金会	—
44	黄继生	男	土家族	印江县委宣传部	1973年	中共党员	2008年	全国爱国主义教育先进工作者	中央宣传部、中央文明办、教育部	

艺文拾遗

印江文人墨客辈出，历代文人留下了一些文章诗词。他们言情抒怀、写景状物，抒发了各个时代的风土人情与先人的酸甜苦辣、悲欢离合。现将其搜罗爬梳，整理成文，由于本志篇幅有限，谨择具有“存史、资治、教化”意义的部分作品登载，以飨读者。

一、 皇颁印邑事旨

仁宗睿皇帝缓征秋粮旨　清嘉庆十二年（1807），上谕：上年黔省思南府及所属印江县地方，因秋间山水陡发，居民狡被冲淹。当经降旨，今福庆查明，由驿具奏，前具该抚转饬查明，“被水各户，为数无多。业经府县分别抚恤给赈，民情已极为宁贴，无须再行接济。惟滨河低洼之处，水冲沙压，计田二百八十余亩，委系颗粒无收”等语。著加恩将该处被灾田亩应征粮银二十八两四钱零。缓至来年带征，以示朕轸急穷黎至意。该部知道。钦此。（道光《思南府志续志》）

思宗由检帝诰封杨茂春“骠骑将军”旨　明永历三年（1649）二月，上谕：“奉天承运，皇帝制曰：朕光复后伊始，亟须颇牧之林眷。兹武夫有以轻裘缓带之英，大奋赐有戈之义，同仇矢志，办扫胡气者。固朕今日颇也得兹飞将，应赐褒彰。尔黔楚援剿提督汉土官兵总官右军都督佥事杨茂春，霞炳锐气，云蒸靖共，尔位辉生石鼓之封，佛时仔肩瑞应珠崖之城。审贻谋，出自将种。父既其称有子，摅忠本乎家传国猷，伏尔多臣，蚕树旌旗，佐戍行而辉楚，继宣勤力斩南苗而后黔。朕嘉尔绩，宠赐其猷，是用覃恩。授尔为骠骑将军，赐之诰命。尔其益展宏谋，丕扬骏烈，愤此方新之命，握叨荐至之休。制曰：秦赋见戍，兴言叛握。其家人勇，公尚义。曾不作此仳离懋而木力勤王者，乃始克皿，勉励襄卒树，厥续内助之贤，固亮采者，所必资也。尔黔楚援剿提督汉土兵官总官右军都督府都督佥事杨茂春之妻陈氏，俭德皆彰，今挽鹿勤心。佐警于闻鸡，爰修妇顺之章，即怀玉之事，监晨兼夜，辟无取窖橐文。凡茹淡服荼，独守儒门，索利恩深，恤维操励饮冰，呼伯以执王，父子辞损治魁而溃我焉。每筋标铜茂，此宜家之范，允为王国之祯。兹以覃恩，封尔为夫人，笄珈生彩，琴瑟流馨。休哉伉俪之荣，赫乎鼎宗之色，勉而方微，茂赝嘉祉！”（自木黄镇乌溪村杨姓民间收集）

察院公诰命　奉天承运，皇帝诰曰：言路之重而难也。筹划大计存乎识，砥柱波流关乎品。唯得端亮纯真之彦，耿立墀陛间，审固不挠，克光厥职，肆有显庆，宜其首承之。尔广西道监察御史田景新，学术深宏，器资光洁，魏科初擢，岩邑载更。声蜚汾晋之间，名动殿廷之上。爰崇师锡，简置宪台。而尔屹矣无阿皭然不滓。衡平而参国论，朝端共谅其赤诚；斧斫以触官邪，侪辈亦惊其铁面。直乃躬以对于天下，衹厥官以事余一人。夫耳黔乡山峭气郁，盘束深固。维尔嬗其奇秀，瑞于皇家。俾朕明目达聪，去稂莠以卫嘉谷。尔与助焉。兹用覃恩，授尔资政大夫都察院右都御史。锡之诰命。於戏！国家置柱史，十九以循吏，谓其能行之，能言之也。尔既能行之有绩矣。坚尔英志，尽尔言懋哉。朕且允迪其德，以大振中兴之志。[附注：田景新，字瞻明，号陇南。明万历乙卯科（1615）举人，己未科（1619）进士。历任山西高平县知事，广西监察御史，又转河南道坐道御史，掌十三道奏疏黄门都给事。]

太仆寺公敕书（天启壬戌进士） 皇帝敕曰：夫荩臣执干戈以卫社稷，九死何辞。乃功欲献于麟图，而数足穷于鹏赋。忠谋勿售，惨祸巨膺。豹略犹存，龙章特锡。赐尔兵部职方主事田景猷，间年通籍职方，简在金龟幛内。中军雅志，横戈紫塞。痛赤子之罹殃，悼生灵之涂炭。化毒雾为冷风，转肃杀为煦日。沐铁枕戈，只手奔驰于箐瘴；刳肠沥血，丹忱宛化其凶锋。拔鸾坡之华选，蹈虎穴之危机。慷慨成仇，间关赴难。薄禄未沾，寸心徒赤。伤哉！其人已不可复作矣。爰稽国典，用佩皇恩。兹特封尔中议大夫，赠尔太仆寺卿，荫一子入监，袭之诰命。於戏！幸羽林之有后，千秋忠孝为模；仗华衮之归来，百代英魂不泯。庶其忻服，视此明伦。

崇祯元年戊辰（1628）四月二十日敕

天启三年癸亥（1623），公奉敕抚水西，四年甲子正月殉难。崇祯元年戊辰，朝廷悯殉难诸臣，立祠致祭。赠王三善兵部尚书，荫一子指挥佥事世袭，九年赠太子太保。赠田景猷太仆寺卿，封中义大夫，荫一子恩监生。

魂飞天上乾坤老　血染疆场草木香 御赐忠臣庙联

（附注：田景猷，朗溪司人。明天启壬戌科（1622）进士。授兵部职方主事。天启三年癸亥（1623）公奉敕抚水西，四年甲子正月殉难。载思南府志忠烈类。）

严禁土司私行典卖官庄《票谕》 刑部为通行事，贵州司案呈，准广西司传抄。准户部咨称内阁抄出广西布政使朱椿奏粤西庆远等五府属土司，官庄田亩，不准典卖，违者，按律治罪。因仍给主，追价入官，其违例典卖之土司及失察该管知府，定以处分一擢，于乾隆四十二年（1777）十一月二十七日奉朱批："该部议奏，钦此"。钦遵于本月二十八日抄出到部。

今据该布政使朱椿奏称：该土司等渐习奢靡，月费无节，竟有将田产典管下土目、土民之享，彼此交易，势必土官日惫，土目、土民之势日张，强弱相形，渐至不受约束，若不明立科条，严行查究，不免日久顽生。嗣后，不准私相典卖，如有违禁不遵者，立即追价入官，田还原主，并将承卖之人，比照盗田卖律，一亩笞十五亩，每五亩加一等罪，止杖八十，囚徒三年。其违例典卖之土司，议以降一级留任。该管知府失于查察，罚俸一年。若该土司有抑勒情事，该土司降一级调用；该管知府隆一级留任。如此明立科条，庶土司奢靡之风，不禁自戢，该管知府不敢稍为容隐矣。俟命下之日，臣部行文，该抚邀照此摺，户部主稿，合并声明等因。于乾隆四十二年十二月十五日奏，奉旨："依议，钦此"。

清乾隆四十三年四月十五日，奉抚部院觉罗图宪票行，准刑部咨议复广西朱落司条表粤西庆远等五属土司，官庄田亩不准典卖，违者，按律治罪，奉此，合行转发。为此，仰该土司书识遵照，即将发来例本一体查明，遵照毋违，须票。右票，仰朗溪司正、副土司，准此。

大清乾隆四十三年（1778）冬月八日。

二、臣子涉邑奏疏

请设婺川印江学疏 田秋，号西麓，明正德甲戌科（1514）进士，官由河间府推官升户科左给事中，士至广东左布政使，"都门西台四杰坊"之一。奏曰："臣秋谨题，为乞恩建学，以新化机，以广文教事：窃惟人才之用虽有多寡之殊，而赋予之自天原无彼此之异。特以教化之所及有先后、浅深，而人才系之焉耳。自古圣王皆致谨于庠序之教有由然也。我太祖高皇帝即位之明年（即朱元璋登位第二年，1369 年)，即谕中书省臣以学校之事，必欲去元室之陋，回淳古之风。明洪武八年（1375），又命郡县凡闾里皆得启塾立师，守令以时程督之，即今之社学[1]是也。列圣相承，教法益备，虽山陬僻县莫不有学。惟贵州一省，制度草创，止是府卫建学，而州县尚无。百年以来，休养生息之余，似乎富而未教，一方山川之秀，诚为郁而未舒。兹幸圣人在御，百度帷新，鸿化溥洽迩者，以台柬进言礼官，上请准于贵州设科取士，远方士子无不感戴天恩，垂白父老拭目以观文教之新，椎髻夷苗皆有遣子入学之志。臣生长其地，见得婺川县为黔南古邑，擅砂场之利，有鱼稻之饶，商贾辐辏，民庶殷实，士生其间者类多向学，而登科第者往往而有，只以离府五日山行，就学不便，是以闾阎俊秀虽不乏人，而奋庸致身终于无路。臣愚以为，婺川县宜立县学一区；又安顺州设有普定卫，其地上通云南，下接湖贵，实西南都会之所，号为多才，科目相望，而皆州亦未有学，臣愚以为安顺州亦宜建一学区；又印江县离府虽无百里之程，而有三江之隔，夏秋盛涨，未免病涉。且其邑多才，足以自成一学，再照学校，教化之本原，教化王者之先务，教化行则风俗美，可以措刑罚，可以寝干戈。贵州边陲之地，每遇有警，未免用兵，而所费动以万计，今学官斋号之设，师生廪饩之费，未免动支钱粮。然事关教化，未可委之乏用也。乞敕下礼部，果如臣言，照州、县建学立师，庶菁莪之化，不间于一方，遐远之才咸沾乎乐育，边方幸甚！生民幸甚！”（道光《思南府志续志》）

请豁无田之粮以厚民生疏 郭石渠，安化人，即古思邛地人，丁未科进士，官翰林院检讨，转江南道监察御史。奏为“请豁无田之粮以厚民生”事：“窃照黔省地方土壤瘠薄，山多田少，所有稻田必系依山傍溪，相水开垦，成田之后，升科征粮此定例也。然山因硗确，易于变更，每因春夏之交，大雨骤集，山峻水陡，土裂石流，或将熟田壅塞变为沙石者有之，或将堰沟冲坍阻其水源者有之。既险水源，水田既变为山土，只堪种以杂粮，广种薄收，不及稻田之一半，而每岁仍照旧征粮。夫以山土而输田粮，其苦累已多矣。又其甚者，各省新报开垦，黔省实无地可开，不过于熟田粮内逐户悬加，以作新垦之数，且造册报官，但凭里长挪移作弊……黔省如里，他省得无类乎？臣请敕下督抚，责令地方官通行勘察，果系无田之粮，悉行豁免；其复为山土者，将粮开除，改为土丁；其变为沙石者，亦领核实开报，减其分数。至里长之挪移作弊，尤必严加惩究。……捏造公呈之人，贻害无穷也。今数年以来，幸蒙皇上至仁如天，轸念苗疆之苦，叠沛殊恩，有加无已，将阖省钱粮米石尽行蠲免，士民感激欢呼、颂祝无疆矣。……臣请敕下督臣将此项粮米，仍改本州县征收银两，照旧额赴库完纳，将见其乐输将之便，永免拖累之扰，于生民大有裨益矣。谨奏。”（道光《思南府志续志》）

三、 传记与铭文

李渭曾祖李盘死节传 敖宗庆，原载水德司人，即古思邛地人，明嘉靖戊戌科（1538）进士，历官都察院左副都御史，巡抚云南，“都门西台四杰坊”之一。传曰：“西南彝，曰镇溪竿子坪邛焚裔也。尝弄铤锄，副长李公盘从师徂征，卒于师。曾孙湜之[1]氏奉状属愚传。愚少时亦闻其概而窃敬慕之矣。兹彝近复猖獗，流毒诸郡，勤兵已逾五年，尚未底绩。乃感慨今昔，按状而传曰：公讳盘，袭副长官。其先京兆人。宣德间（1426—1435），镇竿苗叛，命大将往伐之。贼隐匿山中，持久不出，人皆疑怯。公毅然率孤军深入，遇贼数百，公策马奋击，斩首数十余级，贼四集，援兵不至遂被执。公素勇敢，贼畏而恶之。及执公，贼曰：‘汝铜仁李耶？思南李耶’？贼同为铜仁辖，铜仁李善抚之，故云。从卒曰‘铜仁’。贼欲释公。公厉声曰：‘予思南，何必绐之’。从第百户李邦政告急于德江副长官杨潮海，潮海公姻戚。比（彼）二人至，公已遇害。邦政以石置树间记之，久致而树合生夹石。彝人夜过树下，闻空中有点兵声。彝人以为神，立祠树前祀公，号其地为留石坡。榇归，窆府治西北

①湜之，李同野字。

十里人同村。后世子孙称为留公坡。公所披铁甲、铁片，各有银铃。所承马，高五尺，性啮人，人莫能近。公冠带乘之，则步骤如常度，披甲据鞍，铜铃齐鸣，则奋跃叫号如战阵之状。公虽武者，乐与衣冠之徒游，御史申公祐，公之侄甥，忘年与之友。每论及时事，公大声曰：'身陷白刃之锋铓，血润原上之野草，我后不愧舍生取义之道'。申公曰：'大丈夫当如此卒之'。申公亦死义于此。人皆曰二公素志。云赞曰：士死事，大夫死疆圉，分也。时有职事守疆圉者，居则食，若毛役，苦力嚣然以为分所宜有，又从而敲扑之，鱼肉之。一遇有警，即惴惴首鼠，惟恐其将及已。其或射利邀功，偾事殃民，皆不暇务顾念，况望其服勤以死哉。噫！祝公当为何如。春秋之法，大夫卒于师。则卒之公，可以卒书矣！若子孙世有疆圉职事之职，将无念尔祖耶"。(道光《思南府志续志》)

李同野先生墓志铭 耿定力，兵部侍郎。铭曰："公之学，自却妄念以至谨，一介取予去拘，士岂远哉！道林先生喝其起灭，卒契母意之宗。虽由师友得之，非好学发愤不能也。公殁，未闻有好学者，泣而铭之。道亡起灭，道尾尼父，发愤没齿，余兄振蒙觉世，揭此一学宗皆。公来秉学，未见其止，其行如疑，其去如慕，勉勉循循，居绪忽莫。呜呼！玉于兹，余代伯兄铭曰：'明好学君子之墓'。"(道光《思南府志续志》)

印江文庙碑记 任思永，思郡之邑人，官四川德阳知县。记曰："印在国初为长官司治，孝庙时始更设县，而士附郡庠校艺，险隔三江，又诸县司各为一学，贤路稍壅。明万历间（1573—1620）侍御萧公疏请建学，既得旨，邑侯张公乃购地建先师庙，后为明伦堂，街竖二坊，刘、郑两侯相继为戟门、为先贤祠；郡司李、杨公视篆时，为启圣祠暨内垣稍稍有度，未称完制也，呼延侯以己未秋来受事，下车视学，诲诸生毕，慨然以营缮自任、自捐奉外，曲为剂量、鸠工克期，而以其务属学博胡公。先两庑，次名宦、乡贤二祠，次泮池及儒门，不数月焕然一新，黔中学校，印称雄甲矣。"士生此者，甄陶造就，淑气钟良，为圣、为贤、为卿、为相、何莫非今日之修培学校致之，则数公经理之功宜志也。萧公名重望，字剑斗，安化人；张公名镕，字大冶，蜀之合州人；呼延公名楫，字巨川，关中之宜川人；胡公名效夔，字大韶，兴隆人，则得寿之石，明天启元年（1621）正月。(道光《思南府志续志》)

蛮夷司上渡记 冯咏，清雍正五年（1727）丁未科进士，官思南知府。记曰："自铜仁江口历提溪司二百余里，至郡得胜关，德水界之为蛮夷司上渡。两粤、八闽、三楚之抵蜀者经焉，逾渡而西，出大岩关又二百余里，经婺川迤而南越、龙泉、湄潭，始通蜀之真安、绥宁。于是行人之渡者日以千百数，争先登至，坠水不倾，舟子利往来之繁人索钱无算，利者苦之。余来摄郡篆，酌岁捐白金六两饷舟子，令不取行者钱。白上官许，镌石著为例。复捐白金十三两造舟一，佐旧舟所不能容载者。夏令曰：'九月除道，十月成梁。周官合方氏掌达天下之道路，司险掌九州之图，以周知川泽之阻'。古者道路津梁，经理于执政而豫为之备。及其衰，贤如国、侨有乘舆，济人之事。陈灵公有川无津梁之语，政不预备，五道之废久矣。今天子谌（深）恩四世，薄海一家，瞿墉滟灏之险，一苇杭之。四方之裹糇粮、负囊箧走异乡者，如归其家。然黔中奢香女妇置九驿通中土。此外，蚕从鸟道，棼如乱丝，限以石涧深溪，不能飞渡者，所在皆然。蜀中今为乐土，地旷蓄饶，粤闽楚中之民，望剑阁泸水，不远万里而往时，或见阻于婺播间，进退失据。长民者，可不为之惘惜哉。德水上渡，即所婺夜郎之要道也，诸葛武侯由蜀入黔，济火为之通道，而井灶津梁，侯必亲自经画，师行且然。值今盛世，往来之人络绎，非共蜀汉比。上渡之舟其又可以已夫。"(道光《思南府志续志》)

龙津书院碑记 张锡谷，字莲涛，进士，清嘉庆六年（1801）任印江知县。记曰："印江之有文阁也，自史公谏（明・崇祯间）始。后六十年而马公士芳修之。其侧有书院也，自黄公文则始，亦后六十年而余修之。于是乎有近奎之名。春夏醵金，鸠庀未半，值余奉调襄校文闱，邑人士吁于上宪，而见允其留，返治三月，用溃于成，乃额其堂曰'时教'，斋曰'时术'，勖正勤也，夫学之务，及时审矣。苟正且勤，道安得不日明，德安得不日进，人才安得不日出？闻邑人卜科名者，佥谓子年始一发，怠人事而诿天道，夫岂然哉。今苗变就平，岁丰民乐，欣逢圣天子右文敷化，诏礼官议隆文昌祀典，而吾书院成，以其年人事异旧，天道更新，必有绍（继）同野（即李同野），步萧、田（即萧重望、田秋），炳映奎文，绵延不绝，异向时所卜者，岂帷余望是副，亦史、黄、马诸君子所默，以俟后学而不忘者欤？”（道光《思南府志续志》）

依仁书院记 梁钟英，字秋湄，绛州举人，善断有才，嘉庆八年（1803）印江知县。记曰：“前己巳（1689），邑侯马公士芳讲学龙津，一时得人最盛。继马公而创修书院者，黄公文则也。历年久远，遗址荒芜。嘉庆七年（18C2）摄县事张公锡谷修之，名以“近奎”，虽规模未及宏敞，而有堂有斋，结构整齐，台阶平治，洵进德修业之所，可称善始者矣。惟经费无几，不能延师肄业，生徒亦无廪给。会弥陀寺以侵食租谷讦讼，张公曾谋为膏火，劳而未成，余志迂拙，力图振兴，先更“近奎”之名曰“依仁”，而为之说，复详请各宪将弥陀寺地租撤入书院，十三年（1808）八月，秋潦在地，亲诣寺中止宿者十日。穷山巅，涉水噬，闻鸡而起，戴星而归，凡土棍之族据占，奸佃之所侵隐，勾稽无遗。于岁得谷二百石，备修脯外可廪给十人。从余而任稽考之事者，刑吏吴光斗、稿史戴际云，其余执事者十人，事成，恰值改岁，又当己巳（1809），事以时起，人从天合，所望多士，鱼鱼雅雅，顾名思义。追黄成宪而上，逮李同野、田西麓诸贤，彪炳文章，发为事业，科名鼎立，鹊起蝉联，庶不使张公修馆为虚车，马公望医为空言也夫。”（道光《思南府志续志》）

印江尹公祠碑记 杜昌堉，山东举人，清嘉庆二十四年（1819）署理印江知县。记曰：“尝谓经学所以明道，道学所以体道，孔门博约善诱，或从知人，或从行人，及其成功一也。豪杰之士，虽无文王犹兴，而天荒未破。知志学为难。而獉狉杂处之，特立独行为尤难。余署印篆之明年夏，索《郡志》得读李公讳渭传，乃憬然曰：‘士君子特患不自立耳，何风教固殊之足囿哉！’李公，字湜之，号同野，思南人（即古思邛江大石墩阁老寨人）。思南即古牂牁也。明嘉靖举于乡，历任云南左参政，居家孝友，无间言，四礼表俗，以求仁为宗，毋意为的。其交际也，一介必严，其弭盗也，不欲自责。从楚侗先生游，示以语曰：‘近道之资、载道之器、求道之志、见道之眼、体道之基、任道之力、宏道之量、达道之才，缺一不可’。对曰：‘独愧见道眼未醒耳’。遂锲‘必为圣人’四字。著有《先贤录》《大儒治规》。呜呼！是非仁以行之，敦善行而不怠者耶？何其与尹公先后数百年间崛起于一郡耶？南明僻处天末，经学昉于东汉，自道真始，道学肇于胜朝，自同野始，不宜附祠，以发我同仁昕夕景仰志耶！前总宪萧重望有先生《思郡特祀记》，兹附祠于印江书院者，世既未远，居如此近，孝悌务本之心，当更油然而兴起矣。倘于熙朝，作人雅化，或亦稍有裨益于万一乎，余分不能饬行，时又难俟详覆，因倡同志，申叙淑鄙忱云尔。是为记。”（道光《思南府志续志》）

黔人乞救书 具呈稽勋局驻黔调查员贵州人徐龙骧，为滇军据黔，残杀无辜，暴虐无道，情急势迫，恳请助以重兵，驱除暴乱，造福黔民事。缘贵州反正之始，纯系自治党人之功。为亡清宪政党人刘显世、任可澄、何麟书、刘显治等所忌，乘前黔督杨荩诚带兵援鄂之间，即派伊党人周沆、戴戡等，赴滇要求北伐滇军司令唐继尧效假道之名，为据黔之举。从此大权在握。宪政党借滇军之横暴，扩张势力；唐继尧杀黔省之生灵，甘为傀儡。狼狈为奸，黔中之黑暗日甚一日，黔民之痛苦日惨一日，今谨将其暴虐之事实，条分缕晰而略陈之。

一、戕害反正元勋也。贵州倡义反正，推功自治党人，唐则悉指为匪。于首功之赵德全、黄泽霖、杨树清则杀而分裂其尸。他如张百麟、杨应麟、谭西庚等，逋逃四方，流离失所。民国成立，大总统曾颁布命令，凡革命元勋，虽犯死刑，而有加等宽恤，唐继尧则故违之。

二、残杀正绅也。端人正士，无论何等国家，皆宜优礼相待，示民表率。唐继尧则恐端人主张公论，不利于己，而必残杀无遗。钟昌祚倡办慈善事业最多，因上书滇督，止滇军入黔一事，竟遭杀戮。修文知县许阁书弟兄，关岭举人杨肃安父子，铜仁议员张文基、谭钟麟，遵义劝学总董江平阶，鄂都督府参谋周杰之父，乡正任海舟等，皆贵州名望，反正有功，或遭屠戮，或被抄没，不胜枚举。

三、蹂躏民权也。民国议员选举，本人民应有之公权。唐继尧则不任人民选举，指派心腹熊范舆、刘显治、陈廷策、陈国祥、姚华等为临时参议员，以兵力迫省议会认可，今闻参政员又指派其私人戴戡、任可澄等充当，蹂躏民权，莫此为甚。

四、诬杀学生也。学生乃国民俊秀，当如何保护，方不负国家作育人才之意。唐继尧于法政学生何吉琴七十余人，陆军学生杨俊十余人，则令刘显世以文官军官考试，扃门后诬为杨荩诚侦探，屠戮尽净。

五、勒索民财也。黔中地瘠民贫，久为全国所公认。乃唐继尧苛敛民财，无微不至，上而省会，下而府厅，括尽膏血，民命何堪。天全美以盐商而富甲全省，月捐拾万，始准营生，迁延至今，力不能支，商号倒闭。遵义绅商邓仲山、宝兴隆、蔡锦等，各以勒捐三万，倒产相随。他如百川通、天顺祥久业汇兑，便利交通，亦以苦于苛捐，得不偿失，营业早经停止，商务久已断绝。甚至樵夫渔子，月有勒捐。小工行商，时闻押缴。昊天不吊，降此独夫，民不聊生，可哀孰甚。

六、纵兵占奸妇女也。军纪风纪为军人当守之天职，乃滇军所到之处，肆意奸淫，目无法纪。强奸闺女，父母如有怨言，即行枪毙。估占民妻，亲夫如抱不平，妄加刑戮。如奸遵义巨绅王时雍之女，大骂不从，即以刺刀插入阴户，死于非命。又奸天柱杨汝钦之妹，汝钦痛骂，兄遭惨死，妹亦行刑。诸如此类，更仆难终。呜呼！人道奚存，军纪安在，专权黑暗，倍甚满清，黔人何辜，遭此残酷。

七、残杀民命也。民为邦本，本固邦宁。民国告成，各省人民，方庆共和幸福，独此黔人，老弱转乎沟壑，壮者散之四方。唐继尧第欲便一己之私图，遂任七百万黔民之生命于不顾。上自遵义，下迄松铜，屠城惨杀，日有所闻；尸骸遍野，白骨如麻；商旅不行，冤惨四塞。人民道路侧目，莫敢谁何。孟子云："蹙额相告。"吾黔民钳口扪舌，甚有不敢告者。

八、破坏烟禁也。鸦片流害国中，已非一日。人民中其毒癖，奚啻万千。以故前清订约禁烟，各国赞成欢庆。吾黔禁种禁吸，上下游将报肃清。殊唐继尧贪妄性成，勒捐不已，复运大帮云南鸦片，入黔售卖，故弛烟禁。蚩蚩之氓，趋之若鹜，甘之如饴。致吾黔满地烟霞，受害何堪设想。现今禁烟问题，英人起而干涉，内而中央，外而各省，雷厉风行，严加禁止。乃唐继尧置大局于不顾，等国法如弁髦，匪特开罪中央，实乃开衅邻国。

九、摧残北伐黔军也。北伐黔军，向本良民，并非无赖。创义反正，远道北征，其功可赏，其志堪嘉。嗣以南北统一，共和告成，自应率队归黔，为一定不移之办法。乃滇军反客为主，占领黔境，抗拒黔军，（黔军）久客在湘，思归念切。前荷钧台与鄂督派员调处，黔军遵约还乡，甫抵松桃，滇军即开枪轰击，流离鼠窜，惨不忍闻。滇黔原属一家，今竟形同敌国。盖滇军本无足责，亦不过命令之服从。独唐继尧以子孙黔督之心，利令智昏，遂不恤开罪邻省，杀尽黔人。丧心病狂，唐贼之罪，通于天矣。

十、诛戮异党黔人也。东西文明各国，要皆有数大政党，以鼓吹其政治之进行。况民国成立，约法具在，集会结社，人民自由。唐继尧则肆其专制之淫威，受共和党人之利用，摧残异己，妄杀无辜。朱沛霖以同盟会之关系，回黔甫及一日，唐即派兵捕杀，朱幸逃窜来湘，唐复毁其家而夷其族。又同盟会员朱芸五二十五人，唐乃诬为自治学社之变相，亦一网打尽。国民党党员于德坤、胡德明、刘潜、杨向诚、刘少陵偕龙骧此次入黔，组织国民党支部，并设立贵州稽勋局。甫入黔界，于、胡五人，即被滇军杀害，横尸数段，悲惨万状，言之寒心。龙骧易服变形，伏莽匍匐，幸逃残生。吁嗟！党祸之烈，一致于斯。唐继尧之野蛮暴虐，食其肉不足以偿其罪矣。

凡此诸罪，众目昭然，其他种种，罄竹难书。龙骧不学无术，未致从于、胡、杨、刘诸烈士于地下，苟延残喘，愧不欲生。第念黔中七百万生灵，要皆父老昆弟，一闻惨杀，五内俱焚。仰维钧台名高望重，遐迩归心，发精练之兵，作救邻之举，驱除滇匪，造福黔民，贵州幸甚，大局幸甚。

注1：1912年，北京政府成立稽勋局，派员到各省调查革命有功人员，准备策勋授奖。派到贵州调查人员为刘潜、徐龙骧，均系贵州人，与国民党派到贵州成立支部的于德坤、胡德明，同路起程入黔。到达贵州的铜仁、玉屏两县间，唐继尧、刘显世派人化装土匪，先将于德坤、胡德明两人杀死。

刘潜闻讯逃脱，仍被追杀。徐龙骧化装舆夫，由山林丛莽间潜行，幸得脱险。徐到北京后，上书袁世凯，请求查办，终遭搁置。这是徐龙骧当日上书的原文。

注 2：《云南贵州辛亥革命资料》，第 214 页。知识产权出版社，2013 年 1 月第 1 版。

四、 清至民国《印江县志》 修志始末

清道光十七年（1837）五月，印江知县郑士范以嘉靖《思南府志》为底本，参以嘉庆《黔书》、嘉靖《贵州通志》、明代《甲山寨志》及黄、王、张诸家集乘和见闻，写成《印江县志》。

此孤本能够留存于世，得益于戴锡之、廖葆珉、饶永升等先贤。现节选原书部分内容及戴、廖、饶为该志写的序、跋，刊录于此，以飨读者。

此志“地理志第一”中言：印江，古思邛之地也。隋以前文献无征，莫详沿革。

《黔书》：汉牂牁太守陈立据思邛，诏夜郎王，将兵破之。《思南府志》亦云，考《汉书·西南夷传》，陈立，临邛人，王凤荐为牂牁太守。至牂牁，谕告夜郎王兴，兴不从命，立出行县至兴国，且同亭召兴。兴从邑君数十人入见立。立数责，因断头，邑君曰：“将军诛亡叛，为民除害，愿出晓士众，以兴头示之”。皆释兵降，是立诛兴定夜郎，非立叛而夜郎王破立之。且同亭之即思邛与否？不可知，然《汉书》初未有“思邛”字。

唐开元四年（716），开生獠，置思邛县，属思州宁夷郡。五代时胥沦于蛮；宋建思州，领务川、邛水、安夷三县，而独废思邛，或曰：宋思州，领思邛等四县。宋政和中（1111—1118），蕃部长田祐恭内附，始建思州，领务川、邛水、安夷三县。宣和四年（1122），废州及务川县为务川城。邛水、安夷二县皆为堡。绍兴元年（1131），复为思州，仍领务川等三县，隶夔州路。今按：邛水长官司属镇远县，而废邛水县治无征，意宋之邛水，即唐之思邛。抑或割思邛地别为邛水县，而思邛废为司堡，要其为思邛县则无稽也，姑两存备考。

元改思邛长官司，仍隶思州。明初隶思南宣慰司，为邛江长官司。永乐十一年（1413），改隶思南府。弘治七年（1494），改印江县。清朝因之，领土县丞一，广三十里，袤百七十里，东朗溪司，南铜仁府，西安化县，北沿河县，此其大略耳！

……废思邛江等处长官司，《贵州通志》云“元置”，即今印江县治，明（弘治七年）改县。《甲山志》云，相传旧司治，是今甲山，即峡口寨。在城西五里，有三清观，宋乾德间（963—968）建。西岩寺，亦近在寨西。思邛在宋实入版图，即未置县，长官司疑非始自元置也。其移之今县治，盖是元时，然无考。

建置志第二

县署在城内，北抵察院坝，东自堂以北，抵盐火巷，以南抵典史署，西抵打铜巷。明知县周文建，后毁于兵。

国（清）初，邑令皆僦屋以居。康熙十一年（1672），知县（蒋）元捷因旧址为之。仓十有二，在后院，并左右夹道中，明有帅机修堂碑记：“印江县，邛土司，郡志莫详其始。孝皇御极之七载，始更置邑。迄今凡百禩矣。惟是草创疏略，历数十令无能易，非当事之惮烦，由财用绌乏，经划艰也。万历辛巳年（1581）夏，莫令（莫与京）奉令上命莅印，蒲旬日，值大雨，江水泛滥，害田稼。令斋民遍祷邑中神，水消落，令巡行四野…”

重刊《印江县志》序　旧史氏（以前编史书的）曰：“予考印江，盖以思邛水得名”，云胡三省《通鉴》注：“唐开元四年（716），置思州，渭州西七十里，有思邛水也。”（此说有误，据元和郡县志、舆地纪胜、太平寰宇记，贞观四年，即公元 630 年改务州为思州，以思邛水为名。而设置思邛县是在唐开元四年，即 716 年）。元设思邛江等长官司。”明孝宗弘治八（应该是“七”）年，始改今

县。盖因（邛与印）字形相近而讹，《志》称“字随声转”者误矣。地处荒僻，文献无征，旧志仅附于《通志》《府志》，而皆从略。

道光乙未（1835），（陕西）凤翔郑君冶亭（字士范）），以名解元（科举考试中，乡试第一名），捧檄兹土，下车问俗，慨然以富教为己任。圣朝右文旁及无外。印虽岩邑，达者鲜少。然介居川楚之交，商旅辐辏，苗夷逼处，亦不可无志乘。以资治理而厉风教，爰倡议修复文阁。公余之暇，躬至书院，与诸生讲明正学。以国初江宁马公蘅原自励。以《通志》《府志》为底，参之闻见，并旁搜邑中诸族家乘，暨邑人王式宁《甲山村志》诸书，仿明（代）康对山《武功志》、韩邦靖《朝邑志》之例，约为是编。盖以典籍无传，事难傅会，故宁缺毋滥，以备蒿矢，非陋也。咸同之乱，（郑志）板毁于兵。予（戴锡之）于庚辰、辛巳间（1880—1881），曾辑《邛江杂志》一书，携至贵阳失去。斯时亦未见是书也，壬辰（1892）释褐（乡试），幸列馆选。癸巳（1893）夏，乞假觐省，于同邑陈君竹生处，搜得是书（即郑士范编的《印江县志》），不禁狂喜。旋以散馆北上，与同邑弼（同乡严弼丞）、廖君葆珉两孝廉商校付梓，以广其传。并取旧记忆者，都为一卷，附之简末，书成。太岁又当乙未（1895），距郑君作书之岁，仅六十年，适高陵乔君汝为，来宰吾邑，而印之文教进布益上，皆杨督学雪渔。谓邛山峭劲，邛水秀折，西会长江，以达于海，其灵气蟠郁必有英发秀特，以昌其奥而阐其奇者。异日者，名卿巨儒，连轨接轸，解组旅里，上下今古，网罗国故，以彰山水之灵，而补收之阙，是则望于豪杰之士。如予谫陋，非所任也。

陈君是书，盖得之于其舅龙秋谭茂才家。一线之传，绵延不坠，其所关亦非浅显。因并述其缘起如此云。

光绪乙未（1895）闰端午后一日，赐进士出身，前翰林院庶吉士、今改直隶即用知县、里人戴锡之序于宣武城南“重梦轩”之北窗下。

郑邑侯《印江县志跋》　《县志》为未来史臣储材，若匠人之杞、梓、楠豫章；若庖人之此珍、海之错；若农夫之白黑黄壤、赤填青黎；若缝人之丝玄纤缟。

肆非坛才学识三长，曷克仔肩《县志》，夫才授诸天，识从学超。学非源穷十三经、二十四史非学；经史子集，非源穷徐、郑非学；格致诚正，非笃守濂洛关闽非学。学精识崇，学宏才雄。居恒谓邦人诸友，何翰伯可云才，程绍珊可云学。识则目沿来睹，矧一身兼三长，谈何易上乘《县志》?《县志》上乘，畴愉康之《武功》、韩之《朝邑》、郑、莫之《遵义〔府志〕》，章氏之《和州》《亳州》《永清》《天门》诸志。后儒私淑《武功》者实繁，私淑《朝邑》者盖寡。何也故？以《武功》型《汉书》，《朝邑》型《史记》，型班易而型司马难，故倘非于《汉书》谨严，中再寓《史记》精神，终非县志善之善。是故，县志仅工摩拟。矜渊雅，精义法，终非县志上乘。县志上乘奈何！县志奚所为而作？一为新绾县符者，全部二十四史，茫靡津涯，弗识畴宜山泽损，畴宜风雷益，畴宜革去故，畴宜鼎取新，损益，畴急畴缓，鼎革，畴先畴后。裨甫下车者，诊症斟方。若解心热君犀角，清肺肝君羊，庶弗致热病饮以桂附，寒症饮以参茸。一为县后起秀，弗识畴为县粹，宜拳拳服膺弗失，畴为久假不归痼习，若农好荼蓼，绝本芟根。宜损损，宜益益，宜革革，宜鼎鼎。非关兹两端，非上乘县志。

印江昔乏志，志创自郑邑侯冶亭。文虽简，殆《武功志》流亚，〔咸同〕兵变后，仅陈筑生孝廉存孤本。戴寿臣〔即戴锡之〕庶常，益科名数人，捷南宫后，重刊诸燕。寿臣病沉燕，时余寄砚密云县署。密云去燕，车行两日程，乘健赢一日至。至，已半日前反真。赖同邑孝廉弼丞〔严寅亮〕归其榇，著述二十一种，多创而未成，弼丞并榇归诸其家，余与弼丞，对诸乡人，代检行李，特将《印江县志》检出，请为阖邑宝兹孤本任。苍黄间，忘询渠家丁（木）刻字铺，异时周咨弗获，斯孤本愈堪珍。

邑人以续修县志督余者屡，余一以己学力未心从辞，一以力经水旱兵匪诸灾，精枯髓竭，等咨阖邑驽未难胜辞。邓君瑞年以孤本传抄难普，将石印二百本，嘱余跋言殿末，肆略抒县志上乘酬邓君嘱，且志吾志所未志志过。

民国二十四年〔1935〕阳历十一月十六日邑人廖袭华跋

郑志《印江县志跋》 晋人别史体为六家：一曰《尚书》、二曰《春秋》、三曰《左传》、四曰《国语》(春秋外传)、五曰《史记》、六曰《汉书》。惟孔子因《鲁史》作《春秋》，寓书法于记事中，遂为后来修史者所祖尚。然《春秋》之成，实籍资于百国宝书，下等后世国史，取裁于方州志乘，方志其重也哉！世之谈方志者，多推重《武功》《朝邑》，二志著录《四库全书》。

自明以来，最为有名，乃会稽章实斋〔章学诚，清乾隆进士〕，德清俞荫甫（清道光进士），议其简，而章氏抨击尤力，以为志与识通，孔子曰：“多见而识，志者志也。其事其文之外，盖有义焉。夫俞氏自承疏于史学矣。章氏于史家法度，毋乃太严。若如所议，则先黄、老而后六经，后外戚而先夷狄。《史记》《汉书》无不有可攻之隙吁〔欤〕!”其甚已！善乎！刘氏子元之言曰：“国史之美者，以叙事为工。而叙事之工者，以简要为主”。简之时义大矣哉！

余读郑邑侯冶亭所著《印江志》，其分门序次，纯依《武功》，而去其选举。观其载印江风俗，仁人之言蔼如也。而尤竞竞于循良节义，其殆王士祯氏所谓“文简事核”，石邦散氏所谓“义昭劝鉴”者，此廖君葆珉所以称为“武功流亚”也。

昔年戴寿臣同年，欲重刊斯志，作序于前。今邑人士醵资将付石印，廖君跋之，崔颢题诗在上头矣。如余谫陋，何敢效？

惟近年邑人士谋续修县志，均推廖君总纂，余以屡丐葆珉，以“舍君其谁”相话劝？而葆珉谦让未遑。常与葆珉论修志。古人言：“作史三难，首尚学识，固也”。余以为人品心术正大光明，一挟偏私，则随意揄扬讥贬，非史体也。葆珉谓修志须兼通汉、宋学，尤为见道，先得我心。夫通汉学则学识自优，通宋学则人品心术自正大光明。若沾文人习气，而不谙史氏宏裁，虽《武功》《朝邑》，犹不免贻人口实。况其他哉？葆珉行矣。秉《春秋》之笔，以发抒平日所学，将不特驾郑志上。且方轨郑、莫《遵义志》也，因跋郑志并以促葆珉。

民国二十四年岁在乙亥夏历十二月二十八日邑人饶永升跋

民国《印江县志》稿〔节选〕

沿革：印江名县，旧说不一，戴寿臣《印江志序》，谓以思邛水得名，引胡三省《通鉴注》：“唐置思州，州七十里有思邛水以证之。又谓元设思邛江等处长官司，明孝宗弘治七年始改今县。盖因字形相近而讹，其说本非，戴序已辩其误。胡注：“州西七十里有思邛水，则大谬。盖唐思州治务川，考务川古治，据沿河志云，在今沿河县北百里之荷叶坪（实际在今沿河城子头），位于乌江西岸，而印江处乌江之东。匪持东西方向舛错。而道里相距，又不啻逾数百里程途，说与实际不符如此。非好发古人覆而攻其短，实不欲以讹谬相传，贻误来者，故不得辩。一说以思邛水流经县境，而曲折环绕，形成印字，故以为名。未知孰是，姑并志之”。

印江古为南蛮荒地，在隋、唐以前，文献无征，莫详沿革，隋开皇初，置牂州。开皇十九年(599)，置务川县，印江毗邻务川东南境。大业二年（606），置牂牁郡。领牂牁、宾化二县。印江毗邻宾化北境。究竟印江于隋属何县地？史地无明确记载，无从稽考，应作缺疑。开元二十一年(733)，分天下为十五道，设黔中道，仍以思州属县统隶之。昭宗乾宁三年（896），黔南观察使王肇〔一作王建肇〕以其地降蜀。牂牁诸州，由是不通中国，蛮酋分据其地，自置为刺史，思邛自此已陷于蛮夷中，终五代，亦复同然。一说牂牁张万濬率思、播、费等七州，皆附于楚王马希范，乃或互通声气，亦不可知，姑存备考。宋初为羁縻州。大观元年（1107），番部长田祐恭内附，始建思州治，隶夔州路，领务川、安夷、邛水三县。旋废为城堡。《宋史地志》，独不及思邛之废置，岂思邛另属他州欤？或又疑思邛为邛水之误，以邛水在唐以前不见载籍也，然以绍兴元年（1131）复思州旧治而言之，虽《地志》作领三县，而《方舆胜览》《嘉靖志》均作领县四，是思州实领有思邛，于思邛外，别有邛水，究不得以思邛水之误也。且以印江旧志载废思邛江等处长官司。《通志》云，元置，即今印江县治，明改为县，王榕《甲山志》云，“相传旧司治，今甲山寨是，按甲册，即峡口寨，在城西五里，有三清观，宋乾德间（963—968）建。西岩寺，宋迹也，亦近寨西，是思邛在宋实入版图”。考乾德为宋太祖建隆元年（960），是印江在宋初已崇奉正朔，遂不得谓即奉正朔而入版图，况以运使庞恭孙建筑思州，因山川控扼，建一寨四堡，以备要害，尤足证思州所领四县为不虚，准是以谈，然则思邛明为《史地》遗漏，已无疑义。

元改置思邛江长官司，隶属思州军民宣抚司。明洪武初（1368）沿元旧制，置思印江司、思州宣慰司。至弘治七年（1494），始改思印江司为印江县，隶属仍旧，清因明制，无所变更。

民国三年（1914），废府留县，划分道区，贵州辖三道八十一县，印江隶属镇远道。……

隋沿革考证：隋炀帝大业二年（606），置牂牁郡。统牂牁、宾化二县。《方舆纪要》：牂牁废县在思南府西，隋初置，兼置牂州焉。大业初，改州为牂牁郡。

郭子章题《水德司改流疏》略称：“该本府阴知府移会赵推官，查议得该司，在隋为宾化县，唐因之，五代历宋，并务川县。至元始改，国（明）朝因之”。

废宾化县，即今安化县治，隋置，属牂牁郡。明《一统志》作唐置，误（见《贵州通志·古迹志》），十九年（599），置务川县。巴东郡领务川县，开皇末置（见《隋志》）。

附：1948年，柳元翘采编《贵州通志》印江部分，写下的《印江县志续志》稿资料

五、 历史文化研究文献（选辑）

牂牁太守灭夜郎王于思邛水史载考辩

摘要：唐代《元和郡县图志》（以下简称《元和郡志》）在释“思王县”名时云：“武德三年（620）置思王县。相传汉时陈立为牂牁太守，阻兵保据思邛水，汉将夜郎王数万破。立于此安抚百姓，时人思慕，遂为县名”。由于错误的标点，使后人得出此史料“与《汉书》陈立传不合”的错误结论。这一结论无疑将《元和郡志》中有关陈立的正确信息打入冷宫，使史学界一直以《汉书》记录的“陈立信息”为准来研究汉朝对夜郎的“最后一战”，而《元和郡志》中“牂牁太守据思邛水破夜郎王数万”的信息长期以来得不到史学界主流的认可。由于《史记》《汉书》中的地名记载又语焉不详，使得夜郎研究举步维艰，陷入处处争“夜郎”的尴尬局面。

通过将《元和郡县图志》的记录重新标点为“武德三年，置思王县。相传汉时陈立为牂牁太守，阻兵保据思邛水，汉将郎王数万破。立于此安抚百姓，时人思慕，遂为县名”后，笔者发现：此史料不仅“与《汉书》陈立传相合”，而且是取其关键，并与《汉书》陈立传相互补充。这一发现，为我们指明了“牂牁太守陈立破夜郎王数万”的真实地点就是“思邛水”（今贵州省印江县），为我们研究牂牁、夜郎故地拓展了一个新的空间。

据《中国历史大事年表》载：“公元前27年（西汉河平二年）牂牁郡夜郎王兴，鉤町王禹、漏卧侯俞举兵相攻，太守陈立杀兴”。此史，唐代《元和郡志》在释“思王县”名时记为：“武德三年置思王县相传汉时陈立为牂牁太守阻兵保据思邛水汉将夜郎王数万破立于此安抚百姓时人思慕遂为县名”；明代地理志书《广舆记》在引用《元和郡志》这一史料时云：“汉牂牁太守陈立据思邛以叛诏夜郎王将兵破立安抚其地时人思慕号思王城与《汉书》陈立传不合”。

令人遗憾的是，现在几乎所有的标点历史典籍和引用此资料的相关文章中，都将《元和郡志》和《广舆记》中的这两段史料标点为：“汉时陈立为牂牁太守，阻兵保据思邛水。汉将夜郎王数万，破立

于此（也有的版本将陈立这名记作“陈丘”，曰“破丘于此”），安抚百姓，时人思慕，遂为县名”。

“汉牂牁太守陈立，据思邛以叛，诏夜郎王将兵破立，安抚其地，时人思慕，号思王城，与汉书陈立传不合”。经这样一标点，我们且不论它与《汉书》陈立传合不合，只要看看“汉将夜郎王数万，破立于此”、“汉牂牁太守陈立据思邛以叛，诏夜郎王将兵破立”这两句便知它与公元前 27 年“太守陈立杀兴”终结夜郎国历史这个基本史实“不合”，并且，既意思完全相反，又自相矛盾。让人误认为是陈立在反叛朝廷，而夜郎王不仅代表朝廷“破立于此”，还在战后“安抚百姓”。

我们从逻辑上来分析也会发现这里的标点有问题：因为夜郎王既“破立于此”，还“安抚百姓”，并未离开他的子民，老百姓怎么会“思慕”（怀念）他们？既然“时人思慕”，说明夜郎王一定离开他们了，他又如何“安抚百姓”呢？如此前后矛盾，让人们去怀念一个天天跟他们在一起的人，这岂不是千古笑话？

我们不知道这样的“标点”是源于古人的断句，还是今人的点校问题，更不知道人们为何对这种连“谁破谁”都没有弄清楚，与历史事实完全相反的“标点”视而不见，甚至以讹传讹，大有相沿成俗之势。此种对于历史资料不加分析，甚至对违背历史事实的“标点”还全盘接受的现象实在让人深思并且忧虑。

其实，大家都知道，古代文书普遍不加标点，只有简单的“句读符号”，如何读？全看读者的理解，由于理解的不同，产生了很多关于标点的笑话乃至官司。因此在 1919 年，马裕藻、朱希祖、钱玄同、刘复、周作人、胡适等人联名提出了《请颁行新式标点符号议案》，并从此开始用规范的标点符号对古代典籍进行校注……

回到正题，现在让我们对这两段史料的“标点”做一些“微调”，看看有什么不一样：

（一）将《元和郡志》史料标为：“武德三年，置思王县。相传汉时陈立为牂牁太守，阻兵保据思邛水，汉将夜郎王数万破。立于此安抚百姓，时人思慕，遂为县名”。

（二）将《广舆记》史料标为：“汉牂牁太守陈立据思邛，以叛诏夜郎王，将兵破（即以“叛逆”之罪诏谕夜郎王，相见而后将兵破之）。立安抚其地，时人思慕，号思王城……”

这样一“微调”，它们就不再是“陈立据思邛以叛”、“破立于此”的错误史记，而是“汉将夜郎王数万破”和“以叛诏夜郎王，将兵破”的正确含意，“安抚百姓”、“安抚其地”的自然是作为战胜方的“牂牁太守陈立”，而不是被杀害的夜郎王“兴”。这就与《中国历史大事年表》载“太守陈立杀兴”的历史事实相一致，并且因为有“汉将夜郎王数万破”夜郎王被杀的前提，“时人思慕”才符合逻辑、顺理成章。

我们再看看，这样重新标点后所得到的历史信息与《汉书》陈立传到底“合不合”呢？

找遍《汉书》，确实没有单独成篇的“陈立传”，只有其《西南夷两粤朝鲜传》篇中讲到：“至成帝河平中，夜郎王兴与鉤町王禹、漏卧侯俞更举兵相攻”。朝廷在“持节和解”政策无效后，通过权衡多方面的利弊，最终决定“宜因其罪恶未成，未疑汉室加诛，阴敕旁郡守尉练士马，大司农豫调谷积要害处，选任职太守往，以秋凉时入，诛其王侯尤不轨者”……“大将军王凤于是荐金城司马陈立为牂牁太守。立者，临邛人（有史载印江古称临邛），前为连然长，不韦令，蛮夷畏这。及至牂牁，谕告夜郎王兴，兴不从命，立请诛之。未报，计分乃从吏数十人出行县，至兴国，且同亭召兴。兴将数千人往至亭，从邑君数十人入见立。立数责，因断头”。邑君曰：“将军诛亡状，为民除害，愿出晓士众。以兴头示之，皆释兵降。鉤町王禹、漏卧侯俞震恐，入粟千斛，牛、羊劳吏士。立还归郡，兴妻父翁指与兴子邪务收余兵，迫胁旁二十二邑反。至冬，立奏募诸夷与都尉长史分将攻翁指等。翁指据厄为垒，立使奇兵绝其饷道，纵反间以诱其众。都尉万年曰：‘兵久不决，费不可共’。引兵独进，败走，趋立营。立怒，叱戏下令格之。都尉复还战，立引兵救之。时天大旱，立攻绝其水道。蛮夷共斩翁指，持首出降。立已平定西夷，征诣京师。会巴郡有盗贼，复以立为巴郡太守，秩中二千石居，赐爵左庶长。徙为天水太守，劝民农桑为天下最，赐金四十斤。入为左曹卫将军、护军都尉，卒官”。

这段记载虽非完整的“陈立传”，但它以“陈立杀兴”灭夜郎国的作战过程为主交代了陈立此前及此后的人生主要经历，至少可为“陈立小传”。

通读此史料，没有觉得它与《元和郡志》的记载有什么“不合”。《元和郡志》记载的“阻兵保据思邛水”（即陈立依仗兵力占据思邛水因“天大旱”仅剩的水源）与这里记载的“立攻绝其水道”（陈立攻占并断绝夜郎翁指部的取水之道）的不就是同一件事的两个方面吗？因为“时天大旱”，才有唐《元和郡志》“牂牁守陈立保据思邛水”占据水源的记载。绝其水道，没有水喝的翁指部队能不发生内乱吗？于是“蛮夷共斩翁指，持（其）首（级）出降”。“汉”牂牁太守陈立“将夜郎数万”兵打“破”整编，夜郎国最后一股有生力量不复存在。在将昔日的夜郎国都变成了汉朝牂牁郡的一个辖区时，陈立出于维护社会稳定“安抚百姓”的需要，接受夜郎人对夜郎王兴“思慕”的现实，取名“思王县”（或思王城）。而后陈立“已平定西夷，征诣京师”，回京述职去了……直到唐朝“武德三年”唐廷仍然沿此史置“思王县”。

一切都顺理成章，有什么“不合”的呢？

今天，当我们把《元和郡志》和《汉书》中“陈立杀兴”的史料放在一起来看时，我甚至感觉到《元和郡志》的记载像是一篇新闻的“导语”，而《汉书》的记载则像这篇“新闻”的“主体内容”。可见，当年的大唐宰相李吉甫在编纂《元和郡志》时，并不是没有研究《汉书》，而是提取了《汉书》史实的“关键词”并略作补充而成。连转述《元和郡志》的《广舆记》中的史料经过重新标点后，其“以叛诏夜郎王，将兵破”之语也与《汉书》中的“谕告夜郎王兴，兴不从命，立请诛之……立数责，因断头”等记载吻合。只不过《汉书》中的记载比《广舆记》详细而已。因此，这两本史书的记载不是“不合”，反而是一脉相承并且相互印证补充，让一段历史清晰地呈现在我们面前。

应该注意的是，斩杀夜郎王兴的地点是夜郎国“且同亭”，破夜郎兵数万、“绝其水道”、使其内乱之地是“思邛水”，这是一次战役前后两个阶段的两个不同地点。斩杀夜郎王兴不等于灭亡夜郎国，杀“兴”之地自然也不等于灭夜郎国之地。正如《汉书》所载，在夜郎王兴被杀后，“兴妻父翁指与兴子邪务收余兵，迫胁旁二十邑反”，战势反而扩大了。所以，只有“绝其水道”使其内乱投降的“思邛水”地，才是夜郎国灭亡之地。《元和郡志》的重点是记录夜郎国如何变成“思王县”，所以当然要强调“汉将夜郎王数万破”的终结之战地点“思邛水”，而不言杀“兴”之地“且同亭”。如果不想想“绝其水道”使其内乱之地在哪里，硬拿《元和郡志》中的“思邛水”与《汉书》中的“且同亭”地名不合，从而认定《元和郡志》中的记载“与《汉书》陈立传不合”，就有些刻舟求剑的味道了。我情愿相信当年明朝那个叫做陆应阳的老先生在编撰《广舆记》时，他在《元和郡志》上所看到的信息可能就已经被一个迂老夫子用蹩脚的“句读”所误导，而且这位老夫子可能又是一位权倾朝野的“绝对权威”，因此，陆应阳老先生才会一方面为“存史”而“依葫芦画瓢”般地照搬史载，一方面又留下“与《汉书》陈立传不合”的疑问。

由此可见，“不合”之说套用时下的一句流行语，就叫做“都是错误标点惹的祸”。

唐朝的“思邛水”就是今天贵州省印江土家族苗族自治县域内的印江河。据明朝嘉靖《思南府志》载“印江县，唐为思邛县地……弘治八年（1495 年）改为印江县”。“思邛水”也当然演变为“印江河”。在今天印江县境内残存有大小 130 多处俗称“营盘”的古代军事设施，其中大的可容纳 3000—4000 人。尤其所疑为“思王县”故地的“朗溪”营盘最多（《贵州通志》关于“思王县”故地有三说：（1）今思南安化；（2）印江朗溪；（3）镇远城南，这些“营盘”是不是当年夜郎王兴的岳父“翁指据厄为垒”的遗迹呢？印江还有夜郎王兴死后当地民众大祭 7 天 7 夜的传说，天堂镇还发现了刻有“牂牁天塘哨”字样的古碑……

种种迹象表明，印江河流域就是牂牁太守陈立与最后一位夜郎王“兴”及其家族统治集团的决战之地。如果我们今天史学界的权威们能够重视《元和郡志》中的历史记载，正视《元和郡志》与《汉书》陈立传“相合”这一史实，沿着“陈立为牂牁太守，阻兵保据思邛水，汉将夜郎王数万破”的线索，循着印江河—思邛水—思王县—夜郎古国的的历史痕迹，在印江县的古思邛水域，在神奇的梵净山（古称思邛山）西麓，定会找到神秘的夜郎古国的真相，早日破解夜郎古国这一历史谜题。

参考书目：

1.《汉书》

2.《元和郡县图志》

3.《广舆记》

4. 明嘉靖《思南府志》

5.《贵州通志》

6.《古代汉语常用字字典》

编者注释：①编者对原标题名“牂牁太守灭夜郎国于思邛——一条被错误标点符号掩盖的历史信息”作了改动，意思不变，使之更简洁更切题。②本文作者李文仪，思南学者。

风神论

印江祭风神，其名不一。说有谓先世苗叛，突罕见圣礅巅顶，现一巨神，持长刃作拒敌状，苗见心怖，遂不敢陷印，旋引法，印赖以全。后像其神祭之，其名取丰伟硕大之义，士人又谓神出圣墩大洞，有虔奉者，神赐二旗，一赤一黑，雨久挥赤即晴，晴久挥黑即雨，能致穰岁，灵应非常，后故祭之，其名则绥丰康阜之义。是二说者予均疑之，其谓是议，为经苗乱都所构，容或有之。苗过县境，因事他往，无知辈遂向壁臆造，杜撰一篇，事无佐证，附会而成，或者云物变幻，仿佛成形，苗族信鬼，故疑为神，惧而退走，亦未可知，其谓可至睛雨也。或者洞有妖魔，鼓有邪气，可以扬尘飞雹，魍魉迷人，骗民（言民）蠢蠢，易于煽惑，职司感应，允宜封之。噫！封神无名，妄孰甚焉。夫天地间聪明正真为神，非忠即孝，天人相应，祭之谁回不宜？故曰：有功德于民者祀之，非谓能祸福人者，乃并祀之邪。按印俗，致祭此神，必物色圣墩之麓，愚夫主坛，予常讯其祭时土仪，必首先一人，默祝状突前，是何尊神，而仍污亵若事，继则从鼎釜箩篼之类，始贡诸庭界而由阶升台，高悬于台之东，如在其上，是何大神，而乃鄙陋若是，少假皂帽乌衣，十余人联臂登台，分雁行在东西向侍立，乘三击鼓，拱手向外，而身三伸缩，又三击鼓，拱手向内，而身三伸缩，是何正神？而乃猥琐怪诞若是。但见其临祭时，执爵喃喃，不知所祝何词，第见唇吻辟翕，头涔涔者动摇，与祭者无分老幼，率性赞盎，招摇过市，男女簇拥，而送之东门外河滩，俗名丰神塘，默数祭品，必备七十二牲之多，自太牢而下，凡禽兽鳞介昆虫，均具毋缺。相传先世，必杀一白面人，迄今虽未实行，然犹束多像人或搏面蒸成，绘其面目，当宰歃血时，并斩其首。噫！作俑无后，倘果聪明正直为神，而固若是贪饕残虐，以致此极耶？嘻！我知之矣。邑先多隶苗族，大抵礼教未兴，无知妄作，因而留此恶陋耶！不然，妖由沐累朝教泽，而乃习相忘此，风寖渐歇矣。此祭虽无关轻重，志之以验古今之俗云。（民国《贵州通志》载，柳元翘采编）

水酒说

水酒（亦称醞酒），别省无有也，惟黔省有之。黔省亦非别属有也，惟印与思有之。

酿水酒之法，以高粱淘净，蒸烂，入曲和均，盛以巨筐，置矮足几上，即古之所谓糟床也。上下垫复均稻草，一二日发热，汁出滴床下盆盎中，然后取养诸瓶，谓之窖酒。但，高粱分粘糯者，糯者有汁，粘者无汁也。糟发透，汁滴尽，入桶中筑实，上盖以石，旁壅以沙或灰浆糊。弥月后，没清水灌桶中满，抽其塞窍，三灌三抽之，分贮坛中，置大釜煮至酒沸为度，酒以水成，故名之水酒。

善饮者，可饮十余碗。浓厚者，亦能醉人。淡者徒令腹便便而已。水酒抽后，亦可取火酒少许入之，耽饮水酒者，多中温，盖水气太重之故。古有醴酒，或即此欤？又有所谓咂酒者，咂或作杂。糟贮大瓮，随时以小瓮取糟，熟水沃之，削小竹作管插瓮中，府吸之，味浓美，故谓之咂酒。此亦由水酒中别开生面也。有时用什粮，如小谷、荞麦、饭豆之类，依法酿成，照前吸食，故亦作什酒。此酒则蜀中郡县亦多有之，不独吾印享其名也。

附注：此酒成否，主要在发酵用曲药，一般制曲中草药多达160来味，今人们只知五十余味，其余方名多已失传矣！现记录朗溪王姓所知遗方如下：白胡椒20克、川芎12克、白豆蔻18克、甘草20克、麦芽15克、法夏15克、肉桂枝18克、白芷20克、金银花12克、沙参18克、麦冬15克、苍术15克、桔梗12克、五香（肉桂皮、茴香子、八角茴、花椒、山奈）50克、砂仁18克、牛膝12克、香附子12克、麻黄115克、槟榔115克、丁香18克、陈皮12克、僣片18克、半夏15克、羌活12克、葛根18克、山药18克等中成药数十味，加上打破碗花、了子颠、鱼香草、白筋条、珍珠猫、金银花藤、大黄草、鱼秋串、曲母、鹅不食草、水灯草、扁竹根、豆爪菜、紫草、三皮风、五皮风、车前草、大菊花、蜂窝草、小菊花、野菊花、野棉花、茅草根、地瓜根、毛鸡腿、满坡香、夜关门、何首乌藤、桂花菜、白头翁、野苏麻、一碗香、苣苣草、马蹄荆、曲香（主药）、筋骨草、木香、虎杖、荆介、大金刀、小金刀、百合花草、夜牵牛、夜来香、桂花枝、茉莉花、小木通、奶浆藤、八月瓜、春木皮、香樟皮、淫羊藿、老虎草、金刚豆藤、木姜子、天青地白、地苦胆、人头发草、鱼腥草、小血藤等百余味。

（民国《贵州通志》载，柳元翘采编）

黔东地区乡人傩文化研究

——以印江土家族还愿为例

绪论　《礼记》：“傩，人所以逐疫鬼也”。不言而喻意为惊驱疫疠之鬼。“中国傩文化的从系，包括傩的观念，傩的文化根基，傩舞、傩戏、傩像、傩面、傩坛（堂）、傩器、傩画以及有关的驱鬼活动、祭祀酬神活动和求子、度关、医疗、娱乐、建房、超度法事等活动”。[①] 据相关资料记载：傩分为军傩、宫廷傩、乡人傩、寺院傩等。它诞生于科学技术水平极端落后、人兽不分、人神不分的蒙昧时代。古时候，黔东地区地理环境恶劣，瘴气弥漫，生产力发展水平滞后，加上建制沿革和民族习惯等诸因素，为乡人傩的诞生和发展提供了理想的“温床”，得天独厚的地理条件和人文因素避免了外来文化的干扰，使之成为古老而又神奇文化的存储地和活化石。印江土家族乡人傩积淀了丰厚的土家族文化特色。长期以来，经过土家族人民的继承和发展，现已经构建成了一个繁冗的民族文化体系。笔者通过在印江全境及周边县份进行田野调查和查阅资料后，认真梳理、归纳总结得知，乡人傩文化内容极为丰富，有还愿、冲傩、迁衔（过职）、亮水、回车马、收魂等，不计其数。其中还愿在印江全境及周边县份的土家族人群中，具有惊人的雷同，傩歌（包括节奏、旋律、唱腔）、傩舞、傩具、傩画等都大同小异，把它作为土家族乡人傩文化的代表一点也不为过。笔者的父亲从小就继承和发展祖辈乡人傩文化事业，多次参与过民间和政府组织的各项傩文化活动，如今已九十高龄还能把各盘法事的内容倒背如流，生活在这充满乡人傩文化的家庭背景下，有优越的条件和资源进行悉心研究乡人傩文化特色。到目前为止，研究乡人傩文化特色的作品多如牛毛。但是，要把还愿作为一项完整的论文来研究，可以说是凤毛麟角、一片“真空”。基于这样的现状，正是笔者研究本论文的初衷和动机，经过一个月的时间，以七百渡傩戏为范本，把还愿的内涵、内容、流程、价值进行了理性思考、仔细阐述、认真书写，形成了本论文，呈现于大家，以求抛砖引玉。

一、还愿的内涵

①张紫晨：《中国傩文化的流布与变异》，《民俗曲艺》1991年第1期。

还愿的概念　贵州傩文化研究代表庹修明指出："所谓还愿是针对许愿而言的，某家有事，祈求神灵护佑，或叩以戏文搬演，这就是还愿。"① 简言之，就是指某家为了达到某种愿望，在神灵面前许下心愿，实现后再请土师来酬神的一种活动。黎羌认为："冲傩还愿不仅娱神同时也娱人"②，向柏松认为："还傩愿是户主请土老师唱傩戏以还曾经向傩神等神灵许下的愿。还愿时间少则三天，多则半个月"③。傩文化博大精深，名目繁多，目前已得到大家对还愿概念认同的归纳提炼就算曲六乙学者了，他认为："傩包括宫廷傩、官府傩、寺院傩和乡人傩；乡人傩又包括（族傩，又叫宗族傩，在一个村寨里主要为大姓或名门望族服务；愿傩，个别户主为还愿请来傩坛进行的祭祀活动；游傩，三五一伙艺人或游民，为乞讨糊口在除夕日挨门逐户进行免灾纳吉的祝福活动）"④。

傩愿经过印江及周边土家族人的继承和发展，根据生活的需要又将还愿细化为病愿、子孙愿、寿愿等。

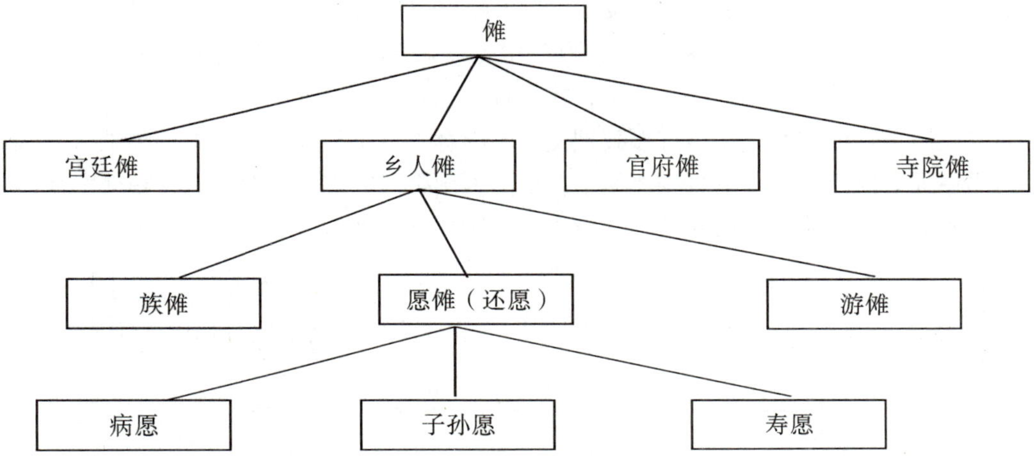

傩文化的分类示意图

还愿的形成　在古代社会，黔东地区科学技术水平极端落后，生产力不发达，先民们出于生存的本能，不得不与猎物作斗争而获取食物。斗争中为了捕获猎物，采取了一些怪异的方式，把自己伪装成动物，以便于近距离靠近而攻之。同时，祈祷自己不被伤害。可是，许多情况下都事与愿违，想法很快就成了"肥皂泡"，加上一旦遇到大风、雷电、地震等自然现象，触及生命的存在与否时，便幻想一个超自然的力量能够护佑，一种极为荒唐的思维模式和行为模式便产生了。鉴于对大自然认识的局限，便对乡人傩文化的萌芽提供了天然的土壤，乡人傩诞生后，"傩祭成了先民们对神灵的一种顶礼膜拜形式，是古代先民原始意识形态的具体体现"⑤。随着时间的推移，在乡人傩文化的支撑下，土家族人民为了使该文化进一步地贴近生活、贴近实际，经过继承和发展，还愿便从乡人傩文化中游离出来成为其中的一个活跃因子，每年的 10 月、11 月、12 月便是土家族人还愿旺盛期。

二、还愿的内容及流程

还愿的内容繁多，一共有 20 场法事，分为酬神和娱神娱人两部分，时间为进出三天。还愿整个过程由掌坛师（以"坛"为单位，傩坛的第一把手，一般是男性，但印江也有女性担当）和徒弟共 7 人左右来完成，进场的第一天，到家门口时要鸣角三声，土家人用最高的礼仪放鞭炮的形式予以迎接，接下来就是土师布局傩场，堂屋最上方挂上"三清图"和"司坛图"作为背景，前面摆两张大桌（称为宝桌），宝桌上面安放菩萨，即傩神爷爷和傩神娘娘，头上覆盖一条红色帕子，叫神帕，正中安

①庹修明：《亚傩文化与仪式戏剧研究》，第 141 页，贵州民族出版社，2009 年 10 月第 1 版。
②黎羌：《中国傩文化的集大成者——庹修明教授与他的傩文化学术成就》贵州民族大学学报，2013 年第 2 期，第 10 页。
③向柏松：《土家族民间信仰与文化》，民族出版社，2001 年第 1 版。
④曲六乙：《中国少数民族传统戏剧的历史地位和艺术价值》，亚洲传统戏剧国际学术研讨会论文。
⑤吴靖霞：《历史文化的积淀》，《贵州民族研究》，2006 年第 5 期，第 93 页。

放一升米，插上愿状（就是用白纸折成一个“人”字形，下方插上一根小竹棒叫“愿状”，杀猪时染上猪血后放在宝桌上，上熟时撤开看图案），其余空闲地方就是摆满旗花果供和傩具，堂屋的两边横牵四根绳子，绳子上面挂上五颜六色的旗花和剪纸，最前方用晒席覆盖着一张小桌子，其上面摆放酒杯和香碗，下面用碗装一条活的鱼（意为敬神要鸡鱼三生），整个傩场就布置完成，每当步入傩场，你会莫名其妙地感觉到那是严肃和令人敬畏的地方。

酬神部分

请神　请神是还愿的开始，土师首先吹牛角三声（声音由低音转向高音，发出类似“玉皇、玉皇、玉皇”的声音），然后用卦子（把竹根削成半圆形劈成两半，长约 4 厘米，宽 3 厘米，两面朝下叫阴卦，两面朝上叫阳卦，一面朝上一面朝下叫顺卦），时而敲打牛角（在水牛角小的一端插上一个木哨子），时而停下。同时，不停地念咒语，笔者摘录了部分咒语（本文所有摘录都来自科书）如下：“神通浩浩，神德昭彰，凡人有请，急忙感应，炉前烧起一柱真香，二柱名香，三柱保香，香不乱烧，神不乱请……”。念完之后，土师以打阴卦、阳卦和顺卦来判断神灵是否请来为标准，如果卦子不是这样，土师会继续念咒语，直到三卦都有了，才算神灵请到了。

启鼓发文　所谓启鼓发文就是敲打锣鼓把文书的内容告诉玉皇大帝，以求消灾纳吉，确保东家平安无事，万事亨通。这盘法事以歌舞相伴为主，扮演者用平滑的声调唱第一句，其他土师用高音合唱第二句，然后就是节奏、旋律都很和谐的锣鼓声，按照如下节奏敲打：

2/4

X　XX　0X | 0X0X 0 | X 0 | XX 0 | XX0X 0X | 0X0X 0 ||

0 X0 | X0 X0 X | 0 X0 | 0 XX | 00X0 X0 | X0X0 X ||

歌词内容：

“尤以穿红穿绿是一场，手执钢刀下特场；
若有邪家来斗阵，折它头来见我皇；
日月二公当堂坐，歌鼓二郎发雷声；
……”

他一边唱一边穿法衣（据土师介绍法衣由大法先师所制，布料以红色为主，相间黑白条纹），把牌带（由大道高尊所制，一根约 20 厘米长的木条，用五颜六色的布条固定其上，笔者亲自目睹过制作全过程，缝布条必须是 8 个未婚女子）甩在肩膀上，装饰完毕之后；就以傩舞相伴，傩舞以走四方步和“之”字为主，每当土师们的音量提高时，扮演者便以“转圈”相迎，动作娴熟，舞姿轻盈。一副宗教的神秘色彩呈现在观众面前，囿于心理作用产生了肃穆感，达到独具特色的傩剧效果。

行坛接鉴　据土师介绍行坛接鉴就是为天兵天将修房造屋。本盘法事的傩具主要有：牛角、牌带、法衣、卦子、师刀（主师制师刀，用一根筷子大的铁做成一个圆圈，圈上套有 24 个铜钱，再用一把铁制的小刀固定在圆圈上，摇动时会发出吵吵的声音）等，整盘法事是以在锣鼓声中念和跳为主。傩词开头为：

“堂前不要断歌鼓，金炉不要断香烟（锣鼓声）；
断了歌鼓从头起，炉断香烟冷淡神（吹牛角三声）；
鸣角一声当三声，师郎拜请起何神；
拜请五方五斗，淮南门下起先师；
三元将军童子郎……”

傩舞是扮演者把师刀放在堂屋的中间，按照一坎（正北）二坤（西南）三震（正东）四巽（东南）五中（中央）六乾（西北）七兑（正西）八艮（东北）九离（正南）的顺序进行反复走动，这个舞谱是每一个行坛弟子必须具备的，有的土师称之为“踩九州”，它继承和发展了巫舞及民间舞蹈，以现代舞的视角去审视它，具有一定的欣赏价值。

架桥　顾名思义，架桥就是派天上神兵把桥架好，以便于各方神灵过桥。本盘法事的傩具与行坛接鉴雷同，唱念结合，唱词：

“金炉焚起宝坛香，今告堂前定阴阳（锣鼓声）；
金炉鸣动千兵到，金桥迎接护君王；
……”

这盘法事有一个特别引人注目的动作，就是扮演者挽诀法，“诀法老师在行傩时用十指的比划、造型来表达特定巫术含义的一种方法，具有驱鬼、镇魂、退病、解厄之法力。根据勾、按、屈、伸、拧、扭、旋、翻等手法，演变出多种多样的手诀，历代相传手诀有 72 种（一说 200 多种），可谓繁多”①。诀法的名称有：祖师诀、黄斑饿虎诀、麒麟诀等，挽诀法时要念：“拜请造桥将军童子郎，东岳山前去采木，东岳山下起人夫，起得人夫无其数，奔出斧头带血声”。

三下马　三下马就是把恭迎来的神灵请下马。在这盘法事里土师要使用到神鞭（据说由吴杰大道所制，它是用一根细小的竹根子，一端系上红布即可），身穿法衣，头戴头扎（由三清所制，用六块硬纸板系在一根小绳子上，每两块纸板之间安放一块可以活动的“鸡冠”纸板，并在六块纸板上画上三桥王母、三清、大法先师、大道高尊、主师、吴童大道、金角甫师画像即可），手持神鞭，依次在乾坤坎离艮震巽兑八卦上边唱边抽打神鞭，唱词：

“神是华山大圣人，神威广大紫禁城（锣鼓声），
神是姓人虔心请，神将兵坛作证明，
神前五云三千将，神后兵符种神灵，
神在堂前天进宝，神仙上山寿长春；
……”

传花红　传花红就是劝神灵喝酒，相当于民间划拳。土师着装完毕之后，开始唱

香在炉中烛在台，花不逢春不乱开（锣鼓声）；
酒在杯中微微笑，诚劝华山满堂神；
东华门外文官进，西华门外武官迎；
……”

接下来就是扮演者要请每一位土师说酒令（猜字谜），被叫到者自己唱自己猜，把猜出来的字要进行与还愿相关造句。譬如，扮演者：王先生请把你的生前诗一首；王先生：三点水不干，人字往上翻，十字穿心过，大弯包小弯，这个就把“海”字猜，主家酬还红恩愿，财以发来人也兴（锣鼓声）。王先生说完后又请张先生，张先生说完后又叫李先生，依次这样传下去，直到该坛的每一位土师至少要轮到两回后，本盘法事才算完成。

禳心投表　据土师阐释：禳心就是主家还愿之后一家大小心神开泰，万事亨通；投表就是敬五岳（东岳七天人圣帝，南岳师天朝圣帝，西岳今天师圣帝，北岳安天元圣帝，中岳中天从圣帝）。该盘法事是酬神的重要组成部分，一般都由掌坛师来完成，所以扮演者及主人都要洗手洗脸后，方可进入傩场。经过土师的精心布局和设置，傩戏演出时秩序井然，掌坛师“全服武装”在前面手持文书边唱边作揖，后面斟酒师（为本场还愿斟酒的专职人员）和主人跟随作揖，由于观众的心灵感应，剧场很少喧哗取闹，一种肃穆浓厚的神话色彩和宗教意识弥漫着整个傩场。唱词如下：

“起首归五岳王，岳五殿前放毫光（锣鼓声）；
毫光照出三千见，千见之中逢宝香；
宝香焚起众神将，神将今宵大道场；

①李华林：《德江傩堂戏》，贵州民族出版社，1993 年第 1 版。

道场之时该圆满，圆满之时福寿长；

……”

上熟　上熟又叫勾标了愿，是还愿的核心，主家的运气可以从这盘法师中打卦和“撤愿”（把愿状拆开）得以佐证。这盘法师必须是掌坛师来完成，所有土师、酌酒师、厨师、锣鼓师、主人都要洗手焚香，从下面的唱词中我们不难判断该盘法师的严肃性。

“周身衣裳穿齐整，降身要进玉皇门（锣鼓声）；

降身来到玉皇殿，小师上熟一时辰；

……”

掌坛师做完敲角请圣和劝酒（用筷子拈米酒放在傩神娘娘前方的碗里，蘸水酒轻轻洒在傩神爷爷身上以示劝酒）之后，打开愿状看其图案，像什么就唱什么。譬如，图案中有像马的就唱：“主家儿孙高中举，骑马上走进家门（锣鼓声）”；有像鸡的就唱“鸡西鹅鸭满池塘，恭候酬愿主东君（锣鼓声）”；有像抬轿的就唱“四人抬轿主东君，富贵荣华过一身（锣鼓声）……”如果有不好的图案，掌坛师会灵机一动避而不唱或者采取“横看成岭侧成峰”的唱词解开主人的困惑。笔者曾经耳闻目睹过很多场愿，撤愿时主人和观众都特别注视愿状上的图案，有的愿主人和观众“点头”、有的愿他们“摆头”，从这些哑语中可以看出乡人傩文化在这一带传播已久，在土家族人文化理念中占据了重要位置，透视了厚实的乡人傩文化基础。

勾判　勾判又叫封洞，就是土师带所有兵马回桃园洞。这盘法事一般情况下由身材魁梧，声音高亢的土师完成，意味着他具有震撼和威慑力，所有兵马才能听其指挥。土师头戴判官脸子（戴在脸上的傩面具），一只脚踩在翻倒的桌子上，左手拿文书，右手拿着一支点燃的香棍一边唱一边在文书上比划，唱词为：

“青天一朵白莲花，时时刻刻绕东家（锣鼓声）；

判官判官事物多端，又过云南又过四川；

勾得明来了得清，主家愿后富一身；

……”

最后土师以打三幅周全卦为标准，判断桃园洞是否封住，如果打不起三幅周全卦（阴卦、阳卦、顺卦）土师会继续观师（念所有已故大师的名字）、请菩萨等法事，直到打起为准；也有一些现象让笔者至今迷惑不解，有一次亲自看见土师要打阴卦，打了 90 卦都没有打起（之前所有法事要阴卦时都能打得起），惊动了掌坛师和主人，惊慌的原因是怕有不好的兆头，只见掌坛师从扮演者手中抢过卦子，双眼凝视上方的菩萨，嘴里不停地念咒语，然后使劲用卦子在宝桌上敲三下，向上一抛，打起了阴卦。土师、主人、观众都竖起了大拇指。笔者实地查看了地面的凹凸，土师用力的大小，甩的高度都与之前法事要阴卦时没有任何特别之处，用数学上的“概率”来阐释也是难以让人信服的。

送神　送神就是主家还愿完毕，土师要请神灵“回家”。在这盘法事里土师以念劝酒词为主，劝酒词：“请神先往上师请，送神先送五庙神，斟酒师酌酒人，两只耳朵听分明，酌上三巡起马酒、圆满酒、抛鞍杯，又将吃酒劝和神，五庙猴王请来领，万化百神领杯巡，领了圆满酒抛鞍杯，顺卦落地转回程。”如果打不起顺卦，土师会像上述一样拿出所有法力，直到打起顺卦为准。最后，焚香烧纸放鞭炮。

请水洗灶　该盘法事就是拜请水井菩萨和灶神菩萨，以至于东家能够喝干净水，吃平安饭。相对于其他法事来说较为简单，就是土师一人有节奏地轻轻敲打铙钹，不停地念傩词。内容为：“东方青帝，水府神君，南方赤帝，水府神君，西方白帝，水府神君，北方黑帝，水府神君，中央黄帝，水府神君，太上三元三品三官大帝神之位”……洗灶的内容就是把上面的“水”改为“灶”即可。

娱神娱人部分

打抱胡　打抱胡就是唱路程计，抱戏名的傩活动。两名土师面戴脸壳子，一人一把高粱做的扫帚，在堂屋的外面边唱边走四方步，手中的扫帚左右上下摇摆，一会儿过后便走进傩堂，到傩堂后唱腔与舞步不变，只是唱完两句双方便交换位置。唱词：

"抱胡神来抱胡神，要往桃园唱出门（锣鼓声，以下相同）；
一出桃园三结义，普陀翻山过峨眉；
十打狮子刘估计，六角桥上下象棋；
洞中七日避七夜；古人留下烂船溪；
一家要走安详去，香蜡纸肉走神溪；
神溪交过麻阳地，高撑雨伞步子溪；
……"

庹修明教授在分析研究贵州傩文化的形成过程时认为："古代的贵州被称为'蛮夷之地'，居住着众多的少数民族。由于地理位置、建制沿革、民族习俗等诸多因素，深受巴蜀、荆楚文化的影响，傩文化的传入，与巴、楚文化有很深的渊源关系。"① 从上面的唱词中提到的地名可以判断土家族乡人傩文化深深打着巴蜀、荆楚文化烙印；同时，验证了庹修明教授分析研究的精准。

搬先锋　本盘法事是男性土师化妆成女性，头戴金银帽，帽上镶嵌两根银白色的簪子，项挂银圈，身穿五色衣，下身穿石榴裙，脚穿绣花鞋，眉毛弯而浓，嘴唇绯红，手摇红绿相间的扇子，舞步多是四方步，与土家族摆手舞的步法大同小异，唱起歌来歌声是经过加工处理过的，非常接近女性的声音，圆润又细腻，煞是好看、好听。由于多在夜间演出，稍不注意是很难判断由男性伪装而成。印江土家族人称之为"先锋小姐"，是专为主家扫五瘟的。唱词：

"先锋神器折上东，东方神鬼落虚空（锣鼓声，摇扇跳舞）；
先锋神器折上南，南方尽是鬼门关；
先锋神器折上西，西方神鬼尽皈依；
先锋神器折上北，北方黑地去不得；
先锋神器折上中，中央神鬼永无终。"

折五瘟结束后就唱先锋神的起源，这时候唱腔要发生转变，从原来的节奏转向更加平缓。唱词："家坐耒州耒阳县，七盘巷口姓催人；父氏有名催天子，母姓黄来皇后娘……"

出甘生八郎　甘生八郎是个生意人，主家还愿为其买牲口。土师面戴甘生八郎脸壳子，手里拿着烟杆和旱烟袋，肩膀上挂着两个口袋，扮演成生意人角色。唱词：

"八郎哥八郎神，要往江西唱出门（锣鼓声）；
出了江西离了家，四十八站走长沙；
走长沙念长沙，长沙有个百万家；
长沙出了稀奇事，笑死长沙百万家；
三岁姑娘生胡子，八十老公引娃娃；
……"

从上面的唱词里提到江西、长沙，再次证明了贵州傩文化与楚文化有很深的历史渊源关系。

打秦童　秦童是为主家送金银财宝的喜神。打秦童是娱神娱人部分的精髓，它是把整个还愿傩戏推向高潮的核心。出场时身穿法衣，背上塞一个圆的枕头，腰身用腰带拴住，面戴秦童脸壳子，脸壳子的左脸上刻着一个"丑"字，意味着说话粗鲁，嘴唇下方是缺的，意味着演戏过程中说、唱都要与"缺嘴巴"相对应（即口吃和吐字不清），扮演成滑稽、幽默、可笑的角色。演戏过程中的配角有八郎、先锋小姐、土地老儿、厨师、锣鼓师、酌酒师、主人等，有时候还要拿观众中的帅男美女开玩笑，以此引得满屋哄堂大笑。下面笔者将带你进入戏场：

---

①庹修明：《巫傩文化与仪式戏剧研究》，第12页，贵州民族出版社，2009年10月第1版。

八郎哥：秦童快开门哟！我走了二十四个狗脚湾，走得脚麻手又酸，让我歇一会儿嗦！

秦童：你，你，你是哪路毛神？吵闹我的瞌睡，扰乱我与婆娘的好事。

八郎哥：太阳已经起来三丈长，你还好意思在床上陪婆娘，羞不羞嘛！我是做生意的甘生八郎。

秦童：等一下嘛，我，我，我马上开门。

秦童出场时弯着腰，右手放鞭炮，左手提着吹足气的猪膀胱（土家族人称“猪尿脬”），围绕桌子上拿祭祀的猪肉转圈，然后双手拍猪身，哈哈大笑，之后唱告禀话：“告禀告禀真告禀，告禀阿姨叔叔们，不是我秦童爱乱讲，原是主家鼎着这堂神（锣鼓声）”。下面是摘录秦童与先锋小姐的部分对话：

先锋小姐：秦童你这么难看，背驼嘴缺，说话口吃，你要娶我为妻，我眉清目秀，年轻漂亮，就我不说别人也会说我鲜花插在“牛屎巴”上嗦。

秦童：我虽然难看但是心灵很美嗦，我可以天天不让你做活路（干活），像菩萨一样供着，吃香的喝辣的你尽管吩咐就是了，你提的每个要求我都满足你，嫁给我好吗？

先锋小姐：看在你心很好，又可怜，嫁给你吧！

秦童：从跨在猪身的口袋里取出糍粑（用糯米制成）唱到：“一个粑二个粑，你拿到火坑角角里烧起掐（谐音，土家族人是吃的意思），哪个娃娃来望你，你鼓起眼睛不张他（锣鼓声）。

在这里就不再对秦童与土地老儿、厨师、锣鼓师、酌酒师、主人、帅男美女等的娱人部分进行赘述，总的来说就是说一些观众喜闻乐见的俚语，结合土家族人的知识结构和意识形态，谈吐富有诙谐感，使其更加贴近生活、贴近实际、贴近观众，以便于引起观众开怀大笑，活跃傩堂气氛之目的。当然，活动中的语言和行为虽然能达到部分娱人之目的，但是很有不雅和浓厚的封建迷信色彩存在，这是与精神文明建设相悖的。发展健康娱人傩戏，要革故纳新，剔除不健康因素，充分发挥傩堂戏灵活性、开放性之优点，使之成为人人爱看、人人爱听的宝贵艺术资源，这才是傩戏改革的关键所在。

打开山　打开山就是为主家砍五瘟。一个身材魁梧的土师扮演成凶神恶煞的样子，头上捆着一根红色帕子，脸用黑、黄、红、绿颜色点缀，画得面目全非，嘴里含着一对猪“獠牙”，手持一把木制的“斧头”，腰身拴着一根五颜六色的布带，唱时声音高亢浑厚，土师说：“只有这样才能为主家砍五瘟，祛除邪气”。下面是一段开山猛将与观众们的对话：

开山猛将：站在门外喊到，请问主家还愿是有心恭敬还是无心恭敬，有心恭敬就请进傩堂，无心恭敬就打马回乡。

观众：有心恭敬。

开山猛将：什么恭敬？

观众：红猪一口，鸡鱼三牲，旗花果供，满盈满席的恭敬。

此时，开山猛将挥舞斧头跑进傩堂，锣鼓声时，用舌头抵獠牙，使其朝上、下、里、外裸露，样子非常恐怖。唱词如下：

开山神来开山神，架起五方五色云（锣鼓声）；
一架东方青云起，二架南方赤云飞；
三架西方白云起，四架北方黑云飞；
五架中央黄云起，五色祥云盖无声；
……

打土地　打土地就是土地老儿帮助主家耕种庄稼。由土师戴上土地老儿脸壳子，拿着一根祖师棍（棍子上面雕刻着土地、唐氏太婆、太白金星等图案），上面挂着一个小锣，每唱完两句就绕着朝祖师棍转一圈，同时，敲锣三下，唱词如下：

土地老儿一十一，恰过门槛作个揖（自敲锣三下）；
土地老儿二十二，手持毛笔会写字；

土地老儿三十三，一步飞过铁栏杆；
土地老儿四十四，上坡砍柴不怕刺；
土地老儿五十五，划得龙船打得鼓；
土地老儿六十六，一口酒来一口肉；
土地老儿七十七，上坡下坎不得力；
土地老儿八十八，一口牙齿像搭耙；
土地老儿九十九，龙头拐棍不离手；
土地老儿登一百，看到吃得做不得；
土地老儿登一千，看到越老越新鲜；
土地老儿登一万，吃得饭来挑得担；
……

溜红犁　这盘法事一般情况下由掌坛师来完成，土师吩咐东家用稻草把犁烧红，然后请师、造水、打卦子，最后扮演者赤着脚，在水碗里蘸一下踩在犁的凹处，发出“吱吱”的响声，嘴里不停地念着：“造水先师，造水仙人，护佑弟子，平安无事，观请师傅，喊你一声应一声，隔山喊隔山应，隔河喊水上行……”溜完后查看其脚完美无损，笔者辩证认为：之所以其脚完美无损，有些现象可以作出科学合理的阐释，譬如，首先，脚底面肉皮一般较厚，甚至有“老茧”现象；其次，当脚蘸水接触到红犁时，水因蒸发吸热降低温度从而对脚加以保护；最后，脚是放在犁的凹处，恰好为水提供了瞬时的存储。值得深思的是烧犁为什么要用稻草而不能使用其他燃料，给笔者蒙上一层神秘的面纱，这有待于作进一步的考察和研究。

上刀杆　上刀杆一般情况下还愿没有使用，是土师迁衔（指土师学艺完成，得到师傅的认可，今后可以自立门户而举行的一项傩活动）时才用，但在印江、松桃、秀山交界处一带的土家族还愿也在使用。上刀杆又叫上刀山，就是在一个宽阔的地方，竖起一根大木头，木头上镶嵌着 24 把锋利的杀猪刀，凡是年轻的土师都要赤着脚踩在刀刃上攀爬上去，到达杆顶后要鸣角三声，如果哪家小孩有病可以请土师背着上去，方能驱邪除病。攀爬之前，掌坛师要亲自扮演，左手提雄鸡右手拿卦子，一边念咒语（内容与溜红犁大同小异）一边打保佑卦，最后，把雄鸡的颈用力甩在锋利的刀刃上，使鸡头和鸡身“分家”，鸣角三声后土师们方可上刀杆。笔者曾经近距离观察过，发现土师们攀爬时都有一个共同的动作，一方面是脚踩在刀上时尽量与刀形成一条线，增大受力面积，减小其压强；另一方面双手紧握杆上的刀，从而会减轻脚上的压力。这两方面虽然符合压强公式原理，但是实际上并没有如此简单，你绝对会望而生畏不敢亲自尝试，潜藏其中的秘密因素或许就是它经久不衰的本质原因。

开洞　开洞又叫开桃园洞，就是土师用钥匙把桃园门打开，以便于里面的神灵出来，保佑主家一切平安。戏场的布置就是在堂屋的正中放一个里朝上的大簸箕，其四周摆上所有脸壳子，代表各位神灵，扮演者“全服武装”，右手拿着卦子一边唱一边分合碰打两扇卦子，发出“嗙嗙”悦耳动听的响声，动作非常娴熟。唱词：

“三十三天云雾起，要开桃园三洞门（锣鼓声）；
大法师公来开洞，小法师祖开洞门；
钥匙挂在神雾上，弟郎到了开洞门；
请得唐氏太婆到，弟郎到了开洞门；
上洞原是金绥锁，今打钥匙开洞门；
阴卦落地抱围城，中洞原是银绥锁；
银打钥匙开洞门，顺卦落地抱围城；
下洞原是铁绥锁，铁打钥匙开洞门；
阳卦落地抱围城……”

还愿的流程　还愿的时间及法事活动顺序如下：第一天，请神—起鼓发文—行坛接鉴；第二天白天，架桥—请水洗灶—三下马—传花红—禳心投表—溜红犁—上刀杆；第二天整晚，开洞—打抱胡—搬先锋—出廿生八郎—打秦童—打开山—上熟；第三天，打土地—勾判—起马送神。

三、还愿的价值

马克思主义关于价值理论观点认为：“所谓价值这个普遍的概念是从人们对待满足他的需要的外界物的关系中产生的，是人们所利用的并表现了对人的需要的关系的物的属性，实际上是表示物为人而存在。”① 这段理论言简意赅，经典概括了任何事物的存在和发展必须具备显性价值和隐性价值，从而满足人类的需要，与时代相呼应，才能经久不衰，永久传承下去。还愿作为乡人傩文化的一部分，从古至今依然活跃在印江土家族这块热土上，不乏有其存在的理论价值和实践价值。相对比较，印江受地域环境、民风民俗等诸因素的限制，致使政治、经济、文化与沿海发达地区形成了较大的差距，尤其是偏远落后的农村地区，基于这样的原因才使得还愿作为土家族人民的精神慰藉而在这片热土上生根、发芽、开花、结果。伴随着新农村建设和城镇化建设的步伐加快，各级党委政府对傩文化研究的高度重视，还愿作为傩文化的一个组成细胞，它的隐性价值已经呈现出“小荷才露尖尖角”的态势。

旅游价值　彭兆荣在《旅游人类学》里提到：“经济全球化导致了社会分工的国际化程度大大提高，人们的工作已经超越了具体的工作空间，网络时代使社会交流变得失去具体的空间世界感。然而，也正是这样的社会现实，使得人们在心理上对个性化、特色化、地域化、族群化的地方性文化有了更高的期待和追求。”② 据联合国旅游资源调查组得出的数据显示：文化旅游、生态旅游、参与式旅游将成为21世纪旅游的三大热点。毋庸置疑，还愿作为乡人傩文化旅游资源的重要组成部分，必将备受学者和游客的青睐。其原因就在于还愿是以歌舞为载体，融合了土家族摆手舞、金钱杆、情歌对唱、花灯舞、薅草歌等一体，在傩戏、傩歌、傩舞、傩画、傩坛里都能若隐若现地发现它们之间的有机整合，出于对古老而又神奇的傩文化研究和欣赏，便产生从中窥视出先民们的精神生活以及戏曲起源的欲望。在文明社会市场经济条件的影响下，必将从研究欣赏演变成文化消费热，成为一种文化商品而满足游客的市场消费需求，知识的获取演变成知识的消费，这已经是大势所趋，无可驳倒的现实理论。近几年来，印江落后地区的政治、经济、文化、生态发生了翻天覆地的变化，人居环境、交通条件、文化素质等都得以极大的改善和提升，在以开发梵净山为龙头旅游资源的背景下，土家族乡人傩中的还愿这一艺术奇葩必将得以自身旅游价值的彰显。

艺术价值　艺术是一种文化形式，是一种精神产品。艺术价值就是从价值论的视角去探究艺术。还愿实际上就是一场娱神娱人的傩戏活动，经过土师的精心设计和建构，结合了土家族人民的思维模式和文化结构，大胆采取夸张的手法，贯之以喜闻乐见的音乐、面具、绝技、舞蹈、服装、剧目等来满足人们的心理需求。法事中有的傩歌节奏平稳自由，曲调缓慢（譬如搬先锋）；相反，有的傩歌高亢粗犷，节奏快而稳定，曲调较快（譬如打开山）。栩栩如生的傩面具千姿百态，匠心独运的雕刻师通过认真构思，创意合理，粗犷中不乏细腻，古朴中不乏韵味，大胆采取夸张的艺术手法把美与丑、善与恶刻画得形象逼真，历历在目。神奇叫绝的傩技（如溜红犁、上刀杆），在用现代技术无法找到科学的答案下，更是让你心悦诚服，赞叹不已。严格按照一坎二坤三震四巽五中六乾七兑八艮九离这个舞谱跳的傩舞，动作娴熟，舞姿轻盈，序而不乱，既有祭祀的巫舞痕迹，又有土家族舞蹈的特质。傩服主要是指法衣，它以红色布料为主，黑白条纹相间，背面正中画着一幅八卦图，两边开衩以便于傩舞时跳动，开衩的两边还镶嵌着类似土家族女性服装的彩色花纹。除此之外，还有妙趣横生的剧目，生动活泼的剪纸，等等，这些都遵循了笔简意繁，离形得似、妙在笔墨的美学原则，是难得的民族艺术瑰宝，不仅具有文物价值，而且具有较高的艺术审美价值，它对探究戏剧的起源和发展提供重

①《马克思恩格斯全集》，第406页，人民出版社，1953年第1版。

②彭兆荣：《旅游人类学》，第191页，民族出版社，2004年第1版。

要的理论依据。冯俊杰在《傩祭传统与中国戏剧本体发生的逻辑起点》一文中指出："具有'活化石'价值的傩戏，由傩仪祭祀中脱胎而出，而在傩仪祭祀仪中普遍并持久显示的装扮—扮演之象征意向及行为导向，正是中国戏剧本体发生的逻辑起点，通过傩戏的傩仪祭祀祭仪可以寻出中国戏剧发展的线索，预示出中国戏剧的特质。"①

平衡心态价值　还愿的宗旨就是为许愿成功后而举行的酬神傩戏活动。人世间原本就没有能左右人的幸福的神灵存在，可是在黔东一些落后山区的部分土家族人心中，他们认为神灵的存在是绝对的，有的人在神灵面前许下心愿能够如愿以偿，有的却背道而驰，离目标越来越远。把产生这种现象的根本原因完全归咎于对神灵敬奉的诚心与虚伪。这是一种典型的客观唯心主义思想，这种思想能在这里有市场有生存空间，无不与他们的知识结构、风俗习惯、地域限制等有必然的逻辑联系，正是基于这样的客观事实，还愿才有了生存空间和得天独厚的市场，在这片狭小的土地上，仍然在发挥着它的积极功能，平衡心态就是其中之一。譬如，主人在神灵面前许下病愿、寿愿等，结果病愈安康。辩证思考这种必然中的偶然，并不是神灵的护佑，真正起决定性作用的是通过还愿后心态得到了平衡，心灵得到了慰藉，土家族人在这种文化理念的支撑下，按照既定的计划朝着确定的目标前进，结果大功告成。美国爱默生说：一个朝着自己目标永远前进的人，整个世界都给他让路。《黄帝内经》说："百病生于气也。怒则气上，喜则气缓，悲则气结，惊则气乱，劳则气耗……②"生活中，一个乐观豁达的心态，造就事实如愿以偿，这才符合马克思主义辩证唯物主义观。还愿作为印江土家族人精神生活的一部分，尤其是子孙愿、寿愿、病愿。梁正海博士："每一次傩活动就是一次生动形象的历史记忆，也是一次敬祖尊老的伦理道德的褒扬。"③ 它不仅可以促进家庭和睦，维护社会和谐稳定，更能体现它的平衡心态价值。

知识价值　还愿的知识价值主要体现在它的文化知识价值再现。随着科学技术的突飞猛进，科学价值已经占领了人们的思想文化阵地，傩文化价值只有退居二线，游离于民间信仰层面，成为一种知识存在和历史。它的教育价值就只能体现在它的知识价值再现方面。"文化价值是指客观事物的所有的能够满足一定文化需要的特殊性质，文化价值是社会产物，人不仅是文化价值的需求者，而且是文化价值的承担者。不管是人类的文化需要，还是满足这种需要的文化产品，都只能在人类社会实践形成，人们创造文化需要和文化产品的能力，本身也是文化价值，而且是最本质的文化价值。"④ 研究还愿的文化知识，可以窥探出戏剧的早期形态和活动遗迹以及历史长河的精神存在，因为它的内容繁多，涉及艺术的方方面面，从某种意义上讲，它既属于民族学范畴，又属于宗教学范畴，更属于历史学范畴。当今的科学技术已经把它边缘化后，只能由职业化的研究人员以论文的形式来体现其知识价值再现，丰富人们的精神文化生活。

结束语

黔东地区乡人傩文化是一古老而又神奇的艺术奇葩，被学术界、艺术界誉为"中国原始文化的活化石""中国戏剧文化的活化石"。印江土家族还愿是黔东乡人傩文化的重要组成部分，集民俗、民风、宗教、神话、语言、舞蹈、书画、雕刻、剪纸等为一体，内容广泛、内涵精深，彰显了厚实的学术生命力，不仅有很高的文物价值、艺术价值和审美价值，而且还有鲜为人知的平衡心态价值、旅游价值及知识价值。还愿是以傩歌、傩舞、傩具、傩画、傩技等为载体，展示其丰富的内涵。囿于从傩祭傩仪中游离而出，难免带有巫术成分的因子，具有明显的宗教色彩，与现代文明社会有些相悖。保护和抢救这一非物质文化遗产应该采取"扬弃"的方法，取其精华，舍弃糟粕。

本论文所获得的信息材料绝大部分是通过田野调查而得，真实可靠，原汁原味，在详细阐述还愿

---

①冯俊杰：《傩祭传统与中国戏剧本体发生的逻辑起点》，《中华戏曲》1996 年第 1 期。

②http：//baike. baidu. com/link？url。

③梁正海：《三峡论坛》，2011 年第 1 期，总第 234 期。

④(英国）摩尔根：《古代社会》，第 89 页，商务印书馆，1995 年版。

的内容及流程中，提出了一些至今尚未被作出科学回答的神秘信息。譬如，溜红犁为什么要用稻草而不能用其他燃料？打卦为什么甩90下都不能达到？上刀杆的刀特别锋利，尽管文中作了一些客观的分析，但是还是不能令人信服，为什么人踩上去不能受伤？这些困惑有待于解决。因此，研究其功能具有重要的历史意义和现实意义。笔者研究还愿的价值从旅游、平衡心态、艺术、知识等价值方面进行探究，试图从中找到潜藏的价值，以得到大家的赞赏，这有可能事与愿违，无论怎样，笔者本着保护和抢救这一非物质文化遗产出发的理念，虚心接受专家的建议和良方，挖掘其有历史积极作用的传统文化因子，以使增添中华文化活力。

说明：文载《印江傩戏研究》，作者秦仁深，土家族，1971年3月生，硕士研究生。

六、格律诗抄

圣岭春耕

李　渭

岩阿黄虞民，独志唯田园。日出复日入，不知城市喧。
去草培嘉禾，两者不并存。汲隧甘自拙，抱膝听禽言。

书撰“黔南李氏宗祠”联

李　渭

骑马才高唐诗启后，三山事业光前史，乘牛腾紫气，
乘牛道大周史传家，四部书香裕后昆，骑马奋青云。

吊长官李盘①

胡　松

楚昔忝藩议，岁帷庚子秋。诸苗实蠢动，祸及辰沅陬。
维余职馈饷，亦复参帷谋。雕巢与挟抚，杂然罗前筹。
介胄苦水立，宣尉空俯诗。偶然赖天幸，龙苗咸拘囚。
台臣上功状，天子嘉予休。金章出王府，奕奕光彩浮。
以兹论往事，铜铃鲜与俦。于今世岂有，有则予何忧。
蒿目倭与寇，往往多鸱烋。安得吾为厉，一洗封疆羞。
吁嗟石留坡，石留之坡名独留。

注：①李盘，即李渭之曾祖，官水德副司。

石墩积雪

谢国梗

翘首看凝素，寒光湿翠微。迸泉流且冻，枯树瘦能肥。
日落仍留照，僧归尚带晖。谁来题郢曲，天半笔花飞。

合缝山

徐昌支

攀援犹未足，仄圣滞归鞭。山锁千盘水，崖分一线天。
人从猿穴落，蚂向蚁封旋。应似杜陵客，艰难蜀道年。

和刘夫子仙人洞①憩饮原韵

马士芳

荆蓁新辟洞，仙迹尚依稀。挂杖悬藤壁，楸枰听石矶。
问津才说道，觅径复疑非。放饮云封外，停骖未忍归。

注：①仙人洞，又名观音洞，在城东岩口河脚。

题中和山①寺壁

——追怀李同野先生

郭子章

山绕牂牁水满溪，德江深处穴鲸鲵。
二田②一夕成亡虏，五郡年前忆旧题③。
文物依稀荆楚北，声华馥郁夜郎西。
中和岭上人如在，洁比河东与会稽。

注：①中和山，古思邛江地，印邑之李同野曾题词于上；②二田，即思州宣慰使田琛与思南宣慰使田宗鼎，因争万山砂坑水银场相战不已，明永乐十一年（1413）被朝廷派镇远侯顾成领兵五万征办；③旧题，即李同野曾题“中和”二字于中和山石壁。

大圣登

罗　沂

直攀云雾折山腰，晓雨初晴瘴未消。
北岸人呼南岸渡，前溪水流后溪桥。
木藤有子如闽榄，山果无名类越椒。
却使奔驰成底事，换将云鬓作霜条。

挽长官李盘死节

吴守贞

平生慷慨伏波同，深入彝箐气自雄。
血润留坡酬夙志，树生夹石见精忠。
鬼方①罗拜千年祀，黔水丰碑百代功。
骏马铜铃何处在，教人凛凛仰英风。

注：鬼方，旧指印邑之地为“鬼方”，因蛮民多信鬼神故名。

印南“老鼠抠仓” 平蛮丹书石壁题诗

（天启六年桂月柳见时题）

奢夷作叛是庚申，募动西囚围贵城。
高官殁于西贼役，钱粮佣费万倍金。
西事未息江[东起]，乙丑中秋到丙寅。
力征苗氛秋又报，乱山踏步登高亭。
岩寺坐镇[缓兵计]，[快呈朱批援甲临]。
御笔点起三边阵，全仗扬威扫烟尘。
苍天室绝平蛮胆，来年即是太平春。

注：黑框内文字由选编者查考推敲后补填，谨供参考。

观音崖

刘谦吉

一线谁分万仞屏，且移征盖就云扃。
流泉石壁寻仙窟，落日杉阴护使星。
欲借普陀高处卧，总教州相过来听。
纷纷叱驭催人去，不放尘缰流刻停。

峨林秀宝关二绝

帅　机

（一）

峨林渺渺接云浮，百折螺旋最上头。
十里长林春色好，观风到处是佳游。

（二）

羊肠曲曲度崖头，谁向空中结成楼。
石蹬层梯临绝壑，一夫当此可无忧。

印江八景四绝

马士芳

一、 圣墩积雪

署楼窗对此山腰，冰玉光寒映带遥。
消却人间无限热，独存坚白傲阳骄。

二、 虹桥夜月

山气苍苍水气浮，清光荡漾瘴烟收。
一桡载酒三更醉，疑是张骞泛斗牛。

三、 合缝仙窟

一经盘回锁碧岑，云边仙窟许谁寻。
我来坐石听流水，伏虎降龙尚有音。

四、 双峡飞鸿

削壁排天一线通，凌霄肃羽佛秋风。
黔南原在衡阳外，独有邛山不断鸿。

三潮溪

田沐澍

去城东不里，两峰一涧落。间涌数清泉，涓流达城郭。
汲酿殊芳馨，灌田永沾渥。因之号曰仁，兼乎知音乐。
更有泉常潮，三番日有约。乃遇岁将旱，忽然其水涸。
涸后必复潮，潮时愈喷薄。怪哉此潮泉，何以有盈缩。
始信造化工，其中妙橐龠。

近奎书院落成（七古诗摘四句）

敖兴南

百十年来儒求疏，谁知大气终回旋。
天遣文星降南国①，宰官重见临邛②偏。

注：①古思邛水地称黔南地，亦称“南国”。②思邛县治地，古称“临邛”。

中州牧笛

任元德

二水中分处，遥听牧笛鸣。牛眠黄叶渡，人叱白云津。
化宇情多畅，和风韵自清。桃林有如此，小草亦敷荣。

龙津渔火

黄仕甲

薄暮龙潭碧，渔舟野岸牵。钩丝浮水面，灯火彻林烟。
但有瓢沽酒，何愁吏索钱。江城来杜母①，小艇亦游仙。

注：杜母，誉指爱民如赤的县官，人称“父母官”。古有“邵公杜母”典故之称，源自东汉时，河南汲县杜诗继任南阳太守，领民排涝造地，炼铁铸农具，民颂之；西汉时，邵信曾任南阳太守，领民修治陂地开荒，民富足，于是民将前后二任相比称：“前有邵父，后有杜母”。唐诗人李商隐诗云：“疲民呼杜母，领国仰羊公（邵信号羊公）”

过爬挝溪

金玉文

倒挂山公处，爬挝自欲呼。层山元环绝处，野水溅危途。
入箐露犹滴，开林自己哺。此中如设险，一卒辟（匹）千夫。

文昌阁落成和少府王云圃

敖兴南

绝无依傍插云天，鬼斧神工不计年。
此处增高缘故址，有人造极占先贤。

龙潭泻去腾江海，牧笛听来当管弦。
闲向邑城凭纵目，西南一角远撑天。

印江八景全赋

徐起痾

一、 圣墩积雪

玉屏高耸浩无边，积雪层层不计年。
山坞长疑明月满，崖窝浑似白云眠。
春晴不作风飘絮，夏午都忘日在天。
我欲烹茶深峡里，扫除炎热了尘缘。

二、 中洲牧笛

忽闻叩角唱乌乌，牧笛音清绕碧梧。
野调不勇收乐府，童谣差足拟康衢。
莺簧叠积源诗意，牛背横骑入画图。
吹彻夕阳归去晚，淡烟明月落平芜

三、 珠泉滴洞

珠泉串串洞中悬，点滴声常到耳边。
悟彻牟尼惊百八，纳来芥子幻三千。
招凉几度捐尘俗，溅响都教入管弦。
洗目何人常到此，双双赤手弄匀圆。

四、 峨岭翠屏

峻岭层层拔地多，屏开翡翠翠如螺。
月明露气涵芳杜，雨过烟光转绿萝。
水墨长铺云母画，珠玑谁唱雪儿歌。
山中白马偕飞凤①，点缀重峦巧若河。

注：①山中有白马崖、飞凤咀诸名胜。

五、 白水瀑布

千寻白练挂遥空，万古高悬翠霭中。
半壑雷霆浑欲雨，一帘珠玉惯惊风。
飞来碧涧泉相绕，划破青山路不通。
仿佛匡庐幽瀑落，银河直下走长虹。

六、 龙津渔火

龙津午夜淡烟笼，渔火星星聚钓翁。
风幼影摇杨柳外，月明光耀蓼花中。
照来白露横江白，记得红霞到岸红。
晓起扁舟何处去，沙滩遗得钓鱼筒。

七、 虹桥夜月

虹桥傍晚暮云收，夜月临空水面浮。
晶镜展开银汉满，金波荡破玉壶秋。
鱼龙震跃波间动，鸟雀惊飞象外游。
更有一番奇妙处，频翻弓影乱渔舟。

八、 双峡飞鸿

终古苍岩似断鸿，飞飞和集乱山中。
川云不怕围如缴。岭月体嫌挂拟弓。
此处千年歌渐陆，何时万里更转风。
若教移向衡阳去，应小高高落雁峰。

谒李同野先生祠

张清理

绝缴儒宗阐治规，名臣正学总堪师。
功争一介机原密，梦绕三蛇觉未迟。
山盗不离心盗外，下楼仍记上楼时。
黔州道脉由公肇，俎豆千年系我思。

印江八景

敖述谦

一、 金石肝肺

阿谁炼古附烟蛮，剖出情怀见肺肝。
真面目看悬律崒，铁心肠人共巑岏。
云根削就标奇迹，地骨炼成壮大观。
笑里藏刀人记否，一回经过定辛酸。

二、 峨岭翠屏

屏峰横亘势嵯峨，凝重偏念蕴藉多。
襟带水长前面护。儿孙山小四周罗。
碧桃红杏丹崖绕，绛藓青萝翠巘拖。
最羡结庐依半壁，耕云读雪乐休和。

三、 珠泉滴洞

潺湲人耳写清泉，洞辟何年别有天。
浸水岂教鱼目混，嵌空凝有蚌胎悬。
江妃解珮同莹若，鲛客盈盘记宛然。
莫道累累难蚁贯，终成波浪媚丹渊。

四、 中洲牧笛

平田千顷满郊衢，两水成丁浪转纡。
碾碎鸭头东势壮，欢残牛背笛音孤。
短长樵唱腔频和，断续渔歌调并呼。
听罢椅楼凭眺望，天然一幅辋川图。

五、 圣墩积雪

龙眼妙笔绘山赞，铁瓦年年不计寒。
鸿爪笛痕通汉表，鹤翎奋迹拥云端。
便成夏雨覃膏泽，曾凛春冰托远峦。
山麓居人堪习静，倩谁高卧似袁安。

六、 龙津渔火

新潭潭水水悠悠，芦竹阴森碧似油。
烟影几村灯数点，渔歌一曲月中洲。
鱼肥酒美终年乐，羽笠轻簑意夕游。
倒影楼台新结构，龙潜也应跃津头。

七、 虹桥夜月

浑如填散近青霄，水面模支路一条。
燕尾溪难通雁齿，峨眉月已浸虹腰。
满城灯火滩明灭，竟夕星辰浪动摇。
倚柱飞觞邀客醉，已忘更漏转残宵。

八、 白水拖南

千岩万壑赴江城，凭眺东南瀑布横。
银汉半空飞不定，湘帘一幅卷难成。
性同庐阜匡公洁，味比齐周赵父清。
竹马欢迎贤令尹，似曾白水订前盟。

古思邛思王地名缀景诗

陈昌期

（一）

邛江城外思邛山[1]，美女形图座马鞍。
大崖关涌千层石，四坳口[2]横八堡弯。
石洞坨中无石坝，玉屏山上有鸡冠。
仁里福田多广众，且看阁老立桅杆。

（二）

和尚沟边有白沙，埃山火石乱如麻。
双无庄前排笔架，新仁脚下纺棉花。
麻柳坝中清泉涌，中井坡下流小丫。
石盘咀上无青石，团鱼盖边有龟虾。

（三）

观音禅坐太和宫，大水井源在隐龙。
杨柳塘中流白水，竹林弯内纳凉风。
亚郎[3]采药携篮子，夫子抬头戴斗篷。
檀木枫香齐直立，岩门渠下郎山红。

（四）

鬼冶鬼寅鬼石口，鬼方祭鬼鬼沙沟。
长官命有十五洞，鬼斧神工洞观幽。
三口洞[4]前郎凄楚，梦妻梦子诸葛忧[5]。
小郎立国二都[6]梦，大圣狁南牛郎愁。

（五）

思王城北龙门山[7]，樵岩岑图横大关。
鸦口鸣天老鹰嘴，夜郎故地思王山。

三堡八坳⑧连南北，四溪五庄⑨石板滩。

思邛梵净三山谷，邛水清江泾硐穿。

注：①思邛山即梵净山，因县而名。②四坳即凉风、土岩、桅杆、马家四坳。③亚郎即普同寨坝，后小山沟为渠下郎。④三口洞即朗溪居洞沟之藏兵、青木、熬硝三洞。⑤三国诸葛亮南征时，驻扎于思王城之土地塘坡，夜梦其妻室，故后人称斯地曰："梦妻砍""梦子坡"。⑥即元时任姓兄弟名大都与二都，曾计划在今沙子坡之池坝（古代名武官坝）、小郎坝地方另立诸侯国称王。⑦据《水经注》载，古思王县北端入蜀关口，称"龙门山"，后又称"龙来山""思王山"，今名"岩山关"。⑧即：樊家、团鱼、龙洞三堡和龙门、打杵、打铁、黄泥、落坳、麻溪、寨王、万家、秦家八坳。⑨即：郎溪、缠溪、金花溪、巫溪和东、西、南、北官庄和椰木庄。

长联二副

陈昌期

一、 太和寺联

寺名宝藏，松本龙，化竹为凤，栖胸怀，旋冲霄汉；

宫号太和，山如豹，变水似星，罗气象，直抵万年。

二、 悼李皇后联

太后本天下母仪，听政垂帘，三十余年歌有道；

小臣亦国家吏治，望风奠驾，七十里外祝无疆。

新会公廨感赋

王道行

志存利济未为夸，每念官箴辄暗嗟。

百里生民谁父母，一官引领此桑麻。

悦安强教归循吏，救病扶衰类处家。

老马识途嗤浪语，可能土俗得宜耶。

尝于厅事联

王道行

墨妙敢矜能，想当年御考适逢，成邸叨陪名第七；

兴来唯有画，叹藐躬几身修到，童君诩赞谱无双。

与任鹗秋周邑山宴饮香楼感作

王爱山

众仙同宴饮香楼，一曲霓裳满座讴。

诗酒陶情忘日月，烟霞乐志傲王侯。

有声有色终朝醉，为雨为云到处游。

更喜眼前风景丽，好骑黄鹤下扬州。

白门秋思

周稚湘

销尽轮蹄慨倦游，夕阳衰柳白门秋。

山河不异衣依异，天子无愁士庶愁。

浊酒易添残客泪，清霜新上旅人头。

此间莫问乌衣裔，一倒飘零似海鸥。

颂邑侯梁钟英

敖兴南

皃鸟临邛[1]渚，如公惠爱真。廉民心似水，忧岁发梳银。

邑小怜呼癸，嵩高快倚依申。会须劳赈恤，仁莫拟庄椿。

注：①临邛，汉时之印江县治地称谓。

敕赐碑

田慎修

华岳曾输陈睡仙，卓山钦赐李青莲[1]。

龙章凤诏会安在，断碣模糊洞口边。

注：①卓山，即梵净山，黔东道易佩绅称呼而名；李青莲，即明万历间（1573—1620）修行于印江梵净山的李皇后。

巴吟四绝

田慎修

（一）

一幅丹青抵万金，淡妆浓抹有经纶。

花花草草寻常物，纤手描来倍入神。

（二）

咳唾无瑞珠玉生，爱拈斑管写闺情。

一从帐设西川后，遐迩争传道蕴名。

（三）

年来笔墨作生涯，咏絮才高手不叉。

况有秦嘉夫婿好，几回酬唱月西斜。

（四）

挑尽残灯夜半过，儿书亲课乐如何。

骅骝开道驹千里，父教还须母教多。

四时词·太白三五七言体

周汝为

春山螺，春水波。桃花开复落，黄鸟舞还歌。新愁旧愁扫不尽，俗归还归可奈何。

夏风凉，夏日长。纨扇团团素，罗衣叶叶香。其雨其雨又日出，明月明月空断肠。

秋色迟，秋声悲。画堂银竹冷，金屋蕴垂□。多愁多病应怜我，无语无言却恨谁。

冬风寒，冬雪漫。银灯香欲炧，室账梦初残。长夜几时晓，珠泪珠泪何时干。

黔州怀古

柳宗芳

高登圣岭眺牂牁[1]，思国雄封割据多。

宣慰已归元贡赋，武陵遥隶汉山河。

荒城蔓草思王县②，怪石烟寒梦子坡③。

惆怅二田③倾覆尽，构兵遗笑郭青螺⑤。

注：①牂牁，古地名，印北古碑有"牂牁天塘哨"之名，唐时置有"牂牁郡"，领县宁夷（今沿河、德江、凤岗等地）、思邛（今思南鹦鹉溪、凉水井，沿河、德江东岸、印江南北部广大地域）、思王（原朗溪司全境及酉、秀、松、江、石等县一部）三县。②思王县，于唐武德三年（620）置，据元和《郡县志》载：汉河平二年（前27），牂牁守陈立据思邛，将兵数万灭夜郎王兴于此，时人思慕，遂为县名。治所即今印江自治县朗溪镇治地。③梦子坡，即今朗溪镇治地的西南坡，今曰"半台坡""梦妻坎"，据载：三国时，诸葛亮南征时，自龙门山（朗溪司北端今名岩山关）入黔，驻扎于"半台坡"，夜梦其妻其子，心神不安，就地以"香炉石"祈祷，后人因以得名。④二田即思州宣慰使田琛与思南宣慰使田宗鼎因争夺"任半"水银场开采而征战不止，朝廷派镇远侯顾成领兵五万征办。⑤郭青螺，即时任贵州巡抚的郭子章，号青螺。

自思唐①还家途中杂咏

柳宗芳

鸿爪东西印不妨，思邛人久客思王。

一声杜宇催归去，独认黔州是故乡。

注：思唐，即昔之思邛地域，有思唐山，今之思南凉水井地。

龙津讲学辞

李宗芳

长官来，青衿问字罗讲台。

长官去，青灯摊卷吟如故。

公来无爽期，公去有余慕。

一来一去何烦也，知公心有淑艾者。

君不见名臣马衡园①，乡贤李同野②。

注：①马衡园，即印江知县马土芳，曾讲学龙津。②李同野，即李渭，印江大石墩阁老寨人，亦曾讲学龙津，为印邑培养了一批著名学人。

得丹婿①手书近博七等嘉章作此纪快亦以己愧

柳元翘

蝉貌全紫龟鱼佩，官制因时迴不侔。

求道葛洪甘作令，在家雍齿竟封侯。

书无谏草虚前席，勋纪嘉禾出上游。

献子岂加人一等，涓埃知己愧何酬。

注：①丹婿，即时贵州省主席兼保安司令、北伐将领席正铭，柳元翘女柳宝珠之夫。

花山八景

廖云鹏

一、三山立鼎

天外青山山外山，三峰排立翠微间。

钟声何处出幽谷，鼎足依然壮大观。

恰好登嵩呼圣寿，浑如图物铸神奸。
烹云煮雨调寒暑，坐镇乾坤若等闲。

二、 两溪绕盘

九曲回环左右滩，条条玉带束金盘。
三千弱水东西近，八百名山上下难。
捕入武陵重得路，捧来承露共相观。
安居幸有逢源乐，独寐岩阿兴未阑。

三、 凤阁晨钟

凭空层塔竖重重，旧梦惊回五夜钟。
阿阁高凌红日下，梁山响遏白云峰。
朝阳共听和声远，残月遥怜逸兴浓。
安得麟麟同入画，早晚宠渥紫泥封。

四、 鱼泉晚钓

鱼肥水活羡渊泉，有客垂纶钓暮烟。
乐趣独留芳草地，忘饥历尽夕阳天。
半溪雪浪三竿影，万顷银沙一线牵。
荷笠不知红日坠，归来明月挂山巅。

五、 花尖铺锦

锦城秀出一峰孤，灿烂烟花点缀珠。
五色迷漫红雨霁，四围联络彩云铺。
裁成新样添诗意，识就回文入画图。
好景洛阳三月似，有人学制笑模糊。

六、 水落鸣琴

千寻瀑布落幽琴，逸韵声声响不禁。
奏出飞泉成绝调，弹来流水定知音。
平沙有曲操今古，破浪无纹拍浅深。
爨下何期桐入听，凭阑远抚助狂吟。

七、 马颈撑云

生成马鬣浑无分，勒向悬崖傍翠云。
终古疆场承雨露，连年草野拂氤氲。
山鞭远插千年迹，石磴轻浮五色纹。
览辔怀情天下志，华阳归去好修文。

八、 牛背挂月

桃林放尽古今秋，夜尽空山月影浮。
曲唱漫漫谁扣角，光悬皎皎正当头。
清辉有象忧能解，冷露无声汗欲流。
取次才人吟弄处，常将喘魄笑吴牛。

攻猫猫山①

廖云鹏

绿林寇盗粪恒沙，虎视眈眈肆爪牙。

险据秦关山九曲，难攻蜀道路三叉。
劫灰近日犹滋蔓，烽火连年又及瓜。
差幸雄军天上降，扫清魔障灭灯花。

注：①猫猫山属印江、秀山、松桃毗连地区，史称“猫山造反”的时间是清咸丰九年（1859），其首领为郎官、郎官兄弟，时柳芷汀偕廖云鹏攻克兹山后领兵入川。

游蜀自龚滩驾舟

廖云鹏

九曲危滩旧说龚，扁舟新备一帆风。
都凭孟浪[①]离黔北，欲挽狂澜泛蜀东。
惠泽直通巫峡外，恩波随沛锦江中。
寻源记是牂牁水[②]，自到川流迥不同。

注：①孟浪，疏略，不精，轻率，放浪之意。庄子齐物论有：“夫子以为孟浪之言，而我以为妙道之行也”之句。②牂牁水，是沅江的支流之一的锦江，源自印、松、秀间的太阳山、斗篷山和龙门山三山之间的独母水（今称木场溪）、晴隆河、云爱河等河流，此间皆为牂牁边缘地带，印江境内有“牂牁天塘哨”之道光间碑碣梓世。

“登梵净山” 八韵

廖云鹏

（一）

两峰高插翠微巅，鬼国[①]名山自古传。
舞凤昂头翔并日，游龙仰首啸吞烟[②]。
金刀劈破佛分地[③]，铁索牵扶人上天。
转眼风云相会处，平空移步作神仙。

注：①印江古名鬼方，亦称鬼国，村民多信鬼，今仍有十来个地方以“鬼名”相称。②即右边的凤凰山，两峰对峙，俗呼啸天龙。③即金顶两峰削壁而峙，形若刀劈，古称“金刀峡”，有释迦、弥勒两殿分立两峰。

（二）

乾坤莽莽豁双眸，万壑千峰一览收。
山向昆仑寻发脉，水从湘泽溯源头。
慈云法雨天无暑，翠竹黄花地不秋。
九十九溪相断续[①]，几般物色擅风流。

注：①有九十九溪发源于梵净山。

（三）

拾级重登玉笋巅，翻将消息向人传。
莲花有座瓶生露，梵净无尘峡放烟。
对面三星同伴月，当头五岳共朝天[①]。
九河环绕寻源出[②]，一顶分居两位仙[③]。

注：①三星伴月与五岳朝天名胜均在梵净山左右两侧。②九河指麻溪、马槽、龙潭、临江、长滩、肖家、金厂、淘金诸河。③金顶有释迦、弥勒两佛龛。

（四）

红云盖[①]上展高眸，四大丛林[②]望里收。
二水平分狮子尾[③]，三山连接凤凰头[④]。
书垂万卷宜终右，门辟一天不老秋[⑤]。

指点长滩怜义士，空遗碧血葬河流[6]。

注：①老山之名曰："红云盖顶"。②山有太平寺、洞德寺、华联寺、天马寺四大觉庵。③大小江、清水江均发源于狮子岩。④盘溪山、马头山、朝阳山，均与凤凰山相接。⑤万卷书岩在老山之左，一天门在老山之右。⑥清光绪六年（1880），廖云鹏向导贵州巡抚岑毓英领练军攻梵净山，迫刘胜农民军至长滩河，毙刘军首领5人，士兵7人。

（五）

仍寻旧路历山巅，为卓为名[1]次第传。
欣共岑楼高日月，不甘泉石老尘烟。
孤峰稳立三边地[2]，一柱撑握半壁天。
差信扶摇抟九万，更从何处学飞仙。

注：①即黔东道台易笏山，号佩绅，视察梵净山更名"卓山"；黔抚岑毓英，字彦卿，又更名为"黔名山"。

（六）

英华发越气青青，历尽"蛮烟"六载零。
运转《河图》参历数，名传《山海》补遗经。
回思降后天垂诏[1]，始信封侯地有灵[2]。
一代人文徽蔚起，昂星藏后有奎星。

注：①明万历间（1573—1620），李皇后青莲御辇曾至梵净山承恩寺降香修行，并赐匾。②杨芳，松桃人，一等果勇侯，未始非山之灵气所钟。

（七）

刀环唱罢计修防[1]，奉命殷勤采栋梁。
筑塞只愁重失马，补牢犹恐又亡羊。
偏安端赖三军力，有帑无需百姓粮。
我幸品题声价倍，花村赢得姓名香。

注：①即山腰护国寺，奏设都阃府，环山设八讯曰：龙潭、雀子（却旨）、乌罗、一天门、乾沟、顺溪、正山、大岩棚诸汛。

（八）

数载难将夜贼防，鹳鹅簇簇压山梁。
群凶几见投豺虎，大队何曾被犬羊。
边将私囊皆国帑，使君公服亦民粮。
书生自愧称戎马，徒向空山一瓣香。

注：徐观察奏请光绪帝赐予"戎马书生"金字匾。

花山八景

廖袭模

（一）三山鼎立

绝妙峰峦铸大园，嵯峨鼎立势回怀。
龙文关落青天外，蝌篆深藏翠岫间。
缕后好留神禹迹，煮铜如入邓家山。
古今应作名功地，汉碣唐碑藓露斑。

（二）两溪盘绕

奔腾云浪绕团团，闭启幽窗面面观。
钓客不知三伏暑，游鱼如佐五辛餐。
让泉含抱东西户，盥濯无分左右滩。

洵是菊泉堪福寿，汉家空自竖铜盘。

（三）凤阁晨钟

深山闭听五庚钟，向遏凌空阁几重。
几杵轻敲黄叶落，一楼高耸白云封。
窗含晓月僧觉冷，梦破黄斋客思慵。
十二楼台声落后，凭栏面面看芙蓉。

（四）鱼泉晚钓

独钓前溪不用船，一湾污水悟源泉。
梦符熊虎何嫌老，侣结鱼虾便是贤。
经线拂穿深洞雾，苔矶坐破夕阳烟。
柳条贯得双鳞转，更向阿妻计酒钱。

（五）花尖铺锦

三月烟花缀野芜，迷蔓都觉烂云铺。
莺穿红雨梭抛紫，燕入丹霞翦破朱。
苏氏回文留旧迹，段家绒唾展新图。
繁华欲夺天工巧，不使深山让五湖。

（六）水落鸣琴

空谷层层绕碧阴，飞泉澎湃欲鸣琴。
千雪喷玉留音久，一客挑云入听深。
调出无弦元亮趣，曲弹流水伯牙心。
烹茶出话寒心里，溪韵瓶笙落远岑。

（七）马劲穿云

巉岩何日削神祈，一岭蜿蜒佛翠云。
雾锁石窝鞍欲湿，风回松径鬣皆分。
九秋快展刘宏晏，千仞都空伯乐群。
满月青青谁点染，好雪曹氏旧将军。

（八）牛背挂月

皓月玲珑挂岭头，层层石齿嫩烟浮。
山空有魄眼凝冷，夜静无声喘欲收。
幽谷光生仙客气，桃林地接素娥秋。
临窗绝顶观何汉，笑指天边问斗牛。

朗溪八景

田宗项

将军披雾

（现牛角山在司治东北满阳坡上首）

将军飞下九重天，带雾身披甲胄全。
双峡氤氲添虎翼，三潮浩渺跃龙渊。
豁然开幕英姿爽，卓尔云烟气象便。
端拱东南绥万户，青青芳草座铺毡。

罗汉盘云

（对山罗汉山之地）

盘空罗汉笑无言，五彩祥光足下屯。
和气来自征瑞气，云根原本属仙根。
分明面目团栾样，隐约光葩莞蕈痕。
大度雪山曾共仰，何年小谪此称尊。

衔书春霁

（孟关蒲氏祖婆之墓地）

三月春浓似画图，衔书雨霁笔难摹。
重重环拱山青霭，滚滚迎流水绿纡。
芳草翠铺双冢润，杏花红映万家腴。
茶云联袂斜阳醉，尚恋高媒放白鴸。

展诰朝霞

（溪口火尖山）

东北高临展诰山，千家朝起看回环。
侵霞旭日红山岔，冲汉孤烟翠一湾。
时旦何人歌叩角，雨霖有意笑开颜。
五花灿烂真殊宠，万里青云路可攀。

三潮弄月

（是溪小流出溪口时而儿童弄水）

闲爱儿童弄晚潮，一轮明月挂松梢。
欢呼上下河翻璧，倒映参差树拂宵。
碾放半溪蟾怒吼，渠通千顷兔争跑。
晨朝亭午无兹景，几度新诗倚岸敲。

万卷堆波

（现朗溪中学后面雷钵底）

轻舟载酒泛烟波，访古居然到洛河。
万卷图书龙马负，千秋浩劫鬼神苛。
春风杨柳牙签绿，明月浮屠秘阁皤。
除却浪翻翻不得，年年讽诵付蛟龟。

中流狮吼

（雷钵底下面新滩河有石若狮，故名）

神龙寂寂去无声，何物中流抱不平。
猛若迅雷奔骇浪，块然顽石秉金精。
绿苔春泛拳毛竦，红日波分绀眼狞。
一洗睡狮千古愤，允宜百兽共魂惊。

古刹回龙

（原回龙寺）

大江东下浪砰磅，万里龙回独挽狂。
宝刹当头开妙境，渔舟遥指是仙乡。
风培朗水箐华萃，地接蓬瀛气脉长。
最好夕阳遮碧径，禅门增色佛增光。

七绝二韵

饶永升

（一）

东壁西园自古崇，而今文化更疏通。
放开眼界瞻高远，超于象外得环中。

（二）

纵横上下三千载，治乱兴亡各有因。
漫说观今宜鉴古，此时花样却翻新。

过乌江

戴锡之

乌江桥下水潺潺，有客题桥归思酣。
安得长风吹巨浪，一帆送我下思南。

缠溪书所见

戴锡之

闲来无事出林湾，片片桃花落水间。
早知只随流水去，不教移种出深山。

自嘲吹烟

任鹤秋

（一）

雅烟来自外洋边，染害中华万万华。
官宦人员如络绎，绅商士庶尽牵连。
三更朋友扰横睡，五鼓夫妻始顺眠。
酒席歌坊筵未散，相呼同伴又登山。

（二）

灯枪罗列布床头，睡似初三月如钩。
恍惚谁知沉孽海，聪明人竟上迷舟。
病来鼻涕连哈欠，瘾发腰疼合泪流。
猛省回头须趁早，免教虚度此春秋。

（三）

馨香气味极无穷，多少英雄醉此中。
食久面黄肩亦耸，人多齿黑背如弓。
何寻狱里挨饥鬼，那觅灯前瞌睡虫。
寄语妙年诸子弟，莫教学假吸烟筒。

自题像赞

廖龚华

看尔面团团，似富家翁。如何昌黎①送佛去，老犹伶仃躬。许郑②缵，洛闽③崇。精一微微允执中。素轻阿睹物④，今为钱神所压，气如虹。投鼠忌器，宽猛述穷。嗟从兹！气忍声吞，郁郁终。宁再见，旭日从东。浪破大王万里风。广庇瀛寰寒困皆朱公⑤。

注：①昌黎，即古文学家韩愈、柳宗元在河北宁宜之籍址。②许，即《说文解字》编者，汉文字学家许叔重；郑，即著有《十三经注释》的汉代经学家郑康成。③洛、闽，即廖尊崇的宋代学者洛阳的程颐、程颢和福建的朱熹。④阿堵物，即钱、币之类。⑤朱公，即身缠几百万贯的战国富商朱范蠡，号陶朱公。

顷悟前“多寿奚多辱” 诗四十首别作七言诗六章

廖葆珉

（一）

葛藟累萦冰雪胸，频来万感日匈匈。
误将庄跖为罴虺，锻乃千镆伏伟龙。
煦妪婴儿时沐浴，金汤隍庙固疆封。
散花千叶微贲实，遏欲潜硎百链锌。

（二）

劫灰咄咄逼人来，为问何能脱此灾。
惯发牢骚原病在，甘沦坎窞①祸门开。
温恭得力争残照，安乐窝方弭祸胎。
万顷澄潭淆不浊，汪汪黄宪绝尘埃。

注：①廖子省进谒，觌面即曰：汝惯发牢骚，故乃科名困屯，坎窞地穴。

（三）

十二万年天地毁，达观均幻众缘空。
圣贤仙佛朝升日，将相王侯雨霁虹。
簪绂浮云皆梦泡，冰渊永日砺雷风。
九经三德惭多阙，耋耄箴规睿武公。

（四）

侥幸假年勤赎过，不然棺盖噬脐艰。
纵能补救终羞晚，矧敢因循再格奸。
窒欲端争初息慝，存诚如涉最高山。
悠悠毁誉何遑计，交战天人意气间。

（五）

且第流言无足效，虽夸渊雅匪身修。
穷先明德天人贯，逢则社民契稷俦。
内圣外王珠出人，乾旋坤转绍伊周。
黄农虞夏民何豫，老至方知学未优。

（六）

伊伪丰亳崇龙德，赤帝而还重狗功。
额烂头焦卿子冠，书敦乐说考盘中。

蛇神所引皆牛鬼，窟兔安能卜渭熊。
汉魏唐明君若相，九臬方慨马群空。

步任鄂秋闺怨原韵

周贞锡

（一）

蝉翼鸦翎掠晓鬟，如弓新月对眉弯。
谣谣粉黛怜双鬓，渺渺征人恨百蛮。
秋到江南惊我阋，书传塞北怨他山。
何时系得长缨住，一字刀环一破颜。

（二）

懒将凤管插鸦鬟，眉黛双陈左右弯。
红粉有情难宥敌，苍天无意早平蛮。
倚楼怕睹江平柳，扫独秋游枕上山。
郎果封侯能遂顾，深闺闻讯自欢颜。

题黔阳宫画竹

鄢师竹

黔阳宫外枕江亭①，一幅琅琊满画屏。
此日春光传墨淡，他年柳色入楼青。
恨深荀令香难再，老叹文同笔久停。
泥雪共凭君证取，飞鸿②又上白沙汀。

注：①印城东门外河畔有“枕红亭”，亭内有师竹画屏，此乃画中题韵。②印江多有“双峡飞鸿”诗句梓世。

寒士吟

陈次观

读书不负亦空言，破屋空仓只自怜。
举火缺粮谁肯济，铁锅无盖煮青天。

七夕夫妻共话

陈次观

双星想已渡银河，一岁佳期一度过。
慢道愁来欢更好，算来欢不敌愁多。

三甲破岩

李国楷

破岩壁立势山巉，横竖依稀百太宽。
过客乍惊心胆碎，前村小住气犹寒。

寄珍弟①

柳琅声

搏桑东望夕茫茫，三岛河山旧战场。
去国李陵空怅惘，求仙徐福本荒唐。
无涯藻翰微体赡，海上樱花正艳阳。
外子若逢为问讯，山中人拜鲁灵光②。

注：①珍，即柳宝珠，别名掌珠，适沿河席正铭。②乡人举荐柳琅声之父柳元翘为县志总纂，长于诗古文词，故誉之为“鲁灵光也”。

答丹书寄津门

柳琅声

牂牁江上望津门，尺鲤书来递故园。
杜宇奈何呼帝子，的驽终不碍王孙。
洛阳江盖气为夺，易水白河声欲吞。
七二烟沽愁不见，神龙首尾入云屯。

观合水纸石（古风）

柳琅声

蔡伦巧制桨，料不及栗橡。剡溪古擅名，佳藤遍求网。
印江以柘成，所出夯不广。到今渐苦窳，焉能利藏帑。
海洋精理化，制造本难仿。我国少耐力，因陋堪附掌。
凡是学皮毛，不过有影响。漫云收利权，中心徒养养。
谁计塞漏卮，哲良空仰放。况我邛民穷，取报亦鲁莽。
才力各有限，安见必滕上。美意改良法，大名或可享。

七十生日自题

魏径略

海岳风云久去怀，稀龄自纪一樽开。
天涯诸弟怜兄老，时遣飞鸿系问来。

步郑青士县长率队剿匪书怀

杨启隆

整队长征意志豪，壶将箪食劳春郊。
萑苻披靡归风化，老弱流离复土毛。
生佛万家常在口，跳梁小鬼敢横骄。
试看边园桃林李，牧笛频吹在犊腰。

题湖南知行月刊

田应鎏

马首燕云壮北行，男儿立志要纵横。
千年压迫民犹困，十载沉沧剑白鸣。
白日已悬新世界，黄花空吊旧精诚。
休言北虏多凶悍，扣去浮烟月自明。

晚游即景

田应鎏

夕阳斜照断啼鸦，散步闲游兴最赊。
雨打秧田珠缀叶，月浮水面影流霞。
峰高秦岭烟成雾，寺绕林泉树著花。
片片彩云飞五色，仙人何处不为家。

观九皇洞

［民国］杨希程

传说朱翊国舅亲，曾来此地学休真。
洞中广境容万丈，眼底宽难限八垠。
雾重云深玄化大，春长日永物华新。
难将故事微微献，莫学桃花洞问津。

蝶恋花·祝王竹村先生七十寿诞

王正栋

听柳岸莺簧巧奏。韵沏槐庭，七秩开筵候。月庚会庆溢高山，百寿图光增北斗。
化雨春风恩泽厚。一樽红友，敬祝吾师寿。聊撰芜词陈座右，惟期鹤莫如岗阜。

游天庆寺

吴长安

丛林几度任栖迟，仙范长留永不遗。
始信西湖称道济，哪知天庆有深持。
谈禅也许鱼龙听，说法宁教木石知。
卓锡已归尘已了，浮屠一任白云迷。

吊前方殉国将士

［民国］吴长安

予阅《革命日报》，载有明末肖烈妇遗诗事，因皆烈妇见清兵入关，不甘作亡国奴，以壁间旧句“驿梅惊别意，堤柳暗离愁”一字离合成诗，以寄其夫。

马鸣边塞振征鞍，四治无声此与然。
幸有男儿能起义，驿丞争报国魂还。

木兰应戍尚从军，人孰能如代父征。
母教虽违名不朽，梅花同吉竹同贞。
苟免何如赴难荣，文明史重义同仁。
马援去后凭谁攘，惊煞倭奴暴虐行。
口呼杀敌手横刀，力振精神束战袍。
刀染血光袍带汗，别留正气胜前朝。
立国须知救国难，日人何事起争端。
心如蛇蝎凶残甚，意在瓜分大陆权。

附：肖节妇遗诗

马革何人能裹尸，四维不振哭男儿，
幸闻硕果存函阁，驿使无由到稚黎。
木偶同朝只素餐，人情说到死真难。
母素幼女齐含笑，梅骨棱棱傲雪寒。
苟且如何决意休，文姬回汉总堪羞。
马嘶芳草香魂断，惊醒人间节妇流。
口中节义问谁无，力挽江河总是虚。
刀锯不移巾帼志，别无治带是无徒。
立也悲伤坐也伤，日沉谁与起残阳。
心怜玄婿儿还幼，意惨蝇污女伴娘。

步凤鸣君《勉友》 韵

吴长安

为友何为贵，贵乎匪所欺。倘无恒久志，未可作巫医。
慧剑高悬处，情魔自不迷。养吾浩然气，尽续古今书。

注：凤鸣，即新业乡木良坝之张凤鸣，木黄地下游击队员之一。

附：张凤鸣原诗

规劝时桂切，未尝暗室欺。学课唯自最，国病重儒医。
独把芳心抱，莫将本性迷。名山一席话，胜读十年书。

洞天春·元宵

吴长安

平生雅兴最高，佳期不负元宵。银花灿烂玉烛调，春色十分饶。　　六街三市游交，好句何妨推敲。举杯又把明月邀，盘有山肴，瓷有春醪，乐有洞萧。

木桶八景

李斡熙

一、 玉屏耸翠

屏山高耸接云峰，飞阁流丹景象融。
喜有三星常顾主，风光不与四时同。

二、 石笋临空

巉岩突立一尖峰，秀插丛林透翠空。
似笋逢春标玉笔，伊谁造化夺天工。

三、 鱼泉鼓浪

一泓清河泻鱼泉，鼓鬃扬鳍不计年。
直待春雷烧尾后，乘风破出浪三千。

四、 凤岭舒霞

生成凤岭独嶙峋，水墨拖兰一色新。
雨滴螺纹开画本，落霞舒卷万家春。

五、 庙林夏绿

苍然老干绿成荫，错节盘根夏月深。
风过枝头莺笛奏，南薰一曲洗尘心。

六、 阁柏冬春

拔地参天秀色多，经秋不改四时柯。
饱尝霜雪精神老，作酒治聋养太和。

七、 鱼虾函水

经传河洛出神龟，又见神龟晒绿湄。
对面蛤蟆争跃水，双双灵物炫英奇。

八、 狮象横江

金水回澜漾碧波，江横古迹任人摩。
渔郎摩遍垂竿钓，哪管狮狂象吼何。

中山寺道上握别

李坤熙

一分一合最难猜，席约翻成只影来。
最是中山相别后，寒溪逼处独徘徊。

咏鱼泉寺

李瑞熙

闲亭幽敞水风凉，石级纡徐到上方。
树掩重门人往复，泉流曲涧影微茫。
僧房虚帙经千卷，寺壁频题字几行。
仿佛蓬莱真境现，拜瞻绣佛仰恩光。

率民壮铲除烟苗亲到上坪寨坝

廖次岩

上坪寨坝路盘盘，贼穴探来不畏难。
田尽毒苗青遍野，山多峻岭险成关。
自然逆乱称强悍，惟有恩威服暴顽。
不信余身亲到此，群民一路贺清官。

登天庆寺（诗词各一）

杨培国

诗

登上名山漫展眸，未知开辟几春秋。
深持功绩无边大①，天庆鸿基万世留。
钵洗清泉尘俗尽，经藏古塔妙玄收②。
白云千载悠悠在，庙刹何时复古楼。

注：①深持，俗名李颖，明翰林，主持重修天庆寺古刹，为临济宗十五世宗师。②天庆寺后山原建有藏经塔，是梵净山镇山之宝，现残基犹存。

青玉案

莲花卜地蓬莱界①，九重殿宇今何在？世事沧桑谁可解。云山万象，多姿多态。仙境人钟爱。
皇妃恋此卸金钗②，削发修行志不改。深持弃官把佛拜。无恶心态，废墟可慨。群芳仍弄彩。

注：①天庆寺址，如卜地莲花居其蕊中。②梵净山九皇妃修行，先在金花溪小寺，天庆寺重修后，即则天庆寺。

喜三弟传煊自抗日前线归来

代传忠

弟兄羁旅几经年，南北奔驰各一天。
每为音书劳想念，偏从离乱庆团员。
一家喜气愁都散，两袖清风我亦然。
尚忆归来无别物，行囊唯有旧诗书。

书赠代致君先生寿诗

金成生

（一）

旧闻来复传基督，海客谈瀛恐未真。
冤狱一朝获平反，信知诚敬格天人。

先生之尊人，以事忤邑令，罗织致入狱，先生时年仅十九岁，穷七昼夜之力，往返筑垣，奔告大宪，事因以白。

（二）

临风玉树尽堪夸，孝友端宜积善家。
每为采风识高谊，谦伪谁似戴菩萨。

印邑古思邛地，民风淳朴，先生居家，尤极勤俭，谦和公正，乡里有鼠牙雀角之争，辄因其一言而决，是以人有“戴菩萨”之称。次公子传忠，佐余治理，任县民政科长职。

（三）

嘉宾贤主两难全，师道于今久弃捐。
我自有儿强似我，不虚辛苦十年前。

硕儒廖葆珉先生，堂馆于先生家，尊师重道，礼逾寻常。先生慷慨好施，不为儿孙置田产，每语人曰：“有儿强过我，安田作甚么”。诸子亦克承家训，有德文风，人咸以为乐养敬师为报云。

（四）

欲将俚句颂南山，拈断吟髭韵尚悭。

何用拟辞纪鳞爪，口碑字没泐斑斓。

癸未年四月，为先生花甲之庆，其族人征文于余，忘其谫陋，用掇拾平昔所闻见于先生者，写为四绝句以献。表彰耆德，本守斯土者之分内事，然而先生之善行，邦人悉能道之，又何必假余一言以为饰，属稿既竟，亦深疾其货费已。中华民国三十有二年十二月，尘僧金成生并书于黔之印江县署。

卜算子·离任赠涂旭阳

金成生

地僻宰官清，人更清于事。时听秋鸿唳两声，暗遍愁滋味。
昨日计曾来，今又怀归去。正是人生似转蓬，老尽飘零泪。

梵净山颂

金成生

巍巍众山，梵净矗起。黔之东北，无与伦比。
我国孔老，印度牟尼。教化群生，救苦斋迷。
佛门圣地，香火鼎盛。络绎朝拜，若长蛇阵。
即心即佛，心净土净。功德无边，因缘殊胜。
无尽宝藏，飞潜动植。珍禽异兽，水晶玉石。
天然公园，人类教室。旅游度假，增长知识。
曷兴乎来，天涯咫尺。我莅是邦，五十年前。
今虽老耄，魂萦梦牵。爰制此颂，以广流传。
邛山峨峨，邛水泱泱。几千万纪，日月同光。

致印江人

金成生

万星谊同骨肉亲，无时不念印江人。
琴堂往事留鸿爪，峨岭缠溪记忆新。
何珠华衮宠吾身，褒贬分明语语真。
翘首西南三祝颂，年来人寿福骈臻。

往观仙人脚古戟马蹄石笔石簪等物

田景龙

临江一壁丛千层，半是田畴半是林。
圯老授经因堕履，侠仙留戟不传名。
浩然踏雪驴蹄在，太白题诗兔管存。
更笑麻姑差检点，金簪遗失到而今。

访皇姑庙①旧址七绝二首

杨炽昌

（一）

炎天刚过值新秋，不畏艰难缓步游。

雅爱金溪②垂线柳，依依恋拂旅人头。

（二）

却旨坳③边野草花，仙人洞口日西斜。

九皇观院今何在，留得山居四五家。

注：①皇姑庙，即李皇后到印时最初修行的寺庙（金花溪边）而名。②金花溪，既印江木黄金厂河上游，古称金花溪。③却旨坳，即李皇后，原名李青莲、李玉洁，又名“九皇娘”“九皇妃”等，初随游人到印江梵净山修行时，因其庙宇多简陋，难以栖身，就住于半山的几户人家，拜佛就近的“小寺庵”（天庆寺的前身）。皇帝朱翊钧几次下旨返朝不去，李皇后赋《却旨诗》一绝以复旨曰：

北阙遥遥隔九重，颁来圣旨报恩隆。

敬祈赦我千般罪，不再回头入帝宫。

皇帝阅之，知母后心意已决，不再旨催，其住地因此而名。

戏题巧霞女友缝鞋

潘纯瑶

鞋儿缝得样儿乖，疑是双凫海上来。

为爱巧霞针线巧，观音赤脚也穿鞋。

悼巧霞女友

潘纯瑶

撒手空流泪满腮，巧霞闺友赴泉台。

此情莫嘱湘江水，恐逐中流去不回。

憩大观桥（五古一章）

吴学海

斯桥曰大观，石砌拱如环。一带清溪水，迂回绕市缠。

岸柳随风曳，落叶趁水旋。兴从桥上过，俯向桥下看。

清波映倒影，影入清波间。再往桥涵憩，别有一洞天。

相对坐磐石，濯足任流连。夕阳偏唱晚，尘嚣已渐阑。

迟迟不即去，因恋水乡安。

咏梅

吴学海

君爱梅花芳姿白，欲步林逋作梅客。

毋乃梅花浑不知，抚之几回都缄默。

风候忽传春至矣，袅娜弄姿倾颜色。

不负君家恁般情，今生今世在君侧。

附：魏敦全“咏梅”七古原诗

梅花酷似雪花白，雪里梅开羞见客。

我欲弄梅何处是，全凭香引亲芳泽。

悄然忍冻报春来，国花当之无愧色。

共尝名花花也欢，花开不在断桥侧。

题印江八景

魏敦全

一、 圣墩积雪

拔地凌空大圣墩，四时无景不宜人。
尤当积雪冰封后，一座浮雕白玉屏。

二、 双峡飞鸿

凌晨东去暮西归，白羽翩翩映翠微。
为失枝栖离散后，常留芳影在心扉。

三、 中洲牧笛

山溪九道汇江流，水曲环浮一绿洲。
丽日和风真乐土，芦声悦耳草肥牛。

四、 龙津渔火

而今毋复似当年，不向渔家妄索钱。
应约季鹰同品味，细鳞赪尾竞谁鲜。

五、 瀑布拖兰

天储白练喜盈仓，织女飞梭寄意长。
赠与人间千万疋，升平歌舞做霓裳。

六、 珠泉滴韵

珠泉谛听似琴鸣，思古幽情发我心。
钟子伯牙俱往矣，高山流水绕余音。

七、 峨岭舒云

是谁巨臂泼丹青，峨岭烟霞十里横。
马跃凤翔观不尽，又寻仙窟觅云根。

八、 南桥映月

崂山侑酒两婵娟，绰约蹁跹信觉怜。
不返广寒缘寂寞，南桥却好作家园。

重登梵净山（1943 年 7 月）

王峙苍

忆昔登峰日，而今十六年。烟峦常在目，尘海已非前。
烽火惊寰宇，驰驱倦蜀燕。归来寻旧躅，仍卧万层巅。

除夕大雪感怀

王峙苍

人生如寄岁如流，三十功名愧未酬。
壮志讵容残腊减，挥毫犹欲向风投。
河山旧耻今朝雪，旗鼓新征气象稠。
四海欢腾迎复回，起予豪兴发高讴。

卜算子·咏梅

王峙苍

天地本无私，风月谁为主？为报丰年万物亨，六出飞花雨。
先寄一枝春，温道群芳妒。最爱梅花坦白心，历岁寒如故。

诉衷情·悼诗

王峙苍

乘轮犹记蜀江游，小孤山最幽。同波纵极惊险，相倚立船楼。
观美景，听清讴，对明眸。红颜易逝，衷情谁诉，孤雁悲秋。

题《岁寒三友》（松梅竹）

王峙苍

不趋势利能几人，历尽霜寒仅三君。
九十衰龄向谁语？惟凭书画表丹忱。

龙门联

王峙苍

五代文明离福曜，两朝翰墨震皇猷。

东城“清定门” 联

王峙苍

遥望马岩迎月上，深坚雉堞御潮来。

县府大门春联

王峙苍

印水鉴心期，堪叹国难寇深，愿拯疮痍登衽席；
江城传怒吼，为报春回旦复，好争胜利挽狂澜。

游三峡七律二首

魏宇平

（一）

岸上危亭拥万松，长江天际矫游龙。
白帆点点凌波去，疑是飞航入太空。

（二）

一朝寄曲美如琴，风拍沧波韵独清。
桥畔垂纶人自乐，坐观聊遣羡鱼情。

回故乡感赋

魏宇平

（一）

故园三十二年前，我比毛公多卅年。
城郭人民今胜昔，悲欢交集到心田。

（二）

恋乡情绪与时增，邛水梵山系梦魂。
终得归来傍夙愿，盈眶热泪浣心恒。

（三）

万里归来老病身，读书说艺两飘零。
先忧后乐成空想，惭对峨关与圣墩。

（注：本节诗文作者多为印江明清时期文人，有少数为印江当代文人）

附　录

一、 地方条例

印江自治县自治条例

（1989年4月15日印江土家族苗族自治县第一届人民代表大会第三次会议通过 1990年1月19日贵州省第七届人民代表大会常务委员会第十一次会议批准 根据2006年3月30日贵州省第十届人民代表大会常务委员会第二十次会议批准的《关于修改〈印江土家族苗族自治县自治条例〉的决定》修正）

第一章　总　则

第一条　根据《中华人民共和国民族区域自治法》的规定，结合印江土家族苗族自治县（以下简称自治县）民族的政治、经济和文化的特点，制定本条例。

第二条　自治县是印江土家族苗族实行区域自治的地方。

自治县所辖区域界线如需变动，须由上级国家机关与自治县的自治机关协商拟定，并报国务院批准。

自治县的自治机关设在峨岭镇。

第三条　自治县的自治机关是自治县人民代表大会和自治县人民政府。

自治县的自治机关实行民主集中制的原则。

第四条　自治县的自治机关维护国家的统一，保证宪法和法律法规在自治县的遵守和执行。

自治县的自治机关依法保障各民族公民享有宪法和法律赋予的权利，自觉履行法律规定的义务。

自治县的自治机关把国家的整体利益放在首位，积极完成上级国家机关交给的任务。

第五条　自治县的自治机关依照宪法和民族区域自治法以及其他法律规定的权限，行使县级地方国家机关的职权，同时行使自治权。

自治县的自治机关积极争取上级国家机关的支持和帮助，在不违背宪法和法律的原则下，采取特殊政策和灵活措施，加快经济社会的发展。

第六条　自治县的自治机关执行上级国家机关的决议、决定、命令和指示，如有不适合自治县实际情况的，自治机关可以报经该上级国家机关批准，变通执行或者停止执行。

第七条　自治县的自治机关加强对各民族人民进行法律法规和民族政策的宣传教育，提倡爱祖国、爱人民、爱劳动、爱科学、爱社会主义的公德，培养有理想、有道德、有文化、有纪律的社会主义公民。

第八条 自治县的自治机关依法保障公民享有婚姻自由的权利，保护妇女、儿童、老人和残疾人的合法权益。

自治县的自治机关依法保护归侨、侨眷，香港特别行政区居民、澳门特别行政区居民和台湾同胞在自治县的合法权益。

第九条 自治县的自治机关教育各民族人民互相尊重、互相学习、互相合作、互相帮助，维护和发展各民族平等、团结、互助、和谐的社会主义民族关系，禁止对任何民族的歧视和破坏民族团结的行为。

第十条 自治县的自治机关保障各民族公民有信仰宗教和不信仰宗教的自由。任何国家机关、社会团体和个人不得强制公民信仰宗教和不信仰宗教，不得歧视信仰宗教和不信仰宗教的公民。任何人不得利用宗教进行破坏社会秩序、损害公民身体健康、妨碍国家教育制度的活动。宗教团体和宗教事务不受外国势力的支配。

第十一条 自治县的自治机关加强对各民族人民进行国防教育，做好征兵、优抚、安置和民兵预备役等工作，支持驻县部队建设。

第十二条 自治县的自治机关带领全县各民族人民，在中国共产党的领导下，以马克思列宁主义、毛泽东思想、邓小平理论和“三个代表”重要思想为指导，坚持以科学发展观统领经济社会发展全局，围绕各民族共同团结奋斗、共同繁荣发展的主题，坚持改革开放，以经济建设为中心，发展社会主义市场经济，集中力量进行社会主义现代化建设，推进社会主义物质文明、政治文明、精神文明建设与和谐社会建设全面发展，把自治县建设成为经济发展、政治民主、民族团结、社会稳定的民族自治地方。

第二章 自治机关

第十三条 自治县人民代表大会是自治县的地方国家权力机关，它的常设机关是自治县人民代表大会常务委员会。自治县人民代表大会常务委员会对自治县人民代表大会负责并报告工作。

自治县人民代表大会的代表中，土家族、苗族和其他民族代表的名额和比例，按照选举法和贵州省人民代表大会常务委员会的规定确定，并由选民依法选举产生。

自治县人民代表大会常务委员会的组成人员中，土家族、苗族人员所占比例可以略高于其人口比例，并且应当有土家族或者苗族的公民担任主任或者副主任。

第十四条 自治县人民政府是自治县人民代表大会的执行机关，是自治县的地方国家行政机关，对本级人民代表大会及其常务委员会和上级国家行政机关负责并报告工作。

自治县县长由土家族或者苗族的公民担任。自治县人民政府的其他组成人员中，土家族、苗族人员的名额可以略高于其人口的比例，其他民族的人员也应当有适当的名额。

自治县人民政府实行县长负责制。

第十五条 自治县人民代表大会依照自治县民族的政治、经济和文化的特点，制定自治条例和单行条例。

第十六条 自治县的自治机关根据工作需要，报经上级国家机关批准，合理设置工作部门，在核定的编制总额内，合理确定各部门的编制员额。

第十七条 自治县人民政府及其工作部门依法配备土家族、苗族和其他少数民族领导干部，在公开选拔、竞争上岗配备领导干部时，可以划出相应的名额和岗位，定向选拔土家族、苗族和其他少数民族干部。

自治县录用、聘用国家工作人员时，对土家族、苗族和其他少数民族予以照顾，优先录用。

自治县的企业、事业单位，在招收人员时，优先招收少数民族人员，并且可以从农村少数民族人口中招收。

自治县的自治机关注重在妇女中培养、使用各级干部和各种专业技术人才。

第十八条　自治县的自治机关对在自治县经济社会发展中做出显著成绩的单位和个人，给予表彰和奖励。

第三章　人民法院和人民检察院

第十九条　自治县人民法院、自治县人民检察院是自治县的国家审判机关和法律监督机关，依法独立行使审判权和检察权。

自治县人民法院和自治县人民检察院对自治县人民代表大会及其常务委员会负责并报告工作。自治县人民法院的审判工作，受上级人民法院的监督；自治县人民检察院受上级人民检察院的领导。

第二十条　自治县人民法院和自治县人民检察院应当有土家族、苗族的公民担任院长或者副院长、检察长或者副检察长；其他领导成员和工作人员中，应当配备一定数量的土家族、苗族人员。

第二十一条　自治县的自治机关保障各民族公民都有使用本民族语言文字进行诉讼的权利。自治县人民法院和人民检察院对于不通晓汉语言文字的诉讼参与人，应当为他们提供翻译。制作法律文书使用规范的汉语言文字。

第二十二条　自治县人民法院、人民检察院在审理案件中，应当严格遵循以事实为依据、以法律为准绳的原则。自治县人民代表大会及其常务委员会应当加强对人民法院和人民检察院的监督。

第四章　经济建设

第二十三条　自治县的自治机关在国家宏观经济政策的指导下，结合自治县实际，制定经济建设的方针、政策和规划，自主地安排和管理自治县的经济建设事业。

第二十四条　自治县坚持公有制经济为主体、多种所有制经济共同发展，鼓励和支持非公有制经济的发展，鼓励社会资本参与自治县的基础设施、公用事业以及其他领域的建设和国有、集体企业改制。

第二十五条　自治县的自治机关依照法律规定，管理和保护本地方的自然资源，根据法律规定和国家的统一规划，对可以由自治县开发的自然资源，优先合理开发利用。

第二十六条　自治县的自治机关统一管理和监督本行政区域内国土资源的保护、开发和利用。实行严格的耕地保护制度、土地用途管制制度、土地有偿使用制度。

在自治县建设的重点项目缴纳的耕地开垦费，享受优先用于土地开发整理和开垦新耕地的照顾，自治县征收的新增建设用地的土地有偿使用费，专项用于土地开发整理项目，并享受上级国家机关的照顾。

第二十七条　自治县按照生产发展、生活宽裕、乡风文明、村容整洁、管理民主的要求，统一规划，循序渐进，节约土地，集约发展，合理布局，扎实稳步推进新阶段扶贫开发和社会主义新农村建设。

自治县的自治机关稳定和完善以家庭承包经营为基础、统分结合的双层经营体制，依法保护农民对土地承包经营的各项权利。保护农民依法、自愿、有偿流转土地承包经营权。

自治县的自治机关加强农业基础地位，面向市场，依靠科学技术，优化农业和农村经济结构，扶持农产品加工业，发展效益农业和特色农业，推进农业产业化进程。

第二十八条　自治县的自治机关在上级国家机关的支持和帮助下，加大扶贫开发力度，采取措施，多渠道筹集资金，动员和组织社会力量参与自治县的扶贫开发工作，改善当地群众基本生产生活条件。

第二十九条　自治县的自治机关依法保护和管理水资源，科学规划、合理开发利用水资源。加强水利基础设施建设，防止水土流失、防治洪涝和干旱等自然灾害，实现水资源的可持续利用。

自治县实行取水许可制度和有偿使用水资源制度，征收的水资源费专项用于水资源的保护和开发利用。

自治县鼓励单位和个人投资开发水资源，保护投资者的合法权益。

第三十条　自治县的自治机关依法保护森林资源，实行封山育林、植树造林、退耕还林和采伐限额制度，严禁毁林开垦、破坏林草植被，禁止非法猎捕和采集珍稀野生动物、植物。

自治县鼓励单位和个人承包宜林荒山、荒坡，植树造林，培育森林资源，保护投资者的合法权益，发展自治县的林业生产。

第三十一条　自治县的自治机关加强畜牧业基础设施建设，依靠科学技术，发展生态畜牧业，逐步建立和完善良种繁育、饲料、防疫、加工、贮运、销售等服务体系。

自治县加强对渔业资源的保护和管理，发展渔业及特色水产品养殖。

第三十二条　自治县的自治机关依法对本行政区域内的矿产资源进行保护和管理，依照法律和国家统一规划，对可以由自治县开发的矿产资源，优先合理开发利用。

自治县征收的矿产资源补偿费，专项用于矿产资源的保护、管理和开发，并享受上级国家机关的照顾。

第三十三条　自治县的自治机关根据经济社会发展的需要，自主地安排基本建设项目，加强基础设施建设。自治县享受国家安排的基础设施建设项目减少或者免除配套资金的照顾。

第三十四条　自治县的自治机关加强城镇规划、建设和管理，促进城乡协调发展。

第三十五条　自治县的自治机关加强环境保护和生态建设，实现人口、资源、环境的协调发展。

任何单位和个人在自治县开发资源或者进行建设，应当保护和改善生活环境和生态环境。

第三十六条　自治县的自治机关制定优惠政策，引进人才、技术、资金和设备，招商引资，发展县域经济。

第三十七条　自治县的自治机关扶持少数民族特需商品和传统手工业品生产，享受投资、金融、税收等方面的照顾。

第三十八条　自治县的自治机关依照国家优惠政策，加快市场建设，鼓励企业参与市场竞争，发展对外贸易。

第三十九条　自治县的自治机关依法管理本行政区域内的旅游资源，实行统一规划，严格保护、合理开发利用。依托梵净山生态、民俗等旅游资源，发展具有民族特色的旅游业。

第四十条　自治县的自治机关自主地管理所属的企业、事业单位。上级国家机关需要改变自治县县属企业的隶属关系，应当征得自治县自治机关的同意。

上级国家机关在自治县的企业、事业单位，应当尊重自治机关的自治权，遵守自治条例和单行条例，接受自治机关的监督。

第四十一条　自治县的自治机关依照国家财政管理体制的规定，自主地管理和使用属于本县的财政收入，以及执行财政预算过程中收入的超收和支出的节余资金，并享受国家对民族自治地方在财政收入和支出项目方面的照顾。

自治县的财政预算支出，按照国家规定设立机动金；预备费在预算中所占比例可以高于非民族自治地方。

第四十二条　自治县的自治机关加强财源建设，加强财政监督管理，建立和完善公共财政体系，发挥财政资金使用效益。

自治县享受上级财政支持自治县财政保证国家机关正常运转、财政供养人员工资按时足额发放、基础教育正常经费支出的照顾。

自治县享受上级财政通过一般性财政转移支付、专项财政转移支付、民族优惠政策财政转移支付以及国家确定的其他方式的照顾。

自治县根据实际，逐步完善县、乡（镇）财政管理体制。

第四十三条　自治县的自治机关根据国家规定的原则，对自治县的各项开支标准、定员、定额，制定补充规定和具体办法，报经批准执行。

第四十四条　自治县的自治机关对需要从税收上加以照顾和鼓励的项目，报经批准，可以实行减税或者免税。

第四十五条　自治县的自治机关根据自治县经济社会发展的需要，可以依照法律规定设立地方商业银行和城乡信用合作组织。

自治县的自治机关鼓励、支持、协调金融机构对自治县经济社会发展的信贷资金需求，给予扶持。

第四十六条　自治县财政预算的调整或者变更，由自治县人民政府报经自治县人民代表大会常务委员会审查批准。

第四十七条　自治县的自治机关支持和监督审计机关依法独立行使审计监督权，加强审计监督工作。

第五章　社会事业

第四十八条　自治县的自治机关贯彻执行国家的教育方针，根据法律法规的规定，自主决定自治县的教育规划和各类学校的设置、办学形式。普及九年义务教育，扫除青壮年文盲，发展高中教育、学前教育、特殊教育、职业技术教育和现代远程教育。

自治县依法保障教育经费的投入，不断改善办学条件，鼓励社会力量兴办教育事业。

自治县设立寄宿制学校（班），办好民族中学和民族小学。保障就读学生完成义务教育阶段的学业。

自治县的自治机关加强教师队伍的建设和管理，尊重和维护教师的合法权益。

第四十九条　自治县的自治机关建立健全自治县科技服务体系和科学普及体系，加大科学技术开发投入，普及科学技术知识，引进和推广先进适用科学技术，促进科学技术成果的转化，发展科学技术事业。

第五十条　自治县的自治机关发展具有地方民族特色的文学、艺术、新闻、出版、广播电视等民族文化事业，组织和支持收集、整理、研究、出版民族书籍，培养民族文艺人才，加强文化设施建设和文化市场的管理，发展文化产业。

自治县依法保护革命遗址、历史文物、名胜古迹、民族特色文物和其他非物质文化遗产。

第五十一条　自治县的自治机关加大对公共卫生事业的投入，加强公共卫生基础设施建设，建立和完善农村医疗卫生服务体系、新型农村合作制度和医疗救助制度。加强对传染病、地方病、职业病的预防控制和妇幼卫生保健工作。

自治县重视中医药的研究开发，保护、扶持和发展民族传统医药。

自治县依法加强对公共卫生、食品安全、药品和医疗器械的管理和监督。

第五十二条　自治县的自治机关加强劳动力市场的建设和管理，采取各种措施创造就业岗位，扩大就业。

自治县的自治机关重视安全生产，建立健全安全生产责任制，保障人民群众的生命财产安全。

第五十三条　自治县的自治机关加快建设与经济发展水平相适应的社会保障体系。建立健全城镇职工养老保险、医疗保险、失业保险、工伤保险、生育保险和城市居民最低生活保障等制度，建立完善优抚保障机制和社会救助体系。

第五十四条　自治县实行计划生育和优生优育，提高各民族人口素质。

第五十五条　自治县加强体育基础设施建设，发展体育事业，开展群众性的体育活动，增强各民族人民的体质。

第六章　民族关系

第五十六条　自治县的自治机关保障各民族都有使用和发展自己语言文字的自由，都有保持或者改革自己风俗习惯的自由。

自治县的自治机关尊重各民族的传统节日，支持各民族人民开展有利于民族团结和身心健康的各种活动。

第五十七条　自治县的自治机关照顾散居在县内的其他少数民族的特点和需要，帮助他们解决生产和生活中的各种困难。在处理涉及他们的特殊问题时，应当与他们的代表充分协商，尊重他们的意见。

第五十八条　自治县的自治机关定期召开民族团结进步表彰大会。

第七章　附　则

第五十九条　每年11月20日为自治县成立纪念日，放假1天。

第六十条　本条例自1990年5月1日起施行。

印江自治县印江河保护条例

（2009年3月1日印江土家族苗族自治县第六届人民代表大会第四次会议通过　2009年7月29日贵州省第十一届人民代表大会常务委员会第九次会议批准）

第一条　为加强印江河的保护、开发和利用，促进经济社会可持续发展，根据《中华人民共和国民族区域自治法》和有关法律、法规的规定，结合实际，制定本条例。

第二条　本条例所称的印江河，是指自治县境内印江河干流及其主要支流的河道、水体以及两岸水资源环境保护范围的总和。

第三条　印江河的保护、开发和利用，适用本条例。

第四条　自治县人民政府应当将印江河的保护、开发和利用，纳入国民经济和社会发展规划。

印江河的保护、开发和利用应当遵循依法保护、有序开发、合理利用的原则。

第五条　自治县人民政府依照有关规定，制定印江河保护总体规划，划定水资源环境保护范围、河道管理范围、城区景观河道管理范围、重点景区和景点，标明界区，设置标志，并向社会公布。

第六条　印江河实行分级分部门管理。

自治县人民政府水行政主管部门主管河道的建设、保护工作，维护堤防安全，保持河道稳定和行洪畅通，协同环境保护行政主管部门对水污染防治实施监督管理。

自治县人民政府环境保护行政主管部门主管水污染的防治，加强对污染源的控制和监督管理，定期监测河水水质，建立健全环境保护巡查制度，确保河水不受污染。

自治县人民政府林业行政主管部门主管河道两岸水资源环境保护范围内坡耕地的退耕还林、植树造林、封山育林，逐步提高森林覆盖率，涵养水源，防止水土流失。

自治县人民政府发展和改革、财政、建设、国土资源、交通、卫生、经贸、农业、城镇管理、公安等部门应当根据各自职责，做好印江河环境的保护和管理工作。

自治县人民政府教育、文化广播电视等部门，应当加强保护印江河的宣传教育工作。

印江河沿岸的乡镇人民政府负责其辖区内河段的日常保护和管理工作。辖区内的社区、村（居）民委员会协助乡镇人民政府做好保护工作。

第七条　任何单位和个人都有保护印江河，服从监督管理的义务，并有劝阻和举报违反本条例规定行为的权利。

第八条　自治县人民政府应当对保护印江河做出贡献的单位和个人，给予表彰和奖励。

第九条　自治县人民政府应当将印江河保护经费列入年度财政预算，落实下列资金：

（一）印江河污染防治专项资金；

（二）印江河沿岸水资源环境保护范围绿化资金；

（三）印江河环境综合治理专项资金；

（四）其他资金。

以上各项资金专款专用，任何单位和个人不得侵占或者挪用。审计部门对资金的使用情况实行定期审计。

鼓励单位和个人投资保护、治理和合理开发印江河，保护投资者的合法权益。

第十条　印江河水资源环境保护范围内，二十五度以上的坡耕地应当实行退耕还林还草或者封山育林。

第十一条　印江河水资源环境保护范围内的农业生产，应当科学施用化肥，使用安全农药，推广综合防治和生物防治措施，加快生态农业建设。

第十二条　自治县及其有关乡、镇人民政府应当建设和完善集镇污水、垃圾处理设施，保证污水和垃圾处理设施正常运行和有效使用，对污水和生活垃圾实行无害化处理。

鼓励社会组织和个人投资集镇污水、垃圾处理设施的建设和运行管理，保护投资者的合法权益。

第十三条　自治县人民政府应当结合印江河的保护工作，加强水资源的开发利用，建设引调水工程，保证引调水工程的正常运行和有效使用，改善沿岸居民生活饮用水质量。

鼓励社会组织和个人投资建设、维护和管理引调水工程，保护投资者的合法权益。

第十四条　妨碍印江河防洪、生态环境保护的建筑物，应当依法拆除或者限期改造。

第十五条　印江河资源的开发利用，应当符合印江河保护总体规划要求。项目建设应当进行环境影响评价，其防治污染设施和水土保持方案与主体工程同时设计，同时施工，同时使用。在项目实施中采取有效措施，不得造成污染和危害。生产经营产生的废弃物，应当达标排放。

第十六条　利用印江河水资源从事各种经营、服务活动，应当依法办理相关手续，在规定的服务区域和经营范围内从事经营服务活动。

第十七条　印江河的文物古迹、古树名木、珍稀植物、奇峰异石，应当建立档案，设置标志，严格保护。

第十八条　在印江河禁止下列行为：

（一）向水体投放农药或者排放其他剧毒废液；

（二）向水体排放、倾倒废渣、弃土弃石、生活垃圾、粪便、生活污水和其他废弃物；

（三）在河道管理范围内堆放或者弃置废渣、土石、生活垃圾及粪便、动物尸体、医疗废弃物等有害有毒物质；

（四）损毁堤防、护岸、护栏、闸坝、水工程建筑物，损毁防汛、水文监测和测量、河岸地质监测等设施；

（五）围填堵塞水源、河道、滩涂；

（六）电鱼、毒鱼、炸鱼、网捕鱼及其他违法捕捞作业；

（七）毁林毁草开荒、乱砍滥伐、放火烧山、采挖珍稀植物；

（八）在重点景区和封山育林区放牧；

（九）猎捕、伤害野生保护动物；

（十）破坏引调水工程水源和损毁引调水工程设施；

（十一）违法开山、采矿、挖砂、建窑、取土。

第十九条 在印江河主干流县城区景观河道管理范围内，除执行第十八条规定外，同时禁止下列行为：

（一）洗涤生活污染物、腐朽物品及污染水体的器具和车辆；

（二）在防洪堤上操办酒席和占堤露天经营；

（三）在防洪堤上刻画、涂写、喷涂及张贴宣传品和广告；

（四）损毁路灯、喷泉等景观设施和市政设施。

第二十条 违反本条例第十八条规定的，按照下列规定予以处罚：

（一）违反第一项规定的，由环境保护行政主管部门根据不同情节，给予警告或者处以 200 元以上 1 万元以下罚款；

（二）违反第二项、第三项规定的，由环境保护行政主管部门给予警告或者处以 100 元以上 2000 元以下罚款；

（三）违反第四项规定的，由水行政主管部门责令停止违法行为，依法赔偿损失，并处以 100 元以上 5000 元以下罚款；

（四）违反第五项规定的，由水行政主管部门责令停止违法行为，限期恢复原状，并处以 100 元以上 2000 元以下罚款；

（五）违反第六项规定的，由农业行政主管部门责令停止违法行为，没收渔具和非法所得，并处以 100 元以上 1000 元以下罚款；

（六）违反第七项规定的，由林业行政主管部门责令补种砍伐、采挖、烧毁株数 10 倍的树木，没收违法所得，并处林木价值 3 至 5 倍的罚款；

（七）违反第八项规定的，由林业行政主管部门责令停止违法行为，限期采取补救措施，并处以 50 元以上 1000 元以下罚款；

（八）违反第九项规定的，由林业行政主管部门没收违法所得，并处以 200 元以上 5000 元以下罚款；

（九）违反第十项规定的，由建设行政主管部门责令停止违法行为，依法赔偿损失，并处以 500 元以上 5000 元以下罚款；

（十）违反第十一项规定的，由国土资源行政主管部门责令停止违法行为，限期治理，并处以 500 元以上 5000 元以下罚款。

第二十一条 违反本条例第十九条规定的，按照下列规定予以处罚：

（一）违反第一项、第二项、第三项规定的，由城镇管理行政主管部门责令停止违法行为，并处以 50 元以上 1000 元以下罚款；

（二）违反第四项规定的，由建设行政主管部门和城镇管理行政主管部门责令停止违法行为，依法赔偿损失，并处以 100 元以上 5000 元以下罚款。

第二十二条 危害印江河保护的其他行为，本条例未作规定的，依照国家相关法律法规进行处罚。

第二十三条 国家工作人员不履行监督管理职责、滥用职权、玩忽职守、徇私舞弊，尚未构成犯罪的，由其所在单位或者行政监察机关给予行政处分。

第二十四条 本条例自 2010 年 1 月 1 日起施行。

二、县委、县人民政府重要文件（选载）

中共印江土家族苗族自治县委 印江土家族苗族自治县人民政府 关于组织实施“2358温饱工程”的决定

（1989年11月24日）

各区镇、乡（镇）党委、政府（区公所）、县直机关各工作部门、各群众团体：

根据省农业会议精神，结合我县粮油生产连续五年滑坡的严峻局面，为了大力发展我县农业生产，进一步开展以生产自救为中心，争取明年农业有个好收成。各级必须下大决心花大力气推广农业实用技术。经县委、县政府研究决定，在一九八九年至一九九〇年全面组织实施“2358温饱工程”（以下简称“工程”）。

一、工程内容及任务安排

1.“2358温饱工程”是根据全省农村工作会议精神，结合我县实际对明年粮油生产的超前安排，必须从秋种抓起，在全县推广2万亩杂交油菜，3万亩水改旱作（旱三熟）。5万亩杂交玉米（含2240亩地膜杂交玉米），8万亩杂交水稻。对2万亩杂交油菜，3万亩水改旱作（大季杂交玉米）。2240亩地膜杂交玉米，8万亩杂交水稻全部实行“以物放贷，以粮（油）还贷”的有偿配套服务。

2万亩杂交油菜，根据外地经验，全部实行育苗移栽，规范化栽培，科学管理。

3万亩水改旱作，即对无水源保证，连续几年无收的望天水田进行改种旱地粮食作物，全部推行旱地分带轮作多熟制。

5万亩杂交玉米（含3万亩水改旱作的大季，2240亩地膜杂交玉米），大力推广规范化栽培和地膜栽培技术2240亩。

8万亩杂交水稻推广两段育秧要达到50%以上，一律要实行规范化栽培、科学管理。

2.“2358温饱工程”的任务安排：

该工程四项具体内容既有区别又有联系，2万元亩杂交油菜和8万亩杂交水稻联系紧密，3万亩水改旱作与5万亩杂交玉米紧密相连。3万亩水改旱作必须实行旱地分带轮作。主要采取小麦（洋芋）—玉米—红苕（荞子）等三熟制的耕作制度，全部种杂交玉米。5万亩杂交玉米中，就包含了水改旱作的3万亩和两千余亩地膜杂交玉米。各区乡在落实任务时要统筹安排，合理布局，通盘考虑，以免人、财、物的浪费，在布局上，要相对集中连片。以利加强领导和技术指导。工程分区任务安排见附表（一）。

二、各级成立领导机构，切实加强对工程的领导

为了切实加强对工程的领导，确保工程的顺利实施，县决定成立“2358温饱工程”实施领导小组，下设技术组、后勤组、办公室、验收小组。代振华任领导小组组长，田景坤、贺光录、唐世元任副组长。成员：李茂太、覃礼富、田兴光、欧天文、田茂先、陈启成、吴明宦、代复全、陈正治、严循志、万翠英、汪隆胜、代传珍。领导小组办公室设在县农经委。田茂先任办公室主任，田兴光、张安高任副主任；抽调任明煌同志具体办公。

技术组由唐世元、田茂先、彭桂英、魏敦泽、肖廷儒、汪隆胜、染志才等同志组成，唐世元同志任组长（兼）。田茂先同志任副组长。

后勤组由田景坤、覃礼富、陈正治、万翠英、代传珍等同志组成，由田景坤同志任组长（兼），覃礼富同志任副组长。

验收组由唐世元同志任组长，参加单位有政府办、农经委、科委、科协、计量局、统计局、供销社、农业局、扶贫办等。

凡抽出为工程服务的有关人员，其工资和差旅费一律由原单位负责。

三、工程的具体实施办法

“2358温饱工程”在认真总结今年实施粮食“丰收计划”经验教训的基础上，对工程继续实行有偿承包。总的要求是：行政干部包面积、任务，农技干部包技术、包效益，后勤物资部门包物资配套供应，采取行政干部与农技干部联合有偿承包的方式，并实行任务、产量指标与经济利益挂钩，分阶段考核、扣罚、年终总结兑现奖惩的办法。

1. 承包方式：采取区、乡行政干部与农技术干部联合有偿承包。

(1) 有偿技术承包费每承包一亩（“28”、“35”各算一亩）向农户提取技术指导费1.00元，县政府给予杂稻每亩0.2元，水改旱作每亩0.5元的承包费，从有偿技术承包费（包括指术指导费）中提取5%归工程办公室统一掌握使用。其余95%由行政干部（含直接参与承包的村干部）与业务干部采取对半分成的分配方法。行政干部和业务干部所得部分。还要提取10%交单位（业务干部交区站或农业局，行政干部上交到区）。至于参与承包的乡干部所得的报酬。究竟如何分配，由各乡党委、政府确定。

(2) 工程产量指标：

杂交油菜：各级示范点上产量平均单产140千克以上，面上平均单产不少于125千克以上。

水改旱作：平均单产指标500千克以上（含多熟产量）。

地膜杂交玉米：全覆盖400千克以上，半覆盖550千克以上（含多熟产量）。

单作杂交玉米：平均单产指标300千克以上。

杂交水稻：平均单产指标400～500千克以上。

(3) 行政干部与农技干部承包的职责：

为了充分发挥各级行政、业务干部的工作积极性，加强责任感，保证工程的顺利实施，对行政、业务干部分别实行“四包”，即：行政干部一包面积落实，二包与农户签订合同、造册并负责向农户提取技术指导费，三包后勤配套物资的供应，四包技术方案的组织实施与行政干预以及以粮还贷的实现。农技干部一包效益，即工程产量指标，二包技术方案的拟定及与行政干部一起组织实施，三包技术培训（搞好资料印发，上课及培训现场的准备等），四包点上及面上的技术指导工作。

总之，行政与业务干部要密切配合，既有分工又有协作。后勤部门要积极及时组织配套物资按期供应到点。

2. 对“温饱工程”实行“以物放贷，以粮还贷”的配套办法：

2万亩杂交油菜配套贷款33.8万元，由县粮食局承贷承还，每亩按0.1千克种子，10千克尿素，10千克普钙投放，秋后由农户每亩交12.5千克油菜籽给当地粮食部门作为偿还贷款，对3万亩水改旱作，二千多亩地膜杂交玉米，8万亩杂交水稻，配套扶贫贷款187.7万元，仍由县粮食局向人民银行承贷承还。每亩按杂交玉米种子4斤，杂交水稻种子2.5斤，尿素15斤，普钙40斤，杂交玉米全覆盖每亩微膜7斤，半覆盖每亩微膜4.5斤，分别由供销社、种子公司投放；秋后由农户以粮还贷。即：杂交玉米每亩交还40斤玉米，地膜全覆盖每亩交132斤玉米，半覆盖每亩交100斤玉米，杂交水稻每亩交还30斤大米给当地粮食部门作为实物还贷。另外，拟在可能条件下，对水改旱作第一茬作物每亩供应平价尿素10斤，普钙40斤。在当地供销部门供应，由农户自费购买。

3. 农技干部安排和技术承包指导办法：各区的技术力量由各区自行安排，原则上每乡要有一名农技干部。各区农技站长除配合一名农技干部抓好区示范点所在乡的工程技术承包外，还要负责督促，检查全区工程的技术指导。方法上采取县、区、乡层层办示范点。以示范点带动、指导，推动工程面上的工作。县办五个点（即：县委、政协在新寨乡搞水改旱作示范点，县政府在沙子坡搞水改旱作示范点，在板溪乡搞“28”示范点，县委在坪底乡搞综合示范点，县人大在新场乡搞“28”示范点），面积300～500亩，区办2个点（“28”“35”各一个点），面积各100亩；各乡原则上要办两个点，面积各50亩。

为了有利农业技术的推广、保证工程效益，由县粮食局拨给杂交油菜培训费2万元，由领导小组统筹安排外，工程其他培训经费按3万亩水改旱作，8万亩杂交水稻每亩0.50元的标准，由县财政拨给工程办公室统一安排使用。

4. 考核及奖惩办法：

“2358温饱工程”是我县农村工作的重点，其中的旱三熟三万亩和两段育秧，地膜杂交玉米又是整个工程的难点，这项工程只能成功，不准失败，因此，把工程完成情况作为对各级党委和政府抓农村工作的重点内容考核，实行奖惩。

对工程负责，承包达到技术规范工程产量指标要求的，全部兑现技术指导费和承包费对成绩突出的，县委、县政府给予表彰和奖励。

对工作不负责任，又没有完成任务和没有达到技术规范承包产量指标的，原则上不得享受技术承包费和指导费。

各项工程实行由区、乡组织力量进行阶段性检查验收，县分阶段重点抽查（各项工程阶段检查验收时间见附表），对不合格的按行政干部、农技干部承包职责扣除承包人阶段基础月工资20%，属于行政干部的责任就扣行政干部的工资；属于业务干部的责任就扣业务干部的工资；属于后勤物资供应不及时的就扣后勤部门有关人员的工资。如采取了补救措施，工程经全面验收合格达标，可补回原扣发工资。

对工作极不负责，失职，对工程造成重大损失者，除实行经济制裁外，还要给予党纪、政纪处分。

县委、县政府强调指出。各区、乡参与承包的行政、业务干部向农户收取的技术指导费，必须及时上交到各区财政所，进行统一管理。各农推站，乡政府和个人一律不得擅自存放现金，这是严肃财经纪律的要求。

各级工程领导小组如所负责的工程任务没有完成，解决问题拖拉推诿、失职的，按照干部管理权限追究领导者的责任，并酌情给予经济处罚。

各项工程结束时，由县工程领导小组组织验收组全面验收，由县委、县政府召开总结会，一次性兑现奖励。

全省农业工作会议明确提出树立科技兴农的战略思想，为我县抑制农业生产滑坡，解决群众温饱，登上新台阶指明了方向。推行“2358温饱工程”是落实科技兴农的具体表现，这关系到明年粮油生产能否有个好收成，能否解决群众温饱这个大局，是农村工作的重点和难点。“2358温饱工程”季节性强，难度大、标准高。各级党政领导一定要亲自部署亲自抓，切实加强对工程的领导，坚定信心，有关部门要通力合作、共同努力，特别是后勤物资部门，农业部门一定要搞好物资配套和技术服务。各区、乡对整个工程投入的扶贫资金和物资都要实行“三公开、一监督”，即分配的资金、物资的指标、方法、数额公开；资金、物资用于开发的项目和内容公开；项目覆盖的贫困户应取得的效益公开；对所扶持的贫困户，要张榜公布，接受群众监督，只要我们依靠政策，发动群众，依靠科技、兴利除弊；扬长避短，因地制宜。“2358温饱工程”一定会成功。

中共印江土家族苗族自治县委
印江土家族苗族自治县人民政府
一九八九年十一月二十四日

中共印江土家族苗族自治县委
印江土家族苗族自治县人民政府
关于抓紧抓好我县有关支柱产业、工业项目和梵净山旅游开发的暂行规定

（1992年7月20日）

为了促进我县经济的顺利发展，根据县委常委扩大会议（92）08号纪要的精神，特作如下规定：

一、建立项目责任制。项目责任人由有关县领导和部门领导组成。相关部门的领导为项目参与人。为了把项目抓到实处，可成立项目领导小组，项目责任人分任正、副组长，相关部门的领导为成员，并抽调得力干部组成精干的办公室，以专司其职。

二、为了推动项目的正常开展。各项目领导小组应筹措适量的业务经费。项目办公室所抽调的人员，其工资福利待遇一律由原单位负责。出差费在办公室报销。

三、项目负责人和参与人及其办公室人员的工作实绩与经济利益直接挂钩。各项目的基本工作目标，经县委、县政府联席会议审定后组织实施，对于适宜于定量考核的，凡年度目标任务完不成60%或者挂了名而不干实事的项目责任人和参与人及其办公室工作人员，扣发全年奖金；凡年度目标任务只完成61%～70%的。扣发全年一半的奖金；凡年度目标任务完成71%～80%的，扣发全年奖金的20%；凡年度目标任务完成80%以上的，发给全年奖金，对于不宜定量考核的项目，按照工作努力程度和实际进展程度评定奖金的计发比例。

四、设立项目奖励奖金，项目奖励资金用于项目领导小组参与部门和人员的奖励，鉴于各项目的难易程度有异；因而奖励资金的数额不同；烤烟项目5万元，茶叶生产3万元，纸厂技改和国家电网向印江延伸2万元，桐桊生产1万元，梵净山旅游开展1万元，小麦洋芋良种的引进和推广0.7万元，争取搞活灵芝酒1万元；印刷厂彩印生产线的完善0.3万元。

经研究，各项目今明两年的基本目标如下：

1. 烤烟：1993年达到20万担产量，1000万元产品税。

2. 茶叶生产：今冬明春新垦植茶园6000余亩。

3. 纸厂技改和国家电网向印江延伸，两个项目今年内通过省里的扩初设计，并力争今年开始动工，1993年年底西部联网基本竣工。此外，还要做好芒杆基地的管理和发展工作。

4. 桐桊生产：1992—1993年，发展桐子2万亩、桊子2万亩。

5. 梵净山旅游开发：今年7月中旬前完成张家坝至钟灵寺公路的测设并上报方案，积极向省地有关部门争取投资修复护国寺，明年争取修复上山公路。

6. 小麦、洋芋良种的引进和推广：今年秋种前试验性地解决好7000亩小麦，300亩洋芋良种的引进，明年以十倍左右的面积推广，以克服我县小麦、洋芋品种的老化、退化问题，从而提高夏粮产量。

7. 争取搞活灵芝酒：今年首先争取解决商标注册问题和配方问题，在此基础上解决生产工艺问题，争取在明年内酒厂有所起色。

8. 印刷厂彩印生产线的完善：今年内首先要积极争取资金以增添设备，明年内基本完善。

上述项目目标，如能在今年或明年内完成90%以上，可以兑现全部奖励资金；完成80%～90%的，可以兑现80%的奖励奖金；完成70%～80%的，兑现70%的奖励资金，完成70%以下的，不予兑现奖励资金。

五、定期述职报告，群众评定奖惩。县委、县政府将各项目的基本目标行文公布，以接受群众监督；年终时，各项目负责人要在三干会或者县直机关单位负责人大会上分别作项目实施述职报告。并由与会者民主评议和审定项目负责人和参与人的经济奖惩。

中共印江土家族苗族自治县委
印江土家族苗族自治县人民政府
一九九二年七月二十日

印江土家族苗族自治县扶贫攻坚计划

（1994年8月9日）

根据国务院制定的《国家八七扶贫攻坚计划》和《贵州省扶贫攻坚计划》的要求，为解决我县农村的贫困问题，加快脱贫致富奔小康步伐，现结合我县实际，特制定如下扶贫攻坚计划。

一、形势与任务

（一）消灭贫困，实现共同富裕，是社会主义的本质要求。在中央和省、地的统一部署下，我县自一九八六年以来，开展了有组织有计划的大规模扶贫开发工作，经过全县广大干部职工和各族群众八年来的共同努力，扶贫开发工作取得了一定成绩。一九九三年全县工农业总产值达到2.29亿元，比一九八五年增长1.56培，县级财政收入完成1890.2万元，比一九八五年增长3.55倍，农民人均纯收入达到285元，比一九八五年净增162元。实践证明，扶贫是党和政府的一大德政，中央和省地的扶贫方针政策是非常正确的，深受我县各族人民的欢迎。

（二）扶贫开发任务十分艰巨。我县的扶贫开发工作虽然取得了一定成绩，但我们面临的扶贫开发任务仍是十分艰巨和繁重的。按贵州省委、省政府一九九一年确定的农民人均年纯收入300元为越过温饱线标准，一九九三年全县农业人口仍有302668人还在温饱线标准以下，其中，农民人均年纯收入不到200元极贫人口还有167287人，极贫人口占农业总人口的47.83%。这些极贫人口主要分布在我县的中坝、杉树、木黄、新业、永义、罗场、板溪等7个乡镇的一些自然村寨中，其次是县内其他乡镇。这些地区共同的特征是，山高石头多，出门就爬坡，人畜饮水困难，农业基础设施差，文化教育卫生落后，交通不便，信息闭塞，生活生产条件极为恶劣。这是我县扶贫开发的一块硬骨头，也是我县扶贫攻坚的重点。

（三）抓住机遇，加大扶贫开发力度。建立社会主义市场经济体制和国家八七扶贫攻坚计划的确定，必将给贫困地区的发展带来前所未有的机遇和更加广阔的前景。抓住机遇，加大扶贫开发力度，尽快改变我县贫困落后面貌，不仅关系到我县县域经济的振兴，市场的开拓，资源优势的开发利用与合理配置，而且关系到我县整个国民经济的持续、快速、健康发展和民族团结与社会的稳定，也关系到我县改革开放与发展的顺利进行。为此，我县各级党委、政府和各部门，必须高度重视扶贫开发工作，对扶贫开发工作要真正做到：动感情、动脑筋、动真格，真抓实干。

二、指导思想与原则

（四）我县扶贫开发的指导思想是：以党的十四大和十四届三中全会精神为指针，以国家八七扶贫攻坚计划和省地的扶贫攻坚计划为蓝图，以社会主义市场经济为导向，以贫困人口稳定地解决温饱，有稳定的经济收入来源为目的，依靠科技进步和人力、物力、财力的投入，促进全县经济持续、快速、健康发展，改变贫困面貌，逐步实现小康。

（五）我县扶贫开发的原则是：坚持开发与开放式扶贫，发扬自力更生、艰苦创业精神。把扶贫攻坚的重点向深山区、石山区延伸，向少数民族聚居地区延伸，向最困难最贫穷的地区延伸。重点发展投资少、见效快、覆盖广、效益高、有助于直接解决群众温饱问题的种植业、养殖业和相关的加工业。

三、奋斗目标

（六）要求到本世纪末，按一九九〇年不变价格计算，全县农民人均年纯收入达到500元以上，农民人均生产粮食400千克，口粮达到200千克以上，贫困农民的温饱问题得到解决。其中，条件较好的峨岭、洋溪、杨柳等3个乡镇，农民人均年纯收入超过600元；新寨、沙子坡、天堂、刀坝、合水、朗溪、缠溪等7个乡镇，农民人均年纯收入要达到500元以上；中坝、杉树、木黄、新业、永义、罗场、板溪等7个极贫乡镇、农民人均年纯收入要达到400元以上。

（七）要创造稳定解决温饱的基础条件。要求到二〇〇〇年：

——全县建成稳产高产基本农田19亩，人均建成稳产高产基本农田0.5亩。

——全县开发利用非耕地资源40万亩，人均开发利用非耕地资源1亩，其中建成林果药茶牧渔园（场）0.5亩。

——户均出栏商品猪1.62头，牛0.11头，山羊0.54只，家禽4.5只，鱼9千克，蛋10.7千克，肉类总产量137.45千克。

——户均有1个劳动力向非农产业转移。

（八）社会基础设施得到基本改善，要求到二〇〇〇年：

——基本解决人畜饮水困难。

——乡镇通公路100%，村通公路85%以上。

——乡镇有农贸市场100%。

——建成电气化县。乡镇村通电100%，农户用电达95%以上。

（九）改变教育文化卫生落后状况，要求到二〇〇〇年：

——基本扫除青壮年文盲，农村劳动力具有高小文化水平以上。

——力争普及初等教育，办好普通中学的职业中专班和各类培训班，通过业教育和培训，使每个农户至少有1人能掌握运用1至2门农业适用技术，

——乡镇有卫生院、计生站、文化、电视、广播站，村有相应的室，使农户看小病、作计划生育简易手术不出村。电视覆盖率要达到80%以上。

（十）精神生活比较充实。要求到二〇〇〇年：

——农村综合治理达标。

——万人刑事发案数在5件以下。

——农村社会稳定，安居乐业，精神文明形成风气。

（十一）严格控制人口增长，要求到二〇〇〇年：

——全县总人口控制在39.34万人以内。

——农业总人口控制在36.84万人以内。

——人口自然增长率控制在13‰以下。

以上奋斗目标计划分两步走。第一步1994年至1997年全县农民人均纯收入要超过400元，口粮要达到200千克，基本解决温饱，其他奋斗目标要完成60%以上，为稳定解决温饱和有稳定的经济收入来源夯实基础。第二步1998年至2000年。全面实现奋斗目标，告别贫困，向小康迈进。

四、主要措施

（十二）进一步强化农村工作和农业的基础地位。

——稳定以家庭联产承包为主的责任制，完善统分结合的双层经营体制，逐步壮大农村集体经济

实力。

——大力发展高产、优质、高效农业。要主攻粮烟油单产，增加总产；继续抓好“温饱工程”和“丰收计划”的滚动实施；努力实现增产增收。

——积极发展农村社会化服务，引导农民进入市场，促使农业向专业化、商品化迈进。

——狠抓农业适用技术的推广应用。杂稻、杂包、杂交油菜等良种的推广要逐步达到100%。两段育秧，肥球育苗等适用技术的普及要逐步达到100%。

（十三）切实抓好农业综合开发。我县是贵州省的农业综合开发规划县之一，要力争在一九九五年前经省审批立项，挤进全省农业综合开发行列。农业综合开发必须实行山、水、田、土、路、林、牧、渔、电综合治理，综合开发，开发一片，见效一片，通过片区开发建成稳产高产基本农田6万亩。力争把我县的峨岭、中坝、板溪、杉树、沙子坡、天堂、刀坝等7个乡镇的农业综合开发区，办成扶贫攻坚、脱贫致富奔小康的示范区。

（十四）加快非耕地资源的开发利用。我县有非耕地资源198万亩，除已经开发利用的98.96万亩外，可供开发而尚待开发的有99万多亩，这是我县的潜在优势和希望之所在。今后7年计划开发非耕地资源40万亩。其中：要营造长防工程林18万亩，续建梵净山优质绿茶基地1万亩，柑橘基地1.4万亩，发展油桐6万亩，乌桕4万亩，中药材2万亩，五倍子2万亩，板栗1万亩，印江台合梨、糖梨、桃0.6万亩，改良草场3.8万亩，荒水养鱼0.2万亩。要利用非耕地资源，办好“四园三场”，使我县农业人口人均建成林果药茶牧渔园（场）0.5亩以上。通过开发逐步建立起一批新的生产基地和加工基地。

（十五）抓住机遇，大力发展乡镇企业。乡镇企业是国民经济的重要技术，也是脱贫致富奔小康的生长点。要依托我县资源优势，抓住国家增加中西部地区发展乡企业投资的机遇，以市场为导向，以股份合作制形式多方筹集资金，办好乡镇企业。各乡镇每年至少要新上1～2个骨干乡镇企业项目，村要兴办1个以上村办企业。乡镇企业要走“市场+公司（工厂）+农户”的路子，逐步实现贸工农一体化，增加效益，一九九七年全县乡镇企业产值达到1亿元，二〇〇〇年达到1.75亿元以上。

（十六）加速发展畜牧渔业。要积极引进优良品种，加强防、检、治，推广科学饲养方法，提高鱼产品的出栏率和商品率。要求到二〇〇〇年，全县年生猪出栏要达到14.4万头，商品率达70%以上，牛出栏要达到0.975万头，商品率达100%，山羊出栏要达到4.8万只，商品率达90%以上，家禽出栏要达到40万只，商品率达80%以上。鱼与蛋产量分别达到800吨和950吨。要大力发展畜鱼产品的深加工，走牧工商增值的路子。

（十七）加快发展非公有制经济。非公有制经济具有风险性小，投资少，见效快的特点。实践证明，发展一户非公有制经济，该户就能基本解决温饱。有关单位和乡镇村，要为发展非公有制经济提供各种方便，鼓励农民放心放胆地发展非公有制经济，使非公有制经济在扶贫攻坚中充分发挥作用。

（十八）切实加强基础设施建设。水、电、路、通讯，是制约我县经济发展的瓶颈，也是造成我县贫困的重要客观因素。为此要大力加强和改善基础设施建设。

——要在搞好现有水利工程的管理与续建配套的基础上，重点抓好城区防洪堤和朝阳、龙家沟、消水坑、落水洞、关寨、花岩、山岔土等水利骨干工程的建设，千方百计改善和增加灌溉面积，使全县有效灌溉面积达到12万亩以上，水浇地达到1万亩以上，为建立稳产高产基本农田提供灌溉保证。

——继续搞好饮水工程。其中：重点搞好城郊人畜饮水工程和洋溪、中坝、兰克、白沙、关寨、后坝、小杉木、小龙洞湾等21个片区的6.2869万人和5.8054万头牲畜的饮水工程。从而使我县人畜饮水困难得到基本解决。

——大力发展地方电力。要搞好玉印输电变电工程和洋溪高桥电站以及车家河流域的二、三级电站的开发利用，把我县建成电气化县。

——千方百计修好路。要在提高现有公路干线等级的基础上，努力抓好落茂江至罗场，印江至梵净山，坪柳至白沙，两路口至温泉，新寨至天生桥，甲山至蛋家坡，关庄坝至泡木，天堂至池坝，刀坝至白京岩等 16 条乡村公路的建设，从根本上解决全县交通不便的状况。

——兴建好印江程控电话，彻底改变我县通讯不畅，信息闭塞的现象。

（十九）抓好智力开发与科技扶贫。科学技术是第一生产力，科学技术的基础是教育与文化。要围绕扶贫攻坚计划办好教育和科学文化事业。县科委、教育、文化部门和各乡镇的中小学、文化站应根据所在乡镇建立支柱产业和商品基地的需要，大力开展科技教育扶贫和职业培训，发展各种科技扶贫组织与经济实体，推广先进科技成果和农业适用技术，努力提高农民的素质和掌握运用科学技术的能力。

（二十）对计划生育，要坚持做到常抓不懈，并实行一票否决权。要把计划生育工作和扶贫开发工作紧密结合起来，使人口的自然增长和脱贫致富奔小康相适应。

五、配套政策

（二十一）放宽扶贫资金使用期限。根据中央和省地有关文件规定，一九八六年以来投放到我县的各类扶贫贷款，一律滚动使用到二〇〇〇年。

（二十二）简化立项审批手续。今后，凡申请扶贫贷款搞扶贫项目和开发性项目的，种植业、养殖业类 100 元以下，工业类 20 万元以下，由县扶贫领导小组批准立项。

（二十三）调减自筹资金比例。申请扶贫贷款需用自筹资金拼盘的，自筹资金的比例可降低到项目总投资额的 10%。贫困户申请使用扶贫贷款 1000 元以下的，可以不要自筹资金。

（二十四）扶贫贷款管理渠道。原人民银行投放的支边贷款，县办工业贷款，农业银行投入的扶贫专项贴息贷款，农业综合开发贷款，以及粮食系统的贷款根据国务院文件国发（1994）30 号规定，从一九九四年起一律划归农业发展银行管理。今后，需要贷上述款的，统一由农业发展银行办理。

（二十五）把各类扶贫资金和物资捆起来使用。以工代赈资金，财政支援不发达地区发展资金，财政信用资金，民族扶贫开发资金，民政双扶资金，扶贫贷款，农业综合开发贷款等及物资，要按照“统一规划，统筹安排，渠道不乱，用途不变，相对集中，重点使用，突出效益，各记其功”的原则，由县委、县人民政府捆起来使用，县扶贫领导小组协调调度，统筹安排。

（二十六）扶贫资金向支柱产业、乡镇企业、非耕地资源开发和贫困户倾斜。

——对发展地方经济起支柱作用和有后劲的龙头骨干项目，优先扶持。

——对既富民又富地方财政的乡镇企业项目，优先扶持。

——对有资源优势，又有市场前景的非耕地资源开发项目，优先扶持。

——对既有一定经济效益，又能带动较多贫困户脱贫的项目，优先扶持。

（二十七）建立扶贫项目资料数据库。县直各单位和乡镇都要建立扶贫项目资料数据库，作好项目储备和摸清扶贫底数。要认真做好贫困户建卡、乡造册、县建簿工作，并于每年年底前上报一次扶贫攻坚计划的进展情况。

（二十八）建立扶贫项目调研基金。为做好项目的前期准备工作，提高项目的资料质量，加强上下联系，争取项目早立项、早投资、早受益，决定建立县扶贫项目调研基金。项目调研基金为项目总投资的 5‰，由县扶贫领导小组办公室向项目单位提取，专户管理，统一滚动使用。县财政也可以从支援不发达地区发展资金中适当拨给。

（二十九）大力发展横向经济联合。要进一步扩大对外开放，积极引进资金、技术人才，按照谁投资、谁开发、谁受益的原则，鼓励外商和国省企业以及国家行政事业单位或集体与个人积极承办扶贫开发项目。对投资确有困难的，可以给予一定的扶贫贷款支持。扶贫开发的成果，允许自由分配和进入市场，也可以继承，转让或拍卖。

六、部门职责

（三十）县委、县人民政府要对全县的扶贫开发工作负总责。县人大、政协、纪委、人武部要充分发挥各自的特点与优势，全力协助县委、政府抓好扶贫开发工作。各乡镇也要这样做。

（三十一）财政、金融、计划、审计部门：要积极做好扶贫开发工作，切实加强扶贫资金与物资的管理，搞好项目的审计与检查验收，充分发挥扶贫资金与物资的使用效益。

（三十二）农口部门：要结合县的扶贫攻坚计划，认真搞好农业基础设施建设和生态农业建设，努力建设稳产高产基本农田。要大力发展高产、优质、高效农业，积极培训农村技术人才，切实抓好“温饱工程”“丰收计划”“长防工程”等项目的组织实施。要大力发展乡镇企业和牧渔业与庭院经济。促进农村经济持续、快速、健康发展。

（三十三）工交工商部门：要积极配合搞好扶贫开工作，努力为贫困地区修好路，建好市场，架好电，通好电话和信息。用扶贫资金兴办的工业项目，要吸收贫困户劳力到企业就业。贫困乡村要为企业建立原材料基地，企业要为贫困乡村培训工业技术人才，支持发展地方工业和民族工业。

（三十四）国合商业部门：要积极组织好农业生产资料和生活资料，送货下乡，供应贫困地区。要引导贫困农民参与市场竞争，发展商品生产。对贫困地区的物资供应与收购，要合理计价，保护农民的利益。

（三十五）其他部门：教育文化卫生和计划生育部门，以及工会，共青团，妇联科协等人民团体组织，都应把扶贫开发工作列入议事日程，作为自己的义不容辞职责，自觉地抓好扶贫开发工作。

七、组织与领导

（三十六）县成立扶贫领导小组，下设办公室，为局级常设机构，各乡镇和部门也应成立相应的机构，抽调有关人员，专门办公。扶贫领导小组的任务是：全面部署和督促检查扶贫攻坚计划的执行；抓好扶贫资金与物资的合理分配；组织调查研究，总结推广计划实施中的成功经验，协调处理存在的问题，制定促进计划实施的政策和措施，确保扶贫攻坚计划目标的实现。

（三十七）坚持分级负责制。县委书记、县长对县的扶贫攻坚计要负总责。各乡镇党委书记、乡镇长要对本乡镇的扶贫攻坚计划要负总责。各单位的一把手，对该单位的扶贫攻坚计划，必须亲自抓。

（三十八）层层订立责任状，明确目标和任务，实行政、技、物、钱配套投入，责、权、利奖惩挂钩。对扶贫攻坚有突出贡献的，要给予重奖。

（三十九）开展对口支撑，建立扶贫联系点。县直各单位和部门，各人民团体和群众组织都必须选择一个贫困村，作为自己对口支援的联系点，不脱贫不脱钩。

（四十）切实加强各级领导班子建设。要挑选精明强干，能吃苦耐劳，善于带领群众办实事的同志，充实加强到各级领导班子中来，并保持相对稳定。今后，提拔任用干部，考核的重点是扶贫攻坚计划的成绩。要进一步加强农村党支部和村委会的建设，使农村党支部和村委会成为扶贫攻坚的前线战斗指挥部，为夺取扶贫攻坚的胜利做出贡献。

中共印江土家族苗族自治县委
印江土家族苗族自治县人民政府
关于加快非公有制经济发展的暂行规定

（1994 年 11 月 9 日）

为了贯彻落实党的十四届三中全会精神和省委、省政府关于“放心、放胆、放手”加快非公制经济发展的指示，结合我县实际情况，特对加快非公有制经济发展作如下暂行规定：

一、凡城镇待业人员、农村村民、离退休人员，均可持居民身份证或有关证明向所在地工商行政管理机关申请从事个体工商业或创办私营企业，由工商行政管理局核发营业执照；停薪留职人员凭停薪贸职证明和其他证明办理执照；对濒临倒闭的和经营不景气的单位职工，凭单位证明和其他证明办理执照。积极鼓励外地个体工商户、私营企业、经营者来我县投资办厂、开店，凡符合规定的，有关单位要提供方便，与本地个体户、私营企业同等对待，不得故意刁难、挟制。

二、放宽个体工商户和私营企业经营和行业和品种，除国务院、省政府明文规定禁止、限制的行业和商品外，都允许个体工商户、私营企业生产、经营，任何单位和个人不得限制。

允许个体工商户、私营企业一业为主，兼营其他综合经营或跨行业跨地区经营；允许代销当地或外地企业的产品；允许非公有企业与国有、集体企业联营；允许个人承包、租赁、兼并国有、集体企业。鼓励和引导从事服务的个体私营经济向生产型、科技型、外向型发展，支持和鼓励个体、工商户承包荒山、荒地发展种植业、养殖业、加工业以及交通、旅游、房地开发等第三产业。任何单位和个人不得以行业整顿为由搞行业垄断、地区封锁和部门制约，更不得设立关卡乱扣乱罚。

三、允许个体工商户一照多摊经营，增设摊点可凭营业执照副本经营。个体工商户到外地经营的，由原登记机关开具外出经营证明，注销原登记，由经营地核发营业执照。

四、允许企业在职专业技术人员在不影响本职工作的前提下到个体工商户和私营企业兼职；允许有关人员从事经营中介（即经纪人）活动和经济、技术、法律、咨询活动。

五、简化办照手续，除国务院、省人民政府和国家工商行政管理局明文规定必须先办理许可证手续的个别行业外，凡符合开业条件的，申请者可凭户口和身份证直接到工商行政管理机关登记，领取营业执照。个体工商户和非法人私营企业的注册资金，按申请数核准，不需其他证明。注册资金 2 万元以上的科技型、生产型、外向型，私营企业和注册资金 5 万元以上的其他类型的私营企业，经验资后具备条件的核发企业法人营业执照。个体工商户、私营企业和营业执照是合法经营的凭证，除工商行政管理机关能依法收缴、吊销外，其他任何单位和部门都无权收缴、吊销，对因乱扣营业执照而造成的经济损失，当事人要承担经济责任。

具备一定经营条件的个体、私营企业，可以冠用省、地、县行政区划名称，企业名称实行分级审批，由所在县以上的工商行政管理机关登记发照并进行管理。对个体工商户和私营企业专业人员的技术职称评定，视国有集体企业一样对待。

六、各乡镇政府和城建、规划、土管等职能部门，要积极支持个体工商户和私营企业，把个体工商户、私营企业的经营场地列入城乡建设规划，统筹安排。采取“谁投资、谁建设、谁受益”多渠道筹资的办法，加快各类集贸市场、专业市场、批发市场的建设。在县城和乡镇街道上划出一定街段，允许个体工商户摆摊设点经营。对个体工商户、私营企业，新建扩建需要的生产经营场地，城建、土管等有关部门应及时予以解决。批准占用的生产经营场地和土地，受法律的保护。

七、对农村个体工商户、私营企业生产经营，实行更为优惠的政策。农村村民特别是边远贫困地区（离乡镇或场镇10公里以外的地区）的农民申请从事个体经营，可凭身份证直接到当地工商所办理由县工商局制发、在本县范围内经营的“临时营业许可证”，半年后再办理营业执照，半年内免收管理费。对特别困难的，可在一年内免交各种管理费。对不处于中心地带的“几机几坊”，如经营不景气，可由工商所进行造册登记管理，减收或免收登记费。砖瓦窑、石灰窑由于经营季节性较强，可根据不同的地区、时间和经营状况分别收取一定管理费，免收登记费，凡残疾人申请从事个体经营的，原则上只收工本费，免收登记费和本人的各种管理费。但对有经营能力，并且经营效益好的，适当收取管理费。复退军人从事个体经营的，一年内免收各种管理费。

交通运输业、旅店业和其他特种行业仍应先办理执照，才能经营。个体工商户、私营企业应予领取营业执照后一月内到税务机关申办登记证。

八、个体工商户、私营企业生产经营所需用水、用电，水电部门要给予安排。个体工商户、私营企业开具的由税务机关统一制发的发票，各机关、事业、企业单位应作为报销的依据。

九、按照国家规定，有关收费标准如下：

1. 集市贸易管理费、工业品、大牲畜的收费标准最高不得超过成交额的1%；其他商品不得超过成交额的2%。除县城外，在乡镇及乡镇以下集市上从事农副产品经营的个体工商户缴纳市场管理费，执行工业品和大牲畜的收费标准。农民自产自销的农副产品、季节性零星商品（①粮食类；②油脂油料类；③棉烟麻类；④禽蛋类；⑤水产品类；⑥蔬菜类；⑦干鲜果类；⑧幼禽类；⑨日用杂品类；⑩柴草类；⑪饲料、农具、种苗类）免交市场管理费，但从事长途贩运收购外销的，仍应按有关规定收取市场管理费。

2. 个体工商户管理费在县城以外的乡镇及乡镇以下从事购销、劳务活动的个体工商户，分别按营业额的0.5%和劳务收入的1%缴纳管理费。

3. 个体工商户登记费：凡从事个体经营的，开业登记及以后每四年重新登记均收费18元，每增加一个副本加收工本费4元。

十、坚决制止“三乱”，维护个体工商户、私营企业的合法权益。未经国务院和省政府及其授权部门批准，凡自行设置的收费、押金、保证金、摊派、罚款等，一律取消。凡按规定收费的单位，必须持物价部门颁发的收费许可证，并使用财政部门统一制定的收据，同时公开收费依据和收费标准，接受群众监督。为了避免出现对个体、私营企业多头收费现象，全县实行“一税一费制”，即由税务部门一家收税，工商部门一家收费，其他部门有规定的收费，由工商部门代收，违者，个体工商户、私营企业有权拒付，并向政府和有关部门举报或向人民法院起诉。对因“三乱”给个体工商户和私营业主造成损失的，有关单位和当事人应予赔偿。

十一、对个体工商户、私营企业公平税赋。实行“广税源、轻税赋、重扶持”的税收政策。对账务健全的私营企业、个体工商户，其税收征收方式由税务部门按规定查账征收；对账务不健全的私营企为、个体工商户实行定额征收，原则上坚持一季一定，定额调整要充分考虑经营谈、旺季度变化，因个别确因经营变化，经营收入比原定数额增长比例超过20%的或因特殊情况，经营收入下降幅度超过20%的，纳税户应及时向税务机关申报，主管税务机关应及时核实调整其当月纳税定额。

十二、为扶持、促进我县非公有制经济的发展，根据新税制的有关规定，实行以下税收优惠政策：

1. 私营企业、个体工商户利用“三废”作为主要原料生产的产品和研制开发的新产品，比照国有企业享受同等的税收优惠政策。

2. 私营企业、个体工商户生产销售货物，凡账务健全的，经业户申请，税务主管部门核准，销售货物可使用增值税专用发票，所购进货物在购进时发票注明的已扣税款准予在其销货税金中抵扣；账务暂不健全的业户其销售货物可以由所在地税务所代开增值税专用发票，代开发票时所交税款在业户当月应纳税款中抵扣。

3. 按照合理负担的原则，扶持私营企业、个体工商业户中小型业户的发展。凡固定业户每月销售货物的销售额在600元及其以下，销售应税劳月销售额在200元及其以下免征增值税；从事营业税征税范围的项目，其月营业额在200元及其以下的免征营业税，临时经营者每次日销售额、营业收入额在50元以下的，免征增值税、营业税。

4. 账务健全的私营企业，依照企业所得税的规定查账计征企业所得税；账务不健全的按照税务机关测定的附征率以月销售额、营业额为计额依据计征企业所得税。

5. 对城乡个体工商户取征个体工商业户所得，改征个人所得税。个人所得税的征收方式，原则上由税务主管部门核定附征率计征，对经税务机关审核账务确实健全的，也可查账征收。

6. 对私营企业、个体工商业户办教育及从事以看病为主的医疗卫生事业所得的收入、免征营业税。

7. 对私营企业、个体工商业户中的残疾、烈军属纳税有困难的，经税务主管部门批准，可继续享受国家的税收优惠政策照顾。

十三、加强管理，取缔无照经营。个体工商户、私营企业要严格遵守和执行国家法律法规和政策；讲究职业道德，文明经商，守法经营，勤劳致富，对走私贩私、掺杂使假、短斤少两、欺行霸市、偷税漏税、坑害消费者利益等违法违章行为坚决查处。坚持取缔长期无照经营，保护合法经营。工商、公安、税务、交通、交警、城建、技术监督、物价、卫生防疫等部门要积极配合，重点抓好城镇无照经营的清理整顿工作，同时，个体工商户、私营企业的合法权益受到侵犯时有关部门要及时处理。

十四、加强对发展非公有制经济的领导。各级党委、政府要充分认识加快非公有制经济发展重要性和必要性，增强紧迫感、责任感。要把加快非公有制经济发展列入重要议事日程，制定出具体计划和措施，与有关部门密切配合，统一领导协调非公有制经济的发展、监督、管理、教育、培训、表彰等问题。加强对个体劳动者协会和私营企业协会的领导，积极帮助和坚持开展活动，充分发挥“自我教育，自我管理，自我服务”的作用，以加速我县非公有制经济的健康发展。

十五、本暂行规定自行文之日起执行。

中共印江土家族苗族自治县委
印江土家族苗族自治县人民政府
关于加快县城西园经济技术开发区的实施意见

（1996年3月18日）

县城西园经济技术开发区的开发，是我县“九五”期内的十大重点工程这一，为加快这一重点工程的建设速度，县委、县政府特制定如下实施意见：

一、组织领导与项目管理

（一）组织领导

1. 成立县城西园经济技术开发区开发领导小组。

2. 县政府委托峨岭镇成立县城西园经济技术开发区管理委员会。

3. 县领导负责人：汪福亚；协作人：张仁慧。

4. 项目法人代表人：陈德生。

（二）项目管理

1. 项目承办单位：峨岭镇县城西园经济技术开发区管理委员会。

2. 项目协和单位：土管局、城建局、工商行、扶贫办、财政局、电力局、水电局、邮电局、水厂、峨岭镇政府。

3. 领导小组是县城西园经济技术开发区的综合协调管理机构，负责工程的宏观决策，审核开发项目和项目财务预算。把握开发方向，协调解决开发中的重大事项。

4. 管理委员会，是受县政府委托组织实施开发的管理机构，具体负责西园经济技术开发区的开发工作和综合协调管理工作。其权利和责任按县政府已明文规定的办法行使。

二、目标与任务

（一）目标

要求在1993年建成县城西园经济技术开发区。建设总投资1亿元，营业收入1亿元，居住人口1万人以上。

（二）任务

1996年，西园经济技术开发区要形成开发骨架，“三通一平”设施竣工，大部分房屋建成。

1997年，西园经济技术开发区要完成建筑建材业、加工业及安居工程项目。

1998年，西园经济技术开发区要完成全部建设项目。

三、权利与责任

（一）权利

1. 受县委、县政府的委托，对县城西园经济技术开发区开发中的重大事务、重大问题，进行宏观决策、宏观管理。

2. 研究决定工程建设资金筹措。

3. 讨论决定工程建设招标。

4. 审查工程各项财务收支。

5. 统一规划、指挥、监督施工、检查工程质量与进度。

6. 组织工程竣工验收。

7. 依法照章收取有关费用，审批工程财务收支。

8. 县领导和法人代表有实施项目的决策权。

9. 县领导和法人代表对项目资金和奖金有处置权。

10. 县领导对法人代表及有关人员有向县委提出易人权。

（二）责任

在“九五”期内完成县委、县政府委托的县城西园经济技术开发区的开发任务。其具体的责任按县政府已明文规定的责任执行。

四、资金筹措与实施方案

按县政府已明文规定的办法执行。

五、考核办法与奖惩

（一）考核办法

1. 考核依据为本实施意见和县政府有关规定。分年度考核和期终考核。

2. 领导小组及管委会的工作，由县总指挥部考核。

3. 有关工程质量考核，由县总指挥部门指派，城建局、技术监督局等单位进行考核。

（二）奖惩

1. 奖金来源，由管委会筹措。年度为1万元，期终为4万元。

2. 完成当年任务，奖县领导2000元，法人代表2500元，其余由管委会分别奖给有功人员和协作单位负责人。完不成任务，分别罚县领导和法人代表奖金额的 30%。

3. 完成期终任务奖给县领导 4000 元，法人代表 5000 元，其余由管委会奖给有功人员和协作单位负责人。完不成任务，分别罚县领导和法人代表奖金额的 30%。

县城西园经济技术开发区开发，是我县有史以来城镇建设上的一项重大举措，也是我县加快乡镇企业发展的一项重大举措。因此，县直各工作部门，必须密切配合，真抓实干，确保开发和建设工作顺利进行，为圆满完成既定目标和任务而奋斗。

本实施意见从 1996 年 1 月起施行，有效期至 1999 年年底止。

中共印江土家族苗族自治县委
印江土家族苗族自治县人民政府
关于建设“长江中上游防护林体系暨 10 万亩杨树纸浆材基地”的实施意见

（1996 年 3 月 18 日）

为了加快我县“九五”支柱产业建设和“十大重点工程”建设，振兴印江经济，县委、县政府特制定关于建设我县“长江中上游防护林体系暨 10 亩杨树纸浆材基地”的实施意见：

一、组织领导与项目管理

（一）组织领导

1. 成立县“长江中上游防护林体系暨 10 万亩杨树纸浆材基地”建设办公室，办公室设在县林业局。

2. 由县林业局组建杨树开发公司。

3. 县领导负责人：严守杰；

协作人：任廷纪、张仁慧。

4. 项目法人代表：唐庆军。

（二）项目管理

1. 县林业局是“长江中上游防护林体系暨 10 万亩杨树纸浆材基地”的项目承办单位，负责项目的管理与组织实施。

2. 杨树开发公司具体承担杨树基地建设、收购、销售杨树经营管理，并负责项目贷款的承贷承还。

3. 项目协作单位：农行、扶贫办、纸厂、财政局、轻工业局、计委；纸厂对项目贷款进行担保，并全额购买公司的杨树。

二、目标与任务

（一）目标

1. 长江中上游防护林体系，按照“长防工程”规划方案实施，经济林木要占森林总面积的 30%以上，全县的森林覆盖率要达到 30%以上。

2. 10 万亩杨树纸浆材基地，要求在“九五”期内新建人工造林杨树面积 10 万亩，并以此为资源依托，配套建设一座年产 2 万吨的漂白木将厂。

（二）任务

1. 长江中上游防护林体系按照“长防工程”规划设计方案实施，其布局是以印江河的干流两岸和支流源头、分水岭地带及水土流失严重的地区为主，重点治理水土流失区，各乡镇每年的任务由办公室和县林业局提出方案。由县人民政府作为每年的造林任务下达。

2. 10万亩杨树纸浆材基地的任务分解是：1996年1.5万亩，1997年4.5万亩，1998年4万亩。其布局是连片集中营造和高效分散相结合，集中连片面积7万亩，高效分散面积3万亩。在集中连片面积7万亩中分乡镇任务为4万元，要求各乡镇用相对连片集中的非耕地或用25°以上的坡耕地栽杨树；分县林业局与造纸厂任务3万亩，地点可在全县范围内的非耕地中选择，有关乡镇应给予支持和协助。高效分散面积3万亩，重点是河流两岸、公路两旁、水库山塘周围，自然村寨的房前屋后及零星空地。

三、权利与责任

（一）权利

1. 办公室及县林业局的权利是：受县委、县政府委托协调和处理我县长江中上游防护林体系建设与10亩杨树纸浆材基地建设的重大任务和问题，安排各项任务并进督促检查。

2. 杨树开发公司权利是：经办公室及林业局批准后，对全县的杨树林产品进行统一收购、统一加工、统一销售。

3. 县领导和法人代表对项目实施有决策权。

4. 县领导和法人代表对项目决策和奖金有处理权。县领导在实施项目过程中，对项目法人代表及其他有关人员有向县委提出易人权。

（二）责任

1. 办公室及林业局责任是：负责完成县委、县政府全权委托的各项任务，负责对我县长江中上游防护林体系建设和10万亩杨树纸浆材基地建设，进行统一规划、统一设计、统一技术方案、统一培训人才、统一供应苗木、统一指挥组织实施。

2. 县杨树开发公司的责任是：负责完成办公室及林业局交办的各项任务，负责申请和组织必要的投资资金；负责对林产品的收购和销售，实行最低保护价收购（400元/吨）。

四、资金筹措与实施方案

（一）资金筹措

我县长江中上游防护林体系建设和10万亩杨树纸浆材基地建设的资金筹措是：拟争取国家无偿投资，申请银行贷款，引进外资，地方自筹，群众筹资和投工投劳，土地有偿入股等多渠道、多形式解决。其中：国家无偿投资和申请贷款主要解决育苗问题和部分基础设施建设，引进外资主要解决林产品加工办厂问题，地方自筹主要解决项目前期费用和办公费用问题，群众集资和投工投劳主要解决造林垦复，苗木定植和抚育管理等问题，土地有偿入股以主要解决土地有偿使用的问题。

（二）实施方案

1. 本着谁投资、谁营造、谁管理、谁受益的原则，坚持国家、集体、联户、个人一起上，采取“国家行政机关＋农户”“事业部门＋农户”“企业＋农户”“公司＋农户”“厂场＋农户”“干部职工＋农户”等方式，承包长防林体系建设和10万亩杨树纸浆基地建设的分项目或子项目。

2. 经批准的国家职工、工人可以带职带薪或停职劳薪去领办、承办上述两项目，原所在单位一切待遇不变。支持城镇居民、个体户自带资金、技术去承包上述两个项目的分项目或子项目。

3. 育苗或享受专项扶贫贴息贷款优惠，苗木的统一供应采取两种办法：一是以钱购苗，现款现贷；二是以苗放贷，以成材还贷，具体操作是先由需苗方与供苗方签订合同，将需要苗木的数量、质量折成现金，然后按年限计算利息汇总成总金额，订立借据，待采伐时以成材折价抵除原苗木款。

五、考核与奖惩

（一）考核办法

1. 考核依据：年度考核以县政府分年下达任务为依据，期末考核以规划的总目标为依据。

2. 县长江中上游防护林体系暨10万亩杨树纸浆材基地建设办公室及林业局的工作，由县总指挥部考核。

3. 县杨树开发公司的工作，由办公室及林业局考核，考核重点是任务与目标完成情况、实施效果。

4. 考核时间为一年一次，平时进行随时抽查。抽查和重点必须有书面记载，单位和个人写出年终总结。县每年召开一次年终总结大会。

（二）奖惩

1. 奖金来源，财政与项目资金各承担 50%，分年度为 1 万元，期终为 4 万元。

2. 分年奖惩，完成任务奖县领导 2000 元、项目法人代表 2500 元，其余由办公室分别奖励有功人员和协作单位负责人，完不成任务分别罚县领导和法人代表奖金额的 30%。

3. 期终考核完成任务，奖县领导 4000 元、项目法人代表 5000 元，其余奖励有功人员和协作单位负责人。完不成任务分别罚县领导和法人代表奖金额的 30%。

4. 把长江中上游防护林体系建设和 10 万亩杨树纸浆材基地建设作为考核各乡镇和有关单位重要内容之一。

我县长江中上游防护林体系建设和 10 万亩杨树纸浆村基地建设，既是一项庞大的系统工程，也是一项富民富县惠及子孙的“短、平、快”项目，希望各级党委、政府、各有关部门，必须服从大局，通力合作，共同奋斗，为振兴印江经济做出贡献。

本实施意见从 1996 年 1 月起执行。

中共印江土家族苗族自治县委
印江土家族苗族自治县人民政府
关于梵净山旅游开发的实施意见

（1996 年 3 月 18 日）

梵净山旅游开发是我县“九五”期内计划兴办的十大重点工程之一，为加快该项工程的开发力度，县委、县政府特制定如下意见。

一、组织领导与项目管理

（一）组织领导

1. 组建县旅游局。

2. 县成立梵净山旅游开发办公室，办公室设在旅游局。

3. 县领导负责人：吴永德；协作人：李敦礼。

4. 项目法人代表：杨秀强。

（二）项目管理

1. 项目承办单位：县旅游局。

2. 项目协作单位：计委、民委、文化局、县志办、交通局、城建局、财政局、对台办、永义乡政府。

3. 梵净山旅游开发办公室是该项工程的开发与管理机构，直接承担梵净山的旅游开发和管理工作。

二、目标与任务

（一）目标

要求在“九五”期间加快梵净山旅游开发力度，修通印江县城至梵净山的四级旅游公路，修复护国寺大雄宝殿，整治景点10个，修建民俗文化村22个，以及梵净山接待站旅游宾馆等，使梵净山逐步成为印江新的支柱产业。

（二）任务

1996年，修通大湾沟至护国寺旅游公路，修复护国寺大雄宝殿，搞好梵净山山门、碑林刻字工作，土家族民俗文化村建设启动，成立梵净山旅游有限公司。

1997年，继续维修公路，提高等级；护国寺至梵净山金顶人游便道的险道修整，张家坝避暑山庄等旅游景点启动，大雄宝殿续建，碑林建设竣工。

1998年，苗族民俗文化村建设和旅游景点启动，大雄宝殿竣工，梵净山接待站竣工交付使用。

1999年，梵净山旅游宾馆等配套设施启动。

2000年，全面实现目标计划。

三、权利与责任

（一）权利

1. 受县委、县政府委托，对梵净山旅游开发进行宏观决策、宏观管理。

2. 代表县委、县政府协调处理梵净山旅游开发中的重大事务和问题。

3. 研究决定梵净山旅游开发中的景点整治方案和规划。

4. 指挥和组织施工、检查工程质量与进度。

5. 县领导和法人代表对项目的实施有决策权。

6. 县领导和法人代表对项目的资金和奖金有处置权。

7. 县领导对项目法人代表及其他有关人员有向县委提出易人权。

（二）责任

1. 编制梵净山旅游开发规划设计资料，做好梵净山旅游开发的对外宣传，提高我县梵净山旅游开发的知名度。

2. 制定梵净山旅游开发招商引资优惠政策，引进人才、技术、资金到我县梵净山搞开发。

3. 积极争取有关项目立项，努力筹措建设资金，保证专款专用。

4. 协调处理好各方面的关系，确保开发顺利进行。

5. 提供优质服务，办理有关手续。

6. 完成县委、县政府交办的各项任务，实现“九五”计划目标。

四、资金筹措与实施方案

（一）资金筹措

由于梵净山旅游开发是一项社会性和经济系统工程，需要的建设资金较多，因此资金筹措必须通过多渠道解决。

1. 关于旅游公路和建设：

该项目的建设资金，一是要争取省地交通部门专项投资；二是要争取省、地计委的以工代赈资金；三是要地方自筹，组织群众投工投劳。

2. 关于寺庙景点恢复整治建设：

该项目的建设资金，一是要争取佛教协会投资；二是要发动社会各界捐助；三是要引资；四是要争取省、地补助。

3. 关于避暑山庄及民俗文化村建设：

该项目的建设资金，主要靠制定优惠政策，动员社会融资解决，其次要靠农民自筹解决。

4. 关于旅游宾馆建设：

该项目的建设资金，主要靠申报省计委、旅游局立项解决和贷款支持，其次是承建单位自筹。

5. 县财政拨款。

（二）实施方案

1. 坚持谁投资、谁开发、谁受益的原则，鼓励国家、集体、个人一齐上，干部职工、城乡居民一齐上，县内县外、省内省外一齐上。

2. 采取先易后难、循序渐进的措施，先办容易办的项目，后办难度大的项目，办好一个成功一个，逐步推进。

3. 实行点、面、线相结合的开发方法，边发掘，边整治，边开放，边建设，使点、面、线融为一体，让游额观光尽量不走回头路。

4. 把旅游开发与经济开发结合起来，一起上，一起抓。如以梵净山为依托建立中药材基地，建设粟子园水库电站、开发民族文化旅游产品等，使梵净山资源得到综合持续利用。

五、考核办法与奖惩

（一）考核办法

1. 考核依据为本实施意见，分年度考核和期终考核。

2. 办公室的工作，由总指挥部考核。

（二）奖惩

1. 奖金来源，县财政和项目款各占 50%解决，年度为 1 万元，期终为 4 万元。

2. 完成当年任务，奖县领导 2000 元、法人代表 2500 元，其余由办公室奖给有功人员和项目协作单位负责人。完不成任务分别罚县领导和法人代表奖金额的 30%。

3. 完成期终总目标后奖县领导 4000 元，奖法人代表 5000 元，其余由指挥部奖给有功人员和协作单位负责人。完不成期终总目标，分别罚县领导和法人代表奖金额的 30%。

4. 设立荣誉奖和功德奖；

凡对梵净山旅游开发有功的县外人士，可以由印江县人民政府授予“荣誉印江县民”称号；对一次性捐资 100 元以上者，可以在“功德碑”上留名；捐资 5 万元以上者，可以单独立“功德碑”；捐资 10 万元以上或独资兴办 10 万元项目者，可以在印江梵净山后面冠以其名作为该项目的名称，如“印江梵净山 XXX 宾馆”、“印江梵净山 XXX 山庄”等。

梵净山旅游开发既是全县各族人民十分关注的大事，也是我县的潜在资源优势和后续支柱产业。县委、县政府要求：全县各级党委、政府，各工作部门，广大人民群众，一定要齐心协力，为我县梵净山旅游开发做出贡献。

本实施意见从 1996 年起施行，有效期至 2000 年年底。

中共印江土家族苗族自治县委
印江土家族苗族自治县人民政府
关于在全县农村广泛开展“两带、三增、一降、一稳定”活动的决定

（1997年4月22日）

为了充分发挥农村基层组织和基层干部，特别是村党支部的战斗堡垒作用和党员的先锋模范作用，打好打胜扶贫攻坚战，推进全县两个文明建设，县委、县政府决定在全县农村广泛开展“两带、三增、一降、一稳定”活动。

一、要坚定不移地以“两带、三增、一降、一稳定”总揽农村工作的全局

本项活动具体内容分四个方面，一是“两带”，就是党员带头致富和带领群众共同致富；二是“三增”，就是增强集体经济实力，增加农民群众收入，增强党支部的吸引力、凝聚力和号召力；三是“一降”，就是降低人口自然增长率；四是“一稳定”，就是要确保农村的社会稳定。本项活动是一个系统工程，四个方面互相联系、相互促进，“两带”是手段，“三增、一降”是目的，而“一稳定”是整个活动的社会保障。因此，各乡镇、各村要牢固树立“两带、三增、一降、一稳定”是总揽我县农村工作全局的意识，研究措施，落实责任，一级抓一级，切实开展好“两带、三增、一降、一稳定”的活动。

二、开展“两带、三增、一降、一稳定”活动的指导思想

根据扶贫攻坚战略和农村基层组织建设的总要求，结合我县实际，开展“两带、三增、一降、一稳定”活动应遵循的指导思想是：以党的基本理论和基本路线为指导，以“五个好”为目标，以打好打胜扶贫攻坚战为主旋律，以带促增，强化以农村党支部为核心的配套组织的整体功能，把我县农村基层组织建设提高到一个新水平，加快脱贫致富奔小康的步伐。

三、开展“两带、三增、一降、一稳定”活动，要突出“两带”这个重点

要建立健全“两带”责任制，提高“两带”活动水平。各村要建立扶贫工作的档案、表簿、卡片，并在此基础上建立健全党支部包面，党小组包片，党员包户的责任制，明确职责，落实任务，切实把原来“双带”活动中存在的那种单一的救助扶持提高到开发性帮扶的水平上来。

县委要求参加“两带”的党员数不得低于本村党员总数的80%；被帮带户不得低于本村贫困户总数的80%；当年通过“两带”活动脱贫的人数力争达到贫困人口的50%以上。各乡镇党委要按此要求协助各村党支部做好组织落实工作。

与此同时，要认真做好贫困老党员、老村干的帮带工作。

四、开展“两带、三增、一降、一稳定”活动，必须牵住发展集体经济的“牛鼻子”

县委、县政府决定大力开展村级集体经济“明星村”创建活动，力求使我县在解决村级组织“有钱办事”问题上有新的突破。考核村级集体经济“明星村”，以当年村级集体经济积累为依据，5万元（含5万元）以上为一级“明星村”，3万元（含3万元）以上为二级“明星村”，1万元（含1万元）以上为三级“明星村”。

村级集体经济包括下列收入：村办企业（实体）收入，集体固定资产租赁承包收入，集体所获的奖金，互助储金会资金使用占用费，村规民约所收取的（政策、法规允许的）罚没收入。

五、考核与奖励

县委、县政府将于年终对开展“两带、三增、一降、一稳定”活动成绩显著的先进集体和个人以及集体经济“明星村”予以表彰奖励，考核工作由县委农建办牵头，组织部、财政局、农办、扶贫办等有关单位负责。

中共印江土家族苗族自治县委
印江土家族苗族自治县人民政府
关于进一步加大扶贫攻坚力度，确保我县
今年如期实现基本解决农村贫困人口温饱问题的实施意见

（1998 年 2 月 10 日）

根据党的十五大精神和省委、省政府，地委、行署对我县的要求，为了实现我县今年基本解决农村贫困人口温饱问题的任务目标，经县委、县政府研究，特提出如下实施意见。

一、指导思想

一九九八年我县扶贫攻坚如期实现农村贫困人口基本解决温饱的指导思想是：以党的十五大精神为指针，高举邓小平理论伟大旗帜，认真贯彻落实中央和省地的扶贫政策，坚持以贫困村为扶贫攻坚的主战场，以贫困户为主要对象，以大力发展有助于直接解决农村贫困人口温饱的种养业和劳务输出为重点，进一步加大扶贫攻坚力度，政、技、物、钱综合组装，配套输入，努力改善农村贫困人口的生产、生活条件，积极拓宽致富门路，举全县之力，为如期实现我县农村贫困人口基本解决温饱而奋斗。

二、任务与目标

1. 基本解决农村贫困人口温饱 8 万人，其中：153 个贫困村有贫困人口 47970 人，194 个非贫困村中有贫困人口 32030 人（详见附表一、二）；中坝、杉树、新业、永义、朗溪等 13 个乡镇基本解决温饱；并在此基础上进一步抓好已基本解决温饱人口的巩固与增产增收工作，从而使全县基本解决农村贫困人口率达到 75%以上。

2. 全县农民人均纯收入 1220 元，其中：贫困人口的人均纯收入达到 1120 元。

3. 全县农民人均产粮 363 千克，其中：贫困人口人均产粮 350 千克。

4. 全县农业人口控制在 35.74 万人以内，人口自然增长率控制在 12.7‰以内，计划生育率达到 85%以上。

5. 全县年末生猪存栏 22 万头以上，山羊 9 万只以上，大牲畜存栏 7.02 万头，力争户均出栏商品猪 2 头，山羊 1 只以上，贫困户人均畜牧业收入 500 元以上。

6. 努力改善贫困地区的生产生活条件，全县要完成坡改梯面积 1.5 万亩，渍害田改造 0.2 万亩，恢复灌溉面积 0.32 万亩，治理水土流失 4 平方公里；解决农村贫困人口 17786 人/17210 头大牲畜的饮水困难；新修乡村公路 16 条 48.4 公里；新建和改造农村中小学危房 14 所；新建村级卫生室和计划生育指导站 37 室（站）；新建地面卫星接收站 13 座。

7. 全县劳务输出 6 万人，其中：贫困户至少有 1 个劳动和在外打工或从事第二、第三产业。

8. 全县发展经济林木 6 万亩，其中：杨树 4 万亩，中药材 1 万亩，柑橘 0.4 万亩，其他经济林木 0.6 万亩，使今年计划基本解决温饱 8 万人，人均有经济林木 0.75 亩。

三、主要措施

1. 进一步加大粮食温饱工程和丰收计划实施力度，确保农村贫困人口增产增收。千头万绪，温饱第一。各级党委、政府和农业部门，必须以高度的责任感、使命感、紧迫感，切实抓好粮食温饱工程和丰收计划的组织实施，全县粮食温饱工程和丰收计划面积为 20 万亩（其中：杂交水稻 15 万亩，杂交玉米 5 万亩），计划配套扶贫信贷资金 600 万元，重点支持贫困户实施粮食温饱工程和丰收计划购买良种和化肥。粮食温饱工程和丰收计划的实施，必须实行政、技、物、钱综合组装、配套输入。具体的职责是：行政部门要负责领导，组织协调，落实面积，农技部门要负责搞好“四普及四提高”，指导农民科学实施；物资部门要负责在保本微利的条件下保证良种、化肥、农药等生产资料的足额及时供应；金融部门要负责协调配套扶贫信贷资金，专款专用，确保 85%的扶贫信贷资金直接发放到贫困户，充分发挥扶贫信贷资金的使用效益。

2. 切实抓好以养猪羊为主的畜牧水产业。养猪、养羊、养禽、养鱼，当年投入，当年就有产出。且投入少、效益高。实践证明这是农民增收、财政增收的重要支柱。各级党委、政府和业务主管部门，一定要下大决心，花大力气，像抓烤烟和计划生育那样来抓好养猪、养羊、养禽、养鱼。县计划配套扶贫信贷资金 600 万元和部分小额扶贫贷款，重点支持贫困户发展猪、羊、禽、鱼。此项贷款由农业发展银行和农村信用社直接发放给贫困户，每户 500 元 800 元，最多不超过 2000 元，不用抵押担保。各乡镇要抓 1 个重点示范村，户均出栏猪要达到 5 头以上。县直有关部门要围绕畜牧水产业的发展，自觉地做好产前、前中、产后服务，确保良种畜禽鱼和配（混）合饲料的供应，搞好病疫防治，提高出栏率和商品率，做好定点屠宰，拓宽销售渠道，加强税费征管，力争把畜牧水产业发展成为继烤烟之后的第二根支柱产业。

3. 继续着力抓好当年能见效的短、平、快项目。一是要加强已播种油菜的田间管理，确保增产增收。二是要继续发展烤烟，在计划种植的基础上提高烟叶质量、产量，搞好集约经营，增加经济效益。三是要做好以柑橘为主的果品生产管理，提高科技含量，争上批量、占市场、创效益。四是要理顺现有茶叶基地的体制关系，把现有茶园的经营管理推向市场，实行多种经营模式的租赁承包，或把茶园下放给农户经营，力争今年在产量与效益上有所突破。

4. 大力发展非公有制经济。非公有制经济的发展，既可为贫困户劳力的转移创造条件，增加从业者和地方财政收入，且见效快，适应市场能力强。各级党委、政府要进一步提高认识，摆正位置，依法保护非公有制经济的合法权益，让非公有制经营者放心、放胆地干，加快非公有制经济的发展，促进农村贫困人口尽快基本解决温饱。

5. 继续加快非耕地的开发步伐。我县潜在的优势在非耕地，农村贫困人口基本解决温饱的增长点也在非耕地。各级党委、政府及农村贫困群众，要以“大关精神”为榜样，变苦熬为苦干，抓住当前政策与资金优惠的机遇，认真做好非耕地的坡改梯，切实抓好杨树、中药材等经济林木的开发，办好“四园三场”，做到建设一片、成功一片，帮助贫困人口解决温饱一片。

6. 积极做好劳务输出。劳务输出是农民增加收入解决温饱的重要途径，其收入之多是其他产业不可替代的。各级党委、政府一定要加强对劳务输出的领导。一是要动员贫困户剩余劳力更新观念，变呆在家里休闲为出门在外挣钱。二是要为劳务输出人员提供办理手续方便。三是要做好劳务输出人员的思想政治工作，开展好书信、电话等多种形式的联系，教育劳务输出人员树立“印江形象”，依法勤劳致富。四是要支持、鼓励劳务输出人员努力学习外地的新技术和管理经验，学成后回印江办企业，发展特色经济。五是要因地制宜地搞好劳务输出人员的技能与法制培训，以适应输入地区的需要，多挣钱回家。

7. 突出发展乡镇企业。我县贫困地区的落后和在一定程度与范围上是乡镇企业发展的滞后。各级党委、政府和农村贫困群众，一定要按照“大发展、大提高”的方针，突出抓好乡镇企业的发展。要依托本地资源，面向县内外市场，依靠科技进步，大力发展种养业的初加工和深加工，以及建材、采矿等产业，变乡镇企业“空壳村”为有乡镇企业的经济实体村，壮大贫困村集体经济，减轻农民负担。

8. 坚持计划生育与扶贫开发相结合。要认真执行“三为主”“三结合”的计划生育政策。对实行计划生育的贫困户要优行安排扶贫项目，优先贷给扶贫资金，优先安排技术培训，优行解决缺医少药问题，使之做到既严格控制人口的自然增长，又使贫困户不因病致贫和返贫。

9. 动员全社会力量参与扶贫。省委、省政府、地委、行署要求我县农村贫困人口今年要基本解决温饱，这既是经济任务，也是政治任务，全社会都有责任和义务帮助贫困人口基本解决温饱。为此，县委、县政府决定继续做好县直机关的定点帮扶贫困村工作，由在职副局长或副主任带队到村蹲点一年，年底交账。全县副科级以上干部要在本单位帮扶村内每人必须帮扶 1 户农村贫困户，帮扶谁要有花名册。并严格实行“四定”（定对象、定任务、定时间、定成效）、“三帮”（帮助制订计划，帮助寻找落实项目，帮助解决实际问题），一包（包基本解决温饱，不脱贫不脱钩）。要进一步做好农业部、青岛胶南市，以及省地直机关对我县定点帮扶工作，加大联系力度，广交朋友，多层次、全方位、宽领域地搞好对口定点帮扶，使今年的定点帮扶更加富有成效。

10. 认真落实扶贫政策，管好用好扶贫资金。中央和省地县制定的扶贫政策，都要认真落实好，切实解决好有人办事和有钱办事的问题。对各渠道来的扶贫资金必须管好用好，专项使用，不准挪用、串用。县委、县政府决定成立县扶贫资金协调、检查、审计小组，由县纪委、监察局、计划局、农办、扶贫办、人行、农行、农发行等单位派人组成，专门做好扶贫资金的协调、检查审计工作。各类扶贫资金都要用在有助于直接解决温饱的项目上，落实到贫困村和建卡的贫困户上。不能落实到贫困户的也要用项目覆盖到贫困户，效益体现到贫困户。

11. 认真抓好农村党建与扶贫相结合工作。要充分发挥农村党支部的战斗堡垒作用和党员的先锋模范作用，按照中央和省地的要求，积极办好“四个一”工程，落实好“五个好”目标，开展好“两带”（党员带头致富和带领群众共同致富），“三增”（增强集体经济实力，增加农民群众收入，增强党支部的吸引力、凝聚力和号召力），“一降”（人口自然增长率下降），“一稳定”（稳定农村社会秩序，安定团结）活动，帮助农村贫困人口尽快基本解决温饱，搞好两个文明建设，促进我县农村经济持续、快速、健康发展。

12. 切实加强领导，继续实行党政一把手对扶贫工作负总责的责任制。今年，我县能否如期实现农村贫困人口基本解决温饱，接受省委、省政府和地委、行署的检查验收，关键在加强领导，关键在各级各部门的党政一把手能否对扶贫工作负总责。各级党委、政府及各部门的党政一把手，一定要以动感情、动脑筋、动真格的精神，以“等不起、慢不得”的姿态，抓好扶贫工作，为此，县委、县政府重申继续实行党政一把手对扶贫工作负总责的责任制。即全县农村贫困人口基本解决温饱问题，由县委书记和县长负总责；各乡镇贫困人口基本解决温饱问题，由各乡镇党政一把手负总责；各村贫困人口基本解决温饱问题，由各村党支部书记、村委会主任负总责。各乡镇、村贫困人口基本解决温饱情况，要按季度向县委、县政府汇报，半年写出小结，年终写出总结，交账，县委、政府将严格按照县发（1997）6 号文件兑现奖惩，迎接省委、省政府和地委、行署对我县的检查验收。

中共印江土家族苗族自治县委
印江土家族苗族自治县人民政府
关于实施畜牧业牵动发展战略的意见

（1998年2月11日）

加快我县畜牧水产业的发展，是加快发展农村经济的重大举措，是尽快解决我县脱贫致富、财政增收，实现我县“两会”提出的世纪之交五年奋斗目标的有效途径。为进一步实施畜牧业牵动发展战略，县委、县政府作出如下实施意见：

一、实施畜牧业牵动发展战略是我县农村经济的必然选择

“八五”以来，我县畜牧养殖业随着农村经济体制改革和市场经济的需求，养畜户对养殖业的积极性不断提高，科技兴牧意识不断增强，良种繁育、实用技术推广、稻田养鱼、网箱养鱼等课题项目由点上逐步向面上推广，县、乡、村三级防疫体系已形成网络，促进了全县畜牧水产业持续稳步发展。1997年，全县畜牧业产值达到18174万元，比1990年增长185.8%，年均增长速度达29.3%；肉类总产量13080万吨，比1990年增长91.3%，年均增长速度达13%；人均占有量达32.5千克，比1990年增长17%；鱼产量590吨，比1990年增长122.7%，年均增长17.5%。在取得这些成绩的同时，必须清醒地看到，我县虽然有较为丰富的草山草坡和大量青绿饲料，但由于投入少，商品牛、羊发展还未形成规模，畜牧业产值占农业总产值的比重一直在25%上下徘徊，离省委、省政府的要求相差10个百分点，大大低于全国的平均水平。据测算：全县应收各种税费460万元，目前只收到80多万元，仅占应收税费的17%左右。这说明畜牧水产业是农村经济发展的强项，各级领导应引起高度重视。

畜牧业覆盖面广，见效快，周期短，潜力大。实施畜牧业牵动发展战略富民富县，有利于确保我县扶贫攻坚计划如期实现，加速脱贫致富奔小康的进程；有利于广辟财源，增强地方财力；有利于相关产业发展，为畜产品加工以及小城镇建设开辟广阔前景，促进农村经济的全面发展乃至推进农业现代化进程。

为此，我们必须从战略的高度来实施好畜牧业牵动发展战略，把我县畜牧业作为第二根经济支柱产业来抓。

二、实施畜牧业牵动发展战略的指导思想和目标

畜牧业牵动发展战略总的要求是：高举邓小平理论伟大旗帜，以党的十五大精神为指针，以县“两会”精神为动力，进一步解放思想，更新观念，深化改革，逐步建立适应社会主义市场经济发展要求的畜牧业经济体制和运行机制，积极推行产业化经营，加快畜牧业由粗放经营向集约化经营转变；由传统饲养方式向科学饲养管理转变；由自给自食畜牧业经济向市场经济转变。要以市场为导向，科技为先导，效益为中心，调整畜牧养管理转变；由自给自食畜牧业经济向市场经济转变。要以市场为导向，科技为先导，效益为中心，调整畜牧养殖业结构，按照市场需求，稳步发展生猪，大力发展商品牛、羊，加快发展禽、鱼，采取猪羊并重，畜禽同上，科教不牧，工程推进，适度规模，形成批量；狠抓流通，以销促产，加工增值，富民富县。

根据上述指导思想，今后五年的目标：

基本建成以猪、羊为主的畜牧业基地县，科教兴牧水平（增加农民收入、提高养殖业效益）有明显提高，建成第二根财源经济支柱。具体目标：一是畜牧业快速发展，确保产值2.4亿元，力争2.5亿元，占农业总产值的35%以上；二是畜产品产量要大幅度增加，达到出栏猪22万头、羊13万只、牛3万头，禽50万只，禽蛋产量1300吨，肉类总产量2.3万吨，鱼产量1000吨以上；三是人均占有量大大提高，达到农民人均畜牧业产值700元，人均肉类总量60千克以上；四是从畜牧业增加财政税收，达到各种税费600万元以上。

1998年的目标是：出栏猪17万头、羊6万只、牛1.3万头，禽蛋1000吨，税费实现250万元。

三、实施畜牧业牵动发展战略的主要项目和措施

根据地委、行署去年12月6日全区畜牧会议精神，结合我县实际，实施七个项目：

一、建立17个商品猪基地，实现全县出栏商品猪17万头；

二、建立6个商品羊基地，实现全县出栏商品羊6万只；

三、建立8个商品牛基地，实现全县出栏商品牛2万头；

四、建立3个印江鸭基地，实现商品鸭10万只；

五、建立3个商品鱼基地，实现全县年产鱼800吨以上；

六、配套完善畜禽良种繁育基地；

七、抓好畜禽防疫设施建设。

为进一步完善畜禽防疫双轨制，实现上述项目和世纪之交五年的目标，主要措施是：

1. 加强良种繁育、加工饲草饲料、畜禽疫病防治三大体系建设，发展“两高”“一优”牧渔业。加强良种繁育体系建设，为畜牧业发展提供良种保证。近年来，在农业部和省、地支持下，我县建立了畜禽良种繁育基地和鱼类良种繁育基地，今年应配套完善，达到生产设计规模。每个乡镇要建立一个良种繁育推广站，在瘦肉型猪专业村中建立一个猪人工授精点。到2000年良种猪覆盖率达到90%以上。加强饲草饲料体系建设，为牧渔业发展奠定物质基础。我县有96万亩草场和10万吨左右秸秆资源，在年景正常的情况下，可提供15万吨左右青饲料。要充分利用这些资源搞非耕地开发和推广秸秆氨化的适用技术，要大力发展商品牛、羊，利用饲料青贮解决生猪青饲料。“九五”期间，要搞好秸秆氨化养牛、羊的试验示范和推广，到2000年秸秆氨化利用率达到50%以上，继续推广饲料青贮和“四良四改三提高”的实用推广技术，提高生猪出栏率、个体生产能力和商品率。到2002年，农户饲料青贮的推广面达到90%以上。为了发展生产，县将筹建一个年产1万吨的饲料加工厂。加强畜禽鱼疫病防检治体系建设，确保牧渔业健康发展。畜、禽、鱼疫病仍是威胁着我县牧渔业生产的一大危害。多年来，我县在“三大”体系中只有畜禽疫病防治体系初步形成，全县要认真贯彻执行印府办（1995）33号和印府办（1996）38号文件，进一步巩固和完善畜禽防疫双轨目标管理责任制。要加快畜禽疫病防治配套设施建设，首先解决防疫用车和乡镇畜牧水产站冷链设施，全面开展畜禽疫病的防疫、检疫、治疗和兽医卫生监督，切实降低畜禽发病率。到“九五”期末，将大牲畜、中家畜（猪、羊）家禽的病死亡率分别控制在1%、5%、13%以内。要加强兽药、饲料监察，严禁伪劣兽药、饲料销售。

2. 积极推行产业化经营，达到养、加、销一条龙，贸、工、牧一体化。根据市场需求和县情所定，我县近期应抓好瘦肉型猪、牛、羊、禽、鱼基地建设，以一定数量的规模养殖户为示范带动千家万户适度规模养殖，从实际出发，发展一批重点户、专业户、专业村。重点户标准分别达到出栏猪10头、羊20只、牛4头、禽50只以上；专业户分别达到出栏猪20头、羊40只、牛5头、禽100只以上。专业户、重点户达到该村农户数40%以上的可定成专业村。今年，我县确定建立17个瘦肉型猪专业村，每村发展100户（户均年出栏商品猪10头以上，户均产值1万元，户均创税费500元）；建一个高产稻田养鱼专业村，达到高产稻田养鱼面积100亩，实现亩产500千克稻100千克鱼；建一个饲料加工厂。为确保今年的项目实施，县委、县政府安排畜牧业扶贫信贷资金1000万元。

3. 实行牲畜税费统征统管。根据地委、行署要求，从1998年1月1日起，全区实行牲畜税费统收。在收取标准上，本着依法依规，保税降费，几费合一，就低收取，让利于民的原则，既考虑到有利于支柱产业的培育和建设，又考虑到生产者和经营者承受能力，通过支柱产业来达到农民致富、财政增收的目的。在收取办法上，采取政府牵头，部门配合，联合征收，统一入库（入地方财政），分流结算。具体安排是：农民自宰自食的屠宰税、防疫费、由税务部门和县政府委托乡镇收取，现销和外销产品，由乡镇政府牵头，税务、工商、畜牧、财政、公安联合征收，各自履行法律、法规，收取税费单据由县财政统一制票。为了实行牲畜税费统收，县成立牲畜税费统收联合办公室，解决好实施过程中的具体问题，组织协调各有关部门、国税、地税、财政、工商、畜牧等部门要通力协作，密切配合，相互支持，确保这项工作深入有序开展；政法部门要为税费统收保驾护航，依法及时打击妨碍执行公务的恶性案件，防止税费流失，使税费统收工作逐步迈入法制化管理轨道。要加强税费统收的目标管理，县采取核定基数，量化考核，短收自补，超收分成。

四、确保投入，加快发展

发展牧渔业生产既要靠政策，靠科技，还要靠投入。多年来，我县对牧渔业生产投入较少，这在很大程度上制约了畜牧养殖业的发展。今后五年，真正增加对畜牧业投入的力度是决定我县牧渔业能否有一个较大突破，能否实施基础项目和牵动战略目标的关键因素。因此，根据地区畜牧工作会议精神，1998 年争取多方筹集资金的原则是对上交项目，对下搞融资，对外搞招商引资，对内搞集资。扶贫信贷资金到位后，要切实加强资金的管理和完善投放渠道，将现有经费用到良种繁育、品种改良、基地建设、稻鱼工程、饲料加工、商品流通等项目上，采取资金跟着项目走，专款专用，发挥其经济效益和社会效益。今后，我县所争取的各种项目经费都必须拿出 30%以上资金发展畜牧业。畜牧部门在“八七”扶贫攻坚计划的后三年中，要抓住机遇，组织扶贫项目，从信贷扶贫资金、综合开发资金、以工代赈资金、绿色工程资金、世行贷款资金、部援等项目资金中努力争取立项，县计划局、扶贫开发办、农发行对牧渔业提供的项目要优先立项，向牧渔业发展倾斜，对争取立项的有功人员以到位经费的 1%给予奖励。县财政统收的防疫费、技改费、检疫费、检验费应返回畜牧部门，用于畜牧业的发展，专款专用。要利用多种渠道，多种形式，多方筹资，加大畜牧业发展的投入力度。

五、加强领导，狠抓落实

实施畜牧业牵动发展战略，建成继烤烟之后的支柱产业事关全县经济发展大局。各级党委、政府要切实加强领导，真正纳入议事日程，建立健全目标管理责任制，组织各方力量，狠抓落实。

县、乡（镇）两级要成立牧渔业生产领导小组，县长、乡（镇）长任组长，分管农业的副县长、副乡（镇）长任副组长，有关部门为成员，具体负责抓此项工作。领导小组办公室设在畜牧水产局（站），由畜牧水产局（站）长兼任办公室主任。

建立健全实施畜牧业牵动战略的目标责任制，增加畜牧业在全面工作考核中的比重，列入政绩考核的内容。与此同时，实行单项考核。作为干部提拔任用、技术职称晋升、任命的重要条件之一。

充分调动畜牧业科技人员的积极性，稳定和壮大畜牧养殖业科技队伍，为科技和管理人才发挥作用提供各种有利条件。加快乡（镇）畜牧水产站建设，乡镇畜牧水产站实行条块结合，双重领导以县为主的管理体制，妥善解决好畜牧业科技人员的工作条件。要加强畜牧业队伍建设，提高畜牧队伍的政治思想素质和业务素质，建立健立业务目标考核制。

要进一步转变工作作风，狠抓落实。县、乡（镇）牧渔业生产领导小组，要定期研究，及时解决发展中存在的问题，加强信息反馈。各级都要办好点，抓好试点示范，推动面上工作。

各行各业要通力合作，积极配合，为实施好畜牧业牵动发展战略，尽早建成畜牧业支柱产业振兴印江经济，做出应有的贡献。

中共印江土家族苗族自治县委

印江土家族苗族自治县人民政府

一九九八年一月十二日

中共印江土家族苗族自治县委
印江土家族苗族自治县人民政府
关于组织实施“3456 办学工程”的决定

（1999 年 3 月 14 日）

目前，我县共有完中 2 所，初级中学 20 所。有教学用房 2.4169 万平方米，学生宿舍 0.35 万平方米。有在校生 14230 人，其中住宿生 8708 人，人均校舍面积 1.7 平方米，现有学生宿舍只能满足 1750 人住宿。在全县 50 所中心完小中有在校生 17086 人，其中住宿生 2648 人，小学生宿舍基本上是空白，全县中心完小以上学校教师 1800 人（不含县职中教师），教师宿舍 1.4154 万平方米，只能满足 707 位教师住宿。因此大部分中小学师生只能在校外租房住宿。

根据我县义务教育规划，到 2002 年，全县中学生将达到 19000 人，其中住校生 11400 人；全县中心完小学生将达 21000 人，其中住校生将达 4200 人；全县中心完小以上学校教师将达 2100 人。按照国家有关规定和“普九”标准，中学生生均校舍面积 3.3 平方米，生均宿舍面积 2 平方米，小学生生均宿舍面积 1.5 平方米，教师有必备的生活用房。根据这个标准，全县应有中学教学用房 6.27 万平方米，中学生宿舍 2.28 万平方米，中心完小学生宿舍 0.63 万平方米，中心完小以上学校教师宿舍 4.2 万平方米。据此，全县还需新建中学教学楼 3.8531 万平方米，中学生宿舍 1.93 万平方米，中心完小学生宿舍 0.63 万平方米，中心完小以上学校教师宿舍 2.7846 万平方米，现有教学用房中需改造 0.2 万平方米。

为了促进我县教育事业的发展，完善学校基础设施建设，加快“普九”进程，县委、县政府决定组织实施“3456 办学工程”，即从 1999 年到 2004 年用 3 年时间基本完成全县“普九”教学用房建设，用 4 年时间基本完成中学生宿舍建设，用 5 年时间基本完成中心完小学生宿舍建设，用 6 年时间基本完成中心完小以上学校教师宿舍建设。

实施“3456 办学工程”，经测算需投入资金 2550 万元，其中中学教学楼 1000 万元，中心完小以上学生宿舍 1000 万元，中心完小以上学校教师宿舍 500 万元，危房改造 50 万元。为了实施好这一工程，县委、县政府特作如下决定：

一、抢抓机遇，积极争取资金。随着“科教兴国”战略的进一步实施，国家加大对中西部贫困地区基础设施建设的投入以及“国家贫困地区义务教育工程”“国家教育扶贫工程”的启动，中央、省、地投入大量资金发展教育，今后还将加大对初中基础设施建设和教师宿舍建设的投入。同时，东部发达区与西部贫困地区对口帮扶等，都是我们争取资金实施“3456 办学工程”的良好机遇。

二、征足管好用好农村教育费附加和义务教育费，按照有关规定，我县每年能足额征收农村教育费附加和义务教育费达 300 万元以上，连续六年总收入将达 1800 万元以上。减去“义教工程”匹配 300 万元，约有 1500 万元以上（其中县掌握 1140 万元，乡镇掌握 360 万元），同时，随着财力的增长，还将逐步加大对教育的投入，这就能解决“3456 办学工程”中中学教学用房资金和学生宿舍建设少部分资金。

三、树立市场观念，举社会之力，多渠道投入资金发展教育事业。“3456 办学工程”中除教学用房需国家、政府投入外，学生宿舍可举债发展，采取集资、入股、合作、贷款、独资等方式修建。采取适当收取学生房租费，逐年偿还的办法。举社会之力，多形式、多渠道办学，鼓励金融部门、建筑公司、社会有识之士开辟教育投资市场，兴办教育。发动教师、学生家长和人民群众捐资，投工投劳办教育（具体办法由教育局制定）。

四、加强领导，把“3456办学工程”列入全县社会经济发展计划，使之成为考核各级干部政绩的主要内容。县、乡均要成立“3456办学工程”实施领导小组，下设办公室，专人办公。此项工程由各级党委、政府主办，教育部门具体操作，各级党委、政府的主要领导是第一责任人，实行目标责任制。

五、认真搞好工程规划，切实做好科学规划和民主决策。各乡镇要根据“县义务教育规划”、“县学校布局调整规划”，从满足“普九”需要出发，在认真测算的基础上制订校园总规划和“3456办学工程”实施方案，县汇总各乡镇的规划，制订全县总体规划和分年度实施计划方案。

六、加强宣传，争取社会各界的支持，形成实施“3456办学工程”良好的外部环境。“3456办学工程”能否顺利实施，除了各级党委、政府的领导和重视外，还离不开有关职能部门和广大人民群众的支持，各级党委、政府及教育部门要通过各种形式广泛宣传，把有关政策宣传清楚，争取有关职能部门和广大人民群众的理解和支持，使之共同参与实施这项工程。

七、加强管理，确保质量和效益。县、乡两级工程领导小组要在做好科学测算、搞好规划、立项批准的基础上，按照《建筑法》的有关规定，加强工程施工管理，确保工程质量，各级教育部门和学校要加强学校管理，做好配套工作，实行规范化管理，办成花园式学校，提高办学效益。

中共印江土家族苗族自治县委
印江土家族苗族自治县人民政府
关于实施“3568”工程的安排意见

（1999年2月28日）

为进一步解放和发展农村生产力，提高农业科技含量，推动我县畜牧业发展，全面实施好“3568”工程，尽快改变我县广大农村的落后面貌，改善人民的生产、生活环境，彻底解决农村人畜饮水和住所脏、乱、差的问题，特作如下安排意见：

一、实施“3568”工程的目的和意义

实施“3568”工程，是我县经济社会发展的需要，是满足广大农村人民日益增长的物质文化生活需要，是建设社会主义新农村的重大举措，是推进我县广大农村两个文明建设的切入点。实施“3568”工程，将改善广大农村人民生活环境，提高其生活质量和水平。通过实施“3568”工程，苦战3～8年，将显著提高科技在我县农业生产上的贡献率，农村面貌焕然一新，农民物质、精神生活得到改善，脱贫致富奔小康步伐进一步加快。

二、“3568”工程的内容及指标

“3568”工程主要内容是对我县农村人畜饮水、住所及传统养猪习惯进行改造，即“三改，两普及”。一是改水，改造旧的饮水设施，让农村人畜饮上干净卫生水；二是改厕，将农村习惯的人猪同厕和不卫生旧厕改造成适用、经济、方便的卫生厕；三是改圈舍，将习惯养猪的深坑舍改造成向阳干平舍；同时，普及猪的良种和熟改生饲。

所谓“3”就是用3年时间普及猪的良种，要求良种普及率达到80%；“5”就是用5年时间基本普及猪的熟改生饲，要求普及率达到90%以上；“6”就是用6年时间改造好农村人畜饮水设施，让

90%的农户饮上干净卫生水；“8”就是用8年时间完成农村旧厕和牲畜深坑圈的配套改造，要求改造率达到90%以上。

三、实施“3568”工程的原则和措施

实施“3568”工程的原则是统一规划，合理布局，因地制宜，因村施改，充分发扬人民群众的首创精神，先易后难，循序渐进。

主要措施：

（一）组建机构，办好试点。

县成立“3568”工程领导小组，由分管农业的副县长任领导小组组长，计划局、财政局、民宗局、农业局、水电局、畜牧局、农办、卫生局、爱委会等部门负责人为成员，领导小组下设办公室，抽调相关单位的人员具体办公；各乡镇成立相应的实施工作组，由分管农业的乡镇长或乡镇书记任工作组组长，抽调乡镇相关单位人员具体办公。上级领导小组的职责是：宣传发动、制定规划，分解任务，组织力量，筹集资金，办好试点，培训干部，检查督促，考核总结，评比表彰。各乡镇要选择1～2个自然村寨，集中力量进行试点改造，通过试点培训干部，总结经验，以利于工程顺利推开，确保“3568”工程顺利实施。

（二）摸底调查，弄清情况。

各级各部门要组织力量，对本辖区内实施“3568”工程前的现状进行调查摸底，要求以村民小组为单位逐户统计上报，做到施改对象清楚，任务明确。以便县工程领导小组统一规划，制定措施。

（三）做好宣传发动，统一思想认识。

我县地处内陆地区，交通不畅，信息不灵，广大农村仍处于封闭简陋的生活状况。十一届三中全会以后，人民的物质文化生活发生了较大变化，但仍然以解决饱暖为主，生活质量和水平较低，环境差，意识落后，虽然少部分农民自发地对生产、生活环境着手改造，但对大多数人民来说，对环境改造、科技应用仍还保守，所以，要在注入一定资金的同时，必须加大宣传引导力度，增强人们对“三改，两普及”的信心，极大地调动群众投工投劳投资的热情，变“政府要我改”为自己要求改。

（四）多渠道筹集工程资金，确保工程如期实施。

“3568”工程量大面广，涉及全县几万农户，必须有坚实的物质基础和大量资金。农民是投资主体，在鼓励农民自筹资金、投工投劳的同时，采取多渠道筹集资金。一是县里每年从畜牧发展扶贫资金（贷款）中提取50%用于此项工程；二是每年用以工贷赈人畜饮水项目资金、“渴望”工程资金全部投入此工程；三是每年用10万元的民族发展资金投入此项目；四是向上级积极争取资金，支持该工程实施。所有资金实行统筹安排，专款专用。

（五）加强部门协作，严格实行目标管理责任制。

“3568”工程涉及千家万户，事事具体，为此，必须明确职责，县“3568”工程主要领导要亲自决策，定期研究，领导小组要调查研究，制定规划，安排任务，落实措施，筹集资金，宣传发动，检查考核，总结评比，指导全面工作。各乡镇实施工作组职责是调查摸底，动员群从，组织力量，具体指导工程实施。计划、财政、民宗、水利、畜牧等部门要确保资金和技术力量到位，农业、农办、卫生、爱委会等单位，也要从人力、物力上给予大力支持。资金、技术力量统一调配到位，统筹安排，共同努力，各记其功。同时，制订目标管理责任制，对各乡镇、各部门制定考核细则，实行量化考核，对实施工程较好的单位、个人要进行表彰奖励，对有突出贡献的人员要实行晋升晋级和重奖。

中共印江土家族苗族自治县委
印江土家族苗族自治县人民政府
关于推行计划生育“村为主”的实施意见

（2000 年 11 月 8 日）

切实加强基层基础工作，坚持把计划生育工作的重点放在村级，逐渐形成“村为主”计划生育工作的机制，是计划生育工作不断向前发展的客观要求，也是认真贯彻落实中共中央、国务院《关于加强人口与计划生育工作，稳定低生育水平的决定》和中共贵州省委、省人民政府《关于加强人口与计划生育工作，严格控制人口过快增长的决定》的重要措施。为促进全县计划生育“村为主”目标的顺利实现，根据地委、行署《关于推行计划生育“村为主”的意见》，结合我县实际，特制定以下实施意见。

一、推行计划生育“村为主”的目的

实行计划生育“村为主”的目的，是通过明确村党支部和村委会对计划生育工作的管理职能，充分发挥村计生协会、团支部、民兵组织、妇代会等群众组织在计划生育工作中的作用，利用村级组织带领群众依法开展“自我管理，自我教育，自我服务”的村民自治，引导群众自觉实行计划生育。通过全面推行计划生育村务公开，建立健全村级计划生育民主管理与监督制度，大力提高基层计划生育规范化管理水平，较好地为育龄群众提供生殖健康服务，促进全县计划生育工作整体水平的提高。

二、计划生育“村为主”的目标任务

根据地区规划我县 2002 年上半年实现“村为主”的目标要求，结合各乡镇工作实际，我县规划的计划生育“村为主”目标任务是：到 2002 年上半年全县实现“村为主”。对各乡镇的具体目标要求是：罗场乡要在 2001 年上半年实现“村为主”；峨岭、天堂、刀坝、缠溪、合水、木黄、新业七个乡镇 2001 年年末实现“村为主”；杨柳、洋溪、板溪、中坝、杉树、永义、朗溪、沙子坡、新寨九个乡镇 2002 年上半年基本实现“村为主”。

三、计划生育“村为主”的主要内容

1. 村党支部、村委会对全村计划生育工作负总责，村支部书记、村主任亲自抓，其他村干部联系到组，组长联系到户，村、组干部主动承担计划生育工作任务。

2. 健全计划生育管理网络。村配有计生主任，组配有计划生育育龄妇女组长，协助村支部、村委会负责计划生育管理工作。

3. 建立工作阵地。村有办公室、计生协会、人口学校、计生服务室并开展工作。

4. 开展多种形式的宣传教育工作，深入宣传计划生育政策法规、优生优育及科技致富知识。

5. 坚持持证生育制度和每个季度定期妇检制度，做好手术对象的动员和妇检的组织工作。

6. 建立健全各项规章制度，制定计划生育村规民约，抓好计划生育日常管理，各种账、卡、表、册齐全，情况清、底数明。

7. 开展“三结合”帮扶工作，扶贫济困，带领群众走少生快富之路。

8. 党员、干部模范实行计划生育政策。

9. 完成各项计划生育工作任务。

四、计划生育“村为主”的基本要求

计划生育“村为主”的基本要求是：健全八账一表一户口，规范四个制度，明确八项任务，落实四项职责，达到八个质量目标。具体内容是：

1. 建立健全村级人口与计划生育户口簿、出生登记、死亡登记、新婚登记、已婚育龄妇女登记、流动人口登记、人基教育培训登记、药具发放登记、帮扶情况登记八种账卡，一本户口和村级报表。

2. 统一建立四个村级计划生育工作制度并规范上墙：

(1) 村人口与计划生育领导小组工作责任制；

(2) 村人口与计划生育领导小组每月例会制度；

(3) 村人口与计划生育考核检查制度；

(4) 村计划生育工作每月户见面报告制度。

3. 明确八项工作任务并抓好落实：

(1) 村计划生育宣传任务；

(2) 普查普治、避孕节育任务；

(3) 村流人口计划生育管理任务；

(4) 优质服务追踪随访任务；

(5) 计划生育系列合同管理任务；

(6) 计划生育“三结合”帮扶任务；

(7) 计划生育统计报表任务；

(8) 村务公开接受群众监督任务。

4. 落实好四项工作职责：

(1) 村级管理人员职责；

(2) 已婚育龄妇女小组长职责；

(3) 村计划生育协会工作职责；

(4) 村计划生育服务室工作职责。

5. 达到八个质量目标：

(1) 一、二孩办证，持证率达 100%；

(2) 季度妇检普查率达 100%；

(3) 节育手术及时率达 100%；

(4) 流动人口登记、建卡追踪管理达 100%；

(5) 新婚、孕产期妇女优质服务达 100%；

(6) 计生贫困户帮扶服务达 100%；

(7) 新婚夫妇签订计生系列合同达 100%；

(8) 宣传资料进村入户率达 100%。

五、计划生育“村为主”的管理方式

计划生育“村为主”的管理方式，就是充分发挥村党支部、村委会的核心作用，发动和组织全村村民共同参与计划生育事务的民主决策、民主管理和民主监督。

民主决策就是按照有关法律、法规设立村民会议或村民代表会议，研究决定村有关计划生育重大事项和扶持计生特困户的办法、标准，以及在生育、生产、生活方面对计生户的优生、优待、优惠的办法等。

民主管理就是发动和依靠村民共同管理村内计生事务，维护村内生育秩序。一是通过村民会议或者村民代表会议，让村民就村内计划生育有关问题发表意见，直接参与管理。二是通过制定村民自治章程或村规民约，让村民和村干部自我约束、自我教育、自我管理。

民主监督就是村民通过一定形式监督村内计划生育重大事务，监督村委会工作和村干部的行为，实行计划生育村务公开，主要包括：一是政务公开，公开有关计划生育法律、法规和政策规定以及村里的规章制度。二是事务公开，张榜公布村本年度符合生育条件的夫妇名单及手术落实情况。三是财务公开，主要涉及独生子女优待、奖励落实情况，计生贫困户扶持情况，计生专（兼）职人员工资、补贴落实情况等。此外，村委会和村计生干部要定期向村民会议或村民代表会议汇报本村计划生育工作，接受监督，听取意见，不断改进工作。

六、实现计划生育“村为主”的主要措施

推行计划生育“村为主”，采取县规划指导，乡镇落实的办法，实行全面规划，分类指导，整体推进。采取的主要措施是：

1. 落实责任。各级党政一把手是“村为主”工作的第一责任人，建立党政一把手亲自抓、负总责，分管领导具体抓、抓具体，有关部门分工抓、抓落实的计划生育综合治理工作机制，年终考核实行一票否决。

2. 加强基层组织建设。村“两委”主要负责人是“村为主”工作的第一责任人，要把选好配强村级“两委”班子列入组织、民政部门的目标管理内容，年度进行考核。村级“两委”班子要做到八个落实：阵地落实、投入落实、人员落实、责任落实、管理落实、服务落实、报酬落实和考核落实。

3. 分类指导，抓好分步实施。县、乡两级要抓好试点示范，由点到面，全面推开。县抓一个试点乡镇和六个试点村，乡镇要抓三个以上试点村，实施步骤是：先抓小康村、文明村、合格村，再抓计划生育基本合格村，最后抓一般村，要求分步实施，抓好落实。县对“村为主”工作将按期检查验收并纳入年终考核内容。

4. 认真抓好基层基础工作和硬件建设。县、乡两级要确保财政投入的计生事业费在上半年基础上人均递增0.1元；各乡镇征收的计划生育乡统筹经费，按照地发（2000）13号文件“中共铜仁地委、铜仁地区行署关于推行计划生育“村为主”的意见”确定的标准，从2001年起按上年末人口人均2元，由各乡镇统一征收后全额上缴县财政，然后划拨计生局统一管理使用，重点用于村计生主任报酬，县对村的奖励，解决乡、村业务用房建设和手术设备的配置；抓好计划生育费的征管和使用；县计生局贷款100万元，由县财政贴息，用两年时间，县、乡两级匹配资金解决17台B超、部分医疗器械设备和12个乡镇业务用房。

5. 加强计生队伍建设，不断提高计生干部整体素质。鉴于计生工作涉及千家万户，工作量大，非常辛苦，而且任务重、压力大。因此在确定计划生育系统人员编制时要适当高配，确保经常工作的运转。县、乡要加强培训工作，并选派一批大中专毕业充实到乡、村计生队伍中去。同时要强化责任，转变作风，努力建设一支稳定、精干、高效的专职计生队伍。

6. 县财政局和扶贫办要在地区业务部门的指导帮助下，安排一定扶贫资金用于“村为主”工作，用1至2年时间解决中心村和人口大村村级计生服务室建设，或村计生服务室与村卫生室合二为一建设，改善村办公室和妇检条件，两室总面积按地区统一要求不低于20平方米。

7. 全县各级各部门要加大对“村为主”工作和对计生户帮扶的力度，形成齐抓共管，综合治理人口与计生工作的良好氛围，并将帮扶情况和综合治理人口问题纳入年终考核内容。

中共印江土家族苗族自治县委
印江土家族苗族自治县人民政府
2000年11月21日

中共印江土家族苗族自治县委
印江土家族苗族自治县人民政府
关于加强农业结构调整促进农业产业化经营的意见

（2003年9月29日）

农业是市场经济的基础产业。调整农业结构，优化农产品区域布局，推进农业产业化经营，逐步实现生产专业化、经营规模化、市场国际化、管理企业化、服务社会化，是新阶段农业发展的战略性任务，是农业和农村发展的主攻方向。通过农业结构调整，建设一批规模化的特色农业产品生产基地，培育具有印江特色的农业产业带和产业群，带动加工、储藏、运输等相关产业，形成地方性的支柱产业，把独特的资源优势转化为经济优势，有利于培育新的财源，开辟新的就业渠道，有利于合理利用和有效保护资源，是实现农业增效，农民增收，财政增长的有效途径，是县、乡党委政府一切工作的重中之重。为此，为进一步加强我县农业结构调整，促进农业产业化经营，推动农业和农村经济持续、稳定、健康发展，特提出如下意见：

一、总体思路和目标

适应市场需求，开发优势资源，巩固基础产业，壮大支柱产业，培育优势产业，扶强龙头企业，创新运行机制，完善服务体系，依靠科技进步，实现增收目标。

以2002年为基期、到2007年，实现农、林、牧、渔产值比例为52∶5∶40∶3，即种植业下降9.28个百分点，林、牧、渔业分别上升2.16、5.56、1.56个百分点。并通过调整优化农业内部结构，使全县第一、二、三产业的结构调整到58∶20∶22左右。

1. 基础产业。确保每年粮食总产稳定在12万吨以上。

2. 支柱产业。县委、政府决定把“畜牧业、茶叶、烤烟”作为2003—2007年的农业支柱产业。

3. 优势产业。将林、菜、药、果等产业确定为优势产业加以培植。

4. 龙头企业。重点围绕支柱产业和优势产业各扶持发展一个以上龙头企业，使之成为集生产、加工、销售、服务为一体的企业集团。到2005年，龙头企业的农户带动率达40%，2007年达到70%。

5. 具体目标

①主要农作物品种更新一次，良种覆盖率达100%，畜禽水产品良种覆盖率达90%，主要造林树种良种使用率达70%，其他经济作物良种化水平有大幅度提高。

②养殖业在农业总产值中的比重，由目前的35.88%（畜牧业占34.44%，渔业占1.44%），提升到43%（畜牧业占40%，渔业占3%）。

③农产业品加工业产值与农林牧渔产值比提高到0.4∶1。

④全县形成20个年营销收入超100万元、利税超10万元，10个年营销收入超500万元、利税超50万元，5个年营销收入超1000万元、利税超100万元的贸工农龙头企业，组建一个年销售收入超5000万元、利税超500万元的龙头企业集团。争取一批主要农产品获得绿色食品、无公害食品认证和品牌商标注册。

⑤农村非劳动力占农村总劳力比重每年提高1～2个百分点。

⑥农民人均纯收入每年提高5%以上，收入结构进一步改善。

二、主攻方向和重点

(一) 以调整品种结构为重点，巩固基础产业

要加快引进、选育和推广优良品种，形成新品种种育繁推一体化，促进农业品种更新换代，为调整结构发展优质农产品奠定基础。其重点：一是巩固发展合水水稻、油菜制种基地面积2000亩。二是引进小麦、蔬菜优良品种，在3～5年内其品质、单产要有新突破。三是继续推广优质稻米、杂交玉米、双低油菜、脱毒薯等新品种，稳定粮食种植面积50万亩，油料种植面积10万亩，以确保我县的粮食安全。

(二) 以提高质量为重点，壮大支柱产业

1. 建设生态畜牧业县。

要把畜牧业培育成我县农业中的第一大产业，定位为生态畜牧业县，其发展方向是稳定生猪生产，突出发展牛、羊、禽，积极发展优质水产、奶牛和特种养殖，5年内工作重点：一是品种改良。全县建好20个牛冻配点、30个牛鲜配点、50个牛选育点、100个羊鲜配点，对本地肉牛羊进行杂交改良。引进瘦肉型种公猪，大力发展外三元杂交猪。办好莱茵鹅良种场和冷水鱼养殖场。二是建好基地。全县发展14个优质肉牛重点乡镇、100个专业村、1000户示范户、10000户养殖户；发展3个优质肉羊重点乡镇、30个专业村、300户示范户、3000户养殖户；发展8个莱茵鹅养殖重点乡镇。三是种草养畜。至2007年，全县牧草面积达10万亩，其中人工种草5万亩，改良草地5万亩。同时要推广微贮、青贮、氨化技术，使全县秸秆利用率达80%。四是新建5个牲畜交易市场，培植扶持一批畜牧业流通、加工、销售企业和协会。

2. 打造梵净山绿茶品牌

大力发展梵净山绿茶和苦丁茶，在继续提高现有茶叶品质和品牌的基础上，重点发展无公害、绿色精品茶叶，至2007年，实现茶叶产值超1000万元，利税超200万元，其重点：一是充实完善县茶叶生产领导机构，新组建茶科所、茶叶质量监督检测中心和梵净山茶业有限责任公司。二是因地制宜，相对集中，建立无性系繁殖优质茶苗基地2000亩，新增茶园种植面积3万亩，在全县建成60个500亩以上的茶叶专业化村，3个5000亩以上的茶叶生产专业化乡镇。三是走“市场+公司+基地+农户”的茶叶产业化发展之路，全面推行“合同契约制”。四是按照“标准化”生产的要求，从源头抓起，严格各个环节的质量控制，一手抓市场开拓，一手抓产品开发。

3. 夯实优质烤烟基地县

坚定烤烟是我县富民富县的支柱产业的观念不动摇，统一思想，坚定信心，真抓实干，进一步夯实优质烤烟基地县这块牌子，其重点：一是稳步发展烤烟种植面积5万亩左右，且适量地向坝田转移。二是根据“计划”和“市场”，寻求新的合作伙伴，缔结牢固的购销市场。三是下大力推广和普及成熟的、成套的烤烟生产技术，以确保质量，提高单产，增加效益。

(三) 以扩大基地面积为重点，培育优势产业

多年来，我县立足生物资源多样性的县情，初步选准了一些具有一定市场前景和规模的农业产业，并基本形成了一批生产相对集中，很具开发前景的优势产业带，从今年起到2007年，要继续扩大基地规模。

1. 林。主要发展速生丰产杨树林和香椿，其重点：一是巩固发展优质林木繁育基地面积2000亩。二是利用退耕还林政策，扩大杨树栽植面积20万亩，香椿10万亩。

2. 菜。主要扩大反季节蔬菜、山野菜和红薯粉原料基地种植面积，其重点：一是县城所在地和中坝乡以及各乡镇所在地重点发展早熟蔬菜；城郊高山地区重点发展晚熟蔬菜。二是农技部门要重点引进蔬菜新品种、种植新技术，发展特色蔬菜。三是开发和培植薇菜、蕨菜、竹笋、香椿、小葱为重点的山野菜。四是建立在干旱半干旱山区重点发展红薯、马铃薯，为淀粉加工业建好基地。

3. 药。发展以梵净山天麻、黄连为主的中药材种植面积3万亩，其重点：一是以县中西药公司为载体，建好天麻有限繁殖基地良种场，在梵净山周边乡镇大力发展天麻种植，发展一批天麻种植专

业村。二是鼓励和支持中药材种植企业和大户以及各类合作经济组织发展吴萸、玉竹、丹参、山茱萸、龙胆草以及巩固抚育好黄柏、杜仲等中药材基地面积。三是争取获得1～2个地道药材GAP生产基地的认证。

4. 果。水果、干果是农民庭院经济的重要来源，要突出栽管并重的措施，扩大挂果林的有效面积，至2007年达3万亩。其重点：一是由农技部门有计划、有步骤地采取多种培训方式，加强果木的水肥管理、病虫害防治和拉剪枝技术的普及和推广。二是与退耕还林政策配套，并鼓励林果企业采取“以苗放贷，以果还贷”的方式，再规模发展一批水果专业村和水果经济带以及果园。三是争创1～2个比如印江香柚、何家沟糖梨等水果品牌，开拓市场，包装上市，增加效益。

油菜、花生、黄花和小杂粮等也要大力发展，变特色农业优势为特色经济优势。

（四）以农业产业化经营为重点，扶强龙头企业

根据现有农业资源、产业基础和发展前景，2003年至2007年我县农业产业化经营的主攻方向是以大力培育农产品加工龙头企业为突破口，加强市场体系建设，发展农村合作经济组织和中介服务组织，带动基地建设，形成产品销售一条龙，贸工农一体化，加速农产品流通、转化、增值，推进农业工业化进程，实现新的经济增长点。

1. 培育壮大农产品加工业。围绕基础产业、支柱产业、优势产业，培育和兴办农产品加工企业，以市场牵龙头，龙头带基地，基地连农民，形成开发地方资源，振兴印江经济的农产品加工企业群体。其重点：

——畜产品加工。以县屠宰场、木黄肉联厂为依托，再发展一批小型加工企业，逐步组建中型加工龙头企业。以县500吨气调保鲜库为依托，发展冷却肉、低温肉制品、速冻肉制品，提高我县的畜产加工能力和加工水平。

——杨树板材加工。由县林业局规划，并通过招商引资等途径，新建杨树板材加工龙头企业。

——茶叶加工。重点组建梵净山茶业有限责任公司，新建茶叶粗加工厂60个，精加工厂6个以上，逐步形成年规模3000吨以上的梵净山绿茶系列产品加工龙头企业。

——中药材生产加工。依托贵阳益康等药材系列加工龙头企业，新建县中西药业有限责任公司天麻初级品加工企业。

——红薯粉加工。以西苑综合开发有限责任公司红薯粉厂为载体，扩大规模，开发“净水牌”红薯粉系列产品，形成年加工规模1000吨以上的龙头企业。

——山野菜加工。扩大梵净山绿色食品开发有限责任公司规模，重点发展蕨菜、薇菜、香椿等山野菜的保鲜，真空包装等深度加工，同时还要重点发展特色精品蔬菜的保鲜、速冻、脱水、包装，形成年加工规模500吨以上的龙头企业。

——粮油加工。重点是以洋溪精米厂和县油脂化工厂为龙头，发展“梵净山”牌优质米加工。

——饲料加工。新建年加工规模500吨以上的饲料加工企业，综合利用粮油副产品，生产畜、禽、鱼饲料。

2. 大力发展种植业、养殖业企业

围绕产业扩张基地，必须大力发展种植业和养殖业企业，其重点：

——以梵净山林产品开发有限公司、金龙苗圃场、峨岭镇苗圃场、卉丰园林绿化有限公司为主体，在抓好优质林木、果木、花卉繁育的基础上，拉动小果园、小林场的规模发展。

——以县中西药业有限公司、梵净山中药材有限责任公司、金鑫中药材种植有限责任公司为载体，扩大基地规模，为发展梵净山药业打基础。

——以县肉牛育肥场、朗溪莱茵鹅良种场、木黄冷水养殖场为示范，迅速在全县各乡镇发展一批规模养殖场，以促进畜牧业支柱产业的壮大和发展。

3. 积极培育农产品市场体系。有组织有计划地培育和完善一批农副产品专业市场，促进市场的

开发、竞争、有序。重点培育以县城为主的农产品综合市场，以木黄、天堂、沙子坡为重点的畜、禽专业批发市场，建好17个乡镇的农经网站，扩大信息辐射面，提高市场管理水平。

4. 积极加强农村社会化服务组织建设。农村社会化服务组织是最活跃、最有前景的生产要素，它集沟通信息、协调关系、合作开发、科技服务为一体，能够很好地带动农民实现产加销一体化经营。在农产品生产规模较大、专业化生产水平较高，农业产业化生产经营发达的地方，都要在农民自愿的基础上，加强引导，发展专业合作经济组织和中介服务组织，培育和壮大农民经纪人队伍，带动广大农民进入市场，适应市场，把握市场。

三、配套政策和措施

（一）加强领导，落实责任制

1. 充实调整自治县发展农业产业化领导小组。主要负责全县农业结构调整和发展农业产业化经营的规划指导、政策扶持、工作协调和考核奖惩。各乡镇要成立相应的机构，明确专人办公，制定实施方案，建立责任制，确保规划目标和政策措施的落实。

2. 建立县几大班子联系产业、联系龙头企业制度，协调解决产业和龙头发展过程中存在的困难和问题，搞好宏观指导和微观服务。

3. 各行各业，尤其是政府经济主管部门和综合部门，要开拓创新，按照各自的职能，搞好规划，紧密配合，搞好服务，为推进农业产业结构调整，发展产业化经营，作出应有的贡献。

（二）加大财政扶持的力度

4. 县设立发展农业产业化专项基金，年筹集可用资金规模150万元以上。发展农业产业化专项资金由县财政局会同有关部门制定专门管理办法，专款专用，并建立支、管、查相分离的管理机制。

5. 重点扶持产业发展。县财政每年从专项基金中，安排100万元资金，重点扶持畜牧业支柱产业和茶叶支柱产业，资金主要用于从事种植业、养殖业企业或大户发展规模经营以及支持发展专业合作经济组织和中介服务组织。

（三）加大信贷支持力度

6. 农业银行每年都要安排专项贷款计划支持全县的支柱产业和龙头企业。

7. 农村信用社要对种养企业和大户发展规模经营所需贷款给予支持，要简化贷款手续，可以实行和试行农户以有效房产产权证、土地或山林承包权证抵押获得贷款，并积极倡导乡镇干部担保联系农户贷款发展生产。

（四）加大农业项目的招商引资力度

8. 县招商引资局会同经贸局等部门每年要安排重点农业招商项目，有针对性地向外推介，对新办投资规模大、外资比例高、吸纳农村劳动力多的农业外商投资企业，在兑现好《印江土家族苗族自治县招商引资优惠政策》的基础上，在贷款贴息、用地、用水、用电等方面采取更加优惠的特殊政策。

9. 成立整治投资软环境领导小组，设立投诉中心，及时受理和查处企业的各种投诉。

（五）切实抓好配套政策的落实

10. 发展农业产业化经营，涉及税费、用地、用电、用水的征管部门要制定具体的优惠政策和申报兑现办理的程序，经政府审批后，予以公布兑现。

11. 实行奖励政策。每年都要按照定性定量的标准，重奖达标的龙头企业、种养殖经营企业、流通企业、合作经济组织、中介组织和从事产业发展、农业招商引资有功人员以及农村种养业大户、农民经纪人等，对获得“绿色食品”“无公害农产品”认证的，一次性分别奖励2万元、1万元，获得品牌商标注册及条码的，一次性奖励0.5万元，上述奖励资金列入农业产业化发展基金预算。

（六）加强农产品质量体系建设

12. 加快农产品质量标准体系和农产品质量安全监测体系建设。质量技术监督部门和农业、畜牧水产、林业、供销、乡镇企业等部门要大力宣传国际和国家、省、地质量标准，按照安全、优质、环保、高效的要求指导我县大宗农产品、特色农产品的标准化生产。

（七）积极探索农业发展新机制

13. 鼓励龙头企业，大力发展“订单农业”，企业、基地和农户建立长期稳定的合同购销关系，调动农民按合同种养的积极性，使双方在共同努力提高农产品质量，增加科技含量和规模效益的过程中实现共同利益最大化。

14. 鼓励龙头企业与专业农户在“互利互惠，利益共享，风险共担”的基础上，建立“龙头企业＋专业合作组织（经纪人）＋农户”的组织形式，提高农业产业化经营的成效。龙头企业要为农户提供优质良种以及专用化肥、农药等生产原料，并提供技术指导，将农户成为企业的“原料车间”，这样企业既有稳定质量的原料来源，同时农民的利益也得到了保障。

（八）继续加大科教兴农的力度

15. 农技部门要加快新品种、新技术的引进、示范、推广和应用，培植一批高效农业示范园、示范带、示范田，发挥其在农业产业结构调整中的示范性和导向性作用。

16. 涉农部门要有计划地普及农业实用技术的培训，加大“绿色证书”培训力度，提高农民科技文化素质和掌握新技术的能力。

（九）积极鼓励机关干部兴办农业实体

17. 鼓励和倡导机关干部特别是农业科技人员通过技术承包、技术入股、股份合作、独资经营、合资经营、中介服务、综合服务等多种形式直接从事农业结构调整和农业产业化经营。

18. 允许机关干部职工在编人员业余、兼职、离岗从事农业结构调整和农业产业化经营工作。利用业余时间所得的创收全部归个人；经本单位同意实行兼职的，兼职期间创收中70％归个人，30％归所在单位；鼓励干部职工离岗创办农业企业，离岗期间身份和职级不变，基本工资和福利待遇、养老、医疗等各项社会保险视同在职人员办理。

（十）加强农业基础设施和生态建设

19. 加强以水利、坡改梯为重点的农田水利基础设施建设，努力改善农业生产条件。重点抓好小型水利设施产权制度改革，扩大旱地节水灌溉面积，注重水毁河堤的恢复，基本完成病险水库的除险加固任务，改造中低产田土，以确保人均半亩基本良田目标的实现。积极实施退耕还林（草）和天然林保护工程；大力实施沼气工程，改善生态环境，实现农业可持续发展。

20. 继续加快农村交通、通讯、供水、电力、科技等基础设施建设，改善农村生产、生活条件，以夯实农业结构调整，推进发展农业产业化经营的基础。

中共印江土家族苗族自治县委
印江土家族苗族自治县人民政府
关于加快莱茵鹅产业化发展的实施意见

（2004年9月10日）

根据省委、省政府关于建设生态畜牧大省的决定和地委、行署关于实施畜牧业牵动发展战略的要求，结合我县畜牧业生产实际，县委、县政府提出大力发展莱茵鹅产业，推进农业产业结构调整和产业化工宫，加快富民兴县的步伐。根据自治县莱茵鹅产业化发展规划，特提出如下实施意见：

一、指导思想、发展思路和目标

指导思想：按照“三个代表”重要思想的要求，举全县之力，抢抓国家产业政策机遇，充分利用水、草资源丰富等优势，大力发展莱茵鹅产业，推进农业产业结构的调整，加快富民兴县的步伐。

发展思路：制定规划，扶持建设种鹅场，发展养殖示范户，发动千家万户养殖，实行整体推进。按照公司＋基地＋农户的模式进行市场化运作。依靠科技，注重培训，建立科学饲养管理和疫病防治体系，搞好精饲料的配置加工和种草养鹅。加强政府、部门协调服务职能和扶持力度。营造发展环境，搞好招商引资，建立鹅产品加工企业，提高附加值。下大力拓展市场营销渠道，形成规模经济，实现规模效益。

发展目标：2005年底发展种鹅3万只，商品鹅养殖户1000户，种植优质牧草7300亩，出栏商品鹅70万只，实现产值3150万元，利税700万元，建设一个鹅产品加工企业。2006年，发展种鹅3.5万只，发展商品鹅养殖户1500户，出栏商品鹅100万只，种植优质牧草11000亩，实现产值5000万元，利税1000万元。

二、科学规划、合理布局

（一）合理规划，建设种鹅繁育基地。

按照“区域化布局、专业化养殖”的要求，建立适度规模的种鹅场和种鹅户相结合的良种繁育基地。完善、巩固、提高朗溪、木黄、新寨、中坝等5个现有种鹅场的基础上，选择山塘、水库等水源条件好的地方发展适度规模的种鹅户。种鹅户按照分散饲养，集中孵化、育雏，利益共享的原则进行。

（二）有重点地推进商品鹅养殖。

下大力做好宣传发动工作，让政策、技术家喻户晓，深入人心。在全县范围内鼓励积极性高、致富能力强、有一定经济实力和文化知识的农户率先饲养商品鹅，规模以100～500只为宜。在养殖发展过程中，重视环保工作，适度控制印江河上游的饲养规模，保护好印江河上游水源环境。充分利用好其他溪流、水库、山塘的水资源优势发展养殖户。

三、主要措施

（一）统一思想，提高认识，坚定信心。

大力发展莱茵鹅产业，是县委、县政府按照省委、省政府建设生态畜牧业大省的决定，结合印江实际，提出的一项战略性产业，是调整我县农业产业结构、促进农民增收，逐步增加财政收入的一项重要举措，是实践“三个代表”重要思想的具体体现。全县上下要进一步统一思想，提高认识，坚定信心，以实际行动支持和参与莱茵鹅产业化建设，做到真抓实干不争论，大兴鹅业同攻坚。力争通过二至三年的不懈努力，把我县莱茵鹅产业做强做大。

（二）成立专门机构，加强力量，明确责任。

县已成立莱茵鹅产业化发展领导小组及办公室，各乡镇要相应成立莱茵鹅产业化发展领导小组及其办公室，配备专门力量具体抓。县领导小组主要职责是：制定发展方针、政策和思路，抓好宣传发动，听取鹅办工作报告，协调解决鹅业发展中的重大困难和问题，帮助种鹅场配置技术力量，做好检查督促工作。县鹅办主要职责是：执行县领导小组制定的《规划》和《实施意见》；指导并派员帮助种鹅场（户）搞好建设、饲养、防疫、孵化、育雏等技术服务工作；与县扶贫办、畜牧局等部门一道，搞好乡镇畜牧技术人员、种鹅场（户）业主的技术培训工作；规划指导全县种草养鹅；协调种鹅场与养殖户之间的关系，检查督促全县鹅产业发展工作；做好协调服务、宣传动员、招商引资和市场拓展等工作。乡镇领导小组主要职责是：组织实施县《规划》和《实施意见》；制定本地发展规划，做好宣传动员和发展养殖户工作，解决发展中的困难和问题，加强疫病防治工作，积极参与拓展销售市场。乡镇鹅办主要职责是：做好本乡镇养殖户的规划、发动、落实到户工作；协调处理发展过程中出现的困难和问题；指导养殖户选址、鹅舍和育雏室建设、育雏、饲养管理、疫病防治、种草等工作，做到全程跟踪服务；负责饲养户的培训工作；帮助养殖户协调与种鹅场之间的关系和拓展销售市场。

（三）加大培训力度，加强饲养管理和疫病防治。

规模养殖必须做到科学、规范、适用。要在全国范围内聘请既有理论知识，又有实践经验的专家作技术顾问，帮助搞好县。乡畜牧技术人员和养殖户的系统培训，让大家真正掌握选种、繁殖、育雏、疫病防治、饲料配置、饲养管理等方面的技术知识，建立起科学严格的疾病防治体系。规模种鹅场要逐步规范，制定相关制度，实行封闭管理，按要求做好种鹅和鹅苗的防疫工作。县畜牧局要加强对鹅疾病的诊断、治疗和防疫知识的攻坚，并采取积极向上争取资金与地方扶持相结合的方式，逐步建立起鹅疾病化验室，要有计划地购买储备常用疾病防治的有关药品；种鹅场、养殖户要随时监控疫情情况，一旦发现疫情要及时上报，畜牧兽医防治部门必须及时到现场进行诊断、治疗和防制，严防疫情扩散。

（四）加大种草养鹅力度，降低成本，提高效益。

根据鹅属食草水禽的特性，必须做好种草养鹅工作，做到以草为主，精、草料相结合。要按照养100只鹅种植一亩优质牧草（暖季型草以菊苣、墨西哥玉米、牛鞭草为主，寒季型草以一年生黑麦草为主）的要求种足种好。各乡镇在规划养殖户的同时，就要帮助规划确定种草面积，具体指导种草，做到建设与种草同步进行。

（五）加大宣传力度，努力拓展市场。

培育拓展鹅产品营销市场，是关系到鹅产业快速健康发展的关键环节，必须下大力抓紧抓好。一要加大宣传力度。充分利用广播、电视、互联网和有关报刊等宣传媒体，大力宣传印江莱茵鹅的发展状况，让国内外客商和鹅市场随时了解印江鹅业发展动态，进而参与印江鹅产业发展营销工作。二是主动出击。鹅办要主动掌握国内外鹅业发展态势，收集市场营运信息；要组织人员到全国鹅业发展好的地方考察学习，借鉴别人的经验为我所用；要适时参加全国性的农副产品交易会，宣传印江莱茵鹅发展情况，广交朋友，掌握市场信息。三要加强招商引资工作。力争在2005年建设一个鹅产品深加工企业，使之形成龙头企业带动千家万户的格局。四要积极筹建本土化的营运公司。在政府引导下，以种鹅场为核心，成立鹅业营销公司。几个种鹅场业主要主动走向市场，掌握鹅苗及商品鹅产品营销情况，做到自己生产的鹅苗有市场，投放本县农户的商品鹅能够回收。要积极引导种鹅场向股份制方向发堤，待条件成熟时，鼓励种鹅场在平等自愿的基础上采取股份制形式，成立印江梵净山生态鹅业开发有限公司。五要组建印江莱茵鹅养殖协会，为种鹅场及养殖户提供饲养、管理、防疫、销售等方面的信息和咨询服务。通过以上措施，把我县成为全国最大的莱茵鹅种鹅基地和商品鹅养殖基地的牌子打出去，把外界从事深加工、销售的资金、人才、信息引进来，逐步培育起本土化鹅产业发展的饲养、加工、营销队伍，最终形成规模经济，实现规模效应。

四、明确政策，促进发展

发展莱茵鹅产业是一项新的事业，涉及面宽，难度大，时间跨度较长，各级各部门要统一思想，加大扶持力度，做到动真格，动感情。县扶贫办要用财政扶贫资金，采取无息借款、有偿使用、限期归还的方式，解决农户购鹅苗缺资金的困难；协助鹅办做好对饲养户的培训工作，解决好培训经费。县财政等有关部门要积极扶持五个种鹅场的建设和养殖户的发展，对种鹅场建设固定资产投资按1：1扶持政策不变；同时今明两年各拿出50万元资金，其中25万元用于养殖户小额贷款50%的贴息，25万元作为防疫专项资金。农行、信用联社要利用小额信贷和支农资金扶持商品鹅养殖的发展，对符合贷款条件的，根据养殖规模，每户贷款4000至6000元，作为鹅舍建设及饲料周转资金。畜牧部门要建立疫病防治体系，搞好防疫药品的储备，无偿提供草种，每种一亩优质牧草提供复合肥1包。国土资源部门对种鹅场及养鹅户修建鹅舍等用地，要依法主动搞好服务，提高办事效率，减免有关费用。林业部门对修建鹅舍所需木材，经核查属实，要依法优先审批。工商、税务部门要大力协助种鹅场和大型商品鹅养殖业主申办公司的注册登记，并按有关规定减免农户销售商品鹅的有关费用，积极鼓励外地客商来我县设立鹅产品经营机构，在办证、收费、税收等方面给予优惠。计划、农办、农业、经贸、畜牧、水利、科技、乡企、环保等部门要积极向上争取项目，加大对莱茵鹅产业化建设的投入。组织、人事部门要制定相关政策鼓励国家干部留职留薪兴办莱茵鹅养殖场和加工企业。政法部门要切实为鹅业发展做好保驾护航工作。

五、明确相关职责，规范相关办事程序

（一）种鹅场与县鹅办的职责关系。种鹅场是自主经营、独立核算、自负盈亏的经济实体，对本实体的盈亏风险负责。要接受县鹅办对政府投资部分资产的监督与管理，接受鹅办对鹅苗价格与出售、商品鹅销售、饲养管理、疫病防治等方面的指导与服务。

（二）鹅办、技术员与种鹅场之间的关系。根据种鹅场普遍缺乏饲养管理、疫病防治等方面技术人员的状况，县鹅办分别派遣技术人员帮助种鹅场（户）工作，县鹅办是被派遣人员的主管部门，负责他们的工资、职称评定、年度考核、组织人事管理和评先选优等工作。对派遣技术员的管理；工资浮动20%，年终视其种鹅场提供的工作业绩考核情况补给或扣除，成绩突出的优先考虑年度评优、职称评聘。被派遣技术人员要接受种鹅场的工作安排，全力帮助种鹅场抓好覆盖农户的跟踪服务，协助种鹅场做好技改、饲养、防疫、孵化、育雏等技术指导。种鹅场必须合理利用技术人才资源，合理安排工作，客观公正评估技术效益；并视技术员的工作业绩，核定和发给奖金和福利。

（三）鹅办、种鹅场与养殖户之间的职责关系。县鹅办派员帮助种鹅场（户）搞好覆盖农户的跟踪服务工作；种鹅场（户）负责按县核定的统一价格向农户提供健康、合格的种鹅和商品鹅苗，负责本场（户）投放鹅苗的疫病防制、科学饲养等跟踪服务，并回收所投放农户的商品鹅；养殖户负责按种鹅场（户）技术员的要求饲养好商品鹅，并承担相应的疫情、市场价格风险。

（四）以苗放贷工作程序。本着就近供苗原则，各种鹅场原则按照县鹅办划定的供苗范围进行（如鹅苗供应出现余缺，由县鹅办统一调节）。各乡镇鹅办视养殖户建设情况，随时向种鹅场提出供苗申请，种鹅场及时派人亲临现场核查建设情况及供苗规模。待乡镇鹅办、种鹅场取得一致意见后，由饲养户向乡镇扶贫站提出借款申请（注明供苗数量），由乡镇鹅办牵头协调扶贫站和种鹅场在借款申请上签字后，送县扶贫办和鹅办审核，取得一致意见后，由县鹅办开出鹅苗发放单。种鹅场凭县鹅办开出的鹅苗发放单，将育雏5天以上并经预防合格的健康鹅苗直接送到农户手中，农户在发放单上签上实收数、姓名和收苗时间。种鹅场将鹅苗交到农户手中的同时，立即与农户签订商品鹅回收合同，并明确回收日期，价格按收鹅期市场综合价的9.5折计价。同时，种鹅场还要与农户签定饲养管理、疫病防治的合作协议，种鹅场按协议要求及时向养殖户提供饲养管理、疫病防治等有关服务。乡扶贫工作站待饲养户收到鹅苗后，及时与养鹅户签订借款合同，按每只鹅苗9.4元（其中0.4元为运费）计算，借款期限两年，按饲养户每年饲养三批鹅计算，从第三批开始还款，每批按借款的25%偿还。

六、加强领导，严格奖惩，形成合力

大力发展莱茵鹅产业，是县委、县政府根据国家产业政策、结合县情提出的一项发展举措，各级各部门必须统一思想，提高认识，以“攻坚”的姿态，一以贯之地抓紧、抓好、抓落实。一要加强领导。党、政主要领导要亲自挂帅，纳入工作的重要议事日程，明确一名副职具体抓；要选择责任心强，有开拓进取精神，懂业务的同志充实工作班子。二要明确责任。要实行县级领导包乡镇、乡镇领导包村、村干部包户的责任制，做到一级抓一级，一直抓到户。三要建立、完善激励约束机制。要把工作任务进行量化，纳入全县年度目标考核内容。县委、县政府每年召开一次总结表彰大会，对完成任务好、贡献较大的领导、干部、技术人员、养殖加工和营销人员给予精神和物质奖励，对完成任务差的乡镇要通报批评，对个别拖延、推逶，甚至设置障碍、顶着不办的单位和个人，要追究主要负责人和当事人的责任。要通过加强领导、明确责任、严格奖惩等措施，使全县上下形成合力，推动我县莱茵鹅产业的发展、壮大和提高，为我县经济社会发展做出贡献。

中共印江土家族苗族自治县委
印江土家族苗族自治县人民政府
二〇〇四年九月十日

中共印江土家族苗族自治县委
印江土家族苗族自治县人民政府
关于发展印江自治县东北部工业经济带的意见

（2005 年 1 月 4 日）

我县工业基础薄弱，总量较小，发展滞后，严重影响县域经济可持续发展。为此，县委、县政府立足东北部木黄、新业、天堂、刀坝、沙子坡五个乡镇的资源、区位等优势和全县工业发展现状，提出发展东北部工业经济带的战略举措，作为“十一五”期间工业发展的重点，为全县工业打造发展平台，推动全县经济跨越式发展。

一、发展东北部工业经济带的重要意义

工业是国民经济和社会发展的支柱，是连接第一产业和第三产业的纽带。工业化是经济和社会现代化的前提条件和重要标志，也是城镇化建设的基础。没有工业的支撑，第一产业增长乏力，第三产业发展不足，国民经济就不可能有真正意义上的发展。2003 年的一、二、三产业比例为66.3∶15.4∶18.3，工业所占比亶太小，工业对 GDP 增长的拉动仅为 0.8 个百分点，占 GDP 增量的8.1%；工业税收对财政增长贡献率仅为 1.1 个百分点，占财政收入增量的 8.3%。工业短腿严重制约了全县国民经济的发展。因此，大力发展工业经济是我县当前乃至今后相当长时期内加快发展的迫切需要，是全县经济工作的重中之重，发展东北部工业经济带是促进全县工业快速崛起的载体，对推动县域经济大发展具有重要深远的意义。

二、发展东北部工业经济带的有利因素

近几年来，随着我县基础设施的不断完善，产业结构调整的不断深入，招商引资取得了一定成效，发展东北部工业经济带的时机、条件基本成熟，主要体现在以下几个方面：

1. 具备了良好的政策空间。党的十六大明确提出在新世纪头二十年经济建设的主要任务之一是基本实现工业化，而国家西部开发政策的进一步实施和东部沿海地区产业的转移，以及地委、行署提出了兴工富区战略，把发展工业作为区域经济发展和促进产业结构调整的根本途径，为我县工业发展创造了良好的政策背景。

2. 基础设施显著改善，资源相对富集。交通方面，印秀、印沿、印松三条油路改造已竣工，过境重庆秀山、松桃孟溪的渝怀铁路即将建成，东北部五个乡镇公路网络架构基本形成。电力方面：带内电力总装机容量5585千瓦，占全县总装机容量的80%；电网结构得到改善，拥有35千伏电力线路5条，10千伏电力线13条；35千伏变电站2座。资源方面：金县煤、锰、电石灰岩、铁、黄金、大理石、硅等矿产基本集中在经济带内的五个乡镇；水能资源理论蕴藏量7.34万千瓦，占全县的72.5%；可开发5.02万千瓦，占全县的85.4%。有富余的劳动力资源，能为劳动密集产业提供人力资源保障，而且5个乡镇的人民群众都有迫切的脱贫致富的愿望。

3. 区位优势较为显著，具备一定工业基础。工业经济带与毗邻的秀山、松桃、沿河等地区的经济社会互补性强，合作空间大；毗邻地区工业的快速发展，将会有大量的物流，资金流、技术流辐射到带内，将有力地拉动带内工业的发展。全县规模以上工业总产值的1/3是由带内工业企业提供，而且经济带已有10家招商引资企业落户，这为关联产业的发展提供了基础条件。

三、发展东北部工业经济带的总体思路

（一）指导思想。

按照“三个有利于”标准，围绕全县“十一五”工业规划，以“兴工富县”为目的，资源为依托，招商引资为基本手段，矿产品采掘加工业和建材加工业为突破口，改善公共服务和引进企业为重点，促进全县工业经济跨越式发展。

（二）总体目标。

1. 经济增长目标：到2007年，全县工业总产值实现5亿元，经济带内工业总产值实现3亿元，财政税收实现1200万元。到2010年，全县工业总产值实现10亿元以上，工业增加值实现3.6亿元以上，财政税收实现4000万元以上；经济带内工业总产值力争实现7亿元，工业增加值实现2.5亿元，财政税收实现2800万元。

2. 经济贡献目标：到2010年，全县工业对经济增长的拉动提高到6个百分点，占GDP增量的49.4%；产业结构调整为40∶38∶22，解决就业3.5万人。

（三）规划布局。

东北部工业经济带东邻松桃县，北接沿河、重庆秀山，辖三镇二乡，包括木黄镇、天堂镇、沙子坡镇、新业乡、刀坝乡和毗邻乡镇的部分地区。根据资源、区位条件、环境容量、产业重点，依托印松、印秀、印沿三大主干道进行规划布局。

在木黄和新业及毗邻乡镇主要发展锰、硅、黄金等矿产品采掘业、畜禽产品加工业和建材业。

在天堂和刀坝及毗邻乡镇主要发展矿产品采掘加工业和电解锰、硅锰合金加工业。

在沙子坡镇和刀坝西北部重点发展煤、硫铁矿、铁矿等采掘加工业和能源工业。

（四）主要产业。

1. 建材业：利用地质储量1000万吨以上的电石灰岩资源兴建年产量30万吨以上高标号水泥生产企业。利用新业、木黄花岗岩、大理石资源，引进2～3户石材加工企业。

2. 矿产品采掘加工业：规范开采带内锰、硅资源。引进2～3户电解锰或硅锰合金生产企业，实现带内规模工业产值在短期内迅速上台阶。利用新工艺、新技术，规范开采金矿、铁矿、硫铁矿。

3. 能源工业：加强现有煤矿的技术改造，提高生产能力。通过技改后，使青坨煤矿年产量达10万吨，池坝煤矿年产量达3万吨，枇杷湾煤矿年产量达6万吨以上，玉岩煤矿年产量达6万吨以上。建成8万吨刀坝机焦厂。同时利用带内和沿河的煤炭资源，引进1～2户煤炭深加工企。多渠道融资开发芙蓉坝、偏岩、甘田嘴电站及栗子园一级、二级电站，改扩建哈当溪电站，力争在2010年东北部工业带装机容量达 20000 千瓦，年均发电量 8000 万千瓦时。

4. 畜禽产品加工业：主要发展莱茵鹅、牛、羊系列产品加工业，努力把该产业做深做强。

四、发展东北部工业经济带的主要措施

（一）合理规划，整合资源，注重效益，规范运作。

工业带的发展工作依据“十一五”工业总体规划，着眼于全县工业发展现状、“兴工富县”目标和经济社会长远发展需要，加快要素集聚和资源整合，注重产业经济效益与环境保护，编制高规格的经济带产业发展规划。此外还必须编制好工业经济带土地（林地）、矿产开发、道路交通、电力、水利、环保等各类专项规划。加强各类规划的衔接和配套，并严格按照规划规范运作。

（二）改善环境，大力招商引资。

一是改善公共服务，营造良好政策环境。对工业经济带内工业用地（包括林地）、矿产勘探开采、环保等事项，采取“一事一议”的方法，以积极的政策扶持引进企业进入工业经济带；引导和鼓励金融机构积极为带内企业提供信贷支持；组建县投资信用担保有限公司，为产业聚集度高、关联度强的企业提供信贷担保；对农产品加工业采取“先征后奖”的办法重点扶持。

二是着力改善基础设施条件。加大带内电网配套设施的改造力度；力争在 2007 年前建成印江—天堂—木黄 110 千伏输电线工程，建成 110 千伏变电站；并把坨寨→沙子坡→印江→天堂→甘金桥→胡家坝→沙子坡联成环形通电网络，保证带内工业用电的可靠性。多方筹资改造、完善带内印江—川硐坪、印江—秀山、板溪—沿河、沙子坡—池坝—天堂—阳坝—新业、木黄—天庆寺、刀坝—玉岩—白金岩—十字—红木、杉树—何家—黄土等公路，构建四通八达的交通网络。

三是内外并举，创新招商引资方式。树立政府招商与企业自主招商并重，资金与技术等要素引进并重的意识。拓宽引资渠道，开展网络招商、中介招商、重点招商和产业招商，切实把“一站式”服务方式落到实处，使招商引资成为推动带内工业经济发展的基本手段。

（三）集中力量，突出重点，着力培育“龙头企业”。

把带内的畜禽产品加工业和建材加工业作为龙头产业来扶持发展。一是为企业多渠道融资，完成资本原始积累。将向上争取到的扶贫资金、农业开发资金、技改资金、工业发展基金等项目资金，以股份的形式集中使用在龙头企业上，发挥资金的规模效应。二是在以市场引导为主的前提下，积极为企业培育原料基地，保证企业有充足的原料供给。三是提高企业技术层次。加强与高校、科研所进行科技联姻，大力引进高新技术成果，提高产品科技含量，不断开发适应市场要求和高附加值的产品。四是提高企业运作水平，增强其市场竞争力。更新企业市场营销手段，树立品牌意识，充分利用国内、国际市场，鼓励企业走出国门，出口创汇。

（四）创新机制，建立人才支撑体系。

一是完善决策机构，聘请知名经济学者和专家，建立工业经济发展决策咨询机构。二是建立应届高校毕业生和企业自主选择的交流平台，使工业经济方面的专业人才进入工业企业。三是鼓励干部职工参与兴办企业。鼓励技术入股和技术要素、资源要素参与分配。四是加大对人才培养的投入，建立人才培训网络，加强企业经营管理者和专业人才队伍建设。

（五）建立工作机构，加大工作力度。

县委、县政府成立发展东北部工业经济带领导小组。县政府县长任组长，县人大、县政府、县政协分管和联系领导任副组长，相关职能部门和五个乡镇的主要负责人为成员。领导小组下设办公室在县经贸局，办公室负责及时研究和协调发展过程中的重大问题；建立县领导和部门联系工业经济带内重点企业、重点项目制度；树立服从、服务于工业经济带发展大局的意识，简化审批环节，提高办事效率，及时主动为企业排忧解难。

（六）加大扶持，强化引导。

强化政府引导，制定和完善促进工业经济带发展的各种配套措施，建立工业发展基金，采取财政贴息补助的方式扶持企业，重点向工业经济带内龙头企业倾斜。加强与金融部门的协调，，扩大信贷支持。制定出台企业法人民间资金投资创业的相关优惠政策，调动各类资本投资工业的积极性。

（七）落实责任，严格奖惩。

坚持“三到位”制度，即责任到位、考核到位、奖励到位，分解落实责任，强化考核奖励。实行“三挂钩”，即与年终目标管理考核挂钩、与乡镇部门经济利益挂钩、与干部的提拔任用挂钩。建立积极财政激励机制和招商引资激励机制，突出对工业财税完成情况和引进大项目、高新技术项目及实际利用外资的考核奖励。

中共印江土家族苗族自治县委
印江土家族苗族自治县人民政府
关于杉树乡“县为单位、整合资金、整村推进、连片开发”试点工作的实施意见

（2007年10月25日）

为切实做好我县杉树乡“县为单位、整合资金、整村推进、连片开发”试点茶，积极探索新阶段扶贫开发工作机制，整合扶贫资源，提高扶贫开发成效，全面推进我县扶贫开发历史进程，结合我县实际，特制定如下实施意见。

一、指导思想和基本原则

指导思想：以邓小平理论和“三个代表”重要思想为指导，认真贯彻落实科学发展观和党在农村的各项方针政策。坚持开发式扶贫，以稳定增加农民收入为主要目标，以产业化扶贫为主要手段，整合资金，集中投入，统一规划，连片开发。按照现代农业发展要求，大力打造优势产业，培育特色产业，实现规模化生产，产业化经营。依靠科技进步，提高农民素质，推动农业发展，提高产出效益。改革创新投入机制，实现可持续发展，为建设生态文明的社会主义新农村奠定基础。创新扶贫工作机制，为提高扶贫开发工作成效积累经验和提供依据。

基本原则：

（一）坚持项目覆盖大多数贫困户的原则。贫困群众始终是扶贫开发的主体，试点项目建设一定要让各类项目最大限度地覆盖贫困户，真正让贫困户得到实惠，脱贫致富。

（二）坚持产业带动的原则。试点项目建设要突出抓好优势产业和特色产业，发挥规模效益。扶持和鼓励“致富能人”牵头领办各类经济实体、专业协会和合作经济组织，吸收贫困农户自愿参加，为产业化发展服务。

（三）坚持可持续发展的原则。在抓好经济发展项目的同时，坚持统筹兼顾，把社会效益、经济效益、生态效益结合起来，努力改善项目村的基础条件、经济结构和生态状况。

（四）坚持整合资金，集中投入，统一规划，连片开发的原则。充分整合各部门的资金，把试点区的扶贫开发工作安排在前、落实在前，集中财力、人力、物力投入到试点区项目中，同时积极向上争取资金，切实履行好帮扶责任。

（五）坚持变“输血”为“造血”的原则。把贫困群众的自力更生和国家扶持有机地结合起来，通过试点带动。提高试点区农民的积极性，变“要我干”为“我要干”，不断增强试点区农民自我积累、自我发展的能力。

二、工作目标和工作重点

（一）工作目标。通过实施试点项目，基本解决试点区贫困人口温饱问题，使试点区基础设施得到明显改善，实现农民持续稳定增收，并初步形成长短结合、可持续发展的主导产业，促进试点区经济社会全面发展，生产生活条件全面改善，贫困落后面貌较大改观，逐步实现社会主义新农村的建设目标。

（二）工作重点。

1. 人民生活水平方面。实现粮食自给和解决绝大多数贫困人口温饱问题。到2009年年末，农民人均纯收入达到2026元，比2006年增加28%，农民人均占有粮350千克以上，比2006年增加20%，贫困发生率从2006年的20%下降到3%以内，低收入人口稳定解决温饱。

2. 产业化发展方面。在试点区初步建立起以茶叶、生猪、莱茵鹅为主的农业产业化发展模式。试点区新增茶叶面积6000亩，使茶园面积从目前的1485亩增加到7485亩，使10个宜茶村人均茶园面积从目前的0.11亩增加到0.5亩以上，新增二元母猪2000头，使二元母猪从目前的150头增加到2150头，瘦肉型三元猪的生产能力从目前的2400头增加到34400头，人均生猪出栏从目前的0.19头增加到2头以上。新增莱茵鹅养殖9万只，从目前的1.4万只增加到10万只，人均莱茵鹅出栏从目前的3.4只增加到24只。在6个村发展优质经果林2000亩。围绕茶产业、经果林、生态畜牧业等产业化发展，抓好农村经济合作组织的组建工作。在试点区14个村中培训农民1.26万人次，使试点区内劳动力熟练掌握1～2项种养业适用技术。

3. 基础设施方面。实现村村通公路，主要村寨人行便道硬化，茶山公路路面硬化工程。在项目区实施10条通村公路建设，其中2008年完成主体建设，2009年完成铺油任务。对11个村主要村寨人行便道进行硬化。采取集中式供水方法，解决10个村10549人的饮水安全，规划建设调节池31座，1610立方米，铺设输水管道91.87公里。在10个村建设小水池467口，总容积46700立方米，增加灌溉面积300亩。在2个村建设水库渠系改建工程，新建排灌沟渠10.3公里及配套设施建设，增加灌溉面积600亩。在14个村建设10立方米的沼气池540口，逐步形成“猪沼茶、猪沼果、猪沼粮、猪沼菜”循环经济发展模式。

4. 社会事业方面。对试点区14所学校教学设施进行改造和完善，使各所中小学的教室、教师办公室、学生宿舍、食堂、运动场等设施基本达到教学条件的要求，为提高试点区教学质量奠定基础。通过试点工作，基本扫除青壮年文盲，试点区农村儿童入学率达到99%以上。在试点区7个村建设计生卫生室，其中甲级卫生室6个，一般卫生室一个，逐步提高试点区人民群众的健康水平，有效遏止因病致贫和因病返贫的状况。在11个村实施广播电视村村通工程，使电视覆盖率达到80%以上，新建杉树乡文化站，新建4个“农家书屋”，有效满足试点区人民群众的文化需求。

三、工作措施

（一）加强领导，建立工作机构，确保试点工作顺利完成。为加强对试点工作的领导，成立以县人民政府县长为组长，县委副书记、县人大副主任、县政府分管副县长、县政协副主席为副组长的领导小组，县委办、县政府办、县扶贫办、县财政局、县发改局、县农办、县交通局、县水利局、县农业局、县畜牧局、县林业局、县教育局、县科技局、县文广局、县卫生局、县信用联社等部门为成员单位。领导小组负责试点建设的领导、组织、协调、规划及方案的审定、检查验收等工作。为确保各项工作的顺利开展，组建13个工作组，深入各村开展工作。杉树乡也要相应成立工作机构，把试点工作作为整个乡的中心工作，党政一把手亲自抓，负总责，建立和落实目标责任制，做到任务到人，责任到人，确保试点工作顺利实施。

（二）建立责任制，确保试点工作所需资金的整合。各级各部门要根据试点规划方案，落实责任，认真组织落实好整合的项目资金，按照“渠道不乱，用途不变，统筹安排，各负其责，各记其功”的原则，密切协作，形成合力，集中投入，提高扶贫效果，努力完成试点工作。杉树乡作为实施试点工作的责任主体，主要领导必须亲自抓、直接抓，要广泛宣传动员群众积极行动起来，主动投身到试点项目实施中，在试点区形成扶贫攻坚的浩大声势，大打一场扶贫攻坚战；县扶贫办要编制好试点工作的各类规划，并抓好农业适用技术的培训工作；县财政局、发改局、农办要积极争取有关支农资金，将试点工作纳入项目建设；县交通局要抓好试点区村组道路规划和建设任务；县水利局要抓好试点区农村饮水安全建设，确保基本解决饮水难问题；县农业局要抓好试点区粮食增产工程和茶叶、经果林等产业发展的规划及技术指导，同时做好能源建设工作；县畜牧局要抓好试点区生态畜牧养殖小区的规划建设工作；县教育局要抓好试点区的村级学校危房改造和贫困生救助工作，确保适龄儿童就学率；县卫生局要抓好村卫生室建设、村级医务人员培训和新型农村合作医疗等工作，解决农民就医难、就医贵的问题；县文广局要采取优惠措施，解决试点区通广播、电视的问题；县科技部门要进一步加大科技扶贫力度，促进先进适用技术进村入户；县供销社要做好试点区专业合作社的建设工作，并做好“万村千乡市场建设工程”。

（三）建立检查监督机制。由县委政府督查室、县财政局、县监察局、县审计局组成检查监督组，定期对部门项目资金的安排落实情况、试点工作的进展情况、资金的使用管理情况等进行检查监督，对不按要求整合和违规使用资金等情况及时通报，并限期整改。

（四）建立社会化服务及技术保障体系。一是在试点区分别建立茶叶、经果林、生猪、莱茵鹅专业合作社，把小规模的分户经营与市场化、产业化，专业化运作结合起来，提高市场竞争力和抗御风险能力。二是积极引进龙头企业和营销组织，带动产业的发展。三是逐步建立各类专业市场，理顺产业发展需要的物资供应、技术配套、产品销售渠道，建立起良好的产业发展外部环境。县要成立试点区农业产业发展技术服务组，从相关部门抽调技术人员驻村进行专业指导，提供技术服务。

中共印江土家族苗族自治县委
印江土家族苗族自治县人民政府
关于加快新型工业化建设进程的实施意见

（2008年2月27日）

为加快推进全县新型工业化建设进程，优化工业产业结构，壮大工业经济总量，促进县域经济又好又快发展，现就2008年全县工业经济发展提出如下实施意见。

一、总体思路

坚持以科学发展观为指导，深入实施“兴工富县”战略，以壮大工业经济总量和优化产业结构为目的，以项目和园区为载体，以招商引资为主要手段，不断优化工业发展环境，突出抓好重点工业项目建设，着力提高产业市场竞争力，建设资源节约型、环境友好型工业发展格局，努力提高全县工业经济规模、运行质量和效益。

二、目标任务

将年产120万吨新型干法水泥生产线和年加工100万只“雪舫蒋”金华火腿项目建设作为全县工业发展的“一号工程”来抓，确保年底建成投产。完善“东北部工业园”、“峨岭工业园”配套基础设施建设，引导重化工企业和鹅产业、牛肉干、山野菜等农副加工企业向园区集聚。加大恒丰锰业有限公司生产线技术改造力度，确保电解金属锰技术改造项目在7月底建成投产，实现新增工业产值5000万元，税收200万元以上。以工业招商为平台，确保投资18000万元以上的多（单）晶硅项目落户，引进旅游工艺品开发、中药材开发等项目。寻求与浙江义乌小商品生产厂商技术合作，创建打火机、香包、小电子等专业化小商品生产加工基地。做好淘汰关闭县水泥厂机立窑落后生产线工作，推动金县工业企业节能减排。

2008年，全县工业总产值、工业增加值同比增长40%以上，全县工业总产值实现65000万元，其中规模工业总产值实现39000万元，规模工业增加值实现11000万元以上，实现规模工业税收1200万元以上。单位GDP能耗同比下降5.58%，万元工业增加值能耗同比下降6%。

三、主要措施

（一）加强组织领导。

调整充实县工业经济领导小组，加大政府引导和扶持力度，定期召开调度会议，分析、通报工业经济运行动态、质量，研究推进新型工业化的重大问题，建立指导、协调、服务体系。工业经济领导小组办公室要加强对工业经济运行的调度、市场分析与预测，加强对产业政策、市场走向、价格等信息的收集整理与反馈。

（二）进一步优化工业发展环境。

1. 开展“工业增效年”活动，加强和改善经济运行调控，提高工业企业运行质量。进一步提高服务效率，加强工业企业经济运行监测分析，加强对重点行业、重点企业、重点产品生产经营情况的跟踪监测，加强对煤、电、运等生产要素的协调，确保工业用水、用电、用煤需求。

2. 加快基础设施建设。完善峨岭工业园区水、电、路等基础设施。加快县内病险水库加固防渗改造，解决工程性缺水问题。完成天堂110千伏变电站工程，启动木黄220千伏变电站和县城110千伏变电站增容项目。加大水能资源开发利用，形成布局合理的供电网架结构，缓解工业用电矛盾。努力争取全县“一横一纵一环四连线”路网结构提级改造。

3. 加大对企业土地、金融等政策扶持力度。进一步落实铜仁地区招商引资及土地利用的优惠政策，保障工业发展用地需求。鼓励企业利用荒山、荒地进行工业建设、资源再利用综合开发。

4. 加快社会化服务体系建设。构建“政府引导、市场主导、企业主体、行会搭桥、中介服务”的工业行业协会服务体系。完善协会组织结构，发挥行业协会在规划布局、行业自律、协调沟通、行业服务等方面的作用。

（三）进一步加大工业招商引资力度。

1. 建立健全工业招商引资机制。建立工业项目招商引资联席会议制度，分解落实领导联系项目制度、目标责任制度，增强后续服务能力，提高项目履约率、成功率。完善招商引资激励机制，严格按工业招商引资备案制度兑现奖励。县委政府督查室定期督查通报部门工作任务落实情况，坚决杜绝部门推诿责任、延误项目建设，造成项目外流等现象。

2. 拓展招商思路，创新招商理念。一是以4月份“工业招商引资月”活动为契机，开展打火机、小电子、香包等小商品生产项目专题招商活动，创建小商品生产加工基地；二是发挥商会群体优势，扩大商会合作，建立长期友好合作关系，开展多方位、多领域合作，积极打造商会招商引资平台；三是围绕能源工业、农业产业化、矿产冶炼、中药材深加工，完善工业招商项目库，建立健全投资促进体系，吸引省内外知名企业落户工业园区。

3. 加快重点产业招商。把矾、镁、硅等产业开发作为招商重点，大力开发、包装和推介民族民间民俗文化，引进儿童玩具类项目。继续做好巨创装饰材料厂、黔之牛食品有限公司扩建项目后续招商，力争2万吨电解金属锰项目开工建设，引进1户投资18000万元以上的项目。

（四）加快工业门类布局，做大做强特色产业。

1. 着力提高工业经济在全县经济中的比重，扩大工业总量。依托“东北部工业园区”“峨岭工业园区”，优先发展旅游工艺品开发、生畜加工、茶叶、林木开发加工业，引导发展新型装饰材料、墙改材料等循环型产业。改造提升建材、矿产化工、冶炼等产业，继续做大做强重化工、能源工业，延长产业链。

2. 加快发展特色产业。统筹发展白酒酿造业，扶持壮大以红色木黄窖酒为代表的白酒企业。结合梵净山旅游开发，积极培育以紫袍玉、土家印染、土苗服饰、红雨伞、线耳草鞋为代表的旅游商品加工企业和微晶石装饰材料、茶叶、山野菜、牛肉干系列产品等特色产业。

3. 坚持抓大与扶小结合，采取“捆绑联合”发展方式，组建和培育具有行业带动效应和产业集聚能力的建材、农副产品、林木开发、林产化工、食品加工企业，形成分工协作、专业互补的关联产业群体。

（五）加强工业节能降耗，构建工业和谐发展格局。贯彻落实《省人民政府关于进一步做好2008年节能工作的意见》，建立健全节能工作机构和协调机制。加强对重点区域和企业的环境治理，严格执行环保“三同时”制度，全面推进清洁生产。按照等量淘汰原则，加快关闭县水泥厂机立窑水泥生产线。

（六）实施中小企业成长工程，发展非公有制经济。

1. 落实“非禁即入”政策，完善中小企业及非公有制经济发展保护条例。实施中小企业成长工程，引导和培育一批有特色的“专、精、特、新”中小企业及非公有制经济做优、做强。鼓励和引导中小企业进入公用事业、社会事业和金融服务业等，激活民间资本投入工业领域。

2. 强化服务，完善中小企业社会化服务体系。整合社会服务资源，加快建立区域性综合服务机构，大力发展各种社会中介组织和专业服务组织，打造中小企业创业服务基地，引导产业集群发展，培育新的经济增长点。

（七）加大资金扶持力度，助推企业做活做大。

2008年，县财政安排工业发展资金240万元，列入县工业经济领导小组办公室专户预算，用于对“有效益、有前景、有特色”的企业进行贷款贴息、技术改造扶持和工业园区基础设施建设以及项目落户乡镇和重点项目工作经费。同时，盘活闲置国有资产，建立政府、国有投资公司、金融机构、企业联动机制。

（八）优惠政策和奖励措施。

1. 凡部门、乡镇或个人引进的工业项目，如期建成投产，产值达到1000万元以上（含1000万元）、税收40万元的，一次性奖励单位或个人2万元，在此基础上产值每增加1000万元、税收40万元的再奖励1万元，并依次递增奖励；对引进农产品加工项目，凡投产后年产值1000万元以上（含1000万元）、税收20万元的，一次性奖励单位或个人2万元，在此基础上产值每增加1000万元、税收20万元再奖励1万元，并依次递增奖励。

2. 制定出台工业奖励办法，由县工业经济领导小组评选推荐，对工业发展做出突出贡献的单位进行奖励。

（九）强化工业人才培养，打造人才支撑平台。

1. 在9月份选派一批干部和企业管理者到四川大学，系统学习工业经济管理知识，提高驾驭工业经济运行能力。

2. 引导企业强化自主培训功能，加快对管理人才、技术人才的培养，建设高素质的员工队伍。鼓励企业与省内外高等院校联合开展“产、学、研”活动，建立培训基地。

3. 积极组织工业企业参加国家银河培训工程、省星光培训工程及县内工业经济专题培训，多形式提高企业综合管理水平。

专　记

一、　中国书法之乡

（一）历史文化底蕴

印江，古称邛江，早在殷商时期就有先民在这块土地上生息繁衍，春秋战国时期，县境属楚，为黔中地。秦统一中国后，隶属黔中郡。汉高祖五年（前 202）改隋代，境内大部属庸州务川县。唐武德三年（620）在境内建思王县。唐开元四年（716）建“思邛县”隶思州。从书法源流及发展上看，印江有着特别的客观优势。汉代，夜郎古国自恃强大，兴兵问鼎。在争霸战中，夜郎王的儿子夜郎兴不幸受伤，被印江土家人所救。夜郎兴康复后，即写了“天高地厚，德范恩深”八个字感谢。从此，印江土家族苗族便接纳了这一新的文化样式，在堂屋香龛上写“天地君亲师位”。教育子女除攻习诗文外，还练习书法艺术，应酬乡党。作为书写工具的毛笔与纸张，印江得天独厚。明洪武年间（1368—1398），坪兴寨黄氏生产毛笔，为印江书法艺术的发展提供书法工具。在中原文化的渗透、影响下，书法文化在梵净山这块古老而神奇的土地上开始传播。明朝的“调北征南”军事行动和“改土归流”政治措施，大批移民迁徙邛江河畔，带来了蔡伦古法造纸术，从此，印江有了自己制造的纸张。明永乐年间（1403—1424），周冕（明宣德壬子年举人），他除经史诗文著名外，尤擅书法，1432年在贵州与云南第一次联科取士中，以第三名高中贵州历史上第一个举人，官任湖北黄州府教授，晚年，致力于家乡教育，引领了印江文化史和书法的发展。随后涌现著名书法家、都察院左佥都御史肖重望，河南道监察御史田景新等。肖重望享誉最高，他与敖中庆、田秋、李同野被誉为明代印江四大书法家，明万历帝为此还题“京都四杰”匾。

据史料记载，自周冕中举后，在明代不足二百年间，印江考中进士六人，中举达四十多人，在文化发达的中原地区不算什么，而对于地处僻远、开发较迟的少数民族县来说，实在令人称奇。清代，印江书法空前繁荣，读书人普遍以当地的紫袍玉带石制砚磨墨写字。浓厚的习书氛围，高雅的书法艺术，独特的文化韵味，使印江书法艺术从此进入繁荣阶段。清同治元年（1882），印江举子周汝为、苏必昌双双夺得贵州文、武考试第一名，名震黔中。至此，印江已有进士 20 人，举人近 100 人，贡生、监生、生员则不下 1000 人。几乎村村寨寨都有“功名”人家，也涌现了许多书法家。如：王道行（1758—1822），县城太阳山人，历任陕西永寿、安徽

《黔山第一》 古匾（2006 年拍摄）

泾阳、广东归善（今惠州）知县。清乾隆五十四年（1789）成亲王在王邸遴选书画，王道行的梅花图独占魁首，书法名列第七，得到成亲王礼重。周以湘（1824—1889），板溪连丰人，1877年受慈禧太后召见，命他为宫楼题匾，题写的“凤楼金阙”得到慈禧赏赐，其书法自成一体，光绪帝赐他“戎马书家”匾，他的作品豪情乍起，人称其有“仙气”。潘鹄臣（1841—1933），印江县城人，是一位全能的书法家，钟鼎文笔法苍劲，楷书灵秀圆润，隶书道劲古朴，行书飘逸潇洒，草书气势磅礴，清光绪年间（1875—1908），在湖南常德书写“万寿宫”三个大字，名震湘中，时任贵州省长毛光翔等求得多幅墨宝，其作品，人称有“豪气”。严寅亮（1854—1933），新寨阳坡人，35岁中举，后习业于国子监，后任省立师范学校教员，贵州省政府顾问。光绪十七年（1891）颐和园竣工，严寅亮书写“颐和园”匾额，慈禧太后赐给“宸赏”玉印，还命其书写园内楹联二十三副，匾额十八方，严寅亮墨迹有护国寺的“黔山第一”、成都的“杜甫草堂”、广州的“中山公园”、修文县的“阳明洞”及追悼黄花岗七十二烈士挽联，人称有“神气”。廖保民、柳元翘等印江籍书法家，对推动印江书法艺术发展也起到重要作用，印江在明清时期就有“书法之乡”的美称。

（二）申报条件

申报“中国书法之乡”既是加强文化事业和文化产业发展的需要，也是弘扬祖国书法文化、传承书法艺术、推进书法文化普及的现实需要，更是落实《中国书法发展纲要》的客观需要，根据中国书法家协会《关于“中国书法之乡”推选原则和办法》第三章“推选条件”的内容要素，印江自治县申报“中国书法之乡”的条件已经成熟。

历史条件 印江的书法文化历史悠久、底蕴深厚。自唐代以来，由于地方政权的建立、民族的融合、佛教的传入、教育的兴起和科举取士制度的建立，直接推动书法艺术的发展，使印江书法人才辈出。明代涌现了周冕、田秋、李渭、敖宗庆、萧重望等一批文人举子，他们的书法成就对印江教育和书法文化的发展产生了深远的影响。清代书法名家群星闪烁，以王道行、周以湘、潘登云、严寅亮、鄢师竹为代表，有的声震湖广，名噪黔中；有的受到皇家御赏，享誉京都，尤以题写颐和园匾额的严寅亮影响最大。此外，还有魏祖镛、唐钟英、周西铭、张伯谦等书法名家。民国时期，出现魏幼安、徐儒质、王孔滋、魏经略、白遂之、戴传忠等书法名家。正是这一大批书法家，使印江书法艺术获得“全国民间艺术之乡”的美誉，为书法文化积累了丰厚的底蕴，也为印江书法文化发展奠定了坚实的基础，更为印江申报“中国书法之乡”创造了条件。

申报工作 1. 领导机构健全。2008年10月，县人民政府成立以县长为组长的申报工作领导小组；乡（镇）也成立书法普及工作小组，由乡镇长主抓这项工作。同时，领导小组下设办公室，抽调人员具体办公，负责联系、协调、宣传发动工作。

2. 制定政策，大力扶持。贯彻执行《中国书法发展纲要》，认真学习《关于“中国书法之乡”推选原则和办法》。制定《印江土家族苗族自治县关于申报“中国书法之乡”实施意见》《关于开展书法教育普及工作实施方案》《印江自治县中小学书法教育中长期规划》，广泛开展群众书法教育普及工作。

3. 资金落实，经费保障。县书协工作及活动专项经费列入年初预算，确保活动正常开展。2009年县政府出台《印江自治县文艺作品奖励暂行办法》，设立县级文化发展专项基金，促进全县文化事业的可持续发展。2010年县财政预算安排400万元用于文化旅游发展专项基金，乡（镇）每年安排活动经费不低于当年财政收入的1%。

4. 书法组织健全，队伍稳定。1982年县书协成立，有主席1人、副主席3人、秘书长1人、理事18人，有中国书画家联谊会会员4人、中国楹联学会会员8人。至2011年，全县有书协会员425人，其中：全国书协会员5人，省书协会员32人，地区书协会员82人，书法爱好者数千人。在印江热爱书法、崇尚书法、尊重书法蔚然成风，涌现了魏宇平、王峙苍、李敦礼、杨昌刚、汪定强、王新华、覃义元等一批当代书法家。近年内，新生力量不断壮大，出现了张旭阳、王翔、田谯军、王佐辅、杨锐、冯景泉、吴吉兵、田儒勇、孙旭东、代泽潭、冉茂勋等一大批书法家和书法爱好者，作品多次在全国、省、地区主办的展览中获奖。县书协有固定的办公场所、会员档案健全，并进行动态管理。

5. 书法基础设施逐步完善。建立书法作品陈列室、收藏室、活动中心。在县民族陈列馆，开辟300平方米的书法文化陈列区，县档案馆有书法作品收藏库，严寅亮故居有书法作品陈列室，“依仁书院”有书法作品陈列室，县老年活动中心有书法活动室，目前规划新建约1500平方米的民族文化陈列室。2001年10月，在梵净山护国寺建设梵净山西碑林；2006年，沿县城河流建成书法长廊，镌刻全国和县内书法名家手迹。县城户外大型广告匾牌采用书法手迹制作，在县城、乡镇和农村的大多数家庭的堂屋都有书法楹联和匾额，充分体现书法文化的特色。

2010年4月，举行“梵净山书法艺术节”

6. 认真开展书法文化活动，大力推进书法文化建设。坚持“百花齐放、百家争鸣”的方针和“为人民服务、为社会主义服务”的方向，不断提高质量和书艺创作水平。积极开展“三贴近”书法活动。县文联、县书协、县老年书画研究会每年都要举办代书赠送春联下乡活动。认真开展经常性的书法展览、赛事和书法文化交流活动，每年都要举办1～2次书法赛，县际交流展等。2007年贵州省书法家协会、中共印江自治县委、县人民政府成功举办“全省第三届行草书大赛”。2008年省书协、县委、县政府又举办“中国梵净山”书法大赛。2009年举办“2009中国梵净山·严寅亮书法艺术节”，展出书法作品283件，召开严寅亮书法艺术研讨会，收到论文30余篇。2010年举办“印江梵净山书法艺术节”和书法展、书法研讨会。在全县中小学校经常性举办师生书画比赛，各乡镇、村开展书法比赛活动，有的县直机关单位和民营企业结合自身实际，成立书法小组和文化公司，经常性开展书法交流、书法比赛活动。1999年在王道行、周以湘、严寅亮诞辰纪念活动期间，召开“书法之乡”书法艺术研讨会。2004年县人民政府诚邀聂成文等多位全国著名书法家到自治县进行书法教学培训，并选派多人外出培训、观摩、考察学习。2006年印江、福泉书法联展期间，召开书法艺术交流会。2008年举办严寅亮“颐和园”特种邮票首发式，在此期间，邀请省、地区专家召开“严寅亮书法艺术”研讨会。弘扬书法文化，将书法文化融于各类文艺活动中。2000年在印江民族中学成立60周年校庆系列活动中，举办书法展。2005年中央电视台七频道“乡村大世界·印江印象”大型文化活动、2007年县庆20周年“梵山净水印江情”大型文化活动，均充分展示印江书法艺术，并在中央电视台，贵州电视台等多家媒体播出。2008年、2009年县书协被中国书法家协会授予书法进万家活动“先进集体”，2009年县书协被省书法家协会评为“优秀团体协会”。

7. 书法文化普及，群众基础扎实。全县书法文化具有广泛的群众基础，书法艺术城乡普及。全县书法艺术底蕴深厚，群众基础广泛。农村婚丧嫁娶、重大节日以及祭祀、佛事等活动中都保留书写对联的古老习俗，为祖宗安香龛牌位，在日常生活的各种礼仪、书信、通知、告示等都要使用书法传统艺术，即使在科技信息发达的今天，书法艺术仍然得到广泛运用，书法名家笔耕不辍，乡村书法艺人层出不穷，形成印江自治县特有的“鲜活的书法艺术碑林”。由于书法所表现出的抒情、音乐、章法、意境等美学特征，人们在客厅、卧室、餐厅等地悬挂书法艺术作品，不仅装饰居家环境，还提高生活品位，得到艺术享受，因而书法艺术得到当代印江人推崇而普及。同时，由于书法艺术具有磨炼意志、陶冶性情，提升品位等文化意义，也使得一些有志于艺术创作的人潜心学习书法，从而提高印江书法的普及率和创作水平。随着全县文化基础设施条件的改善，全县书法事业蓬勃发展，呈现出群众习书成风、书社不断涌现、队伍日益壮大、书艺人才辈出的可喜局面。全县条件成熟的乡镇和县直机关单位成立基层书法组织，经常性地开展基层群众性书法文化活动，书法赛事不断。2008 年 9 月，峨岭镇坪兴村举办首届“南湖杯”书法比赛，以后常年举办。全县中小学校成立书法兴趣小组，广泛开展书法交流。

8. 高度重视书法教育工作，书法教学活动正常。重视书法教育教学工作，并有专门的经费投入，确保书法教育事业的健康发展。中小学校开设书法课程，明确专兼职书法教师，编写书法教材，学校书法教学活动成效明显。2004 年县委、县政府印发《印江自治县创建“中国书法之乡”的实施意见》，明确书法教育普及工作为申报工作重点。2005 年县教育局、县文联联合下发《关于全县中小学校开设书法课程的通知》，明确规定书法课为地方课程，主要教学内容为小学 1～3 年级以识字、写字为主，4～6 年级以楷书为主，初中以书法常识、鉴赏和初步创作为主，高中以书法理论、鉴赏和创作为主。2008 年，县教育局、县文联又联合拟定《关于开展书法教育普及工作实施方案》，对书法教育的师资、教育教学经费、教材、活动组织、奖励等作具体明确，使书法教育教学工作更具可操作性。加强学校书法教育指导，积极培训书法教师。县书协经常安排省级以上书法会员到教学点去指导书法教学，并有多人兼任中学书法教师。同时，利用假期、组织学校书法教师开展培训工作，提高书法教师的教学质量和教育水平。开展社会书法教学工作。县内共开办印江三小暑期留守儿童书法培训班、翰墨林书法培训中心、印江民族中学书法兴趣班、印江自治县职业学校书法班等书法教学点，社会办学工作正常，并适时举办学员书法展览活动，使学校办学和社会民间办学相互结合，共同推进书法教育普及工作。

（三）巩固举措

为做好书法之乡的巩固提高工作，县委、县人民政府建立长久机制，千方百计抓基础工作，其举措为：

一是强化组织，加强领导。县文联负责加强县书法协会的领导和管理，定期研究书法艺术工作开展情况，及时查找问题，并加以解决。加强对书协组织的联络、协调、服务工作，确保协会工作正常化。县直相关单位、各乡镇挂牌成立书法小组或县书协分会，各乡镇至少要成立一个基层书法小组。全县各中学、中心完小成立书法小组，并做好活动场所、经费和师资的落实工作。申报工作领导小组成员单位，必须抓好一个以上书法教育示范点（单位或学校）。县人民政府及各乡镇政府把书法培训、书法活动和办公所需经费纳入每年财政预算安排。

二是开展书法赛展活动。争取举办全国性书法大赛或名家作品展，每年必须举办两次以上书法展赛活动。三年内举办 1 次省级以上书法展或县际交流展等。

三是加强书法队伍建设。启动“印江书法艺术人才培养”，选派优秀书协会员进行专门培训，努力培养书法顶尖人才。积极发展各级书协会员。每年发展 2 名以上省级书协会员，5 名以上地级书协会员，20 名以上县级书协会员，五年内发展 1 名中国书协会员。

四是推进书法普及教育。教育局统一要求在全县中、小学校必须开设书法教育课，落实专（兼）职书法教师。

五是加强书法文化基础设施建设。不断完善书法文化馆（室）设施，建设以书法文化为重点的民俗文化景点、景区，打造书法文化品牌，走产业化发展道路。注重县城书法形象打造，把大型广告和临街店面标牌更换成书法家手迹字；县直机关单位匾牌更换成书法字体；重点书法村镇建设，全县重点打造合水镇的兴旺村、新寨乡的黔溪村阳坡组、大云村和严寅亮故居陈设美化，峨岭镇的坪兴村、朗溪镇的甘川村书法进村、进农家工作和书法小组建设；加强严氏宗祠书法展览馆、县城防洪堤书法长廊、梵净山书法碑林的建设和保护。

（四）命名授牌

2011年11月，中国书法家协会在印江举行“中国书法之乡”授牌仪式。图为中国书协副主席张改琴向县长杨维权授“中国书法之乡”牌

2011年7月，中国书协党组会议和秘书长办公会议研究决定命名印江自治县为“中国书法之乡”，同月18日告知印江，要求落实命名授牌的相关工作。19日，根据县委工作安排，县申报办开始拟写命名授牌工作方案。8月8日，收到中国书协关于命名印江为“中国书法之乡”正式文件。9月15日，召开会议研究部署迎接中国书协前来命名授牌的相关工作，初步组建领导机构及其办公室，制定授牌活动方案。11月7日，上午八时三十分在严氏宗祠举行“中国书法之乡·印江”命名授牌暨贵州省第四届“茫父杯”书法双年展颁奖仪式。活动由县委副书记李俊宏主持，县长杨维权致欢迎辞，中国书协组联部副主任段军宣读“中国书法之乡·印江”命名决定。中国书协副主席张改琴授牌，杨维权县长接牌；中国书协理事、贵州省书协主席包俊宜受中国书协委托并代表省书协讲话；省书协副主席、秘书长陈加林宣读“茫父杯”获奖人员名单，张改琴副主席、地区行署常务副专员熊德威、地委宣传部部长顾明杰、省文化厅副厅长邓健、省文联党组副书记、副主席刘世杰、地区人大工委副主任张观涛、地区政协工委副主任周建英为获奖代表颁奖。中国书协理事、云南省书协秘书长朱兴贤、贵州省书协副主席杨昌刚、《贵州书艺》常务副主编马宏明、地区文联主席杨国勇、县人大主任王朝文、县政协主席何圣仙，地区书协段振良、袁景波、安天富、侯兴平、谢大志等领导和省内外百名书法家，中央、省、地新闻媒体以及县直有关单位负责人参加庆典活动，全体人员参观了“茫父杯”书法作品展。10时整，参加命名授牌的全体领导和百名书法家以及县直机关单位、峨岭社区干部群众等在县体育馆参加“百名书家写梵净”书法活动。展出书法作品500幅，100名书法家相聚，挥毫泼墨，写意梵净，留下130多幅书法珍品；近万名干部群众参与活动；中央省地媒体30多名记者聚焦印江，共庆精美丰盛文化大典。

附：申报书法之乡工作大事记

1982年，成立县书法协会。

1995年，搜集相关资料。

2002年3月，峨岭镇被贵州省文化厅命名为“书法艺术之乡”。

2008年4月，自治县委、县人民政府将申报工作列入议事日程，起草申报“中国书法之乡”工作方案。

2008年5月，自治县委、县人民政府举行严寅亮“颐和园”特种邮票首发式，召开严寅亮书法艺术研讨会。

2008年5月，时任县委书记陈康主持召开县委常委会议，县文联汇报申报工作方案，决定通过中国书协渠道申报，明确申报工作领导小组。

2008年8月，召开全县申报“中国书法之乡”工作会议，明确工作职责，落实申报工作方案、中国梵净山书法大赛、书法队伍建设、书法基础设施建设、《印江书法志》编辑等工作，要求加强与省书协、中国书协的联系等。

2008 年 11 月，县委、县人民政府出台了《关于加强“中国书法之乡”建设的实施意见》。

2009 年 10 月，县人民政府向省书协递交了《印江自治县人民政府关于申报“中国书法之乡”报告》。

2009 年 10 月，省书协下发了《关于印江土家族苗族自治县人民政府申报“中国书法之乡”报告的批复》，申报工作完成向省书协申报的基本程序。

2010 年，进一步加大申报工作力度，编辑制作《贵州省印江土家族苗族自治县申报材料汇编》和《邛江书韵》申报专题片。10 月，省书协赴中国书协呈送申报资料以及省书协的请示文件。

2011 年 3 月，完成所有申报资料的制作。4 月，召开申报工作调度会，再次细化各部门工作职责，检查各项工作落实情况。5 月，由中国书协副主席吴善璋率领的中国书协考察评估组一行到印江考察。同时，县文化部门在“中国民间艺术之乡”申报工作中，完成书法艺术申报工作。5 月，县委书记肖洪主持召开县委第十五次常委会议，研究《印江自治县关于申报“中国书法之乡”工作整改意见》。分别报送省书协、中国书协。

2011 年 8 月，收到中国书协关于命名印江自治县为“中国书法之乡”的正式文件。9 月 15 日，研究部署迎接中国书协前来命名授牌的相关工作，编辑《翰墨邛江》图片集；10 月，县委副书记李俊宏主持召开书法之乡命名授牌暨贵州省第四届“茳父杯”书法双年展、“百名书家写梵净”、2011 贵州梵净山文化旅游节闭幕式系列活动专题会议；28 日，县委常委、宣传部部长戴忠义主持召开会议，细化各工作组及其部门工作。11 月，杨维权县长主持召开会议，听取各工作组专题汇报，并就工作提出具体要求。11 月 6 日，县人大副主任卢道军到铜仁迎接中国书协张改琴副主席一行。

2011 年 11 月 7 日，在峨岭镇严氏宗祠举行“中国书法之乡·印江”授牌暨贵州省第四届“茳父杯”书法双年展颁奖仪式。十时在县体育馆举行“百名书家写梵净”活动，授牌活动的省市领导、书法家参加百名书法家书艺表演。同月，国家文化部授予印江为“中国民间书法艺术之乡”称号。

二、 中国名茶之乡

（一）基础条件

印江土家族苗族自治县位于贵州省东北部、铜仁市西部，地处武陵山脉主峰梵净山西麓，是贵州省茶叶生产县之一。全县国土总面积1969平方公里，其中山地面积占93.3%，辖17个乡镇。2009年年末人口42.61万人，其中农业人口占总人口的94.7%，宜茶总面积2万公顷。境内属亚热带湿润季风气候，年平均气温16.8℃，日照时间长达1296小时，无霜期289天，降雨量1200毫米，冬无严寒，夏无酷暑；生态良好、植被丰富，森林覆盖率达49.16%；境内土质优良，山高雾浓，多云间晴或阴天天气，光照柔和，多漫射光等，梵净山自然小气候特点突出，有发展无公害生态绿茶，出好茶、出名茶的自然条件。明朝永乐年间（1403—1424），梵净山下团龙村所产茶叶就进贡皇家，被敕封为贡茶。

印江种茶历史悠久，1987年，开始大面积规范种植茶叶，历届县委、县人民政府都将茶产业视为经济发展的“支柱产业”。2003年，县委、县人民政府利用退耕还林项目发展茶产业。2007年，县委、县人民政府根据全县生态、气候、区域、茶叶品质、茶文化历史等，实施名茶战略，建设优质绿茶基地，形成集生产加工、市场营销、品牌打造、茶文化包装为一体的茶叶产业化发展格局。并在参加“中茶杯”“中国国际茶叶博览会”等各级各类名茶评比活动中获奖44次。至2010年，全县有茶园15万亩，其中投产茶园6.5万余亩；独立法人企业15家，其中地级龙头企业5家，获QS认证5家，注册商标10个，“净团”注册商标获“贵州省著名商标”，“梵净山翠峰”获“贵州省名牌产品”“贵州省知名品牌”等。是年，实现产量2500吨、产值达3.3亿元，其中名优茶产量186.2吨，产值达到2.49亿元，税收480万元。

（二）发展举措

2000年5月， 茶科所陈宗懋视察新寨乡茶园垦殖

1988年以来，历届县委、县政府都高度重视茶叶产业发展，成立由县长任组长、分管副县长任副组长、相关部门和各乡镇主要领导任成员的茶产业发展领导小组。1992年8月，印江自治县与中科院茶叶研究所签订近期计划和长远规划。2004年，印江自治县梵净山茶业协会成立。2005年至今先后成立6个茶业专业合作社。2007年，根据全县茶产业规划和需要，成立印江土家族苗族自治县茶业管理局，为主抓全县茶产业发展的主管部门，各乡镇成立茶业管理站，并从全县农业部门抽调技术干部，从事茶产业技术指导和组织发展工作。

2005年以来，中共印江自治县委、印江自治县人民政府相继制定《关于进一步促进茶产业发展的意见》《关于2008年全县茶产业发展工作的实施意见》《关于2009年生态茶产业发展的工作意见》《关于2009年秋冬季茶产业发展的意见》《关于2010年生态茶产业发展的工作意见》等文件，根据全县茶产业的发展规划、基地建设，生产加工、市场营销、技术创新、新产品开发、品牌打造和管理、茶文化挖掘培育等，制定各项政策和保障措施。1987—2009年，在茶产业的基地建设、生产加工、市场开拓、品牌建设、产业配套设施等方面累计投入1.25亿元。

2005年以来，县委、县人民政府制定相关的扶持政策，大力扶持茶产业发展，2005—2006年，采取苗木贷款财政三年贴息，享受退耕还林补助政策予以补贴。2007年至今，全县每发展1亩茶园，由县财政补助980元。新购茶业生产加工机具一律按农机补贴政策予以补贴。同时不断开展茶叶产品展、评、认证等活动，实行政府搭台和财政奖励政策，积极支持企业发展。

2000年5月，印江自治县承办湘鄂黔渝武陵山茶叶理事会年会。2005年县委、县人民政府邀请中国农业科学院茶叶研究所科技处处长白堃元在印江指导茶产业发展并讲课。2008年4月，时任贵州省长林树森在缠溪镇湄坨村调研茶产业。是年，邀请湖南农业大学教授施兆鹏到印江指导茶产业工作并讲课，著名茶艺讲师万萍到印江指导茶艺表演。2010年，邀请著名茶叶专家林治教授到印江指导茶产业发展和茶文化讲座。

2010年，按照地委、行署“两圈两带”的发展战略，结合印江实际，把发展茶产业作为印江率先跨越发展的重点产业来抓，明确了“规模化、标准化、品牌化、产业化”的建设思路，制定切实的发展措施：

1. 切实抓好基地建设。(1) 加强组织领导，强化任务目标。明确了17名副县级领导干部每人长期联系指导，抓好1～3个村的茶产业发展，各乡镇都有专职干部抓茶。(2) 调整发展思路，创新工作机制。提出了围绕“四个选好”(选好茶区、选好茶地、选好茶农、选好茶苗)，实现“四个转变”(从荒山荒坡向好田好土转变、从零星农户向能人大户转变、从布局分散到集中连片转变、从数量扩张到质量发展转变)，推动“五位一体”(基地建设、技术培训、企业发展、品牌打造、市场培育同步发展) 的发展思路，改进了投入机制，调整了补助标准。(3) 整合部门资金，加大扶持力度。制定了新的补助标准，对新建标准化茶园进行苗补、肥补、粮食补贴，幼龄茶园补助2年管护费，对新建加工厂房、购置茶叶生产机械均给予一定的补贴。(4) 加强茶叶技能培训，狠抓人才队伍建设。(5) 完善考核，严格奖惩。

2. 切实加大品牌建设。(1) 强化质量，统一标准。严格实行茶树良种化，生产标准化、清洁化，无公害发展等。(2) 整合资源，统一品牌。统一品牌、统一包装、统一推介，实行公共品牌企业化经营管理。(3) 积极参加展评，展示优秀品质和独特魅力。组织企业和协会积极参加“中茶杯”“中绿杯”“国际茶博会”等有影响力茶叶展销和名优茶评比茶事活动。(4) 茶与旅游联姻互动。(5) 名茶战略。成立梵净山茶业集团总公司，倾力打造“梵净山”牌翠峰茶系列产品，把印江建设成为全国著名的中国绿茶之乡。

（三）品牌建设

质量是品牌的基础，是产业发展的生命线。全县茶产业发展严格实行茶树良种化，生产标准化、清洁化、无公害的统一标准。在质量管理方面，由政府牵头，县质量技术监督局、工商行政管理局、茶业管理局、茶业协会、卫生局等单位对茶叶的质量、安全进行长期、不间断跟踪和强化管理。2005年“梵净山翠峰茶”获准地理标志产品保护，并注册登记全县公共品牌，按规定按要求统一使用、统一推介、共同打造、共谋发展。

印江茶叶品牌荣誉榜：

梵净山翠峰茶 1992年6月，农业部茶叶质量监督检测中心鉴评“梵净山翠峰”茶，色绿、扁平显芽，形态似牙，嫩香持久，味鲜醇，汤色、叶底嫩绿。外形肥嫩，品质良好，具有名茶特色，并授予证书。

1991 年 4 月，获湘、鄂、黔、渝武陵山区名优茶评比一等奖。

1991 年 5 月，获全国农垦系统名茶称号。

1991 年 6 月，被评为贵州省十大地方名茶。

1992 年，获湘、鄂、黔、渝武陵山区名优茶评比一等奖。

1994 年，获湘、鄂、黔、渝武陵山区名优茶评比一等奖。

1995 年 6 月，被评为贵州省地方名茶。

1995 年，获第二届中国乡镇企业出口商品展览会金奖。

1995 年 10 月，获第二届中国农业博览会金奖。

1999 年，被评为中国农业博览会名牌产品。

1999 年，获中国农业博览会金奖。

1999 年，获第四届“中茶杯”一等奖。

2000 年，获中国名茶评比会二等奖。

2000 年，获第六届国家食品博览会金奖。

2005 年，获第六届“中茶杯”一等奖。

2006 年，获“中绿杯”金奖。

2007 年，获第七届“中茶杯”一等奖。

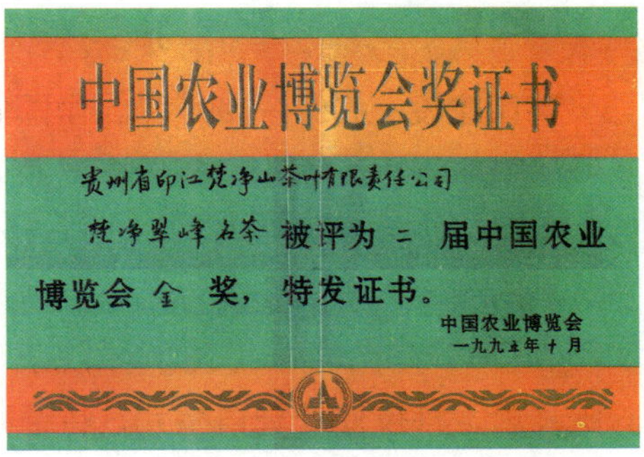

1995 年 10 月，梵净山翠峰茶被评为第二届中国农业博览会金奖

2007 年，获世界绿茶大会（日本）“蓝天玉叶”杯金奖。

2008 年，获中国绿茶（古丈）高峰论坛名茶评比银奖。

2009 年，获第八届“中茶杯”一等奖。

2009 年，获第六届中国国际茶业博览会金奖。

2009 年，被评为贵州十大名茶。

2010 年，获“中国名茶”评选金奖。

2010 年，获“中茶杯”银奖。

2010 年，被评为贵州五大名茶。

品牌评估价值：2010 年，“梵净山翠峰茶”在中国茶叶区域公用品牌价值评估课题组举办的品牌价值评估中，品牌评估价值为 4.68 亿元。

梵净山毛峰茶 1992 年 6 月，农业部茶叶质量监督检测中心鉴评：“梵净毛峰”茶，茸毫披露、形关卷似螺，栗香，味醇，汤色、叶底黄绿明亮，似碧螺春茶的品质水平，并授予证书。

1991 年 4 月，获湘、鄂、黔、渝武陵山区名优茶评比一等奖。

1991 年 5 月，获全国农垦系统名茶称号。

1991 年 6 月，被评为贵州省十大地方名茶。

1994 年，获湘、鄂、黔、渝武陵山区名优茶评比一等奖。

1995 年 6 月，被评为贵州省地方名茶。

1995 年，获第二届中国乡镇企业出口商品展览会金奖。

1995 年 10 月，获中国农业博览会铜奖。

1997 年，获第三届“中茶杯”二等奖。

梵净山绿茶 1992 年 6 月，农业部茶叶质量监督检测中心鉴评：“梵净绿茶”，外形细紧，嫩度良好，栗香，味醇厚，汤色、叶底黄绿明亮，并授予证书。

2000 年 1 月，获第六届国家食品博览会“金奖”。

2010 年，获首届“国饮杯”一等奖。

梵净翠芽、梵净雪芽 1995年，获第二届中国农业博览会金奖。

荣获“中茶杯”第三届二等奖，“中茶杯”第六届、第七届、第八届一等奖；1999年5月，获湘、鄂、黔、渝武陵山区名优茶评比一等奖；2010年，获“中茶杯”银奖。

净团贡茶 1994年6月，获首届“中茶杯”一等奖。荣获第六届、第七届“中茶杯”一等奖，第八届“中茶杯”优质奖；1995年，获第三届中国农业博览会“金奖”；1999年5月，获湘、鄂、黔、渝武陵山区名优茶评比一等奖；2003年，获广州国际食品工业展览会“金奖”。2006年“净团”商标被贵州省工商行政管理局评为“贵州省著名商标”。2010年，获上海茶博会金奖。

（四）基地发展

洋溪梵净山茶园

茶园建设 1992—1997年，中国农业科学院茶叶研究所派出专家组，指导全县茶叶垦殖、移栽，在洋溪镇蒋家坝、缠溪镇湄坨、永义乡官寨、罗场乡广东坪、沙子坡镇竹元等垦殖高标准茶园6000亩。1992年，中国农业科学院茶叶研究所所长陈宗懋、科技处处长白堃元，省茶叶评审委员会副主任牟应书，多次到印江视察。专家组成员杨锁森等吃住在生产第一线，要求垦植示范茶园深挖0.8米，每亩施牛粪5000千克，菜油粑500千克，磷肥300千克，茶园四周植杉树、柏树。建成无性系良种茶繁育苗圃园，严格按照无公害生态茶园标准建园。2003—2006年，印江抓住西部大开发和退耕还林契机，分别在全县16个乡镇新建无性系茶园面积19800亩；2007年，在省委、省人民政府大力发展茶产业政策的引导下，掀起新一轮生态茶产业建设高潮，整合土地整理、低产林改造、石漠化治理、退耕还林等建设项目资金，统一实施使用。2008年，全县17个乡镇新植茶园面积36977.1亩；2009年春植茶园面积13807.1亩，秋冬种植面积19758亩，春季定植19864亩。至2010年，全县茶园总面积达15万亩，遍及全县17个乡镇158个村681个组，其中投产茶园6.5万亩，获有机认证茶园2000亩，无公害认证茶园2.48万亩，种茶农户3.8万户。

茶叶加工 全县实行统一茶叶加工工艺流程、统一生产加工标准和清洁化管理；在生产加工模式上，根据全县实际情况，主要是建立“公司+经济合作组织+基地+农户”的联结模式。银辉茶叶公司、净团茶叶公司、梵净青茶叶公司、洋溪镇茶场、西园综合开发有限责任公司等地级农业龙头企业及其他9家独立法人企业联合55家个体加工户，承担全县茶叶生产加工。政府投入人力、物力、财力，引导和鼓励企业根据市场需求和发展，创新技术、开发新产品等。2010年全县共有规模以上加工企业35家，其中省级龙头企业2家，地级龙头企业5家，获食品安全生产许可QS认证5家，具有出口经营权2家，获ISO 9000体系认证1家，GAP认证1家。茶青交易市场6个，茶叶交易市场1个，名优茶加工机械1300台（套），加工厂房32万平方米，5万吨茶叶精制加工厂建设全面启动；2010年全县茶叶总产量2500余吨，产值达到3.3亿余元。

市场建设 全县已形成以贵阳市场为中心，重庆、上海、北京、山东、广西等地市场为支点的市场体系。同时，建立与中国香港、台湾地区和日本等的市场联系，每年度举办各种推介活动，提高品牌知名度，通过区域连锁代理或联合创办公司等形式开辟、培育港台地区及国外市场。

（五）茶文化建设

印江具有“武陵之巅，土家之源”美称，除丰富多彩的土家文化之外，茶文化底蕴更显深厚。2005年，印江自治县拍摄《茶旅天下之印江茶漾》，《印江茶漾》以丰富多彩的表现手法，展示了印江土家族茶文化、禅茶文化、贡茶文化、贡茶历史。

在茶文化挖掘方面，组建茶艺表演队伍，全县有茶艺表演人员150余人，其中高级茶艺师23人。茶艺表演作为兴趣课进入中小学选修课堂。

印江立足于县情，着眼市场，在发展茶业产业过程中采取整合资源、统一品牌、强化质量、统一标准、捆绑推介、抱团出山等措施，立志做好“黔茶出山排头兵”。将“梵净山翠峰茶”作为全县名优茶，加强品牌培育，“梵净山翠峰茶”的优秀品质和独特魅力，得到许多名人雅士的青睐。1995年4月，贵州省原省长王朝文品饮梵净山翠峰茶后，题词“梵净翠峰，茶中极品”。2000年夏，中国工程院院士、中国农业科学院茶叶研究所所长陈宗懋视察印江茶园建设后，题词“得天独厚，景美茶香”。全国著名书法家魏宇平为梵净山翠峰茶题诗“钟灵毓秀梵净奇，翠峰高洁论心期；沁人一盏精神爽，特级声明信不虚”。

（六）达标授牌

印江县委、县人民政府根据生态、气候、区域、茶叶品质和文化等因素决定实施名茶战略，经过20多年不懈努力和精心培育，印江茶产业得到快速稳步发展，建成印江梵净山优质绿茶基地，形成集生产、加工、市场、品牌、茶文化为一体的茶叶产业化经营格局。产品形成以“梵净山翠峰茶”为主导，“梵净山翠芽”“梵净山贡茶”“梵净山雪峰”“梵净山绿茶”等名优茶系列。产品的优秀品质和独特魅力得到广大消费者、行业人士的认同，知名度和美誉度得到跨越式提升，市场占有率稳步提高。“中国名茶之乡”评选活动将推动全县茶产业资源整合，尽快改变茶叶企业数量多、规模小、无名牌的现状，提升品牌信誉，形成具有国际竞争力的茶叶企业和企业群体。“中国名茶之乡”的品牌将成为印江茶产业发展的新动力，将有效推动印江茶产业全面健康发展。为此，经县委、县人民政府研究决定申请参加“中国名茶之乡”评选活动，申报“中国名茶之乡”。中国茶叶学会根据印江的申报报告，按照评选条件，先后四次派专家实地进行考察鉴定、反复评审。2008—2010年，按百分制评选条件实地评审，达到国家级名茶标准，是年11月，授予印江“中国名茶之乡”称号。

2010年11月，中国茶叶学会在安徽省合肥市举行“中国名茶之乡”授牌仪式，印江自治县副县长何支刚（前右二）接牌情景

三、 中国长寿之乡

印江是一个多民族聚居县，民族文化古朴浓郁，自然生态和人文环境良好。明代万历年间(1573—1620)，百岁老人占总人口的10万分之二；清代乾隆年间（1736—1795)，百岁老人占总人口的10万分之三；中华民国时期百岁老人占总人口的10万分之一点六。2009—2011年，三次统计百岁老人人口，百姓老人人数分别占总人口的10万分之8.39、8.28、8.49。2011年年底，全县统计百岁老人为39人，90岁至百岁为886人，80岁以上为6539人，占总人口的1.5%。全县人均寿命74.6岁，高于全国人均寿命3岁。

（一）申报条件

永义乡团龙村长寿谷

生态环境益寿 印江位于梵净山西麓，梵净山是国家级自然保护区，是世界“人与生物圈保护网”成员，茂密的原始森林，保存距今200万～7000万年前第三纪、第四纪的古老动植物种类及丰富的生物资源，是世界上少有的亚热带生态自然区，是地球北纬28度保存最好的绿洲，是中国十大避暑名山之一。根据专家测定，梵净山周边负氧离子含量最高达每立方厘米4.5万个，超出其他地区3倍。2006年12月，印江森林覆盖率核定为49.16%。2010年，贵州省林业厅对印江近五年的人工造林成效验收，重新核定印江森林覆盖率为52.06%。城镇人均公共绿地面积8.1平方米，空气质量达到国家二级标准。

印江属亚热带温和季风气候，光热充足，雨量充沛，冬无严寒，夏无酷暑，年均气温16.8℃，日照时间长达1296小时，无霜期近289天，多年平均降雨量1109毫米。充足的阳光和适宜的温度，对养生保健大有裨益。

全县有10公里以上的河流20条，总长223公里，年径流量达12.5亿立方米，地下热水泉4处，露天泉井163处，经国家有关机构检测，属优质矿泉水。优质的水源是印江人长寿的又一个重要因素。印江境内群山纵横，山高林密。从梵净山流淌出来的优质天然矿泉水，根据有关部门检测，完全符合优质山泉水的标准，目前生活饮用水达到国家GB/T5750－2005标准，有益寿延年的效果。发源于梵净山的各条河流，所流经的区域正是印江的长寿带。

绿色食品延寿 印江山川秀丽、人才辈出、物产丰富。得天独厚的自然资源，孕育了大量优质天然的长寿食品。明代有洋溪贡米、团龙贡茶，有土司食品、土家酸芋荷、朗溪红橙、木黄金豆腐、红薯粉等具有民族特色的长寿食品，为印江人的健康长寿提供饮食习俗。梵净山翠峰茶、娃娃鱼、山鸡、野猪、竹鼠等一些优质特产更是享誉全国。印江是“中国名茶之乡”，自古以来就有以茶养生、以茶敬客、以茶会友的习俗，几乎人人都有饮茶的习惯。印江茶以其嫩绿鲜润、清香持久、冽香显露、鲜醇甘爽等特点，在国内外多种茶叶评比活动中荣获“金奖”，其健康养生、益寿延年的特性得到业内专家学者的一致肯定。

民俗文化促寿 印江有“中国书法之乡”“贵州花灯之乡”的美誉，写书法、唱山歌、跳花灯、打钱杆、玩龙灯等民族民间文化活动，有广泛的群众基础，特别是城乡中老年人，以参加传统文化活动养生、养心已蔚然成风。

在全县城乡始终保留尊老敬老的传统美德，老人寿辰，被看成是一家人一年当中最重要的日子，每逢老人寿辰，亲友都会为其拜寿，以寿烛、寿桃、寿面、寿茶、寿酒、寿幛，向老人表达长命百岁的良好愿望，主人也向前来祝寿的人赠言赐封。

梵净山区佛教活动始于隋唐，鼎盛于明万历年间（1573—1620），成为远近闻名的禅宗圣地。印江人受“与人为善、予己立足”的佛家思想影响，在生产生活中，培育与世无争、与人为善、团结协作的思想境界。

2007 年春节， 坪兴村老年人参加群众文化活动

在日常劳动中，随处可见老年人开展的文化体育健身活动，老年人体育健身参与率达 60%以上。2000 年以来，加大文体基础设施投入，建设中心广场、文昌公园、森林公园、观音沟湿地公园、体育馆、体育场、美女峰体育公园等。民族民间文体活动丰富人们的精神生活，增强人们的体质。

社会保障增寿 2005 年，县人民政府把百岁以上老年人纳入城乡最低生活保障救助范围，对每位百岁老人每年发放高龄补贴 2400 元。同时，县老龄办和卫生部门每年定期组织医护人员为百岁以上老年人提供免费体检。对 90 岁至 99 岁老人每人每年发放高龄补贴 600 元。每年为过生日的百岁老人发放生日慰问金 500 元。为切实减轻老年人的医疗费用负担，采取各种措施，提高对城市无劳动能力、无生活来源、无法定赡养人和扶养人的“三无”老人，农村“五保”老人和城乡贫困老年人的医疗救助力度。对农村“五保”老人和享受低保的老年人参加新型农村合作医疗，县民政部门帮助其交纳个人应负担的全部参合金。县合管局对年满 60 周岁以上的参合农民实施优惠补偿，同等条件下住院补偿比例分别提高 5～30 个百分点，对 100 岁以上老人实行 100%补偿。2010 年县委、县政府出台《关于切实加强老年人优待工作的通知》，在五个方面给予老年人 18 项优待。医疗机构减免老年人普通门诊挂号费和老年人家庭病床出诊费。在乘坐公交车时，对 60～69 岁的老年人实行半价优惠，70 岁以上的老年人免费，并设立“老幼病残孕”专座。在产权或承租住房拆迁安置中，老年人可优先选择楼层。贫困老年人优先纳入廉租房保障范围，老年人持老年优待证免费使用收费公厕。县内纪念馆、烈士纪念建筑物、名人故居、公共图书馆、民族陈列馆等公益性文化设施向老年人免费开放。同时，加快敬老院、孝老敬老模范村建设，各类老年组织遍及县内各乡镇、行政村，对孤寡老人进行救助、救济、帮扶等已成为尊老、敬老、助老的一项重要内容。城镇居民养老保险、新型农村养老保险试点顺利推进，低保覆盖面、“五保户”供养率不断提高。2008 年，全县农村低保保障人数达到 81000 人，城市保障对象达到 4813 人。加快推进保障性住房建设，把老年人纳入优先保障对象。大力推进村庄整治和民居改造，农村居民生活居住条件明显改善。医疗卫生服务体系逐步完善，国家基本药物制度全面实施，新型农村合作医疗稳步推进，群众看病难、看病贵问题得到有效解决。至 2008 年年底，在印江县城城区建有 48 个老年人健身点，十多个老年门球协会、老年羽毛球协会、老年书法协会等老年文娱组织，为老年人锻炼身体、丰富精神生活创造了条件。

改革开放以来，印江自治县一手抓经济促发展，一手抓民生促和谐，坚持以人为本，民生为重，切实加大民生投入，不断创造群众福祉，增加城乡人民收入，全县呈现经济发展速度加快、社会繁荣稳定、人民安居乐业，长寿不再是人们一种奢望。

（二）长寿老人统计数据

全县百岁老人2006年35人，2007年36人，2008年35人，2009年36人，2010年36人，2011年37人。

2008年，全县百岁老人35人，是当年总人口429207人的10万分之8.15；2009年36人，是当年总人口429207人的10万分之8.39；2010年36人，是当年总人口434585人的10万分之8.28；2011年37人，是当年总人口435890人的10万分之8.49。

2011年，全县60岁以上老人58233人，是全县总人口的13.36%（老龄化）；80岁以上老人6539人，是全县总人口435890人的1.5%。人均寿命74.6岁。

2010年，参加基本养老保险总人数为13993人，城镇人口35598人，参保率达39.31%。其中企业职工基本养老保险5576人，机关事业单位养老保险108人，城镇居民外出务工参加养老保险2115人，其他城镇居民（个体工商户、自由职业者以及从事其他行业的具有本县城镇户籍的居民）6194人。

2010年，参加城镇基本医疗总人数是29580人，城镇户口35598人，参保率占83.09%。其中城镇职工基本医疗保险参保11572人，城镇居民参保16970人，城镇居民外出务工参保1038人。

2010年，全县农业人口398987人，新型农村合作医疗参合总人数387707人，参合率达到97.2%。

2010年，全县13个乡镇建有老年福利机构，有床位331张，全县老年人数51602人，占6.4‰，入住人数115人。

2010年，政府社会救助主要有农村最低生活保障、城市最低生活保障、五保供养、临时救助、医疗救助。全县享受农村低保81000人，享受低保贫困老人（60岁以上）人数29705人，贫困老人占享受农村低保人数的36.67%。

2010年，享受城镇低保人数4813人，其中有729位贫困老人（60岁以上）享受低保待遇，占15.15%，享受五保供养3414人，其中有1778名贫困老人享受五保供养待遇，占52.08%。临时救助473人，救助60岁以上贫困老人61人，占救助总人数的12.9%。医疗救助总人数3389人，救助60岁以上贫困老人338人，占救助总人数的9.97%。

2010年，全县卫生床位总数为1389张，其中计生站100张，全县计生站都开展对外卫生服务。

2010年，全县医疗卫生技术人员总数1298人（计生系统占74人），卫生机构45个，卫生技术人员占全县总人口的2.99‰。印江生活饮用水达到国家规定GB/T5750－2006标准。

附：

2008年印江自治县100岁以上老人情况统计表

姓名	性别	出生年月	民族	家庭住址
王耀华	男	1909.10	土家族	木黄镇阳坝村一组
朱老珍	女	1908.1	土家族	木黄镇阳坝村二组
胡老玖	女	1909.9	土家族	木黄镇阳坝村七组
杨珍英	女	1909.1	土家族	木黄镇乌溪村普子坳组
杨玉芝	女	1909.9	土家族	木黄镇地茶村一组
吴茂兰	女	1908.11	苗族	合水镇新场村晴半坡组

续表

姓名	性别	出生年月	民族	家庭住址
唐老冬	女	1908.12	苗族	合水镇坪峨村新窝组
田七英	女	1907.8	土家族	合水镇香树坪村石窝组
彭祖发	男	1909.10	汉族	合水镇新台村谭家组
任仙大	女	1907.8	土家族	合水镇兴旺村巷子组
田老梅	女	1909.12	土家族	合水镇石万村第四组
陆柳金	女	1904.10	汉族	合水镇香树坪村郊北组
释佛友	男	1908.1	汉族	永义乡大园址村护国禅寺
陈治昌	男	1908.12	土家族	永义乡田家湾村陈上组
田景和	男	1909.12	土家族	朗溪镇河西村新华组
陈德芝	女	1908.12	土家族	朗溪镇打铁坳村华尖坡组
任仙贞	女	1909.10	土家族	板溪镇台旺村长岗组
田儒会	女	1909.12	土家族	板溪镇泉溪村兴隆组
林贵芝	女	1907.1	苗族	板溪镇沙坡村下寨组
张圣英	女	1909.8	土家族	杉树乡顾家村山岔组
张著书	男	1908.2	土家族	天堂镇民丰村堆上组
杨文良	男	1907.7	土家族	缠溪镇两路口村平丰组
余世珍	女	1909.11	土家族	缠溪镇打杵坳村白蜡弯组
余大才	男	1907.9	土家族	缠溪镇缠溪村
代彩娥	女	1907.5	土家族	缠溪镇打杵场村半山组
史老吉	女	1909.6	苗族	缠溪镇打杵场村中岭组
黄绍英	女	1908.9	土家族	新寨乡后坝村代家组
柳文开	男	1908.7	土家族	新寨乡善都村上水沟组
柳元珍	女	1907.8	土家族	新寨乡板山村汪家组
白玉仙	女	1909.6	苗族	峨岭镇长坡村杨家组
杨秀凤	女	1907.12	土家族	峨岭镇贵江村贵凯组
谢炳清	男	1908.3	土家族	洋溪镇蒋家坝村
袁朝政	男	1907.11	土家族	洋溪镇坪林村坳上组
向树芝	女	1909.4	土家族	新业乡中河村第四组
杨通怀	男	1909.5	土家族	新业乡文昌村二组
李万富	男	1909.10	土家族	罗场乡广东坪村茂林组

2008 年印江自治县 90 岁以上人口统计表

单位：人

乡镇	人数	乡镇	人数
板溪镇	35	木黄镇	42
缠溪镇	36	沙子坡镇	35
刀坝乡	30	杉树乡	26
峨岭镇	73	天堂镇	18
合水镇	37	新寨乡	55
罗场乡	19	新业乡	22
朗溪镇	34	永义乡	14

续表

乡镇	人数	乡镇	人数
杨柳乡	13	洋溪镇	16
中坝乡	20	合计	525

（三）长寿之乡授牌

2012 年 8 月，中国老年学学会常务副会长赵宝华为印江县授予“中国长寿之乡”匾牌

2012 年 3 月，县老龄委向铜仁市政府、贵州省政府、中国老年学学会提出申请，申报“中国长寿之乡”。是年 5 月，全国“长寿之乡”评审委员会委派中国老年学学会常务副会长赵宝华，中国科学院地理科学与资源研究所所长、国际地理联合会健康与环境委员会主席、中国地理学会常务理事、地理学会医学地理专业委员会主任王五一，中国人民大学社会与人口学院副院长、教授、博士生导师、人口学系主任、人口研究所所长姚运，北京大学老龄健康与发展研究中心研究员柳玉芝，卫生部北京医院老年医学研究所所长、中国心理卫生协会老年心理专业委员会副主任、教授高芳堃，中国老龄科学研究中心研究员、中国老年心理卫生专业委员会顾问、中国老年学学会学术部主任陶立群，中国社会科学院人口与劳动经济研究所副研究员、博士林宝等专家，根据《中国长寿之乡评审标准》《中国长寿之乡评审办法》，在印江进行为期一周的考察，查阅一至五次全国人口普查资料。数据表明，至 2012 年 5 月，印江有百岁老人 37 人、占总人口 8.49/10 万，80 岁以上人口为 6539 人、占总人口 1.5%，全县人口平均寿命 74.6 岁，高于全国平均寿命 3 岁，考核 3 项必达指标和 12 项考核指数，均已达到和超过“长寿之乡”标准。是年 6 月，中国老年学会决定，授予印江自治县“中国长寿之乡”称号。

申报工作从开始到批复，历时三年。县委、县人民政府把申报工作列入全县重点工作来抓，同时得到省、市党委、人民政府和老龄工作委员会的支持。县委书记陈代军、县长杨维权多次召开专题会议研究申报工作，县委副书记李俊宏组织召开现场办公会。三次调整、充实、加强申报工作领导小组。成立以县长杨维权为组长，县委副书记李俊宏，县委常委、组织部长江旭为副组长，县委办、政府办、宣传部、组织部、民政局、老龄办等部门的主要负责人为成员的“中国长寿之乡”申报工作领导小组，并成立县长寿申报办公室，莫成君任办公室主任，办公室下设内务组（组长彭中华，成员王太军、张丽玲、任明伟、吴廷文），外务组（组长莫成君，成员张羽芳、代复奎、吴仕林、罗福扬、杨再福），开展调查研究和资料整编，从申报、审批到命名授牌，按程序完成各项工作。

修志始末

按照中央地方志指导小组续修县级志书的通知，2003 年开始启动续修县志。是年 5 月，中共印江自治县委、印江自治县人民政府，以印党发〔2003〕20 号文件，调整充实县志编纂委员会，由肖忠民任县志办主任、县志主编。2004 年年初，启动县直部门资料征集工作。当时征集资料时限为1978—2003 年。2004 年 1 月，由县委办、县政府办行文抽调县文化馆陈法权、永义乡政府办肖弘维、罗场乡畜牧站张羽辉到县志办工作。2005 年 10 月，印江续志已完成初稿，但一直未定初级评审会时间。2006 年，由于修志期间编辑人员紧缺，临时聘请陈世俊、陈世林、高龙生、杨承俊承担县志稿校对，甘述华负责图片搜集。后准备于 2007 年 8 月召开印江续志评审会，这一时期由于上下限时间一直游离不定，从 2003 年、2005 年、2008 年、2010 年进行三次志稿下限时间变动，资料长期未能评审。2011 年 10 月，经请示县领导同意后最后明确，自治县二轮县志上限为 1988 年，下限至 2008 年。

2010 年，县志办并入县档案局。2011 年 4 月，由县档案局局长冯净兼任县志办主任，肖忠民任主编。2013 年 3 月，抽调杨柳乡党政办陈其彬到县志办协助县志编辑工作。

2014 年 5 月，在送审过程中未能通过终审。根据省、市方志部门意见，印江二轮志书尚需继续完善和补充有关资料。2014 年 5 月，因人事变动，自治县人民政府对县志编纂委员会组成人员进行调整充实，由档案局局长冯净兼任县志编纂委员会办公室主任、主编。在此期间肖忠民因病到北京治病，档案局对县志编辑人员进行重组，调整后编辑组成员为秦礼显、甘述华、严守学、冯享名、王太军、陈其彬、杨承俊、张羽辉、史宗铨。其分工是：秦礼显负责档案管理、方志工作、人物传内容，冯享名负责文化管理内容，严守学负责综合经济、财税·金融内容，杨承俊负责环境保护、政区、交通内容，王太军负责经济管理内容，史宗铨负责地理概况、自然灾害、水利、电力、卫生、科技、体育、传统习俗、民族习俗内容，张羽辉负责产业发展、教育、人口、民族宗教习俗内容，陈其彬负责政党群团、政权政协、综合政务、军事司法内容，甘述华负责图片、文化、文物、非物质文化遗产内容的编纂工作。冯享名、戴泽民、吴彬负责检校。

2014 年 9 月，因人事变动，县志编纂委员会人员再行调整，由县档案局局长顾宗富兼任编纂委员会办公室主任，调整补充编辑人员继续对志稿进行修编。在此期间，甘述华、杨秀恩、刘安权、陈绍前、郑荐等对部分章节内容进行修改、补充和校核，同时，志书得到碧江区志办喻永金、吴和海的指点和修改。2015 年 3 月通过市方志办复审，同年 10 月通过省方志办终审。2016 年，根据省方志办终审意见，将志稿返回各乡镇、部门再次进行修改补充。同时，聘请田应光、甘述华、刘安权对全书进行修改校对。本续志经过多次反复修订，已基本成形。2016 年 7 月，通过省地方志办公室验收。

编纂过程中，得到中央、省、市方志办的专家及兄弟县市修志同行的指导。2017 年 2 月，志稿经方志出版社的编辑审校，再次修改后于 2017 年 7 月定稿。同时，县志续修工作得到县领导的关心和重视，得到各级各部门的支持。在此谨以诚挚之情致以谢意。

地方志是一门综合学科，续志编纂涉及许多全新的领域，由于编纂人员思想水平、学识能力和社会实践经验有限，续志中阙失纰漏在所难免，真诚期待读者和专家批评指正。

《印江土家族苗族自治县志》编纂委员会

二〇一七年七月

出版说明

根据国务院办公厅颁发的《全国地方志事业发展规划纲要(2015—2020年)》规定，到2020年必须全面完成第二轮地方志书规划任务。为确保这一目标顺利实现,针对当前部分民族地区与贫困地区志书出版经费困难的情况，在中国地方志指导小组组长王伟光、常务副组长李培林的亲自倡议和领导下,自2015年8月起中国地方志指导小组办公室启动民族地区与贫困地区志书出版资助工程，对经国务院扶贫开发领导小组办公室认定的国家级贫困县(区、旗、县级市),中西部地区、少数民族边疆地区、经济欠发达地区存在出版经费困难的省市县三级综合志书进行出版资助。

民族地区与贫困地区志书出版资助工程既是地方志系统的政治工程，又是全国地方志事业协调发展的促进工程,对于推进第二轮地方志书规划任务按期完成,实现地方志事业区域发展平衡,促进民族地区与贫困地区基础文化建设,具有重要的政治意义和文化意义。2016年4月,该工程入选国家新闻出版广电总局实施的“十三五”国家重点图书、音像、电子出版物出版规划项目。

本书经民族地区与贫困地区志书出版资助工程领导小组批准，入选民族地区与贫困地区志书出版资助工程。

民族地区与贫困地区志书出版

资助工程领导小组办公室

2015年9月

印江土家族苗族自治县志

（1988—2008）

上册

印江土家族苗族自治县地方志编纂委员会 编

方志出版社
Publishing House of Local Records

图书在版编目（CIP）数据

印江土家族苗族自治县志：1988—2008/印江土家族苗族自治县地方志编纂委员会编. —北京：方志出版社，2017.10
ISBN 978-7-5144-2580-2

Ⅰ.①印… Ⅱ.①印… Ⅲ.①印江土家族苗族自治县—地方志—1988-2008 Ⅳ.①K297.34

中国版本图书馆 CIP 数据核字（2017）第 254695号

印江土家族苗族自治县志（1988—2008）

编　　者：印江土家族苗族自治县地方志编纂委员会
责任编辑：徐　宏
出 版 人：冀祥德
出 版 者：方志出版社
地址　北京市朝阳区潘家园东里 9 号（国家方志馆 4 层）
邮编　100021
网址　http://www.fzph.org
发　　行：方志出版社发行中心
电话（010）67110500
经　　销：各地新华书店
印　　刷：四川新财印务有限公司
开　　本：889×1194　　1/16
印　　张：68.75
字　　数：2121 千字
版　　次：2017 年 10 月第 1 版　　2017 年 10 月第 1 次印刷
印　　数：0001~2200 册

ISBN 978-7-5144-2580-2　　定价：680.00 元

序

当前，在以习近平同志为核心的党中央的坚强领导下，全国各族人民正在全面建成小康社会的决胜阶段奋勇向前、阔步迈进。全面建成小康社会，最艰巨最繁重的任务是在革命老区、民族地区、边疆地区、贫困地区。消除贫困、改善民生、实现共同富裕，是中国特色社会主义的本质要求，是中国共产党的重要使命。为了全面实现小康，党中央高度重视扶贫开发工作，全力推进脱贫攻坚工程，实施精准扶贫、精准脱贫。习近平总书记明确提出，全面实现小康，一个民族也不能少，不能落下一个贫困家庭、丢下一个贫困群众。扶贫开发是个系统工程，发展是第一要务，只有发展，因地制宜找准路子，才能最终实现精准扶贫、精准脱贫。“治贫”必先“治愚”，在加强经济和基础设施建设、提高教育水平等方面的同时，扶贫开发还要注重文化扶贫，特别是通过挖掘革命老区、民族地区、边疆地区、贫困地区的文化内涵、历史底蕴、地情资源，让广大干部群众了解地情、了解历史、了解本地区的优势和劣势，在思想上脱贫，尤为关键。

赓续不断地编修地方志是我国独有的优秀文化传统，绵延千年而不断。党中央、国务院高度重视地方志工作，近几年来，习近平总书记、李克强总理、刘延东副总理作出了一系列的重要指示。2015 年 8 月，国务院办公厅印发《全国地方志事业发展规划纲要（2015—2020 年）》(以下简称《规划纲要》)，明确要求到2020年必须全面完成第二轮修志规划任务，这是全国地方志工作在全面建成小康社会进程中的硬性任务，也是全国地方志系统为全面建成小康社会的献礼。届时，将同步实现省省有省志、市市有市志、县县有县志，这不仅在中国文化发展史上是绝无仅有的，在世界文化发展史上也是罕见的。从目前来看，要实现这一目标任务，还存在不少困难和问题，特别是民族地区与贫困地区，面临着缺乏人才、资金等诸多困难。实现到 2020 年必须全面完成第二轮修志规划任务，一个省、一个市、一个县都不能少。自 2015 年 8 月，经中国地方志指导小组批准，中国地方志指导小组办公室启动民族地区与贫困地区志书出版资助工程（以下简称“资助工程”)，对经国务院扶贫开发领导小组办公室认定的国家级贫困县(区、旗、县级市)，中西部地区、少数民族边疆地区、经济欠发达地区存在出版经费困难的省市县三级综合志书进行出版资助。截至目前，已经确定资助两批 20 多部志书。2016 年 4 月，该工程成功入选国家新闻出版广电总局实施的“十三五”国家重点图书、音像、电子出版物出版规划项目。当前正处于全面推进扶贫开发工程的攻坚阶段，深入推进资助工程，是全国地方志系统配合推进精准扶贫、精准脱贫的重要工作，必须引起高度重视。

资助工程是地方志系统的政治工程。革命老区、民族地区、边疆地区、贫困地区蕴含着极为丰富的文化内容，编纂出版志书，对于继承和发扬优秀传统文化、民族文化、革命文化，加强民族团结、促进当地经济社会建设意义重大。革命老区、民族地区、边疆地区、贫困地区的志书是充分展示在中国共产党领导下这些地区经济社会建设取得的巨大成就、各族人民生活幸福安定的历史依据。特别是边疆地区的志书，是历代王朝、社会主义新中国对该地区行使主权的文化宣示，是真实记录边疆地区与祖国一脉相承、荣辱与共的重要载体。《规划纲要》明确要求到2020年全面完成第二轮修志规划任务，是党中央、国务院对各级政府和地方志工作机构的政治要求，必须不打折扣坚决完成，革命老区、民族地区、边疆地区、贫困地区也不能例外。资助工程既是全国地方志系统的文化扶贫工程，又是确保到2020年全面完成第二轮修志规划任务的推进工程，具有重要的政治意义。

资助工程是促进民族地区与贫困地区文化建设的基础工程。地方志书是全面系统地记述本行政区域自然、政治、经济、文化和社会的历史与现状的资料性文献，记述内容包罗万象，记述对象丰富多彩，是对一个地方的文化普查和历史资料的全面梳理。一个地方的经济社会建设，离不开文化支持。发展是硬道理，只有真正实现全面、协调、可持续发展，才能最终实现小康。与此同时，发展也必须是有序的而不是盲目的，必须是实事求是的而不是凭空设想的，必须是因地制宜的而不是照搬照抄的。实践证明，脱离当地的自然条件、历史基础、文化传承、人文习俗等搞所谓的建设，要么是盲人摸象、坐井观天，要么是揠苗助长、掩耳盗铃，要么是削足适履、画蛇添足，最终会落得个水土不服、无疾而终。对于民族地区与贫困地区来说，立足本地的资源、市场、人文旅游等优势，因地制宜找准发展路子，是确保科学发展的首要任务。民族地区与贫困地区，尤其是那些自古以来还没有编修过志书的地区，开展志书编纂既是对当地自然、政治、经济、文化、社会、生态等方面的发展历史、发展脉络、发展规律的全面摸底和调查，又是总结历史经验、汲取历史教训、挖掘历史智慧的全面梳理和探求。通过学习、利用地方志书，让各级领导干部、广大人民群众了解当地的历史、了解实实在在的地情，从历史中汲取营养和智慧为现实提供借鉴和服务，是确保民族地区与贫困地区发展不走弯路、不走冤枉路的有效手段。

资助工程是全国地方志事业协调发展的促进工程。第五届中国地方志指导小组成立以来，一直把走基层、探实情作为一项重要任务，截至目前，已经到 30 个省（自治区、直辖市）开展了调研。通过座谈、实地考察等多种形式，充分了解了当前全国地方志事业发展面临的主要困难和问题。其中，区域发展不平衡，中西部地区特别是边疆少数民族地区地方志工作与东部地区相比还存在不少差距，是制约全国地方志事业实现全面、协调、可持续发展的瓶颈所在。有的地方甚至出现了花费了大量的人力、物力，经过十余年的艰辛努力编纂出志书，因为缺乏出版经费迟迟未能出版的状况。正是基于以上了解到的情况，中国地方志指导小组及其办公室才下定决心启动资助工程。到 2020 年全面建成小康社会时，地方志事业区域发展不平衡问题必须得到妥善解决，这也是深入贯彻《规划纲要》的应有之义。而作为主业的修志编鉴，到 2020 年全面完成第二轮修志规划任务、实现综合年鉴编纂全覆盖的“两全目标”，是中西部地区特别是边疆少数民族地区地方志工作发展的重中之重。从现实意义来说，资助工程对于实现全国地方志事业全面、协调、可持续发展具有重要的促进作用。

在党中央、国务院的高度重视下，全国地方志事业发展迎来重大战略机遇。越是发展的关键时期，越要有大局观，越要从全国一盘棋的角度考虑问题。《规划纲要》作为顶层设计，确定的各项目标任务都要落到实处，而作为“两全目标”之一的到 2020 年全面完成第二轮修志规划任务，实现省、市、县一个都不能少的目标，是关键中的关键。希望借助资助工程的深入推进，进一步引起全国地方志系统对实现“两全目标”的重视，确保按期保质完成，用志书客观而忠实地记述中国共产党人带领全国各族人民全面建成小康社会的光荣与曲折历程，为全面建成小康社会贡献“志”礼。

是为序。

中国社会科学院院长、党组书记
中国地方志指导小组组长

2016 年 10 月于北京

民族地区与贫困地区志书出版
资助工程领导小组

民族地区与贫困地区志书出版
资助工程领导小组办公室

中國書法之鄉
印江縣
中國書法家協會 頒
2011年10月

CTSS
中国名茶之乡
中国茶叶学会
有效期限:2010年11月30日-2013年11月29日

印江土家族苗族自治县
中国长寿之乡
中国老年学学会
二〇一二年六月

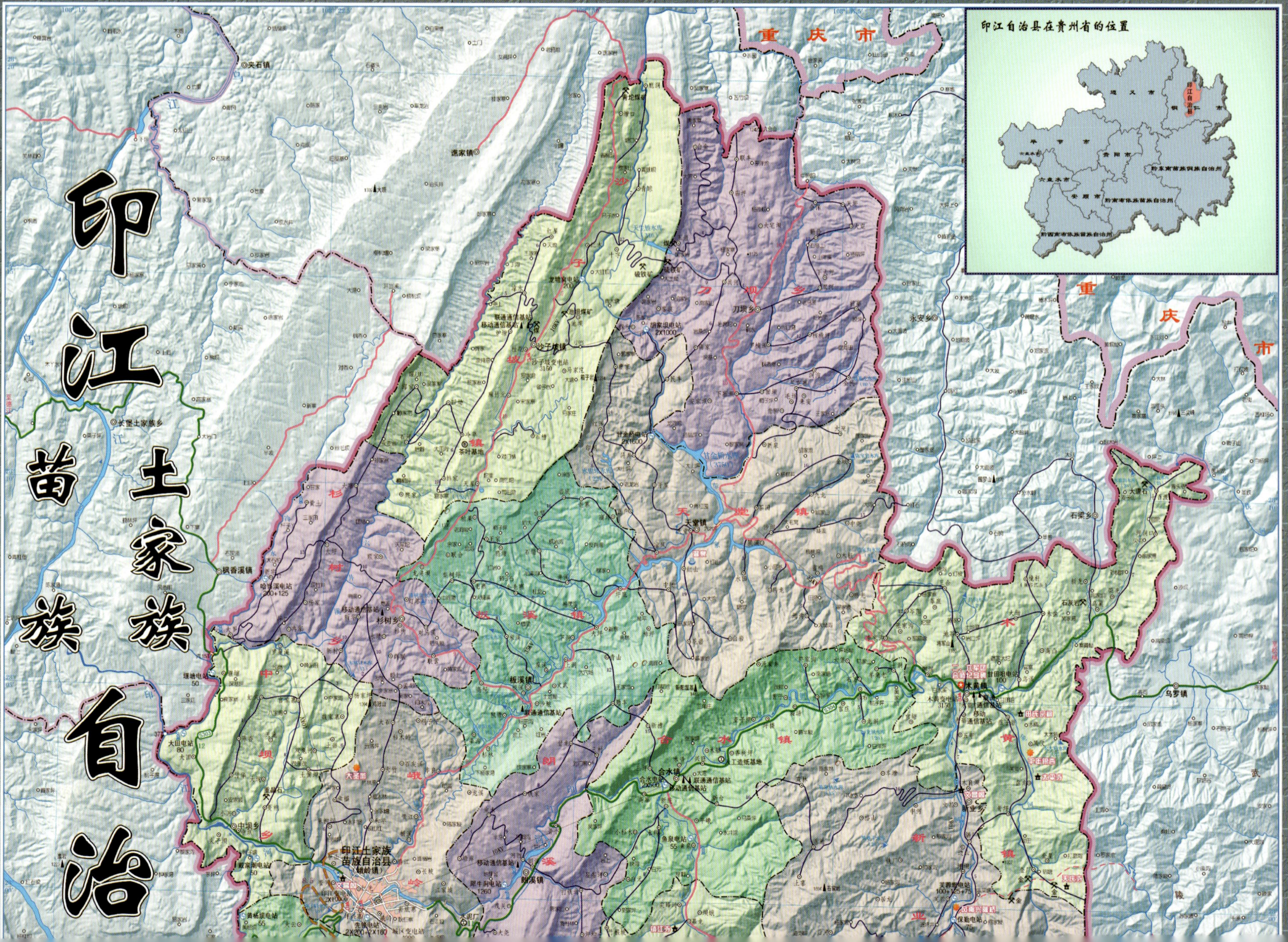
印江
土家族
苗族
自治
印江自治县在贵州省的位置
重庆市
重庆市
印江土家族苗族自治县

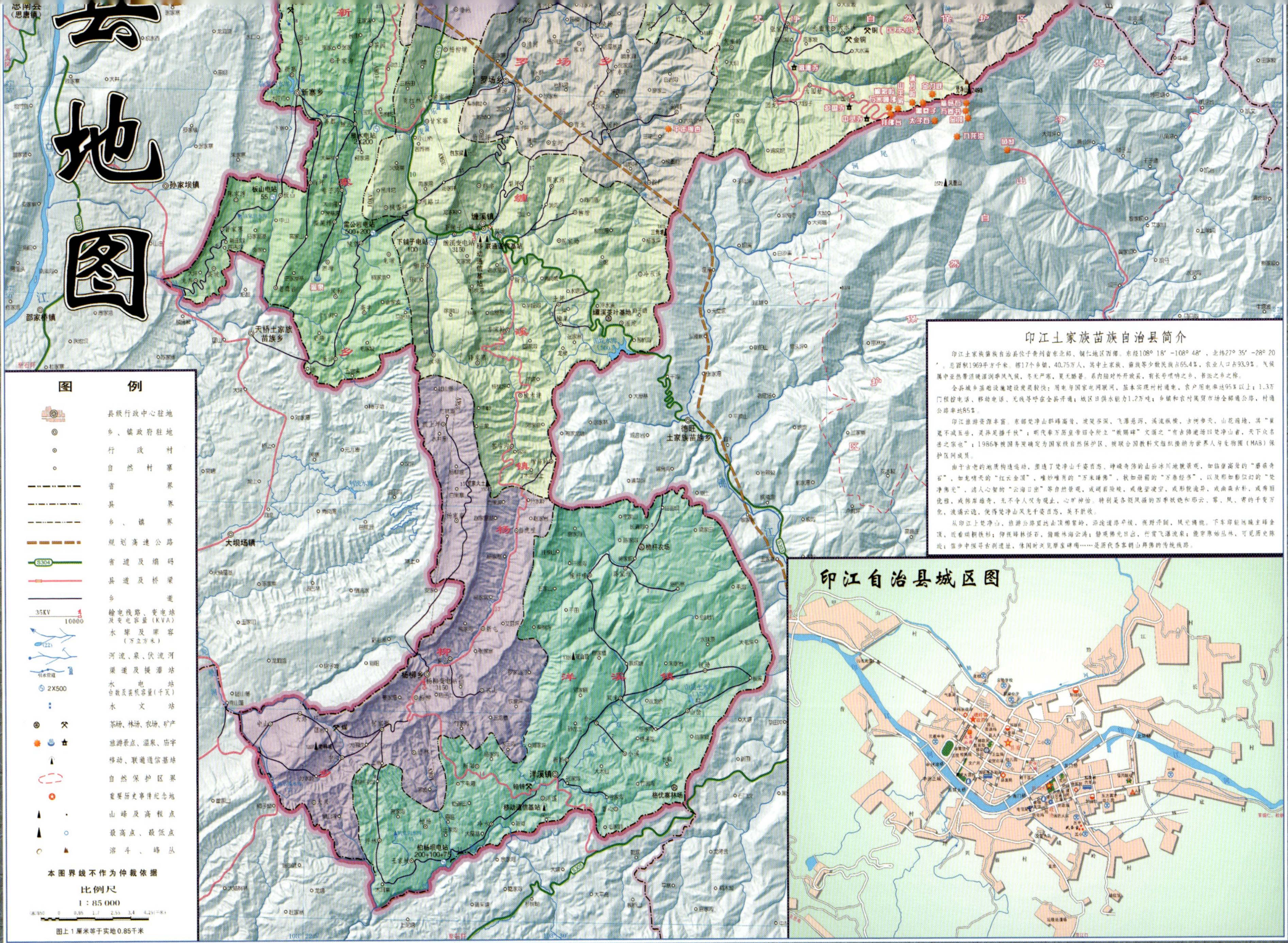

印江土家族苗族自治县简介

印江土家族苗族自治县位于贵州省东北部、铜仁地区西部。东经108° 18′ -108° 48′，北纬27° 35′ -28° 20′。总面积1969平方千米。辖17个乡镇，40.75万人，其中土家族、苗族等少数民族占65.4%，农业人口占93.9%。气候属中亚热带温暖湿润季风气候，冬无严寒，夏无酷暑。系内陆对外开放县，有长号唢呐之乡、书法之乡之称。

全县城乡基础设施建设发展较快：用电与国家电网联网，基本实现村村通电，农户用电率达95%以上；1.3万门程控电话、移动电话、无线寻呼在全县开通；城区日供水能力1.2万吨；乡镇和农村集贸市场全部通公路，村通公路率达85%。

印江旅游资源丰富。东部梵净山群峰高耸，坡陡谷深，飞瀑悬河，溪流纵横，古树参天，山花遍地，其“巍峨不减五岳，灵异足播千秋”；明代奉万历皇帝诏令所立“敕赐碑”文谓之“有古佛道场曰梵净山者，天下众名岳之宗也”；1986年被国务院确定为国家级自然保护区，被联合国教科文组织接纳为世界人与生物圈（MAB）保护区网成员。

由于古老的地质构造运动，塑造了梵净山千姿百态、峥嵘奇伟的山岳冰川地貌景观，如临崖高耸的“蘑菇奇石”，如龙啸天的“红云金顶”，唯妙唯肖的“万米睡佛”，状如册籍的“万卷经书”，以及那如影似幻的“梵净佛光”，沁人心智的“云海日出”等自然景观，或峭岩险峻，或绝壁凌空，或形貌诡异，或幽森古朴，或秀丽优雅，或伟岸雄奇，无不令人叹为观止，心旷神怡。特别是各领风骚的四季妖娆和那云、雾、风、雷的千变万化，波谲云诡，使得梵净山风光千姿百态，美不胜收。

从印江上梵净山，旅游公路直达山顶蘑菇岭，沿途道路平缓，视野开阔，风光绮丽。下车即能远眺主峰金顶，近看珙桐铁杉；仰视峰林怪石，俯瞰林海云涛；静观佛光日出，行赏飞瀑流泉；攀穿原始丛林，可见历史陈迹；信步中探寻古刹遗址，休闲时浏览摩崖碑褐……是历代香客朝山拜佛的传统线路。

审图号：黔S（2002）071号
二〇一一年十一月

印江土家族苗族自治县国土资源局
贵州省第三测绘院
编制

1988年的印江县城

2008年的印江县城

重庆市
至重庆市
沿河土家族自治县
松桃苗族自治县
重庆市
至秀山
德江县
S303
至遵义市
六井溪乡村旅游带
天堂镇
杉树乡
板溪镇
中坝乡
美女峰景区
木黄神兵古镇
S304
红二六军团会师纪念地
至铜仁市
印江海谷乡村旅游带
城市农业公园
土家风情城
朗溪古镇
至遵义市
印江
G56
杭瑞高速
严寅亮故居
状元茶景区
至贵阳市
紫微园
紫薇旅游小镇
花海休闲避暑区
石板寨
金厂河避暑带
杜鹃花海
亚盘林度假村
栗子园水库
团龙
梵净山自然保护区
护国禅寺
万米睡佛
蘑菇石
金顶
黑湾河
国茶园
德旺
距离铜仁凤凰机场140公里
距离遵义新舟机场170公里
距离铜仁火车站110公里
距离铜仁高铁车站180公里
至铜仁市
至江口县
江口县
江瓮高速
石阡县
至贵阳市
至石阡县
图例
高速公路
省道公路
县道公路
环梵公路
山峰
旅游景点
主要集镇
待建高速公路
审图号：黔S（2002）071号
二〇一一年十一月
印江土家族苗族自治县国土资源局
贵州省第三测绘院 编制

印江旅游交通示意图

1996年12月27日，贵州省省长吴亦侠（中）视察印江岩口山体大滑坡灾情

2006年9月，贵州省委书记石宗源（左二），在贵州旅游商品设计大赛中参观印江印染工艺

2004年10月，贵州省省长石秀诗（右三），在永义乡紫薇园考察

2008年4月，贵州省省长林树森（右三）在缠溪镇考察茶叶产业

2011年6月，贵州省省长赵克志（中）在杉树乡考察整村推进连片开发工作

2008年8月，国务院扶贫办主任范小建（中）、贵州省副省长禄智明（前排左一）等领导在杉树乡考察试点茶叶产业园

2005年7月，文化部副部长陈晓光（右一）在梵净山考察文化旅游工作

2005年1月，贵州省政协主席王正福（右二）在印江考察农业经济

2004年4月19日，贵州省委副书记、纪委书记曹洪兴（左二）在印江县中坝乡慰问困难群众

1998年4月，贵州省委常委、纪委书记夏国华（左五）在印江考察工业经济

2010年3月，贵州省委副书记王富玉（中）在杉树乡考察农村扶贫工作

2002年5月，铜仁地委书记肖永安（左二）在印江县湄坨村调研

1998年7月，铜仁地区行署专员袁周（中）出席在缠溪镇举行的铜遵油路（过江屯——煎茶）开工典礼

2003年1月，铜仁地委书记杨玉学（左二）在印江县新寨乡调研农业产业工作

2006年，铜仁地区行署专员谌贻琴（前右二）在印江调研工业经济

2006年9月，铜仁地委书记廖国勋（右二）在印江查看年产120万吨水泥生产线建设

2008年6月，铜仁地区行署专员李再勇（右二）在印江调研城镇建设工作

2012年8月，铜仁市委书记刘奇凡（中）在印江县新业乡调研农业产业调整工作

1997年11月，举行印江土家族苗族自治县成立十周年庆祝大会

2007年10月，举行印江土家族苗族自治县成立二十周年庆祝大会

1994年10月，举行木黄会师六十周年纪念活动

2004年10月20日，老红军向轩（中）、萧克之子萧星华（右一）、贺龙外孙女贺来毅（右二）、贺炳炎之子贺雷生（左二）、段苏权之子段米恒（左一）瞻仰红二、六军团木黄会师纪念碑

2004年10月，举行木黄会师七十周年纪念活动

1998年9月，在永义乡张家坝举行中国梵净山国际旅游节暨经贸洽谈会

2000年5月，在印江举行湘鄂黔渝武陵山区茶叶集团第四届理事会暨名茶评比会

2004年9月，印江举办原产地域保护贵州省地方标准梵净山翠峰茶、绿茶标准审定会

2005年5月，印江举办CCTV－7乡村大世界大型综艺演出活动

2006年9月，印江举办“中国梵净山国际旅游节暨护国禅寺佛诞节”活动

2006年4月，举办“多彩贵州”印江旅游形象大使选拔赛

2007年4月，举行印江自治县第三届招商引资资源推介会暨签约仪式

2008年5月，印江举行《颐和园》特种邮票首发式暨严寅亮书艺研讨会

1998年7月，铜遵（过江屯至煎茶段）油路开工典礼在缠溪举行

2001年12月，铜仁地区通县油路建设工程（印江至沿河、松桃、德江）在印江县城举行开工典礼

2000年10月，举行县城西环桥通车典礼

2006年7月，梵净山金顶水泥有限公司新型干法水泥生产线开工奠基

2000年9月，建成岩口滑坡整治工程纪念碑

2004年5月，在杨柳乡举行印江缠溪至石阡龙塘坳通乡油路改造工程开工典礼

2007年建成的印江河一级翻板坝工程

2004年开工建设的防洪堤及书法长廊建设

2008年1月，在杉树乡举行“县为单位，整合资金，整村推进，连片开发”项目印江试点启动仪式

2008年9月，举行慕龙饮水工程通水典礼

新寨乡大云村（2008年摄）

朗溪镇河西村甘川（2011年摄）

永义乡团龙村（2008年摄）

新业乡芙蓉村（2008年摄）

杉树乡烤烟生产基地（2006年摄）

木黄镇水稻生产（2008年摄）

木黄镇油菜基地（2005年摄）

梵净山优质茶基地系列产品（2001年摄）

洋溪镇万亩茶园（2006年摄）

农民获丰收景象（2007年摄）

柑橘丰收（2008年摄）

红苕粉

金豆腐

红皮脆菜

小米醡

香菇

豆浆绿豆粉

腊肉

醡辣椒

新业乡黔芙蓉乌鸡养殖场（2008年摄）

峨岭镇甲山村小溪养鹅场（2008年摄）

天堂镇山羊养殖基地（2008年摄）

新寨乡养猪场（2007年摄）

木黄镇太阳牛业（2008年摄）

刀坝乡绿源养殖场（2008年摄）

2008年建设中的年产120万吨水泥的金顶水泥厂

1995年4月，黔江村星源页岩砖厂建成

2006年7月，天堂云阳电解锰厂电解车间投产

2007年8月，腾飞米业投产

1995年，印江建成茶叶精致加工厂制茶车间

2007年8月，建成鑫隆肉联厂

县城建设一角（2010年摄）

县城夜景（2010年摄）

印江体育馆（2008年摄）

印江体育场（2010年摄）

文昌公园（2011年摄）

旧城改造金玉小区一角（2004年摄）

花园城住宅小区（2007年摄）

和谐家园住宅小区（2007年摄）

卫生县城创建（2008年摄）

旧城改造后建成的中心广场（2007年摄）

西环客运站（2006年摄）

县城西环桥（2003年摄）

解放路（2008年摄）

梵净山路（2004年摄）

西环大道（2003年摄）

西园开发区（1998年摄）

印江河音乐喷泉（2007年摄）

板溪镇集镇建设（2008年摄）

木黄镇集镇建设（2003年摄）

永义乡集镇建设（2007年摄）

乐茂江至柏香林改道工程（2000年摄）

天堂镇通村公路（2008年摄）

新寨乡农村客运（2008年摄）

杉树乡通村公路（2008年摄）

新寨乡茶园产业路（2008年摄）

缠溪镇湄沱水库（2008年摄）

中坝乡大田堰塘水厂（2011年摄）

朗溪镇张家村农田灌溉沟渠（2010年摄）

沙子坡镇消水坑水库（2006年摄）

沙子坡镇红木村雨水集蓄利用小水池（2007年摄）

1995年建成110千伏印江变电站

印江电网建设（2004年摄）

2005年10月建成的电信大楼

2006年建成的坨寨电站

2008年6月，在勤丰村建成的广播电视无线转播台

梵净山蘑菇石

梵净山万米睡佛

梵净山仙境

梵净山太子石风光

永义乡『紫薇王』

新业乡田园风光

新业乡杜鹃花海

杉树乡鸡冠山

木黄镇岑图寺风光

梵净山环线公路

红二、六军团木黄会师纪念碑

红二、六军团木黄会师纪念馆

木黄会师柏

印江文昌阁

依仁书院

木黄镇建厂村田氏宗祠

严氏宗祠

城区开展千人花灯表演（2008年摄）

高腔山歌（2008年摄）

民族服装展示（2007年摄）

土家族摆手舞（2007年摄）

茶艺表演（2007年摄）

土家龙灯（2008年摄）

油纸伞（2006年摄）

古法造纸（2007年摄）

土家印染（2007年摄）

长号唢呐（2008年摄）

城区严寅亮雕像（2005年摄）

严寅亮题写的北京《颐和园》匾额

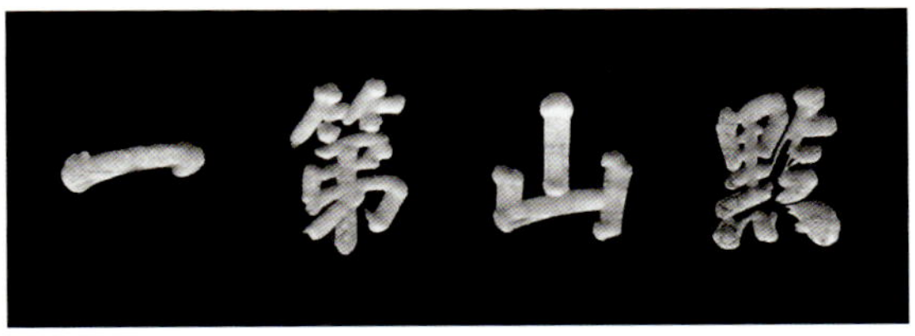

严寅亮书法作品

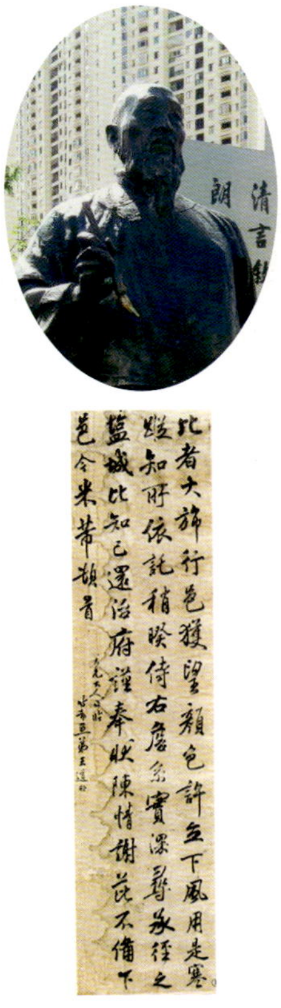

王道行书法作品

周以湘书法作品

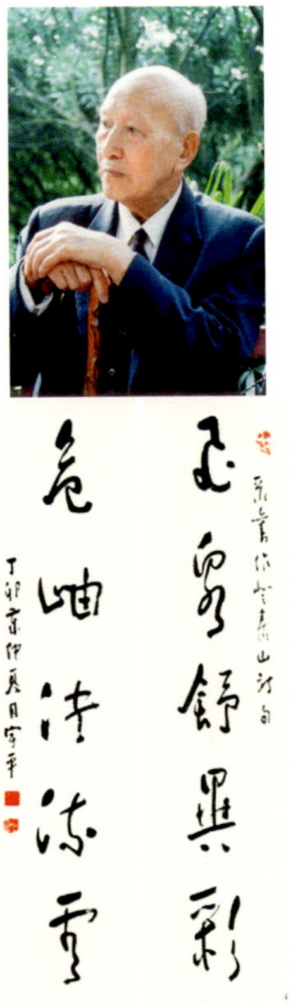

魏宇平书法作品

王峙苍书法作品

2011年11月，在印江县城举行“中国书法之乡·印江”命名授牌仪式

每年春节，县文联、书法协会在城乡举办代书春联活动（2007年摄）

2008年9月，坪兴村举办群众书法活动

2008年春节书法展览

1997年10月，印江自治县第一届佛教协会成立

护国寺佛事活动（2004年摄）

2004年9月，中国佛教协会副会长学诚大师在中国梵净山佛教文化研讨会暨护国禅寺大雄宝殿佛像开光大典上

2006年9月，全国政协民族宗教委员会副主任、中国佛教协会常务副会长圣辉大和尚，中国道教协会会长任法融道长在护国禅寺考察

2004年9月，印江举办中国梵净山佛教文化研讨会开幕式暨护国禅寺大雄宝殿佛像开光大典

2008年2月，在中心广场开展春节文化活动

2008年11月，举办第二届民族民间文艺调演

印江民族中学（2011年摄）

县人民医院（2005年摄）

廉租房建设小区（2010年摄）

健身市民（2008年摄）

义诊活动（2006年摄）

计生宣传（2005年摄）

普法宣传（2007年摄）

创建文明县城宣传活动（2006年摄）

《印江自治县志（1988-2008）》市级复审

印江自治县志编辑全体人员合影
前排左起：冯　净、秦礼显、肖忠民、顾宗富
二排左起：甘述华、史宗铨、杨承俊、严守学、张羽辉
三排左起：田仁江、陈绍前、刘安权、王太军
四排左起：杨秀恩、张　霞、田　琴、陈其彬、唐　莉

2015年10月，在省地方志办公室召开《印江土家族苗族自治县志（1988—2008）》终审会

省级终审人员合影
前排左起：顾宗富、滕继承、吴国才、归　然、史继忠、钟　莉
二排左起：田　琴、田仁江、冯　净、陆　震、陈其彬、张志平、车秀琴

《印江土家族苗族自治县志（1988—2008）》编纂委员会成员名单

2003年5月—2008年6月

顾　　　问：陈　康　任廷纪　王朝文
主　　　任：李　建
副　主　任：方门照　肖忠民
成　　　员：马芝新　严　政　严黔闽　张银春　张继鸣　刘家沛　张金海
张建华
办公室主任：肖忠民（兼主编）

2008年6月—2011年4月

顾　　　问：陈　康　王朝文　何圣仙
主　　　任：肖　洪　杨维权
副　主　任：王继承　肖忠民
成　　　员：马芝新　严　政　张银春　吴钊辉　周廷丰　陈太雄　冯　净
办公室主任：肖忠民（兼主编）
编　　　务：杨承俊　陈世林　高龙生　肖弘维　陈世俊　肖晓松

2011年4月—2014年4月

顾　　　问：肖　洪　王朝文　何圣仙
编委主任：杨维权
副　主　任：王继承　田　斌　张　峰
成　　　员：田　江　代忠义　严　政　冯　净　秦义宏　张银春　廖明江　周廷丰
陈太雄　邹朝阳　肖忠民
办公室主任：冯　净
编辑部主任：肖忠民

2014年4月—2015年3月

顾　　　问：陈代军　王朝文　何圣仙
主　　　任：张浩然
副　主　任：代忠义　段绍华

2015 年 3 月—2016 年 3 月

2016 年 3 月

张　军　任光宇　吴仲勇　尹　华　田仁贵　张　杰　陈　明　田晓斌

办公室主任：顾宗富

主　　　编：顾宗富

副　主　编：冯　净　田仁江　田　琴

编　　　辑：秦礼显　严守学　甘述华　田应光　史宗铨　杨承俊　张羽辉　王太军　陈其彬　杨秀恩　刘安权　陈绍前　吴先海　唐　华

编　　　务：魏　东　罗明慧　唐　莉　付　芬　张　霞　卢道翠　张　磊　黄　燕　陆　颖

初审人员名单

省、市、外县：彭　钢　武启林　车秀琴　安婵娟　傅国义　唐锦和　陈觉云　苏　波　喻永金　刘其松　宋德成　田志军　吴和海　田必刚　姚茂玉　张　健　杨荣平　孟　新　雷文臻　冉隆飞　雷绍华　杨　敏　高元芳　伍世江　龙光辉　姚本义　温美丽　宋光绪　王　萍　张爱民　温　泉　蒋忠诚　李倪露　杨昌敖　张体珍　白顺文　王　英　田　惠　谭小华

本　　　县：杨维权　马芝新　王朝文　何圣仙　王新华　代忠义　田　江　严　政　冯　净　肖忠民　秦义宏　张银春　廖明江　周廷丰　陈太雄　邹朝阳　田仁江　张世麟　严循志　冯享名　陈世俊　史宗铨　高隆生　杨承俊

复审人员名单

安婵娟　滕继承　瞿政平　唐锦和　陈觉云　李云昌　苏　波　杨洪波　冯　净　肖忠民　田仁江

终审人员名单

归　然　王传福　史继忠　钟　莉　陆　震　车秀琴　滕继承　陈觉云　吴国才　顾宗富　冯　净　田仁江　田　琴　甘述华　陈其彬　张　磊　魏　东

序

县委书记　田　艳

县　长　张浩然

《印江土家族苗族自治县志（1988—2008）》的编成出版，是全县人民政治生活中的一件大事，也是印江文化建设的一项重要成果。可喜可贺！

修编地方志书，是传承中华文明的一项重要工作，也是地方党委、政府义不容辞的责任。现出版的《印江土家族苗族自治县志（1988—2008）》承接前志，客观全面记载了1988年至2008年印江建制沿革、自然、经济、政治、文化、社会等各个领域的发展状态，突出体现印江的地方特点和时代特点，是全面反映印江县情的重要文献资料，是留给后世的珍贵财富。

印江历史悠久，设县始于唐朝，唐武德三年（620）设思王县，唐开元四年（716）设思邛县。宋建隆二年（961）改思王县为朗水峒，改思邛县为邛水司。宋大观元年（1107），蕃部长田祐恭归附，领务川、邛水（今印江）、安夷等县，设思邛江长官司、朗溪蛮夷长官司、厥册蛮夷长官司。明洪武四年（1371）思邛江、朗溪、厥册三长官司改隶思南宣慰司。明洪武十一年（1378）厥册蛮夷长官司并入朗溪蛮夷长官司。明弘治七年（1494）撤思邛江长官司，建印江县。印江县是黔东北建县最早的县之一。1986年，经国务院批准撤销印江县，以原有建制设立印江土家族苗族自治县。印江自治县先后被国务院确定为内陆对外开放县，被贵州省委、省政府划定为革命老区，是全国法制宣传教育先进县、全省社会治安综合治理模范县、省级文明县城，有“中国书法之乡”“中国名茶之乡”“中国长寿之乡”等美誉。

改革开放以来，印江发生了翻天覆地的变化，这些巨大变化和辉煌成就，是全县各族人民共同奋斗的结果，凝聚了广大人民群众和社会各界人士的心血和汗水。自首轮县志编修出版后，印江又走过 21 年的光辉历程，这 21 年来，全县人民团结奋斗，攻坚克难，深化改革，开拓进取，不断夯实农田、交通、水利、电力、城建、通信等基础设施建设，加大扶贫开发力度，大力发展粮食、茶叶、烤烟、畜牧、果蔬等农业产业，加快发展农业农村经济、城镇经济、工业经济、商贸经济、旅游经济，各项经济建设突飞猛进，党的建设不断加强，生态文明建设效果明显，民主法治得到保障，社会各项事业明显进步，农村生产生活条件日益改善，城乡面貌焕然一新，人民生活稳步提高。为及时、全面、准确地记录这段历史，印江县从 2003 年就启动续修县志工作。历时十二载，数易其稿，共 210 万字的续修《印江土家族苗族自治县志（1988—2008）》终于告竣。此书的出版为印江今后经济社会发展提供了历史的、科学的借鉴。

编修地方志书是一项艰苦的创造性劳动。《印江土家族苗族自治县志（1988—2008）》得以问世，是全体修志人员甘于清苦、乐于奉献、求真务实、勤恳耕耘的结果，是各级各部门积极支持、专家学者帮助指导的结果。在此谨向志书撰写和编辑人员，向关心支持修志工作的领导，以及所有为修志工作做出贡献的同志们表示衷心感谢！

一志在手，洞烛县情；一志相传，教益民众。借助这部县志，让历史告诉未来，必将激发全县人民前赴后继、薪火相传，把印江的事业不断推向前进，谱写出更加灿烂辉煌的篇章。

古人云："事不思古而能长久者未所闻也""治天下者以史为鉴，治郡县者以志为鉴"。能赶上印江编修二轮方志，是本人任期之幸也。谨为序。

中共印江土家族苗族自治县委书记：

印江土家族苗族自治县人民政府县长：

2016 年 12 月

凡　例

一、本志编纂坚持以马列主义、毛泽东思想、邓小平理论、“三个代表”重要思想、科学发展观为指导，贯彻落实习近平总书记系列重要讲话精神和治国理政新理念新思想新战略，运用辩证唯物主义和历史唯物主义的观点和方法，实事求是地记载印江经济、社会的发展变化。

二、本志是印江二轮县志，上限为 1988 年，下限为 2008 年。为反映改革开发以来印江自治县发展的全过程和重要的民族历史文化，部分事物的记述追溯到 1978 年中共十一届三中全会改革开放始，或历史上的重要文史业绩，及与前志有联系的个别事物因事记述到事物的发端。彩页图片、文中插图、附录和专记限外辑录下延至 2012 年。对前志漏载的重要文史资料作“艺文补遗”记述，其类目标题、注释由收录者拟写。

三、本志述、记、志、传、图、表、录等体裁兼用，设 15 篇、65 章。为突出时代特色和地方特色，对反映本县经济社会发展中的一些重要事物，增加使用专记形式记述。大事记以编年体为主，兼以纪事本末体。

四、本志设人物传、人物简介、人物名录，坚持“生不立传”原则。县委、县人大常委会、县政府、县政协领导名录列表于相关章节内。

五、各种机构、部门、社会团体和会议名称等，第一次出现用全称，以后均用简称。如印江土家族苗族自治县简称印江自治县。

六、本志有关数据以县统计局提供的为准，县统计局没有的，采用部门提供的数据。所记内容，以单位提供、档案资料、统计资料为主，辅以报刊、书籍所载资料，亦有个别人物口碑或宗谱资料。

七、本志计量单位，采用国务院 1984 年 2 月发布的中华人民共和国法定计量单位。考虑到社会使用习惯，全书中“亩”不作统一换算。历史上的旧计量单位，照实记载。地名一律用 2008 年年底前标准地名。

八、本志标引、专业名词、减缩词后面加括注。

九、本志采用现代规范语体文记述。标点符号用法以国家标准《标点符号用法》（GB/T15834－2011）为准，数字用法以国家标准《出版物上数字用法》（GB/T15835－2011）为准。

上册目录

第一编　环境　政区

第二编　人口　民族

第三编 旅 游

第四编 基础建设

第五编 农 业

第六编 工业 乡镇企业

第七编 经济管理

第八编　商贸　招商引资

第九编 财税 金融

第十编 政党 群团

概 述

巍巍梵净山，造就这片神奇的土地；悠悠邛江水，滋养这块美丽的地方。印江历史悠久，文化源远流长，底蕴深厚，丰富多彩。历代印江人为改变家乡的面貌，为印江的繁荣昌盛而殚精竭虑，呕心沥血。斗转星移，沧桑巨变，中共十一届三中全会改革春风，使印江这块老、少、边、穷的大山深处焕发出勃勃生机。历届县委、县人民政府率领全县广大人民群众，高举邓小平理论和“三个代表”重要思想伟大旗帜，深入落实科学发展观，经过21年的改革开放，奋发图强，励精图治，加快发展，印江的经济社会发展取得巨大的成就，全县呈现出政治清明、经济繁荣、文化兴盛、社会稳定、人民安居乐业的良好态势。

一

印江土家族苗族自治县位于贵州省东北部、铜仁市西部，地处武陵山脉主峰、佛教名山、国家级自然保护区——梵净山西麓，介于北纬27°35′～28°28′之间，东经108°17′～108°48′。印江东距铜仁凤凰机场132千米，西距省会贵阳280千米、遵义新舟机场160千米，北距重庆秀山火车站110千米，距渝怀铁路孟溪火车站90千米。303、304省道和杭瑞高速公路穿境而过。东与松桃、江口交界，南与石阡相连，西与思南、德江接壤，北与沿河毗邻。全县国土面积1969平方千米，县境南北长83.6千米，东西宽49.4千米。梵净山最高海拔2572米，著名山峰梵净山金顶海拔为2493.8米，最低点为县境西部与思南、德江交界处的龙门口，海拔377.7米，最高点与最低点直接距离46.12千米。因地处云贵高原向湘西丘陵和四川盆地过渡的斜坡地带，形成东高西低，东南向西北倾斜地形。境内岩溶地貌（喀斯特地貌）是主要地貌。境内地表河网较密，主要河流有印江河、车家河、乐茂江河、洋溪河、江源沟河。以上河流均属长江流域乌江水系。县内居住着土家族、苗族、仡佬族等25个少数民族。少数民族人口占总人口的73.2%，土家族人口占总人口的56%，苗族人口占总人口的17%。

印江属亚热带湿润季风气候，冬无严寒，夏无酷暑。日照时间1255小时，无霜期近300天。历年平均气温16.8℃，平均降水量1113.4毫米。

印江设县始于唐朝，唐武德三年（620）设思王县，唐开元四年（716）设思邛县。宋建隆二年（961）改思王县为朗峒，改思邛县为邛水司。宋大观元年（1107），思州蕃部长田祐恭归附朝廷，领务川、邛水（今印江）、安夷等县，印江设思邛江蛮夷长官司、朗溪蛮夷长官司、厥册蛮夷长官司，三司辖地2960平方千米。元至元二十八年（1291）增设隘门、杨溪公俄两个巡检司。明洪武四年（1371）思邛江、朗溪、厥册三长官司改隶思南宣慰司。明洪武十一年（1378）厥册蛮夷长官司并入朗溪蛮夷长官司。明弘治七年（1494）撤思邛江长官司，建印江县，改土官制为流官制，隶属思南府。清道光十年（1830），朗溪长官司并入印江县，合并后县域面积3180平方千米。民国元年至15

年（1912—1926）设7个行政区、15个乡（镇）、37个联保、241个保、2456个甲。1935年以后撤销行政区，保留15个乡（镇）、184个保、1969个甲，取消联保。1935年至1948年三次调整48处插花地，保留县域面积2004平方千米。1949年11月印江解放，1950年2月1日，成立印江县人民政府，设4个区15个乡（镇）150个村。1952年，设8个行政区、74个乡。1953年，增设19个乡。是年，全县有93个乡，其中大土乡改为梵净山乡。1961年重新调整为7个区，41个行政管理区。1962年，撤管理区设36个人民公社。1963年，调整为46个人民公社。1958年，缩编为6个区级人民公社。1982年思南县夫子坝村划入印江县，全县国土面积1969平方千米。1986年12月撤销印江县，以原有建置设立印江土家族苗族自治县，设7个区，1个区级镇，44个乡，2个乡级镇，2个办事处，366个村民委员会。1992年，建镇并乡撤区后设9镇8乡。到2008年，全县辖9镇、8乡、365个村民委会、9个居民委员会，总人口43.02万人。

印江是全国法制宣传教育先进县，全省社会治安综合治理模范县。有“中国书法之乡”“中国名茶之乡”“中国长寿之乡”等美誉。1992年被国务院列为内陆对外开放县，1998年被贵州省委、省人民政府划定为革命老区。2004年被授予“全国科普示范县”。2005年获省级计划生育优质服务先进县表彰。2008年，印江县城被命名为省级文明县城。

印江是革命老区，1934年贺龙率领红三军（原红二军）在县境（涵盖印江、沿河、德江等地）创建云贵高原上第一块红色根据地——黔东特区，以农民运动的神兵为班底，组建黔东独立师。1934年10月，中国工农红军第二、第六军团在县境木黄胜利会师。木黄会师为后来开创湘鄂川黔革命根据地，为策应中央红军长征做出了不可磨灭的贡献，为红二方面军的形成奠定了坚实基础。

印江地阜物华，资源丰富。境内已探明地下矿藏有锰、硅、镁、花岗石、玉带石、煤、硫铁矿、重晶石等50余种，其中花岗石、紫袍玉等产品蜚声全国，炼镁白云岩矿、硅石矿、煤地质储量超过千万吨。森林面积广阔。全县森林面积8.97万公顷，活立木总蓄积424.24万立方米。境内有珙桐、银杏、红豆杉等国家一级重点保护植物。位于永义乡的“紫薇王”树高30余米，树龄超过1380年，是第三纪孑遗植物，有植物“活化石”之称，1998年入选贵州省古、大、珍、稀树名录。主要经济林木有梵净山绿茶、柑橘、天麻、杜仲等。梵净山翠峰茶天生丽质，曾多次在全国性农产品展览会、茶评会上夺得桂冠，成为茶叶界的金字招牌。2006年，“梵净山翠峰茶”获国家质检总局批准，被列为国家地理标志保护产品。2008年年末，全县有果园面积1989公顷，其中柑橘园面积1342公顷，梨园面积406公顷，其他果树面积241公顷。野生动物种类多，兽类有50余种，鸟类有170余种，两栖类有30余种，爬行动物有40余种，鱼类有30余种。其中有被列为国家一、二类重点保护动物的黔金丝猴、穿山甲、大鲵等30余种。水能资源丰富，境内分布大小河流20余条，河流总长223千米，流域面积大，集雨面宽，年径流量12.5亿立方米，水能蕴藏量6万千瓦。

印江自然人文景观众多。位于县境东部的梵净山，是西南地区著名千年佛教名山，是国家级自然保护区，是世界“人与生物圈”保护区网成员。大自然造物的神奇力量，使梵净山富集了令人陶醉的自然风光。梵净山，或雄奇险峻，或秀美多姿，引人入胜的新金顶，在海拔2200余米的崇山峻岭上，突兀而起冒出一尊石柱，高约100米，如巨笋出土，似玉龙啸天，直指苍穹，红云环绕，被称为红云金顶。位于县城北边的大圣墩高耸入云，形似“睡美人”仰望星空，面容安详，栩栩如生。县城南侧的观音沟集佛教文化与旅游于一身，是市民休闲度假的好去处。县境内有国家级文物保护单位红二、六军团会师纪念碑、纪念馆，有省级风景名胜区和历史文化名镇木黄镇，有因题写“颐和园”匾额受慈禧太后赏赐而扬名海内外的清末举人严寅亮故居，还有文昌阁、依仁书院、严氏宗祠、惜字塔、兴隆桥等历史文化遗址，乡镇景点有永义紫薇、团龙长寿谷、朗溪土司古镇，合水古法造纸、新业杜鹃花海、洋溪缠溪生态茶园等。

印江人杰地灵，民族风情浓厚。境内名人，清朝末年有名扬海内外的书法家严寅亮，风靡两广的书法家周以湘；当代有原国务委员戴秉国、美籍华人太空博士吴学超。各族人民在历史长河中共同创造出灿烂、独特的民族文化，印江书法文化闻名遐迩，红色文化光照千秋，葬朱馆习俗古老而奇特，“祭风神”“过赶年”活动场面壮观，佛教文化源远流长。现在每逢节日，都要举行土家花灯、摆手舞、长号唢呐等多姿多彩的民族民间文艺表演，浓浓的民族风情令人如痴如醉，流连忘返。

二

中共十一届三中全会以来，印江各族人民在中国共产党的领导下，以经济建设为中心，实行改革和开放政策，全县呈现出经济快速发展、民生改善、社会和谐的良好局面。全县生产总值从 1988 年的 7265 万元增加到 2008 年的 191580 万元。地方财政收入从 1988 年 747 万元增加到 2008 年的 7282 万元。全社会固定资产投资总额从 1988 年的 924 万元增加到 2008 年的 9.9 亿元。社会消费品零售总额从 1988 年的 6265 万元增加到 2008 年的 3.76 亿元。

基础设施明显改善。国家实施西部大开发和新阶段扶贫开发后，县委、县人民政府抢抓机遇，积极向上争取政策支持。“九五”期间，争取国家公路建设资金 1.1 亿元，新建、改扩建省、县、乡公路 345 千米，桥梁 20 座。“十五”期间，投资 1.3 亿元新修改扩建省、县、乡公路 230 千米，通村公路 370 千米。2001 年实施的印松、印沿、印德油路改造过境印江 8 个乡（镇），惠及群众 20 余万人。2008 年，随着全县最后一条通乡油路——缠溪至龙塘坳油路的竣工，标志着印江在铜仁地区率先实现乡乡通油路目标。到是年年末，全县公路通车里程 2592 千米，有过境省道 135.5 千米，县道 233.7 千米，乡道 196.6 千米，村道 2026 千米，基本形成以铜遵公路为主干，以印沿、印德、印松、印秀路为骨架，沟通 6 个毗邻县、连接 17 个乡镇和梵净山旅游景区的公路运输网络。继水利部、贵州省人民政府在铜仁地区开展新农村建设水利扶贫试点后，全县人民掀起水利建设新高潮，“十五”期间全县累计完成水利水电建设总投资 1.1 亿元，新增有效灌溉面积 1.3 万亩，解决农村 8.2 万人、6.3 万头牲畜饮水困难问题，治理水土流失面积 141 平方千米。2001 年，天堂镇人畜饮水工程竣工并投入使用，结束该镇“饮水贵如油”的历史。2008 年，引水管道长 26 千米，总投资 3000 万元的慕龙引调水工程竣工并投入使用，解决了城区人畜饮水安全。随着居民用电和工业用电需求的逐年增加，加快电力基础设施建设迫在眉睫。县委、县人民政府通过招商引资和争取项目资金方式，积极发展小水电，实施输变电建设工程，2006 年通过招商引资建成木黄阳坝水电站，2008 年建成丰岩、桅杆红岩电站等小型水电站。1991 年争取项目资金建成甘金桥水电站，2006 年建成坨寨水电站等。“十五”“十一五”期间，先后完成一、二期农电网改造。玉屏—印江 110 千伏输变电线路的建成，从根本上解决了印江能源紧缺问题。到 2008 年年末，县内有大小水电站 24 座，年发电量 2720.27 万千瓦时，总装机容量 1.87 万千瓦，年售电量 5174.2 万千瓦时，有 268 个村实现同网同价。邮电通信事业发展迅速。1995 年之前，全县只有交换机 1 台，有磁石电话用户 218 户。1995 年，县城开通 3000 门程控电话，无线寻呼和移动电话业务建成并得到发展，从时空上缩短了印江与全国的距离。1997—2001 年，程控交换机历经三次扩容后程控电话用户达 1.5 万门，移动用户达 1 万余户。到 2008 年年末，全县有移动用户 9.86 万户，实现业务收入 1200 万元。

农业产业迈出新步伐。县委、县政府始终把农业放在重要位置，通过实施温饱工程、粮食丰收计划，调整产业结构，兴修农田水利和普及农业科学技术，农业生产取得较大发展。1987 年，县委出台《茶产业实施意见》将茶产业列入支柱产业。树立品牌带动意识，推出“梵净山翠峰茶”“梵净山毛峰”等系列名优品牌。2006 年“梵净山翠峰”获国家地理标志产品保护。在“中茶杯”“中绿杯”“茶（农）博会”等省部级以上名优茶评比活动中，印江选送的茶叶产品曾获“贵州十大名茶”“贵州五大名茶”公众信任投票第一名。烤烟种植成为农民增收重要渠道。1989 年，全县种植烤烟 2.75 万亩，产量 2679 吨。1989 年前，烤烟种植水平低，处于广种薄收现状。通过推广假植育苗移栽、高厢起垄、打顶抹芽等农业适用技术，到 2005 年，洋溪、永义、沙子坡三个乡镇分别实现万担烟目标，当年全县收购烟叶 9.36 万担，比 2000 年的 5.4 万担增加 3.96 万担。2008 年，全县种植烤烟 3.51 万亩，收购烟叶 7.6 万担，烟叶税突破 1000 万元，烤烟生产逐步从传统种植向现代烟草农业转变。畜牧业快速发展。1988 年以前，印江养殖业处于产肉率、出栏率、商品率低下的状况。1988 年开始出现改良型生猪、瘦肉型育肥猪外销。1990 年开始实施配套养殖技术，推广“四良四改三提高”。1997 年，通过能人带动方式，建成 3 个畜牧科技园区 4 条生猪燎原产业带。2006—2007 年，通过招商引资建成太阳牛业、云发畜牧业两家大型养殖企业。到 2008 年，全县建成规模养殖场（小区）59 个，建成各类标准化圈舍 3.6 万平方米，生猪良种覆盖面达 80%，完成肉类总产量 2.39 万吨，实现畜牧业总产值 6.35 亿元。

农村扶贫开发取得新成效。印江是国家级贫困县，从 1987 年以来，开展有计划、有组织、有步骤大规模扶贫活动，特别是从 1994 年实施“八七”扶贫攻坚计划以来，全县始终把解决群众温饱，实现脱贫致富奔小康的目标作为工作重心，先后开展了“两带三增奔小康”“一帮一”等活动。1998 年年底，印江自治县贫困人口基本越过温饱线，越线率达到 82.3%。在新阶段的扶贫开发中，以解决农村贫困人口温饱和增加农民经济收入为中心，以改善贫困乡村生产生活条件为重点，以提高农民群众素质为根本，以一类重点贫困乡镇、村为主阵地，着力实施“整村推进、产业扶贫、农村劳动力转移培训”三项重点工作，全县农村基本形成村村通电、通水、通路、通电视、通电话”的新格局。到 2008 年，农民人均纯收入从 1988 年的 276 元增加到 2410 元，贫困人口从 1986 年的 24.67 万人下降到 2008 年的 4.3 万人。2007 年，印江被列为全省“以县为单位、整合资金、整村推进、连片开发”扶贫试点县，试点项目区杉树乡的“整村推进”工作取得显著成绩，被中央、省认定为“印江经验”。

城镇建设和管理水平迈上新台阶。1995 年，印江县启动西园乡镇工业开发区，到 1998 年全面竣工，该开发区总征地面积 7.1 万平方米，总投资近亿元，建成商铺 600 余间。“十五”期间，投入城镇建设资金 1.6 亿元，完成《县城总体规划（修编）》等 5 个城镇建设指导规划、16 个区域修建性详细规划。修建了县城防洪堤工程、西环桥、北环桥，实施城镇经济带动战略，开发了“金玉小区”“城东小区”“华府花园”“和谐花园”“阳光・花园城”，建起东、西两个汽车客运站，两个农贸市场和各类产品专业市场。县城规划面积从 2000 年的 5.2 平方千米增加到 2005 的 8.2 平方千米，建成区面积由 2000 年的 1.8 平方千米增加到 2005 年的 3.4 平方千米，城镇化率由 2000 年的 15.7%提高到 21.6%。2003 年，引进重庆创豪房地产开发有限责任公司，采取土地补偿、产权转换等方式，对原服务公司广场及周边建筑实施旧城改造。2006 年，总建筑面积 3.35 万平方米的阳光花园城竣工并投入使用。2007 年，投入 6290 万元，对县城东门桥、南门桥、西环桥、防洪堤等设施实施绿化、亮化。城区河道翻板坝工程的建成，使印江河水荡漾成为县城一道景观；完成圣磡路建设、解放路西段扩建、梵净山路东段扩建、文昌路扩建和中心广场建设，县城建成区面积增加到 3.81 平方千米，城镇化率提高到 24%。2008 年，投入资金 8020 万元，完成西园路西段建设、解放路东段维修、北门坳道路改造和城区公厕改造，新增城镇人口 0.5 万人，县城建成区面积增加到 4.15 平方千米，城镇化率达到 25.2%。先后获得全省卫生县城、省级文明县城称号。

工业经济取得新突破。印江物产资源丰富，区位优势明显，具有发展工业的良好条件。1988 年，全县有各类企业 41 户，注册资金 5.01 亿元，从业人员 4528 人。随着改革开放的深入和市场经济的发展，县内部分国企和集体经济因管理粗放或设备老化等原因，逐步进行改制和重组。“十一五”期间，全县优势产业集聚发展，骨干企业迅速崛起。县委、县人民政府通过实施“兴工富县”和“工业强县”战略，工业经济取得突破性进展。到 2008 年，县内企业发展到 550 家，注册资金 6.7 亿元，从业人员 1.17 万人，实现工业总产值 6.51 亿元，增长 25.0%，其中规模以上工业增加值 1.15 亿元。

旅游推介和招商引资取得新进展。“十五”期间，通过举办纪念红二、六军团木黄会师 70 周年、梵净山佛教文化研讨会、梵净山护国寺庙会和中央电视台“乡村大世界・印江印象”等系列活动，进一步展示印江改革开放成果和各族人民的精神风貌，推介红色旅游资源和梵净山生态旅游资源，宣传梵净山佛教文化、书法文化和民俗民间文化。2005年，投入资金3592万元，改善以梵净山景区为主的旅游基础设施。通过成立旅游客运公司和印江紫薇旅行社，与秀山达成旅游合作协议，在贵阳设立梵净山西线旅游接待中心等方式，多层次推介印江旅游资源。是年全县接待游客9.9万人（次），实现旅游收入3052万元。2007年，投入资金175万元，对木黄红色旅游区道路实施硬化，对中国工农红军第二、六军团木黄会师纪念碑、纪念馆和严寅亮故居进行修缮。通过举办“印江印象”歌唱大赛、“多彩贵州”舞蹈大赛印江选拔赛和梵净山护国寺庙会，进一步提升旅游文化内涵。是年全县接待游客39万人（次），实现旅游收入1.9亿元。2008年，完成张家坝停车场、护国寺停车场和合水至护国寺旅游交通标识建设。通过举办梵净山旅游资源（成都）推介会、全国“与奥运同行·印江梵净山·南长城杯”千人百团桥牌邀请赛、“颐和园”邮票首发式、严寅亮书法艺术研讨会等活动来增加民族文化内涵和吸引力，是年全县接待游客44.8万人（次），增长15%。1997年，印江设置招商引资机构。1998—2002年，全县招商引资处于坐等客商上门的被动状态，引进项目效益差，难以形成产业支柱。为改变这一现状，县委、县人民政府立足自身资源优势，采取办节办会招商、外出招商、以商招商、商会招商等多形式、多渠道招商模式。出台《关于招商引资优惠奖励政策及保护投资者合法权益的决定》《关于扩大招商引资和改善非公有制经济发展环境的若干规定（试行）》等文件加强招商软环境建设，让外地客商请得来、留得住。2007年，印江县人民政府先后组织22支招商小分队赴长三角、珠三角招商引资，加大与东部地区的经济交流，与福建、浙江、泉州等商会建立友好合作关系。是年签订招商引资项目20个，协议项目27个，实现招商引资到位资金2.66亿元，同比增长20.4%。2008年，开展招商引资活动43次，签订项目32个，实际到位资金3.35亿元。

科技、教育、文化、卫生、体育等各项社会事业全面进步。以“科学技术是第一生产力”为指针，全面实施“科教兴印”战略。到2008年年末，全县有各类专业技术人员5310人。累计获省、地、县科技进步奖（成果奖）50余项。以两基攻坚为重点的教育事业蓬勃发展。“九五”期间，全县381所中小学和176个教学点中，有84所中小学和77个教学点的教学用房是危房，另有23个教学点还在祠堂里或租用民房上课，全县尚缺教学用房15.70万平方米。“十五”期间，以“办人民满意的教育”为宗旨，不断深化教育改革，推进素质教育，教育实现跨越式发展。通过多渠道筹措办学经费，先后实施“义教工程”13个、“普九”工程55个、“危改工程”29个、“国债工程”2个、“希望工程”1个、“扶贫工程”2个、高中扩招工程2个、农村寄宿制学校5所、学生和教师宿舍工程2个，实现了“山村最好的房子是学校”。2002年，“两基”（基本扫除农村青壮年文盲、基本普及九年义务教育）工作顺利通过省人民政府评估验收，被教育部、财政部授予全国“两基”工作先进地区。2006年，印江民族中学成功申创为省级示范性高中。到2008年年末，全县学校占地面积130.32万平方米，校舍建筑面积38.63万平方米。有各级各类学校354所，有在校中小学幼儿园学生8.31万人。文化事业欣欣向荣。1988年，全县有电影放映单位32个，放映普及面达77.3%。2002—2008年，印江县先后在板溪、杉树、沙子坡等10个乡（镇）建立电影放映队。“十五”期间，文化广播电视事业较快发展，通过实施广播电视“村村通”工程，电视人口覆盖率由“九五”期末的82.5%提高到93%，通信覆盖率达到91%。到2008年，全县无线广播电视转播台的建成，9个乡镇边远山区群众看电视、听广播难问题得到根本解决。为改善医疗条件，县委、县人民政府积极争取有关资金，投入450万元建成县人民医院业务综合大楼，到2004年，县医院已配置价值800多万元的远程会诊、螺旋CT、彩超、腹腔镜等高档医疗设备。2008年，投资1200万元的住院大楼竣工并投入使用。到2008年，全县有各级各类医疗机构353家，国家医疗机构有各类卫生技术人员586人。2007年启动的新型农村合作医疗试点工作初见成效，当年参合率达88.35%，老百姓看病贵问题初步得到缓解。到2008年，全县农民参合率达92.1%，资金使用率75.2%。体育活动广泛开展，1990—2008年，全县体育人口覆盖面达8.8万余人，建成篮球场210个，体育健身用地面积10.7万余平方米，国家体育锻炼标准施行面达 86.5%，及格率达 90.7%。在开展体育比赛中，县内体育健将和成绩优秀团体不断涌现。1996 年，县体育局获全国“全民健身先进单位”称号。1986 年，城区第二小学获全国传统项目学校先进集体称号。1990 年，印江老年人体育协会被中国老年人体育协会授予“全国先进集体”称号。

人民生活水平得到进一步提高。21 年来，印江县委、县政府坚持以人为本的思想，关注民生，在促进农民增收、推进就业、改善群众生活等方面做了大量卓有成效的工作。仅“十五”期间，投入财政扶贫资金 3996 万元，重点改善贫困乡村人民群众的生产生活条件，解决贫困人口 2.4 万人的温饱问题。补助退耕还林粮食 1875 万千克，兑现粮食补助资金 3839 万元，生活补助费 600 万元，种苗补助 476 万元。2005 年，农民人均纯收入从 1988 年的 276 元提高到 1695 元。大力落实国家惠民政策，全面实施城镇和农村居民最低生活保障、农村医疗救助、职工养老保险、涉农资金补贴等制度。仅 2008 年，全县累计发放粮食综合直补、良种补贴、种粮直补等各项惠农资金 1.27 亿元，直接补贴农民的资金人均超过 300 元。发放住房公积金贷款 2451 万元，支持职工购房 3.6 万平方米。完成农村危房改造 460 户，维修因灾损坏房屋 3780 间，发放城乡居民低保金 3041 万元。农民人均收入 2410 元，人均住房 31.2 平方米，农村基本实现村村通路通电，农民正由吃饱穿暖向吃好穿好方向转化。随着物质生活水平的提高，人们的精神生活也日益丰富多彩。

三

21 年中，县委、县人民政府积极响应中央、贵州省、铜仁地区的要求和部署，大胆创新，一个时期确立一个工作思路和总体目标来统一思想凝聚人心；一个时期确定几件大事来重点突破带动全局。把加快发展与全面发展、协调发展、可持续发展有机统一起来，促进全县经济社会的快速发展。面对经济总量小、社会生产力发展水平低的落后现状，全县人民没有自甘落后，而是奋起直追，进一步解放思想、更新观念，抓住国家政策机遇，围绕全县经济建设和社会发展，实现了观念、措施、政策的对接，有效推动各项工作的顺利开展。实施电力体制改革，实现全县城乡同网同价。推进国企改革，摒弃不适应市场经济的旧观念、旧体制，全县工业商贸经济得以健康发展，个体和私营经济迅速发展壮大，市场经济日益繁荣。农村税费改革进一步减轻了农民负担，人民群众得到更多实惠。此外，还实施集体林权制度改革、财政体制改革等多项改革。这些卓有成效的改革，进一步理顺了生产关系，促进了生产力发展。在强调党要管党，从严治党，发挥党的政治优势的同时，进一步抓各级党组织的思想建设、组织建设、作风建设。1992 年之后，通过组织干部群众学习邓小平同志南方谈话精神，进一步认清形势、增加紧迫感和危机感，进一步坚定建设有中国特色社会主义的信心和决心。先后开展“三讲”教育、“三个代表”重要思想学习教育、“党员先进性教育”等重要思想教育活动，纯洁全县党员干部队伍，提高党员干部的思想政治素质。坚持和完善人民代表大会制度和政协协商会议制度，切实加强和完善党对人大、政协工作的领导，推进决策科学化、民主化。不断推进依法治县，完成“四五”普法，获得“全国法制宣传教育先进县”称号；民主法制、精神文明建设和社会治安综合治理取得成效。

21 年间，印江人民在中国共产党和人民政府的正确领导下，经过历届县委、县政府的不懈努力，自力更生，在物质文明、精神文明建设、生态文明等方面均取得了巨大成就。特别是“九五”“十五”期间，全县经济保持快速、健康发展的良好势头，基础设施建设取得较大突破，社会事业全面进步，党的建设不断加强，人民生活水平不断提高。但是，印江的发展依然存在许多薄弱环节和问题：山区地理条件仍然恶劣，基础设施相对落后，贫困现象依然突出，这些问题严重制约了县域经济发展。工业发展滞后，经济发展缺乏项目支撑，经济总量小，增长质量不高。传统观念、社会陋习仍然没有彻底根除，人才和高新技术匮乏，产业结构不尽合理，导致发展后劲不足。发展环境需要进一步优化，改革开放步伐需要进一步加快。

印江正站在新的历史起点，迎接新挑战，抓住新机遇，谋求新发展，创造新辉煌。印江各族人民将会在县委、县政府的领导下，进一步解放思想，实事求是，真抓实干，开拓创新，不断推动全县经济社会又好又快发展，为建设幸福美好印江，为实现全面建成小康社会目标而努力奋斗。

大事记

1988年

1月15日　县文学艺术界联合会成立，下设文学艺术协会、美术摄影协会、书法协会。

是日　县监察局成立。

3月1日　县委、县人民政府颁布施行《〈贵州省计划生育试行条例〉实施细则》。

3月31日　中国人民政协印江自治县第一届委员会第二次会议召开。

4月27日　根据《国务院关于加强贫困地区经济开发工作的通知》，县扶贫办在全县开展“县建簿、乡造册、户立卡”的贫困户的摸底调查。

5月25日　县档案局（馆）被国务院评为全国民族团结进步先进集体。

7月15日　印江至德江公路段工程竣工，全长20.1千米，总投资133万元。

8月2日　印江自治县木黄区公所被国家民政部、解放军总政治部评为“全国双拥先进单位”。

8月5日　木黄中学、新业中学3名运动员在贵州省体育运动会中，分别获举重赛金牌、银牌、铜牌奖章各一枚。

8月11日　县委成立县整顿城区社会治安领导小组，县纪委书记田儒英任组长。

9月29日　全县召开第一次地方志工作会议，开展部门志编写工作。

10月4日　日本丘藤淑（日本文学博士）、中原律子（日本民族艺术会会长）到印江板溪考察傩戏。

10月6日　县职业技术培训中心成立，辖县小学教师进修学校、县民族职业技术学校和中师函授。

10月26日　县人民政府颁布实施《印江土家族苗族自治县儿童计划免疫保偿暂行办法》。

是日　铜仁地区经济委员会批准印江县造纸厂一套废渣浮选脱墨制浆设备，投资85万元。

是日　县委研究决定成立印江土家族苗族自治县工商联合会，并召开会员代表大会。

11月5日　为吸引外资发展乡（镇）企业，县人民政府决定峨岭区农场乡与德江县乡镇企业局矿产部门签订联合开采汞矿合同，由德江县提供资金和设备，印江县提供矿源，实行“印二德八”分成。

12月1日　县委、县人民政府决定招聘驻乡民警。

是日　县委、县人民政府决定将县氮肥厂转产。

12月2日　县乡镇企业局成立联办金厂。

12月6日　木黄供销社酒厂生产的“木黄窖”“木黄醇”低度酒，在全省乡（镇）企业“金凤杯”酒类评比中分别获金质奖和银质奖。

12月28日　印江一小被评为全国中小学校先进集体。

1989 年

1 月 17 日　县委研究成立离休干部自管委员会。王修业任主任委员，池恒昌、杨淑琴任副主任委员。

1 月 22 日　县委召开四级干部大会，会期 4 天。县长戴振华作题为《认真坚持“两手抓”的方针，努力促进全县经济、政治形势的进一步好转》讲话。

1 月 27 日　县四大班子分管领导率县委宣传部、县民政局、县妇联、县粮食局等单位负责人赴云南、广西慰问边防官兵。

1 月 28 日　县委成立社会治安综合治理领导小组。戴振华任组长，杨清富、冯如清、田景坤任副组长。

3 月 30 日　贵州省扶贫办同意印江自治县温饱工程、蚕桑基地、芒秆基地、印江梵净山绿茶基地续建四个项目立项。

4 月 10—14 日　中国人民政协印江自治县第一届委员会第三次会议召开。县政协副主席魏敦颐代表本届常务委员会向大会作工作报告；县政协副主席罗福文作提案工作情况报告。

4 月 15 日　印江自治县在县城召开第一届人民代表大会第三次会议，出席代表 191 名，特邀代表 14 名。县长戴振华代表县人民政府向大会作政府工作报告。

5 月 3 日　对全县国有土地实行申报登记。

6 月 23 日　县委、县人民政府研究近期内清理整顿公司、限制县级以上干部子女经商等 9 件群众关心的事。

8 月 1 日　县委先后举办县直机关党支部书记、区乡干部和村支书培训班，组织学习贯彻十三届四中全会精神和邓小平等中央领导同志的重要讲话。

8 月 2 日　县城新建的西门湾农贸市场正式投入使用。

9 月　合水敬老院保育员唐老冬被评为全国劳动模范，出席全国劳动模范和先进工作者表彰大会。

11 月 3 日　省宗教协会拨款 18 万元重建太平寺。

11 月 4 日　县成立印江自治县老年大学。王修业任校长，郭同洲、杨淑琴任副校长。

11 月 24 日　县委、县人民政府决定在 1989—1990 年全面组织实施“2358 温饱工程”，即在全县推广 2 万亩杂交油菜，3 万亩水改旱作物、5 万亩杂交玉米、8 万亩杂交水稻种植。

11 月，印江县委作出《关于组织实施“温饱工程”的决定》，全县“温饱工程”面积 11.5 万亩。

12 月 10 日　县委本着“相对稳定，改善结构，提高素质”的原则，适当调整区、镇党委、区公所（政府）领导班子，注重从县直机关和乡（镇）选调年轻有为的干部充实区、镇班子。

12 月　印江县委、县人民政府确定烤烟、油菜、梵净山绿茶、中药材为支柱产业。

1990 年

1 月 19 日　贵州省第七届人大常委会第十一次会议审议通过《印江土家族苗族自治县自治条例》，决定自 1990 年 5 月 1 日起正式施行。

1 月 22 日　印江自治县坪兴寨 110 千伏变电站竣工投产。

3 月 3 日　中共印江自治县委七届一次全会上，选举戴振华为县委书记。

4 月 17 日　县人大常委会审议通过《1990 至 2010 年印江土家族苗族自治县县城总体规划和印江土家族苗族自治县县城规划管理实施细则》（草案）的报告。

5月19日 恢复印江自治县少年儿童工作协调委员会。

是日 政协印江自治县召开第二届一次会议，贺光禄当选为县政协主席。

6月22—27日，召开印江自治县第二届人民代表大会第一次会议。选举万高明为县人大常务委员会主任、杨清富当选县人民政府县长。

7月13日 印江自治县成立维修文昌阁领导小组。

7月21日 全县推广省柴节煤炉灶，被铜仁地区评为优秀成果奖。

7月 印江造纸厂1575纸机生产线投产运行。

8月10日 全县成立精神文明建设指导委员会。

8月25日 印江自治县成立县直机关业余党校，戴振华任校长。

8月28日 印江镇、木黄镇、缠溪镇成立11个居委会，并启用公章。

是日 县成立名优茶开发领导小组。

8月29日 中共中央宣传部、公安部授予木黄区落坳乡青年民兵陶成林“见义勇为先进分子”称号，铜仁军分区为其记二等功一次，并出席全国第二次见义勇为先进表彰大会。

是日 县委作出修建党校的决定，地址在县城苹果山上，占地13.7亩。

9月30日 全县出现高温干旱40日，据统计，境内山塘干枯367口，河流断流11条，耕地受灾面积达23.82万亩，其中水稻11.57万亩。8.2万人和6.8万头大牲畜饮水困难。

10月21日 县人民政府作出关于全民所有制企业实施第二轮承包责任制的决定。

10月 调整充实县扶贫领导小组，县长杨清富任组长，贵州省农业厅茶叶专家牟应书任顾问。

11月15日 全国政协副主席王恩茂到印江视察。

11月17日 印江县石油公司党支部被中共贵州省委授予“先进党支部”称号。

11月20日 湘、鄂、川、黔四省边区县（市、特区）第六届经济协作年会在印江县召开，到会代表127人。

是日 获世界银行贷款100万美元，投资科技教育工作。

11月22日 县人大常委会被中共中央宣传部、司法部授予“全国普法宣传先进集体”称号。

12月24日 印江县人民政府通报表扬天堂区兰克乡下寨坝村民张羽敖、唐祥敖见义勇为，勇擒抢劫团伙（4人）先进事迹。

1991年

1月18日 印江县被贵州省教委、省扫盲工作领导小组评为扫盲工作先进县。

1月21日 全县16个乡（镇）的“四率”（即入学率、毕业率、普及率、巩固率）和学校办学条件经铜仁行署检查团验收，认定56个村达到普及初等教育标准。

1月 贵州省扶贫领导小组下达印江自治县实施粮食“温饱工程”计划面积14.5万亩，扶贫贷款249万元任务。

3月14日 印江自治县人民政府决定成立《中国县情大全》编纂委员会。

4月3日 县委、县人民政府组成80人的考察团，赴四川省黔江、秀山县考察烤烟、蚕桑生产工作。

4月 贵州省农业厅茶叶专家牟应书到印江作茶叶加工技术指导，开发“梵净翠峰”“梵净雪峰”等茶叶品种。

5月14日 县人民政府决定建人民北路农贸商场，定名为“西门湾农贸商场”。

5月15日 贵州省农业厅召开全省农垦系统名优茶评比会，印江“梵净翠峰”“梵净雪峰”均获一等奖。

5 月 17 日　贵州省扶贫领导小组办公室同意印江自治县油脂化工厂项目立项。总投资 180 万元，同意安排扶贫贷款 140 万元。

7 月 10 日　农业部下达部援项目“印江自治县鱼类良种繁育基地”无偿资金计划 30 万元。

8 月 16 日　县委召开常委会议，成立“坡改梯”工程指挥部，田建高任指挥长。

9 月 2 日　县人民政府成立希望工程领导小组，号召全社会做好失学儿童重返校园学习工作。

9 月　甘金桥水电站改扩建工程 2×1600 千瓦建成投产。

10 月 24 日　县委、县人民政府召开全县坡改梯会议，决定今冬明春必须完成 3000 亩坡改梯工作任务。

10 月 11 日　县委、县人民政府决定分期改造振兴路、东兴路工程。

10 月 29 日　共青团印江自治县第十四次代表大会召开。

12 月 9 日　国家投资扶贫贷款 200 万元，印江自治县油脂化工厂开工。

12 月 12 日　县委、县人民政府成立建镇并乡撤区工作领导小组。

是日　县城区中小学学生 3624 人，服用河南省信阳制药厂生产的驱蛔虫药“盐酸左旋咪唑”后，发生药物反应发病 3398 人，住院治疗 915 人。

1992 年

1 月 10 日　县人民政府下达全县 1992 年 3.93 万亩造林、5 万亩封山育林、400 亩育苗任务。

1 月 16 日　印江自治县人民政府与石阡县人民政府在石阡县城就石阡修建平地场乡引水工程和印江修建高桥电站问题达成协议。

1 月 21 日　印江自治县韩家乡包丰曹煤厂发生瓦斯爆炸，事故造成 6 人死亡、2 人重伤、4 人轻伤。

2 月 26 日　贵州省扶贫领导小组办公室同意印江自治县在“八七”扶贫期间实施 5 个支柱产业项目——建设绿茶基地及茶业加工基地、油桐基地、油脂化工厂、造纸厂技改、中药材基地。

2 月 28 日　县人民政府决定在全县 14 个企业全面推行“四放开”（经营放开、价格放开、用工放开、分配放开）的体制改革。

3 月 5 日　县委、县人民政府在全县实施种植紧凑型玉米“星火计划”2 万亩，要求平均亩产 350 千克。

3 月 7 日　经省人民政府批复，全县撤销原行政区 7 区 1 镇 48 个乡（镇）（办事处），重新合并为 17 个乡（镇）。

3 月 20 日　县人民政府与中国水稻研究所签订合同，推广杂交稻 11 万亩、常规稻 4 万亩。

4 月 6 日　县人民政府下拨春荒救灾粮 10 万千克。

4 月 20 日　印江县遭受不同程度的狂风、冰雹、暴雨袭击，印江板溪、天堂、木黄等 17 个乡（镇）179 个村 1490 个村民小组的 34759 户 126673 人受灾，群众生产和生活损失重大。

4 月 24 日　印江自治县被纳入玉屏 110 千伏电网改造工程。

5 月 25 日　县委、县人民政府决定成立禁毒工作领导小组。

是日　国务院批准印江自治县为对外开放县。

7 月 3 日　印江县普降暴雨，17 个乡（镇）245 个村 1398 个村民组的 15410 户 3.467 万人受灾。

8 月 5 日　印江自治县与中国农业科学院茶叶研究所签订近期计划和长远规划，新建高标准茶园 6000 亩。

8 月 6 日　为支援家乡灾区人民恢复生产，印江籍香港新造贸易董事长吴国兴无偿向家乡赠送聚乙烯 1500 吨，价值 735 万港元。

7 月 10 日　印江自治县与中国农业科学院茶叶研究所签订“开发梵净山绿茶基地”协议。

9 月 5 日　中国农业科学院茶业研究所副研究员杨锁森、舒爱民等一行 3 人，到印江指导开发万亩绿茶基地。

9 月 9 日　铜仁地区 25000 亩磁化处理稻种栽种培育现场产量验收会在印江县召开。

9 月 10 日　中央电视台摄制的电视专题片《后土》在央视一套播出，该片全面展示了印江自治县沙子坡镇青坨小学教师王廷昌的先进事迹。

10 月 4 日　县委、县人民政府决定在全县种植烤烟 10 万亩，其中旱田 5 万亩，实行麦烟分带轮作。

10 月　县油脂化工厂竣工并投入使用。

12 月 11 日　印江自治县第一小学被全国少工委评为“全国红领巾读书读报先进集体”。

12 月 13 日　台湾文艺界人士凌峰捐赠 10 万元，在沙子坡镇修建一所“青坨希望小学”。

12 月　玉屏至印江 110 千伏输电变电工程获批修建，总投资 2140.59 万元。

1993 年

1 月 28 日　中共印江自治县第八次代表大会召开。

1 月　印江自治县通信综合大楼破土动工，总投资 1150 万元。

3 月 1 日　印江县合水镇被省文化厅命名为“民族唢呐长号之乡”。

3 月 3 日　中共印江自治县委八届一次全会上，戴振华当选为印江县委书记。

3 月 4—8 日　印江自治县政协召开第三届委员会第一次会议，贺光禄当选为县政协委员会主席。

3 月 5—10 日　印江自治县召开第三届人民代表大会第一次会议，杨清富当选为县人大常务委员会主任，田建高当选为县长。

5 月 8 日　上海旅游业专家一行 20 人，专题考察印江自治县国家级自然保护区梵净山的旅游开发。

5 月 12 日　印江灵芝酒分别荣获中国保健科技产品展评“精品”奖。

6 月 17 日　县委、县人民政府决定组织实施温饱工程 11 万亩，其中杂稻 9 万亩、杂交苞谷 2 万亩。

6 月 30 日　贵州省第二所希望小学——青坨希望小学，在沙子坡镇塘口村举行奠基仪式。共青团省委书记郭猛代表台湾艺人凌峰捐赠 10 万元。次年 9 月竣工使用。

7 月　农业部无偿出资 10 万元，省、地出资 15 万元，建设印江良种茶苗繁育基地。

8 月　印江“仙草牌”灵芝酒荣获中国黄果树山水风光游览暨中国国际名酒节银奖。

9 月 10 日　印江自治县沙子坡镇青坨小学教师王廷昌荣获全国首届“希望工程园丁奖”，并在表彰大会上作专题发言，受到国务院李岚清副总理接见。

9 月　印江自治县茶叶精制加工厂建设工程开工，项目投资 100 万元。

11 月 24 日　印江自治县申报 13 个扶贫项目，其中获批项目 6 个，配套资金 2090 万元。

12 月　《印江土家族苗族自治县志》出版，这是中华人民共和国成立后，印江的首部地方志。

1994 年

1 月 19 日　县委、县人民政府决定在全县实施粮食温饱工程 14 万亩。其中杂稻 10 万亩、紧凑型杂交玉米 4 万亩。

4 月　印江自治县被定为国家级“八七扶贫攻坚计划贫困县”。

5 月 21 日　县委召开全县解放思想大讨论动员大会，会上宣读了县委、县政府关于开展解放思想大讨论的意见。

6月24日　县委、县人民政府决定成立红二、六军团木黄会师60周年纪念活动筹备领导小组。

7月20日　县人民政府召开会议，讨论研究自治县“八七”扶贫攻坚计划和有关部门的单项扶贫攻坚计划。

7月22日　在杭州中国茶叶学会组织举办的首届“中茶杯”全国名优茶活动中，印江“梵净贡茶”荣获一等奖，这是印江茶叶产品首获国家级名茶称号。

8月　中共印江自治县县委、县人民政府印发《印江自治县“八七”扶贫攻坚计划》。

9月13日　印江自治县油菜籽丰收，全县完成油菜籽收购1485吨。

10月12日　在印江自治县召开湘、鄂、川、黔四省边区15县（市）第27届工商行政管理协作会议。

10月24日　省政协驻铜仁委员和政协铜仁地区工作委员会委员组成的扶贫工作视察组一行12人由政协铜仁地区工作委员会主任黄家千带领，在印江开展5天的扶贫工作调研活动。

12月　贵州省农业银行批准扶贫贷款550万元，其中实施“3000门程控电话”项目260万元，改扩建印江兽药厂150万元、建设刀坝乡白京岩煤矿厂140万元。

1995年

3月10日　为帮助全县134个极贫村搞好扶贫开发，县委、县人民政府决定县直机关86个单位实行定点挂钩扶贫，一定6年，不脱贫不脱钩。

3月11日　为加快印江乡镇企业的发展，县委、县人民政府制定《90年代乡镇企业发展规划》。

5月2日　印江自治县梵净山张家坝山门竣工验收。

5月21日　在大连市举行的全国残疾人举重比赛中，印江自治县新寨乡大云村选手邹诗奇获45公斤级抓举挺举第4名。

5月25日　在长沙举办湘、鄂、川、黔四省残疾人青少年举重比赛中，印江选手邹诗奇分别获45公斤级抓举冠军、挺举亚军。

5月　县委、县人民政府决定开发西园小区，并成立“县城西园乡镇工业开发小区管委会”。

6月6—8日　印江县发生洪涝灾害，先后冲毁防洪堤两处4400米，粮田5320亩。

9月21日　中共印江自治县委书记杨舟调任铜仁行署公安处处长，田建高任县委书记。

12月12日　在贵州省人民政府主办的第二届中国农业博览会上，印江生产的“梵净贡茶”“梵净翠峰”“梵净翠芽”获得金奖；“梵净净芽”获得银奖。

12月27日　县城西园乡镇工业开发小区和西门湾街道改造工程奠基典礼大会在小区举行。

12月30日　印江自治县教师蔡富芹获贵州省首届“希望工程园丁奖”。

是日　共青团印江县委张选民、唐庆军两人分别获得团中央、团省委颁发的“先进个人”称号。

12月　贵州省委、省人民政府召开全省扶贫工作会议，印江荣获全省“八七”扶贫开发先进县二等奖。

1996年

1月4日　印江自治县梵净山大湾沟至苏家坡公路竣工。

1月8日　印江自治县县委、县人民政府作出《关于“九五”期间大力发展烟、茶、纸（杨树）果、药、矿六大支柱产业》的决定。

3月2日　县委下发《关于在全县农村开展“小康村”“双千村”达标竞赛活动的决定》。

3 月 19—24 日　印江自治县召开第三届人民代表大会，帅朝纲当选为县人民政府县长。

4 月 9 日　县长帅朝纲与贵阳市花溪区区长王亚光分别在《印江土家族苗族自治县人民政府、花溪区人民政府缔结友好县区协议书》上签字。

5 月 15 日　印江自治县缠溪镇新阁村基干民兵罗会林与歹徒搏斗，身负重伤，获“中华见义勇为”金奖。

5 月　贵州省扶贫办、农发行下达扶贫资金计划，其中，6000 亩绿茶抚育项目 120 万元，10 万亩杨树基地建设项目 150 万元，3 万亩中药材基地建设项目 100 万元，商品羊基地建设项目 100 万元。

6 月 27 日　全县召开“杨树开发、茶、中药材、山羊基地”扶贫项目资金落实会议。

是月　印江自治县木黄镇被贵州省人民政府授予“贵州省首批省级文化先进镇”。

9 月 18 日　是日 22 时许，印江自治县岩口发生特大山体滑坡，滑体土石方总量达 270 万立方米，印江河堵塞，死亡 3 人，受伤 1 人，造成直接经济损失达 1.57 亿元以上。

9 月 19 日　上午 7 时 30 分，县委、县人民政府成立抢险救灾总指挥部，县委书记田建高任指挥长。

9 月 21 日　副省长张玉芹带领省 9 个厅领导干部和有关专家到印江县指挥抢险工作。

9 月 25 日　省成立 30 人专家组，专题研究印江特大山体滑坡抢险方案。

9 月 26 日　省、地分别成立由代理省长吴亦侠、地委书记肖永安任指挥长的指挥部，负责指挥印江山体滑坡抢险救灾工作。

10 月 1 日　国家防汛抗旱总指挥部顾问邹振先、高级工程师姚文广受国务院、国家防汛总指挥部和水利部的委托到印江查看灾情，慰问灾民。

11 月 11 日　中国农村发展信托投资公司向印江灾区捐赠人民币 20 万元、计算机 13 台和衣被 2000 套。

12 月 27 日　代理省长吴亦侠驱车赶到印江灾区，看望开凿隧道的技术人员，并慰问灾民。

12 月 30 日　印江自治县“鸿发制鞋厂”杜鑫获团中央、人事部、劳动部等联合表彰的“外来打工返乡十大杰出青年”称号。

1997 年

2 月 1 日　贵州省扶贫办批准印江自治县申报的“温饱工程”“胡家坝水电站”等 8 个扶贫项目，总投资 5037 万元，其中扶贫贷款 2905 万元。

2 月 24 日　县委、县人民政府命名和表彰小康村 3 个、“双千村”61 个、文明单位 6 个、文明村寨 16 个。

2 月 25 日　县委、县人民政府、县机关、17 个乡（镇）领导及城区各单位干部、群众收看邓小平逝世追悼大会实况，沉痛悼念中国改革开放和社会主义现代化建设的总设计师邓小平。

4 月 1 日　岩口滑坡抢险救灾工程左岸 485 高程号导流洞岩塞首爆成功，3382 万立方水流入乌江。

4 月 26 日　美籍华人太空博士吴学超回乡讲学，在设立印江民族中学奖学金的基础上，再设立 1 名尊师荣誉奖和 1 名中考拔尖奖。

5 月 23 日　山东省青岛胶南市援助印江自治县 25 万元，用于修建希望小学，并无偿援助 500 千克小麦良种和 30 千克花生良种。

5 月 26 日　印江自治县被省人民政府评为“造林绿化先进县”。

5 月 27 日　铜仁地区化肥厂支援印江朗溪灾区化肥 60 吨。

7 月 3 日　县委、县人民政府决定表彰在岩口山体大滑坡抢险救灾中表现突出的 41 个先进单位和141名先进个人。

11月20日　印江自治县成立10周年庆祝大会在县人民广场举行。

12月19日　中共印江自治县委九届一次全会上，田建高当选为县委书记。

12月24—29日　印江县政协召开第四届委员会第一次会议，戴明贵当选为县政协主席。

12月26—30日　印江自治县召开第四届人民代表大会第一次会议，任廷纪当选为县人大常务委员会主任，帅朝纲当选为县人民政府县长。

12月　日产6000吨的印江自来水供水站建成投产。

1998年

2月23日　铜仁地区扶贫办下达印江信贷扶贫资金计划1980万元，其中，“温饱工程”项目700万元，养猪、养羊项目400万元。

2月25日　印江自治县朗溪镇灾区已发放房屋维修补助款81.75万元，为869户维修住房1385间，受益3654人。

2月28日　全县86个县机关帮扶单位向贫困村捐资75.53万元，捐物折款20万元，协调到位资金50万元。

3月31日　印江县境内先后两次遭受大风和冰雹灾害，11个乡（镇）158个村1842个村民组的13.6万人受灾，经济损失达3240万元。

4月8日　山东省胶南市捐资25万元修建的峨岭镇普同小学竣工并投入使用。

4月22日　印江至松桃的电子光缆正式开通。

5月16日　印江自治县司法局王仁宇被司法部评为“全国司法行政纪检监察先进工作者”。

6月28日　中共贵州省委办公厅、省人民政府办公厅批复确定印江自治县为革命老区。

8月28日　印江自治县在永义乡张家坝景区举行“8·28”中国梵净山国际旅游节暨经贸洽谈会开幕式，省内外100余名贵宾和领导出席开幕式。

是日　上海市新诚香港股份有限公司董事长陈宝桢向印江自治县中坝乡堰塘村捐资25万元，修建新诚希望小学教学楼。

9月1日　梵净山护国寺修复工程正式奠基。

9月8—9日　在印江自治县召开全国土家族经济文化发展研究协作会议、省土家学研究会第三次年会暨学术研讨会，湘、鄂、川、黔、豫、渝等省市及美国等地190名专家学者出席会议。

11月8日　县城日处理1200吨的自来水厂扩建工程竣工，并投入使用。

11月9日　县城西环小区建设动工，用地面积16.05万平方米，其中旧城改造1.7万平方米，新区建设14.35万平方米；建筑面积4万平方米。

12月16—23日　贵州省扶贫办和铜仁地区行署组成工作组，检查验收印江县基本解决温饱情况，全县贫困人口从1986年的24.67万人减少到4.3万人。

12月24日　印江自治县板溪镇连丰小学教师胡再华荣获“全国希望工程园丁奖”。

12月25日　印江自治县西园乡镇工业小区建设竣工。工业小区总征地面积7.1万平方米，总投资近1亿元。

是年　印江自治县被国家教委授予“基本普及初等义务教育县”称号。

1999年

2月18日　县人民政府成立招商引资局。

3月　县委、县人民政府出台“关于组织实施‘3456办学’工程”的决定。

5月8—9日　在印江自治县召开全省以工代赈会议，省委领导和各地、州、市及部分县领导现场参观印江县以工代赈实施情况。

5月12日　国家投资1250万元，改造乐茂江至柏香林线路工程，工程全长17.2千米，宽6.5米。

7月23日　印江自治县木黄镇、新业乡、合水镇、朗溪镇遭受特大洪灾。

7月28日　国家防汛指挥部、财政部、农业部确定印江自治县为1999年度全国抗旱服务队示范县，拨给印江自治县抗旱机具100台套、运输车1辆，资金85万元。

8月28日　全国政协常委、民革中央副主席厉无畏，上海新诚公司董事长陈宝桢出席印江自治县中坝乡堰塘村新诚希望小学落成挂牌剪彩仪式，陈宝桢向新诚小学赠送《小学生辞典》100册及部分文化用品。

是日　省民革副主席王贵衡等3人专程到印江自治县赠送香樟树种子15千克，并引进脱毒马铃薯在印江试种。

9月10日　香港实业家邵逸夫捐资80万港元、印江县人民政府配套拨付221万元修建的集教学、办公、实验等于一体的县先锋中学邵逸夫综合教学大楼建成。

11月19日　印江自治县西环大桥举行开工典礼。大桥为中承式拱桥，总投资637.5万元，全长142米，跨径120米，桥面宽13米。

2000年

3月　县委、县人民政府从73个县直工作部门中抽派146人组建成52个工作队，分赴16个乡（镇）52个村开展驻村帮扶工作。

5月18—19日　在印江自治县召开湘、鄂、黔、渝四省市武陵山区茶叶集团第四届理事会第二次年会暨名茶评比会。印江的“梵净山团龙贡茶”“梵净翠峰”“梵净雪峰一级”“梵净雪峰极品”分别获特等奖。

8月24日　印江自治县第一所私立学校——“民望中学”开始面向社会招收初中学生。学校占地面积1.73万平方米，有房屋4栋，教室12间，设施齐全，为全封闭式教学管理学校。

8月26日　经省人大常委会第九届16次会议审定批准，同意颁发《印江土家族苗族自治县城镇管理条例》，自2000年9月1日正式实施。

10月3日　印江木黄镇地茶村民谭正乾在没有驾驶执照和行车证的情况下，驾驶农用车非法营运，装货后载客27名，车行驶到地茶村25度转弯处翻下坡，事故造成7人死亡、11人重伤。

11月6日　南京客商在印江成立印江黔东汽车修配有限公司，公司拥有固定资产230万元，流动资金50万元。

2001年

1月1日　县委机关报《印江报》创刊。

是月　全县村干部补贴开始试行月薪制，每个村补贴3名干部，即党支部书记、村委会主任、会计兼计生主任，2000人以上的村，每个村干部每月补贴200元；1000～2000人的村，每个村干部每月补贴150元；1000人以下的村，每个村干部每月补贴120元。

1月5日　印江县委、县人民政府召开全县经济工作会议，会议决定“抢抓机遇谋发展、争创‘十五’开门红”。

1月12日　在天堂镇举行人畜饮水工程竣工大会，该工程总投资139万元。县长帅朝纲到会祝贺。

1月24日　省委“三个代表”重要思想学习教育活动驻铜仁地区督查组组长肖心田、成员杨胜强以及地委组织部副部长韩光先一行到印江检查“三个代表”重要思想学习教育活动开展情况。

1月25日　梵净山护国禅寺住持方丈释佛友把释迦牟尼佛像、文殊菩萨像、普贤菩萨像、千手观音像、弥勒佛像从缅甸运到护国禅寺。

2月3日　印江自治县启动“三个代表”重要思想学习教育活动试点工作。

2月7日　印江自治县板溪镇上洞村被列为全省“百万工程”示范村。

2月20日　印江自治县四届人大四次会议，通过《关于印江土家族苗族自治县国民经济和社会发展第十个五年计划纲要》《自治县非耕地开发管理条例》《自治县非公有制经济发展保护条例》《自治县法制宣传教育条例》。

3月14日　印江自治县农业局被农业部授予“全国农业科学技术推广先进单位”称号。

3月15日　城区信用社办公楼在西园小区落成。

3月18日　国家防汛抗旱总指挥部助理巡视员、总工程师黄朝忠，助理调研员、高级工程师杨明亮等人检查验收印江岩口特大山体滑坡治理工程，工程验收合格。

3月19日　在印江召开铜仁地区计划生育工作现场会。

3月23日　省委常委、省纪委书记夏国华到印江检查指导“三个代表”重要思想学习教育活动工作。

3月29日　在印江县城召开铜仁地区农业产业化经营工作会议。

4月9日　在印江县政协会场召开铜仁地区“三个代表”重要思想学习教育活动西五县汇报会。

4月15日　印江自治县胡家坝电站竣工投入生产，总装机容量2×1000千瓦，总投资1379万元。

4月16日　省农村税费改革督查组杨培书一行到印江县调研农村税费改革情况。

4月27日　在印江县城召开全区防汛抗旱工作会议。

4月28日　朗溪镇遭受雹灾，冰雹最大直径3厘米。

5月16日　印江自治县梵净山绿色食品公司工人田兴钰荣获贵州省“五一”劳动奖章。

6月13日　在全国第九届奥林匹克作文竞赛中，板溪镇坪底完小六年级学生任亚丽、任江维分别获二等奖和三等奖。

6月27日　印江自治县举行第二届梵净山登山赛，全程8公里，有41支队伍205人参赛。

6月28日　中共印江自治县委召开中国共产党建党80周年纪念大会。

7月7日　中央对外联络部部长戴秉国到铜仁新华宾馆看望印江参加“七月八”活动代表团全体成员。

7月8日　以县委书记田建高为团长的印江代表团，在铜仁第四届中国梵净山国际旅游节暨经贸洽谈会上，与外商签订项目合同4项，总投资8400万元，签订协议5项，总投资7820万元。

7月12日　在印江县城召开铜仁地区水利管理工作现场会，全体与会人员到峨岭镇长坡村实地观摩小山塘拍卖实况。

8月10日　印江自治县召开领导干部会议，会上宣布陈康任印江自治县县委书记，李建任县委副书记、代理县长。

8月13日　举办印江自治县首届青年文学笔会，县委书记田建高出席并讲话。

8月28日　县委、县人民政府同意由重庆创豪土地整治房屋开发有限公司实施印江自治县城金玉小区旧城改造工程。该工程总面积5.68万平方米，建筑总量约12万平方米，项目估算总投资7000万元。

10月8日　印江自治县梵净山护国禅寺落成，护国禅寺占地面积1.7万平方米，建造投资1500

万元。

11月17日　香港慈恩基金有限公司和徐美女士捐资7万元，在杨柳乡中山村修建余淑辉小学，捐赠仪式在中山小学举行。

11月21日　省直单位领导和专家组成课题评审组，专题评审《印江自治县特色经济与特色文化发展规划》。

11月28日　印江自治县召开机构改革工作会议，将县人民政府现有机构28个精减为24个；乡（镇）党委机构精简至4个，乡（镇）政府一般设3～4个机构；县机关公务员（不含公检法司）由469名精减到356名，减少113人，乡（镇）机关公务员由600名精减到504名，减少96人。

11月30日　在县城召开县工商联（商会）第四届代表大会，选举产生会长、副会长、秘书长。

12月10日　县城柏香林汽车站正式挂牌运营。车站占地15000平方米。

12月22日　在西环大道举行由铜仁地区行署主办、印江承办的印松、印德、印沿油路改造开工典礼。

2002年

1月1日　县委决定在县直机关开展为期两个月的作风教育整顿活动。

1月4日　县委举行《印江报》试刊一周年暨报社成立挂牌庆典。

是日　香港第一融资集团公司总裁郭七燕在代理县长李建陪同下，考察了梵净山西线景点。

1月21日　省委村级“三个代表”重要思想交叉检查组组长李景涛一行3人前往朗溪镇塘池村、河西村，合水镇兴旺村实地检查“三个代表”重要思想学习活动开展情况。

1月27日　全县召开经济工作会议，决定“只争朝夕、真抓实干，努力实现经济社会发展目标”。

1月28日　县委、县人民政府成立“两基”攻坚领导小组。

2月26日　公开拍卖破产企业峨岭镇供销社甲山村分销店5间门面。通过193轮叫价、应价，最终以12.65万元出售，大大高于底价6.65万元。

是月　印江自治县峨岭镇被贵州省文化厅命名为全省“书法艺术之乡”。

3月6日　省教育厅厅长孔令中一行5人，调研印江2002年实现“两基”目标工作进展情况。

3月7日　在印江自治县四届人大五次会议上，李建当选为自治县人民政府县长。

3月16日　全国优秀教师刘恩和（沿河自治县教师）先进事迹报告会在印江县人民大会场举行。

4月2日　县长李建带领水产专家孟繁林博士到木黄镇五甲村研究实施皇庵鱼泉冷水养鱼项目。

4月12日　国家计生委外事司司长赵北鸽、中国人口中心副主任解振明视察印江计生工作。

4月14日　由全球环境基金（CEF）赠款，省中药现代化生物多样性保护项目选点调查组派出专家何顺志、余文芬到印江梵净山周边乡镇进行为期3天的药物资源调研活动，取样500多种可供药用的野生植物资源。

5月7日　全县完成“坡改梯”工程，总投资124.92万元，实施土地面积266.7公顷，涉及8个乡镇15个村108个村民组4230户1.73万人。

5月12—13日　全县遭受洪涝灾害，造成15个乡（镇）320个村的16.5万人受灾，直接经济损失1152万元。

5月15日　印江自治县投资80万元建设的特殊教育学校挂牌成立。

6月17日　省委副书记、省纪委书记曹洪兴在铜仁地区行署专员杨玉学陪同下，考察印江农业综合开发、产业化经营、城镇建设等项目。

7月17日　由县纪委、组织部、劳动和社会保障局、监察局、审计局组成的经济责任审计工作会召开，标志着全县党政领导干部任期经济责任审计工作正式启动。

7 月 25 日　国家投资 387.7 万元建设的印江城区防洪工程第一期开工。

8 月 13 日　在印江县城召开全省河道管理清障执法工作会议。

8 月 21 日　印江县委召开解放思想大讨论工作会议，要求全县干部“解放思想、与时俱进、扎实工作、加快发展”。

8 月 28 日　县民政局根据《国务院地名管理条例》、贵州省《地名管理条例实施办法》、自治县《地名管理细则》规定，报经县人民政府批准，对城区道路予以更名和命名。

8 月 29 日　以俞建明为组长的省国际工程咨询中心专家组一行 8 人，考察印江至重庆秀山、松桃甘龙镇和印江缠溪镇至石阡县龙塘坳两条公路线。

10 月 4 日　省委书记钱运录到印江调研烤烟收购和旅游资源开发情况。陪同人员有省委常委、省委秘书长庹文升，副省长顾庆金，铜仁地委书记肖永安，铜仁地区行署专员杨玉学。

10 月 11 日　中央电视台 10 频道摄制组一行 3 人，在县内拍摄以梵净山为主线的旅游资源、生态保护、退耕还林、移民搬迁等新闻纪录片。

10 月 16—19 日　在铜仁举行第五届梵净山旅游暨经贸洽谈会。印江自治县组成代表团到铜仁参加第五届梵净山旅游暨经贸洽谈会，会上签订招商项目 4 个，引进资金 7500 万元。

10 月 18 日　国土资源部授予印江自治县国土资源局“全国土地资产管理工作先进单位”称号。

10 月 31 日　全县农村信用社各项存款余额突破 2 亿元，存贷款金额居全地区之首。

11 月 2 日　在缠溪镇湄坨村召开铜仁地区农村信用社创建信用村工作现场会，并授予湄坨村全区第一块“金融信用村”牌子。

11 月 8 日　县委、人大、政府、政协几家班子在家领导分别集中在会议室收看党的十六大开幕现场直播。

11 月 12—16 日　省人民政府评估验收团到印江自治县进行“两基”工作评估验收，初步认定全县“两基”工作基本合格，同意报教育部审批。

11 月 20 日　县委、县政府举行印江自治县成立 15 周年纪念活动。

11 月 22 日　中共中央政治局常委、国务院副总理温家宝带领国家计委、农业部、国务院扶贫办等相关部委办到印江县缠溪镇湄坨村、冷水溪村、双龙村调研，指导农村税费改革、退耕还林、群众生产生活情况。

12 月 6 日　印江自治县召开第四届人民代表大会第六次会议。大会选举产生了省十一届人民代表大会代表。

12 月 10 日　县委办、县人民政府办下发《关于切实做好减轻农民负担工作的通知》。

12 月 11 日　省文明县城创建检查组一行 4 人，到印江县实地检查文明创建工作。

12 月 17 日　铜仁地委宣讲团到印江宣传贯彻党的十六大精神。

12 月 28 日　召开中共印江自治县委第十次代表大会。

12 月 30 日　县委十届一次全会召开，选举陈康为县委书记。

是日　据县劳务输出办公室统计，全县在外打工人员 5.1 万人，从邮政寄回资金 1.9 亿元，返家自带资金 1.8 亿元。

2003 年

1 月 3—6 日　印江自治县政协召开第五届委员会第一次会议。王朝文当选县政协主席。

1 月 4—8 日　印江自治县召开第五届人民代表大会第一次会议。任廷纪当选人大常委会主任，李建当选县人民政府县长。

1月8日　县民族中医院副主任医生李光华历经4年编著的30余万字《新编药歌500解》，由贵州科技出版社出版。

2月14日　印江自治县司法局被评为“全国精神文明建设先进单位”。

2月18日　省级文物保护单位——印江自治县严氏宗祠举行修缮工程开工仪式。

2月19日　行署专员谌贻琴率地区财政局、经贸局、农办等单位组成7人工作组，到沙子坡等乡镇，就“坡改梯”工程、经果林基地、杨树基地、农业综合开发、城镇建设进行调研。

2月26日　一辆面包车在印江S303线38千米+105米处翻下山坡，事故造成3人死亡，4人受伤。

3月17日　铜仁行署专员谌贻琴在县委书记陈康陪同下，到杉树、新业、永义和木黄等乡镇视察工作。

3月18日　缠溪镇政府引资280万元建设商贸市场。

3月27日　在印江县城召开铜仁地区烤烟生产现场会。

是日　由省纪委、省监察厅、省国土资源厅组成的政策调研组到印江开展经营性土地出让政策调研。

4月7日　县委、人大、政府、政协四领导班子及相关部门组成考察团，到沿河县、铜仁市就产业调整、城镇开发与管理、招商引资进行考察。

4月8日　在铜仁地区科技进步奖评比中，印江自治县获3项二等奖、5项三等奖，36人受到表彰。

4月22日　在印江县城召开全省国土资源系统纪检监察工作会议。

4月23日　省委常委、宣传部长张健在地委副书记邓成庆、县长李建、宣传部长何圣仙的陪同下，调研全县春耕备耕生产情况、精神文明建设情况。

4月29日　美籍华人、太空科学家吴学超博士捐资12万元新建家乡板溪镇毛寨村级小学，捐资2万元修公路。

5月12日　铜仁地委书记杨玉学率领地区人大工委、地委组织部、地区农业局、统计局、扶贫办组成的农村产业结构调整研究组，深入印江县4个乡镇5个村调研。

5月13日　国家投资5329万元，改造印江（板溪）至秀山（松桃甘龙）公路工程，公路全长56.8千米。

5月15日　在永义乡九年一贯制学校举行捐赠仪式，乌江公司向该校捐赠4.35万元，设立学校奖学金，另外捐赠1.1万元作为助学金。

5月28日　在印江召开全区整顿和规范农村药品市场工作现场会。

6月16日　在县民族陈列馆前举行书法家严寅亮雕像落成剪彩仪式。

6月24日　印江自治县邀请华中农业大学教授、博士生导师刘春仁作“绿色产业与科技创新知识”讲座。

是日　在县人民大会场召开中共印江自治县委十届二次全体会议。会上讨论了《关于在各级部门干部职工中深入开展“五珍惜”活动的意见》和《关于进一步加强农业产业结构调整的意见》。

是日　印江四中被国家禁毒办正式确定为全国100所中学生毒品预防教育活动示范学校。

7月9日　县人民政府安全生产整顿办公室炸封梵净山金厂、四方岩、标水岩等金矿23个非法采矿点。

7月10日　零时至8时，全县境内普降暴雨，木黄镇、合水镇、朗溪镇、中坝乡受灾严重，中坝乡1800亩烤烟受损，损坏房屋23户，7处输水管道冲毁。

是日　印江民族中学被命名为“地级示范性高中”。

7月18日　印江自治县新寨乡善都村邹丹莉以648分的好成绩被北京大学录取。

7月22日　在印江木黄镇召开全区农村精神文明创建工作经验交流会。

8月4日　印江河左岸皂角塘拦河坝至南门桥，新建防洪堤952米，排污沟885米，排涝渠68米，同时建成书法长廊。总投资390.4万元，保护面积1.45平方千米，人口1.2万人。

8月6日　由县长李建率领的10人党政代表团，到山东省青岛胶南市参观学习并开展招商引资工作。

8月　国家税务总局授予印江自治县国税局“全国税务系统文明单位”称号。

9月1日　印江县在新寨、缠溪等9个乡镇启动新垦植万亩梵净山茶园建设。

10月3日　省委副书记、省长石秀诗在地委书记杨玉学、行署专员谌贻琴、县委书记陈康、县长李建陪同下在印江调研。

10月15日　在县人民政府5楼会议室举行江苏省泽弘投资有限公司投资开发印江自治县坨寨电站签字仪式。工程总投资4027万元，装机容量2×2500千瓦，计划3年建成。

10月18日　在罗场乡举行全县通村公路建设工作会议暨通村公路建设誓师大会。

10月21日　印江县8000名初中贫困生获得免费教科书。

11月10日　省第五次省级卫生县城检查评估组一行9人在印江自治县检查评估创建“省级卫生城市”工作。

是日　印江自治县木黄镇风景区正式被省人民政府批准为第五批省级风景名胜区。

11月13日　印江籍著名文学家、文艺评论家思基在辽宁省沈阳市去世。

11月25日　印江县人民法院以非法杀害濒危野生动物罪判处新业乡边山村民罗朝国有期徒刑20年，并处罚金1万元；以非法收购珍贵濒危野生动物制品罪判处罗仲军有期徒刑5年，并处罚金3000元，没收猴皮1张。

11月28日　在第七届中国（广州）国际食品工业展览会上，印江自治县净团茶叶有限公司生产的“净团”牌贡茶荣获金奖。

12月2日　地委书记杨玉学在印江调研城镇经济工作。

是日　印江沙子坡镇池坝村梁家组发生地裂。地裂长210米，宽6厘米，25户720人受灾，8户45人受灾最为严重。

12月4日　印江自治县第一个村级科技传播点在板溪镇上洞村挂牌。

2004年

1月10日　装机容量2×630千瓦的印江县犀牛洞电站并网发电。

1月14日　县卫生局组织医疗队伍到杨柳乡杨柳小学，治疗200余名患严重流感的学生，并将20名重病学生送往县城治疗。

1月18日　印江自治县人民政府投资150万元，在县城东郊修建一幢老年公寓，占地面积1500平方米，可容300位老人安居。

1月19日　印江自治县被司法部评为“全国司法行政系统先进县”。

2月8日　印江紫薇旅行社挂牌成立，是铜仁地区首家县级民营旅行社。

2月9日　全县召开经济工作会议，提出“夯实三大基础、发展三大产业、突出三个重点”发展思路。

2月11日　印江自治县社会治安综合治理工作经省综治委检查考核，被评为“治安模范县”。

2月15日　印江县朗溪镇白沙大坡、罗场乡青杠林、新寨乡八底山发生山林火灾。

2月17日　印江自治县召开政协第五届委员会第二次会议。

2月18日　印江自治县召开第五届人民代表大会第二次会议，县长李建作政府工作报告。

3月3日　省人大财经委主任、省委办公厅巡视员向阳生率扶贫开发工作组，到印江调研新阶段扶贫开发工作。

3月9日　省党建扶贫工作队队长向晌到中坝乡官家、堰塘村入户开展调研工作。

4 月 1 日　地委书记杨玉学率领地委办公室、地委组织部等 6 个部门负责人到印江调研。

4 月 5 日　印江组织考察组，先后到湖南桃源县、常德市、黔东南州凯里市考察调研文明城市创建工作。

4 月 9 日　印江朗溪镇白沙大坡土地开发正式启动。总投资 706 万元，整理土地面积 3746 亩，新增耕地 2829 亩，新修 3 条机耕道，总长 4851 米，新建蓄水池 50 个，沉沙井 53 个。

4 月 13 日　印江自治县优质肉牛基地项目批准实施。总投资 2927 万元，发展养牛专业户 9976 户，发展繁殖母牛 25900 头，种牧草 33000 亩，建圈舍 19 万平方米。

4 月 18 日　省委副书记、纪委书记曹洪兴在印江调研“三农”工作。

4 月 19 日　国务院西部开发领导小组办公室副主任王志宝率调研组到印江调研。

4 月 22 日 5 时 30 分　印江自治县沙子镇、板溪镇、峨岭镇、杉树乡、中坝乡 31 个村 98 个村民组遭冰雹和暴雨袭击，造成 9059 户 3.08 万人受灾，农作物受灾面积 1080 公顷，直接经济损失达 146 万元。

4 月 25 日　印江自治县被中国科学协会命名为“全国科普示范县”。

4 月 26 日　由广西全州个体商人唐琳投资 758 万元修建木黄镇阳坝电站，装机容量 1430 千瓦（使用期为 40 年）；广西个体商人龙彪投资 1000 万元，修建合水镇丰岩电站，装机容量 1260 千瓦（使用期为 40 年），即日签约。

4 月 28 日　由香港半岛青年商会捐资 7 万元修建的杨柳塘小学教学楼竣工。

4 月 30 日　印江农村信用合作联社在全省率先挂牌开业。

5 月 1 日　省长助理李军在印江合水、木黄镇调研农村信用社改革及如何服务“三农”工作。

5 月 3—5 日　来自全国的摄影艺术家 60 多人，在印江境内进行摄影创作。

5 月 11 日　全省机关党建工作座谈会在印江县城召开。

5 月 15 日　铜仁地区文明卫生城镇创建工作市民评选团一行 34 人，在印江检查、评议创建工作。

5 月 15 日　在印江县城召开全县农村信用合作联社成立大会暨社员代表大会。大会选举产生首届理事会和监事会，聘任了联社主任、副主任等人。

5 月 20 日　印江自治县司法局获“全国先进县司法局”称号。

是日　香港乐施会捐赠 20 万元新建罗场乡茶园小学，是日，在该小学举行捐赠仪式。

5 月 21 日　省爱委会命名印江为“省级卫生县城”。

是日　县委中心学习组专题学习中共中央颁布的《中国共产党党内监督条例（试行）》和《中国共产党纪律处分条例》，学习活动由县委书记陈康主持。

是日　新业乡锅厂村农民吴伯权被表彰为“全国种粮大户”，并获得价值 8000 元的凯马耕作机奖励。

6 月 3 日　新华社、《人民日报》、中央电视台、中央人民广播电视、《金融时报》《国际金融报》6 家媒体，到印江自治县集中采访农村信用社改革工作。

6 月 21 日　印江自治县召开改善投资环境暨创建文明县城动员大会。

6 月 23 日凌晨　印江自治县因境内普降暴雨，降雨量达 144.2 毫米，县城桶溪河高出防洪堤水位 1.5 米，印江河洪峰流量 805 立方米/秒，洪峰水位达 451.44 米，已超警戒水位。

7 月 28 日　木黄镇革底、地茶、岑阳等 22 个村遭冰雹和大风袭击，造成 960 间房屋、1 座凉桥被毁，倒伏稻谷 1582 亩。

8 月 13 日　国家队体操运动员林丽（印江籍），在雅典奥运会上取得女子体操第七名和个人高低杠第七名的好成绩。2001 年，国家队体操运动员林丽（印江籍）在中、澳、俄 3 国少年体操友谊赛中荣获高低杠冠军。2002 年，国家队体操运动员林丽（印江籍）在中、意友谊赛中获高低杠冠军。2003 年，国家队体操运动员林丽（印江籍）在全国体操锦标赛中荣获高低杠冠军。

8 月 16 日　中国书法家协会副主席聂成文、中国书法培训中心主任张荣生一行 6 人，到印江开展书法授课培训。

是日　由省委组织部、团省委带领中组部，团中央“博士服务团”贵州省情考察团到印江考察梵净山旅游资源。

8 月 18 日　中共印江自治县委十届三次全体扩大会议召开。

8 月 28 日　洋溪镇杨某在洋溪河捕获一尾长 1.2 米、重 12 千克的娃娃鱼（国家二级保护动物），被林业派出所、畜牧水产局查获后，娃娃鱼被放回洋溪河。

9 月 13 日　省茶协专家组一行到印江，召开原产地域保护贵州省地方标准梵净山翠峰茶、梵净山绿茶标准审定会。

9 月 14 日　国家体育总局党组书记李志坚到印江自治县视察基层体育工作，了解国家体育总局“雪炭工程”实施情况，并查看体育馆奠基地址。

9 月 20 日　总投资 140 万元的梵净山公路改造竣工。

9 月 22 日　行署专员谌贻琴到中坝乡指导农村工作，并现场拍板 20 万元用于基础设施建设。

9 月 23 日　在印江梵净山护国禅寺举行由铜仁地区佛教协会主办、印江自治县人民政府承办的“中国梵净山佛教文化研讨会暨护国禅寺大雄宝殿开光典礼”。

9 月 26 日　在铜仁市召开第六届梵净山旅游节暨资源推介会，印江代表团与客商签约项目 4 个，签约资金 7900 万元。

9 月 28 日　印江自治县举办纪念中国工农红军第二、第六军团木黄会师 70 周年歌咏比赛。

10 月 15 日　印江自治县召开全县第六届村（居）民委员会换届选举工作会议。

10 月 20 日　广东深圳市百年创道房地产投资顾问有限公司投资印江民族中学学生公寓建设项目启动，建筑面积 20000 平方米，建成规模 3.3 万平方米，总投资 2600 万元。

10 月 23 日　省长石秀诗在地委书记杨玉学、行署专员谌贻琴陪同下到印江县视察指导。

10 月 24 日　印江县木黄镇举行中国工农红军第二、第六军团会师 70 周年纪念大会。

是日　印江自治县城区总体规划由省建设厅、省规划委、省发改委、省国土资源厅、省交通厅、省环保厅等相关部门专家 30 人论证、评审，获得通过。

10 月 25 日　在印江召开中国联合国校长培训及学校发展规划项目 2004 年县级培训及交流会，中国儿童基金会官员郭晓平亲临指导。

是日　老红军向轩（79 岁）、萧克之子萧星华（中将）、段苏权之子段米恒、段苏权夫人蓝文长（原电子部部长）、贺龙的外孙女贺来毅、贺炳炎之子贺雷生到印江自治县木黄镇红二、六军团会师地址参观，并在纪念碑前向烈士敬献花圈。

10 月 26 日　在印江自治县第六届梵净山旅游暨资源推介会上，印江自治县与外地客商签约 4 个项目，引入资金 7900 万元。

11 月 4 日　县委中心组集中学习党的十六届四中全会精神。

11 月 15 日　水利部副部长索丽生到印江视察岩口滑坡治理情况。

11 月 20 日　重庆第三军医大学附属医院腔道外科专家 5 人，到印江为县医院全体职工举办了“腹腔镜的临床应用”专题讲座。

11 月 30 日　县委、县人民政府组织招商引资考察团到毕节、贵阳花溪等地学习考察。

12 月 1 日　印江河右岸防洪堤动工，总投资 266 万元，全长 444 米，高 6.7 米、排污沟长 444 米。

12 月 12 日　印江骨伤专科医院大楼落成，是印江第一家非公有制医疗机构。

12 月 15 日　加拿大国际发展署代表团到印江考察技术扶贫。

12 月 23 日　印江自治县国土资源局被人事部、国土资源部联合表彰为“全国国土资源系统先进集体”。

12 月 25 日　缠溪镇撤销管理区建 8 个新村，第一届村委会主任全部选举产生。

12 月 31 日　县人民政府全会召开，讨论《关于发展印江自治县东北部工业经济带的意见》。

2005 年

1 月 8 日　印江自治县北环公路大桥正式通车，大桥全长 118 米，总投资 455 万元。

1 月 14 日　峨岭镇商会引进 6 家企业，引资 900 万元，解决 108 人就业。

2 月 1 日　全县召开经济工作会议。

2 月 11 日　印江自治县县委、县人民政府成立救援小组，赶赴梵净山，经过 3 小时努力，营救出遭遇冰雪天气、被困梵净山上的建设银行重庆分行干部汤全胜等 9 名游客下山。

2 月 20 日　省委副书记、省纪委书记曹洪兴到印江调研保持共产党员先进性教育活动。

2 月 22 日　水利部副部长陈雷到印江视察岩口特大山体滑坡整治工程和乌中灌区湄坨水库灌溉工程。

2 月 25 日　印江自治县在县城人民大会场召开政协第五届第三次会议。

2 月 26 日　印江自治县召开第五届人民代表大会第三次会议。

3 月 3 日　铜仁地委副书记、行署专员谌贻琴到印江指导保持共产党员先进性教育活动。

3 月 18 日　13 时 20 分，一辆从思南至玉屏贵 D70625 号中巴车，实载 20 人（其中 1 名为 5 个月的婴儿），途经印江县缠溪镇板田沟田弯上坡处，越路坠入公路左侧斜坡 80 米的山下，事故造成 5 人死亡、15 人受伤。

3 月 21 日　卫生部远程教学系统在印江县人民医院开通。

4 月 8 日　印江自治县木黄镇利用退耕还林费筹集资金 6000 元，从外地购买 10000 株常绿树种苗，在将军山、观音山退耕还林地上栽植 300 亩树苗。

5 月 14 日　县委、县人民政府举行招商引资推介会，会上签订项目 13 个，签约资金 2.69 亿元。

是日　中央电视台《乡村大世界》以“印江印象”为主题，在印江自治县举办大型综艺节目。同时以印江旅游资源、文化特色、发展成就为主题拍摄了 30 分钟的专题片。

5 月 19 日　省委副书记、省纪委书记曹洪兴到印江调研保持共产党员先进性教育活动。

5 月 29 日　“黄果树”杯首届“多彩贵州”歌唱大赛印江赛区选拔赛落下帷幕。从 120 名选手中，评出一等奖 1 名，二等奖 2 名，三等奖 4 人，优秀奖 9 名。

是日　印江自治县人民政府推行年满 60 周岁的独生子女户，双女结扎户，每年领取 600 元扶助金制度。

5 月 29 日　印江县召开创建省级文明县城工作会议。

5 月 29 日　木黄红二、六军团会师纪念馆被省政府批准为省级国防教育基地。

5 月 31 日　中国作家采风团到印江采风。

5 月　贵州省人民政府授予唐宗铺“全省劳动模范”称号。

6 月 1 日　缠溪镇遭遇 20 年未遇暴雨袭击，受灾面积 600 余亩。

6 月 2 日　印江自治县农发行行长冯凌荣获“全国金融先进女职工工作者”称号。

6 月 23 日　县境普降暴风，其中板溪镇较为严重，小毛寨村 137 户中，受灾的达 103 户，粮食绝收 69 户。

6 月 27 日　印江县举行农村计生家庭奖励扶助金首发仪式，全县农村 394 名 60 岁以上计生家庭获得奖励扶助金。

6 月 27 日　印江县关工委获中央关工委、中央文明办表彰。

7 月 8 日　全县召开第二批保持共产党员先进性教育活动工作部署会。

7 月 12 日　全数字化 X 光机（简称 DR）在印江县人民医院投入使用，是全省首家使用 X 光机的县级医院。

7 月 27 日　铜仁地委书记杨玉学到印江视察旱情。

8 月 1 日　印江自治县公安局、峨岭镇人民政府联合发出《关于县城区限制燃放烟花爆竹的暂行规定》。规定县城区限制燃放烟花爆竹的区域、种类、管理办法，从 9 月 1 日起施行。

8 月 3 日　印江出台《印江土家族苗族自治县殡葬管理若干规定》。

8 月 5 日　贵州大学“百团万人服务贵州”理工学院博士团队员，向革命老区木黄镇桅杆村小学捐赠 2 台计算机，为 20 名贫困学生交学费 3200 元，并一直负责他们学费到高中毕业。

8 月 9 日　印江县新业乡降暴雨，降雨量达 199 毫米，致山洪暴发，冲毁石桥 3 座、房屋 25 栋、农田 110 亩，受灾 25 户 98 人。

8 月 14 日　印江县板溪镇勤丰村发生一起死亡 4 人、伤 7 人的特大故意杀人案，当日犯罪嫌疑人被抓获归案。

8 月 16 日　印江县启动事业单位试行人员聘用制度。

8 月 28—29 日　中共印江自治县委召开十届四次全体扩大会议。会议主题是抢抓机遇，加快发展。

是月，印江自治县板溪镇司法所获“全国先进司法所”称号。

9 月 4 日下午 5 时许　在罗场乡杏家寨发现一只黔金丝猴被寨中群狗追咬，当地民兵驱散群狗，把受伤的黔丝猴送到梵净山野生动物救护中心。

9 月 9—10 日　印江县委县人民政府到福建省、浙江省开展招商引资活动，签约项目 9 个，签约资金 2.142 亿元。

9 月 16 日　省委副书记王富玉到印江调研旅游产业工作。

9 月 18 日　多维地产“花园城”建设项目开工。

10 月 4 日　印江自治县公安局法医田景波被公安部授予“2005 年全国优秀人民警察公安民警”称号，杨宗林被省公安厅授予“2005 年省优秀人民警察公安民警”称号。

10 月 14 日　中央电视台七频道导演马千里一行到印江自治县拍摄以贵州“茶树王”为题材的宣传片，主要宣传梵净山茶叶。

10 月 25 日　梵净山翠峰茶获“中华人民共和国地理标志保护产品”，地域保护范围是全县 17 个乡（镇）。

11 月 15 日　省委、省人民政府、省委宣传部，省文化厅启动“百场戏千场电影”文化下乡活动，在印江自治县中坝乡为群众表演文艺节目。

11 月 21—23 日　铜仁地委副书记、行署专员谌贻琴到印江调研农业农村工作。

11 月 30 日　印江自治县刀坝乡来安营至松桃苗族自治县永安乡火烧桥公路通车，总投资 25 万元。

是日　印江自治县信用联社各项存款达 4.0261 亿元，较年初净增 8131 万元，增幅为 25.3%。

12 月 26 日　贵州电视台“今日视点”栏目组到印江自治县木黄镇收集红色文化素材。

2006 年

2 月 7 日　铜仁地委书记杨玉学到印江调研社会主义新农村建设工作。

2 月 15 日　印江县启动第二次全国残疾人抽样调查。

2 月 17 日　省水利厅厅长朱开茗到印江检查“三小”工程建设。

2 月 19—20 日　中共印江自治县委召开十届五次全体扩大会议，会议讨论县委工作报告和《县委县政府关于推进社会主义新农村建设的实施意见》《印江自治县国民经济和社会发展第十一个五年计划纲要（草案）》。

2月20—23日　印江自治县政协召开第五届委员会第四次会议。

2月21—25日　印江自治县召开五届人大四次会议，肖洪当选县长。

3月7日　中央电视台《中国工农红军》摄制组到印江木黄红二、六军团会师地拍摄实景。

3月18日　20集电视剧《雄关漫道》筹拍组到印江朗溪镇、木黄镇、梵净山踩点。

3月22—24日　印江县政府分别在贵阳、重庆成功举办“梵净山西线旅游暨土家风情游”推介会。

3月27日　印江一小获全国“巾帼文明岗”和贵州省“巾帼文明岗”称号。

是月　印江合水镇高寨村成立第一个农村教育基金会。筹集资金2万多元。

3月29日　重庆电视台“旅游”栏目到印江拍摄推介梵净山旅游电视片。

4月1日　印江自治县人民政府发布《关于在县城区取缔和禁止机动三轮车运行的通告》，自发布之日起施行。

4月10日　印江召开深化文明县城创建工作动员会。同月荣获贵州省“创建文明县城工作先进县城”称号。

4月12日　黄睿、孙杰、释行愿和尚参加全省“旅游形象大使选拔赛”，黄睿被选为“贵州省旅游形象大使”。

4月15日　县城东门桥至南门桥防洪堤工程建设工程开工，工程投资274.3万元，建防洪堤445米，配套排污沟287米。

是日　印江举办红军长征70周年纪念活动，省“沿着红军的足迹，穿行（歌唱）多彩贵州”艺术团进行慰问演出。

4月18日　印江招商引资企业坨寨电站正式发电，总装机容量6000千瓦，总投资4200万元。

4月24日　铜仁地委书记杨玉学到印江县调研农业和新农村建设工作。

4月20—24日　贵州电视台“发现贵州”栏目到印江县拍摄“发现印江、自驾之旅”节目。

4月24—27日　梵净山翠峰茶获第三届国际茶文化节“中绿杯”金奖。

5月4日晚20时　杉树乡、沙子坡镇遭遇雷阵暴雨，沙子坡镇石坪村发生泥石流，造成30多亩土地被淹、15根电杆被吹倒，马铃薯、玉米、烤烟、秧苗受到不同程度的损坏，直接经济损失达30多万元。

5月12日　印江县被评为“全国法制宣传教育先进县”。

5月22—24日　省“两基”复查组和“普实”验收组，到印江分别复查、验收全县的“两基”巩固提高工作和普及中小学实验教学工作，检查验收结果为合格。

5月24—28日　在全省第三届残疾人运动会上，印江运动员张宣波（双上肢残疾）获100米蛙泳金牌、400米自由泳铜牌；李琼（女、侏儒症）获乒乓球单打金牌，代泽彪（下肢残）获男子举重80公斤级第四名。

5月25日　印江自治县红二、六军团木黄会师军部旧址、纪念碑被列为全国第六批重点文物保护单位。

5月26日　印江自治县洋溪镇红岩电站破土动工。

5月28日　印江自治县永义乡全面推行村账乡代理。

5月30日　《印江土家族苗族自治县条例》（草案）报贵州省第十届人民代表大会常务委员会第二十次会议批准、印江自治县第五届人民代表大会以常务委员会第二十四次会议决定，自2006年6月1日起施行。

5月30日　印江天麻种植基地建设通过省经贸委检查验收。

6月3日　缠溪镇政府决定，在镇域范围内禁放烟花爆竹。

6月19日　铜仁地委书记杨玉学到印江调研招商引资工作。

6月30日　印江自治县缠溪镇至石阡县龙塘坳乡油路工程开工。工程总投资2575万元，全长58

千米。

7 月 26 日　浙江省客商路华林投资建设年产 120 万吨新型干法水泥生产线项目，在印江自治县朗溪镇孟关村举行奠基仪式。

8 月 4 日　副省长禄智明在印江视察旱情。

8 月 9 日　永义乡张家坝水电站竣工落成。

8 月 9—10 日　地委副书记、行署专员谌贻琴到印江县调研工业经济。

8 月 19 日　总投资 1500 万元，装机容量 2260 千瓦的印江县合水镇丰岩电站奠基开工仪式，在印江落佑小学操场举行。

8 月　贵州电视台在板溪镇下洞村拍摄土家族祭风神，在沙子坡镇塘口村拍摄高腔山歌（是年 11 月在贵州电视台《发现贵州》栏目以《土家祭风神》《歌舞之乡》为题播出）。

是月　印江自治县木黄镇被贵州省人民政府命名为全省历史文化名镇。

9 月 1 日　中央电视台《新闻联播》劳动者之歌栏目播出印江自治县省级劳动模范、刀坝乡信用社信贷员唐宗辅的先进事迹。

是日　印江县召开启动印江民族中学申创省级示范性高中动员大会。

9 月 4 日　印江县人民政府代表团在全省展销会上与各地客商签订供货合同，金额达 570 万元，其中，参展产品“丰香优”“内香优 9 号”大米获三等奖。

9 月 9 日　印江县木黄镇阳坝电站竣工落成，总投资 810 万元，装机容量 1500 千瓦。

9 月 18 日　全国政协常委、中国佛教协会常务副会长圣辉法师在印江护国禅寺题写了“梵天净地佛居名山传真谛，护国佑民利乐有情世祥和”22 个大字。

9 月 21 日　印江县投资 120.12 万元新建印江河上游左岸河堤 135 米、排污沟 135 米。

9 月 28 日　印江县投资 589 万元，整治县城河道工程暨翻板坝工程开工。

10 月 11 日　国家农业综合开发项目——木黄镇新民项目区土地治理工程动工，工程总投资 439 万元。

10 月 14 日　在印江自治县召开印江与秀山旅游协作双边研讨会。

10 月 15 日　全县开通县乡有线电视联网。

10 月 16—18 日　在县城举办第一届“印江印象”民族歌舞调演活动。

10 月 17 日　印江自治县沙子坡镇红星村芭蕉小学老师晏祖福赴北京人民大会堂出席全国“希望工程园丁奖”颁奖大会。

10 月 22—23 日　省爱国卫生运动委员会到印江复查印江卫生县城建设情况。

10 月 26 日　全省第一所律师希望小学在中坝乡夫子坝落成。

10 月 30 日　中国著名的医学家、心血管疾病领域杰出的先行者顾复生（印江书法家严寅亮之孙女）到印江自治县人民医院、中医院义诊讲学。

11 月 1—3 日　青岛、宁波、大连、深圳考察团到印江检查对口帮扶工作。

11 月 6 日　印江自治县获“全国老年维权示范县”称号。

11 月 13 日　印江农业发展银行获“国家级青年文明号”称号。

11 月 16 日　浙江客商包淳浩投资 4000 万元建设年产 2 万吨电解锌项目，于是日举行签约暨开工仪式。

11 月 28 日　中共印江县委十一届一次全会选举陈康为县委书记。

12 月 7 日　铜仁地委书记杨玉学到印江调研冬修水利、招商引资、生态畜牧业等工作。

12 月 17 日　印江全县启动农村新型合作医疗试点工作。

12 月 20 日　年产 6 万吨生铁冶炼项目落户印江县刀坝乡。

12 月 22 日　印江县人民政府投资 100 万元新建老干部活动中心，活动中心占地 261 平方米，建筑面积1105平方米。

12月24—26日　印江县召开政协第六届委员会第一次会议，何圣仙当选为县政协主席。

12月25—28日　印江自治县召开第六届人民代表大会第一次会议，王朝文当选为县人大常委会主任，肖洪当选为县长。

2007年

1月4日　上午8时，一辆从深圳市开往沿河自治县的大巴车载客44人，在印江县沙子坡镇凤凰山翻下112米陡坡山谷，事故造成15人死亡、27人重伤、2人轻伤。

1月6日　浙江客商吕树华投资1000万元在印江创建松香厂，于是日在新寨乡小云村举行奠基仪式。

1月9日　由省国土资源厅和省财政厅补助96万元建设的第二完小滑坡治理工程于是日正式启动。

1月20日　印江自治县慕龙饮水工程开工，工程总投资3000万元，可解决城区5万多人饮水安全问题。

1月，铜仁地区行署确定印江县“祭风神”“长号唢呐”“红棺葬”“过赶年”“印染工艺”“灯夹戏”6个民族民间文化列入地级非物质文化遗产代表作名录。

2月1日　铜仁地委副书记、行署专员谌贻琴到印江检查“三小”工程建设进展情况。

2月3日　印江民营学校——东方英才幼儿园落成。

2月5—6日　省委副书记曹洪兴到印江视察农业农村工作。

2月18日　印江县首届“春节七天乐”活动在县人民广场拉开序幕。

2月19日　中央外事办主任、中央国家安全办主任、外交部副部长、党委委员戴秉国回到阔别48年的家乡印江探亲，并为印江民族展览馆捐赠纪念品155件、书籍700本（部）。

2月26日　由印江自治县青年作家、书法家王新华作词，铜仁教育学院文庆容作曲，龙清萍演唱的《我心中的梵净山》获全球华人声乐大赛中国赛区总决赛中年A组原声唱歌曲金奖。

3月15日　印江县召开干部作风建设动员会。

3月14—15日　中央电视台经济频道《财富故事会》栏目采访报道印江县教师晏祖福的事迹。

3月24日　贵州大学动物科学学院与印江自治县人民政府在政府会议室签订技术合作协议书。随后前往新寨乡云发猪场举行挂牌仪式。

4月2日　印江自治县人民政府决定筹资400万元，重点打造八大旅游项目。

4月4日　印江县为庆祝自治县成立20周年活动，安排18个大项、56个小项的城镇建设工程，总投资1743.18万元。

4月8—10日　在印江县召开全区第三次生态畜牧发展工作现场会。

4月13日　印江县板溪镇上洞村获得省委、省人民政府颁发的“先进村镇”称号。

4月15日　在印江县木黄镇举行红军长征路图书室援建活动赠书仪式。

4月22日　印江县举办第三届招商引资资源推介会，签约项目27个，合同资金5亿元，协议资金7亿元。

4月26日　印江县博爱医院挂牌成立。

5月2日　“贵州南长城杯”全国桥牌千人团大赛在印江举行。

5月13日　由印江县委、县政府、阳光卫视等联合策划和拍摄的电视专题片《茶旅天下·印江茶漾》圆满完成。

5月22日　印江县人民政府与南长城房地产开发总公司签约总投资1.5亿元的南湖公园建设项目。

5月29日　印江土家族过赶年、板溪坪底村印染、板溪下洞祭风神、灯夹戏4个民族民间文化被列入全省第二批省级非物质文化遗产保护名录。

6月1日　印江自治县举办“中国—联合国儿童基金会‘爱生学校管理’”项目培训会，中国儿童中心项目处处长陈颖、教育部小学培训中心牛志奎、樊平军博士、省教育厅行政干部培训中心主任谢笠等参加培训会。

6月5日　省道303线缠溪镇改道工程竣工通车。

6月6日　原黔东独立师政委兼黔东特委书记段苏权次子、中国人民解放军总参谋部段米恒少将一行到印江革命老区进行党史调研。

6月13日　印江老红军池恒昌去世，享年92岁。

6月13—14日　在印江梵净山举办贵州省第二届民族文学论坛暨第七届梵净山青年文学笔会。

6月15—17日　在印江开办中国—联合国儿童基金会2007年学校预防艾滋病和学校环境卫生与个人卫生教育项目省级培训班。

6月21日　省直扶贫工作队乌江电力开发公司捐资30万元，改善杉树乡联营村完小办学条件。

6月28—29日　副省长刘鸿庥到印江县指导医疗卫生工作。

7月3—4日　地委副书记，行署专员廖国勋到印江县调研农业农村、工业经济等工作。

7月4日　印江第一个农村社区在板溪镇上洞福星村挂牌成立。

7月5日　印江县城区生活垃圾填埋场工程正式启动，总投资2830万元。

7月8日　贵州省联通公司、深圳中兴公司捐赠40万元，新建沙子坡镇红星小学校舍。

7月15日　经印江县委、县人民政府批准，同意撤销新寨乡大云村委会，设立大云社区，并选举成立监事会和理事会。

7月18日　印江县人民政府出台《关于殡葬管理的若干规定》。

7月19日　印江投入700万元改造梵净山东路、文昌路、新建圣礅路、健民路。

7月24日　香港半岛青年商会捐款29.32万元，在印江援建香港商会思源天堂中学，同时捐赠助学金2.5万元，为每名品学兼优学生发放奖学金5400元。

7月30日　印江县民族中学成功申创省级示范性高中。

8月8日　印江县医院与重庆第三军医大学大坪医院结成帮扶对子。

是日　县政府投资864.8万元，新建68个、扩建25个、维修18个村级活动室。

8月14日　中坝乡大田村的村支书、村主任敲诈勒索客商，被印江县人民法院判处有期徒刑4年。

8月22日　印江投资458万元新建长达95.6米的印江河南门桥下游一级翻板轴线、260.2米的右岸防洪堤、108.5米的左岸二期工程至翻板坝工程。

8月23日　印江自治县人民政府在贵阳林顿大酒店会议室与福建省总商会签订6个意向性投资协议，投资金额4.32亿元。

9月7日　县城河滨南路西段旧城改造项目工程签约。

9月9日　著名书法家王峙苍先生去世，享年97岁。

9月11日　美籍华人太空科学家吴学超博士捐助30万元，在家乡印江县板溪镇小毛寨村修建嘉仪小学。

9月20日　印江民族中医院升级为二级中医院。

9月26—27日　省委常委、纪委书记王正福到印江调研扶贫开发、新农村建设和党风廉政建设工作。

9月28日　由贵州南长城企业集团房地产开发有限公司投资1.6亿元建设的南湖公园举行开工仪式，该项目建筑面积为318495平方米。

10月16日　印江土家族苗族自治县举行成立20周年庆祝活动。出席庆典大会的有国家民委副司长赵崇明、副省长吴嘉甫和美籍华人吴学超博士，著名医学专家顾复生（印江书法家严寅亮之孙）。

10月26日 印江县城河道整治二级翻板坝工程开工。

10月28日 印江县人民政府投资571万元建设的农业综合开发土地治理项目，在木黄坪洞口动工。

11月7日 永义乡团龙村成立印江第一支农村义务消防队。

11月16日 贵州省第三届行草书法大赛在印江颁奖。

11月25日 印江自治县木黄镇争取资金93万元，加大集镇基础设施建设、改造旅游环境条件。

11月26日 由福建省蓝平石材有限责任公司投资1200万元建设的印江殡仪馆竣工，并运行启动殡仪火化车间。

11月27日 印江举行由贵州省戏剧作家协会、贵州花灯学会、印江县委、县人民政府主办的贵州花灯学会首届年会，参加会议的有省文联副主席汪信山、省剧协常务副主席石佳昱及全省51位花灯专家和爱好者。

是日 印江自治县被命名为“贵州省花灯创作基地”。

11月28日 印江县启动第七届村（居）委会换届工作。

11月29日 印江正式启动村级学校危房改造工程。

12月2日 印江县首次开展农业污染源普查工作。

12月14日 印江自治县成立光彩事业促进会，县委常委、副县长、统战部部长王继承当选为会长。

12月26日 印江自治县成立行政服务中心，5个职能办事机构，48个服务窗口，365个项目进驻服务中心。

12月28日 印江自治县天堂镇110伏变电站开工。

2008年

1月4日 省委常委、纪委书记王正福到印江视察扶贫开发和新农村建设工作。

1月8日 在印江县杉树乡正式启动全省唯一以“县为单位、整合资金、整村推进、连片开发”试点项目。试点区域覆盖14个村，计划总投资6200万元。

1月13日至2月中旬 境内出现罕见的凝冻灾害，全县受灾42.68万人，因灾被困9.74万人，各种农作物受灾33.5万亩，直接经济损失2.3亿元。

2月4日 县委、县人民政府组织武警，消防、公安、公路养护段等干部群众1000人，打通缠溪苗王坡凝冻公路。

2月17日 省民政厅厅长郭猛到印江视察凝冻受灾情况。

2月12日 印江县志办主任肖忠民主编的《印江书法志》和《印江茶业志》出版。

2月13日 印江自治县信用联社各项存款在上年6亿元的基础上，净增1亿元。

2月19日 印江自治县科普示范工作通过全国科普示范县总结检查组检查验收，符合“全国科普示范县”要求标准。

2月24日 铜仁地委副书记、行署专员廖国勋到印江指导灾后重建工作。

2月 长虹家电经理何琼家庭荣获“贵州省整脏治乱专项行动·优秀家庭”称号。

4月17日 省长林树森到印江视察水利工程、农业产业、旅游产品加工等工作。

4月23日 中洲片区开发建设项目签约仪式在印江县人民政府3楼会议室举行，项目总投资4.5亿元，占地面积350亩。

4月 缠溪镇滑地村周继芬被中共贵州省委、省人民政府授予“抗凝冻、保民生”工作先进个人称号。

5月7日 《印江土家族苗族自治县概况》一书由民族出版社正式出版发行。

5月10日 “颐和园”邮票首发式在印江举行。

是日　县文联举办严寅亮书法艺术研讨会。

5月30日　印江自治县慈善总会向四川地震灾区捐赠127万元，自震灾发生以来，共捐赠资金157万元。

6月12日　铜仁地委副书记、行署专员李再勇到印江视察，要求印江县政府转变观念、解决民生问题、谋求发展。

6月13日　印江自治县体育局池江林、黄州善参加凯里站奥运圣火传递。

6月28日　印江自治县举办第四届招商引资推介会及工业产品展览会，签约项目21个，引资8.71亿元。

6月　印江县板溪镇上洞村村民任明军获得“全国农村科普带头人”称号。

7月2日　印江县委组织部为四川地震灾区募集特殊党费289979.40元，全部直接上交中共中央组织部。

7月31日　印江县新寨乡乐洋、凤和、高峰、新坪、干家等村遭受冰雹狂风袭击，造成410亩烤烟，2008亩玉米受灾。

7月31日　副省长谢庆生到印江视察文化产业。

8月9日　印江选手安华仙在贵阳参加全省首届乡村女大厨烹饪赛，获得银奖。

8月21日　铜仁地委书记廖国勋到印江县指导烤烟收购工作。

8月22日　印江自治县第一个农村工会组织在峨岭镇坪兴村成立，村支书万有刚当选为工会主席。

8月24日　印江新寨乡板山、乐洋、龙井、凯望、雁水等村遭暴风雨袭击，损坏房屋95户196间，3条通村公路垮塌59处，塌方2600立方米，农作物受损3500亩，造成经济损失510万元。

9月2日　在印江县城太阳山举行印江慕龙饮水工程通水典礼。工程总投资3000万元，从梵净山脚下的慕龙引天然生态泉水，日供水2万吨、2000立方米，让城区人民喝上了甘甜的泉水。

9月7日　印江自治县沙子坡镇王家小学代课教师任达继荣获省颁发的“大山的脊梁——感动贵州的教师们”“十佳”奖。

9月8日　美籍华人、太空科学家吴学超博士到印江县板溪镇参加小毛寨村嘉仪小学落成典礼。

9月25日　印江中洲凉桥项目工程开工。

9月　沙子坡镇塘口村刘朝英等8人表演的土家高腔山歌《上山坡》，获全省“中天杯2008年多彩贵州”歌唱比赛第九名。

10月31日　印江自治县召开“见义勇为”表彰大会，追授新寨乡棬子村为救落水祖孙3人而献身的农民唐锦良“见义勇为公民”称号，并向唐锦良家属颁发3万元奖金。

11月3日　在印江自治县召开全省以“县为单位、整合资金、整村推进、连片开发”试点现场会。参会的有全省各地州市、县市特区扶贫办主任210人。

11月4—6日　在印江召开全省教研工作联席会暨教育学会年会。

11月8日　印江自治县人大常委会获“全省第六次民族团结进步先进集体”称号，刀坝乡信贷员唐宗辅获“先进个人”称号。

11月9日　铜仁地委副书记、行署专员李再勇到印江调研项目申报、农业农村、旅游产业等工作。

11月13日　中国记者采风团到印江梵净山采风。

11月27—29日　在印江召开全省土家族建筑文化特色研讨会。

12月19日　中共贵州省委、省人民政府授予印江自治县“全省文明县城”、板溪镇上洞村“全省文明村寨”称号，印江自治县国土局、国税局、中国移动贵州有限公司印江分公司为“全省文明单位”，木黄镇为“全省创建文明村镇工作先进村镇”，中共印江自治县纪委（监察局）、县教育局、县财政局、中国人民银行印江支行为“全省精神文明建设工作先进单位”。

12月31日　印江自治县启动污水处理项目，该项目日处理污水6000吨，总投资3356万元。

第一编

环境　政区

第一章　自然环境

第一节　地形地貌

印江位于贵州高原向湘西丘陵和四川盆地过渡的斜坡地带、黔东低山丘陵区和黔东北中山峡谷之间，地势东高西低。地形地貌为东南向西北倾斜。地处武陵山脉主峰——梵净山西麓。全县总面积1969平方千米，辖17个乡镇，总人口43.59万人。最高峰梵净山的凤凰山海拔为2572米。梵净山金顶海拔2493.8米。最低点为西部与德江、思南县交界处的两河口，海拔377.7米。

境内地形可分为中高山、中山、中低山、低山地形。地貌类型有溶蚀、侵蚀和河谷冲刷堆积地貌。东部梵净山地区，平均海拔大于1600米，地形切割强烈，相对高差大，坡度较陡，为中高山地形，以侵蚀地貌为主；中东部梵净山前缘地带海拔1000～1600米，坡度陡缓不等，为中低山地形，以岩溶地貌、河流冲刷堆积地貌和侵蚀地貌为主；中部、西南部、南部地带海拔800～1000米，为中低山地形，以岩溶地貌、侵蚀地貌和河流冲击地貌为主。

境内主要山峰有：新民与建厂交界的牛蜂包，海拔2063.6米；大尖峰海拔2033.3米；大尖峰南一里许的九龙山约1700米；木黄镇的烂茶顶海拔2050米；斗篷山海拔2046.4米；岑图寺之小梵净山约1900米；洋溪、杨柳、缠溪交界处的挂榜山海拔1541米；永义乡的尖峰山海拔1551.4米；朗溪镇的大花尖海拔1441.2米；刀坝乡的玛瑙山海拔1476.1米；玉屏的鸡冠山海拔1394米；印江城西北面十里许的大圣磝海拔1337米。

溶蚀型地貌　呈现于碳酸盐类地层，成条状带分布，岩溶发育、形态有峰丛、洼地、漏斗、竖井、落水洞。主要分布在花园村、沙子坡镇、天堂镇、陡溪村、朗溪镇、曾家村、木黄镇、建厂乡、新民村、新场村、永义村西部、茶园村东部、桅杆村、洋溪村等地。

沟壑纵横的山脉

侵蚀型地貌　呈现于页岩和黏土层，形成中低山丘陵地貌。主要分布在毛寨村、杉树镇、凯塘村、印江城、麻柳村、罗场乡东部、两河村、缠溪镇、坪柳村、打杵场村、杨柳村及永义乡至新业乡的东南部。

岩溶地貌 该地貌因石灰石受水侵蚀而成，为境内主要地貌，分布范围广，除东南部的梵净山没有，其余各乡镇均有。

石漠化地貌 受外力作用、流水风化、矿山开采和其他不合理耕作导致自然植被受破坏、土壤流失而成。朗溪镇朗溪村、三村村、昔蒲村、河西村、大尧村和中坝乡堰塘村石漠化地貌较为突出。

第二节 地质矿藏

一、 地质

印江县境内地质按岩石类型分，有沉积岩、变质岩、火成岩三大类。变质岩、火成岩主要分布于梵净山附近的永义乡至新业乡梵净山区一带，约占全县国土面积的 10%；其余地区均为沉积岩，约占全县国土面积的 90%。

按国际地质学年代分，印江县境内地层分前震旦系、震旦系、寒武系、奥陶系、志留系、二叠系、三叠系、第四系、中间缺失泥盆系、石灰系、侏罗系、白垩系及第三系。

前震旦系 有梵净山群和板溪群，分布在永义乡至新业乡的东南部，梵净山群由灰绿及蓝灰色变余砂岩、粉砂质板岩、绢云母板岩组成；板溪群由变余砂岩、绢云母板岩、粉沙质云母板岩组成。

震旦系 有上统和下统，上统由浅海相灰岩、薄层状细粒白云岩和炭质、硅质、黏土质页岩组成；下统由冰碛沙砾岩，含砾绢云母板岩、变余含砾长石、石英砂岩、沙质板岩组成。分布于梵净山区。

寒武系 有下统和中上统，下统上部以灰岩为主，下部以页岩为主，上、下部之间夹砂岩及少量灰岩，中上统全部由白云岩组成。主要分布在农场、新民、木黄东部、建厂、落坳等地。

奥陶系 由浅海相碳酸盐岩及少量砂岩、页岩组成。主要分布在刀坝乡西北部、陡溪村东南部、新场乡东北部、合水镇东北部等地。

志留系 有下统和中上统，下统为炭质页岩、硅质页岩、砂质页岩、砂岩组成，中上统由泥岩、页岩夹粉砂岩组成。主要分布在庙坪村西部、坪底村西部、毛寨村、杉树镇、凯塘村、玉屏县东部、印江城、凯望村、新场村、合水镇、坪柳村、两河村、罗场乡、缠溪镇、打杵场村、杨柳村、槽门村等地。

峨岭镇江家坡

二叠系 有上统和下统，全由灰岩组成，主要分布在何家村、中坝乡西部、花园村、沙子坡镇、天堂镇、陡溪村、枹木寨、曾家村、打杵场村西部、打杵坳东部、木黄镇、永义村及桅杆村西部至洋溪河北部等地。

三叠系 有下统和中统，下统由灰岩、白岩质灰岩、白云岩、页岩组成；中统由浅灰岩、白云岩、灰岩、泥质灰岩、泥岩组成。主要分布在花园村、沙子坡镇、朗溪镇西部、曾家村北部等地。

第四系 由黏土、亚黏土、亚砂土、沙砾石组成。主要分布在毛寨村、板溪镇、印江城、中坝乡、农场、朗溪镇、合水镇、木黄镇、建厂乡、新民村、杨柳镇、洋溪镇、打杵场村东部等地。

褶皱 有沙子坡、大尧寨向斜、梵净山穹状背斜西翼。

断裂 县内断裂线共有3条，F1断裂线从北、东北走向西南，北、北东端延伸到松桃苗族自治县，南西端延伸到思南县，穿越境内刀坝镇、天堂镇、板溪镇、印江城、农场。F2断裂线从北东走向南西，北东端延伸到松桃自治县三阳村，南西端延伸到思南县，境内行经新民村、建厂乡、木黄镇、合水镇、坪柳村东部、两河村东南部、罗场乡、凯望村。F3断裂线从北东走向南西，北、北东端与境内F2相交，南西端延伸到石阡县，境内贯通茶园村、打杵场村、杨柳镇、坪林村等地。

二、 矿藏

因县境内有古老的地层，历经多次构造运动，岩类分布齐全，产生了种类齐全且较丰富的矿产资源，主要有煤、铁、铀、汞、锰、金、铅、锌、磷、铜、砷、硅石、重晶石、萤石、大理石、玉带石、方解石、冷泉等。全县共发现矿种33个，其中初步查明资源储量的矿种有22个。

煤矿 主要分布于县境内北面沙子坡镇、刀坝乡一带。沙子坡镇煤矿储藏量达953.79万吨，刀坝乡煤矿储藏量达285.91万吨。

铁矿 主要分布于中坝乡的皮家山、苦竹林，新寨乡的乌坡湾、七岭头、雁水，天堂镇的胡家岩、洪溪、新场、杨家沟，新业乡的樊家片、钻堡、落坳村，永义乡的昔土坝、梨子园，杨柳乡的鱼泉岩等地，总储量为500万吨。富矿在中坝乡皮家山一带，矿体长2950米，平均厚度0.35米。新寨乡汪家沟矿带厚1.2米，最低品位25%；新寨乡乌坡湾矿带厚1.5米，矿体厚0.7～1米，品位为44%；癞子顶矿带品位为35%；尖峰山矿带品位为25%；沙子坡矿带品位最高值45%，最低值为6.18%。

铀矿 分布于梵净山桃树林、肖家河一带。20世纪60年代前后，贵州省地矿局103地质大队对以上矿点做过普查评价，认为桃树林铀矿床品位较高，具有一定规模。经核工业部209队普查评价，肖家河矿床无进一步普查价值。

汞矿 主要分布于木黄镇凤仪村喻家寨、新民、老砂厂及新寨乡小泽沟等地，主要沿北东向秀木矿带分布。20世纪70年代由贵州省地矿局106和103地质队对上述矿点作过普查工作，初步查明并估算资源量55.7吨。有证矿山3个：新寨乡小泽沟南段汞矿、北段汞矿，木黄新民烂泥沟汞矿区汞矿。

锰矿 位于木黄镇关口坳、新业锅厂一带，经103地质队于60—80年代的普查，品位较低、规模小，矿山资源量约33.93万吨。企业矿点未估算资源量。有证矿1个（在办理采矿权延续当中）。

金矿 分布于木黄镇、新业乡、永义乡的金厂、标水岩、猴子硐、平所、六角寨等地，每吨矿石含金量3～5克。中华人民共和国建立前后曾有人进行过土法开采和选冶。20世纪60—90年代103地质队、四川地矿局108地质队对上述矿床（点）进行过预查、普查评价工作，20世纪60—90年代103地质队对金厂、猴子硐矿区开展普查评价工作，确认含金岩体主要为石英脉型。初步查明并估算资源量：金厂776.42千克；猴子硐298千克，具小型规模。

铅锌矿 主要分布于新业乡保庆堂、洋溪镇白马坡。1974年，103地质队对保庆堂铅锌矿点做过地质普查，矿化分散、规模较小，不能圈出独立的铅锌矿体，未能估算其资源储量。1993年103地质队对洋溪白马坡铅锌矿开展地质普查，查明并估算（Pb＋Zn）金属资源量234.82吨。

磷矿 分布在新业乡的芙蓉坝北面，平均品位为12.24%，储藏量为153.64万吨。在距芙蓉坝西北方向约3千米处，矿层倾向310～350度，长8500米，厚0.55～2米，平均厚度为1.2米。总趋向系南面为贫矿，北面为富矿。

铜矿 位于永义乡石柱岩至新业乡标水岩之间，品位为5%，储量为108万吨。

砷矿 位于永义乡大水溪一带，品位为9.2%，储量为1200万吨。

玻璃硅质原料 主要分布于新业乡锅厂—干溪沟一带。1985年，103地质队对锅厂至干溪沟玻璃硅质原料矿床进行详查地质评价，矿体赋存于板溪群及梵净山群地层中，SiO_2，Al_2O_3，Fe_2O_3 含量均达优质原料指标，累计查明矿石资源量2.7万吨，保有1.5万吨。

大理岩 大理岩主要分布于县境梵净山老金厂、芙蓉坝、大水溪等，木黄镇七百度寒武系地层中大理岩矿点。20 世纪 70 年代 103 地质队对上述矿点作预查普查地质评价，其中对芙蓉坝大理岩矿段作了详查评价。查明并估算资源量：老金厂大理岩矿床 3572.19 万立方米；芙蓉坝大理岩矿床 772.6 万立方米；大水溪大理岩矿床 604.66 万立方米；七百度大理岩矿床仅进行预测，未估算资源量。有证矿山 2 个：斑鸠井大理石矿、新业乡上寨石材厂。

花岗岩矿床 分布于新业乡梵净山桃树林。103 地质队 1994 年进行地质普查，查明花岗岩及辉绿岩储量为 31.55＋35 万立方米。

萤石矿 根据资料记载，印江境内发现有萤石伴生矿，其储量和位置不详。

重晶石 主要分布于中坝乡罗星村、土黄村和新寨乡的后坝村，总储量为 4500 万吨，含硫酸钡 98.88%。其中中坝乡的罗星村和土黄坝村重晶石储量为 1444 万吨，含硫酸钡为 92.27%。

玉带石 主产于新业乡平所、落坳一带，分紫、赤、乳白、蓝等色，储量为 1600 万立方米。

石英石 分布在芙蓉村干溪沟，储量为 500 万吨。

高岭土 分布在沙子坡镇凉水村茅草盖一带，有蓝、白、绿、褐等色，总储量为 400 万立方米。

电石岩 主产于朗溪镇，含量达Ⅰ、Ⅱ级品工业要求，储量为 4500 万吨。

白云岩矿 主产于城东 3 千米的朗溪镇大尧村，储量为 1020 万吨。

长石矿 主产于木黄镇芙蓉坝烂茶坪。

方解石 主产于中坝乡蔓袍村。

冷泉 根据资料记载，印江境内发现有冷泉，其储量和位置没有做评价。

第三节 气候水文

一、气候

印江属中亚热带季风湿润气候，气候特点主要表现为季风气候，气候垂直差异显著，主要气候要素有明显的季节性变化。雨量充沛，光、热、水变化基本同步，能为各种生物，特别是一些特色经济作物提供丰富的光、热、水资源。春季多冷空气活动，常有“倒春寒”和冰雹天气发生。夏季干旱几率大，有无旱不成年之说。秋季较为干燥，冬季无严寒。

气温 1988—2008 年，全县平均气温 16.8℃，与历史相比较，接近正常。平均气温最高出现在 2006 年，为 17.5℃，最低出现在 1993 年和 1996 年，为 16.3℃。平均气温大于累年平均气温值的有 10 年，小于平均气温值的有 8 年。全县最热主要在 7 月份，平均气温 26.8℃，最冷主要出现在 1 月份，平均气温 5.6℃。全县极端最高温度为 39.5℃，出现在 2002 年 7 月 16 日；极端最低温度为零下 3.9℃，出现在 2008 年 2 月 15 日。

1988—2008 年印江自治县平均气温统计表

表 1—1 单位:℃

年度	全年平均气温	1 月平均气温	7 月平均气温	年度	全年平均气温	1 月平均气温	7 月平均气温
1988	17.0	6.3	28.8	1999	17.1	6.6	25.5
1989	16.4	5.0	27.3	2000	16.6	5.7	27.0
1990	17.2	6.0	27.3	2001	16.9	6.8	27.4
1991	16.7	5.4	26.0	2002	16.8	7.8	26.5
1992	16.6	6.4	25.9	2003	17.0	5.8	27.3

续表1－1

年度	全年平均气温	1月平均气温	7月平均气温	年度	全年平均气温	1月平均气温	7月平均气温
1993	16.3	4.1	26.0	2004	17.0	5.8	25.5
1994	17.1	6.5	26.8	2005	16.8	4.1	27.8
1995	16.6	4.8	26.7	2006	17.5	6.1	28.3
1996	16.3	4.9	26.1	2007	17.1	5.0	27.0
1997	16.6	6.6	25.9	2008	16.8	3.1	26.7
1998	17.4	5.4	27.1				

降水 1988—2008年，全县平均降水量为1109毫米，常年降水量883.8～1356.6毫米。21年间，全县降水量大于平均值的年份有11个，小于平均值的年份有10个。1998年全县降水量最多，达1356.6毫米；2005年最少，只有883.8毫米。全县不足1000毫米的年份有7个，其余年份正常。按季节分，夏半年（4—9月）降水总量为835.6毫米，冬半年（10月至次年3月）降水量为273.4毫米。历年一日最大降水量为143.5毫米，出现在1991年7月3日。降水量变率大，最大最小值与平均值差距大，降水量时空分布不平衡，常引起旱涝灾害发生。

1988—2008年印江自治县降水量统计表

表1－2　　单位：毫米

年度	降水量	年度	降水量	年度	降水量	年度	降水量
1988	897.4	1994	994.6	2000	1120.5	2006	996.0
1989	898.3	1995	1254.2	2001	1064.5	2007	1121.4
1990	934.0	1996	1288.3	2002	1283.9	2008	1325.8
1991	1117.5	1997	1249.5	2003	1071.5	历年平均	1109.3
1992	993.9	1998	1356.6	2004	1166.7		
1993	1191.8	1999	1084.6	2005	883.8		

县内夏季降水强度大，冬季较少。年降水量地区分布趋势是东南部多于西北部，多雨区在新业乡、木黄镇、永义乡一带，少雨区在沙子坡镇一带。据1988—2008年的雨日气象观测记录，最多的年降雨天数为1997年，253天；最少的年降雨天数为2006年，只有139天。雨日的季节分布是春夏较多，占全年雨日的70%；秋冬季较少，只占30%。

日照 据印江气象资料记载，1988—2008年城区平均日照时数为1144.6小时。1988年日照时数最多，为1376.4小时；2005年日照最少，日照时数为996.5小时。从季节上看，冬半年（10月到次年3月）日照较少，日照时数为340.2小时，平均每天日照约2小时；夏半年（4—9月）日照时数较多，共804.4小时，平均每天4个多小时。7—8月，日照时数最多，平均每天6小时。1990年8月，日照时数多达291.2小时，平均每天约10小时。一日中日照最多的是1990年7月25日，日照时数达12.3小时。9月日照较多，其次是5月、6月、4月和10月。县内各地日照分布与城区基本相同，但由于山地起伏，沟谷纵横，地形对日照的影响，西部和南部尤为明显；故日照时数的地理分布是山地遮蔽度大的乡村日照时数较少，平坝地区地势开阔，山地遮蔽较少，日照时数较多。

无霜期 县内霜期集中在11月下旬至次年3月上旬。1988—2008年全县无霜期平均值为289天，其中1992年无霜期最短，只有261天；2000年无霜期最长，达328天，相差67天。县境内大部分地区无霜期较长，霜期有霜日数较少，霜期短，无霜期长，有利于农作物生长。

1988—2008 年印江自治县无霜期天数统计表

表 1－3 讲量单位：天

年度	无霜期	年度	无霜期
1988	267	1999	279
1989	271	2000	328
1990	272	2001	311
1991	311	2002	275
1992	261	2003	277
1993	264	2004	294
1994	303	2005	276
1995	304	2006	273
1996	285	2007	318
1997	285	2008	297
1998	317	历年平均	289

二、 水文

地表水

县境内河流主要属长江流域乌江水系。地表河网密度 21.7 千米/平方千米，河流总长 223 千米，年经流量达 22.5 亿立方米。主要河流有：

印江河　唐以前称邛水，唐称思邛水，元称思邛江，明改称印江，发源于梵净山，东西流向，属乌江下游一级支流。河流总长 95 千米，县境内长 92.4 千米，流域面积 1251.6 平方千米，其中县境内流域面积 861 平方千米。1988 年县境流域内有耕地 12.56 万亩，其中田（水田）7.92 万亩、土（旱地）4.64 万亩。1988 年流域内有人口 15.6 万人。河道纵坡，平均为 18.6‰，多年平均流量为 24 立方米/秒。流域境内 100 亩耕地以上的坝子共 30 处，面积 2.5 万亩，其中田 2.29 万亩，土 0.21 万亩。支流金厂河全长 22 千米，流域面积 67.2 平方千米，多年平均流量 1.78 立方米/秒。支流乌溪河，因河口属乌溪村而得名，全长为 21.2 千米，流域面积 109.3 平方千米，多年平均流量 2.51 立方米/秒。交流淘金河，全长约 27 千米。支流长滩河，因河道陡，溪多而得名，全长 25.4 千米，流域面积 196 平方千米，多年平均流量 4.1 立方米/秒。支流桶溪河，因流经桶溪而得名，县城段又名小河，发源于板溪镇渠沟村、杉树乡孟郊村和峨岭镇凯塘村的大石，长 16 千米，流域面积 48.2 平方千米，多年平均流量 0.87 立方米/秒。本河流域系页岩地区，人稠地少，多陡坡耕地，因大量水土流失，故水旱灾害频繁。支流大溪沟，因上游段是和平村大溪沟组而得名。戴家槽河发源于思南县磨石溪乡芭蕉园村，流经印江县、思南县界，过印江新寨乡上槽，至中坝乡戴家槽汇入印江河，全长 14.8 千米，流域面积 43.8 平方千米，县境内流域面积 15 平方千米，多年平均流量 0.78 立方米/秒。支流冷水河，因水源主要为地下水补给，水冷而得名，发源于沿河县后槽村，流经德江县枫香溪镇，印江县杉树乡黄土村、大罗村，中坝乡堰塘村，至两河口村汇入印江河。县内流域面积为 118 平方千米，多年平均流量 6.4 立方米/秒。支流六井溪，因流经六井、六溪而得名，属印江河四级支流，发源于沿河县张家，流经沿河县白沙溪，印江沙子坡镇凉水村、韩家村，杉树坳乡何家等村，至中坝乡堰塘村汇入冷水河，注入印江河，全长 25.8 千米，流域面积 136.5 平方千米，县境内流域面积 94 平方千米，多年平均流量 2.64 立方米/秒。

车家河　发源于杉树乡群联村核桃坪，南北流向，经杉树乡、板溪镇、天堂镇、沙子坡镇池坝、六洞村后进入沿河自治县，注入乌江。全长 31 千米，流域面积 674 平方千米，县境内长为 51.4 千

云蒸霞蔚武陵梵净

米，流域面积484平方千米。流域内有耕地面积7.54万亩，其中田4.54万亩，土3万亩，100亩耕地以上的坝子6处，面积0.237万亩。支流毛寨河，因流经板溪镇毛寨村而得名，发源于毛寨王家岭，流经毛寨、小毛寨村至大坪村，汇入车家河，全长9.5千米，流域面积16.1平方千米，多年平均流量0.3立方米/秒；支流陡溪河，因流经天堂镇陡溪村而得名，发源于大塘水，流经陡溪村，至水黄牯汇入车家河，全长16.1千米，流域面积59.3平方千米，多年平均流量为1.19立方米/秒，天然落差335米，可利用落差13.3米，水力理论蕴藏量460千瓦；支流后河，因流经刀坝乡后河村而得名，发源于刀坝大寨村，流经刀坝至兰克寨村大鱼泉，汇入车家河，全长10.6千米，流域面积87.3平方千米，多年平均流量1.67立方米/秒，天然落差407米，水力理论蕴藏量670千瓦。

乐茂江河　乐茂江河发源于梵净山南麓缠溪镇打杵坳村，东南流向，经茶园、两河、曾家、凯望、大塘等村，至老鹰岩入思南县境，汇入乌江，全长47.3千米，流域面积435.3平方千米。印江境内长38千米，流域面积364.5平方千米，河道纵坡14.6‰，多年平均流量4.6立方米/秒。1988年流域内有人口4.72万人，有耕地面积5.02万亩，其中田3.68万亩，土1.34万亩。100亩耕地以上的坝子5处，面积为2550亩，其中田2300亩，土250亩。支流缠溪河，发源于中山，流经方家岭村、新阁村、缠溪镇，至凯望村两河口汇入乐茂江河，全长16.7千米，流域面积132平方千米，县境内流域面积75平方千米，多年平均流量1.58立方米/秒。支流驷马河，发源于挂榜山，流经打杵场村、牛郎关、水塘、至驷马桥汇入缠溪河，属乐茂江二级支流，长15千米，流域面积54.5平方千米，多年平均流量1.08立方米/秒。支流板山河，发源于新寨乡团山村，流经思南县枹木寨、印江县板山村到沱寨，为两县界河，汇入乐茂江，全长11.2千米，流域面积28平方千米，县境内流域面积14.4平方千米，多年平均流量0.49立方米/秒。支流乐洋河，发源于思南县党家湾，全长8千米，流域面积34.9平方千米，经凤和村至打杵场村，汇入乐茂江河，县境流域面积19.2平方千米，多年平均流量0.63立方米/秒，天然落差345米，可利用落差37米，水力理论蕴藏量200千瓦，可开发量160千瓦。

洋溪河　洋溪河发源于挂榜山南，干流经桅杆村、洋溪镇、甘溪入石阡河，至思南县境内注入乌江，属乌江二级支流。县境内河流长28千米，流域面积193平方千米。河道平均纵坡16.8‰，多年平均流量5.82立方米/秒。1988年流域内有人口1.5万人，其中农业人口1.46万人，非农业人口0.04万人，有耕地面积2.13万亩，其中田1.61万亩，土0.52万亩，100亩耕地以上的坝子有11处，面积1650亩；支流小河发源于洋溪镇桅杆村大张山组，沿洋溪镇、杨柳乡分界流经洋溪镇所在地，汇入洋溪河，长8.2千米，流域面积27平方千米，多年平均流量0.61立方米/秒。

江源沟河　发源于杨柳乡白虎嘴村分水岭，因下游称上游为江源，故名江源沟河。经杨柳乡白虎嘴村、新屯村、崔山村、思南县青杠园乡后，沿思南、印江、石阡县界进入思南大坝场镇，汇入龙底江，全长29.3千米，流域面积99.2平方千米。县境内长10千米，流域面积33平方千米，多年平均流量2立方米/秒，1988年流域内有人口0.75万人，有耕地面积0.95万亩，其中田0.72万亩，土0.23万亩。

印江自治县主要河流特征一览表

表 1—4

序号	河流名称	发源地	流域面积（平方千米）		河长（千米）	落差（米）	多年平均流量（立方米/秒）	河床比降（%）
			全流域	县境内				
1	印江河	梵净山	1251.6	851.0	95.0	1772.0	24.00	18.65
	乌　溪	凉　风	109.3	47.0	21.2	373.2	2.51	17.66
	金厂河	梵净山	67.2	67.2	22.0	1033.2	1.78	46.96
	长滩河	梵净山	196.0	196.0	25.4	1171.3	4.10	46.12
	冷水河	后　槽	326.4	118.0	28.2	392.6	6.40	13.92
	六井溪	张　家	136.5	94	35.8	230.0	2.62	6.24
	桶　溪	绞　纹	48.2	48.2	16.0	354.0	0.87	22.13
	大溪沟	芭蕉园	43.8	15.0	14.8	293.5	0.78	19.83
2	乐茂江	朗　堕	435.3	364.5	47.3	332.0	4.60	4.59
	缠溪河	中　山	132.0	75.0	16.7	332	2.58	19.88
	驷马河	挂榜山	54.5	54.5	15.0	299.1	1.08	19.94
	板山河	团　山	28.0	14.4	11.2	380.0	0.49	33.93
	乐洋河	党家湾	34.9	19.2	3.0	345.0	0.63	43.13
3	车家河	核桃坪	674.0	484.0	31.0	364.0	1.19	14.10
	陡　溪	大塘水	59.3	59.3	16.1	335.0	1.12	20.31
	后　河	大　寨	87.3	87.3	16.5	407.0	1.67	24.67
	毛寨河	王家岭	16.1	16.1	9.5	364.7	0.30	38.39
4	洋溪河	挂榜山	257.2	193.0	28.0	110.0	5.82	16.78
	江源沟河	白虎嘴	99.2	33.0	29.3	440.0	2.00	21.67

地下水

县境内的地下水主要有孔隙水、裂隙水、岩溶水三种类型。基岩孔隙水主要分布在洋溪河上游，印江河上游的芙蓉河、金厂河及中游的朗溪至县城河床地段，分布面积为 11.9 平方千米，泉水涌水量小，水位随季节变化形成部分浸水，多为人畜饮用水源。裂隙孔隙水主要分布在新业、张家坝东部的变质岩和火成岩地区，面积 170.4 平方千米，泉水涌水量 6.1 升/秒至 25 升/秒。岩溶水主要分布在木黄、洋溪、峨岭、沙子坡、天堂、玉屏、新场、枹木、中坝、朗溪、茶园、凯望、打杵场、桅杆等乡镇村，面积 925.76 平方千米，泉水涌水量 7.53 升/秒～650 升/秒，主要用于生活饮用和农田灌溉。全县地下水中，1 升/秒～5 升/秒的有 132 处，5 升以上的有 135 处。其中罗场乡两河村沙子泉流量最大，为 650 升/秒，出露高程为海拔 600 米～900 米；新业乡落坳村黑巷子泉水出露最高，高程达 1400 米。

观音沟泉水　距印江县城南 4 千米处，位于北纬 27°9′05″，东经 108°23′，属岩溶水，枯水期流量达 80 升/秒，水温 18℃，出露高程为海拔 723 米，水质 pH 值（酸碱度下同）7.7，总硬度为 144 德国度，DO 值（溶解氧，下同）7.67 毫克/千克，COD（耗氧量，下同）1.03 毫克/千克，氯化物 0.63 毫克/千克，酚 0.0018 毫克/升，氰 0.0013 毫克/升，六价铬 0.02 毫克/升。

马口洞泉水　在县城东 5 千米处，位于北纬 27°59′36″，东经 108°27′，系岩溶水，枯水期流量达 40.1 升/秒，水温 16℃，水质总悬浮物 45 毫克/升，总硬度 pH 值 7.53，DO 值 8.67 毫克/升，COD1.1 毫克/升，氨氮 0.057 毫克/升，氯化物 0.67 毫克/升，酚 0.0028 毫克/升，砷 0.008 毫克/升。

河缝马口洞泉水

木黄鱼泉　又名鱼泉河，在县内木黄镇，位于北纬 28°65′15″，东经 108°41′13″，系岩溶水，出露高程海拔 710 米，流量 510 升/秒，水温 16℃。

白岩泉水　在天堂镇白岩村，位于北纬28°05′50″，东经 108°34′34″，系岩溶水，出露高程海拔 360 米，流量 100 升/秒，水温 13℃。

龙塘窝泉水　又名流水洞、马氏名泉，在沙子坡镇池坝村，位于北纬 28°15′，东经 108°29′45″，系岩溶水，出露高程为海拔 500 米，流量 100 升/秒，水温 13℃，水质：pH 值 7.5，总硬度 72.26 德国度，DO 值 10.63 毫克/升，CO 值 0.767 毫克/升，氨氮 0.016 毫克/升，氯化物 3.767 毫克/升，酚 0.002 毫克/升，铬 0.003 毫克/升，泉水主要用于生活和农用灌溉。

白水坡泉水　在新寨乡后坝村，位于北纬 27°56′43″，东经 108°21′49″，系岩溶水，出露高程海拔 780 米，枯水流量 37 升/秒。

慕龙泉水　又名甘鱼泉，在永义慕龙村，位于北纬 27°59′10″，东经 108°34′09″，系岩溶水，出露于长滩河上游岸边，海拔高程 651 米，流量 200 升/秒，水温 14℃，为长滩河主要补给水源之一。2008 年 9 月慕龙引水工程竣工后，部分水源被引入印江县城，成为印江县城生活用水主要水源。

温泉　县境内有温泉 5 处，分别位于乐茂江河上游的天生桥，下游的凯望村，车家河中游的天堂镇，印江河下游的美女跳岩。凯望温泉地处北纬 27°50′36″，东经 108°22′33″，涌水量 1 升/秒，水温 45℃，出露海拔高程 465 米。天生桥温泉地处北纬 27°56′35″，东经 108°31′0″，涌水量 97 升/秒，水温 21℃，出露海拔高程 665 米。凯望男温泉位于北纬 27°50′31″，东经 108°22′40″，涌水量 24 升/秒，水温 56℃，出露海拔高程 465 米。天堂温泉地处北纬 28°98′18″，东经 108°33′12″，涌水量 50 升/秒。美女跳岩温泉地处北纬 28°56′47″，东经 108°22′12″，涌水量 1 升/秒，水温 28℃，出露海拔高程 450 米。

第四节　耕地土壤

一、耕地

等级　据 2008 年统计，全县共有耕地 38.84 万亩，其中田 21.22 万亩，土 17.62 万亩。有上等田 3.68 万亩，中等田 13.19 万亩，下等田 4.35 万亩；有上等土 1.92 万亩，中等土 8.71 万亩，下等土 6.99 万亩。全县中下等田土面积共有 33.24 万亩。

耕作层　耕作层在 14 厘米以下的耕地有 5.14 万亩，耕作层在 14～20 厘米的耕地有 32.63 万亩，耕作层在 20 厘米以上的耕地有 1.07 万亩。黏性土有 3.65 万亩。

有机质含量　全县耕地中有机质含量小于 1.5%的有 3.32 万亩，含量在 1.5%～2.5%之间的有 16.3 万亩。缺钾的耕地面积有 8.65 万亩，缺磷的耕地面积有 8.2 万亩。坝田有 3.16 万亩，坡榜田 5.23 万亩，沟谷田 12.86 万亩。抗旱能力在 30～50 天之间的有 2.25 万亩，抗旱能力在 15～30 天的有 7.7 万亩，抗旱能力在 15 天以下的望天水田 7.45 万亩。全县稻田保灌面积有 3.84 万亩。

耕地水土流失　全县非岩溶地貌面积有 1049.61 平方千米，岩溶面积 53.45 平方千米。在 25 度以上陡坡开荒的有 1.98 万亩。全县复种指数为 173.4%，因受地形、气候和传统栽培习惯的影响，两熟制的发展不平衡，轮作没有一定的周期，连作多。对土地实行掠夺式的经营，在肥料施用上，忽视有机肥的施用，土壤肥力的消耗得不到及时合理的补充，使土壤瘠化加深，并逐步转向低产田土。

全县共有低产田土 28.53 万亩，其中低产田 13.01 万亩、土 15.52 万亩。有冷、烂、锈型极低产田 1.22 万亩，黏酸瘦型低产田 4.91 万亩，砂薄漏型田 2563.3 亩。

二、 土壤

县境内土壤分为山地灌丛草甸土、山地黄棕壤、黄壤、石灰土、紫色土、潮土、水稻土 7 个土类，山地灌丛、山地黄棕壤、黄壤等 19 个亚类；草甸土、硅质黄棕壤、硅铁质黄棕壤、硅铝质黄棕壤、黄棕壤性土、铁质黄壤等 40 个土属；中层山地灌丛草甸土、中层硅质黄棕土、中层硅质黄棕壤等 92 个土种。其中水稻土有 34 个土种，旱作土有 20 个土种，自然土有 38 个土种。以黄壤分布面积最大，全县共有 170.09 万亩，占总土地面积的 70.52%。其次为石灰土，有 27.48 万亩，占土地面积的 11.9%。水稻土分为 6 个亚类，其中淹育型水稻土有 10.37 万亩，潴育型水稻土 8.23 万亩、侧渗型水稻土 1.02 万亩、潜育型水稻土 1.25 万亩、沼泽型水稻土 2961 亩、矿毒型水稻土 836.6 亩。

第五节 生物资源

全县森林面积 8.97 万公顷，其中梵净山自然保护区森林面积 12814 公顷，森林覆盖率 52.48%，全县林木绿化率 51.62%。活立木总蓄积 424.24 万立方米，其中乔木林蓄积 416.64 万立方米。林业用地面积 10.22 万公顷，有林地资源 7.68 万公顷；乔木林面积 7.68 万公顷；竹林 17.45 公顷；经济林 2140.02 公顷；灌木林 1.05 万公顷；木本植物有 115 科 342 属 1044 种，从种质资源上可划分为 5 个类别。

野生动物资源丰富，兽类有熊、獐、虎、豹、鹿、狼、狐狸、青猴、牛尾猴、短尾猴、黑山羊、岩羚羊、野牛、穿山甲、刺猬、聋猪、九节灵等 50 余种；鸟类有乌鸦、喜鹊、麻雀、燕、竹鸡、斑鸠、秧鸡、翠鸟、白头翁鸟、百灵鸟、山雀、布谷鸟、河鸥、白鹤、鸳鸯、白鸽、猫头鹰、黄莺、杜莺、阳雀、水鸭子、红腹锦鸡、画眉等 170 余种；两栖类有青蛙、甲鱼、娃娃鱼、胡子蛙等 30 余种；爬行类有五步蛇、银环蛇、乌梢蛇、青竹标等 40 种；鱼类有四鳃鱼、青鱼、鲤鱼、鲩鱼、七星鱼等 30 多种。列入国家一、二类重点保护动物的有黔金丝猴、穿山甲、娃娃鱼等 30 余种。人工饲养的畜禽种类较多，以猪、牛、羊、鸡、鸭、鹅为主，其次是猫、狗、兔、蜜蜂。

第六节 自然灾害

一、 旱灾

1988—2008 年间，全县共发生大旱 5 次，分别是 1989 年冬春连旱接伏旱、1992 年夏秋连旱、1993 年冬春连旱接夏旱、2001 年春旱、夏旱和秋旱、2006 年夏秋连旱。

1988 年旱灾 1988 年 6 月 1 日至 8 月 21 日，全县干旱 59 天，年降水量 707.8 毫米，因春旱不能播种，夏旱使大部分稻田脱水，加之全县多处水利设施年久失修，造成夏粮减产 43.8%，水稻实收面积仅为 2.237 万亩，属中旱年。

1989 年冬春连旱接伏旱 春季雨水偏少，没有暴雨，高山田、望天田插不下秧，伏旱早，持续高温 35 天，稻田大面积脱水、开裂。全县 1.5 万人和 1.8 万头牲畜饮水困难，水稻减产三成以下的播种面积占 11.7%，减产 3 至 8 成的占 36.9%，减产八成以上的占 31.2%，属大旱年。

1990 年夏旱 从 7 月中旬持续到 9 月 1 日，夏旱 43 天。全县受旱 16.872 万亩，成灾 12.939 万亩，绝收7.008万亩，属小旱年。

1991**年春夏连旱** 立夏过后仍无大雨，小满过后（5月2日）全县仅打田（犁田）4595公顷，占稻田总面积的42.6%，6月底核实受旱面积2357公顷，无水打田466公顷，缺水插秧486公顷，属中旱年。

1992**年夏秋连旱** 7月21日至9月30日持续高温无雨72天。日平均降雨量1.09毫米，是前五年来的最低值。河流断流11条，水井干枯1670口，7.34万人和6.5万头大牲畜饮水困难。全县农作物受旱面积2.07万公顷，其中轻旱6873公顷，重旱1.14万公顷，绝收2433公顷。粮食减产2613万千克，属大旱年。

1993**年冬春连旱接夏旱** 1992年12月1日至1993年6月18日200天总降水378.2毫米，总蒸发量279.6毫米，降雨量比正常年份偏少四至五成，山塘水库实际蓄水量仅占应畜水量的33%。6月17日，统计无水打田3607公顷，打田后脱水插不下秧760公顷。夏至前，全县水稻栽插面积仅完成59.9%。全县农作物受旱面积13680公顷，其中轻旱8060公顷，重旱4260公顷，绝收1360公顷，农业直接经济损失1360万元，属大旱年。

1995**年伏旱** 从7月13日至8月18日持续高温干旱37天，河溪断流13条，水井干枯2200口，农作物受旱面积2.23万余公顷，其中轻旱1.47万公顷，重旱7666公顷，5.77万人和5.35万头牲畜饮水困难，属小旱年。

1996**年秋旱** 主要受旱时间为8月30日至9月17日，高温无雨19天，属小旱年。

1997**年夏秋连旱** 主要受旱时间为7月25日至9月17日，其中7月25日至8月8日为少雨时段，15天降雨54.8毫米，蒸发量77.4毫米，最高气温37.2℃；8月9日至9月17日为夏秋连旱，40天降雨34.3毫米，蒸发量211.2毫米，最高地表温度66.6℃，最高气温38.2℃。其中7月25日至8月31日气温在30℃以上的有34天，日照时间超过10小时/日的达13天。40%的乡镇小旱，60%的乡镇中到大旱。农作物受旱面积7250公顷，占播种面积的26.9%，因旱减收粮食938万千克，属中旱年。

1999**年冬春连旱** 1998年10月11日至12月29日，80天内，印江河6个雨量站平均降雨量43.0毫米，日均0.54毫米。1999年1月13日至2月28日，49天内，县城总降雨11.1毫米，日均0.24毫米。3月1日至3月25日无中到大雨。前后152天，农作物受旱面积1.3万公顷，占夏粮播种面积的84%，因旱减收粮食75万千克。主要受旱农作物有油菜、马铃薯、胡豆、豌豆，属小旱年。

2000**年冬春连旱** 1999年11月1日至2000年1月19日持续80天，2000年5月8日至6月7日持续29天。突出的问题是塘库蓄水量少，缺水打田，6月6日（端午节）统计，全县插秧才5120公顷，占计划的48%。农作物受旱面积1.1万公顷，占夏粮播种面积的44.5%，因旱减收粮食98万千克。8月28日至9月23日秋旱27天，对蔬菜生产不利，但有利早稻收获，属小旱年。

2001**年春旱** 夏旱和秋旱，县城从2月22日至4月27日总降雨量为13.4毫米，平均日降雨量不足0.5毫米，蒸发量为68.9毫米，是降雨量的5倍。4月28日夜间到29日早上8时全县大到暴雨，旱情解除，水稻满栽满插。7月9日至8月9日，32天连晴高温，县城最高气温37.4℃，最高地表温度58.2℃，8月10日凌晨至13日凌晨，全县持续降雨，缓解了旱情。8月26日至10月1日36天，县城气温超过30℃的占27天，极端最高气温36.4℃，极端最高地表温度58.8℃，蒸发量160.5毫米，是同期降雨量1.9毫米的84倍。17个乡镇有8个乡镇重旱，9个乡镇中旱。农作物受旱面积1.57万公顷，占播种面积的57.5%，因旱减产粮食6138万千克，秋粮绝收7348户，占全县乡村总户数的7.8%，属大旱年。

2002**年冬旱、伏旱** 年降雨量虽然偏多，但主要集中在5月、6月和8月。而上年12月至2002年2月，县城降雨仅53.9毫米，日平均0.6毫米，其中12月至1月15日46天只降雨8.6毫米，气温升高、空气干燥、小寒不冷、大寒不寒，1月14日是三九第六天，最高气温达26.1℃，出现冬旱。

6 月 26 日至 7 月 22 日，雨水偏少，持续高温，印江县城 28 天总降雨量 21.1 毫米，7 月 14 日地表温度 63.2℃，7 月 15 日气温 39.4℃，7 月 16 日印江河枯流量为 4.96 立方米/秒，出现伏旱，水稻比常年减产 30%，属中旱年。

2003 **年夏旱** 年降雨量接近正常，但主要集中在 6 月至 7 月上旬，8、9 两月雨水偏少，其中 8 月份比多年平均值减少 66%，9 月份比多年平均值减少 22%，属小旱年。

2005 **年夏旱** 年降雨量偏少，全县大到暴雨过程稀少，形成有效地表径流的次数不多，6 月 2 日至 8 月 14 日受旱 74 天，印江县城虽降雨 181.9 毫米，但无大到暴雨，插不下秧，插的秧田也脱水开裂。全县流量在 10 升/秒以上的泉水 268 眼普遍枯竭，如缠溪镇饮用的泉水枯竭程度为 24 年所罕见。6 月 21 日至 7 月 9 日持续高温无雨，7 月 6 日最高地表温度 63.5℃。8 月 13 日最高气温达 38.7℃。由于干旱发生在整田插秧季节，致使 1.1 万亩稻田缺打田水，0.24 万亩旱作缺墒，在农作物正大量需水时期，持续高温，使大部分已栽秧的稻田脱水、开裂，烤烟枯萎，出现死苗。全县秋粮播种面积 2.53 万公顷，受旱面积达 1.86 万公顷，其中水稻 6333 公顷；烤烟受旱面积 2333 公顷，玉米 4.13 万公顷，其他作物 5800 公顷，干旱使粮食减产 1070 千克，烤烟减产 2 万担，农业生产直接经济损失 3502 万元，属中旱年。

2006 **年夏秋连旱** 年降雨量偏少，全县大到暴雨稀少，形成有效地表径流不多。干旱时段从 6 月 13 日至 9 月 7 日，共 87 天。其中第一阶段 6 月 13 日至 7 月 6 日，24 天，总降雨 12.9 毫米，比多年同期 115.2 毫米少 9 成。6 月 17 日至 7 月 6 日持续高温 20 天，蒸发量 143.5 毫米，是同期降雨量 3.5 毫米的 41 倍。第二阶段 7 月 10 日至 8 月 3 日，25 天，总降雨量 28.8 毫米，只有历年同期降雨量的 28%，气温 30℃以上的有 24 天，高温时段总蒸发量 151 毫米，是同期降雨量的 5 倍多。第三阶段 8 月 7 日至 9 月 7 日，共 30 天，持续高温，无有效降雨，最高气温达 38.8℃。7 月 5 日印江河枯流量为 0.99 立方米/秒，水库干涸 21 座。由于干旱发生在农作物大量需水期，稻田脱水、开裂，玉米、烤烟枯萎，出现死苗。全县秋粮播种面积 2.38 万公顷，受旱 1.58 万公顷，其中水稻 8160 公顷，烤烟 1147 公顷，玉米（含套种黄豆、红薯）6394 公顷，粮食减产 4370 万千克，农业生产直接经济损失 7178 万元，属大旱年。

二、 凝冻灾害

一般灾害 1998—2008 年，全县共出现冰雹灾害 9 次，其中 1992 年 2 次，分别出现在 3 月 19 日、3 月 22 日；1995 年 1 次，出现在 4 月 15 日；1997 年 2 次，分别出现在 2 月 1 日、6 月 5 日；2004 年 1 次，出现在 4 月 22 日；2006 年 1 次，出现在 4 月 9 日；2007 年 2 次，分别出现在 3 月 17 日、3 月 18 日。

2008 **年凝冻灾害** 2008 年 1 月 12 日至 2 月 4 日，全县发生百年罕见的雪凝灾害，县城最低气温达-9℃，城区路面积冰厚度达 5 厘米，电线结冰厚度超过 2 厘米。1 月 14 日，在海拔 1000 米的 303 省道的苗王坡至缠溪路段，气温降到-11℃，因公路积冰较厚无法通行，滞留大巴车 17 辆，滞留旅客 700 余名，县公安民警、县交警及自愿者上路，不分白昼地为被困行人服务。

1 月 20 日，县委召开常委扩大会议，成立由县委书记陈康任指挥长的凝冻气候灾害应急指挥部，下设道路安全、医疗救治、救灾救助、维稳、后勤保障、宣传信息通讯、救灾督查 7 个工作组。议定“不准冻、饿死人，不准营运车辆乱上公路，不准哄抬物价”。1 月 24 日全县公路封闭，1 月 25 日，县财政下拨救灾资金 100 万元。

2008年2月，印江遭受冰冻灾害。图为村寨受灾情况

2008年2月，印江遭受冰冻灾害。图为道路受灾情况

凝冻灾害期间，出动警力1570人次，警车750余台次，发放救灾经费8.7万元，采取铺砂和撒盐方式破冰除冰输通道路35千米，保证了过往120余台次车辆安全通行。安全护送民工、学生和回家探亲人员近6万人，救助老、幼、病残群众2000余人次，解救被困车120辆。同时调度96辆车集中输送思南、石阡、德江、沿河县方向的旅客3360人。

共接待过往、滞留人员4.2万人，向各乡镇下拨第一季度农村低保金280万元、抚恤定补和社救定补153万元，城市低保金127万元。下拨救灾粮124.5吨、救灾款83.7万元、春节慰问经费25万元，救灾棉被1273床、棉衣1200件、单衣100套、方便面2000箱、蜡烛4万支、羽绒服340件、胶鞋200双、饼干55箱、青岛市捐赠的衣物15万件。

设置22个医疗救助点，共救助人员238人次，免费救治病人3609人，收治住院病人41人次，免费提供医疗费用11.53万元。其中湄坨、打杵坳、双龙3个医疗救助点救助过往人员3500多人次。柏香林、坪兴寨巡回医疗点救助病人500余人次。为了保障受困人员的食品饮水卫生安全，派出卫生监督人员60人次，加强监督执法。

缠溪镇共疏散人员5.89万人，为3.72万人提供免费就餐，为5180人提供免费住宿，发放棉衣300件，为923人补贴车费，提供医疗救助1.15万人次。临时接待站用燃煤7800千克，猪肉553千克、购大米5000千克。累计为过往、滞留乘客发放救助资金27万元。

玉屏至印江110千伏输电线路、玉屏至石阡110千伏输电线路相继断线，县境内的4条35千伏输电线路和几百条10千伏配电线路出现倒杆断线，全县电网处于瘫痪状态，协调德江县白水泉电站调拨居民用电1500千瓦，使城区重点区域得以正常供电。

2008年2月4日，思南县人民政府无偿援助印江200吨工业盐用于破冰，并派车运抵苗王坡。

经统计，全县29.14万人受灾，9.4万人因灾被困，12.46万人饮水困难，各种农作物受灾2.23万公顷，绝收4680公顷；冻死猪512头，牛52头，羊3496只、鹅1.5万只，倒塌圈舍51间；城区及所有乡镇供电全部中断，35千伏输电线路中断22处，10千伏配电线路倒杆720根，400伏配电线路倒杆360根；供水管爆裂430处5.21万米，水表爆裂5712只，供水管道断裂6740处，130个自然村饮水工程受损，大部分乡镇集镇和村供水中断；移动、联通、电信、有线电视网络损坏杆路150根，光缆损坏100千米、变压器10台电缆24千米，基站电源线路4000米；省道和县乡道路边坡垮塌3.35万平方米，路基沉陷1.96万平方米，路面破损23万平方米；通村公路边坡垮塌30.5万平方米、路基沉陷6万平方米，挡墙垮塌1万平方米，全县直接经济损失4.3亿元。

三、洪涝灾害

印江水文站历年洪峰流量1980年755立方米/秒，1984年969立方米/秒，1986年704立方米/秒，1991年815立方米/秒，1995年690立方米/秒，1996年971立方米/秒。1996年以后受岩口特大山体滑坡整治影响，印江水文站实测洪峰流量：1999 年为 859 立方米/秒，2000 年为 481 立方米/秒，2001 年为 724 立方米/秒，2002 年为 815 立方米/秒，2004 年 805 立方米/秒，2005 年 530 立方米/秒，2006 年 289 立方米/秒，2007 年 496 立方米/秒，2008 年 659 立方米/秒。

各流域洪灾

印江河　1999 年 7 月 23 日印江河上游暴雨成灾，新业乡、木黄镇、合水镇和朗溪镇遭受严重洪涝灾害。新业乡芙蓉坝从凌晨 5 时到下午 10 时降雨 200 毫米，木黄镇从凌晨 4 时至晚上 9 时降雨 186.7 毫米，张家坝从凌晨 4 时至下午 2 时降雨 70 毫米，合水从凌晨 4 时起至晚上 8 时降雨 59.8 毫米，朗溪从凌晨 4 时至下午 2 时降雨 22.4 毫米。芙蓉、木黄两地的降雨量均大于 1963 年 7 月 31 日降雨 179.4 毫米的最高纪录，沿河两岸主要乡镇的洪水位均超过警戒水位。新业乡以古建筑文昌阁为观测点，水位超过 1964 年最高洪痕点 1.08 米。木黄镇以五甲村会师树为观测点，洪水位超过 40 年的最高洪痕点 1.5 米。朗溪镇最高水位 502.9 米，超过警戒水位 3.90 米，镇政府办公室水深 0.4 米。当天上午 9 时洪水翻过芙蓉坝青龙大桥，漫过文昌防洪堤，新业中学一楼进水。10 时坪坝大桥冲毁，通信和供电中断。11 时洪水翻过合水镇昔河拱桥，合水坝上农田被淹。12 时 30 分朗溪水位从上午 9 时的 484.8 米上升到 499.24 米，以每小时平均 4.13 米的涨幅上升，印江县至松桃县公路中断，其中印江至岩口段最大水深 1 米多，孟关村至朗溪镇公路最大水深 1.79 米，是岩口滑坡整治工程基本完工后朗溪镇第一次被淹。据统计，被洪水围困 15 人，死亡 1 人，重伤 2 人，紧急转移 850 人，死亡大牲畜 9 头，损坏房屋 125 间，涉及 370 人。这次洪水冲毁桥梁 9 座，损坏 1 座，毁坏拦河坝 9 座，38.4 千米的防洪堤及护岸遭受毁灭性损坏，水利工程毁坏 20 处，发电站 1 座，供水工程 2 处，渠道 8 条 5.2 千米。3 个乡镇 58 个村供电、通信、广播电视中断。农作物受灾 3287 公顷，成灾 1085 公顷，发生山体滑坡、泥石流 20 处，粮仓 61.6 万千克稻谷、3.8 万千克玉米、6.6 万千克油茶籽被淹。三镇一乡直接经济损失 5903 万元。

车家河　2004 年 6 月 23 日凌晨 5 时至晚 8 时，全县自北向南先后发生强降水，板溪镇降雨 195.4 毫米，杉树乡降雨 179.5 毫米，天堂降雨 147.3 毫米，沙子坡镇降雨 130 毫米，车家河流域发生洪水。板溪中学校舍水位高出堤防 1 米多，致使 329 名中小学生被围困，板溪村、柿坪村死亡 2 人。甘金桥水电站汛前虽已腾空库容，但上午 10 时又满蓄水，紧急开闸泄洪。板溪街上水深 0.8～2 米，镇政府所在地及街上居民房屋全部进水长达 5 小时，板溪粮站 37.7 万千克粮食被淹。坪底大桥高 8 米，洪水从桥面翻过，冲倒电杆打伤 1 人。杉树乡中学进水，附近一民房倒塌，排水后操场和教室内淤泥深度达 0.6 米。木林口水库溢流水深 0.5 米，溢洪道出口垮塌 6 米，渠道垮塌 6 处，长 70 米，影响灌溉 80 亩。孟郊村山塘溢洪道开裂，危及大坝下游村寨安全，山坡上大片肥田沃土的耕作层被冲走，留下瘠薄的风化岩层。天堂镇水田坝水库渠道水毁 120 米，影响灌溉 100 公顷。印江至沿河、印江县城至刀坝乡公路中断，甘金桥至印江 35 千伏线路因倒杆短路，天堂镇、刀坝乡全乡停电。杉树乡、板溪镇至天堂镇毁坏输电和通信线路 10.5 千米、电杆 210 根，光缆、电缆中断 14.158 千米，板溪镇、天堂镇、刀坝乡 1860 户通信中断。全县直接经济损失 6314 万元，其中车家河流域损失 2840 万元。

乐茂江河　1984 年 7 月 24 日凌晨 4 时至 6 时，县城东南部降雨 120 毫米以上，缠溪区、茶园村、两河村、罗场乡山洪暴发，乐茂江河发生大洪水。缠溪区政府所在地街道水深 1.5 米，死亡 2 人，大牲畜 12 头，毁坏公路 110 米，电杆 450 根，房屋 2 幢 10 间，驷马桥（清道光时建造）和公路干线上的双龙桥被冲毁，毁坏耕地约 34 公顷。湄坨水库北干渠毁坏 24 处，铜仁地区水利局补助修复经费 25 万元。全县直接经济损失 316 万元，其中乐茂江河流域为 130 万元。

洋溪河　1995 年 6 月 24 日凌晨 3 时至 5 时 30 分洋溪镇强降雨 150 毫米，上午 6 时洋溪河水位上涨至 6 米，损毁民房 88 间，因河水上涨，柏杨坝电站机房进水，致洋溪全镇供电中断。是年 6 月 30 日夜间 11 时至 7 月 1 日 5 时 30 分连续降雨量达 190 毫米，水位上涨至万里桥拱顶，农作物受灾 80

公顷。经统计，以上两次强降雨造成直接经济损失 1161 万元。

江源沟河　自 1999 年 6 月 3 日 18 时 20 分起，杨柳乡连续强降雨，到是日 21 时 30 分降雨量达 114.9 毫米。该次降雨导致杨柳街道被淹，街道水深达 0.78 米。全乡有 13 个村 109 个组的 627 户 2579 人不同程度受灾，损毁房屋 8 间，农作物受灾面积 111 公顷，直接经济损失 1.9 万元。

历年洪灾

1991 年洪灾。1991 年 7 月 3 日，县城 12 小时内连续降雨 123 毫米，县水文站水位达 451.49 米，接近警戒水位 451.5 米，洪峰流量 815 立方米/秒，县城河街进水 0.3 至 0.5 米。该次降雨导致印松公路中断，受灾 7.48 万人，死亡 7 人，损毁民房 305 间，损毁农田 1420 公顷，直接经济损失 664 万元。

1996 年洪灾。1996 年 6 月 9 日、7 月 2 日、7 月 15 日的三次洪灾，全县受灾 29.46 万人，因灾死亡 6 人，损毁耕地 1160 公顷、路基面 23 千米、桥涵 57 座、塘坝 1 座、渠道 23 千米、机电泵站 8 座、小水电 6 座，直接经济损失 2.5021 亿元。

1999 年洪灾。1999 年 6 月 3 日杨柳乡发生洪灾、7 月 23 日印江河上游发生洪灾，以上两次洪灾共计受灾 6.26 万人，直接经济损失 0.81 亿元。

2004 年洪灾。2004 年 6 月 23 日，县境内自北向南连续强降雨，其中县城降雨量达 143.4 毫米，板溪镇降雨量达 195.4 毫米，板溪降雨量为近三十年最大降雨量。桶溪河的县城苹果山段洪水高出防洪堤 1.5 米，洪水沿公路进入县城；小河的水位上涨后从柏香林入城，因县城南北同时进水，形成内涝，解放路正街、梵净山路、峨江路、东兴路至人民南路 2000 余米路段水深 1 米左右，有 120 家商铺、20 个机关单位进水。板溪镇街道被淹没处水深最高达 2 米，桥高 8 米的坪底大桥洪水从桥面翻过。全县受灾 4.95 万户，损毁民房 312 间，有 5 人被洪水冲走，其中获救 3 人，死亡 2 人，冲走大牲畜 49 头，冲毁拦河坝 1 座、塘坝 5 座、人畜饮水设施 3 处、堤防 2.5 千米，公路中断 9 条。在印江县境内的铜遵线、印沿线共计坍方 124 处，损毁桥梁 17 座，输电线路倒杆断线 55 处，线路损坏 34 千米，有 10 个乡镇停电，通信线路倒杆 50 根，450 户通信中断；农作物受灾 23.58 万亩。全县直接经济损失 6314 万元。

2007 年 8 月， 新业乡遭遇降雨量 113.9 毫米的洪水

2005 年洪灾。2005 年 5 月 31 日晚 11 时 30 分，全县遭遇强降雨，到 6 月 1 日上午 8 时，各乡镇降雨量分别为：缠溪镇 95 毫米，峨岭镇 80.6 毫米，罗场乡 80 毫米，朗溪镇 76.6 毫米，新业乡 62.5 毫米，合水镇 57.7 毫米，天堂镇 56.5 毫米，沙子坡镇 50.8 毫米，木黄镇 49.8 毫米，新寨乡 43 毫米，杉树乡 38.3 毫米。6 月 1 日上午 9 时 30 分，县水文站洪峰流量 530 立方米/秒，洪峰水位 450.6 米，洪水导致峨岭镇柏香林漫堤，县城街道积水深度达 0.5 米。8 月 9 日夜间局地特大暴雨，晚上 9 时至次日凌晨 1 时，芙蓉坝降雨量达 199.3 毫米，新业防雹台降雨量达 133 毫米，木黄镇从晚上 9 时 30 分至次日凌晨 1 时，降雨达 52.5 毫米。张家坝上游的梵净山、豆凑林、大面坡、大水溪、大园址、团龙、袁家林等地的降雨量创 10 年来新高。该次降雨特点是时间短、区域集中、强度高，且发生在夜间。全县因洪水死亡 1 人，房屋倒塌 15 间，损坏 105 间，冲走牲畜 16 头，农作物受灾面积 17467 公顷，成灾 1467 公顷，绝收 208 公顷，损坏公路路基面 3.5 千米、输电线路 2 千米、通信线路 1 千米，毁坏石拱桥 1 座。9 个村供电中断，4 个村通信中断，通乡公路中断 1 条。堤防缺口 2 处长 50 米，新业乡官堰拦河坝被冲毁，造成直接经济损失 851 万元。

2006年洪灾。2006年5月4日晚上20时12分至次日凌晨6时，全县各地均有降雨，各地降雨量分别为：杉树乡126.5毫米、合水镇123毫米、天堂镇122.6毫米、沙子坡镇104毫米、朗溪镇103.3毫米、张家坝村90.5毫米、木黄镇89.2毫米、芙蓉村81.0毫米、峨岭镇42.4毫米、新寨乡41毫米、罗场乡40毫米。5月5日上午7时印江水文站洪峰流量达289立方米/秒。全县因洪水房屋倒塌28间、损坏415间，冲走牲畜13头，农作物受灾1533公顷，成灾1327公顷，绝收310公顷，损坏公路路基面8千米、输电线路5千米。通乡公路中断2条，河堤毁坏350米，全县直接经济损失836万元。

2007年洪灾。2007年7月23日20时至7月25日8时，全县部分乡镇遭遇强降雨，降雨量分别是：合水镇172.7毫米，张家坝村169.6毫米，芙蓉村157.2毫米，天堂镇144.1毫米，木黄镇122.9毫米，峨岭镇115.4毫米，中坝乡110.5毫米，湄坨72毫米，洋溪镇47.9毫米。车家河流域坨寨电站坝顶溢流水深2.8米，县水文站7月24日凌晨4时第一次洪峰流量361立方米/秒，水位450.1米，23时10分第二次洪峰流量496立方米/秒，水位450.62米。县城区出现内涝，振兴路、峨江路低洼处积水深0.8米，县交通局、审计局、地税局、水利局、法院等11个单位办公区进水。7月23日板溪镇柿坪村因山洪导致滑坡，7月24日1时合水镇新莲村电站动力渠发生缺口，渠下9户40人被洪水围困。该次强降雨全县倒塌房屋5间、损坏27间，农作物受灾1393公顷，成灾833公顷，绝收180公顷，损坏公路路基面2千米、输电线路3.2千米、通信线路1.5千米，县乡公路中断2条，堤防决口50米，烟水配套水池毁坏9口，直接经济损失563万元。

2008年洪灾。2008年5月8日、6月7日、7月22—24日、8月2日、8月8日、8月15—16日、8月29—30日、9月2—3日，8次大到暴雨，最大日降雨量99.4毫米。8月16日发生在峨岭，9月3日上午8时印江水文站洪峰流量513立方米/秒，水位450.59米，9时左右翻板坝闸门全部自动开启，11时42分印江水文站最大洪峰流量为659立方米/秒，水位451.02米。全县因洪水死亡1人，房屋倒塌11间，损坏22间。山洪诱发罗场乡泡冬坪、合水镇香树坪、中坝乡罗星村楠木坪等5处滑坡，威胁19户48人生命财产安全。农作物受灾1093公顷，成灾438公顷，绝收39公顷。损坏公路路基面200米，输电线路1.5千米，省道公路中断1条。损毁河堤3处，长800米，白水坡引水渠等3处农田灌溉工程受损。全县直接经济损失422万元。

四、冰雹

1988年5月4日20时，杉树乡、板溪镇、毛寨村、沙子坡镇、何家村等地有冰雹云气汇集，县气象局在杉树乡发射碘化银消雹炮弹90发，大部冰雹云气得到控制。2006年4月9日，在雷雨中局部有夹降冰雹的现象，9日县城出现近2分钟冰雹，新寨乡出现近3分种玉米大小的冰雹，12日，板溪镇戚家寨上二组，房屋上的瓦片损失三分之二，农作物损失一半。杨柳镇有跳棋大的冰雹。朗溪镇泡木村林子房房子瓦片损坏，冰雹有乒乓球大。新业乡芙蓉坝、平所、上寨冰雹持续4～5分钟，大小如汤圆。2007年3月17日下午及18日夜间，县城及北部部分乡镇出现冰雹，持续时间短，颗粒最大直径6毫米。

五、地质灾害及防治

地质灾害隐患点 印江地质地理条件特殊，地质环境脆弱，是全省、全市地质灾害主灾区之一，具有“全、重、多”的特点。全县共有地质灾害点135处，其中滑坡122处、塌陷2处、崩塌8处、泥石流3处。按规模分为特大型6处、大型4处、中型52处、小型73处；500人以上隐患点10个、100～500人隐患点52个、50～100人隐患点38个、50人以下35个。隐患危及户数5820户，危及人口2.56万人，危及房屋1.7万间，受威胁可能造成的经济损失约10亿元。

1998—2008年印江自治县威胁100人以上地质灾害隐患点统计表

表1—5

序号	乡（镇）	村	隐患点名称	经度	纬度	威胁对象					
						总人数	户	人口（人）	威胁房屋（间）	学校（所）	师生（人）
1	木黄	革底	革底滑坡	108°40′14″	28°07′19″	1024	334	966	1188	1	58
2	峨岭	大石	大石滑坡	108°24′41″	28°04′10″	1100	354	1100	833	—	—
3	杉树	孟郊	孟郊滑坡群	108°25′07″	28°04′56″	1403	370	1403	1200	—	—
4	杉树	群联	核桃坪滑坡	108°24′27.4″	28°05′27.2″	1110	283	1110	1163	—	—
5	罗场	—	罗场乡中学滑坡	108°27′49″	27°55′13″	1151	0	0	0	1	1151
6	峨岭	和平	张家湾滑坡	108°23′41.7″	28°02′05.3″	548	118	548	364	—	—
7	合水	新台	紫台滑坡	108°34′12″	28°02′44″	2097	513	2057	1325	1	40
8	沙子坡	池坝	梁家塌陷	108°29′46″	28°14′26″	615	35	200	110	1	315
9	天堂	老屋基	大竹林滑坡	108°37′31″	28°11′28″	520	196	388	588	1	132
10	缠溪	缠溪	王家沟滑坡	108°27′50″	27°51′47″	546	43	211	63	1	335
11	木黄	桅杆	坪上滑坡	108°43′17″	28°08′18″	384	72	384	221	—	—
12	木黄	岑阳	岑阳村一、二组滑坡	108°40′14″	28°07′19″	473	87	473	261	—	—
13	峨岭	长坡	邢家岩崩塌	108°25′48″	28°00′06″	112	28	112	122	—	—
14	峨岭	长坡	余家滑坡	108°25′29″	28°00′35″	136	35	136	93	—	—
15	峨岭	长坡	官船滑坡	108°25′18″	28°00′04″	103	20	103	71	—	—
16	峨岭	同心	天窝滑坡	108°25′18″	27°57′58″	430	87	335	172	1	95
17	峨岭	石灰溪	石灰溪滑坡	108°25′01″	28°03′09″	458	118	458	364	—	—
18	峨岭	大石	石丫滑坡	108°24′23″	28°03′58″	190	45	190	239	—	—
19	峨岭	和平	南子坨滑坡	108°24′06″	28°01′50″	215	60	215	212	—	—
20	峨岭	普同	燕子阡滑坡	108°22′29″	27°59′41″	116	31	116	100	—	—
21	峨岭	黔江	杨家湾滑坡	108°24′44″	28°00′57″	164	45	164	180	—	—
22	合水	坪楼	坪楼滑坡	108°35′40″	28°04′15″	312	63	312	106	—	—
23	合水	香树坪	香树坪泥石流	108°34′39″	28°03′40″	332	92	332	276	—	—
24	合水	香树枰	小安土滑坡	108°34′15″	28°03′16″	156	48	156	127	—	—
25	合水	落佑	桃子坪滑坡	108°38′43″	28°05′08″	148	32	148	96	—	—
26	中坝	土岩	土岩滑坡	108°22′56″	28°03′43″	131	34	131	102	—	—
27	中坝	小河	安家坡滑坡	108°19′52″	28°02′14″	102	21	102	63	—	—
28	中坝	陈香	坝下滑坡	108°20′13″	28°03′36″	183	45	183	135	—	—
29	中坝	夫子	李家沟滑坡	108°19′39″	28°01′08″	450	98	450	294	—	—
30	新寨	晋家	罗家滑坡	108°20′16″	27°52′05″	198	46	198	138	—	—
31	新寨	晋家	红星滑坡	108°19′57″	27°51′38″	212	47	212	141	—	—
32	新寨	旦家	桅杆滑坡	108°19′36″	27°50′50″	123	36	123	81	—	—
33	朗溪	打铁坳	白腊湾滑坡	108°30′39″	28°00′43″	287	54	287	99	—	—
34	朗溪	川岩	川岩滑坡	108°27′22.7″	27°28′22.8″	102	23	102	52	—	—

续表1—5

序号	乡（镇）	村	隐患点名称	经度	纬度	威胁对象					
						总人数	户	人口（人）	威胁房屋（间）	学校（所）	师生（人）
35	杉树	冉家	向家滑坡	108°21′26″	28°06′16″	305	65	305	157	—	—
36	杉树	冉家	屋基滑坡	108°21′41″	28°06′17″	112	35	112	76	—	—
37	杉树	群联	丁家榜滑坡	108°24′35″	28°06′21″	187	48	187	108	—	—
38	杉树	对马	纱帽山滑坡	108°25′45″	28°06′50″	186	46	186	97	—	—
39	杉树	杉树	寿溪滑坡	108°24′30″	28°06′59″	180	30	180	70	—	—
40	沙子坡	塘口	乌井塌陷	108°30′59″	28°19′46″	208	60	208	177	—	—
41	沙子坡	塘口	青坨滑坡	108°30′58.7″	28°18′48.4″	218	0	0	0	1	218
42	板溪	黎平	坝上滑坡	108°26′24″	28°07′45″	114	22	114	57	—	—
43	板溪	联合	张家滑坡	108°26′25″	28°08′12″	290	68	290	210	—	—
44	罗场	青河	土地塘滑坡	108°28′17″	27°55′59″	132	34	132	106	—	—
45	天堂	金城	城堡岩滑坡	108°37′54″	28°10′48″	485	96	485	331	1	92
46	刀坝	大屯	茶坪滑坡	108°37′42″	28°15′51″	173	43	173	112	—	—
47	缠溪	客店沟	江龙崩塌	108°27′26″	27°46′41″	132	25	132	78	—	—
48	新业	坪所	下坪所滑坡	108°40′47″	27°59′04″	130	28	130	84	—	—
49	永义	尖峰	黄家落坳崩塌	108°33′34″	28°00′28″	261	58	261	148	—	—
50	合水	三坪	新坪滑坡	108°32′12″	28°02′51″	177	31	145	93	1	32
51	合水	羊角堖	青杠岭滑坡	108°38′51″	28°05′42″	115	31	115	93	—	—
52	合水	土洞	猫猫洞滑坡	108°39′17″	28°05′44″	106	34	106	102	—	—
53	中坝	富华	富华滑坡	108°20′00″	28°02′54″	129	42	129	126	—	—
54	中坝	夫子	郑家湾滑坡	108°19′46″	28°00′54″	106	22	106	66	—	—
55	新寨	龙井	龙井滑坡	108°19′15″	27°50′19″	116	28	116	84	—	—
56	新寨	陈家	陈家村滑坡	108°20′32″	27°52′18″	219	54	219	162	—	—
57	朗溪	打铁坳	夏家岩滑坡	108°30′14.1″	28°00′29.9″	107	28	107	79	—	—
58	板溪	市坪	向阳滑坡	108°31′29″	28°06′33″	105	21	105	63	—	—
59	板溪	青山村	大元滑坡	108°30′51″	28°05′56″	227	45	227	135	—	—
60	板溪	米溪	新房滑坡	108°27′57″	28°06′22″	125	32	125	75	—	—
61	罗场	广东坪	茂林滑坡	108°31′35″	27°55′08″	224	54	224	175	—	—
62	天堂	转隆	李家寨滑坡	108°35′26″	28°07′18″	218	62	218	186	—	—

1988—2008 年印江自治县地质灾害隐患点防治情况一览表

表 1—6

序号	乡镇	灾害名称	整治方法
1	杉树坳乡	杉树学校滑坡	工程治理（排水、抗滑支挡）
2		孟郊滑坡	监测、排水、退耕还林、搬迁
3	罗场乡	罗场学校滑坡	工程治理（排水、退耕还林）
4	天堂镇	百户老龙岩不稳定斜坡	监测、排水、退耕还林

续表1－6

序号	乡镇	灾害名称	整治方法
5	峨岭镇	石灰溪滑坡群	监测、排水、退耕还林
6		代三组滑坡	监测、排水、退耕还林
7		老虎窝滑坡	监测、排水、退耕还林
8		幸福村滑坡	监测、排水、退耕还林，搬迁
9		黔江胡家沟滑坡	监测、排水、退耕还林
10		小穴滑坡	监测、排水、退耕还林
11	朗溪镇	岩上滑坡	监测、规范用水、退耕还林
12	朗溪镇	白腊湾滑坡	监测、排水、退耕还林
13	合水镇	小杉木滑坡	监测、排水、退耕还林
14		高寨五星滑坡	监测、排水、支挡、退耕还林
15	中坝乡	土岩滑坡	监测、排水、支挡、退耕还林
16	洋溪镇	新黔申家滑坡	监测、排水、支挡、退耕还林
17	缠溪镇	客店沟江龙滑坡	监测、避让
18	新寨乡	旦家坡桅杆坪滑坡	监测、避让
19		晋家村徐家滑坡	监测、排水、支挡、退耕还林
20	板溪镇	龙井坝滑坡	监测、退耕还林

特大地质灾害

岩口山体滑坡　1996年9月18日夜22时许，印江岩口发生山体滑坡，该次滑坡为牵引式深层基岩滑坡，滑体270万立方米，堆高51.18～93.8米，堵塞河道总库容6240万立方米。到1997年2月21日，淹没水深达42.24米，积水3821万立方米。堆体上游的朗溪镇有27个国家机关、4个村、1个居委会和9所中小学的8655人受灾，堰塞湖淹没耕地99公顷、房屋7058间。堆体下游的印江县城区和1乡1镇13个村5个居委会及邻县临河5.2万人生命财产安全受到直接威胁。滑坡发生后，县委、县人民政府立即启动防洪应急预案，迅速组织朗溪镇群众紧急转移，并及时向上级有关部门层层汇报。

9月19日，印江自治县委、县政府成立印江自治县岩口特大山体滑坡抢险救灾总指挥部，总指挥长田建高（县委书记），第一副总指挥长帅朝刚（县长），副总指挥长唐世元（县人大主任）、贺光禄（县政协主席）、张永成（县人民武装部部长），指挥部办公室主任廖宗富（县水电局局长），副主任黄则鸣、王新华、孟学书、史宗铨。下设三个分指挥部。其中：第一分指挥部设在朗溪镇，指挥长代明贵，副指挥长卢道军、郭启光；第二分指挥部设在印江县城，指挥长石阿良（县委副书记），副指挥长陈德生、万再扬；第三分指挥部设在岩口，指挥长张仁慧（副县长），副指挥长廖宗富、杨正孝、张毓平。

9月25日，省人民政府成立印江岩口滑坡抢险救灾指挥部，由代理省长吴亦侠任指挥长，副省长张玉芹和省军区司令员、武警贵州总队总队长陈庆云任副指挥长。贵州省副省长、省人民政府防汛指挥部指挥长袁荣贵、省人民政府副秘书长、省人民政府防汛抗旱指挥部副指挥长杨通华，省水利厅厅长、防汛副指挥长常俊武召开专题会议，研究印江岩口特大滑坡治理工程。1996年9月26日，贵州省人民政府防汛抗旱指挥部办公室发出《关于成立处理印江自治县特大滑坡专家组的通知》。

9月26日，铜仁地委、地区行署成立处理印江山体滑坡抢险救灾指挥部，地委书记肖永安任指挥长，郑荣华、余世良、刘龙骥、杨安民、贺洪生任副指挥长。

9 月 27 日，经国务院副总理姜春云批示，国家防汛总指挥部办公室组织以国家防总顾问周振先为组长、工程师姚文广等为成员的工作组到滑坡现场实地调研。

治理 国家防总、水利部、省委、省政府和有关部门高度重视印江岩口滑坡治理工作。治理工程开通三条隧洞，右岸泄洪洞（3#洞）于 1996 年 10 月 27 日开钻，1997 年 5 月 24 日竣工，长 313 米；左岸导流兼泄洪洞（1#洞）于 1996 年 11 月 22 日开钻，1997 年 3 月 21 日贯通，4 月 1 日水下岩塞爆破成功，朗溪镇重现。1998 年 6 月 9 日续建扩洞，洞长 714.94 米，2000 年 5 月竣工；右岸导流兼泄洪洞（2#洞）于 1997 年 2 月 22 日开钻，2000 年 3 月竣工，洞长 679.2 米，由于地质条件不良，曾出现 3 个溶洞段，溶洞口黄泥及孤石无规律掉落，采取强行掘进紧接支护和混凝土堵塞管棚法施工方案，未成，后采用绕线施工方案，绕线洞长 99.94 米；堆体整治坝顶高程 528 米，长 181 米，平均宽 45.7 米，坝高 53.5 米，上下游坝坡比 1∶3。背水面块石护面，迎水面预制混凝土块、块石护坡，于 1996 年 12 月 7 日开工，至 1998 年 12 月完工。左岸危岩体爆破清除，由贵州省地矿厅设计、审批、组织实施。

治理工程总投资 4570 万元，民政救济 590 万元帮助灾民恢复生活、生产设施。

1999 年 7 月 23 日，印江河上游新业、木黄镇降大暴雨，堆体处最高库水位达 502.9 米，印江水文站下泄流量 859 立方米/秒，恢复重建的朗溪镇 503 米高程以上地域和印江县城安全度汛。

1996 年 9 月，峨岭镇河缝岩口发生山体大滑坡，图为朗溪镇政府所在地淹没状况

1996 年 9 月 18 日，峨岭镇河缝岩口发生山体大滑坡

灾后重建 需要搬迁重建的受灾户和单位搬迁重建受灾户涉及朗溪村、居委会、河西村、孟关村 4 个单位共 209 户 938 人，其中 3 人以下 64 户，4～6 人 116 户，7 人以上 29 户；搬迁重建单位涉及 11 个国家机关企事业单位。搬迁重建办法：503 米高程以下地区的受灾户和国家机关企事业单位，均属搬迁对象，符合补助条件的受灾户在指定地点按规定时间重建住房，可享受政府规定的有关待遇和优惠政策，如不按规定地点和时间搬迁、重建的受灾户，政府不予任何补助，今后若遇洪水灾害后果自负。

根据恢复建设朗溪集镇要求，为扩大朗溪镇规模，使朗溪集镇 503 米高程以上的主街道与集中安置区联成一体，确定集中安置区规划在 507 米高程以上的朗溪村上坝一带。按县建设局规划方案执行：（1）规划总面积为 8.37 公顷，其中建筑占地 3.07 公顷，建筑密度为 36.7%，建筑容积率为 1.1，人口容量为 2000 人，绿化率为 30%。（2）道路规划为 3 个等级，Ⅰ号路为一级道路，宽 20 米；Ⅱ号路为三级道路，宽 15 米；Ⅲ号路为四级道路，宽 8 米。（3）受灾群众居住建设用地 3.94 公顷，户型组合 3 口人以下按每户 60 平方米安排，即开间 7.5 米，进深 8 米；4～6 口人按每户 80 平方米安排，即开间 8 米，进深 10 米；7 口人以上按每户 100 平方米安排，即开间 10 米，进深 10 米；（4）规划的用地机关单位有 11 个，优先考虑镇人民政府和朗溪中学用地。镇政府用地预留在Ⅰ号道路上，朗溪中学安排在镇医院左侧，用地 1.79 公顷，达到国家规定用地标准。（5）规划方案地平标高均在 507 米高程以上，凡局部低于 507 米高程用地需进行工程技术处理，回填到 507 米高程以上后，方能使用。(6) 规划的建筑按排列式布置，建筑正面间距为 12 米，侧面间距为 8 米，建筑形式风格要体现地方特色，要求设计新颖，造型优美，色彩协调。(7) 其他工程管线（如电力网、通信、给水管排水沟）等一律沿街布置，按规范设计施工，不得随意占用建筑用地。

2000 年 9 月建成的岩口滑坡整治工程纪念碑

搬迁对象户住房搬迁后没有基本居住条件需重建住房的，可根据本办法规定，按现有人口享受国家无偿划拨的宅基地。划拨给搬迁户的宅基地转移或买卖时，政府按有关规定收取税费。搬迁户重建住房用地，须按照户籍管理范围，向户籍所在村、镇和土地管理部门提出用地书面申请，经批准后由政府划拨宅基地。耕地被占用的农户，政府根据《贵州省实施〈中华人民共和国土地管理法〉办法》第二十八条规定，给予土地青苗费和安置补助，具体补助金额由土地管理部门根据有关规定测算协商确定。享受国家无偿划拨宅基地的搬迁户，按规划方案，无偿得到的宅基地只能用于修建住房，其他辅助性建设用地（如猪栏、牛圈、厕所等）将在规划方案 12 米的建筑间距中考虑，即 12 米的建筑间距分为三块，每块宽 4 米，中间 4 米作公共过道，两边的 4 米宽留给住房户作后院，解决辅助性建设用地问题，辅助性建设用地，住户应交纳征地的基本费用，由土地管理部门统一收取，用于规划区公共设施建设。在朗溪镇以外工作的双职工户，有私房在 503 米高程以下需搬迁重建的，每户可以享受当地政府无偿划拨规划方案中最低面积的宅基地；在朗溪镇以外工作的单职工户，有私房在 503 米高程以下需搬迁重建的、且本户的非农业人口户口又未在朗溪居委会，每户可以按现有人口享受当地政府无偿划拨的宅基地，户的认定以本户中健在的最高长辈为准。

宅基地位置安排原则：(1) 以组、以原居住相邻关系相对集中安排；(2) 按原居住地上下位置类推；(3) 村委会提出初步安排意见，安置领导小组审定。各单位重建用地实行有偿使用，但必须在规划区按指定地点用地。

修建住房坚持自力更生、亲邻相帮、互助互济、国家适当补助相结合的原则。各搬迁户必须在 5 月底前建成基本住房，下基础放线必须在工程技术人员或村镇管理站人员的监督下方可进行，建筑物的式样、风格、色彩必须按规划设计方案执行。因建房资金不足等原因不能一次性完成修建任务的可以分期实施，但必须先将门面修建任务完成，以保证有最基本的安居之所。属搬迁范围的国家机关企事业单位应积极主动争取上级主管部门支持，要多方筹措资金，尽快立项修建，不管是否立项都要于 1998 年春节前返回朗溪镇确定临时办公地点开展工作。

重建住房补助。补助范围：朗溪灾区 503 米高程以下有房应搬迁、需要重建住房才能有基本居住条件的农业受灾户和无业居民受灾户。

补助办法：以户补助为基数，按人口补助和按特殊情况补助相结合。

补助标准：按户数补助——属补助范围的对象户每户补助 3000 元（户数按 1996 年 9 月 18 日前立户为准）。

按人口补助——属补助范围的现有人口每人补助 500 元（人口以 1997 年 9 月 30 日实有人数为准）。

按特殊补助——经村委会提名，群众公认，管理区民政办核实，安置领导小组审核同意的，因水淹房屋倒塌受灾户、烈军属受灾户、鳏寡孤独以及独生子女受灾户（只生育一个孩子，并办领独生子女证者）、双女结扎受灾户（只生育两个女孩并做了绝育手术者）每户补助 600 元。属搬迁对象的国家机关企事业单位干部职工房屋搬迁后，无基本居住条件的需要重建住房的，其重建住房补助问题由所在单位参照本办法重建住房补助标准帮助解决。

其他情况处理。既有老屋，又有新建或新购房屋，其享受补助条件以最后建（或购）的住房所处高程为准。失去劳动能力，依靠子女生活的单立老户，不作单独划拨宅基地对象，不作以户为补助对象，只作为按人补助的对象。在朗溪灾区503米高程以下有私房的且在朗溪镇内工作的国家机关、企事业单位干部职工受灾户（双职工户）住房搬迁后需要重建才有居住条件的，可享受本办法规定的无偿划拨的宅基地，重建住房补助不作为以户补助为对象，该户中的无业居民人口可享受按人补助标准。搬迁对象户在503米高程以下于1996年9月18日以前已审批或购买有宅基地的，这次不重新划拨宅基地。1996年9月18日前不属搬迁对象户的受灾户在无偿划拨规定面积的宅基地，但不享受建房补助。补助办法中的计生优惠政策只适用于农业户。河西孟关的搬迁户原则上在507米高程以上就地安置，经申请同意也可以在集中安置区内安置。要求：搬迁通知书送达10日内，搬迁户不提出解决宅基地书面申请者视为不搬迁户，政府不予划拨宅基地，也不给予建房补助，后果自负。重建住房补助费分三期领取，第一期基础建成后领取补助总金额的30%；第二期基本住房主体工程完成后领取补助费总金额的50%；第三期基本住房竣工后结清补助费。领取搬迁补助费一律凭户口簿、户主身份证和安置领导小组审核意见到朗溪镇民政办公室分期办理领款手续。1998年5月底前搬迁户重建的基本住房必须全面完成，否则后果自负。享受无偿划拨宅基地的受灾户，一年后要将原宅基地逐步恢复为耕地。

附录：

印江自治县人民政府防汛抗旱指挥部办公室
险情通报（第二号）

1996年9月26日

印江自治县河缝岩口特大滑坡发生后，按照县抢险救灾总指挥部的部署，县防汛办、民政局、统计局、水电局、朗溪镇政府、朗溪管理区和第一分指挥部先后安排人员深入滑坡现场和淹没区进行了灾情调查。朗溪镇水利水保管理站进行了水位实测。水文站进行了流量测算。根据调查和观测，河缝岩口滑坡造成的灾情和险情十分严重。现将有关情况通报如下：

滑坡位置 滑坡地理位置在东经108°26′40″，北纬27°59′13″，地属县峨岭镇。滑体堵断河流——印江河，系长江水系乌江流域的一级支流。堵塞河段在印江河上游。印江至松桃公路要通过滑坡地段和淹没区。主要淹没区在自治县朗溪镇。滑坡处于断裂、峡谷地带。滑坡前久旱突降暴雨，据县气象局观测，滑坡地带从8月30日起至9月17日高温无雨，9月18日19：12至19日8时阶段降雨58.1毫米，18日23时至21时强度很大。由于暴雨和地质等原因，9月19日0时至1时左右河缝岩口发生大滑坡，致使河道堵塞，交通、邮电中断，县城供水主管毁坏，并危及人民生命财产安全。

滑体现状 经县防汛指挥部现场查看，县水电局现场勘测和省、地抢险救灾工作组的专家复测，认定堆积体纵断面底长430米，顶长80米，横断面底宽60米，顶宽308米。堆积体底部高程474.2米，顶部高程525.375米（垭口处），最低相对高度为51.175米，土石方量为270万立方米。专家们认为，印江这场山体特大滑坡，确属人力不可抗拒的极其罕见的自然灾害。国家水电九局副总工程师许以敏在9月23日专家论证会上说："这样大的山体大滑坡从未听说过，也从未见过，据我所知，在亚洲也是首例"。由于堆积体堵塞河道，在525米高程以下，上游回水线长12千米，可蓄水6740万立方米，淹没总面积323万平方米，其中耕地2199亩，受灾人口达8655人。若堆积体移动或溃决又将对印江县城、中坝乡和德江县潮底镇及下游沿河两岸五万多人的生命财产造成极大危害，要冲毁耕地4500多亩。

主要灾害 已造成的主要灾情是堆积体以上的淹没问题。按堆积体顶部的最低高程525米测定回水线以下，在满蓄水时，将造成如下灾害：(1) 受灾范围：1个乡（镇），4个村，34个村民组，27个国家机关企事业单位和9所中小学。(2) 受灾人口：总户数2160户，总人口8655人。其中农业人口1800户6746人，城镇居民360户543人，中、小学生1366人。已死亡1人，失踪2人，重伤3人。(3) 淹没区域：朗溪淹没区总面积4845亩，其中田1454亩，土309亩，园林果木436亩。到9月26日已淹没耕地1196亩，其中田864亩，土125亩，园林果木207亩。(4) 紧急转移，急需转移1800户。迄今紧急转移、临时安置1512户6146人，转移方位：镇内1010户，镇外502户；转移能力：自行480户，政府帮助1032户。正在转移30户，尚有258户在运作，资金、安置地点方面存在着较大困难。如上坝村民组田兴齐年逾七旬一家13口人，两个儿子已外出打工，两老在家拖小孙孙，家具搬不动。(5) 邮电、交通：邮电中断86门，公路中断5千米，淹没桥梁5座。朗溪镇机关，只保留1台老式手摇电话机，通信十分困难。公路河缝段被土石方堵塞长400多米，高70多米，短期内无法疏通。孟关至朗溪路基淹没水深已达0.4米，车辆不能通行。桥梁已淹没两座。(6) 水电设施：损失电站1座，装机1260千瓦，停止运行1座，装机720千瓦，淹没供电所1处，低压输电线路10千米。灌溉工程淹没渠道2条长5千米，提水站2座、乡（镇）供水工程1件，水利水保管理站1个。(7) 文教卫生：九所中、小学校停课，1366名学生失学。朗溪中学9月23日被淹没。其余学校课桌凳已转移。医院已全部转移，药品损失0.5万元。现库内水质污染，灾民居住分散，严重缺医少药。(8) 直接经济损失，根据初步统计，在525米回水线以下可能造成直接经济损失5714万元。经过抢险救灾挽回一部分，但近期如果发生洪水，损失还将加重。其中：(1) 工矿企业555万元。包括酒厂8座24万元。砖瓦窑14座5.6万元。粮油加工及管理所274万元。商业仓库、经营场所、办公房等固定资产190万元。食品站49万元，其他12.4万元。淹没酒厂6座，砖瓦窑8座，食品站1个，粮管所1个。(2) 农业127万元。其中农作物损失737亩，839吨。包括未收获的水稻102亩，产量61吨，价值12.2万元；红苕284亩，产量428吨，价值42.8万元，蔬菜350亩，产量350吨，价值35万元，农业技术推广站固定资产37万元。淹没未收获水稻102亩，红苕170亩，蔬菜165亩。(3) 林业974.2万元。包括水果436亩，预产1744吨，价值523.2万元；经济林木436万亩可提供价值436万元，林业管理站1个，固定资产15万元。现已淹没园林果木207亩。(4) 畜牧业0.95万元，包括压死水牛1头，价值0.25万元，羊35只，价值0.7万元。(5) 房屋财产损失106.30万元。包括居民住宅216户24024间，损失金额10111万元。其中砖混凝土结构380户4560间2552万元；砖木结构760户9120间3830万元，木房1020户10360间3729万元。畜圈2111间195万元，其中牛圈305间15万元；猪圈1800间180万元。生产生活用具2160户324万元，转移搬运费及损失216万元。淹没189户2096间，损失393万元。(6) 交通运输业240.3万元。包括公路5千米15.5万元，桥梁5座224.8万元。(7) 水利设施275万元。包括提水站及灌溉渠道234万元，乡（镇）供水24万元，管理站固定资产17万元。(8) 电力设施1504万元。包括电站固定资产、发电设备1489万元，供电所5万元，输电线路10万元。(9) 邮电通信145万元。包括光缆损失和邮电网络116万元，邮电支局固定资产29万元。(10) 广播电视16.6万元。(11) 文化教育535万元。包括朗溪中学155万元、朗溪小学179万元，6个村学点129万元，幼儿园34万元，镇文化站38万元，教室、宿舍和文化教育设备等固定资产。(12) 医疗卫生81万元。包括医院69万元，乡卫生所12万元的固定资产和设备以及少量药品损失。(13) 商业供销323万元。烟草站118万元，其他16万元的固定资产。(14) 党政机关307万元。包括镇政府139万元、管理区48万元、公安派出所29万元、工商税务52万元、财政所29万元、民政10万元的固定资产及不动产设备。

水情变化 从9月19日凌晨1时开始，到26日上午8时，在175个小时内，堆积体以上最高水位达500.60米，最大淹没深度为26.39米，日平均上升水位3.62米，累计入库水量猛增。最近天未下雨，上游来水量5.82立方米/秒，堆积体渗漏量只有0.94立方米/秒。水位变化情况，9月23—24日以每24小时上升0.532米。9月24日至25日以每24小时上升0.37米，9月25日至26日上午8时以每24小时上升0.33米的速度上涨。一旦洪水发生，按印江河十年一遇的洪峰流量1066立方米/秒预测，约15个小时可以蓄满水，按二十年一遇洪峰流量1436立方米/秒，预测约11个小时可以蓄满水。

近年来，暴雨频繁，洪水周期缩短，上年10月2日印江河上游还发生严重洪涝灾害，今年汛期未过。滑坡体以上山体又还存在较大裂隙，9月20日上午和26日还发生塌方。堆积体上游的灾情和下游的险情依然存在，各单位必须抓紧搞好防汛，抢险和救灾工作。

第二章　环境保护

第一节　环境状况

一、水、大气、声环境状况

水环境　1988—2008年，印江自治县工业不发达，工业企业少，排放污水不多，境内水体污染主要是生产、生活废水、废物排入河流造成的污染。印江县城集中式饮用慕龙水源（慕龙水源源于梵净山麓慕龙村），经过监测，达到《地表水环境质量标准》，专家评审被评为中国生态好水源。印江河皂角塘是慕龙饮用水备用水源，环保局定期到皂角塘监测，发现问题及时处理。

合水镇二道水峡谷景观

大气环境　随着经济社会的发展，县城区基础设施的兴建和房地产的开发等诸多因素的影响，大气污染越来越突出。城乡酒厂、茶叶加工厂、大型饮食店、学生食堂、民用煮饭取暖、生产燃料以煤为主的煤烟、春节放烟花爆竹、在田中燃烧农作物秸秆、车辆及机器排放废气，造成二氧化硫、二氧化氮增加；砂厂放炮打砂、运输车辆漏砂在公路上，车顶不盖遮物、沙子被风吹得满天飞，对大气造成严重污染。为了保障人民群众的健康，印江自治县环境保护局，每年均对县城区进行3天24小时监测。监测结果显示，县城区空气污染指数API值50～70，综合评价空气质量Ⅰ类。

声环境　印江城镇主要噪声有交通噪声、机械加工噪声、生活噪声，造成环境污染。2000—2008年，县城区域环境噪声101网格等噪声级范围为35～65分贝，平均等噪声级为58.8分贝。根据《声环境质量评价方法技术规定》中城市区环境噪声质量等级划分要求，印江县城区域环境噪声等级为“轻度污染”。

二、水土流失

印江境内地貌为溶蚀型和侵蚀型，溶蚀型地貌形成峰丛洼地，侵蚀型地貌形成中低山丘陵地带。地面破碎、山高、坡陡、谷深。降水集中在夏季，地面径流强劲，生态环境脆弱，各地皆有水土流失，尤以印江河干流沿岸乡镇、县北部桶溪河、坪底河、六井溪河、车家河，东部的芙蓉河、乌溪河，南部的落茂江、驷马河、洋溪河，凯望河、乐洋河、大溪沟河流域最为严重。

据县水利局统计，1988 年年底，除已治理流失面积外，仍有水土流失面积 811.06 平方千米。占全县面积 1969 平方千米的 41.19%。

2000 年，贵州省应用遥感技术调查土壤侵蚀的成果：印江自治县国土面积为 1969 平方千米，水土流失面积为 1374.75 平方千米，占国土面积的 69.82%，其中：轻度流失 716.52 平方千米，占水土流失面积的 52.12%；中度流失 429.83 平方千米，占水土流失面积的 31.27%；强度流失 221.51 平方千米，占水土流失面积的 16.11%；极强度流失 6.89 平方千米，占水土流失面积的 0.5%。

因水土流失、土壤石漠化、荒漠化日趋严重，石山、半石山、沙丘等增多；因水土流失，土壤失水、失土、失肥，土壤层变薄、肥力下降，平坝、低洼地带水打沙壅加剧，地质灾害发生频率增大，生态环境恶化。

第二节 环境监测

印江自治县气象监测站

印江自治县 1993 年成立县环境监理站，开展对环境污染监测工作。1996 年，成立印江自治县环境保护局，与县国土局合署办公，内设环境保护股。2001 年，独立设置环境保护事业局，下设办公室、综合股，批准事业编制 6 名，其中：局长 1 名、副局长 1 名、正副股长（主任）2 名，后勤人员 1 名。2003 年 6 月，成立印江土家族苗族自治县环境监察队，事业编制 2 人，设队长 1 名。

水环境监测 自 2002 年始，每月均委托铜仁地区环境监测站到现场提取水样进行监测，结果显示，印江自治县城区饮用水源水质未超过《地表水环境质量标准》（GB3838－2002）III 类水质标准，实达 II 类水质标准，符合国家饮用水源标准，达标率为 100%。

从 2002 年始，委托铜仁地区环境监测站，对印江河出境断面水质监控点西岩寺，每季度监测一次，结果显示，印江河出境断面水质均达到国家规定的 III 类水质标准，2007 年，实际达到 II 类水质标准。

2003 年 5 月，印江自治县环境保护局委托铜仁地区环境监测站，对梵净山自然保护区印江辖区内环境质量进行了实地监测，结果是：金厂河、肖家河、余家河等源头水未受到污染，水质达到地表水 I 类水质标准。

大气环境监测 印江自治县环境保护局，每年均对县城区进行 3 天 24 小时监测。监测项目：可吸入颗粒物、二氧化硫、二氧化氮。1996—2008 年，监测结果显示，县城区空气污染指数 API 值 50～70，综合评价空气质量 I 类，空气质量良好，空气质量达到或优于国家环保部与质监总局联合发布《空气环境质量标准》（GB3095－1996）的二级标准。

第三节 环境治理

污染源普查按照国务院《关于开展第一次全国污染普查的通知》要求，全国以 2007 年 12 月 31

日为标准时点开展第一次污染普查，为制定环境污染防治政策措施提供依据。印江自治县成立县污染源普查领导小组，于 2008 年 3 月 1 日，在县内展开全面普查。

根据国务院规定，在县境内排放污染物的工业源、农业源、生活源单位均属普查对象。普查内容：一是全部工业污染源（采矿业、制造业、电力、燃气及水的生产供应企业）中排放的污物，包括污染源的基本情况，污染物的种类、数量和浓度、污染治理设施及其运行情况等指标；二是以规模化养殖场和农业源为主的农业污染源排放的污染物，包括污染来源、主要污染物的排放量、排放规律、污染治理设施及其运行情况等指标；三是城镇生活污染源排放的以污水、垃圾和医院医疗废物等为主污染物，包括污染排放量、污染治理设施及其运行情况等。经普查，县污染源普查领导小组，按时向国家终报工业源、农业源、生活源清查表和普查名录，共普查农业污染源 1035 家、工业污染源 253 家、生活污染源 125 家。县环保局被环保部、国家统计局、农业部表彰为“先进集体”，表彰先进个人 1 名，被省污染源普查领导小组办公室、省环保厅、省统计局和省农业委员会表彰先进个人 2 名。

县城饮用水源地环境保护 县城集中式饮用水源涉及 8 万人的饮用水安全，自治县人民政府高度重视饮用水源地的环境保护工作，划定了慕龙饮用水源一级、二级、三级保护区，划定了木黄镇集中式饮用水源保护区。县环境保护局每年至少开展 1～2 次饮用水源保护区专项执法检查活动，禁止在保护区内设置排污口。经检查，保护区内没有排污企业。

印江河环境保护 印江自治县人民代表大会制定《印江土家族苗族自治县印江河保护条例》，自治县人民政府制定了《印江河流域环境综合治理方案》《印江自治县重点流域水污染防治实施意见》；建立河长制，自治县人民政府县长任印江河的河长，负责印江河的环境保护和污染防治，确保出境断面水质达标；沿河两岸各乡镇在河岸设立警示标志，提示广大人民群众不要向河内倾倒弃土、弃渣、生活垃圾等有害有毒物质；优先规划和实施印江河沿岸乡镇的污水处理厂、垃圾填埋场；严格环境管理，严厉打击各类环境违法行为。

废水污水处理 县内工业不发达，工业企业较少，但人民政府从没放松对重点企业、重点项目的监管，编制《印江自治县突发环境污染事故应急预案》，并建立环境保护管理机构和制度，同时，安装自动线监控装置，建立巡查制度，防止企业偷排、漏排。1996—2008 年，从未发生水污染事故；2008 年 12 月，印江自治县污水处理项目启动，规模为日处理污水 600 万千克；安装运输管网 24808 米，1000 型检查井 550 座、沉沙井 7 座，占地面积 17000 平方米，总投资 3356 万元。

大气污染治理 县委、县人民政府十分重视《大气污染防治法》的贯彻实施，与相关部门和 17 个乡镇签订县长环境保护责任书，并作为单位年度目标考核的内容之一。县环境保护局实施二氧化硫、氮氧化物总量控制减排工作，县人民政府成立专门领导小组，建立总量减排工作联席会议制度，并实行目标责任制管理，将铜仁行署下达的“十一五”（2006—2010 年）主要污染总量减排工作任务，分解到各有关部门和企业单位。对重点行业、重点部门、重点企业加强监管，严格实行排污许可证制度，依法按总量控制要求发放排污许可证。同时，对新扩、改建项目一律限批。经过努力，2008 年，已全面完成“十一五”期间二氧化硫减排 327.12 万千克的任务。

噪声污染治理 2002—2008 年，印江自治县环境保护局对县城区工业噪声和建筑施工噪声污染进行及时调查、取证和整治。整治期间，对加工业、建筑业开展环保法律法规宣传，增强经营者的环境意识。环保执法 15 次，出动 36 人次，共检查加工行业 26 家，建筑工地 6 个，责令补办手续 1 个，发出限期整改通知书 14 份，对加工企业、建筑企业的噪声时间作出规定。县城区工业噪声和建筑施工噪声治理取得成效。

城区文化娱乐场所噪声污染治理 县委、县人民政府明确城区文化娱乐场所噪声治理措施，要求各文化娱乐场所业主必须编制噪声治理工程设计方案，实施治理措施，竣工后向环保局申请验收，合格后办理环保审批手续。在治理工作中，环保局派人进行督促、检查、指导，对治理工程，经验收不合格的进行停业整治，对拒不进行治理、拖延治理时间治理、经检查验收不合格的，由相关部门吊销营业证照，依法关闭。

执法治理 1988—2008 年，环境保护局、水务局等部门积极开展饮用水源保护区执法检查专项行动、整治违法排污企业保障群众健康专项行动、非煤矿山执法检查专项活动、环境安全隐患百日督查专项行动。依法查处环境投诉案件，案件的查处率和回复率均达 100%。依法开展排污费征收工作，依据国务院《征收排污费办法（暂行）》，2003 年国务院制定的新《排污费征收使用管理条例》(国务院 2003 年 1 月第 369 号令）和国家四部委颁发的《排污费征收标准管理办法》(2003 年 2 月 28 日第 34 号令)，对辖区内所有排放废水、废气、废渣和超标噪声依法征收排污费和超标排污费，2003—2008 年，共征收排污费 110 万元。依法严厉打击一批违规排污企业，净化水源、大气、噪声环境。

县城污水处理厂办公环境

水土流失治理 印江自治县是贵州省水土流失严重的地区之一。由于水土流失，造成生态环境恶化，县政府针对这一问题，提出“以防为主、全面规划、综合防治、因地制宜、加强管理、注重效益”的方针，遵照《水土保持法》和《水土保持综合治理技术规范》，采取生物措施和工程措施治理。生物措施，即植树造林、封山育林、退耕还林，栽植绿茶，开发果园等；工程措施，即建鱼鳞坑、沉沙池，建造、维修山塘水库、拦山沟堰，坡土改梯土、梯土改梯田，保持水土不流失。

1993—2000 年，国家投资 1110 万元实施“坡改梯”工程，投劳 1500 万个，完成全县坡改梯整治面积 6266.67 公顷，退耕还林还草 1266.67 公顷。

2002 年，国家投资 489.55 万元实施“渴望工程”。其中：国家补助资金 348.85 万元，“渴望工程”补助 75 万元，以工代赈 50 万元，县自筹经费 15.7 万元。栽柑橘苗 49.9 万株，营造经济林 528.67 公顷，栽种雪梨 13 万株，葡萄 3 万株，花椒 21 万株，梧桐 6 万株，植树造林 513.33 公顷，退耕还林还草 3 平方千米，封山育林 2.5 平方千米，共治理水土流失面积 44.9 平方千米。

2003—2005 年，国家投资 128 万元实施水保林工程。其中国家投资 90 万元，地方投资 38 万元。建设水保林 413.33 公顷、经果林 40 公顷；浆砌卵石便道 2500 米，人行便道 200 米；小水窖小水池 35 口，截水沟 150 米，拦山沟 1200 米；封山治理 714.33 公顷，保土耕作 15.8 公顷；建引水沟 1100 米，调节池 3 座，容积 550 立方米，沉沙池 2 座，容积 40 立方米。

1988—1993 年，全县新垦植茶园 1057.6 公顷。1994—2001 年，全县新垦植茶园 1209 公顷。2002—2008 年，全县新垦植茶园 3640.4 公顷。1988—2008 年，全县共垦植茶园 5907 公顷。

1988—2008 年年末，全县果园面积 1989 公顷，其中柑橘园面积 1342 公顷，梨园面积 406 公顷，其他果树面积 241 公顷。

长期以来，县委、县人民政府采取生物措施和工程措施治理，到 2008 年年末，全县森林覆盖率为 52.48%，水土流失得到有效遏制，生态环境得到改善。

第三章 行政区划

第一节 行政建制

1988—1992年，印江自治县设置有7个区和1个镇（科级），含44个乡、2个镇（股级）、2个办事处、366个村、9个居委会。其7个区和1个镇分别是：

印江镇 镇人民政府位于县城人民北路，是全县政治、经济、文化中心，辖红光、甲山、黔江、桶溪、长坡、江家坡、峨岭、坪兴、普同、同心、岩底、峨岭关12个村，红光、先锋2个办事处和解放路、环城路、红卫路、北门路、振兴路5个居委会。

峨岭区 区公所位于县城人民北路，辖农场、新寨、凯望、大塘、凯塘、麻柳、玉屏、中坝8个乡56个村531村民组。

板溪区 区公所位于板溪乡板溪村，辖板溪、毛寨、杉树、何家、韩家、沙子坡、花园、凉水8个乡59个村543个村民组1个居委会。

天堂区 区公所位于天堂乡天堂村，辖天堂、坪底、陡溪、兰克、刀坝、庙坪6个乡63个村605个村民组。

木黄区 区公所位于木黄镇木黄村，辖木黄镇和新场、新业、建厂、新民、落坳5个乡57个村350个村民组1个居委会。

朗溪区 区公所位于朗溪乡朗溪村，辖朗溪、坪柳、合水、永义、张家坝、枹木6个乡49个村348个村民组1个居委会。

缠溪区 区公所位于缠溪镇缠溪村，辖缠溪镇和曾家、两河、罗场、打杵坳、茶园、打杵场6个乡42个村312个村民组1个居委会。

洋溪区 区公所位于洋溪乡洋溪村，辖洋溪、桅杆、杨柳、曹门、坪林5乡28个村269个村民组。

1991年印江自治县区、乡基本情况统计表

表1—7

名称	村（个）	村民小组（组）	总人口		耕地面积（亩）		
			户数	人口	总耕地	田	土
合计	366	3038	87536	358861	281379	184292	97087
印江镇	12	80	8053	30764	11041	9314	1727
峨岭区	56	531	13857	56535	43488	29690	13798

续表1—7

名称	村（个）	村民小组（组）	总人口		耕地面积（亩）		
			户数	人口	总耕地	田	土
凯塘乡	7	66	1465	5783	3496	2461	1035
麻柳乡	4	42	1597	6430	3934	3069	865
玉屏乡	8	60	1419	5640	3319	1979	1340
中坝乡	10	87	2230	9110	6354	3144	3210
农场乡	6	89	1905	8189	7672	5687	1985
新寨乡	9	72	2542	10387	9834	6692	3142
凯望乡	7	80	1871	7679	6434	4818	1616
大塘乡	5	35	828	3317	2445	1840	605
板溪区	59	543	15072	61407	45766	26970	18796
板溪乡	13	99	3223	12902	8490	4788	3702
毛寨乡	9	73	1923	7565	5751	4128	1623
杉树乡	10	100	2414	9750	6354	4210	2144
何家乡	7	67	1777	7634	5310	2820	2490
韩家乡	6	48	1330	5549	4936	3269	1667
花园乡	6	68	1441	5943	5404	2580	2824
沙子坡	5	49	1999	7970	6370	2733	3637
凉水乡	3	39	965	4094	3151	2442	709
天堂区	63	605	15018	60649	44809	27765	17044
坪底乡	9	104	2616	10410	7324	5064	2260
天堂乡	11	113	2939	11609	9017	4973	4044
陡溪乡	13	105	2789	10963	7403	4788	2615
兰克乡	11	109	2817	11540	8618	5269	3349
刀坝乡	14	122	2739	11612	8674	5414	3260
庙坪乡	5	52	1118	4515	3773	2257	1516
木黄区	57	350	10762	45458	35091	21029	14062
木黄镇	11	70	2586	10767	6772	4587	2185
新场乡	14	59	2321	9666	7004	3738	3266
落坳乡	6	29	736	2986	3567	1247	2320
新业乡	10	73	1916	8168	6237	4048	2189
新民乡	5	50	1206	5277	4269	2964	1305
建厂乡	11	69	1997	8594	7242	4445	2797
朗溪区	49	348	11168	44627	36982	21242	15740
朗溪乡	9	66	2804	10581	7457	2532	4925
坪柳乡	8	69	585	2388	7624	5698	1926
合水乡	13	96	2066	8471	9517	5012	4505
永义乡	8	60	3391	13789	6420	3892	2528
张家坝	7	38	1495	6058	3611	3181	430
枹木乡	4	19	827	3340	2353	927	1426
缠溪区	42	312	8063	34138	31267	23117	8150

续表1－7

名称	村（个）	村民小组（组）	总人口		耕地面积（亩）		
			户数	人口	总耕地	田	土
缠溪镇	9	76	2067	8651	6844	5011	1833
曾家乡	6	36	980	3994	2788	1706	1082
罗场乡	7	51	1480	6077	4731	3670	1061
两河乡	4	40	979	4275	3939	3170	769
茶园乡	4	23	449	1971	2409	1781	628
打杵坳	7	38	1145	5112	5867	4170	1697
打杵场	5	48	963	4058	4689	3609	1080
洋溪区	28	269	5543	25283	32935	25165	7770
洋溪乡	10	88	1915	9248	12095	9381	2714
桅杆乡	2	29	575	2824	4437	3650	787
杨柳乡	7	66	1530	6234	9094	6364	2730
槽门乡	5	45	850	3738	3762	2837	925
坪林乡	4	41	673	3239	3547	2933	614

1992—2008年，根据贵州省人民政府《关于印江土家族苗族自治县建镇并乡撤区行政区域变更的批复》通知精神，印江自治县撤销原有的印江镇和峨岭、板溪、天堂、木黄、朗溪、缠溪、洋溪7个区44个乡、2个镇（乡级）、2个办事处，组建峨岭镇、新寨乡、中坝乡、板溪镇、杉树乡、沙子坡镇、天堂镇、刀坝乡、木黄镇、新业乡、合水镇、永义乡、朗溪镇、缠溪镇、罗场乡、洋溪镇、杨柳乡9个镇8个乡，辖365个行政村9个居委会。1992年后的“9镇8乡”建制一直到2008年没有变化。

第二节 乡镇概况

峨岭镇

峨岭镇位于印江自治县南部，印江河下游南北两岸，地处北纬27°56′23″～28°04′56″，东经108°21′54″～108°28′07″，是县人民政府所在地，东连朗溪镇，南依新寨乡，西接中坝乡，北邻杉树乡，东北与板溪镇接壤。镇人民政府驻城北社区解放东路576号。境内最高峰大圣磴，海拔1337米，最低点小溪沟，海拔450米。印江河由东向西流经县城区，桶溪河由北向南在甲山村汇入印江河。至1992年10月，撤原印江镇和峨岭区建置，新建峨岭镇、新寨乡、中坝乡。峨岭镇辖3个社区居委会，23个村委会，197个村民组。2008年末，全镇总人口6.13万人，其中农业人口3.71万人，非农业人口2.43万人。全镇人口中，以土家族、汉族、苗族为主，土家族3.35万人，苗族0.71万人。全镇有国土面积81.7平方千米，耕地面积1023.07公顷，其中田782.87公顷，土240.2公顷，人均耕地面积273平方米。

交通 1991年，全镇有11个行政村通公路。至2008年，先后新建冯家寨—涂家河坝、马安岭—石凤、西环桥—普同、杉木岭—凯塘等乡村公路，新建贵江大桥、桶溪大桥、甲山钢丝桥。

水利 1988—1989年，国家投资31万元，改造穿城大堰总干渠1002米，整修西干渠和新寨干渠3.9千米，维修甲山河坝和新寨支渠，改善灌溉面积34.67公顷，恢复灌溉面积40.67公顷。1993年10

月，国家补助资金 2.5 万元，群众自筹 1.2 万元，改造渠道防渗 264 米，修建观音沟倒虹管 1 座 1.85 千米，恢复灌溉面积 25 公顷，改善灌溉面积 13.34 公顷。2001—2002 年，国家投资 200 万元实施农业综合开发，整修城郊灌溉工程，其中整修了甲山村小河干渠、气象站干渠、普同村干渠、黔江村排洪渠 1 号和 2 号、冯家寨排洪渠、峨岭村小息场环山渠、杉树沟渠等。2003 年，在甲山、普同村实施农业综合开发项目，国家投资 260 万元：修建机耕道 2 条 1370 米；在甲山村建“稻田生态渔业工程”，鱼塘水面积 5690 平方米，水容积 1.04 万立方米；整修黔江、甲山村防洪堤。

饮水安全工程 2006 年，国家投资 12.81 万元，安装管道 6.54 千米，建集水池 2 座，解决峨岭村 1320 人、318 头牲畜饮用水问题。2007—2008 年，国家投资 25.59 万元，群众投劳折资 3.72 万元，安装管道 6.73 千米，建集水池 2 座容积 8 立方米，建调节池 6 座容积 460 立方米，解决普同村 1200 人、891 头牲畜饮用水问题；国家投资 22.34 万元，地区补助 0.5 万元，群众投劳折资 2.79 万元，安装管道 5024 米，建集水池 2 座容积 8 立方米，建调节池 3 座容积 190 立方米，安装水泵 3 台 17 千瓦、电机 3 台，输电线 310 米，解决江家坡村 575 人、592 头牲畜饮用水问题；国家投资 19.48 万元，群众投劳折资 2.57 万元，安装管道 11088 米，解决黔江村蜂桶岩组 535 人、429 头牲畜饮用水问题；国家投资 4.89 万元，群众投劳折资 1.76 万元，安装管道 2.4 千米，建集水池 1 座容积 2 立方米，建容积为 30 立方米的调节池 1 座，解决甲山村李家边组 195 人、109 头牲畜饮用水问题；国家投资 7.24 万元，投劳折资 4.19 万元，安装水管 3 千米，建容积为 1 立方米的集水池 1 座，建容积为 116 立方米的调节池 2 座，解决幸福村 463 人、398 头牲畜饮用水问题。

电力资源 2008 年年末，有先锋小型水电站 1 座，35 千伏以上变电站 2 座，10 千伏输电线路 7 条 36.68 千米，用电负荷 1.25 万千瓦，年售电量 3350 万千瓦时，综合电压合格率 95.64%，供电可靠率 99.81%。

峨岭镇普同村梯田

通信电视 至 2008 年，全镇有邮政网点 1 处，服务投递点 31 个，镇村通邮率 100%。通信企业 3 家，网点 44 个，互联网端口 2.17 万个，宽带接入用户 1.014 万户。全镇通广播电视，有线电视用户 1.4 万户，覆盖率达 98.0%。

集镇建设 集镇有市场 4 个，赶场人数 5 万人，场期为农历一、六日。其中文昌路农贸市场面积 6600 平方米，西门湾农贸市场面积 6232 平方米，东郊农贸市场面积 500 平方米，察院坝农贸市场面积 4200 平方米。

农业 境内的主要农产品有水稻、玉米、小麦、红苕、洋芋、蔬菜、油菜、烤烟、牛、猪、羊。1993 年，大宗农产品有：粮食产量 8100 吨、玉米产量 500 吨、小麦产量 1300 吨、蔬菜产量 94 吨、油菜籽产量 400 吨、烤烟产量 300 吨。2008 年，粮食产量 1.08 万吨、玉米产量 2200 吨、小麦产量 900 吨、蔬菜产量 9100 吨、油菜籽产量 400 吨。

牧业 1993 年年末，牛存栏数 2200 头，生猪出栏数 8300 头，山羊存栏数 76 只，肉类总产量 700 吨。2008 年年末，牛存栏数 1700 头，生猪存栏数 1.46 万头，山羊存栏数 1500 只，肉类总产量 2100 吨。

林业 2008 年年末，累计造林 1626.67 公顷，其中防护林 1580 公顷，经济林 46.67 公顷，农民住宅四旁植树 15 万株，森林覆盖率 25.1%，活立木蓄积量 9.95 万立方米。

茶业 2008 年年末，有茶园面积 67 公顷，产量 13 吨。

果园 2008 年年末，有果园面积 190 公顷，产量 2200 吨。

教育 1998 年，国家投资 25 万元，新建第六完小教学楼，建筑面积 512 平方米；邵逸夫捐资和国家匹配资金共 1705280 元，新建三中邵逸夫综合大楼，建筑面积 4022 平方米；国家投资 99038 元，修建三中食堂1幢，建筑面积230平方米。1999年，国家投资369457元，修建第三完小综合楼，建筑面积543.77平方米；国家投资80万元，新建四中男女生宿舍楼，建筑面积560平方米。2000年，国家投资13万元，新建贵江小学教学楼，建筑面积260平方米。2002年，国家投资8.9万元，新建凯塘小学教学楼，建筑面积240平方米；国家投资2.4万元，新建第六完小综合楼，建筑面积80平方米。2003年，国家投资48万元，修建第二完小综合楼，建筑面积780平方米。2004年，国家投资170万元，新建第二完小新综合教学楼，建筑面积1350平方米。2005年，国家投资64.078万元，修建三中综合实验楼，建筑面积1350平方米。2007年，香港半岛青商捐资26.8万元，新建大竹小学教学楼，建筑面积601平方米；国家投资90万元，修建四中教学楼，建筑面积2300平方米；国家投资12万元，修建和平小学教学楼，建筑面积280平方米。2008年，香港周松楷捐资16万元，县人民政府配套资金17万元，总计33万元，建设麻柳小学王赛明教学楼，建筑面积453.6平方米；捐资与国家配套资金110万元，新建长坡小学唐治安思源教学楼，建筑面积1359平方米；张洁芳捐资15万元，新建麻柳学点幸福村张洁芳教学楼，建筑面积840平方米。是年，境内有完小17所，教学点2个，在校学生7963人，7～12周岁儿童入学率99.9%，教职工460人；高中103班，有学生数6291人，初中2所47个班，在校学生2790人，13～15周岁少年入学率98.6%。7～12周岁儿童的入学率增长1.4个百分点；13～15周岁少年入学率增长2.1个百分点。

峨岭镇甲山村全景

卫生 1988—1992年，有城关镇卫生院1所，执业医生15人，护士3人。1993年，有凯塘、麻柳、先锋、红光4个管理区卫生所，各卫生所都是民办公助，每月国家补助卫生人员20元。2003—2008年，国家大力发展村级卫生事业，境内有镇卫生院1所，村级卫生室23个，卫生人员29名，私人诊所29个。

2008年，国家投资130.71万元，新建镇计生站综合大楼，建筑面积668.22平方米。新建镇综合文化站，建筑面积300平方米。

1988—2008年印江自治县峨岭镇民营企业统计表

表1—8

企业名称	创建时间（年）	投资金额（万元）	务工人数（人）	年产量	2008年产值（万元）	备注
印江花炮厂	1988	28	80	1.2万件花炮	120	—
峨岭镇纸厂	1988	40	20	4000件纸	80	—
代明窖酒厂	1988	150	4	80吨酒	100	—
印江氯酸钾厂	1990	60	30	200吨氯化钾	100	—
坪兴寨酒厂	1991	100	4	90吨酒	100	—
机械厂酒厂	1993	30	4	40吨酒	30	2004年停产
峨岭村酒厂	1996	20	4	15吨酒	20	—
坪兴寨酒厂	1996	50	4	80吨酒	100	—
印江绿食品有限公司	1998	30	10	23吨食品	150	—
黔江页岩砖厂	1998	150	30	800万块砖	150	—

续表1—8

企业名称	创建时间（年）	投资金额（万元）	务工人数（人）	年产量	2008年产值（万元）	备注
印江红皮脆菜厂	1998	30	18	30吨脆菜	60	—
幸福村酒厂	1999	50	4	40吨酒	60	—
龙洞砂石厂	2001	100	4	3.5万立方米石料	25	—
黔江预制板厂	2001	20	10	7000块预制板	50	—
鑫源牧业有限公司	2002	1200	11	1600吨猪肉	500	—
印江电杆厂	2002	60	6	3000根电杆	100	—
麻柳村酒厂	2003	30	4	40吨酒	50	—
印江巨创装饰材料厂	2004	100	18	—	110	—
印江锦江电杆厂	2004	60	6	3000根电杆	100	—
印江绿源油业有限公司	2004	100	10	350吨菜油	420	—
印江腾飞米业有限公司	2004	150	12	5000吨米	1000	—
燕子阡砂石厂	2004	150	8	5万立方米石料	35	—
印江建发页岩砖厂	2004	120	25	600万块砖	100	—
印江西园预制厂	2004	20	10	7000块预制板	50	—
印江聚丙烯再生塑料厂	2005	20	6	30吨塑料制品	120	—
江城塑料厂	2005	15	6	30吨塑料制品	120	—
甲山标砖厂	2005	30	7	500万块砖	100	—
印江兴隆塑料材厂	2005	30	10	—	300	有产品型号20个
普同星源砖厂	2005	120	30	800万块砖	150	—
贵州黔之牛食品有限公司	2005	200	22	40吨牛肉	500	—
印江罗家院标砖厂	2005	20	10	500万块砖	100	—
印江开方建材厂	2005	100	12	400万块砖	100	—
赵尚初牛肉干厂	2006	50	12	6吨牛肉	100	—
富源编织制品有限公司	2006	120	8	70吨纺织袋	350	—
小溪沟砂石厂	2006	140	6	3万立方米石料	20	—
同心页岩砖厂	2007	120	28	600万块砖	100	—
印江凌江石粉厂	2008	200	40	5万块大理石	250	—
合计	—	4013	533	—	5920	—

景观景点 境内有自然景观牛肝马肺、老鼠抠仓（河缝石壁上形状如牛肝马、老鼠抠仓的岩石）、天下奇观（1996年岩口大滑坡堆体）、乌杨神树；有文物遗址严氏宗祠、文昌阁、武圣宫、依仁书院、西岩寺；有大圣墩体育公园、观音沟湿地公园、文昌公园、农业公园等。

2008年印江自治县峨岭镇社区、村委会、村民组区划情况一览表

表1—9

村（社区、居委会）名称	村民组（街、路）名称	村民组（个）	居委会（个）
城南社区	人民南路、振兴路、县府路	—	1
城中社区	环城路、解放路、人民北路、新村路、江城路、湖南一条街、文昌路、中心街	—	1

续表1－9

村（社区、居委会）名称	村民组（街、路）名称	村民组（个）	居委会（个）
城北社区	解放北路、红卫路、北门路、民生街、前进街、圣墩路、建民路、人民北路（一部分）	—	1
红光	一组、二组、三组、四组、五组、六组、七组、八组、九组、十组、十一组、十二组、十三组、十四组	14	—
甲山	柳家组、中寨口组、新寨组、桥头组、黄巷口组、转角店组、中寨组、下寨组、李家边组、河边组	10	—
黔江	涂家组、杨家组、罗家组、丰桶岩组、胡家沟组	5	—
长坡	官船组、余家组、邢家岩组、廖家组、吴家组、老虎窝组、杨家组、石家组、桃子坪组	9	—
桶溪	一组、二组、三组、四组、五组、六组、七组	7	—
江家坡	一组、二组、三组、四组	4	—
峨岭	一组、二组、三组、四组、五组、六组	6	—
坪兴	一组、二组、三组、四组、五组、六组、七组、八组、九组、十组	10	—
岩底	岩上组、岩下组、冯家组、格坝组	4	—
普同	上寨组、下寨组、中洲组、新校组、白土地组、巨街组、马路沟组、小洞组、燕子阡组、马鞍山组	10	—
同心	琴岭组、王家坟组、天窝组、石风组、椿木组、严家坪组	6	—
麻柳	埃山组、柏树坪组、水井堡组、李家院子组、核桃树组、大水井组、湾里组、陈家湾组、元红坳组	9	—
和平	柳家组、大溪组、楠竹坨组、岩门组、张家湾组	5	—
大竹	田坝组、竹林湾组、袁家组、龙洞湾组、马家组、任家组、谭木林组、大坪组、下塘组、上塘组、新光组、陈家组、流水坳组、白家坟组、吴家组	15	—
丰良	兴河组、任家组、田家组、良一组、良二组、万家沟组、坪万组、枫香嘴组、屋基坪组、坪上组、梅家沟组、腊沟组	12	—
贵江	湾一组、湾二组、河口组、贵凯组、当门组、敖家组、燕子组、两河组、车下组、贵一组、贵二组、六一组、六二组、子上组、子下组、车上组	16	—
龙溪	甲一组、甲二组、邹家组、大寨一组、大寨二组、大土组、干割组	7	—
石灰溪	坡底下组、石灰溪组、蜂桶岩组、大沟组、斑竹林组	5	—
杉木岭	上寨组、中寨组、下寨组、闷大坡组、秦尖组	5	—
桐子坪	坪卷组、泡冬坪组、桐子坪组、柏杨坪组、土地坪组	5	—
大石	乌脉组、龚刀组、罗家坪组、罗家林组、石丫一组、石丫二组、任家湾组、栗子林组、大院坝组、交茄组、板下组、板上组、亚院组、杨家湾组、小龙井组、吴家湾组	16	—
峨岭关	一组、二组、三组、四组、马鬃岭组	5	—
幸福	一组、二组、三组、四组、五组、六组、七组、八组、九组、十组、十一组、十二组	12	—
26	—	197	3

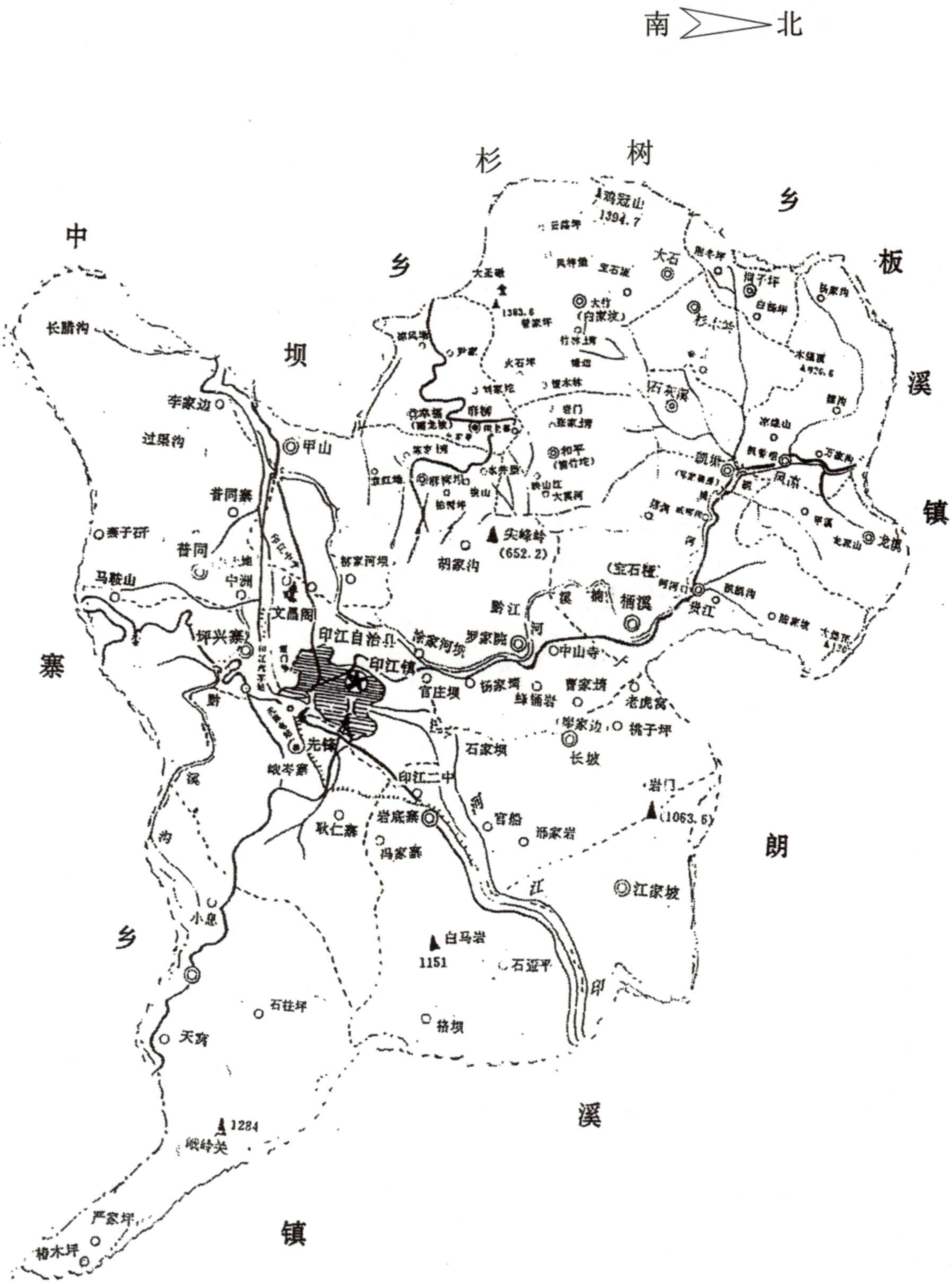
南
北
杉树乡
板溪镇
中坝乡
新寨乡
朗溪镇
鸡冠山
1394.7
大石
大圩
(白家坡)
杉
和平
实峰岭
(652.2)
胡家沟
甲山
李家边
过渠沟
长腊沟
普同寨
普同
马鞍山
中洲
文昌阁
坪兴寨
印江自治县
印江镇
官庄坝
罗家院
中山寺
黔江
河
缠溪
宝石粒
石家坝
长坡
老虎窝
桃子坪
印江二中
岩底寨
耿仁寨
冯家寨
峨岑寨
先锋
岩门
(1063.6)
江家坡
白马岩
1151
石迎平
格坝
石柱坪
天窝
小息
1284
峨岭关
严家坪
椿木坪
龙潭
贵江
凯塘
江
印

峨岭镇示意图

新寨乡

新寨乡人民政府所在地全景（2010 年拍摄）

新寨乡位于印江自治县南部，乡政府所在地离县城 17 千米。地跨北纬 27°47′47″～28°00′08″，东经 108°18′39″～108°25′43″。东与缠溪镇、罗场乡接壤，西南与思南县天桥土家族苗族乡毗邻，西与思南县孙家坝镇、凉水井镇交界，北与峨岭镇相依，乡人民政府驻新寨村。

地貌地形 属喀斯特地貌，地貌发育受岩性制约，在页岩、石灰岩分布地区，溶蚀性强烈，落水洞、竖井、溶洞、溶沟、溶丘、溶芽等岩溶个体处处可见。地形沟壑交错，平地相间，最高峰凯望村刺竹林山，海拔 1238.8 米，最低点龙井村沟边组，海拔 613 米。

气候 属亚热带暖湿气候，其特点是夏季高温多雨，冬季温暖湿润。年平均气温 17℃，年降雨量 1150 毫米，全年无霜期为 270 天。

水文 境内河道属乌江水系。主要河道有五级河雁水河（乐茂江河下游）、凯望河、乐洋河、板山河、大溪沟河 5 条。其中：雁水河，经雁水村、撕栗村，在凯望村两江口与凯望河汇合流入乌江，河上有雁水水电站 1 座；凯望河在驷马河下游，经凯望村、泗塘村、凤和村、龙井村流入乌江，在凯望村建有雷公岩电站 1 座；乐洋河经乐洋村、高峰村流入乌江；板山河经板山村坨寨村民组，流经思南县天桥土家族苗族乡耙都村，进入乌江，在板山河上建有 1 座电站，该电站供板山、晋家等村照明；大溪沟河经上槽村、思南县凉水井镇周家坝、印江自治县中坝乡夫子坝村代家槽组流入印江河，在河上建有黄洋坝电站 1 座，供上槽村群众用电、照明。

矿藏 境内已探明地下矿藏有汞矿、铁矿、重晶石、砂矿。其中，汞矿主要分布在小泽、大云、乐洋 3 个村。

人口面积 2008 年年末，辖区总人口 34279 人，其中农业人口 33632 人，非农业人口 647 人。以土家族、苗族、汉族为主，其中土家族 19270 人，占总人口 56.22%，苗族 7597 人，占总人口 22.16%，汉族及其他民族 7412 人，占总人口 21.62%。

辖区国土面积 196.31 平方千米，耕地面积 1518.94 公顷，其中田 1128.4 公顷，土 390.54 公顷，人均耕地面积 0.68 亩。

交通设施 1994 年 10 月，开工新修乐天公路（乐洋村至思南县天桥乡），全长 5.8 千米，1996 年 10 月竣工。1997 年 10 月，新建凯乐公路，国家投资 40 万元，由群众投工投劳，从凯望经龙塘、泗塘、高峰、凤和、乐洋 5 个村，公路总长 18.8 千米。2000 年 9 月，国家投资 38 万元，新建凯望公路大桥和板山村坨寨大桥。2001 年，国家投资 5 万元，群众投劳新修雁撕公路 8 千米。2007 年，新寨乡被省交通厅列为农村公路“建管养运”一体化建设示范乡，是年扩建新寨至乐洋砂石路，新寨至七岭头油路，新寨至板山坨寨油路，板山至龙井硬化路，小泽至干家砂石路，总里程 204.8 千米，新建新寨客运站 1 座，建候车亭 1 座。到 2008 年年末，全乡 25 个村 1 个农村社区实现客运班线全覆盖。

水利设施 1999—2007 年，国家投资 46.8 万元，解决凯望村自流灌溉工程，团山村烂湾山塘大坝整治，大云村关塘组山塘险情抢修，干家村山塘大坝排险工程，上槽村整修渠道2027米；在大云村实施“稻田生态渔业工程”，修建鱼池67口，排水沟275.36米，栽葡萄983株，投放鱼苗6000尾。

烟水配套工程 2007年，国家投资56.94万元，其中国家补助资金48.42万元，群众投劳折资8.52万元，实施后坝村烟水配套工程，新建总干渠562米，拱暗渠198米，建支渠2686米，建提水站1座，装机7.5千瓦，扬程32.6米，建水池28口容积2400立方米，安管道3500米，整修山塘1口，增加水容积2350立方米，修拦山沟128米，灌溉面积23公顷。国家投资76.24万元实施团山村烟水工程，整修塘坝3座，容积2.23万立方米，修沟渠2条1010米，建水池7口，容积1730立方米，安管网1条8310米，受益面积52.67公顷。

饮水工程 1998年2月，国家投资47.25万元，群众集资5万元，投劳折资6万元，建设新寨、大云、小云、干家、板山5个村及8个机关（学校）单位4760人和2419头牲畜饮用水工程。2006—2008年，总投资139.52万元，其中国家补助资金135万元，群众自筹资金4.52万元，在杉木山新建水厂1座，2500平方米，管理房150平方米，架设高压输电线路400米，解决陈家沟片区、凤和、凯望、高峰、上槽、新寨5个村7602人、2982头牧畜饮水问题。

电力资源 1995年，群众集资15万元，乡财政下拨部分资金，雁水电站建设凯望—龙塘—泗塘—凤和—高峰—乐洋高压输电线路，5个村用上电能。1996年乡政府出资5000元，建设板山村到李家村民组高压输电线路。2008年年末，有雁水、雷公岩2座小型电站，10千伏安高压输电线路1条122.77千米，年售电量99.55万千瓦时，综合电压合格率94.25%，供电可靠率99.55%。全乡26村284个村民组都用上电能。

集镇建设 1995年3月，乡政府总投资37.5万元，扩建街道及硬化路面长300米，宽15米，计4500平方米。2000—2008年，国家投资26万元，新建土管所办公楼；国家投资11万元，新建284平方米的农经站办公楼；国家投资6万元，乡人民政府补助3万元，建成法庭办公楼；平整集镇面积3.6万平方米；有农贸市场2个。

新农村建设 大云村距县城6.5千米，铜遵公路304省线穿境而过，具有较好的人文、地理、自然条件。2004年，县委、县政府决定，在大云村建设社会主义新农村示范点，以“四在农家”创建活动为载体、以美在农家为切入点开展创建活动，县扶贫办、农办、交通局、农业局、畜牧局等部门投入资金50万元，乡人民政府投资12.1万元，农民投工3000余个。到2005年年初，全村实施通组公路5条2.11千米，硬化联户路1.59千米，修建5条排水渠（三面硬化）3.2千米；按“一池三建”（一池指沼气池，三建指建干平猪圈、建灶房、建卫生间）要求，全村29户农户实现人畜分离，节能卫生；对60户45栋房屋进行民风民味改造维修。2008年，大云社区新农村建设以“发展生产、生活宽裕、乡风文明、村容整洁、民主管理”二十字方针为指导思想，统一按土家族风格改造维修房屋，全年全村共维修改造住房103幢、新建楼房17幢、硬化通组公路1.1千米。

通信电视 至2008年，有邮政网点1处，邮政服务投递点7个，乡村通邮率100%。通信企业3家，网点7个。村村通广播电视，覆盖率达93%。

农业 全乡主要农产品有水稻、玉米、小麦、红薯、马铃薯、蔬菜、烤烟、油菜。1993年，粮食总产量9500吨，其中水稻产量4500吨，蔬菜300吨，小麦1100吨，油菜籽500吨，烤烟1100吨。2008年，粮食总产量1.6万吨，其中水稻产量7500吨，蔬菜产量6600吨，烤烟产量500吨，油菜籽产量800吨。

牧业 1993年年末，牛存栏1600头，山羊存栏300只，生猪出栏9500头，肉类总产量800吨。1997年3月，国家投入小额扶贫贷款5.2万元，在小云村建立瘦肉型生猪基地。1998年11月，黔溪村阳坡3个村民组，15头牛发生“强阳性口型口蹄疫”（又称5号病），全部烧毁埋葬，截断病菌传播。2001—2004年，在后坝村建“牛改冻配点”，在大云村冉家组建1座养猪场，养猪182头，全乡饲养10头以上的生猪有1389户。2007年3月，对外招商引资，在小云村柿坪组建梅花鹿养殖场1

座。2008 年 4 月，印江县对外招商引资，在小云村大堰组建野猪养殖场。2008 年年末，牛存栏 3700 头、生猪存栏 1.91 万头、山羊存栏 2900 只，肉类总产量 2600 吨。

林业 2002—2005 年，大云村荒山造林 53.33 公顷，高峰村造林 26.67 公顷，全乡栽植柏杨 306.33 公顷，退耕还林 140 公顷。至 2008 年，累计造林 4173.33 公顷，其中防护林 4153.33 公顷、经济林 20 公顷，森林覆盖率达 43.73%，活立木蓄积量 25.87 万立方米。

新寨乡凯望温泉

茶业 1988 年年底，后坝村有茶园面积 5.67 公顷，新寨农业中学有茶园面积 4 公顷。1993—1994 年，由中国农业科学院茶业研究所专家杨锁森指导，在善都、新寨、团山、后坝、小云、上槽、新寨农中，共垦植示范茶园 20.87 公顷。示范茶园要求深挖 0.8 米，每亩施牛粪 5000 千克、菜油粑 500 千克，磷肥 300 千克。茶园四周植杉树、柏树，并建成无性系（栽茶苗）良种茶繁育苗圃园 6.67 公顷。

1995 年 1 月，新寨乡人民政府贷款 15 万元，开工建设 2165 平方米的茶叶加工房 1 幢，1997 年 3 月竣工投产。1996 年 9 月，贵州省省长吴亦侠到新寨茶场调研。2000 年 3 月，后坝村黄家组垦植茶园 1.87 公顷。至 2008 年，全年共建设茶园面积 337 公顷，茶叶产量 38 吨。

教育 1993—1995 年，台湾爱心人士李志仁捐助新寨小学建成 85 平方米的“志仁图书馆”。获世行贷款 25 万元，群众投劳新建团山小学教学楼 1 幢。1996 年，经县人民政府批准，同意撤销新寨初级中学，合并到新寨农业中学。1998 年 9 月，经县人民政府批准，撤销新寨乡农场初级中学。1999 年，国家投资 24.4 万元，修建新寨小学教学楼，建筑面积 679.4 平方米。2000 年 9 月，经县人民政府批准，撤销善都村初级小学，师生合并到新寨小学。团山、干家、卷子、泗塘、大云、黔溪、高峰村完小改为初级小学。2001—2007 年，国家投资 44.4 万元，建农场小学教学楼，建筑面积 1299.6 平方米；国家投资 38.5 万元，建农中综合楼，建筑面积 909.24 平方米；国家投资 20.9 万元，建大塘小学教学楼，建筑面积 370.8 平方米；国家投资 29.1 万元，建凯望小学教学楼，建筑面积 811 平方米；国家投资 15.9 万元，建高峰小学教学楼，建筑面积 363 平方米；国家投资 14.4 万元，建茶元小学教学楼，建筑面积 274 平方米；国家投资 52.3 万元，建新寨农业中学学生宿舍楼，建筑面积 1117 平方米。2008 年，全乡有完小 12 间，教学点 10 个，在校学生总人数 3241 人，7～12 周岁入学率达 99.6%。有教职工 177 人，初级中学 1 所 20 个班，在校学生 1107 人，13～15 周岁入学率为 96.2%。与 2001 年相比，7～12 周岁入学率增长 1.2 个百分点；13～15 周岁入学率增长 6.9 个百分点。

卫生 2008 年，全乡有新寨乡和凯望村 2 所乡级卫生院，有村级卫生室 25 所，共有床位 36 张。有专业卫生人员 19 人，其中执业医师 6 人、执业助理医师 3 人、护士 3 人。

乡镇企业 1988—2008 年年末，全乡有砂厂 18 个、水泥砖厂 3 个、水泥制管厂 1 个、酒厂 2 个、茶场 2 个、石厂 2 个、电站 1 座，总产值 5850 万元。

文化旅游景点 境内旅游景点有黔溪村阳坡严寅亮故居，泗塘村温塘组凯望河南岸男温泉、北岸女温泉，有清代古建筑汪家沟文昌阁、汪家沟共济桥、乐洋惜字水府塔、乐洋张氏宗祠、乐洋大兴寺等。

行政区域变更 1992 年 10 月，在并建撤中，撤销原有的新寨乡、农场乡、凯望乡、大塘乡，合并建立新寨乡（乡科级），乡人民政府驻地在新寨村，辖：原新寨乡的团山、新寨、善都、干家沟、茶园、雁水、撕栗、新坪、卷子 9 个村，原农场乡的小云半、大云半、上槽、后坝、小泽、黔溪 6 个村，原凯望乡的凯望、龙塘、泗塘、凤和、高峰、乐洋 6 个村（枫香坪村划入缠溪镇），原大塘乡的板山、陈家湾、晋家、旦坡、龙井 5 个村。

2008 年新寨乡村委会（农村社区）、村民组区划情况一览表

表 1—10

村（社区、居委会）名称	村民组（街、路）名称	村民组（个）
小泽村	刘家组、罗群组、张家组、石桥组、张边组、何家组、谭下组、谭上组、杜家组、余家组、勾上组、勾下组、李家组、王家组、丁家组	15
大云社区	关一组、关二组、关三组、岩口组、陈家组、下寨组、何一组、何二组、张家组、杨一组、杨二组、肖家组、冉家组、邹家组	14
黔溪村	安家组、宋家组、林边组、中寨组、汪家组、文家组、大坨组、半边组、岭边组、孟家组、渠佐组、下寨组、刘家组、代家组、张上组、张下组、严家组、阳坡组、阳光组、石上组、石下组、石土地	22
上槽村	黄一组、黄二组、黄阳组、黔林组、岩门组、上槽组、杨家组、下溪组、九一组、九二组、上溪组、大溪组、丰一组、丰二组、周家坝组	15
后坝村	杨家组、老林组、黄家组、代家组、田家组、后坝组、徐一组、徐二组、饶家组、白水组	10
小云村	王家组、邹家组、中寨组、铺子组、石家组、严一组、严二组、柿坪组、新田组、下坝组、大堰组、李家组、蒋家组	13
团山村	王家组、团山组、饶家组、何家组、和平组、孙家组、小沟组、葫芦堡组、邹家组、肖家组、	10
新寨村	岩下组、代家组、南坪组、坪上组、水井湾组、木匠行组、新寨组、田坎组、罗家组、新街组、杨柳山组、杨家组	12
善都村	邹家湾组、龙井沟组、上堰组、干菜湾组、大寨组、下水沟组、上水沟组、中寨组、中堰组、小寨组	10
干家村	干一组、干二组、干三组	3
茶园村	山坪组、水朗溪组、冬瓜岭组、雷家组、李家组、碗家坳组、下茶园组、上茶园组、长田坎组、棕树湾组、大柏树组	11
雁水村	锡家沟组、茶坨组、梨树坨组、六井沟组、屋门前组、八宝洞组、大田坝组、上铺子组、大元子组、大河平组、陶瓷厂组	11
卷子村	大梨树组、卷二组、中龙洞组、岭岗上组、下龙洞组、枇杷树组、茅草坪组、上龙洞组、卷一组、何家湾组	10
新坪村	老仙坳组、祠堂边组、水井湾组、田家屋基组、上寨组、下寨组、朝里组、斗篷山组、高家山组、七岭头组、老鹰岩组、黄泥塘组	12
撕栗村	中白岩组、换香岭组、核桃坪组、栗子坡组、上白岩组、旋风顶组、下白岩组、大土组、姜家组	9
凯望村	茶林组、瓦厂组、湾里组、木林组、长安组、中寨组、花园组、山元组、四房组、河坎组、坨里组、大桥组、田坝组、刘吉坳组	14
泗塘村	周上组、周下组、清水坡组、榜上组、杨家组、花台组、屋基组、南山组、南家组、温塘组	10
龙塘村	岩下组、龙塘组、孙湾组、水井湾组、严家组、田湾组、沟里组	7
高峰村	长沟组、溪林组、高林组、岭边组、高山组、马汉林组、中寨组、胡家组、上岩组、岩口组	10
凤和村	和平组、中寨组、凤和组、张家组、先进组、凤午组、乌岩组、柿坪组、中坳组、凤别组、新坪组、凤坪组、凉井组、湾里组	14
乐洋村	关武组、毛坡组、大土组、大坪组、中坳组、中坝组、大湾组、后湾组、核桃坪组、寨上组、砂厂组、染行组、高坡组、官厅组、凤棚组、干溪组、坪上组	17

续表1—10

村（社区、居委会）名称	村民组（街、路）名称	村民组（个）
板山村	胜利组、新房子组、下寨组、上寨组、汪家组、马家组、石头坪组、中山组、岩咀组、坨寨组、李家组	11
陈家村	高峰组、大田咀组、陈家组、湾里组、红坡组	5
晋家村	罗家组、红星组、下寨组、新田沟组、客店沟组、薛家组	6
旦坡村	大土组、旦上组、旦下组、大青组、小湾组、大坪组、桅杆组、李家山组	8
龙井村	白腊组、肖家组、河边组、龙井组、沟边组	5
26	—	284

新寨乡示意图

中坝乡

一、 地理环境

地理位置 地处北纬27°59′36″～28°07′29″，东经108°18′35″～108°24′40″。位于县境西部，东与峨岭镇接壤，南与思南县凉水井镇交界，西与德江县潮砥镇毗邻，北与杉树乡相连，乡人民政府设在中坝村。

中坝乡人民政府所在地全景（2010年拍摄）

地貌地形 全乡处于县城西部至西北部低中山斜坡地带，东北高，西南低，以山地为主，地形呈带状隆起，山体南北走向，坡度陡缓不等，最低度为30度，最高达70度。出露岩层多为泥灰岩、灰岩、砂质页岩、白云岩，由于受外力因素的作用和影响，加之长期的流水冲刷和风化，是典型的山地地貌。境内最高峰鸡冠山，海拔1359米，最低点两河口，海拔377米。

气候 属亚热带温暖湿润季风气候，年平均气温17℃，1月平均气温5.5℃，7月平均气温27℃，境内降水量充沛，年平均降雨量1050毫米，全年日照数1340小时，全年无霜期为270天。

水文 境内河流属乌江水系，主要河道有三级河印江河，长16千米；四级河冷水河及五级河孟溪河、六井溪河，总长33.8千米。最大河流为印江河，从东至西流经中坝村、大田村，流域面积58.4平方千米，年均流量24立方米/秒。冷水河发源于沿河县后槽，流经德江县枫香溪镇，入印江自治县杉树乡的黄土村、新宅村和大罗村，经中坝乡大田村至龙门口入印江河；六井溪河，发源于沿河自治县张家，流经沿河县白沙溪和印江自治县沙子坡镇、杉树乡，后流入中坝乡罗星村、堰塘村，汇入冷水河，再注入印江河，全长25.8千米。在冷水河上建有大田电站1座，解决大田村群众用电及照明。

自然灾害 主要自然灾害有旱涝、低温、连绵阴雨、冰雹地质灾害等，地质灾害中，大型滑坡3次，中型滑坡4次。2000年，土岩村发生滑坡，有282间房屋受损，321人受灾。

矿藏 境内已探明的地下矿藏有铁矿、重晶石、硫铁矿、方解石。其中铁矿储量42.1万吨，分布在皮家山一带；重晶石储量约23.46万吨，分布在土黄、官家一带；硫铁矿储量为2.5万吨，分布在玉屏鸡冠山一带；方解石分布在蔓庖村。

人口面积 2008年年末，辖区总人口17948人，其中：农业人口17586人，非农业人口362人。在总人口中，以土家族、苗族、汉族为主，土家族10809人，占总人口中60.22%，苗族1726人，占总人口9.62%，汉族及其他少数民族5413人，占总人口30.16%。

全乡国土面积67.29平方千米，总耕地面积642公顷，其中田337公顷、土305公顷，农民人均耕地0.56亩。

交通 1992年前，境内仅有印（江）德（江）公路经过中坝、大田、堰塘3个村，中坝至蔓庖村级公路1条，甲山至魏家寨村公路1条，全乡有5个村通公路。1993年11月，国家以工代赈解决爆炸物资，群众投工投劳，修通龙家坝经富华至陈香村乡村公路7千米；2003年，国家投资4.6万元，维修改造龙家坝至陈香村乡村公路6千米。2008年，国家投资32.5万元，新建魏家寨至杨家坪乡村公路5千米；国家投资32.5万元，新建岩脚至双龟乡村公路5千米。至2008年，全乡有17个村通公路，仅官家村未通公路。

水利 2005年，国家投资68万元，在堰塘村新建小水池64口，容量共2220立方米，小山塘4口，容积2.18万立方米，修拦山沟1.5千米，新增旱地灌溉面积14公顷。2005年，国家投资62.248万元，维修山塘6座，容积3.03万立方米，沟渠2条2000米，新建水池85口，容积3290立方米，管网长1700米，解决大田村31.53公顷、堰塘村48.2公顷烤烟田灌溉问题。

饮水安全工程 2004年7月，国家投资15.78万元，群众投工投劳，解决官家、杨家坪2个村1277人、1124头牲畜饮用水问题。2006年6月，国家投资9万元，群众投工投劳，解决虹穴、官家、陈香3个村280人、205头牲畜饮用水问题。2008年，投入资金24.36万元，其中国家补贴资金21.34万元，群众投劳折资3.02万元，解决富华村897人、751头牲畜饮用水问题。

电力资源 2008年年末，境内有10千伏输电线路1条，总长度42.78千米，用电负荷330千瓦。年售电量为180万千瓦时，全乡人民都用上电能。有大田、堰塘两个小水电站。

集镇建设 2000年9月，国家投资25万元，新建农经站综合楼1幢。2004年11月，国家投资26万元，易地扶贫搬迁30户，占地8000平方米。2006年11月，省纪委扶贫30万元，硬化街道3000平方米。2006年，国家投资24万元建综合文化站300平方米。

通信电视 至2008年，有邮政网点1处，邮政服务投递点4个，乡村通邮率100%。有通信企业3家、网点19个。村村通广播电视，覆盖率达77%。

农业 境内主要农产品有水稻、玉米、小麦、红薯、马铃薯、大豆、高粱、蔬菜、烤烟、油菜。1993年，粮食总产量1300吨（其中水稻产量1100吨），大豆产量12吨，蔬菜200吨，烤烟产量300吨，油菜籽产量200吨。2008年，粮食总产量5300吨（其中水稻产量1100吨），大豆80吨，蔬菜产量3700吨，烤烟产量300吨，油菜籽产量200吨。

牧业 1993年年末，牛存栏2100头、生猪出栏4100头、山羊存栏600只，肉类总产量400吨。1994年，引进1头苏白公猪，苏白公猪在土黄村，进行人工授精配种取得成功；1998年引进4头苏白公猪，分别投入在堰塘、大田、大坑、中坝4个村；2001年引进3头大约克公猪，投入在大田、小河、富华开展二元杂交；2002年中坝乡建立1个波尔山羊鲜配点；2003年建立冻配点，主要的冻精有西门塔尔、红安格斯、皮埃蒙特、摩拉水牛、波尔山羊；引进家禽品种有贵农黄鸡、来航鸡、莱茵鹅、四川白鹅等。到2008年，全乡共投放苏白公猪12头、母猪50头，投放大约克公猪6头，并建立2个人工授精点。2008年年末，牛存栏数1530头，生猪存栏数7600头，山羊存栏数2100只，肉类总产量1000吨。

蔬菜 境内的夫子坝村、中坝村坐落在印江河下游南北两岸，沙壤田土适宜蔬菜种植，特别是白萝卜、红萝卜以脆而甜出名，畅销县城和德江县、思南县等邻近地区。2001年，蔬菜种植面积143公顷，总产量3700吨。2008年，蔬菜种植面积183公顷，总产量3800吨。

林业 1988年，退伍军人杨正军带领200个村民，在杨家坪村新垦荒山88.67公顷，栽华山松，点播马尾松，建起“杨家坪联户林场”。林场先后被铜仁地区行署评为“优秀乡村林场”，被团中央、全国绿化委、林业部授予“全国青年绿化祖国突击队”称号，被团省委、省绿化委、省林业厅评为“全省青年绿化祖国突击队”。在杨家坪林场的带动下，邻近的魏家、土岩、双龟村相继种植中药材，推动了全乡林业发展。

1993年，造林354.33公顷。其中经济林322.67公顷（油桐162.67公顷、乌桕141.67公顷、黄柏12公顷、茶叶6.73公顷），其他造林（四旁植树）31.67公顷，封山育林新增241公顷。1994年，完成造林134.27公顷，其中经济林48.13公顷、用材林86.13公顷；新增封山育林182.47公顷、苗圃1.67公顷。1995年，造林113.51公顷，新增封山育林206.67公顷、林场育杜仲苗1亩。1997—1998年，完成造林任务244公顷、用材林（杨树）177.33公顷、经济林杜仲53.33公顷、银杏13.33公顷，封山育林200公顷。1999年，完成县政府下达的50公顷造林任务，其中用材林（杨树）33.33公顷、经济林16.66公顷；封山育林200公顷。2000—2003年，造林191.16公顷，其中用材林 33.33 公顷、退耕还林 136.43 公顷。2001 年，实施完成退耕还林 67.44 公顷、生态林 63.07 公顷，树种为椿、杉、杨混交；完成经济林造林 66.70 公顷，树种为柑橘，分布于中坝、小河、夫子坝、蔓庖村。2003 年，实施退耕还林 66.70 公顷，其中生态林 60.63 公顷、经济林（橙）6.07 公顷，分布在大田、堰塘、天池 3 个村，实行“退耕还林，封山绿化，以粮代赈，个体承包”的政策措施。至 2003 年，国家在中坝乡退耕还林投资达 10.23 万元，退耕还林累计兑现粮食 92.07 万千克。至 2008 年，全乡中药材种植面积达到 160 公顷，其中黄柏 12 公顷、杜仲 53.33 公顷、天麻 48 公顷、丹参 46.67 公顷。

中坝乡两河口大桥

茶业 1993—2004 年，垦植茶园 26.67 公顷，茶叶产量 5 吨；2005—2007 年，垦植茶园 33.33 公顷，茶叶产量 37 吨；至 2008 年，茶园面积 133.33 公顷，茶叶产量 37 吨。

果园 1993 年前，农户分散栽植果树，年产量 5 吨。至 2008 年，有果园面积 15 公顷，产量 200 吨。

教育 中坝乡是 1992 年“建并撤”中新组建的乡，在教育基础建设上，国家投入较大。

1998 年，国家投资 25 万元，新建堰塘小学义教工程教学楼，建筑面积 430 平方米；投资 60 万元，修建大田小学义教工程教学楼，建筑面积 660 平方米。

2001—2004 年，国家投资 250 万元，新建官家小学扶贫工程教学楼，建筑面积 560 平方米；国家投资 190 万元，修建中坝乡九年一贯制学校实验楼，建筑面积 960 平方米。投资 30 万元，修建玉屏小学义教工程教学楼，建筑面积 1500 平方米。

2005—2008 年，国家投资 80 万元，新建中坝九年一贯制学校教学楼，建筑面积 970 平方米；投资 120 万元，堰塘小学综合楼危房改造实施，建筑面积 820 平方米；省投入扶贫工程资金 13 万元，修建富华、蔓庖、天池、陈香、罗星、土岩、夫子坝、土黄等学校教学楼，建筑面积 1200 平方米。

1998 年，全乡有完全小学 6 间，初级小学 4 间，7 个教学点，在校学生 1918 人，7～12 周岁入学率 96.2%，教职工 86 人。初级中学 1 间 6 个班，在校学生 358 人，13～15 周岁入学率 53.6%。

2008 年，全乡有完全小学 6 所，教学点 9 个，在校学生 1582 人；7～12 周岁入学率 99.8%，教职工数 104 人；初级中学 1 所，10 班，在校学生 542 人，13～15 周岁入学率 95.9%。

与 2001 年相比，2008 年，7～12 周岁入学率增长 3.6 个百分点，13～15 周岁入学率增长 42.3 个百分点。

卫生 2008 年年末，有乡卫生院 1 所，村级卫生室 16 间，床位 14 张。有专业卫生员 12 人，其中执业医师 6 人，执业助理 5 人，护士 1 人。

文化旅游景点 境内有大圣磩、美女跳崖、金盆滴水、八宝洞、大田大峡谷、杨家坪红军战斗遗址，还有杨家坪村傩戏班旅游资源。

行政区域变更 1992 年 10 月，在“建并撤”中，根据县人民政府转发《铜仁行署关于转发（贵州省人民政府关于印江土家族苗族自治县建镇并乡撤区行政区域变更的批复）的通知》的通知，撤销中坝乡、玉屏乡，合并建中坝乡（乡科级）。中坝乡人民政府驻地中坝村，辖原中坝乡的中坝、夫子坝、小河、大田、堰塘、陈香、富华、蔓庖、大坑、天池 10 个村和原玉屏乡的魏家寨、土岩、双龟、土黄坝、虹穴、罗星、杨家坪、官家 8 个村。中坝乡机构设中共中坝乡委员会、中共中坝乡纪律检查委员会、中坝乡人大主席团、中坝乡人民政府、中坝乡政协联络组、中坝乡武装部、共青团中坝乡委员会、中坝乡妇女联合会。下设党委办公室、政府办公室、劳动人事办公室、经济科技办公室、社会治安综合治理办公室、文教卫生股、民政民族福利股、计划生育股、计划生育站、乡镇企业管理站、土管所、派出所、司法所、乡法庭、教育办公室、农经站、畜牧站、林业站、水利站、烟草站、邮电所、信用社、医院、文化广播电视站。

2008 年，全乡有 18 个村，147 个村民组。

2008 年中坝乡村委会、村民组区划情况一览表

表 1—11

村（社区、居委会）名称	村民组（街、路）名称	村民组（个）
中坝村	龙上组、龙下组、中上组、中下组、苦竹园组、千层石组、棉花土组、五家组、伍家槽组、燕子岩组	10
小河村	易上组、易下组、土地湾组、欧家湾组、纪家坡组、安上组、安下组	7
夫子坝村	坝上组、仓一组、仓二组、杨一组、杨二组、沟里组、石院坝组、思坳组、榨油房组、榜上组、郑家湾组、水德池组、岩口组、坡上头组、三阳店组、辣子湾组、龙门沟组	17
大田村	喻一组、喻二组、灯盏水组、涂家组、沙坝组、塘上组、大龙组、大湾组、铺子槽组、坨里组、大园子组、洞岩组、干溪组	13
堰塘村	堰上一组、堰上二组、堰下一组、堰下二组、柏杨坪组、河坡组、中间组、立冲组、生基坪组、皮家山组、转堡组、岩型组	12
罗星村	罗上组、罗下组、王家组、栏上组、栏下组、长岗组、小槽组	7
虹穴村	上寨组、松树岭组、枫香岭组、中间组、环头岭组、水井堡组、宋家沟组、栗子坡组	8
陈香村	坪上组、坎上组、坎下组、湾里组、坨里组、龙洞湾组	6
富华村	岩一组、岩二组、殷家组、湾里组、坨里组、大坪组、环路组	7
蔓庖村	大坡组、堡上组、湾里组、门前坨组、黄泥坳组	5
大坑村	环路组、陈一组、陈二组、陈三组、李上组、李下组	6
天池村	一组、二组、三组、四组	4
土黄村	熊一组、熊二组、孟金组、平顺组、石洞坨组	5
官家村	八一组、八二组、八三组、湾里组、坨里组、小湾组、柏木林组、台一组、台二组、孟家组、黄泥嘴组	11
杨家坪村	杨一组、杨二组、前一组、前二组、凉桥组、环头坪组、马家坳组、张家组、塘沟组、烂上组、烂下组	11
魏家村	青一组、青二组、枫香堡组、石窖组、栗子湾组、苏家岭组、卢上组、卢下组	8
土岩村	一组、二组、三组、四组、五组、六组	6
双龟村	杉木林组、厂湾组、大潮湾组、双龟组	4
18	—	147

中坝乡示意图

板溪镇

板溪镇位于北纬 28°02′39″～28°10′52″，东经 108°25′57″～108°33′00″。地处县境北部，东连合水镇，南依朗溪镇，西南与峨岭镇接壤，西北与杉树乡毗邻，北与沙子坡镇相连，东北与天堂镇相接。镇人民政府驻板溪村，距县城 16 千米。

地貌地形 属典型的喀斯特地貌。在碳酸盐岩分布区，溶蚀作用强烈，漏斗、落水洞、竖井、暗河、天窗、溶洞、溶洼、溶沟、溶芽、溶柱等，到处可见。境内最高峰勤丰岩，海拔 1334.4 米，最低点坪底村河坝，海拔 522 米。

气候 属亚热带暖湿季风性气候，其特点是夏季高温多雨，冬季温暖湿润。年平均气温 16.2℃，年平均降雨量 1050 毫米，无霜期年平均 280 天。

水文 境内河道属乌江水系，有三级河车家河（境内称板溪河，属车家河上游段），由南向北流经板溪、上洞、下洞、坪底等村，流入天堂镇境内，长 14 千米。另有毛寨河等 12 条支流，流域面积 26.3 平方千米。

自然灾害 主要自然灾害有旱涝、低温、连阴雨、冰雹和地质灾害等。2004 年 6 月 23 日，降雨量195.4毫米，板溪集镇淹没，水深0.8～2米，坪底大桥高8米，洪水从桥面翻过。

人口面积 2008年年末，辖区总人口35392人，农业人口34136人，非农业人口1256人。在总人口中，以土家族、苗族、汉族为主，土家族20102人，占总人口56.8%，苗族5663人，占总人口的16%，汉族及其他民族9627人，占总人口占27.2%。

全镇国土总面积104.1平方千米，总耕地面积1438公顷，其中田904公顷、土534公顷，农民人均耕地面积0.63亩。

板溪镇人民政府是原板溪区公所所在地，基础设施较完善。

交通 1988—1992年，有印（江）沿（河）公路、印（江）秀（山）公路过境，乡村公路有板（溪）毛（寨）公路、老寨公路，通村公路率53.3%。1993年，争取国家补助资金3万元，群众集资投劳，修建了王家至台旺乡村公路8千米；省交通厅投资10万元，台胞王鼎臣、吴学篪各捐资2万元，修建至井溪公路的百鸽桥。1997年，地区、县补助资金3万元，群众投劳，修通黎坪乡村公路3.5千米。1999年，国家投入资金7万元，博士吴学超捐资4万元，修建小毛寨乡村公路6.5千米。2002—2003年，国家投入扶贫资金18万元，镇政府出资5万元，修通勤丰乡村公路10.8千米。2008年，国家投资58.5万元，新建平庄至渠沟乡村公路9千米；国家投入资金78万元，新建青杠岭至柿坪乡村公路12千米；国家投资91万元，新建井溪至石塘乡村公路14千米。至2008年，全镇30个行政村，村村通公路，客运总量达13.5万人次，货运周转量达46.3万吨。

水利 2006年，国家投资139.3万元，建设板溪防洪堤684米，保护土地33.33公顷，保护人口3000人。2007年，国家投资53.9万元，实施勤丰村烟水工程，建沟渠4条390米，管网1条3800米，受益面积29.47公顷。

饮水安全工程 2007年，国家投资18.46万元，其中国家补助资金14.23万元，群众投劳折资4.23万元，安装管道5.49千米，建集水池1座，容积1立方米，建调节池1座，容积60立方米，解决井溪村653人、589头牲畜饮用水问题。2008年，国家投资28.36万元，安装管道13.65千米，建集水池5座，容积5立方米，建调节池4座，容积190立方米，解决坪底村1088人、989头牲畜饮用水问题。国家投资22.53万元，安装管道5.52千米，建集水池1座，容积1立方米，建调节池1座，容积180立方米，解决毛寨村866人、708头牲畜饮用水问题。国家投资30.43万元，其中国家补助资金27.18万元，群众投劳折资3.25万元，安装管道11.4千米，建集水池3座，容积3立方米，建调节池8座，容积190立方米，解决联合村989人、865头牲畜饮用水问题。

集镇建设 镇区面积原为16.8公顷，有2个农贸市场：板溪农贸市场，占地2800平方米，场期为农历三、八日，赶集人流量约1.3万人次；毛寨农贸市场，占地800平方米，场期为农历二、七日，每场赶场人数约2500人次。1998年，板溪镇被省人民政府定为“百个小城镇”建设示范镇，投资23.1万元建成一座4000平方米的商贸市场。2002年，镇人民政府规划龙潮小区建设，并报省人民政府批准，小区总面积达3.66万平方米，建筑面积10381平方米，绿化面积6588平方米，停车场面积3500平方米，商场面积4462平方米，总投资额达1500万元，一期工程建设4栋20单元商品房，面积1720平方米。2003年，龙潮小区二期工程建设10栋50单元商品房，面积4800平方米；投资16万元修建了龙翔桥；完成土地平整，学府大道竣工；投资70万元硬化街道800米，安装街道路灯。至2008年年末，集镇道路总长4千米，人均拥有道路2.23米；道路铺装面积0.01平方千米，人均拥有道路面积17.88平方米。

1997年，投资40万元改扩建板溪镇人民政府办公楼。2002年，国家投资建造镇计划生育服务楼。2008年建造综合文化站。

通信电视 至2008年，有邮政网点1处（含杉树乡），邮政服务投递点17个，乡村通邮率100%。通信企业3家，网点33个。村村通广播电视，覆盖率达98%。

电力资源 2008年年末，有高压输电线路1条47.272千米，年售电量累计完成639万千瓦时，供电可靠率 99.79%。

农牧业 镇内农产品主要有水稻、玉米、小麦、马铃薯、红薯、油菜、烤烟、牛、猪、山羊。1993 年，板溪镇围绕“粮烟上、人口控、经济活、风气好”的指导思想，全年播种粮食面积 2743 公顷，总产量达 1.44 万吨；播种油菜面积 300 公顷，总产量达 400 吨；播种烤烟面积 312.67 公顷，产量达 500 吨；生猪年末存栏 1.41 万头，牛年末存栏 4200 头，羊年末存栏 900 只，家禽 6600 只，肉类总产量 700 吨；种植油桐 7666.67 公顷，柑橘 5 万株，沙田柚 1.5 万株，完成财政收入 110 万元。1999 年，粮食播种面积 2890 公顷，总产量为 1.23 万吨，人均有粮 401 千克；油菜播种面积 530 公顷，总产量为 1100 吨；播种烤烟 95 公顷，总产量 300 吨；生猪年末存栏数 1.72 万头，出栏 1.15 万头；牛年末存栏数 5400 头，肉总产量为 1200 吨。1999 年，工农业总产值为 5378 万元，财政税收 141.41 万元，人均纯收入 1221 元。2008 年，粮食播种面积 3248.33 公顷，总产量为 1.16 万吨，人均占有粮食 359 千克；播种油菜面积 533 公顷，总产量为 9000 吨，播种烤烟 67 公顷，产量 130 吨；生猪年末存栏 1.96 万头，出栏 1.59 万头；牛年末存栏 0.77 万头，肉类总产量 0.17 万吨。全年实现工农总产值 8946 万元，完成财政收入 138.29 万元，人均纯收入 1370 元，人均存款 545 元。

林业 至 2008 年年末，累计造林 1426.67 公顷，其中防护林 1380 公顷，经济林 46.67 公顷，农民住宅四旁树木 14.8 万株，森林覆盖率 23.7%，活立木积量 16.44 万立方米。

茶业 1988—2002 年年末，有茶园面积 6.67 公顷，茶叶产量 6 吨。2003—2005 年年末，有茶园面积 46.67 公顷，茶叶产量 86 吨。至 2008 年年末，有茶园面积 332 公顷，茶叶产量 88 吨。

果园 1993 年，群众在房屋周围栽果树，没有果园，水果产量 63 吨。2001 年年末，有果园面积 208 公顷，水果产量 300 吨。2008 年年末，有果园面积 251 公顷，水果产量 500 吨。

招商引资 2007 年，引进四川籍外商，投资 120 万元新建江峰页岩砖厂，年产标砖 1200 万块。引进铜仁市客商建设板溪希望幼儿园。2008 年，外出务工回乡青年张勇等 4 人，合资 80 万元，新建鸿运砖厂。铜仁市林产品公司在渠沟至凯塘一带建苗圃园 10 公顷。

教育 1998 年，国家投资义教工程资金 70 万元，镇政府配套 30 万元，学校自筹 10 万元，总投资 110 万元，新建板溪中学教学楼，建筑面积 1100 平方米。

板溪中学全景

2001 年，国家投资 26.96 万元，新建板溪小学教学楼，建筑面积 1290 平方米；投入资金 22.14 万元，新建连丰小学教学楼，建筑面积 476 平方米。

2002 年，国家投资 15.17 万元，新建白果小学教学楼，建筑面积 572 平方米；投资 48.12 万元，新建板溪初级中学综合楼，建筑面积 1220 平方米；投资 158.6 万元，新建板溪初级中学教职工宿舍楼，建筑面积 2342.4 平方米。

2005 年，国家投资 93.4 万元，新建板溪初级中学学生宿舍楼，建筑面积 2037 平方米。

1998 年，全镇有完小 15 所，初级小学 5 所，教学点 6 个，在校学生 3396 人，7～12 周岁入学率 100%，教职工 258 人。有初级中学 1 所，23 个班，在校学生 1278 人，13～15 周岁入学率 98.5%。

2008 年，全镇有完小 13 所，教学点 9 个，在校学生 3294 人，7～12 周岁入学率 100%，教职工 244 人；初级中学 1 所，22 个班，在校学生 1086 人，13～15 周岁入学率 99.6%。

与 2001 年相比，2008 年，7～12 周岁入学率 100%，13～15 周岁入学率增长 1.1 个百分点。

卫生 1993 年，计生站自筹资金 4500 元，购买原板溪邮电所办公用房（120 平方米）办公。2002 年，投资 76 万元，修建计生综合大楼，建筑面积 1100 平方米。2008 年，有卫生院 1 所，村级卫生室 30

间，床位 24 张，专业卫生员 23 人，其中执业医师 8 人、执业助理医师 6 人、护士 6 人。

文化旅游 境内文物遗址有勤丰村文昌阁，民俗风情有下洞村祭风神，传统工艺有坪底村土布印染等。

行政区域变更 1992 年 10 月，在“并建撤”中，根据县人民政府转发《铜仁行署关于转发〈贵州省人民政府关于印江土家族苗族自治县建镇并乡撤区行政区域变更的批复〉的通知》，撤销板溪乡、毛寨乡、坪底乡，合并建板溪镇（乡科级）。板溪镇人民政府驻地板溪村，辖原板溪乡的板溪、渠沟、凯塘、沙坡、高枧、文武、泉溪、杉林、上洞、下洞、大坪、青山、勤丰 13 个村委会，原毛寨乡的毛寨、小毛寨、米溪、岑塘、联合、柏果、王家、龙井、黎坪 9 个村委会，原坪底乡的坪底、井溪、柿坪、石塘、台旺、岩底、老寨、高坪 8 个村委会。板溪镇机构设中共板溪镇委员会、中共板溪镇纪律检查委员会、板溪镇人大主席团、板溪镇人民政府、板溪镇政协联络组、板溪镇武装部、共青团板溪镇委员会、板溪镇妇女联合会。板溪镇下设党委办公室、政府办公室、劳动人事办公室、经济科技办公室、社会治安综合治理办公室、文教卫生股、民政民族福利股、计划生育股、计划生育站、统计站、乡（镇）企业管理站、土管所、派出所、司法所、镇法庭、教育办公室、农经站、畜牧站、林业站、水利站、烟草站、邮电所、信用社、医院、文化广播站。

2008 年年末，全镇有 1 个居委会，30 个村委会，273 个村民组。

2008 年板溪镇居委会、村、村民组区划情况一览表

表 1—12

村（社区、居委会）名称	村民组（街、路）名称	村民组（个）	居委会（个）
居委会	—	—	1
高枧村	半溪组、胡家沟组、孝岩组、坪幅组、高枧组	5	—
柿坪村	高民组、高林组、大土组、黄家山组、民主组、下大组、田坝组、向阳组、水井湾组、上柿组、下柿组、干田组、上艾组、下艾一组、下艾二组、松梨组	16	—
坪底村	上寨组、中寨组、龙门组、巷子组、侯家组、田坝组、大面组、杨家组、牟家组、干田组、石家组、坪原组、太坪组	13	—
井溪村	湾里组、河坝组、堡上组、巷子组、半溪组、坝上组、坪阳组、齐马组、龙家组、高坡组、周家组、石家组、李家组、响一组、响二组、反背组、插腊组	17	—
石塘村	枣元组、坟湾组、宋油组、大田组、寨上组、谢家组、上寨组、下寨组、椅子组、丰岩组、	10	—
台旺村	上岑组、下岑组、插腊组、长岗组、田湾组、四环组	6	—
岩底村	其河组、亚干组、香树组、上柏组、下柏组、柏岭组、火石组、丰坪组、屋基坪组、喻家组、巷子组、栗子组、核上组、核下组	14	—
老寨村	长田组、漆湾组、大园子组、庙沟组、水井湾组、铺子组、坡顶头组、巷子组、香树林组、庆林沟组、屋基坪组、木林组、涂家组、柏果坪组	14	—
高坪村	高家组、陈家组、韩家组、龙下组、龙上组、大下组、大上组、小洞组	8	—

续表1—12

村（社区、居委会）名称	村民组（街、路）名称	村民组（个）	居委会（个）
毛寨村	花一组、花二组、下寨一组、下寨二组、雷一组、雷二组、坪邓组、罗家组、朝里组、荒溪组、坪上组、上街组、下街组、上一组、上二组、中寨组、湾一组、湾二组	18	—
小毛村	活龙组、大坝组、桂花组、榜上组、上组、下组、杠龙组	7	—
米溪村	新房组、刘家组、沙坡组、油房组	4	—
黎坪村	红卫组、坝上组、桐子组、上沟组、梨坪组、谭家组、中上组、中下组、干界组	9	—
岑塘村	观音岩组、桐上组、桐下组、田坝组、坳上组、陈家组、红岩组、轿子石组、	8	—
王家村	上寨组、下寨组、湾里组、黄泥砖组、铺子组	5	—
龙井村	上寨组、旦家组、下寨组	3	—
联合村	大上组、大中组、先一组、先二组、杉木岭组、张一组、张二组、上干组、下干组、余家组、坨里组、龙沟组	12	—
柏果村	老洞坡组、坨里组、石上组、石下组、徐家组、三股水组、椿树湾组	7	—
杉林村	岩脚组、杉林组、桐子坪组、下凯塘组、白岩组、车家组、杨家湾组、	7	—
渠沟村	朝阳组、插腊组、大院坝组、水井湾组、皎皎组、沙湾组、老黄沟组、三共田	8	—
凯塘村	松杨组、团结组、竹林组、黄坛组、洋岗一组、洋岗二组、颜家组、干寨组、烂田沟组、尧上组	10	—
沙坡村	下寨组、沙坡组、水井湾组、土地坳组、石良河组、上寨组、兴无组、中寨组、红岩组、新中组、铁家组、寨上组	12	—
板溪村	勤板组、塘湾组、大寨组、老街组、上马路组、杉树坝组、新街组、水井湾组、上寨组、中寨组、下寨组	11	—
泉溪村	泉溪组、棕茂组、兴隆组	3	—
文武村	竹林组、文武组、世林组、长兴组、了沟组	5	—
上洞村	三星组、复兴组、银沟组、穴场组、上洞组	5	—
下洞村	新村组、先锋组、下洞组、三合组、风神组、丰收组、新华组、桥头组	8	—
青山村	青山村、大元组、桂花组、水担组、竹林组、中心组、联合组、干田组	8	—
大坪村	和平组、大坪组、桂茂组、桂江组、院子组、新建组、枫香湾组、新寨组	8	—
勤丰村	猫一组、猫二组、猫三组、岩坪组、柏杨坪组、竹基冲组、羊角老组、新阳组、勤刚组、勤阳组、天星组、高峰村组	12	—
30	—	273	1

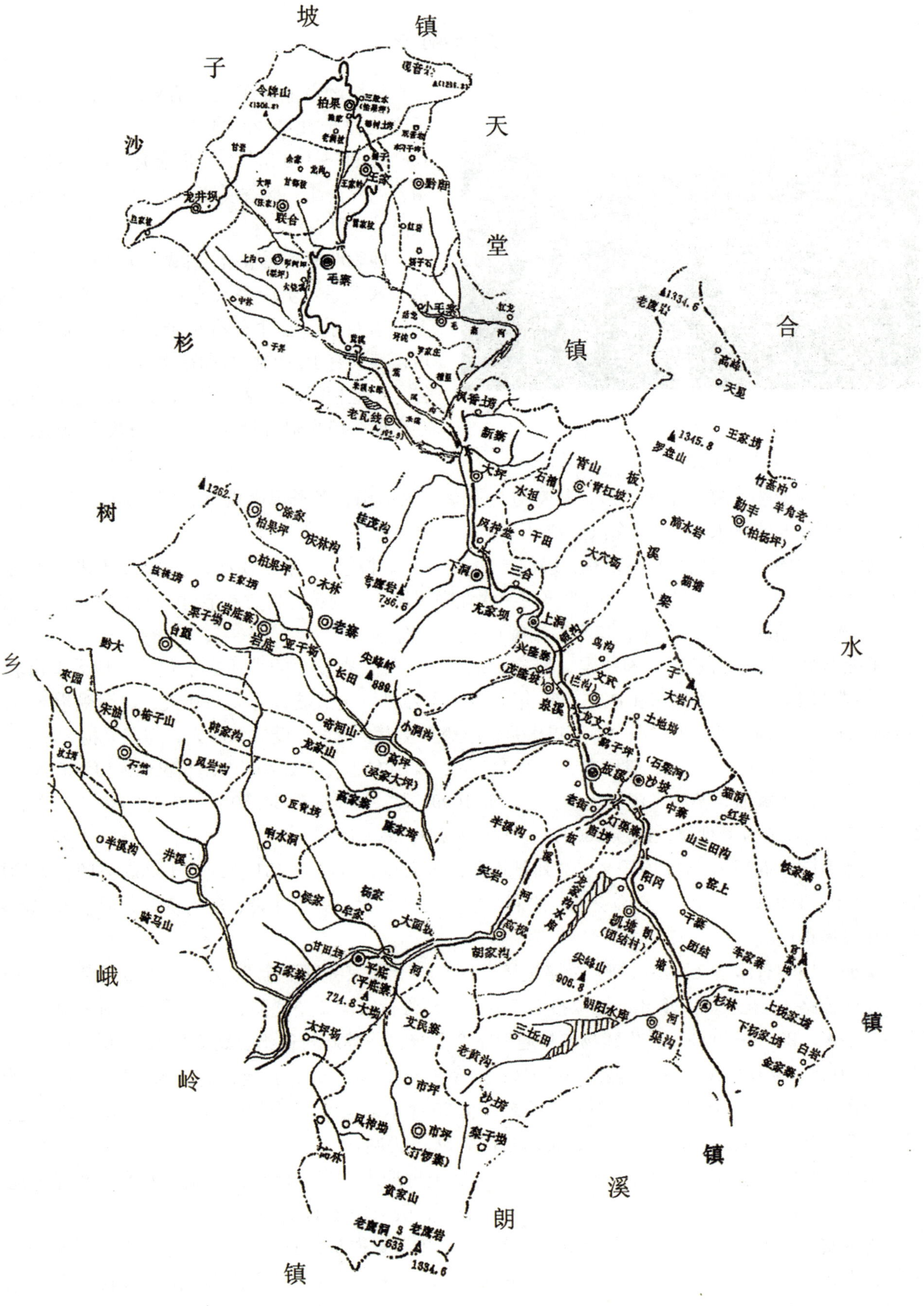
坡 子 镇
沙
天 堂 镇
杉 树 乡
合 水 镇
峨 岭 镇
朗 溪 镇
令牌山
柏果
龙井坝
联合
毛寨
黔阳
小毛寨
老瓦丝
新寨
大坪
背山
水祖
风抖坐
干田
下洞
三合
老鹰岩
罗盘山
王家坊
竹基冲
勤丰
(柏杨坪)
楠木岩
大穴场
尖峰岭
889
老寨
岩底
长田
上洞
兴隆寨
泉溪
文武
大岩门
土地坳
板溪
沙坡
老街
中寨
灯塘寨
唐上
半坝沟
尖岩
阳冈
山兰田沟
铁家寨
凯塘
(团结村)
尖峰山
906.8
朝阳水库
杉林
上杨家坊
下杨家坊
白岩
金家寨
平庄
(平庄寨)
724.8
大坳
太坪坊
艾民寨
老黄沟
市坪
(打铃寨)
凤神坳
黄家山
老鹰洞
老鹰岩
1334.6
高坪
(梁家大坪)
龙家山
高家寨
响水洞
大面坡
石家寨
甘田坊
井溪
半坝沟
骑马山
宋丝
石洞
白岗
黔大
枣园
柏果坪
徐家
1262.1
桂花沟
786.6
胡家沟
高坝
三丘田
渠沟
1334.6
老鹰岩
1345.8
高岭
天星

板溪镇示意图

杉树坳乡

杉树坳乡人民政府所在地全景（2010 年拍摄）

杉树坳乡地处印江自治县北面，距县城 30 千米。位于北纬 28°04′45″～28°11′11″，东经 108°21′11″～108°27′34″。东依板溪镇，南连峨岭镇，西界德江县枫香溪镇，北与沙子坡接壤，乡人民政府驻在杉树村。

地貌地形 属喀斯特地貌，露地层为前震旦系、寒武系、奥陶系、志留系、二叠系、三叠系、第四系。岩性有石灰岩、泥岩、砂岩、页岩，其次有少量的板岩和花岗岩。境内高山、河谷、平地相间，三座大山、两条河流是该乡的主要地形，境内最高峰鸡冠山，海拔 1220 米，最低点大罗村，海拔 410 米。

气候 属亚热带暖湿季风气候，其特点是夏季高温多雨，冬季温暖湿润，年平均气温 17.2℃，年平均降雨量 934 毫米，全年无霜期 272 天。

水文 境内河道属乌江水系，有五级河流两条——六井溪河、哈当溪河，总长 25 千米，流域面积共 1.8 平方千米，最大的河流为哈当溪河，由北向南流经境内黄土村、新宅村、大罗村后，与印江河汇入德江县境内，长 10 千米，年平均流量 6.4 立方米/秒。

自然灾害 主要自然灾害有旱涝、凝冻、地质灾害等，曾发生的地质灾害包括：特大型滑坡 1 次、大型滑坡 5 次、中型滑坡 1 次。1998 年 6 月，孟郊村发生滑坡，受灾 980 人，房屋受损 36 间，应搬迁 26 户，威胁 720 间房屋；2001 年 4 月，杉树小学发生滑坡，受灾 380 人，房屋受损 224 间。

人口面积 2008 年年末，辖区总人口 20135 人，其中农业人口 19705 人，非农业人口 430 人。在总人口中，以土家族、苗族、汉族为主，土家族 10994 人，占总人数 54.60%，苗族 3332 人，占总人数 16.55%，汉族及其他少数民族 5809 人，占总人数的 28.85%。

全乡有国土面积 70.5 平方千米，总耕地面积 816 公顷，其中田 461 公顷、土 355 公顷，人均耕地 0.62 亩。1992—2008 年，全乡交通、水利、饮水安全工程、集镇建设、电力资源、通信电视等基础设施发展迅速。

交通 境内有印（江）沿（河）公路过境。1997 年，国家补助资金 20 万元，群众投劳，新建杉树至孟郊公路 10 千米。1998 年，国家投资 5 万元，新修黄家沟 2 条通组公路 4 千米；新修冉家坡村公路 2 千米。2001—2006 年，修建杨家村通组路 2 千米，修建新村通组公路 5 千米。2008 年，国家投资 39 万元，新建杉树至群联村公路 6 千米；国家投资 45.5 万元，新建杉树至永靖村公路 7 千米；国家投资 65 万元，新建坪上至冉家村 10 千米。至 2008 年，全乡 17 个村已构成交通运输网络，总里程 102.5 千米，客运量 10.68 万人次，货运周转量 58.5 万吨。

水利 2007 年，国家投入 69.96 万元，实施黄土村烟水工程，建沟渠 7 条 530 米，新建水池 8 口，容积 8600 立方米，新建管网 1 条 9000 米，受益面积 35.4 公顷。

饮水安全工程 2008 年，国家投资 20.78 万元，安装管道 9.2 千米，新建集水池 5 座，容积 5 立方米，维修调节池 3 座，容积 110 立方米，维修调节池 4 座，容积 110 立方米，解决群联村 700 人饮用水问题。国家投资 26.67 万元，安装管道 8.2 千米，新建集水池 2 座，容积 2 立方米，新建调节池 2 座，容积 150 立方米，安装水泵 2 台 22 千瓦，架设输电线 360 米，解决孟郊村 955 人饮用水问题。对马溪片区，国家投资 70.32 万元，安装管道 22.1 千米，新建集水池 8 座，容积 16 立方米，新建调节池 14 座，容积 400 立方米，维修调节池 5 座，容积 270 立方米，安装水泵 2 台 30 千瓦，架设输电线 336 米，解决 2188 人饮用水问题。国家投入 75.2 万元，安装管道 40.45 千米，新建集水池 17 座，容积 17 立方米，新建调节池 14 座，容积 630 立方米，维修调节池 5 座，容积 150 立方米，解决灯塔村、永靖村、大坪村 2494 人饮用水问题。

集镇建设 有农贸市场 2 个：杉树农贸市场，占地 3000 平方米，每场赶场数 1.5 万人，场期为农历五、十日；何家农贸市场，每场赶场人数约 8000 人，场期为农历三、八日。2002 年，结合印沿公路改扩工程，国家投资 55 万元，硬化街道 14000 平方米，安装路灯 10 盏。2003 年，国家投资 48 万元，实施移民搬迁 30 户 241 人。2004 年，修建土管所、供电所和乡政府办公楼扩建工程。2008 年，新建综合文化站。

电力资源 2008 年年末，有小型水电站 1 座，10 千伏高压输电线路 2 条 136.32 千米，用电负荷 250 千瓦，年售电量 210 万千瓦时，供电可靠率 99.36%。

通信电视 至 2008 年，有邮政网点 1 处，邮政服务投递点 11 个，乡村通邮率 100%。通信企业 3 家，网点 19 个。村村通广播电视，覆盖率达 95%。

农牧业 境内农牧产品主要有水稻、玉米、小麦、红薯、油菜、烤烟、牛、猪、山羊。1993 年，全年粮食播种面积 2053.33 公顷，粮食总产量 6500 吨，其中稻谷 3400 吨，人均占有粮食 352.3 千克；年末猪存栏 7000 头，年末牛存栏 3800 头，年末山羊存栏 2500 只，肉类总产量 1100 吨。2001 年全年粮食总播面积 2000 公顷，粮食总产量为 7400 吨，其中稻谷 3900 吨，人均占有粮食 398.1 千克；烤烟种植面积 100 公顷，产量为 400 吨；油菜种植面积 400 公顷，产量达 1500 吨；年末猪存栏 8600 头，年末牛存栏 4500 头、年末山羊存栏 4100 只，肉类总产量 1400 吨。2008 年，全年粮食总播面积 1990.33 公顷，粮食总产量 6300 吨，其中稻谷产量 2800 吨，人均占有粮食 319.5 千克，烤烟种植面积 166.67 公顷，产量达 500 吨，油菜播种面积 400 公顷，产量 2000 吨，年末猪存栏 1.03 万头，年末牛存栏 5900 头，年末羊存栏 5200 只，肉类总产量为 1600 吨。

林业 至 2008 年，累计造林 2046.67 公顷，其中防护林 2026.67 公顷，经济林 20 公顷，农户四旁树木 2.6 万株，森林覆盖率 34.85%，活立木蓄积量 9.95 万立方米。

茶业 2003—2006 年，有茶园面积 33.33 公顷，产量 21 吨。2007—2008 年年末，在“整乡推进”中，新垦植茶园 506.4 公顷。

果业 2007—2008 年，在“整乡推进”中，新植果园 277.13 公顷。

教育 1997 年，国家投资 90 万元，乡政府匹配 20 万元，学校自筹 20 万元，新建杉树初级中学教学楼，建筑面积 1694 平方米。

1999 年，国家投资 42 万元，新建何家小学教学楼，建筑面积 560 平方米、教职工宿舍楼，建筑面积 420 平方米。

2000 年，国家投资 126 万元，新建杉树小学教学楼，建筑面积 680 平方米、综合楼，建筑面积 1100 平方米。

2001 年，国家投资 12 万元，新建顾家小学教学楼，建筑面积 120 平方米。

2002 年，国家投资 27 万元，新建杨家小学教学楼，建筑面积 200 平方米；新建黄土小学教学楼，建筑面积 240 平方米。

2003 年，国家投资 129 万元，新建杉树中学女生宿舍楼，建筑面积 960 平方米；新建大罗小学教学楼，建筑面积 120 平方米；新建新宅小学教学楼，建筑面积 560 平方米。

2004 年，国家投资 38 万元，新建冉家小学教学楼，建筑面积 480 平方米。

2006 年，国家投资 62 万元，新建联营小学教学楼，建筑面积 580 平方米、新建教职工宿舍楼，建筑面积 198 平方米。

2007 年，国家投资 24 万元，新建新村小学教学楼，建筑面积 280 平方米。

2008年，国家投资79万元，新建对马小学教学楼，建筑面积560平方米、教工宿舍楼，建筑面积190平方米；新建灯塔小学教学楼，建筑面积240平方米。

2008年，全乡有完全小学6所，教学点11个，在校学生2205人，7～12周岁人口入学率100%，教职工107人；初级中学1所13个班，在校学生692人，13～15周岁人口入学率85.2%。与2001年相比，2008年7～12周岁人口入学率增长0.2个百分点，13～15周岁人口入学率增长1.6个百分点。

卫生 2002年10月，建造计生综合大楼，占地200平方米，总投资20万元。2008年，有卫生院1所，村级卫生室17间，床位32张，专业卫生人员10人，其中执业医师3人，助理医师2人，护士1人。

文化旅游景点 境内有大寨村红军亭、冉家村冉少波故居、黄土天马桥。

杉树坳乡"整乡推进" 试点项目建设专记 2007年11月，经省人民政府同意，省扶贫办、财政厅确定在印江自治县开展"县为单位、整合资金、整乡推进、连片开发"首个试点县，试点区包括杉树坳乡的大寨、大坪、杨家、冉家、对马、灯塔、杉树、联营、顾家、新华、新村、永靖、群联、孟郊14个村137个村民组，涉及4104户17177人。2007年11月正式启动，2009年8月，通过铜仁地区行署组织验收。

杉树乡大寨村集贸市场

试点项目包括粮食自给工程、农业产业发展、基础设施建设、社会发展事业、产业配套服务5大类203个项目，整合使用资金6443.9万元，其中国家试点扶贫专项资金950万元；部门整合资金3883.2万元，其中发改局271万元、扶贫办125万元、财政局115万元、交通局1344万元、农业局177.6万元、畜牧局216万元、水利局825.5万元、县农业办公室85万元、县莱茵鹅产业办公室58万元、教育局505.7万元、文化广播局104.3万元、卫生局47.7万元、供销社8.4万元；群众自筹1610.7万元。

试点项目共扶持农户种植杂交水稻、杂交玉米、脱毒马铃薯等555.6公顷；种植茶叶506.4公顷，修建茶园生产便道23.1千米；种植经果林277.13公顷；新建及改造标准圈舍3949间，引进二元母猪2199头；配套建设沼气池568口；扶持农户饲养莱茵鹅9万只；新建及改造公路15条、108千米；解决9个村的人畜饮用水问题，建成小水窖1458口，容水量4.37立方米，建设灌溉渠5.5千米；完成11个村便道硬化28.36千米；完成房屋改造3405间；新建6所小学，维修改造6所小学，新建1所小学的学生宿舍楼；新建乡文化站，新增卫星电视接收器960台，完成了4个村的电视联网工程；新建10个村级卫生室、14个农家超市、14个农家书屋，完成技术培训13500人次，完成贷款贴息50万元等。

试点项目的实施，有效解决了1.3万群众行路难、运输难问题，基本解决1.28万人饮用水问题，有效地缓解300公顷茶园、果园和253.33公顷农田的灌溉问题，粮食生产稳步增长，以良种猪、茶叶、经果林为重点的主导产业初现雏形，4500名学生的学习条件得到较大改善，解决了7000多个群众就近看病的问题，农户电视覆盖率达95%以上。

2008年11月，全省以"县为单位、整合资金、整乡推进，连片开发"试点工作现场会在印江召开。贵州省委副书记王富玉主持会议，省扶贫办主任叶韬，铜仁地委副书记龙德文，地委委员、行署副专员陈达新，县领导肖洪、杨维权等领导，全省各地州市、县市特区扶贫办主任共210人参会。与会人员参观了杉树坳乡的联营村、对马树、大寨村市场、何家梁子茶场。省扶贫办主任叶韬一行还走访农家，参观学校、农家书屋、商店。会议肯定了"整合项目资金，规模发展产业，区域连片开发"

的扶贫开发印江经验。省扶贫办党组成员、纪检组长赵继权认为："印江试点成功，创新了财政扶贫资金管理机制，探索了扶贫开发工作的新模式，是今后全省扶贫工作坚持和努力的方向"。

行政区域变更 1992年10月，在"建并撤"中，根据县人民政府转发《铜仁行署关于转发（贵州省人民政府关于印江土家族苗族自治县建镇并乡撤区行政区域变更的批复）的通知》的通知，撤销原杉树坳乡、何家乡，合并成立杉树坳乡（乡科级），杉树坳乡人民政府驻地杉树村，辖原杉树坳乡的杉树、群联、孟郊、新村、新华、顾家、对马、灯塔、联营、永靖10个村委会，原何家乡的大坪、冉家、杨家、大罗、新宅、黄土、大寨7个村委会。

2008年，全乡有17个村委会，157个村民组。

2008年杉树坳乡村委会、村民组区划情况一览表

表1—13

村（社区、居委会）名称	村民组（街、路）名称	村民组（个）
联营村	鲊卖组、后头坡组、沟里头组、晏家组、胡家组、唐家坪组、青龙嘴组、坪上组、桐子坪组、腊子坪组、上沟组、下沟组、熊家组、四方山组、上寨组、下寨组、河对门组、坨上组、大屋基组、袁家坪组	20
对马村	先锋组、上寨组、下寨组、四组、枹桐沟组、杉帽山组、黄泥田组	7
灯塔村	大水上组、大水下组、白家组、刘家组、旦家组、甘家组	6
杉树村	彭家山组、寿上组、寿下组、场上组、梨树组、陈家组、廖上组、廖下组	8
新华村	白果树组、新房组、中寨组、堡上组、先丰组、下寨组、中坨组、格坳组	8
顾家村	余一组、余二组、余三组、余四组、川洞组、顾上组、顾下组、石板沟组、山岔组、天星组	10
大坪村	瓦厂组、院下组、院上组、五星组、小坪组、李家组、角上组、大坪组、过路组、和坪组、竹一组、竹二组、团塘组	13
杨家村	上寨组、下寨组、中寨组、塝塘组、柿子组、坝竹组、毛坪组	7
冉家村	屋基组、坪上组、香树组、大水组、向家组	5
永靖村	永龙组、上沟组、中沟组、下沟组、马家组、碗厂组、岭上组、青杠林组、张顺组	9
群联村	廖上组、廖下组、坎上组、石窖组、丁家组、榜上组、核桃树组、燕叫组、水井湾组、和坪组、核桃坪组	11
孟郊村	刘家组、岭上组、辅子组、下寨组、红星组、先进组、友谊组、前进组、罗家组、李家组、屋基组、闷木组	12
新村村	马上组、马下组、胡家沟组、新上组、新下组、岩上组、岩下组、石门坎组、幺石山组	9
大罗村	堡上组、塆里组、大上组、大中组、大下组	5
新宅村	张上组、张中组、张下组、冉上组、冉中组、冉下组、关路组、余家组、大石组、角上组	10
黄土村	山家田组、竹圆组、王家组、下寨组、甘家组	5
大寨村	孙上组、孙下组、杉坪组、香树组、大寨组、坨里组、石槽组、龙家组、下寨组、天上组、天中组、天下组	12
17	—	157

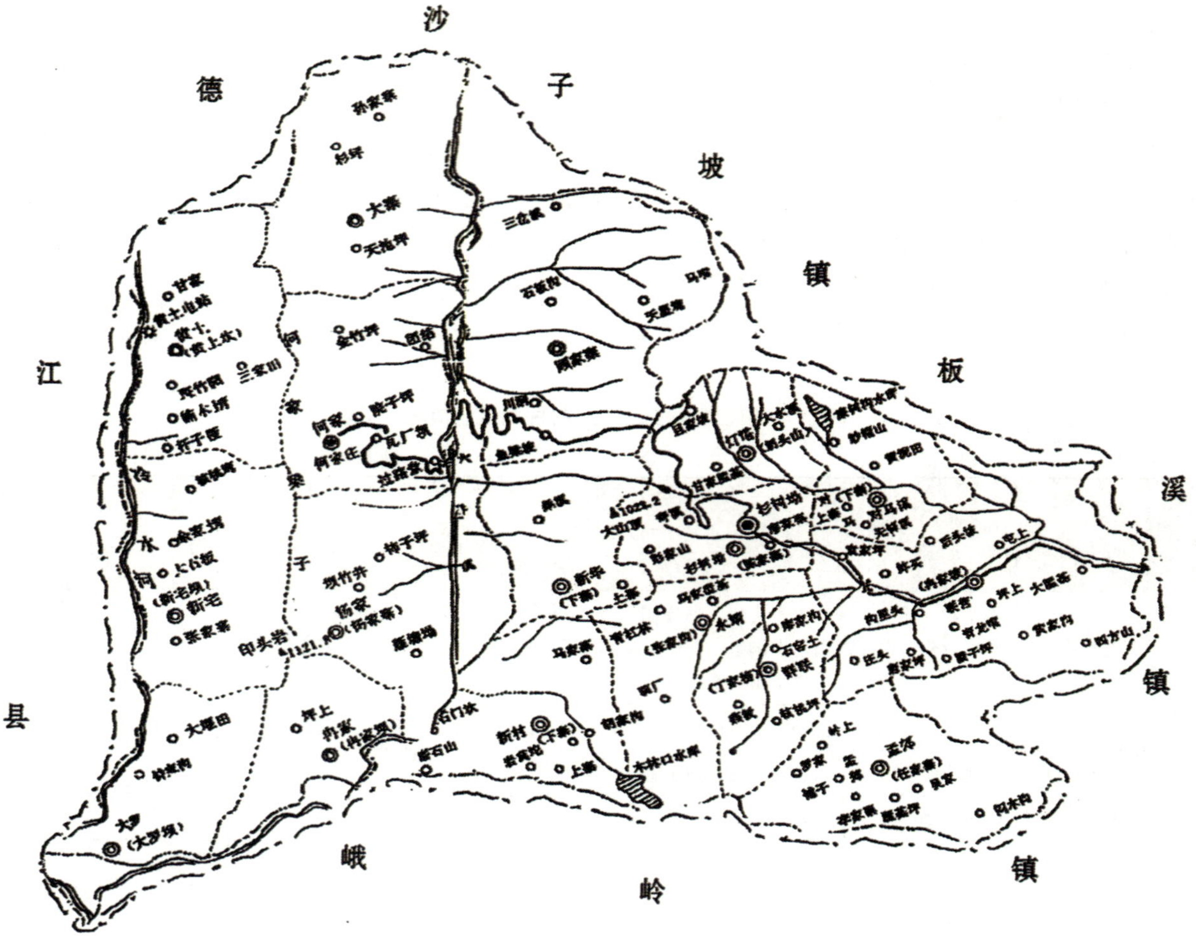

杉树坳乡示意图

沙子坡镇

沙子坡镇全景（2010年拍摄）

沙子坡镇位于北纬28°08′25″～28°20′55″东经108°24′26″～108°33′26″，地处县境北部，距县城42千米。东连刀坝乡，东南依天堂镇，南与板溪镇接壤，西南与杉树乡毗邻，西与德江县枫香溪镇交界，西北与沿河土家族自治县谯家镇、晓景乡相邻，镇人民政府驻桂花村。

地貌地形 全镇是山地丘陵，山体岩层多为页岩、石灰岩、易风化、被水溶蚀、有溶洞、石芽、竖井、石柱、属喀斯特地貌。境内最高峰石门坎，海拔1282米，最低点鹿洞村，海拔410米。

气候 属亚热带湿润季风气候。其特点是夏季高温多雨、冬季温暖湿润。年平均气温15.1℃，年平均降雨量1050毫米，无霜期277天。

水文 境内河道属乌江水系。有三级河——车家河，流域面积16平方千米，长12.8千米，由南向北经十字村、鹿洞村后，流入沿河县境内；四级河——六井溪河，全长9.8千米。

矿藏 境内已探明地下矿藏有煤、铁、硫、铀、镓、锗、陶土等。其中：煤矿储量953.79万吨。

自然灾害 主要自然灾害有旱涝、冰雹、地质灾害等。2002 年，土地塘塌陷（矿山采区塌陷），损毁房屋 8 间，威胁 58 人；凉水村当门沟滑坡（降雨、切坡），损毁房屋 3 间，迫迁 2 户。

人口面积 2008 年年末，辖区人口 27718 人，其中：农业人口 26862 人，非农业人口 856 人。在总人口中，以土家族、苗族、汉族为主，土家族 14552 人，占总人口的 52.50%，苗族 5147 人，占总人口的 18.57%，汉族及其他民族 8019 人，占总人口的 28.93%。

辖区国土面积 135.1 平方千米，耕地面积 1323 公顷，其中田 734 公顷、土 589 公顷，人均 0.74 亩。

交通 1988 年，有县乡级公路 3 条，总里程 36.3 千米。2007 年，有乡村公路 13 千米。2008 年，国家投入 39 万元，新建石槽至竹元村公路，长 6 千米；国家投入 39 万元，新建韩家至石坪公路，长 6 千米。2008 年年末，有农村客运站 1 处，客运总量 19.3 万人次，货运周转量 97 万吨。

水利 烟水工程 2005 年，国家投入资金 12 万元，实施马家庄村烟水工程，修建沟渠 1 条 1800 米，修建水池 24 口，容积 480 立方米，修建管网 1 条 800 米，受益面积 3.2 公顷。2006 年，国家投入资金 57.98 万元，实施炉塘村烟水工程，修建沟渠 10 条 1380 米，修建水池 12 口，容积 8820 立方米，修建管网 1 条 7320 米，受益面积 2.73 公顷；国家投入资金 98.15 万元，实施天星村烟水工程，修建管道 9 条 1840 米，修建水池 10 口，容积 8090 立方米，修建管网 1 条 1.69 万米，受益面积 7.2 公顷；2008 年，国家投入资金 74.23 万元，实施凉水、红星村烟水工程，修建管道 7 条 1600 米，修建水池 13 座，容积 6476 立方米，修建管网 7 条 7500 米，灌桩 122 个，受益面积 5 公顷，附带解决 260 人，196 头牲畜饮用水。

饮水安全工程 2005 年，投资 6.25 万元，其中国家补助资金 5.36 万元，群众投劳折资 0.89 万元，安装管道 4.32 千米，建集水池 1 座，容积 1 立方米，维修调节池 1 座，容积 70 立方米，解决红木村王家组 195 人、200 头牲畜饮用水问题。2008 年，投资 19.12 万元，其中国家补助资金 14.84 万元、群众投劳折资 4.28 万元，安装管道 8.8 千米，修建集水池 4 座，容积 4 立方米，修建调节池 5 座，容积 116 立方米，安装水泵 1 台 11 千瓦，解决韩家村 501 人饮用水问题；投资 7.91 万元，其中国家补助资金 6.14 万元、群众投劳折资 1.77 万元，安装管道 2 千米，修建集水池 3 座，容积 3 立方米，修建调节池 1 座，容积 100 立方米，解决韩家村 200 人饮用水问题；投资 12.08 万元，其中国家补助资金 9.14 万元、群众投劳折资 2.94 万元，安装管道 1.55 千米，修建集水池 1 座，容积 12 立方米，修建调水池 1 座，容积 50 立方米，安装水泵 1 台 11 千瓦，解决十字村半坡、上坝组 325 人饮用水问题；投资 6.21 万元，其中国家补助资金 5.36 万元、群众投劳折资 0.85 万元，安装管道 4.32 千米，修建集水池 1 座，容积 1 立方米，维修调节池 1 座，容积 70 立方米，解决红木村 195 人饮用水问题。

集镇建设 1995 年，集镇建设面积 5.2 万平方米，有建筑面积 3.07 万平方米。有中小学、医院等行政事业单位，商户 13 家。1997 年，沙子坡镇人民政府对集镇整体规划修编，规划控制区范围东从望石堡至营盘堡，南至印沿公路入场口，西至山脉 850 米高程以下，北至下场口，总面积 59.80 公顷，其中建设用地 23.07 公顷。原汽车站、交通用地不变，规划新建桂花村街道 2 条，分别长 450 米、宽 16.0 米；改造老肉市至印沿公路，长 132 米、宽 12 米。改造印沿公路 2000 米，宽 16 米。居住用地 8.37 公顷。1997—2008 年，新建开发区，扩建车站和自来水工程，改建中小学，新建综合文化站，公共设施逐步完善。

2008 年年末，集镇道路总长 9.1 千米，人均拥有道路长 9.44 米，道路铺装面积 0.07 平方千米，人均道路面积 72.61 平方米。有农贸市场 1 个，每场人流量 2.5 万人，场期为农历一、六日。

电力资源 县招商引资，投资 5000 万元，在塘口村坨寨新建水电站机组 1 套，装机容量 6000 千瓦，2007 年 2 月投产运行，年平均发电量 280 万千瓦时。2008 年年底，全镇有高压输电线路 4 条，长 93.04 千米，用电负荷 2.5 万千瓦，年用电量 350 万千瓦时，综合电压合格率 95%，供电可靠率 98.2%。有天然气（煤气）站 1 个，用户 64 户，燃气普及率为 20%。

通信电视 至 2008 年，有邮政网点 1 处，邮政服务投递点 12 个，乡村通邮率 100%。通信企业 3 家，网点 35 个。村村通广播电视，覆盖率达 72%。

农业 境内主要农产品有水稻、玉米、小麦、马铃薯、红薯、油菜、烤烟。1993 年，粮食总产量 2600 吨（其中水稻产量 2100 吨、玉米产量 500 吨），油菜籽产量 100 吨，烤烟产量 1600 吨。2008 年，粮食总产量 9000 吨（其中水稻产量 2600 吨、玉米产量 2200 吨），油菜籽产量 400 吨，烤烟 700 吨。

牧业 1993 年，牛存栏 5300 头，生猪出栏 6100 头，山羊存栏 3200 只，肉类总产量 600 吨。2008 年年末，牛存栏 3600 头，生猪存栏 10000 头，山羊存栏 3400 只，肉类总产量 1600 吨。

林业 1988 年，随着人口增长和无节制地毁林开荒，境内的煤矿在管理不善的情况下，大面积森林被毁，大量的水土流失。1995 年 3 月，沙子坡镇首届人民代表大会第三次会议通过了《沙子坡护林公约》，第一次以政府行为作出若干规定，公约中明确："无论是封山育林还是半封山育林，其种的松木、杉木、柏木、枫香、椿木、棕树、幼竹、五倍子、青冈、栗子等不得砍伐"。2001 年，镇人民政府引进印江自治县梵净山林产品开发有限公司，在竹元村租地 20 公顷栽种日本砂梨，率先发展经果林。至 2007 年，全镇果园面积达 120 公顷。至 2008 年，累计造林 2753.33 公顷，其中防护林 2746.67 公顷，经济林 6.66 公顷，农民住宅四旁林木 4 万株，森林覆盖率 30.05%，活立木蓄积量 17.45 万立方米。

茶业 1992—2001 年，有茶园面积 80 公顷，茶叶产量 9 吨。2003—2006 年，有茶园面积 133.33 公顷，茶叶产量 35 吨。2007—2008 年，有茶园 199 公顷，茶叶产量 36 吨。

果园 1993 年，群众分散栽植，水果产量 43.5 吨。2008 年，有果园面积 120 公顷，产量 1300 吨。

乡镇企业 至 2008 年，池坝煤矿厂年产量 2.9 万吨，青坨煤矿厂年产量 3.5 万吨，枇杷湾煤矿厂年产量 0.9 万吨，全镇共计 7.3 万吨。

教育 1999 年，国家投资 22.5 万元，修建池坝小学教学楼，建筑面积 181.98 平方米。

2000 年，国家投资 26.5 万元，修建凉水小学教学楼，建筑面积 380 平方米。

沙子坡镇塘口村高腔山歌合唱

2002 年，国家投资 20 万元，修建马家庄小学教学楼，建筑面积 240 平方米；国家投资 20 万元，修建韩家小学教学楼，建筑面积 1329 平方米。

2004 年，国家投资 48 万元，修建花园小学教学楼，建筑面积 480 平方米。

2006 年，国家投资 20 万元，修建炉塘小学教学楼，建筑面积 200 平方米。

2007 年，国家投资 50 万元，修建十字小学教学楼，建筑面积 360 平方米；国家总投资 65 万元，修建芭蕉小学教学楼，建筑面积 299 平方米，办公楼，建筑面积 204 平方米。

2008 年，国家投资 20 万元，修建王家小学 建筑面积 480 平方米。

1998 年，全镇有完全小学 14 间，初级小学 4 间，教学点 19 个，在校学生 2940 人，7～12 周岁人口入学率 97.7%，教职工 138 人；初级中学 1 间 11 个班，在校学生 609 人，13～15 周岁人口入学率 81.2%。

2008 年，有完全小学 8 间，教学点 17 个，在校学生 3397 人，7～12 周岁人口入学率 99.9%，教职工 145 人；初级中学 1 间 24 个班，在校学生 123 人，13～15 周岁人口入学率 96.6%。

与1998年相比，2008年7～12周岁人口入学率增长2.2个百分点，13～15周岁人口入学率增长15.4个百分点。

卫生 2008年年末，有卫生院1所，村级卫生室20间，床位40张，专业卫生人员14人，其中执业医师5人，执业助理医师5人。

文化旅游景点 境内有红三军召开神兵大会遗址，有区革命委员会、乡苏维埃政府旧址。

行政区域变更 1992年，根据县人民政府转发《铜仁行署关于转发〈贵州省人民政府关于印江土家族苗族自治县建镇并乡撤区行政区域变更的批复〉的通知》的通知，撤销沙子坡乡、韩家乡、花园乡、凉水乡，合并建沙子坡镇（乡科级）。沙子坡镇人民政府驻地在桂花村。全镇辖：原沙子坡的桂花、麻竹园、天星、石槽、马家庄5个村委会，原韩家乡的四坳、冷草、韩家坪、庹家、石坪、邱家6个村委会，原花园乡的红木、池坝、塘口、青球、鹿洞、十字6个村委会，原凉水乡的凉水、炉塘、红星3个村委会。

2008年年末，全镇有1个居委会，20个行政村，201个村民组。

2008年沙子坡镇居委会、村委会、村民组区划情况一览表

表1—14

村（社区、居委会）名称	村民组（街、路）名称	村民组（个）	居委会（个）
居委会	一组、二组、三组、四组	—	1
池坝村	青杠林、小岩、何家、土地塘、冉家、上张、下梁、下张、涂家、上孟、下孟、坨里、中心、次岩、上梁	15	—
桂花村	一组、二组、三组、四组、五组、六组	6	—
韩家村	韩家、包丰、雷上、雷中、雷下、杉树	6	—
红木村	花一、花二、花三、新寨、高峰、王家、瓦房、水井、寨中、面上、面下、胡家、坨里、铁家、梯子	15	—
红星村	红星、天池、毛插、新房、大水、野茶、芭蕉、张家、坨里、坪上、王上、王下	12	—
冷草村	塆里、寨上、大田、黄泥、沙湾	5	—
凉水村	当门、曹家、堡上、凉水、包家、中寨、尧上、岭上、石家、田湾、厂沟、湾里	12	—
六洞村	山子岩、一组、二组、三组、杨家	5	—
炉塘村	团结组、凉井、马坪、罗家组、炉塘、老寨、上宁、粟坪、长印、田家、马寨、龚家、下宁、上蒋、下蒋	15	—
马家庄村	谭家、上队、中队、下队、斑竹、大塘、朱家、李家、冉家、大路、陈家、罗家、和平	13	—
青球村	桂上、桂下、炉上、炉下、中寨、一组、二组、三组、塆里	9	—
邱家村	朗树、寨上、谢家、塆里、堰刀、大堰、吴家、小坨	8	—
十字村	青木、半坡、勦头、大洪坝、塘坝、十字、檬子、上坝、黄上、黄下	10	—
石槽村	石槽、下寨、枹木、上寨、中寨、集中、田坝	7	—
石坪村	永安、杨华、新村、后洞、石坪、井田	6	—
四坳村	洪家、木棚、丰岩、坳上、对门、坨里、罗泊、借家、桅杆、谢家、蔡上、蔡下	12	—
塘口村	木一、木二、和平、团结、桑树、青坨、金竹、老寨、鸟上、鸟下、瓦厂、塆里、当门、坨寨	14	—
天星村	岩口、尹家岩、坨里、严家山、大坳、槐树、荒田、兰竹、对门、高家山、庙堡、高峰、大水、反封、止水、消水	16	—

续表1－14

村（社区、居委会）名称	村民组（街、路）名称	村民组（个）	居委会（个）
庹家村	印合、坪洞、丰坪、粟坪、枹桐、申坪、庹上、庹下、白腊、万家、老庄	11	—
竹元村	关塘、厂上、青杠林、陆家、竹元、马家、宋家、罗家、新田	9	—
20	—	210	1

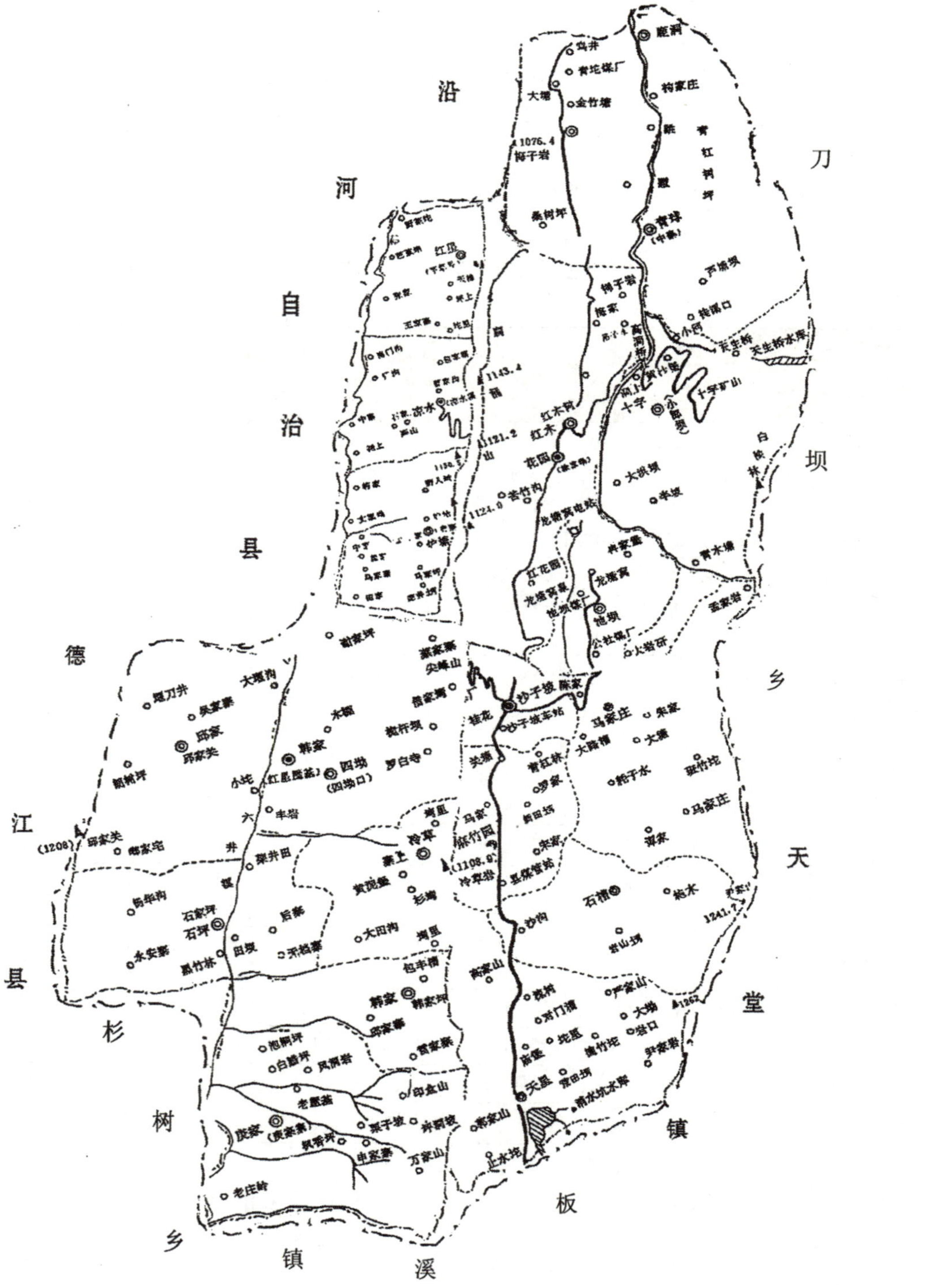

沙子坡镇示意图

天堂镇

天堂镇位于北纬28°05′07″～28°14′11″，东经108°30′08″～108°39′12″。地处县境北部，东接木黄镇，南邻板溪镇，西连沙子坡镇，北依刀坝乡，东北与松桃苗族自治县永安乡交界。镇人民政府驻天堂村，距县城30千米。

天堂镇人民政府所在地全景（2010年拍摄）

地貌地形 典型的溶蚀型峰丛洼地地貌。境内最高峰牛角井，海拔1140米；最低点民丰村简子坝，海拔480米。

气候 属亚热带暖湿季风气候。其特点是夏季炎热多雨，冬季温暖湿润。年平均气温17℃，年平均降雨量1018毫米，无霜期为299天。

水文 境内河道属乌江水系，有三级河道车家河，长10.7千米，流域面积23.4平方千米，河上有甘金桥电站1座，由南向北经天堂镇民丰村后，流至刀坝乡境内。

矿藏 已探明的矿藏有煤矿，储量347万吨。

自然灾害 主要自然灾害有旱涝、冰雹、地质灾害等。2000年5月，百户村老龙岩滑坡，115人受灾，223间房屋受损。2002年，白岩村徐家坡滑坡，受灾240人，165间房屋受损。

人口面积 2008年年末，辖区总人口28909人，其中：农业人口27900人，非农业人口1009人。在总人口中，以土家族、汉族、苗族为主，土家族11043人，占38.2%，苗族6364人，占22.0%，汉族及其他少数民族11502人，占39.8%。

辖区有国土面积138.4平方千米，耕地面积1140公顷，其中：田670公顷，土470公顷，人均0.61亩。

交通 1988—2007年，境内有印（江）松（桃）、印（江）秀（山）、印江至沙子坡镇3条县乡级公路，通村公路31条。2008年，国家投资48.8万元，修建凉风至百户村公路，长7.5千米。是年年末，全镇通车里程达131.25千米，年客运量12.5万人次，货运周转量94.5万吨。

水利 烟水工程 2007年，国家投资47.7374万元，实施开兴村烟水工程，修建沟渠7条480米，修建水池7座，容积7666立方米，安装管网1条5850米，受益面积24.13公顷；国家投资97.2046万元，实施茶园、大院村烟水工程，修建沟渠4条600米，修建水池12座，容积8589立方米，安装管网1条9120米，受益面积42.2公顷。2008年，国家投资83.74万元，实施陡溪、新泉村烟水工程，修建沟渠5条954米，水池8座，容积4715立方米，安装管网8条8300米，受益面积50公顷；国家投资108.98万元，实施沙坝、九龙村烟水工程，修沟渠12条1105米，建水池17座，容积8718立方米，安管网14条14800米，灌桩93个，受益面积66.67公顷，解决93人饮用水。

饮水安全工程 2000年4月，国家投资渴望工程资金70万元，地区、县配套59万元，建设全县第一座乡镇所在地水厂，解决9782人、5913头牲畜饮用水问题。同年12月30日竣工。2006年，投资8.06万元，其中国家补助资金5.01万元、群众投劳折资3.05万元，安装管道2.65千米，建集水池2座，容积2立方米，建调节池2座，容积70立方米，解决白岩村牛角井、张家沟村民组218人饮用水问题；2008年，投资15.49万元，其中国家补助资金11.71万元、群众投劳折资3.78万元，安装管道11.6千米，建集水池3座，容积10立方米，建调节池4座，容积120立方米，解决转龙村417人饮用水问题；投资23.64万元，其中国家补助资金17.65万元、群众投劳折资5.99万元，安装管道7.83千米，建集水池4座，容积12立方米，建调节池5座，容积480立方米，解决新泉村600

人饮用水问题；投资31.19万元，其中国家补助资金24.2万元、群众投劳折资6.99万元，安装管道10.3千米，建集水池9座，容积18立方米，建调节池9座，容积320立方米，解决中尧村826人饮用水问题。

集镇建设 1995年，集镇面积13万平方米，常住人口2304人。有房屋建筑面积2.74万平方米，其中公共建筑1.28万平方米。有中小学、医院各1所，镇属机关单位18个，商业服务网点21家。办有水泥厂、酒厂、五金厂、粮油加工厂和砖瓦厂、石灰厂12家。1996年，对集镇进行规划，规划面积34.12万平方米。1997年，集镇街道总长3.5千米，集市面积为3万平方米。1998年10月，投资40万元建设集镇街道二期工程，12月全面竣工，老街与新街连成一片。

2005年，新建天堂小学教师宿舍楼和移动通信基站。2004—2006年，按照"盘活资源，扩大集镇，辐射带动"的发展思路实施易地扶贫移民搬迁工程，将容易滑坡、不宜人居的落后山区农民搬迁到集镇，建丰富湾、坨底两处移民开发新区。集镇以车站"金三角"为中心，向东南西北延伸出4条商业街道，街道从原1.5千米增加到4千米。其间，投资111.7万元，硬化街道2.5万平方米、安装路灯、装上磁卡电话、聘请清洁工、购买垃圾清运车等。2008年，建财政办公楼、计生服务站办公楼、综合文化站，平整幼儿园至卫生院道路，实施老街路灯亮化工程、云阳环线公路，新增城镇面积0.08平方千米。是年，镇区道路总长8千米，道路铺装面积600平方米。

镇区有农贸市场1个，每场赶场人数3万人，场期为农历四、九日。

电力资源 1988年以前，在民丰村大巷子甘金桥建小型水电站。1991年9月，改扩建甘金桥水电站后并入县电力公司，装机1600千瓦×2台，建110千伏变电站1座，架设10千伏输电线路3条138.24千米，用电负荷6800千瓦，年售电量640.23万千瓦时，综合电压合格率95.25%，供电可靠率99.42%。集镇有天然气站1个，天然气居民用户78户，燃气普及率为21%。

天堂镇甘金桥电站（1992年拍摄）

农网改造 2005年年初，天堂镇被纳入重点农网改造的乡（镇）之一，投入农网改造资金达650万元，用3年时间，建成110千伏变电站，完成全镇28个村（居）委会及板溪镇坪底村6743户农网改造。农网改造后，电价平稳，电源充足，电外耗减少，每年平均可减少农户电费20余万元。

通信电视 至2008年，有邮政网点1处，邮政服务投递点14个，乡村通邮率100%。通信企业3家，网点29个。实施村村通广播电视，覆盖率达78%。

农业 全镇主要农业产品有水稻、玉米、小麦、马铃薯、红薯、油菜、烤烟。1993年，粮食总产量5900吨（其中水稻产量2400吨、玉米产量700吨），油菜籽产量400吨，烤烟产量1600吨。2008年，粮食总产量1.09万吨（其中水稻产量3300吨、玉米产量2500吨），油菜籽产量800吨，烤烟产量300吨。

牧业 1993年年末，牛存栏5300头，生猪出栏7800头，山羊存栏3500只，肉类产量600吨。2008年年末，牛存栏4000头，生猪存栏1.56万头，山羊存栏3300只，肉类总产量1700吨。

林业 至2008年年末，累计造林4280公顷，其中：防护林4260公顷，经济林20公顷，农民住宅"四旁"树木13.6万株。森林覆盖率44.76%，活立木蓄积量33.76万立方米。

茶业 1988—2001年年末，有茶园面积8公顷，茶叶产量2吨。2003—2005年，有茶园面积61.33公顷（没投产）。2005—2008年，有茶园面积596公顷，茶叶产量100吨。

果园 1993年年末，有果园面积2公顷，产量65吨。2001年年末，有果园面积66公顷，产量

200吨。2008年年末，有果园面积92公顷，产量300吨。

乡镇企业 有突雷岩煤厂1个，2008年产煤9万吨。

教育 1998年，全镇有完全小学13所，初级小学13所，教学点30个，在校学生总数3264人，7～12周岁入学率98.9%，教职工数180人；初级中学2所，33班，在校学生总数1740人，13～15周岁入学率98%。

1999年，国家投资63万元，新建天堂中学学生宿舍楼，建筑面积1800平方米。

2000年，国家投资35.58万元，新建天堂小学教学楼，建筑面积1051平方米。

2002—2003年，国家投资136.95万元：新建天堂中学教学楼，建筑面积954.4平方米；新建学生食堂1幢，建筑面积712平方米；新建电教综合楼，建筑面积724.1平方米；新建实验楼，建筑面积681平方米。

2004年，国家投资80.1万元：新建大院小学教学楼，建筑面积300平方米；新建百户小学教学楼，建筑面积362平方米；新建开兴小学教学楼，建筑面积220平方米。

2006年，国家投资131.22万元：新建陡溪小学住宿楼，建筑面积1280平方米；新建洪溪小学教学楼，建筑面积340平方米；新建民丰小学教学楼，建筑面积180平方米；新建印朝小学教学楼，建筑面积559.3平方米。

2008年，国家投资42万元，新建天堂中学学生宿舍楼，建筑面积848平方米。是年，有完全小学9所，教学点22个，在校学生总数2714人，7～12周岁入学率100%。教职工数133人；中学1所，高中6个班，327人，初中23个班，1761人，13～15周岁入学率98%。

与1998年相比，2008年7～12周岁人口入学率增长1.1个百分点，13～15周岁人口入学率98.0%，与1998年持平。

卫生 1993年6月，成立天堂镇计划生育技术服务站。1999年，投资25万元，建成办公、手术、康复等综合大楼，占地面积250平方米。2003年，投入资金20万元，添置B超机1台、四孔无影灯1台、人流电动吸引器1台、微波治疗仪1台、化验设备1套、手术台4张。2008年，有卫生院1所，村级卫生室27间，床位18张，有专业卫生人员18人，其中执业医师6人、执业助理医师10人、护士4人。

云阳电解锰厂 天堂镇地处印江自治县东北部工业经济带中心位置，有印（江）松（桃）、印（江）秀（山）公路穿境而过，电力资源、水资源丰富。2004年，县委、县人民政府作出在天堂镇“打造印江东北部工业经济带”的战略决策，引进外资2400万元的云阳电解锰厂在天堂安家落户。2005年2月，云阳电解锰厂投入资金1300万元，在原天堂粮管所征地2.8万平方米，建成第一生产线，解决220名就业岗位，当年提供税收18万元。2005年7月，云阳电解锰厂投资89万元，征地5.73公顷，新建第二生产线。至2008年年底，实现销售收入7200万元，创利税400万元，安置社会就业人员320人。

文化旅游景点 境内有花岩村董家山徐龙骧故居、天堂村榨房徐玉琳故居。

行政区域变更 1992年10月，在“建并撤”中，根据县人民政府转发《铜仁行署关于转发（贵州省人民政府关于印江土家族苗族自治县建镇并乡撤区行政区域变更的批复）的通知》，撤销天堂乡、陡溪乡、兰克乡、坪底乡，合并建天堂镇（乡科级）。天堂镇人民政府驻天堂村。全镇辖原天堂乡的天堂、红山、白岩、百户、花岩、印朝、开兴、马井、洪溪、曹家、凉风11个村，原陡溪乡的下陡溪、明光、茶园、金城、兴隆、中坝、沙坝、九龙、木根、雀鸣、大院、坳沟、水田13个村，原兰克乡的民丰、新泉2个村委会，原坪底乡的中团1个村。

2008年，全镇有1个居委会，27个村，240个村民组。

2008年天堂镇居委会、村、村民组区划一览表

表1—15

村（社区、居委会）名称	村民组（街、路）名称	村民组（个）	居委会（个）
居委会	一组、二组、三组、四组、五组、六组、七组、八组、九组、十组	—	1
天堂村	风堡组、卫生组、金星组、场堡组、中街组、青元组、下街组、桂花组、坨里组、大塘组、下寨组、方家组、水井组、榨房组、场口组、坳口组	16	—
开兴村	中兴组、当门组、湾里组、会土组、坪坝组、水井组	6	—
马井村	土地坳组、马上组、马下组、水井组、响水组、大山坪组、文家坨、苗泉组	8	—
洪溪村	大洪上组、大洪下组、香树坪组、大土坪组、新田嘴组、王家山组、小洪上寨组、小洪中寨组、小洪下寨组	9	—
中团村	龙门组、中心组、沟里组、中寨组、柏树组、玉莲组、相林组、下寨组	8	—
曹家村	高坪组、谢家组、大土湾组、坪上组、墙角组、柏果组、水井组、坨元组、湾里组、插腊组	10	—
印朝村	曹土组、泥田组、干田组、过盆组、庄沟组、巷子组、巷口组、水田组	8	—
民丰村	柏杨沟组、大巷子组、大水沟组、小巷子组、石坑井组、堆上组、坨里组、大宅坳组、车家岭组	9	—
百户村	邓上组、邓下组、何家组、大土组、新房子组、红光组、大园子组、和平组、岭上组、红岩组、老龙岩组、大土堡组、孟下组、孟上组	14	—
红山村	菜籽朝组、红二组、夏家沟组、岩口组、马场坡组、红一组、旱当坡组、枫香岭组、大田组	9	—
花岩村	杨家沟组、柏果组、石板湾组、桅杆组、田家湾组、篆溪组、秦阳组、大坡组、湾里组、谭家组、薛家岭组、陈上组、陈下组、董家山组	14	—
白岩村	黄山湾组、余下组、余上组、牛上组、牛下组、石骨岭、陈家组、杨家组、大湾组	9	—
沙坝村	半边街组、叶家湾组、大水沟组、岩槽组、杜家坪、湾里组、鱼泉洞、岭上组、大田组、岩湾组	10	—
明光村	翟家坡组、四合头组、大塘水组、大院坝组、蔡家屋基组	5	—
凉风村	丰富湾组、枫香岭组、栗子元组、潘下组、潘上组、亚龙关组、温塘组、下街组、上街组	9	—
雀鸣村	石坳堡组、言家山组、斑鸠井组、湾里组、团村组、雀下组、雀上组、黑桃湾组	8	—
木根村	木根组、上湾组、下寨组、枫香湾组、赵家湾组、大堡组、杨桃湾组、马宗岭组	8	—
陡溪村	下寨组、上寨组、云盘组、坨里组、姚家组	5	—
中尧村	下达沟组、打网组、黄泥堡组、上达沟组、四方坪组、庞家沟组、喻家山组、中坝组、生基咀组、姚湾组	10	—

续表1—15

村（社区、居委会）名称	村民组（街、路）名称	村民组（个）	居委会（个）
九龙村	坨里组、陡子溪组、大湾组、姚家组、水井组、红旗组	6	—
金城村	上寨组、下寨组、金城组、马家组、老虎塘组、水井组、椿树组	7	—
茶园村	道坨组、苏木组、干木组、坪星组、大土组、茶元组、黎子树、新寨组、下杨组、上杨一组、上杨二组	11	—
大院村	岭上组、柏杨组、虎角组、新房子组、何家组、大坪组、胡家湾组、大竹林组、狮子石组、大岭组、老屋基组、大院组	12	—
新泉村	大水井组、构二组、构一组、胡豆坨组、唐家山组、水井坨组	6	—
水田村	铧厂组、竹林组、水井组、陈家组、黄家组、小屋基组、郑家山组	7	—
坳沟村	水竹园组、书房组、大坳沟组、湾里组、田湾组、坳沟组、汤家坳组、老屋基组	8	—
转龙村	堰塘沟组、枫香坪组、老寨组、水井湾组、李家寨组、大屋基组、王二组、王一组	8	—
27	—	240	1

天堂镇示意图

刀坝乡

刀坝乡位于北纬 28°10′24″～28°19′38″，东经 108°31′38″～108°38′57″。地处县境北部，距县城 52 千米。东依松桃苗族自治县永安乡，南接天堂镇，西连沙子坡镇，北与松桃自治县甘龙镇交界，乡人民政府驻刀坝村。

刀坝乡人民政府所在地全景（2010 年拍摄）

地貌地形 属典型的喀斯特地貌的山地。境内最高峰玛瑙山，海拔 1196 米；最低点胡家坝，海拔 497 米。

气候 属亚热带暖湿季风气候，其特点是夏季高温多雨，冬季温暖湿润。年平均气温 17.2℃，年平均降雨量 1100 毫米，全年无霜期为 280 天。

水文 境内河道属乌江水系，主要有三级河——车家河，总长 16.3 千米，流域面积 5.8 平方千米，由东向西经保和村流入沙子坡镇。

矿藏 境内已探明地下矿藏有硫铁矿、铁矿、煤矿等，其中：煤矿储量 432.63 万吨，铁矿储量 75.2 万吨，硫铁矿储量 21.33 万吨。

自然灾害 主要自然灾害有旱涝、冰雹、凝冻、地质灾害。2000 年，马桑坪滑坡（中型），毁房 3 间，损房 15 间。

人口面积 2008 年年末，辖区人口 30656 人，其中：农业人口 29856 人，非农业人口 800 人。在总人口中，以土家族、汉族、苗族为主，土家族 15451 人，占总人口 50.40%，苗族 6346 人，占总人口 20.70%，汉族及其他少数民族 8859 人，占总人口 28.90%。

全乡国土面积 130.2 平方千米，耕田面积 1326 公顷，其中田 832 公顷、土 494 公顷，人均 0.67 亩。

交通 境内县级公路有印（江）秀（山），印（江）麻（阳）2 条公路，长 22 千米，1993—1995 年，修通刀坝—兰克寨—双河—南家山村公路。2008 年，国家投资 32.5 万元，修通共和至南家山村公路 5 千米；国家投资 188.5 万元，修通共和至席联村公路 8 千米。下寨坝至安家坝村公路，长 6 千米；来安至青狮村公路，长 6 千米；来安至毛坝村公路，长 5 千米；小河至核桃坪村公路，长 4 千米。集镇建有 1 幢农村客运站。2008 年年底，客运量 9.1 万人次，货运周转量 85.6 万吨。

水利烟水工程 2007 年，国家投资 51.0417 万元，实施下寨坝村烟水工程，修沟渠 4 条 350 米，建水池 9 座，容积 3950 立方米，安装管网 1 条 5300 米，受益面积 26 公顷。国家投入资金 56.52 万元，实施安家坝村烟水工程，修沟渠 6 条 420 米，建水池 13 座，容积 420 立方米，安装管网 1 条 5500 米，受益面积 30 公顷。2008 年，国家投资 55.78 万元，实施大宅村烟水工程，修沟渠 1 条 119.9 米，建水池 10 座，容积 2300 立方米，安装管网 9 条 7900 米，灌桩 94 个，受益面积 33.33 公顷，附带解决 130 人饮水问题。国家投资 106.3 万元，实施联丰、庙坪村烟水工程，修沟渠 2 条 350.1 米，建水池 17 座，容积 4518 立方米，安装管网 16 条 14000 米，灌桩 102 个，受益面积 7.34 公顷，附带解决 102 人饮水问题。

饮水安全工程 2007 年，投资 37 万元，其中国家补助资金 31.45 万元、群众投劳折资 5.55 万元，安装管道 4.434 千米，建闸房 14 平方米，解决刀坝乡集镇 1321 人饮用水；投入资金 8.5 万元，其中国家补助资金 6.66 万元、群众投劳折资 1.84 万元，建调节池 3 座，容积 140 立方米，建集水池 3 座，容积 3 立方米，解决全民村田沟组 208 人饮用水。2008 年，国家投入资金 117.26 万元，安装管道 15.13 千米，建集水池1座，容积150立方米，建调节池6座，容积180立方米，安水泵2台15千瓦，建水厂650平方米、管房80平方米，架设输电线路300米，解决兰克、青狮、来安片区3627人饮水问题；投资31.73万元，其中国家补助资金28.55元、群众投劳折资3.18万元，安装管道11.1千米，建集水池3座，容积3立方米，建调节池3座，容积710立方米，解决670人饮水问题；投入资金31.62万元，其中国家补助资金28.58万元、群众投劳折资3.04万元，安装管道15.4千米，建集水池8座，容积8立方米，建调节池6座，容积170立方米，解决全民村800人饮用水问题；投入资金19.92万元，其中国家补助资金18万元、群众投劳折资1.92万元，安装管道9.8千米，建集水池3座，容积3立方米，建调节池3座，容积70立方米，解决会堡村绿荫滩500人饮水问题。

集镇建设 境内有刀坝、来安两个农贸市场。其中，刀坝农贸市场占地2880平方米，每场赶场人流量3.5万人次，场期为农历一、六日；来安农贸市场占地2800平方米，每场赶场人流量0.35万人次，场期为农历三、八日。2002—2003年，完成刀坝开发区易地移民搬迁40户。2003年，完成兰克集镇移民搬迁38户。2008年，新建综合文化站，将庙坪管理区17户移民搬迁到刀坝集镇。

国土管理 1999—2000年，完成全乡基本农田保护划定和编制工作。2003—2004年，完成乡集镇开发区和来安村集镇移民搬迁工程，共解决移民安置78户，推进刀坝乡小城镇建设发展。2005年，开展4个村农村宅基地使用权登记发证工作，累计登记发证567本。2006年，完成全乡以村为单位农村集体土地使用权确权登记工作。2007年，实施庙坪村移民搬迁工作。2008年，实施白金村土地开发项目工作，新增耕地26.27公顷；实施全民村和前寨村土地开发项目，完成新增耕地5.46公顷；实施庙坪村、大宅村、共和村、刀坝村、青狮村和下寨坝村土地开发工作。共计完成新增耕地55.83公顷。

电力资源 2008年，有保和村胡家坝水电站1座，10千伏安输电线路1条100.71千米，用电负荷650千瓦，年售电量932.78万千瓦时，综合电压合格率95.26%，供电可靠率99.82%。

通信电视 至2008年，有邮政网点1处，邮政服务投递点18个，乡村通邮率100%。通信企业3家，网点32个。村村通广播电视，覆盖率达98%。

农业 乡内农产品主要有水稻、玉米、小麦、马铃薯、红薯、油菜籽、烤烟。1993年，粮食总产量7300吨（其中水稻产量2500吨、小麦产量500吨），油菜籽产量300吨。2008年，粮食总产量1.06万吨（其中水稻产量3900吨、小麦700吨），油菜籽产量1000吨，烤烟产量400吨。

牧业 1993年，牛存栏5400头，生猪出栏9000头，山羊存栏9000只，肉类总产量600吨。2008年年末，牛存栏3800头，生猪存栏1.56万头，山羊存栏4200只，肉类总产量1700吨。

林业 至2008年，累计造林4160公顷，其中防护林4153.33公顷，经济林6.67公顷，农民住宅四旁树木3.5万株，森林覆盖率42.63%，活立木蓄积量39.78万立方米。

刀坝乡青狮村银杏古树

茶业 2006—2007年，有茶园面积13.33公顷；2008年，新增茶园面积95公顷。

乡镇企业 刀坝乡煤矿蕴藏量十分丰富，境内有2个煤矿厂。三层岩煤矿厂，矿山煤储藏量为333万吨，于1986年投产，2003年3月投入资金技术改造，生产规模达到年产量3万吨，2008年，再次改造后年产量达到9万吨。玉岩煤矿厂，煤储藏量为99.63万吨，年产量6000吨。

教育 1998年，国家投资35万元，建刀坝小学义教工程综合楼，建筑面积600平方米。

2000年，国家投资45万元，建兰克小学义教工程教学楼，建筑面积600平方米。

2002年，国家投资105万元，建刀坝初级中学教学楼，建筑面积2600平方米。

2006 年，国家投资 26 万元，建庙坪小学教学楼，建筑面积 560 平方米。

1998 年，全乡有完全小学 12 所，初级小学 9 所，教学点 18 个，在校学生总数 3880 人，7～12 周岁人口入学率 99%，教职工数 165 人；初级中学 1 所，13 个班，在校学生总数 854 人，13～15 周岁人口入学率 99.8%。

2008 年，有完全小学 10 所，教学点 25 个，在校学生总数 3279 人，7～12 周岁人口入学率 99.8%，教职工数 247 人；初级中学 1 所，24 班，在校学生总数 1386 人，13～15 周岁人口入学率 100%。

与 1998 年相比，2008 年 7～12 周岁人口入学率增长 0.8 个百分点，13～15 周岁人口入学率增长 0.2 个百分点。

卫生 至 2008 年，有卫生院 1 所，床位 20 张（包括村级床位），村级卫生室 20 间，专业卫生人员 14 人，其中执业医师 7 人、执业助理医师 2 人、护士 1 人。

文化旅游 境内有刀坝村万寿宫红三军会议遗址、毛坝村红三军军部遗址、区革命委员会及乡苏维埃政府旧址、青狮银杏树等景点。

行政区域变更 1992 年 10 月，根据县人民政府转发《铜仁行署关于转发〈贵州省人民政府关于印江土家族苗族自治县建镇并乡撤区行政区域变更的批复〉的通知》的通知，撤销庙坪乡、兰克乡、刀坝乡、合并建刀坝乡（乡科级）。刀坝乡人民政府驻刀坝村，辖原刀坝乡的刀坝、会堡、天坪、大屯、勤俭、下大坪、前寨、核桃坪、罗南溪、双河、共和、南家山、席联、保和 14 个村，原兰克的来安、下寨坝、田坝、洞沟、全民、毛坝、青狮、兰克寨、安家坝 9 个村，原庙坪乡的庙坪、大宅坝、联丰、白金岩、喻家岩 5 个村。

2008 年年末，全乡有 28 个村，271 个村民组。

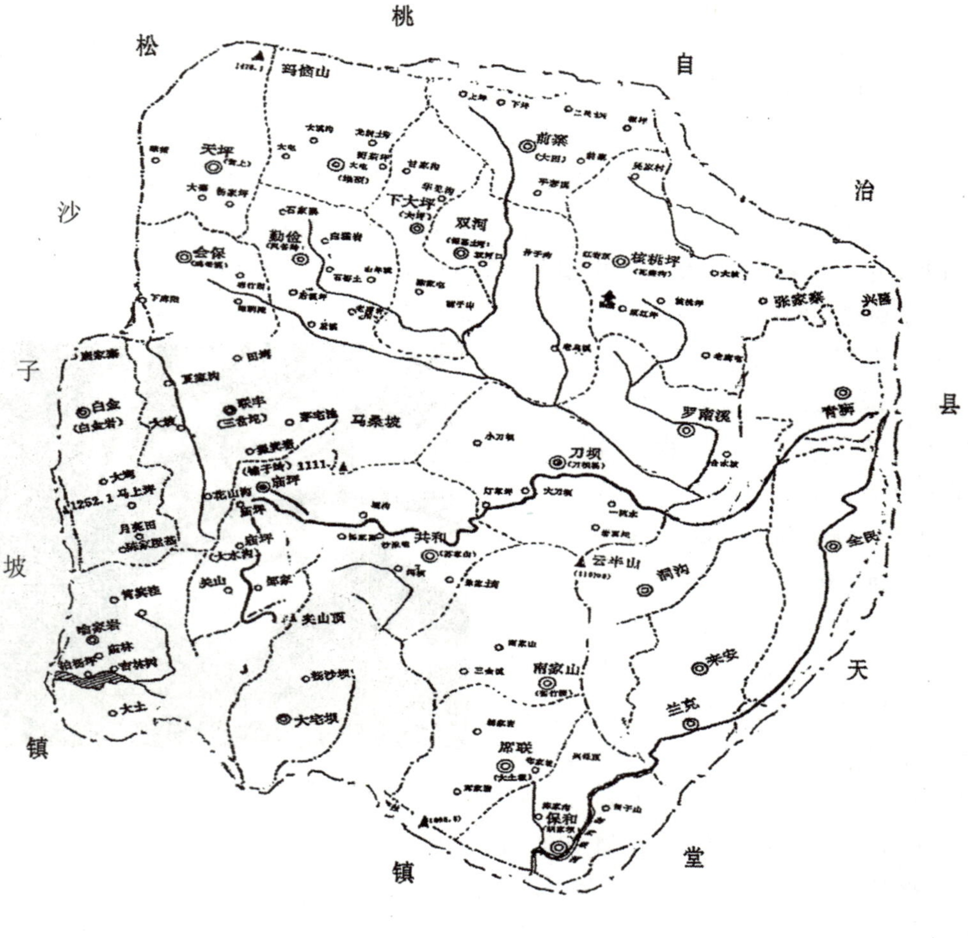

刀坝乡示意图

2008年刀坝乡村委会、村民组区划情况一览表

表1—16

村（社区、居委会）名称	村民组（街、路）名称	村民组（个）
田坝村	苍卜塘组、岭上组、赵内坡组、张家寨组、田坝组、关田组、奂香堡组、坪上组	8
大宅村	杨家组、何家组、熊家湾组、桐麻岭组、樊家组、陈家组、岩下组	7
洞沟村	盘海田组、插腊林组、黄家组、牛内坡组、洞沟组、夏家组、陈家组、上湾一组、上湾二组、下湾一组、下湾二组、枫香堡组	12
来安村	街上组、楼房组、大塘组、陈一组、陈二组、水氽头组、万丈坑组、生基坪组、坨一组、坨二组、下黄一组、下黄二组、上黄组、王家组	14
安家坝	上一组、上二组、中一组、中二组、下二组、下一组、大元子组、插腊坪组、龙一组、龙二组、老一组、老二组	12
兰克寨村	兰克一组、兰克二组、哨堡组、龙门坎组、沙坝一组、沙坝二组、柏林一组、柏林二组、森山一组、森山二组、麻竹园组、牟家湾组、蛇头组	13
刀坝村	小刀一组、小刀二组、下街组、上街组、中街组、灯草坪组、大刀坝组、坳上、坨里组、瓦厂组、岭上组	11
毛坝村	上吴组、下吴组、香树坪组、毛坝组、檀木组、檬子组、雪柏组	7
罗南溪村	岭下组、路上组、坝上组、河对门组、坝土湾组、陈家坝组、大寨组、水井湾组、岭上组、坝下湾组、新屋基、内口湾组、土坨组、上坡组、合水坡组	15
青狮村	白果组、中寨组、保一组、保二组、桐子坪组、桐子坡组、半坡组、狮子屯组	8
全民村	屋基上组、水田沟组、黄毛坪组、苦竹坝组	4
共和村	上杉朗组、堰沟组、下杉朗组、苏家山组、徐家湾组、河坝组、湾里组、白岩组、坑水沟组、上水井组、下水井组、龙门组、南竹坨组	13
庙坪村	庙坪组、龙门组、坨里组、水井沟组、邹家组、铺子岭组、关山组、黄家组、大水沟组	9
核桃坪村	滚金坪组、张家组、红岩顶组、二组、大坡组、老鹰屯组、曹家组、吴家村组、瓦房沟组、三组	10
前寨村	坪英组、杉树湾组、竹林堡组、下坪组、大田组、坪和组、前寨组、交坪组、当门坪组	9
双河村	双河组、中寨组、下双江组、屋基坪组、上双江组、新寨组	6
下大坪村	新华组、陈家屯组、上大坪组、下大坪组、甘家沟组	5
南家村	白杨丫组、南家组、竹园四组、竹园一组、竹园二组、竹园三组、大寨组、沟里组	8
席联村	上寨组、中寨组、下寨组、郑家组、胡家岩、坨里组、长房组	7
玉岩村	瓦房组、玉岩一组、玉岩二组、柏杨坪组、坨元组、吉林组、庙林组、烧基瓦组、叶家土、大土组、竹林堡组、小屋基组、田家湾组	13
白金村	陈家屋基组、李家组、上坪组、叶家组、大湾组、猪洞槽组、水井坪组、大田堡组、坨里组、屋基坪组、丫口组、唐家寨组	12
联丰村	半坡组、花山组、田湾组、河坎组、长田组、大坡组、小坪组、山茬组、王家组、泽池组、大寨组	11
大屯村	大溪沟组、大屯上组、大屯下组、龙洞组、茶坪组、苏家坝组	6
会堡村	上寨组、下寨组、河坎组、岭上组、湾里组、会保组、林家组、桃子坪组、麻竹园组、余家组	10

续表1—16

村（社区、居委会）名称	村民组（街、路）名称	村民组（个）
天坪村	插腊坪组、六塘组、大寨组、天坪组、阳家坪组	5
勤俭村	上丰岭组、下丰岭组、石家寨组、后溪坪组、后溪组、老猫岩组、下白猫组、上白猫组、上洋溪组、下洋溪组、石窖土组	11
保河村	沙洲组、坳田组、陈家沟组、保下组、保上组、生基湾组	6
下寨坝村	上岩组、下岩组、大坝组、栗子组、冷草组、小坳组、生基组、郭家组、椰木二组、龙坡组、河门组、甘田一组、坳上组、上湾组、下湾组、甘田二组、椰木一组、堆才一组、堆才二组	19
28	—	271

木黄镇

木黄镇人民政府所在地全景（一）（2010年拍摄）

木黄镇位于北纬27°59′36″～28°11′05″，东经108°38′08″～108°47′56″，地处县境东北部，东与松桃苗族自治县乌罗镇接壤，南与新业乡毗邻，西连合水镇，西北依天堂镇，北与松桃苗族自治县永安乡交界。镇人民政府驻木黄村，距县城41千米。

地貌地形 地貌发育受岩性制约，在页岩分布地区，溶蚀作用强烈，有落水洞、暗河、溶洞、溶沟、溶芽等，属喀斯特地貌。境内最高峰天庆寺，海拔1137.2米，最低点冲柴沟，海拔601.4米。

气候 属亚热带季风气候，其特点是夏季高温多雨，冬季温暖湿润。年平均温度16.8℃，年平均降雨量1300毫米，无霜期为270天。

水文 境内河道属乌江水系，有四级河——芙蓉河、木黄河，主要支流有鱼泉河、黄庵泉、燕鸣泉，河流总长12千米，流域面积67.2平方千米。

矿藏 境内储藏有金、电石灰岩、铜、锰、白水泥矿石、汞矿、大理石、花岗岩等。

自然灾害 主要自然灾害有旱涝、低温、连阴雨、冰雹、地质灾害等。

人口面积 2008年年末，辖区总人口29147人，其中：农业人口27770人，非农业人口1377人。在总人口中，以土家族、苗族、汉族为主，土家族18071人，占总人口62.0%，苗族2711人，占总人口9.3%，汉族及其他少数民族8365人，占总人口28.7%。

辖区有国土面积130.62平方千米，耕地面积1162公顷，其中：田745公顷，土地417公顷，人均耕地面积0.63亩。

交通 省道304（印江至松桃）公路经境内5个村。2007年年末，有乡村公路64千米。2008年，村村通公路。集镇有客车站1个，年客运总量13.2万人次，货运周转量187万吨。

水利 烟水工程 2007年，国家投资107.46万元，实施革底、岑阳村烟水工程，维修塘坝1座，容积40万立方米，修沟渠2条7140米，建水池8座，容积2639立方米，安装管网1条12907米，受益面积8公顷。

饮水安全工程 2007年，投资9.58万元，其中国家补助资金5.97万元、群众投劳折资3.61万元，安装管道5.52千米，建集水池1座，容积2立方米，建调节池2座，容积40立方米，解决新光村260人饮用水问题；2008年，投资19万元，其中国家补助资金17.1万元、群众投劳折资1.9万元，安装管道7.4千米，建集水池4座，容积36立方米，建调节池2座，容积220立方米，解决格底村通达溪组380人饮用水问题；投资23.64万元，其中国家补助资金17.65万元、群众投劳折资5.99万元，安装管道10.5千米，建集水池7座，容积7立方米，建调节池7座，容积200立方米，解决木盆村600人饮用水问题；投资21.47万元，其中国家补助资金15.49万元、群众投劳折资5.98万元，安装管道8.3千米，建集水池3座，容积8立方米，建调节池2座，容积120立方米，解决地茶村545人饮用水问题；投资32.38万元，其中国家补助资金28.99万元、群众投劳折资3.39万元，安装管道17.27千米，建集水池8座，容积8立方米，建调节池5座，容积210立方米，修拱坝1座12米，解决阳坝村冲柴沟、官塘组700人饮用水问题；国家投资32.57万元，安装管道34千米，建集水池2座，容积17立方米，建调节池8座，容积180立方米，解决地茶村河对门773人饮用水问题；投资119.82万元，其中国家补助资金103.13万元、群众投劳折资16.69万元，安装管道5.873千米，建集水池8座，容积8立方米，建调节池11座，容积560立方米，修拱坝1座12米，解决七百渡片区2393人饮用水问题。

集镇建设 1992年，由撤原木黄镇、建厂乡、新民乡，合建木黄镇。1995年，集镇建设区面积3000平方米，房屋建设面积4.41万平方米，其中公共建筑2.28万平方米。集镇有常住人口273户，1716人。有中小学、医院、电影院、图书室、镇属机关及乡镇企业8家，商业饮食15家，城镇初具规模。1996年，对集镇进行总体规划，规划面积65.43万平方米。1998年4月，投资55万元的程控电话光缆架通，平整长征路780米，面积约1.16万平方米；投资93.97万元，新建木黄中学教学综合大楼。2003—2008年，新区建设和老城改造面积达3万余平方米，集镇新增230户商户，建农贸市场8100平方米，改建会师大道、鱼泉街、中心街道，新建汽车站，占地1.25万平方米，改扩建自来水工程，新建综合文化站等。集镇有会师路、长征街等街道9条，常年个体工商业户260余家，集镇公共设施逐步得到完善。

电力资源 镇内有阳坝小型水电站1座，2008年，发电838万千瓦时。10千伏输电线路4条长79.15千米，年售电量2.379亿万千瓦时，综合电压合格率95.33%，供电可靠率99.16%。

境内有天然气（煤气）供气站4个，天然气用户307户，燃气普及率为23.6%。

通信电视 至2008年，有邮政网点1处（含新业乡），邮政服务投递点49个，乡村通邮率100%。有通信企业3家、网点29个。广播电视覆盖率达96%。

农业 全镇主要农产品有水稻、玉米、小麦、马铃薯、红薯、油菜、烤烟。1993年，粮食总产量5100吨（其中水稻产量2400吨、玉米产量500吨），油菜籽产量400吨、烤烟产量800吨。2008年，粮食总产量1.32万吨（其中水稻产量0.62万吨、玉米产量0.24万吨），油菜籽产量800吨，烤烟产量300吨。

牧业 1993年年末，牛存栏3000头，生猪出栏7100头，山羊存栏500只，肉类总产量600吨。2008年年末，牛存栏3700头，生猪存栏1.76万头，山羊存3000只，肉类总产量2300吨。

渔业 水资源丰富，水质好，养殖渔户多。

2001年，全镇内陆水域养殖面积18公顷，稻田养鱼面积368公顷，鱼产量77吨。2008年，内陆水域养殖面积24公顷，稻田养鱼面积460公顷，鱼产量200吨。

林业 至2008年，累计造林4473.33公顷，其中防护林4426.67公顷、经济林46.66公顷，农民住宅四旁树林18万株，林木覆盖率56.2%，活立木蓄积量28.17万立方米。

茶业 1988年，群众分散栽植茶园面积6.67公顷。1993—2001年年末，有茶园面积80公顷，茶叶产量3吨。至2008年，有茶园面积335公顷，茶叶产量67吨。

果园 1993年，全镇农户自己分散栽植的水果产量达21.32吨；至2008年，境内有果园面积80

公顷，水果产量 800 吨。

乡镇企业 至 2008 年，有酒厂 6 户、石厂 8 户、锰矿厂 2 户、加工厂 5 户、照相馆 2 户，企业总产值达 1.33 亿元。

木黄镇岑图寺风光

教育 1999 年，国家投资 60 万元，其中新建盘龙小学教学楼，建筑面积 480 平方米；新建木黄小学教学楼，建筑面积 720 平方米。

2000 年，国家投资 89.6 万元，新建木黄中学男生宿舍楼，建筑面积 2240 平方米。

2001 年，国家投资 15 万元，新建李家沟小学办公楼，建筑面积 300 平方米。

2002 年，国家投资 112.8 万元，其中新建木黄中学实验楼，建筑面积 600 平方米；新建岑阳小学教学楼，建筑面积 350 平方米；新建建厂小学教学楼，建筑面积 490 平方米；新建金厂小学教学楼，建筑面积 240 平方米；新建新民邵逸夫教学楼，建筑面积 480 平方米。

2003 年，国家投资 34.5 万元，新建地茶小学教学楼，建筑面积 490 平方米、新建办公楼 200 平方米。

2006 年，国家投资 49.6 万元，新建木黄小学综合实验楼，建筑面积 620 平方米。

2007 年，国家投资 123.3 万元，其中新建木黄小学学生宿舍楼，建筑面积 650 平方米；新建坪洞口小学教学楼，建筑面积 720 平方米。

2008 年，国家投资 145 万元，新建木黄中学女生宿舍、厨房、餐厅，建筑面积 2540 平方米。

1998 年，全镇有完全小学 11 所，初级小学 7 所，教学点 10 个，在校学生总数 3568 人，7～12 周岁人口入学率 96%，教职工数 156 人，有中学 1 所，28 个班，在校学生总数 1650 人，13～15 周岁人口入学率 90%。

2008 年，有完全小学 10 所，教学点 15 个，在校学生总数 2992 人，7～12 周岁人口入学率 100%，教职工数 167 人，中学 1 所，高中 4 个班 218 人，初中 25 个班 1437 人，在校学生总数 1655 人，13～15 周岁人口入学率 99.5%。

与 1998 年相比，2008 年小学 7～12 周岁人口入学率增长 4 个百分点，13～15 周岁人口入学率增长 9.5 个百分点。

卫生 至 2008 年，有卫生院 1 所、村级卫生室 27 间、床位 38 张，有专业卫生人员 21 人，其中执业医师 6 人、执业助理医师 6 人、护士 4 人。

老年体育 1988 年，成立木黄区老年体协，有成员 48 人，活动开展项目有篮球、象棋、门球、太极拳、晨操（广播体操）、诗词、楹联、书法等。老年体协接受区党委、区公所交给的“管好纪念碑，美化纪念碑”的任务，一边搞好体育活动，一边搞好管理、美化纪念碑工作。规定每个成员每年包栽包活 10 棵至 20 棵“长寿树”，培育花木苗圃，在通向纪念碑的公路两旁栽上 10 多种花卉。同时，每年书写、张贴宣传标语，增强广大人民群众的公德意识。1988 年，老年体协举办木黄区首届“长寿怀”运动会，会员杨修龙个人出资主办木黄区首届农民运动会，成立木黄区农民体育协会。木黄区多次被省、地、县评为体育、文化先进单位。1990 年，老年体协会员杨修龙被评为全国农村体育文化先进个人、县民族团结进步先进个人。1996 年，由镇人民政府投入资金、群众集资投工投劳修建老年体育门球场。至 2008 年，镇老年体协多次举办木黄镇老年书画作品展、运动会。体协会员发展到 110 人。

文化旅游 有国家级文物保护单位木黄会师纪念碑、会师纪念馆，县级文物保护单位会师柏、两军团政治部、田氏宗祠，有天庆寺、太平寺、岑图寺（古名小梵净山），有傩戏、花灯等民间文艺组织，饮食文化有金豆腐、贡米、糖粑、茶叶、木黄窖酒等。2003 年，木黄镇被省人民政府命名为风景名胜区；2006 年 8 月，木黄镇被省人民政府命名为历史文化名镇。

行政区域变更 1992 年，根据县人民政府转发《铜仁行署关于转发〈贵州省人民政府关于印江土家族苗族自治县建镇并乡撤区行政区域变更的批复〉的通知》，撤销木黄镇、新民乡、建厂乡，合并建木黄镇（乡科级）。镇人民政府驻木黄村，全镇辖原木黄镇的木黄、阳坝、李家沟、张家沟、岑阳、格底、三合、地茶、老寨、五甲、官塘 11 个村，原建厂乡的燕子岩、金厂、金星、昔坪、盘龙、凤仪、乌溪、木盆、高山、桅杆、大坳 11 个村，原新民乡的乌巢、新光、荣光、坪洞口、七百渡 5 个村。

2008 年年末，全镇辖 1 个居委会、27 个村、195 个村民组。

2008 年木黄镇居委会、村、村民组区划情况一览表

表 1—17

村（社区、居委会）名称	村民组（街、路）名称	村民组（个）	居委会（个）
居委会	一组、二组、三组、四组、五组、六组、七组、八组、九组、十组、十一组、十二组、十三组、十四组、十五组、十六组、十七组、十八组、十九组	—	1
木黄村	一组、二组、三组、四组、五组、六组、七组、八组、九组、十组	10	—
官塘村	一组、二组	2	—
五甲村	一组、二组、三组、四组、五组	5	—
老寨村	一组、二组、三组、四组、五组、六组、七组、八组、九组	9	—
地茶村	一组、二组、三组、四组、五组、六组、七组、八组、九组、十组	10	—
三合村	一组、二组、三组、四组	4	—
革底村	一组、二组、三组、四组、五组、六组	6	—
岑阳村	一组、二组、三组、四组、五组、六组、七组	7	—
李家沟村	一组、二组、三组、四组、五组、六组	6	—
张家沟村	一组、二组、三组、四组、五组	5	—
阳坝村	一组、二组、三组、四组、五组、六组、七组、八组、九组、十组	10	—
金星村	刘魏组、田家组、张家组、脚庵组、青杠坪组	5	—
金厂村	坳田组、店子组、蒋家组、上街组、转塘组	5	—
昔坪村	王家普组、排龙田组、秋家沟组、两个懂组、杉木林组、捞杠圈组	6	—
盘龙村	坪河组、关河组、官寨组、盘龙组、响水组、邓家组	6	—
凤仪村	朱家组、喻家组、石桥组、上寨组、下寨组、高石坎组、凤坳组、大木转组	8	—
燕子岩村	鱼泉组、燕鸣组、燕兴组、甘田嘴组	4	—
乌溪村	熊家组、白粉墙组、柏香林组、黄家组、普子组、寨坝组、周家组、新寨组、下关组、大坪组、祠堂边组、上关组	12	—
木盆村	刘家组、钟家组、陈上组、吴家组、陈下组、枷档土组	6	—
大坳村	大坨组、大坳组、砂厂组、坨岑组	4	—
桅杆村	大院子组、桅杆组、格罗组、坪二组、张家组、戴上组、戴下组	7	—
高山村	二黄组、老屋基组、大寨组、席家组、姜家组、查家组	6	—
乌巢村	吴家组、刘家组、岩溪口组、寨王坳组、熊家坪组、跳墩组、付家湾组、范家扁组、号上组、坎上组、水源湾组、桶子头组	12	—
新光村	冉家坝组、郭家组、下黄家组、上黄家组、白岩湾组	5	—
荣光组	一组、二组、三组、四组、五组、六组、七组、八组、九组、十组	10	—

续表1—17

村（社区、居委会）名称	村民组（街、路）名称	村民组（个）	居委会（个）
坪洞口村	街一组、街二组、街三组、街四组、街五组、街六组、徐一组、徐二组、徐三组、枫香林组、彭家屋基组、尖屯组、堡上组、蛮子山组、八斗堰组、坨里组	17	—
七百渡村	官院组、鱼秋湾组、院子一组、院子二组、院子三组、店子组、水源沟组、坪上组	8	—
27	—	195	1

木黄镇示意图

新业乡

新业乡人民政府所在地全景（2010 年拍摄）

新业乡位于北纬 28°55′13″～28°03′54″，东经 108°35′41″～108°44′35″。地处县境东部，东与松桃苗族自治县乌罗镇接壤，南与永义乡毗邻，西与合水镇相连，北与木黄镇交界，乡人民政府驻木良村，距离县城 50 千米。

地貌地形 属典型的喀斯特地貌。境内有溶洞、溶洼、溶沟、落水洞、暗河等。境内最高峰棉絮岭，海拔 1901.2 米，最低点木良村，海拔 775 米。

气候 属亚热带暖湿季风气候，受梵净山小区域气候环境影响，境内冬天严寒，夏无酷暑。年平均气温 14.8℃的，年平均降雨量 1048 毫米，全年无霜期为 270 天。

水文 乡内河道属乌江水系，有四级河——芙蓉河，长 8.6 千米，流域面积 23 平方千米，是印江河的主要支流之一。

矿藏 境内已探明地下矿藏有锡、钨铜矿、锡钨矿、长石矿、铀矿、黄金矿、萤石矿、锰矿、磷矿、石英石、水晶石、铌钽矿、辉绿岩等。

自然灾害 主要自然灾害有洪涝、低温、地质灾害等。2002 年，贵州省地矿局 103 地质大队和印江自治县防汛抗旱指挥部、国土局调查统计，后河村杨家堰滑坡，死 1 人伤 1 人，毁房 4 间，损房 20 间，迫迁 3 户；锅厂村边山滑坡毁房 3 间，损房 2 间，迫迁 4 户。

人口面积 2008 年年末，辖区总人口 12821 人，其中农业人口 12487 人、非农业人口 334 人。在总人口中，以土家族、苗族、汉族为主，土家族 8398 人，占总人口 65.5%，苗族 2308 人，占总人口 18.0%，汉族及其他民族 2115 人，占总人口 16.5%。

辖区国土面积 136 平方千米，耕地面积 621 公顷，其中田 300 公顷、土 321 公顷，人均耕地面积 0.75 亩。

交通 1988—2007 年，国家先后投资 45.7 万元，群众投劳折资 28.3 万元，修建了文昌至落坳、芙蓉至烂茶坪、平坝至帅家沟、河口至黑巷子，茶山至山洞等公路，开通印江县城至新业乡村客运班车。至 2008 年，乡村公路里程达 126.7 千米，年客运量 2.3 万人次，货运周转量 53 万吨。

水利 烟水工程 2007 年，国家投资 52.96 万元，实施双林村烟水工程，修沟渠 4 条 300 米，建水池 12 口，容积 4313 立方米，安装管网 1 条 5100 米，受益面积 26.27 公顷。2008 年，国家投资 67.75 万元，实施格山村烟水工程，修沟渠 1 条 155 米，建水池 9 座，容积 2471 立方米，安装管网 5 条 13500 米，受益面积 66.67 公顷；国家投资 84.9 万元，实施落坳村烟水工程，修沟渠 13 条 1800 米，建水池 14 座，容积 4875 立方米，安装管道 13 条 9600 米，灌桩 57 个，受益面积 56.67 公顷，附带解决 100 人饮用水问题。

饮水安全工程 2008 年，国家投资 45.61 万元，安装管道 34.2 千米，建集水池 11 座，容积 11 立方米，建调节池 13 座，容积 445 立方米，解决芙蓉、居龙片区 1878 人饮用水问题。

集镇建设 2006—2008 年，结合国家易地扶贫搬迁项目，与小城镇建设相结合形式，国家投入扶贫资金 228 万元，群众自筹资金 586 万元，新业乡集镇易地扶贫搬迁项目总占地面积 21930 平方米，搬迁农户 112 户 492 人，硬化街道、安装路灯、小区建设等，新建综合文化站等。

电力资源 2008 年年末，境内有芙蓉坝小型水电站 1 座，10 千伏高压输电线路 1 条 66.66 千米，用电负荷 250 千瓦，年售电量 234 万千瓦时。

通信电视 至2008年，有邮政网点1处，邮政服务投递点12个，乡村通邮率100%。通信企业3家，网点18个。村村通广播电视，覆盖率达76%。

农业 境内主要农产品有水稻、玉米、马铃薯、红薯、油菜、烤烟。1993年，粮食总产量1800吨（其中水稻产量400吨、玉米产量200吨），油菜籽产量200吨，烤烟产量400吨。2008年，粮食总产量4300吨（其中水稻产量1000万吨、玉米产量900吨），油菜籽产量200吨，烤烟产量300吨。

牧业 1993年，牛存栏1700头，生猪出栏4000万头，山羊存栏300只，肉类总产量400吨。2008年年末，牛存栏1500头，生猪存栏4000万头，山羊存栏1500只，肉类总产量700吨。

新业乡芙蓉村田园风光

林业 至2008年，累计造林3966.67公顷，其中防护林3900公顷、经济林66.67公顷，农民住宅四旁树木19.6万株，森林覆盖率73.75%，活立木蓄积量25.5万立方米。

茶业 1988—1991年，茶园面积10公顷，绿茶产量3吨；1992—2001年，茶园面积20公顷、绿茶产量7吨；2002—2008年，茶园面积316公顷，绿茶产量64吨。

果园 1993年，农户自发栽植，水果产量5吨；2001年，群众分散自栽自管，水果产量90吨。至2008年，没有发展果园。

教育 1999年，国家投资11.6万元，新建乡教办办公楼，建筑面积299平方米。

2002年，国家投资46.4万元，新建新业初级中学学生宿舍楼，建筑面积580平方米；国家投资30.0万元，新建芙蓉教学楼，建筑面积810平方米；印江自治县畜牧局捐资5万元，硬化新业初级中学体育场，硬化面积900平方米。

2005年，国家投资13.5万元，新建丰塘小学教学楼，建筑面积250平方米。

2007年，国家投资6万元，新建双林小学教学楼，建筑面积80平方米。

1998年，全乡有完全小学4所，初级小学6所，教学点5个，在校学生总数1598人，7～12周岁人口入学率96.0%，教职工数72人；初中1所，9个班，在校学生总数498人，13～15周岁人口入学率90.0%。

2008年，有完全小学3所，初级小学2所，教学点5个，在校学生总数1320人，7～12周岁人口入学率99.0%，教职工数99人；初级中学1所，9个班，在校学生总数465人，13～15周岁人口入学率97.0%。

与2001年相比，2008年7～12周岁人口入学率增长3个百分点，13～15周岁人口入学率增长7个百分点。

卫生 2008年，有医院1所，床位10张，村级卫生室15间，有专业技术人员8人，其中执业医生4人、助理医师2人、护士2人。

文化旅游 有国家级自然保护区梵净山、芙蓉兴隆桥、新业文昌阁、土司墓群、杜鹃花海、居龙村傩戏傩技表演、木良村狮子灯等。

行政区域变更 1992年，根据县人民政府转发《铜仁行署关于转发〈贵州省人民政府关于印江土家族苗族自治县建镇并乡撤区行政区域变更的批复〉的通知》，撤销新业乡、落坳乡、合并建新业乡（乡科级）。乡人民政府驻木良村。全乡辖原新业乡的木良、中河、文昌、锅厂、边山、坪坝、平所、铁厂、居龙、芙蓉10个村，原落坳乡的落坳、后河、格山、丰塘、上寨、双林6个村。

2008年年末，全乡辖16个村委会111个村民组。

2008年新业乡村委会、村民组区划情况一览表

表1－18

村（社区、居委会）名称	村民组（街、路）名称	村民组（个）
后河村	一组杨家堰、二组杉树坪、三组青杠林、四组道沟坪、五组大堰沟	5
上寨村	一组大寨上、二组杉树湾、三组大寨中、四组大寨下、五组麻四沟、六组黄泥堡	6
落坳村	一组腊土、二组对门沟、三组上落坳、四组中落坳、五组下落坳	5
格山村	一组熊洞、二组洞脑壳、三组洞底下、四组格山洞、五组岩鹰洞	5
丰塘村	一组车转坪、二组两叉路、三组上坝、四组中坝、五组下坝、六组文家沟、七组水落坳	7
双林村	一组陈家林、二组上赵家林、三组下赵家林、四组天车井	4
中河村	一组上魏家、二组下魏家、三组田家坡、四组李家、五组黑巷子、六组椰树坪	6
文昌村	一组河口沟、二组桂花新、三组向家寨、四组上宋家湾、五组下宋家湾	5
木良村	一组、二组、三组、四组、五组、六组、七组、八组、九组、十组、十一组、十二组衙门、十三组上蜂子坳、十四组下蜂子坳	14
锅厂村	一组官寨、二组杨柳沟、三组烂湾、四组张家、五组吴家、六组李家湾、七组上店子、八组中店子、九组下店子、十组江口司、十一组七水沟	11
边山村	一组上边山、二组下边山、三组罗家沟、四组大路岭	4
坪坝村	一组韭菜塘、二组周家、三组任家、四组杨家、五组河对门、六组银家、七组麻阳寨刘家堰	7
芙蓉村	一组雀子坳（古名“却旨坳”，因李皇后“却旨诗”而名）、二组上黄家院子、三组下黄家院子、四组下寨、五组中寨、六组田坝、七组上寨、八组核桃湾、九组上张家坪、十组下张家坪、十一组上谢家、十二下谢家、十三组陆家、十四组烂茶坪	14
坪所村	一组斑鸠井、二组下坪所、三组中坪所、四组刘家湾、五组核桃湾	5
居龙村	一组上杨家沟、二组居龙片、三组上樊家片、四组化槁岭、五组梁家坪老房子、六组下樊家片、七组下杨家沟	7
铁厂村	一组上帅家沟、二组中帅家沟、三组下帅家沟、四组上铁厂沟、五组下铁厂沟、六组药木坪	6
16	—	111

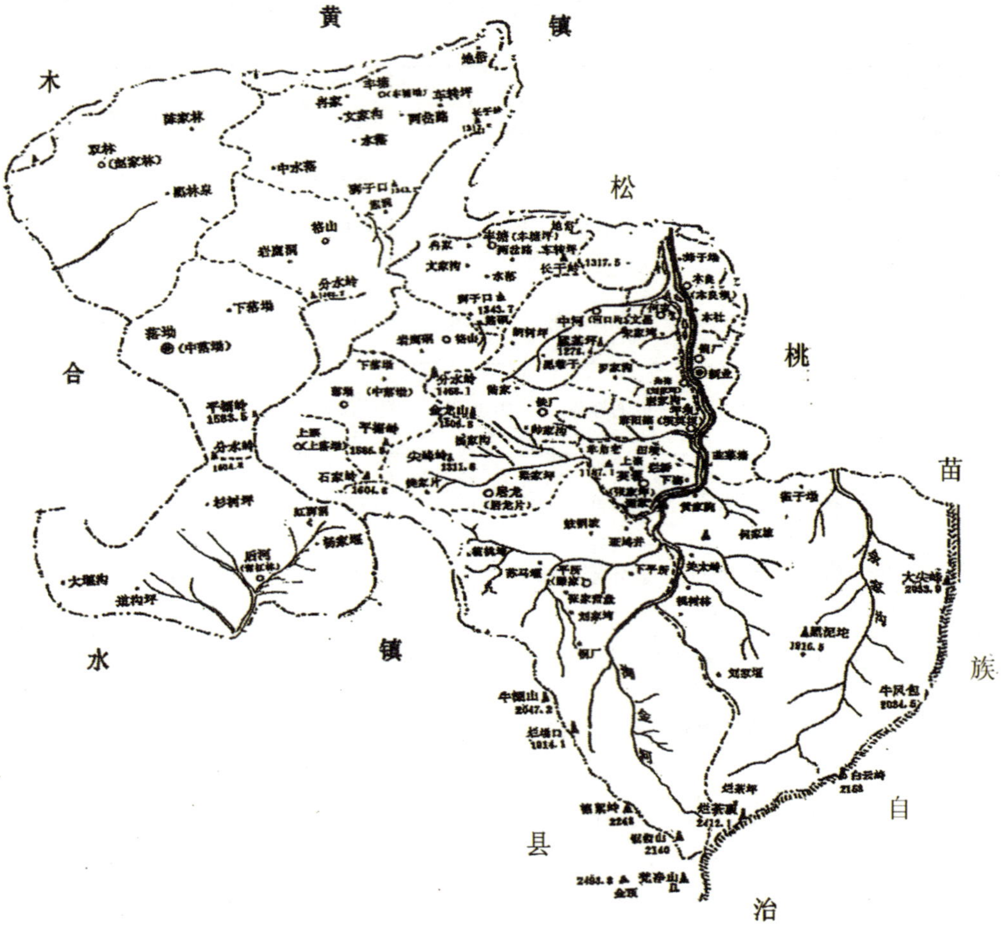

新业乡示意图

合水镇

合水镇人民政府所在地全景（2010年拍摄）

合水镇位于北纬27°59′17″～28°06′53″，东经108°30′17″～108°40′41″。地处县境东北部，东连新业乡，南依永义乡，西接板溪镇，北邻天堂镇，东北与木黄镇交界。镇人民政府驻地合水村，距离县城20千米。

地貌地形 境内是典型的喀斯特地貌，岩性属页岩、石灰岩，被水侵蚀有溶沟、溶槽、溶洞、石芽、溶柱等。最高峰汤家井，海拔1359米，最低点二道水，海拔567米。

气候 属亚热带湿润季风气候，夏季炎热多雨，冬季温暖湿润。年平均气温15℃、平均降雨量1300毫米，无霜期299天。

水文 主要河流——三级河印江河，由金厂河、永义河在此汇合而成，流经镇域长25千米。由东向西流入朗溪镇境内。

自然灾害 主要有旱、洪涝、低温、连阴雨、冰雹、地质灾害等。2002年，亚子坝陡岭沟滑坡，直接损毁房屋10间，间接威胁20间房屋的安全。

人口面积 2008年年末，辖区总人口31077人，其中农业人口29946人、非农业人口1131人。在总人口中，主要以土家族、苗族、汉族为主，土家族13986人，占总人口45.0%，苗族5967人，占总人口19.2%，汉族及其他民族11124人，占总人口35.8%。

辖区国土面积118.9平方千米，耕地面积1288公顷，其中田716公顷、土572公顷，人均耕地面积0.65亩。

交通 印（江）松（桃）线过境内里程21千米。2006年前，有县乡级公路2条。2008年，国家投资130万元，新建普子至汤家井村公路20千米；国家投资65万元，新建茶罗至符家沟村公路10千米；国家投资130万元，新建落佑至羊角堖村公路20千米；国家投资97.5万元，新建落佑至龙洞村公路15千米。是年年末，全镇公路总长62千米，年客运量8.6万人次，货运周转量85.5万吨。

水利 烟水工程 2007年，国家投资88.83万元，实施新槽村烟水工程，维修塘坝1座容积8000立方米，修沟渠4条2350米，建水池8座，容积2066立方米，安装管网1条13120米，受益面积60公顷。

饮水安全工程 2008年，国家投资12.66万元，其中国家补助资金9.45万元、群众投劳折资3.21万元，安装管道5.8千米，建集水池2座，容积8立方米，建调节池3座，容积110立方米，解决新场村秦满坡组320人饮用水问题；投资36.66万元，其中国家补助资金28.45万元、群众投劳折资8.21万元，安装管道9.2千米，建集水池6座，容积96立方米，建调节池9座，容积580立方米，解决新槽村916人饮用水问题；投资13.95万元，其中国家补助资金10.54万元、群众投劳折资3.41万元，安装管道4.9千米，建集水池4座，容积15立方米，建调节池1座，容积100立方米，维修大水井2座，解决羊角老村375人饮用水问题。

集镇建设 1995年，集镇建成区面积4.9万平方米，有房屋面积2.1万平方米。常住人口208户1312人。有镇属机关事业单位19个，中小学、医院各1所，商业服务网点25家。有酒厂、瓦厂、缝纫、木材加工、白皮纸加工厂等乡镇企业15家。1996年，对集镇进行总体规划，规划面积27.3万平方米。

1997年6月，街道加宽改造工程启动，拆除规划红线以内建筑物123户，拓宽街道9～11米，年底建成长780米、面积7500平方米的水泥路面街道。2001年，国家投资"渴望工程"项目106.55万元，建设取水隧洞长1座148米、调节池6座、输水主管道10条10.43千米，建成合水镇自来水供水系统，解决镇政府所在地各单位及鱼泉村、平峨村、新莲村、高寨村共8650人、5218头牲畜的饮水困难。1998—2008年，先后扩建小学，新建农贸市场、敬老院、车站和停车场，改建自来水，新建垃圾处理场，新建综合文化站等，集镇公共设施日臻完善。有农贸市场1个，占地4.25万平方米，每场赶人流量2万人次，场期为农历三、八日。

电力资源 2008年年末，有小水电站1座，有输电线路2条，长82.02千米，用电负荷5081千瓦，年售电量453万千瓦时，综合电压合格率98.85%，供电可靠率98.8%。有天然气（煤气）站1个，天然气居民用户426户，燃气普及率为32%。

通信电视 至2008年，有邮政网点1处（含永义乡），邮政服务投递点35个，乡村通邮率100%。有通信企业3家，网点31个。广播电视覆盖率达86%。

农业综合开发 境内农产品主要有水稻、玉米、小麦、马铃薯、红薯、油菜、烤烟。1993年，粮食总产量5700吨（其中水稻产量2900吨、玉米产量100吨），油菜籽产量500吨，烤烟产量500吨。1992—1993年，全镇完成梯土改田213.33公顷。1994—1996年，全镇平均每年推广杂交水稻40.6公顷，重点推广"Ⅱ优363""Ⅱ58"优质水稻品种；推广杂交油菜416.67公顷，推广"油菜杂选1号""油研7号"优质品种；玉米主要推广"农大338""农大108""临奥1号"；薯类推广脱毒品种。水稻、油菜、玉米良种应用率均达到90%。1997—2002年，每年推广旱地分带轮作、多熟制技术20公顷、地膜覆盖栽培技术200公顷；推广玉米肥球育苗移栽26.67公顷、油菜育苗移栽450公顷、玉米包衣种示范33.33公顷、小麦包衣种示范27.33公顷；推广农村能源及生态农业技术，新建沼气池400口，并完成配套改厕、改灶、改圈工作；建成省柴节煤灶900户；大力发展以沼气为纽带的生态农业，指导农民按照“猪—沼—粮”“猪—沼—菜”“猪—沼—果”等模式进行沼气综合利用。推广水果生产技术，引进水果新品种18个，三坪村、小杉木村、落佑村栽植柑橘和梨，新建优质果园133.33公顷。2002年，全镇水果收入达120万元，同时，每年发展反季节蔬菜66.67公顷。2003年，实施农业综合开发，国家投资454万元，涉及该镇11个村，核心区集中在高寨坝、小河坝、魏家坝66.67公顷耕地，建设、开挖、疏浚渠17.62千米，其中排洪渠0.81千米、排水渠15.26千米、排灌渠1.1千米，建防洪堤0.3千米、维修防洪堤0.15千米，建生态渔业工程20公顷，修建田间便道1.32千米，建机耕道2条1.5千米。2004—2008年，完成中低产田改造316.2公顷，其中汗渍排水型稻田改造122.8公顷、干旱灌溉型稻田改造84.67公顷、浅薄培肥型田改造108.73公顷。2008年，粮食总产量1.06万吨（其中水稻产量0.42万吨、玉米产量0.26万吨），油菜籽产量0.11万吨，烤烟产量0.03万吨。

牧业 1993年，牛存栏2700头，生猪出栏7900头，山羊存栏600只，肉类总产量800吨。2008年，牛存栏2900头，生猪存栏1.21万头，山羊存栏2100只，肉类产量1500吨。

林业 至2008年，累计造林3506公顷，其中防护林3473公顷、经济林33公顷，农民住宅四旁树木7.5万株。林木覆盖率44.97%，活立木蓄积量20.9万立方米。

茶业 1988—1991年，有茶园面积6.27公顷，绿茶产量达2吨；1992—2001年，有茶园面积40公顷，绿茶产量15吨；2002—2008年，有茶园面积164公顷，绿茶产量25吨。

果园 1993年，果树是农户分散植栽，水果产量300吨；2008年，有果园面积282公顷，水果产量1200吨。

乡镇企业 至2008年，有酒作坊1家，年产量18吨，年产值43.2万元；沙场1个，年产值110万元；白皮纸作坊30户，年产值100万元。累计产值253.2万元。

教育 1999年，新建新场小学教学楼，建筑面积600平方米。

2000年，新建合水小学教学楼，建筑面积780平方米。

2003年，新建合水初级中学教学楼，建筑面积2100平方米。

2005年，新建兴旺小学教学楼，建筑面积260平方米。

2006年，县人民武装部捐资新建符家沟小学八一小学教学楼，建筑面积250平方米。

2007年，新建石万小学教学楼，建筑面积480平方米。

合水中学全景

1998年，全镇有完全小学11所，初级小学6所，教学点11个，在校学生总数3468人，7～12周岁人口入学率98.8%，教职工数162人；有初级中学1所，10个班，在校学生总数486人，13～15周岁人口入学率78.1%。

2008年，有完全小学8所，教学点14个，在校学生总数2591人，7～12周岁人口入学率99.9%，教职工数128人；有初级中学1所，有21个班，在校学生总数1034人，13～15周岁人口入学率95.06%。

与2001年相比，2008年7～12周岁人口入学率增长1.1个百分点，13～15周岁人口入学率增长

16.96 个百分点。

卫生 至 2008 年，有卫生院 1 所，村级卫生室 29 个，床位 20 张；有专业卫生人员 16 人，其中：执业医师 7 人，执业助理医师 3 人，护士 2 人。

文化旅游 该镇是贵州省长号唢呐艺术之乡，兴旺村是古法造纸的中国民间文化艺术之乡。有何家沟马马灯，有龙洞村、合水村傩戏班，有土硐村明代摩崖、古道等。

行政区域变更 1992 年，根据县人民政府转发《铜仁行署关于转发〈贵州省人民政府关于印江土家族苗族自治县建镇并乡撤区行政域变更的批复〉的通知》，撤销合水乡、新场乡、坪柳乡，合并建合水镇（乡科级）。镇人民政府驻合水村，全镇辖原合水乡的合水、大昔、三坪、新槽、高寨、新台、兴旺、木腊、香树坪、新莲、坪峨、鱼泉、水转 13 个村，原新场乡的坪楼、亚子坝、汤家井、新场、普子、茶罗、大堡、符家沟、官庄、石万、洛佑、羊角垴、龙洞、土硐 14 个村，原坪柳乡的白元、小杉木 2 个村。

2008 年年末，全镇辖 29 个村 187 个村民组。

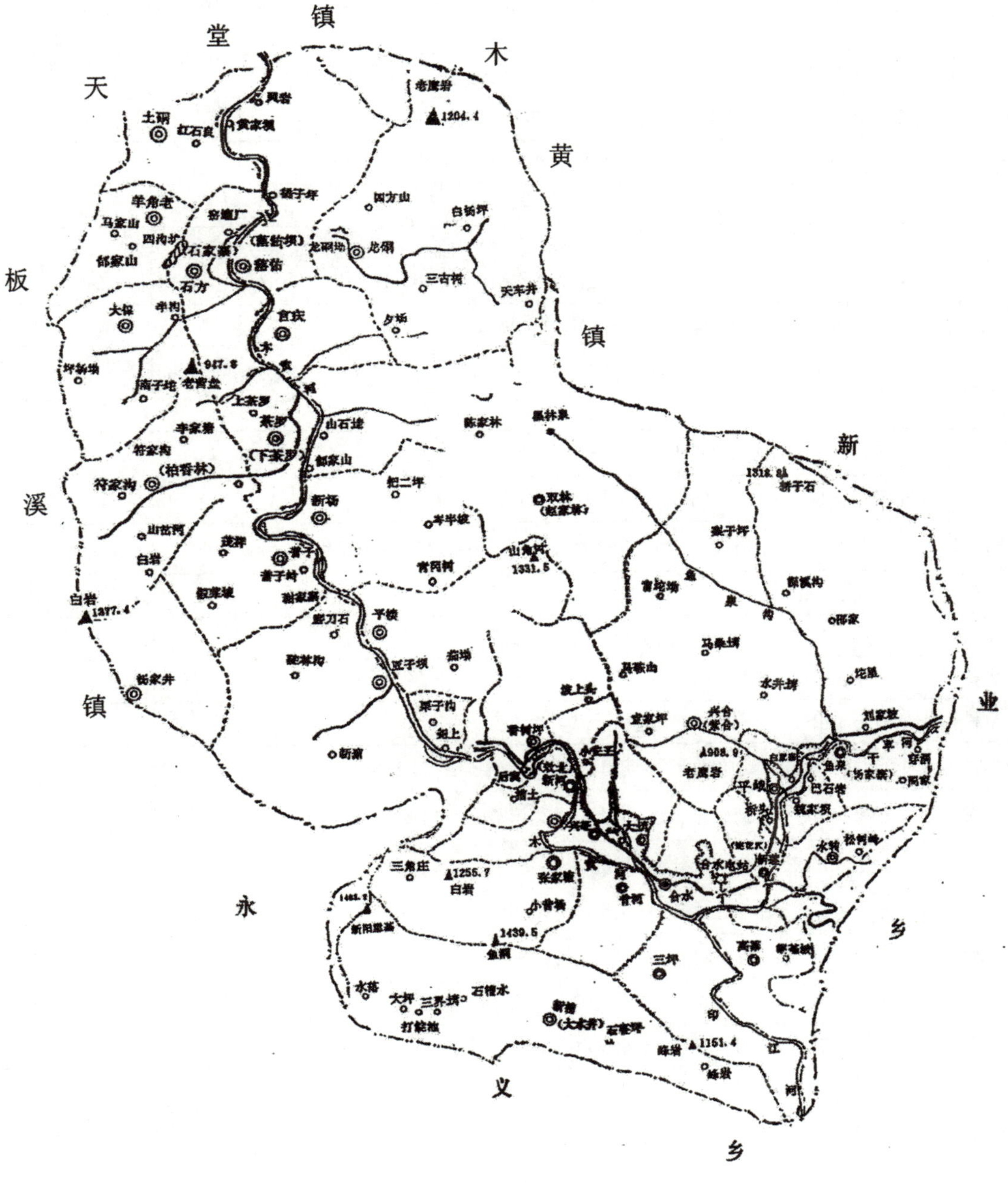

合水镇示意图

2008年合水镇村委会、村民组区划情况一览表

表1—19

村（社区、居委会）名称	村民组（街、路）名称	村民组（个）
合水村	一组、二组、三组、四组、五组、六组、七组、八组、九组、十组、十一组	11
新台村	龙洞湾组、卢家湾组、谭家寨组、元家坪组、店子组、马鞍山组、马桑湾组、水井湾组、桐子园组、关桶坳组、梨子坪组	11
大昔村	上坝组、下坝组、一组、二组、三组、四组	6
新槽村	丰岩组、石窖坪组、大水井组、石槽组、三界湾组、打电池组、大坪组、水落组	8
小杉木村	红星组、竹园组、院子组、和平组、上大乡组、下大乡组、香树林组、东风组、水井湾组、渠家湾组、快闸组	11
兴旺村	上寨组、中寨组、塘口组、巷子组、巷口组、大院组、渊场组、小湾组、围墙组、沟口组	10
香树坪村	坡上头组、香树坪组、石峨组、郊北组、小安土组	5
木腊村	山角庄组、小昔场组、张家塘组、木一组、木二组、朝土组	6
三坪村	坪里组、香树坨组、田家组、水源组、新坪组、昔场组、坪场组	7
高寨村	高寨组、高丰组、上寨组、五星组、大坡组	5
白元村	下白元组、丫坳组、上白元组、创井树组、锅圈岩组、麻湾组、蔡家坡组、廖上组、廖下组、快子沟组、半吉田组、大湾沟组、田坝组、快邓组	14
水转村	松树岭组、上寨组、中寨组、下寨组、四坳坡组	5
坪峨村	任家寨组、田上组、田下组、坪峨组、新峨组、新民组、桥头组、魏家坝组、巴石岩组	9
亚子坝村	插腊坪组、田坎组、新寨组、栗子沟组、尧上组	5
新场村	晴半坡组、中湾组、场口组、下街组、中街组	5
符家沟村	纸厂沟组、柏香林组、三岔沟组、符家沟组、符家岭组、李家塘组	6
官庄村	一组、二组、三组	3
落佑村	一组、二组、三组、四组、五组、六组、七组	7
大堡村	一组、二组、三组、四组	4
土硐村	红石梁组、下土硐组、上大湾组	3
新莲村	天井组、上寨组、中寨组、大院组、店子组、巷子组、下寨组	7
鱼泉村	杨家寨组、周家组、坪上组、坝上组、刘家坡组、坨里组、深溪沟组	7
坪楼村	一组、二组、三组、四组、渠坳组	5
普子村	茂样组、假差组、普子组、江头组、谢家寨组	5
茶罗村	一组、二组、三组、四组、五组、六组、七组	7
龙洞村	道角组、三古树组、昔场组	3
石万村	一组、二组、三组、四组、五组、六组	6
羊角垴村	马家山组、上羊组、下羊组、白坟岭组、告家山组	5
汤家井村	一组	1
29	—	187

永义乡

永义乡人民政府所在地（1994 年拍摄）

永义乡位于北纬 27°53′07″～28°00′18″，东经 108°29′57″～108°41′11″。地处县境东部，东与江口县太平土家族苗族乡及松桃苗族自治县乌罗镇交界，南与江口县德旺土家族乡毗邻，西南与罗场乡相连，西与朗溪镇相依，北与合水镇接壤。乡人民政府驻永义村。距县城 32 千米。

地貌地形 属典型的喀斯特地貌，境内有溶洞、暗河、溶沟、溶槽、石芽、石柱、落水洞等。最高峰梵净山海拔 2494 米，最低点尖锋岭村，海拔 580 米。

气候 由于受梵净山区域气候影响，境内冬无寒冷，夏无酷暑。年平均气温 14.8℃，年降雨量 1100 毫米，全年无霜期为 270 天。

水文 境内河道属乌江水系，有四级河——长滩河，长 12 千米，发源于梵净山，自东向西流入合水镇，流域面积 48 平方千米。

矿藏 境内已探明地下矿藏有铜砷矿、钨锡矿、大理石、铁矿、磷矿、铜锌矿、铜矿、水晶矿、金矿。

自然灾害 有旱涝、低温、地质灾害等。据 2002 年统计，大园子滑坡，损坏公路 200 米，损房 15 间，35 人受灾。

人口面积 2008 年年末，辖区总人口 12523 人，其中农业人口 12097 人，非农业人口 426 人。在总人口中，以土家族、汉族、苗族为主，其中土家族 5560 人，占总人口 44.4%，苗族 3582 人，占总人口 28.6%，汉族及其他民族 3381 人，占总人口 27.0%。

辖区国土面积 125.94 平方千米，耕地面积 621 公顷，其中田 300 公顷、土 321 公顷，人均耕地面积 0.77 亩。

交通 全乡境内位于梵净山自然保护区山麓，是名胜旅游乡。2008 年，境内有县乡级公路 2 条，村村通公路，全乡公路总里程 64 千米，客运量 10.2 万人次，货运周转量 43.2 吨。

水利　烟水工程 2007 年，国家投入资金 88.18 万元，实施坝峨村烟水工程，维修塘坝 1 座，容积 5000 立方米，修沟渠 2 条 1550 米，建水池 5 座，容积 1000 立方米，安装管网 1 条 12000 米，受益面积 53.33 公顷。

饮水安全工程 2008 年，国家投资 44.9 万元，安装管道 15.502 千米，建调节池 1 座，容积 150 立方米，解决慕龙村 1230 人饮用水问题；国家投资 20 万元，其中国家补助资金 15 万元、群众投劳折资 5 万元，解决团龙片区 500 人饮用水问题。

集镇建设 2007 年，国家投资 35 万元，建设河坝村狍罗园社会主义新农村，硬化街道 910 米。建设团龙文化旅游度假村。2008 年，集镇所在地实施 30 户易地扶贫搬迁工程。是年，国家投资 28 万元，改扩建乡卫生院，建综合文化站。至 2008 年，有农贸市场 1 个，占地 13600 平方米，每场人流量 2 万人，场期为农历二、七日。

电力资源 2008 年，境内有 10 千伏输电线路 1 条 80.14 千米，用电负荷 2.5 万千瓦，年售电量 350 万千瓦时。

通信电视 至 2008 年，乡村通邮率 100%，通信企业 3 家，网点 20 个。村村通广播电视，覆盖率达 75.2%。

农业 1992年，“建并撤”后，烤烟、茶叶、中药材是永义乡三大支柱产业，是农民增收的主要农产品。

烤烟 1993—2002年，全乡种植面积保持在220～266.67公顷之间，产值实现300万元以上，烤烟特产税占乡年财政收入50%左右。2007年，建成233.33公顷优质烤烟基地，总结出“种烤分离”的种植新模式，基本实现烤烟种植和烘烤的规模化、专业化、标准化，全年全乡完成烤烟产量400吨，创产值494万元。2008年，全年播种烤烟面积200公顷，产量600吨，产值710万元，占任务数的124.6%，实现户均收入3000元。

茶叶 团龙贡茶久享盛名。1988—1991年，有茶园面积50公顷，年产量10吨。1993年起，乡政府组织垦植新茶园，至2001年，全乡有茶园70公顷，产量为30吨。2002年，依托退耕还林政策，垦植茶园160公顷。2007年6月，省茶叶集团在贵阳举办“万人品茶”“贵州绿茶，秀甲天下”活动中，永义乡净团茶叶公司推选的“净团贡茶”得到4000多人的品尝和称赞。在本次评比会上，“净团贡茶”保持全国“中茶杯”一等奖声誉。至2008年，全乡有茶园410公顷，产量80吨。

中药材 境内属于亚热带季风性湿润气候，受梵净山小气候影响，云雾弥漫，冬暖夏凉，雨量充沛，群山、草坡药材丰富，天麻、三七、黄连、灵芝、赶血王、血里见、八角莲、穿心莲、朱砂莲、白味莲、杜仲、吴萸、黄草、玉竹、金银花等野生名贵中药材随处可觅。有药就有人采，当地村民经常采药便成了医生，逢永义赶场天，街上摆摊卖药，成为部分村民的职业，是增加收入的主要财源。2002年，乡党委、政府多方面争取资金，因势利导，在团龙、大园址、大水溪、豆凑林、大面坡、张家坝6个村，组织实施“天麻CAP种植基地建设科技扶贫项目”5.04万平方米。项目实施后，发挥强劲的辐射带动作用，以天麻为龙头，三七、黄连、射干、白术、玉竹等中药材也竞相发展。2005年，实现产值265万元，提供税收6.5万元，参与项目家庭均净增收900元。

畜牧业 1993年，牛存栏3500头，生猪出栏3700头，山羊存栏132只，肉类产量300吨。至2008年，牛存栏1600头，生猪存栏3100头，山羊存栏1500只，肉类总产量600吨。

林业 至2008年，累计造林2786.67公顷，其中防护林2713.33公顷、经济林73.34公顷，林木覆盖率57.26%，活立木蓄积量12.96万立方米。

乡镇企业 至2008年，有茶叶加工厂32个，年加工绿茶80吨。有酒厂2家，年产量35吨，年产值84万元。有沙厂1个，年产值270万元。累计产值354万元（绿茶未统计）。

教育 1998年，国家投资27.8万元，新建九年一贯制小学部教学楼，建筑面积894平方米。

2000年，国家投资18.5万元，新建张家小学教学楼，建筑面积515平方米。

2002年，国家投资116万元，新建九年一贯制初中部综合楼，建筑面积894平方米，新建男生宿舍楼，建筑面积540平方米。新建女生宿舍楼，建筑面积800平方米。

2008年，国家投资55.8万元，新建九年制教学楼，建筑面积600平方米。

永义乡紫薇园景观

1998年，全乡有完全小学5所，初级小学5所，教学点5个，在校学生总数1602人，7～12周岁人口入学率99.1%，教职工数95人；有初级中学1所，6个班，在校学生总数350人，13～15周岁人口入学率95.2%。

2008年，有完全小学4所，教学点5个，在校学生总数976人，7～12周岁人口入学率99.9%，教职工数 101 人，有初级中学 1 所，6 个班，在校学生总数 605 人，13～15 周岁人口入学率 96.5%。

与 1998 年相比，2008 年 7～12 周岁人口入学率增长 0.8 个百分点，13～15 周岁人口入学率增长 1.3 个百分点。

卫生 2008 年，有卫生院 1 所，床位 10 张。村级卫生室 17 间。有专业卫生人员 12 人，其中：执业医师 6 人，执业助理医师 1 人，护士 5 人。

文化旅游 境内有护国禅寺、紫薇园、长寿谷、亚盘林景区。有团龙村土家族过赶年、永义村祭紫薇神树习俗。还有团龙山歌、大水溪村傩堂戏、坝峨村长号唢呐、永义村薅草锣鼓等民间文化活动。

行政区域变更 1992 年，根据县人民政府转发《铜仁行署关于转发〈贵州省人民政府关于印江土家族苗族自治县建镇并乡撤区行政区域变更的批复〉的通知》的通知，撤销永义乡、张家坝乡、坪柳乡、合并建永义乡（乡科级）。乡人民政府驻永义村。全乡辖原永义乡的永义、慕龙、坝峨、河坎、石前、尖峰、官寨、竹园 8 个村，原张家坝乡的张家坝、袁家林、团龙、大园址、大水溪、大面坡、豆凑林 7 个村，原坪柳乡的田家湾、竹根坡 2 个村。

2008 年年末，有 17 个村 110 个村民组。

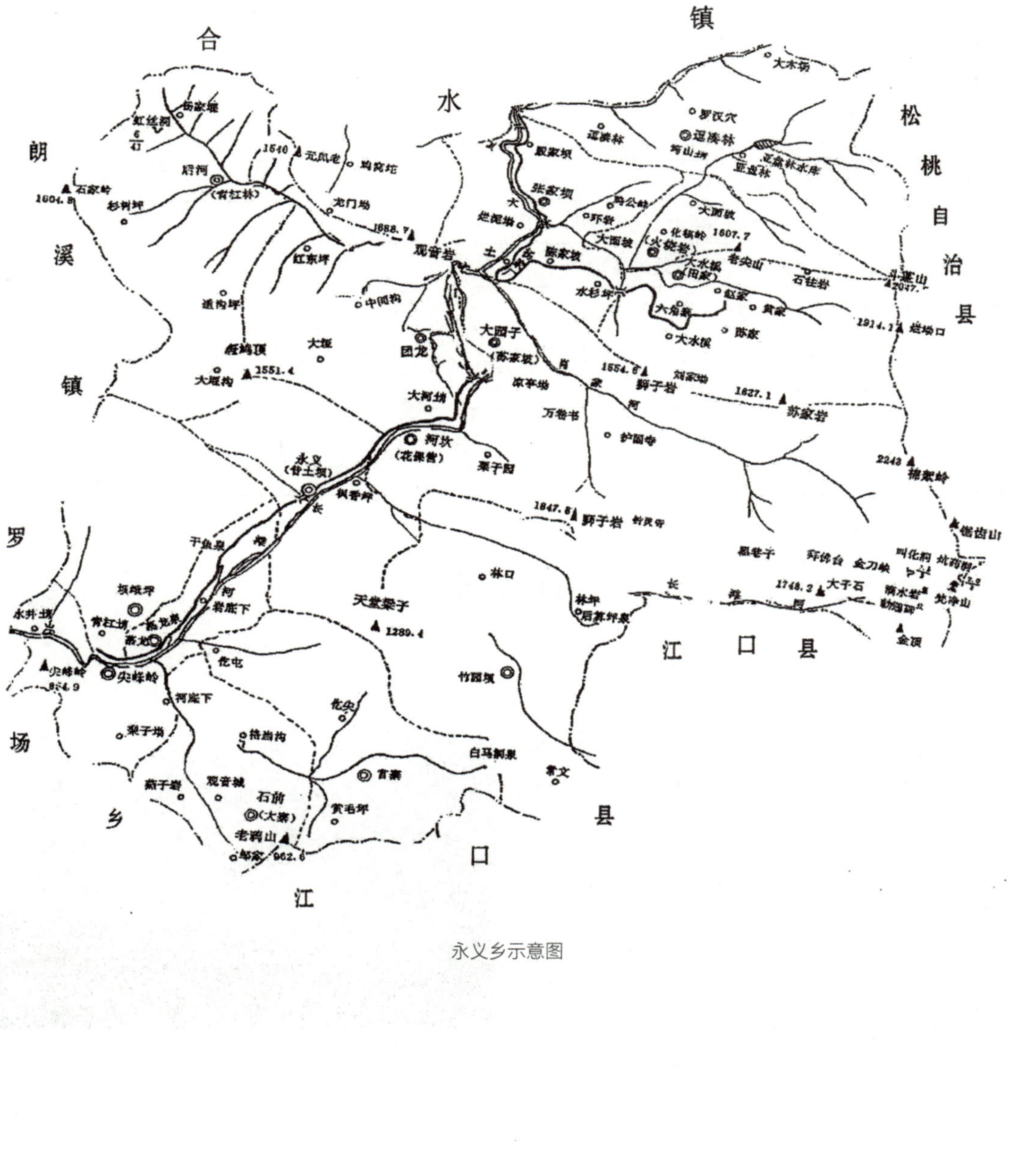

永义乡示意图

2008 年永义乡村、村民组区划情况一览表

表 1－20

村（社区、居委会）名称	村民组（街、路）名称	村民组（个）
永义村	枫香坪组、大院坝组、上街组、下街组、上寨组、下寨组	6
河坎村	大丫组、居湾组、焦园组、栗子园组、犵易朝组、犵猡园组、桐子坪组、大河湾组	8
石前村	邹家组、杠子组、大寨组、燕上组、燕下组、观音坡组、戽水田组、沟边组、付家组	9
尖峰村	快上寨组、快下寨组、河底下组、堡上组、毛桃湾组、水井湾组、巷子口组、木包成组、铁匠房组、核桃树组、梨子坳组	11
竹根坡村	竹根坡组、绕上组、绕下组、青杠林组、烧基湾组	5
田家湾村	田家湾组、国家坪组、陈上组、甘家沟组、大坪组、焦家山组	6
竹园村	龙洞湾组、坨里组、林坪组、林口组、竹园组、印山组、沟前组、敖家组	8
官寨村	黄上组、黄下组、坨里组、上寨组、严家组、犵尖组、沟对门组、王家组、岭上组、岩口组、犵屯组	11
慕龙村	上寨组、中寨组、下寨组、檬子树组、岩底下组	5
张家坝村	烂泥坳组、老屋基组、杨家厂组、陈家坡组、张家组、鸡公岭组、大土组、兴家坝组、水沙坪组	9
大面坡村	火烧岩组、大面坡组、化稿岭组	3
大水溪村	老房子组、田家组、大水溪组、六角寨组	4
坝峨村	新房子组、戈一组、湾下组、湾上组、老房子组	5
豆凑林村	大木场组、田大岭组、亚盘林组	3
大园址村	大园址组、苏家坡组、护国寺组	3
团龙村	团龙组、院子组、坝上组、杉木老组、半坡组、鸡窝坨组、建新组、戴家组、中间沟组、双江组	10
袁家林村	大坝组、上寨组、下寨组、沟里组	4
17	—	110

朗溪镇

朗溪镇人民政府所在地全景（2010 年拍摄）

朗溪镇位于北纬 27°56′10″～28°05′20″，东经 108°25′48″～108°32′28″。地处县境东部，东接永义乡，南连罗场乡、缠溪镇，西与峨岭镇接壤，北与板溪镇毗邻，东北依合水镇，镇人民政府驻朗溪村。

地貌地形 属典型的喀斯特地貌，露地层为前震旦系、寒武系、奥陶系、志留系、二叠系、三叠系、第四系。岩性主要为页岩、泥岩、灰岩、白云岩、砂岩，其次为板岩和少量花岗岩。位置处于梵净山穹窿背斜西翼，背向斜发育，主要呈东北向延伸，镇内地形东西部高，中部较

低，形成“两山两坝两沟”的地形，最高山峰白沙大坡大花尖，海拔1480米，最低点河缝岩口，海拔490米。

气候 属亚热带暖湿季风气候，雨量充沛、光能充足、夏季炎热，冬季温暖湿润，全年平均温度18.6℃，年平均降雨量1100毫米，全年无霜期为280天。但由于受梵净山高大山体影响，加之地形复杂，气温变化大，境内小气候区域性强，枹木梁子、白沙大坡每年春、夏有暴雨夹冰雹。

水文 境内河道属乌江水系，有三级河——印江河，朗溪段长12千米，流域面积32.5平方千米，由东向西经昔蒲、河西、朗溪、孟关等村流入峨岭镇。河上建有犀牛洞电站1座。

自然灾害 主要自然灾害有旱涝、低温、连绵阴雨、冰雹、地质灾害等。地质灾害中，大型滑坡2次，中型滑坡1次。1996年9月18日，发生岩口山体滑坡特大自然灾害，滑体270万立方米，堆高51.18～93.8米，堵河总库容6240万立方米，淹没水深达42.24米。镇所在地27个机关9所中小学、4个村1个居委会全部被水淹。

矿藏 境内探明地下矿藏有铁矿、铜矿、煤矿、硅酸盐、高岭土等，已经开发的主要是硅酸盐矿，矿区面积2.5平方千米，地质储量3200万吨，可采量1600万吨，年产量80万吨。

人口面积 2008年年末，辖区总人口22393人，其中农业人口21447人，非农业人口946人。在总人口中，以土家族、苗族、汉族为主，土家族17579人，占总人口78.5%，苗族963人，占总人口4.3%，汉族及其他民族3851人，占总人口17.2%。

辖区国土面积81.2平方千米，耕地面积869公顷，其中田420公顷，土449公顷，人均耕地0.61亩。

交通 省道铜（仁）遵（义）线经张家村，印（江）松（桃）线经小尧、孟关、朗溪、河西、昔蒲5个村。1993—2007年，共建39.9千米通村组公路。1996年10月，修建朗溪至乐茂江抗洪抢险应急公路8千米。2000年年底，修建朗溪至泡木公路10千米。2002年10月，修建甘龙村公路5千米。2003年，修建坪阳至白沙村公路6千米，全镇实现村村通公路。2008年，国家投资71.5万元，新建枹木至甘龙公路11千米；国家投资35.8万元，新建瓦窑坝至坪柳公路5.5千米。至2008年，全镇有县乡村公路总长128.3千米，年客运量8.5万人次，货运周转量70.5万吨。

水利建设 1992年，国家补助资金12.2万元、群众自筹资金0.8万元，建设爬山溪防洪堤650米，恢复灌溉面积7.33公顷。2000年5月，维修恢复犀牛洞大坝至朗溪下坝堰渠，解决集镇及孟关村人畜饮水、灌溉问题。2002年冬至2003年春，实施张家村、塘边村渍害田改造，建排洪渠2千米，改造低产田600亩。2007年，国家投资400159元，实施铁家寨烟水配套工程，建沟渠6条1300米，修建6580立方米的调节池，管网1条7130米，受益面积27.67公顷。

饮水安全工程 2002年，国家投资70.33万元，其中国家补助资金50.46万元、地方财政及群众自筹资金19.87万元，改造集水池1座，容积27.8立方米，新建调集池4座，容积329立方米，铺设管网13.98千米，解决朗溪镇机关、学校和朗溪、孟关、河西村4441人、2391头牲饮用水问题。2008年，投资24.41万元，其中国家补助资金17.09万元、地方财政补助资金4.3万元、群众投劳折资3.02万元，新建管道7.5千米，建集水池1座，容积30立方米，建调节池5座，容积350立方米，解决坪柳村657人、587头牲畜饮用水问题；国家投资119.1万元，其中国家补助资金110万元，省补助资金9.1万元，建水管道18.6千米，建集水池1座，容积100立方米，建调节池1座，容积320立方米，新修提水站1座，安装30千瓦水泵2台，维修水厂1000平方米，管理房80平方米，清水池320平方米，水泵房60平方米，净化设备1台，输电线路800米，解决张家片区3650人、3015头牲畜饮用水问题。

集镇建设 1990年，改扩建下街和中心路734米，建自来水供水站，日供水800吨；架设10千伏输电线路。1995年，集镇建设区面积7.6万平方米，房屋面积4.37万平方米，其中公共建筑面积1.74万平方米。建成中小学、医院、和镇属单位、乡镇企业等。1998年，恢复重建朗溪镇，总体规划面积18.21万平方米。1996—2008年，先后改扩建过境公路、朗溪小学、自来水工程、滑坡移民安置小区等。是年年末，镇区道路总长度1.6千米，道路铺装面积约130平方米；新建综合文化站。2008年，有农贸市场1座，占地3500米，集镇每场赶场人数2万人，场期为农历四、九日。

电力资源 2008年，有小型电站1座，10千伏输电线路2条82.02千米，用电负荷5081千瓦。年售电量累计完成453万千瓦时，综合电压合格率94.85%，供电可靠率98.8%。有天然气（煤气）站1座，天然气（煤气）居民用户81户，燃气普及率为23%。

通信电视 至2008年，全镇有邮政网点1处，服务投递点17个，镇村通邮率100%。有通信企业3家，网点5个。村村通广播电视，覆盖率达81.0%。

农业 境内主要农产品有水稻、玉米、小麦、马铃薯、红薯、油菜、烤烟。1993年，粮食总产量3900吨（其中水稻产量1100吨、小麦产量700吨），油菜籽产量300吨，烤烟产量200吨。2008年，粮食总产量1.04万吨（其中水稻产量0.12万吨、小麦产量0.05万吨），油菜籽产量400吨，烤烟产量200吨。

牧业 1993年，牛存栏2400头，生猪出栏4400头，山羊存栏400只，肉类总产量400吨。至2008年，牛存栏2200头，生猪存栏4600头，山羊存栏1700只，肉类总产量700吨。

林业 至2008年，累计造林2626.67公顷，其中防护林2580公顷，经济林46.67公顷，农民住宅四旁树木12万株，林木覆盖率41.17%。活立木积量14.57立方米。

茶业 1992—2001年，有茶园面积26.67公顷，绿茶产量1吨。2007—2008年年末，有茶园面积27公顷，绿茶产量5吨。

果园 境内是典型的喀斯特地形，地层薄，由于洪水冲刷，土壤流失严重，石山露出地面，石漠化面积增多。1992年，从外地引进优良的柑橘、沙田柚、椪柑、红橘、蜜橘、桃子、李子、梨子、栗子、金钱橘、算盘柑、香柚果苗。在昔蒲、河西等10个村建成集约型高产优质果园。以昔蒲村为例，昔蒲村沿河两岸山坡都已石漠化，全村10个村民组从1993年起，村支两委带领群众到500米以外取土填石窝、石槽，治理石漠化山坡面积42公顷，在石窝窝里栽上金钱橘、香柚、算盘柑、桃子、梨子、栗子、李子。2005年，成立鸿运果蔬专业合作社，成员有42户果农，有果园面积42公顷，产值达130万元。2008年，全镇已治理石漠化山坡面积507公顷，有果园面积507公顷，总产值达500万元。

乡镇企业 2008年，有紫袍玉带石加工厂1家，产值450万元。有砂石厂3个，产值280万元。有酒作坊9个，产量108吨，产值864万元。累计总产值1594万元。

教育 2000年，国家投资87.84万元，新修朗溪初级中学教学楼，建筑面积2736平方米；投入资金63万元，修建学生宿舍楼，建筑面积1514平方米。

2002年，国家投入资金21.93万元，修建朗溪小学综合楼，建筑面积996.6平方米。

2003年，国家投入资金15.89万元，修建川岩小学教学楼，建筑面积300平方米。

1998年，全镇有完全小学8所，初级小学6所，教学点2个，在校学生总数2541人，7～12周岁人口入学率为98.2%，教职工数134人；初中学1所，9个教学班，在校学生总数1124人，13～15周岁人口入学率为76.4%。

2008年，有完全小学7所，教学点5个，在校学生总数2254人，7～12周岁人口入学率99.4%，有教职工112人；初级中学1所，15个教学班，在校学生总数1118人，13～15周岁人口入学率98.1%。

与2001年相比，7～12周岁人口入学率增长1.2个百分点；13～15周岁人口入学率增长21.7个百分点。

卫生 2008年年末，有卫生院1所、村级卫生室18间、床位30张，有执业医生5人、执业助理医师12人。

文化旅游 境内有土司衙门遗址、田氏宗祠遗址、回龙寺遗址、土司古墓、摩崖、仁义巷、大关桥、封火桶子、古营盘等，有朗溪村龙灯嘘花，有河西村民族工艺、花灯、金钱杆，有坪柳村、白沙村民间花灯，还有坪阳村窑罐制作技艺等。

行政区域变更 1992 年，根据县人民政府转发《铜仁行署关于转发〈贵州省人民政府关于印江土家族苗族自治县建镇并乡撤区行政区域变更的批复〉的通知》的通知，撤销朗溪乡、泡木乡、坪柳乡、曾家乡合并建朗溪镇（乡科级）。镇人民政府驻朗溪村。全镇辖原朗溪乡的朗溪、白沙、孟关、河西、昔蒲、三村、大尧、川岩 8 个村，原泡木乡的泡木、塘岸、铁家、甘龙 4 个村，原坪柳乡的坪柳、坪阳、打铁坳、屋基坪 4 个村，原曾家乡的塘池、张家 2 个村。

2008 年，全镇辖 1 个居委会、18 个村委会 135 个村民组。

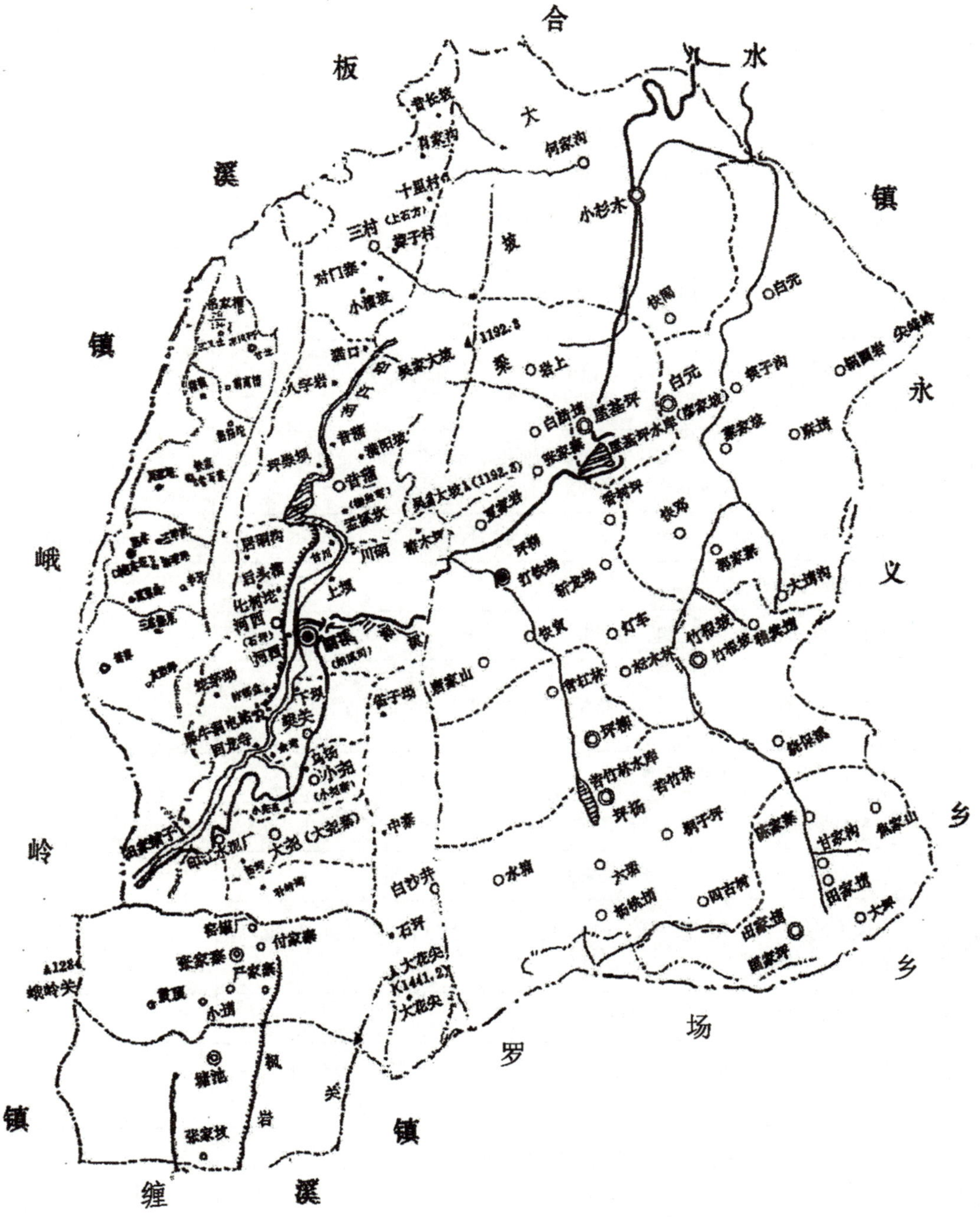

朗溪镇示意图

2008年朗溪镇居委会、村委会、村民组区划情况一览表

表1—21

村（社区、居委会）名称	村民组（街、路）名称	村民组（个）	居委会（个）
居委会	一组、二组、三组、四组、五组、六组、七组、八组、九组、十组、十一组	—	1
塘池村	坳上组、长房组、畅坳组、大寨组、天井组、坨里组、湾里组、张家坟组	8	—
张家村	塘池组、大木林组、大湾组、店子组、方田组、付家组、干子组、格香组、贯顶组、刘家组、水井湾组、小湾组、严家组、张家组	14	—
川岩村	补岭二组、补岭一组、川二组、川三组、川一组	5	—
大尧村	大尧组、沙坡组、新前组、阳湾组、代家组、三房组	6	—
孟关村	孟关组、上坳组、顺山组、乌杨组、下坝组、小尧组、余湾组	7	—
朗溪村	椿木坪组、沟边组、朗前组、朗溪组、上坝二组、上坝一组、上街组、水井湾组、下大坡组、下街组、新街组、中街组	12	—
河西村	地坪组、干二组、干三组、干一组、和平组、河西组、漆树坨组、新合组、新华组、新民组、新盆组、新坪组	12	—
三村村	对门组、上石组、肖上组、肖下组、竹林组、竹小组	6	—
坪柳村	坪柳组、青杠林组	2	—
白沙村	白沙组、花尖组、坪上组、中寨组	4	—
枹木村	枹木组、半岩组、栗子坳组、香寨组、油菜坪组、竹上组、竹下组	7	—
塘岸村	三星半月组、太阳坪组、塘岸组	3	—
铁家村	格格组、老万坡组、杨家岩组、周家坨组	4	—
甘龙村	岸上组、前兰槽组、上寨组、吴家槽组、下寨组、岩上组	6	—
坪阳村	栗子园组、六塘组、四坪组、桐子坪组、杨桃湾组、余兴组、中寨组、周家组、砖房组	9	—
屋基坪村	屋二组、屋一组、岩上组、柳水沟组	4	—
昔蒲村	枷档湾组、满阳坡组、猫二组、猫一组、孟溪组、上寨组、昔二组、昔三组、昔一组、下寨组	10	—
打铁坳村	白腊湾组、柏香林组、打铁坳组、灯车组、块寅组、华尖坡组、黄金沟组、石槽湾组、檀木坪组、塘家山组、天堂组、瓦窑坝组、夏家岩组、香树坪组、张家寨组、斩龙坳组	16	—
18	—	135	1

缠溪镇

缠溪镇人民政府所在地全景（2010 年拍摄）

缠溪镇位于北纬 27°45′02″～27°56′32″，东经 108°24′22″～108°32′50″。地处县境东南部，东南与江口县德旺土家族乡接壤，南与杨柳乡毗邻，西连新寨乡，北依罗场乡。镇人民政府驻缠溪村，距县城 28 千米。

地貌地形　境内有溶沟、溶槽、溶洞、竖井、落水洞、暗河，是典型的喀斯特地貌。最高峰挂榜山，海拔 1300 米，最低处乐茂江，海拔 482 米，高山、深谷、狭窄地是该镇地形特点。

气候　属亚热带暖湿季风气候，其特点是夏季炎热多雨，冬季温暖湿润。年平均气温 17℃，年平均降雨量 1250 毫米，全年无霜期为 270 天。

水文　境内河道属乌江水系，主要有四级河——缠溪河，长 16.7 千米，流域面积 132 平方千米，发源于打杵场熊家，由南向北经打杵场、缠溪镇，流入新寨乡两河口处汇入乐茂江。

矿藏　境内已探明地下矿藏有铁矿、硅酸盐、高岭土。

自然灾害　主要自然灾害有旱涝、冰雹、低温、凝冻、连阴雨、地质灾害等。2002 年受灾统计：塘房岭湾里滑坡，搬迁 10 户；毛构岭地裂，搬迁 2 户；塘房岭烂田湾滑坡，毁房 9 间，搬迁 2 户。冬季受冷空气影响，高山、苗王坡易出现凝冻。

人口面积　2008 年年末，辖区总人口 23068 人，其中农业人口 21934 人，非农业人口 1134 人。在总人口中，以土家族、汉族、苗族为主，土家族 12549 人，占总人口的 54.4%，苗族 4198 人，占总人口的 18.2%，汉族及其他民族 6321 人，占总人口的 27.4%。

辖区面积 150.67 平方米，耕地面积 1333 公顷，其中田 937 公顷、土 396 公顷，人均耕地面积 0.91 亩。

交通　境内有县乡级公路 2 条 29 千米。2007 年前，村级公路有 8 条 50 千米。2008 年，国家投资 39 万元，新建驷马桥至丁木关、腾龙坳至龙家坡、两路口至枫香坪、块头溪至杨柳塘、挑水桥至甘家寨、长岭坡至龚家山、曾家至杨柳塘、隔板桥至湄坨、楠星至新庙 9 条村组路 60 千米，全镇构成交通运输网络，客运总量 16.5 万人次，货运周转量 132 万吨。

饮水安全工程　2006 年，投资 3.45 万元，其中国家补助资金 2.06 万元、群众投劳折资 1.39 万元，安装管道 2.5 千米，建调节池 3 座，容积 100 立方米，解决枫香坪村坪峰组 90 人饮用水困难。2007 年，投资 7.58 万元，其中国家补助资金 6.29 万元、群众投劳折资 1.29 万元，安装管道 5.03 千米，建集水池 4 座，容积 4 立方米，建调节池 5 座，容积 173 立方米，解决方家岭村 356 人饮用水困难。2008 年，投资 11.82 万元，其中国家补助资金 11.1 万元、群众投劳折资 0.72 万元，安装管道 4.75 千米，建集水池 5 座，容积 5 立方米，建调节池 5 座，容积 230 立方米，解决黎坪村后山组 175 人饮用水困难；投资 201.39 万元，其中国家补助资金 171.07 万元、群众投劳折资 30.32 万元，安装管道 3.95 千米，建集水池 1 座，容积 350 立方米，建净水厂 200 平方米及配套设施 1 套 92 平方米，解决缠溪集镇 5000 人饮用水困难。

水利　烟水工程　2007 年，国家投入 18.1 万元，实施湄坨村烟水工程，修沟渠 5 条 2200 米，建水池 6 座，容量 1023 立方米，安装管网 1 条 8030 米，受益面积 37 公顷。2008 年，国家投入 65.49 万元，实施枫香坪村烟水工程，修沟渠 10 条 1249 米，建水池 10 座，容量 5405 立方米，安装管网 9

条6500米，灌桩79个，受益面积43.33公顷，附带解决180人饮用水问题。

集镇建设 1995年，集镇区面积7.10万平方米，房屋建筑面积4.81万平方米，其中公共建筑1.45万平方米，常住人口231户1447人，有镇属机关、学校、医院等单位32个，有乡镇企业10余家、商业网点22家。1997年，建卫生院门诊楼。1998年，对集镇进行总体规划，规划面积29.99万平方米，改扩建医院、电信工程和广播电视站等。2006年，融资500万元实施小城镇开发，出让土地面积239平方米；投资28万元改造集镇自来供水管网。2008年，新建综合文化站，集镇人口突破4000人。

老街改造工程 2004年4月，按照国家政策实施移民搬迁工程，实施老街改造工程，共搬迁32户，改造面积2400.61平方米，新增建筑面积7754平方米、商业门面134间。

同心路建设工程 镇人民政府在同心路段共划拨用地6宗，面积1299.5平方米。其中，财政所134.6平方米、计生办（站）140平方米、信用社316平方米、畜牧站293.5平方米、粮站200平方米、缠溪管理区213.93平方米，实施镇属单位建设工程。

土地开发 镇人民政府在同心路段共出让32宗地，面积2646.13平方米；幸福桥段出让面积1847.4平方米，安置建设22户。2008年6月，已经出让安置建设36户居民。

大河坝规划情况 河滨路规划用地面积30806平方米，其中道路占地6578平方米、建筑占地12603平方米、客运场站占地2508平方米、水域面积1920平方米、绿化占地7197平方米。大河坝规划区和改河改道征地涉及36户居民。

至2008年，镇所在地道路总长2.36千米，人均拥有道路长2.04米，道路铺装面积210米，人均拥有道路面积16.3平方米。

有农贸市场1个，占地3800平方米，每场人流量3万人，场期为农历三、八日。

电力资源 至2008年，境内有35千伏变电站1座，10千伏输电线路4条82.23千米，用电负荷3000千瓦，年售电量600万千瓦时，综合电压合格率94.16%，供电可靠率98.79%。有天然气站1座，居民用户88户，燃气普及率为20%。

通信电视 至2008年，全镇有邮政网点1处，服务投递点20个，镇村通邮率100%。通信企业3家，网点6个。村村通广播电视覆盖率达99%。

农业 镇内主要农产品有稻谷、玉米、小麦、马铃薯、红薯、油菜、烤烟。1993年，粮食总产量5200吨（其中水稻产量2600吨、玉米产量400吨），油菜籽产量400吨，烤烟产量400吨。2008年，粮食总产量1.04万吨（其中水稻产量0.51万吨、玉米产量0.17万吨），油菜籽400吨，烤烟产量400吨。

牧业 1993年，牛存栏4100头，生猪出栏7300头，山羊存栏200只，肉类总产量700吨。至2008年，牛存栏3700头，生猪存栏1.06万头，山羊存栏3000万只，肉类总产量1700吨。

渔业 2001年，水域养殖面积25公顷，稻田养鱼面积310公顷，总产量59吨。2008年，水域养殖面积101公顷，稻田养鱼面积250公顷，总产量9.6万吨。

林业 至2008年，累计造林7646.67公顷，其中防护林7613.33公顷，经济林33.34公顷，农民住宅四旁树木12.3万株，林木覆盖率62.52%。

茶业 1988年，全镇有茶园93.33公顷。1992年，全镇有茶园120公顷。并乡建镇后，全镇围绕“发展生态经济，打造产业重镇，构建和谐缠溪”的发展思路，采取“企业龙头带动，大产示范带动，农户主体参与，干部领办创业、党政强势推进”方式，倾力发展绿茶产业。2007年6月，省茶叶集团在贵阳组织“万人品茶”“贵州绿茶、秀甲天下”活动，银辉茶叶公司选送的“梵净翠芽”，得到4000多人的品尝称赞。在这次评选会上，银辉茶叶公司取得QS认证资质，“梵净翠芽”蝉联全国“中茶杯”一等奖。至2008年，有茶园面积795公顷，投产茶园面积121.5公顷，总产量达126吨，覆盖22个村60个村民组。有地级龙头企业银辉茶叶公司，企业和加工作坊8个，发展茶园面积

300.83 公顷，其中兴农公司发展茶园面积 229.83 公顷，集中种植面积 7.75 公顷，分散种植面积 63.25 公顷，主要分布在双龙村块头溪至湄坨村省道 303 公路，缠溪村到客店沟村 546 县道公路沿线区域。

果园 1993 年以前，农户自栽自管，水果总产量 23.2 吨。2001 年，有果园面积 130 公顷，水果总产量 100 吨。至 2008 年，有果园面积 165 公顷，水果总产量 200 吨。

乡镇企业 至 2008 年，有茶叶加工场 23 个，年加工绿茶 96 吨；沙石厂 1 个，年产值 200 万元；酒作坊 3 家，年产量 36 吨，年产值 25.2 万元，累计产值 225.2 万元（绿茶未统计）。

中国传统村落方家岭村毛构岭民居

教育 1988 年，国家投资义教工程资金 58 万元，新建缠溪小学教学楼，建筑面积 1300 平方米。

1998 年，香港商会捐资 20 万元，新建两路口小学教学楼，建筑面积 448 平方米。

2000 年，国家投资 156 万元，新建打杵坳小学综合楼，建筑面积 960 平方米；新建湄坨小学教学楼，建筑面积 310 平方米；新建缠溪初级中学宿舍楼，建筑面积 1280 平方米；新建打杵坳小学教学楼，建筑面积 672 平方米。

2003 年，香港半岛商会捐资 23 万元，新建曾家小学教学楼，建筑面积 528 平方米。

2005 年，国家投资 45 万元，新建缠溪初级中学学生宿舍楼，建筑面积 1100 平方米。

2008 年，香港半岛青商新怡捐资 45 万元，新建水塘小学教学楼、厨房 1 幢，建筑面积 650 平方米。

1998 年，全镇有完全小学 8 所，教学点 16 个，在校学生总数 3054 人，7～12 周岁人口入学率 95.8%，教职工 153 人，初级中学 1 所，24 个班，在校学生总数 1342 人，13～15 周岁人口入学率 90.3%。

2008 年，有完全小学 7 所，教学点 11 个，在校学生总数 2194 人，7～12 周岁人口入学率 99.7%，教职工 121 人，初级中学 1 所，20 个班，在校学生总数 1028 人，13～15 周岁人口入学率 99.8%。

与 2001 年相比，2008 年 7～12 周岁人口入学率增长 3.9 个百分点；13～15 周岁人口入学率增长 9.5 个百分点。

卫生 2008 年，有医院 1 所，业务用房 1500 平方米，救护车 1 辆，年门诊 1.5 万人次，住院 380 人次。全镇有村级卫生室 11 间，床位 30 张，有执业医生 8 人、执业助理医师 5 人、护士 2 人。

文化旅游 有方家岭村毛构岭古建筑群、湄坨水库茶园景区，还有缠溪村传统花灯戏等。

行政区域变更 1992 年，根据人民政府转发《铜仁行署关于转发〈贵州省人民政府关于印江土家族苗族自治县建镇并乡撤区行政区域变更的批复〉的通知》的通知，撤销缠溪镇、打杵坳乡、打杵场乡、曾家乡、凯望乡，合并建缠溪镇（乡科级）。镇人民政府驻缠溪村。全镇辖原缠溪镇的缠溪、两路口、群丰、双龙桥、梨子坪、新阁、下铺子、水塘、驷马 9 个村，原打杵坳乡的土坪、楠星、冷水溪、湄坨、周家坳、柳塘、周家湾 7 个村，原打杵场乡的楠木坪、方家岭、许家寨、客店沟、塘房岭 5 个村，原曾家乡的曾家坳、青杠林、甘家寨、杨柳塘 4 个村，原凯望乡的枫香坪 1 个村。

2008 年，全镇辖 1 个居民委员会、26 个村 186 个村民组。

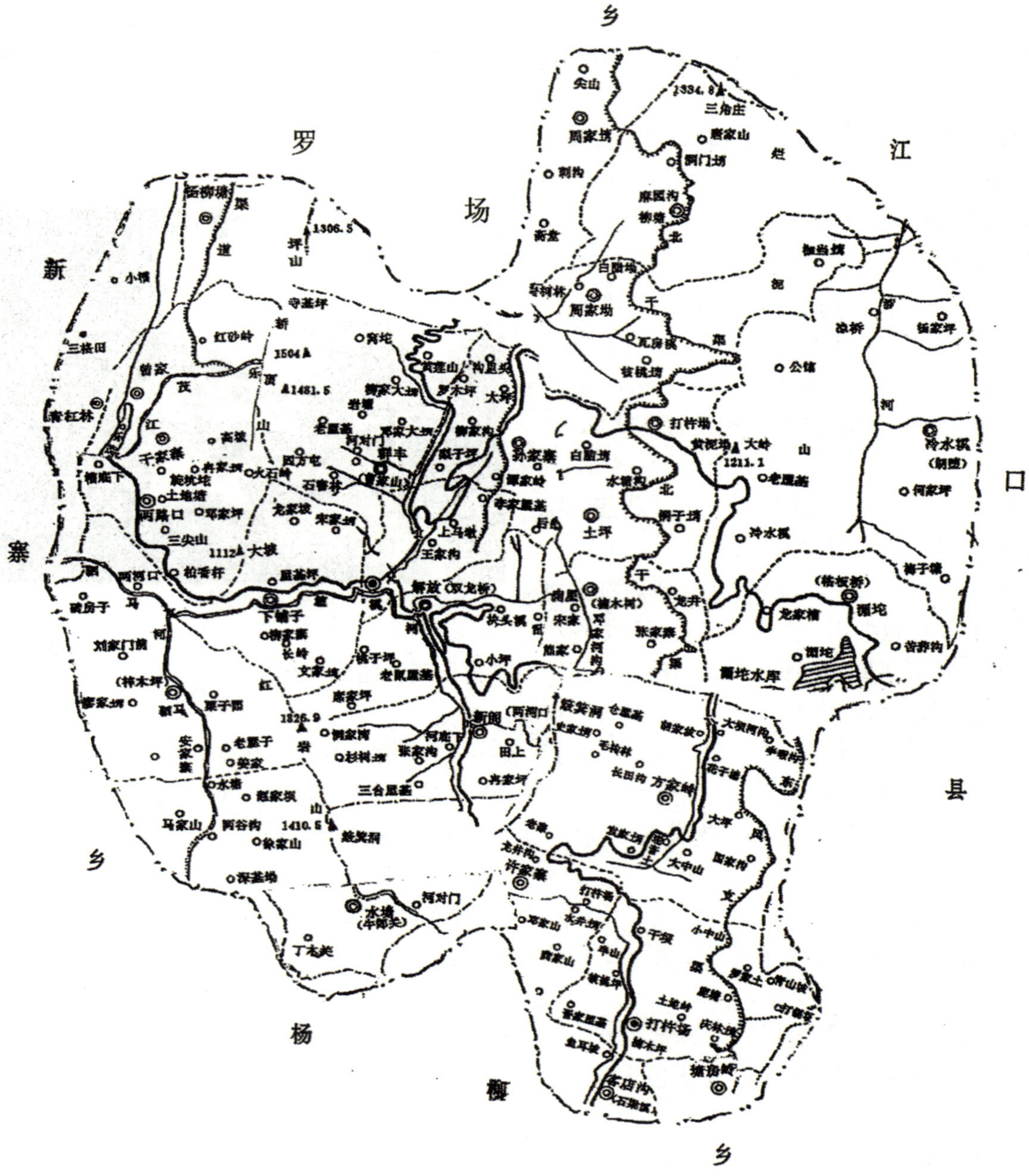

缠溪镇示意图

2008 年缠溪镇居委会、村委会、村民组区划情况一览表

表 1—22

村（社区、居委会）名称	村民组（街、路）名称	村民组（个）	居委会（个）
居委会	—	—	1
驷马村	砖房子组、刘家门前组、环山组、梓木坪组、安家寨组、栗子园组、老房子组	7	—
双龙村	桃子坪组、老屋基组、上小坪组、下小坪组、乱石窖组、块头溪组、双龙组	7	—
缠溪村	上马墩组、王家沟组、新街组、老街组、老场组、光明组	6	—

续表1—22

村（社区、居委会）名称	村民组（街、路）名称	村民组（个）	居委会（个）
湄坨村	湄坨组	1	—
土坪村	彭家山组、土一组、土二组、昔家湾组、青杠坡组、白腊湾组、水塘沟组、桐子湾组	8	—
客店沟村	石良组、和平组、麻地湾组、江龙组、交坪组、丰岩组、对科组、客坪组、大湾组、中岭组、罗夕组	11	—
曾家坳村	芋头坨组、红沙岭组、曾家坳组、乐茂江组	4	—
柳塘村	梨树堡组、塘家山组、洞门湾组	3	—
周家坳	核桃湾组、瓦房溪组、柿坪组、岩科岭林组、白腊坳组、枷档湾组	6	—
许家寨村	许家寨组、龙井组、红星组、邓家山组、龚家山组、大寨组、水井湾组、打杵场组	8	—
楠木坪村	庆林湾组、核桃坪组、半山组、罗家土组、陆塘组、楠木坪组、中山组	7	—
塘房岭村	岭上组、竹园坪组、湾里组、塘房岭组、土地坳组、坪山组	6	—
青杠林村	青一组、青二组、青三组、青四组、小槽组、三格田组、吴家组	7	—
杨柳塘村	湾里组、沟里组、李家组、汤家组	4	—
甘家寨村	高坡组、甘上组、甘下组	3	—
枫香坪村	吊井坨组、中寨组、铺子湾组、歧良组、杨家坪组、坪丰组、湾里组、红沙坨组	8	—
两路口村	朝底下组、三尖山组、邓家坪组、火石岭组、汤家井组、旋坑坨组、冉家湾组、土地塘组、小山槽组、苦荞寨组	10	—
水塘村	生基坳组、徐家山组、丁木关组、赵家坝组、牛郎关组、河对门组、马家山组	7	—
下铺子村	宋家湾组、龙家坡组、屋基坪组、下铺子组、柳家寨组、大田湾组、河对门组、两河口组、长岭组	9	—
新阁村	田上组、田下组、冉家坪组、板桥沟组、两河口组、张家沟组、河底下组、三台屋基组、杉树湾组、童家湾组、田家岩组	11	—
方家岭村	昌屋基组、毛构岭组、大坪组、方家岭组、袁家湾组、中山组、史家组、国家沟组、老寨组、花子塘组	10	—
冷水溪村	冷水溪组、老屋基组、合群组、杨家坪组、朗星组、上寨组、下寨组、何家坪组、梅塘组	9	—
楠星村	楠木树组、宋家组、两河组、龙湾组、龙泉组、龙章组、龙井组	7	—
周家湾	新塘组、岩上组、新田组、石家湾组、茨沟组、尖山组、李山组	7	—
群丰村	石窖林组、老屋基组、岩塘组、曹家山组、沟对门组、邓家组、曹家坳组、柳家大湾组、核桃坪组、窝坨组、黄连山组	11	—
梨坪村	后山组、关堰组、申家寨组、老林顶组、谭家林组、大坪组、罗木组、柳家沟组、梨坪组	9	—
26	—	186	1

罗场乡

罗场乡人民政府所在地全景（2010年拍摄）

罗场乡位于北纬27°52′00″～27°58′14″，东经108°26′55″～108°34′18″，地处县境东南部，东依永义乡，东南与江口县德旺土家族乡毗邻，南与缠溪镇相连，西与新寨乡交界，北与朗溪镇接壤，乡人民政府驻罗场村，距县城17千米。

地貌地形 境内沟壑纵横，山高谷深，岩层多为石灰岩、火层岩、沙质页岩，由于经历漫长的日晒风化、洪水冲刷，境内有溶沟、竖井、溶洞、暗河、落水洞、石芽等，是典型的喀斯特地貌。最高山峰石马山，海拔1112米；最低点罗场村，海拔480米。

气候 属亚热带暖湿季风气候，受梵净山小区域气候影响，境内冬无严寒，夏无酷暑。年平均气温16.6℃，年平均降雨量1200毫米，全年无霜期为281天。

水文 境内河道属乌江水系，五级河流清渡河，长5.2千米，流域面积12.4平方千米。

矿藏 境内已探明地下矿藏有煤、铅、硫铁、锰矿。

自然灾害 主要自然灾害有低温、干旱、凝冻、冰雹、滑坡等。2000年，罗场学校滑坡，38间房屋受损，680人受灾；左坪曹家岭滑坡，迫迁3户。

人口面积 2008年年末，辖区总人口14011人，其中农业人口13539人、非农业人口472人。在总人口中，以土家族，汉族、苗族为主，土家族7776人，占总人口的55.5%，苗族2634人，占总人口18.8%，汉族及其他少数民族3601人，占总人口25.7%。

辖区国土面积87.2平方千米，耕地面积798公顷，其中田582公顷、土216公顷，人均耕地面积0.88亩。

交通 1988—1993年，境内有至罗场乡、两河乡16千米，至茶园乡19千米2条村组公路。1994—2007年，先后修建22条村组公路90.7千米。2008年，国家投资51.4万元，新修罗场大桥至转弯7.9千米；国家投资39万元，新修河坝至李家寨村公路6千米；国家投资58.5万元，新修魏家至坪窝村公路9千米；国家投资39万元，新修茶园至岭峰村公路，长8千米；国家投资39万元，新修小溪至佐坪村公路6千米。2008年年底，全乡村村通公路，年客运量11.6万人次，货运周转量89万吨。

水利 烟水工程 2008年国家投入资金62.46万元，实施岭峰村烟水工程，修沟渠5条，总长1500米，建水池5座，容量1330立方米，安装管网1条长1.44万米，受益面积43.33公顷。

饮水安全工程 2007年，投入资金24.12万元，其中国家补助资金18.72万元、群众投劳折资5.4万元，安装管道11.1千米，建集水池8座，容积8立方米，建调节池6座，容积185立方米，解决竹园村640人饮用水问题。2008年，投入资金25.3万元，其中国家补助资金20.6万元、群众投劳折资4.7万元，安装管道13.3千米，建集水池4座，容积4立方米，建调节池6座，容积143立方米，解决茶园村605人饮用水问题。

集镇建设 1993年前，街道长70米，既窄又是泥路。1998—2008年，开发河边小区，街道延长到170米，硬化街道，安装路灯，新建综合文化站。有1个农贸市场，占地3.9平方千米，每场赶场人流量1.2万人，场期为农历二、七日。

电力资源 2008年年末，境内有10千伏输电线路1条21.88千米，用电负荷210千瓦，年售电量164万千瓦时。

通信电视 至2008年，全镇有邮政网点1处，服务投递点14个，镇村通邮率100%。通信企业3家，网点5个。广播电视覆盖率达85.5%。

罗场乡集镇原貌（2004年拍摄）

农业 乡内主要农产品有水稻、玉米、小麦、马铃薯、红薯、油菜、烤烟。1993年，粮食总产量2400吨（其中水稻产量1100吨、小麦产量400吨），油菜籽产量200吨，烤烟产量800吨。2008年，粮食总产量6600吨（其中水稻产量2700吨、小麦产量300吨），油菜籽产量300吨，烤烟产量400吨。

牧业 1993年年末，牛存栏2300头，生猪出栏2900头，山羊存栏400只，肉类总产量400吨。至2008年，牛存栏1500头，生猪存栏3900头，山羊存栏2000只，肉类总产量700吨。

林业 1993年，建乡林业站，有林业干部3人，护林人员10人。1993—1996年，总计造林133.33公顷，其中松树面积20公顷、经济林面积100公顷、果园面积13.33公顷。1997—2006年，共植杨树210万株（约66.67公顷），果树53万株（约68.85公顷）。2007年，两河村封山育林面积31.8公顷。至2008年，全乡林地面积4660公顷（其中天然林2400公顷），累计造林2177.82公顷，经济林82.18公顷，森林覆盖率62.14%，活立木蓄积量22.59立方米。

茶业 1988年年末，有茶园面积6.67公顷、绿茶产量2吨。1993—1995年年末，新垦植茶园86.67公顷。1996—2001年年末，有茶园面积100公顷，绿茶产量25吨。2002—2008年年末，有茶园面积178公顷，绿茶产量32吨。

果业 1988年，农户分散栽植，水果产量3.6吨。至2008年，有果园面积85公顷，水果产量74吨。

乡镇企业 至2008年，有茶叶加工厂1个，绿茶产量32吨；酱醋加工厂1个，年产量200吨；酒作坊3户，年产量36吨。全乡年产值25.2万元。

教育 2000年，国家投资95万元，新建罗场初级中学教学楼、女生宿舍楼，建筑面积2432平方米。

2002年，国家投资16万元，新建罗场初级中学男生宿舍楼，建筑面积468平方米。

2003年，国家投资24万元，新建罗场初级中学综合楼，建筑面积664平方米。

2004年，国家投资30万元，新建茶园小学教学楼，建筑面积747平方米。

2006年，国家投资73万元，新建两河小学教学楼，建筑面积1827平方米。

1998年，全乡有完全小学4所，初级小学7所，教学点6个，在校学生总数1880人，7～12周岁人口入学率97.9%，教职工61人；有初级中学1所，9个班，在校学生总数470人，13～15周岁人口入学率76.6%。

2008年，境内有完全小学3所，教学点6个，在校学生总数1229人，7～12周岁人口入学率99.1%，教职工79人；有初级中学1所，14个班，在校学生总数724人，13～15周岁人口入学率84.6%。

与1998年相比，2008年7～12周岁人口入学率增长1.2个百分点，13～15周岁人口入学率增长8个百分点。

卫生 1997年，投资12万元，修建乡卫生院，建筑面积250平方米，床位16张。2008年，有卫生院1所、村级卫生室15间，有专业卫生人员9人，其中执业医师1人、执业助理医师3人、护士3人。

文化旅游景点 有沙子泉瀑布、快场天生桥、荆竹园暗河长廊、两河村田儒壁故居、三花山银杏树群、廖云鹏故居、坪窝村古建筑群等。

行政区域变更 1992年10月，根据县人民政府转发《铜仁行署关于转发〈贵州省人民政府关于印江土家族苗族自治县建镇并乡撤区行政区域变更的批复〉的通知》，撤销罗场乡、两河乡、茶园乡，合并建罗场乡（乡科级）。乡人民政府驻罗场村。全乡辖原罗场乡的罗场、竹园、清河、合群、青龙、佐坪、李家寨7个村，原两河乡的两河、快场、寨口、坪窝4个村，原茶园乡的茶园坨、广东坪、岭丰、靛厂4个村。罗场乡机构设：中共罗场乡委员会、中共罗场乡纪律检查委员会、罗场乡人大主席团、罗场乡人民政府、罗场乡政协联络组、罗场乡武装部、共青团罗场乡委员会、罗场乡妇女联合会，乡下设党委办公室、政府办公室、劳动人事办公室、经济科技办公室、社会治安综合治理办公室及文教卫生股、民政民族福利股、计划生育站、统计站、企业管理站、土管所、派出所、司法所、乡法庭、教育办公室、农经站、畜牧站、林业站、水利站、烟草站、邮电所、信用社、医院、文化广播电视站。

2008年年末，全乡有15个村委会、131个村民组。

2008年罗场乡村委会、村民组区划情况一览表

表1—23

村（社区、居委会）名称	村民组（街、路）名称	村民组（个）
罗场村	谭上组、谭下组、谭中组、罗上组、罗下组、艾上组、艾下组、街上组、快现组、王家组、梨树坳组、泡冬坪、黄泥堡组	13
清河村	上寨组、下寨组、坪塘组、道角组、曾家组、余家组、青杠坪组、石兴河组、乌蔸岭组	9
坪窝村	上寨组、中寨组、下寨组、湾里组、吴家组、卢家山组、大土坪组、余寺岭组	8
两河村	水沟组、田坝组、大上组、大中组、大下组、坪上组、坪下组、陈家组、王上组、王下组、拖船溪组、两河口组、何家坪组、下水塘组、田家湾组、羊皮山组	16
快场村	快场组、曾家、邓家组、农场组、岭上组、和平组、尖山组、茺门组、小茶园组、天井坝组、胡家山组	11
寨口村	上寨口组、下寨口组、上阳组、下阳组、彭山组、板桥组	6
李家寨村	河里组、田湾组、茨坎组、上排组、下排组、小溪沟组、苏家寨组、中间湾组	8
合群村	蔡上组、蔡中组、蔡下组、岩上组、岩下组、李家组、王家组、邓家沟组、六井塘组、眠牛穴组	10
佐坪村	佐坪组、新塘组、陡沟组、中寨组、新房子组、陆家湾组、黄家坳组、瓮龙坪组、大屋基组、曹家岭组、蜂王顶组、两河口组、屋基湾组	13
竹园村	冯上组、冯下组、上竹元组、下竹元组、土地坳组、代家坳组、枫香坳组、封神堂组、椅子山组、扇子坝组	10
青龙村	青龙一组、青龙二组、青龙三组、青龙四组、青龙五组	5
广东坪村	广东坪组、交元岭组、响水洞组、赵坪组、梨沟组、茂林组	6
茶园村	茶园组、田家组、张家组、加林组、坨下组、四坪组	6
岭峰村	开上组、开下组、岭山组、廖家山组、白岩沟组、枫香坪组、三花山组	7
靛厂村	靛厂组、前丰组、仙合坪组	3
15	—	131

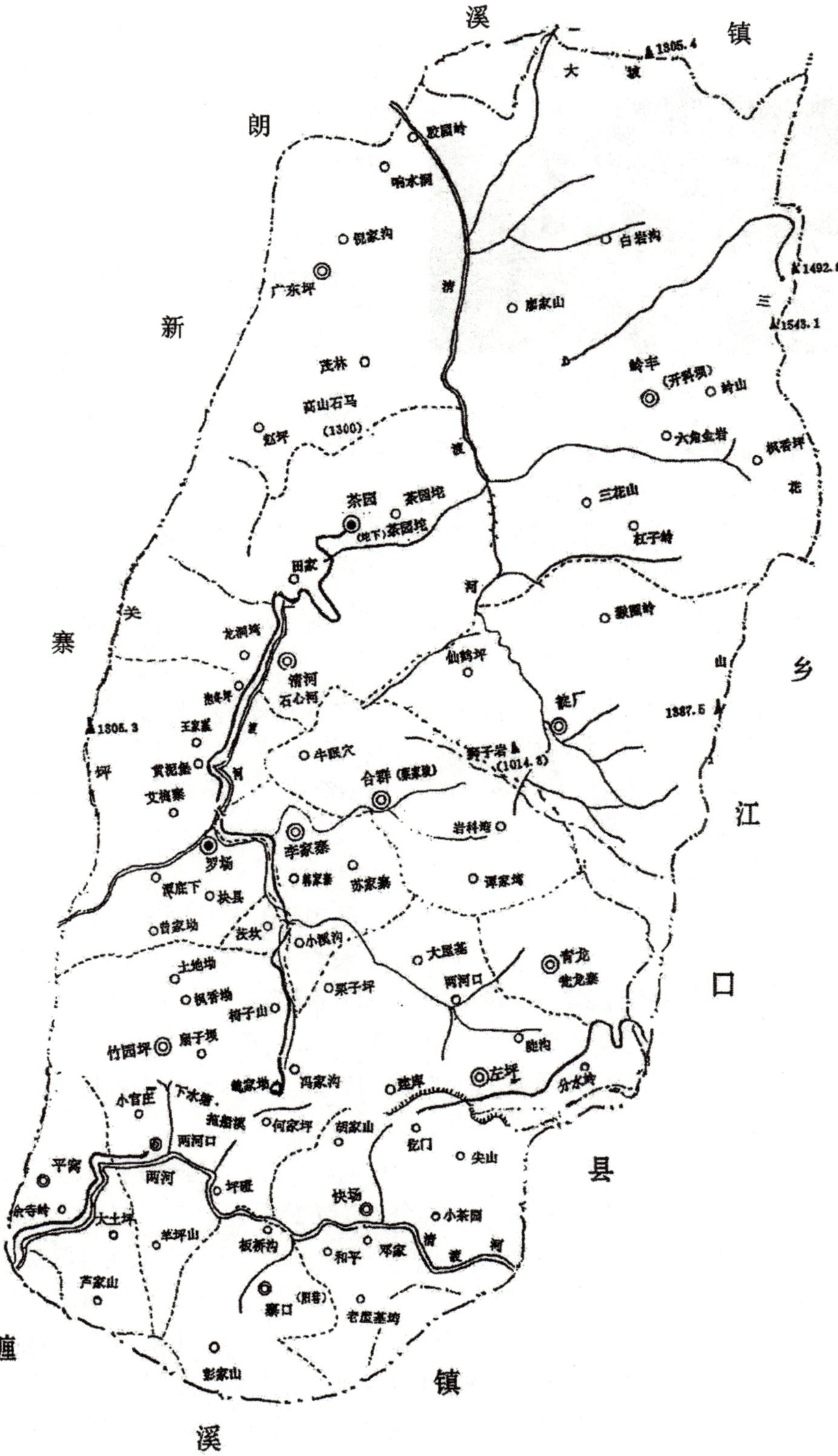

溪
镇
朗
新
寨
乡
缠
溪
镇
永
义
乡
江
口
县
大坡
1305.4
1492.8
1543.1
1305.3
1387.5
清
渡
河
响水洞
倪家沟
广东坪
白岩沟
彭家山
茂林
高山石马
(1300)
三花山
红子岭
茶园
茶园坨
田家
清河
石心河
牛眠穴
合群
狮子岩
(1014.8)
岩科湾
罗场
李家寨
苏家寨
谭家湾
青龙
大屋基
两河口
栗子坪
小枫沟
土地坳
枫香坳
竹园坪
冯家沟
左坪
分水岭
小官庄
何家坪
胡家山
尖山
平窝
两河
快场
小茶园
大土坪
羊坪山
板桥沟
和平
邓家
芦家山
寨口
老屋基坳
彭家山

罗场乡示意图

洋溪镇

洋溪镇人民政府所在地全景（2010年拍摄）

洋溪镇位于北纬27°35′11″～27°44′57″，东经108°24′05″～108°35′32″，地处县境南部，东与江口县德旺土家族苗族乡接壤，南与石阡县石固乡毗邻，西与石阡县坪地场仡佬族侗族乡相连，西北与杨柳乡交界，镇人民政府驻洋溪村，距县城80千米。

地貌地形 境内有溶洞、溶沟、竖井、暗河、石芽、石柱等，是典型的喀斯特地貌。最高峰挂榜山，海拔1554米，最低点木耳寨，海拔600米。

气候 属亚热带湿润季风气候。其特点是夏季高温多雨，冬季温暖湿润。年平均气温16.8℃，年平均降雨量1150毫米，全年无霜期为270天。

水文 镇内河道属乌江水系，有四级河洋溪河，长28千米，流域面积193平方千米，由北向南经桅杆嘴村、洋溪村、坪林村流入石阡县境内。地下水资源丰富。

矿藏 境内已探明地下矿藏有锡矿、锌矿、铅矿。其中：锡矿位于王家坡村王家坡组；铅矿位于冷水村白马坡。

自然灾害 主要自然灾害有旱涝、低温、连阴雨、冰雹、地质灾害等。1995年，新黔申家滑坡威胁19人、26间房屋安全；陡河徐家滑坡，毁房6间，损房2间。

人口面积 2008年年末，辖区总人口16393人，其中农业人口15625人，非农业人口768人。在总人口中，以土家族、汉族、苗族为主，土家族7705人，占总人口47.0%，苗族4836人，占总人口29.5%，汉族及其他民族3852人，占总人口23.5%。

辖区国土面积187平方千米，耕地面积1280公顷，其中田1015公顷、土265公顷，人均耕地面积1.23亩。

交通 1988年前，只有1条缠溪至洋溪到石阡县龙塘坳公路。2002年，国家投资5111万元，改扩建缠龙公路55.6千米，其中过境18千米。1993—2005年，先后修建12条乡村公路，共长33.9千米。至2008年，有县乡级公路2条29千米，村级公路17条110千米，1个农村客运站，年客运总量16.5万人次，货运周转量132万吨。

水利 2007年，国家投资68.25万元，实施新阳村烟水工程，修沟渠1条1500米，建水池6口，容积1624立方米，安装管网1条12200米，受益面积46.67公顷。

饮水安全工程 2004年，投资16.97万元，其中国家补助资金13.57万元、群众投劳折资3.4万元，安装管道4.9千米，建集水池2座，容积2立方米，建调节池4座，容积200立方米，解决柏杨村812人饮用水问题。2008年，国家投资44.2万元，安装管道21.05千米，建集水池7座，容积12立方米，建调节池14座，容积280立方米，修拦水坝1座，解决曾心村1242人饮用水问题；国家投资24.03万元，其中国家补助资金16.34万元、群众投劳折资7.69万元，安装管道14.2千米，建集水池7座，容积7立方米，建调节池6座，容积233立方米，解决银坳村610人饮用水问题；国家投资23.83万元，其中国家补助资金16.2万元，群众投劳折资7.63万元，安装管道6.8千米，建集水池8座，容积12立方米，建调节池5座，容积190立方米，解决坪林村木耳寨、王家坡村下坪村民组580人饮用水问题。

集镇建设 1995年，集镇建设区面积7.1万平方米，有常住人口318户、1150人。建有各类房层面积 3.36 万平方米，其中公共建筑 1.71 万平方米。有镇属机关单位 21 个，有中学、小学、托儿所、医院各 1 所，有电视差转台 1 处、个体商户 30 户、乡镇企业 12 家。1996 年，镇人民政府对镇所在地进行总体规划，规划面积 30.12 万平方米。1997 年，国家投资 80 万元，改扩建街道 3 千米。2000 年，国家投资 30 万元，新建财政所办公楼，建筑面积 197 平方米；投资 32 万元，新建洋溪镇法庭办公楼，建筑面积 200 平方米；2001 年，国家投资 34 万元，新建镇政府办公楼，建筑面积 220 平方米。2002 年，国家投资 20 万元，新建国土所办公楼，建筑面积 97 平方米。2004 年，国家投资 90 万元，新建计生站综合大楼，建筑面积 400 平方米。2008 年，国家投资 80 万元，新建干部职工宿舍楼，建筑面积 200 平方米。国家投资 120 万元，新建洋溪镇卫生院综合楼，建筑面积 300 平方米，新建综合文化站，有农贸市场 1 个，占地 2500 平方米，每场赶场人数 2 万人，场期为农历四、九日。

洋溪区桅杆农场全景（1996 年拍摄）

电力资源 至 2008 年，有小水电站 2 座，有 35 千伏输电线路 1 条、10 千伏高压输电线路 1 条，总长 108.49 千米，年售电量累计完成 150 万千瓦时，综合电压合格率 94.6%，供可靠率 99.16%；有天然气站 1 座，天然气居民用户 220 户，燃气普及率为 25%。

通信电视 至 2008 年，全镇有邮政网点 1 处，服务投递点 23 个，镇村通邮率 100%。通信企业 3 家，网点 17 个。广播电视覆盖率达 97.7%。

农业 境内土地肥沃、水源充足，旱涝保收，历来是印江自治县的鱼米之乡，所产的白米，晶莹剔透、珠圆玉润，曾作为皇家贡品。1993 年，全镇农作物播种面积 2569.4 公顷，粮食总产量 4400 吨（其中水稻播种面积 793.7 公顷），稻谷总产量 2600 吨，水稻播种面积占农作物播种面积的 30.9%，稻谷产量占农作物总产量的 59.09%。2008 年，农作物播种面积 3081 公顷，粮食总产量 9300 吨（其中稻谷播种面积 844 公顷），稻谷产量 5700 吨，稻谷播种面积占农作物总播种面积的 27.39%，稻谷产量占农作物粮食总产量的 61.29%。

牧业 镇地广人稀，广阔的草地和灌木丛是发展畜牧业的优势，历届党委政府也将发展畜牧业作为强镇富民的支柱产业来抓。1990 年，全镇开始推行防疫双轨目标管理责任制，改变以前防疫注射密度低的现象，防疫密度达到 90%以上。1990—2001 年，上级投资扶贫贷款 41 万元，支持发展畜牧业：在王家坡、柏杨两个村实施发展计划，参与农户 55 户，改造圈舍 80 间，总面积 900 平方米；建新阳、双龙村三元杂交仔猪基地，有养殖户 105 户；建桅杆、蒋家坝村的商品牛基地及品种改良点，存栏母牛 315 头，引进冻精输配母牛 86 头；建蒋家坝村肉羊基地和轿顶山围栏养殖园，发展养殖户 50 户，改造圈舍 110 间，购基础母羊 500 只，引进种公羊波尔山羊 1 只。至 2008 年，全镇良种覆盖达 80%，生猪存栏 9800 头，出栏 1.04 万头，牛存栏 2700 头，山羊存栏 2100 只，出栏 3500 只。

林业 境内森林广袤，正在建设“生态公园镇”。1988 年，建有县级野生动植物自然保护区 10600 公顷。1992 年 10 月，并乡建镇后，镇内先后建有刘家坪、格优寨、山岔等 3 个国有林场。2000 年，成立森林资源管护站，有干部职工 4 人，护林人员 25 人。2001—2002 年，镇党委、政府和森林资源管护站，采取林竹、林茶、林果等模式，开展退耕还林工程，累计完成退耕还林 651.52 公顷，涉及 13 个行政村 2455 户农户。2003 年，正式通过国家林业局、省林业厅核查验收。至 2008 年，建有县级野生动植物自然保护区 10600 公顷，累计造林 5846.67 公顷，农民住宅四旁树木 20.7 万株，林木覆盖率 66.12%，活立木蓄积量 38.43 万立方米。

茶业 1988 年年末，茶农分散栽植，茶叶产量 2 吨。1996—2001 年，新垦植茶园 12 公顷，茶叶产量3吨。至2008年，有茶园面积933公顷，茶叶产量200吨。

果园 1993年年末，农户分散栽植管理，水果产量100吨。至2008年，有果园面积20公顷，水果产量200吨。

乡镇企业 2008年年末，有茶场22个，年加工0.02万吨；有精米加工厂1个，年产量0.05万吨。

教育 1999年，国家投资35万元，新建洋溪小学教学楼，建筑面积720平方米。

2000年，国家投资20万元，新建蒋家坝小学教学楼，建筑面积560平方米。

2002年，国家投资45万元，新建双龙小学教学楼，建筑面积750平方米。

2003年，国家投资42万元，新建坪林小学教学楼，建筑面积860平方米。

2004年，国家投资80万元，新建洋溪中学教学楼，建筑面积1160平方米。

2007年，国家投资68万元，新建洋溪中学学生食堂，建筑面积960平方米。

2008年，国家投资45万元，新建洋溪中学学生宿舍，建筑面积680平方米。

1998年，全镇有完全小学6所，初级小学3所，教学点9个，在校学生总数2188人，7～12周岁人口入学率99.0%，教职工73人，初级中学1所，10个班，在校学生总数559人，13～15周岁人口入学率82.0%。

2008年，有完全小学7所，教学点3个，在校学生总数1661人，7～12周岁人口入学率99.7%，教职工104人，有完全中学1所，高中部2个班，在校生总人数106人，初中部18个班，在校学生总数990人，13～15周岁人口入学率96.3%。

与1998年相比，2008年7～12周岁人口入学率增长0.7个百分点，13～15周岁人口入学率增长14.3个百分点。

卫生 至2008年，有卫生院1所、村级卫生室15个、床位20张。有专业卫生员6人，其中执业医师4人、执业助理医师1人、护士3人。

文化旅游 有蒋家坝茶园风景区，洋溪万里桥，曾心村万安桥，明清古墓群，土家吊脚楼和曾心、山岔、银坳村傩戏班。

行政区域变更 1992年10月，在并建撤中，根据县人民政府转发《铜仁行署关于转发〈贵州省人民政府关于印江土家族苗族自治县建镇并乡撤区行政区域变更的批复〉的通知》，撤销洋溪乡、桅杆乡、坪林乡，合并建洋溪镇（乡科级）。镇人民政府驻洋溪村。全镇辖原洋溪乡的洋溪、冷水、新阳、曾心、新黔、合心、小溪、双龙、银坳、山岔10个村，原桅杆乡的桅杆、蒋家坝2个村，原坪林乡的柏杨、王家坡、坪林3个村。

2008年年末，全乡有1个居委会、15个村、146个村民组。

2008年洋溪镇居委会、村委会、村民组区划情况一览表

表1—24

村（社区、居委会）名称	村民组（街、路）名称	村民组（个）	居委会（个）
居委会	一组、二组、三组、四组、五组、六组、七组、八组、九组、十组、十一组、十二组、十三组、十四组、十五组	—	1
洋溪村	徐家组、陡河组、湾里组、转塘组、小寨组、樊家沟组、瓮甲组、堰塘坡组、上街组、尧上组、下街组	11	—
冷水村	周桐坳组、银匠沟组、大屋基组、冷水塘组、舟寨组、丁木坳组、吴家坡组、谢家坡组	8	—

续表1－24

村（社区、居委会）名称	村民组（街、路）名称	村民组（个）	居委会（个）
新阳村	杨家沟组、上毛湾组、大土坪组、下毛湾组、桃子园组、段家寨组、老寨组、格蚤田组、王家山组	9	—
曾心村	盐井沟组、下竹园组、上竹园组、曾家沟组、杨家组、徐家组、板桥沟组、毛家嘴组、张家沟组、椰树坪组、老寨坪组、大屋基组、新寨坪组、石钟寨组	14	—
新黔村	刘家坪组、安家组、官庄组、椅子湾组、申家组、陈家嘴组、万家组、马家土组、现光组、白岩组、凉水井组、杨柳塘组	12	—
合心村	蔡家沟组、还头湾组、田家坝组、水塘组、官山组、邓家棚组	6	—
小溪村	长坡组、改家山组、蜂子沟组、上寨组、下寨组	5	—
双龙村	双龙桥组、枫香坳组、烂沟组、周家坪组、坳上组、水车坝组	6	—
银坳村	板溪组、毛坪组、银坳组、岩上组、水塘坳组、坪上组、白果湾组、吊家沟组	8	—
山岔村	胡家坡组、中寨组、香树坪组、梨树坳组、叶家坡组、汪家沟组、新房子组、刘家坝组、上寨组	9	—
桅杆村	三磊山组、高坎子组、甘溪沟组、坪上组、石家山组、小张山组、梨树坪组、大张山组、申坳组、赵家沟组、半沟组、街上组、谭家沟组、雷家沟组、老寨组、姚寨沟组、朝宝山组	17	—
蒋家坝村	李家山组、寨上组、陈家沟组、上坝组、下坝组、长坳组、卢山组、旺田坝组、上寨组、梁家田组、蒋家坝组、大院子组	12	—
坪林村	余家沟组、甘溪组、张家沟组、胡芦子沟组、后坝组、田湾组、田坝组、马虎湾组、坳上组、木耳组、岩口组	11	—
柏杨村	青杠嘴组、瓦窑田组、坝上组、还头湾组、被单坡组、昌木塘组、构树湾组、汪家沟组、白果树组、河对门组、米山坡组	11	—
王家坡村	王家坡组、新寨组、陡堡寨组、黄家组、高桥坡组、高家屋基组、下坪林组	7	—
15	—	146	1

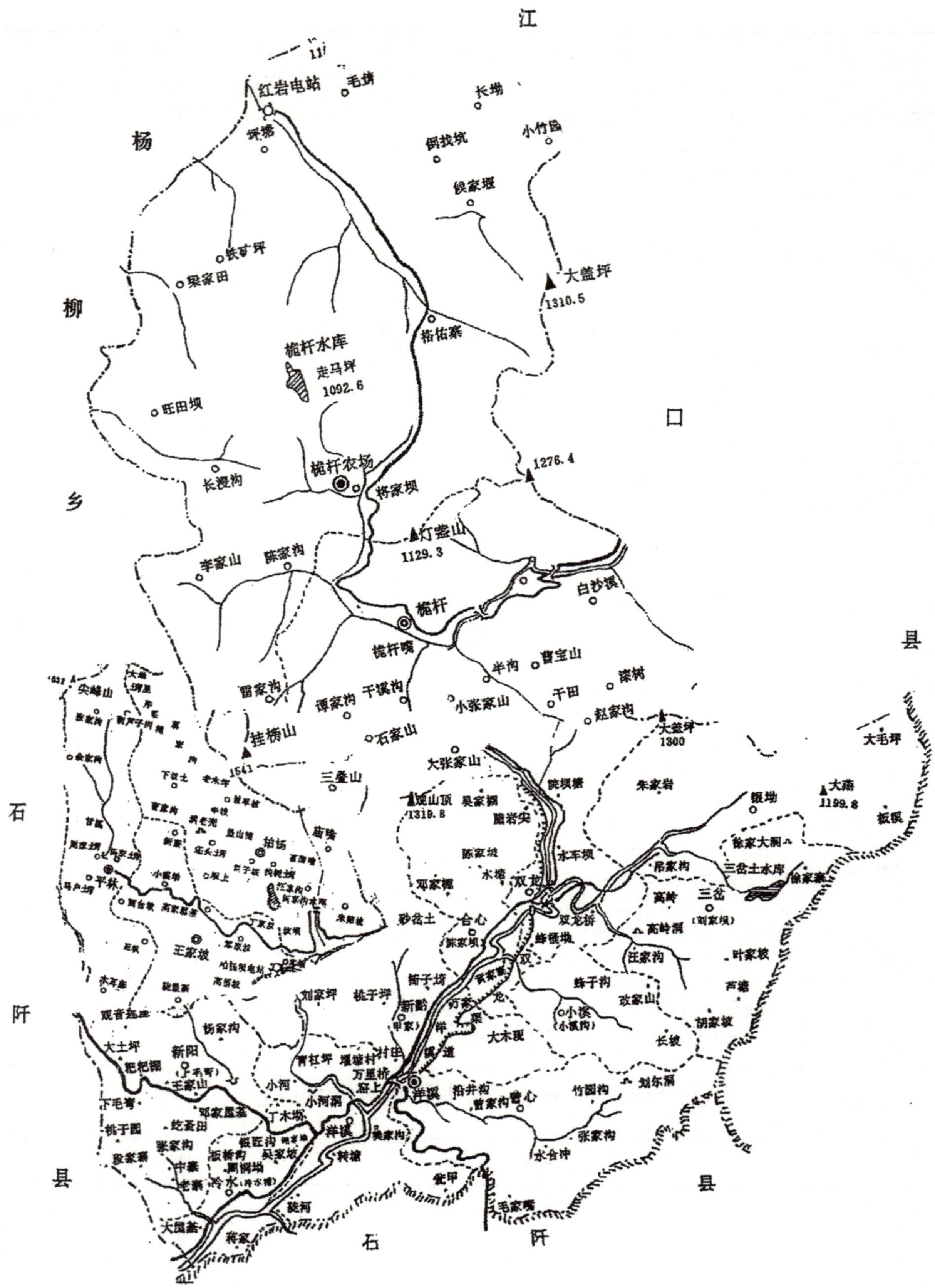
江
口
县
杨
柳
乡
石
阡
县
石
阡
县
红岩电站
毛傍
长坳
坪塘
小竹园
倒拔坑
侯家堰
铁矿坪
梁家田
大盖坪
1310.5
格佑寨
梳杆水库
走马坪
1092.6
旺田坝
1276.4
梳杆农场
长漫沟
蒋家坝
灯盏山
1129.3
李家山
陈家沟
白沙溪
梳杆
梳杆嘴
半沟
曾宝山
留家沟
谭家沟
干溪沟
小张家山
干田
漆树
赵家沟
挂榜山
1541
石家山
大盖坪
1300
大毛坪
尖峰山
大张家山
三叠山
院坝塘
朱家岩
大燕
1199.8
坝山顶
1319.8
吴家铟
银坳
板枧
平林
拍扬
庙塘
陈家坡
水车坝
徐家大洞
吊家沟
三岔土水库
徐家寨
水塘
双龙
邓家楷
高岭
三岔
马户坪
砂岩土
合心
双龙桥
高岭洞
王家坡
蜂蛹坳
汪家沟
叶家坡
桃子坊
蜂子沟
观音庭
刘家坪
桃子坪
新黔
小溪
大木坝
胡家坡
扬家沟
长坡
大土坪
新阳
青杠坪
堰塘村
村田
粑粑棚
万里桥
王家山
小河
寨上
洋溪
曾家沟
曾心
竹园沟
刘尔洞
下毛寄
小河洞
丁木坳
邓家屋基
桃子园
乾宝田
洋溪
张家沟
吴家坡
板桥沟
高桐坳
转塘
水合冲
张家沟
中寨
老寨
冷水
大园基
蒋家
毛家嘴
石
阡

洋溪镇示意图

杨柳乡

杨柳乡人民政府所在地全景（2010年拍摄）

杨柳乡位于北纬27°35′09″～27°47′56″，东经108°20′42″～108°29′40″。地处县境南部，东依洋溪镇，南与石阡县石固仡佬族侗族乡接壤，西南与石阡县坪地场仡佬族侗族乡相连，西北与思南县大坝场镇、天桥土家族乡交界，北与缠溪镇毗邻，乡人民政府驻杨柳村，距县城63千米。

地貌地形　乡境内出露地层有寒武系、奥陶系、二叠系、志留系，地表岩石以石灰石为主，长期日晒雨淋，洪水冲刷，在强烈溶蚀作用下，溶洞、溶沟、深石曹、落水洞、石芽处处皆有，属喀斯特地貌；最高山峰挂榜山，海拔1554米，最低海拔600米。

气候　属亚热带暖湿季风气候。其特点是夏季高温多雨，冬季温暖湿润。年平均温度14.0℃，年平均降雨量1100毫米，全年无霜期270天。

水文　境内五级河——江源沟属乌江水系，总长13千米，流域面积33平方千米，多年平均流量2立方米/秒。

矿藏　乡境内已探明地下有煤矿，储藏量360万吨。

自然灾害　主要自然灾害有旱涝、低温、连阴雨、地质灾害等。2000年，大兴大穴场滑坡，毁房5间。

1999年6月3日下午18时20分，突下暴雨，降雨量为114.9毫米，暴雨强度为每小时30～50毫米，主要集中在分水岭至中山、大路和凯坪至杨家寨、杨柳两山之间，暴雨中心位于喇叭形山区河口地带的杨柳乡政府所在地。乡政府所在地街道水深0.78米，暴雨来势迅猛，山洪和泥石流同时发生，造成严重洪灾。受灾范围有凯坪、杨家寨、杨柳、崔山、新屯、白虎嘴、茶山、何家、中心、大路、中山、竹林、大兴13个行政村109个村民组，占全乡122个村民组的89.3%。据县防汛抗旱指挥部调查统计，受灾面积110公顷，成灾面积97.33公顷，其中：水稻受灾42.73公顷、成灾34.67公顷、不能恢复19.07公顷；玉米受灾12.33公顷，成灾10公顷，绝收3.67公顷；洋芋受灾20.07公顷，成灾23.27公顷，绝收11.34公顷；烤烟受灾30.07公顷，成灾26公顷，直接经济损失达57万元。

人口面积　2008年年末，辖区总人口12406人，有农业人口12015人、非农业人口391人。在总人口中，有土家族、汉族、苗族、仡佬族等民族，土家族6660人，占总人口的53.7%，苗族1240人，占总人口的10.0%，仡佬族303人，占总人口的2.44%，汉族3418人，占总人口的27.55%。

辖区有国土面积109.5平方千米，耕地面积915公顷，其中田662公顷、土253公顷，人均耕地面积1.14亩。

交通　1992年前，有缠溪至洋溪公路经过杨柳乡境内21千米。1994—2007年，先后修建通白虎嘴、新屯、崔山、凯上坪等10个村的公路。至2008年，有县乡级公路2条27千米、村级公路10条31千米，年客运量9.8万人次，货运周转量82.5万吨。

水利　烟水工程　2007年，国家投资36.23万元，实施何家村烟水工程，建水池4座，容积4370立方米，安装管道1条5800米，受益面积26.67公顷。2008年，国家投资75.29万元，实施凯坪村烟水工程，建水池13座，容积4112立方米，安装管道13条1.42万米，灌桩29个，受益面积

66.33公顷。

饮水安全工程 2007年，国家投资21.03万元，其中国家补助资金18.53万元、群众投劳折资2.5万元，安装管道13.6千米，建集水池5座，容积5立方米，建调节池7座，容积12立方米，解决白虎嘴村700人饮用水问题。2008年，国家投资7.28万元，其中国家补助资金5.28万元、群众投入折资2万元，安装管道3.9千米，建集水池3座，容积8立方米，建调节池1座，容积50立方米，解决苟田坡组200人饮用水问题。投资11.09万元，其中国家补助资金9.59万元、群众投劳折资1.5万元，安装管道6.5千米，建集水池1座，容积2立方米，建调节池2座，容积50立方米，维修水池1座，容积30立方米，解决杨柳村333人饮用水问题。

集镇建设 2005年，新建土管所、乡信用社办公大楼。2006年，新建水利站、派出所办公楼。2008年，新建综合文化站、畜牧站办公楼，铺建杨柳至叉马油路。有农贸市场1个，每场赶场人流量5000人次，场期为农历二、七日。

杨柳乡全景（2011年拍摄）

电力资源 至2008年，有35千伏变电站1座，10千伏输电线路3条55.41千米，用电负荷500千瓦，年售电量300万千瓦时，综合电压合格率95.2%，供电可靠率99.2%。

通信电视 至2008年，全镇有邮政网点1处，服务投递点15个，镇村通邮率100%。有通信企业3家、网点5个。广播电视覆盖率达73.8%。

农业 境内主要农产品有水稻、小麦、玉米、马铃薯、红薯、油菜、烤烟。1993年，粮食总产量3000吨（其中水稻产量1800吨、玉米产量200吨），油菜籽产量100吨，烤烟产量400吨。2008年，粮食总产量7600吨（其中水稻产量3800吨、玉米产量1500吨），油菜籽产量400吨，烤烟产量300吨。

牧业 1993年年末，牛存栏2900头，生猪出栏3700头，山羊存栏200只，肉类总产量200吨。1999年5月，中山村发现了从石阡和平乡传入的“五号病”，涉及中山、大路、大兴等3个村562户2258人，染上病疫有8头牛、8头猪，受灾8户，直接经济损失达2.55万元。各级干部带领群众努力一个月，按划分疫区、预防、免疫、捕杀、消毒等程序，扑灭了“五号病”疫情。1999年12月，白虎嘴、新屯两村又发现了从思南大坝场镇传入的“五号病”，染上病疫2头牛，受灾2户，直接经济损失达5560元，涉及2个村18组470户1897人。经过10天的预防、捕杀、消毒、迅速扑灭了“五号病”疫情。至2008年，牛存栏1500头，生猪存栏2800头，山羊存栏2000只，肉类总产量600吨。

林业 至2008年，造林5846.67公顷（其中防护林5840公顷），村寨四周树木20.7万株，林木覆盖率66.12%，活立木蓄积量38.43万立方米。

茶业 1988年年末，茶农分散栽植，有茶园面积10公顷，茶叶产量1吨。至2008年，有茶园面积157公顷、茶叶产量52吨。

果园 1993年，农户自栽自管，水果产量43.28吨。至2008年，果园面积10公顷，水果产量200吨。

乡镇企业 1993年，曹门煤矿厂年产煤1.24万吨。2008年，改扩建曹门煤矿厂，设计生产能力为年产煤9万吨。

教育 1998年，国家投资53.8万元，新建杨柳小学教学楼，建筑面积704平方米；新建曹门小学教学楼，建筑面积778.6平方米。

2000 年，国家投资 29.5 万元，新建杨柳小学综合楼，建筑面积 728 平方米。

2002 年，国家投资 94.8 万元，新建杨柳初级中学综合楼，建筑面积 1438 平方米；新建凯坪小学教学楼，建筑面积 332 平方米；新建中山小学教学楼，建筑面积 332 平方米。

2004 年，国家投资 68 万元，新建杨柳初级中学教学楼，建筑面积 1560 平方米。

1998 年，全乡有完全小学 5 所，教学点 8 个，在校学生总数 1315 人，7～12 周岁人口入学率 98.4%；初级中学 1 所，6 个班，在校生总数 328 人，13～15 周岁人口入学率 91.3%。

2008 年，有完全小学 5 所，教学点 4 个，在校学生 1301 人，7～12 周岁人口入学率 99.7%；初级中学 1 所，14 个班，在校学生总数 706 人，13～15 周岁人口入学率 98.3%。

与 2001 年相比，2008 年 7～12 周岁人口入学率增长 1.3 个百分点，13～15 周岁人口入学率增长 7 个百分点。

卫生 至 2008 年，有卫生院 1 所、床位 26 张、村级卫生室 13 间，有专业卫生人员 7 人，其中执业医师 4 人、护士 2 人。

文化旅游活动 有杨柳村金钱杆、茶山村傩堂戏、何家村高台花灯等民俗活动。

创建信用乡专记 2008 年 6 月，根据《贵州省信用社信用乡（镇）、信用村（组）评定及管理办法》的规定和印江自治县人民政府创建信用村（组）领导小组的要求，杨柳乡人民政府下发《杨柳乡人民政府关于创建信用村（组）评定领导小组的通知》和《杨柳乡人民政府关于“创建信用乡”工作实施方案》，组织人员到各村开展创建工作，并成立由乡信用社主任为组长，村支书和村主任为副组长，各村民组长、党员及信用社信贷员为成员的村级评定小组。在实施过程中，大力宣传“穷可贷、富可贷、生产贷、生活贷、不讲信用不能贷”的农户小额信用贷款原则。

是年 11 月，杨柳乡信用社各项存款余额 1529 万元，各项贷款余额 1264 万元，社员股金余额 85 万元，各项业务收入 131 万元，分别较 2003 年年底增长 2.5 倍、2.2 倍、4.01 倍、3.6 倍。不良贷款余额 34 万元，占贷款余额的 2.69%。按期偿还贷款本息的信用农户 2327 户，到期归还率达 98.8%。是年，累计信贷投放 625 户，金额 850.56 万元，其中信用农户贷款 550 户，金额 605.96 万元。自开展创建信用乡工作以来，累计清收不良贷款 115 笔，金额 72.26 万元，村组干部协助组织存款 78 笔，金额 143.7 万元，支持养殖小区 2 个，金额 26.5 万元，利用小额农户贷款支持农民工回家创业 32 户，金额 45.5 万元。形成全乡干部群众“守信光荣、失信可耻”的良好氛围。

是年 12 月 15 日，全省各地、市、州、县金融系统负责人现场交流观摩杨柳乡创建信用乡的经验。

行政区域变更 1992 年 10 月，在“撤并建”中，根据县人民政府转发《铜仁行署关于转发〈贵州省人民政府关于印江土家族苗族自治县建镇并乡撤区行政区域变更的批复〉的通知》的通知，撤销杨柳乡、曹门乡、坪林乡，成立杨柳乡（乡科级）。乡人民政府驻杨柳村。全乡辖原杨柳乡的杨柳、凯坪、崔家山、新屯、杨家寨、白虎嘴、茶山 7 个村，原曹门乡的中心、中山、大路、何家寨、竹林 5 个村，原坪林乡的大兴村。杨柳乡机构有：中共杨柳乡委员会、中共杨柳乡纪律检查委员会、杨柳乡人大主席团，杨柳乡人民政府，杨柳乡政协联络组，杨柳乡武装部、共青团杨柳乡委员会、杨柳乡妇女联合会，乡下设党委办公室、政府办公室、劳动人事办公室、经济科技办公室、社会治安综合治理办公室及文教卫生股、民政民族福利股、计划生育站、统计站、乡（镇）企业管理站、土管所、派出所、司法所、乡法庭、教育办公室、农经站、畜牧站、林业站、水利站、烟草站、邮电所、信用社、医院、文化广播电视站。

2008 年年末，全乡有 13 个村，122 个村民小组。

2008年杨柳乡村委会、村民组区划情况一览表

表1—25

村（社区、居委会）名称	村民组（街、路）名称	村民组（个）
凯坪村	小坝组、青岭湾组、竹林湾组、小庆组、坨里组、新寨组、水井湾组、团山组	8
杨家寨村	杨柳塘组、街上组、李家寨组、朱家寨组、店子组、湾里组、大竹林组、柏果寨组、中寨组	9
杨柳村	上街组、下街组、狗田坡组、羊角堖组、昌家寨组、竹林湾组、上寨组、中寨组、大树子组、赵家沟组	10
崔山村	崔山组、邹家寨组、吴家寨组、崩土坎组、小田沟组、张家寨组、大沟组、大梨树组、沙坝组、半岩组	10
新屯村	新屯组、翁角坝组、灯盏窝组、易家坝组、核桃坪组、李家寨组、熊家沟组	7
白虎嘴村	田家寨组、罗家沟组、店子组、杨家沟组、白虎嘴组、沙坝组、柏果坪组、赵家屋基组、分水岭组、邓家山组、赵家岩组	11
茶山村	伍家沟组、王家山组、茶树沟组、覃家山组、何家林组、茂林山组、石门坎组、官房沟组、祝家沟组、周家沟组、马二沟组	11
竹林村	甘田嘴组、芋头湾组、李家沟组、毛坡组、竹尔沟组、大竹林组	6
何家寨村	河沟组、对门山组、陈家寨组、上寨组、下寨组、花田组、瓦房组、塘坎组、小沟组	9
中心村	和平组、刘家组、团岩组、曹门组、中寨组、湾里组、桐木坪组、中沟组、九岭岗组、分水岭组、坪上组	11
大路村	污坑组、张家寨组、罗斯塘组、柏果树组、长房子组、青杠林组、核桃坪组、大路组、寨子组	9
中山村	岩上组、中寨组、下寨组、红房子组、小消坑组、后坝组、青杠堡组、肖家组、申家组、凉水井组	10
大兴村	李家山组、钟家组、江家组、官印组、马路组、大穴场组、沙子坳组、河沟组、谭家山组、坳上组、上寨组、下寨组	12
13	—	123

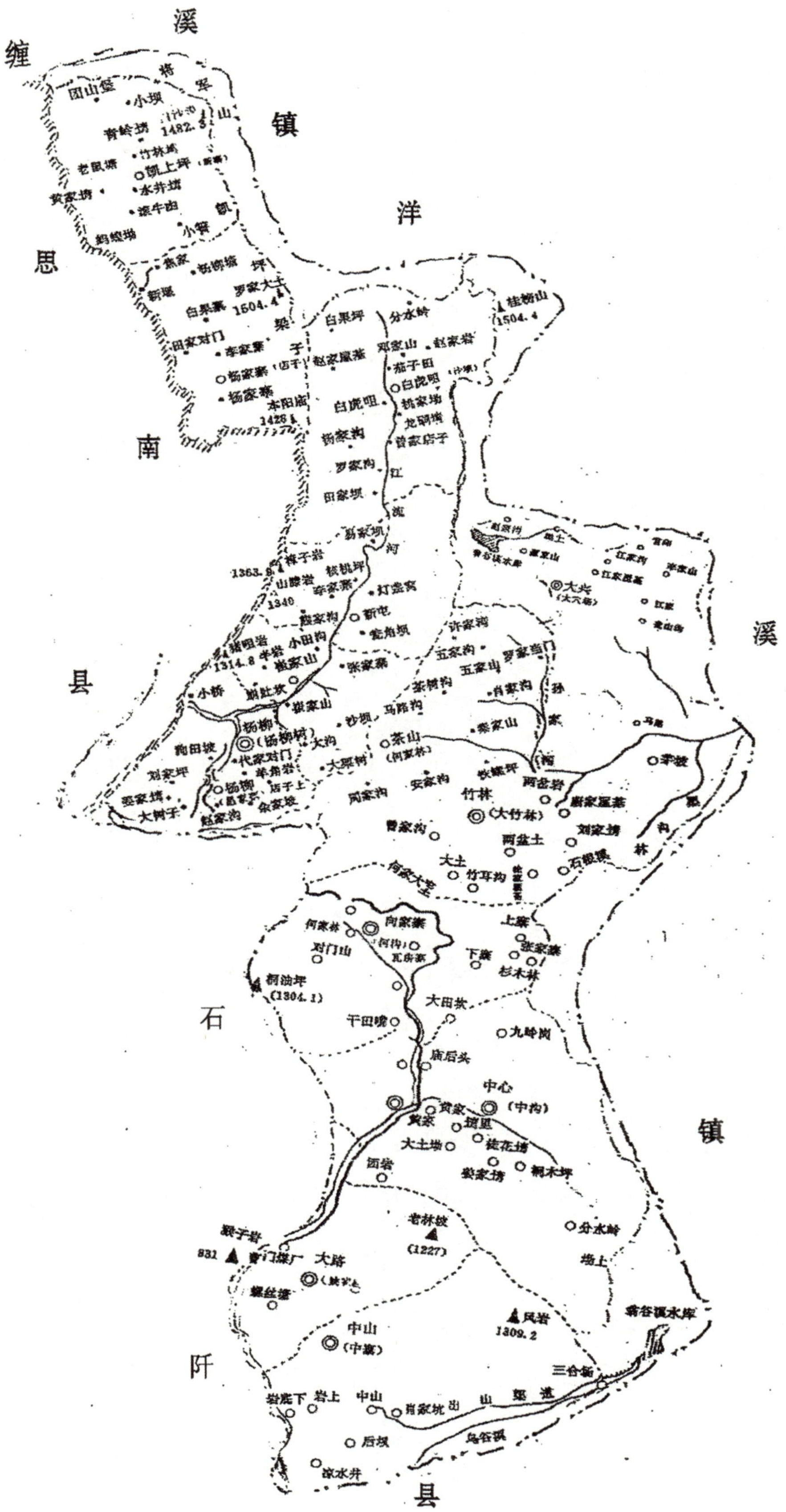

缠
溪
镇
洋
思
南
县
溪
石
阡
县
镇
团山堡
小坝
将
军
山
老鼠塘
竹林湾
凯上坪
水井坪
凉牛凼
凯
小管
钧鱼坳
白果寨
罗家大土
1504.4
桂物山
白果坪
分水岭
邓家山
赵家岩
茄子田
白虎咀
杨家寨
本阳庙
杨家沟
罗家沟
田家坝
江
流
河
石家坝
1363.8
核桃坪
李家寨
灯盏窝
1340
新屯
许家沟
五家沟
罗家当门
1314.8
小田沟
张家寨
五家山
小桥
茶树沟
孙
家
茶山
沙坝
马路沟
杨柳
大沟
代家对门
大塘沟
牧羊坪
两盘岩
刘家坪
杨柳
大树子
周家沟
安家沟
竹林
（大竹林）
曹家沟
刘家塘
两盘土
石板溪
林
大土
竹耳沟
大兴
向家寨
上寨
张家寨
下寨
杉木林
对门山
桐油坪
（1304.1）
大田坎
干田坡
九岭岗
庙后头
中心
（中沟）
黄家
大土坳
雨岩
老林坡
（1227）
分水岭
坳上
大路
螺丝塘
中山
（中寨）
凤岩
1309.2
三合坝
岩底下
岩上
中山
肖家坑
山
后坝
凉水井

杨柳乡示意图

第二编

人口　民族

第一章　人　口

第一节　人口规模

1988年，印江自治县总人口34.91万人。1992年，全县总人口36.11万人，比1988年增长3.4%。1996年，全县总人口37.17万人，比1992年增长2.9%。2001年，全县总人口39.54万人，比1996年增长6.4%。2008年，全县总人口42.55万人，比2001年增长7.6%。

1988—2008年印江自治县人口状况统计表

表2—1

年份	总户数（户）	总人口（人）	非农人口（人）	出生人口（人）	死亡人口（人）	自然增长率（‰）
1988	82963	349141	18282	5606	2264	9.57
1989	86590	352611	19104	6024	2457	10.01
1990	86813	356225	19810	5997	2602	9.53
1991	87536	358951	20065	5041	2321	7.58
1992	88128	361126	20588	4873	2210	7.37
1993	88407	362941	20904	5016	2470	7.01
1994	89548	365946	21376	5173	2372	7.65
1995	90769	368269	22087	5406	2286	8.47
1996	97342	371749	22174	6135	2661	9.35
1997	95292	376079	22047	5774	2737	8.08
1998	96787	379298	22163	5439	2471	7.82
1999	97768	382887	23451	5666	2557	8.12
2000	99310	394888	23894	6803	2640	10.54
2001	103309	395408	24582	5261	2443	7.13
2002	103597	399768	24967	5362	2309	7.64
2003	106630	399379	26571	4493	2378	5.30
2004	109212	402044	27094	5096	2652	6.08
2005	112099	409443	31602	3733	2038	4.14
2006	111450	416699	34360	4408	1905	6.01
2007	112960	420853	34792	5158	2455	6.42
2008	117304	425476	35053	5872	3052	6.63

第二节　人口分布

1988年，印江自治县城镇人口1.83万人，占总人口的5.24%；乡村人口33.09万人，占总人口的94.76%。2000年，城镇人口5.45万人，占总人口的13.8%。2008年，城镇人口10.34万人，占总人口的24.3%；乡村人口32.21万人，占总人口的75.69%。2008年，全县主要集镇人口（农业人口+非农业人口+流动人口）6.21万人，占总人口的14.6%。城镇人口逐年增长。

1988—2008年印江自治县乡镇部分年份人口分布统计表

表2—2　　单位：人、平方千米

乡镇名称	面积（平方千米）	1988年		1992年		1996年		2002年		2008年	
		总人口	人口密度	总人口	人口密度	总人口	人口密度	总人口	人口密度	总人口	人口密度
峨岭镇	80.13	—	—	43657	544.83	45946	573.39	52580	656.18	60388	753.63
新寨乡	130.71	—	—	29062	222.34	29972	229.30	32533	248.89	34059	260.57
中坝乡	67.29	—	—	14830	220.39	15282	227.16	16364	243.19	17412	258.76
板溪镇	117.81	—	—	30475	258.68	30591	259.66	32949	279.68	35316	299.77
杉树乡	74.76	—	—	17351	232.09	17871	239.04	18860	252.27	19900	266.19
沙子坡	128.23	—	—	23597	184.02	24139	188.25	26340	205.41	27702	216.03
天堂镇	122.36	—	—	24924	203.69	25804	210.89	27782	227.05	27947	228.39
刀坝乡	126.59	—	—	26232	207.22	26989	213.20	28512	225.23	30420	240.30
木黄镇	137.74	—	—	24677	179.16	24982	181.37	27209	197.54	29019	210.68
新业乡	115.01	—	—	11239	97.72	11497	99.97	11943	103.84	12722	110.62
合水镇	109.01	—	—	26491	243.01	27073	248.35	28747	263.71	31034	284.69
永业乡	165.29	—	—	11011	66.62	11340	68.61	11867	71.8	12427	75.18
朗溪镇	84.18	—	—	18704	222.19	19360	229.98	20712	246.04	21823	259.24
缠溪镇	156.29	—	—	20632	132.01	21251	135.97	22077	141.26	22889	146.45
罗场乡	81.75	—	—	12475	152.60	12836	157.02	13294	162.62	13902	170.06
洋溪镇	173.83	—	—	14651	84.28	15323	88.15	16109	92.67	16206	93.23
杨柳乡	98.02	—	—	11118	113.43	11493	117.25	11890	121.30	12310	125.58
合计	1969	349141	177.32	361126	183.41	371749	188.80	399768	203.03	425476	216.09

说明：1988年未撤区建镇并乡，未按17个乡镇统计

第三节　人口构成

一、自然构成

性别构成　在1988年全县总人口34.91万人中，男性17.97万人，占总人口的51.48%，女性16.94万人，占总人口的48.52%。在2002年总人口39.98万人中，男性20.9万人，占总人口的52.28%。在2008年全县总人口42.55万人中，男性22.37万人，占总人口的52.57%，男女性别比为110.85∶100。

1988—2008年印江自治县人口构成统计表

表2—3　　单位：人、%

年度	总人数	男性		女性	
		人数	占总人口比例	人数	占总人口比例
1988	349141	179718	51.47	169423	48.53
1989	352611	182291	51.70	170320	48.30
1990	356225	184098	51.68	172127	48.32
1991	358951	185147	51.58	173804	48.42
1992	361126	187576	51.94	173550	48.06
1993	362941	188681	51.99	174260	48.01
1994	365946	190557	52.07	175389	47.93
1995	368269	192587	52.30	175682	47.70
1996	371749	194198	52.24	177551	47.76
1997	376079	196596	52.28	179483	47.72
1998	379298	198121	52.23	181177	47.77
1999	382887	201214	52.55	181673	47.45
2000	394888	206266	52.23	188622	47.77
2001	395408	206611	52.25	188797	47.75
2002	399768	208985	52.28	190783	47.72
2003	399379	209065	52.35	190314	47.65
2004	402044	211676	52.65	190369	47.35
2005	409443	215236	52.57	194207	47.43
2006	416699	219122	52.59	197577	47.41
2007	420853	221158	52.55	199695	47.45
2008	425476	223655	52.57	201821	47.43

年龄构成　2000年人口普查，当地普查登记人口中0～14岁人口10.63万人，55～64岁人口20.57万人，65岁以上人口2.33万人。根据县老年委2008年普查，全县人均寿命超出全国3.5岁，达74.5岁；60岁以上老人达5.04万人，占总人口的11.8%；80岁以上老人6120人，占总人口的1.44%；100岁老人有35人，其中男11人，女24人，占全县总人口8.23/10万。

二、社会构成

姓氏构成　县内有赵、孙、李、周、吴、郑、王、冯、蒋、沈、韩、杨、朱、秦、许、何、吕、施、张、孔、曹、严、金、魏、姜、戚、谢、邹、喻、窦、潘、葛、范、郎、鲁、韦、马、方、俞、任、袁、柳、邓、鲍、史、唐、雷、贺、倪、滕、殷、罗、毕、郝、安、常、傅、皮、齐、康、全、余、顾、孟、黄、萧、尹、姚、邵、汪、毛、禹、狄、臧、戴、宋、庞、熊、纪、舒、屈、祝、董、梁、杜、阮、闵、席、季、麻、强、贾、路、危、江、童、郭、梅、林、钟、徐、邱、骆、高、夏、蔡、田、樊、胡、霍、万、卢、莫、房、洪、包、左、石、崔、龚、程、邢、裴、陆、靳、段、富、弓、侯、车、甘、武、符、刘、景、詹、龙、叶、郜、黎、印、白、池、乔、阴、胥、闻、党、翟、谭、姬、申、冉、牛、尚、庄、晏、柴、瞿、阎、艾、向、易、廖、耿、文、阙、欧、蔚、聂、勾、敖、冷、简、饶、曾、查、游、竺、蒲、欧阳、涂、覃、卓、谌、匡、伍、章、郧、汤、荆、封、晋、争、米、予、号、门、罩、忻、丁、浦、令弧、庹、铁、焦、宁、彭、苏、帅、谯、牟、费、管、乜、篮、卿、甄、穆、粟、番、商、尧、辜、颜、雀、翁、官、仓、弋、储、庞、桂、吾、银、让、昌、蓝、媒共239姓。

其中：1万人以上的有田、张、杨、李、任、陈、吴、王、刘、周、冉、何、严13姓；1万人以下500人以上的有戴、罗、卢、潭、柳、徐、龙、魏、涂、袁、万、熊、余、马、郭、冯、邹、石、胡、赵、廖、祝、秦、甘、孙、彭、敖、简、肖、饶、梁、安、尹、向、程、白、汪、晏、梅、雷、陆、朱、龚、蒋、曹、江、喻、文、郑、曾、马、石、谢、程，共54姓。

文化构成 在2000年本地人口普查登记中，文化程度专科以上0.29万人，占总人口的0.73%，高中（含中专）1.35万人，占总人口的3.42%，初中7.35万人，占总人口的18.6%，小学15.41万人，占总人口的39%，文盲4.58万人，占11.6%。

民族构成 详见第二章《民族》第一节。

第四节 人口控制

1999年，印江自治县制订农村独生子女户优惠政策：1999年以后生育并办理独生子女证的农村独生子女户，一次性奖励2000元；1999年后生育的两女绝育户，一次性奖励500元；符合政策生育的农村独生子女户、二女绝育户（简称“两户”），在小孩九年制义务教育中免收杂费；免收农村“两户”村提留、乡统筹；免收农村“两户”宅基地审批造地费。

2003年，印江自治县制订农村“两户”养老保障体制，即年满60周岁的农村独生子女户、二女绝育每人每月可领取40元的养老保障金，以后每五年增加10元。2004年，实现农村“两户”“一免三保”扶助体系，即：对农村“两户”免征农业税；完善养老保障，在2003年基础上将年满60周岁的农村“两户”养老保障金提高到50元；建立医疗保障，年满60周岁的农村“两户”每年每人可领取30元的医疗保障金；14周岁内农村独生子女发生意外死亡，一次性补助2000元，同时健全农村独生子女保健费发放制度。

2006年，制订《印江自治县新型农村合作医疗补助及农村医疗救助实施方案（试行）》，对农村计生“两户”每人每年全额交纳参合金。

2007年，提高村计生专干报酬。1000人以上的大村计生专干月工资450元，1000人以下的村计生干部月工资400元，由县财政全额划拨。

计划生育经费 从2002年起，确定从中央财政转移支付资金的10%足额投入计划生育事业，确保人均投入1.5元，至2005年后，人均投入2元。

计划生育行政执法 从1998年起，建立依法行政工作机制，进一步加强依法行政、文明执法工作，把“一法三规一条例”的宣传落实与贯彻执行行政许可证紧密结合，对基层计划生育干部和技术服务人员进行普法培训，本着权利和义务平等的原则完善计划生育有关合同、计划生育行政执法程序，使计划生育行政执法工作基本纳入法制化轨道。建立责任追究、民主评议制，完善计划生育行政法监督制度。县、乡两级聘请司法干部、律师担任常年法律顾问，指导计生部门依法开展依法行政。

至2008年，全县先后投入47.25万元加强信息化网络管理建设，建立育龄妇女信息化建设，县与17个乡（镇）实现网上传输，与地区实现光纤切入，与国家和省、地计生部门专线联网。

计划生育管理 建立群众参与机制，认真落实“村民自治”“八项服务”制度，即送计生政策、送生育证上门，送孕期保健、送产后服务，送避孕药具、送术后随访、送生殖健康检查、送“三结合”帮扶八项服务制度。按照以村委为中心、协会做骨干、群众为主人的方式，进一步完善村（居）《自治章程》和《村规民约》，并充分发挥老党员、老干部、老模范、老职工、老长辈和民间文艺爱好者等“五老”会员作用，弘扬婚育新风，推进村民自治。至2008年，全县共实现村（居）民自治

310个村，占354个村（居）的87.57%。

计划生育服务建设 2004年，全县投入135万元修建9个服务站、“数字计生”工作平台，建成以县站为中心的远程诊断系统；投入34万元，建立全县育龄妇女管理系统，同时建立县级局域网。2005年，投入资金80余万元，新建板溪镇计生中心服务站。2007年，投入资金40余万元，对朗溪镇计生中心服务站进行改扩建。

通过实施农村独生子女户优惠政策、提高村计生专干报酬以及开展村（居）民对婚姻、生育、节育宣传教育等工作，提高计划生育自我管理、自我教育、自我服务能力。2006年10月30日至2007年1月，出生人口5558人，其中男孩2945人，女孩2613人，性别比112.7。2007年1月1日至2008年9月30日，常住人口出生人数为5847人，其中男孩3176人，常住人口出生率为13.77‰，出生人口性别比118.9，符合政策生育率93.1%。

1988—2008年印江自治县常住人口计划生育情况一览表

表2—4

年度	总人口（人）	年度出生数（人）	其中男孩（人）	性别比	年出生率（‰）	自然增长率（‰）	符合政策生育率（%）
1988	349141	5508	2983	118.14	15.77	9.20	82.37
1989	352611	6024	3243	116.60	17.08	10.11	84.70
1990	356225	5997	3204	114.70	16.83	9.53	87.20
1991	358851	4985	2729	120.97	13.89	7.49	88.50
1992	361397	4959	2715	120.99	13.72	7.40	92.30
1993	362532	5869	3214	121.05	16.19	9.05	77.70
1994	366237	5313	3034	133.13	14.51	7.87	80.08
1995	369237	6598	3721	129.34	17.87	9.08	85.13
1996	372744	6046	3338	123.26	16.22	9.30	83.46
1997	376098	6286	3496	125.30	16.71	9.88	81.22
1998	377557	5928	3373	132.02	15.70	8.96	87.16
1999	382977	6180	3350	118.37	16.14	9.26	87.91
2000	386848	6585	3704	128.57	17.02	10.10	86.90
2001	405758	6166	3403	123.16	15.20	9.00	89.51
2002	408814	5412	3073	131.38	13.24	7.33	88.01
2003	411322	4897	2783	131.65	11.91	6.11	90.40
2004	416127	4688	2427	107.34	11.27	5.84	90.12
2005	418654	4883	2553	109.57	11.66	6.74	93.60
2006	412531	4759	2560	116.42	11.54	6.40	91.05
2007	418851	5558	2944	112.62	13.27	6.76	92.70
2008	430200	5847	3176	118.91	13.77	6.77	93.10

第二章　民　族

第一节　民族构成

各民族群众（1989 年拍摄）

印江自治县居住着土家族、苗族、汉族、侗族、蒙古族、回族、藏族、维吾尔族、彝族、壮族、布依族、朝鲜族、满族、瑶族、白族、哈尼族、哈萨克族、黎族、佤族、高山族、水族、羌族、仡佬族、鄂温克族、独龙族、珞巴族等 26 个民族，其中少数民族 25 个。

1990 年，全县人口 35.62 万人。其中土家族 19.47 万人，占总人口的 54.66%；苗族 5.97 万人，占总人口的 16.76%；其他少数民族 99 人，占总人口的 0.03%；汉族 10.18 万人，占总人口的 28.58%。2008 年，全县总人口 42.55 万人，其中：土家族 23.4 万人，占总人口的 54.99%；苗族 7.17 万人，占总人口的 16.85%；汉族 11.88 万人，占总人口 27.92%。其他少数民族 305 人，其中侗族 127 人、布依族 43 人、壮族 15 人、满族 26 人、回族 33 人、藏族 5 人、仡佬族 30 人、白族 2 人、瑶族 1 人、羌族 3 人、水族 1 人、蒙古族 13 人、彝族 5 人、佤族 1 人，全县少数民族人口占总人口的 72.08%。

1988—2008 年印江自治县各乡镇少数民族部分年度分布统计表

表 2—5　　　　单位：人

年份	1988			1998			2008		
民族 乡镇	土家族	苗族	其他少数民族	土家族	苗族	其他少数民族	土家族	苗族	其他少数民族
峨岭镇	—	—	—	15878	7292	45	33523	7081	42
新寨乡	—	—	—	16672	4698	18	19127	7617	13
中坝乡	—	—	—	8495	2393	15	10809	1726	18
板溪镇	—	—	—	17037	4801	13	20102	5663	12
杉树乡	—	—	—	9911	2793	12	10994	3332	12
沙子坡镇	—	—	—	13362	3765	13	14552	5147	11

续表2-5

年份	1988			1998			2008		
民族 乡镇	土家族	苗族	其他少数民族	土家族	苗族	其他少数民族	土家族	苗族	其他少数民族
天堂镇	—	—	—	14272	4022	5	11043	6364	8
刀坝乡	—	—	—	14967	4218	17	15451	6346	17
木黄镇	—	—	—	13822	3895	17	18071	2711	13
新业乡	—	—	—	6335	1785	11	8398	2308	11
合水镇	—	—	—	8429	4260	20	13986	5967	20
永义乡	—	—	—	6248	1761	21	5560	3582	21
朗溪镇	—	—	—	10644	2999	6	16386	963	7
缠溪镇	—	—	—	11707	3299	18	12549	4198	18
罗场乡	—	—	—	7095	2002	26	7705	4836	21
洋溪镇	—	—	—	8390	2364	22	7776	2634	22
杨柳乡	—	—	—	6385	1799	26	6660	1240	26
合　计	194748	59668	421	189649	58146	305	232692	71715	292

说明：1. 1992年前“建并撤”不仅是建大乡并小乡，同时还有的村组也被打乱，无法将数据统计到新建制单位。

2. 栏内统计数据，分别用县统计局、民宗局普查统计数据

印江是土家族苗族的聚居地。据《思安沿革研究》记载，在殷代，印江境内就有人类居住，当时人们过着渔牧游猎生活，逐渐形成古老的民族。明嘉靖《思南府志》载：“印江、朗溪多土人，有言语艰缺不可晓”，“印江苗族在汉代系武陵蛮中的一支，由洞庭一带迁来印江定居，称‘红苗’”。

印江建置很早，唐开元四年（716）设县。宋元明时期实行土司制度，主要由朗溪蛮夷长官司和思邛江长官司分治。明弘治七年（1494）改设印江县。清道光十年（1830）朗溪司并入印江县，受辖于思南府。民国4年（1915）思南撤府，印江受辖于贵州省。1950年成立印江县人民政府。1986年12月13日，经国务院批准成立印江土家族苗族自治县。世居的土家族和苗族是印江的主体民族。

1984年，按照以原籍证明为依据，经过本人申请，区乡人民政府同意和县人民政府审查，最后报请省人民政府批准的这一程序，全县共为141036个土家族居民、32137个苗族居民恢复民族身份，分别占当年全县总人口的42.2%和9.6%。2008年全县共为232691个土家族居民、71715个苗族居民恢复民族身份，分别占当年全县总人口的54.69%和16.74%。

第二节　民族分布

据《清道光县志》载：“唐开元四年（716），开生獠置思邛县”。其中的“獠”即以苗族为主的少数民族。从地域上看，有“朗水（溪）十五峒（元朝分为十六峒），叛苗四十七寨”的记载（摘自《征蛮实录》）；从姓氏上看，则有“罗、吴、杨、石、龙、王、乜、游、胥九姓苗人结党，复作叛乱”的记载（摘自《明志记录》）；从名称上看，明代思邛江长官司、朗溪蛮夷长官司和池坝厥册蛮夷长官司这三个土司中的两个被冠以“蛮夷”二字。

嘉靖《思南府志》载：“蛮獠杂居，言语各异”（《寰宇记》）。另载：“（思南）在荒徼之外，蛮夷杂居，言语各异；居郡东南者，若印江、若朗溪号曰‘南客’，有客语，多艰缺，不可晓；郡西北若水德蛮夷（今大云半），若务川、若沿河号曰‘土人’，有土蛮，稍平易近人，俗而彼此亦不皆同；惟在官应役者，为汉语。今人交接之间，言语且杂，中州素所，股羽垂髻之俗，悍劲之性，靡然变易

矣。”由此可知，历史上印江的民族经历了由巴而夷、由夷而蛮、由蛮而土的民族演变。

从地域上看，印江在德江、务川、沿河之南，土蛮杂居。宋代朗溪在唐朝思王县的基础上被命名为洞官司，元代为长官司。元代朝廷继续在少数民族地区实行羁縻政策，在全县三个长官司中，朗溪和池坝两个长官司为“蛮夷”长官司，印江则为长官司。是时，四川夔州、巴峡土人不断入境，民族杂居越来越明显。除土司外，境内另有洋溪公俄巡检司、天堂隘门巡检司、木黄五甲杨氏土百户、天堂兰克安氏土百户、李氏土百户、七百渡秦氏土百户、新寨乐洋（牙）张氏土百户、上槽秦氏土百户、玉屏杨家坪土百户、中坝李氏土百户。土百户居住的地方亦是土家族聚居的地方。

现在还保留的土家族地名有仡塘沟、仡佬寨、南客寨、南客营、官家寨、土王坝、杨家坪、虹穴、土坪、四方屯、大官庄、小官庄、白虎窝、白虎嘴、白虎庙、犵山、龙洞、土埋、土洞、孟关、大尧、安家寨、冉家坡、杨家湾、武官坝、麻阳沟、毛家嘴、叶家坡、徐家寨、朱家岩、姜家坡、余家塆、映山红、张家寨、张家石岩、官庄坝、邓家屋基、峡口寨、清河、客店沟、周家坳、曹家山、宋家湾、孙家坝、普桐寨、岩底寨、平兴寨、中寨口、严家寨、戴家寨、邢家岩、官厅、官寨、官坟等。

保留的苗族地名主要有：板溪镇的苗洞、后洞、六洞、下洞、上洞、土洞、大罗坝，天堂镇的苗泉、苗头坝、鬼罗溪、火烧苗坡、苗窝、苗溪沟、吴家苗坟、洞沟、打落沟、落难溪、大屯，木黄镇的苗寨、蛮子山、高寨、老寨、大苗寨、小苗寨、疙兜屯、五甲、三甲、落佑坝，洋溪镇的疙优寨、苗寨沟、官王沟、新屯、鬼蛮、苗家寨、苗罗寨、苗头坝，罗场乡的鬼石口、木开三沟，缠溪镇的苗王岭、苗子屋基、苗坟；峨岭镇的风神硐、风神堡、火石坪等。

宋景定元年（1260）以后，印江地区的苗民逐步向东北部扩散移居，主要分散在边缘村寨，具体分布如下：

天堂镇的红溪、马井、开兴、百户（原名罗百户）、曹家、陡溪、大院、九龙、金钱、石朝坡、木根坡、民光、转龙、沙坝、茶园坨、兰克、哨堡、新泉、来安、洞沟、全民、田坝、安家坝、民丰。

刀坝乡的天坪村、会堡村、风谷岭村、大屯村、下大坪村、前寨村、核桃坪村、罗南溪村、共和村、南家山村、席联村、保和村、庙坪联丰、铺子岭、大宅坝。

洋溪镇的转塘、小河洞、板桥沟、冷水塘、老寨、中寨、段家寨、陡河、瓮甲、小寨（即洋溪）、毛家嘴、木合冲、曾心沟、大木现、小溪沟、改家山、汪家沟、胡家坡、叶家坡、三岔坪、徐家寨、银坳、朱家岩、大燕、杨柳、凯上坪、黄家湾、王家湾、圭梁、杨家寨、沙坝、龙洞湾、新屯、崔家山、狗田坡、姜家湾、昌家寨、茶山、五龙槽、铁罐坪、肖家沟、灯盏窝、坪林、大穴场、谭家山、官印、张家沟、余家沟、蒋家沟、芹菜塘、老木坪、堡山槽、柏杨坪、鲁蒲塘、车坝、坟坝、坝上、平木、木耳寨、庙嘴、红家寨、王家坡、桅杆、蒋家坝、格优寨、坪塘、铁矿坪、旺田坝、曹宝山、赵家沟、梨树坪、白沙溪。

板溪镇的板溪村、大坪村、下洞村、青山村、勤丰村、文武村（原名龙文）、沙坡村、杉林村、渠沟村、凯塘村、高枧村、茂龙坡村（亦名泉溪）、上洞村（亦名风神堂）、三汉圭等。

分布在今印江邻县的有松桃自治县境内的永安村、木盆村、茶园村、武官村、鸣珂村、黄泥堡村、麻阳村、猫山村、大树弯村、麻阳村、红石村、凯盐溪村、凯梭村、百鸟村、格善村；石阡县的石因、丰坪、楠桥、李家屯、龙塘、大庄、营盘坳、公俄、龙塘坳、公平、行路溪、小溪等村寨；江口县的罗江、沙岭、雪顶坡、王寨、太极山、小溪、大屯、张家寨、红石、茶寨等自然村寨。

印江的仡佬族主要分布在杨柳乡，侗族则主要分布在峨岭镇的边远村寨。

元代印江苗民聚居的十六峒分布位置，大部分处于今印江东南、东北部以及正东和东南部的核心地带，东北部为厥册蛮夷的部分苗民散居地。

明洪武二年（1369），朗水十五峒，九姓苗造反，后因官府镇压，苗民被赶到边远山区，史称“赶苗”。主要去向台拱、八贡、松桃、秀山、江西、湖南、黔西南。被赶苗民经教化，服从统治者称“熟苗”，可返回居住，不服从朝廷统治者称“生苗”。合水镇土洞村大关岩摩崖上刻有“苗还”二字，据考，为嘉靖十五年（1536）苗民返乡时镌刻。

1986年12月31日，中华人民共和国国务院以国函〔1986〕189号文件“同意撤销印江县，设立印江土家族苗族自治县，以原印江县的行政区域为印江土家族苗族自治县的行政区域”。经过20年的努力，印江民族地区政治、经济、文化以及基础设施得到快速的发展。

第三节 民族语言

明代以前，印江土家族、苗族语言比较完整，在长期的民族交融、生活中，语言也比较接近。明嘉靖《思南府志》载：“府之印江，朗溪多土人，其俗各异，有言语艰缺不可晓”。清代后，人口迁徙流动频繁，两族语言逐渐与汉语融合，少数民族语言逐步消失。本志所载系现存的部分土家族、苗族语与汉语的对照用语。

一、数目

印江土家族语、苗语与汉语数字用语对照表

表2—6

汉语	土家族语	苗语	注释
一	一	阿	—
二	欧	欧	—
三	三	布	—
四	sa	背	—
五	五	bian	—
六	炉	左朵	两音之间
七	欺	炯	—
八	巴	衣	—
九	九	觉	—
十	十	谷	—
百	百	阿板	—
角	角	角	—
元	元	戛	—
斤	斤	杠	—
两	两	地	—
十一	十一	阿谷阿	—
一三	十三	阿谷布	—
二十五	二十五	欧谷 biá	—
一百零一	一百零一	阿板零阿懒	—
一千零十一	一千零十一	阿板啊	—

二、称谓

印江土家族语、苗语与汉语称谓对照表

表2—7

汉语	土家族语	苗 语	注 释
曾祖父	老太公	太或太果	—

续表2—7

汉语	土家族语	苗 语	注 释
曾祖母	老太婆	也果	—
外祖父	嘎公	阿大	—
外祖母	嘎婆	阿达	—
父亲	阿爹（伢）	阿大	—
母亲	阿涅（母）	阿达	—
伯父	伯伯	阿催	—
伯母	伯母	阿廊	—
叔父	俺杯	阿邀	—
叔母	满娘、婶娘	阿妮	—
姑母	姑母、姑妈	女襄	—
姑父	姑爹	姑爷	—
姨母	姨妈	阿郭、阿妮	姐、妹
姨父	姨爹	阿催、阿邀	姨丈、二姨丈
舅、妈	舅爷、舅娘	悄碧	—
兄	阿科（哥）	那阿浪	父之长子
姐	阿大	阿雅	大姐
弟	阿矮	代沟	—
妹	冗　妹	沟梅	—
嫂、弟媳	大嫂、二嫂	锁	一、二、三排序
姐夫、妹夫	阿左（姐哥） 阿冗（妹弟）	不助、不差	—
岳父	亲爷、岳丈	阿奶	妻之父
岳母	亲娘、丈母娘	巴嘎巴	—
丈夫	裸把（男人）	包嘎拟	成年男性
儿子	裸必（娃崽）	代代拟	—
女儿	姑娘	代巴	未成年
小孩	小娃	代沟	男女统称
孙子（女）	孙、孙崽	代家	孙子、孙女统称

三、 代称

印江土家族语、 苗语与汉语代称对照表

表 2—8

汉语	土家族语	苗语
你	你	猛
我	安（我）	歪
他	他	喔
人	人	讷
牛	牛	达优

续表2—8

汉语	土家族语	苗语
猪	猪（玉）	达摆
鸭子	嘎	达鲁
马	马	达埋
羊	羊	达用
狗	狗	达勾
鸡	鸡（喔咯）	达干

四、农具、家具、生活用具

印江土家族语、苗语与汉语农具、生活用具对照表

表 2—9

汉语	土家族语	苗语
犁头	铧口	阶利
箩筐	箩（篼）	六筐
撮箕	撮	不雅
镰刀	弯刀	阿摸
挖锄	挖锄	烧炮
薅锄	板锄	考旱
犁耙	水耙	阿罢
扁担	扁担	扁挑
绳子	绳索	阿啦
达耙	大耙	烤扒
达斗	扅斗	厚统
砂刀	砍柴刀	阿能
锄头	锄头	阿考
打谷	达谷	拔陋
挑谷	挑谷	矮楼
晒谷	晒谷	唉楼 biǎ
晒席	晒垫	沙店
斗笠	斗篷	姑
煮饭	做饭	刁哩
炒菜	炒菜	架锐
菜	菜	当锐
挑水	挑水	矮务
肉	嘎嘎	碾
油	油	篾
盐	盐	溜
辣椒	卡切七	哈菊
葱	葱	光
红苕	苕	红淆
苞谷	包米	包米
豆子	豆　科替	呆
麦子	麦子	帕入谷

续表2—9

汉语	土家族语	苗语
脸盆	脸盆	笨喳买
篮子	篮子	阿倾
菜刀	切菜刀	登拉锐
盆	盆盆	阿笨

五、 问候语

印江土家族语、 苗语与汉语问候语对照表

表 2—10

汉语	土家族语	苗语
你好	你好	逆岔
你好吗	你好吗?	逆岔
早晨好	你早	早故爹岔
他也很好	他也很好	过伯岔利岔嘎
大家好	齐家好	付打哈岔嘎
你是汉族?	你是汉族吗?	过帕卡?
他是苗族	他是苗族	阿兄
你做什么?	你做哪样?	逆且习日?
你来啦	你来啦	猛啰鸟?
吃早饭	吃早饭	龙里朝
刚吃	才吃过	参啰
吃午饭	吃中午饭	龙里路
起床	起床	消啰
吃饭?	吃饭?	龙里?
吃啦?	吃啦?	啰喔
吃饱啦?	吃饱没?	龙讨喔
刚吃	刚吃	参龙
进屋	进屋去	油 hir
坐	请坐	龚
凳上坐	请凳上坐	阿享龚
烤火	烤火	篓都
冷得很	很冷	扰单诛
不冷	不冷	舌拢
你走哪里去	哪去	猛赶地蒙

六、 其他用语

印江土家族语、 苗语与汉语部分用语对照表

表 2—11

汉语	土家族语	苗语
全部来	大家来	大细丫丫啰

续表2－11

汉语	土家族语	苗语
大家开会	大家开会	大细开会
大家不要说话啦	大家不闹啦	大细阿么谊
讲话	讲话	谱赌
大会发言	大会讲话	大细谱赌
大家听我讲	听我说	大细懂歪谱
唱歌	唱歌	坳杉
龙家	龙家	大绒
石家	石家	阿寡
吴家	吴家	敌 xiá
田家	田家	阿奶
杨家	杨家	大容
休息	休息	小阿柔

七、 苗族、 土家族区域常用词汇

1. 天文、气象词汇

星宿屙屎——流星

扫把星——彗星

天上七姐妹——北斗七星

扯霍闪——打雷闪电

偏东雨——雷阵雨

杠——虹

凌吊吊——随水流结成的冰

落凌了——结冰

桐油光光——路上结冰

雪米子——米粒状的雪或冰雹

2. 地理词汇

寡岩岩——山崖

水凼凼——地面的积水

回水凼——因急流回旋而形成的水湾

巷巷——胡同

3. 时令词汇

哪正暂——什么时候

稀恒——很少来，对来客的敬语

正暂——现在

刹角——结束

麻麻亮——天快亮的时候

五黄六月——青黄不接的月份

大初一——正月初一

4. 农业词汇
发蔸——秧苗分蘖
打泡——植物孕穗
挞钩索——用捆绑草类的棕制绳索，有小木钩，便于捆扎
千担——用于挑柴草的农具，两头尖
连盖——用于脱离豆类，麦类的农具。
薄刀——菜刀
砂刀——用来劈开或剁断木柴的刀
挺杖——杀猪用具
5. 植物词汇
阳春——庄稼
福瓜——南瓜
海茄——西红柿
树颠颠——树梢
疙蔸——树砍后留在地里的部分
白果子树——银杏
椿颠——椿芽
6. 动物词汇
养牲——牲口
骟牛——阉过的公牛
骚牯——未阉的公牛
水牯——公水牛
黄牯——黄公牛
水沙——母水牛
伢狗——公狗
郎狗——未阉的公狗
草狗——未阉的母狗
伢猪——公猪
郎猪——种猪
野物——野兽
雀雀——鸟
鸦鹊——喜鹊
老瓦——乌鸦
毛鸡——野鸡
贵贵阳——杜鹃
夜老鼠——蝙蝠
蛐蟮——蚯蚓
雷公虫——蜈蚣
慈悲哟——蝉
癞八搞——蟾蜍
克麻——青蛙

7. 日常生活词汇

偏偏——厢房

阶阳——屋檐下的过道

鸡罩——鸡夜宿的笼子

铺层——床上用品、被盖

卧单——床单

烘笼——用竹篾编成筐，内装土钵，取暖用具

檬竿——筷子

告水——沉淀豆腐后的水

推棒——木匠用具

香炉钵——祭祀烧香的器具

解手纸——卫生纸

撮箕——撮垃圾用

渣渣——垃圾

龌龊水——脏水

涞水——开水

夫夫炭——刨刨炭，杂木烧成的碎碎炭

巴蒲——物体摆放杂乱或字迹模糊不清

还头——厕所、茅厕

拐了——糟了

8. 称谓用语

姑娘——未结婚的女性

私娃仔——私生子

告花子——乞丐

烂仔——流氓、二流子

扒老二——扒手

毛三教——毛手毛脚的人

女巴（bǎ）——祖母

公——祖父

嘎公——外祖父

嘎婆——外祖母

老者——父亲的俗称或他称

亲爷——岳父

亲娘——岳母

公公——夫之父、公公爹

婆婆——夫之母、婆婆妈

姨夫佬——妻子姐妹的丈夫

保爷——因小孩不顺而寄拜的人

保娘——因小孩不顺而寄拜的人之妻

妹仔——女孩

四眼人——孕妇

娃娃仔——男孩

国人——自己
胯板子——大腿
9. 疾病用语
发运——头晕
撑唤——呻吟
打摆子——发疟疾
抈——扭伤
挑针——长在眼睑内的麦粒肿
阆——纤细处
母猪风——癫痫的一种，发作时如母猪叫声
羊癫疯——癫痫的一种，发作时口吐白沫
10. 穿着用语
中衣——上衣、衣服
下衣——下装、裤子
瑶裤——内裤
铺陈——床上用品，被子
董篷——斗笠
蓑衣——用棕丝制成的雨衣
11. 婚礼用语
看年月——选择结婚良辰
过礼——结婚前几天男方送彩礼给女方家，一般要用纸写八封书纸
回车马——结婚拜堂前的仪式
12. 丧事用语
烧落气钱——人刚咽气时，家人在他咽气的屋里烧纸钱
放落气炮——人刚咽气时，家人在他咽气的屋里放鞭炮
家奠——家人为死者举行的葬礼
赶信——亲人死后，通知亲戚参加葬礼
13. 交际用语
乱日诀——大骂（人）
扯卵谈——胡说一些无关紧要的事
啰里八嗦——表示厌烦
惯侍——娇生惯养
光儿客——吹牛皮的人
水场合——不成功，不牢靠
胀干饭——只吃不做事
皮绊——事故、问题、官司之意
泼烦——烦躁、厌恶
勤生——偏要、固执之意
观火——漂亮、实用
14. 代词
字里——这里
郎个办——怎么办

张个做——怎么做
浪凯——那样
懒样——怎么样
众凯——这样
15. 形容词
硬得很——硬邦邦的
精嘎嘎——瘦肉
肥嘎嘎——肥肉
皮得很——做事很慢
稀扒烂——损毁严重
万道——做事过于苛刻，横蛮，霸道
牯倒——不讲礼，硬性，强行
码倒——以熟相欺，依势压人
绝撩——无奈，想不出办法的办法
靠火——质量好，把握大
玄脸——脸皮厚，丢下人格去巴结
雄棒——形容活泼，有精神
栽飞火——本来没有硬说有，强加
拖皮——疲沓，不按时完成
弯稍——短暂休息
光潦潦——穷得什么也没有，只是一个光人
叉巴——言语、行为不检点，不礼貌
非凡——野性，不守规矩
样范——样子，模样
阴倒——暗暗地，背地
落教——好，够朋友，讲信誉
16. 量词
凯——个、只、头
胴——用于比较大的物件的量词，例：这胴棒棒浪个大，你杠得起
坨——一堆（东西），如：一坨泥，一坨肉
箍——例：一箍香
拃——读 zhǎ，大拇指与中指张开的长度
庹——读 tuǒ，两臂平伸两手之间的距离

八、土家族、苗族歇后语、谚语

1. 歇后语
老鼠子钻风箱——两头受气
戴起碓窝唱戏——费力不好看
擀面棒吹火——一窍不通
高射炮打蚊子——大材小用、小题大做
篾条穿豆腐——不用提
黄鼠狼钻刺巴笼——顾头不顾尾

老鼠舔米汤——只够糊嘴
茅厕里的鹅卵石——又硬又臭
棕口袋装刺梨——半天（道）倒不出来
老鼠子进石灰窑——空进白出
黄泥巴揩屁股——倒巴一坨
三十夜借粑笋——你要我也要
大姑娘坐轿——头一回
和尚的脑壳——无法（发）
杀猪杀屁眼——各师各教
尿包打人——气胀人
叫花子向火——往面前刨
桥上屙尿——居高临（淋）下
光屁股坐岩板——以卵击石

2. 谚语

人是铁、饭是钢，一餐不吃饿得慌
出门不弯腰，进屋没柴烧
为人不学艺，挑断箩篼系
刺巴笼的斑鸠，分不倒春秋
当家才知柴米贵，养儿才报父母恩
不开亲是两家，开亲是一家
从小看大，三岁看到老
大家吃，大家香，个人吃了打标枪
云南吹唢呐，哪哩哪（还远哩！）
公不离婆，称不离砣
男怕摸头，女怕摸腰
你敬我一尺，我敬你一丈，我把你捧到天上
亲兄弟，明算账。要得兄弟长，天天算口粮
闲时不烧香，急时抱佛脚
蚂蟥听不得水响
死猪不怕开水烫
出林嫩笋高过母，箍桶还要老篾条
羊肉没得吃，惹得一身膻
牙齿和舌头再好，也有打架的时候
马屎外面光，里头一包糠

第四节 土家族

一、族源

土家族与古代巴人有很深的历史渊源。远古原始部落时代称“百濮”“盐神”“容未”等；秦汉时期，巴蜀之民为蛮夷，秦灭巴以后，设巴郡、巴南郡、黔中郡；西汉时期，据刘向在其《本世》一书中对古代历史的追述，当时的人们称巴人为“廪君种”。

廪君死后，魂魄化为白虎，因此土家族以白虎为图腾，县境内的木黄、朗溪及县城周边都建白虎庙。廪君之后，巴人的祖先是黔、川、湘、渝、鄂土家族的一支较早的先民，经历了整个原始公社时期。周武王伐纣时，巴人参战，以勇锐建功，武王封巴人居住地为子国，称巴子国，今黔东北的沿河、印江、思南、务川、德江都属巴子国的涪陵之地。后巴国逐渐削弱，半壁河山入楚。秦始皇灭楚后，设黔中郡。汉朝时，汉高祖又改黔中郡为武陵郡。

印江先后从武陵郡改隶涪陵郡、陵州、费州、涪川、充州、务州、思州。世居境内的土家族以中国人类早期自然原始部落“白濮”“盐神”“容米”等土著先民为主体，后不断与巴人、楚人、乌蛮、汉人融合，从而形成了具有共同居住环境、共同经济生活和共同语言文化的民族族体。

二、 族称

土家族老人（1992 年拍摄）

在封建社会，统治者对土家族地区采取羁縻政策，不同历史时期、不同地域的人们对土家族有不同的称谓。秦汉时期土家族先民为“廪君种”“宝夷”，汉至五代称“板凳蛮”“冉家蛮”“飞山蛮”“土蛮”“巴蛮”“洞蛮”“土蛮子”“土巴佬”，两宋时期有土人、土丁、土民的称谓；元朝初期实行土司制度，到这时才正式确立民族专称。嘉靖《思南府志》载：“居郡东南者，若印江，若朗溪，曰‘南客’，语言多艰鴃不可晓。郡西北水德蛮夷，若务川，若沿河，号‘土人’，有土蛮，稍平易近俗。”土家族称“土”，这自然是汉人迁入土家族地区后，以“土家”区别于“客家”之意而形成的。因此，土家族自称“毕兹卡”，意为本地人，有自己的语言，但无文字，通用汉语。

第五节 苗 族

一、 族源

5000 多年前，苗族先民聚居于长江中下游及黄河流域的部分地区。经过世代生息繁衍，逐渐形成部落和部落联盟，最早的部落叫“九黎”。《国语》注：“九黎，蚩尤之徒也”。《吕氏春秋》《战国策》也说蚩尤是九黎之君。九黎，是以蚩尤为首领，借助优越的地理条件辛勤开拓，从而雄踞东方的强大部落。与此同时，以黄帝为首的另一部落，兴起于黄河上游的姬水并向下游发展，与九黎发生冲突，经过多次争战，九黎最后兵败涿鹿县。九黎虽败，但仍据有长江中下游一带的广阔地区，在尧舜时期又形成新的部落联盟，史称“三苗”或“有苗”。《礼记“〈衣疏〉·引甫弄·郑注”》说“有苗，九黎之后”，“三苗之国，左洞庭而右彭蠡”。三苗，人多势众，据有洞庭、鄱阳诸湖和汶山、衡山等地。三苗以驩兜为首领，曾对尧、舜、禹部落开展过长期抗争。抗争失败后，三苗中的一支被迫迁徙于三危（今江西九江、湖北武昌、湖南岳州等地区），史称“窜三苗于三危”。《后汉书·郡国志·地道记》说“有三危，三苗所处”。另一支以驩兜为首，被赶到南方的崇山峻岭之中，史称“放驩兜于崇山”。《帝王世系》载：“诸侯有苗氏处南蛮而下报”“放驩兜于崇山以变南蛮”。由此说明“南蛮”

是“三苗”的别称。南蛮中最强盛的一支称“荆蛮”，商朝起，把“居国南乡”的“荆蛮”视为肘腋之患。公元前九世纪末到前八世纪初，南蛮渐强，周宣王“及命方叔南伐蛮方”。战国时期，吴起在楚悼王支持下实行变法，以武力“南并蛮、越”，占有洞庭、苍梧等“蛮”“越”之地。苗族先民又被迫西迁，逃入人烟稀少的武陵山区，印江苗族先民自此而入。秦汉时期，大部苗族聚居在湘、鄂、川、黔的毗邻地区，称为“武陵蛮”。武陵蛮所居之地，以沅江流程最长，流域面积最广，其最大的五条支流，正是苗族分布最为集中的地方，故称“五溪蛮”。

苗族姑娘（1989 年拍摄）

东汉王朝建立之后，对“武陵蛮”和“五溪蛮”采取了大规模的军事行动，自建武二十三年（47）到中平三年（186）的 140 年中，共用兵 12 次。建武二十三年到二十五年的三年内，汉光武帝刘秀三次重兵攻打“武陵蛮”和“五溪蛮”，大将军刘尚“击武陵五溪蛮夷”而遭“军没”，举朝失措，后老将马援自告奋勇，率四万余人征五溪，最后困死于“壶头山”（今沅陵县境）。

二、 族称

苗，本嫩苗之意，泛指大地的儿子。古把“苗”当成“髦”，尧、舜、禹时期，称“三苗”。自唐代以来，“苗”字从“蛮”中脱离出来，作为单一的民族重现于文献之中。唐代诗人白居易有“疑是苗人顽，持险示终役”的诗句，樊绰的《蛮书》卷十则说“黔、泾、巴、夏四邑，苗众”。

江西彭纤兄弟在黄巢之乱中进兵占据五溪，自称刺史。楚王与彭氏在五溪统治利益上发生冲突，苗民在战争烟火中向贵州各地移居，其中一部迁入今印江县境内。宋代熙宁五年（1072），荆州湖北路访察使章统兵至沅州（今湖南芷江）、思州地区（今思南、印江及黔东南部分地区），部分苗民迁徙至黔南、黔东南一带。明洪武元年（1368），印江九姓苗（罗、吴、杨、石、龙、王、乜、游、胥）联合起义，朗水十五洞四十七寨树立起义大旗，明朝政府派田儒铭征讨，苗民被迫迁徙边远山区。据《苗族简史》载：“苗人，其先自湘窜黔，由黔入滇，其年久有”。印江苗族先民就是根据这样的迁徙轨迹来到这片土地的。

经考察证实，印江苗族属于獾兜的子孙，其依据有三：一是印江苗族自称来自江西和洞庭、鄱阳两湖，迄今香盒正中贴“江夏堂”，属江夏蛮之后裔，而江夏蛮属獾兜的一支。二是印江苗族属“武陵蛮”中“五溪蛮”之后裔。五溪属沅江水系，武陵山主峰梵净山为沅江水系与乌江水系的分水岭。从春秋战国时期起，苗族先民进入武陵地区，称“五陵蛮”，秦汉时期，从“五陵蛮”中又划出“五溪蛮”。由此，“五溪蛮”就聚居在湘鄂川黔的交界地区。三是印江苗族在自家房子的金承柱上挂有“绊兜”（竹制的小提篮），“绊兜”就是“獾兜”，每逢过年过节，苗民必到“绊兜”前焚香烧纸，顶礼膜拜，纪念祖先，祈求降福全家，保佑子孙平安。

第六节　民族工作

1987 年 11 月，成立印江土家族苗族自治县后，印江自治县委、县人民政府加强民族团结，发展民族经济，加强基础设施和文化教育卫生体育事业建设，培养选拔任用少数民族干部，尊重少数民族风俗习惯、宗教信仰、民族节日，推动印江社会经济发展，巩固平等、团结、互助的社会主义民族关系。

在发展民族团结进步事业中，涌现出一大批成绩突出的先进集体和先进个人。1997 年 11 月，表彰 38 个民族团结进步先进集体和 111 名民族团结进步先进个人；2000 年 12 月，在铜仁地区第三次民族团结进步表彰会上，有 3 个先进集体、6 名先进个人受到表彰；2005 年 10 月，在铜仁地区第四次民族团结进步表彰会上，有 4 个先进集体和 5 名先进个人受到表彰。

1986 年，省人民政府确定印江为省级贫困县。1987 年自治县成立时，国民生产总值 1.01 亿元，粮食总产量 8.28 万吨，农民人均纯收入 188 元，社会商品零售总额 5162 万元，城乡居民储蓄 1074 万元，财政总收入 528 万元。1994—2000 年实施国家“八七扶贫攻坚计划”，至 2000 年，全县农民人均纯收入达到 1279 元，人均产粮 398 千克。2001 年，国家实行新阶段扶贫开发，印江自治县以解决农村贫困人口温饱，增加农民经济收入为中心，以改善贫困乡村生产生活条件为重点，提高农民素质为根本，狠抓贫困乡村基础设施建设，稳定推进农业产业化扶贫，全面提高贫困村自我发展能力。

至 2005 年，国民生产总值达 10.95 亿元，是 1987 年的 10.84 倍；粮食总产量 13.74 万吨；纺织品比 1987 年增长 1.66 倍；农民人均纯收入 1695 元，是 1987 年的 9 倍；社会商品零售总额 2.22 亿元，是 1987 年的 4.3 倍；城乡居民储蓄 7.59 亿元，是 1987 年的 70.67 倍。随着农业投入逐年增多，坡改梯、山塘水库、水窖等基础设施建设得到加强，优良品种的普及和科学栽培技术也发展到一个新的阶段。在狠抓粮食增产增收的同时，农业产业结构不断调整，形成烟、茶、果、药、矿等 6 大支柱产业。随着主体农业、生态农业的实施，狠抓生态畜牧业的发展，积极推进农业产业化经营，全县建 10 万亩优质水稻基地，0.3 万亩水稻制种基地和 9.8 万亩牧草基地。烤烟生产也取得新的突破，是年，收购烟叶 9.36 万担，比 2000 年的 5.4 万担增加了 3.96 万担。新增茶园 719 亩，实现茶叶总产量 528 吨，产值 920 万元。生态畜牧业发展迅速，生猪存栏 29 万头，出栏 32 万头，大牲畜存栏 14.7 万头，出栏 3.3 万头。全县非耕地开发 434.36 公顷，其中种草 12 公顷，茶园 26.4 公顷，药材 15 公顷，果木 13.2 公顷，种植 367.76 公顷。非耕地的开发不仅拓宽了农业生产领域，还保护了生态环境。

1998—2003 年，在国家实施的新阶段扶贫开发中，共投入扶贫资金 3996 万元，重点改善贫困乡村人民群众的生产生活条件，共解决 2.4 万贫困人口的温饱问题，解决 2.6 万低收入人口的温饱问题。

2000—2005 年，推进农村税费改革、国企改革、粮食流通体制改革，着力解决群众切身利益问题。促进城镇失业人员就业 3109 人，下岗再就业 1162 人，稳步推进城镇职工基本医疗保险制度的改革。逐步建立失业、工伤、生育基本养老保险等社会保障体制，4864 人纳入城市低保。高度重视社会救济、优抚安置和社会福利工作，5 年共下发救济款 653 万元，救济粮 1119 吨，救济人口 28.5 万人（次）。仅 2005 年减免农业税达 809 万元。5 年共兑现退耕还林粮食 1875 万千克，兑现粮食补助资金 3839 万元，生活补助费 600 万元，种苗补助 476 万元，免除贫困生书本杂费 169 万元，发放贫困生困难补助 22 万元，兑现计生扶贫奖励资金 12.2 万元。进一步拓宽农民增收渠道，积极抓好农业产业化发展，积极引导转移农村剩余劳动力外出务工，使农民收入稳定增加。

1995—2000 年，农民人均纯收入从 1262 元提高到 1698 元。印江自治县贯彻落实党中央国务院的各项惠民政策，切实减轻农民负担，使广大人民群众享受到经济社会发展的成果。农村“四通”（通路、通电、通水、通电话电视），彻底改变农村群众生产生活面貌，住居条件也有很大的改善。

1986 年，投入 85.55 万元资金帮助 474 户少数民族无房户建房，使 2376 人搬进新居。对居住在高寒、偏僻、分散、环境恶劣的群众实施异地移民搬迁。2002—2005 年 12 月，总共投入资金 2690 万元，修建移民新村住宅楼建筑面积 5.18 万平方米，其中砖混结构 4.35 万平方米，木结构 8240 平方米，共搬迁 647 户 3100 人。群众生活主食是大米、面粉、黄豆、玉米，兼以部分薯类杂粮。肉类、蛋禽、蔬菜、水果、饮料需求量也较大。电视、洗衣机、冰箱、电话等家用电器也进入寻常百姓家，全县 1.88 万多户人家都有电视，电视覆盖率达 92%。各乡（镇）都设有文化广播站、书店、村文化室、农家书屋。每逢节日，龙灯、花灯、狮子灯、傩戏、摆手舞、长号唢呐等民族民间文艺表演遍及城乡。

2005—2008年，深入贯彻党的民族宗教政策，广泛组织学习《中华人民共和国民族区域自治法》《宗教事务条例》《印江自治条例》等法律法规。以县委党校为培训基地，举办印江自治县中青年干部培训班，设置“如何巩固发展平等团结互助和谐的社会主义民族关系”“在经济社会建设中少数民族如何发挥作用”“当代民族宗教问题”“积极引导宗教与社会主义社会相结合”等课程，将民族宗教政策、民族区域自治、民族宗教法律法规、民族宗教领域稳定等知识纳入培训内容，提高少数民族干部分析问题和解决问题的能力。同时，开展民族工作基本情况调研活动，对全县少数民族基本情况及贫困现状进行全面调查，完善资料，撰写高质量的调研报告报送省民委。

新业乡石板寨（2011年拍摄）

县民族陈列馆的戴秉国回赠家乡礼品展示区

2008年，新寨乡茶园村公路建设等11个少数民族发展资金得到上级审批立项，到位资金78万元。组织实施中央、省级少数民族发展资金项目9个，共计资金48万元；实施中央少数民族发展资金项目7个，共计资金23万元。分别在合水镇香树坪村、新业乡文昌村、杉树乡新村村、刀坝乡会保村、中坝乡双龟村、罗场乡广东坪村和罗场乡两河村实施了灌溉和公路建设项目，732户3000多人直接受益。在缠溪镇两路口村、朗溪镇昔卜村实施省级少数民族发展资金项目。在民族中学、峨岭镇二小、木黄民族小学实施少数民族教育专项补助资金项目，开展民族文化进校园、维修校舍等项目。

2000—2008年，国务委员戴秉国分三批转赠家乡260余件礼品，县民族陈列馆第二展厅设立戴秉国礼品展示专区。

第三编

旅　游

第一章　梵净山自然保护区

世界生物圈保护区保护管理标志

地处印江东部的梵净山是地球同纬度生态系统唯一保存完好的原生植被区，现为国家级自然保护区，世界“人与生物圈”保护区网成员，被誉为“动植物基因库”。梵净山，原名“三山谷”，得名于“梵天净土”。《贵州通志》记载，武陵山脉之首曰“九龙山”，俗名“梵甑山”。16世纪佛教传入，正名“梵净山”。梵净山曾荣膺2008年度“中国十大避暑名山”，是与山西五台山、浙江普陀山、四川峨眉山、安徽九华山齐名的中国五大佛教名山。

梵净山位于铜仁市的印江、江口、松桃三县交界处。梵净山西线山门距铜仁80公里，距省会贵阳460公里。梵净山西线（从印江上山）线路景点众多，美不胜收，是朝山拜佛、旅游观光、休闲养生、度假避暑、登山体验的最佳旅游线路。

第一节　自然生态

一、 地质地貌

梵净群山

梵净山是云贵高原向湘西丘陵过渡斜坡上的第一高峰（相对高度达2000米），它不仅是乌江与沅江的分水岭，而且还是横亘于贵州、重庆、湖南、湖北四省（市）的武陵山脉的最高峰。

梵净山地史达10亿～14亿年，是中国黄河以南最早从海洋中抬升为陆地的古老地区。东西宽21千米，南北长27千米，总面积38.74万公顷。梵净山区在地质构造上，为古老的穹状背斜构造，突起于云贵高原东段斜坡地带和湘西丘陵之间。区内海拔多在1000米以上，最高点为凤凰山（海拔2572米），次为老金顶（海拔2493.8米）及新金顶（海拔2336米）；最低在东南面山麓河谷一带（海拔400～500米），西北面山麓地带海拔700～800米。可分为高中山峡谷、低山丘陵和河谷盆地等地貌类型。

梵净山区以凤凰山、老金顶和新金顶为中心，有 8 条主要溪河，与其间山岭向四周作星状放射，成为乌江和沅江支流的分水岭。地面遭受强烈的深度切割，河谷多呈“V”形，河流蕴藏着丰富的水力资源。梵净山风化作用独特，受亚热带风化剥蚀作用和冰冻期严寒温暖相间的冰川作用及其他外力的剥蚀改造作用，方才形成山势巍峨、峥嵘奇伟的山岳冰川地貌景观。

梵净山区广泛分布前震旦系地层，发育良好，柱状构造一般比较清楚完整，明显地可以划分为两个单元层系，上部为板溪群，下部为梵净山群。在梵净山区北西坡外围地区，其岩性又相当于甲路组、乌叶组、番召组和清水江组。整个岩系为一套具有复理式韵律的地槽形沉积变质岩组合。底部具紫灰色泥质、铁质底砾岩层，砾石圆滑或次棱角状。因此，在梵净山金顶一带，形成险峻的砾石悬壁，砾石如宝，景色奇伟，人称“万宝岩”。梵净山群顶部变质硬砂岩和砂板岩，其总厚达 2460～7500 米，为一套轻度变质的绿色、灰绿色和紫色绢云母片岩、板岩、千板岩和砂岩板岩系——层理清晰的千页迭层细碎屑岩，产状平顺，状节理发育，因而形成像丛书一般千页万卷迭层板状的悬崖绝壁，气势巍峨，人称“万卷书”。

梵净山区广泛出露有侵入于群的岩浆岩、火山岩、次火山岩，包括大量的灰绿色、浅灰绿色、深灰块状变质超基性岩以及火山集块岩和火山角砾岩等，其中出露较少的白岗岩、花岗伟晶岩、长英岩、云英岩、钠长岩等酸性侵入岩和次火山岩相的石英钠长岩以及极少量的辉绿岩等。除白岗岩大都呈岩株产出外，其余岩体多作脉状或岩床产出。同时，与岩浆岩相关产出了多种有色、稀贵金属矿藏。

永义乡团龙村甜槠栲古树

梵净山沟谷切深达 700～900 米。坡度多为 32～42 度，谷峡呈嶂状，分水岭多为刃状，梵净山周围低山处有盆地数块，如：东北部之乌罗、北部之木黄、西北部的合水、西部的昔土坝、朗溪，东部的寨英、太平，南部的德旺、茶寨等。

梵净山从山麓到山顶，相对高差达 2000 米以上。随着山体海拔的升高，空气散热快，温度逐渐降低，降水及空气温度增加，产生了生物气候的垂直分异，从而形成各种山地土壤，并有规律地排列成山地土壤垂直带谱。大体分为五个类型：海拔高程 500 米以下为山地黄红壤；海拔高程 500～1400 米为山地黄壤：海拔高程 1400～2000 米为山地黄棕壤；海拔高程 2000～2300 米为山地暗色矮林土；海拔高程 2300 米以上为山地灌丛草甸土。

二、 自然资源

梵净山保存了世界上少有的亚热带原生生态系统，梵净山现存世界上少有的亚热带原生生态系统，梵净山森林覆盖率超过 95%，有“动植物基因库”的美誉。生物资源丰富，繁衍着 2600 多种生物，植物种类有 277 科 795 属 2125 种，珍贵树种有国家一级重点保护植物——巨型紫薇、珙桐，国家二级重点保护植物有钟萼木、连香树、香果树、鹅掌楸；国家三级重点保护植物有穗花杉、金钱槭、凹叶、厚朴、花榈木、楠木、白辛树、丽江铁杉、华铁杉、长袍铁杉等。在这天然独特的植物园环境内，也哺育繁衍了众多的珍禽异兽。已发现陆栖脊椎动物就有 304 种，其中兽类 57 种，鸟类 191 种，两栖类 34 种，爬行类 40 种。梵净山还有珍稀动物如黔金丝猴、熊猴、云豹、穿山甲、娃娃鱼等。梵净山有铜、锡、钨、铁、铀矿、黄金、花岗石、紫袍玉、砷等共 50 种矿藏。有蚂蚁草、竹黄、亮轮层炭壳、其座炭角菌、锐顶炭角菌等 400 余种。具有很高的科研价值，科学界把梵净山称为“科考圣地”。

梵净山在地形、气候的影响下，自然生态呈现出较明显的垂直带状格局：低山常绿阔叶林和暖性针叶林带（海拔1300米以下），中山常绿，落叶阔叶混交林和文星针阔混交林带（海拔1300～2200米），寒温性针叶树的针阔混交林和亚高山灌丛草甸带（海拔2200～2572米）。

梵净山“全山发脉，众水朝宗”，九十九条溪流皆发源于此，并顺山势走向东西流转，向东的一路汇成锦江，直奔湖南沅江汇入洞庭湖，向西的一路汇成印江河，直奔乌江进长江。

黔金丝猴（2007年拍摄）

梵净山中最珍贵的动物是黔金丝猴，因其背部有青灰色的毛，又称之为“灰金丝猴”。黔金丝猴的分布环境比较特殊，主要活动于保护区东北部境内，海拔1400～1800米。那里地形崎岖、林木茂盛，黔金丝猴以多种植物的叶、芽、树皮和果为食，过着典型的群体树栖生活。各群均由不同年龄的猴组成，最强壮的雄猴任群体的首领，但各群体间互不往来，活动的地域范围各不重叠，囿于固定的领地。黔金丝猴是国家一级重点保护动物，被誉为“梵净山精灵”“地球独生子”。黔金丝猴现存约750只，是世界濒危物种之一，梵净山是黔金丝猴世界唯一分布区。

梵净山素有中药材宝库之称。该山药用植物丰富，种类繁多，常用药在1500种以上。仅高等药用植物就有413种，分属100科，272属。其中：具有清热解毒作用的药有96种；止咳、祛痰、治干喘的药43种；祛风除湿、舒筋活血的药60种；补中益气、散风解表的药33种；理气止痛、活血通瘀的药42种；其他功用的药物中，有不少著名常用中药，如天麻、杜仲、厚朴、黄连、独活、防风等。此外，还有民间常用的草药，如：珠子参、雪里见、蛇莲、八爪金龙、穿心莲、八角莲等。在明代，印江朗溪建有梵净山药王会，吸收当地著名医生和僧侣作会员，还在茶殿设药摊，供游人选购。

梵净山的特产有团龙贡茶，主产于印江永义乡张家坝村、团龙村，明清两代系当地土官定期奉送朝廷的贡物。明弘治间（1488—1505）思州宣慰司土官田琛、思南宣慰司土官田宏鼎争相用团龙茶叶作贡物。团龙茶具有气味芬芳浓郁、久泡不变质、换水数次不退香，饮后神清气爽的特点。

三、 气候特点

梵净山山体高大，地形复杂，溪流众多，境内小气候区域性强，气候垂直差异性极为明显。梵净山地区受东南亚太平洋季风控制，属亚热带湿润季风气候区，夏季受东南海洋季风影响十分显著，冬季受寒潮影响一般较小。梵净山年平均气温13.1℃～14.7℃，最热月（7月）平均温度25.3℃，最冷月（2月）平均温度2℃，气温随地势增高而降低。年无霜期270～278天，年日照时数900～1170小时，年降水1100～2600毫米，相对湿度平均达80%。按热量带划分，有明显的垂直带谱，从山脚至山顶分别是中亚热带、北亚热带、南温带、中温带。总的特点是：气候温和，光能充足，雨量充沛，无严寒酷暑。梵净山有“天然氧吧”美誉，空气中负氧离子含量最高值达12万～16万个/立方厘米。

梵净山植物

四、 梵净山科学考察

1986年10月，联合国第九届人与生物圈计划协调理事会将梵净山自然保护区接纳为“国际人与生物圈保护区网”成员。

1992 年 6 月，贵州省著名茶叶专家、高级农艺师牟应书等考察分布于梵净山周围海拔高程 1400 米以上的梵净山高原绿茶的生长条件，发现梵净山“团龙贡茶”的活见证，茶龄在 600 年以上的茶王树和奇特的红叶珍茶，以及分布在梵净山滴水岩至叫花洞一线海拔高程 2200 米以上的野生茶树。

1993 年 5 月 8 日，上海旅游界专家一行 20 人，对国家级自然保护区梵净山的旅游开发进行专题考察。

2005 年 8 月 12 日，文化部副部长陈晓光在省文化厅厅长张继增、行署专员谌贻琴等领导陪同下，考察梵净山自然保护区旅游资源。在护国禅寺题写“法界非凡界，佛学亦人学”十个大字。

第二节　人文历史

梵净山是西南一座具有两千多年历史的文化名山。早在春秋战国时期，梵净山就属楚国“黔中地”，秦朝属“黔中郡”，汉代属“武陵郡”，以后一直是“武陵蛮”崇拜的神山、圣山。梵净山正式载于史册，始于汉代。《汉书·地理志》称梵净山为“三山谷”；北魏《水经注》袭称“三山谷”。唐代《元和郡县志》改称“辰山”。宋代《太平寰宇记》称“思邛山”，佛教于此时传入梵净山。明初，梵净山已是佛教名山，数名并称：“九龙山”“饭甑山”“梵净山”“大佛山”。清代，梵净山称“月镜山”“卓山”。

敕赐梵净山重修金顶序碑（1992 年拍摄）

梵净山是佛教胜地，“梵净”二字，即含佛家超凡脱俗之意。自明万历年间（1573—1620）开始，建梵刹庙宇，成为与峨眉山、五台山、普陀山、九华山遥相呼应的佛教名山。

印江旅游源于梵净山佛教活动，明万历元年（1573），梵净山佛教兴盛，梵净山金顶寺庙经过敕赐重修，面貌焕然，声名远播。天庆寺、护国寺为印江境内两大寺庙，鼎盛时有僧人四十余名，朝山之期，均可容香客二三百人住宿。明末清初，天庆寺住持深持和尚、护国寺住持明然和尚等住持梵净山佛事，对梵净山区佛教文化的弘扬与繁荣起到积极的推动作用。

梵净山区域佛教文化源远流长，1000 多年前就有寺庙和简单的佛教活动。在新金顶上建释迦、弥勒两殿，作为梵净山佛教的最高象征。

梵净山弥勒道场有神奇的自然景观相印证。在新、老金顶附近，常常可以看见奇妙的“佛光”和“幻影”，古人认为“佛光”和“幻影”就是“弥勒显像”，莫不虔诚跪拜。从西路朝山古道的“拜佛台”远看，梵净山就呈现出三座弥勒像：老金顶是弥勒坐像，新金顶是金猴朝拜弥勒像，与武陵山脉梵净山主峰凤凰山头三大主峰相连，组成世界上最大的天然佛像，人称万米睡佛！凤凰山海拔 2572 米，是睡佛的头，而且有三层头像，象征佛有三法像：法身、报身、应身。按照佛家“竖三世佛”的说法，燃灯代表过去，释迦代表现在，弥勒代表未来。当地人称“大佛山”。

明万历元年，印江上街里杨再运等具文向贵州布政使等申报，经同意后相继在梵净山开辟路道，起竖庵殿。

梵净山老金顶脚下的《敕赐梵净山重建金顶序碑》称“有古佛道场名梵净山者，则又天下众名岳之宗也”。梵净山弥勒道场是民族信仰活动的主要场所，也是贵州地区弥勒信仰的核心空间和胜地。梵净山区集释、道、儒、巫为一体，汇诸神信仰于一地。香客游客各取所需，以朝山活动的形式表达社会各阶层人士祈福去灾、祈求平安吉祥的心愿，宣扬行善积德的思想，形成崇德向善的环境。

梵净山佛教开创于唐，鼎兴在明。明代中后期梵净山地区发生一系列大规模苗民起义，寺庙在嘉靖至万历年间（1522—1620）两次大规模重建。明王朝为维护统治，一方面加强对少数民族的武力征剿，另一方面又大力推崇佛教，兴修庙宇，敕封加冕。

明万历四十六年（1618），明神宗朱翊钧敕妙玄为钦命僧，重建梵净山金顶古寺，赐镇山之印。形成以红云金顶日月升天为中心，以四大皇庵（天庆寺、护国寺、承恩寺、朝天寺）四十八觉庵（太平寺、水源寺、白云寺、灵宫殿等）群星满地作接引，正殿承恩寺与四、五卫星殿堂形成掎角之势，拥拱绝顶二佛的精美布局。这既是梵净山佛教发展的奇迹，也是梵净山佛教鼎盛的见证。其时山中高僧10余人，僧尼数百人，山间梵刹庄严，晨钟暮鼓，香雾缭绕，佛法兴盛，传响海内，因之四方信众香客朝山，蜂拥而入，如蚁之聚，“古梵净山鼎而兴焉”，梵净山佛教进入鼎盛时期。清康熙时期（1662—1722），“四大皇庵”和“四十八脚庵”，崛起而成为西南佛教圣地之一。清光绪二十三年（1897），佛教活动传播到梵净山周边的湘鄂川黔桂滇等地，以至“数百年来，进香男妇，时往时来，若城市然”。

永义乡护国寺记事残碑（清同治十二年，1863年）

梵净山佛教鼎盛200年后，清嘉庆年间（1796—1820）开始衰落。清同治年间（1862—1874），为加强防范匪患，朝廷在护国寺设梵净山都司营署，铜仁东山寺隆参和尚上山主持重建工作，经过二十余年的苦心经营，光绪二十年（1894）前后，又建48座脚庵，朝山大路三里一庵，五里一寺，朝山香客每年多达数万之众。

民国初年（1912），山中庙宇经善男信女捐资修葺，尚保存完好。后由于土匪猖獗，朝山香客中不少人被抢劫，朝山活动骤然大减，山中寺瓦被盗、寺产被毁等，梵净山僧民不能维持基本的生活，更不能开展佛事活动，梵净山佛教再次衰落。

1949年新中国成立后，朝山活动基本停止，“文化大革命”期间山上寺庙被砸、垮塌，山下寺庙或被改建成学校、食堂、仓库，或被拆除烧毁。20世纪80年代后，落实党的宗教政策，恢复重建寺庙，维修上山道路，到梵净山朝佛、探幽览胜、科学考察、旅游者逐年增多。

太平寺，居“四十八脚庵”之首，坐落于木黄镇昔坪村梵净山古道旁，“文化大革命”中被毁，党的十一届三中全会后，在全国政协副主席赵朴初先生的支持下，由国家拨款复修，列为省级开放寺庙。

护国禅寺，是梵净山“四大皇庵”之一，坐落于永义乡大园址村梵净山古道旁。2001年10月，释佛友大和尚率弟子释法皈，发宏愿重修护国寺，在护国寺原址举行重修护国寺奠基典礼。现在，护国禅寺殿宇辉煌，堪称“大山、大寺、大佛、大和尚”。

附：

【敕赐碑】碑文

《敕赐碑》全称《敕赐梵净山重建金顶序碑》，为明朝万历帝赐封建立，位于梵净山老金顶下，碑高2.9米，碑心高1.85米，宽1.51米，碑额竖刻“敕赐”两个大字，左右饰以腾龙拱护纹，上罩彩云。碑文悉为楷书，计1349字，其中序文833字，附文516字。其碑序文，骈丽优美，为梵净山的千古绝唱。碑文全文如下：

敕赐 梵净山重建金顶序

伏以四海名山，九洲巨镇，十方净土，众姓福田，故东岱、西华、南衡、北常，悉帝王封禅之所。而玄寺、缁庐、青鸳、白马，皆佛子接引之区。水上闻香，始辟漕溪法界；空中飞赐，因开潜麓化城。山以仙名，地灵人杰。窃见梵净山壁立黔南之境，轴连楚蜀之间。仙洞灵台，咸棋布而胪列；奇峰古刹，俱凤翥而鸾翔。天心池、金沙池、九龙池，倒泻银河，无异临海之挂鹤；太子石、青阳石、金子石，高标玉笋，不让陈仓之鸣鸡。独红云金顶为最奇，宜白莲社之茂建。雪消六月千溪涨，洪溢江源；日转双峦万壑阴，崇□□□。翻经台下，时看百鸟衔花；选佛场中，更有群龙荫树。何奈羊肠荆棘，遂会虎观丘墟，九龙之壁既颓，百神之觞安寄！宁惟游人断白苎之响，抑且景物负赤诚之霞。而请曰肆今宇内提衡方岳者，佥谓两间之巨镇，所以立天地而不毁，冠古今而独隆者，无如四大名山，而不知此黔中间之胜地有古佛道场名曰梵净山者，则又天下众名岳之宗也！旧说者以弥勒、释迦二祖分管世界，用金刀劈破红云顶，于是一山分为二山。是山也者，上之穹窿接天下，而三十三天不为玄渺；下之厚重住地，而九十九凉不为幽鹨。虬螭结蟠，林木郁苍；剑气横天，仙梯接斗。叠经台、炼丹台，层峦耸翠；献果山、凤凰山，飞彩流丹。四时有不谢之花，缡缡然蓬莱三岛；八节有长生之景，炳炳兮阆苑瑶池。霞光万道笼金鼎，普天圣真如云集；紫辉千丈罩玉门，率土明神似雨临。至若九十九溪，一溪不知之说，尤见此山之广大；宝藏兴，货财殖，囊括天地之万有以为储。且也，崔崔巍巍以示其险，默令进香鼎礼者履险如夷；巉巉岩岩以恶其势，阴使敬重三宝者，率蒙善报。所谓大地乾坤，无边法界，极乐天宫乎！盖自开辟迄今，海内信奉而奔趋，不啻若云而若水；王公大人之钦谒，恒见月盛而日新。久已灵驰于两京，倾动于十三布政，劳旌于抚按，频顾于道府，诸侯莫不期以魂交黄帝而梦接安期。古来得道成真，又莫不于斯凝神，于斯蜕颖，他如仙迹所遗，标题所载，种种灿著以殚述。既自播乱之后，传闻四方，往来朝睹人稀，非复旧盛，倘亦佛老运数之厄使然！第此山之灵异，千载一日也。窃计世道之兴隆，佛神司命；而山岳之显爽，多自修培。幸际仁明在位，泽遍八方，恩施谒足，感百神是依，千载奇遇。以故天哀名山之颓，而赐以钦命僧妙玄重建金顶正殿，足为万圣临銮。蒙钦命抚按、道府各衙门作兴允议，然而山连四府，当与国运俱隆。玉简金书，伫见与人文并灿山灵。谨序。赐进士第北京户部郎中李之彦谨题。

第三节 保护管理

梵净山国家级自然保护区成立于 1978 年，它是贵州第一个森林和野生动物类型的自然保护区。1986 年 7 月，经国务院批准梵净山为国家级森林和野生动物类型自然保护区，同年 10 月，加入联合国“国际人与生物圈保护区网”，成为迄今为止中国 14 个成员之一。梵净山区内植物种类约 2125 种，木本植物 900 多种，国家一级保护植物 6 种，二级保护植物 25 种。特别是国家一级保护动物黔金丝猴，是第三纪遗留下来的中国特产动物，总量仅有 750 只左右，只分布于梵净山保护区内，是我国特产的三种金丝猴中数量最少、分布区最窄、濒危度最高的一种，是贵州梵净山国家级自然保护区的“珍品”，是世界级的“瑰宝”。

1989 年，自治县人民政府印发 10 项保护措施用于保护梵净山，措施规定：(1) 凡划入自然保护区的乡镇，在行政领导及管理上直接划拨归属管理区领导，既种田，又护林。(2) 行政领导及管理仍归属当地管理领导，应划给所在乡镇用柴林及放牧场。不用划给的用柴林、放牧场要加强管理，集体需要采伐用于修建及修补农具的用材林，都要考虑有利于珍稀动物的保护，有计划地采伐，采伐时要保护山林的密度。(3) 划入自然保护区内的山林，现属集体所有，需要划归国有的，应按现阶段的政策规定承认山林所有权，实地勘察评价，付给各生产队价款以后归国有。在评价付款前承认山林权问题，应根据土改时政府发给的土地证为准，参照“四固定”的有关依据，不得无依据由人指手为界。(4) 凡属国有林，不准任何单位和个人占领夺取，集体山林折价划归国有后，不准任何单位和个人砍伐。(5) 集体山林折价归国有后，所有生产队由于山林缩小，药材减少，经济收入下降，使生产队及队员收入遭受一定损失，管理处及有关部门要因地制宜，积极帮助发展多种经营，增加生产队及社员收入。(6) 划入自然保护区后，凡属保护区内的动物，禁止任何人狩猎，若动物跑到附近山林内及农作物区，只许撵走，不准打死。在重要季节，管理区站应组织力量协助看护农作物。通过看守都无法保护住农作物所造成兽灾损失，国家要根据减产情况适当调整其任务，帮助安排好社员生活。(7) 对附近的社队尽可能划在自然保护区界线之外，所涉及的问题也本着第二项六点意见来解决。 (8) 划入保护区内的个别生产队(户)，必须从保护区内迁出，国家要与有关部门和单位协同帮助解决搬迁费，安置好居住问题。(9) 划在管理区内的有关乡镇林场、牧场的处理问题：均由所在管理站作试验场，所有财产由管理站折价付给集体（社队）价款。搬迁出界线外，国家（管理站）付给搬迁费。不能搬迁的作物折价付款。(10) 各级党委要加强领导，宣传教育附近所有干部群众提高梵净山区作为自然保护区重大意义的认识，自觉保护好自然保护区，立即停止砍伐山林，禁止狩猎活动，禁止上山采药材。

张家坝山门（2006 年拍摄）

处罚案例。1988 年 12 月，在梵净山的张家坝一带，乱砍滥伐现象严重，印江县成立由县公安局、县综治办等部门组成的工作组 30 人深入实地调查走访，对当地群众开展法制宣传和教育引导，对涉案人员进行严肃处理。2003 年 11 月 25 日，新业乡边山村群众罗朝国因打死 1 只金丝猴，被以非法杀害濒危野生动物罪判处有期徒刑 20 年，并处罚金 1 万元，同时以非法收购珍贵濒危野生动物皮罪判处罗仲军有期徒刑 5 年，并处罚金 0.3 万元，没收猴皮 1 张。2005 年 9 月 4 日，在罗场乡杏家寨 1 只黔金丝猴被村寨中狗群咬伤，当地民兵及时将受伤金丝猴送到梵净山野生动物救护中心进行救治，受伤金丝猴最终脱离危险。

梵净山国家级自然保护区管理局印江管理总站位于永义乡张家坝，于 1984 年 4 月成立。梵净山周边涉及江口县、印江土家族苗族自治县、松桃苗族自治县等 3 个县 7 个乡镇 1.3 万多人，总面积达 420 平方公里。保护区内有坟墓 4000 余座，每年春节、清明节、“七月半”等节日，当地烧纸、放鞭炮等民风习俗，导致管护人员防火压力巨大。

针对保护区周边村民的习俗，梵净山国家级自然保护区管理局对所属坟墓归属亲人进行一一造册，下发到各管理站，每逢节日节庆，自然保护区管理局就要组织护林巡护队队员下到每一个点上，实行“一人看一片”的办法，守护在坟墓边，劝说前来祭祖的村民文明祭祖，防止村民在保护区烧纸钱、放鞭炮。一年又一年的守护，一次又一次的讲解，使保护区周边的村民都养成了节日节庆只祭祖，不放鞭炮、不烧纸的良好习惯。

为避免火灾事故的发生，做到火患早排除、火险早预报、火情早发现、火灾早处置，贵州梵净山国家级自然保护区管理局在保护区周边的江口、松桃、印江 7 个乡（镇）组建森林防火义务消防队，以村为单位成立 24 支森林火灾扑救队伍，人员 494 人。同时，保护区干部职工和护林员抓住群众操办红白喜事人员集中的有利时机，开展森林防火事项的宣传。对于保护区周边的智障人士，与其监护人签订责任状。对保护区周边的坟地进行圈定，安全责任落实到人。

梵净山自然保护区管理局与印江土家族苗族自治县、江口县、松桃苗族自治县三县政府、武装部联合组建防火指挥部，实行民兵应急分队与专职护山队伍联防，消防职工与群众联防，组成严密的森林防火网络，制定《梵净山林区森林防火奖罚办法》，从上到下落实森林防火首问制度。梵净山 30 年来无森林火灾记录。

第二章　景点名胜

第一节　梵净山景区

梵净山，因其古老地质年代形成的特殊地质结构，形成千姿百态、峥嵘奇伟的山岳地貌，山势雄伟，层峦叠嶂；坡陡谷深，群峰高耸；溪流纵横，飞瀑悬泻。清朝立于山顶的《茶殿碑》之说："崔嵬不减五岳，灵异足播千秋"。现代许多专家认为其兼具"黄山之奇，峨眉之秀，华山之险，泰山之雄"。梵净有十绝——怪石奇树风云泉，异兽珍禽佛光雪，高路入云朝天阙，即怪石、奇树、天风、云海、妙泉、异兽、珍禽、佛光、雪景和高路。

梵净山西线景点丰富，有生态画廊之称。可以观千年古树紫薇王，游团龙长寿谷，品团龙贡茶，朝护国寺，登棉絮岭拜佛台，可拜世界上最大的天然万米睡佛，然后走薄刀岭、赏杜鹃花海、穿黑巷子、过剪刀峡、攀接引佛、经滴水崖到主景区蘑菇石、老金顶、新金顶等，金顶周围的岩石，千姿百态，据其形态，有"太子石""蘑菇石""龙头石""鹰嘴石""万卷书""晒经石""将军头"等数十处。一路风光无限，引人入胜。

梵净山西线旅游景点有：

护国禅寺　印江梵净山"护国禅寺"，明代敕为皇寺，称"天池院寺"，清初更名为护国寺。为梵净山四大皇庵（天庆寺、护国寺、承恩寺、朝天寺）之一。1998—2001年由辽宁九旬高僧释佛友集资重建。2004年9月，中国佛教协会副会长兼秘书长学诚法师在中国梵净山佛教文化研讨会暨大雄宝殿佛像开光大典上，把"护国禅寺"定位为"梵净山弥勒菩萨道场"。

棉絮岭　西上梵净山，在山王殿与薄刀岭之间，岭长1千米。此处生长箭竹杜鹃，满山遍野，时有流云飞渡，丛林摇曳，好似棉波絮涌，故称棉絮岭。棉絮岭为西上梵净山徒步起点，在此可远观万米睡佛。

万米睡佛　西上梵净山的海拔2000米处，在拜佛台正前方，远远望去，新金顶、老金顶、凤凰山一览无余。连体形如万米睡佛，仔细观之，佛中有佛，佛头三个、坐佛两尊，寓意"五福临门"，且长达万米，为世界之最，极像大肚弥勒，千百年来当地百姓把梵净山称作"大佛山"，山即是

梵净山万米睡佛远眺

一尊佛、佛即是一座山。

薄刀岭 在山王殿以上山脊，形态特别奇特，形成长带状，顶端窄处不足1米，薄如刀脊，两旁长有苍翠的灌木作护栏，人行中间，同时可以观察左右两侧涧底的风景。左为牛尾河，右为肖家河，珍贵树种铁杉从岩缝中长出，挂在悬崖峭壁间，形成各种姿态。

黑巷子 在西上梵净山金刀峡至金顶之间，连薄刀岭至大尖峰间隔之处，为登上梵净山后的唯一平缓地带，长里许，宽约5尺。两旁系遮天盖地的黄杨及羊齿类植物，树身曲折盘绕，密如棚；人行棚下，只觉古枝苍穹，苔密结，树姿百态，酷似猴戏枝头；旁有怪石林立，若狮蹲虎踞，龙头象首，各类飞禽，长幼男女侍立，回廊百折，不知东西，无光点穴漏，人行其中，若置身洪荒之世，仙境怡然，好一派洞天风景。

拜佛台 系西上梵净山最后一个山峦平顶，离剪刀峡不足300米，台面约8平方米，左侧峻岭悬崖深渊，诸景历历在目，朝拜者临渊就险，胆战心惊，惧险而却之。又名“舍身崖”。

梵净山太子石

太子石 矗立于新老山之间的深涧处，与新山相对，站在山顶俯视，常因涧中云雾翻滚如潮，难窥全貌，若石笋插立，高数十米斧劈悬崖，下为绝壁，顶端有树2株，险不可攀，左俗称陈香木，右称黄连树，实则铁杉。相传太子石与新山争高，太子石的长势猛于新老山，天帝得知，便以陈香木镇之，致使太子石立于新老山脚下。

剪刀峡 距金顶3千米，峡为两叠页岩棚立而成，缝道狭窄陡峭，壁临深渊，人行其中，须贴身缓行。原有石级，后毁。1987年又重凿石级，外加扶手，以示保险。

黔山第一石 西线上梵净山，到达山顶草甸层后，立于山头的一尊奇石，像赞美人而伸出的大拇指：你是第一！据说清朝大书法家严寅亮（颐和园匾额书写者）书写“黔山第一”也来自它的灵感！

接引佛 西梵净山，有10平方米的崖室，崖间有一台地，上供几尊菩萨，前有拜台，左右有石墩数座，供朝拜者安坐小憩。眺望西部、北部风光，观看变化万千的岭上絮雾，如置仙境，坠入雾海。吴学海诗云：“登台一览众山小，仰望云天不觉高；拂面轻风声习习，此身忽已在重霄。”

滴水岩 距金顶1.5千米，登老金顶的必经之处。无论春夏秋冬，都有从百丈悬崖上飞下大粒的雨点。冬天便是满崖的冰砖玉柱，延续至次年阳春三月才溶化成水，形成飞瀑坠下。站在滴水岩下，如置身水帘洞中，涓流细雨，直扑眼帘，其乐无穷。

十里生态画廊（棉絮岭—滴水崖） 从棉絮岭徒步至滴水崖5公里，沿着原始莽岭的山脊[这段路刚好是乌江水系（左边）和沅江水系（右边）的分水岭]，途经薄刀岭犹如高空飞行，穿黑巷子原始森林赏古老的物种，体验“一夫当关，万夫莫开”的剪刀峡之险，一路上，迎客松（梵净山冷杉、铁杉）与梵净山杜鹃花、龙须草等多种古老物种相伴，还可远眺梵净山金顶雄姿，观赏云瀑松涛，可谓人在画中走，景随人移动。

万卷书 在梵净山老山和蘑菇石区间，层层页岩至下而上，形成悬岩绝壁，层叠有序，状若古籍，整齐堆放，形象逼真。相传是唐僧师徒西天取经途经此地，驮马失蹄跌落经书。

敕赐碑 明万历四十六年（1618）奉神宗皇帝圣旨而建，当时的户部郎中李之彦撰写，对梵净山的地理位置、山形地貌、名胜古迹、历史传说、佛教兴衰等都作了记载。碑文写到梵净山是“古佛道场”，是“天下众名岳之宗”，是“上之穹窿接天、下之厚重住地”“崔巍不减五岳、灵异足播千秋”，是名震南京、北京，倾动十三地方行省，吸引王公大臣、黎民百姓纷纷涌来朝拜的“极乐天宫”，为贵州省重点文物保护单位。

梵净山蘑菇石

蘑菇石 其石上大下小，酷似蘑菇。高约十米，亭亭玉立，看似一触即倾，其实岿然不动（已在风霜雨雪中屹立10亿年以上）。许多画家、摄影家都以蘑菇石为题材，创作出数不胜数的艺术杰作。蘑菇石如今作为梵净山的形象大使，走向了全国，走向了世界，还走进了富丽堂皇的人民大会堂。

老鹰岩 梵净山顶一块酷似鹰嘴的岩石。

九皇洞 位于梵净老山之下，洞口石墙依石壁而建的九皇洞由石门而入，一方整齐的在天井，尔后伸入洞内。扉崖的石墙上，刻有“洞天福地”四个大字，笔锋隽秀。据说这里是明朝万历皇帝的李皇娘修行的地方。

梵净山金顶

金顶 远看像一巨大的擎天石柱拔地而起。晨间红云瑞气常绕四周，人称红云金顶。峰顶平面约120平方米，自半山劈破，分为左右二峰，俨然刀劈斧削，人从隙中攀援。峰顶有明清所建古桥，名“天桥”，飞越南北二峰，南北峰各占地约50平方米。南有释迦，北有弥勒二佛殿，为山顶就地块石所构，北峰略高1米，酷似龙头伸天，张口呼啸，故本峰又名“啸天龙”，释迦、弥勒二佛殿，以铁瓦覆盖，中供弥勒、释迦铜像，设有香炉台、说法台。清代印江名士廖凌霄有咏金顶诗云：“舞凤昂头翔蔽日，游龙仰首啸吞烟，金刀劈破佛分殿，铁索牵扶人上天。”在金顶之上，倘若晴空万里，可远眺千里之外，群山犹如卵石在握，人若置身于浮云之中。

梵净山金顶天桥

攀铁索而上，四面悬崖峭壁，中途经过灵官殿、龙头石，到达观音洞。观音洞是绝壁上的一处石穴，依山悬空建成石屋，石屋下面是万丈深谷，供奉观音菩萨。观音洞又叫做“打儿洞”，传说长期未生育子女的善男信女向金顶磕三个响头，再带一小石头丢入金顶半腰这个洞中，必得佛赐子女并健康成长。观音洞外面凭空伸出一块石头——报恩石，上刻有“无德不报”四个大字。从观音洞往上为“金刀峡”“一线天”。峭壁上有一天然泉眼“定心水”。佛殿后的巨石，有的称为“晒经台”，有的称为“说法台”；金顶左侧有“拜佛台”；金顶半山便是“舍身岩”，有观音洞，洞内有石雕佛像。

佛光 也叫宝光、神光，在梵净山新老山之间，春夏晨晚易见。多在海拔高程2000米以上的山地间，登高观赏，斜阳折射，观赏者映下的身影笼罩于五光十色的光环之中，十分壮观。所现光环三四米不等，各显其特，显像时间，短则几秒钟，长则几分钟，随流云沉没。古人视佛光为超尘脱世、飞升仙境的吉祥之气，能看到佛光乃为平身之大幸。

梵净山云海

云海 梵净山气候喜怒无常，春雨绵长，夏雷震耳，秋风狂啸，冬则雾浓。登上金顶，若为晴朗之际，天际的云朵，层次分明，沉没于大小山峦之中。远视常有高耸之峰，宛如海中岛屿，一山一涧。时而阳光明媚，时而雷鸣闪电，时而云雨骤至，时而山色青蓝黛白，时而云朵侧耳飞至，如临航海岸头，置身甲板张望，心底宽阔。

老金顶 老金顶古称月镜山，海拔 2493 米。民间传说，红云金顶上的弥勒菩萨身上的月光照在石壁上面，看上去形如月下铜镜。老金顶上有一观日台，后临危崖，面朝东方，是凌晨观看梵净日出的绝佳之地。梵净山老金顶景点群最突出的特色是千奇百怪的石崖，游客们将这里誉为一座奇石大观园。站在老金顶上，举目四眺，百里风云尽收眼底，甚为壮观，连著名蘑菇石、红云金顶都在脚下。

第二节 红色景区

印江是革命老区。1934 年 5 月，贺龙、夏曦、关向应率领的中国工农红军第三军（原红二军团）由川入黔，创建云贵高原第一块红色革命根据地——黔东革命根据地。6 月 9 日，贺龙、夏曦、关向应率领的红军经沿河进入印江刀坝，短暂休整后于 15 日经洪溪、池坝抵达沙子坡，16 日在沙子坡万寿宫召开神坛首领会，17 日，召开有神兵、农民和各界人士参加的万人大会，贺龙军长发表重要讲话，号召广大农民和神兵参加红军。发布《中华苏维埃共和国湘鄂川黔革命军事委员会致贵州印江、德江、沿河各神坛同志书》。成立了黔东特区革命委员会、17 个区革命委员会和 100 多个乡苏维埃政府，开展轰轰烈烈的打土豪分田地的土地革命，成立 5 个独立团和黔东独立师。这些工农武装与红军紧密配合，多次击败进攻苏区之敌，用鲜血和生命，谱写了一曲曲可歌可泣的壮丽史诗。1934 年 9 月，由任弼时、萧克、王震率领的红六军团，遵照中央军委的命令，作为红军的先遣队，从湘赣苏区突围西征，并与红三军取得联系，开辟新的革命根据地。1934 年 10 月 24，红六军团克服千难万险，与红二军团在印江木黄胜利会师。两军团领导人贺龙、萧克、关向应、王震、任弼时、段苏权等在木黄水府宫召开紧急会议，决定两军一起行动。木黄胜利会师标志着红六军团胜利完成了中央军委赋予的战略任务，为中央红军实施战略转移起到了开路先锋的作用，会师后两军组成了一支强大的战略力量，为后来开创湘鄂黔革命根据地，为策应中央红军长征做出了不可磨灭的贡献，为红二方面军的形成奠定了坚实的基础。

10 月 26 日，南腰界会议决定重新组建黔东独立师和黔东特委，主力部队挥戈东进后，留下中共黔东特委和黔东独立师坚持以梵净山为依托开展游击战争。以黔东特委书记段苏权任政委、王光泽任师长的黔东独立师经与敌艰苦作战一个多月，有效地牵制了大量敌人，成功掩护了红二、六军团主力东进湘西发展。

红三军创建的黔东革命根据地和红二、六军团木黄胜利会师在黔东大地上留下了许多红色的遗址，主要有印江木黄红军军部旧址、红三军政治部旧址、黔东独立师师部旧址、高登海烈士墓、毛坝红三军军部旧址、沙子坡红三军万人大会会址、张均望烈士墓、太阳山革命烈士纪念碑、苏家坡红军坟、麻竹元红军标语、木黄街上红军标语、木黄红六军团政治部旧址、会师柏、会师泉、贺龙钓鱼台、苏维埃官塘区革命委员会旧址、苏维埃罗南溪革命委员会旧址、苏维埃喻家岩革命委员会旧址、苏维埃旧寨坝区革命委员会旧址等。这些红色遗址及黔东革命根据地所承载的革命精神，已成为开展红色旅游的重要资源。

主要红色景观：

木黄会师纪念馆开展免费开放宣传活动

木黄会师纪念馆 木黄会师纪念馆，原为水府宫，始建于清嘉庆二十一年（1816），为祭祀龙王之所。水府宫占地面积838平方米，建筑面积526平方米，为高风火墙围护四合院式建筑，中轴线上有门墙、戏楼、前院、正殿、后天井、后殿、两侧为厢房，前后院用卵石拼花铺地。1984年，县人民政府把水府宫辟为会师纪念馆，萧克将军亲题馆名。并《题木黄会师》："二六军团，历尽艰险。木黄会师，三军欢唱。八千健儿，挥戈东向。沅澧汹涌，狂飙燎原。赤区重建，湘鄂川黔。抚今追昔，怀梵净山。"纪念馆以图片、资料、实物的形式，展现印江神兵活动，黔东特区的成立，二战木黄，红二、六军团木黄会师的史实，以及原老红军萧克、段苏权、张平化、王恩茂、陈靖等到印江的相关资料。

木黄会师纪念碑 木黄会师纪念碑，位于印江自治县木黄镇将军山山腰。1979年7月1日落成，为纪念中国工农红军第二、第六军团木黄会师而建立。坐北朝南，砖石结构。碑呈两面军旗形，高14.62米，占地720平方米。原国家副主席王震将军亲题"中国工农红军第二、第六军团木黄会师纪念碑"。

2011年5月，《扩红·贵州》摄制组在木黄拍摄会师纪念碑情景

五甲会师柏

木黄会师柏 木黄会师柏位于木黄镇五甲村，木黄至新业公路旁。树高24米，胸围8.2米，树冠158平方米，树龄1400多年。1934年10月24日，中国工农红军第二、第六军团木黄会师，红二军团在此迎接第六军团，两军团首长在此相会。1987年老红军陈靖重访长征路，故地重游，命名此树，并在木黄题写"会师柏"。

木黄红二、六军团会师纪念地，地处国家级自然保护区、联合国"人与生物圈"保护区网成员——梵净山，现依托梵净山生态资源、佛教文化和印江独特的土家民族文化以及民间艺术资源开发红色旅游，已经形成了一条以遵义会议—梵净山—木黄红色旅游景区—铜仁九龙洞—湖南凤凰的旅游线，对开展国防教育，开发和培育以木黄为中心的黔东红色旅游，拉动老区经济社会发展具有重要的战略意义。

第三节 其他景点

印江地质独特性、气候差异性、生物多样性、文化多元化，造就了众多自然景观和人文景点。

一、 自然景观

大圣墩 地处印江县城北面的大圣墩，昔人谓“邛山削劲，邛水秀折”。大圣墩拔地而起，高耸入云，远眺像睡美人，近望如屏，故又名“玉屏山”，海拔 1337 米，距城北约 6 千米，山之东、南、西三面皆陡壁削立，唯东北角与鸡冠山毗连。宋代以来即为黔东第二座名山。游人自西麓取径而上，至其半，经“扩景亭”遗址入卡门，旋折而升，豁然开朗。到达山顶，其形如盘，面积为 0.75 平方千米。原有铁瓦寺，宋建久圮，又建。岩缘有池可供数百人饮。山上景点颇多，有凌空横亘、下临千仞的天生桥，有穿天洞上形态各异的石林，有夕照留辉、青山落月的清风亭、蘑菇石、鸳鸯亭、仙人石、杨枝水、滴水泉，情趣各异，不一而足。一到冬季，大圣墩上，不是冰天，便是雪地，十里冰封，玉龙飞起，周天寒彻，“圣墩积雪”是印江八景之一（县城原有八景：“圣墩积雪”“双峡飞鸿”“中洲牧笛”“龙津渔火”“白布拖兰”“珠泉滴翠”“峨岭翠屏”“南桥映月”）。

县城“睡美人” 峰

紫薇王 西线上梵净山，在永义乡政府所在地，有一株国家一级保护植物“紫薇树”，树龄 1380 多年，树高 34 米，冠径 15 米，胸径 1.9 米。1998 年被选入贵州省古、大、珍、稀树名录。因属第三纪残遗植物，科学界视为活化石。此树目前在国内没有发现第二株，世界上也只在日本福冈发现比此稍小的另一株。

千年神树，具有稀、奇、神、灵的特征。稀：第三纪残遗植物，绝无仅有。奇：树一年开花三次，蜕皮一次。神：籽落地不生，枝条嫁接不活，树干、树叶均可入药。灵：当地百姓和过往游客常拜祭神树，以求荫庇。

树神山也奇，紫薇树正对面的山形酷似人的“心脏”，名“紫薇心”，保神树千年常青。以神树为中心建成了保护园，园内种植了大量紫薇科植物。更立有两块采于梵净山区的宝石于园内，一石上有天然龙形花纹，一石上有自然凤形图案。保护园左角有印江籍书法家、重庆书法协会主席魏宇平书王者香（西南政法大学教授）《咏永义贵州紫薇》摩崖石刻：奇峰天植自洪荒，梵净钟灵毓秀长，莽莽千柯浓荫碧，昂昂十丈劲凌苍，花开红白年三复，皮蜕新陈岁一常，应许中华为国宝，何甘屈作贵州王。

杜鹃花海 梵净山西线杜鹃花海，位于印江自治县新业乡和永义乡，主要分布在梵净山西线景区和印江境内的环梵净山旅游公路线上。延绵不断的杜鹃花海达300平方公里。春暖花开时节漫山遍野的杜鹃花形成摄人心魄的自然大花园，是印江独特的风景区之一。梵净山西线植被茂盛，物种丰富，其中杜鹃所占比例尤为突出。杜鹃花十分美丽，种类达50多种，有深红、粉红、浅紫、雪白等多种色彩，被誉为花中西施。杜鹃花开时，满山鲜艳，像彩霞绕林，宛如天上彩云飘落人间，蔚为壮观，令人心旷神怡、流连忘返。

苗王大洞 位于罗场乡西南2千米处一半山腰上，洞口有石砌营盘和石栅门，洞内有形似金丝台、石鼓、瀑布、石椅、金山、银山等的钟乳石，有灶台、水井、台阶、石臼、石墙等前人生活遗迹。据罗场乡罗氏家谱载，罗发生（大车）、罗发懋（大保）二兄弟，游山打猎，行至昔土坝住宅后，又行到木开（今罗场），插草为界，发现此洞。明初（1369），印江朗水曾发生苗民起义，当时罗大车、罗大保为印江朗水十五峒苗头，遭沱江宣抚使田儒铭奉敕剿灭，其后裔凭借此易守难攻之洞才赖以生存下来，后人则称此洞为“苗王大洞”。

娘儿洞 位于永义村公路边的悬崖上，海拔高度735米，系喀斯特地形地貌的天然溶洞，约400平方米，有形态各异的钟乳石——石柱、石笋、石竹、石钟、石鼓，有幽深暗河，深不见底。

小金顶（岑图寺风光） 位于木黄镇七百渡村的岑图寺，因有一山峰与梵净山金顶相似而得名。圆柱状石峰高出山脉70余米，山峰顶之上平台面积不大，却建有一幢白色二层六棱佛塔1座。这里壁立千仞、云雾缭绕、峡谷幽幽，天景一色，奇妙无比。

二、 人文景点

峨岭严氏宗祠

文昌阁 位于县城民族中学校园内，阁通高37.8米，系砖、木、石结构，七层八角攒尖顶式古建筑。明朝嘉靖年间（1522—1566），印江知县有感于文化的重要，始建该塔，以“文化”而“昌兴”该地。文昌阁的兴建后，印江文化同时也兴旺发达起来，出了不少名人，古往今来，有书法大家、科学家等，也使印江成了闻名的“书法之乡”。文昌阁是印江文化的图腾。

依仁书院 依仁书院是印江县古代三大书院之一，位于印江民族中学校园内，是印江民族中学的前身，是古代学习、尊礼的地方。

1688年，知县马士芳讲学于龙津寺。1742年，知县黄文则于文昌阁之左新建书院，名曰“龙津”。1802年，知县张锡谷重修，更名“近奎”。1808年，知县梁钟英取弥陀寺田租谷二百石，进行修补后，更名为“依仁”。其规模较大，系砖、木、石结构封火墙围护四合院式古建筑。现存书院为后人所建。2009年重新修葺。题额和对联为王峙苍所书。

依仁书院是古代县城的主要学习场所，历史上，许多知县亲临讲学，为印江培养了许多优秀人才。

严氏宗祠 峨岭严氏宗祠位于峨岭镇严家寨，原为当地严氏宗族祭祀和议事的活动场所。1999年12月，省人民政府公布为第三批省级文物保护单位。宗祠始建于清道光十一年（1831），高封火墙四合院式建筑。建筑格局严谨，布局合理，具有浓郁的民族建筑风格和古朴典雅的地方特色。

“黔山第一” 匾 “黔山第一”匾，系清朝末年书法家严寅亮先生所书。字迹浑厚苍劲，笔势纵横，端庄典雅，为行楷体。现珍藏于县民族陈列馆，是珍贵的墨宝，被列入《中国名匾》一书。“黔山第一”匾作为文物存于县民族陈列馆。

严寅亮故居 严寅亮故居为木结构民居，有龙门，石院坝晒壁（砖砌斗合墙），墙正中有严寅亮题书的“福”字石刻，故居背靠绵延的阳坡山，又称壁上挂灯，面对峨岭关八里山，曲折蜿蜒的九道溪从寨下通过，山明水秀，地灵人杰。

严寅亮其子严希纯是中共早期党员，长期在隐蔽战线上工作，建国后任全国人大代表、全国政协委员、国家计量局副局长、华侨事务委员会主任，其孙女顾复生（从母姓）是著名医学博士、心血管病学专家、北京友谊医院内科教授。一门三代名家（书法家、革命家、医学科学家）世所罕见。

天下奇观 出印江县城，顺印江河而上行两千米，进入山谷，忽然眼前横亘着一座大坝，大坝上写“天下奇观”四个大字，有“亚洲第一垮”之称。系 1996 年 9 月 18 日岩口大滑坡后形成的堆体。

朗溪古镇 朗溪是印江境内土司统治历史较长的古镇，有青石铺成的曲径小巷，石拱桥大关桥，土司衙门遗址，至今保存着 45 家封火桶子，皆为封火墙围护的四合院，其建筑多为三柱二瓜或五柱四瓜的小青瓦房屋。有朗溪八景：将军披雾、三潮弄月、古刹回龙、飞燕衔书、罗汉盘营、中流狮吼、万卷推波、青霁朝霞。

合水兴旺村蔡家坳造纸作坊区（2008 年拍摄）

合水古法造纸村 离印江县城 20 公里的合水镇，有一依山傍水的村庄——蔡家坳。这里仍沿用蔡伦古法造纸术，有传统造纸工具、器皿，保存着古老水车、水碓、烤料窑、茅房作坊，生产白皮纸。这里家家户户供祭蔡伦神位。

芙蓉兴隆桥 芙蓉兴隆桥，又称谢家凉桥，位于新业乡芙蓉村，横跨芙蓉河。风雨桥始建于清道光十四年（1834），后被洪水冲毁。现所见之桥为光绪三年（1877）重建，系木结构，造型别致，为古式廊桥。桥长 30 米，宽 5.6 米，凉亭高 6 米。桥两端为六柱双檐四坡面牌楼，额书“兴隆桥”三字，意为疏通财气之意。凉亭共 7 间，两侧为廊，桥顶为“八”字形，其上又呈“介”字阁塔式结构，通风敞亮。桥中旁壁有供奉龙王的神龛。

桥旁建有兴隆寺，现已毁。该桥原为木黄、乌罗一带通往梵净山出入铜仁、湖南的要道，是歇息乘凉的好地方，现为西北方向上梵净山的一处人文景点。

魅力民族村寨——甘川 甘川是朗溪镇一个典型土家村寨，依山傍水，绿树环抱，临河临坝而居，民风淳朴，人民安居乐业。经果林是该村的支柱产业，得天独厚的气候环境使其柑橘的种植历史非常悠久，素有水果之乡的美誉，水果以柑橘、柚子、桃子、梨为主，尤其是金钱橘、算盘柑、药柑，更是柑橘中的精品，甘甜可口，吃后留香。

甘川是梵净山西线著名的乡村旅游点之一，除了赏柑橘，还可以探访土司古营盘，看犀牛洞、渔歌唱晚、悬棺古渡、白马腾空、犀牛角斗场等甘川八景，现今农户依托独特的自然环境和地处印江至梵净山旅游线的交通区位优势，积极开办农家乐、乡村旅舍，接待过往梵净山的游客，甘川是全省 30 个独具魅力民族村寨之一。

民俗文化村——团龙

团龙村在梵净山西麓，土家木楼次第有序坐落在发源于梵净山的小溪两岸，青山与绿水、水车与土家风雨桥在这里交相辉映，古朴的“小桥、流水、人家”美景。土家舞蹈、土家山歌、土家民俗表演是这里的特色。600 年古贡茶树挺立在村旁，至今仍盛产梵净山绿茶。在团龙村，可住一晚土家木楼，品一杯梵净山贡茶，看一场土家民俗表演。品的是梵净山的生态文化、土家原始古朴的民俗文化。

永义乡团龙村雪景

永义乡团龙村猕猴（2007年拍摄）

休闲度假村——芙蓉坝 芙蓉村位于梵净山西面脚下、印江河源头，是离国家级自然保护区梵净山最近、平地面积最宽的村寨，森林覆盖率达79%以上，年平均气温16.5℃。源于梵净山的河水环绕整个村落，可谓是山清水秀，空气清新。芙蓉村四面被山体环绕，而四周山峰犹如芙蓉花瓣，村子正中有一个独立的山头，形同花蕊，整村看起来宛如一朵巨大而开放的芙蓉花，芙蓉村因此而得名。

芙蓉村不仅有青山绿水的天然生态，还有兴隆桥、海马寺、“福”字芙蓉花等人文景观，铜仁地区行署在芙蓉村田坝拟建一座世界最大的珙桐园。这里是一个旅游度假绝佳之地，每年夏天都有数千人到芙蓉避暑休假，对这里的芙蓉文化、原生态绿色食物、独特风景赞赏有加。

芙蓉村谢家桶子木雕（2009年拍摄）

该村以“探梵净神秘，游生态画卷，醉芙蓉风情，赏珙桐奇珍”为主题，深入挖掘“梵净芙蓉村、中国土家根”文化内涵，依托村境内奇特巧妙、优美古朴，具有民族风格的各式建筑以及花灯、马马灯、茅古斯等丰富多彩的民族民间文化艺术，把该村打造成梵净山旅游环线上休闲养生、旅游度假之特色景区。目前，随着该村道路交通、村容村貌、饮食娱乐等基础设施大大改善，形成了生态产业支撑旅游，旅游促进、带动产业发展的良性循环经济模式，该村逐渐成为全区、乃至全省的明星村。这里民风古朴，环境清幽，植被丰富，空气新鲜，景色迷人，是赏花、踏青、摄影、度假、休闲的好去处。

天庆寺 天庆寺位于木黄镇金星村风景秀丽的九台山腰，始建于唐代显庆元年（656），明万历戊午年（1618）敕封为“皇庵”。清康熙元年（1662）扩建庙宇，共有九重殿宇，规模宏大，依山傍势，错落有致，现已毁。保存遗迹有清乾隆时的界碑，有深持和尚、大方和尚、臣堂和尚的墓塔，藏经楼，天井铺地巨石等。

太平寺 太平寺位于木黄镇昔坪村金厂河畔，坐落在亭子坡半山腰，始建于元末明初，是梵净山“四十八脚庵”之一，清康熙元年（1662）改建。1988年修复大雄宝殿及东西厢房。

湄坨茶园 位于缠溪镇湄坨村，茶场平均海拔1100米，平均气温15℃，生态宜人，夏季凉爽。是依托1200亩的湄坨现代茶叶产业示范区和梵净山天池（湄坨水库），按照农旅一体化打造的休闲避暑旅游度假区。

第三章　旅游开发

第一节　旅游规划

印江依托梵净山、围绕印江河，规划成为东连十里锦江九龙洞至凤凰古城，南接石阡温泉、进入黔东南苗族风情区，西连遵义会议会址、至黄果树景区，北接乌江画廊、进入重庆、四川旅游圈的旅游通道和目的地。

梵净山西线杜鹃花海

1991 年 9 月，印江自治县成立梵净山旅游开发领导小组，协调开发梵净山旅游的资金筹措、规划建设等各项工作。1992 年 10 月，县梵净山旅游开发领导小组向全县各族人民、印江籍乡友和台、港、澳同胞、海外侨胞发出“爱我梵净山、振兴印江县”的《倡议书》，倡议各界人士为梵净山的旅游开发事业献计献策、捐资出力。1993 年 12 月，印江自治县旅游开发办公室编制《贵州省印江土家族苗族自治县 1994—2000 年旅游发展规划》。1994 年 6 月至 7 月，邀请上海城建学院师生 12 人，利用暑假社会实践活动和科技扶贫，编制《印江梵净山风景区总体规划大纲》（草案）。自治县旅游局编制《印江梵净山旅游开发建设项目简介》，18 个项目为：新建梵净山护国寺旅游接待站项目；新建梵净山金顶接待站项目；建设梵净山张家坝景区旅游设施项目；梵净山旅游配套设施建设项目；扩建印江土家族民俗文化村项目；印江梵净山西碑林建设项目；梵净山贵州紫薇旅游景点建设项目；印江梵净山珍稀动植物园建设项目；扩建印江梵净山玉带石雕工艺品厂项目；扩建印江梵净山干花系列工艺品厂项目；印江岩口山体滑坡“天下奇观”旅游景区项目；栗子园旅游风景区建设项目；印江至梵净山三级旅游公路项目；印江县城宾馆（三星级）项目；印江至松桃 130 千米二级旅游公路项目；印江至德江 90 千米三级旅游公路项目；印江至沿河 100 千米三级旅游公路项目等。12 月 6 日至 9 日，国家旅游局对贵州省旅游业“十五”规划思路提出意见和建议：贵州旅游业关键是缺少精品，没有海内外游客必须去看的东西；省委、省人民政府要下定决心，应重视梵净山的开发；梵净山应该修索道，不修索道，旅游业不可能发展起来；梵净山不开发出来，铜仁机场客源就有问题。1994 年 5 月，自治县人民政府调整梵净山旅游经济开发领导小组及办公室人员，抽调 5 名干部到办公室专职办公。是年 6 月，县长田建高在政府三楼会议室主持召开，专题研究梵净山旅游开发，落实分组分工任务到人，落实办公经费、地点，对山门、碑林、公路建设提出要求。1996 年，制定《关于梵净山旅游开发的实施意见》，组建县旅游局、梵净山旅游开发有限公司并挂牌。7 月 26 日，县长帅朝纲主持专题会议，要求加快接待站、碑林、大雄宝殿建设，大道通车，小道通人。1998 年，制定《关于招商引资优惠政策及保护投资者合法权益的决定》《关于投资开发梵净山旅游业的有关政策规定》。1999 年 8 月，梵净山旅游开发领导小组调整为印江梵净山旅游开发管理委员会，县委书记田建高等 5 人为顾问，县长帅朝纲等 5 人为主任、副主任，33 人为成员。管理委员会下设一室五组，对以梵净山为主的全县旅游资源的保护、建设、开发、利用、经营等实行统一领导、协调和管理。11 月制定《关于加快发展旅游业的决定》，提出把旅游业作为支柱产业，把印江建成旅游县，发展旅游经济增长点；是年，修订《印江梵净山风景区总体规划大纲》。编制 11 个梵净山旅游开发项目，其中梵净山护国寺旅游宾馆、张家坝景区旅游设施、栗子园旅游景区、印江县城宾馆、梵净山贵州紫薇景区等旅游规划项目获地区计划局批准立项。12 月，贵州省政协科技委员会公布调查报告《严格保护，合理开发，促进梵净山环境与经济协调发展》。

团龙民族文化旅游村

2000 年 1 月，地委书记肖永安批转贵州省人大代表戴振华要求建梵净山索道的提案。是年 8 月 29—30 日，民革中央副主席、全国人大常委会委员、全国人大环资委委员胡敏等视察梵净山管理和开发情况，听取专题汇报，指出：保护好梵净山具有特殊的重要意义，管理好梵净山关系到国家的声誉问题；要坚持保护和开发相结合，开发利用要从科学的角度，高起点搞好总体规划，实现可持续发展。2001 年，自治县旅游局《关于呈报印江旅游景区（景点）旅游公路建设项目报告》，规划旅游景区景点旅游公路建设。建设项目有杨家寨土家族民俗文化村建设、扩建梵净山西碑林、张家坝风景区旅游服务设施建设、湄坨避暑山庄建设、“紫薇王”保护园建设、蔡伦古法造纸文化村建设、大圣墩公园建设、温泉综合开发项目、旅游系列产品开发、岩口滑坡区综合开发、梵净山金顶接待站建设、团龙土家“贡茶”文化村建设等项目。2002 年 3 月，自治县人民政府委托广西旅游规划设计院编制《印江土家族苗族自治县旅游业发展总体规划》，主要内容包括 120 余个旅游景点发展的系统分析、旅游资源分析评价、规划总则、旅游业发展总体战略、旅游客源市场开发规划、旅游产品开发规划、旅游线路规划、保护规划、旅游服务及基础设施规划、旅游文化开发规划、旅游人力资源开发规划、近期实施方案、旅游业发展的影响评估与控制、旅游业发展的保障体系 14 个部分。主要申报项目有《扩建梵净山干花工艺品的可行性研究报告》《修建梵净山玉带石工艺品厂的可行性研究报告》《修建张家坝旅游附属设施的可行性研究报告》《扩建张家坝旅游接待站的可行性研究报告》《扩建杨家寨土家族民族文化村的可行性研究报告》《扩建梵净山西碑林（护国寺）的可行性研究报告》《木黄风景名胜区旅游总体规划》等。

2007 年 3 月，制定《关于 2007 年文化旅游经济发展的实施意见》，明确每年筹集资金 400 万元以上用于全县文化旅游经济工作，其中县财政安排 120 万元作为文化旅游经济发展专项经费，并根据财力情况增加，主要用于文化旅游项目前期费用、旅游开发项目贷款贴息、旅游规划编制、宣传促销、人才资源培训、优秀企业奖励等。2008 年，邀请贵州旅游规划设计中心编制《印江梵净山张家坝—护国寺—团龙区域旅游修建性详细规划》《梵净山文化旅游开发建设景区旅游公路沿线景观绿化规划》。根据《铜仁地区旅游总体规划》，结合《印江自治县乌江旅游开发规划大纲》的要求，转报《建设合水蔡氏造纸民俗文化村可行性研究报告》等。是年，制定《关于 2008 年文化旅游经济工作实施意见》，把文化旅游经济作为全县经济工作五项重点之一，成立以县长肖洪为组长的旅游发展和改革领导小组，设立旅游发展资金专账，全年安排文化旅游专项资金 234 万元，主要用于旅游规划、《书法志》编辑、书法大赛、旅游商品“两赛一会”、土家族建筑文化研讨会、民族民间文艺调演、茶文化博览会、旅游项目可研报告等文化旅游工作。8 月 20 日，梵净山文化旅游开发建设印江分指挥部成立，制定《梵净山文化旅游开发建设印江分指挥部工作方案》，抽调 5 人在印江分指挥部办公室负责日常工作，实施 13 个文化旅游项目。8 月 20—22 日，县长肖洪率建设局、国土资源局、民族宗教局、文化广播局等部门，前往黔东南自治州进行民族建筑、民俗歌舞、民族食品考察；县委常委、副县长王继承率民族建筑考察组前往湖南凤凰、芙蓉镇，湖北施恩土司城、宣恩彭家寨，重庆酉阳桃花源、龙潭古镇等古城古镇考察学习。9 月，县四家班子领导分别率队赴黔东南、黔南等地考察民族建筑、民族歌舞、民族食品、民族工艺品等；林业局、旅游局等部门到四川、赤水考察竹木产业；永义乡干部、团龙村等 24 人前往黔东南凯里市兰花村、三棵树镇、西江苗寨等地考察乡村旅游、民族旅游产品开发。

第二节　旅游设施

一、 旅游交通设施

棉絮岭停车场（2006 年拍摄）

印江距铜仁凤凰机场 132 千米、省会贵阳 280 千米、重庆秀山火车站 110 千米、渝怀铁路孟溪火车站 90 千米。303、304 省道和杭瑞高速公路穿城而过。

梵净山旅游公路始建于 1986 年。县交通局申报国家用粮棉布以工代赈资金建设莲花穴至护国寺公路。由于梵净山的特殊地质条件和气候条件，1987 年 4 月，遭遇暴雨和冰雹，公路通至张家坝大湾沟。1994—1995 年，自治县交通局申报国家分别用中低档工业品以工代赈资金投资 122 万元，完成大湾沟至护国寺公路 8.3 千米道路建设。1998 年，自治县交通局申报国家以工代赈资金 190 万元对护国寺至棉絮岭 6.5 千米路段进行建设。合水至护国寺为四级公路，护国寺至棉絮岭路段为省颁乡村公路标准。1999 年 12 月，莲花穴至棉絮岭全长 34.8 千米列为县公路管养。2002 年，投入国债资金 320 万元，完成苏家坡至棉絮岭 11.8 千米旅游公路硬化工程。2003—2004 年，分别用专项资金 420 万元、国债资金 130 万元，建设合水至苏家坡 23 千米的油路工程。设置旅游交通标识 70 块，其中城区旅游交通标识 17 块；省道线旅游交通标识 31 块；县道线旅游交通标识 22 块。建成棉絮岭至梵净山金顶 12.5 千米、宽 1.2 米的人行游览便道，在险要处安装护栏、亭台。旅游国债资金 80 万元，改造棉絮岭至滴水岩 6000 米上山步道，增设护栏、垃圾转运站。棉絮岭至金顶人行游览步道 14 千米。

1996年8月，县人民政府决定维修改造梵净山人行便道。县以工代赈补助30万元，梵净山金顶镇国寺灵通法师捐助1.5万元，合计31.5万元，县建设银行对此工程进行预标，总造价62.94万元，实际工程支出46.2万元。护国寺大圆址、团龙、张家坝等当地村民8个作业组5000余工作日，从1996年8月至12月，完成山王殿至梵净山金顶14.3千米的人行便道维修改造任务。重点维修薄刀岭、剪刀峡、拜佛台等处的病险道，扩展金顶至蘑菇石、老山、敕赐碑的游览道，安砌石梯步335.8立方米，铺筑平坡道毛石混凝土328.6立方米，砌筑涵洞、保坎132.3立方米，修建印江县蓄水池1个，安装钢管安全扩栏85.4米。

义永乡祭紫薇神树（2012年拍摄）

1998年10月，自治县人民政府与梵净山自然保护区管理处，在自治县人民政府常务会议室就护国寺至棉絮岭护林防火兼旅游专用小车道及护国寺附属设施有关问题召开会议并形成纪要。议定：护国寺至棉絮岭护林防火兼旅游专用小车道的权属归梵净山保护区管理处。护国寺至棉絮岭护林防火兼旅游专用小车道，由印江自治县人民政府与梵净山保护区管理处共同配合监督，县交通局组织实施。

2006年7月，自治县水利水电勘测设计队实地勘察，投入164万元，建设梵净山景区内笔杆棚、杀牛湾两处水源设施，分别向棉絮岭和护国寺片区供应饮用水。

经过1996年、1999年、2004年建设改造，在护国寺至金顶沿途修建旅游公厕2座和2个停车场。投资1500万元建设12个移动通信基站。2008年，建设印江县梵净山护国寺旅游景点公厕。实施印江经合水至永义“绿色长廊”植树造林工程80万元，造林2.4万亩。

二、 景区设施

永义乡团龙村土家民居改造工程中建设的寨门（2007年拍摄）

梵净山地处印江、江口、松桃三县交界。梵净山景区为国家AAAA景区。印江以梵净山景区为龙头产品，梵净山张家坝山门、护国寺山门先后建成，成为推进梵净山景区建设的标志。

张家坝山门 距县城40千米，距梵净山金顶24千米。1994年10月动工，1995年5月，竣工验收。占地2331平方米，山门为三拱七间仿古天宫式牌楼，高大雄伟，造型古朴，具有鲜明的民族和地方特色。由湖北省大冶县仿古建筑设计室设计、湖北省大冶县殷祖镇园林古建公司承建，工程造价20万元，其中梵净山管理处10万元，捐款合计8.55万元，拨款1.8万元。赵朴初、魏宇平分别为张家坝山门两面门额题字“梵净山”。

护国寺山门 山门与张家坝山门相距10千米。2002年，投资70万元修建护国寺山门、拜佛台、休闲亭等。护国寺山门门额两面分别是赵朴初题写的“梵天佛地”、严寅亮题写的“黔山第一”。

旅游宾馆建设：旅游宾馆主要由政府投入和招商引资建设，张家坝接待站和金顶接待站是政府投资引导建设，净山宾馆和金龙宾馆是招商建设。

净山宾馆 净山宾馆位于护国寺旁。1998 年 8 月，自治县人民政府与印江梵净山通达旅游实业开发有限公司签订《净山宾馆建设投资合同》，2001 年 5 月，竣工投入使用，建设投资 268.6 万元。县旅游局、县水电局、永义乡水利水保管理站现场勘测取水点，政府解决 10 万元，实施净山宾馆饮水工程。

张家坝接待站 位于张家坝山门前。1997 年开工建设，投资 100 万元。建筑占地面积 2000 平方米，建设面积 1900 平方米，其中客房 1000 平方米，30 个标准间，60 个床位，餐饮服务及辅助用房 900 平方米。接待站以综合配套服务为目标，具备吃、住、娱乐、洗浴、购物和停车等功能的旅游服务设施。

梵净山金顶接待站 也叫蘑菇石宾馆。2000 年 7 月，开工建设，2002 年 1 月竣工。2008 年，梵净山金顶蘑菇石宾馆按照相关规定拆除，改建为观景台。

梵净山金龙宾馆 2006 年，铜仁地区旅游事业局协助引资新建梵净山金龙宾馆。

县城有腾龙酒店、金穗酒店两个三星级宾馆。通过提级改造和整顿规范，全县旅游宾馆接待床位达 2500 多张。

三、 乡村旅游建设

1996 年，省纪委、省旅游局立项建杨家寨土家民俗文化村，1997 年 5 月完成杨家寨木制双檐六角亭，土家族风情表演场的修建。

游客体验传统打糍粑活动

2002 年在《全县旅游业发展总体规划》中，团龙村定位为民族文化村、乡村旅游点。团龙村位于梵净山自然保护区西麓、距乡政府所在地 9 千米，10 个村民组，202 户 778 人，平均海拔 1000 米。2003 年，投资 600 万元，建设团龙“贡茶民俗文化村”。2005 年，投入资金 125 万元，建设团龙村寨门，整修河道，修通连户路，创建“山庄+农户”的乡村旅游经营模式。2006 年，团龙村被命名为全国首批新农村建设示范点。县发改、建设、国土、财政、扶贫、教育等 10 多个部门联合投入 240 万元，改造乡村旅舍 16 户 200 张床位，布置团龙标识灯笼装饰等。2008 年进行乡村旅游规划，实施乡村旅舍改造项目，完善寨门、风雨桥装饰、旅游标志牌等建设，达到 200 人住宿、500 人用餐的接待能力。成为梵净山西线重要旅游接待点。

2002—2006 年，全县投入以工代赈、农业综合开发、扶贫等建设资金 650 余万元，乡村旅游初具规模，现有旅游从业人员 1080 人。2006 年，共接待游客 15 万人次，比上年增长 53%，旅游收入 7070 万元，比上年增长 132%，实现乡村旅游收入 1417.5 万元。

2007 年 5 月，宣传部、团县委、旅游局、永义乡等在团龙村举办首届民俗文化旅游节，通过“土家山歌”“土家剪纸”现场打糍粑等活动，接待游客 5000 多人次。团龙村全村 50%的人员从事旅游业，以开设乡村旅馆、抬滑竿、加工和售卖地方特产旅游商品等方式参与旅游业。全村创造旅游收入 145 万元，人均创旅游收入 1900 元，人均收入从“十五”时期的 1200 元增加到 2007 年的 2500 元。

2008 年 1 月中旬至 2 月中旬，印江遭遇罕见雨雪凝冻灾害，给旅游业造成经济损失 2266 万元。团龙村大部分人行步道和供水管道设施受损达 20 多万元。5 月，争取国家救灾资金 5 万元，组织群众开展雪凝灾害灾后重建。

第三节 旅游产业

一、 旅游管理

1996 年 12 月，印江自治县旅游局成立。1998 年 3 月，旅游局更名为印江自治县旅游事业局。主要职责是宣传贯彻执行国家有关旅游业的法规、政策，编制旅游业中长期发展规划和年度计划并组织实施。制定旅游服务标准，提高旅游服务质量，对不规范的服务行为进行督查。负责旅游企业管理、旅游资源普查开发，提供旅游信息服务。负责旅游从业人员的教育培训工作。

2008 年 4 月， 在团龙村举办乡村旅游业人员培训

二、 旅游宣传

1995 年 8 月 15 日至 1997 年 8 月 15 日，在贵州电视台 22 点晚间新闻后的“气象服务”节目中，播出梵净山风光及相应景观。

2006 年 4 月， 在印江举行贵州省纪念长征胜利七十周年活动

1996 年，参加湖南南岳全国旅游商品展销会。1997 年 11 月，举办自治县十周年庆祝活动。1998 年 8 月，中国梵净山国际旅游节暨经贸洽谈会期间，举办“干部职工首届梵净山旅游登山赛”活动。1999 年，参加全省旅游商品回顾展，5 月，中国梵净山国际旅游节暨经贸洽谈会，展销“名特优”商品。10 月，参加昆明世博会。2000 年，举办第三届中国梵净山国际生态旅游节。2001 年 10 月，举行护国寺大雄宝殿落成典礼。2003 年建成印江旅游网站，梵净山旅游网网址：www. fjs. gov. cn。2004 年 5 月 3 日至 7 日，县人民政府邀请贵州省摄影家协会组织“梵净之旅”摄影创作团赴印江开展摄影创作活动。9 月，举办首届“中国梵净山护国寺佛诞节”，开展佛教文化交流会活动。CCTV－7 乡村大世界《印江印象》录制活动，隆重举办红二、六军团木黄会师 70 周年纪念大会。2006 年 5 月，参加贵州省纪念红军长征胜利 70 周年“沿着红军长征的足迹——穿行多彩贵州”大型文艺演出活动，举办“多彩贵州”2006 印江旅游形象大使选拔赛、印江民族服饰展、茶艺表演、民间小吃大赛、旅游风光摄影赛、旅游商品展销会、民族歌舞调演等系列文化旅游活动。组织参加全省“多彩贵州”2006 旅游形象大使选拔赛，黄睿获贵州省“旅游形象大使”称号。

2005—2006 年，在贵阳、重庆召开大型旅游宣传推介会。贵阳、重庆两地 110 家旅行社、12 家新闻媒体参会。推出贵阳至梵净山、重庆至梵净山旅游线路。发放宣传册 2 万份，宣传光碟《梵天佛地》800 张。重庆百龙旅游公司和梵净山旅游公司共同组织“重庆百车自驾游梵净”活动。邀请重庆电视台《旅游》栏目拍摄梵净山旅游专题片，在《贵阳都市报》《重庆晚报》上开展“梵净山弥勒菩萨道场”的形象宣传。改版完善梵净山旅游网，在《贵州旅游在线》新闻媒体上积极投放旅游广告，

2008 年 5 月，印江举办书法家严寅亮《颐和园》特种邮票首发式活动

请中央电视台七频道摄制《新春新韵梵净山》等专题。贵州电视台《发现贵州》栏目拍摄“发现贵州在路上——印江自驾游”专题节目，录播《祭风神·拽神舞》《高腔山歌》，重庆电视台《旅游》栏目拍摄梵净山旅游专题片；《贵州都市报》《铜仁日报》进行“梵净山弥勒菩萨道场”形象宣传；组织北京、重庆、江苏等地旅行社、旅游业内人士到梵净山踩线。多方式全方位推动宣传促销体系建设。

2007 年，举办自治县成立 20 周年庆祝活动，演出大型文艺节目“梵山净水印江情”。“五一”“十一”黄金周期间举办梵净山护国寺庙会和“团龙民俗文化旅游节”；编印《印江梵净山导游图》等；组织人员分别到铜仁、贵阳、长沙、成都、昆明等地宣传梵净山及其名优特产品；编印《接待服务常识》，培训从业人员；改版制作《梵净山导游图》，发行“书法之乡”集邮纪念册。纪念册取材于清代著名印江籍书法家严寅亮题写“颐和园”等书法作品和著名的梵净山自然风光，经中国集邮总公司的专家设计制作而成，具有较高旅游纪念价值和收藏价值。举办中盛杯 2007“印江印象”歌舞大赛，参加贵州省 2007“金元杯”多彩贵州旅游商品设计大赛、旅游商品能工巧匠选拔大赛和旅游商品展销大会。2008 年，举办中国梵净山书法大赛，收到来自全国 30 个省市的 1112 件作品。4 月 15 日，在成都市峨眉山国际大酒店举办“神奇梵净，风情印江”2008 年印江自治县旅游推介会。成都国际旅行社、四川中青旅等 50 多家旅行社负责人和《中国旅游报》《四川日报》《成都晚报》、成都电视台等 20 多家新闻媒体记者参加会议。5 月，举行与奥运同行·印江梵净山“贵州南长城杯”2008 年全国桥牌千人百团大赛，来自全国的桥牌精英 50 支战队参加角逐；举行“颐和园”特种邮票首发式暨严寅亮书法研讨会。11 月 27 日，举办贵州省土家族建筑文化研讨会，武陵片区 40 多位专家学者、海内外 10 多家新闻媒体参加。是年，第一个“五一”小长假共接待游客 26178 人次，其中过夜旅客 6178 人次，一日游游客 2 万多人次，旅游收入 832 万元。

三、 旅游服务

旅游线路

线路一：印江县城—天下奇观—朗溪古镇—合水古法造纸村—紫薇王景区—团龙民俗村—长寿谷—护国寺—棉絮岭—薄刀岭—黑巷子—剪刀峡—接引佛—滴水崖—蘑菇石群—金顶等。

线路二：印江县城—天下奇观—朗溪古镇—合水古法造纸村—木黄红色景区—杜鹃花海—团龙民俗村—长寿谷—护国寺—棉絮岭—薄刀岭—黑巷子—剪刀峡—接引佛—滴水崖—蘑菇石群—金顶等。

旅游接待

2007 年，全县有宾馆、饭店、度假村等 12 家，总床位 2500 余张，旅行社 3 家，导游、景区讲解员 20 余人，星级饭店 2 家，其中，准三星级饭店 1 家、二星级饭店 1 家；旅游定点餐馆 20 家，定点农家乐 8 家，旅游出租汽车公司、客运公司 4 家、旅游车辆 110 余台。据统计，1995—1999 年，旅游业合计投入 4300 万元，5 年间旅游收入合计达到 1658 万元，为县财政创收 129 万元，解决 24700 人的温饱问题。

2001 年，第二个“十一”黄金周共接待游客 9.2 万人次，其中住宿旅游者 1.5 万人次，一日游游客 7.7 万人次；梵净山景区及沿线乡村旅游点接待游客 4 万人次，木黄红色旅游区接待游客 2.6 万人次；实现旅游总收入 2145 万元。宾馆酒店前四天出租率 100%，社会旅馆出租率 90%以上；印江西环车站和柏香林车站共发车 1210 辆次，发送旅客 18900 多人次，其中发往梵净山 66 个车次 900 多人次；紫薇旅行社、梵净山旅行社和铜仁青旅共接待 25 个团队 800 人次；假日办共接到 40 多个咨询电话。紫薇旅行社、青旅印江办事处 2 人通过国家级导游资格证审核、5 人获得铜仁地区景区讲解员证。腾龙酒店、金穗宾馆、金龙宾馆 3 名经理通过地区专业考试等。积极组织参加“激情迎奥运、满意在印江”旅游饭店服务技能培训等活动。

2009 年 3 月，在上海举办茶叶推介活动

金龙宾馆 2006 年经营以来，每年纳税 10 万元以上，经营收入高速增长。2007 年永义乡旅游业纳税 46 万元，占全部税收 154 万元的 30%。

印江茶艺培训开班，从四川省华夏茶艺培训学校请来 3 名高级茶艺师，对县歌舞团 20 多名学员进行为期 35 天的茶道表演培训，培养成一支专业茶艺表演队伍。

2007 年 11 月，经过旅游培训的 140 多人 80%以上解决就业问题，印江梵净山旅游产品开发公司传统草鞋、油纸伞供不应求，民族服装厂产品式样达 100 多种，紫袍玉带石不断更新，地方旅游土特产种类繁多。5 人获铜仁地区景区讲解员证，已先后持证在梵净山景区作讲解员工作。

据 2008 年季度旅游统计：第一季度接待旅客 9.47 万人次，旅游收入 5244.26 万元；平均消费 550 余元。第二季度旅游黄金季节。接待省外游客 15.71 万人次，其中：景区接待 4.92 万人次。星级饭店客房入住率达 95%；接待旅游团队 10 个，旅游总收入 11383.91 万元。人均花费 720 元。第三季度接待国内游客 9.51 万人次，旅游收入 6284.33 万元，人均花费 660 元。第四季度接待游客 15.41 万人次，旅游收入 9452.16 万元，人均花费 610 元。全年共接待游客 50.1 万人次，实现旅游收入 32364.66 万元。25 家旅游定点单位餐饮、住宿爆满，旅行社总体业绩平稳。

旅游企业

印江自治县梵净山旅游有限公司　1996 年 12 月，梵净山旅游有限公司挂牌成立，固定资产 80 万元，主要从事旅游服务及干花、玉带石雕工艺品的开发。中国农业大学人文社会科学院将“干花系列旅游工艺品”生产加工技术无偿转让。省旅游局确定“干花系列工艺品”生产为贵州省旅游商品定点生产企业之一。全县发展梵净山石奇工艺品厂、梵净山旅游商品开发公司、民族服装厂、黔之牛食品公司等旅游商品生产企业。

印江自治县梵净山旅游客运有限责任公司　2002 年 9 月，梵净山旅游客运有限责任公司成立，注册资本 143 万元，法定代表人田茂军。企业 1996 年从事印江至梵净山旅游运输，1998 年营运至护国寺，2002 年营运至棉絮岭，公司出资收购印江至梵净山棉絮岭的 12 辆中巴车，先后投资 350 万元更新高、中档中巴车 6 辆，有员工 40 人。2002 年 9 月，有客运中巴车 12 辆，2008 年有客运中巴车 6 辆。经印江县公路运输管理所同意，准予该公司由印江车站至梵净山（棉絮岭）路段的道路客运班线。是年 7 月 25 日，护国寺至棉絮岭路段变更为森林防火旅游小车通道，梵净山国家级自然保护区管理局负责对该路段进行管养并筹集资金对该路段进行整改。印江运管部门变更原审批的道路客运班线经营许可，终点站至护国寺山门。

贵州三特梵净山旅游观光车有限公司　2007 年 5 月，在江口县工商行政管理局登记注册成立，注册资本 220 万元，法定代表人王炼，原名贵州江口梵净山旅游服务有限公司，隶属贵州三特旅业发展有限公司。是年 6 月，贵州省梵净山国家自然保护区管理局《关于对梵净山护国寺至棉絮岭旅游观光车营运有关管理事项的通知》，批准该公司在护国寺至棉絮岭线路上经营旅游观光车，经营期限为

20 年。是年 8 月，经铜仁地区质量技术监督局对观光车辆驾驶员发放中华人民共和国特种设备作业人员证后，是年 10 月 1 日，正式投入营运，有观光车 25 辆。

印江梵净山旅游实业开发有限公司　1998 年 11 月成立，在县城振兴路 14 号四楼办公，机构设置为两室一办一部一厂，共有 38 人。1999 年 12 月，公司固定资产 19 万元。1998 年投入 268.6 万元建设净山宾馆。2002 年 4 月，公开招聘 3 名导游员，组建紫薇旅行社。2002 年成立大圣墩生态开发有限公司和清水江漂流有限公司。2006 年成立紫薇旅行社秀山办事处。开展县城接送团梵净山西线游一日游、二日游、三日游、四日游、五日游、七日游。紫薇旅行社每年接待游客数千人。

四、 旅游产品开发

“梵净山牌”旅游系列产业，有“梵净绿茶”系列，“梵净山”石雕、干花系列，“梵净山”名贵中药材，“梵净山”生物工程等，推动了旅游商品经济的多元化发展。旅游商品主要有梵净山紫袍玉带石、梵净山茶、合水白皮纸、团龙贡茶、印江贡米、梵净药材、印江菜豆腐、印江绿豆粉、甲山苕粉、印江蕨粑、香柚、台合犁、小泽沟鸭蛋、埃山鸭、永义四腮鱼、印江腊肉、鲊肉、酶干、唐家粉蒸牛肉、印江纸伞、灵芝酒、木黄窖酒、芙蓉窖酒、绣花鞋垫、剪纸贴花、根雕、傩戏面具、土家线耳鞋、梵净山绿茶、牛肉干、土司食品、梵净山干花艺术品等地方特产。2008 年，建设第一家旅游商品展示中心，打造朗溪镇甘川旅游商品专业村。

印江梵净山绿茶系列产品有“翠峰”“雪峰”“净芽”“贡茶”“雪芽”等，系国优、省优名特产品。

梵净山翠峰茶叶

紫袍玉带石工艺品

油纸伞

2008 年，多彩贵州旅游商品能工巧匠选拔大赛，杨秀强的紫袍玉书简和干花工艺品、杨涛的弥勒佛佛雕、任小霞的金丝猴布玩具、任永兰的土家服饰、田红莲的线耳鞋编织、张朝全的印江纸伞和印染印版、吴光勇的合水白皮纸、汪定强的字画装裱等工艺品获奖。梵净山石奇工艺品厂杨秀强、梵净山旅游产品开发有限公司张朝全、黔之牛食品有限责任公司杨志勇、净团茶叶有限公司杨芳、农家食品有限公司冯庆会、红色木黄酒业有限公司熊成华、朗溪司韵酒厂田刚、土家味牛肉干厂晏强、印江民族服装厂任永兰、酸玉荷厂彭德宽、梵净山绿色食品公司田英、梵净山果蔬食品厂张强、中西药业有限公司王治虎、阳光石业有限公司秦礼柳参加 2008 年“多彩贵州”两赛一会，展出土家文化衫、旅游纪念徽章、土家线耳鞋、印江红纸伞、紫袍玉书筒、弥勒佛佛雕、奇石、“黔之牛”牛肉干包装、梵净山绿茶包装、农家食品礼品盒包装、红色木黄酒包装、韵酒包装、土家味牛肉包装、土家生活装、酸玉荷食品包装、山野菜食品包装、土家土布印花被面、洋姜食品包装、紫袍玉佛珠、紫袍玉笔筒、紫袍玉生肖挂坠、干花贴花工艺画、黔黄玉酒具、黔黄玉碗、黔黄玉貔貅、冰花玉打火机等旅游商品。

第四编

基础建设

第一章　交　通

第一节　公路建设

2004 年建成的梵净山护国寺至棉絮岭旅游公路

印江自治县境内有 3 条省道公路，公路里程共计 131.72 千米，其中铜遵 303 省道（印江段）63.5 千米、印松 304 省道（印江段）51.38 千米、印德 304 省道（印江段）16.84 公里。“九五”（1995—2000 年）期间，共争取国家公路建设资金 1.1 亿元，至 2000 年年底，全县 17 个乡镇有 288 个村通车，占全县村总数的 79.1%。“十五”期间（2000—2005 年），县委、县政府拟定“一横一纵四连线”交通发展规划。“一横”即思南—县城—朗溪—合水—木黄—松桃自治县孟溪火车站；“一纵”即江口县德旺—缠溪—县城—板溪—天堂—刀坝—松桃自治县甘龙 326 国道—重庆市秀山火车站；“四连线”即从县城—板溪—杉树—沙子坡—任家滩接沿河自治县 326 国道，县城—中坝—枫香溪至德江县城，县城—小云半—新寨—思南县天桥乡，县城—缠溪—杨柳—洋溪—石阡县龙塘坳。至 2005 年，“一横一纵四连线”交通网络基本实现。

2002 年，全县通村公路里程 225.9 千米；2003—2005 年，国家启动通村公路建设，共争取建设资金 1064 万元，新建公路 328 千米；2006—2008 年，争取资金 4915.1 万元，新修公路 794.7 千米。2008 年，全县通车公路里程 1781.9324 千米，其中省道 131.1524 千米，县道 202.62 千米，乡道 107.3 千米，油路 375.14 千米。有二级客运站 2 个，三级客运站 4 个。有班线客运车 156 辆 4772 座、城市公交车 5 辆、出租车 125 辆、货运车 405 辆。全县 17 个乡镇油路实现全覆盖，365 个村公路实现“村村通”。

一、 省道

铜遵公路油路建设　铜遵公路印江段起于印江与江口两县交界处（苗王坡代家槽），途经缠溪镇、朗溪镇、峨岭镇，讫于新寨乡上槽村与思南县交界处的周家坝，公路全长 63.5 千米。1988 年 5 月，国家投资 6.7 万元铺设周家坝至大云半沥青路面 7 千米。该年底，投资 39.5 万元铺设沥青路面 14 千米，其中大修改造 12.89 万元，沥青路面铺装 26.61 万元。经省交通厅、省农行批准，1998 年启动了江口县过江屯至德江县煎茶油路改扩建工程建设，1999 年年底该油路建设工程竣工。其中 1999 年

5 月，国家投资 1250 万元启动了乐茂江至柏香林改道工程建设，公路全长 17.2 千米、宽 7.5 米，路面类型为沥青路面，2001 年竣工投入使用。

印松公路油路建设 印江至松桃公路全长 136.4 千米，其中印江段长 51.38 千米，起于印江县峨岭镇，途经朗溪、合水、木黄镇，讫于木黄镇新民村川洞坪（与松桃县交界处）。该公路有桥梁 17 座 399.7 延米。1990 年对该公路进行了维修和部分改道。2006 年，该公路在全国公路第二次普查时提升为省道。2003 年 12 月，对该公路进行了通县油路改造，国家补助 50 万元/千米，总投资 2670 万元，2005 年竣工。

1999 年，实施 303 省道油路建设工程。图为改道乐茂江至峨岭寨段建设后的油路

印德公路油路建设 1988 年 6 月前，印江至德江公路路线为印江—思南—德江，全长 103 千米。1986 年，铜仁地区交通局启动实施 66 千米的印江至德江三级公路建设工程，其中印江段长 16.844 千米，起于印江县峨岭镇、途经中坝乡集镇、大田村、堰塘村，讫于印江与德江两县交界处的两河口。印江段总投资 133 万元，其中猪圈门至中坝段属新建，中坝至甲山桥头段 5.92 千米为扩建，甲山桥头至印城邮电局 2.172 千米为续建段，全线有石拱桥 3 座 78.4 延米，1988 年 7 月竣工。2003 年 12 月，国家投入 1000 万元实施该公路通县公路油路改造工程，并重建两河口大桥，2006 年竣工投入使用。该公路比原印江—思南—德江路线缩短车程 37 千米。

二、县道

印沿公路油路建设 1971 年前，印江至沿河，途经思南、德江、沿河，全长 199.67 千米。1958 年，印江至沿河公路启动建设，该公路路线起点位于重庆市酉阳县万木乡柜木村，接重庆 G211（原 X081 线 K22+730）处，途经沿河县黑獭乡、黄家山、沿河县城、坝坨、淇滩镇天宫井、小路坝、三岔、水田坝、麻柳湾、谯家镇黑岩门、铅厂、凤凰山（沿河与印江两县交界处），印江县沙子坡镇大塘、青坨、红木树、红花园、沙子坡镇、麻竹园、沙沟、杉树岩、徐家屋基、龙井坝、寿溪、杉树镇、袁家坪、冉家坝、坉上、大屋基、胡家沟、板溪镇、黄檀树、万家沟、邓家、两河口、严家坝、罗家院，讫于印江县城龙津街道片中坝（城市农业公园），接 S304（现 G352）新民至印江县城段公路改扩建工程 K47+020 处，路线全长 104.73 公里，其中沿河境 52.66 公里，印江境 52.07 公里。该公路于 1971 年 10 月正式通车。2003 年 12 月，国家投资 2250 万元对该公路印江段实施通县公路油路改造，于 2005 年竣工。

云新油路建设 云新公路起于铜遵公路大云村岩口组，途经小云、后坝、团山、新寨村，讫于新寨乡集镇所在地，全长 10.63 千米。国家投资 300 万元，建设标准为山岭重丘四级，2004 年元月实施油路改造，12 月底竣工。

金木油路建设 金木公路起于天堂镇金竹坳，途经木黄镇，讫于新业乡集镇所在地，全长 28 千米。2005 年国家投资 1260 万元，启动建设该公路油路改造，于 2006 年竣工投入使用。

缠龙油路建设 该公路起于缠溪镇集镇所在地，途经杨柳、洋溪两个乡镇，讫于洋溪镇与石阡县接壤的石阡县龙塘坳村，全程 55.6 千米，有桥梁 15 座 244 延米。2002 年，国家投资 5111 万元将该公路建成泥结碎石路面，2003 年年底竣工。2006 年 3 月国家投资 2575 万元对该公路实施油路改造，2007 年年底竣工。

金麻公路油路建设 该公路起于天堂镇金竹坳，途经刀坝乡，讫于松桃自治县麻阳。1993 年，建设刀坝乡所在地至前寨村泥结碎石路面一千米。2002 年 8 月，国家投资 5329.26 万元，改扩建金麻公路泥结碎石路面 56.8 千米。2003 年，国家投入 2370 万元，改扩建为油路，2004 年竣工。

莲棉公路建设 该公路起于合水镇莲花穴，途经永义乡集镇、张家坝、团龙、护国寺，讫于棉絮岭。1986 年 10 月，国家投资 91.56 万元启动建设泥结碎石路 28.016 千米，全线桥梁 5 座 50 延米，1988 年 7 月竣工。2004 年，国家投资 432 万元完成莲花穴至护国寺油路改扩建工程，其中苏家坡至棉絮岭 4 千米为水泥硬化路面。

三、 乡镇公路

1988 年启动了乡道建设，其中木黄镇至新业乡芙蓉坝公路 12 千米，新寨乡大云村至七岭头村公路 19.7 千米，杨柳乡滴水岩至曹门村公路 7.9 千米，沙子坡镇至池坝公路 5.84 千米，缠溪镇至茶园村公路 16.7 千米，刀坝乡构树湾至兰克村公路 4.8 千米，木黄至燕子岩村公路 2.5 千米，峨岭镇甲山村至中坝乡玉屏村公路 11.5 千米，洋溪镇至甘溪公路 14 千米，永义乡慕龙村至官寨村公路 6.7 千米，缠溪镇乐茂江至罗场乡公路 5.3 千米，木黄镇新民村至松桃县三阳村公路 9.3 千米等，1999 年投资 250 万元开工建设天堂镇至游坡镇公路，其余乡（镇）均处于省道线上。截至 2008 年年底，全县 17 个乡（镇）全部实现“乡乡”通油路，其中通三级以上公路的乡（镇）有 6 个，其余 11 个乡镇公路均为四级。

四、 专用公路

沙子坡至池坝公路沙子坡至池坝公路长 5.84 千米，1988 年年底竣工，为煤矿专用公路。1988—2008 年，县交通局按每年 200 元/千米，组织当地群众专人养护。

马井至甘金桥公路马井村至甘金桥水电站公路长 3 千米，1987 年修建，属甘金桥水电站专用公路。1988—2008 年年底，由甘金桥水电站出资组织当地群众养护。

坪阳公路 坪兴寨村至黔溪村阳坡村民组石土地，长 2.2 千米，1988 年底竣工，属于石油仓库和采石场专用公路。1988—2001 年年底，坪兴寨至石油仓库 1 千米，由石油仓库出资，组织当地群众养护；2002—2008 年以后，由智成中学出资养护。智成中学至采石场 1.1 千米，由采石场负责组织工人养护。

五、 通村公路

2003 年，国家用车购税资金开始启动通村公路建设工程。省公路局下达印江 12 个村 100 千米的通村公路通达工程建设项目，分别在 10 个乡（镇）19 个村实施。2004 年，国家下达通村公路建设计划，对 12 个村长 97 千米公路按 3 万元/千米标准补助，经印江县积极争取，省公路局 2005 年 1 月追加印江县 2004 年通村公路建设计划，对 8 个村长 51 千米公路进行补助。2005 年，省公路局下达通村公路建设计划，对 11 个村长 80 千米公路按 4 万元/千米标准补助。2006 年，省公路局下达通村公路建设计划，对 12 个村长 94.8 千米公路按 4 万元/千米标准补助。省公路局 2006 年年底追加通村公路建设计划，对 37 个村长 61 千米公路进行补助。2007 年，省公路局下达通村公路建设计划，对 31 个村长 280 千米公路按 7 万元/千米标准补助，省公路局 2007 年年底追加通村公路建设计划，对 34 个村长 32 千米公路进行补助。2008 年，省公路局实施通村公路建设项目，对 47 个村长 358.9 千米公路投资 2332.9 万元，其中上级补助资金 2153.4 万元，县级自筹 179.5 万元。截至 2008 年年底，全县 365 个村实现了村村通公路目标。各乡（镇）通村公路建设具体情况如下：

峨岭镇 县城至大石 12 千米；罗家院至枹木 5 千米；变电站至普同 1 千米，其中石桥 1 座 12 米；岩口脚至燕子阡 1.2 千米；坪兴寨至山场 2.25 千米，其中石桥一座 24 米；桐子坡至小洞 0.7 千米；兰家田至小穴场 1.2 千米；料田湾至石柱坪 2.5 千米；岩门至张家湾 1 千米；竹林湾至袁龙坪

1.5 千米；谭木岭至火石坪 0.6 千米；两河口至贵德 2.5 千米；枫香嘴至腊沟 1 千米。

新寨乡通村公路

新寨乡 新寨至大塘 10 千米；新寨至雁水 6 千米；两路口至乐洋 18 千米；团山堡至小泽 2.5 千米；卡门至干家沟 3 千米；板山至坨寨 3.5 千米；长甘岭至茶园 1.4 千米；青杠堡至大路 2.5 千米；农科所至新田坳 1.2 千米；王家沟至周家 1.5 千米；长甘岭至老林湾 2 千米，其中桥一座 24 米；大山坳至白水坡 1.2 千米；大山坳至何家 2 千米；团山至和平 1.5 千米；周家坳至善都 1 千米；九道拐至上孟溪 2 千米；岩门至黄阳坝 0.5 千米；官塘至严家寨 2.5 千米；张家上岩至张家坳 1.2 千米；邓家上岩至邓家山 1 千米；陈家至杨家 1 千米。

中坝乡 官家寨至陈香 7.1 千米；蔓庖口至天池 6 千米；泥石至罗星 3.8 千米；堰塘至旦家坡 15 千米；凉风坳至土黄坝 3 千米；杨家坪至马家坳 1.5 千米；混石至皮家山 2 千米；罗星至虹穴 1.8 千米；当家至喻家寨 0.7 千米；塘上至甘溪 2 千米；蔓庖至烂坝沟 7 千米；石灰土至八宝湾 1 千米；白石灰至茂金 1.5 千米；白石灰至平顺 1 千米；蔓庖至大坡 2.5 千米；金凤岭至甘亚沟 1.5 千米。

板溪镇 杉林至渠沟 0.5 千米；坪底至柿坪 3 千米；板溪至白果坪 13 千米；白果桥至井溪 3 千米，其中：桥一座 61 米；王家岭至台旺 6 千米；新场坳至联合 1.5 千米；板溪至鹞子坪 1.5 千米；沟口至土地坳 1 千米；沟口至沟寨 0.7 千米；石林沟至干田 1 千米；大坪至新寨 0.7 千米；龙井坝至韩家坪 11 千米。

杉树坳乡 游家坳口至灯塔 2.2 千米；何家至包丰槽 12 千米；大罗坝至黄土 12.4 千米；鱼梁坡至顾家寨 13 千米；石板桥至坪庄 2.5 千米；寿溪至桑溪 2 千米；鱼塘坳至顾家寨 2 千米；游家坳口至对马溪 3 千米。

沙子坡镇 沙子坡镇至天堂镇 18.39 千米；白果坪至韩家坪 7 千米；甘田坳至郭家山 1 千米；消水坑至芜田湾 1 千米；高家山至岩口 2 千米；烂泥堡至新田湾 1.2 千米；塘干至花园 1 千米；青坨至丁井 0.7 千米；大路槽至马家庄 2.5 千米。

天堂镇 天堂至胡家坝 11 千米；柿小坳至罗百户 4 千米；苏木岭至杨柳井 4.5 千米；凉风坳至岩底 6 千米；天堂至温塘 4 千米；青元至下寨 3.5 千米；陡溪至陡子溪 3.5 千米；红旗沟至金城 1 千米；檬子坳至茶园 2 千米。

刀坝乡 刀坝至庙坪 12 千米；周家至白金岩 5 千米；来安至屋基土 9 千米；堆柴堡至韩家塘 6 千米；椰木桩至森山 4 千米，其中桥一座 20 米；马桑坡至大宅坝 1.5 千米；白蜡头至谭家山 1.5 千米；水余头至豆猫角 3 千米；马路弯至大院 2.5 千米；唐坟坳至青狮 0.7 千米；唐坟坳至毛坝 0.5 千米；凉风溪槽里至昌蒲塘 2 千米。

木黄镇 乌溪至格罗 14 千米；李家沟至张家沟 1.5 千米；夜茄塘至枫香坳 20 千米，其中桥 1 座 14 米；木黄至地茶 6.5 千米，其中桥一座 25 米；乌溪至大坳 6 千米，其中桥一座 15 米；新光至七百渡 2 千米；燕子岩至凤仪 4 千米；新民至石梁 2.5 千米，其中桥 1 座 18 米；燕子岩至金厂 7.5 千米。

新业乡 芙蓉坝至烂茶坪 6 千米；平坝至帅家沟 3 千米，其中桥 1 座 40 米；河口至黑巷子 1.5 千米；茶山至山洞 4 千米。

2008 年建设的新业乡居龙通村公路

合水镇 新旺至陈家林 11 千米；新旺至张家塘 1 千米；桥跟前至木沟 1.5 千米；桥跟前至新华 3 千米；官庄坝至官庄寨 0.7 千米；桃子坪至石万 1 千米；小杉木至水井湾 0.6 千米，其中桥 1 座 12 米；红星至田家 0.6 千米，其中桥 1 座 12 米；红星至何家沟 0.7 千米；红岩嘴至廖家坡 9 千米。

永义乡 白朗沟至周家寨 2.5 千米；杨家厂至石柱岩 8 千米；厂灰窑至坝峨 2 千米；团山堡至快石溪 1 千米，其中桥 1 座 25 米；团山堡至毛桃湾 0.7 千米；团龙至鸡窝坨 2.5 千米；白朗沟至付家寨 1.5 千米；团堡至李屯 1.5 千米；团堡至团山 2.5 千米；官茶桥至鱼湾 1 千米；官茶桥至圪尖 1.5 千米；石门坎至大坪 5 千米；茶场至竹园 5 千米；白朗沟至格洞沟 0.7 千米。

朗溪镇 朗溪至莲花穴 12 千米，其中桥 5 座 134 米；猫口至有家沟 5 千米，其中桥 1 座 65 米；打铁坳至白沙 12 千米；回头湾至普里湾 1.5 千米；营盘脚至大尧 1.2 千米；苦竹林至坪阳 3 千米，其中桥一座 20 米；打铁坳至夏家岩 0.7 千米；张家寨至普树坪 I 千米；牌坊至塘池 1 千米；高坎子至张家村 1 千米；塘跟前至川岩 1.5 千米。

罗场乡 罗场至两河 6.5 千米；达林坳至茶山 3 千米；梨树坪至罗场 11 千米；银坳至节初寨 1.5 千米；石家坳至青龙 1.5 千米；达林坳至四平岭 1 千米；罗场至王家寨 3 千米。

缠溪镇 马家桥至王家弯 1 千米；块头溪至柳塘 5.5 千米；四坪至斋塘 2.5 千米；曾家至青杠林 4 千米；两路口至枫香坪 5 千米；杨柳塘至曾家 3.75 千米。

洋溪镇 桅杆组至陈家沟 3 千米；蒋家坝至格优寨 4 千米；茶场至大院 0.6 千米；茶山至李家寨 0.9 千米；比利坝至银坳 3.5 千米。其中：桥 1 座 24 米；双龙桥至叶家坡 4 千米；申家至申家寨 1 千米。其中：桥 1 座 24 米；高桥岭至朗树坪 1 千米；新阳至杨家沟 1.9 千米。其中：桥 1 座 12 米；毛弯至庙嘴 2.5 千米；丁门坳至杨家沟 2.5 千米；王家山至格蚤田 2 千米；王家山至银后沟 1 千米；白杨桥至昌木桃 3 千米；白杨坝至电站 1 千米；王家坡至白潭 3 千米；王家坡至王家寨 1 千米；森耳寨至后坝 2.5 千米。

杨柳乡 青杠堡至大路 2.5 千米；曹门至中山 5.4 千米，其中桥 1 座 12 米；杨柳至文家寨 21 千米，其中桥 1 座 35 米；凯上坪至中寨 2 千米。

第二节 桥梁 渡口

2002—2008 年是全县乡村公路快速发展的 7 年，至 2008 年年末，新修公路总长 1122.7 千米，建石拱桥梁 30 座，总长 1015 延米。

一、桥梁

县城南桥 南桥位于印江县城南，南北横跨印江河上，又称南门桥。桥始建于 1967 年 10 月，系青石浆砌七孔跨石拱桥，长 95 米，引桥长 40 米，桥通高 12.7 米，桥面宽 11 米，高 9.7 米，全桥呈弧状，中间高，两端低。河中桥墩 6 个，中间跨拱最长，依次向两侧递减，中间桥墩之上各建两个涵洞，次墩为一个涵洞。桥面中间为车辆通道，宽 6.6 米，两侧人行道各宽 2.2 米，外侧栏杆高 1 米。1987 年 11 月、1997 年 10 月，县人民政府两次进行改扩建。2007 年在桥东侧河中安置音乐喷泉，西侧建水力翻板坝，两侧河堤建书画长廊。南桥是印江县城连接南北两岸的第二座桥，是县城区最繁华的通道。

县城西环大桥 1996年2月，印江自治县县委、县人民政府把县城西环桥建设列入全县十大重点工程之一。5月，贵州省公路勘查设计院根据印江河水文，作出建设中承式肋拱桥的方案。工程由贵州省公路勘查设计院地质钻探，贵州省桥梁设计院设计，贵州省桥梁总公司兴黔处施工，成立铜仁地区印江西环大桥建设工程指挥部。1999年8月，经贵州省交通厅批准，于9月开工，2000年9月竣工。桥净跨120米，桥面净宽9+2×2米，全长142.2米，完成土石方8248.8立方米，砼8197.83立方米，总投资637万元。是印江县城连接南北两岸的第三座桥。

印江至德江的两河口大桥

中坝两河口大桥 两河口大桥地处中坝乡堰塘村猪圈门，横跨六井溪河，两岸为高山峡谷，距印江县城20公里，距德江县城52公里。1988年11月，铜仁地区行署下达《关于印德线两河口大桥工程建设任务的通知》。1989年贵州省交通厅下达《关于印德线两河口大桥设计方案的批复》，5月开工，1991年9月竣工。两河口大桥是一座预应力混凝土悬臂拼装组合桁架拱桥，长152.83米，高61.78米，净宽7+0.75×2米，主孔净跨100米，总工程量3034立方米，总投资141.64万元。2003年，在建设印德油路改扩建工程中，因该桥已成危桥，在相邻60米处重建。

洋溪万里桥 万里桥位于洋溪镇洋溪村，横架洋溪河，始建于清道光二十三年（1843），据《万里桥记》碑记载，果勇侯杨芳返乡，路经洋溪，恰逢桥成，首士等求取桥名，杨芳借“万里行，始于此矣”和“班超万里封侯”之寓意取名为“万里桥”。万里桥三孔两礅石拱，全长28.5米，宽5.2米，高4米，桥高6米，中孔迎水，孔跨径分别为7米、8米、9米，桥栏两头置有石狮，桥的迎水、流水面拱券石上各刻“万里桥”三个大字。西侧引桥平台上有石碑6方。1995年5月，洋溪镇党委、政府研究决定，将万里桥在保持原貌的基础上，两边各延伸1.1米抬板建人行道，人行道的边缘分别用1米高的水泥栏杆加固防危。当年10月竣工，总造价3.9万元。该桥地处印江南端，是通往石阡、江口、铜仁的交通要道。

附一：

杨芳自题序

余蒙圣恩，放归田里，常往来戚好处。癸卯冬，路经安邑洋溪，适值其地建筑石桥，工将竣，索题于余。余颜之曰“万里桥”。又嘱余作记。余武人，不文甚，再三固辞，而首士等求之甚殷，不得已，姑为从命。余闻昔有万里桥在蜀中，武侯送费祎聘吴至此。临别赠言曰：“万里行，始于此矣！”余袭其名而利其意，则亦班超万里封侯之意。非余自负，更有望于后而起者也，识者辨之。

太子太傅果勇侯　杨（芳）题

附二：

补修万里桥序

万里桥补修工竣，索叙于余。予心盲且焚，弃笔砚已久，于叙文事，恐不能为役，而箴吾、铄堂诸君见委之意则其殷也。余闻桥肇自道光癸卯，有张公炳南、斐然诸公悉心用事，故不逾年而告厥成功。迩来有百余年。负者歌于途，行者讴于路，熙来攘往，无一病涉，厥绩亦何伟欤！但碑石未竖，似以一篑之未成，识者往往惜之。然非诸公之咎也。远近所捐之资，有未收者，有收而未足者，勒名金石，不能不有待。待之既久，兵□至之，诸事荡然。石上所存字迹狼籍，莫为爱惜者，有心人不胜太息焉。又不幸炳南、斐然两公前后捐馆，诸公亦错处各方，于是继事者日稀。幸有箴吾铄堂诸君摩挲终日，留连三叹，爰约同事，绍美前人，既慷慨以捐输，复竭力而募化事焉；整饬规模，焕然一新，因而命予叙。初以小人之腹度君子之心，谓何叙叙？其事之所以始与功之所以终，前人已详哉。其言之矣，兹不过纪其勋绩已耳。否则缘其善果已耳，外此亦复何叙？予凝滞久之。诸君似微窥其意者，因直示余曰：我洋溪此举，非为名计。缘历乱后，捐输簿记烧毁无余，又有刊成之碑打碎无次，名姓之湮没不传者，殆不可胜数也。虽势无如何，而此意不明，未免无以见谅于乐善君子。余闻之，感其愧无以得君子之心。然即此，益信诸君作事之周详，而为善之克终也。呜呼！天下事善作者不必告成，善始者不必善终，余每见之而伤之，兹则炳南、斐然诸公开创于前，箴吾、铄堂诸君继续于后，先后齐美，乐善不倦，当示往来行人之所乐为称道不衰云。

铜仁府学廪生唐仁沛　敬撰

张其发、张学铭、张其铭、张字敏、张其礼（从右到左立书）

大清咸丰九年岁次已未五月十四日　谷旦

芙蓉兴隆桥　芙蓉兴隆桥位于新业乡芙蓉村陆家寨和谢家寨两组之间，又称谢家凉桥，东西横跨芙蓉河，是北上梵净山的重要通道。该桥始建于清道光十三年（1833），重建于清光绪十四年（1888），系双檐小青瓦阁顶木结构风雨桥，全长 33 米，宽 5.6 米，凉亭高 6 米，矢高 2.4 米，桥两端为六柱双檐四坡面牌楼。凉亭共七列带廊，两侧为廊，桥正中神龛祀龙王。头门阁呈外八字，中伸二层式，二柱四挑角，四坡面牌楼，八字两边为三柱三桃三翘角。桥梁 3 栋，每栋 6 根巨木组成，上纵铺以木板层为桥面。桥墩原为木桩。1993 年冬，铜仁地区交通局拨款 2 万元，群众集资，由印江自治县华贵工程队维修，改为两墩石桥，1994 年 8 月竣工。兴隆桥经过近 200 年历史的洗礼，仍然是一座新颖雄伟、造型别致的凉桥，是梵净山地区保存完好的凉桥之一，是研究印江桥梁建筑的重要史料。

附：

兴隆桥碑序

芙蓉，位于国家级自然保护区，梵净西北麓，清顺治十八年（1661），清世祖福临崇尚佛教，由此九皇殿拜佛，朗读经文，鸣鼓起，照宝香，威动天地龙宫，深夜人静，河水暴涨，掘起一座庞大沉厚的莲花心，丰姿秀丽，故名芙蓉。

清光绪年戊子春（1888），当地善姓，捐资捐物投劳，架设凉桥，长九丈有余，以木桩为礅，巨木为梁，梁上铺板，上竖凉亭，覆以青瓦，重檐粉绘，名曰“兴隆桥”，以期国运之兴隆也。

永义慕龙桥　慕龙桥位于永义乡慕龙村，南北横跨永义河。东面通向永义公路，西面公路通向合水镇。慕龙桥始建于清咸丰年间（1851—1861），为单孔跨木凉桥，桥宽 5 米，高 6.5 米，桥面凉亭 5 间，垒檐式青瓦盖顶，桥下有八字撑两道，桥面中为过道，两侧亭廊。1986 年，印江县交通局补助 9000 元，群众自筹 1.3 万元，投劳 3000 余，在凉桥下游 40 米处重新建石拱桥，1988 年 3 月竣工。慕龙桥系青石拱砌一孔跨石拱桥，桥全长 30 米，桥面宽 5.2 米，高 9 米，拱跨长 22 米，南北两端青石垒砌桥基，桥面为泥土平铺，桥两侧为石砌栏杆，高 0.6 米，宽 0.34 米。

大罗崔家桥 大罗崔家桥位于杉树乡大罗坝村与中坝乡堰塘村交界处，所处位置南北两侧为高山，河谷深邃，罗生溪流经该地，汇入印江河。崔家桥始建于清咸丰年间（1851—1861），由沿河县一崔姓人士出资修建，故称“崔家桥”。崔家桥系青石垒砌一孔跨石拱桥，南北横跨罗生溪河面。2008年，修建通村公路时，在其西侧并行新建石拱桥，桥长22.3米，桥面宽11.2米，高8米。该桥南北两岸为陡险的岩石，桥基坚固，原桥废弃。该桥是通往杉树乡大罗至大寨、黄土十余个村的交通桥。

甲山桥 甲山桥位于县城西2公里，原名“西城桥”，木结构。中华民国元年（1912）民间捐募重建，桥长22米，宽5米，桥面为4柱5间3孔阁楼式凉桥，青瓦盖顶，中为人行道，两侧亭廊。1958年，修建印甲公路时改建为石台木排架八字撑木面公路桥。1973年，县交通局改建为三肋两波钢筋混凝土双曲拱桥，孔跨25米，长35.8米，高5.5米，宽4.3米，桥面为乱石栏杆。2002年12月，在建设印江至德江油路改造工程中，国家投资20万元，甲山桥加宽4米，净跨25米。甲山桥是印江西出口至德江的第一座石拱桥。

夫子坝鸬鹚桥 鸬鹚桥位于中坝乡夫子坝村水德池组，1994年10月开工，1995年4月竣工，县交通局设计，华贵工程队承建，群众集资53.4万元建设。系青石拱砌一孔跨石拱桥，南北横跨印江河。鸬鹚桥桥长57米，跨长47米，高9.26米，桥面宽6米，拱券厚1.05米，设计承载15吨，引桥长27米。南端桥基以硬岩为桥基，桥两端各建涵洞3个，引桥下涵洞1个，桥面平整，两侧建条石栏杆，北连接印德公路。

中坝桥 中坝桥位于中坝乡中坝村，该桥原为木质小青瓦凉桥。1987年，修建印德公路时将该桥改建为石拱桥，系青石拱砌双孔石拱桥，东西横跨小河之上。2002年在建设印德油路改扩建工程中，对桥进行加固加宽，桥全长44米，高5.6米，高4.6米，桥面宽7.6米，拱跨15米。河中桥墩1个，桥墩高1米，桥面为混凝土结构路面，两侧栏杆高0.9米水泥结构栏杆。该桥是印德公路交通桥之一。

板溪坪底桥 坪底桥位于板溪镇坪底村的印秀公路上，1955年初建三孔石墩木桥，全长46.3米，于“文化大革命”中烧毁。1989年，铜仁地区交通局投资38万元，印江县交通局改建为三孔石墩平桥。现桥全长41.5米，高8.7米，每孔跨9米，桥面宽8米，系青石拱砌三孔石拱桥，南北横跨板溪河之上，两端桥基由青石垒砌，桥墩两个，桥面两侧为条石栏杆。该桥是印秀公路重要桥梁之一。

天堂车家河大桥 车家河桥位于天堂镇天堂村。1965年修建天堂至木黄公路，利用旧桥石墩修建木结构桥。1975年10月县交通局将木桥改成石拱桥，桥全长46米，桥高9.2米，宽4.2米。桥南北横跨车家河上，系青石拱砌三孔跨石拱桥，河中桥墩2个，呈椭圆形，墩上各建涵洞5个，桥面水泥地坪，两侧为栏杆，桥头行书阴刻“车家河桥”4字及重修时间等。1988年，因为建设甘金桥水电站，库区水位提高重建。大桥由铜仁地区交通局公路设计队设计，交通部重庆公路科学研究所审定。车家河大桥于1988年12月开工，1990年11月竣工，印江自治县华贵工程队承建。全长135.3米，净跨33.75+45×33.75米，桥面净宽7+0.75×2米，中孔为对称悬连线拱，两边拱为不对称高次抛物线拱。1992年2月，交通部科技司在重庆召开不对称拱桥设计和施工方法研究项目技术鉴定会，鉴定意见认为：该成果为国内首创，是拱桥科技领域中的重大进步和突破，总体上达到国际先进水平。该桥是印秀公路重要桥梁之一。

1988年12月动工，1990年11月竣工的天堂车家河桥

合水三坪太平桥 太平大桥位于合水镇三坪村，原为木板桥，全长70米7孔，高5米，宽2米，

南北横跨木黄河。1998 年 9 月重建，2003 年 11 月竣工。系双孔石拱桥，桥全长 97.8 米，引桥长 20 米，桥面宽 6.2 米，矢高 7.8 米，河中桥墩 1 个，高 0.8 米，两端为长方形，桥墩上涵洞 4 个，桥两端涵洞各 2 个，桥面泥土填平，两侧条石栏杆高 0.5 米。该桥是合水通往三坪、新槽村的交通桥。

合水桃子坪桥 桃子坪桥位于合水镇落佑村，与石万村交界。始建于 1987 年，系双孔青石拱砌石拱桥，南北横跨木黄河之上。桥全长 70 米，桥面宽 7.6 米，矢高 9.6 米，桥面栏杆高 1 米，河中桥墩 1 个，桥墩高 2 米，两端尖削，桥墩上涵洞 2 个，桥两端桥基为青石垒砌，涵洞各 2 个。2003 年，在印松油路改扩建工程建设中，桥面两侧由钢筋挑梁架宽为人行道，建水泥栏杆。该桥是印松公路重要交通桥之一。

合水木腊桥 木腊桥位于合水镇兴旺与木腊村之间，南北横跨印江河，原为木板桥，始建于民国 26 年（1937），桥长 120 米 15 孔，桥面宽 2 米，高 6 米，沿河两岸为古法造纸作坊区。2007 年 6 月，国家投资重建，2008 年 12 月竣工。木腊桥系一孔跨青石拱砌石拱桥，桥全长 52 米，桥面宽 5.7 米，高 10 米，桥面条石栏杆高 0.5 米。桥南北两端青石垒砌桥基和引桥，桥两端各建涵洞 3 个，桥面为混凝土，两侧为条石栏杆。

缠溪乐茂江桥 乐茂江桥位于缠溪镇曾家村乐茂江峡谷。1953 年，修建铜思公路时修建，系青石拱砌双孔石拱桥，南北横跨乐茂江河，河中桥墩 1 个，全为青石浆砌，两端尖削，呈三角形状，南北两端依附山岩石砌桥基连结公路，1999 年实施铜遵油路建设工程中，对桥基础进行加固，桥面加宽，桥长 38.4 米，桥面宽 6.9 米，高 8 米，拱跨长 10 米，桥面栏杆高 0.7 米。该桥是铜思公路中重要交通桥之一。

朗溪甘川桥 甘川桥位于朗溪镇河西村甘川组。2001 年 7 月开工，2002 年 1 月竣工，由群众集资修建。甘川桥系双孔跨青石拱砌石拱桥，东西横跨印江河，桥长 65.5 米，桥面宽 5.5 米，高 6.5 米，桥面栏杆高 0.9 米。河中桥墩 1 个，桥墩高 1.5 米，呈椭圆形，上面涵洞 4 个，两端青石垒砌桥基，各有涵洞 2 个，桥面为混凝土，两侧建水泥栏杆及人行道，东西桥头建牌楼，书“魅力甘川”四字，西侧桥头并列“朗溪甘川建桥碑记”“甘川建桥续碑”两碑。该桥是河西连接印松公路的交通桥。

慕龙镇江桥 镇江桥位于永义乡慕龙村印江至梵净山公路旁，南北横跨永义河之上。1991 年 11 月开工，1992 年 4 月竣工。由县交通局修建，华贵土木石工程队承建。桥系青石拱砌一孔跨石拱桥，全长 36.3 米，桥面宽 5.3 米，高 16 米。桥南北两端青石垒砌，桥基两端各建涵洞一个，两侧条石栏杆高 0.7 米，宽 0.4 米。该桥是连接尖峰、石前、官寨、竹园等村的交通桥。

板溪百鸽桥 板溪镇坪底至井溪、石塘公路全长 8 千米，工程起点为印江至天堂公路西面，需先架一桥修通对岸公路，而百鸽塘位于凤尾坡和鸡骨岭之间，山路险窄，溪洪暴涨，阻断行人。1992 年，台胞吴学篪、王鼎臣回籍探亲，对此甚为关注，吴学篪慨然捐助人民币 4 万元倡建百鸽桥。印江自治县人民政府立即向省台办和省交通厅报告，当即获得省交通厅 10 万元专项资金，并由县台办和县交通局负责督建，华贵工程队施工。

1993 年 4 月，在板溪镇举行白鸽桥竣工典礼。该桥为台湾同胞吴学篪捐资建设

石桥为单拱，净跨 25 米，宽 5 米，高出水面 12.5 米，连同引桥总长 35 米，造价 14 万元，1992 年 5 月开工，1992 年 12 月竣工。王峙苍撰并书《印江板溪镇百鸽桥碑记》：从此，乡民、商旅往来称便，不禁欢欣鼓舞，尤其对吴、王两先生关怀桑梓，捐资建桥，各级部门为人民完成其建桥之夙愿，而称颂不已。

峨岭镇 峨岭镇至大石村 12 千米，石拱桥 1 座 45 米；坪兴变电站至普同 1 千米，石拱桥 1

座 12 米；坪兴寨至小穴场 2.25 千米，石拱桥 1 座 24 米；北环桥一座 118 米。

新寨乡 新寨至大塘 10 千米，石拱桥 1 座 25 米；板山至坨寨 3.5 千米，石拱桥 1 座 25 米；两江口至乐洋 18 千米，石拱桥 1 座 40 米；大山坳至何家 2 千米，石拱桥 1 座 24 米；长岗岭至老林湾长 2 千米，桥 1 座 24 米。

中坝乡 堰塘至旦家坡 15 千米，石拱桥 2 座 81 米。

板溪镇 板溪至白果坪 13 千米，石拱桥 3 座 63 米；白果坪至井溪 3 千米，石拱桥 1 座 61 米。

木黄镇 夜茹塘至枫香坳 20 千米，石拱桥 1 座 14 米；木黄至地茶 6.5 千米，石拱桥 1 座 25 米；乌溪至大坳 6 千米，石拱桥 1 座 15 米；新民至石良 2.5 千米，石拱桥 1 座 18 米。

新业乡 平坝至帅家沟 3 千米，石拱桥 1 座 40 米。

合水镇 红星至田家 0.6 千米，石拱桥 1 座 12 米；小杉木至水井湾 0.6 千米，石拱桥 1 座 12 米。

永义乡 团山保至快色溪 1 千米，石拱桥 1 座 25 米。

朗溪镇 猫口至游家沟 5 千米，石拱桥 1 座 65 米；苦竹林至阳坪 3 千米，石桥 1 座 20 米。

洋溪镇 双龙村至银坳村 3.5 千米，石拱桥 1 座 24 米；申家至申家寨 1 千米，石拱桥 1 座 24 米；新阳至杨家沟 1.9 千米，石拱桥 1 座 12 米。

杨柳乡 曹门村至中山村 5.4 千米，石拱桥 1 座 12 米；杨柳至文家寨 21 千米，石拱桥 1 座 35 米。

二、 渡口

印江自治县境内有 19 条河流，因水位不深，落差大，都不能行驶船只，仅 2 个渡口供行人来往。

戴家槽渡口 渡口位于中坝乡夫子坝村戴家槽组，距县城 8.5 千米，右岸紧靠印江至德江公路，左岸为戴家槽组，属印江河水域，戴家槽渡口是历史古渡。2007 年 6 月，印江自治县人民政府批准设为客运渡口，渡口年渡运量约 6 万人，平均渡运量每天约 70 人。主要为思南县冉家坝村，印江自治县新寨乡上槽村，中坝乡夫子坝村、中坝村等 5000 多群众过往服务。该年 8 月，铜仁地区交通局下拨戴家槽渡口建设资金 7.95 万元，同年 10 月完工，建设渡工房、候船亭、两岸上下人行步道，改善戴家槽渡口的渡运条件。

2007 年 8 月建设的戴家槽渡口

大泉口渡口 渡口两岸位于刀坝乡兰克寨村白杨坪与天堂镇天堂村青杠园下寨之间，属车家河水域，因甘金桥水电站关闸蓄水水位升高而形成。渡口距印秀公路 4 千米，距甘金桥电站大坝 3.2 千米，年渡运量约 5 万人，平时渡运量为每天约 50 人次，高峰渡运量为每天约 350 人次。主要为刀坝乡兰克寨、下寨坝、安家坝等村 3000 多群众过往服务。2007 年 6 月，印江自治县人民政府正式批准设立为客运渡口，同年 8 月，铜仁地区交通局下拨渡口建设资金 9.8 万元，同年 10 月竣工，建设渡工房、候船亭、两岸上下人行步道，改善了渡口的渡运条件。

第三节 交通管理

一、公路养护管理

2008年，农村公路“建管养运一体化”建设中，新寨乡加强农村客运管理

省道养护 印江境内有遵铜公路、印沿公路共131.1524千米，由印江公路管理段管理护养。1988年，县公路管理段推行段长负责制，确保公路养护正常开展。1992年，全县列入统计的公路662.5千米，接列养121.5千米。2008年，县养护部门按照“建养并重，协调发展，深化改革，强化管理，提高质量，保障畅通”的公路养护方针，及时制定工作计划和考核办法，工作中实行挂牌养护，按路线实行“四定”（定人员、定资金、定路况指标、定奖惩），制定公路养护各项工作责任制，公路路况较好，保障了公路安全运行。

群养公路 境内县公路和乡公路，由县公路管理所组织公路沿线的群众进行养护。1988年全县县乡群养公路143千米，1992年全县县乡群养公路301.2千米。2008年全县农村公路养护里程达1232千米，对应接列养的公路进行及时安排，明确专人养护，确保农村公路安全畅通。

公路绿化 1988年，道养、群养完成绿化里程35千米，补栽14千米，栽行道树6.69万株，树苗成活率为80%左右。1991年，绿化12.5千米，成活率为80%。1992年，绿化10千米，补栽10千米，完成计划100%。2001年，绿化云七公路10千米，树苗成活率65%。2006年印松公路70千米补栽树苗2300棵。2008年印德公路绿化40千米，补栽树苗1200棵。

养路费征收 1988年年末，完成规费征收55.51万元。1992年年末，完成规费征收53.3万元，被省评为征费“先进单位”。2008年年末，完成规费征收270.3万元，是全年计划任务数的105.7%。管理费完成111.70万元，是全年计划任务数的101.6%。稽征所征收汽车养路费316万元，占计划任务数的100%。征收拖欠的养路费10万元，占计划任务数的142%，全面完成上级业务部门下达的规费征收任务。

二、路政管理

2008年，在农村公路“建管养运一体化”建设中加强路政管理

1988年，印江自治县交通局组织宣传《中华人民共和国公路管理条例》，群众接受教育达10万人次。交管站、养征站全年扣留不交费的各种车辆91台（次），处理路障883起。1992年12月，成立贵州省印江自治县乡公路路政管理中队，完成全县公路红线内建筑物登记，严禁红线内新修建筑物。2008年，路政开展《公路法》《贵州省公路路政管理条例》和其他交通法规的学习、宣传，制定三条措施：一是对违法严重的路线及路段设立宣传牌、散发宣传单、张贴标语、悬挂标语，以增强过往车辆乘客和群众爱路护路意识。

二是为了做到案情第一时间发现，第一时间处理，把损失降至最低，设立路政举报点和联系人，加大对公路违法现象的监控。三是积极上路巡查，对违法占压、车辆超限等公路违法行为严厉查处，对个别不听劝告，故意阻止执法的，申请法院强制执行，做到有案必查、有案必结、依法办案。全年共查处案件 143 起，下达责令整改通知书 462 份，清除公路堆积物 200 处 720 立方米，查处损坏公路路缘带案件 1 起，责令恢复路缘带 42 米，清除乱摆摊点 8 个，清除加水点 2 个，清除控制红线内违法建房 2 幢 155 平方米，有效地维护了路产路权。

第四节　交通运输

印江公路运输主管部门为印江自治县交通运输局，具体责任部门为印江自治县公路运输管理所。1988—2008 年，运管部门强化公路运输管理，规范经营行为，确保货客运市场稳定，认真履行“三关一监督”（道路运输市场准入关、驾驶员从业资格关、营运车辆等级评定关，对运输站加强安全监督），加强道路货客营运的危险货物运输安全管理。监督好道路运输企业，切实履行安全生产责任，严格“五证一牌一单”的发车制度，确保道路运输安全；海事部门重点检查渡口的安全隐患，检查渡口工是否到岗到位，证件是否合格有效，查看农用船是否违章载客，渡口渡船是否超员载客、超警戒水位航行，严格控制各种船舶在洪水期冒险航行。

一、 货运

货物运输标的物有煤炭、焦煤、矿石、钢材、水泥、沙子、砖、瓦、块石、瓷砖、木材等建筑材料；化学肥料、农药、汽油、粮食、食油、食盐、茶叶、机械、设备、电器等有色金属、轻工产品、医药品、农林牧渔业产品。1988 年，完成货运量 1.76 万吨，其中县车队 0.5 万吨，车站 1.26 万吨；货运周转量每千米 271.18 万吨，其中县车队每千米 133.32 万吨，车站 137.86 万吨，搬运装卸量 4 万吨。1992 年，车站完成货运量 0.18 万吨，货运周转量每千米 42.04 万吨，县车队完成货运量 0.31 万吨，货运周转量每千米 73.2 万吨。2008 年，全县拥有货运车辆 405 台，货运量 4361 万吨，货运周转量每千米 7516 万吨。

二、 客运

1988 年，全县完成客运量 23.87 万人次，其中客车队 6.72 万人次，车站 17.15 万人次，客运周转量每千米 2615.81 万人。1992 年，共完成客运量 29.69 万人次，客运周转量每千米 2006.5 万人。2008 年年末，全县拥有客运车辆 286 辆，其中班线客运车辆 156 辆 4272 座，城市公交车 5 辆，出租车 125 辆。开通客运班线 35 条，其中跨县运输班线 18 条，拥有营运车辆 68 辆，主要开通印江至思南、德江、松桃、沿河、铜仁、玉屏、遵义、贵阳和广东、湖南、广西、福建方向客运班线；开通农村客运班线 17 条，拥有农村客运车辆 88 辆。全县班线客运量 277 万人次，旅客周转量每千米 2.42 亿人。开通岩底寨至甲山城市公交线路。

截至 2008 年年底，全县交通运输客运企业有铜仁全通运输公司印江分公司、印江长途客运公司、印江铜兴运业公司、印江梵净山旅游客运公司、印江戚戚戚公交公司、印江向阳出租汽车公司、印江蓝天出租汽车公司、印江顺达出租汽车公司等 8 家。

全县有客运车站场 6 个。其中柏香林车站和西环车站 2 个为二级资质汽车客运站场；木黄客运站、沙子坡客运站、刀坝客运站、洋溪客运站 4 个为农村客运站，进站车辆有 286 台。

全县有维修驾培企业 49 个。其中：一类维修企业有铜仁全通客运公司印江汽车修理厂、印江诚信汽车修理公司 2 家，有二类维修企业 3 个、三类维修企业 43 个；机动车驾驶员培训企业有铜江汽车驾驶培训公司。

三、 水上交通管理

印江自治县辖区水域，可通航岸线长 40.5 千米，其中：车家河流域甘金桥电站库区 12.5 千米、胡家坝电站库区 3 千米、坨寨电站库区 16 千米，印江河流域有小型船只航行的河段 7.5 千米，洋溪镇白杨坝电站库区 1.5 千米。1988—2008 年，全县建 6 个渡口，其中：戴家槽、大泉口 2 个渡口，是由国家投入资金修建码头购船舶；冷水、燕子岩、国家坝、鱼降坡等 4 个渡口，是由渡工自购渡运小船，收取过渡费。

印江水上交通安全主管部门为印江县地方海事处，主要履行以下职责：一是与有渡船乡镇签订水上安全责任书，做到领导落实、责任落实。二是组织渡工知识培训，制定渡工安全生产考核办法，根据各渡口工作情况，兑现渡工每月补助费。三是对重点水域、重点渡口、重点船舶、重点时段的安全监管。开展“打非制违”“春运”“六月安全月”“汛期”“十月黄金周”“冬季百日整顿”期间安全管理工作。1988—2008 年年末，未发生水上交通事故。

第二章 水 利

第一节 水资源

一、 降雨量

印江年平均降雨量 1145 毫米，降水总量 22.5 亿立方米，径流模数平均为 20.2 升/平方千米·秒，平均每平方千米产水量 64 万立方米。境内年平均径流量为 12.5 亿立方米，其中地表水资源 9.96 亿立方米，地下水资源 2.54 亿立方米。当保证率为 20%时，径流量为 15.6 亿立方米；当保证率为 50%时，径流量为 12.1 亿立方米；当保证率为 75%，径流量为 9.62 亿立方米；当保证率为 95%时，径流量为 6.75 亿立方米。

二、 地表水

地表水资源集中体现为河流。全县河流长度大于 10 千米或集雨面积大于 20 平方千米的有 20 条，总长 427.3 千米，总集雨面积 2717.1 平方千米。其中境外集雨面积 781.6 平方千米。河网密度每 100 平方千米 21.7 千米。

境内河流属长江流域乌江水系和沅江水系。

在乌江中游汇入乌江的河流有洋溪河、江源沟河、乐茂江河；在下游汇入乌江的有印江河、车家河。境内河流总流域面积 1935.5 平方千米，占印江县总面积的 98.3%。有水资源 12.24 亿立方米，其中洋溪河为 1.37 亿立方米，江源沟河为 0.23 亿立方米，乐茂江河为 2.17 亿立方米，印江河为 5.59 亿立方米，车家河为 2.88 亿立方米。

属沅江水系锦江支流的流域面积为洋溪镇毛坪和格优寨，共 33.5 平方千米，有水资源 0.26 亿立方米。

三、 地下水

地下水利资源包括暗河和泉水。地下水为第四系孔隙水、基岩孔隙水、裂隙孔隙水、岩溶孔隙水。每秒 1 升以上的泉水有 268 处，其中温泉 5 处。

第四系孔隙水、基岩孔隙水，主要分布在洋溪河上游桅杆、洋溪，印江河上游新业乡芙蓉河、木黄镇金厂河及中游朗溪镇至县城河岸阶地上，分布面积 11.9 平方千米。泉水涌水量小，水位随季节变动，形成部分浸水田，亦多为生活用水水源。

裂隙水分布在永义乡至新业乡东南部的变质岩和火成岩地区，即梵净山区面积 170.4 平方千米。

泉水涌水量为每秒 6.1 升至 25 升，多用于农田灌溉和碾米。

岩溶孔隙水主要分布在沙子坡、天堂、玉屏、新场、泡木、中坝、朗溪、茶园、凯望和打杵场至桅杆东部，面积 925.76 平方千米。泉水涌水量为每秒 7.53 升至 650 升，广泛用于生活用水和农田灌溉及发电。

乐茂江上游清渡河（2008 年拍摄）

四、 供、需水量

全县年降雨量，东南部高于西北部。由于时间和空间分配不均，可利用水量少于需水量。当保证率为 50%时，可利用水量 8716 万立方米，可利用系数为 6.97%。正常年景，国民经济建设需水量 9005 万立方米，其中农业需水 7401 万立方米、工业需水 210 万立方米、城镇居民生活需水 76 万立方米、农村生活需水 1318 万立方米，需水量缺 289 万立方米。枯水期，即保证率为 95%时，可利用水量 1.06 亿立方米，可利用系数为 8.494%。国民经济建设需水量 1.33 亿立方米，其中农业需水 1.17 亿立方米、工业需水 210 万立方米、城镇居民生活需水 76 万立方米、农村生活需水 1318 万立方米，需水量缺 2691 万立方米。

第二节 水利管理

一、 管理机构

1988 年县水利电力局内设水利管理股。1993 年 8 月，印江电厂更名为电力公司，隶属县水电局。1995 年，电力公司更名为供电局。2001 年 11 月，县水利电力局更名为县水利局。2002 年设水利工程管理站、水利建设管理站、农村电气化管理站、水土保持生态环境监督站、水政水资经办站和综合业务股，2 月份成立乡镇供水公司。2008 年 1 月，岩口滑坡整治工程管理所并入水利建设管理站；12 月，供电局划转给贵州电网公司管理。

1988 年年底，水利局有职工 114 人，其中：干部 74 人、工人 40 人；大学学历 7 人、中专学历 40 人、高中及以下学历 67 人。45 人具有专业技术职称，其中：工程师 8 人，助理工程师 24 人，技术员 13 人。2008 年年底，水利局有职工 154 人，其中：行政 12 人、事业 109 人，工人 33 人；硕士研究生学历 1 人、本科学历 11 人、专科学历 58 人、中专学历 53 人、高中及以下学历 31 人；有工程师 27 人、助理工程师 50 人、未聘职称 32 人；有高级技术工人 1 人、中级技术工人 22 人、初级技术工人 5 人、普通工 5 人。

缠溪镇湄坨水库管理站（2009 年拍摄）

河道管理所 2001 年 10 月，成立县城区防洪工程管理所。2007 年 3 月，城区防洪工程管理所更名为印江自治县河道管理所，负责全县范围内河道的开发利用、工程管理和防洪安全。

工程质量监督站 2007 年 11 月，设铜仁地区水利水电工程质量监督站印江分站，负责全县水利水电建设工程质量监督。

区、乡水利管理站 1988—1992年11月，在7个区设水利水土保持管理站（简称水利站）。

1992年12月，并乡撤区时设17个乡镇水利站。管理当地水利建设、农村人畜饮水工程等。

1989年1月至2010年12月，先后建立湄坨、消水坑、水田坝、陈家沟、朝阳、天生桥6个水库工程管理所。2007年4月，县机构编制委员会办公室在“关于全县水利体制改革小（一）型水库单位机构及人员编制的批复”中，保留6个水库管理所，为股级事业单位，纳入财政全额预算管理。

二、管理措施

项目管理 工程所在地政府机关和县水利局共同组建工程指挥部，作为项目的建设单位，即项目法人。根据《项目法人岗位工作职责》，项目法人负责全面协调，严格建设程序，执行投资计划，实行全过程合同管理、质量管理、监督、服务，以保证工程项目的工期、质量、安全和投资效益。指挥部作为项目法人代表，是项目的直接组织者和实施者，负责按项目的建设规模、投资总额、建设工期、工程质量，实行项目建设的全过程管理，对国家投资负责。工程指挥部实行项目法人责任制、招标投标制、建设监理制、合同管理制，质量管理制体系。

监理 按工程规模要求，配备总监、监理工程师和监理员。实行“三控制”（投资、质量、进度控制）“两管理”（合同、信息管理）、“一协调”（协调施工单位与工程指挥部的关系）。监理单位依据合同，按照“公正、独立、自主”的原则，进驻施工现场，开展监理工作，监理单位要编制工程监理规划、监理细则，工程完工后向项目法人提交建设管理工作报告和档案材料。

质监 质监站与项目法人签订《水利工程质量监督书》，质监站对建设、监理单位的质量检查体系和施工单位的质量保证体系及设计单位的现场服务等实施监督检查。对工程项目的单位工程、分部工程、单元工程的划分进行监督检查；对工程质量检验和质量评定情况进行检查。在施工现场，对建设项目中间产品进行抽查，对施工过程进行巡回监督。对砼进行抗压试验，对调入材料进行检验。

设计代表 派遣设计代表进驻工地，及时进行补充设计和优化设计。上级主管部门和地方政府随时深入工地检查，及时协调，发现问题，解决占用驻地和资金等实际问题。工程完工后，及时组织竣工验收，按照验收规范要求，分别实行完工验收、县级验收、市级验收和省级验收、签证、存档。交付工程管理站（所）或受益村组管理。

第三节 人畜饮水工程

一、县城生活供水项目

慕龙引水工程 水源在永义乡慕龙村大鱼泉，通过管道输水，供印江城区生活用水。泉水出露点在永义河边，水位高程635米，低于印江至梵净山公路及慕龙村村寨，多年平均流量为500～650升/秒，水温14℃，日产水量4.32万～5.62万立方米，一年四季水量稳定，受自然条件变化影响小。印江县城一般用水高程500米以下，重力自流供水落差及水量能满足县城需水要求。

主要建筑物：(1）沉砂池、集水池1座，容积240立方米；清水池1座，容积180立方米。(2)永义乡慕龙至印江县城球墨铸铁输水管长26.83千米。(3）太阳山水厂1座，日产水2万吨，新建110平方米砖混凝土结构加氯加药间1栋、钢筋混凝土配水井1座、50平方米值班室1间、高位水池（清水池）1座（有效容积2000立方米）。工程建设于2007年1月开工，2008年9月通水运行。受益人口4.58万，设计日供水能力2万立方米，远景规划受益人口10万。工程项目限额设计概算投资3000万元，地区审计竣工结算总投资为4758万元。

二、3000 人以上至 1 万人以下的生活供水工程项目

天堂镇生活供水改扩工程 1999 年 11 月，完成天堂镇人畜饮水改造扩建工程设计。2000 年 4 月，省、地财政下拨渴望工程资金 70 万元，县配套 59 万元。2000 年 4 月开工，12 月竣工。改扩建工程共分提水枢纽、主输水管道、调节池、供水管网四个部分，建有沉淀池、过滤净化池、清水池，日处理水 1200 立方米。新建厂房 1 座，占地 912 平方米。新修和扩建调节池、供水池 9 座，容积 685 立方米。铺设主输水管道 8.72 千米、供水管网 10.69 千米、冲沙管道 0.12 千米，建管理房 68 平方米。竣工决算完成投资 139 万元，解决镇政府所在地各机关、学校、企事业单位、居民及百户、潘家、凉风、天堂、桂花 4 个村组 9228 人和 5240 头牲畜饮用水问题。

2000 年 12 月，天堂水厂竣工，是印江净化设备处理集中供水的第一个乡镇所在地（2008 年拍摄）

板溪生活供水工程 该工程位于印江县城北 15 千米处的板溪镇所在地。工程原在朝阳水库取水，输水主管长 4.5 千米，因运行时间长，管道破裂，水质差、污染严重，日供水能力下降，不能达到供水需求。1999 年 12 月，完成改扩建勘测设计。2000 年 12 月，铜仁地区水电局批准，同意改用红岩泉水，工程投资为 67.3 万元。2002 年 1 月开工，2002 年 11 月竣工。工程建成集水池 1 座，容积 16 立方米，闸房 13 平方米，调节池 3 座，容积 460 立方米，供水管总长 12.9 千米。完成投资 65.24 万元，其中国补渴望工程资金 60.24 万元、自筹经费 5 万元。用工 0.9 万个工日。饮水工程解决了板溪镇所在地机关、单位、学校及板溪村 742 户 5433 人和 2800 头牲畜的饮用水问题。

合水生活供水工程 2000 年以前，合水镇政府所在地居民的生活用水，是在合水电站渠道内取水，水质较差。2000 年 10 月，完成工程勘测设计，经铜仁地区水电局审查批准，列入 2001 年“渴望工程”项目，工程投资 106.55 万元。2001 年 4 月开工，同年 12 月竣工。工程建成取水隧洞 1 座，容积 148 立方米，调节池 6 座，管理房建筑面积 400 平方米，输水主管道 10 条 10.43 千米，供水管网 9 条 10.73 千米，解决鱼泉村、平峨村、新莲村、高寨村、合水村和合水镇政府所在地各单位居民 8650 人和 5218 头牲畜的饮水困难。

沙子坡生活供水工程 1997 年 9 月，完成沙子坡人畜饮水改造工程勘测设计，经地区审定后列入全省“渴望工程”项目。计划投资 44.3 万元，1998 年 12 月开工，1999 年 6 月竣工。工程建设调节池 5 座，容积 170 立方米，改造调节池 2 座，容积 330 立方米，新建集水池 2 座，容积 2 立方米，沉砂过滤池 1 座，容积 12 立方米，铺设输水主管道长 2 条 5.82 千米、支管 4 条 1.5 千米、供水管网 5 条 3.88 千米，建检修房 3 间。工程完成总投资 37.9 万元，供水能力可满足天星、竹园、桂花、马家 4 个村 24 个村民组 850 户农户及沙子坡镇政府所在地各机关单位、学校 3413 人和 3194 头牲畜用水问题。

沙子坡水厂（2010 年拍摄）

朗溪镇生活供水工程 1996 年，朗溪原生活供水工程因为岩口特大山体滑坡回水淹没，供水管网损坏，群众用水困难。2002 年 8 月，完成朗溪镇生活供水工程勘测设计，经省发展计划局、水利

厅审批，下拨2003年国债专项资金70.33万元。2003年4月开工，8月竣工。工程建设改造集水池1座，容积27.8立方米，新建畜水池1座，容积280立方米，调节池1座，容积30立方米、供水池1座，容积15立方米，安装输水管网13.98千米，建闸房9平方米。工程完成投资70.33万元，解决朗溪村、河西村、孟关村及镇所在地各机关、学校4441人和2391头牲畜的饮用水问题。

木黄镇生活供水工程 木黄集镇生活用水原采用鱼泉河泉水，但水位较低，集镇上的多数居民、机关，只能靠挑水饮用。1989年安装1台7.5千瓦电动机抽取泉水供水。由于居住人口增加，用水量增多，原有供水管道运行多年，漏水严重，不能满足生活供水要求。2002年7月，确定引燕子岩村鱼泉寺泉水为水源供水。9月，经省发展计划委、水利厅审批，同意列入2003年中央专项人畜饮水工程建设计划。工程分为两期建设，第一期工程于2003年11月开工，2004年4月竣工；第二期工程于2004年开工，12月竣工。第一期工程建成集水池1座，容积15立方米，调节池1座，容积410立方米，架设输水主管道3.1千米；第二期工程铺设供水管网共计5.59千米。两期工程完成投资共121.12万元，解决燕子岩、田家寨、镇所在地各机关、单位、学校、街道居民和附近村寨9436人和1115头牲畜生活供水问题。

打杵场片区生活供水工程 1994年9月，完成打杵场片区生活供水工程勘测设计，1999年1月开工，当年6月竣工。工程新建集水池123座，容积123立方米，调节池10座，容积385立方米，定型水窖113座，容积618立方米，铺设输水管道123条29.3千米、供水管道246条20千米，安装提水泵2台套。竣工决算完成总投资49.96万元。该工程解决打杵场片区方家岭、许家寨、楠木坪、客店沟、塘房岭5个村35个村民组770户3395人和2800头牲畜饮水问题。

何家片区生活供水工程 工程位于杉树乡何家片区的冉家、杨家、大坪、大寨干旱缺水的4个村。1999年1月开工，同年6月竣工。工程取用29股泉水，建成集水池29座，容积142立方米，调节池23座，容积767立方米，铺设输水管14条9.89千米、供水主管15条长15.4千米，在向家建装机容量1台15千瓦提水站1座，提水扬程67米，同时修建管理房7.5平方米。完成总投资34.4万元。工程解决冉家、杨家、大坪、大寨4个村36个村民组3731人和2530头牲畜饮用水问题。

新寨、大云生活供水工程 该工程位于新寨乡新寨、大云、干家、板山、小云5个村。1996年8月完成勘测设计，1998年2月开工，同年8月竣工。工程在5个村16个自然村寨建集水池11座，容积35立方米，调节池15座，容积1019立方米，铺设输水主管道1条4.5千米。工程解决新寨、大云、干家、板山、小云5个村及乡机关、学校4760人和2419头大牲畜饮水问题。是年，对烂湾水库进行了防渗整治处理，完成国家补助资金47.25万元。

新宅、黄土生活供水工程 杉树乡新宅村、黄土村山高坡陡，河谷深彻，生活供水水源匮乏。2000年12月，完成勘测设计。2001年6月，铜仁地区水利局、财政局、计划局下达投资45.8万元。2003年4月开工，同年10月竣工。工程利用小泉水，分散建成集水池19座，容积42.4立方米、调节池19座，容积1690立方米，水井改造5口，容积50立方米，新建宽浅式排洪渠1条16米，铺设管道35条19.083千米。该工程完成投资45.87万元，解决两个村21个村民组650户、3250人和2650头大牲畜饮用水问题。

曾家片区生活供水工程 曾家片区生活供水工程惠及曾家坳、塘池寨、甘家寨、青杠林、杨柳塘、张家寨、同心7个村。1987年8月，完成供水工程勘测设计，经贵州省水电厅、省计委、省财政厅审批，同意列入1988—1989年以工代赈建设项目。1990年2月开工，12月竣工。工程建成饮水点68个、集水池72座、蓄水池38座，容积3068立方米，安装输水管道17.25千米。完成投资32.86万元，解决929户4346人和4100头大牲畜的饮用水问题。

大田片区生活供水工程 大田片区生活供水工程距县城15千米，1996年5月完成工程勘测设计。1997年12月，经铜仁地区水电局、地区财政局审定，列入全省“渴望工程”，项目补助资金52.2万元、自筹5.22万元，总投资57.42万元。1998年2月开工，同年7月竣工。工程改建扬程

197 米的提水泵 7 个站，集水池 1 座，容积 4 立方米，调节池 7 座，容积 1461 立方米，铺设输水管道 2 条 2.91 千米、支管道 3 条 1.4 千米、供水管网 13.59 千米，修建管理房 200 平方米。工程全部投资 58.9 万元，解决大田、夫子坝村及中坝乡人民政府所在地机关、学校饮水困难问题。

官寨生活供水工程 该供水工程的主体位于永义乡的永义、官寨、尖峰、石前 4 个村。1990 年完成勘测设计，工程投资 45 万元。1996 年 2 月，以永义官寨茶场为供水中心，组织农村劳动力施工。1996 年 4 月动工，1997 年 11 月竣工。工程分散取用泉水，建设集水池 16 座，容积 11 立方米，调节池 15 座，容积 1310 立方米，安装输水主管道 16 条 6.4 千米，供水管道 15 条 7.6 千米，建砖混结构管理房 120 平方米。工程完成投资 44.9 万元，解决了 19 个自然村寨的 765 户 2750 人和 2790 头大牲畜饮用水问题，浇灌绿茶基地 83.33 万平方米。

甘龙片区生活供水工程 工程所在地山高坡陡，水源奇缺，人民生活用水极为困难。1987 年，完成勘测设计。经省水电厅批准，列入 1988—1989 年以工代赈实施计划。1990 年 5 月，省财政厅、水电厅下达以工代赈资金 29.42 万元，地区配套资金 0.8 万元，县自筹及群众投劳 9.82 万元，合计 40.04 万元。工程于 1990 年 6 月开工，同年 12 月 20 日竣工。工程建成水池 113 座，容积 7148 立方米，水窖 17 口，容积 857 立方米，铺设输水、供水管长 48.17 千米。完成总投资 35.98 万元，解决甘龙、铁家寨、三村、塘岸、江家坡、泡木、周家坨、河西 8 个村 975 户 4528 人和 3399 头牲畜的饮用水问题。

三、 801 人至 3000 人的生活供水工程

缠溪集镇水厂

缠溪生活供水工程 1992 年 8 月，完成缠溪镇所在地生活供水工程勘测设计，报经铜仁地区水电局审批，同意列入 1993 年度改造项目。1993 年 3 月开工，5 月竣工。供水工程开挖管道线、安装输水主管长 2.84 千米，砌筑支墩 500 个、镇墩 198 个，增设集水池 1 座，安装三通和拦污栅等辅助设施。完成投资 2.73 万元，解决镇所在地人畜饮水问题。

洋溪生活供水工程 洋溪镇所在地生活供水工程始建于 1983 年，至 1998 年，管道老化破损严重。2001 年 12 月，完成勘测设计。2002 年 1 月，铜仁地区水利局批复将该工程列入“渴望工程”，下拨资金 35.1 万元。2002 年 6 月动工，8 月竣工。该工程包括水源工程、调节池、输水管道 3 个单项工程，8 个分部工程，32 个单元工程。改扩建工程包括在水源处建拦水堰 1 座、沉砂过滤池 1 座 4 立方米，改造调节池 1 座，容积 250 立方米，安装主输水管 4.22 千米。工程完成总投资 38.9 万元。有效供给合兴、新黔及洋溪 3 个村和镇所在地机关单位 1850 人及 1080 头牲畜饮用水。

杨柳生活供水工程 1998 年 4 月，完成工程勘测设计，经贵州省水电厅审批，列入 1999—2000 年度“渴望工程”建设计划，下达补助投资 27.5 万元。1999 年 12 月开工，2000 年 7 月竣工。工程新建集水池 2 座，容积 8 立方米，调节池 4 座，容积 174 立方米，维修改造调节池 1 座，容积 102 立方米，安装输水管道、供水管网 9.92 千米。工程完成投资 28.1 万元，解决杨柳村、新屯村 1713 人和 1050 头牲畜用水问题。

罗场片区生活供水工程 该工程始建于 1988 年，解决罗场乡政府所在地及周边村寨的人畜饮水问题，至 2002 年设施损毁停止供水。2002 年完成勘测设计，2003 年 8 月，铜仁地区发展计划局、水利局列入解困工程项目，2004 年 2 月开工。该工程建成调节池 3 座，容积 362 立方米，铺设管道

4.36千米，完成投资55.22万元。2004年10月竣工，解决2990人和1097头大牲畜饮水困难问题。

刀坝乡兰克水厂（2008年拍摄）

刀坝片区生活供水工程 该工程位于刀坝乡人民政府所在地。2002年11月，完成勘测设计。2003年1月，上报铜仁地区财政局、水利局审批。工程分两期实施：一期工程投资58万元，2004年2月开工，9月竣工。建成调节池2座，容积350立方米，铺设安装管道3.54千米，安装水质净化器1套，容积30立方米，架设输电线路400米，完成投资58万元。二期工程投资37万元，2007年8月开工，安装供水管4.442千米，建闸阀房1座13.8平方米。完成投资24.5万元，2007年11月竣工。两期工程共解决2880人、2700头大牲畜安全饮用水问题。

永义生活供水工程 该供水工程在永义乡人民政府所在地。1993年，完成勘测设计。1994年，铜仁地区计委、水电局下拨投资22万元，1995年4月开工，12月竣工。工程建成集水池1座，容积1立方米，调节池1座，容积108立方米，安装输水管道1条1.4千米、供水管1条1.1千米、供水支管9条220米，建砖混结构管理房1幢，建筑面积188.5平方米。完成投资20.8万元，解决乡所在地机关单位、学校和6个村民组1200人和1100头大牲畜饮用水问题。

杉树生活供水工程 杉树乡是典型缺水乡镇之一。1996年6月完成勘测设计，1997年10月，经铜仁地区财政局、水电局、扶贫办审定，列入全省“渴望工程”项目。1998年3月开工，6月竣工。工程分散取用泉水，供应4个村18个村民组及乡所在地机关单位、学校饮用水。工程建集水池6座，容积34立方米，建减压池4座，容积32立方米，建调节池9座，容积310.5立方米，建供水池4座，容积98立方米。同时，分别在白马阡水源处、杉树调节池前安装钢筋门2个，沿管道设制手动闸阀7个、浆砌石镇墩18个、支墩10个，勤塘沟水源处建混凝土拦水坝1座，铺设输水主管7条8.97千米、供水管9条5972米。工程完成投资35.8万元，解决群联、永靖、联营、杉树4个村18个村民组及乡直机关、学校636户2694人和1476头大牲畜饮用水问题。

格山片区生活供水工程 该工程位于印江县城东部60千米。1996年7月，完成勘测设计，经铜仁地区水电局、计划局审定，上报列入全省“渴望工程”项目。1998年1月开工，同年7月竣工。工程建设集水池9座，容积24.9立方米，调节池12座，容积426.3立方米，引水管长2条0.31千米，铺设输水主管9条10.5千米、供水管网12.09千米，新建管理房1幢，面积400平方米。工程完成投资45.52万元，解决张家、车转平、格山、吴家、新街、峰子坳、老街、茶场及乡政府所在地各单位、学校2784人和3060头牲畜饮用水问题。

寨口生活供水工程 1990年完成勘测设计。1996年，省水电部门下拨投资16万元。1997年3月动工，1998年3月竣工。工程建设采取分散取水的方式，建集水池16座，容积16立方米，调节池19座，容积250.2立方米，铺设管道8.9千米，完成总投资16万元，解决了7个自然村寨404户1587人和1197头牲畜饮用水问题。

水塘、驷马片区生活供水工程 缠溪镇水塘、驷马片区生活供水工程范围有水塘、驷马和两路口等8个村。1989年完成勘测设计，1990年6月，省水利电力厅列入以工代赈计划，下拨资金25.59万元。1990年8月开工，1991年10月竣工。该工程在8个村32个取水点分别建集水池，在30个自然村寨分别建调节池30座，总容积1778立方米，架设输水管道32条7.36千米。工程完成投资25.59万元，解决2582人和2891头大牲畜的饮水困难问题。

大石生活供水工程 该工程主体枢纽建于峨岭镇大石村，在相邻的大竹、龙溪、丰良村建分散工程。1992 年 6 月，完成勘测设计。1997 年 10 月，列入全省“渴望工程”项目，下拨资金 39.4 万元。1998 年 1 月开工，同年 6 月竣工。工程建设集水池 13 座，容积 34.3 立方米，调节池 12 座，容积 630 立方米，安装输水管 7 条 10.57 千米、供水主管 6.45 千米、供水支管 6.21 千米，建管理房 1 幢 200 平方米。完成投资 39.4 万元，解决大石、大竹、龙溪、丰良 4 个村 24 个村民组 2563 人和 1737 头大牲畜饮用水问题。

枫香坪生活供水工程 缠溪镇枫香坪村是典型的高寒缺水村，1987 年完成勘测设计，1989 年 12 月开工，1990 年 8 月竣工。工程建设集水池 8 座、调节池 8 座，总容积 1201 立方米。铺设输水主管 8 条 0.68 千米、供水管 8 条 1.9 千米。完成总投资 9.5 万元，解决枫香坪村 8 个村民组 310 户 1200 人和 1100 头大牲畜饮用水问题。

大溪沟生活供水工程 2000 年 6 月，完成大溪沟生活供水工程勘测设计。2001 年，铜仁地区水电局、财政局下拨补助 6.5 万元，省妇联下拨“大地之爱，母亲水窖”资金 7.5 万元。工程于 2001 年 7 月动工，2002 年 5 月竣工。工程建设集水池 2 座，容积 5 立方米，调节池 3 座，容积 88 立方米，铺设输水管道 6 条 6.7 千米、供水管道 18 条 12.4 千米、支管 5.9 千米。完成总投资 23.9 万元，解决和平、大竹两个村的九个村民组 2100 人和 1900 头大牲畜饮用水问题。

印朝生活供水工程 1992 年 4 月，完成天堂镇印朝生活供水工程勘测设计。1999 年 10 月，铜仁地区计委、水电局下拨资金 16.6 万元。2000 年 5 月动工，同年 8 月竣工。工程建设集水池 8 座，容积 27 立方米，建成调节池 8 座，容积 312 立方米，安装输水供水管道 22 条 17.6 千米。完成投资 16.6 万元，解决天堂、板溪两镇的印朝、老寨、井溪 3 个村 14 个村民组 1231 人和 977 头大牲畜生活饮用水问题，并改善农田灌溉 15 亩。

白沙片区生活供水工程 该工程主要枢纽以朗溪镇白沙村为中心，受益地区包括峨岭镇的峨岭关、大坡，取水方式为分散取水。1995 年 7 月，完成勘测设计。下拨资金 27.1 万元，1998 年 2 月动工，同年 7 月竣工。工程建设拦山沟 17 条 1700 米，集水池 11 座，容积 22 立方米，沉砂过滤池 16 座，容积 124 立方米，水窖 17 座，容积 1219 立方米，铺设输水管 19 条 5.4 千米，进户管 139 条 6.5 千米。完成投资 27.1 万元。竣工后，分别建立管护规章，明确管水员。

白果坪生活供水工程 该工程位于板溪镇白果坪村。1998 年 10 月完成勘测设计，采取分散泉水建集水池、调节池。下拨资金 9.9 万元。1999 年 3 月开工，同年 6 月竣工。工程建设集水池 7 座，容积 11 立方米，建调节池 7 座，容积 175 立方米，安装输水主管道 7 条 9.43 千米，安装供水主管 7 条 1.6 千米、支管 4.8 千米。完成投资 9.9 万元，解决白果坪村 11 个村民组 308 户 1156 人、950 头牲畜饮用水问题。

白金岩生活供水工程 该工程位于刀坝乡白金岩、喻家岩村。2001 年 9 月，完成勘测设计。下拨资金 38 万元。2002 年 6 月动工，同年 11 月竣工。工程建设集水池 17 座，容积 34 立方米，建调节池 12 座，容积 626 立方米，铺设输水管道 14 条 8.5 千米、供水管道 19 条 11.2 千米，改造水井 9 口 88 立方米，供水点 36 处，开凿宽浅式排洪渠 2 条 99 米。完成投资 38 万元，解决白金岩、喻家岩 2 个村 36 处供水点 412 户 1800 人、1900 头大牲畜饮用水问题。

曹门生活供水工程 工程位于杨柳乡曹门村。工程投资 21.04 万元。2002 年 7 月开工，同年 11 月竣工。建成调节池 4 座，容积 78 立方米，铺设管道 10.3 千米。完成投资 13.09 万元，解决 700 人和 500 头牲畜饮用水困难问题。

凯上坪片区生活供水工程 工程位于杨柳乡凯上坪村。2003 年，完成勘察设计。2004 年 7 月开工，建成水池 10 座，容积 178 立方米，安装管道 8.37 千米。同年 11 月竣工，完成国家投资 12.75 万元，解决 911 人和 820 头牲畜饮水困难问题。

新阳生活供水工程 工程位于洋溪镇新阳村。1989 年完成勘测设计，1989 年 9 月开工，1990 年 3 月竣工。建成集水池 3 座，容积 3 立方米，调节池 3 座，容积 122 立方米，安装输水管道 12.85 千米。完成投资13.27万元，解决1409人和1506头牲畜饮用水困难问题。

佐坪生活供水工程 工程位于罗场乡佐坪村，投资22.52万元。2002年4月开工，建成调节池11座，容积186立方米，铺设管道12.3千米。完成投资22.52万元，解决1608人和1420头牲畜饮水困难问题。

冷水溪生活供水工程 工程位于缠溪镇冷水溪村和双龙村老屋基组，为2002年第二期解困项目。项目投资21.04万元。2002年4月开工，2003年3月竣工。建成蓄水池4座，容积186立方米，水窖31座，容积192立方米，铺设管道15.48千米。完成项目投资12.73万元，解决917人和941头牲畜饮用水困难问题。

苏家坡、袁家林生活供水工程 工程位于永义乡苏家坡、袁家林。2002年完成勘测设计，经审批列入2002年度渴望工程，下拨资金13.2万元。2004年3月开工，当年10月竣工。项目建成水池2座，容积50立方米，铺设管道5.07千米，完成投资13.2万元，解决700人和400头牲畜饮水困难问题。

兰克生活供水工程 工程包括天堂区兰克乡的来安、毛坝、青狮、下寨坝、全民、田坝、新果树7个村41个村民组1105户。1989年3月，完成勘测设计，9月下拨资金34.98万元，10月开工，1990年8月竣工。完成国家投资34.98万元，建成集水池12座，容积12立方米，调节池14座，容积235立方米，铺设管道15千米，解决5659人和5629头牲畜饮用水困难问题。

国家山片区生活供水工程 工程位于沙子坡镇天星村。2001年11月，完成勘测设计。2004年1月开工，建成水池6座，容积258立方米，铺设管道2千米。2004年5月竣工，完成投资11万元，解决847人和782头牲畜饮用水困难问题。

官家寨、杨家坪村生活供水工程 工程位于中坝乡官家寨、杨家坪两村境内，连片实施。2004年7月开工，建成集水池2座，容积3立方米，调节池5座，容积340立方米，减压池1座，容积1立方米，铺设管道11.55千米。2005年7月竣工，完成国家投资15.78万元。解决1277人和1124头牲畜饮水困难问题。

对马溪生活供水工程 工程位于杉树乡对马溪村及毗邻的13个自然村寨，2003年列入第二期渴望工程项目，项目投资25.39万元。2004年6月开工，2005年3月竣工。建成调节池38座，容积635立方米，安装管道15.58千米，完成投资25.39万元，解决1805人1320头牲畜饮用水困难问题。

大塘村生活供水工程 工程位于新寨乡大塘村，2003年列入第二期渴望工程项目，项目投资16万元，2004年8月开工，建成调节池34座，容积214立方米，铺设管道20.1千米，完成项目投资16万元。2005年8月竣工，解决1270人和1100头大牲畜饮用水问题。

小河片区生活供水工程 工程分布在中坝乡小河、天池、蔓袍3个村。2002年9月，完成勘测设计。2005年11月开工，建成水池4座，容积118立方米，完成投资16.72万元。2006年3月竣工，解决958人和600头牲畜饮用水困难问题。

竹根坡片区生活供水工程 工程位于永义乡竹根坡村。2005年12月开工，2006年4月竣工，建成水池25座，容积250立方米，铺设管道10.93千米。完成投资12.2万元，解决1016人和697头牲畜饮用水困难问题。

新场片区生活供水工程 工程位于合水镇新场、新槽、香树坪及新华四个村。2002年7月，完成勘测设计。2005年5月开工，建成调节池6座，容积236立方米，泵站1处，装机1台，铺设管道12.85千米。2006年1月竣工，完成投资34万元，解决1140人和950头大牲畜饮用水问题。

花园片区生活供水工程 工程位于沙子坡镇花园片区。2002年5月，完成勘测设计。2004年7月开工，2005年2月竣工。建成水池16座，容积358立方米，安装水管13.28千米，完成项目投资18.25万元，解决923人和850头大牲畜饮用水问题。

陡溪片区生活供水工程 该工程位于天堂镇中团、沙坝两个村。2002年6月，完成勘测设计。2004年6月开工，建成调节池7座，容积166立方米，铺设水管21千米，完成投资29.73万元。2005年4月竣工，解决1491人和1235头大牲畜饮用水问题。

茂林、廖家山生活供水工程 工程位于缠溪区茶园乡茂林、廖家山两个自然村寨。1992 年冬，完成勘测设计，1993 年 8 月，下拨工程投资资金 13 万元。1993 年 10 开工，1994 年 4 月竣工。建成集水池 5 座，容积 5 立方米，调节池 5 座，容积 146 立方米，铺设管道 3.87 千米，建水窖 2 口，容积 252 立方米。完成投资 13 万元，解决岭峰、广东坪两个自然村寨 1078 人和 1157 头牲畜饮用水困难问题。

小杉木生活供水工程 工程位于朗溪区坪柳乡小杉木村。1989 年 10 月开工，建成集水池 1 座，容积 1 立方米，调节池 1 座，容积 100 立方米，安装管道 4.5 千米。1990 年 3 月竣工，完成投资 6.36 万元，解决 1412 人和 1008 头牲畜饮水困难问题。

新潮生活供水工程 工程位于朗溪区合水乡新潮、木腊、紫台、三坪、高寨及屋基坪 6 个村。1990 年 4 月完工，建成集水池 9 座，容积 9 立方米，调节池 25 座，容积 2014 立方米，安装输水管道 11.7 千米。完成投资 36.99 万元，解决 3313 人和 3236 头牲畜饮用水困难问题。

长坡生活供水工程 工程涉及印江镇长坡村、普同村燕子阡村民组、凯塘乡丰良村任家寨一和寨二村民组、何家乡柿子坪上下 2 个村民组 640 户及 2 所学校。1990 年 9 月开工，建成集水池 9 座，容积 9 立方米，调节池 16 座，容积 884 立方米，安装水管 1.09 万米，改造水井 4 口，容积 9 立方米。1992 年 3 月竣工，工程完成投资 20.4 万元，分散解决 3 个乡镇 4 个村 13 个村民组及 1 所学校共计 2900 人、1765 头牲畜饮用水困难问题。

天堂、凉风、白户村生活供水工程 工程位于天堂镇天堂、凉风及白户 3 个村，列入第二期渴望项目，下拨资金 37.5 万元。2002 年 7 月开工，2002 年 12 月竣工。建成水池 3 座，容积 60 立方米，铺设管道 9 千米，完成国家投资 12.5 万元，解决 3 个村的 2500 人、1760 头大牲畜饮用水困难问题。

洪溪、金城生活供水工程 工程位于天堂镇洪溪村和金城村。2001 年，完成勘测设计，下拨资金 19.5 万元。2003 年 5 月开工，2003 年 9 月竣工。建成调节池 13 座，容积 220 立方米，水井 2 口，容积 8 立方米，集水池 13 座，容积 26 立方米，铺设水管 1.47 千米。完成投资 19.5 万元，解决 2088 人和 1751 头大牲畜饮水困难问题。

号上生活供水工程 工程位于木黄镇乌巢村号上组，2002 年 6 月开工，建成水池 18 座，容积 182 立方米，铺设管道 16.79 千米。同年 9 月竣工，完成投资 20.86 万元，解决 1384 人和 1033 头大牲畜饮用水困难问题。

狮子岩生活供水工程 工程位于新寨乡狮子岩，2002 年 5 月动工，建成水池 16 座，容积 323 立方米，铺设管道 16 千米，9 月竣工，完成投资 11.82 万元，解决 760 人、715 头牲畜饮水困难问题。

昔蒲村生活供水工程 工程位于朗溪镇昔蒲村。2002 年 6 月开工，2003 年 2 月竣工。建成水池 3 座，容积 135 立方米，铺设管道 7.75 千米，完成投资 32.67 万元，解决 1300 人和 900 头牲畜饮用水困难问题。

中坝乡大田堰塘水厂（2010 年拍摄）

居龙村生活供水工程 工程位于新业乡居龙村，2002 年 8 月开工，12 月竣工。建成水池 4 座，容积 191 立方米，铺设管道 9.6 千米，完成投资 20 万元，解决 1590 人和 1000 头大牲畜饮水困难问题。

中坝生活供水工程 工程涉及乡人民政府所在地机关单位、学校及小河、夫子坝村，列入 1995 年以工代赈项目。工程建成调节池 1 座，容积 120 立方米、集水池 1 座，容积 3 立方米，铺设主输水管 3.08 千米、供水主管 510 米，供水支管 0.85 千米，建砖混结构管理房 1 幢 240 平方米。1995 年 10 月竣工，完成投资 40 万元，解决 2300 人和 2500 头牲畜饮水困难问题。1999 年特大洪水将该工程损毁。

共和村生活供水工程 工程位于刀坝乡共和村。2003 年 5 月开工，建成水池 12 座 150 立方米，铺设管道 10.1 千米。2003 年 10 月竣工，完成国家投资 7 万元，解决 1016 人、835 头牲畜饮用水困难。

四、 800 人以下生活供水项目 42 个（附表）

2002—2007 年，印江县 800 人以下生活供水项目 42 个、农村饮水安全工程 113 个。

2002—2007 年印江自治县 800 人以下生活供水工程统计表

表 4－1

乡镇名称	工程名称	总投资（万元）	资金		效益						完成规模		备注
			计划（万元）		完成（万元）			计划	已解决		铺设管道（米）	水池（立方米/座）	
			国补	自筹	小计	国补	自筹	人数（人）	人数（人）	牲畜（头）			
峨岭镇	后头坡	4.29	3.00	1.29	6.78	5.92	0.86	135	225	180	3500	57/2	2005 年 5 月开工 2005 年 7 月完工
	峨岭村沟对门	5.71	4.00	1.71	4.00	4.00	—	180	395	415	4100	138/2	2007 年 3 月开工 2007 年 5 月完工
	大竹村	14.14	9.90	4.24	12.71	9.88	2.83	447	447	368	4600	64/3	2005 年 7 月开工 2005 年 12 月完工
	刘家坨	1.50	1.50	—	1.95	1.15	0.80	100	100	147	1300	30/2	2005 年 4 月工开 2005 年 6 月完工
	同心片区	29.49	20.64	8.85	9.03	3.13	5.90	931	478	820	2296	794/19	2006 年 8 月开工 2007 年 1 月完工
	幸福村	3.79	2.65	1.14	3.65	2.65	1.00	120	260	250	3200	102/3	2007 年 9 月开工 2007 年 11 月完工
	水文站	2.86	2.00	0.86	2.00	2.00	—	90	90	—	2100	20/1	2005 年 7 月开工 2005 年 8 月完工
板溪镇	井溪片区	4.99	4.99	—	4.53	4.53	—	333	370	360	3629	55/4	2004 年 8 月开工 2004 年 9 月完工
	板溪镇人饮扫尾	9.00	9.00	—	0.26	0.26	—	600	并入板溪镇供水工程		—	—	2005 年 3 月完工
沙子坡镇	凉水村	27.0	27.0	—	0.52	0.52	—	1800	328	400	9500	101/3	未完建（2008 年）
	红木村梯子岩	7.78	5.20	2.58	4.19	4.19	—	233	233	180	4100	218/4	2003 年 2 月开工 2003 年 6 月完工
天堂镇	民丰村	3.00	3.00	—	3.00	3.00	—	200	216	159	4190	64/2	2004 年 8 月开工 2004 年 10 月完工
刀坝乡	洞沟村	7.50	7.50	—	11.48	10.98	0.5	500	660	580	17639	200/10	2003 年 2 月开工 2004 年 2 月完工
	勤俭村	10.00	7.00	3.00	7.65	7.65	—	316	316	270	—	65/8	2005 年 9 月开工 2005 年 12 月完工
	会堡村岭上弯里	12.16	8.11	4.05	6.03	6.03	—	368	280	250	4900	115/11	2004 年 6 月开工 2004 年 9 月完工
朗溪镇	孟关村	4.50	4.50	—	3.10	3.10	—	300	250	200	2500	72/4	2002 年 11 月开工 2003 年 1 月完工
	河西村甘川	3.00	3.00	—	2.80	2.80	—	200	200	150	1800	70/1	2004 年 3 月开工 2004 年 5 月完工
	塘池村	3.00	3.00	—	3.00	3.00	—	200	未竣工验收			—	2003 年 11 月支付

续表4－1

乡镇名称	工程名称	总投资（万元）	资金		效益						完成规模		备注
			计划（万元）		完成（万元）			计划	已解决		铺设管道（米）	水池（立方米/座）	
			国补	自筹	小计	国补	自筹	人数（人）	人数（人）	牲畜（头）			
永义乡	袁家林村	10.00	10.00	—	13.20	10.00	3.20	667	700	400	5072	—	2004年3月开工 2004年10月完工
木黄镇	三合村	10.33	7.23	3.10	8.66	8.66	—	326	376	462	3100	134/9	2005年5月开工 2005年7月完工
	高山村	13.30	10.04	3.26	10.04	10.04	—	460	460	1067	4830	150/7	2004年11月开工 2005年2月完工
新业乡	后河片区	15.70	10.47	5.23	10.30	10.30	—	430	430	300	16790	220/14	2004年12月开工 2005年10月完工
缠溪镇	小龙洞湾	15.00	15.00	—	6.14	6.14	—	1000	573	603	17085	494/10	未完建
	群峰村黄连山	2.85	2.00	0.85	2.00	2.00	—	90	87	80	2060	25/1	2005年8月开工 2006年1月完工
杨柳乡	何家片区	20.98	15.12	5.86	9.99	9.99	—	671	671	550	6270	125/10	2005年1月开工 2005年8月完工
洋溪镇	冷水村谢家坡	3.75	3.75	—	1.82	1.82	—	250	265	250	2650	26/4	2003年7月开工 2004年2月完工
新寨乡	上槽村	在后坝片区内			11.73	10.0	1.73	—	512	308	5800	123/4	2007年8月开工 2007年10月完工
	后坝片区	13.50	13.50	—	4.64	4.64	—	900	658	400	3227	72/3	2007年8月开工 2007年10月完工
	凯望村	2.00	2.00	—	5.60	3.00	2.60	133	762	611	2180	84/3	2004年4月开工 2004年7月完工
	乐洋村	7.14	5.00	2.14	5.00	5.00	—	226	225	198	6200	29/2	2005年5月开工 2005年8月完工
	黔溪片区	23.91	16.00	7.91	9.46	9.46	—	630	630	580	12495	202/21	2005年6月开工 2005年9月完工
	普同后坝片区	13.50	13.50	—	4.64	4.64	—	900	658	400	3227	72/3	未完建（2008年）
中坝乡	堰塘村	13.50	13.50	—	6.41	6.41	—	900	661	380	2934	115/4	2004年7月开工 2004年10月完工
	夫子坝村	14.55	14.55	—	6.79	6.79	—	970	530	520	3004	273/10	2005年11月开工 2006年2月完工
	罗星溪	14.19	14.19	—	11.01	11.01	—	946	738	661	7409	89/8	2005年3月开工 2005年8月完工
	天池村	11.20	11.20	—	6.64	6.64	—	747	355	340	2860	151/2	2004年12月开工 2005年4月完工
	双龟村	7.29	7.29	—	1.18	1.18	—	486	485	294	2600	95/4	2005年5月开工 2005年7月完工
	土黄坝村	7.50	7.50	—	4.89	4.89	—	500	175	118	1741	201/3	2004年12月开工 2005年7月完工

续表4－1

乡镇名称	工程名称	总投资（万元）	资金		效 益						完成规模		备 注
			计划（万元）		完成（万元）			计划	已解决		铺设管道（米）	水池（立方米/座）	
			国补	自筹	小计	国补	自筹	人数（人）	人数（人）	牲畜（头）			
中坝乡	蔓袍村	9.83	9.83	—	3.22	3.22	—	655	164	180	3400	240/1	未报账（2008年）
	大坑村	11.16	11.16	—	8.45	8.45	—	744	564	375	6420	154/6	2004年12月开工 2005年3月完工
	魏家寨（续建）	9.95	6.63	3.32	5.88	5.88	—	300	730	450	3604	152/10	2004年6月开工 2004年9月完工
	代家槽	11.44	8.80	2.64	6.80	6.80	—	400	167	380	3150	112/2	2004年8月开工 2004年11月完工

2004—2008年印江自治县农村饮水安全实施项目一览表

表4－2

年度	计划解决（人）	计划投资					主要项目	
		总投资（万元）	中央补助（万元）	省级配套（万元）	地级配套（万元）	县级配套及群众投劳（万元）	工程个数（个）	工程及地点
2004	2470	90	60	—	10	20	2	木黄镇二期，刀坝共和
2005	4839	178.95	111.21	—	20	47.74	10	刘吉坳、新光村、坪峰、官寨村、陈家沟片区、柏杨树、白岩村、豆凑林、杉树村、红木村王家组
2006	20866	781.8	535.43	45.78	49.26	151.33	35	刀坝、张家村、全民村、新宅村、上槽、中坝、新寨、羊角垴、井溪、坪柳、刀坝村、李家边、幸福村、方家岭、十字村、江家屋基、代家槽、土洞、转龙、凯望、峨岭村、高峰、杉树、三坪、黎坪、兰克、木盆、新泉等
2007	18484	719.46	456.59	100.48	46.57	115.82	20	青狮来安、中尧、坪底、庹家、毛寨、富华、团龙片区、孟郊新华等
2008	40834	1776.39	1234.12	249.52	137.30	155.45	46	缠溪镇、杉树集镇、凤和、两河村、洋溪曾心、普子坳等

第四节　灌溉工程

一、小（一）型水库

湄坨水库　湄坨水库位于缠溪镇湄溪村，始建于1965年9月，集雨面积6.7平方千米，多年平均径流总量438.9万立方米。1982年5月，建成坝高25米，库容500万立方米，灌溉渠系49.6千米，设计灌溉面积1.2万亩。(1) 水毁修复项目：1998年7至8月，雨量集中，山洪暴发，湄坨水库南、北干渠和东风支渠，多处被洪水冲毁。8月，县水电局对水毁渠段进行实地勘测，经铜仁地区防汛抗旱指挥部、地区水电局审定，当年补助9.79万元。12月，县财政局下拨续建水毁项目补助6.3万元，同年冬季开工，1999年3月竣工。完成南干渠水毁修复工程七段、北干渠四段、东风支渠首段、通信线路一条长12.1千米、总干渠交通桥一座、苦荞沟水库渠道改造400米。完成补助资金10.09万元。工程竣工后恢复灌溉面积166.67万平方米。(2) 北干渠续建改造工程：北干渠由于地

湄坨水库（2010 年拍摄）

势高寒、凌冻时间长，从建成起运行至 1998 年，垮塌较多，渗漏严重，效益衰减。1999 年 11 月，铜仁地区水利水电勘测设计院作出渠道续建改造工程设计，报经省水电厅审定，批准同意列入 1999—2000 年度铜仁地区乌江中下游灌区节水续建配套工程，分三期实施，计划实施节水改造渠道 23 千米，工程总投资 187.12 万元。工程于 2000 年 4 月开工。工程完成：总干渠防渗改造 1.42 千米，其中明渠 0.86 千米、隧洞 0.56 千米，过水能力每秒 1.3 立方米；完成北干渠防渗节水改造 22.3 千米，渠道过水能力为每秒 0.8 立方米，建渠系建筑物有人行桥 14 座、渠上涵 4 座、隧洞防渗衬砌 7 座 790 米、排洪渠 34 米、溢流堰 10 座 60 米、放水涵闸 18 座、放水孔 20 个、拱暗渠 50 座 1887 米、倒虹管改造 1 座、沉砂池 3 座、拦污栅 3 处、便民梯步 26 座、改造启闭闸门房 1 幢。2000 年 12 月竣工，完成投资 177.8 万元。工程达到新增灌溉面积 66.67 万平方米，恢复灌溉面积 106.67 万平方米，改善灌溉面积 52 万平方米。(3) 南干渠防渗改造：2000 年 12 月，省水利厅审定同意铜仁地区乌江中游灌区湄坨水库南干渠防渗改造列入 2000—2001 年度实施计划，投资为 52.9 万元。2002 年 12 月开工，2003 年 5 月竣工。完成防渗改造渠道长 6.52 千米，其中拱暗渠 210 米，过水流量每秒 0.5 立方米，渠系建筑物 96 座，工路桥 1 座，完成投资 52.9 万元。(4) 泄洪改造工程：湄坨水库库区四面环山，地势低洼，500 年一遇洪水入库流量为每秒 118 立方米，原有天然溶洞升子洞泄洪，在建坝时封堵。1999 年 6 月，发生特大洪水，坝外淹没 7 天，5.4 万平方米农作物遭受损失。2002 年 11 月，铜仁地区水利局对湄坨水库泄洪改造进行现场审定，报经省计委、水利厅批准，将改造工程列入当年计划。2003 年 1 月，地区财政局下拨国补投资 91.56 万元。2003 年 10 月开工，2004 年 4 月竣工。完成投资 56.68 万元。工程修建行洪渠长 1 条 97 米，扩建总干渠 756 米，扩建隧洞 520 米，新建泄洪建筑物 2 座，改造分水闸 1 座 12 平方米，改造溢洪渠 1 条 36 米。工程建成后，保护坝后农田 13.33 万平方米，改善灌溉面积 33.33 万平方米，恢复灌面积 166.67 万平方米。(5) 大坝除险加固工程：湄坨水库水库大坝经过多年运行，主要存在防洪标准低、坝坡不稳定、坝体及坝肩渗漏、放水管沉降断裂漏水、放水设施老化等问题。2008 年 9 月开工，工程建设防渗处理大坝 1 座，坝高 25 米，坝顶修建防浪墙长 204 米，高 0.85 米；改造溢洪道 1 座长 172 米，新建农用车交通桥 1 座，长 11 米，封堵坝身原放水涵洞长 164 米，新建放水隧洞长 191 米，安装双向转动闸阀 1 台，新建开关房 12 平方米，安装启闭机 1 台，启闭力 5 吨，改造管理房 784.3 平方米，新建厨房 30 平方米，新建门卫室 12 平方米，新建围墙 293.7 米，喷水池及花台各 1 个，完成地面硬化 42.58 平方米，安装预制块 120 平方米。灌浆进尺 666.88 米，土工膜 9460.4 平方米，砂石垫层 2258 立方米，钢筋制安 12.83 吨，草皮护坡 6881 平方米，隧洞回填灌浆 593 平方米。2009 年 8 月完工，完成投资 480 万元。2010 年 11 月，铜仁地区水利局组织验收，评定已完成的 1 个单位工程 4 个分部工程 66 个单元工程，合格率为 100%。

消水坑水库 消水坑水库位于沙子坡天星村，始建于 1972 年 12 月，于 1985 年 5 月配套建成，总库容 136 万立方米，有效库容 107 万立方米，集雨面积 2 平方千米，来水量不足，常年水库蓄水量只达有效库容的 50%，加之沙子坡镇人畜饮水取水，供水不能满足灌溉和生活用水需求。(1) 增水工程项目：1997 年 10 月，消水坑水库增水工程开工，1998 年 8 月竣工。建成止水坨引水渠长 525 米，隧洞 1 座 147 米，入库陡槽长 210 米，年引洪量 32 万立方米，建成荒田湾引洪渠 875 米，隧洞 1 座 47 米，入库陡槽长 226 米，年引洪量达 32.4 万立方米；架设输电线路 1 条 0.8 千米。建成集水池、调节池各 3 座，总容积 140 立方米；铺设管道 1.9 千米。解决消水坑片区村民生活用水，390 人、

340 头牲畜受益。挂项解决峨岭镇后头坡 120 人、280 头牲畜的饮用水问题。增水工程完成投资 58.77 万元。工程建成后，灌溉保证率提高到 80%，改善面积 86.67 万平方米，保证灌溉面积 173.33 万平方米。为沙子坡镇 3413 人、3193 头牲畜饮用水提供水源。（2）配套工程：1985 年，消水坑水库续建配套，完成水库大坝除险加固、渠道整修，设计灌溉面积 184.67 万平方米，实际灌溉面积减少到 53.33 万平方米。2002 年 6 月，消水坑水库续建配套工程开工，12 月竣工。完成总干渠防渗改造 2.89 千米，其中：隧洞长 402 米、暗渠 1250 米、明渠 535 米，引水流量每秒 0.98 立方米；东干渠防渗改造 8.68 千米，对应流量每秒 0.34 立方米；西干渠防渗改造 7.54 千米，流量每秒 0.34 立方米。新建小岩支渠 2.34 千米，引水流量为每秒 0.08 立方米；田间渠道 19.35 千米。完成工程总投资 105.8 万元。铜仁地区乌中灌区管理局印江分局组织对工程进行验收，已完成的 3 个分部工程、174 个单位工程，合格率为 100%。(3) 大坝防渗处理：2003 年 4 月，铜仁地区水利水电勘测设计院对水库大坝安全复核鉴定，报经贵州省大坝安全监测中心核查，定为三类坝。同时，省水利厅对消水坑水库除险加固初步设计审查，审定总投资为 471 万元，批复主要建设规模有：主副坝坝基及周边齿槽灌浆，主副坝迎水面土工膜防渗，溢洪道改造，新建放水隧洞，管理房改造。2008 年 9 月开工，2009 年 9 月完工。整治大坝 2 座，改造溢洪道 1 座 133.32 米，最大下泄流量每秒 34.5 立方米；封堵原放水涵洞长 8 米，新建放水隧洞长 138 米，隧洞采用管道放水，安装检修闸和放水闸各 1 台；新建两层管理用房，面积 300 平方米，新建围墙长 88 米，新建上坝公路 1 条长 1.0 千米。完成总投资 471 万元。

沙子坡镇消水坑水库（2011 年拍摄）

水田坝水库　该水库位于天堂镇水田坝村，始建于 1975 年 3 月，1989 年竣工。续建配套完成大坝、渠道整修，实现有效灌溉面积 150.67 万平方米。（1）渠道节水改造工程：2001 年，水田坝水库渠道改造被列入 2001—2002 年度乌中灌区工程项目。2002 年 4 月开工，12 月竣工。工程建设节水改造配套总干渠 4 千米，引水流量每秒 0.34 立方米，渠道水利用系数从 0.35 提高到 0.9 以上。实现改善灌溉面积 810 亩，恢复灌溉面积 86 万平方米，完成投资 23.11 万元。铜仁地区乌中灌区管理局印江分局组织验收。已完成的 3 个分部工程、51 个单元工程，合格率 100%。(2) 大坝除险加固工程：2003 年 5 月，铜仁地区水利水电勘测设计院对水库进行大坝安全复核鉴定，定为三类坝。铜仁地区水利水电勘测设计院根据鉴定结论及工程安全隐患，进行除险加固工程初步设计。2003 年 6 月，铜仁地区水利局组织有关部门及专家对除险加固初步设计进行审查及上报，省水利厅、省发改委对审查意见批复，审定工程总投资 404 万元。2008 年 12 月开工，建设大坝除险加固，新建隧洞，改造溢洪道，改造进库公路。总投资 404 万元。

天堂镇水田坝水库（2007 年拍摄）

朝阳水库　朝阳水库位于板溪镇渠沟村，始建于 1975 年 10 月。水库集雨面积 3.2 平方千米，均质土坝，坝高 27.3 米，总库容 165 万立方米，有效库容 125 万立方米，和龙家沟水库联网灌溉。龙家沟水库均质土坝，坝高 17.2 米，集雨面 3.25 平方千米，总库容 47 万立方米，有效库容 32.5 万立

板溪镇朝阳水库

方米，总控制灌溉面积267公顷。（1）渠系配套工程：1987年，铜仁地区水利水电勘测设计院完成渠系配套工程初步设计，经省水利厅会审后，列入1989至1990年度小（一）型水利工程建设项目。国家补助投资55.8万元。审定建设总干渠1条0.92千米、右干渠1条14.37千米、左干渠1条15.33千米，其中利用龙家沟渠道8.7千米，支渠1条1.95千米，渠系建筑物有隧洞5座648米，倒虹管10座1062米。1989年5月开工，1992年12月竣工。建成渠道9.51千米，其中总干渠1条0.94千米，过水流量每秒0.35立方米，渠上有当沟隧洞130米、水井湾拱暗渠43米、坝后石渡槽24米：右干渠1条4.8千米，过水流量每秒0.2立方米，渠上有马家坳、梨子坳、徐家坳3座隧洞458米，杨家湾、磨槽溪、绿林湾3座倒虹管282米，以及5座石渡槽74米；左干渠1条3.77千米，过水流量每秒0.1立方米，渠系有朝阳、龙家沟、板溪倒虹管3座378米。完成投资55.8万元，有效灌面93公顷。（2）节水续建配套工程：原渠建于20世纪80年代，标准低，年久失修，淤积垮塌不能通水。2001年，乌中灌区管理局印江分局编制“关于呈报乌中灌区2002年度节水续建配套工程实施方案的报告”，2002年8月，经省水利厅审批，下达资金113.52万元，渠道改造8千米，新建续建1.2千米。2003年4月开工，当年8月竣工。完成总干渠改造防渗980米，过水流量每秒0.4立方米，隧洞1座130米，渠上涵3座，人行桥3座，放水孔2个，溢流堰3座，保坎8座208米。左干渠改造防渗长6.88千米，过水流量每秒0.4立方米，沿渠陡槽1座54米，倒虹管1座260米，人行桥109座，溢流堰6座，放水孔48个，保坎60座840米。完成总投资98.96万元，改善沙坡、板溪、上洞村灌溉面积93公顷，恢复灌溉面积133公顷。（3）大坝除险加固工程：由于运行多年，大坝防洪能力不能满足规范化要求，溢洪道泄洪能力不足，坝基、肩渗漏，坝体破损，放水涵洞断裂漏水。2007年，铜仁地区水利水电勘测设计院对朝阳水库进行大坝安全复核评价，报经贵州省大坝安全监测中心复核，定为三类坝。10月，省水利厅组织专家对工程除险加固初步设计进行审查，审定工程总投资378万元。2008年12月开工，2009年9月完工。完成防渗处理大坝1座，坝高27.3米，坝顶宽5.4米，坝顶长102米；坝顶新建防浪墙长102米；改造溢洪道1座长120.48米，宽10米，最大下泄流量每秒45立方米；新建交通桥1座12米；改造放水涵洞85米，新建放水设施启闭房16平方米，安装检修闸和放水闸各1台，改造库区公路1条长1千米，改造管理站房280平方米。完成总投资378万元。

新寨乡陈家沟水库（2010年拍摄）

陈家沟水库 陈家沟水库位于新寨乡新寨村，始建于1975年12月，坝高29米，库容224万立方米，灌溉渠道2条12.5千米，灌溉面积233.33万平方米。水库主要存在坝基和坝体渗漏、接触带渗漏、放水管破损、设备锈蚀漏水、启闭失灵问题。铜仁地区水利水电勘测设计院对水库大坝安全进行复核鉴定，报经贵州省大坝安全监测中心核查，定为三类坝。铜仁地区水利水电勘测设计院根据鉴定结论及工程安全隐患，进行了除险加固工程初步设计。2003年6月，省水利厅批复审定工程概算总投资446万元。2009年2月开工，2010年2月完工。工程建设防渗处理大坝1座，坝高29米，坝顶宽5米，最大坝顶长 226.3 米，溢洪道拓宽改造 257.76 米，进口宽 30 米、出口宽 8 米，新建排洪渠 54.8 米、宽 8 米，新建小型农用车桥 2 座 33 米，防浪墙维修处理，放水设施改造。完成总投资 446 万元。

沙子坡镇天生桥水库（2011 年拍摄）

天生桥水库 该水库位于沙子坡镇十字村，始建于 1966 年 10 月。1975 年 5 月，建成浆砌石拱坝堵体高 16 米，坝体以上山体用砼铺盖防渗，高 55.8 米，达到坝高 71.8 米，库容 311 万立方米，灌溉渠道 2 条 13.5 千米，灌溉面积 126.67 万平方米。（1）渠系配套工程：1991 年，天生桥水库渠系配套工程列入 1992 年度水利工程建设项目，下拨以工代赈建设资金 46.12 万元。审定建设规模为引水隧洞 102 米，渠系防渗配套干渠 2 条长 13.8 千米，支渠 2 条长 1.73 千米，倒虹管 2 座长 1226 米。1992 年 8 月开工，1993 年 6 月竣工，实际改造引水隧洞 102 米，新建防渗渠道长 5.2 千米，扩建施工公路 5 千米。完成投资 46 万元。新增灌溉面积 15 公顷，改善 32 公顷，达到有效灌溉面积 80 公顷。（2）大坝除险加固工程：工程主要存在问题——堵洞体清基不彻底，坝区为可溶性岩溶地带，洞体围岩、接触带、坝体普遍存在漏水问题，坝体构造不密实，未作灌浆处理，淤堵严重；溢洪道不完善，放水设施破损。2002 年 5 月，铜仁地区水利局组织专家组对水库进行安全鉴定，并经贵州省大坝安全监测中心复核，定为三类坝。2003 年完成除险加固初步设计。2003 年 6 月，省水利厅审查批复工程总投资 369 万元。主要建设内容有灌浆工程、堵洞体工程、溢洪道工程和放水设施改造工程。2006 年 7 月开工，2010 年 5 月竣工。完成堵洞体高 32 米，灌浆进尺 3277 米；新建溢洪道 1 座长 118 米，进口宽 10 米，出口宽 9 米，最大下泄流量每秒 149 立方米；改造放水设施，安装管道 88 米，安装双向转动闸阀 1 台。完成总投资 340 万元。

二、 小（一）型引水工程

大田水轮泵站 大田水轮泵站位于中坝乡大田村。1988 年 11 月，列入冬修水利建设工程。1989 年 3 月，完成渠道防渗 2.5 千米，过水流量每秒 0.05 立方米，完成投资 1 万元。1999 年 3 月，建设动力渠防渗 0.85 千米，维修水轮泵机坑和梯级串联 2 组 10 台，更新输水管道 848 米，灌溉渠防渗 2 千米，新建蓄水池 7 口 1230 立方米。完成国家投资 36 万元，改善灌溉面积 20 公顷。

2005 年 9 月， 罗场丰岩提灌站整治工程

丰岩水轮泵站 丰岩水轮泵站位于缠溪镇曾家坳村，距印江县城 15 千米，海拔高程 570～700 米，是节水增效灌溉示范项目，303 省道公路从示范区境内穿过。2002 年铜仁地区水利水电勘测设计院编制丰岩水轮泵站可行性研究报告。2004 年 10 月，省水利厅批复工程项目，审定总投资 199.2 万元。2005 年 9 月建设工程开工，2006 年 9 月竣工。改造动力渠道 600 米，新建水轮泵站机坑 1 座，新安装水轮泵 5 组 3 串 15 台，新建蓄水池 7 座 350 立方米，铺设管道 7230 米，建成喷灌示范区 20 亩，改造管理房 1 座。新增节水灌溉面积 78 公顷，解决 300 人和 450 头大牲畜饮水问题。完成投资 199.2 万元。

三、小（二）型引水灌溉工程

屋基土水库 屋基土水库位于沙子坡镇兰克村，距县城 52 千米。(1) 大坝灌浆处理：1992 年 4 月，铜仁地区水利水电勘测设计院完成大坝处理设计，贵州省水利电力厅审批下拨工程投资金 23 万元。工程于 1992 年 9 月开工，1993 年 3 月竣工，完成投资 27.8 万元。1993 年，水库大坝帷幕灌浆处理后，在运行过程中，仍出现两坝肩和大坝底部渗漏现象，影响着大坝安全和工程效益。1999 年 11 月，地区财政局、水电局转拨工程资金 60 万元。2001 年 5 月，地区水电局组织技术人员对水库大坝作灌浆处理，11 月完成投资 47.64 万元。(2) 渠道防渗配套：2000 年 11 月，县水利水电勘测设计队对水库渠道工程进行勘测，2001 年 1 月，贵州省水电厅下拨资金 170 万元。2001 年 1 月开工，10 月竣工。完成整修加固干渠 3.98 千米，新建支渠 2 条，改造干渠水毁段，新开隧洞 1 座 412 米。1993—2001 年，完成工程总投资 244.8 万元。

苦竹林水库 苦竹林水库位于朗溪镇坪阳村，坝址以上集雨面积 1.33 平方千米，坝高 13 米，总库容 32 万立方米，防洪库容 2.1 万立方米，有效库容 27.5 万立方米，死库容 2.4 万立方米。干支渠总长 9.4 千米，引水流量 0.1 立方米/秒，设计灌溉面积 77 公顷。(1) 除险配套工程：水库主要存在坝基渗漏和渠道未配套问题。1986 年完成勘察设计，1991 年 1 月被批复列入 1990—1991 年水利工程项目之一，下拨资金 38.13 万元。1991 年 12 月动工，1993 年 5 月完工。建成引洪渠 1 条 245 米（引水流量每秒 1 立方米），大坝迎水面柔毡防渗混凝土预制块护面 4025 平方米，大坝背水坡削坡 510 立方米，排洪沟 3 条 65 米，防浪墙长 95 米、高 1 米；改造溢洪道 94 米，进口宽 5.6 米、高 1.5 米；安装双向转动闸阀 1 台；新建开关房 4 平方米，安装手摇启闭机 1 台；新建渠道 1 条 2.47 千米，过水流量 0.14 立方米/秒，渠上建坪柳、灯车口、杨枇沟倒虹管 3 座共 221 米。完成工程总投资 38.13 万元，新增有效灌溉面积 30 公顷。(2) 大坝帷幕灌浆：大坝初建时为群众自行建设，坝基和大坝两肩开挖截流不彻底，渗漏严重。水库蓄水受限，实际灌溉面积仅 100 余亩。1997 年 4 月，铜仁地区水利水电勘测设计院对工程防渗帷幕灌浆作出设计，下拨资金 104 万元。2000 年 3 月 4 日开工，同年 5 月 20 日竣工。工程建设大坝钻孔进尺 1073.7 米、大坝灌浆段基岩 722 米、坝体进尺 954.3 米、大坝迎水面护坡 1004 平方米，建钢筋混凝土板人行桥 2 座，检修放水设备 1 台套，清理引水槽 1 座，新建钢筋接槽长 17 米。完成国家投资 104 万元。(3) 渠道改造工程：1999 年 11 月，贵州省水利电力厅批准修建铜仁地区乌中灌区苦竹林渠道续建改造工程，下拨资金 16.68 万元。改造渠道 2.9 千米，新建渠道 2.1 千米，新增灌溉面积 27 万平方米。2000 年 3 月 4 日开工，同年 7 月 20 日竣工。工程完成渠道防渗改造 2.9 千米，新建渠道 2.1 千米，维修倒虹管 3 座 202 米，渠系水利用系数由 0.4 提升到 0.57。同时建人行桥 12 座、放水孔 9 个、渠下涵 2 座、溢流堰 8 座、沉砂池 3 座 18 米、拱暗渠 9 座 318 米、渠上涵 8 座，新增灌溉面积 33 公顷。实际完成投资 19.5 万元。

朗溪镇坪阳村苦竹林水库

水源沟水库、七百渡水库、石梁沟水库联灌工程 七百渡、水源沟、石梁沟 3 座水库位于木黄镇七百渡村及坪洞口村境内。七百渡水库集雨面积 0.85 平方千米，1957 年建成均质土坝 1 座，坝高 6.7 米，总库容 10.3 万立方米，有效库容 6.48 万立方米，渠道 1.6 千米，设计灌溉面积 33.33 万平方米。水源沟水库集雨面积 0.51 平方千米，1975 年建成土石混合坝 1 座，坝高 20 米，总库容 20 万立方米，有效库容 17 万立方米，渠道长 3.5 千米，设计灌溉面积 33.33 万平方米。石梁沟水库集雨

木黄镇七百渡水库

面积 0.45 平方千米，1977 年建成均质土坝 1 座，坝高 17 米，总库容 21 万立方米，有效库容 16.6 万立方米，渠道 1 千米，设计灌溉面积 23.33 万平方米，1983 年列入病库治理，对绕坝渗漏作了防渗处理。区域内有坪洞口、堡上、徐家湾、尖屯四口山塘连同水库，总库容为 56.8 万立方米。1996 年 7 月，七百渡水库及区域内蓄水工程的挖潜、续建、配套列入印江自治县首批“粮食自给工程”计划项目。省财政厅和省水利厅审批，下拨资金 35 万元。1997 年 1 月开工，6 月 30 日竣工。完成渠道五条 6.38 千米，其中：七百渡至水源沟连通渠 0.38 千米，流量 0.16 立方米/秒；七百渡至坪洞口主干渠 3.09 千米，流量 0.11 立方米/秒；七百渡水库至石梁沟水库联通渠长 1.28 千米；堡上支渠 1.32 千米，流量 0.1 立方米/秒；周家湾渠道 0.3 千米。完成总投资 34.9 万元，有效灌溉面积 113 万平方米。

桅杆水库水毁修复工程 桅杆水库位于洋溪镇同心村，坝址以上集雨面积 1.23 平方千米，坝高 13.8 米，总库容 10.2 万立方米，其中防洪库容 1.5 万立方米，有效库容 7.4 万立方米，有效灌溉面积 26.67 万平方米。1992 年 7 月，暴雨造成渠道水毁。10 月，铜仁地区水电局下拨冬修经费 4000 元，修复水毁渠道并防渗补漏 1 千米，1993 年 3 月完工，恢复灌溉面积 24 万平方米。

何家沟水库大坝除险加固工程 何家沟水库位于洋溪镇坪林村，集雨面积 0.78 平方千米，坝高 15 米，总库容 15.6 万立方米，防洪库容 4 万立方米，有效库容 11.4 万立方米，设计灌溉面积 28 万平方米，有效灌溉面积 28 万平方米。工程主要存在问题有：溢洪道泄洪能力不足，大坝坝体、坝基、左坝肩渗漏，下游坝坡不稳定，放水涵洞和卧管破损，无上坝公路。2007 年 11 月，完成除险加固实施方案，地区水利局审定工程投资 150.9 万元。2010 年 4 月开工，12 月完工。工程建设防渗处理大坝 1 座，坝高 14.6 米，坝顶长 60 米，坝顶宽 3.2 米，改造溢洪道 1 座 63 米，最大下泄流量每秒 15.9 立方米，新建放水隧洞长 48.7 米，完成投资 150.9 万元。

漆树沟水库大坝除险加固工程 漆树沟水库位于杉树乡对马溪村，集雨面积 0.38 平方千米，坝高 15 米，总库容 11.1 万立方米，防洪库容 2.31 万立方米，有效库容 8.27 万立方米，死库容 0.52 万立方米，设计灌溉面积 20 万平方米，有效灌溉面积 20 万平方米。工程主要存在溢洪道泄洪能力不足、坝体多处渗漏、坝肩及其接触带渗漏、放水涵洞破损、无上坝公路问题。2009 年 12 月，完成实施方案，审定工程概算 144.6 万元。2010 年 1 月开工，实施大坝整治及帷幕灌浆防渗处理、坝顶整治及下游培厚加固，新建放水涵管，加固溢洪道、水库交通工程。2010 年竣工，完成投资 144.6 万元。

树乡对马溪村漆树沟水库（2010 年拍摄）

肖家沟水库大坝除险加固工程 肖家沟水库位于朗溪镇三村，集雨面积 11.45 平方千米，总库容 10 万立方米，大坝为单曲拱坝，最大坝高 16.2 米，设计灌溉面积 30 万平方米。工程主要存在大坝坝基渗漏，左岸存在暗河及岩溶通道，无溢洪道，控制闸阀锈蚀漏水，大坝坝顶无护栏。2009 年 12 月，完成除险加固实施方案，审定工程概算 185 万元。项目建设坝体防渗、地下岩溶通道处理，改造溢洪道，改造放水设施。2010 年竣工，完成投资 185 万元。

四、小（二）型灌溉工程

西门坝渠道 （1）渠系改造工程：西门坝渠道是县城穿城大堰的一部分。1988 年 8 月，县水利水电勘测设计队对城区穿城大堰作工程改造设计，经省水利电力厅审批下拨工程投资金 31 万元。1989 年 3 月开工，1990 年 2 月竣工。完成大坝维修、整个拦河坝护坦加固、改造穿城大堰总干渠 1002 米、西干渠 400 米、新寨干渠 484 米，改善灌溉面积 35 万平方米，完成投资 31 万元。（2）乌中灌区续建配套工程：2002 年 1 月，完成实地勘测改造设计，2002 年 9 月，省水利厅批准下拨工程投资 91.43 万元。2002 年 10 月开工，2003 年 4 月竣工。工程建设大坝护坦加固及水毁段修复，总干渠改造配套 0.48 千米。新建灌溉渠 484 米，建冲砂渡槽 1 座，建沉砂池容积 3 座容积 56 立方米，新建管理房 300 平方米，日排污能力 27 万立方米。完成投资 91.43 万元，改善灌溉面积 129 万平方米。

城区西门坝农田灌溉工程（2006 年拍摄）

双龙渠道 双龙渠道改造配套工程，于 2000 年列入铜仁地区乌江中下游灌区工程项目，下拨资金 40.4 万元。实施改造渠道 1 条 8.46 千米，建 4 座倒虹管 307.4 米、建支渠 1 条 1.2 千米。2001 年 4 月动工，12 月底完工。完成国家投资 40.4 万元，改善灌溉面积 22 万平方米。

蔓袍渠道 2009 年 11 月，中坝乡蔓袍渠道列入贵州省“三小”水利工程建设项目，下拨资金 50 万元，2010 年 9 月，又下拨资金 15 万元。2009 年 12 月开工，2010 年 12 月竣工。工程建设防渗改造渠道 1 条 4.8 千米，新建渠道 1 条 0.7 千米，完成投资 65 万元，农田灌溉 40 万平方米。

花岩渠道 2004 年 10 月，天堂镇花岩渠道开工建设，改造渠道 5.02 千米，建倒虹管 1 座 90 米、陡槽 4 条 292 米、渠上涵 4 座、泄洪沟 3 处、人行桥 4 处、拱暗渠 69 米。2005 年 5 月竣工，完成投资 46.59 万元，改善灌溉面积 30 万平方米，恢复灌溉面积 22 万平方米。

五、小（二）型以下灌溉工程

雨水集蓄“三小”（小水池、小水窖、小山塘）工程 2004—2008 年雨水节蓄工程，项目主管单位是印江自治县水利局和项目所在乡镇人民政府，印江自治县水利水电质量监督分站负责质量监督。

马家庄、红山、大田“三小”工程 2004 年，铜仁地区财政局、水利局下达“三小”工程资金 170 万元，分别在沙子坡镇马家庄村、天堂镇红山村、中坝乡大田村实施。工程建设小水池 58 口，容积 1715 立方米，整修小山塘 1 口，新修小山塘 1 口，增加容积 9000 立方米，修建拦山沟 5327 米，安装管道 7396 米，修筑集雨坪 650 平方米。完成投资 170 万元，解决农田灌溉 97 万平方米。

堰塘、花园“三小”工程 2005 年，铜仁地区财政局、水利局下达中坝乡堰塘村、沙子坡镇花园村“三小”工程资金 148 万元。工程建设小水池 153 口，小山塘 4 口，总容积 2.4 万立方米。完成投资 148 万元，解决 1430 人、800 头牲畜的饮水困难，新增旱地灌溉面积 32.8 万平方米。

团山“三小”工程 2006 年，铜仁地区财政局、水利局下拨新寨乡团山村“三小”工程投资 100 万元，工程新建和改造小山塘 4 口，容积 8 万立方米，新建拦山沟及渠道 5.14 千米。完成投资 100 万元，解决 33 万平方米农田和旱地补充灌溉难题。

曾家、塘池“三小”工程 2008 年 9 月，省水利厅下拨曾家、塘池“三小”工程资金 599.53 万元。2009 年 2 月开工，同年 6 月完工。工程完成疏通落水洞 47 米，防渗改造排灌渠 1.32 千米，新建灌溉渠 1.32 千米，新建小水池 89 口，容积 8900 立方米，整治山塘 2 口，容积 5.5 万立方米，配套沉砂池 52 口，集水沟 3.97 千米，铺设管道 15.5 千米。工程完成总投资 350 万元，实现旱地浇灌 243 公顷，改善农田灌溉 21 公顷，解决 380 人饮水安全问题。

2008 年，中坝乡土黄村烟水配套工程实施的雨水集蓄利用小水池

烟水配套工程 （1）烟草局投资项目：2005 年，自治县人民政府成立烟叶基础设施建设办公室，牵头实施烟水配套工程。至 2008 年，建成 54 处烟水配套工程，修建水池 1307 口，容积 19.84 万立方米，整修山塘 25 口，容积 77.99 万立方米，安装输水管网 44 条 282.08 千米，修建沟渠 143 条 48.02 千米。解决非充分灌溉面积 1942 万平方米，附带解决 1300 人饮水困难。烟草行业专项投资 2784.21 万元。（2）以工代赈水利投资项目：新寨乡后坝村烟水配套工程主要分布在印江至新寨公路沿线。2006 年，列入工代赈项目，投资 56.94 万元。2007 年 4 月开工，8 月竣工。工程建设干渠 0.56 千米、支渠 2.69 千米、提水站 1 座、水池 28 口，容积 2400 立方米，安装管道 3500 米，整修山塘 1 口，增加容积 2350 立方米，整修拦山沟 128 米。完成工程投资 45.73 万元，烟区浇灌面积 23 万平方米。2006 年，天堂镇红山村烟水配套工程列入工代赈项目，投资 49.06 万元，2007 年 4 月开工，8 月竣工。工程建成干渠 3.05 千米，水池 18 口，容积 950 立方米，安装管道 719 米、冲沙阀 17 套。完成投资 39.4 万元，烟区浇灌面积 26.67 万平方米。

2005—2008 年度印江自治县工程建设项目分年度统计表

表 4—3

序号	项目名称	工程数量（个）	受益面积（万平方米）	审计结算金额（万元）	建设内容											附带解决人畜饮水（人）
					塘坝		提灌站		沟渠		水池		管网		灌桩	
					数量（座）	容量（万立方米）	数量（座）	扬程（米）	条	米	口	容量（立方米）	条	米	个	
1	2005 年度烟水配套工程	4	88.00	77.498	6	3.030	—	—	4	4200.0	123	3990	3	2500	—	—
2	2006 年度烟水配套工程	24	675.60	852.177	12	13.325	1	50	9	11647.3	939	76408	5	35694	—	—
3	2007 年度烟水配套工程	18	740.13	1207.350	7	61.630	—	—	79	24840.0	147	78582	18	161787	—	—
4	2008 年度烟水配套工程	8	440.00	647.180	—	—	—	—	51	7333.2	98	39478	18	82100	730	1320
	合计	54	1943.73	2784.205	25	77.985	1	50	143	48020.5	1307	198458	44	282081	730	1320

2008 年印江自治县水利局实施省财政投资项目一览表

表 4—4

编号	工程名称（所在乡镇村）	工程规模										完成投资（万元）	项目经理	技术负责人	开工日期	完工日期	备注
		水池		管道		山塘整治		渠道（集流沟）		效益							
		口	立方米	条	米	座	立方米	条	米	灌溉（万平方米）	解决人饮（人）						
1	中坝乡土黄村烟水配套工程	7	3800	4	3500	—	—	7	400	23.00	—	38.91	熊　鹏	田树军	2007.12	2008.6	2007 年以工代赈资金
2	沙子坡镇石槽村烟水配套工程	14	5000	14	4000	—	—	5	300	37.27	250	63.00	郑晓龙	田建华	2008.3	2008.8	2007 年以工代岩资金
3	罗场乡快块村烟水配套工程	7	1150	6	4500	—	—	1	2500	30.87	—	49.30	张　军	黄国华	2007.1	2008.5	2007 年度省级财政专项资金
4	永义乡尖峰村烟水配套工程	17	4700	16	6000	2	5500	2	1270	70.13	500	111.49	张永安	黄国华	2008.3	2008.1	2007 年度省级专项补助资金
合计		45	14650	40	18000	2	5500	15	4470	161.27	750	262.70	—	—	—	—	—

2007—2008 年印江自治县发改局实施扶贫投资项目一览表

表 4—5

乡镇名称	建设地点（村、组）	投资年度	开工日期	完工日期	工程规模					旱地浇灌（万平方米）	完成投资（万元）					建设负责人		备注
					水池		管道	小渠道			合计	其中				项目负责人	技术负责人	
					口数（口）	容积（立方米）	长度（米）	条数（条）	长度（米）			水利	烟草	扶贫	其他			
沙子坡	石槽	2007	2008.3	2008.8	14	5000	4000	—	—	37.27	63	—	—	63	—	戴　铧	晏光江	扶贫资金
中坝	土黄	2007	2007.12	2008.10	7	3800	3500	1	400	22.87	39	—	—	39	—	戴　铧	代芳芬	扶贫资金
杉树	新村	2008	2009.6	2009.12	—	—	880	2	3500	20.00	46	—	—	46	—	戴　铧	任达荣	扶贫资金
天堂	天堂	2008	2008.1	2009.3	17	4500	5000	—	—	30.00	56	—	—	56	—	朱志刚	刘恩江	扶贫资金
合计	—	—	—	—	38	13300	13380	3	3900	110.14	204	—	—	204	—	—	—	—

第五节　防洪工程

一、丰塘坪防洪排涝工程

新业乡丰塘坪防洪排涝工程所在地为一溶蚀洼地，常年山洪汇集流入旋水坨，靠落水漏斗泄洪。由于落水漏斗下泄洪水量少，多次造成海拔高程 1140 米以下的民房和耕地被洪水淹没，一次长达 7～10

天。丰塘坪排涝工程流域面积 1.4 平方千米，主河沟长 2.9 千米，落差 110 米。区域内最高海拔高程 1294 米，最低海拔为 1120 米。在海拔高程 1120～1150 米之间，有 125 户 350 人居住，农耕地 33 万平方米。工程于 1995 年 3 月动工，1996 年 12 月竣工，完成排洪渠 2.1 千米，达到过水能力 2.15 立方米/秒。工程建成后，保护丰塘坪村 125 户 350 人的安全，受益耕地 33 万平方米。

二、 县城防洪工程

1993 年 3 月，贵州省人民政府防汛抗旱指挥部将印江县城列为全省第一批十个重点防洪工程建设县之一。印江县城区防洪排涝工程列入 1996 年全县十大重点工程项目之一。

1998 年，由于岩口特大山体滑坡整治工程改变了印江河城区河段的水文条件，县人民政府决定重新编制印江县城区防洪工程资料上报。1999 年 1 月，铜仁地区水利电力勘测设计院完成《印江县县城区防洪工程可行性研究报告》并上报，获省计委、省水电厅批复同意。建设任务为治理印江城区洪涝灾害，改善城区环境，工程总投资 2603 万元。

防洪堤工程 2001 年 9 月，贵州省水利厅《关于下发二〇〇一年度防洪工程实施方案初步设计方案评审意见的通知》，同意印江县城防洪工程分三期实施。

2001—2003 年实施第一期工程。治理印江河干流左岸，从皂角塘拦河坝至南门桥段。下达投资 387.4 万元，建设工期为 6 个月。2002 年 8 月开工，2003 年 8 月完工。工程建设防洪堤 952 米、排污沟 885 米、排涝渠 68 米。完成投资 390.4 万元，保护面积 1.45 平方千米，保护人口 1.2 万人。

1998 年， 印江防洪堤工程实施第一期工程， 图为整治后的印江河

2004—2006 年实施第二期工程。工程接左岸一期工程末端至南门桥向下游延伸工程，2003 年 6 月，下达投资 165.1 万元。2005 年 11 月开工，2006 年 7 月竣工。新建堤防 135 米、排涝渠 135 米、排污沟 135 米。防洪保护面积 0.45 平方千米，保护人口 0.3 万人，完成投资 120.11 万元。

2004 年 12 月实施第三期工程。施工范围在右岸东门桥至南门桥之间。2005 年 1 月，下达投资 274.3 万元。新建防洪堤 445 米，配套排污沟 287 米。2004 年 12 月开工，2006 年 4 月竣工。完成投资 274.3 万元，保护右岸老城区建筑 0.5 平方千米，人口 1.5 万人。

河道整治（一级翻板坝）工程（2006—2007 年） 2006 年 8 月，该工程经省水利厅审查批复项目投资 598 万元。工程分两个标段：翻板坝标段于 2006 年 11 月开工，2007 年 8 月竣工；防洪堤标段于 2006 年 12 月开工，2007 年 10 月竣工。翻板坝坝轴线长 95.6 米，防洪堤长 368.7 米，新建相应排污沟。挡水建筑物为印江河第一座水力自控翻板坝，建筑形式为浆砌石重力坝加钢筋混凝土预制板闸。工程为四等工程，建筑为 4 级，防洪标准为 20 年一遇。工程具有改善城镇水环境，城镇防洪、排涝为一体的综合效益，保护城区 0.5 平方千米，保护人口 1.5 万人。完成投资 458 万元。

防洪续建（二级翻板坝）工程（2008—2010 年） 2008 年 9 月，批准印江县城区防洪续建二级翻板坝工程。投资 516 万元。2008 年 12 月开工，工程建设浆砌石重力坝加钢筋混凝土预制翻板闸，坝轴线长 95.6 米，坝肩堤防为浆砌石重力式，堤顶宽 3 米，防洪标准为 20 年一遇。完成投资 454 万元。

三、 桶溪河防洪堤

苹果园防洪堤 1989 年 1 月，省防汛办下拨印江县苹果园防洪堤加固改造防汛经费 10 万元，修建堤防

258米，保护人口494人、民房48间，恢复水毁农田14公顷。1989年2月开工，4月底完工。

柳家河坝段防洪堤 1995年柳家河坝段防洪堤列入第七批以工代赈工程，下达计划投资55万元。于1995年5月开工，11月竣工，从桶溪河左岸苹果园防洪堤向下游延伸到柳家河坝石拱桥以下，新建防洪堤342米。

桶溪河右岸民望中学与职中之间防洪堤 1998年，县农业综合开发投资，新建桶溪河右岸民望中学与职中之间堤防200米，主要保护农田。

四、 永义防洪堤

永义防洪堤上起上碾房，下至大鱼泉。2008年，投入堤防段水利及防洪资金30万元，其余堤段由县农业办公室列入基本农田建设项目投资兴建。修建堤防长度3.2千米，堤高2.5至3.5米，保证水位2.5米，警戒水位2.3米，保证流量70立方米/秒，警戒流量66立方米/秒，保护耕地70公顷，保护人口2630人。

五、 杨柳防洪堤

杨柳乡防洪堤工程位于杨柳乡人民政府驻地，是一个集市所在地。主要河段是1973年农业学大寨期间改河造田时建成的，进入乡镇河段有盖板，形成人工暗河，河道狭窄、堵塞，堤防多处水毁；两山地势陡峭，又多次处于暴雨中心，山洪特征明显。20世纪90年代以来不断发生严重洪涝灾害。农田水毁严重，并严重影响259名学生正常学习。2001年6月，省防办下达杨柳防洪堤修复资金10万元。工程于2001年10月动工，2002年1月底竣工。新开凿河道长度138.45米，实际完成投资12.51万元。

六、 新业防洪堤

2006年完成新业乡文昌防洪堤建设工程

2005年11月开工，2006年4月竣工。施工期间，铜仁地区行署在工地召开施工现场会。工程总投资379.3万元，建成防洪堤5546米，拦河坝1座长33.6米、灌溉渠457米。保护农田107公顷，保护人口2700人。防洪标准为10年一遇以上，由新业乡人民政府组织民兵队伍施工。

七、 板溪防洪堤

板溪防洪堤工程地处板溪镇政府所在地，杉树河、渠沟河两条溪流在这里交汇注入车家河。工程区内地势低洼，山区型河流，暴雨、山洪频发。工程审批总投资278.9万元。2006年3月开工，6月主体工程竣工。2007年2月，沿老堤段堤防开工，5月竣工。该防洪堤，上起板溪镇过杉树乡的公路桥墩，经开发区、中学，下至集镇过小学大桥处。封闭河道长684米，其中新改河道240米，沿老堤河道444米。堤防总长924米，其中右岸684米、左岸240米。新改河道段为重力式结构，沿老堤段为贴坡式结构，险要地段采用重力式并加深基础结构。工程等级为6级，主要建筑物为5级，防洪标准为10年一遇。总投资278.9万元，防洪工程保护土地33万平方米，保护人口3000人。

八、 老寨防洪堤

该工程2007年11月开工，2008年7月竣工。完成投资170.18万元，建设防洪堤1465米，保护五甲村、老寨村、木黄村、阳坝村和1个居民委员会，保护耕地42公顷、762户3870人，恢复水毁农田7亩，防洪标准为10年一遇。

九、 平洞口防洪堤

平洞口防洪堤位于木黄镇平洞口、荣光、新光、乌巢4个行政村境内，河流属印江河上游乌溪支流。平洞口洼地排涝工程总投资为540.31万元。2008年12月开工，投资540万元。堤防总长5千米，设计洪水标准为10年一遇，新建跨河人行桥9座，保护耕地235公顷，保护256户1152人的生命安全。

第六节　水土保持

一、 水土流失状况

2000年，贵州省应用遥感技术调查土壤侵蚀科研报告表明：印江自治县国土面积为1969平方千米，水土流失面积为1374.75平方千米，占国土面积的69.82%。其中：轻度流失面积为716.52平方千米，占水土流失面积的52.12%；中度流失为429.83平方千米，占水土流失面积的31.27%；强度221.51平方千米，占水土流失面积的16.11%；极强度流失为6.89平方千米，占水土流失面积的0.5%。

二、 分年治理

1988—2004年，中央、省、地区下达印江水土保持治理面积任务44.9平方千米，总投资489.55万元。其中中央、省财政专项投资348.85万元。“渴望工程”投资75万元、中央国债以工代赈投资50万元、县自筹经费15.7万元。工程项目治理片区累计完成水土保持治理面积44.9平方千米，其中：栽种柑橘50万株、雪梨13万株、葡萄3万株、花椒21万株、梧桐6万株，营造经济林583公顷，植树造林7700亩，退耕还林还草3平方千米，封山育林2.5平方千米；修建林间道路5千米，建人行桥1座、库区绿化、园林建筑等配套设施，竖护林标志碑2块。完成投资473.45万元。

1988年9月，铜仁地区水电局下拨腊沟河流域水土保持试点项目资金12万元，治理水土流失面积9.5平方千米。组织受益村民在贵江、凯塘、大石、勤丰4个村栽柑橘25万株、雪梨13万株、葡萄3万株、梧桐6万株，封山育林53公顷。治理面积9.5平方千米，完成投资12万元。

1989年12月，铜仁地区水电局下拨陈家沟水库水土保持经费2.5万元；1990年3月下拨陈家沟水库库区绿化补助经费4万元。种植经济林220万平方米，治理水土流失面积3.2平方千米，完成投资6.5万元。

1991年，铜仁地区水电局下拨印江自治县造林配套资金11.4万元，完成投资11.4万元，植树造林面积333万平方米。

1992年10月，铜仁地区水电局下拨水土保持经费5万元，在玉屏乡官家寨、杨家坪村治理水土流失面积5平方千米，其中：生物工程2平方千米，退耕还林3平方千米，栽植花椒21万株。完成投资5万元。

1997年1月，铜仁地区水电局下拨水土保持补助资金5万元，治理面积4平方千米。10月，下拨以工代赈专项补助经费70万元。分别在朗溪镇、罗场乡治理水土流失面积4平方千米，栽柑橘苗

100 公顷，完成总投资 75 万元。

1998 年 9 月，铜仁地区水电局下拨水土保持经费 14 万元、在罗场乡水土保持试点区实行封山育林，治理水土流失面积 4 平方千米，完成投资 14 万元。11 月，下拨印江“渴望工程”专项资金 83.4 万元，分别在峨岭镇、中坝乡、朗溪镇的重点试范区种植经果林 40 万平方米、水保林 140 万平方米，封山育林 2 平方千米，建管理房 50 平方米、蓄水池 30 座、排水渠 1 千米、拦山沟 1 千米、林间道路 5 千米、坡改梯 20 万平方米等，完成投资 75 万元。

1999 年 4 月，铜仁地区水电局下拨水土保持治理面积 13.5 平方千米，中央投资 23.75 万元，以工代赈经费 75 万元，总投资 98.75 万元。在中坝乡大田片区栽植经果林 200 万平方米，峨岭镇罗家院、长坡、普同、岩底寨种植经果林 133 万平方米，治理水土流失面积 13.5 平方千米。当年完成投资 75 万元。

2001 年 10 月，铜仁地区水电局下拨水土保持补助经费 12 万元，当年在中坝乡官家寨片区封山育林，营造用柴林保土、保墒，共治理水土流失面积 3.33 平方千米，重点村治理面积 333 万平方米，完成投资 12 万元。

2004 年 4 月，铜仁地区水利局下拨水土保持项目补助费 2 万元，在刀坝乡栽种经果林 5 公顷，治理水土流失面积 0.4 平方千米，完成投资 2 万元。

三、 湄坨小流域治理

湄坨小流域为乐茂江河支流，属乌江水系，地处印江县城南，梵净山西南麓，距县城 45 千米，靠省道 303 干线，海拔高程 620～1186 米，流域面积 23.29 平方千米。

缠溪镇湄村坨茶水配套小水池工程（2008 年拍摄）

缠溪镇湄沱水库北干渠道（2010 年拍摄）

项目区辖 6 村 26 个村民组，总人口 4600 人，其中农业人口 4586 人、劳动力 2522 个。2003 年，粮食总产量 201.8 万千克，人均产粮 440 千克。流域属中低山丘陵地貌，以水侵蚀为主，项目区内水土流失面积 15.51 平方千米，占项目区总面积 66.6%。2005 年 1 月，中央财政下拨专项资金 128 万元。

2005 年 3 月，湄坨小流域综合治理、川岩水资源优化配置工程开工，9 月竣工。完成投资 128 万元，建设水保林 413 万平方米、经果林 40 万平方米、茶林 3 万平方米；浆砌卵石便道 2500 米、人行便道 200 米；建小水窖、小水池 35 座，修截水沟 150 米、拦山沟 1200 米；封山治理 714 万平方米，保土耕作 16 万平方米；建人行桥 2 座、混凝土平桥 1 座、休闲亭 2 个；建引水沟 1100 米、调节池 3 座，容积 550 立方米，沉砂池 2 座，容积 40 立方米。

2006 年，印江自治县完成石漠化治理规划。2007 年，完成石漠化勘测设计。至 2008 年，全县果园面积 1989 万平方米，其中柑橘园 1342 万平方米，梨园面积 406 万平方米，其他果园 241 万平方米。全县森林覆盖率达 52.48%，水土流失得到有效遏制。

第三章 电 力

第一节 电力资源

印江自治县境内有 20 条主要河流。河床上游陡，中游平缓，下游更陡，水流湍急。流量较大，电力资源丰富，拥有理论电力资源 10.56 万千瓦，可开发资源 6.57 万千瓦。至 2008 年，开发电力资源 1.73 万千瓦。

印江河流域 印江河有支流 7 条，即金厂河、乌溪河、长滩河、桶溪河、冷水河、六井溪河、大溪沟河。共有理论电力资源 6.45 万千瓦，可利用水电资源 4.57 万千瓦。至 2008 年已开发装机 4530 千瓦。

乐茂江河流域 乐茂江河有 4 条支流，即缠溪河、驷马河、乐洋河、板山河。主河上游植被好，水量稳定，支流植被差，水土流失严重。有理论电力资源 1.33 万千瓦，可利用电力资源 5450 千瓦。至 2008 年，已建成电站装机 1165 千瓦。

印江河河缝峡谷景观

印江河猫口峡谷景观

车家河流域 车家河有支流 3 条，即毛寨河、陡溪河、后河。电力理论蕴藏资源 1.82 万千瓦，可利用电力资源 1.28 万千瓦，已建设 3 座水电站，总装机 1.12 万千瓦。

洋溪河流域 洋溪河流域有主要支流 1 条，即小河。干、支流域植被较好，水量稳定，电力资源丰富。有电力理论资源 7200 千瓦，可利用电力资源 1600 千瓦，至 2008 年已建成水电站装机 400 千瓦。

江源沟河流域 江源沟河无主要支源，干流地下水补给丰富，水量稳定。电力理论资源 2400 千瓦，可利用资源 200 千瓦。

第二节　电力管理

1988 年，印江电厂隶属水电局，1993 年 8 月，更名为印江自治县电力公司，1995 年更名为供电局。

印江自治县供电局办公楼（2007 年拍摄）

2002 年，根据《国务院批转国家经贸委〈关于加快农村电力体制改革，加强农村电力管理意见〉的通知》和《国务院办公厅转发国家计划委员会〈关于改造农村电网，改革农电管理体制，实现城乡同网同价的请示〉的通知》精神，为深化全县农电（农村电力）体制改革，理顺和强化农电管理体制，降低农村电价，切实减轻农民负担，促进农村经济发展，为加快农电管理体制改革步伐，理顺县供电企业与乡（镇）供电所的关系，经乡（镇）人民政府与供电局协商，同意将各乡（镇）供电所管理的供电区域归口供电局管理。凡产权属乡（镇）的水电站划转供电局管理，产权属水利局管理的电站（厂、所）实行站网分离。原乡镇管理的电站、厂、所、网更名为供电所，其所有管电人员由供电局统一管理。

2008 年 12 月，根据国家经贸委《关于推进和规范县供电企业改革若干问题的意见》《国务院办公厅转发电力体制改革工作小组〈关于“十一五”深化电力体制改革实施意见〉的通知》等文件精神，印江自治县人民政府将县供电局划转给贵州电网公司管理。按照“属地管理”原则，县供电局依法在当地纳税，具有独立的企业法人资格，实行自主经营、自负盈亏、独立核算。

第三节　供电用电

印江县城 110 千伏变电站（2003 年拍摄）

1988—2001 年，地方国营电厂下属犀牛洞水电站、合水水电站、先锋水电站、甘金桥水电站和坪兴寨火电站，实行企业式经营管理，供用电管理由电力公司供电所负责。1998—2001 年，印江自治县水利局内设机电股。2002 年 9 月，机构改革，设置农电站，行使机电股职能。2005 年 11 月，更名为农村电气化管理站，负责农村小水电发、供电管理。1998 年 7 月，成立小水电公司，管辖雷公岩水电站、龙塘窝水电站、哈当溪水电站、白杨坝水电站、下辅子水电站、雁水水电站等。2002 年，除雷公岩水电站外，其余电站划归供电局管理。

电网内电站的供用电管理，由乡镇供电所负责实施，实行抄表收费，同网同价。招商引资建设的阳坝、丰岩、坨寨水电站实行合同管理，业主和供电局的电量关系是买卖关系，实行趸售。农村大罗、黄土、堰塘、红岩、芙蓉等小型水电站实行自建、自管、自用、自负盈亏。

1988—2008 年印江自治县售电量统计表

表 4—6 单位：万千瓦时

年份	售电量	年份	售电量	年份	售电量
1988	555.67	1995	1975.71	2002	4239.87
1989	601.72	1996	2365.96	2003	4394.3
1990	719.54	1997	2478.82	2004	5174
1991	852.7	1998	2279.4	2005	6895
1992	757.85	1999	2564.13	2006	9016.1
1993	1059.09	2000	2621.82	2007	9817.11
1994	1124.77	2001	3807.03	2008	9890.21

第四节　小水电建设

2008 年度，印江自治县年售电量 9890.21 万千瓦时，供电量 5684.71 万千瓦时，综合线损率 12.1%，销售总收入 2114.9 万元。全县用电负荷年末达到 14 万千瓦时，发电量 2720.27 万千瓦时，上省电网 333.68 万千瓦时，下省电网 2805.05 万千瓦时。1990 年前，印江是区域性小型独立电网，半年来电半年缺，发供电失衡。1991 年，玉屏—印江输变电工程项目得到省电力局支持，国家能源投资公司于 1992 年批复列入基建计划，2000 年后印江建成了一大水电站，并完成了农电网改造。

一、 水电站建设

甘金桥水电站　甘金桥水电站位于天堂镇民丰村大巷子组，距县城 41 千米。水源为车家河，属乌江水系，坝址以上集雨面积 316 平方千米，多年平均径流总量 1.89 亿立方米，坝址处多年平均流量 6 立方米/秒，枯水流量 1 立方米/秒，按 50 年一遇设计，最大洪水流量 1048 立方米/秒，按 500 年一遇校核洪峰流量 1655 立方米/秒。甘金桥水电站始建于 20 世纪 70 年代，1987 年 7 月，县人民政府实施改扩建工程，12 月开工，1991 年 9 月竣工。建成浆砌石双曲拱坝 1 座，非溢流坝顶高程为 537.2 米，大坝高 49.2 米，坝长 115 米；总库容 3480 万立方米，其中有效库容 1640 万立方米；溢流坝顶高程 536.2 米，装机 1600 千瓦×2 台，多年平均发电量 1466 万千瓦时，年利用 4322 小时。架设水电站至县城 35 千伏输电线路 28 千米，建设城区降压站 1 座，机电及电气设备 43 台套，容量 4000 千伏安。修建进厂公路 1 条长 11 千米，架设通信线路 6.5 千米，安装电力载波机 2 台套。各类管理房屋 1201 平方米。车家河大桥改扩建工程由县交通局负责。概算总投资 908.4 万元，工程决算 985.8 万元。

天堂甘金桥水电站（2011 年拍摄）

胡家坝水电站　胡家坝水电站位于刀坝乡保和村胡家坝组，库区隶属天堂镇和刀坝乡。水电站距印江县城 49 千米，甘金桥电站下游 7 千米。坝址以上流域面积 343 平方千米，多年平均流量每秒 5.98 立方米，最枯流量每秒 3 立方米，多年平均径流总量 1.89 亿立方米。1995 年 9 月，完成可行性研究报告，1996 年 1 月，铜仁地区扶贫开发办公室、农行铜仁地区中心支行列入 1996 年度扶贫项目上报；1998 年 6 月贵州省扶贫办批复，总投资 1300 万元；1999 年 5 月，地区经贸局追加投资规模，调整总投资为1379万元，其中扶贫贷款500万元，工商银行投资贷款700万元，企业自筹179万元。1997年6月动工，1998年基本完成拦河大坝土建，1999年9月主体工程竣工、机组调试，2000年2月投入试运行，2002年2月竣工验收。建设砌石平曲拱坝110米，总库容410万立方米，正常高水位以下库容215万立方米，新修大坝上游左岸接甘金桥电站进场公路7千米。发电机2台，单机容量1000千瓦，架设35千伏输电线路7千米，10千伏输电线路3千米，审定计划投资1462.85万元，完成投资1379万元。

雁水水电站输电线路改造工程 1990年4月，铜仁地区水利电力局下拨雁水水电站投资计划12万元，当年改造坪兴寨变电站至新寨10千伏输电线路11千米。完成投资12万元。

2004年建设中的沙子坡镇坨寨水电站

坨寨水电站 坨寨水电站位于沙子坡镇塘口村，2003年12月，印江自治县通过招商引资，由泽弘投资管理有限公司修建。2006年4月建成，工程投资4086万元。水电站装机3000千瓦×2台，35千伏输电线路43千米。2008年通过大坝安全鉴定，蓄水发电。

阳坝水电站 阳坝水电站工程位于印江县城东部，印江河上游，距县城40千米。工程通过招商引资由广西桂林市全州开发商投资建设。2004年10月开工，当年完成投资160万元，2006年6月竣工投产。工程建设重力溢流坝1座40米，动力渠及冲沙渠770米，输水隧洞1条700米，厂房建筑352平方米，装机容量500千瓦×3台。

丰岩水电站 丰岩水电站位于印江河上游，距县城36千米。2006年9月，通过招商引资由广西桂林投资商建设，2008年9月竣工。建成拦河坝66米，扩建明渠337米，新建输水隧洞长2228米，装机2×630+2×500千瓦，35千伏输电线路5千米。工程投资880万元。

雷公岩电站 1988年12月，雷公岩水电站竣工，引水渠长2.11千米，引水流量1.45立方米/秒，安装水轮发电机2组共520千瓦。

芙蓉坝电站 2008年3月，芙蓉坝（宝勤）水电站自费改造，装机2×200千瓦。

堰塘电站 2006年9月—2008年4月，中坝乡堰塘水电站自费改扩建，装机2×400千瓦。

大罗坝电站 2006年9月—2007年6月，杉树乡大湾（大罗坝）水电站自费改扩建，装机1台×125+1台×200千瓦。

桅杆红岩电站 2008年4月—2009年2月，由浙江投资商出资30万元改扩建，装机1台100千瓦。

印江自治县电站基本情况统计表

表4—7

序号	电站名称	所在乡（镇）	装机数量（台）	装机容量（千瓦）	备注
1	甘金桥电站	天堂镇	2	2×1600	—
2	胡家坝电站	刀坝乡	2	2×1000	—
3	合水电站	合水镇	2	2×500	—
4	河缝电站	峨岭镇	4	2×200+2×160	—
5	雷公岩电站	新寨乡	2	200+320	—
6	雁水电站	新寨乡	2	2×200	—

续表4－7

序号	电站名称	所在乡（镇）	装机数量（台）	装机容量（千瓦）	备注
7	哈当溪电站	杉树乡	2	100＋150	—
8	龙塘窝电站	沙子坡镇	1	200	—
9	芙蓉坝电站	新业乡	2	100＋125	—
10	下铺子电站	缠溪镇	1	125	—
11	白杨坝电站	洋溪镇	3	160＋200	—
12	坨寨电站	沙子坡镇	2	2×3000	—
13	犀牛洞电站	朗溪镇	2	2×630	恢复重建

二、 输变电工程

下铺子电站至雷公岩电站电线路 1990年4月，铜仁地区水电局补助资金2.1万元，架设10千伏输电线路1.6千米，从雷公堡变电站送电至下铺子电站联网运行。

大塘输变电工程 1990年5月，铜仁地区水电局下拨建设项目资金15.5万元，当年架设10千伏输电线路13.5千米，建降压站4处，安装变压器4台共70千伏安。

韩家输变电线路 1991年8月，铜仁地区水电局下拨韩家输变电项目资金12.5万元，当年架设10千伏输电线路11.2千米，降压站4处，总容量120千伏安，完成投资12.5万元。

缠溪输变电工程 1992年3月，铜仁地区水电局下拨湄坨至塘房岭电线路投资计划30万元。当年架设缠溪—打杵场—塘房岭、缠溪—打杵坳—湄坨10千伏输电线路共24千米，安装变压器11台共310千伏安。

八宝湾输变电工程 1992年3月，铜仁地区水电局下拨中坝至八宝湾输电线路计划投资4.5万元，当年架设10千伏输电线路4.5千米，安装变压器1台50千伏安。

沙子坡至凉水输变电工程 1992年5月，铜仁地区财政局下拨补助资金3万元，1997年铜仁地区水电局下拨以工代赈3万元，实际完成国家投资6万元，架设输电线路11.4千米。

缠溪农电网 1993年1月，铜仁地区水利局下拨缠溪农电网投资计划40.8万元。当年建成雷公堡至罗场、两河、茶园10千伏输电线路32千米。1994年1月，下拨续建资金3万元，当年完成供电设施建设。

柏杨坝输电线路 1993年3月，县财政下拨柏杨坝电站高压输电线路改造资金5万元，当年完工。

甘金桥至沙子坡输电线路 1994年5月，铜仁地区水电局下拨补助资金14万元，投劳折资计划6.8万元。8月1日开工，建成10千伏输电线路8千米，降压站4处130千伏安，供电所1处150平方米。

沙子坡输变电工程 1995年5月，铜仁地区水电局下拨补助资金15万元，群众投劳集资计划16万元，当年架设10千伏输电线路7.7千米，安装变压器3台120千伏安。

沙子坡至消水坑输电线路 1995年铜仁地区水电局下拨补助资金7万元，投劳折资计划13万元。当年建成10千伏输电线路7千米。

雷公堡至杨坝输电线路改扩建工程 1996年10月，铜仁地区水电局等单位下拨以工代赈经费82万元，至1998年完成10千伏输电线路122千米，安装变压器4台。

三、 农网改造

农村电网建设 1999年实施农村电网改造工程，至2004年年末，县内有110千伏变电站1座，110千伏线路116.32千米；有35千伏变电站5座，35千伏线路101.78千米；有10千伏配电变压器

686 台，10 千伏线路 1267 千米，低压线路 2356 千米。对全县 17 个乡（镇）365 个村 7294 户进行电网改造，对全县 8 个乡（镇）电管站进行农电管理体制改革，实现归口管理，成立 14 个乡（镇）供电所。

2008 年印江自治县农村电网供配电情况一览表

表 4—8

序号	变电站或线路名称	单位	容量或长度	备注
1	印江 110 千伏变电站	千伏安/台	30000/2	—
2	35 千伏峨岭变电站	千伏安/台	4000/1	—
3	35 千伏缠溪变电站	千伏安/台	3150/1	—
4	35 千伏杨柳变电站	千伏安/台	3150/1	—
5	35 千伏沙子坡变电站	千伏安/台	3150/1	—
6	35 千伏木黄变电站	千伏安/台	4000/1	—
7	印江至玉屏 110 千伏线路	千米	116.32	—
8	印江至缠溪 35 千伏线路	千米	18.74	—
9	缠溪至杨柳 35 千伏线路	千米	18	—
10	甘金桥至沙子坡 35 千伏线路	千米	8	—
11	甘金桥至木黄 35 千伏线路	千米	25	—
12	甘金桥至印江 35 千伏线路	千米	28	—
13	10 千伏配电变压器	千伏安/台	14340/1441	—
14	10 千伏配电线路	千米	1511.24	部分未统计

农网改造 2005—2006 年全县实施农网改造，工程总投资 1472.95 万元。建成 35 千伏线路 53.8 千米，35 千伏变电站 8000 千伏安 1 台 1 座；10 千伏新建线路 46.48 千米，400 千伏及以下新建线路 140.56 千米，10 千伏安新建及改造配变压器 481 台 1875 千伏安。2006 年年末，全县 365 个村 10.29 万户，低压改造率达 85.75%。完成乡镇站体制改革 8 个。

2008 年印江自治县农网改造主要参数一览表

表 4—9

项目	单位	数量
一、投资	万元	—
总投资	万元	320.9
一期投资	万元	320.9
其中：35 千伏线路及变电站	万元	0
10 千伏以下线路	万元	320.9
二期投资	万元	0
二、规模	—	—
一期规模	—	—
1.35 千伏线路	千伏安/台/座	0
2.35 千伏变电站	千米	0
3.10 千伏新建线路	千米	16
4.10 千伏改造线路	千米	0
5.400 千伏及以下新建线路	千米	32

续表4—9

项目	单位	数量
6.400千伏及以下新建线路	千米	—
7.10千伏新建及改造配电变压器	千伏安/台	340/8
二期规模	—	—
1.10千伏新建线路	千米	—
2.10千伏改造线路	千米	—
3.400千伏级以下新建线路	千米	—
4.400千伏级以下新建线路	千米	—
5.10千伏新建及改造配电变压器	千伏安/台	—
三、改造效果	—	—
全县行政村数	个	365
全县总户数	户	102884
一期	—	—
改造村数（低压改造村数）	个	255（221）
村改造率（低压改造完成率）	%	69.86（60.55）
改造户数	户	55420
户改造率	%	53.87
完成乡（镇）电管站体制改革个数	个	8
未进行乡（镇）电管站体制改革个数	个	0
成立供电所个数	个	14
二期后	—	—
二期后改造村数（低压改造村数）	个	—
二期后村改造率（低压改造完成率）	%	—
二期后改造户数	户	—
二期后户改造率	%	—

四、电气化建设

2008年，全县电网建设工程总投资6207.18万元，其中：第三批农网完善工程1966.43万元，完成配变65台/0.39万千伏安，线路390.65千米；县级电网其他项目125.42万元，配变64台2500千伏安，线路25.25千米。第二批无电地区通电工程155.7万元，配变4台12千伏安，线路11.13千米；天堂100千伏安输变电工程3138.65万元，变电容量1台5万千伏安，线路40千米，印江城内35千伏变电站工程367.93万元，变电容量1.8万千伏安。

全县乡（镇）村通电率达100%，户通电率达96%，全县人口年均用电量124.38千瓦时，农业人口年均用量87.37千瓦时，电站主安设备完好率95%，输配电设备完好率96%。

1998—2008年印江自治县电气化标准情况对比一览表

表4—10

序号	项目	单位	1993年水平	2008水平	电气化县标准	与电气化县差距
1	全县总人口	万人	36.38	41.6	—	—
2	全县农村人口	万人	34.68	39.6	—	—
3	全县农村人口户数	户	84326	97250	—	—

续表4—10

序号	项目	单位	1993年水平	2008水平	电气化县标准	与电气化县差距
4	全县电网总装机容量	千伏	3860	9170	—	—
5	乡（镇）通电率	%	70.59	100	100	0
6	村通电率	%	67.03	100	100	0
7	户通电率	%	60	96	90	−6
8	全县人口年平均用电量	千瓦时	50.62	124.38	300以上	175.62
9	全县农业人口年平均用电量	千瓦时	17.64	87.37	160以上	72.63
10	全县农业人口年平均生活用电量	千瓦时	10.95	29.12	50以上	20.88
11	电站主要设备完好率	%	75	95	100	5
12	10～110千伏输配电完好率	%	75	96	100	6
13	综合网损率	%	24.2	12.1	12	0.1

第四章　邮政通信

第一节　邮　政

2002 年建成的印江邮政局新大楼

1988 年，印江自治县邮电局业务范围包括邮政和电信业务，办公地点在人民南路 16 号（服务公司广场）。1995 年位于人民南路的新邮电大楼落成（原印刷厂旁）后，县邮电局办公地点搬迁至新邮电大楼，全县邮电系统有职工 77 人。1998 年 10 月，根据国家邮政体制改革精神，撤销印江自治县邮电局，新成立印江自治县电信局和印江自治县邮政局，邮政局办公地点设在峨岭镇人民南路 16 号（县服务公司广场转角处），邮政局有职工 81 人。2000 年 3 月，县邮政局新成立邮购公司，开办邮购超市业务。2002 年 4 月，邮购超市业务停办。2002 年 5 月，位于县峨岭镇西环大道的邮政局新办公大楼落成，县邮政局办公地点搬迁进新大楼，新落成的邮政办公楼占地面积 1747 平方米。2008 年 6 月，新成立中国邮政储蓄银行股份有限公司印江县支行，县邮政局原有储汇业务部人员全部划归邮储银行，原中心广场网点及木黄网点划归邮储银行管理，原办公大楼的三楼资产划归邮政储蓄银行所有，县邮政局有职工 69 人，有办公用房面积 1412 平方米，内设办公室、市场经营部、储汇业务部、邮务业务部、邮政营业班、封发班、投递班，下设 12 个农村支局（所）和 1 个西环支行。

一、　邮政网点

1988 年，全县在板溪镇、天堂镇、木黄镇、朗溪镇、缠溪镇、洋溪镇分别设置邮电支局，在沙子坡镇、刀坝乡、合水镇、罗场乡、杨柳乡、新寨乡分别设有邮电所，在县邮电局设置邮政营业厅。1995 年，在县城新设置 3 处邮政报刊亭。1997 年，因岩口山体滑坡，朗溪镇邮政支局搬迁至县城邮电大楼一楼办公，1999 年朗溪镇邮政支局办公地点搬回原址。1998 年 11 月，邮政、电信分营后，全县 12 个农村邮电支局（所）划归县邮政局，同时更名为相应的邮政支局（所）。2000 年，25 名在岗职工办理了内退手续。2002 年，在西环大道邮政大楼新增设 1 个邮政绿卡网点，原邮政营业厅搬迁至西环大道邮政大楼一楼。2006 年，在县城增设 5 处邮政报刊亭。2008 年 6 月，成立印江自治县邮储银行，是年，县邮政局有传统业务网点13个，其中有邮政储蓄网点10个。

二、 邮运邮路

1988—2008年，全县有邮政投递路线1122千米（单程），有城区投递段道6条，有乡邮投递路线35条，投递方式均为自行车投递。县城实行每天投递1次，乡镇实行周五班、农村实行周三班，以步邮路与自行车邮路为主。设置的县、乡汽车干线邮路有印江至木黄、印江至刀坝、印江至洋溪、板溪至沙子坡、印江至陈家沟共5条，全长226千米，每条汽车干线邮路班次每月不少于22班，以承包或客运车辆代运方式为主。2000年，对印江—朗溪—合水—木黄—天堂—板溪—印江、天堂—刀坝往返、印江—沙子坡往返、印江—新寨往返、印江—罗场往返邮路实行委代办承包制。

三、 邮政用房

全国劳动模范戴泽远分检信函（1995年5月拍摄）

1988—1994年，县邮电局设在峨岭镇人民南路16号，生产用房面积484平方米，其中邮政生产用房236平方米。在板溪、沙子坡、天堂、刀坝、木黄、合水、朗溪、罗场、缠溪、杨柳、洋溪、新寨12个乡镇设有邮电支局（所），总生产用房面积4126平方米。1996年，邮电大楼落成，县邮电局搬迁至峨岭镇人民南路20号，县局生产用房面积为6689平方米，其中邮政生产用房1285平方米。1998年，邮电分营，县邮政局又搬回峨岭镇人民南路16号，总生产用房为484平方米。2002年，县邮政局在西环大道新修建邮政大楼，办公地点搬迁至西环大道，生产用房面积为1747平方米。

四、 邮政车辆

1988—1994年，县邮电局有生产用汽车3辆，三轮摩托车1辆，自行车20辆。1995—1998年，增加汽车1辆、自行车7辆，减少三轮摩托车1辆。1998—2008年，新增汽车4辆、自行车5辆，更换自行车29辆。

五、 邮政业务

1988—2008年，印江邮政仍然办理函件业务、包件业务、汇兑业务、报刊发行、集邮业务、储蓄业务，先后开办了特快专递、特快送款、邮政邮购、商函广告、鲜花礼仪、代理保险、代收话费、代发工资等新业务，实现邮政绿卡全国联网，通存通兑。

函件业务 1988—1995年，函件是邮政的主要业务，1996年程控电话开通后，电话得到普及，人们的沟通交流方式逐渐从写信改为电话联系，函件业务开始逐渐萎缩。函件业务根据性质分为平常信函和挂号信函，根据区域性质分为本埠信函和外埠信函，根据跨境与否还分为国内信函和国际信函，针对义务兵开办了义务兵免费信函。1988—1995年，为满足人们生活需求，开办明信片业务，因电话普及，明信片使用量逐年减少。从1998年起，由于函件业务逐年递减，邮政函件业务开始转型，逐渐从信函向商函发展。1991年开办邮政机要通信业务，主要面对党、政、军寄递机要类邮件。

包件业务 该业务是指除国家法律法规规定禁止寄递的物品以外，凡适于寄递的物品，均可按包件寄递。包件业务最大重量为35千克。1997年，印江邮政恢复开办国际包裹存局候领和特快专递业务。

报刊发行 1988—1996年，邮政报刊发行主要以党报党刊为主。1997年，因电脑的应用，印江邮政报刊发行业务结束手工操作模式，升级为电脑统计和处理。1998 年 3 月，为加快党报党刊运递时限，报纸发行业务上升，杂志发行量下降。2006 年，报刊发行主要以抓党报党刊、行业报刊、畅销报刊、校园报刊、农村报刊五大市场，推行专业化营销、项目营销，继续采取上门收订，电话预约、代收代订、集订分送、私订公助、文化扶持等发行方式，报刊发行量逐年上升。

邮政汇兑 20 世纪 90 年代，随着改革开放政策不断深入，农村剩余劳动力外出打工，商品流通加快，金融市场活跃，汇兑业务逐年增多。1999 年，个人汇款每笔最高限额提高到 1 亿元。2004 年开办邮政储蓄中间业务，开办代理保险业务、代售福利彩票、代收移动、电信、联通话费和代放号业务。

邮政储蓄 1988 年，邮政储蓄业务种类有活期、定期、零存整取、定活两便、整存整取、有奖储蓄、礼仪储蓄、个人通知、代发工资 9 种。2007 年，邮政储蓄开办定期储蓄、活期储蓄、定活两便、通知存款四项业务。20 世纪 90 年代，印江邮政储蓄业务发展较快。1998 年，印江邮政储蓄开始使用电脑办理业务，采用局域网方式，联网的有县城区邮电大楼网点、服务公司广场网点和木黄网点 3 个网点。1999 年，全省邮政储蓄电脑联网，除开办通存通兑业务外，还开办代发工资、代办保险业务。2000 年 4 月，全县第一个绿卡网点在印江县中心广场开通，邮政储蓄开始办理卡业务。2005 年，为加快邮政储蓄业务发展，相继开通缠溪、板溪、天堂、陈家沟、合水、沙子坡、洋溪、杨柳等邮政储蓄业务。新开通电子汇兑网点 6 个，全国联网的邮政储蓄网点 5 个，设置 ATM 自动取款机 3 台，投入设备资金近 120 万元。

集邮 1988 年，印江邮政局集邮协会成立，印江邮政办理出售纪念邮票、特种邮票、首日封、纪念卡、邮折、邮刊、集邮册以及集邮用品业务。2005 年 8 月 15 日，梵净山纪特邮票发行，这是以印江题材为主的第一次发行邮票。2008 年，颐和园纪特邮票印江首发式在县中心广场举行，省邮政公司、铜仁地区行署、县委、县人民政府相关领导出席发行仪式。

特快专递 1997 年，为适应社会发展的需求，印江邮政开办标准特快专递业务。1999 年，为杜绝非标准特快专递封套进入邮政通信领域，全省标准特快封套统一归口管理。2004 年，印江邮政开办物流业务，以医药、汽车配件、手机等行业为重点，全市整合邮政网络资源，组建零担配送网络，实行“配送+分销”模式进行同城配送。2006 年，印江邮政开办中邮快货业务，中邮快货业务主要面向中、小协议客户，解决企业销售环节的物流问题，主要服务于医药、汽配、化妆品、服装、出版、日用品、土特产等企业制造商、批发商为主的协议客户，为其提供个性化需求和附加值高的批量零担货运业务。

邮政新业务 （1）代办业务：1997 年，印江邮政局开办代办集体、个人保险，代办人寿保险及各种保险业务。（2）鲜花礼仪：1999 年，印江邮政局开办邮政鲜花礼仪业务，在春节、情人节等重要节日，为客户代送鲜花上门服务。（3）邮购商品：2000 年，增加邮政代办邮购业务，有邮购商品 144 种，主要以国酒茅台、三星习酒等。2005 年，随着网上购物的兴起，电视购物、托人采购、送货上门等形式，通过邮政购物的客户越来越少。（4）邮送广告：2001 年，印江邮政与国信寻呼等公司共同发行回音卡宣传广告。（5）商业信函：2001 年，根据国家邮政局资费收取的规定，印江邮政开办了商业信函业务，数量逐年增加。（6）特快送款：2005 年，为方便人民群众取汇款，印江邮政开办特快送款业务。

1988—2008 年印江自治县邮政业务量统计表

表 4—11

年份	函件						
	业务收入（万元）	平常函件（件）	印刷品（件）	义务兵信函（件）	国内挂号（件）	台湾函件（件）	国际函件（件）
1988	34	345092	11267	863	48263	39	3

续表4—11

	函件						
1989	42	312362	10627	825	46891	35	2
1990	61	276319	9568	759	42158	24	4
1991	87	252384	9241	716	41052	37	1
1992	102	239648	9025	697	40965	29	5
1993	138	216342	8649	723	38746	33	3
1994	150	204165	8216	642	37269	27	1
1995	165	195482	7142	684	36714	26	2
1996	172	186384	6437	701	35816	31	1
1997	181	173259	5681	693	35267	22	1
1998	189	168875	4926	726	34853	21	0
1999	215	164436	4172	610	34211	34	2
2000	254	162106	3865	663	33267	25	3
2001	305	161347	3344	648	32154	30	1
2002	350	159069	3195	729	30846	36	2
2003	389	406257	1328	604	26243	14	1
2004	420	227765	4718	705	22736	3	0
2005	442	283373	4051	902	23476	8	0
2006	543	45541	2965	154	16988	0	0
2007	673	25632	1486	55	16645	0	0
2008	945	16665	927	46	16368	0	0

年份	特快专递			包件业务			邮政储蓄	集邮业务
	国内特快（件）	国际特快（件）	机要邮件（件）	国内包件（件）	国际包件（件）	邮政礼仪（件）	年平均额（万元）	（枚）
1988	—	—	1207	3221	0	—	183	6856
1989	—	—	1156	3158	0	—	367	7106
1990	—	—	1183	3096	0	—	592	7412
1991	—	—	1014	2964	0	—	751	7652
1992	—	—	958	2921	0	—	903	8423
1993	—	—	867	2904	0	—	1158	9854
1994	—	—	825	2895	0	—	1346	10263
1995	—	—	801	2883	0	—	1522	11280
1996	—	—	796	2871	0	—	1688	12486
1997	2536	0	784	2869	0	—	1720	16257
1998	2983	0	744	2809	0	—	1874	15628
1999	3327	1	709	2724	0	—	2018	14962

续表 4—11

年份	特快专递			包件业务			邮政储蓄	集邮业务
	国内特快（件）	国际特快（件）	机要邮件（件）	国内包件（件）	国际包件（件）	邮政礼仪（件）	年平均额（万元）	（枚）
2000	3655	0	674	2647	0	1203	3336	13865
2001	4239	0	612	2516	0	1346	4862	13254
2002	5398	0	572	2414	0	1806	6351	12369
2003	3052	0	627	2477	0	2161	7640	16759
2004	4917	0	674	2174	0	1758	10586	14975
2005	7999	0	564	2982	0	1850	13300	2711
2006	11251	1	542	2900	0	1654	20055	2538
2007	12689	0	485	2755	0	1578	27420	2246
2008	15346	0	446	2659	0	1522	35596	2138

年份	邮政汇兑				报刊发行	
	汇兑开发（张）	开发金额（万元）	汇兑兑付（张）	兑付金额（万元）	报纸（件）	杂志（件）
1988	10628	2052	90338	9494	14986	12724
1989	11369	2234	96637	9223	21365	16297
1990	12549	2365	106667	9468	26417	21841
1991	12867	2406	109370	9857	32699	26438
1992	13148	2496	111758	10712	46897	31024
1993	13762	2528	116977	10016	56238	36895
1994	14067	2420	119570	10990	68947	41260
1995	14672	2349	124712	11316	85642	46324
1996	14963	2388	127186	11686	109613	54968
1997	15216	2412	129336	12914	126934	61285
1998	15943	2465	135516	13418	368582	65482
1999	15632	2489	132872	13646	512387	72596
2000	16185	2589	137573	14596	652691	78635
2001	16520	2495	140420	14703	745624	82147
2002	16817	2453	159092	15069	822494	88626
2003	12473	3527	161874	16345	1155654	86258
2004	10912	3164	162247	17640	1656751	128769
2005	10894	2148	127559	14725	1704552	154866
2006	12183	2297	149471	16249	1578329	129345
2007	17654	3723	98490	8857	1653568	136521
2008	21413	4974	56992	7273	1812912	158634

第二节　通　信

一、电信

机构沿革　1998年10月，邮政与电信分营后，新成立县电信局。1999年电信局更名为贵州电信有限公司印江自治县电信局。2003年中国电信南北划分后，南方21省为中国电信，北方为网通公司。2004年中国电信重组上市后，县电信局更名为贵州电信有限公司印江自治县分公司。2008年中国电信全部上市后，原印江分公司更名为中国电信股份有限公司印江分公司。

县城固定电话交换机　1988年至1995年9月，县城有500门纵横制交换机1台，可自动拨号，用户规模为218户。设置有朗溪、木黄、板溪、天堂、缠溪、洋溪6个邮电支局和合水、沙子坡、刀坝、罗场、杨柳、陈家沟6个邮电所，分别拥有磁石交换机30门，可提供县到各区委、区公所、乡政府电话会。县城开设人工长话台、农话台交换机各1套。1995年10月，县城开通S－1240西门子程控电话3000门及无线寻呼业务，实现国内电话自动直拨。1996年年底，全县固定电话用户数达到2800户，无线寻呼用户达1800户。1997年，第一次扩容程控交换机容量至5000门，于9月开通了900兆蜂窝模拟移动电话。1999年，第二次扩容至8000门。至2000年5月，全县无线寻呼用户已发展到6800户，是年无线寻呼从隶属电信局改隶联通公司。2001年10月，程控交换机第三次扩容至1.3万门。到2008年年末，全县电话用户数达8900户。

传输电路　1988—1989年，全县长途电话电路有：印江至铜仁6条，印江至江口1条，印江至思南1条，印江至沿河1条，长途电路均为铝线加载波的形式实现，在印江306设有增音站和长途线务站各1个，开设电报专线1条。农话电话电路有：印江至6个支局和6个所电路各1条，各交换点至各区委、区公所、乡政府电路1条。1990年，新建印江至洋溪铝线一条，开通载波电路，解决了沿途缠溪、杨柳、洋溪的农话电话，提高了通话质量。1997年后实现了光纤通信，电路增至进出各60条，进一步改善电路不够的问题。

传输线路　1995—2008年，全县共架设光缆线路长度410皮长千米，3600芯千米，铺设通信管道58管孔千米，铺设电缆芯线长度5.46万对千米。

印江自治县电信大楼（2007年拍摄）

农村固定电话交换机　1997年相继开通16个乡镇和6个管理区的程控电话，乡镇接入网点共22个，分别为：新寨乡程控交换机容量为1056门、农场程控交换机容量为768门、凯望程控交换机容量为512门；中坝乡程控交换机容量为1024门。板溪镇程控交换机容量为1664门、毛寨程控交换机容量为512门；杉树乡程控交换机容量为1024门；沙子坡镇程控交换机容量为768门；天堂镇程控交换机容量为1664门；刀坝乡程控交换机容量为1024门、兰克程控交换机容量为512门；朗溪镇程控交换机容量为1664门；合水镇程控交换机容量为1664门；新场程控交换机容量为768门；永义乡程控交换机容量为768门；木黄镇程控交换机容量为1664门、新民程控交换机容量为512门；新业乡程控交换机容量为512门；罗场乡程控交换机容量为512门；缠溪镇程控交换机容量为1024门；杨柳乡程控交换机容量为512门；洋溪镇程控交换机容量为1024门；乡镇中，新业乡、永义乡没有设支局，其余乡镇配有维护人员1人、营业员1人。

电报 1988年12月，在铜仁地区装中文译码机，实现翻译电报自动化，1990年，在县城安装插报机。1991年，增加全电子传真机1台，当年，还在报房和营业厅增加真迹传真机各1部，1994年，在报房安装了载波电报终端机。1997年，载波电报电路改为光纤电报电路，电报通信实现数字化传输，收发电报实现微机化操作。至此，电报通信达到顶峰，随着电话通信的发展，移动电话的开通，电报业务已被逐步取代，业务量明显下滑，到2004年，电报业务降至0.03万份。2007年，随着互联网、电子邮件、传真业务的普及，传统的电报业务已被取代，该业务由此告终。

小灵通 2002年年底，印江建小灵通基站，开通小灵通业务，至2008年，建设小灵通基站89个，还开通了木黄、朗溪、板溪、缠溪小灵通业务，用户数到达6800户。2008年10月，电信重组，收购中国联通的CDMA网络，贵州电信停止对小灵通的建设，主要投入到CDMA（即码分多址，是在无线通信上使用的技术，所有使用者同时使用全部频带）无线网络的建设中。

1995年12月，3000门程控电话暨无线寻呼开通典礼会场

移动电话 2008年10月，电信从联通公司购买CDMA（移动电话）经营，主要号段有133、153、180、181、189。建设移动基站26个，开展移动通信网络业务，2008年年底，用户达1.43万户。

电信互联网 1998年，开通163、169拨号业务（163网可访问国内外网络信息，169网注册用户只能访问国内网络上的信息），2003年，拨号上网接入码163升级为16300、169升级为16388；2002年，开通网络快车ADSL（非对称数字用户环路），接入采用电话线上网，下行最低速率为512K，最高理论速率8M，分为虚拟拨号接入方式（使用PPPOE拨号认证形式）和专线接入方式（使用固定IP地址）。2005年，实现光纤接入互联网方式，网速得到有效改善，可为用户提供100M以上的下载速率。2008年，中国电信承接经营CDMA后继续进行业务推广和提供服务，CDMA1X作为电信无线宽带产品的一种接入方式，直至开通第三代移动通信业务（3G业务即EV—D0功能）。截至2008年年底，中国电信互联网接入方式为：ADSL、LAN、光纤专线、CDMA1X、3GEV—D0、Wi—Fi等方式。

二、 移动通信

机构设置 1999年8月，移动业务从电信局分营后，成立中国移动通信集团贵州有限公司印江分公司（以下简称印江移动公司），内设营业班、机务班，有职工11人。2008年，职工人数增加至36人，其中设置经理1人，内设班组发展成建维部、市场部。

基础设施 2003年12月印江移动综合楼竣工并投入使用，建筑面积1092平方米，内设移动营业厅、核心机房，综合部、建维部、政企客户部、市场部等运营及办公区域。1998年，印江移动公司有1个模拟基站和1个数字基站。2000年8月，缠溪镇移动基站开通，是县内建成的第一个乡镇移动通信基站。2003年12月模拟基站替换割接成功，进入数字通信。2008年，全县数字基站发展到86个，网络覆盖全县17个乡镇，2G网络覆盖率达全县国土面积78%以上。

业务发展 1999年，全县建成有1个模拟基站和1个数字基站，有移动用户480户，业务年收入185万元。2001年，投入资金1.2亿元，在合水、新业、永义、朗溪、罗场、杨柳、洋溪、杉树、板溪、沙子坡、天堂、刀坝、新寨、中坝14个乡镇建设移动基站。2004年6月，全县实现乡乡通移动电话，取消终端入网及卡费。2005年1月，核心机房开通。2005年5月，移动营业厅实现乡镇全覆盖。2005—2007年，移动公司在印江总投入资金3.2亿元，完成光缆线建设2400杆千米，建成通村

印江移动公司办公楼（2008 年拍摄）

移动基站 106 个，全县有 9 个居委会、365 个村、3013 个村民组通移动电话，村组网络覆盖率达 80%。2007 年 8 月，实现部分自然村寨就地办理移动业务。2008 年，完成印江至思南、沿河、秀山传输网络改造，新增移动基站 65 个，3G 移动基站 16 个，铺架光缆传输线路 400 千米，安装配套设施 400 套。全县移动用户发展到 8 万户，公司年收入达 7200 万元。主要品牌有“全球通”“神州行”“动感地带”，主要号段有 139、138、137、136、135、134、159、158、157、150、151、152、188、187。为方便用户，还开办移动梦网、随 E 行、号簿管家、一卡双号、亲情号码、停机保号、移动声讯、VPMN、商务秘书、手机报、手机证券、GPRS、彩信、彩铃、无线音乐俱乐部、音乐随身听、短信、飞信、手机邮箱、来电提醒、主叫隐藏、手机桌面助理等业务。移动公司在县城设置有 2 个自办厅，下设营销服务，建设维护 2 个部门和县城、缠溪、木黄 3 个片区，有县城特许店 18 家，乡镇特许店 21 家，村级服务站 287 家。

三、 联通

2001 年 4 月，中国联合网络通信有限公司印江自治县分公司成立（以下简称联通公司）。公司在县城开始运营，下设综合（包括财务）、市场营销、运行维护 3 个部门。9 月，GSM 移动通信网正式开通运营。2004 年 8 月，开通 CDMA 移动网络通信业务。2005 年，建设联通基站 6 个，用户达 900 户。2006 年，建设联通基站 20 个，用户达 8700 户，完成业务收入 532 万元。2007 年年末，实现业务收入 473 万元（其中：CDMA 业务收入 120 万元，GSM 业务收入 343 万元，数据业务收入 10 万元）。到 2008 年年末，全县已建成联通基站 56 个，联通用户突破 1 万户，有宽带数据用户 200 户。

第五章　城镇建设

第一节　城镇规划

1984 年 10 月，县建设局第三次对印江县城进行总体规划，编制《印江县城总体规划方案》。1985 年 10 月经省、地区专家评审通过，1986 年 5 月 3 日省人民政府批准，1990 年 4 月再次调整。1995 年，城市建成区面积扩大到 1.47 平方千米，比 1950 年初期增长 5 倍；城市房屋总面积 55 万平方米，比 1949 年前增长 8 倍。启动县城总体规划调整。1996 年 12 月《印江县城总体规划》修编调整结束。2004 年，对《印江县城总体规划》进行修编。2006—2010 年，县城建成区面积由 2.80 平方千米扩大达 5.20 平方千米，城镇化率由 21.6％提高到 32.2％。

一、 规划指导思想及规划重点

以构建社会主义和谐社会为基本目标，坚持“五个统筹”（统筹城乡发展、统筹区域发展、统筹经济社会发展、统筹人与自然和谐发展、统筹国内发展和对外开放），坚持中国特色的城镇化道路，坚持节约和集约利用资源，保护生态环境，保护人文资源。从城市的实际出发，以人为本，改善人居环境，保障公众利益，维护社会稳定和公共安全，强化城市特色，依托山水景观特色，营造优美城市环境，提升城市品质，打造特色精品城市。

按照建设“精致、特色、宜居”城市的总体要求，加快城市基础设施建设、提升现代化城市管理水平、统筹城乡一体发展，完善城镇功能，优化发展环境，提升城市内涵和品位，加快推进新型城镇化建设。

二、 规划期限

1984 年规划县城近期为 1983—1990 年，远期为 1983—2000 年。

1995 年规划年限为 1996—2010 年。

2004 年规划县城近期为 2004—2010 年，远期为 2011—2020 年。

三、 城市性质

1984 年规划中将县城定为“全县政治、经济、文化中心和交通枢纽，发展以农副产品为主的加工业，逐步发展为旅游业和科研服务的小城镇”。

1988 年本着节约用地、合理用地、保证用地的原则打造经济实用型城镇。

1995 年规划县城性质为“印江自治县城是全县政治、经济、文化中心，是以发展商贸和农副产品加工以及为旅游服务的县级小城镇”。

1998 年，打造经济、实用、美观、安全，并具有山区和民族地区特色的城市。

2004 年修编中将县城定为“政治、经济、文化、信息中心，梵净山旅游文化圈重要服务基地，以商贸物流业、农特产品加工业、文化旅游服务业为主导产业，民族特色鲜明的山水园林城市”。

2005 年以“城镇经济带动”为战略，促进小城镇健康发展，推进城镇化进程。

四、 城市人口规划

1984 年规划县城近期（1990 年）人口为 2.13 万人，远期人口为 2.66 万人。

1995 年规划县城人口规模 5 万人。

2004 年规划县城近期人口为 5.8 万人，远期为 8 万人。

2005 年城镇人口由 5.13 万人增加到 8.73 万人。

2008 年城镇人口由 8.73 万人，增加到 10 万人。

五、 城市规划范围及建设用地

1984 年，规划县城东起板田沟至增音站，南从金字顶至石油仓库，西由九道河，经中寨口至柳家河坝，北起职业中学至黔江小学。规划区主要包括老城、官庄坝、峨岭寨、坪兴寨、中寨口等自然村寨。规划范围划定为 5.07 平方千米。1995 年，规划建设控制面积 5.15 平方千米，规划范围为东至岩底寨，南至石油仓库，西至甲山寨，北至职校、团山堡。

1988 年，自治县实施城市规划小区建设，按 1986 年省人民政府文件规定、根据规划区内建设功能分区。本着节约用地、合理用地、保证用地的原则，小区规划着重于老干区、柏香林和印中三角地的小建筑群体布置，年内规划建筑占地面积 3.59 万平方米，其中：单位建筑用地 1.59 万平方米、私人建房占地 2 万平方米；耕地 1.53 万平方米（土 1.13 万平方米，荒地 0.4 万平方米）。在规划区内私人建房 155 户，其中经建设局按规划方案审批实施的 126 户，据不完全统计，经城建办审批的拆房建房 69 户。

1991 年，颁证给县公共机关、厂矿、企事业和学校 4 批 234 个单位（点），建筑面积 29.48 万平方米，颁证给居（农）民 14 批 1818 户 9536 人，建筑面积 21.27 万平方米。总计颁证建筑面积 50.75 万平方米。占登记丈量面积 56 万平方米的 90.63%。

1993 年，规划设计办公室根据《城市规划法》有关要求，对县城及重要集镇的总体规划实行刚性控制和管理。纠正处理各种违章建筑 3 起；办理“两证一书”新建单位 11 个，征地 2231 平方米；办理私人建房 10 户，征地 722 平方米；办理单位旧房改造 5 个，改扩占建宅基地 1549 平方米；办理私房改建审批手续 20 户，改扩占建宅基地 1708 平方米。按总体规划完成县委以北西门湾片区的初步规划设计方案，面积 13.5 万平方米；完成解放路西门街和铜思公路平兴寨段道路的改造规划设计方案，并对西门街改造涉及搬迁的房屋进行了全面统计；制订出板溪镇贸易市场的规划设计；完成党校等 6 个单位的规划设计任务。

1994 年，按照县城总体规划，建设局对翠屏路东段北侧、新滩路北段十字路口以及振兴小区东北部居住点作出建设性详规，总占地面积 9008 平方米，有力配合全县的房改工作，保障对职工集资建房用地的规划、征地工作。对县城的前进街、南门河堤路进行勘察设计，由峨岭镇人民政府和街道居民委员会组织，采取群众和受益单位集资的办法，完成以上两条街道的改建扩建工作。两条街道全长 747 米，道路硬化面积 4113 平方米，改变前进街以往下雨水进屋、泥渣满街的现象。

1995 年，对翠屏路东段北侧小区、新滩小区实施建设规划管理，对新滩小区十字路口居住区进行勘察规划设计。对县城总体修编工作按县人民政府意见作了用地调整，完成图纸及数据资料整理。

1996 年，为适应“九五”计划及 2010 年远景规划，县建设局在地区建筑规划勘察设计院的大力协助下，完成《印江县总体规划调整》，并通过了由省、地领导、专家参加的评审。同年，对县城小河居民点进行规划，县人大常委会批准《印江县城小河居民点规划设计方案》，规划面积 2.37 万平方米。对合水镇赶水坳工业小区进行规划，规划面积 3.97 万平方米。对印松过境公路合水段、合水上街和中街制订控制性改造方案，规划道路长 1570 米，面积 1.54 万平方米，同时编制合水中学校园规划和合水镇政府办公区规划。编制《缠溪集镇外环乡镇工业小区规划》，规划面积 3.48 万平方米，完成了“两图一书”。

1997 年完成沙子坡镇 4.76 公顷沙兴乡企工业小区和木黄镇 3.31 公顷会师坝文化小区两个详规编制。还对县城道路等市政公用设施进行了规划。

2000 年，完成了试点镇木黄镇详细规划，完成永义、新寨两个集镇的总体规划编制和张家坝的详细规划编制工作，完成槽门小学、兰克小学、板溪小学、合水小学、杉树小学、陡溪小学、打杵坳小学、凉水小学及特殊教育学校等 10 多所小学的校园规划设计方案，完成同心路北段，服装厂、教师新村、安居工程、峨岭镇畜牧市场、西环建设二期工程、峨江路片区以及环卫等规划设计方案。

1998—2002 年，编制《印江县城总体规划（调整）》、8 个建制镇镇区规划、新业乡的集镇规划等 13 个建设性详细规划。县城规划区建成区面积由 5 年前的 0.8 平方千米扩大到 2.04 平方千米。完成房屋建筑面积 143.6 万平方米。

2003 年，先后完成《印江自治县城市近期建设规划（2003—2005）》《印江县城滨河大道（南岸）修建性详细规划》（规划面积 6.8 公顷）、《印江县城金玉小区修建性详细规划》（规划面积 5.8 公顷）、《印江县城西门坝控制性详细规划》（规划面积 31 公顷）、《印江自治县总体规划修编》等 8 个规划编制工作。完成木黄镇区总规修编，板溪开发区、新寨新区、新业集镇市场及 11 个移民搬迁规划编制。

2004 年，规划县城用地面积 8.23 平方千米，人均 71.33 平方米。小城镇建设步伐加快，全面实施“城镇经济带动”战略，促进小城镇发展，推进城镇化进程。是年，共投入城建资金 461.3 万元，改造新建城镇道路 6 条，即梵净山路、梵净山东段人行道、翠屏路东段、城东小区内的主车道、西环大道北段。新寨乡新添小区主街道，长 1.83 千米，宽 11 米，面积 2.1 万平方米。城镇建成区扩大 0.62 平方千米，其中县城 0.41 平方千米，合水镇、刀坝乡、新寨乡等乡镇 0.22 平方千米，新增人口 7200 人，新增绿化面积 3800 平方米。新建农贸市场两座：城东农特产品交易市场，占地 1.87 万平方米，2005 年 6 月投入使用；木黄镇边贸市场，占地 5600 平方米，2006 年年初交付使用。新建城西停车卸货场，占地 1.32 万平方米，2005 年 4 月投入使用。

2005 年，完成城南工业小区、县府路安居小区、西环二期工程、西门坝小区、金玉小区、城东小区、河滨南路、阳光花园城等 16 个区域性修建性详细规划，规划面积达 3.13 平方千米。完成印中校园扩建工程、二中校园扩建、异地安置小区、峨岭镇办公区等 33 个扩建单位建设工程项目规划，规划面积 2.61 平方千米。完成木黄镇、合水镇总体规划修编（木黄镇规划面积 1.99 平方千米、合水镇规划面积 1.26 平方千米）。完成刀坝乡、中坝乡、新寨乡、新业乡、永义乡、天堂镇、缠溪镇等 16 个移民搬迁规划，面积 1.64 平方千米。完成木黄镇燕子岩村、合水镇坪峨村、永义乡团龙村等 5 个村寨规划，规划面积 0.56 平方千米。

六、 城镇等级规模、 职能、 空间结构

建立“中心城镇—重点镇—一般镇”三级城镇等级结构体系。规划城镇职能类型，把城镇分为综合型、工贸型、旅游型及农贸型四种。规划形成“一核四点四轴三区”的城镇空间结构：一核，即县域中心城镇峨岭镇（县城）；四点，即木黄镇、天堂镇、缠溪镇、合水镇四个重点镇；三轴，即县域三条城镇发展轴线（一级发展轴线：“峨岭—朗溪—合水—木黄”城镇发展主轴是印江对接思南的产业发展大平台，将与思南构建协调互补的半小时经济圈。二级发展轴线：刀坝—天堂—板溪—缠溪—

杨柳—江口。三级发展轴线：缠溪—洋溪—石阡）；三区，即中部、北部、南部三个城镇协作区。中部城镇协作区，综合性服务、旅游服务、工矿服务区，以峨岭为主中心，以木黄为副中心，以合水、朗溪、永义、新业、罗场、新寨、杉树、板溪为支点，主要职能有农特产品加工、旅游工艺品创作加工、建材、生物制药、商贸物流等；北部城镇协作区（工矿农贸区）：以天堂为中心，以沙子坡、刀坝为支点，主要职能是有色金属生产加工、农业贸易等；南部城镇协作区（农贸），以缠溪为中心，以洋溪、杨柳为支点职能以农业贸易为主。

七、城镇建设用地规模规划

中心城区人均建设用地控制在 85 平方米以内；重点镇人均建设用地控制在 75 平方米以内；一般乡镇人均建设用地控制在 70 平方米以内；村庄人均建设用地控制在 60 平方米以内。

八、总体布局与功能分区

总体布局 1984—2003 年，自治县规划的工业园分南、北两区。北区布置在官庄坝和板田沟一带，为食品工业区；南区布置在峨岭寨南的二台坡三级阶地带，为综合工业区。仓库区布置在炸药仓库至人造平原一带，生活居住区布置在新滩路以西及人造平原一带和印江河两岸。北岸老城沿新滩河坝延伸发展，南岸沿振兴路接峨岭寨，南北坡地作农房新村安排。商业中心分别布置在城内的解放路、人民路、环城路、东兴路、振兴路。园林绿化区布置在城南金字塔和城北太阳山 4 个片区。甲山片区规划面积 2.03 平方千米，人口规模 3400 人，主要发展特色工业和农业。城北片区，规划面积 3.64 平方千米，人口规划 2.18 万人，主要为生态绿化景观及商业服务居住区。旧城地段为综合区，文昌阁地段为文化娱乐、体育中心及商贸居住区，城北地段为教育科研及发展备用地。城南片区，规划面积 2.56 平方公里，人口规模 4.28 万人，主要为行政区、商业仓储区和居住区。坪兴寨地段为对外交通、仓储和集市中心。东门坝地段为商业中心和行政区。修编规划中，在城市空间布局结构上采取“主城区＋分城区”跳跃式发展结构形态进行规划，具体为“两轴一体两翼”结构（两轴：南北方向连接大云小云片区的城市生长主轴及中心城区东西方向的城市生长主轴。一体：主城区、老城区及周边新增连片发展区域，是规划中心城区的综合性公共服务核心。两翼：分城区的小云产业区和大云物流及配套片区）。

2002—2007 年，按照县委、县人民政府提出的“夯实三大基础，发展三大产业”的战略构想，县住建局在 2002—2007 年 5 年里，以“扩大两个规模、提高三项指标、建设六个重点、抓好四个结合、加强两个管理”为城镇建设的基础计划目标，规划县城区总面积 5.15 平方千米，2002 年建成区面积只有 2.04 平方千米，占规划区面积的 39.61％。通过采取“东西成片推进，南北填空补缺”的扩大建成区计划的方式，到 2007 年，建成区规模扩大到 3.3 平方千米以上，占规划区面积的 64.08％左右。8 个建制镇镇区规划总面积 3.31 平方千米，2002 年建成区面积只有 0.96 平方千米，占规划总面积 29％。采取“建设新区、改造旧镇”的扩大建成区计划，到 2007 年，建成区规模提高到 36.25％，达 1.2 平方千米。

详细规划 县城主城区划分为城北片区、城南片区、城东片区、甲山片区。

主城区：城北片区——规划保留城北片区内风貌相对完整的老城区，并对功能进行逐步调整，增加商业金融服务设施，同时完善印江自治县现有文化娱乐体育中心的功能，形成主城区的文体中心。规划人口规模 4.6 万人，城市建设用地 3 平方千米。甲山片区——规划在甲山村保留现状基础上，沿印江河和桶溪河设置传统居住区；在该片区东北侧结合文体中心设置印江自治县行政办公中心。规划人口规模 2.5 万人，城市建设用地 1.8 平方千米。城东片区——规划在旧城区东部设置印江县的新兴商贸服务中心和片区级文化体育中心。规划人口规模 2.4 万人，城市建设用地 1.5 平方千米。城南片区——规划在印江河南部设置具有山地居住特色的生态居住示范区。规划人口规模 4 万人，城市建设用地 2 平方千米。

大云小云片区：小云工业片区——利用交通区位优势和资源优势，发展农特产品加工业，规划成旅游工艺品创新、创意产业区，规划城市建设用地 3 平方千米。大云居住片区——规划作为小云产业园区配套物流园区，同时作为大云村、小云村、小泽村安置区。规划人口规模 2.5 万人，城市建设用地 1.3 平方千米。

《印江县城远期规划（2010—2015）》，利用自身自然条件，构建“四园、多点”的绿地系统结构：“四园”即太阳山公园，营盘山公园、竹林公园、观音沟湿地公园；“多点”即中心城区利用现状大小各异的山体绿地，分别形成中心城区内各个等级的社区公园和街头绿地。生态绿地规划“一圈、一心”：“一圈”严格保护原始植被，恢复遭到破坏的山林，种经果林和观赏林，供给城市农业果品及农产品，并将山体绿化作为城市外围的“生态圈”；“一心”大云片区、小云片区所围合的山体绿地，即大云、小云片区郊野公园。

建设的县城西环园区

九、 规划管理

为加强城镇规划的实施管理，印江自治县成立自治县城镇规划委员会，并颁布实施《自治县城镇规划管理办法》《自治县城镇规划技术管理规定》等规范性文件，严格对建设项目规划、建筑设计方案、重点地段规划等规划成果进行技术性审查，确保规划的科学性、合理性、先导性。向乡镇派驻规划督察员，负责对乡镇驻地的规划实施情况进行经常性巡查和监督，定期或不定期向自治县城镇规划委员会汇报并提出分析评价报告，并及时报告违反规划和违反法定程序调整规划等情况，确保规划的正确实施，保证城镇建设有序、健康、持续发展。严控规划的审查权和审批权，实行项目先规划后征地的原则，成立印江自治县建设工程项目征地领导小组，负责建设工程项目征地工作，规定“凡是没有经过印江自治县城镇规划委员会审查通过的项目，一律不准征地、供地”。为加强城镇规划管理，印江自治县政府下发《关于 2007 年发展城镇经济的实施意见》，确定以后的建设工程项目必须坚持“先立项、再规划、后用地”原则，严格“先规划、审详规、再用地”程序。

第二节 县城建设

1988—1994 年，重点性建筑工程以市政发展为主，建有印中教师宿舍、县教育局宿舍、县人大宿舍、县政协宿舍、县水电局宿舍等民用居住建筑工程，建有县工商大楼、县畜牧局办公楼、县中医院办公楼、县民族陈列馆、印中教学楼、县政府办公楼、烟草公司综合楼、县税务局办公楼等公共建筑工程，印江县城初具城市规模。1995—2008 年，县城建设以小区或园区建设为主：建有西园工业园区，1995 年，该园区的建设拉开了城镇建设的新序幕，在三年的建设中，政府没花一分钱，建成了服务功能齐全、市政设施配套的商业贸易区和住宅区，走在全区前列；1998 年后，建成西环小区，建有西环客车站、农贸市场、腾龙酒店、教师新村和金玉小区安置区等，衍生出商贸繁荣的“湖南一条街”；建有东郊商贸城，以发展旅游商贸、城镇居住为主，极具城市特色，建成柏香林客车站、城东贸易市场、城东幼儿园、敬老院、泉州商贸城、和谐颐园及人行支行发行库办公楼、信用联社办公楼等。在建设小区园区的同时，2007 年县政府出台《关于城镇建设的实施意见》，投入 6 亿多元以加大城镇景观、文化产业建设步伐，圣磁路、健民路建设工程，实施梵净山路东段扩建工程，实施县城中心广场、印江河翻板坝、体育馆、印江河两岸景观、城区四座大桥及街道亮化、公厕、文昌路段扩建等工程。2008 年，完成西园路西段、解放路东段维修，城东片区给排水、穿城大堰和老干片区排水沟整治、北门路改造和慕龙饮水工程。到 2008 年年底，县城建成面积达 4.15 平方千米，比 1988 年增加 3 倍多。

印江县城全景（2011 年拍摄）

一、 旧城改造

县城区中心广场（2008 年拍摄）

人民广场（中心广场） 位于人民北路和解放路交叉口，原为服务公司广场，改造前的广场占地 3700 平方米，为水泥硬化路面，是群众集会和休闲的场所，广场上设有 1 个篮球场。2003 年，重庆创豪房地产开发有限责任公司承接旧城改造，在开发金玉小区时，对广场进行了重新设计。经过改扩建后，广场占地 4100 平方米，呈 1 个扇形结构，总投资 300 万元，大理石铺砌地面，安装有 8 组日光灯，西、南、北面是小花园镶边，在西北角上有雕塑群，场内栽有银杏、香樟树等。是群众集会、娱乐、休闲的地方。

金玉小区 2003 年 11 月县城金玉小区旧城改造工程正式启动，重庆创豪房地产开发有限责任公司中标建设，总投资 7400 万元，建筑面积 5.8 万平方米，建筑占地 0.37 万平方米，建筑总面积 7.81 万平方米，分三期实施。小区拆迁占地面积 3.25 万平方米，涉及 475 户和 16 个单位，拆迁采取土地补偿、产权转换等方式，实行阳光操作。2004 年，完成工程第一期资产评估、建设手续办理、拆迁合同签订及安置建设用地工作，完成东郊小区 6000 平方米、西园小区 6000 万平方米的征地手续，规划在金玉小区建休闲街一条。2005 年，完成小区内房屋拆迁面积 1.78 万平方米，占拆迁房屋面积 31.6%，签订房屋拆迁补偿安置协议书 183 户（其中货币补偿安置 17 户、回迁安置 86 户、易地安置 80 户），兑现安置资金 980.2 万元（包含易地安置户、产权调换户所领取过渡费、误工费、搬家费以及易地安置户征用宅基地等费用）。至 2008 年 2 月，第一组团 A、B、C、D 四栋房屋已全部竣工交付使用，建筑总面积 8600 平方米（其中商业经营面积 1900 平方米，共计 26 间，住宅面积 6700 平方米，共计 60 套）；安置回迁户 33 户，住房面积 3300 平方米，门面面积 600 平方米；易地安置 80 户，在西环易地安置 70 户，其中主体工程完工 36 户、正在组织施工的有 32 户、尚有 2 户未动工。

二、 新区开发

西园工业开发区 1995年，省人民政府批准同意使用土地12.3万平方米，建设西园工业开发区。西园工业开发区位于县城西北角，是印（江）德（江）、印（江）沿（河）公路干线必经之地。开发前，街道狭窄，住有3个单位和35户居民。1996年，县委、县人民政府出台《关于建设印江县城西园工业小区的决定》，成立西园开发管理委员会，根据县城规划，西园小区实施开发建设。1997年上半年，开发用地7.09万平方米，其中：道路占地2.43万平方米，占34.3%；绿化占地2.35万平方米，占33.14%；房屋占地2.3万平方米，占32.44%。开发区内按“井”字型道路骨架进行布局，分为八小块建成，其中，西园路长320米、宽32米，梵净山路长360米、宽18米，水清路长320米、宽13米，康城路长257米、宽13米。共挖填土石方4.9万立方米，混凝土332立方米，配套建成1×0.7米下水道1219米，疏通和增高穿城大堰防洪渠道682米，安装路灯34盏、程控数字电话线路400米（程控电话容量为600门）、供水主管873米、高低压输电线路1460米。有23个国家机关和企事业单位、170户个体工商户和5户台胞台属投入房屋建设，到位资金3100万元，意向性投资4000万元，土地出让收入833.9万元，建成房屋面积5.66万平方米。西园工业开发区建设实行“统一规划、统一出让、统一价格标准、统一管理”的做法，成为铜仁地区城镇建设的榜样，周边县纷纷前来参观考察。

在西园开发区建设的国税局办公大楼（2001年拍摄）

西环小区 该小区位于县城西门坝，东靠老城，南抵印江河，西至西环过境大道以西30米，北接桶溪河，1998年11月9日奠基开工。用地面积16.05万平方米，其中旧城改造1.7万平方米，新区建设14.35万平方米。小区开发“统一规划，统一征地，统一出让，统一设计，统一管理，统一建设，土地出让公开拍卖”。通过两年开发建设，共拍卖土地89宗1.7万平方米，收入1400多万元，平均地价830元/平方米；建成西环大桥1座，西环大道与西环大桥相连接；小区内主要道路骨架基本形成，农贸市场、地下电缆和主排污沟等投入使用，安装高杆灯2盏；建成房屋70栋26.1万平方米，建筑面积4万平方米，共完成基础设施投资600万元。建成西环客车站、农贸市场、腾龙酒店、教师新村和金玉异地安置区等。

阳光花园城 位于县城西面，与印江民族中学相邻。2005年8月动工，2008年12月竣工。总用地面积9600平方米，建筑占地4900平方米，总建筑面积3.35万平方米。

南湖花园 2007年4月开工建设，开发用地23.35万平方米，投资3.8亿元，规划建设成以水面5.33公顷人工湖为中心，集休闲、旅游、居住为一体的花园式小区。

三、 城市基础设施建设

街道及交通道路建设 1994年，建设局按照县城总体规划，对翠屏东路段北侧、新滩路北段十字路口以及振兴小区东北部居住点制订了建设性详细规划，占地面积9008平方米；对县城的前进街、南门河堤路进行了勘察设计。由镇政府和街道居民委员会组织，采取群众路线和收益单位集资的办法，完成以上两条街道的改扩建工作。两条街道全长747米，道路硬化面积4113平方米。

1996年，在县财政十分困难的情况下，县委、县政府多方筹集资金，加大县城公用事业设施建设力度。完成长350米、宽22米的西门街道改造工程；完成长500米、宽13米的东新路改造工程；改造安装解放路1000米供水主管道；完成占地面积12公顷的西园经济开发区基础设施建设，在长

2010年10月， 实施西环路白改黑建设工程

1280米的4条主要道路2.37万平方米路面铺设土石方，建成下水道1210米，安装供水主管道2000米，架设输电线路，安装好路灯；启动自来水改造和恢复工程，完成工程立项、选址、设计概算、征地等工作。

1997年，新修西园路、梵净山路，改扩建人民南路、人民北路、环城路、东新路、民生街、南门路、红卫街等10条城市道路，总长2886.6米，面积4.14万平方米；改造南门桥护栏，维修东门桥护栏；新建振兴路与人民南路交界处街心花园，维修、改造振兴路花池；新安装高杆灯两盏，改造南门桥、东门桥桥灯，全面维修城市路灯，路灯亮灯率达100%；新建公厕1个。

1998年，投资200余万元安装新建城市道路19条，总长1964米，面积2.48万平方米。1999年，由社会集资，建设局出资3000元，改建了长183米、宽7米、面积为1281平方米的县城新滩路；木黄、合水、沙子坡3个建制镇改扩建小城镇，道路长2658米，面积334万平方米。

2001年，新建、改扩建县城道路4条，总长3026米，面积4.18万平方米，其中：新建梵净山大道，长806米，面积1.53万平方米；改扩建新滩路，长210米、面积2800平方米；改扩建柏香林至二中道路，长750米，面积1.13万平方米；改扩建中寨口至甲山道路，长1260米，面积9450平方米。新建、改扩建道路长度与地区建设局下达的300米目标相比，超出2726米。

2003年，共投入资金180万余元，新增城镇道路面积4.1万平方米，其中：县城翠屏路、峨江路、下河街、新村路总长1326米、宽11米；板溪镇改扩建街道1400米、宽8米；木黄会师大道长1026米、宽15米。城镇建城区扩大0.76平方千米，其中：县城0.51平方千米，板溪、木黄等乡镇0.25平方千米。

2002年改造建设的西环路

2004年，全年共投入城建资金461.3万元。改造新建城镇道路6条，即梵净山路、梵净山路东段人行道、翠屏路东段、城东小区内的主车道、西环大道北段、新寨乡新添小区主街道，共计长1.83千米、宽11米、面积2.1万平方米。

2005年，新建文昌路、西环大道、新村路、荣昌街等18条主次道，面积11.83万平方米；改造梵净山路、中心街、解放路西段至印中等16条主干次道，面积10.62平方米；硬化下河街、翠屏街等21条小街小巷，面积4.51万平方米，使县城道路面积增加到33.46万平方米。同时还对城区破损路面进行修复，修复面积4801.5平方米，更换断裂沟盖板316块，新铺装人行道彩砖1.08万平方米。

至2008年，新建道路6条，维修改造1条，扩建1条。

中心街　官庄北路至西园路，长800米，宽8米，建设面积0.64万平方米，沥青碾压混凝土路面。

文昌路　西环大道至印江民族中学，长390米，宽22米，建设面积0.86万平方米，混凝土路面。

健民路　职高桥至中洲凉桥，长920米，宽22米，建设面积2.02万平方米，混凝土路面。

荣昌路　县委至河滨北路，长540米，宽8米，建设面积0.43万平方米，混凝土路面。

圣礅路　西园路至河滨北路，长650米，宽20米，建设面积1.3万平方米，混凝土路面。

新村路　西环桥至南桥街，长400米，宽15米，建设面积0.60万平方米，混凝土路面。

解放路(维修改造)　中心广场至东门，长256米，宽8米，建设面积0.20万平方米，混凝土路面。

梵净山路（扩建）　供电局至二中，长1400米，宽28米，建设面积3.92万平方米，混凝土路面。

1998—2008年印江自治县城增修主要道路统计表

表4—12　　单位：米

道路	起讫	长度	宽度	路面结构
东兴路	东门至武圣宫	850	13	混凝土路面
人民南路	南门桥至坪兴寨	640	20	混凝土路面
人民北路	广场至西门湾	360	17	混凝土路面
北门路	县公安局至解放路	207	7	混凝土路面
红卫街	大会场至解放路	107	6	混凝土路面
前进街	茶院坝至解放路	200	4	混凝土路面
河堤路	南门桥至广电局	337	5	混凝土路面
县府路	法院至保险公司	470	13	混凝土路面
河滨南路	县工会至皂角塘	900	6	混凝土路面
峨江路	县政府至妇幼保健站	93	13	混凝土路面
翠屏路	三完小南侧	100	10	混凝土路面
西园路	西环路至健民路	320	32	沥青碾压混凝土
建设路	文化馆至国税局招待所	365	18	混凝土路面
水清路	社会保险局至公安局	319	13	混凝土路面
康城路	党校后门至红光村委会	257	13	混凝土路面
昌园路	党校至国税局招待所	180	13	混凝土路面
茂园路	梵净山旅行社至运管所	90	13	混凝土路面
甲山路	中寨口至甲山桥	150	7	混凝土路面
北环路	油脂化工厂至冯家寨口	1500	12	沥青
湖南一条街	西环车站后	150	10	混凝土路面

桥梁　西环大桥，于1999年10月开工，2000年8月竣工。工程由贵州省桥梁公司负责承建，投入资金637万元，为中承式彩虹桥，全长160米，其中彩虹桥120米，引桥40米。北环大桥，2002年3月动工，于2005年1月建成通车，全长118米，总投资455万元。

供电　1990年7月，在城郊动工兴建印江变电站，占地0.29万平方米，为甘金桥电站配套建设项目，变压器总容量4000千伏安，电压等级35千伏。1993年经省计委、省电力局、省扶贫办立项建设玉印输变电工程，输变电线路长119千米，东接玉屏县国家电网，西至印江县城郊坪兴寨变电站。该工程项目总投资2150万元，1995年8月竣工投入运行。1996年，县城供电并入省网。截至2008年年末，全县有先锋、犀牛洞、合水、雁水、雷公岩、河缝、甘金桥等水电站，总装机容量5680千瓦，并网供电县城和乡村，城区用电得到改善。

供水　1989年，县自来水厂集资11万元（省拨3万元，县财政2.5万元）扩建新太阳山1100立

1998年4月竣工的印江自治县水厂外景

方米（原320立方米）密封水池1个和10×5的滤砂井、50平方米的抽水房，利用有限资金、挖掘旧材铺设太阳山至水电局四寸管道900米。新增自来水用户915户。1991年，自来水厂年计划产值15.6万元。完成20.29万元。占年计划的130%；年计划利润4.1万元、完成5.2万元，占年计划的126.83%；上缴税金0.53万元，比1990年增长29.27%。是年，完成观音沟取水池的改建、扩建工程，铺设200毫米输水管道1200米，完成投资14万元。1993年，县自来水厂积极转换经营机制，实行内部承包制，干部职工生产积极性提高，做到了保证供水、安全供水，年计划产值21.2万元，实际完成27万元，占年计划产值的127%；年计划利润5.3万元，完成利润5.8万元，占年计划利润的109%；上缴税金3.05万元。为解决酷暑季节供水不足问题，自筹资金6.6万元（包括安装费），购买抽水流量为144立方米/小时的双吸水泵两台；为支持振兴路的新建，自筹资金5.4万元，购买管径为20厘米的铸铁管18.9吨。1994年，县自来水厂加强管理，年计划产值22万元，实际完成24.66万元，占年计划的112%；年计划利润5.3万元，实现利润2.2万元，占年计划的41.5%。1995年，由贵州省城乡规划设计研究院设计，县自来水厂在马口洞观音沟地下水枯竭的情况下，加强提水设施和供水管道改造，基本保证县城人民的生活用水和工矿企业用水，年产值38万元，占年计划28万元产值的135.7%，实现利润6.5万元，占年计划利润的118%，上缴国家税金3.1万元。1996年，县供水公司在县城东部岩口发生山体特大滑坡、造成马口洞主要供水水源被截断的情况下，增加抽水设备和抽水时间，基本解决县城的生活用水和工矿企业的生产用水，完成年产值54万元，占年计划35万元的154.29%，比上年上升42.11%，完成税金3万元，实现利润1.2万元。

1997年3月27日，县城自来水工程正式破土动工，城市供水能力有所增强，县城区供水普及率达95%，漏损率在10%以下，供水质量基本达标。还投资900万元兴建以印江河为水源的板田沟水厂，取水和净水规模为600立方米/日。取水泵房安装卧式离心泵（IS150－125－315）3台，水厂建有250立方米/小时两段涡流絮凝斜管沉淀池1座，125立方米/日正向变截面滤池2座，800立方米清水池1座，送水泵房安装卧式离心泵（IS150－125－400）3台。

1998年4月27日，县城自来水第一期日处理水6000吨工程通过初验，进入试运行供水，11月8日正式竣工验收，并举行隆重的竣工典礼。新建成的水厂和观音沟水源点日产水6500余吨，县城建成区供水普及率达95%以上。供水质量全面达标，浑浊度仅3度，比国家标准5度低2度，大肠杆菌和细菌总数均达到卫生标准。县供水有限公司全年完成产值90余万元，税金近6万元。

1999年，在板田沟水厂原址进行了扩建，水厂的处理规模扩大到1.2万立方米/日。工艺流程为：原水→取水泵房→（加矾）管式静态混合器→两段涡流加填料絮凝池→斜管沉淀池→（加氯）清水池→送水泵房→城市管网。取水泵房延用原岸边式取水泵房，泵房直径6.3米，水泵自灌式启动，型号为（S250－24A）3台，两用一备。原水经取水泵加压后进入絮凝池，在絮凝池的进水管上设置DN300管式静态混合器。斜管沉淀池与絮凝池合建。滤池为正向变截面滤池。清水池有效容积为800立方米，混凝剂采用碱式氯化铝，消毒剂采用液氯消毒。2005年6月，投资300万元，改造马口洞水厂，设计日产水0.4万吨，同年年底竣工。

2006年，随着城市化水平的不断推进，居民生活用水量也越来越大，城市供水供需矛盾又日显突出。10月，实施贵州省水利水电勘测设计研究院设计的印江慕龙引调水工程，总投资4758万元。以乡大鱼泉泉水（高程635米）为水源，引水规模为2万立方米/日，采用DN500球墨铸铁管，总长

26.83 千米，重力流至太阳山水厂，经消毒后进入高位水池（原设计高程 508 米，有效容积为 0.10 万立方米。实际高程为 510 米，有效容积 0.20 万立方米），再由高位水池重力流接入城区管网。水厂处理能力 2 万立方米/日。

2008 年，印江县同时对太阳山水厂进行改扩建，完善处理工艺，增加水处理设备，水厂处理能力仍为 2 万立方米/日，按日供水 3.6 万立方米，铺设供水管网，共计 19.75 千米。受益 4.58 万人。

公共服务设施建设

城区公共汽车（2010 年拍摄）

公共交通 1992 年，印江自治县只有坪兴寨汽车站。随着社会发展，1998—2008 年，在县城新建成柏香林和西环 2 个二级客运站，在木黄、缠溪、天堂、合水 4 个镇各建 1 个三级客运站，在其他乡镇各建 1 个四级客运站。2003 年 9 月，组建顺达出租汽车有限责任公司。2006 年 5 月，取缔尾气超标准排放的敞篷三轮车。2007 年 10 月，成立向阳出租汽车有限公司和南天出租汽车有限公司。2008 年 7 月，开通二中至甲山的城市公交车线路。至 2008 年，县城客运有顺达、南天、向阳 3 家出租汽车公司，共有出租车 125 辆；有 1 家公交公司，有公交汽车 5 辆，年客运量 421.45 万人次。

邮政通信 1994 年，经省扶贫办、省邮电局立项，建设程控电话规模 3000 门，项目于 1995 年 12 月竣工交付使用。至 1998 年年底，程控电话扩建光缆，寻呼电话实现全国联通，电话扩容到 8000 门。2008 年年末，县城有邮政网点 1 处，邮政服务投递点 31 处；电信网点 44 处，互联网端总数 2.17 万个（其中占用端口总数 1.01 万个，宽带接入用户 1.01 万户）。

广播电视 1982 年 7 月，自治县开通大圣墩电视转播台，信号覆盖半径 10 千米。1992 年 11 月，开通城区有线电视。1998 年年底，全县建成电视收转站 37 座、有线电视站 150 多座，电视人口覆盖率达 80%。至 2008 年，城区已建成数字电视网络、300 兆调频广播、印江广播电视台频道，有线电视用户达 1.4 万户，广播电视综合覆盖率为 98%。

防火 2003 年，贵州省消防总队批准建立印江自治县消防大队印江中队，共有消防官兵 28 人。至 2008 年，县城区有灭火器具 400 套（件），安装消防栓 35 处，有备用消防队水带 3 千米、消防泵 2 台、1 辆抢险救援车、4 辆消防水罐车。配置公安消防 4 人。

公共卫生 1991 年，自治县购置环卫专用车 2 辆，聘用清洁工人 18 人。2006 年后，对城区党校、县委、老干局、农贸市场、老年大学、水利局宿舍等公共厕所进行改造，新建金玉小区、西园路、县府路 3 座公共厕所。2007 年，县城有环卫工人 100 名。投入资金 2000 万元，新建填埋场，日处垃圾 100 吨，在振兴路、人民广场、人民北路建公共厕所 3 座。2008 年，城区共有公厕 10 座。

园林绿化 1988 年，调整充实县绿化委员会，统一规划，全民动手植树造林，加快城区绿化。西门至甲山桥头、柏香林至岩底寨、振兴路、人民路、东新路等城区主干道行道树已郁蔽成荫，城郊山岗披上绿装，部分机关、学校已绿化庭院。1995 年，城区绿地面积达 14 万平方米，主城区绿化覆盖率 10%左右，人均占有绿地面积 7 平方米。到 2008 年，县城建成区公共绿化面积 0.49 平方千米，单位及院落绿化面积 0.47 平方千米，城区绿化覆盖率为 25%，人均占有绿地面积 8.1 平方米。

防洪排涝 2004 年，新建堤防长 135 米，排涝渠 135 米，排污沟 135 米。排涝流量为十年一遇，防洪保护面积 0.45 平方千米，保护人口 3000 人。2005 年，总投资 274.3 万元，新建印江河右岸东门桥至南门桥之间防洪堤 445 米，配套排污渠 287 米。

翻板坝 2006 年 11 月城区河道整治（一级翻板坝）工程开工，2007 年 8 月竣工。该工程于 2006

年 8 月经省水利厅及省有关部门专家审查完成，审定项目总投资 598 万元。

音乐喷泉　位于南门桥与东门桥之间印江河内，2007 年 1 月动工，同年 9 月竣工。工程投资 251 万元，有 11 组水型变换。

防洪堤书画长廊　2005 年 7 月县城防洪堤书画长廊开工，书画长廊分 4 段建设：第一段，为河右岸东门桥至南门桥长 448 米，有书法刻石 197 幅、画刻石 54 幅、菱形图案板 45 幅、标志碑 6 块；第二段，为河左岸东门桥至南门桥 495.5 米，有书法刻石 157 幅、画刻石 71 幅、菱形图案板 102 幅。第三段，为河左岸皂角塘至东门桥 488 米，有菱形图案板 328 幅。第四段，为河右岸南门桥至翻板坝长 260 米，有书法刻石 166 幅、画刻石 19 幅。

城区学校建设　随着县城建设不断扩容，人口逐渐增加，中小学校、职业学校、幼儿园新增校舍面积 5.4 万平方米。1996—2008 年，印江民族中学校址在甲山村中寨口，1996 年有校舍建筑面积 1.21 万平方米，1997 年新增 1800 平方米，1999 年新增 2900 平方米，2000 年新增 8200 平方米，2002 年新增 100 平方米，2003 年新增 8200 平方米，2005 年新增 300 平方米，2006 年新增 1500 平方米。第二中学校址在岩底寨，1996 年有校舍建筑面积 4800 平方米，1999 年新增 2300 平方米，2001 新增 3600 平方米，2004 年新增 2400 平方米。2005 年新增 3100 平方米。职业中学校址在人造平原，1996 年有校舍建筑面积 5500 平方米，2003 年新增 2700 平方米。甲山中学校址在甲山村，1996 年有校舍建筑面积 1800 平方米，1999 年新增 900 平方米，2008 年新增 2700 平方米。先锋中学校址在峨岭寨，1996 年有校舍建筑面积 2000 平方米，1999 年新增 4900 平方米，2002 年新增 900 平方米，2006 年新增 1400 平方米。第一小学校址在西门，1996 年有校舍建筑面积 4200 平方米，1997 年新增 400 平方米，1999 年新增 1000 平方米，2006 年新增 200 平方米，2007 新增 300 平方米。第二小学校址在北门，1996 年有校舍建筑面积 3300 平方米，2000 年新增 800 平方米。先锋小学校址在峨岭寨，1996 年有校舍建筑面积 1200 平方米，1997 年新增 800 平方米，1999 年新增 700 平方米，2008 年新增 100 平方米。实验幼儿园校址在峨岭镇，1996 年有校舍建筑面积 2000 平方米，2002 年新增 2100 平方米。

四、 城管执法

1993 年，成立印江自治县城建监察中队，是年根据省、地有关文件要求，更名为印江土家族苗族自治县城建监察大队，为城乡建设环境保护局下属的副科级事业单位。2007 年 1 月，设置城镇管理综合行政执法局。2007 年 10 月，原隶属于峨岭镇人民政府环卫所在编人员被整体划入县城镇管理综合行政执法局。至 2008 年，县城镇管理综合行政执法局下设的环卫所共有职工 243 人，其中正式职工 8 人、市容卫生监督员 12 人、环卫工人 150 人，有“4050”人员 73 人；有机动车辆 9 辆，其中洒水车 1 辆、吊斗车 1 辆、集装箱运输车 1 辆、执法车 1 辆、卫生巡逻车 1 辆、垃圾清运车 4 辆，人力垃圾手推车 130 辆。

五、 文明县城创建

2002 年 3 月，自治县成立“创建文明县城”领导小组，办公室设在县委宣传部，抽专人负责宣传教育、环境卫生整治、违章摆摊设点占道经营治理、交通秩序治理、河道沟渠治理等工作。领导小组办公室制定《整治县城市容环境卫生秩序的实施方案》《关于整治城区市容卫生秩序工作的实施方案》《关于整顿县城市容卫生秩序若干问题的通告》《关于新城区燃放鞭炮卫生费收取的通告》《关于规范城区人力板车营运秩序的通告》《关于调整城区市场的通告》《关于严禁向穿城大堰乱倒垃圾的通告》等 22 个整治方案和实施意见，采取多种宣传形式，做好以“建设文明城市，做文明市民”“山城印江是我家，环境卫生靠大家”为主题的宣传教育工作。举办市容卫生监督人员培训班，利用有线电视、报刊专板进行滚动式宣传。峨岭镇还出动宣传车 2 台，对各成员单位的方案进行为期 20 天的播

清洗城市街道（2007 年拍摄）

放宣传；各成员单位利用特殊节日，如环保日、规划宣传日、土地日等开展咨询宣传活动；在县城人民广场召开创建文明县城万人动员大会，成立少年城管队上街宣传，召开离退休老干部座谈会、县城占道经营户座谈会、“严管街”群众代表座谈会，开展《公民道德建设实施纲要》宣传，开展文明单位、文明窗口、文明家庭等创建活动。并在印江电视台、《印江报》上开辟专栏和系列报道，报道“创建”工作的开展情况，及时报道好人好事等公民良好道德行为，引导广大市民爱国守法、明礼诚信，自觉遵守社会公德，牢固树立讲文明话、办文明事、做文明人的观念。当年，投资 500 万元，实施城区“亮化”工程。

2003 年，投入 4 万元安装全区唯一的“空中玫瑰”环照灯，投资 35 万元新建水冲式公厕 4 座，投资 12 万元维修梵净山大道破损路面，投资 2.6 万元在县城主干道上安装各种禁停标志牌和垃圾桶，投资 15 万元安装街道安全护栏 1000 米。城管队编制由原 10 人增加到 20 人，峨岭镇聘请卫生监督员 20 人，环境卫生管理人员增加到 10 人、环卫工人增加到 51 人，确保垃圾日产日清，全天保洁。将梵净山路—南门桥—广场路—西环路定为严管街，由武警、共青团、妇联等单位，在梵净山大道开展“警民共建文明一条街”创建活动，在梵净山路开展“青年文明一条街”创建活动，在人民广场和解放路开展“巾帼文明一条街”创建活动；县委宣传部、团县委、县文明办、文广局等部门在“五一”期间开展广场文化活动，丰富人民群众精神文化生活；公安局、交通局、运管所等部门划定客运车辆停靠点，车辆实行定点停放；民政局、建设局、峨岭镇等共同办理县城规划区内的道路地名设置，体现民族特色；工商局、卫生局、峨岭镇、建设局等部门按照城区分布，合理设置市场，做到划行归市；电力局、电信公司、文广局等部门对县城规划区内有影响市容的网线走向进行重新布局；建设、峨岭镇、环保等部门对城区主干道两侧占道经营、乱搭雨阳棚、乱建炉灶、乱张贴广告、乱拉横幅标语等现象进行清理拆除；建设局联合工商、卫生、环保部门对临街门店的污水排放进行清理整治；峨岭镇、建设局共同与单位、个体工商户、居民签订《门前“三包”责任书》工作。从而使城区内市容基本整洁美观，临街道路施工工地附近无建筑垃圾，集贸市场能做到划行归市，文明经商，秩序良好；环卫监督人员按规定进行文明管理，做到垃圾日产日清，全天保洁；垃圾堆放场有专人管理，场内环境卫生较好，运送垃圾车辆车容整洁；下水道保持畅通，排水沟内无垃圾、砖石、杂物；主次干道安有照明灯、路灯，亮灯率保持在 95%以上；县城居民和机关单位基本做到不占用河道堆放垃圾和残渣弃土；停放车辆的站场秩序良好，车容整洁，无乱停乱放现象；沿街饮食店已一律使用无污染液化灶；宣传广告栏、陈旧标语能及时清除；凡应绿化的片、带基本绿化；公共场所的工作人员服务态度良好，未发生与市民争吵现象，社会风气良好。

2003 年 11 月，省爱卫办第五次省级卫生县城检查评估团一行 9 人，在印江自治县就创建“省级卫生城市”工作进行检查评估，对县城卫生基础设施建设、管理和运行情况，对大街小巷、单位社区、农贸加工场所、餐馆舞厅、车站学校、城乡结合部等地的卫生状况，对各行各业人员、居民的卫生素质进行了全面细致的考核检查验收。2004 年 3 月，印江自治县荣获贵州省人民政府颁发的“全省卫生县城”称号，2006 年 4 月，中共贵州省委、省人民政府授予印江“创建文明县城工作先进县城”称号，2008 年 12 月，印江荣获“贵州省文明县城”称号。

第三节 建筑管理

一、 建筑行业管理

1985 年，城区共有房屋面积 36.67 万平方米，按房屋用途分，工业、交通、仓库用房 7.18 万平方米，商业服务用房 4.06 万平方米，教育、医疗、科研用房 2.72 万平方米，文化、体育、娱乐用房 0.43 万平方米，各类办公用房 2.22 万平方米，住宅用房 19.89 万平方米，其他用房 0.16 万平方米。

1988 年，规划建筑占地面积 3.59 万平方米，其中单位建筑用地 1.59 万平方米、私人建筑占地 2 万平方米。在规划区内私人建房 155 户，其中经建设局按规划方案审批实施的 126 户。据不完全统计，经城建办审批的拆房建房 69 户。

1989 年，为 5 家单位 20 户农民安排用地选址、宅基地审批，总占地 1.38 万平方米。其中：单位用地 1.15 万平方米。私人建房用地 0.23 万平方米。

1991 年，全县进行城镇房屋产权登记发证，登记总面积 56 万平方米，已发产权证书 50.75 万平方米。纠正处理各类违章建筑 4 起，办理“两证”征地单位 6 个，共征用地 5770 平方米。公房改建 3 个单位，改建占地 461 平方米；私房改建 23 户，改建宅基地面积 1712 平方米。农户建房 5 户，征地 453 平方米。全年建设总用地 8396 平方米，原有宅基地改建 2173 平方米。

1993 年，全县纠正处理各种违章建筑 3 起；为 11 个新建单位办理“两证一书”，征地 2231 平方米；办理私人建房 10 户，征地 722 平方米；办理单位建房旧房改建 5 个，改扩建宅基地 1549 平方米；办理私房改建审批手术 20 户，改扩建占宅基地 1708 平方米，按总体规划完成县委以北西门湾片区初步规划设计方案，面积 13.5 万平方米。

1994 年，配合峨岭镇纠正处理各种违章建筑 18 起；办理“两证一书”建设单位 19 个，其中新建 17 个、新征地 7294 平方米；办理私人建房手续 75 户，其中新建房 39 户、新征地 2393 平方米；办理改扩建手续 36 户，宅基地 5528 平方米。

1995 年，办理了“两证一书”88 户，其中：机关、企业单位新改扩建项目 10 户（新建 2 户、扩建 8 户），用地面积 2200 平方米，建筑面积 9057 平方米，私人新建、改扩建 78 户（新建 48 户、改扩建 25 户），用地面积 5022 平方米，建筑面积 1.23 万平方米。

1996 年，共办理“两证一书”45 户，其中：机关单位 10 户（新建 5 户、改扩建 5 户），用地面积 2609 平方米，建筑面积 1.05 万平方米；私人 35 户（新建 6 户、改扩建 29 户），用地面积 2322 平方米，建筑面积 5365 平方米。

1997 年，共办理“两证一书”44 户，其中：机关单位建房 12 户（新建 3 户、改建 7 户、扩建 2 户），用地面积 1790 平方米，建筑面积 5369 平方米；办理临时用地许可证 4 户。

1998 年，共办理“两证一书”199 户。办理发放房屋产权证 324 本，勘丈面积 7.36 万平方米。

2000 年，办理“两证一书”100 户，建筑面积 5.44 万平方米。

2001 年，共办理“两证一书”107 户，其中改扩建 26 户，新建 81 户，建筑占地面积 1.68 万平方米，建筑面积 7.62 万平方米。

2003 年，有序开展房产登记和发证工作，发证 226 户，面积 2.73 万平方米。

2004 年，共办理“两证一书”81 户。

2005 年，办理“两证一书”300 户，建筑面积 3.81 万平方米。到 2007 年底，共有房屋面积约 122 万平方米（其中商品房开发 9100 套 101.28 万平方米、其他 20.72 万平方米）。

2008 年，办理“两证一书”200 户，建筑面积 17.19 万平方米。

二、 住房分配及管理

和谐颐园小区绿化景观

1988年，本着节约用地、合理用地、保证用地的原则，小区规划着重于老干区、柏香林和印中三角地的小建筑群的总体布局，以及新滩居民区、土产公司南侧的零星建筑群体的规划布置。

1996年9月18日深夜至19日凌晨，距县城以东4.1公里的岩口处发生国内罕见的山体滑坡，县住建局迅速赶赴朗溪镇，组织规划，调集施工人员，筹集资金、建材，为朗溪灾民修建360平方米临时住房。

1998年，完成县城6200平方米安居住宅区、木黄镇7.44万平方米文化小区、沙子坡2.88万平方米沙兴小区的详细规划编制。

2005年，乡镇的规划编制工作在乡镇集镇、镇区总体规划下，完成木黄镇、合水镇总体规划编制（木黄镇规划面积1.99平方千米、合水镇规划面积1.26平方千米）。完成刀坝乡、中坝乡、新寨乡、新业乡、永义乡、天堂镇、缠溪镇等16个乡镇的移民搬迁规划，面积1.64平方千米。

2008年，印江自治县在西园实施廉租房项目200套，建筑总面积1万平方米。

附：建筑公司选介

印江土家族苗族自治县建筑公司 位于印江县城新滩路78号。初创于1954年6月，为24人的合作小组。1959年10月，转为地方国营建筑工程公司。1983年11月，建筑工程公司隶属于印江土家族苗族自治县建设局，注册资金44.4万元。资质审查核定为四级施工企业。1993年，公司在册职工65人，退休人员39人。有技术、经济职称人员12人。有固定资产和专用资金48万元，房屋建筑面积6800平方米，预应力预制板生产场地2000平方米，施工机械设备42台（件），总功率98千瓦，人均动力装备1.51千瓦，人均技术装备1300元，主要经营房屋建筑。1955年以来由建筑砖木结构，小青瓦屋面平房，到砖混结构和五、六层高楼房，跨度20米以上的影剧会场。主要建设工程有峨岭村万吨粮库、人民会场、电影院、印江县委大楼、县人民政府大楼、工商银行、印江县委招待所、服务公司、邮电大楼、民族陈列馆、图书馆、民族中学教学楼、人民医院住院部、东门钢筋混凝土曲拱大桥等。1993年，公司完成建安产值60万元，全员劳动生产率9300元/人。1998年改制后属股份制企业，资质等级为建筑施工总承包三级，公司实行经理负责制，项目实行项目经理负责制，公司固定资产500万元。

印江土家族苗族自治县振兴建筑工程有限责任公司 位于印江城东新路62号。1980年冬，以城市个体劳动者为主，招收一批城市待业青年，组建成第二建筑工程队。1982年成立印江第二建筑工程公司，1990年12月与县第一建筑工程队合并，隶县建设局。属于集体企业，资质审查评定为四级施工企业，主营工业与民用建筑工程施工。1993年在册职工116人，管理人员5人。有技术、经济职称人员14人。经济管理人员中有助理会计师1人、会计员1人、统计员1人；工程技术人员中有助理工程师2人、技术员9人。另有持证上岗施工员6人、质量员1人。有固定资产专用资金44万元。预应力空心板预制场地5450平方米。施工机构设备43台（件），总功率92千瓦，人均动力装备0.79千瓦，人均技术装备379元。1981—1993年，公司承建各种类型的工业、民用建筑64幢。其中有县造纸厂12米跨浮选脱墨车间，24米跨长网造纸车间，7层总高25.5米框架结构的农业技术培训中心楼等工程。1993 年，公司完成建安产值 125.6 万元。2001 年，公司重组并资质升级后易名为印江振兴建筑公司，有职工 48 人，属于集体企业，资质等级为建筑施工总承包三级，固定资产 500 万元。

印江西园建筑公司 位于县城东新路 19 号。1954 年成立建筑社。1991 年 6 月，由建设局牵头，在整顿乡镇企业建筑队伍中，将乡镇企业局主管的城乡建筑队、华贵建筑队及建设局主管的城镇建筑队、教育局主管的教育系统建筑队、县民政局主管的退伍军人建筑队、峨岭区公所主管的峨岭建筑队组建成印江自治县第三建筑工程公司，隶县建设局管理，为集体施工企业。资质审查评定为四级，主营房屋建筑及公路、桥梁建筑。是印江第一家股份制施工企业。分资产股和资金股。资产股每股 5 万元，资金股每股 4000 元。单股不能承包工程，全股才能承包工程，可带 15 名建筑工人，不分红不计息，所承包的工程交公司 12%作积累。公司实行董事会领导下的经理负责制。1993 年，公司在册职工 200 人，固定职工 150 人，合同工 50 人，管理人员 20 人。有固定资产原值 29.5 万元，流动资金 30 万元。施工机械装备 45 台（件），总功率 345 千瓦，人均动力装备 2.85 千瓦，人均技术装备 950 元。1993 年，公司完成建安产值 600 万元。1998 年撤销，重新组建印江西园建筑公司。1998—2008 年，公司承建工程 10 项，建筑面积 8020 平方米，主要工程有合水中学教学楼、石油公司办公楼、烟草公司仓库、太平寺仿古建筑、印江文昌阁（高 38.29 米）维修工程。公司在职管理人员 27 人，在职职工 96 人。

印江县峨岭镇建筑工程公司 位于县城人民南路 11 号。1985 年 2 月，由原城关镇 2 个丙级建筑队及 4 个丁级建筑队合并组成。集体性质，隶属峨岭镇。注册资金 33 万元，四级施工企业，主营土建。1993 年在册职工 90 人，其中固定职工 80 人、合同工 10 人；管理人员 5 人。工人平均等级 4 级。有固定资产及流动资金 51 万元。施工机械设备 46 台（件），总功率 1285 千瓦，人均动力装备率 14.27 千瓦，人均技术装备率 620 元。是年，公司完成建安产值 165 万元。2002 年合并到印江自治县振兴建筑公司。

贵州西园建设工程有限公司 1997 年成立贵州西园建设工程有限公司，为房屋建筑工程施工总承包二级企业（前身是印江土家族苗族自治县西园建筑工程有限责任公司）。公司承建房屋建筑工程、市政工程、土石方工程、装修工程等。公司下设 8 个工程队，有年产 15 万立方米预拌商品混凝土分公司。从业人员 453 人，具有专业职称人员 151 人。公司注册资金 2030 万元，年施工能力 1 亿元以上。有各类塔吊 10 台、卷扬机 16 台、混凝土搅拌机 21 台、砂浆搅拌机 25 台、沥青混凝土搅拌机 2 台、钢拉机 3 台、空心板挤压机 4 台、电焊机 16 台、挖掘机 5 台、压路机 3 台、铲车 2 台，推士机 1 台、沥青摊铺机 1 台、平地机 1 台、洒水车 1 台、混凝土切割机 3 台、纹路机 2 台、木工机床 3 台、打砂机 2 台、碎石机 3 台、空压机 6 台、柴油发电机组 2 套、钢筋切割机 10 台、钢筋调直机 10 台、钢筋弯曲机 10 台、工程自卸汽车 10 辆、工程指挥小车 6 辆。钢管脚手架 600 余吨及其相应的各种检测仪器等，预制构件生产厂 1 个。

公司先后承建印江自治县烟草公司办公楼、各乡镇烟草站办公楼、县邮政局办公楼、县民政局敬老院、县工商局办公楼及宿舍楼、县疾控中心大楼、梵净山路道路改造、县中医院医技大楼、峨岭镇政府办公楼、县医院传染病房、县医院职工合作建房、县供电局职工合作建房、中心广场商住楼、县解放路改造工程一标段、刀坝中学职工合作建房、金玉小区商住楼四组团 D 栋楼、金玉小区商住楼（五组团 A、C 栋）、县体育馆、沙子坡汽车站、县劳动力市场和就业培训中心、华府花园商住楼（6、8 号楼）、板溪镇和沙子坡信用社业务用房、峨岭镇职工住宿楼、印江东方英才学校综合楼、县康城路和峨江路人行道改造、西环路改造、健民路改造、板溪镇上洞桥梁工程、县食品药品监督局办公楼、解放路改造工程、广场至油脂化工厂道路改造等工程；环城东郊商贸城住宅小区（A、B、C、E 栋）工程、圣礅路商住楼（A 栋）工程、城镇中心市场商住楼（A、B 栋）工程和海江农产品工厂业务用房等。

公司1988—1999年被贵州省人民政府评为非公有制经济先进单位，2000年被印江县峨岭镇人民政府评为纳税先进单位，2003年5月被铜仁地区行署评为优秀乡镇企业，公司通过ISO 9001：2000质量管理体系认证、环境管理体系认证、职业健康安全管理体系认证，连续10年被贵州省工商局评为重合同守信誉单位。

第五编
农　业

第一章　农村经济体制改革

第一节　二轮农村土地承包

1998 年，自治县委、县人民政府印发《关于延长土地承包期若干问题的决定》《关于延长土地承包合同工作细则》文件，抽调干部，成立工作组，下设办公室负责全县农村土地二轮承包工作。工作组采取宣传动员、清理、登记、核实、张榜公布等步骤开展第二轮农村土地承包工作。1999 年 7 月证书发放工作全面结束。经统计，全县有第二轮土地承包户 8.19 万户，涉及人口 30.86 万人，承包耕地面积 1.9 万公顷。收回 1284 户 2516 人的农转非土地，涉及耕地面积 182.87 公顷。其中收回死亡绝户 166 户 305 人，涉及耕地 91 亩、非耕地 72 亩。农村土地二轮承包以村民委员会为发包方，证书加盖县人民政府公章。

承包政策

1. 在第一轮土地承包经营基础上，使用期限延长。基本要求是“坚持稳定不调整”，不准打乱原生产队的土地权属关系重新发包。继续实行“增人不增地，减人不减地”的政策。不准重新丈量土地，面积仍按习惯面积（统计面积）或第一轮承包的合同档案资料为依据登记发包。

农村土地制度改革后，木黄镇五甲村农民种植洋芋劳动情况（2002 年拍摄）

2. 在延长土地承包期中，有下列情况之一的承包土地（山林和经济林除外），要按规定认真清理，并由村委会收回重新发包。即：正式农转非的农户和个人承包的耕地；生前无亲属赡养的孤寡去世户承包的耕地；不按承包合同耕管致使耕地荒芜闲置三年以上的承包耕地；宜林荒山、荒地至今未绿化造林的承包土地；非法侵占的集体土地。在签订土地承包手续以后，出现上述情况之一的，随时发生随时收回重新发包。集体收回的承包土地，本着有偿使用的原则，重新按下列顺序优先承包给现承包农户：国家重点建设征用土地的农户；人多地少且符合计划生育政策的农户；对孤寡户尽到赡养义务（生养死葬）的农户。

3. 第一轮土地承包期内，被依法征用、占用的非农业建设用地和因自然灾害彻底毁坏难以恢复的耕地，不列入这次承包土地承包的范围，但必须在“土地承包登记表”和“土地承包经营权证书”

中注明原承包地减少的面积和原因。对未办理手续建房占地的耕地应作为耕地填入承包证，但也要注明原因。

4. 在坚持土地集体所有和不改变土地承包合同规定用途的前提下，经发包方同意，承包农户对土地的经营权可以自愿转包、转让、互换和入股。土地流转要签订书面合同，并报乡镇农村承包合同管理机关批准。第一轮承包期内，承包人自愿互换、转让的承包土地，可根据承包双方的意愿，按规定、按现状进行登记发包；因兴办集体公益事业占用土地而集体已作调整的土地，仍按现在耕地管理情况登记发包。

5. 土地承包登记所涉及的地名、土地用途、面积、四至界限、附着物、土地增减变动和户数、现有人口、承包人口等，必须如实认定和填写。存在土地纠纷必须在签订承包合同前解决清楚，个别争议大，难以解决的土地纠纷可暂时搁置，按现状登记，注明争议理由，暂不发证，待承包工作结束后按有关规定处理。

6. 依法征缴农业税、乡统筹、村提留、承担农村义务工和劳动积累工是承包农户应尽的义务。在这次延长土地承包合同中，将把履行这一义务情况作为是否继续办理土地承包手续的依据。从1996年以来累计两年未交清税费的，暂缓办理承包手续，待交清后再补办发证。承包农户在接到暂缓办理通知30天内，仍未交清税费的，视为自动放弃承包权，承包土地由村委会收回重新发包。

7. 承包合同耕地有效期延长至2044年，非耕地有效期延长至2054年。以拍卖、租赁等形式转让非耕地使用权的，最长年限不超过60年。

第二节　农村税费制度改革

一、改革背景

沙子坡群众科学种田发展生产情况（2010年拍摄）

改革开放后，通过实行以家庭承包经营为基础、统分结合的双层经营体制，调整农产品价格和购销政策，改善农村分配关系，采取一系列减轻农民负担等政策措施，调动了农民的生产积极性，保持和发展了农村的好形势。但有些地方和部门不顾国家三令五申，随意向农民伸手，面向农民的各种收费、集资、罚款和摊派项目多，数额大。有些地方虚报农民收入，超标准提取村提留和乡统筹费，强迫农民以资代劳；有些地方违反国家规定，按田亩或人头平摊征收农业特产税和屠宰税；有些地方基层干部采取非法手段强行向农民收钱收物。这些问题的存在，严重挫伤农民的生产积极性。因此只有通过深化改革，才能从根本上解决以上问题。实行农村税费改革，是继土地改革、家庭承包经营之后我国农村的又一重大改革，具有重大的现实意义和深远的历史意义。通过改革，使困扰农村工作的乱收费、乱集资、乱摊派问题、农民负担重的问题以及农村税费不规范问题从根本上得到解决，使现行农业税制和农村收费制度通过改革在新的历史条件下适应社会主义市场经济发展的要求，并促进农村经济的持续、健康、稳定发展，进一步理顺国家、集体、农民之间的分配关系，使党在农村的政策得到顺利贯彻，农民负担得以切实减轻并保持长期稳定。

二、 改革内容

农村税费改革试点主要内容有：取消乡统筹费；取消农村教育集资等专门面向农民征收的行政事业性收费和政府性基金、集资；取消屠宰税；逐步取消统一规定的劳动积累工和义务工，调整农业税和农业特产税政策；改革村提留征收使用办法。农村税费改革后，除农业税及其附加，农业特产税及其附加，法律、法规规定和经省政府清理后正式公布保留的税费以及水电等费用外，从事农业生产的农民不再缴纳任何税费。农民负担将减轻。对农民应承担的税费，有关部门将通过纳税通知书、农民负担卡通知广大农户。对通知书、负担卡之外的任何行政事业性收费、集资等，农民群众有权拒绝缴纳并向政府反映，依法保护自己的合法权益。

三、 改革步骤

全县农村税费改革经历局部试点、正税清费、全面取消农业税三个阶段。

局部试点阶段 该阶段主要是积累改革经验，探索改革路子。1994 年，贵州省在湄潭县洗马乡、永兴镇实施农村税费改革试点。1999 年，贵州省委八届二次全会通过《中共贵州省委关于进一步加强农业和农村工作的决定》，在认真总结湄潭县改革试点工作经验基础上，决定分期分批在全省推行农村税费改革试点，全省 9 个地、州、市的 16 个县、54 个乡镇作为面上试点。印江、思南被列为铜仁地区试点县。峨岭、木黄、缠溪三个乡镇被列为改革试点乡镇。试点改革的内容有：税费统筹，合并征收。即原农业税基本保持不变，把“三提五统”改为农业税附加“与农业税统一征收”，其他农村税种和费用根据国家有关税法和政策分别征收。人地分账，合理负担。农业税和村提留以承包土地为依据征收，乡镇统筹以现有人口为依据征收。稳定征量，三年不变。各农户征收额一定三年不变。统收分支，加强管理。统征结束后，农业税划缴县财政，农业税附加实行分项划转，统收分支。

正税清费阶段 2001 年省委、省人民政府根据国务院办公厅《关于 2001 年农村税费改革试点工作有关问题的通知》文件精神，决定调整工作部署，由全省性试点调整为在铜仁地区、贵定县、湄潭县进行试点，通过试点进一步探索解决问题的办法后再在全省推开。根据省农村税费改革领导小组要求，县委成立以县委书记田建高为组长，县长帅朝纲为第一副组长，县委副书记尹贵德、常务副县长谭守华、副县长杨德华为副组长，各有关单位主要负责人为成员的农村税费改革工作领导小组。下设办公室在县财政局，由财政局局长冉隆军任办公室主任，副局长代传娥任办公室副主任。从县财政局、农业局、统计局、宣传部、教育局、监察局抽调 16 名干部具体办公。2001 年 3 月，田建高主持召开第一次领导小组会议，3 月 26 日进行为期半天的税费改革培训，4 月 10 日开展宣传发动工作，成立督查组。4 月 22 日全县各乡镇完成数据资料填报、汇总、测算、上报方案等工作。县领导小组办公室草拟农村税费改革试点工作实施方案。5 月 17 日田建高主持召开农村税费改革联席会议，会议议定实施方案。2002 年 3 月 27 日，国务院办公厅下发《关于做好 2002 年扩大农村税费改革试点工作的通知》(国办发〔2002〕25 号)，省委、省政府慎重作出了在全省全面扩大试点的决定，并召开全省农村税费改革扩大试点工作培训会。会后，全县再次将税费改革试点工作提上重要议事日程。2002 年 4 月，县委书记主持召开县委常委扩大会议，研究部署税改方案。5 月 14 日，印江召开全县扩大农村税费改革工作会议，该次会议标志着全县农村税费改革扩大试点工作正式启动。5 月 31 日，县委常委扩大会议决定取消乡统筹费，取消农村教育集资等专门向农民征收的行政事业性收费和政府性基金、集资；取消屠宰税；逐步取消统一规定的劳动积累工和义务工；调整农业税政策；调整农业特产税政策；改革村提留征收使用办法。10 月，铜仁地区农村税费改革领导小组印发《关于对印江自治县 2002 年扩大农村税费改革试点实施方案的批复》，为推进全县农村税费改革扩大试点工作提供实施的依据。全县农民总负担比改革前减少 2247.42 万元，人均减负 60.69 元，减负率为 64.16%；农民政策内负担比改革前减少 895 万元，人均减负 25.28 元，减负率为 46.96%。根据实施方案的要求，全县积极有序地推进农村税费改革扩大试点工作。2003 年 3 月，根据国务院《关于全面推进农村税费改革试点工作的意见》文件精神，全县按照“稳负担，防反弹，保运转”要求，制定完善相关配套文件，组织人员对农村税费改革中的减负问题进行调研和整改，最终达到“村村减负，户户受益”的工作要求，全县农村税费改革扩大试点工作取得实质性成效。

全面取消农业税阶段 2004 年，根据中央的统一部署，除降低农业税税率 3 个百分点外，取消除烟叶外的农业特产税。中央对减少的收入给予补贴，对种粮农民实行直接补贴，通过中央转移支付方式落实到位。根据省委关于降低农业税税率，取消除烟叶外农业特产税和对农户实行直接补贴政策，全县实行微机开票，对照省委政策对农业税减免落实和补贴资金兑现情况进行专项监督检查，为全面取消农业税奠定基础。2005 年中央进一步加大减免农业税的工作力度，贵州被列为免征农业税的 28 个省份之一。县委、县人民政府根据减免农业税有关政策，通过数据搜集、资料录入、核对等步骤，全部免除农业税，是年全县共计取消农业税 1011 万元。2006 年，全县共兑现粮食直补资金 77.81 万元、农资综合直补资金 231.53 万元。2007 年，为保障农民切身利益，进一步规范涉农资金发放和管理，全县推行“一折通”，通过将涉农补贴资金直接打入农户账户方式兑现。

第三节 林权制度改革

一、 改革背景

长期以来，因经营机制不灵活，利益分配不合理，产权不明晰等问题，制约全县的林业发展。林农作为集体林业经营主体的地位没有得到有效落实，“守着绿色银行，过着穷日子”成为他们的真实写照。2006 年 12 月，贵州省人民政府出台《关于开展深化集体林权制度改革工作的意见》，铜仁地区启动集体林权制度改革工作。

二、 改革过程

印江自治县的林业体制改革起始于 2007 年 9 月。9 月 1 日，铜仁地区集体林权制度改革工作领导小组办公室主任、林业局长张智一行 4 人到印江自治县检查调研集体林权制度改革工作。上旬，县人民政府下发《印江自治县关于开展集体林权制度改革试点工作的通知》，出台《印江自治县集体林权制度改革试点工作方案》。当月 12 日，在缠溪镇开展集体林权制度改革试点工作，县林业局从各乡（镇）林业站抽调专业人员 41 名到试点镇的各个村具体负责外业勘界勾画工作，为 2008 年全面推进全县集体林权制度改革提供经验借鉴。此后，印江自治县集体林权改革工作全面推进。2008 年 8 月 9 日，印江自治县人民政府在缠溪镇湄沱村举行集体林权制度改革林权证首发仪式，标志着集体林权改革确权发证工作全面启动。到 2008 年 12 月底，缠溪镇勘界完成 13.87 万亩，5525 宗地，完成应林改面积 100%；刀坝乡勘界完成 4300 宗地，8.91 万亩，完成应林改面积 99.83%；朗溪镇勘界完成 909 宗地，8.39 万亩，占应林改面积的 99.88%；木黄镇勘界完成 5739 宗地，12.31 万亩，占应林改面积的 97.62%；沙子坡镇勘界完成 3510 宗地，7.56 万亩，占应林改面积的 99.90%；峨岭镇勘界完成 430 宗地，5.77 万

刀坝乡退耕还林后树林长势（2008 年拍摄）

亩，占应林改面积的 99.90%；新业乡勘界完成 4182 宗地，8.37 万亩，占应林改面积的 100%；合水镇勘界完成 5036 宗地，7.76 万亩，占应林改面积的 98.38%；天堂镇勘界完成 4252 宗地，10.4 万亩，占应林改面积的 99.73%；新寨乡勘界完成 1436 宗地，9.65 万亩，占应林改面积的 99.28%；杉树坳乡勘界完成 684 宗地，3.87 万亩，占应林改面积的 99.49%；板溪镇勘界完成 884 宗地，5.71 万亩，占应林改面积 99.93%；罗场乡勘界完成 1326 宗地，8.16 万亩，占应林改面积的 99.42%；中坝乡勘界完成 961 宗地，4.65 万亩，占应林改面积的 91.52%；洋溪镇勘界完成 8710 宗地，18.41 万亩，占应林改面积的 99.40%；杨柳乡勘界完成 5841 宗地，10.83 万亩，应林改面积的 99.48%；永义乡勘界完成 6925 宗地，13.16 万亩，占应林改面积的 99.81%。至此，全县林权改革工作告一段落。

第四节 农村经营体制改革

1988 年起，印江自治县实行农村产业结构调整，推进农村经营体制改革，促进农村经济发展。

农村经营体制改革后农民科学种田情况。图为中坝乡夫子坝村蔬菜基地（2004 年拍摄）

1988—1998 年。农村家庭联产承包责任制的实施，调动农民的生产积极性，农民在自己承包的土地上精耕细作，全县粮食产量和经济作物产值逐年增加。粮食作物方面，1988 年起推行旱地分带轮作，实行两段育秧、规范化移栽和科学施肥、合理用水。1989 年，杂交水稻推广面积达 6.3 万亩。1992 年国务院出台《关于发展高产优质高效农业的决定》，要求农业工作的着力点要向高产、优质迈进。根据省、地有关要求，印江自治县成立高产、优质示范工程领导小组，积极实施“丰收计划”“温饱工程”（以推广杂交稻、杂交玉米为主的计划），办“四园”（茶、果、药、庭），“三场”（农、林、牧）、水田改良工程、粮食自给工程、坡改梯工程等项目。经济作物方面大力发展柑橘、茶叶生产，创名优产品。1992 年，县委明确发展烤烟、茶叶、造纸厂技改、油桐、旅游开发、灵芝酒、印刷厂彩印等产业项目。印江茶叶专业中专班在新寨农中开班，首次招生 56 人。是年，沙子坡、新寨、罗场、朗溪等乡镇分别组织数千人开垦茶园。1993 年 7 月，农业部无偿投资 10 万元、贵州省投资 15 万元，建设印江良种茶苗繁育基地。1995 年，全县新建成茶园面积 7274 亩。1996 年 1 月 8 日，县委、县人民政府出台《关于大力发展“九五”（1995—2000 年）支柱产业烟、茶、纸、果、药、矿的决定》，分设各支柱产业办公室。1998 年末实现农业总产值 6.09 亿元，占工农业总产值的 62.8%，其中农业经济作物收入占农业总产值 73.3%，畜牧业占 24%，林业占 2.7%。农业产业逐步走向产业化、市场化。稳定种植粮食面积 50 余万亩、油菜 8 万亩、烤烟 6.3 万亩、茶叶 1.2 万亩、杨树 10 万亩、中药材 3.2 万亩、果园 3.5 万亩，建成“四园、三场”近 100 个，实施非耕地开发 2 万亩。

1999—2008 年。1998 年，中央出台《关于农业和农村工作若干重大问题的决定》后，县委、县人民政府将“三农”问题与农村稳定和实现小康社会相结合，成立农业产业结构调整领导小组，下设烤烟发展办公室、莱茵鹅产业发展办公室、茶叶产业发展办公室，抽调专门人员具体办公。是年，出台《关于加快农业结构调整，促进农业产业化经营的意见》《关于加强梵净山茶叶产业化经营的意见》《关于加快畜牧业产业化建设意见》《关于鼓励机关工作人员和事业单位专业技术人员参与农业产业化

坪楼村生态葡萄种植基地（2009 年拍摄）

经营的意见》等一系列配套政策。2003 年年末，全县实现农业总产值 8.32 亿元，其中农业产值 4.68 亿元，粮食产量 1.43 万吨，油菜籽产量 9393 吨，烤烟产量 4357 吨，畜牧产值 2.89 亿元，肉类总产量 3.03 万吨，大牲畜年末存栏 11.84 万头，生猪年末存栏 27.42 万头，农民人均纯收入 1425 元，城乡居民储蓄存款达 5.09 亿元。“十五”（2000—2005 年）期间，全县注重培育优势产业，扶持龙头企业。到 2005 年，全县有地区命名龙头企业 7 家，有 500 余万元产值企业 5 家，养牛大户 181 户，养羊大户 154 户，专业养商品鹅的企业 8 家，养猪大户 269 户，养禽大户 408 户，专业种草 10 亩以上的 74 户；以肉类、果蔬气调保鲜为载体，加工销售农副产品的企业 18 家；建立种植、养殖、加工等专业协会 23 个. 在市场竞争中创出品牌的产品有“梵净翠峰”“梵净雪峰”“梵净绿茶”“洋溪贡米”“水晶牌红薯粉”“梵净山野菜”等。

2006 年，县委、县人民政府提出加快农产品基地建设，按照宜鹅则鹅、宜牛则牛、宜猪则猪思路，大力发展商品鹅、商品猪、商品牛基地；优化烤烟生产布局，稳定面积，提高科技含量，增加烟农收入；整合茶业资源，依托新建成的新寨乡茶场、洋溪镇桅杆茶场，扩大茶园种植面积，加强茶叶生产经营管理；抓好县城周边乡镇的蔬菜基地建设；加快优质稻米和优质油菜生产基地建设；着力培养龙头企业，大力发展基地农户衔接紧密、能拉动农民增收的龙头企业，其中：小云鑫隆肉联厂，形成企业与基地农民的利益共同体，从而实现企业增效、农民增收；抓好农村经济合作组织建设，建立各种行业协会、专业协会，支持各类中介组织的发展；加快发展生产品储藏、运销和农村经纪人队伍建设，加强技术和信息服务，解决农产品的产、供、销连接问题。2006 年，全县完成生产总值 12.3 亿元，一、二、三产业比上年增长 6.7%、24%、15.6%。2007 年，全县实现生产总值 12.63 亿元，财政总收入达到 9092 万元，其中地方财政收入达到 6600 万元，农民人均纯收入达到 2095 元，全社会固定资产投资增长 31.4%，粮食产量达 15.4 万吨，烤烟 6 万担、产值 2400 万元。

2008 年，全县实现生产总值 19.16 亿元，比 2007 年增长 11.8%，财政收入达到 1.03 亿元。其中地方财政收入 7282 万元，农民人均纯收入达到 2410 元，全社会固定资产投资 9.9 亿元，粮食产量 15.49 万吨，烤烟 6224 吨，茶叶产量达到 1030 吨。茶叶生产创建了品牌，梵净山翠峰茶已获国家地理标志保护，梵净山净团茶叶被评为贵州省著名商标。对全县 17 家茶叶企业进行整合，组建净团茶叶和翠峰茶叶两大公司。生态畜牧业快速发展，建成 46 个养殖小区。全县投资 100 万元以上的养殖场有 3 个；全县成立各种专业协会 17 个，其中蔬菜协会 3 个，农业产业发展方式初步实现由政府主导向市场主导转变。

第二章　农业开发

第一节　综合开发

农业综合开发是一项政府支持，农民参与，以改善农村生产条件，实行山、水、林、田、路综合治理，实现农业产业化经营的战略性措施。1991 年，印江自治县被纳入全省农业综合开发规划县。为争取农业综合开发县的正式纳入，1998 年 1 月，县人民政府成立农业综合开发筹备小组和领导小组，抽调专人具体办公，制定《1999—2001 年印江土家族苗族自治县农业综合开发设计任务书》，通过层层报批和省、地论证，1999 年 8 月国家农业综合办公室正式批准印江自治县为农业综合开发县，自治县委、县人民政府结合全县农业实际，通过向省、地争取实施农业综合开发项目，全县农业基础设施得以根本改变，农业农村经济得到快速发展。

一、 项目实施

2000 年 4 月，全县广泛实施坡改梯工程

项目概况　1999 年，自治县实施城郊灌溉工程、凯塘片区水浇地、营造水土保持林、购置农机具、技术培训、茶叶加工、红薯粉加工项目 7 个。项目总投资 575 万元，其中中央和省级财政资金 262 万元，地区、县级配套资金 88 万元，群众自筹资金 225 万元。2000 年实施城郊灌区续建工程、节水灌溉、营造水土保持林、改良土壤、购置农机具、科技推广、红皮脆菜等系列产品加工项目 7 个，投入资金 785.04 万元。2001 年，实施项目 8 个，投入资金 841.64 万元，其中中央和省级财政资金 568 万元，地、县级配套 81 万元，自筹 192.64 万元。2002 年实施项目 6 个，其中土地治理 4 个、多种经营 2 个，项目投资 1200 万元，其中：土地治理总投资 650 万元（中央财政资金 295 万元、省级配套 144 万元、地级配套 11 万元、县级配套 50 万元、自筹 150 万元），多种经营投资 550 万元（中央、省配套资金 281 万元，地、县 159 万元，自筹 110 万元）。2004 年，完成项目投资 361 万元，其中财政资金 241 万元（中央财政资金 172 万元、省级财政资金 55 万元、地县财政资金 14 万元），自筹 120 万元。2005 年，投入项目资金 511 万元，其中财政资金 339 万元（中央财政资金 242 万元、省级财政资金 82 万元、地县财政资金 15 万元），自筹 172 万元。2006 年投入项目资金 439 万元，其中财政资金 329 万元（中央财

政资金 235 万元、省级财政资金 80 万元、地县财政资金 14 万元），自筹 110 万元。2007 年，完成项目投资 573.89 万元；其中财政资金 444 万元，自筹 129.89 万元。投入资金 39 万元，其中财政资金 30 万元（中央财政资金 21 万元、省级财政资金 8 万元、地县财政资金 1 万元），自筹 9 万元，用于修复 2003 年度防护堤 60 米，修复 2004 年度防护堤 12 米，修复 2004 年度田间灌溉渠 118 米，修复 2004 年度排水渠 222 米。2008 年，投入资金 450 万元，其中财政资金 350 万元（中央财政资金 250 万元，省级财政资金 85 万元，地县财政资金 15 万元），自筹 100 万元，实施木黄镇建厂项目区农业综合开发土地治理项目。

农业项目 1999 年，完成机耕道 1046 米，购置农机 3 台套。完成总投资 39.71 万元，其中中央和省级财政资金 19 万元，地、县级配套 3 万元，自筹 17.71 万元。2000 年，投入资金 38.75 万元，购置农机具 94 台套，完成 3 米宽机耕道 1100 米；实施水土保持林 6068 亩，高标准水果园 268 亩，长廊 1 条 810 米，完成总投资 50.85 万元；在改良土壤方面，完成排污沟 3 条 1.61 千米，其中明沟 1 条 0.25 千米，暗沟 2 条 1.36 千米，新建峨岭村高标准稻田生态渔业示范工程 1 个（长 728 米，面积 80 亩），改良土壤 0.2 万亩（其中种植绿肥和秸秆还田各 0.1 万亩），完成总投资 50.95 万元。2001 年，完成 5 米宽的机耕道 2 条 7200 米，购置农机具 39 台套，完成总投资 69.05 万元，其中中央和省级财政资金 46 万元，地、县级配套 7 万元，自筹 16.05 万元；完成土壤改良及良种试验、示范、旱地化学除草推广面积 0.25 万亩，完成稻田生态渔业示范工程 164 亩，新建渔坑 32 口，开挖鱼塘 1589 立方米，搭建生态架 530 个，完成总投资 39.14 万元，其中中央和省级财政资金 26 万元，地、县级配套 4 万元，自筹 9.14 万元。2002 年，完成新建宽 3 米、长 1.81 千米的机耕道，完成总投资 71.9 万元，其中中央、省、地级划拨无偿资金 47 万元，有偿资金 9 万元，自筹 15.9 万元。2005 年，新建机耕路 2 条 518 米，新建田间便道 6 条 2839 米，购合胜牌微耕机 10 台/套，土地整治 1700 亩。2006 年，新建机耕道 3 条 3634 米、机耕桥 1 座 23 米。2007 年，新建机耕路 1 条 629 米。2008 年，新建机耕道 2 条 2268 千米、机耕桥 3 座。

洋溪镇蒋家坝村咀顶山八百亩茶园基地

板溪镇农业经济发展基地（2010 年拍摄）

林业项目 1999 年，完成造林面积 1 万亩，其中：种植经果林 99.85 万株，面积为 9079.4 亩；香椿 16.3 万株，面积 974.6 亩；高标准果园 354 亩。完成总投资 193.4 万元，其中中央和省级财政资金 34 万元，地、县级配套 6 万元，自筹 153.4 万元。2001 年，完成营造防护林 1 万亩，其中新建优质水果示范园 250 亩、绿色长廊 80 栋 320 米，完成总投资 64.25 万元，其中中央和省级财政资金 44 万元，地、县级配套 6 万元，自筹 14.25 万元。2002 年，完成梵净山绿色通道绿化 0.49 万亩，其中新建梵净山紫薇园绿化 200 亩，定植紫薇等名贵特种苗木 3.38 万株，定植草皮 3000 平方米；新建生态水保林面积 0.49 万亩，定植意杨、三倍体毛白杨、杉木苗 61.4 万株。完成总投资 130 万元，其中中央、省、地级划拨无偿资金 85 万元，有偿资金 15 万元，自筹 30 万元。

水利项目 1999 年，在实施城郊灌溉工程中，完成主干渠道 7 条 7970 米，其中排洪渠 1 条 550

米；穿城大堰1条1200米清淤补漏，支渠13条6545米，干支渠总长1.52万米。完成项目总投资229.07万元，其中中央和省级财政资金106万元，地级、县级配套资金27万元，中央有偿8万元，地、县级有偿13万元，自筹75.07万元。在实施峨岭片区水浇地工程中，建成水池6口，新修渠道650米，架供水管道2067米。完成项目总投资45.06万元，其中中央和省级财政资金20万元，地、县级配套资金10万元。2000年，在实施城郊灌区续建工程中，完成干支渠19条17.34千米，其中排洪渠0.22千米、穿城大堰清淤补漏1条1.2千米、支渠4.2千米，完成总投资150.65万元。在节水灌溉工程中，完成果园节灌500亩、灌溉渠1条2.18千米、蓄水池5座、水窖20个、高规格大棚和简易大棚各1栋占地3亩，完成总投资88.15万元，其中中央和省级财政资金52万元，地、县级配套资金18万元，自筹18.15万元。2001年，在城郊灌溉工程方面，修建干渠、支渠、排洪渠15条7.5千米，其中干渠、支渠13条，排洪渠、防洪渠各1条。完成总投资194.68万元，其中中央和省级财政资金131万元，地、县级配套资金19万元，自筹44.68万元。2001年，在节水灌溉工程方面，完成黔江村牛皮穴600亩果林的节水灌溉工程，新建水窖121个，改造山塘1口，新建简易大棚10亩，其中GPL－425型大棚3.4亩。完成总投资70.24万元，其中中央和省级财政资金47万元，地、县级配套资金7万元，自筹16.24万元。2002年，在园田化渠系列配套工程中，修建排水干渠、支渠、排洪渠11.75千米，购置移动式喷灌机具15台/套，修建基坑集水池13座、管理房13间75平方米，架设输电线路2千米，完成喷灌面积2820亩。完成总投资447万元，其中中央、省、地级无偿资金295万元，有偿资金48万元，自筹104万元。2003年，实施开挖疏浚河道17.17千米，其中排洪渠0.81千米，引水渠15.26千米，排渍渠1.1千米；新建防洪堤0.3千米，维修防洪堤0.15千米；新建生态渔业工程300亩；修建田间便道1.32千米；改良土壤5843亩；新建机耕道3条共1.58千米。完成总投资453.7万元，其中财政资金341万元、自筹112.7万元。2004年，完成新建排灌渠0.5千米，完成新建田间排灌渠7.22千米，新建便民建筑物47处：新建防洪堤0.7千米；新建小水窖46口；新建傍山渠道1.06千米；新建排洪渠0.63千米。2005年，新建防洪堤576米，防护堤加固1414米、堤顶整形1099米，河道疏浚300米，新建排洪渠765米、拦水坝100米、主干渠436米、干渠3765米、支渠1344米，完成渠系建筑物82处。2006年，建成拦水坝2座47米、水洞口渡槽1座22.5米，新建引水渠2条2075米、灌溉支渠2条1450米、田间灌溉渠道11条4175米，改造整治冉家坝山塘1口，完成渠系便民建筑物29处，新建排水渠3条545米、农田防护堤1011米，完成河道疏浚2千米。2007年，完成引水渠3条5.12千米，完成乌巢村灌溉支渠2条2.3千米，完成田间灌溉渠15条10.07千米，完成山塘整治4口，完成渠系建筑物38处，完成水源点处理5处，完成排洪渠3条0.74千米，防护堤3条1.14千米，凝冻灾害损毁修复工程14.71千米。2008年，完成引水渠4条6.75千米，完成引水支渠1条1.73千米，田间灌溉渠8条3.9千米，完成拦水坝4座、渠系建筑物61处，完成排水渠2条0.4千米、排灌渠3条1.08千米。

2008年6月，广泛开展修水窖工程

农技推广 1999年，引进、推广新技术，总培训1万人次。完成总投资15.25万元，其中中央和省级财政资金9万元，地、县级配套资金1万元，自筹5.25万元。2000年，完成培训1.07万人次，推广2600亩，购置设备2台套。完成总投资10.35万元。2001年，完成培训干部群众1万人次，购置办公设备2台（套）。完成总投资11.18万元，其中中央和省级财政资金8万元，地、县级配套资金1万元，自筹2.18万元。2002年，在高新农业科技培训中，完成培训干部群众1.03万人次，购置办公设备5台（套）。完成总投资16.1万元，其中中央、省、地级无偿资金12.9万元，自筹3.2万元。2004年，完成培训777人次，颁发绿色证书750人次；完成示范推广面积2000亩，协优336杂交水稻旱育浅植1000亩，黔油17、18号杂交双低优质油菜1000亩；完成购置仪器设备5台（套），其中台式电脑4台、手提式电脑1台。2005年，开办培训班11班次，受训学员达638人次；购置幻灯机及其设备2台、扫描仪1台、CDSS6.0成图软件1套、绘图仪1台、塔尺和花杆15根；完成示范推广面积1510亩。2006年，举办培训班11班次，培训学员651人次；购置全站仪1台、5米铝合金塔尺1根、3米铝合金花杆10根；完成示范推广面积1500亩。2007年，完成培训700人次；购置WFB－18AC型背负式喷雾喷粉机10台、ZF－50型高效节能化肥深施机100台，完成示范推广10号脱毒马铃薯700亩、黔油18号双低杂交油菜300亩。2008年，完成技术培训700人次，建成推广10号脱毒马铃薯示范点600亩。

二、 农业产业化经营项目

新寨乡梵净青茶业加工车间（2010年拍摄）

1999年，在茶叶加工投入方面建成名优茶叶保鲜贮藏仓库300平方米，购置茶叶专用运输车1辆，购置名茶精加工设备15台套，安装供水管道1000米，购置锅炉1台，购置质检设备1套，购置计量器等4台（套）。完成总投资91.6万元，其中中央和省级财政资金37万元，地、县级配套资金15万元，自筹39.6万元。在红薯粉加工方面，完成厂房扩建1000平方米，建成2条配套打浆生产线，修建仓库和办公室500平方米，购包装机1台套。完成总投资96万元，其中中央和省级财政资金38万元，地、县级配套资金15万元，自筹43万元。2000年，在实施红皮脆菜等系列产品加工项目中，投入资金395.34万元，完成厂房建设4485平方米，建成生产线3条、打浆生产线6条。2001年，在野菜系列加工项目中，完成新建厂房120平方米，新建冷冻、保鲜库各1座各100平方米，建成加工生产线1条，包装生产线1条，发展原材料生产基地3000亩，年加工生产能力500吨。完成总投资130.45万元，其中中央和省级财政资金88万元，地、县级配套资金12万元，自筹30.45万元。在农产品系列加工项目中，购买保健茶叶加工生产设备26台（套），发展茶叶基地1000亩，引进红薯粉配套加工生产线1条，仓库加工厂房1700平方米，发展红薯生产示范基地2000亩；购置土豆片加工生产配套设备15台（套），发展马铃薯基地2000亩，购红皮脆菜加工生产设备7台（套），改造厂房300平方米，发展红皮脆菜基地200亩，年加工生产能力1100吨。完成总投资262.65万元，其中中央和省级财政资金178万元，地、县级配套资金25万元，自筹59.65万元。2002年，在果蔬气调保鲜库建设中，完成征地3500平方米及500吨果蔬气调保鲜库。投入资金167.7万元，其中农业综合开发财政资金67.7万元，银行贷款及企业自筹100万元。在野菜及农产品加工项目中，新增红薯粉加工厂房用地1700平方米，其中生产加工用房1011平方米，仓储352平方米，办公用房235平方米，营销用房102平方米，购进安装多功能粉丝机、搅拌机、除砂机、分装机、浆清分离机等设备5台（套）；新增淀粉池10座、流水槽200米、蓄水池4座、抽水机1套等配套设施，增建加工生产线1条、淀粉生产线3条。野菜加工新增仓储70平方米、窖池1口，新增自动化封口机1台、真空包装机1台、运输车1辆。保健茶叶加工新增绿茶基地面积70亩、苦丁茶基地面积200亩。完成总投资250.3万元，其中农综开发财政资金123.3万元、银行贷款及企业自筹127万元。

三、 农村能源建设

2010 年 8 月， 在云发牧业有限公司实施大型沼气综合利用建设项目

从 1988 年起，在全县农村推广省柴节煤炉（灶），1999 年培训 318 名技工，组建 20 支沼气专业施工队伍，在全县范围发展沼气池，期间通过不断探索和实践，沼气池池型和池容逐步得到改进。1999—2002 年，全县建成沼气池 4420 座；2003—2008 年，全县建成多功能高效 A 型沼气池 1.13 万座。2007 年，省级配套每户提高到 500 元，使实施标准达到每户 1500 元。2008 年，实施农村沼气国债项目，中央投资每户 1000 元，省级配套每户 800 元，实施标准达到每户 1800 元，省柴节煤炉（灶）每台补助 600 元。截至是年，全县累计建成沼气池 1.58 万座，服务网点 14 个，完成总投资 1830.36 万元。1999 年以工代赈项目建成沼气池 220 座，完成投资 11 万元；2000 年小型公益项目建成沼气池 1100 座，完成投资 55 万元；2001 年省沼气一期项目建成沼气池 1500 座，完成投资 75 万元；2002 年省沼气二期项目建成沼气池 1600 座，完成投资 80 万元；2003 年省沼气三期项目建成沼气池 750 座，完成投资 75 万元；2003 年国债项目建成沼气池 1209 座，完成投资 120.9 万元；2004 年省沼气四期项目建成沼气池 100 座，完成投资 10 万元；2005 年省沼气五期项目建成沼气池 1200 座，完成投资 120 万元；2006 年省沼气六期项目建成沼气池 2200 座，完成投资 220 万元；省扶贫项目建成沼气池 107 座，完成投资 10.7 万元；2006 年农村沼气国债项目建成沼气池 2000 座，完成投资 260 万元；2007 年农村沼气国债项目建成沼气池 1300 座，完成投资 195 万元。2008 年，实施（新增）国债项目，建成沼气池 1061 座，完成投资 192.06 万元；实施农村沼气国债项目，建成沼气池 1000 座，完成投资 180 万元；实施巩固退耕还林成果项目，建成沼气池 400 座、省柴节煤炉（灶）1516 台，完成投资 163 万元；建设农村沼气服务国债项目网点 4 个，完成投资 15.2 万元；建设（新增）农村沼气服务国债项目网点 10 个，完成投资 34 万元；建设（新增）农村沼气服务国债项目养殖小区 1 个，完成投资 4.5 万元；建设（新增）农村沼气服务国债项目联户沼气池 2 座，完成投资 9 万元。

第二节 扶贫开发

一、 扶贫开发概述

1985 年 2 月，中共贵州省委、贵州省人民政府发文确认印江县为全省 26 个贫困县之一，6 月根据贵州省人民政府办公厅《关于开展连片集中贫困经济调查的通知》，经摸底调查上报，并经贵州省委农工部、农经委确认：印江县有 35 个贫困乡，占全县乡镇总数的 76.1%；有贫困户 5.42 万户，占全县农户总数的 80.1%，有贫困人口 24.68 万人，占全县农业人口总数的 80.6%。印江县农村工作在实行家庭联产承包责任制基础上开始转向有组织、有计划、有步骤的扶贫开发，1987—2008 年扶贫开发经历三个时期。

有计划、有组织、有步骤大规模扶贫时期（1987—1993 年） 1987 年 7 月印江自治县成立扶贫开发工作领导小组，1989 年 3 月设立扶贫开发工作领导小组办公室（以下简称扶贫办），1996 年

1992 年印江造纸厂实施技术改造后的生产车间

12 月列为县政府工作部门，主要任务是：宣传贯彻党和国家关于扶贫开发工作的路线、方针和政策，编制、实施扶贫开发规划，编制申报各类扶贫项目和实施方案，监督扶贫项目实施和资金跟踪管理，组织培训和农村劳动力转移，协助中直机关、省、地、县机关和部门以及社会各界参与扶贫工作。自从 1987 年国家开展有组织、有计划、大规模地扶贫开发工作到 1993 年的 7 年间，印江县立足县情，经过不断探索和实践，确立“烟、牧、茶、纸、果、药、矿”等支柱产业和一批重点项目。“以项目扶贫，项目覆盖农户”原则，投入扶贫资金 8891.46 万元，项目 89 个，其中信贷扶贫资金 3147 万元、支边贷款 111.5 万元、以工代赈资金 879 万元、绿色产业贷款 250 万元、“老少边穷”贷款 185 万元，专项贴息贷款 4318.96 万元，建成骨干项目：(1) 工业项目：甘金桥电站装机 2×1600 千瓦、雷公岩电站 520 千瓦，纸厂技改、玉屏至印江 110 千伏输电线路。(2) 农业项目：梵净山绿茶基地 5000 亩一期工程及制茶设备 290.77 万元，“双杂”良种推广 115000 亩及制种 335 万元，投资建设杂交油菜 7900 亩基地 79 万元，投资建设 4 万亩优质烤烟基地 111.5 万元。(3) 畜牧业项目：4 项投入资金 184.5 万元。其中，9 个乡镇 5505 户贫困户养猪 3629 头，投入资金 98 万元；良种繁育 13 万元；洋溪镇养羊 350 只，投入资金 3.5 万元；渔种良种场建设 70 万元。(4) 其他项目 126.5 万元，其中，蓓酸厂 25 万元、氯酸钾厂 30 万元、花园煤矿 7.7 万元、杉树榨油厂 12 万元、县粮食车队 2.8 万元、入股铜仁化肥厂以物抵资扣回 49 万元。

1991 年，国家对贫困地区实施“以工代赈”“坡改梯”工程，投入“坡改梯”资金 1300 万元，“以工代赈”资金 1157 万元。完成坡改梯工程 4265.34 公顷（其中坡土改梯土 2541.47 公顷、坡土改梯田 65.27 公顷、荒坡改梯土 782.67 公顷，恢复保护稻田 875.93 公顷）；新增耕地 1014.6 公顷；开挖土石方 808.76 万立方米；修田间便道 916 条，长 136 千米；修建小水窖、小水池 68 个，蓄水 986 立方米；修复小山塘 5 口，蓄水 31.5 万立方米；修引水渠 26 条 14.5 千米，拦山沟、排水沟 986 条 99.6 千米；修防洪堤 15 千米，修乡村公路 6 条 38 千米。全县 17 个乡镇 177 个村 769 个村民组参加工程的实施，受益农户达 2.57 万户 9.97 万人。项目区内初步形成山、水、林、田、土、路综合治理格局。累计解决饮水困难 14.61 万人、牲畜 9.13 万头。到 1993 年底，年末有贫困人口 21 万人，当年解决贫困人口温饱 9000 人，当年全县农民人均纯收入 407 元，人均产粮 314 千克。1988—1993 年累计解决贫困人口 3.68 万人。

“八七” 扶贫攻坚时期（1994—2000 年） 1994 年 4 月，印江自治县被确定为国家“八七”扶贫攻坚计划贫困县，核定贫困人口为 27.26 万人。印江自治县围绕“八七”扶贫计划目标，1994—1998 年，经县扶贫办立项上报审批到县信贷扶贫项目 62 个，累计到位扶贫款 8425.68 万元，其中 1994 年 826.68 万元，1995 年 576 万元，1996 年 870 万元，1997 年 2305 万元，1998 年 3848 万元。1997—2000 年，滚动使用扶贫项目贴息贷款 500 万元，建设杂交水稻生产基地 1

新寨乡团山茶园（2008 年拍摄）

万公顷、杂交玉米生产基地3333.3公顷，覆盖全县17个乡镇365个村，上述项目增产粮食20%左右，全县人均净增50千克。利用扶贫贷款111.5万元，从1990年起种植烤烟2667公顷。1993年种植烤烟6000公顷，产量达18万担，产值4000多万元，向国家上缴税金1200多万元，仅烤烟一项人均收入达118元。1987—1998年共向茶叶产业基地投入各类扶贫资金1500多万元，其中扶贫贷款1100万元、以工代赈资金200万元、财政信贷资金80万元、农业部无偿投资142万元；垦植茶园面积1027.32公顷，其中湄溪茶场93.2公顷，永义茶场475.08公顷、梵净山茶场89公顷、合水镇茶场43.33公顷、中坝乡茶场13.33公顷、新寨乡茶场36.67公顷、洋溪镇茶场35.33公顷、新业乡茶场61.07公顷、朗溪镇茶场53.33公顷、罗场乡茶场73.33公顷、缠溪镇茶场13.33公顷；1987年投入县牧渔业扶贫贷款750万元，其中200万元用于饲养良种公母猪4000头，1998年投放扶贫贷款150万元用于引种公羊6300只、母羊6000只，利用信贷资金150万元发展养牛、养羊基地17个300户。利用信贷资金250万元，发展示范村17个，直接到户8000户。

1994—2000年，自治县在农业部的重点帮扶下，推广农业实用技术，举办各类实用科技培训班358期，受训农民达5万人次。仅1998年举办“三杂”（杂交水稻、玉米和油菜）实用技术培训班就达151期，培训1.2万人次，有350人获技术职称。每年输出6.3万人外出务工，劳务输出收入2亿元，其中从邮局汇入县境资金1.2亿元。1997年2月，县委、县人民政府出台《关于举全县之力，打好扶贫攻坚战，尽快解决农村贫困人口温饱问题的决定》，明确到2000年除少数丧失劳动的残疾人、鳏寡孤独和严重自然灾害造成的贫困人口外，全县尚有17万贫困人口，要求1997年基本解决温饱9万人，1998年基本解决温饱8万人，并将任务分解到乡镇，要求以解决温饱为中心，开展扶贫攻坚活动。实行县党政机关几家班子领导联系乡镇责任制和县直机关帮扶贫困村（驻村定点）帮扶机制。县直80个单位及负责人配合省、地扶贫工作队共118个扶贫点，开展全县副科级以上干部帮扶一户贫困户的“一帮一”活动，帮扶的措施是：（1）落实“四普及，四提高”。四普及是普及杂交水稻、杂交玉米、杂交油菜，普及水稻两段育秧和旱季稀植栽培技术，普及配方施肥和化肥深施技术，普及主要农作物病虫害综合防治技术。四提高是提高复种指数，提高种子、肥料、水的利用率，提高有机肥的利用和土地的生产潜力，提高粮食单产、增加总产。（2）实施以“五推四改三提高”为主的畜牧水产业的实用技术推广。“五推四改”是：推广良种，改地方品种为杂交优良品种；推广良料，改单一饲料为配合饲料、混合饲料；推广良法，改熟饲为生饲；推广良舍，改深坑圈为向阳干平圈；推广畜禽防疫双轨目标管理责任制。三提高是：提高饲料转化率和秸秆利用率，提高牛羊个体生产能力，提高牲畜出栏率和商品率。（3）对定点挂钩扶贫的单位，要由领导带头，实行“四定三帮一包”（四定：定对象、定任务、定时间、定成效；三帮：帮助制定规划、帮助落实扶贫项目、帮助解决实际问题；一包：包解决温饱的扶贫责任制，坚持不脱贫不脱钩、脱贫不断线）。对自愿留村3年的可上调一级工资。（4）对扶贫开发项目实行政、技、钱、物配套输入，综合组装。行政干部要负责落实面积计划和任务，负责落实与农户签订合同与实施项目，负责帮助回收扶贫贷款；技术干部要负责技术培训、技术指导，负责扶贫资金跟踪管理与监督，负责良种、化肥、农药及配套物资及时供应。

1998年，印江自治县贫困人口从1997年的14.1万人减少到4.3万人，越线率达到80.36%，全县农民人均纯收入达到1169元，农民人均占有粮352千克，全县农民人均有稳产高产基本农田0.44亩，全县人口自然增长率8.67‰；村通公路率达79.17%，村通电率达100%。经省、地验收组对印江自治县基本解决温饱问题抽查认定，验收组认为：印江自治县以1993年贫困人口为基数（1993年贫困人口为21.9万人），已有80.36%贫困人口越过温饱线，基本解决温饱问题。

1999年1月15日，自治县委、县人民政府在《关于巩固扶贫成果进一步做好扶贫工作的意见》里明确，2000—2005年全县需要稳定解决温饱，要继续把发展生产放在首位，把重点放在全县3个乡（镇）100个贫困村及贫困户开展扶贫攻坚。县党政领导机关继续开展扶贫帮乡、帮村和副科级以上干部帮扶一户贫困户的“一帮一”活动。从1995年起，省纪委、省司法厅、国土厅组成工作组，帮扶印江贫困乡（镇），县直及地直共87个机关单位驻点帮扶，以进村入户为突破口，实施科技、教育、电力、交通、水利和计生帮扶，开展专项扶贫工程。投入各类扶贫资金5630万元，重点以种植和养殖为主。2000年，全县农民人均纯收入达到1279元，农民人均产粮达到398千克，农民人均食肉量达到39.4千克，农户用电率达95%以上，农村适龄儿童入学率达96%，全县卫生初保基本达标，城乡有25万多人喝上安全清洁自来水。全县农村未解决温饱的贫困人口从1986年的24.67万人，减少到2000年的4.37万人，有20.3万贫困人口越过温饱线，解决温饱率达82.3%。

峨岭镇柑橘基地销售情况（2011年拍摄）

新阶段扶贫开发时期（2001—2008年） 2001年5月中央召开扶贫开发工作会议，正式颁布《中国农村扶贫开发纲要（2001—2010年）》，提出今后十年全国农村扶贫开发的目标任务、指导思想和方针政策。2002年10月印江自治县被确定为国家新阶段扶贫开发重点县。县委、县人民政府制定《印江自治县农村扶贫开发纲要（2001—2010年）》。

根据《纲要》，全县共有13个扶贫开发工作重点乡镇，其中，一类重点乡1个（中坝乡），二类重点乡镇8个（杉树乡、沙子坡镇、天堂镇、刀坝乡、新业乡、朗溪镇、罗场乡、缠溪镇），三类重点乡镇4个（新寨乡、板溪镇、合水镇、永义乡）。有220个扶贫开发工作重点村，其中：一类重点村77个，二类重点村128个，三类重点村15个。有在册贫困人口15.78万人，其中尚未解决温饱的贫困人口7.78万人，低收入贫困人口8万人。贫困人口多分布在自然条件恶劣、基础设施薄弱、自然灾害频繁的边远偏僻地区。

“三项重点”工作。从2001年起，全县扶贫工作以解决农村贫困人口温饱问题和增加农民经济收入为中心，以改善贫困乡村生产生活条件为重点，以提高农民素质为根本，着力抓好“整村推进，产业化扶贫，农村劳动力转移培训”三项重点工作。

1. 整村推进：2001—2005年，共投入2604.47万元财政扶贫资金，用于改善贫困乡村的基础设施和生产生活条件。新建和维修通村、通组公路688千米，新建公路桥9座，使55个村通路，62个村的公路得到维修和改造，基本解决交通困难，为群众生产生活和出行提供方便；新建人畜饮水工程50处，维修工程10处，解决50个村5.07万人和5.43万头牲畜的饮水困难；完成坡改梯面积1.29万亩，同时配套建设小水窖、排灌渠和人饮工程等；改造和维修2所中学的教学楼，新建3所小学的教学楼，新建30个村的计生、卫生、文化综合室，完成7个村的电视网络建设，以及农村住房改造搬迁和农业“三站”建设等。到2008年底，全县建47条359千米的通村公路，全县通乡油路率95%，村通公路率100%；实施水利工程360处，防渗干渠12.8千米，解决全县4.85万人、4.12万头牲畜的饮水困难问题，农业人口人均旱涝保收面积0.23亩；完成烟水配套工程32处，建水池191口，新增灌溉面积2460亩；电力、通信实现覆盖全县所有村、组；发展茶叶9733.33公顷、生猪存栏9.5万头，建成优质经果林基地4333.33公顷，优质烤烟基地2666.67公顷的优势产业；举办以烤烟、茶叶、经果林、生猪养殖等为主要内容的培训班400余期，累计培训农民10余万人次，转移农村劳动力8万余人。

2. 产业化扶贫：为了稳定增加农民的经济收入，把以莱茵鹅为主的畜牧业养殖，以烤烟、茶叶、经济果树林等作为产业化扶贫的主要内容，扶持和带动农民增加收入。2001—2005年，全县共投入财政扶贫资金1323.38万元用于发展农业产业化建设，其中莱茵鹅养殖项目作为省、地区扶贫办科技扶贫特色产业项目，2004—2008年，累计投入各类扶贫资金999万元，先后建成木黄、甘川、中坝、

规模化烤烟种植（2008年拍摄）

朗溪等莱茵鹅良种繁育场，年存栏种鹅3.6万只，年均扶持900余户农户发展莱茵鹅，年均投放鹅苗25万余只，年出栏20万余只，户均增收1000元。同时，扶持333.33公顷优质烤烟基地建设，新建1000公顷茶叶基地，种植4666.67公顷优质经果林。

3. 农村劳动转移培训：2001—2005年，全县共投入财政扶贫资金311.92万元，举办各类农技培训班103期，培训农民22万人次，促进农业科技化的推广和普及。其中仅2005年就投入资金100万元，用于2000名农村富余劳动力转移培训工作，着重提高非农技能，为农民外出务工创造条件；举办以旅游、莱茵鹅养殖、绿茶加工、苦丁茶加工、纺织品加工、家政服务等为主要内容的培训班16期，全县2022人参加职业技能培训。举办各级干部培训933人次，其中县级60人次，乡（镇）153人次，村支“两委”720人次，同时完成农民种养业适用技术培训共计4.22万人次。

杉树坳乡“整村推进，连片开发” 2007年11月，印江自治县被列为全省“县为单位、整合资金、整村推进、连片开发”先行试点县，杉树坳乡为试点项目区。自治县委、县政府认真谋划，以财政扶贫资金950万元为引子，整合投入资金6443.9万元，实施五大类共203个项目，覆盖杉树坳乡14个村、137个村民组、4104户、1.72万人。项目实施预期至2009年年底基本完成。杉树坳乡试点工作到2008年年底，新修10条98千米公路，新增沼气池16座，建小水池55座，新垦植茶园333.33公顷，建小学5所，建卫生所4个，办起“农家书屋”及5个村的“农村超市”，启动4个村的电视联网工程，建成4个经济果树林专业合作社和1个村级集贸市场，计划4个村4235人的集镇饮水工程和8个村的人畜饮水工程。试点区群众人均纯收入从项目实施前的1580元提高到2008年的2350元，比项目实施前增长49%。贫困人口由实施前的6685人下降到2008年底的2298人，贫困发生率从38.92%下降到20%。

1986—2008年印江自治县扶贫资金分年到位情况统计表

表5—1 单位：万元

资金 类别 年份	1. 银行扶贫信贷资金	2. 计委以工代赈资金	3. 财政扶贫资金	4. 部门扶贫资金（无偿部分）	
	当年到位	当年到位	当年到位	农业部扶贫当年到位	胶南市扶贫当年到位
1986	278.00	—	54.00	—	—
1987	515.00	153.00	29.50	20.00	—
1988	549.00	—	58.00	—	—
1989	399.20	43.00	—	12.00	—
1990	395.20	—	82.40	76.30	—
1991	361.60	280.00	162.78	54.00	—
1992	240.00	213.00	162.79	37.00	—
1993	409.00	190.00	233.00	30.00	—

续表5－1

资金 类别 年份	1. 银行扶贫信贷资金	2. 计委以工代赈资金	3. 财政扶贫资金	4. 部门扶贫资金（无偿部分）	
	当年到位	当年到位	当年到位	农业部扶贫当年到位	胶南市扶贫当年到位
1994	826.68	619.70	58.20	43.00	—
1995	576.00	566.00	123.60	38.00	—
1996	870.00	657.50	175.00	60.00	—
1997	1857.00	419.00	142.00	60.00	25.00
1998	3390.00	538.00	180.90	45.00	10.00
1999	1927.00	—	—	—	—
2000	1753.00	—	71.17	—	33.00
2001	1323.00	—	320.00	—	—
2002	750.00	—	68.00	—	84.00
2003	4072.00	—	64.20	—	28.00
2004	2977.00	—	499.00	—	56.00
2005	—	—	1021.80	—	5.86
2006	—	—	1252.72	—	—
2007	—	—	2270.20	—	76.00
2008	—	—	1529.40	—	142.00

说明：1. 1998年扶贫信贷资金中含铜遵公路印江段贷款的1500万元

2. 财政扶贫、信贷资金中不含定额补助和以奖代补专项资金

3. 以工代赈资金中含水电路坡改梯资金

1986—2008年印江自治县基本解决温饱主要三项指标分年监测一览表

表5－2

年份	农民人均纯收入（元）	年末贫困人口（人）	当年解决温饱贫困人口（人）	贫困发生率（%）
1986	173	246777	—	—
1987	188	246777	—	—
1988	187	242400	4377	—
1989	168	239400	3000	—
1990	183	236200	3200	—
1991	247	234000	2200	—
1992	273	225000	9000	—
1993	285	219000	6000	—
1994	407	210000	9000	—
1995	515	199000	11000	—
1996	796	170000	29000	—
1997	1063	141000	29000	—
1998	1169	43000	98000	—
1999	1219	75000	8000	—
2000	1262	121000	46800	—
2001	1279	157800	8000	17
2002	1370	118400	39400	22

续表5－2

年份	农民人均纯收入（元）	年末贫困人口（人）	当年解决温饱贫困人口（人）	贫困发生率（%）
2003	1425	107200	11200	20
2004	1595	104400	3100	19
2005	1695	101300	3100	32
2006	1805	97900	3400	34
2007	2095	83500	14400	22
2008	2410	80200	3300	20

二、 扶贫规划和项目实施

规划编制

1. 1994年8月，县组织编制《印江土家族苗族自治县扶贫攻坚计划》，确定到2000年全县农民人均年纯收入达到500元以上，农民人均生产粮食400千克，解决贫困农民的温饱问题。要求到2000年，全县建成稳产高产基本农田1.27万公顷，人均建成稳产高产农田0.5亩；人均开发利用非耕地资源1亩，其中建成林果药茶牧鱼“四园三场”（茶园、果园、药园、庭园，农场、林场、牧场）0.5亩；户均出栏商品猪1.62头、牛0.11头、山羊0.54只、家禽4.5只、鱼9千克、蛋10.7千克、肉类总产量137.45千克；户均有1个劳动力向非农业转移。要求到2000年社会基础设施得到基本改善：基本解决人畜饮水困难问题；乡镇通公路100%，村通公路85%以上；乡镇有农贸市场100%；建成电气化县，乡镇村通电100%，农户用电达85%以上。要求到2000年达到稳定解决温饱目标，全县新建、扩建、续建150个项目，总投资3.44亿元，其中：种植项目15个，投入6940.68万元，投资效益预算1亿元，预测人均增收235元，项目覆盖17个乡；养殖业项目6个，投入6500万元，要求积极引进优良品种，加强防、检、治，推广科学饲养方法，提高牧渔业的出栏和商品率。要求到2000年，全县年生猪出栏达到14.4万头，商品率达70%以上，牛出栏要达到0.98万头，商品率达100%，羊出栏要达4.8万只、商品率达90%以上，家禽出栏要达到40万只、商品率达80%以上，鱼与蛋产量分别达到800吨和950吨。实现上述目标，预测投资效益8500万元，人均增加收入200元，安排贫困人口劳动力就业5000人。

改变教育文化、卫生落后状况。要求到2000年：（1）基本扫除青壮年文盲，农村劳动力具有高小文化水平以上；（2）力争普及初等教育，办好普通中学的职业中学班和各类培训班，通过职业教育和培训，使每户农户至少有1人能掌握运用1至2门农业适用技术；（3）乡镇有卫生院、计生站、文化、电视、广播站，村有相应站、室，使农户看小病、做简易计划生育手术不出村。电视覆盖率达到80%以上；（4）全县总人口控制在39.34万人以内，农业人口控制在36.84万人以内；人口自然增长率控制在13‰以下。

向养殖户发放鹅苗（2008年拍摄）

以上奋斗目标计划分两步。第一步：1994—1997年，全县人均纯收入要超过400元，人均口粮达到200千克，基本解决温饱。第二步：1998—2000年，全面实现奋斗目标，告别贫困，向小康迈进。

1997年11月，全县以220个重点贫困村扶贫项目规划为基础，结合县、乡（镇）两级扶贫规划每个村规划3～5个项目。1998—2000年，共规划项目八大类共1100个，即需投入基础设施建设资金2.38亿元、社会公益事业建设资金1.73亿元、种植业资金1.03亿元、养殖业资金7598万元、生态经济林建设资金 9158 万元、投入二、三产业资金 9094 万元、投入技术培训劳务输出资金 1390 万元、其他项目工程资金 2000 万元。

2. 编制《印江土家族苗族自治县 2001—2010 年扶贫开发规划》，明确到 2005 全县贫困村从 2000 年的 220 个减少到 77 个，帮助全县 12.5 万贫困人口提高经济收入，使全县农民人均纯收入从 2001 年的 1665 元增加到 2010 年的 2300 元，农民的人均占有粮食从 400 千克增加到 450 千克以上，到 2010 年基本消除贫困户问题，基本实现奔小康的目标。

项目实施

1. 基础设施及种养业扶贫项目　(1) 基础设施项目：修建乡村道路 1500 千米，其中修建 109 个村建通村公路 800 千米、122 个村进行道路改造及延伸到组 700 千米；桥涵建设 76 座 6072 延米；配套建设渠道 91 处 500 千米，其中灌溉渠道 75 处 385 千米、排洪渠 16 处 115 千米；建拦水堤 40 处 4.8 万米、提灌站 14 座，建人畜饮水工程 231 处，解决 220 个贫困村和 11 个贫困乡镇 15 万人饮水困难；基本农田建设完成 3866.67 公顷，其中坡改梯 2000 公顷、中低产田改良 1866.67 公顷，建蓄水池 1 万个共 10 万立方米；实施移民搬迁 1.34 万人，建沼气池 2.56 万座，农电网改造 9 处 61 千米。(2) 社会公益项目：学校建设 118 所，其中新建村级小学 62 所、改造村级小学 50 所和乡级中学 6 所，完成村卫生室 195 所，建村文化室 183 个；建设广播电视工程 69 个，其中村级 60 个、乡级电视联网 9 个；帮助 220 个村安装程控电话，1 万户农户实施危房改造 72 万平方米，实施“三改”(改厕、改灶、改圈) 项目 72 处；乡级卫生院、计生站建设各 10 所；乡级文化站建设 5 所，县级卫生、计生、广播电视改造项目各 1 个。(3) 种植项目：帮助 89 个村推广杂交稻 5800 公顷，在 139 个村种植优质烤烟 6266.67 公顷，81 个村发展药材 5.6 万亩。建脱毒马铃薯系列基地 1 个 66.67 公顷，杂稻制种基地 1 个 133.33 公顷，县级科技扶贫示范园 1 个和 21 个村级科技扶贫示范园。(4) 养殖业项目：支持 1.8 万户农户养牛 4.5 万头，0.86 万农户养羊 11.4 万只，3.5 万户农户养猪 13 万头，1246 户农户发展兔、鸽、珍珠鸡等特种养殖；在 85 个村发展商品牛育肥项目、牛冻配项目、波尔山羊、三元杂交推广等 23 个项目和鱼池良种繁育项目各 1 个。(5) 生态工程及经济林项目：营造生态林 7333.33 公顷，经济果树林 4800 公顷；建苗圃 5 个 200 公顷，发展牧草种植 2380 公顷，种植薇菜、香椿、花椒等项目 11 个。(6) 二、三产业项目：开发野菜、薯片、苕粉等农产品加工项目 28 个，改造农贸市场 12 个，开发其他资源项目 4 个。(7) 贫困地区干部及农民技术培训：劳务输出项目，开展各种农业实用技术培训 20 万人次，帮助农户劳务输出 2.45 万人；建立县级扶贫干部培训中心项目 1 个。(8) 其他类项目：建立县级贫困监测体系项目，建设防雹、茶叶博览馆等项目 5 个。

2. 社会组织扶贫项目　从 1987 年起，农业部下属茶科所、水稻研究所、油菜研究所、柑橘研究所、原子能利用研究所先后到印江科技扶贫，无偿投资 315 万元，实施“双杂”、绿茶、畜禽、商品羊、渔业、脱毒马铃薯等种养繁育及配套基础设施等 15 个项目；省纪委、司法厅、国土厅等组成帮扶队自 1995—2008 年连续 13 年帮扶印江贫困乡镇项目 42 个，无偿投资 587 万元，实施重点项目有：新修和硬化乡村公路 86 千米、建村文化计生活动室 5 幢、新修中小学教学楼 2 幢；山东省胶南市对口帮扶印江，1997—2008 年共投入帮扶资金 540 万元，扶持项目 25 个，实施重点项目有：普同小学教学楼和教师宿舍、大云村办公楼、大云村生态农业示范园 7.33 公顷、刀坝乡保和村产业路 11 千米、朗溪莱茵鹅良种繁育场、新寨农中配套电脑教学设备 60 台套。县委组织部、县扶贫办 1998—2008 年组建扶贫工作队，到帮扶乡镇建设项目 300 个，其中新修乡村公路 160 千米，新修村办公楼 256 栋，结对帮扶计生贫困户 4568 户。

扶贫开发主要项目和重点工程

1. 支柱产业

烤烟基地　该项目于 1987 年经县人民政府立项，当年投入扶贫信贷资金 17 万元，配套建设 7 区 1 镇烟草站。1990 年经贵州省人民银行同意，投放扶贫支边贷款 111.5 万元，建设 1.6 万亩优质烤烟基地。1991—1997 年，年均种植烤烟面积 5 万亩以上，最高的种植年份达 9 万亩，烤烟产量年均在 10 万担以上，产量最高的年份为 1992 年，达 18 万元担。每年种植烤烟向地方财政提供税金 700 多万元，最高达 1200 多万元。

牧渔基地 1987—1998 年，共向牧渔业基地投入扶贫资金 1060.8 万元，其中农业部无偿资金 116 万元，扶贫贷款 944.8 万元。建畜牧良种繁育推广点 17 个、商品猪基地示范村 17 个、商品牛基地 8 个、商品羊基地 6 个，并配套建起畜禽良种改良繁育场 1 个、鱼类良种繁育场 1 个。1998 年全县生猪出栏 17 万头、大牲畜出栏 0.9 万头、羊出栏 7250 只，分别比 1987 年增长 87.4%、188.2%、340%。

茶叶产业 该项目于 1987 年 5 月经贵州省扶贫领导小组批准立项，一期工程计划完成 333.33 公顷，总投资 152 万元。至 1998 年，共向茶叶基地投入各类扶贫资金 1500 多万元，其中扶贫贷款 1100 万元、以工代赈资金 200 万元、财政信用资金 80 万元、农业部无偿投资 142 万元。据统计：一期工程 333.33 公顷，实际完成垦植面积 297.6 公顷，分片面积是：梵净山茶场 89 公顷，湄溪茶场 93.2 公顷，永义茶场 115.4 公顷。二期工程计划完成 666.67 公顷，实际完成垦植面积 484.93 公顷，分片面积是：沙子坡镇茶场 93.33 公顷，木黄镇茶场 24.8 公顷，合水镇茶场 61.07 公顷，永义乡茶场 37.07 公顷，朗溪镇茶场 53.33 公顷，罗场乡茶场 71.33 公顷，缠溪镇茶场 13.33 公顷。至此，全县茶叶基地垦植面积 782.53 公顷，配套建成茶叶精加工厂 1 个、初制茶叶加工厂 7 个，并建成良种苗繁育场 1 个。1998 年全县生产茶叶 21.3 万千克，实现产值 308 万元，销售收入达 250 万元。

新寨乡梵净青茶园（2010 年拍摄）

杨树纸浆材基地 该项目于 1995 年 10 月申报，1996 年省、地扶贫办分别审批立项，总规模为 6666.67 公顷，需总投资 1495 万元，其中申请扶贫贷款 1200 万元。到 1998 年年底实际到位扶贫贷款 550 万元，栽培杨树苗木 1600 多万株，基本建成 6667 公顷杨树基地。

果品基地 该项目开发始于 1985 年，县政府聘任重庆柑橘研究所邓祖耀教授为技术顾问。至 1998 年，全县共向果品基地投入各类扶贫资金 200 多万元、其中扶贫贷款 124 万元、以工代赈资金 50 多万元、水保及“坡改梯”资金 30 多万元，建成果品基地 2000 公顷，其中柑橘、橙类基地 1333.33 公顷，梨、桃、李基地 666.67 公顷。

中药材基地 自治县把建设“印江中药材基地”作为“八五”支柱产业立项，建设规模为 3 万亩。1993—1998 年共到位扶贫贷款 906 万元，其中绿色产业贷款 250 万元。全县建成中药材基地 2000 公顷，其中，杜仲、黄柏 1333.33 公顷，银杏 333.33 公顷，其他中药材（吴萸、白术、桔梗等）333.33 公顷。比较集中连片的有罗场、洋溪、永义、沙子坡、中坝、木黄等乡镇的中药材基地。

矿产品产业 1995—1996 年，自治县向上级贷款 300 多万元（其中扶贫贷款 40 万元），支援建设年产花岗石板材 3 万平方米的印江石材厂。1997—1998 年，农行支持扶贫贷款 1080 万元，扩建年产水泥 5 万吨的印江水泥厂。

2. 能源通信

玉印输变电工程 该工程是缓解印江电力紧张的扶贫工程，输变电线路长 126 千米，东接玉屏县国家电网，西至印江县城郊坪兴寨变电站。总投资 2150 万元，其中扶贫贷款 265 万元、其他贷款 1885 万元。项目于 1993 年经省计委、省电力局、省扶贫办立项，1995 年 8 月竣工投入运行，基本解决全县供电不足的问题。

胡家坝水电站 该电站是乌江一级支流车家河的二级电站，距印江城 49 千米，电站装机 2000 千瓦（2台×1000千瓦），总投资1379万元。至1998年年底，扶贫贷款到位500万元，工行贷款700万元，县供电局自筹179万元。1999年9月主体工程完工，2002年该工程验收。

程控电话　该项目于1994年经省扶贫办、省邮电局立项，规划为程控电话3000门，总投资880万元，其中扶贫贷款260万元。项目于1995年12月竣工交付使用。至1998年年底，扩建了光缆和寻呼，实现电话全国联通，电话扩容到8000门。

缠溪镇方家岭村玉米丰收情景（2008年拍摄）

3.“温饱工程”　针对1999年年初全县有1万余户贫困户、4.3万贫困人口，涉及3个贫困乡镇、62个贫困村的实际情况，扶贫信贷资金扶持的重点是覆盖面广、见效快的“粮食温饱工程”、畜牧业“3568工程”、薇菜香椿基地建设、柑橘基地建设及全县11个乡镇茶场的茶叶抚育管理、计划生育三结合等项目：(1) 用中央专项贴息扶贫贷款450万元、一般扶贫贷款348万元，共计798万元，重点向贫困乡镇和贫困村的贫困户倾斜，向朗溪、杉树坳、中坝等3个乡镇各拨付50万元，计150万元，向62个贫困村，每个贫困村拨付6万元，计372万元，以上两项共支付522万元；剩余276万元用于面上扶贫，按14个乡镇的贫困人口分配，重点用于发展粮食生产和畜牧养殖业。(2) 利用一般扶贫贷款920万元，安排温饱工程贷款190万元，实施“温饱工程”1.4万公顷（杂稻1万公顷，杂交玉米4000公顷），采取“政、技、物、钱”综合措施，配套输入方式扶贫。据县农业局组织验收，杂交玉米平均亩产320千克，比常规玉米增产40千克。发展畜牧“3568工程”及仔猪基地建设贷款280万元，两个肉羊基地建设贷款40万元，共计320万元，按示范点与面相结合统一组织实施，采用“以钱放贷”和“以物放贷”两种方式进行，1999年全县山羊出栏4.9万只，比上年增长91.33%。贷款100万元建设薇菜、香椿基地，基地面积3333.33公顷，5个乡镇32个贫困村1700多户贫困户受益。贷款80万元建设柑橘基地，按示范点与面相结合统一实施，面积2133.33公顷，4个乡镇12个贫困村1100多户贫困户受益。计划生育三结合贷款10万元，扶持65户贫困户发展养殖业。对特困村安排贷款1718万元，发放给17个乡镇360村1.5万贫困户7.5万贫困人口（含因灾返贫数）。经统计，全县农民人均产粮392千克，农民年人均纯收入1219元。全县年内有0.8万贫困人口基本解决温饱，在3个贫困乡镇中，杉树乡达到上级界定的越过温饱线标准。2000年印江自治县农民人均纯收入1262元，4.68万贫困人口解决温饱问题。

三、扶贫资金使用管理

1994年，印江县实行贷款使用责任制，扶贫资金实行专款专用，不得挪作他用，由相应经济实体承贷承还，实行资金审查制度。1997年，对小额贷款实行4～7户贫困户组成的联保小组相互联保，形成利益共同体；扶持对象的确定，由农户申请、村委会审议、乡政府审查、县扶贫开发办审批，资金由银行委托信用社发放，对扶持对象得到的扶贫款及偿还情况，由村委会负责张榜公布。经检查，1997—1999年收回再贷扶贫信贷资金1315万元，支持贫困户4.16万户，养殖牛羊5210头（只），养猪6000头。1996—1999年，全县实施419个项目，投入各类扶贫资金8255.68万元，效益一般的占15%、效益较差的占10%、效益好的占75%。

2000—2008年，对财政扶贫资金，实行专项下达、专户管理、封闭运行、专款专用和专项审计，从评估申报、拨款到资金报账等程序，确定审批人的经济责任和法律责任。对项目启动资金实行预拨和县级财政报账制，项目结束实行验收制。在财政扶贫资金使用上，每报一次账，拨下一次款，除项目启动资金外，报账的税务发票随附乡镇扶贫工作站的意见，项目实施进度材料等。

2002 年 10 月，县扶贫开发办公室编发《印江土家族苗族自治县新阶段扶贫开发工作手册》，进行有效管理，制定《印江自治县财政扶贫资金项目管理暂行办法》，对财政扶贫资金与部门涉农资金整合管理进行检查监控，采取“渠道不乱，用途不变，统筹安排，各负其责，各记其功”的监管办法。1998—2008 年，实施项目 586 个，共集中使用扶贫项目资金 2.39 亿元，其中信贷扶贫资金 1.62 亿元、财政扶贫资金 7277.39 万元、青岛帮扶资金 438.86 万元。此外，还有以工代赈资金 538 万元、农业部帮扶资金 45 万元。

四、 扶贫开发成果及经验

基本解决温饱 1998 年，县人民政府安排全县 17 个乡镇开展基本解决温饱自查工作，重点自查验收全县 7 个极贫乡镇，其中板溪、杉树坳、木黄、罗场 4 个乡镇是 1995 年贵州省扶贫领导小组办公室以《省扶贫办关于下达“八七”扶贫攻坚期间攻坚区域的通知》文件认定的“八七”扶贫攻坚极贫乡镇。极贫村 136 个，占全县 365 个村的 37.26%；贫困村 229 个，占全县 365 个村的 62.74%。自查验收以铜仁地区行署办公室《关于对松桃县、印江自治县和石阡县基本解决温饱达标验收的通知》文件规定为依据，贫困人口基本越线标准是：以户为单位，农民人均纯收入 650 元。贫困县基本解决温饱标准是：以县为单位，农民年纯收入 1150 元，产粮 325 千克。全县有贫困人口 21.9 万人，占农业人口 34.2 万人的 64.04%。到 1998 年全县总人口 37.9 万人，其中农业人口 35.71 万人，贫困人口 4.3 万人，占农业人口的 12.04%。贫困人口比 1997 年的 14 万人减少 69.29%，全县农民人均纯收入达到 1169 元，农民人均占有粮食 352 千克，农民人均拥有稳产高产基本农田 0.44 亩；人口自然增长率 8.67‰，村通公路率达 79.19%，村通电率达 100%。

1998 年 12 月 16 日，根据县人民政府向地区呈送《关于请求对印江自治县基本解决温饱进行检查验收的报告》，铜仁行署办、地区扶贫办、地区统计局牵头并从地区有关单位和德江县、沿河自治县扶贫办、统计局抽调 13 人，会同省扶贫办的同志组成省、地检查验收工作组，先后到板溪、杉树坳、罗场、木黄、沙子坡 5 个乡（镇）进行为期一周的检查验收工作。工作组采取随机抽样的方式，确定需抽查的乡（镇）、村户。全县抽查 5 个乡（镇），其中 4 个极贫乡、1 个镇，共抽查 275 户贫困户，占所查 5 个乡（镇）贫困户总数的 1.65%，共 1200 人，占所查 5 个乡（镇）贫困人口总数的 58%。采取抽查、复查同步进行，在县自查的范围外，随机抽样复查了 75 户，根据复查结果，再对县自查情况进行认定。采取进村入户听介绍、查贫困户档案册（卡）、看家境算收入的方法，力求大账算清、小账记准。全县基本情况以统计局提供的数字为准，贫困人口的收入情况以实际抽查数据为准。县木黄、板溪、罗场、天堂、杉树坳、沙子坡 6 个乡（镇）开展的自查摸底工作。在自查的 30 个村 202 个组 900 户 3647 人中，复查结果为人均纯收入 1078.95 元、人均产粮 420 千克，有 843 户 3409 人越过温饱线，占被调查人口的 93.45%。地区验收组还对其中的 75 户 320 人进行了重点复查，结果为人均纯收入 1353 元，人均占有粮 452 千克，复查的 75 户中 72 户均越过温饱线。地区验收组在木黄、板溪、沙子坡、罗场、杉树坳 5 个乡（镇）20 个村 70 个村民组，随机抽查 200 户 880 人，抽查结果为人均纯收入 1438 元、人均占有粮 423 千克，有 195 户 860 人越过了温饱线，占抽查人数 97.7%，有 5 户 20 人未越过温饱线。地、县共调查 6 个乡（镇）50 个村 272 个村组 110 户 4528 人，按验收方案统一口径，汇总结果纯收入总计为 520.18 万元，人均纯收入 1149 元，粮食总产量 1913.8 吨，人均占有粮食 423 千克。调查农户中 1038 户 4269 人越过温饱线，占调查面的 94.4%，有 62 户 259 人人均纯收入尚在温饱线以下。在收入结构中，粮食收入占 35.3%、经济作物收入占 12.9%、畜禽收入占 20%、劳务收入占 22.6%、其他收入占 9.2%。印江自治县申报以 1993 年贫困人口为基数（1993 年的贫困人口为 21.9 万人），已有 80.36%的贫困人口越过温饱线，全县基本解决温饱问题符合实际。

稳定越过温饱及巩固扶贫成果 1998年年底，全县仍有中坝乡、杉树坳乡、朗溪镇3个贫困乡镇和62个贫困村，有4.3万人未基本解决温饱。这些人口分布在自然条件较恶劣的高山和半高山，基础设施差，社会经济总量小，是扶贫攻坚最难啃的“硬骨头”。1999年1月15日，中共印江县委以《关于巩固扶贫成果进一步做好扶贫开发工作的意见》，明确2001—2005年，全县逐步解决温饱，具体措施是：(1) 必须继续把发展生产放在首位；(2) 必须进一步做好扶贫到村到户工作，把重点放在全县3个乡镇和62个贫困村及贫困户；(3) 必须进一步抓好支柱产业建设，强化“烟、牧、茶、果、药、纸、矿”的产业建设；(4) 必须进一步调整和优化农村经济结构。(5) 必须进一步开展好社会扶贫、科技扶贫。

根据县1990年森林覆盖率仅为15.6%的实际情况，森林覆盖率低造成水土流失大，这是制约贫困人口解决温饱的重要因素。自治县先后投资550万元，于1999年建成6667公顷杨树基地，投入各类扶贫资金200万元，其中扶贫贷款124万元、以工代赈资金5万元、水土保持及“坡改梯”资金30多万元，建成果品基地2000公顷，其中：柑橘、橙类基地1333.33公顷，梨、桃、李基地666.67公顷。6666.67公顷杨树基地及经果林基地的建设，使得2008年森林覆盖率提高到42.25%，经果林的广泛种植使农民人均纯收入提高120元左右。

2001—2003年，是落实中央扶贫开发工作会议、实施《中国农村扶贫开发纲要(2001—2010年)》关键的三年。根据《纲要》，全县共有13个扶贫开发工作重点乡镇，有220个扶贫开发重点村，在册贫困人口和低收入贫困人口有15.78万人，另外还有返贫人口。贫困人口的特征是：(1) 自然和生态恶性循环，缺乏抵御自然灾害的能力；(2) 传统的生产方式及经济体制的封闭性，制约着自身的发展能力；(3) 历史上教育文化落后，人口素质低；(4) 基础设施薄弱。仅以1998年地县工作组在罗场乡抽查验收的情况为例：在罗场乡当年极贫人口425户1700人中，烤烟收入16.97万元，人均99.80元。由于地处高山，油菜籽、林果收入人均100元；养猪453头，户均1.06头；养牛171.5头，每10户仅1头。在全乡贫困人群中，初中文化34人，初小文化1014人，占全乡贫困人口14.95%；由于人口素质低，不懂得科技种养，以致生产经营上存在盲目性；全乡有5个村完全不通公路。总之贫困人口的特殊性，决定着巩固“跨越温饱线”的艰巨性和扶贫工作的复杂性。

以贫困村为主战场，以贫困人口为主要对象，以改善贫困人口的生产、生活条件为主要目标开展工作。新增公路484千米，桥梁215米，投入553.5万元；新增人畜饮水工程管道10.86万米，蓄水池5545立方米，投入182.95万元；新增灌溉工程5处，修引水渠14.5万米，蓄水池2700立方米，投入47.5万元；种植以天麻为主的中药材，种天麻4180平方米，中药140公顷，新增茶园66.67公顷，投入40万元；种植经果林140公顷，脐橙66.67公顷，柑橘66.67公顷，香椿66.67公顷，总投入234万元；种巴西稻333.33公顷，脱毒马铃薯66.67公顷，投入58万元；投入养猪改圈和养牛品种改良57万元，新建养殖5000只种鹅的朗溪莱茵种鹅场；投入生态养鱼经费及鱼池改造费用110万元，750亩“坡改梯”项目经费265万元，投入65.3万元建造1920平方米的文化、卫生室；投入102万元培训农民生产技术6.95万人次，其中630人取得绿色证书。上述项目共投入财政扶贫资金1180.8万元，实施项目155项，除天麻种植项目失误外，其余项目都收到显著效益。2003年粮食恢复性增产，总产达143万吨，比上年增长8.3%，人均产粮380千克，增长7.34%；牧渔业总产值2.98万元，增长10.6%，农民纯收入1425元。实现了稳定越过温饱的目标。

中坝乡扶贫攻坚 2004年，省委九届三次全会作出《关于加大新阶段扶贫工作力度的决定》，省委、省人民政府派出省纪委、省司法厅、乌江水电开发有限公司组成的党建扶贫工作队，对口帮扶中坝乡。按照省委、省人民政府的要求，2005年中坝乡要实现基本解决温饱目标，并首次提出以“整村推进”为突破口的扶贫概念。县直机关18个党建扶贫工作队进驻中坝乡18个村。两年时间以中坝乡为重点帮扶乡，实施368个项目，投入财政扶贫资金1940.4万元，其中：新建公路299千米，投入312.4万元；新增灌溉面积26.67公顷，修水池41口4100立方米，投资41万元；种植杂交玉米285公顷、脱毒马铃薯

353.33公顷、经果林250公顷、茶叶63.33公顷、荔浦芋13.33公顷、楠竹133.33公顷，投入859.22万元；养猪4850头、牛4995头、鹅9.195万只（其中中坝种鹅场种鹅2000只），投资341万元；建文化广播站，铺设闭路设备线路2000米，修建村服务室600平方米，投入45.68万元；维修学校课桌，投入29万元；村道路硬化17.5千米，投入26万元；修建沼气池30立方米，举办19期各类农村技术培训，培训4.77万人，转移劳动力1100人，投入资金162万元；全县修建1栋寄宿制小学教学楼，培育11个生态养猪示范小区，7个莱茵鹅养殖示范小区，2个仔猪基地示范小区等。中坝乡贫困人口从5549人下降到1080人，农民年均纯收入达1425元，粮食415千克，越过了温饱线。

2008年，在全县农村实施“农家书屋”建设，图为农家书屋一角

革命老区何家片区水电路建设情况

杉树坳乡扶贫试点 2007年11月，印江被列为全省的“以县为单位、整合资金、整乡推进、连片开发”扶贫试点县。国家实施该项试点扶贫项目，是为探索新的扶贫工作机制、整合扶贫资源、改变扶贫模式、转变扶贫资金使用途径。试点区选择在贫困村较为集中连片、贫困程度较深、贫困发生率和返贫率都较高的杉树坳乡14个村，项目涉及粮食自给工程、农业产业建设、基础设施建设、社会事业发展、产业配套建设5大类20个项目，规划总投资6443.9万元。项目从2007年实施至2009年年底基本完成。三年时间，14个村1.7万人的人均纯收入从实施前的1580元提高到2350元；贫困人口由实施前的6685人下降到3450人。这种以发展农业产业为中心，以茶果畜禽为重点产业，以交通、水利等基础设施为保障，积极改善教育、卫生、广播电视等社会事业，促进试点区经济社会全面发展的扶贫开发模式，被多家媒体和专家称为“印江经验”。印江经验可概括为“四个结合”：

杉树乡大寨集贸市场（2011年摄）

杉树乡对马溪村文化广场（2010年摄）

1. 基层组织建设与发动群众积极参与相结合。印江自治县委、县人民政府建立一套专门的试点工程责任制度、考核制度、党建工作“双诺双评”制度，建立健全试点项目建设责任制，充分发挥党组织和党员在项目实施中的战斗堡垒作用和先锋模范作用。深入发动广大群众参与试点项目建设：项

目实施后，共吸纳 185 名农民返乡创业，创业方式有承包土地种茶叶，发展畜牧养殖业、修建茶叶加工厂、从事运输业、经商做生意等，农民的“造血”功能明显增强。

2. 改善村容村貌与促进农村市场体系建设相结合。杉树乡缺少集市，有的地方几十千米见不到一个便民商店，农民采购生活用品和销售农产品比较困难。印江县在项目实施中，充分尊重群众意愿，切实加强农村市场体系建设，在偏僻的大寨村为 392 户群众改造危房，建设集贸市场：在商业街上建设固定商埠 53 个，临时摊位 49 个。集贸市场建成后，吸引周边 2 万多名群众常来赶场，群众商品经济意识明显提升。

3. 扶贫专项资金与整合部门涉农资金相结合。印江县发挥财政扶贫资金“黏合剂”的作用，以“整村推进、连片开发”试点工作为平台，采取“渠道不乱、用途不变、统筹安排、各负其责、各记其功”的方法，严格按照统一组织领导、统一规划设计、统一申报入库、统一分配使用、统一组织实施“五个统一”要求，以国家扶贫项目资金 950 万元为引子，整合各类涉农资金 3883.2 万元，带动农户自筹投入 1610.7 万元，每个村的投入达到 330 万～400 万元，真正做到“各炒一盘菜，共做一桌席”，使 203 个项目得以顺利实施。

4. 基础设施建设与产业化扶贫相结合。印江县始终坚持“产业发展到哪里，公路、水利基础设施就服务到哪里”的原则，新建公路 13 条 108 千米、通村油路 26 千米，有效解决 1.3 万余名群众出行难、运输难问题；新建小水窖 1458 口，建设灌渠 5.5 千米，基本解决 1.28 万人饮水安全问题，有效解决 4500 亩茶果园的浇灌和 3800 亩农田灌溉问题；新垦植 7500 多亩茶园，建成孟郊、联营等 4 个生猪养殖小区，建标准化圈舍 1900 多间，建成经济林 4100 多亩。

扶贫开发综合效益 2006—2008 年，全县共有 47 个一类贫困村作为“整村推进”重点村，按照“集中资金、重点投入”的总体建设要求，本着“缺什么，补什么”的原则，实事求是地制定“整村推进”开发详细规划。三年内投资 576 个项目 4067.82 万元，主要实施公路建设 104 千米，村组便道硬化 1000 米，桥涵 30 米；实施人畜饮水工程有：修水窖（池）57 口 1200 立方米、水泵站 1 个、水管 4.45 万米，水利建设河堤 4200 米、蓄水池 600 立方米、水池 240 口（解决 1.7 万人和 900 头牲畜饮水）；实施种植业项目有：种植水稻 853.33 公顷、玉米 821.8 公顷、马铃薯 268.67 公顷、反季节蔬菜 32.67 公顷，施植物营养液 2927.8 公顷，发展经果林 346.67 公顷、茶园 233 公顷，中药材 860 亩，修通生产便道，添置加工设备；实施畜牧业项目：扶持 1150 户养猪 1.3 万头、养牛 1225 头、养鹅 55.48 万只；维修学校教室 178 平方米，卫生室及设备等。到 2008 年年底，基本形成村村“通电、通路、通水、通电视、通电话、有小学或教学点、有远程教育接收点、有综合服务室、有沼气和水窖示范点、有一项农民增收的主导产业”的“五通五有”新格局。然而贫困人口是动态的，虽然 2008 年全县农民人均纯收入已达 1695 元，产粮已达 452 千克，但越过温饱的标准在 1998 年的 1150 元、产粮 325 千克的标准上逐步提高。按 2008 年的标准，全县因灾致贫返贫的仍有 2.7 万贫困人口和 12.5 万的低收入人群，他们居住的地区基础产业还未真正形成，没有稳定的收入来源，水利基础设施薄弱，住房也需投入改造，原“非贫困村”享受扶贫政策少，靠群众集资办公益事业，整体发展不平衡，扶贫工作任重而道远。

沙子坡竹元村林下养鹅（2008 年拍摄）

第三章　种植业

印江自治县位于中亚热带湿润季风气候区，地质结构复杂，地貌类型多样，地形破碎，岩溶发育，山多、沟深、陡坡多、坝子小，县内主要发展山间立体农业。农业以种植业为主，主要粮食作物有水稻、玉米、红薯、小麦、马铃薯和杂粮等，经济作物主要有茶叶、水果、烤烟、花生和油菜等。2000年之后，全县实施科技兴农战略，积极推进农业产业化进程，将茶叶、水果、烤烟和农业特色产业作为农民增收重要渠道。到2008年，全县建成优质水稻基地10万亩、优质油菜基地8万亩、优质玉米基地10万亩、优质果蔬基地3万亩、优质绿茶基地5万亩；实现果品年产量1.6万吨、产值2.24万元，年产蔬菜4.2万吨、总产值4400万元，年产绿茶760吨、总产值1650万元，达到年加工优质米2万吨和油菜籽加工能力1万吨的总生产规模；农业产业化组织达48个，其中9个龙头企业资产总额共达9436万元，共实现销售收入7620万元，实现利润430万元，上缴税金111.5万元，9个农业龙头企业建设茶叶、洋姜、芋艿等生产基地11万亩，带动基地周边农户2.91万户、户均增收165元，取得良好的社会和经济效益。

第一节　粮食作物

印江自治县1988年粮食作物播种面积41.22万亩，总产5.44万吨。1991年，开始全面推广良种和实用技术，实施粮食丰收计划、粮增工程、温饱工程、高产创建示范工程等，全县粮食作物播种面积和产量都得到提高。1998年，全县粮食播种面积54.07万亩，总产13.74万吨。1998年粮食作物播种面积、总产分别比1988年增长31.17%、152.57%。2008年，粮食作物播种面积51.9万亩，总产15.49万吨，粮食总产比1998年增长12.74%。

1988—2008年印江自治县粮食作物播种面积和产量一览表

表5—3　　单位：亩、吨

年份	粮食作物		秋粮		夏粮	
	面积	产量	面积	产量	面积	产量
1988	393860	53060	283355	37410	110505	15650
1989	385075	53384	259170	36114	125905	17270
1990	419910	79248	266220	58121	153690	21127
1991	439360	104950	282150	81001	157210	23949

续表5－3

年份	粮食作物		秋粮		夏粮	
	面积	产量	面积	产量	面积	产量
1992	423060	92368	264180	68982	158880	23386
1993	432645	82936	250875	58847	181770	24089
1994	405360	105751	215160	78980	190200	26771
1995	468060	108707	299610	82124	168450	26583
1996	403860	105441	226755	76014	177105	29427
1997	478725	122326	289110	91647	189615	30679
1998	506975	132848	309480	100244	197495	32604
1999	504960	134853	314190	101329	190770	33524
2000	507345	140725	316995	106044	190350	34681
2001	502200	124552	314430	90277	187770	34275
2002	489690	127389	301815	94114	187875	33275
2003	490530	138488	300510	102889	190020	35599
2004	503355	148649	308160	111344	195195	37305
2005	498540	131061	302970	92804	195570	38257
2006	521985	137714	307200	96292	214785	41422
2007	526530	147735	307170	103575	219360	44160
2008	476085	148461	283740	110520	192345	37941

洋溪水稻种植基地（2007年拍摄）

水稻 水稻是印江的主要粮食作物，播种面积最大，总产量最高。全县17个乡镇均大量种植，洋溪大米、杉树孟郊冷水田大米及零星分布在各地的冷水田或泥地田大米色、香、味尤为纯正。1988年全县水稻播种面积17.27万亩，总产2.85万吨。1988年后在全县大面积推广温室育秧、两段育秧、旱孕浅植、宽窄行拉绳规范化移栽，推广种植汕优63、汕优4、汕优64、K优5、Ⅱ优63、汕优多系1、Ⅱ优多系1、Ⅱ优58等杂交水稻品种，推广测土配方施肥，重施底肥，巧施追肥和叶面施肥，增施微肥，推广稻田除草和加强病虫害综合防治，推广高效低毒农药和稻田灭鼠方法，实施“粮食丰收计划”“粮食增产工程”“温饱工程”。1988—1997年，全县推广两段育秧累计136.2万亩，旱育浅植10.6万亩，叶龄模式栽培4.5万亩；1992年全县推广大田水稻温室两段育秧移栽12.9万亩，水稻旱育稀植3.2万亩（其中大田直插0.5万亩、抛秧0.3万亩），推广示范水稻半旱式栽培、垄稻沟鱼种养面积4000多亩；1997年水稻播种面积16.4万亩，总产6.46万吨，其中杂交水稻13.12万亩，总产5.16万吨。2000年，水稻种植面积16.78万亩，亩产394千克，创历史最高水平。1998—2008年，普遍推广两段育秧、旱育无纺布育秧技术和宽窄行规规范化移栽技术，实施“粮食自给工程”“超级稻工程”“粮食增产工程”，年均推广面积达10万亩，杂稻主要推广Ⅱ优58、D优63、D838、金优725、金桂77、冈优22、冈725、冈527、冈182、Ⅱ725、中优58、富优1、协优336、汕优联合2、Ⅰ优4761、两优363、内金优9等品种；1998年水稻播种面积16.5万亩，水稻旱育稀植2.5万亩，其中旱育直插0.5万亩、抛秧0.4万亩；2004—2008年每年推广应用旱育保姆（壮秧制）无纺布等物化高科技种植水稻2.8

万～4.6 万亩；2006 年，推广实用敌克松复合调理剂在秧床整地时调剂土壤酸碱度，结合推广配方施肥与平衡配套施肥；2008 年，全县水稻播种面积 15.24 万亩，其中优质稻种植面积 6.11 万亩，实现粮食总产量 6.21 万吨。

刀坝乡青狮村玉米丰收场景（2008 年拍摄）

玉米 玉米在全县 17 个乡镇均有种植。1988 年，全县玉米播种面积 4.61 万亩，总产 2160 吨。1991 年后，推广杂交玉米肥球保温育苗移栽技术和地膜覆盖栽培技术，种植品种有丹玉 13、雅玉 2、川单 15、农大 108、大黄苞谷、金黄早、小黄苞谷等。1992 年，增加推广拉绳规范化移栽技术，实行东西向、南北行、宽窄行移栽，当年肥球育苗移栽达 3.96 万亩，占玉米面积的 85%，平均亩产 325 千克。1997 年，全县玉米播种面积 6.05 万亩，其中杂交玉米推广面积达 5.38 万亩。1998—2008 年，全县推广肥球育苗移栽技术，扩大推广旱地分带轮作和宽厢宽带栽培技术等，杂交玉米规范化栽培面积占玉米播种总面积 90%以上，先后引进推广的杂交玉米良种有 200 余个，主要品种有临实 1 号、奥玉门农大 108、农大 3138、遵玉 3 号、三北六号、贵单 6 号。2008 年全县玉米播种面积 7.84 万亩，总产 3.05 万吨，亩产 389.2 千克。

马铃薯 马铃薯分春马铃薯和冬马铃薯，印江县以春马铃薯为主。印江的土壤、气候特别适宜马铃薯种植。1988 年，全县推广的马铃薯良种有米拉、马尔康、威芋 3 和脱毒薯，当年全县马铃薯播种面积 5.7 万亩，总产 0.99 万吨。1991 年，脱毒马铃薯种植 1100 亩，平均亩产鲜薯 1040 千克。1997 年，全县马铃薯播种面积 9.05 万亩，总产 1.7 万吨，其中脱毒马铃薯种植面积 8500 亩，平均亩产鲜薯 1130 千克。2003 年，在永义乡推广平衡施肥、超垄栽培、地膜覆盖和稻茬马铃薯免耕技术，建成示范点 150 亩，平均亩产达 1100 千克。2005 年，推广试验面积 1200 亩，平均亩产 1151 千克。至 2008 年，全县马铃薯种植面积 13.77 万亩，总产 3.02 万吨，其中脱毒马铃薯 11.7 万亩，总产 2.9 万吨。

红薯 红薯是印江的粮食兼饲料作物，全县各地都有种植。1988 年，全县红薯播种面积 4.46 万亩，总产 6718 吨。1988—1997 年，推广红薯良种广东苕、大白苕、胜利苕、乌心苕、南薯 88。1997 年，全县红薯播种面积 6.48 万亩，总产 1.11 万吨。1998—2008 年，全面推广薄膜保温育苗，条行排栽、亮沟、平沟、提垄等方式，增施草木灰和磷肥作底肥，提高红薯单产。2008 年，全县红薯播种面积 5.3 万亩，总产 1.79 万吨，总产量比 1998 年增长 35.61%。

小麦 1988 年，全县推广小麦良种矮秆红、川麦 8 号、竹叶青等品种，引导农户推行拉绳条行点播、薄膜育秧、旱地分带轮作、平沟和亮沟、施足底肥等技术，播种面积 4.22 万亩，总产 4895 吨。2001 年，全县推广川麦 8、兴麦 1、绵阳 11 等良种，推广拉绳条行点播和拉绳开厢（打窝）种植，种植小麦 17.5 万亩，其中旱地分带轮作 10 万亩、小麦包衣种 1 万亩。2005 年推广宽厢宽带 400 亩，平均亩产 200.3 千克。

杂粮 印江杂粮有黄豆、绿豆、饭豆、高粱等。1988 年，全县杂粮播种面积 1.12 万亩，总产 824 吨。1988—1997 年，推广黄豆、绿豆等良种，改与玉米混作为间作、单作，改不施肥为施肥，提高单位面积产量。1997 年，全县杂粮播种面积 1.28 万亩，总产 1331 吨。2008 年，全县杂粮播种面积 7155 亩，总产 750 吨。

第二节 经济作物

印江自治县的经济作物主要有烤烟、油菜、水果、茶叶、花生、药材等。1988 年，经济作物播种面积 12.65 万亩。1996 年，经济作物播种面积 21.44 万亩，播种面积比 1988 年增长 69.49%。2008 年，全县经济作物播种面积 13.5 万亩。

1988—2008 年印江自治县经济作物播种面积和产量一览表（一）

表 5—4 单位：亩、吨

年份	经济作物面积	花生		油菜		烟叶作物面积	烤烟	
		面积	产量	面积	产量		面积	产量
1988	126480	6780	356	97080	4873	28380	22900	1728
1989	114195	7215	379	87315	3965	28845	26100	1802
1990	98925	7455	288	57975	4411	31620	27100	2816
1991	120570	7560	487	71865	7198	39240	35200	4779
1992	153150	8640	423	66015	7315	77190	75400	8531
1993	164190	8715	526	50445	4529	104307	88700	10596
1994	168675	9855	884	52350	3782	57495	38900	4444
1995	192600	10005	875	67800	5506	56925	38900	4088
1996	214395	9540	912	72615	6415	69810	51880	5949
1997	166260	10110	1033	74370	6487	80430	77978	8220
1998	135930	15045	1527	75210	7073	44160	29200	3953
1999	138795	15120	1642	79110	7597	42780	34399	3256
2000	150855	21015	2095	89805	9436	38640	27699	3628
2001	145320	17580	1780	85815	8714	40125	28723	4165
2002	157125	17460	1853	86505	8878	50955	47870	5628
2003	156690	18570	1980	87555	9393	48570	40868	5347
2004	158100	18780	2071	89025	9957	48285	41113	5695
2005	162510	21600	2370	90990	10535	48390	41183	6040
2006	152175	17355	1944	100200	11640	34155	32560	4470
2007	161190	17430	1984	102000	12455	41250	35041	5275
2008	134955	14700	1720	82740	9130	37005	33894	6224

1988—2008 年印江自治县经济作物播种面积和产量一览表（二）

表 5—5 单位：亩、吨

年份	茶叶		水果				药材	
	面积	产量	面积	产量	其中：柑橘面积	其中：柑橘产量	面积	产量
1988	—	—	—	—	—	—	125	—
1989	—	—	—	—	—	—	—	—
1990	—	—	—	—	—	—	330	—
1991	2610	64	6600	1675	5535	787	150	—
1992	6090	91	4845	1741	4140	691	26	—
1993	3990	64	8805	2104	7350	765	—	—
1994	11835	99	10260	2279	8070	1026	—	—
1995	6585	91	5820	2681	4860	1612	—	—
1996	6630	112	7005	4447	5295	2703	—	—
1997	9225	113	16080	4391	12375	2863	—	—
1998	6840	213	29220	6004	24840	3679	8265	—
1999	16875	290	18675	6091	12225	3775	9390	—
2000	19050	345	20070	6198	14565	3833	8775	—
2001	18135	333	20220	6628	15015	3834	8865	—
2002	18390	318	25530	7149	15375	4038	6015	—
2003	6990	422	25800	7350	17055	4089	3330	—
2004	18000	480	26625	9844	17130	5999	3450	—
2005	19860	537	26670	10392	17205	6306	3555	540
2006	24510	670	27105	11327	12030	6480	4845	736
2007	25785	740	28095	12100	17880	6787	4860	744
2008	88605	1036	29835	12826	20130	8596	4800	948

一、 柑橘

2008 年 10 月， 杉树乡联营村水果收购点情况

印江种植柑橘历史悠久，早在清朝乾隆年间(1736—1795)，朗溪河西一商贩从四川引进土红泡柑苗 200 余株，移栽在庭院、房前屋后。1952 年后，朗溪有柑橘 4 万余棵，年产柑橘 90 万千克，1959 年达 120 多万千克。1961 年 1 月，因气温降到零下 9 度，柑橘冻死半数以上。1964 年，县土产公司从四川引进优良品种 1.5 万株，低价出售，重点在朗溪的孟关、朗溪、甘川等村寨试种，指定专人指导，并从化肥、农药、资金、技术、价格方面给予扶持。除实行每 50 千克柑橘奖售化肥 5～7 千克的奖励政策外，还积极向遵义、贵阳等地推销。1978 年 1 月，县土产公司负责费用，林业部门负责种苗，由朗溪乡党委、政府带队，组织 22 位农民到湖南辰溪学习柑橘栽培管理技术，并购回温州无核蜜橘种苗 3 万株，每株单产 30 余千克。1988 年嫁接、移栽 6 万株，到年底，加上原有种植面积，朗溪的柑橘总数已达 49

万株，其中新品种19万株，朗溪乡实现村村有果园、户户有果树，产量在150万千克以上。到1989年该乡柑橘面积发展到378.67公顷。1990年后，柑橘在全县海拔较低的乡镇普遍推广种植，规模迅速增长，特别是实施退耕还林后，种植地区（1992年撤区并继镇）推广至峨岭、板溪、中坝、合水、天堂等乡镇。县农业局多次举办培训班，引导农民科学种植，县内生产的柑橘除供应本县和邻县外，还远销遵义、湖南、重庆等地。2004年，全县有柑橘园面积8667公顷，总产5999吨。

二、茶叶

印江境内各乡镇均有茶叶种植，品种有绿茶、小叶苦丁茶等。1986年11月，印江县人民政府邀请贵州省农业厅茶叶专家牟应书、农艺师张著贵、湄潭茶场原场长熊世香到印江梳杆、湄坨、永义等地考察，专家组认为这里的光热、雨量、气候、土壤都适宜发展绿茶基地。经过现场勘查规划，1987年3月，完成《印江绿茶基地建设项目建议书》。1987年5月，贵州省扶贫领导小组同意印江梵净山绿茶基地作为省级扶贫骨干项目，确定“七五”期间开发规模为0.5万亩，总投资152万元。1988年，成立自治县茶叶公司。是年，在原永义官寨茶场、洋溪梳杆茶场、缠溪湄坨茶场2502亩的基础上，新开茶园1543.5亩。

1993年8月，省茶叶评审委员会副主任牟应书与梵净山茶场场长毛万兵研究茶叶加工

1989年3月，贵州省扶贫办同意印江自治县“印江梵净山绿茶基地续建”等四个项目立项。是年4月，印江梵净山绿茶基地共建成茶场4464亩，其中梳杆梵净山茶场1335亩，湄坨茶场1398亩、永义茶场1731亩。是年8月，贵州省农行同意贷款89万元，建设梳杆梵净山茶场、湄坨茶场、永义茶场三个初制加工厂2483平方米，仓库48平方米，附属设施595平方米，加工机械20台套。

1989年12月，中共印江自治县县委、县人民政府确定梵净山绿茶为支柱产业之一。1990年3月，印江梵净山绿茶基地完成垦植面积4464亩，其中成园面积3629亩。配套建设梳杆、湄坨茶场初制加工厂。1991年4月，贵州省农业厅茶叶专家牟应书到印江作茶叶加工技术指导，开发“梵净翠峰”“梵净雪峰”。县委副书记刘伦建带队，赴湖南省古丈县出席湘鄂川黔四省边区名优茶评比会。5月，贵州省农业厅召开全省农垦系统名优茶评比会，印江“梵净翠峰”“梵净雪峰”分别获贵州省农业厅名优茶评比一等奖。

1992年7月，印江自治县人民政府与中国茶叶研究所签订“开发梵净山绿茶基地”协议。协议规定1998年完成一万亩绿茶基地建设，开发绿色食品系列产品，茶园亩产100千克；总产值1500万元；1994年建成100亩无性系良种母本园。8月，印江自治县制定《优质绿茶发展规划（1991—2000年）》。梵净山绿茶基地被列入农业部“八五”期间支持的支柱产业。9月，中国农业科学院茶叶研究所副研究员杨锁森、舒爱民等一行三人到印江开发万亩绿茶基地。10月，印江茶叶专业中专班在新寨农中开班，首次招生56人。印江自治县召开全县茶叶生产工作会议，安排部署6000亩茶园垦植工作。11月，沙子坡镇在天星村高家山举行“2000民兵垦植茶园誓师大会”，铜仁军分区司令员李树良向民兵营、民兵连授旗，县领导任廷纪、冯如清讲话。沙子坡镇2298名民兵在20多个山头全面展开茶园垦植。同时，新寨、罗场、朗溪等11个乡镇组织数万人，实施6000亩茶园垦植工程。

1993年7月，农业部无偿投资10万元，省地15万元，建设印江良种茶苗繁育基地。1994年9月，中共印江自治县县委、县人民政府作出表彰茶叶专家牟应书的决定，并向他颁发奖金5000元。1995年1月，中共铜仁地委、行署授予中国农业科学院茶叶研究所杨锁森“科技兴铜”一等奖，颁发奖状和奖金。10 月，印江自治县“梵净山贡茶”“梵净山翠芽”“梵净翠峰”荣获金奖，“梵净山净芽”荣获银奖，“梵净雪峰”荣获铜奖。

永义乡团龙茶园（2008 年拍摄）

2009 年 6 月，梵净山翠峰茶获得地理标志保护产品

1996 年 5 月，贵州省扶贫办、农发行下达 6000 亩绿茶抚育扶贫资金 120 万元。2003 年，成立自治县茶叶生产办公室，负责全县茶叶生产。梵净山翠峰茶多次在全国性农产品展览会、茶评会上摘得桂冠。至 2004 年，全县 11 个乡镇新建茶园 7274 亩。其中沙子坡 1400 亩、新业乡 916 亩、木黄镇 372 亩、永义乡 556 亩、合水镇 650 亩、朗溪镇 800 亩、中坝乡 200 亩、罗场乡 1100 亩、新寨乡 550 亩、缠溪镇 200 亩、洋溪镇 530 亩。2006 年 3 月，经过印江自治县质监局逐级向国家质检总局申报，梵净山翠峰茶荣获地理标志保护产品。对梵净山翠峰茶品种、立地条件、栽培管理、加工工艺流程和质量特色等质量技术要求作出规定。梵净山翠峰茶地理标志保护产品范围为印江土家族苗族自治县 17 个乡镇所辖行政区域。

2007 年县委出台《关于加快茶产业发展的意见》，提出“市场＋公司＋基地＋农户”思路。到 2008 年，全县种植茶叶面积达 7.05 万亩，实现产量 350 万千克。

梵净山翠峰茶多次在全国性农产品展览会、茶评会上摘得桂冠，成为茶叶界一块金字招牌。为保护梵净山翠峰茶特色农产品的声誉，保护该产品的特有品质，印江质监局于 2004 年向省质量技术监督局提出将梵净山翠峰茶申报为贵州省地理标志产品，省质量技术监督局随后正式向国家质检总局提出“梵净山翠峰茶”原产地域产品保护申请，国家质检总局依法受理该申请，于 2006 年 1 月 11 日批准对印江县梵净山翠峰茶实施地理标志产品保护，对梵净山翠峰茶的品种、立地条件、栽培管理、加工工艺流程和质量特色等质量技术要求作出规定：梵净山翠峰茶地理标志产品保护范围为印江自治县洋溪、杨柳、缠溪、罗场、朗溪、合水、永义、木黄、新业、天堂、刀坝、杉树坳、板溪、沙子波、中坝、新寨、峨岭 17 个乡镇所辖行政区域。2008 年，为加快推进全县茶产业发展步伐，努力提升全县茶叶品质，增强茶叶产品的市场竞争力，自治县委、县人民政府采取如下措施：(1) 加强领导，明确职责。县茶业局负责全县茶叶发展规划，牵头协调茶叶生产、加工、市场营销、科技推广、人才培训及茶叶产业扶持政策的贯彻落实，制定实施方案，抓好技术指导；各乡镇负责做好本乡镇的茶园规划、茶园管理、宣传发动和组织实施；其他相关部门做好后勤保障和配套服务工作。(2) 加强科技联合，壮大技术队伍。积极与茶叶科研院所及有关大专院校合作，聘请茶叶界知名专家到印江常年进行技术指导和科学规划，指派技术人员到省内外茶叶科研院所及大专院校进行系统学习，与科研院所和大专院校联合开展生产、加工技术协作及专业人才培训，加强茶产业建设队伍力量；要求已设立茶叶工作站的乡镇充实人员，未设立茶叶工作站的乡镇由农经站具体负责。(3) 科学规划，合理布局。切实抓好全县生态茶产业的规划编制工作，采取招商引资、农户种植、适度规模的发展方式，把新垦新植和补垦补植结合起来，尽一切努力扩大基地规模。(4) 选择良种，合理密植。选用持嫩性强、育芽力强、萌发早、采摘期长的无性系福鼎大白茶作为主导品种，适当搭配部分其他良种；合理密植，每亩定植 4000 株左右。(5) 加大扶持力度，提供优质服务。政策规定，每亩补助开挖费 180 元，无偿提供茶苗4000株，肥料（普钙）100千克，县内新建苗圃每亩补助资金1000元，各乡镇的组织实施费按照定植面积12元/亩的标准补助。(6) 加强督促指导。为确保新发展茶园基地建设任务和茶叶生产各项工作的落实，由县督查室和县茶业产业局对茶叶发展各阶段工作进行检查，对基地建设的面积落实、移栽、田间抚育管理等各个工作环节进行督促指导，确保各项工作落到实处。2008年，全县种植茶叶面积达7.05万亩，其中投产茶园近1.5万亩，茶叶总产量约1200吨，其中名优茶（翠峰及毛峰）约12.5吨，总产值达4000万元；茶叶生产加工业主37户，其中具有QS认证的3家、地级龙头企业4家，注册商标7个（其中省级著名商标1个），自有包装的企业11家，无公害企业1家，产品获有机茶认证的企业1家。全县茶产业得到持续快速发展。

2008年印江自治县茶产业基本情况统计表

表5—6

乡镇名称	企业注册名称	性质	面积（亩）	产量（千克）	其中名优茶产量（公斤）	产值（万元）	销售额（万元）	商标注册名称	税务登记
洋溪	贵州省印江梵净山茶场	国有	860	70000	2000	370	400	梵净山	有
永义	印江自治县净团茶叶有限责任公司	私营	1250	60000	3000	380	420	净团	有
缠溪	印江自治县银辉茶叶有限责任公司	私营	680	60000	1800	318	350	湄溪	有
洋溪	印江自治县洋溪镇茶场	私营	1200	80000	3000	458	500	梵绿	有
新寨	印江自治县新寨茶场	集体	238	22000	1000	130	170	—	有
永义	印江自治县团龙茶场	私营	200	20000	1000	130	180	—	有
新业	印江自治县新业钻天井茶场	私营	300	24000	1200	156	190	新秀	有
木黄	印江自治县木黄镇三合茶场	私营	220	20000	900	135	180	—	有
永义	印江自治县紫薇茶场	私营	250	20000	1000	130	160	—	有
罗场	印江自治县云雾茶场	私营	300	24000	1000	140	180	—	有
沙子坡	印江自治县天星茶场	私营	150	8000	400	50	60	—	有
洋溪	印江自治县梵净青茶叶有限责任公司	私营	500	30000	1500	200	240	梵净青	有
天堂	印江自治县天堂茶场	私营	1000	10000	1000	90	100	—	有
洋溪	印江自治县新黔茶场	私营	300	20000	1000	130	150	—	有
新寨	印江自治县科技茶场	私营	50	2000	500	50	60	—	有
峨岭	印江自治县制茶厂	国有	—	50000	2000	300	340	梵岳	有
合　计		—	7498	520000	22300	3167	3680	—	有

1988—2008年印江自治县茶产业面积、产量、产值年度统计表

表5—7

年度	面积（亩）	产量（千克）	其中名优茶产量（千克）	产值（万元）	销售额（万元）	上缴税金（万元）
1988	—		—		—	—
1989	—		—		—	—
1990	5464	21000	2000	80	100	—
1991	5464	370000	10000	1165	1500	—
1992	15864	400000	10000	1236	1500	—

续表5－7

年度	面积（亩）	产量（千克）	其中名优茶产量（千克）	产值（万元）	销售额（万元）	上缴税金（万元）
1993	15864	430000	11000	1150	1300	6
1994	15864	463000	12000	1200	1500	15
1995	15864	767000	15000	2255	2450	30
1996	15864	1064000	18000	2930	3200	50
1997	15864	1275000	20000	3485	3750	75
1998	15864	1415000	22000	3850	4150	100
1999	15864	1555000	26000	4460	5000	150
2000	16464	1685000	28000	4830	5200	170
2001	17214	1730000	30000	5050	5500	200
2002	18234	1860000	35000	5650	6000	240
2003	24740	2050000	40000	6180	6500	280
2004	25620	2050000	43000	6250	6600	280
2005	31550	2465000	50000	8495	9000	350
2006	35350	2740000	60000	9550	10200	400
2007	41900	3230000	65000	10336	11830	500
2008	70500	3500000	75000	14050	14600	600

三、 烤烟

1988 年，全县烤烟种植面积 2.29 万亩，总产 3.55 万担。1988—1997 年，烤烟生产实行区域化、良种化、规范化种植，县内推广包衣种子、营养块假植移栽和规范化栽培，普遍实行高厢起垄施足底肥，推行烤烟专用多元素化肥并合理施用，加强田间管理，综合防治病虫害，烤烟逐步成为全县支柱产业。种植品种有 NC82、K326、云烟 85 等，均为引进品种。从 1998 年起，全县实行计划种植、合同收购，全面推广 k326 品种及三段式烘烤工艺，以“PY－Z”型标准化烘房取代旧式矮、小、薄烘房，开展烘房标准化建设。到 2008 年，全县种植烤烟面积 3.39 万亩，总产 7.6 万担，实现产值 4612.72 万元。

1988—2008 年印江自治县烤烟收购情况一览表

表 5－8

年份	种植面积（亩）	总收购量（担）	产值（万元）	税收（万元）	均价（元/千克）	上等烟（%）	中等烟（%）
1988	22900	35456.57	425.40	161.00	—	22.30	45.80
1989	26100	38060.00	498.80	189.00	—	10.48	62.83
1990	27100	55386.00	596.35	225.00	—	10.10	70.20
1991	35200	98712.00	1274.00	485.00	—	10.50	67.60
1992	75400	183200.00	2515.47	956.00	—	9.00	61.00
1993	88700	162319.00	2070.46	647.00	—	72.10	
1994	38900	67745.00	972.13	326.00	—	7.62	68.70
1995	38900	65470.00	1458.14	452.00	—	40.06	40.70
1996	51880	105064.00	2303.36	714.00	—	30.90	48.10
1997	77978	153482.00	4937.40	1302.00	6.33	4.80	42.90
1998	29200	34945.00	608.00	506.00	—	0.90	30.99

续表5—8

年份	种植面积（亩）	总收购量（担）	产值（万元）	税收（万元）	均价（元/千克）	上等烟（%）	中等烟（%）
1999	34400	49949.00	1411.06	264.00	5.65	2.96	44.58
2000	27699	54349.00	1874.00	375.00	6.89	11.82	71.36
2001	28723	56469.00	2512.00	502.00	8.91	32.83	58.80
2002	47870	84920.00	3494.93	699.00	9.21	37.60	55.11
2003	40868	79565.00	2247.40	715.00	5.65	16.64	68.84
2004	41113	67222.82	2795.58	852.00	8.08	26.82	73.17
2005	41183	93679.56	3737.81	—	7.98	28.74	56.30
2006	32560	60160.72	2416.04	—	8.03	21.95	50.48
2007	35041	62421.02	3063.80	—	9.42	33.63	45.23
2008	33894	75996.86	4612.72	—	12.14	41.24	34.70

四、 油菜

合水镇油菜基地（2008 年拍摄）

油菜是印江的主要油料作物，全县各乡镇均有种植。1988—1997 年，全县推广胜利油菜322、蜀杂 1、油研 2、秦油 2、油研 7、油研 9等品种，实行育苗移栽、拉绳打沟，固定窝行距等规范化种植。到 1997 年全县油菜播种面积7.44 万亩。1998 年，按照“引进、消化、吸收”的原则，对全县油菜种植实行合理布局，推广杂选 1、绵油 1、德油 9、中油 145 等油菜良种，开展稻茬油菜免耕栽培试验。2008 年，全县油菜种植面积达 8.27 万亩，实现总产 9130 吨。

五、 花生

花生在印江各乡镇均有种植。1988 年，全县推广黔花生 1 号、黔花生 4 号、天府花生良种，实行拉绳条行点播规范种植，全年全县花生种植面积 6780 亩，总产 356 吨。1998 年，全县实施花生高产示范工程，推广中花 3、4、6 号品种，开展高产攻关，推广密度试验和“地果丰”处理试验等栽培技术，1998—1999 年，累计种植 2.11 万亩，总产 118.3 吨。2004 年，在全县实施花生高产示范工程1100 亩。2005 年，开展“地果丰”在花生上的增产效果试验，经“地果丰”处理的花生亩产 315.6千克，增产 21.7%。2008 年，全县花生播种面积 1.47 万亩，总产 1720 吨。

六、 中药材

梵净山区是中药材宝库，药用植物丰富，种类繁多。全县有药用植物 133 科、544 属，高等药用植物有 413 种，100 科 272 属。其中规模栽培的有天麻、金银花、杜仲、吴萸、黄柏、五倍子、半夏、厚朴、板蓝根、防风等多种名贵药材。1988 年，全县人工种植中药材 124.5 亩，1998 年种植药材 8265 亩，2008 年种植药材 4800 亩。

第三节 良种培育与耕作技术

一、 良种培育

合江镇兴旺村水稻制种生产基地（2008 年拍摄）

印江自治县良种培育基地制种起步于 1966 年，1968 年“双杂”种子制种面积 5000 亩，品种组合近 10 个。1988 年，印江已经成为国家在贵州的三个水稻制种基地之一，农业部拨专项资金在印江水稻制种基地修建仓库、加工房、晒坝、办公室等。1990 年后，全县水稻制种基地面积一直保持在 4000 亩的规模，基地分为三个片区：合水镇片区、板溪镇片区、新寨乡片区。至 2008 年，印江已在合水镇建立固定的水稻制种基地，先后成立铜仁鑫天地农业发展有限公司、贵州梵净山种业发展有限公司两个制种公司。2008 年两公司制种平均单产达 250 千克，总产达 92 万千克。到 2008 年，全县有种子行业从业人员 30 人，种子精选包装机 2 台，加工车间 200 平方米，种子检测设备 2 套，仓容 1000 立方米，年供种量 60 万千克。

二、 耕作技术

提高复种指数是不断提高土地利用率的有效措施。根据不同的土壤、海拔、气候等方面的因素，坚持因地制宜、分类指导的原则，改一年一熟为一年两熟或两年五熟，推广间作、套种和轮作。从 1988 年开始，主要推广分带轮作，有小麦—玉米—红薯—蔬菜等轮作方式。1988—2003 年，推广水稻半旱式栽培面积 9.6 万亩，比常规种植方式增产 13.2%。以亩产 400 千克计算，该项技术推广应用累计增产粮食 506.9 吨。1992 年，实施示范水稻半旱式栽培技术、垄稻沟鱼、宽窄行移栽和玉米肥球育苗移栽等栽培方式的改革，增产幅度大，水稻、玉米亩均增产 11.2%。1998—2008 年，普遍推广两段育秧、旱育无纺布育秧技术和旱育浅植，推广玉米肥球育苗、包衣种育苗，大面积推广小麦、红薯宽厢宽带的旱地分带轮作和规范化移栽。

第四节 植物保护

一、 农作物病虫害发生情况

水稻白背飞虱 1989—2008 年，印江发生水稻白背飞虱比较普遍的年份有 5 年，分别是 1993 年 1.07 万公顷、1995 年 7033.33 公顷、2003 年 8226.67 公顷、2006 年 7200 公顷、2008 年 6800 公顷，百丛虫量在 1 万到 1.9 万头；中度发生年份为 11 年，分别是 1989—1992 年、1996—1997 年、2001—2002 年、2005—2007 年，发生面积 4000～6000 公顷，百丛虫量 3000～5000 头，其余年份为轻度发生，百丛虫量 2000 头以下，发生面积 4000 公顷以下。

水稻褐飞虱 重度发生年份为 3 年。即 1993 年、2001 年、2006 年，发生面积 3333～8000 公顷，

农业技术人员在开展水稻“两迁”害虫联防（2008 年拍摄）

百丛虫量 5000～12000 头。中度发生年份为两年，即 1991 年和 1995 年，发生面积 5 万～7 万亩，百丛虫量 2000～5000 头. 其余年份为轻度发生，发生面积 2000 公顷以下，百丛虫量在 2000 头以下。

二化螟虫 中度发生年份为 17 年，分别是：1988—1994 年、1996—1998 年、2001—2007 年，亩虫量 1200～8000 头，百穗率 5%～10%，发生面积 3333.33 公顷。其余年份为轻度发生，发生面积 1333.33 公顷，百穗率 0.5%～2%。

稻纵卷叶螟 重度发生年份分别是 2004 年和 2008 年，发生面积约为 8000 公顷，卷叶率达 23.2%以上，百丛虫量 700～1400 头。中度发生年份为 8 年，分别是 1991 年、1992 年、1995 年、1996 年、1999 年、2002 年、2003 年和 2005 年，发生面积 3333.33～4666.67 公顷。其余年份为轻度发生，发生面积在 2000 公顷以下，卷叶率 10%以下。

稻苞虫 该虫属间隙性发生害虫，1990 年重度发生，亩虫量达 14476.4 头，其余年份危害较轻。

叶稻瘟 重度发生年份在 1998 年、2001 年、2004—2006 年，发生面积 3333.33～8000 公顷，株发病率 27.95%～45%，叶发病率 43.4%～71.06%，病情指数 7.67～24.66。中度发生年份在 1988—1991 年、2002—2004 年，发生面积 3333.33～4666.67 公顷，株发病率 5.32%～41%，叶发病率 12%～25.24%，病情指数 4.5。其余年份为轻度发生，发生面积 666.67 公顷以内。

穗颈瘟 重度发生年份为 4 年，分别是 1992 年、1993 年、2005 年、2008 年，发生面积 5333.33～6800 公顷，株发病率 61.25%～100%，病情指数 18.3～47.5。发病最严重的一年是 1993 年，全县水稻产量损失 24%。中度发生年份为 4 年，分别是 1995 年、2004 年、2005 年和 2006 年，发生面积约 3333.33 公顷，株发病率 6.05%～17.5%，病情指数 6.87～10.16。其余年份为轻度发生，发生面积 1333.33 公顷以内，病情指数 5 以内。

纹枯病 1998 年为重度发生年，发生面积 3666.67 公顷，从发病率 81.5%，株发病率 54.3%，病情指数 42.5. 中度发生年份为 16 年，分别是 1988—1997 年、1999 年、2000 年、2002 年、2004—2006 年，发生面积 2666.67 公顷，株发病率 16.05%～33.4%，病情指数 10.3～18.81。其余年份为轻度发生，发生面积 2000 公顷以下，从发病 11%～20%，株发病率 13%～15.9%，病情指数在 3.02～5.68。

稻曲病 重度发生年为 2 年，即 2003 年和 2004 年，发生面积 1333.33～6666.67 公顷，病穗率 14.04%～39.41%，病情指数 6.36～18.71。中度发生年为 9 年，分别是 1998—2002 年、2005—2008 年，发生面积 2000～3333.33 公顷，病穗率 2.84%～26.64%，病情指数 4.45～8.53。其余年份为轻度发生，发生面积 0.14 公顷以下，病穗率 5%以下，病情指数 2 以下。

玉米螟、玉米蚜虫 常年为害作物，为害面积 3333.33 公顷，属中度发生。玉米螟有二代，第一代为害期在喇叭口至抽雄穗期，为害玉米心叶，第二代为害玉米棒子。6 月下旬以后蚜虫在心叶和雄穗常见。

二、病虫害防治

县植保站按照“预防为主，综合防治”思路，结合农药、药剂试验，在全县范围开展农作物病虫害防治工作。

药剂试验 1989 年，根据铜仁地区要求，县植保站开展优乐得、三环唑和鼠药溴敌隆药效试验，试验得出优乐得对防治稻飞虱低龄若虫有效率为98.28%，三环唑对防治稻瘟病有效率达90.51%。1990年，在水稻、油菜、小麦等农作物中开展植物生长调节剂喷施试验。1992年，开展氯鼠酮钠盐、50%病虫清、80%虱螟特、50%比双灵、70%乙草胺等试验。1993年，推广强氯精消毒和三环唑浸秧根技术。1996年开始推广使用红薯保鲜剂。

综合防治 1988年，以当时张家坝乡的大水溪、团龙两村作为试点，开展74.6公顷稻瘟病的综合防治。1989年，对木黄区新场乡的13个村63个村民组200公顷水稻病虫草鼠进行综合治理。1990年，全县综合防治面积9773.33公顷，涉及水稻、玉米、油菜、马铃薯等农作物。1992年围绕“丰收计划”“温饱计划”完成农作物综合防治1万公顷。1993年全县穗颈稻瘟发生面积较广，为此1994年在全县17个乡镇实施“七万亩水稻稻瘟病的综合防治区域示范”项目，在稻瘟病常发区建成示范点18个，涉及46个村346个组8028户农户，在新业乡设置抗稻瘟病品种异地重复区试验示范点1个，综合防治面积4682.08公顷。通过以上项目实施全县增收稻谷6903.7吨。1995年，采取技、物配套和推广抗病品种，实行三环唑浸种、浸根方式，减轻叶稻瘟发病几率，当年水稻综合防治面积7.49万亩。1996年，开展穗颈稻瘟病综合治理6100公顷。1997年，完成稻瘟病综合治理面积9533.33公顷、油菜综合防治示范项目133.33公顷、玉米综合防治示范面积133.33公顷，当年全县病虫害损失率控制在3%以下。1998年，完成夏季粮油作物统一防治4000公顷、秋收作物统一防治1.33万公顷、化学除草1.07万公顷。1999年，完成水稻病虫防治7733.33公顷，治理区平均单产425.10千克，亩挽回粮食34.1千克，挽回率9.72%；完成玉米统治面积2793.24公顷，治理区平均单产320千克，亩挽回粮食损失70.5千克，挽回率为28.3%。治理区比非治理区减少农药施用1～2次，亩节约农药费用6.50元，劳力0.94个。2000年，水稻病虫防治示范面积为7566.67公顷，实施范围涉及13个示范点和10个乡（镇）208个村1754个村民组，采取集中培训和发放光碟到村组，电视培训与田间地头现场培训相结合的方式推广防治技术。示范验收结果：水稻平均单产437.48千克、亩增产粮食41.38千克、亩挽回率为8.37%、穗颈稻瘟病情指数平均2.59。2001年，实施水稻重大病虫防治面积7913.33公顷。2002年，在木黄镇老寨和五甲两村实施稻瘟病的综合防治示范，面积66.67公顷，平均单产418.28千克，比非综合防治区单产高出40千克。2003年，水稻病虫综合防治实施面积9666.67公顷，完成示范面积1013.33公顷，平均亩产465.9千克，与非综合防治区相比，亩均挽回损失71.2千克；玉米病虫综合防治实施面积1000公顷，示范面积100公顷，平均亩产307.1千克，亩均挽回损失28千克。2004—2008年，印江县水稻、玉米综合防治继续围绕“粮食增产计划”实施，编写资料，举办各种类型的技术培训，分别在播种、移栽前，在水稻分蘖末期、玉米喇叭口期，逐级举办乡、村、组技术骨干培训班。对村组干部采取以会代训培训；利用标语、广播、有线电视及村务公开栏出墙报等形式宣传病虫综合防治技术。5年间水稻年均实施面积8666.67公顷，综合防治示范区年均单产420千克，比非示范区增产34千克；玉米年均实施面积1000公顷，年均单产358.88千克，比非综合防治示范区增产26.8千克。

鼠害治理 1991年，全县大面积发生鼠害，县植保站在秋季投入鼠药杀鼠醚760千克、溴敌隆11000支（2毫升1支）、拌毒饵1.75万千克，灭鼠面积达1.05万公顷，防治效果达85%以上。1995年开展春、秋季农田灭鼠2800公顷。1996年3月，在木黄、新业两个乡镇29个村集中投放价值4000余元的鼠药。2005年和2006年，开展县城灭鼠，共计投施价值7000余元的鼠药溴敌隆。

三、 植物检疫

法规宣传 1988年，召集各区站站长、植保员和有关部门人员参加学习《植物检疫条例》《植物检疫实施办法》，通过县广播站在宣传月期间反复广播《条例》及《实施办法》。1992年，新颁布《植物检疫条例》，在宣传月中，广泛张贴标语、出动宣传车在全县场镇宣传、发放新《植物检疫条例》小册子，开展宣传，县广播站按一月9000分钟的播音时间反复宣传。1996年，全面贯彻执行

《植物检疫条例》，县人民政府召开有28个单位参加的植物检疫联席会，再次学习《植物检疫条例》。1998年，县人民政府召集工商、公安、交通、邮电等42个相关部门召开联席会议，贯彻落实1997年新修改颁布的《贵州省植物检疫办法》，会后印发《印江县关于加强植物检疫工作的通告》200余份，张贴宣传标语305条，发放宣传资料1500份。

疫情普查 1989年，铜仁地区组织柑橘实瘿蚊普查，在县内麻柳、大溪沟两村的橙子上发现该害虫，为害率达8%。1990年，普查恶性杂草假高粱，普查了7个区20个粮站，其中有18个粮站发现进口小麦中假高粱籽实，每千克假高粱籽实最多4.5粒、最少0.33粒。最终筛选进口小麦，将筛选出来的假高粱籽实烧毁处理。在自治县粮食加工厂发现假高粱植株4株，当场销毁。1992—1993年，普查豆类害虫，豌豆象、绿豆象在全县均有发生，被害率16%以上。1995年普查马铃薯病虫，马铃薯环腐病在县内14个乡镇均有不同程度发生，危害损失9%。1997—1998普查美洲斑潜蝇，共查13个乡镇33种作物，豌豆、辣椒、丝瓜、香瓜、黄瓜等作物均有美洲斑潜蝇，分布较广，为害较重。2001年、2002年，开展全县有害生物普查，共查小麦、油菜、玉米、水稻、柑橘、胡豆、蔬菜等9种作物18种病虫，均有不同程度的发生。2005—2007年，开展红火蚁和黄瓜斑驳病毒疫情普查。17个乡镇、6个中学绿化地、2个花卉苗圃、3个苗木繁育场、40公顷菜地均未发现两种病毒。

2008年，开展有害生物菜豆象普查工作，重点普查了峨岭、洋溪、板溪、朗溪、杨柳、缠溪市场和农户，共查豆类经营户51户、豆类种植农户180户。检查大豆5.27吨，大芸豆785千克、小芸豆600千克、绿豆598千克、豌豆158千克、小红豆142千克、大红豆45千克、青豆80千克、四季豆53.5千克、黑豆30千克、饭豆45千克、巴山豆10千克，通过现场检查、抽样和作室内检查，均未发现菜豆象的成虫、幼虫、卵、蛹。还开展柑橘大实蝇（蛆柑）和柑橘溃疡病的普查工作，调查17个乡镇柑橘大实蝇，除永义、新业、木黄、朗溪未发现蛆柑外，其余乡镇都有发现，危害最重的是中坝乡、天堂镇，蛆果率最高达80%，一般达20%～30%，损失率20%，两乡镇损失柑橘840吨。危害较轻的是峨岭镇、板溪镇、合水镇。在中坝乡中坝村代恒贵果园发现柑橘溃疡病，该果园树龄8～9年，栽植品种较杂，有蜜柚、沙田柚、蜜柑、蜜橘、脐橙等，在脐橙树上发现柑橘溃疡病，病株率为6.36%，病叶率为1.54%，病果率为4.56%。

产地检疫 1988—2008年，累计产地检疫杂交制种1086.67公顷，果苗17公顷，烤烟2.73万公顷，茶园1666.67公顷，出具产地检疫合格证200份。

调运检疫 1989年签发调运检疫证5份，要求书2份。1992年，签发水稻种子调运检疫证书15份335吨，检疫要求书3份。1993年，签发水稻种子调运检疫证书15份271吨，柑橘调运检疫证书8份39.5吨。1994—1996年，签发各种调运检疫证书267份，检疫要求书20份。1997年，签发水稻种子调运检疫证书16批次142.95吨、柑橘种子调运检疫证书108批次129.6吨、烤烟种子调运检疫证书324批次2602吨，签发检疫要求书4份。1998年，签发水稻种子调运检疫证书20批次10吨、柑橘种子调运检疫证书48批次57.5吨、烤烟种子调运检疫证书130批次459吨、中药材种子调运检疫证书4批次4吨、玉米和油菜种子调运检疫证书5批次24吨，签发检疫要求书5份。1999—2000年，签发水稻种子调运检疫证书26批次、烤烟种子调运检疫证书245批次、柑橘种子调运检疫证书34批次、茶叶和中药材种子调运检疫证书各一批次，签发检疫要求书5份。2001年，签发水稻种子调运检疫证书15批次13万千克。2002年，签发水稻种子调运检疫证书6批次30吨、果苗种子调运检疫证书7批次38.55万株、中药材种子调运检疫证书1批次5.62吨、水果种子调运检疫证书11批次65吨，花卉种子调运检疫证书50株，签发检疫要求书30份。2003年，签发水稻种子调运检疫证书10批次100吨、果苗种子调运检疫证书5批次26.02万株、中药材种子调运检疫证书16批次7.27万株，签发检疫要求书5份。2004年，签发水稻种子调运检疫证书9批次100.2吨、油菜种子调运检疫证书1批次0.82吨、中药材种子调运检疫证书2批次28吨、玉米种子调运检疫证书1批次4.8吨，签发检疫要求书4份。2006—2008年，签发调运检疫证书206批次，其中柑橘果品23批次360

吨、水稻种子 132 批次 326 吨、玉米种子 48 批次 108 吨、中药材种子 3 批 12 吨，签发检疫要求书 4 份，其中水稻 1 份、柑橘 2 份、茶苗 1 份。

案件办理 1990 年，检疫部门在进口小麦中发现恶性杂草假高粱籽实，把假高粱籽实筛出进行销毁处理；在自治县粮食加工厂发现假高粱植株连根挖出，烧毁处理。1998 年，印江农田基本建设责任有限公司未向检疫部门申请，擅自繁育果苗，按有关规定作严肃处理。2001 年查处一批无检疫证书的桃、李、梨，被检疫部门没收烧毁。2003 年，从山东、湖南调进无检疫证书的桃、李、梨等 500 余株，全部没收烧毁。2006 年，从山东进入印江的各种花卉苗、葡萄、桃苗等 1000 余株，无检疫证书，被检疫部门没收烧毁。2007 年，查处种子经营户黄敏涂改检疫证书调运种子销售案，对当事人罚款 400 元，责令改正错误，停止销售退货。2008 年，检疫部门对 24.6 公顷橘园、2195 株橙柚树进行蛀果的无害化销毁处理，共销毁实蝇果 10 吨；对已染柑橘溃疡病的病株进行烧毁；市场检查时，发现 2 户经营户的 108 千克冰糖柑有溃疡病，对染病冰糖柑全部没收烧毁。

四、 农药管理

管理机构 1997 年，按《农药管理条例》要求，由各农业部门负责本行政区域内农药管理。1999 年 7 月，设置自治县农药监督管理站，与植保站实行一套人员两块牌子合署办公，其工作职能是：负责净化农药市场，打击假冒伪、劣农药，维护人民群众利益和生命安全。

宣传教育 1998 年，由县人民政府组织农业、工商、公安、司法等有关单位负责人召开联席会议，学习《农药管理条例》，安排部署《农药管理条例》宣传工作。1999 年 12 月，县农业局召集全县农药经营户及农药管理人员，开展《农药管理条例》《农药基本知识》培训，对培训合格人员颁发“上岗证”，至 2001 年年底，全县累计培训农药经营户 179 户。2002 年，通过宣传车、发放宣传资料和深入村寨宣传等形式开展《农药管理条例》宣传，全年出动宣传车 51 场(次)、印发宣传资料 2000 余份、发放《管理条例》100 册、张贴《农药管理通知》90 份。2005 年，在组织全县农药经营户培训学习期间，学习农业部关于撤销登记生产甲胺磷等高毒农药 400 多个复配制剂的通知、禁止销售“毒鼠强”剧毒鼠药的通告等文件精神，在此期间发放培训资料 300 份。2008 年 11 月 22 日，对县内 120 多户农药经营户开展学习培训，其学习内容包括 2007 年 12 月 8 日农业部发布“农药管理 6 项新规定”，以及最高人民法院、高级人民察检院发布的《关于办理非法制造、买卖、运输、储存毒鼠强等禁用剧毒化学品刑事案件具体应用法律若干问题的解释》《合理使用农药 10 要点》《农药标签和说明书管理办法》等法律法规。

2010 年 8 月， 朗溪镇张家村开展水稻联防联治（2008 年拍摄）

市场监督 1999 年，农药监管单位对全县农药经营单位进行清理登记，对农药品种和鼠药进行调查，调查农药品种 55 个，其中杀虫剂 12 个、除草剂 4 个、生长调剂 2 个、杀鼠剂 9 个。经查，市场上大多数鼠药经营户是无证经营户，多为自行包装、自己配制，且大部分品种是国家规定不允许销售的氟乙酰铵、邱氏鼠药等剧毒鼠药。2000 年，对农药经营户进行培训考试，合格的发放合格证，结合其他资料审查合格，发放农药经营资格证，全年共办理农药资格证 130 个。同年，农药监管站会同工商、技术监督局对全县 13 个集镇场及沿途各经销点的农药进行全面检查，共检查 115 个经营户，其中未办理农药资格证有 45 户，检查农药品种 119 种，涉及农药生产厂 226 家，其中农药生产不规范厂家 92 家。检查中发现有假冒农药登记证号、自编农药登记证号、商品名与登记名不符、销售国

农资市场监督检查（2009 年拍摄）

家明令禁用的鼠药等不合规的情况。2001 年，抽查农药 193 个品种，不合格有 30 个，占抽查数 15.54%，其中有假冒农药登记证号、自编农药登记证号、商品名与登记名不符等不合规的情况。2002 年，抽查农药品种 115 个，不合格的有 17 种，占抽查总数的 14.78%，其中有假冒农药登记证号、无农药登记证号等不合规的情况。2003 年，抽查 139 个农药品种，不合格的有 38 个，占抽查总数的 27.33%，其中杀菌剂合格率只有 54.5%。2004 年，检查 90 个品种，不合格品种 28 个，不合格率为 31.11%，主要问题有：冒用农药登记证、自编登记证号、无分装登记证号、含量不符、扩大使用范围等。2005—2007 年，抽查农药品种 689 个，不合格品种 92 个，占抽查数 13.35%，主要问题有：冒用农药登记证、自编登记，扩大使用范围等。2008 年，抽查农药品种 168 种，不合格品种 26 个，占抽查总数的 15.48%，存在问题有：自编商品名、未标有效成分和中文通用名、扩大使用范围、冒用他人农药登记证号、无登记证。

案件查处 2000 年，印江县对未办理农药经营资格的个体户下发警告、责令改正通知。2001 年，全县取缔无证经营点 7 个，没收违法经营的农药 15 个品种，货值 2000 元。2002 年，清理整治鼠药市场，取缔鼠药经营点 27 个，收缴剧毒鼠药“424”原粉 1.5 千克、无名剧毒鼠药水剂和粉剂 315 瓶、“闻到死”572 瓶、“诱鼠穿心丸”6 包、“气毒灭鼠膏”84 支、“猫王”93 包、“小霸王”44 包、“快杀灵”3 支、“三步倒”29 瓶、自配毒饵 15 千克，没收的鼠药全部上交销毁，取缔 5 家农药经营点。2003 年，查处违法经营农药案 13 起，收缴违法所得 2216 元，处罚金 1070 元。2004 年，查处违法经营案件 12 起，收缴无农药登记证号辣椒卷叶灵 103 支，袋装 62 包，货值 723 元，收缴假冒农药登记证号农用链霉素 2 包（货值 2.00 元）、无农药登记证号增效波多液 25 包（货值 75 元），查获无鼠药经营许可证、擅自经营鼠药的经营户 7 家，对其予以取缔并没收鼠药。2005—2008 年，对全县查出的问题，根据 2004 年贵州省农业厅关于专业执法和行政处罚分离的精神，移交农业局行政执法大队进行处罚。

第五节　农业机具

1975 年，设立印江县农机管理局。1997 年 10 月，更名为印江自治县农业机械事业局（下称农机局）。2001 年 12 月，自治县农机局与其管理的下属事业单位合并组建为自治县农业机械服务中心，隶属自治县农牧科技局。1988 年，在全县各区（镇）设置农业机械管理站和农业机械加油站。1993 年 10 月，国家对燃油实行专营后，农业机械部门不再直接向农业机械户供油。1992 年“建并撤”后，只在原有农业机械管理站的 8 个乡镇设置农机管理站。1996 年机构改革后，全县各乡镇陆续配齐机构和人员。至 2008 年，全县 17 个乡（镇）均建立农业机械管理站，全县有农业机械管理人员 74 人，其中有专业技术人员 24 人、农机修理网点 42 人。

一、 农机推广

印江自治县属山区农业县，山多地少，地形地貌复杂，集中连片的坝区少，适宜机械耕作的耕地面积小，客观上制约着农业机械化发展，农业机械化发展缓慢。20 世纪 90 年代后，随着经济社会的

2005 年 1 月，技术人员在木黄村举办农业机械推广现场演示

不断发展，县内农村逐渐兴起“农机热”。1990 年，全县推广烤烟营养钵和独轮水田耕整机。此后营养钵在烤烟种植户中得到普及运用，独轮水田耕整机因操作不便，运用较少。1990 年，在峨岭镇甲山村实施农业机械化项目，购置收割机及其他农机具 19 台（套），项目总投资 30 万元。1997 年，全县投入农机具 33 台（套）用于中低产田改造，是年共计改造中低产田 2000 公顷。1999 年，全县农用运输机械达 480 台、1.68 万千瓦。2000 年，全县农用排灌机械达 2140 台、0.50 万千瓦。2001 年，在峨岭镇普同村实施农业机械化项目，项目总投资 45 万元，修建机耕道 1586 米，购置各类农机具 39 台（套）。2002 年，在永义乡、新寨乡团山村推广水稻机械化育苗、插秧，实施水稻机械插秧 1500 亩。2003 年，全县开始推广引进“合盛”“嘉木”“凯马”牌微型耕作机、“万达”小型机械脱粒机等实用、高效、安全的农业机械，全年全县农机总动力达到 13.85 万千瓦。2005 年，引进适合丘陵山区耕作的微型耕作机具 33 台，全年全县农机作业量达 10.18 万标亩，农机作业率 25.47%。2006 年，引进拖拉机耕犁、茶叶机械化加工、水稻机械化插秧和收割技术，推广微型耕作机、拖拉机、茶叶机 68 台，利用补贴政策，鼓励扶持农业机械大户，引导农机户组建合水、新寨等 5 支农机服务队，开展农机作业服务，全县水稻、烤烟、茶叶、果蔬等机械化作业水平大幅提升，耕、种、收综合作业水平达到 8%。到 2008 年，全县有农业机械总动力 24.62 万千瓦，农机总值 7590.73 万元，有农用拖拉机 1300 台、7.18 万千瓦、农副产品加工机械 10600 台、11.05 万千瓦，有农用排灌机械 4365 台、2.9 万千瓦，有农用运输机械 1090 台、3.49 万千瓦。农机作业量达 28.6 万标亩。2008 年，农机作业率达 46.7%。

二、 安全监理

1985 年，县农机局内设农机安全监理站，负责全县拖拉机等农业机械的牌证管理和安全生产监督管理。1989 年，根据贵州省公安交通警察总队农业机械安全监理总站《关于上道路行驶的农用车拖拉机启用机动车新驾驶证的通知》要求，对经检验合格的拖拉机实施责任法定保险，手扶拖拉机、小四轮拖拉机、小型柴油机凭部颁农业机械推广许可证上户供油，小型农用运输车凭部颁“生产许可证”上户供油。1990 年，要求检验合格的拖拉机必须参加第三责任保险，全年共强制投保拖拉机 189 台。2006 年，在全县范围开展农业机械维修及经营个体户的清理工作，重新认定具备资质的个体户 23 家。

三、 农机补贴

1980 年前，国营农场、生产队使用的农业机械均由国家投资。农村实行家庭联产承包责任制后，允许农户个人购买农业机械，国家对农用油料实行补贴。1983 年，根据农牧渔业部、商业部《关于农用柴油分配供应管理办法》要求，县农业机械部门按计划分季度发放农机用油。全年全县发放农机用油 500 吨。该项政策实施到 1995 年。2005 年，全县开始实施中央农业机械购置补贴政策，购置补贴资金实行“差额补贴”，农户购置农机具时只须支付扣除补贴额后的差价款，经县级农机主管部门审核无误后，中央资金由省级结算，省级资金和县级配套补贴资金由县财政局结算，从而保障农机购置补贴资金落实到户，全县全年享受到补贴政策的农机 33 台，补贴金额 10 万元。2007 年，在中央补贴的基础上，省级财政按 8%补贴，对农机购置实施 20%的累加补贴。是年 10 月，省委副书记、

水稻机械化插秧销售现场会（2005 年拍摄）

纪委书记王正福到杉树乡、朗溪张家村开展帮扶，两个帮扶点共落实农机购置扶贫资金 10 万元，用于购置水稻插秧机 2 台、微耕机 10 台。2008 年，按中央补贴 30%、省级补贴 8%、县级补贴 20%的比例对农机具实施补贴，部分乡镇人民政府为促进产业发展，对辖区内烟用微耕机、起垄机和茶叶加工机械在补贴政策之外实行专项补贴，是年全县共补贴农机具 692 台（套），其中拖拉机 2 台，微耕机 539 台、铡草机 71 台、茶叶机 80 台。此外还按中央 30%、省级补贴 8%、县级补贴 12%的补贴比例对节能柴气灶实施补贴。是年，全县补贴节能柴气灶资金 25 万元。这一年，还争取到省农业机械局茶叶机械化项目专项补贴资金 15 万元，补贴茶叶机械化加工 2100 吨。

2005—2008 年印江自治县农机购置补贴情况统计表

表 5—9

年份	补贴机具种类			合计	补贴资金（万元）			合计
	耕作机械（台）	加工机械（台）	其他（台）		中央	省	县	
2005	33	0	0	33	10	—	—	10
2006	49	19	0	68	40	—	—	40
2007	364	247	376	987	55	23.05	28.6	106.65
2008	541	80	176	797	128	42	80	250

第四章　养殖业

印江养殖业历史悠久，在漫长的传统养殖过程中，广大人民群众积累丰富的养殖经验，主要以家庭副业养殖、粗放式饲养管理方式占主导地位，养殖业长期处于产肉率、出栏率、商品率均低下的状况。1988 年，开始出现改良型生猪、瘦肉型育肥猪外销。1990 年，全县实施配套养殖技术，推广“四良四改三提高”（“四良”指良种、良法、良料、良舍；“四改”指退化品种改优良品种、熟饲改生饲、单一饲料改配合饲料、深坑湿圈改向阳干平圈；“三提高”指提高畜禽良种覆盖率、出栏率和商品率）。1997 年，全县开始实施“3568”计划，该计划提出 3 年完成生猪品种改良，5 年完成熟改生饲，6 年完成人畜引水，8 年完成卫生厕所改造。同时采取招商引资、能人带动方式，相继建成 3 个畜牧科技园区、4 条生猪燎原产业带，实施科技扶贫种草养羊、石漠化治理等大型养殖项目。到 2005 年，全县建成各类养殖小区 348 个。2006 年，推进畜禽标准化、规模化养殖场及养殖小区建设，全县养殖业开始从传统向现代转型。2006—2007 年，通过招商引资建成太阳牛业、云发畜牧业两家大型养殖企业。到 2008 年，全县规模化养殖比例占 38%，有规模养殖场（小区）59 个，其中生猪 22 个、家禽 20 个、肉牛 17 个。全县有养殖大户 612 户，建成各类标准化圈舍 3.6 万平方米，建成人工授精点 34 个，生猪良种覆盖面达 80%，逐步形成“畜沼一体化”生态养殖模式。比较有规模的畜禽企业有太阳牛业、云发牧业，隆鑫肉联厂。

第一节　畜禽养殖

一、　畜禽引进改良

2005 年前的畜禽良种引进工作，主要是畜牧部门应散养户的要求，少量地从铜仁水晶阁良种场或周边县区引进良种。2005 年后，财政扶贫资金带动民间资本引进良种，鑫源牧业、云发牧业、勇创牧业等养殖场先后于 2005—2007 年从四川七环猪种改良有限公司和深圳农牧公司引进双肌臀纯种猪，这为印江良繁体系建设奠定了基础。2005—2008 年，全县内推外引良种猪 7111 头，其中引进纯种猪 1003 头、二元母猪 6108 头；引进黑安格斯纯种公牛 10 头，新购进基础母牛 1206 头。2008 年，全县共有牛改点 30 个（其中纯种公牛鲜配点 5 个），冻鲜结合输配母牛共 6009 头，产杂交牛犊 2901 头，产犊率达 55.29%；有猪改点 138 个（其中人工授精点 42 个），共输配母猪 3.54 万头，推广杂交猪 37.22 万头（其中二元杂交猪 12.12 万头、三元杂交猪 25.1 万头）；有羊改点 40 个，输配母羊 8911 只，出栏杂交羊 1.2 万只。推广良种禽 70.84 万羽。

猪　自 1988 年以来，全县养猪业向专业化、规模化方向发展。据统计，2003 年全县有养猪专业村 20 个，瘦肉型商品种基地 8 个，猪改点 107 个（其中猪人工授精点 74 个），存栏 10 头以上的养猪大户 179 户。本地品种主要是黔北黑猪，它是贵州省有名的地方品种，现分布于以木黄镇为主的一些偏远村寨，数量已经不多。脂肉兼肉型，被毛黑色和杂色，四肢端正结实有力，背腰稍下凹，乳房发达，后躯较丰满，产仔数 8～12 头，耐粗饲，适应性强，抗病力强，繁殖率高。引进品种：苏白猪——脂肉兼用型，头中等大小，体长胸宽深，肋骨开张良好，臀平宽，大腿丰满，四肢粗壮，强健有力。用苏白猪为父本与本地猪杂交改良产生的苏本杂猪是印江 20 世纪八九十年代的当家品种，县内在 2003 年前存栏的母猪多数仍混有苏白血液，苏本杂猪结合了苏白猪较高的生产性能优势和本地适应性强的特点，产生较为理想的杂交效果。大约克夏猪——被毛全白，体躯长，肌肉发达，胸宽深，后躯宽长，四肢结实，生长快，繁殖力强，遗传性能稳定，但对饲料要求较高。从 1996 年起，印江大量引进该品种公猪取代苏白猪改良本地猪，生产瘦肉型杂交猪，并把该品种作为生产外三元杂交猪的基础母本。大约克夏猪与本地猪杂交产生的大本杂猪 6 月龄育肥猪体重可达 125 千克以上，瘦肉率较高。杜洛克猪——肉用型品种，四肢粗壮，体形较长，背腰平直，瘦肉率比其他品种都高，胴体品质较好。与本地猪和内二、三元猪杂交，毛色为花色，具有饲料报酬率和瘦肉率均高的明显优势，是全县生产外三元杂交猪的终端父本。长白猪——肉用型品种，体躯特别长，后躯特别丰满，骨细结实，生长发育快。和本地猪或大约克猪杂交的后代生长发育迅速，胴体品质好，饲料投入小，遗传性能较稳定，但对蛋白质饲料要求较高，是全县生产外三元杂交猪的中间父本。

猪场定位栏饲养（2007 年拍摄）

牛 1999—2003 年，畜牧部门建设 24 个牛冻配改良点，在全县范围内深入开展耕牛的杂交改良。因杂交效果良好，杂交牛市场紧俏，兴起杂交牛生产的热潮。2003 年，县内实施天然草原恢复与建设项目，为养牛业提供饲草保障，拉开了优质肉牛产业化建设的序幕。在 2003 年省农业厅产业结构调整示范项目——印江自治县肉牛育肥示范场的有力带动下，养牛大户不断涌现，全县年底共有养牛 10 头以上的养牛户 106 户。随着城镇居民生活质量的提高，从 2000 年开始，全县步入鲜奶倡导性消费阶段，奶牛养殖应运而生，先后由个体老板创办了绿源奶牛场和腾达奶牛场，填补了印江奶牛养殖空白。

全县本地牛多属思南黄牛体系，为役肉兼用型。公牛前躯较后躯发达，成年体重 351 千克，雄性特征强，行动敏捷；母牛后躯较前躯发达，成年体重 259 千克；阉牛体重 316 千克。本地水牛也属役肉兼用型。皮毛灰色而稀疏，背腰平直，后躯较前躯发达，性情温顺，拉力较大。成年公牛体重 406 千克，每天耕田 3 至 4 亩；成年母牛体重 353 千克，4 岁开产，妊娠期 315～330 天，一般一年一胎或三年二胎，每天耕田 3～3.5 亩；阉牛体重 469 千克，每天耕田 4～5 亩。引进品种：（1）西门塔尔牛，肌肉发达，无过多

木黄镇燕子岩村太阳牛业（2008 年拍摄）

的脂肪，体型大，产肉性能好。种公牛体重 1100 千克，成年母牛 650 千克。县内引进西门塔尔牛的冻精，与本地牛杂交改良后，杂交牛脑门为白色，少数背腹部有白毛，前期生长发育迅速，但要求饲料中蛋白质水平有保障。(2) 安格斯牛，无角或软角，耐粗饲，易育肥，骨细，成年公牛体重 850 千克。县内主要是引进其冻精。2003 年通过胚胎移植产纯种安格斯种公牛 3 头，与本地牛杂交，初生重 20 千克以上，体长中等，胸围、管围明显比本地牛大，生长速度较快。(3) 利木赞牛，体大早熟，肉质优良，柔嫩味香，生长速度快。成年公牛、母牛体重分别为 950 千克、600 千克。引进其冻精，与本地牛杂交，杂交牛毛色为黄色，无角或软角，性情温顺，易育肥，2 岁育肥牛体重达 500 千克。(4) 皮埃蒙特牛，肌肤暴露，躯长颈短，臀部外缘丰圆，皮薄骨细，结构紧凑。成年公牛体重 890 千克，母牛 570 千克。全县引进其冻精与本地牛杂交，毛色为灰白色，颈短，体型紧凑，后期生长速度较前期快。(5) 摩拉水牛，毛色黝黑，成年公牛体重 550～800 千克，母牛 450～700 千克。县内主要引进该品种冻精进行杂交改良，既提高了本地水牛的生产性能，又解决了本地水牛繁殖率低的问题。

羊 以前主要是以散养山羊为主，资源优势和发展势头不及周边的沿河、德江、石阡。自 2000 年起，地委行署实施肉牛肉羊能人带动养殖工程，全县建成波尔山羊改良点 43 个，存栏波尔山羊种公羊 19 头，有存栏 50 只以上的养羊大户 154 户。由于养羊对气候和放牧地有特殊的要求，且要与生态环境保护和可持续发展相协调，规划北线乡（镇）适度发展。全县的本地品种为贵州白山羊，属板皮肉用型，毛白色、黑色、麻色，体质坚实，四肢端正结实，行动灵敏，善攀爬，背腰平直，后躯较前躯发达。公羊 6 月龄初配，成年体重 25 千克；母羊 6 月龄初配，多二年三胎，产双羔居多。成年母羊体重 24 千克，阉羊体重 31.8 千克。屠宰率 56.6%，净肉率 40.1%，板皮 0.79 平方米。引进品种：波尔山羊，适应性、抗病力都强，体形大。成年公羊体重 110 千克以上，成年母羊体重 90 千克以上。生长速度快，采食范围广，繁殖性能优良，群聚性强，易于管理，既可舍饲，又可群牧。它是全县引进主用的改良父本，受胎率 85%，比本地羊提高 6.8%；产羔率 176.8%，比本地羊减少 6.2%；羔羊存活率 92%，比本地羊提高 1.9%；杂羔初生重 3.17 千克，比本地羊提高 59.6%。6 月龄体重 25.6 千克，日增重 57.67 克。

缠溪镇方家岭村山羊养殖（2008 年拍摄）

马、骡 全县马均为本地马，现存栏已不多，主要分布于峨岭镇，被毛黄色、黑色、白色、杂色，为马车用牲口，印江马曾有过辉煌的历史，从明洪武元年（1368）至永乐二十二年（1424）曾 26 次作地方贡物进贡朝廷，洪武十一年（1378）思南宣慰使田大雅求职奉表谢恩献印江良马。骡：被毛黑色，马车用牲口，现存栏不多，1988 年时存栏 171 匹。

家禽养殖

鸡　本地鸡，被羽红黄色、黑色、白色、梅花色，属蛋肉兼用型。公鸡雄性特征强，成年体重 1.5～2 千克；母鸡抱窝性强，年产蛋 150 枚，蛋壳白色，蛋重 45 克。引进良种鸡：(1) 罗曼棕壳蛋鸡，成鸡体重 1.5 至 2 千克，蛋为褐色，年产蛋 280～300 枚，无抱窝性；(2) 伊莎蛋鸡，成鸡体型比罗曼鸡略小，蛋为褐色，无抱窝性；(3) 北京白鸡，成鸡体重 1.4 千克，羽毛白色，蛋为白色，年产蛋 270～280 枚，无抱窝性；(4) 艾维茵鸡，大型肉用鸡，被羽白色，生长速度快，体重大，9 周龄体重 3.2 千克；(5) 三黄鸡，黄羽黄脚黄皮肤，肉质鲜美可口，体型中等，抗病力强，因其羽色、肉质、肉味与本地鸡相近，深受群众青睐。其他引进品种有来杭鸡、白洛克鸡、贵农黄鸡、罗丝鸡、乌骨鸡、火鸡、斗鸡等。

新业乡黔芙蓉乌鸡养殖场（2008年拍摄）

鸭 本地品种为印江鸭或埃山鸭，蛋用型，羽色褐黄浅麻为主，羽毛紧凑，嘴扁平，呈黄褐色，嘴角褐黑色、虹彩茶色，趾蹼黄色居多，体型似船形，善跋涉。成年公鸭体重1262.6克，全净膛率58.6%，半净膛率73.7%，出壳重35.54～38.96克；成年母鸭体重1359克，出壳重36.67～38.41克，三月龄体重达100克，130～150日龄开产，年产蛋量206枚，蛋重68.33克，受精率74%，孵化率89%，全净膛率59.7%，半净膛率74.5%。天一阁藏嘉靖思南府《明代方志》选刊（土产羽属）有印江民间流传的“家有几只船（鸭），一年不愁油盐钱”的记载，距今已有400年。1982年，贵州农学院、地区品改站、印江品改站、城关区畜牧兽医站对属于地方品种的印江鸭作了专题普查，该品种在1983年被列为地方良种编入《贵州省畜禽品种志》，地区品改站、县品改站、标准计量局于1988年完成印江鸭属贵州省铜仁地区地方标准鸭种的定标工作。多年来，印江一些个体户收集农户散养鸭蛋，集中人工孵化，销往遵义、贵阳等地。引进品种有樱桃鸭、苏州麻鸭和杂交肉鸭。

中坝乡戴家槽莱茵鹅养殖场（2006年拍摄）

莱茵鹅 2001年6月，印江县青年农民张良在上海打工，学习莱茵鹅养殖技术后，引进700组（2800只）回印江饲养成功，并不断扩大养殖规模。2003年12月，县委、县人民政府决定将莱茵鹅产业作为全县特色支柱产业，于3月出台《莱茵鹅产业化发展规划》和《莱茵鹅产业化发展实施意见》，组建以县长为组长的莱茵鹅产业化发展领导小组和办公室。4月，得知上海市政府出于城市环保建设的考虑，决定对养禽业进行产业转移，关闭大盛食品有限公司青浦莱茵鹅种场，印江县抢抓发展机遇，购买该公司的祖代、父母代全部种鹅，5月份成功运回。2004年，发展5个种鹅场，购买容量为8640枚孵化机6台，20千瓦发电机组2套，安装新寨（农科所）种鹅场电力变压器1台及相应的供电设施。聘请上海孵化技术人员到印江孵化及传授孵化技术。从上海购买种蛋1.06万枚，入孵1.03万枚，孵化种鹅苗4200只；在上海孵化种鹅苗7864只，上海机场飞机误点死亡1160只，存活种苗1.06万只；从上海购买种鹅9080只，运回印江存活8846只。分别投放到木黄邓素梅种鹅场种苗2640只、成鹅3498只，木黄石荣兵种鹅场种苗1720只、成鹅877只，新寨黄光能种鹅场种苗2970只、成鹅2288只，中坝李云军种鹅场种苗2944只、成鹅2183只，普同代三明弱苗360只。全年发展养殖户650户，出栏商品鹅20余万只，存栏种鹅2.64万只，成为全国最大的莱茵鹅种鹅基地。2008年，规划落实17个养殖小区1284户，其中：以村为单位、集中建舍、分户饲养的养殖小区1个，即坪峨村，已有规模养殖户8户，建有集育雏室、圈舍、运动场、水浴池、污水沉淀消毒池于一体的配套鹅舍8栋，设计总面积188平方米。新建、改建、维修规模圈舍1563平方米。共计注射禽流感、禽霍乱、小鹅瘟等疫菌苗3万余羽份。配套种植黑麦草500亩，菊苣育苗420亩。12月初，木黄、新场、甘川、朗溪、罗场等种场开产上孵，其中木黄种鹅场投放鹅苗1400余只。2004—2008年，累计投入各类资金999万元，年均扶持900余户农户发展莱茵鹅，年均投入鹅苗25万只，年出栏20万只，户均增收1000元。

其他家禽品种。鸽有本地鸽，有引进的美国肉用王鸽；鹌鹑有中国鹌鹑，有法国鹌鹑黄羽鹦鹉；观赏鸟有八哥、虎皮鹦鹉、黄羽鹦鹉、画眉。

二、畜牧业的推动与发展

2004年，全县开始实施优质肉牛基地建设项目，总投资2927万元，其中省级补助99万元，地区配套99万元，县配套132万元，农户贷款或自筹2597万元。发展优质肉牛养殖示范户3000户，养牛专业户9976户；新增能繁母牛1.53万头，带动农户饲养能繁母牛2.59万头，年出栏优质肉牛2.02万头；人工种植牧草3.3万亩，配套建设牛舍18.12万平方米，建青贮池12万立方米；建冻配点4个，建村级兽医室16个及乡（镇）畜牧兽医站8个，技术培训62期3050人次。项目实施的第一年（2005年），受益农户达2347户，出栏肉牛2.02万头，农户直接经济收入1674万元，分别比项目实施前的2004年增加19.53%和23.71%，户均净增纯收入达780元。2006年，受益农户达9976户，出栏肉牛2.35万头，收入2089.01万元，分别比上年增长16.09%和24.78%，户均增收1050元。

2005年4月，挂牌成立印江自治县畜牧水产事业局畜牧水产综合执法大队（法制股），分两次公开招录了9名畜牧水产综合执法干部，配备了相关执法设备，在畜牧兽医系统开展畜牧水产综合执法，相对集中行政处罚权，解决了以前在畜牧水产业执法中存在的多头执法、力量分散、资源配置浪费等问题，建立了适应新时期农业农村经济和畜牧业发展需要的资源配置优化、职能配置合理、运行便捷有效、行为规范的畜牧业行政综合执法体系，规范畜牧行政执法行为，提高畜牧行政执法的能力和效率，增强畜牧业行政执法的公正性和权威性，建立一套以执法责任制为核心的执法管理与监督制度，推进全县依法治牧治渔进程，保障全县人民群众的食肉安全。

杉树乡武峰牧业养殖场（2009年拍摄）

2006年，启动建设乡（镇）兽医站，大力发展养殖小区。全县设有17个乡（镇）畜牧兽医站，当年有专业技术人员127人，基本处于无固定办公场所、无办公经费、无办公设备的“三无”工作状态。通过国家投资建设乡（镇）兽医站，解决项目乡（镇）畜牧兽医人员的办公场所，解决农民“找人难”问题，增强项目乡（镇）对动物常见疾病、多发病的监测和防治能力。如：峨岭镇兽医站经过改造后，站里的工作人员有了办公场所，养殖户有了固定的求医地点，乡（镇）兽医站业务人员的技术服务水平和依法行政能力也得到大幅提升——县城定点屠宰的宰前、宰后检疫做到规范化、程序化，保证上市肉品达到卫生要求，让县城人民吃上“放心肉”。畜禽饲养量、出栏量、商品量逐年增长，畜禽发病率、死亡率大幅降低，大牲畜死亡率控制在1%以下，猪、羊的死亡率都控制在5%以下，达到农业部规定的控制标准。是年，全县以标准化、规范化、规模化的发展要求，大力发展商品鹅、商品猪、商品牛养殖小区，围绕社会主义新农村建设，严格按照“六统一、六规范”（统一规划、统一品种、统一饲料、统一熟改生饲、统一防疫、统一技术服务；养殖环境生态化、畜禽品种良种化、防疫消毒制度化、兽药饲料安全化、生产过程标准化、粪污处理无害化）的要求，以“脱离村寨、统一规划、集中建舍、分户饲养”的模式，高起点、高标准、高质量规划建成20个养鹅小区、10个养猪小区和7个养牛小区。

2007年4月7日，地委书记杨玉学、行署专员谌贻琴、地区四大班子的分管领导，省农业厅领导、专家，地直部门负责人，各县市特区书记、县长、畜牧局长、扶贫办主任、信用社主任，各县乡（镇）参会人员，省地报社、电视台记者等，共 130 余人齐聚印江，召开全区第三次生态畜牧业现场会。全县生态畜牧业发展以高起点、高标准、高质量建设生态养殖小区、场（户）为重点，加快发展生态猪、优质牛、商品鹅，在畜禽良种繁育、动物疫病防治、饲料安全高效、畜牧业科技进步、畜禽产品质量安全和市场营销体系建设等方面初见成效，为全县现代畜牧业发展奠定了基础。7 月 2 日，印江自治县按照"政府监督、市场运作、互利双赢"的原则，与广东省东莞市建立了生猪产销联建合作机制，印江每年可以向东莞市供应生猪 10 万头以上，为全县生猪销售创造了新模式，打开了印江优质生猪进入珠三角市场通道。

2008 年，实施种草养羊项目，项目总投资 500 万元，在沙子坡、天堂和刀坝 3 个乡（镇）重点实施，共涉及 40 个村 500 户贫困户。计划建设草地围栏 3000 米，草地围栏改良 5000 亩，人工种草 1 万亩，建设羊舍 1.5 万平方米，养羊 1 万只（其中基础母羊 9500 只、种公羊 500 只），配套购置饲料机械 32 台。项目覆盖 2000 户，户均饲养母羊 20 只，年出栏商品羊 40 只，实现户均增收 1920 元。为了实施好该项目，一是成立以县长为组长的草地生态畜牧业科技扶贫项目领导小组和以分管副县长为指挥长的项目指挥部，负责项目的规划、指挥、协调、财务管理等方面的工作；二是成立县草地生态畜牧业发展中心，具体负责指导农户进行牧草种植与管理、山羊品种改良、饲养管理、疫病防治、圈舍建设，搞好技术培训，解决饲养中存在的技术问题；三是坚持"谁投资、谁受益"原则，以群众投入为主、政府项目配套补助为辅，统一规划布局、统一实施方案、统一补助标准。按照核心场带中心场，中心场带大户，大户带散户的发展模式，高起点、高质量、高标准地实施项目，确保项目出效益、群众得实惠。

2008 年 5 月 12 日，太阳牛业开发有限责任公司正式落户印江。该公司是招商引资并注册成立的畜牧企业，由广东省东莞富盛建筑工程公司投资兴建，公司总投资 1.3 亿元，分三期进行建设，其中：投资 6500 万元建设年出栏商品牛 1 万头、存栏能繁母牛 3000 头的标准化养殖场 1 个；投资 5000 万元建设年产 4000 吨标准化牛肉深加工厂 1 座；投资 1500 万元建设年产 1000 吨白酒生产线。公司发展目标是形成集优质肉牛养殖、产品精深加工和销售为一体的现代化畜牧业龙头企业，带动全县畜牧业实现跨越式发展。是年，县畜牧兽医局组织开展"2008 年动物防疫示范年"活动，建成 17 个村级标准化兽医室；设立 2 个动物防疫示范乡镇、17 个示范村、348 个标准化养殖小区；建成首个县级防疫药品冷库，一个县级标准化兽医实验室和 100 个动物疫情监测点，定期开展重大疫病抗原、抗体监测，确保全县动物健康。这一年，还大力发展特色养殖，以期实现养殖业与旅游观光业的有机结合：一是引进投资 200 多万元的黑龙江客商，在新寨乡小云村建设梅花鹿养殖观光园，该园毗邻严寅亮故居，占地 4.4 亩，引进饲养梅花鹿 70 只。二是引进投资 420 万元在新寨乡小云村兴建特种养殖观光园，该园以养殖野猪为主，适度养殖野兔、山鸡等，占地 54 亩，建设种野猪舍 200 间 2400 平方米、商品野猪舍 1000 平方米、放养场地 3 万平方米，建设狩猎点、观望台、餐饮部及其他用地 2018 平方米。三是梵净山原生态大鲵驯养有限公司投资 700 万元在木黄镇建设大鲵养殖场，该场由 70 余名养殖业主发起，注册资金 420 万元。成立梵净山养殖专业合作社，提高产业集中度，培育印江生态畜牧产业集群。

新业乡平所村石板寨娃娃鱼养殖场（2011 年拍摄）

2007—2008 年，全县共发展特种养殖户 45 户，其中大鲵养殖户 7 户，存池大鲵 4549 尾；特种野猪养殖场 2 个，位于杨柳乡崔山村、新寨乡小云村，存栏能繁母猪 322 头，年出栏率

1000头以上；竹鼠养殖13户，存栏种鼠1500只；山鸡养殖10户，存栏山鸡8715只；长耳兔养殖5户，存栏种兔1852只；刺猪养殖5户，存栏刺猪144只；弯狍、蛇、黄鳝、甲鱼等养殖项目也在逐渐发展。在政府引导、市场驱动和畜牧部门的全力服务下，截至2008年，发展了39个较大的规模养殖场，各规模场均采取“独立经营，自负盈亏”的公司运作模式，其中以云发牧业和勇创牧业规模最大，两家共投资1000万余元，存栏纯种基础母猪1200头，产值达2000余万元。同时，建设板溪沙坡、峨岭坪兴等22个养猪小区，杨柳中山、天堂开心等17个养牛小区；培育养殖大户612户，其中养牛大户102户，存栏1122头，出栏310头，户均出栏3头；养猪大户246户，存栏5166头，出栏6150头，户均出栏25头；养羊大户48户，存栏3075只，出栏2836只，户均出栏59只；养禽大户216户，存栏8.21万只，出栏5.77万只，户均出栏267只。

1988—2008年印江自治县畜禽年末存栏出栏统计表

表5－10 单位：头、只

时间	猪		牛		羊		禽		犬
	存栏	出栏	存栏	出栏	存栏	出栏	存栏	出栏	存栏
1988	182389	88651	51452	1944	13120	3321	240014	188890	20020
1989	183248	83715	53524	2088	14030	3850	240341	188410	20620
1990	183958	83752	56395	1400	13878	6000	238960	186060	20680
1991	194761	91471	56878	1458	14791	6059	235683	183564	21620
1992	190216	100014	56681	1489	14460	6024	240368	182856	21120
1993	190524	104522	56762	1502	21943	6125	241098	170000	22320
1994	191520	113341	57991	1514	24514	6324	307099	165360	21220
1995	206521	121673	58154	1542	27256	6452	313446	182580	21320
1996	209010	132509	58305	1565	30503	6574	306937	168573	20120
1997	215120	135448	61493	7938	59000	21395	317956	207365	20320
1998	229130	170358	67470	9062	68510	25615	338066	231394	20600
1999	241249	192679	82878	15123	76667	49008	367890	254280	21320
2000	250896	223507	89778	16050	83568	58417	380766	240000	24120
2001	258796	239000	99764	18540	99685	70684	388382	358000	25120
2002	266085	251000	107626	21400	107880	94900	462000	518960	26620
2003	274203	274340	118415	23789	120000	108350	501200	680000	24450
2004	282426	292996	130116	28073	132000	128394	680000	886000	25560
2005	289490	315560	146381	33408	142560	146640	924800	1492910	27070
2006	315100	341750	156380	39087	149000	167170	952400	1776560	28520
2007	323500	382760	166880	44090	170000	183890	1050000	2045000	28080
2008	168361	209616	44936	12054	41411	58840	384740	100817	29288

第二节 水产养殖

一、 水产自然资源

境内河流、溪沟水面积为8万亩，其中河流集水面积20平方公里以上或河长10公里以上的有20

条。最大的河有印江河、冷水溪、车家河、乐茂江河、洋溪河，总长达 223 公里，很多山泉分布在这些河的上、中、下游。印江河下游、车家河上游有两处温泉分布。现有水库 1028 座，水面 8000 亩，其中有小（一）型水库 7 座，小（二）型水库 31 座，总库容量 2412 万立方米，水面 3200 亩；有小山塘 990 口，蓄水 456 万立方米，面积 4800 亩。塘、库可利用养鱼水面 4928 亩，截至 2003 年，有养鱼水面 3786 亩，2008 年有池塘水面 583 亩。全县共有稻田 18.5 万亩，其中可养鱼稻田 7 万亩，截至 2003 年有养鱼面积 4.23 万亩，占可养面积的 61%左右。有鱼类良种繁育场 1 个，面积 31.1 亩，冷水鱼养殖场 1 个，面积 5.5 亩。全县各类水域资源水域指标硬度适中，溶氧充足，pH 值 7～8，适合各种淡水鱼类养殖。

二、 鱼类品种资源

境内主要有鲤鱼、鲫鱼、中华倒刺鲃、黄颡鱼、细鳞鱼、黄尾鱼、白甲鱼、鲶鱼、南方马口鱼、泉水鱼（油鱼棒）、七星鱼、泥鳅、黄鳝、千年鲴、麻鱼、花岩鲃、棉条鱼、木角鱼、甲鱼、白鳝、虾、蟹、螺、大鲵、鲈鱼。引进品种有草鱼、鲤鱼、鲢鱼、鳙鱼、鳊鱼、罗非鱼、革胡子鲶、南方大口鲶、云斑鮰、罗氏昭虾、武昌鱼、斑点叉尾鮰、彭泽鲫以及鲟鱼等。

三、 渔业发展

养殖方式 1988—1994 年，稻田养鱼以平板式养殖为主，其产量占水产品总产量的 75%以上，1993 年开展网箱养鱼试验，1994 年获得成功；1995—1996 年，稻田养鱼以垄稻沟式养殖为主；1997—1999 年稻田养鱼以稻鱼工程（坑塘式）养殖为主；2000—2008 年以稻田生态养鱼模式为主，并顺利通过省地验收，综合效益得到大幅度提高。

天堂水巴岩水库网箱养鱼（2008 年拍摄）

渔业生产 1988 年，全县渔业养殖面积 2.58 万亩，其中稻田养鱼面积 2.34 万亩，占养殖面积的 91%，产量 250 吨，占总产量的 78%。1995 年，渔业养殖面积 3.26 万亩，其中稻田养鱼面积 2.97 万亩，占养殖面积 91%，产量 334.37 吨，占总产量的 84%。1988—1995 年的渔业生产以淡水养殖为主，养捕结合——这段时间，养殖面积增加 6734 亩，年增长率为 3.7%，鲜鱼产量增加了 81 吨，年增长率为 3%，发展速度缓慢。

1995—1999 年，全县渔业养殖面积由 3.26 万亩增加到 4.20 万亩；水产品产量由 400 吨增加到 789.5 吨，增加 389.5 吨，其中稻田养鱼面积由 2.97 万亩增至 3.80 万亩，净增 8306 亩。1999 年，稻田养鱼产量占水产品总产量的 84.2%。1999—2008 年，全县实施稻田生态渔业项目，水产养殖面积由 4.2 万亩增加至 4.61 万亩，净增 4101 亩，其中稻田养鱼面积由 3.8 万亩增加到 4.23 万亩，净增 4275 亩；稻田养鱼产量由 664.5 吨增加到 902 吨，净增 237.5 吨。推广稻田生态养鱼，实行立体养殖，促进渔业增产增效。

四、 渔政管理

从 1992 年起，在鱼类产卵繁殖季节，对全县主要河流的重点水域禁止电鱼、毒鱼、炸鱼。1998 年，对印江河、车家河、洋溪河、乐茂江河限定禁渔期、禁渔区，建立乡规民约，严禁电鱼、毒鱼、炸鱼。从 2001 年起，建立春季禁渔期制度，规定每年 2 月 1 日至 5 月 31 日为禁渔期，严禁所有非法捕捞行为，每年均对印江县境内河流开展渔业资源人工增殖放流活动，投放鲤鱼、草鱼、鲢鱼等 40

万尾。通过这些举措，保护全县渔业资源和渔业水域生态环境，促进渔业可持续发展。

第三节 饲料生产

一、 山地牧草资源

印江地处亚热带，草山草坡资源丰富，牧草种类较多，覆盖度较大，再生能力强，青绿期长，产量高。全县有草山草坡总面积 96.16 万亩，可利用面积 76 万亩，其中 300 亩以上成片草地 35.23 万亩，300 亩以下零星草地 60.93 万亩。年产草总量 450.79 万千克，载畜量 4.84 万个黄牛单位。草山草坡类型主要是草丛草地、灌丛草地、疏林草地、零星草地和田土坎草地。在牧草结构中，禾本科占 84.18%，豆科牧草占 1.87%，菊科占 4.32%，其他杂草类占 9.63%。种类主要有白茅、小糠草、狗尾草、金茅、五节花、针茅、羊茅、沙草、三叶草等。鲜草亩产量 476 千克，以低山草场产量最高，亩产 1027 千克，中山草场产量最低。每年 3 月至 10 月是牧草生长旺季，11 月逐渐枯萎，翌年 3 月开始萌发。全县各类草场利用率分别为：30 厘米以下矮禾草 80%，80 厘米以下的中禾草 70%，150 厘米以上高禾草 50%。

二、 农副产品资源

玉米、红薯、马铃薯等作物，在 20 世纪 90 年代以前，主要作为人用粮食，很少用作饲料；至 1988 年以后，95%以上作为饲料，用于畜牧养殖业。作为饲料的农作物主要有：

粗饲料 主要是米糠、农作物秸秆、豆壳等。米糠多用于养猪，少部分用于牛羊补饲。稻草作为牛的过冬饲料，大部分被收集利用；秸秆大部分作燃料和垫圈用，少部分玉米秸秆经过青贮作为牛、羊饲料。

青饲料 主要为蔬菜类，如白菜、牛皮菜、萝卜、瓜类蔬菜、藤蔓类蔬菜，大部分用于猪饲料(鲜饲或青贮)，少部分经晾晒制干或青贮喂牛。此外，野生青绿植物，如构叶、麻叶、鹅兰草、猫尾巴等均可作为青饲料，主要用于养猪。

农副产品饲料 有酒糟、豆渣、菜籽饼、红薯粉渣、配（混）合饲料，主要是喂猪。油饼（菜籽饼）资源较丰富，80 年代多用作肥料，90 年代逐渐用于生产配（混）合饲料，少部分用于肥料，但近几年，由于全价饲料的普遍使用，大部分油饼已外销。

三、 人工种草

木黄镇太阳牛业青贮饲料加工（2011 年拍摄）

人工种植牧草，是开辟饲草来源、增加牧草品种和数量、补充天然牧草不足、保障和扩大养殖规模的有效途径。1988—1989 年，县内开始在刀坝乡兰克村进行人工种草试验示范，指导农民种植聚合草、串叶松香草和一年生黑麦草、白三叶，取得成功。但面积小，范围有限，影响带动作用不大，也只有少数零星种植，未形成规模，发展缓慢。直至 1998 年，国家实施退耕还林还草，县内才开始大面积人工种草，如新寨后坝村种草 200 亩，刀坝洞沟村 150 亩等。随着国家实施西部大开发战略，自治县于 2000—2002

年，要求各级党委政府、业务部门大力宣传，制定规划，落实措施，启动小额扶贫贷款，实施“能人带动”工程，发展肉牛、肉羊生产，加大了种草养畜力度，2002 年全县人工种草面积达 3468 亩。到 2008 年，人工种草面积发展到 2.87 万亩，涌现出一批承包草地种草养畜的能人养殖大户，如刀坝高德贵、沙子坡杨胜敖、天堂瞿明军等，为大力发展草地畜牧业提供了样板和典范。

四、 牧草改良

自古以来，全县养牛养羊都习惯于自由放牧、拴牧和割草舍喂，这种方式致使全县零星草场、田土坎草地利用过度，而成片的中低山草场未能充分利用。

2001 年，国务院转发农业部《关于加快畜牧业发展的意见》后，自治县委、县政府高度重视农业产业结构战略调整，抓优质肉牛肉羊生产基地建设和能人带动工程，涌现出一批用草山草坡发展畜牧养殖业的养殖承包户，如：承包杨柳乡挂榜山草山养羊的养殖能手史黔勇，洋溪镇承包轿顶山 386 亩草场饲养牛羊的养殖能手刘振华、郭凤远等。县畜牧局积极争取西部大开发项目，实施天然草原恢复建设，改良草山草坡，充分开发利用草山草坡及天然牧草资源。

2002 年，全县投入资金 43 万元，改良草地 6000 亩，其中垦植改良洋溪的轿顶山 386 亩，实施枳壳苗生物围栏 6000 米。2003 年，实施天然草原恢复与建设项目，总投资 500 万元（中央投资 400 万元，地方配套 100 万元），人工种草 1.5 万亩，草地改良 3.35 万亩（改良缠溪大坳、朗溪白沙大坡共 5000 亩），对草山草坡进行了烧荒改良，清除有毒有害植物。在以白芒、芒草、黄背茅、小糠草、狗尾草等为主的基础上，补播了紫花苜蓿、白三叶、鸡脚草、木豆、百脉根等优良牧草。2004 年，人工种植牧草 3.3 万亩。2006—2008 年，实施草地生态畜牧业科技扶贫养羊项目，国家投资 1000 万元，发展项目农户 1152 户，完成草地建设 3.28 万亩，建设棚圈 6100 平方米，建青贮藏窖 3500 立方米。

五、 良种引进及推广

1988 年，全县引进一年生黑麦草、串叶松香草、聚合草，在刀坝兰克村试种。从 1998 年起，为满足退耕还草和种草养畜的需要，每年均从省、地区草地站引进一年生黑麦草、多年生黑麦草、紫花苜蓿、鸡脚草、串叶松香草、高油玉米、墨西哥玉米、红三叶、白三叶等草种，数量在 5000 千克左右，2003 年引进 8000 千克。同时，一部分农户还自发从市场引进新品种种植——峨岭镇麻柳村陈立贤引进鲁梅克斯、甲山村陈庆龙引进聚合草，种植均获成功。2001 年，从德江引进扁穗牛鞭草 8000 千克，在县城东门坝租地 10 亩，建成牛鞭草种源基地。2002 年，扩租扩建为 40 亩，至 2010 年累计提供种草 7.2 万千克，推广面积 300 亩。2003 年，从湖南永顺引进皇竹草、桂牧一号 4 万节（单位），在县城西门坝租地 30 亩进行繁育，当年生产种茎 100 万节，为 500 亩推广面积提供种源。

收割黑麦草（2009 年拍摄）

六、 饲料的储存加工及推广

全县广大农村普遍使用传统的青料青贮方式，用 1 立方米左右的石缸、土坑、水泥坑水贮苕藤、洋芋叶、蔬菜脚叶、野生牧草。随着业务部门不断推广科学青贮技术、秸秆氨化技术，青贮逐渐改水贮为干贮，改小容量为大容量，改地坑为地坑加塑料袋或直接用袋装贮存。2002 年，县肉牛育肥场建青贮窖 3 个，容积 1000 立方米。2008 年青贮玉米秸秆、皇竹草 1000 吨以上。全县秸秆氨化、青干草制作，从以稻草、苕藤为主，逐渐向使用玉米、花生、豆类秸秆转变，富余的黑麦草、紫花苜蓿等也逐渐向青干草贮存方向发展。

1988 年，随着配合饲料、熟改生喂技术的推广，县粮食部门成立县饲料公司，各乡（镇）粮食收购站相应建立加工点，生产一部分配（混）合饲料；县水产站从上海宝山机械厂引进第一台小型渔用颗粒饲料生产机，生产能力 200 千克/小时。1994 年，随着饲料市场放开，个体经营户购进预混料、浓缩料、全价料销售，全县全年销售全价料 100 吨左右。1996 年，由于加工技术落后、品种单一、市场竞争激烈等原因，饲料公司宣布破产。2000 年，县畜禽品种改良推广站购进功率 7.5 千瓦粉碎机 8 台、功率 18 马力揉碎机 10 台。在此过程中，群众不断增加投入，购买小中型饲料粉碎机械，新寨黔溪村某农户从外地引进加工机械，自行设计加工全价猪饲料（加工点在 2002 年因配方技术及销售原因而停产，共生产 100 吨饲料）。2002 年，市场相继有个体经营户从外地购进鱼粉、豆粕、饲料添加剂、微量元素及其他配料进行销售。2003 年，随着网箱养鱼技术的推广，印江自治县畜牧事业（渔业）局陆续引进 3 台中型渔用颗饲粒加工机，年产量 15～20 吨。不少农民也购进粉碎机，自己安装切碎机近万台。2007 年，随着养殖水平的不断提高，县招商引资 100 余万元在自治县峨岭镇甲山村新建 1 个印江自治县鑫源饲料加工厂，年产饲料 7200 吨。2008 年，猪、禽、渔料俱全，使用浓缩饲料比例逐步提高，也有把鱼粉、浓缩料、预混料用于牛羊混合饲料的情况。

1988—2008 年印江自治县工业饲料推广情况统计表

表 5—11

年份	工业饲料		
	全价料（万吨）	浓缩饲料（万吨）	添加剂（千克）
1988 年	0.9	—	500
1989 年	1	—	550
1990 年	1.1	—	600
1991 年	1.1	—	650
1992 年	1.1	—	650
1993 年	1.1	—	700
1994 年	1.2	—	700
1995 年	1.2	—	750
1996 年	1.2	—	750
1997 年	1.2	—	800
1998 年	1.3	0.05	800
1999 年	1.3	0.06	850
2000 年	1.3	0.07	850
2001 年	1.4	0.08	850
2002 年	1.4	0.09	900
2003 年	1.45	0.1	900
2004 年	1.5	0.1	900
2005 年	1.5	0.12	950
2006 年	1.5	0.13	950

续表5－11

年份	工业饲料		
	全价料（万吨）	浓缩饲料（万吨）	添加剂（千克）
2007 年	1.5	0.15	950
2008 年	1.5	0.2	1000

第四节　畜禽防疫

一、 机构设置及防疫队伍

机构设置　1988 年，全县七区一镇均设有畜牧兽医水产站，每个村配备有村级防疫员 1 人。1992 年，撤区并乡建镇后，在全县 17 个乡（镇）分别设置畜牧水产兽医站，继续保留一村一名防疫员。2005 年 4 月，成立自治县畜牧水产事业局。2008 年，自治县畜牧水产局更名为县畜牧兽医局，下设动物疫病预防控制中心和动物卫生监督所两个副科级单位，负责全县动物疫病防控和监督执行工作；撤销原乡（镇）畜牧水产站，新成立乡（镇）畜牧兽医站，加挂渔业站牌子，作为县畜牧兽医局的延伸机构，承担动物防疫、检疫及其他公益性技术推广服务工作。

防疫队伍　1999 年，全县各乡镇有兽医技术人员 128 人（检疫员 53 人）。2008 年，全县有畜牧兽医技术人员 170 人，其中县局 45 人，乡镇 125 人；有本科学历 22 人，专科 67 人，中专及以下 81 人；有中级职称 52 人，初级职称 118 人。

二、 防疫措施

防疫设施　2000 年，县兽防站配置冰箱 22 台，疫苗冷藏箱 370 个，金属注射器 50 毫升 365 具、20 毫升 365 个、10 毫升 365 个，止血钳 68 把、持针钳 40 把、毛剪 20 把，消毒喷雾器 8 台，耳标钳 370 把，并配备兽防站化验室常规化验设备。至 2008 年，通过争取项目，启动建设县畜牧兽医局综合办公大楼及改扩建县兽医实验室，新建和改造了 17 个乡镇畜牧兽医站办公楼，乡镇畜牧兽医站均配备办公桌椅、文柜、电脑、打印复印传真机、照相机、U 盘等。

管理措施　1992—2000 年，全县推广畜禽双轨防疫目标管理责任制（双轨：行政部门抓组织落实，解决村防疫员的报酬，保防疫密度；业务部门抓技术措施，保防疫质量）。1992 年，县人民政府成立由分管副县长任组长，由畜牧局、财政局等部门为成员单位的畜禽“双轨”防疫领导小组，县、乡（镇）层层签订畜禽双轨防疫责任状；这一年，自治县人民代表大会通过县人民政府《关于牲畜防疫费收取、管理、使用办法》，把牲畜防疫费列为法定收费项目，每年有 254 万元防疫费用于动物防疫工作。1996 年，为了收好、管好、用好防疫经费，制定防疫收费管理办法，将《关于牲畜防疫费收取、管理、使用办法》文件下发给乡（镇）执行。1999 年，为配合全省“百万”牛羊寄生虫病综合防治工程的实施，

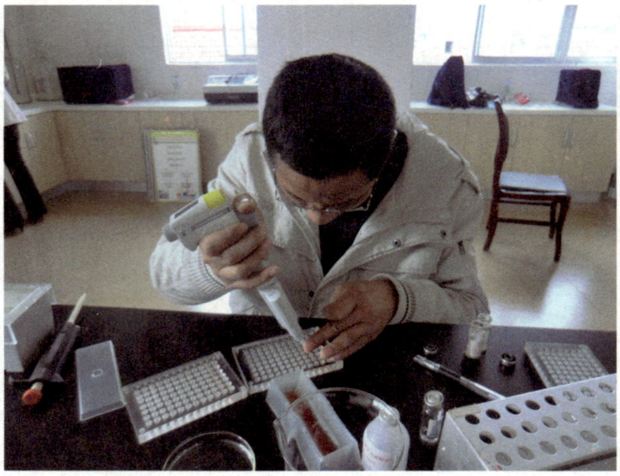

县畜牧局兽医技术人员在兽医实验室进行动物疫病实验室监测（2007 年拍摄）

自治县畜牧水产事业局下发《关于成立印江自治县牲畜寄生虫综合防治领导小组的通知》，成立了由畜牧局分管副局长任组长、兽防站站长任副组长的领导小组，在县兽防站下设办公室，明确2名业务骨干负责具体办公。税费取消后，防疫经费和防疫员报酬每年由县财政列入预算解决。

重大防疫 (1) 猪肺疫防疫：1997年9月10日，刀坝乡村防人员在开展秋防工作过程中，在注射猪瘟、猪肺疫、猪丹毒联苗时发生药物反应，已注射的126头中，死亡86头。后通过采集病料送省兽防站化验确诊为急性猪肺疫，地区、县畜牧防疫部门有关人员深入现场及时处置，疫情得到有效控制。(2) O型口蹄疫防疫：1998年7月10日，检疫员吴德勇在峨岭镇畜牧市场检疫时，发现疑似猪口蹄疫9例，经采集病料送检，确诊为猪O型口蹄疫。自治县委、县人民政府高度重视，组织有关部门，对患病牲畜采取销毁深埋和对畜牧市场消毒处理等方式，杜绝O型口蹄疫的传播和发展。此后又在全县范围开展"五号病"普查，其间共普查生猪16.26万头、牛5.31万头、山羊3.78万头，发现疑似生猪口蹄疫（五号病）247头，无害化处理3头，涉及峨岭、新寨、中坝、杉树、沙子坡、合水、永义7个乡（镇）37个村101户。用2%烧碱液、消毒威进行环境消毒达14万平方米，注射猪口蹄疫O型灭活苗1.52万头。1999年5月4日，接杨柳乡中山村防疫员报告，在凉水井、青杠堡两个村民组发现疑似口蹄疫16例（猪8例、牛8例)。经县畜牧局有关人员到现场确诊后，对患病牲畜进行集中捕杀、焚烧、深埋，同时对相邻村的圈舍及道路进行消毒处理，有效杜绝疫情的蔓延。(3) 兽药监测：为加强兽药市场管理，规范兽药经营市场秩序，从源头杜绝假劣兽药上市，保障全县畜牧业健康发展。自治县畜牧事业（渔业）局负责对兽药市场进行日常监管，对县内销售兽药的个体户实行登记管理，要求经营人员须出具兽药检验报告，对没有检验报告的产品，经监察站抽样送地区兽药检测中心检测合格后方能上市。此外县兽药饲料监察站还负责对全县兽药饲料从业人员进行教育培训，培训内容为《畜产品安全与标准化生产技术》《中华人民共和国农产品质量安全法》《猪牛兽药使用准则》《猪牛饲料使用准则》《兽药饲料基础理论知识》等。1988年，全县兽药经营个体户达到40余家。到2005年，全县兽药经营店有180余家。2007年，根据《贵州省兽药GSP检查验收评定标准》要求，开展了兽药GSP改造验收工作。2008年，全县完成兽药GSP改造4户。

第五章　林　业

印江自治县地处贵州高原向湘西丘陵和四川盆地过渡的斜坡地带，属中亚热带季风湿润气候区，大部分地区海拔500～1000米，按全国植被区域划分，属中亚热带常绿阔叶林区。裸子植物乔木以银杏、柏、松类，被子植物乔木以栎、栗、桦、榆类组成不同的森林覆盖类型。1950年，全县森林覆盖率为70%，1979年，因多种因素，全县森林覆盖率下降到15.6%。1985—1995年，通过林场建设、飞播造林、封山育林及生态环境建设，1995年全县森林覆盖率上升到26.8%。1995—2005年，国家加大对林业工程项目的投资，自治县相继实施退耕还林工程、天然林资源保护工程、国家生态建设工程和世界银行中国贫困地区贷款造林等国家重点建设工程。在此期间，由于造林绿化工作成绩突出，1997年5月26日，印江自治县被省政府评为“造林绿化先进县”。据2006年印江自治县第三次森林资源调查，全县森林覆盖率为49.16%。2008年，全县森林覆盖率上升到51.16%。

第一节　林业资源

印江自治县在1988—2008年期间，先后三次对全县森林资源情况进行调查，即1995年进行的第一次森林资源二类调查、1999年进行的森林资源现状调查、2006年进行的森林资源二类调查。经过这三次调查，基本摸清印江自治县的林业资源状况。由于印江自治县林业局没有1988年上限和2008下限的林业资源相关资料和数据，而先后进行的三次森林资源调查刚好发生在1988年上限和2008年下限期间，故本节所用林业资源数据为第一、二、三次森林资源调查数据。

一、　森林资源调查

在印江自治县进行的三次森林资源调查中，第一、二次森林资源调查是传统性调查，调查内容不全面且没有重点，而第三次森林资源调查，除了林地面积、林木蓄积量调查等基本调查内容外，增加了森林分类经营区划、森林生态环境状况、森林景观资源、石漠化类型及成因等调查内容。因第三次调查的内容多且复杂，因而耗费的时间较长，从2004年8月启动至2006年12月份调查完毕，历时29个月。这次森林资源调查，查清印江自治县除梵净山自然保护区以外所有森林、林木和林地，完成坡度≥25°的坡耕地及林地和坡度≥25°的坡耕地中的石漠化土地的调查任务。

三次森林资源调查（重点指2006年第三次森林资源调查）的成果，主要反映在查清了以下几个方面的情况：一是查清了印江自治县国土总面积196110公顷（统计局数据为196900公顷）。其中：林地11.57万公顷，占县国土面积的59%；非林地8.04万公顷，占41%。按照《森林法实施条例》标准计算，森林（有林地加国家特别规定灌木林地，再加四旁树占地）面积9.64万公顷，占林地面积的

83.32%，森林覆盖率49.16%。林地绿化（有林地加灌木林地再加四旁树占地）面积10.12万公顷，全县林木绿化率51.6%。二是查清了各种森林资源的数量，分别是：林业用地面积10.22万公顷；有林地资源7.68万公顷；乔木林面积7.68万公顷；竹林资源17.45公顷；经济林资源2140.02公顷；灌木林地资源1.05万公顷；活立木蓄积318.51万立方米。三是查清了林木的种质分属，印江自治县木本植物有115科342属1044种，从种质资源上可划分为5个类别：

刀坝乡毛坝雪柏古树（2009年拍摄）

用材树种资源 印江自治县共有54科100属206种用材树种，分为126个商品用材类。其中：壳斗科有26种、樟科有25种、蔷薇科有10种、榆科有10种、槭树科有9种、木兰种有6种、野茉莉科有6种，为本县用材树种分布较多的科；槭树属有9个种、润楠属科有7个种、樟属有9个种、青冈栎属有7个种、石栎属有7个种、鹅耳枥属6个种、樟属5个种，为本县用材树种分布较多的属。

重性材树种主要包括黄檀、闽楠、紫楠、楠木、檫木、椤木石楠、皂荚、秃叶红豆树、柘树等共计65种；中性材树种主要包括猴樟、雪松、铁坚油杉、柔毛油杉、马尾松、黄心夜合等共计88种；轻性材树种主要包括银杏、华山松、杉木、白玉兰、毛桂、川桂合欢、梓树等共计51种。

观赏植物种质资源 印江自治县境内共有野生木本观赏植物88科186属416种（含引进栽培种，包括亚种、变种、变型以及小灌木、半灌木和木质藤本，下同）。其中裸子植物8科15属18种，被子植物80科171属398种（双子叶植物76科165属387种，单子叶植物4科6属11种）。

野生珍稀观赏树种类有14科19属23种，其中裸子植物4科5属5种，被子植物10科14属18种。

主要经济树种种质资源 主要和重要的果树植物约有85种，隶属26科43属。其中干果类植物17种，隶属7科10属；水果类树种约68种，隶属19科33属。有重要水果柑橘、桃、葡萄、誉称"维C之王"的刺梨、八月瓜、樱桃、枇杷、李、杨梅、中华猕猴桃、乌饭树、枳椇、猫儿屎等。

药用植物种质资源初步统计约有591种，隶属105科285属。约占全县林木植物总物种数（1044种）的56.61%。木本中草药几乎遍布全县各个乡镇，主要分布在洋溪、杨柳、新业、木黄、永义等主要林区。

古大珍稀树种资源 印江自治县古、大、珍稀树共计1.15万株，隶属33科67属97种。其中珍稀植物有13种，国家一级保护的有南方红豆杉、银杏；二级保护有6种，分别是榉木、柔毛油杉、楠木、黄杉、花榈木、香果树；省级保护有刺楸、青檀、湖南山核桃、檫木、川桂5种。有6棵古大树刷新贵州省新纪录，分别是2株川桂（位于板溪镇勤丰树天生桥组，胸径分别为67厘米、43厘米，树高分别为14.5米、14米）、1株糙叶树（位于缠溪镇周家坳村瓦房溪水井路，胸径203厘米，树高40米，冠幅25.32米，树龄500年以上）、3株大叶桂樱（位于杨柳乡茶山村五家沟，胸径分别为109厘米、79.6厘米、79厘米，树高分别为22米、22米、25米）。

永义乡千年紫薇树（2008年拍摄）

另外，位于天堂镇彦家山的柔毛油杉胸径158厘米，树高36米，冠幅25米，生长繁茂，为贵州之最，也是全国之最。由于柔毛油杉是中国特有种，因此，也被称为“世界柔毛油杉王”。

珍稀濒危植物种质资源 印江自治县珍稀濒危植物种类：国家级和贵州省级野生珍稀濒危植物共有 23 种，隶属 19 科 23 属；其中国家Ⅰ级保护植物 4 种，隶属 3 科 4 属；国家Ⅱ级保护植物 10 种，隶属 8 科 10 属；贵州省级保护植物 9 种，隶属 8 科 9 属。

国家Ⅰ级保护树种有南方红豆杉、珙桐、银杏。Ⅱ级保护树种：榉树、柔毛油杉、伞花木、楠木、黄杉、鹅掌楸、厚朴、花榈木、香果树。

贵州省级重点保护树种有刺楸、青檀、三尖杉、湖南山核桃、檫木、川桂、青钱柳、革叶槭、银鹊树、红花木莲。

二、 森林资源变化情况

1988—2008 年，进行的三次森林资源调查中，林地面积由 1995 年的 6.37 万公顷增加到 10.22 万公顷、各地类面积、营造林情况、各类型立木蓄积情况等都发生变化。

1995—2006 年印江自治县各地类面积变化情况一览表（一）

表 5—12

单位：公顷

地类	面积		增减量
	1995 年	2006 年	
有林地	44377	75960	31583
疏林地	4675	1197.81	−3477.19
灌木林地	4574	10538.75	5964.75
未成林地	1883	3880.56	1997.56
宜林地	6295	366.70	−5928.3

1995—2006 年印江自治县营造林情况一览表（二）

表 5—13

单位：公顷、%

工程	营造林方式	总计	统计年度												成林面积	成林率
			1995	1996	1997	1998	1999	2000	2001	2002	2003	2004	2005	2006		
总计	合计	151482	8136	7104	6453	7154	77300	14915	9200	7390	5075	3735	2953	2067	32936.25	21.74
	人工造林	36461	2848.5	2538	1786.5	2020	4000	6525	4200	4656	4000	2334	1353	200	13451.50	36.89
	以植代播	1696	—	—	—	—	—	—	—	1000	267	334	95	—	1205.66	71.09
	封山育林	113326	5288	4566	4667	5134	73300	8390	5000	1734	808	1067	1505	1867	18279.09	16.13
退耕还林	合计	14620	—	—	—	—	—	1067	2000	3333	4000	2334	1686	200	4114.57	28.14
	人工造林	7067	—	—	—	—	—	200	1333	1333	1667	2001	333	200	580.57	8.22
	以植代播	7220	—	—	—	—	—	867	667	2000	2333	333	1020	—	3534.00	48.95
	封山育林	333	—	—	—	—	—	—	—	—	—	—	333	—	—	0.00
天保工程	合计	17953	—	—	—	—	2170	7740	1766	1000	1075	1401	1267	1534	7208.09	40.15
	人工造林	3929	—	—	—	—	1650	1073	1206	—	—	—	—	—	3702.43	94.23
	以植代播	1696	—	—	—	—	—	—	—	1000	267	334	95	—	1205.66	71.09
	封山育林	12328	—	—	—	—	520	6667	560	—	808	1067	1172	1534	2300.00	18.66

续表5－13

工程	营造林方式	总计	统计年度												成林面积	成林率
			1995	1996	1997	1998	1999	2000	2001	2002	2003	2004	2005	2006		
其他	合计	3674	—	—	—	376	375	—	—	2590	—	—	—	333	3291	89.58
	人工造林	2074	—	—	—	376	375	—	—	1323	—	—	—	—	2070	99.81
	封山育林	1600	—	—	—	—	—	—	—	1267	—	—	—	333	1221	76.31
社会	合计	115235	8136	7104	6453	6778	74755	6108	5434	467	—	—	—	—	12335.5	10.70
	人工造林	16171	2848	2538	1786	1644	1975	4385	994	—	—	—	—	—	3564.5	22.04
	封山育林	99065	5288	4566	4667	5134	72780	1723	4440	467	—	—	—	—	8771	8.85

第二节 森林保护

一、 天然林保护

1988—1997年，印江自治县天然林保护处于自发状态，农村大多以《寨约》或自行集资请专门人员管护山林。1998年9月，国务院发布《天然林禁伐令》，至此，天然林资源保护工程正式启动。

天然林保护工作的组织领导 国务院《天然林禁伐令》发布后，自治县人民政府高度重视，成立以分管副县长为组长、各相关部门负责人为副组长或成员的“天然林保护领导小组”，在林业局设立办公室，由林业局局长兼任办公室主任。

天然林保护的相关措施 （1）建立一系列的技术规程、制定切实可行易于操作的检查验收制度。（2）在铜仁地区首先实行零户统管，对国家拨付的天然林保护资金实行“专门存储、专款专用、单独核算”。（3）发布《印江自治县关于关闭木炭市场的公告》。（4）2000—2008年连续九年制定和发布年度《天然林资源保护工程森林管护实施方案》。

罗场乡岭峰村三花山生态景观（2006年拍摄）

天然林保护网络 在印江自治县《天然资源保护工程森林管护实施方案》的框架下，印江自治县林业局以文件形式制订详细的、便于操作的《森林管护实施方案》，该“方案”明确规定：全县森林资源管护组织及护林网络分为三级——第一级网络机构为管护中心主任、副主任；第二级网络机构为责任人、管护站；第三级网络机构为护林员。三级网络机构均制订了严格的职责。县森林资源管护中心（一级网络）的职责是：制定全县森林管护实施方案；指导、督促乡（镇）森林资源管护站的管护工作；组织执法人员及护林员培训；构建县与相邻县之间联防网络、案件协查网络和情报信息网络；受理、查处全县涉及森林管护的刑事、治安案件和重大林业行政案件；检查、考核管护站护林员的工作情况；依法保护护林员的权利。管护责任人（二级网络）的职责是：负责辖区内森林资源管理日常工作；划定护林责任区；考查、推选合格护林员；帮助村、组制定护林公约；组织护林员培训、学习，制定护林员管理办法；受委托查处一般林业行政案件；负责辖区内护林员定期考核、评比。护林员（三级网络）的职责是：宣传党和国家林业方针政策、贯彻执行林业法律法规；负责责任区森林资源安全，一旦有火灾和毁林案件及时上报林业站；制止乱砍滥伐森林（林木）、乱捕滥猎野生动物、私挖乱采野生植物、采石、采矿、挖砂毁坏林地等破坏森林资源的行为；监督责任区内农民自用材凭证采伐；制止非法改变林地用途的行为。

2000—2008 年印江自治县森林管护面积和管护人员统计表

表 5－14　　单位：公顷、人

年度	管护面积	护林员人数
2000 年	41866.67	120
2001 年	43307.53	212
2002 年	43307.53	212
2003 年	54588.20	191
2004 年	54588.20	192
2005 年	54588.20	157
2006 年	54588.20	141
2007 年	54588.20	141
2008 年	60085.73	172

天然林保护实施效果　印江自治县天然林保护工程始于 1998 年，至 2008 年，人工造林面积 4656.39 公顷，封山育林面积 1.57 万公顷，森林资源稳定持续增长。

1998—2008 年印江自治县天然林保护计划、实施面积完成情况统计表

表 5－15　　单位：公顷、%

项目 面积 年度	人工造林			封山育林		
	计划	完成	完成率	计划	完成	完成率
1998 年	1506.67	1649.73	109	506.67	520.00	103
1999 年	1011.67	1073.33	106	8631.80	8853.33	103
2000 年	无计划	—	—	560.00	560.00	100
2001 年	1000.00	1000.00	100	无计划	—	—
2002 年	266.67	266.67	100	800.00	800.00	100
2003 年	333.33	333.33	100	1066.67	1066.67	100
2004 年	333.33	333.33	100	933.33	933.33	100
2005 年	无计划	—	—	1000.00	1000.00	100
2006 年	无计划	—	—	533.33	533.33	100
2007 年	无计划	—	—	800.00	800.00	100
2008 年	无计划	—	—	666.67	666.67	100
合计	4451.67	4656.39	105	15498.47	15733.33	102

二、 森林防火

森林防火组织　1988 年前，印江县人民政府就已经成立了以分管林业的副县长为指挥长的森林防火

指挥部，所辖8区1镇均设置森林防火指挥部。1992年9月撤区并乡后，下辖的17个乡镇也相继成立了以乡镇主要领导为指挥长的森林防火指挥部。县、乡（镇）两级森林防火指挥部的主要职责是负责指挥、协调森林火灾的预防和扑救工作。县人民政府森林防火指挥部下设办公室，与县林业局实行两块牌子一套人马，合署办公。在办公室下面，组建有350人参加的15个专业扑火小分队。

森林火灾 1988—2008年间，全县共发生森林火灾170余起，过火面积1000余公顷，其中受害森林面积达400余公顷。2008年3月21日，杨柳乡中心村陈达秀与丈夫祝苑发到本村团岭种马铃薯，陈达秀点火烧土中的杂草引发森林火灾，过火面积211.9公顷，其中林地面积107.66公顷，直接经济损失13.6万余元，被县法院判处有期徒刑3年。

森林火灾预防及扑救 森林防火工作的方针是："预防为主，积极消灭"。扑火原则是："打早、打小、打灭"。为使上述方针和原则落到实处，减少森林火灾的发生和造成的损失，1988—2008年，县森林防火指挥部和林业主管部门根据林情、社情、火情，出台一系列符合本县的森林防火措施。特别是1999年编制的森林火灾扑救预案，为预防重、特大森林火灾的发生提前做了有效准备。在每年春、秋两季森林防火紧要期，县人民政府都签发《森林防火令》。县森林防火指挥部在每年的清明节、"五一"期间，都要利用赶集天出动宣传车和有线电视进行森林防火宣传，21年来从不间断。

三、 林业有害生物发生与防治

林业有害生物主要种类 根据印江自治县林业局森林病虫害防治检疫站多年调查，林业有害生物种类很多，其中主要危害马尾松的有松褐天牛、萧氏松茎象、思茅松毛虫、松叶蜂、松梢螟、松毒蛾、松尺蛾、松赤枯病、拟松材线虫病、松瘤锈病；危害杉木的有杉木黄化病、杉梢小卷蛾、杉木叶枯病、白蚁；危害柏木的有云南松毛虫、侧柏毒蛾、柏木袋蛾等；危害竹子的有刚竹毛虫、竹后翅长蝽、竹子叶蚜、竹织叶野螟、竹笋夜蛾、竹干锈病、竹叶锈病、竹叶煤污病等；危害核桃的有核桃长足象、核桃扁叶甲、核桃天蛾、核桃大叶蜂、核桃潜叶蛾、核桃卷叶蛾、核桃尺蛾、核桃蚜虫、核桃叶蝉、核桃霜煤病、核桃叶斑病等；危害其他树种的有云斑天牛、分月扇舟蛾、双尾舟蛾、樟蚕、银杏大蚕蛾、泡桐金花虫、刺蛾、叶甲、天牛等。

林业有害生物防治措施 对蛀干性害虫，一是用敌敌畏等农药做成毒签防治，二是用诱木或诱捕器防治。对食叶害虫，一是在蛹期用人工收虫茧方式减少虫源，二是用敌马烟剂熏杀，三是用白僵菌等微生物防治，四是用喷雾杀虫剂防治。

林业有害生物发生防治情况 印江自治县森林病虫害防治检疫站成立于1996年，1998年正式对境内林业有害生物发生、防治情况进行统计。1998—2008年，印江自治县林业有害生物发生面积合计2.25万公顷，防治面积1.7万公顷。

1998—2008年印江自治县林业有害生物发生防治情况统计表

表5-16 单位：公顷、%

年份	发生面积	防治面积	防治率
1998	436.00	300.00	68.81
1999	560.00	426.67	76.19
2000	666.67	533.33	80.00
2001	1400.00	1133.33	80.95
2002	2373.33	1840.00	77.53
2003	3166.67	2360.00	74.53
2004	3180.00	2526.67	79.46
2005	2766.67	2553.33	92.29

续表5－16

年份	发生面积	防治面积	防治率
2006	1560.00	1263.33	80.98
2007	1700.00	1466.67	86.27
2008	2766.67	2566.67	92.77
合计	20576.01	16970.00	82.47

四、 野生动物保护

永义乡团龙村猕猴（2008年拍摄）

1988—1992年9月，印江自治县野生动物保护工作主要由县林业局和区林业站统一负责，没有明确的责任与分工。1992年9月撤区并乡后，印江自治县林业局及17个乡镇先后成立野生动植物保护站，野生动植物保护工作逐步走入正轨。1998—2008年，先后开展了保卫绿色行动专项斗争、保护野生动物、“天保行动”“春雷行动”“绿盾行动”等专项行动，使印江自治县境内各种野生动物得到有效保护。如：2003年开展的保护森林资源、野生动植物资源的春雷行动，清理整顿野生动物市场13个，大小宾馆62家，出警人数38人次，没收野兔、山鸡、竹鼠、山羊等野生动物死体126只，林业行政罚款1000元；2006年开展的打击破坏林地和野生动物资源违法行为、代号为“绿盾行动”的专项行动，共出动执法人员683人次，森林公安民警132人次，清理野生动物驯养繁殖场所2处，餐馆53家，没收山羊2只（23.5千克）、野鸡6只、野生鸟类7只、泥鳅1个，没收野生动物制品19.65千克、野生动物皮5张；2008年在全县范围开展的集中打击破坏野生动物资源犯罪行为、代号为“飞鹰行动”的专项行动，没收活蛇175千克，老鹰1只，灵猫1只，并将活体野生动物放归大自然。

第三节 退耕还林

峨岭镇江家坡松树林（2008年拍摄）

2000年1月，国务院发布《中华人民共和国森林法实施条例》，第22条明确规定：“25度以上的坡地应用于植树、种草。25度以上坡耕地应当按照当地人民政府制定的规划，逐步退耕、植树和种草”。当月召开的国务院西部地区开发会议将退耕还林列为西部大开发的重要内容。3月，经国务院批准，国家林业局、国家计委、财政部联合下发《关于开展2000年长江上游、黄河上中游地区退耕还林（草）试点工作的通知》，至此，退耕还林试点示范工作在国家的统一安排下有计划地展开。两年后，即2002年11月22日，中共中央政治局常委、国务院副总理温家宝带领国家计委副主任刘江、农业部副部长杜青林、国务院扶贫办主任吕飞杰、财政部副部长廖晓军一行，在省委书记钱运录、省长石秀诗、地委书记肖永安、行署专员杨玉学等领导的陪同下，到印江自治县缠溪镇湄坨村、冷水溪村、双龙村对退耕还林等工作进行调研、指导。

在国家退耕还林政策的大背景下，在中央、省、地区领导的重视下，各地相继制定退耕还林的具体办法和措施。印江自治县退耕还林实施意见列举的八个方面的具体措施是：(1) 加强组织领导，切实落实责任制；(2) 加强宣传引导，让退耕还林政策家喻户晓；(3) 加强工程管理，切实做好退耕还林基础工作；(4) 加强种苗供应工作，保证工程用苗质量；(5) 注重科技支撑，提高退耕还林的科技含量；(6) 加强法制教育，依法推进退耕还林；(7) 严格检查监督，确保退耕还林质量；(8) 强化配套措施，巩固退耕还林成果。

印江自治县从2000年开始实施退耕还林试点工作，至2008年年底，国家在印江自治县退耕还林营造林投资达1102.5万元，为印江自治县退耕还林累计兑现资金1.59亿元。全县共实施退耕还林1.46万公顷，其中退耕还林7020公顷，荒山地造林7136.7公顷，封山育林400公顷，每年的计划完成率均达100%。

2000—2008年印江自治县计划和完成退耕还林面积统计表

表5—17 单位：公顷

年度	计划面积			完成面积		
	退耕地	荒山	封山育林	退耕地	荒山	封山育林
2000年	666.67	200.00	—	666.67	200.00	—
2001年	666.67	1333.33	—	666.67	1333.33	—
2002年	2000.00	1333.33	—	2000.00	1333.33	—
2003年	2333.33	1666.67	—	2333.33	1666.67	—
2004年	333.33	2000.00	—	333.33	2000.00	—
2005年	1020.00	333.33	333.33	1020.00	366.70	333.33
2006年	—	200.00	—	—	200.00	—
2007年	无计划	—	—	—	—	—
2008年	—	66.67	66.67	—	66.67	66.67
合计	7020.00	7133.33	400.00	7020.00	7166.70	400.00

2008年印江自治县各乡（镇）退耕还林面积情况一览表

表5—18 单位：公顷

乡镇	退耕地造林	荒山荒地造林	封山育林	合计
峨岭镇	447.57	311.54	—	759.11
中坝乡	344.25	76.87	—	421.12
新寨乡	182.62	531.92	—	714.54
板溪镇	711.46	295.31	—	1006.77
杉树坳乡	362.57	113.51	—	476.08
沙子坡镇	172.37	382.67	350	905.04
天堂镇	669.97	441.85	—	1111.82
刀坝乡	400.20	628.39	—	1028.59

续表5－18

乡镇	退耕地造林	荒山荒地造林	封山育林	合计
木黄镇	460.69	676.77	—	1137.46
新业乡	327.25	322.77	—	650.02
合水镇	368.09	542.23	50	960.32
永义乡	332.38	341.65	—	674.03
朗溪镇	181.68	1234.63	—	1416.31
罗场乡	295.68	425.79	—	721.47
缠溪镇	467.70	506.42	—	974.12
杨柳乡	533.76	142.12	—	675.88
洋溪镇	759.80	156.27	—	916.07
合计	7018.04	7130.71	400	14548.75

从表5－18可以看出，有的乡镇在退耕还林政策引导上还存在差距，致使全县人均退耕地造林仅约0.2亩，离退耕还林目标人均0.5亩尚有较大差距。

印江自治县在着力营造生态林的同时，根据当地条件和群众要求，在2000—2005年营造了部分经济林。

2000—2005年印江自治县退耕地造林分年度林种面积统计表

表5－19

年度	生态林		经济林		合计（公顷）
	面积（公顷）	占比（%）	面积（公顷）	占比（%）	
2000年	619.71	93.0	46.97	7.0	666.67
2001年	597.83	89.7	68.84	10.3	666.67
2002年	1910.53	95.5	89.47	4.5	2000.00
2003年	2233.49	95.7	99.84	4.3	2333.33
2004年	303.74	91.1	29.59	8.9	333.33
2005年	1020.00	100.0	—	—	1020.00
合计	6685.30	95.2	334.71	4.8	7020.00

第四节　林业建设与管理

一、林业建设

林业局行政机关建设　1987年11月，印江土家族苗族自治县成立。1988年，印江县林业局更名为印江土家族苗族自治县林业局，内设机构只有办公室，随着职能职责的不断增加，逐步增设内设机构，增添人员编制。2008年，林业局内设机构有办公室、林政资源管理站（含木材检查站）、营林工作指导站（含退耕办、绿化办、林业科技推广站）、林业公安派出所（含森防办）、检疫站、业务股、种苗站、天保办等内设机构。在编人员（含政法编制8人）44人。

乡镇林业站建设　1988—1992年9月，印江自治县林业局下设七区一镇共8个林业站。1992年9

月撤区并乡后，下设17个乡镇林业站。2008年，各站人员编制3～5个，17个乡镇林业站共有职工107人。乡镇林业站的职能是：宣传和贯彻执行林业法律、法规以及各项林业方针、政策，依法对森林资源进行保护管理，组织指导农村集体、个人开展林业生产经营活动，提供林业科技服务。

国有林场建设 1988年，印江自治县共有山岔、刘家坪、格优寨3个国有林场，林场面积2980公顷，林木蓄积量合计为20万立方米，有从业人员28人，管理人员12人。2008年，以上3个林场林木蓄积量从1988年的20万方米增至32万立方米。有从业人员32人，管理人员6人。

二、 林政管理

永义乡林业站技术人员在给农民讲解核桃苗栽种技术（2008年拍摄）

印江自治县林业行政管理部门依照国家法律、法规、政策的规定，对境内森林资源的培育、保护、采伐、运输和销售等主要生产经营活动，履行计划、组织、指挥、协调、监督等职能。1988—2008年，林业行政主管部门共办理林木采伐许可证80710.58立方米；为运输木材、木料9117.45立方米办理手续，其中木材8352.79立方米、林副产品606.5立方米、木制品24.22立方米、旧房木料33.94立方米、楠竹100立方米；办理个体木材经营加工许可证97户。从有记载的2001年起至2008年，共查处林政案件278起，没收木材324.32立方米，罚款5万余元，补种树木20.6万余株，林业行政处罚327人。

三、 林业公安管理

林业派出所是印江自治县公安局派驻林区的刑事行政执法队伍，负责17个乡镇的8.67万公顷森林资源管护和各类森林案件的查处。1988—2008年，共受理各类森林案件780起，查处718起，查处率为92%。其中：侦破森林刑事案件65起，逮捕犯罪嫌疑人40人，判刑20人；查处治案案件45起，治安处罚45人，行政拘留12人；查处林业行政案件670起，行政处罚720人，罚款36万元，赔偿损失2.1万元，收缴非法木材1860立方米，挽回经济损失8万余元；解救国家一级野生动物黔金丝猴1只，收缴各类野生动物1.5万余只（条）。

第六编
工业　乡镇企业

第一章　工　业

第一节　发展概况

1988年，印江自治县的工业主要涉及煤炭、电力、造纸、印刷、建材、酿酒、食品等行业。其中独立核算的国有工业企业有县青坨煤厂、县池坝煤厂、县木材公司、县自来水厂、县粮油加工厂、县民族食品厂、县食品厂、县淀粉厂、县饲料公司、县酒厂、县造纸厂、县印刷厂、县电厂、县兽药厂、县水泥厂、县机械厂、县合页厂17个；独立核算的县属集体工业企业有县民族用品厂、服装鞋帽厂、县竹木制品厂、砖瓦厂、县轻机厂、县土产公司加工厂6个；其他各类乡办工业50个，当年工业总产值3921.6万元，其中重工业691.9万元，占17.6%，轻工业3229.7万元，占82.4%。

1978年建成的印江造纸厂全景（2007年拍摄）

1988—1998年，调整工业结构，通过实行整合、技改、扩能等措施，印江自治县工业不断调整发展壮大。1990年，投资3450万元将县淀粉厂改建为年加工菜籽11000吨油脂化工厂，甘金桥电站竣工投产。1993年1月，通过招商引资，引入广西平南县等客商到印江梵净山开采金矿；9月，利用扶贫贷款资金100万元新建县精制茶厂。1995年4月，印江至木黄35千伏输变电站工程、中坝乡燕子岩纸箱厂、黔江村页岩砖厂先后建成投产。1996年，县兽药厂生产能力扩建为年产水针400万支、粉针460万支。1997年12月，日产6000吨的印江自来水供水站建成投产。到1998年，全县实现工业总产值13434万元，其中重工业5717.4万元，占42.6%，轻工业7716.5万元，占57.4%，国有工业企业减少到10个。1988年3月，县轻机厂生产的畅销省内外印字牌冷水嘴获省一等奖，同年12月，木黄酒厂生产的“木黄窖”“木黄醇”低度酒，分别获省乡镇企业金质奖和银质奖等；1991年5月“梵净翠峰”“梵净雪峰”被评为贵州省名优茶一等奖；1993年8月，印江仙草牌灵芝酒获中国国际名酒节银奖；1994年印江氯酸钾厂在企业评比中获AA一级企业。

1999—2008年，随着国企改革力度不断加大，印江自治县规模工业（国有企业）户数从1999年的10户减少到2003年的7户，先后对饲料公司、县煤厂、县兽药厂、矿产公司、印刷厂、县酒厂、油脂化工厂等企业进行安置或改制。2004年起，通过大力招商引资，扶持本地企业做大做强，印江自治县工业进入黄金发展期，规模工业呈现加快发展态势，2004年建成国银肉联加工厂、云阳锰粉厂、艺康油业有限公司、绿源油业有限公司、县青坨煤厂 5 户规模工业企业。2005 年建成了刀坝机制焦煤厂、相生焦化有限公司、梵净山气调果蔬食品厂、云阳电解锰厂、星源页岩砖厂 5 户规模工业企业。自 2006 年起设立了工业发展专项基金，梵净山金顶水泥有限公司年产 120 万吨干法水泥生产项目落户印江，建成了黔之牛食品有限公司、丰源木业有限公司、巨创装饰材料有限公司、梵净山奇石工艺厂等 5 户规模工业企业。2007 年建成了金印花炮厂、红色木黄酒业、腾飞米业、兴隆塑胶厂、粮油购销公司精米厂、凌江石材厂 6 户规模企业。2008 年，全县实现工业总产值 6.51 亿元，其中轻工业 2.17 亿元，占 33.3%，重工业 4.34 亿元，占 66.7%。累计完成规模工业总产值 3.92 亿元，完成规模工业增加值 11483 万元。全县规模以上工业企业有红色木黄酒业、绿源油业公司、水泥厂、自来水厂、青坨煤厂、国银肉联加工厂、金印花炮厂、林产品化工厂、鑫源牧业、云阳电解有限公司、供电局、刀坝机制焦煤厂、相生焦化有限公司、梵净山气调果蔬食品厂、云阳电解锰厂、星源页岩砖厂、黔之牛食品有限公司、丰源木业有限公司、凌江石材厂、梵净山奇石工艺厂、腾飞米业、粮食购销公司、精米厂、兴隆塑胶厂 24 家，规模工业户数比 2003 年增加 13 家，工业总产值是 2003 年的 4.16 倍，年均增长 15.2%，工业增速连续 5 年居全市前 2 位。

1981 年，印江县人民政府经济委员会成立（简称经委），负责全县工业生产调度和工业经济运行。1996 年 7 月，撤销县经济委员会、县轻纺工业局、县商业局、县经济技术协作办公室，组建经济贸易局，其职能包含原经济委员会、轻纺工业局、商业局的行政职能以及经济技术协作、非公有制经济和医药管理工作。1998 年 5 月，调整县发展非公有制经济工作领导小组，办公室设在经贸局。11 月，调整充实县减轻企业负担办公室，办公室设在经贸局。1999 年 3 月，县发展非公有制经济领导小组办公室划出经贸局，成立县非公有制经济发展局。2001 年 2 月，县安全生产委员会办公室连人带编转入经贸局，经贸局至此增加了负责全县安全生产监督管理的职能。10 月，县非公有制经济发展局并入县经贸局，同时成立了县黄金管理局，两块牌子一套人马合署办公。2002 年，县整顿和规范市场经济秩序领导小组成立，办公室设在县经贸局。2004 年 7 月，根据安全生产工作的需要，县安全生产领导小组办公室划出县经贸局，成立县安全生产监督管理局。2005 年 1 月，县整顿和规范市场经济秩序领导小组办公室管理中心，负责领导小组办公室日常工作。自 2006 年起，县人民政府成立工业经济工作领导小组，办公室设在经贸局。2008 年，在经贸局成立自治县人民政府节能办公室，负责全县节能监测、统计执法和清洁生产等工作。

第二节　工业体制改革

1991 年，按照《中华人民共和国全民所有制工业企业法》，对工业企业实行放开搞活，改变国家对企业实行统收统支的政策，国营工业企业试行以“责、权、利”相结合，国家、集体、个人参加的多种经济形式的经营责任制，对国有工业企业体制进行改革。

1992 年，根据国务院《全民所有制工业企业转换经营机制条例》，坚持责权利相统一，正确处理国家、企业、职工关系，推行企业自主经营，国有工业企业逐步推向市场，让企业在从计划向市场转轨过程中，逐渐适应市场经济的要求。1993 年 3 月根据《中华人民共和国城镇集体所有制企业条例》，轻工业部、工业合作总社颁发的《轻工集体企业股份合作制试行办法》。鼓励和引导企业采取嫁接承包、租赁经营、联合兼并、划小核算单位、抽本经营，试行产权制度改革，向股份合作制、破产减债等组织形式转换，在轻工集体企业中推行现代企业制度，参与市场竞争，适应市场竞争，实现自主经营、自负盈亏、自我发展、自我约束，促进轻工集体企业健康发展。1991—1995 年，县委、县人民政府对全县企业改革采取“个人经营承包责任制”“让利放权”“两步利改税”等几种方式和方法进行改革。在此期间关闭长期亏损的化工厂、长石厂，进行改革。

2008 年 4 月， 贵州省省长林树森在甘川梵净山民族工艺品厂调研

1996 年，推行企业产权制度改革，明晰产权，法人代表厂长（经理）、副厂长（副经理）由产权所有者或管理者直接任命，实行股份制的企业则由董事会任命。工人由设在劳动人事部门中的“再就业中心或人才交流中心”调配。自1998 年起，根据《县国有企业改革暂行规定》，推行租赁、兼并、拍卖等企业产权制度改革，继续对国有工业企业分期分批采取“一企一策”改革措施。按照产权明晰、责权明确、政企分开、管理科学原则，建立和完善社会保障体系，完善现代企业会计制度。县委、县人民政府制定《关于明确印江国有企业改革若干问题的通知》《关于进一步深化企业改革全面加强企业管理的意见》三个重要文件，对企业转变职能、职工转变身份、制定安置标准、改制企业的离退休干部待遇等问题作了具体的规定；成立县国企改革工作领导小组，由自治县县长帅朝纲担任组长，县委副书记、人大常委会副主任、政府分管副县长、政协副主席为副组长，县经贸局、财政局等 23 个相关部门单位负责人为成员；通过多形式筹措改革资金，有效推进全县国有工业企业改制工作。1999 年，通过招商引资一次性安置县矿产公司和县煤厂所有职工，实现企业两个 100%退出；印刷厂改制为印江土家族苗族自治县印刷有限责任公司；通过变现闲置资产筹措安置经费，县印刷厂、县酒厂、油脂化工厂实现职工安置；1999 年 3 月改制成立贵州省印江土家族苗族自治县动物药业有限公司，但因市场等原因企业被迫停产，直至通过处置资产一次性全员安置职工，并注销企业。2003 年，通过争取上级资金和县财政注入资金对县造纸厂职工进行一次性安置。截至 2005 年，印江自治县国企改革进入尾声，仅有县水泥厂尚未完成改制工作，走在全区国有企业改革工作前列。全县共有国有（集体）企业 36 户，其中国有企业 32 户，集体企业 4 户；已改制 35 户（国有企业 31 户，集体企业 4 户），改制面达97%；安置职工 982 人，其中，造纸厂 393 人，兽药厂 87 人，印刷有限公司 102 人，外贸公司 15 人，水泥厂 65 人，轻工业供销公司 18 人，民族鞋帽厂 51 人，竹木制品厂 84 人，服装鞋帽厂 86 人，轻机厂 81 人。2007 年，完成县水泥厂改制，国有资本基本退出一般竞争性领域，基本完成国有企业职工一次性安置工作。

2006 年，设立 200 万元工业发展专项基金，扶持重点工业企业加快发展，同时对工业规划布局作出调整，提出“一圈一带一线”发展战略（即依托县城聚集功能和印松、印秀、印沿三大主干道及将要过境自治县的杭端高速公路，构建县城工业经济圈；东北部工业经济带和印木旅游工艺品加工线，包括峨岭镇、木黄镇、朗溪镇、合水镇、新业乡、永义乡 6 个乡镇，线上主要发展紫袍玉带石、国画石、大理石工艺品加工业、白皮纸加工业等旅游工艺品加工业）。县城工业经济圈以县城（峨岭镇）为中心，包括毗邻的新寨、中坝等乡镇的部分区域，圈内重点规划建设孟关、黔江、普同和云半四个工业小区，主要发展建材工业、农副产品加工业、矿泉水加工业、中药材加工及生物制药业等产业，成功启动孟关建材工业小区和黔江食品工业小区。东北部工业经济带包括天堂镇、沙子坡镇、刀坝乡、木黄镇、新业乡和毗邻乡镇的部分地带。带内重点规划建设车家河工业区和乌新工业区，车家河工业区主要发展以电解锰、硅锰合金等为主的冶金工业、以小水电为主的能源工业，以煤、硫铁矿、铁矿、锰、硅、黄金为主的矿产资源采掘业，乌新工业区内主要发展酿酒业、高标号水泥加工业等。

第三节 主要工业

2008年，全县工业初步形成以水泥、微晶石装饰材料、环保砖、石材等加工为重点的建材工业，以小水电、煤炭开发为重点的能源工业，以电解金属锰、铁合金为主的冶金工业，以净团茶叶、黔之牛、绿源油业、山野菜等加工为重点的农副产品加工业，以大理石、紫袍玉带石为主的旅游工艺品加工业等5大主导产业。

一、建材工业

建材工业以水泥、微晶石装饰材料、环保砖、墙体涂料、混凝土、石材等加工为主，形成一定的产业规模。

黔浙水泥有限公司 黔浙水泥有限公司前身是县水泥厂，位于印江自治县建材工业园区，始建于1972年，1996年投资1540万元实施新增年产5万吨普通硅酸盐水泥生产线技术改造工程，项目于1999年5月建成投产。该生产线建成投产后，由于缺乏流动资金等原因，企业无法正常生产经营；2001年1月，以租赁方式引进浙商成立黔浙水泥有限公司，县水泥厂恢复生产，2008年实现产值1462万元。

年产120万吨水泥生产线金顶水泥厂（2008年拍摄）

贵州梵净山金顶水泥有限公司 成立于2007年，注册资本7280万元，坐落在印江县建材工业园区，占地面积33.35万平方米，建筑面积14.5万平方米，拥有年产120万吨新型干法水泥生产线，是铜仁地区最大的水泥生产线建设项目。

县巨创绿色环保装饰材料厂 该厂成立于2004年10月，位于印江县朗溪镇建材工业园区，有员工28人，每年可生产各种板材、型材900吨，是铜仁地区唯一生产室内新型装饰材料企业，2008年产值达1064万元。

县星源页岩砖厂 2002年招商引资企业，年产1500万块页岩砖，2003年通过扩建，年产3000万块砖，2008年产砖3600余万块，产值突破1000万元。

二、农特产品加工业

茶产业 2003年专门成立了县茶叶生产办公室和茶叶协会，建成梵净山茶城，成功申报梵净山翠峰茶、梵净山绿茶省级地方标准，梵净山翠峰茶原产地域保护已由国家质监总局公告。2008年，茶叶产业初具规模，采取“公司+基地+农户”的发展模式，已完成无公害茶园基地建设5万亩，建成粗制茶加工企业7家，净团茶叶公司精制茶叶加工企业1家，年产量797吨，产值3600万元，税收150万元。茶叶产品被农业部定为免检产品，畅销省、内外，开发的“梵净翠峰”“梵净雪峰”被评为贵州省十大名茶，荣获湘、鄂、川、黔四省边区名茶一等奖等。

粮油加工 “十一五”期间（2005—2010年），印江自治县粮食加工业快速发展，出现了绿源油业有限公司、腾飞米业有限公司、粮油供销公司、鑫源饲料公司4家农业产业化龙头工业企业。主要加工销售菜籽油、袋装精米、配合饲料等，2008年实现规模工业总产值5430万元。

蔬菜加工 县梵净山绿色食品开发有限公司建于1999年，年加工野菜5000吨，以蕨菜、薇菜、三叶菜等山野菜资源为主，深受消费者的青睐，远销全国20多个大中城市；2003年10月获贵州

"名特优农产品一等奖"，2005 年获贵州省经贸委历届中国食品博览会暨交易活动最佳成果奖。梵净山气调库建于 2005 年，主要加工、储存、销售酸玉荷、土司特色食品等。两家企业 2008 年共实现工业产值 1525 万元。

土家风味牛肉干 县内有黔之牛食品有限公司、梵净山土家味牛肉系列加工厂、肉联加工厂 3 家规模工业企业。根据县内丰富肉牛资源，应市场需求，2003 年成立国银肉联加工厂，2005 年成立黔之牛食品有限公司和梵净山土家味牛肉系列加工厂。其中黔之牛食品有限公司已获国家 QS 认证，产品已进入广州、贵阳等大中城市；2008 年 3 家规模企业累计实现销售产值 1877 万元。

兽药厂 1996 年，因该厂技术改造扩建工程需要，合并机械厂，于 1999 年改制为印江县梵净山动物药业有限公司，年完成工业产值 185.8 万元，实现销售收入 170 万元，创利税 12.13 万元。

油脂化工厂（前身是食品厂） 1991 年，改建为油脂化工厂，该石拥有一条加工处理油菜籽 50 吨、年加工 11000 吨的生产线。

粮油供销公司精制大米系列产品（2007 年拍摄）

黔之牛牛肉干产品（2006 年拍摄）

三、 能源工业

县供电局 1993 年，动工建设主变 10000 千伏安的印江 110 千瓦输变电工程，历经 2 年完成了途经玉屏、岑巩、江口、思南、印江，全长 119 千米的线路工程和变电站工程，实现了与贵州电网联网运行，彻底改善了印江自治县工农业生产用电状况。通过争取贵州省电力局资金 223 万元，当地群众自筹 180.8 万元，县供电局投入 479.1 万元，先后建成木黄 35 千伏输变电工程和木黄片区、沙子坡片区等 10 千伏线路网络工程，最终实现全县村村通电。印江供电局于 1993 年由铜仁供电局代管，拥有职工 200 人，1995 年成为集管理、设计、施工于一体的县级电力企业。全县第二期农网改造工程于 2003 年全部完工。二期农网改造工程决算总投资 1521.8 万元。2004 年年底，全县小水电站全部与县网联网运行，县网调装 10635 千瓦，最大负荷 13200 千瓦。2008 年，实现年发电量 10705 万千瓦时，产值 5048 万元。

煤矿工业 1986 年，整合全县煤矿企业，实行企业承包责任制，隶属于乡镇企业局。"十五"期间（2000—2005 年）招商引资，一次性安置县煤厂所有职工，对煤炭企业实行租赁经营。2004 年，成立青坨煤矿厂，2008 年产煤 32958 吨，年产值 1299 万元。

四、 冶金工业

"十五"期间，利用松桃、秀山丰富的锰矿资源，引进客商积极发展高载能工业。2001 年，建成年产值 1200 万元的木黄铁合金厂，因环保问题于 2007 年关闭。2004 年引进印江县云阳锰业有限公司和云阳电解猛有限责任公司，2008 年实现总产值 8871 万元，安置 350 余人就业，年创利税达 400 万元。2007 年，引进恒丰锰业有限公司年产 1.2 万吨电解金属锰新建项目，总投资 4500 万元，厂址

云阳电解锰厂电解车间（2006年拍摄）

位于印江自治县木黄镇新民村，占地面积45200多平方米，建筑面积30000多平方米，至2008年年底已完成投资3500余万元。

五、 旅游工艺品工业

紫袍玉带石加工 2003年梵净山石奇工艺厂建成，主要生产加工紫袍玉带石系列产品；该企业利用储量丰富的梵净山紫袍玉带石，与印江自治县书法艺术和民间工艺有机结合，生产加工的工艺品造型别致传神，被誉为“神州一绝”，极具欣赏和收藏价值。2008年，县梵净山石奇工艺厂年销售收入突破838万元，实现利润60万元，从业人员达到120人，生产销售产品近8000件，其中砚台1000多件，摆件装饰品1500多件，茶酒具1200多件，旅游纪念品1400多件。

油纸伞加工业 印江纸伞原由印江竹木制品厂生产，1990年因自动布伞占领市场而滞销，随着近年梵净山旅游升温，返乡商人张朝全注册成立印江自治县旅游产品开发有限公司，主要挖掘制作印江油纸伞、土家线耳鞋，作为一种精美的时尚旅游商品和装饰工艺品投入旅游市场。2006年公司生产的油纸伞、线耳鞋、土家族土布蓝靛印染饰品（当地称印花布）等先后被载入县级、地级、省级非物质文化遗产代表作名录。2008年4月17日，省长林树森视察印江自治县旅游产品开发有限公司文化旅游商品加工村寨，对该公司“公司+农户”模式传承和发展文化旅游产业，带动60余户100多名农村富余劳动力向工业转移给予了高度评价。公司产品多次在“多彩贵州——两赛一会”上受到石宗源、王富玉、谌贻琴等省领导的高度评价，先后荣获“贵州名创”奖、“贵州名匠”奖、“贵州原创”奖、“优秀作品”奖等，曾被作为礼品赠送给“国际乡村旅游论坛”专家及嘉宾，《贵州日报》、贵州电视台、铜仁电视台、印江电视台多次专题采访报道，传统油纸伞迎来了新一轮发展机遇。

板溪镇坪底村省级传承人任明武在制作印花布中的刮花（2007拍摄）

土家族线耳鞋系列产品（2006年拍摄）

大理石加工业 （1）印江自治县石材厂距印江县城50千米，该厂是印江自治县重点扶持发展的明星企业，拥有固定资产500万元，开发生产的“梵净青”“梵净绿”“贵州灰”花岗石，质地坚硬，色彩美观，抗压抗折性强，装饰性能好，经中国地化所认定，属一流品质。（2）梵净山阳光石业有限公司拥有固定资产400万元，主要利用大理石、七彩石资源生产旅游工艺品，系列产品主要有梵净玉酒杯、玉米瓶、将军罐、七彩葫芦、古董瓶等，深受国内外消费者青睐，2008年企业实现工业总产值450万元。

1999—2005年印江自治县国有（集体）企业改革和职工安置情况一览表

表6—1

企业名称	企业沿革	固定资产及主要设备	经营改革及技改	体制改革和工人安置	
				改革方式	安置人数
池坝煤厂	1995年建厂	1998年有固定资产56.104万元，厂房1600平方米，10千伏输电线路8.1千米，2105柴油发电机组1套，解放牌汽车1辆及小型风机风扇设备，主平洞3条	1986年隶属乡镇企业局，实行企业承包经营	2004年招商租赁矿山设备	27人
青坨煤厂	1971年建厂 1980年投产	1985年有固定资产76.33万元，厂房5600平方米，掘进巷道4条，10千伏输电线路11.2千米，低压路2千米，400米扬尘提水设备，各型柴油发电机组4组，解放牌汽车2辆，35型拖拉机1台及小型绞车、岩石电钻、风机5台	1986年隶属乡镇企业局，实行企业承包经营	2004年招商租赁矿山、设备	31人
印江机械厂	1966年建厂	1988年固定资产64万元，主要设备C620型车床3台，75.15千克空气锤各1台、万能铣床1台、外圆磨床1台，曲轴磨床1台、钻床3台、研磨机1台、35～80吨冲床各1台、汽车2辆、拉管机1套、冲天化铁炉1座，铸铁水管技术驰名省内外，年产值40万元	1999年承包经营，与兽药厂合并	—	—
印江兽药厂	1985年投产（西门湾原卷烟厂址）	厂房占地5624平方米，设备有800～2500千瓦干燥箱3台，15千瓦蒸馏器2台，6000千瓦高压蒸气消毒锅1台，日本进口空调机1台，化验室设备齐全等，年产值76.7万元	1999年接收机械厂，承包经营	2003年因产品质量等原因停产，变现资产	87人
县造纸厂	1952年10月建厂，1971年5月新建厂在甲山村	一期投资399.6万元，1988年二期技改投入290万元，其中：人民银行200万元，地区技改资金10万元，县财政40万元，自筹40万元，厂房建筑面积2028平方米	技术落后，经营管理企业负债等原因	2003年争取上级支持和县财政注入、变现	393人
县油脂化工厂	前身是不具备生产条件的县氮肥厂，占地66亩，1982年改建淀粉厂。投资198万元，1990年投资3450万建油脂化工厂	仅淀粉厂、油脂化工厂固定资产3638万元，厂房5400平方米，仓库1000平方米，办公室320平方米，宿舍400平方米，食堂500平方米	—	1999年变现资产	全员安置
县酒厂	于1957年建厂，1960年与国营榨油厂、粮食直属打米厂合并	1985年县扩建酒厂，固定资产（贷款）投资52.47万元，厂房1613平方米，1990年有职工106人	经营承包质量出问题	1999年通过变现资产	安置10人
县印刷厂	1958年转为地方国营印刷厂	1985年8月26日，铜仁地区经济委员会下文投资105万元，自筹5万元，改扩建彩印生产线，该厂占地6500平方米。固定资产146万元	—	1999年资产变现	102人
县民族用品厂	1961年由1960年下放的纺织厂、雨伞厂三联厂组成（又名棕竹社）	主要生产棕绳、晒席、雨伞、卷烟、弹花，1987年更名“县民族用品厂”，1990年有固定资产13.1万元，工人51人	—	2003年资产变现	51人
县服装鞋帽厂	1952年10月建厂，属供销社办厂。前身为“缝纫社”，1974年更名为县服装鞋帽厂	1990年有固定资产46万元，工人86人，厂址在老电影院，在西门湾建有厂房，未搬入，面积不详	—	2003年资产变现	86人

续表6－1

企业名称	企业沿革	固定资产及主要设备	经营改革及技改	体制改革和工人安置	
				改革方式	安置人数
县轻工业机械厂	1963 年，将锻工厂、锡焊厂、钟表厂、自行车修理厂共 60 人并入合作工厂	1978 年扩建铸造车间 418 平方米，化铁炉 1 座及设备，当年投入 8 万元，固定资产 26 万元	—	2003 年变现资产	81 人
县竹木制品加工厂	1953 年成立雨伞社，1957 年为县手工业联社，1977 年更名轻工竹木制品厂	有固定资产 0.41 万元，厂址在城郊甲山村，纸厂后边	—	2003 年变现资产，政策扶持安置	84 人
轻工业供销公司	—	有楼房办公室	—	2003 年变现资产	18 人
外贸公司	—	有楼房办公室	—	2003 年变现	15 人
县水泥厂	1972 年建，1976 年投产	1992 年固定资产 169 万元，房屋 5900 平方米，载重汽车 2 辆，Φ0.95×3 米生料磨机 2 台，Φ1.2×5 米水泥球磨机 1 台，Φ1.5×7 米普通立窑 1 座，1986 年技改总投资 100 万建成立体生产线，年产水泥 2 万吨	—	2007 年改制，结合招商引资建新厂，国有资产退出，实现工人安置	65 人

1988—2008 年印江自治县工业经济基本情况统计表

表 6－2　　单位：万元、家

年份	全部工业总产值（1990 年价）	全部工业总产值（当年价）	其中		规模以上工业总产值	规模以上工业增加值	规模以上工业企业家数
			轻工业	重工业			
1988	2926.5	3921.6	3229.7	691.9	—	—	17
1989	2175.8	3133.9	2570.9	563.0	—	—	16
1990	4195.4	3556.8	2780.8	776.0	—	—	16
1991	4419.0	3882.0	3137.0	745.0	—	—	16
1992	4032.0	3747.0	2906.0	841.0	—	—	15
1993	5235.6	5303.8	4141.2	1162.6	—	—	14
1994	2999.6	3795.4	2928.8	866.6	—	—	13
1995	7026.0	8656.0	5131.4	3524.6	—	—	13
1996	7841.0	10610.6	7102.7	3507.9	—	—	12
1997	9942.0	13040.0	8185.0	4855.0	—	—	12
1998	10348.9	13433.9	7716.5	5717.4	—	—	11
1999	9515.0	11879.0	7292.0	4587.0	3533.4	1382.0	10
2000	1145.2	14581.0	7765.0	6816.0	3599.0	1488.7	9
2001	8699.0	11561.4	4931.1	6630.3	4410.6	1762.8	7
2002	10619.0	13834.0	5620.0	8214.0	4960.4	1553.1	6
2003	11808.1	15653.6	6730.5	8923.1	5535.5	2011.3	6
2004	—	18940.0	6804.0	12136.0	7896.1	2509.9	9
2005	—	26843.0	8951.0	17892.0	14511.2	4108.0	14
2006	—	35450.0	12118.0	23332.0	20090.0	6342.6	19
2007	—	48815.0	16509.0	32306.0	28815.0	8742.7	24
2008	—	65100.0	21691.0	43409.0	39159.8	11483.0	24

第二章　乡镇企业

第一节　发展概况

新寨乡农业中学绿茶基地（2008年拍摄）

1984年8月，印江县乡镇企业管理局建立。1988年，全县有乡镇企业3218家，从业人员7231人。1998年发展到7266家，从业人员19716人，分别比1988年增长125.8%和172.7%，乡镇企业总产值从1988年的7693.5万元，增加到1998年的27875万元，增长3.62倍。乡镇企业总收入从1988年的1100万元增加到1998年的3.14亿元，增长28.5倍。上交税费从1988年的88.9万元增加到1998年的621万元，增长7倍。实现利润从1988年的98万元增加到1998年的1978万元，增长20.2倍。农民人均乡镇企业总产值从1988年的65.39元增加到1998年的780.6元，增长11.94倍。

1990年5月，国务院出台《中华人民共和国乡村集体所有制企业条例》，保障乡村集体所有制企业的合法权益。乡镇企业为了生存发展，一方面积极寻求新的融资渠道，积极向社会融资；一方面紧紧依靠自身苦练内功，加强管理，不断根据市场的变化进行自我调整，提高产品质量，降低成本，增强企业的竞争能力，全县乡镇企业发展呈现回升势头，但是随着国家治理整顿的进一步深入，国家银根进一步紧缩，1990—1991年的发展减弱，乡镇企业发展虽有回升，但发展速度缓慢。1992年5月，省人民政府办公厅制定《关于机关干部从事经济活动及创办“四型”企业的试行办法》，鼓励机关干部，可留职带薪，兴办乡镇企业，承包、租赁亏损乡镇企业。群众兴办乡镇企业的积极性高涨，使全县乡镇企业进入一个快速发展的新阶段。

1992—1996年是全县乡镇企业的快速发展时期，乡镇企业在全县国民经济中的份额越来越大，逐渐成为全县农村经济的重要支柱和国民经济的重要组成部分。全县财政税收新增部分有40%来自乡镇企业，全县农民人均纯收入中，来自乡镇企业收入由1990年268元增加到1996年的348.81元，占全县农民人均纯收入的23.16%，乡镇企业转移农村剩余劳动力25476人，对稳定农村、稳定社会、振兴农村经济、发展城乡建设、提高人民的生活和造就新型农民起到十分重要作用。1996年，印江县乡镇企业涉及农业、工业、建筑施工、交通运输、批发、零售、餐饮等26个行业。

2000年，全县乡镇企业进入一个新的时期，农业部援助印江县15个扶贫项目，其中“双杂”制种基地、“双杂”制种基地中转站、梵净山茶场基本建设、印江鱼类良种繁育基地、印江畜禽良种繁育基地、梵净山绿茶基地、良种繁育苗圃园、罗场乡云雾茶场初加工、印江商品羊基地、印江马铃薯脱毒良种繁育基地等项目总投资561.5万元，农业部无偿投资315万元，省地县配套246.5万元，这些项目在建设过程中促进了县乡镇企业的发展。2000年后，全县除煤炭、建筑、建材及商贸服务行业外，氯酸钾厂、鞭炮厂、山野菜厂、食品牛肉干厂及梵净山林产品开发公司，都于2008年前后都相继关闭。2007年，印江县成立茶叶局，茶叶产业归口管理。全县小水电有雷公岩、芙蓉、大田、甘田嘴、雁水、龙塘窝、柏杨坝、下铺子、哈当溪等水电站，总装机17台2280千瓦，发电量278.4万千瓦时，2000年后，除雷公岩电站权属仍归水电局外，其余划归供电局管理，2008年12月所属小水电转为贵州电网公司管理。全县乡镇企业9418个，从业人员21805人，总产值达43370万元，上缴税金778万元。

中坝乡堰塘水电站（2008年拍摄）

第二节　企业形式

一、乡镇集体企业

在实行家庭联产承包责任制，推行统分结合的双层经营体制前，乡村集体企业是乡镇企业的主体，占有很大的比重。1988年，全县有各种集体种植场72个。其中林场9个，林场中有杜仲林业2个、茶场8个、菜场20个、药场5个、果园30个，从业人员3328人，总产值1125万元。

1997年，印江自治县乡镇企业局所属的煤炭、黄金、地矿、茶叶生产企业中，不属于国有企业的都是乡镇集体企业，行业涉及农业、工业、建筑施工、交通运输、批发、零售、餐饮等260个行业。1997年以后，乡村集体企业逐渐变小。

贵州森骥装饰材料生产车间（2007年拍摄）

印江自治县西园建筑工程有限公司　成立于1999年，公司总经理冯景彪。经营范围：房屋建筑工程施工总承包贰级、市政公用工程总承包贰级、土石方工程专业承包贰级、机电设备安装工程专业承包贰级、建筑装饰装修工程专业承包贰级、体育场地设施工程专业承包叁级、地基与基础工程专业承包叁级、城市及道路照明工程专业承包叁级、混凝土预制构件专业企业叁级、土地治理、开发、复垦工程、园林绿化、古建筑工程施工、建材销售等。2008年，公司有从业人员353人。有职称人员113人，其中工程类106人，经济类5人，会计2人；高级职称2人，中级31人，初级80人；注册二级建造师22人，建造员14人，注册造价员6人，中专以上学历85人。公司注册资金1030万元。年施工能力达1.1亿元。公司有各类施工机械，其中主要有各类塔吊10台，卷扬机16台，混凝土搅拌机21台，工程装载车

16台，另有挖掘机及各种机械52台。

印江自治县长途客运有限公司 印江自治县西园长途客运有限公司成立于1997年12月，经铜仁市道路运输管理处行政许可为三类资质道路旅客运输客运企业，现有营运客车85辆，全部经营县城到各乡镇客运业务，总客位座数1615座，经营班线14条。公司有领导及管理人员38人，其中安全管理人员6人（经安监部门培训合格），配备专职安全员6人，兼职安全员26人。有从业人员170人。公司自成立以来实行主要领导责任制，员工实行岗位责任制，领导与员工层层签订安全生产责任书，落实主体责任，全员实行一岗双责。

公司成立有安全生产领导小组，设有专职的安全生产机构（安全科）。日常以安全生产为工作重点，对员工及驾驶员进行安全生产教育、学习培训，安装有GPS动态监控，适时对违法行为进行处理。自公司成立以来未发生任何重、特大道路交通事故。

木黄镇七百渡石材厂 始建于1992年12月，最初由木黄镇七百渡村秦礼忠、秦礼柳创办。后转为集体企业，购置有1800厘米切割机1套，手磨机1台，切边机1台，有职工38人，管理人员4人。到1995年年底，共实现利税19.8万元，1994年被铜仁地区行署授予优秀乡镇企业称号。

1996年，该厂获贵州省农业银行货款230万元，扩大生产规模，建厂房2万平方米，增加大切机2235厘米1台、1800厘米3台。手扶式磨机7台、切边机4套、凿岩机4台、变压器2台等。1996年12月建成投产，当年生产板材400平方米，1997年达7200平方米，1998年产量下降到5000平方米，企业亏损8.3万元。后又与福建、武汉两家企业合作，终因矿源零碎、运输成本高等因素于2001年关闭。

峨岭镇氯酸钾厂 印江县峨岭镇氯酸钾厂建于1991年，总投资65万元，占地面积7978平方米，设计规模年产200吨。1992年投产，有职工24人。到1998年年底共生产氯酸钾916.78吨，总产值320.83万元，总投入达406.86万元，实现利润78.07万元，上缴税金13.04万元，上缴峨岭镇积累9.5万元。

氯酸钾主要用于花炮生产，农村花炮市场助推产品销售，贵州省仅有两家同类企业。该厂产品质量达到20世纪90年代国内先进水平、竞争力较强。后因投资环境受阻，于2001年停产。

二、 个体、 私有企业

1980年后，个体、私有企业才逐步发展。至2000年，全县有个体私有企业9418户。养殖专业户共322户，其中养猪专业户208户，养鸭专业户30户，养鸡专业户50户，养牛专业户8户，养羊专业户6户，养鹅专业户20户，养殖专业户占全县个体私有企业总数的3.42%，从业人员385人，总收入达1052万元。

在个体、私有企业中，从事食品工业8户，采矿业80户，建材业126户，共计214户，占全县个体私有企业总数的2.4%，从业人员3820人，总产值达20919万元。

在个体、私有企业中，从事运输、店铺、打字、鞭炮等服务行业的企业有8870户，占全县个体、私有企业的94.18%。总产值4000万元，上缴税金630.1万元。至2007年，全县运输企业已发展到1136家，从业人员1995人，总收入5885万元。上缴税金164.7万元。实现利润521万元，有固定资产2161万元。

酿酒 1988—2001年，酿酒企业除国营酒厂外，还有87家私有企业，当时的背景是自从1980年土地责任制到户以后，粮食成倍增产，酿酒原料玉米、高粱、大麦、小麦、荞子等粮食过剩，白酒行业应运而生。具有代表性的有木黄陈文明、中坝李明财、麻柳李世坤、朗溪王天国等酒厂。其中木黄陈文明酒厂最大，最高峰时日产1吨。年产量达24.5吨，从1984年起生产的瓶装酒有“黔五粮”“福丹窖”“木黄大曲”“木黄窖”等品种，总产值达73.5万元，上缴税收12.49万元。

孵化业 1994年，印江城内张钟明开始从事养殖业，每年4—8月，每月能向市场提供4万～5

万只小鸭和5000～10000只小鸡，年孵化小鸭80万只、小鸡20万只，年总产值100万元，上缴税收15万元。孵化的小鸡小鸭除供县内自销外，还远销思南、德江、石阡、沿河、遵义等县区，促进了县内养殖业的发展。

幸福村鞭炮 1988—2004年，全村有88户个体户制造鞭炮，从湖南引进技术，结合传统工艺生产鞭炮，主要工序有制纸筒、泥头、引线、编扎、包装等，使邻近4个村近200人就业，年产值425万元，税利63.76万元。2008年，全村已形成规模化产业。

印江自治县梵净山林产品开发有限责任公司 1998年8月，正式挂牌成立，法人代表周孔生，注册资金128.8万元。2007年，有各类管理人员23人，主要培育以杨树、沙梨、杜仲、银杏等为主的工业原料林、经果林和中药材基地树苗，实行公司+基地+农户的经营管理模式，实现贸、工、商一条龙服务，产、供、销一体化经营，向集经济、生态和社会效益于一体的绿色企业方向发展，公司致力于农业结构调整，培育和扩大新型产业。2002年，公司支出租赁土地费77.1万元、劳务费38.5万元、生产投资50万元、各类开支（包括广告宣传、培训、接待、电费、房租、银行利息）37.1万元、税金8万元，共计210.7万元。9年上缴税金72万元。公司采取定单农业的形式，与各级林业部门和周边省、地、县用户签订合同后，有计划地与县农户签订农业定单合同，是年，投放日本沙梨苗40.5万株，种植面积达2150亩，覆盖农户1920户，采取“一统三包”（即统一苗木标准、包实栽、包技术、包产品回收），并承诺四年后回收产品抵还苗木价款。沙子坡镇连片种植梨树1000亩，成为全县较大的连片经果林地。2002年，公司被地区命名为“明星企业”，多次被县评为非公有制先进单位。

沙子坡竹园村梨树基地（2008年拍摄）

至2008年，公司有杨树苗基地66.67公顷，可产杨林苗400万株，经果苗基地6.7公顷，可产各类苗70万株，城市绿化苗基地2公顷，可产苗100万株，造林苗木基地3.33公顷，可产苗木700万株，经果林示范基地46.67公顷（其中葡萄13.33公顷，沙梨33.33公顷），承包荒山373.33公顷，基地分布于峨岭、沙子坡、木黄、罗场、天堂5个乡镇30个村105个村民组，覆盖农户3120户10500人。是年，创产值300万元。公司属于劳动密集型企业，用工量大，社会效益明显。据统计，9年来共支付当地农民劳务费高达555万元，达到产业兴、农民富、财政增收的目的。

峨岭镇黔江村页岩砖厂 1995年，由机关干部停薪留职创办的私营乡镇企业，产品为页岩烧结普通（红）砖，设计规模为年产1200万块，总投资19.7万元，一期工程于1996年4月建成投产。至1998年年底，实现利税8.2万元。产品规格质量符合CB501—98标准，受用户好评，产品除供本县使用外，还销往思南等县。1999年，该厂扩建后，年产页岩砖2200万块，产值达到374万元，税利88万元。2001年后，页岩砖被机制节能水泥砖代替。

煤矿 杨柳乡曹门煤矿，位于杨柳乡曹门村，1988—2000年，是杨柳乡政府兴办的集体所有制煤矿，产品为烟煤，煤层厚度80～120厘米，开洞开采，自然通风。年产量0.5万吨；刀坝玉岩煤矿，位于刀坝乡玉岩村，1988—2000年，是个体煤矿，业主是饶学超，产品为烟煤，煤层厚度65～96厘米，平硐开采，机械通风，年产量0.6万吨；银水洞煤矿，位于沙子坡镇红花园村，平硐开采，自然通风，产品为烟煤，煤矿业主为胡继海。1988—2000年，开采量0.5万吨；枇杷湾煤矿，位于沙子坡镇塘口村木家山组，平硐开采，自然通风，产品为烟煤，煤矿业主胡高强。1988—2000年，年开采量0.5万吨；沙子坡柏杨湾煤矿，距沙子坡镇府地约500米，斜井开采，自然通风，产品为烟煤，业主陈世恩。1988—2000年，年开采0.5万吨；刀坝白金岩煤矿，位于刀坝乡白金村，产品为烟煤，煤层厚度55～85厘米，平硐开采，自然通风。1988—2000年，年开采量0.5万吨。至2008年，沙子坡镇青坨煤矿、池坝煤矿、枇杷湾煤矿、突雷岩煤矿、白玉煤矿、三层岩煤矿、曹门煤矿通过改扩建，年产量均达到9万吨。

2008年印江自治县煤矿整合情况统计表

表6—3

序号	矿名	所在乡镇	年产量（万吨/年）	资源量（万吨）	企业性质
1	青坨煤矿	沙子坡	9	203	个体
2	池坝煤矿	沙子坡	9	340	个体
3	枇杷湾煤矿	沙子坡	9	430	个体
4	突雷岩煤矿	沙子坡	9	340.7	个体
5	白玉煤矿	刀坝	9	197	个体
6	三层岩煤矿	刀坝	9	190	个体
7	曹门煤矿	杨柳乡	9	360	个体

三、股份合作制企业

1988—2008年，全县股份制企业规模较大的有芙蓉坝石材厂、西岩寺石材厂、天堂镇的电解猛厂、气调果蔬厂及合水白皮纸厂，还有从事黄金开采、煤炭开采、茶叶精制和山野菜加工等的企业。

这些企业，因资金、管理、转产等原因，常常分分合合。企业管理较好的有：

采煤 1988—1997年，有乡镇煤矿企业50家，年产原煤3.55万吨，加上两个国营煤矿1.64万吨，全县产煤5.19万吨，1998年后，为安全生产、规范管理，关停不规范的小煤窑，只保留9家煤矿，通过整改、扩大规模，规范生产，全县年原煤产量维护在10万吨水平。

采黄金 黄金产于木黄镇，新业乡一带，开采始于明朝。清乾隆十年（1745）、民国27年（1938）、1958年先后在木黄镇金厂一带开采过黄金。1958年，县人民政府在金厂建立地方国营金厂。1987年，广西平山县采金队经取样化验，其含金量为每吨砂含金7～25克，经协商，引进资金技术正式开采。

制白皮纸 县内白皮纸生产始于明清时期，主要分布在合水至木黄沿印江河两岸。1949年全县有400余户生产，1990年有600多户从事白皮纸生产，产值达123.94万元。

制铜器 印江铜器厂建于1979年，由罗场乡平窝农民魏敦友通过自学创业。2003年年底，由缠溪迁至县城坪兴寨。有工人21人，年产值在10万元以上。生产的品种有大筛锣、草大锣、金叉锣、马锣、大钹、中钹、铙钹、川大钹、儿童钹、腰鼓镲、小钹等40余个规格品种，产品除满足印江县需要外，还远销湖北、湖南、四川、广西、陕西、甘肃等地。

银辉茶业有限公司 该公司位于缠溪镇湄坨村，海拔1640米，茶园面积73.33公顷。1988—1989年建成。1994年起进入试产期。公司内配有各类粗精制加工设备31台（套）。1995年，年产量达900担，产值110万元，创税利15万元。

第七编
经济管理

第一章　社会发展与计划

第一节　计划编制

“八五”计划　“八五”计划的指导思想：以国家的产业政策和统一计划为指导，结合县情，发挥区位优势，狠抓支柱产业，坚持“两种生产”和“两个文明”一起抓。在农业生产方面：主要经济作物继续抓好烤烟、油菜籽生产，进一步发挥茶叶、药材等资源优势。在工业方面优先发展以电为主、电煤结合的能源工业。积极发展建材、化学和冶金工业。通过五年计划的实施，到1995年，实现国民生产总值18500万元，国民收入8000万元，年均增长6.6%。工农业总产值12500万元，年均增长7.0%。农业总产值8800万元，年均增长6.2%。工业总产值3700万元，年均增长9.2%。地方财政收入1500万元，年均增长7.7%。

南方电网印江段建设工程

“九五”计划　“九五”计划的指导思想：以国家的产业政策和统一计划为指导，充分利用国家对“革命老区、少数民族地区、边远地区、山区、贫困地区”实行优惠扶持和本省重点开发乌江流域的有利条件，结合县情，走以农业为基础、农工贸相互促进，以提高经济效益为中心，兼顾生态效益和社会效益，对资源综合开发加工增值的振兴之路。在农业经济方面，到2000年，实现农业总产值13500万元，油菜产量7000吨，茶叶产量800吨，烤烟10000吨。在工业方面，优先发展以电为主，电煤结合的能源工业，大力发展以本县资源为主要原料的造纸、印刷业和农副产品加工业以及名优产品的生产。积极发展建材、化学和冶金工业。在“九五”期末工业总产值达到7300万元。在财政金融方面，从发展生产入手，培植税源，逐步增加收入，至“九五”期末地方财政收入达到2200万元。

梵净山环山公路永义段

“十五”计划 2005年全县国民经济、社会发展的主要预期目标：全县生产总值（GDP）100140万元，三次产业结构为60.5∶19.8∶19.7。工农业总产值123100万元，其中农业总产值95700万元，工业总产值27400万元。实现地方财政收入4844万元、固定资产投资4.5亿元、招商引资实际到位资金11000万元。在安排上注重“十五”目标的完成，与“十一五”发展相衔接。既考虑了有利于抢抓机遇、加快发展的需要，又考虑当前经济运行中存在的困难和问题，以及解决这些困难和问题的艰巨性，力争做到各项经济指标均衡发展、重点突破。

“十一五”计划指导思想 以邓小平理论和“三个代表”重要思想为指导，全面建设小康社会，进一步深化改革，加快壮大烟草、畜牧、矿业、茶业、中药种植业等特色优势产业。“十一五”期间全县经济和社会发展的总体目标是：到2010年全县生产总值比2000年翻一番以上。综合经济调控的主要预期指标为：全县生产总值年均增长10%以上，到2010年达到18亿元以上。地方财政收入年均增长10%以上，到2010年达到8000万元以上。经济结构调整的主要预期指标为：三次产业比重调整为47∶29∶24，城镇化水平提高到30%左右。居民生活质量有较大提高，农民人均纯收入到2010年达到2270元，年均增长6%以上，农村贫困人口温饱问题基本得到解决。城镇居民人均可支配收入年均增长10%，达到10750元。

第二节 主要经济指标完成情况

“八五”期间（1991—1995） 1995年，全县实现生产总值32644万元，农业总产值37227万元，工业总产值8566万元，全社会固定资产投资3402万元，农民人均收入857元，财政总收入2341万元，地方财政收入1850元。

“九五”期间（1996—2000） 2000年，全县生产总值64910万元，农业总产值69699万元，工业总产值13010万元，全社会固定资产投资15800万元，农民人均收入1279元，粮食总产量达14.53万吨，财政总收入3495万元，地方财政收入3005元。

“十五”期间（2001—2005） 2005年，全县生产总值110140万元，农业总产值97598万元，工业总产值26843万元，全社会固定资产投资46050万元，农民人均收入1695元，粮食总产量达13.74万吨，财政总收入6088万元，地方财政收入4870元。“十五”期间，2004年是执行最好的一年。2004年全县生产总值达到98277万元。其中：第一产业增加值57704万元，第二产业增加值10062万元，第三产业增加值30511万元。全社会固定资产35903万元，农业总产值完成97598万元，粮食总产量13.74万吨，全县完成财政总收入5405万元。

“十一五”期间（2006—2010） 2008年，全县生产总值191580万元，农业总产值145286万元，工业总产值65100万元，全社会固定资产投资99000万元，农民人均收入2410元，粮食总产量达15.49万吨，财政总收入10345万元，地方财政收入7282元。

第三节 项目实施情况

1995年，全县狠抓新上项目和建立项目库工作，当年新上项目11个，总投资656万元，重点抓小区开发和明星乡镇企业，西园乡镇工业小区开发进入全面实施阶段。县石材厂作为上千万元的明星乡镇企业，已获得省审批立项，总投资383.86万元。全县完成水利工程6处，维修和续建水利工程13处。完成人工造林面积4.27万亩。梵净山旅游公路、乐茂江至罗场公路已基本完工。抓好城镇建设，以建设西园小区和改造西门建设为重点开展村镇建设工作，西园小区120亩土地已经省人民政府批准征用，所有道路骨架已初步铺通。西门街道筹集资金60万元，所有搬迁户房屋已全部拆除，并进入施工阶段。梵净山山门建设全面完工，旅游公路已修至苏家坡，碑林建设速度加快。

1996年是“九五”计划的第一年，农田水利基本建设有明显发展，据不完全统计，全年完成“坡改梯”7000余亩，渍害田改造503亩，恢复灌溉面积7500亩，长江防护林工程开始全面启动。1996年共向省、地区扶贫部门和农业发展银行申报项目7个，项目到位资金870万元；向上争取到以工代赈资金和基本建设投资1062.1万元。全年共完成以工代赈总投资计划1586.9万元。其中：上级投资755.5万元，地方自筹831.4万元。全县的交通、能源、基本农田等基础设施有了明显改善。玉印输变电工程运行良好，程控电话已并入国家级网，建设电气化县工程已开始实施，西园小区发展速度增快，西环大桥的论证测量工作基本完成。

2002年是“十五”计划的第二年，“十件实事”完成较好，全县共完成固定资产投资23500万元。“十件实事”完成情况：(1) 印江至沿河、印江至松桃、印江至德江三条道路改造工程项目，总投资5953万元，已竣工通车并通过初步验收。(2) 县城北环路建设工程完成施工图测量及方案设计，已进入施工阶段。(3) 县城供水管网改造第一期工程（投资200万元），已完工等待验收。(4) 农村人畜饮水工程，项目计划总投资215.58万元，已全部完工等，待验收。(5) 生态工程建设，计划总投资414万元，已完成全部工程实物量，并通过县级验收。(6) 17栋中小学教学用房建设工程，项目总投资1237万元，建设总面积28300平方米，已全部竣工投入使用。(7) 新建和完善175个村级计划生育服务室，超额完成27个。(8) 易地扶贫搬迁工程，四个实施乡镇已完成搬迁187户800人。(9) 苏家坡至棉絮岭旅游公路硬化工程总投资303.5万元，已竣工投入使用。(10) 县防洪堤一期工程按项目计划新建防洪堤950米、排涝渠68米、排污沟595米，总投资390万元。

2008年，全县重点项目41个，其中电力项目3个、交通项目2个、水利项目2个、城镇项目8个、工业项目5个、农业项目9个、社会发展项目6个、房地产开发项目6个。投资计划下达到县的项目及资金有：雨雪冰冻重建（城区管网）20万元；抗灾救灾应急抢修（城区管网）48万元；西园农贸市场300万元；水利设施雨雪灾害恢复重建342万元；城镇供水设施灾后恢复重建350万元；湄沱水库315万元；消水坑水库320万元；污水处理项目省补助210万元；老干活动用房40万元；杉树茶园便道25万元；2008年异地扶贫搬迁200万元；计生指导站35万元；石槽小学10万元；新寨、天堂、洋溪等3所初级中学校舍改造工程470万元。投资计划下达到地区的项目及资金：县城垃圾填埋项目600万元；县城污水处理项目700万元；村级卫生室建设项目（50个村）250万元；以工代赈项目；板溪等4个乡镇文化站建设项目72万元。

2008年建设的木黄镇地茶盘山公路

印江县城生活垃圾卫生填埋场

1988—2008 年印江自治县主要指标统计表

表 7—1

年份	年末总人口（万人）	地方财政收入（万元）	地方财政支出（万元）	农民人均纯收入（元）	城镇居民可支配收入（元）	粮食产量（万吨）	全社会固定资产投资总额（万元）	社会消费品零售总额（万元）
1988	34.73	747	1549	276	—	5.44	924	6265
1989	35.12	948	1850	297	—	5.24	1232	5306
1990	35.96	1035	2173	342	—	8.07	1148	5226
1991	36.73	1288	2265	437	—	10.72	1251	5735
1992	36.77	1658	2930	430	—	9.4	1361	5839
1993	37.13	1834	3222	492	—	8.47	1292	6334
1994	37.44	1561	3061	651	—	10.77	4749	8828
1995	37.78	1850	3804	857	—	11.14	3402	9506
1996	38.21	2421	6573	1025	—	11.98	3784	9458
1997	38.79	2696	5985	1089	—	12.6	7450	10028
1998	39.35	2510	6245	1173	3063	13.74	7680	10349
1999	39.79	2801	8236	1224	3522	13.95	13051	11282
2000	40.29	3005	9270	1279	3980	14.53	15800	12620
2001	40.75	2931	13315	1317	4458	12.93	17579	13164
2002	41.12	3524	16744	1370	5048	13.21	23892	15407
2003	41.48	4001	17857	1425	5502	14.33	27412	17459
2004	41.86	4444	21812	1595	6040	15.36	35903	19285
2005	42.24	4870	28043	1695	6675	13.74	46050	22180
2006	42.50	5393	34140	1805	7376	14.4	58203	25705
2007	42.75	6600	46372	2095	8172	15.41	76500	30330
2008	43.02	7282	69424	2410	8826	15.49	99000	37609

1988—2008 年印江自治县国内生产总值统计表

表 7—2　　单位：万元

年份	国内生产总值	其中			一、二、三产业占比（%）			人均生产总值（元）
		第一产业	第二产业	第三产业	第一产业	第二产业	第三产业	
1988	12818	8174	1393	3251	63.8	10.9	25.4	371
1989	11738	7531	1205	3002	64.2	10.3	25.6	336
1990	12262	7667	1473	3122	62.5	12.0	25.5	345
1991	14981	10037	1438	3506	67.0	9.6	23.4	412
1992	18682	10932	1073	6677	58.5	5.7	35.7	508
1993	20341	11271	1317	7753	55.4	6.5	38.1	551
1994	26391	16635	1168	8588	63.0	4.4	32.5	708
1995	32644	20803	2408	9433	63.7	7.4	28.9	868
1996	41535	28587	3103	9845	68.8	7.5	23.7	1093
1997	49939	35695	3488	10756	71.5	7.0	21.5	1297
1998	54220	38183	4102	11935	70.4	7.6	22.0	1388

续表7－2

年份	国内生产总值	其中			一、二、三产业占比（%）			人均生产总值（元）
		第一产业	第二产业	第三产业	第一产业	第二产业	第三产业	
1999	58551	40390	4769	13391	69.0	8.1	22.9	1480
2000	64910	43711	5723	15476	67.3	8.8	23.8	1621
2001	67820	43817	5880	18123	64.6	8.7	26.7	1674
2002	74106	46498	6893	20715	62.7	9.3	28.0	1810
2003	82323	50461	7907	23955	61.3	9.6	29.1	1993
2004	98277	57704	10062	30511	58.7	10.2	31.0	2358
2005	110140	61623	13291	35226	55.9	12.1	32.0	2619
2006	126312	66505	18028	41779	52.7	14.3	33.1	2981
2007	154348	78750	23502	52096	51.0	15.2	33.8	3621
2008	191580	99077	30751	61752	51.7	16.1	32.2	4842

第二章　统　计

统计局初设办公室、业务股两个内设机构，1995 年 5 月增设法规股。2002 年 1 月，根据《县人民政府关于印江自治县统计局职能配置内设机构和人员编制方案的通知》文件要求，核定行政编制 6 人。其中局长 1 人、副局长 2 人、正副股长或主任 2 人，后勤服务事业编制 1 人。内设机构为：办公室、业务股。增设下属事业股级单位——印江土家族苗族自治县普查中心，由财政全额预算管理，事业编制 3 人，其中主任或副主任 1 人。2003 年 2 月，设立印江自治县统计局党组。

1992 年 11 月，县人民政府印发《印江自治县乡镇统计站统计管理工作暂行规定》，第一条第一款明确“乡镇建立统计站，配备专（兼）职统计人员 1 人，由乡镇长兼任站长”。同时明确了统计站和统计人员的任务、职责、权利，并正式挂牌办公。各村、居委会明确指定会计为兼职统计人员，县直各部门也明确了专（兼）职统计人员。2002 年机构改革后，没有再设乡镇统计站，在乡镇党政办公室设立统计员（正股级）编制。

第一节　常规统计

常规统计工作按照国家和省的统计制度规定，报表种类及专业有：综合、核算、农业、工业、能源、投资、建筑业、房地产、商业、从业人员和劳动报酬、基本单位等。综合专业是收集经济社会发展主要指标，数据来源于各专业、各机关企事业单位；核算专业是计算全县生产总值（GDP），按季度进行测算。农业专业是统计农业生产数据，各乡镇开展夏秋两季农产品产量抽样调查、季度畜产品产量抽样调查推算，汇总到县。工业按月统计，统计口径为国有及销售收入 500 万元以上企业，规模以下工业采取抽样调查。能源统计是收集全社会能源消费总量，规模工业以季度统计，其他行业按年统计。投资专业按月统计，统计口径为计划总投资 50 万元以上项目，限额以下和城乡私人投资按年统计。建筑业统计资质二级以上建筑企业，按季统计。房地产统计法人在本地注册企业，按季度统计。商业专业统计批发零售业、住宿餐饮业，销售或营业收入 200 万元以上企业按月统计，个体按季度进行抽样调查。从业人员和劳动工资专业统计国有单位的从业人员和工资情况，按季度统计。基本单位每年进行一次更新，对机关企事业单位进行增减变动。

第二节 普查和专项调查

一、 人口普查

1990 年，开展了全国第四次人口普查工作，全县划分为 367 个普查区，1039 个调查小区，普查时点为 7 月 1 日 0 时，登记时间为 1990 年 7 月 1—10 日，普查登记总人口为 349593 人，与 1982 年 7 月 1 日 0 时的 322216 人相比，8 年累计增加 27377 人，增长 8.5%，平均每年增加 3422 人。1990 年总人口中，男性 181463 人，占总人口的 51.91%，女性 168130 人，占总人口的 48.09%。普查登记时，已外出一年以上人口 3633 人。

2000 年，开展了第五次人口普查工作，全县划分普查区 371 个，普查小区 1351 个，普查时点为 11 月 1 日 0 时，登记时间为 2000 年 11 月 1—10 日，普查登记总人口 335328 人，比第四次人口普查时点总人口减少了 14265 人，下降 4.08%，普查时点总人口中，男性为 172555 人，占 51.46%；女性为 162773 人，占 48.54%。

二、 经济普查

2004 年，开展了全国第一次经济普查，全县共有从事第二、三产业的法人单位 805 个。其中：企业法人单位 77 个，事业法人单位 248 个，机关法人单位 63 个，社会团体法人单位 35 个，其他法人单位 382 个。产业活动单位 1009 个，其中：企业产业活动单位 115 个，事业产业活动单位 367 个，机关产业活动单位 110 个，社会团体产业活动单位 35 个，其他产业活动单位 382 个。个体经营户 4437 户，其中第二产业 530 户、第三产业 3907 户。

2008 年，开展第二次经济普查工作，全县从事第二、三产业的法人单位 1030 个，与第一次经济普查相比，增加 225 个，增长 27.95%。其中企业法人单位 224 个、机关法人单位 62 个、事业法人单位 318 个、社会团体及其他法人单位 426 个。全县产业活动单位 1139 个，其中企业产业活动单位 266 个、事业产业活动单位 351 个、机关产业活动单位 96 个、社会团体产业活动单位 48 个、其他产业活动单位 378 个。个体经营户 5575 户，比第一次经济普查多 1138 户，其中第二产业 738 户、第三产业 4837 户。

2008 年 8 月， 调查人员对合水镇白元村水稻进行灾情统计

三、 农业普查

1996 年、2006 年分别开展全国第一次农业普查、第二次农业普查工作。

四、 其他普查及调查

1997 年、2003 年分别开展全国第一次基本单位普查、全国第二次基本单位普查工作。1990 年开展全省交通运输调查工作。1995 年开展全省第三次工业普查工作。

此期间还开展了 1%人口抽样调查和劳动力调查、第三产业调查、第三产业补充抽样调查、文化产业调查、城乡划分调查、规模以上工业科技调查、境外专家调查、现有住房及其占有土地调查、全县低收入家庭住房调查、外出务工人员调查、组织工作满意度调查、“整脏治乱”专项整治行动满意度测评、农村思想建设“六进村”集中活动满意度测评、妇儿两纲（两规）监测统计、小康监测统计、省地县三级群众安全感调查等。

第三节　统计服务与监督

统计人员实地开展秋粮实割实测

按照“全面、准确、及时、方便”的要求，围绕“党委政府决策到哪里、统计部门就服务到哪里”的理念和“为经济社会发展服务是统计工作第一要务”的要求，为县委、县人民政府和社会各界提供了大量的统计服务。每月发布了月度经济要情，按时发布每年的全县经济社会发展统计公报，编印各年的《领导干部手册》和《印江统计年鉴》。开展各个“五年”规划目标的专题研究，测算“五年规划（计划）”的经济增长目标。编发《印江统计》和其他专题工作简报，对年度和季度经济运行情况进行分析，加大对经济运行态势的监测力度，及时反映统计工作动态。为全国卫生县城、全国优秀旅游目的地、全国科技进步县和全省文明县城申创、复查以及招商引资、项目争取、各种会议等提供大量的必要的统计服务。2000 年，开始发布《印江自治县国民经济和社会发展统计公报》，2001 年，开始编印《领导干部手册》。认真组织开展统计法制宣传工作，以电视、标语、会议、文件、发放宣传资料等形式对《统计法》和《统计违法违纪行为处分规定》进行广泛宣传，扩大统计法律法规的知晓面和影响力，为新修订的《统计法》贯彻实施奠定坚实基础。严格执行《统计法》《贵州省统计管理条例》《全国统计从业资格认定办法》及相关法律法规的规定，进一步增强统计人员的法治意识。开展统计从业资格（上岗证）培训考试、统计从业资格继续教育培训和统计专业技术职称考试工作，提高基层统计人员的综合素质。组织开展全县统计执法检查和人口计生统计专项执法检查，有力地促进基层统计基础工作的提高。2003 年，查处统计违法案件 4 起，罚款 2 起，通报批评 2 起，首次对统计违法案件进行立案查处。

第四节　统计调查

1988—2006 年，印江土家族苗族自治县农村社会经济调查队属省直管单位，规格为正科级。2007 年，国家统计局贵州调查总队下发《关于设立国家统计局印江调查队的通知》文件，撤销印江土家族苗族自治县农村社会经济调查队，设立国家统计局印江调查队，为正科级参公管理事业单位，属中央驻印单位。

印江调查队是国家统计局设在印江的统计调查机构，主要完成国家统计局交办的各项统计调查任务。主要调查内容：（1）城乡居民家庭收支情况调查；（2）全县农作物播种面积及产量调查；（3）畜牧业生产情况调查；（4）农业生产资料及农产品价格调查；（5）农产品中间消耗调查；（6）农村固定资产及农户建房投资情况调查；（7）农村贫困监测调查；（8）服务业（小微企业）调查；（9）省、地区业务部门和县委、县政府安排的临时调查和其他委托调查。

1988—2008 年印江县农村居民人均纯收入调查情况一览表

表 7－3

年份	人均纯收入（元）	调查乡镇数（个）	调查村数（个）	调查户数（户）	常住人口（人）
1988	276	6	12	60	305
1989	297	6	12	60	300
1990	342	6	12	60	296
1991	456	6	7	70	320
1992	430	6	7	70	312
1993	492	6	7	70	314
1994	651	6	7	70	318
1995	857	5	7	70	318
1996	1025	6	7	70	315
1997	1089	6	7	70	303
1998	1173	6	7	70	303
1999	1229	6	7	70	296
2000	1262	6	7	70	284
2001	1312	6	7	70	284
2002	1372	7	8	80	325
2003	1427	7	8	80	326
2004	1595	7	8	80	323
2005	1695	6	8	80	321
2006	1806	6	8	80	315
2007	2095	6	8	80	327
2008	2410	6	8	80	322

统计调查人员地头现场开展工作

2003 年，农调队重大信息获省委、省人民政府领导批示。2004 年 1 月，根据国家统计局贵州调查总队（原贵州省农村社会经济调查队）安排，在板溪镇小毛村、沙子坡镇天星村、新寨乡小云村开展《冬季农闲时期农民所思所想所盼》问卷调查。2006 年 2 月，按照印江自治县人民政府安排，与县农办、县扶贫办、县畜牧局组成三个联合调查组，分别对洋溪、缠溪、朗溪、木黄、刀坝、板溪 6 个乡（镇）有关村、组和养殖大户进行畜牧业生产情况进行专项调查；2007 年 5 月，根据县委、县人民政府安排，作为牵头单位之一，与县直八个部门抽调人员和乡村干部 100 余人组成多个调查组，对新寨乡 13 个行政村进行农村现状专项调查。2008 年 1 月 13 日，根据县委、县人民政府安排，抽调侯亚强、谭光军两人参与在朗溪镇的张家、塘池、川岩、大尧 4 个村进行的新农村连片开发试点发展现状住村调查，并设计相关调查指标和统计调查表，完成《大尧村调查报告》《张家村新农村建设发展现状调研报告》。2008 年 7 月，按照中共中央组织部、国家统计局、贵州调查总队安排，在县直部门和乡（镇）村中开展组织工作民意调查。

第三章　审　计

1996 年 8 月，《印江土家族苗族自治县机构编制委员会关于确定县审计局主要职能、内设机构和人员编制的通知》，审计局内设办公室、财政金融审计股、企业审计股，人员编制 12 人；2002 年 1 月根据《县人民政府办公室关于印发印江自治县审计局职能配置内设机构和人员编制方案的通知》，设 4 个职能股室：办公室、经贸和固定资产投资审计股、行政事业和财政金融审计股、经济责任审计室，行政编制 9 名，其中局长 1 名、副局长 1 名，正副股长（主任）4 名，后勤服务人员核定事业编制 1 名。2004 年，县机构编制办公室批复同意县审计局增设领导职数 1 名，增加后勤事业编制 1 名。2005 年，县机构编制办公室批复同意县审计局设立建设项目审计中心，正股级事业机构，定编 3 名，其中主任 1 名，为财政全额拨款管理。

第一节　财政金融审计

一、财政审计

财政审计主要以规范财政预算收支管理和财政分配秩序为目标，深化对财政支出的审计，重点关注财政预算支出中的不合规、不合法、不真实的问题，为政府加强预算监督管理提供依据，提高资金的使用效益。

1989 年，对全县超百万收入的峨岭区财政所进行审计。1990 年，对朗溪区财政收支情况进行审计。1992 年，对板溪区区乡两级 1991 年至 1992 年 6 月底的财政财务收支进行审计。1993 年，对缠溪区公所 1992 年度区、乡两级财政收支进行审计。1994 年，对峨岭、木黄镇 1993 年的财政收支进行审计。1995 年，对县级财政 1995 年 1—9 月的预算执行和其他财政收支情况开展预审，并对 17 个乡镇财政收支进行抽查。1996 年，上半年完成 1995 年度本级财政预算执行和其他财政收支的终结审计。在审计过程中，共延伸审计 19 个单位，其中财政部门 6 个、税务部门 1 个。预算执行单位 12 个。共查出违纪金额 838.46 万元，其中隐瞒截留预算收入 47.8 万元，应缴未缴预算收入 36.8 万元，专项资金未及时拨付到位 191.2 万元，其他财政预算外收支违纪 391.48 万元，其他违纪资金 171.18 万元。通过审计，增加财政收入 73.9 万元。还对与县级财政收支关系较大的新寨乡 1995 年度财政决算情况进行了审计，共查出违纪资金 6.19 万元，其中预算内转预算外 4.75 万元，其他违纪资金 1.44 万元。1997 年，对中坝乡和永义乡 1996 年度财政决算进行审计。1998 年，对洋溪镇 1997 年度财政决算进行审计，对杨柳乡 1997 年度财政决算进行审计，对本级财政 1997 年度预算执行和其他财政收支进行审计。1999 年，对本级财政 1998 年度预算执行和其他财政收支，以及杉树乡 1998 年度财政决算进行审计；对天堂镇1998年度财政决算进行审计；对板溪镇1998年度财政预算执行情况进行审计；对木黄镇1998年度财政预算执行情况进行审计。2000年、2001年，审计了14个乡镇财政收支情况。2002年，对峨岭镇、刀坝乡2001年度财政决算情况进行审计，对缠溪、洋溪等6个财政预算执行单位进行审计。2003年，对2002年度本级财政预算执行情况进行审计，对沙子坡镇、天堂镇等6个本年财政预算执行单位进行审计，对永义乡、新业乡2002年度财政决算情况进行审计。2004年，对本级财政2003年度预算执行情况进行审计，对杨柳乡2003年度财政预算执行情况进行审计。对2004年度本级财政预算执行和其他财政收支情况进行审计。2005年，对峨岭镇2004年度财政预算执行及其他财政收支情况进行审计。2006年，对2005年度本级财政预算执行及其他财政收支情况和罗场乡2005年度财政预算执行及其他财政收支情况进行审计。2007年，对县财政局办理的本级财政和2006年度预算执行及其他财政收支情况进行审计，对缠溪镇2005年度财政预算执行及其他财政收支情况进行审计，共审计出违规金额10万元、管理不规范金额195万元、发现侵害人民群众利益8万元。2008年，共开展财政审计项目7个，其中财政预算执行审计项目5个、财政决算审计项目2个。财政预算执行情况审计分别是：本级财政2007年度预算执行及其他财政收支情况审计、县地方税务局2007年度税收征管及财务收支情况审计、木黄镇2007年度财政预算执行及其他财政收支情况审计、新业乡2007年度财政预算执行及其他财政收支情况审计、县金库办理2007年度本级财政预算资金缴拨情况审计。财政决算审计项目分别是：朗溪镇2007年度财政决算情况审计、中坝乡2007年度财政决算情况审计。7个财政审计项目，共审计出违规资金33万元、管理不规范资金165万元，发现侵害人民群众利益的“乱收费”收入6万元。

二、 金融审计

1988年，审计县工商银行技改贷款。1989年，审计县人民银行财务收支，对县农业银行两项扶贫贴息贷款专项审计。1990年，审计县农业银行1989年的财务收支，并对县农业银行乱发钱物进行处理，罚款10499.67元，补交各种税金17663.93元。1992年，审计县人民银行、县工商银行1991年度财务收支情况。1993年，审计县农行农业产品收购资金。1994年，审计县人行、工行、建行1993年财务收支情况，县农行1993年财务收支和信贷业务，县保险公司1993年保险业务开展情况。1996年，审计县农行1995年年资产、负债、损益，通过检查1995年度损益真实性、负债的合法性和国有资产的增值情况，共查出1995年度该行违纪金额45.49万元。针对其违纪情况和单位实际，根据国家有关财经法规，对其罚款7306元。1999年，审计县工商银行1998—1999年度资产、负债、损益问题。2002年，审计县人保公司1999—2000年度资产、负债、损益情况，以及县农发行和县信用联社2001年度资产负债损益问题。2003年，审计农发行印江支行2001年度资产负债损益情况。2006年，对县农村信用社2005年年末资产质量状况进行审计调查，查出违规经营金额715万元。2007年，审计县农村信用社2006年资产、负债、损益情况，审计出违规金额0.1万元、管理不规范金额3.6万元。

第二节 专项资金审计和固定资产投资审计

一、 专项资金审计

1988年，审计扶贫资金项目3个，即印江鞭炮厂、缠溪区打杵坳乡养牛资金和麻柳乡生猪扶贫贷款，审计金额29.1万元。1989年，审计雷公岩电站扶贫资金使用及效益情况、木黄镇使用民族扶贫资金周转情况。对县民政扶贫开发公司、县城镇建设综合开发公司、县建设银行房地产经营分公司3个公司进行了清理。1992年，审计县农业局农业资金。1993年，对使用扶贫资金较多的梵净山茶场进行审计。1994 年，审计县劳动局 1993 年退休养老、待业保险基金收支管理情况。1995 年，对县坡改梯办公室 1994 年度管理和使用坡改梯资金情况进行审计，审计总金额 110.24 万元，共查出违纪金额 22.5 万元，其中挤占挪用资金 1.48 万元。1996 年，审计县农建办 1995 年从上级争取坡改梯资金 123 万元，实际到位资金 112.77 万元。9 月审计县房改办自县开展房改以来所管理、使用房改资金情况，审计专项资金为 1169.94 万元，共查出违纪金额 99.53 万元，其中侵占挪用 80 万元、小金库 1.97 万元，其他违纪资金 17.56 万元。1997 年，审计 1994—1996 年全县扶贫资金管理和使用情况、1996 年度全县普教经费、县农建办 1996 年度管理和使用坡改梯资金情况。1998 年，审计全县 1997 年度扶贫资金、民政部门 1998 年 1—8 月接受抗洪救灾捐助款、县农建办 1997 年度投放管理使用“坡改梯”资金情况。1999 年，审计 1998 年至 1999 年 3 月县水电局管理、使用水利建设资金情况，审计岩口特大滑坡治理工程项目资金情况，使用县农建办 1998 年度投放、管理、使用“坡改梯”资金情况。2000 年、2001 年，审计农业资金项目 2 个，农业专项资金项目 2 个。2002 年，开展农业与资源环保资金审计，分别对县农业综合开发 1999—2001 年度实施项目情况、实施 2001 年度农综开发项目情况、县农建办 2001 年度“坡改梯”工程资金使用情况、县 2001 年退耕还林（草）资金管理使用情况、2001 年度以工代赈易地扶贫搬迁安置资金管理使用情况、2001 年度县企业职工基本养老保险基金的管理和使用情况进行审计。2003 年，审计县住房公积金管理和使用情况、2000—2002 年实施生态环境综合治理工程资金管理和使用情况，2002 年度全县实施农业综合开发项目资金管理和使用情况、2002 年 8 月至 2003 年 5 月县农办实施坡改梯工程资金管理和使用情况、县水利局实施第二期“渴望工程”和第一期“解困工程”资金管理和使用情况、2002 年县实施天麻 GAP 种植项目建设资金情况、县畜牧水产局实施肉牛育肥示范场项目资金管理和使用情况、全县“非典”资金管理和使用情况、全县 2002 年度低保资金管理使用、县农业局 2001 年 1 月至 2002 年 2 月实施节水生态农业示范基地建设项目资金管理使用情况。2004 年，审计 2003 年度全县民政救灾资金管理使用情况、永义乡防洪堤工程资金使用情况、县农业局实施第三期沼气池建设项目资金管理使用情况、县农办实施 2003 年度坡改梯工程资金管理使用情况、县农业综合开发办实施 2003 年度农业综合开发项目资金管理使用情况、县扶贫办实施天麻基地建设科技扶贫项目资金情况、县教育局第二期义教工程资金使用情况、县计划局 2001 年度以工代赈易地扶贫搬迁项目资金使用情况。审计专项资金 8 个项目共计 2717 万元，审计决定违规金额 9 万元、归还原渠道资金 9 万元。2005 年，审计县农建办 2004 年度实施坡改梯工程项目资金使用情况、县农改办 2004 年度实施农业综合开发项目资金管理使用情况、县农业局 2001 年度实施第四期沼气池建设资金使用情况、县林业局实施退耕还林采种基地建设项目资金使用情况，县扶贫办 2004 年度湄坨小流域水土保持国债资金项目管理使用情况。2006 年，审计 2003—2005 年全县义务教育经费投入情况、2002—2005 年农村人饮解困工程项目资金使用情况、2002 年度异地扶贫移民搬迁工程项目资金使用情况、2005 年度农业综合开发项目资金使用情况、2005 年烟水配套项目资金使用情况、2005 年度基本农田建设项目资金使用情况、2005 年度天然林保护项目资金使用情况。共审计专项资金总额 8899 万元，审计违规金额为 6 万元，管理不规范金额 5 万元。2007 年，审计县畜牧局实施 2004 年优质肉牛基地建设项目资金到位及管理使用情况、县发改局实施木黄（阳坝）至新业（芙蓉）公路工程项目资金使用情况、县扶贫办 2006 年实施科技扶贫发展项目资金到位及管理使用情况、县扶贫办 2006 年实施朗溪至白沙村公路工程项目资金到位及管理使用情况、县发改局 2003 年实施易地扶贫移民搬迁项目资金到位及管理使用情况、县发改局 2004 年实施地质灾害移民搬迁项目资金到位及管理使用情况、县畜牧局实施天然草原恢复与建设项目资金到位及管理使用情况、县农办 2006 年实施农业综合开发项目资金到位及管理使用情况、县水利局实施丰岩节水示范工程项目资金到位及管理使用情况、县水利局 2005 年实施“三小”工程项目资金到位及管理使用情况、县水利局 2006 年管理使用特大防汛经费情况、县农业局实施 2006 年农村劳动力转移培训项目资金到位及管理使用情况、县水利局实施县城第三期防洪堤工程项目资金到位及管理使用情况、县水利局2006年实施雨水集蓄项目资金到位及管理使用情况、全县2004—2006年“两基”经费投入情况、全县2006年社会保障资金收取和管理使用情况、全县烟水配套工程资金管理使用情况、全县农村养老保险基金管理使用情况。审计专项资金总额29384万元，违规金额1万元，管理不规范金额96万元。2008年，审计县扶贫办2006—2007年度管理使用全县扶贫资金情况、县民政局2007—2008年管理使用农村最低生活保障资金情况、县合作医疗管理局2007年度开展农村合作医疗资金管理使用情况、县农办2007年度实施农业综合开发项目资金到位及使用情况、全县接收四川汶川抗震救灾捐赠款物情况、县财政局和民政局等24个单位管理使用2008年抗凝冻资金和接收款物情况、县水利局实施第二期“渴望工程”资金管理使用情况、县交通局实施木黄金竹坳至阳坝油路工程资金到位及使用情况、县农业局2007年度实施农村劳动力转移培训项目资金使用情况、县农业综合开发办实施2007年度基本农田配套小水池建设项目资金到位及使用情况、县农办实施2005年至2008年2月农业综合开发项目资金到位及管理使用情况。共审计总额15203万元，审计出违规金额为9万元，管理不规范金额1690万元。

二、固定资产投资项目审计

1988年，对6个单位7个项目自筹基建资金来源进行审计，自筹资金111.6万元均属正当来源，通过审查。1990年，审计甘金桥电站工程扶贫资金使用情况、印德公路（印江段20公里）106.2万元国家粮棉布补助资金使用情况。1992年，对甘金桥电站工程费用进行审计；审查自筹基建单位10个，项目12个，建设规模3645平方米，总投资60.6万元，其中自筹39.4万元，占总投资65.02%，生产性项目与非生产性项目各占6个。1993年，审计县政协、土管局、教育系统、公安交警队、水电局的物资供应项目，以及人民银行、工商银行、城乡建设环境保护局、县委党校、合水镇医院的基建项目。审计县林业局的木材公司、缠溪粮食所的粮仓、峨岭粮食所的峨岭粮站技改项目。1994年，审计县工商局振兴路室内市场工程竣工决算。对职工集资建房21个项目进行开工前审计，建筑面积17976平方米，投资697.43万元；对3个办公用房项目进行审计，建筑面积7040平方米，投资225.9万元；对1个技改项目进行审计，投资66万元。对7个基建竣工项目进行审计。对县供销社环城商场基建工程项目开展审计调查。1996年，开展6个基建项目的开工前审计，审计总投资额为284万元。2002年，审计县服务有限责任公司招待所基建工程竣工决算。2003年，审计县公安局使用国债资金修建戒毒所工程的竣工决算，工程金额146.39万元。2006年，审计中坝桥竣工决算、新寨乡通乡油路工程决算、合水至苏家坡油路改造工程决算，共审计工程资金1103万元，审计出管理不规范金额20万元，核减工程投资2万元。2008年，审计县交通局实施的沙子坡、刀坝、木黄汽车站建设项目决算情况，审计工程投资金额1066万元，审计查出挤占建设成本19万元。

第三节　企业和行政事业单位审计

一、企业审计

1988年，开展承包经营企业审计，审计的单位有县副食品公司、县造纸厂。同年，审计县烟草行业的财务收支情况。1989年，对县纺织公司营业用房进行跟踪审计。1990年，审计县造纸厂、电厂、印刷厂、水泥厂、汽车队、纺织厂、糖果公司、百货公司、副食品公司、建筑工程公司、物资供应公司财务收支情况，审计总金额1452.22万元，其中违纪金额30.21万元，应上缴财政11.38万元，已上缴财政9.27万元。对县烟草公司1989年执行物价纪律和财务收支情况进行审计，收缴款和罚款共计155455.92元。并委托审计事务所对县兽药厂、自来水厂、五交化公司、饮食服务公司、农机供应公司、石油公司6个企业进行审计。1991年，企业承包经营责任终结审计24项，自筹基建资金经常性审计1项，审计总金额为4051.99万元，查出违纪金额85.14万元，其中，应上缴财政8.15万元（其中罚款6450.33元），已收缴财政4.97万元，入库率为60.98%。另外，对19户国营承包企业的承包经营总结审计，委托审计事务所对5户国营承包企业进行了终结审计，并依法作出审计结论。除个别企业中途因特殊情况终止承包、转包外，审计结果表明，24户企业中，工业企业三年完成工业总产值3212.9万元，年平均产值1071万元，比承包前1987年的1107.8万元下降3.33%；商品企业三年完成商品销售额1377.4万元，比1987年增长45.8%；利润总额为425.6万元，年平均141.9万元，比承包前1987年的90.9万元增长56.1%，上缴所得税97.1万元，年均32.4万元，比承包前1987年的47.1万元减少31.2%。审计提出29条建议，企业采纳20条。1992年，审计造纸厂、百货公司、水泥厂1991年度财务收支情况，并向两个方面延伸；审计印刷厂1991年度承包经营责任，粮油议购议销公司1991年度财务收支，邮电局1991年度的财务收支。1993年，审计县民族贸易公司1991年7月至1992年11月出纳收销货款违反财经纪律行为，县石油公司1991年度财务收支，县梵净山茶厂历年来资金使用情况，县物资供应公司、百货公司、农机公司、盐业公司、糖酒公司1991—1992年度目标经营管理责任终结，县青坨煤矿、水泥厂、饮食服务公司、饲料公司、印刷厂、造纸厂、药材公司、五交化公司、自来水公司承包经营责任终结，县电力公司1991年目标经营管理责任及1992年度财务收支，县纺织品公司1991—1992年度财务收支。把造纸厂、百货公司作为重点对象审计。1994，审计县造纸厂1993年度资产负债、损益情况，县烟草公司1993年财务收支情况。

1996，审计县纸厂1995年度资产、负债、损益情况，查出该厂资产不实131.91万元，负债不实369.49万元，损益不实36.67万元。1997年，审计县烟草公司1996年度财务收支情况、县兽药厂1996年度资产负债损益情况。1998年，审计县供电局1997年度财务收支，峨岭粮管所1997年度财务收支，县水泥厂1997年度资产、负债、损益，县保险公司1997年度资产、负债、损益情况。1999年，审计县自来水公司1998年度财务收支、县油脂化工厂1998年度财务收支。2002年，审计县供水有限责任公司2001年度资产、负债、损益情况。2003年，审计县种子公司2002年资产、负债、损益情况，查出违规金额达54万元，审计处理54万元、处罚2.5万元。2007年，审计县新华书店2006年财务收支情况，审计出管理不规范金额25万元。

二、 行政事业单位审计

1988年，对农业局、畜牧局、水电局、林业局、民政局、县民委6个单位进行定审，审计总金额576.29万元，查出违纪资金5.89万元。1989年，审计县交通管理站、建设局施工管理站财务收支。1990年，对县财政局、司法局、民政局、农业局、畜牧局、林业局、水电局、广播局、交通局、计生委、民委等12个单位实行季审、半年审，审计总额862.87万元，违纪资金8.49万元，应收缴财政1.16万元，已上缴0.99万元，上缴主管部门0.25万元。1991年，审计行政财务收支单位1个、行政事业单位定期审计11个。

1992年，审计1991年度水利经费、工商局1991年度预算内外财务收支、土地管理局1990年和1991年预算内外财务收支、劳动局“两金”收支、交通运输管理所1991年度收支。1993年，审计县城乡建设环境保护局1992年排污费收支及财务收支。1994年，审计县工商局1993年财务收支。1995年，审计县劳动局、工商局、房改办、土管局、城建局，对房改办进行审计查证，审计总金额276.99万元，共查出违纪资金13.89万元，其中挤占挪用专项资金7.35万元，“三乱”收费0.37万元，其他资金6.17万元，应追还侵占挪用资金0.37万元，促进增收节支12.67万元。1996年，抽查了1995年度教育事业费、1995年度公安部门罚没收入与办案收费情况等12个行政事业单位的预算内外收支和13个利税部门。1997年，审计县计生局1996年度计生事业费使用情况。1998年，审计县教育局1995年度教育事业费情况，审计金额为1251.98万元，查出违纪金额4.46万元，其中侵占挪用0.3万元，截留应缴财政收入1.82万元，小金库2.34万元。审计县农机局1997年度财务收支，县商业贸易开发中心1997年度财务收支。1999年，审计县文广局1998年度财务收支、县供销社1998年度财务收支、县国土局1998年度财务收支、县社保局1998年度财务收支、县房改办1998年度财务收支、县教育局1998年度教育经费管理使用情况、县地税局1998年度财政预算执行情况。2002年，审计县教育局、水利局、国土资源局、地税局2001年财务收支情况，县公安局2001—2002年财务收支情况。2003年，审计县民宗局、建设局、司法局、地税局2002年财务收支情况。2004年，审计县地税局2003年度财政预算执行情况、县林业局2003年度财政预算执行情况、县委招待所2001—2004年度财务支出情况。2005年，审计县血站、县计生局、县技术监督局2003年度财务收支、县工商局2004年度财务收支情况、县总工会2004年度财务收支情况、县农业办公室2004年度财务收支情况、县地税局2004年度税收征管情况和使用情况、县药监局2004年度财务收支情况。2006年，审计县地税局2005年度税收征管及其财务收支情况审计，审计出违规金额2万元，发现侵害人民群众利益17万元。审计县职校2005年度财务收支情况、县残联2005年度财务收支情况，这2个单位审计出违规资金4万元、管理不规范47万元。2007年，审计2006年度县地税局税收征管及财务收支情况、县人事劳动和社会保障局财务收支情况、县国土资源管理局财务收支情况、县烟办财务收支情况、县政府办财务收支情况、县农业办公室财务收支情况、县民政局财务收支情况、县交通局财务收支情况、县扶贫办财务收支情况、县发改局财务收支情况、县畜牧水产局财务收支情况、县单采血浆站财务收支情况、县安监局财务收支情况、县农机中心财务收支情况。共审计出违规资金86万元、管理不规范金额201万元。2008年，审计2007年度县林业局财务收支情况、县烟办财务收支情况、县鹅办财务收支情况、县计生局财务收支情况、县民政局财务收支情况、县物价局财务收支情况、县经贸局财务收支情况、县农机中心财务收支情况、县茶办2002年至2007年11月财务收支情况。9个项目共审计出违规资金34万元、管理不规范金额592万元。

第四节　经济责任审计和离任责任审计

一、经济责任审计

1993年，根据全县国有企业二轮承包期满的实际情况，接受财政部门委托，承担了16户企业第二轮承包经营和目标管理责任终结审计。2002年，开展经济责任审计10个：分别是县教育局、交通局、发展计划局、国土资源局、财政局、政府办6个单位主要负责人的任期经济责任审计和中坝乡、刀坝乡、洋溪镇等乡镇原任党委书记的离任经济责任审计。2004年，对杨柳乡原党委书记、新寨乡原党委书记和原任乡长进行经济责任审计。2005年，对杉树乡、天堂镇4名党政领导干部进行了经济责任审计。2007年，开展领导干部经济责任审计项目5个，分别是：县粮食局局长任光政任期经济责任审计、县科协主席冉隆洪任期经济责任审计、峨岭镇镇长靳承建任期经济责任审计、刀坝乡乡长夏永刚任期经济责任审计、县卫生局局长李国宣任期经济责任审计。2008年，开展领导干部经济责任审计6个单位8人，分别是：县公安局局长刘汉文任期经济责任审计、县教育局局长王昌杰任期经济责任审计、县农办原任主任田举任期经济责任审计、县扶贫办主任饶继军任期经济责任审计、合水镇党委书记夏良强和镇长彭显斌任期经济责任审计、永义乡党委书记任明洪和乡长田刚任期经济责任审计。

二、离任责任审计

1988年，对县卫生局长进行离任审计。1997年，对县造纸厂企业法人代表进行离任审计。1998

年，对县造纸厂企业法人代表进行离任审计。1999 年，对县公安局原任局长冯贵川进行离任经济责任审计。2002 年，对县粮食购销公司原任经理进行离任经济责任审计。2003 年，对县经贸局原任局长、县老年委原主任、朗溪镇党委书记、木黄镇原任党委书记、县科技局原任局长、县扶贫办原任主任 6 名党政领导干部进行离任经济责任审计。

第五节　其他审计

一、外资运用审计

1993 年，审计县世界银行贷款办公室 1992 年度实施 2339 贫困省教育项目。1994 年，外资审计 2 个，即县世界银行教育贷款办 1993 年度实施 2339 贫困省教育项目和县卫Ⅳ项目实施情况。1996 年，审计 1995 年县世界银行教育贷款办、卫生贷款办使用世界银行贷授的 2339 贫困省教育项目和 2539 农村卫生人力开发项目。两个项目累计完成投资额 1268.7 万元，该年度计划投资额为 428.02 万元，实际完成投资额 395.01 万元，计划外投资额 155.65 万元，查出违纪资金 10.88 万元。1997 年，审计县世界银行教育贷款办 1996 年度实施 2339 贫困省教育项目情况、县世界银行卫生项目贷款办 1996 年度实施 2539 贫困省教育项目情况、县世界银行卫生项目贷款办 1996 年度实施的 2794 项目情况。1998 年，审计 1997 年度的县世界银行教育贷款办扶贫资金、县世界银行教育贷款办实施世界银行贫困教育发展贷款项目，县世界银行卫生人力贷款办实施世界银行农村卫生人力开发贷款项目，县世界银行疾病预防贷款办实施世界银行疾病预防贷款项目，县世界银行种子商业化贷款办实施世界银行种子商业化贷款项目。1999 年，审计 1998 年度世界银行教育贷款办实施世界银行贫困省发展贷款项目、世界银行疾病预防贷款办实施世界银行疾病贷款项目、世界银行农村人力开发贷款办实施世界银行农村人力开发贷款项目、世界银行种子商业贷款办实施世界银行中国种子商业化贷款项目、县世界银行林业发展贷款办实施贫困地区林业发展贷款项目。2000 年，审计国外援助贷款 5 个。2001 年，审计国外援助贷款 4 个。2002 年，审计 2001 年度实施世界银行贷款农村卫生人力开发项目、疾病预防项目、卫生发展妇幼子项目、贫困地区林业发展项目等情况。2003 年，审计县 2002 年度实施世界银行贷款贫困地区林业发展项目、疾病预防项目、卫生发展妇幼项目等资金情况。2005 年，审计实施 2003 年度世界银行贷款卫生项目情况，发现存在虚列支出、滞留项目资金的问题。县世界银行贷款卫生项目办 2004 年度实施世界银行贷款结核病控制项目和第九个卫生发展妇幼子项目。2006 年，审计 2005 年度世界银行贷款结核病控制项目贷款资金管理使用情况、2005 年度世界银行贷款第九个卫生发展项目妇幼子项目贷款资金管理使用情况。2007 年，审计 2006 年度县世界银行贷款卫生项目办实施世界银行贷款第九个卫生发展项目妇幼子项目资金、县世界银行贷款卫生项目办实施世界银行贷款结核病控制项目资金，审计出违规改变资金用途 3 万元。

二、审计调查

1988 年，完成 4 个审计调查：(1) 开展承包经营企业的调查；(2) 对扶贫资金来源情况的调查；(3) 对耿仁寨人畜饮水工程实施情况的调查；(4) 按照上级审计机关的临时安排，国家高档烟酒价格放开后，对全县烟酒调价情况进行调查。1989 年，完成审计调查项目 5 个：(1) 查清 1985—1988 年从上级各种渠道拨入印江的扶贫资金共 2535.34 万元，查清底数。(2) 对全县上半年财政预算收支执行情况的调查。(3) 对 1984 年以来全县中小学危房资金的使用情况进行调查，通过调查，三年来危房改造总投资 292.8 万元，其中省级投入 149.5 万元，县级投入 69.3 万元，群众集资 74 万元，对 78 所中、小学 32072 平方米的危房进行维修和改造。(4) 对 1989 年救灾粮款的使用进行调查。(5) 对县食品公司承包经营效益进行审计调查，揭露经营中存在的管理不善的问题，向有关部门提供真实可靠的数据情况。同时对县林业局1984年以来的五项资金进行调查。1990年，完成审计调查4项，分别是对全县1989年扶贫资金、县农业银行1988—1990年6月30日发放的支农贷款、国营企业承包经营期间主要经济指标完成情况、县固定资产投资在建项目调查。1991年，完成专业审计调查2个，即对商业、供销系统一次性处理库存积压商品和全县接收捐赠及上级划拨的救灾粮、款、物的分配情况的审计调查。1992年，完成中小学救灾款使用情况调查。1993年，对县粮食企业1992年财务挂账及财务收支和1991年年底以来粮食财务挂账及消化情况进行审计调查，对全县1992年度农副产品收购资金进行审计调查。1994年，对县金融系统所办经济实体脱钩情况进行审计调查。1996年，对县财政部门1995年至1996年6月管理、使用财政预算外资金情况进行了清理；对全县1995年度行政性收费与罚没收入进行审计调查，对新寨乡的提留、乡统筹资金进行审计调查。1997年，对全县1996年乡镇企业财务收支情况进行审计调查。2001年，对罗场乡原卫生院院长经济问题进行调查，对中坝乡原卫生院院长经济问题进行调查，对县盐业公司食盐销售价格问题进行调查，同时对全县公费医疗报销标准及范围进行审核，对县农机公司资产负债损益进行清查；对新业乡坪坝桥及坪铁居公路经济案件进行调查。2002年，对县教育部门实施计算机教育工程进行审计调查，发现在工程实施过程中，存在超标准收费、未按县统一规定收费、坐收坐支工程资金、挪用工程资金等9个方面的问题，向县“工程办”提出建议，审计调查组还协助清收应缴未缴工程资金64万多元。2004年，开展对杨柳乡财务收支情况的审计调查、对县文广大楼工程建设项目拖欠民工工资的审计调查。2005年，对全县义务教育2001—2004年度专项经费使用情况进行审计调查。

三、 社会审计和内部审计

1989年8月，经县人民政府同意报省审查批准成立印江审计事务所。1994年，全县设置内审人员的单位从原来的14个增加到27个，新增13个。审计事务所开展了国有资产登记年检、注册资金验证和建设项目竣工决算审计，全年完成企业注册资金验证年检103个，国有资产登记年检47个，办理年度财务收支账目2个，帮助建账1个。1995年，完成委托审计事项151项，其中验资年检136项，基建审计15项，共审减工程决算金额107万元，收入10.15万元，并为国家提供各项税收1.7万元，提取风险基金1.5万元，事务所各项基金合计4.63万元。内审工作，到年底共有机构25个，其中专职机构5个，有内审人员28人，其中专职人员8人。1996年，完成委托审计事项170项，其中财务收支审计16项，承包离任审计27项，经济案件鉴定1项，验资年鉴107项，基建审计19项，共核减基建预决算38.35万元，创业务收入12.5万元，比1995年同期增长18.8%。全县有内审机构25个，其中专职机构5个，有内审人员28人。这些内审机构共审计24个单位，其中财务收支审计11个，经济利益11个，任期经济责任审计1个，基建预算审计1个。共查出损失浪费4.8万元。促进提高经济效益16.3万元，已纠正违纪金额49万元。1997年，完成委托事项43项，其中财务收支审计3项、经济案件鉴定1项、验资年鉴32项、基建项目审计7项，共核减基建决算8.52万元。

第四章　物　价

第一节　物价体制

根据铜仁地区机构编制委员会办公室《关于县级物价机构有关问题的通知》文件精神，1999 年 8 月 18 日，印江土家族苗族自治县机构编制委员会批准成立印江土家族苗族自治县物价局，负责县内价格管理工作。县物价检查所与其合署办公，实行一个机构两块牌子，使用各自印章，对外加挂价格事务所牌子。内设办公室、业务股、价格监督检查股，价格认证中心，局机关行政编制 3 人，局长 1 人，副局长 2 人，专项人员编制 6 人，认证中心有事业编制 2 人。2008 年 5 月，印江自治县价格监督检查局成立，为县物价局直属副科级行政机构。

1986 年以前，国家长期实行集中的计划经济管理体制，许多产品价格为多年一贯制。1986 年起，各级物价部门逐步纠正价格形式单一、权力集中过多、计划范围过大、对价值规律利用少、管理过死等弊端，价格管理形式由单一的国家定价形式改革为国家定价、国家指导价、市场调节价格、“双轨制”价格等多种形式。关系人民生活和生产的重要商品生产经营权、调整价格权实行国家定价。一些重要商品，如化肥、农药、汽油、煤油、柴油、粮食以及建筑材料，执行计划内指导价和计划外的企业协商议价并行的“双轨制”价格。对商业、供销经营的百货、五交化、纺织品、中药材、旅社行业、饮食服务业、轻手工业制品等价格逐步全放开，买卖双方协商议价。城市农副产品贸易实行市场调节价格。

2003 年 4 月，省物价局授权县级人民政府对日常公共消费品制定价格和收费标准，包括天然气销售价格、民用液化气价格、林木种苗销售价格、镇一级城镇供水价格、县级及县以下公共客运交通（含出租汽车）票价、县内公路客运价、停车场停车、洗车场洗车收费标准、县城所在地及以下土地基准价(报上一级物价部门会同有关部门审核同意)、由县工商、行政管理部门登记的开发公司开发的享受国家优惠政策的居民住宅（含经济适用住房、微利房、安居房、解困房）售价及拆迁安置房销售价格、县城所在地社会力量办学收费标准（高等学校除外)、幼儿园收费标准、县以下城镇生活垃圾处理费、除省物价局和市、州、地政府（行署）管理外的游览参观点门票价格及收费。

第二节　物价管理

1988 年 6 月，地区物价局、财政局转发财政部、国家物价局通知，加强对行政事业性收费的管理。1988 年 7 月，按照国家要求放开 13 种国家级名烟名酒价格。1992 年 4 月，根据省物价局、省财

县物价局对农贸市场进行物价监督

政厅的统一安排部署，以及地区物价局、财政局联合行文的相关要求，对全县行政事业性收费实行收费许可证年审工作制度，对年审范围及对象、年审内容、年审时间进行明确要求，规范全县年审制度。8 月，按照地区物价局《关于向生产、经营企业派驻价格咨询员的通知》精神，派遣价格咨询员，使价格服务进企业。11 月，按照地区物价局要求办理贵州省企业定价证。1993 年 5 月，放开粮食购销价格。1994 年 1 月，按照地区物价局、地区交通局行文，明确“春运”客运价格执行最高限价要求，自治县物价局、交通局按规定监督执行，并在春运期间进行市场检查，有效地防止春运乱收费行为。同年 8 月，根据地区物价局、地区财政局联合转发的《中央关于取消第一、二、三批收费项目的通知》，自治县物价局按照通知规定，对应取消的收费项目进行清理、取消。1996 年 6 月，自治县价格事务所成立，与物价检查所实行一套人员，两块牌子，合署办公。同年 6 月，根据《贵州省党政机构改革方案》精神，自治县物价局与工商局合并。12 月，为贯彻国家计委《关于加强成品油价格管理的紧急通知》和《关于开展对成品油价格检查的紧急通知》精神，在全县范围内开展成品油价格检查。1997 年 7 月，按照地区物价局、地区监察局转发国家计委、监察部《关于在全国开展建设项目收费检查的通知》，在全县开展建设项目收费检查。8 月，根据《中共中央、国务院关于治理向企业乱收费、乱罚款和各种摊派等问题的决定》，结合印江县实际，自治县物价局对企业乱收费现象进行治理专项行动。12 月，为规范公用电话的收费行为，根据省和地区物价局、邮电局“关于改革邮电价格的通知”精神，规范公用电话交费标准。1998 年 3 月，按照地区物价局转发省人民政府《关于公布第一批、第二批、第三批取消行政事业性收费项目的通知》精神，在 1998 年的收费年审时，从收费许可证上予以注销。《价格法》于 5 月 1 日起正式施行，自治县物价局（工商局）开展了《中华人民共和国价格法》宣传活动。1999 年 11 月，随着工商、技术监督局实行省级以下垂直管理，自治县物价局从工商局分离出来。2000 年 6 月，按照上级工作安排，在全县发行农村居民用电收费明白卡。9 月，地区物价局、地区财政局、地区教育局联合行文，按要求开展了学校收费专项检查行动，进一步规范全区中小学收费行为。2001 年 3 月，在全县范围内开展大规模的涉农价格和收费专项检查。5 月，开通“12358”价格举报电话。2002 年 4 月，在全县开展工商和集贸市场收费专项检查。2003 年 5 月，根据地区《关于开展防治“非典”用药品、医疗器械、消毒产品、食品等专项联合执法检查的紧急通知》，自治县物价局切实加强农村价格和收费管理工作。9 月，自治县物价局在全县开展防止“非典”期间药品价格专项检查行动，对趁乱哄抬药价的行为给予坚决打击。2004 年 2 月，地区物价局转发省物价局《关于做好禽流感防治工作保持市场价格稳定的紧急通知》，积极做好价格预案。8 月，在印江召开全区第一次煤炭价格调节基金征收管理工作会议。2005 年 1 月，开展化肥等农业生产资料价格专项检查。3 月，县物价局印发《关于应对和处置价格异常波动的工作预案》。7 月，在全县开展查处价格欺诈专项行动和下岗失业人员再就业、农民进城务工收费专项检查。8 月，按照地区物价局文件通知，对全县开展国土房产收费专项检查。2006 年 2 月，开展“价格服务进万家”活动。11 月，按照地区文件要求，调整了全县小水电上网价格。2007 年 1 月，县物价局、卫生局对全县乡镇和社区部分医疗服务项目价格进行规范，明确了试行价格。5 月，根据地区物价局、财政局、水电局联合行文，调整全县水资源费征收标准。11 月，按照地区物价局、财政局、建设局、交通局的联合行文，调整农村公路客运燃油附加费标准。2008 年因遭受罕见的雪凝灾害，3 月，对城区早餐（粉）成本进行了测算，公布了平均成本和利润率。首次实施价格干预对应措施，对生活必需品价格采取临时价干预等，对重要商品价格实行紧急情况一日价格双报制。

第三节 物价监督

县物价局要求市场明码标价（2006 年拍摄）

《中华人民共和国价格法》于 1998 年 5 月 1 日颁布实施，《贵州省价格条例》于 2004 年 3 月 1 日颁布实施。1998 年，自治县人民政府要求在全县开展学习宣传贯彻《中华人民共和国价格法》宣传月活动，县人民政府常务副县长作了题为《认真学习宣传实施〈中华人民共和国价格法〉，促进全县市场经济体系建设的健康发展》的电视讲话，并解决 5000 元宣传经费，发放《中华人民共和国价格法》260 册、塑胶铅印版 900 张，宣传资料 1000 余份，制作固定横幅标语 5 幅、张贴标语 35 条。邀请各界参加颁布《价格法》座谈会 1 次，召开大型培训会三期，还利用报刊、媒体进行广泛宣传。从 2002 年起，每年的 3—5 月，开展《中华人民共和国价格法》《贵州省价格条例》的“宣传双月活动”。根据国家计委文件精神，为制止乱涨价、乱收费、乱摊派等加重农民负担、危害社会、影响安定的行为，增强价格收费公示透明度，狠抓落实“三农”工作，确保明明白白交费公示透明度，努力净化价格环境，在全县范围内铺开了涉农价格收费公示工作，公示领域涉及全县 365 个村、17 个乡（镇）、3 个社区、449 个收费单位，公示率达 100%，重点还对乡（镇）16 家医院和城区 5 家医院的医疗收费及药品价格进行监督，确保公示内容齐全，位置醒目，符合便民利民要求。为进一步解决看病难问题，2003 年，按照省物价局文件精神，重点规范了医疗服务价格，同时加大了查处力度。2002 年秋季入学起，县物价局会同有关部门核定了“一费制”收费标准，坚决贯彻落实关于治理农村中小学乱收费、切实减轻农民负担，严格执行“一费制”政策，坚决取消各种集资和摊派，加大了义务教育阶段学校收费的监督检查力度。2000—2003 年，教育收费一项就查出违规收费的学校 36 所，立案 36 件，所查违规金额 350 万元，实施行政处罚近 10 万元，责令清退还给学生金额 340 万元，切实减轻了学生家庭负担，有效遏制了教育乱收费，并督促兑现减免落实优惠政策。开展涉及计生、民政、卫生、国土、建设、供电、供水等价格监督检查，2003 年全县共立案检查 72 件，经查违规收费金额达 670 万元，实施行政处罚 30 万元，退回多收价款 640 万元。通过检查，规范了行政事业和服务行业收费，特别对下岗失业人员和外出务工人员的收费监督，有力保护了弱势群体的利益。大力整治投资环境，力戒涉企乱收费，改善招商引资环境，会同财政、监察部门对外来投资企业实行挂牌跟踪保护，采用了缴费登记卡的方式进行收费监督。每年审验收费许可证 449 个，涉及取消的收费项目和降低的收费标准得到落实。1995 年，结合实际，实施了“两改一同价”的农村电网建设与改造工作总体规划，制定了相关收费标准，执行了各时期的电价政策。1999 年、2002 年、2007 年分别三次调整县城区供水价格。乡（镇）供水设施健全后，对全县 17 个乡（镇）供水价格进行了规范。根据市场变动情况及时制定了石油液化气价格。2005 年 11 月 29 日，自治人民政府印发了自治县价格管理相关目录。定价权限目录主要包括：液化气价格、林木苗价格、供水价格、部分交通价格、房地产价格、公益性事业价格、重要商品服务价格、旅游景区价格、民用爆破器材价格等；重要商品和服务价格成本监审目录（第一批）包括：乡（镇）供水价格成本、中小学住校生住宿成本、民用爆破器材价格成本和上级价格主管部门委托的监审品种和项目；价格听证目录包括：乡（镇）自来水供水价格制定或调整，县城公交车票价制定或调整、乡（镇）生活垃圾处理收费价格制定或调整及上级价格主管部门委托事项。局价格认证中心为公、检、法、司、林业派出所作出涉案物价格鉴定 246 件，鉴定总金额 5320 万元，提供了合法有效的价格依据。认证评估工作涉及抵押物、过期无主物及保险索赔理赔等标的，为全县价格评估鉴定创建了公平的环境。同时与公安配合到现场作出损失估价，成功解决了朗溪白沙大坡的群体性事件和岩底寨兽药厂的群体性事件，全县价格认证工作得到社会各界的认可。为了促使经营者价格诚信，通过认证授予 3 家“明码实价店”匾牌和证书。开通价格投诉电话 12358 热线，提高了价格监督反应速度。为加强价格收费监督网络建设，2004 年聘请了义务价格收费监督员 385 人，辐射 17 个乡（镇）和 3 个社区、365 个村，对全县的价格收费进行监督。到 2008 年，按职能职责对全县物价进行有效的监督管理。

第五章　工商行政管理

第一节　市场监管

一、管理机构

印江自治县工商行政管理局开展服务承诺评议会议（2009 年拍摄）

1988—1996 年，印江土家族苗族自治县工商局内设 9 个股室协会（办公室、市场股、个体股、企业股、合同商标股、经检队、消费者协会、仲裁委员会、个私协），下设 10 个工商所（峨岭、新寨、板溪、沙子坡、天堂、木黄、朗溪、合水、缠溪、洋溪）。1996 年年底，三局合一，即县工商行政管理局、县物价局、县质量技术监督局合并为印江土家族苗族自治县工商行政管理局，内设办公室、人教股、公平交易股（含市场、合同、商标、广告在内的工作）、物价股、技术监督股、法制股、经检中队、企业股、个体股、消协、个私协 9 个股室 2 个协会。1998 年，印江土家族苗族自治县工商行政管理局又重新分设为县工商局、县技术监督局、县物价局，机构和人员相继回原单位；1999 年 7 月，工商行政管理进行体制改革，实行省以下垂直管理，内设 6 个股室 2 个协会：办公室、人教股、纪检监察室、执法监督股（市场经检队、商标、广告、合同），政策法规股、注册股（企业、个体）、消协（含 12315 投诉中心）、个协，下设 4 个工商行政管理所（峨岭、板溪、木黄、缠溪）。机构改革后，工商所改为工商分局，为副科级单位，并增设梵净山工商分局。全县工商系统编制 79 人．其中：行政编制 67 人，事业编制 12 人。事业编制中，信息中心 5 名，消协 3 名，机关工勤编制 4 名。

二、市场监督管理

1988 年，国务院实行机构改革，确定工商行政管理机关既是经济监督管理部门，也是行政执法机关。在逐步建立和完善社会主义市场经济体制中，印江自治县工商行政管理局对市场监督管理的主要任务是：依法确认市场主体资格，认真规范市场经济行为，严格查处市场违法违章行为，保护生产经营者、消费者的合法权益，维护正常市场秩序。

每年的节假日，都要组织执法人员、车辆、印制法律法规和识别真假商品的资料开展宣传工作，对全县所有企业、个体工商户，集镇市场摊位，商店进行地毯式检查。采取“六查六看”（即：查经营资格、经销品种、进货凭证，包装标识、商标广告、市场开办者；看证照是否齐全，商品来源是否合法和进货是否履行了检验职责，是否有质量卫生检验检疫合格证明，标识是否虚假，商品是否侵犯他人注册商标专用权，广告有无虚假）的方式，检查管理制度是否健全，是否对进场经营者进行了资格和监督责任。

推进市场巡查制度，运用法律手段、行政手段对市场进行宏观监督管理，采用驻场制和巡查制相结合的监管方式规范市场主体和经营行为。加强对歌舞娱乐、电子游戏、桑拿按摩、录像放映、网吧、易燃易爆物品生产经营及运输等涉及民众生命财产安全的重点行业、重点企业的管理，对注册登记情况进行清理，以分局（工商所）为单位建立“经济户口”管理制度，加大对无照经营企业、“三无”企业及其他违法企业登记行为的查处力度。

日常监管与开展“红盾护农”“文明集市建设”“万城万店无假活动”“食品放心商店”“消费者信得过单位”等活动来规范提高市场监督管理水平，服务、服从于经济发展。

第二节　企业登记管理

一、 企业登记

1988年，省人民政府下发《关于组织专业技术人员支援乡镇企业的决定》，进一步放宽乡镇企业的开办条件，放宽经营范围、放宽公司注册资金限额，支持乡镇企业进城开设窗口和横向经济联合，积极支持专业技术人员从事第二职业；对从事种植业、养殖业的乡镇企业，放宽公司注册资金限额，规定生产性公司的注册资金由10万元改为5万元；商业性公司、批发企业的注册资金由20万元改为10万元，零售企业的注册资金由10万元改为5万元，技术咨询服务公司的注册资金由5万元改为2万元。对各类专业技术人员和管理干部兼职开办面向农村企业的技术开发、技术转让、举办信息、咨询服务行业，经所在单位批准，可以发给营业执照。1988年，原制药行业注册登记由统一到省工商局注册登记改为向批准设立的同级机关的工商行政管理机关申请登记注册，并对党政机关和党政干部经商办企业进行了清理，组织企业法人、企业管理人员分三批集中学习《中华人民共和国企业法人登记条件》。

2000年，峨岭工商所荣获全省“先进工商所”称号

1989年，开始清理整顿公司，国家对彩电专营实行许可证制度，省工商局规定申请经营彩电的单位，必须具备国发〔1989〕12号文件规定的审批标准6个条件，特别是“包修、包换、包退”的三包条件，没有“三包”条件，绝不批准经营。1990年向企业印发国家工商行政管理局《企业法人登记公告管理办法》120份，1991年印发《企业名称登记管理规定》130份。1992年，开始试行《股份制企业登记管理办法》，确立股份制企业的法律地位，保障股份制企业、股东和债权人的合法权益。1993年，放宽股份有限公司和有限责任公司注册资金最低限额，即股份有限公司的注册资金最低额为500万元，有限责任公司中生产经营性和商业、物资批发企业为25万元，商业零售企业为15万元，科技开发、咨询、服务企业为5万元，降低一般企业注册资金限额，除国家有专项规定的以外，公司（中心）注册资金最低限额为生产性公司5万元，经营性公司（批发、零售）3万元，服务性公司1万元，非公司（中心）的企业法人5000元。而且经具有验资资格的单位验资确认的贷款、借款，均可核定为企业注册资金。

1988 年，全县登记注册的各类工商企业 41 户，注册资本 50116 万元，从业人员 4528 人。1990 年，全县登记注册的各类工商企业累计 94 户，注册资本 11454 万元，从业人员 6153 人。2000 年全县登记注册的各类工商企业累计 349 户，注册资本 42529 万元，从业人员 10485 人。2005 年，全县登记注册的各类工商企业累计 454 户，注册资本 55325 万元，从业人员 11213 人。2008 年全县登记注册的各类工商企业累计 550 户，注册资本 67020 万元，从业人员 11723 人。其中：有限责任公司 18 户，注册资金 4932 万元；合伙企业 5 户，注册资金 1248 万元；私营企业 367 户，注册资金 53387 万元。

1988—2008 年印江自治县企业注册登记情况一览表

表 7—4

年度	企业户数（户）	注册资金（万元）	从业人员（人）	年检企业（户）
1988	41	50116	4528	40
1989	67	8164	5389	65
1990	94	11454	6153	90
1991	118	14379	6886	110
1992	147	17913	7123	140
1993	171	20832	7821	169
1994	198	24128	8013	189
1995	211	25712	8456	201
1996	243	29611	8919	220
1997	271	33024	10126	251
1998	302	36801	10186	289
1999	331	40335	10338	310
2000	349	42529	10485	338
2001	369	44966	10588	341
2002	392	47769	10679	363
2003	416	50693	10786	394
2004	431	52521	10913	412
2005	454	55325	11213	434
2006	483	58859	11345	467
2007	512	62268	11436	498
2008	550	67020	11723	534

二、企业管理

根据《中华人民共和国企业法人登记条例》，对企业监督管理，主要抓了以下几方面工作，一是切实搞好市场准入。结合印江县情，把搞活经济、培育、支持、发展市场主体作为工商行政管理工作的重要任务。二是积极支持国有企业改革、改组，推进建立现代企业制度。三是以年检为重点，加强对企业的监督力度，1988 年年检企业 40 户，年检率达 98%。四是对企业回访，广泛听取和征求企业意见，及时了解企业生产经营等状况。五是抓好企业档案管理，建立定期检查制度查处违法违规企业。六是建立企业法人代表培训制度，为了使企业做到知法、懂法、守法，自觉依法从事生产经营，1988—2008 年共举办培训班 45 期，参加学习人员 2548 人次。

1988—2008年印江自治县内资企业登记及分类统计表

表7—5

类别 年份	企业总数（户）	注册资本（万元）	按行业分类									
			农林牧渔业（户）	采掘（矿）业（户）	制造业（户）	建筑业（户）	批发零售（户）	住宿和餐饮业（户）	金融保险业（户）	房地产业（户）	社会或居民服务业（户）	其他行业（户）
1988	41	50116	—	—	1	—	31	1	—	—	—	9
1989	67	8164	—	—	1	—	49	1	—	—	—	17
1990	94	11454	—	—	2	—	64	1	4	—	—	25
1991	118	14379	—	—	4	—	81	1	5	—	—	31
1992	147	17913	—	—	6	—	104	1	7	—	—	35
1993	171	20832	—	—	9	—	128	1	10	—	—	32
1994	198	24128	—	—	10	—	148	1	11	—	—	38
1995	211	25712	—	—	13	—	158	1	13	—	—	39
1996	243	29611	—	—	15	—	175	1	18	—	—	49
1997	271	33024	—	—	19	1	176	1	20	—	—	54
1998	302	36801	—	2	21	2	179	2	24	—	—	72
1999	331	40335	5	2	23	3	180	2	26	—	—	90
2000	349	42529	11	2	25	4	181	2	28	—	—	96
2001	369	44966	16	3	28	6	183	2	30	—	—	101
2002	392	47769	22	5	30	8	185	2	32	1	—	107
2003	416	50693	29	7	32	10	186	3	35	2	—	112
2004	431	52521	27	9	35	11	186	3	38	3	1	118
2005	454	55325	30	10	38	13	188	3	40	5	3	124
2006	483	58859	32	11	43	14	190	5	42	11	5	130
2007	512	62268	34	12	48	15	193	6	47	14	7	136
2008	550	67020	41	12	53	16	201	6	50	18	17	146

1988—2008年印江自治县企业登记及分类统计表

表7—6

类别 年份	企业总数（户）	按经济性质分类					
		国有企业（户）	集体企业（户）	私营企业（户）	股份合作企业（户）	股份制企业（户）	其他企业（户）
1988	41	21	19	—	—	—	1
1989	67	31	35	—	—	—	1
1990	94	34	59	—	—	—	1
1991	118	46	69	—	—	—	3
1992	147	61	82	—	—	—	4
1993	171	83	84	—	—	—	4
1994	198	85	84	25	—	—	4
1995	211	87	86	34	—	—	4
1996	243	89	88	61	—	—	5

续表7—6

年份＼类别	企业总数（户）	按经济性质分类					
		国有企业（户）	集体企业（户）	私营企业（户）	股份合作企业（户）	股份制企业（户）	其他企业（户）
1997	271	90	90	86	—	—	5
1998	302	90	91	115	—	—	6
1999	331	91	91	143	—	—	6
2000	349	91	91	160	—	—	7
2001	369	91	91	178	—	—	9
2002	392	91	91	201	—	1	8
2003	416	91	91	222	1	1	10
2004	431	91	91	235	2	1	11
2005	454	91	91	257	2	1	12
2006	483	91	91	284	2	1	14
2007	512	96	91	308	2	1	14
2008	550	98	94	341	2	1	14

1988—2008年印江自治县私营企业登记分类、注销统计表

表7—7

年份＼项目	合计					分类		
	户数（户）	投资人数（人）	雇工人数（人）	注册资本（万元）	当年注册（户）	独资企业（户）	合伙企业（户）	有限责任公司（家）
1988	—	—	—	—	—	—	—	—
1989	—	—	—	—	—	—	—	—
1990	—	—	—	—	—	—	—	—
1991	—	—	—	—	—	—	—	—
1992	—	—	—	—	—	—	—	—
1993	—	—	—	—	—	—	—	—
1994	25	29	312	3988	25	2	—	18
1995	34	37	346	4897	9	3	—	21
1996	61	69	366	5127	27	3	—	26
1997	86	98	385	6412	25	5	—	29
1998	115	143	421	6865	29	6	—	34
1999	143	168	518	8138	17	7	—	39
2000	160	185	620	9421	21	9	—	42
2001	178	258	830	14130	35	9	—	46
2002	201	380	1560	17592	45	13	—	56
2003	222	476	1820	24683	38	20	—	71
2004	235	585	2130	30178	30	29	—	80
2005	257	715	2680	36284	35	36	3	95
2006	284	898	3160	40028	55	41	3	127
2007	325	980	3720	47648	46	52	4	158
2008	367	1050	4450	53387	42	64	5	177

1988—2008年印江自治县公司法人登记管理统计表

表7—8

类别 年份	合计				有限责任公司					
	年末实有（户）	本年登记（户）	本年注销	注册资本（万元）	年末实有（户）	本年登记（户）	本年注销（户）	注册资本（万元）	国有独资公司	
									年末实有（户）	注册资本（万元）
1988	41	21	—	50116	—	—	—	—	—	—
1989	67	26	—	8164	—	—	—	—	—	—
1990	94	27	—	11454	—	—	—	—	—	—
1991	118	24	—	14379	—	—	—	—	—	—
1992	147	29	—	17913	—	—	—	—	—	—
1993	171	27	—	20832	—	—	—	—	—	—
1994	198	13	—	24128	18	18	—	4932	—	—
1995	211	32	—	25712	21	3	—	5754	—	—
1996	243	32	—	29611	26	5	—	7124	—	—
1997	271	28	—	33024	29	3	—	7946	—	—
1998	302	31	—	36801	34	5	—	9316	—	—
1999	331	29	—	40335	39	5	—	10686	—	—
2000	349	15	3	42529	42	3	1	12776	—	—
2001	369	7	7	44966	46	4	5	15215	1	158
2002	392	21	2	47769	56	10	1	16279	1	158
2003	416	21	3	50693	71	15	—	19391	1	158
2004	431	13	2	52521	80	9	7	20684	1	158
2005	454	15	8	55325	95	15	4	22102	1	158
2006	483	24	5	58859	127	32	2	39661	1	158
2007	512	18	11	62268	158	31	7	44583	1	158
2008	550	29	9	67020	177	19	6	48632	1	158

第三节　个体私营经济管理

一、登记管理

按照国家法律、法规的规定，凡是从事商业、饮食业、服务业、修理业、工业、手工业、建筑修缮业、交通运输业以及国家政策允许个人经营的其他行业的个体劳动者，均要向当地工商行政管理机关提出申请，工商行政机关对申请人员的资格、从业条件、经营范围、经营方式等给予审查登记，经批准后发给营业执照才能进行生产经营活动，登记管理内容包括开业登记、变更和证照管理三个方面。

二、经营监督

在大力发展个体私营经济和非公有制经济的同时，按照《城乡个体工商户管理暂行条例》对个体工商户的经营活动作了七点明确规定，把对个体工商户的监管纳入整个市场管理范畴。《城乡个体工商户管理暂行条例》及其《实施细则》规定，加强经营监督，对个体工商户违法违章处罚作了十条规定。对短斤少两、偷工减料、掺杂使假、以次充好、出售伪劣和假冒商品，甚至强买强卖、欺行霸市、哄抬物价、投机倒把等行为进行处罚。

三、 个体注册登记

工商行政管理人员对假冒伪劣商品执法检查

1988 年，全县个体工商 1824 户。其中：峨岭工商所 915 户，板溪工商所 124 户，天堂工商所 121 户，木黄工商所 152 户，合水工商所 121 户，朗溪工商所 125 户，缠溪工商所 136 户，洋溪工商所 130 户。1989 年，常规开展对个体工商户验照贴花工作。1999 年，全县个体工商户 2237 户，比 1988 年增长 22.6%。2000 年，全县个体工商户 2318 户；2001 年，全县个体注册全面换照，大力发展非公有制经济，当年注册工商户 2408 户，从业人员 9012 人，注册资本 2456.5 万元。2002 年，全县工商户 2489 户，从业人员 9235 人，注册资金 2605.5 万元。2004 年，全县个体工商户 2653 户，从业人员 9758 人，注册资金 2917.8 万元。2003 年受“非典”影响，按政策减免规费 869 户，金额 415.8 万元，其中，娱乐业 42 户、饮食业 55 户；办理注册下岗职工营业执照 65 户，减免工商管理费 4.15 万元。

2005 年，为了引导扶持农民从事个体私营经济，县局免予登记农村流动小商贩 85 户，免收登记费和相关费用 1 万元，还在农村供销季节，对 23 户临时性向农民提供农用物资的供应点、销售点免予登记，免收各种规费 4300 元。2008 年，落实下岗职工再就业优惠政策，对 45 户持有再就业优惠证的办理营业执照，免收登记、工本、贴花等费 3.05 万元。

1988—2008 年印江自治县城乡个体工商户基本情况统计表

表 7—9

项目 / 年份	户数（户）	从业人数（人）	注册资本（万元）
1988	1824	2736	1268.58
1989	1859	2988	1312.78
1990	1884	3124	1413.15
1991	1929	3465	1685.25
1992	1968	3863	1765.78
1993	2018	4148	1857.89
1994	2049	4327	1918.78
1995	2083	4528	1979.18
1996	2128	5018	2018.86
1997	2168	5619	2089.16
1998	2196	6346	2136.18
1999	2237	7768	2278.12
2000	2318	8876	2308.18
2001	2408	9012	2456.50
2002	2489	9235	2605.50
2003	2569	9645	2756.35

续表7－9

项目＼年份	户数（户）	从业人数（人）	注册资本（万元）
2004	2653	9758	2917.80
2005	2748	9975	3097.98
2006	2823	11085	3466.93
2007	2945	11568	3995.91
2008	3052	12550	4364.91

第四节　合同管理

县工商局在宣传实施《中华人民共和国合同法》中，着重抓《合同法》宣传、《合同法》培训、合同监管、合同鉴证和打击合同欺诈等。

印江举办首批《企业信息公示暂行条例》等法规培训班

1990年，印江社会各界到县工商局订立经济合同217份，合同金额3.98万元，履约率97.98%。电函、信函咨询服务14次，为企业避免损失11.7万元。1992年，签订各类经济合同413份，合同金额657万元，履约率100%。其中建筑施工合同36份，金额250万元。办结经济合同纠纷案件94件，县工商局金额3.14万元；县工商局帮助企业到省外、县外解决合同纠纷5次，为企业清理三角债办理函件9次，挽回经济损失14万元；全县企业建立合同机构38个，112个合同管理人员。其中兼职或专职合同管理人员76人；复核“重合同守信用”单位：省级5个、地级5个、县级8个。1994年，县工商局办理合同鉴证48份，合同金额450万元。其中建筑施工合同35份，金额378万元。复核申报：“重合同、守信用”单位19户，这19户企业当年盈利28万元。1997年，县工商局办理合同鉴证110份，金额498万元。其中建筑施工合同20份，金额423万元；办理房屋租赁合同88份，金额85万元。县工商局办理动产抵押合同2份，处理合同案件3件，调解合同纠纷1件，金额1万元，协助企业到县外解决合同纠纷一起，追回经济6万元。协助县劳动人事部门实行劳动合同制办理合同登记3085人。2000年，县工商局组织实施《中华人民共和国合同法》《中华人民共和国担保法》，举办两期233人参加的企业法人和合同管理人员培训班。协助企业解决难履行的合同3起，兑现合同金额73万元。办理合同鉴证25份，合同金额1023万元。其中建筑施工合同23份，金额823万元，其他合同2份，金额200万元。办理动产抵押3份，抵押金额724万元。对“重合同守信用”单位申报和复核。2001年，县工商局办理柜台租赁合同89份，动产抵押物登记14份，抵押金额8200万元，县烟草公司、县供电公司企业贷款7500万元，次年全部兑现，合同履约率达100%。合同鉴证46份，合同金额1215万元。2002年，在加强粮食收购监管中，县工商局认真推行实施《粮食买卖合同》《粮食收购合同》《粮食委托收购合同》《粮食委托加工合同》，由于当年粮食紧缺、粮价猛涨，县人民政府立即召集工商、粮食、物价召开专题会议，强调对粮食收购、加工、销售必须保持正常市场秩序，坚决打击抢收粮食囤积居奇，抬高粮价销售的行为。由工商部门全权负责，监管到人到位，粮食部门将库存粮食立即加工向各个市场投放销售，确保元旦、春节粮食市场的正常秩序，查处利用合同进行欺诈案件2件。2003年，县工商局办理抵押登记3起，抵押金额

537 万元。2004 年，县工商局办理抵押登记 2 起，抵押金额 463 万元。2005—2008 年，县工商局办理动产抵押登记 3 件，抵押金额 7348 万元。复核申报省级守合同重信用单位 6 家，地级 8 家。

第五节　商标、广告管理

一、 商标管理

1983 年 3 月 1 日，《中华人民共和国商标法》颁布施行，商标注册申请发展迅速，生产者保证商品质量、维护商标信誉、保障消费者利益意识及行为得到社会的广泛认可。1988—2008 年，县工商行政管理局向国家工商行政管理总局商标局商标注册申请的商标有 100 个。其中注册公告 48 个，待审 22 个，过期未申请续展、无效的 38 个。1988—2008 年，举办《中华人民共和国商标法》《中华人民共和国商标法实施细则》培训班 5 期，参加的企业及企业法人，个体工商户、社会各界人士共 1800 人次。查处销售假冒“茅台酒”“习酒”“贵阳二曲”等酒类驰名商标侵权案件 11 件，销售假冒“霸王”“汰渍”“霞飞”等化妆品侵权商标 17 件，销售假冒“九九国泰”“金立”“红牛”等饮料侵权商标 25 件，侵权商标案件都分别进行处罚。建立和完善“商标富农机制”，积极引导企业开展商标注册，积极做好全县茶叶产业申请“梵净山翠峰茶”商标和全县食用菌产业申请“梵净蘑菇”商标工作。

二、 广告管理

《中华人民共和国广告法》第二十六条规定：“从事广告经营的，应当具有必要的专业技术人员，制作设备，并依法办理公司或者广告经营登记，方可从事广告活动。广播电台、电视台、报刊出版单位的广告业务，应当由专门从事广告业务的机构办理，并依法办理兼营广告的登记”。1998 年 11 月、2002 年 4 月，对辖区内从事广告经营的单位、企业进行集中学习和业务培训。对《印江报社》、印江广播电视局、777 广告公司、飞鸿广告公司、蓝天广告公司等 9 家广告经营单位进行审核登记，由上级核发广告经营许可证，一年一次年检。对电视广告、广播广告、报纸广告、挂历广告、招牌广告、印刷品广告、灯箱广告、橱窗广告、字画广告、墙壁广告等广告实行监督管理。

1990 年，城区建 14 个广告宣传栏，查处虚假广告 48 张。1994 年，收缴非法录像带 82 盒，激光光盘 5 盘，非法书刊 6 本。1998 年，清理无证经营广告业务 3 户和非法户外广告 3000 份。1999 年，收缴假冒“故事会”注册商标 164 本（册）。2000 年，收缴淫秽书画 2053 张，黄色影碟 45 张。2002 年，查处 2 户擅自发布虚假医疗广告，处罚 1000 元。2003 年，查处非法广告经营户 4 户，没收非法印刷品 509 张。2004 年，查处利用防治“非典”名利发布虚假广告 3 起，罚款 1200 元。2005 年，查处非法出版物 238 本，盗版淫秽光碟 1670 盒。

截至 2008 年，从事广告经营企业 4 家，个体 28 家，县工商局在广告监督管理履行的制度有：《广告监测制度》《广告审查员制度》《违法广告公告制度》《暂停发布制度》《行政告诫制度》《违法广告案情通报制度》。

第六节　行政执法

常年的节日（即：元旦、春节、“3·15”、五一、中秋、国庆）都要开展流通环节食品安全专项整治，开展服务领域消费维权、查处假冒伪劣商品，受理、处理消费者咨询、投诉、举报，查处不正当竞争和商业贿赂，查处合同欺诈，保护商标专用权和查处商业贿赂，查处合同欺诈，保护商标专用权和查处商标侵权行为等活动。

1988年，开展以稳定物价为中心的市场检查中，出动检查人员183人次，检查18个市场，在108户经营户中，查处过期变质饮料432件，夹心棉53床，罚款9372元。1989年，对乡镇集市贸易市场进行划行归市，制作行牌，增设市场基础设施。与公安、供销、物资部门联合重点打击化肥、农药、油菜籽、食盐、钢材等紧缺物资的囤积居奇行为，共查处各类假冒商品案件324件，罚款1.9万元。1990年，食品市场专项整治，查扣一批过期变质食品398件，立案调查41件，罚款1.1万元。1993年，以“三打”为重点，立案查处10件，其中移交检察机关2件，查获的商品主要有假茅台酒180瓶、非法收购杜仲6.48吨，夹心棉絮378床，捣毁地下卷烟厂1个，没收卷烟机3台，卷烟工具53件，卷烟300条，处罚金额共1.88万元。1994年，查处各类违法违章案件9件，案值15.31万元，罚没金额3.7万元，查扣变质饮料5318瓶，假贵阳二曲73件，假树种138千克。1995年，查处各种违法违章案件382件，其中：短斤少两行为121件，进行现场处罚，其余的261件案值（货值）8.73万元，罚款2.23万元。查扣销毁的商品主要有：不合格秤38把，蛇164条、假卷烟155条、变质饮料12350瓶、尿素2.98吨、普钙22.92吨、复合肥10吨、农膜107千克，失效农药3件（36瓶）。1997年，在食品、药品、文化市场专项整治活动中，查扣过期变质食品饮料、过期牛奶等3187瓶、非法卷烟198件，没收非法印刷品3800套，非法书刊25本，共立案12件，罚没款5.5万元。1998年，查处各类市场违法违章案件7件，罚款1.1万元，查扣销毁的商品主要包括变质饮料275件，假卷烟451件，不合格化妆品255件，不合格木秤179把。2000年，开展清理不良文化现象，扫除“文化垃圾”，收缴黄色淫秽录像影碟32盒，收缴非法印刷品493份，收缴虚假广告117件（张），罚金0.738万元。2001年，在严厉打击制售假冒伪商品违法犯罪联合行动中，捣毁制假窝点3个（制酒、制烟），查处假冒伪劣商品182个品种，销毁商品的货值61.8万元。2002年，整顿和规范市场经济秩序，出动1037人次、154车次，检查3503户次个体工商户，450户次企业，1073个门面、经营部，2803个摊位。共查处市场违法违章案件131件，案值30.21万元，罚没金额13.4万元。2003年，开展反垄断、生产资料市场、文化市场专项整治。15家企业对其经营行为进行自查自纠，对3家企业不正当竞争行为发出了整改通知书；对2户化肥生产企业、12家经营单位、1户作物种子生产单位、1户农机及零配件经营企业、21户经营单位、28户兽药经营单位等进行地毯式检查登记，查处不合格杂交稻种子987千克，失效农药52件，失效化肥16.78吨，掺杂棉花3吨，包心棉絮1313床，处罚金7.33万元，没收非法所得2.17万元。2004年，在“红盾打假护农”行动中，查处制售假冒伪劣农资行为，对27个集市贸易场镇和73户生产经营种子、化肥、农药、农膜、农机具等的经营户逐一检查，处罚3户散装稻谷种63千克，取缔5个未备案经营种子的商户，立案17件，罚没款2.3万元，查扣劣质化肥、农药、农膜并当场销毁。2005年，实施以食品、药品、陈化粮为重点的专项整治，查获德江县穗精大米有限公司倒买陈化粮15015千克，没收非法所得1802.7元，罚款1200元。2006年，为了民众的生命、财产安全，集中开展取缔报废汽车非法拆解，打击拼装汽车专项行动，取缔报废汽车非法拆解回收窝点2处，立案查处3件，罚款2.5万元。2008年，共查处各种违法违章案件12件，罚没金额10.5万元。

第七节　消费者权益保护

一、“消协”组织

印江土家族苗族自治县消费者协会于1991年5月10日成立，大会通过《印江土家族苗族自治县消费者协会章程》，选举产生协会第一届理事会，理事会由44人组成，其中常务理事16人。消协机构设在县工商行政管理局。县消协成立后，各区、各大企业（公司）相继成立了9个消协分会和5个消协监督站。由于县行政区域的变动，到2008年，有消协分会17个，街道、村、居委消费者投诉站20个，联络网点58个。已形成消费者监督网络。

二、 开展维权活动， 受理处理消费者投诉

印江自治县消费者协会成立后，广泛宣传、贯彻《中华人民共和国消费者权益保护法》，认真实施保护消费者合法权益条例，受理和处理消费者投诉案件，会同工商、公安、质监、卫生、物价等部门进行市场检查，对商品质量进行监督服务。

2007年3月， 对伪劣商品进行集中烧毁

1992年，县消协自始至终参与处理印江县药材公司购河南信阳第二药厂驱虫药“盐酸左旋咪唑”1300瓶，导致印江县发生重大服药中毒事件，3169名学生服药后中毒，668人住院治疗，2人死亡的事件的调查工作。1993年，印江自治县百货公司获得全省首家县级消费者信得过单位称号。1994—2000年受理消费投诉案件264件，2001—2004年受理消费投诉案件181件。2005年，消费主题为“健康、维权”，在全县开展“一会两站”（即：在乡镇建立消费者协会分会，在村、社区、企业、学校建消费者投诉站和消费者联络站）的建设工作，成立分会4个，“两站”114个，其中：有城南社区、城北社区、城中社区；企业有印江移动分公司、印江联通分公司、印江电信分公司、海新超市、印江长虹家电；聘请义务监督员26人，两站站长128名。全年受理调解消费投诉27件，为消费者挽回经济损失5.3万元。发布消费警示7期，发放活动宣传资料37490份。销毁货值9.87万元的假冒伪劣商品。2006年，在开展“消费与环境”年主题活动中，召开消费者代表座谈会2次，征求经营者如何提高服务质量等有关诚实守信座谈会3次。发放宣传资料3.56万份，销毁货值9.88万元的假冒伪劣商品。全年共受理调解消费者投诉32件，为消费者挽回经济损失7.3万元，发布消费警示6期。开展对手机类产品的消费检查。2007年，“3·15”活动，发放宣传资料2.653万份，销毁货值6.542万元的假冒伪劣商品。全年共受理调解消费投诉36件（其中典型汽车案件5件），为消费者挽回经济损失27万元，发布消费警示8期。2008年，开展了消费主题为“消费与责任”的“3·15”活动，发放宣传资料3.82万份，销毁货值17.87万元的假冒伪劣商品。全年共受理调解消费投诉29件，为消费者挽回经济损失15万元，发布消费警示8期。揭露批评损害消费者权益案件3件。组织参与对商品和服务质量监督检查13次。接待来信来访的消费者178人次。

第六章　质量技术监督管理

从1986年7月县人民政府将标准计量所更名为标准计量管理局开始，组织实施标准、计量，开展市场全面监督检查，维护市场公平竞争。

第一节　标准化管理

一、 采用国际（家）标准

随着企业改革的进一步深化，为适应商品经济的发展和提高工业产品市场竞争力，工业企业的产品质量显得十分重要。印江标准计量管理局根据省局发布的《关于制定和执行酒类标准的若干规定》，全省范围内生产的浓香型、清香型，米香型及麸曲酱香型白酒，一般不再制定单项产品标准，应根据产品的行业归口分别执行轻工部、商业部及省级同类型标准，从此酒类生产标准，以国家颁布的标准为检查验收依据。

执法人员对市场销售的电线进行质量抽检（2006年拍摄）

1988年12月，《中华人民共和国标准化法》颁布实施，企业的标准化工作有了法律依据。1995年5月，贵州省质量技术监督局下发《关于认真贯彻实施CB15063—94复混肥国家标准的通知》文件后，开展了复混肥、磷肥生产企业抽样检查，并对达不到国家标准要求的磷肥企业责令限期整改。1998年4月，铜仁地区技术监督局下发《关于对工业企业开展消灭无标生产工作的有关事项的通知》，进一步强化地区内企业的标准化工作，要求全区十县（市、特区）分三批达到消灭无标准生产。为加强领导，2000年成立了以分管副县长为组长的领导小组。2001年，自治县人民政府经省消灭无标准生产工作领导小组验收合格，颁发了省消灭无标准生产县验收合格证书，是印江工业生产标准化史上的一大进步。

二、 制定地方标准和企业标准备案

随着社会的进步和人民生活的需要，制定标准的范围也逐步扩大。如：农产品品种、规模、质量等级以及安全卫生；工业产品的设计、生产、验收、包装、储存、运输、使用方法；环境保护的各项

技术要求和检验方法；技术术语符号、代号和制图方法等都要求制定、实施和检验一系列适应标准。在贯彻执行国家标准，行业标准，省级地方标准中，县质监局从实际情况出发，尝试制定境内各类产品标准，逐步解决技术标准少、不成套、产品无标准生产的混乱状况。1990—2008 年，共制定县级地方标准 1 个——《印江酸玉荷》，地理标志保护产品标准 1 个——《梵净山翠峰茶》，省级地方标准 2 个——《梵净山翠峰茶》《梵净山绿茶》，地方特色农产品企业标准 6 个——《酢辣椒面》《泡辣椒》《糟辣椒》《腌麦麸》《水盐菜》《梵净山土家味牛肉》，工业产品企业标准 1 个——《微晶石木纳米地板》。2000—2008 年，指导和督促 165 家企业进行产品标准备案，开展 CB7718 标准检查企业 356 家（次），与烟草局一道推广标准化烤烟栽培 11 万亩，建立 15 家食品生产企业执行标准技术档案。

三、 统一代码标识管理

1993 年，印江成立代码标识领导小组，办公室设在质量技术监督局。从 11 月开始办理统一代码证书，到 2008 年年底，共累计为全县国家机关、企事业单位和社会团体新办、变更、换发全国组织机构代码证书 3527 份，废置 219 户。

第二节 计量管理

一、 计量检定

计量检定是评定计量器具的性能，确定其是否合格，计量是否准确的唯一手段，也是进行量值传递和保证量值准确一致的重要措施。计量检定必须严格执行检定规程，其检定的主要内容有计量器具的准确度、灵敏度、稳定性等。根据《中华人民共和国计量法》等有关规定，计量检定可分为强制检定和非强制检定两大类。强制计量检定从 1990 年的各类计量器具 421 台（件）逐步发展到 2008 年 1000 余台（件）套，包括商品计量器具（台案秤、地中衡、电子秤）、医用三源（超声源、辐射源、发射源）、生产经营企业计量器具（电子分析天平、电话计费装置、化学分析仪器）等。经计量检定合格的计量器具，由质监部门颁发计量检定合格证书，并加贴计量检定合格标志。

二、 计量器具管理

1979 年 5 月，铜仁地区标准计量处下发《关于开展量值传递整顿工作的通知》，在以后的计量器具管理中，分别制定了整顿计划和措施，制定了系统内检定周期安排计划。各类计量器具的检定周期和修理制度，仪器和计量器具的维护保管制度都得到进一步改进和完善。2000—2008 年，累计检定各类计量器具 15670 台（次），检定合格率 98.7%。其中检定木杆秤 9672 支（次）、电子地秤 309 台（次）、电子台秤 345 台（次）、天平 205 台（次）、案秤 2759 台（次）、度盘秤 786 台（次）、血压计 476 台（次）、加油机 317 台（次）。

三、 计量监督检查

涉及千家万户和人民群众的切身利益，计量的准确、公平与否，对发展生产、稳定社会都有着十分重要的作用，所以计量监督工作就显得尤为重要。1990 年，对全县粮食部门的粮油加工场所以及食品销售交易的计量器具进行监督检查，共检查计量器具使用单位 12 家，发现一些面条销售短斤少两现象普遍严重，其中 500 克面条平均少 30 克，11 千克面条最多少 60 克。针对检查中发现的问题，根据《中华人民共和国计量法》和实施细则分别作了罚款处理，并责令改正。2002 年，围绕“3·15”、“六一”、国庆、中秋重点节假日，开展了专项计量执法检查，共出动执法人员 150 余人次，检查定量包装生产企业

2007 年 2 月，对市场商进行质量监督

10 家、商品数量 2000 余件、经营门市部 100 户、集贸市场 1 个，配合国税部门完成燃油加油机税控安装、防爆改造 20 台。2003 年为了加强集贸市场和加油机的计量器具管理，开展了专业整治，设置了公平秤 1 台，取消更换不合格计量器具 20 余台（件）。2008 年，组织开展以“关注民生、计量惠民”为主题，以“健康计量进医院，公平计量进餐饮，诚信计量进市场，光明计量进眼镜店，准确计量进加油站，服务计量进社会”为载体的计量惠民活动，共签订计量诚信承诺书 178 份、免费检定计量器具 200 余台（件）、免费测血压 107 人次、验光 400 余人次、发放计量宣传资料 2000 余份、没收木杆秤 12 支和镀盘秤 2 架。

四、 质量认证

为保护人与动物生命安全，保护环境，保护国家安全，国家实施新的强制性产品认证制度（简称“CCC”认证）。列入强制性认证产品目录中的产品包括家用电器、汽车、摩托车、信息技术、电信终端、音视频、照明设备、医疗机器产品。按制度规定，从 2003 年 8 月 1 日起，凡列入《目录》内的产品未获得制定机构的认证证书，未按规定加施认证标志，不得进口、出厂和在经营活动中使用。为搞好认证监管工作，培训各经销企业、个体工商户 256 户 256 人次，开展了“3C”强制性认证产品市场监督检查，共出动执法人员 151 人次，检查商品 4959 个。

第三节 质量监督

一、 产品质量认证

1988 年，地区标准计量局下发《关于在全区开展食品、白酒、农药质量检查的通知》，要求各县计量部门对辖区内白酒、食品和农药制品进行抽样检查，印江共抽检样品 5 个，合格率达 100%。1994 年，按《铜仁地区 1994 年工业企业产品质量定期监督检验》文件要求，开展了预应力混凝土空心板、化肥、水泥、家具、酱油质量监督抽查，共抽检样品 56 个，抽检合格率为 75%，对抽检不合格的生产企业依法进行了罚款处理。

2000—2008 年，继续加大对农资、食品、建材等产品的监督，检查生产和销售企业 1652 家（次），抽样产品 1705 批（次），合格 1429 批（次），综合合格率 83.8%。加强食品安全监管，严格实施食品市场准入制度，与食品生产加工企业（小作坊）签订食品安全责任书和食品质量安全承诺书，累计 745 份。对全县 141 家食品生产企业（小作坊）进行了巡查和回访。

二、 市场商品质量检查

1986 年，《市场商品质量监督暂行办法》颁发后，县标准计量局正式开展市场商品质量检查。1988 年，县计量局在有关部门的配合下，在全县全面开展商品质量、食品标签标准检查，全年共出动 41 人次，检查的产品有种子、化肥、饲料、水泥、食品、电器、日用品七大类 75 个品种。1990 年，根据商品旺、淡季，共组织检查 5 次，出动 58 人次，共检查国营商店、个体工商户 95 家、检查商品 10 大类 42 个品种。1993 年，为净化酒类市场，开展了酒类市场专项检查，共检查国营、集体和个体经营户 30 家，查扣假鸭溪窖酒 140 瓶、假董酒 132 瓶、假茅台 27 瓶。1999—2008 年，对全县境类的酱油、食醋的生产批发和零售进行专项检查，共检查 60 家次，抽检样品 95 个，其中合格 59 个，合格率为 62%；全县报检农用物资品种 20 个 4241 吨，其中农药 10 个品种 201 吨、化肥 2 个品种 4000 吨、种子 8 个品种 40 吨，检验合格率达 91.5%；检查五交化部门、百货商店、供销社经销的食品、服装、皮鞋制品、日用化工产品、化妆品、家电产品、电工产品等 10 大类 90 个品种，对过期、伪劣产品一律没收，集中销毁。

三、 特种设备安全监督检查

2000 年，原劳动部门管理的锅炉、压力容器、压力管道、起重机械、大型游乐设施、厂（场）机动车辆、客运索道等特种设备的安全监督管理职能划入质监部门后，为杜绝安全事故，消除隐患，县质监局开展了日常安全监督检查。到 2008 年，共有特种设备使用单位 72 户，有特种设备 219 台（件、套），其中锅炉 35 台、压力容器 15 台、起重机械 30 台、压力管道 721 米、电梯 2 台、液化气钢瓶 12758 个、厂内机动车辆 15 台。在检查中，出动执法人员 1349 人次，检查特种设备单位 427 家（次），检查设备 3547 余台（次），下发《安全监察指令书》145 份，签订《特种设备安全监察责任书》459 份，行政处罚 27 次。自 2000 年以来，累计暂扣安全附件不全氧气瓶 257 个、液化气钢瓶 59 个、责令送检超期气瓶 1270 个，限期整改存在安全隐患锅炉 10 台、电梯 4 台，查处擅自安装电梯、液氨储罐的违法案件 3 起，捣毁“土锅炉”4 台。

2007 年 6 月， 在城区开展质量技术监督宣传活动

四、 质量执法

质量执法，主要针对短斤少两、以假充真、以次充好、以不合格产品假充合格产品以及严重危害人民群众身体健康和财产安全的产品，重点从源头监管产品质量。1990 年至 2008 年，累计出动执法人员 3209 人次，车辆 715 台（次），对食品、化肥、建材等开展执法打假，共办理行政执法案件 109 件，查处各种假冒伪劣商品价值 200 余万元，取缔 5 家制假生产企业（小作坊），捣毁 3 个“地条钢”生产企业和窝点，没收劣质肥料 47 吨、假冒白酒 579 瓶、伪劣絮用纤维制品 59 床、不合格计量器具 45 台（件、只）、不合格饮料 674 包（袋）、劣质化妆品 106 包，开展各类大型宣传活动 52 次，发放宣传资料 27600 份、接待咨询人员 35490 余人（次）。

五、 专项打假案例

1991 年 1 月，印江计量局根据省政府精神，在县政府及有关部门的支持下，在全县范围内开展了打击经销假冒伪劣商品活动。共出动人员 31 人次，共监督检查 82 家经销户，检查烟酒、化肥、建材、家用电器五大类 54 个品种，查处假酒 27 瓶、假烟 5 条。

1992 年 9 月，按照地区打假电话会议要求，开展了大范围的打击假冒伪劣产品活动，先后出动 39 人次，在国营商店、集体企业、个体经营户和农村主要集贸市场进行了大规模的监督检查。1993—1999 年，重点对农用物资、建材、低压电器、食品等进行检查，查获假冒伪劣电线电缆 5000 米、水泥 315 吨，低压电器 578 个，不合格酱油 0.5 吨，不合格饮料 214 件，假冒白酒 769 瓶。

2000—2008 年，根据国务院打假电视电话会议精神，围绕农资、建材、五金、食品、日常生活用品、絮棉制品等开展检查，共出动执法人员 1215 人次，查处不合格化肥 495 吨、劣质肥料 50 吨、劣质棉花 5 吨、劣质棉絮 315 床、不合格沙发 26 套、床垫 27 床、散白酒 11 吨、假茅台酒 27 瓶、不合格皮鞋 217 双、不合格电线 54 卷、不合格饮料 415 件、不合格酱油 115 吨、伪造质量标识农机 5 台、伪劣电器 15 台、假“金城”墨水 15 件、假“火炬”墨汁 9 件、不合格电表 948 只、假冒进网许可证标识手机 521 台，涉案商品货值金额 1574 余万元，为消费者挽回损失 279 多万元，有效地遏制了伪劣商品蔓延的势头。

第七章　安全生产监督

1986年以前，县政府组建县安全生产委员会，办公室设在劳动人事局，主要负责监督管理全县安全生产工作和安委会日常工作。1987年7月，建立健全县安委会领导机构和办事机构，在县安委办基础上调整充实4个专业办公室，新成立护林防火办公室。县劳动局新设劳动安全监察站，县安委会办公室与劳动安全监察站合署办公，协调处理县安委会日常工作。2000年，机构改革中县安委会办公室划入经贸局。2004年10月26日，成立印江土家族苗族自治县安全生产监督管理局，为正科级事业单位，核定事业编制8名，工勤人员1名。主要职能是负责监督管理全县安全生产工作和安委会日常工作，设有办公室、煤炭安全监督管理股、危险化学品安全监督管理股、安全生产监督管理股。

第一节　安全监管执法和培训

2004年，召开了全县安全生产工作会议，强调全面贯彻落实《国务院关于进一步加强安全生产工作的决定》文件精神，开展行业安全生产专项整治工作，并与各乡镇和12个安全生产专业办公室签订《安全生产工作责任书》《道路交通安全责任书》《消防安全责任书》，自治县人民政府印发了《关于调整全县安全生产委员会成员的通知》，对县安委会成员作了调整。为加强对全县安全生产工作的监控，自治县人民政府第15次常务会议研究决定，在17个乡镇分别设立安全生产监督管理站，乡镇安监站编制人员为2人，初步建立起全县安全生产监督管理体系。举办培训19期，组织“五小”车驾驶员培训班11期，培训学员855人，开展了大型宣传咨询活动，组织10个安全检查整治小组，对全县各乡镇、重点行业进行安全整治、检查，排查隐患70起，下达整改通知62份，下达停业整顿通知8份。

2005年，全县17个乡镇在各村设立安全联络员，安监站到位人数73人，县、乡、村三级安全监管网络体系初步形成。先后对非煤矿山、危险化学品和烟花爆竹生产企业、零售业开展4期安全培训，6—7月，组织安监执法人员参加安全生产执法培训和安全生产检查培训工作，取得安全生产行政执法证，分两次对全县96家非煤矿山企业负责人和安全监管人员进行培训，安监人员具备执法身份，同时，在朗溪犀牛洞电站开展了防洪事故应急救援演练，组织12个安全检查整治小组，对危险化学品、烟花爆竹、非煤矿山行业开展了联合执法行动，共出动车辆20台，参加人员达120余人，排查隐患50项；5—12月，县安监局、县国土局联合对全县17个乡镇非煤矿山企业进行清理，依法拆除非法生产企业19家，责令自行拆除设备非法企业87家，停产整改22家，查封炸药20千克，雷管100发。

2006年，召开了四次安委会成员单位（扩大）会议，对两节、两会、“五一”和“十一”黄金周等阶段性安全生产工作进行安排，开展了由18个安全生产专业办公室参加的“安全月”宣传咨询活动，并组织了环城大游行，县公安交警大队制作警示教育片《关爱生命，安全出行》，在全县范围巡回播放，参加人员400余人次，受教育群众3万余人。4月，县人民政府将各安监站人员编制确定为6人。县安监局成立了安全生产执法大队，开展了长期的安全生产检查和隐患排查，共下达执法文书128份，组织开展道路交通、消防、煤矿、危险化学品和烟花爆竹、非煤矿山、食品药品重点行业领域的隐患排查专项治理行动，制止和处罚各类交通违法5000多台次，排查治理27处公路隐患，开展灭火演练11次，在全县4个产煤乡镇、3个有证煤矿派驻了煤矿安全督查员，打击煤矿违法生产活动5次，对太阳山花炮厂存在的严重安全隐患下达了异地搬迁指令，对该厂投资120多万元新厂进行了验收，对17个乡镇非煤矿山企业进行了清理，依法强制拆除非法生产企业18户，责令自行拆除设备的企业113户，处理了一批违反安全生产的企业。

2007年11月，对电器市场进行检查

2007年，先后召开13次会议，安排部署安全生产工作，对隐患整治进行了责任分解，在青坨、三层岩、池坝3家有证煤矿落实了“一矿两人”的驻矿安全员、安全费用提取和风险抵押金制度。启动煤矿“三条生命线”建设。5月份，对全县69家合法非煤矿山企业开展联合执法活动，重点对井下开采矿山安全隐患进行了排查治理，依法取缔了非法生产开采点14个，对安全隐患治理不彻底的企业，加大了处罚力度，共下达整改指令38起，当场整改28起，限期整改10起；成功取缔了朗溪猫口、峨岭镇阁老寨30多户非法生产烟花爆竹小作坊，收缴价值40万元的非法生产烟花爆竹成品、半成品和生产工具。是年5月份，明确了乡镇安全联络组的工作职责，开展了4次道路交通大型联合执法活动，整治违法车辆1237辆，查处各类违法行为8300起，处罚2800人次，治理危险路段20余处，同时加大了安全监管执法力度，依法对事故责任单位和责任人员进行了处理，安全生产行政处罚案件已全部结案，查处违法行为183次，涉及人员61人次，处罚金额15万元。同年年底，县财政投资100万元、教育局筹资200万元，对50处学校危房进行了改造。

2008年，调整充实了乡镇安监站工作人员，先后召开4次安监站长会议，重点对冬防春运、一节两会、安全生产百日督查专项行动、安全月（6月）活动、奥运期间安全大检查等工作进行了全面安排部署。年初，印江县出现了罕见的凝冻气候，县委、县政府成立了防灾救灾指挥部，先后在缠溪召开了20多次紧急会议，做好以缠溪路段为主的交通安全工作，严格实施交通管制，坚持24小时值班制，设置道路交通检查点44个，救助点26个，每天出动安全监管人员260人次，采取破冰除冰、铺沙和撒工业盐的方式，疏通道路15公里，安全输送车辆461辆、滞留人员33056人，救助伤、病、残人员300多人。重点开展了安全生产百日督查专项行动，在露天矿山推行了中深孔爆破技术。5月7日，在新寨乡大云圣平砂石厂成功举行了首次爆破，在煤矿、非煤矿山、危险化学品和烟花爆竹等重点行业开展了“反三违、打三非、防三超”行动，完成奥运期间的各项安全任务。全年开展安全生产执法检查221次，下达整改指令155份，查处违法行为30次，处罚金额21万元。“六月安全”宣传活动中，制作宣传标语1698副，宣传展板83块，发放安全知识宣传资料67940余份，参与活动人员37830人次。

第二节 安全生产事故

2008 年 6 月，医务人员对交通事故进行紧急抢救

2004 年，全县发生各类生产安全事故 8 起，死亡 16 人，受伤人数为零。其中：道路交通事故 3 起，死亡 6 人；其他事故 5 起，死亡 10 人，经济损失 18 万元。

2005 年，全县发生各类生产安全事故 3 起，死亡 7 人。其中：道路交通事故事故 2 起，死亡 6 人，受伤 19 人；其他事故 1 起，死亡 1 人，经济损失 9 万元。

2006 年，全县发生事故 6 起，死亡 8 人，受伤 16 人。其中：道路交通事故 5 起，死亡 7 人；其他事故 1 起，经济损失 10 万元。

2007 年，全县发生事故 9 起，死亡 11 人，受伤 24 人。其中：交通事故 7 起，死亡 9 人；工矿商贸事故 1 起，死亡 1 人；煤矿事故 1 起，死亡 1 人，经济损失 12 万元。

2008 年，全县共发生各类生产安全事故 9 起，死亡 20 人，受伤 12 人。其中：道路交通安全事故 7 起，死亡 16 人；煤矿事故 1 起，死亡 1 人，经济损失 22 万元。

第八章　国土资源管理

1988 年 3 月，《贵州省实施〈中华人民共和国土地管理法〉办法》颁布实施，县人民政府决定在全县 7 区 1 镇设立土地管理所，配备所长 1 人。

1990 年 8 月，县人民政府决定对县局配副局长 1 人，全县土地管理系统共有干部职工 20 人。其中，局机关 8 人。

1992 年，根据省人民政府关于实施“撤并建”精神，印江撤销 7 区 1 镇的行政管理建制，新建 9 镇 8 乡。7 区 1 镇土地管理所同时撤销，新建 17 个乡（镇）土地管理所。全县土地管理干部职工有 38 人。其中，局机关 10 人。

1994 年，局机关增设内设机构，设立了建设用地站、地籍站、勘测规划站、法规监察站和办公室。

1996 年 7 月，县二级机构换届，县局设立党组，局领导班子增加到 5 人，其中专职党组书记 1 人，非党干部副局长 1 人。换届中，将环境监测站由建设局并入土地管理局，设立县环境保护局，局长由土地管理局局长兼任，下设环境监测站。同时新设立了印江自治县测绘办公室，牌子挂在县土地管理局。局机关内设机构为五站两室，其中测绘办公室与地籍站合署办公。

1997 年全国土地管理工作会议以后，根据省国土厅指示，县人民政府决定将土地管理局更名为国土管理局。内设机构除勘测规划站、环境监测站外，其他几个站均改为股，县局同时挂上三块牌子——印江土家族苗族自治县国土管理局、印江土家族苗族自治县环境保护局、印江土家族苗族自治县测绘办公室。全系统干部职工为 67 人。其中，局机关为 20 人。

1998 年 3 月，县局领导班子调整为 6 人，9 月，经县人民政府批准成立土地开发中心，到 1999 年年底，全系统干部职工增至 83 人，其中，局机关 27 人。

2001 年 11 月，机构改革中，环保机构及职能和人员由县国土管理局划出，设环境保护局；地质矿产机构职能及人员由乡（镇）企业局所辖的地质矿产局合并到国土管理局，设地质矿产股，县国土管理局正式更名为国土资源局。至 2008 年年底，全系统在职干部职工为 112 人。其中：局机关为 28 人，退休干部 4 名。

第一节　土地资源调查与规划

一、 土地资源调查

土地资源调查即土地利用现状调查，简称土地详查。1992 年 5 月至 1995 年，全县抽调技术人员组成专业队伍，完成全县土地资源调查工作，汇集系统的数据资料、各种图件资料和文字报告，编印成

《印江土家族苗族自治县土地资源》一书。这次土地资源调查以国家提供的航片为依据，逐一进行实地详查，第一次准确地查出全县面积为1956.53平方公里；全县耕地面积为53992.35公顷，占国土面积的27.60%，摸清了全县土地资源“家底”。

1992—1993年，县农办组织有关部门开展全县第二次土壤普查，并编印了《印江县第二次土壤普查总结报告》一书。土地资源调查和第二次土壤普查的两项成果，为县委、县人民政府立足县情正确决策提供了科学依据。

二、 规划与利用

1997年6月启动全县土地利用总体规划、基本农田保护规划和基本农田保护区划定（简称“两规一划”）工作，于1998年12月结束。根据国家土地管理局〔1997〕国土规字第100号文件关于县城所在地乡（镇）的土地利用总体规划应报省人民政府验收批准的要求，省人民政府于1998年对峨岭镇土地利用总体规划验收并批准实施；铜仁行署于1998年对全县其余16个乡（镇）土地利用总体规划验收并批准实施。

1997—2010年，根据土地利用总体规划报告期（1997年12月）反映：全县有耕地面积53950.95公顷。其中：保灌面积12174.69公顷，占耕地面积的22.57%；望天田12534.33公顷，占耕地面积的23.23%；旱地29239.01公顷，占耕地面积的54.20%。全县基本农田保护区面积45296.77公顷，占耕地总面积的83.96%。保护区分为两级：一级保护区面积27178.06公顷，占保护区总面积的60%；二级保护区面积18118.71公顷，占保护区总面积的40%。

1998年，全县完成基本农田保护区划定工作，共竖“基本农田保护区”标志碑37块，县政府与各乡（镇）签订了基本农田保护合同。

根据国家土地管理局颁布的《城镇土地等级规程》和《城镇土地估价规程》，全县从1998年9月开始至年底，历时三个月完成了县城3.63平方公里的国有土地基准地价评估。编印了《印江土家族苗族自治县县城基准地价评估》，根据县城不同区位、不同用地类型，评估出城区各主要路段及宗地的基准地价。为出让、转让国有土地，有效开发利用城镇土地，培育和规范土地市场提供了极为重要的参考依据。

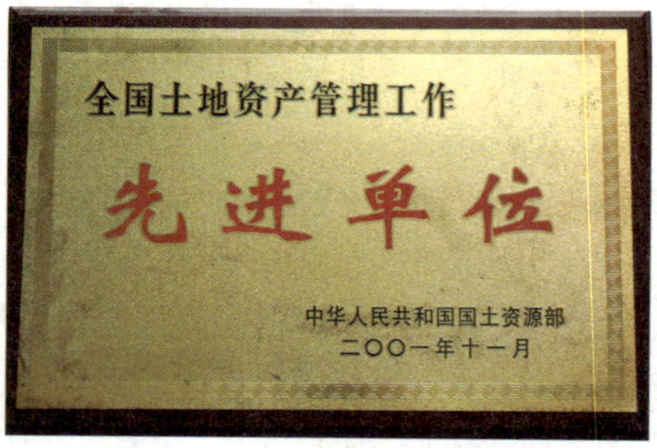

2001年11月，印江国土资源局被授予“全国土地资产管理工作先进单位”称号

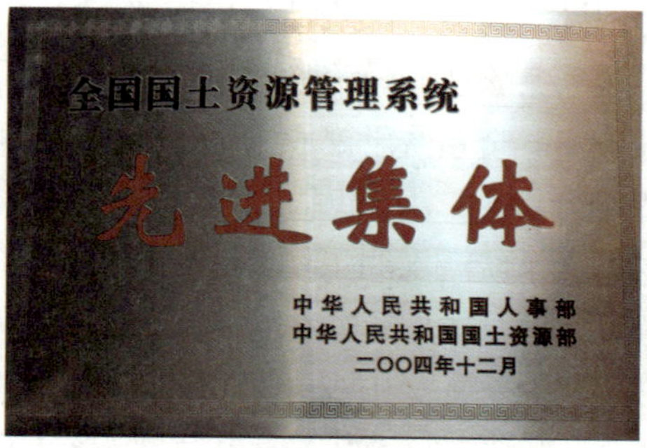

2004年12月，印江国土资源局被授予“全国国土资源管理系统先进集体”称号

三、 后备资源调查

根据国务院西部大开发战略对11个省（市）实施土地后备资源调查的要求，全县于2000年组织专业队伍，完成了对全县土地后备资源的实地调查。经查明，印江可供开垦的土地后备资源（坡度15°以下荒草地）为1565.03公顷。为印江实现土地开发中耕地占补平衡、实施可持续发展战略建立了数据库。

第二节　土地使用制度与地籍管理

1992 年以前，全县的土地使用处于无偿、无限期、无流动的状况。随着《中华人民共和国土地管理法》的深入贯彻实施和《中华人民共和国城镇国有土地使用权出让和转让暂行条例》《中华人民共和国城市房地产管理法》的相继颁布和实施。1992 年，县国土管理局组织力量对县城土地隐形市场进行了全面调查，向县人民政府报告了关于在全县实行土地有偿使用的方案。县人民政府在反复研究、论证、修改的基础上，10 月下发了《印江土家族苗族自治县人民政府关于实行个人宅基地有偿使用和各类新用地交纳使用费的暂行规定》。

1994 年 1 月，县人民政府下发了《县人民政府关于发布〈印江土家族苗族自治县关于开发和加强地方市场管理的暂行规定〉的通知》，作出了个人宅基地实行有偿使用和国有土地有偿出让、有偿转让的暂行规定，拉开了印江土地使用制度改革的序幕。从此，全县的土地有偿使用制度进入一个新的时期。

1996 年，开发西园小区，小区内的土地经规划后，首次实行宗地明码标价向社会公开出让，以交钱先后顺序取得土地使用权。

1998 年，开发西环小区，县国土管理局制定了《国有土地使用权拍卖方案》，报经县人民政府批准，于 1998 年 12 月 25 日，举行全县第一次国有土地使用权公开拍卖会，敲响了黔东土地拍卖第一槌。会上拍卖出让土地使用权 25 宗，面积 1674 平方米，最高价 1720 元/平方米，最低价 880 元/平方米，总收入 173.76 万元，均价 1038 元/平方米。全县经营性土地使用权一律实行招拍挂方式出让。

2002 年 7 月，铜仁地区国土资源管理工作会议在印江召开，地委、行署、人大工委、政协工委、公、检、法及有关部门主要负责人，各县（市、特区）书记、县（市、区）长、国土资源局局长参加会议，为全区自中华人民共和国建立以来国土系统规格最高的会议。会议于 7 月 16 日在原服务公司举行经营性土地拍卖现场会，拍卖土地 3 宗 249 平方米，最高价 3100 元/平方米、最低价 2920 元/平方米，创当时铜仁地区最高记录。鉴于印江土地资产管理的成功经验，省厅经调研之后，决定将 2003 年 4 月全省国土资源系统纪检监察工作会放在印江召开，印江县重点介绍了经营性土地公开拍卖的做法和经验。

截至 2008 年年底，全县共出让国有土地使用权 213 宗，面积 7.15 公顷，最高价每平方米 3100 元，最低价 500 元，总收入达到 7134.19 万元，均价 997 元/平方米。

一、用地审批

自 1998 年起，在县城和各建制镇（包括部分完成集镇规划的乡）的城镇规划区内一律不审批个人建房宅基地，实行政府统一征地、统一规划、统一安置的制度，保证了土地资源的合理配置和城镇建设水平的提高。城镇规划区以外的农村村民需要建房的用地，实行本人申请，村民组、村委会讨论盖章，交各乡（镇）国土资源管理所调查，公示 7 天无异议，再由乡（镇）人民政府审核，送县局会审通过，报县人民政府核准批复。

1994 年，兴起小城镇开发拉动战略，首先是县城西园工业区，1995 年 11 月，经省人民政府批准建设用地 106.3 亩。

1998 年，省人民政府批准西环小区建设用地 203.86 亩；批准缠溪镇小城镇建设用地 29.86 亩；批准合水镇小城镇建设用地 39.81 亩；批准朗溪镇灾民安置用地 79.11 亩；批准木黄镇商住小区建设用地 143.67 亩；1998 年，铜仁行署批准沙子坡镇小城镇建设用地 19.58 亩；批准木黄农贸市场用地 9.8 亩；批准印江县城西出口道路拓宽用地 6.44 亩。省人民政府批准东郊小区铜遵公路改线建设用地 21.44 亩。1998 年，省人民政府批准胡家坝电站用地 446 亩。全县义务教育工程合计占用土地

238.75 亩；其中：杉树中学、板溪中学、木黄小学、罗场中学、先锋中学系 1998 年铜仁行署审批，其余的 208.31 亩用地均在 2003 年全国性清理和整治土地市场中补办和完善审批手续。

1998 年至 2003 年底，全县公路建设速度较快，新修和扩建公路占用土地共计 522.77 亩；也在 2003 年全国性清理和整治土地市场活动中补办和完善相关手续。

二、 地籍管理

地籍，即是土地户口，包括地籍调查、认定、颁证和档案管理。根据《土地管理法》《国家土地地籍调查规程》《土地登记规则》，1990 年年初，县土地管理局经请示县人民政府，采取分期进行、稳步推进办法，从 1990 年起至 2008 年年底，完成了峨岭镇、板溪镇、天堂镇、沙子坡镇、木黄镇、合水镇、朗溪镇、缠溪镇、洋溪镇 9 个建制镇的地籍调查。经调查，9 个建制镇规划区内登记的宅基地使用面积为 210.96 万平方米，发证 8190 宗。

关闭后的沙子坡镇青坨煤厂

三、 测绘管理

县内行政区域内，有测量标志点 31 个。其中：二等三角点 2 个；二等水准点 17 个，GPS－C 级点 7 个，GPS－E 级点 5 个。

2000 年，县国土管理局组织 32 个专业队伍，历时 1 个半月，进行逐一清理查找，做到了图、点对号，并委托专人代管，代放托管证 27 本。

2003 年 11 月，在县城四周建立全球卫星定位系统（GPS 点）6 个。全县有资质的测量队只有县水利局测绘队，资质为丙级。全县现有 1/5000 地图 6 套，分布为：县人民武装部 1 套、水利局测绘队 1 套、县林业局 1 套、县供电局 1 套、县国土资源局 2 套。县国土资源局每年都定期对地图保管情况及地图市场进行清理，确保地图的安全和市场规范。

第三节　法规宣传与执法

一、 普法宣传

一是“四五”（1970—1975）普法宣传在全县推广；二是编印集《土地管理法》和相关法律法规为一体的小册子发到村、组；三是利用“6·25”土地日和“地球日”等开展法律咨询；四是开展有奖征文、演讲会、法律知识有奖竞赛和国土杯篮球运动会等形式进行宣传，每年宣传费用 3 万～5 万元。

二、 制度与网络

1998 年，为加强国土资源执法监察，建立了土地巡察制度，对全县土地监察划分为若干片区，落实责任人，实行定期巡察，发现问题，及时纠正。在此基础上，全县还设立了土地信息联络员，每村 1 名，由村干部或者公道正直、在群众中有一定威信的群众代表担任，全县共 365 名。主要职责是向群众宣传《土地管理法》《矿产资源法》等相关法律法规，并对违法行为依法劝告和制止，重大情况及时报告。

三、 开展“三无”乡（镇）建设

1997 年，县人民政府下发了《关于在全县开展“三无”乡（镇）建设的意见》（印府通〔1997〕7 号）文件，全县开展以“无违法批地、无违法管地、无违法用地”为主要内容的“三无”乡（镇）建设。2000 年，有 15 个乡（镇）经行署验收合格，授予“三无”乡（镇）达 88%。

四、 违法用地清理和矿业整顿

1988 年以来，全县共清理查处各类违法用地 494 起，涉及面积 3.73 公顷。其中：耕地 2.60 公顷。

在农村宣传土地法

遵照国务院和贵州省人民政府关于整顿矿业秩序的要求，开展全县矿业秩序整顿，成效显著：（1）黄金矿。1998 年前全县有 14 家金厂，主要分布在木黄镇的金厂村和金星村。整顿合并为 5 个，并经省人民政府验收合格，省地质矿产厅颁发了采矿许可证。但是由于几家黄金厂的生产工艺简陋，基本都是以水选为主，且废水沉淀与环保设施没有达到同时设计、同时施工、同时发挥效益（简称“三同时”）的要求，曾一度由于金矿在生产过程中污水直接排向水体，导致木黄镇金厂河污染严重，尤以 1999 年冬至 2000 年春最甚，河水受污，水体浑浊达 10 余公里。县国土局环境监测站多次派员到金厂河，按照环保监测规程要求，分段取样送铜仁监测站化验，悬浮物超过国家规定 27 倍，其他有害物质均超过 5 至 17 倍，引起县人民政府高度重视。2003 年，县人民政府再度组织对无采矿许可证的 5 个采金洞口实行炸封。2004 年 4 月，县人民政府下达了全部金矿企业停产和限期治理的命令，并组织 70 人上山，对排污不达标企业的洞口、机器一律封闭；自此，金厂河水由浊变清。（2）煤矿。1995 年前后，全县共有采煤硐口 100 余条（基本上是一个小厂一条硐口），秩序混乱，事故频繁，国务院〔1995〕33 号文件下达后，全县着手整顿，至 2003 年，全县只保留年产 3 万吨以上矿井 4 个，其余一律关闭。（3）砂石矿。2002 年，对全县砂采矿点进行了合理规划和布局，实行招标拍卖采矿权和挂牌方式出让，依法颁发了采矿许可证，对无证采矿实行取缔。

设置的国土地标（2009 年拍摄）

第四节 耕地保护

1988—1999 年，印江县认真贯彻落实《基本农田保护条例》，严格执行基本农田保护“五个不准”，严禁违法占用基本农田，确保全县基本农田不减少，用途不改变，质量不降低。2000 年 9 月 16 日，印江第一个土地开发整理项目——盘龙村土地开垦，经省国土厅、农业厅专家组验收合格，并发给新增耕地 290.55 亩的合格证书。2008 年，通过再次对全县耕地和基本农田摸底核对后，县人民政府再次与各乡镇人民政府签订了耕地保护目标责任书，进一步加强耕地保护。2000—2008 年，已经完成验收备案开发土地项目 95 个，面积 25347.90 亩，新增耕地 20227.27 亩，总投资 5835.43 万元。2008 年，已经完成验收但未备案的有 101 个项目，规模面积 20356.56 亩，新增耕地 18326.48 亩，总投资 5204.72 万元；已经完工测量7个，规模面积4234.45亩，新增耕地3870.67亩，总投资10836.78万元，实现了耕地总量动态平衡。

第五节 矿产资源管理

全面贯彻落实国家关于矿产资源管理的一系列方针政策，以资源为基础，以规划为龙头，以产业为纽带，以矿业权管理为手段，严格矿业权的市场准入条件，加强事前监管，进一步健全探矿权、采矿权年度报告和年度检查制度，进一步规范矿业权出让、转让管理，进一步完善矿业权管理制度，坚持依法审批，积极稳妥地推进矿产资源整合工作，矿产资源管理得到进一步规范。

一、 矿产资源调查

1988年，完成全县地质矿产调查，基本摸清全县主要矿产的分布及其储量。经调查统计，全县共有28个矿种，其中属大型矿藏的有花岗石、长石和镁；属稀有矿的有铀和锑；全县煤的藏量较为丰富，总量约为3564万吨，除峨岭、新寨、永义、木黄、新业5个乡（镇）之外，其余12个乡（镇）均有分布，但主要集中于沙子坡镇、刀坝乡。

2008年年底，全县共设置矿业权102个。其中：采矿权91个、探矿权11个，矿业权设置基本符合规划要求。按发证权限划分：省级发证10个，地级发证9个，县级发证72个；按矿种划分：煤矿7个，锰矿1个，金矿2个，水泥用石灰岩1个，汞矿3个，饰面用石灰岩3个，重晶石1个，石英1个，建筑用砂、砖瓦用页岩共72个。共设置探矿权11个，按矿种划分：锰矿3个，铅锌矿5个，铜矿2个，铁矿1个。

二、 矿产资源分布及储量

招商引资建设的恒丰锰业电解车间

贵州省地矿（质）局103、106、108、核工业209及732部队等先后在本县进行过地质调查评价、矿产资源勘查和综合研究等工作。对全县矿产资源进行调查评价与研究（特别是梵净山地区），先后发现了钨、锡、锰、铅、锌、铜、汞、铁、锑、金、铌、钽、铀、重晶石、水晶、硫铁矿、磷块岩、钾长石、高岭土、大理石、花岗岩、硅石、水泥灰岩、电石灰岩、煤、热泉等20余种矿产。（1）铁矿：主要分布于刀坝乡胡家岩、沙子坡镇乌坡湾，中坝乡皮家山、新寨乡七灵头等地。初步估算矿石资源量为133.91万吨。（2）钨锡铜矿：分布于新业乡标水岩，估算并经省储委批准提交资源量WO_3 1395.8吨，Sn 5951.8吨，Cu 1434.9吨。（3）钨锡矿：主要分布于县境东部新业乡、永义乡的梵净山西部一带，初步估算资源量WO3672.4吨，Sn 361.5吨。（4）金矿：主要分布于木黄镇、新业乡、永义乡的金厂、标水岩、猴子硐、平所、六角寨等地，初步估算资源量：金厂776.42千克，猴子洞298千克，标水岩665千克，石柱岩37千克。（5）铜矿：主要分布于木黄镇、新业乡、永义乡梵净山西部，但大多数矿点铜品位较低，难以形成独立工业铜矿体，均未估算资源储量。（6）铜砷矿：分布永义乡梵净山石柱岩，估算资源量：Cu 5128吨，As3648吨。（7）锌矿：分布于新业乡淘金河，品位较低，难以形成独立工业铜锌矿体，未估算资源量。(8) 汞矿：主要分布于木黄镇喻家寨、新民、老砂厂及新寨乡小泽沟等地，主要沿北东向秀木汞矿带分布，初步估算汞矿资源量 55 吨。(9) 锑矿：主要分布于新业乡梵净山白云寺、李家湾，未估算其资源储量。(10) 铅锌矿：主要分布于新业乡保庆堂、洋溪镇白马坡，矿化分散、规模较小，不能圈出独立的铅锌矿体，未能估算其资源储量。(11) 铌钽矿：主要分布于县境东部新业乡磨槽沟、标水岩、桃树林、庙湾梁子及淘金河，初步估算磨槽沟铌钽矿资源量 146 万吨。(12) 铀矿：分布于梵净山桃树林、肖家河，未估算资源量。(13) 锰矿：分布于木黄镇关口坳，新业乡锅厂，品位较低，规模较小，关口坳锰矿估算资源量 33.93 万吨，锅厂锰矿 1.01 万吨。(14) 磷钒钼矿：主要分布于新业乡梁家坪—永义乡红东坪一带，梁家坪磷矿估算资源量 153.64 万吨，红东坪磷矿未估算资源储量。(15) 煤：县境含煤岩层沿沙子坡、麻竹园—青坨、天堂—凯望—曹门，呈北东向分布，主要煤矿床（点）有杨柳乡曹门、猴子岩、乌谷溪、凯上坪，沙子坡镇沙子坡、香树坪、青坨，刀坝乡白金岩、胡家岩及朗溪镇水塘、小杉木等。沙子坡煤田估算资源量 46.95 万吨；沙子坡、青坨煤矿田地质工作始于 1960 年，贵州 106 队于 1972 年作过普查；1984 年，贵州 103 队进行详查评价，共估算煤矿资源量 80.42 万吨；1985 年，贵州 103 队进行刀坝乡白金岩煤田的详查工作，估算煤矿资源量 99.63 万吨。胡家岩煤矿贵州 103 队于 1988 年作过普查评价，估算煤矿资源量 5.85 万吨，杉木煤矿估算资源量为 150 万吨。(16) 硫铁矿：主要分布于杉树乡大石礅、刀坝乡胡家岩、板溪镇大门岩硫铁矿点，大石墩硫铁矿，估算资源量 9.45 万吨；1988 年，贵州 103 队对胡家岩硫铁矿作普查地质工作，估算资源量 65.55 万吨，板溪大门岩硫铁矿点估算资源储量 20.9 万吨。(17) 水泥灰岩、电石灰岩：水泥灰岩主要分布于朗溪土地塘，电石灰岩分布于朗溪、木黄等地。1999 年，贵州 103 队对土地塘水泥灰岩矿床作过普查评价，估算资源量 625.83 万吨。简槽沟资源量为 513.13 万吨。20 世纪 70 年代，108 队、103 队对朗溪电石灰岩、木黄简槽沟电石灰岩作了普查评价，估算资源量达 1000 万吨。(18) 大理岩：主要分布于梵净山老金厂、芙蓉坝、大水溪，以及木黄七百度寒武系地层中，估算资源量：老金厂大理岩矿床 357.22 万立方米；芙蓉坝大理岩矿床 722.60 万立方米；大水溪大理岩矿床 604.66 万立方米。七百度大理岩矿床仅进行预查工作，未估算资源量。(19) 玻璃硅质原料：主要分布新业乡锅厂—干溪沟一带。1985 年，贵州 103 地质队对锅厂—干溪沟玻璃硅质原料矿床进行详查地质评价，矿体赋存于板溪群及梵净山群地层中，SiO_2、Al_2O_3、Fe_2O_3 含量均达优质原料指标，估算资源量 2.7 万吨。(20) 高岭土：沿煤层底部断续分布，地质工作程度较低，主要有沙子坡茅草盖、朗溪水塘两个高岭土矿点。矿体规模较小，变化较大，未估算资源量。(21) 重晶石：主要分布于中坝蔓庖、土黄、新寨后坝及洋溪刘家坪。各矿点工作程度较低，均为预查，矿体主要沿北东向断裂分布，重晶石色白质纯，油脂光泽，经拣块样分析结果，$BaSO_4$ 品位可达 59.80%～98.98%。(22) 钾长石：分布于梵净山磨槽沟、淘金河。其中磨槽沟钾长石矿床估算资源量为 146.4 万吨，达大型规模；淘金河钾长石矿床估算资源量 2 万吨。(23) 花岗岩石矿床：分布于新业乡梵净山桃树林。贵州 103 地质队 1994 年进行普查地质工作，估算资源量：花岗岩及辉绿岩 31+35 万立方米。(24) 建筑用砂石、页岩：县境内奥陶系、寒武系、三叠系、志留系地层广泛分布于全县各乡镇，其厚层块状白云岩、灰岩以及所夹页岩，可广泛用于建筑，资源较为丰富，地质工作程度低，未估算资源储量。(25) 水晶：主要分布于梵净山标水岩、大水溪、干溪沟，地质工作程度较低，未估算资源量。(26) 热泉水：分布于新寨乡—天堂镇一线。1994 年，经贵州省地矿局第二工程勘察院等对凯望、甲山、天堂哨等热泉进行评价，为深循环热矿泉水，流量较稳定，含多种元素，可作饮用天然矿泉水。

三、 开发利用与保护

县内地质调查和勘查工作主要集中于梵净山区，其余地区地质工作相对较少。1985 年，梵净山被划为国家级自然保护区后，主要集中于梵净山的金属矿产、稀有金属矿产及非金属矿产均未开发利用。随着西部大开发战略的实施，市场对矿产品的需求与日俱增，梵净山区以外的地质工作有所加强，但因印江是一个以农业为重点，工业基础较薄弱，财政收入少，交通比较闭塞的小县，对地质勘查无力投入。最近几年来印江进一步调整产业结构，坚持“走出去，引进来”的方针，加大招商引资力度，对煤矿、金矿、水泥灰岩、花岗岩、铅锌矿等矿产加强了勘查开发力度，对煤矿、砂石、水泥灰岩等矿产实现规划开采。集资和引资兴建各类煤矿矿山 3 个，年产煤矿约 6 万～9 万吨，产值 900 万元，安置各类人员约 300 人。对县水泥厂进行技改，使产量由 1 万吨扩大到 4.15 万吨，产值 954 万元，安置各类人员 152 人。兴建华兴铁合金厂，年产硅锰 1963 吨，产值 716.4 万元，安置各类人员 68 人。各类砂石、页岩采场 21 个，年产值 300 万元，安置各类人员 200 余人。引资进行铅锌矿、大理石、锰矿勘查开发，年产值 600 万元。年产电解金属锰 0.5 万吨，产值 5000 万元。

截至 2003 年年底，全县开发利用矿种 14 个，共有各类持证矿山 33 个，按所有制分：国有矿山 3 个，集体矿山 3 个，股份制企业 3 个，个体矿山 24 个。

随着西部大开发战略的实施，为了满足经济社会发展对矿产资源的需求，加快城镇化建设进程，切实改善长江中上游地区的生态环境，印江在矿产资源开发上本着合理利用资源、改善生态环境、促进社会与生态协调发展的原则，积极开展保护工作，主要作了以下工作：(1) 进一步加大了有关法律、法规的宣传力度；(2) 加大对违法开采的打击力度，严格实行有证开采，坚决取缔无证小煤矿，点多面广的砂石矿逐步实行规范化、有证开采；(3) 开展全县矿业开发的统一规划工作，实行保护性开采。(4) 开展了全县地质灾害调查与区划工作，使矿产开发与地质环境保护相结合，梵净山国家级自然保护区及省县级自然保护区列入禁采区、限采区，有效地保护了矿山生态环境，促进了印江自治县域经济社会与生态环境的协调发展。

第八编

商贸　招商引资

第一章 商业贸易

一、 商业发展概况

1988年，全县商品流通主渠道是国有商业企业和供销合作社，当年全县社会消费品零售总额为6265万元。以后的10年，随着市场经济的发展，国有商业和供销合作商业逐步放开搞活，向自主经营、提高效益、多种成分、多种形式商品流通渠道转变，国家鼓励和扶持非公有制经济的发展，市场日渐兴旺。1998年，全县社会消费品零售总额为10349万元。其中：国有经济2850万元，集体经济2450万元，个体经济3420万元，其他经济1629万元；批发零售贸易业9719万元，餐饮业280万元，制造业200万元，其他行业150万元；农民对非农居民零售1329万元，城镇零售6950万元，农村零售2070万元。

1999—2003年，全县逐步对国有商业进行改制，理顺供销合作商业体制，大力扶持非公制商业经济的发展，市场购销两旺。2003年，全县实现社会消费品零售总额为17459万元。其中：国有经济2620万元，集体经济5061万元，个体经济9778万元；批发零售贸易业16509万元，餐饮业530万元，其他行业420万元；城镇零售11259万元，农村零售6200万元，当年个体经济零售占社会消费品零售总额的56%。

沙子坡乡场每场在场人口约3000人，各种摊位300余个，是印江较大的边贸集镇。图为市场一角。（1992年拍摄）

2008年，印江自治县启动实施“万村千乡市场工程农家店”项目建设，至年底，共建成农家店70个，建成汽车摩托车销售网点7个，报废汽车回收拆解经营点1个，废旧回收网点15个。是年，全县基本完成国有商业改制，理顺供销合作商业体制，民营商业得到迅速发展，形成多种成分、多种形式的商品流通渠道，市场日趋繁荣。至年底，全县发展各种有限公司、分公司、合伙企业、个人独资企业、个体工商户3229户，从业人员18686人，注册资金共计32014.59万元。2008年，全县社会消费品零售总额达到37609万元，比上年增长24%。是1988年的6倍。

1988—2008年印江自治县社会消费品零售总额统计表

表8—1　　单位：万元

年度	社会消费品零售总额（万元）	年度	社会消费品零售总额（万元）
1988	6265	1999	11282

续表8－1

年度	社会消费品零售总额（万元）	年度	社会消费品零售总额（万元）
1989	5306	2000	12620
1990	5226	2001	13164
1991	5736	2002	15407
1992	5839	2003	17459
1993	6334	2004	19285
1994	8828	2005	22180
1995	9506	2006	25705
1996	9458	2007	30330
1997	10028	2008	37609
1998	10349	—	—

1988—2008 年印江自治县个体商业基本情况统计表

表 8－2

年份	个体商业户（含私企）（个）	从业人数（含私企）（人）	注册资金（万元）	销售总额（万元）
1988	420	504	180	6265
1989	485	728	220	5306
1990	550	830	300	5226
1991	640	965	386	5735
1992	750	980	500	5839
1993	820	1021	750	6334
1994	960	1080	920	8828
1995	1030	1152	1095	9506
1996	1120	1270	1520	9458
1997	1240	1417	2240	10028
1998	1350	1550	3100	10349
1999	1480	1708	3850	11282
2000	1620	1815	4538	12620
2001	1850	2126	6375	13164
2002	1920	2208	7728	15407
2003	2030	2420	9021	17459
2004	2280	4820	13650	19285
2005	2430	7500	18620	22180
2006	2650	10200	23540	25705
2007	2960	14860	28150	30330
2008	3229	18686	32015	37609

第一节　商业体制改革

1988 年，印江自治县国营企业有百货公司、纺织品公司、盐业公司、五交化公司、糖业烟酒公司、食品公司、副食品公司、民族贸易公司、服务公司、民族食品厂、“三八”饭店，县粮食局管理的粮油贸易公司、县烟草局管理的烟草公司、供销合作商业联营公司、物资局管理的国家统配物资贸易企业——物资公司，以及上挂管理的石油公司、对外经济贸易公司、药材公司等商业企业，还有服务业中的百货棉布商店。当年工商行政部门登记的商业企业有39个。其中国营企业16个、供销合作和集体企业20个、乡镇企业3个；个体商业虽有381个，但仍是在计划经济条件下形成的以国有商业和供销合作商业为主渠道的商业流通体制。

1988—1998年，对国营（国有）商业和供销合作商业逐步进行改革，采取放开搞活、经营转型的办法，提高经济效益，用优惠政策鼓励和扶持私营、个体企业发展。1998年，全县有证个体工商户2864户，比1988年增加582%。

1999年起，按照《县委、县人民政府关于放开搞活国有企业的实施意见》《关于明确全县国有企业改革若干问题的通知》，先后对纺织品、百货、服务、五交化、糖业烟酒、副食品、食品、民族食品厂、民族贸易公司、“三八”饭店等进行改革转制，多数企业因资不抵债，以国有资产为“零”的形式，将原企业资产经县会计师事务所评估后，以职工每个工龄600元量化给职工进行安置，对资产能够变现的，优先保证退休人员的养老金足额向社保缴纳，对资产有多余的企业实行国有控股，企业变卖资产时，先保证向国资局缴纳国有资产部分后，企业再按县有关文件精神用于职工安置。2008年，原纺织品公司西门门市部拍卖238万元，51名职工都得到安置。至此，10个原国有商业改制企业职工全部安置结束。

第二节　贸易市场

一、 综合市场

杉树乡大寨村恢复建设农贸市场

西门湾综合市场　该市场位于峨岭镇（原城关镇）人民北路，始建于1991年，建筑面积650平方米，建有混合结构货棚67个，水泥台式摊位264个，两边固定门面80余间，市场内主要批零经营服装、百货、五金、电子产品、农业生产资料等商品。2000年，该市场综合营业额600万元，租金48万余元。2003年，因城市化发展和推进，该市场完成其历史使命，予以拆除。

西环综合市场　位于县城西环大道，始建于1999年，竣工于2000年。2000年12月19日正式启用，该市场占地4000平方米，有固定门面70间，固定摊位400个，集商贸居住为一体，按照划行归市管理，市场内主要定点经营肉食、蔬菜、粮油、水果、副食品、调味剂、豆制品、茶叶、腌制品及本地土特产，承担城区居民主要生活用品消费交易。该农贸市场自启用起，设立专门的管理办公室，工商、农业、财政、峨岭镇等相关职能部门进驻办公，对该农贸市场进行专门管理，市场内设置公平秤、交易纠纷调解办公室等，确保市场有序发展。2008年，该市场日均交易量为10万余元。

二、 集贸市场

随着生产的发展和交换的需要，1988—2008年，城乡集市也有一定的发展，在原有20个集贸市场的基础上，又先后增加“鸭赶场”集贸市场和“大寨”集贸市场。全县各个集贸市场的场期分别为：一、六；二、七；三、八；四、九；五、十。场址在各区、乡、镇、村所在地，场地大部分都是以街道、公路为主的露天市场。

2008年印江自治县城乡集贸市场基本情况一览表

表8—3

序号	市场名称	市场地址	市场总面积（平方米）	其中		赶场人数（万人）	摊位（个）	每场成交额（万元）	场期（农历）	交通状况
				棚顶（平方米）	室内（平方米）					
1	板溪农贸市场	板溪	2800	540	—	1.3	148	15	三、八	良好
2	杉树农贸市场	杉树	3000	—	—	1.5	156	16	五、十	良好
3	大寨农贸市场	杉树大寨	2000	124	1010	0.8	98	0.5	三、八	畅通
4	沙子坡农贸市场	沙子坡	3020	560	1500	2.5	346	18	一、六	良好
5	毛寨农贸市场	毛寨	800	—	—	0.25	50	0.4	二、七	畅通
6	鸭赶场农贸市场	板溪岩底	800	—	—	0.2	50	0.5	二、七	畅通
7	天堂农贸市场	天堂	5780	350	150	3.0	332	15	四、九	良好
8	兰克农贸市场	兰克	2800	—	—	0.35	200	5.5	三、八	较好
9	刀坝农贸市场	刀坝	2880	320	160	3.5	630	16	一、六	较好
10	木黄农贸市场	木黄	12600	200	—	3.8	870	25	一、六	好
11	坪洞口农贸市场	新民	2500	—	—	0.25	150	2.5	四、九	较好
12	合水农贸市场	合水	42500	—	—	0.75	510	15	三、八	好
13	永义农贸市场	永义	13600	—	—	0.18	180	2.2	二、七	一般
14	朗溪农贸市场	朗溪	2500	640	—	0.15	140	1.6	四、九	较好
15	罗场农贸市场	罗场	3000	30	—	0.12	98	2.1	二、七	较好
16	缠溪农贸市场	缠溪	3500	1000	—	0.3	196	10	三、八	省道
17	杨柳农贸市场	杨柳	3000	—	—	0.15	83	13	二、七	县道
18	洋溪农贸市场	洋溪	2500	35	—	0.18	76	12	四、九	县道
19	新寨农贸市场	新寨	4080	580	1320	2.8	350	18	五、十	好
20	中坝农贸市场	中坝	1500	—	—	0.3	50	0.3	一、六	较好
21	凯望农贸市场	凯望	1200	—	—	0.35	60	0.8	四、九	较好
22	峨岭农贸市场	县城	60000	10000	10000	5.0	2700	150	一、六	好

三、 专业市场

东郊农贸市场 位于柏香林，总面积500平方米。其中室内400平方米，摊位100个，每月成交额1.2万元。

红地房地产交易市场 位于西园开发区，总面积4500平方米，其中室内1500平方米。

金银市场 位于中心广场，总面积200平方米，摊位2个，每日成交额2万元。

官庄坝建材市场 位于官庄坝，总面积3000平方米，推位20个，每日成交额5万元。

北环建材市场 位于北环路，总面积600平方米，摊位2个。

西园建筑市场 位于西园开发区，总面积1700平方米，摊位25个。

柏香林建筑市场 位于柏香林，总面积2400平方米，摊位40个，每日成交额3万元。

坪兴寨农贸市场 位于坪兴村，总面积1200平方米，摊位19个，每日成交额3万元。

金玉小区服装市场 位于金玉小区，总面积 6600 平方米，摊位 450 个，每日成交额 2 万元。

煤炭市场 位于县城城郊公路旁，总面积 2000 平方米。其中室内 1000 平方米，摊位 14 个。

运输市场 （1）位于西环，总面积 4000 平方米，全部位于棚内，每日成交额 1 万元。（2）位于柏香林，总面积 5000 平方米。其中 4000 米位于棚内，1000 米位于室内，每日成交额 2 万元。

机动车交易市场 位于柏香林，总面积 2400 平方米。其中室内 1800 平方米，有摊位 12 个。

市场的发展，基本满足人民群众的消费需求。

刀坝乡场（1988 年拍摄）

第三节 粮油市场

一、粮油收购

1988 年，县人民政府根据国务院、省、地有关粮食计划定购的精神，下达粮食“双购”任务，即定购任务 8000 吨、议购任务 2000 吨。当年，因全县遭受特大旱灾，粮食大幅度减产，县委、县人民政府根据各区受灾情况，分别调减粮食“双购”任务。全县调减定购任务 2386 吨；调减议购任务 1000 吨；交售级内烤烟 250 千克以上的 4620 户烤烟农户全免粮食定购任务 1033 吨；全免 1662 户杂稻制种农户粮食定购任务 166 吨，减免后的粮食定购任务为 4433 吨，减免后的粮食议购任务为 1000 吨。是年年底，实际收购入库定购粮 4730 吨，占调减后任务的 106.7%，收购入库议购粮 537 吨，占调减后任务的 53.7%，收购油菜籽 3196 吨，占地区下达任务 5500 吨的 58.1%。1989 年，县人民政府继续按定购任务 8000 吨、议购任务 2000 吨下达。但 1989 年继 1988 年后，又遭受较大旱灾，粮食又大幅度减产，县委、县人民政府又根据受灾情况，对粮食定购、议购任务进行减免，减免定购任务 3026 吨，减免议购任务 1406 吨，交售级内烤烟 350 千克以上的 2687 户烤烟户全免粮食定购任务 702 吨；全免 180 户杂稻制种农户粮食定购任务 100 吨，减免后的粮食定购任务为 4172 吨，减免后的粮食议购任务为 594 吨。实际入库定购粮 4386 吨，占减后任务的 105.1%，入库议购粮 706 吨，占减后任务的 118.9%。收购油菜籽 1944 吨，占县人民政府下达任务 3500 吨的 55.5%。1990 年、1992 年，县人民政府在下达粮食定购、议购任务时，考虑到修建甘金桥电站淹没和县城城镇建设及公路占地，对天堂区、印江镇的定购任务给予一定的调减，分别调减定购任务 7 吨。调减后全县落实粮食定购任务 7986 吨；1990 年落实议购任务 1995 吨。1992 年落实议购任务 1978 吨。为改变油菜籽收购滑坡现象，1990 年，县委、县人民政府将油菜籽恢复为定购，当年落实油菜籽收购计划 2510 吨。1991 年，县人民政府将定购任务又恢复为 8000 吨，议购任务 2000 吨。杂交水稻制种、烤烟减免后，实际入库定购粮 7006 吨，入库议购粮 1893 吨。收购油菜籽 8317 吨，占地区任务 5165 吨的 161%。1993 年，县人民政府根据省政府指示，放开全县粮油价格和经营。1993—2008 年，粮食收购只落实定购任务，粮食议购退出合同定购范畴。1993 年，落实粮食定购任务 7890 吨，当年入库定购粮食 6005 吨，占任务数的 76%。2003 年 4 月 1 日，全面实行粮食购销市场化。2004 年，国务院颁发《粮食流通管理条例》，2004—2008 年，全县粮食收购市场形成国有粮食企业、私营企业和个体工商户多元化购销主体并存的市场化经营体系。

二、 粮油销售

1988年，按照要压缩粮食销量的精神，自治县对粮食销售计划进行严格控制，但由于遭受严重旱灾，市场粮价上涨，粮食销售仍大幅度突破计划。地区核定全县粮食销售计划是8500吨，实际销售9349吨，超销849吨，超计划10%。其中：非农业销售4088吨，口粮3595吨；农业销售5261吨，农业人口粮1385吨，生猪换购粮748吨，“斤烟斤粮”回销（烤烟农户每交售1斤级内烤烟就奖励回销1斤粮食）1872吨，回销制种农户135吨。销售食油233.5吨，其中非农业销售139.6吨，农业销售93.9吨。1989年，为坚持计划用粮、节约用粮，防止抢购粮食，对城镇居民用粮，实行凭证限购当月粮，主杂搭配。搭配比例为大米60%，面粉40%，并对用粮票购粮进行严格控制。同年，粮食销售计划分为包干指标和农销增拨指标，全年总销售计划为11000吨，其中：包干指标5000吨，增发农销指标6000吨。年末实际销售10252吨，占计划的93.2%。其中：非农业销售3828吨，农业销售6424吨，超销252吨。同年，销售食油203吨。其中：非农业销售142吨，农业销售61吨。1990—1992年，粮食销售继续实行包干制，每年的包干销售指标为8500吨，3年实际总销量32399吨，其中：非农业销售11364吨，农业销售21035吨。1993年5月1日，粮油销售放开，取消凭证凭票销售，完全实行市场销售。刚开放的粮食市场，市场秩序和价格极不稳定。1993年10月，全县粮食市场出现波动，粮食价格上涨，县城一度出现买粮难，市场出现抢购粮食现象。县委、县人民政府立即采取措施，发挥粮食部门主渠道经营作用，动用县级储备粮，恢复临时性凭证限量供应粮食措施，粮食供应价格每千克1.30元，平抑市场粮价，稳定人心。

2008年1月13日至2月5日，自治县遭受持续时间最长、灾情最严重的50年不遇雪凝灾害，全县各地所有公路路面结冰，交通中断，市场物资紧缺，给人民的生产生活带来极大的困难。灾情发生后，全县对做好抗雪凝粮油灾害应急供应工作做出快速安排，抗雪凝粮油灾害期间协调组织加工粮食394吨，投放市场粮食总量412吨、菜油10吨，确保当时雪凝期间的粮油应急供应。

三、 粮油市场管理

1988年，从秋粮上市起，大米由粮食部门统一收购，其他部门、单位和个人不得经营。1989年，规定从事粮食批发业务必须经粮食部门审核、工商行政管理部门核准登记注册，不允许私人批发。1991年，取消大米由粮食部门统一收购，其他部门、单位和个人不得经营的规定，鼓励集体和个人进入粮食流通领域，发展多种经营。1992年，严禁任何单位和个人进行平价粮食和粮票倒买倒卖活动，对趁调价之机哄抬粮价等不法行为实施打击；不准粮食企业购买或变相购买居民手中的粮票和购粮证上的结余指标。1993年，放开粮食价格和经营范围，并对粮食市场实行以储备粮吞吐为主要手段的宏观调控。打击无证经营、哄抬专卖、囤积居奇行为。1994年4月，粮食统一按国家调整后的价格执行，中等油菜籽1.7元/千克，按照质量优劣上下浮动。1998年，根据《粮食收购条例》规定，不允许私商和其他主体从事粮食收购，由国有粮食企业控制一级粮食市场。2001年，小麦、早籼稻、玉米退出粮食保护价收购，允许取得收购资格的用粮企业、经营单位直接收购；允许私人商贩到农村集市和批发市场购买和销售小麦、早籼稻、玉米。自2003年起，全面放开粮食收购价格和市场流通。为保护粮食生产者的积极性，促进粮食生产，维护经营者、消费者的合法权益，保障国家粮食安全，维护粮食流通秩序，2004年5月26日，国务院颁发《粮食流通管理条例》，根据《粮食流通管理条例》规定，对从事粮食收购活动的经营者，提出应当具备的条件：一是具备经营资金筹措能力；二是拥有或者通过租借具有必要的粮食仓储设施；三是具备相应的粮食质量检验和保管能力。申请从事粮食收购活动，应当向办理工商登记的部门同级的粮食行政管理部门提交书面申请，并提供资金、仓储设施、质量检验和保管能力等证明材料。粮食行政管理部门对申请人进行资格审核，合格后发给粮食收购许可证，当年，认证合格从事粮食收购的国有粮食经营企业、私营企业和个体工商户有14家。

1988—2008 年印江自治县粮食购销统计表

表 8—4 单位：吨

年度	粮食收购			粮食销售		
	定购	议购	合计	非农业销售	农业销售	合计
1988	4730	537	5267	4088	5261	9349
1989	4386	706	5092	3828	6424	10252
1990	6811	2368	9179	3698	7810	11508
1991	7006	1893	8899	3768	4927	8695
1992	6305	2691	8996	3898	8298	12196
1993	6005	5329	11334	—	—	10612
1994	6701	22	6723	7737	969	8706
1995	6469	1442	7911	—	—	4682
1996	—	—	—	—	—	—
1997	6378	292	6670	—	—	4658
1998	8232	294	8526	—	—	2826
1999	5383	—	—	—	—	7861
2000	—	—	—	—	—	—
2001	6840	—	6840	—	—	8350
2002	—	—	5601	—	7803	12265
2003	6727	4844	11571	—	—	16180
2004	2213	—	2213	—	—	—
2005	1916	3420	5336	—	—	—
2006	2605	1160	3765	—	—	2896
2007	—	—	—	—	—	—
2008	—	—	—	—	—	—

第四节　物资供应

永义乡慕龙村建设农村超市

1988—1994 年，县物资供应公司主要经营金属、建材、机电、汽车配件、化工产品（民用爆炸物品）等，由国家计划分配销售。1990 年，经营计划内钢材 458 吨，次年计划内指标减至 320 吨。钢材、水泥、汽车、炸药等仍按计划供应统配，民用爆炸物资实行准购证销售。1994 年，随着计划经济与市场经济体制的转变，除民用爆炸物资外，其余物资已逐步市场化，打破物资部门一家统营钢材、建材、机电的价格，物资部门开始实行自由定价、自主经营、自负盈亏。物资部门在激烈的市场竞争中渐渐衰退。1996 年 4 月，全县民爆物资上调销售价格，炸药销售 6725 元/吨、雷管 5947 元/万发、导火索 7934 元/万米。1997 年，民爆物资销售由用户向县公安机关申请领取爆炸物品购买证，物资部门凭证销售。同年，物资购进 312.10 万元，销售 255.8 万元。1999 年年初，县国有企业改制，物资供应公司改制为县物资有限责任公司，注册资本 170 万元，拥有股东 28 人，在册职工 22 人。主要经营金属、建材、机电、汽车配件、化工产品（含民用爆炸物品），是年，商品购进 315 万元，销售 288 万元。2002 年年底，物资公司已经完全放弃钢材、水泥等物资的销售市场，仅经营民用爆炸物资。2003 年 2 月，调整民用爆炸物品销售价格，炸药 6900 元/吨、雷管 7000 元/万发、导火索 8800 元/万米。随着县县通油路（印江至德江、印江至松桃、印江至沿河）对基础设施建设的需要，2003 年，民爆物资销售额达 500 多万元。是年，公司购买民爆物品专营车 1 辆，招聘 2 位危险物品专职驾驶员及押运员，对民爆物品实行专车配送。2004 年 3 月，因仓库各类安防设施陈旧，根据省国防科工办要求，对仓库值班室、库区监控、仓库门及通风设备进行维修及更换，总计投入 5 万余元。2005 年 1 月，再次调整民用爆炸物资销售价格：炸药 7500 元/吨，雷管 8500 元/万发、导火索 1.05 万元/万米。民用爆破物资销售额为 480 万元，配送收入 20 多万元。2006 年年底，因业务需要，公司购进民爆物品混装配送车辆 2 台，总计投入 18 万元，对炸药、雷管实行一车配送。民用爆炸物品总计销售额 618 万元。2007 年年初，国家相关部门为便于管理，对全国民爆物品销售行业进行整改，即压缩销售资质，原则上一个地区只办理一张民爆物品销售许可证。同年，铜仁地区各县物资公司（松桃县除外）按比例投入资金，在铜仁市设立铜仁联合民爆器材经营有限责任公司，在各县相应成立分公司。2008 年 5 月，印江自治县成立铜仁联合民爆器材经营有限责任公司印江分公司，主要经营民用爆破器材、化工产品、机电产品、钢材、五金家电销售（上述经营范围涉及许可经营的凭有效许可经营）。至此，印江自治县物资供应公司不复存在。

第五节 供销合作

一、 机构

1988 年年底，供销社下设 4 个专业公司（县农资公司、土产公司、日杂公司和贸易公司）、8 个基层社（峨岭供销社、板溪供销社、沙子坡供销社、天堂供销社、木黄供销社、朗溪供销社、缠溪供销社、洋溪供销社）、61 个分销店、249 个门市部、2 个农副产品加工企业，职工 469 人。

二、 经营状况

1988 年，印江自治县供销社实现商品销售 1821.7 万元，比上年同期增长 26%以上。至 1996 年，除 1989 年商品购进和 1990 年商品销售略有下降外，其他年份商品购进和商品销售均有不同程度的增长。其中 1992 年商品购进 2865 万元，商品销售 3014 万元，与上年同期相比分别增长 40%和 50%，是印江县供销社历史上商品购销增长幅度最快的一年。1996 年，商品购进为 6343 万元，商品销售 6841 万元，购进和销售达到历史新高，真可以说是购销两旺。好景不长，从 1997 年开始，印江自治县供销商品购销急转直下。至 2000 年，商品购进仅为 341.2 万元，销售仅为 607.3 万元，在前三年连续下滑的情况下，又分别比上年同期下降 69.3%和 62.7%，商品经营陷入全面瘫痪。从 2001 年开始，印江自治县供销社对职工进行全员安置。至此，全面退出商品经营的大舞台。

1988—2000 年印江自治县供销社商品购销情况统计表

表 8—5

年度	商品购进总额（万元）	与上年同期相比（%）	销售净额（万元）	与上年同期相比（%）
1988	578.8	−26	1821.7	26.6
1989	562.4	−2.8	1901.9	4.4
1990	641.3	14.0	1857.4	−2.3

续表8－5

年度	商品购进总额（万元）	与上年同期相比（%）	销售净额（万元）	与上年同期相比（%）
1991	651	1.5	1998.0	7.6
1992	2865	340.1	3014.0	50.9
1993	3279	14.5	3635.9	20.6
1994	4060	23.8	4723.0	29.9
1995	4644.5	14.4	5917.8	25.3
1996	6363	37.0	6841	15.6
1997	5379	－15.5	6015	－11.9
1998	1674.4	－68.9	3255.5	－45.9
1999	945	－43.6	1627	－50.0
2000	341.2	－63.9	607.3	－62.7

三、改革改制

1988年12月，木黄供销社酒厂生产的“木黄窖”“木黄醇”，在贵州省乡镇企业“金凤怀”酒类评比中分别获金质银奖。图为县领导（左起）熊明英、宋绍章、田景坤、杨清富听取县供销社主任陈正治（右一）汇报

随着社会主义市场经济体制的建立，供销社在体制和机制上都不能适应市场经济的需要，长期计划经济体制下遗留的种种弊端日益显现，过重的经济包袱和人员负担，加上缺乏新的资金投入，到1988年，全县供销社系统业务开始全面萎缩，效益全面下滑，经营难以维系，几乎陷入全面瘫痪状态。企业拖欠养老保险费和职工工资的现象越来越普遍，不安全因素增加，随时都有可能引发社会矛盾，给社会治安造成隐患。鉴于这种情况，从该年下半年开始，全县供销社借助全县国营企业改革东风，积极推进供销社企业改革。

1992年，印江自治县贸易公司与印江自治县土产公司合并，改名为印江自治县供销联营公司，该公司的主要职能，一是组织收购农副产品进城，二是组织工业品下乡。

1999年，县农资公司、县联营公司两个企业进行公司制改革试点，按照现代企业制度要求重组两个有限责任公司，从形式上转换企业机制，改变职工身份，初步建立股东会、董事会、监事会、经理等新的法人治理机构。然而，这次公司制改革，没有从根本上消除经济和人员负担，新的公司仍然是穿草鞋走老路，没能使企业起死回生。

四、职工安置

由于公司制改革未能成功，自治县决定对供销社职工进行全员安置。按照县里相关精神，县供销社制定详细的《实施方案》，县人民政府先后批复县供销社两个文件：《县人民政府对县供销社关于动用部分社有资产安置职工报告的批复》《县人民政府关于批转县供销社关于进一步推进供销合作社改革意见的通知》。根据以上两个文件要求，自治县逐渐开始对供销社职工进行全员安置，至2001年年底，全系统11个企业，共筹集资金1732.8万元（其中商品资金555万元，现金1177.8万元），对全系统820人（其中在职人员489人，离退休职工181人，抚恤对象150人）进行一次性安置。至此，全供销社系统原有的3个公司、8个基层社、242个分销店、近300个门店（柜组）的经营网络已荡然无存，只剩社有企业农资公司、天鹅公司。

五、 新的职责

2005年，印江自治县供销社被政府定位为参照公务员管理的事业单位，核定编制15人，下设5个股室：办公室、财会审计股、合作指导股、经济发展股、安全保卫股。印江自治县发展农村合作经济组织领导小组办公室和特色农产品营销领导小组办公室也设在供销社。

2006—2008年，印江自治县供销社按照转变后的职能重点做以下几个方面的工作：一是发展农村合作经济组织（主要有农民专业合作社和农民资金互助合作社）；二是协调管理农资和重要农产品经营，承担化肥储备任务；三是推动农村流通网络建设。

第六节 专营专卖

一、 烟草专卖

1988年，印江已成卷烟纯销售区，当年，全县完成总销量5306箱，超计划完成地区下达任务，以后几年销售量有增有减。1993—1996年期间，由于先后出现“产大于销、供过于求”的矛盾和“个体批发大户不断涌现”的不良状况，卷烟销售市场曾一度混乱。自治县按照地区烟草公司的“二十字方针”进行整治，卷烟销售市场有一定好转。1998年，地区烟草公司制订“大力促销地产烟，严格控制地外烟流入”的指导方针，印江卷烟销售面临十分严峻的形势，公司干部职工全部挂靠帮站。卷烟销售强化网点功能，坚持“四定”即：定时间、定线路、定人员、定客户，重点放在送货服务上，要求向网点送货率达到100%。网点向乡（镇）街道（集市）零售户送货率达90%，向偏远村寨采取分期巡回、约时定点、流动设摊的供货形式，送货率达50%。基本做到“五统一”“五落实”（即：标价、送货、规格、制度、管理统一；营业、安全、生活、通讯、设施落实）。1999—2003年，县烟草公司先后制定出台《狠抓基础，稳中求进》《以从量从效从严管理为核心，专销结合为保证，凭证供货为突破口》《净市场、抓规范、促销售、增效益》等制度，严格实行凭证供货、区域销售、访销送货的销售模式，强化优质服务，彻底改变官商作风，对边远难送的乡村，采取聘请特约送货员帮助送货的方式送货。严格执行全省统一批发限价，现款批发，杜绝赊销，不得以任何形式降价销售，努力提高“五率”（即：合法渠道进货率、市场占有率、零售户入网率、入网销售率、网点送货率）。每月定时25日盘点，选择适销对路的品牌销售，严格实行城网“198”农网“298”供货原则，对零售户实行户籍化分类管理，逐步淘汰C类户，全县卷烟零售户控制在1500户以内，趋于基本合理状态。从此，全县的卷烟销售已基本走上规范化、科学化管理道路。

1988—2008年印江自治县卷烟销售情况统计表

表8—6

年度	销售量（箱）	年度	销售量（箱）	年度	销售量（箱）
1988	5306	1995	5600	2002	8043
1989	5907	1996	5245	2003	6646
1990	4699	1997	8605	2004	7226

续表8—6

年度	销售量（箱）	年度	销售量（箱）	年度	销售量（箱）
1991	5936	1998	6280	2005	6955
1992	5120	1999	7120	2006	7201
1993	5343	2000	6211	2007	7563
1994	5439	2001	7815	2008	7734

二、 食盐专卖

经营体制 1988—1991 年，根据国家规定，由县盐业公司批发给基层供销社和零售摊点，同时县盐业公司在县城解放路设零售点进行销售。1990 年 3 月，国务院《盐业管理条例》出台。1991 年 10 月，成立贵州省盐务管理局印江支局，形成盐业公司与盐务支局一套人马两块牌子、合署办公的经营管理模式，由盐业公司负责食盐销售，盐务支局直接管理盐业市场。国务院先后于 1994 年 8 月和 1996 年 5 月出台《食盐加碘消除碘缺乏危害条例》和《食盐专营办法》，贵州省人民政府于 1997 年，出台《贵州省食盐管理条例》等盐业法规，为全县食盐专卖提供法律依据。从 1997 年开始对食盐零售户实行食盐零售许可证年度，要求凡是经营食盐的零售户必须办理食盐零售许可证方可从事食盐经营。为满足食盐零售户购盐需要，盐业公司于 1998 年和 2001 年，先后在木黄、沙子坡、刀坝 3 个乡镇设立代批点。2005 年，开通食盐销售电子银行、计算机数据处理库，达到国家《食盐批发企业管理质量等级划分及技术要求》A 级标准。

经营单位资产 1988 年，县盐业公司有职工 21 人，营业面积 538 平方米，仓库面积 1385 平方米，职工宿舍 1012 平方米。资产总额 100.2 万元，其中：流动资产 76.1 万元，固定资产 24.1 万元。销售收入总额 85.5 万元，利税完成 9.4 万元。至 2008 年，职工总人数 51 人，土地使用面积 2472.6 平方米，资产总额 443.9 万元，其中，流动资产 223 万元，固定资产 220.9 万元。销售总额 380.2 万元，利税总额 47.6 万元。

购进与销售 1988—2008 年，县内的食盐全部从铜仁（大龙转运站）调入，年均购进食盐 1785 吨，销售食盐 1899 吨，其中，食品加工盐和工业盐 67 吨，销售额 233 万元，上交税费 13 万元。

价格管理 1988 年，统一大包装零售价为 0.36 元、0.38 元、0.40 元三类。1989 年 11 月至 1990 年 4 月，统一小包装（500 克）零售价 0.47 元。1994 年 4 月，统一小包装零售价调至 0.51 元。1996 年 1 月，统一小包装零售价分 0.58 元、0.65 元、0.66 元和 0.67 元 4 类。1999 年 12 月，统一小包装零售价升至 0.6 元。2001 年，统一小包装零售价升至 0.78 元。2002—2005 年，500 克装统一小包装零售价升至 1 元（1000 克装 2 元），2006 年 250 克装零售价 0.8 元，500 克装零售价 1.4 元。

1988—2008 年印江自治县食盐购销情况统计表

表 8—7

年度	购进（吨）	销售（吨）	年度	购进（吨）	销售（吨）
1988	2401	2971	1999	1454	2028
1989	3271	2425	2000	1845	1741
1990	2380	1637	2001	2045	1691
1991	1845	2154	2002	1204	1910
1992	1405	1976	2003	1506	1995
1993	1374	1755	2004	1857	1920

续表8—7

年度	购进（吨）	销售（吨）	年度	购进（吨）	销售（吨）
1994	1807	1943	2005	1561	1503
1995	1520	1814	2006	1498	1562
1996	1534	2109	2007	1469	1365
1997	1605	1641	2008	1900	1857
1998	2000	1900			

三、 石油销售

1988 年，全县经营的品种主要有汽油、柴油、煤油、润滑油等，由县石油公司油库加油点进行销售。年销售量 1000 吨，以后，市场销售额逐年增加，到 1998 年销售量上升到 2800 吨。因应市场需要，1999—2001 年，县石油公司增加城东、西环、西园、木黄、缠溪、沙子坡、合水 7 个经营网站，公司人员从原来的 20 人增加到 30 人。2001 年销售量达 3500 吨。根据市场的变化，石油公司调整一些销售网点的布局，分别于 2006 年增加县城北环站销售点，2007 年撤销合水经营网点，2008 年关闭沙子坡加油站。是年，县石油销售量达到 11000 吨。

四、 液化气销售

1995 年，全县开始在石油公司职工中试用石油液化气，1997 年，县内大规模推广使用液化气。1999 年 12 月 1 日，自治县以独资的形式成立印江液化气站，主要负责县城和 17 个乡镇所在地的液化气销售，销售量约 20～30 吨。2000 年，精忠液化气站成立，2004 年，与印江液化气站合并为新的印江液化气站，新增固定资产投资达 450 万元。到 2008 年，销售量增加至 50 吨/月。

第二章　招商引资

印江自治县于1997年在县计划局内增设“招商引资局”，为副科级单位，计划局与招商引资局两块牌子一套人马。1999年2月，县委决定，成立招商引资局，为正科级单位，计划局局长兼任招商引资局局长，办公场地依然挂靠县计划局，定编为10人。2003年，县人民政府在发展与招商引资局设立“一站式”窗口服务办公室，县招商引资局、工商局、国土资源局等22个部门进驻“一站式”服务大厅，实行“一门受理、联合审批、一口收费、限时办理”的工作方式。为使企业留得住、能发展，县委、县人民政府还专门制订县级领导和县级部门联系重点企业制度。

2007年2月，经县机构编制委员会研究，报县常委会讨论通过，并报经原地区县机构编制办公室同意，将县招商局从县发改局划出单独设立，为县人民政府财政预算管理的正科级事业机构，综合管理全县招商引资工作。

第一节　招商引资活动

印江自治县招商引资活动起始于1998年，当年的8月28日，在永义乡张家坝举行“8·28”中国梵净山国际旅游暨经贸洽谈会，省内外100余名贵宾和领导出席，会上签约5个项目，引资5000万元。2001年7月10日和2002年10月16日，全县组团赴铜仁参加第四届、第五届中国梵净山旅游暨经贸洽谈会，分别引资7820万元和7500万元。

1998年9月，中国梵净山国际旅游节暨经贸洽谈会在印江自治县张家坝召开

1998—2002年，印江自治县在招商引资方面虽然做了大量工作，但总的来看，招商引资工作还处于坐等客商上门状态。2003—2004年，招商引资力度有所加大，组织了3次较大的招商引资活动，一是2003年8月，由县长李建带队组成10人党政代表团，到青岛胶南市参观学习，开展招商引资工作；二是2004年10月，第六届梵净山旅游暨经贸洽谈会在印江自治县城召开，县委书记陈康、县长李建偕招商引资局等部门与外地客商签约4个项目，引资7900万元；三是2004年11月27日，由县长李建主持召开招商引资洽谈促进会，签约投资项目25个，签约资金2.07亿元。由于开发不足，所引项目效益差，多数产业无法形成支柱产业。为改变这种状态，县

委、县人民政府决定“走出去，请进来，大招商，招大商”，组团外出学习考察，主办招商活动，举办大型活动“请进来”，让外资企业入驻印江。具体的活动有以下三个方面：一是积极参与地区带团外出招商，几年中，相继 8 次参加铜仁地区赴福建、深圳、海南等地招商引资活动；二是实行小分队外出招商，县委、人大、政府、政协班子主要成员率队走出去，赴长三角、珠三角等经济发达地区考察，举办各种招商引资洽谈会、恳谈会，推介印江资源优势，诚邀各地客商；三是借助办节办会掀起招商引资热潮，全力以赴诚邀各地客商，吸引各界人士投资兴业。2005—2008 年，通过中央 7 台《乡村大世界》文艺会演、县庆 20 周年等活动，连续 4 年 5 次兴办印江招商引资资源推介会。

2005—2008 年印江自治县招商引资推介会情况一览表

表 8－8

时间	活动名称	推介项目（个）	签约项目（个）	签约投资（亿元）
2005 年	第一届招商引资推介会	30	13	2.70
2006 年	第二届招商引资推介会	29	13	5.25
2007 年	第三届招商引资推介会	32	27	11.09
	县庆二十周年招商引资推介会	38	20	17.91
2008 年	第四届招商引资推介会	42	21	18.00

在这几年的招商引资资源推介会中，值得一提的有 2007 年的两次招商引资资源推介会。一是 4 月 22 日举办的印江自治县第三届招商引资资源推介会，这届推介会规格高、引资项目多，签约资金也比前两届大幅增长。推介会由印江自治县常务副县长张明主持，县长肖洪致欢迎词，铜仁地区政协工委主任邓应明，地委领导戴振华、杨安民，秘书长陈达新，地区招商引资局局长张雪松等出席会议。这届推介会共推出 32 个项目，签约 27 个项目，签约资金 11.09 亿元。比上两届推介会签约总金额还多 3.14 亿元。二是时隔半年后于 10 月 16 日借二十周年县庆之机举办的招商引资推介会，这次推介会的特点是：参会企业多、人员广、签约金额大。参加这次推介会的有香港、福建、浙江、广东等 68 家企业的 183 名客商，签约资金 17.91 亿元，是印江自治县前三届招商引资推介会签约总金额的 94.07%。在这次推介会上，印江自治县人民政府还与贵州“浙江总商会”签订《长期友好合作协议》，双方就印江工业经济、商贸物流经济和农业产业化经营等达成共识，对推动印江经济发展具有重要意义。

2007 年 4 月，第三届招商引资签约仪式

第二节　招商引资项目

2003—2005 年，全县招商引资签约项目近 100 个，协议资金 12 亿元，实际到位资金 2.5 亿元。2005—2008 年，国家作出保增长、扩内需战略决策，并出台一系列政策。全县面临着千载难逢的发展良机，县委、县人民政府十分重视，为确保更多更好的项目落到全县，加快全县经济的快速发展，为此，专门召开各种大小会议，研究扩内需项目的争取工作以及落实各部门各单位在争取工作中的责

任，并把2008年作为全县项目争取年。招商引资局编制详尽的项目库。其中农业产业化类13个，总投资18.55亿元；旅游类5个，总投资12.94亿元；社会发展类3个，总投资0.95亿元；交通类1个，总投资9.0亿元；工业类13个，总投资10.97亿元；水资源开发利用类4个，总投资3.92亿元；城镇基础设施类11个，总投资6.08亿元。

2002—2008年印江自治县重点招商引资项目一览表

表8－9

序号	项目名称	建设内容及规模	投资单位	投资方式	总投资（万元）	当年到位资金（万元）						
						2002	2003	2004	2005	2006	2007	2008
1	印江采血站	—	贵阳	独资	200	15	185	—	—	—	—	—
2	金玉小区旧城改造	—	重庆	独资	7400	95	1400	—	—	—	—	—
3	黔浙水泥厂	—	浙江	独资	500	—	—	—	—	—	—	—
4	印江青坨煤厂	—	重庆	独资	100	—	100	—	—	—	—	—
5	休闲服务中心	—	贵阳	独资	175	—	100	758	—	—	—	—
6	印江板溪江峰页岩砖厂	年产1500万块	重庆	独资	120	—	120	—	—	—	—	—
7	印江普同页岩砖厂	年产1500万块	重庆	独资	158	—	150	8	—	—	—	—
8	印江刀坝煤厂	年产原煤15万～20万吨	重庆	独资	1200	—	420	420	100	—	—	—
9	印江力通出租车公司	50辆	重庆	独资	300	—	300	—	—	—	—	—
10	坨寨电站	装机容量5000千瓦	江苏泽弘	独资	4870	—	1200	2170	1500	—	—	—
11	奶牛场	—	重庆	独资	130	—	50	80	—	—	—	—
12	印江云阳电解猛厂	年产5000吨	湖南	独资	2400	—	20	180	2200	—	—	—
13	桅杆茶场	改造600亩	山东	独资	80	—	20	60	—	—	—	—
14	印江金鹰广告社	—	湖南	独资	45	—	45	—	—	—	—	—
15	印江缠溪炼焦厂	—	湖南	独资	800	—	—	—200	450	—	—	—
16	阳光花园房产开发公司	—	深圳	独资	2600	—	—	—300	—	—	—	—
17	木黄页岩砖厂	年产1500万块	福建	独资	150	—	—	100	50	—	—	—
18	星源页岩砖厂	年产300万块	重庆	技改	150	—	—	100	—	—	—	—
19	阳坝电站	装机容量1500千瓦	广西	独资	758	—	—	227	500	50	—	—
20	护国寺修复重建	—	辽宁	独资	1500	—	—	800	—	—	—	—
21	印江巨创装饰材料公司	—	湖南	独资	800	—	—	230	—	—	—	—
22	黔之牛食品加工厂	—	广州	—	200	—	—	—	200	—	—	—
23	印江丰岩电站	装机容量1260千瓦	温州	独资	1500	—	—	—	—	100	800	—

续表8—9

序号	项目名称	建设内容及规模	投资单位	投资方式	总投资（万元）	当年到位资金（万元）						
						2002	2003	2004	2005	2006	2007	2008
24	红岩电站	装机容量1200千瓦	江苏南京	独资	800	—	—	—	110	200	—	—
25	天堂标砖厂	—	铜仁	独资	106	—	—	—	—	106	—	—
26	华府花园	—	贵阳	独资	2500	—	—	—	—	1200	1300	—
27	和谐家园	—	贵阳	独资	2500	—	—	—	—	—	1200	—
28	东郊幼儿园	—	浙江	独资	700	—	—	—	—	650	50	—
29	殡仪馆	—	福建	独资	1200	—	—	—	—	—	—	—
30	木黄窖酒厂	—	—	独资	200	—	—	—	—	200	—	—
31	恒丰猛业电解厂	年产1.2万吨	广州	独资	4500	—	—	—	—	—	—	—
32	印江金顶水泥厂	年产120万吨	浙江	独资	26000	—	25	—	—	—	7280	10720
33	杨树板材加工	丰源木业	浙江	独资	1500	—	—	—	—	—	600	—
34	铅锌矿加工	—	浙江	独资	5000	—	—	—	—	—	3500	—
35	“雪肪蒋”金华火腿加工	—	浙江	独资	19000	—	—	—	—	—	500	—
36	松香加工厂	—	浙江	独资	1000	—	—	—	—	—	1000	—
37	新业乡石材加工厂	—	福建	独资	1118	—	—	—	—	—	600	—
38	木黄铁镍合金厂	—	湖南	独资	600	—	—	—	—	—	600	—
39	博爱医院	—	福建	独资	500	—	—	—	—	—	500	—
40	南湖公园	—	铜仁	独资	15000	—	—	—	—	—	3500	—
41	河滨南路西段旧城改造	—	贵阳	独资	5000	—	—	—	—	—	150	—
42	梵净山护国禅寺改扩建	—	广州	独资	1200	—	—	—	—	—	1000	—
43	凌江石材有限公司	年产10万立方石材	—	独资	960	—	—	—	—	—	200	—
44	兴隆塑胶制品有限公司	年产1万吨管材	—	独资	350	—	—	—	—	—	—	350
45	5万头商品猪养殖场	—	广东	独资	7500	—	—	—	—	—	—	400
46	印江焊接材料厂	—	广西	独资	1000	—	—	—	—	—	—	1000
47	中洲片区开发	—	贵阳	独资	45000	—	—	—	—	—	—	2000
48	泉州商贸城	—	福建	独资	6000	—	—	—	—	—	—	2200
49	淡水鱼类养殖及加工	—	福建	独资	2000	—	—	—	—	—	—	400
50	强强机焦厂	—	—	—	200	—	—	—	—	—	—	10
51	板溪勇创牧业	—	—	—	700	—	—	—	—	—	—	—700

第三节　招商引资成效

招商引资工作，服务是核心，落实是关键。2006 年，全县按照“服务就是招商”的理念，在政策范围内把投资门槛尽量降到最低限度，把优惠政策尽量给到最宽程度，推行招商引资重点项目代理服务制度。对投资总额在 1000 万元以上的项目，分项目落实代理人，每一个项目都指定专人进行跟踪服务，全程帮办。总投资 1.88 亿元的渝黔水泥厂从签约到获得批文只用 4 个月时间，而按常规报批至少需要两年，同时印江自治县还按照国家产业政策，严格项目准入条件，积极引进高附加值的工业项目和劳动密集型企业，实现从“招商引资”向“选商引资”的转变，通过“腾笼换鸟”，优化产业结构，形成自己的产业优势。印江黔之牛食品有限公司，依托全县及周边地区丰富的黄牛资源，生产加工土家炭烧牛肉干、沙嗲、五香、香辣牛肉片、牛粒、牛肉产品，获得国家质检总局的 QS 认证，成为铜仁地区唯一获得此认证的肉制品生产企业，产品销往全国 30 多个大中城市。

招商引资建设的坨寨水电站

全县紧紧围绕“兴工强县”目标，始终把招商引资作为推进工业化、发展工业经济的重点，着力打造峨岭工业园区、县城东北部工业园区，投资规模不断扩大，投资质量稳步提升。以年产 120 万吨熟料新型干法水泥生产线为代表的工业项目，以电解锌、镁合金、金属矾为代表的矿产资源开发项目，以丰源木业年产 3000 吨松脂加工厂为代表的农林产品加工项目，以坨寨电站、丰岩电站为代表的能源城镇建设项目相继落户园区，为全县经济社会发展注入不竭动力。全县招商引资到位资金从 1998 年的不到 300 万元，增加到 2006 年的 21774 万元，引进招商引资项目或落户企业超过 40 个（家），招商引资企业或项目已经成为支撑印江规模工业产值的主要力量，为地方财政创收 1000 多万元，经测算，固定资产投资的 30%来源于招商引资项目。2008 年 1 月，中洲片区开发建设项目启动，项目总投资 45000 万元，占地 35 亩。3 月，泉州商贸城启动，福建客商池恩同投资 8500 万元，占地 58600 平方米。是年，黔之牛食品加工厂主动向市场伸出“橄榄枝”，牵手贵州雅园公司，投资 1500 万元，迅速做大牛肉产业。

2004—2008 年印江自治县招商引资项目资金情况一览表

表 8－10

年度	签约项目个数（个）	签约资金（亿元）	到位资金（亿元）	完成年计划情况（%）
2004	25	4.00	0.92	131.43
2005	47	12.52	1.26	101.52
2006	34	10.46	2.18	120.96
2007	53	33.22	2.16	90
2008	30	28.00	4.50	112

第九编

财税　金融

第一章　财　政

第一节　财政体制改革

1988 年，自治县完善预算包干办法，县对区下放财权，扩大区乡财权，实行“核定收支、收入上缴、支出下拨、超收全留、减收抵支、结余留用、一年一定”的财政管理体制，充分调动区乡财政的积极性。1993 年，全县实行“核定收支、超收分成、欠收抵支、结余留用、一年一定”的财政管理体制改革，调动乡镇增收节支的积极性。1995 年，自治县深化财税体制，继续执行“核定收支、比例分享、定额上交或补助、分级包干”的财政管理体制，并作适当调整，进一步调动乡镇当家理财的积极性：一是对烤烟特产税 892.80 万元任务纳入乡镇财政的盘子考核，乡镇不分享，县对乡镇增加补助，超出任务部分归乡镇，县不分享。二是把工资改革后的标准工资全部纳入乡镇支出基数。三是县对乡镇的拨款与收入进度挂钩。1997 年，全县在 1996 年“核定收支、比例分享、分级负责、一定三年”的县对乡镇财政管理体制基础上，进一步明确分享比例的办法，鼓励乡镇多超多得，充分调动乡镇增收节支的积极性和当家理财的主动权，促进乡镇财权与事权的结合，加快乡镇财源建设，促进财政收入稳定增长。1999 年，全县实施县乡分税制财政管理体制，实行“划分税种、核定收支、分级负责”的县对乡镇财政管理体制，从根本上改变财政包干制度，实现县乡两级分级管理、自求平衡、共同发展的格局，确保乡镇真正成为一级独立的财政实体，有效地促进乡镇财权与事权的统一，进一步调动乡镇发展经济、培植财源、组织收入和当家理财的积极性，夯实乡镇级财政基础。按照“税费统筹、合并征收、稳定征量、合理负担、统收分支”的总体思路，开始在峨岭、木黄、缠溪 3 个镇进行农村税费改革试点工作，取得较好的成效，调动农民生产积极性。2000 年，加大改革力度，向管理要效益，多渠道压缩财政收支缺口：一是全面建立财政负担供养人员人口工资档案，实行工资卡制度，摸清财政供养对象和工资结构，从源头上控制支出漏洞。二是进一步完善县对乡镇分税制财政管理体制，有效调动乡镇当家理财的积极性，促进事权与财权的统一。三是在中央政策未出台之前，在全省率先实行国库单一账户支付全县干部职工工资，杜绝单位挪用工资、拖欠工资现象，保护干部职工利益，维护社会稳定。在峨岭、木黄、缠溪 3 个镇继续进行农村税费改革试点工作，规范稳定农民负担，密切干群关系。

2001 年，一是完成全县 10 多万户农村人口基础数据的测算汇总，为普遍推进农村税费改革提供较为翔实的参考数据。二是继续推进“零户统管”、国库集中支付职工工资等财政改革。三是成立政府采购中心，印发《印江自治县政府采购办法》，逐步推行政府采购工作。2002 年，在财政体制改革方面，主要做以下五个方面的工作：一是在全县全面推行扩大农村税费改革试点工作，并取得阶段性成效，明显减轻农民负担，规范征管秩序，稳定农村社会。农村税费改革后，全县农民总负担为

1011 万元，比改革前政策内负担减少 895 万元，政策内减负率达 46.96%，全县政策内人均减负 25.28 元。税改后按照“三个确保”（确保收支平衡、确保社会稳定、确保经济增长）的要求和统一规范、公正合理、公开透明的原则，制定出台《印江自治县财政局农村税费改革财政专项转移支付补助方案》，共计补助资金 1806 万元，较好地解决村组干部报酬、乡镇机构、村级组织和农村义务教育经费的投入。二是根据农村税费改革有关精神，调整县乡税基基数，进一步完善县乡分税制财政管理体制，确保乡镇机构正常运转，壮大乡镇财力。三是进一步完善国库集中支付制度，确保干部职工工资及时到位。四是试行政府采购制度，规范采购行为。五是积极探索新机制，实行基本医疗费按季报销制度，规范医疗费报销管理。

在前几年的基础上，2005 年，全县进一步完善县对乡镇分税制财政管理体制，实行契税财政直征，调整县乡烤烟分享收入比例，并对乡镇国税中的增值税、销售税实行增量奖励，稳步推行涉农资金财政或银行直接发放制；进一步深化和完善农村税费改革，认真贯彻落实中央和省委两个“一号”文件精神，切实做好农民减负增收工作，积极探索化解乡村债务和“村账乡代理”试点；在县直全额预算单位全面推行部门预算，进一步强化预算约束和规范支出行为；加大政府采购力度，逐步扩大政府采购范围和采购规模，规范政府采购资金支出，提高政府采购资金使用效率；严格执行“收支两条线”政策，加大票据稽核、结报、年审管理力度，从源头控制预算资金收入，努力做到应收尽收，确保财政收支平衡。2006 年，在县直全额预算单位全面推行部门预算的基础上，提高部门预算编制质量；继续推进政府采购制度改革，实行采管分离，不断提高政府采购资金使用效益；6 月 1 日，在县直 68 个行政事业单位正式启动国库集中支付改革工作，推行国库集中支付，强化财政性资金支出监控。

2007 年，按照构建公共财政框架的要求，本着“积极、稳妥、有序”的原则推进各项财政改革，着力打造绩效和谐财政，提高财政管理运行水平和财政服务经济社会发展的效能。一是深化部门预算改革，进一步提高部门预算编制质量，促进部门预算的科学化和合理化。二是推进国库集中支付改革，正式启动国库集中支付软件，进一步规范财政收入收缴程序和财政支出拨付程序。三是完善政府采购制度改革，进一步加强政府采购采管分离运作模式，促进政府采购行为的公开化、规范化、透明化。四是积极探索建设“金财工程”，逐步建立健全财政管理综合信息系统，进一步提高财政信息化运行水平。五是大力加强农民补贴网建设，全面推行“一折通”兑付涉农补贴资金，保障农民切身利益。六是完成全县行政事业单位国有资产清查工作，逐步建立健全国有资产监管体系，规范国有资产管理。七是在全县推行“村账乡代理”工作，加强村级财务管理。八是“乡财县管乡用”改革已基本准备就绪，拟定 2008 年年初正式启动实施。九是县对乡镇新一轮分税制财政管理体制调研工作已完成，拟定 2008 年年初正式启动实施县对乡镇第四轮分税制财政管理体制，进一步理顺县乡财政分配关系，充分发挥乡镇发展经济、培植财源的积极性。

财政体制改革后大力发展经果林。图为 2008 年 10 月，杉树乡水果收购点情况

财政体制改革后大力发展经果林。图为梵净青茶业全景

2008年，自治县深化反腐倡廉治本抓源头的各项财政改革，“廉政”财政建设得到深入推进，确保全县财政工作持续快速健康发展。一是对乡镇干部职工工资实行县级统发，进一步确保干部职工工资及时足额到位，充分调动乡镇干部职工的积极性。二是进一步深化国库集中支付改革，规范财政收入收缴程序和财政资金拨付方式，加强对财政资金的监督和管理，提高财政资金的支付效率和使用效率，增强财政调控能力，增加直接支付比重。2008年，全县国库集中支付资金累计68509万元，其中财政直接支付金额52262万元，财政授权支付金额16247万元，财政直接支付达76.3%。三是深化政府采购制度改革，将县人民政府采购中心日常工作纳入县人民政府行政服务中心，严格实行“采管分离”，进一步增强政府采购透明度，规范政府采购行为，有效防范政府采购领域商业贿赂等腐败行为，推进源头治理腐败工作；对全县行政事业单位公务车辆保险费实行财政统一集中投保，对全县新型农村合作医疗定点医疗机构药品实行统一采购配送，对新型农村合作医疗基本用药及卫生耗材实行最低比价采购；政府采购范围从货物扩展到工程，9月扩大到乡镇。2008年，全县共实施政府采购33期，预算采购资金2638.49万元，实际采购资金2347.99万元，节约资金290.5万元，资金节约率为11%。四是深化以综合预算、部门预算为核心的预算管理制度改革，细化部门预算，强化预算约束，加强预算管理和监督，提高预算编制的科学性和完整性，从根本上有效防治腐败。五是深化以收缴分离、收支脱钩为重点的“收支两条线”管理改革，牢固树立“所有权属国家、使用权属政府、管理权属财政”的思想，着力扩大收缴分离范围，逐步将政府非税收入纳入财政预算，严格实行“收支两条线”管理，做到收支分离，并切实加强票据管理和审核，将行政事业性收费票据纳入县人民政府行政服务中心管理，实行定期结报制，每半月结报一次，从源头上有效防治腐败。六是全面推行“村账乡代理”工作，进一步规范村级账务管理，促进乡镇机构健康运转。七是全面推行涉农补贴资金“一折通”管理制度，进一步规范涉农资金发放和管理，使党的惠农政策在阳光下操作，推进农村基层党风廉政建设，确保广大人民群众共沐“公共财政”阳光，共享改革发展成果。坚持公平、公正、公开的原则，通过“一折通”及时足额兑付生产发展、农村救济、农村低保、农村医疗、教育等各项涉农惠农资金10113万元，共94277户385561人受益。八是全面推行“乡财县管乡用”改革，县级财政直接参与乡镇收支的管理与监督，进一步规范乡镇财政收支行为和项目资金使用行为，促进乡镇依法理财，防范和化解乡镇债务风险，推进乡镇经济和社会事业健康发展。九是进一步调整和完善县对乡镇分税制财政管理体制，理顺县乡财政分配关系和税收秩序，并对乡镇运转实行最低财力保障，推进全县农业产业化进程，充分发挥乡镇发展经济、培植财源的积极性。十是进一步推进财政监督管理体制改革，完善财政内部各资金账户的监管机制和内部制衡机制，建立健全实时监控、重点检查、整改反馈、跟踪问效的全方位财政长效机制，建立健全结构合理、制度创新、操作规范、运行高效、管理科学、公开透明的财政管理体制机制，全力打造诚信文明、健康和谐的财经秩序。十一是出台《新型农村合作医疗筹资工作方案》和《新型农村合作医疗管理试行办法》，提高新型农村合作医疗参合率、参合农民补助标准（中央财政和地方财政对参合农民每人每年各按40元补助）和医药费用补偿标准，着力解决农民群众“看病难、看病贵”问题。十二是全面启动和实施基本养老保险和失业保险地级统筹工作，提高基本养老保险和失业保险统筹层次，更好地维护和保障养老和失业人群利益。十三是积极开展整合支农资金和扶贫资金试点工作。

第二节　财政收支

1988—1990年，印江自治县财政收支两抵，略有结余，1991—1992年收支两抵，基本平衡。1993—2001年，印江财政由于滚存赤字，收支两抵出现很大缺口，拖欠专款和工资的现象年年发生。2002年，通过在“加强财源建设、拓展生财之道、强化科学征管、着力聚财有方”上狠下功夫，终

加大投入兴修水利。图为 2005 年 8 月，木黄镇平洞口村群众投工投劳兴水利

于消化历年滚存下来的赤字 383 万元，收支两抵，并有 38 万元的结余，结余虽然很小，但却是印江自治县财政收支从赤字到平衡再到小有结余的分水岭。从此，印江自治县结束财政赤字和拖欠专款、拖欠工资的历史，财政逐步步入良性循环。2004 年，全县财政总收入首次突破 5000 万元，全县总财力 21846 万元，总支出 21836 万元，收支两抵结余 10 万元。2005 年全县财政总收入达到 6088 万元，相比上年增长 12.63%（加上农业税免征 809 万元，同口径增长 27.6%）。其中地方财政一般预算收入完成 4870 万元，同比增长 9.59%（同口径增长 27.79%）。全年累计完成地方财政一般预算支出 28071 万元，占调整预算的 100%，同比增长 28.57%，净增支出 6231 万元。全年全县财政总财力为 28073 万元，财政总支出完成 28071 万元，收支相抵，当年结余 2 万元，累计滚存结余 12 万元。2006 年印江自治县财政总收入达到一个新的节点 7002 万元。2008 年财政总收入首次突破亿元大关，累计完成 10345 万元，相比上年增长 13.8%，增收 1253 万元。其中地方财政一般预算收入完成 7282 万元，相比上年增长 10.3%，财政总收入中税收收入占 70.2%，比 2007 年增长 7.2 个百分点，财政收入结构进一步优化。在 2006—2008 年三年中，自治县地方财政一般预算支出年均增长 33.76%，2008 年达到 70104 万元。财政支出体现“保工资、保运转、保民生、保重点”的公共财政投向，有力地保障县乡两级党政机构和社会管理等基本运转支出需要，确保全县重点项目建设、民生工程建设和重点工作支出需要。

1988—2008 年印江自治县财政收支情况统计表

表 9—1

单位：万元

年度	总收入	其中县级收入	总支出	结余
1988	1623	747	1623	0
1989	1850	948	1850	0
1990	2173	1035	2173	0
1991	2265	1280	2265	0
1992	2930	1658	2930	0
1993	3223	1834	3223	0
1994	3254	1561	3254	0
1995	3995	1850	3995	0
1996	6803	2421	6803	0
1997	6294	2696	6294	0
1998	6399	2510	6399	0
1999	8509	2801	8509	0
2000	9278	3005	9278	0
2001	13325	2931	13325	0
2002	16792	3524	16784	8
2003	17885	4001	17877	8

续表9－1

年度	总收入	其中县级收入	总支出	结余
2004	21846	4444	21836	10
2005	28083	4870	28071	12
2006	34190	5393	34178	12
2007	46469	6600	46457	12
2008	70116	7282	70104	12

说明：1. 总收入包含补助收入、县级收入和上年结余

2. 总支出包含一般预算支出（或公共预算支出）和上解上级支出

第三节　财政管理

1989年，自治县实行“核定收支、收入上缴、支出下拨、超收全留、欠收自补、结余留用”财政管理体制，调动区乡当家理财的积极性。1994年，国家为提高中央财政的宏观调控能力，实行分税制财政管理体制。根据中央、省有关分税制要求，结合全县实际，为让利于乡镇，把乡镇变成一级经济实体，增强乡镇财政实力，强化乡级政府职责，调动乡镇发动生产、狠抓财源建设的积极性，按照事权与财权相统一的原则，县对乡镇实行“核定收支、比例分享、定额上交或补助、分级包干”的财政管理体制。

1995年，根据国务院有关规定，为加强对预算外资金的管理，自治县成立收费管理所，按照“三权”分离原则和“收支两条线”管理规定，对全县预算外资金实行财政专户储存收支分离管理。1996年，对全县各级各部门银行账户进行清理和核销，同时建立县、乡预算外资金专户，将全县预算外资金纳入专户统一管理，按预算外资金管理要求，严格执行“收支两条线”，推行预算外资金收入目标责任制，实行综合预算。1997年，在收费管理所的基础上，成立预算外资金管理所，从财政专户储存工作上把预算外资金管理扩展到票据管理、票据稽查、结报、征收政府调节基金等业务，并从财政综合平衡管理出发，实行核定收入、以收抵支、超收全返的预算外资金以外补内管理办法，将全县预算外资金全额纳入财政管理，缓解财政支出压力，促进支出规范化。

2000年，自治县在全省率先实行国库单一账户支付全县干部职工工资，推行单位资金“零户统管”这一“阳光工程”，从源头上加强收支管理，调节分配，有效堵塞收支漏洞，遏制腐败滋长，杜绝违纪行为；全面推行“票款分离”和“罚缴分离”制度，加强对预算外资金“收支两条线”管理；推行“三公开”（公开报销比例、公开报销程序、公开报销时间）、“一监督”（从有关部门聘请监督员）管理办法，理顺基本医疗管理，缓和各种社会矛盾。

2003年，财政管理方面：一是进一步完善县对乡镇分税制财政管理体制，针对乡镇烤烟歉收，调整烤烟分享收入，将地税工商税中的中央和省级收入让利于乡镇，减轻乡镇因烤烟歉收带来的财政支出压力。二是针对“零户统管”运作过程中存在的问题，提出进一步完善“零户统管”工作的建议。三是实行国库集中支付干部职工工资三部门“会审制”，进一步完善国库集中支付制度；四是在县计生、法院、建设等五部门开展部门预算试点，进一步完善支出预算制度；五是推行公费医疗就医卡制度，减少和杜绝冒名就医报销医药费现象。2004年，财政管理主要集中在以下四点：一是进一步规范“零户统管”操作管理程序，积极探索“零户统管”向国库集中支付过渡，逐步规范财政支出管理。二是进一步扩大部门预算试点单位，积极探索新形势下财政预算管理新机制。三是严格执行“收支两条线”管理政策，切实做到应收尽收，确保财政收支平衡。四是进行公费医疗制度改革，实行城镇职工基本医疗保险制度，着力解决全县干部职工看病难、看病贵问题和公医费报销漏洞问题。

2005 年，全县进一步加强对收费收入的管理，堵塞收入方面的漏洞，从源头上遏制腐败。要求所有收费收入及时、集中入账，坚持票款同步，坚持已核销票据收入与存入财政专户的收入同步，做到单位和部门预算外收入全部缴存财政专户，统筹财政预算。对票据管理，坚持“票款分离”“罚款分离”制度，同时，严格规范票据使用范围，各单位行政事业性收费必须使用行政事业收费票据，一律不准使用内部结算票据。在 2005 年下半年的财政综合检查中，加大督促执行“收支两条线”管理检查力度，对私设“小金库”、违规开设银行账户、坐收坐支的行为坚决予以查处。在总结 2004 年退耕还林补助资金和种粮农民直补资金由财政兑付工作的基础上，将救灾、救济、农村特困救助、农村医疗救助资金实行部门审定对象和标准，乡镇财政所负责资金兑付；将农户征地费、城市低保兑现采取金融部门社会化发放，财政部门负责审核和结算；继续抓好退耕还林补助资金和种粮农民直补资金的兑付工作，确保涉农资金如数到农民手中去。2006 年，大力推行涉农补贴资金“一折通”发放，并将永义乡全面推行“村账乡代理”的经验逐步在其他乡镇推行，以规范村级账务管理；严格执行“收支两条线”，加大票据稽核、结报、年审管理力度，从源头上控制预算资金收入，做到应收尽收，确保财政收支平衡；认真履行财政监管职能，加大会计信息质量检查和财政综合检查力度，加强对义教工程项目、以工代赈项目、农综项目和异地移民搬迁工程资金的专项检查，确保有限资金用在刀刃上，推动项目顺利实施；切实加强内部审计，规范财经秩序，加强对行政事业单位国有资产的管理，防止国有资产流失。

2007 年，财政管理工作，归纳下来有八个方面：一是加大事前审核、事中监控工作力度，着力把财政监督关口向前推移，加强财政专项资金监督，保障财政资金安全运行，提高财政资金使用效率。二是积极开展财政支农资金管理年活动，规范财政扶贫资金报账制管理，加强新型农村合作医疗基金财务管理，强化财政收入和支出管理，逐步建立财政资金审批、复核、拨付等环节的责任制和财政资金使用跟踪检查制度，做到“资金安全、程序合规、内控适当、监管有力”，促进财政资金使用的安全规范合理。三是开展财政资金绩效评价工作，逐步建立预算编制、执行、监督相分离、相制约的财政监督体系，把监督机制融入到财政资金管理和各个环节，提高财政监督管理水平。四是关注涉及人民群众切身利益的重大支出使用情况，加强财政资金规范性、安全性和有效性的监督，逐步建立实时监控、综合核查、整改反馈、跟踪问效的全方位财政监督长效机制。五是完善政府债务管理制度，健全政府债务监督措施，控制政府债务规模，防范和化解财政风险。六是严格实行“收支两条线”，加大票据稽核、结报和年审管理力度，将预算外资金收入及时缴入财政专户，杜绝单位坐收坐支或私设小金库的行为。七是完成全县行政事业单位国有资产清查工作，逐步建立健全国有资产监管体系，规范国有资产管理。八是在全县推行“村账乡代理”工作，进一步加强和规范村级财务管理。

在 2007 年的基础上，2008 年进一步健全规范内部管理和加强财政监督的配套规章制度，并严格执行，形成用制度管理、约束、教育、引导人的制度体系，全力打造诚信文明、健康和谐的财经秩序。当年在财政管理上同样做八个方面的工作：一是健全完善《内部监督管理办法》《工作行为责任追究暂行规定》《行政执法过错追究暂行办法》《惩治和预防腐败工作制度》等办法制度，着力规范财会行为，提高财政干部综合职业判断能力和依法清廉理财水平。二是健全完善对财政内部各资金账户的监管机制和内部制衡机制，着力理顺财经秩序，增强财政干部依法诚信做账和民主文明理财意识。三是建立健全实时监控、重点检查、整改反馈、跟踪问效的全方位财政监督长效机制，加强对雪凝救灾资金、灾后重建资金、

大力发展农村公路。图为缠溪镇村级公路建设

人畜饮水安全资金、扶贫支农惠农资金、社保专项资金、国债项目资金等资金运行的事前审查、事中监控和事后绩效考评，杜绝资金被截留、挤占、挪用等，确保资金专款专用、安全运行和发挥效益。四是建立健全结构合理、制度创新、操作规范、运行高效、管理科学、公开透明的财政管理体制机制，认真抓好财政收支检查、会计信息质量检查和财政内部监督检查等重点检查工作。8 月下旬至 9 月下旬，派出两个督导组对 17 个乡镇财政所贯彻“收支两条线”管理规定，推行“乡财县管乡用”改革和全面推开“村账乡代理”工作等情况进行实地检查，对检查中发现的问题督导乡镇财政所进行整改，特别是对落实村干报酬，兑付农村低保及各项涉农惠农资金情况进行重点督促检查，确保涉农补贴资金发放率、准确率和群众满意率均达到 100%，促进基层党风廉政建设和财政工作高质高效发展。9 月，与县监察局联合组成四个检查组对县直 16 个单位，2007 年 1 月至 2008 年 6 月的在岗会计人员是否持有会计从业资格证、会计机构负责人（会计主管人员）是否符合任职资格，是否依法设置会计账簿、有无账外账和私设“小金库”，收入是否按规定实行“收支两条线”管理等九个方面的会计信息质量情况进行为期 1 个月专项检查，纠正违反财经纪律的行为，规范财政资金的管理和使用，提高会计信息质量，严密防范财会工作中的腐败行为，推动部门财会工作健康、较快发展。五是出台《新型农村合作医疗管理试行办法》，保障农民参合权益，提高农民健康保障水平，促进新型农村合作医疗纵深发展。六是出台《县城区征地资金管理办法（试行）》，规范征地资金会计核算和管理，确保征地资金安全合理运行。七是出台《义务教育阶段中小学公用经费管理实施办法（试行）》，进一步加强和规范义务教育阶段中小学公用经费管理。八是出台《2008 年现代畜牧业发展补贴资金兑现办法》，进一步规范畜牧业发展补贴资金操作程序，充分发挥财政补贴资金在畜牧业发展中的使用效益。

第二章　税　务

第一节　税务体制

随着经济的发展和改革的深入，我国对税制改革也进行全面的探索，至 1993 年，取得很大的进步，初步建成以货物的劳务税、所得税为主体，财产税和其他税收相配套的税制体系。至此，中国的税制一共设有 37 种税收，即产品税、增值税、盐税、特别消费税、燃油特别税、营业税、工商统一税、关税、国营企业所得税、国营企业调节税、集体企业所得税、私营企业所得税、外商投资企业和外国企业所得税、个人所得税、城乡个体工商业户所得税、个人收入调节税、国营企业奖金税、集体企业奖金税、事业单位奖金税、国营企业工资调节税、房产税、城市房地产税、城镇土地使用税、耕地占用税、契税、资源税、车船使用税、车船使用牌照税、印花税、城市维护建设税、固定资产投资方向调节税、屠宰税、筵席税、牲畜交易税、集市交易税、农业税和牧业税。根据当时工作的需要，自治县县级税务机关为县税务局，内设办公室、税政股、征管股、会计股、监察股、人事股和稽查队，下设城关、板溪、天堂、木黄、朗溪、缠溪、洋溪 7 个税务所。

1993 年 12 月底，税制改革的有关法律、行政法规陆续公布，自 1994 年起在全国实施。

1994 年下半年，随着国家财政体制改革和社会主义市场经济体制的建立，为适应分税制改革的要求，保证中央财政与地方财政的收入，加强国家财政宏观调控和调动中央、地方的积极性，国家按税种分设国家税务局和地方税务局，分别负责中央税、中央与地方共享税和地方税的征收管理工作，从而形成国家税务局和地方税务局相对独立的税收管理组织体系。除中央只设国家税务总局外，省级、市级、地级、县级均对应设立国家税务局、地方税务局。国家税务局系统实行国家税务总局垂直领导管理体制，地方税务局系统归属地方人民政府领导。根据以上精神，1994 年 9 月，自治县分别设立印江土家族苗族自治县国家税务局和印江土家族苗族自治县地方税务局。

一、印江自治县国家税务局

县国家税务局在成立之初就设有局党组、纪检组、监察股，内设机构有办公室、税政股、征收管理股、征收股、计划会计股、人事教育股。基层派出机构有峨岭、板溪、天堂、木黄、朗溪、缠溪、洋溪国税所。直属机构有稽查队。1994 年 10 月，监察股改为监察室，稽查队改为稽查分局，设立发票管理所。1995 年 5 月，征收股与峨岭国税所合并成立直属征收分局。1997 年 10 月，改税政股为政策法规股，改征收管理股为管理服务股，撤销发票管理所并入管理服务股，改计划会计股为计划财务股。直属征收分局改为直属征收管理局。1998 年 3 月，改直属征收管理分局为峨岭征收管理分局，撤销朗溪国税所、缠溪国税所，并入峨岭征收管理分局，撤销板溪国税所、天堂国税所，设板溪征收分局，撤销木黄国税所，设木黄征收管理分局，撤销洋溪国税所，设洋溪征收管理分局。7 月，稽查分局改为稽查局。8 月，建立信息中心。2001 年 6 月，改政策法规股为综合业务股。将计划财务股，分设为计划征收股和财务股。2004 年 2 月，改峨岭征收分局为峨岭税务分局，撤洋溪征收管理分局，并入峨岭税务分局，负责峨岭、朗溪、缠溪、杨柳、洋溪、罗场、新寨、中坝 8 个乡镇的税收征收管理。改木黄征收管理分局为木黄税务分局，撤销板溪征收管理分局，并入木黄税务分局，负责木黄、新业、合水、永义、板溪、天堂、刀坝、杉树坳、沙子坡 9 个乡镇的税收征收管理。县国税局内设办公室、综合业务股、征收管理股、计划征收股、财务股、人事教育股、监察室。直属机构有稽查局。事业单位有信息中心。派出机构有峨岭、木黄 2 个税务分局（副科级）。2008 年 7 月，成立印江土家族苗族自治县税务机关党委，8 月设机关党委办公室。

二、 印江自治县地方税务局

1994 年 9 月，自治县地税局成立时，内设人秘股、税政股、征收管理股、计划会计股、税务稽查股。按照行政区划下设峨岭、中坝、新寨、板溪、杉树坳、沙子坡、天堂、刀坝、木黄、新业、朗溪、合水、永义、缠溪、罗场、洋溪、杨柳 17 个乡（镇）地方税务所，与乡（镇）财政所一套人员两块牌子合署办公，由乡（镇）财政所所长兼任地方税务所所长。1995 年 1 月，增设纪检组，成立印江土家族苗族自治县地方税务局工会委员会；3 月，建立局党组；4 月，成立局党支部委员会；7 月，增设征管股、稽查分局、征收分局，撤销原设的征收管理股税务稽查队。1996 年 5 月，自治县地方税务局由铜仁地区地方税务局垂直管理，财政局局（所）长不再兼任地方税务局局（所）长。10 月，局内设机构有办公室、税政股、征收管理股、计划财务股、人事教育股，撤销原设的人事股。稽查队更名为税务稽查分局，将征收分局和峨岭地方税务所合并为直属征收分局，设立办税服务厅。1997 年 12 月，撤销税务检察室。1998 年 1 月，成立地方税务局税务公安执勤室。7 月，“印江自治县地方税务稽查分局”更名为“印江自治县地方税务局稽查局”。10 月，设立纪检监察室。纪检组、监察室合署办公。2001 年 11 月，自治县地税系统机构改革，局机关内设 6 个股（室），即办公室、人事教育股、计划财务管理股、税收法规股、征收管理股、监察室。2 个直属机构：稽查局、直属征收分局。下设峨岭镇（辖峨岭镇、中坝乡、新寨乡、朗溪镇）、板溪镇（辖板溪镇、沙子坡镇、杉树乡）、天堂镇（辖天堂镇、刀坝乡）、木黄镇（辖木黄镇、新业乡）、合水镇（辖合水镇、永义乡）、缠溪镇（辖缠溪镇、罗场乡）、洋溪镇（辖洋溪镇、杨柳乡）7 个中心税务所。2004 年 2 月，7 个中心税务所合署为 4 个，即：缠溪、洋溪合署到缠溪中心税务所；板溪、天堂合署到天堂中心税务所；木黄、合水合署到合水中心税务所；峨岭中心所所辖区不变。2005 年 1 月，缠溪中心税务所合署到峨岭中心税务所。2008 年 4 月，地方税务局设立科技股。

2008 年 4 月，全县行政事业单位税收知识培训

第二节 税种税率

一、 国税系统税种税率

增值税 （1）纳税人销售或者进口货物，除中华人民共和国《增值税暂行条例》第二条第（二）项、第（三）项规定外，税率为17%。（2）纳税人销售或者进口下列货物，税率13%。主要有：粮食、食用植物油；自来水、暖气、冷气、热水、煤气、石油液化气、天然气、沼气、居民用煤制品；图书、报纸、杂志；饲料、化肥、农药、农机、农膜；国务院规定的其他货物。（3）纳税人出口货物，税率为零；但是，国务院另有规定的除外。（4）纳税人提供加工、修理修配劳务（以下称应税劳务）税率为17%。小规模纳税人增值税征收率3%。

消费税 消费税税目税率较多，见表9－2。

2008年印江自治县消费税税目税率一览表

表9－2

税目	税率
一、烟	
1. 卷烟	
（1）甲类卷烟	45%加0.003元/支
（2）乙类卷烟	30%加0.003元/支
2. 雪茄烟	25%
3. 烟丝	30%
二、酒及酒精	
1. 白酒	20%加0.5元/500克（或者500毫升）
2. 黄酒	240/吨
3. 啤酒	
（1）甲类啤酒	250/吨
（2）乙类啤酒	220吨
4. 其他酒	10%
5. 酒精	5%
三、化妆品	30%
四、贵重首饰及珠宝玉石	
1. 金银首饰、铂金首饰和钻石及钻石饰品	5%
2. 其他贵重首饰和珠宝玉石	10%
五、鞭炮、焰火	15%
六、成品油	
1. 汽油	
（1）含铅汽油	0.28元/升
（2）无铅汽油	0.20元/升
2. 柴油	0.10元/升
3. 航空煤油	0.10元/升
4. 石脑油	0.20元/升
5. 溶剂油	0.20元/升
6. 润滑油	0.20元/升
7. 燃料油	0.10元/升
七、汽车轮胎	3%

续表9－2

税目	税率
八、摩托车	
1. 气缸容量（排气量，下同）在250毫升（含250毫升）以下的	3%
2. 气缸容量在250毫升以上的	10%
九、小汽车	
1. 乘用车	
（1）气缸容量（排气量，下同）在1.0升（含1.0升以下的）	1%
（2）气缸容量在1.0升以上至1.5升（含1.5升）的	3%
（3）气缸容量在1.5升以上至2.0升（含2.0升）的	5%
（4）气缸容量在2.0升以上至2.5升（含2.5升）的	9%
（5）气缸容量在2.5升以上至3.0升（含3.0升）的	12%
（6）气缸容量在3.0升以上至4.0升（含4.0升）的	25%
（7）气缸容量在4.0以上的	40%
2. 中轻型商用客车	5%
十、高尔夫球及球具	10%
十一、高档手表	20%
十二、游艇	10%
十三、木制一次性筷子	5%
十四、实木地板	5%

企业所得税　2002年1月1日，新注册登记的企业所得税由国家税务局征收管理，企业所得税的税率为33%，但年应纳税所得额在3万元（含3万元）的企业按18%的税率征收企业所得税，年应纳税所得额在3万～10万元（含10万元）的企业按27%征收企业所得税。2008年，企业所得税法将居民企业统一调整为25%。非居民企业适用税率为20%。

车辆购置税　2001年1月1日，车辆购置税由国家税务局征收管理。购置应税车辆的单位和个人，为车辆购置税纳税人，应当缴纳车辆购置税。车辆购置税的征收范围包括汽车、摩托、电车、挂车和农用运输车。车辆购置税以购置车辆价格为计税依据，实行10%的统一比例税率。

营业税　1997年1月1日，金融保险业营业税税率由5%提高到8%，5%部分由地方税务局征收管理，3%部分由国家税务局征收。1999年1月1日，金融保险业营业税税率由8%调整为5%，由国家税务局征收管理的3%部分停止征收。

个人所得税　1999年11月1日，对个人储蓄存款利息所得按20%的税率征收个人所得税，由国家税务局征收。2007年8月15日，对个人储蓄存款利息所得按5%的税率征收个人所得税。2008年10月9日，对个人储蓄存款利息所得暂免收个人所得税。

二、　地税税种税率

营业税　1994年，交通运输业（3%）、建筑业（3%）、金融保险业（5%）、邮电通信业（3%）、文化体育业（3%）、娱乐业（5%～20%）、服务业（5%）、转让无形资产（5%）、销售不动产（5%）共9个税目。1995年7月，调整核定交通运输车辆营业额。核定三轮车600元/月，盘式红星拖拉机1200元/月，手扶拖拉机700元/月。“二七”拖拉机1500元/月，“三五”拖拉机2100元/月，客车及中巴300元/座·月，货运汽车及其他机动车辆（包括未列举的拖拉机）1500元/吨·月。2004年7月，台球减按5%的税率征收营业税。

企业所得税　1994年，年利润10万元以上的按38%计征，年利润3万～10万元的按27%计征，年利润3万元以下的按18%计征。1996年11月，对县宾馆从事的饮食服务收入，属营业税服务行业的一律按33%的税率纳企业所得税。2000年，收入总额和成本费用支出不能准确核算的适用税率为33%、27%、18%；工业、交通运输业和商业为7%～20%，建筑业和房地产开发业为10%～20%，饮食服务业为10%～25%，娱乐业为20%～40%，其他行业为10%～30%。

2007年4月，印江地方税务局开展“税收宣传月”活动

个人所得税 1994年，工资、薪金所得5%—45%，个体户的生产、经营所得和企事业单位的承包经营、承租经营所得5%—35%，劳务报酬、稿酬所得、特许权使用费所得、利息股息红利所得、财产租赁所得、财产转让所得、偶然所得、经国务院财政部确定征税的其他所得20%。1996年4月，对销售猪、牛、羊肉等商品的业户征收个人所得税。猪4元/头，牛8元/头，羊1.5元/头（计税依据：猪400元/头，牛800元/头，羊150元/头，附征率1%）。1998年1月，个体工商业户个人所得税附征率调整为1%～4%。1999年5月，对残疾人劳动所得减半征收个人所得税。2000年7月，对电子游戏厅按20%的税率征收营业税。2000年8月，个体工商业户个人所得税附征率调整为1%～5%。

城镇土地使用税 1994年，峨岭镇解放路中段2元/平方米，解放路东西两段1.8元/平方米；环城路、人民南路1.5元/平方米；振兴路全段1.2元/平方米；东兴路全段1元/平方米；其他街道0.7元/平方米；城郊地区0.5元/平方米；建制镇（木黄镇、缠溪镇）0.14元/平方米。1995年3月，峨岭镇解放路全段、人民北路全段、人民南路（广场至县农机公司）2元/平方米；环城路、东兴路、振兴路、人民南路（县工会俱乐部到水电局宿舍）1.8元/平方米；人民南路（水电局宿舍）至坪兴寨1.5元/平方米；城郊独立核算的厂矿企业1.2元/平方米；大会场至二完小至公安局以下及城区内的其他街道地段1元/平方米；大会场至二完小至公安局以上（即太阳山、北门、肖家坡一带）、中寨口、甲山寨、岩底寨0.7元/平方米；建制镇（木黄、朗溪、合水、缠溪、洋溪、板溪、沙子坡、天堂）人民政府所有地0.3元/平方米。1996年1月，调增土地使用税税额标准，一等一级3元/平方米；一等二级2.6元/平方米；二等一级2.2元/平方米；二等二级2元/平方米；三等一级1.6元/平方米；三等二级1.2元/平方米；四等一级1元/平方米。2002年1月，峨岭镇解放路全段、人民北路全段、人民南路至印刷厂环城路、西园路全段、环城路全段、东兴路、振兴路（含柏香林）、县府路全段4/元平方米；城郊独立核算的厂矿企业3元/平方米；人民南路（水利局宿舍）以上坪兴寨，大会场至二完小至看守所以下及城区内的其他街道地段、中寨口、甲山2元/平方米；建制镇（木黄、朗溪、合水、缠溪、洋溪、板溪、沙子坡、天堂）人民政府所在地2元/平方米。2003年1月，调整土地使用税税额标准，全县分27个路段（区域）分别按2元/平方米、3元/平方米、4元/平方米的标准执行。2007年6月，调整土地使用税税额标准，全县分29个路段（区域）分别按4元/平方米、5元/平方米、6元/平方米、8元/平方米的标准执行。2008年3月，调整土地使用税税额标准，全县分21个路段（区域）分别按2元/平方米、3元/平方米、5元/平方米、6元/平方米、8元/平方米的标准执行。

城镇建设维护税 1994年，计税依据为营业税额，城镇税率为5%，各乡税率为1%。

房产税 1994年，房产原值一次减除30%后的余值（只在县城和建制镇），税率为1.2%；房屋租金税率为12%。2005年3月，房产税征收范围扩大到新建的镇人民政府所在地。

屠宰税 1994年，猪、牛、羊上市每头分别为6元、5元、1元，农民自养、自宰、自食的每头分别为3元、2元、0.4元。2002年5月，取消屠宰环节和收购环节征收的屠宰税。

资源税 1994年，煤炭资源税的税率为0.5～3元/吨，征收范围为销售、自用数量。1995年7月，征收矿泉水资源税，标准为4元/吨。1996年3月，沙石、黏土3元/立方米。1999年5月，公路建设中使用的砂石减按0.5元/立方米征收资源税，其他行业使用的砂石减按2元/立方米征收资源税。1999年8月，对开采页岩或生产应税产品的单位和个人征收资源税，税率为0.5元/立方米。2005年5月，煤炭资源税税率提高到2.5元/吨。2008年11月，对建筑安装行业（限房屋建筑施工）耗用的砂石应纳的资源税实行附征率的征收方式，附征率为0.5%。

固定资产投资方向调节税 1994年，固定资产投资方向调节税征收范围为宿舍、建造楼堂馆所等，以工程投资额为计税金额。税率分别为5%、10%、15%、30%。1999年，固定资产投资方向调节税实行减半征收，包括建设项目适用税率为5%、10%、15%和30%的且于1999年7月1日和之后的建设项目及7月1日以前立项开工在建项目。1999年1月1日，按15%的税率对烟草行业的仓储设施征收固定资产投资方向调节税。2000年1月，停征固定资产投资方向调节税。

车船税 1994年，载货汽车、柴油车按36元/年·吨；客车10座以下120元/年，11～20座160元/年，21～30座200元/年，31～40座240元/年；盘式红星拖拉机18元/台，手扶式拖拉机、“三五”拖拉机18元/吨，机动三轮车40元/台；轻骑摩托30元/年。两轮摩托30元/年，三轮摩托40元/年，征收车辆使用税。1995年8月，“非机动车船使用税纳（免）税证”1.5元/证，“机动车纳（免）税标志”2元/证，“非机动车纳（免）税标志”1元/证。2001年1月，甲类（使用2年以上）货车54～74元/吨；乙类（使用3～4年）货车44～64元/吨；丙类（使用4年以上）货车38～58元/吨；大、中型拖拉机40～50元/台；小型、手扶式拖拉机25～35元/台；中巴车10座以下120元/年，11～20座160元/年；大客车21～30座200元/年，31～40座240元/年；出租车120元/年；其他客车120元/年；三轮车40元/年；人力车18元/年。2007年5月，大型客车：41座以上（含41座）660元/年，31～40座600元/年，20～30座540元/年；中型客车：16～19座480元/年，10～15座420/年；小型客车：3.0升以上（含3.0升）660元/年，2.1～2.9升560元/年，1.7～2.0升460/年，1.1～1.6升（含1.6升）360元/年；微型客车：1.0升以下营运260元/年，1.0升以下非营运60元/年；重型货车：12吨以上（含12吨）120元/吨；中型货车：5～11.5吨90元/吨；轻型货车2～4.5吨60元/吨；微型货车1.5吨以下（含1.5吨）30元/吨；三轮汽车：2吨以下60元/吨；低速货车：2～4.5吨120元/吨；轻便型摩托车50毫升以下（含50毫升）40元/辆；普通型摩托车51毫升以上50元/辆；机动船：200吨以下3元/吨，201～2000吨4元/吨，2001～10000吨5元/吨，10001吨以上6元/吨。2007年2月，停止使用车船使用税标志。

印花税 1994年，购销合同、建筑安装工程合同按万分之三征收；加工承揽合同按营业账簿所载金额的万分之五征收；财产租赁合同、运输合同、财产保险合同按合同金额的千分之一征收；借款合同按借款金额的万分之零点五征收；权利、许可证明按每件5元征收。

土地增值税 2002年8月，预征率1%。2008年8月，普通标准住宅预征率仍为1%，非普通标准住宅预征率调整为2%，营业用房预征率调整为3%，其他房产预征率调整为1.5%。

烟叶税 2006年4月，地税部门负责征收，税率为20%。

文化事业建设费 1998年，各种营业性歌厅、舞厅、卡拉OK歌舞厅、音乐茶座和高尔夫球、台球、保龄球场馆、游艺场等娱乐场所按营业收入的3%缴纳文化事业建设费。广播电台、电视台和报纸，刊物等广告媒介单位以及户外广告经营单位按经营收入的3%缴纳文化事业建设费。地方税务机关按征收额的4%提取征收经费。

教育费附加 1994年10月，教育费附加税率城镇为3%，乡、村为1%。以单位和个人实际缴纳的增值税、营业税、消费税的税额为计征依据，与增值税、营业税、消费税同时缴纳。2006年11月，教育费附加统一调整为3%。

地方教育附加 2006年11月，教育费附加统一调整为1%。

残疾人就业保障金 1997年12月，代收部分企业、事业单位残疾人就业保障金。2006年10月，对未安排残疾人就业或安排残疾人就业未达到在职职工总数1.5%的，征收残疾人就业保障金，征收标准为50元/人，由单位缴纳。

煤炭价格调节基金 2004年8月，代征煤炭价格调节基金，原煤（含洗混煤）30元/吨、洗精煤（含无烟块煤）50元/吨、焦炭70元/吨。2005年9月，委托煤炭管理局征收，标准为资源税2.5元/吨、所得税3元/吨、城建税及教育费附加0.81元/吨。2006年3月，煤炭价格调节基金由县乡镇企业局负责征收。2007年11月，煤炭价格调节基金标准由30元/吨调整为50元/吨。2008年9月，对销往区外煤炭的煤炭价格调节基金标准在50元/吨基础上再征收200元。

义务教育费附加 1995年3月，开征义务教育费附加，宾馆、旅店、招待所等营业性服务单位，按床位标准的5%，机关企事业单位在职职工和离退休职工分别按实发工资额（月低于190元的免征）的1%和0.5%征收。

第三节 税收收入

1991—1993年，县税务局征收营业税、消费税、所得税、屠宰税、印花税、产品税、个人所得税、城市建设维护税、房产税、资源税、城镇土地使用税、企业所得税、印花税、耕地占用税、车船税、烟叶税、屠宰税、教育费附加等税费。

1994—2008年，县国税局征收增值税、消费税、企业所得税、营业税、个人所得税、车辆购置税等税种。

1994—2008年，县地税局征收的品种有19种。

1994—2008年印江自治县国税征收入库税收收入情况统计表（一）

表9—3 单位：万元

年度	税收收入合计	其中					
		增值税	消费税	企业所得税	营业税	个人所得税	车辆购置税
1994	357	348	9	—	—	—	—
1995	454	441	13	—	—	—	—
1996	585	560	5	20	—	—	—
1997	673	631	5	16	21	—	—
1998	742	687	5	10	40	—	—
1999	748	693	5	—	50	—	—
2000	509	414	5	10	29	51	—
2001	747	610	—	4	38	95	—
2002	785	700	—	—	13	72	—
2003	790	684	—	—	6	100	—
2004	978	847	—	1	—	130	—
2005	1222	1037	2	—	—	161	22
2006	1596	1357	2	—	—	210	27
2007	2117	1755	4	51	—	258	49

续表9－3

年度	税收收入合计	其中					
		增值税	消费税	企业所得税	营业税	个人所得税	车辆购置税
2008	2650	2260	3	124	—	177	86
合计	14953	13024	58	236	197	1254	184

1994—2008年印江自治县地方税收收入任务完成情况统计表（二）

表9－4　单位：万元、%

年份	计划数	完成数	完成计划	同比增长	同比增收
1994	220	235	106.82	—	—
1995	300	310	103.33	31.91	75.00
1996	395	418	105.82	34.84	108.00
1997	475	527.20	110.99	26.12	109.20
1998	589	660.20	112.09	25.23	133.00
1999	756	778.40	102.96	17.90	118.20
2000	830	853.10	102.78	9.60	74.70
2001	940	941.40	100.15	10.35	88.30
2002	1075	1101.39	102.45	16.99	159.99
2003	1185.2	1215.85	102.59	10.39	114.46
2004	1320.4	1348.70	102.14	10.93	132.85
2005	1505.5	1663.82	110.52	23.36	315.12
2006	1811	2397.17	132.37	44.08	733.35
2007	2605	3054.76	117.27	27.43	657.59
2008	3390	4226.22	124.67	38.35	1171.46

第四节　税收管理

一、征收管理

1990年以前，印江自治县税务局的征收模式基本上是税收专管员管护，特点是一人进厂，各税统管，集征管查于一身。

1991—1993年，印江自治县税务局县城区域实行税款征收，纳税管理、纳税检查三分离，农村实行征管、检查两分离管理模式。1994年，新税制出台后，分设为县国家税务局、县地方税务局，国税实行垂直管理，地税实行省级地方税务机关和同级人民政府双重管理。根据国务院划分的征管范围，实行分级管理，税收管理权限集中于各自的管理范围内纳税人所属地税务部门，取消管户制度，推行自核自缴制度，实行纳税人自行申报缴纳。国有企业、集体企业一律实行申报纳税制度，个体工商户由个人申报，税务机关集体审核税款，限期到税务机关缴纳。国家税务总局提出纳税申报、税务代理、税务稽查“三位一体”的征管思路。1997年，国家税务总局起草并经国务院办公厅批转，提出“以申报纳税和优化服务为基础，以计算机网络为依托，集中征收，重点稽查”的30字征管模式。1998年，国税、地税分别设立办税服务厅，实行集中征收。2002年，取消片管员制度。2004年，国家税务总局在原来的30字征管模式的基础上，提出“以申报纳税和优化服务为基础，以计算机网络为依托，集中征收，重点稽查，强化管理”34字征管模式，旨在解决“疏于管理、淡化责任”问题，全面推行税收管理员制度，实行税收管理员的管户与管事相结合，税收管理员不直接征收税款、不直接审批减免税、不直接进行税收处罚。2007年，全县实行税款征收、税务管理、税务稽查三分离模式。2008年，合并设立统一的办税服务厅，取消手工税票，推行机打税票，实行“一窗式”服务。

二、 票据管理

国税票据管理 （1）普通发票：1997年1月1日，全县国税系统启用新版贵州省XX县（市）货物销售统一发票，系纳税人领用自行手工填开。1998年1月1日，各烤烟收购单位统一使用由贵州省国税局监制的收购码单，作为烟草部门使用的农副产品收购发票的配套单据。1999年1月1日，全县国税系统使用全国统一式样的机动车销售统一发票，系纳税人领用自行手工填开。2002年1月1日，全县机动车维修、机动车配件销售行业一律使用剪贴分离式统一发票，系纳税人领用自行手工填开，同时推行使用发票领购簿、发票专用章。2003年8月1日，全县统一使用贵州省铜仁地区煤炭产品销售专用发票，即煤炭五统一发票。2004年5月1日，全县商品流通行业统一使用贵州省XX县（市）货物销售统一发票（商业），系纳税人领用自行手工填开。2006年8月1日，在销售机动车（不包括销售旧机动车）收取款项时，必须开具税务机关统一印制的新版机动车销售统一发票，并在发票联加盖财务专用章或者发票专用章，抵扣联和报税联不得加盖印章。（2）增值税专用发票：印江自治县国税局，根据1993年国家税务总局所印发的《增值税专用发票使用规定》，加强增值税专用发票的管理。对于已经认定的增值税一般纳税人，根据纳税人的生产经营状况，结合纳税人需要开具增值税专用发票的销售额以及纳税人保管增值税专用发票的条件等情况，进行严格审核，核定纳税人领取和使用增值税专用发票版面、数量，发给发票领购簿，按照核定情况提供手工版增值税专用发票，并要求增值税一般纳税人必须做到专用发票专人专柜保管，确保增值税专用发票的安全。开具增值税专用发票时，必须字迹清楚，不涂改，项目填写齐全、完整，票物相符，票面金额与实际销售收取或者应收取的金额相符，各项目内容正确无误，全部联次一次性开具，确保上下联内容、金额、税额完全一致，发票联和抵扣联必须加盖财务印章或者发票专用章。必须按照规定的时限、顺序开具专用发票，不得拆本使用增值税专用发票，不得开具与国家税务局统一制定的票样不相符的专用发票，应当使用中文开具，开具超过限额的专用发票无效，不得作为抵扣凭证等。

地税票证管理 1994年10月，启用“贵州省印江自治县地方税务局发票监制”章，对建筑安装业、搬运装卸业、服务业、文化体育业、娱乐业、销售不动资产、转让无形资产统一发票和职工专用发票、广告业专用发票、公路（水路）运输客票10种发票进行管理。1995年2月，启用贵州省印江土家族苗族自治县销售不动产专用发票，使用范围为销售或转让建筑物、构筑物以及其他土地附着物。启用贵州省印江自治县临时劳务通用发票，使用范围为临时性从事（发生）搬运装卸、建筑安装、修缮装饰、文化体育、娱乐业或其他服务业。1996年5月，出台《关于规范全县建筑业税收征收管理办法》，对施工企业实行统一发票管理。

1996年5月，负责印制、发放、管理的发票种类有发票换票证、发票保证金收取及退还凭证、临时劳务通用发票、工本费专用发票、联运行业货运统一发票、搬运装饰统一发票、公路（水路）运输客票、公路运输货票、照相业专业发票、饮食业专用发票、服务业专用发票、旅社（接待所）统一发票、代理业专用发票、租赁业专用发票、广告业专用发票、车辆停放（保管）专用发票、建筑安装业统一发票、技术贸易专用发票、转让无形资产专用发票、销售不动产专用发票。

1996年8月，对在县境内印制、使用属地方税普通发票的单位及个人使用的饮食业专用发票、旅社（接待所）统一发票、服务业专用发票、建筑安装业统一发票进行换版。

1996年11月，停止使用原贵州省国家税务局监制的货运发票，统一使用由贵州省地方税务监制的货运发票。1996 年 12 月，交通运输行业启票扣税统一执行 5.24%的综合税率。

1999 年 10 月，调整运输发票（10 元/本）、广告发票（7 元/本）、行政事业收费专用发票（7 元/本）、临时劳务发票（7 元/本）、销售不动产专用发票（7 元/本）、服务业剪口发票（1.7 元/本）、住宿发票（5.2 元/本）、服务业专用发票（5.2 元/本）、饮食行业剪口发票（1.75 元/本）、建安行业专用发票（4 元/本）、服务业定额发票（1.9 元/本）工本费收费标准。

2000 年 3 月，启用移动通信专用发票。4 月，启用保险费专用发票、平安产险保费专用发票、太平洋保险公司保险费专用发票、电信服务收费专用发票。2001 年 12 月，启用洗车定额发票和车辆停放、保管定额发票，票面金额分别为 5 元和 1 元。2004 年，营利性医疗机构医疗服务收费票据纳入发票管理。

2006 年 10 月，印江自治县国税局荣获贵州省“文明单位”称号

2005 年 1 月，取消原临时劳务发票，统一使用税务机关代开统一发票（分手工版和电脑版）。2006 年年底，全县发票管理进一步规范化、制度化，信息化。2007—2008 年，管理的发票有税务机关代开统一发票（电脑）、贵州省建筑安装统一发票（代开）、销售不动产统一发票（代开）、公路、内河货物运输统一发票（代开）、保险中介服务统一发票、贵州省广告业专用发票、贵州省行政事业性收费统一发票、贵州省服务业统一发票（万元版）、贵州省服务业统一定额发票（伍佰元版、叁佰元版、贰佰元版、壹佰元版、伍拾元版、叁拾元版、贰拾元版、拾元版、伍元版、贰元版、壹元版）、贵州省医疗机构（门诊）统一发票、贵州省医疗机构（住院）统一发票等 22 种。

第三章　金　融

第一节　金融机构与管理

一、金融机构

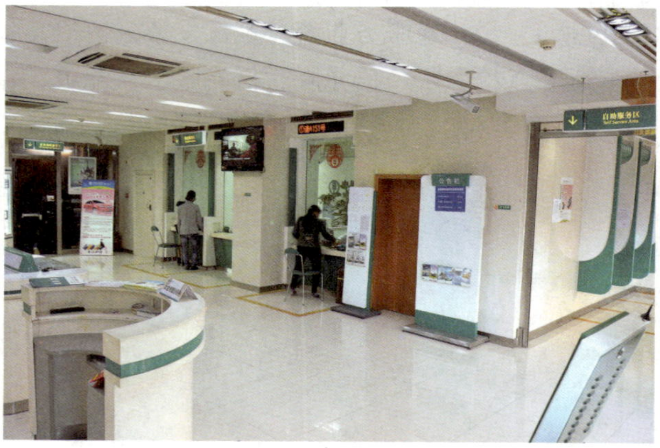

印江自治县农业银行服务大厅

1988年，全县境内金融机构有人民银行、工商银行、农业银行、建设银行、农村信用合作社、邮政储蓄所、保险公司。人民银行内设人秘股、会计股、稽核监管股、计划统计股、发行股、保卫股、监察室；工商银行下设3个储蓄机构；农业银行下设5个储蓄机构、10个营业所；建设银行下设2个储蓄机构；农村信用合作社下设22个基层信用社，1992年，22个基层信用社撤并为17个乡（镇）信用社。1994年5月，成立印江土家族苗族自治县农村信用联社。1996年，保险公司分设为中保财产保险有限公司印江支公司和中保人寿保险有限公司印江办事处。12月，县联社与农行脱离行政隶属关系，成立独立的自主经营的金融机构。1996年，县人行增设农村合作金融管理股。1997年1月24日，成立中国农业发展银行印江土家族苗族自治县支行，内设信贷部、财务会计部、办公室、营业室等二部二室。1998年10月，县农行分别撤销农行各乡、镇营业所。2000年5月，县工行撤销，部分人员及储蓄业务并入县建设银行。2003年，中国人寿保险有限公司印江支公司更名为中国人寿保险股份有限公司印江支公司。2004年3月，中国银行业监督管理委员会铜仁监管分局印江办事处成立。县人行内设机构调整为办公室，综合业务股、国库会计股、货币发行股、保卫股；取消基层信用社法人资格，建立县联社统一法人资格。2005年，撤销国库会计股和货币金银股，合并为基础业务股。2006年，县人行内设机构有办公室、综合业务股、保卫股。

二、金融管理

1988年12月，经贵州省金融系统监察专员办公室批准，印江自治县人民银行成立印江土家族苗族自治县金融系统监察室。其主要职能是督促、指导金融系统行政监察工作，开展法律、法规教育，受理群众举报、反映的金融从业人员经济问题等重大案件的调查工作；参与同级金融部门有关会议；完成上级纪检监察机关交办的有关具体事项；加强同地方纪委、监察机关的联系。

1989 年 8 月，召开全县金融系统惩治腐败全体干部、职工大会，印发《转发（关于惩治腐败的紧急通知）的通知》、全国金融系统《举报工作暂行规定》，制定《对违背同城汇划款及资金清算规定的处理》规定。

1991 年，按照《关于对银行贷款存量及企业资金占用情况开展调查的通知》要求，县支行组织开展县内银行信贷检查，截至年底，查出的非正常贷款占贷款总存量的 15.08%。

1993 年，全县金融部门对开户企业现金管理情况进行检查。1994 年，金融系统内签订“联防协议书”，使防范工作做到整体联动，快速反应，相互照应，相互支持。由县人民银行牵头，建立印江自治县金融系统“三防一保”领导小组，加大领导、管理、监督和检查全县金融部门的安全防范工作，同时，县人民银行金融纪检组、监察室牵头，对县辖工行、农行、建行、建行房产信贷部的存、贷款及邮政储汇局的存款利率执行情况进行现场检查。

1997 年 9 月，自治县人民银行召开职工大会，传达贯彻省人行“9·4”电话会议精神，严防内部人员作案，防范外部人员作案，对执行规章制度的情况进行监督检查，完善“三防一保”工作的硬件设施建设。

2000 年，为加强对金融系统大要案件的防范、查处工作，自治县人民银行对全县各行、社执行《金融违法行为处罚办法》情况进行检查。9 月 28 日，召开全县金融系统行风监督员会议，听取行风监督员对人行履职、干部职工思想行为等方面的反映、看法及意见。2001 年 2 月，开展人行、信用社购制超标小汽车清理工作；3 月成立整治金融信用环境工作领导小组，召开清收不良贷款工作会议；4 月，经支行报告，由县人民政府主持召开全县金融工作会议，讨论制定“创建金融安全区”各部门职责，为构建良好的金融信用环境及在全县范围内清收不良贷款奠定基础。

2002 年 8 月，自治县支行在辖区内各金融机构开展挪用资金专项治理工作。是年，支行派员对各乡（镇）打造农村信用工程、构建农户贷款信用体系工作进行现场指导，分别召开动员大会，宣讲构建信用体系、打造农村信用工程的目的、意义、办法、措施和要求。截至年末，共建立农户经济信用档案 80971 户，占全县总农户的 89.3%，评定信用农户 50013 户，发证 31162 户，农户持证贷款 19268 户 1673 万元。

2008 年，自治县支行在认真开展春训集中学习活动的基础上，积极开展制度落实年活动。一是由各股、各专业对现有 110 余项制度进行清理，对不适合现实需要的制度予以废除。二是组织职工学习与自身业务工作相关的法律、制度、规章，学习形式采取集中学习与自学相结合，规定每周集中学习不得少于 1 次，由分管行长对分管股室的学习情况进行督促检查。三是认真进行对照自查，重点检查制度建立是否完善和制度的执行情况。支行由分管行长带队，组织相关人员到各股进行现场监督检查。四是分管行领导、部门负责人和各岗位人员对照查出的问题或不足，深刻剖析，查找原因，制定整改措施，认真进行整改。五是做好活动的验收工作，支行严把验收关，重点加强对基础业务部门和涉及“人、财、物”管理部门以及要害岗位人员活动开展情况进行监督检查，确保活动收到实效。

第二节　金融体制改革

为适应建立社会主义市场经济体制的需要，更好地发挥金融在国民经济中宏观调控和优化资源配置的作用，促进国民经济持续、快速、健康发展，印江自治县金融体制改革于 1996 年全面展开。

1996 年年初，以“人尽其才、量才施用”为宗旨，在不增加人员总量，不突破已定编制的前提下，合理调整人员岗位，优化人员配置，撤销中国人民保险公司印江支公司，建立中保财产保险有限公司印江支公司，中保人寿保险有限公司印江办事处。新设立的中保财产保险有限公司印江支公司和中保人寿保险有限公司印江办事处的人员编制，按 1995 年财务报表中产、寿险业务量及保费收入比例确定人员编制，并按 30%～40%的比例进行分流。中保财产保险有限公司印江支公司定编制 6 人，中保人寿保险有限公司印江办事处定编制 7 人。按“以责定岗、以岗定员、择优竞争定人”的要求，采取自下而上的方法对人员进行分流，加强领导干部、财会人员、业务人员的合理配置。专业人员随业务走，以确保分业经营后业务不受影响。对原代办人员根据工作需要重新明确代办关系，签订聘用合同，择优上岗。原部门领导职务随其工作机构撤并而自然免职，但保留原级别待遇。6 月，两公司正式挂牌成立。

1996 年下半年，按照国务院关于农村金融体制改革的要求，县农村信用社正式与县农业银行脱离行政隶属关系，县人民银行直接承担对农村信用社的监管工作。其目的是真正把信用社办成合作金融组织。1996 年 11 月，印江自治县农村信用合作联合社召开第一届社员代表大会，大会产生理事会，选举理事长、联合社主任和副主任。理事长兼主任秦仁升，副主任杨胜荣、陈正国。建立社员代表大会、理事会、监事会等“三会”组织。

2008 年 3 月，印江自治县农村信用联社召开首届社员代表大会第五次会议

印江自治县农村信用合作联合社原只设业务股、稽核股、办公室，负责对 17 个乡（镇）农村信用社的监督、管理、协调和服务。2003 年，国务院印发关于《深化农村信用社改革试点方案的通知》明确提出：“明晰产权关系、强化约束机制、增强服务功能、国家适当支持、地方政府负责”的总体要求，为深化农村信用社管理机制和产权制度改革提供具体的操作办法。2004 年 4 月 15 日，印江土家族苗族自治县农村信用合作联社创业大会暨首届社员（股东）代表大会召开，大会选举产生理事会、监事会。其中：理事会成员由王相坤、杨胜荣、陈正国、朱光厚、龙友发、田贵阳、陈德昌、任贞梦、杨泽江 9 人组成。王相坤为理事长（法定代表人）。聘任杨胜荣为县联社主任，陈正国、龙永益为副主任，监事会由田建林、秦义用、吴华理等 7 人组成，田建林为监事长。内设机构为业务发展股、会计信用统计部、稽核审计部、监察保卫部、联社营业部 5 个股室。

2003 年年底，印江信用联社存款余额 25195 万元，比 1996 年从中国农业银行印江自治县支行脱离行政隶属关系时的 4698 万元增加 20497 万元，年均增加 2928 万元。各项贷款 23442 万元，比 1996 年增量 20255 万元，年均增加 2893 万元；社员股金余额 775 万元。到 2004 年 6 月底，实现存款余额 31694 万元，市场份额占 45%；贷款余额 28196 万元，市场份额占 64.5%；社员股金余额 1826 万元，从 1996 年的 74 万元增加到 1752 万元，年均增加 219 万元。辖区创评信用农户 83306 户，占全县农户 93360 户的 89.2%，颁发信用证 66816 户，占全县总农户的 71.6%，并在铜仁地区率先创建湄坨、坪峨、刀坝、下洞、对马溪、青龙、崔山 7 个信用村，农户授信金额为 2.2 亿元。

1997 年，农发行印江自治县支行从农业银行印江自治县支行分离出来，农发行人员及资产、负债等由农业银行相应划出，农发行县级支行机构正式分设并实行业务自营，办公地点在峨岭镇东兴路农行三楼，2000 年，农发行搬迁至峨岭镇梵净山路 349 号。印江农发行分离出来后，在粮食收购资金封闭管理和风险管理上，认真贯彻落实国务院粮改政策和上级行信贷政策，既从严加强信贷监管，又积极支持企业搞活经营；既确保收购资金及时足额供应，从根本上解决向农民“打白条”的问题，又有效遏制企业亏损挂账的势头。粮改以后，累计发放收购贷款 1 亿多元，支持购销企业收购粮食 5436 万千克，油脂约 510 万千克。保护农民种粮的积极性。特别是 2000 年后，随着退耕还林工作的实施，县农发行积极支持购销企业掌握充裕粮源，发挥粮食流通主渠道作用，至2005年，累计向全县退耕还林农户兑付粮食2250万千克，保护广大农民的利益，促进农村社会的稳定。2008年，自治县农发行全年共发放粮食收购贷款3笔，金额660万元，油粮收购贷款1笔，金额400万元。

第三节 银行业务

一、存款

印江自治县境内各银行主要开办财政存款、企业存款、储蓄存款、各类活期存款、定期存款、约期存款等。多年来，全县金融部门一是广泛宣传储蓄的意义、目的，增强人们的储蓄意识；二是认真履行职责，严格执行《储蓄管理条例》，完善管理制度，提高服务质量和水平，努力构建良好的储蓄环境。1988年以来，除1989年略有下降外，存款余额逐年增加。1988年以来存款余额见下表。

1988—2008年印江自治县存款余额统计表

表9—5 单位：万元

年份	存款余额	其中						
		人行	农行	工行	发行	联社	建行	邮政储蓄银行
1988	2985.4	294.8	1411.0	1063.8	—	(197.8)	215.8	(25.4)
1989	2924.5	283.8	1251.9	1073.6	—	(229.2)	315.2	(17.9)
1990	3542.3	333.4	1563.8	1261.6	—	(332.1)	315.6	(62.1)
1991	5100.1	459.3	2490.4	1666.9	—	(1123.9)	483.5	(209.5)
1992	6055.5	337.3	2840.4	2197.2	—	(1532.7)	680.6	(416.2)
1993	7824.4	490.4	3613.3	2629.2	—	(1995.7)	1091.5	(774.9)
1994	9054.0	86.8	4231.3	2684.3	648.6	(2775.4)	1403.0	(1105.1)
1995	11012.7	−52.1	3302.4	3634.7	488.2	(3782.2)	1895.3	1744.2
1996	14987.1	450.3	4958.6	4727.4	1358.7	(4968.2)	3492.1	(1440.6)
1997	19875.0	92.0	7269.0	5730.0	970.0	(6350.0)	3460.0	1931.0
1998	27244.0	51.0	6516.0	6652.0	340.0	8551.0	3250.0	1874.0
1999	31162.0	31.0	7447.0	6973.0	73.0	10964	3228.0	2326.0
2000	35549.0	33.0	9292.0	—	23.0	13257.0	9468.0	3345.0
2001	41918.0	6.0	10227.0	—	41.0	16292.0	10290.0	5159.0
2002	52520.0	17.0	12927.0	—	507.0	20704.0	11991.0	6352.0
2003	63139.0	283.0	16446.0	—	247.0	25738.0	12954.0	7776.0
2004	80438.0	243.0	22008.0	—	450.0	33255.0	13938.0	10345.0
2005	95624.0	134	24300.0	—	449.0	40810.0	16062.0	13782.0
2006	123430.0	757.0	31529.0	—	3207.0	48960.0	18899.0	20056.0
2007	146544.0	448.0	35648.0	—	934.0	60257.0	21680.0	27520.0
2008	194405.0	176.0	42715.0	—	1994.0	80217.0	31693.0	35728.0

说明：1. 汇总数据不包括括号内数据。

2. 存款余额合计＝人行存款余额＋各行社各项存款＋各行社代理财政性存款＋各行社委托存款，本表未包含各行社代理财政性存款和委托存款

二、 贷款

90 年代初，按照“控制总量，调整结构，强化管理，适时调节，提高效益”的货币信贷方针，努力优化贷款结构，把信贷规模作为指令性指标，适时调节，实行行长、专业股负责人和经办人负责制。认真执行国家产业政策和“五优先”（对种养业、农业科技开发项目、粮棉油等主要农副产品收购优先发放贷款；对符合国家产业政策、产品适销对路、经营管理好、经济效益好的企业，特别是其中的大中型企业优先发放贷款；对国家“双保”企业指令性计划产品优先发放贷款；对增加适销对路商品储备的资金需求和国家重要物资储备的资金需要优先给予支持；对国家计划内换汇成本低、不亏损的外贸出口的商品收购和国家计划内的商品进口优先发放贷款）、“五从严”（对以下五个方面从严掌握流动资金贷款：产品质次价高、不适销对路、产大于销或库存过大的企业和产品；经营性亏损没有扭转的企业和产品、政策性亏损没有按期弥补的企业和产品、潜亏性亏损没有消化且未落实有效措施的企业和产品；未按国家规定留足自有流动资金的企业；换汇成本偏高的出口商品收购；国家产业政策严格限制发展的行业和产品）、“八不准”（对以下八个方面，原则上停止发放流动资金贷款：产品因不适销对路或质次价高、已严重积压，仍继续生产的轻工、纺织和一般机械加工行业的企业；经营性亏损严重，近期内扭亏无望的企业；管理混乱、弄虚作假、虚盈实亏严重、资不抵债的企业；违反国家规定，挤占流动资金搞基本建设或挪作他用的企业；新发生亏损，在限期内未予弥补或扭亏的外贸企业；对国家和省区市定价产品调价，没有按规定将库存商品和物资增值部分调增国拨流动资金的企业；用贷款垫支项目资金缺口或计划外工程投资的建筑施工企业；国家产业政策禁止生产的产品和无证 生产国家实行许可证生产的产品）信贷政策，信贷资金主要向农业和农副产品收购、重点骨干工程方面倾斜。县人行按月召开有各专业银行参加的资金分析会，通报资金运营情况、存在问题及其解决办法、预测下月资金需求情况，督促各专业银行按时足额划缴财政性存款和准备金，及时清算汇差资金，以防止他行汇差资金扩大信贷规模，按季检查各行信贷资金执行结果，向政府和地区行写出有情况、有数据、有问题和有建议的报告。1992 年，按照“区别对待，扶优限劣”的信贷政策，主要保证农业和农副产品收购贷款、重点工程贷款等资金应用，整个信贷结构基本合理，有力地保持货币稳定，为加快全县经济社会发展做出一定贡献。

1993 年，面对收购农副产品资金增加、邮政汇兑支出增加、交易现金增加、个人消费增长、集团消费增长的资金需求，县人民银行对境内信贷规模执行按月考核、按季监控，同时对固定资产贷款进行清理。1994 年，开始进行住房制度改革，政策性住房金融业务出现，全县也随着开办政策性和自营性个人住房贷款。政策性住房金融业务由县建行房地产信贷部一家承办，县工行、农行开设房改基金专户，控制固定资产贷款规模；对固定资产贷款采取按旬按月统计，按月检查，按季考核监测，对较大的固定资产贷款实行专项统计监测，信用总量得到控制。

印江自治县建设银行服务大厅

1995 年，对各商业银行房地产业务、非金融机构办理金融业务情况进行检查，将财政信用资金的使用额度纳入全社会贷款规模内考核。1997 年，贷款投向农业生产和交通、能源等基础设施建设，紧接着又开展个人住房担保贷款。

1999 年，为支持农业和农村经济发展，增加农业贷款。商业银行信贷资金逐步投向个体经济、住房和消费等领域。

2002—2008年，信贷资金逐年加大对“三农”贷款的倾斜，自治县人行积极争取支农再贷款补充支农信贷资金，有力支持县种养业发展。各银行开办的贷款业务主要有工业、农业、乡（镇）企业、商业、住房按揭、生产经营、粮油收购、扶贫开发、老边区发展经济、民贸等贷款。

1988—2008年印江自治县贷款总额汇总表

表9—6 单位：万元

年份	贷款余额	其中						
		人行	农行	工行	发行	联社	建行	邮政储蓄银行
1988	6155.5	418.0	3327.7	2014.7	—	295.7	99.4	—
1989	6988.7	720.5	3709.3	2154.6	—	301.2	103.1	—
1990	8113.7	1136.4	4219.3	2332.3	—	323.7	102.0	—
1991	10792.1	1196.4	5940.2	2603.5	—	968.2	83.8	—
1992	12757.7	1230.8	7379.3	2936.2	—	1100.9	110.5	—
1993	13625.3	1361.4	7602.4	3072.4	—	1353.7	235.4	—
1994	17016.1	1077.0	5593.8	2980.8	4767.1	1757.2	840.2	—
1995	21377.3	1071.7	6586.1	3369.8	6984.9	2425.9	938.9	—
1996	25708.7	960.2	8636.3	3312.9	8953.6	3186.9	658.8	—
1997	33259.0	51.0	10863.0	4099.0	13630.0	4131.0	485.0	—
1998	30373.0	—	11415.0	4702.0	7782.0	5984.0	490.0	—
1999	44606.0	—	23834.0	4477.0	8080.0	7495.0	720.0	—
2000	42443.0	—	23658.0	—	7924.0	9999.0	862.0	—
2001	45629.0	—	23024.0	—	8175.0	13655.0	775.0	—
2002	46199.0	—	19292.0	—	8190.0	17489.0	1228.0	—
2003	38869.0	—	5481.0	—	8469.0	23442.0	1477.0	—
2004	42790.0	—	6243.0	—	6333.0	29269.0	945.0	—
2005	52144.0	—	7751.0	—	5688.0	37374.0	1331.0	—
2006	61772.0	—	8850.0	—	9043.0	41321.0	2558.0	—
2007	68631.0	—	8755.0	—	8720.0	46950.0	3663.0	543.0
2008	75502.0	—	5988.0	—	10403.0	54265.0	3253.0	1593.0

第四节 保 险

1985年12月20日，印江自治县成立中国人民保险公司印江支公司，租县服务公司二楼办公。1996年，根据《中华人民共和国保险法》的有关规定，产寿险分业经营，中国人民保险公司印江支公司分设为中保财产保险有限公司印江支公司和中保人寿保险有限公司印江办事处，2003年，分别更名为中国人民财产保险公司印江支公司和中国人寿保险公司印江支公司。

一、 财产保险

1996年以前，财产保险与人寿保险合称为中国人民保险公司印江县支公司，1996年与人寿保险分业经营，成立中国人民财产保险公司印江支公司，2003年，更名为中国人民财产保险股份有限公司印江支公司。2008年年底，有正式职工23人、代理人员15人。内设有综合、业务、承保股等。

险种 1988年，开办的财产险种有企业财产保险、机动车辆保险、农村房屋保险等。1999年，开办的险种有财产保险和财产一切险的一般风险、机器损坏保险、建筑工程一切险和安装工程一切险、公众责任险、产品责任险、车辆损失险、车辆第三责任保险、货物运输保险等。2008年，业务范围已覆盖非寿险市场所有领域，主要开办机动车辆保险、交强险、企业财产保险、责任保险、建筑安装工程保险、家庭财产保险、货物运输保险、航空保险、农业保险、出口信用保险、人身意外保险、医疗保险等，还可根据客户需求，设计开发新的险种，服务范围覆盖全县17个乡镇。

印江自治县人民财产保险公司办公大厅

保险收入 随着全县经济社会快速发展，财产保险业日益活跃，保险市场范围不断扩大，服务质量明显提高，群众投保意识不断增强。2007年，保费收入已突破800万元，累计创收保费1.2亿元，与成立之初的十几万元相比，年均增长18.6%，各项赔款、给付累计支付1.12亿元（含所得税），交纳税费0.12亿元，为社会各类财产承担上亿元的风险保障责任，在推进业务持续快速发展的同时，充分发挥保险经济补偿的重要作用，通过不断积累，具备坚实可靠的偿付能力，有力地促进全县经济社会的和谐发展。

2007年，保险公司推出异地出险、就地理赔的通赔服务，为客户提供预约投保、保险咨询、保险报案和保险索赔等一系列独具特色、多方位、全天候、方便快捷的保险服务体系，受到客户的普遍欢迎。

为进一步适应经济社会发展的新形势，按照市场化运行、规范化管理、人性化服务的原则，公司还提出5个大力发展，即：大力发展城镇职工补充医疗保险，促进新型合作医疗的健康发展；大力发展外出务工人员意外伤害保险，为广大外出人员提供有效的意外风险保障；大力发展信贷业务借款人保险，维护全县金融秩序稳定；大力发展学生意外伤害保险、计划生育系列保险，努力促进社会和谐进步；大力发展能繁母猪保险，为应对猪肉价格上涨，进一步稳定生猪市场供应，建立生猪产业健康持续发展的长效机制做后盾。

1988—2008年印江自治县财产保险保费收入及理赔偿统计表

表9—7　　单位：万元

年份	保费	理赔
1988	12.30	8.90
1989	26.40	15.80
1990	30.10	196.60
1991	38.40	22.40
1992	126.30	74.30
1993	152.50	88.40
1994	188.20	92.10
1995	223.90	129.80
1996	209.30	325.00
1997	226.20	170.10
1998	245.70	112.50
1999	238.40	128.20
2000	225.50	148.10
2001	259.80	120.60

续表9－7

年份	保费	理赔
2002	274.70	139.30
2003	296.10	151.70
2004	328.60	201.50
2005	337.70	195.80
2006	364.90	275.60
2007	493.30	325.90
2008	588.50	610.30

二、 人寿保险

1996年以前，与财产保险合称为中国人民保险公司印江县支公司。1996年与财产保险分业经营成立中保人寿保险有限公司印江办事处。1998年更名为中国人寿保险公司印江支公司。

1997年，公司成立营销部、中介代理部和7个兼业代理网点，向社会招聘营业员46人。2003年，中国人寿集团公司股改上市后，中国人寿保险公司印江支公司更名为中国人寿保险股份有限公司印江支公司。至2008年年底，公司有正式职工10人，代理营销员112人。公司内设经理室、团险部、银保部、个险部、客户服务中心、综合部等。乡镇网点有天堂、合水、新寨3个代办网点和7个兼业代理网点。

人寿险种 从1996年以来，主要开办的有健康医疗保障类、分红类、意外伤害、养老保险等四大类100多个险种，保费规模年年增长，到2008年年底，总保费突破2000万元。

保险业务 1997年6月，公司成立营销部，面向社会招聘营销员45人，通过代理资格考试和岗前培训后，上岗率为96%，营销体制的建立快速提升人寿保险公司的影响力，新增保费近60万元，以后每年逐步增加。2006年，与县信用社开办小额信贷保险业务，从当初的几万元发展到现在300多万元的保险规模，大大降低信用社的资金风险，随着国家对安全生产的高度重视，2007年县安监局要求全县高危企业必须强制投保，全县57户沙石厂及砖厂都统一投保，保险覆盖面达100%，每个工人保险金额达到30万元以上（除在社保局投保工伤保险），赔付金额达到60万元以上，大大地化解企业的风险。

1996—2008年印江自治县人寿保险保费收入及理赔统计表

表9－8 单位：万元

年份	保费	理赔
1996	80	7
1997	121	21
1998	190	24
1999	257	56
2000	390	72
2001	435	78
2002	586	101
2003	760	136
2004	823	110
2005	942	214
2006	1462	321
2007	1752	359
2008	2103	431

第十编

政党　群团

第一章　中共印江自治县地方组织

1988—2008 年，全县历经第六、第七、第八、第九、第十、第十一届县委。

第一节　中共印江自治县代表大会

1987—2008 年，中共印江土家族苗族自治县委员会共召开代表大会 6 次。

一、 第六次代表大会

1987 年 9 月 8—11 日在县人民大会场召开中共印江土家族苗族自治县第六次代表大会。大会应到代表 249 人，实到代表 239 人。大会审议通过熊明英代表第五届县委作《积极稳妥　讲求实效　为促进我县社会主义现代化建设做出新贡献》的工作报告，通过县纪委工作报告。大会采取无记名投票和差额选举办法，选举产生第六届县委委员 26 名、候补委员 3 名，选举产生县纪律检查委员会委员 13 名。

中共印江自治县委办公楼

二、 第七次代表大会

1990 年 6 月 15—18 日在县人民大会场召开中共印江土家族苗族自治县第七次代表大会。大会应到代表 250 人，实到代表 242 人。大会审议通过戴振华代表第六届县委作《振奋精神　鼓劲实干　为我县政治、经济和社会的进一步稳定发展而奋斗》的工作报告，通过县纪委工作报告。大会采取直接差额和无记名投票方式选举办法，选举产生选举产生第七届县委委员 25 名，候补委员 3 名，选举产生县纪律检查委员会委员 9 名。

1990 年 6 月，召开中共印江自治县第七次代表大会

三、 第八次代表大会

1993 年 2 月 28 日—3 月 3 日在县人民大会场召开中共印江土家族苗族自治县第八次代表大会。大会应到代表 250 名，实到代表 237 名。大会审议通过戴振华代表第七届县委作《以党的十四大精神为指针 振奋精神 真抓实干 努力开创我县两个文明建设的新局面》的工作报告，通过县纪委工作报告。大会采取直接差额和无记名投票方式选举产生第八届县委委员 35 名，候补委员 3 名，选举产生县纪律检查委员会委员 13 名。

四、 第九次代表大会

1997 年 12 月 19—22 日在县人民大会场召开中共印江土家族苗族自治县第九次代表大会。大会应到代表 258 名，实到代表 244 名。大会审议通过田建高代表第八届县委作的《认真贯彻落实党的十五大精神，把印江的改革开发和建设事业推向二十一世纪》的工作报告，通过县纪委工作报告。大会采取直接差额和无记名投票方式选举产生第九届县委委员 34 名，候补委员 6 名，选举产生县纪律检查委员会委员 13 名。

五、 第十次代表大会

2002 年 12 月 28—30 日在县人民大会场召开中共印江土家族苗族自治县第十次代表大会。大会应到代表 258 名，实到代表 252 名。大会审议通过县委书记陈康代表第九届县委作的《全面贯彻“三个代表”重要思想 与时俱进 加快发展 为向小康社会迈进而努力奋斗》的工作报告，通过县纪委工作报告。大会采取直接差额和无记名投票选举办法，选举产生第十届县委委员 33 名，候补委员 5 名，选举产生县纪律检查委员会委员 13 名。

六、 第十一次代表大会

2006 年 11 月 27—28 日在县人民大会场召开中共印江土家族苗族自治县第十一次代表大会。大会应到代表 235 名，实到代表 235 名。会议审议通过县委书记陈康代表第十届县委作的工作报告，通过县纪委工作报告。大会采取直接差额和无记名投票选举办法，选举产生第十一届县委委员 38 名，候补委员 7 名，选举产生县纪律检查委员会委员 17 名。

第二节 中共印江自治县委员会

1987—2008 年，县党代会选举产生了六至十一届中共印江自治县委员会。

一、 第六届县委（1987.9—1990.6）

第六届自治县委有委员 26 名、候补委员委员 3 名。1987 年 9 月 11 日召开县委六届一次全会，选举熊明英、戴振华、杨清富、田景坤、田儒英、任廷纪、宋绍章、贺光禄、冯如清 9 人为县委常委，选举熊明英为县委书记，戴振华、杨清富为县委副书记。选举田儒英为纪委书记。

本届任期内，增补田景坤任副书记、刘伦建为挂职副书记，增补田建高、靖鲁华、刘伦建为县委常委。

二、 第七届县委（1990.6—1993.3）

第七届自治县委有县委委员 25 名、候补委员 3 名。1990 年 6 月 18 日召开县委七届一次全会，选举戴振华、杨清富、田建高、王仕荣、靖鲁华、任廷纪、田景坤为县委常委，选举戴振华为县委书记，杨清富、田景坤为县委副书记。选举王仕荣为县纪委书记。

本届任期内，增补杨舟任副书记，刘伦建、周家禄任挂职副书记，增补杨舟、商开封、刘伦建、周家禄为县委常委。

三、 第八届县委（1993.3—1997.12）

第八届自治县委有县委委员35名、候补委员3名。1993年3月3日召开县委八届一次全会，选举戴振华、杨舟、田建高、帅朝纲、戴明贵、任廷纪、商开封、靖鲁华为县委常委，选举戴振华为县委书记，田建高、杨舟、帅朝纲为副书记。选举戴明贵为县纪委书记。

本届任期内，增补张加良、石阿良、任廷纪任副书记，周家禄、胡朝江、张先义、孔庆海、罗天明任挂职副书记，增补张加良、石阿良、戴亮、张运成、尹贵德、周家禄、胡朝江、张先义、汪福亚、孔庆海、罗天明为县委常委。

四、 第九届县委（1997.12—2002.12）

第九届自治县委有县委委员34名、候补委员6名。1997年12月22日召开县委九届一次全会，选举田建高、帅朝纲、石阿良、杜典国、王朝文、尹贵德、张运成为县委常委，选举田建高为县委书记，帅朝纲、石阿良、杜典国为副书记。选举王朝文为纪委书记。

本届任期内增补罗天明、胡永刚任挂职副书记，增补汪福亚、罗天明、胡永刚、刘忠斌、何圣仙、谭守华、万再扬为县委常委。

1997年11月，历届部分县领导合影。前左起：瞿大国、杨再全、向阳生、严天华、戴振华、田建高；后左起：任廷纪、唐世元、贺光禄、帅朝纲、张朝仙、戴明贵

五、 第十届县委（2002.12—2006.11）

第十届自治县委有县委委员33名、候补委员5名。2002年12月30日召开县委十届一次全会，选举陈康、李建、陆鸿登、李世凡、谭守华、何圣仙、张著彪、石维江、蔡文森、王继承为县委常委，选举陈康为县委书记，李建、陆鸿登、李世凡为副书记。选举陆鸿登为县纪委书记。

本届任期内增补张雪松、袁刚为县委常委。

六、 第十一届县委（2006.11—2011.10）

第十一届自治县委有县委委员38名、候补委员7名。2006年12月28日召开县委十一届一次全会，选举陈康、肖洪、熊放鸣、严天智、张明、王继承、罗群、李俊宏、郑顺恩、翁锡钗为县委常委，选举陈康为县委书记，肖洪、熊放鸣为副书记。选举翁锡钗为县纪委书记。

1988—2008年中共印江土家族苗族自治县委领导名录

表10—1

届别	姓名	性别	职务	出生地	任期	备注
第六届县委	熊明英	女	书记	重庆沙坪坝	1988.1—1990.3	—
	戴振华	男	书记	贵州印江	1990.3—1990.6	—
	戴振华	男	副书记	贵州印江	1988.1—1990.3	—
	杨清富	男	副书记	贵州天柱	1988.1—1990.6	—
	田景坤	男	副书记	贵州印江	1990.3—1990.6	—
	刘伦建	男	副书记	—	1990.3—1990.6	省派挂职
	田儒英	男	常委	贵州印江	1988.1—1988.11	—
	任廷纪	男	常委	贵州印江	1988.1—1990.6	—
	宋绍章	男	常委	贵州印江	1988.1—1990.4	—
	贺光禄	男	常委	贵州余庆	1988.1—1990.6	—
	冯如清	男	常委	山东	1988.1—1990.6	—
	靖鲁华	男	常委	贵州石阡	1990.3—1990.6	—
	田建高	男	常委	贵州思南	1990.3—1990.6	—
第七届县委	戴振华	男	书记	贵州印江	1990.6—1993.3	—
	杨清富	男	副书记	贵州天柱	1990.6—1993.3	—
	田景坤	男	副书记	贵州印江	1990.6—1992.12	—
	杨　舟	男	副书记	贵州沿河	1992.12—1993.3	—
	刘伦建	男	副书记	—	1990.6—1993.3	省派挂职
	周家禄	男	副书记	—	1992.4—1993.3	省派挂职
	王仕荣	男	常委	贵州桐梓	1990.6—1993.3	—
	田建高	男	常委	贵州思南	1990.6—1993.3	—
	任廷纪	男	常委	贵州印江	1990.6—1993.3	—
	靖鲁华	男	常委	贵州石阡	1990.6—1993.3	—
	商开封	男	常委	贵州思南	1992.12—1993.3	—
第八届县委	戴振华	男	书记	贵州印江	1993.3—1993.12	—
	杨　舟	男	书记	贵州沿河	1993.12—1995.9	—
	田建高	男	书记	贵州思南	1995.9—1997.12	—
	田建高	男	副书记	贵州思南	1993.3—1995.9	—
	杨　舟	男	副书记	贵州沿河	1993.3—1993.12	—
	帅朝刚	男	副书记	贵州印江	1993.3—1997.12	—
	张加良	男	副书记	贵州沿河	1993.8—1994.8	—
	石阿良	男	副书记	上海市	1995.1—1997.12	—
	任廷纪	男	副书记	贵州印江	1997.3—1997.12	—
	周家禄	男	副书记	—	1993.4—1994.4	省派挂职
	胡朝江	男	副书记	—	1995.2—1996.2	地派挂职
	张义先	男	副书记	—	1995.4—1996.3	省派挂职
	孔庆海	男	副书记	—	1996.3—1997.3	省派挂职
	罗天明	男	副书记	—	1997.3—1997.12	省派挂职

续表10—1

届别	姓名	性别	职务	出生地	任期	备注
第八届县委	戴明贵	男	常委	贵州印江	1993.3—1997.12	—
	商开封	男	常委	贵州思南	1993.3—1994.3	—
	靖鲁华	男	常委	贵州石阡	1993.3—1996.1	—
	石阿良	男	常委	上海市	1994.11—1996.9	—
	戴　亮	男	常委	贵州印江	1995.12—1997.12	—
	张运成	男	常委	贵州沿河	1996.7—1997.12	—
	尹贵德	男	常委	贵州石阡	1995.12—1997.12	—
	汪福亚	男	常委	贵州遵义	1995.4—1997.12	省派挂职
第九届县委	田建高	男	书记	贵州思南	1997.12—2001.7	—
	陈　康	男	书记	贵州德江	2001.9—2002.12	—
	李　建	男	副书记	贵州沿河	2001.9—2002.12	—
	帅朝刚	男	副书记	贵州印江	1997.12—2001.8	—
	石阿良	男	副书记	上海市	1997.12—2002.12	—
	杜典国	男	副书记	贵州沿河	1997.12—1998.12	—
	罗天明	男	副书记	—	1997.12—1998.3	省派挂职
	胡永刚	男	副书记	—	1998.3—1998.12	省派挂职
	王朝文	男	常委	贵州印江	1997.12—2002.12	—
	尹贵德	男	常委	贵州石阡	1997.12—2000.12	—
	张运成	男	常委	贵州沿河	1997.12—1998.12	—
	汪福亚	男	常委	贵州遵义	1997.12—1998.12	省派挂职
	刘忠斌	男	常委	—	1998.2—1998.12	省派挂职
	何圣仙	女	常委	贵州印江	1999.3—2002.12	—
	谭守华	男	常委	贵州印江	1999.3—2005.12	—
	万再扬	男	常委	贵州印江	1999.3—2002.12	—
第十届县委	陈　康	男	书记	贵州德江	2002.12—2004.12	—
	李　建	男	副书记	贵州沿河	2002.12—2005.11	—
	尹贵德	男	副书记	贵州石阡	2000.12—2002.12	—
	张雪松	男	副书记	贵州玉屏	2003.1—2003.8	—
	陆鸿登	男	副书记	贵州玉屏	2002.6—2006.10	—
	李世凡	男	副书记	贵州印江	2002.12—2006.9	—
	谭守华	男	副书记	贵州印江	2005.12—2006.9	—
	袁　刚	男	常委	贵州沿河	2000.12—2001.11	—
	何圣仙	女	常委	贵州印江	2002.12—2006.11	—
	张著彪	男	常委	贵州沿河	2000.10—2004.4	—
	石维江	男	常委	贵州松桃	2001.10—2006.11	—
	蔡文森	男	常委	贵州印江	2002.12—2006.10	—
	王继承	男	常委	贵州印江	2002.12—2006.11	—

续表10－1

届别	姓名	性别	职务	出生地	任期	备注
第十一届县委	陈　康	男	书记	贵州德江	2006.11—	—
	肖　洪	男	副书记	贵州沿河	2005.10—	—
	熊放鸣	男	副书记	贵州铜仁	2006.10—	—
	严天智	男	常委	贵州印江	2006.5—	—
	张　明	男	常委	贵州印江	2005.6—2008.10	—
	王继承	男	常委	贵州印江	2006.11—	—
	罗　群	男	常委	贵州思南	2006.11—	—
	李俊宏	男	常委	贵州石阡	2006.10—	—
	郑顺恩	男	常委	贵州德江	2006.11—	—
	翁锡钗	女	常委	贵州铜仁	2006.10—	—

第三节　县委常委会

1988 年

1 月 2 日常委会。听取县招工办关于招工情况的汇报，研究全县商品房处理问题，传达贯彻省五届九次全会扩大会精神，研究干部集中学习十三大文件。

1 月 18 日常委会。听取关于全区计划生育贵州会议和全省中小学危房维修改造经验交流现场会主要精神汇报。研究在春节前召开座谈会和开展慰问活动的安排意见。

1 月 29 日常委会。听取县政府党组关于农业技术承包责任制的情况汇报。讨论通过县委《关于对党员干部加强党内纪律监督的试行规定》《关于进一步健全和完善党风责任制的意见》《关于深入学习十三大文件开展党组织建设的意见》《关于加强党的基层组织建设的意见》。研究同意县复原退伍军人安置工作领导小组关于 1988 年城镇退伍军人工作安排的意见。

2 月 4 日常委会。听取县武装部冯如清关于铜仁军分区党委十二届二次全委扩大会议情况的汇报。听取关于地区召开的老干部工作、党史工作、信访工作、政法工作会议情况汇报。

2 月 23 日常委会。审议通过自治县委、县人民政府《关于贯彻执行省计划生育试行条例的实施细则》。听取关于选拔拔尖人才的情况汇报。调整县志编撰委员会人员。对在春节期间安全保卫工作抓得好，有突出成绩的单位，县政府拿出 800 元进行奖励。

3 月 4 日常委会。研究关于召开县四级干部会议有关事宜，对县轻机厂生产的水嘴荣获省优质产品，决定在县四级干部会上发给奖金 1000 元。根据地委关于组建宣传贯彻十三大精神工作队通知要求，研究组织县工作队问题。

3 月 15 日常委会。讨论通过县委、县政府关于 1988 年精神文明建设安排意见。同意召开县首届人大第二次会议和首届政协第二次会议安排意见。讨论通过县委宣传部关于组织全县在职干部学习社会主义商品经济理论安排意见。听取关于 1988 年财政预算安排情况汇报，同意县政府党组关于 1988 年国库券分配方案。听取贺光禄关于地区乡镇企业经营交流会情况汇报。听取县委落实政策领导小组关于落实政策案件汇报。

3 月 22 日常委会。听取关于地区宣传工作会议精神汇报，研究解决村干部报酬问题实施方案。研究有关干部离休、调动、任职问题。听取县政府党组关于城镇私人宅基地建房情况汇报。讨论并原则同意县委常委1988年度目标管理责任制，以县委文件印发。研究1988年扶贫工作问题。同意县政府党组关于贯彻省计划生育工作会议精神，开展计划生育大突击活动意见。

4月22日常委会。议定全县出席省第六次党代会代表建议名单，对木黄区落坳乡原党委书记龚承江、县商业局食品公司车队职工饶普文因违反计划生育政策而被处理进行复议。听取县文联李敦礼关于全省文联工作会议情况汇报。研究充实县工商局班子问题。

5月10日常委会。听取县委农工部关于全区农工部长会议、全区老龄问题工作会议、地区政法工作电话会精神汇报。同意县总工会关于全县出席全省工会"八大"代表候选人推荐名单，由县总工会报地区工会办事处审查后再行选举产生。

5月20日常委会。对全县食品部门炒卖生猪票据一事及缠溪区设障碍干扰调查问题进行研究。原则同意组织部关于"七一"表彰先进党支部和优秀党员安排意见。通报全县被省儿童少年工作协调委员会评为儿童少年工作成绩突出的先进单位。研究设立县"双放"办公室及人员名单。

6月18日常委会。原则同意县委老干局《关于进一步贯彻落实离休干部"两个待遇""一个发挥作用"几个问题报告》。原则同意县编制委员会关于区、乡和县直机关行政人员编制方案。同意县经委主任黄文海留职带薪到县国机厂协助抓工作。

6月25日常委会。听取熊明英关于赴江浙一带考察学习情况汇报。研究放活科技人员和行政人员问题、城镇私人建房问题。

7月11日常委会。同意县文联创办印江文艺刊物《睡美人》。研究全县干部到经济发达地区挂职学习问题。听取杨清富关于印江镇派出所改革情况汇报。听取县纪委、县监察局联合调查组对缠溪区设障碍干扰调查炒卖生猪票据情况汇报。研究关于实行土地有偿使用制问题。

8月18日常委会。听取县政府戴振华对全县灾情分析和下步工作打算情况汇报。

8月17日常委会。听取县政府党组吴永德关于1988年大中专毕业分配方案、省地统战工作会议精神汇报。听取县整顿城区社会治安领导小组田儒英关于整顿城区社会治安情况汇报。听取乡镇企业局杨秀高关于"三引进"开采黄金方案情况汇报。听取县委组织部关于赴凯里市考察学习人事制度改革和地区组织工作研讨会情况汇报。听取县委组织部关于县级非党后备干部考察选拔情况汇报。听取杨清富关于省军区在习水县召开以劳养武、扶贫、武器安全管理经验交流会情况汇报。听取县公安局党组关于县武警中队战士与县城管队员发生殴打事件调查报告。听取县档案局覃礼显关于全国首次民族团结进步先进集体先进人物表彰大会情况汇报。

9月2日常委会。听取熊明英关于中国共产党贵州省第六次代表大会主要精神汇报，安排三秋生产，开展生产自救，决定召开县三干会。

10月8日常委会。讨论通过县委、县人民政府《关于大力发展粮食生产意见》。原则同意县科协《关于成立中国科协与联合国儿童基金会印江受益儿童活动中心的请示》。听取关于地区信访、保密工作会议、地区"老有所为精英奖、敬老好儿女金榜奖"表彰大会情况汇报。研究区、乡武装干部调配问题。

10月20日常委会。县几家班子领导对10月11—19日到联系区抓秋种、秋征情况进行汇总分析。

11月5日常委会。听取县政府党组杨光宇关于县城居民住宅小区开发情况汇报。

11月18日常委会。研究召开县委工作会议，关于县举报中心办公经费问题，由县政府研究解决。

12月8日常委会。听取关于全省组织工作会议情况汇报，同意离休干部高树生回原籍安置，讨论通过县委《关于干部管理权限的意见》。听取关于地区组织历史资料编撰工作会议、地区工资工作会议情况汇报。听取自治县自治条例起草领导小组王仕荣关于印江自治县自治条例修改情况汇报。

12月12日常委会。听取关于全省智力支边会议、地区粮食工作会议情况汇报。听取县清理整顿公司领导小组办公室关于整顿公司情况汇报。

12 月 27 日常委会。鉴于干部职工工资收入低，物价上涨因素，1989 年目标管理责任制不再实行扣浮动工资的办法。同意组织县慰问小组，前往“两山”慰问印江籍官兵。讨论通过县委《关于广泛深入开展形势教育的意见》。听取杨清富关于 1988 年办理部分人员“农转非”情况汇报。

1989 年

1989 年 1 月 1 日常委会。会议听取县检察院关于极刑犯任某某脱逃情况的调查报告。听取县纪委关于对朗溪区合水乡发放生猪扶贫贴息贷款调查情况汇报。决定 1 月 12—16 日对各区镇进行 1988 年度农村工作检查。

1989 年 2 月 3 日常委会。研究关于召开中共印江土家族苗族自治县委员会第二次全委会议有关事宜。

1989 年 2 月 15 日常委会。听取县计划委员会、计划生育委员会关于地区计划工作会和计划生育会情况汇报。

1989 年 2 月 21 日常委会。讨论并通过县四级干部会议议程，审定农场等 8 个先进乡、严循高等 48 名先进村支书、村长，审定农村工作前三名和粮食定议购、农业税征收任务完成名单。审定文明单位、文明村寨名单。研究县人大常委会党组关于召开县、乡两级人民代表大会请示。研究县委统战部关于增补县政协委员的请示。听取县招聘驻乡民警领导小组关于招聘驻乡民警工作的汇报。听取关于地区监察工作会议、全区政协主席会议、全省政法工作会议、地区纪检工作会议、全区和全省宣传工作会议情况汇报。

1989 年 3 月 10 日常委会。会议讨论和审定县委、县人民政府《关于严禁国家干部、职工利用婚丧等事务请客送礼、大操大办的通知》。听取县人民政府党组关于升资限额指标使用方案汇报。听取关于地区信访工作会议、地区贯彻实施全国村民委员会组织法工作会议情况汇报。听取县委组织部、统战部关于增补 6 名县政协委员考核情况汇报。

1989 年 3 月 23 日常委会。听取县政府关于 1988 年财政决算和 1989 年财政预算安排情况汇报。

1989 年 4 月 10 日常委会。会议就 3 月 15 日—4 月 5 日全县开展以形势教育为中心的计划生育大突击活动进行小结，并研究下一步工作。

1989 年 4 月 22 日常委会。听取关于地区老干部工作会议、地区农村工作会议、地委党史工作会议、地区在思南召开的烤烟移栽现场会情况汇报。听取县委组织部魏厚然关于有关干部调动问题的汇报。议定团委关于成立印江土家族苗族自治县关心下一代基金会和青年联合会的两个请示。听取县社会治安综合治理小组对盗伐张家坝自然保护区林木事件情况汇报。

1989 年 5 月 4 日常委会。听取组织部关于对县直有关部门干部调整、配备意见汇报。听取关于全省扶贫开发工作会议精神汇报。研究县教育局党组、人事局党组关于推荐全国和全省表彰的 10 名优秀教师及 1 名部级劳模候选人名单。

1989 年 5 月 22 日常委会。听取县纪委、县监察局联合调查组关于对木黄镇在发放民族扶贫款中存在弄虚作假、以权谋私、优亲厚友调查情况的汇报。听取县纪委对两名党员干部有关情况的汇报。对公安局涉及极刑犯脱逃有关当事人处理一案进行复议。听取县纪委、县监察局、县水电局、县公安局联合调查组关于春节前夕朗溪区部分群众闹事调查情况汇报。

1989 年 6 月 12 日常委会。讨论县委、县人民政府《关于审批国家干部职工建私房的十二条规定》。讨论通过县委、县政府《关于建国四十周年庆祝活动的通知》。

1989 年 7 月 13 日常委会。听取关于地区党建工作会议、地区共青团工作会议情况汇报。听取县委组织部关于干部任免和干部离退情况汇报。

1989 年 9 月 5 日常委会。听取关于省委宣传工作会议、地区在思南召开的农村有线广播会议精神情况汇报。研究对水电局干部胡玉强、天堂区税务所干部吕昌琪违反计划生育政策的处理意见。讨论通过县委《关于对干部人事纪律执行情况进行检查的通知》。讨论通过县委《关于民主评议党员工作的意见》。同意成立全县农村妇女“学文化、学技术、比成绩、比贡献”竞赛活动协调小组。根据全国妇联章程，同意县妇联设立办公室、组织部、宣传部、城乡工作部、儿童工作部。同意县纪委关于科改室的报告。同意解决坪底乡政府办公楼危房补助款 4 万元（超支不补）。

1989 年 10 月 12 日常委会。进一步讨论和分析全县 1989 年的粮食产量问题。听取关于地委召开的县委书记会议的情况汇报。通报县公安局关于对板溪区何家乡火灾的调查处理意见。

1989 年 10 月 19 日常委会。听取县政府党组关于以物放贷、以粮还贷配套方案汇报。听取县纪委有关案件和情况汇报。讨论通过县委关于认真贯彻中央和省委加强思想政治工作的决定。讨论通过县委关于在全县开展向唐老冬学习的决定。听取县清房办关于地区“清房”工作会议情况通报。

1989 年 11 月 20 日常委会。听取县委农工部贺光禄关于地区水利工作会议和县水电局杨秀伦关于全县在建水利工程进展及冬修水利安排情况汇报。讨论通过县委、县政府关于组织实施“2358 温饱工程”的决定。讨论同意县广播电视局关于恢复和发展农村广播的报告。

1990 年

1989 年 12 月 27 日常委会。听取县赴各区考干组对区镇班子考核情况汇报和县委组织部关于各区镇党政班子调配方案汇报。

1990 年 1 月 2 日常委会。听取县委派往各区镇工作组对拟调整人员谈话情况汇报。研究召开县委全委扩大会议有关事宜。同意县林业局于 1 月中旬召开全县封山育林、乡村林场经验交流及表彰会议。研究春节期间慰问及召开座谈会问题。

1990 年 1 月 23 日常委会。听取熊明英、戴振华关于地区三干会情况汇报。讨论审议全县 1990 年工农业总产值和农业产品产量计划（草案）。讨论通过县委、县人民政府《关于进一步搞好计划生育的决定》。讨论审定 1989 年全面工作前三名区镇和单项工作奖名单。讨论审定在县四干会上命名的 43 个文明单位、文明村寨名单。

1990 年 2 月 21 日常委会。讨论审议关于召开中共印江土家族苗族自治县第七次代表大会向地委的请示。讨论同意县委组织部关于搞好全县 48 个基层党委换届选举的请示。讨论研究召开全委会的日程。通报春耕大忙前安排好灾民生活困难问题，同意政府关于回销粮、救济粮、有偿借助粮的分配方案。为抓好油菜籽收购工作，1990 年油菜籽收购实行定购，同意政府拟定购任务的分配方案。讨论同意杨清富在全县四级干部会上关于加强党的建设的讲话。

1990 年 1 月 5 日常委会。会议听取县纪委关于对有关干部娶媳操办酒席和占地建私房的调查情况汇报。讨论通过全县党风状况的情况报告。研究干部的调配、退休问题。听取关于省人大常委会第十一次会议的情况汇报，省人大常委会十一次会议于 1 月 19 日讨论通过印江土家族苗族自治县自治条例，并从 1990 年 5 月 1 日施行。

1990 年 2 月 15 日常委会。会议讨论通过熊明英代表县委、县人民政府在县四级干部会的总结讲话。讨论审议县委、县人民政府《关于 1990 年设立先进村干部奖励基金的决定》。讨论通过县委、县政府《关于组织党政机关干部下基层的决定》。讨论通过党政机关干部下基层工作队、工作组的组建及有关事项。听取县委组织部、统战部关于政协换届工作的情况汇报。听取县直机关党委汇报关于县直机关民主评议党员工作中反映出的几个局级干部问题的调查情况。

1990 年 2 月 19 日常委会。会议听取关于地委、行署计划生育电话会、地区清理干部职工“三违”建房工作会议的情况汇报，讨论修改全县《关于处理干部职工违法、违章、违纪占地建私房的实施细则》。听取县维修文昌阁领导小组关于维修文昌阁施工方案的情况汇报。

1990 年 3 月 3 日常委会。会议听取和审议县委组织部、统战部关于对政协印江自治县第二届委员会常委组成建议方案的汇报，听取县委组织部关于县人大、县委换届工作有关人事安排方案等情况的汇报。

1990 年 3 月 15 日常委会。听取县城建局关于 1990—2010 年县城总体规划方案的情况汇报，原则同意该规划方案。

1990 年 4 月 25 日常委会。会议研究县党代表下选名单。

1990 年 5 月 5 日常委会。研究县委常委会议议事原则。听取县清房领导小组关于地区清房工作紧急会议精神和全县清房工作进展情况汇报。讨论通过中共印江镇第八届委员会委员建议名单和印江镇第二届镇人民政府组成人员建议名单。研究县党代会、人代会、政协会召开的初步时间。听取县政法委员会关于全省政法工作暨社会治安综合治理表彰大会的情况汇报。研究召开全县老干部工作表彰大会有关事宜。听取县委组织部关于落实干部政策案件的汇报。听取县纪委、县检察院关于地区召开的反贪污、贿赂工作会议精神的汇报。

1990 年 5 月 10 日常委会。会议听取县工资改革办公室关于行政事业单位调资工作的情况汇报。听取县选举委员会关于凉水乡人民代表中出现的有关问题的调查情况汇报。

1990 年 5 月 19 日常委会。研究下一届县委、县人大常委会、县人民政府、县政协、县纪委领导班子组成人选和县法院院长、检察院检察长候选人名单。听取县委组织部对县直有关部门干部调配问题的汇报。原则同意关于认真贯彻落实离休干部“两个待遇”和“一个发挥作用”的意见。同意恢复县儿童工作协调委员会。

1990 年 5 月 31 日常委会。讨论审议第六届县委向县第七次党代表大会的工作报告。审议县政府党组关于全县国民经济发展的“八五”计划和十年规划方案（草案）。

1990 年 7 月 7 日常委会。研究县人大常委会、县人民政府、县政协换届后党组组建事宜。研究同意县委组织部代县委起草的关于对县直机关各部、办、委、局领导干部进行任期工作考核的方案和关于进一步明确干部管理权限的通知。讨论研究县委、县政府关于加强信访工作的决定。

1990 年 7 月 14 日常委会。分析上半年经济工作形势，研究第三季度的经济工作和第三季度有关工作的基本安排。研究县清房领导小组有关几个问题的请示和有关军队转业干部的安置工作。

1990 年 8 月 4 日常委会。听取县委组织部关于二级机构班子调配方案的汇报。议定下列局级机构实行归口领导：机要局、保密局归口县委办公室领导；县经济扶贫开发办公室归口县政府办公室领导；县智力支边办公室改为县政协内设的二级机构。

1990 年 8 月 18 日常委会。会议听取田建高关于地委、行署在江口召开的农业工作会议精神的汇报，根据会议精神和结合全县实际，研究全县秋收工作。

1990 年 8 月 26 日常委会。根据省委组织部通知，戴振华赴中央党校学习一年，在此期间县委全面工作由杨清富主持，县委日常工作由田景坤负责。鉴于全县系农业县，农业工作的任务重，难度大，有必要由县几家班子合力抓农业，确定由杨清富、贺光禄、严守杰、唐世元、黄文海五位合抓农业。审议通过关于梵净山绿茶基地管理体制的报告。研究关于全县菜农粮、油供应的价格问题。

1990 年 8 月 19 日常委会。听取关于县法院等 21 个部门党组组成情况、关于干部理论学习和全县精神文明建设问题的汇报。讨论通过县委常委工作规则。研究同意县政协党组《关于县政协区镇联络员工作试行简则》。同意成立印江土家族苗族自治县电力公司。同意县委机关成立党总支委员会。

1990 年 9 月 15 日常委会。鉴于县级班子和县级机关二级机构班子已组建完毕，分别研究各领导小组、委员会的调整充实问题。听取关于省委、省政府加强廉政建设、纠正行业不正之风电话会议精神的汇报。研究离休干部建房补助费安排问题。听取组织部关于组织史编写工作的情况汇报。研究关于贯彻落实地委、行署《加强全区科技工作的十项决定》的具体意见。原则同意县委组织部关于部分农民干部转为国家干部的名额分配方案和审批意见。听取田建高关于地区企业承包会议精神的汇报。

1990 年 10 月 4 日常委会。议定县委中心学习小组每月集中学习和研究一次，原则上定在每月上旬，时间一天。听取县人事局关于全县行政机关干部职工调资遗留问题的情况汇报。根据上级有关文件精神，公安干警（含政法委干部）的岗位津贴，按出勤天数，每天1元计发。讨论同意关于修建党校的报告。听取县委组织部关于转干的情况汇报。鉴于全县已成立县电力公司，原“印江土家族苗族自治县电厂”予以撤销。同意县委组织部在木黄镇木黄村开展村级组织建设试点，为抓好试点工作，决定成立印江土家族苗族自治县村级组织建设试点领导小组。

1990年10月10日常委会。讨论通过县纪委关于1990年党风检查的通知。听取关于武陵山区第四次扶贫工作会议、全区国防教育总结分析会、全省行政审判工作会议、地区冬修水利工作会议精神汇报。听取县精神文明建设委员会关于1990年精神文明建设工作检查问题的情况汇报。讨论同意县委关于加强统一战线工作的意见和县委关于健全民主协商制度的意见。关于老年大学校址问题，待县政府搬进新办公楼后予以解决。为开发印江经济，发展全县茶叶，议定茶叶生产所需肥料、茶叶精制加工厂厂址问题。

1990年11月30日常委会。为了解和支持政协工作，县委要求相关单位均订一份《贵州政协报》。听取县清房办关于地区清房工作验收会议的情况汇报。同意县政协党组关于加强政协建设的意见。讨论通过县委、县政府关于贯彻地委、行署加强全区科技工作十项决定的具体意见。讨论同意进一步加强工青妇工作队的意见。听取县精神文明建设领导小组关于对全县各区镇1990年度精神文明建设检查情况的汇报。同意县委组织部关于县总工会第七届委员会、工会常委和经费审查委员会候选人建议名单。

1990年12月11日常委会。听取有关局考核干部工作组对下属有关班子考察情况的汇报。听取地区清房工作检查验收组对全县清理国家干部职工营建私房工作检查情况的意见。

1990年12月20日常委会。审议在社会治安综合治理工作方面做出成绩的3个先进集体和100名先进个人名单，同意在全县综合治理工作会议上进行表彰。研究全县菜农的粮、油供应价格问题。听取县政府严守杰关于全省林业工作会议的情况汇报。听取县劳动局关于招工工作情况汇报。

1991年

1991年1月2日常委会。研究关于召开县四级干部会议有关事宜，听取县委组织部对有关单位干部的配备和评定一般行政职务系列的情况汇报、县清房领导小组王仕荣关于清房工作中有关几个问题的处理意见汇报。听取关于地区林业工作会议、省政协第四次文史资料工作会、全省精神文明建设工作会议、省制止“三乱”电话会、全省智力支边工作会议精神的汇报。同意县政府关于县城人民北路改造缺额经费的解决方案。原则同意县人大常委会党组关于召开县、乡人民代表大会的请示。审定县委组织部和统战部关于考察推荐县级非党后备干部名单。为发展印江经济，开阔视野，同意分两批组织县、区、乡三级主要领导外出考察学习。讨论县委、县政府关于十年基本绿化印江的决定。为有利于工作，同意县政协增补政协委员的请示。

1991年1月15日常委会。讨论通过县招工领导小组关于1990年招工简章。地区计委、教委分配全县自费的大中专五大毕业生的录用指标。研究全县组织区、乡和县直有关部门干部外出考察的有关事宜。听取县信访领导小组有关几个信访案件的汇报，由信访办公室按研究意见办理，有关部门要认真对待，不得拖延。研究城区春节慰问活动和召开座谈会有关事宜。讨论通过县委、县政府《关于制止三乱的决定》，以县委、县政府名义行文。

1991年1月18日常委会。听取县委组织部、县纪委联合调查组对县直有关基层单位班子的调查情况汇报。听取关于省委六届五次全委扩大会议和地区三干会议情况、全省党风党纪和廉政建设会议、省委组织工作和电教工作会议情况的汇报。

1991年2月21日常委会。审定在县四干会议上表彰的全面工作前三名的区镇，8个先进乡，13个县直部门，19个文明单位，20个文明村寨和计划生育、粮食定购及还贷，油菜入库，推广杂交油菜、信访单项工作前三名的先进区（乡），123个先进村，48个先进村干部名单。讨论通过县四干会议上的报告。研究各区镇人大联络组，县政协增补政协委员等问题。

1991 年 2 月 23 日常委会。听取张德普汇报甘金桥电站联办方案。听取刘伦建关于全县绿茶基地建设情况的汇报，并议定以上问题。

1991 年 3 月 18 日常委会。研究召开县第二届人民代表大会第二次会议有关事宜。听取县招工领导小组关于招工的情况汇报。研究全县林果业基地的组织领导问题。听取县政协关于省民革来全县进行经济考查、指导的情况汇报。听取县老年大学袁绍华关于地区教育工作会议的情况汇报。听取田景坤关于地区“双放”工作和知识分子工作以及村级组织配套建设工作会议的情况汇报。听取县清房领导小组关于清房工作中有关问题的情况汇报，按研究意见，由组织部办理。听取县保密局关于地区保密工作会议的情况汇报。听取县纪委关于两名党员违反党纪调查处理情况的汇报。研究 1991 年度老干部建房问题。审定推荐省七一表彰的先进党组织，优秀共产党员和优秀领导干部名单，上报中的有关事宜由组织部办理。县委认为当前春耕生产要不失时机地抓紧、抓好水稻两段育秧、玉米肥球育苗移栽和烤烟营养块假植。

1991 年 4 月 26 日常委会。听取田景坤关于全省社会治安综合治理暨政法工作会议的情况汇报。听取刘伦建关于全县梵净山绿茶参加四省边区在湖南古丈召开的茶叶评比会和全省农垦系统茶叶评比会的情况汇报，并结合全县茶叶生产的现状，认真进行分析、反思，就茶场体制、技术培训、内部管理、资金物资配套服务、产品包装、产品注册商标等问题进行认真研究。听取关于地区禁毒工作会议、地区拥军优属、拥政爱民工作会议、地区培训农村技术人才工作会议、地区老龄工作会议的情况汇报。听取县招工领导小组关于 1990 年招工工作有关问题的情况汇报。听取县人事局吕群扬关于国家机关和事业单位行政管理人员职务变动后确定职务工资问题的通知精神的汇报。县公安局通报有关案件的处理情况，按研究意见，由公安、纪委、监察局分别办理。听取县委组织部关于有关干部行政职务评定和干部调配工作的情况汇报，按研究意见，由组织部办理。审定报地委推荐表彰的 4 个先进党组织，12 名优秀共产党员名单，有关事宜由组织部办理。

1991 年 5 月 10 日常委会。杨清富主持召开学习江泽民总书记在中央计划生育座谈会上的重要讲话和听取县计生委关于全省计划生育电话会及地区计划生育工作会议精神的汇报。根据江总书记的讲话和省、地计划生育工作会议精神，研究全县的计划生育工作。研究全县当前的春耕生产，从总的情况看，全县春耕生产势头较好，各级领导干部深入基层，亲临生产第一线领导，指导生产，但由于近段阴雨低湿，造成水稻烂秧较为严重和影响播种的速度。

1991 年 6 月 4 日常委会。听取关于地区召开的县委书记、县长会议精神和省农村工作会议、省财政工作会议的情况汇报。分析全县财政状况，研究改善全县财政的具体措施。听取县委统战部罗福文关于省对台工作会议的精神汇报。同意成立印江土家族苗族自治县全民国土观念教育宣传月活动领导小组。

1991 年 6 月 17 日常委会。讨论县委、县人民政府《关于加强干部职工纪律性的暂行规定》。听取县委组织部关于行政职务评定工作情况的汇报。审定“七一”县表彰的 66 个先进党支部、7 个先进乡镇党委、202 名优秀共产党员、24 名优秀党务工作者名单、同意以县委名义行文表彰。审定关于县法院、县检察院及下属庭、室正副职的职级问题。听取县清房办关于地区清房工作会议精神的汇报。对李世秀房产案件进行复议。听取县委宣传部关于农村社会主义思想教育和企业政工干部职称评定工作的情况汇报。今后凡部门组织的大型集会、游行和各种知识竞赛等涉及面大的问题，必须报告，并由县委办、政府办统筹，避免花架子，形式主义，注重实际效果。听取关于地区召开的检查义务教育法贯彻执行情况工作会精神的汇报。同意成立县体制改革办公室，挂靠县委政策研究室。通报召开县三级干部会议有关事宜。听取田建高关于赴广东南雄考察烤烟生产的情况通报。

1991 年 7 月 3 日常委会。审议并原则同意杨清富代表县委、县人民政府在全县三级干部会议上的讲话。同意团县委关于召开县、乡团代表大会的请示。同意增补任达鹏为县志编纂委员会成员。听取县纪委王世荣关于地区纪检工作会议的情况汇报。听取县劳动局落实政策案件的汇报，按研究意见由劳动局办理。听取田建高关于全省烤烟收购工作会议精神。同意增加统战部编制一人，人员由组织部配备。

1991 年 7 月 18 日常委会。会议研究县委常委组织生活会中提出的有关问题。听取县委统战部关于全县宗教情况的汇报。听取县国防教育领导小组关于开展国防教育活动月的请示汇报。听取田景坤关于地区政法工作会议的情况汇报。审定县委、县人民政府关于 1991 年年度目标管理及考评办法，印发各区镇、乡（镇）贯彻执行。学习中共中央政治局关于抗灾工作的通报和省委、省人民政府关于紧急行动起来抗洪救灾开展生产自救的决定。

1991 年 8 月 16 日常委会。听取王仕荣关于地区清房工作会议和冯贵川关于全县清房工作遗留问题的情况汇报。听取和审议县人民政府党组关于全县建镇并乡撤区的方案。听取县人民政府严守杰关于地区召开的秋种和坡改梯工作会议的情况汇报。听取县委组织部关于各区镇和县直机关有关部门纪检组组成人员的情况汇报。

1991 年 9 月 5 日常委会。听取关于地区农村工作会议、全省扶贫工作会议的情况汇报。听取县水电局杨秀伦关于甘金桥电站有关问题办理的情况通报。听取县政府严守杰关于木黄镇与松桃红石乡边界村民发生纠纷的处理情况的通报。为进一步密切党群关系和干群关系，了解和体验农村生活，县直机关党组织要积极组织本单位干部职工参加义务劳动，帮助农民群众插秧、收割、秋种等。并逐步形成制度，决定是年秋种时，县机关再普遍开展一次义务劳动。

1991 年 9 月 18 日常委会。研究审理全县清房工作总结。听取冯贵川关于全区党风廉政建设工作会议精神的汇报。

1991 年 9 月 24 日常委会。研究并审定关于提高全县行政事业单位干部职工书报费、洗理费标准和增发交通费问题。研究计划生育有关问题。进一步研究下一年温饱工程实施办法，认为有必要予以完善。研究县属预算内几个不景气企业的生产和职工生活问题。审定向地区推荐上报的科技人才名单。

1991 年 10 月 9 日常委会。听取关于地区清房工作总结会议、全省民兵工作条例集训和全省征兵工作会议、全区少数民族干部培养选拔工作会议精神的汇报。听取县检察院党组关于木黄区新业乡有关干部非法拘禁一案的汇报。

1991 年 11 月 2 日常委会。听取关于全区打拐和禁毒工作会议精神及贯彻意见的汇报。听取关于全省计划生育工作会议、全区未成年人保护工作会议精神的汇报。

1991 年 11 月 11 日常委会。会议研究农村社会主义思想教育工作。听取严天明关于全县社会治安综合治理五年规划的汇报。听取王仕荣、冯贵川关于省纪委副书记李钟伟等到印江检查验收清房工作和对有关干部清房遗留问题调查情况的汇报。听取县人民政府党组关于财政预算调整意见的汇报。研究召开区委书记、区长会，烤烟生产总结会暨计划生育工作会有关事宜。

1991 年 11 月 12 日常委会。听取戴振华传达全区县委书记、县长会议精神，研究贯彻意见。听取严守杰、杨秀伦关于全区水利冬修会议精神的汇报。为巩固和发展全县现有的三个茶场，努力把全县茶叶生产推向一个新的水平，县委、县人民政府主要负责专题研究全县梵净山茶场管理体制的实施细则。

1991 年 12 月 6 日常委会。听取县委组织部对有关信访案件情况的调查汇报。研究农村土地有偿承包的问题。听取组织部关于已达退休年龄的副局级以上干部名单通报，由组织部按有关规定和程序办理。根据上级通知，田景坤即将外出学习一月余。

1991 年 12 月 12 日常委会。听取关于全区加强政法队伍建设工作会议、全区绿化造林工作会议情况的汇报和全县今冬明春绿化造林工作安排意见。会议分析总结全县 1991 年绿化造林工作的经验和教训。听取关于全区乡镇企业工作会议、省政府在遵义召开的五地区十县坡改梯现场会、全区国有合营商业企业“四放开”（放开经营、价格、分配、用工）试点工作会情况的通报。会议强调，国有合营商业企业实行“四放开”是深化商业企业改革，增强企业活力的重要措施，全县必须积极稳妥地贯彻实施。

1992 年

1992 年 1 月 4 日常委会。研究召开全县四级干部大会有关事宜。审定县清房工作表彰的 6 个先进单位和 22 名先进个人名单。研究有关离休干部两个待遇落实问题。听取关于全县温饱工程及化肥综合价安排意见的汇报。

1992 年 1 月 18 日常委会。听取关于全省第 23 次公安工作安排会议精神汇报。研究行政事业单位干部职工书报费、洗理费、交通费发放问题。研究全县少数不景气的国营企业干部、职工春节期间的生活安排问题。研究县四干会有关事项，由会议秘书处办理。

1992 年 2 月 19 日常委会。听取县委宣传部关于县直科局级干部读书班和全县精神文明建设“八五”规划的情况汇报。听取关于地区组织人事工作会议的情况汇报。会议研究有关工作实行县几家班子领导分工负责制问题、全县财政增收节支、强化预算管理问题。听取关于县工商联换届请示的汇报。听取关于全省法院工作会议、全省农村教育综合改革工作会议的情况汇报。

1992 年 3 月 13 日常委会。审议“建并撤”领导小组关于全县建镇并乡撤区总体方案。审议县“建并撤”领导小组关于干部考察方案。

1992 年 4 月 6 日常委会。听取农村社会主义教育办公室关于全县第一批社教工作检查验收方案。根据地委地组干〔1992〕12 号文件通知，省公安厅六处副处长周家禄到全县挂职担任县委副书记。讨论县委、县人民政府《关于大力发展乡镇企业若干问题的决定》。听取张德普、余子祥关于印江造纸厂技改项目外出考察情况汇报。

1992 年 4 月 23 日常委会。通报木黄、板溪、天堂三个区遭受狂风、冰雹、暴雨袭击造成严重灾害情况。

1992 年 5 月 12 日常委会。同意县委组织部、统战部关于县工商联换届的方案。听取县人事局关于国家行政机关工作人员职级奖惩出台办法的意见。听取县政协关于地区政协工作会议精神的汇报。听取县建并撤考干组对区镇、乡（镇）干部被考察情况的汇报。

1992 年 5 月 20 日常委会。会议议定：烤烟生产由田建高牵头、田景坤协助。茶叶生产由戴振华、任廷纪牵头，严易永、毛万兵协助。纸厂技改和国家电网向西部延伸联网由杨清富、张德普、余子祥负责。桐棬生产由田景坤负责，吴辉章、高彩龙协助。小麦、马铃薯良种的引进和推广由贺光禄、严守杰、唐仕元牵头，谭守华协助。梵净山旅游开发由吴永德牵头，李敦礼、覃礼富协助。争取搞活灵芝酒项目，由戴振华、张德普、宋绍章负责。完善印刷厂彩印生产线项目，由张德普负责。

1992 年 6 月 10 日常委会。讨论审议县委、县人民政府《关于党政机关事业单位及干部职工从事经济活动的暂行规定》和《关于抓紧抓好全县支柱产业、工业项目和梵净山旅游开发的暂行规定》。

1992 年 7 月 1 日常委会。听取田景坤关于地区“建并撤”工作会议的情况汇报。听取靖鲁华关于地区社教工作现场会的情况汇报。听取县人民政府党组和劳动局关于 1991 年上级下达全县招工指标安排落实方案。听取田景坤关于地区老年工作会议的情况汇报。

1992 年 7 月 18 日常委会。戴振华通报在农业部和中国农业科学院领导的支持下，全县在中国农业科学院茶叶研究所于 7 月上旬签订的《关于印江万亩优质茶叶基地建设及其绿色食品开发协议》的情况。根据上级有关文件精神，研究全县农村责任地实行有偿使用及其收费标准和管理、使用办法等问题，按研究意见，由县人民政府具体行文。

1992 年 8 月 31 日常委会。听取关于全省民族工作会议精神的汇报。听取县人民政府张德普关于全县甘金桥电站初验情况的汇报。戴振华通报全县争取救活灵芝酒项目的工作进展情况。听取烤烟、茶叶、桐楼生产、良种引进、纸厂技改、输电线路联网、梵净山旅游开发项目领导小组的汇报。

1992 年 9 月 11 日常委会。听取县房改领导小组关于全县 1992 年住房制度改革的试行方案的汇报。听取关于地区农业工作会议、地区政法委工作会议精神的汇报。听取全县梵净山旅游开发领导小组的汇报。研究召开县三干会的问题。戴振华汇报县有关单位与天堂区委、区公所领导协商天堂区供电所向县电力公司交纳甘金桥联办电站中天堂区所属股份内每年 120 万千瓦时供电量的交费标准问题。

1992 年 9 月 19 日常委会。听取县编委办关于“建并撤”后新建乡镇机构设置、职能、编制方案的汇报。听取县委组织部关于“建并撤”人事安排等问题的情况汇报。研究并原则同意县人大党组关于召开县二届四次人代会的请示。同意县统计局关于全县 1992 年粮食年报数据。

1992 年 11 月 5 日常委会。会议讨论全县《关于大力发展乡镇企业若干问题的决定》。听取关于省、地区换届选举工作座谈会情况汇报。

1992 年 12 月 1 日常委会。听取县委统战部、组织部关于县政协换届方案。听取县编委关于“建并撤”后机构延伸方案。

1992 年 12 月 21 日常委会。研究召开全县三级干部会议有关事宜。听取关于地区林业工作会议精神和全县 1993 年温饱工程方案的情况汇报。根据工作需要，同意增补张朝仙为梵净山旅游开发领导小组副组长；增补严守杰为县桐楼生产领导小组副组长；增补严循志为县茶叶生产领导小组成员。

1992 年 12 月 31 日常委会。听取县委组织部关于做好出席县第八次党代表大会代表选举工作的情况汇报。研究县妇联关于召开县乡两级妇代会的请示。原则同意县归侨、侨眷联合会委员候选人员名单。

1993 年

1993 年 1 月 30 日常委会。听取关于全国烤烟工作会议、地区西部电力并网工作会议、全区计划财政工作会议的情况汇报。研究召开县党代会、县人代会、县政协会的有关事项。同意县人大常委会党组关于召开乡镇第一届人民代表大会第一次会议有关问题的意见。审定 1992 年区镇“两个文明”建设的考评情况。

1993 年 2 月 7 日常委会。听取全县机构改革和干部分流考察组外出考察的情况汇报。研究县人大常委会党组《关于召开印江自治县第三届人民代表大会第一次会议的请示》。原则同意县供销社《关于转变机关职能，搞好企业经营机制转换的报告》。听取关于地区林业工作会议的情况汇报。同意解决 2 万元（包干使用）修建老干片区公共路道。根据地委意见，研究召开县党代会、县人代会和县政协会有关事项。研究全县后五年国民经济发展的几项主要指标。

1993 年 3 月 9 日常委会。研究县第八届县委常务委员会委员分工。听取关于 1993 年县政府十大工作任务的情况通报。听取关于全省宣传部长会议、全省政法工作会议的情况汇报。审议并原则同意县纪委、县监察局《关于中共印江自治县纪委、印江自治县监察局合署办公机构设置方案和有关问题的请示》。同意印江土家族苗族自治县人大常委会代表资格委员会组成人员建议名单。

1993 年 4 月 21 日常委会。传达全区县委书记、县长会议精神。讨论全县工商企业第三轮承包方案。听取关于地区粮改紧急会议精神的汇报。

1993 年 4 月 29 日常委会。研究县人大、县政府、县政协三个党组人事问题。听取关于全区打拐禁娼工作会议精神的汇报。

1993 年 5 月 7 日常委会。听取县委组织部的七个考干组对县直机关政府系统二级班子考察情况的汇报。审定组织部拟定的二级班子配备的原则。听取杨秀高关于全省乡镇企业工作会议精神的汇报。

1993 年 6 月 11 日常委会。讨论通过《县委常委工作制度》。听取县委组织部关于党群系统二级机构班子考察情况和配备方案的汇报。同意成立印江土家族苗族自治县老干部工作领导小组，调整充实印江土家族苗族自治县知识分子工作领导小组。议定加强干部管理工作。

1993年6月26日常委会。听取并研究县人民检察院关于依法查处烤烟收购中的违法犯罪有关问题的汇报。听取关于地区纪检、监察工作会议的情况汇报。

1993年7月14日常委会。听取县委组织部关于县教育局、县造纸厂班子配备方案。研究县行政事业单位干部职工调配领导小组工作职责。听取县人武部关于全省县、市人武部党委建设经验交流会和民兵武器库建设会议情况汇报。听取县民政局关于村委会（居委会）换届选举工作方案汇报。研究关于减轻农民负担工作中的有关事宜。

1993年7月28日常委会。听取县委组织部关于县医院、电力公司、印江民族中学等有关单位班子配备方案汇报。听取县人民政府关于县城振兴路建设方案的情况汇报。讨论并原则同意《全县1993年度全面工作考核内容及考核办法》。

1993年8月10日常委会。会议根据中共铜仁地委地干任〔1993〕91号文件通知，张加良调任印江自治县委副书记。研究沙子坡镇1993年烤烟收购中的“白条”和原小乡财务问题，做好“建并撤”前原区镇所属乡镇企业产权的处理工作。

1993年8月16日常委会。讨论并原则同意县委宣传部代县委草拟《关于开展毛泽东诞辰100周年纪念活动的安排意见》。研究全县军队转业干部的安置问题。

1993年9月4日常委会。审议县计划生育委员会和县司法局拟定的计划生育合同书（草案）。研究县卫计局关于卫生系统在职人员不得从事第二职业的请示。听取县查账组对沙子坡镇1992年烤烟收购白条清理情况的汇报。听取县振兴路工程指挥部关于工程进展情况的汇报。研究是年的秋种计划及烤烟超前安排计划。

1993年9月18日常委会。听取县委组织部关于县检察院、县法院下属科室和法庭干部配备方案的情况汇报。审议并同意中共印江自治县委关于贯彻省委〔1993〕10号文件（关于加强政治协商民主监督的通知）的贯彻意见。听取杨舟、商开封关于党代表会议准备工作的情况汇报。

1993年10月30日常委会。听取关于地区组织工作会议、地区检察机关反贪工作汇报会、地区征兵工作会议、地区财税工作紧急会议精神汇报。研究关于表彰王廷昌的有关问题。听取县妇联谭显英关于县第七次妇代会工作筹备情况的汇报。听取县委组织部关于落实政策案件的汇报。会议研究原板溪区煤厂的权属问题。研究关于畜牧局兴建畜禽良种繁殖基地地址问题。通报地区“建并撤”工作会和地区老年大学工作会情况。

1994年

1994年1月28日常委会。研究全县1994年烤烟生产问题、县几家班子和县直有关部门联系乡镇问题。听取全省计划生育工作会议的情况汇报。

1994年2月5日常委会。听取县几家班子下乡领导对各乡镇1994年烤烟任务落实和育苗情况的检查汇报。听取县三干会秘书处考评组对各乡镇1993年各项工作考评情况的汇报，研究1993年烤烟奖的兑现问题。

1994年3月8日常委会。听取关于省委农村工作会议、全省政法工作会议、国务院召开的森林防火紧急电话会精神的汇报。

1994年4月4日常委会。听取县计划生育委员会关于全县春季计划生育大突击活动进展情况的汇报。听取县烟草专卖局办公室对各乡镇烤烟育苗检查情况的汇报。听取县粮食局关于全区夏季粮油收购工作会议的情况汇报。

1994年4月5日常委会。听取关于省委宣传思想工作会议、全省纪检监察工作会议、全省物价工作会议的情况汇报。听取县委组织部关于农村党员培训安排意见的汇报。

1994年4月12日常委会。研究全县第一次计划生育大突击活动奖励表彰问题、全县领导干部会议有关事宜。听取关于全区统战工作会议的情况汇报。

1994年5月9日常委会。听取关于全省扶贫开发工作会议的情况汇报。审议并同意县计委关于全县以工代赈规划，报地区审定后实施。

1994年5月20日常委会。研究全县开展解放思想大讨论有关问题。听取关于全区工业工作会议、全区政协主席会议的情况汇报。

1994年6月24日常委会。听取县人民政府田建高关于全县烤烟移栽情况和做好是年烤烟收购工作的意见汇报。听取县委宣传部靖鲁华关于中国工农红军二、六军团木黄会师60周年纪念活动的筹备情况汇报。听取县计生委、司法局关于推行计划生育合同公证工作有关情况的汇报。研究1994年县对乡镇全面工作考核评比办法。研究和审定县委、县人民政府关于加强信访工作的意见。研究并同意县普法领导小组关于对全县干部职工专业法、部门法学习情况进行考核验收的报告，由普法办具体组织实施。

1994年8月3日常委会。审议《印江土家族苗族自治县扶贫攻坚计划（修改稿）》《关于加快发展非公有制经济的暂行规定（修改稿）》。审议并同意县委统战部《关于加强统一战线工作的意见》。听取县纪委关于全区纪检监察工作会议的情况汇报。听取县委组织部关于全区企业党建工作会议的情况汇报，研究全县的党建工作。听取政法委关于全区农村社会治安综合治理工作会议的情况汇报。研究并同意县茶业办公室《关于今冬明春茶叶生产的意见》。听取县财务清理工作组对沙子坡镇财务清理情况的汇报。研究同意县就业协调工作领导小组《关于一九九四年大中专毕业生就业协调工作的请示》。研究调整有关机构负责人和领导小组。

1994年8月27日常委会。听取县委组织部，人事局关于全县聘用农民干部转为国家正式干部的情况汇报。听取县委组织部关于召开全县党建暨宣传思想工作会议和培训农村党支部书记有关情况的汇报。研究全县工资改革有关问题。研究和审议县综治委关于集中整治农村社会治安的方案。研究县总工会关于召开印江土家族苗族自治县总工会第八次代表大会的请示。听取县农工部、农经委关于全区在印江召开秋种、“坡改梯”工作会议有关情况汇报。

1994年10月3日常委会。听取关于全省乡镇企业工作会议、全区计划生育工作会议、全区基础设施建设工作会议、地委扩大会议（电话会）精神和关于全县经济工作情况的汇报。研究全县茶叶生产经营管理体制问题。

1994年10月25日常委会。学习十四届四中全会《决定》，研究贯彻落实十四届四中全会精神有关问题。听取杨舟关于全区解放思想大讨论经验交流会精神。汇报地委、行署关于当前秋种情况的通报。审定茶叶生产领导小组关于梵净山茶叶公司的内部管理体制方案。

1994年11月10日常委会。听取全区财税工作紧急电话会议精神汇报。结合地区电话会议精神，认真分析全县财政税收目前面临的形势，研究对策和措施。听取全省计划生育现场会、全区政法工作会议、全省政协工作会议、全省人大工作会议、全区国防教育工作经验交流会、全区冬修水利工作会议和全区林业工作会议的情况汇报。审定1994年全县上报地区表彰的文明单位和文村寨以及植树造林先进单位和先进个人。研究印江土家族苗族自治县工会第八次代表大会有关人事安排事宜。研究县老干局关于离休干部建房补助的请示。研究有关党外人士生活补助费问题。

1994年12月6日常委会。听取关于全省烤烟工作会议的情况汇报，结合会议精神，总结全县前几年在发展烤烟生产中的经验、教训，研究1995年的烤烟生产。听取关于地区在德江县召开的秋种工作会和拍卖非耕种地使用权试点工作会议的情况汇报。听取全区在玉屏县召开的发展非公有制经济工作会议的情况汇报。听取关于全区落实“四个一”工作暨“双带”活动表彰会议的情况汇报。

1994年12月30日常委会。听取关于全省农村基层组织建设工作会议的情况汇报，并决定成立“四个一”工程领导小组。审议通过全县1995年工农业生产计划（草案）。

1995 年

1995 年 2 月 13 日常委会。听取关于地区经济工作会议的情况汇报，原则同意全县 1995 年国民经济和社会发展计划（草案），审定 1994 年度农村全面工作和单项工作考评结果，审定 1994 年全县“双带”活动先进村党支部和“文明村寨”“文明单位”的考评结果。县委、县人民政府联席会议讨论并通过县委、县人民政府《关于加强全县干部职工纪律性的规定》；审议并原则通过《关于县直机关联系极贫村的安排意见》。

1995 年 2 月 9 日常委会。审定并同意县委组织部组建县农村基层组织建设工作队方案。讨论通过县委《关于加强农村基层组织建设，认真落实“四个一”工程的意见》。同意县人大常委会党组、县政协党组关于召开县三届人大三次会议和召开县政协委员会第三次会议的请示。听取县政法委、县综治办关于全省政法工作会议的情况汇报。审定推荐省命名的精神文明单位、精神红旗单位和先进个人。研究全县春季第一次计划生育突击活动工作。审议并原则同意关于加强党风廉政建设的安排意见。

1995 年 3 月 11 日常委会。听取县委组织部、县人事局关于对全县党政群机关、事业单位工作人员进行 1994 年度考核的安排意见和关于在全县党政群机关推行目标管理责任制的情况汇报，为做好全县党政群机关事业单位工作人员 1994 年度考核工作，同意成立印江土家族苗族自治县党政机关事业单位工作人员 1994 年度考核委员会，原则同意县委组织部、人事局的考核方案。关于在全县党政群机关推行目标管理责任制问题，同意成立印江土家族苗族自治县党政机关目标管理领导小组。审议并同意田建高、王国用、熊光奎在县三届三次人代会议上的政府工作报告。1994 年国民经济社会发展计划执行情况和 1995 年计划（草案）安排意见的报告及财政报告。研究并原则同意县直机关联系极贫村的安排意见。

1995 年 3 月 23 日常委会。听取关于全区农村工作会议、全区纪检监察工作会议、全区机构改革工作会议的情况汇报。

1995 年 4 月 17 日常委会。听取关于全省、全区烤烟移栽工作现场会议，全省房改工作会议，全区粮、化、棉工作会议的情况汇报。

1995 年 4 月 18 日常委会。组织学习中共贵州省委《常务委员会工作规则》和《常务委员会关于改进工作作风的若干规定》，并按照文件精神完善《县委常委工作规则》和《县委常委关于改进工作作风的若干规定》。听取杨舟关于地委十六次武委会精神的汇报。听取关于全区组织工作会议精神汇报。田建高通报县城西门路段改造准备情况。听取县关心下一代工作协会关于地区关心下一代工作委员会会议精神汇报。研究县委正、副书记与党外人士交友的意见。

1995 年 4 月 25 日常委会。听取关于全区计划生育工作会议、全区政协主席会议精神的汇报。研究有关干部问题。

1995 年 5 月 29 日常委会。分析和研究全县烤烟生产形势，存在问题和下步措施。听取县委组织部关于全区老干部工作座谈会的情况汇报。

1995 年 6 月 26 日常委会。听取全省在大方县召开的社会治安综合治理达标现场会议和地区政法工作会议的情况汇报，听取县公安局关于全县社会治安状况的通报。研究庆祝中国共产党诞辰 70 周年纪念活动安排。原则同意县委办、县委宣传部、县委党史办关于纪念反法西斯战争胜利 50 周年活动的安排意见。

1995 年 8 月 2 日常委会。听取县军队转业干部安置办公室关于是年军队转业干部安置情况汇报。听取县希望工程领导小组关于推荐全国全省希望工程园丁候选人的情况汇报。研究县委统战部《关于成立印江自治县光彩事业推动委员会的报告》。

1995 年 8 月 3 日常委会。听取关于全区县长会议精神的汇报并研究部署下一步抗灾救灾工作。

审议并原则同意《县委、县人民政府关于1995年度乡镇全面工作考核评比的通知》和《印江土家族苗族自治县1995年度县级党政领导班子全面工作及实绩考核实施方案》以及《县委、县人民政府关于进一步加强全县计划生育工作的意见》。传达省委办公厅《关于印发胡锦涛对〈贵州一些乡镇干部与农民关系紧张〉》一文的重要指示和刘方仁的批办意见的通知。审定并同意县大中专毕业生就业安排工作领导小组《关于做好全县1995年度大中专毕业生就业安排工作的请示》。

1995年9月19日常委会。听取关于全省科技大会、全区秋种工作会议、全省农村工作会议精神的汇报。研究第四季度的主要工作，着重抓好秋收、财政税收、计划生育、冬季农田水利基本建设、工商企业、西门街道的改造和西苑工作开发区的启动、社会治安综合治理七项工作，并且重点研究秋种和财政工作。

1995年9月29日常委会。听取关于全区培养选拔妇女干部、党外干部、年轻干部工作、对台工作会议情况汇报。同意县委老干局关于1995年度安排老干建房补助费的请示。审议县统计局关于全县1995年粮食产量预计的情况报告。

1995年10月23日常委会。讨论和审定县委《关于加强县级领导干部理论学习的意见》。听取县纪委对两起违纪案件的调查处理意见的汇报。研究有关通讯设备问题。

1995年11月3日常委会。听取关于全区乡镇换届工作会议的情况汇报，研究全县贯彻省七届四次全会意见。听取县人民政府任廷纪关于全省"烤烟"工作会议和全区农村工作会议的情况汇报。听取县委组织部有关干部的任免、提任、行政职务的晋升等情况的汇报。听取县考核委员会关于1994年度国家机关事业单位工作人员考核情况汇报，同时对三个档次的人员名单进行认真审定。听取6个考干组对17个乡镇党政班子及领导干部考核情况的汇报。

1996年

1996年1月7日常委会。审定县委、县人民政府《关于全面振兴农村经济的决定》《关于加快"九五"财源建设的决定》《关于大力发展"九五"支柱产业的决定》《关于加快"九五"重点工程的决定》《关于大力发展"九五"烤烟支柱产业的决定》和《关于进一步完善全县"建并撤"后乡镇管理体制的决定》。听取关于全区烤烟工作情况汇报，安排部署1996年烤烟生产工作。听取全县赴桐梓县城镇经济开发区考察情况和全县西园乡镇工业小区开发进展情况的汇报。

1996年3月1日常委会。听取县三干会秘书处对各乡镇1995年工作改考核的情况汇报。审议县计委关于全县1996年国民经济和社会发展计划（草案），审定县委、县人民政府《关于加强党风廉政建设的意见》《关于开展农村经济"强乡镇"达标竞赛活动的决定》。

1996年4月18日常委会。听取魏厚裕关于计划生育第一次大突击活动情况汇报。

1996年6月6日常委会。听取县清房领导小组关于全区清房工作会议的情况汇报。听取关于全区"严打"紧急会议的情况汇报。听取县人社局关于国家机关行政人员晋升工资，国家机关行政行业事业单位干部职工社会保险和实施国家公务员制度问题的汇报。

1996年6月28日常委会。听取关于全区机构改革会议、全区计生工作会议、全区初级卫生保健工作会议、全区粮食调价工作会议精神汇报。

1996年7月8日常委会。听取县委组织部关于县直二级机构改革干部考察和班子配备方案的情况汇报。听取关于全区"严打"第三次战役工作会议、地区纪检、监察工作会议的情况汇报。

1996年9月9日常委会。听取关于全区计划生育工作会议的情况汇报。审定全县1996年大中专毕业生分配方案。听取县交通局杨正孝关于全县"九五"期间十大工程之一西环大桥建设方案的情况汇报，议定西环大桥建设选定中承式设计方案。

1996年12月10日常委会。听取对"全区严打整治"冬季行动和"会议精神和全县严打整治"冬季行动安排意见的汇报。

1996 年 12 月 16 日常委会。听取关于全区召开推荐出席党的十五大代表候选人初步人选会议精神的汇报。听取关于全县 1996 年度验收“双千村”“小康村”的情况汇报。

1997 年

1997 年 1 月 20 日常委会。议定开展县庆 10 周年纪念活动相关事宜和“两会”准备工作事宜。听取关于春节期间拥军优属和灾民安置工作意见的汇报。听取有关干部违纪处理情况通报。

1997 年 3 月 12 日常委会。听取关于全区政法工作会议的情况汇报和关于全县扶贫信贷资金发放及管理办法的情况汇报。议定召开全县政法工作会议相关事宜。

1997 年 4 月 21 日常委会。研究和审议县委、县人民政府《关于贯彻执行〈中共贵州省委、省政府关于在农村开展计划生育“三结合”工作的决定〉的实施意见》。听取关于全区宣传工作会议精神和全县贯彻意见的汇报，同意召开全县宣传工作会议。

1997 年 6 月 9 日常委会。听取关于全区计划生育工作会议、全区国土和环保工作会议、全区行政区划勘界工作会议及全县贯彻意见的汇报。

1997 年 6 月 27 日常委会。听取关于全区乡企工作会议精神及全县贯彻意见的情况汇报。

1997 年 7 月 24 日常委会。听取关于全区烤烟收购工作会议精神的情况汇报，部署全县当前烤烟工作。听取关于抢险救灾工作情况上午汇报（1 号洞已贯通，3 号洞全面完工，2 号洞已进尺 180 米，坝体 480 米高坡整治已完成，2 号洞在 9 月底完工)。

1997 年 9 月 17 日常委会。听取洋溪镇关于烟叶严重外流的情况汇报，并分析全县烤烟收购形势。

1997 年 10 月 31 日常委会。听取关于全区农田水利基本建设会议精神及全县贯彻意见的情况汇报。

1997 年 11 月 6 日常委会。听取关于全区统战部长会议、地委扩大会议、全区畜牧工作会议和烤烟工作会议情况及全县贯彻意见的情况汇报。研究全县县庆 10 周年活动有关事宜。

1998 年

1998 年 2 月 3 日常委会。研究召开全县扶贫攻坚大会有关事宜。安排部署县直二级机构领导班子考核工作。听取和审定扶贫攻坚大会秘书处对 1997 年各乡镇考评结果的汇报。传达地区财政局、地区监察局关于清理公款安装住宅电话的通知精神。

1998 年 2 月 23 日常委会。听取县委组织部关于县直机关二级机构领导班子调整配备方案的情况汇报。听取县委组织部关于部分乡镇班子考核情况的汇报。听取关于全省政法工作会议精神及全县贯彻意见的情况汇报。

1998 年 5 月 26 日常委会。听取关于全区政协主席会议精神及贯彻意见和新一届县政协几个月来运转情况汇报。听取关于全市、全区统战部长工作会议精神及贯彻意见的汇报。听取关于全区对台工作会议精神及贯彻意见汇报。听取关于全区非公有制经济工作会议精神及贯彻意见的汇报。研究审议县委政法委员会、知识分子工作领导小组等 25 个委员会（领导小组）组成人员名单，由县委办公室按研究意见办理。听取关于赴胶南学习锻炼的大中专毕业生提前撤回的请示汇报。审议县委、县人民政府关于加快全县卫生改革与发展的决定，由县委办、卫计局按会议提出修改意见进行修改后印发。听取全区党委办公室工作会议和接待工作会议精神及贯彻意见的情况汇报。听取机要局、保密局关于全区密码工作和保密工作会议精神的汇报。听取关于全区离退休干部工作会议精神及贯彻意见的汇报。听取关于全区工会工作会议精神及贯彻落实情况汇报。审议《关于开展依法治县工作的决定》《关于开展依法治村的指导意见》。审议关于十一届三中全会纪念活动方案。研究县法院关于部分乡镇法庭修建审判庭匹配资金的报告。

1998 年 6 月 3 日常委会。听取县人大常委会党组有关人事问题的汇报，原则同意人大常委会党组的建议意见。研究有关干部配备问题。听取县委组织部关于全区选取省八届党代表工作会议精神及贯彻意见的汇报。

1998 年 8 月 14 日常委会。听取关于全区深入学习邓小平理论工作会议精神及全县贯彻意见的情况汇报。

1998 年 9 月 3 日常委会。学习省委办公厅关于认真开展学习中共贵州省第八次党代会精神的通知。总结和分析全县当年经济工作、社会发展形势。

1998 年 9 月 30 日常委会。听取关于全省扶贫工作座谈会议精神及全县贯彻意见的情况汇报。听取县乡镇企业局关于全省乡镇企业工作会议精神及全县贯彻意见的情况汇报。听取关于是年全县财政收支执行情况的汇报。听取关于全县计划生育工作进展情况的汇报。听取关于在印江召开的铜仁地区人武部正规化建设研讨会、地委议军会议精神及全县人武部正规化建设落实情况汇报。审议县委组织部提出的县级后备干部名单。

1998 年 10 月 26 日常委会。听取关于全区政法工作会议、全省在安顺市召开的创模工作会议精神及全县贯彻意见的情况汇报。听取关于选调人民警察工作的汇报。议定：严格按政策执行，切实防止选调中的舞弊行为，特别是体检和文化考试过程中的舞弊行为。成立选调人民警察工作领导小组，范围界定为全县党政机关公务员。听取关于离退休老干部在国企改革中生活待遇问题的情况汇报。听取关于全区乡镇、村（居）委会换届选举工作会议精神及全县贯彻意见的情况汇报。

1998 年 12 月 19 日常委会。听取关于全区政协工作会议精神及全县贯彻意见的情况汇报。研究县部分政协委员的人事任免。听取关于全区纠风工作会议精神及全县贯彻意见的情况汇报。议定各级党委政府要把纠风工作摆在反腐倡廉工作的总体格局来抓，切实把纠风工作抓好。认真实行谁主管、谁负责的责任制。人大、政协要加强对纠风工作的领导，认真搞好法律监督和民主监督。听取关于全区烤烟工作会议精神及全县贯彻意见的情况通报。研究 1999 年全县国民经济社会发展计划。明确最后一个月常委工作重点：田建高负责全面工作，帅朝纲负责经济工作，重点是财政和工业。

1998 年 12 月 28 日常委会。传达全省经济工作会议精神。分析总结全县 1998 年经济工作。明确 1999 年全县经济工作的总体要求：高举邓小平理论伟大旗帜，深入贯彻党的十五大、十五届三中全会精神，认真贯彻落实省八次党代会和全省经济工作会议提出的各项任务。研究县几家班子领导指导乡镇、村换届工作和安排巡视指导时间。研究县城文昌大道及印江民族中学改校门建设事宜。由有关部门按研究意见办理。

1999 年

1999 年 3 月 2 日常委会。听取关于全区政法工作会议、全省法院院长会议、全省检察工作会议、全区公安工作会议、全区纪检监察工作会议精神的情况汇报及贯彻意见。通报“2・20”事件及城区及几起火灾事故情况。

1999 年 3 月 14 日常委会。学习《中共中央关于在县级以上党政领导班子、领导干部中深入开展以“讲学习、讲政治、讲正气”为主要内容的党性党风教育的意见》和地委书记肖永安《提高认识，增强信心，务求实效，阻高度的政治责任感抓好全区于部教育》的讲话；学习地委副书记邓成庆《以整风的精神，扎实的作风抓好全区的“三讲”教育》的讲话。

1999 年 3 月 14 日常委会，议定新任县委常委工作分工，谭守华协助帅朝纲做好政府工作，抓好全县经济工作；何圣仙负责宣传、文化、思想政治工作和精神文明建设工作；万再扬主要负责峨岭镇工作，站在县委角度负责城镇建设帮管理工作。经研究决定：县智力支边领导小组组长由谭守华担任，石阿良不再担任县智力支边领导小组组长职务。讨论《全县党风廉政建设责任割实施办法》（草案）。

1999年4月6日常委会。同意将县公安局禁毒股升格为缉毒禁毒大队，机构为副科级，人员编制在15人左右（不包括戒毒所工作人员），编制由公安局内部调剂解决。听取关于有关干部考核、任免、提任情况汇报。通报杨禄化借枪案的调查情况及处理意见。审议县人大代县委草拟《县委关于新形势下加强人大工作的意见》和县政协代县委草拟《县委关于进一步加强政协工作的意见》。听取关于省、地组织工作会议精神及贯彻意见的汇报。审议《县委关于加强农业和农村工作的决定》。

1999年5月13日常委扩大会。听取关于地区领导干部会议精神的情况汇报及贯彻意见。听取关于全省税费制度试点会议精神的汇报及贯彻意见。

1999年7月18日常委会。听取关于老干工作的汇报。研究召开全县发展非公有制经济工作会和全县经济会议的有关会务工作问题。通过《印江自治县县级领导干部党风廉政建设责任制》讨论稿。

1999年8月16日常委会。听取关于全区统战工作会议精神的情况汇报及贯彻意见。听取关于召开印江自治县工会第九次代表大会筹备工作的情况汇报。听取关于召开县、乡镇两级妇女代表大会的汇报。通过《关于乡（科）级领导干部函询、谈话、诫勉、待岗、免职的暂行规定》《印江土家族苗族自治县乡科级领导干部任前公示制和试用制试点方案》《关于乡（科）级领导干部任期经济责任审计暂行规定》。听取关于举办第二期村级后备干部培训班的情况汇报。听取关于全区政法工作会议精神的情况汇报及贯彻意见。

1999年9月20日常委会。听取关于各乡镇配备专职统战干部和部分乡镇配备宣传干部的考察情况汇报。讨论研究县人大、县政协、县老干局购买公务车问题，议定年初确定给人大、政协、老干局配备工作车问题，统一由县人民政府采购。

1999年11月1日常委会。学习《中共中央关于加强和改进思想政治工作的若干意见》，讨论通过《中共印江自治县委关于加强和改进思想政治工作的意见》（讨论稿）。研究召开全县领导干部会议有关事宜。

1999年12月28日常委会。听取关于省、地经济工作会议的情况汇报，研究审议2000年县委、政府拟办的“10件实事”和全县2000年国民经济社会发展计划指标，听取关于全省计划工作会议精神及贯彻意见的汇报，听取关于全县1999年财政收支试算情况及2000年财政工作重点的汇报，审议《中共印江土家族苗族自治县委历史大事记》，研究县委组织部关于股级干部任免职备案制度的请示，研究有关人事问题，听取县纪委监察局关于对个别干部违纪问题处理意见的汇报，审议县委组织部、县人事劳动局、县教育局关于在全县公开招聘校（园）长的请示，学习中共贵州省委办公厅、贵州省人民政府办公厅《关于严禁在举办千禧之年纪念活动中搞铺张浪费的通知》。

2000年

2000年1月28日常委会。听取关于全区政法工作会议、全区紧急会议精神及贯彻意见的汇报，听取关于召开2000年迎接西部大开发动员会议筹备情况的汇报。

2000年2月23日常委会。传达全区农业、农村暨扶贫开发会议精神，结合县情提出农业、农村工作初步打算，听取全县2000年国民经济、社会发展和农村经济计划预算安排指标、全县财政收支预算初步安排汇报。

2000年3月7日常委会。学习江泽民总书记在中央纪委第四次全体会议上的重要讲话内容，听取县纪委监察局关于全区纪检监察工作会议精神及贯彻意见的情况汇报，通报应南明复烤厂邀请赴福建省三明市考察烤烟种植的准备情况。

2000年4月4日常委会。听取关于深化改革、全面加强企业管理的汇报，讨论通过《关于进一步深化改革，全面加强企业冠名的意见》。听取关于地区政协主席会议、地区组织部长会、统战工作会、宣传工作会议精神贯彻意见的汇报。

2000年4月25日常委会。听取关于地区禁毒工作会议、地区党委有关负责人会议、地区司法会议、地区依法治理办公室主任会议、全省法院系统党风廉政建设工作会、全省刑事审判工作会、地区行政审判工作会、地区破产工作座谈会、全省反贪污贿赂工作会议精神及贯彻意见的汇报。

2000 年 5 月 24 日常委会。听取关于有关领导干部违纪问题调查情况的汇报，听取有关干部人事安排意见、有关单位党组设立、有关机构分设和 1999 年度乡镇优秀干部考评的汇报。

2000 年 6 月 19 日常委会。听取关于是年军队转业干部安置意见、关于《印江土家族苗族自治县组织史》（第二卷）编撰情况的汇报。

2000 年 7 月 19 常委会。传达全省第二批县、市“三讲”教育培训会议精神，讨论田建高在即将召开的全县“三讲”教育动员大会上的讲话稿、《印江自治县深入开展“三讲”教育实施方案》《印江自治县“三讲”教育学习制度》，召开全县“三讲”教育动员大会的时间，传达省委八届五次全委扩大会议精神并提出贯彻意见。

2000 年 9 月 14 日常委会。讨论《中共印江自治县委“三讲”教育整改方案》，通报民主推荐县级后备干部情况，讨论《中共印江自治县委关于在全县干部职工中深入开展理论学习提高理论素养的意见》《关于整顿和改进机关工作作风的通知》《县委关于做好新时期思想政治工作的意见》《县委、县政府关于进一步明确公务活动接待有关规定的通知》《县委、县政府关于严禁党政机关及工作人员接受和赠送礼金的通知》《县委、县政府关于加强工作管理严禁公车私用的通知》《关于严禁党政机关领导干部及其工作人员参与赌博的规定的通知》《关于在全县干部职工中考中宗旨教育严格遵守群众工作纪律的意见》《县委、县政府关于认真贯彻落实省委八届五次全会精神的决定》。

2000 年 9 月 20 日常委会。听取县委组织部民主推荐县级后备干部方案的意见，传达地区维稳办主任会议、地区信访工作、党校工作会议、地区思想政治工作会议精神，讨论《关于县级、乡科级领导干部深入基层入村住户开展调查研究的意见》《关于加强机关党建工作的意见》《进一步深化干部人事制度改革的通知》《中共印江自治县委常委会议规则》《县委常委民族生活制度》《关于进一步改进移动电话费管理的通知》《县委中心组学习制度》《关于建立干部教育、管理、监督工作联系制度的意见》《县委关于在全县开展〈党政领导干部选拔任用工作暂行条例〉培训的通知》《关于加强机关党委（党组）工作的通知》《关于加强领导干部自身学习的决定》。

2000 年 10 月 12 日常委扩大会。传达地区县委书记、县（市）长会议、省、地计生工作会议精神，听取财政工作情况、全县工业生产情况、1－9 月全县经济工作运行情况和提出第三季度经济工作意见。

2000 年 11 月 20 日常委扩大会。传达中共贵州省委 2000 年 11 月 14—16 日在贵阳召开的八届六次全委会议精神，讨论《中共印江自治县委关于制定国民经济和社会发展第十个五年计划的建议》，计生局汇报 10 月 15—25 日赴甘肃省考察计划生育工作情况，讨论《关于县人口与计划生育领导小组成员单位及相关部门计划生育工作职责的规定》（草稿），专题研究县造纸厂改革方案，听取有关干部试用考察情况、有关人事问题、有关干部退休问题汇报。

2000 年 12 月 1 日常委会。讨论县委九届四次全会召开的有关事宜，讨论修改县委“十五”计划建议（草稿），讨论修改县委党风廉政建设与反腐败斗争先进事迹材料。

2000 年 12 月 5 日常委会。传达全省党委（党组）中心组理论学习经验交流会精神，讨论县委宣传部关于创办《印江报》的请示。

2000 年 12 月 24 日常委扩大会。传达全省经济工作会议精神，讨论 2001 年全县国民经济和社会发展计划主要指标，传达全省非公有制经济工作表彰大会精神，讨论全县三级干部大会召开的时间及有关筹备工作，讨论县四届四次人代会、政协会召开的时间及会期。

2002 年

2002 年 1 月 23 日常委扩大会。传达全区经济工作会议精神，研究是年全县的经济工作。传达贯彻全区人大工作会议、全区政协工作会议、地委议军会议、全区烤烟工作会议。研究全县“两基”攻坚工作，印江是铜仁地区唯一被省人民政府确定为基本普及九年制义务教育和基本扫除青壮年文盲的县，“两基”工作是当年要举全县之力重点攻坚的内容。

2002年2月26日常委会。讨论《关于进一步加强干部管理工作的通知》。传达省委组织部选调干部到中央党校进修的通知，县委书记陈康将赴北京学习，在此期间县委的全面工作由李建主持。

2002年3月12日常委扩大会。听取关于全区组织工作会议、全区宣传思想工作暨精神文明建设表彰会议、全区纪检监察工作会议精神的汇报及贯彻意见。听取离退休干部工作局关于进一步落实离休干部“两费”的报告。听取县文联关于召开印江自治县第二次文代会和创办文学刊物《书乡文学》的请示。听取县禁毒委员会办公室关于全区禁毒工作会议精神的汇报及贯彻意见。听取县依法治县办公室关于加强中小学法制教育和依法治校工作的汇报及办法。讨论研究关于选举全县出席省第九次党代表大会正式代表的有关事宜。研究县级后备干部考察工作。

2002年3月30日常委扩大会。专题研究讨论旧城改造问题。议定由任永和任指挥长，指挥部其余组成人员由任永和确定。原则同意重庆创豪集团提出的旧城改造总体规划。

2002年4月8日常委会。传达贯彻全区书记县长会议精神，分析全县当前的经济形势。传达贯彻全区农业和农村工作会议精神。讨论创建文明县城实施意见。

2002年4月16日常委扩大会。专题研究全县农村税费改革有关问题。按照全省农村税费改革扩大试点工作培训会议的精神，进一步做好税费改革的各项工作。

2002年5月31日常委扩大会。专题研究讨论全县农村税费改革扩大试点工作。

2002年6月19日常委会。组织学习江泽民5月31日在中央党校省部级干部进修班毕业典礼上的重要讲话。讨论研究关于印江报社招聘采编人员的问题、关于召开共青团印江土家族苗族自治县第十六次代表大会的问题。研究县委统战部关于增加部分党外人士生活费的请示。听取县委办公室汇报全区党委办公室工作会议和全省督查工作会议精神及其贯彻意见。

2002年6月19日常委会。专题研究团县委关于拟建青少年活动中心的请示。

2002年7月12日常委扩大会。听取县城环城片区旧城改造筹备小组关于环城片区旧城改造工作进展情况的汇报。同意筹备小组提出的由政府土地管理部门统一征地安置意见，同意筹备小组关于企业单位的安置办法、实施意见，土地等规费及税收按照筹备小组的意见进行收缴和使用，同意筹备小组提出的保留广场并扩大广场面积的意见。听取广西旅游规划设计院对全县旅游业发展总体规划的汇报。

2002年8月2日常委会。听取县委组织部汇报全区“党建创先”工作会议精神及提出的贯彻意见。审定《在全县农村广泛开展“党建创先”活动的实施意见》《在县机关开展以“四有”“五珍惜”为载体的党建创先活动实施意见》《在全县学校开展育“四有”新人，创“五好”学校活动的实施意见》三个文件。听取县委组织部、县委党校汇报农村党支部书记培训有关事宜。听取县委统战部汇报全区统战工作会议精神及提出的贯彻意见。同意配备乡镇党委专职统战委员，同意在各乡镇组建商会。同意县委统战部提出的佛教协会换届工作意见。听取县委宣传部汇报全区宣传部长会议精神及提出的贯彻意见。同意配齐乡镇专职宣传委员，与统战委员分设。同意县委宣传部组织宣讲团，到乡镇和部分县直机关开展实践“三个代表”重要思想，迎接十六大宣传活动。听取县科协汇报全省科协“六大”会议精神及提出的贯彻意见。同意召开全县科协工作会议。同意按人均0.1元的科普经费纳入县财政预算。

2002年8月19日常委扩大会。传达地委工作会议精神，介绍参加铜仁地区赴渝考察团学习考察情况，通报全县1—7月份经济工作运行情况。议定组织考察团赴四川省洪雅县、重庆市铜梁县、云南省易门县学习考察。决定近期启动城南河滨大道建设。

2002年8月19日常委会。听取团县委关于召开共青团第十六次代表大会筹备工作情况汇报和县委组织部关于共青团第十六次代表大会有关人事说明。同意团县委召开县第十六次团代会。同意县委组织部提出的共青团第十六届县委委员、候补委员、常委、书记、副书记建议名单。

2002 年 9 月 11 日常委会。听取县委统战部关于全省宗教工作会议精神的汇报及贯彻意见。成立县宗教工作协调领导小组，关于在县民宗局内设机构中恢复宗教事务股问题，由县编委决定。讨论县“10・16”活动组委会提交的《第五届中国梵净山国际旅游节暨经贸洽谈活动印江自治县总体工作方案》。研究县委组织部关于举办全县村级干部函授中专班和 2002 年度干部培训计划的请示。研究县四大班子接待用车问题。议定县四大班子购置一辆接待用车，由县人民政府办负责管理。

2002 年 9 月 11 日常委会。讨论研究组织部提交的有关干部任免职、退休议题。

2002 年 9 月 28 日常委扩大会。传达贯彻全区换届工作会议精神。计划于 2003 年 3 月底全面完成全区县级领导干部换届工作。听取县城北环路旧城改造指挥部工作汇报。

2002 年 10 月 24 日常委会。审定中共县人大常委会党组《关于做好换届选举工作的实施意见》和《关于召开县第四届人民代表大会第六次会议的请示》。讨论研究县委组织部《关于印江自治县国家公务员非领导职务设置的实施意见》和拟提为非领导职务的人员问题。听取县纪委、县监察局关于有关干部违纪问题的调查及处理建议意见的汇报。审定县纪委关于副科级以上领导干部操办酒席的有关规定。听取县人民政府关于原城关区五小厂与峨岭镇人民政府争议房产的调查及处理意见的汇报。

2002 年 11 月 4 日常委会。讨论研究县委组织部提交有关干部任免议题。

2002 年 11 月 16 日常委会。听取县人民政府关于《印江土家族苗族自治县农村税费改革财政专项转移支付补助方案》的汇报。听取县政协党组关于政协印江自治县委员会换届工作安排意见的汇报。听取县人民政府关于印江自治县成立 15 周年县庆活动方案的汇报。

2002 年 12 月 7 日常委会。讨论研究县委组织部提交有关党代会、人代会下选代表和有关干部任免议题。

2002 年 12 月 12 日常委扩大会。传达贯彻地委扩大会议精神。听取县人民政府关于全区国企改革德江现场会议精神的汇报及贯彻意见。听取县人民政府关于 2002 年全县烤烟生产情况的通报和 2003 年烤烟生产的计划安排意见，原则同意县人民政府提出的 2002 年烤烟生产考核奖励方案，在全县烤烟生产工作会议上兑现奖励。

2002 年 12 月 18 日常委会。讨论研究县委、县人大常委会、县人民政府、县政协及县纪委换届班子配备方案。会议通过新一届县委、县人大常委会、县人民政府、县政协及县纪委班子组成人员候选人建议名单。研究召开中国共产党印江土家族苗族自治县第十次代表大会的有关事宜。会议通过大会筹备工作领导小组关于县第十次党代会的日程安排。讨论修改县第十次党代表大会报告。

2003 年

2003 年 1 月 8 日常委扩大会。研究关于全县出席省人代会代表向大会提交的议案问题。研究县离退休老干部工作局向县委提交的关于解决离退休老干部年终一次性补助的请示。

2003 年 1 月 26 日常委扩大会。讨论安排困难群众生产生活问题。研究春节期间的安全稳定工作。

2003 年 2 月 11 日常委会。讨论第十届县委常委分工。讨论有关干部人事安排。讨论正、副乡科局级干部任职年龄界限和成立县人民政府驻深圳办事处机构等问题。

2003 年 2 月 18 日常委会。研究召开全县经济工作会议工作。研究召开全县教育工作暨“两基”总结表彰大会工作。

2003 年 2 月 23 日常委会。会议讨论县委组织部提交有关干部任免议题。

2003 年 3 月 7 日常委会。听取关于全区政法工作会议、全区宣传思想工作会议、全区组织工作会议、全区纪检监察工作电视电话会议、省委农村工作会议、全省统战部长会议、全区人口与计划生育工作会议精神及贯彻意见的汇报。

2003 年 4 月 23 日常委会。讨论《中共印江土家族苗族自治县委常委会关于加强自身建设的若干规定》。讨论《县委办关于党委系统办公自动化网络建设和县乡计算机通信建设的情况报告》。听取县政协党组关于全区政协主席暨工委委员全体会议精神及贯彻意见的汇报。讨论研究县文联关于增加《印江文学》办刊经费以及在全县开展书法美化活动的有关事宜。讨论研究县委宣传部《关于举办全县正科级领导干部学习十六大精神读书班的请示》。传达学习中央、省、地区关于防治非典型肺炎的通知要求，安排部署有关防治工作。

2003 年 5 月 29 日常委扩大会。讨论《关于全县国有粮食购销企业改革和发展的实施意见（征求意见稿）》。讨论《关于进一步加强招商引资工作的意见》。传达学习省委转发中纪委《关于刘方仁严重违纪违法案件的通报》。讨论《关于认真开展学习郑培民活动的安排意见》。讨论《关于开展参加省城镇“黄果树杯”竞赛活动创建省级卫生县城的实施方案》。

2003 年 6 月 11 日常委会。研究关于召开县委十届二次全委会议的有关事宜。听取关于全区党校工作会议精神汇报及全县贯彻落实意见。研究农村基层组织建设有关问题和讨论县委组织部关于《2003－2007 干部培训规划》《县委关于 2003－2007 全县农村党员干部现代远程教育网络建设规划（讨论稿）》。研究全县在创建全国科普示范县活动中的有关问题。听取县国土资源局关于进一步治理整顿土地市场秩序省地会议精神的汇报及全县贯彻落实情况意见。研究造纸厂改革改制、旧城改造有关问题。

2003 年 7 月 29 日常委会。研究讨论政法部门有关干部人事问题。研究讨论对有关人员的立案处理问题。讨论《关于在城镇房屋拆迁中严肃纪律的意见》《关于在全县兴起学习贯彻“三个代表”重要思想新高潮的通知》。研究全县农村党员干部现代远程教育网络建设有关问题。传达贯彻中共贵州省委九届三次全体扩大会议精神。

2003 年 8 月 14 日常委会。传达学习中央加强人才工作会议精神及全县贯彻意见。研究干部任职公示期间有关干部被举报的调查及结论问题。研究县人民政府关于部分事业单位公开招聘工作人员的有关问题。传达全区农村工作会议、全区党风廉政和反腐败工作会议精神及全县贯彻意见。研究全县学习贯彻“三个代表”重要思想正科级干部读书班有关事宜。讨论县人大党组提交的《印江土家族苗族自治县自治条例（修改稿）》。

2003 年 9 月 19 日常委会。听取关于县造纸厂改革前期工作进展情况汇报。听取全区再就业工作会议精神的传达及全县贯彻意见的汇报。听取县依法治县工作领导小组关于开展“四五”普法工作的汇报。听取关于旧城改造工作进展情况的汇报。

2003 年 11 月 19 日常委扩大会。通报县造纸厂改革改制工作开展情况，讨论造纸厂职工安置方案及职工与企业解除劳动合同关系协议书。传达全区“盗、抢、投毒”集中整治斗争动员大会精神及全县的贯彻意见。通报 1 至 10 月财政运算情况。

2003 年 12 月 4 日常委会。集中学习中办发〔2003〕17 号《中共中央办公厅关于印发〈党政领导干部选拔任用工作监督检查办法（试行）〉的通知》。研究有关干部任免职、调动、退休问题。讨论有关干部违纪处理的问题。研究烤烟生产工作。

2003 年 12 月 14 日常委会。传达学习地委扩大会议、全区领导干部会议精神及全县贯彻意见。研究县人大党组关于召开县人大工作会议的请示。讨论对乡镇和县直部门 2003 年度目标考核的有关事宜。汇报全区宗教工作座谈会精神及全县贯彻意见。通报全区党委中心学习组织经验交流会情况。讨论有关干部人事问题。

2003 年 12 月 30 日常委会。回顾总结 2003 年经济工作，讨论研究 2004 年经济工作和其他各项工作，讨论关于进一步规范公务接待的补充规定，讨论关于元旦、春节期间开展慰问活动的有关事宜，讨论县委宣传部关于成立印江自治县通讯中心和创办《印江通讯》的请示，研究有关干部人事调动问题。

2004年

2004年2月11日常委扩大会。讨论全县农村信用社改革问题，听取县职工基本医疗保险制度改革有关问题和就业再就业工作情况汇报。

2004年2月14日常委会。听取全区宣传思想会议精神汇报，讨论县委宣传部提出的全县贯彻意见，听取全区人才工作会议、组织工作会议精神汇报，讨论县委组织部提出的全县贯彻意见。

2004年3月11日常委会。听取关于全区党风廉政建设和反腐败工作会议精神汇报及研究全县贯彻意见，讨论县委宣传部《红军二、六军团木黄会师70周年纪念活动安排意见》，研究党建扶贫工作、党建创先工作和干部工作有关问题，听取关于全区党委办公室暨密码保密工作会议精神汇报及研究全县贯彻意见。

2003年3月31日常委扩大会。听取、省、地农村工作会议精神汇报，讨论全县贯彻意见，听取烤烟生产、莱茵鹅发展和茶叶生产情况汇报，研究有关支柱产业发展问题，听取创建全国科普示范县工作开展情况汇报，研究创建有关工作。

2004年5月22日常委会。听取全区人口与计划生育工作专题会议精神暨全县当前人口与计划生育工作情况汇报，讨论《县委、县政府关于人口与计划生育综合改革实施方案》，研究2004年退耕还林有关兑现问题，听取创建文明卫生县城考察情况汇报，讨论城镇建设与管理有关问题，听取全区“党建创先”专题巡回汇报会和全省农村党员干部现代远程教育工作会议精神汇报，讨论全县贯彻意见，听取全区统战工作会议精神汇报，讨论全县贯彻意见，听取全省人大制定民族区域自治法配套法规工作座谈会精神汇报，听取全区政协主席会议精神汇报，听取全区维稳工作会议精神汇报，讨论全县贯彻意见。

2004年6月11日常委扩大会。听取关于全区改善投资环境动员大会精神汇报，研究全县开展投资软环境专项整治工作，听取关于全区第四次城镇建设暨深入开展文明卫生城镇创建工作会议精神的汇报，研究全县文明卫生县城创建工作。

2004年6月23日常委扩大会。专题研究全县“6·23”洪涝灾害抢险救灾工作。

2004年6月26日常委扩大会。通报“6·23”洪涝灾害情况，地委考察组对全县推荐的勤政廉政先进人物进行征求意见、民主测评工作。

2004年7月1日常委会。听取关于全区领导班子思想政治建设座谈会精神的汇报，听取关于全区组织部长座谈会议精神的汇报，县委中心学习组学习《党政领导干部选拔任用工作条例》《党政领导干部选拔任用监督检查办法（试行）》，通报县人民政府机构改革方案，听取县人民政府关于2004年大中专毕业分配和招聘计划的通报。

2004年7月19日常委扩大会。总结上半年各项工作完成情况和下半年工作初步安排意见。

2004年8月6日常委会。传达省委九届五次全体（扩大）会议精神，研究全县贯彻落实意见，审定《红军二六军轩木黄会师70周年纪念活动组织方案》，审定《2004年中国梵净山佛教文化研讨会总体方案》，传达全区烤烟收购工作会议精神，研究全县贯彻意见，听取县人民法院关于全省法院院长会议精神的汇报，讨论全县贯彻意见，听取县公安局关于全省第25次公安会议精神的汇报，讨论全县贯彻意见，研究县残联关于残疾人就业保险金实行财政代扣的请示，讨论《关于全县行政事业单位工作人员外出考察学习的规定》《关于全县行政事业单位购置车辆的规定》。

2004年8月16日常委会。听取关于全区组织工作座谈会暨“党建创先”工作双月巡回汇报精神汇报，研究全县贯彻意见，审定县委十届三次全体（扩大）会议日程、县委常委会议在全会上报告和《关于进一步加强乡（科）级班子思想政治建设的意见》，听取县人民政府关于退耕还林政策兑现、事业单位公开招聘工作人员、当前烤烟收购等工作的汇报。

2004年8月25日常委会。研究有关干部人事问题，通报青坨煤矿“2·20”事故责任处理情况，审定《印江自治县住房分配货币化改革方案》，听取全区加强和改进未成年人思想道德建设工作会议精神汇报及研究全县贯彻意见，听取关于全区秋种暨农业产业化经营工作会议精神及研究全县的贯彻意见。

2004 年 9 月 6 日常委扩大会。传达地委扩大会议精神及研究全县贯彻意见，通报全县秋种工作会议、全区农村、“三无两有”工作现场会议筹备情况。

2004 年 9 月 17 日常委扩大会。听取县 2004 年中国梵净山佛教文化研讨会指导小组汇报研讨会筹备工作情况、传达全省集中处理信访突出问题及群体性事件电视电话会议精神，通报全区勤政廉政模范人物先进事迹报告会准备情况及全县事业单位公开招考工作人员进行情况。

2004 年 10 月 21 日常委扩大会。专题研究红军二、六军团木黄会师 70 周年纪念大会有关事宜。

2004 年 11 月 3 日常委会。听取并村试点工作情况汇报，讨论研究《县委关于加强村级班子建设的实施意见》，听取全区党报党刊发行工作会议精神汇报及研究全县贯彻意见，听取全区《干部任用条例》检查情况会议精神汇报及研究全县贯彻意见，听取整顿软弱涣散基层党组织工作情况汇报，听取全区信访工作会议和处理信访突出问题及群体性事件工作会议精神汇报及研究全县贯彻意见，听取全区对台办公室主任工作会议精神汇报及研究全县贯彻意见，听取地委议军会议精神汇报及研究全县贯彻意见，通报全县反邪教工作情况和全区老干工作会议情况。

2004 年 11 月 4 日常委扩大会。通报省长石秀诗视察全县工作情况，通报全国人大在黔代表视察全县工作情况，听取实施西部大开发、实现十年重点突破工作调研组情况汇报，研究全县下步工作。

2004 年 11 月 26 日常委扩大会。听取茶叶生产工作情况汇报，研究 2005 年茶叶生产工作，听取 2004 年烤烟生产工作情况汇报，讨论研究明年烤烟生产工作安排意见。

2004 年 11 月 26 日常委会。研究关于举办全县科局级领导干部学习十六届四中全会精神培训的方案，学习传达地委扩大会议精神，听取全区“四在农家”现场会议精神汇报及研究全县贯彻意见，传达全国党风廉政建设工作责任制电视电话会议精神，讨论县委组织部提交有关干部任免、退休等议题。

2004 年 12 月 31 日常委扩大会。研究审定《印江土家族苗族自治县自治条例》《印江自治县关于发展东北部工业经济带的意见》，传达学习全省经济工作会议精神，传达全区紧急电视电话会议精神及研究全县贯彻意见，通报县北环大桥通车典礼筹备情况和县城防洪堤二期、三期工程开工建设情况。

2006 年

2006 年 1 月 4 日常委会。研究调整县委常委分工，传达学习全省、全区经济工作会议精神及研究全县贯彻意见，审定县委、县人民政府对 2005 年度乡镇全面工作考核评比方案，通报地委、行署对全县全面工作考核有关事宜。

2006 年 1 月 10 日常委会。审定县人民政府党组关于 2005 年主要经济指标完成情况及 2006 年经济社会发展初步安排意见，听取 2005 年党建工作情况汇报，研究 2006 年党建工作，研究 2006 年维稳、政法、综治、国安、反邪教等工作。

2006 年 2 月 16 日常委会。审定 2005 年度乡镇全面工作和县直机关目标管理工作考核结果，审定《纪念红军长征胜利 70 周年“沿着红军足迹——穿行多彩贵州”到印江慰问演出活动总体方案》和《多彩贵州印江形象面面俱到和民族姑娘选拔赛方案》，传达全区组织工作会议精神，审定县委组织部 2006 年工作要点，听取县委先进性教育活动办公室和县委宣传部关于全区先进性教育活动征文及理论研讨会议精神汇报，研究全县贯彻意见，审定县委十届五次全会有关事项，审定《县委县政府关于推进社会主义新农村建设的实施意见（讨论稿）》，审议县人民政府工作报告，审定《印江自治县国民经济和社会发展第十一个五年规划纲要（草案）》。

2006 年 2 月 20 日常委会。传达全区党风廉政建设和反腐败工作会议精神，研究全县贯彻意见，研究自治县第五届人民代表大会第四次会议有关事项。

2006年2月22日常委扩大会。传达全区人口和计划生育工作会议精神及研究全县贯彻意见，审定《纪念红军长征胜利70周年“沿着红军足迹——穿行多彩贵州”到印江慰问演出活动总体方案》。

2006年3月15日常委专题会。听取全区国企改革工作会议精神及全县水泥厂实施改革改制的情况汇报，研究县城金玉小区旧城改造工作有关事宜，审定《印江自治县城市公共客运交通管理综合整治方案》，听取全省农村工作会议、全区社会主义新农村建设工作会议精神汇报，研究全县贯彻意见。

2006年4月13日常委会。听取全区农村干部现代远程教育工作现场会议精神汇报，研究全县贯彻意见，讨论《县委、县政府关于加强人才工作的意见》，审定《县委、县政府关于加强国家机关、企事业单位人口和计划生育工作的管理意见》，听取全区政治工作、国家安全人民防线工作会议精神汇报，研究全县贯彻意见，听取全区宣传思想工作会议精神汇报，研究全县贯彻意见，听取全省法院院长会议精神汇报汇报，研究全县贯彻意见，听取全区统战部长会议、对台工作会议精神汇报，研究全县贯彻意见。

2006年4月25日常委会。听取全区密码、保密工作会议精神汇报，研究全县贯彻意见，听取全区检察长工作会议精神汇报，研究全县贯彻意见，听取地委“议军会”会议精神汇报，研究全县贯彻意见，研究有关干部问题，听取全区农村基层组织建设工作会议精神汇报，研究全县贯彻意见。

2006年5月12日常委会。审定上报省委、省人民政府表彰“两基”攻坚先进集体和先进个人建议名单，听取县委组织部、保持共产党员先进性教育活动办公室关于建党85周年庆祝活动安排情况汇报，审定《县委关于与无党派代表人士民主协商议事制度》，研究编辑出版《印江土家风情》（第三辑）有关问题，听取全区党风廉政建设暨宣传教育工作会议精神汇报，研究全县贯彻意见。

2006年5月12日常委扩大会。听取县建设局关于城镇建设有关情况汇报，听取2006年县委、县人民政府“十件实事”承办部门办理情况汇报，通报“4·15”活动情况，听取全省“整脏治乱”专项行动电视电话会议精神汇报，研究全县贯彻意见。

2006年6月15日常委会。听取全区乡镇领导班子换届工作会议精神汇报，研究全县贯彻意见，研究有关干部问题，听取全区新农村建设工作会议精神汇报，研究全县贯彻意见，研究全县“整脏治乱”工作和文化产业工作，学习《省纪委、省委组织部关于转发（中纪委、中组部关于在地方党委换届选举工作中进一步严肃组织从事纪律的通知）的通知》。

2006年7月4日常委会。听取县人民政府党组汇报上半年经济工作运行情况。通报慕龙至县城引调水工程前期工作情况、全县投融资体制改革工作情况、县乡电视电话会议系统和县乡有线电视传输系统项目前期工作情况。研究召开全县教育工作会议情况。

2006年8月3日常委会。研究有关干部问题。学习《中共中央关于加强人民政协工作的意见》。研究全县工商联（商会）换届工作。

2006年8月10日常委会。研究有关干部问题。传达全区宣传部长座谈会精神，研究全县贯彻落实意见。通报县城金玉小区旧城改造工作近阶段工作情况。

2006年8月25日常委会。讨论县委组织部提交有关干部任免问题。

2006年8月28日常委会。研究关于拆迁的问题，关于已回迁户还没有解决供水、供电、闭路电视、电话的问题，关于应到东郊异地安置的3户和北岸防洪堤应回迁安置的4户宅基地的落实问题。关于在依法拆迁过程中，不安定因素的排查和消化问题。关于答复88户应回迁户所提出要求的问题。

2006年9月11日县委常委扩大会。研究秋冬季农业农村工作有关问题。传达学习全省经济社会发展情况通报会、全省人大工作会议、全省政协工作会议精神。

2006年9月29日常委扩大会。学习《中共中央关于学习〈江泽民文选〉的决定》及胡锦涛在学习《江泽民文选》报告会上的讲话精神。传达学习全区政法工作会议、全区处理信访突出问题和群体性事件工作会议精神，研究综治、维稳、禁毒等工作。审定举办县工业经济管理培训班安排方案。传达全区水利工作会议精神，研究全县贯彻意见。

2006年10月10日常委扩大会。听取全县水利工作会议、全县交通工作会议和重点项目建设工作会议、全县经济工作调度会议筹备情况汇报。审定《县城区出租汽车经营权出让招标工作方案（草案）》《县城区电动公交车经营权出让招标工作方案（草案）》。

2006年11月3日常委会。研究召开县第十一次党代表大会有关事宜。研究县、乡人民代表大会换届选举工作。传达学习全区统战部长座谈会精神。研究有关干部问题，讨论县委组织部提交有关干部任免问题。

2006年11月20日常委会。听取县第十一次党代表大会筹备工作情况的汇报。研究召开县委十届六次全会有关事宜，讨论提交全会审议的有关材料。讨论提交县第十一次党代表大会预备会议通过的有关文件。讨论通过县第十一次党代表大会工作报告和县纪委工作报告。

2006年11月22日常委会。研究县第十一届委员会委员、候补委员及县纪律检查委员会委员、常委候选人建议名单。审定县第十一次党代会资格审查委员会组成人员建议名单。

2006年12月18日常委会。研究县政协六届一次会议有关事宜。听取县六届人大一次会议筹备情况汇报并研究有关问题。传达贯彻推荐出席党的十七大及省第十次党代会代表选举工作会议精神。研究全县“四五”普法依法治理总结表彰暨“五五”普法依法治理启动动员大会有关事宜。

2007年

2007年1月10日常委会。听取全区机关事业单位工资制度改革工作会议精神汇报，研究全县贯彻意见。研究县四大班子领导成员联系乡镇及当前农业农村有关工作。

2007年1月22日常委会。听取关于今冬明春农田水利建设、当前人口和计划生育工作情况、全县新型农村合作医疗试点工作情况、全县烤烟生产工作情况汇报。传达全区经济工作会议精神。

2007年1月31日常委会。传达学习曾庆红在贵州省党政干部座谈会上的讲话精神和石宗源在省委扩大会议上的讲话精神。研究有关干部问题。

2007年2月3日常委会。研究县委常委分工问题、有关干部问题。传达全区组织工作会议精神，研究全县贯彻意见，研究村级组织活动场所建设工作，研究党的基层组织先进性建设工程工作。传达全区政法工作会议精神，研究全县政法综治工作。研究慕龙引水工程工作有关事宜，审议《县委、县政府关于2007年城镇经济工作的实施意见》《县委、县政府关于2007年工业经济发展的实施意见》《县委、县政府关于促进商贸物流经济快速发展的意见》。研究关于组建县城镇管理局等机构问题。研究全县经济工作暨作风建设动员大会有关事宜。研究单位办公车辆管理有关事宜。

2007年2月3日常委会。主要研究关于组建县城镇管理局等机构问题。

2007年2月6日常委会。学习贯彻曹洪兴视察全县工作时的讲话精神。研究全县经济工作会议暨作风建设动员大会有关事宜。研究有关干部问题。

2007年2月13日常委会。通报县水泥厂改革改制工作情况。通报县给排水工程项目洽谈情况。研究村级组织活动场所建设有关问题。

2007年3月10日常委会。传达全区党风廉政建设和反腐败工作会议精神，研究全县贯彻意见。审定2006年度乡镇目标管理考核结果。审定《县委2007年工作要点》《县委工作规则》，审定《县委关于加强干部作风建设的意见》及相关配套文件，审定《县委关于开展“回报故土，反哺家乡”活动的实施意见》《县委关于在全县基层党组织开展“三创四好五珍惜”活动的实施意见》《县委关于在全县副科级以上干部中公开推荐正科级领导干部的实施方案》《县委关于开展向唐宗辅、晏祖福学习的决定》。审定县人民政府党组提交的有关文件。研究自治县成立20周年庆祝活动有关问题。传达全区人口和计划生育工作会议精神，研究全县贯彻意见。研究召开全县干部队伍作风建设动员大会有关事宜。研究全县基层政权建设有关问题。研究2006年招商引资工作表彰的有关问题。

2007年3月11日常委会。传达贯彻全区人口和计划生育工作会议精神，研究全县2007年人口和计生工作。

2007年3月14日常委会。研究全县出席省第十次党代表大会代表候选人事宜。

2007年3月19日常委会。审定县公开推荐乡科级领导干部实施方案。审定2006年党建与扶贫先进单位和先进个人名单。传达贯彻全区文化体制改革暨宣传思想工作会议和全区“整脏治乱”专项行动电视电话会议精神。

2007年3月19日常委会。听取县纪委关于对胡永清、唐庆军二位违纪问题予以立案检查的报告，并同意纪委按照规定对二人予以立案调查。

2007年4月12日常委扩大会。通报县城建设项目工作情况、中国梵净山护国禅寺庙会筹备情况。研究印江民族中学申创省级示范性高中有关事宜。

2007年4月15日常委会。研究全县公开推荐乡科级领导干部有关事宜。研究对县直正科级部门党政主要领导进行民主测评和推荐问题。

2007年4月19日常委会。传达贯彻全区人大干部学习《中华人民共和国各级人民代表大会常务委员会监督法》培训会议精神。传达全区政协主席会议精神，审定《县委关于加强人民政协工作的实施意见》。审定全县干部队伍作风教育整顿活动方案。传达全区统战工作会议和台办主任会议精神及研究全县贯彻意见。传达全区党的基层组织建设工作会议精神及研究全县贯彻意见。审定《县直部门领导班子考察工作方案》。学习中共中央、国务院《关于全面加强人口和计划生育工作统筹解决人口问题的决定》，传达全区人口和计划生育工作形势分析会议精神，研究全县贯彻意见。审定县委组织部、县民政局提出的《印江自治县撤小村并大村工作方案》。

2007年4月30日常委扩大会。传达学习省第十次党代表大会精神。听取当前各项工作情况汇报，安排部署下一步工作。会议还对做好“五一”黄金周期间的领导值班、安全保卫、维护社会稳定等有关工作进行安排。

2007年5月11日常委扩大会。研究县水泥厂职工一次性安置问题。通报城市公交经营权出让、城市公共基础设施建设、工业经济、商贸物流经济、干部队伍作风建设、自治县20周年县庆活动有关事宜。

2007年7月2日常委会。研究有关干部任免问题和设立有关党组问题。研究有关干部违纪问题。

2007年7月9日常委会。听取县商贸物流经济工作情况汇报。审定《县编办关于自治县城镇管理综合行政执法局设立城镇公共客运交通管理局的请示》。对县二级机构班子的调整和开展县委中心学习组集中学习活动进行安排。

2007年8月29日常委扩大会。研究庆祝自治县成立20周年筹备工作有关事宜。听取全县教育工作暨教师表彰会议筹备情况、全县事业单位人员招考方案、全县秋冬季农业农村工作会议筹备情况、实施农村低保及敬老院建设情况汇报。通报机关事业单位调资、城市出租车经营权出让，有关机构编制情况，研究全县卫星广播电视地面接收设施调整工作。

2007年10月10日常委扩大会。研究全县第四次民族团结进步表彰大会有关事宜。研究县烟叶生产基础设施建设、农田水利建设及茶产业、经果林发展工作。审定《深化改革加强基层农业技术推广体系建设方案》《深化改革加强基层农业机械技术推广体系建设方案》。传达学习全区纪检监察工作座谈会精神。研究《中共印江土家族苗族自治县历史》编撰工作。通报地委党风廉政建设巡视组到印江巡视工作的意见反馈情况，对“县庆”筹备工作进一步提出要求。

2007年10月25日常委会。研究合水镇“整脏治乱”暨深化升级文明县城创建工作。

2007年11月14日常委扩大会。研究自治县第七届村（居）民委员会换届选举工作。传达贯彻全区水利扶贫工作三级干部大会精神。传达贯彻全省政法工作会议精神。通报峨岭镇有关拆迁户的安置情况。

2007年11月14日常委会。传达贯彻省委十届二次全体（扩大）会议、省人大代表换届选举工作座谈会、全省党委系统办公厅（室）工作会议、全省有关工委工作会议精神。研究县教育、卫生系统直属事业单位机构升格问题。研究有关干部问题。

2007 年 12 月 5 日常委扩大会。研究县民族陈列馆、图书馆异地扩建有关问题。通报慕龙引水工程建设情况、水泥厂建设进展情况。研究“县为单位、整合资金、整村推进、连片开发”扶贫试点规划工作。

2007 年 12 月 5 日常委会。研究县直部门借（调）用人员有关问题。研究县纪委关于对田爱民违纪问题处理的请示。请示县人大常委会党组关于自治县人大六届二次会议筹备工作情况汇报，研究补选乡镇第五届人民代表大会第二次会议有关问题。

2008 年

2008 年 1 月 5 日常委扩大会。议定对 2007 年烤烟生产先进单位和先进个人予以表彰，由县烟办、财政局按照县委、县政府《关于切实做好 2007 年烤烟生产的通知》要求兑现奖励政策。同意召开全县烟叶生产工作会议，会议筹备工作由张武负责。原则同意县烤烟生产领导小组代县委、县政府起草的《关于 2008 年烤烟生产的安排意见》，由领导小组按照会议讨论意见修改后，由肖洪审签。县烟草公司对 2008 年的烤烟生产要制定具体的安排意见，由张武负责抓落实。审定县委办、县政府办《关于规范公务接待工作的意见》，议定县接待办代县委办、县政府办起草的《关于规范公务接待工作的意见》还需进一步调研，由县委办、县政府办按照会议讨论意见进一步修改完善后，呈县委常委扩大会再次研究。接待办的办公场所问题，由熊放鸣协调解决。接待办的公务车辆、办公经费问题，专题向县政府报告解决。研究冬春季困难群众生活安排有关工作。原则同意县民政局《关于冬春季困难群众生活安排方案》，由县民政局商县财政局按会议研究意见进一步完善后，送何支刚审定后实施。同意春节期间乡镇所在地医院住院病人的走访慰问金按每个乡镇 1000 元安排，给 10 所乡镇敬老院各送一头年猪，由县民政局抓落实；同意由县财政垫支 2008 年第一季度农村低保资金 192. 8 万元，春节前发放到位；同意春节城市低保人员人均增发肉食补贴 30 元，所需资金由县财政核拨。县几家班子成员分别到所联系乡镇指导督促当前工作，走访慰问困难群众，有关经费由县人民政府统筹安排。

2008 年 1 月 5 日常委会。研究 2008 年省级社会主义新农村“百村试点”张家村建设工作，议定县委成立张家村社会主义新农村建设工作领导小组，陈康任组长，翁锡钗、何支刚任副组长，县直有关责任部门主要领导或分管领导为成员，领导小组派工作队驻张家村开展工作，由马芝新任队长，县纪委、县农办、县农业局等有关部门的同志为成员（另行文）。工作队主要负责制订规划，协调省工作队及相关部门向上争取项目，参与生产发展和基础设施建设等工作。同意以县委、县人民政府文件印发《2008 年省级社会主义新农村“百村试点”张家村建设实施意见》。由马芝新牵头，从统计局、农业局等部门抽调专业人员组建工作队，10 天内完成张家村、塘池村、川岩村、大尧村的人口、土地和产业详查。由马芝新牵头，有关部门具体落实，围绕“生产发展、生活宽裕、乡风文明、村容整洁、管理民主”的基本要求，对 2008—2009 年张家村、塘池村、川岩村、大尧村进行连片规划，完善规划要坚持高起点、高标准。张家村的社会主义新农村建设以县为主，朗溪镇具体负责组织实施，重点是生产发展方面的相关项目。基础设施建设项目，独立的项目以部门实施为主，朗溪镇派干部参与；涉及几个部门实施的项目，由县工作队协调组织实施。在具体的实施过程中，朗溪镇要发挥积极主动作用，切实加强村级组织建设，扎实做好群众工作，充分调动群众的积极性和主动性，确保各类项目顺利实施。县有关部门要进一步增强机遇意识、发展意识，加大向上工作汇报力度，积极向上争取项目，加快张家村社会主义新农村建设步伐。

2008 年 1 月 20 日常委扩大会。研究应对当前凝冻气象灾害有关事宜。同意县政府关于“1·19”交通事故处理意见，各级各有关部门要认真吸取教训，严防死守，确保道路交通安全。成立凝冻气象灾害应急指挥部，启动应急预案。县委书记陈康任指挥长，县委常委、县政府常务副县长张明任常务副指挥长，王继承、卢道军、苏天前、张武、任永国、何廷海任副指挥长，相关部门负责人为成员。指挥部下设道路安全检查组，负责制定涉及全县道路交通安全的方案、措施并组织实施，由县安监局胡建国牵头；医疗救治组，重点对滞留印江县旅客实施医疗救治，同时做好灾害疫情监控，由县卫生局田维刚牵头；救灾工作组，负责做好应急救灾和困难群众生活救助，由县民政局靳承建牵头；维护稳定工作组，负责维护全县社会稳定和重点路段、区域的治安秩序，由县公安局刘汉文牵头；后勤保障组，负责应急所需人员、经费、物资的统筹协调和其他后勤保障工作，由县政府办张延高牵头。全县特殊路段实行道路交通管制，由县人民政府及时发布公告，并通过各种方式告知群众，及时向上级有关部门报告情况。最大限度保证电、水、粮、燃油、燃气供应。明确"三个不准"（即不准冻死人、饿死人，保证全县群众和过往旅客生命安全；不准乱涨价，确保市场稳定；不准车辆乱营运，维护正常交通秩序）。凡是违反以上"三个不准"的，执法部门要从重从快处理。县几大班子近段时间要把为群众排忧解难作为当务之急的重要工作安排好，确保人民群众正常的生产生活，要多开展送医药、送粮食、送温暖活动。县政府根据气象灾害应急预案和各个工作组提出的方案及时拨付救灾物资、资金和各个工作组工作经费。宣传部门要做好正面宣传，做到内紧外松。四大班子办公室、应急指挥部及成员单位要安排 24 小时值班，相关部门要尽职尽责，采取强有力措施，把灾害损失减少到最低程度。

2008 年 1 月 25 日常委扩大会。研究困难群众救助和对受灾困难群众的慰问工作。加强救灾工作组力量，由熊放鸣任组长，何支刚任副组长，严天智、李俊宏、吴彩兰、万再杨、任达志为成员。增补陆治邦为县凝冻气象灾害应急指挥部副指挥长，到缠溪蹲点抓好救助工作。县财政安排 100 万元作为凝冻气象灾害防灾救灾资金，其中 50 万元用于乡镇救灾，救灾以粮食为主，缠溪、沙子坡、杉树、板溪四个乡镇为重点；50 万元作为防灾救灾工作经费，重点解决人武部、公安、交警、供电、医疗、民政、运管、城管等部门的工作经费及防冻路面处理的物资。救灾资金由后勤组负责统筹安排，张明具体把关。县先期安排到乡镇的救灾款物必须在两天之内发放到群众手中，县财政局、信用联社要做好资金的调度。各级各部门要认真开展以牲畜、农作物、住房为重点的灾情调查，调查要做到及时、准确。由救灾组审核后及时向上级有关部门报告。县四大班子领导成员要以联系乡镇为主到乡镇开展走访慰问活动。县人大常委会、县政协要分别组织人大代表、政协委员对受灾群众和困难群众以及工作在防灾救灾一线的同志进行慰问。

2008 年 1 月 28 日常委扩大会。研究凝冻气象灾害抗灾救灾工作。议定打通境内 303 省道的指挥机构总体按凝冻气象灾害应急指挥部来运作，由县委书记陈康担任指挥长。由公路养护段负责清除路面倒覆行道树等障碍物；供电局负责清除路面上供电线路、电信公司负责清除路面通信线路；由交警负责拖走打杵坳路段上停放的两辆货车。以上清障工作务必于 29 日上午 10：00 前完成。做好道路防滑处置。车辆组织和砂石料运输由王继承总负责，其中组织 30 辆川路车由交通局负责，砂石料准备由建设局负责。人员组织 200 人，养护段负责组织 50 人，人武部负责组织民兵应急分队 50 人，消防队负责组织 8 人，武警中队负责组织 6 人，除 30 名驾驶员外，不足的由缠溪镇负责组织。整个道路防滑处置由张明总负责。县城至思南方向的防滑处置由任永国、张武负责，缠溪至苗王坡的防滑处置由张明、陆治邦、何廷海负责，县城至缠溪的防滑处置由卢道军、苏天前负责。中巴车由运管负责组织，四驱小车由应急办负责组织。通信系统由王继承、张延高负责。对所有滞留人员的吃、住、医全部免费。从 1 月 29 日开始，县几家班子领导成员要尽量到联系乡镇指导抗灾救灾工作，开展走访慰问困难群众活动。

2008 年 1 月 30 日常委扩大会。研究凝冻气象灾害防灾救灾工作。议定举全县之力打通因凝冻天气造成交通中断的 303 省道印江段，为铜仁地区西五县的滞留人员疏散和物资供应提供坚强保障。立即打通因凝冻天气造成交通中断的县城至木黄路段，其他几条通乡主干线路有条件的都要陆续疏通。县城至缠溪苗王坡路段由张明、陆治邦、何廷海负责，县城至思南路段由张武、任永国负责，县城至木黄及东部片区的主要公路干线由卢道军、苏天前负责，北部片区公路干线由王继承、郑顺恩负责。通道的总协调由陈康、肖洪负责。总的原则是303省道印江段组织专业队伍施工，县城至木黄路段也可以组织专业队伍，其他路段以乡镇为主、有关部门参加。进一步做好农村困难群众的救灾救济和慰问工作。成立三个工作组，王朝文、吴彩兰、万再扬、王天跃、杨晓凤负责南线乡镇（缠溪、罗场、杨柳、洋溪）救灾慰问工作。何圣仙、任达志、王新华、严黔闽负责东线乡镇（朗溪、合水、永义、木黄、新业）救灾慰问工作。严天智、李俊宏、翁锡钗负责县城及北线乡镇（峨岭、新寨、中坝、板溪、杉树、沙子坡、天堂、刀坝）救灾慰问工作。由县委办、县政府办提出县直部门参与三个工作组的方案。各工作组要创造条件，克服困难，到乡镇开展救灾和慰问工作。由王继承负责，工商、物价、质监等部门联合开展一次检查，对哄抬物价的行为要严肃查处。政法部门要对抗灾救灾期间出现的“两抢一盗”等违法犯罪行为从严从快打击，重申“三个不准”，露头就打。同时，在整个抗灾救灾工作中要特别注意做好安全工作。全县整个防灾救灾工作仍然按照已成立的县凝冻气象灾害应急指挥部机构来运作，各工作组按原来明确的职责分工开展工作。救灾督查组要立即开展对救灾工作的督查，宣传信息通讯组要加大对防灾救灾工作的宣传报道力度。

2008年2月4日常委扩大会。总结前一阶段凝冻气象灾害抗灾救灾工作，安排部署下一步工作。继续做好电煤油运及供水、供气和粮食供给工作。继续做好以道路交通安全为重点的安全工作。对303省道印江段的安全保畅工作，按县人民政府专题会议研究的意见办理；印沿线的道路交通安全工作，由张明负责组织召开专题会议进行安排，拿出工作预案组织实施。继续做好救灾救济工作，确保全县各族人民过上一个安定祥和的春节。继续做好维稳工作，确保春节期间全县社会稳定。积极开展健康有益的活动，营造一个欢乐、祥和的节日氛围。各级各部门要安排好春节期间的值班工作。县几大班子领导的值班安排由县委办公室牵头负责。各级各部门领导要带头坐班和值班，县几大班子领导成员必须保证24小时通信畅通。适时召开凝冻气象灾害抗灾救灾工作总结表彰大会，由熊放鸣、严天智、张明、何支刚负责拿出方案送县委、县政府主要领导审定。宣传部门要挖掘在这次抗灾救灾中涌现出的先进典型和感人事迹。

2008年2月27日常委会。传达学习省委书记、省人大常委会主任石宗源在2月13日省委常委扩大会议上的讲话精神。议定全县经济工作会议对石宗源书记讲话精神作进一步贯彻，重点对灾后重建、生产自救工作抓好落实。传达学习省纪委十届二次全会精神。同意县纪委提出的贯彻意见，由翁锡钗牵头，筹备召开全县纪委工作会议。研究全县经济工作会议有关事宜。全县经济工作会议定于3月1日在县大会场召开，会期一天。参会人员扩大到县直机关单位和乡镇的班子成员（乡镇留一名班子成员值班）、县委委员、县纪委委员、县人大常委会委员、县政协常委。会上对2007年度乡镇全面工作考核、县机关目标考核、五项重点工作、自治县二十周年庆祝活动、凝冻气象灾害抗灾救灾工作进行表彰。会务工作由熊放鸣牵头落实。审定县五项重点工作、凝冻气象灾害抗灾救灾、自治县二十周年县庆、乡镇2007年度全面工作考核表彰奖励有关事宜。关于县五项重点工作的表彰奖励，同意县领导小组提出建议名单，奖励金额从5000元提高到1万元。关于凝冻气象灾害抗灾救灾表彰奖励，由熊放鸣、张明牵头，按研究意见作进一步完善。关于自治县二十周年庆祝活动表彰奖励问题，同意县领导小组提出的意见。关于乡镇2007年度全面工作考核表彰奖励问题，同意按县领导小组提出的意见办理。研究县人大六届三次全会有关事宜，同意县人大党组的请示。审定2008年全县经济主要指标。同意县人民政府提出的2008年主要经济指标。各级各部门要自加压力，服从县委、县政府工作大局，全面完成和超额完成2008年各项工作任务目标。审定《2008年农业农村工作意见》《关于加快新型工业化建设进程的实施意见》《关于2008年城镇经济和商贸物流经济实施意见》《关于2008年文化旅游经济工作实施意见》《关于进一步加强2008年招商引资工作的意见》《关于2008年卫生工作实施意见》《关于2008年交通发展工作意见》，同意县人民政府提出的农业农村、工业经济、城镇经济和商贸物流经济、文化旅游经济、招商引资、卫生六个工作意见，由县政府办按研究意见修改后以县委、县政府文件下发，由肖洪审签。交通发展工作意见作进一步修改和完善后以县政府文件下发。同意县委统战部关于增补县政协委员的请示。

2008 年 3 月 20 日常委扩大会。传达学习全国“两会”精神。会议要求，当前和今后一个时期，全县上下要把认真学习贯彻全国“两会”精神作为一项十分重要任务抓紧抓好，切实把思想和行动统一到中央的部署上来，要把学习贯彻全国“两会”精神与深入学习贯彻党的十七大精神结合起来，与深入学习贯彻省第十次党代会、省委十届二次全会精神结合起来，与贯彻落实全县经济工作会议精神结合起来，使学习全国“两会”精神成为推动各项工作的强大动力，使县委、县政府确定的各项目标任务更好地落到实处。学习《中共中央关于进一步完善地方党委领导班子配备改革后工作机制的意见》文件精神，县委常委要带头学习，深刻领会并掌握文件精神。县人大、政府、政协党组要专题组织学习。加强班子自身建设，全力维护班子团结。各位常委要从自身做起，进一步加强团结，相互信任，发扬良好的工作作风，增强班子的凝聚力和战斗力。充分发扬党内民主，坚持民主集中制。各位常委要严格组织和工作纪律，做到遇事相互商量，互相沟通，使班子内部形成团结和谐、心顺气和的良好风气。进一步完善常委会议事决策机制，推动常委会科学决策、民主决策、依法决策。听取县委、县政府重点工作情况汇报。关于春耕备耕，一是要做好种子和物资的准备，由何支刚牵头，迅速组织一次对种子和化肥、农膜、农药等物资的调进情况、市场物价、质量的检查，绝不允许在质量上出现问题；二是大力推广良种良法，由农业局制定技术方案并指导各乡镇组织实施；三是层层兴办示范点，在推广成熟技术的同时，还要推广一些新的农业适用技术，示范点要选在具有示范效应的地方；四是加强督促检查，由熊放鸣、何支刚牵头，迅速制定春耕生产督查方案，并加强督促检查。关于工业经济，同意适时召开工业经济调度会，由县经贸局做好会议筹备工作。对干法水泥生产线、金华火腿两个列入重点工程的项目，有关部门必须牢牢盯住，切实做好项目建设的服务工作。由张明牵头，卢道军、陆治邦协助，做好金华火腿、恒丰锰业两个项目开工建设的前期相关工作。由经贸局对现有企业的生产情况逐一进行检查，确保正常生产。关于城镇经济，对 2008 年要实施的城镇建设项目进行逐一检查，对已启动的项目要加快建设进度，对还未启动的项目要抓紧启动。由王继承牵头抓落实。关于商贸物流经济，由建设局抓紧编制专业批发市场近期建设规划，重点做好已签订合同的商贸物流专业大市场开工建设工作。关于文化旅游经济，同意按县人民政府意见办理。听取“县为单位、整合资金、连片开发、整村推进”试点工作情况汇报。议定由县委常委、组织部部长李俊宏任项目实施指挥部指挥长，县人大常委会副主任王天跃任副指挥长，确保项目顺利推进。听取人口和计划生育春季集中宣传教育活动情况汇报。议定由县四家班子分管和联系领导带队，县委、县政府督查室参与，县人口计划生育局抽人组成督查组，加强对乡镇的巡回督促检查。乡镇党政领导要继续加大工作力度，强化时间和任务观念，扎实推进春季计划生育集中宣传教育活动，确保预期目标任务的完成。听取县城供排水招商引资项目情况汇报。同意作为招商引资项目，以特许经营的方式进行招商引资。同意与南京东创水务公司为主进行洽谈。同意南京东创水务公司提供的合同蓝本，由张明牵头，县人大常委会、县政协各一名领导参与，建设局、发改局、财政局参加，与南京东创水务公司进行细谈，形成正式合同。听取西环大桥配套工程情况汇报。西环大桥配套工程指挥部要继续负起责任，做好后续工作，对所有工程进行自查。自查结束后，由县审计局组成审计组开展审计。待审计结束后再正式移交，由王继承牵头抓落实。

2008 年 3 月 20 日常委会。传达全区政协主席会议精神，研究全县贯彻意见。同意县政协党组提出的贯彻意见。同意在政协现有车辆编制内解决一辆工作用车。审定全县勤政廉政先进个人名单，同意县纪委提出的建议名单。今后，以县委、县政府名义表彰的先进个人，涉及县直部门、乡镇党政主要领导的，由县委、县政府统筹安排，乡镇、县直部门不直接推荐。传达全区政法工作会议精神，研究全县贯彻意见。同意召开全县政法工作会议，会议时间由县委统筹安排，会议筹备工作由郑顺恩牵头抓落实。原则同意《关于进一步加强和改进政法工作的意见》，由郑顺恩牵头按讨论意见修改后送陈康审签。关于增加2008年政法工作经费问题，由县政府专题研究落实。关于政法系统协管干部，先由政法委提出意见，县委组织部部长办公会讨论报县委同意，再进行考察，在正式人选提交县委常委会研究前，须征求政法委意见。同意4月底前对政法中层干部及乡镇政法委副书记进行考核，由李俊宏牵头抓落实。听取县编办关于县人口和计划生育协会机构升格的情况汇报。议定县人口和计划生育协会单列为正科级事业机构，为群众团体，由县人口和计划生育局代管，由县编委办按程序办理。

2008年3月28日常委会。传达全区第四次现代畜牧业工作会议精神，研究全县贯彻意见，审定《关于加快2008年现代畜牧业发展的意见》。同意3月30日召开全县现代畜牧业发展工作会议，会议所需经费由县财政据实核拨，会务工作由何支刚牵头落实。同意对2007年全县现代畜牧业发展工作先进集体进行表彰，表彰的有关事宜按会议研究意见办理。原则同意《关于加快2008年现代畜牧业发展的意见》，由现代畜牧业发展工作领导小组按会议讨论意见修改后以县委、县政府文件下发，由肖洪审签。原则同意《印江自治县2008现代畜牧业工作考核奖惩办法》，由现代畜牧业发展工作领导小组按会议讨论意见修改后以县委办、县政府办文件下发。审定《2008年人口和计划生育工作安排意见》。原则同意《2008年人口和计划生育工作安排意见》，由县人口和计划生育工作领导小组按会议讨论意见修改后以县委、县政府文件下发，由肖洪审签。传达全区基层组织建设年动员大会精神及研究全县贯彻意见。同意3月31日召开全县党的基层组织建设年活动动员部署暨组织工作会议，会务筹备工作由县委组织部负责。同意《关于在全县开展党的基层组织建设年活动的意见》，以县委文件下发，由陈康审签。同意《印江自治县党的基层组织建设年活动实施方案》，以县委办公室文件下发。基层组织建设年活动经费，列入2008年度县财政预算。

2008年3月29日常委扩大会。研究中洲片区开发建设。原则同意县城镇经济领导小组与贵州华坤房地产开发有限责任公司洽谈的关于中洲片区开发建设合同，领导小组按会议讨论意见对合同内容作进一步修改完善后，由县人民政府把关。中洲片区开发建设必须符合县城总体规划和有关法律法规，土地出让必须符合有关政策规定，具体事宜由县人民政府办理。

2008年4月10日常委会。传达全区党风廉政建设和反腐败工作会议精神，研究全县贯彻意见，原则同意县纪委提出的贯彻意见。全县党风廉政建设和反腐败工作会议与纪委工作会议合并召开，会议召开时间由县委统筹安排，会务工作由翁锡钗牵头负责。同意《2008年党风廉政建设和反腐败工作安排意见》，由陈康签发。传达全区党委系统办公室工作会议精神及研究全县贯彻意见。同意县委办公室提出的贯彻意见。5月中旬召开全县办公室工作会议，会议筹备工作由县委办公室负责，会议经费由县财政据实核拨。同意配备县委政研室主任，由县委组织部按研究意见办理。传达全区党史工作会议精神，研究全县贯彻意见，原则同意县委党史研究室提出的贯彻意见，涉及所需经费由县委党史研究室专题向县政府报告解决。

2008年4月30日常委扩大会。专题研究县城供水及污水处理项目。原则同意县发改局、县建设局提出的印江自治县城市供水及污水处理项目合同书方案，由熊放鸣、张明牵头，县人大、县政协联系领导参加，召集有关部门按会议讨论意见修改后，继续与南京中创水务股份有限公司洽谈。若双方无异议，可签订框架性合同，委托张明代表县人民政府签订合同。由县建设局及时向地区建设局正式报告全县城市供水及污水处理项目情况。双方签订合同后7日内，投资方必须将保证金200万元打入县财政账户，否则合同不予生效。成立县城市供水及污水处理项目工作领导小组，由张明任组长。

2008年5月5日常委会。研究全县人口和计划生育工作。同意县人口和计划生育领导小组提出的贯彻意见。于5月7日召开全县人口和计划生育工作会议，会上对2007年度计生工作先进单位进行表彰，对上半年县交叉检查考核滞后的乡镇进行黄牌警示，由县人口和计划生育局做好会议筹备工作。在全县人口和计划生育工作会议召开之前，对半年工作考核滞后的洋溪镇、永义乡，整体水平较差的新寨乡和全区重管乡镇朗溪镇的党委书记进行诫勉谈话。在全县人口和计划生育工作会议召开之后，召集计生、卫生、公安、药监、工商等部门召开专题会，专题研究打击“两非”、遏止出生人口性别比偏高的问题。尽快配备县计生协会班子成员，由县委组织部抓落实。

2008 年 5 月 8 日常委会。研究县内举行“颐和园”特种邮票首发仪式事宜。同意县人民政府提出的活动方案，“颐和园”特种邮票首发仪式印江分会场的协调调度由王继承负责。同意以县委、县政府名义举办严寅亮书法艺术研讨会、印江书法艺术作品展、印江书法文化普及现场展示活动，由严天智牵头，王新华参与，迅速按会议研究意见制定活动方案并组织实施。以上三项活动所需经费从申报“中国书法之乡”活动经费中列支。

2008 年 5 月 17 日常委会。研究《印江通讯》增办周三版有关事宜。同意《印江通讯》由周二版增加为周三版。同意增加人员编制，由县编办按研究意见履行报批手续。同意给印江通讯中心每年安排经费 30 万元，从 2008 年 5 月起列入县财政预算。研究召开县文代会及启动“中国书法之乡”申报工作有关事宜。成立县文代会筹备工作组，熊放鸣任组长，严天智、李俊宏、苏天前任副组长。工作组要组织人员对全县文艺事业进行调查研究，组织起草县委、县政府《关于加快我县文化事业和文化产业发展的意见》《关于进一步繁荣文学艺术事业的意见》，待筹备工作准备充分后适时召开全县文代会。按自下而上原则配齐配强县文联及其协会、学会班子成员。县文联班子的配备由县委组织部牵头，县委宣传部参与；文联协会、学会班子的配备由县委宣传部牵头负责。年内启动“中国书法之乡”申报工作。成立县申报“中国书法之乡”工作领导小组，肖洪任组长，严天智、苏天前任副组长，领导小组下设办公室在县委宣传部，严天智兼任办公室主任（另行文）。传达全区“整脏治乱”暨“满意在铜仁”主题活动工作会议精神，研究全县贯彻意见，研究创建全省文明县城有关事宜。同意解决创建全省文明县城工作经费 100 万元，列入县财政预算。尽快召开县“整脏治乱”创建全省文明县城工作领导小组会议，研究全县“整脏治乱”创建全省文明县城工作。原则同意提交本次常委会议审定的创建省级文明县城相关文件，由创建办按讨论意见进一步修改完善、严天智审核把关后印发。传达全区宣传思想工作会议精神及研究全县贯彻意见。原则同意县委宣传部提出的贯彻意见，本月内召开全县宣传思想工作会议，会务工作由县委宣传部负责。相关文件由宣传部按讨论意见修改，经严天智审核后按程序送签。传达全区统战工作会议精神及研究全县贯彻意见。同意县委统战部提出的贯彻意见，本月内召开全县统战工作会议，会务工作由县委统战部负责。由县委统战部组织起草县委《关于进一步巩固和壮大新世纪新阶段统一战线的实施意见》，经王继承审核后送陈康审签。传达全区组织工作会议精神，听取近期党建工作情况汇报。原则同意县委组织部提出的贯彻意见。同意启动县党代表大会代表常任制工作，进一步完善乡镇党代表大会代表常任制。由县委组织部按研究意见进行调研后代县委起草《关于推行县党代表大会代表常任制工作的实施意见》。关于建立村干部年度考核机制和报酬正常增长机制的问题，由县委组织部牵头，县财政局、县民政局参加，按会议研究意见拿出方案，征求各乡镇意见后报县委审定。同意安排全县远程教育设施维修经费 9 万元，县委组织部、县教育局、县财政各承担三分之一。传达全区国安工作会议精神，研究全县贯彻意见。同意县委政法委提出的贯彻意见，近期召开全县国家安全人民防线建设工作会议，会务工作由县委政法委负责。要加大对县境内邪教组织打击力度，年内在全县范围组织开展一次彻底的排查，由县委政法委牵头负责。听取公安局党委关于“三基”工作情况汇报。同意成立县“三基”工作领导小组，比照地区文件行文（另行文）。关于解决连续在基层一线工作 15 年、25 年民警的职级待遇问题，待县委对公安局中层干部考察结束后，由县委组织部、县委政法委拿出工作方案报县委常委会议研究。

2008 年 5 月 19 日常委会。研究省级社会主义新农村“百村试点”张家村建设事宜。要不误农时，做到不违背自然规律，不违背大多数群众的意愿，确保发展生产和基础设施建设两不误。由农业局拟出各季节农时安排，工作组负责统筹协调。道路建设、农网改造、人饮工程等各项基础设施建设，由各职能部门按照研究意见抓紧落实，整个基础设施建设必须于 6 月底前告一段落。各成员单位要围绕“20 字方针”和责任分解要求，认真履行职责，高标准、高质量、高效率推进各项工作。从 7 月份起，尚未启动的工作必须全面启动、整体推进，确保 10 月份初见成效。

2008年5月20日常委会。研究安排党的建设工作。原则上党建工作领导小组每个季度召开一次会议，切实解决目前部分主要领导人在抓业务工作和党建工作中存在的一手硬、一手软问题。关于部分群团组织不够健全问题，由县委分管领导牵头，按照会议研究意见列出时间表，尽快健全各级基层组织。10月底前，完成工会、共青团、妇联换届工作。关于活动不正常、制度不完善问题，由县党建工作领导小组办公室拿出具体意见，在基层组织建设年活动深入实施阶段切实加以解决。

2008年5月24日常委会。研究镇党委书记外出考察学习事宜。同意组织乡镇党委书记就农业产业化问题外出考察学习，由熊放鸣、何支刚按研究意见抓紧拿出方案报县委、县政府审定，并按程序报批。

2008年6月4日常委扩大会。审定《印江自治县重点工作黄牌警示制度》，由张明牵头，按会议讨论意见修改完善后，提交县委常委会议审定。审定《县委、县政府关于加强行政服务工作的意见》，原则同意县政务服务中心代县委、县政府起草的《关于加强行政服务工作的意见》，由县政务服务中心按会议讨论意见修改后，送肖洪审签。相关配套文件由付文华审定签发。审定《"两基"迎"国检"工作县几家班子领导成员联系乡镇的通知》，同意由县委办公室、县政府办公室行文。

2008年6月30日常委专题会。研究信访工作有关事宜。在县委常委扩大会议上对全国处理信访突出问题及群体性事件电视电话会议和全省部署"县委书记大接访"电视电话会议精神进行传达，把会议精神和《信访条例》列入县委中心学习组学习内容，由县信访局准备学习资料发县委中心学习组成员。县委办公室、县政府办公室负责及时将中央、省、地要求传达到各乡镇、县直各部门。由县信访局、政法委、公安局、法院、经贸局和各乡镇及时对全县信访突出问题、群众关心的热点难点问题和涉法涉诉突出问题进行一次大排查。重点对可能进京上访、可能到省地越级访、在县内可能造成群体性事件、重信重访个案四类问题逐一进行排查，实行县领导包案制度，明确责任。开展"县委书记大接访"活动。县四家班子全体成员、县直部门负责人和各乡镇党政负责人要按照属地管理、分工负责的原则，明确责任，加强协调配合，认真做好接访工作，坚持重大问题集体研究，做到内紧外松，有序进行。全县"县委书记大接访"活动方案待省、地方案出台后，由县信访局按照要求制定实施方案，报县委审定后实施。坚持注重实效。全县各级领导要带着感情帮助群众理顺情绪、解决问题，把握好分寸，坚决杜绝群体性事件发生，确保社会稳定，绝不能因为工作失误造成进京上访和大规模到省、地越级访。从7月1日开始，由县委常委带头，县几大班子成员深入联系乡镇开展走访慰问困难党员和困难群众活动，开展"进村入户听民意，真心实意解民忧"活动，变群众上访为领导下访，真心倾听民声，真情关注民生，切实帮助基层解决群众存在的实际困难和问题，努力将矛盾化解在基层，消灭在萌芽状态。

2008年6月30日常委会。从7月1日开始，由县委常委带头，县几大班子成员按照联系乡镇对离任村干部和困难党员开展一次走访慰问活动。安排走访慰问活动经费20万元，其中县财政10万元，县民政5万元，党费5万元，由李俊宏负责统筹安排。按照健全组织、完善制度、开展活动、推动工作、评比表彰五个环节认真开展好基层组织建设年活动深入实施阶段的各项工作。关于完善制度的问题，由李俊宏牵头，建立健全县党代表常任制；由县委办公室牵头，建立健全县委工作机制有关制度；涉及全县各级基层党组织的相关制度，由县党建办牵头负责。关于开展活动的问题，县党建办要围绕如何发挥村中心活动室作用和更好地方便群众办事这个中心认真研究，拿出具体方案报县委审定。县文广局代县委办公室、县政府办公室起草关于在全县乡镇村中心活动室建立"农家书屋"的实施方案（另行文）。关于推动工作的问题，全县基层组织建设年活动要紧紧围绕推动经济社会实现跨越式发展的总体目标，县直各部门要认真总结半年来的工作情况、存在的问题以及下一步工作打算，县委中心学习组成员认真准备好书面发言。关于评比表彰问题，县委党建办、县委宣传部要深入挖掘和广泛宣传在开展基层组织建设年活动中涌现的先进人物和典型事迹，进一步提高党组织在群众中的公信力和凝聚力。

2008年7月7日常委扩大会。传达学习石宗源在瓮安“6·28”事件阶段性处置情况汇报会上的讲话精神，研究全县贯彻意见。县几大班子领导要充分认识维护社会稳定工作的极端重要性，切实把信访工作作为当前一项紧要的政治任务抓紧抓实。要深刻反思瓮安“6·28”事件的严重危害性，清醒认识全县当前维稳工作面临的形势，扎实做好信访工作和新形势下的群众工作，努力维护全县社会政治稳定。县人大常委会、政府、政协党组要召开专题会议，研究落实本次县委常委扩大会议精神。加强领导、明确任务、建立责任、注重实效，深入扎实地开展好“县委书记大接访”活动。县纪检监察、组织部门，要加强全县干部职工的党纪法规教育，掌握干部职工思想动态。县信访部门要结合上级精神和有关要求，抓紧制定全县开展“县委书记大接访”活动的实施方案，按照6月30日县委常委专题会议的精神，在全县开展一次矛盾纠纷排查活动。对由县排查出来的信访突出问题，建立县级领导干部包案责任制，明确包案的主要领导、责任领导、责任部门和结案时限。各乡镇党委、政府和县直各部门，要开展对本辖区、本部门的矛盾纠纷排查活动，按照“属地管理、分级负责”的原则，认真做好本地本部门的群众来信来访工作。要建立信访跟踪督查制度，由县信访局定期向县委、县政府书面报告信访办理情况，县委、县政府每周召开一次信访工作例会，及时研究解决工作中存在的问题。由县委政法委牵头，按照全省深入开展“打黑除恶”专项行动电视电话会议精神，抓紧制定全县开展“打黑除恶”专项行动实施方案，报县委审定后实施。县公安局党委要召开党委会议，专题研究各类案件的侦破工作。加强正面宣传引导，进一步提高舆论引导水平。县委宣传部要按照中央、省委、地委的要求，统筹做好维护社会稳定、开展“县委书记大接访”活动的宣传报道工作，注重舆论导向，召开专题会议安排部署，由严天智负责抓落实。7月9日召开全县信访工作会议，传达贯彻省委、地委有关会议、文件精神和领导重要讲话精神，安排部署全县维护社会稳定、做好新形势下的信访工作，会务工作由县委办公室、县信访局负责落实。审定全县创建全省文明县城地区初评整改方案。同意县创建领导小组提出的整改工作方案。各级各部门要进一步重视支持创建工作，努力营造创建工作的良好氛围。县人大常委会、县政府、县政协近期要分别召开一次创建工作专题会议，研究解决落实创建工作中存在的问题。县委、县人大党组、县政协党组，要组织党代表、人大代表、政协委员对创建工作整改落实情况进行一次专题视察，重点是各级各部门落实《县委办县政府办关于转发〈我县创建全省文明县城地区初步测评提出问题整改工作方案〉的通知》文件。创建工作整改措施的落实及迎检各项准备工作由严天智牵头负责。传达学习全省贯彻落实《建立健全惩治和预防腐败体系2008—2012年工作规划》会议精神，研究全县贯彻意见，同意县纪委提出的贯彻意见，由翁锡钗负责抓落实。

2008年7月25日常委扩大会。传达学习全区县委书记、县长座谈会议精神。由李俊宏牵头，抓紧对县交通局、水利局班子进行考察。8月上旬召开半年工作会议，由熊放鸣牵头做好会议筹备工作。传达全区农业产业化工作会议精神，研究全县贯彻意见。同意县人民政府提出的贯彻意见，8月上旬召开全县农业农村工作会议，由何支刚牵头做好会议筹备工作。听取迎接创建全省文明县城省级测评有关工作安排情况汇报。同意县创建文明卫生办公室提出的迎检工作方案。整个迎检工作由严天智牵头协调和统筹抓总，集中半个月时间把迎检工作做得更加扎实和富有成效。由李俊宏牵头，抓紧组织党代表对创建工作进行视察。由严天智负责，在8月1日前作创建工作电视讲话。听取汇报政协地工委第三次会议和全区政协主席会议精神，同意县政协党组提出的贯彻意见，由县政协党组抓好贯彻落实。听取汇报全区政法工作会议精神，同意县委政法委提出的贯彻意见。“打黑除恶”专项行动在案件上要有所突破，在宣传导向上结合全省文明县城创建工作，让广大群众知晓，提高群众的安全感。同意组建乡镇维稳中心，由县委政法委商组织部落实。

2008年8月1日常委会。传达学习省委十届三次全体（扩大）会议精神。议定8月下旬召开县委全体（扩大）会议，贯彻落实省委十届三次全体（扩大）会议精神，部署党的建设工作，由熊放鸣负责会议筹备。通报地委组织部关于对县级领导班子和领导干部群众满意度测评，推荐县级后备干部工作会议精神。议定8月6日召开全县领导干部会议，对县级领导班子和领导干部群众满意度测评，并推荐县级后备干部，由李俊宏负责会议筹备。

2008年8月14日常委会。传达全区“法治铜仁”主题活动会议精神，研究全县贯彻意见。同意县人大常委会党组提出的贯彻意见。同意县人大常委会主任、副主任编制单列，同意增设县人大常委会信访室，由县编办按程序报批。同意将人大代表闭会期间的活动经费（县人大代表每人每年不少于500元、乡人大代表每人每年不少于300元）列入同级财政预算。同意将开展“法治铜仁”主题活动经费列入县财政预算。《印江自治县开展“法治铜仁”主题活动工作总体方案》由县委办公室以文件形式印发，由熊放鸣审签。审定全县教育工作暨“两基”迎“国检”工作会议有关文件。议定《县直机关“两基”迎“国检”引资筹资定点帮扶学校的通知》，由苏天前牵头，按讨论意见修改后，以“两办”文件形式下发。《县委、县政府关于进一步做好迎接国家“两基”督导检查工作的意见》，由苏天前牵头按讨论意见修改后，送肖洪审签。《县委、县政府关于加强和改进学校思想政治工作的意见》，由熊放鸣牵头，苏天前协助，组织纪检、宣传、文广、司法、工会、团委、妇联、关工委等有关部门对文件进行认真讨论，在全县教育工作暨“两基”迎“国检”工作会议上以征求意见稿形式进一步征求意见，修改后按程序审签。听取省第六次民族团结进步先进集体和先进个人印江推荐评选方案的汇报。由熊放鸣牵头，苏天前参与，按评选要求拿出推荐名单，书面征求县纪检、计生部门意见后再征求县委常委意见，按程序审定后上报。审定《县公安局机构设置实施方案》，同意县编办提出的《县公安局机构设置实施方案》。张明、郑顺恩、李俊宏要加强对方案实施工作的领导，切实加强公安局班子建设、队伍建设和作风建设，体现从优待警，促进印江经济社会发展。

2008年9月10日常委会。传达全区人大工作会议精神，研究全县贯彻意见。同意由县人大党组代县委起草《关于进一步加强和改进人大工作的意见》，按程序审定后下发。同意召开全县人大工作会议，由县人大党组负责会务筹备工作，会议召开时间由县委统筹安排。同意县人大办公室增加秘书人员，编制采取先进后出的办法。同意各乡镇明确一名工作人员专抓人大工作。同意对县人大常委会议室进行改造，所需经费向县财政报告解决。传达全区议军会议精神，研究全县贯彻意见。由县委办公室牵头，县人武部参与，代县委起草《关于加强国防后备力量建设的意见》，按程序审签。同意召开县委议军会议，由县人武部负责做好会议筹备工作。同意年内对县人武部干部宿舍楼进行改造，由县人武部提出改造方案，所需资金由县人武部专题向县政府报告解决。关于县民兵武器仓库及安全设施维修改造的问题，由县人武部党委向军分区请示，待军分区批复后组织实施，所需经费列入县财政预算。关于解决民兵训练场地的问题，由县人武部在充分调研的基础上拿出方案，列入县委、县政府下年要办的一件实事。同意将县人武部及国防后备力量建设保障经费100万元列入县财政预算。县有关部门要加强对资金使用情况监管，经费列支由县人武部专题向县政府报告予以核拨。传达全省石漠化综合防治试点工作会议精神，成立县石漠化综合防治试点工作领导小组（另行文）。领导小组抓紧制定实施方案，按程序审定后组织实施。传达全区文化旅游产业发展大会精神，研究全县贯彻意见。由县文化旅游产业发展领导小组办公室将省委和地委、行署领导在全区文化旅游产业发展大会上的讲话、会议讨论通过的两个文件制作成小册子，分送县委中心学习组成员、全县正科级以上领导干部学习。“县旅游事业局”更名为“县旅游局”事宜，由县编办按程序报批。同意从2009年起解决文化旅游产业发展资金300万元，并列入县财政预算。关于2009年文化旅游产业发展，由县旅游局、民宗局、文广局分别拿出工作方案，县旅游局汇总报县政府审定后组织实施。县建设局要加强对县内梵净山旅游线路沿线村庄的规划建设，体现风格特色；县国土资源局要严格用地审批，将朗溪、合水、永义、木黄县乡公路沿线用地上划为县直接审批。传达全区农村改革试验试点工作会议精神，研究全县贯彻意见。同意成立县农村改革试验试点工作领导小组（另行文）。同意设立县乡土地经营权流转办公室，与县乡农经站合署办公，实行一套机构，两块牌子，在全县选调有丰富农村工作经验、较强工作责任心且业务能力强的人员办公。由熊放鸣近期带队就农村土地经营权流转外出进行一次考察学习，在考察调研的基础上拿出全县农村土地经营权流转改革方案，报县委、县政府审定后实施。审定《县兽医管理体制改革方案》。同意《县兽医管理体制改革方案》，由县编办按程序报批。

2008 年 10 月 9 日常委会。研究召开县委十一届二次全体（扩大）会议事宜。议定县委十一届二次全体（扩大）会议于 2008 年 10 月 15 日至 17 日上午在县委会场召开，会期两天半。参会人员为：县委委员、县委候补委员，县纪委委员；县人大常委会、县政府、县政协党员领导干部；乡镇党委书记、乡镇长；县人大机关、政协机关工委主要负责人；县直机关部门党员主要负责人。邀请县人大、政府、政协党外领导干部，担任副县级实职以上的离退休干部，正科级部门党外行政主要领导。成立会议筹备工作组，熊放鸣任组长，李俊宏任副组长，负责会议的各项筹备工作。同意县委十一届二次全体（扩大）会议日程安排。讨论审议《县委工作规则》（讨论稿）、《县委关于加强和改进县直部门党组工作的意见》（讨论稿）、《县委关于推行县党代表大会常任制的意见》（讨论稿）、《印江自治县党代表大会常任制试行办法》（讨论稿）。同意《县委工作规则》。由县委办公室按讨论意见修改，书面征求县委委员，县人大党组、县政府党组、县政协党组的意见后，熊放鸣负责把关，并按程序审签。同意《县委关于加强和改进县直部门党组工作的意见》《县委关于推行县党代表大会常任制的意见》《印江自治县党代表大会常任制试行办法》三个文件。由县委组织部书面征求县人大党组、县政府党组、县政协党组意见，李俊宏负责把关，并按程序审签。听取县信访工作情况汇报，研究部署下一步信访工作。要进一步增强政治责任感，全县各级各部门要切实把思想和行动统一到地委、行署的要求上来，坚决克服麻痹思想，做到思想不松、力度不减、目标不降。要认真排查，责任到人。继续完善县乡领导包案责任制，认真落实信访工作责任追究制，对因干部工作不到位、不作为甚至乱作为造成群体性事件或集体非正常越级访的，县纪检监察部门要实行责任倒查，严格追究相关责任人的责任。在具体工作中，要遵循法律法规，按照“讲政策、注重策略、落实责任”的要求，做到“四统一”（即统一接待、统一接访、统一答复、统一处置），切实把信访苗头性问题化解在基层、消除在萌芽状态。要继续深入开展“千名干部进万家访民生”主题实践活动，探索建立长效机制。由熊放鸣牵头，进一步对活动方案进行细化；县四家班子领导成员要继续带头深入乡镇、村开展走访活动；县委、县政府督查室对活动开展情况进行一次专项督查，并对督查情况在全县予以通报。要认真做好值班应急工作，做到内紧外松。强化信息报送工作，把握正确的舆论导向，严格请销假制度。要尽快充实县信访局缺编人员，由县编办、县信访局专题向县政府报告解决。审定《印江自治县 2008 年至 2009 年石漠化综合治理项目设计方案》。原则同意《印江自治县 2008 年至 2009 年石漠化综合治理项目设计方案》，由何支刚牵头，按会议讨论意见修改完善后送张明、肖洪审定后上报。全县石漠化综合治理项目试点工作，要突出治理生态，根据省委、省政府主要领导要求，严格按生态林与经济林4∶1的比例实施；要优化区域，2009 年的石漠化综合治理项目试点工作，要以生态比较脆弱的北部乡镇为重点进行安排，积极争取上级部门的支持；统筹有关涉农资金，集中投入使用，各记其功，加强资金使用的管理和监督，发挥资金的整体作用。要连片推进，体现规模效应；要加大宣传力度，营造良好氛围。

2008 年 10 月 24 日常委会。传达学习全区学习贯彻中央领导同志重要批示现场会议精神。议定 2008 年度县委民主生活会把贯彻落实现场会议精神作为主题，认真总结前阶段的工作，分析查找存在问题，落实整改措施，全力推进 2008 年各项工作任务的完成。县人大常委会、县政府、县政协党组近期分别举行中心学习组专题学习活动，原文学习廖国勋的讲话精神，着重围绕廖国勋在讲话中提出的“五个方面出新经验”和“六个方面执行力”的问题，结合领导班子和个人思想、工作实际，带头查找问题，带头落实整改，发挥好在全县各级党组织和党员干部中的表率作用。从 11 月份开始，以贯彻落实地委扩大会议和这次现场会议精神为契机，在全县广泛开展“五查五找五创”实践活动，重点查找在工作职责、思想认识、工作作风、工作执行力和投资环境建设方面存在的问题，创造性地开展工作，为实现印江经济社会发展历史性跨越打下思想基础。本月底召开一次全县领导干部会议，进一步贯彻落实全区学习贯彻中央领导人重要批示现场会议精神，安排部署当前维稳和经济社会发展工作。会议筹备工作由熊放鸣牵头负责。审定《印江自治县2008年事业单位公开招聘工作人员实施方案》。同意县人民政府党组提出的《印江自治县2008年事业单位公开招聘工作人员实施方案》，由县人民政府组织实施。听取县供电局关于进一步深化农电体制改革的工作汇报。同意县供电企业整体上划省电网公司，由县人民政府书面回复。县供电企业上划后，请省电网公司支持解决印江三个方面问题，一是对68个未实施农网改造的行政村，按照规划于2010年全部实施完毕；二是在2009年内开工建设木黄220千伏变电站；三是2009年内启动县城区电网改造工程，由县供电局在本月内拿出规划，报县政府审定。在上划过程中，要认真处理好峨岭镇先锋电站问题，办理好相关手续。整个上划工作由张明负责。

2008年11月5日常委扩大会。原则同意县政府党组提出的《印江自治县公务员津补贴实施方案》，由县政府按会议研究意见修改后上报地区，并做好对接工作。全县公务员津补贴标准按照就高不就低的原则，尽量保证干部职工利益，增资标准不低于铜仁地区西五县的平均数。县政府要加强与地区对接，在政策上最大限度地争取。听取2009年国家补助投资项目工作情况汇报，成立印江自治县项目申报工作领导小组，肖洪任组长（另行文），领导小组下设办公室在县发改局，办公室的人员编制问题由县机构编制委员会办公室向地区争取解决。县财政对项目申报前期工作经费要予以保障，确保项目申报前期工作的顺利开展。由县财政局拿出重点项目申报前期工作经费筹集方案，报县政府审定。2009年拟编制申报投资项目，由县四家班子提出书面意见，四家班子办公室将意见收集后送县发改局进行完善，县政府分管领导把关后送肖洪审定。2009年国家补助项目的申报编制工作，方向要明确，思路要清晰，重点要突出，既要符合地委、行署新要求，又要符合县委、县政府总体要求，特别是要加大水利项目争取工作，由县发改局按会议研究意见做好项目的编制和把关。传达贯彻地委、行署主要领导关于全区村卫生室建设的重要批示精神和《地委办、行署办关于认真贯彻落实地委、行署主要领导重要批示精神抓好村卫生室项目建设工作的紧急通知》精神，听取全县村卫生室建设情况汇报。议定凡主体工程未完工的村卫生室，县里派一名工作人员，乡镇派一名班子成员蹲点督促，县卫生局班子成员分片包干，11月6日前到位开展工作，确保11月25日前全面完工。对按时完不成任务的，县委、县政府将在全县予以通报，并严格追究有关责任人的责任，村卫生室建设实行一天一报制，每天由县卫生局汇总后分别报县委、县政府主要领导。11月26日前，由县卫生局将全县55个村卫生室的照片送县委、县政府主要领导。举一反三，汲取教训。县政府近期专题听取一次全县农村新型合作医疗的情况汇报。县委、县政府成立专门督查组，对全县涉及民生的几项重点工作进行督查，确保各项民生工作按时保质保量完成。待全县村卫生室项目建设完成后，县卫生局党组召开一次专题民主生活会，县委组织部、县纪委派人参加。县委办公室按会议研究意见，拿出全县贯彻落实地委、行署主要领导批示精神的报告，送县委、县政府主要领导审签后于本日内报地委、行署。

2008年11月12日常委会。主要研究撤销县造纸厂党委有关事宜。会议议定：(1)鉴于县造纸厂改制工作已全部结束，人员已一次性安置、分流，该企业已不存在，同意撤销县造纸厂党委。(2)县造纸厂党委撤销后，其党委班子成员职务自然免除。党委印章由县委组织部收回。(3)同意县人民政府按程序免去吴万明县造纸厂厂长职务。行政印章由县经贸局收回。(4)县造纸厂党委撤销后的后续工作由县委组织部负责。

2008年11月26日常委扩大会。主要研究以下议题：(1)传达学习省委十届四次全体（扩大）会议精神和地委书记廖国勋在《人民论坛》2008年第20期《走读干部不能再“走”了》的重要批示精神，研究印江县贯彻意见。会议议定：①由熊放鸣牵头，起草县委、县政府关于贯彻落实地委书记廖国勋重要批示精神的意见，在12月5日前下发。②从今年12月1日开始，由县委办负责收集县委常委每天工作情况，印发工作日志；县政府办负责收集政府班子成员每天工作情况，印发工作日志。从12月开始，由县委办、县政府办收集各部门、各乡镇主要负责人每天工作情况，印发工作日志，县人大常委会、县政协加强对干部作风的监督。(2)审定印江自治县农村土地承包经营权流转实施方案。会议议定：①由熊放鸣、何支刚牵头，县农业局、县法制办、县法院、县人大法工委、县政协提案委等单位负责人参加，按会议讨论意见对实施意见修改完善后，以县委、县政府文件下发。②印江县农村土地承包经营权流转的范围是农户承包的耕地，耕地以外的林地、荒山、水面、滩涂等其他土地，由县直相关部门制定相应的流转实施意见，报县委、县政府研究。③在县农业局、各乡镇分别设立农村土地承包经营权流转办公室，村级的土地承包经营权流转机构由村委会负责，在全县形成县、乡镇、村三级引导土地流转、鼓励土地流转和规范土地流转的管理工作网络。(3) 传达学习全区水利扶贫工作三级干部会议精神，研究全县贯彻意见。会议议定：①关于地区会议精神的贯彻，由熊放鸣、宾放、何支刚牵头，起草印江县抓紧抓好水利工作的意见，12 月 5 日前以县委、县政府文件下发；2007 年前未完工的水利项目和 2008—2009 年度水利建设项目任务必须在 2009 年 7 月前全面完成，2008 年新增国债资金项目必须在 2008 年 12 月底前开工建设，2009 年 4 月底前完成。②关于水利项目建设的策划和申报争取工作，全县人饮安全项目的策划与申报要与县建设部门涉及的人饮项目结合起来，按照城区、乡镇集镇所在地、行政村和农村散居户四个层次来做好项目的策划和申报争取工作，特别是在乡镇集镇人饮项目的安排上，尽可能地与相关部门涉及的人饮项目进行整合，发挥项目的最大效益；做好全县人均半亩口粮田的水利项目策划和申报争取工作；做好全县骨干水利工程项目的策划和申报争取工作，如栗子园水库、芙蓉坝水库、清渡河水库等水利建设项目；县水利部门向上争取投资上亿元的建设项目必须有 2～3 个。③关于水利建设工作的保障措施，全县乡镇水利站实行“县乡共管、县管为主”的管理体制，由县财政局、人事劳动和社会保障局、县水利局拿出具体方案报县委、县政府研究；全面整合全县水利部门技术队伍力量，采取招、引、培养等方式，进一步充实水利部门的技术力量，扩大技术干部队伍，有效解决全县水利工程项目实施技术力量薄弱的问题；县财政预留资金 150 万元到 200 万元作为水利建设项目工作经费，由宾放、何支刚负责审核使用；2008 年 12 月 5 日前召开全县水利扶贫工作三级干部大会，会议筹备由熊放鸣牵头负责；同意调整充实县水利建设工作领导小组，增加翁锡钗、张武为副组长，增补反贪局、烟草局负责人为成员。设立县水利建设工作监督组，翁锡钗任组长，监察局、审计局、反贪局负责人为成员。(4) 传达全省项目工作会议精神及研究印江县贯彻意见。会议议定：①关于已下达项目的实施工作，由县委办牵头，县委办、县政府办制定下发关于认真组织项目实施的紧急通知，对项目实施的分管领导、项目承办单位提出严格要求，明确完成时限，加快项目进度，确保按时完成项目建设任务；县纪委牵头起草关于加强项目资金管理使用的意见，以县委、县政府文件下发。项目主管部门要向县委、县政府书面汇报加快项目实施的工作方案，由县政府分管领导召集相关部门开会进行审定，审定后形成专题会议纪要，县委、县政府督查室抓好会议精神的督促检查。县政府分管领导要对项目实施工作进行认真把关，防止出现项目部门突击花钱的现象，对因项目实施造成工程质量隐患、资金浪费的，要追究相关责任人责任；已实施的项目要加快施工进度，做好工程验收和完善工作，及时进行项目审计。县委政府督查室每隔 10 天对项目实施情况发一期简报。县财政局对未开工项目和已开工项目的资金使用情况再进行认真审核后，送县政府分管领导和县委、县政府主要领导。②关于做好 2008 年的项目工作，由县财政预留 1000 万元作为项目争取工作经费，要求做到以下几点：县分管领导和项目部门负责人要认真研究国家产业政策投向，吃透上级精神，及时了解和掌握投资动态，增强做好项目的针对性和实效性；县分管领导和项目部门负责人要迅速开展项目的策划、包装和申报工作，选择一些既符合国家政策投向，又能促进印江县经济社会发展、基础设施建设、改善民生问题的重大项目进行认真策划和包装；千方百计向上争取项目，不管采取什么办法争取到的项目就是好办法；对项目实施和项目争取工作实行目标考核责任制。对完成任务好、成绩突出的给予重奖，对贻误工作、错失机遇的进行问责，具体办法由县委办、县政府办负责制定；县发改局发挥好牵头抓总的作用，各项目单位部门积极主动配合。由县政府分管领导召集分管部门负责人召开项目工作专题会议，再次对申报项目进行修改完善，提出项目单子，以县委办、县政府办文件行文，明确项目责任领导、责任部门，县政府每个分管领导策划、包装投资上亿元的项目2～3个。③关于加强项目的管理工作，今后全县任何单位部门向上申报项目，必须向县政府分管领导、主要领导和县委主要领导报告，经县委、县政府主要领导和县政府分管领导同意后方可上报，对不按要求报告的，对其部门主要负责人进行责任追究；项目正式下达后，县发改局、县财政局必须在7个工作日内向县委、县政府主要领导和县政府分管领导书面报告；项目实施部门必须在15个工作日内向县委、县政府主要领导和县政府分管领导书面报项目实施方案，待县委、县政府有关会议审定后迅速实施。

2008年12月19日常委会。主要研究以下议题。(1)审议《印江河保护条例》。会议议定：原则同意《印江河保护条例》，由县人大常委会党组按会议讨论意见修改完善后，按程序进入法律程序；同意解决《印江河保护条例》立法专项经费，由县人大办专题向政府报告解决。(2)听取全县项目工作申报情况汇报。会议议定：成立县重点项目工作领导小组，肖洪任组长，领导小组下设有关重点项目工作组（另行文）；县政府班子成员要按照11月26日县委常委会议研究的意见，尽快列出重点项目清单报县委、县政府；2009年全县经济工作的重点就是抓项目工作，2009年为“项目推进年”，近段时间，由县政府班子成员牵头，县人大常委会、县政协班子联系领导参与，加大向省、地部门上跑的力度，全力以赴抓好项目的争取工作。县财政要给予项目争取工作的经费保障，并加强对资金的使用管理；对已下达尚未开工的项目和在建项目，由翁锡钗牵头逐项进行督促检查，并将督促检查情况书面送县委、县政府。(3)审议2008年经济社会发展的重点指标预测及2009年经济社会发展的初步安排意见。会议议定：由县人民政府按会议讨论意见修改后报行署。(4)传达全省基层“平安建设”经验交流会议精神及研究印江县贯彻意见。会议议定：同意成立乡镇综治工作中心；《县委、县政府关于建立乡镇综治工作中心的意见》，由县委常委，县人大常委会、县政协主要领导提出书面修改意见，四大班子办公室将意见收集后于2008年12月22日送县委政法委进行完善，郑顺恩审核后送县委、县政府审签；郑顺恩负责做好迎接省委、省政府对2009年印江自治县“平安建设”达标的验收工作；同意从2009年起将“平安建设”经费按人均1元列入县财政预算。(5)传达学习《地委办公室关于转发〈万山特区委关于贯彻落实地委书记批示精神认真做好当前维稳工作的情况报告〉的通知》。会议议定：全县各级各部门要高度重视维稳工作，继续深入开展“县委书记大接访”活动和“千名干部进万家访民生”活动，扎实做好当前维稳工作和信访工作，确保省“两会”期间社会稳定，确保全县人民过上一个欢乐祥和的春节。

第四节 决策举要

一、第六届县委（1987.9—1990.6）

在此期间，县委从实际出发，坚持“一个中心，两个基本点”，围绕“粮烟上、人口控、经济活、党风正、治安好”指导思想，把发展农业放在重要位置。积极实施“丰收计划”，层层培训各类人才833期14.17万人次。分期分批培训农村党支部书记和党员166期1.8万人次。引导农民扩大烤烟、油菜等经济作物种植面积。推行企业经营承包责任制，在实行内引外扶，鼓励引进技术、资金、人才政策的同时，对亏损企业进行整顿，对经济效益好的企业进行重点扶持，帮助克服国家宏观紧缩带来的困难。1989年春夏之交，县委召开几大班子会、党组书记会和县直机关党支部书记会议，对全县党员、干部提出纪律要求，统一思想。县委采取自上而下、先党内后党外的形式，组织学习贯彻党的十三届四中全会精神和邓小平等中央领导的重要讲话，县委常委带头进行思想清理，过好组织生活。为加强纪律监督，在县直机关和各区镇建立23个纪检组，配备66名专兼职纪检员。采取先搞试点、后逐步推开的办法，对全县党员在政治、思想、工作等方面的表现进行民主评议。在坚持党员教育的同时，进一步开展党风、党纪、党性教育和理想、宗旨、形势教育，印发《关于近期做好九件群众关心的事的决定》：一是进一步清理整顿公司。二是严格限制县以上干部及其配偶、子女经商和从事流通领域的批发性经营活动。三是严肃查处贪污、受贿、弄权勒索、徇私枉法、投机倒把等案件。四是清理干部、职工违法违纪违章占地建私房。五是严格禁止请客送礼。六是清收干部职工拖欠公款和逾期银行贷款。七是清理干部、职工家属和子女“农转非”后，尚未退出责任地问题。八是清理盲目占用良田好土种树种草问题。九是认真抓好廉政制度建设。1988—1989 年，全县命名文明村寨 60 个、文明单位 32 个、五好家庭 4650 户。全县以尊重知识、尊重人才、发挥知识分子作用为出发点，向地区推荐有突出贡献的拔尖人才 9 名、评定高级职称 28 人、中级职称 494 人、初级职称 1630 人，在一定程度上，调动了知识分子的积极性。

二、 第七届县委（1990.6—1993.2）

在此期间，县委围绕“粮烟上，人口控，经济活，风气好”指导思想，坚持把发展农业放在经济工作的首位。1990 年，县委提出“认清县情，立足当年，着力后劲，发展经济”口号，向农民宣传家庭联产承包责任制将长期稳定不变基本政策，继续实施“温饱工程”，推广杂交水稻、杂交苞谷、杂交油菜，大力发展烤烟生产。1992 年全县农业总产值 1.78 亿元，比 1989 年增长 38.2%。粮食总产量达到 9.40 万吨，增长 79.29%。油菜籽产量 7314 吨，增长 1.65 倍。烤烟产量 9214.32 吨，增长 2.44 倍。完成工业总产值 4049 万元，比 1989 年增长 5.66%。1992 年，从县机关抽调 196 名干部下到农村开展社会主义思想教育。狠抓社会治安综合治理，全年共抓获各类犯罪人员 213 人，摧毁犯罪团伙 12 个，各类刑事案件 191 起，破 163 起，维护了社会秩序，促进了社会安定。县委印发《关于大力发展乡镇企业若干问题的决定》，制定发展乡镇企业的激励措施，将发展乡镇企业发展纳入各级各部门政绩考核的主要内容。工业生产以搞活流通为重点，采取“以销促产”措施，稳中求进，紧中求活。对不景气的企业给予一定的扶持和整顿。1992 年，乡镇企业总产值 3918.03 万元，增长 73.79%。是年，建成甘金桥电站、油脂化工厂、氯酸钾厂、造纸厂 1575 纸机生产线。启动玉屏至印江 11 万伏输变电工程。在中国农业科学茶叶研究所的指导下，新建高标准茶园 5000 余亩。1992 年，为进一步解放思想，加快改革开放步伐。县委在省、地区文件基础上，结合县情制定《关于党政机关事业单位及其干部职工从事经济活动的暂行规定》《关于抓紧抓好我县有关支柱产业，工业项目和梵净山旅游开发的暂行规定》，建立项目责任制，成立有关领导小组，由县几家班子领导同志挂帅，实行工作实绩与经济奖惩挂钩。县委在 1991 年下半年成立建并撤工作领导小组和办公室，开展财产档案清理工作、区乡班子运转和干部考察工作。

三、 第八届县委（1993.2—1997.12）

在此期间，县委以经济建设为中心，以改革开放为动力，突出“发展才是硬道理”这个主题，以“三个有利于”为标准，把握“抓住机遇，深化改革，扩大开放，促进发展，保持稳定”的工作大局，积极推进“两个文明”建设，抓“烟、茶、纸、果、药、矿”支柱产业，促进全县经济快速发展。1994 年，为大力发展非公有制经济，培育新的经济生长点，县委、县政府出台了《关于发展非公有制经济的暂行规定》，为全县非公有制经济的发展提供有力的保证。1996 年，为开创“九五”经济工作新局面，提出了“狠抓粮烟、加强基础、突出乡企、发展两非、增植支柱、严控人口、推进科教、维护稳定”经济工作的思路。1997 年，县委在年初召开了全县扶贫攻坚动员大会，提出紧紧围绕“稳粮食、兴烤烟、抓畜牧、促乡企、控人口”的工作基本思路。为加速经济发展，遵照国家的有关法律法规，县委、县政府出台了《印江自治县关于大力发展乡镇企业若干问题的决定》《印江自治县关于进一步深化改革、扩大开放，加速印江经济发展的若干规定》和《印江自治县招商引资优惠、奖励政策及保护投资者合法权益的规定》。1997 年，全县共完成改造、恢复、保护农田 23736 亩。加大扶贫攻坚力度，加快脱贫致富步伐。1997年全县到位扶贫资金2305万元，比1996年增长1.65倍，农民人均纯收入1060元，比上年增长33.16%，农村有3.5万贫困人口脱贫解决温饱。“两非”经济开发步伐加快。1997年全县垦植开发耕地3.5万亩，国有工业企业紧紧围绕经济体制改革和增长方式两个根本性转变，普遍开展转机制、抓管理、练内功、增效益活动，进一步促使企业依法管理、依法经营，使生产经营朝着规范化、制度化迈进。全县完成工业总产值11500万元，比上年增长8.3%，任务完成较好的有县供电局、水泥厂、兽药厂、印刷厂，产值比上年增长5.4%、19.1%、3.2%、0.38%。同时，企业改革也进行了大胆地尝试：一是重点抓了县酒厂、县外贸公司租赁经营试点；二是抓了县兽药厂和机械厂合并试点；三是开展县工业亏损大户造纸厂2#纸机、3#纸机承包经营试点；四是盘活国有资产，依法将食品公司、生猪仓库、副食品公司部分国有资产转让给石材厂。通过国企改革，国有企业增强了生命力。

1997年，全县完成国民生产总值5.05亿元，比1992年增长63.6%。工农业总产值达到6.45亿元，比1992年增长65.32%。劳务输出蓬勃发展，已成为农村经济重要产业和群众脱贫致富的门路，1997年，全县职工平均货币工资3800元，比1992年增长96.99%。农民人均纯收入1060元，比1992年增长153.28%。城乡居民储蓄存款额1.7亿元，比1992年增长136.83%。以实施温饱工程和粮食丰收计划为载体，大力推广优良品种和农业适用技术，努力提高单产，增加总产。1997年，农民人均生产粮食357千克，比1992年增长28.88%。在此期间，县委积极争取资金，加大基础设施建设力度，截至1997年年末，全县竣工投入使用的水利工程达30余处，公路通车里程达600千米，玉屏—印江110千伏输变电线路的建成，从根本上解决了印江能源的紧缺问题，基本实现村村通电。县城3000门程控电话，无线寻呼和移动电话的建成开通，从时空上缩短了印江与全国的距离。全县15个主要集贸市场修筑了水泥地面，县城新改造和拓宽了振兴路、西门街道，建成了西园乡镇工业小区。改革开放方面，顺利地推进了住房制度、工资制度、公务员制度、粮食购销体制、财税金融体制、企业制度等一系列改革。

四、 第九届县委（1997.12—2002.12）

在此期间，县委顺利完成“九五”计划，始终把农业、农村工作放在经济工作的首位来抓，稳定党在农村的各项方针政策，重视农业生产，立足抗灾夺丰收。1998年，认真组织实施粮食高产示范工程和温饱工程丰收计划，县、乡镇两级都成立了项目领导小组，由党政一把手任组长，分解了任务，明确有职责。县、乡镇层层兴办了高产示范点。为打胜扶贫攻坚战，县、乡镇层层制定了切实可行的“越线”计划、措施。全县共有74个县直机关定点帮扶71个贫困村，加上省地27个单位帮扶的27个贫困村，共落实责任帮扶98个贫困村。全县副科级以上干部和农村党支部书记、村委会主任共849人与849户贫困户结成帮扶对子，实行“四定”（定对象、任务、时间、成效）、“三帮”（帮助制定计划、落实项目、解决实际问题）、“一包”（包基本解决温饱），不脱贫不脱钩。1999年，以开展“两带三增奔小康”活动为载体，以继续解决“三有”为重点，以实施“三增”为目标，全面开展创建农村基层组织建设先进县，“六个好”乡镇、“五个好”村和小康村、小康乡镇活动。2000年，印江按照中央、省、地区经济工作会议精神，紧紧抓住国家继续实行积极财政政策、扩大内需和实施西部大开发战略的机遇，致力于经济结构调整和培育新的经济增长点，大力发展优势产业和特色经济，大力扶持非公有制经济发展，加大基础设施建设力度，深化国企改革，打好扶贫开发、财源建设攻坚战，推动了全县经济工作形成快速发展态势。县几大班子领导带头，对各乡镇烤烟育苗、营养假植和水稻规范化栽插、玉米移栽等进行较大规模的督促检查，狠抓落实。实施退耕还林还草，大力发展林果业，扶持农业产业化经营，组建了梵净山茶叶公司、杨树开发公司、中药材开发公司、林产品开发公司、银杏开发公司和梵净山野菜开发公司等6个“龙头”企业。大力发展畜牧业，实施“3568”工程，农村经济结构调整迈出实质性步伐，农民增产不增收问题得到初步解决，农业基础地位进一步加强。2002 年，全年完成国内总产值 75055 万元，比上年增长 6.2%，烤烟生产取得较好的发展，烤烟产量 8.46 万担，同比增长 35.13%。实现国内生产总值年均递增 8.09%，财政总收入年均递增 20.73%，其中地方财政收入年均递增 6.28%，农民人均纯收入年均递增 5.21%。启动东郊小区开发建设，全部完成四条通县油路改造工程，印秀线进入施工图测量阶段，县内公路通车里程达 940 千米，村通公路率 70%。完成农村电网改造一期工程，农村农户用电率达到 95%。1998 年全县农村贫困人口基本解决温饱，顺利实施县城防洪堤第一期工程，“两基”工作顺利通过省政府验收。在改革开放方面，完成农村土地第二轮承包、国企改革取得阶段性成果。乡科级机构改革工作顺利推进，教育体制和医疗制度改革稳步进行，实施农村税费改革工作。县委以县级领导干部及班子“三讲”教育、“三个代表”重要思想学习教育活动为契机，加大学习力度，积极组织开展“西部大开发，印江怎么干”大讨论。

五、 第十届县委（2002.12—2006.11）

在此期间，县委以“十六大”精神统揽农村工作全局，按照“夯实基础，壮大产业，突破重点，协调发展”思路，带动全县经济社会全面协调发展。

2003 年，全年完成国内生产总值 76435 万元，增长 9.5%，农民人均纯收入 1425 元，增长 4%，城镇居民人均可支配收入 5502 元，增长 9%。扶贫开发取得新进展，争取扶贫项目 63 个，总投资 1303 万元，解决了 5500 个贫困人口的温饱问题。全社会固定资产投资完成 27360 万元，增长 14.5%。2003 年被授予“省级卫生县城”，人口和计划生育工作跨入全区一类县行列。2004 年，县委提出努力实施“夯实三大基础，发展三大产业，突出三个重点”发展战略思路，全年完成印江生产总值 85658 万元，全社会固定资产投资完成 35120 万元，共争取扶贫项目 130 个，总投资 576 万元，农村贫困人口有 7298 人越过温饱线。2004 年粮食总产达到 14.4 万吨。烤烟 2005 年实现千克均价全区第一，产值 2200 万元。建成 46 个养殖小区，建成引资百万元以上的养殖场 3 个。新增茶园面积 1.5 万亩，累计实现产值 4500 万元，梵净山翠峰茶原产地产品地理标志获国家质监总局批准。2005 年印江自治县被表彰为全省文明县城工作先进县、省级计划生育优质服务先进县。2005 年，县委、县政府创造性地提出了发展东北部工业经济带的战略构想，并出台了《关于发展县东北部工业经济带的意见》，围绕将东北部工业经济带打造成湘黔渝交汇处“工业洼地”的目标，着力改善带内电力、水利、交通等基础设施，开工建设了带内金竹坳至新业油路改造工程，改造了天堂镇集镇供水管网，加固除险了刀坝堰塘湾水库和沙子坡天生桥病险水库，吸引云阳锰业有限公司、刀坝机焦厂、重庆长岗煤矿等工业企业落户带内。2006 年，开工建设了年产 120 万吨熟料新型干法水泥生产线项目。投资 4000 万元、年产 2 万吨的电解锌项目已正式动工。云阳电解锰厂和木黄铁合金厂正在筹备扩建。是年，完成工业总产值 3.54 亿元，创历史最好水平。2006 年县委紧紧围绕地委、行署“三个重点、三个带动”（强农稳区、兴工富区、旅游活区，招商引资带动、城镇经济带动、大项目带动）战略，围绕发展区域经济这个中心，以建设社会主义新农村为主线，夯实“两个基础”（农业和基础设施），突出“四个重点”（工业经济、城镇经济、文化旅游经济、农业产业化）的发展思路，扎实推进各项工作，全县经济社会持续、快速、健康发展。全县生产总值预计完成 123140 元，同比增长 11.8%。2006 年，启动慕龙至县城引水工程，开工建设印江河河道整治暨翻板坝工程。城镇化率由 2002 年的 18.3%提高到 2006 年的 22.5%。筹资 2560 万元完成梵净山护国寺、永义紫薇园等景点建设。成功申报木黄省级风景名胜区、省级历史文化名镇。完成一、二期农电网改造，全县 268 个村实现同网同价。在招商引资和大项目争取方面，通过“走出去”“请进来”，广泛开展各种招商推介和经贸洽谈活动，累计引进招商项目 35 个，实际到位资金 3.72 亿元，是 2002 年的 9.62 倍。2006 年教育“两基”和“普实”工作通过省政府复查验收。在党的先进性建设和执政能力建设中，开展了保持共产党员先进性教育活动。推出以木黄燕子岩村为代表的农村基层组织建设先进典型和以唐宗辅为代表的基层党员先进人物。

六、 第十一届县委（2006.11— ）

2007年10月，历任部分县委领导合影（左起）杨清富、陈康、田建高、熊明英、许承印、张玉振、严天华、戴振华、邓应明

2007年，县委围绕地委行署“三个重点、三个带动”，发展战略和年初工作目标，认真实践“三个代表”重要思想，全面贯彻落实科学发展观，以建设区域经济为重点，夯实两个基础（农业和基础设施），突出五个重点（工业经济、城镇经济、文化旅游经济、商贸物流经济、农业产业化），全县生产总值预计完成15.56亿元，全社会固定资产投资7.65亿元，同比增长31.4%。2007年引进的日产2500吨熟料新型干法水泥生产线开工建设，丰源木业板材加工生产线项目投产。工业总产值完成3.55亿元，比2002年增长131.9%，规模以上工业总产值完成2亿元，年均增长35.7%。累计投入资金4.02亿元，修建县城防洪堤、北环路桥，开发金玉小区、城东小区、阳光花园城等，改善县城四条出口通道。在城区实施限放烟花爆竹，取缔机动三轮车营运。全省唯一一个“县为单位、整合资金、整村推进、连片开发”试点项目在杉树坳乡实施。是年，全县建成通村公路280千米，村通公路率达到85%。新建43个养殖小区，全年茶叶产量760吨，落实经果林面积1万亩，组建各类专业合作社21个。烤烟生产组织化程度逐步提高，全年种植烤烟面积3.5万亩。以县庆20周年为契机，完成县城东门桥、南门桥、西环桥亮化和防洪堤绿化工程，完成印江河翻板坝工程和喷泉景观建设，提升了城镇品位。完成印中运动场建设一期工程，圣礅路、梵净山路东段扩建、文昌路扩建和中心广场建设工程。新建老干片区公厕、西园路公厕、金玉小区公厕和西环桥公厕。慕龙引水工程即将完工。完成县城出租车和公交车经营权有偿出让，深入开展“整脏治乱”专项行动，全面提升了县城环境综合质量。加快商贸物流经济的发展，与福建客商签订城东批发专业市场建设项目。县城建成区面积增加到3.81平方千米，城镇化率提高到24%。成功举办县庆20周年大型庆祝活动，向外展示了全县丰富多彩的民族民间文化，经济社会发展取得重大成果。全年招商引资到位资金2.66亿元，增长20.4%。印江民族中学成功申创省级示范普通高中。

2008年，县委紧紧围绕地委、行署“打基础、抓项目、重民生”的工作部署，克服凝冻灾害、国际金融危机等诸多不利因素，以建设区域经济为重点，进一步夯实基础设施，突出“农业产业化、工业经济、城镇和商贸物流经济、文化旅游经济”五项重点工作，进一步关注民生，并将2008年确定为“抓工作落实年”，狠抓重大经济社会发展及重点项目建设。2008年，全县预计完成生产总值19.35亿元，完成财政总收入1.06亿元，完成全社会固定资产投资9.85亿元，城镇居民人均可支配收入8826元，增长8.0%；农民人均纯收入2440元，增长8.8%。金融机构存款余额18.17亿元，增长24.0%；城乡居民储蓄存款13.62亿元，增长22.0%；金融机构贷款余额7.45亿元，增长8.5%。

第五节 县委工作机构

1988年，县委工作机构有：县委办公室、组织部、宣传部、统战部、政法委员会、县委党校、直属党委、党史办、信访室、对台办、老干局、农村工作部、政策研究室、编制委员会办公室、知识分子工作办公室。1990年，增加机要局、保密局、老年大学、组织员办公室，党史办更名为党史研究室。1991年，增加社会治安综合治理办公室。1992年，增加国防教育办公室。1996年机构改革后，县委工作机构设置分为党的工作机构、党委工作机构。其中，党的工作机构设置有：纪律检查委员会机关（与监察局合署办公。一个机构，两块牌子、两种职能）。党委工作机构设置有：县委办公室（合政策研究室和信访办公室的工作职能，对外挂信访办公室的牌子。保留机要局、保密局的牌子、编制、文件单列，党务工作和行政后勤事务工作由县委办公室统一管理）、组织部（含组织员、干部教育和知识分子联系工作）、宣传部（含精神文明建设指导和对外宣传工作，与人武部共同承担国防教育工作）、统战部（对外挂党委台湾工作办公室和政府台湾事务办公室的牌子）、政法委员会（与社会治安综合治理办公室一个机构、两块牌子）、离退休干部工作局（含老干局和人事劳动局退干股的工作职能和关工委工作，归口组织部）、机构编制委员会办公室（机构、编制、经费、文件单列户头，挂靠人事劳动局），1997年，增加农村基层组织建设办公室，1998年，增加对台办，直属党委更名为直属工委。2001年，全县机构改革后，县委工作机构设置为：自治县纪律检查委员会机关（县监察局与其合署办公，实行一套工作机构，两个机关名称的体制）、自治县委办公室［承担政策调研工作。信访办公室、机要局（密码工作小组办公室）和保密委员会办公室（县国家保密局）设在县委办公室，均为副科级机构］、自治县委组织部、自治县委宣传部（县精神文明建设指导委员会办公室设在宣传部）、自治县委统一战线工作部［对外挂党委台湾工作办公室（政府台湾事务办公室）牌子］、自治县委政法委员会（县社会治安综合治理委员会办公室与其合署办公，一个机构两块牌子。县维护社会稳定领导小组办公室设在政法委员会，为正科级机构）、自治县机构编制委员会办公室、自治县直属机关委员会、自治县委离退休干部工作局（归口县委组织部）。2002年，印江报社成立，为县委直属事业单位（正科级）。2004年撤销印江报社，成立印江通讯中心，机构性质不变。2004年，撤销县委办信访室。至2008年年末，上述县委机构未变。

1988—2008年印江自治县县委工作机构领导名录

表10－2

单位	职务	姓名	性别	出生地	任职时间	备注
县委办公室	主任	石阿良	男	上海市	1988.1—1994.12	—
	主任	任达兴	男	贵州印江	1994.12—1997.12	—
	副主任	任达志	男	贵州印江	1997.12—1998.2	主持工作
	主任	任达志	男	贵州印江	1998.2—2003.1	—
	主任	马芝新	男	贵州印江	2003.2—2008.12	—
县纪律检查委员会	书记	田儒英	男	贵州印江	1988.1—1988.11	—
	书记	王仕荣	男	贵州印江	1990.6—1993.3	—
	书记	戴明贵	男	贵州印江	1993.3—1997.12	—
	书记	王朝文	男	贵州印江	1997.12—2002.6	—
	书记	陆鸿登	男	贵州玉屏	2002.6—2006.6	—
	书记	翁锡钗	女	贵州铜仁	2006.9—2008.12	—

续表10－2

单位	职务	姓名	性别	出生地	任职时间	备注
政法委	书记	熊明英	女	重庆	1988.1—1989.7	—
	书记	杨清富	男	贵州天柱	1989.7—1990.7	—
	书记	田景坤	男	贵州印江	1990.7—1992.4	—
	书记	周家禄	男	贵州贵阳	1992.4—1994.4	—
	书记	张加良	男	贵州沿河	1994.4—1995.4	—
	书记	张先义	男	贵州贵阳	1995.4—1996.4	—
	书记	孔庆海	男	贵州贵阳	1996.11—1997.3	—
	书记	任廷纪	男	贵州印江	1997.3—1997.12	—
	书记	杜典国	男	贵州德江	1997.12—2000.10	—
	书记	张运成	男	贵州沿河	2000.10—2002.10	—
	书记	蔡文森	男	贵州印江	2003.1—2006.10	—
	书记	郑顺恩	男	贵州德江	2006.11—2008.12	—
组织部	部长	任廷纪	男	贵州印江	1988.1—1992.12	—
	部长	商开封	男	贵州思南	1992.12—1994.3	—
	部长	石阿良	男	上海市	1994.11—1996.9	—
	部长	石阿良	男	上海市	1996.9—1997.12	兼任
	部长	尹贵德	男	贵州石阡	1997.12—2000.12	—
	部长	袁　刚	男	贵州沿河	2000.12—2001.11	—
	部长	石维江	男	贵州松桃	2001.12—2006.11	—
	部长	李俊宏	男	贵州石阡	2006.12—2008.12	—
宣传部	部长	宋绍章	男	贵州印江	1988.1—1990.3	—
	部长	靖鲁华	男	贵州石阡	1990.4—1996.1	—
	部长	戴　亮	男	贵州印江	1996.1—1998.2	—
	副部长	任光辉	男	贵州印江	1998.2—1998.11	主持工作
	部长	何圣仙	女	贵州印江	1998.12—2006.12	—
	部长	严天智	男	贵州印江	2006.12—2008.12	—
统战部	部长	罗福文	男	贵州印江	1988.1—1993.3	—
	部长	严守杰	男	贵州印江	1993.3—2003.1	—
	部长	王继承	男	贵州印江	2003.1—2008.12	—
县委党校	校长	涂金如	男	贵州印江	1988.1—1991.7	—
	校长	田景坤	男	贵州印江	1991.7—1992.12	兼任
	校长	杨　舟	男	贵州沿河	1993.6—1993.12	兼任
	校长	帅朝纲	男	贵州印江	1993.12—1996.11	兼任
	校长	石阿良	男	上海市	1996.11—2002.12	兼任
	校长	张雪松	男	贵州玉屏	2003.1—2003.8	兼任
	校长	李世凡	男	贵州印江	2003.9—2007.12	兼任
	校长	李俊宏	男	贵州石阡	2008.11—	兼任
农村工作部	部长	贺光禄	男	贵州余庆	1988.1—1990.6	—
	部长	黄文海	男	贵州印江	1990.8—1993.6	—
	部长	任廷纪	男	贵州印江	1993.6—1995.12	兼任

续表10－2

单位	职务	姓名	性别	出生地	任职时间	备注
农办（农业综合开发办）	主任	吴廷文	男	贵州印江	1995.12—1996.7	—
	主任	叶向能	男	贵州印江	2001.11—2005.6	—
	主任	田　举	男	贵州印江	2005.5—2007.8	—
	主任	杨　文	男	贵州印江	2007.8—2008.12	—
政策研究室	主任	余兴杰	男	贵州思南	1988.1—1990.8	—
	主任	廖国栋	男	贵州印江	1990.8—1996.7	—
直属机关党委	书记	谭守华	男	贵州印江	1988.1—1990.4	—
	书记	黄文科	男	贵州印江	1990.4—1996.7	—
	书记	田仁贵	男	贵州印江	1996.7—1998.2	—
直属机关工委	书记	张平礼	男	贵州印江	1998.2—2001.10	—
	书记	秦义宏	男	贵州印江	2001.11—2007.7	—
	书记	田　举	男	贵州印江	2007.8—2008.12	—
县机构编制委员会办公室	主任	廖国栋	男	贵州印江	1988.1—1990.8	—
	主任	任永和	男	贵州印江	1990.9—1998.2	—
	主任	吕群扬	男	贵州印江	1998.2	—
	副主任	任达新	男	贵州印江	2001.11—2002.10	兼任
	主任	谭　卫	男	贵州印江	2002.11.1—2007.6	—
	主任	戴德军	男	贵州印江	2007.7.1—2008.12	—
保密局	局长	任达兴	男	贵州印江	1990.8—1997.12	—
	副局长	陈群珍	女	贵州印江	1997.12—2001.11	主持工作
	副局长	廖恩政	男	贵州印江	2001.11—2007.11	主持工作
	局长	廖恩政	男	贵州印江	2007.12.1—2008.12	—
离退休干部工作局	局长	任永和	男	贵州印江	1988.1—1990.8	—
	局长	赵开平	男	贵州印江	1990.8—2001.11	—
	局长	黄文东	男	贵州印江	2001.11—2008.12	—
信访办公室	主任	陆治仕	男	贵州印江	1990.8—1995.12	—
	主任	陈德强	男	贵州印江	1995.12—1996.7	—
老年大学	负责人	袁绍华	男	贵州铜仁	1990.10—1999.10	—
	常务副校长	黄文东	男	贵州印江	1999.10—	兼任
组织员办公室	主任	陆启华	男	贵州印江	1990.8—1998.12	—
党研室	主任	任达鹏	男	贵州印江	1988.1—1992.3	—
	主任	魏厚然	男	贵州印江	1992.3—1993.12	兼任
	主任	张安华	男	贵州印江	1993.5—1997.1	兼任
	主任	任达志	男	贵州印江	1997.1—1998.2	兼任
	主任	黄则鸣	男	贵州印江	1998.2—2001.12	兼任
	主任	任志华	男	贵州印江	2001.12—2004.9	兼任
	主任	陈晓华	男	贵州印江	2004.9—2007.8	兼任
	主任	戴泽勇	男	贵州印江	2007.8—2008.12	兼任

续表10－2

单位	职务	姓名	性别	出生地	任职时间	备注
印江报社	社长	何圣仙	女	贵州印江	2002.1—2006.12	兼任
	副主编	顾宗富	男	贵州印江	2002.1—2007.12	—
印江通讯中心	主任	顾宗富	男	贵州印江	2007.12—2008.12	—

第六节　基层党组织

一、机关、团体党组

1988年，全县设置有县人大常委会党组、县人民政府党组、县政协党组、县法院党组、县检察院党组、县公安局党组、县司法局党组、县民政局党组、县财政局党组、县税务局党组、县工商行政管理局党组、县农业局党组、县林业局党组、县水电局党组、县交通局党组、县建设局党组、县教育局党组、县卫生局党组、县科学技术委员会党组、县经济委员会党组、县轻纺工业局党组、县乡镇企业局党组、县粮食局党组、县商业贸易开发中心党组、县工商联（商会）党组、县供销联合社党组、县畜牧水产局党组、县烟草专卖局党组、县农业银行党组等29个党组。1993年，建立广播电视局党组、计划生育委员会党组。1994年，撤销税务局党组，建立茶叶公司党组。1995年，建立地方税务局党组。1996年，撤销城乡建设环境保护局党组，建立建设局党组。撤销计划生育委员会党组，建立计划生育局党组。撤销广播电视局党组，建立文化广播电视局党组。撤销经委党组、轻工业局党组，建立经济贸易局党组。撤销畜牧水产局党组，建立畜牧水产事业局党组。增设人事劳动局党组，国土局党组。撤销商业局党组，建立商业贸易总公司党组。1997年，撤销商业贸易总公司党组，建立商业贸易开发中心党组。1998年，建立计划局党组、农业办公室党组、民族宗教事务局党组、农业机械事业局党组。是年，全县设置的党组有：县人大常委会党组、县政府党组、县政协党组、县法院党组、县检察院党组、县司法局党组、县计划局党组、县民政局党组、县民族宗教事务局党组、县经济贸易局党组、县人事劳动局党组、县农业办公室党组、县财政局党组、县国家税务局党组、县地方税务局党组、县工商行政管理局党组、县农业局党组、县林业局党组、县水电局党组、县交通局党组、县建设局党组、县教育局党组、县文化广播电视局党组、县卫生局党组、县计划生育局党组、县国土局党组、县乡镇企业管理局党组、县粮食局党组、县商业贸易开发中心党组、县工商联（商会）党组、县供销合作社联合社党组、县畜牧水产事业局党组、县农业机械事业局党组、县烟草专卖局党组、县人民银行党组、县农业银行党组、县建设银行党组。截至2008年年末，全县设置的党组有：县工商联党组、县科协党组、县人大常委会党组、县法院党组、县检察院党组、县司法局党组、县发展改革局党组、县人事劳动和社会保障局党组、县财政局党组、县审计局党组、县经贸局党组、县科技局党组、县民政局党组、县民宗局党组、县国土局党组、县交通局党组、县建设局党组、县粮食局党组、县乡企局党组、县统计局党组、县物价局党组、县扶贫办党组、县教育局党组、县文广局党组、县计生局党组、县卫生局党组、印江民族中学党组、县林业局党组、县农业局党组、县农办党组、县水利局党组、县畜牧兽医局党组、县旅游局党组、县环保局党组、县档案局党组、县安监局党组、县供销社党组、县执法局党组、县招商局党组、县药监局党组、县工商局党组、县国税局党组、县地税局党组、县质监局党组、县农发行党组、县烟草公司党组。

二、机关、企业党委

1988年，全县设置的机关、企业党委有：县造纸厂党委、县人武部党委。1992年，撤销公安局党组，设立公安局党委。2008 年，设置有县人武部党委、县公安局党委。

三、乡镇党委

建并撤前 1988—1992 年，地方乡级组织设 44 个乡党委和 2 个镇党委，分属 7 个区委管辖，其中：中共峨岭区委辖 8 个乡党委，中共板溪区委辖 8 个乡党委，中共天堂区委辖 6 个乡党委，中共木黄区委辖 6 个乡（镇）党委，中共朗溪区委辖 6 个乡党委，中共缠溪区委辖 7 个乡（镇）党委，中共洋溪区委辖 5 个乡党委。

建并撤后 1992 年，全县完成“建并撤”工作，县委的下级地方组织由原来的区（镇）、乡（镇）两级党委［即原有的 8 个区（镇）党委和 46 个乡（镇）党委］重新组建为峨岭、板溪、沙子坡、天堂、木黄、合水、朗溪、缠溪、洋溪 9 个镇党委和中坝、新寨、杉树坳、刀坝、新业、永义、罗场、杨柳 8 个乡党委。“建并撤”后，新建的乡（镇）党委为正科级建制。以上乡（镇）党委设置至 2008 年未变。

四、党总支

2009 年 7 月，被省委党建领导小组表彰为“基层组织建设先进县”

1988 年，全县县直机关设置有党总支 6 个。1992 年，“建并撤”后，全县乡（镇）党委先后在下设管理区设置党总支。其中：峨岭镇党委设有先锋、红光、凯塘、麻柳 4 个党总支。中坝乡党委设有中坝、玉屏 2 个党总支。新寨乡党委设有新寨、农场、凯望、大塘 4 个党总支。板溪镇党委设有板溪、毛寨、坪底 3 个党总支。杉树坳乡党委设有杉树坳、何家 2 个党总支。沙子坡镇党委设有沙子坡、韩家、花园、凉水 4 个党总支。天堂镇党委设有天堂、陡溪 2 个党总支。刀坝乡党委设有刀坝、兰克、庙坪 3 个党总支。木黄镇党委设有木黄、新民、建厂 3 个党总支。新业乡党委设有新业、落坳 2 个党总支。合水镇党委设有合水、新场 2 个党总支。永义乡党委设有永义、张家坝 2 个党总支。朗溪镇党委设有朗溪、泡木、坪柳 3 个党总支。缠溪镇党委设有缠溪、曾家、打杵坳、打杵场 4 个党总支。罗场乡党委设有罗场、两河、茶园 3 个党总支。洋溪镇党委设有洋溪、桅杆、坪林 3 个党总支。杨柳乡党委设有杨柳、曹门 2 个党总支。1998 年，全县设有党总支 67 个。到 2008 年年末，全县设有党总支 36 个。

五、党支部

1988 年，全县有党支部 582 个，其中：农、林、牧、渔、水利行业有 381 个，工业企业有 20 个，建筑企业有 2 个，商业、公共饮食业、物资供销和仓储业有 2 个，卫生、体育、社会福利业有 15 个，教育、文化艺术和广播电视事业有 39 个，科学研究和综合服务事业有 1 个，金融、保险业有 12 个，国家机关、政党机关和社会团体有 108 个，其他类有 2 个。1998 年，全县设有党支部 703 个。到 2008 年年末，全县设有党支部 734 个。

1988—1992 年印江自治县各区党委书记领导名录

表 10－3

单位	姓名	职务	出生地	任职时间
印江镇	高元科	党委书记	贵州印江	1988. 1—1990. 1
	陈德生	党委书记	贵州印江	1990. 1—1992. 9

续表10—3

单位	姓名	职务	出生地	任职时间
峨岭区	陈德生	党委书记	贵州印江	1988.1—1990.1
	帅朝纲	党委书记	贵州印江	1990.1—1992.9
板溪区	叶文贵	党委书记	贵州印江	1988.1—1992.9
天堂区	熊永发	党委书记	贵州印江	1988.1—1992.9
朗溪区	田儒龙	党委书记	贵州印江	1988.1—1990.1
	戴明贵	党委书记	贵州印江	1990.1—1992.9
木黄区	胡祖贵	党委书记	贵州印江	1988.1—1992.9
缠溪区	冉敢文	党委书记	贵州印江	1988.1—1992.9
洋溪区	戴明贵	党委书记	贵州印江	1988.1—1990.1
	吴廷文	党委书记	贵州印江	1990.1—1992.9

1992—2008年印江自治县各乡（镇）党委书记领导名录

表10—4

单位	姓名	职务	出生地	任职时间
峨岭镇	陈德生	党委书记	贵州印江	1992.9—1997.12
	万再扬	党委书记	贵州印江	1998.1—2003.2
	任永国	党委书记	贵州印江	2003.2—2007.11
	秦义宏	党委书记	贵州印江	2007.11—2008.12
新寨乡	万再扬	党委书记	贵州印江	1992.9—1995.12
	韩国太	党委书记	贵州印江	1996.1—1998.2
	孙寒松	党委书记	贵州印江	1998.2—2000.2
	冷中涵	党委书记	贵州印江	2000.2—2003.11
	卢　文	党委书记	贵州印江	2003.11—2005.12
	杜显成	党委书记	贵州印江	2005.12—2007.12
	祝正君	党委书记	贵州印江	2007.12—2008.12
中坝乡	李世禄	党委书记	贵州印江	1992.9—1995.2
	袁友富	党委书记	贵州印江	1995.2—1995.12
	方平安	党委书记	贵州印江	1995.12—1998.2
	戴传志	党委书记	贵州印江	1998.2—2001.11
	张延高	党委书记	贵州印江	2002.12—2003.2
	周道超	党委书记	贵州印江	2003.2—2005.9
	徐　剑	党委书记	贵州印江	2005.9—2007.7
	张　莉	党委书记	贵州印江	2007.7—2008.12
板溪镇	李国宣	党委书记	贵州印江	1992.9—1995.12
	杨德华	党委书记	贵州印江	1996.1—1998.1
	冉光璋	党委书记	贵州印江	1998.1—1998.11
	王国宣	党委书记	贵州印江	1998.11—2002.1
	杨承桥	党委书记	贵州印江	2002.1—2007.8
	王中林	党委书记	贵州印江	2007.11—2008.12

续表10－4

单位	姓名	职务	出生地	任职时间
杉树坳乡	严守学	党委书记	贵州印江	1992.9—1995.2
	严天智	党委书记	贵州印江	1995.2—1998.1
	何圣仙	党委书记	贵州印江	1998.1—1998.11
	张　明	党委书记	贵州印江	1998.11—2001.12
	涂　勇	党委书记	贵州印江	2001.12—2006.11
	任洪廷	党委书记	贵州印江	2006.11—2008.4
	田　江	党委书记	贵州印江	2008.4—
沙子坡镇	吴万明	党委书记	贵州印江	1992.9—1995.2
	周　初	党委书记	贵州印江	1995.2—1998.2
	王继承	党委书记	贵州印江	1998.2—2002.11
	何圣志	党委书记	贵州印江	2006.12—2008.10
	戴忠义	党委书记	贵州印江	2008.10—2008.12
天堂镇	任蔚鸫	党委书记	贵州印江	1992.9—1995.12
	王宏扬	党委书记	贵州印江	1995.12—1997.1
	徐　刚	党委书记	贵州印江	1997.1—2001.12
	任明煌	党委书记	贵州印江	2002.1—2003.2
	任　翔	党委书记	贵州印江	2003.3—2007.7
	廖明江	党委书记	贵州印江	2007.8—2008.12
刀坝乡	冉隆猷	党委书记	贵州印江	1992.9—1995.12
	张金海	党委书记	贵州印江	1996.1—1998.11
	王　斌	党委书记	贵州印江	1998.11—2005.4
	靳承建	党委书记	贵州印江	2005.8—2006.12
	张安兵	党委书记	贵州印江	2007.1—2008.9
	田　刚	党委书记	贵州印江	2008.9—2008.12
朗溪镇	卢道军	党委书记	贵州印江	1992.9—1998.2
	郭启光	党委书记	贵州印江	1998.2—1998.8
	叶向能	党委书记	贵州印江	1999.2—2001.11
	陈太雄	党委书记	贵州印江	2001.11—2006.8
	江航兵	党委书记	贵州印江	2006.8—2008.12
合水镇	杨高潮	党委书记	贵州印江	1992.9—1995.12
	杨胜君	党委书记	贵州印江	1996.1—1998.11
	田儒洪	党委书记	贵州印江	1998.11—2001.12
	田儒飞	党委书记	贵州印江	2002.1—2005
	夏良强	党委书记	贵州思南	2006—2008.12
木黄镇	胡祖贵	党委书记	贵州印江	1992.9—1995.12
	陆治安	党委书记	贵州印江	1995.12—1998.2
	王安忠	党委书记	贵州印江	1998.3—1998.11
	张金海	党委书记	贵州印江	1998.11—2001.11
	马芝新	党委书记	贵州印江	2001.11—2003.2
	付　丽	党委书记	贵州印江	2003.3—2003.12
	田　斌	党委书记	贵州印江	2003.12—2007.7
	严志宏	党委书记	贵州印江	2007.8—2008.12

续表10—4

单位	姓名	职务	出生地	任职时间
新业乡	徐治富	党委书记	贵州印江	1992.9—1998.11
	吴红莲	党委书记	贵州印江	1998.11—2006.2
	冉茂训	党委书记	贵州印江	2006.3—2007.4
	廖明江	党委书记	贵州印江	2007.5—2007.8
	蔡文艺	党委书记	贵州印江	2007.12—2008.12
罗场乡	王朝文	党委书记	贵州印江	1992.9—1998.1
	胡永清	党委书记	贵州印江	1998.1—2001.12
	戴　铧	党委书记	贵州印江	2001.12—2005.3
	罗　军	党委书记	贵州印江	2005.3—2007.7
	戴　彬	党委书记	贵州印江	2007.7—2008.12
缠溪镇	戴恒昌	党委书记	贵州印江	1992.9—1995.12
	杨　彪	党委书记	贵州印江	1995.12—1997.11
	张羽斌	党委书记	贵州印江	1997.12—2001.12
	吴钊辉	党委书记	贵州印江	2001.12—2006.12
	柳　斌	党委书记	贵州印江	2006.9—2008.12
杨柳乡	袁有富	党委书记	贵州印江	1992.2—1995.12
	田儒洪	党委书记	贵州印江	1995.12—1998.11
	任光政	党委书记	贵州印江	1998.11—2002.3
	田　斌	党委书记	贵州印江	2002.3—2003.5
	田　猛	党委书记	贵州印江	2003.5—2007.6
	杨　睿	党委书记	贵州印江	2007.6—2008.12
洋溪镇	吴廷文	党委书记	贵州印江	1992.9—1995.12
	胡建国	党委书记	贵州印江	1995.12—1998.7
	谭　卫	党委书记	贵州印江	1998.7—2003.9
	田维刚	党委书记	贵州思南	2003.10—2007.12
	夏永刚	党委书记	贵州印江	2008.1—2008.12
永义乡	戴　亮	党委书记	贵州印江	1992.9—1995.12
	杨　文	党委书记	贵州印江	1996.1—1998.11
	田　举	党委书记	贵州印江	1999.1—2005.5
	张　武	党委书记	贵州印江	2005.6—2006.12
	任明洪	党委书记	贵州印江	2007.1—2008.12

第二章　党　务

第一节　组织建设

一、干部队伍建设

干部选拔任用　1988年按照“相对稳定、局部调整、改善结构、提高素质”原则，全县调整充实区、局级以上领导干部20人，其中提拔18人，调整2人。配齐新组建的县监察局、文联、工商联领导班子及工作人员，完成全县人武部专武干部的考察调补工作，完成法院选调干部的公开招考。1989年为从组织上保证1990年县乡两级换届选举，组织34名党员干部组成8个考察组，对8个区镇领导班子进行了考察和充实调整。2002年7月9日，中央颁布《党政领导干部选拔任用工作条例》，2006年6月16日，贵州省委出台《贵州省乡（镇、街道）党政领导干部选拔任用工作办法》，此后，全县干部选拔任用工作以中央、省委文件为遵循，有序开展。2003年，推荐考察党政领导后备干部21名。配齐县公安局、派出所、乡镇人民法庭的科级领导干部，补充乡镇政法委专职副书记职位2名。2004年，提拔副科级及以上领导干部27人，考察转正试用期满领导干部42人，办理干部调动16人，任免股级干部29人。2005年，任免干部208人，其中提拔76人，交流41人，试用期满正式任职46人。机构更名任职10人。改任非领导职务3人。调整不称职干部1人。完善试用期干部转正考察任职手续9人。2006年根据中央、省、地区关于乡镇设党委委员9至11人要求，在乡（镇）换届时，17个乡镇选举产生党委委员182名，书记17名，副书记33人，纪委委员53名。有22名属于新提拔，其中，从乡镇提拔17人，县直机关交流提拔5名。交流轮岗95人，其中，从县机关交流到乡镇6人，平级交流1人，从乡镇交流进县直机关17人，改任非领导职务进机关12人，乡镇之间交流20人，内部轮岗39人。有82名原乡镇领导干部在换届中不再提名。2007年，对56个县直单位进行全额定向民主推荐考察。对人大机关、县妇联、团县委等单位的负责人进行配备考察，对县公安局（含交警队）、法院、检察院3个单位的领导班子成员进行推荐考察。当年调整干部163人，其中：提拔43人，交流50人，留任12人，改任非领导岗位26人，其他32人。2008年全县新调整充实正科级后备干部97名，副科级后备干部253名。

干部教育培训　建立了干部分级培训制度、干部教育培训和使用相结合的制度、干部培训通报制度，开展科级读书班、中青班、妇女干部培训班等培训班。1988年，在县委党校举办专题读书班4期，培训干部577人。1989年，举办了县直机关、事业、企业单位党支部书记培训班。举办了2期副科级以上干部读书班，培训在职科级干部146人。1999—2002年，先后举办农村后备干部中专班4期，创造性地举办了村级领导干部函授中专班。2001年，制定《2001—2005年干部培训规划》，

2002—2003 年，全县培训乡科级干部 432 人，后备干部 116 人，村级干部 895 人，外出挂职培训 22 人，下乡挂职培训 384 人。2006 年，利用青岛胶南对口帮扶印江机会，选派两批 17 名干部赴青岛胶南县挂职学习。2006 年，制定了《2006—2010 年干部培训规划》，除举办常规主体班次外，注重选派干部到上级和省外发达地区挂职学习。2007 年，选派 7 名科级干部赴重庆秀山挂职学习 2 个月，选派 4 名科级干部（选调生 2 名）到地直部门挂职锻炼，1 名副县级干部到发达地区（广东江门）挂职学习。2008 年，选派 19 名科级干部挂职锻炼，其中：选派到乡镇 14 名、地区 5 名。组织 17 个乡镇党委书记、乡（镇）长到沿海等经济发达地区开展为期近 1 个月的考察学习。自 2002 年以来，每年举办全县中青年干部培训班 1 期，培养优秀年轻干部。

干部监督管理 在加强干部培养选拔的同时，不断强化干部监督管理。2001 年，县委出台《对乡科级领导干部函询、谈话、待岗、诫勉、免职制度》《五部门联席会议制度》《关于建立干审联审制度的意见》。2002 年，出台《关于进一步加强干部管理的通知》。2001—2003 年，对 93 名科级干部进行了函询、谈话，对 3 名干部进行就地免职，对 24 名乡科级领导干部进行任期经济责任审计。2003—2005 年，对工作上闹不团结或毫无建树、碌碌无为的领导干部，除按规定免职、改非外，实行降职使用或撤职。全县改任非领导职务 4 人，降职 10 人，撤职 3 人。2000—2004 年，出台干部任前公示制度和试用期制度，对 246 名乡科级干部实行任前公示，有 5 人因公示中收到群众举报而缓期任用，对 172 名新任用人员实行试用期制，试用期为一年。

二、 干部人事制度改革

制度建设 1988 年全县贯彻“四化”方针，坚持生产力标准，对干部实行分类管理。2000 年，县委印发《关于进一步深化干部人事制度改革的通知》《关于县直党政群机关全面推行竞争上岗工作的意见》。2003 年，出台《关于在县委常委会议讨论干部任免工作中实行投票表决制的决定》，明确必须有三分之二以上常委到会，方可讨论决定干部任免。要求实行无记名投票表决，在投票表决前，县委组织部须提交任免请示、干部任免审批表、干部考察材料、干部任免花名册、干部任免职表决票。2005 年，县委出台《乡镇党政领导班子和领导干部考核评价实施方案（试行）》，按照工作述职、民主测评、个别谈话等程序对党政领导班子和领导干部进行考核评价，考核结果作为调整领导班子和领导干部选拔任用、职务升降、奖励惩处、教育培训、调整级别和工资的重要依据。2006 年，在县、乡集中换届期间，推行综合考核评价办法，实行全额定向民主推荐，执行差额考察、考察预告等制度，在干部任免前，事先征求人大、政府、政协、纪委等部门意见。2008 年，县委出台《干部选拔任用工作责任制及责任追究制度》《县委组织部干部选拔任用工作内部监督制度》《印江自治县乡科级领导干部公开述职述廉评议实施方案》，将县教育局、公安局主要负责人作为公开述廉评议试点。印发《关于对借（调）用工作人员进行清理的通知》《关于进一步规范借用（调）工作人员管理的通知》，规范借用、借调工作人员程序。

竞争上岗、 公开选拔 2000 年，在县人民法院开展中层干部竞争上岗试点工作。8 月，通过笔试、面试、答辩、组织考核程序，依据从高分到低分的录用原则在教育系统公开选拔教办主任、中小学校长工作试点，选拔职位 8 个，参加报考人数达 50 人。对城区高中教师实行公开招聘，共招聘教师 41 名，参加应聘教师达 300 人。2002 年 8 月，县报社公开招录采编人员 3 人，参加考试人员 25 人。2000—2002 年，全县通过竞争上岗中层干部 116 名，参与竞争干部达 305 人。2003 年竞争上岗职数 135 个，参与竞争人数 330 人。通过竞争上岗，全县干部职工大专以上学历占 81%，平均年龄下降 4.5 岁。2007 年，在县直二级机构调整中，对新增设的 6 个部门主要负责人实行公开选拔。

干部轮岗、 交流 2001 年县乡换届为契机，加大干部交流、轮岗力度。在当年的机构改革中规定，在同一岗位任职 10 年的必须交流，存在应回避情况的必须交流。2003 年交流 32 位副科级领导

印江自治县党建工作会议（1997 年拍摄）

干部到乡镇挂职锻炼。2001—2004 年，全县乡科级干部交流 354 人（其中配置性 24 人、培养性 71 人、调整性 224 人、回避性 35 人）。股级干部交流、轮岗 417 人。

干部能上能下 2001 年在机构改革中对符合政策规定干部，在征求本人同意的前提下，以提高行政级别为激励手段，鼓励干部提前退休或离岗，共计办理提前退休 46 人，离岗 60 人。在 2003 年政府机构调整中出台任职不得超过 52 周岁政策，2003—2005 年，全县因任职年龄改任非领导职务 57 名。

三、 党员队伍建设

发展标准 1988 年，重点在长期不发展党员、党员年龄老化、党的力量薄弱、领导班子后继乏人的地方和单位发展党员。在农村，重点发展对象是 35 岁以下、初中以上文化、能带领群众共同致富村干部或群众。企业重点岗位、先进人物，中小学优秀骨干教师，优秀团员、优秀妇女、优秀民兵也作为重点发展对象。2007 年，发展标准侧重“三个为主”（即以 35 岁以下、高中以上文化程度的农村青年为主，以生产一线农民和村组干部为主，以农村科技致富能人为主），注重少数民族、妇女和青年人的发展比例。当年，全县举办农村入党积极分子培训班 35 期，受训学员达 1300 余人，发展党员 416 名。2008 年，推行发展党员公示制，将党员发展列入基层党组织年度考核内容，对连续 3 年未发展党员的农村党支部书记免职处理，对未完成当年发展党员任务数的基层党委要向县委作为书面检讨。要求各级党组织严把发展党员质量关，把发展农民党员作为难点、重点来抓。在此期间，党员发展对象是：生产、教学、经商一线的优秀青年和知识分子。注重培养和发展女党员，在高知群体、非公有制企业中培养和发展党员，加大“双培双带”工程（把党员培养成致富带头人，把致富带头人中的先进分子培养成党员，党员带领群众共同发展，党组织带领致富带头人不断进步）。

党员结构 1988 年，全县共发展党员 129 名。其中：专业技术人员 37 名，占 28.7%，初中以上文化程度 107 名，占 82.9%。35 岁以下的 82 名，占 63.6%。是年，全县有党员 9449 人，其中有正式党员 9175 人，预备党员 274 人。有男党员 8352 人，女党员 1097 人。有汉族党员 3039 人，少数民族党员 6410 人。有大专以上学历党员 229 人，中专学历 523 人、高中学历 667 人。1990—1992 年，全县发展党员 717 人，其中生产第一线工人 110 人，农民 303 人，其他行业 304 人。1993—1997 年，全县发展党员 1221 人，其中发展农民党员 678 人。至 1998 年年末，全县共计有党员 11130 人，其中：正式党员 10580 人，预备党员 550 人。有男党员 9803 人，女党员 1327 人。有汉族党员 2090 人，少数民族党员 9040 人。有大专以上学历党员 765 人，中专学历 1154 人，高中学历 1035 人。1998—2008 年，全县共发展党员 2482 名。截至 2008 年年末，全县有党员约 1.34 万人，其中，县直机关 2776 人，乡镇 10592 人。

党员培训 1988 年，根据省、地区关于深入学习党的十三大文件，广泛开展党的基本路线教育的安排部署。县委组织部、宣传部、县纪委、县委党校等部门于 4 月初至 6 月底，在全县开展农村党员党的基本路线教育工作，教育党员加深对党的基本路线理解，增强带头致富、带领群众致富信心，受教育面占全县党员数的 85%。在此期间，县委党校共举办学习十三大文件读书班 3 期。区、乡妇干读书班 1 期，受训学员 577 人。其中，县直机关 303 人，区、乡 241 人，妇干 33 人。通过培训，参加学习的同志加深对党的十三大精神的理解，澄清一些模糊认识，提高对社会主义初级阶段理论的认识，增强改革，发展社会生产力、发展商品经济的认识，统一思想，明确任务。1988—1998 年，全县举办入党积极分子培训班 98 期，参训学员 1162 人。1999—2008 年，全县举办入党积极分子培训班 112 期，参训学员 1254 名。2007 年，全县落实党员培训经费 33.1 万元，建立党员教育基地 17 个，县、乡两级共举办各类培训班 229 场次，培训党员 2.32 万人次，发放学习资料 8.76 万份，县级干部上党课或作形势报告 19 场。利用远程教育组织农村党员集中学习 1530 场次，培训群众党员 3.06 万人次，组建宣讲团 4 个，宣讲 104 场，培训农村党员 2.4 万人次。

2005 年 4 月， 印江自治县第四期中青年干部培训班学习情况

党员评议 1988 年，县委印发《关于民主评议党员工作的安排意见》，明确党员评议目的、内容、方法、步骤。要求在党员评议过程中妥善处置不合格党员，清除党内腐败分子，达到教育和提高党员素质等目的。是年，全县开展党员评议党支部 183 个，参加评议党员 2899 人，分别占支部总数的 28.4%和党员总数的 30.6%。经过评议，因腐化堕落和严重违纪而被清除出党的 24 人，占参加评议党员数的 0.82%，因违纪而受到各种处分的 48 人，占参加评议党员数的 1.65%。共评议出不合格党员 52 名，占参加评议党员数的 1.79%。其中：已被劝退除名或劝而不退除名的 12 名，占参加评议党员数的 0.41%。作限期改正处理的 39 名，占参加评议党员数的 1.34%。评出先进基层党委 5 个、先进党支部 25 个、优秀共产党员 50 名、优秀党务工作者 15 名。1994 年，参与评议党支部 486 个，党员 9240 名。评出先进基层党委 7 个、先进党支部 66 个、优秀共产党员 201 名、优秀党务工作者 24 名。党内警告处分 2 名。1999 年，参与评议党支部 702 个党员 1.04 万名。评出先进基层党委 7 个、先进党支部 66 个、优秀共产党员 221 名、优秀党务工作者 25 名。2004 年，参与评议党支部 786 个，党员 1.17 万名。评出先进基层党委 8 个、先进党支部 75 个、优秀共产党员 221 名、优秀党务工作者 25 名。2008 年，参与评议党支部 805 个，党员 1.32 万名。评出先进基层党组织 25 个、优秀共产党员 25 名、优秀党务工作者 25 名、农村党员率先小康之星 17 名，命名县级“五好”基层党组织 120 个。

四、 人才和知识分子工作

人才培养引进 1988 年向地区推荐有突出贡献的拔尖人才 8 名，新招录干部 159 人。1990 年，新招录干部 267 人。1991 年，新招录干部 339 人。1992 年，新招录干部 423 人。1993 年，新招录干部 271 人。1994 年，新招录干部 369 人。1995 年，新招录干部 667 人，接收省委组织部选调优秀大学生 1 人。1996 年，新招录干部 629 人。1997 年，新招录干部 489 人。1998 年，从学生录用 210 人，从工人中和社会上招收录用干部（主要是民办教师转公办教师）87 人。1999 年，接收省委组织部选调优秀大学生 3 人。2000 年，新招录干部 401 人，接收省委组织部选调到印江自治县工作的优秀大学生 5 人。2001 年，新招录干部 328 人，接收省委组织部选调优秀大学生 1 人。2002 年，新招录干部 244 人。2003 年，新招录干部 186 人。2004 年，新招录干部 267 人，其中从学生录用 267 人。2005 年，新招录干部 281 人，其中从学生录用 281 人，接收省委组织部选调优秀大学生 1 人。2006 年，新招录干部 282 人，接收省委组织部选调优秀大学生 3 人。2007 年，采取“引进来”和“就地取材”两种方式做好人才的培养、吸引、使用工作。开展急需人才招聘工作，到重庆、贵阳等地高校对印江县 25 个岗位的急需人才进行公开招聘。坚持公开、公平、公正的原则，面向全县应、往届大中专毕业生招考 169 名事业单位工作人员。开展科技副职需求情况的调查，并向上级组织部门报送。先后开展农民技术普及培训 252 期 2 万多人（次），开展绿色证书培训 26 期 1673 人次，开展能工巧匠培训 1 期 200 人，举办 7 期 1139 人（次）的农民工远程教育培训班，为全县新农村建设“百千万工程”和农业产业化经济的发展培养一批留得住、用得着的技术后备人才。实施“一村一名大学生”工程，拟定工作计划，开展工作调研，进行跟踪考察，建立完善相关管理制度，完成15名大学生的工作分配。2008年，新招录干部90人，接收省委组织部选调到印江工作优秀大学生5人，新选聘一村一名大学生10人。

专业职称评定 1988年，通过申报、评议，省、地区、县职改领导小组审批任命高级职称28人，中级职称494人，初级职称1636人。1989年，开展企业单位职称改革工作，有577名企业单位人员获得技术职称。1997年，评审专业技术人员职称3866人，其中高级38人，中级650人，初级3178人。2002年，全县评审专业技术人员职称4987人，其中高级71人，中级898人，初级4018人。

知识分子补贴 1989年，落实大中专毕业生知识分子补贴171人。1990年办理116人。1991年办理241人。1992年办理226人。1993年办理241人。1994年办理260人。1995年办理316人。1996年办理308人。1997年办理99人。1998年办理469人。2000年办理232人。2001年办理225人。2002年办理194人。2003年办理45人。

人才激励关怀 1999年，县人民政府出台《印江自治县科学技术资金投入管理实施办法》，明确县财政每年安排的科技三项费应占年度财政预算经常性支出的0.5%以上。2001年，出台《关于继续设立县级科技进步奖励的通知》《印江自治县科技进步奖励办法实施细则》，恢复对全县科技进步方面的奖励工作。2003年，对全县79名高级知识分子进行体检。2005年，县委、县人民政府出台《印江自治县科学技术奖励办法》《关于进一步加强科技人才队伍建设的意见》。2007年，坚持党管人才原则，坚持“三支队伍”一起抓，做到思想认识到位、领导精力到位、工作措施到位，建立领导干部联系人才工作制度，开展科学技术成果的表彰工作，对2004—2005年的8项科技成果进行表彰。在春节、护士节、教师节，县几大班子领导深入基层单位召开座谈会，对各行各业的人才和知识分子进行慰问，组织全县162名高级知识分子进行全面的身体体检。2008年，县委出台《关于进一步加强人才工作的意见》。

第二节 宣传工作

一、思想政治教育

“三讲”教育 2000年，按照中央、省委、地委要求，全县启动以“讲学习、讲政治、讲正气”为主要内容的党性党风教育。在此期间，县委印发《“三讲”教育实施方案》，明确“三讲”教育时间为7月24日至10月19日，学习对象有县委、县人民政府等10家班子及65名领导干部。其中：县委9人，政府7人，人大10人，政协9人，县纪委6人，组织部4人，宣传部3人，法院6人，检察院5人、公安局6人。是年7月24日，全县召开“三讲”教育动员大会，“三讲”集中教育正式启动。第一阶段即“思想发动、学习提高”阶段，从7月24日起，历时10天，至8月2日结束。第二阶段即“自我剖析、听取意见”阶段，从8月3日起，历时30天，至9月1日结束。第三阶段即“交流思想、开展批评”阶段，9月2日开始，历时10天，9月11日结束。第四阶段即“制定方案、认真整改”阶段，从9月12日开始，历时38天，至10月19日结束。

在此期间，县委成立“三讲”教育领导小组，抽调18名干部到“三讲”办工作。7月25日，县委、县政府等10家班子的60多名领导干部，分乘5辆中巴车到革命传统教育基地红二、六军团会师纪念地木黄镇，住进木黄中学学生宿舍。同志们自带被褥、自带生活用品，自交生活费，自办伙食，过起了严格的“学生”生活。7月26日，县委召开10家班子领导干部集中学习动员会。县委书记田建高作动员讲话，对集中学习提出具体要求。在此期间，共学习文章2591篇，记读书笔记236.7万字，最多的超过10万字，写心得体会文章157篇50.47万字。以各种形式征求到对10家班子和领导干部个人的意见、建议3078条。县委、县政府安排每个领导干部1000元人民币作为办实事基础资金。8月13日至14日，全县“三讲”对象深入乡（镇）、村，开展出门搞“三讲”活动。到8月19日，全县10家班子60名领导干部共深入基层399天，组织召开村组干部、党员、群众代表、县乡人民代表等各种座谈会121次，参加会议人员1303人次，办实事124件，其中县委常委办实事23件，新建和维修便民桥12座，公路21条，维修学校17所，解决34个村委会的办公用房问题，解决36个村寨的人畜饮水问题，3个村通了电话，4个村安装闭路电视和有线广播，资助特困户5户，处理了两起重点信访案件。9月2—5日，10大班子的领导干部开展了广泛深入的谈心交心活动，共谈心交心702人次。其中，县委113人次，政府95人次，人大107人次，政协48人次。9月6—8日，县10大班子分别召开民主生活会。9月10日，县委召开全县正科级以上领导干部参加的民主生活会通报会，参加会议人员197人。“三讲”集中教育工作，基本实现中央提出的“思想上有明显提高，政治上有明显进步，作风上有明显转变，纪律上有明显增强，党群关系上有明显改善”的目标。

“三个代表”重要思想学习 2001年，全县开展“三个代表”重要思想学习教育活动，下称“学教”活动分三批三个阶段进行。第一批是乡（镇），第二批是县直部门，第三批是村一级。分学习培训、对照检查、整改提高三个阶段，乡（镇）从2001年2月21日至5月22日，县直部门从2001年6月中旬至9月中旬。学教活动启动前，县委成立由县委书记任组长、副书记和常务副县长任副组长、3名常委和有关部门负责人为成员的学教活动领导小组，抽72名干部组成24个督查组，分别由24名县级党员领导干部担任组长，成立“学教”活动宣讲组67个共155人。为使“学教”活动家喻户晓，深入人心，县委加大宣传力度，营造良好舆论氛围。一是在公路沿线书写固定标语200余条。二是在印江电视台自办节目每晚进行15分钟的专题宣传，共播出新闻67条。三是在《印江报》和《今日印江》刊物安排专栏刊发“三个代表”学教活动新闻和乡（镇）干部学习“三个代表”心得体会，共刊登新闻报道和心得体会54则（篇）。四是向省、地区报刊、电视台投送稿件，共采用32条，县委“学教”办共办简报63期，省委、地委“学教”办选用15期。五是印发宣传资料近8万份到村、到户。六是县、乡（镇）宣讲组深入基层作专题宣讲，各级干部下基层，住农家，向群众面对面宣传“三个代表”重要思想。宣传工作到位，为“三个代表”重要思想学教活动营造了良好的舆论环境。活动期间县委、县政府等几家班子领导干部带队深入农村调查研究，听取基层干部和群众的意见，共召开座谈会40多次，1000余人参会，进村入户走访村干、与群众个别谈话200多人。“学教”对象共完成读书笔记3万篇，撰写心得体会2496篇。乡（镇）班子和“学教”对象共查找问题4280个，全县副科级以上干部开展了谈心交心活动，并在此基础上写出民主生活会上开展自我批评和批评他人的发言提纲。干部进村入户6318人（次），征求到群众意见、建议8983条，共办实事5548件，解决和处理各类矛盾和问题3425个。围绕春耕工作，开展服务到基层活动，送种子下村到户25万千克，开展送科技到农家2000人（次），维修山塘水库13个，渠道清淤补漏近50千米。围绕水、电、路等实际困难，投入资金487.8万元加以解决，排解山林田土等纠纷689起。围绕助贫帮困，捐资32.6万元。通过“学教”活动，广大干部普遍受到一次马列主义、毛泽东思想、邓小平理论教育，坚定建设有中国特色社会主义的理想信念；实现思想作风、工作作风明显转变，进一步密切党群、干群关系；增进干部之间的团结，增强了干部队伍的凝聚力和战斗力；鼓舞干部群众的斗志，推动了农村的各项工作。

保持共产党员先进性教育 全县保持共产党员先进性教育活动分三批开展，2005年1月至2006年6月，有842个单位、816个党组织、13379名党员参加。

1. 第一批先进性教育活动。2005年1月29日到7月8日，有73个部门单位、148个党组织、1940余名党员参加。2005年1月29日，召开全县保持共产党员先进性教育活动动员大会，县委书记陈康作动员讲话，地委督导组组长田淑媛作指导性讲话。出席会议的有：县人大、县政府、县政协等党员领导干部，县人民法院院长、县人民检察院检察长：曾担任副县级实职以上的离退休党员老干部代表，各乡（镇）党委书记、分管副书记、组织委员，县直机关党政主要负责人，县先进性教育活动领导小组成员及办公室成员，地委督导组成员，县先进性教育活动督导组成员。68 个部门和 17 个乡（镇）共 224 人参加会议。是年 3 月 3 日，地委副书记、行署专员谌贻琴在红二、六军团会师地木黄镇，从坚定理想信念、牢记党的宗旨、维护党的团结和统一、坚持艰苦奋斗，廉洁奉公、坚持科学发展观等方面，给县四大班子领导、地委驻印江督导组、县先进性教育活动领导小组成员共 40 余人，上了一堂“保持共产党员先进性”的专题辅导课。县委书记陈康主持辅导报告会。

2. 第二批先进性教育活动。2005 年 7 月到 12 月底，主要在乡（镇）机关、街道社区、企事业单位、职业技术学校、县机关幼儿园、城镇中小学校展开。7 月 8 日，全县第二批先进性教育活动工作部署会议召开，会议贯彻落实中央、省委、地委第二批先进性教育活动工作会议精神，总结第一批先进性教育活动工作，对第二批先进性教育活动工作进行动员和部署。县委书记陈康、地委督导组组长田淑媛出席会议并作重要讲话，县长李建主持会议。

3. 第三批先进性教育活动。2005 年 12 月到 2006 年 6 月，全县 363 个基层党组织（约占全县基层党组织总数的 52.8％）、8342 名党员（约占全县党员总数的 65.1％）参加。2005 年 12 月 16 日，全县第三批保持共产党员先进性教育活动工作会议在大会场召开。县委书记、县委先进性教育活动领导小组组长陈康在会上作重要讲话。县委副书记、代理县长肖洪出席会议并讲话，县委副书记李世凡主持会议。县人大常委会主任任廷纪，县政协主席王朝文，县委常委何圣仙、石维江、蔡文森、王继承，县人大常委会、县人民政府、县政协党员副县级领导干部，县委、县政协的党员调研员等出席会议。

二、 理论工作

1988 年，全县围绕学习《邓小平同志重要讲话》《坚持改革、开放、搞活——十一届三中全会以来有关主要文献摘编》《进一步解放思想、进一步解放生产力》讲话精神开展理论学习。其学习形式有：开办理论学习班、读书班、下发宣传资料等。当年共举办副科级或以上干部培训班 2 期，参训学员 102 人，举办各级党员培训班 3 期，受训党员 480 人。编写下发学习宣传资料 10 余种，要求学员书写心得体会 500 余篇，1989—1993 年，利用《社会主义商品经济若干问题》《十三大文件汇编》《理论学习辅导》等资料作为教材，开展理论学习工作。通过征订《社会主义初级阶段理论和党的基本路线学习纲要》《理论与当代》《半月谈（内部版）》《时事报告》《铜仁报》《党的基本知识》《马克思主义基本原理》等党报书刊开展理论学习工作，组织干部、职工观看《开辟天地》等文献电影片。开展中华人民共和国成立 41 周年，五四运动 71 周年、鸦片战争 150 周年纪念活动，采用文字、图片、广播节目、报告会、演讲会、座谈会等形式开展宣传纪念活动。开展“学习雷锋同志・弘扬雷锋精神”等电影周活动，在此期间放映《雷锋》《开国大典》《巍巍昆仑》等 18 部影片，共放映 179 场。开展三八妇女节、五一、五四、六一纪念活动，抓好中共党史的学习、考试工作，编写《农村党员培训辅导材料》，全县共培训农村党员 6418 人，培训率达 94.4％。1994—1999 年，以宣传贯彻党的“十五大”精神为重点，每年均举办 1～2 期县直机关副科级干部学习班、农村党支部书记培训班、党员培训班、《邓小平文选》第三卷读书班，加强干部理论学习工作，其学习内容有《农村、党员培训辅导材料》《学习建设有中国特色社会主义理论农村通俗读本》《社会主义市场经济理论》等，并要求学员认真撰写学习论文和心得体会。1995 年，出台《加强县级领导干部理论学习的意见》。1997 年，召开各种座谈会、学习会，贯彻落实十五大精神。成立县法学理论业余讲师团，在全县开展形势报告、《香港特别行政区基本法》讲座、禁毒宣传报告等 22 场次，参加听讲 1 万余人。组织机关干部集体收看收听十五大会议实况。举办两期科局级干部理论学习班，三期县级干部专题学习班，参训学员达 250 人次，组织业余讲师团巡回辅导 4 次，听讲 1000 余人。要求学员撰写理论文章，并在《铜仁论坛》发表 6 篇，其他地级刊物发表 10 余篇。

2001 年，利用印江电视台、《印江报》《今日印江》等新闻阵地，开展学习、实践“三个代表”重要思想活动，编制印发“三个代表”重要思想宣传资料 5000 余册。在庆祝中国共产党成立 80 周年系列纪念活动期间，收集理论文章 48 篇。组织党员参加党史知识答题活动，上交答卷近 500 份。举办楷书、隶书临帖书展活动，收到作品 103 幅，并装裱 60 件作品在印江一小等地巡回展出。在《印江报》开设“纪念中国共产党成立 80 周年征文”专版，共发稿 30 篇。举办“党在我心中”演讲赛，并选拔选手参加地区的比赛，印江选手朱梁荣获一等奖。举办大型书画、摄影展。召开有 1000 余名党员参加的纪念大会，会上还表彰先进基层党组织、先进党务工作者和优秀党员。组织登梵净山比赛，有 41 支登山队参加比赛。印江电视台开设“基层党组织”“中国共产党在印江”等栏目，播出 10 余集专题片和新闻稿件。2002 年，学习、宣传“十六大”精神、省“第九次党代会”精神和“三个代表”重要思想。组织宣讲团，分 8 个组赴县直各单位和各乡（镇）巡回宣讲。征订发放《省九次党代会精神学习宣传提纲》1000 册，《铜仁论坛》300 册，《党政干部 CTO 知识学习专辑》150 册，十六大报告单行本 5000 册，十六大学习读本 1500 册。2003 年，先后下发或转发《2003—2007 年全县党员干部学习理论学党章学〈条例〉规划》《中共印江土家族苗族自治县委中心学习组 2003 年学习计划》，明确当年理论学习时间、内容和要求。

2008 年 5 月， 开展“满意在印江” 爱国主义教育讲故事活动

2005 年，举办“发展开放型经济”专题征文，进行“如何加强中心组理论学习”“如何创新宣传思想工作的内容和方法”等系列调研活动，在《今日印江》《印江报》、印江电视台开辟专栏，登载干部职工学习、运用理论的新闻、调研报告等文章 30 多篇。广泛开展“四进社区”（即科教、文体、法律和卫生进社区）“三讲一树”（即讲文明、讲卫生、讲科学、树新风）等活动。开展 4 个《公民道德建设实施纲要》集中宣传月活动。以“四在农家”创建活动为龙头，推动农村精神文明建设的蓬勃开展。明确新寨乡大云村、中坝乡夫子坝村、永义乡团龙村、木黄镇燕子岩村、缠溪镇湄坨村为县级示范村。明确县委、人大、政府、政协共 5 位副县级领导干部分别指导一个村，县扶贫、农办、畜牧、交通、水利等部门共投入资金 200 多万元，为示范村修建村连户路、沼气池、改厕改圈、修水渠等，改善农村生活环境。2006 年，组织开展学习《江泽民文选》读书活动，全县共征订《江泽民文选》710 套 2136 册。开展“社会主义新农村建设”征文活动，向省、地区选送稿件 5 篇。2007 年，主抓“十七大”和省第十次党代会精神宣传工作，通过举办学习读书班、组织宣讲团巡回宣讲的方式开展宣传活动。先后制定下发《党的十七大报告学习辅导百问》《县委中心学习组学习计划》《县委中心学习组学习省十次党代会精神方案》《关于认真组织收看〈落实科学发展观实现历史性跨越〉理论文献片的通知》等文件，落实宣传工作。组织党员干部职工观看《落实科学发展观　实现历史性跨越》理论文献片。中心组成员个人发表心得体会 16 篇以上，在县级以上报刊上登载，组织全县干部撰写学习心得体会或调研文章 100 余篇，其中在省级刊物发表 1 篇，在地级刊物发表 18 篇以上，《今日印江》出刊 4 期，刊载 78 余篇。2008 年，建立和完善县、乡（镇）宣讲员网络，开展“送理论下基层”活动，使十七大精神进农村、进社区、进企业。与县委组织部、统战部、党校、妇联分别联合举办学习十七大精神科级干部、党外干部、妇女干部等 4 期干部培训班，培训学员 250 余人。

三、 精神文明建设

文明创建 1988 年，全县命名表彰文明单位 21 个，文明村寨 47 个。1993 年，推荐县供销社、缠溪镇湄坨村为地级文明单位（村寨）并获命名。1995 年，命名县级文明单位 10 个，文明村寨 10 个，地区级文明单位 10 个，省级文明单位 2 个。1999 年，县委命名表彰 1998 年度文明单位 22 个，文明村寨 24 个，“十星级文明户”1495 户，并报地区命名表彰“十星级文明户”100 户和“文明家庭”50 户。2001 年，深入开展创建文明城市、文明村寨、文明行业、文明机关的“四创”活动。经过争取，将合水镇、中坝乡活动中心建设为中央文明办资助点，并获项目资金 20 余万元。2002 年，县司法局被命名为省级红旗单位，县国税局、气象局、杨柳乡被省委、省人民政府命名为省级文明单位。2004 年 6 月 21 日，召开“创建文明县城”动员大会，成立领导小组，设立办公室，抽调人员专门办公。制定下发“四在农家”创建活动实施方案，7 月召开“四在农家”创建活动动员大会，当年建成湄坨村、塘池村、合水村、永义村、燕子岩村示范点。2007 年，表彰县级文明单位 27 个，文明村寨 19 个，文明小区 4 个，文明社区 1 个，文明窗口 4 个。向地区推荐表彰地级文明单位 13 个，文明小区 3 个，文明村镇 1 个，文明窗口 4 个。2008 年 5 月，对 4 个文明乡（镇）、40 个文明单位、4 个文明社区（院落）、19 个文明窗口、17 户文明户进行命名表彰。县委、县人民政府把创建全省文明县城工作作为“一把手”工程纳入单位（部门）、乡（镇）年度综合目标考核，并实行“一票否决”，并把创建工作专项经费 100 万元纳入财政预算。12 月，中共贵州省委、省人民政府授予印江自治县“贵州省文明县城”称号，板溪镇上洞村为“贵州省文明村寨”，印江自治县国土局、国税局、中国移动贵州有限公司印江分公司为“贵州省文明单位”，木黄镇为“贵州省创建文明村镇工作先进村镇”，中共印江自治县纪委（监察局）、县教育局、县财政局、中国人民银行印江支行为“贵州省精神文明建设工作先进单位”。

2008 年 12 月，印江获“全省文明县城”称号

活动开展 1988 年，开展向唐老冬先进事迹学习活动，在全县范围播放唐老冬事迹专题片《无私的奉献》。1993 年，以开展植树节活动为契机，组织 2000 余名团员青年在黔江村建 400 亩“共青林”，植树近万株。举办为失学儿童献爱心的大型“希望之光”募捐文艺晚会和系列活动，在此期间参加人员近 5000 人，共募集捐款 30771.22 元。1994 年，组织学生参加全国青少年“爱我中华爱我家乡”读书教育及作文大赛活动。举办第三届（建行杯）十佳优秀青年歌手大赛。举行第二届（工行杯）排球赛。组织“为缠溪受火灾群众捐款捐物”活动。在“希望工程”助学活动中，救助 43 名失学儿童入学。1995 年，以观看百部优秀影片为主要内容，引导青少年学习了解中国革命的历史，树立热爱祖国的思想。县电影公司先后放映“五个一工程”获奖影片，仅城区中小学就有 40000 余人次观看。在农村则组织爱国主义教育影片专场放映，2 万余名青少年接受教育。组织中小学参加影评文章作文比赛、观看爱国主义教育优秀影片演讲比赛，开展第二届全国青少年“热爱祖国、做‘四有新人’”读书教育活动。

2008 年 6 月，在城区中小学开展“创建文明县城，展青春风采”活动

在县城中心广场举办纪念抗日战争胜利五十周年图片资料展。1996 年，在全县开展“学先进、争先进、我为印江做贡献”活动。举办城区青年歌手选拔赛，举办“七一”全县干部职工“热爱印江、建设印江”演讲比赛。1997 年，开展“三下乡”活动。在此期间，举办春节征联活动，共收应征对联 300 条幅。举办庆“庆七一、迎回归”板报比赛，有 50 块板报获参展参评。组建电影放映队赴农村免费为群众放电影，共放映 463 场。1998 年，推进“讲文明、树新风”文明创建活动。全县各村寨、各单位在文明言行、服务质量、环境卫生、交通秩序等方面都取得明显改观。2004 年，制定下发《关于加强新时期精神文明建设工作的意见》，在 3 月 18 日、6 月 22 日、9 月 21 日分别组织开展“公民道德建设”大型宣传活动。在 10 月 24 日，举办纪念中国工农红军第二、第六军团木黄会师 70 周年大型纪念活动，对全县人民进行“弘扬红军精神，全面建设小康社会”的思想教育，受到各级领导和来宾的好评。2006 年，开展“电视进万家”活动，在此期间，向 18 个村 400 户老党员、老模范、独生子女户、双女结扎户赠送 400 台彩电。2007 年，举办了“知荣明耻树新风”征文比赛活动。2008 年，组织开展“公民道德建设宣传月”活动。贯彻落实县委加强和改进未成年人思想道德建设的实施意见，开展“我与祖国共奋进”暨“满意在印江”讲故事、演讲比赛，全县有 37175 名中小学生参加此项活动。组织开展“讲文明、迎奥运、爱家乡、促和谐”全县中小学生征文、绘画比赛。县文明办、关工委还联合组织人员到 17 个乡（镇）开展“举旗帜、颂改革、讲文明、迎奥运”宣讲活动。在青少年中倡导和弘扬热爱祖国、热爱家乡的精神。开展公民道德建设工程——“满意在印江”主题活动。在全县开展道德模范评选活动，共推荐 85 名候选人参选，向省、地区推荐 10 名参评，向省文明办推荐 2 名优秀教师参加“大山的脊梁——感动贵州的十大教师”评选活动，其中，沙子坡镇红星村王家坡学点教师任达继位居全省第 27 名，成功入选。

四、 新闻宣传

报刊宣传 1988 年以来，印江自治县先后制定下发《印江自治县新闻宣传工作管理办法》《全县新闻外宣工作先进集体和先进个人评选办法》《印江自治县新闻外宣传工作奖励办法》等文件，激励和推动印江的新闻宣传工作。1988 年，建立健全 8 个区镇通讯组，协助建立县农业、民委、教育、商业、卫生、乡企、文化等 11 个通讯组。上传《贵州日报》稿件 35 篇，被采用 17 篇。上传贵州民族报社 200 余篇，采用 30 篇。1990 年，新建县水电局、统计局、农调队、天堂中学 4 个通讯组。1996 年创办《印江报道》，由县委宣传部主办，为综合性新闻油印刊物，印量 500 份，每月一期，16 开纸，每期 16 至 20 页。开设有《重要言论》《时政要闻》《农村经济》《扶贫攻坚》《文教天地》《法制之窗》《读者来信》等栏目。办刊时间为 1996—1999 年，由部超、任敬廷、田斌、顾宗富先后担任《印江报道》编辑。各乡（镇）先后建立新闻宣传阵地，如《杉树信息》《新寨通讯》《木黄工作》《财经信息》等。2000 年《印江报》创刊，在宣传部组织下试运行。2001 年 1 月，成立县委直属事业单位——印江报社，正式创刊县委机关报《印江报》，周报，8 开 4 版，新闻纸铅印，发行 2000 份，全年出刊 52 期。2004 年《印江报》改为《印江通讯》。2006 年《印江通讯》周报改为周二报。2008 年改为周三报。《印江报》和《印江通讯》每期 4 个版面，一版为重要新闻，报道全国重要时事、政治、经济生活，突出政策性、指导性、重要性，根据发言论、社论、短评；二版为经济新闻，主要报道全县各乡（镇）、各部门及各企业单位综合性经济新闻，突出新闻的信息性、时效性和密集度，以动态新闻、精短新闻为主，侧重于农业农村经济报道；三版为综合新闻，突出可读性、针对性、指导性、知识性、趣味性，开设有科教时空、法制之窗、社会长廊、理论园地、读者心事等专题检阅；四版为梵净山副刊，主要刊登文学、艺术作品，包括散文、诗歌、戏剧、游记、书法、摄影、篆刻、小说连载、传记等。2008 年，《印江通讯》出版 138 期，制定下发《印江自治县新闻宣传工作管理办法》《全县新闻外宣工作先进集体和先进个人评选办法》《印江自治县新闻外宣传工作奖励办法》。

广播电视宣传 1988 年，县广播站征集稿件 3443 篇，播出 2852 篇，上传贵州人民广播电视台

103 篇，采用 19 篇。1989 年，摄制《印江在前进》专题录像片。1990 年，录制“严打斗争”专题片，全年稿件被贵州人民广播电视台采用 18 件、县广播站征集投稿 2666 件，播出 1923 件。1994 年，印江稿件被贵州人民广播电台采用 31 篇。县广播站组稿 2897 篇，播出 2493 篇，播出电视新闻节目 31 件、专题节目 45 件，首次开设“点歌台”节目。1995 年，利用广播、电视宣传手段，系列报道全县经济建设的发展进程，将“梵净山绿茶”系列产品获得第二届中国农业博览会 3 项金奖，1 项银奖，1 项铜奖向外宣传。县广播站当年播稿 374 件，印江稿件被贵州人民广播电台采用 38 件。1997 年，印江稿件被贵州人民广播电台采用 44 件。1998 年，县广播站组稿 405 件，其中电视新闻 197 件，向地区电视台上传 19 件，被采用 16 件。1999 年，摄制《梵山邛水变新颜》《挑战贫困》专题片在中央七台、贵州有线电视台播放。电视台全年播出稿件 1000 余件，上报地区 200 余件。2002 年，印江电视台播发新闻 365 条。2003 年，印江电视台播发稿件 600 余条，省、地区广播电台上稿 55 条。2004 年，印江电视台播发新闻 1000 条，上传地区电视台 40 多条，中央电视台西部频道上稿 3 条。2006 年，印江电视台编播新闻 180 期，一周要闻 46 期，编发稿件 1260 篇。新开辟《创文明县城　治五脏五乱》《文明创建大家谈》《曝光台》等专题和栏目。全年累计上传铜仁广播电视台稿件 121 条、上传贵州电视台稿件 1 条，其中，在铜仁电视台头条新闻播出 9 条。2007 年，印江电视台编播《印江新闻》160 期，《一周要闻》32 期，专题栏目《周末视点》13 期。铜仁广播电台用稿 160 件。2008 年，在印江电视台开辟《百姓视点》专题栏目。在贵州电视台播出新闻 21 条，贵州广播电台播出 27 条，铜仁电视台播出 223 条，在铜仁广播电台播出 143 条。

五、 社会宣传

2006 年 4 月， 在印江民族中学举行沿着红军长征足迹穿行多彩贵州落幕式

1988 年，举办以坚持四项基本原则、讴歌十年改革的巨大成就等为主题的五四征文比赛，共征集散文、诗歌等稿件 299 件。1989 年，举办“五四”爱国运动 70 周年纪念活动，举办“七一”文艺晚会和歌咏比赛。1990 年，开展迎亚运宣传活动，举办迎亚运城区青年歌手大赛、自治县首届儿童乒乓球运动会。“迎亚运”篮球、排球、象棋、围棋赛、老年门球赛。开展《印江土家族苗族自治县条例》宣传活动。开展法制宣传活动：利用电影周，印发法制宣传提纲，书写标语口号，编写《“严打”斗争简报》，编发宣传资料，录制“严打斗争”专题片等形式开展法制宣传活动，制作“严打”斗争法制宣传挂图一套 39 幅，出法制专栏 537 期，举办法制宣传报告会 222 次，举办违法犯罪人员法制学习班 30 期，受教育 7 万余人。开展科技兴农宣传活动：组织征订《农民文摘》《农村经济与技术》《农村工作通讯》《贵州科技报》《贵州农民报》等报刊，举办科技专栏 12 个、出刊 48 期。开展国防教育宣传活动：分别对城区 3 所中学 510 名高中生进行国防教育和军事训练，并在学生中开展国防知识竞赛活动。1991 年，开展全国国防知识竞赛活动。1993 年，开展纪念毛泽东同志诞辰一百周年系列活动。1994 年，开展红二、六军团木黄会师 60 周年系列纪念宣传活动。1995 年，举办《劳动法》知识抢答比赛。1997 年，开展“县庆杯”征文活动，活动共征集稿件 56 篇。1999 年，举办“光辉 50 年”读书教育

活动，参加人数达2万人。开展“爱祖国、爱印江”书画展，“庆祝建国50周年”各行各业成就展，参加单位31个，参展作品37件。举办国庆文艺会演、“三八”卡拉OK赛、“五四”文艺会演等大型活动。2005年，中央电视台《乡村大世界》“印江印象”大型文艺演出走进印江，向全国推介印江丰富的自然资源、秀丽的自然风光、浓郁的民族风情，提高印江的知名度。2006年，举办“多彩贵州”（印江）旅游形象大使和民族姑娘选拔大赛。举办纪念红军长征胜利70周年“沿着红军长征的足迹——歌唱（穿行）多彩贵州”慰问演出暨展示印江风采系列活动。在确保慰问演出取得圆满成功的同时，开展招商引资推介会（共签协议、合同项目13个，签约资金5.62亿元）。2008年，开展“纪念改革开放30周年”宣传活动。在《印江通讯》《今日印江》开辟“改革开放30年大家谈”征文活动。

第三节　政法工作

一、 机构设置

1988年9月，印江自治县成立社会治安综合治理领导小组，并下设办公室在县委政法委员会。1991年3月，成立社会治安综合治理委员会，与县委政法委合署办公，实行一套人员，两块牌子。1997年，成立县国家安全领导小组。下设办公室在县委政法委（即县国安办）。2000年6月，设立维稳办、“法轮功”和对社会有危害气功组织领导小组办公室。2001年12月，根据黔政法〔2001〕81号电《关于县（市）政法委（综治办）机构设置意见》，县委政法委、综治办设政工科（副科级）、办公室（执法监督）、综治股、县维护社会稳定领导小组办公室（简称维稳办），“法轮功”和对社会有害气功组织领导小组办公室更名为“防范和处理邪教问题领导小组办公室”。县委政法委办公室、综治办、维稳办，作为县委政法委正科级常设机构。截至2008年，县委政法委内设：政工科、办公室、研究室、执法监督科、社会治安综合治理工作科、维护稳定工作科、防范和处理邪教工作科，保留国家安全人民防线办公室机构和维稳办专职副主任、综治办专职副主任。

二、 综治维稳

反邪教　1996年起，开展取缔非法组织“门徒会”专项斗争，县委政法委派出工作组，取缔涉及沙子坡、杉树、板溪、中坝、峨岭5个乡（镇），34个村，65个村民组的门徒会组织，涉及门徒会成员478人。1999年，根据中央《关于共产党员不准修炼“法轮大法”的通知》、民政部《关于取缔“法轮大法”研究会的决定》和省维稳领导小组《关于认真组织学习有关打击邪教的法律文件，进一步做好“法轮功”练习者转化工作的紧急通知》文件精神，县委政法委组织人员对邪教“法轮功”进行深入揭批，当年取缔以杨柳乡廖修刚为首的邪教组织，解散邪教人员151人。2002年，抓获“门徒会”骨干分子4人，其中“门徒会”奉差胡国强到杨柳乡传教时被当场抓获。2004年起，组织开展以“崇尚科学、关爱家庭、珍惜生命、反对邪教”为主题的警示教育活动，活动中，成立领导小组，培训反邪教骨干。制定进村、入户、面对面工作要求，实行乡（镇）干部包村、村干部包组、组干部和党员包户、学校和教师包学生，县直机关主要负责人包本单位干部职工的工作方式。2008年，全县开展邪教人员大排查，通过摸排，新增发现邪教人员1人，破获“东方闪电邪教”组织活动案件1起，通过对涉邪教人员进行教育、引导、帮扶，该邪教组织被取缔。当年，反邪教工作做到零聚集、零进京、零插播“三零”要求。达到无在当地进行非法聚集案件、无重大恶性反宣案件、无规模性团伙活动案件的“三无”目标。

禁毒　1988年以来，县政法委每年都安排各级各部门开展春、秋禁种铲毒工作，工作人员深入田间地头开展踏查。在中小学常年开展禁毒“十个一”和禁毒签名活动。1991年，发现私种毒品原

2008 年 6 月，自治县政法委组织城区小学在中心广场开展“拒绝毒品，珍爱生命”活动

植物 170 起，铲除毒品原植物 19515 株，收缴鸦片 18 克，对事主均作罚款处理。1998 年，查破毒品犯罪案 28 起，涉及 43 人，缴获海洛因 132.3 克、150 个零包，捣毁吸毒窝点 12 个，查获吸毒人员 106 人，铲除罂粟 65 株。2002 年，在“百日缉毒”“春夏扫毒风暴”行动中，共破获贩毒案件 40 起，抓获犯罪嫌疑人 53 人，缴获海洛因 1278 克，铲除罂粟 1966 株。2003 年，破获贩毒案件 33 件，抓获犯罪嫌疑人 33 人，缴获海洛因 877.2 克、138 个零包，收缴贩毒通信工具——手机 19 部，摩托车 1 辆，毒资 7259 元，铲除罂粟 673 株。2004 年，破获贩毒案件 55 件，抓获犯罪嫌疑人 27 人，缴获海洛因 68.83 克、112 个零包，铲除罂粟 906 株。2005 年，破获贩毒案件 39 起，缴获毒品海洛因 250.4 克、35 个零包，铲除罂粟 191 株，抓获犯罪嫌疑人 20 人，共强制戒毒 107 人，报送劳动教养 45 人。2008 年，缴获毒品 302 克。

专项斗争 1988 年，开展“两打”专项工作。在此期间，打击赌博 7 起，涉及参赌人员 34 名，缴获赌资 7000 余元，赌具 8 副。1989 年，从公安、检察、法院、司法、林业等 10 个部门 20 个单位抽调 47 人组成综合治理队伍，进驻朗溪区开展治理工作，查获盗伐、滥伐木材 202.045 立方米，对 192 名盗伐、滥伐、非法倒卖木材的违法人员作治安处罚。1990 年，开展打拐专项斗争，抓获犯罪嫌疑人 90 名，解救妇女儿童 24 人。在查禁赌博行动中，查获赌博 47 起 177 人，罚款 5802.40 元，没收赌资 2627.50 元、赌具（麻将）47 副。1992 年，开展“两打”斗争中，查处聚赌 20 起，破获拐卖人口 78 起，解救妇女 38 人，儿童 7 人。1994 年，县政法委成立整治工作领导小组，开展社会治安综合治理专项整治。破获作案 74 起的缠溪镇 3 个流氓强奸犯罪团伙，抓捕作案人员 25 名。破获峨岭镇以涂世江为首的流氓路霸团伙、以杨秀刚为首的盗窃团伙、沙子坡镇黄友堂盗窃团伙。1998 年，在“黄、赌、毒”专项斗争中，查处卖淫嫖娼案件 7 起 16 人，赌博案件 5 起 15 人。2003 年，在“治爆缉枪”专项斗争中，共缴获非法枪支 777 支，炸药 890 千克，雷管 3516 枚，导火线 2400 米，取缔非法生产烟花爆竹作坊 33 个，非法储存、销售、运输民爆物品窝点 2 个。2006 年，打掉以田刚为首的恶势力团伙，抓获团伙成员 12 人，逮捕 10 人。彻底瓦解“十三少”“寨上帮”“叱咤风云帮”“洪兴帮”等 6 个非法帮派组织，逮捕 33 人，治安处罚 81 人。全年排查各类矛盾纠纷 2238 件，调处成功 2039 件，防止纠纷激化 26 起，防止群体性械斗 6 件，防止民转刑案件 42 件，防止群体性上访 8 起。2007 年，在开展“两抢一盗”专项斗争期间，打掉陈正刚抢劫、陈厚刚盗窃等团伙 14 个，其中：抓获“盗抢”罪犯嫌疑人 86 人，追回赃款赃物折合人民币 50 余万元。在“打黑除恶”专项斗争中，出动执法人员 238 人次，实施行政处罚 45 起，其中：警告 43 起，停业整顿 2 起，罚款 9000 元，查处网吧 20 余个，游戏厅 5 个，固定及流动摊点 200 余个，台球桌 15 台次，清缴管制刀具 50 余件。2008 年，铲除横行乡里多年、以杉树坳乡冉家村原村支书冉光友为首的恶势力团伙，消除多年来形成的恶劣影响。

平安创建 1993 年，开展“综治达标”工作，当年命名“综治达标”乡（镇）11 个，综治达标红旗乡（镇）6 个，表彰见义勇为积极分子 4 名、综治工作先进工作者 17 名。2003 年，开展“平安工程”创建活动，将“平安工程”创建与精神文明建设、党建创新、社区建设、创建文明卫生城市、“五珍惜”（珍惜工作岗位、珍惜执法权力、珍惜集体荣誉、珍惜个人前程、珍惜家庭幸福）等活动相结合。当年，命名治安模范村 308 个、治安红旗村 28 个、治安合格村 29 个、治安模范户 60124 户，遵纪守法户 21583 户、创建安全文明小区 89 个。2006 年，开展平安家庭、平安村寨、平安社区、平安院落、平安单位、平安乡（镇）等一系列“平安印江”创建活动。当年，创建平安家庭 88808 户、平安村寨 310 个、平安社区 7 个、平安院落 255 个、平安单位 180 个、平安乡（镇）17 个。2007 年，采取典型引路，以点带面，统一标准，分类指导的做法，推进平安建设。当年，建成平安创建示范点 317 个，其中：县 10 个、乡 307 个。2008 年，在印江电视台分别开辟“平安印江”“法制印江”专栏。在《印江通讯》开辟“平安印江”专版，以活动竞赛、民间文艺表演等多种形式，将“平安印江”创建活动引向深入。

三、 治安防控网络建设

1988 年，全县建立治安联防队 22 个，有队员 175 人。在城区居住集中的机关院落建立护院队 43 个，有队员 356 人。建立有护校队 31 个 297 人、护厂队 5 个 92 人、护寨队 174 个 884 人、民兵应急小分队 40 个 383 人。配备有保卫干部 97 人，全县范围治安防控网络已基本建成，社会治安实现群防群治良好局面。1991 年，县公安局建立治安巡警队，由 8 名队员组成，治安巡警队负责开展城区日常治安巡逻。1994 年，新增民兵应急分队 19 个 349 人。2003 年，在农村推行“村为主”“十户联防”“互助联防”防范措施。2004 年，在全县推行三级防范体系建设，即：主要道路和大型公共场所为一级防范，由公安局负责。小街小巷和社区面上为二级防范，由社区民警负责。小区及单位、院落为三级防范，由社区聘请的保卫、联防队员、治安人员负责。当年，建立有兼职联防队 9 支 154 人（其中：城区专职 10 人，兼职 20 人），建立有护村护寨队 1479 支 11582 人，楼群院落（小区）100％落实防范守护措施。2006 年，县公安局建立治安巡逻防暴大队，城区专职治安联防队增至 30 人。在县城三个社区建立了警务室，每个警务室配备 3 名社区民警，社区治安义务巡逻队在其指导下开展社区联防工作。2007 年，安装了城市监控系统，新招聘 15 名协勤人员充实到巡逻防暴大队。截至 2008 年，全县建立有治安联防队 25 个，有队员 178 人。建立有护院队 56 个，有队员 456 人。建立有护校队 31 个 302 人、护厂队 6 个 102 人、护寨队 184 个 984 人、民兵应急小分队 30 个 283 人。配备有保卫干部 102 人。全县形成以治保、调解、帮教人员为依托，综治、派出所、司法所干警为骨干，治安信息员、国家安全联络员、国家安全信息员、社区联防队为基础的基层防控网络。

四、 法制教育

1988 年，在县城和有关区（镇）的录像点放映警示教育片《法不容留》34 场，受教育干部群众达 1.3 万人。1989 年，举办普法骨干培训班 35 期 2185 人，组织法律知识竞赛 2 次 4798 人。召开公捕公判大会 3 次，公捕犯罪分子 12 人。1990 年，印发普法宣传提纲 200 份、标语 500 份，发放宣传资料 836 份，张贴大小标语 2821 幅，召开宣传报告会 222 次，召开公捕公判大会 7 次，公捕罪犯 79 名，参加受教育群众达 6 万余人。1991 年，举办“打拐”、禁毒、赌博等违法获罪人员学习班 53 期 1519 人。召开公处公判大会 10 次，公捕犯罪分子 113 名，公判罪犯 120 名，受教育群众 12 万人次。1992 年，举办“金融杯”社会治安综合治理知识竞赛。1993 年，办法制宣传教育专刊 575 期，开展巡回宣传 75 次，有线广播 187 次，法律咨询 54 次，发放农民普法读本 500 册，印发宣传资料 1000 余份，办法制学习班 18 期 306 人。2001 年 4 月 23 日，召开公捕公判大会，对犯有黑社会犯罪、故意杀人、贩毒、强奸等罪行的 13 人进行公开宣判。11 月 28 日至 12 月 1 日举办“反对邪教、崇尚文明”挂图展览，4 天时间参观人数达 1.5 万人次。2005 年，深化依法治家工作，全县有 5486 户家庭聘请法律顾问，2.5 万人签订依法治家责任状，100 个村开展民主与法制建设。先后开展“不让毒品进校园”“小手牵大手”“家长法制夜校”等活动，还组织学生参观戒毒所，让失足青年现身说法。2006 年，法制副校长、辅导员到校上法制课 340 次。2007 年，开辟“平安印江”宣传专栏，开展“五个一”活动和大型法律法规咨询活动，在公路沿线及公共场所制作大型永久性标牌 12 幅，书写永久性标语220条，办专栏68期，以人们所关心、熟知的教育考试术语“3+X”为载体，创新推出平安建设“3+X”警示、“六要六莫”“三好三平安”警示牌。2008年，县禁毒办在中坝乡举办禁毒知识抢答赛。木黄镇、缠溪镇在中小学举办以“和谐校园我参与”“崇尚科学、反对邪教、热爱祖国、支持奥运”等为题的作文竞赛活动。朗溪镇、合水镇、沙子坡镇等举行由学生、干部、群众代表共同参与的法制演讲活动。

五、 政法队伍建设

1988年，全县有政法干警284人。1990年，由县政法委、普法办联合举办全县政法系统法律知识竞赛。在各区镇开展整顿行业不正之风大检查。1991年，开展“四有、五爱、四自”教育。1992年，县政法委制定《催办工作制度》《会议议事制度》等，进一步规范政法干警依法执纪执法，自觉遵纪守法行为。1993年，制定教育管理岗位责任和错案追究等制度。1994年，开展政法干警集中整顿活动，全县参加干警265名，根据不同性质、情节轻重、影响大小予以处理，政法系统共处理10人，其中免诉1人，纪律处分9人。通过整顿，强化政法干警的法制意识，调动工作积极性。1997年，组织政法干警开展学习“十五大”精神，学习孔繁森、谭万富、唐老冬、王廷昌等先进事迹，要求政法干部抓学习、讲政治、讲正气、讲大局、讲团结，树立政法队伍新形象。2002年，配备专职副书记15名，明确解决岗位津贴30元，按照从优待警原则，为县法院审判委员会和检察院检察委员会6名委员解决副科级待遇。2003年，要求政法干警围绕“枪、权、色、钱、车、案、赌、散”8个方面进行对照检查，针对存在问题拟定切实可行整顿方案，与党风廉政建设相结合，切实加强思想政法建设和纪律作风建设。县政法委先后四次对乡（镇）政法委副书记进行培训，鼓励政法干部参加成人自考、党校函授，提高自身素质。2004年，以“公正执法树形象”活动为载体，组织政法干部学习任长霞、廖兴国、曹发贵、蒋庆等同志先进事迹，开展“珍惜工作岗位、珍惜工作权利、珍惜集体荣誉、珍惜个人前程、珍惜家庭幸福”学习教育活动。提高公安派出所、法庭的所长、庭长、教导员职级待遇，解决法院、检察院（科）庭长（主任）、法警大队长和连续在基层派出所工作15年的民警副科级待遇及公安民警、法警的超时补贴。2005年，结合党员干部先进性教育活动，加强对干警的理想信念和宗旨教育，在活动中，政法机关全体干部每人写读书笔记，撰写心得体会，开展主题实践活动20余次，整改问题40余个。组织全县乡（镇）政法委书记到党校集中培训，培训时间为15天。2006年，开展社会主义法治理念教育，要求采取“五结合”（即结合保先教育、结合荣辱观教育、结合《江泽民文选》学习、结合专项整改活动、结合工作实际）、“五学”（即领导先学、集中共学、辅导带学、互动促学、结对帮学）方式开展学校活动。2008年，广泛开展“大学习、大讨论”活动，着力提高政法干警理论素养和执法水平。实现“五个进一步”（即：执法理念进一步端正，执行行为进一步规范，改革方向进一步明确，队伍建设进一步加强，人民群众对政法队伍和政法工作的满意度进一步提高），牢固树立依法治国、执法为民、公平正义、服务大局、党的领导五个基本理念。以“瓮安事件”为蓝本，开展“反思教育”活动。以创建“五型机关”为目标，着力提高服务水平。围绕“抓班子促素质、抓阵地促学习、抓制度促党内民主建设、抓典型促创新、抓发展促和谐”的要求，开展向灾区人民献爱心，“回报故土、反哺家乡”对口帮扶村等活动。

1988—2008年印江自治县政法系统领导名录

表10—5

单位	职务	姓名	性别	出生地	任职时间	备注
公安局	局长	戴仲华	男	贵州松桃	1988.1—1989.7	—
	局长	李昌金	男	贵州印江	1989.7—1992.10	—
	局长	杨昌金	男	贵州沿河	1992.10—1997.5	—

续表10－5

单位	职务	姓名	性别	出生地	任职时间	备注
公安局	局长	冯贵川	男	贵州松桃	1997.9—1999.9	—
	局长	杨昌齐	男	贵州思南	1999.10—2002.10	—
	局长	郑光辉	男	贵州江口	2003.3—2005.8	—
	局长	史大高	男	贵州德江	2005.9—2006.10	—
	局长	刘汉文	男	贵州万山	2006.11—2008.9	—
	局长	刘仲明	男	湖南邵东	2008.10—	
检察院	检察长	张廷仕	男	四川	1988.1—1990.5	—
	检察长	周万贵	男	贵州印江	1990.7—1993.3	—
	检察长	霍　瑛	女	湖南武冈	1993.3—1997.1	—
	检察长	陈鱼飞	男	贵州印江	1996.11—2003	—
	检察长	文连伸	男	贵州石阡	2004—2006	—
	检察长	姚华权	男	贵州思南	2006—	
法院	院长	周万贵	男	贵州印江	1988.1—1990.6	—
	院长	张国华	男	贵州石阡	1990.6—1993.3	—
	院长	赵光洲	男	贵州印江	1993.3—1997.9	—
	院长	谯文强	男	贵州沿河	1997.9—2006.10	—
	院长	毛明生	男	贵州石阡	2006.11—	
司法局	局长	戴贵斌	男	贵州黄平	1988.1—1990.8	—
	局长	戴学军	男	贵州印江	1990.8—1997.9	—
	局长	饶继勇	男	贵州印江	1997.9—2005.5	—
	局长	徐　刚	男	贵州印江	2005.6—2008.9	—
	局长	何圣志	男	贵州印江	2008.10—	

第四节　纪检监察

一、 机构设置

内设机构　1986 年 12 月，设立印江自治县后，中共印江县纪律监察委员会更名为中共印江自治县纪律检查委员会（下称县纪委）。1988 年 8 月恢复设立印江自治县监察局，核定行政编制 10 人。是年，自治县纪委内设机构有办公室、纪检科、案件审理科、信访科（信访举报中心）、宣教研究科、党风廉政科，1989 年 3 月，纪检科、案件审理科、信访科（信访举报中心）、宣教研究科、党风廉政科的名称由科更名为室。1990 年 6 月，信访室更名为控告申诉室。1993 年 4 月，县纪委和县监察局合署办公，是年，其内设机构有：办公室、信访室（举报中心）、纪检监察室、案件审理室，增设执法监察室、宣教研究室、党风廉政建设室，并增设自治县人民政府纠正行业不正之风领导小组办公室（以下简称自治县纠风办）。1993 年，县委成立减轻农民负担领导小组、反腐倡廉领导小组，下设办公室在县纪委。1996 年成立县反腐倡廉协调领导小组，下设办公室在县纪委。1997 年 2 月，原县纠风领导小组办公室更名为自治县人民政府纠正部门和行业不正之风办公室，挂靠县监察局。2001 年 12 月，全县机构改革后，县纪委监察局增设监察综合室、干部室、纠风室（县人民政府纠正部门和行业不正之风办公室与县纪委纠风室职能相同)。县纪委下设职能室均为副科级机构（县人民政府纠正部门和行业不正之风办公室为正科级机构，主任由县监察局长兼任）。截至 2008 年年底，除书记室、副书记室、局长室外，县纪委监察局共设 10 个职能室，分别是：党风廉政建设室、办公室、信访室（举报中心)、纪检监察室、案件审理室，执法监察室、宣教研究室、干部室、监察综合室、纠正部门和行业不正之风室。

下设机构 1988 年，全县 7 区 1 镇均设有纪委。有 12 个县直机关党组设立纪检组。1990 年，县直部门增设 9 个纪检组。到 1990 年 6 月，县直机关和 7 区 1 镇共设有 23 个纪检组、配备专、兼职纪检员 66 人。1991 年，增设县水电局、县人民银行纪检组。1992 年，增设农业局纪检组。1992 年 9 月（建镇并乡撤区后)，在 17 个乡（镇）分别设置纪律检查委员会。1992 年，在机关设立派驻监察室。是年，全县设置有 32 个派驻监察室。1993 年，增设县文广局纪检组，撤销县科学技术委员会纪检组。1994 年，增设县民政局纪检组。1995 年，增设县地税局、县工商银行纪检组。1996 年 7 月，撤销县经济委员会纪检组和轻纺工业局纪检组。1997 年 11 月，撤销县工商银行纪检组。1998 年，增设计划局、民宗局、农办、交通局、农机局纪检组，截至 1998 年年末，县直机关 2 个党委和 17 个乡（镇）都分别设有纪律检查委员会 19 个。县直机关有 31 个党组都分别建立纪检组，共配备专兼职纪检监察干部 104 人。截至 2008 年年末，全县共设有 19 个纪委和 23 个纪检组监察室，配专兼职纪检监察干部 70 人。

二、 制度建设

1989 年 4 月，全县召开纪检监察工作会议，传达中央、省、地廉政制度建设工作会议精神，对全县廉政制度建设工作作出安排。会后县委出台《关于审批国家干部职工建私房的规定》和《关于近期做几件群众关心的事的决定》。县供销社制定干部职工工作职责及奖惩办法。县税务局制定“两公开一监督”办税制度。1990 年，县委印发《关于近期做九件群众关心的事的决定》，对进一步清理整顿公司、县以上干部的配偶和子女经商、干部职工违法违纪违章占地建私房、干部职工拖欠公款和逾期银行贷款、干部职工家属和子女“农转非”后退出责任地等工作进行安排部署。1990—1993 年，出台《关于对党员干部加强纪律监督的规定》《领导干部廉洁自律收受礼金登记制度》《个人重大事项报告制度》《关于明确责任部门的意见》《打招呼制度》《会议审批制度》《关于领导干部配置通讯工具的有关制度》等。1994 年，出台《关于加强全县干部职工组织纪律性的规定》《关于厉行节约制止奢侈浪费行为的实施细则》《关于开好领导干部廉洁自律专题民主生活会的通知》《关于建立对县乡科级股级领导干部打招呼制度的通知》《关于狠抓制止奢侈浪费八项规定的落实推进领导干部廉洁自律工作的通知》等。1996 年，为了让朗溪镇抢险救灾工作顺利进行，避免带来进一步损失，自治县纪委印发《关于认真做好抢险救灾工作的六条纪律》。1999 年，实行政府采购制，要求单位凡购买价值 5000 元以上的物品需由自治县人民政府审批。是年，政府采购资金 386.5 万元，节约 59 万元，节约率为 13%。以自治县水泥厂、自来水厂作为厂务公开试点，全面推行政务公开。在自治县财政局设立会计结算中心，全县实行“零户统管”，对没有必要存在的 256 个账户予以取消。2000 年，建立党风廉政巡视制度，县委巡视组对 17 个乡（镇）和 1 个部门开展党风廉政建设情况定期检查，有 145 个乡科级领导干部向巡视组和纪委报告廉政工作开展情况。加大责任追究力度，对涉及发生重大责任事故的 2 个单位 8 名责任人进行责任追究。2001 年，推行会议审批制度，精简和压缩会议数量、时间、规模，各种会议开支与上年相比，节约资金 40 万元。接待费、通讯费在财务上实行单独列支，当年节约资金 50 万元。2000—2005 年，印发《关于禁止共产党员、国家机关工作人员参与赌博的暂行规定》《关于制定全县干部职工工作纪律的通知》。2006 年，推行村账乡代理制度。2006—2008 年，先后制定印发《全县党风廉政建设责任制追究办法》《乡科级领导干部公开述廉评议实施方案（试行）》《关于搞好农村基层党风廉政建设实施意见》《关于严格会议纪律，切实改进会风的通知》《关于进一步加强党政机关、事业单位小汽车管理的通知》《关于进一步规范国家机关事业单位工作人员借操办酒席敛财的规定》《关于进一步严格请销假和离县外出报告制度的通知》《公务活动与接待工作制度》等文件。2008 年，开展领导干部任前谈话 87 人，诫免谈话 11 人。建立和完善 18 个党委、43 个党组的廉政档案。在全县 347 个村建立理事会、监事会，聘请党风廉政监督员。首次将政府发放涉农补贴以直接转入农户账号方式兑现，即“一折通”。

三、 宣传教育

警示教育 1990 年，自治县纪委有侧重地选择 12 名违纪党员的错误事实及受处分情况，向全县通报，组织党员对《通报》进行学习讨论。组织纪检干部对受党纪处分党员进行一次普遍回访，并填写《回访登记表》，通过回访教育，让党员受感动、受教育。2000 年，利用胡长清、成克杰的典型案例开展为期 10 天的警示教育，各单位购买教育资料、教材达 1239 套。结合实际，对县内典型案件进行通报曝光，起到一定震慑作用。是年组织干部观看《生死抉择》《居安思危》《生死牛玉孺》等警示教育片。2006 年，组织党员、干部观看《忏悔录》《真水无香》等警示教育片。

党纪法规教育 1988 年，自治县纪委会同有关部门把党风党纪教育与党的基本路线和社会主义初级阶段理论教育和形势教育有机结合起来，先后举办有 362 人参加的党员干部骨干培训班 2 期，各区镇纪检组织在区乡分别举办相应的党员培训班，共培训党员 6000 人次。组织全县党员、干部收看《普通一官》《春风化雨》《新中国第一大案》等党风党纪教育片。1989 年，全县各级纪检组织协助同级党委（党组），及时组织广大党员学习讨论中央和省委有关重要文件、指示及重要讲话，让广大党员在政治斗争中，认清形势、站稳立场。1991 年，组织 216 个支部 2606 名党员、干部参加全省党风党纪知识百题竞赛活动，有 13 名同志分别获省纪委颁发的一、二、三等奖，其中有 3 名县级干部获奖，县纪委获组织奖。1992 年，针对全县党员干部违反社会主义道德和非法捆打群众的违纪案件呈上升趋势的实际，有针对性地对党员干部进行遵纪守法教育，向全县通报典型案件 3 件。1996 年，全县组织 1800 名党员、干部参加全国党纪政纪条规知识竞赛，开展以“纪委监督同级党委存在问题及对策”和“如何加强民主监督”为主题的调研活动，组织 100 名副科级以上党员领导干部填写了调查表，通过各种教育，让党员进一步树立正确的世界观、人生观和价值观。1994—1999 年，组织党员、干部观看《时代楷模》等电教片 20 场次，受教育面 2.5 万人。2006 年开展“红船杯”学习党章知识竞赛、“党章知识演讲赛”“党恩颂”歌咏比赛、廉政文化“五进”活动。对《实施纲要》学习进行检查指导，对全县正科级干部的配偶进行家庭助廉知识培训，开展领导干部遵循“四大纪律”“八项要求”的监督检查。学习贯彻《中共中央纪委关于严格禁止利用职务上的便利谋取不正当利益的若干规定》，要求党员干部对照《规定》逐条开展自查。2008 年，组织全县 200 名副乡科级以上干部参加全区勤政廉政先进事迹印江巡回报告会。

四、 纠正部门和行业不正之风

治理教育乱收费 1994 年，自治县纪委开展对中小学违规收费专项检查，是年检查学校 34 所，罚没违反政策收费 53 万元。1995—1998 年，重点检查和抽查了 106 所（次）学校，查出违纪收费 125.61 万元，纠正清退 17.73 万元，其余部分明确规定作为学校专项资金使用。1999 年，推行中小学“一费制”，将以往的各种收费项目合并为一项，取消不合理收费便于监督和管理。2000 年，查处学校违规收费 12.48 万元，责令清退 10.7 万元，没收上缴县财政 1.9 万元，处分收费责任人员 4 人。2001 年，罚没学校违规收费 0.37 万元。2003 年在春秋两季，对全县 41 所中小学收费情况进行专项检查，共组织清退资金 55 万元，没收上缴县政府 5774.4 元。2004—2008 年，继续开展学校违规收费专项检查工作，其中：2004 年涉及金额 29.97 万元、2006 年 20.35 万元、2007 年 27.4 万元。

减轻农民负担 1993 年，对涉农收费项目进行清理，是年，清理出涉农收费文件 77 件，其中地区级以上部门行文22件，县级部门行文51件，乡（镇）行文4件，项目130项，经审核审批取消县乡出台的12个涉农项目，清理后每年减轻农民负担257万元。与县财政局、县物价局对行政事业单位服务性收费进行清理，查处乱收费项目29项，乱收费金额11.2万元。此外，县纪委还建立农民负担预算制度、审计制度，发放农民负担监督卡、农民负担手册，明令取消上级规定取消的收费项目，严格将农民负担控制在国务院规定的农民人均纯收入的5%以内。1997年，对27个涉农违规收费单位进行查处，纠正清退违规收费2.67万元。1999年，实行涉农收费价格公示制。在涉农收费专项检查中，查处违纪金额56万元。2003年，清理涉农负担收费项目5项，取消3项，降低标准2项，通过税改，农民减负金额达895.02万元。2008年，将减轻农民负担纳入党政"一把手"执行党风廉政建设责任制考核，推行"乡财县管乡用"和"村财乡代管"财政体制。

检查组在行政中心检查干部上班纪律

减轻企业负担 1997年，对县城10家企业进行挂牌保护，实行涉企负担登记制度。2007年，为制止"乱收费、乱罚款、乱摊派"现象，纠风办与物价局等单位为招商引资企业渝黔水泥有限责任公司、丰源木业有限公司、黔之牛食品公司等五家重点企业治理"三乱"工作挂牌，为企业依法生产、合法经营保驾护航。建立定期监督查询制度和举报制度、公布举报电话，明确涉及部门到企业检查工作，需由县工业经济领导小组办公室出具证明，否则企业可拒绝接受检查。

整治医药不正之风 1996—1997年，针对医药购销不正之风开展两次专项检查，将城区医药单位在进货过程中，供方让利3%～10%的回扣30余万元全部列入单位财务账目。2001年，坚持纠建并举方针，采取强硬措施整治医疗卫生中的不正之风，一是对药品、医疗器械的采购实行招标，制定招标办法。对价值117.3万元的采购项目进行招标，节约资金12.29万元。二是对处方开单和药房划价进行随机抽查，防止药品虚高定价，并实行责任追究制。三是实行院务、政务公开，成立了院务、政务公开领导小组，并相应成立了院务、政务公开监督领导小组，聘请社会上5名群众对药价收费标准、服务态度、专业技术职称评定等进行监督。2003年，在"非典"防治工作中，对县医药公司和梵净山大药房哄抬药价的行为作出严肃处理。成立县卫生局会计中心室，集中招标采购药品金额达到了医院购药金额的80%，取缔非法药品生产经营户38户，清理销毁假劣和过期药品、医药器械价值5.8万元。

治理公路"三乱" 2003年，通过定期不定期的检查和对重点路段的监控，查纠并举，对板溪镇统收办违规上路收费，缠溪镇统收办违规收取罚款和税款，杨柳乡群众上路拦车收费的错误行为进行严肃查处。

民主评议行风 1988年，自治县纪委与组织部在木黄镇、印江中学、造纸厂、法院开展民主评议党员试点工作。1989年，各级纪检组（纪委）配合组织部门，全面开展民主评议党员工作，是年处置147名不合格党员，取消27名预备党员资格。1997年，在交通、公安、农业、税务等十二大行业开展"抓党风，纠行风，树新风"活动，通过宣传教育和思想发动、自查自纠、建章立制、巩固提高、总结验收，进一步促进单位工作面貌转变。1999年，在县电信局、邮政局、国税局等10个部门开展民主行风评议工作。2008年，对20名副科级以上领导干部纳入述职述廉评议对象，其中县处级领导14人，乡（科）级领导6人。

治理"三违" 1990年，对全县1990年之前6年内676户干部职工建私房问题进行清理，存在"三违"问题的有390户，按照有关政策规定分别作出处理，对338户处以罚款和补交税款14.51万元，拆除违章建筑 29 户 1077.20 平方米。收回超占宅基地 33 户 1416.98 平方米。退出公房 46 套 56.97 平方米。

清理“农转非” 土地 1991 年，自治县纪委协助区镇党委对“农转非”户的土地进行清退，清退出 253 户 431 人的责任地，收回并转包责任地 155 亩，兑现现金 1.01 万元，粮食 10121 千克。

五、 监察与执法

安全责任事故处理 2000 年，参与“1・12”水泥厂部分职工堵塞交通事件、“2・1”责任事故、“3・10”责任事故、“5・8”重大交通责任事故的调查处理。2005 年首次成立整顿和规范矿产资源开发领导小组，分别对全县煤矿和非煤矿山进行清理登记，对未办理手续的白金岩、枇杷湾、银水洞 3 家煤矿进行停产整顿，对未整改的青坨煤矿和池坝煤矿进行关闭处罚。对黔浙水泥有限公司、天堂电解锰厂、木黄铁合金厂等企业排污情况进行专项执法监察，严厉打击非法采矿行为，有效防止安全事故的发生。是年参与沙子坡青坨煤矿重大安全事故和缠溪镇发生的重特大交通事故的调查处理。2006 年，参与杨柳乡茶山村“7・24”重大交通事故的调查处理，对涉案 5 人进行责任追究。是年参与县“8・8”交通事故的调查处理。2008 年，参与木黄镇关口锰矿“3・10”事故和“1・19”“6・13”交通事故的调查和援救工作。对全县矿山进一步清理，清理矿山 101 个，取缔无证开矿 7 个，关闭矿洞 2 个，收缴开采工具 24 件，没收打砂机 3 台，捣毁临时工棚 5 间。

检查组在文昌超市开展暗访督查

收支两条线 1992 年，对全县 8 个区（镇）、46 个乡（镇）的财产财务清理自查工作进行检查验收。检查发现计划生育工作多领报酬款 3900 元，私分公物折款 3471 元，差短款 5319 元，挪用公款 3000 元，县纪委对以上违规资金责令相关部门或个人作出清退和罚没处理。1993 年，针对在公务活动中收取劳务费案例，通过执法监察，限期做纠正，并清退劳务费 2000 元。1994 年，开展对《统计法》《企业法》《全民所有制工业企业转换经营机制条例》等法律法规贯彻情况的执法监察。1994—1999 年，查处统计违法案件 16 件，通报批评单位 4 个，责令县食品公司职工上交拖欠销售欠款 1.04 万元。开展坡改梯工程专项资金使用情况检查，共计检查 1993 年以来 10 万～188 万元工程 64 个。1997 年，开展建设工程项目执法监察，追交各种费用 19.45 万元。1997—2002 年，为从源头治理腐败，力求标本兼治，在县财政局设立会计结算中心，减少单位会计人员 170 人，235 个县直、乡镇机关单位进入零户统管，取消单位账户 256 个，发挥了监督和核算职能，维护了财经秩序。1999 年，就粮油改革工作开展执法监察，对缠溪镇收储企业占用剩余收款 2.99 万元问题，发出限期回笼的监察要求。参与 20 万元以上建筑工程的招投标工作，参与招标 35 个，议标 15 个。2000 年，对洋溪镇、新寨乡、板溪镇、峨岭镇，中坝乡的计生资金专项执法监察中，收缴违纪资金 3.2 万元。1999—2000 年，对国债资金、社保资金进行跟踪监管，涉及国债资金 6 项 3022.5 万元，社保资金 3 项 945.1 万元。2002 年，通过对县自来水厂建筑材料招投标工作的监督，节约资金 3.8 万元。是年，县纪委还对人畜饮水工程、义教工程等的招投标进行监督，使整个招投标工作做到公正、公开、公平。2003 年，对全县 17 个乡镇和 42 个县直部门财政预算单位 2000—2003 年实施“零户统管”资金管理使用情况进行专项执法监察，收缴上交县财政违纪资金 69 万元，发现案件线索 2 件，给予 2 人纪律处分。是年开展经营性土地使用权招标拍卖挂牌出让执法监察，清理违规占地 82 宗，收缴违法资金 26 万元。查处违纪人员 4 人，收缴违纪资金 1.49 万元。在“零户统管”执法监察中，收缴违纪资金 41 万元，纪律处分 3 人。开展经营性土地使用权招标拍卖挂牌出让执法监察，清理违规占地82宗，收缴违法资金26万元。查处违纪人员4人，收缴违纪资金1.49万元。对2005年实施的异地扶贫搬迁项目资金268.2万元、财政扶贫资金829.02万元、烟水配套工程及13个乡镇42个项目830万元的财政扶贫资金使用情况进行跟踪检查。2008年，对刀坝乡客运站建设项目未进行招投标进行严肃处理。

六、 案件查处

县纪检干部下乡核查家电下乡补贴情况

1988—2008年，自治县纪委共立案1105件，结案1097件，结案率99.28%，其中：党纪案件659件、政纪案件445件；党纪处分667人、政纪处分451人；为国家挽回经济损失826.59万元。

1988—1998年，案件查处以“惩前毖后，治病救人”为主。1999—2004年中央提出严厉打击经济犯罪，主要针对经济领域进行严厉查处。2005—2008年对干部实行“将倒及扶”政策，提出可立案可不立案尽量不立案，可处理可不处理尽量不处理，侧重对党员、干部的教育转化。

1988—2008年印江自治县纪委案件检查情况一览表

表10—6

年份	立案	结案	党纪案件（件）	党纪处分（人）	政纪案件（件）	政纪处分（人）	挽回经济损失（万元）
1988	5	5	3	5	2	2	0.93
1989	10	10	7	14	3	3	3.23
1990	26	26	21	23	5	8	4.11
1991	73	73	69	73	4	4	1.07
1992	16	16	11	17	5	7	5.23
1993	29	29	27	30	2	2	2.04
1994	88	88	43	48	45	46	34.40
1995	92	92	53	57	39	41	42.80
1996	97	95	47	55	50	51	32.20
1997	99	98	42	42	56	58	28.48
1998	76	76	46	46	30	32	61.70
1999	110	108	52	55	58	61	22.91
2000	83	82	38	40	45	47	76.40
2001	69	69	45	46	24	24	54.00
2002	48	48	35	37	13	13	53.40
2003	50	50	27	29	23	25	32.17
2004	37	36	24	24	13	15	44.80
2005	32	32	20	20	12	15	60.34
2006	5	4	4	4	1	2	0.90
2007	30	30	20	22	10	15	40.00
2008	30	30	25	28	5	5	225.48
合计	1105	1097	659	715	445	476	826.59

第五节 统一战线

一、 机构设置

1952年10月，设立中共印江县委统战部。1957年7月，县委统战部合并入县委宣传部，设统战干事1名。1981年8月，恢复成立县委统战部。1990年1月，设县委台湾工作办公室、政府台湾事务办公室。2002年，机构改革后，内设办公室、综合业务室，核定行政编制4名，事业编制1名。2005年，增加工勤编制1名。2007年，增设宗教业务办公室，同时增加行政编制1名，减少事业编制1名。到2008年，统战部内设办公室、综合业务室、宗教工作办公室，核定行政编制5名，核定工勤编制2名。

二、 贯彻政治协商、 民主监督

1988年11月14日，统战部协助自治县委召开有城区人民代表、政协委员和各界党外人士40余人参加的党外人士座谈会，会上县委书记熊明英传达中央工作会议和十三届三中全会精神及县委、县政府贯彻意见。参会人员围绕两会精神和县委、县政府提出的治理经济环境、整顿经济秩序的具体措施建言献策。1997年，受自治县委委托，统战部召集社会各界知名人士召开迎香港回归座谈会。1999年7月9日，统战部组织召开社会各界人士座谈会，有参会人员21人。与会人员围绕招商引资、依法治县、开发梵净山旅游资源、国企改革等建言献策。2001年9月，召集各界人士举行中秋座谈会，会议由县政协副主席、县委统战部部长严守杰主持。党外人士代表、台属代表、非公有制经济人士代表、民族宗教人士代表共35人参会。2006年，县委出台《县委与无党派代表人士民主协商议事制度》，明确县委与无党派人士民主协商的议事原则、议事范围。

三、 党外人士队伍建设

党外干部配备 1990年，县、乡换届中，在自治县人大、县政府、县政协配备副科级及以上党外干部5名。在8个区（镇）配备党外副科级以上干部1人。在已调整的21个局级单位配备股级党外干部108人。推荐党外干部余子祥为贵州省第六届政协委员。1992年，建镇并乡撤区后在新建的17个乡（镇）配备党外副乡（镇）长7名。1997年，充实县级党外干部2名，配备科级党外干部3名，建立县级和科级党外后备干部人才库29名。推荐党外干部严循志为贵州省第八届政协委员。2000年，配备有实职副科级及以上党外干部31名，其中：县人大、县政府、县政协及政府工作部门12名，司法机关1名，县直事业单位8名，乡（镇）10名。2001年，推荐12名党外干部到乡（镇）任职，12名党外干部均当选副乡（镇）长。2002年，推荐党外干部陆治邦为贵州省第九届政协委员。2008年，全县配备有党外正科级干部10名，党外副科级干部16名。在副科级党外干部中，县直政府部门8名、司法部门1名、乡（镇）7名。

党外干部培训 2003年，选送张银春、唐洪等4名党外干部参加全区第一期党外科级干部培训班。2004年，选送蒋雨忠、王易、魏应琴等5名党外干部参加全区第二、三期党外科级干部培训班。2004年，选送吴国忠、郜邦泽、翟永福赴中央统战部干部培训中心培训。2005年，选送杨孝华、田刚、张亚、田爱民参加铜仁地区第四期党外科级干部培训班。5月，与组织部、行政学校联合举办一期党外干部培训班，参训学员50名。2008年6月，在县行政学校举办党外干部培训1期，参训学员50名。同年7月，选派党外干部唐飞、张旭刚、杨再军参加全区第七期党外干部培训班学习。2008年，根据《印江自治县无党派人士主题教育活动实施方案》，在全县范围开展无党派人士主题教育活动，全县副科级及以上党外领导干部、党外人大代表、党外政协委员、党外高级知识分子参加该项活动。活动期间，组织部分党外代表赴湖南长沙、韶山等地接受革命传统教育，到中共湘区委员会旧址、韶山毛泽东故居、刘少奇故居等革命传统教育基地参观学习。该次教育活动中，学员撰写调研报告和心得体会 42 篇。2000 年，选送 21 名党外干部到县委党校培训，选派 3 名党外干部到基层挂职锻炼。

党外知识分子工作 1992 年，统战部印发《党外知识分子联系制度》。选择知识分子较集中的县医院作为联系示范单位，与吴辉章、谢鹤云等 13 名党外知识分子代表建立重点联系。1999 年，根据《关于推荐党外知识分子代表人士的意见》要求，在县教育局、印江中学、水电局等 15 个机关单位推荐出 18 名党外知识分子代表。2003 年，县委印发《关于建立县委常委、县政府党员副县长与党外人士、党外知识分子、非公有制经济代表人士联系制度的通知》，明确了联系范围、联系内容。到 2008 年，全县有党外知识分子 290 名，其中高级职称 37 名，中级职称 253 名。

三、 民族宗教工作

民族工作 1986 年，印江自治县成立后，县委统战部与民宗局等相关部门，积极开展党的民族政策宣传，向党委推荐少数民族干部。1998－2005 年，全县选拔任用 1094 名科级干部中，有少数民族干部 1026 人，占 93.78%。其中从县直机关到乡（镇）任职的少数民族干部 39 名，外派到发达地区挂职学习 38 名。1986－1989 年，投入民族资金 15.75 万元，为少数民族无房户建房 9050 平方米，解决了 162 户 655 人的住房问题。2001 年，修订后的《中华人民共和国民族区域自治法》颁布，县成立领导小组开展集中贯彻、学习活动。

宗教工作

1. 贯彻宗教政策。由县委统战部定期召集或深入宗教场所，通过组织学习、以会代培等形式对宗教人士进行爱国主义、社会主义教育。1992 年，自治县委统战部组织召开宗教人士座谈会 2 次，深入宗教场所走访教育 15 次。1994 年，按照中共中央、国务院《关于进一步做好宗教工作若干问题的通知》文件要求，县委统战部牵头对县内信教人员进行普查和核准，核准登记县内信教人员 723 名。1998 年后，根据县人民政府批转《关于加强宗教管理，规范宗教活动的报告》，县委统战部协同民宗局对宗教活动场所实行一年一检，要求宗教场所建立财务管理、安全防范等制度。坚持在重大节假日及大型宗教活动期间，深入宗教场所检查指导工作，对不符合管理规定的宗教场所，要求其整改落实，确保各宗教活动场所安全无事故。2001 年，在护国寺大雄宝殿落成典礼筹备过程中，得到县委的重视，县财政拨付资金补足经费缺口部分。2002 年，县内基督教教堂、天主教教堂在县委统战部与有关部门协调下，其房产得到落实。2003 年，为提高佛教人士的整体素质，县委统战部协助县佛教协会举办佛教知识培训班，并拨付专项培训资金。2008 年，县委出台《宗教工作联席会议制度》后，县委统战部作为宗教成员单位积极发挥部门职能作用，在每次联席会议上都能提出一些好的意见和建议。同年，县委统战部与民宗局在全县宗教界开展文明创建活动，当年创建成梵净山护国寺、木黄镇太平寺、县基督教堂，县天主教堂 4 个“五好”宗教场所。对释佛友、释照齐等 6 名“五好”宗教人士进行表彰。是年，通过对宗教场所的年检和核准，全县有宗教场所 20 处，其中寺庙 11 处、天主教堂点 1 处、基督教堂点 8 处。2008 年，全县有佛教信徒 1668 名，道教信徒 69 名，天主教徒 169 名，基督教徒 464 名，

2. 宗教执法。1988 年之后，县委统战部与民宗局在维护宗教人士合法信仰的同时，对部分乱建寺庙乱塑神像违法行为进行打击和取缔。对封建迷信思想比较严重的农村，广泛开展宗教政策宣传和引导工作，让群众相信科学。2001 年，杨柳、缠溪等乡（镇）出现邪教组织后，县委统战部与有关部门对其进行取缔，对部分不明真相的信教群众说服教育。2003 年，县委、县政府成立治理乱建寺庙乱塑神像领导小组。印发《关于治理乱建寺庙、乱塑神像规范宗教活动场所实施方案》，从 7 月份起，县委统战部及有关部门对县内乱建寺庙、乱塑神像行为开展专项检查。在此期间，销毁神像 118

尊，取缔或制止乱建寺庙23处。2004年12月，对峨岭镇个别群众从事驱鬼治病迷信行为进行及时制止，在执法过程中，收缴非法神像7尊、红绸标、铁炮等工具45件。2008年北京奥运会举办前夕，为让县内不发生宗教违法事件，县委统战部协同有关部门对全县宗教活动场所开展专项检查，制定《关于宗教方面涉及2008年北京奥运会相关工作的应急预案》。

3. 宗教活动。1997年10月，成立县佛教协会，县政协副主席、居士李敦礼当选会长。释香净（梵净山护国寺僧）、释了空（梵净山镇国寺僧）、释法皈（护国寺监院，中途增补）当选为副会长，释清松（太平寺尼、住持）、肖文梅（教育局退休干部、居士）、杨修龙（木黄镇居士）当选为理事。2001年10月，梵净山护国寺举行大雄宝殿落成典礼暨护国放生大法会，来自国内外宗教人士1000余人，县内群众及相关单位人员2万余人参加。该次活动县委、县政府十分重视，在活动筹备期间，明确由县民宗局具体负责，县委书记陈康、县长李建曾亲临现场过问活动筹备情况。2002年12月，县佛教协会完成换届，选举产生新的会长、副会长和理事。2001年12月25日，在县城太阳山举行圣诞节暨基督教教务委员会挂牌仪式，县委统战部及县民宗局等部门到会指导。2004年9月23日，“中国梵净山佛教文化研讨会暨护国禅寺大雄宝殿开光大典”在梵净山护国寺举行，县长李建宣布开幕，县委书记陈康致欢迎词，国家宗教局副局长齐晓飞、地区行署专员谌贻琴作重要讲话，中国佛教协会副会长、秘书长释学诚法师讲话并向铜仁地区赠送礼品，北美居士彭炳芳代表美国和加拿大居士讲话，到会祝贺的领导还有国家宗教局一司副司长王哲一、文化民族民间文艺发展中心副主任王泽洲，省委统战部副部长龙德芳，省民宗委主任柏怀思，省佛协副会长兼秘书长魏觉民等。

护国寺佛事活动

4. 宗教法规宣传。为提高干部群众对宗教政策的知晓率，县委统战部通过与县委党校对接，在每年的县科级和中青年干部培训班中开设宗教理论、宗教政策课，分别由县委统战部、县民宗局相关人员负责讲解。此外还结合全县的普法教育，在综治宣传月、国际禁毒日等法制宣传活动中，开展对宗教法律法规的宣传。2000年，梵蒂冈天主教策划“封圣”期间，县委统战部与有关部门及时召集县内天主教徒座谈，教育其坚持“三自”方针和自办教会原则，引导其与社会主义相适应，自觉抵制境外势力的渗透。2001年4月，县委统战部印制《贵州省宗教管理条例》8000余册，利用县城赶集天集中发放，该活动受教育面达1万余人。2002年，在全县村干部培训会上，县委统战部派人对宗教政策进行专题讲解，要求村干部在党员群众中开展宗教政策宣传。2003年，县佛教协会在护国寺举办佛教知识培训班，培训主题为“积极引导宗教与社会主义社会相适应”，县内各寺庙住持及部分居士参加培训。培训会上，县委统战部与县民宗局负责人对宗教政策及法律法规进行专题讲解。

四、 非公有制经济工作

促进非公经济发展 工商联在“文化大革命”时期受“左”的影响，其工作在1988年之前处于停滞状态。为助推全县非公经济健康快速发展，县委统战部向县委汇报取得同意后，开始着手县工商联的恢复重建。1988年10月，县工商联召开恢复后的首届会员代表大会，会议选举执委23名，常委9名，正副主任3名。1994年，协助工商联成立自治县商会，新成立的商会与工商联合署办公，两块牌子一套人员，12月在县城成功召开商会首次会员代表会议，并顺利选举出商会领导班子。此后，在历届工商联（商会）换届中，都由县委统战部负责筹备和协调。1997年，基层商会组织首次发展到乡镇，是年在全县成立8个乡（镇）商会。此后至2008年，未成立商会组织的乡（镇）也陆续成立。到 2008 年，县工商联（商会）有个体会员 1342 名，企业会员 87 家，行业协会 5 个。1999 年，县委印发《县委常委、县人大主任、县政协主席、县政府副县长联系非公有制经济代表人士制度》，对部分非公经济人士采取一对一联系方式，帮助其解决生产、生活中遇到的困难。根据该制度，县委统战部与工商联（商会）在走访调研的基础上，推荐建国五金建材经营部个体户白能成、西苑建筑公司经理冯景彪、净团茶叶公司经理代传福等 17 名非公经济代表人士作为联系对象。1999 年，为提高企业人员管理理念，县委统战部选派 6 名非公经济代表赴上海、南京等地考察学习。2000 年 1 月，县委统战部促成全县召开非公经济工作会议，会议对当年非公经济工作进行总结，对下步工作进行安排。会议还对非公经济工作突出的 3 个乡（镇）进行表彰。是年全县个体工商户发展到 3341 户，注册资金 1979.6 万元，从业人员 3879 人。私营企业 39 户，从业人员 730 人，注册资金 3981 万元，非公经济全年纳税额达 650 万元，占全县财政收入 21.67%。2008 年 8 月，县委统战部牵头对非公经济人士中人大代表、政协委员，工商联（商会）执委常委进行综合评价，将评价结果应用于企业及个人的资质评定及各种评审活动。通过开展此项活动，进一步增强了这部分非公经济人士的责任感。

引资光彩事业 1998 年，自治县委统战部争取到民革党员到印江开展资助活动，通过征求县教育局及有关部门意见，最后将中坝乡堰塘小学作为资助点。此后到 2008 年，民革党员投入资金 25 万元，在该校建成新诚希望小学教学楼一栋，此外还累计捐款捐物折合 15 万元用于资助贫困学生生活及学习。1999 年，印江长途客运公司在民族中学设立“长运”奖学金，每年出资 6000 元用以奖励优秀教师和学生。2001 年 7 月，板溪镇柿坪、井溪两村发生火灾，县政协委员、护国寺方丈释佛友组织佛教界人士为受灾群众捐款 2.3 万余元，捐赠衣服 1000 余件。2008 年，县内发生凝冻灾害天气后，县非公经济人士积极参与救灾抗灾，捐款捐物折合 200 余万元，接待输送滞留人员 2 万人次。2008 年四川汶川地震后，峨岭镇饮食协会、腾龙酒店、西环车站、铜仁全通印江分公司等非公企业为灾区捐款捐物折合 86.78 万元。

五、 对台工作

接待工作 1987 年，台湾当局开放民众赴大陆探亲后，印江自治县委、县政府十分重视台胞、台属的接待工作，及时明确接待单位，对接待人员开展接待礼仪和知识培训，编印《关于接待台湾同胞来祖国大陆探亲、旅游应注意的事项》《对台宣传要注意用语恰当》《台湾与大陆用词之差异》等资料。2002 年，全县机构改革工作中，台办机构不再设置，统战部对外称台办，明确有工作人员。台办对全县 1949 年前后去台印江籍台胞进行全面普查，并登记造册。当年接待台胞、台属来信来访 80 起。1994 年，接待台胞 19 起 32 人（次）。截至 1998 年，全县累计接待台胞 116 起 448 人（次），协助办理赴台探亲手续 2 人，办理遗产案 4 件，协助台属安葬 3 位已故台胞骨灰。到 2008 年，县台办累计接待台胞 300 余起 1100 人（次）、走访慰问台属 1400 人（次）。办理涉台遗产 14 件，为台属争取遗产折合 165 万余元。

宣传工作。1989 年春夏之交，县委统战部召集台属召开座谈会，通过他们向在台亲友去信介绍大陆政治稳定、社会安定。1991 年，在全县召开三级干部会期间，将“一国两制、和平统一”对台方针列入会议贯彻学习内容。会后还要求参会人员回去后，对身边的台胞要做到热情接待，对台属要加强引导，引导其自强自立，不向去台返乡亲人索取钱物。同年 9 月 16 日，县委统战部组织召开全县台属座谈会上，会上对有关文件进行学习和贯彻。1999 年，在江泽民总书记关于《为促进祖国和平统一而继续奋斗》的八项主张讲话发表 4 周年之际，台办及时组织召开台属代表座谈会深入学习讲话精神。2000 年 1 月，《一个中国的原则与台湾问题白皮书》发表后，台办组织部分台属及有关部门集中学习。2001 年，结合全县招商引资政策，更进一步吸引台资，解除台商到印江的投资顾虑，台办将《台湾同胞投资保护法》《台湾同胞投资保护法实施细则》作为宣传重点。2008 年，在综治宣传月期间，台办印制《贵州外来投资者权益保障条例》《海峡两岸小额贸易管理条例》小册子 2000 余册，在场天集中发放。

联谊工作 1989年，台胞马国成为家乡麻柳乡捐资1000美元，作养护公路之用。台胞杨鞭先生偕同夫人及两个女儿回乡探亲，捐资2500元给家乡桶溪村窖石旮村民组修建电动提水。1990年台胞卢相庭捐资10万元用于兴旺至新台公路建设。1991年，县委统战部将《印江风光》影集赠送回乡探亲台胞，让其了解家乡变化，增强家乡情怀。1996年河缝岩口山体滑坡后，台办及时将灾区受灾及生活、生产情况向旅台同乡会通报。同年，台胞吴学篪、王鼎臣捐资4万元为家乡修桥。刘承瑞捐资6000元为家乡完善电力设施，田兴章捐资200美元发展地方教育事业，戴传节等27位台胞捐资5.21万元新台币作为教育基金。经统计，仅1987—1991年，台胞为支援家乡建设捐资折合10余万元。1992年4月，旅台乡友捐赠资金1.55万元设立印江旅台乡友奖学基金。1994年4月，42位台胞捐资台币16.6万元支持家乡人民开发梵净山。1995—1996年，旅台同乡联谊会会长任亨贞与台胞戴传节组织旅台同乡会员，为家乡教育发展捐赠40.51万元，县政府设置旅台同乡“希望工程”基金，用保本取息方式对贫困学生实行定期资助。1996年4月，台胞卢相庭受邀参加兴旺至新台公路通车典礼，典礼上卢相庭向合水镇政府赠匾“勤政为民”。1997年，为响应全县西园乡（镇）开发区建设，旅台乡友积极投资，到1998年，台胞在西园开发区建成商业门面房520平方米，建成住宿楼1800平方米，投入资金150万元。是年，县委统战部与县文联联合举办两岸乡友书法交流活动，邀请中国硬笔书法家协会理事王芝富为印江旅台联谊会赠送墨宝。旅台同乡联谊会秘书兼执行长戴传节则将书写好的“情系梓里，建设印江”匾额赠送给县台办。县台办还协助台胞戴传节完成《归根录》《书乡试毫》的印刷及赠送。1998年，吴学超捐资15万元修建板溪镇石塘村希望小学，卢相庭捐资15万元在家乡马鞍山修建凉亭一座，并命名为“台青亭”。2000年，在印江民族中学60周年校庆期间，吴学超率其女儿医学博士吴爱华前来参加。并在该校举办题为《你能我也能，你不能我更能》的演讲会，自治县委领导、县委统战部及有关部门、民族中学全体师生近2000人参加演讲会。2000年6月，在台胞戴传节、黄仁湖返乡探亲期间，县委统战部、台办与有关部门及时召开座谈会以示欢迎。2003年，杨昌发捐赠1000元用于修建朗溪镇泡木村公路，捐赠装裱书法作品给县民族陈列馆。2004—2008年，台湾台塑集团王永庆先后为罗场乡两河完小、木黄镇坪洞口小学、刀坝乡兰克寨小学、刀坝乡洞沟小学4个“明德小学”项目工程捐资170万元。

排忧解难 1987年，协助台属办理登报寻人启事18则。1989年，协助台属王思敖、王思鱼办理赴台奔丧事宜。1990年，台胞田景华返乡探亲病在乡下，县委统战部与县医院联系后派车及时出诊。1991年，台办在得知台胞吴采章的现金和证件丢失后，协同有关部门赴贵阳为其找回。当年，妥善处理涉台婚姻、继承纠纷5起，为2名台胞寻找到大陆亲人，为3名台属在台登报寻找到亲人，为8名台属书写信件15封。1997年，协助台胞任明熙的亲属处理遗产和骨灰安葬事宜。在台胞雷天亮骨灰安葬及在印江定居台胞李琪顺过世后，县委统战部到其家中对亲属进行慰问。

六、 落实起义、 投诚人员政策

中共十一届三中全会后，按照实事求是、有错必纠原则，县委统战部牵头对1157件历史遗留问题进行复查。对符合条件人员协调有关部门给予政策落实。到1990年年末，累计落实知识分子政策104件，落实起义、投诚人员政策29起。在起义投诚人员中，有17人按城镇每人每月20元，乡村每人每月15元的标准获得定期补助，有7人恢复工作，5人享受退休待遇，3名特赦人员获工作安置。1994年，根据有关文件精神，对田景富、严守汉等22名起义投诚、宽释人员每人月增生活费25元。2000年，对15名健在的起义投诚人员每人每月增加生活费100元。2007年，健在的9名起义投诚人员生活费每人每月增至175元。

七、 自身建设

1988年，有17个乡（镇）明确统战工作分管领导和兼职统战干事。1994年8月，自治县委出台

《关于加强统一战线工作的意见》。2000年，组织全县乡（镇）专职统战干部集中学习党的“十五大”精神和《邓小平新时期统一战线理论学习纲要》。同年6月，选派18名乡（镇）统战干部参加全区统战干部培训班。1999年8月16日，县委召开常委会议，决定在全县各乡（镇）配备统战委员、统战干事。8月19日，12名工作人员组成4个考察组，分赴各乡（镇）开展考察考核工作。9月20日，经常委会研究议定，提任3人为乡（镇）专职统战委员，提任13人为乡（镇）专职统战干事。到2002年，全县17个乡（镇）均配齐专职统战委员，且全部进入乡（镇）党委班子。2006年，乡镇不再设置统战委员。

第六节　党校教育

一、机构设置

印江自治县委党校（下称县委党校）是中共印江自治县委直属事业单位。1988年，核定编制14人。1995年9月，中共中央颁布《中国共产党党校工作暂行条例》，以党内法规的形式明确党校的性质、任务和教育方针。《条例》规定，“党校是在党委直接领导下培养党员领导干部和理论干部的学校，是党委的一个重要部门。”“党校校长由同级党委书记或副书记兼任，主持日常工作的副校长可按同级党委部门正职干部选配。”“党校实行校务委员会（简称校委会）领导体制。校委会委员由同级党委任命。校委会在校长或主持日常工作的副校长主持下，全面领导党校工作。”随后，省地党委相继召开党校工作会议，党校迎来改革发展的新时期。1996年，县委党校成立校务委员会，县委分管副书记任主任，常务副校长任常务副主任，副校长任副主任，有校务委员2名。2002年，全县机构改革后，县委党校内设办公室、教务处、总务处，核定编制12名。设常务副校长1名，副校长1名，处（室）主任3名，由财政全额预算管理。2004年8月，根据省委文件精神，为加强对公务员的教育培训工作，新成立印江土家族苗族自治县行政学校，与县委党校合署办公，实行两块牌子，一套人员。由常务副县长任校长，县委党校常务副校长和县人事局长任副校长。2008年，明确县委党校为参照公务员管理单位。其中参公管理核编6人，事业单位核编6人。事业编制中设专业技术人员3人。

二、教学设施

1983年12月26日，经铜仁地区行署同意征用红光村十三队标沿山堡（苹果山）坡土作为县委党校校址。因无校舍，1988—1994年5月仍借用县油脂化工厂部分厂房使用。1993年2月，由县委主持，县委党校与印江镇花炮厂协商，将标沿山堡校址（包括正在修建的教学楼）与花炮厂扩建厂址（2.95亩）互换，花炮厂补县委党校资金30万元。同年，县委党校开始修建教学楼1栋，建筑面积622.7平方米，教工宿舍1栋，建筑面积540平方米。1994年6月，县委党校搬迁至西环路1号办公，结束县委党校无校舍的历史，并于当年在校园规划区内征用土地0.8亩，用于修建厨房、厕所。1997年，征用土地0.7亩，修建简易餐厅。1999年，经县人民政府批准，从西园小区管委会划拨0.57亩给县委党校作为储备用地。至此，校园总占地面积为5.02亩。2001年，县委党校自筹资金24.8万元（其中：职工集资12万元），修建校门、综合楼1栋，建筑面积640平方米。同时，修建围墙，使县委党校基本形成封闭式教学环境。2002年，由职工集资修建教职工宿舍1栋1412平方米。2003年，建成中央党校远程教育C级站。1994—2003年，投入63.8万元资金用于基础设施建设、教学设备添置和校园绿化等，其中，财政拨款13.5万元，学校自筹资金50.3万元。截至2003年，县委党校有教学楼、办公综合楼、厨房、厕所、简易餐厅各1栋。有教室大小3间，可供220名学员上课。有办公室5间、学员宿舍14间，有会议室、电教室、保管室、图书室各1间。2003年，新装修教室、办公室，添置课桌凳 80 套，安装空调 10 台，购置办公电脑、打印机、投影仪、教室音响、摄像机、照相机等办公设备，学员宿舍添置卧具、电视机、电扇、饮水机等。同时，对校园进行绿化、硬化，教学、办公条件和工作生活环境得到根本改变。

三、 教师队伍

1996 年前，党校教职工调动频繁。1997 年，有教职工 12 人，其中专职教师 5 人，校领导兼任教员 2 人。其中：有高级教师 1 人，讲师 2 人，助理讲师 4 人。1999 年，根据教学需要，在函授学历教育过程中，聘请蔡文森、何圣仙、饶继勇、任敬廷、冉茂勋、李新忠、严政 8 位同志为县委党校校外兼职教师。此后，还陆续聘请田江、卢文、吴光勇、徐友生、黄继生等 10 多位兼职教师。在干部培训方面，根据培训需要，经常聘请县委、县人民政府领导和相关职能部门负责人到校上课。2003 年，教职工总数 12 人，有专职教师 6 人，校领导兼任教员 2 人。大学本科学历 7 人，在职研究生学历 1 人。有讲师 3 人，助理教师 5 人。截至 2008 年，有高级讲师 1 人，讲师 4 人，助理讲师 2 人。

四、 干部培训

党校是干部培训轮训的主渠道。《中国共产党党校工作暂行条例》规定："各级党委要把党校办成轮训和培训党员领导干部，培养党的理论队伍，学习、研究马克思列宁主义、毛泽东思想、邓小平建设有中国特色社会主义理论的重要阵地，成为干部增强党性锻炼的熔炉。"1988—2008 年，县委党校的干部培训工作大致可分为前 8 年和后 13 年两个阶段。在 1988—1995 年的 8 年中，共举办各种培训班 19 期，培训干部 2127 人次，平均每年 2.4 期，每年 266 人次。因缺乏校舍，办学条件简陋，干部培训轮训工作起伏大，举办班次不多。在此期间，主要举办村党支部书记培训班、乡股级干部培训班、县直科局级干部培训班、妇女干部培训班、入党积极分子培训班。

1988—1995 年印江自治县干部培训轮训情况统计表

表 10—7

项目 \ 年份	1988	1989	1990	1991	1992	1993	1994	1995	合计
期数	4	5	0	1	0	5	3	1	19
人次	577	601	0	170	0	365	365	49	2127

根据《中国共产党党校工作暂行条例》的规定，从 1996 年起，县委把干部培训经费列入党校财政专项经费预算，为干部培训工作提供经费保障，干部培训工作基本实现经常化、制度化。1996—2008 年，县委党校的干部培训主要围绕提高干部队伍素质和县委、县人民政府的工作重心进行，共举办各级各类培训班 93 期，培训轮训干部 7416 人次。平均每年 7.15 期、570 人次。主要班次有：科局级干部培训班、中青年后备干部培训班、村党支部书记（村委会主任）培训班、妇女干部培训班、党外干部培训班、政法干部培训班、警示教育培训班以及各种干部读书班、入党积极分子培训班等。培训内容重点是党

2005 年 4 月，印江自治县第九期科级干部、第四期中青年干部培训班学习情况

的全国代表大会、中央全会以及省委、地委、县委全会精神，马克思主义基本理论、毛泽东思想、中国特色社会主义理论以及科学发展观等政治理论，警示教育、依法行政教育，党的农村工作政策等。此外，在“三个代表”重要思想学习教育活动、保持共产党员先进性教育活动、学习实践科学发展观以及党的十四次、十五次、十六次、十七次全国代表大会精神的学习活动中，按照县委的安排，县委党校选派教师为县委中心学习组、各乡（镇）党委、县直机关各部门、学校、部分联系村上理论辅导课和党课上百场次，听课人数上万人。2005 年 1 月，被评为“先进党校”，获地委组织部、地委党校表彰。

1996—2008 年印江自治县干部培训轮训情况统计表

表 10—8

项目＼年份	1996	1997	1998	1999	2000	2001	2002	2003	2004	2005	2006	2007	2008	合计
期数	5	4	8	8	8	1	7	4	6	7	4	7	24	93
人（次）	290	510	828	657	758	60	656	246	818	335	205	830	1223	7416

五、 学历教育

1994 年，县委党校新设立中共贵州省委党校函授部印江函授站，并开展党校系统学历教育。当年开设专科班两个，分别是行政文秘和经济管理专业。1995—2005 年，基本保持开设法律和经济管理两个专科班。1997 年起，经省委党校批准，增设本科班，开设的专业有法律和经济管理。在此期间，根据各年度生源情况，有的年度本科或专科只招收法律班。1999 年，铜仁地委党校在印江招收中央党校函授学院法律本科班，并委托县委党校组织教学和管理。2008 年，县委党校完成函授学历教育最后一届招生，2011 年 3 月最后一批函授学员毕业。1994—2008 年，县委党校录取大学专科函授学员 1711 人，其中：毕业学员 1317 人；录取大学本科学员 665 人，到 2008 年止毕业 482 人。

1994 级至 1999 级，党校函授学历教育本科、专科学制均为三年。从 2000 级起，本科、专科学制改为两年半。函授教育本科、专科均开设 17 门课程，并撰写毕业论文。毕业论文必须经评审合格方能毕业。2002 年秋季起，开设党性教育课。根据有关文件精神，党校函授学历“享受国民教育学历同等待遇”。在省委党校 1998 年组织的函授教育评估检查中，印江函授站被评为先进集体。2003 年，印江站被评为先进函授站。在 2005 年全省党校函授教育全面质量管理检查考评中，获得优秀奖。田应光被评为优秀函授工作者、黄廷安、周源先后被评为优秀教师，受到省委党校表彰。

1994—2008 年印江自治县函授站招生录取人数、 毕业情况统计表

表 10—9

年度（级别）＼项目	录取专业及人数				毕业专业及人数			
	大学专科		大学本科		大学专科		大学本科	
	法律	经管	法律	经管	法律	经管	法律	经管
1994 年（94 级）	—	77 人	—	—	—	—	—	—
1995 年（95 级）	17 人	99 人	—	—	—	—	—	—
1996 年（96 级）	45 人	72 人	—	—	—	—	—	—
1997 年（97 级）	47 人	125 人	55 人	党政管理 25 人	行政文秘 1994 级 44 人	1994 级 71 人	—	—
1998 年（98 级）	38 人	142 人	—	34 人	1995 级 16 人	1995 级 74 人	—	—

续表10—9

年度（级别） \ 项目	录取专业及人数				毕业专业及人数			
	大学专科		大学本科		大学专科		大学本科	
	法律	经管	法律	经管	法律	经管	法律	经管
1999 年（99 级）	86 人	84 人	30 人	—	1996 级 33 人	1996 级 53 人	—	—
2000 年（00 级）	122 人	70 人	88 人	—	1997 级 44 人	1997 级 58 人	1997 级 43 人	1997 级 21 人
2001 年（01 级）	71 人	55 人	36 人	20 人	1998 级 38 人	1998 级 142 人	1999 级中师函授 28 人	1998 级 24 人
2002 年（02 级）	81 人	67 人	73 人	23 人	1999 级 67 人	1999 级 82 人	—	—
2003 年（03 级）	110 人	37 人	76 人	—	2000 级 106 人	2000 级 71 人	2000 级 76 人	—
2004 年（04 级）	70 人	25 人	60 人	—	2001 级 62 人	2001 级 42 人	2001 级 30 人	2001 级 19 人
2005 年（05 级）	24 人	—	35 人	—	2002 级 80 人	2002 级 62 人	2002 级 60 人	2002 级 19 人
2006 年（06 级）	83 人	—	—	40 人	2003 级 110 人	2003 级 32 人	2003 级 59 人	—
2007 年（07 级）	49 人	—	40 人	31 人	2004 级 47 人	—	2005 级 26 人	—
2008 年（08 级）	15 人	—	24 人	—	2005 级 29 人	—	2005 级 38 人	2006 级 39 人
合　计	1711 人		690 人		1363 人		482 人	

说明：1. 1999 级中师函授本科是地委党校委托代管。2. 2006 级经管本科班为春季入学。3. 2009—2011 年毕业人数未列入统计。4. 2009 年党校函授学历教育停止招生

第七节　机构　编制

1990 年 8 月，设立印江土家族苗族自治县编制委员会办公室，办公室设在人事劳动局。1996 年机构改革，将“印江土家族苗族自治县编制委员会办公室”更名为“印江土家族苗族自治县机构编制委员会办公室”，列入县委工作机构序列，仍挂靠人事劳动局。2000 年 12 月，设立印江土家族苗族自治县事业单位登记管理局，副科级机构，与县机构编制委员会办公室实行两块牌子、一套人员的管理体制。

2001 年 11 月，县机构编制委员会办公室与人事劳动局完全脱钩，办公地点迁往县委机关大院独立办公。同年 12 月，正式启用“印江土家族苗族自治县机构编制委员会”“印江土家族苗族自治县机构编制委员会办公室”两枚印章。并明确县机构编制委员会办公室是县机构编制委员会的常设办事机构，既是县委工作机构，又是县人民政府的工作机构，是县委、县人民政府综合管理全县行政管理体制和机构改革及机构编制工作的职能部门，机构内仍保留了县事业单位登记管理局。2003 年，县事业单位登记管理局升格为正科级机构。2006 年内设综合股、业务股和事业单位登记管理股三个股室。

一、 机构编制管理

1988 年，印江自治县县级党政一级机构 54 个，编制总数 518 名，实有人员 609 人。有 1 个区级镇，7 个农村区，区（镇）下设 2 个乡级镇，44 个农村乡，编制总数为 580 人，实有人员 574 人。事业单位编制总数为 3340 人，实有人员 3223 人。

1988 年 6 月，遵照中央、省、地区对编制工作的要求，为适应经济体制和行政体制改革需要，对印江自治县行政编制进行调整定编。调整后，县直党政群机关行政编制为 445 名，区、乡、镇机关人员编制 580 名。

1992 年，撤区并乡后，全县新组建成 9 个镇 8 个乡，新建乡（镇）的人员编制分配以人口数量

和地理面积为主要依据。同年 12 月统计，县级党政机构 61 个，编制数 485 人，实有 641 人。9 镇 8 乡编制数 580 人，实有人员 567 人。事业单位编制数 3745 人，实有人员 3852 人。

二、 机构改革

1996 **年机构改革** 1996 年县直党政机关机构改革后，设党委工作机构 8 个，政府工作机构 28 个，县政府直属科级事业机构 4 个，群团组织 8 个。县直党政机关行政编制 507 名，党委机关、政府机关、其他机关之间的人员编制分配比例为 17∶74∶9。

2001 **年县乡党政机构改革**

1. 基本情况。机构改革前，全县县级党政群机构 47 个，其中党委 9 个，政府 28 个，人大、政协、法院、检察院和群团组织 10 个。县级直属事业机构 13 个，其中党委 4 个，政府 9 个。乡镇设党政机构 6 个。

机构改革后，全县县级党政群机构精简为 42 个，其中党委 8 个，政府 24 个，人大、政协、法院、检察院和群团组织为 10 个。县委设部门管理机构 1 个，县政府设议事协调机构 2 个，县级直属事业机构由 13 个精简为 10 个，其中党委为 4 个，受政府委托行使部分行政管理职能的直属事业局 6 个，乡镇党政机构除峨岭镇由 6 个调整为 8 个外，其他乡镇由 6 个调整为 7 个（党委 4 个，政府 3 个）。

机构改革前，全县行政编制总数为 1333 名，其中县级机关 469 名，公检法司 264 名，乡镇 600 名。机构改革后，全县县级机关行政编制精简 24.5%，由 469 名精简为 354 名；乡镇行政编制精简 16%，由 600 名精简为 504 名；公检法司机关行政编制精简 6.4%，由 264 名精简为 247 名。

2003 年县编办对全县所有中小学校进行核编定员，共核编 3900 名。

2. 转变政府职能。一是政府机关不再办经济实体；二是搞好县域经济的规划和协调，把农业放在经济工作的首位，集中精力抓好农业和农村工作，加强农业基础设施建设；三是各部门要结合工作任务，把职能转向服务与协调；四是清理和整顿行政执法队伍，改革行政执法体制；五是推进机关后勤服务工作社会化，加强后勤服务机构规范化、制度化建设。

3. 理顺管理关系。一是理顺党委部门之间、党政部门之间和政府部门之间的关系，合理调整部门职能，划清职责范围，明确管理权限，避免职责交叉；二是理顺县、乡（镇）关系，县直部门要将属于乡（镇）的职责权限下放给乡（镇），将设在乡（镇）的农业、林业、畜牧、农机、乡镇企业管理、文化、广播电视、教育、卫生、计划生育、交通、村镇建设等事业机构和人员交由乡（镇）领导，业务上接受县主管部门指导。公安、司法、土地管理等机构和人员由乡（镇）与县主管部门双重领导，以县主管部门管理为主。

三、 事业单位登记管理

2000 年 12 月设立印江土家族苗族自治县事业单位登记管理局，县编办开始承担事业单位登记管理工作。2002 年年底正式启动事业单位法人登记工作，到 2003 年 6 月底进一步完善了部分具备登记条件的事业单位法人登记。2003 年全县已登记合格的事业单位 311 个，占全县事业单位总数 378 个的 82.28%，符合登记条件登记率达 100%。

四、 实名制管理

根据省编办《关于严格控制乡镇机构和人员编制的通知》“坚决执行按编制员额进人制度和建立健全编制与人员实名制管理制度”的规定和地区编委办《关于确定各事业单位机构编制方案和编制结构标准的通知》要求，“凡党政群机关、事业单位每个工作人员必须颁发编制证。该证书是党政群机关、事业单位工作人员所占编制和岗位、所任职务及明确财政经费开支渠道的唯一合法凭证，是编制、组织、人事、民政、财政等办理人员调配、录（聘）用、军队转业干部和城镇退伍兵安置、确定岗位和职务、套改工资、评职转业技术职务、办理保险、公费医疗、财政统发工作和核拨经费的依据”的规定，在全县推行实名制管理。

五、 工资审核

审核党政群机关和事业单位工资人数，既是机构编制部门的一项重要业务工作，更是监督党政群机关和事业单位严格遵守编制的有力武器，是机构编制管理工作的有效手段和重要法宝。凡属不按编制并未经申报编制使用计划而招收、录用和调入机关、事业单位的人员，一律不予发放工资。县编委办每月都要对全县党政群机关和事业单位的实有人数进行审核，不符合的及时纠正。

第八节 其他党务工作

一、 保密工作

1990 年 12 月，设立保密局，归口县委办公室管理。1996 年机构改革时，保留牌子，编制文件单列，党务工作和行政后勤管理事务工作由县委办公室统一管理。2002 年起，县保密局（县委保密委员会办公室）机构规格为副科级，编制 2 名，在县委办公室行政总编制内，其中：设局长或副局长 1 名，秘书 1 名，至 2008 年，县保密局机构设置未变。

贯彻落实党的路线、 方针、 政策 保密工作历来是党和国家的一项重要工作，特别是改革开放十年来，保密工作在经济发展、社会稳定中起着保安全、保发展的作用。1988 年以来，全县保密工作根据《中华人民共和国保守国家秘密法》《关于加强保密工作的通知》等有关文件精神，成立由县委书记兼任组长的保密工作领导小组。1990 年，县成立国家保密局后，县委、县人民政府将保密工作纳入议事日程，每年均组织召开 1～2 次保密委员会会议、开展“5 月保密法制宣传教育月”活动，每年均开展涉密人员培训和保密技术设备、保密工作的检查。先后印发或转发《关于加强保密工作的通知》《关于地、县领导干部保密国家保密规定》《县委常委会议保密规定》文件，制定一系列保密制度。至 1991 年，各区镇和县直局以上单位均明确有分管领导和专（兼）职人员，全县保密工作网络基本形成，保密工作实现层层有人管、有人具体抓的良好局面。1998 年起，保密工作纳入乡（镇）精神文明建设年度目标管理考核内容。1999—2000 年，出台《关于县级领导干部保密工作责任制的规定》《乡（镇）、县直科局级领导干部保密工作领导责任制》，进一步明确各领导干部保密工作领导责任制。2008 年，开展《保密法》颁布 20 周年系列宣传教育活动，共制作展板 25 块，刷写永久性宣传标语 125 幅，出墙报 6 期。

保密法宣传

1. “一五”普法（1986—1990）。采取创办农民业余法制夜校、组建普法小分队、印发宣传资料、刷写永久性宣传标语等形式，开展和推进普法工作。共上保密法制课 20 场次，受教育 4.8 万余人、订购保密法教材 1500 多册，编印普法材料 5000 余份，出宣传栏、黑板报 62 期。

2. “二五”普法（1991—1995）。在此期间制定《“二五”普及保密法规划》，组织干部职工观看《秘密对手》《谈判桌下的阴影》《窃密案件专辑》等保密录像片 10 场次，观看人数达 1 千余人。1993—1994 年，侧重学习宣传《保密法》《保密法实施办法》《贵州省贯彻实施保密法条例》。同时在纪念《保密法》颁布五周年活动期间，组织干部职工学习江泽民、李鹏等中央领导同志对保密工作的重要题词。1995 年，按照“巩固、提高、补课”指导精神，印发 1000 多份试卷，组织党政机关、重点（要害）部门的干部职工、副科级以上领导干部参加保密法宣传教育答卷活动，县几家班子领导带头答卷，推进全县保密法的宣传工作。开展法律常识进课堂，加强对青少年法制教育活动。

3.“三五”普法（1996—2000）。在此期间，制定《“三五”普法期保密法制宣传教育规划》，将保密知识纳入全县副科级干部和秘书人员培训内容，有效地加大宣传力度。开展纪念《保密法》颁布10周年系列纪念活动，组织干部职工参加全国保密知识竞赛，参赛人数达1000余人。1999年，对县直党政机关和保密要害部门涉密人员进行持证上岗保密培训，共有75人获得合格证。

4.“四五”普法（2001—2005）。在此期间，制定《“四五”普法保密法制宣传教育规划》，利用《印江报》、保密法制宣传教育专栏、有奖知识活动、收看姜延虎在“四五”保密法制宣传教育期间的电视讲话、征订《保密工作》和《警惕》、《领导干部、涉密人员安全保密技术必备知识》等书刊形式，开展保密法宣传活动。

5.“五五”普法（2006—2008）。在此期间，制定《印江自治县“五五”普法保密法制宣传教育规划》，在《印江通讯》、印江电视台中开辟专栏，刊载和宣传一系列保密法律、法规知识，组织全县股级以上干部职工、涉密人员参加保密知识测试，发放试卷2086份，回收1960份。参加以《保密法》为其中内容的“法治铜仁”知识竞赛，全县有17个乡（镇）和8个县单位参加初赛，最后选派8个优胜队参加决赛。同时还以“法律六进”活动为主线，开展《保密法》宣传工作。

保密执法检查 从1997年起，县保密局每年均在全县范围开展《保密法》执法检查，其执法依据是《印刷、复制国家秘密载体管理办法》《保密法》，其检查内容为全县计算机系统保密管理和防范措施、“政府上网”工程、涉密计算机以及印刷、复印、打字等特殊行业。2002—2005年，根据《关于开展测绘成果保密专项检查的通知》，开展专项执法检查。2008年，对6个乡（镇）、26个单位的涉密载体、特别是涉密笔记本电脑、移动存储介质和6个党政机关的涉密计算机、5家废品收购点和一家小纸厂进行专项检查。

保密常规管理 1992年起，按照有关要求，每年均安排专门人员对中央、省、地区、县下发的“三密”文件进行清理和监督销毁。对县里产生的“三密”文件进行登记备案，并于次年向上级保密部门报告。1998年起，按照有关要求，每年均对高考试卷保密管理情况进行全程跟踪、监督检查，此外，还对全县行政事业单位人员招聘考试、成人高考试卷管理进行监督检查。1999年起，开展对涉密单位的定密工作，当年完成19个单位的定密任务。2000年，加强对国家秘密载体、印刷复印行业的日常管理，制定《计算机信息系统保密管理暂行办法》，加大对保密局内部硬件设施的建设。2002年，按照“三表一程序”要求，抓涉密要害部门、部位的确定工作，确定28个涉密单位。2003年，完善了30个部门的定密工作。2005年，制定《涉密（非）计算机管理制度》，继续加强涉密（非）计算机日常管理工作。2006—2008年，为进一步加强全县计算机的管理，在相关部门安装计算机物理隔离卡15套。在此期间，还安装县委常委的保密电话，开通党政内网，并实行物理隔离，确保通信、上网安全。

二、 来信来访

机构设置 1988年，全县的信访工作机构是印江自治县人民群众来信来访联合办公室，局级建置，核定编制4人，隶属县委。1990年，成立信访工作领导小组，由县委副书记任组长、常务副县长任副组长，成员有县委办、人大办、政府办、纪检、组织部、人事局、监察局、公安局、政法委、劳动局、信访办。全县七区一镇相应成立信访工作领导小组，由区（镇）副书记任组长。是年，全县有专职信访员9人，兼职50人、调解员365人。2004年12月全县机构改革后，撤销原县委办公室内设的信访室和县人民政府办公室内设的信访室，新组建印江自治县信访局，正科级行政机构，在县委、县人民政府的领导下，归口自治县人民政府办公室管理，业务上受县委办公室、县人民政府办公室指导。设2个职能股（综合股、督查股），1个中心（信息预测中心），行政编制4名，事业编制1名，工勤人员1名。该机构设置至2008年未变。

信访接待及办理 1988 年，信访工作紧紧围绕县委中心工作，当好县委、县人民政府的参谋、助手。当年受理人民来信 224 件，集体访 3 起 68 人。办理省、地区和报社交办案件 12 件。是年 11 月 19 日，印江镇先锋村因学生打架，伤者住院无药费，其家族 48 人集体到县委上访，要求惩办凶手。县长戴振华、县委副书记杨清富亲自接访，通过对伤者进行思想疏导，该矛盾纠纷得以就地消化，同时责成公安机关和有关部门立即组织调查，先解决伤者住院费用，平息可能引发二次斗殴的隐患。1992 年，建镇并乡撤区后，全县各乡（镇）即时调整信访工作领导小组，由副书记兼任组长，明确有信访专兼职人员，下设办公室，建立健全《信访工作岗位责任制》《信访部门学习制度》《信访工作目标管理责任制》《信访外勤制度》《信访内勤制度》《接待制度》等制度，并落实制度上墙。1994 年，贯彻执行十四届四中全会精神，组织学习邓小平文选第三卷，开展大讨论、大学习活动，强化信访工作特有功能，充分发挥党联系群众的桥梁纽带作用。是年 6 月制定下发《关于进一步加强全县信访工作实施意见》，7 月中旬，县委、县人民政府组织召开全县信访工作会议，县委书记、县委副书记、常务副县长等县领导出席会议。会议进一步要求各乡（镇）和县直机关单位建立健全信访工作领导小组，明确分管领导及具体办公人员，村明确信访联络员，要做到组织、人员、制度三落实，走向规范化、制度化。1997 年，县级信访部门共受理人民群众来信来访 106 件（次）。其中：来信 53 件，来访 53 起 120 人次（集体访 9 起 62 人次）。信访总量比 1996 年的 68 件（次）增加 38 件（次）。无交办信访案件，自立信访案件 4 件，已全部办结上报，结案率为 100%；搜集整理上报信访信息 54 条，被上级信访部门采用 8 条，采用率为 14.8%。整理上报重要信访情况 8 期，撰写信访调研文章 2 篇。是年，较为突出的问题和特点有：群众信访出现反弹，信访总量上升较快。集体访成倍增长，规模逐渐增大。转困企业职工、家属、遗属等因生存问题的强烈反映依然存在。联名信增多，有时上访信件联名签字达数十人。

2002 年，全县共受理人民群众来信来访 1762 件（次），其中来信 194 件，来访 1568 人次（含集体访 64 批 988 人，群体访 56 批 155 人），其中县机关受理 1283 件（次），占总数的 72.8%，初信初访 619 件，立案 588 件，立案率为 95%，办结 576 件，办结率为 98%。是年，人民群众来信来访反映突出的问题：一是农业和农村问题仍十分突出，主要有水、土、林权属纠纷，村务公开，乡、村干部违纪和工作作风粗暴问题。二是企业存在问题仍居高不下，主要是一些倒闭企业无力支付职工工资、安置金、离退休金、养老保险金和医药费问题造成职工集体上访和重复上访。三是三线油路改造中征拆迁、补偿安置以及民工与包工头的经济矛盾纠纷突出。四是对部分乡（镇）村干部乱摊派、工作作风粗暴、违纪违法现象反映强烈，集体访、联名信访、匿名信件大幅度上升。2005 年，新修建人民群众来访接待中心，购置相关办公设备，改善了接访环境。积极探索党政领导信访接待日制度，要求主要领导亲自接待上访群众，促进信访难题就地解决。建立健全县、乡、村信访信息网络体系，拓宽信访渠道，执行信访工作直报、月报等制度。是年 6 月 2 日，金玉小区旧城改造异地安置户集体到信访局反映一年多来没电视看的问题，当时上访群众情绪十分激动，县信访局采用“一杯热茶一条凳、一张笑脸一颗心”模式接待，并及时通知相关职能部门领导现场予以答复，使此次群访及时化解。当年，县信访局共受理群众来信来访 393 件 2177 人次，立案 280 件，其中县领导包案处理信访案 10 件。2008 年，县委树立“发展是第一要务，稳定是第一责任”理念，实行县委书记大接访，建立以县委书记为组长、县长为第一副组长、其他常委为副组长，相关职能部门负责人为成员的县委书记大接访工作领导小组，领导小组下设五个工作组。同时出台《印江自治县关于开展“县委书记大接访活动”实施访案》《印江自治县处置非正常上访和突发事件工作预案》。7 月 15 日，县委书记陈康深入新业乡平坝村慰问非正常上访人员任贞余，与他促膝谈心，解开他多年的心结，任贞余当场表态不再上访。8 月 8 日，峨岭镇红光村梁天文向县长肖洪反映，他所居住的北门坳片区群众对水、路等问题反映强烈，县长肖洪立即实地查看，并在农户家与当地 50 多位群众座谈，引导群众积极发展产业，并对发映的问题现场办公，责成相关单位迅速解决群众的实际困难。

三、 老干部工作

印江自治县老干部工作表彰大会（1996 年拍摄）

1984 年 3 月，设置县委老干科，隶属县委组织部。是年 11 月，改老干科为县委老干部局，隶属县委组织部。1985 年，老干部局办公地点搬迁至峨岭镇新滩路离休院。1988 年，县老干局核定编制 2 名，下辖老干所事业编制 4 名，属正科级行政事业单位，为县委主管离退休干部的职能部门。1989 年，县委批复成立县老干部自管委员会，由 7 名老同志组成。1996 年，县老干部局更名为县离退休干部工作局（下称县离退局），内设机构有县老干部活动管理所。县关工委办公室挂靠离退局。2001 年，县乡机构改革后，县离退局升格为正科级行政事业单位，归口县委组织部管理，内设局办公室、老干所。县关工委仍挂靠县离退局。是年 12 月，撤销县老干部自管委员会。2007 年，办公室增加行政编制 1 名。至 2008 年年末，县离退局核定行政编制 5 名，下辖县老干所、县关工委，内设阅文阅报室、图书室、健身室。

老干部待遇 1988 年，全县有在册离休干部 134 人，有老干部遗孀 19 人。1988 年以来，凡县委、县政府组织召开的重要会议都请德高望重的老同志出席，凡上级有关文件发到县和县行文的都分发给老干部传阅、学习。坚持重大节日走访慰问离退休老干部和遗孀。定期组织召开老干部工作通报会。分批组织离退休干部外出参观学习。离休干部医疗费实报实销，特需经费、疗养费据实发放。每年组织县内离休干部进行全面身体检查，县委先后出台《关于进一步解决我县离退休干部有关生活待遇问题的通知》《关于解决落实老干部“两费”问题的情况报告》《关于补充我县国有企业改革若干问题的补充通知》《关于修订我县国家机关工作人员死亡丧葬费开支标准的通知》《关于建立和实施离休干部“三个机制”自查情况的报告》《关于建立和完善我县离休干部“离休费、医药费”保障机制和财政支持机制实施意见》《关于进一步加强离退休干部党支部建设的实施意见》《关于调整离休干部护理费标准的通知》《关于进一步贯彻落实离休干部“两个待遇”“一个发挥作用”的意见》等文件，落实和完善老干部待遇。

1989 年，按要求对 4 名年满 70 周岁以上老干部、老红军每人每月发放高龄补助费 20 元。对 12 名无工作的老干部遗孀生活补贴在最高标准基础上提高 10 元，医疗费按公费医疗标准报销百分之五十，住房费免交。对无工作的老干部父母 6 人提高生活补贴费 10 元，对已有工作的老干部遗孀 8 人住房费免交一半，对易地安置的 16 位同志每人发给 150 元特需经费，对居住在县内的一律每人发给 120 元。协助有关部门核实离退休干部第一、第二批 67 户建房宅基地。1990 年，县财政解决 119 位离休干部建房补助款 59.1 万元，有 115 位离休干部建私房，其中在老干片区建房 68 户，有 25 户在所在单位购买商品房，全县所有离休干部的住房问题都得到解决。同时还把 6 位居住在乡（镇）的离休干部转到县城定居，使他们有一个较好的人居环境。1991 年，对年满 70 周岁以上的 8 名老干部每人每月发给高龄补助费 20 元。离休干部在关心下一代工作中发挥作用，全年共有 54 名离休干部入会，会员人数达到 1074 人。同年召开全县老干部工作大会，表彰成绩突出的 7 个先进集体、4 名先进个人和 10 名优秀离休干部。1994 年，对不外出疗养的 133 名老干部按规定标准办理疗养费，每人发给疗养费 150 元，老干部特需经费增加到 200 元。1997 年，对 1945 年 9 月 2 日前参加革命工作的离休干部和 1945 年 9 月 3 日至 1949 年 9 月 30 日参加革命工作、年满 70 周岁的离休干部，护理费由每人每月 51 元增加到 80 元。红军时期参加革命工作的离休干部，每人每月另补贴 100 元保健费。

1998 年，适当调整因瘫痪等原因生活长期不能自理的离休干部护理费标准，4 名离休干部的护理费从 80 元调整到 100 元。1999 年 7 月，对享受副县级以上待遇并安装有住宅电话的离休干部实行住宅电话通话费补助。并首次规定火化丧葬费开支标准。火化丧葬费一次性总额包干补助或报销，具体标准：离休干部地级 4000 元，县级 3500 元，县级以下 3000 元，退休和在职干部一律 2500 元。同年 9 月，召开全县离退休干部工作暨老龄工作表彰会，通报全县经济工作，表彰 15 名离退休干部先进个人、6 个离退休干部工作先进集体和 8 名先进工作者。2000 年，将全县 53 个企业离休干部都纳入社保部门解决，对特困企业五金公司和县供销社下属沙子坡、板溪、洋溪、缠溪 4 个基层供销社的 5 名离休干部“两费”待遇落实困难问题，通过拍卖部分固定资产，纳入社保部门解决，以确保解决老同志“两费”。2001 年，向 2000 年 12 月 31 日前已办理离退休手续行政、事业、企业离退休人员发放年终一次性生活费，标准为当年 12 月基本工资的一半。2002 年，破产企业洋溪供销社离休干部吴六林的医疗费，因企业无力支付，县政府研究解决 3 万元医药费。当年企业离休干部 41 人，除 11 人纳入财政外，30 个企业离休干部离休费由县社保局发放，进入社保全保的 5 位离休干部医疗费由社保实报实销。其余 26 位离休干部由所在单位报销。2003 年，县委组织部出台《关于建立和实施离休干部“三个机制”自查情况的通知》，明确行政事业单位离休干部发给“三费”。2004 年，根据《关于建国初期参加革命工作的退休干部在生活上给予适当补助的通知》要求，经省、地区审核批准同意，印江 39 位退休干部享受到生活补助。明确企业离休干部仍由主管部门管理，“两费”与企业脱钩。是年，县离退局荣获“铜仁地区老干部工作一等奖”。2007 年，按照县委组织部《关于进一步加强离退休干部党支部建设的实施意见》，离退休干部被编入党支部，财政出钱为全县 12 个涉及离退休干部党支部、116 名离退休人员分别征订《晚霞》杂志。2008 年 1 月，县老干部活动中心挂牌投入使用。该中心于 2006 年 12 月 22 日开工建设，2007 年竣工，工程项目总投资 100 万元，占地面积 261 平方米，建筑面积 1070 平方米，主体建筑共四层，分为办公区和活动区，内部设施完善齐全。根据《关于调整离休干部护理费标准的通知》精神，县委常委会 10 月 24 日议定，提高离休干部护理费标准，人均 600 元/月，2008 年 1 月起执行。是年，县离退局获铜仁地区老干部工作年度目标考核一等奖。

关心下一代工作 1989 年 6 月 1 日，成立印江自治县关心下一代协会，有首届会员 330 名。其中离退休老干部 71 名。协会设置主席 1 名、副主席 6 名、常务理事 52 名，理事 73 名。主席、副主席组成主席办公会。下设 5 个工作委员会。1992 年，县关心下一代协会在全县部分中小学开始创办家长学校，至 2008 年，共创办家长学校 196 所，其中省级家长示范校 2 所，省级留守儿童、流动儿童家长学校 1 所，县级家长示范 2 所。1995 年 7 月，“印江自治县关心下一代协会”更名为“印江自治县关心下一代工作委员会”，关工委办公室下设法制宣传教育组、学校工作组、社区工作组和农村工作组。在首次关心下一代工作委员会全会上，县委副书记帅朝纲作《提高认识　加强领导　努力把我县关心下一代工作提高到一个新水平》的重要讲话。县委办印发《印江自治县关心下一代工作规程》，要求县关工委按照规程建立健全基层关工委组织。是年，全县建立基层关工委 377 个，建立关工委小组 181 个，共有成员 3162 人，其中“五老”481 人，占领导班子成员的 40%，初步形成县、乡（镇）、村（社区）三级关工委组织网络。2000 年，在全县首次开展“三无两有”村创建工作（“三无两有”指：无犯罪、无辍学、无不孝子女，青年有技术、少年有文化），经各级努力，截至 2008 年，全县共创建“三无两有”先进村 25 个。2001 年，全县机构改革后，县关工委核定事业编制 1 名。2004 年 9 月，铜仁地区关工委在印江召开农村“三无两有”工作现场会。2005 年 6 月，县关工委被中国关心下一代工作委员会、中央精神文明指导委员会办公室授予“全国关心下一代工作先进集体”称号。2006 年 5 月，县关工委被铜仁地区关工委授予先进集体。8 月，在峨岭镇城北社区创办假期学校（学校放假，社区开学），之后一直坚持办学，成效好。假期学校的举办和推广，成为全省关工委工作的一张品牌。2008 年 2 月，县委、县人民政府出台《关于进一步加强关工委工作的意见》。

老年教育 1990 年，成立印江自治县老年大学，实行全日制教学。是年 10 月开始招收学员，首批学员89名，开设书法、老年保健两门课程，由老同志承担学校日常工作，教室设在县总工会会议室。学校每年都开展校运会、春节义务书写春联、游园、春游、冬游、书画展、摄影展、文艺演出等活动。1991年5月，县老年大学搬迁至原县人民政府办公楼。1992年9月，招收学员62人，开设书法、老年保健、图画、时事政治4门课。2008年，有在册学员221人，开设有健身舞蹈、书法、历史、音乐、诗词、保健、绘画、京剧、时政、摄影10门课程。2000年10月，县老年大学举办成立10周年校庆活动。2003年，板溪镇上洞村第一所全县村级老年学校成立，至2008年，全县设置有县、乡、村老年学校12所。2002年10月，县老年大学获铜仁地区老年大学首届文艺会演一等奖。2006年10月，县老年大学获印江印象“民族歌舞调演赛”戏曲二等奖。2007年，县委明确老年大学离退休学员学杂费由原所在单位实报实销。

县老年大学成立初期由县委副书记兼任校长，日常工作由部分老同志承担。1999年10月，县委明确有1名专职副校长，日常工作仍然由部分老同志协助。2001年12月，专职副校长调整为常务副校长。2002年，根据县委办《关于县老年大学职能配置、内设机构和人员编制方案》，县老年大学明确为县委直属正科级事业单位，核定编制2人，由县财政全额预算管理。2006年8月，校长改为县委组织部长兼任。

第三章　群众团体

第一节　工　会

1988年，印江自治县总工会委员会（下称县总工会）设主席1人，副主席1人，有基层工会138个，工会会员7686人。1990年，成立法律顾问组、职工物价监督检查站、职工科技协会。1996年，全县有基层工会180个，工会会员1万余人。1998年，成立劳动法律监督委员会。1999年，在市场经济作用下，县内企业改制、倒闭、亏损而至名存实亡的基层工会达30个，全县工会组织和职工队伍呈减少和萎缩态势。是年，有基层工会150个，其中企业工会15个、事业工会80个、行政机关工会55个，会员人数8000余人。2000年2月，新成立印江长途客运有限公司工会委员会。2002年机构改革后，县总工会内设办公室，负责县总工会的日常工作，机关行政编制3名，其中主席1名，副主席1名，办公室秘书1名，机关后勤人员核定事业编制1名。2003年5月，成立困难职工帮扶中心。2005年9月，新成立困难职工法律援助工作站。截至2008年，全县有4个系统工会、594个基层工会，其中：有村级工会347个，会员25610人；有党政机关及事业工会143个，会员8510人；有企业工会101个，会员3970人。

一、工会代表大会

第七次会员代表大会　1990年12月8—10日在县人民大会场召开。参会代表188人，大会选举产生工会委员21名、常务委员7名、主席1名、副主席1名，工会经费审查委员会委员5名。

第八次代表大会　1994年11月21—23日在自治县人民大会场召开，参会人员中有正式代表170名、特邀代表10人。大会选举产生工会第八届委员会委员19名、常务委员9名，主席1名，副主席1名，工会经费审查委员会委员3名。

第九次代表大会　1999年9月21—22日在自治县大会场召开，参会人员有正式代表161名、特邀代表10人。大会选举产生县总工会第九届委员会委员19名、工会经费审查委员会委员3名。

二、职工教育

1988年，为开展“基本国情与基本路线”教育（“双基教育”），县总工会成立“双基教育”工作领导小组，举办“双基”教育骨干培训班，组织全县4000多职工参加“双基”统一考试。1989年，开展爱国主义教育。组织干部职工观看《大决战》《新中国第一大案》《开国大典》《开天辟地》《重庆谈判》等献礼片，重温党的成长历程。1991年，开展建党七十周年“三热爱”主题系列教育活动，组织排演花灯歌舞《跟着贺龙去当兵》，参加省、地区庆祝建党七十周年职工文艺调演，获省级二等奖，地区编写、导演、表演金奖。是年8月，组织选手参加省、地区“党在我心中”演讲朗诵比赛，分获两个二等奖。1992年，组织4000名职工参加省总工会牵头举办的“三热爱”知识竞赛。1993年8月，组织5个系统130名职工参加省总工会举办的贵州省职工现代经济知识竞赛活动。1996年，全县共有3000多干部职工参加贵州省在职干部学习十四届三中全会精神和邓小平发展理论统考。1998年，组织县内6个企业的24个班组、车间职工参加全国班组职工学习党的十五大报告竞赛答题活动。组织职工参加全国总工会职教论文活动，组织全县工会系统职工学习工会十三大精神。2003年之后，主要围绕党的十六大开展职工教育学习。2008年，开展学习党的十七大精神学习活动。

三、 职工之家建设

组织城区干部职工开展土家摆手舞比赛活动

1991年起，开展“先进职工之家”建设活动，为使活动能有序开展，自治县总工会成立领导小组，制定实施方案，将朗溪中学建成为示范点，组织全县基层工会参观学习。当年有县民族中学等22个基层工会达到标准，县财政局等6个基层工会建成“职工之家”。县人民银行、县民族中学、县司法局、朗溪中学基层工会达到地区级先进“职工之家”标准。开展建设“先进职工之家”活动，使各级党政从实际工作中认识到工会的重要性，使职工群众从实际工作中感到工会这个“家”的温暖，增强工会组织的凝聚力。2002年8—10月，自治县总工会在全县乡（镇）普遍推进以加强文体设施硬件建设为主要内容的“建家创先”活动。活动采取以奖代补方式，按每个乡（镇）工会建家的水平评出一、二、三等奖，分别按1800～2000元发给奖金，以弥补建家经费的不足。在此期间，全县各乡（镇）工会因地制宜，为干部职工建起电视卡拉OK室、棋牌室、书报室和篮球、羽毛球、乒乓球等方面的体育设施，乡（镇）共计投入资金14万余元。

四、 职工权益维护

1988年以来，自治县总工会按照《工会法》《劳动法》等法律法规，积极开展职工权益维护，推进基层民主管理，建立健全职（教）代会制度。在企业，凡是重大经营决策方案、工资奖金分配方案、技改方案等涉及企业生存发展、职工切身权益的事项，均由职代会审议通过。在教育系统，各基层工会每学期开学时，均召开教代会或教工大会，听取校长工作报告，审议学校工作计划、财务和教职工队伍建设等重大问题。要求企业建立平等协商制度，签订集体合同。1995年12月，全县首例集体合同在农资公司签订，此后各企业均陆续签订集体合同。1997年9月，县委、县人民政府行文成立全县签订劳动集体合同工作领导小组，领导小组于10月7日召开一次全体会议，明确签订集体合同的工作要求、原则、步骤和措施。

厂务公开 1999年6月，县委、县政府成立厂务公开领导小组，印发《关于在国有企业实行厂务公开进一步加强管理的实施意见》，以县供水公司为试点启动厂务公开工作。2003年，县委印发《关于进一步实行厂务公开的通知》。明确涉及企业的生产经营状况、重大改革发展决策、大宗物资采购、重大工程建设、重大安全和质量事故、业务招待费用、劳动人事及企业和职工利益等重大问题都应及时公开，并通过召开企业行政班子成员会、党政工联席会或企业中层干部会等形式公开。要求厂务公开应建立健全体现内部民主决策、民主管理和民主监督作用的各项内部公开办事制度、职代会或职工大会制度，将企业重大问题交由职代会或职工大会讨论。要求各企业主管部门进一步加强对本部门厂务公开工作的领导。把厂务公开作为一项经常性工作列入年度工作安排抓落实，切实推进企业的民主管理和民主监督的制度化建设。要求各事业单位及其主管部门也要参照本通知要求，认真推进校务、院务、所务、站所等公开办事制度的建设，建立健全事业单位的职代会或职工大会制度，促进各事业单位的内部管理逐步实现制度化和规范化。要求各乡镇和县直各党政机关也要参照本通知要求，充分发挥好本单位工会代表和职工参与机关内部各项民主管理制度建设的作用，建立健全加强内部民主管理、民主监督的公开办事制度，保证职工参与本机关内部公共事务和公益事业管理的民主权利。此后，厂务公开被纳入维护职工权益的常规工作来开展。

困难职工帮扶 1988—1998 年，县总工会救助帮扶困难职工（农民工）500 余人，发放救助金 20 余万元。开展“进万家门、知万家情、解万家难、暖万人心”活动、元旦和春节期间送温暖活动，开展法律援助。1999—2008 年，自治县总工会累计走访企业 240 户，慰问职工 1300 余人，发放慰问金 60000 余元。2005 年，县工会成立法律援助工作站，帮助职工、群众通过法律途径维护自身合法权益，对在外务工期间权益受侵害但因经济困难无力维权的务工人员进行经济资助。2005—2008 年，共办结法律援助案件 132 件，其中：民事诉讼代理 34 件、刑事辩护 29 件、非诉讼调解 69 件，解答法律咨询 201 人（次），接待 148 法律专线来电、来访 144 人次，代书 36 件，开展广场法律咨询、宣传活动 14 期（次），散发各种宣传资料、图书 12500 余份（册）。

五、 工会活动

1988 年以来，为丰富职工业余生活，活跃节日气氛，增强工会组织凝聚力，在每年“五一”国际劳动节、春节期间，县总工会均组织开展形式多样、有益身心的文体活动。活动内容主要有：登山、拔河、采茶制茶、演讲、法律知识抢答、职工文艺调演、春节七天乐、篮球排球、短跑等等。同时各基层工会也结合实际，因地制宜，开展形式多样的文娱活动。1990 年 9 月 20 日，为庆祝亚运会在北京举办，县总工会在县电影院举办“勿忘国耻，爱我中华”演讲比赛。组织城区 572 名女职工免费进行全面的妇科检查。1991 年，在春节期间号召基层工会职工慰问印江籍边防战士活动。活动共募集资金 1740 元、袜子 35 双、鞋垫 120 双、毛巾 140 条、手绢 3 张、字画 5 幅、慰问信 58 封。1991 年 6 月 28 日，县总工会组织排练的花灯歌舞《跟着贺龙去当兵》参加贵州省职工庆祝建党七十周年文艺调演，获创作、表演两个二等获。1992 年，“五一”期间，县总工会组织基层职工群众开展“我为印江经济发展献一策”活动，共收到论文 45 篇，34 条建议，其内容涉及农业、梵净山旅游开发、资源保护、企业管理、商业流通等领域。1995 年 9 月 29 日，县总工会设立职工温暖基金，资金来源为自治县总工会自筹、基层职工群众自愿捐集，该基金主要用于元旦春节期间困难职工的慰问。1997 年，县总工会与体育局联办庆“五一”迎“回归”拔河比赛，参赛男女队共计 64 个，队员达 1500 多人。与体育局联办职工女子篮球赛，有参赛队 64 个，参赛运动员达 1500 人，比赛 1500 场次。1998 年，“8·28”梵净山国际旅游节期间，县总工会牵头与县民宗局、宣传部、体育局、文广局等单位联办梵净山登山比赛，县城区有 28 个单位 168 名运动员报名参赛。1988—1998 年，由县总工会、县工行、团县委、县体育局联办的“工行杯”篮球赛，每隔两年举办一届，共举办五届，每届固定有 25 支男女代表队参赛，届均队员达 250 人。2001 年，原印江造纸厂下岗职工田兴珏荣获贵州省“五一劳动奖章”。2002 年 10 月 16 日，在第五届中国梵净山国际旅游节期间，县总工

2008 年 1 月， 民营博爱医院成立工会委员会， 图为授牌仪式

会与县旅游局、体育局、团县委联合举办印江第三届梵净山登山赛，县文广局、供电局、交通局、民宗局、公安局、国土资源局、信用联社、移动公司、建行、国税、水利、建设、邮政、电信、农办、扶贫办、县医院等单位作为协办单位，参与这次登山赛的筹办工作。县乡 40 个单位的 240 名运动员参加比赛。2008 年 1 月 12 日起，全县出现数十年罕见的凝冻气象灾害。大量外出务工返乡过年的农民工滞留在德旺、苗王坡、缠溪公路沿线 20 多千米路段上。灾情发生后，县总工会主动接待上门求助的农民工，派人下到高寒凝冻路段苗王坡，并到客车站等场所实施救助，安排因凝冻滞留时间长、随身携带现金用尽的返乡农民工食宿，包车运送他们返乡，并发放现金等。民政部门临时救助站和总工会救助的农民工达 580 多人，发放救助资金和安排食宿 3.5 万元，解决一部分身处困境的农民工的燃眉之急，使他们感受到党和政府的温暖。

金秋助学 由中华全国总工会发起的八月“金秋助学”活动是一项民心工程。主要对下列五类人群进行资助，一是当地享受最低生活保障的困难职工子女。二是低保职工家庭中经过政府救助后生活仍然困难的职工子女。三是因下岗失业、大病、残疾、突发性灾害等原因造成家庭经济困难的职工子女。四是在城镇上学、因工伤事故、工资拖欠、大病等原因导致家庭经济困难的农民工子女。五是受金融危机影响的企业、正在实施改制破产生活确有困难的职工子女。该工程从 2005 年启动至 2008 年年末，全县各级工会共筹集资金 10 余万元，帮扶救助困难职工、农民工子女共计 100 余人。

1988—2008 年印江土家族苗族自治县总工会领导名录

表 10—10

单位	职务	姓名	性别	出生地	任职时间
总工会	主席	尹显恒	男	贵州印江	1988.1—1990.8
	主席	任坚强	男	贵州印江	1990.8—1993.3
	主席	杨学智	男	贵州遵义	1993.6—1998.2
	主席	周忠明	男	贵州印江	1998.2—2007
	主席	杨承桥	男	贵州印江	2007—

第二节 共青团

一、 共青团代表大会

第十三次代表大会 1987 年 7 月 14—16 日在县大会场召开，到会代表 194 人。会议听取和审议唐庆军代表上届委员会作的《努力工作、求实创新、发展经济、争奏强音、为兴印富民贡献我们的青春》的工作报告。选举产生中国共产主义青年团印江自治县第十三届委员会，选举产生委员 21 人，常委 7 人，书记 1 人，副书记 1 人。

第十四次代表大会 1991 年 12 月在县人民大会场召开，到会代表 206 人。唐庆军代表上届委员会作《动员和团结全县广大团员青年，为进一步推进我县两个文明建设而努力奋斗》的工作报告，大会选举产生中国共产主义青年团印江自

2008 年 5 月， 开展中小学校园集体舞比赛

治县第十四届委员会，选举产生常委 7 名，书记 1 名，副书记 1 名。

第十五次代表大会 1996 年 12 月 4—6 日在县人民大会场召开，到会代表 199 人，周廷丰代表上届委员会作题为《树立热爱印江、建设印江的共同理想，团结带领全县团员青年，为我县的跨世纪发展而努力奋斗》的工作报告，大会选举产生共青团印江自治县第十五届领导班子，选举产生委员 27 人，常委 7 名，书记 1 名，副书记 1 名。

第十六次代表大会 2002 年 8 月 28—29 日在县城召开，出席会议代表 158 人，大会审议通过共青团印江自治县第十五届委员会工作报告，选举产生常委 7 名、徐剑任团县委书记。

二、 青少年思想政治教育

1988 年，团县委以学习党的十三大会议精神为重点，开展对全县团员青年的思想教育工作。1989 年之后，每年均组织开展“学雷锋、学赖宁”活动，对全县团员青年的思想政治教育侧重于爱国主义、革命传统、坚持四项基本原则、领导讲话等内容，曾先后组织学习《邓小平文选》、江泽民总书记《关于讲政治》、团省委《关于加强全省共青团领导班子思想政治建设的意见》、邓小平南方谈话、党的十四大和十五大会议精神、学习孔繁森和田沛发先进事迹等。号召广大团员青年树立爱国主义、集体主义、社会主义观念，增强改革开放意识。1990 年，开展“铭记国耻，爱我中华，奋发图强”为主题的团队活动。1995 年，团县委派出 4 名团干赴省团校学习，2 名团干赴地委党校学习。举办以爱国主义教育为主题的“首次印江城区 18 岁成人仪式”，参加青年有 1800 余人。组织 500 余名学生参加在木黄会师纪念地举行的“地区爱国主义教育基地”挂牌仪式。组织开展“百部爱国主义影片观后感及影评征文、演讲比赛”等主题活动及“五心”爱国主义教育活动。1996 年，开展演讲比赛、清明扫墓等活动。1997 年 6 月 30 日，在“庆七一、迎回归”期间，举办综合文艺会演，开展送戏下乡活动。1998 年之后，先后组织学习《江泽民总书记与新一届团中央领导成员和团十四大部分代表座谈会时的重要讲话》《胡锦涛同志代表党中央在团的十四大开幕式上的祝词》《中共中央关于农村若干问题的决议》《“三个代表”重要思想学习纲要》、党的“十六大”精神、团中央《关于新形势下加强和改进青年思想政治工作的若干意见》等文件精神。1999 年，组织各级团组织开展愤怒声讨“南联盟事件”。2000 年，以峨岭镇振兴路、西园路小区为试点，开展青年文明小区创建活动。2001 年，开展以“党在我心中”为主题的演讲比赛，组织团员参加全国青少年党史知识竞赛活动。开展揭批“法轮功”邪教本质报告会、万人签名等活动。2003 年，在纪念学习雷锋 40 周年活动中，组织 300 余名志愿者庄严宣誓，全面宣传贯彻《公民道德建设实施纲要》，组织开展“3·5”爱民、助民、清明扫墓等活动。2004 年，开展“民族精神代代传统一行动日”活动和“民族精神代代传集中行动月”活动。开展“优秀小公民”评选表彰活动。6 月 13 日，“全国 100 所无毒示范学校”之一的印江四中（印江唯一一所“无毒示范学校”）开展声势浩大的禁毒游行和签名活动。2005 年 5 月 30 日，在县城太阳山烈士墓开展以“民族精神代代传”为主题的团员入团宣誓活动。11 月，组织城区团干、团员代表 40 人，开展“缅怀革命先烈、重温入团誓词”纪念活动。2006 年，团县委制定下发《关于在青少年中大力开展社会主义荣辱观教育活动的通知》《关于做好〈八荣八耻歌〉宣传推广活动的通知》，开展以“八荣八耻”为主要内容的社会主义思想道德建设。开展“民族精神代代传”“六个一”“我做合格小公民”“缅怀革命先烈，继承革命传统”等主题队会活动。2007 年，开展“知荣明耻树新风”主题教育征文活动、迎“六一”知荣明耻、做四有新人演讲比赛。2008 年，学习贯彻党的十七大精神，用马克思主义武装青少年，用中国特色社会主义共同理想凝聚青少年，用爱国主义为核心的民族精神和以改革创新为核心的时代精神引导青少年。5 月 23 日，联合县精神文明办、县教育局在全县中小学生中开展“我与祖国共奋进”爱国主义教育讲故事、演讲比赛。

三、 青年人才工程

示范点建设 1990 年，开展“青年杂交油菜、小麦分带轮作高产创优活动”，全县建成示范点 55

个，种植油菜4400亩、小麦2500亩。1991年，开展“创千育万”活动，各级团组织建烤烟营养圈示范点，面积4954亩，玉米肥球育苗移栽示范点，面积2187亩，杂交水稻两段育秧示范点，面积2326亩。活动中，有3个集体被团中央命名为“青少年绿化祖国突击队”，2名青年被团省委命名为“青少年绿化祖国突击手”。2000年在缠溪镇两路口村和湄坨村建设“共青林场”1000亩。2002年在缠溪镇双龙村建成“青年种植养殖示范村”。

技术培训 1992年，举办农业适用技术培训87期，受训学员达6300多人次，推荐2名青年赴北戴河中央青农工作培训班学习。1994年，全县各乡镇团委在联系村举办农科夜校和业余农校，共培养农牧、医护人员123名。1996年，举办一期“服务万村团干培训班”和“绿色证书”培训班，参训学员235人。1998年，开展“绿色证书”培训班8期，参训学员600名。面授课程累计60天、田间实习累计16天。选派峨岭镇峨岭村团支书严克志参加全省“农村星火带头人”培训。1999年，开展科技人才培训班6期，参训学员300余名。2000年，举办“青年星火带头人”培训班16期，培训学员1500名。2001年，举办“青年星火带头人”及残疾人就业培训班2期，培训学员120名。2003年，在乡镇举办7期“青年星火带头人暨绿色证书”培训班，培训学员720名。选派3名优秀青年参加全省第二期“青年脱贫致富带头人”培训。2004年，选派中坝乡大田村青年，养鹅能手田忠到省团校参加团省委举办的第三期农村青年脱贫致富培训班。2007年，联合县扶贫办、县职业技术学校在县职校举办第十二期农村劳动力就业转移培训班，来自城区及各乡镇的97名农村青年、青年星火带头人、青年种养植（殖）能手、青年致富带头人参加培训。2008年，举办2期农村团员青年培训班，有400名青年参加培训。

评先选优 1998年，推荐周应坤为省级“农村星火带头人”、戴恒强等4人为地级“农村星火带头人”人选。1999年，推荐省级“青年星火带头人”1名，地区级“农村星火带头人”3名。2002年，表彰25名县级“农村青年星火带头人”，分别给予300～600元不等的物质奖励。2003年，在帮扶村新寨乡龙井村推荐该村3名优秀青年入党。2004年，推荐10名优秀青年企业家加入铜仁地区青年企业家协会。推荐戴传福、田立华、戚治成3名优秀青年企业家为全区青年企业协会常务理事，戴传福还荣获“十佳青年企业家”称号。2008年，推荐杨宗林、吕树华参加全区“十大杰出青年”和“十大杰出青年企业家”的评选，并获表彰。

四、 青年文明工程

2008年5月，在城区开展向汶川地震死难同胞悼念活动

活动开展 1991年，团县委成立“双学”活动领导小组，当年，有412所学校举办有规模活动984次，参加活动人员达21860人次。全县共计义务植树112800棵，休整路面10.09千米，清理大小沟渠10.20千米。2002年6月5日，团县委与县环保局等8个单位开展环保宣传“万人签名”活动。组织中小学生开展协管文明卫生县城活动，向居民宣传《公民道德实施纲要》和创建文明县城的重大意义。2003年，“五四”期间，团县委主办“国土杯”篮球赛。2004年3月12日，团县委组织团员青年150余人到缠溪镇共青林开展补栽补植活动。活动中，共补种树苗1000余棵。此外，团县委还组织17名体检合格团队干部及青年志愿者开展“青年心、印江情”无偿献血活动。4月20日，团县委组织全县新老团干在缠溪镇湄坨村开展“地县新老团干联谊活动”。“五四”期间，团县委与县委宣传部、县城建局、县教育局联合举办“城建杯卫生与秩序青春风采辩论赛”。2006年5月16日，团县委组织团员青年参加县畜牧局、县环保局、洋溪镇人民政府联合在

洋溪镇开展的“保护母亲河暨现场投放鱼苗”活动。2007 年，与县畜牧局、县林业局等部门，在永义乡举办“人工放流增殖暨封河禁渔”启动仪式。

青年志愿者服务 1995 年，洋溪镇洋溪村团支部组织 37 名青年志愿者参与本镇的抗洪抢险，修复坝渠缺口 14 米。1996 年，团县委制定下发《青年志愿者活动实施意见》，组织 25 支志愿者服务队前往岩口山体滑坡受灾地朗溪镇，参与救援工作，并为灾区朗溪募集捐款 1272.90 元、衣裤 10 套、粮食 100 公斤，当年获团地委授予的“青年抢险突击队”“青年抗灾志愿队”两面大旗。1997 年，组织城区志愿者植树 1360 棵。1998 年，组织青年志愿者在“环卫日”开展义务清扫活动，在“八一”文艺晚会期间开展志愿服务活动。2000 年，组织志愿者开展“学雷锋、树新风”清扫街道卫生，清除白色垃圾活动。“五四”期间、湘鄂黔渝武陵山茶叶集团年会暨茶评会和湘鄂黔渝政协年会在印江召开期间、“八一”建军节期间，组织志愿者开展服务活动。是年 9 月，参与合水镇坪峨村特大火灾救援行动，为灾民募集到救助金 6102 元、衣物 4385 套。2001 年 7 月，团县委组织 100 名志愿者到梵净山开展清扫垃圾活动。2006 年，新招募注册志愿者 2285 名。2007 年，团县委组织近百名志愿者和来自一小、二小、三小的 4000 余名师生，开展“小手拉大手、建美好家园”整脏治乱宣传活动，对城区 6000 余户居民进行入户宣传和发放资料。2008 年，新注册青年志愿者 5236 人，团县委新成立印江自治县青年志愿者助残活动站，组织青年志愿者 800 余人参加“春节七天乐”、颐和园邮票首发仪式、“5・18”助残日、“6・5”世界环境日、“6・19”节能减排宣传周、老年人运动会等活动的服务工作。

五、 希望工程

1992 年，印江自治县成立由分管副县长任组长，相关单位负责人为成员的希望工程实施工作领导小组，下设办公室在团县委。

捐资助学 1992 年，全年共募集捐款 23537.72 元，565 名贫困儿童获资助，获捐书刊 6000 余册。1994 年，县水泥厂将县政府颁发的 200 元奖金，现场捐献给希望工程。当年，全县有 512 名失学儿童获资助。1995 年，完成浙江省嘉善县结对救助印江自治县 200 名失学儿童的申报工作。当年，全县受助儿童 728 名。1996 年，新增救助失学儿童 99 名，全县固定受助失学儿童达 824 名。1997 年，争取到青岛捐赠的 250 袋图书和省青基会捐赠的两个“希望书库”。1998 年，向省青基会、地区青基会争取救助名额 140 名，为印江籍思南师范学生罗会洪募集救助金 2000 多元，向联系村缠溪镇梨坪村两户特困户购赠猪仔一对，资助该村 6 名失学儿童，使其重返校园。1999 年，争取到大庆市袁燕华和省财政厅何文江救助金 7160 元、长虹公司赠送作业本 4000 本。沙子坡希望小学获赠墨水 300 瓶，推荐初中生田娅到温州外国语学校“希望之星班”学习。2000 年，救助合水坪峨村失学儿童 5 名，救助 25 名成绩优异的特困生。2001 年 9 月，与移动公司开展“希望靓号”义卖活动，义卖收入 7000 余元资金捐献给希望工程。与总工会募捐得资金 11000 余元，用于县医院身患重病的青年医生治疗。2002 年，与移动公司联合开展的希望靓号义卖活动推广至已建立移动机站的 15 个乡镇。2003 年，与教育局募集善款 11000 多元，用于身患重病的沙子坡花园小学原教导主任任铁牛治疗费用。2005 年，有 5 名高中应届毕业生获得一次性 4000 元的“明德奖学金”，田成立获得“爱心助学”4000 元。2006 年，新增救助对象 34 人，发放救助金 3000 元。对 272 名贫困学生进行建档立卡。开展“真情助困进万家”活动，组成慰问组深入党建扶贫联系点、县特殊学校、中坝乡九年一贯制学校、县强制戒毒所等地慰问，为孤寡老人、残疾人、聋哑儿童、部分离退休人员提供农技指导、技能培训、义务家教、医疗保健、法律服务、信息咨询等服务活动，切实为他们解决实际困难。2007 年，23 名贫困学子获地区烟草公司和川主科技有限公司助学金计 3000 元。就读于印江一小的张镇山等 5 名同学获圣象地板老板于强 1000 元助学金。有 5 名贫困学子获建设部办公厅副主任王瑞春等 5 位同志捐助的助学金 1500 元。是年 7 月，在沙子坡镇红星村小学举行爱心捐赠仪式，贵州联通公司和深圳中兴公司向该小学捐赠现金 30 万元。在开学期间联合教育局开展全县贫困生爱心助学活动，共募集助学款 4.69 万元，将募集资金发放至 17 个乡镇的贫困生手中。争取到深圳恩多科技有限公司捐赠的 800 张、价值 96 万元的“富士康”小学英语电子语音图书卡。当年，聘请县、乡（镇）两级春晖使者 132 名。全年利用春晖使者募集善款和物资约合 164800 元。2008 年，为沙子坡镇芭蕉坝小学、十字小学争取到快乐体育园地。同时，将象棋、小哑铃等 19 种文体用品和 100 余册小学生奥运读本送到芭蕉坝小学。心桥助学团共向印江县捐赠价值 12 万元的校服和 5000 册图书。此外，心桥助学团副团长、广州第三钢铁冶炼公司总经理田涛，以个人名义捐赠 46600 元。在中心广场举行“春晖行动 灾后重建”募捐活动，共募集捐款 7148 元、衣物 600 多件、课外书籍 100 多册、文具 80 多套。

希望学校建设 1993 年 6 月，由台湾艺人凌峰先生捐赠建设沙子坡镇青坨希望小学。1996 年，建立木黄镇李家沟希望小学。1997 年，争取到石塘和朗溪两所希望小学项目款 50 万元。2007 年，争取得希望小学项目款 121 万元，联合县教育局、沙子坡镇启动沙子坡红星村国家电网爱心希望小学、新寨乡茶园希望小学建设。2008 年，争取到博鳌亚洲论坛杉树对马希望小学、洋溪镇三岔希望小学。与县教育局完成香港道德会沙子坡十字希望小学、香港道德会永义团龙希望小学、缠溪镇水塘村希望小学、木黄民族小学综合楼的资金配套、选址、动工奠基等工作。

六、 青少年维权

组织机构 1991 年，团县委成立印江县未成年人保护委员会。2000 年，县司法局在团县委建立未成年人法律援助站。2001 年，县司法局成立印江自治县未成年人法律援助中心，各乡镇相应成立未成年人法律援助站。

宣传贯彻情况 1988 年以来，团县委围绕“一法一条例”（即《中华人民共和国未成年人保护法》《贵州省未成年人保护条例》），每年均开展形式多样的宣传活动，建立健全法律援助制度，协同有关部门开展校园周边环境综合整治，聘请优秀公安干警、司法干部兼任法制副校长，深入各所学校开展法制教育。1991 年，刷写宣传标语 35 幅，举办法制报告会 11 期，出墙报、板报 305 期，有 1 名团干获团中央表彰的全国维护青少年合法权益“十佳个人”称号。1997 年，开展“万人拒毒”签名活动，举办“禁毒——为人类发展和健康”“香港回归举世瞩目”主题报告会。1999 年，以工商、司法系统为示范点，广泛开展优秀“青少年维权岗”创建活动。2004 年，将学生“带法回家”经验在乡镇中小学普遍推广。2005 年，建立青少年戒毒教育基地。团县委与有关部门在三中开展“健康网络，健康你我”主题培训会。2006 年，协同县文广局等部门在城区开展网吧专项整治暨“珍惜青春、远离网吧”教育及签名活动。2007 年，组织青年志愿者在长虹家电商场门口开展“9·29”禁毒日大型宣传活动，活动中，挂宣传画 50 张，发放禁毒宣传资料 4000 余份，接受咨询 200 余人次。2008 年，团县委联合县教育局在全县小学开展“法制伴我成长十个一”系列活动。在印江电视台开辟《百姓视点》《安全宝典》栏目，加强全县青少年的思想政治素质、安全意识和逃生自救等方面的宣传教育。

维权案例 1994 年，全县查处涉及未成年保护案件 10 起。1995 年，接待来访 20 余人次，协助调查处理未成年人保护案件 4 起。1999 年，处理一起遵义客商雇佣 13 岁少女从事加工业致残的恶性事件。

七、 少先队活动

1988 年，开展“红领巾小建设”“读报知识竞赛”“达标创优”等竞赛活动，当年获全国奖 5 个、省级奖 5 个、地区级奖 3 个，全县有一名大队辅导员被授予“全国优秀少先队辅导员”称号。1989 年，开展“五有”建设达标创优竞赛活动，全县有“红旗大队”3 个，“红旗中队”4 个。1990 年，印江镇一小少先队大队受邀参加全国少代大会，获“先进集体”奖，为贵州省唯一一个受到奖励的少先队大队。1994 年，开展“金山杯”科普征文活动、“爱我中华，爱我家乡”读书教育等活动。在开展结对帮扶活动中，峨岭镇一完小给大竹小学送去课桌、衣物、学习文具等物品，此外还对 3 名失学儿童实施救助，让其重回校园。11 月 3—4 日，铜仁地区少先队工作现场经验交流暨辅导员培训会议在印江召开，全区 110 名少先队代表参会。

1995 年，在“手拉手”“五自”等活动中，天堂完小少先队大队部组织队员开荒 10 亩，并将其发展成红领巾果园基地，为该镇张家沟村小学捐赠现金 218 元、物品 500 多件。1996 年，印江峨岭镇二完小举办纪念红军长征胜利会师六十周年暨少先队建队四十七周年诗歌朗诵会，在“六一”儿童节期间举行第七套韵律操比赛。1997 年，开展“学、树、创、建”文明班级、文明校园活动。全县表彰优秀少先队辅导员 20 名，优秀少先队员 40 名，一小中队被授予全省“手拉手”先进中队。二小被授予全国少先队“红旗大队”称号。2000 年，在“六一”儿童节期间，举行 3000 名少年儿童参加的少先队检阅式，举行少儿广播体操比赛。2001 年，制定下发《关于进一步加强少先队工作的意见》《关于进一步加强和改善学校共青团工作的实施意见》，调整充实 8 名中学团委书记和 5 名小学少先队辅导员，组织 5 名辅导员和希望小学青年教师到上海等地培训，组织 11 名辅导员到地区小学参观学习。2002 年，在铜遵、印沿公路沿线开展创建“公路路政红领巾协管学校”活动，当年将缠溪小学、杉树小学等 5 所学校纳入首批创建单位，缠溪小学获全区“红领巾爱路护路活动”先进集体。2006 年，组织 76 名少先队员开展暑期少儿军事夏令营活动。2008 年，开展“红领巾心向党——春晖感恩教育”“我与祖国共奋进”“民族精神代代传”等主题教育活动。与县文广局联合主办“快乐童年”少儿才艺展演。与县精神文明办、县教育局开展“我与祖国共奋进”爱国主义教育讲故事、演讲比赛。当年授予峨岭镇一小、缠溪镇中心完小全县少先队工作一等奖，授予峨岭镇二小、杉树乡中心完小全县少先队工作二等奖，授予峨岭镇三小、木黄镇中心完小、刀坝乡中心完小全县少先队工作三等奖。

1988—2008 年印江土家族苗族自治县共青团领导名录

表 10—11

单位	职务	姓名	性别	出生地	任职时间
团县委	书记	唐庆军	男	贵州印江	1988.1—1993.3
	书记	张选明	男	贵州印江	1993.6—1996.7
	书记	周廷丰	男	贵州印江	1996.7—1998.2
	书记	张　明	男	贵州印江	1998.2—1998.11
	书记	吴朝晖	男	贵州印江	1998.11—2001.12
	书记	徐　剑	男	贵州印江	2001.12—2005.6
	书记	任明洪	男	贵州印江	2005.6—2007.1
	书记	黄　睿	男	贵州印江	2007.1—

第三节　妇女联合会

一、机构设置

1951 年 11 月，县妇女工作委员会成立，简称妇工委，在编人员 3 人。同年 12 月 16 日，全县建区乡妇代会 23 个，村妇代会 184 个。1961 年 12 月，全县有 37 个公社建立妇女联合会，委员 185 人。1973 年 1 月，设立县妇女联合委员会。1991 年县妇联增设维权部。2002 年，全县机构改革后，县妇联内设办公室，核定行政编制 3 名。设置主席 1 名，副主席 1 名，正副股级干部 1 名，另设机关后勤服务人员事业编制 1 名，财政全额预算管理。至 2008 年县妇联内设机构、人员编制未变。

县妇联工作职能：根据党的中心任务，指导各级妇联依据《中化全国妇女联合会章程》和上级妇联的有关决议开展妇女儿童工作，对全县妇联进行业务指导。代表妇女参与国家和社会事务的民主管理、民主监督，促进妇女参政议政，参与有关妇女儿童法律法规及规章制度的制定，维护妇女儿童的合法权益。组织动员妇女投身改革开放和现代化建设，教育、指导广大妇女增强自尊、自信、自立、自强的精神，表彰各行各业的先进妇女，开展多层次的妇女培训，全面提高妇女素质，促进妇女人才成长。加强与社会各界妇女的联系，协调推进社会合界为妇女儿童办实事、好事。做好县委、县政府和上级妇联交办的其他工作，协调和配合有关部门开展各项工作，为促进印江县建设做出积极贡献。

二、 妇女代表大会

1988—2008 年，全县共召开妇女代表大会 2 次。

第七次妇女代表大会 1993 年 11 月在人民大会场召开，参会代表 179 人，张凤霞代表上届执行委员会作《全县妇女团结起来，为振兴印江而努力奋斗》工作报告。会议选举产生县妇联第七届执行委员会委员 31 人，常委 9 人，主席 1 人，副主席 1 人。

第八次妇女代表大会 1999 年 11 月在县城召开，参会代表 168 人，会议选举产生执行委员 31 人，常委委员 9 人，主席 1 人，副主席 1 人。

三、 妇联工作

2004 年，开展"做合格妈妈" 动员会活动

"三八" 节活动 1988 年在"三八"节期间，县妇联组织城区女子参加中长跑竞赛，有 110 名城区职工参赛。1990 年，在"三八"节期间，举办了文艺晚会、女子接力赛、优生优育知识抢答赛等系列庆祝活动。在接力赛中，有 20 支队 200 名运动员参赛。在健身迪斯科表演中，有 23 个单位 363 名妇女参加。1998 年，组织 100 名妇女参加"千万农家女，百项新技术"知识竞赛。1999 年，举办以"亲情、友情、爱情"为主题的卡拉 OK 联谊赛，城区有 46 个组 90 余名歌手参赛。2001 年，举办彩旗迎面接力赛，县直机关 42 个单位 500 名男女职工参赛。2002 年，举办城区健身操表演赛，26 个机关、企事业单位参赛。2003 年在县城人民广场举办城区庆三八"寿险杯"迎面接力赛，共有 45 个队 405 名队员参赛。2004 年，召开"三八"节纪念表彰大会，县委书记陈康出席会议，县直机关单位 200 余名女干部职工参加会议。表彰会后，举办庆"三八"大型秧歌舞表演赛，有 40 支表演队近 900 名队员参赛。2008 年，举办"迎奥运、庆三八"第二届花灯健身舞大赛，全县有 50 个机关、企事业单位，17 个乡（镇）共组 25 支代表队参赛。

妇女培训 1988 年 4 月，在县城举办学习十三大文件妇女读书班，全县有 42 名妇女干部参训。县妇联下拨培训经费 800 元至各区（镇），要求区（镇）开展妇女培训。1990 年，县妇联利用蹲点扶贫的机会，在峨岭区凯塘乡举办水稻两段育秧技术培训班，参加学员 408 人。1991 年，组织妇女开展"恩威杯"全国保健卫生知识大赛，使妇女初步懂得防治妇科病、艾滋病等一般常识。协同教育部门开办妇女扫盲班，通过培训，有 1650 名妇女脱盲。2000 年，在县、乡妇女干部集中培训期间，邀请医疗部门讲授"母亲安全"和"降低孕产妇死亡率和消除新生儿破伤风"有关知识。2001 年 8 月，组织全县乡（镇）妇联主任和 53 名女能手集中学习畜牧养殖知识，为让受训人员理论联系实际，做到学以致用，在培训期间组织学员深入畜牧养殖发展势头较好的缠溪镇湄坨村，对该村的养殖业参观学习。2003 年，为了让妇女干部增见识、长眼界，县妇联组织 30 名妇女干部赴贵阳、广西、海南参观学习。2004 年 11 月，邀请陕西汉风科技发展有限公司到印江讲解日常保健知识，举办讲座 11 场次，受训妇女达 2000 余人。2008 年 5 月，与县委组织部联合开班，组织全县 50 名妇女集中培训。此外，还选派 2 名优秀妇女赴省妇联参加理论业务学习，选派 6 名妇女领导干部参加地区党校理论培训。

巾帼建功 1988 年，组织 49 名妇女到广东省惠东县毛线衣三厂做工。1990 年，在开展“双学双比”竞赛活动中，成立 51 个协调组、143 个联系点、852 户联系户，全县有 7.69 万人参与。创建以妇女为主的科技示范户 143 户，选派 13 名妇女到贵阳学习养猪技术。2006 年 4 月，在“沿着红军足迹——穿行多彩贵州”艺术团慰问演出闭幕式上，组织 1000 人的花灯健身操方队，顺利完成迎宾和台下互动表演任务。2008 年 5 月，在全县范围开展乡村女大厨烹饪大赛选拔活动，通过比赛，缠溪镇方家岭村妇女安华仙获参选省级比赛资格。2008 年 7 月，该赛手在省级乡村女大厨烹饪大赛中，其参选的“红颜妃耳”“傩神出征”热菜和“干妹翻裙”凉菜获银奖。

2006 年 3 月，举办“花园城杯”花灯健身操比赛

慰问帮扶 1988 年，开展为边防战士缝鞋垫和写慰问信活动，组织妇女缝鞋垫 1006 双，写慰问信 434 封。1989 年，县妇联主席随县慰问团赴云南老山前线开展慰问活动，为边防战士送去缝制鞋垫 630 双。1991 年 12 月，在欢送新兵期间，组织妇女制作大红花，在欢送仪式上亲自为新兵佩戴，在群众中树立了榜样。2000 年，合水镇坪峨村受灾后，募集到社会捐款 7220 元、衣物 4385 件。2001 年，争取到省妇联“大地爱母窖”项目资金 13 万元，在峨岭镇和平村实施，修建蓄水池 5 个，惠及该村 409 户 1646 人。2003 年，向有关部门争取资金 13 万元，为党建帮扶村天堂镇转龙村修建通村公路 12 千米。2003 年，争取到“母亲健康快车”项目，是年，全县有 668 名妇女接受义诊，免费接送妇女儿童危急症病人 50 人次。2004 年，募集捐款 3.2 万元，有 380 名贫困儿童受到资助。2008 年，汶川地震发生后，为地震灾区募集捐款 15.8 万元。

维护妇女儿童合法权益 1988 年，县委、县政府成立打击拐卖妇女儿童领导小组，下设办公室。为协助打击拐卖妇女犯罪活动，在县妇联抽调 1 名干部到办公室办公。是年，全县立拐卖妇女儿童案 42 件，捕判 15 人，解救被拐卖妇女 50 余名。1989 年，解救被拐妇女 13 名，收容审查拐卖犯 120 人。1991 年，县妇联协助解救被拐妇女 91 人、儿童 6 人。1992 年，在开展《妇女权益保障法》宣传活动中，出宣传栏 32 期，组织学习 80 余次，刷写宣传标语 1250 条，开展维权咨询 9 场次。1997 年，为教育儿童远离毒品，组织城区四年级以上中小学生参加万人拒毒签名活动。2001 年，在新《婚姻法》宣传活动中，发放宣传资料 2000 余份，与县妇幼保健站深入 17 个乡（镇）巡回宣传降低消防隐患活动 40 场次。2003 年，与县公安局联合成立反家庭暴力 110 进千万家报警中心和家庭暴力伤情鉴定中心。2005 年，在开展“不让毒品进我家”活动中，发放宣传资料 3000 余份。在开展“三八”维权周集中宣传活动中，制作宣传展板 10 块、发放宣传资料 2000 余份，为群众发放价值 1000 余元的免费药品。2008 年，在开展禁毒暨艾滋病预防活动中，制作宣传图片 30 张，发放宣传资料 1.5 万份，受教育群众达 1 万余人。

1988—2008 年印江土家族苗族自治县妇女联合会领导名录

表 10－12

单位	职务	姓名	性别	出生地	任职时间
妇联	主席	姜爱珍	女	贵州印江	1988.1—1992.2
	主席	谭显英	女	贵州印江	1993.6—1997.12
	主席	杨晓凤	女	贵州印江	1999.1—2006
	主席	袁　霞	女	贵州印江	2007—

第四节　工商业联合会

县工商联成立于 1954 年。1958 年撤销。1979 年，中共十一届三中全会以后工商联工作重新受到各级党委政府重视，1995 年 8 月成立印江自治县商会，与工商联合署办公，实行两块牌子一套人员，工商联执行常委同时任商会执委常委，由工商联主席兼任商会会长。当年新组建 9 个乡（镇）商会。

一、 会员代表大会

第一届会员大会　1988 年在县城召开，大会选举产生执行委员 23 人，常务委员 9 人。本届工商联设主任委员 1 人，副主任委员 2 人，办公室秘书 1 人。

第二届会员大会　1992 年 6 月在县城召开，大会选举产生第二届执行委员 19 人、常委 9 人。本届工商联设主任委员 1 人，副主任委员 3 人、秘书 1 人。

第三届会员大会　1997 年 5 月在县城召开，大会选举产生执行委员 40 人，常委 19 人、会长 1 人、副会长 6 人、秘书长 1 人。是年 8 月，增补副会长 1 人。

1988 年， 印江自治县召开工商业联合会首届会员代表大会

第四届会员大会　2002 年 5 月在县城召开，大会选举产生第四届县工商联（商会）执委 43 人、常委 27 人、会长 1 人、副会长 8 人、秘书长 1 人。

第五届会员大会　2006 年 8 月在县城召开，大会选举产生执委 53 人、常委 29 人、会长 1 人、副会长 13 人、秘书长 1 人。

二、 基层商会及行业协会

2003 年，成立印江自治县工商联湖南商会。2005 年，成立印江自治县饮食服务行业协会。同年 10 月，由县工商联领办组建印江自治县诚信担保服务有限责任公司。至 2008 年年末，县工商联（商会）有个体会员 1342 名，企业会员 87 家，行业协会 5 个。

三、 引资光彩事业

2000 年，印江长途客运公司在印江民族中学设立长运奖学金。2007 年，城区一小、二小、三小、四小和普同小学的 53 名贫困儿童，获海新超市赠送书包、文具等物品，价值 3000 余元。三小、普同小学分别获赠 1 台饮水机。中坝九年一贯制学校 50 名贫困学生，获长虹家电商场赠送的价值 4000 余元的新书包和文具。海新超市向天堂镇曹家村小捐赠课桌椅 50 套、文具 100 套，在校任教的 7 位老师分别获赠电筒、雨伞和不锈钢磁化饮水杯。2008 年 5 月，四川汶川地震发生后，县工商联组织全县非公经济人士为灾区捐赠现金 180 余万元。

四、 促进非公有制经济发展

1988 年，全县有注册个体工商户 1824 户，从业人员 2736 人，注册资本 268.58 万元。1992 年 4 月，根据中央批转中央统战部《关于工商联若干问题的请示》文件精神，首次明确私营经济和个体经济为工商联的会员主体，截至 1993 年，全县有注册个体工商户 2018 户，从业人员 4148 人，注册资本 1857.89 万元。1995 年，县委出台《关于发展非公有制经济的实施意见》，进一步明确非公经济发展的指导思想、发展目标、开发重点、组织机构及保障措施，同时将非公有制经济工作列入各乡镇和职能部门年终考核。1998 年县委出台《关于加快发展非公有制经济的决定》，明确有条件的个体工商户要向非公有制企业转化，从第三产业向一、二产业转化。县内已建成的“四园三场”和有条件出售的国有、集体企业向非公有制企业转化。国有企业下岗职工、机关干部分流人员和大中专毕业生向非公有制经济企业分流。引导有一定经济实力的非公有制经济人士向开发非耕地资源、发展绿色产业转化。推行挂牌办公，在个体工商户、私营企业中实行统一的规费负担卡、收费许可证制度，试行“一票制”收费方式。要求各乡镇党委、政府把发展非公有制经济作为“一把手经济”和支柱产业来抓，建立发展非公有制经济领导责任制。2002 年，县委、县政府出台《关于加强工商联工作的决定》，进一步明确工商联在促进非公有制经济发展中的桥梁纽带和助手作用。2003 年 10 月，党的十六届三中全会《关于完善社会市场经济体制若干问题的决定》发布后，为印江进一步巩固和发展非公有制经济指明道路。是年全县有民营企业 222 户，从业人员 1820 人。有注册个体工商户 2569 户，从业人员 9645 人，注册资本 2756.35 万元。2007 年，由县工商联牵头，组建红光村砂石厂，解决失地农户的投资就业问题。至 2008 年年末，全县有注册个体工商户 3052 户，从业人员 12550 人，注册资本 4364.91 万元，有民营企业 367 户，从业人员 4450 人。

1988—2008 年印江土家族苗族自治县工商联领导名录

表 10—13

单位	职务	姓名	性别	任职时间
工商联	主任	吴盛柏	男	1988.10—1990.11
	主任	伍志新	男	1992.5—1995.3
工商联（商会）	会长	曾子范	男	1995.3—1997.5
	会长	陆治邦	男	1997.5—2006.7
	会长	杨孝华	男	2006.8—

第五节 残疾人联合会

1989 年 10 月，印江自治县成立县残疾人领导小组，下设办公室在县民政局，由局长兼任办公室主任。1990 年 2 月，成立印江自治县残疾人联合会，为民政局下属事业编制二级机构。1993 年，各乡镇分别成立残疾人理事会，由乡镇民政工作分管领导任理事长，民政局办公室主任兼任副理事长。1996 年 7 月，明确印江自治县残疾人联合会为群团组织、正科级单位。1997 年 10 月，全县各乡（镇）均配备残联专职助理员。1998 年 1 月，新成立残疾人康复指导站。2000 年 11 月，县残联内设办公室、综合股。2002 年，全县机构改革后，县残联列入参照试行国家公务员制度范围。至 2008

年，县残联机构、编制、单位属性未变。

印江自治县残联代表残疾人利益、负责维护残疾人合法权益，管理全县残疾人事业，反映残疾人的意见和要求，为残疾人服务。是全额拨款的事业单位。开展残疾人康复、扶贫、教育、劳动就业、职业培训、文化、教育、辅助用品供应、残疾鉴定、托养、依法推进无障碍建设和残疾预防等工作。根据国家有关法律、政策，协助政府研究制定发展残疾人事业的规划、计划，并组织实施。围绕经济建设中心，动员和组织残疾人积极参与各项生产经营承包活动，充分发挥残疾人的作用。维护残疾人的合法权益，代表残疾人参与社会活动，参与民主管理、民主监督工作。关心残疾人的生活、学习、工作，协助有关部门解决残疾人的实际困难，为残疾人营造良好的社会环境，促进和发展残疾人的康复、教育、就业、文化体育及社会福利事业。教育残疾人履行社会义务，增强自尊、自信、自强精神，推进残疾人事业的社会化管理。承担政府残疾人工作协调委员会的日常工作，做好综合、组织、协调和服务。指导和管理残疾人群众组织，承办县委、县人民政府和上级业务部门交办的其他任务。

一、 残疾人康复

县残联帮助残疾人康复，让其平等参与社会生活，提高生活质量。1991—2008 年，全县完成白内障手术 523 例，各类矫治手术 161 例，假肢安装 29 例，低视力配镜 6 例，肢体康复训练 88 例，智残康复训练 27 例，聋儿训练 9 例，盲人定向行走训练 4 名，免费发放辅具用品用具 1424 件、助听器 6 个，847 名残疾人身体得到有效好转或完全康复。1993 年，对 15 人进行假肢取样并安装假肢。1998—2004 年，县残联每年均派专人护送白内障患者到思南、铜仁接受残联组织派出的医疗队手术，共投入手术康复经费 2 万余元。2005 年，组织 7 名安装假肢的下肢残疾人到铜仁接受省残联假肢取样工作，并为假肢取样的 4 名残疾人解决部分费用，同时在全县发放价值 8678 元残疾人用品用具 677 件。2007 年，向省残联争取为全县 10 名残疾人安装假肢。2006—2008 年，县级财政投入残疾人康复经费 8.5 万元。2008 年，残疾人在县、乡医院康复治疗享受到减免补助 4 万元。

二、 残疾人教育

县残联力所能及地帮助并扶持送残疾人入学受教育，逐步逐年提高全县残疾人综合素质。1993 年，协同县教育局等部门在县第二完小开办一个聋哑特教班。2001—2005 年，连续 5 年资助 7 名低视力残疾失学儿童入学，每生每学年资助 150 元。2002 年，县残联救助残疾儿童和特困残疾子女入学 125 人，发放助学金 23850 元。新建印江特殊教育学校，并于当年 9 月开班授课。2003 年，救助 31 名残疾儿童入学，发放助学金 9750 元。2004 年，全年救助 41 名贫困残疾人子女和残疾儿童入学，发放助学金 19750 元。2005 年，资助 52 名残疾儿童入学，发放助学金 4.26 万元。2006 年，争取到中西部盲童入学项目和扶残助学项目，有 26 名低视力残疾人每人获资助 150 元、6 名残疾儿童每人获资助 1500 元。为县特殊教育学校争取到中国残联彩票公益金助学项目，10 名残疾儿童每人每学年获 1000 元资助。动用 4800 元残疾人就业保障金解决 25 名残疾人及其子女入学问题。2007 年，资助 2 名贫困残疾人患者住院费用 2500 元。2008 年，中国残联彩票公益金助学项目在县特殊教育学校发放助学金 12500 元，县民政局等部门筹资 4.6 万元资金用于改善县特殊教育学校办学条件。动用残疾人就业保障金资助 23 名残疾人及其子女入学，人均获资助 5000

2007 年 4 月， 在印江特殊学校开展“爱耳日活动”

元。组织 5 名聋儿到铜仁地区特殊教育学校、2 名盲人到石阡盲校、5 名下肢残青年到铜仁地区职院读书，每年分别给予他们 2000、4000 元的补助。

三、 残疾人就业与帮扶

县残联每年都投入一定资费帮助残疾人就业、创业，为其拓宽就业渠道，增强生活自信，提高家庭收入，脱贫致富。1991—2004 年，县残联共为残疾人个体户开业办证 61 本，协助开办残疾人个体经济实体 5 个，发放扶贫资金 1.8 万元，收缴残疾人就业保障金 15 万元。在此期间，印江被定为全国 500 个康复扶贫县之一，获省残联扶持投放的康复扶贫专项贴息贷款 20 万元，共签订扶持合同 21 份，发放贴息贷款 19.93 万元。1994 年，安排 10 名残疾人就业。1996 年，开展城区企业、行政事业单位残疾人就业调查统计工作，共有 81 人获得就业。1997 年，自治县人民政府出台《关于认真贯彻执行贵州省分散按比例安排残疾人就业办法》《印江自治县人民政府扶助残疾人的若干规定》。1998 年 8 月，全县开展残疾人贫困户调查工作，对全县残疾人贫困户进行摸底调查。2001 年，协助开办盲人按摩所 1 个，争取到"长江新里程计划——西部盲童入学"项目在全县实施，新增残疾人就业 8 名。2003 年安置 3 名残疾人就业，争取到省、地区残联残疾人养殖扶贫经费 3 万元兴办残疾人养殖示范点 2 个，20 户残疾人家庭受益。2005 年，6 名残疾人通过全县公开招聘被录用为县事业单位工作人员，财政预算单位按人均 20 元实行财政代扣，作为全县残疾人就业保障金统筹。2006 年，输送 12 名残疾人到贵阳鼎佳纸品有限公司就业。聘请县医院五官科医生巡回深入各乡镇，利用赶场天对白内障患者进行免费检查和筛选。筛选出白内障患者 215 人，并护送 198 人到铜仁"健康快车"接受手术。是年 10 月，派专人将双目失明的板溪镇高枧村哨岩组村民张如堂、陈得宣送到铜仁，解决其生活、行车、医疗等一切费用，经治疗，两名患者都重见光明。筹措资金为双腿高位截肢的朗溪镇甘龙村村民田茂福安装假肢。筹措资金 1 万元，为 10 名肢体残疾患者安装假肢 11 具，其中大腿 5 具、小腿 6 具。2007 年，通过走访调查得知桶溪村万再培、金晓等 4 户残疾人贫困户农业生产资金缺乏，县残联为其解决资金 1000 余元。是年，分别在峨岭镇和新寨乡举办 1 期农村残疾人或残疾人亲属就业培训班，有 100 余名残疾接受培训，培训内容有家庭养殖、果树栽培等农村适用技术，使这一部分残疾人及亲属掌握了家庭养殖、果树栽培的科学方法，对生态农业有了新的认识，收到很好的效果。2008 年发放扶贫资金 5 万元。2006—2008 年，协调税务和工商等部门为 1095 名残疾从业人员减免 13 万元税费。

四、 残疾人培训

县残联组织残疾人进行职业技能培训，提高残疾人就业水平，让其学到一技之长，改善其生活状况，增强应对社会、独立生存的本领。1993—1995 年，全县培训弱智儿童家长和聋儿及聋儿家长 10 名。1998 年，举办残疾人适用技术培训班 1 期，17 名残疾人参加培训。2001 年，县拨付财政专项扶贫资金 5 万元，用于农村残疾人劳动就业和实用技术培训，共举办培训班 2 期。2002 年，举办 16 期残疾人科技培训。2004 年，培训智残儿童家长 1 名，培训聋儿家长 5 名。2004 年，县拨付培训资金 5000 元，举办 2 期残疾人外出学习实用技术培训班。2005 年，组织 4 名聋儿和家长参加省残联在思南开办的聋儿及其家长培训，为 3 名盲人解决按摩培训学习全部费用。2006—2008 年，县残联共投入培训资金 2.5 万元，举办 9 期培训班，对城乡 380 多名残疾人进行职业技术和实用技术培训。2008 年，选派 6 名盲人到地区接受初级培训。

五、 残疾人比赛

1991 年 6 月，全县推荐 2 名残疾运动员参加贵州省第一届残疾人运动会。1999 年，肢体残疾运动员邹诗琪参加贵州省残联举办的第二届残运会，取得 45 公斤级别举重冠军。2006 年，全县选派 3

名残疾人参加贵州省第三届残疾人运动会，参赛运动员张宣民取得1金1铜的好成绩。2007年5月，在昆明举办的全国第七届残疾人运动会上，张宣民取得SB7级男子100米蛙泳第三名。2008年，在铜仁全市开展文化周活动期间，全县选送3名残疾人到铜仁参加现场才艺展示，并带去12件残疾人艺术作品参展，获1金、1铜和集体组织奖。

六、 助残活动

1991—2008年，县残联每年都以不同形式开展“助残日”活动。1991年协同县民政局销售社会福利票的同时，开展为残疾人事业捐赠一元钱活动，共募集捐款8万元。2002年，全县850名残疾人获得政府的最低生活保障。2005年“春节”和“助残日”期间开展走访残疾人活动，共发放慰问金1万元。2006年慰问55户残疾人家庭，发放慰问金1.1万元。2007年走访慰问120户残疾人家庭，发放慰问金2万元、大米1500公斤、衣物450件。2008年在城区走访慰问残疾人家庭12户，每户分别发放慰问金200元共计2400元，解决县特殊教育学校现金1.5万元，用于师生添置衣服、学习和生活用品。筹资3万元帮助特困残疾人参加农村合作医疗，协调资金70万元为60户残疾人实施危房改造。

七、 残疾人抽样调查

1988—2008年，全县共开展2次残疾人抽样调查工作。1988年，组建残疾人抽样调查队伍，首次对全县6个群体的残疾人进行调查，经调查，全县各类残疾人总数为17917人，占全县总人数的5.07%，其中视力残疾2004人，听力语言残疾4658人，肢体残疾3265人，精神残疾884人，智力残疾6018人，综合残疾1088人。2006年，印江自治县被列为全省第二次全国残疾人抽样调查县之一，该次调查于2006年4月1日进行，调查范围涉及4个乡（镇）——朗溪镇、天堂镇、板溪镇、杉树乡的8个调查小区，即昔蒲、塘岸、岩底、高枧、新村、杉树坳、马井、大院，共1069户3492人，对291名0～6岁儿童和213名70岁以上的老年人做健康检查。根据抽样调查结果，全县残疾人和正常人的比例为8.36∶100，按此比例计算：2006年全县有各类残疾人3.55万人，其中：视力残疾人6083人，听力残疾人9128人，言语残疾人608人，肢体残疾人1.16万人，智力残疾人2313人，精神残疾人1705人，多重残疾人4135人。按全省6.4∶100的比例计算：2006年全县有各类残疾人2.72万人，其中：视力残疾人4657人，听力残疾人6988人，言语残疾人465人，肢体残疾人8848人，智力残疾人1771人，精神残疾人1306人，多重残疾人3165人。

八、 残疾人代表大会

从1990年组建县残联至2008年间，印江共召开四届残疾人代表大会（下称自治县残代会）。

第一次残疾人代表大会 1990年7月在县城召开，会期两天，参会代表80名，其中：正式代表75名，特邀代表5名，正式代表中有残疾人及其亲友代表42名，占正式代表总数的56%。大会听取了县民政局长的工作报告，组织学习《中国残疾人联合会章程》，表决通过《印江自治县残联章程实施细则》，选举产生自治县残疾人联合会第一届主席、副主席，选举产生自治县残疾人联合会第一届执行理事会理事长1人，副理事长1人。

第二次残疾人代表大会 1995年9月在县城召开，会期两天，参会代表85名，其中：正式代表80名，特邀代表5名，正式代表中残疾人及其亲友代表42名，占正式代表人数的52.5%，会议审议和通过自治县残疾人联合会第一届执行理事会工作报告，选举产生印江自治县残疾人联合会第二届主席、副主席，选举产生自治县残疾人联合会第二届执行理事会理事长1人，副理事长1人，聘请自治县残疾人联合会第二届主席团名誉主席1人，副主席5人。

第三次残疾人代表大会 2000年10月在县城召开，会期1天。参加会议的代表52名，其中：残疾人及其亲友 27 名，特邀代表 4 人，列席代表 21 人，会议听取《印江自治县残疾人联合会主席团工作报告》，选举产生自治县残疾人联合会第三届主席 1 人，副主席 6 人，第三届执行理事会理事长 1 人，副理事长 1 人。同时选举产生出席铜仁地区残疾人联合会第三次代表大会代表。

第四次残疾人代表大会 2008 年 4 月在县城召开，会期 1 天。参加会议的代表 57 名，其中：残疾人及其亲友 32 名，特邀代表 4 人，列席代表 21 人。会议听取《印江自治县残疾人联合会主席团工作报告》，选举产生自治县残疾人联合会第四届主席 1 人，副主席 5 人，选举产生残疾人联合会第四届执行理事会理事长 1 人，副理事长 2 人。

1988—2008 年印江土家族苗族自治县残疾人联合会领导名录

表 10－14

单位	职务	姓名	性别	出生地	任职时间
残联	理事长	张忠初	男	贵州印江	1990.7—2000.10
	理事长	罗仲永	男	贵州印江	2000.10—2008.4
	理事长	谭　勇	男	贵州印江	2008.4—2008.12

第六节　文　联

一、 机构设置

县文联成立于 1987 年 6 月，核定事业编制 3 人。2001 年，全县机构改革后，县文联核定编制 2 人。到 2008 年，以上机构编制未变。

二、 文代会

第一次文代会 1988 年 1 月 15 日在县城召开，铜仁地区文联主席曾依江及县委、县人民政府主要领导到会祝贺。会议听取县文联筹备工作报告，讨论制定《印江土家族苗族自治县文学艺术界联合会章程》，选举产生第一届文联委员 20 名、文联主席 1 名、副主席 1 名、秘书长 1 名。是年，自治县文联下设文学协会、书法协会、美术摄影协会、音乐舞蹈协会，会员合计 300 名。

第二次文代会 2002 年 6 月 14 日在县委会场召开，会议听取县文联工作报告，通过《印江土家族苗族自治县文学艺术界联合会章程》修正草案，选举产生自治县第二届文联委员 20 人、文联主席 1 人、副主席 1 人、秘书长 1 人。本届文代会撤销美术摄影协会，分设美术协会和摄影协会。撤销音乐舞蹈协会，分设音乐协会和舞蹈协会。增设诗词楹联学会。是年，文联下设协会有文学、书法、美术、摄影、音乐、舞蹈、诗词楹联 7 个协（学）会，共计会员 490 人。会议对全县文艺工作者发出“五提倡五反对”（提倡与时俱进，反对偏激消沉；提倡深入生活，反对脱离群众；提倡无私奉献，反对利益至上；提倡精诚团结，反对文人相轻；提倡精益求精，反对故步自封）号召。

三、 会员发展

第二次文代会召开前，县文联着手对全县文艺人才进行调查摸底，重新登记。2002 年，县文联有文学协会会员 111 人，书法协会会员 246 人，美术协会 32 人，摄影协会会员 31 人，音乐舞蹈协会会员 46 人，诗词楹联学会会员 24 人。在 490 名会员中，有国家级会员 6 名、省级会员 45 名、市级会员 127 名、县级会员 312 名。

四、出版刊物

县文联于1988年与县民委共同创办铅印文学刊物《睡美人》，每半年出刊一期，每期64页，近8万字。至1999年，《睡美人》断断续续办了10期，后因多种原因停刊。2002年，县文联换届后，经县委、县人民政府研究，决定从政府财政经费中解决4万元创办《印江文学》季刊，明确办刊宗旨为：弘扬民族文化，紧扣时代脉搏；聚焦心灵轨迹，培育文学新人。共开设小说画廊、散文天地、诗歌平台、古诗今韵、民间文学、文艺评论、校园短笛、笔会讲座、书乡艺苑、名作选载、文艺动态和特稿12个专栏，每期近12万字。至2008年年末，《印江文学》共出刊32期。县文联还编辑及参与编辑出版《梵净山木黄风景名胜区申报材料》《生态洋溪》画册、《可爱的印江》《印江文学精品汇编》《印江书法志》等。

五、举办各级各类赛事

文联成立后，在每年春节期间都要开展"春联进万家"活动，组织书协会员深入乡镇，为群众义务书写春联。1988—2008年，县文联组织书协会员为全县群众书写春联1万余幅。1995—2008年，县文联主办或承办各级各类主要文艺赛事展览活动计56场。

六、各协会成果

文学协会 该协会会员的主要作品有：诗集《高原梵歌》《后现代的香蕉》，中短篇小说集《孤独的猎人》，长篇小说《黑土地·红土地》《梦断咸阳宫》《榜落皇园》《最后一支太平军》。

书法美术协会 该协会会员作品先后入选全国第二届书法篆刻展览、中华人民共和国成立暨贵州解放40周年纪念展、全国第九届书法篆刻作品展、贵州省"平坝屯堡杯"书法艺术大赛、第二届"茫父杯"书法大赛等各级各类赛事。发表的书法理论文章有《书法的意境和风格》。

摄影协会 该协会会员的摄影作品在《人民日报》《中国经济报》《中国国家杂志报》《国家森林》《法制日报》《中国集邮报》《贵州日报》《贵州画报》《当代贵州》《贵阳晚报》等报刊发表。主要作品有《劳模唐老冬》《金顶仙人桥》《神奇梵净山》《蘑菇仙境》《万米睡佛》《瀑布云》《蘑菇石剪影》《傩魂》《梦里水乡》《金刀峡》《梵净如画》《相守千年》《家园》《土家红棺葬风俗》《奇峰异石》。

每年春节，印江开展代书义赠春联活动（2010年拍摄）

音乐、舞蹈协会 2004年，印江花灯歌舞《梵净绿茶闪威威》《土家木兰》、舞蹈《军魂》、歌伴舞《我的士兵兄弟》等作品在地区大赛中获奖。2005年，在铜仁地区"南长城"杯民族文艺会演中，音乐舞蹈协会会员创作的花灯小品《鹅缘》获创作一等奖、表演二等奖，舞蹈《红伞情》获创作二等奖、表演二等奖。2007年2月，歌曲《我心中的梵净山》在第二届"多彩贵州"歌曲大赛中被评为优秀歌曲，在北京获全球华人艺术风尚大典声乐大赛中国赛区总决赛中年A组原创歌曲项目唯一一名金奖。8月，此歌曲由著名歌唱家王宏伟演唱并刻成光碟。歌曲《祥和平安女儿经》《土家花灯闪威威》《土家婚俗》《欢乐土家》获2007年"多彩贵州"舞蹈大赛铜仁赛区三等奖。会员创作的《将军回家乡》《梵净茶歌》入选中国梵净山风光风情歌曲集。2008年5月、8月音乐舞蹈协会会员两次到中央电视台音乐频道《民歌中国》栏目表演印江传统花灯、锣鼓《庆丰收》和女声独唱印江圪蔸苗情歌《切蒜薹》。

1988—2008 年印江土家族苗族自治县文联领导名录

表 10—15

单位	职务	姓名	性别	出生地	任职时间
文联	主席	李敦礼	男	贵州印江	1988.1—1990.7
	主席	戴传笔	男	贵州印江	1993.6—2001
	主席	王新华	男	贵州印江	2001—2007
	主席	张旭阳	男	贵州印江	2007—2008.12

第七节 科 协

一、 机构设置

县级科协机构 印江自治县科学技术协会（下称县科协）是一个为广大科技工作者服务、为经济社会全面协调可持续发展服务、为提高公众科学文化素质服务的群团组织。1987 年 9 月 27—28 日召开第二次代表大会，出席大会代表 130 名，科协主席向大会作工作报告，大会选举产生委员 30 名、常委 15 名。至 2008 年，县科协有在职职工 7 人，退休职工 1 人。

乡镇科协 1988 年，全县 8 个区（镇）都成立有科协组织，1992 年建镇撤区并乡，由于行政区划及人员变动等原因，区、镇科普协会自然解体。1999 年为创建全国科普示范县，县委印发《关于创建“全国科普示范县”的实施意见》，各乡（镇）均重新建立科协机构，由副乡（镇）长任科协主席，秘书长和成员分别由乡（镇）水利站、农经站、林业站、畜牧水产站等相关负责人兼任，并在县科协的业务指导下开展工作。

学会、 协会、 研究会 1999 年以来，全县先后成立有县级学会 14 个，分别是：医学会、中医学会、护理学会、气象学会、青少年科技辅导员协会、教育学会、林学会、水利电力学会、农学会、预防医学会、畜牧水产学会、粮油学会、建筑学会、标准计量质量学会。先后成立农技协会 6 个，分别是：板溪镇上洞村早熟蔬菜协会、中坝乡中坝村蔬菜研究会、缠溪镇养猪协会、新业乡绿壳蛋鸡养殖协会、板溪镇食用菌种植协会、印江自治县红薯粉协会。

二、 科普宣传

1988 年县科协放映科普录像 41 场，其中放映《向科学要粮》影片 26 场，观众 1.78 万人次，与公安、卫生、文化、防疫等部门联合放映《黄色瘟疫》15 场，印发科技书籍 40 种 4000 册。1989 年之后，县科协先后组织放映科教片《向科学要粮》《小麦、水稻病虫害防治》《果树栽培管理》《工业化养猪》《节煤灶》《杂交玉米、西瓜、水稻栽培》《烤烟的栽培技术与烘烤》《农村家庭养鱼》《生命科学》《印江茶叶生产》等。截至 1993 年，累计放映科教影片 173 场次，受教育面 8.5 万人。1995 年，县科协电影队到新寨乡大云、上槽村，缠溪镇罗场乡两河村，沙子坡镇韩家村放映《小麦、玉米、水稻病虫害防治》《向科学要粮》科教片 18 场。是年 5 月，联合盐业公司举办碘缺乏病防治和食用碘盐街头宣传，发放资料 2.3 万份。1996—2000 年，累计放映科技电影、录像 104 场，办科普图片展览 6 次，发放科普书刊 35 种 1.28 万册。其中：1997 年，在县城和新寨乡展出《学科学知识，破除封建迷信》挂图 2 次。1998 年在“3・18”科技日期间，开展印江十年科技成果展活动。1999 年，开展“面向 21 世纪，推进科技进步，促进富民兴印”主题科普宣传活动。2000 年，按照县委办《关于开展“崇尚科学文明、反对迷信愚昧”宣传活动的通知》要求，县科协于 9 月 13 日在县城广场进行科普挂图、图片展览活动，参观群众 2 万人次。2001 年，开展“3・18”科技日系列活动期间，与

23 个县直部门开展“破除迷信，反对邪教”主题科普宣传活动，发放科技资料 3.24 万份，出动宣传车辆 32 辆次，受教育群众 2.12 万人。在峨岭镇、朗溪镇、板溪镇、永义乡开展生命知识、环境保护知识科普宣传。9 月在城区中小学开展“崇尚科学文明、反对迷信愚昧”大型科普宣传，展出挂图 543 幅，参观学生 4000 多名。2002 年，县委印发《关于开展“3·18”贵州科技日系列活动的通知》，县科协会同县委宣传部、科技局等部门开展“科技创造未来”主题科普集中宣传，展出科普挂图 27 套 253 幅，科技展板 28 块，放映科技电影、电视 2 场，发放科普资料 2 万份。4 月 27 日邀请贵州省科协科普大篷车到印江开展科普展示活动，城区近万名中小学生参加活动。2003 年，开展“依靠科学、战胜非典”主题科普活动，发放资料、图书 34 种 1.6 万份。同时将“非典”防治宣传挂图分发 17 个乡镇，5 月在县有线电视台播放“非典”光盘，8 月在缠溪镇、洋溪镇、杨柳乡、朗溪镇、罗场乡中小学开展卫生知识宣传，张贴科普挂图。2004 年，在“6·29”全国科普日活动期间，放映科技电影 3 场，发放科技资料 3000 份。9 月 23 日，与宣传部、县维稳办在三中开展“崇尚科学、关爱生命、维护人权、反对邪教”大型图片巡展。

2005 年，县委宣传部、科技局、科协牵头组织 23 个部门 89 名科技人员开展以“科技以人为本，全面建设小康社会”为主题的“科技一条街”宣传与展览活动。5 月 23 日，邀请铜仁地区科普大篷车到缠溪镇中学开展科普巡展活动。2006 年，组织开展“科技周”“科普日”活动，活动期间，参加部门 56 个，参加科技人员 130 人次，受益群众 8 万人。7 月组织开展“艾滋病防治”宣传活动，与妇联开展《妇女儿童发展纲要》宣传活动，结合文明县城创建和关心下一代工作，开展“科普进社区”活动。2007 年，组织县直 58 个部门 150 名科技人员开展“科普日”系列科普活动，全年播放科技节目 34 期。组织科技人员在朗溪镇、永义乡、新寨乡开展送科技下乡活动，接待群众 4000 多人次。2008 年，与卫生、文化、科技等部门开展“三下乡”服务活动 6 次，发放宣传挂图 3000 份、科普图书 5000 册。结合雪凝灾害，发放灾后重建手册 3500 册。在“科技周”期间，开展以“节约能源、保护环境”为主题的科普宣传活动，活动中发放宣传资料 2000 份、挂图 100 张。发放青少年艾滋病与健康知识宣传资料 800 份。

三、 科技培训

1988 年，在洋溪、缠溪、峨岭举办食用菌培训班 3 期，培训科技骨干 48 人，举办烤烟培训班 2 期，培训 330 人。举办计算机培训班 1 期，培训 45 人。8 月 8—10 日，聘请中国农业科学院兰州兽医研究所寄生虫病研究室赵开元到印江开展牛、羊、猪吸虫病、绦虫病、线虫病的病理诊断、治疗培训，全县畜牧兽医业务干部 58 人参加培训。1989 年，在各区乡举办西瓜、芒杆、烤烟、养鱼等 20 多种专业培训班 27 期，培训 1477 人。1990 年 3 月，在峨岭区凯塘乡开展蒸汽育秧、旱地分带轮作、半旱式栽培、地膜覆盖、柑橘、梨树管理培训，受训人员 500 人次。1991 年 7 月，与县畜牧水产学会在朗溪对 48 名兽医人员进行草畜医培训，10 月对 100 名食用菌爱好者进行平菇栽培技术培训。

1992 年，开展西瓜、食用菌培训 2 次，指导西瓜种植 200 亩。1993 年，举办西瓜培训班 1 期，培训 45 人。举办会计人员培训班 1 期，培训 30 人。举办青少年科技辅导员培训班 1 期，培训 35 人。1995 年，在乡镇妇联主任培训班培训中，对生命知识、碘缺乏症、环境保护和妇幼保健等知识进行宣讲。举办为期 3 天的科技辅导员培训班，培训科技辅导员 50 人。9 月 27 日，在残疾人农业技术培训班上，17 个乡镇 23 名残疾人参加培训。1996 年，在中坝乡举办黄柏、厚朴育苗培训 2 期，受训学员 48 人次。举办苗圃经营管理培训 3 期，受训 70 人次，举办种子采收处理培训 2 期，受训学员 24 人次。全年开展食用菌生产技术、果树种植、中药材种植等技术培训 65 次，受训学员 3000 人次。1998 年，开展各类技术培训班 32 期，培训骨干 1500 人。1999 年，在峨岭镇举办“绿色证书”培训 1 期，培训学员 118 人。

2000 年，对全县公务员进行科技知识培训，培训副科级以上干部 235 人。2001 年 6—8 月，举办

2008 年 4 月， 在乡村组织农民开展果树栽培技术培训

青少年科普知识竞赛，有 9 所学校的 27 名代表参加比赛。2002 年 3—8 月，在永义乡团龙村、朗溪镇大尧村、板溪镇上洞村开展市场经济与农村经济、柑橘烟煤病防治、早熟蔬菜栽培培训 43 期。2003 年，在板溪镇上洞村开展节水灌溉、南方果蔬冬季管理培训 5 期，受训学员 480 人，在合水镇小杉木村播放《梨树修剪》《南方果蔬冬季管理》《反季节蔬菜栽培》科技录像 4 次。2004 年，在缠溪镇湄坨村、杨柳乡杨柳村、板溪镇上洞村开展反季节蔬菜栽培、茄子嫁接、小麦、油菜、脱毒马铃薯栽培技术培训 3 期，培训群众 480 人。

2006 年，在板溪镇上洞村、朗溪镇大尧村、永义乡团龙村、新寨乡大云村、中坝乡蔓袍村、合水镇小杉木村开展果树修剪、蔬菜栽培、农村节能等技术培训 12 期，培训学员 600 人，组织收看《节水灌溉》《生猪饲养》《山羊养殖》科技录像 8 次。2008 年，在县职校举办校外青少年生活技能培训班 6 期，培训 240 人。

四、 科技咨询

2004 年， 印江自治县荣获中国科学技术协会授予“全国科普示范县” 称号

1989 年，对发展庭院经济的 28 户示范户提供科技咨询，为其提供科技扶贫周转金 2 万元。1990 年，向各区镇及示范户发放《烤烟技术问答》《杂交水稻》《中国蔬菜》《专业户》《农技服务》《德国小麦种植》《贵福糯栽培技术》等科技报刊 1000 册，编写《农技气象日历》3000 册。1991 年，向农村、学校和基层单位发放水稻、玉米、果蔬等种植技术书籍 2000 余册。

1995 年，开展残疾人养殖咨询服务中，发放《养猪新技术》《蔬菜病虫害防治》《甘薯的利用》科技小册子 500 余册。1996 年，在峨岭镇江家坡村开展葡萄种植技术咨询活动中，发放葡萄苗 1000 株，技术资料 100 册。1997 年，在木黄镇金厂村开展科技扶贫咨询活动中，赠送实用技术书籍 150 册。2000 年，在“3·18”科技日期间，发放科技书籍、资料 47 种 2.1 万份，参加活动群众达 2.53 万人次。

2001 年 3 月，与铜仁地区行署科技服务团到朗溪镇开展科技下乡活动，活动中发放科普资料 8000 份，赠送“农乐一号”4000 瓶。2002 年 5 月，在朗溪镇、新寨乡开展“科技、文化、卫生”三下乡科技咨询活动，发放科技资料 1.5 万份，让利销售图书 2000 册，赠送图书 860 册。2003 年，与铜仁地区农业局、铜仁地区科技局在朗溪塘池村开展柑橘栽培管理、水稻旱育浅植、沼气生态农业及冬闲稻田栽培食用菌培训和咨询活动，接待咨询群众 660 人次。

2005 年，在“全国科普日”科普咨询活动中，发放科技书籍、资料 32 种 2.41 万份，接待群众 600 余人。2007 年 5 月 22 日，县科协牵头组织农、林、水、牧、卫生等 23 个单位 102 名科技人员在县城中心广场开展以服务三农为主题的“科技一条街”科技咨询活动，活动中赠送各种实用技术资料 35 类 4.1 万份，发放技术书籍 450 本（册）。

1988—2008年印江土家族苗族自治县科协领导名录

表10—16

单位	职务	姓名	性别	出生地	任职时间	备注
科协	主席	田仁贵	男	贵州印江	1987.9—1996.7	—
	副主席	梁志才	男	贵州印江	1996.7—1998.11	主持工作
	主席	王天跃	男	贵州印江	1998.11—2003.3	—
	主席	冉隆洪	男	贵州印江	2003.3—2007.6	—
	主席	周纯道	男	贵州印江	2007.7—2008.12	—